APPENDIX

AD MONUMENTA SEX PRIORUM ECCLESIÆ SÆCULORUM.

VITÆ PATRUM

SIVE

HISTORIÆ EREMITICÆ LIBRI DECEM

AUCTORIBUS SUIS ET NITORI PRISTINO RESTITUTI
AC NOTATIONIBUS ILLUSTRATI, OPERA ET STUDIO HERIBERTI ROSWEYDI, ULTRAJECTINI
E SOCIETATE JESU THEOLOGI.

ACCEDIT

ONOMASTICON RERUM ET VERBORUM DIFFICILIORUM, CUM MULTIPLICI INDICE,
ETIAM CONCIONATORIO.

EDITIO MEMORATISSIMA QUÆ ANTUERPIÆ PRODIIT, ANNO DOMINI MDCXXVIII, EX OFFICINA PLANTINIANA,
NUNC AUTEM ACCURATIOR REVIVISCIT,

NOVISSIME CORRIGENTE ET RECENSENTE

J.-P. MIGNE,

BIBLIOTHECÆ CLERI UNIVERSÆ,

SIVE

CURSUUM COMPLETORUM IN SINGULOS SCIENTIÆ ECCLESIASTICÆ RAMOS EDITORE.

TOMUS PRIOR.

PRIX : 7 FRANCS.

PARISIIS, VENIT APUD EDITOREM,
IN VIA DICTA D'*AMBOISE*, PROPE PORTAM VULGO D'*ENFER* NOMINATAM,
SEU PETIT-MONTROUGE.

1849

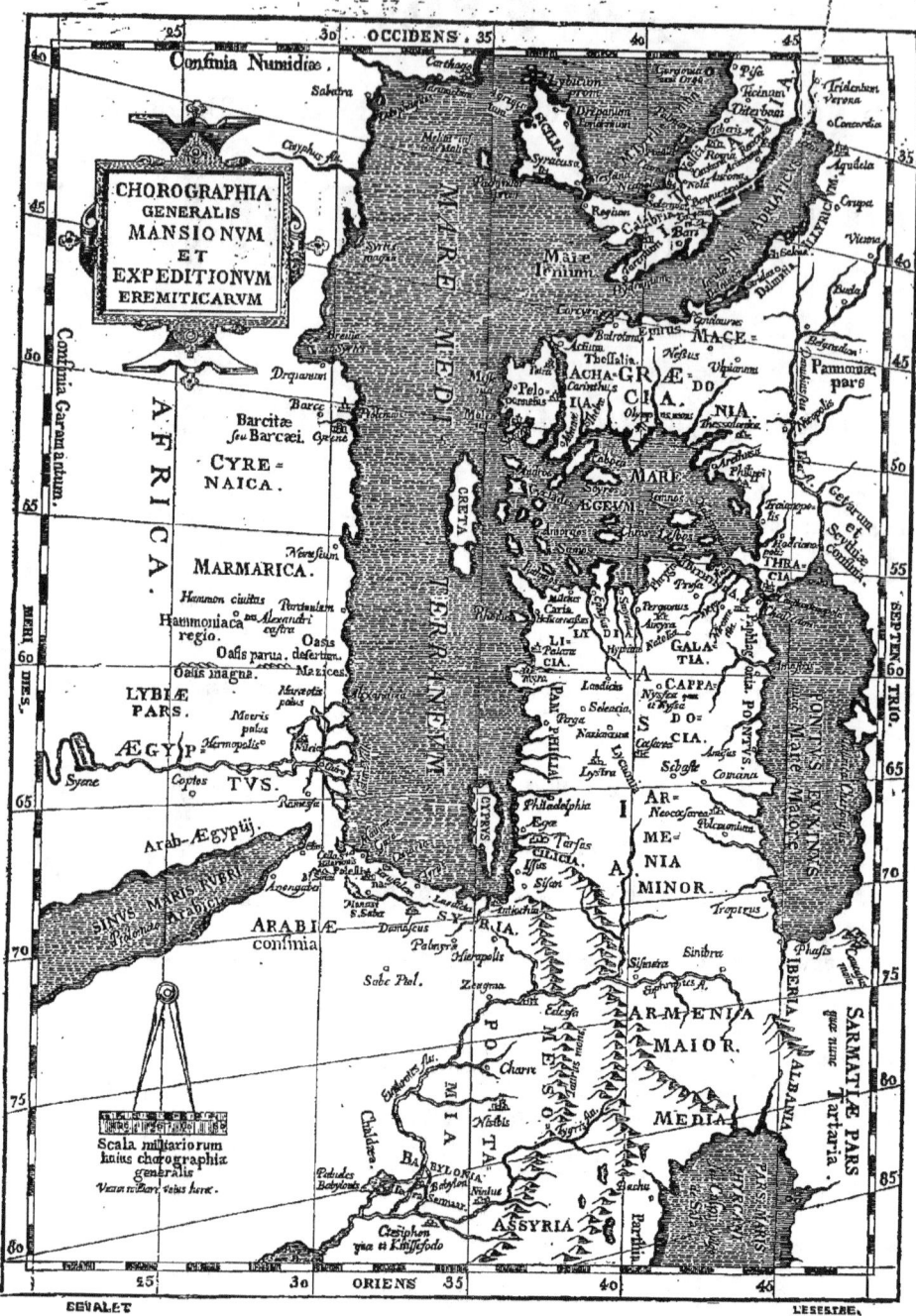

PATROLOGIÆ

CURSUS COMPLETUS

SIVE

BIBLIOTHECA UNIVERSALIS, INTEGRA, UNIFORMIS, COMMODA, OECONOMICA,

OMNIUM SS. PATRUM, DOCTORUM SCRIPTORUMQUE ECCLESIASTICORUM

QUI

AB ÆVO APOSTOLICO AD INNOCENTII III TEMPORA

FLORUERUNT;

RECUSIO CHRONOLOGICA

OMNIUM QUÆ EXSTITERE MONUMENTORUM CATHOLICÆ TRADITIONIS PER DUODECIM PRIORA ECCLESIÆ SÆCULA,

JUXTA EDITIONES ACCURATISSIMAS, INTER SE CUMQUE NONNULLIS CODICIBUS MANUSCRIPTIS COLLATAS, PERQUAM DILIGENTER CASTIGATA;
DISSERTATIONIBUS, COMMENTARIIS LECTIONIBUSQUE VARIANTIBUS CONTINENTER ILLUSTRATA;
OMNIBUS OPERIBUS POST AMPLISSIMAS EDITIONES QUÆ TRIBUS NOVISSIMIS SÆCULIS DEBENTUR ABSOLUTAS DETECTIS, AUCTA;
INDICIBUS PARTICULARIBUS ANALYTICIS, SINGULOS SIVE TOMOS, SIVE AUCTORES ALICUJUS MOMENTI SUBSEQUENTIBUS, DONATA;
CAPITULIS INTRA IPSUM TEXTUM RITE DISPOSITIS, NECNON ET TITULIS SINGULARUM PAGINARUM MARGINEM SUPERIOREM DISTINGUENTIBUS SUBJECTAMQUE MATERIAM SIGNIFICANTIBUS, ADORNATA;
OPERIBUS CUM DUBIIS TUM APOCRYPHIS, ALIQUA VERO AUCTORITATE IN ORDINE AD TRADITIONEM ECCLESIASTICAM POLLENTIBUS, AMPLIFICATA;
DUOBUS INDICIBUS GENERALIBUS LOCUPLETATA : ALTERO SCILICET RERUM, QUO CONSULTO, QUIDQUID UNUSQUISQUE PATRUM IN QUODLIBET THEMA SCRIPSERIT UNO INTUITU CONSPICIATUR; ALTERO
SCRIPTURÆ SACRÆ, EX QUO LECTORI COMPERIRE SIT OBVIUM QUINAM PATRES ET IN QUIBUS OPERUM SUORUM LOCIS SINGULOS SINGULORUM LIBRORUM SCRIPTURÆ TEXTUS COMMENTATI SINT.
EDITIO ACCURATISSIMA, CÆTERISQUE OMNIBUS FACILE ANTEPONENDA, SI PERPENDANTUR : CHARACTERUM NITIDITAS
CHARTÆ QUALITAS, INTEGRITAS TEXTUS, PERFECTIO CORRECTIONIS, OPERUM RECUSORUM TUM VARIETAS
TUM NUMERUS, FORMA VOLUMINUM PERQUAM COMMODA SIBIQUE IN TOTO OPERIS DECURSU CONSTANTER
SIMILIS, PRETII EXIGUITAS, PRÆSERTIMQUE ISTA COLLECTIO, UNA, METHODICA ET CHRONOLOGICA,
SEXCENTORUM FRAGMENTORUM OPUSCULORUMQUE HACTENUS HIC ILLIC SPARSORUM,
PRIMUM AUTEM IN NOSTRA BIBLIOTHECA, EX OPERIBUS AD OMNES ÆTATES,
LOCOS, LINGUAS FORMASQUE PERTINENTIBUS, COADUNATORUM.

SERIES PRIMA,

IN QUA PRODEUNT PATRES, DOCTORES SCRIPTORESQUE ECCLESIÆ LATINÆ
A TERTULLIANO AD GREGORIUM MAGNUM.

Accurante J.-P. Migne,

BIBLIOTHECÆ CLERI UNIVERSÆ,

SIVE

CURSUUM COMPLETORUM IN SINGULOS SCIENTIÆ ECCLESIASTICÆ RAMOS EDITORE.

PATROLOGIÆ TOMUS LXXIII.

VITÆ PATRUM, SIVE, HISTORIÆ EREMITICÆ LIBRI DECEM.

TOMUS PRIOR.

PARISIIS, VENIT APUD EDITOREM,
IN VIA DICTA D'AMBOISE, PROPE PORTAM VULGO D'ENFER NOMINATAM,
SEU PETIT-MONTROUGE.

1849

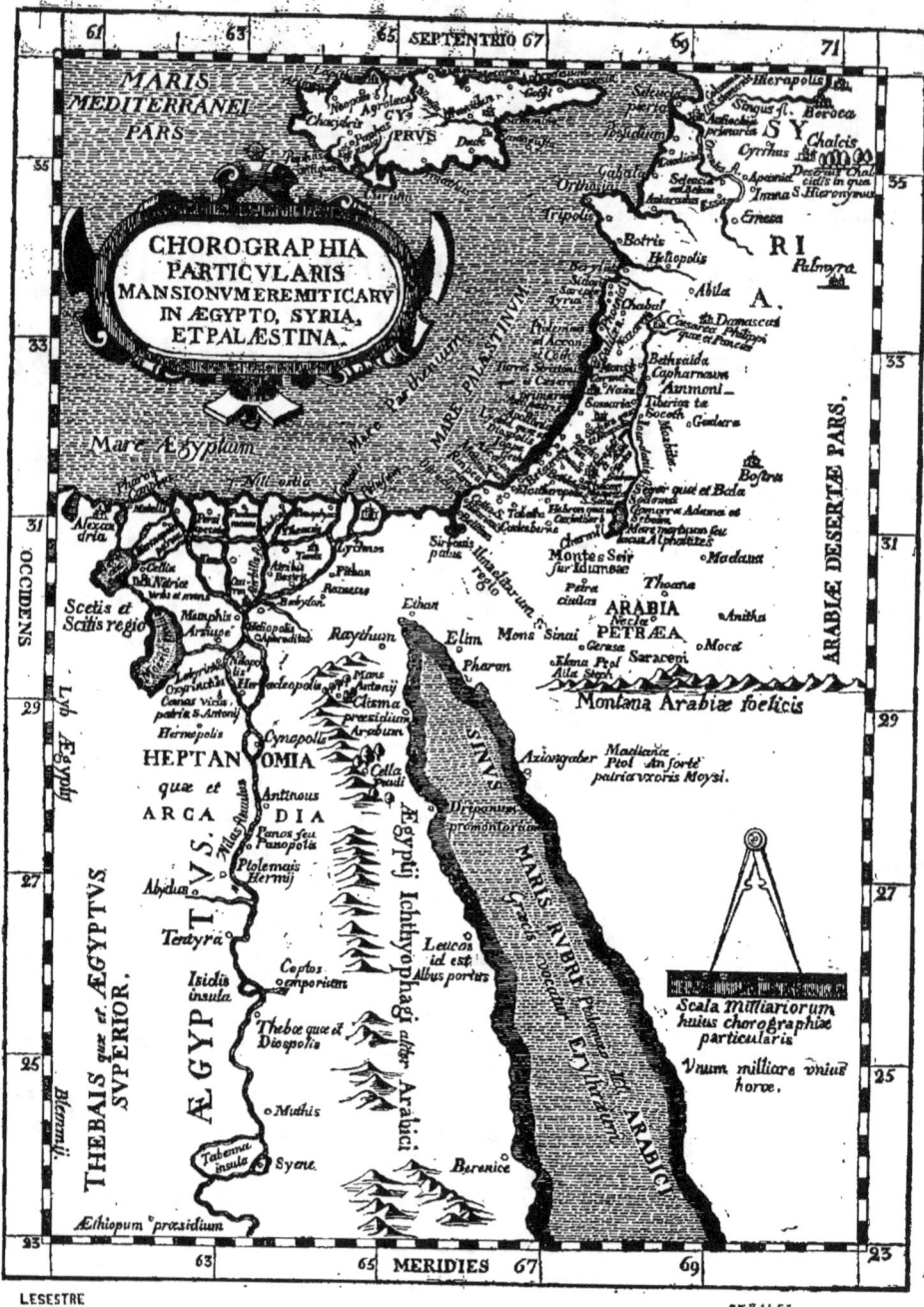

Hanc chorographiam, quam ipse Vallarsius suæ Rufini operum editioni inseruerat, noverit lector, tomo XXI non minus ac præsenti esse referendam.

MONITUM.

Seriei Patrum quæ a Tertulliano ad Gregorium Magnum extenditur quasi coronidem imponimus Vitas Patrum *Rosweydi*, opus videlicet omnium votis exoptatum, laudibus commendatum. Nec a nostro proposito nobis aberrare videmur, dum sex priorum sæculorum monumentis hanc Vitarum collectionem subjicimus, qnarum auctores forte omnes ad illam temporis periodum, satis multi ad Patrologiam Latinam pertinent : iis qui Græce scripserunt nonnisi sub antiquissimæ interpretationis larva se nunc Lectori studioso offerentibus, et quasi jus latinitatis ab hac speciali forma mutuatis, donec ipsos, in serie Græca, suis locis legere liceat, propriam linguam loquentes recentiorique interpretatione donatos. M.

AD ANTONIUM DE WINGHE,

ABBATEM LÆTIENSEM ORDINIS SANCTI BENEDICTI

ET RELIGIOSUM EJUS CŒTUM,

Heriberti Rosweydi proœmium.

Annus jam agitur quartus, ex quo mihi provinciam hanc, admodum reverendissime Domine, Vitas Patrum recognoscendi imposuisti, omnem operam qua a libris qua a sumptibus, ut olim Evagrius in Syriæ eremo Vitas sanctorum Patrum non minus calamo quam vita exprimenti Hieronymo, identidem spondens: Extimulabat te copiosus, quem ex hoc libro cujusque religiosum animum consequi posse censebas, fructus. Ego primum detrectare, causari quod alio opere distinerer, suggerere de Baronii legendis reliquiis, quem sciebam eo olim animo fuisse, ut eam ornaret provinciam ; ideoque Romæ inquirendum esse, si quæ forte ornamenta reliquerit.

Primo igitur quoque tempore Romam cogitans, per illustrem et reverendissimum admodum dominum Moronatum sancti Michaelis in Gallia abbatem, etiam illustrissimi cardinalis Perronii accedentibus auspiciis, a Baronianorum studiorum consciis inquiris, si quid subsidii ad hanc rem præstantissimus Annalium scriptor reliquerit. Responsum vero hoc Roma accipitur (Epistol. Rom. ad cardin. Perron.): « Verum quidem est, ad instantiam multorum piorum fratrum fuisse animum illustrissimo cardinali Baronio S. M. amplificare et scribere in librum Vitas Patrum, quod et promisit in aliquibus suis libris; sed huc usque operi non adhibuerat manum, quia studia sua alio direxit. Præceperat quidem in eum finem procuratori ordinis Cassinensis, ut scriberet ad duo vel tria principalia monasteria sui ordinis, et inquireret an haberi possent libri impressi vel manuscripti, qui tangerent hanc materiam ; et si bene memini, etiam illustrissimo cardinali Sappatæ supplicavit, ut in Hispaniam scriberet pro simili inquisitione. Et existimabat aliquid se etiam reperturum in bibliotheca Vaticana; sed præventus morte exsequi non potuit pium suum desiderium. Domi non inveni nisi unum librum Vitas Patrum, impressum Lugduni anno 1522, tam mendosum ut vix possit intelligi. Hæc causa est cur illustrissimæ Dominationi vestræ nequeam satisfacere, sicut ipsa cupit, et sicut ego libenter et cum omni reverentia facerem, si mihi esset integrum. Si quis sit qui manum adhibere velit huic operi, et operam suam impendere ut perfectum reddat hoc opus, rem præstabit gratissimam Deo optimo maximo et utilissimam omnibus religiosis volentibus pie vivere. »

Hoc habito responso, cum viderem hanc provinciam mihi integram relictam, quam a me adornari optabas, omnibus aliis studiis sepositis, in unam hanc rem incubui. Et quidem tria mihi potissimum in hac recognitione præstanda esse sentiebam.

Primo, ut quoniam ab auctoribus omnis libris auctoritas, in eos non perfunctorie inquirerem. Quod qua cura præstiterim, tum manuductione librorum scriptorum, tum historiæ variæ monitu, docebunt proxime sequentia prolegomena.

Secundo, ut textus prodiret genuinus, nullis interspersus glossematis, nullo subdititio adornatus fuco. Nempe ramenta auri e venis suis sinceriora exeunt, quam a fornace aurificis mistione nescio qua subinde adulterata: Quam in rem manuscriptos undique Codices non e Belgio tantum, sed etiam ex Germania evocavi, quorum catalogum prolegomeno 24 reperies. Quæsivi et editiones quas nancisci potui vetustissimas; imo me prope omnes, seu recentiores seu vetustas nactum esse vix dubitem asserere. Certe ad XIX diversa exemplaria indagavi et inspexi, quæ locis et annis assignatis prolegomenon 17 suggeret. His fretus subsidiis manuscripta cum impressis imprimis comparavi, nunc manuscripta cum manuscriptis, nunc impressa cum impressis quoque committens.

Tertio, ut sicubi verbum aliquod difficile occurreret, sicubi ritus aliquis rarior dubium teneret lectorem, sicubi historia perplexa sensum turbaret, difficultatem explicatione tollerem, raritatem similium adductione notiorem fa-

cerem, perplexitatem collatis inter se historicis evolverem, omnibus denique locis tenebrosis, quantum mihi domestica suggerebat facula, lucem inferrem.

Quia vero memineram Baronium hisce Patrum Vitis jam olim bene voluisse (Baron. Notat. in Martyr. Roman. 17 Jan.), quidquid ex ejus scriptis ad has Vitas illustrandas colligere potui, suis locis ejus verbis dedi, et vel eo nomine libuit magno viro parentare.

Habes, admodum reverendissime domine praelate, instituti mei rationem, habes Vitas Patrum tantopere desideratas. Quas tibi tuoque coetui imputabit posteritas, quod favore sumptuque vestro, veste nunc prodeant cultiore.

Sed nullasne solemni praefatorum more, laudum tibi tuoque coetui licebit hic laureas texere? Non permittis Deo domesticoque sat gloriosus teste. Sustinere igitur me calamum a tuis tuorumque laudibus jubes, « ne affectus, inquis, tuus erga nos transferat te supra rei veritatem (Epist. Abbatis Winghii ad Herib.). » Ego vero, etsi de affectu testari possim, nihil me extra verum de te tuisque sentire, ne tamen in limine, quod aiunt, ad inobedientiae lubricum offendam, jussis pareo.

Nihil dicam de religionis quo flagras studio, nihil de paupertatis quo gaudes amore, nihil de pietatis quo in Deum exaestuas ardore, nihil de praeclaro tuorum regimine, quibus non verbis magis quam exemplo praeis; nihil denique (de quo tamen ego copiosissime loqui, tu libentissime audire posses) de singulari tuo in minimam societatem nostram affectu, quem animus tunicaque non minus nostratem, quam religiosa regulae discretione praecipuae observantia (Greg. l. II Dial., c. 36), et maforte Benedictinum facit. Nihil igitur de tuis laudibus dicam, quod haec laudum flabella semper flagella existimasti.

Sed nec te pro merita convenire licebit, religiose coetus Laetiensis, qui disciplina vestra repraesentatis nobis Tabennam Pachomii, Ammonis Nitriam, Macarii Sceten? Quos enim non una Laetitia virtutum manipulos exhibuit sub Blosio? quibus non charitatis pyropis exsplenduit sub Doulletio? quo non effulsit religionis decore sub Le Francquio? Quisquis profecto Vitas Patrum leget, dum Aegypti perambulans solitudines, Paulos, Antonios, Paphnutios lustrat; dum Palaestinae deserta pervadens, Hilariones, Hesychas, Epiphanios invisit; dum Syriae rupes antraque perreptans, Ephraemos, Aphraates, Julianos visitat; is Laetiam oculis, Laetiam animo, Laetiam adoret vestigiis. Ibi magnorum illorum virorum imitatores, quorum sacra in religiosorum animis viget memoria, abbates inveniet. Quibus ne Winghium non minus virtutum quam dignitatis successorem accenseam, ejus non patitur modestia. Quare eum posteris, non suspectis mortuorum censoribus, laudandum relinquo.

Fruere interea, admodum reverendissime domine praelate, cum religioso tuo coetu hoc sumptibus tuis elimato de Vitis Patrum tomo. Cui si alter quandoque tomus accedat, qui omnia Patrum ascetica scripta uno velut fasce comprehendat, haberes quidquid ad veterum ascesim requiri possit. Quo enim hic liber ad mores efformandos exemplis praeit, alter docendo manuduceret. Sed quia scriptum memini: Coepit Jesus facere et docere (Act. I), hic nunc factorum liber praecurrat.

Quod si solito favore studia mea perrexeris prosequi, et sacrae historiae amantes e tuis singuli provinciis Sanctorum Vitas pergant submittere, dabo operam ut illae quoque simili modo recensitae subsequantur.

Nova Allocutio.

Haec vota mea erant anno 1615, quando ex umbra ad solem auspiciis vestris Vitae Patrum typis Moretianis prodibant. Et jam sanctorum reliquorum Historiae me accingebam, cum ecce tibi prodiit nonnemo Ecclesiae hostis, cui necessario occurrendum fuit. Relictis igitur sanctorum armariis ad sanctorum armamentaria me converti.

Et post tres debellatos hostes, post Historiam Ecclesiasticam et nonnulla alia patriae data, cum jam Vitas Sanctorum in manus resumerem, et Januarius pluteum premeret, ut ad praelum adornaretur, interpellor ab accuratissimo typographo mihique amicissimo Balthasare Moreto, qui asserebat Vitas Patrum posci, identidemque reposci. Hvic igitur operi rursus me impendi, et hos aestivos menses correctioni et editioni dedi, adjutus singularibus tuis observationibus, bonarum spongiarum plenis.

Gratas porro nunc, uti olim, has veterum Patrum melotas denuo expumicatas, in piorum auctorum domesticum tuum cimiliarchium venturas, spem facit certam praeclara illa tua sedulitas, quam in elucidando et ornando Blosio, parente Laetiensium optimo, non laboribus, non sumptibus parcens adhibes, donec tandem nova amicis synthesi post hasce Vitas, his ipsis D. Moreti amici tui typis, publico animarum bono, in lucem veniat. Quod ut cito fiat, omnes vovemus.

Interea, admodum reverendissime domine, redit ad te tuamque Laetiensium coronam, qua merito gloriari potes, liber hic laborque denuo desudatus; qui priscus, qui novus tuus est totus, tuus aere libraque, mancupio tuus. Tantum oro atque obtestor, ut precibus apud Deum optimum maximum quibus vales, velis obtinere, ut haec novantiqua editio, ad aemulandam sanctorum Patrum virtutem in omni religioso coetu, toto orbe terrarum fecundior apparere possit.

IN VITAS PATRUM
PROLEGOMENA XXVI.

Benevolo lectori salutem.

1] Ne offendare, lector, si stylus quandoque rudior, si phrasis occurrat in Vitis Patrum et verbis seniorum incomptior; rem ipsam appende, non verba; fructum lege, non folia; florem carpe, ne volaticos desidera pappos. Præclare magna Ecclesiæ lumina, sanctus Hieronymus : « In loquendo simplicitatem excusabit sanctimoniæ magnitudo (*Hieron.*, *epist. 101, ad Pammach.*). Sanctus Augustinus : « Bonorum ingeniorum insignis est indoles, in verbis verum amare, non verba. Quid enim prodest clavis aurea, si aperire quod volumus non potest? aut quid obest lignea, si hoc potest, quando nihil quærimus, nisi patere quod clausum est (*Augustin.*, *lib. IV de Doctrina Christ., cap. 11*)? » Quibus egregie succinit illustrissimus cardinalis Baronius : « Sicut effossum informe aurum et rude eo charius esse solet, quod nihil videatur alterius metalli habere commistum, ita egregia monumenta sua ipsius vetustate atque simplicitate micantia, quibus res potius quam verba in pretio esse solent, gratiora plane erunt atque jucundiora quovis scripto recentioris auctoris, quibuscunque eloquentiæ phaleris exornato. Quidquid enim obducitur fuco atque pigmentis, suspectum redditur, pulchriorque enitescit ipsa sua puritate simplicitas, quæ quod mentiri nesciat, omne quamvis ad ornatum compositum velamentum abhorret (*Baronius*, *tom III*, *anno 356*). »

Ego vero ita mecum ratiocinari soleo : Qui hæc legent, vel in Latinitatis adyta penetrarunt, vel ante Latinitatis portas etiamnum [II] exercentur et suspirant, prioribus non oberit stylus minus Latinus, cum ipsis domi suppetat, unde Latiniorem depromant; posteriores hic incunabula sua quandoque reperient, nec ipsi lingua minus prompti erubescent ad tertiata et velut offensantis linguæ fragmine dimidiata verba. Equidem solidum aurum, licet terrulenta obductum fæce, caryoticis vilium Kalendarum streniis semper prætuli; venustis quidem specie, fronteque divitias mentientibus, sed tenui tamen tantum auri illitis aspergine, et hoc fuco domesticam tegentibus paupertatem.

Ne mirere quoque, lector, Vitas Patrum toties cusas, recusas, et per tot doctorum virorum transisse manus, nec nitori tamen suo pristino hactenus redditas. Sed enim considerari opto, quod monet divus Augustinus, nempe sumus, « tanquam minusculari vectigalium conductores, vel tanquam opifices in vico argentario, ubi unum vasculum, ut perfectum exeat, per multos artifices transit, cum ab uno perfecto perfici possit. Sed aliter non putatum est operantium multitudini consulendum, nisi ut singulas artis partes cito ac facile discerent singuli, ne omnes in arte una tarde et difficile cogerentur esse perfecti (*Aug.*, *lib. VII de Civitate Dei, cap 4*). »

Ita plerumque evenit in libris recensendis. Non ab uno aliquo, non a duobus, sed a pluribus sæpe res una perficitur; cum hic in antiquariorum præstantiam inquirit, ut typographorum castiget vitia; iste ordinis et rerum majorem rationem habet, ille historiæ. Ita multorum collata manu, prout quemque genius ducit, prodit tandem aliquid accuratum.

Quod ut de editione hac spondere non audeam, ita lectorem invitare non vereor, ut editionem hanc cum aliis editionibus conferat, et arbiter sedeat operæ a singulis præstitæ.

Quæ mihi subsidia fuerint, tum a libris mss., tum ab Editis, quid alii quoque præstiterint, qui ante me hac decurrere orbita, edisseram ordine, si prius de horum librorum inscriptione, auctoribus, interpretibus, auctoritate (quæ solemnia fere præambula sunt) non omnino perfunctorie disseruero.

PROLEGOMENON PRIMUM.
Quæ horum librorum inscriptio.

[III] Dico primo, ut nunc passim, ita jam olim libri hi, (vel certe eorum pars) inscripti fuere : *Vitæ Patrum*.

1. Gelasius papa, in concilio anno Christi 494 cum LXX episcopis Romæ habito delectum habuit ecclesiasticorum librorum, decretumque condidit, quod habetur in decreto Gratiani dist. 15, cap. *Sancta Romana Ecclesia*, in quo ista habet : Vitas Patrum, Pauli, Antonii, Hilarionis, et omnium eremitarum, quas tamen vir beatus scripsit Hieronymus, cum omni honore suscipimus. »

2. Gennadius, de illustr. Ecclesiæ Scriptor., cap. 11, in Evagrio monacho : « Cujus etiam liber, qui attitulatur *Vitæ Patrum*, velut continentissimi et eruditissimi viri mentionem facit. » Et cap. 41, de Petronio Bononiensi episcopo : « Scripsisse putatur Vitas Patrum monachorum Ægypti. »

3. Paschasius S. R. E. diaconus prologo suo in librum, quem de Vitis Patrum rogatu Martini Dumiensis abbatis Latinitati donavit : « Vitas Patrum sanctorum, Græcorum (ut cætera) facundia studiose conscriptas, jussus a te, sanctissime Pater, in Latinum transferre sermonem. »

4. Cassiodorus Instit. divin. lect. cap. 32 : « Vitas Patrum, confessiones fidelium, passiones martyrum legite constanter; quas inter alia in epistola Hieronymi ad Chromatium et Heliodorum proculdubio reperitis, qui per totum orbem terrarum floruere, ut sancta imitatio vos provocans, ad cœlestia regna perducat. »

5. Sanctus Benedictus in regula sua, cap. 42 : Monachi omni tempore, sive jejunii sive prandii fuerit, mox ut surrexerint a cœna, sedeant omnes in unum, et legat unus Collationes vel Vitas Patrum, aut certe aliquid quod ædificet audientes.

6. Gregorius Turonensis, lib. I de Vita Patrum sui sæculi, in Leobardo recluso, cap. 12, cui tentatio cellulam relinquendi incesserat : « Ego vero suspirans non minimo dolore increpare hominem cœpi, asserens diaboli esse calliditatem librosque ei, et Vitas Patrum, ac institutionem monachorum, vel quales qui recluduntur esse debeant, vel cum quali cautela monachos vivere oporteat, abscedens ab eo direxi. Quibus relectis non solum cogitationem pravam a se discussit, verum etiam tanto sensum acumine erudivit, ut miraremur facundiam locutionis ejus. »

7. Georgius Alexandrinus in Vita sancti Joannis Chrysostomi, c. 22 : Ἐν δὲ ταῖς συντυχίαις αὐτοῦ Βίον ἁγίων Πατέρων καὶ ἀναχωρητῶν, καὶ [ΙΙΙΙ] τὴν τούτων πολιτείαν καὶ ἀρετὴν ἐξηγεῖτο, ὥστε ἐκ τῶν τοιούτων ῥημάτων πολλοὺς κατανύττεσθαι καὶ πλῆθος δακρύων καταφέρειν ἐκ τῶν ὀφθαλμῶν αὐτῶν, ποθῆσαι δὲ καὶ τὸν μονήρη βίον μετελθεῖν, καὶ ἀποτάξασθαι τῆς τύρβης καὶ συγχύσεως τοῦ βίου. « Porro in suis familiaribus colloquiis subinde commeminit Vitæ sanctorum Patrum et anachoretarum, eorumque conversationis ac virtutis, ita ut ejusmodi sermonibus compungerentur non pauci, ita ut ex eorum oculis uberrimæ elicerentur ac defluerent lacrymæ, et ingenti desiderio caperentur solitariam exercendi vitam, et extremum vale dicendi turbulentæ confusioni vitæ hujus. »

8. Fulbertus Carnotensis episcopus, epist. 79 : « Mitto tibi Cyprianum, Porphyrium, et Vitas Patrum cum Psalterio, ut petisti. » Et in fine libri post hymnum de Nativitate Christi et Epiphania : « In Vitis Patrum veterum quiddam legi jucundum. » Ubi rhythmice recenset Joannis Parvi seu Brevis historiolam, qui instar Angeli agere desiderabat nihil operans, quod habes apud Ruffin., lib. III, n. 56, et Pelagium, libell. x, num. 27.

Dico secundo : Quidam ex his libris inscripti quandoque fuere, *Verba seniorum.*

Ita Beda Martyrologio suo, 19 Julii : « Apud Thebaidam sancti Patris nostri Arsenii, de quo in Verbis Seniorum refertur, quia propter redundantiam lacrymarum tergendarum sudarium semper in sinu vel in manu habuerit. » Eadem apud Usuardum, Rabanum, Adonem, Notkerum. Desumpta sunt autem ex lib. III Ruffini, num. 163, et Pelagii, libello III, n. 4.

Originem tituli hujus credo esse ex crebra verbi A mentione in hisce libris. Apud Ruffinum, lib. III Vitarum Patrum, num. 130 : « Quod verbum antequam quiescam, sero ex cordis mei recenseo veritate. » Apud Pelagium, libro v Vitarum Patrum, libello III, n. 2 : « Dic mihi aliquod verbum. » Et n. 9 : « Rogabant autem eum senes, ut faceret verbum ad fratres. » Et num. 24 : « Abba, dic mihi aliquod verbum. » Et libello v, n. 13 : « Ostende charitatem, abba, et dic mihi verbum. » Et num. 32 : « Audivi enim quia dixerit abbas Pastor, sed et alii fratres hoc verbum. » Libello vi, num. 5 : « Dicens quodam verbo, quod memoriæ dignum est commendari. » Num. 12 : « Dic mihi unum verbum. » Et apud Joannem, libro vi Vitarum Patrum, libello III, n. 4 : « Dic fratribus verbum ædificationis, pater. » Et alibi passim.

Sane jam olim profanis auctoribus *verbum* pro axiomate vel brevi sententia, qualia hæc Patrum verba sunt, usurpatum. Terentius Andria, act. 1, scen. 5 : « Miseram me, quod verbum audio ? » Ubi Donatus : « Verbum pro ἀξίωμα more suo posuit. » Ibidem, act. 11, scen, 5 : « Verum illud verbum est, vulgo quod dici solet. » Ubi Donatus : « Id est, proverbium, [v] et sententia ; et sic veteres verbum pro sententia. » Idem, Eunucho, act. 1, scen. 2 : « Utinam istuc verbum. » Donatus : « Et istuc verbum, pro tota sententia. Verbum pro dicto. Sed proprie ἀξίωμα, id est sententia vel enuntiatio, quæ uno ligatur et astringitur verbo, verbum a veteribus dicebatur. » Ibidem : « Victus uno verbo quam cito. » Donatus : Verbum dictum intelligas, quod verbo complectitur, et completæ sententiæ pronuntiationem, quod ἀξίωμα nominabatur. » Idem, Eunucho, act. 4, scen. 5 : « Verbum, Hercle, hoc. » Donatus : « Verbum, proverbium. » Idem, Adelph., act. 5, scena 8 : « Non meum illud verbum facio. » Donatus : « Verbum pro ἀξιόματι posuit, quod uno stringitur verbo. Ergo verbum brevis sententia, verbum dixit veram sententiam. Nam verba esse a veritate dicta, testatur Varro.

Quæ alii *verba*, Cassianus *scita* vocat libro v Instit., cap. 24 : « Cum de Syriæ partibus Seniorum scita discere cupientes, Ægypti provinciam petissemus. »

Dicebantur etiam *sententiæ*. Pelagius, libello xi, n. 20 : « Loquar de verbis et sententiis Seniorum. »

Quandoque *sermones*. Pelagius, libello iv, n. 1 : « Sedentes in navi loquebantur sermonem Patrum. » « Et apud Cassianum, collat. 1, cap. 1, habes « Sermonem ædificationis. »

Subinde *responsa*. Paschasius, cap. 44, in fine : « Hæc sapientium et spiritualium responsa Patrum. » Et Sigebertus de illustr. Ecclesiæ Scriptor., cap. 118 : « Interrogationes et responsiones. »

Item *apophthegmata*. Petronius, Bononiensis episcopus, apud Alphonsum Ciacconem, tractatu de sancti Hieronymi cardinalitio, ut mox citabitur prolegomeno 4, § 7. Et nuper in Bibliotheca Patrum, tomo IX, in secunda et tertia editione, liber quintus et sextus Vitarum Patrum hoc nomine editus est. Quin et prologus Prati spiritualis, seu novi Paradisi, qui Parisiis Græce editus est anno 1604 ex Codicibus Vaticanis et viri clarissimi Francisci Olivarii, eum librum continere ait διηγήματά τε καὶ ἀποφθέγματα ὁσίων καὶ δικαίων καὶ φιλοχρίστων πατέρωντε καὶ ἀδελφῶν: « narrationes ac scite dicta seu apophthegmata, sacrorum, justorum, Christique amantium Patrum et fratrum. »

Nonnunquam *gesta senum*. Joannes Moschus, Prati spiritualis cap. 55 : « Dedit mihi librum ad legendum, in quo gesta senum scripta erant. » In Græco est : Βιβλίον γεροντικόν. Ita quoque nominatur apud Dorotheum in Doctrinis.

Dicti quandoque hi libri sunt Πατερικόν seu Πατρικόν. Ita hic post habes prolegomeno 12, de Paradiso Joannis Moschi. Et alia quoque Mss. vidi quæ Πατρικόν pro titulo habent.

[VI] Quæret hic primo criticus quispiam, quæ inscriptio sit potior, Vitane, an Vitæ? Non hanc moverem quæstionem, nisi jam olim de ea quæsitum legissem apud Gregorium Turonensem. Ille igitur, præfatione in librum suum de Vita Patrum, qui liber agit de quibusdam sæculi sui sanctis viris : « Quæritur, inquit, a quibusdam, utrum Vita sanctorum an Vitæ dicere debeamus, Aulus Gellius autem et complures alii Grammaticorum Vitas dicere voluerunt. Nam Plinius auctor, in tertio Artis grammaticæ libro ait : « Vitas antiqui cujuscunque nostrum dixerunt ; sed grammatici pluralem non putant habere Vitam. » Unde manifestius est, rectius dici Vitam Patrum quam Vitas, quia cum sit diversitas meritorum virtutumque, una tantum omnes vita corporis alit in mundo. »

Pro Gregorio quis adducere possit, quod habet Sosipater Charisius, lib. II Instit. gram., cap. de interjectione : « Vita Deum immortalium. Cato senex. Ubi Statilius Maximus : Ἐκρώνησις, inquit, ἀρχαϊκή, ὡς τὸ Πόποι. Cum enim Cato de pluribus loqueretur, Vita potius dixit quam Vitæ. » Sic Flavius Vopiscus in Carino : « Maxime cum vel vivorum principum Vita non sine reprehensione dicatur. »

Olim tamen obtinuit tam apud profanos, quam ecclesiasticos scriptores, ut Vitæ dicerentur. Virgil. IV Georg. :

Quemque sibi teneras nascentem arcessere vitas.

Idem VI Æneid., de Minoe :

...... Vitasque et crimina dicit.

Et eodem libro :

Inde hominum pecudumque genus vitæque volantum.

Rursus libro eodem :

Et ni docta comes tenui sine corpore vitas
Admoneat volitare.

Cicero, de Nat. Deor. lib. I : « Deus hominum commoda vitasque tuetur. » Idem de Amicit. : « Serpit per omnium vitas amicitia. » Terentius, Adelph., act. 3, scen. 5 :

Inspicere tanquam in speculum in vitas omnium
Jubeo, atque ex aliis sumere exemplum sibi.

Capitolinus in Macrino : « Vitæ illorum principum, seu tyrannorum, sive cæsarum, qui non diu imperaverunt, in obscuro latent. » Et mox : « Sed ejus, qui Vitas aliorum scribere orditur, officium est digna cognitione perscribere. » Lampridius, in Alexand. Severo : « Vitas principum honorum versibus scripsit. » Divus Augustinus, de Civit., libro XXII, cap. 29 : « Unde discernimus a non viventibus corpora, nisi corpora simul vitasque videamus? » Sidonius, libro IV, epist. 14 : « Quia Christo res humanas vitasque medicaturo, putrium conscientiarum cultro squalens ulcus aperimus. » Accedunt [VII] auctoritates præcedentis conclusionis, ubi et ipse Gregorius Vitas Patrum, quas hic præ manibus habemus, ita vocat, quod eo nomine vulgatissimæ essent.

Quæret secundo religiosior alius, num Patrum nomen nimis invidiosum sit, nec ab religiosis et eremitis vel usurpandum promiscue vel admittendum? Hieronymus, libro II in epist. ad Galatas, in explanatione commatis hujus , *Misit Deus spiritum filii sui in corda nostra clamantem, Abba, Pater (Gal. IV)*, creditur improbasse piam monachorum consuetudinem, qui præfectos suos honoris gratia abbates et patres appellant ; præter hoc autem , etiam juramenti jus Christianis videtur ademisse. Habet enim eo loci verba hujusmodi : « Cum autem Abba , Pater, Hebræo Syroque sermone dicatur, et Dominus noster in Evangelio præcipiat nullum Patrem vocandum nisi Deum (*Matth.* XXV), nescio qua licentia in monasteriis vel vocemus hoc nomine alios, vel vocari nos acquiescamus. Et certe ipse præcepit hoc , qui dixerat non esse jurandum. Si non juramus, ne Patrem quidem quempiam nominemus. Si de Patre interpretabimur aliter, et de jurando aliter sentire cogemur. » Hæc ille.

Sed respondet Sixtus Senensis, lib. VI Bibliothecæ sanctæ, annotat. 279 : « Arbitror, ait, hanc periodum a seditiosulo quopiam monacho in fronte paginæ descriptam , et inde postea ab oscitantibus librariis in contextum translatam. Nec me falli, argumento sunt quæ Hieronymus sententia plane contraria , et ex professo scripsit libro quarto in Matthæum, ubi inquirens quomodo intelligendum sit illud Servatoris mandatum, *Nolite vocari magistri, et patrem nolite vocare vobis super terram*, etc. (*Matth.* XXIII, 8, 9), sic ait : « Quæritur quare adversus hoc præceptum , doctorem gentium Apostolus se esse dixerit, aut quomodo vulgato sermone , maxime in Palæstina et Ægypti monasteriis, se invicem Patres vocant? quod sic solvitur : Aliud est natura esse patrem vel magistrum , aliud indulgentia ; nos si hominem patrem vocamus, honorem ætati deferimus, non auctorem nostræ ostendimus vitæ. Magister quoque dicitur ex consortio veri magistri. Et ne infinita replicem, quomodo unus per naturam Deus , et unus Filius non præjudicat cæteris, ne per adoptionem dii vocentur, et filii ; ita et unus pater et magister non præjudicat aliis, ut abusive appellentur patres et magistri. »
Hactenus ex divo Hieronymo Sixtus.

In eamdem quoque sententiam divus Augustinus,

collatione Carthaginensi tertia, capite 242 : « Honorificentiæ causa patres appellamus eos qui nos vel tempore vel meritis præcesserunt. Aliud est cum quærimus ad fidem quem habeamus patrem. Nam illud honoris est, ut quotidie senibus dicamus, pater ; quotidie etiam quibusdam non nobiscum in una ecclesia, nec in jisdem sacramentis constitutis dicimus, frater. [VIII] Sodomitis etiam dixit Lot, frater (*Gen.* XIX) : utique ad leniendum eorum animositatem, non ad cognitam fraternitatem, et quasi unius hæreditate consortium. Tollantur ergo ista. Distinguamus vocabula, quæ hominibus propter honorem debentur, et vocabulum quod propter salutem requirimus. »

Sed et alibi sanctus Hieronymus anachoretarum principes patres vocat epist. 22, ad Eustochium : « Macarius, Pambo, Isidorus, quos patres vocant. » Cyrillus etiam Alexandrinus epistolam quam misit ad presbyteros et diaconos, quæ habetur in Actis synodi Ephesinæ, parte 1, cap. 2, simul inscripsit, Πατράσι μοναχοῖς, « Patribus monachis. »

Quæret tertio fortasse curiosulus aliquis unde in plerisque libris editis quasi recto casu, vel ἀπτώτως seu indeclinabiliter Vitas Patrum inscribatur ? Ita quidem editio Veneta, anno 1508, in fronte pro titulo præfert. Respondeo, videri possit ortum ex primis quibusdam editionibus, in quibus cum nullum libro frontispicium præfigatur, sed initium appellationis ducatur ; vel a prologo qui in Norimbergensi, anno 1478, sic habet : *Incipit prologus sancti Hieronymi presbyteri in libros Vitas Patrum* ; vel a registro, ut in Germanicis incerti loci, anno 1483 et 1485 ; *In antiquorum Patrum Vitas, a beato Hieronymo conscriptas registrum* ; factum videtur ut posteriores editores, Vitas Patrum, ἀπτώτως, seu inflexibiliter ceperint. Certe prima omnium editio, nullo certo anno, loco, typographo consignata aliter habet : *Incipit præfatio beati Hieronymi presbyteri in primum librum de Vita sanctorum Patrum.* Ut non immerito Galenus Westcapellus, catechesi 225 asserat se nescire qua grammatica liber hic inscribatur VITAS PATRUM.

Sed non acceptam occasionem ex primis editionibus librum eum vocandi et inscribendi Vitas Patrum, vel inde patet, quod constet antiquam fuisse appellationem Vitas Patrum, etiam ante impressionem. Clarum id est Vitas Fratrum, quarum auctores hinc suum titulum videntur hausisse et adumbrasse. Et quidem diversus a diversis eo titulo liber est insignitus. Humbertus quintus magister generalis ordinis D. Dominici, dicitur Vitas Fratrum sui ordinis composuisse, ut habet frater Theodoricus de Apoldia epistola præfatoria ante Vitam sancti Dominici, 5 Augusti. Nondum vidi eum librum prodiisse eo auctore. Habeo penes me Mss. Vitas Fratrum ordinis D. Dominici, auctore Gerardo de Fracheto Dominicano, qui eum librum scripsit jussu Humberti generalis quinti anno 1260. Citat et eum Antonius Senensis in Bibliotheca scriptorum sui ordinis. Quia igitur auspiciis Humberti eum librum scripsit Gerardus, et

quia Humbertus ipse præfatur, ipsi Humberto eum fortasse tribuit Theodoricus. Nunc vero, cum Vitas has secundo [IX] typis submitto, prodiit is liber Duaci apud Balthasarem Bellerum anno 1619.

Jordanus quoque de Saxonia ordinis fratrum eremitarum sancti Augustini librum composuit, quem Vitas Fratrum inscripsit, editusque est Romæ anno 1587, curante Augustino Fivizanio, ejusdem ordinis religioso, apostolici palatii sacrista, cum notis M. Antonii Maffæi Salernitani. Josephus Pamphilus episcopus Signinus in Chronico ordinis eremitarum sancti Augustini citat ex Vitis illis initium Spiritualis pulchritudinis, quod initium nunc in editis non comparet. Forte olim eo initio præfatio fuit præfixa, quæ nunc deest.

Accedit etiam vetustos quosdam Mss. titulum præferre Vitas Patrum. Ita liber Vedastinus ante annos supra DCCC scriptus litteris, ut vocant, capitalibus.

Sed qua grammatica, vel qua occasione liber ille ita inscriptus ? D. Georgius Colvenerius, M. N. Academiæ Duacenæ cancellarius, existimabat, vetustissimo more ad Græcorum imitationem librum primo dictum et inscriptum, *Liber Vitas Patrum*, pro *Liber Vitæ Patrum*, id est, liber qui continet Vitam Patrum ; ut Vitas sit genitivus singularis, ut familias in paterfamilias. Deinde *Liber* omissum esse, simpliciterque dictum *Vitas Patrum*. Ego vero nescio an quispiam hanc antiquitatis formam in posterioribus sæculis sit admissurus. Certe Joannes Despauterius, lib. II Commentariorum grammaticorum, in prima declinatione, ait : Liber *Vitas Patrum* sic non dicitur, sed *Vitæ Patrum* ; legi *Vitas Patrum*, etc.

Hadrianus Courten noster, Belgiique nostri in grammaticæ palæstra alter Palæmon, existimat imperitiam scriptoris ex his verbis *Vita S. Patrum* fecisse *Vitas Patrum*, probabili in primis facilique conjectura.

Mihi vero occurrebat hujus appellationis originem profluxisse ex veterum citatione, qui ita fere librum hunc citant, licet verbo addito, ut patet hic in prima conclusione, ubi Gelasius ait, « Vitas Patrum cum omni honore suscipimus. » Gennadius : « Petronius scripsisse putatur Vitas Patrum. » Paschasius : « Vitas Patrum jussus in Latinum transferre sermonem. » Cassiodorus : « Vitas Patrum proculdubio reperitis. » Sanctus Benedictus : « Legat unus Vitas Patrum. » Gregorius Turonensis : « Vitas Patrum abscedens ab eo direxi. » Hinc igitur, quia toties apud auctores legebant quidam *Vitas Patrum*, eam appellationem τεχνικῶς libro indidere. Satis autem constat ex Gennadio supra citato, librum hunc olim recte in recto inscriptum *Vitæ Patrum*. Ita enim ille cap. 11, in Evagrio : « Cujus etiam liber, qui attitulatur *Vitæ Patrum*, velut continentissimi et eruditissimi viri mentionem facit. »

PROLEGOMENON II.

Qui horum librorum auctores.

[X] Hic vero cardo totius rei vertitur. Ut enim monetæ non tantum a pondere, sed et ab effigie suus est valor, ita et libri pretium non tantum a mole, sed et ab auctore æstimatur.

Quod si auctor quandoque latet, tunc investigare conabimur interpretem; qui si antiquus, si doctus, si probus, non magnopere de auctore laborabimus. Cur enim quod judiciosus interpres suo dignum stylo calamove judicavit, non vel ipsius fide recipiamus?

Quia vero multi hic libri sunt, a diversis auctoribus conscripti, et de quibusdam perplexissima res est, de singulis libris inquiram singulis prolegomenis.

PROLEGOMENON III.
Quis primi libri auctor?

Dico primi libri auctores varii sunt : quidam certi, quidam dubii, quidam incerti.

Certi auctores, auarum singuli Vitarum, sunt : 1. Divus Hieronymus, auctor Vitarum aliquot, ut Pauli primi eremitæ, Hilarionis anachoretæ, Malchi monachi captivi, Fabiolæ, Paulæ Marcellæ Romanarum viduarum. 2. Sanctus Athanasius episcopus Alexandrinus, auctor Vitæ sancti Antonii. 3. Paphnutius, auctor Vitæ sancti Onuphrii eremitæ. 4. Sanctus Ephrem Syrus, auctor Vitæ sancti Abrahæ eremitæ, et Mariæ ejus neptis. 5. Amphilochius Iconiensis episcopus, auctor Vitæ Divi Basilii Cæsareæ Cappadociæ episcopi. 6. Antonius auctor Vitæ sancti Simeonis Stylitæ. 7. Leontius Neapolis Cypriorum insulæ episcopus, auctor Vitæ sancti Joannis Eleemosynarii patriarchæ Alexandrini. 8. Joannes Damascenus auctor Vitæ sanctorum Barlaam et Josaphat. 9. Jacobus diaconus Edessenus, auctor Vitæ sanctæ Pelagiæ. 10. Sophronius, patriarcha Jerosolymitanus, auctor Vitæ sanctæ Mariæ Ægyptiacæ.

[xi] Dubius unus est Theophilus, auctor Vitæ Macarii Romani. Nam quod Baronius not. ad Martyrolog. Rom. 2 Januarii ait, Macarii Romani Vitam, quæ est in Vitis Patrum, scriptam per Theophilum, nescio an illi sit tribuenda. Habetur quidem nomen Theophili initio Vitæ Macarii, sed et nomina duorum sociorum adjunguntur, Sergii et Hygini. Et quod narratur, omnium narratur nomine, ut non proclive sit definire quis eorum trium hanc de Macario narrationem in scripta retulerit.

Imo Gratianus, in decreto 27, q. 2, cap. 26, Hieronymi nomine, Macarii e thalamo fugam citat, quod non aliunde quam ex hac Macarii Vita videtur hausisse.

Quod vero Hieronymi nomine citaverit, id errore communi factum, quo Vitæ Patrum omnes vulgo Hieronymo fuere tributæ ; cujus erroris occasionem et originem vide infra, prolegom. 4, § 8.

Incerti auctores sunt reliquarum Vitarum, quæ primo libro continentur.

Sed interpellat hic D. Constantinus Cajetanus, qui in Apologia sua pro Joanne Gersen, sanctæ Euphrosynæ Vitæ certum videtur velle assignare auctorem, et quidem hæreticum. Quod equidem unde hauserit nescio, certe nullius nomen prodit auctoris. Qui ubi proditus fuerit, examinabitur ejus conditio. Et quid obstaret, etiamsi auctor hæreticus esset, Vitam ab eo descriptam sinceram esse? Facile cuique est ἀερομαχεῖν.

PROLEGOMENON IV.
Quis secundi libri auctor?

De hoc potissimum libro quæstio est. Hic enim ille est quem veteres plerique, dum Vitas Patrum citant, intelligunt. Quod colligere est tum ex divo Hieronymo, epist. ad Ctesiphontem adversus Pelagian., ubi ait, Joannem in ipsius libri poni principio, quem hic primum reperies; tum ex Gennadio, de illustr. Eccle. Script., cap. 40, qui asserit librum, « qui attitulatur *Vitæ Patrum*, velut continentissimi et eruditissimi viri (Evagrii) mentionem facere ; » qui libri hujus cap. 27 occurrit.

Tam variæ pugnantesque de auctore hujus libri (nisi velimus a singulis diversos libros scriptos vel interpolatos) sententiæ sunt, ut operæ pretium sit eas in paragraphos partiri, ut singularum momenta appareant, et justa judicii trutina expendi possint. Auspicabor a Græcis.

§ I. *Auctorem videri Timotheum episcopum Alexandrinum.*

[xii] Sozomenus, lib. vi, cap. 29 Hist. Eccl., cum de Apollone, qui in Thebaide vixerat, egisset, addit : Ἀλλ᾽ οἵᾳ μὲν ἀγωγῇ ἐχρῆτο, καὶ ἡλίκων ἦν θείων καὶ παραδόξων πραγμάτων ποιητής, ἱστορεῖ Τιμόθεος ὁ τῶν Ἀλεξανδρείαν ἐκκλησίαν ἐπιτροπεύσας εὖ μάλα, αὐτοῦ καὶ πολλῶν ὧν ἐπεμνήσθην, καὶ ἄλλων δοκίμων μοναχῶν τοὺς βίους διεξελθών. « Sed quænam fuerit ejus disciplinæ ratio, et quanta quamque divina fecerit miracula, Timotheus Ecclesiæ Alexandrinæ antistes accurate narrat : qui non illius modo, sed aliorum etiam complurium, de quibus facta est a me mentio, Vitas litteris persecutus est. » Atqui capite præcedenti mentio facta monachorum Joannis, Or, Amon, Beni, Theonæ, Copri, Helle, Eliæ, Apellis, Isidori, Serapionis, Dioscori et Eulogii, quorum omnium Vitæ in hoc secundo Vitarum Patrum libro habentur.

Equidem, qui Timotheum libri hujus auctorem faceret, nondum legi ; visum tamen mihi fuit id quod de eo habet Sozomenus in medium producere, ut doctiorum judicio perpendi possit. Mihi certe omnino vero simile fit plerasque libri hujus Vitas ex Timotheo adumbratas. Apollonis sane Vita, quam Timotheus dicitur εὖ μάλα, seu accurate scripsisse, hoc libro, cap. 7, accurate perscriptam habes Apollonii nomine. Exstat quidem eodem modo apud Palladium Lausiac. Hist. cap. 52, sed omnino alter ab altero habet, recentior forte a vetustiore ; quanquam ætate potius suppares sunt.

§ II. *Auctorem videri Palladium Galatam Helenopoleos episcopum.*

Galenus Westcapellius, catech. 215, ubi refutat historiolam de Macario, qui dicitur e nuptis fugisse, Palladium hujus libri auctorem videtur facere. Ait enim : « Ne in illo quidem fictitio libro, qui inscribitur, nescio qua grammatica, Vitas Patrum, quidquam deprehendi ; ubi Palladius, utrique Macario familiariter notus, longe alia refert. »

Equidem quod Palladius, vel quisquis libri hujus est auctor, utrique Macario familiariter notus fuerit, in hoc libro, seu Vitis Patrum non dicitur; sed in ipsa Palladii Lausiaca Historia profitetur Palladius, se Macario Alexandrino convixisse.

Sed ut Galenum errore liberem, non de Macario Ægyptio vel Alexandrino (ut Galenus videtur existimassè) narratur ea historiola, sed de Macario Romano, cujus Vitam primo libro hic reperies ; habetur quoque ea de Macarii e thalamo fuga narratio in decreto 27, q. 2, cap. 26, *Scripsit*.

Quia tamen et in hoc libro, et in Lausiaca Historia, eadem ferè [XIII] non tantum de utroque Macario, sed et de aliis plerisque omnibus habentur, non inanis omnino suspicio est, vel auctorem hujus libri a Palladio, vel hunc ab illo, vel utrumque a tertio quopiam, ordine tantum mutato, quibusdam detractis vel additis, sua mutuatos.

Est quidem nonnulla in narratione diversitas, sed ea perparva. Nam in hoc libro cap. 1, quod de Joanne est, narrat auctor se cum septem fratribus Joannem accessisse ; in Lausiaca autem Historia narrat auctor quod solus Joannem convenerit, et post fratribus suis sociis de eo indicaverit, qui deinde ad eum profecti sunt, ex quorum narrat ore quæ præter ea quam ipse viderat de Joanne refert. Prolegomeno 14, in interprete libri VIII.

Equidem in vetustissimo quodam libello manuscripto collegii nostri Brugensis, quo variæ sanctorum Vitæ continentur, atque inter cæteras Abrahæ eremitæ, præmittitur ei Vitæ præfatio, Benedictus Deus, et cum hoc titulo : *Incipit prologus Palladii viri doctissimi de Vitis Ægyptiorum Patrum,* quæ quidem præfatio hic huic secundo libro præfigitur.

§ III. *Auctorem videri Heraclidem Bithyniæ episcopum.*

Qui hoc diserte assereret, præter Gesnerum inveni neminem. Ita enim ille Bibliothecæ suæ tom. III, tit. VI., p. 1 : « Heraclidis historia non alia puto quam de Vitis Patrum. »

Trithemius, Catal. Eccl. Script., asserit Heraclidem monachum de Vita et conversatione sanctorum Patrum scripsisse : « Heraclides, inquit, monachus, vir moribus sanctus, et divinarum Scripturarum eruditione insignis, sanctorum Patrum anachoretarum, ac monachorum diligentissimus inquisitor et imitator, qui velut argumentosa apis de singulorum conversatione flores virtutum in alveolum pectoris sui conferens, mel spiritalis dulcedinis procreavit, scripsit inter alia ad ædificationem legentium opus insigne, de Vita et conversatione sanctorum Patrum in eremo, vel in cœnobiis degentium sub regula, cujus titulus est, *Paradisus,* librum 1. Claruit temporibus Gratiani imperatoris anno Domini 380. »

Prodiit hic liber Parisiis, ex officina Bellovisiana apud Joannem Parvum, anno Domini 1504, cura Jacobi Fabri Stapulensis, qui hæc de eo habet in præfatione ad lectorem : « Ex opere ipso agnosci potest quod Alexandrinus, quod Christi succensus amore, inter deserta et antra ferarum pauperiem secutus ; quod Bithyniæ (ipso quidem invito ac reclamante) totius populi suffragio in episcopum suffectus. » Vide plura de eo apud Petrum, in Catalogo SS., libro XI, cap. 87.

Baronius, annali 388 Heraclidis Paradisum eumdem facit cum Lausiaca Historia Palladii. Sane eadem utrobique reperias. [XIV] De utroque igitur idem esto judicium, quoad libri hujus auctorem.

Idem ante Baronium senserat Aloysius Lipomanus episcopus Veronensis, tomo III de Vitis sanctorum, qui editionem Heraclidis, nonnulla interpolatione adhibita (de qua vide prolegomeno 14, ubi agitur de interprete libri VIII, cujus auctor est Palladius) Palladii nomine tomo illi III inseruit. Qui porro discutiendum sibi operæ pretium arbitratus est, unde factum sit ut ementito vero hujus libri auctore (ut ipse existimat) sub titulo Paradisi Heraclidis in lucem emerserit.

Idque primum, inquit, menti occurrit, Parisinum typographum istius commenti parentem exstitisse. Cum enim legisset is per divum Hieronymum in procemio Dialogorum contra Pelagianos fuisse scriptum, « Palladium, servilis nequitiæ virum, Origenis hæresim instaurare, » divum quoque Epiphanium in epistola ad Joannem episcopum Jerosolymitanum asserentem, « Palladium Galatam, qui olim sibi fuerat charus, Origenis hæresim prædicare et docere, » veritus est bonus impressor, ne, si librum sub auctoris nomine evulgaret, is statim ab initio, ut ab hæretico homine conscriptus, explooderetur. Cogitavit igitur (meo judicio) stropham illam, ut de Palladio Paradisum faceret, cujus perfacilis inversio videbatur, et tanquam ab alio compositum volumen edidit, quo doctos viros ad ejus emptionem facilius animaret. » Ita quidem Aloysius.

Cujus sane viri doctissimi studium atque industriam obscura quemque pervestigandi uti laudamus, ita hic conjecturæ felicitatem probare non possumus. Vere enim typographus librum eum Heraclidis nomine prænotatum invenit, et titulo Paradisi insignitum. Ita enim Ms. præfert quem inspexi, et jam olim a Vincentio Belvacensi in Speculo historiali, libro XVII, a capite 64, adusque 99, et Petro a Natalibus in Catalogo sanctorum, libro XI, cap. 87, eo nomine tituloque adductus est. Quin et veteribus Paradisus notus fuit. Photius enim Bibliothecæ suæ Codice 198 libri meminit qui inscriptus est Νέον Παραδείσιον, id est, *Novus Paradisus,* quod de Limonario, seu Prato spirituali Joannis Moschi intelligi, declaratur sequenti Codice 199. Unde facile colligere est, si Novus aliquis Paradisus est, et Veterem aliquem fuisse, quem non alium ab hoc nostro fuisse liceat existimare.

Heraclides quoque, monachus quidam tempore Macariorum notus fuit, ut constat ex Nicephoro, lib. IX, cap. 14. Quin et synodus ad Quercum habita, apud Photium, Codice 59 de causa Joannis Chrysostomi, Heraclidis cujusdam meminit : ubi post primum et secundum accusationum a Joanne diacono propositarum caput [xv] examinatum subditur : « Deinde cœperunt de Heraclide et Palladio Helenopolis episcopis agere. » Diciturque Heraclides fuisse Origenista, et a Chrysostomo Ephesiorum episcopus ordinatus. Iidem conjunguntur articulo secundo in libello ab Acacio eidem synodo contra Chrysostomum oblato. Fusius de eo in Vita sancti Chrysostomi per Georgium Alexandrinum, qui ait eum in solitudine degisse solitarium.

Valde suspicor Palladium, ut tertio ex Herveti versione auctior prodiit, ex variis auctoribus esse concinnatum. Nam si Palladii primam editionem inspicias, vix tertiam eorum partem in ea invenias quæ in postrema habentur. Inde prodiit Heraclidis titulo instructior aliquanto prima illa editione Palladii, minus tamen locuples quam postrema. Suspicionis meæ fundus est, duplex præfatio apud Palladium, una Heraclidis, altera ipsius Palladii ; ut facile fieri potuerit alterum alterius librum suo interseruisse. Sane dictum quod habetur lib. v de Vitis Patrum, libello x, § 67, nomine Palladii, idem habetur in epistola Heraclidis Cappadociæ episcopi ad Lausum præpositum, ipsius Heraclidis nomine, quæ epistola Lausiacæ Historiæ præmittitur. De varia Palladii editione vide prolegomeno 14, ubi de interprete libri viii agitur.

Nec mirum hic videri debet, a diversis, mutato nonnihil ordine, nunc imminuta, nunc auctiora eadem prodiisse, nam et in aliis hic adjunctis libris idem factitatum reperies. Quæ enim libro iii et vii habentur, eadem fere omnia libro v et vi reperies ; qui tamen libri singuli, ut singularem suum habent interpretem, ita et singulares auctores habuisse omnino mihi persuadeo, quinto et sexto fortasse exceptis, qui uterque eumdem Græcum auctorem videtur habuisse, ut colligitur ex Pothio ; atque in hac editione tantum divisi sunt ob diversos interpretes. Vide Prolegomenon ultimum, Animadversione 4.

§ IV. *Auctorem videri Evagrium episcopum Antiochenum.*

Trithemius, Catalogo Script. Eccles., Evagrium episcopum Antiochenum Vitæ Patrum primum auctorem facit : « Evagrius, inquit, monachus et discipulus sancti Macarii Ægyptii, et postea episcopus Antiochenus, vir undecunque doctissimus, et tam sæcularibus quam divinis Scripturis eruditus, Græco et Latino peritus eloquio, etiam in episcopatu prioris vitæ austeritatem custodiens, tantæ abstinentiæ fuit, ut miraculo haberetur. Hic primus Vitam sanctorum Patrum scriptis commendavit. » Quæ eadem iisdem pene verbis repetit Sixtus Senensis Bibliothecæ sanctæ libro iv.

Quod sane unde hauserint, suspicari non possum, cum nullus veterum, mea quidem scientia, huic auctori eas Vitas asserat. Fors iis imposuit [xvi] Evagrii nomen, quod Vitæ sancti Antonii præfigitur, quam e Græco divi Athanasii fonte, in Romanum solum Evagrius ille Antiochenus (ut ad Vitam sancti Antonii dicemus) deduxit. Quia igitur Evagrius hujus Vitæ, quæ cæteris Patrum Vitis adjungitur, et forte in nonnullis Mss. præmittitur, interpres fuit, existimaverit Trithemius atque Sixtus, etiam reliquarum Vitarum vel interpretem vel auctorem esse.

Labitur porro Sixtus cum Trithemio, dum Evagrios duos in unum conflant. Distinctus enim est Evagrius Episcopus Antiochenus ab Evagrio monacho et discipulo sancti Macarii Ægyptii.

Delrius noster, parte tertia Syntag. Trag. in Octaviam Senecæ, actu 4 pag. 552 occasione Vitæ sancti Antonii ab Evagrio hoc Antiocheno in Latium traductæ, in qua locum quemdam restituit, agit porro de alio hujus opere, nondum, ut existimabat, edito, quod hic excutiendum. « Evagrius, inquit, diaconus Theodosii senioris tempore vixit, et tres libros de Vita sanctorum monachorum, quos in Ægypto vidit, conscripsit, quos vidi Burdegalæ in Bibliotheca collegii societatis Jesu, perantiquis characteribus, in membranis descriptos ; satis eleganti, licet rudi, stylo. In quorum libro iii se a Narbona in Ægyptum navigasse scribit, et Bethlehemi divum Hieronymum convenisse. Dignus scriptor, qui lucem aliquando aspiciat, alius ab illo cujus feruntur a nonnullis Patrum Vitæ. »

Sed facile imponere potuit Delrio titulus Evagrii, ut existimarit alium hunc librum esse ab editis Patrum Vitis, quæ divum Hieronymum in fronte præferunt. Quod si membranas eas cum editis libris contulisset, deprehendisset statim non alias iis historias, sed eas ipsas Patrum Vitas contineri, nec ut librum a libro, ita auctorem ab auctore distinxisset. Hujus rei indicium primum cepi ex ipsis Delrii verbis, cum ait : « In quorum libro iii se a Narbona in Ægyptum navigasse scribit, et Bethlehemi divum Hieronymum convenisse. » Quæ ipsissima narratio habetur in vulgatis Patrum Vitis ; quæque hic reperies libro iv, cap. 1 et 2, desumptaque sunt ex Severo Sulpicio, Dial. 1, cap. 2 et 3. Accedit monitio Possevini nostri in Apparatu sacro, qui in Ms. illo Burdegalensi haberi ait omnia, quemadmodum in editione Vitarum Patrum, quæ divo Hieronymo tribuuntur, Lugduni apud Jacobum Hugetanum, anno Domini 1515, atque in eamdem sententiam ad me perscripsit noster Fronto Ducæus Burdegalensis, αὐτόπτης.

§ V. *Auctorem videri Evagrium Ponticum.*

Gesnerus, in Bibliotheca sua, et Georgius Wicelius, epistola nuncupatoria ante Historiam suam Divorum, et Joannes Molanus, cap. 13, in tractatu de Martyrologiis, et passim in annotat. ad Martyrologium Usuardi, censuere Evagrium Ponticum auctorem [xvii] esse Vitarum Patrum. Cujus sententiæ quoque videtur fuisse Erasmus, cum notat. ad epistolam divi Hieronymi ad Ctesiphontem, Ruffinum libri hujus interpretem statuit, quem Evagrii pleraque opera interpretatum esse asserit divus Hieronymus.

Quin et Cæsar Baronius, notat. ad Martyrolog. Rom., 17 Januarii, ubi de sancto Antonio, post reista verba Gelasii ex decreto, d. 15 : « Vitas Patrum, Pauli, Antonii, Hilarionis, et omnium eremitarum, quas tamen vir beatissimus descripsit Hieronymus, cum omni honore suscipimus ; » hæc subdit : « Ea est usus cautela Gelasius, quoniam et Evagrius Ponticus scripsit Vitas Patrum, et miscuit Origenistas nonnullos, quos idem Hieronymus notat scribens ad Ctesiphontem. » Et passim Evagrii nomine eas Vitas citat tum in Martyrologio, tum in Annalibus. In Martyrologio quidem 15 Januarii, notatione ad Isidorum; et 17 Januarii, notat. ad sanctum Antonium; et 27 Martii, notat. ad Joannem eremitam. In Annalibus vero anno Christi 1, et anno 393, et anno 394, et aliis locis.

Possevinus quoque in Apparatu sacro, in Evagrio, ait existimari eum Vitas Patrum composuisse, hoc est, primam earum partem (citat ex vulgatissima, quam secundam voco, editione) ab initio prologi : *Benedictus Deus qui vult omnes*, usque ad caput : *De periculis in eremo*, quod præcedit Vitam sancti Pauli.

Sed et Aloysius Lipomanus, præfatione ante Palladium, quem repræsentat tomo III de Vitis sanctorum, loco illo divi Hieronymi inductus, existimavit ab Evagrio librum quasi de monachis conscriptum, qui tamen non exprimit an hujus eum libri auctorem censeat; imo sentire videtur eum Evagrii librum jam non exstare.

Videamus nunc quibus hæc sententia, quæ Evagrium Ponticum libri hujus auctorem facit, argumentis niti possit.

1. Non aliud videtur Baronius sententiæ suæ argumentum habuisse quam illam divi Hieronymi epistolam ad Ctesiphontem, adversus Pelagianos, quæ libri cujusdam de Monachis seu Patrum Vitis mentionem facit. Respondeo : Non rite eam intellectam a Baronio mox ostendam, ubi Ruffinum illarum Vitarum auctorem (vel certe interpretem) ex ipsomet divi Hieronymi loco clarissime probabo.

2. Pro sententia Baronii adducere quis posset Honorium, de illustribus Ecclesiæ Scriptoribus, cap. 40, ubi ita habet : « Evagrius monachus, supradicti Macarii (Ægyptii) familiaris discipulus, divina et humana litteratura insignis, scripsit multa necessaria monachis, scilicet Vitam Patrum, et Adversum octo principalium vitiorum suggestiones. » Respondeo : Omnino vereor ne limi aliquid contraxerit hic rivulus, [XVIII] qui in fonte suo fluit purius. Ita enim Gennadius cap. 11, ex quo sua corrivare solitus est Honorius : « Evagrius monachus, supradicti Macarii (Ægyptii) discipulus, divina atque humana litteratura insignis, cujus etiam liber qui attitulatur *Vitæ Patrum*, velut continentissimi et eruditissimi viri mentionem facit, scripsit multa monachis necessaria, ex quibus ista sunt : *Adversus octo principalium vitiorum suggestiones.* »

Nec existimo quemquam hic facile dubitaturum, potiorne Gennadio an Honorio fides sit adhibenda, cum ipse Gennadius ibidem asserat se pleraque Græca Evagrii in Latinum sermonem transtulisse. Non absimilem Honorii vel errorem vel corruptionem vide initio libri II, notatione ad veterum de Ruffino elogia.

Omitto quod in hoc secundo libro de Vitis Patrum, cap. 27, exstet Vita Evagrii, « tanquam continentissimi et eruditissimi viri, » ut eam ibi haberi asserit Gennadius. Nam ejus eo in libro « spiritualium rerum scientia, et incredibilis abstinentia » commendatur, quam non est simile vero Evagrium ipsum de se historiam texuisse.

3. Quod si manuscripti quidam libri Evagrium præferunt, ut ille, de quo diximus, Burdegalensis, et qualem esse audio Parisiis apud clarissimum virum Nicolaum Fabrum, non magnopere movere debet. Duplici enim hoc causa fieri potuit, tum ex Vita sancti Antonii, quæ Patrum Vitis plerumque præmittitur, cui Evagrii tanquam interpretis titulus præfigitur, qui et aliis sequentibus post adhæsit; tum ex divi Hieronymi ad Ctesiphontem epistola male intellecta, de qua paulo post in Ruffino dicemus.

4. Locum invenio in Socrate, lib. IV, cap. 23, edit. Gr., et c. 18, edit. Lat., qui in hanc sententiam afferri posset. Ita enim capitis titulus concipitur : Περὶ τοῦ ἁγίου μονάζοντος Ἀμμοῦ, καὶ ἑτέρων ἁγίων ἀνδρῶν κατάλογος ἐκ τῆς Εὐαγρίου συγγραφῆς· *De sancto Ammun monacho, et aliis viris sanctis catalogus, ex Evagrii libro.* Verum in hoc capite tractatur de Ammone, Didymo, Piore, Isidoro, Pambone, Petiro, Macariis duobus, de quibus etiam agitur in hoc secundo de Vitis Patrum libro. Si igitur illa apud Socratem desumpta sunt ex libro Evagrii, ut titulus capitis præfert, videntur et hæc in Vitis Patrum ex ejus libro desumpta. Respondeo : Hæsi hic primo gradu, nec videbam qui me ab hac pedica expedirem ; ubi tamen caput totum perlegi, e vestigio expeditus fui.

Nam Socrates initio capitis agit quidem de istis Patribus, sed nullam in textu mentionem facit unde ea desumpserit. Post medium capitis subjungit quædam de Vita Evagrii et ejus scriptis, inter quæ nullum numeratur quod diserte Vitas Patrum complexum fuerit. Inde ait opportunum esse tempus, « pauca ex illis quæ sunt ab eo de monachis commemorata, [XIX] huic sermoni attexendi. » Recenset autem ibi quædam Didactica ex libro qui *Monachus seu De vita in actione posita* inscribitur; item quædam ex libro, qui *Gnosticus seu Scientia præditus* dicitur. Et nihil eorum in hoc libro de cujus auctore controvertimus reperitur. Nicephorus quoque, lib. XI, cap. 42, enumerat scripta Evagrii, et nihil de Patrum Vitis habet; et cap. 43, citat quædam ex libro de Monachis et Gnosticis, sed nihil eorum in hoc libro comparet.

Quare quod titulus capitis habet, *ex Evagrii libro*, referendum est non ad totum caput, sed ad ea quæ textus expressis verbis monet ex Evagrii libro desumpta, Monacho scilicet et Gnostico. Et epigraphe capitum sæpe non valde distincta, quia plerumquæ non ab auctore, sed a librario aliquo concinnatur. Sic Petrus Gillius Bosphori Thracii lib. II, cap. 10, clare deprehendit elenchos capitum historiæ Sozomeni ab inscito homine factos. Nam quod clare in textu est lib. II, cap. 3, de Michaelio, illud in Hestiis esse ille ἐλεγχοποιὸς dicit esse in Sosthenio, quod Gillius ait amplius duodeviginti stadiis inde remotum. Pro Sosthenio apud Stephanum, de urbibus in Γυναικόπολις est Λεωσθέσιον.

Ne quis porro lectoris animo scrupulus insideat vel ob Baronii, vel aliorum auctoritatem, Vitas Patrum Evagrio Pontico asserentium, subjiciam hic librorum Evagrii Catalogum, ut is exstat apud Socratem, Suidam, Nicephorum, Gennadium.

Ita igitur Socrates supra : Τούτῳ καὶ βιβλία ἄγαν σπουδαῖα συγγέγραπται. Ὧν τὸ μὲν Μοναχὸς, ἢ περὶ πρακτικῆς ἐπιγέγραπται, τὸ δὲ Γνωστικὸς ἢ τὸν καταξιωθέντα γνώσεως (lege ex Suida, ἢ περὶ τῶν καταξιωθέντων γνώσεως), κεφάλαια δὲ αὐτοῦ πεντήκοντα. Τὸ δὲ, Ἀντιῤῥητικὸς ἀπὸ τῶν θείων γραφῶν πρὸς τοὺς πειράζοντας δαίμονας, ἐν ὀκτὼ διῃρημένον μέρεσι, κατὰ τὸν ἀριθμὸν τῶν ὀκτὼ λογισμῶν. Καὶ ἑξακόσια προγνωστικὰ προβλήματα · ἔτι μὴν καὶ στιχηρὰ δύο, ἓν πρὸς τοὺς ἐν κοινοβίοις ἢ ἐν συνοδίαις μοναχούς· καὶ ἓν πρὸς τὴν παρθένον · « Libri ab illo accurate conscripti, quorum unus Monachus, sive de vivendi ratione quæ in agendo cernitur; alter Gnosticus, sive scientia præditus dicendus sit, in quo sunt capita quinquaginta ; alter Antirrheticus, id est, adversus dæmones tentantes confutatio, ex sacris Litteris collecta, inque octo partes divisa, numero octo cogitationum mentis nostræ apte respondentia. Sexcenta præterea problemata de rerum præsensione futurarum. His accedunt duo carminum libri : unus ad monachos qui in cœnobiis et conventibus ætatem degunt, alter ad virginem. » Quæ eadem ad verbum habes apud Suidam in Μακάριος, et apud Nicephorum, lib. XI, cap. 42.

Gennadius vero de illustribus Ecclesiæ Scriptoribus, cap. 11 : « Evagrius monachus supradicti Macarii (Ægyptii) familiaris discipulus, divina atque humana litteratura insignis. Cujus etiam liber qui attitulatur Vitæ Patrum, velut continentissimi et eruditissimi viri [xx] mentionem facit, scripsit multa monachis necessaria, ex quibus ista sunt :

« Adversum octo principalium vitiorum suggestiones, quas aut primus advertit, aut inter primos didicit, ex SS. Scripturarum testimoniis opposuit libros; ad similitudinem videlicet Domini, qui tentatori suo semper Scripturarum testimoniis obviavit. Ita ut unaquæque species vel diaboli, vel vitiatæ naturæ suggestionum contra se haberet testimonia. Quod opus eadem simplicitate, qua in Græco inveni, jussus in Latinum transtuli.

« Composuit et anachoretis simpliciter viventibus librum centum sententiarum, per capitula digestum.

« Et eruditis ac studiosis quinquaginta sententiarum, quem ego Latinum primus feci. Nam superiorem olim translatum, quia vitiatum per tempus et confusum vidi, partim reinterpretando, partim emendando, auctoris veritati restitui.

« Composuit et cœnobitis et synoditis doctrinam aptam vitæ communis.

« Et ad virgines Deo sacratas libellum competentem religioni et sexui.

« Edidit et paucas sententiolas, valde obscuras et (ut ipse in his ait) solis monachorum cordibus cognoscibiles. Quas similiter ego Latinis edidi. »

Non hic afferro quæ de eodem habet Honorius Catalogo suo de illustr. Ecclesiæ Scriptor., qui Gennadium exscribere solitus, idque subinde mutilate, ut monui hic argumento secundo.

Si Evagrius alicubi tractasset de Vitis Patrum in aliquo librorum ad auctoribus citatis assignatorum, valde simile vero est quod hoc præstitisset in libro de Monachis ; nam titulus ille in eam rem maxime quadrat; reliqui enim aliud promittere videntur quam Vitas Patrum, videlicet didactica quædam, et sententias. Sed nihil Vitarum in libro de Monachis fuisse, colligi potest ex reliquiis apud Socratem et Nicephorum, quæ tantum morales quasdam instructiones et sententias continent, quas suo loco verbis Evagrii dabimus, ubi eædem illæ sententiæ apud aliorum librorum de Vitis Patrum interpretem Evagrii se nomine prodent.

§ VI. *Auctorem videri Joannem Jerosolymitanum episcopum.*

Henricus Gravius, notis ad epistolam divi Hieronymi ad Ctesiphontem, cum dicit hunc librum non esse Hieronymi vel Joannis Jerosolymitani, videtur innuere fuisse aliquos in ea sententia, ut existimaverint Joannem Jerosolymitanum harum Vitarum esse auctorem.

Qui hoc sentirent non legi, quare nec rationes eorum divinare possum. Fors inducti fuere in eam opinionem de Joanne, quia hic libro IV, cap. 35, auctor de Theodoro abbate dicit : « Meoque me [xxi] vocitans nomine dixit : Quanti, inquit, o Joannes, de Deo loquuntur ? » quare eum Joannem existimaverint quorumdam librorum de Vitis Patrum auctorem. Quod autem Jerosolymitanum hic potius quam quemvis alium intellexerint, ea causa esse potuit, quod liber quidam de asceticis circumferatur Joannis Jerosolymitani nomine, qui eis suspicionem ingerare potuit eumdem esse cum eo cujus libro illo quarto fit mentio.

Sed nec libri illius quarti, nec hujus secundi auctor est Joannes Jerosolymitanus. Quæ enim habentur libro IV, cap. 35, desumpta sunt ex Joanne Cassiano, lib. V Institut., cap. 35, ex quo et Severo Sulpicio totus ille liber contextus est, ut ibi ostendam. Unde et Ms. Lætiensis major quarto libro Joannem Cassianum præfigit.

§ VII. *Auctorem videri Petronium Bononiæ episcopum.*

Gennadius (non Hieronymus, ut non recte apud Antoninum, part. 2, tit. 11, cap. 11. § 5) de illustr. Ecclesiæ Scriptor., cap. 41, Petronium Bononiæ episcopum libri hujus auctorem suo tempore existimatum refert : « Petronius, ait, Bononiensis Ecclesiæ episcopus, vir sanctæ vitæ, et monachorum studiis ab adolescentia exercitatus, scripsisse putatur Vitas Patrum monachorum Ægypti, quas velut speculum ac normam professionis suæ monachi amplectuntur. » Similia habet Honorius Augustodunensis episcopus; Vincentius Belvacensis, in Speculo Historiali, lib. xx, cap. 25; Mombritius, tom. II de Vitis sanctorum, et Trithemius in Catalogo illustr. Ecclesiæ Scriptorum.

Nec aliunde quam ex Gennadio existimo deprompta quæ habentur in Vita sancti Petronii, 4 Octobr., Petri Galesinii industria concinnata, ut ipse fatetur notationibus suis ad Martyrologium, licet Sigonii nomine apud Surium tomo V exstet : « Itaque in Ægyptum venit, ubi in intimam eremum penetrans, singulorum colloquio uti non destitit, quoad plane cognovit sancta eorum vitæ instituta. Inde domum reversus illam disciplinam tam vehementer amavit, ut litterarum monumentis tradiderit Monachorum Vitas, quas religiose conscriptas valdeque probatas iidem monachi amplexi sunt, quasi certas quasdam regulas, in quibus maxime eluceret omnis optima monastici instituti sui ratio. » Si tamen hæc ex veteribus monumentis adumbrata sunt, non ex Gennadio, erit hoc secundum pro hac sententia testimonium.

Quia tamen Gennadius ait, *putatur scripsisse*, non omnino certum est eum Vitas Patrum scripsisse. Et ut aliquas scripserit, certe has ab eo non esse scriptas, evidenti divi Hieronymi testimonio firmari potest, qui eas alteri ascribit, uti clarum fiet § 10.

Et quidem Alphonsus Ciacco, tractatu De divi Hieronymi cardinalitio [xxii] hæc citat ex ms. tractatu Petronii de selectis SS. Patrum Apophthegmatis : « Hieronymus vir in omni doctrinarum genere absolutissimus, S. R. E. presbyter cardinalis, cum ab æmulis suis accusaretur, ex voluminibus Origenis innumera in sua transtulisse opera, dixit : Laus quæ debet Origeni offerri, maxima est; et cum illum in meis operibus imitatus sum, illum imitari proposui, quem nobis et omnibus prudentibus placere minime vereor. » Quæ verba cum in hoc libro non exsient, certum est alium aliquem librum de Vitis et apophthegmatibus Patrum scripsisse sanctum Petronium. Quem variis litteris ex Italia evocatum nondum nancisci potui.

§ VIII. *Auctorem videri divum Hieronymum.*

Ita quidem editiones pleræque omnes in fronte præferunt. Et videri possunt iis nec auctores, nec astipulatores defuisse.

1. Gelasius Romanus pontifex in concilio Romano, de quo supra, Prolegom. 1, decreto de libris authenticis, ait : « Item Vitas Patrum Pauli, Antonii, Hilarionis, et omnium eremitarum, quas tamen vir beatus scripsit Hieronymus, cum omni honore suscipimus. » Quibus quidem verbis insinuare videtur Gelasius, etiam aliorum aliquot eremitarum Vitas ab Hieronymo fuisse conscriptas. Vetus quoque Vita divi Hieronymi ms. : « Plerumque eremitarum Patrumque Vitas insignium veracissimo eloquio texuit historiis. » Respondeo Gelasium tantum asserere se omni cum honore omnium eremitarum Vitas, quas scripsit beatus Hieronymus suscipere, non tamen inde necessario deduci potest eum omnium eremitarum Vitas scripsisse. Scripsit præter enumeratas disertis nominibus (excepta illa Antonii, quæ ex versione Evagrii Antiocheni est, ut videre est in notationibus ad eam Vitam), Vitam Malchi captivi monachi, fors et aliorum quorumdam, de quibus hunc liquide non constat. Quare recte in veteri illa Vita dicitur scripsisse « Patrum Vitas insignium, qualis Paulus, Hilarion, Malchus, » etc.

Fors editoribus a Gelasio data est occasio, ut hactenus Hieronymi potissimum titulum Vitis Patrum præfixerint. Cui et illa accedere potuit, quod in Mss. quibusdam præmissa fuerit Vita quædam certo ab Hieronymo conscripta, et post idem Hieronymi nomen reliquis sequentibus libris applicuerint, ut de Evagrio Antiocheno hoc ipso prolegomeno 4, § 4, diximus. Sane in Ms. Lætiensi minore primo ponitur Hilarionis Vita per divum Hieronymum conscripta, inde Vitæ Patrum, seu liber hic secundus cum duobus sequentibus subnectitur.

Vel certe non absonum erit dicere Gelasium censuisse Vitas Patrum ab Hieronymo compositas, cum jam olim ea opinio videatur invaluisse. Certe Græci hunc secundum librum e Latio in Græciam deduxerunt [xxiii] Hieronymi nomine, cujus partem Græcam nuper accepi Venetiis ; et in Augustana quoque Bibliotheca quoddam Διηγήσεως de Vitis Patrum fragmentum exstat Græce Hieronymi titulo. Quod non alia ratione contigisse existimo, quam quod libri ejus auctor incertus esset cui quisque pro captu suo auctoris nomen præfixit.

2. Cassianus, præfatione in libros Institutionum ad Castorem episcopum, inter reliquas excusationis causas, ob quas minus prompte se onus scribendi monachorum instituta suscipere exponit, ait : « Huc accedit quod super hac re viri et vita nobiles, et sermone scientiaque præclari, multa jam opuscula desudarunt, sanctum Basilium et Hieronymum dico aliosque nonnullos; quorum anterior sciscitantibus fratribus super diversis institutis vel quæstionibus, non solum facundo, verum etiam divinarum Scripturarum testimoniis copioso sermone respondit; alius vero non solum suo elucubratos ingenio edidit libros, verum etiam Græca lingua digestos, in Latinum vertit eloquium. » Ex cujus testimonio videtur colligi posse Hieronymum de Vitis Patrum scripsisse. Respondeo, recte quidem ex Cassiano colligi divum Hieronymum quædam monachorum instituta et Vitas suis scriptis attigisse, seu latino ea stylo conscripserit, seu e Græco verterit; hujus tamen libri eum auctorem esse nullo modo colligi potest.

3. Cassiodorus, Instit. divin. lect., cap. 32, sic ait : « Vitas Patrum, confessiones fidelium, passiones martyrum legite constanter, quas inter alia in epistola Hieronymi ad Chromatium et Heliodorum de-

stinata procul dubio reperitis, qui per totum orbem terrarum floruere, ut sancta imitatio vos provocans ad cœlestia regna perducat. » Respondeo, exstare eam epistolam Hieronymi nomine initio Martyrologii Usuardi, sed nulla ibi mentio Vitarum Patrum. Ut nullo modo inde colligi possit Hieronymum vel harum Vitarum vel aliarum auctorem esse. Tantum epistola ea respicit Martyrologium quod Hieronymi nomine post epistolam eam tunc exstabat. Quodque nunc recens nactus sum ex Bibliotheca Epternacensi, sane vetustissimum, ante DCCCC annos, id est sancti Willibrordi tempora, scriptum. Quas igitur eo loco non refert remotissimum Vitas Patrum, sed tantum duo sequentia, confessiones fidelium, et passiones martyrum quorum brevissima in Martyrologio illo memoria, seu potius nomenclatio exstat.

4. Gratianus, in decreto, parte 2, causa 27, quæst. 2, cap. 26, post recitata verba Nicolai I ad Carolum regem, quibus decernit « non licere, nisi ex consensu utriusque conjugis, vota continentiæ suscipere; » subdit glossam, « licere, quando tantum sunt desponsati. » Probatque : « Ut enim refert beatus Hieronymus, Macarius præcipuus inter Christi eremitas, [XXIV] celebrato nuptiarum convivio, cum vespere thalamum esset ingressurus, ex urbe egrediens, transmarina petiit, et eremi solitudinem sibi elegit. » Quod in Vita Macarii Romani invenitur, quæ habetur nunc quidem libro primo de Vitis Patrum, olim forte libro secundo annexa fuit, ubi de aliis duobus Macariis agitur. Respondeo Gratianum fortassis occasionem sumpsisse Vitam Macarii tribuendi Hieronymo, quod existimaret omnes Vitas Patrum ab Hieronymo conscriptas, inductus duabus rationibus, quas jam primo argumento proxime dedimus.

5. Trithemius quoque, in Catalogo Eccl. Script., Vitas Patrum Hieronymo tribuit. Et ne quis existimet de aliis eum Vitis loqui quam vulgatis, quæ Hieronymi nomine circumferuntur, earum præfationem inchoare ait, *Benedictus Deus,* a qua et vulgatæ illæ initium ducunt. Respondeo : Imposuit Trithemio vulgata editio; nam in Mss. alii auctores assignantur, uti partim vidimus, partim visuri sumus.

6. Jacobus Faber Stapulensis, præfatione ad lectorem, quam Heraclidis Paradiso Parisiis edito, de quo supra, § 3, præfixit, asserit se a quodam suorum monitum quod non rite in epistola dedicatoria Vitas Patrum Hieronymo abjudicasset, quas Hieronymus ipse a se scriptas agnosceret; quem enim alium certiorem quam ipsum testem desideremus? Nam in regula sanctimonialium, quam scripsit ad Eustochium et reliquas virgines, cap. 10, ita scribit : « Dum igitur per eremorum antra septem annis sanctos Patres degentes ibidem in terris, velut in cœlis angelos assistentes assiduo labore itineris, arduisque vivendi incommodis, cæterisque innumeris calamitatibus peragrando visitarem, de quorum vita moribusque mirificis, quæ luculenter ipse perspexi, libellum compegi, qui vobis sit ut lucerna in candelabro, ad meditationem religionis et vitæ. » Quo quidem testimonio persuasum est Fabro, Hieronymum quoque de Vita et moribus sanctorum Patrum librum scripsisse, qui nunc desideretur; nec enim inde sequi sustinebat, eum librum qui vulgo titulo Vitarum Patrum increbuit, ab Hieronymo conscriptum esse. Primo, quia Hieronymus ipse alium earum auctorem evidentissimis indiciis designat, uti post videbimus. Secundo, quia ex Vita Joannis, quæ primo loco ponitur, discimus eum qui librum conscripsit, presbyterum non fuisse, sed solum diaconum; non senem, sed juvenem : Hieronymum autem cum deserta petiit, et presbyterum fuisse, et ætate senem, nullus forte dubitat. Ita quidem Faber.

Sed ut recte Vitas has ab Hieronymo negat esse profectas, ita non satis circumspecte citato testimonio sibi passus est persuaderi, ab Hieronymo quoque Vitas Patrum, etsi alias a vulgatis, fuisse conscriptas; cum Regulæ illæ sanctimonialium a prudentioribus viris ab opere [XXV] Hieronymiano jam pridem sint ablegatæ; et in calcem rejectæ, velut ab Hieronymi genio alienæ.

Scripsit quidem Hieronymus epistolam ad Eustochium, quæ est ordine 22, de custodienda virginitate, in qua quædam attingit de monachorum generibus, et eorum regula atque instituto. Sed nullum inde indicium colligi potest quod Hieronymus vel regulæ illius vulgatæ in calice operum ejus rejectæ, vel libri hujus auctor sit.

Quin imo Hieronymum hujus libri auctorem non esse, ex ipso Hieronymo evincitur, ut § 10 videbimus. Qui enim Hieronymus, quos ipse detexit esse hæreticos, et asserit in concilio episcoporum damnatos, in litteras mitteret, et tanquam sanctos commendaret?

Nec illa Fabri assertio sat solida, qua pertendit Hieronymum et presbyterum fuisse et senem, cum ad Syriæ se recepit eremum. Imo nec senex nec presbyter tunc erat. Vide hic initio primi libri Hieronymi peregrinationem, et quæ in lege Talionis, tabula 5, pro Baronio contra Casaubonum disputavi.

§ IX. *Auctorem videri Postumianum monachum.*

Invenio in quibusdam manuscriptis, uti Aquicinctino, Lætiensi majore, et Camberonensi, hunc secundum librum una cum quarto ascribi Postumiano monacho. Eum titulum etiam quædam editio præferre dicitur. Nihil de eo legi quod hanc opinionem stabilire possit.

Non inanem prorsus suspicionem existimo, si quis dicat ortum hunc titulum ex Severo Sulpicio, qui in Dialogis suis Postumianum ex Oriente post triennalem peregrinationem reducem, multa de monachorum et eremitarum vita ac instituto narrantem introducit : « Postumianus, » inquit initio dialogi primi, « ab Oriente, quo se ante triennium patriam relinquens contulerat, regressus, » etc. Nam quæ hic libri quarti prioribus aliquot capitulis habentur, ea omnia compendio sublecta sunt ex primo Severi dialogo, in quo Postumianus narrator introducitur.

§ X. *Auctorem esse Ruffinum Aquileiensem presbyterum.*

Primus, quod sciam, e recentioribus librum hunc Ruffino saltem ut interpreti (nam Evagrium quoque hujus libri auctorem facere videtur) vindicavit Jacobus Faber Stapulensis præfatione ad Paradisum Heraclidis, nixus divi Hieronymi auctoritate, qui in epistola ad Ctesiphontem contra Pelagianos, ita de Evagrio et Ruffino scribit : « Evagrius, inquit, Ponticus Hyperborita, qui scribit ad virgines, scribit ad monachos, scribit ad eam, cujus nomen nigredinis (Melaniam [xxvi] innuit nominis significatu) testatur et perfidiæ tenebras, edidit librum et sententias περὶ ἀπαθείας (quam nos impassibilitatem vel imperturbationem possumus dicere), quando nunquam animus ullo perturbationis vitio commovetur; et, ut simpliciter dicam, vel saxum vel Deus est. Hujus libros per Orientem Græcos, et interpretante discipulo ejus Ruffino Latinos, plerique in Occidente lectitant.

« Qui librum quoque scripsit quasi de monachis, multosque in eo enumerat, qui nunquam fuerunt; et, quos fuisse scribit, Origenistas ab episcopis damnatos esse non dubium est; Ammonium videlicet, et Eusebium, et Euthymium, et ipsum Evagrium, Or quoque et Isidorum, et multos alios, quos dinumerare tædium est, et juxta illud Lucretii :

Ac veluti pueris, absinthia tetra medentes,
Cum dare conantur, prius oras pocula circum
Contingunt dulci mellis flavoque liquore;

Ita ille unum Joannem in ipsius libri posuit principio, quem et catholicum, et sanctum fuisse non dubium est, ut per illius occasionem cæteros, quos posuerat, hæreticos Ecclesiæ introduceret. »

Audisti divum Hieronymum, lector; quid nunc de hujus libri auctore censes, in quo omnium istorum qui enumerantur fit mentio?

Vide igitur num alii cum Baronio sint lapsi, quod existimarint hæc verba, « qui librum quoque scripsit quasi de monachis, » de Evagrio intelligenda. Sed de Ruffino intelligi debere, cujus nomen proxime præcessit, manifestum est argumentis sequentibus.

1. Quia subdit divus Hieronymus quod ille qui librum de monachis scripsit, in eo enumerat et ipsum Evagrium; videlicet cujus jam ante mentio facta. Nec simile vero, ut jam supra, § 5, dixi, suomet se ornasse præconio Evagrium, et suam quoque aliorum Vitis immiscuisse. Quod forte animadvertens Marianus Victorius Hieronymi scholiastes, existimavit secundo hoc loco alterius Evagrii distinctam ab Hyperborita mentionem fieri. Sed de Hyperborita secundo quoque loco intelligendum divum Hieronymum, nimis quam manifestum esse quisque deprehendet.

2. Quia immediate post verba hic ex divo Hieronymo reddita subjungit idem divus Hieronymus : « Illam autem temeritatem, imo insaniam ejus quis digno possit explicare sermone, quod librum Xysti Pythagoræi, hominis absque Christo atque ethnici, immutato nomine, Sixti martyris, et Romanæ Ecclesiæ episcopi prænotavit? » quod non de Evagrio, sed de Ruffino dicitur, qui Xysti Pythagoræi librum titulo Sixti martyris edidit, ut clarum est ex aliis divi Hieronymi locis, ut in xxii cap. Jerem., ubi eum nomine Grunnii perstringit, et in cap. xviii Ezech., item ex Augustino lib. ii Retractat., cap. 40 (qui deceptus ante libro [xxvii] de Nat. et Grat., cap. 64, Sixti Pontificis nomine allegarat), et ex ipsa Ruffini epistola ad Apronianum, quam interpretationi Enchiridii Sixti præfixit.

3. Quia similem fraudem subnectit hic divus Hieronymus de suppositio Pamphilo in defensione Origenis : « Fecerat, ait, hoc et in sancti Pamphili martyris nomine, ut librum primum sex librorum defensionis Origenis, Eusebii Cæsariensis, quem fuisse Arianum nemo est qui nesciat, nomine Pamphili martyris prænotaret. » Atqui a Ruffino eam fraudem consutam, nimis quam notum. Meminit ejusdem fraudis divus Hieronymus ap l. 1 adversus Ruffin., lib. ii, et epist. 65, ad Pa   et Ocean., et in cap. xviii Ezech., et dial. adv. Pelagianos, quam nondum detexerat divus Hieronymus, cum scriberet Catalogum Script. Eccles., ut patet ejusdem cap. 75 in Pamphilo.

Unum hoc divi Hieronymi testimonium sufficere judico, ut liber hic Ruffino asseratur. Omitto suffragari Mss. complures, ut Audomarensem notæ optimæ, et a vetusta manu, quo præcipue in recensendis his libris usus sum; ut alios quos vidisse se asserit Henricus Gravius, notis ad epist. divi Hieronymi ad Ctesiphontem, de qua jam actum.

Nescio an et Ruffinus ipse videri possit insinuare se hujus libri auctorem vel interpretem esse. Nam cap. 29 libri hujus secundi, ubi de Macario Alexandrino agit, addit : « Sed et multa, ut diximus, alia de operibus sancti Macarii Alexandrini mirabilia feruntur, ex quibus nonnulla in libro xi Eccles. Hist. inserta qui requirit inveniet. » In quo libro xi, videlicet posteriore ex duobus, ab ipsomet Ruffino ad Eusebii Ecclesiasticam Historiam (quam e Græco verterat) additis, cap. 4, habentur quædam de Macario Alexandrino, quæ hoc libro secundo de Vitis Patrum desunt; quorum primum est de cæco reluminato, qui pulvere ex cella Macarii deterso, et aqua putei quo bibere solitus erat macerato, oculos inunxit; secundum vero de leænæ catulis visu donatis, ad quæ ipsa mirabilia capite illo 29 libri secundi de Vitis Patrum videtur lectorem remittere.

Equidem Vitas Patrum scriptas esse post libros illos historiæ Ecclesiasticæ a Ruffino, partim translatos, partim compositos, ipse ejusdem libri xi, cap. jam dicto, manifeste declarat; subdit enim : « Verum si singulorum mirabilium gesta prosequi velimus, excludimur a proposita brevitate, maxime cum narrationem proprii operis mereantur. » Quod ipsum postea præstitisse, librum hunc e Græco textu concinnando, divi Hieronymi testificatione didicimus.

Quæres : unde tam incertus, etiam jam olim, hujus libri auctor fuit? Respondeo : Quia auctor nomen suum suppressit, uti et interpres, [xxviii] cujus nomen non nisi divi Hieronymi et paucorum Mss. indicio novimus.

Cur autem Ruffinus nomen suum suppresserit, existimo duas rationes assignari posse. Primo : cum enim, referente Hieronymo epist. ad Ctesiphontem, constet nonnullos Origenistas hic immistos, non ausus fuit eum librum nomine suo extrudere et venditare Ruffinus, quod ipse de hæresi ea suspectus erat. Ut igitur liber hic sine ullo in limine offendiculo reciperetur, præfationem quidem præfixit, sed nomen subticuit. Eodem modo nomen suum suppressit in editione translationis librorum Origenis περὶ ἀρχῶν, quod Hieronymus indicat epist. 66 ad Ruffinum : « Præfatiuncula librorum περὶ ἀρχῶν ad me missa est, quam ex stylo intellexi tuam esse. »

Secundo, quia Ruffinus hujus libri non tam auctor (ut jam dixi) quam interpres est; ideoque noluit eum suo nomini arrogare. Cum enim fere omnia quæ hoc libro narrantur (uno capite de Oxyryncho excepto) habeantur apud Palladium et Heraclidem, verisimile mihi fit Palladium vel Heraclidem vel alium aliquem hæc Græce edidisse, suppresso nomine, quæ Ruffinus vertit. Quæ post Palladius auctiora edidit suo nomine præfixo, et *Historiam Lausiacam* inscripsit.

Hæc nunc sufficiant de quæstione hac perplexa. R. P. Georgius Garnefelt, Carthusiæ Coloniensis alumnus, et bibliothecarius, studiis meis impense favens, in appendice sua ad Elucidationes sacras imaginum eremitarum, operose inquirit de auctoribus Vitarum Patrum, volens me sublevare, vel errantem in viam reducere. Contendit maxime, Hieronymum in epistola ad Ctesiphontem, cum ait, « qui librum quoque scripsit quasi de Monachis, » intelligendum de Evagrio, non de Ruffino. Nihil hic addo. Judiciosus lector textum tantum inspiciat, quem hic ante dedi, et judicet : cujusvis judicio securus stabo. Et qui meminerit non semel me scripsisse Ruffinum potius interpretem quam auctorem esse, contorta ab amica manu tela evadet omnia. Nolo hic umbonem opponere amico benevolo, vel tela in amicum pectus retorquere. Nam et ipse tandem cum omnia excussit, Evagrio eum librum abrogat, et incertum ejus auctorem statuit. Quod à mente mea non abhorret, cum Ruffinum saltem ejus interpretem asseruerim. Certe Ruffini hic manum accessisse, qui perpense Hieronymi illam ad Ctesiphontem epistolam legerit, dubitare non poterit.

§ XI. *Auctorem videri Valerium Asturicensem archipresbyterum.*

Atque de auctoribus hisce jam ita disquisiveram, cum ecce ex Hispania mittit ad me tractatulum suum de auctoribus Vitarum [xxix] Patrum R. P. Christophorus de Castro, sacræ Scripturæ in Salmanticensi Academia professor, in quo inter alia scribit in hæc verba :

« Mihi aliquando in mentem veniebat essetne auctor libri Valerius Asturicensis archipresbyter, in cujus scripta casu incidi, cum in bibliotheca ecclesiæ Toletanæ aliqua evolverem Mss. ubi vidi justum quoddam volumen Gothicis litteris scriptum, cujus titulus erat, *Vitæ Patrum Orientalium*, sine auctore. Quod tamen inveni in præfatione scriptum a Valerio Asturicensi archipresbytero, æra 940, hoc est anno Domini 902. Exordiebatur autem a Vita Joannis, de quo liber Evagrii (verius Ruffini, ut jam probavi), sed multo longiore. Deinde habebat multas Vitas Patrum, longe diversorum ab iis qui referuntur communiter in Vitis Patrum, quam ob rem omnem meam suspicionem abjeci. » Hactenus Castrius noster.

Omnino occasio suspicandi erat, cum nomen illud præfatio præferret. Sed certissimum nobis de auctore vel interprete hujus secundi libri ex divo Hieronymo suppetit testimonium. Quin, quod liber ille Toletanus dicatur scriptus a Valerio, non statim inde sequitur eum ejus libri auctorem esse. Multi scriptores suum nomen præfigunt vel postponunt libris quos exscripserunt, etsi non composuerint, quod ignorare non potest qui vel paucos libros Mss. oculis lustravit. Cum autem liber ille Toletanus dicatur continere « multas Vitas Patrum longe diversorum ab his, » potuit Valerius ille novam collectionem Vitarum Patrum instituisse.

PROLEGOMENON V.
Quis tertii libri auctor?

Editi hic libri pergunt erroris funem nectere, et Divum Hieronymum auctorem faciunt ; sed stylus satis arguit ejus non esse, licet tria ultima capita ex ejus epistolis desumpta sint, quæ auctorem suum venustate dictionis produnt.

Nihil subsidii ad auctorem indagandum a Mss. libris hic habeo. Nullius enim hic nomen constanter præfigitur. Vel enim qui præcedenti libro et sequenti Evagrium aut Postumianum inscribunt, hunc sine inscriptione medium transire permittunt; vel si eosdem auctores etiam huic inscribunt, erronee faciunt, ut de præcedente libro jam docui. Quod si eum qui præcedenti libro inscribitur, etiam hujus et sequentis libri auctorem esse volunt, nullum jus potius Evagrio et Postumanio, quam Ruffino, cum et hujus nomen in Mss. quibusdam præcedenti libro præscribatur.

Quid igitur ? nullus ne hic certus auctor indagari poterit ? Equidem [xxx] evenit mihi, quod olim divo Hieronymo in re non absimili ; cui cum præfatio librorum περὶ ἀρχῶν Origenis offerretur nullo præfixo titulo, ex stylo deprehendit Ruffini esse, ut ipse testatur epist. 66, ad eumdem Ruffinum. Si idem hodie mihi, obtusioris licet naris, contigisse dixero, fortasse non omnino erravero. Sed vestigia hujus indaginis, certa satis, nisi me fallo, nunc assignabo.

Cum accurate hujus et præcedentis libri præfationem inter se conferrem, deprehendi non styli tantum paritatem, sed duo præterea, quæ me auctoris, vel certe interpretis, certiorem fecerunt.

1. Ruffinus, præfatione libri præcedentis, hæc habet in commendationem monachorum : « Ut dubitari non debeat eorum meritis adhuc stare mundum. »

Ad quem eumdem locum auctor respiciens, et sibi quasi epiphonematice respondens, prologum hujus secundi libri ita auspicatur : « Vere mundum quis dubitet meritis stare sanctorum? »

2. Ruffinus, præfatione eadem præcedentis libri, quædam adumbravit ex procemio Palladii in Lausiacam Historiam; in hujus vero libri prologo ex Palladii epistola ad Lausum, quæ procemio subnectitur, transcribit, quæ locis suis collata et notata invenies.

Quare cum una præfatio alteram respiciat ad eamque alludat, et utraque ex eodem fonte ortum habeat, parique styli decurrat alveo, existimo satis probabiliter utriusque præfationis et libri eumdem auctorem vel interpretem posse statui. Unde et librum hunc Ruffino inscripsi.

PROLEGOMENON VI.
Quis quarti libri auctor?

Dico : Quartus liber ex Severo Sulpicio et Joanne Cassiano est concinnatus.

Sunt enim tantum excerpta quædam ex eorum libris, verbis pene eisdem. Loca singula, unde desumpta sunt, ad singula capita annotavimus.

Quis autem ea concinnaverit, non habeo certo dicere. Videamus tamen an et hic felici indagine possimus ad concinnatoris pervenire cubilia. Quod si non omnino pervenerimus, jucundum saltem erit pressa legisse vestigia.

Scio Gennadium, de Script. Eccl., cap. 63, tradere Eucherium Lugdunensis Ecclesiæ presbyterum, quædam Cassiani opuscula lato tensa sermone, angusto verbi resolvisse tramite, et in unum volumen coegisse.

Scio Cassiodorum, Instit. divin., cap. 29, affirmare Victorem quemdam Afrum, Martyritanum episcopum, Cassiani de institutione [xxxi] monachorum dicta purgasse, et quæ minus erant, addidisse, non sine palmari laude.

Sed an hic liber, quem habemus præ manibus, vel libri aliqua pars, alteri eorum tribuenda sit, non ausim affirmare. At præstat hic ipsa Gennadii Cassiodorique verba subjungere, ut lector videat si quid certi de concinnatore hoc discernere possit.

Gennadius igitur hæc de Eucherio : « Sed et sancti Cassiani quædam opuscula, lato tensa sermone, idem Eucherius angusto verbi resolvens tramite, in unum coegit volumen. » Hæc Gennadius, inquit, Baronius annal. 433, ejusdem (Pelagianæ) farinæ cum Cassiano; qui ne diceret erroribus confutatis Eucherium expurgando contraxisse opera Cassiani, latum sermonem circumcidisse prætexult. Ita ille.

Quod si Eucherius hujus, quod hoc libro quarto damus, compendii est auctor, eum et scalpello usum et forcipe, nunc venam incidendo, noxiumque sanguinem extrahendo, nunc luxurians capillitium circumcidendo, merito dixeris. Nam ita sanus, ita concisus hic Cassianus est, ut nullo Pelagianæ præfidentiæ nimio fervore vena micet, nullis prolixitatis cincinnis exuberet fastidiosa facundia. Equidem non video cur non possit tribui Eucherio hæc ex Cassiano concinnatio.

Nisi fortasse quispiam obstare velit quod hoc eodem compendio per Severi vineta itur, quæ et ipsa putatoria cæduntur falce. Ita quidem librum hunc quartum et Editi et Mss. ex Severo et Cassiano, tacitis tamen nominibus, adornatum exhibent. Non desunt tamen Mss., uti Camberonensis, qui librum hunc quartum ex solo Cassiano habeat expressum, omissis illis quæ ex Severo passim præmittuntur. Atque ita Eucherio hæc epitome tribui posse videri possit.

Accedit Petri Damiani non omnino vero absimile testimonium lib. v, epist. 19 : « Quod si vobis dubium videtur, saltem vestrarum partium testimonio aurem accommodate; legite Collationes Patrum, quas Eucherius Lugdunensis episcopus elimato sermone abbreviare studuit; et si nobis credere non vultis, saltem illius litteræ credite. » Agit ibi de vestitu monachorum Damianus, de quo in hoc Severi et Cassiani compendio habes cap. 15.

Quia tamen Editi omnes et plerique Mss. librum hunc ex utroque contractum repræsentant, videndum an quod habet Cassiodorus, Divin. instit., cap. 29, de Victore quodam Afro, huc facere possit : « Cassiani, inquit, dicta Victor Martyritanus episcopus Afer ita, Domino juvante, purgavit, et quæ minus erant addidit, ut ei rerum istarum palma merito conferatur : quem inter alia de Africæ partibus [xxxii] cito nobis credimus esse dirigendum. » Forte enim additio hæc intelligi potest de Severi epitome, quæ hic Cassiani epitomæ adjuncta est. Nisi quædam addiderit iis quæ purgavit, id est, antidotum contra veneni intimationem, quod scriptis suis sparsim inserebat Cassianus, apposuerit.

Baronius supra existimat Cassiodorum spe frustratum non accepisse quod ex Africa exspectabat. Siquidem Ado Viennensis episcopus, in Chronico, anno 425, ab ipso Cassiodoro id operis, ut Cassianum corrigeret, elaboratum affirmat, dum ait : « Opera illius a catholicis cautissime legenda, maxime de libero arbitrio et gratia; sed et Encratitarum hæresi incautius favit. Errores illius Cassiodorus Ravennatum senator purgare volens, non ad plenum omni ex parte potuit. »

Quis nunc horum excerptorum auctor statui possit, malo in medio relinquere, quam temere quid asserere.

Petrus Ciacconius, præfatione ad lectorem Cassiani, refert in Vaticana bibliotheca collectiones aliquot, et octo postremos libros Institutionum in Græcam linguam conversos esse, sed in compendium potius redactos, quam integre conversos, quem ea de re disserentem legere quisque potest.

PROLEGOMENON VII.
Quis quinti libri auctor?

Dico : Quinti libri auctor incertus.

1. Quia Sigebertus, de illustr. Ecclesiæ Scriptor., in Pelagio, cap. 116, librum eum vocat *De vita et*

doctrina et perfectione SS. Patrum, nec auctoris nomen exprimit.

2. Quia etiam in Photii Bibliotheca, Cod. 198, sine auctoris nomine citatur : Ἀνεγνώσθη ἀνδρῶν ἁγίων βίβλος : *Lectus est SS. virorum liber.* Eumdem enim Græcum esse, cum eo quem nos Latine habemus, eo loco manifestabo.

Margarinus de la Bigne, catalogo seu indice chronologico in Bibliothecam Patrum, sæculo v, existimat Evagrium auctorem esse operis quod ipse tomo IX secundæ editionis edidit hoc titulo : SS. *Ægyptiorum anachoretarum apophthegmata,* quæ eadem sunt cum libro hoc v, Pelagio interprete, et vi, Joanne interprete. Ratio ejus est, quod Nicephorus, Eccles. Hist. libro xi, cap. 43, citet ex Evagrii operibus multa de Patrum dictis, quæ occurrunt in opere isto jam dicto.

Sed vereor ut labatur Margarinus.

1. Quia etsi quædam in his libris reperiantur quæ Nicephorus ex [xxxiii] Evagrii operibus citat, non reperiuntur eo modo, quasi Evagrius ea ipse referat librum velut conscribens, sed potius ex Evagrio citantur.

Ut quod Nicephorus citat ex libro Practico Evagrii senis cujusdam scitum de aridiore diæta, habes hic libello i Pelagii, num. 4. « Dixit abbas Evagrius : Quia dicebant quidam Patrum. » Quod si Evagrius hujus libelli auctor esset, non diceret : « Dixit abbas Evagrius. »

Ibidem, num. 5. « Iterum dixit (scilicet Evagrius): Nuntiata est cuidam monacho mors patris, » quod etiam ex Evagrio citat Nicephorus supra.

Et libello vi, num. 5 : « Dixit abbas Evagrius fuisse quemdam fratrem qui nihil habuit in substantia sua, nisi tantum Evangelium; » quæ etiam ex Evagrii Practico citat Nicephorus supra.

2. Quædam, quæ citat Nicephorus ex Evagrii libris, hic non reperiuntur. Ut, quod citat ex libro Gnostico ejus de Gregorio justo, de quatuor virtutibus cardinalibus, de Serapione, de mente spirituali cognitione imbuta, de Didymo, de Providentia et judicio, de Basilio, quod scientia meditatione augetur, de Athanasio, de mensa Moysis.

3. Quia varii citantur auctores Evagrio posteriores, ut Joannes Cassianus, Cyrillus Alexandrinus, et alii nonnulli, quos lector ipse deprehendet.

Non inutile erit hic addere quæ hac ipse de re notavit Fr. Joannes Maria Brasichellensis, sacri palatii apostolici magister, in indice librorum expurgandorum, ad tomum IX Bibliothecæ Patrum, ubi agitur de anachoretarum apophthegmatis, ubi ita commentatur : « De auctore et interprete hujus operis varie ambigitur; auctorem quidam, et inter eos Margarinus in chronologico auctorem hujus Bibliothecæ indice, existimarit fuisse Evagrium Ponticum, cujus certum est esse librum Vitas Patrum, cui hic apophthegmatum semper annectitur. Gennadius, in catalogo, hæc de «Evagrio habet : « Composuit de anachoretis simpliciter viventibus librum centum sententiarum, quem ego Latinum primus feci. Nam superiorem olim translatum ; quia vitiatum per tempus et confusum vidi, partim reinterpretando, partim eruendando auctoris veritati restitui. » Hæc Gennadius. Equidem etsi velimus multas esse sententias in hoc opere ex Evagrii collectione acceptas, at sunt hic plus quam DC. Et cum hoc opere fiat mentio Theophili Alexandrini, Joannis Cassiani, Cyrilli Alexandrini jam defunctorum, certum est Evagrium Ponticum, tametsi, teste Gennadio, longa ætate vixerit, non potuisse sancto Cyrillo esse superstitem : ob quam etiam rationem exploratum est sanctum Hieronymum non esse horum apophthegmatum interpretem. Nominantur interpretes Pelagius S. R. E. diaconus, et Joannes ejusdem S. R. E. subdiaconus. De [xxxiv] quibus agit Sigebertus, de Vir. illustr., cap. 116 et 117. Hactenus magister sacri palatii. »

Qui ut recte hos libros Evagrio auctori et Hieronymo interpreti adjudicat, ita minus recte certum esse ait, librum Vitas Patrum esse Evagrii, cum potius certo constet ejus non esse. Vide dicta prolegomena 4, § 5.

PROLEGOMENON VIII.

Quis sexti libri auctor?

Dico : Sexti libri auctor incertus.

Primo, quia Sigebertus, de illustr. Ecclesiæ Scriptor., in Joanne, cap. 117, librum eum vocat *De Vita et doctrina Patrum,* nec auctoris nomen exprimit.

Secundo, quia Photius in Bibliotheca, Cod. 198, quem proximo prolegomeno citavi, hunc librum priori annectit; quare idem de hoc ferendum judicium quod de priore.

At occurres : Joannes Damascenus, in libro qui inscribitur, *De iis qui cum fide excesserunt ex hac vita,* refert de Macario historiam, qui ex mortui hominis cranio sciscitatus est de ejus statu, eamque citat ex Palladii Lausiaca Historia. Atqui hæc eadem historia reperitur libro hoc sexto, libello tertio Joannis, num. 16, ut et hujus libri sexti auctor videatur fuisse ipse Palladius. Respondeo : Ita quidem, hoc argumento motus, censuit Gentianus Hervetus, in præfatione versionis suæ Palladianæ, qui eam historiam haberi ait libro iv, qui *Doctrina Patrum* inscribitur, cap. *De exemplis et doctrina vitæ spiritualis* (ita concipitur et inscriptio et caput in editione Coloniensi, quæ librum sextum et quintum uno libro comprehendit); qui liber idem est cum hoc sexto libro.

Quod si id minus placeret, existimabat eam historiam fuisse in Lausiaca Historia tempore Damasceni, et postea ab hæretico aliquo malitiose sublatam. Quod eum dixisse credo, quod huic hominum generi omnes hæ spirituum apparitiones meræ sunt fabulæ, quique ægre ferunt vel minimam suffragiorum pro animabus defunctorum memoriam exstare.

Equidem non abhorret ab hæretico genio, cum Philisthæis puteos Israel obstruere (*Gen.* xxvi), ne aliquod inde mortalibus accedat refrigerium. Certe cum Palladius tertio prodierit, et ex postrema editione constet, primo decuriatum, inde nonnihil interpolatum prodiisse, uti plenius declarabitur prolegomeno 14, ubi agitur de octavi libri, cujus Palladius auctor est, interprete, existimari potest hec tertio integer [xxxv] prodiisse, quandoquidem ea de Macario narratio, quam olim Damascenus in Lausiaca Historia legerat, ne in hac quidem tertia editione hodie reperiatur.

Atque huic opinioni, quam priori, accedo libentius, qua tam libri quinti quam sexti, qui pro uno libro hactenus fuere circumlati, quod in eo narrationem eam sit reperire, Palladius auctor creditur.

Accedo autem libentius :

Primo, quia liber ille quintus et sextus a nullo, quod sciam, Lausiaca Historia dicitur, in qua tamen eam se legisse profitetur Damascenus.

Secundo, quia in libro quinto, libello x, n. 67, inter reliqua seniorum dicta habetur dictum quoque Palladii. Unde colligere est librum illum non a Palladio, sed ab alio aliquo fuisse concinnatum.

PROLEGOMENON IX.
Quis septimi libri auctor?

Dico : Septimi libri auctor incertus.

Vocat eum librum Sigebertus de Illustr. Ecclesiæ Scriptor., cap. 118 : *Interrogationes et responsiones SS. Ægyptiorum Patrum*, nec auctoris meminit. Et ipse Paschasius interpres, capite 44, in fine, absolute pronuntiat : « Hæc sapientum et spiritualium responsa Patrum, » nulla auctoris notione.

PROLEGOMENON X.
Quis octavi libri auctor?

Dico : Octavi libri auctor est Palladius Helenopoleos episcopus, diciturque *Lausiaca Historia*.

Clarum hoc satis ex Socrate, lib. IV, cap. 23, cujus verba exprimam. Alia quædam vide in Elogiis ad eum librum. Ait igitur : Εἰ δέ τις βούλοιτο τὰ περὶ αὐτῶν μανθάνειν ὅν τε ἐποίησαν, ὅν τε ἔπραξαν, καὶ ὧν πρὸς ὠφέλειαν τῶν ἀκουσάντων ἐφθέγξαντο, ὅπως τε αὐτοῖς τὰ θηρία ὑπήκουον, πεπόνηται Παλλαδίῳ τῷ μοναχῷ ἴδιον μονόβιβλον, ὃς Εὐαγρίου μέν τις μαθητὴς, πάντα δὲ ἀκριβῶς περὶ αὐτῶν διεξῆλθεν ἐν ᾧ καὶ γυναικῶν ἐφάμιλλον τοῖς προειρημένοις ἀνδράσιν ἐπανελομένων βίον, μνήμην πεποίηται : « Quapropter si quis studio duciturum accurate cognoscendi quas res gesserit, quæ pacto se in vita exercuerint, quæ ad audientium utilitatem locuti fuerint, quomodo bestiæ illis obtemperarint, legat librum a Palladio monacho, qui Evagrii fuit discipulus, separatim de illis editum. Nam omnia quæ ad eos spectant, in eo sunt accurate explicata. In quo [xxxvi] etiam de mulieribus, quæ parem vivendi rationem cum viris supra dictis excolebant, sermo susceptus est. » Ex quo Tripartita Historia lib. VIII, cap. 1, et Nicephorus lib. XI, cap. 44.

Cum autem tres sint diversæ Palladii editiones diversis interpretibus, quæ earum videatur germanior, vide prolegomeno 14, ubi de interpretibus.

PROLEGOMENON XI.
Quis noni libri auctor?

Dico : Noni libri auctor est Theodoretus Cyri episcopus, vocaturque Φιλόθεος seu Θεοφιλής.

Testatur hoc ipse epistola 82, ad Eusebium Ancyræ episcopum : « Mysticum etiam scripsimus librum, et de Providentia alia, et ad Interrogationes magorum alia, et de Vitis Sanctorum, et præter hæc alia multa. » Cujus libri nomine Philothei passim meminit ipse in Hist. Eccles.

Nicephorus, lib. XIV, cap. 54, ubi inter alia de Theodoreti scriptis agit : « Et rursum, inquit, Φιλόθεος, hoc est, Dei amantium Historia, in qua institutum eorum qui ætate sua vitam sancte transegerunt persequitur. »

PROLEGOMENON XII.
Quis decimi libri auctor?

Dico : Decimi libri auctor est Joannes Moschus, et inscribitur *Sophronii Limonarium*, seu *Pratum spirituale*, seu *Novus Paradisus*.

1. Ipse nomen suum exprimit cap. 77 : « Dixit mihi Sophronius : Vere, abba Joannes, hodie nihil ultra studeamus. »

2. Photius, Bibliothecæ suæ Cod. 199, plenius nomen et diversum libri titulum exhibet : Ἀνεγνώσθη βιβλίον, τέσσαρσι καὶ τριακοσίοις διηγήμασι περιειλημμένον. Πρὸς τὴν ἀσκητικὴν δὲ καὶ τοῦτο τὰ μάλιστα συντελοῦν ἐστι πολιτείαν, τὰ αὐτὰ πως πραγματευόμενον τῷ προειρημένῳ, πλὴν ὅτι τῶν μεταγενεστέρων ἀνδρῶν ἔργα τε καὶ πράξεις ἀξιοζηλώτους ἀναγράφει· καὶ γὰρ ἐκεῖθεν τῶν μέχρι τῆς Ἡρακλείου ἀρχῆς καὶ ἐπιπλέον διατρεψάντων ἀρεταῖς, ἐπέρχεται τοὺς βίους. Λειμῶνα δὲ καλεῖσθαι δίδωσιν ὁ συνταξάμενος ὄνομα τὸ βιβλίον· τινὲς δὲ αὐτὸ καὶ Νέον ὀνομάζουσι Παράδεισον (manuscripti quidam Παραδείσιον, qui ad marginem manuscripti Margunii vocatur Πατερικόν) Ὁ δὲ συντεταχὼς, Ἰωάννης μὲν ὄνομα αὐτῷ, ἐξ ἐπικλήσεως δὲ ἐλέγετο τοῦ Μόσχου, ὃς ἀποτάξατο μὲν ἐν τῇ τοῦ ἁγίου Θεοδοσίου μονῇ, εἶτα συνδιέτρεψε [xxxvii] τοῖς τε κατὰ τὸν Ἰορδάνην ἀνὰ τὴν ἔρημον ἀσκουμένοις, καὶ τοῖς ἐν τῇ νέᾳ Λαύρᾳ τοῦ μεγάλου Σάββα διαβλοῦσιν. Ἐντεῦθεν δέ τὰ τε τῆς Ἀντιοχείας κλίματα, καὶ τὴν Ἀλεξάνδρου, καὶ τὴν περὶ αὐτὴν ἔρημον, καὶ μέχρις Ὀάσεως ἐπελθών, καὶ πολλῶν καὶ μεγάλων ἀνδρῶν ἀριστείας συναγηοχώς, τοῦτο μὲν ὄψει, τοῦτο δὲ καὶ νεαζούσῃ ἀκοῇ· διὰ τὴν αὐτὴν δὲ αἰτίαν καὶ νήσοις ἱστορησάμενος, ἐν τῷ πρὸς τὴν Ῥώμην διάπλῳ, ἐκεῖσέ τε τὰ παραπλήσια διερευνησάμενος, καὶ μαθών, τὸ παρὸν σύνταγμα γράφει, καὶ προσφωνεῖ Σωφρονίῳ ἢ Σωφρονᾷ τῷ οἰκείῳ μαθητῇ, καὶ ἐγχειρίζει αὐτῷ τοῦτο, τὴν τοῦ βίου μέλλουσαν ἐπίστασθαι πρὸς τὰ ἀμείνονα προτεθεαμένος μεταβολήν. Πλὴν ἐξ ἁπάντων τὸ χρήσιμον ὁ συνετὸς καὶ θεοφιλὴς ἀνὴρ δρεπάμενος οὐκ ἄν τῶν συντεταγμένων κόρον καταγνοίη : « Lectus est liber quatuor et trecentis constans narrationibus. Hic quoque monasticæ potissimum vitæ conducit, eamdemque fere cum superiore (Sanctorum virorum libro, ut Photius indigitat, quem hic supra quinto et sexto libro divisum habes) pertractat, nisi quod eorum virorum dicta

factaque imitatione digna colligit, qui post insecuti sunt. Vitas etenim narrat eorum qui jam inde usque ad Heraclii imperium et deinceps virtute magis claruerunt. *Pratum* autem titulum libro indidit auctor, quam et *Paradisum novum* quidam appellant. Scriptor ejus Joannes quidam Moschi cognomento, qui in beati Theodosii primum monasterio sæculum valere jubens, cum iis deinde monachis couvixit, qui in deserto ad Jordanem exercebantur, quique nova in Laura magni Sabæ certabant. Unde rursum ad Antiochiæ regiones et Alexandri urbem, proximamque eremum, ad Oasim usque delatus, multorum magnorumque virorum res præclare gestas aggregavit, quas partim oculis ipse spectavit, partim recenti tunc auditione didicit. Eadem porro de causa cum etiam insulas Romam versus navigans lustrasset, hisce similibus ibi quoque conquisitis et cognitis, hoc opus conscripsit, quod dedicat Sophronio seu Sophronæ discipulo suo, eidemque hoc ipsum offert, cum jam animo præciperet instare vitæ hujus in meliorem commutationem. Cæterum ex his omnibus industrius quisque et Dei amans, fructum capiens, nunquam hujus scripti nimiam prolixitatem accusarit. » Quæ Photius compendio excerpsit ex elogio auctoris, nunc hac secunda Moretiana editione, ejus libro ex Mss. Græcis præfixo.

3. Secunda Nicæna synodus, quæ vii est ordine inter generales, actione 4 ita habet: Τοῦ ἐν ἁγίοις πατρὸς ἡμῶν Σωφρονίου ἐκ τοῦ Λειμωναρίου. Ἔλεγεν ὁ ἀββᾶς Θεόδωρος ὁ Αἰλιώτης, ὅτι ἦν τις ἔγκλειστος εἰς τὸ ὄρος τῶν Ἐλαιῶν, ἀγωνιστὴς πάνυ, etc. « Ejusdem Patris nostri Sophronii ex libro Prato. Dicebat abbas Theodorus Æliota quia quidam inclusus erat in monte Olivarum, valde certator, » etc. Ubi totum caput 45, quod in hoc libro habetur, Græce exprimitur. Quod idem repetitur actione 5, ubi et alia duo exempla ex eodem Limonario citantur.

[XXXVIII] 4. Joannes Diaconus, lib. I, cap. 45, Vitæ sancti Gregorii Magni: « Nihilominus ex libro, qui a Græcis Λειμων dicitur, a Latinis vero intelligitur *Campus* vel *Pratum*, præceptor meus inter alia toto orbe jam diffamata miracula interpretatus est. »

5. Joannes Damascenus, in fine primi libri, quem pro imaginibus scripsit, testimonium ex hoc libro adducit, hoc titulo: Ἐκ τοῦ Λειμωναρίου τοῦ ἁγίου πατρὸς ἡμῶν Σωφρονίου ἀρχιεπισκόπου Ἱεροσολύμων. « *Ex Parvo Prato* sancti Patris nostri Sophronii archiepiscopi Jerosolymorum. »

6. Nicephorus, lib. VIII, cap. 41: « Multam quoque et utilem de iis (monachis) historiam Sophronius Jerosolymitanus nobis reliquit, *Prati* et *novi Paradisi* titulo, scripto ei indito. »

Quæres. Qui hic liber nunc Sophronio patriarchæ Jerosolymorum inscribatur, uti a secunda Nicæna synodo, et Joanne Damasceno, nunc Joanni Moscho seu Evirato ad Sophronium sophistam? Respondet Aloysius Lipomanus, episcopus Veronensis, qui primus hunc librum edi curavit, quem Apostolica Bibliotheca suppeditavit anno 1558: « Scriptor libri A prorsus Joannes anachoreta fuit. Id tibi ex capite 77 voluminis ipsius liquido constare poterit. Photius quoque hunc ipsum auctorem libri Joannem Moschum (natione fortasse) fuisse asserit, cujus cognomen interpres Latinus forsan Eviratum reddidit. »

Verum Sophronio his de causis attribuitur: vel quia ad ipsum per charissimum socium inscribitur, quemadmodum et Rhetorica Ciceronis ad Herennium, et ejusdem ad Atticum epistolæ, ad Herennium et ad Atticum libri appellantur; sic Sophronii liber hic dicatur, quia ad Sophronium dirigitur. Atque ex eo maxime, quod ad usum illius in primis conscriptus est. Namque auctor ipse in epistola quam libro præmittit, fatetur se ex hoc prato coronam Sophronio contexuisse, ac per eum aliis deinceps obtulisse. Seu quia in hoc libro dicta et gesta ipsius Sophronii pro majori parte continentur. Nam is totius itineris libri hujus auctoris fuit individuus comes; et quæcunque ambobus ambulantibus occurrerunt, vel quærentibus responderi contigit, diligentissime descripta sunt. Quare etiam hæc verba sæpissime iterata videbis: *Venimus ego et dominus meus Sophronius sophista ad abbatem talem*, etc. Et ideo semper etiam plurali locutione utitur, dicens: *Perreximus, accessimus, vidimus, narravit nobis senex monasterii dux*. Per quæ omnia conspici datur, scriptorem nunquam solum fuisse in his quæ narrat perquirendis. Sicut ergo Platonis *Phædrus, Timæus, Gorgias*, et *Parmenides*, et Tullii liber de Senectute *Cato Major* inscribuntur a personis, [XXXIX] quæ illi colloquentes et disputantes inducuntur; quid obstabit huic libro, quin Sophronii dicatur, cum in eo is ambulans, visitans, operans, interrogans et respondens ubique fere asseratur?

Aut demum ex illa causa Sophronio ascribitur, quoniam una cum Joanne prædicto conscriptor (ut ita dicam) forte ejusdem libri fuit. Lege hujus voluminis caput 77, et in ejus principio ita scriptum reperies: « Ego et dominus meus Sophronius perreximus ad philosophi Stephani domum doctrinæ gratia, » etc. Deinde in fine ejusdem capitis hoc modo scriptum legitur: « Ista cum audivimus, innuit mihi dominus meus Sophronius, et recessimus, et dixit mihi: Vere, abba Joannes, hodie nihil ultra studeamus; satis enim ædificati sumus. Hæc ergo scripsimus, ut et vos pariter ædificemini. »

Una ergo ex his rationibus, seu potius omnibus simul accedentibus, jure meritoque liber iste Sophronii nomine inscriptus videtur.

Dices: In hoc libro Sophronius hic non appellatur Jerosolymorum patriarcha, sed sophista. Respondet idem Aloysius: Vocabulum hoc non in malam olim partem, sicut fit modo passim, sed in bonam accipiebatur; nec aliud designabat, quam sapientem et prudentem hominem, qualis fuit et Libanius ille, ad quem multæ Magni Basilii epistolæ directæ fuerunt, ipsum maximis præconiis efferentes. Potuit ergo vir iste prius et monachus esse, et sophista nuncupari; inde vero ad sanctam Jerosolymorum sedem assumi, ex qua, tanquam digniori loco, postea denominationem acceperit.

Petes: Quo tempore viri hi qui librum conscripserunt claruerint? Respondet idem qui supra: Id pro certo non habetur. Verum cum Magni Gregorii Romani pontificis, hujus nominis primi, factum narrent, et synchronorum Cæsarum, videlicet Anastasii, Tiberii, Mauritii, et Zenonis mentionem faciant, et in sexta synodo hic liber adducatur, conjectura assequi possumus, circa annum Domini sexcentesimum illum fuisse conscriptum.

Porro, ad commendationem hujus libri tandem Aloysius Lipomanus præfatur: « Liber hic, amice lector, quem tibi legendum exhibemus, Pratum spirituale nominatur, ex Græco Latinus per doctum virum Ambrosium Camaldulensem monachum redditus, quem adhuc typis excusum, non nisi vernacula, atque ea Italica lingua habuimus.

« Tanta autem spritualium flosculorum amœnitate refertus est, ut in paradisi deliciis ortus esse videatur. In eo siquidem antiquorum monachorum, et aliorum Patrum Deo ex intimis præcordiis servientium redolet vitæ splendor, regularis disciplinæ observantia, pudicitiæ [XL] et continentiæ norma, victus et vestitus parcimonia, contra hæreticos invicta constantia, in jejuniis, vigiliis et orationibus assidua perseverantia, et erga Dominum Jesum Christum eximius et inæstimabilis amor; quin etiam admirabilia quædam, ac Spiritu sancto plena responsa, quæ legentium mentes spirituali quadam dulcedine perfundunt; sanctarum denique mulierum invicta fides, castitas incomparabilis, et felix earum in Deo consummatio.

« O si tales modo inveniremus milites Christo servientes, quam illustris, quam splendida, quam decora esset Ecclesiæ nostræ facies! quam adeo dejectam et obsoletam, ac supra pelles Salomonis, atque Moysi Æthiopissam (pro dolor!) denigratam conspicimus.

« Lege ergo lubenti animo, et fide certa opus istud, candide lector, cujus exemplum ex apostolica Bibliotheca accepimus; et ita mores et vitam tuam ad ejus lectionem compone, ut talium tantorumque virorum, quos hic descriptos invenies, dignus æmulator existas, postmodum vero eorum consortio in æterna beatitudine feliciter adjungare. Quod tibi et mihi Dominus præstare dignetur, et omnibus qui Dominum Jesum diligunt in sinceritate. Vale. »

PROLEGOMENON XIII.
Qua lingua libri hi scripti?

Dico: Plerique libri omnes Græce scripti sunt.

Patebit mox, assignatis eorum interpretibus. Equidem cum patres illi pene omnes in Oriente nati sint, celebresque vixerint, non mirum ab Orientis hominibus, Græcis maxime qui scribendi facultate pollebant, monachorum quibus convixerant acta posteris esse transmissa.

In primo libro, qui miscellus est, inter varios auctores solus est divus Hieronymus, qui Latine, quod quidem constet, scripserit.

Secundum et tertium scriptum esse a Ruffino, partim ex divo Hieronymo, partim ex Mss., partim ex probabili conjectura asseruimus.

An vero is ex Græco transtulerit, incertum. Divus Hieronymus videtur innuere a Ruffino ipso compositum, epistola supra citata. Ait enim: « Qui librum quoque scripsit quasi de monachis, » quod tamen de libro secundo tantum capiendum, ut constat ex Patrum nominibus, quæ divus Hieronymus ex illo Ruffini libro exprimit, qui suo tempore circumferebatur, quorum Vitæ in secundo tantum libro reperiuntur.

Quartus liber cum ex Severo Sulpitio et Joanne Cassiano sit concinnatus, non magnopere dubitandum, quin a Latino [XLI] auctore ea concinnatio facta sit, maxime cum verbis auctorum concinnator plerumque utatur.

Quinti et sexti libri Græcum auctorem esse, constat ex Photii Bibliotheca, Cod. 198, qui eos Græce legit, et styli perspicuitatem collaudat.

Septimi libri Græcum auctorem esse, indicat ipse interpres Paschasius.

Octavi libri Græcus auctor est Palladius, ut clarum est ex Socrate, prolegomeno 10.

Noni libri auctor est Theodoretus, ut supra vidimus, quem Græcum fuisse nimis quam notum.

Decimi libri auctor est Joannes Moschus, quem Græce scripsisse testatur Photius, Bibliothecæ Cod. 199, hæcque de ejus stylo habet: Ἡ δὲ τοῦ λόγου ἑρμηνεία εἰς τὸ ταπεινότερον τοῦ προτέρου, καὶ ἀμαθέστερον ἀποκλίνει: « Operis autem hujus dictio, magis quam præcedentis (videlicet quinti et sexti libri hic) ad humiliorem ac rudiorem vergit stylum. »

PROLEGOMENON XIV.
Qui horum librorum interpretes?

Dico: Varii sunt horum librorum interpretes

In primo libro hi noti occurrunt interpretes.

1. Evagrius episcopus Antiochenus, interpres Vitæ sancti Antonii monachi. Vide ad eam Vitam præludia.

2. Dionysius Exiguus interpres Vitæ sancti Pachomii. Consule præludia Vitæ illi præmissa.

3. Ursus S. R. E. subdiaconus, interpres Vitæ sancti Basilii Cæsariensis episcopi. De Urso vide notationes ad eam Vitam.

4. Gerardus Vossius interpres Vitæ sancti Ephræm.

5. Anastasius S. R. E. Bibliothecarius, interpres Vitæ sancti Joannis Eleemosynarii, patriarchæ Alexandrini. Vide ad eam Vitam præludia.

6. Jacobus Billius interpres Vitæ sanctorum Barlaam et Josaphat.

7. Eustochius interpres Vitæ sanctæ Pelagiæ.

8. Paulus Neapolis Ecclesiæ diaconus, interpres Vitæ beatæ Mariæ Ægyptiacæ.

Melchior Goldastus, tom. I Rerum Alemannicarum, parte 2, notis ad Hepidanum, de Vita sanctæ Wiboradæ existimat Vitam sanctæ Eugeniæ versam a Ruffino. Sed unde hoc deprompserit, equidem nescio. Possevinus, in Apparatu sacro, ait Vitam sanctæ Eugeniæ scriptam ab Ambrosio Camaldulensi abbate. An versam vult? Certe plura alia Vitas Patrum spectantia idem auctor, eodem teste, vertit.

[XLII] Secundus, tertius et quartus libri scripti sunt Latine, vel certe de versione non constat. Vel potius : quartus certo scriptus Latine, de prioribus duobus dubium. Vide dicta prolegom. 4, 5 et 6.

Quinti libri interpres est Pelagius S. R. E. diaconus.

Ita constanter Mss. Sigebertus, de illustr. Ecclesiæ Scriptoribus, cap. 116 : « Pelagius diaconus Romanæ Ecclesiæ transtulit de Græco in Latinum, de Vita et doctrina, et de perfectione sanctorum Patrum libros XVI, scilicet : *de Profectu monachorum lib.* 1; *de Quiete,* 1; *de Compunctione,* 1; *de Continentia,* 1; *Contra fornicationem,* 1; *Quod monachus nihil debeat possidere,* 1; *Quod nihil per ostentationem fieri debeat,* 1; *De patientia et fortitudine,* 1; *Quod non oportet judicare quemquam,* 1; *Quod oportet sobrie vivere,* 1; *Quod sine intermissione et sobrie oportet orare,* 1; *de Humilitate,* 1; *de Pœnitentia,* 1; *de Charitate,* 1; *de Providentia, seu Contemplatione,* 1. »

Sexti libri interpres est Joannes S. R. E. subdiaconus.

Ita omnes Mss. Sigebertus supra, cap. 117 : « Joannes subdiaconus transtulit de Græco in Latinum de Vita et doctrina Patrum librum I. »

Quod vero ait Sigebertus a Joanne translatum e Græco in Latinum *librum unum,* cum tamen quatuor libellos transtulerit, potuit hoc contigisse quod ipse in Ms. inciderit, qui libellos illos sine titulo indistinctos connectebat. Vel *librum unum* capit, qui quatuor libellos continet.

Adverte quis autem Pelagius hic, quis Joannes fuerit, merito quæri potest. R. P. Georgius Garnefelt, libro supra citato, censet Pelagium hunc ante S. R. E. diaconum, cum hunc librum verteret, non fuisse Romanum pontificem ab anno Domini 555, usque ad annum 559. « Ad quod sentiendum, inquit, duo me impellunt, 1° quod fuerit linguæ Græcæ peritissimus; 2° quod varias legationes obierit ad Ecclesiam Orientalem, de quibus nemo dubitabit, qui consulere voluerit Baronium, ab anno 538 ad annum 555. Id igitur persuasum mihi habeo, hunc Pelagium in hisce legationibus incidisse in eum librum Græcum de quo Photius meminit in Bibliotheca, Cod. 198, et hunc secum Romam comportasse, ibidemque transtulisse. At vero cum hanc versionem perduxisset usque ad libelli seu partis XVIII cap. 16 (ut est in prima editione), mox aliis negotiis præpeditus, seu potius Romana sede gubernanda oneratus, reliquum versionis opus videtur imposuisse Joanni subdiacono, quem arbitror eumdem esse qui Pelagio in Romanæ Ecclesiæ primatu successit. Ita conjicio et opinor, si quid alii certius attulerint probaverintque, lubens acquiescam. » Hactenus ille.

Septimi libri interpres est Paschasius, S. R. E. diaconus, qui [XLIII] Martini Dumiensis abbatis rogatu eum Latinitate donavit.

Ita diserto præfatio libro illi præfixa præfert. Testatur quoque Sigebertus supra, cap. 118 : « Martinus episcopus transtulit per manum, Paschasii diaconi interrogationes et responsiones plurimas sanctorum Ægyptiorum Patrum in Dumiensi cœnobio. »

Adverte hic, primo, duos fuisse Paschasios diaconos his temporibus pene suppares (nam Paschasius Ratbertus duobus sæculis posterior in hunc censum venire non potest), utrumque scriptis clarum. Primus est Paschasius S. R. E. diaconus, « cujus rectissimi (ait sanctus Gregorius lib. IV Dialog., cap. 40) et luculenti de sancto Spiritu libri exstant; » quique, eodem teste, « temporibus Symmachi apostolicæ sedis præsulis defunctus est. » Sedit autem Symmachus ab anno 499 ad annum 515. Hujus etiam meminit Sigebertus, de illustr. Eccl. Scriptor., cap. 17, et alii posteriores. Hic idem est ad quem Eugippius presbyter Vitam sancti Severini Noricorum apostoli a se conscriptam transmisit, ejusque censuræ subjecit. Nam nomen, tempus, locus et sacra functio id docent, ait Baronius tomo VI Annalium ad annum 496. Cui respondit idem Paschasius, quam epistolam Baronius ibidem exhibet. Eam hic prolegomeno 25 invenies. Secundus est Paschasius diaconus monasterii Dumiensis in Gallicia, qui suum librum de Vitis Patrum, qui in hac editione septimus est, dedicavit Martino presbytero et abbati Dumiensi; cujus Martini obitum Gregorius Turonensis, lib. V Hist. Franc., cap. 37, anno 5 Childeberti junioris statuit, cui Baronius tomo VII Annalium annum 583 assignat.

Adverte secundo, iisdem quoque temporibus duos fuisse Eugippios : Unus abbas, qui scripsit « ad quemdam Paschasium diaconem de Vita sancti monachi Severini, et claruit post consulatum Importuni junioris, Anastasio imperatore regnante, » ut ait Isidorus de illustr. Ecclesiæ Scriptor., cap. 13. Claruit igitur hic etiam post annum 509, in quem consulatus Importuni seu Opportuni incidit. Nam in epistola sua sancti Severini Vitæ præmissa ait se scribere biennio post consulatum Importuni. Alius etiam abbas, « qui defloravit libros sancti Augustini episcopi Hipponensis, fuitque tempore secundi Pelagii, et imperatoris Tiberii Constantini, ut scribit Sigebertus de illustr. Ecclesiæ Scriptor., cap. 39. Floruit igitur ille circa annum 580.

Ex his nunc facile colligi potest (quod etiam amicissimo Garnefeltio in mentem venerat) posteriorem Paschasium interpretem esse libri septimi; in eum enim sæculum Martini Dumiensis, cui suam versionem inscribit, quadrat. Stylus quoque ejus non assurgit ad prioris Paschasii stylum. Huic priori potius tribuenda translatio Paradisi Heraclidis. De quo prolegomeno 25. Qui et S. R. E. diaconus [XLIV] fuit, uti habemus testimonio sancti Gregorii supra. Posterior etiam diaconus fuit in coenobio Dumiensi, sed dubito an etiam S. R. E. Vereor enim ne ex confusione duorum Paschasiorum, posteriori titulus quoque prioris adhaeserit. Atque ita impressum, quod mutare nondum sum ausus.

Octavi libri, qui a Palladio Graece scriptus, interpres est Gentianus Hervetus, canonicus Rhemensis, qui praeclaram operam praestitit in hoc interpretandi genere.

Adverte hic tres diversas esse Palladii editiones diversis interpretibus.

Prima est quae prodiit ipso typographiae tirocinio in prima editione Vitarum Patrum, ubi nullus certus interpres assignatur. Hic liber in sequentibus editionibus Vitarum Patrum omissus est, sed anno 1547 rursus eam in sua editione, quae Coloniae lucem vidit apud Jasparem Gennepaeum, revocavit F. Theodoricus Loher a Stratis Carthusianus.

Secunda est quae prodiit Parisiis apud Joannem Parvum, an. 1504, curatore Jacobo Fabro Stapulensi. Sed haec alium titulum (inscribitur enim Paradisus Heraclidis) praefert; et alium, incertum pariter exhibet interpretem, quae eadem Palladii praefixo titulo postea prodiit Venetiis anno Domini 1554, tom. III de Vitis Sanctorum per Aloysium Lipomanum collectis. Curavit autem hanc editionem opera Francisci Torres, conferri cum Ms. exemplari Palladii, quod Venetiis est in Bibliotheca cardinalis Bessarionis, qui, ut ait Lipomanus, « a capite ad calcem usque utroque collato volumine, hunc eumdem prorsus cum illo reperit, paucis quibusdam, iisque perexiguis momenti, immutatis. Titulus etiam discrepabat, et nuncupatoria epistola, quae non ab Heraclide Alexandrino, sed a Palladio Cappadociae episcopo, licet in utroque volumine ad Lausum scripta videretur. His igitur paucis locellis correctis, et ad emendatissimum codicem, » ut existimabat Lipomanus, « redactis, » librum illum tomo III de Vitis Sanctorum inseruit.

Tertia est, quam hic damus, quamque suo stylo e Graeco textu adornavit Historiae Lausiacae titulo Gentianus Hervetus, et Parisiis vulgavit Bernardus Turisanus anno 1555, quae rursus prodiit ibidem apud Guilielmum Chaudierium, anno 1570, annotationibus quibusdam marginalibus per Fr. Thomam Beauxamis Carmelitam doctorem theologum illustrata; quae insuper Laurentii Barrensis scholiis aucta, Historiae Christianae veterum Patrum inserta est Parisiis apud Michaelem Sonnium, anno 1583, item tomo VII Bibliothecae SS. Patrum.

Quod si quis et quartam Palladii editionem venari velit, non magnopere [XLV] ei laborandum erit. Inveniet enim Ruffinum, vetustissimum Palladii interpretem, si vera est conjectura quam prolegomeno 4 § 2 et 10 expressimus.

Quaeres quae ex his sit germana Palladii historia? Respondeo: Videtur illa quam Hervetus edidit. Nam Socrates, lib. IV, cap. 18, ait se supersedere SS. Patrum Vitas describere, quod id Palladius abunde praestiterit; et opus ejus certa nota designat, quod in ea agatur tam de mulieribus quam viris. Πάντα δὲ ἀκριβῶς περὶ αὐτῶν διεξῆλθεν· ἐν ᾧ καὶ γυναικῶν ἐφάμιλλον τοῖς προειρημένοις ἐπανελομένων βίον μνήμην πεποίηται : « Omnia, quae ad eos spectant, in eo sunt accurate explicata. In quo etiam de mulieribus, quae parem vivendi rationem cum viris supra dictis excolebant, sermo susceptus est. » Atqui tam de mulieribus quam viris habes in Hervetina editione plenius, cum in aliis editionibus perparum de mulieribus tractetur. Vide supra Prolegomenon 4, § 3

Noni libri interpres est idem Gentianus Hervetus, quae cum superioris libri interpretatione una prodit.

Aloysius Lipomanus, tomo II de Vitis Sanctorum, anno 1553 Venetiis edito, inseri curavit hunc Theodoreti librum, interprete Alberico Longo Salentino, quem a viro docto Tridenti nactus fuerat.

Decimi libri interpres est Ambrosius Camaldulensis abbas. Ita enim in apostolica Bibliotheca se invenisse testatur Aloysius praefatione ad lectorem, qui primus eum edi curavit tomo VII de Vitis Sanctorum.

Dices: Joannes Diaconus, postea Romanus pontifex, in quarto libro, quem de beati Gregorii Vita scripsit, dum cap. 63 voluminis hujus mentionem facit, recensendo mirabile ejusdem sanctissimi pontificis factum, se interpretem profitetur. Ait enim : « Sed ne solis verbis tanti praesulis humilitas inculcari credatur, superest ut ex Graecorum relationibus a me nuper interpretatis eadem Patris humilitas vivis operibus demonstretur, in quibus videlicet ita refertur : Enarravit nobis abbas Joannes Persa, sanctus et venerandus vir existens, de Magno Gregorio beatissimo papa Romano, dicens : Quoniam ivi Romam ad adorandos loculos sanctorum apostolorum Petri et Pauli; et una dierum, cum starem in medio civitatis, video papam Gregorium per me transiturum, et cogitavi me mittere ante eum. Cum ergo appropinquasset mihi papa, videns quia pergerem, ut mitterem me ante eum; sicut coram Deo dico, fratres, primus misit se ante me super terram, et non ante surrexit, quam ego prior surgerem, et amplexatus me cum magna humilitate, tribuit mihi per manum numismata tria, et jussit mihi dari casulam et necessitates meas omnes. Glorificavi ergo Deum, qui donavit ei talem humilitatem [XLVI] circa omnes, et eleemosynam, et charitatem. » Quam eamdem historiam invenies hic cap. 151. Respondeo inveniri quidem eam eo loco, sed verbis aliis, ut duplicem interpretem liceat agnoscere.

Verum interpres iste non fuit Joannes Diaconus, sed ejus praeceptor, ut ipse clare exprimit lib. II, cap. 45, Vitae sancti Gregorii; ait enim : « Ex libro qui a Graecis Λειμών dicitur, a Latinis vero intelligitur Campus vel Pratum, praeceptor meus inter alia toto orbe jam diffamata miracula interpretatus est, mihi scribens, » etc. Quare recte in plerisque editionibus est, *ex Graecorum relationibus ad me nuper interpretatis*; non a me, ut non recte citatur ante Pratum spirituale editionis Coloniensis quod ex officina Birck-mannica prodiit.

Adverte librum hunc hodie in CCXIX capita duntaxat distinctum legi, cum olim pluribus constiterit, ut testatur Photius Bibliothecæ suæ Cod. CIC. καὶ τὰ διηγήματα δὲ οὐχὶ τὸν ἴσον ἀριθμὸν ἐν πᾶσιν εὑρήσεις τοῖς βιβλίοις διατεσώμενα· ἀλλ᾽ ἔν τισι καὶ εἰς δύο καὶ τεσσαράκοντα, καὶ τριακοσίοις διηπλωμένα : « Narrationum adhæc non eumdem servatum numerum in omnibus libris deprehendas, cum in quibusdam ad duo et quadraginta supra trecentas sese extendant. » Dixerat autem initio, *quatuor et trecentis constare narrationibus.*

Cujus varietatis duplicem rationem subjungit : Τοῦτο μὲν ἐνίων κεφαλαίων ἐπὶ διαιρέσει τοῦ ἀριθμοῦ συναυξομένου, τοῦτο δὲ καὶ διηγημάτων ἐστὶν ὡς παρεγθήκη : « Contingit id vel ex capitum quorumdam divisione, vel certe aliorum interjectione adaucto numero. »

PROLEGOMENON XV.
Quæ harum librorum auctoritas?

De auctoritate horum librorum existimo non facile dubitaturos, qui prolegomena priora legerint, in quibus viri aliquot religione spectati, pietate illustres, doctrina conspicui, partem harum Vitarum vel composuere ipsi, vel e Græco in Latinam linguam transferri curavere, uti sanctus Martinus Dumiensis abbas; vel earum lectionem religiosis suis commendarunt, uti sanctus Benedictus, Cassiodorus et Gregorius Turonensis; vel earum partem pro authenticis scripturis jam a multis retro sæculis diserte recepere, uti pontifex Gelasius.

Accedit quod plerique omnes auctores nota referunt, quæ ipsi suis spectaverunt oculis, vel a fide dignis testibus hauserunt. Hieronymus enim, Ruffinus, Cassianus, Palladius, Postumianus apud Severum, Theodoretus, Moschus, Patribus illis vel annis aliquot convixere, vel eorum loca religiosa peregrinatione obierunt.

[XLVII] Jam vero Cassiodorus divin. Instit. cap. 32, quod commonitionem continet abbatis Chalcedonii et Gerontii, congregationisque monachorum, excitat eos ad diligentem lectionem Vitarum Patrum : « Quapropter, inquit, desideranter introite mysteria Domini, ut sequentibus iter indicare possitis, quia magnæ verecundiæ pondus est habere quod legas, et ignorare quod doceas. Et ideo futuræ beatitudinis memores, Vitas Patrum, confessiones fidelium, passiones martyrum legite constanter. »

Enimvero cum ex Græcis fontibus pleraque sint hausta, etsi non omnino constet de quorumdam fontium origine, qui eos tamen in Latinos alveos deduxere, fuere viri graves, et ecclesiastica fulgentes dignitate, e cardineo Patrum ordine diaconi duo, Pelagius et Paschasius, unus Joannes subdiaconus. Qui cum versati fuerint in oculis pontificis, cujus unius est de fontibus aquæ vivæ, et de cisternis quæ continere non valent aquas (*Jerem.* II), ferre judicium, non video quid de eorum germanitate sit dubitandum.

Quod si alios viros graves desideres, qui Vitarum Patrum testimoniis usi sunt, præter ea quæ suis subinde locis notantur, hæc nunc occurrunt.

1. Gratianus in decreti parte 3, dist. 3, de Consecr., cap. 16, citat quædam ex dictis sancti Apollonii, de jejunio quartæ et sextæ feriæ, quæ ad verbum invenies hic, lib. II, apud Ruffin., cap. 7.

2. Burchardus, lib. XIX Decretorum, qui est de Pœnitentia, citat quatuor apophthegmata ex Vitis Patrum seu verbis seniorum. Nam quod capite 52 habet, desumptum est ex Ruffino, lib. III, n. 103; quod capite 53 desumptum est, ex eodem libro, n. 131; quod capite 54 est desumptum, ex libro eodem, n. 137; quod capite 55 desumptum est, ex eodem libro, num. 141.

3. Dorotheus abbas in doctrinis quas ad fratres habuit, multa ex his libris citat. Ut doctrina prima citat quædam quæ habentur lib. III Ruffini. n. 144, et Pelagii libello XIV, n. 16. Doctrina secunda citat quod habetur apud eumdem Ruffinum, libro eodem, n. 129, et Pelagium, libello XV, n. 3. Doctrina quinta citat quod habetur, apud eumdem Ruffinum, libro eodem, n. 61, et Pelagium, libello XVIII, num. 9, et Paschasium, cap. 1, n. 8. Ibidem citat de Agathone quod habet Ruffinus lib. III, n. 161, et Pelagius, libello II, num. 2. Doctrina sexta citat quod habetur apud eumdem Ruffinum, lib. III, n. 137, et Pelagium, libello IX, n. 3. Doctrina septima adducit id quod habet Ruffinus libro III, n. 51, Pelagius libello IV, num. 59. Sed et apud eumdem Dorotheum aliosque plura loca ex his libris desumpta esse notare est.

Dices primo : Gelasius papa, supra prolegomeno 1, eas tantum Vitas eremitarum cum omni honore suscipit, quas scripsit beatus Hieronymus [XLVIII]; at multæ aliæ his immixtæ sunt, quarum constat beatum Hieronymum non esse auctorem. Respondeo, eum quidem diserte recipere Vitas a beato Hieronymo conscriptas, sed non ideo rejicere alias. Imo videri possit Gelasius existimasse Hieronymum plures Vitas scripsisse, præterquam Pauli, Antonii, Hilarionis, quarum diserte meminit, quasque suscipit tanquam authenticas scriptas a beato Hieronymo. Nam cum addit : *Et omnium eremitarum,* hunc librum Vitarum Patrum respicere videtur qui Hieronymi esse jam tunc vulgo ferebatur. Quod intelligo maxime de secundo libro, quem etiam apud Græcos Hieronymi nomine circumferri, jam supra monui prolegomeno 4, § 8.

Nec mirum quod Gelasius secundi libri auctorem existimaverit sanctum Hieronymum (licet alius nunc ejus auctor vel ipso attestante Hieronymo agnoscatur) cum etiam Vitæ sancti Antonii auctorem faciat sanctum Hieronymum, quam tamen ab Athanasio Græce conscriptam, ab Evagrio Antiocheno Latinitati donatam certo nunc constat. Vide dicenda ad Vitam sancti Antonii in præludiis, not.

Dices secundo contra auctoritatem libri secundi auctore Ruffino : Beatus Hieronymus, epistola ad Ctesiphontem contra Pelagianos, graviter in Ruffinum invehitur, quod Origenistas quosdam Vitis istis inseruerit, quem locum expressum habes supra, prolegomeno 4, § 10. Theophilus quoque scribens ad Epiphanium, dum Ecclesiæ præsidet Alexandrinæ, in epistola 67 apud Hieronymum gloriatur, « quod Ecclesia Christi egredientes de cavernis suis Origenis colubros Evangelico ense truncavit, et secundum Nitriæ monachorum agmen contagione pestifera liberavit. » Et infra : « Didici, ait, quod calumniatores veræ fidei Ammonius, Eusebius, et Euthymius novo pro hæresi furore bacchantes Constantinopolim navigarint. » De qua re certum facit Hieronymum Epiphanius epistola 73, et Theophilus ipse Alexandrinus epistola 69 et 72; ipseque pro re tam feliciter confecta Theophilo gratulatur epistolis 70, 71. Et epistola 61, ad Pammachium adversus errores Joannis Jerosolymitani, prope finem, agens de Joannis epistola : « Iste, ait, Isidorus, qui in cœlum tuis laudibus tollitur, idipsum infamatur Alexandriæ, quod tu Jerosolymis. Atqui quatuor hi Ammonius, Eusebius, Euthymius, et Isidorus hoc libro occurrunt.

Respondeo eam partem, ubi Origenistas illos indicio beati Hieronymi detegemus, minimam harum Vitarum esse. Et potuerint iidem certo tempore Origenis errore fuisse infecti, post tamen resipuisse : maxime cum eorum quidam in Græcorum Menæis compareant, et ab aliis viris sanctis fuerint laudati.

Equidem in libello Acacii, apud Photium Cod. 159, adversus [XLIX] Chrysostomum synodo ad Quercum habitæ oblato, secundum hunc articulum invenio : « Quod beatus Epiphanius propter Origenistas Ammonium, Euthymium (non rite apud Baronium, vertente Federico Metio, ex corrupto, ut apparet, codice, Eutychium), Eusebium, et Heraclidem, et Palladium noluit cum Chrysostomo communicare. » Meminit autem Hieronymus epistola illa ad Ctesiphontem Ammonii et Eusebii, quos Origenistas fuisse asserit. Ut igitur ex synodo illa discimus, eas non caruisse suspicione Origeniani erroris, ita pariter docemur, non omnino liquidam fuisse suspicionem, si Chrysostomus vir utique doctissimus atque sanctissimus cum iis communicaverit.

Nec omnino sine auctore dixi, potuisse monachos, ante Origenistas, post resipuisse. Audi Sozomenum, lib. VIII, cap. 17 :

Ἐνταῦθα δὲ συνελθὼν Θεόφιλος ἅμα τοῖς ἄλλοις, περὶ μὲν τῶν Ὠριγένους βιβλίων οὐδὲν ἐπεμνημόνευσε· τοὺς δὲ ἀπὸ Σκήτεως μοναχοὺς εἰς μετάνοιαν ἐκάλει, μήτε μνησικακεῖν, μήτε κακῶς ποιεῖν ὑποσχόμενος. Ἐπιβοῶν τῶν δὲ αὐτοῖς συγγνώμην αἰτεῖν τῶν Θεοφίλου σπουδαστῶν, καὶ προσποιουμένων τὴν σύνοδον ἱκετεύειν ὑπὲρ αὐτῶν, ταραχθέντες οἱ μοναχοὶ καὶ τοῦτο χρῆναι ποιεῖν νομίσαντες, πολλῶν ἐπισκόπων προκαθημένων, τοῦτο δὴ τὸ σύνηθες αὐτοῖς λέγειν, κἂν ἀδικῶνται, Συγχώρησον ἔφασαν. Θεοφίλου δὲ ἑτοίμως σπεισαμένου, καὶ τὴν κοινωνίαν αὐτοῖς ἀποδόντος, διελύθη τῶν παρὰ Σκήτην ἀδικημάτων ἡ ἐξέτασις, ὅπερ οἶμαι οὐκ ἂν συνέβη, εἰ συμπαρῆσαν τοῖς ἄλλοις μοναχοῖς Διόσκορός τε καὶ Ἀμμώνιος. Ὁ μὲν γὰρ ἤδη πρότερον τελευτήσας, ἐτάφη ἐν τῇ Μωκίου τοῦ μάρτυρος

* Vitiosa interpretatio, ut patet. Græca enim phrasis, τοῦτο δὲ..... ἔφασαν, sic optime vertit Valesius :

ἐπωνύμῳ ἐκκλησίᾳ· Ἀμμώνιος δὲ ἔναγχος τῆς συνόδου παρασκευαζομένης, ἐμαλακίσθη τὸ σῶμα· περαιωθεὶς δὲ εἰς Δρῦν, χαλεπώτερον ὑπὸ τῆς νόσου διετέθη, καὶ μετ' οὐ πολὺ τελευτᾷ τὸν βίον, καὶ πρὸς τῶν πλησίων μοναχῶν, ἔνθα δὴ κεῖται, λαμπρᾶς ἠξιώθη ταφῆς. Ὁ δὲ Θεόφιλος ὡς ἐπύθετο, λέγεται δακρῦσαι καὶ εἰς πάντας εἰπεῖν, ὡς οὐδεὶς εἴη τῶν κατ' αὐτὸν μοναχὸς οἷος Ἀμμώνιος, εἰ καὶ αὐτῷ ταραχῆς αἴτιος ἐγένετο : « Hoc loco Theophilus una cum cæteris episcopis conveniens, de libris Origenis nullam quidem mentionem fecit; sed Scetenses istos monachos ad pœnitentiam invitavit, pollicitus se neque injuriæ acceptæ fore memorem, neque mali quidquam esse facturum. Cum igitur suis clamoribus illos urgerent fautores Theophili, ut veniam peterent, et interim simularent synodum pro ipsis supplicare, monachi perturbati, atque hoc plane fieri oportere rati, multis episcopis præsidentibus, illud scilicet, quod ipsis dicere solemne est : Etiamsi injuriam fecerimus, ignosce, inquiunt *. Theophilo igitur illos prompte in gratiam simul et in communionem recipiente, soluta est cognitio, quæ adversus Scetenses istos instituta fuerat; quod opinor non ita successisset, si una cum reliquis monachis Dioscorus et Ammonius adfuissent. Nam Dioscorus jam antea mortuus, in templo Mocii martyris est sepultus. Ammonius autem modo cum synodus convocaretur, corpore languere cœpit : [L] et postquam ad Quercum trajecisset, morbo gravius correptus fuit, ac non multo post finivit vitam, et apud vicinos monachos, ubi etiam jacet, splendidam sepulturam sortitus fuit. Theophilus tandem ubi id intellexisset, illacrymasse fertur, ac dixisse quod inter universos monachos suos talis non esset, qualis fuisset Ammonius, etiamsi ipsi turbarum exstitisset auctor. » Unde discimus res horum monachorum plane perplexas fuisse. Sane Georgius Alexandrinus in Vita Chrysostomi ait Ammonium et Dioscorum vita functos splendide sepultos, et miraculis claruisse.

Quidquid sit, maneat inconcussum divi Hieronymi testimonium, et ejus monitione cautius horum paucorum dicta excipiamus. Quanquam nihil in his occurrit quod sinistre sonet, excepta una forte Evagrii sententia de impassibilitate, cui suo loco opportunum antidotum apposuimus.

Christophorus Castrius noster ita huic ex Hieronymo testimonio satisfieri posse censebat, ut ex Hispania ad me scripsit. « Primum, inquit, præmittendum est, Theophili Alexandrini, et Epiphanii Cyprii tempore motam fuisse quæstionem de Dei natura, utrum esset spiritualis, an membris corporeis constans. Nam simpliciores et præcipue monachi corporeum esse censebant. Unde et hæretici Anthropomorphitæ dicti sunt, et hi quidem aversabantur Origenem, quod Deum spiritum esse doceret; sapientiores autem, ut omnes Catholici, spiritum esse prædicabant. Quare quod hac in re cum Origene sentirent, simplices illi tanquam Origenistas, hanc

id quod solemne est ipsis dicere, etiamsi injuria affecti fuerint, Parce scilicet, dixerunt. EDIT.

solam ob causam exosos habebant. Hinc factum ut sanctum Epiphanium in omnibus catholice sentientem Theophilus Alexandriæ episcopus Anthropomorphitarum hæresis insimularit, ut referunt Socrates lib. vi, cap. 9, Sozomenus lib. viii, cap. 14, et Nicephorus lib. xiii, cap. 12; ut etiam Joannes Jerosolymitanus Epiphanio, ut ait Hieronymus epistola 61, ad Pammachium, adversus errores Joannis Jerosolymitani; imo Ruffinus eamdem hæresim objecit Hieronymo, Invectiv. lib. i.

« Contra vero, qui Origeni infensiores erant, eos qui ejus lectioni vacabant, Catholicos alioquin, de hæresibus Origenis accusabant, ut Epiphanius Theophilum, et deinceps Chrysostomum, et monachos qui cum illis communicabant. Atque de hac re nonnihil insinuat divus Hieronymus in epistola 62, ad Theophilum adversum Joannem Jerosolymitanum; in epistola quoque 68 et 70, ad Theophilum, dum illi dicit: « Ostendisti quod hucusque taciturnitas dispensatio fuit, non consensus; libere enim reverentiæ tuæ loquor. Dolebamus te nimium esse patientem, et ignorantes magistri gubernacula, gestiebamus in interitum perditorum. » Sane suspicioni dederat occasionem, quod Origeni consentiret, et ipse esset Origenista. Hoc prætextu Origenistarum, [LI] eadem qua Chrysostomum simulatione, quatuor monachos Longos montis Nitriæ, quod ab eo recessissent, quod ejus mores non probarent, insectatus est, etiam coacto exercitu Anthropomorphitarum, in quibus erat monachorum phalanx non parva zelo percita. Quos tamen fugientes excepit Joannes Chrysostomus et defendit, monito etiam Innocentio I pontifice, qui increpavit Theophilum; et ille, tandem pœnitentia ductus, monachos illos Longos sibi reconciliavit tanquam fideles et probos. Scribunt hanc historiam fusissime omnes historici Græci, Georgius Alexandrinus archiepiscopus in Vita sancti Chrysostomi, Palladius in dialogo, Socrates, Sozomenus, Simeon Metaphrastes, Leo imperator in oratione, Cassiodorus, Sulpicius, Isidorus Pelusiota, Nicephorus, quorum testimonia referre non vacat. Hi omnes commendabant monachos illos quos hæreticos putavit Hieronymus a Theophilo deceptus. » Hactenus Castrius noster; de qua tota historia vide Baronium, tomo V, anno Christi 400.

Dices tertio contra auctoritatem libri quarti, auctore Cassiano : In decreto, distinct. 15, Cassiani opuscula censentur inter apocrypha.

Respondeo cum Aloysio Lipomano, tom. VIII de Vitis Sanctorum, Romæ edito anno 1560, præfatione ante excerpta ex Cassiano, « tantum prohibita esse ob unam potissimum collationem tertiam abbatis Cheremonis de protectione Dei; quod ex beato Prospero colligere est libello contra Collatorem, in quo hominem hunc notat de gratia Dei et libero arbitrio quædam temerarie ac contra sanctæ Ecclesiæ definitiones sentientem, locum jam citatum adducens. Cujus etiam sententiæ videtur Joannes Trithemius. Quod ut quis credat facilius, adduci is potest præclarorum virorum auctoritate, miræ cum eruditionis tum sanctitatis, qui Cassiani opera et legerunt intrepide, et ad suorum scriptorum fidem confirmandam adduxerunt in medium, atque suis etiam discipulis legenda mandaverunt. Ex his fuere divus Benedictus, Cassiodorus, Climachus, Bernardus, beatus Dominicus, divus Thomas Aquinas, aliique quos elogiis dedimus.

« Adde quod in his Sanctorum Vitis non de ecclesiasticis dogmatibus fiat disputatio, sed de justorum moribus, conversatione et exemplis tantum agatur. Igitur, qua in parte bonus est, admissus fuit; in qua malus (ea autem est supradicta collatio de protectione Dei) rejectus est. Sic et de Origenis libris fecisse videtur sancta mater Ecclesia. Nam explosis Περὶ Ἀρχῶν et aliis nonnullis ejusdem opusculis, cætera sine offensione legi videmus et audimus, et (quod magis mirere) contra hæreticorum insanias adducere non veremur. » Ita Lipomanus.

Simile non absimili in re judicium jam olim fuit Theophili Alexandrini episcopi, de quo apud Socratem, lib. vi, cap. 15 : Ηὔξησε δὲ τὸ [LII] κατ' αὐτοῦ μῖσος, τὸ αὖθις αὐτὸν μηδὲν ὑποστειλάμενον, τὰ Ὠριγένους ἀσκεῖσθαι βιβλία. Ἐρωτηθεὶς οὖν ὑπό τινος πῶς ἃ ἀπεκήρυξε, ταῦτα ἀσπάζεται πάλιν, ταῦτα ἀπεκρίνατο· « Τὰ Ὠριγένους ἔοικε βιβλία λειμῶνι πάντων ἀνθέων· εἴ τι οὖν ἐν αὐτοῖς ἐφεύρω καλόν, τοῦτο δρέπομαι· εἰ δέ τι μοι ἀκανθῶδες φανείη, τοῦτο ὡς κεντοῦν ὑπερβαίνω.» « Odium contra illum inde etiam crevit, quod libros Origenis studiose legere non vereretur. Rogatus igitur a quodam cur libros quos condemnaverat de integro amplexaretur? Respondit libros Origenis similes esse prato omnibus florum generibus referto. Idcirco, inquit, si quid reperio in illis boni, illud decerpo; sin spinosi quidquam, hoc utpote aculeis pungens, missum facio. »

Nec aliter judicavit divus Hieronymus epistola 76, ad Tranquillum scribens : « Quia meæ parvitatis quæris sententiam, utrum secundum fratrem Faustinum penitus respuendus sit (Origenes) an secundum quosdam legendus ex parte, ego Origenem propter eruditionem sic interdum legendum arbitror, quomodo Tertullianum, Novatum, Arnobium, Apollinarium, et nonnullos ecclesiasticos Scriptores, Græcos pariter et Latinos; ut bona eorum diligamus, vitemusque contraria, juxta Apostolum dicentem : *Omnia probate, quod bonum est tenete* (II *Thess.* v). Cæterum qui vel in amorem ejus nimium, vel in odium stomachi sui pravitate ducuntur, videntur mihi illi maledicto prophetico subjacere : *Væ his qui dicunt bonum malum, et malum bonum; qui faciunt amarum dulce, et dulce amarum* (*Isaiæ* v). Nec enim propter doctrinam ejus prava suscipienda sunt dogmata; nec propter dogmatum pravitatem, si quos commentarios in Scripturas sanctas utiles edidit, penitus respuendi sunt. » Qui in fine hæc subjungit : « Quod si contentiosum inter se amatores ejus et obtrectatores funem duxerint, ut nihil medium appetant, nec servent modum, sed totum aut probent, aut improbent, liheptius plam rusticitatem quam doctam blasphemiam eligam. »

Dices quarto contra auctoritatem libri octavi, auctore Palladio : Palladius hic Origenista fuit. Respondet Aloysius Lipomanus tomo III de Vitis Sanctorum : « Quod is fuerit Origenista necne, ad propositum quo hic liber scriptus est parum facit. Nam non dogmata fidei in eo, sed sanctorum Vitæ describuntur, et (ut de Eusebio Cæsariensi episcopo, qui et ipse Origenis fautor fuit, ait beatus papa Gelasius) « Propter rerum singularem notitiam, quæ ad instructionem pertinet, non videtur renuendus, » præsertim cum (ut ingenii nostri imbecillitas videre potuit) nihil hic non pium, non Christianam redolens puritatem legatur. Approbamus igitur opus, scriptorem autem Dei judicio, coram quo ille stat, reservamus. Nam dubia pro certis asserere, nimis temerarium nobis videtur. » Ita Aloysius.

Dices quinto cum eodem Aloysio supra contra eumdem librum : Verum aliud quoddam in hoc opere sese offert, quod nos magis sollicitos [LIII] reddit. Divus Hieronymus, cujus in Ecclesia tanta est auctoritas, quantam omnes scimus, in epistola quam ad Ctesiphontem scribit, suggillans Evagrium Ponticum (imo, Ruffinum, ut prolegom. 4, § 10 docui) Hyperboritam, qui librum scripsit quasi de monachis, objicit ei multos in eo libro enumeratos qui nunquam fuerint, et quos fuisse scribit Origenistas, et ab episcopis damnatos asserit; volensque apertius qui hi essent indicare, subjungit : « Ammonium videlicet et Eusebium, et Euthymium, et ipsum Evagrium, Or quoque et Isidorum, et multos alios, quos enumerare tædium est. » At hi sex, quorum in mentionem incidimus, etiam in hoc Palladii opere interseruntur, eorumque Vitæ accurate descriptæ reperiuntur. Quid igitur ad hæc dicemus? suscipiemusne viros qui a tanto Patre de hæresi damnati affirmantur? Respondet idem Aloysius : Hæremus certe hoc in loco, lector candidissime. Etsi illud respondere possumus, librum duntaxat Evagrii (imo Ruffini, ut jam dixi), non autem Palladii per divum Hieronymum fuisse damnatum. Aut illos profecto eosdem non esse qui et ab Evagrio et a Palladio commemorantur, sed omnino alios. Contigit enim (teste ipso etiam divo Hieronymo et Gennadio de Viris illustribus) complures sanctos Patres, necnon monachos et anachoretas, ejusdem fuisse nominis, ut in plurimis Macariis, Paulis, Joannibus, Isidoris, Evagriis, videre licet.

At si hæc responsio tibi non satisfacit, nihil nobis dicendum superest, nisi ut his sex dimissis alios legere ne graveris. Longe enim absit ut nos, qui toto vitæ nostræ tempore contra hæreticos desudavimus, velimus nunc hæreticos homines in Ecclesiam introducere.

Quanquam si ex prædictis sex viris nonnulli divi Antonii discipuli fuerunt, si aliqui divi Basilii, et Gregorii Nazianzeni alumni, si summa omnes vitæ honestate præditi, et divinis charismatibus insigniti,

A si miraculis clari, et optimo fine consummati, vix adduci possumus, ut credamus hos illos esse, quos divus Hieronymus hæreseos a Patribus damnatos asserit, et non prorsus alios.

Ego ut quod sentio libere fatear, postquam librum hunc Palladii ad Lausum a sanctissimo pariterque doctissimo viro, Ecclesiæ columna, Joanne Damasceno, in sermone illo aureo, *Defunctos vivorum beneficiis juvari*, inscripto, tantopere commendatum vidi, absque ullo conscientiæ scrupulo totum opus bis terque perlegi, eaque lectione cum mirifice sum delectatus, tum vero flagranti quodam cœlestium rerum desiderio totus exarsi. Tu tamen, quod probabilius et tibi tutius videtur, sequere.

Hactenus doctissimus et gravissimus vir Aloysius, qui concilio Tridentino cum aliis duobus collegis (ut ipse exprimit epistola dedicatoria [LIV] secundi tomi, Venetiis impressi 1553, de Vitis Sanctorum, ad Julium papam III) præfuit.

Dices sexto, contra Vitas omnes in genere : Epistola Adriani I papæ ad Carolum regem, qua confutat oppugnantes secundam synodum Nicænam, cap. 17, in actione 5, hoc oppugnantium argumentum citat : « Quod illi libri, Vitæ Patrum, quorum auctores ignorantur, non prorsus idonei sint ad testimonia danda, et ad hæc quæ in contentionem veniunt confirmanda. » Respondet Adrianus papa : « Vitæ Patrum sine probabilibus auctoribus minime in Ecclesia leguntur. Nam ab orthodoxis titulatæ et suscipiuntur, et leguntur. Magis enim passiones sanctorum martyrum sacri canones censuerunt, ut liceat eas etiam in ecclesia legi, cum anniversarii dies eorum celebrantur. » Aliud igitur est ita authenticum esse, ut in Ecclesia legatur, aliud ut a Catholicis recipiatur et legatur. Quanquam non tam ibi pontifex agat de his Vitis Patrum eremitarum, quam de omnium aliorum Patrum Vitis, quæ sine probati auctoris nomine non facile recipiebantur in Ecclesiæ lectiones.

Dices septimo, Melchior Canus libro II, cap. 6, de locis Theologicis, acer cumprimis librorum censor, Gelasii testimonio eorum impudentiam retundit, qui harum rerum auctorem beatum Hieronymum pervulgarunt, quas nemo nisi rudis et elinguis ederet. Respondeo : Nec nos beato Hieronymo Vitas eas omnes arrogamus; et plerasque rudiore filo textas, si Stridonensia multitia inspiciantur, non diffitemur. Si Canus plura voluit, nobis divi Benedicti, Cassiodori, Gregorii Turonensis, aliorumque auctoritas potior.

Dices octavo, Galenus Westcapellius, catech. 215, librum fictitium vocat, qui inscribitur, nescit qua grammatica, Vitas Patrum. Respondeo : Non vult Galenus librum hunc ita fictitium, quasi omnino fictus sit; sed tantum ita vocat ratione divi Hieronymi, cujus titulum præfert, cum ejus non sit, sed fictitio et adscititio ejus nomine vendigetur. Quod ad grammaticam attinet, qua dictum sit Vitas Patrum, vide prolegomenon 1.

PROLEGOMENON XVI.

Quæ horum librorum utilitas?

Ex his fontibus suos Benedictus, Cassiodorus, Martinus Dumiensis, Dominicus, aliique religiosæ familiæ auctores irrigavere hortulos. Sed illustre, quod de Antonii Vita in Occidentem illata narrat divus Augustinus, cum duo agentes in rebus, relictis sponsis, vitam elegerunt solitariam; quod et hic legisse non erit inutile : « Ortus est sermo, ipso (Potitiano) narrante de Antonio [LV] Ægyptio monacho, cujus nomen excellenter clarebat apud servos tuos, nos autem usque in illam horam latebat. Quod ille ubi comperit, immoratus est in eo sermone, insinuans tantum virum ignorantibus, et admirans eamdem nostram ignorantiam. Stupebamus autem audientes tam recenti memoria, et prope nostris temporibus testatissima mirabilia tua in fide recta et catholica ecclesia. Omnes mirabamur; et nos quia tam magna erant, et ille quia inaudita nobis erant.

« Inde sermo ejus devolutus est ad monasteriorum greges et mores suaveolentiæ tuæ, et ubera deserta eremi, quorum nos nihil sciebamus. Et erat monasterium Mediolani plenum bonis fratribus extra urbis mœnia sub Ambrosio nutritore, et non noveramus. Pertendebat ille, et loquebatur adhuc, et nos intenti tacebamus.

« Unde incidit ut diceret, nescio quando se et tres alios contubernales suos, nimirum apud Treviros cum imperator pomeridiano circensium spectaculo teneretur, exisse deambulatum in hortos muris contiguos, atque illic ut forte combinati spatiabantur, unum secum seorsum, et alios duos itidem seorsum, pariterque digressos; sed illos vagabundos irruisse in quamdam casam, ubi habitabant quidam servi tui spiritu pauperes, qualium est regnum cœlorum (*Matth.* v), et invenisse ibi Codicem in quo scripta erat Vita sancti Antonii. Quam legere cœpit unus eorum, et mirari, et accendi, et inter legendum meditari arripere talem vitam, et relicta militia sæculari servire tibi. Erat autem ex eis quos dicunt agentes in rebus.

« Tunc subito repletus amore sancto, et sobrio pudore iratus ita sibi, conjecit oculos in amicum, et ait illi : Dic, quæso te, omnibus istis laboribus nostris quo ambimus pervenire? quid quærimus? cujus rei causa militamus? Majorne esse poterit spes nostra in palatio, quam ut amici imperatoris simus? Et ibi quid non fragile plenumque periculis? Et per quot pericula pervenitur ad grandius periculum? et quandiu istud erit? Amicus autem Dei, si voluero, ecce nunc fio. Dixit hoc, et turgidus parturitione novæ vitæ, reddidit oculos paginis, et legebat, et mutabatur intus, ubi tu videbas, et exuebatur mundo mens ejus, ut mox apparuit. Namque dum legit et volvit fluctus cordis sui, infremuit aliquando et discrevit, decrevitque meliora; jamque tuus ait amico suo : Ego jam abrupi me ab illa spe nostra, et Deo servire statui, et hoc ex hora hac in hoc loco aggredior; te si piget imitari, noli adversari. Respondit ille, adhærere se socio tantæ mercedis, tantæque militiæ. Et ambo jam tui ædificabant turrim, sumptu idoneo relinquendi omnia sua, et sequendi te.

« Tum Potitianus et qui cum eo per alias horti partes deambulabant, quærentes eos, devenerunt in eumdem locum, et invenientes admonuerunt ut redirent, quoniam declinasset dies. At illi narrato placito et proposito suo, quoque modo in eis talis voluntas orta esset atque firmata, petiverunt, [LVI] ne sibi molesti essent si adjungi recusarent. Isti autem nihilo mutati a pristinis, fleverunt se tamen, ut dicebat, atque illis pie congratulati sunt, et commendaverunt se orationibus eorum, et trahentes cor in terra, abierunt in palatium. Illi autem affigentes cor cœlo, manserunt in casa. Et ambo habebant sponsas. Quæ posteaquam hoc audierunt, dicaverunt etiam ipsæ virginitatem tibi. Narrabat hæc Potitianus (*S. August.*, *lib.* VIII *Confess.*, cap. 6). »

Quæ quidem lectio uti Agentibus in rebus profuit, ita hæc repetita narratio Augustini animum ad meliora stimulavit, subdit enim : « Tu autem, Domine, inter verba ejus retorquebas me ad meipsum, auferens me a dorso meo ubi me posueram, dum nollem me attendere, et constituebas me ante faciem meam, ut viderem quam turpis essem, quam distortus et sordidus, maculosus et ulcerosus; et videbam et horrebam, et quo a me fugerem non erat. Et si conabar a me avertere aspectum, narrabat ille quod narrabat, et tu me rursus opponebas mihi, et impingebas me in oculos meos, ut invenirem iniquitatem meam et odissem. Noveram eam, sed dissimulabam, et connivebam, et obliviscebar. Tunc vero quanto ardentius amabam illos de quibus audiebam salubres affectus, quod se totos tibi sanandos dederant, tanto exsecrabilius me comparatum eis oderam (*S. August.*, *lib.* VIII *Confess.*, *c.* 27). »

Sed jam ante urbi innotuerat Antonii Vita, felici Athanasii Romam appulsu, qui ejusdem adhuc viventis notitiam et præclara dicta factaque Romanis exposuit. Quod vitæ genus ad omnes evangelicæ perfectionis numeros attemperatum, etiam nobilissimæ Romanæ feminæ consectari cœperunt, Tradit enim hæc de his sanctus Hieronymus : « Nulla eo tempore nobilium feminarum noverat Romæ propositum monachorum; nec audebat propter rei novitatem, ignominiosum (ut tunc putabatur) et vile in populis nomen assumere. Hæc (Marcella) ab Alexandrinis prius sacerdotibus, papaque Athanasio, et postea Petro, qui persecutionem Arianæ hæreseos declinantes, quasi ad tutissimum communionis suæ portum, Romam confugerant, vitam beati Antonii adhuc tunc viventis, monasteriorumque in Thebaide Pachomii, et virginum ac viduarum didicit disciplinam, nec erubuit profiteri quod Christo placere cognoverat (*Hier.*, ad *Princip.*, *epist.* 16). »

Hæc illa Occidentis felicia germina vel ab uno ex Oriente delato semine propagata. Fulgentius quoque in Meridie constitutus Vitas Patrum legens, ad eorum imitationem exarsit, ut habetur Vitæ ejus cap. 12: « Beatus Fulgentius Ægyptiorum monachorum Vitas admirabiles legens, institutionum simul atque collationum spiritali meditatione succensus, memoratas terras navigio petere statuit, duabus videlicet ex causis, ut vel ibi deposito nomine abbatis, sub regula viveret in humilitate, vel districtioris abstinentiæ legibus subderetur. » Sed et Moschus in Oriente constitutus refert, senem quemdam, qui prope loca Jordanis [LVII] moratus fuerat, lecto exemplo de patientia senis (quod habetur in Pelagio, libello XVI, num. 13) qui latrones insecutus etiam marsupium offerebat, quod auferre neglexerant, ad ejusdem facti æmulationem fuisse incitatum; additque: « Delectabatur senex ille ea (Vitarum Patrum) potissimum lectione, ita ut esset illi semper in ore, et in corde, unde et ex ea maximum virtutis fructum acquisivit (*Mosch., cap.* 212). »

Quin vero tota Hispania jam olim tanti hunc librum fecit, ut in usum communem, cum jam lingua Latina iis in regionibus exolesceret, eum in Arabicam transferri curarit una cum sacris Litteris; probe intelligens quantus hinc fructus ad animos in omnem pietatem incitandos exundaret. Testatur id Heleca archiepiscopus Cæsaraugustanus circa annum 860, in additionibus ad Chronica Dextri et Maximi. « Sacræ, inquit, Scripturæ Arabice translatæ a presbyteris catholicis habentur, et cum scholiis circumferuntur; præcipue Novum Testamentum, Epistolæ Pauli, Apocalypsis sancti Joannis, et liber De Vitis Patrum, et historia Latina Fl. Lucii Dextri, M. Maximi, et aliorum, et Chronicon Eusebii, et libri de Civitate Dei sancti Augustini, propterea quod jam linguaLatina evanescebat. »

Plura adduci possent ad horum librorum meritum et utilitatem affirmandam; sed quibus hæc non satisfaciunt, quid tandem?

PROLEGOMENON XVII.
De variis horum librorum editionibus Latinis.

Non hic agimus de octavo, nono et decimo libro, qui hac tantum editione nunc Vitis Patrum accedunt; sed de reliquis, qui plerique omnes in vulgatis Patrum Vitis locum obtinuere.

Editionum, quas quidem nancisci licuit, hunc habe indiculum.

Prima editio, in-folio, absque libri inscriptione, nomine typographi loco et anno editionis, typis valde informibus, quæ ita inchoatur: *Incipit præfatio.*

Secunda, in-folio, absque libri inscriptione, nomine typographi, loco et anno editionis, cujus initium: *Incipit prologus.*

Tertia, in-folio, absque libri inscriptione, nomine typographi, loco et anno editionis, quæ incipit: *Prologus in fructuosum.*

Quarta, Norimbergensis, in-folio maximo, per Antonium Coburger, anno 1478.

Quinta, Norimbergensis, in-folio minore, per Antonium Coburger, anno 1483.

[LVIII] Sexta, Germanica, ut videtur, in-folio, incerto loco et typographo, anno 1483.

Septima, Veneta, in-quarto, per Octavianum Scotum Modoetiensem, anno 1483.

Octava, Germanica, ut videtur, incerto loco et typographo, in-folio, anno 1485.

Nona, Lugdunensis, in-quarto, per Nicolaum Wolff de Lutrea, et venundatur a Jacobo Huguetano, anno 1502.

Decima, Lugdunensis, in-quarto, per Jannot de Campis, anno 1507.

Undecima, Veneta, in-quarto, per Bonetum Locatellum, anno 1508.

Duodecima, Lugdunensis, in-quarto, per Stephanum Balam, anno 1509.

Decima tertia, Lugdunensis, in-quarto, per Jacobum Sachon, anno 1512.

Decima quarta, Veneta, in-quarto, apud Nicolaum de Francofurdia, anno 1512.

Decima quinta, Lugdunensis, in-quarto, per Jacobum Miit, anno 1515.

Decima sexta, Lugdunensis, eadem forma, per Jacobum Mareschal, anno 1520.

Decima septima, Lugdunensis, eadem forma, per Antonium Vincentium, anno 1537.

Decima octava, Coloniensis, in-folio, per Gasparem Gennepæum, anno 1547.

Decima nona, Coloniensis, in-folio, per eumdem, an. 1548, nisi hæc eadem sit cum priore, mutato tantum titulo et anno, ut indicabo prolegomeno 20.

Vigesima, Complutensis, in-quarto, apud Joannem Gratianum, anno 1596.

Triplicem autem inter has editiones varietatem invenio, quam distinctis prolegomenis ob oculos statuam, ut appareat quid quisque varians editor in sua adornanda Sparta præstiterit, et ne quis turbetur, si a variis varie has Vitas citatas inveniat.

PROLEGOMENON XVIII.
De prima omnium, quod sciam, editione Latina.

[LIX] Prima omnium, quod sciam, editio est in-folio, absque libri inscriptione seu titulo, absque typographi nomine, loco et anno editionis; typis plane rudibus: quæ omnia arguunt, librum hunc editum in ipsa typographiæ infantia, cum plerumque omnia illa præmissa omitti solebant, et nondum elegantiorum typorum usus esset.

Initium libri sic habet: *Incipit præfatio Beati Hieronymi presbyteri, in primum librum de Vita sanctorum Patrum.* Deinde: *Benedictus Deus*, etc. Desinit totus liber in Marino monacho, cujus initium est: *Erat quidam sæcularis*, finis: *Ubi usque modo Christus orationibus sanctæ Virginis multa facit mirabilia, ad laudem et gloriam nominis sui, qui cum Patre*, etc.

Constat autem hæc editio omnino v libris.

Primus liber incipit a prologo (qui beato Hieronymo tribuitur, uti et totus is liber) *Benedictus Deus*, etc. Deinde a Vita sancti Joannis abbatis: *Primum igitur tanquam verum fundamentum.* Finit hic liber in septem periculis itineris, quod caput ita inchoatur: *In aliis quoque quamplurimis locis.* Clauditur : *Qui nos de tantis periculis liberavit, et tanta in nobis ostendit mirabilia, ipsi gloria in sæcula sæculorum. Amen.*

Secundus liber incipit a prologo : *Vere mundum quis dubitet meritis stare sanctorum,* etc. Inde sequitur dictum primum : *Quidam sanctorum Patrum seniorum, interrogantibus se monachis de causa abstinentiæ,* etc. Finit in dicto Syncleticæ de infirmitate : *Quia interiori homini nostro sanitas inde crescit.*

Tertius liber incipit a prologo Palladii episcopi : *Multa quidem et varia diversis temporibus a diversis conscripta,* etc. Inde sequitur caput primum : *Cum primum ad Alexandriam perrexissem,* etc.; secundum caput : *Beatus autem Isidorus,* etc. Finit in dicto abbatis Sisoi : *Ignosce, mi frater, quia nondum factus sum monachus.* Inde subnectitur velut appendix *narratio quædam de sancto Macario,* quæ est de dæmone noctu ad ostium cellulæ ejus pulsante, cujus initium est : *Confirmatum est nobis de eo ab his qui de ore ejus audierunt,* etc. Finis : *Et accedentium ad altare vel indignitas eum, vel merita non laterent.*

Quartus liber ita inchoatur : *Incipit argumentum in librum quartum de verbis et exemplis SS. Patrum eremitarum, cujus principium Pelagius S. R. E. diaconus, extrema vero Joannes subdiaconus de Græco transtulit in Latinum, ad instructionem vitæ monachorum.* Sequitur : [LX] *Cum omnis præfatio textum opportune præveniens,* etc., ubi dicitur liber hic *divisus in decem et novem partes.* Prima autem pars est *De profectu monachi.* Incipit : *Ad profectum conversationis quidam frater pervenire cupiens.* Decima nona et ultima pars : *Exempla monasticæ conversationis.* Incipit : *Duo quidam Patres rogaverunt Deum.* Finit : *Sic erit et animæ.* Additur : *Finitur liber quartus Vitas Patrum.* Inde subnectitur : *Hæc sunt verba septem quæ misit abbas Moyses abbati Pastori, in quibus continetur consummata virtus et perfectio monachi.* Primum est : *Quia debet homo quasi mortuus esse.* Septimum est : *Interrogat eum iterum frater, dicens : Ecce homo cædit servum suum.* Finit : *Modico tempore est labor, et in sempiternum est requies.*

Quintus liber inchoatur : *Incipit prologus in quintum librum Vitas Patrum.* Initium prologi est : *Licet ab exordio conscriptionis nostræ.* Deinde : *Incipit liber quintus de conversatione et institutione sanctorum Patrum.* Initium textus est : *Replicans senex quidam beneficia per humanitatem Christi nobis exhibita.* Finis textus est : *At ille cognovit quia justa sunt judicia Dei.* Inde subjungitur : *De sancto Marino monacho,* incipiendo : *Erat quidam sæcularis.* Finit : *Ubi usque modo Christus orationibus sanctæ Virginis multa facit mirabilia, ad laudem et gloriam nominis sui, qui cum Patre et Spiritu sancto regnat Deus per omnia sæcula sæculorum. Amen.*

Atque ut aliquid de tempore hujus editionis investigem, hoc certo affirmare posse videor, editum hunc librum saltem ante annum 71 post 1400. Nam Dionysius Carthusianus, de quatuor novissimis, artic. 52, narrat historiam Macarii de cranio sacerdotis gentilis invento, eamque citat ex libro IV Vitarum Patrum, quæ in hac prima editione libro IV habetur. Obiit autem ipse, teste Trithemio in catalogo illustrium virorum, eo ipso anno. Imo et ante annum 69 post 1400 editionem eam curatam colligere est ex Ms. Cortracensi monasterii Sion. Qui liber verbotenus cum impresso hoc convenit, ut appareat ex eo exscriptum. In ejus autem Ms. fine habetur : « Completus in domo sororum beatæ Catharinæ de monte Sinai, vulgariter nuncupato de Sion, in Curtraco, anno Domini 1469, mensis Novembris die 17, ipso festo beati Niniani episcopi et confessoris. »

Atque hæc prima editio, ea forma et ordine quo eam descripsi, tertio typis fuit submissa, quas omnes tres editiones primo loco suggerit catalogus editionum jam prolegomeno 17 datus. Posteriores tamen duæ editiones summaria capitum adjecere et interseruere, quæ in harum trium prima omnium desiderantur.

PROLEGOMENON XIX.

De secunda editione Latina quæ a prima variat.

[LXI] Secunda editio (nescio an plane secunda, certe ea quæ a prima variat) est Norimbergensis, anno 1478, quæ ita in fine habet : « Anno Christi nativitatis 1478, Nonas vero Maii, ob beatorum Patrum profectum Vitam eremitarum degentium, gesta quorum haud immerito memoriter sunt commendanda, opus (Vitas Patrum appellatum) insigne a quamplurimis excerptum codicibus, per sacrarum Scripturarum viros admodum peritissimos ornatum, in oppido Nornbergensi per Antonium Coburger oppidi præfati incolam, quam compte impressum, finit feliciter. »

Nulla quoque huic editioni præfigitur inscriptio seu titulus, sed initium sumitur a præfatione, qua ille, qui primus ordinem primæ editionis immutavit, facti sui rationem reddit. Ait igitur :

« Ne occasione styli in hoc opere observati, quisquam legentium aut audientium offendiculum patiatur, quia non per omnia procedit, uti antea hujus materiæ exemplaria perspexit, facile veniam dabit, postquam multorum diversitatem confusam intuetur.

« Ea propter idipsum in quatuor partes divisas differentesque distinxi, in cujus prima collegi in unum historialia. In parte secunda libellos et doctrinalia. In parte tertia de regulari observantia. Et finali parte de laude et virtutum efficacia. Ita sane ut pars prima per historias, secunda per libellos et §, pars tertia per rubricas, et quarta per rubricarum capitula distinguatur.

« Et ut clarior notitia tabulæ super eo habeatur, primum numerum foliis connumeravi, adjectas vero quatuor tantummodo litteras, quatuor columnis foliorum deputavi; ita ut si versale fuerit, remissa quærat in prima medietate columnæ; si vero communis minorve littera fuerit, in altera medietate.

« Hæc exordio præsentis operis, ad generalem ejus notitiam sufficit præmisisse, ad cujus complementum me promoveat illa quæ omnium est artifex, sapientia increata, in sæculum sæculi benedicta. Amen.,

Quæ hic præfationis auctor de tabula sua dicit, intelligi non possunt, nisi ipsa editio inspiciatur. A qua tabula video omnes posteriores editiones, quæ tamen eumdem libri ordinem habent, variare.

Hoc igitur servat hic editor in tabula sua:

Primo post rem, quæ ordine alphabetico in tabula exprimitur, designat literis numeralibus folii numerum.

Secundo utitur quatuor literis majoribus, seu capitalibus (quas in præfatione versale vocat, ni quod initium versus iis soleat scribi?) A, B, C, D, [LXII] et quatuor minoribus a, b, c, d. Has post folii numerum in tabula affigit pro ratione quatuor columnarum, quibus quodque folium constat. Et quidem priori medietati cujusque columnæ serviunt majores litteræ, ita ut A serviat priori medietati primæ columnæ, B secundæ, C tertiæ, D quartæ. Posteriori autem medietati cujusque columnæ serviunt minores literæ a, b, c, d, pari tenore, ut jam dictum est de majoribus.

Hæc dicenda fuerunt, tum ne quis causaretur minus me accurate primam variationem expressisse; tum quia posteriores hujus generis editiones, vel præfationem hanc omittunt, ut editiones incerti loci anno 1483 et 1485, quæ in tabula non utuntur quatuor illis majusculis et minusculis literis, sed post foliorum numerum totius alphabeti litteras affigunt, quas et in textu exprimunt; vel præfationem certe decurtant, ut editio Veneta anni 1508 et Lugdunensis anni 1536: quæ verba illa, adjectis vero, etc., usque ad, hæc exordio, etc., omittunt, tabulamque suam dirigunt per folia tantum, sine ullis additis litteris, quod postea servarunt cæteræ editiones.

Constat autem hæc editio, ut jam dictum, quatuor partibus.

Prima pars habet initium: *Incipit prologus sancti Hieronymi, Cardinalis presbyteri, in libros Vitas Patrum sanctorum Ægyptiorum, etiam eorum qui in Scythia, Thebaida, atque Mesopotamia morati sunt; non solum quos oculis vidit, maximoque labore conspexit, verum et quam plura a fide dignis relata conscripsit notabili diligentia. Denique aliorum etiam authenticorum libellos fideliter e Græco in Latinum transtulit; et ab aliis translata pro sui perfectione huic operi inseruit.* Inde sequitur: *Benedictus Deus,* etc., Mox, *Primum igitur tanquam vere fundamentum,* etc., ut supra in prima editione, eodemque modo finitur.

Sed hæc editio in prima parte hæc præterea habet:

Vita S. Pauli primi eremitæ.
Vita S. Antonii.
Vita S. Hilarionis.
Vita Malchi captivi.
Vita S. Eufraxiæ virginis.
Vita servi Dei, Macarii Romani.
Vita S. Posthumii.
Vita S. Onuphrii eremitæ.
Vita S. Pauli Simplicis.
Vita S. Poniæ.
Vita S. Pelagiæ.
Vita B. Mariæ Ægyptiacæ.
Vita S. Marinæ virginis.
Vita S. Euphrosynæ.
Vita S. Frontonii abbatis.
Vita S. Simeonis eremitæ, qui in columna stetit.
Vita B. Abrahæ eremitæ.
Vita B. Pachomii abbatis.
De Christiano monacho.
Vita S. Joannis Eleemosynarii.
Vita S. Eugeniæ virginis.
Vita S. Basilii episcopi.
Vita S. Patris Ephrem.

Atque ita finis imponitur primæ parti.

[LXIII] Secunda pars incipit a registro secundi libri sanctorum Patrum, quod aliis omnibus editionibus hoc quidem loco deest, excepta Veneta anni 1508. In Lugdunensi 1536 ponitur registrum hoc initio totius libri post indicem generalem; in Complutensi anno 1598, in fine totius libri post indicem generalem. Inde sequitur Prologus: *Vere mundum quis dubitet,* etc. Mox: *Incipiunt adhortationes sanctorum Patrum, profectionesque monachorum, cæteri quoque subsequentes libelli; quos de Græco in Latinum transtulit sanctus Hieronymus cardinalis presbyter.* Editio Lugdunensis habet *professiones* loco *profectiones*. Inde sequitur § primus: *Quidam sanctorum Patrum seniorum, interrogantibus se monachis de causa abstinentiæ,* etc. Et subsequuntur usque ad ducentos et septem paragraphi. Inde subjiciuntur varii libelli, numero viginti, qui in prima editione vocantur novem decim partes, ubi deest unus, qui hic decimus sextus est *De pœnitentia;* sed prima editio eum mixtum habet cum libello septimo, qui est *De patientia,* ut et hic decimus sextus in Parisiensi editione inscribitur. Post subditur: *Incipiunt septem capitula, quæ misit abbas Moyses abbati Pimenio, et qui custodierit ea, liberabitur a pœna,* etc., ut in prima editione; sed post septimum sequuntur hic triginta duo variorum Patrum dicta, finiunturque in hoc paragrapho seu numero qui incipit: *Erat quidam in cœnobio jam senex probatissimus monachus.* Finit: *qui protegit omnes in sinceritate et veritate sibi servientes.*

Tertia pars hoc habet principium: *Incipit tertia pars libri Vitas Patrum, videlicet de regula vel conversatione Ægyptiorum monachorum, et eorum qui degunt apud Palæstinam vel Mesopotamiam.* Prologus: *Frequenter ac sæpius a me, fratres, flagitatis.* Capitulum primum: *Ante hoc triennium.* Constat hæc pars capitulis 55, quorum ultimum est: *Quodam autem tempore quidam duo philosophi, audientes famam beati Antonii,* etc.

Quarta pars hoc modo inchoatur: *Incipit prologus sancti Paschasii, ad exhortationem sanctorum Patrum tam Græcorum quam Ægyptiorum.* Initium prologi: *Domino venerabili Patri, Martino presbytero, et abbati.* Inde titulus initii textus: *Incipit liber exhortationum, et primo contra gastrimargiam, ad evitandum gulæ desiderium.* Textus initium: *Quidam frater, quemadmodum in cella propria degere deberet.* Constat autem tota hæc pars titulis XLVI, quorum ultimus est *De mediationibus anachoretarum*. Inde subnectitur opusculum *De laude et effectu virtutum.*

Hanc editionem, sive hujus editionis ordinem, post ad verbum prope expressere omnes sequentes (quas supra prolegomeno 17 exhibui) Coloniensi excepta, de qua mox.

[LXIII] Et quidem omnes editiones Lugdunenses præferunt epistolam dedicatoriam Celsi Hugonis Dissuti, in utroque jure doctoris, Cabilonensis canonici, qua reverendissimo in Christo Patri et domino D. Joanni de Pompeto juriurn celeberrimo doctori, Cabilonensique episcopo, ac abbatialis monasterii Sancti Petri prope muros Cabilonenses commendatario, administratorique perpetuo operæ suæ pretium exponit in volumine hoc edelando : « Tantis, inquit, erat mendis refertum, in hoc ut antiqui vix libri vestigia comperiat quispiam. Pro enim dictionibus, aliæ etiam diversæ positæ dictiones, sensum divi Hieronymi pervertebant. Nec deerant pro aliis syllabæ, proque veris diversa seu impressorum incuria correctorumve inertia prætermissa elementa vim dictionis ac sensum permutantia. Hoc tandem, sed ut prius quam vetustissimo adhibito exemplari, tantis extersum mendis. » Cujus conatum lectori considerandum relinquo.

PROLEGOMENON XX.
De tertia editione Latina, quæ ab utraque priore variat.

Tertia editio, varians est Coloniensis anno 1547 quæ primo prodiit hoc titulo : *Prototypon veteris Ecclesiæ, continens Vitas, gesta, dictaque sanctorum Dei amicorum utriusque sexus, auctore seu rhapsodo sancto Hieronymo partim, partim aliis atque aliis, Coloniæ per Gasparem Gennepæum*

Adornavit hanc editionem frater Theodoricus Loher a Stratis, Carthusiæ aulæ Mariæ in Buxia prior ac provincialis visitator, eamque dedicavit reverendissimo et illustrissimo principi Othoni S. R. E. cardinali, episcopo Augustano, quem in epistola sua dedicatoria, quam Ratisponæ anno 1546 scripsit, de sua in hoc libro recensendo opera edocet.

« Vitas Patrum ego ex antiquis et fide dignis exemplaribus manuscriptis octo aut decem simul collatis, non exiguo labore utcunque recognovi, et ei integritati restituisse me puto, qua vel Hieronymo, Athanasio, Leontio, Amphilogio, Anthero, Nicephoro, Evagrio, Petronio, Eutropio, Heraclide, et id genus aliis sanctis Patribus scriptum non ambigitur.

« Deinde in certum ordinem quoad fieri potuit, juxta seriem et rationem temporum digessi, ut lector statim cognoscat quo quisque Patrum tempore per gratiam Dei in hoc illuxerit mundo, aut potius quo tempore gratia Dei luxerit in illorum singulis. Non solum autem de viris, sed etiam de claris et sanctis mulieribus, narrationis hujus seriem institui. »

Secundo vero hæc eadem editio eodem loco, et apud eumdem typographum, iisdem typis prodiit anno 1548 qui priori proximus, hac inscriptione : *Vitæ sanctorum Patrum, veteris catholicæ atque apostolicæ Ecclesiæ dicta, gestaque insignia et admiranda excellentium* [LXV] *aliquot Dei amicorum utriusque sexus complectentes, auctore divo Hieronymo partim, partimque aliis atque aliis quos versa pagella nosse poteris. Accepta et approbata ab Ecclesia catholica ante annos plus mille quinquaginta.*

Atque huic editioni novam epistolam dedicatoriam præmisit, quam exaravit Augustæ XII Kal. Feb., anno 1548, ad reverendissimum in Christo Patrem ac dominum D. Henricum, abbatem insignis cœnobii ordinis divi Benedicti in Wiblinghen Constantiensis diœcesis, in qua operæ suæ præstitæ hanc rationem reddit :

« Vitas Patrum modo a plus mille erroribus qui passim intercurrebant, ad vetustissima pariter ac diversa exemplaria repurgavimus. Nam multa sunt restaurata, pleraque adjecta, nonnulla adempta, omnia denique adeo adamussim examinata, ut non modo renovatus, sed pene renatus tantus thesaurus (haud sine gravi tamen labore) ab omnibus piis merito excipi possit. Addidimus præterea novum quemdam ordinem ac novum indicem qui semper durabit. Nullis sane laboribus pepercimus, quo istud tam insigne opus prodire posset emunctius ac tersius quam hactenus. »

Equidem an editio hæc secunda Coloniensis plane nova sit, an vero titulus tantum mutatus, quod Prototypi nomen minus notum esset, affirmare non possum. Certe secundæ editionis folia et typi cum prioris editionis foliis ac typis plane quadrant : omissa tantum hic est paraphrasis Cassiani et Climaci, quæ priori editioni in calce adjuncta erat, et eorum loco substituta est Vita Barlaam et Josaphat.

Quidquid sit, non dubito multum laboris insumptum a viro optimo in veteribus exemplaribus castigandis.

Constat autem hæc editio libris quinque, uti et prima editio ; sed ordine multum immutato, et quibusdam ex secunda editione, et aliunde additis.

Primus liber constat tribus partibus, quarum prima est de sanctis viris ; secunda de sanctis mulieribus : quæ utraque pars permixta et conflata est ex libro primo Ruffini (qui est ordine secundus in nostra editione) et aliis Vitis quæ in secunda editione post librum primum Ruffini subnectuntur ; quibus præterea interserit Vitam Epicteti et Actionis, Fabiolæ, et Marcellæ. Tertia pars continet excerpta ex Severo Sulpicio, et Joanne Cassiano.

Secundus liber continet sanctorum Patrum Vitas, verba, doctrinas, et exhortationes, qui est liber tertius Ruffini in nostra editione.

Tertius liber est Palladii, isque et antiqua versione, uti eam habet prima editio.

Quartus liber est, quem Pelagius S. R. E. diaconus, et Joannes ejusdem subdiaconus e Græco verterunt.

[LXVI] Quintus liber est breviorum sententiarum,

uti et quintus est in prima editione. Eidem adjungitur liber Paschasii abbatis; inde Vita sanctorum Barlaam eremitæ, ac Josaphat.

PROLEGOMENON XXI.

De quarta hac editione Latina, quæ cum tribus præcedentibus editionibus partim consentit, partim dissentit.

Post omnes editiones jam enumeratas (quæ etsi typorum varietate ad xix vel xx inspexerim, ad tria tamen genera, ut supra monui, referri possunt) succedit nunc quarta hæc editio, quæ et libris aliquot auctior, et auctorum stylo ad manuscripta exemplaria reformato correctior prodit. Constat autem decem potissimum libris.

Primus liber varias continet Patrum Vitas, tam virorum quam mulierum, qui asceticam excoluere, satis fuse ab auctoribus conscriptas Virorum quidem xvi.

S. Pauli primi eremitæ.
S. Antonii abbatis.
S. Hilarionis monachi.
S. Malchi, captivi monachi.
S. Onuphrii eremitæ.
S. Pachomii abbatis Tabennen
S. Abraham eremitæ.
S. Basilii, Cæsareæ Cappadociæ archiepiscopi.
S. Ephræm Syri, diac. Edessæ.

S. Simeonis Stylitæ.
S. Joannis Eleemosynarii.
SS. Epicteti presbyteri et Astionis monachi
S. Macarii Romani, servi Dei, qui inventus est juxta Paradisum
B. Posthumii, Patris quinque millium monachorum.
S. Frontonii abbatis.
SS. Barlaam et Josaphat.

Mulierum vero xi.

S. Eugeniæ virginis ac martyris.
S. Euphrasiæ virginis.
S. Euphrosynæ virginis.
S. Mariæ meretricis, neptis Abrahæ eremitæ.
S. Thaisis meretricis.

S. Pelagiæ meretricis.
S. Mariæ Ægyptiacæ meretricis.
S. Marinæ virginis.
B. Fabiolæ.
S. Paulæ Romanæ viduæ.
S. Marcellæ viduæ.

Potuissent plures Vitæ utriusque sexus addi, qui in eodem vivendi instituto se exercuit; sed et liber excrevisset nimium, et extra propositum meum abiissem, quo suscepi vulgatas Patrum Vitas, quæ multorum olim manibus fuere circumlatæ, recensere et nitori suo pristino restituere.

Librum hunc primum divo Hieronymo presbytero potissimum inscripsi, tum quod Hieronymus potiores in eo partes ageret, qui [LXVII] unus plures tum virorum, tum mulierum Vitas conscripsit, quam ullus alius; tum ut quam minime ab inveterata, quæ multorum etiam veterum animos occupavit, opinione recederem, qua divus Hieronymus Vitarum Patrum auctor creditus fuit. Dedi igitur hoc libro primo quidquid fere Hieronymus in eo genere præstitit.

Ne quem tamen titulus falleret, non soli Hieronymo inscripsi, sed et aliis variis, quorum nomina singulæ sibi Vitæ præferunt, quarum quidem auctores indagare potuimus. Anonymæ Vitæ eo loco sint, quo eas olim Patres esse censuerunt, qui et eas legerunt, et ex iis virtutum exempla expresserunt, licet inter receptas in Ecclesia lectiones referri vetuerint

Secundus liber continet Patrum Vitas breviori stylo comprehensas, qui Ruffinum Aquileiensem presbyterum agnoscit auctorem, vel interpretem; et xxxiii capitibus absolvitur.

Tertius liber comprehendit non tam Vitas quam Verba seniorum eodem Ruffino auctore, vel interprete. Constat autem paragraphis seu numeris ccxx.

Quartus liber ex Severo Sulpicio et Joanne Cassiano conflatus et concinnatus, illius quidem Dialogis, hujus vero Institutionibus et Collationibus, varia continet Patrum exempla et monita; constatque capitibus lv.

Quintus liber auctore Græco quidem incerto, certo tamen interprete Pelagio S. R. E. diacono, Verba seniorum complectitur, libellis xviii comprehensa: quorum primus est *De Profectu Patrum*; constatque paragraphis seu numeris xxiii; secundus *De Quiete*, numerorum xvi; tertius *De Compunctione*, numerorum xxvii; quartus *De Continentia*, numerorum lxx; quintus *De Fornicatione*, numerorum xli; sextus *De eo quod monachus nihil debeat possidere*, numerorum xxii; septimus *De Patientia seu Fortitudine*, numerorum xlvii; octavus *De eo quod nihil per ostensionem fieri debeat*, numerorum xxiv; nonus *De eo quod non oporteat judicare quemquam*, numerorum xii; decimus *De Discretione*, numerorum cxv; undecimus *De eo quod oporteat sobrie vivere*, numerorum liv; duodecimus *De eo quod sine intermissione et sobrie debet orari*, numerorum xv; decimus tertius *De eo quod oporteat hospitalem esse, et misericordem in hilaritate*, numerorum xv; decimus quartus *De Obedientia*, numerorum xix; decimus quintus *De humilitate*, numerorum lxxxix; [LXVIII] decimus sextus *De Patientia*, numerorum xix; decimus septimus *De Charitate*, numerorum xxv; decimus octavus *De Providentia sive Contemplatione*, numerorum xx.

Sextus liber auctore Græco quoque incerto, certo tamen interprete Joanne S. R. E. subdiacono, etiam Verba seniorum exsequitur libellis iv: quorum primus est *De Providentia sive Contemplatione*, estque pars ultimi libelli præcedentis. Constat autem numeris xvii; secundus *De sanctis senioribus*, qui signa faciebant, numeris xvii; tertius *De conversatione optima diversorum sanctorum*, numeris xviii; quartus *Septem capitula verborum, quæ misit abbas Moyses abbati Pœmenio; et qui custodierit ea, liberabitur a pœna*, constatque numeris xxxvii.

Septimus liber auctorem habet Græcum incertum, certum interpretem Latinum Paschasium S. R. E.

diaconum. Continet autem Verba seniorum in locos communes digesta, absolviturque capitibus XLIV.

Atque quæ hactenus enumeravimus, prioribus editionibus varie dispersa pro cujusque concinnatoris captu prodiere, quæ vulgato Vitarum Patrum libro fuere comprehensa. Nunc sequentia præterea accedunt.

Octavus liber certum auctorem agnoscit Græcum, Palladium Helenopoleos episcopum, certum quoque Latinum interpretem Gentianum Hervetum. Continet autem breves Patrum Vitas, et quarumdam feminarum ascetriarum, in Lausi præpositi gratiam in unum volumen congestas, unde Lausiacæ Historiæ nomen obtinuit. Absolvitur capitibus CLI.

Nonus liber Dei amantium historiam virorum pariter ac mulierum complectitur, quæ Philotheus, seu Theophiles dicitur, certo auctore Græco, Theodoreto Cyri episcopo, certo quoque Latino interprete Gentiano Herveto; constatque capitibus XXX.

Decimus liber auctorem Græcum habet Joannem Moschum, interpretem Latinum Ambrosium Camaldulensem, et nomen obtinuit Prati spiritualis, quod variis sanctorum floribus niteat. Comprehendit autem capita omnino CCXIX.

Post decem hos de Vitis Patrum et verbis seniorum libros accedit Appendix, quæ quia eadem pene omnia continet prioribus libris comprehensa, ideo eam in calcem libri rejeci, et minore charactere exprimi curavi. Placuit autem hanc appendicem subnectere, quod non ingratam rem me antiquariis facturum existimarem, si veteres Palladii interpretes producerem, ut et textus varietas vel conformitas appareret, et styli quoque antiquitas repræsentaretur. Continentur autem appendice hæc sequentia: [LXIX] Heraclidis Paradisus, incerto sed veteri interprete capitibus LVIII; Palladii Lausiaca, incerto sed veteri interprete, capitibus XX; Ægyptiorum Patrum sententiæ, auctore Græco incerto, interprete Martino Dumiensi episcopo. Constant numeris CXIX.

PROLEGOMENON XXII.

Quid quæque editio peculiare et diversum ab aliis habeat?

Ut res hæc clare ob oculos ponatur, statui quamque editionem inter se comparare. Et ne confusio detur, per paragraphos comparationes distinguam.

§ I. *Comparatio primæ et secundæ editionis.*

Prima editio quinque constans libris hæc habet peculiaria et diversa a secunda editione:

Primo, totum librum tertium, seu Palladii Lausiacam, incerto sed veteri interprete.

Secundo, in libro quarto habet præfationem, quæ secundæ editioni deest. Ne quis eam desideret, ecce hic habe: « Cum omnis præfatio textum opportune præveniens, aut sequentis materiæ prædicit qualitatem, aut defensatum sui commendet auctorem; tum vero præsentis libri seriem proprio contingit hac de causa prologo indigere, quia speciales quasdam virtutes, quasi pretiosos lapides, passim proponens, utilitatem suam toto in corpore lectoris oculis probatur offerre. Decem quippe et novem divisus in partes, distinctas licet videatur habere virtutes, attamen dum occasione unius plerumque virtutes cæteræ promiscue commendantur, collisis inter se unionibus, hoc est, collatis ad invicem virtutibus, gemmarum spiritualium immortalis claritas sese reverberans, mutuati luminis detrimenta non novit. »

Tertio, totum librum quintum, qui continet *De cœlesti Ægyptiorum Patrum conversatione breviores sententias*. Quanquam hæ sententiæ in secunda editione per varios libros sparsæ habeantur, ut ex iis nihil in ea desideretur præter solam præfationem, quam hic repræsento:

« Licet ab exordio conscriptionis nostræ voluntas nobis fuerit, omnia quæ de conversatione sanctorum Patrum scire potuimus, quatuor libris comprehendere; postmodum tamen considerantes singula, quintum superaddimus, ne forte legentibus aut librorum quantitas, aut sententiarum displiceret continuata numerositas. Cum enim in toto voluminis hujus corpore brevium sententiarum tanta sit copia, ut eas prolixæ sententiæ addecimare vix possint; habito nobiscum rationis judicio, arbitrati sumus hoc modo laborem nostrum lectoris atque auditoris gratiæ commendandum. Siquidem [LXX] et breves et longæ sententiæ per quatuor anteriores libros mistim relevandi causa fastidii ponerentur, collecta vero sententiolarum plurima parte in unum libellum, quasi minutiæ quædam, et gemmarum fragmina in massam aliquam conflarentur. Sententiolas autem dicimus, quantum ad numerum dictionum. Cæterum quædam inveniuntur in eis quanto verbis breviores, tanto sensibus fortiores: adeo ut si quis eas profusius exponere quærat, totus sibi adesse necessarius debeat. Sane nobis aliter disponentibus, a Domino factum esse credimus ut Ægyptiorum Patrum cœlestis conversatio legalium librorum numero signaretur, quos ipse Dominus de potestate Ægypti, id est tenebrarum, eripuit, et in cordibus eorum Evangelicæ legis decreta Spiritus sancti stylo conscripsit. Horum ergo intuentes exitum conversationis, fidem, propositum imitemur et studium, ut socii passionum effecti, consortes efficiamur et præmii. »

In nullo manuscripto eam præfationem inveni, uti nec breviores sententias, quibus ea præfatio præmittitur; quare existimo a primo concinnatore Vitarum Patrum, quisquis ille sit, eas sententias ex reliquis libris excerptas, quod ipsa præfatio loquitur.

Secunda editio quatuor constans partibus, hæc propria habet, quæ in prima desiderantur: primo, Vitas illas in prima parte quas prolegomeno 19 nominatim dedi, excepta Vita Marinæ, seu Marini, quam prima editio habet in fine quinti libri; secundo, totam tertiam partem, quam ex Severo et Cassiano excerptam esse docui in hac quarta nostra editione;

tertio, totam quartam partem, id est, librum Pas- chasii, et opusculum *De laude et effectu virtutum*.

§ II. *Comparatio primæ et tertiæ editionis*.

Prima editio nihil peculiare continet, quod non et in tertia reperiatur.

Tertia vero editio hæc a prima diversa habet in primo libro, quæ tribus constat partibus. Peculiaria habet in prima et secunda parte:

Primo, omnes Vitas illas quas et secunda editio habet post Vitas a Ruffino conscriptas; quibus addit Vitam Epicteti et Astionis; necnon *De muliere Vercellensi septies icta*, auctore divo Hieronymo et in fine quinti libri, Vitam Barlaam et Josaphat. Peculiarem etiam habet totam tertiam partem quæ continet excerpta ex Severo et Cassiano.

Secundo, in quinto libro peculiarem habet librum Paschasii.

§ III. *Comparatio primæ et quartæ editionis*.

[LXXI] Prima editio nihil habet, quod non in quarta hac nostra reperias, excepta præfatione quam libro suo quarto (qui apud nos quintus est) præfigit, quam jam paulo ante hic expressi. Excepto item libro V primæ editionis, qui brevioribus constat sententiis. Eæ tamen sententiæ omnes aliis libris quartæ editionis intermistæ occurrunt.

Quarta editio hæc distincta a prima habet, 1° totum primum librum, qui variis Vitis sanctorum constat, excepta Vita sanctæ Marinæ, quæ in prima editione in calce libri V reperitur; 2° totum librum quartum, qui ex Severo et Cassiano conflatus est; 3° totum librum septimum, interprete Paschasio; 4° totum librum octavum, seu Palladii Lausiacam; 5° totum librum nonum, seu Theodoreti Philotheum; 6° totum librum decimum, seu Joannis Moschi Pratum spirituale; 7° ex appendice Heraclidis Paradisum, et Ægyptiorum Patrum sententias, interprete Martino Dumiensi.

§ IV. *Comparatio secundæ et tertiæ editionis*.

Secunda editio in fine habet opusculum *De laude et effectu virtutum*, quod deest tertiæ editioni.

Tertia editio hæc particularia continet, quæ in secunda desiderantur; primo, Vitam Epicteti et Astionis, et Vitam Barlaam et Josaphat, et Vitas Faniolæ et Marcellæ. Item epistolas sancti Antonii, et epistolam Macarii, et Miraculum aliquod sancti Antonii e Germanico in Latinum translatum, necnon *De muliere Vercellensi septies icta*, auctore divo Hieronymo; secundo, totum tertium librum, quæ est Lausiaca Palladii ex veteri interpretatione; tertio, partem libri quinti, eam videlicet, in qua continentur breviores sententiæ.

§ V. *Comparatio secundæ et quartæ editionis*.

Secunda editio nihil singulare habet, quod non in quarta reperiatur. Omisi tantum ex prima parte Vitam sancti Christiani Cenomanensis, quæ nihil ad Vitas Patrum Ægyptiorum et Orientalium facit, et nescio quomodo inter has Vitas irrepserit. Ne quis tamen eam desideret, eccistam:

VITA CHRISTIANI MONACHI.

« Quidam Cenomanensis, nomine Christianus, juvenis conversus ingressus est eremitorium quoddam in archiepiscopatu Turonensi, [LXXII] quod dicitur Castinetum: ubi cum fortiter tentaretur a carne sua, affligebat se in quadragesima jejunans et abstinens se ab omni potu præter unum diem in septimana. In hieme stabat vestitus in aqua frigida usque ad collum, disciplinam sibi dabat usquequo virgæ dirumperentur. Qui cum quadam die hoc faceret, et se cecidisset usque ad sanguinem, audivit vocem a parte Occidentis dicentem: Nihil prodest tibi quod facis, iste Deus quem inclamas, non dabit tibi quod petis; sed convertere ad me, et auxiliabor tibi. Quod ille audiens intellexit vocem esse inimici. Et cum orasset Deum ut auxiliaretur sibi contra tentationes, proposuit aggredi peregrinationem ad diversos sanctos, ut ita finiret vitam suam peregrinando. Et cum diu hoc cogitasset, accepto baculo egressus est nudis pedibus. Et cum venisset ante quamdam ecclesiam, flexis genibus rogavit Deum ut daret ei bonum consilium. Vix ab oratione surrexerat, et ecce sensit fetorem magnum, per quod intellexit diabolum astantem, qui ei suggerebat relinquere habitum religionis et locum suum. Et gratias agens Domino de tali signo, reversus est ad fratres suos. Hic aliquando in festo sancti Stephani dormiebat ad matutinas. Et cum legeretur illa lectio, ubi legitur: Et lapidaverunt Stephanum, expergefactus ad hoc verbum, reprehendit se de somnolentia, dicens: Væ mihi, quia sic dormio ad obsequium Dei. Iste sanctus non dormiebat quando lapidabatur, et pro persecutoribus orabat; et ego miser debueram rogare istum sanctum martyrem ut oret pro me. Et post hoc cœpit intentissime vigilare, et rogare sanctum Stephanum ut oraret pro se. In crastino cum esset in refectorio, antequam aliquid gustaret, venit vox ad eum, dicens: Tu intendis ad terrenas escas, et non cogitas de glorioso protomartyre qui orat pro te. Tunc aperti sunt oculi ejus, et levans oculos in cœlum, vidit martyrem orantem pro se, sicut vox ei dixerat. Quod cum dixisset, statim surrexit et petiit locum secretum in quo oraret, et dixit: Sancte Stephane, quas tibi gratias agam de tanto beneficio tuo? Nihil habeo proprium quod tibi dem; sed tamen hoc do tibi quod amodo pro amore tui non induar lineis, sed laneis tantum, quod et fecit. Hic cum postea moneret cæteros ut in bono proposito persisterent, narrabat, dicens: Eram aliquando in Castineto jacens in lecto pleno paleis in solario quodam, et cum vellem repausare, sentiebam nescio quid quod se movebat sub renibus meis. Dixi quoque hoc magistro meo, sed illa motio non quievit. Quadam autem die inspirante mihi Domino, cœpi evertere paleam lecti mei, et eversa palea cum nil invenirem, levavi unum de asseribus solarii, sub quo inveni unum pedulem, et in eodem magnam massam denariorum. Quos cum invenissem, relictis illis cucurri ad magistrum nostrum, et confessus sum quid invenissem. Ille jussit mihi ut referrem illos ad se. Quod cum fecissem, omnes fratres jussit congregari; qui omnes excommunicaverunt illum qui hoc fecerat. Quod cum audisset carpentarius quidam, dixit [LXXIII] se hoc fecisse; et petivit veniam, humiliter correctionem promittens. Magister autem indulsit ei, et injunxit ei pœnitentiam. Sed denarios male acquisitos retinere noluit, imo divisit eos pauperibus et egentibus. » Quæ desumpta sunt ex Speculo Historiali Vincentii, lib. XXIX, cap. 11, qui ea citat ex Helinando. Idem, cap. 12, tradit quomodo Christianus iste transierit ad ordinem Cistertiensem. Vixit autem circa annum 1160.

Continet præterea secunda editio in calce libri epistolam Macarii, et opusculum *De laude et effectu virtutum*. Quæ quia didactica sunt, nec proprie ad Vitas vel verba seniorum spectant, rectius reservantur alteri asceticorum tomo, qui omnia Patrum ascetica et didactica scripta comprehendat.

Quarta editio hæc distincta a secunda habet: Primo, in primo libro, Vitam sancti Ephræm distinctam ab hactenus vulgata; et Vitam Epicteti et Astionis, et Vitam Barlaam et Josaphat; secundo, totum librum octavum, seu Palladii Lausiacam; tertio, totum librum nonum, seu Theodoreti Philotheum; quarto, totum librum decimum, seu Joan. Moschi Pratum spirituale; quinto, totam appendicem.

§ VI. *Comparatio tertiæ et quartæ editionis.*

Tertia editio nihil peculiare diversum a quarta habet præter Vitam Christiani Cenomanensis, quam jam dixi nihil huc facere; et *De muliere septies icta*, auctore divo Hieronymo, quæ etiam huc non spectat; et sententias breviores, quas etiam dixi sparsim in aliis quartæ editionis libris occurrere; et epistolas sancti Antonii, et epistolam Macarii, quæ reservantur alteri Asceseos didacticæ tomo. Habet præterea miraculum aliquod sancti Antonii ex Germanico in Latinum translatum, quod nescio unde promptum sit, nec qua fide.

Quarta editio hæc distincta a tertia habet: Primo, in primo libro Vitam sancti Ephræm, distinctam ab ea quæ hactenus in aliis editionibus fuit; secundo, totum librum octavum, seu Palladii Lausiacam, auctiorem quam habeat tertia editio, ex recenti versione Gentiani Herveti; tertio, totum librum nonum, seu Theodoreti Philotheum; quarto, totum librum decimum, seu Joan. Moschi Pratum spirituale; quinto, ex appendice, Paradisum Heraclidis, et Ægyptiorum Patrum sententias, interprete Martino Dumiensi episcopo.

Accedunt præterea quæ omnibus aliis editionibus desunt, prolegomena, præludia, notationes, onomasticon, et varii variarum rerum indices.

PROLEGOMENON XXIII.

De variis editionibus vulgata variaque lingua.

[LXXIV] Italica editio in-folio, Venetiis, anno 1476, apud Antonium Bartholomæi. Constat autem hæc editio sex libris. Libri plane miscelli sunt, insertis etiam quibusdam Vitis, quæ in nulla editione Latina Vitarum Patrum comparent. Primus liber auctorem præfert sanctum Hieronymum. Sed pleraque sunt aliorum auctorum, maxime Rufini, ex secundo hic libro. Secundus liber Eradium monachum agnoscit. Est Paradisus Heraclidis, cujus nomen in Eradium depravatum fuisse existimo. Tertius liber tribuitur Joanni monacho Jerosolymitano. Quartus liber ascribitur Leontio Neapoleos Cypri episcopo. Est Vita Joannis Eleemosynarii, ab eo conscripta, cui aliæ aliquot adduntur. Quintus liber inscribitur Theophilo, Sergio et Elchino. Est Vita Macarii Romani iis auctoribus, cui et alia quædam subnectuntur. Sextus liber auctorem habet Joannem Eviratum. Est Pratum spirituale Joannis Moschi.

Rursus Italica hæc editio iterata fuit in-quarto cum figuris, novo interprete Joanne Mario Verdizotto Venetiis, ex typographia de i Guerra, 1589.

Gallica editio in-folio, cum figuris, interprete anonymo, Parisiis, anno 1494, apud Joannem *du Pré*. Expressa est ex secunda editione Latina. Quare quidquid dixi prolegomeno 19 continere secundam editionem Latinam, etiam hæc Gallica continet. Unde facile est ex prolegomeno 22, ubi Latinas editiones inter se et cum hac quarta comparavi, dispicere qui hæc Gallica cum nostra quarta Latina conveniat.

Alia editio Gallica in parvo folio seu magno quarto cum figuris, Parisiis, sine indicio anni vel typographi. Plane cum præcedente convenit, et fors ea prior est.

Alia editio Gallica in-quarto, cum figuris, interprete recentiore anonymo, Parisiis, apud Guilielmum *Chaudière*, anno 1605. Expressa est hæc ex tertia editione Latina, continetque tantum quatuor libros, omisso toto quinto libro, et Paschasio, qui post quartum additur in Latino textu.

Alia Gallica editio in octavo, interprete M. Jacobo *Gaultier*, Parisiis, apud Guilielmum *de la Noue*, anno 1606. Continet primum [LXXV] et secundum librum juxta exemplar secundæ editionis Latinæ.

Flandrica editio in-folio parvo, sine indicio loci, per Petrum van Os, anno 1490. Constat tribus partibus varie dispositis et mistis. Continet tantum ex nostro libro primo, Vitam Pauli, sancti Hilarionis, Malchi, Onuphrii, Abrahæ eremitæ, Simeonis Stylitæ, Thaisis meretricis, Marinæ. Librum secundum. In tertia parte continet varia exempla et dicta ex variis libris excerpta. Hæc editio etsi nullum loci indicium præferat, existimo tamen Swollæ impressum, quod librum viderim Flandricum de Bono universali, seu librum Apum, impressum Swollæ, anno 1488, apud Petrum van Os, qui et hujus libri de Vitis Patrum Flandrice typographus est. Utrique libro idem insigne affigebatur.

Alia editio Flandrica in-folio parvo, Delphis apud Henricum Eckert van Homberch, anno 1498. Constat tribus partibus, uti prior editio.

Alia editio Flandrica in folio parvo, Leydæ apud

Joannem Seversoen, anno 1511. Sequitur priores editiones.

Germanica editio in-folio cum figuris. Convenit fere cum Flandrica editione.

Anglicana editio in-folio cum figuris, interprete Guilielmo Capton Westmonasteriensi, Westmonasterii apud Wiinkiin de Worde, anno 1495, juxta exemplar Gallicum impressum Lugduni anno 1486. Eam editionem Lugdunensem Gallicam non vidi, sed ex Anglicani Codicis ordine video eamdem esse cum aliis editionibus Latinis Lugdunensibus. Quare editio Anglicana comprehendit omnia quæ dixi supra prolegomeno 19 comprehendere secundam editionem. Unde ex prolegomeno 22, ubi editiones omnes Latinas cum hac quarta nostra contuli, facile est videre quomodo hæc Anglicana editio cum hac nostra conveniat. Nactus sum hunc Codicem ex Carthusia Mechliniensi, admodum R. D. priore promptissime suppeditante.

PROLEGOMENON XXIV.
De manuscriptis libris, quibus ad quartam hanc editionem adornandam sum usus.

Prima mihi cura fuit, ne quid temere in textu mutarem: nihil magnopere ingenio, nihil blandientibus in speciem conjecturis dedi. Primum mihi a manuscriptis subsidium fuit, etiam e Germanica evocatis, unde mihi quinque exemplaria [LXXVI] submisit R. P. Jacobus Gretzerus noster. Secundum a vetustissimis editionibus. Tertium rarissime tamen, a conjectura, non remota tamen ea, sed propinqua. Cum autem decem libros demus Vitarum Patrum, quorum tres posteriores nunc primum accedunt ex interpretatione recentiorum qui vixere Patrum memoria, non est quod omnium librorum manuscripta exemplaria exspectes. Eorum igitur tantum librorum manuscripta exspecta exemplaria qui jam olim translati fuere, quales septem priores, quique hactenus titulo Vitarum Patrum impressi sunt.

Manuscriptorum quibus usus sum, ecciste catalogus, quem do juxta vetustatem characteris, quantum quidem mihi colligere licuit, vel ex anno ascripto, vel ex charactere. Sciunt antiquarii aliquod sæculi indicium a characteris genere sumi. Cito autem eos referendo ad editionem hanc quartam.

Ms. Vedastinus, e celeberrimo sancti Vedasti monasterio membranaceus in-folio, vetustissima manu, quippe characteribus capitalibus conscriptus. Descriptus hic erat rogatu abbatis Nomedii, qui eum basilicæ sancti Medardi obtulerat. Unde Suessione, ubi insignis sancti Medardi basilica, librum hunc profectum auguror. Titulus autem libri hic erat: *Liber sermonum vel adhortationis Patrum ad profectum monachorum*. Liber autem hic ms. tantum continet ex libro nostro quinto libellos xv, et finit in numero 26 libelli xv. Quare non habet integre quæ vertit Pelagius. Finis totius libri erat: *Explicit liber quod vocatur Vitas Patrum ad profectum monachorum sive imitatores eorum*. Vix dubium mihi, ante annos DCCC librum hunc conscriptum. Ex Nomedii ætate res certior statui poterit.

Ms. sancti Floriani, in-folio, membrana, vetustissimus, ante annos prope DCCC scriptus. Ita enim in fine habet: *Hic liber fuit inchoatus in Hunia, in exercitu, anno Domini 819, IV Non. Junii, et perfinitus apud Sanctum Florianum II Id. Septembr. ineha. XVMA.* An ultimum hoc est *indict.* xv? Rectius divinaveris, *in hebdomada* XVMA, id est, quinta decima. Atque ita Aventinus loco mox citando olim legit, cum litteræ nondum ita evanuissent. Continet ex libro primo, Vitam Pauli, Antonii, Hilarionis et Malchi. Librum secundum. Ex libro quinto nonnulla hoc titulo: *Incipiunt adhortationes sanctorum Patrum, perfectiones monachorum, quas de Græco in Latinum transtulit beatus Hieronymus*. Librum septimum. Ex appendice, Ægyptiorum Patrum sententias, hoc titulo: *Interrogationes vel responsiones Ægyptiorum Patrum, quas de Græco* [LXXVII] *in Latinum transtulit Martinus episcopus in monasterio Domense*.

Nota hic libri hujus meminisse Aventinum, lib. IV Annalium Boiorum, ubi agit de Ludovico Pio imperatore qui curavit ex Dalmatia, quam invaserat, profligari Lindewitum Slavum. « Hoc, inquit, bello scriptus est Codex, qui ex membranis compactus, monstratur in monachorum monasterio, quod a patria mea decem millia passuum Occidentem versus hiemalem, in ripa Ilmi conditum exstat. Sunt in illo libro descriptæ Vitæ divorum a Paschasio e Græca lingua in Romanam translatæ. Item Hilarion divi Hieronymi, adeo antiquis litteris, ut mihi repuerascendum, et ad prima elementa redeundum fuerit. » Hactenus ille. Hundius, in Metropoli sua Salisburiensi, scribit, eum librum olim fuisse in monasterio Munichmunsteriensi in Bavaria ad Danubium infra Vohburg; sed anno 1580 se eum ibi non reperisse; existimare autem translatum esse Monachium ad Bibliothecam ducalem cum quibusdam aliis libris. Ita Hundius. Irrepsit error in Chronicon ordinis Benedict. ab admodum reverendissimo D. Auberto Miræo concinnatum, cum liber ille scriptus dicitur anno 918; omnino 819 oportuit.

Ms. Ingolstadiensis, collegii nostri in-folio, membrana, valde vetustus. Continet librum secundum, tertium, quartum.

Ms. Amandinus e celeberrimo sancti Amandi cœnobio, a vetusta manu, qui Heraclidis Paradisum continebat, sed mutilum, ad cujus tamen fidem paucula in appendice recognovi.

Ms. Audomarensis ex ecclesia collegiata sancti Audomari, vetustus, et maxime perfectus, qui maximo mihi ad hanc recognitionem adjumento fuit, tum quod plures libros contineret, tum quod egregie scriptus esset. Continebat autem ex libro primo: Vitam sancti Antonii per sanctum Athanasium, interprete Evagrio; Vitam sancti Hilarionis auctore sancto Hieronymo; Vitam Malchi monachi captivi per eumdem; Vitam Abrahæ eremitæ per beatum Ephræm; Vitam beati Frontonii; Vitam Marinæ puellæ; librum secundum, hoc initio: *Incipit præfatio Ruffini de Vita monachorum*. Benedi-

etus, etc. ; librum tertium, per paragraphos seu numeros ccvII; librum quartum, exceptis primis xIV capitibus, quæ ex Severo Sulpicio sunt excerpta, ea enim deerant; librum quintum, cujus titulus est : *Incipiunt adhortationes sanctorum Patrum, perfectionesque monachorum, quas de Græco in Latinum transtulit Hieronymus presbyter*. Manifesto errore. Nam idem liber [LXXVIII] manuscriptus in fine libelli xvIII, qui in hoc quinto libro ultimus est, hæc habet : *Hucusque de Græco in Latinum transtulit Pelagius diaconus Ecclesiæ Romanæ, et abhinc deorsum Joannes subdiaconus*. Librum sextum, interprete Joanne S. R. E. subdiacono.

Ms. Afligemiensis ex insigni abbatia sancti Petri apud Alostrum in-folio, membrana, bonæ notæ. Continet ex libro primo Vitas sancti Pauli, Antonii, Hilarionis, Malchi, Pachomii, Abrahæ, Simeonis Stylytæ, Frontonii, Euphrosynæ, Mariæ neptis Abrahæ, Pelagiæ, Mariæ Ægyptiacæ, Marinæ; librum secundum, quintum, sextum.

Ms. Gemblacensis, ex vetusta abbatia sancti Petri, ordinis sancti Benedicti in oppido Gemblacensi apud Namurcum, in quarto, membranaceus, charactere vetusto. Continebat tantum ex libro primo Vitas sancti Pachomii, sancti Basilii, Joannis Eleemosynarii, Mariæ Ægyptiacæ.

Ms. Crispiniensis, ex monasterio ordinis sancti Benedicti apud Valentianas, in-folio, membrana, vetusta manu. Continebat ex libro primo Vitas sancti Pauli, sancti Antonii, sancti Hilarionis, Malchi, Joannis Eleemosynarii, Frontonis, Paulæ, sanctæ Marinæ; totum librum secundum; totum librum quartum; totum librum quintum; totum librum sextum.

Ms. Aquicinctinus, ex cœnobio ordinis sancti Benedicti apud Duacum, in membrana, bonæ notæ, in-folio. Exhibebat hic manuscriptus ex libro primo Vitas sancti Pauli, sancti Antonii, sancti Hilarionis, Malchi, sancti Joannis Eleemosynarii, sanctæ Euphrosinæ virginis, Mariæ neptis Abrahæ, Pelagiæ meretricis, Mariæ Ægyptiacæ, Paulæ. Exhibebat præterea librum secundum, hoc titulo : *Incipiunt actus SS. Patrum a Posthumiano monacho editi et ad Fidosum missi*. Librum tertium, qui ibi constat paragraphis seu numeris cxII. Librum quartum hoc initio : *Incipit liber Posthumiani de gestis sanctorum Patrum*. Unde occasio nata sit Posthumiano aliquos libros inscribendi. Vide dicta supra, prolegomeno 4, § 9.

Ms. Lætiensis major ex formatissimo ad regulam sancti Benedicti sub patrocinio sancti Lamberti monasterio, in-folio, pergameno, bonæ notæ. Continet autem ex libro primo Vitas sancti Pauli primi eremitæ; sancti Antonii; sancti Hilarionis ; sancti Malchi, captivi monachi; sancti Simeonis Stylitæ; sancti Joannis Eleemosynarii; [LXXIX] sancti Frontonii, quam Hieronymo tribuit; sanctæ Euphrosynæ; sanctæ Pelagiæ meretricis; sanctæ Mariæ Ægyptiacæ ; sanctæ Marinæ; sanctæ Paulæ. Librum secundum, qui a Ms. hoc Posthumiano monacho ascribitur, et dicitur ad Phydosum missus. Ex libro tertio, tantum num. 24, qui eidem Posthumiano tribuitur. Librum quartum, qui Joanni Cassiano assignatur. Librum quintum. Titulus autem hic est : *Incipiunt capitula libri sancti Hieronymi de Vita et actibus SS. Patrum eremitarum, translatus ab eo de Græco stylo in Latinum*. In medio vero libelli xvI (qui vere xvIII est, sed duo libelli xIII, de Hospitalitate, et xIV, de Obedientia in hoc Ms. sunt omissi) habetur : *Hucusque Hieronymus de Græco in Latinum dicitur transtulisse, sive, ut plerique autumant, Pelagius diaconus Romanæ Ecclesiæ. Inde Joannes subdiaconus, quatuor distinguens libris idem opus*. Librum sextum.

Ms. Lætiensis minor, in quarto, pergameno, notæ non inferioris a priore. Qui liber olim fuit Sancti Michaelis in Sarto. Continet hic liber ex libro primo, Vitam sancti Pauli primi eremitæ, auctore divo Hieronymo; Vitam sancti Hilarionis, auctore eodem; Vitam seu Pœnitentiam Thaidis, seu Thaisis; librum secundum, tertium, quartum. Ms. Bonæ Spei, ex abbatia ejusdem nominis, ordinis Præmonstratensis, apud Binchium Hannoniæ oppidum, in-quarto, forma oblonga, pergameno, charactere bono et vetere. Continet varia tantum fragmenta ex variis hinc inde libris excerpta, ex libro II et III Ruffini, item ex aliquot libellis Pelagii et Joannis.

Ms. Moretianus, in-folio, pergameno, non valde quidem vetustus, sed plurima continens, quem mihi D. Moreti filii suppeditarunt. Continebat ex libro primo Vitas Pauli ; Antonii ; Hilarionis ; Malchi ; Pachomii ; Abrahæ ; Joannis Eleemosynarii ; Frontonii, quam Hieronymo ascribit ; Euphrosynæ ; Mariæ neptis Abrahæ ; Thaisis meretricis; Pelagiæ meretricis ; Mariæ Ægyptiacæ ; Marinæ; Paulæ. Librum secundum, quem ascribit Posthumiano monacho, et dicitur ad Phydosum missus. Librum tertium, qui etiam Posthumiano ascribitur, et ad Phydosum mittitur. Librum quartum, quem tribuit Joanni Cassiano. Librum quintum, quem de Græco in Latinum ab Hieronymo presbytero [LXXX] translatum asserit. In fine tamen libri xvIII, ait, *sive ut plerique autumant, transtulit de Græco in Latinum Pelagius diaconus S. R. E.* Librum sextum, quem Joanni S. R. E. subdiacono ascribit. Ex appendice, Heraclidis Paradisum, integrum ; sed eum ascribit Paschasio, vel Palladio diacono. Ita titulum concipit : *Incipit epistola Paschasii sive Paladii diaconi ad Eugippium presbyterum in libro qui vocatur Paradisus, de Miraculis sanctorum Patrum et Vita eorum*. Vide prolegomenon 25.

Ms. sancti Jacobi fratris Domini in Insula, ubi est abbatia ordinis sancti Benedicti Leodii, in-folio, pergameno, scriptus anno Domini 1312. Continet ex libro primo Vitas sancti Pauli primi eremitæ, et Malchi. Librum secundum, quintum, sextum.

Ex eadem abbatia habui libellum in-octavo, chartaceum, in quo erat Vita sancti Onuphrii, recenti manu. Distinctus hic erat stylus a vulgata Onuphrii Vita, vulgatum tamen stylum retinui.

Ms. Camberonensis, ex abbatia sanctæ Mariæ de

Camberone ordinis sancti Bernardi apud Athum, in membrana, folio, recentiore manu. Continebat ex libro primo Vitas sancti Pauli, sancti Antonii, sancti Hilarionis, Malchi, Joannis Eleemosynarii, Paulae. Librum secundum hoc titulo: *Incipiunt actus SS. Patrum a Posthumiano monacho editi; et ad Fidosum missi.* Librum tertium. Nulli certo auctori hic inscribitur. Librum quartum, qui Posthumiano tribuitur.

Ms. Claromarescanus, ex abbatia sanctae Mariae de Claromaresco, juxta Audomarum, ordinis sancti Bernardi, in-folio, membrana, charactere bono, sed non valde veteri. Continebat ex libro primo Vitas Thaisis meretricis, Mariae Aegyptiacae, Marinae puellae. Librum secundum, nulli auctori inscriptum; librum tertium etiam anonymum; librum quartum similiter anonymum.

Ms. sanctae Mariae Bibrach in Germania, in membrana, folio, charactere utcumque vetusto. Continebat ex libro primo Vitas Pauli, Antonii, Hilarionis, Malchi, Frontini, Thaisis meretricis. Totum librum secundum, totum librum septimum Paschasii. Et quaedam alia mixta ex variis libris.

Ms. Rebdorfilensis in-quarto, pergameno, charactere satis recenti. Continet ex libro primo Vitas [LXXXI] Pauli, Hilarionis, Malchi, Simeonis Stylitae, Euphrosynae. Librum secundum, quem tribuit sancto Hieronymo; librum tertium et quartum.

Ms. sancti Petri in Munster, folio, pergameno, recentiore charactere. Continet tantum excerpta quaedam ex Vitis Patrum. Ex libro primo Vitas Pauli, Antonii, Hilarionis. Quaedam ex libro secundo et septimo.

Mss. Insulenses duo membranacei clarissimi viri, mihique amicissimi, Tussani Desbarbieux, in-folio, non valde vetusti, quorum alter continebat: Ex libro primo tantum Vitam Mariae Aegyptiacae, Mariae neptis Abrahae, Pelagiae meretricis, et Thaisis meretricis. Ex appendice solum Heraclidis Paradisum. Alter vero, ex libro primo tantum vitam sanctae Marinae virginis, et sanctae Paulae viduae. Totum librum quintum Pelagii S. R. E. diaconi. Totum librum sextum Joannis S. R. E. subdiaconi.

Ms. Sancti Sepulcri major, ex monasterio Sancti Sepulcri, quod Cameraci est, ordinis sancti Benedicti, in-folio, chartaceus, recenti manu. Continet ex libro primo Vitas: Malchi monachi captivi, auctore divo Hieronymo; sanctae Euphrosynae, Thaidis meretricis, Mariae Aegyptiacae, Marinae virginis. Librum secundum, quem tribuit Palladio, atque ab Hieronymo de Graeco in Latinum conversum. Librum tertium, librum quartum. Ex libro quinto, qui octodecim libellis constat, habet tantum sine ulla libellorum distinctione numeros CCXL. Vocanturque *Admonitiones sanctorum Patrum de diverso genere virtutum, quas Pelagius diaconus Ecclesiae Romanae de Graeco in Latinum transtulit.*

Ms. Sancti Sepulcri minor, in membrana, in-quarto, manu quoque recenti. Complectitur autem:

A ex libro primo, Vitas Malchi, monachi captivi; Frontonii, sanctae Marinae. Librum secundum, quem tribuit divo Hieronymo. Librum quintum, qui inscribitur: *Adhortationes sanctorum Patrum, perfectionesque monachorum, quas de Graeco in Latinum transtulit beatus Hieronymus presbyter.* Rectius in fine libri decimi octavi: *Hucusque de Graeco in Latinum transtulit Pelagius diaconus Ecclesiae Romanae, et abhinc deinceps Joannes subdiaconus.* Librum sextum.

Ms. Carthusianorum Nostrae Dominae de Gratia prope [LXXXII] Bruxellas, in-folio, scriptus in membrana anno Christi 1460, Kal. Decembris, per Fr. Petrum Weins. Continet ex primo libro Vitas Pauli primi eremitae, auctore divo Hieronymo; Antonii, B auctore Athanasio, interprete Evagrio; sancti Hilarionis, auctore divo Hieronymo; Malchi captivi monachi, auctore eodem; sancti Pachomii, Abrahae monachi et eremitae, Simeonis Stylitae, Macarii Romani, Frontonii, sanctae Euphrosynae virginis, Thaisis meretricis, Pelagiae meretricis, Mariae Aegyptiacae, Marinae virginis, Paulae. Librum secundum. Librum quintum. Deerat quidem suo ordine libellus decimus sextus de Poenitentia, sed in manuscripto comprehendebatur sub libello septimo qui est de Patientia, quo titulo in nonnullis manuscriptis etiam liber XVI inscribitur. Librum sextum. Hic autem titulus libro sexto et quinto praefigebatur: *De verbis seniorum sanctorum Patrum. Quod opus de Graeco in Latinum transtulit Pelagius diaconus Ecclesiae Romanae, extremam partem Joannes subdiaconus transtulit.*

Ms. Ruraemundanus, ex collegio nostro Ruraemundae in pergameno, in-folio, a recenti manu: Constat quinque libris, uti prima editio. Ex qua, quod pauca typographiae infantia imprimerentur exemplaria, videtur exscriptus. In fine has praeterea Vitas complectitur: Pauli primi eremitae, sancti Antonii, Hilarionis, Malchi, Pachomii, Abrahae, Frontonii, Barlaam et Josaphat, Thaidis meretricis, Pelagiae meretricis, Mariae Aegyptiacae, Paulae.

Ms. Sionius, monasterii religiosarum de Sion, ordinis sancti Augustini Cortraci, in-folio, charta, charactere recentiore, scriptus anno 1469. Convenit plane cum prima editione, ex eaque descriptum non dubito. In fine has Patrum Vitas addit: sancti Antonii, sancti Pachomii, Epicteti et Astionis.

Atque haec dicta sint de manuscriptis libris qui integros quosdam libros vel magnam librorum partem ex iis, quos damus, comprehenderunt; nam subinde et alia manuscripta citamus quae vel unam Vitam aliquam, vel simile quid huc spectans tantum habent, uti invenies Bertinianum apud Audomaropolim, Laurentianum apud Leodium, Brugense societatis nostrae, et si quae alia.

Praeter haec manuscripta Latina, nonnulla quoque Graeca nactus sum, e quibus Latina sunt expressa; sed pauca, eaque satis imperfecta, quae subinde ad lucem citata invenies. Nam alia quaedam serius ad manus meas pervenere.

PROLEGOMENON XXV.
De appendice ad Vitas Patrum.

[LXXXIII] Placuit hanc appendicem reliquis de Patrum Vita libris jungere, tum ob vetustatem interpretum, tum ut lux subinde locis dubiis ex interpretationis varietate affulgeat, tum etiam quod quædam, etsi paucula, hæc appendix contineat quæ in prioribus non sit reperire.

Continet autem hæc appendix tria opuscula, Heraclidis Paradisum, et Palladii Lausiacam, ex veteri utrumque interpretatione, de quibus vide dicta prolegomeno 4, § 3, et prolegemeno 14.

Quem hic damus Paradisum nomine Heraclidis, in manuscripto Moretiano inscribitur: *Paschasii sive Palladii diaconi ad Eugippium presbyterum*, in libro, qui vocatur *Paradisus de miraculis sanctorum Patrum et vita eorum*. Cui titulo subjungitur hæc epistola:

« Domino suo semperque charissimo presbytero Paschasius diaconus.
Frater in Christo charissime, dum nos peritiæ tuæ facundia....... Sed optatis successibus eatenus ampliatur *. »

[LXXXIV] Inde sequebatur: *Prologus primus Paschasii, sive Palladii diaconi ad Lausum episcopum. In hoc libro*, etc. Inde: *Secundus prologus: Multi quidem multos*. Inde caput primum Paradisi: *Cum primam Alexandriam*.

Similem Codicem ms. cum his titulis et præfationibus invenit Vezelii in Heduis, apud nobilissimum ejus loci abbatem Erardum Rupefortium, amicissimus mihi Lucas Holstenius, uti per litteras me monuit, si forte usui esset ad secundam hanc Moretianam editionem adornandam. Parem quoque Codicem eodem ordine digestum submisit clarissimus D. Tussanus *Desbarbieux*, de quo monui Prolegomeno 24.

Equidem Paschasio huic, qui Eugippii tempore vixit, liber hic velut auctori tribui non potest, cum auctor in hoc libro interloquens certo vixerit sæculo sancti Hieronymi, et Patrum magna ex parte, quorum Vitam describit. Quare recte additum *sive Palladii*; vere enim Palladius, vel Heraclides, vel quispiam alius eorum æqualis, hujus Paradisi auctor est.

An igitur Paschasius hic dicendus est vetus hujus Paradisi interpres? Nec hoc affirmare habeo. Certe nihil tale insinuat hæc Paschasii ad Eugippium missa epistola. Imo epistola hæc potius præfigenda est Vitæ sancti Severini Noricorum apostoli. Et pridem anno 1595 eam Vitæ sancti Severini præfixit doctissimus scholiastes Marcus Velserus: Epistola autem Eugippii, cui Paschasius hic respondet, exstat tomo sexto Antiquarum lectionum, pagina 455 (Vide Patrol. tom. *LXII*, col. 1167). Si aliunde probari posset Paschasium hunc interpretem esse hujus Paradisi, ei postbac inscribatur ea interpretatio. Equidem viri

* Hanc epistolam videsis Patrol. tom. LXII, col. 39. EDIT.

docti interpretatio est, nec stylus multum abludit a stylo Vitæ sancti Severini. Ego ob hanc epistolam hic fortuito præfixam, non ausus fui ei interprétationem asserere. De Paschasio hoc plura vide Prolegomeno 14.

[LXXXV] Continet præterea Ægyptiorum Patrum sententias, interprete Martino Dumiensi episcopo, quas ex Codice Bibliothecæ Toletanæ excerptas, ex Hispania ad me transmisit R. P. Christophorus a Castro Sacrarum Litterarum in Collegio nostro Salmanticensi professor. Quas etiam reperi in Codice pervetusto sancti Floriani, e Germania mihi suppeditato.

Martini Dumiensis episcopi varii meminere auctores: Isidorus, libro de Illustribus Ecclesiæ Scriptoribus, cap. 22. Sigebertus in simili Scriptorum catalogo, cap. 19 et 118. Fuit hic abbas et episcopus, qui Dumiense in Gallæcia monasterium construxit, postea episcopus Braccarensis, cujus fit honorifica mentio in concilio Toletano decimo, cap. 7 ex concilio Valentino; et in synodo Braccarensi prima, æra 598; et in secunda, æra 610, quibus præfuit. Curavit ille quidem nonnulla ex Græco verti per alios; ita enim Sigebertus supra, cap. 108: « Martinus episcopus transtulit per manus Paschasii diaconi interrogationes et responsiones plurimas sanctorum Ægyptiorum Patrum in Dumiensi cœnobio. » Quæ Paschasius ejus jussu transtulit, habes libro septimo. Fors idem Paschasius et hæc ejus rogatu transtulit. Quia tamen Martini nomine in duobus manuscriptis inveniuntur, et ipse asserit se collectionem Orientalium canonum emendasse, et ad Græcum textum rursus contulisse (quæ habetur in tomis conciliorum, post concilium Lucense II), potuit ipse e Græco et hæc transtulisse. Quare ejus nomine in appendice dedi.

PROLEGOMENON XXVI.
Varia monita ad lectorem hujus editionis.

Adverte primo, primam mihi curam fuisse ut textum cujusque auctoris perquam fidelissime ex fide veterum Codicum exprimerem, servatis phrasibus etiam minus usitatis, nec valde semper Latinis, ut et illæ seculum auctoris sui proderent.

Adverte secundo, orthographiæ eam servatam rationem, quam Typographus optimam judicavit. Quorumdam tamen propriorum nominum diversas subinde orthographias reperies, sed apud diversos interpretes, ut nunc *Scete*, nunc *Scithi*, nunc *Pœmenius*, nunc *Pimenius*, et similia aliquot alia. Quæ plerumque sua interpretibus reliqui, quod singuli forte diversimode nomina illa in Græco exemplari scripta invenerint.

Adverte tertio, ne sæpius quarumdam difficultatum et verborum [LXXXVI] rariorum ratio reddenda esset, quod variis locis eadem occurrerent, contentus brevi in notationibus explicatione, ad Onomasticon porro remisi, in quo plenius de iis agitur. In quo etiam nonnulla reperies, quorum nullum in notationibus datum indicium.

Adverte quarto mirandum non esse, si complusscula eadem in diversis libris, variato tantum stylo, reperias. Evenit hoc quod olim diversi eremum obiere, et Vitas dictaque Patrum vel coram vel ab aliis excepere. Quisque quod vidit vel audivit, in commentarium retulit. Accedit, quod quidam aliorum scrinia compilarunt, et praeterea quaedam ex suis quoque armariolis adjunxere. Dedimus igitur omnia prout apud diversos auctores et interpretes invenimus, ut suus cuique constaret labor, et plurium testificatione plus quoque Patrum dictis accederet auctoritatis. Vide quae de hac convenientia diximus prolegomeno 4, § 3.

Adverte quinto: sicubi ea auctorum convenientia occurrat in margine * fere notavi singulorum loca, ut se mutuo illustrarent. Qualem in multis reperies inter librum secundum Ruffini, Palladium Herveti, Heraclidis Paradisum, et Palladium ex veteri interpretatione. Ruffinum et Palladium Herveti inter se commisi; Paradisum Heraclidis per Palladium Herveti illustravi; Palladium ex veteri interpretatione cum Heraclidis Paradiso comparavi. Multa quoque eadem reperies in libro III Ruffini, Pelagio, Joanne, Paschasio, quorum concordiam in margine notatam invenies.

Adverte sexto: ut compendio convenientiam illam citarem, cum novem posteriores libri, in quibus ejusdem rei repetita narratio maxime occurrit, vel auctorem certum habeant vel interpretem, ubi auctor certus est, eum citavi; ubi de eo minus constat, interpretis nomen margini apposui. Verbi gratia, quae paria occurrunt libris secundo, tertio, qui Ruffinum agnoscunt vel auctorem vel interpretem; quarto, qui excerpta habet ex Severo Sulpicio et Joanne Cassiano; octavo, qui Palladium; nono, qui Theodoretum; decimo, qui Joannem Moschum repraesentant auctores; tantum in margine cito auctorum nomina cum capitibus vel numeris, prout cujusque liber vel per capita vel per numeros digestus hic reperitur. Rursus vero cum in margine citandi sunt liber quintus, sextus, septimus, qui Graecis auctoribus incertis circumferuntur, certos tamen habent interpretes, cum quintus citandus est, cito Pelagium; cum sextus, Joannem; cum septimus, Paschasium; quorum singuli suorum singulorum librorum sunt interpretes.

* Has notas in textum inter uncinos revocavimus. EDIT.

Quia vero Pelagius et Joannes librum quisque suum in varios libellos [LXXXVII] distinctum habet, dum eos in margine cito, libellorum simul ordinem cum dictorum numero in margine assigno.

Adverte septimo, in Chorographiae studiosi gratiam, tabulam nos curasse concinnari mansionum et expeditionum eremitarum. Et quia maxime Aegyptus et Syria et Palaestina ab eremitis fuit exculta, particularem quoque earum delineationem habes, quod in generali tabula particularis locorum distinctio servari non posset. Tabulam eam proximum folium exhibebit.

Adverte octavo, me nunc hoc anno 1627, cum prima editio Moretiana anni 1615 distracta esset, uti et Lugdunensis Galliae, rursus rogatu D. Balthasaris Moreti Vitas Patrum recensuisse; maxime textum octavi libri per Palladium, et noni per Joannem Moschum, qui ante Graece non prodierant. Nunc Graeca eorum editio Parisiensis varios interpretum errores detexit, et multis tenebrosis locis facem praeluxit. Notationes quoque subinde auxi, et inprimis Onomasticon, quod id multorum votum esset, maxime religiosorum, quibus non suppetit librorum copia, nec usum lexicographorum et criticorum habent, qui rem antiquariam tractant. Accessere quoque tres novi indices, unus sacrarum Scripturarum, alter concionum, et tertius auctorum in notationibus adductorum; quos reliquis ante datis insertos vel subsertos invenies.

Adverte nono, etsi aliae nonnullae vitae Eremitarum Orientalium hinc inde typis editae sint, et plures ex Mss. erui possint, quia tamen institutum meum non fuit omnium eremitarum Vitas conquirere, et in unum fascem colligere, sed tantum decantatissimum Vitarum Patrum librum, qui ante centum annos toties cusus recususque fuit, recensere et illustrare; studio abstinui a reliquis indagandis. Is enim labor novum facile tomum extundere posset. Mihi nunc satis fuit SS. Patrum insistere vestigiis, qui has vitas olim et legerunt et commendarunt.

Ego vero te, mi lector, non unis votis rogatum velim ut Deum mihi tuis precibus propitium facere digneris, uti ea quae his libris tractantur vel ex parte aliqua moribus vitaque exprimere possim; ne sim plane velut aes sonans et cymbalum tinniens. Ita tibi Deus, eremitarum suffragantibus meritis, favorem omnem opemque aspiret. Vive, vale, mei apud Deum memor.

VITÆ PATRUM,
SIVE
HISTORIÆ EREMITICÆ.
LIBRI DECEM.

Collationes Patrum, et instituta, et Vitæ eorum, et Regula S. P. N. Basilii, quid aliud sunt, nisi bene viventium et obedientium monachorum exempla et instrumenta virtutum? (*S. Benedictus, Regulæ suæ cap. ult.*)
O desertum floribus Christi vernans! O solitudo in qua illi nascuntur lapides de quibus in Apocalypsi civitas magni regis exstruitur! O eremus familiarius Deo gaudens!
(*Hieronymus, epist. 1 ad Heliodorum, de laude eremi.*)

PRÆLUDIA AD LIBRUM PRIMUM.

Lectori.

3 Quia divus Hieronymus hoc libro primo sæpe interloquitur, idemque, arctioris vitæ incensus desiderio, eremitas olim invisit, inque eremo annos aliquot vixit; placuit hic brevi synopsi, viæ vitæque ejus periodos, qua peregrinationes ejus spectant, oculis subjicere; ad nonnullam eorum lucem, quæ lecturus es. Quos ex illustrissimi cardinalis Baronii laudatissimis Annalibus concinnavi, ut magno duce divi Hieronymi consecteris vestigia.

DIVI HIERONYMI PEREGRINATIO.

Divi Hieronymi primordia et profectio Gallicana.

Anno Christi 342. *Baron. tom. III, Adam, 372.*
—Natus est Stridone, oppido in Dalmatia, honestis quidem parentibus, et substantiis haud infimis, quas postea pro ædificatione monasterii per Paulinianum fratrem distraxit (*Hier. ep.* 26); non enim de seipso, sed de voluptuosis clericis atque monachis, ex persona tamen sua illa ait (*Hier. epist.* 2) : « Natus in paupere domo et in tugurio rusticano, qui vix milio et cibario pane rugientem saturare poteram ventrem, nunc similam et mella fastidio, » etc.

Bonosum habuit collactaneum (*Hier. epist.* 41), et cum eodem coaluit in liberalibus disciplinis, prædivite adolescente; a puero enim excolendus bonis litteris traditus est præceptori; de quo ipse (*Hieron. Apolog. advers. Ruffin.*) : « Memini me puerum cursitasse per cellulas servulorum, diem feriatum duxisse lusibus, et ad Orbilium sævientem, de aviæ sinu tractum esse captivum. »

Romam veniens cum eodem ipsius gentili Bonoso, A Donatum audivit; ipsum enim suum nominat præceptorem (*Hieron., in Chron., anno 20 Constantii*), tum, ut ipse tradit (*Hier., lib. I cont. Pelag. et in Epist. ad Gal. cap.* II), scholastico more lusit in controversiis declamandis. Ibi adulta ætate sacro baptismo initiatus est (*Hier., epist.* 57) : quo suscepto, paulo solutiorem vitam, quam gesserat, continuo emendavit; nam 4 priori amissa corporis integritate, secundam, quam vocat continentiam post baptismum, servavit immaculatam totus piis officiis deditus una cum ejusdem instituti sodalibus (*Hier., Apolog. pro lib. adv. Jovin.*), singulis diebus Dominicis (ut ipse tradit [*Hieron., in Ezech. c.* XL]) invisebat in subterraneis cœmeteriis reliquias sanctorum martyrum; nihilque cæteris diebus otii sibi relinquens, totus erat in describendis libris; sic enim bibliothecam Romæ summo studio atque labore sibi confecisse testatur (*Hier. ep.* 22).

In Gallias post hæc peregrinatus cum ipso Bonoso, eadem siti librorum, Treveris sancti Hilarii libros de

Synodis manu sua descripsit; aliosque ibi positus antiquos Codices, usus opera amicorum atque inter alios Florentii, describendos curavit (*Hier.*, *epist.* 6 *et* 41).
Profectio Syriaca post varias orbis provincias lustratas.
Anno Christi 370. Baron., ad ann. 372.—Contigit autem post hæc ut qui semel peregrinari cœperat, proficisci quoque in Orientem in animum induxerit; id quidem cum eruditionis, tum etiam religionis causa; ut ex his, quæ gessit inspicere licet. Porro peregrinationis ejus quæ remanent vestigia assectantes, dicimus eum cum Bonoso comite e Galliis revertentem, Aquileiam pervenisse (*a*), consedisseque ibi aliquo temporis spatio, fruiturus consortio sanctissimorum virorum, nimirum sancti Valeriani, ejus civitatis post Fortunatianum episcopi, Heliodori, Nepotiani, Ruffini, Chromatii, Jovini, Eusebii, Bonosi, Florentii, Nicææ subdiaconi, Chrysogoni monachi : ad quos omnes, intimæ necessitudinis testes, ejusdem Hieronymi litteræ exstant (*Hier.*, *epist.* 41, 42, 43, 44).

Horum igitur suavissima consuetudine aliquantisper detentus est sanctus Hieronymus Aquileiæ; cum inde discedere cogitur, nescio quo improviso rerum eventu, ut ipse, ex eremo ad Ruffinum scribens, testatur verbis illis : « Postquam me a tuo latere subitus turbo convulsit, postquam glutino charitatis hærentem impia distraxit avulsio (*Hier. epist.* 41), » etc., tunc Aquileia recedens, in Dalmatiam, patrium solum, veniens, sororem juvenculam, ætatis lubrico lapsam, primum viro maxime pio Juliano, qui eam ad meliorem frugem restituit, deinde etiam per litteras Chromatio commendavit (*Hier. epist.* 37 *et* 43).

Quando autem contigerit ut ipse sic monasticæ vitæ arripuerit institutum, diligenti rerum ac temporum discussione pervestigandum est. Cæterum, quod in re dubia et incerta versemur, nitendum est conjecturis, aliisque argumentis, quantumlibet videri possint a longe petita ; sic enim sæpe accidit per angustas rimulas perspicere quæ indagatur sollicite veritas.

At, quod ad hanc rem pertinet, haud assentiri possumus affirmanti, Hieronymum cum Ruffino atque collegis, itineris sociis, primum Jerosolymam petiisse, inde vero inter se divisos, Ruffinum in Ægyptum, Hieronymum autem in diversas provincias peregrinationem instituisse, atque illinc deserta Syriæ petiisse (*Marian. Victor. in vit. S. Hier.*). Nam Ruffinum Roma recessisse cum Melania profectumque in Ægyptum, indeque Jerosolymam pervenisse, cum jam sanctus Hieronymus in Syria monachus degeret, tum quæ superius dicta sunt, tum quæ dicentur inferius, perspicue demonstrabunt. Ex peregrinatione vero ipsius Hieronymi, a se descripta, possumus pariter intelligere tempus ipsius ex Occidente in Orientem migrationis ; ad Ruffinum enim, cum ille jam pervenisset in Ægyptum, ex eremo Syriæ scribit, se primo profectum in Thraciam, inde in Pontum atque Bithyniam, postea in Galatiam et Cappadociam, deinde per Ciliciam in Syriam descendisse, 5 ubi consedit in solitudine monachus (*Hier.*, *epist.* 4). Hæc totius ejus est peregrinationis periodus, una cum fidissimis comitibus, Evagrio presbytero Antiocheno (*b*), Innocentio, Heliodoro, et, ut ait, cum Hyla sancti Melanii famulo.

Cum igitur reperiamus Evagrium individuum comitem fuisse sancti Hieronymi, æque etiam cum eo Hieronymum peregrinatum ex Occidente in Cappadociam, par est credere, cum de se tradat ipso Hieronymus, cum eo profectum esse in Cappadociam. Hæc igitur ut asseramus, eadem certe Hieronymi atque Evagrii in Cappadociam peregrinatio persuadet. Huncque ipsum Evagrium, de quo sanctus Basilius meminit (*Basil.*, *epist.* 8), eumdem esse cum Evagrio, Hieronymi socio atque comite, cum nomen, tum munus presbyterii, tum patria, nempe Antiochia, nec non locus ipse, unde venit, nimirum ex Italia, æque demonstrant, eumdemque Evagrium illum esse, qui egregiam navaverat operam Mediolani adversus Auxentium, de quo, ad unum ex comitibus Innocentium, ante Hieronymus scripserat, nos suo loco retulimus (*Hier.*, *epist.* 49)

Quando autem acciderit Evagrium ad sanctum Basilium in Cappadociam pervenisse, ex eadem Basilii epistola possumus intelligere, qua, antequam de Evagrio faciat mentionem, de vehementi morbo, in quem tunc inciderat, agit, cum ait : « Quinquaginta his diebus æger decubui, quibus mihi sedulo adfuit dilectus et omnium studiosissimus frater noster et cooperator Elpidius. Multum enim febre consumptus, penuria nutrientis materiæ, arida hac carne, ceu lucernarum papyro, circumdatus, marcida longaque ægritudine laboravi: antiquum vulnus huic accedens, a cibis me abstraxit, oculis somnum ademit, tandem morti et vitæ confinem me effecit, tantum vivere permittens, quantum ad dolorem sentiendum opus est (*Basil.*, *epist.* 8). » Hæc et alia plura de eadem corporis infirmitate Basilius, quam ei contigisse superius diximus anno (*Anno* 569 *et* 570) quo creatus est Cæsareæ episcopus, qui numeratur Domini 370, quo pariter dixerimus Hieronymum, cum eodem Evagrio et aliis sociis, devenisse in Syriam ; inde vero ejusdem provinciæ deserta petiisse, non ante (mea sententia) annum Domini trecentesimum septuagesimum primum : quod quidem et insinuare videntur citatæ ejusdem superius litteræ ad Ruffinum (*Hier.*, *epist.* 4). Ex his igitur inducimur ut credamus, præsentem annum esse secundum ejus in eremo incolatus.

Anno Christi 371. Baron., *ad an.* 372.— Cum autem primum in Syriam venit, ibi cum Evagrio Antiocheno, in via comite, Antiochiæ consedit. Erat Evagrius prædives ac nobilis, dominusque villæ, Maronia dictæ; ubi aliquando agens Hieronymus cum Evagrio, nactus ibi sanctissimum illum Malchum monachum, totius vitæ ipsius cursum, quam postea factus senex conscripsit, accepit : testatur id quidem Hieronymus ipse, cum ait ; « Maronia triginta fere millibus ab

Antiochia, urbe Syriæ, haud grandis ad Orientem distat viculus : hic, post multos vel dominos vel patronos, dum ego adolescentulus morarer in Syria, ad papæ Evagrii (c), necessarii mei, possessionem devolutus est . quem idcirco nunc nominavi, ut ostenderem, unde nossem, quod scripturus sum (*Hieron. in Vita Malchi*). » Post vero descriptam egregie vitam Malchi, ista ad postremum : « Hæc, inquit, mihi senex Malchus adolescentulo retulit, hæc ego vobis narravi senex, et castis historiam castitatis expono. » Quo plane Malchi exemplo, et aliorum plurimorum monachorum, quibus (ut vidimus) Syria tunc florebat, incaluit cor ejus ad consectandum vitæ monasticæ institutum : cum et ad Theodosium, magni nominis virum (d), et alios præclaros anachoretas litteras dedit, petens eorum precibus solvi vinculis sæculi; ubi hæc inter alia : « Nunc vestrum est ut voluntatem sequatur effectus; meum est ut velim; obsecrationum vestrarum est ut quod velim et possim (*Hier., epist.* 38). »

Inter hæc temporis spatia, cum quid esset decernendum de statu suo Deum servosque Dei ita consuleret, agens Antiochiæ docentem audivit Apollinarem, **6** de quo ipse ad Pammachium : « Apollinarem Laodicenum audivi Antiochiæ frequenter et colui; et cum me in sanctis Scripturis erudiret, nunquam illius contentiosum super sensu dogma suscepi. » Hæc ipse. Porro cum (ut superius dictum est) Apollinaris nondum perfecte cognitus neque damnatus esset, licenter docebat, audiebaturque licentius.

De loco vero, a sancto Hieronymo in Syriæ solitudine, ad habitandum delecto, ad Chromatium scribens, ita ipse meminit : « In ea parte delatæ sunt (tuæ scilicet litteræ) quæ inter Syros et Sarracenos vastum limitem ducit. » Eadem habet ad Florentium. Chalcidis provinciæ ea erat (ut alibi ipse testatur) solitudo (*Hier., epist.* 43, 6; *Præf. in Abdiam*).

Fuere ejus comites Innocentius atque Hylas, accessitque postea Heliodorus. His omnibus Evagrius Antiochenus cuncta necessaria ministrabat; quin et ejus impensis Hieronymo ad scribendos libros suppeditati sunt antiquarii; illis enim se ibi abundasse testatur; ejusdemque Evagrii opera, litteræ quæ diversis ex locis Antiochiam afferebantur, eidem reddebantur; vicissimque ad alios mittendas, ab ipse ille accipiebat (*Hier., epist.* 41, 43, 6).

ed rebus in hunc modum probe dispositis, illud funestum in primis accidit, ut dulcissimo comite Innocentio morte exstincto privaretur, Heliodorusque cito recesserit, spe tamen redeundi; ipse vero crebris laboraret corporis infirmitatibus. Quod sæpe queritur ad diversos amicos scribens (*Hier., epist.* 41, 1, 37, 3, 37, 41).

Quas insuper præter hæc passus sit impugnationes dæmonum, et quæ eum exercuerint prælia carnis, hic retexam ex ejusdem epistola ad Eustochium (*Hier., epist.* 22) : « O quoties ego ipse in eremo constitutus, et in illa vasta solitudine, quæ, exusta solis ardoribus, horridum monachis præstat habitaculum, putabam me Romanis interesse deliciis! Sedebam solus, qui amaritudine plenus eram; horrebant sacco membra deformia, et squalida cutis situm Æthiopicæ carnis obduxerat : quotidie lacrymæ, quotidie gemitus; et si quando repugnantem somnus imminens oppressisset, nuda humo vix ossa hærentia collidebam. De cibis vero et potu taceo, cum etiam languentes monachi aqua frigida utantur, et coctum aliquid accepisse, luxuria sit. Ille igitur ego, qui ob gehennæ metum tali me carcere ipse damnaveram, scorpionum tantum socius et ferarum, sæpe choris intereram puellarum : pallebant ora jejuniis, et mens desideriis æstuabat in frigido corpore, et ante hominem sua jam carne præmortuum [*leg.*, suum, jam carne præmortua] sola libidinum incendia bulliebant. Itaque omni auxilio destitutus, ad Jesu jacebam pedes, rigabam lacrymis, crine tergebam, et repugnantem carnem hebdomadarum inedia subjugabam. Non erubesco confiteri infelicitatis meæ miseriam; quin potius plango me non esse quod fuerim. Memini me clamantem, diem crebro junxisse cum nocte, nec prius a pectoris cessasse verberibus, quam rediret, Domino increpante, tranquillitas. Ipsam quoque cellulam meam, quasi cogitationum mearum consciam, pertimescebam; et mihimet iratus et rigidus, solus deserta penetrabam : et sicubi concava vallium, aspera montium, rupium præruta cernebam, ibi meæ orationis locus, ibi illud miserrimæ carnis ergastulum; et, ut ipse testis est Dominus, post multas lacrymas, post cœlo inhærentes oculos, nonnunquam videbar mihi interesse agminibus angelorum; et lætus gaudensque dicebam : *Post te in odorem unguentorum tuorum cucurrimus* (*Cant.* 1). » Hactenus ipse.

Verum non jejunia solum, aliasque afflictiones, ad carnis impetus infrenandos, adhibebat, sed et juge studium litterarum : unde ipse ad Rusticum scribens hæc ait (*Hier., epist.* 4) : « Dum essem juvenis, et solitudinis me deserta vallarent, incentiva vitiorum, ardoremque naturæ ferre non poteram : quem cum crebris jejuniis frangerem, mens tamen cogitationibus æstuabat; ad quam edomandam, cuidam fratri, qui ex Hebræis crediderat, me in disciplinam dedi, ut post Quintiliani acumina, Ciceronis fluvios, gravitatemque Frontonis, et lenitatem Plinii, alphabetum discerem, et stridentia anhelantiaque **7** verba meditarer. Quid ibi laboris insumpserim, quid sustinuerim difficultatis, quoties desperaverim, quoties cessaverim, et contentione discendi rursus inceperim, testis est conscientia, tam mea qui passus sum, quam eorum qui mecum duxerunt vitam. Et gratias ago Deo meo, quod de amaro semine litterarum dulces fructus carpo. » Hæc ipse.

Baron., ad an. 372 et 378. — Ex multis vero ærumnis, quibus ibi graviter afflictatus est, illæ quidem sibi maximæ visæ sunt; quod Occidentalis ipse homo, collegis parum cognitus, suspectæ illis fidei haberetur. Nam eamdem prorsus calumniam, quam Paulinus episcopus Antiochenus (ut vidimus ex Epiphanio atque Theodoreto) passus est a Vitale primum, ac deinde a Flaviano, cum ab eis Sabellianus appellaretur, pati cogitur sanctus Hieronymus in Syriæ solitudine apud Chalcidem in eremo agens, quod communicaret cum eodem Paulino, a Meletii, puto, studiosis exagitatus; nominatus et ipse ab iisdem Sabellianis, adeoque vexatus, ut coactus fuerit inde recedere. Tradit hæc omnia ipse (*Hier. epist.* 77) scribens ad Marcum presbyterum Chalcidensem (*e*).

Profectio prima Jerosolymitana.

Anno Christi 378. *Baron., ad eumdem an.* — Quo autem profectus sit ipse egressus ex Syriæ eremo, certe quidem Jerosolymam ante abiisse, quam Romam veniret ad Damasum, ex ipsius assertione probatur, dum in præfatione ad Paulinum in Didymi commentarium de Spiritu sancto, recedens tunc Roma post obitum Damasi, se postliminio Jerosolymam reversum affirmat; et in epistola ad Asellam, quam, Roma egressus, navem conscensurus conscripsit, ait : « *Ora autem ut de Babylone Jerosolymam regrediar* (*Hier. epist.* 99). » Quibus intelligas jam ante ipsum Jerosolymis versatum fuisse, quam Romam veniret ad Damasum. Quantum vero temporis Jerosolymis manserit, haud satis liquet.

Profectio Constantinopolitana.

Anno Christi 379. *Baron., ad eumdem an.* — Gregorii Nazianzeni fama permotus, impulsusque sanctus Hieronymus, una cum collega Vincentio, e Syria, tam longinquo terrarum spatio, contulit se Constantinopolim. Quantum autem temporis contigerit Hieronymum apud Gregorium Constantinopoli commorari, exactius inquiramus, ex consignata ab ipso superius ejus scriptionis chronographia, cum testatur se illa scripsisse, Gregorio ipso jam facto Constantinopolitano episcopo. Contigit id post annum sequentem.

Quod insuper se ibi Gregorium Nyssenum cognovisse testetur, quem tempore indictæ Constantinopolitanæ synodi illuc cum aliis episcopis contigit proficisci ; ex his, inquam (si a præsenti anno numeres) invenies Hieronymum tribus ferme annis Constantinopoli audisse Gregorium. Ipse vero de Gregorio Nysseno ita meminit : « Gregorius, Nyssenus episcopus, frater Basilii Cæsariensis, ante paucos annos, mihi et Gregorio Nazianzeno contra Eunomium legit libros (*Hieron., de Script. Eccles., in Gregor. Nyssen.*), » etc.

Profectio Romana.

Anno Christi 382. *Baron., ad eumdem an.* — Trecentesimus octogesimus secundus Domini annus, consulatu Syagrii secundo cum collega Antonio annotatur : quo Romæ concilium celebratum est, ex episcopis diversarum provinciarum, nempe Orientis, aliarumque catholici orbis regionum.

Sanctus Hieronymus ad Principiam scribens tradit, se quoque tum Romam ex Oriente venisse, cum iisdem sanctis episcopis; nam ait de sancta Marcella : « Denique cum et me Romam, cum sanctis pontificibus Paulino et Epiphanio, ecclesiastica traxisset necessitas (*Hier. epist.* 61), etc. Indicat his sane verbis Hieronymus, se vocatum a Damaso.

Sed quod ait venisse Romam cum iisdem nominatis episcopis, haud puto intelligendum, eum Antiochia una cum Paulino solvisse, vel cum Epiphanio e Cypro insula. Nam cum ipsius sententia, ut dictum est superius, constet ipsum apud Gregorium Nazianzenum permansisse Constantinopoli usque ad tempus, quo idem Gregorius episcopatum ejus Ecclesiæ consecutus est, plane apparet eum non ante præteritum annum recessisse Constantinopoli : quem quidem haud existimo Antiochiam reversum esse, ut cum Paulino et Epiphanio se Romam conferret; sed Damasi monitum litteris venturum Romam, iter per Græciam suscepisse, eoque tempore Athenas adire voluisse. Ipsum namque petiisse Athenas, verba hæc in commentariis in Zachariam fidem faciunt : « In arce, inquit, Atheniensium juxta simulacrum Minervæ, vidi sphæram æream gravissimi ponderis, quam ego pro imbecillitate corpusculi movere vix potui. Cum quærerem quidnam sibi vellet, responsum est ab urbis ejus cultoribus, athletarum in illa massa fortitudinem comprobari, nec prius ad agonem quemquam descendere, quam ex levatione ponderis sciatur quis cui debeat comparari (*Hieron., in Zachar. cap.* XII). » Hæc ipse. Sic igitur, qui Constantinopoli recedens per Græciam in Italiam venit, iisdem episcopis eodem tempore vocatis Romam venientibus potuit occurrere. Venisse creditur et ipse vocatus a Damaso papa, qui eo in responsionibus synodalibus uteretur. Contigisse autem videtur ipsius Hieronymi et aliorum episcoporum Romam adventus autumnali tempore; nam cum ad Asellam scribens dicat, se prope triennium Romæ mansisse, minime tamen absolvisse; rursumque ejusdem Hieronymi in apologia adversus Ruffinum assertione certum sit, ipsum mense Augusto Roma profectum, certe quidem ipsum hoc anno, autumnali (ut dictum est) tempore, vel hieme Romam venisse oportuit.

Profectio secunda Jerosolymitana.

Anno Christi 385. *Baron., ad ann. eumdem.* — Anni trecentesimi octogesimi quinti exordio, nempe pridie Idus Januarii, cum vacasset sedes post obitum Damasi triginta et uno diebus, Siricius Romanus ex patre Tiburtio in ejus locum subrogatus est.

Cum autem non, ut Damasus fecerat, Siricius papa in conscribendis ejusmodi litteris, Hieronymi opera uteretur, neque eum, ut ille, quod par erat, amplecteretur atque foveret, mox pontificis Romani destitutus præsidio, idem Hieronymus acerbissimos pati cœpit persecutores, illos scilicet clericos quorum mores improbos scriptis editis suggillasset. Quamobrem ut se a concitato turbine liberaret, tranquillum cogitans portum, nempe tutam Jerosolymæ mansionem, illuc navigaturus, hoc anno ab urbe recedens, navim conscensurus, ad Romanum portum se contulit. Id quidem hoc anno factum esse, ex eo perspicuum redditur ; cum enim ipse testetur (*Hier. epist.*

93) se pene triennium Romæ mansisse, pariterque post obitum Damasi recessisse, constetque ex his quæ superius dicta sunt venisse Romam sub consulatu Antonii et Syagrii, anno Domini trecentesimo octogesimo secundo, ipsum hoc anno ab urbe oportuit recessisse. Præsenti igitur anno, Augusti mense, ad Romanum portum se conferens, navem conscendit, prout ipse satis aperte demonstrat in apologia adversus Ruffinum (*Hier., lib.* II *advers. Ruffinum*).

Porro qui fuerint ipsius Hieronymi in navigatione comites, et quando solverit e portu, idem in apologia adversus Ruffinum his verbis describit : « Vis nosse profectionis meæ de urbe ordinem? narrabo breviter. Mense Augusto, flantibus Etesiis, cum sancto Vincentio presbytero, et adolescente fratre (Paulinianus hic erat, quem ultimo loco natum, Romæ dum esset, ad se ut veniret accersivit) et aliis 9 monachis, qui nunc Jerosolymis commorantur, navim in Romano portu securus ascendi, maxima me sanctorum frequentia prosequente. Veni Rhegium, in Scyllæo littore paululum steti, ubi veteres didici fabulas, et præcipitem fallacis Ulyssis cursum, et Sirenarum cantica, et insatiabilem Charybdis voraginem. Cumque mihi accolæ illius loci multa narrarent, darentque consilium ut non ad Protei columnas, sed ad Jonæ portum navigarem; illum enim fugientium et turbatorum, hunc securi hominis esse cursum, malui per Malæas et Cycladas Cyprum pergere; ubi susceptus a venerabili episcopo Epiphanio, cujus tu testimonio gloriaris, veni Antiochiam, ubi fruitus sum communione pontificis confessorisque Paulini; et deductus ab eo, media hieme et frigore gravissimo, intravi Jerosolymam. Vidi multa miracula; et quæ prius ad me fama pertulerat, oculorum judicio comprobavi. » Hactenus Hieronymus de suo adventu Jerosolymam.

Peregrinatio Ægyptiaca.

Anno Christi 386. Baron., ad eumdem an. — Cum igitur Jerosolymam sanctus Hieronymus advenisset media hieme, haud dubium ibi moratus; profectus vero est postea in Ægyptum, discendi cupiditate pellectus. Nam licet orbis pene totius magister exstitisset, cum eum jam pridem etiam Damasus papa consulere consuevisset, cujus nomine ad consultationes episcoporum rescribens, omnes ferme Ecclesias docuisset; ibi tamen Didymum Alexandrinum conveniens, ipsi se tradidit, ut discipulum, sacris litteris imbuendum. Testatur id ipse ad Pammachium scribens his verbis : « Jam canis spargebatur caput, et magistrum potius quam discipulum decebat; perrexi tamen Alexandriam; audivi Didymum, et in multis ei gratias ago : quod nescivi, didici; quod sciebam, illo docente non perdidi (*Hier. epist.* 65). » Atque alibi ad eumdem : « Cum essem Alexandriæ, vidi Didymum, et eum frequenter adivi, virum sui temporis eruditissimum; rogavique eum ut quod Origenes non fecerat ipse compleret, et scriberet in Oseæ commentarios; qui tres libros me petente dictavit, quinque quoque alios in Zachariam (*Hieron., proœm. in Oseam*). » Hactenus ad Pammachium. Et ad sanctam Paulam : « Denique nuper ob hanc vel maxime causam Alexandriam perrexi, ut viderem Didymum, et ab eo in Scripturis omnibus, quæ habebam dubia, sciscitarer (*Hieron., in proœm. l.* IV *Comment. in Epist. ad Ephes.*). » Hæc ad Paulam : quibus cum nullam mentionem habeat quod eam comitatus fuerit peregrinantem in Ægyptum, nec alibi, cum de ejusdem Paulæ profectione in eamdem provinciam agit, se illi comitem inhæsisse dicat (*Hier. Epist.* 27), plane conjectura ducimur, Hieronymum nequaquam cum ea peregrinationem illam suscepisse. Cæterum ad modicum temporis spatium, nempe triginta tantum diebus commoratum esse Hieronymum Alexandriæ, Ruffinus exprobrat in invectiva; sed an vere, ipse scit.

Cæterum qui aliquantisper Didymum auditurus Alexandriæ consedit, antequam rediret in Palæstinam, Ægypti monasteria peragravit; de quibus ipse : « Contendi Ægyptum, lustravi monasteria Nitriæ, et inter sanctorum choros aspides latere perspexi (*Hier., Apolog. advers. Ruffinum*). » Per aspides enim se significasse Origenistas, ipsemet alias sæpe declaravit; sed nos de his suo loco pluribus.

At quid postea egerit, mox subdit : « Protinus concito gradu Bethleem meam reversus sum, ubi adoravi præsepe et incunabula Salvatoris. Vidi quoque famosissimum lacum; nec me inerti tradidi otio, sed multa didici quæ ante nesciebam. » At quænam ista? alibi declarat his verbis post recensitum reditum ex Ægypto in Palæstinam : « Putabant me homines post auditum Didymum finem fecisse discendi; veni rursum Jerosolymam et Bethleem : quo labore, quo pretio Barrabanum nocturnum habui præceptorem? timebat enim Judæos, et mihi alterum exhibebat Nicodemum (*Hier. epist.* 65). » Hæc ipse.

ROSWEYDI NOTATIO.

10 (*a*) *Aquileiam pervenisse.*] Summa quidem laude (ait Baronius anno Christi 372) florebat tunc Aquileiensis Ecclesia, ubi exstincto Fortunatiano episcopo, Arianæ sectæ fautore, eam Arianorum labe fœdatam, Valerianus vir sanctissimus, ab omni prorsus impietatis fæce purgavit, ut idem sanctus Hieronymus tradit (*Hier. epist.* 43); ascitisque ad officia ecclesiastica viris optimis ac eruditis sic claruit, ut de eis ipse Hieronymus in Chronico ita digne meminerit : « Aquileienses clerici, quasi chorus beatorum habentur. (*Hieron., in Chron., an.* 11 *Valent.*) » Per quos omne « Ariani quondam dogmatis virus exclusum est (*Hier., epist.* 43). » Sed et quod, qui ibi erant clerici, essent et monachi, hoc præconio ex iisdem tres potissimum laudantur in Chronico, cum ait : « Florentius [Florentinus], Bonosus et Ruffinus, insignes monachi habentur : ex quibus Florentius tam misericors in egenos fuit, ut vulgo pater pauperum nominatus esset (*Hieron., in Chron., an.* 13 *Valent.*). » Ab hoc adjutum Heliodorum in Orientem peregrinationem confecisse, ejusque expensis Hieronymum complures libros exscribendos

vorasse, ejusdem litteræ ad eumdem datæ signifi- *A* epist. 78. Quem idem Baronius ait saltem pervenisse
cant (*Hier.*, *epist.* 5, 6) : quibus rursus ejusdem viri ad annum 14 Theodosii ex ipso Hieronymi catalogo,
misericordia erga pauperes commendatur, illis poti- *De Illustribus Ecclesiæ scriptoribus*, cap. ultimo.
simum verbis : « Prætermitto innumerabiles, quibus
Christum sustentasti, pavisti, vestisti, visitasti, » etc. (*d*) *Ad Theodosium, magni nominis virum.*] Quod
autem ad Theodosium (monet Baronius ad annum
(*b*) *Evagrio presbytero Antiocheno.*] At quod pri- Christi 372) anachoretam spectat, cujus precibus
mum (notat Baronius anno Christi 372) ad Evagrium adjutus sanctus Hieronymus monasticæ vitæ arduum
Antiochenum spectat, hunc insigniter eruditum dixi- institutum animo ardenti arripuit; idem ille est qui
mus jam superius temporibus Juliani Apostatæ, eum- hoc tempore in iis regionibus egregia claruit sanctique una cum sancto Eusebio, episcopo Vercellensi, tate. Cujus res præclare gestas Theodoretus conscri-
in Occidentem venisse; idque testificatur sancti psit (*Theodoret., in Philot.*, cap. 10); ejusque patria
Basilii, de eo ita testantis in epistola ad Eusebium Antiochenum, eo sanctitatis pervenisse tradit, ut
Samosatenum (*Basil. epist.* 8), ubi ait ipsum redeun- nautæ, ejus nomine invocato, tempestatem maris
tem ex Italia ad se litteras attulisse. ingruentem sedarent : quem Antiochiæ defunctum
affirmat, sepulturaque sanctorum honorifice tumula-
(*c*) *Ad papa Evagrii.*] Baronius, anno Christi 372. tum.
Nominat Hieronymus Evagrium papam, quod cum
ipse senex ea scriberet, jam ipse Evagrius factus (*e*) *Chalcidensem.*] Ut habet vetus exemplar, non
fuerat (ut suo loco dicemus) episcopus Antiochenus. *Celedensem*; degebat enim ipse, ut dictum est, in
Qui post, anno Christi 389, Theodosii senioris 11, Syriæ solitudine Chalcidensi. Ita Baronius, ad an-
ait eumdem Evagrium factum episcopum Antioche- num Christi 379. Sed alii libri *Celedensem* præferunt,
num, ex Theodoreto, libro v, cap. 23; Socrate, lib. *B* qui apud eumdem occurrit epistola 79. Annianus,
v, cap. 15; Sozomen., lib. vii, cap. 15; Ambrosio, *Celedensis* pseudodiaconus.

INDEX VITARUM LIBRI PRIMI.

11 VITÆ VIRORUM.

Sancti Pauli primi eremitæ, auctore divo Hieronymo presbytero (10 *Jan.*).
Sancti Antonii abbatis, auctore sancto Athanasio, episcopo Alexandrino; interprete Evagrio, presbytero Antiocheno (17 *Jan.*).
Sancti Hilarionis monachi, auctore divo Hieronymo presbytero (21 *Octob.*).
Sancti Malchi, captivi monachi, auctore divo Hieronymo presbytero (21 *Octob.*).
Sancti Onuphrii eremitæ, auctore Paphnutio abbate, interprete anonymo (12 *Junii*).
Sancti Pachomii, abbatis Tabennensis, auctore Græco incerto, interprete Dionysio Exiguo, abbate Romano (14 *Maii*).
Sancti Abrahæ eremitæ, auctore sancto Ephræm archidiacono, interprete anonymo (16 *Mart.*).
Sancti Basilii, Cæsareæ Cappadociæ archiepiscopi, auctore Amphilochio Iconiensi episcopo, interprete Urso S. R. E. subdiacono (1 *Jan.*).
Sancti Ephræm Syri, diaconi Edessæ, auctore Græco incerto, interprete Gerardo Vossio (1 *Febr.*).
Sancti Simeonis Stylitæ, auctore Antonio ejus discipulo (5 *Jan.*).
Sancti Joannis Eleemosynarii, auctore Leontio, Neapoleos Cyprorum episcopo, interprete Anastasio S. R. E. bibliothecario (23 *Jan.*).
Sanctorum Epicteti presbyteri, et Astionis monachi, auctore incerto (8 *Julii*).

Sancti Macarii Romani, servi Dei, qui inventus est juxta Paradisum, auctoribus Theophilo, Sergio, et Hygino (23 *Octob.*).
Beati Posthumii, Patris quinque millium monachorum, incerto auctore.
Sancti Frontonii abbatis, incerto auctore (14 *Apr.*)
Sanctorum Barlaam et Josaphat, auctore Joanne Damasceno, interprete Jacobo Billio (27 *Nov.*).

VITÆ MULIERUM.

C Sanctæ Eugeniæ virginis ac martyris, auctore incerto (25 *Dec.*).
Sanctæ Euphrasiæ virginis, auctore incerto (13 *Mart.*).
Sanctæ Euphrosynæ virginis, auctore incerto (1 *Jan.*).
Sanctæ Mariæ meretricis, neptis Abrahæ eremitæ, auctore sancto Ephræm archidiacono, interprete anonymo (29 *Octob.*).
Sanctæ Thaisis meretricis, auctore incerto (8 *Octobr.*).
Sanctæ Pelagiæ meretricis, auctore Jacobo diacono, interprete Eustochio (6 *Octobr.*).
Sanctæ Mariæ Ægyptiacæ meretricis, auctore Sophronio Jerosolymitano episcopo, interprete Paulo diacono sanctæ Neapoleos Ecclesiæ (2 *Apr.*).
Sanctæ Mariæ virginis, auctore incerto (12 *Febr.*).
Beatæ Fabiolæ, auctore divo Hieronymo presbytero.
Sanctæ Paulæ Romanæ viduæ, auctore divo Hieronymo presbytero (26 *Jan.*).
Sanctæ Marcellæ viduæ, auctore divo Hieronymo presbytero (31 *Jan.*).

DE VITIS PATRUM
LIBER PRIMUS,
AUCTORE DIVO HIERONYMO PRESBYTERO,
ET ALIIS VARIIS.

PRÆLUDIA IN VITAM SANCTI PAULI,
PRIMI EREMITÆ,
SIVE
13 DE HOC IPSO PAULO EJUSQUE VITA TESTIMONIA.

Gelasius, dist. 15, *cap.* Sancta Romana Ecclesia.
Vitas Patrum, Pauli, Antonii, Hilarionis et omnium eremitarum, quas tamen vir beatus scripsit Hieronymus, cum omni honore suscipimus.

Hieronymus, in Chronico, anno 19 Constantii Junioris.
Antonius monachus, centesimo quinto ætatis anno, in eremo moritur; solitus multis ad se venientibus de Paulo (*a*) quodam Thebæo, miræ beatitudinis viro, referre complura : cujus nos (*b*) exitum brevi libello explicavimus.

Idem, epist. 21 *ad Paulum Concordiensem.*
Misimus interim te tibi, id est, Paulo seni Paulum seniorem (*c*); in quo propter simpliciores quosque multum in dejiciendo sermone (*d*) laboravimus. Sed nescio quomodo, etiamsi aqua plena sit, tamen eumdem odorem lagena servat (*e*) quo dum rudis esset imbuta est.

Idem, Catal. illustr. Ecclesiæ Script., cap. 135.
Scripsi vitam Pauli monachi.

Idem, epist. 22, *ad Eustochium.*
Hujus vitæ auctor Paulus, illustrator Antonius, et ut ad superiora conscendam, princeps Joannes Baptista.

Idem, epist. 27, *ad Eustochium.*
Paula sola, si dici potest, et incomitata, ad eremum Antoniorum atque Paulorum pergere gestiebat.

Paulinus, prologo vitæ sancti Ambrosii, 4 Aprilis.
14 Hortaris, venerabilis Pater Augustine, ut sicut beati viri, Athanasius episcopus et Hieronymus presbyter, stylo prosecuti sunt vitam sanctorum Pauli et Antonii, in eremo positorum, etc.

Sidonius, carmine XVI *Eucharistico, ad Faustum.*
Nunc vocat in tunica nudus te Antonius illa,
Quam fecit palmæ foliis (*f*) manus alma magistri.

ROSWEYDI NOTATIO.

(*a*) *Paulo*] Pauli primi eremitæ nativitas et obitus, quia nullis consulibus vel imperatorum annis assignata habentur, investiganda sunt ex ætate Antonii, ut recte monuit illustrissimus Baronius; Antonii vero natalem diem et mortualem, expressum habemus in Chronico Eusebii et Hieronymi, certis imperatorum annis. Quibus Christianos ex postrema Pontaci et Scaligeri editione adjungam, qui a posterioribus sunt appositi, cum in Ms. vetustis desint.

Illud ante moneo, Baronium vitiosa editione Eusebii usum, quæ Antonii obitum ponit anno 21 Constantii Junioris. Quare sequar ms. Codicem amandinum Eusebii, quo utor, ab annis 1000 scriptum capitalibus litteris, quod indicium antiquitatis est. Cum quo Pontaci et Scaligeri editio hoc quidem loco conspirat. Vitiosam eam editionem esse, qua usus est Baronius, probabo fusius ad Vitam sancti Antonii.

Antonii igitur natalis dies in eo assignatur anno 1 Decii imperatoris quem Pontacus statuit Christi 254, Scaliger 252 ; mortualis vero anno 19 Constantii Junioris, quem Pontacus statuit Christi 359, Scaliger 357. Cumque hoc posteriore loco in Chronico dicatur Antonius ætatis suæ anno 105 obiisse, juste tantum inter annum 1 Decii et 19 Constantii Junioris intercedit.

Et quidem hac ratione juxta calculum Pontaci et Scaligeri, annus 1 Decii non annumeratur inter annos ætatis Antonii. Alias enim CVI anni ætati Antonii tribuerentur. Qui tamen annumerandus sit annus 1 Decii, et non nisi CV anni inde ad 19 Constantii Junioris annum exsurgant, dicam ad Vitam Antonii.

Jam vero, cum in Vita Pauli dicatur Antonius fuisse XC cum Paulum invisit, quo ipso tempore Paulus obiit CXIII existens annorum, ut in eadem Vita habetur ; et Antonius vixerit CV annos, ut jam dictum ; sequitur Antonium supervixisse Paulo annis XV.

Pauli igitur obitus statuendus est XV annis ante mortem Antonii. Cum autem Antonius obierit anno 19 Constantii seu Christi 359 secundum Pontacum, vel 357 secundum Scaligerum, manifeste deducitur Paulum obiisse anno 4 Constantii, qui est Christi 344 putatione Pontaci, vel 342 putatione Scaligeri.

Unde natalis Pauli statuendus est anno 7 Alexandri imperatoris qui est annus Christi 231 juxta Pontacum, vel 229 juxta Scaligerum.

Ergo anno 5 Gordiani, qui est Christi 245 secundum Pontacum, vel 243 secundum Scaligerum, agebat Paulus annum 15, qui annorum circiter XV dicitur fuisse ab Hieronymo, cum post mortem parentum relictus est hæres.

Cum vero Hieronymus dicat in ejus Vita, eum secessisse in villam remotiorem, « cum persecutionis procella detonaret, » scilicet Decii et Valeriani, de quibus apud eum præcedit; si ad annum 1 Decii fugam Pauli referas, qui est 254 secundum Pontacum, vel 252 secundum Scaligerum, sequitur tunc Paulum fuisse annorum xxiv.

Cæsar certe Baronius (ut in notationibus ad hanc Vitam fusius) Pauli fugam Decii anno 1 ponit, cui parallelum facit Christi annum 253; ejusdem vero obitum statuit anno 7 Constantii, Christi vero 343. Sed inemendatum, ut dixi, secutus est Eusebii codicem, in anno mortis Antonii, quem fundum suæ structuræ statuit; quo labefactato, corruere reliqua necesse est.

Mirus Florarii sanctorum ms. calculus, quod Pauli obitum ad Christi annum 355 refert; mirabilior vero Theodorici Loher a Stratis, qui Coloniensem editionem Vitarum Patrum curavit. Ille enim ad finem vitæ Pauli annotavit, obiisse eum circa annum Domini 287, qui erroneum eum calculum a Petro in Catalogo sanctorum, lib. ii, cap. 60 accepit.

(*b*) *Nos*] Baronius, tom. III, anno Christi 343, Constantii et Constantis imperatorum 7. Cujus (Pauli) quidem vitæ historiæ, divina **15** Providentia bene consultum voluit, ut a sancto Hieronymo scriberetur, viro ab omni fabularum commento longissime abhorrente, et qui non nisi sibi exploratissima, stylo suo, perpetuæ memoriæ potuerit consecrasse; cum præsertim sui sæculi res gestas conscribens, a quovis prudente mendacii redargui valuisset, atque a quolibet e vulgo homine pariter derideri; et qui sciret se adversarios emunctæ naris habere, quamlibet, levissimam licet, occasionem captantes ipsius scripta carpendi.

At (quod dolendum est) quæ tot succedentia sibi sæcula assidua lectione probarunt, et venerata sunt scripta, effugere minime potuerunt nostri temporis Hagiomachos Aristarchos, ex Hippocentauro atque Fauno, quorum in ejus vitæ Actis mentio habetur, ducentes argumentum, totum id, quod scribitur ludicrum esse commentum. Hactenus Baronius.

Qui autem illi Hagiomachi sint, qui vitam hanc commentum esse censuerint ludicrum, ob memoriam in ea Hippocentauri atque Fauni, mihi inexploratum est. Imo vero ludicrum eorum argumentum esse, patebit notatione ad eum locum. Alia ratione Erasmus et Magdeburgenses Centuriatores lusisse in hac Vita volunt sanctum Hieronymum: de quo mox.

(*c*) *Paulo seni Paulum seniorem.*] Nam Paulus Concordiensis centenarius tantum erat, ut eadem epistola exprimitur: « Ecce jam centenus ætatis circulus volvitur. » Paulus vero, primus eremita, centum et tredecim annorum, ut habetur in ejus Vita. De Paulo Concordiensi idem divus Hieronymus de illustr. Eccles. Scrip., cap. 53, in Tertulliano: « Vidi ego quemdam Paulum Concordiæ, quod oppidum Italiæ est, senem, etc. De eodem forte divus Hieronymus, epist. 6, ad Florentium: « Scripsit mihi et quidam de patria supradicti fratris Ruffini, Paulus senex, Tertulliani sui Codicem apud eum esse, » etc.

[(*d*) *In dejiciendo sermone.*] Mirus Novatorum genius, qui volunt Hieronymum non versatum hic serio, sed lusisse exercendi ingenii causa. Ita ex Erasmo Magdeburgens. centur. iv, cap. 10. Qnos vel hic solus locus refutet, quo testatur se tantum abfuisse ab eo, ut rhetorum more stylum hic suum exerceret et extolleret, ut ex industria potius eum, in simpliciorum gratiam, conatus sit dejicere.

Quibus egregie annectit Alanus Copus, vir eruditissimus, dial. ii, cap. 14. At isti, inquit, potius novi ex Magdeburgo rhetores, nimium in rebus seriis ludunt, et orbi nefarie hic illudunt. Atque o stultum et hebetem Gelasium, qui inter Vitas Patrum hanc historiam ex Hieronymi auctoritate, non joco, sed serio, ponit (*Gelas.*, d. 15, c. Sancta). Quæ tamen incredibilis stupiditas (si istos tam acutos disputatores audiamus) non in Gelasio solum sed in tota Græca atque Latina Ecclesia hactenus locum habuit. Quo quid vanius dici aut fingi potest?

Quod, ut omnem aliunde auctoritatem seponamus, ipsa narrationis series, et ea præsertim clausula quæ narrationem terminat, perspicue demonstrat. « Obsecro, inquit, quicunque hæc legis, ut Hieronymi peccatoris memineris, cui si Dominus optionem daret, multo magis eligeret tunicam Pauli cum meritis ejus, quam regum purpuram cum regnis suis. » An hæc ludentis oratoris videntur? pauca certe ista verba non paucas plagas Magdeburgensibus inferunt, ut vel propter ea totam historiæ fidem labefactatam cuperent. Ecce enim memoriam et preces pro defuncto; ecce monachi vestem summo loco habitam; ecce demum monachorum merita (quos cum eorum meritis, quæ nec in eis, nec in quoquam sancto ulla esse dicunt, odiosissime isti exagitant) totis regnis ab Hieronymo præposita.

Qui si nihil aliud, quam periculosa quædam rhetorica, de tanto Patre, et tam seriis rebus ludat; tantaque vafritie sub historiæ titulo fabulam concinnet; non jam dignus est cujus quisquam apud Deum reminiscatur, sed quem omnes potius boni ab eo ita illusi exsecrentur.

Sed bene est, et res omnino in tuto, neque nostra defensione opus habet. Hieronymus enim quasi prævidisset, Magdeburgenses istos olim orituros, et se et Paulum suum, atque Hilarionem quoque, contra istorum ineptias et calumnias defendit. « Maledicorum, inquit, voces contemnimus, qui olim detrahentes Paulo meo, nunc forsitan detrahent et Hilarioni; illum solitudinis calumniati, huic objicientes frequentiam; ut, qui semper latuit, non fuisse; qui a multis visus est, vilis existimetur. Fecerunt hoc et majores eorum quondam Pharisæi, quibus nec Joannis eremus et jejunium, neque Domini Salvatoris turbæ, cibi, potusque placuerunt. Verum destinato operi imponam manum, et Scyllæos canes obturata aure transibo.

[(*e*) *Eumdem odorem lagena servat.*] Eadem phrasi et similitudine sæpius utitur divus Hieronymus: ut epist. 7, ad Lætam: « Recens testa diu et saporem retinet, et odorem, quo primum imbuta est. » Idem, l. 1 Apolog. adversus Ruffinum: « Si litteras didicisses, oleret testa ingenioli tui, quo semel fuisset imbuta. » Et in cap. 1 ad Ephesios: « Qualisque fuerit liquor, qui novæ testæ infusus est, talem diu testa et odorem retinet, et saporem. » Expressum est ex illo Horat. ep. 11:

Quo semel est imbuta, recens servabit odorem
Testa diu.....

16 (*f*) *Quam fecit palmæ foliis.*] Hieronymus in ejus Vita, cap. 5: « Cibum et vestimentum ei palma præbebat. » Et cap. 10: « Contextis palmarum foliis vestiebatur. » Et cap. 13: « Quam in sportarum modum, de palmæ foliis ipse sibi contexuerat. » Quam postmodum ipsius hæres Antonius ex intestati bonis possedit, ut habes cap. 13.

Quæret hic aliquis cur tam pauci veterum Pauli Thebæi meminerint? Respondeo, quia totam pene ætatem in eremo vixit, ignotus omnibus, sique Deoque tantum notus. De quo non nisi Antonii relatu pauca quædam cognita. « Nam quomodo in media ætate vixerit, aut quas Satanæ pertulerit insidias, nulli hominum compertum habetur, » ut ait Hieronymus in prologo ad hanc Vitam. Quare ipse de principio tantum et fine Pauli pauca se scripturum profitetur, quod ea res ad suam usque ætatem omissa fuerat. Quam causam quoque fuisse existimo cur Hieronymi adversarii jam olim, ut ante vidimus, de Paulo hoc Thebæo dubitaverint, existimantes eum non fuisse qui semper in solitudine vixerit, et cujus proinde nulli, præter unum Hieronymum meminissent.

Unde colligi quoque potest divum Hieronymum Pauli eremitæ gesta posteriorum memoriæ primum scriptis prodidisse. Nam et si in Bavarica Bibliotheca quædam Græce exstent, quæ cum Hieronymianis conveniunt, paucis exceptis, quæ Hieronymus intermixta habet; ea tamen existimarim ex Latino Hieronymi textu post translata. Quod si ea Hieronymi ætate exstitissent, ipseque ea vidisset, eorum utique meminisset; nec dixisset, de Antonio « tam Græco quam Romano stylo diligenter memoriæ traditum; » de Paulo vero, quod « res omissa est. »

Existimo autem Hieronymum hæc sua de Paulo ex Amatha et Macario Antonii discipulis didicisse, qui illi indicarunt Paulum Thebæum principem rei eremiticæ fuisse.

Quando vero Hieronymus Vitam Pauli in litteras retulerit, nescio an alicunde colligi possit. Ex prologo hujus Vitæ colligitur eam scriptam, cum adhuc Amathas et Macarius, discipuli Antonii, in vivis erant. Ait enim de iis : « Etiam nunc affirmant. » Quod si lectio veterum editionum et quorumdam manuscriptorum librorum vera est cap. 5 hujus vitæ, videtur in Syriæ eremo eam scripsisse. Ita enim habet eo capite : « In ea parte eremi, quæ juxta Syriam Saracenis jungitur, et vidisse me monachos et videre. » Quanquam istud, *et videre*, abest a quibusdam Mss. et recentioribus editionibus.

JANUARII X.

VITA SANCTI PAULI,

PRIMI EREMITÆ.

AUCTORE DIVO HIERONYMO PRESBYTERO.

(Hujus Vitæ textum videsis inter opera sancti Hieronymi, Patrol. tom. XXIII, col. 17, a Vallarsio Maffeioque editum et annotatum. Hic tamen Rosweydi annotationes, quia maximi sunt momenti, exscribere juvat, rem lectoribus gratissimam agere arbitrantes. Loca notarum initio citata asterisco notamus sicubi a Vallarsiano textu variant.)

ROSWEYDI NOTATIO.

21 *Vitæ.*] Erasmus ait tantam in exemplaribus fuisse varietatem, ut appareat divum Hieronymum sæpius idem argumentum aliis tractasse verbis; aut alium exercendæ copiæ causa hoc fecisse. Ego vero tantam varietatem non invenio, nec in impressis, nec in manuscriptis exemplaribus. Quædam subinde verba mutata inveni, librariorum vel incuria vel audacia. Sed vetustissimam semper lectionem expressi.

Sancti Pauli.] Martyrologium Romanum, 10 Januarii : « In Thebaide natalis beati Pauli, primi eremitæ, qui a sexto decimo ætatis suæ anno usque ad centesimum decimum tertium solus in eremo permansit. Cujus animam inter apostolorum et prophetarum choros ad cœlum ferri ab angelis sanctus Antonius vidit. Ejus autem dies festus XVIII Kal. Februarii celebratur. » Nihil de hoc in Menologio. Menæa breve vitæ compendium habent 15 Januarii.

De eo paria cum Martyrologio Romano habet Beda, Usuardus, Rhabanus, Ado, Notkerus, præter clausulam de festo XVIII Kal. Februarii celebrato. Pauli etiam meminit Hieron. epist. 43 ad Paulinum; Cassianus, collat. 18, cap. 5 et 6; sanctus Aldelmus, de Laud. virgin., lib. I, cap. 31; Isidorus, lib. II de Offic., cap. 15; Vincentius, Specul. histor. lib. XI, cap. 56, et duobus sequentib.; Antoninus, Chronic., parte II, tit. XV, cap. 5; Petrus Equilinus, in Catalogo sanctorum, lib. II, cap. 60.

Quod vero Petrus Galesinius, suis ad Martyrolog. Rom. notationibus 10 Januarii ait, hujus Pauli meminisse Cassiodorum lib. I, cap. 11, Tripart. Hist., et Heraclidem multis locis, omnino labitur. Eo enim loco Cassiodorus ex Sozomeno Pauli Simplicis meminit. Heraclides vero, non Pauli primi eremitæ, sed etiam Pauli Simplicis, et aliorum Paulorum mentionem facit.

Primi Eremitæ.] Rodolphus Hospinianus, de Orig. Monach., lib. II, cap. 4. Piamon, inquit, abbas, apud Cassianum, collat. XVIII, cap. 4, eos anachoretas, id est, secessores vocat, qui prius in cœnobiis instituti, solitudinis elegere secreta. Similia habet libro V Instit., cap. 36. Sed dum, subdit hæreticis, auctores horum primos scribit collat. XVIII, cap. 6, vel Paulum quemdam Thebæum, vel Antonium Ægyptium, facile erroris convincitur Piamon, cum neuter horum prius in cœnobiis institutus fuerit.

Sed ineptit hæreticus, nullam non sanctis viris obtrectandi occasionem captans. Non enim vult Piamon omnes omnino anachoretas ex cœnobiis prodiisse, sed suo tempore ex fecundissima cœnobiorum radice, sanctorum etiam anachoretarum post hæc flores fructusque prolatos esse: id est, cœnobia fuisse anachoretarum seminaria; licet Paulus et Antonius, hujus professionis principes, non e cœnobiis, sed e domo paterna, quisque peculiari ratione, ad eremum provolarit.

A quo potissimum monachorum eremus habitare cœpta sit.] Varia de primo eremi habitatore opinio, quæ jam a plerisque asceticorum, scriptoribus excussa. Vide Bellarminum, tom. II, controvers. II gener.; lib. II de Monachis, cap. 39, quod est de Eremitis, ubi et hæreticorum calumnias contra hunc ordinem et statum egregie refutat.

Quod hic divus Hieronymus subdit, de Joanne, Paulo et Antonio, habet et epist. 22, ad Eustochium : « Hujus vitæ auctor Paulus, illustrator Antonius ; et, ut ad superiora conscendam, princeps Joannes Baptista fuit. »

A beato Elia et Joanne.] Hujus opinionis crebra apud sanctos Patres et historicos mentio. Basilius, epist. ad Chilonem : 'Ἐνταῦθα τὸ ὄρος τὸ Καρμήλιον, ἐν ᾧ Ἠλίας αὐλιζόμενος τῷ Θεῷ εὐηρέστηκεν, etc. 'Ἐνταῦθ' ἡ ἔρημος, ἐν ᾗ ὁ μακάριος Ἰωάννης ἀκριδοφάγων, μετάνοιαν τοῖς ἀνθρώποις ἐκήρυξεν, « Hic mons celeber, Carmelus, in quo Elias demoratus perplacuit Deo, etc. Hic sita eremus est, in qua beatus Joannes, esitans locustas, formulam pœnitentiæ hominibus perficiundæ, sua prædicatione præscripsit et evulgavit. » Gregorius Nazianzenus, orat. v, seu apologet. post reditum ex fuga, Ἠλίου περιενόουν τὸν Κάρμηλον, καὶ Ἰωάννου τὴν ἔρημον. « Eliæ Carmelum animo agitabam, et Joannis desertum. » Idem de iisdem, orat. XXV. Joannes Chrysostomus, homil. 69 in Matth. vestium inter monachos usum ad Eliæ, Elisei et Joannis Baptistæ exemplum refert. Theophylactus, in cap. I Lucæ : 'Ἐν δυνάμει καὶ πνεύματι Ἠλίου ἦλθεν ὁ Ἰωάννης, διότι ἐρημίτης ἦν καὶ αὐτὸς, καὶ ἀπέριττος. « In virtute ac spiritu Eliæ venit Joannes, eo quod eremita fuit etiam ipse, et frugalis vitæ. » Cassianus, collat. XVIII, cap. 6 : « Vastos eremi recessus penetrare non timeant, ad imitationem scilicet Joannis Baptistæ, qui in eremo tota permansit ætate; Eliæ quoque et Elisei, » etc. Vita Pachomii, cap. 1 : « Antonius magni Eliæ atque Elisei, nec non et sancti Joannis Baptistæ æmulator existens. » Sozomenus, libro 1, capite 12 : Ταύτης δὲ τῆς ἀρίστης φιλοσοφίας ἤρξατο μέν, ὥς τινες λέγουσιν, Ἡλίας ὁ προφήτης, καὶ Ἰωάννης ὁ Βαπτιστής. « Hanc præclaram vivendi rationem primus, uti quidam memorant, instituit propheta Elias, et Joannes Baptista. » Idem apud Niceph., lib. viii, cap. 39.

De Elia, Hieron., epist. 13, ad Paulinum : « Noster princeps Elias, noster Eliseus, nostri duces filii prophetarum, qui habitabant in agris et solitudinibus, et faciebant sibi tabernacula juxta fluenta Jordanis (*IV Reg*.-vi). »

De Joanne, Chrysostomus, homil. 1 in Marcum : « Sicut sacerdotum principes sunt sacerdotes apostoli, sic monachorum princeps Joannes Baptista est. » Et apud eumdem, hom. de Joanne Baptista : « Considerate, monachi, dignitatem vestram. Joannes vestri princeps est dogmatis; ipse monachus statim ut natus, in eremo vivit, in eremo nutritur. » Et Hieronymus, epist. 22, ad Eustochium, cujus verba ante dedi.

De utroque, solitariam vitam agente, idem Hieronymus, in cap. vii Micheæ; et Isidorus, lib. ii, c. 15, de Div. Offic.

Amathas vero et Macarius discipuli Antonii.] Tres fuere celebres sancti Antonii discipuli de quibus divus Hieronymus, in Chron., anno 19 Constantii Junioris; Christi 367 secundum Scaligerum, vel 359 secundum Pontacum : « Sarmata, Amathas, et Macarius, discipuli Antonii insignes habentur. » Sed et Amathæ et Macarii meminit Palladius, Historiæ Lausiacæ cap. 25. Porro Macarius hic Antonii discipulus videtur fuisse Macarius Alexandrinus, de quo Palladius, cap. 20, narrat mirandum quid, quod coram Antonio contigit. Quem ait fuisse quoque presbyterum Cellarum, uti alterum 22 Ægyptium Macarium, presbyterum Scetes, de quibus plura lib. ii, hic. Quare non recte Petrus, in Catal. lib. ii, cap. 35 et 81. Macarium Ægyptium facit Antonii discipulum.

Quorum superior magistri corpus sepelivit.] Intelligit, opinor, Hieronymus Amatham : ille enim superior, seu præcessor Macarii, in hac Hieronymi narratione. Quare miror in Vita sancti Posthumii esse, cap. 7, infra : « Macario, de quo sæpe diximus corpus sepelisse magistri. » Nisi quis vocem , *superior*, ad proximum referri velit, qui est Macarius. Ita nullus dissensus erit. Palladius, cap. 25 utrique Antonii sepelitionem tribuit : « Cum ergo venissem ad ejus monasterium, quod est propter fluvium, in quo sedebant ejus discipuli Macarius et Amathas, qui eum illum, cum dormiisset, sepelierunt. »

Principem istius rei fuisse. Quod non tam nomine quam opinione, nos comprobamus*.] Hic Codices mire variant. Quidam habent : *Principem istius rei fuisse. Quod non tam opinione, quam nomine. Alii : Principem istius rei, non tantum nominis fuisse. Quam opinionem.* Nonnulli : *Principem istius rei fuisse, sed non nominis. Quam opinionem.* Quæ varietas haud dubie nata ex sensus difficultate. Receptior lectio est, quam in textu expressi.

De cujus etiam sensu dissensio est. Matthæus Galenus Westcapellius, cap. 4 Orig. monastic., existimat divum Hieronymum dicere Paulum Thebæum eremiticæ vitæ principem fuisse, *quod non tam nomine* (puta Amathæ et Macarii discipulorum sancti Antonii, qui id affirmabant) *quam opinione, nos quoque probamus*. Mihi videtur genuinus divi Hieronymi sensus esse, quod opinione et sententia sua Paulus princeps eremiticæ vitæ fuerit, non tantum nomine; id est, quod vere eremiticæ vitæ princeps fuerit Paulus, non tantum ita vulgo (seu vere seu falso) nominetur.

Subterraneo specu crinitum calcaneo tenus hominem.] Talis describitur sanctus Macarius Romanus hic post in ejus Vita cap. 15 : « Capilli capitis totum viri corpus operuerunt. » Sed ille sancto Paulo Thebæo posterior; quia vixit post imperium Juliani, ut habetur in ejus Vita. Quanquam, cum tunc valde senex fuerit, quod indicant cani instar nivis, potuit fuisse coævus sancto Paulo. Tali capillitio et sanctus Onuphrius, infra, in ejus Vita, c. 2 : « Cui tanta capillorum prolixitas erat, ut corpus illius ipsorum diffusione tegeretur. » Hic etiam sancto Paulo fuit posterior. Cujus et probata vita. Quare ad aliam aliquam de fictitio eremita fabulam divus Hieronymus hic respexerit.

Quia de Antonio, tam Græco quam Romano stylo.] Sancti Antonii vitam Græce scripsit sanctus Athanasius, Latine Evagrius Antiochenus, ut post fuse videbimus.

Sub Decio et Valeriano persecutoribus.] Baronius, anno Christi 253, Decii primo. Cum sub Decio et Valeriano Hieronymus Paulum dicat factum extorrem, ea de causa Valerianum apposuit, quod Decio in Persas proficiscente, ut dicemus, Valerianus Romæ principis vicem ageret, et Christianos edictis exagitaret.

Idem eodem anno. Hoc item primo imperii sui anno Decius, comparato exercitu bellum suscepturus adversus Persas, reliquit Romæ Valerianum, cui ex Senatus consulto (ut tradit Trebellius) summam contulit potestatem; sic enim illi censuram tribuit, ut adiderit et legum scribendarum facultatem. Indeque accidit, vi in edictis nomina inscriberentur Decii atque Valeriani. Quorum nominibus exstat edictum de persecutione adversus Christianos in Actis sancti Mercurii martyris, licet et Augusti nomen Valeriano legatur inditum. Quod tamen potius additum postea, quam tunc inscriptum putamus.

Idem eodem anno. Quamobrem actum est ut suo etiam nomine (Valeriani) inscriberentur leges, et in Christianos promulgarentur edicta; adeo ut eadem persecutio utriusque nomine, nempe Decii et Valeriani, censeretur, eoque nomine perseveraret in posterum; quod eo semel eorum qui justissimi ac sanctissimi haberentur, persecutio nobilitata nominum titulo, quo religiosior ac justior haberetur, eo licentius grassaretur in Ecclesiam Christi.

Ex his igitur complures tricæ atque ambages solvuntur, dum plerique martyres in persecutione Decii et Valeriani una passi esse leguntur; quos constat non simul eodem, sed diverso tempore imperasse; et quod nonnulli, quos perspicuum est passos esse sub Decio, iidem sub Valeriano martyrium pariter exegisse traduntur; et quos sustulit Valeriani persecutio, iidem sub Decio et Valeriano passi leguntur. Hæc qui non considerat, innumeris se ac plane insolubilibus implicet erroribus necesse est, feraturque per devia, atque multiplicibus viarum anfractibus distineatur. Vide et eumdem Baronium, ad Martyrologium Romanum, 10 Augusti.

Quo tempore Cornelius Romæ, Cyprianus Carthagine.] Baronius, anno Christi 253, Decii 1. Quod ait (Hieronymus) tunc Paulum deserta petiisse, cum Cornelius Romæ et Cyprianus Carthagine subiere martyrium, sic intelligendum est, eadem persecutione urgente Paulum secessisse , qua Cornelius et Cyprianus martyrio sublati sunt. Nam licet non simul regnarint Decius atque Valerianus, fueritque brevi aliquo pacis interstitio ea persecutio interrupta, tamen quod iisdem edictis, quibus promulgata, etiam continuata, ac iterum repetita fuerit, una eademque censetur; ac Decii pariter et Valeriani nomine dicta.

Cornelius Romæ.] Cornelii papæ memoria in Martyrologio Romano, 14 Septembris : « Romæ via Appia beati Cornelii papæ et martyris, » etc., quem Baronius, in Annalibus, anno Christi 255

Galli et Volusiani impp. 2, coronatum martyrio asserit.

Cyprianus Carthagine.] Et hujus celebris memoria in Martyrologio Romano, 14 Septembris : « In Africa passio sancti Cypriani, episcopi Carthaginiensis, » etc., quem martyrii laurea decoratum ponit Baronius anno Christi 261.

Multas apud Ægyptum et Thebaidam ecclesias tempestas sæva populata est.] Lege apud Eusebium, lib. VI, cap. 33 et 34 epistolam Dionysii episcopi Alexandrini, qua tempestatis hujus procellas in Ecclesiam Alexandrinam accumulat. Quas fusius explicatas habes apud Baronium, anno Christi 253, Decii 1.

Thebaidam.] Solemnis Hieronymi et supra ævi terminatio, *Thebaida,* pro *Thebais.* Sic in Vita sancti Sebastiani, 20 Januarii, *Persida* pro *Persis.* Vide, infra, Onomasticon.

Hostis callidus tarda ad mortem supplicia conquirens.] Cyprianus, epist. 8, de hac persecutione Deciana : « Tormenta venerunt, et tormenta sine fine tortoris, sine exitu damnationis, sine solatio mortis ; tormenta quæ ad coronam non facile dimittant, sed tam diu torqueant quam diu dejiciant, nisi si aliquis divina dignatione **23** subtractus, inter ipsa tormenta profecerit, adeptus gloriam, non termino supplicii, sed velocitate moriendi. » Acta M. sancti Gurgonii M. tempore Diocletiani : « Craticula non ad subitum, sed sensim paulatimque succenditur, ut martyrii labor tanto foret crudelior, quanto fuerat inter moras incendii prolixior. »

Volentibus mori non permittebatur occidi.] Cyprianus, epist. 53, ad Fortunatum et collegas ejus : « Quos videmus non animi infirmitate cecidisse, sed in prælio congressos, per imbecillitatem carnis, confessionis suæ coronam non potuisse perferre ; maxime, cum cupientibus mori non permitteretur occidi ; sed tam diu fessos tormenta laniarent, quam diu non fide, quæ munita est, vincerent, sed carnem, quæ infirma est, fatigarent.

*Perseverantem itaque * in fide martyrem.*] Hujus et sequentis memoria martyris exstat in tabulis ecclesiasticis Romanis, 28 Julii, verbis ex hoc Hieronymi loco adumbratis. De quibus, Hieronymo quoque prævio, Baronius, anno Christi 253, Decii 1.

Inter eculeos laminasque victorem.] De tormentis his consule Onomasticon.

Jussit melle perungi.] Hujus supplicii exemplum et graphicam descriptionem habes apud Apuleium, Milesia VIII : « Arreptum servulum nudum, ac totum melle illitum, firmiter alligarit arbori ficulneæ, cujus in ipso carioso stipite inhabitantium formicarum nidilicia burriebant, et ultro citroque commeabant multijuga scaturigine. Quæ simul dulcem ac mellitum corporis nidorem persentiscunt, parvis quidem sed numerosis et continuis morsiunculis penitus inhærentes, per longi temporis cruciatum, ita carnibus atque ipsis visceribus abesis, homine consumpto, membra nudarunt, ut ossa tamen viduata pulpis, nitore nimio candentia, funestæ cohærerent arbori. » Referunt huc quidam cyphonismum, de quo in Onomastico.

Ignitas sartagines.] Crebra sartaginum mentio in Actis martyrum. Loca plura auctorum suggeret Onomasticon.

Alium juvenili ætate florentem.] Nicephorus, lib. VII, cap. 13 simile (si non idem) exemplum de ascete quodam habet in persecutione Diocletiani. Simile quoque habet Petrus in Catalogo sanctorum, libro VIII, cap. 70, 12 Sept., de Niceta Nicomediæ passo tempore Maximiani, qui multa alia de eodem attexit, in quibus quædam mira, nec facile omnibus probanda. Inde Marulus desumpsit quæ habet lib. V, cap. 5, ubi non recte a notatore adjectum 24 Julii ex Martyrolog. Usuardi. Nec enim de die de hoc Niceta agitur, sed de alia virgine et martyre, socia Aquilinæ, de quibus in Actis sancti Christophori.

Per idem ergo tempus quo talia gerebantur.] Baronius, anno Christi 253, Decii imperatoris 1. Cæterum ex Hieronymi sententia dicendum esse, hoc ipso Decii persecutionis exordio Paulum factum extorrem, ejus auctoritate perspicue declarabimus. Cum enim dicit Paulum 113 egisse ætatis annum, quo, eum invisente Antonio, ex hac vita decessit, cum Antonius tunc nonagenarius esset, quem vixisse idem tradit ann. CV, eumque, ejusdem Hieronymi testimonio id affirmantis in Chronico, habeatur decessisse Antonium anno 21 Constantii, atque Paulo supervixisse annos XV, colligitur Paulum obiisse anno 6 Constantii absoluto, et septimo inchoato, qui numeratur Christi annus 343. Qua ratione cum (ut dictum est) eo anno, quo Paulus obiit, esset CXIII annos natus, necesse est affirmare hoc ipso anno 253 ipsum fuisse ætatis annorum XXIII.

Tantum igitur abest (subdit idem Baronius) ut post hæc Paulus sub Valeriano solitudinem petierit, ut, si quis affirmare velit, eum XV annos natum (ut multi perperam sancti Hieronymi sententiam interpretantur) in eremum concessisse, dicere opus sit non sub Decio et Valeriano, sed sub Gordiano, quo tempore pax summa in Ecclesia erat, factum hoc esse.

Quamobrem ætas illa Pauli annorum XV non ad tempus quo secessit in solitudinem referenda est, sed quod tot annos tunc natus erat, cum parentibus fuit orbatus ; idque manifeste significare voluisse Hieronymum illis verbis : « Post mortem amborum parentum, in hæreditate locupleti Paulus relictus est annorum circiter XV. » Et quod proxime dixerat, per *illud tempus quo talia gerebantur*, ad ea esse referendum, quæ subdit : *cum persecutionis procella detonaret.* Quæ sane verba, si alio accipias sensu, Hieronymum sibi ipsi repugnantem atque mendacem (quod nefas est dictu) de numero annorum Pauli in eremum secedentis efficies.

Sic igitur, ex ejusdem sancti Hieronymi sententia, præstat dicere, ipsum annum agentem XV parentibus esse orbatum ; hocque anno ejus ætatis 23, ipso primo persecutionis impetu exturbatum, rus paternum prius, indeque confugisse in longe positos montes, nactumque opportunam sibi ad institutum paratam speluncam, quod superfuit vitæ usque ad annum 113 incognitum permansisse.

Præclare quidem Baronius ita ex Antonii ætate, quam Hieronymus in Chronico expressit, Pauli quoque ætatem collegit ; sed dolemus historicum præstantissimum depravato Chronici Codice usum, ut jam ante dixi. Quare tota hæc Baronii annorum deductio, ad jam supra dicta in præludiis ad hanc Vitam exigenda est.

Qui 16 ætatis anno Paulum extorrem factum volunt, id est, post XV ætatis annos expletos, suffragatores habent omnes Martyrologos, quos superius citavimus ; qui mente unanimi, consona voce, hunc de Paulo Hieronymi locum ita videntur percepisse et explicasse.

Apud inferiorem Thebaidam.] De duplici Thebaida, in Onomastico.

In villam remotiorem et secretiorem secessit.] Epistola Dionysii Alexandrini episcopi, ad Fabium Antiochenum, apud Eusebium, lib. VI, cap. 34, de hac Decianæ persecutionis procella : « Ἐξέκλινον δὲ καὶ ὑπανεχώρουν οἱ ἀδελφοί. « Fratres ergo deflectere e via, et in loca separata ac solitaria se subducere. » Idem ibidem : Τί δεῖ λέγειν τὸ πλῆθος τῶν ἐν ἐρημίαις καὶ ὄρεσι πλανηθέντων, ὑπὸ λιμοῦ καὶ δίψης, καὶ κρύους καὶ νόσων, καὶ λῃστῶν, καὶ θηρίων διαφθαρμένων ; «Quid attinet percensere multitudinem eorum qui in solitudine et montibus vagi errantesque, fame, siti, frigore, morbis, latronibus, bestiis fuerunt expositi ? » Contigit hoc juxta Baronium, anno Christi 253, Decii imp. 1.

*Ad hæc instabat crudelitas, quæ pietatem videbatur imitari *.*] Henricus Gravius, diligens Hieronymi lector, ejusque phrasium collector, ait alias legi : «Aderat, instabat, crudelitate quasi pietate utebatur.» Ita et Mss. plures. Qua loquendi formula usus est L. Florus, lib. III, c. 5 : «Aderat, instabat; sævitia quasi virtute utebatur.» — Vide not. *l* col. 20 Patrol. tom. cit. EDIT.

24. Quod ad sensum Hieronymi attinet, vult Christianos titulo impietatis exagitatos, et prætextu religionis in eos sæviisse, ut scilicet ad gentilitatem, velut ad pietatem, revocarentur. Ita lib. I Vitæ sancti Sebastiani : «Ista est, quæ vos, o castissimæ conjuges beatorum, per pietatis colorem ; impietatem martyrum mentibus fecit tradere.» Gregorius Nyssenus, in Vita Gregorii Thaumaturgi, 17 Novemb.: Ἄλλοι δὲ πρὸς τὰς κτήσεις τῶν πιστῶν ὁρῶντες, ὡς ἂν ἐγκρατεῖς γένοιντο τῶν πραγμάτων, ἐπὶ τῷ προσχήματι τῆς εὐσεβείας, ἤλαυνον τοὺς ἀντεχομένους τῆς πίστεως. «Alii autem possessionibus fidelium inhiantes, ut rebus eorum potirentur, sub prætextu pietatis, vexabant et exagitabant eos qui fidem amplectebantur.» Non aliter Paulus a sororio exagitatus est. Quod et sanctus Aldelmus, lib. I de Laud. Virgin., cap. 31, expressit : «Paulus itidem inclytus, et Patrum celeberrimus, qui a pellaci genero, cæcæ cupiditatis philargyria decepto, contra jura naturæ proditus et publicatus.» Ita locus ille ex pervetusto Codice ms. Collegii nostri Antuerpiensis legendus. Acta ms. sancti Gorgonii M. tempore Diocletiani : «Pater quidem filium, frater fratrem, si illius sectæ inveniretur, velut inimicum manifesta inquisitione prodebat ; et ideo quisque, prout poterat, se in speluncis aut latibulis abscondebat.»

Quam crudele autem fuerit edictum Decii, prodit Dionysius, episcopus Alexandrinus, apud Eusebium, lib. VI, cap. 34: Καὶ δὴ καὶ παρῆν τὸ πρόσταγμα, αὐτὸ σχεδὸν ἐκεῖνο, οἷον τὸ προρρηθὲν ὑπὸ τοῦ Κυρίου ἡμῶν παρὰ βραχὺ τὸ φοβερώτατον, ὡς, εἰ δυνατὸν, σκανδαλίσαι καὶ τοὺς ἐκλεκτούς. «Nam Decii edictum erat jam divulgatum, illudque tale profecto videbatur, quale Dominus prædixerat futurum, in quo terribilissima illa ejus propemodum explebatur sententia, nimirum Electos (si possibile esset) in errorem inductos fore.» Prodit quoque Nyssenus loco jam citato. Habes edictum Decii, quod et crudelitatem et pietatem eam spirat, in Vita sancti Mercurii martyris apud Metaphrastem, 24 Novembris.

Necessitatem in voluntatem vertit.] Cassianus, collat. XVIII, cap. 6 : «Cujus professionis (anachoreseos) principes hos, quos paulo ante memoravimus, sanctum videlicet Paulum et Antonium, novimus exstitisse. Qui non, ut quidam, pusillanimitatis causa, vel impatientiæ morbo, sed desiderio sublimioris profectus, contemplationisque divinæ, solitudinis secreta sectati sunt; licet eorum prior, necessitatis obtentu, dum tempore persecutionis, affinium suorum devitat insidias, eremum penetrasse dicatur.

*Scalpræ, etiam incudes et mallei *.*] Ita vetustissimus Ms. sancti Floriani. Nempe exprimit tria præcipua cudendæ monetæ instrumenta ibidem inventa. De scalpris vide Onomasticon.

*Furivæ * monetæ officinam.*] Ad eumdem usum paratum fuisse putarim, inquit Erasmus, quod hodie Cumis ostenditur antrum Sibyllæ.

*Igitur adamato, quasi * a Deo sibi offerretur, habitaculo.*] In vita Antonii, cap. 24. Hunc Antonius locum, quasi a Deo sibi offerretur, amplexus est.

Cibum et vestimentum ei palma præbebat.] Nempe ex fructu dactylorum cibus, ex hirsutis arboris frondibus vestis.

Quæ juxta Syriam Saracenis jungitur.] Crebra hujus eremi mentio apud divum Hieronymum, epist. 6, ad Florentium : «In ea mihi parte eremi commoranti, quæ juxta Syriam Saracenis jungitur. Epist. 43, ad Chromatium, Jovinum et Eusebium : «Nam postquam, sancto Evagrio transmittente, in ea ad me eremi parte delatæ sunt, quæ inter Syros et Saracenos vastum limitem ducit.» Epist. 57, ad Damasum: «Et quia pro meis facinoribus ad eam solitudinem commigravi, quæ Syriam juncto Barbariæ fine disterminat.» Epist. 58, ad eumdem:» Christi vestem in Romana urbe suscipiens, nunc barbaro Syriæ limite teneor.» In Vita Malchi, cap. 4 : «Solitudo, per quam Saraceni incertis sedibus huc atque illuc semper vagantur.» Videsis in Onomastico, *Eremus*.

*Syri cubam * vocant.*] Gravius legit *gubam*. Nam Syriace *guba*, inquit, cisternam significat. Hieronymus, in cap. VI Jeremiæ : «Hoc autem Latinus lector intelligat, ut semel dixisse sufficiat : lacum, non stagnum sonare, juxta Græcos (λάκκος), sed cisternam, quæ sermone Syro et Hebraico, gebe (גבא) appellatur.» Sed facile inter se *g* et *c* commeant. Vide Onomasticon.

Quinque caricis.] Id est ficubus siccis addunt quidam in textu. Infra in Vita sancti Hilarionis, c. 3 : «Herbarum ergo succo, et paucis caricis, post triduum vel quatriduum deficientem animam sustentabat.» Consulendum Onomasticon.

Infirmos artus baculo regente sustentans.] Hieronymus, in cap. I Amos : «Ne ultimæ quidem ætatis homines, qui trementes artus baculo regente sustentent.» Idem in cap. VIII Zachariæ : «Ut nullo hoste remanente, usque ad ultimam ætatem, in utroque sexu senilis ætas perveniat, et trementes artus baculo regente sustentent.»

Hippocentauro.] Ipse Hieronymus explicat, *hominem equo mixtum*. Vide Onomast.

Salutaris impressione signi armat frontem.] Vet Antonii exemplo, frontem crucis signo armare, disce hæretice. Vide *Crux* in Onomast.

Inter horrentia ora setis.] Erasmus ait hunc locum diversum haberi in exemplaribus, nec ullam lectionem sibi facere satis. Video aliquos libros habere *senis*, aliquos *setis*, quod posterius rectum. Vult enim Hieronymus ipsum Hippocentaurum inter ora sua horrentia setis blandum quæsisse eloquium, id est, conatum blande respondere, etsi ora horrerent setis; ideoque barbarum quid potius sonare nata, seu frangere verba, et fragore quodam promere. Nam si de sene Antonio intelligeretur, dixisset, *alloquium*; non vero *eloquium*.

Verum hæc, utrum diabolus.] Cujus frustra, inquit Baronius, anno Christi 343, exigitur fides, qui de his dubitans, quidnam fuerit, num spectrum, an monstrum, liberasse voluit fidem suam.

Cæterum, nec insulsa, nec inanis fuit ipsius dubitatio, an Ægyptus, monstrorum ferax, ejusmodi quoque ex duabus speciebus mixtum animal genuisse potuerit. Quamvis enim, quod de Ixione atque Centauris poetæ cecinerunt figmentum esse non est qui dubitet, et secundum Celsum, de exhibendo Centauro vana sponsio habeatur, quum inquit : « Si ita stipulatus fuero, te siste ; et, ni steteris, Hippocentaurum dari (Aug., de Civit. Dei, l. XVIII, c. 15; l. 97; ff. de verb. oblig.) ; » nec sit qui exigat a natura Centauros, tanquam speciem animalis ; tamen ejusmodi eamdem interdum peperisse monstra, quis neget ? nam sic Plinius : « Claudius Cæsar scribit Hippocentaurum in Thessalia natum, eodem die interiisse; et nos principatu ejus allatum illi ex Ægypto in melle vidimus (Plin., lib. VII, cap. 3). In melle, inquam, quod ejus virtutis sit ut computrescere corpora non sinat. Et sic in melle marinum hominem, ab **25** ultima Mauritania ad Hispanias allatum testatur Alex. ab Alexandro, solidæ fidei auctor (Alex. ab Alex., lib. III, cap. 8). Quem qui legerit, de Tritonibus, diversis in locis suo sæculo visis et captis, iisdemque vultu hominem præ se ferentibus, et corpore prorsus humano, absoluta similitudine pubetenus, posiremis in pisces desinentibus, haud dubitabit in terris posse reperiri quæ maria quoque producunt; cum hominis habitatio sit potius terra quam mare; ex cujus admistionecum jumento possint ejusmodi concipi monstra ac generari.

Faunos, Satyrosque, et Incubos.] Est frequens

le Faunis apud antiquos historicos, subdit idem Baronius, eodem anno (ut poetarum fabulas missas faciamus), certaque mentio. Inter quos Plinius cum dicat, præter effigiem nihil in eis esse moris humani (*Plin.*, lib. v, cap. 8); cuncta hæc, quæ accidisse Antonio a Hieronymo enarrantur, miraculo evenisse dicendum est, ut de multis aliis animalibus, rationis licet expertibus, sæpe legitur, ea, veluti humano intellectu prædita, ac Dei nutu reddita pene rationabilia, qualia solent homines, exhibuisse sanctis viris ministeria. Ut (ne a Paulo recedamus) de corvo contigit, qui cum diebus singulis per tot annorum curricula, dimidium panis eidem Paulo afferre soleret, adventu tamen Antonii (quod in admiratione fuit) integrum attulit, quo reficeretur uterque. Qui plura de his desiderat, consulat Onomasticon.

Constantio.] Ita legendum, non *Constantino*, ut plerique libri habent. Nicephorus, lib. IX, cap. 19 agens de tractatu Orientis et Meridiei, et vario animalium in iisdem locis genere : « Quarum (simiarum) permultæ etiam ad nos delatæ hoc manifesto declarant. Ex quibus est etiam is qui dicitur Pan, capite, vultu, et cornibus capram referens; et ab illibus item deorsum versum caprinis pedibus insistens ; ventre autem, pectore et manibus mera simia, quem tum quoque Indorum rex Constantio misit. Quod sane animal ad tempus aliquod, cum ferretur in cavea, propter feritatem inclusum vixit. Ubi vero mortuum est, aromatibus condierunt exenteratum qui ferebant, et insolitæ formæ ostendendæ gratia Constantinopolim servatum pertulerunt. Videntur autem mihi animal hoc olim vidisse Græci, eosque insolentia aspectus exterritos, Deum sibi constituisse; cum solemne hoc illis esset, ut quæ fidem excellerent, ea in deos referrent. Id quod in Satyro quoque ab eis est factum, qui et ipse simia est. »

Et post sanctum osculum.] Ex Apostolico videlicet usu, Rom. XVI ; I Corinth. XVI ; II Corinth. XIII ; I Thess. v ; 1 Petri v. Vide Onomasticon.

Imo terræ terram reddas.] Cicero, Tuscul. Quæst., lib. III, ex Euripide : « Reddenda terræ est terra. » Verba sunt Amphiarai ad matrem Archemori mœrentem, quæ etiam habes apud Plutarchum, in consolatione ad Apollonium. Fortunatus, lib. IV, epitaphio 27, Euphrasiæ :

« Terræ terra redit, sed spiritus astra recepit. »

Ita legendum, non *dedit*, ut *edit*.

Pallium..... ad obvolvendum corpusculum meum defer.] Vide in Onomastico, *Funus*, ubi de hoc ritu, linteo vel pallio obvolvendi cadavera.

Sed ut a se recedenti mœror suæ mortis levaretur.] Baronius, anno Christi 345, non ideo tantum pallium a Paulo expetitum opinatur, sed quod, qui prophetico spiritu Athanasium noverat, et (quod levissimum videbatur) pallium donatum Antonio intellexerat ; de ipso etiam summos illos tot annis exantlatos pro catholica fide labores, exsilia, fugam, ærumnas, innumerasque alias molestias minime ignorarit : quamobrem sic Athanasii pallium potius, quam aliud alterius hominis tegumentum exposcere ab Antonio visus est, ut eo saltem communicationis symbolo, et propensionis animi erga Athanasium significaret, se plurimi facere hominem, quem tot pro fide suscepta certamina illustrassent, ac proinde omnibus innotesceret, a tanto viro probari fidem, quam Athanasius tam acriter strenueque propugnaret. Quod quidem haud videbatur mediocris esse momenti, ad erigendos titubantium animos, et roborandos illos, qui solidi in fide perstarent. Siquidem tanti facere solet populus illustrium monachorum de fide catholica testimonium, ut Ariani hoc mentientes, mentiri non sint veriti, magnum Antonium eadem de fide secum una sentire; adeo ut eam ob causam ipsi opus fuerit, relicta intima eremi solitudine, Alexandriam usque descendere, et de catholica fide, quam coleret, publice, ne populus laberetur, specimen edere. Affirmat id sane Athanasius in Vita ipsius.

Osculatis ejus oculis, manibusque.] Obvia passim manuum oscula, non item oculorum. Et ex veneratione, et ex affectu libari solita hæc oscula : de quibus copiosius in Onomastico.

Ad monasterium, quod postea a Saracenis occupatum est.] Contigit hoc anno 20 Constantii, Christi 358. Hieronymus, in Chronico : « Saraceni, in monasterium beati Antonii irruentes, Sarmatam interfecerunt. » Cujus memoria est in Mart. Rom., 11 Octobr. : « In Thebaide sancti Sarmatæ, discipuli beati Antonii, qui a Saracenis pro Christo necatus est. »

Sabulum capiti superjaciebat.] Solemne in luctu et mœrore, cinere, pulvere, arena caput aspergere. Frequens ejus in sacris Litteris memoria. Vide Onomasticon.

Vidit genubus complicatis.] Orantium solemnis is gestus, qui ab hæreticorum conciliabulis plane exsulat. Vide Onomasticon.

Hymnos quoque et psalmos ex Christiana traditione decantans.] Et hic solemnis funeris apud Christianos ritus, de quo in Onomastico.

Leones duo.] Simile leonum obsequium habes in Vita sancti Onuphrii infra, cap. ult.

Tumulum ex more composuit.] Hieronymus, epist. 49, ad Innocentium : « Clerici, quibus id officii erat, cruentum linteo cadaver obvolvunt, et fossam humum lapidibus construentes, ex more tumulum parant. » Intelligit per *Clericos*, copiatas seu laboratores, quibus corpora mortuorum humandi cura incumbebat. Reatinus existimat clericorum hic mentionem fieri ob psalmos decantandos, qui etsi decantati in funere ex veterum more, adjuncta tamen suadent hic copiatas intelligi, qui olim cleri quædam pars. Vide Onomasticon.

Ex intestati bonis.] Argute. Quod enim extreme pauper testamentum condat, et quid cui relinquat.

Qui patrimonia sua ignorant.] Nempe, quia ut Ovidius ait, lib. XIII Metamorph.

Pauperis est numerare pecus.

Et Horatius, lib. I, epist. 6 :

Exilis domus est, ubi non et multa supersunt,
Et dominum fallunt, et prosunt furibus....

Qui uno filo villarum insuunt pretia.] Ex Tertulliano expressum, lib. de Habitu muliebri, cap. 9 : « Uno lino decies sestertium inseritur, saltus et insulas una cervix fert. »

Ille concavis manibus naturæ satisfecit.] Idem de Diogene habet Laertius, lib. VI ; et **26** Hieronymus, l. II contra Jovinianum, c. 9 : « Quodam vero tempore habens ad potandum caucum ligneum, vidit puerum manu concava bibere. » Ita legendum ex Ms. peroptimo collegii nostri Lovaniensis, non *cavum*. Quare κοῖλον ξύλινον Mariani Victorii hic lumen non habet. In Laertio pro *cauco ligneo* est κοτύλη. Occurrit *cauci* vox et in Vita sancti Abrahæ eremitæ, cap. 3, de quo post.

Auratis obvolvitis vestibus.] De vestitu mortuorum Gretzerus noster, lib. I, de Fun. Christ., cap. 5 ; et Kirchmannus, lib. I, c. 10, de Fun. Rom. Quod hic suggillat Hieronymus divitum corpora auratis vestibus et serico involuta, ex merito et religione tributum hoc sanctis viris, et martyribus. S. Athanasius, in Vita sancti Antonii, cap. 56 : « Mos Ægyptiis est, nobilium, et præcipue beatorum martyrum corpora linteamine obvolvere. » Vide ad eam Vitam.

Hieronymi peccatoris.] Ita sæpe Patres humilitatis affectu se inscribere et subscribere soliti. Vide Onomasticon.

Tunicam Pauli cum meritis ejus.] Agnosce, hæretice, fidelium ex sanctis operibus merita ; et, qui divum Hieronymum legis, æstimas; fidem quoque ejus ad animæ salutem imbibe. Disce sanctorum reliquias, vestes æstimare. Gregorius Nazianzenus orat. XXV : Καὶ ἡ μηλωτὴ Ἐλισαίου πλείω δυνηθεῖσα

ἢ τὰ σηρῶν νήματα, καὶ ὁ βιασθεὶς εἰς ἐσθῆτα χρυσός.
« Et Elisæi melote, quæ plus virium habuit, quam fila serica, et aurum vestibus per vim assutum. » Joannes Chrysostomus, homil. 2, ad populum Antiochenum, ubi ait regem divitem Eliæ paupere indiguisse: Οὕτω λαμπροτέρα τῆς πορφυρίδος ἡ μηλωτὴ ἦν, καὶ τῶν βασιλικῶν αὐλῶν τὸ σπήλαιον τοῦ δικαίου. « Adeo splendidior trabea erat melote, et regalibus aulis justi spelunca. » Ita Theodosius Senuphii monachi superhumerale et baculum, galeæ lanceæque suæ prætulit. Acta Cyr. et Joannis, apud Metaphrasten, 31 Januarii : « Munit caput superhumerali, quavis galea tutius, baculo autem munit dexteram, lancea longe validius, et hac ratione confidens fore, ut hostibus videretur terribilior, quam olim (ut aiunt) clava Hercules. » Similia apud Glycam, parte IV Annal.

(61) *Quam regum purpuram cum regnis suis*.*] Ita manuscripti, et editiones vetustiores. Recentiores substituere, *cum pœnis suis*, nescio an auctoribus libris.

IN VITAM BEATI ANTONII PRÆLUDIA.

ILLUSTRIUM VIRORUM DE BEATO ANTONIO ELOGIA.

Hieronymus, de illustr. Eccl. Script., cap. 88.

Antonius monachus, cujus vitam Athanasius Alexandrinæ urbis episcopus insigni volumine prosecutus est, misit Ægyptiace ad diversa monasteria Apostolici sensus sermonisque epistolas septem, quæ in Græcam linguam translatæ sunt, quarum præcipua est ad Arsenoitas. Floruit sub Constantino et filiis ejus regnantibus. Vixit annos centum quinque.

Idem, in Chronico anno 19 (a) Constantii.

Antonius monachus centesimo et quinto ætatis anno in eremo moritur, etc

Gelasius dist. 15, cap. Sancta Romana Ecclesia.

Vitas Patrum, Pauli, Antonii, Hilarionis et omnium eremitarum, quas tamen vir beatus scripsit Hieronymus, cum omni honore suscipimus.

Honorius, de illustr. Eccl. Script. c. 88, carptim ex divo Hieronymo.

27 Antonius monachus, cujus vitam Athanasius insigni volumine prosecutus est, misit septem epistolas ad diversa monasteria, apostolici sensus et sermonis.

Trithemius, de Script. Eccl.

Antonius monachus et abbas, natione Ægyptius, vir sanctissimus, eremique cultor insignis, cujus præconia laudum universus personat orbis, multis religiosæ ac beatæ vitæ normam præbuit; qui etsi litteras non didicerit, in divinis tamen Scripturis adeo eruditus fuit, ut nullus doctorum se ei præferre præsumeret. Habebat memoriam pro libris, intellectum et sensum pro litteris, gratiam pro studio lectionis. Dictavit Ægyptiaco sermone ad diversa cœnobia, apostolici sensus atque sermonis varias Epistolas (b). E quibus exstat insignis illa Ad Arsenoitas epist. 1, Ad alia cœnobia epist. 6. Ejus vitam beatus Athanasius episcopus Alexandrinus insigni volumine, Græco sermone descripsit. Claruit sub Constantino Magno, et filiis ejus regnantibus, anno Domini 350, multis coruscans miraculis.

DE SANCTO ATHANASIO (c), VITÆ HUJUS SCRIPTORE.

Menæa Græcorum 17 Januarii in Vita Antonii.

Ὁ δὲ βίος αὐτοῦ συνεγράφη ὑπὸ τοῦ μεγάλου Ἀθανασίου ἐπισκόπου Ἀλεξανδρείας.

« Vita Antonii conscripta est a magno Athanasio, episcopo Alexandrino. »

Gregorius Nazianzenus, oratione XXI. in laudem sancti Athanasii.

Πάντα μέν τοι τὰ ἐκείνου (τοῦ Ἀθανασίου) λέγειν τε καὶ θαυμάζειν, μακρότερον ἂν εἴη τυχόν, ἢ κατὰ τὴν παροῦσαν ὁρμὴν τοῦ λόγου· καὶ ἱστορίας ἔργον, οὐκ εὐφημίας· ἃ καὶ ἰδίᾳ παραδοῦναι γραφῇ παίδευμά τε καὶ ἄκουσμα τοῖς εἰς ὕστερον, εὐχῆς ἔργον ἐμοί, ὥσπερ οὖν ἐκεῖνος Ἀντωνίου τοῦ θείου βίον συνέγραψε, τοῦ μοναδικοῦ βίου νομοθεσίαν ἐν πλάσματι διηγήσεως.

« Atque omnem quidem illius (Athanasii) vitam sermone prosequi ac laudibus efferre longius fortasse fuerit, quam orationis institutum ferat; atque historiæ opus fuerit, non encomii: quam etiam, ut posteris documento atque oblectationi futuram, proprio scripto mandare cum primis optarem; quemadmodum ipse divi Antonii Vitam conscripsit, cum vitæ monasticæ leges sub narrationis specie promulgaret. »

Ephræm, serm. ascet. in illud : Attende tibi ipsi, *cap. 10; sive, serm. 10 de moderatione risus*

Cujusmodi sanctus Antonius exstitit, quemadmodum et sanctus Athanasius archiepiscopus meminit in Vita quam de eo conscripsit.

Palladius. Histor. Lausiac. cap. 8 in Ammone.

Hoc autem miraculum (quomodo Ammon ultra Lycum fluvium divinitus translatus sit) narravit beatus Athanasius, Alexandriæ episcopus, scribens in Vita Antonii.

Auctor Vitæ sancti Pachomii, interprete Dionysio Exiguo, cap. 1.

28 Cui (Antonio) sanctus Athanasius Alexandrinæ civitatis antistes, proprio stylo testimonium præbuit; dignus sane relator conversationis Antonii, qui juxta supplicationem fratrum, Vitam ejus pro multorum commoditate perscriberet et æmulandum eum viris spiritalibus exhiberet.

Socrates, Eccl. Histor. lib. 1, cap. 17.

Ὁποῖος ἦν ἐπὶ τῶν αὐτῶν χρόνων καὶ ὁ μοναχὸς Ἀντώνιος ἐν τῇ ἐρήμῳ τῆς Αἰγύπτου, ὡς φανερῶς τοῖς δαίμοσιν ἀντεπάλαισεν ἐφευρίσκων τε αὐτὸς τὰς τέχνας καὶ τοὺς ἄθλους, καὶ ὅπως πολλὰ ἐποίει τεράστια, περιττὸν λέγειν ἡμᾶς. Ἔφθασε γὰρ Ἀθανάσιος, ὁ Ἀλεξανδρείας ἐπίσκοπος, μονόβιβλον εἰς τὸν αὐτοῦ βίον ἐκθέμενος.

« Qualis vita et moribus Antonius monachus in solitudine Ægypti eisdem fuerit temporibus, quomodo cum dæmonibus palam et aperte dimicarit, illorum astutias et callidas pugnas deprehenderit, multa prodigia et miracula ediderit; quoniam ab Athanasio Alexandriæ episcopo in libro separatim de ejus Vita conscripto jam pridem expositum est, eadem nos commemorare plane videtur supervacaneum. »

Idem, lib. IV, *cap.* 18, *Eccl. Hist.*

Τούτου τοῦ Ἀμμοῦν τὴν ψυχὴν μετὰ θάνατον, ἀναλαμβανομένην ὑπὸ ἀγγέλων, ὁ κατ᾽ αὐτὸν βιώσας Ἀντώνιος ἐθεάσατο, ὥς φησιν ἐν τῷ βίῳ αὐτοῦ ὁ τῆς Ἀλεξανδρείας ἐπίσκοπος Ἀθανάσιος.

« Hujus Ammonis animam post mortem ab angelis in cœlum sublatam, Antonius, qui eisdem vixit temporibus, vidit; quemadmodum ab Athanasio, Alexandriæ episcopo, in ejus Vita commemoratum est. »

Nicephorus, lib. VIII, *cap.* 40.

Verum hæc, tanquam gustus quidam, et exigua imago Antonii vitæ et instituti sint exposita, ut ex his universam ejus, qualis fuerit, philosophiam colligamus. Quam rebus omnibus optimus Athanasius, cui etiam fuit charissimus, copiose memoriæ posteritatis litteris mandavit; certaminibus ejus contra dæmones, et artibus, quas adversus illos adinvenit, aliisque vitæ prodigiis et rebus quibusvis conscriptis, ut liber is monastici instituti ceu finis quidam esset.

Hieronymus, Catal. illustr. Eccles. Script., cap. 88.

Antonius monachus, cujus Vitam Athanasius,

Alexandrinæ urbis episcopus, insigni volumine prosecutus est.

Idem, ibidem, cap. 87.

Fertur Athanasii historia, Antonii monachi vitam continens.

Ruffinus, lib. 1 *Hist. Eccl. cap.* 8.

De virtutibus Antonii, atque institutis et sobrietate mentis, ut in solitudine vitam degens, usus solummodo sit consortio bestiarum, et de dæmonibus crebros agens triumphos, placuerit Deo supra cunctos mortales, utque institutionis suæ præclara usque in hodiernum monachis exempla reliquerit, volentem me aliqua exponere ille libellus exclusit, qui ab Athanasio scriptus, etiam Latino sermone editus est.

Paulinus, prologo Vitæ sancti Ambrosii 4 *Aprilis.*

Hortaris, venerabilis Pater Augustine, ut sicut beati viri, Athanasius episcopus et Hieronymus presbyter, stylo prosecuti sunt Vitam sanctorum Pauli et Antonii in eremo positorum, etc.

DE EVAGRIO PRESBYTERO, VITÆ HUJUS INTERPRETE.

Hieronymus, Catol. illustr. Ecel. Script., cap. 125.

29 Evagrius (d) Antiochiæ episcopus, acris ac ferventis ingenii, cum adhuc esset presbyter, diversarum hypotheseon tractatus mihi legit, quos necdum edidit. Vitam quoque beati Antonii de Græco Athanasii in sermonem nostrum transtulit.

Similia habet Honorius, cap. 125 *de illustr. Eccl. Script*

ROSWEYDI NOTATIO.

(a) *Anno* 19 *Constantii.*] Ita rectissime Eusebii Chronicon manuscriptum Amandinum, ita Pontaci et Scaligeri editio.

Baronius, tom. II, anno Decii 1 (quem ipse Christi annum statuit 253) investigans Pauli ad eremum fugam ex Antonii obitu, asserit ex Chronico Eusebii et Hieronymi, Antonium obiisse anno 21 Junioris Constantii; cui Constantii anno ipse post, in Annalibus, tom. III, in annorum serie, a Christo assignat annum 557. Quod occasione investigandi ætatem Hilarionis repetit tom. IV, ad annum Christi 372. Idem tamen, tomo III, anno Christi 358, Constantii 22, Antonii obitum collocat. Quod cur fecisse potuerit, mox inquiram.

Depravato Chronici Codice usum Baronium, supra dixi, ad vitam sancti Pauli, quod nunc fusius probandum.

Vulgata Chronici Eusebiani editio, quo usus Baronius, ponit Antonii natalem anno 1 Decii, Christi 251, et obitum ejusdem anno 21 Constantii Junioris, Christi 361. Cum autem ex eadem vulgari Chronico, posteriore hoc loco, constet Antonium obiisse ætatis anno 105, certum est vel natalem Antonii, vel mortualem ejusdem diem male assignari in ea editione, cum a Christi anno 254, quo ponit natum Antonium, ad annum 361, quo eumdem ponit denatum, intercurrant anni CVII. Quod si duos annos addas, et eum videlicet quo natus est, et eum quo denatus Antonius (qui tamen addendi videntur, cum dicatur anno 105 ætatis mortuus Antonius, non autem post annum 105), exsurgent anni CIX, cum tantum CV anni, quot Antonius vixit, deberent intercurrere vel exsurgere.

Rectissime igitur in Ms. Eusebio Amandino, ut ad Vitam Pauli dixi, Antonii nativitas consignatur anno 1 Decii, obitus vero anno 19 Constantii Junioris

imp.; atque ita justi CV anni, quibus Antonius vixit, exsurgunt. Nec aliter lectum in Eusebio, tempore Gregorii Turonensis. Nam ita ille libro I, cap. 38, Histor. Franc.: « Constantii Junioris anno 19, Antonius monachus transiit, ætatis anno 105. » Ita Ms. Trudonensis, cum in vulgatis male sit 100. Sed et Vincentius, Spec. hist. lib. XIV, cap. 14, ex eodem Eusebii Chronico, Antonii obitum Constantii Junioris anno 19 ponit. Quare de Antonii obitu in vulgato Eusebio metachronismus est duorum annorum, si ab annis ætatis Antonii et annum nativitatis et annum obitus excludas; vel metachronismus est IV annorum, si et nativitatis et obitus annos numero annorum ætatis ejus comprehendas.

Miratus sum sane Baronium, quod, cum tomo II, anno 1 Decii, agens de Pauli eremitæ fuga, ibidem asserat ex Chronico Eusebii (depravato, ut diximus) Antonium obiisse anno 21 Constantii Junioris; tamen tomo III, anno 22 ejusdem Constantii, obitum Antonii ponat. Cujus rei rationem dum investigo, non aliam reperio, quam quod fortasse Baronius, tomo II, annum 1 Decii, quo natus Antonius, annis ætatis ejusdem annumeraverit; atque ita ab anno 1 Decii adusque Constantii Junioris annum 21, eum simul includendo, putatione Baroniana justi exsurgunt anni CV, quæ suprema fuit ætas Antonii. Tomo vero III, videtur annum 1 Decii non annumerasse annis ætatis Antonii, sed 1 annum ætatis Antonii, a Deciani imperii anno 2 inchoasse, quare et obitum Antonii ad annum 22 Constantii Junioris eodem tomo III prorogavit.

Quod vero dixi, rectissime in Ms. Eusebio Amandino nativitatem Antonii consignari anno 1 Decii, obitum vero 19 Constantii Junioris, atque ita justos CV annos ætatis Antonii exsurgere, ita intellige, quia cum vulgatæ editiones (etiam correctiores Pontaci et Scaligeri) inter annum 20 Diocletiani et 1 Constantini duos annos statuant, eosque Galerio tribuant, Amandinus Codex unum tantum annum intermedium statuit, vulgatumque de Galerio paragraphum omittit. Qui et si admittatur, ejusque imperio duo anni tribuantur ante annum 1 Constantini, non necesse erit duos annos intermedios ponere inter annum 20 Diocletiani et 1 Constantini; sed primus annus Galerii concurrere potest cum 20 Diocletiani, quippe cum Diocletianus anno **30** imperii sui 20, 11 Kal. Maii se imperio abdicarit, indeque annum 1 sui imperii Galerius ordiri potuit.

Et quidem non nisi unum annum debere intercedere inter annum 20 Diocletiani et 1 Constantini, probatur; tum ex ipsiusmet Eusebii Chronico, quod Diocletiani anno 19 diserte habet : « Quarto anno persecutionis Constantinus regnare orsus. » Atqui cum Diocletiani anno 19 persecutio orta sit, si ei addas ejusdem 20, et unum intermedium inter annum 20 Diocletiani et 1 Constantini; quid restat, nisi ut 1 annus Constantini, 4 sit persecutionis? Tum ex Politia seu Actis sanctorum Patrum Metrophanis et Alexandri, apud Photium, in Biblioth., Cod. 256, ubi dicitur : Τρίτον δ' ἤδη τότε ἦν ἔτος τοῦ καθ' ἡμῶν διωγμοῦ, ἐν ᾧ καὶ Κωνστάντιος πρὸς τὴν ἄφθαρτον βασιλείαν, τὴν ἐπίκηρον ἤμειχε. « Tertius tunc agebatur annus persecutionis in Christianos excitatæ, quo Constantius cum æterno regno caducum commutavit. » Atqui si duos annos intermedios ponas inter annum 20 Diocletiani et 1 Constantini, non jam *tertio* persecutionis anno Constantius obierit, sed *quarto*, ut ex modo inita temporis ratione manifestum est. Tum ex Olympiadibus assignatis in Ms. Eusebio Amandino. Nam primus annus Olympiadis 271 consignatur anno 20 Diocletiani; secundus anno intermedio inter 20 Diocletiani et 1 Constantini; tertius anno 1 Constantini. Unde clarum evadit Eusebium non nisi unum annum inter 20 Diocletiani et 1 Constantini collocasse.

Sufficiant hæc pro modo notationum, quæ omnino dicenda fuere ad rite subducendum numerum annorum ætatis Antonii.

(*b*) *Varias epistolas.*] Septem enumerat hic ipse Trithemius, et unam ait scriptam ad Arsenoitas; quod verum est, eoque nomine habetur secunda in editione Coloniensi. Hieronymus quoque unius tantum, tanquam præcipuæ, ad Arsenoitas meminit. Quare non recte apud Possevinum est *omnes septem epistolas scriptas ad Arsenoitas*. Quod etiam male tituli præferunt in Bibliotheca sanctorum Patrum.

Harum epistolarum non est ex Græco interpres Symphorianus Champerius, ut est apud Possevinum, sed Valerius Sarrasius, Symphoriano editionem procurante.

Quod vero Possevinus in Apparatu sacro in Antonio citat ex Trithemio, *Scripsit quoque celebre opus duorum librorum, quod Melissa, id est Apicula, nominatur*, atque Trithemium errore labi; res vera fuerit, si ita scripsit. Sed in Trithemio ea verba non invenio. Suspicor hoc verbis Trithemii additum a Margarino *de la Bigne* in prima editione Bibliothecæ SS. Patrum, qui libros illos Antonii Melissæ, nomine Antonii Magni ediderat. Sed error correctus tomo V Bibliothecæ sanctorum Patrum secundæ editionis.

(*c*) *Athanasio.*] Vitæ sancti Antonii auctorem esse Athanasium nullus dubitare poterit, qui elogia præmissa legerit. Et Græce quidem nunc recens prodiit anno 1611 Augustæ Vindelicorum, curante Davide Hœschelio; qui et interpretationem suam, et notas quasdam, Græcum maxime spectantes textum, adjecit.

Athanasio eam asserit Bellarminus noster tom. II, contr. 2, l. 2 de Monachis, cap. 4.

Primo, quia est revera insigne volumen, ut Hieronymus dicit fuisse librum illum Athanasii.

Secundo, quia continet plurima illa miracula, quorum meminit Augustinus lib. VIII Confess., cap. 6.

Tertio, quia recenset historiam illam de anima Ammonis, quam Palladius, cap. 8, et Socrates, lib. IV, cap. 18, ex libro Athanasii de vita Antonii referunt.

Quibus addi possunt et alia non minus certa testimonia.

Primo, certissimum testimonium beati Ephrem suggerit, qui ex hac vita nomine Athanasii duo loca ad verbum citat, quæ vide in notat., capite 23 et 60. Idem quoque in epist. ad Joannem monachum brevi Antonii Vitæ anacephalæosi (quæ singula in hac Vita habentur) monachos ad communem vitam hortatur.

Secundo, æque certum indicium suppeditat auctor Vitæ sancti Pachomii, quam jam olim Dionysius Exiguus interpretatus est, qui Athanasii nomine mentionem facit Ammonis et Theodori, qui in hac Antonii Vita occurrunt.

Tertio, Damascenus, orat. I, de Imaginibus, ex hac Vita locum citat, quem hic habes, c. 57, uti catena ms. in Lucam ex Græcis Patribus collecta, quæ exstat in Bibliotheca Palatina, referente Felckmanno.

Quid, quæso, testatius, ad auctori alicui librum asserendum, adduci potest? Sunt tamen hæretici, qui subdubitare non verentur an hæc, quæ hic exhibetur, Vita, sit ab Athanasio scripta. Ita Magdeburgenses, centur. IV, cap. 10, pag. 1306, nulla tamen vel ratione vel conjectura, vel auctoritate addita. Dubitat et Petrus Felckmannus Coronæus, qui nuper Athanasii Græcolatinæ editioni præfuit.

Sed non insolens, dubitare hæreticos, ubi quid eorum palato minus arridet, uti in hac vita præclara monachismi signique crucis testimonia. Verum præfractior et magis effrons incedit Rodolphus Hospinianus, de Orig. Monach., lib. III, cap. 1, et cum eo Abrahamus Scultetus, Medull. Theolog. Patrum parte II, qui ausi fuere asserere scriptum hoc, quod hodie sub Athanasii nomine circumfertur, nullam prorsus fidem mereri, imo insulsi hominis commentum esse; qui paribus his argumentis instant, ita ut alter alterum exscripserit.

Primo, nuper enim admodum ad reliqua Athanasii opera scriptum hoc adjectum est. Græce enim non reperitur, nec in Basileensi, nec in Anglicano, nec in aliis Codicibus. Respondeo, scriptum hoc in ipsis typographiæ cunabulis Athanasii nomine impressum fuisse Latine in Vitis Patrum; et passim in mss. libris, iisque vetustissimis inveniri. **31** Cujus textus Græcus anno 1611 Augustæ Vindelicorum prodiit ex ejusdem civitatis bibliotheca, curante Davide Hœschelio, ut jam dixi. Qui et ex Anglicano Codice Henrici Savilii variantes lectiones adjecit.

Secundo, non reperiuntur in hoc scripto vitæ monasticæ leges, quas Nazianzenus scribit Athanasium suo narrationis prætextu promulgare voluisse. Respondeo : *Sanctorum Vita* (ut ait sanctus Ambrosius lib. de S. Joseph, c. 1) *cæteris norma vivendi est.* Et Hieron., epist. 2 ad Nepot., de Vita Heliod. *Normamque vitæ ejus, exemplum habere virtutum.* Idem Epist. 15, ad Marcellam, de Asellæ Vita : *Conversationem illius perfectæ vitæ normam arbitrentur.* Et ne ab ipso Antonio discedamus : Ἔστι γὰρ μοναχοῖς ἱκανὸς χαρακτὴρ πρὸς ἄσκησιν ὁ Ἀντωνίου βίος. *Perfecta est siquidem ad virtutem via, Antonium scire, quis fuerit*, ut ait Athanasius in hujus vitæ præfatione. Nec paucas sanctus Antonius monasticas leges, exhortationibus suis, quæ in hac Vita habentur, exprimit. Quod si Hospinianus, vel Scultetus, vel alius quivis Calvinista, ex vitæ hujus præscripto vitam suam componeret, næ ille monasticis legibus egregie obsecutus diceretur.

Tertio, cum auctor scripti hujus demonstrare conatur, Antonium Christum in omni vitæ suæ cursu imitatum fuisse, ita pueriliter et ridicule de eo fabulatur, ut, nihil cum judicio eum legisse in Athanasio merito dici queat. Respondeo, non mirum hoc a Calvinianis hominibus asseri, cum de ejus sortis hominibus, sero licet insipientiam suam recognoscentibus, et sanctis ipsis jam olim dictum sit : *Hi sunt quos habuimus aliquando in derisum et in similitudinem improperii. Nos insensati vitam illorum æstimabamus insaniam* (Sap. v).

Quarto, falsus hic auctor dicit Antonium *indoctum fuisse et litterarum imperitum*, cum alii contra asserant *causidicum* fuisse, et *valde doctum*. Respondeo, Et *indoctus* fuit, et *doctus* Antonius : indoctus quidem, id est, litterarum imperitus; doctus vero Dei dono, et sagacitate animi. Quod habes in Vita per Athanasium. Nam cap. 1 dicitur quod non passus sit *se litteris erudiri*; ergo recte *litterarum imperitus* dicitur, et *indoctus*, id est, non doctus litteras, qui tamen apud eumdem, capite 38, dicitur a *Deo doctus*, seu Θεοδίδακτος. Quod utrumque de eo testatur divus Augustinus, prolog. lib. 1 de doctrina Christiana : « Antonius, inquit, sine ulla scientia litterarum Scripturas divinas et memoriter audiendo tenuisse, et prudenter cogitando intellexisse prædicatur. »

Quod vero *causidicum* aiunt fuisse Antonium, sane causidicus fuerit, sed *ex eorum numero, qui æternam vitam accipiunt, et efficiuntur causidici sanctitatis*, ut de sancto Tiburtio habetur in Vita sancti Sebastiani, lib. I.

Mirum profecto mihi visum, Antonium ab aliquibus *causidicum* dici, ut citat uterque hæreticus loco jam citato, nullo addito auctore. Quod cum diu quæsissem, tandem in Hospiniano, lib. II de Monachatu cap. III, video citari Suidam ad hoc propositum. Quare eum adeo. Ille vero non Antonii nostri meminit, qui ortus fuit in Ægypto in vico Coma juxta Heracleam, ut habet Sozom. lib. I, cap. 13, et Niceph. lib. VIII, cap. 40, sed Antonii cujusdam Alexandrini, qui Alexandriæ et Byzantii sororis causam egit, quique ipsius Suidæ ætate vixit. Ait enim : Ἔγωγε οὖν καὶ αὐτὸς ὁμολογῶ τῷ ἀνδρὶ μεγίστην ἀτεχνῶς τὴν χάριν, ἣν ἀμείψασθαι αὐτὸν εὔχομαι τοὺς θεοὺς ἐν μακάρων νήσοις ἤδη συζῆν ἠξιώμενον. « Atque ego etiam plurimum illi me debere fateor ; atque ut dii gratiam illi in beatorum insulis referant, quorum contubernio fruitur, precor. » Vel potius alterius ethnici auctoris tempore, ex quo Suidas illa de eo excerpsit; nam *deos precari*, ethnicismus est. Quare quod de eo ibidem ait : Γάζαν ἀπέφηνεν ἱεροτέραν πολλῷ μᾶλλον, ἢ πρότερον ἦν : « Gazam multo augustiorem fecit, quam prius fuerat ; » alludit, opinor, ad Gazensia sacra, seu Marnæ idolum. Quare et præcedit de animo ejus conformato πρὸς θεοῦ θεραπείαν τήν τε δημοτελῆ ἡκαὶ ἀπορρητοτέραν, « Dei cultum tam vulgarem, quam arcanum; » Dei, inquam, Marnæ seu Jovis pluvii, qui maxime Gazæ cultus, ut habetur in Vita sancti Porphyrii, apud Metaphr., 26 Febr.

Vides, lector, quid de emedullata illa medulla Sculteti, quid de monachatu seu mœchatu Hospiniani tibi promittere debeas, cum tam frivola contra receptissimam vitam, contra vetustos Patres, contra ipsam vetustatem producunt argumenta. Sed displicuit videlicet *reliquiarum cultus*, qui ex hac Vita luculenter probatur, ideoque Scultetus, cap. 16 Synthesis doctr. beati Athanasii, hanc Antonii Vitam *commentitii auctoris* scriptum vocat.

Firmum igitur fixumque sit, Athanasium hujus Vitæ auctorem esse. An vero et finem Vitæ huic attexuerit, dubitatur.

Baronius, anno Christi 343, Julii papæ 7, Constantii et Constantis impp. 7. Quod, ait, in Vita Antonii ab Athanasio conscripta, de congressu Pauli cum eo nulla penitus mentio habeatur, inde accidit, quod (ut eodem Hieronymo auctore dictum est) Athanasius res gestas Antonii, adhuc vivente, scriptis commendavit, easque Romam detulit ante biennium, cum a Julio papa vocatus est, quo tempore hæc de Paulo nondum acciderant (*Baron.*, *anno Christi* 340

ex Hier., *epist.* 16). Postea vero, multis prætermissis, appositus est ejus obitus ; sed an ab eodem Athanasio, haud asserere auderem. Idem sentit Possevinus in Apparatu sacro in Antonio.

Ego vero nullum dubitationi locum invenio, quo minus Athanasius finem vitæ huic attexuerit ; nec invenissent, credo, Baronius et Possevinus, si præfationis Athanasii in hanc Vitam fuissent memores. Ita enim ille ad peregrinos fratres : « Quoniam igitur exegistis a me ut vobis scriberem de conversatione beati Antonii, volentibus discere quemadmodum cœperit, quive fuerit ante sanctum propositum, qualem etiam habuerit terminum vitæ. »

32 Cur vero non meminerit Athanasius congressus Antonii cum Paulo, non aliam causam invenio, quam quod non omnia Antonii gesta referat, unde peregrinos fratres monet, ut existiment se *minima audisse de maximis*. Cum ob portitoris litterarum festinationem non potuerit monachos evocare, *ut plenius aliquid addiscens, munera majora transmitteret*.

Quando vero contigerit Athanasium scribere Vitam Antonii, eamque Romam deferre, quoniam ejus rei nunc aliqua mentio facta est, porro investigemus.

Baronius, anno Christi 340, Julii papæ 4, Constantini, Constantii et Constantis imperat. 4. Quam vero, inquit, proficuus fuerit Athanasii Romam accessus, vel ex eo potest intelligi, quod in urbem invexerit ipse primus Ægyptiorum monachorum institutionem, vitamque admirandam Antonii Magni, licet adhuc viventis, a se conscriptam detulerit : quod vitæ genus ad omnes Evangelicæ perfectionis numeros attemperatum, etiam nobilissimæ Romanæ feminæ consecrari cœperunt. Tradit enim hæc de his sanctus Hieronymus : « Nulla eo tempore nobilium feminarum noverat Romæ propositum monachorum, nec audebat propter rei novitatem, ignominiosum (ut tunc putabatur) et vile in populis nomen assumere. Hæc (Marcella scilicet) ab Alexandrinis prius sacerdotibus, papaque Athanasio, et postea Petro qui persecutionem Arianæ hæreseos declinantes quasi ad tutissimum communionis suæ portum, Romam confugerant, Vitam beati Antonii, tunc adhuc viventis, monasteriorumque in Thebaide Pachomii, et virginum ac viduarum didicit disciplinam ; nec erubuit profiteri quod Christo placere cognoverat » (*Hieron.*, *epist.* 16, *ad Princip.*). Hactenus ex Hieronymo Baronius.

Ex quibus quidem elucet, Athanasii quoque opera Marcellam de Vita Antonii didicisse, non tamen quod Athanasius tunc Antonii Vitam a se descriptam Romam detulerit, quam ipsius testificatione jam vidimus, post mortem demum Antonii ad peregrinos fratres fuisse perscriptam.

Præstitit igitur Romæ Athanasius, quod ante eum Alexandrini sacerdotes, quodque post eum Petrus Alexandrinus primum presbyter, deinde episcopus præstitere ; ut quæ coram in Ægypto et Thebaide, vel viderant vel audierant de Antonio et Pachomio tunc adhuc viventibus, ea Romanis enarrarent. Si quis breviculis quædam ab iis comprehensa tunc velit, ne memoria exciderent, per me licet ; modo Athanasio ipsi fidem habeamus, quod post mortem demum Antonii, rogatu peregrinorum fratrum, vitam ejus descripserit.

An vero anno Christi 340 Athanasius Romæ Marcellam viduam de Vita Antonii docuerit, existimo non omnino certum esse. Nam cum Baronius, tom. V, anno Christi 410 statuat Marcellæ obitum, valde longævam eam oportuit fuisse, quippe nonagenariam, si eam statuamus xx annorum, cum Athanasius primum Romam venit, anno 340. Quæ ætas si Marcellæ competit, potest dicto anno Christi 340 de Antonio ex Athanasio inaudisse.

Quod si minor ætas Marcellæ tribuenda, cum Athanasius sæpius Romam venerit, videlicet anno Christi 340, deinde 342, demum 349, potest postremo hoc anno Marcella de Antonio didicisse ex Athanasio.

Pergit Baronius occasione sancti Antonii et Marcellæ, hæc contra monachorum hostes subnectere : At quibusnam persuasa, inquit (Baron., anno 340), ejusmodi Vitæ institutum Deo gratum esse Marcella sensit, nisi ex innumeris pene miraculis, apostolicis plane signis, atque virtutibus, quas cum Antonium tum alios, divino illis calculo suffragante, assidue operari cognovit? Erat quidem in Oriente summum illud vivendi genus instar Eliæ ac Joannis Baptistæ cunctis hominibus etiam ethnicis et Imperatoribus ipsis venerandum, sed et impiis quoque hæreticis reverendum, atque adeo cœlestibus civibus admirandum; utpote qui se in terris concives habere lætantes, cum eisdem tanquam gentilibus suis amice assiduo versarentur. Factumque feliciter est ut Athanasio propalante inferretur, ac pariter coleretur in urbe sublime illud vivendi genus, cujus in montibus atque desertis locis tantum cernebantur impressa vestigia; nec detrectavit universus Christianus orbis in Occidente sectari quod sciret in Ecclesia Romana susceptum: quæ hæc omnia accepta fert Athanasio, cum alioqui non defuerint (quod dictum est superius) persecutionis retro temporibus, cum in urbe, tum aliis quoque in locis monachi; illos dixerim qui in similitudinem Pauli atque Antonii a persecutionibus fugientium, eadem ex causa in cryptis, antris, jugis montium, valliumque convexis recessibus delitescentes, instar Æliæ a facie Achab et Jezabel fugientis, Deum propensius colerent; adeo ut licet monachi nomen visum sit urbi novum, res tamen ipsa vetus, sed in tanta Ecclesiæ pace legibus quibusdam exculta, fecundiori germine propagata.

Donatistæ hæretici, iidem et circumcelliones dicti, qui his ipsis temporibus adversus Catholicos grassabantur in Africa, primi ausi sunt, non de re ipsa, sed de nomine a piis quærere et dicere (inquit sanctus Augustinus [August. in psal. CXXXII]) consueverunt : « Quid sibi vult nomen monachorum ? » et inferius : « Nobis dicunt : Ostendite ubi scriptum sit nomen monachorum ? » Respondit post alia ad hæc ipse : « Quare ergo et nos non appellemus monachos, cum dicat Psalmus : Ecce quam bonum et quam jucundum habitare fratres in unum (Psal. CXXXII)? μόνος enim unus dicitur, et non unus quomodocunque, nam et in turba unus est, sed una cum multis unus dici potest, μόνος non potest, id est solus ; μόνος enim unus solus est. Qui ergo sic vivunt in unum, ut unum hominem faciant, ut sit illis vere quod scriptum est : Una anima, et cor unum (Act. IV); multa corpora, sed non multæ animæ; recte dicitur μόνος, id est unus solus. » Et paulo post : « Merito insultant nomini unitatis, qui se ab unitate **33** præciderunt. Merito illis displicet nomen monachorum, quia illi nolunt habitare in unum cum fratribus; sed sequentes Donatum, Christum diviserunt. » Hæc Augustinus.

Probe jam vides, lector, a quorum partibus stent qui nostro hoc infelicissimo sæculo monachorum nomen adeo exsecrantur; et quorumnam profiteantur se esse discipulos, cum eorum sectentur impietatem, duplo quam illi plane impii, cum illi (ut ait Augustinus) nomini insultarent monachorum, quod ab unitate catholica defecissent; isti vero duplici apostasia, nempe quod ab Ecclesiæ fide et monastica observantia turpissime defecerunt; tales plane fuerunt, qui prima jecerunt fundamenta omnium hæresum, quæ hoc sæculo prodierunt. At non hac tantum ex parte duplo (ut diximus) pejores quam Donatistæ, sed triplo; quippe qui non, sicut illi, de nomine solum moverint Catholicis quæstionem, sed rem ipsam fuerint acerbissimo odio insectati : verum et cum id agant, non verbis tantum, sed rebus moreque prædonum, in monasteria tum virorum, tum sacrarum virginum, ubicumque per vim licuerit, grassati fuerint, et debacchari non cessent, etiam quadruplo deteriores illi habendi sint. Cæterum quod ad alias res spectat, nihil est quod Sacramentarii Donatistis conferri possint, cum hi, paucis quibusdam exceptis, in reliquis omnibus cum Ecclesia catholica consentirent.

(d) *Evagrius*.] Sæpius Hieronymus Evagrii nunc ut presbyteri, nunc ut sibi charissimi, nunc ut sancti meminit. Vide eum, epist. 5 et 6, ad Florentium; epist. 41, ad Ruffinum; epist. 49, ad Innocentium; epist. 43, ad Chromatium, Jovinum et Eusebium; item in Vita Malchi monachi captivi, c. 1; et in Chronico Eusebii, anno 2 Aureliani imperatoris, Christi 273, ubi eum ex familia Pompeiani ducis, cognomento Franci, qui Zenobiam devicit, originem ducere asseverat.

Evagrium Vitæ hujus interpretem esse, clare asserit divus Hieronymus, ut vidimus in Elogio. Cui consentiunt omnia mss. exemplaria quæ Evagrii nomen huic Vitæ præfigunt.

Non defuere tamen qui Hieronymo hanc versionem vel scriptionem tribuant. Hilarion enim Veroneus, monachus Cassinensis, præfatione ante doctrinam Dorothei, Latine a se conversam, ait « Hieronymum Antonii monachi Vitam ita transtulisse, ut nihil in ea desit ex sensu, cum multa desint ex verbis. » Joannes quoque Grynæus, præfatione Orthodoxographiæ ait : « Vitam Antonii γραφικῶς Hieronymus descripsit. »

Sed majorem cuiquam dubitationem injicere possit Baronius, qui aliquam suæ opinionis rationem afferre videtur. Nam notat. ad Martyrolog. Rom., 17 Jan., postquam egit de Actis Antonii ex Athanasio in Latinum sermonem ab Evagrio Antiocheno versis, ait : « Præstitit hoc ipsum idem divus Hieronymus, postulante Pammachio, ut ipse profitetur, ad eumdem scribens epist. 101, de Opt. gen. interp., quam illam esse putamus quæ habetur præ manibus. » Idem, tom. III Annal., anno Christi 358, ex divi Hieronymi epistola 101, deducit eum ex Græco vertisse Vitam sancti Antonii.

Legi, relegi epistolam illam quam citat Baronius, non semel; nec tale quid, quale asserit, deprehendi. Sed imposuit, ut video, viro multijuga lectione occupato, non bene perlectus Hieronymus. Postquam enim divus Hieronymus versiones suas, quibus non verba verbis, sed sententias sententiis exprimebat, exemplo Ciceronis defendisset, itaque se Eusebii Chronicon ante viginti circiter annos vertisse asseruisset, ne vel ethnici tantum, vel sua solius niteretur auctoritate, addit et alterius (Evagrii scilicet, quem tamen non nominat) viri sæculo suo clari testimonium. « Verum, ne meorum, inquit, scriptorum parva sit auctoritas, quanquam hoc tantum probare voluerim, me semper ab adolescentia non verba, sed sententias transtulisse; qualis super hoc genere præfatiuncula sit in libro, quo beati Antonii Vita describitur (scilicet ab Evagrio Antiocheno, ut ipse testatur in catal. illustr. Eccles. scriptor., cap. 125) ipsius lectione cognosce. » Et subdit eam præfatiunculam, quæ huic ipsi Vitæ præfigitur. « Ex alia in aliam linguam expressa ad verbum translatio, sensum operit, et veluti læto gramine sata strangulat. Dum enim casibus et figuris servit oratio, quod brevi poterat indicari sermone, longo ambitu circumacta vix explicat. Hoc igitur ego vitans, ita beatum Antonium te petente transposui, ut nihil desit ex sensu, cum aliquid desit ex verbis. Alii syllabas aucupentur et litteras, tu quære sententiam. »

Vides, lector, quid Baronium in errorem traxerit. Hæc enim verba, *Hoc igitur ego vitans*, etc., non Hieronymi sunt ad Pammachium, sed Evagrii ad Innocentium, ut hic habes in præfatiuncula Vitæ Antonii præmissa. Cujus auctoritate suas quoque versiones tuetur Hieronymus. Si enim hæc præfatio divi Hieronymi esset, non dixisset supra : « Verum, ne meorum scriptorum parva sit auctoritas, » quibus insinuat se alterius auctoritatis advocaturum.

Adde quod in prologo ad Vitam Pauli primi eremitæ Hieronymus ait : « Quia de Antonio tam Græce quam Romano styjo diligenter proditum est. Qua-i alii prodiderint, non ipse.

Hæc fusius aliquanto deduxi, ne temere viderer a viro magno recedere. Maneat igitur Evagrius Antiochenus Vitæ hujus interpres.

Dices, Gelasius, decret. de libr. authent. et apocr., d. 15, videtur asserere etiam Antonii Vitam a divo Hieronymo scriptam. Ait enim : « Vitas Patrum Pauli, Antonii, Hilarionis, et omnium Eremitarum, quas tamen vir beatissimus descripsit Hieronymus, cum omni honore suscipimus. »

Baronius, notat. ad Martyrologium Romanum, **34** 17 Januarii, ex Hieronymi epist. 101, non rite intellecta, uti jam demonstravi, existimavit factum ut Gelasius dixerit Hieronymum non tam *vertisse* quam *scripsisse* Antonii Vitam, *quia non verba verbis, sed sententias reddiderit sententiis*. Quod ipsum repetit tomo III Annal., anno Christi 358.

Possevinus, Apparatu sacro, in Antonio, etsi cum Baronio existimet Vitam Antonii a divo Hieronymo quoque Latinitati donatam, aliam tamen causam assignat cur Gelasius dicat eum *scripsisse* (non autem, *vertisse*) Vitam sancti Antonii. Non, inquit, solum quia sententias sententiis reddidit, ut quidam (Baronius) existimavit, verum etiam quia integriorem emisit. Antonii enim Ægypti Magni, adhuc superstitis, cum Athanasius Vitam scriberet, factum est ut eorum quæ subsecuta sunt prætermissa sint aliqua, ut et Antonii obitus incertum sit num attextus sit deinceps ab Athanasio, quem Romam attulisse res ab Antonio gestas ante biennium ejus mortis (intellige hic Possevinum de morte Pauli) nempe a Julio pont. maximo vocatum, Hieronymus narrat. Ac proinde haud mirandum si hic in Vita Pauli narret quæ Athanasius omisit, de dæmone in hippocentauri specie, de Antonii congressu cum Paulo, de corvo panem afferente, de pallio quod Antonio largitus fuerat Atha-nasius, et si qua ejusmodi sunt alia. Hactenus Possevinus.

Ego vero, ut Evagrium Vitam vertisse Antonii clare satis, nisi me fallit opinio, probavi, quod ab Hieronymo quoque factum, non æque probatum est; ita videri alicui possit Gelasius, cum Vitam Pauli et Antonii ab Hieronymo ait descriptam, respexisse ad Pauli Vitam, in qua tanta prope Antonii quam Pauli fit mentio. Et sane Græca hujus Vitæ inscriptio in bibliotheca Bavarica utrumque præfert. Ita enim habet : Διήγησις τοῦ ἁγίου Παύλου Θηβαίου, καὶ Ἀντωνίου Αἰγυπτίου. *Enarratio de sancto Paulo Thebœo, et Antonio Ægyptio.*

Nisi quis forte Evagrium, Græcum hominem, et Hieronymo conjunctissimum, studiorumque ejus patronum, in vertenda Antonii Vita, Hieronymi opera usum esse velit, suaque censoriæ Hieronymi virgulæ subjecisse. Certe intermicant nescio quæ Hieronymi styli stricturæ.

Quanquam dicere quis possit, Evagrio, etsi Antiocheno homini, Latinam dictionem æque atque Græcam familiarem fuisse, quippe qui originem ducat a Pompeiano duce, cognomento Franco, ut habet Hieronymus in Chronico, quod supra citavimus, quem Latinum hominem fuisse vero esi simile.

Quidquid demum sit, existimo plerasque Patrum Vitas sine auctoris et interpretis nomine olim circumlatas, unde tam varia de auctoribus Vitarum Patrum opinio orta fuit, ut vidimus supra, in prolegomenis generalibus. Quin hanc ipsam Antonii Vitam citans divus Hieronymus, epistola illa 101, cap. 2, seque interpretis præfatiuncula defendens, non meminit nominis interpretis. Unde fortassis hæc Antonii quoque Vita inter Pauli et Hilarionis Vitas olim descripta, occasionem dedit Gelasio existimandi Hieronymum quoque Vitæ Antonii auctorem esse, qui duarum aliarum auctor est.

XVII JANUARII.

VITA BEATI ANTONII ABBATIS,

AUCTORE SANCTO ATHANASIO, EPISCOPO ALEXANDRINO,

INTERPRETE EVAGRIO PRESBYTERO ANTIOCHENO.

Evagrii ad Innocentium (1) prologus.

35 Presbyter Evagrius Innocentio charissimo filio in Domino salutem.

Ex alia in aliam linguam ad verbum expressa translatio, sensus operit, et veluti lætum gramen sata strangulat. Dum enim casibus et figuris servit oratio, quod brevi poterat indicari sermone, longo ambitu circumacta vix explicat. Hoc igitur ego vitans, vitam beati Antonii, te petente, ita transposui, ut nihil desit ex sensu, cum aliquid desit ex verbis. Alii syllabas aucupentur et litteras, tu quære sententiam.

ATHANASII EPISCOPI ALEXANDRINI PRÆFATIO.

Athanasius episcopus ad peregrinos fratres.

Optimum, fratres, iniistis certamen ; aut æquari Ægypti monachis, aut superare nitentes virtutis instantia. Etenim apud vos jam plurima sunt monasteria; monachorum quoque nomen est celebre ; et hanc voluntatem vestram juste quisque mirabitur ; orantibusque vobis optatum Deus tribuet effectum. Quoniam igitur exegistis a me ut vobis scriberem de conversatione beati Antonii, volentibus discere quemadmodum cœperit, quive fuerit ante sanctum propositum, qualem etiam habuerit terminum vitæ, et si vera sint ea quæ de ipso fama dispersit, ut ad ejus æmulationem atque exemplum vos instituere possitis, magna cum lætitia suscepi vestræ charitatis imperium. Etenim mihi ingens lucrum est atque utilitas hoc ipsum quod recordor Antonti (2), et vos cum admiratione audientes, scio ejus propositum cupere sectari : perfecta est siquidem ad virtutem via, Antonium scire quis fuerit.

Ergo ut breviter dicam, et omnibus, quæ de eo referentium sermo jactavit credite, et minima vos existimate audisse de maximis; quia non ambigo nec eos omnia potuisse **36** cognoscere, cum et ego rogatus a vobis, quantacumque per epistolam significavero, non æqualia sim ejus meritis narraturus. Sed et vos omnes hinc navigantes studiose percontamini, quo, singulis quæ norunt referentibus, congrua dignaque tanti nominis relatio compleatur. Disponebam itaque post lectionem litterarum vestrarum aliquos ad me monachos invitare, et maxime eos qui crebro ad eum ire consueverant, ut plenius aliquid addiscens, munera vobis majora transmitterem. Sed quoniam et navigationis tempora labebantur, et litterarum portitor vehementissime festinabat, ideo ea quæ et ipse noveram (frequenter enim eum visitavi [3]) et quæ ab eo didici, qui ad præbendam ei aquam non paululum temporis cum eo fecit (4), dilectioni vestræ indicare properavi : utrobique curam veritatis habens, ut neque plus aliquis audiens, miraculorum congestionem non credat, nec rursum meritis ejus inferiora cognoscens, non putet dignum esse miraculo pro tanti nominis viro.

VITA.

Cap. I. — Antonius (5) nobilibus religiosisque parentibus natus, in Ægypto oriundus fuit (6), tanta suorum nutritus cura, ut nihil aliud præter parentes domumque cognosceret. Et cum jam puer esset, non se litteris erudiri (7), non ineptis infantium jungi passus est fabulis; sed Dei desiderio flagrans, secundum quod scriptum est (*Gen.* xxv), innocenter habitabat domi (8). Ad ecclesiam quoque cum parentibus sæpe conveniens, nec infantum lascivias, nec puerorum negligentiam sectabatur; sed tantum ea quæ legebantur auscultans, utilitatem præceptorum vitæ institutione servabat; non suis, ut solet illa ætas, pro variis et delicatis cibis unquam tædio fuit; non escæ mollioris blandimenta sectatus est; his solum quæ dabantur contentus, nihil amplius requisivit.

Cap. II. — Post mortem autem parentum, annorum circiter decem et octo seu viginti, cum sorore admodum parvula derelictus, et domus et sororis honestam curam gerebat. Necdum vero sex fluxerant menses, quibus ad ecclesiam (ut solebat) accurrens, recordabatur quomodo et apostoli, omnibus spretis, secuti fuissent Salvatorem (*Matth.* x) : et multi, ut legitur in Actis apostolorum (*Actor.* iv), facultatibus suis venditis, pretia ad pedes eorum detulissent egenitibus partienda, quæve aut quanta spes iisdem reposita esset in cœlis (*Coloss.* i). Talia secum volvens, intravit ecclesiam, et accidit ut tunc evangelium legeretur (9), in quo Dominus dicit ad divitem : Si vis perfectus esse, vade, vende omnia tua quæcunque habes, et da pauperibus, et veni, sequere me, et habebis thesaurum in cœlo (*Matth.* xix). Quo audito, quasi divinitus hujusmodi ante memoriam concepisset, et veluti propter se hæc esset Scriptura recitata, ad se Dominicum traxit imperium; statimque regressus, possessiones quas habebat vendidit. Aruræ autem erant ei trecentæ uberes, et valde optimæ (10), quas vicinis largitus est, ne in aliquo aut sibi aut sorori molestia gigneretur. Cætera vero, quæ in mobilibus possidebat, universa vendidit; et aggregato non exiguo pretio, indigentibus dedit, paucis tamen ob sororem reservatis, quæ et sexu et ætate videbatur infirmior.

Cap. III. — Rursus autem ecclesiam ingressus, cum audisset Dominum in Evangelio dicentem : Nolite cogitare de crastino (*Matth.* vi), reliquam quoque portionem pauperibus distribuit; neque se versari passus est domi, sed sorore fidelibus ac notis virginibus commendata, ut earum nutriretur exemplo, ipse jam omnibus sæculi vinculis liber, asperum atque arduum arripuit institutum.

Necdum autem tam crebra erant in Ægypto monasteria, neque omnino quisquam aviam solitudinem noverat; sed quicunque in Christi servitute sibimetipsi prodesse cupiebat, non longe a sua villula separatus instituebatur. Erat igitur in agello vicino senex quidam, vitam solitariam a prima sectatus ætate : hunc Antonius cum vidisset, æmulatus est ad bonum. Et primo quidem incipiens etiam ipse, in locis paululum a villa remotioribus manebat : exinde autem, si quem vigilantem in hoc studio compererat, procedens, quærebat ut apis prudentissima; nec ad habitaculum suum ante remeabat, nisi ejus quem cupiebat frueretur aspectibus; et sic, tanquam munere mellis accepto, abibat ad sua. Tali ibidem institutus exordio, cum per dies singulos ita animum roboraret, ut nec opum paternarum, nec suorum meminisset affinium, omne etiam desiderium et sollicitudinem erga id quod cœperat exerceret, operabatur manibus suis, sciens scriptum esse : Qui non operatur, non manducet (*II Thess.* iii). Mercedem tamen operis sui, pretio panis excepto, egentibus largiebatur. **37** Orabat frequenter, quippe qui didicerat quod oporteret sine intermissione Dominum orare (*I Thess.* v).

Auditioni etiam Scripturarum ita studium commodabat, ut nihil ex ejus animo laberetur; sed universa Domini præcepta custodiens, memoriam pro libris haberet (11). Sic suam vitam instituens, ab universis fratribus puro diligebatur affectu; et omnibus, ad quos studio discendi pergebat, obediens, proprias singulorum gratias hauriebat : hujus continentiam, jucunditatem illius sectabatur; istius lenitatem, illius vigilantiam, alterius legendi æmulabatur industriam; istum jejunantem, illum humi quiescentem mirabatur; alterius patientiam, alterius mansuetudinem prædicabat. Omnium quoque vicariam erga se retinens charitatem, atque universis virtutum partibus irrigatus, ad sedem propriam regrediebatur. Ibi secum universa pertractans, omnium in se bona nitebatur exprimere. Neque vero adversum coævos aliquando movebatur, sed ea tantummodo flamma egregio viro crescebat in pectore, ne secundus cuiquam in prædictis operibus inveniretur. Et hoc ita faciebat, ut cum omnes gloria anteiret, omnibus tamen charus esset. Nam et vicini et monachi, ad quos sæpe veniebat, Antonium videntes, Deicolam nuncupabant; indultisque naturæ vocabulis, quidam ut filium, alii ut fratrem diligebant (12).

CAP. IV. — Dum hæc gereret Antonius, quibus omnium in seprovocaret affectum, inimicus nominis Christianidi abolus, impatienter ferens tantas in adolescente virtutes, veteranis eum aggressus est fraudibus. Et primo quidem tentans, si quomodo posset ab arrepto eum instituto detrahere, immittebat ei memoriam possessionum, sororis defensionem, generis nobilitatem, amorem rerum, fluxam sæculi gloriam, escæ variam delectationem, et reliqua vitæ remissioris blandimenta; postremo virtutis arduum finem, et maximum perveniendi laborem, necnon et corporis fragilitatem suggerebat, et ætatis spatia prolixa: prorsus maximam ei cogitationum caliginem suscitabat, volens eum a recto proposito revocare.

Postquam autem diabolus orationibus ejus ad Deum, per passionis fidem se intellexit elidi, consueta adversum omnes adolescentes arma arripiens, nocturnis eum inquietabat illecebris. Et primum noctibus infesta multitudine et horribili metu sonitus eum exagitare conabatur. Per dies etiam tam apertis in eum telis irruebat, ut nullus ambigeret, quin Antonius contra diabolum dimicaret. Nam et ille cogitationes sordidas conabatur inserere, et hic eas oratu submovebat assiduo. Ille titillabat sensus naturali carnis ardore; hic fide, vigiliis et jejuniis corpus omne vallabat. Ille per noctes in pulchræ mulieris vertebatur ornatum, nulla omittens figmenta lasciviæ; hic ultrices gehennæ flammas et dolorem vermium recordans, ingestæ sibi libidini opponebat.

Ille lubricum adolescentiæ iter (13), et ad ruinam facile proponebat; hic æterna futuri judicii tormenta considerans, illæsam animæ puritatem per tentamenta servabat. Ista autem omnia ad confusionem diaboli fiebant; qui enim similem se Deo fieri posse existimabat, nunc ab adolescente ut miserrimus deludebatur; et qui contra carnem et sanguinem sæviebat, ab homine, qui carnem portabat elisus est. Adjuvabat enim servum suum Dominus, qui nostri gratia carnem suscipiens, victoriam corpori contra diabolum largitus est, ut, singulis ita certantibus, apostolicum liceret proferre sermonem: Non autem ego, sed gratia Dei, quæ mecum est (*I Cor.* xv).

Postremo cum nec hoc argumento destruere posset Antonium draco teterrimus, et videret se semper ab ejus cogitationibus repelli, secundum quod scriptum est (*Marc.* ix), stridens dentibus et ejulans, qualis est, talis merito apparebat et vultu: puer horridus atque niger, ad ejus se genua provolvens, humana voce flebat, dicens: Multos seduxi, plurimos decepi; nunc autem ut a cæteris sanctis, ita et tuo sum labore superatus. Quem cum interrogaret Antonius quisnam esset, qui talia loqueretur, ait: Ego sum fornicationis amicus, ego multimoda adversum omnes adolescentes turpitudinis arma suscepi; hinc et spiritus fornicationis vocor (14). Quantos pudice vivere disponentes fefelli! quot tenuiter incipientes, ad sordes pristinas redire persuasi! Ego sum, propter quem propheta lapsos increpat, dicens: Spiritu fornicationis seducti estis (*Oseæ* iv), et revera per me et illi fuerant supplantati. Ego sum qui te ipsum sæpe tentavi, et semper repulsus sum. Cum hoc Christi miles audisset, gratias agens Deo, et largiore adversus inimicum confortatus audacia, ait: Multum ergo despicabilis, multumque contemptibilis es; nam et obscuritas tua et ætas infirmarum signa sunt rerum. Nulla mihi jam de te cura est. Dominus mihi adjutor est, et ego exsultabo super inimicos meos (*Psal.* cxvii). Et statim, ad vocem cantantis, phantasma quod videbatur, evanuit.

CAP. V. — Hæc autem Antonii contra diabolum fuit prima victoria, imo virtus in Antonio Salvatoris: qui peccatum in carne condemnavit, **38** ut justificatio legis in nobis compleretur, qui non secundum carnem ambulamus, sed secundum spiritum (*Rom.* viii). Sed neque Antonio securitatem dedit hic unus triumphus, nec diabolo semel fractæ defecere vires. Nam et iste, ut leo rugiens (*I Pet.* v), quærebat aditum per quem posset irrumpere; et ille Scripturarum doctus eloquio, multas esse dæmonum captiones (*Ephes.* vi), solerti propositum labore servabat; considerans quia posset Satanas in carnis colluctatione superatus, novarum adversus se artium machinas acrius commovere. Idcirco magis ac magis subjugabat corpus suum, ne victor aliorum, in aliis vinceretur (*I Cor.* ix). Disponens igitur duriori se vitæ lege constringere, cum omnes infatigabilem adolescentis mirarentur instantiam (15), sanctum toleranter ferebat laborem, quia voluntariæ servitutis longum in Dei opere studium, consuetudinem in naturam verterat.

CAP. VI. — Inediæ autem et vigiliarum in tantum patiens erat, ut incredulitatem viribus vinceret. Pernoctabat in oratione sæpissime, edebat semel in die post solis occasum, nonnunquam biduo triduoque sic permanens, quarta demum die reficiebatur. Sumebat vero panem et sal, potumque aquæ perparvum. De carnibus vero et vino tacere melius puto quam quidquam dicere, quando nec apud plurimos quidem monachorum istiusmodi aliquid reperiatur.

Quieti autem membra concedens, junco contexto atque cilicio utebatur. Nonnunquam etiam super nudam humum jacebat, unguenta penitus repudians. Dicebat enim minime posse utentium, et præcipue juvenum corpora roborari, si olei essent lenitate mollita; oportere vero asperos carni labores imperari, secundum Apostoli præceptum, dicentis : Quando infirmor, tunc fortior sum (*II Cor.* xii). Asserebatque sensum animi sic posse reviviscere, si corporis fuisset impetus fatigatus. Unde nec temporum longitudine laborum merita pensabat, sed amore et famulatu spontaneo semper, tanquam in principiis constitutus, ad profectum divini metus desiderium concitabat. Novisque cupiens augeri præterita, supra memorati Doctoris sermonum recordabatur, qui ait: Præterita obliviscens, et in futurum convalescens (*Philip.* iii). Meminerat quoque Eliæ prophetæ dicentis : Vivit Dominus, cui asto hodie ante ipsum (*III Reg.* xviii); et disserebat cur *hodie* esset appositum, quia non computabat Elias præteritum tempus, sed tanquam quotidie in certamine constitutus, talem se præbere cupiebat, qualem sciebat dignum Dei esse conspectibus, purum corde, et paratum obedire voluntati ejus.

Cap. VII. — Igitur sanctus Antonius secum reputans oportere Dei famulum ex instituto magni Eliæ exemplum capere, et ad illud speculum vitam suam debere componere, ad sepulcra non longe a villa constituta secessit, uni de cognitis mandans ut statutis diebus sibi alimenta deferret. Et cum in una memoria (16) supra dictus frater eum clausisset, solus ibidem morabatur. Metuens ergo diabolus ne accessu temporis eremum quoque habitari faceret, ita eum aggregatis satellitibus suis, varia cæde laceravit, ut doloris magnitudo et motum auferret et vocem. Nam et ipse postea sæpe referebat, vulnera fuisse tam gravia, ut universa hominum tormenta superarent; sed Dei providentia, quæ nunquam in se sperantibus deest, conservavit eum.

Alio die, is quem supra diximus frater advenit, cibos deferens assuetos; atque eum jacentem in terra semimortuum, fractis foribus, invenit. Quem impositum humeris, ad villulæ domicilium reportavit. Quo audito, ingens vicinorum atque affinium multitudo concurrens, triste in medio positi funeris reddebat officium. Et jam media noctis parte transgressa, gravis pervigiles omnium oculos vicerat sopor. Tum Antonius anima paululum redeunte suspirans, elevavit caput; cæteris vero alta quiete prostratis, eum, a quo delatus fuerat, vigilare conspexit; eumque nutu advocans, obsecravit ut, nullo penitus excitato, ad pristinum se referret habitaculum.

Cap. VIII. — Relatus ergo, juxta consuetudinem solus iterum permanebat; et stare quidem propter recentes plagas non poterat, orans vero prostratus, post orationem clara voce dicebat : Ecce hic sum ego Antonius, non fugio vestra certamina, etiamsi majora faciatis, nullus me separabit a charitate Christi (*Rom.* viii). Psallebatque dicens : Si consistant adversum me castra, non timebit cor meum (*Psal.* xxvi). Talia eo dicente, bonorum hostis diabolus, admiratus quod post tot verbera fuisset ausus reverti, congregatis canibus suis, et proprio se furore dilanians : Videtis, ait, quia nec spiritu fornicationis, nec corporis doloribus superatus, insuper audacter lacessit nos. Omnia arma corripite, acrius a nobis impugnandus est. Sentiat, sentiat. Debet scire quos provocet. Dixit, et ad hortantis vocem audientium turba consensit, quia innumeras diabolus habet artes nocendi. Sonitus igitur repentinus increpuit, ita ut loco funditus agitato, et parietibus patefactis, multifaria dæmonum exinde turba se effunderet; nam et bestiarum et serpentium formas induentes, omnem protinus locum replevere phantasiis **39** leonum, taurorum, luporum, aspidum, serpentium, scorpionum, necnon et pardorum atque ursorum. Et hæc singula secundum suam fremebant naturam. Rugiebat leo, occidere volens; taurus mugitu et cornibus minabatur; serpens sibilo personabat; luporum impetus ingerebantur; pardus discoloriter (17) auctoris sui calliditates varias indicabat. Truces omnium vultus, et vocis horridæ dirus auditus. Antonius flagellatus atque confussus sentiebat quidem asperiores corporis dolores, sed imperterritus durabat mente pervigili. Et licet gemitum vulnera carnis exprimerent, sensu tamen idem permanens, quasi de inimicis luderet, loquebatur : Si virium aliquid haberetis, sufficeret unus ad prælium; sed quoniam Domino vos enervante frangimini, multitudine tentatis inferre terrores, cum hoc ipsum infirmitatis indicium sit, quod irrationabilium induitis formas bestiarum. Rursumque confidens, aiebat : Si quid valetis, si vobis in me potestatem Dominus dedit, ecce præsto sum, devorate concessum. Si vero non potestis, cur frustra nitimini? Signum enim crucis et fides ad Dominum, inexpugnabilis nobis murus est. Multa contra sanctum Antonium minantes, fremebant dentibus suis, quod nullus eorum tentamenta consequeretur effectus, sed maxime e contrario gigneretur illusio.

Cap. IX. — Non oblitus Jesus (18) colluctationis servi sui, eidem protector factus est. Denique cum elevaret oculos, vidit desuper culmen aperiri, et, deductis tenebris, radium ad se lucis influere. Post cujus splendoris adventum nec dæmonum aliquis apparuit, et corporis dolor extemplo deletus est. Ædificium quoque, quod paulo ante dissolutum fuerat, instauratum est. Illico præsentiam Domini intellexit Antonius, et ex intimo pectore trahens longa suspiria, ad lumen quod ei apparuerat loquebatur, dicens : Ubi eras, bone Jesu? ubi eras? Quare non a principio affuisti, ut sanares vulnera mea? Et vox ad eum facta est, dicens : Antoni, hic eram, sed expectabam videre certamen tuum. Nunc autem, quia dimicando viriliter non cessisti, semper auxiliabor tibi, et faciam te in omni orbe nominari. His auditis, exsurgens, in tantum roboratus, orabat ut intelligeret se plus recepisse tunc virium quam ante perdiderat.

Erat autem tunc Antonius annos natus triginta quinque.

CAP. X. — Exinde cum voluntate prompta per merita religiosa succresceret, vadens ad supradictum senem, precabatur ut in deserto habitarent pariter. Causante illo senile ævum et rei novitatem, solus contendit ad montem, et, eremi adhuc monachis ignotæ, vitæ rupto metu, viam conatus est pandere. Sed nec tunc cessavit infatigabilis adversarius; nam impedire ejus propositum volens, argenteum discum in itinere projecit; quo viso, Antonius callidi artificis agnovit astutiam, stansque intrepidus, et discum torvis intuens oculis, doli auctorem in phantasmate objurgabat argenti, talia secum reputans.: Unde hic in deserto discus? avium hoc iter est, nulla sunt vestigia commeantium; lapsus de sarcina, præ magnitudine latere non potuit; sed et qui perdiderat reversus, ob solitudinem locorum, invenisset profecto quod ruerat. Hoc artificium, diabole, tuum est, non impedies voluntatem meam, argentum tuum tecum sit in perditionem. Hæc illo dicente, discus ut fumus a facie ignis evanuit.

CAP. XI. — Dehinc non ut ante in phantasmate, sed ingentem auri massam jacentem in itinere conspexit. Verum hanc utrum diabolus simulaverit, an ad Antonium comprobandum, quia nec veris opibus inescaretur, virtus cœlestis ostenderit, ignoratur. Hoc tamen agnovimus, quia quod visum est, aurum fuit. At ille magnitudinem admiratus radiantis metalli, rapido cursu, quasi quoddam vitaret incendium, ad montem usque perrexit, ibique flumine transvadato, invenit castellum desertum, plenum (ob tempus et solitudinem) venenatorum animalium, in quo se constituens novus hospes habitavit. Statim ad ejus adventum ingens turba serpentium, quasi persecutorem passa, profugit. At ille obstructo lapidibus introitu, panes mensium sex, ut Thebæis mos est (19), secum recondens (nam crebro per annum incorrupti durare solent) necnon et exiguum habens aquæ, solitarius perdurabat; nusquam inde procedens, nunquam aliquem suscipiens, intantum ut cum bis in anno per tectum desuper panes acciperet, nullum cum deferentibus haberet alloquium.

CAP. XII. — Multis igitur, videndi eum desiderio et studio requirendi, ante ostium ejus pernoctantibus, audiebantur ut vulgi voces adversum Antonium, tumultusque dicentium: Quid te nostris ingeris habitaculis? quid tibi et deserto? Abscede a finibus alienis, non potes hic habitare, non nostras insidias sustinere. Et primo quidem, qui foris erant existimabant aliquos homines scalis appositis introisse, ibique contendere. Postquam autem per cavernas introspicientes, nullum viderunt, dæmones intellexerunt contra eum contendere; et nimio metu perterriti, Antonii auxilium flagitabant. At ille 40 ostio propinquans ad consolandos fratres, ne timerent, atque ut inde recederent, precabatur, trepidantibusque asserebat cunctis a dæmonibus incuti metum: Signate vos, inquiens, et abite securi, ipsosque semetipsos sinite deludere. Itaque illis revertentibus, hic remanebat illæsus, nec unquam in certamine lassabatur. Accedentium autem augmenta profectuum, vel debilitas repugnantium, maximum ejus contentioni levamen addiderant, et ejus animo constantiam suggerebant. Rursusque ad eremum venientibus turbis quæ jam mortuum eum se existimaverant reperturos (20), ille psallebat intrinsecus : Exsurgat Deus, et dissipentur inimici ejus, et fugiant qui oderunt eum a facie ejus. Sicut deficit fumus, deficiant; ut liquescit cera a facie ignis, ita pereant peccatores a facie Dei (Psal. LXVII). Et iterum : Omnes gentes circumdederunt me, et in nomine Domini vindicavi in eis (Psal. CXVII).

CAP. XIII. — Sic Antonius annis viginti solitarie transactis, atque ab hominum segregatus conspectibus perduravit. Cum ergo multorum et propositum imitari cupientium, et notorum multitudo ad eum concurreret, necnon et patientium infinita se caterva conglomeraret (21), tandem pene jam per vim foribus evulsis, quasi ex aliquo cœlesti aditu consecratus apparuit (22). Obstupuerunt universi et oris gratiam et corporis dignitatem, quod nec per quietem intumuerat (23), nec jejuniis, dæmonumque certamine faciem ejus pallor obsederat; sed e contrario, quasi nihil temporis exegisset, antiquus membrorum decor perseveravit. Pro quanto miraculo! quæ in illo animi puritas fuit! Nunquam hilaritate nimia resolutus in risum est, nunquam recordatione peccati tristitia ora contraxit, non magnis stupentium se elatus est laudibus. Nihil in illo indecens solitudo, nihil asperum quotidiana cum hostibus bella contulerant; sed temperata mens æquali ad cuncta ferebatur examine. Plurimos igitur ab immundis spiritibus et infirmitatibus variis Dei gratia per Antonium liberavit. Sermo ejus sale conditus consolabatur mæstos, docebat inscios, concordabat iratos, omnibus suadens nihil amori Christi anteponendum. Proponebatque ante oculos bonorum magnitudinem futurorum, et Dei clementiam, et beneficia retexebat indulta, quod proprio Filio suo non pepercerit Deus, sed pro nostra omnium salute eum tradiderit (Rom. VIII). Nec mora, plura audientium corda ad humanarum rerum contemptum hæc ejus suasit oratio, et habitandæ eremi istud ejus exordium fuit.

CAP. XIV. — Quid sane et in Arsinoitarum oppido (24) gestum sit, non transibo silentio. Nam cum fratres vellet invisere, et rivulum fluminis Nili, qui crocodilis et multis sævis fluminis bestiis plenus erat, transvadare esset necesse (25), tam cum comitibus suis transivit illæsus, quam inde redibat incolumis. Rursusque in pristinis laboribus perseverans, multos magisterio suo fratres confirmavit, ita ut brevi tempore plurima fierent monasteria (26). Novos antiquosque monachos, pro ætate vel tempore, paterno moderabatur affectu.

CAP. XV. — Quadam autem die, cum sanctus Antonius a congregatis fratribus rogaretur ut eis institutoria largiretur præcepta, cum prophetica fiducia exaltans vocem, aiebat ad omnem quidem mandatorum disciplinam Scripturas posse sufficere (27); sed et hoc optimum fore, si mutuis se invicem fratres sermonibus consolarentur. Et vos ergo, inquit, ut patri referte quæ nostis, et ego quæ per longam ætatem consecutus sum quasi filiis indicabo. Hoc sit autem primum cunctis in commune mandatum, nullum in arrepti propositi vigore lassescere, sed quasi incipientem augere semper debere quod cœperit, præsertim cum humanæ vitæ spatia, æternitati comparata, brevissima sint ac parva. Ita exorsus, paululum siluit; et admiratus nimiam Dei largitatem, rursus adjecit, dicens : In præsenti hac vita æqualia sunt pro rerum commutatione commercia, nec majora recipit ab emente qui vendit. Promissio autem vitæ sempiternæ vili pretio comparatur. Scriptum est enim : Dies vitæ nostræ septuaginta anni; si autem multum (28), octoginta; quidquid reliquum est, labor et dolor est (*Psal.* LXXXIX). Quando ergo octoginta, aut centum, ut multum, annis laborantes, in Dei opere vixerimus, non pari tempore regnaturi sumus in futuro; sed pro annis prædictis, omnium nobis sæculorum regna tribuentur. Non terram hæreditabimus, sed cœlum; corpus quoque corruptum relinquentes, idipsum cum incorruptione recipiemus. Ergo, filioli, non vos aut tædium defatiget, aut vanæ gloriæ delectet ambitio : Non sunt enim condignæ passiones hujus temporis, ad superventuram gloriam quæ revelabitur in nobis (*Rom.* VIII).

Nemo, cum despexerit mundum, reliquisse se arbitretur ingentia, quia omnis terra, ad infinitatem comparata cœlorum, brevis ac parva est. Si ergo nec universo orbi renuntiantes, dignum aliquid habitaculis possumus compensare cœlestibus, se unusquisque consideret, et statim intelliget, parvis aruris et parietibus, vel modica auri portione contempta, nec gloriari se debere, quasi magna dimiserit; nec tædere, quasi 41 parva sit recepturus. Ut enim contemnit aliquis unam æream drachmam, ad drachmas centum aureas conquirendas; ita etiam, qui totius orbis dominium dereliquit, centuplum de melioribus præmiis in sublimi sede recipiet. Ad summum, illud perspicere debemus, quod etsi nostras velimus retentare divitias, lege mortis ab ipsis devellamur inviti, ut in libro Ecclesiastis (*Eccl.* II) scriptum est (29). Cur ergo non facimus de necessitate virtutem (30)? cur non ad lucranda regna cœlestia ultro relinquimus quod lucis istius fine perdendum est? Nihil eorum curæ sit Christianis, quæ secum auferre non possunt; illud potius debemus expetere, quod nos ducat ad cœlum, sapientiam scilicet, castitatem, justitiam, virtutem, sensum pervigilem, pauperum curam, fidem in Christo robustam, animum iræ victorem, hospitalitatem. Hæc sectantes, mansionem nobis in terra quietorum, secundum Evangelium (*Joan.* XIV), præparabimus. Consideremus Domini esse nos famulos, et servitutem debere ei a quo creati sumus. Ut enim servus præteriti gratia famulatus, præsens aut futurum non contemnit imperium, nec audet asse-

rere quod ex labore transacto instantis operis habere debeat libertatem, sed jugi studio (ut in Evangelio [*Lucæ* XII] scriptum est) eamdem semper exhibet servitutem, ut et Domino placere possit, et ne metum lucretur et verbera; sic et nos divinis congruit parere præceptis, scientes quod æquus ille retributor, in quo quemque invenerit, in eo sit judicaturus, quod prophetica per Ezechielem voce testatur (*Ezech.* XXXIII). Nam et infelix Judas propter unius noctis impietatem, omni præteriti temporis labore privatus est. Idcirco tenendus est continuus instituti rigor, habentibus Deum auxiliatorem, sicut scriptum est : Quia omni proponenti bonum Deus cooperatur (*Rom.* VIII).

Ad inertiam autem calcandam, Apostoli præcepta replicemus, quibus se mori quotidie testabatur (*I Cor.* XV) : similiter et nos humanæ conditionis vitam ancipitem retractantes, non peccabimus. Cum enim excitati a somno, ad vesperam nos pervenire dubitemus, et quieti corpora concedentes, de lucis non confidamus adventu, et ubique naturæ ac vitæ incertæ memores, Dei nos intelligamus providentia gubernari; hoc modo non delinquemus, aut aliqua fragili cupiditate raptabimur; sed nec irascemur quidem adversus aliquem, nec terrenos congregare thesauros ambiemus ; quin potius metu quotidiani recessus, et sejungendi corporis jugi meditatione, omnia caduca calcabimus. Cessabit mulierum amor, libidinis exstinguetur incendium, invicem nobis debita nostra donabimus, ante oculos semper habentes ultimæ retributionis adventum : quia major formido judicii et pœnarum timor horridus, simul et lubricæ carnis incentiva (31) dissolvit, et ruentem animam quasi ex aliqua rupe sustentat (32). Ideoque precor ut ad finem propositi omni labore tendamus (*Philip.* III). Nemo post tergum respiciens Lot imitetur uxorem (*Gen.* XIX), præsertim cum Dominus dixerit nullum ponentem manum super aratrum et respicientem retrorsum, dignum esse regno cœlorum (*Lucæ* IX). Respicere autem retrorsum nihil aliud est quam in eo pœnitere quod cœperis, et mundanis rursus desideriis obligari.

Nolite, quæso, virtutis tanquam impossibile nomen pavere, nec peregrinum vobis aut procul positum videatur hoc studium, quod ex nostro pendet arbitrio (33). Hujus operis homini inserta natura est (34), et ejusmodi res est, quæ nostram tantummodo exspectat voluntatem. Græci studia transmarina sectentur (35), et in alieno orbe constitutos, inanium litterarum quærant magistros; nobis vero nulla proficiscendi (36), nulla transfretandi fluctus necessitas imminet, in omni sede terrarum constituta sunt regna cœlorum. Unde et Dominus in Evangelio ait : Regnum Dei intra vos est (*Lucæ* XVII); virtus quæ in nobis est, mentem tantum requirit humanam. Cui enim dubium est quia naturalis animæ puritas, si nulla fuerit extrinsecus sorde polluta, fons sit et origo omnium virtutum? Bonam eam necesse est creaverit bonus Creator. Quod si forte cunctabimur, audiamus Jesum filium Nave populo dicentem': Rectum facite cor vestrum ad Dominum Deum Israel (*Josue* xxiv). Nec Joannes dissonam tulit de virtute sententiam: prædicans : Rectas facite semitas ejus (*Lucæ* iii). Siquidem hoc est rectam esse animam, cum ejus principalis integritas nulla vitiorum labe maculatur; si naturam mutaverit, perversa tunc dicitur; si bona conditio servetur, et virtus est. Animam nostram commendavit nobis Dominus, servemus depositum quale accepimus. Nemo causari potest extrinsecus situm, quod in se nascitur; facturam suam qui fecit agnoscat, opus suum inveniat ut creavit. Sufficit nobis naturalis ornatus; ne deturpes, homo, quod tibi largitio divina concessit. Opera Dei immutare velle, polluere est.

Illud etiam sollicite providere debemus, ut tyrannicæ iræ superemus insaniam, quia scriptum est : Iracundia viri justitiam Dei non operatur (*Jac.* i). Et iterum : Desiderium concupiscens parit peccatum, quo perfecto, mors gignitur (*Ibid.*). Divinæ vocis præceptum est (*Prov.* iv), ut jugi custodia tueamur animam nostram, quia exercitatos ad supplantandum habemus inimicos, dæmones scilicet, contra quos nobis, secundum apostolicam contestationem, pugna sine intermissione est. At enim : Non est nobis colluctatio adversus carnem et sanguinem, sed adversus principatus et potestates hujus mundi, adversus spiritalia nequitiæ in cœlestibus (*Ephes.* vi). Ingens eorum turba istum pervolat aerem, non procul a nobis hostium caterva discurrit. Et diversitatem quidem eorum non est meæ parvitatis exponere, sed hanc majoribus concedo rationem. Quod autem in promptu est, et ignorare non expedit, dolos scilicet eorum adversum nos compositos breviter indicabo.

Hoc primum debemus mentibus affigere, nihil Deum fecisse quod malum est (37), nec ab ejus institutione dæmonum cœpisse principia: perversitas ista, non naturæ, sed voluntatis est vitium. Boni etenim, utpote a Deo conditi, ex proprio mentis arbitrio ad terras ruere de cœlis; ibique in cœni sordibus volutati, gentilitatis impias constituere culturas; et nunc de nobis torquentur invidia, atque universa mala commovere non cessant, ne pristinis eorum sedibus succedamus.

Diversa autem eorum et partita nequitia est (38). Quidam enim ad summum nocendi verticem pervenere, alii ex comparatione pejorum videntur esse leviores; atque omnes pro possibilitate virium, diversa contra singulas sumpsere certamina. Idcirco necessarium est donum spirituum discernendorum a Domino petere (*I Cor.* xii), ut possimus tam fraudes eorum quam studia pervidentes, adversus disparem pugnam unum Dominicæ crucis elevare vexillum. Hoc munere Paulus accepto, docebat dicens : Non enim ejus ignoramus astutias (*II Cor.* ii). Ad cujus exemplum etiam nos oportet ex his quæ passi sumus, mutuis nos invicem instruere sermonibus.

Hostile illis contra omnes Christianos, maxime vero contra monachos et virgines Christi, odium est. Eorum semitis laqueos prætendunt, eorum mentes impiis atque obscœnis cogitationibus nituntur evertere; sed nihil vobis in hoc terroris incutiant. Fidelium enim orationibus atque jejuniis ad Dominum statim corruunt; nec tamen si paululum cessaverint, prorsus plenam putetis esse victoriam. Solent etiam saucii gravius assurgere, et mutata arte pugnandi, cum in cogitatione nihil egerint, pavoribus terrent, assumentes nunc mulierum, nunc bestiarum, nunc serpentium formas, necnon et ingentia quædam corpora, et usque ad tectum domus porrectum caput, infinitas species et militum catervas. Quæ omnia ad primum quodque crucis signum evanescunt (39). His quoque agnitis fallaciarum modis, incipiunt præsagire, et futurorum dierum eventus velle prædicere. Cumque et in his contempti fuerint, ipsum jam suæ nequitiæ principem ac totius mali summitatem, ad subsidium sui certaminis vocant.

CAP. XVI. — Crebro denique Antonius talem a se visum diabolum asserebat, qualem et beatus Job, Domino revelante, cognoverat (*Job* xli). Oculi ejus ac si species Luciferi, ex ore ejus procedunt lampades incensæ. Crines quoque incendiis sparguntur, et ex naribus ejus fumus egreditur, quasi fornacis æstuantis ardore carbonum. Anima ejus ut pruna, flamma vero ex ore ejus glomeratur. Cum hujusmodi terroribus visus est princeps dæmonum, inquit Antonius, et ingenie sæpe, ut dixi, promittens, impietatis suæ defuit lingua magniloqua. De qua Dominus triumphavit, ad Job dicens (*Ibid.*) : Arbitratur enim ferrum ut paleas, æramentum ut lignum putridum, maria ut terram, tartarum profundi tanquam captivum æstimavit, abyssum ut deambulatorium. Per prophetam quoque increpat, dicens : Persequens comprehendam (*Exodi* xv), et omnem orbem terrarum manu mea ut nidum obtinebo, et ut ova derelicta auferam (*Isaiæ* x). Sic iniquus funereas evomens voces, bene viventium aliquos frequenter illaqueat, sed nos nec ejus pollicitationibus credere, nec minas formidare debemus; fallit enim frequenter, nihilque verum promittit. Nam si non mendacia cuncta loqueretur, quomodo talia et tam infinita promittens, hamo crucis ut draco aduncatus a Domino est (40), et capistro ligatus ut jumentum, et quasi mancipium fugitivum vinctus circulo, et armilla labia perforatus (*Job* xl), nullum omnino fidelium devorare permittitur? Nunc miserabilis ut passer, ad ludum irretitus a Christo est (41), nunc comites suos quasi scorpiones et serpentes, calcaneo Christianorum substratos gemit. Ille qui universa maria a se deleta plaudebat, ille qui orbem terrarum manu sua teneri pollicebatur, ecce a vobis vincitur, ecce me adversum se prohibere non potest disputantem. Contemnenda est, filioli, penitus cum inanibus verbis superba jactantia ; fulgor ille, qui lucere se simulat, non veri splendor est luminis, sed quibus arsurus est indicat flammas. Nam dicto citius recedens, suarum secum refert simulacra pœnarum.

Solent etiam cum modulatione nonnunquam apparentes psallere, proh nefas! ad hæc et impuro ore sacra Scripturarum eloquia meditantur. Frequenter enim legentibus nobis, quasi Echo ad extrema verba **43** respondent. Dormientes quoque excitant ad orandum, ut totius noctis somnum eripiant; plerosque etiam, dum se in monachorum nobilium habitu transferunt, monachos coercent, et pristina, quibus conscii sunt, peccata imputant; sed spernendæ sunt eorum increpationes, et admonitiones jejunandi, vigiliarum quoque fraudulenta suggestio. Ob id enim familiares nobis species assumunt, ut affinitate virtutum nocentes, facilius virus interserant, et innocentes quosque per speciem honestatis elidant. Impossibile postea durumque hoc studium prædicant, ut dum onerosum esse videtur quod cœptum est, ex desperatione tædium, et ex tædio succedat ignavia. Idcirco propheta missus a Domino, luctuosa denuntians, sublimi voce dicebat : Væ qui potat proximum suum subversione turbida (*Habac.* II). Hujusmodi enim exhortamenta, depravatoria sunt itineris, quod ducit ad cœlum. Idcirco cum venisset Dominus ad terras, et vera de eo dæmones inviti prædicarent, (vere enim dicebant [*Lucæ* IV] : Tu es Christus Filius Dei vivi), vociferantium ora claudebat, qui vinctas hominum linguas solvebat, ne cum præconio veri perversitatis venena miscerent; et ut nos ejus exemplo, etiamsi profutura suaderent, in nullo his commodaremus assensum, quia profecto non congruit nos post libertatem a Domino concessam, et Scripturarum præcepta vitalia, a diabolo vivendi capere consilia, qui suum deserens ordinem, sacrum Christi temeravit imperium. Propterea etiam Dominus eum de Scripturis loquentem jubebat tacere, quia peccatori dicit Deus : Quare tu enarras justitias meas, et assumis testamentum meum per os tuum (*Psal.* XLIX)? Omnia dæmones simulant, colloquuntur sæpe cum fratribus, sæpe cum turba inconditos excitant sonitus, manus apprehendunt, sibilant, insipienter cachinnant, ut vel in puncto peccati Christianum pectus introeant. Cumque ab universis fuerint repulsi, ad extremum debilitatem suam lamentatione testantur. Et Dominus quidem quasi Deus, et suæ conscius majestatis, obmutescere his imperabat; nos autem vestigiis sanctorum inhærentes, eamdem gradiamur viam, qui memoratas subtilius fallacias pervidentes, canebant : Cum consisteret adversum me peccator, obmutui, et humiliatus sum, et silui a bonis (*Psal.* XXXVII). Et iterum : Ego vero tanquam surdus non audiebam, et sicut mutus non aperiens os suum ; et factus sum ut homo non audiens (*Psal.* XXXVII). Christus silentium ut Dominus imperavit, nos diabolo nihil credamus, et vincemus. Si orare compellunt, si jejunia suadent, non ex eorum nos monitis, sed ex nostra consuetudine id agamus. Denique etiam si irruentes mortem nobis intentare videantur, ridendi potius sunt quam timendi, quia cum sint debiles, minantur cuncta, nec faciunt. Equidem de istis jam transitorie me dixisse memini, tamen eadem nunc explicanda sunt latius, quia non mediocrem affert repetitio cautelam.

Adveniente Domino, destructus est inimicus (42), et omne penitus ejus robur elanguit. Propter quod pristinæ virtutis memor, quasi tyrannus jam senescens, cum ruisse se videat, in perniciem grassatur humanam ; nec tamen potest firmum Deo pectus cogitationum et cæterarum fraudum arte pervertere. Nam luce clarius est quoniam adversarii nostri, cum nec humana carne sint septi, ut causari valeant, idcirco nos a se non posse superari, quia, clauso ostio interiore (43), intrare non valeant. Et revera si fuissent hoc fragili corpore colligati, observato introitu, iisdem negaretur accessus. Cum autem (ut diximus) hoc impedimento sint liberi, et obstructa penetrent, atque in omni licentier volitent aere, manifestum est ob enervationem eorum permanere ecclesiæ corpus illæsum. Denique satellites impii cum principe suo diabolo, quem Salvator in Evangelio homicidam et patrem malitiæ ab initio fuisse firmat (*Joan.* VIII), nobis adversum se dimicantibus fortiter, nullo modo cessissent, si potestas eorum non fuisset ablata. Nam si mentior, cur nobis, Satanas, parcis, qui ubique discurris? cur, qui nullo clauderis loco, adversum te bene viventium et disputantium non potes labefactare constantiam?

Sed fortasse nos diligis, quos quotidie conaris obruere; aut credibile est te esse bonitatis magistrum, et favere magis optimis quam nocere? Et quid tam charum tibi esse potest quam lædere, maxime eos qui tuis sceleribus viriliter repugnant, secundum quod scriptum est : Quia abominatio est pietas peccatori (*Eccli.* I). Quis tam secundum ad malitiam possidet pectus? quis tam meditatas implere conatur insidias? Scimus te impurissimum cadaver; scimus quia idcirco vivimus Christiani, et contra te nobis est secura congressio, quia infirmatus es a Domino. Ideo de tuis confoderis jaculis, quia minationem tuam non sequitur effectus ; quod si fallimur, cur cum terrore simulato, cur magnitudine corporum nostram aggrederis fidem? Si voluntatem sequitur possibilitas, tantum tibi velle sufficiat. Is enim potentiæ mos est, non extranea fallaciæ adjumenta conquirere, sed sua virtute implere quod cupiat. At nunc dum theatrali mutatione formarum (44), quasi rudem infantiam scenica **44** niteris simulatione deludere, exhaustas vires manifestius probas. Nunquidnam verus ille angelus contra Assyrios missus a Domino (*IV Reg.* XIX), aut populorum eguit societate, aut sonitus quæsivit, aut plausus; et non potius tacitam exercens potestatem, centum octogintaquinque millia hostium, sermone velocius, juxta jubentis Domini prostravit imperium? Vos ergo cum fragiles sitis viribus, perpetuus vos con e-quitur interitus.

Cap. XVII. — At dicet aliquis : Cur diabolus egrediens, beati Job omnem in ruinam impulit domum (*Job* I)? cur ejus opibus penitus dissipatis, parietum quoque fundamenta subvertens, unum numerosæ sobolis coacervavit sepulcrum (*Ibid.*, II)? cur ipsum ad extremum diri vulneris novitate percussit? Qui hoc opponit, audiat e diverso : non diabolum potuisse hoc, sed Dominum, a quo potestas adversum nos dupliciter datur, vel ad gloriam, si probamur, vel ad poenam, si delinquimus. Quin potius ex hoc animadvertat, ne contra unum quidem hominem diabolum quidquam potuisse, si non potestatem accepisset a Domino. Nullus enim quod suæ ditionis est ab alio deprecatur. Sed quid Job memoro, quem nec expetitum potuit vincere? sed nec contra jumenta quidem ejus, nec contra oves suas, sine concessu Dei proprium robur exercuit. Sic etiam in Evangelio scriptum est: Dæmones autem rogabant eum, dicentes : Si ejicis nos hinc, mitte nos in gregem porcorum (*Matth.* VIII). Quomodo igitur qui porcorum expetunt mortes, imaginem Dei hominem, et tam charum Conditori animal suo valebunt jure pervertere?

Magna, dilectissimi, adversum dæmones (45) arma sunt vita sincera et intemerata ad Deum fides. Credite mihi experto : pertimescit Satanas recte viventium vigilias, orationes, jejunia, mansuetudinem, voluntariam paupertatem, vanæ gloriæ contemptum, humilitatem, misericordiam, iræ dominatum, et præcipue purum cor erga Christi amorem. Novit teterrimus coluber, ex præcepto Domini sub justorum se jacere vestigiis, qui ait : Ecce dedi vobis potestatem calcare super serpentes et scorpiones, et super omnem virtutem inimici (*Lucæ* x).

Si autem et divinationem se habere simulantes, venturos fratres nuntiaverint, et adfuerint quos venire prædixerant, nec sic fides est commodanda mendacibus : ob id enim præcessere venientes, ut credulitas sibi paretur ex nuntio, et postea aditus ex credulitate fallaciæ. Verum in hoc nullum Christiano debet esse miraculum, cum non tantum qui levitate naturæ per cuncta discurrunt, valeant pervenire gradientes; sed homines quoque equorum velocitate prævecti, nuntiant adfuturos. Non enim ea quæ nondum fieri cœpta sunt referunt, quia Deus solus conscius est futurorum (*Dan.* XIII); sed quorum conspiciunt in actu initium, eorum sibi tanquam fures apud ignaros vendicant notionem. Nam quantos nunc putatis qui possint velocitate puerili istam cœtum nostrosque contra se sermones, ante relatum alicujus hic positi, longe manentibus indicare? Hoc quod dico vobis, perspicuum fieri potest exemplis. Si quis a Thebaide aut alicujus regionis oppido cœperit proficisci, et hunc dæmones viderint in itinere ambulantem, perniciate memorata possunt prædicere venientem. Ita et de Nili inundatione solemni (46), cum multas in Æthiopia viderint pluvias, e quibus fluvius intumescens, ultra alveum effluere consuevit, præcurrentes ad Ægyptum, nuntiant amnis adventum. Hoc autem et homines, si illis celeritatis esset tanta natura, facile nuntiarent. Ut enim speculator beati David ad verticem loci celsioris ascendens (*II Reg.* XVIII), prior quam hi qui in terra erant prospiciens venientes, non quædam incerta de futuris, sed de his qui venire cœperant nuntiabat; sic et dæmones cura pervigili omnia considerantes, rapido cursu sibi invicem nuntiant. Sed si forte contigerit ut Dei nutu ad finem cœpta non veniant, hoc est, si aut viator e media regrediatur via, aut suspensæ nubibus aquæ ad altum cœli cardinem deferantur, tunc decipientium una cum credentibus error aperitur. Hæc gentilitatis fuere principia, his præsagitorum dolis apud delubra dæmonum quondam credebantur oracula : quæ adventu Domini nostri Jesu Christi, indicto sibi silentio (47), obmutuerunt, suosque perdidere captivos. Quis (rogo) aut medicum ex observatione morborum, cum animæ æstuantis incendium de venarum pulsu levi digitorum scrutatur attactu, divinam arbitratur habere notitiam? Quis gubernatorem navigationis suæ viam inter cœli sidera requirentem majestatis honore veneratur? Quis agricolam de aridis æstatis fervoribus, aut de hiemali aquarum largitate vel frigore disputantem, non potius experientia laudat, quam dei consecrat nomine?

Verum, ut concedamus paulisper vera dæmones nuntiare, respondete mihi, quis fructus est nosse venientia? Nunquid aut sciens hæc aliquando laudatus, aut punitus est nesciens? In hoc unusquisque sibi præparat, seu tormenta, seu gloriam, si vel negligat Scripturarum mandata, vel faciat. Nullus ob id nostrum hanc arripuit vitam, ut habeat præscientiam futurorum, sed ut præceptis Domini **45** obediens, amicus esse incipiat de servo. Curandum est non præscire quæ veniunt, sed implere quæ jussa sunt; nec institutionibus bonis hanc flagitare mercedem, cum magis debeamus victoriam contra diabolum ab auxiliatore Domino postulare. Sed si forte aliquis hoc libenter assumat, ut futura cognoscat, habeat purum cor; quia credo animam Deo servientem, si in ea perseveraverit integritate qua nata est (48), plus scire posse quam dæmones. Talis erat anima Elisæi, quæ aliis incognitas virtutes faciebat.

Cap. XVIII. — Nunc jam cæteras vobis dæmonum explicabo fallacias. Solent nocte venientes, angelos Dei se fingere, laudare studium, mirari perseverantiam, futura præmia polliceri. Quos cum videritis, tam vos quam domos vestras crucis armate signaculo, et confestim solventur in nihilum : quia metuunt illud trophæum in quo Salvator aereas exspolians potestates, eas fecit ostentui. Solent etiam variis simulationibus membra torquere, et nostris procaciter offerre se visibus, ut mentem pavore, et corpus horrore concutiant. Sed et in hoc fides Deo tuta fugat eos quasi infirma ludibria.

Non est autem difficilis bonorum spirituum malorumque discretio (49), quæ sic Deo tribuente panditur : Sanctorum angelorum amabilis et tranquillus aspectus est, quia non contendunt neque clamant, neque audiet aliquis vocem eorum; verum tacite leniterque properantes, gaudium, exsultationem, fiduciam pectoribus infundunt, siquidem cum illis est Dominus, qui est fons et origo lætitiæ. Tunc mens nostra non turbida, sed lenis et placida angelorum luce radiatur; tunc anima cœlestium præmiorum aviditate flagrans, effracto (si posset) humani corporis domicilio; et membris exonerata mortalibus, cum his quos videt abire festinat ad coelum. Horum tanta benignitas est, ut si quis pro conditione fragilitatis humanæ, miro fuerit eorum fulgore perterritus, omnem continuo ex corde auferant metum. Ita Gabriel cum Zachariæ loqueretur in templo (*Lucæ* XII); et angeli cum divinum Virginis partum pastoribus nuntiarent (*Matth.* XXVIII), et qui Dominici corporis agebant excubias, securis videntium se mentibus ostendentes, ne metuerent imperabant. Metus enim non tantum ex pavore animi, quantum ex magnarum rerum sæpe incutitur aspectu. Pessimorum vero vultus truces, sonitus horridi, sordidi cogitatus, plausus motusque indisciplinatorum adolescentum vel latronum; e quibus confestim timor animæ, sensibus torpor incutitur; odium Christianorum, monachorum mœror et tædium, suorum recordatio, metus mortis, cupido nequitiæ, lassitudo virtutis, cordis hebetatio. Si igitur post timorem horrore conceptum, successerit gaudium et ad Deum fiducia atque ineffabilis charitas, venisse sciamus auxilium, quia securitas animæ præsentis majestatis indicium est. Sic namque et Abraham patriarcha videns Deum, gavisus est (*Joan.* VIII); et Joannes cum Mariam supervenisse sentiret, quæ in sacri ventris hospitio universitatis gestabat parentem, exsultavit necdum natus in gaudium. (*Lucæ* I). Si autem incussa formido permanserit, hostis est qui videtur : quoniam nec refovere novit, ut Gabriel paventem Virginem ne timeat jubet (*Lucæ* I); et sicuti pastores nuntio consolati sunt (*Ibid.*). Quin imo pavorem duplicat, et usque ad profundam impietatis foveam, ut sibi homines prosternantur impellit. Exinde misera gentilitas, dominicæ interdictionis ignara, falso dæmones deos opinata est. Christianorum autem populos his fallaciis irretiri non passus est Dominus, qui diabolum in Evangelio audacter sibi principatum omnium præsumentem repulit, dicens : Vade retro, Satana. Scriptum est enim : Dominum Deum tuum adorabis, et illi soli servies (*Matth.* IV; *Deut.* VI et X). Horum verborum etiam nobis licentia est tributa; quia idcirco locutus est talia, ut similitudo tentamentorum auctoris nostri frangeretur eloquiis.

CAP. XIX — Illud quoque, mei charissimi, admoneo, ut vitæ magis sit vobis, quam signorum sollicitudo. Nullus ex vobis hæc faciens, aut ipse superbia intumescat, aut despiciat eos qui facere non possunt. Conversationem magis scrutamini singulorum : in hac vita et imitari vos quæ perfecta sunt convenit, et implere quæ desunt. Nam signa facere non est nostræ parvitatis, sed Domini potestatis, qui ad discipulos gloriantes, in Evangelio ait : Ne gaudeatis quia dæmones vobis subjecti sunt, sed quod nomina vestra scripta sunt in cœlis (*Lucæ* X). Nominum enim in libro vitæ conscriptio, testimonium est virtutis et meriti; expulsio autem Satanæ, largitio Salvatoris est. Unde his qui non in vitæ laboribus, sed in prodigiis exsultabunt, dicentibus : Nonne in nomine tuo dæmonia ejecimus, et in nomine tuo virtutes multas fecimus (*Matth.* VII)? respondebit Dominus : Amen dico vobis, non novi vos, discedite a me, operarii iniquitatis. Non enim novit Dominus vias impiorum. Hoc ergo magnopere postulemus, ut donum spirituum discernendorum mereamur accipere; quo, secundum sententiam Scripturarum, omni spiritui non credamus (*I Joan.* IV).

CAP. XX. — Volueram quidem jam finire sermonem, et silentio premere quæcunque meæ acciderant parvitati; sed ne putetis me frustra commemorasse quæ evenire non possent, idcirco (licet insipiens fiam, tamen Dominus, qui secretæ mentis est inspector, novit non me causa jactantiæ, sed vestri gratia profectus hoc facere, pauca replicabo de plurimis. Quoties me nimiis laudibus efferre conati sunt, cum a me in nomine Domini maledicta reciperent (50)! quoties augmenta Nili fluminis futura dixerunt, cum a me audirent : Et hoc ad vestram quid pertinet curam? quoties minitantes ut milites armati, scorpionibus, equis, belluis, et variis serpentibus circumdederunt me, et domum in qua eram repleverunt, cum ego e contra psallerem : Hi in curribus et hi in equis, nos autem in nomine Domini Dei nostri magnificabimur (*Psal.* XIX). Et statim misericordia Christi fugabantur. Quodam autem tempore cum ingenti luce venientes, dixerunt : Venimus, Antoni, nostrum tibi præbere fulgorem. Et ego, clausis oculis, quia lucem diaboli dedignabar aspicere. orabam, et dicto citius impiorum lumen exstinguebatur. Post menses autem paucos, cum coram me psallerent, et de Scripturis sibimet sermocinarentur, ego tanquam surdus non audiebam. Commoverunt aliquando monasterium meum (51), et ego mente immobili Dominum deprecabar. Sæpe strepitus, sæpe saltationes, sæpe sibilos ingesserunt; et me psallente, sonus eorum in voces flebiles vertebatur

Creditisne, filioli, quod dicturus sum vobis ? Vidi aliquando diabolum excelsum corpore, qui se Dei virtutem et providentiam ausus est dicere, et ait ad me : Quid vis, ut a me tibi donetur, Antoni ? At ego sputaculum (52) maximum in os ejus ingeminans, totum me in eum Christi nomine armatus, ingessi : et statim ille procerus aspectu inter medias manus exolevit. Jejunanti etiam mihi visus est ut monachus; et panes offerens, his sermonibus suadebat ut vescerer, et huic aliquid indulgerem corpusculo : Et tu, inquit, homo es, et humana fragilitate circumdaris; labor paululum conquiescat, ne ægritudo subripiat. Illico luridam faciem serpentis agnovi; et cum ad consueta Christi munimenta confugerem, tanquam per fenestram fumus laberetur, evanuit. Auri quoque decipulam mihi in deserto frequenter tetendit; quod ideo offerebat, ut aut visu irretiret me aut tactu commacularet. Sæpe quoque me a dæmonibus non denego verberatum. Canebam autem sic : Nullus me separabit a charitate Christi (*Rom.* VIII). Ad cujus vocis auditum, in se invicem desurentes, non meo, sed Domini fugabantur imperio, qui ait (*Lucæ* x) : A nexuit. Una est ergo ratio vincendi inimicum, Vidi Satanam quasi fulgur cadentem de cœlo. Hæc ergo, filioli, apostolici memor eloquii, in me transformavi , ut propositum vestrum nec dæmonum terror, nec aliqua lassitudo dissolveret.

Sed quoniam ob vestram utilitatem multa memorando, insipiens factus sum, et hujus rei vobis impertiri cupio notionem, quam veram esse nullus ambigat audientium. Pulsavit aliquando dæmon monasterii ostium : egrediens, video hominem enormi sublimitate, porrectum caput usque ad cœlum. Cum ab hoc quisnam esset inquirerem, ait : Ego sum Satanas. Et ego : Quid, inquam, hic quæris ? Respondit : Cur mihi frustra imputant monachi ? cur mihi omnes Christianorum populi maledicunt ? Et ego : Juste faciunt, tuis enim frequenter molestantur insidiis. At ille ait : Nihil ego facio, sed ipsi se invicem turbant. Nam ego miserabilis factus sum. Rogo, nonne legisti : Quia defecerunt inimici frameæ in finem, et civitates eorum destruxisti (*Psal.* ix) ? En nullum jam habeo locum, nullam possideo civitatem, jam mihi nulla sunt arma : per omnes nationes cunctasque provincias Christi personat nomen, solitudines quoque monachorum stipantur choris. Ipsi se, quæso, tueantur, et me sine causa non lacerent. Tunc ego Dei gratiam cum alacritate miratus, sic ad eum locutus sum : Non tuæ veritati, quæ nulla est, tam novam et tam inauditam ascribo sententiam. Nam cum fallaciæ caput sis, hoc sine mendacio coactus es confiteri. Vere enim Jesus tuas funditus subruit vires, et honore nudatus angelico, volutaris in sordibus. Vix dum verba compleveram, et ille sublimis aspectu Salvatoris nominatione dejectus est.

Quæ ergo jam, o filioli, poterit residere cunctatio ? quæ trepidatio manebit ulterius ? Quis nos eorum turbo poterit convellere ? Securæ sint animæ singulorum : non sibi fingat vana cogitatio vana discrimina ; non aliquis timeat a diabolo sublatum ad præcipitia se posse deferri. Pellatur omnis anxietas ; Dominus enim, qui nostros prostravit inimicos, manens, ut promisit, in nobis (*Joan.* xiv), a variis nos Satanæ munivit incursibus. En ipse diabolus, qui hujusmodi cum suis satellitibus exercet astutias, nihil se posse contra Christianos fatetur.

Jam curæ Christianorum et monachorum sit ne per eorum inertiam vires dæmonibus præbeantur. Nam quales nos et nostras repererint cogitationes, tales se nobis præstare consueverunt. Et si quod in pectoribus malæ mentis et pavoris semen invenerint, quasi latrones, qui deserta obtinent loca, cœptos cumulant timores, et crudeliter imminentes, infelicem puniunt animam. **47** Si autem alacres fuerimus in Domino, et futurorum bonorum cupido nos succenderit ; si semper omnia manibus Dei committamus, nullus dæmonum ad expugnandum valebit accedere ; magis enim, cum munita in Christo corda conspexerint, confusi revertentur. Ita et Job firmatum in Domino diabolus refugit ; et infelicissimum Judam exspoliatum fide, vinculis captivitatis innexuit. Una est ergo ratio vincendi inimicum, lætitia spiritualis, et animæ Dominum semper cogitantis jugis recordatio : quæ dæmonum ludos quasi fumum expellens, persequetur adversarios potius quam timebit. Non est enim nescius Satanas ignium futurorum, et æstuantis gehennæ copiosa novit incendia.

Sed ut mea jam claudatur oratio, illud in finem commemoro : Cum aliqua se vobis obtulerit visio, audacter requirite, quis sit ille, et unde venerit ; ac sine mora, si sanctorum fuerit revelatio, angelica consolatione timor vertetur in gaudium. Si vero diaboli fuerit oblata tentatio, fidelis animæ percunctationibus evanescet ; quia maximum est securitatis indicium, interrogare quisnam est et unde. Sic et Nave filius auxiliatorem suum interrogando cognovit (*Josue* v) ; nec Danielem percontantem latere potuit inimicus (*Dan.* x).

Postquam Antonius dicendi finem fecit, lætantibus cunctis, in aliis virtutis cupido exardescebat, in aliis infirma refovebatur fides, ex aliorum mentibus falsæ opiniones pellebantur, ex aliorum sensibus inanium terrorum pellebatur accensio : simulque universi, cum jam dæmonum insidias contemnerent, mirabantur in Antonio tantam gratiam spirituum discernendorum, quam Domino tribuente perceperat.

CAP. XXI. — Erant igitur in monte monasteria tanquam tabernacula, plena divinis choris psallentium (53), legentium, orantium : tantumque jejunandi et vigiliarum ardorem cunctorum mentibus sermo ejus afflaverat, ut futuræ spei aviditate, ad charitatem mutuam et misericordias indigentibus exhibendas jugi studio laborarent, qui infinitam regionem quamdam, et oppidum a mundana conversatione sejunctum, plenum pietatis et justitiæ videbantur incolere. Quis tantum monachorum agmen aspiciens, quis virilem illum concordiæ cœtum cernens, in quo nullus nocens, nulla detractio susurronis, sed multitudo abstinentium et certamen officiorum erat, non in hanc statim erumperet vocem : Quam bonæ domus tuæ, Jacob ! tabernacula tua, Israel, tanquam nemora obumbrantia, tanquam paradisus super fluvios, tanquam tabernacula quæ fixa sunt a Domino, tanquam cedri circa aquas (*Num.* xxiv) !

CAP. XXII. — Dum hæc ita geruntur, quibus in dies beatæ vitæ studium cresceret, Antonius mansionum in cœlo positarum recordans, et præsentis vitæ despiciens inanitatem, quasi parva essent quæcunque jam gesserat, separatus a fratribus instituebatur. Cumque eum sive cibum sive somnum indulgere corpusculo, aut alias naturæ necessitates, cogeret humana conditio, miro afficiebatur pudore, quod tantam animæ libertatem modici carnis termini coercerent. Nam frequenter cum fratribus sedens, a cibo cui fuerat appositus, memoria escæ spiritualis, abstrahebatur. Edebat tamen, utpote homo, sæpe solus, sæpe cum fratribus. Et cum hæc mira (ut prædixi) ageret, cum confusione animæ adhibendam magnopere corpori diligentiam persuadebat dicens, nec corpus esse penitus enecandum, ne operatio contra voluntatem Creatoris dissolveretur; et nec ob id omne studium animæ conferendum; ne vitiis superata corporeis, ad æternas inferni tenebras truderetur; quinimo indultum sibi in carne imperium vindicans, domicilium suum, ut apostolus Paulus (*II Cor.* XII), ad tertium cœlum sublevaret. Asserebatque hoc a Salvatore præceptum, in quo ait : Nolite solliciti esse animæ vestræ quid manducetis aut quid bibatis, nec corpori quid vestiamini, quia hæc gentes quærunt; vester autem Pater novit quod indigetis his omnibus. Quærite ergo primum regnum Dei et justitiam ejus, et hæc omnia adjicientur vobis (*Matth.* VI).

CAP. XXIII. — His rebus transactis, cum persecutio impiissima Maximiani (54) furore vesano vastaret Ecclesiam, sanctis quoque martyribus Alexandriam perductis, relicto et ipse monasterio secutus est futuras Christi victimas, dicens : Pergamus ad gloriosos fratrum triumphos, aut ipsi congrediamur, aut spectemus alios præliantes. Et amore quidem jam martyr erat, sed cum tradere se ultro non valeret, et sociari confessoribus in metallis vel in carceribus constitutis, magna cum libertate et cura ingrediens ad judicem, exhortabatur, ne terrore impiorum subacti, Dominum negarent. Jamque sententia coronatos exsultans, quasi ipse vicisset, usque ad locum felicis sanguinis prosequebatur. Quamobrem motus judex, ob Antonii sociorumque ejus constantiam, præcepit nullum penitus monachorum aut observare judicium, aut in civitate versari. Et cæteris quidem omnibus in illa die placuit abscondi; Antonius autem impavidus, neglecto persecutoris imperio, lavit ependyten suum (55). Et alia die, stans in quodam eminenti loco, candente præcinctus veste (56), procedentem judicem suo provocabat aspectu, flagrans cupiditate martyrii; ostendebatque nobis, contemptorem pœnarum et mortis in Christianis animum perseverare debere, intantum, ut contristaretur quia volenti pati pro Dei nomine martyrium non dabatur. Sed Dominus qui suo gregi parcebat, magistrum servavit Antonium, ut institutum (sicuti factum est) monachorum non solum oratione ejus, sed et conspectibus firmaretur. Nunquam tamen a sanctorum confessorum vestigiis separatus est, quin, anxia circa eos cura et charitatis vinculis colligatus, magis carcerem patiebatur exclusus. Postquam autem persecutionis turbo defluxerat, et beato episcopo Petro jam ob martyrii gloriam coronato (57), ad pristinum monasterium regressus, quotidianum fidei ac conscientiæ martyrium merebatur, acrioribus se jejuniis vigiliisque conficiens (58), vestimento cilicino intrinsecus, desuper pellicio utebatur, nunquam corpus lavans, nunquam pedibus sordes abluens, nisi cum per aquas transire necessitas compulisset. Nullus denique Antonii corpus nudum, antequam moreretur, unquam vidit.

CAP. XXIV. — Quodam autem tempore, cum ab omnium se amovisset oculis, et clauso monasterio neminem omnino susciperet, Martinianus militum præpositus (59), cujus filia immundi spiritus infestationibus quatiebatur, pulsans ostium obsecrabat, ut suo pignori subveniret, et exiens, Deum pro filia precaretur. Tum ille aperire quidem minime voluit : prospiciens vero desuper, ait : O homo, quid meum poscis auxilium? mortalis et ego sum, et tuæ socius fragilitatis; si autem credis in Christum, cui deservio, vade, et secundum fidem tuam ora Deum, et sanabitur filia tua. Confestim ille credens abiit; et invocato Jesu, filiam reduxit incolumem. Multa et alia mirabilia per illum Dominus operatus est, et merito; qui enim promisit in Evangelio, Petite, et dabitur vobis (*Matth.* VII), invento qui ejus gratiam mereretur accipere, suam potentiam non negavit. Nam plures vexatorum ante monasterium ejus, clauso introitu, dormientes, fidelibus per eum ad Christum precibus curabantur. Hæc illi multitudo venientium, desideratam solitudinem auferens, tædio fuit.

Metuens itaque ne signorum copiosa concessio aut suos animos extolleret, aut alios plus de se quam videbant in ipso cogeret æstimare, ad superiorem Thebaidem pergere cogitavit, ubi nullus eum agnosceret. Et a fratribus acceptis panibus, sedebat super fluminis ripam, transitum navis observans. Illo talia cogitante, vox ad eum desuper facta est, dicens : Antoni, quo pergis, et quare? At ille intrepide, quasi con-netam vocem loquentis agnosceret respondit : Quoniam non sinunt me quiescere populi, idcirco ad superiorem Thebaidem ire optimum duxi; præcipue, quia ea exigor quæ virtutem meæ pusillanimitatis excedunt. Et vox ad illum ait : Si ad Thebaidem vadas, et ad pastoralia (60), ut cogitas, pergas, majorem ac duplicem sustinebis laborem. Si autem vere quiescere cupis, vade nunc ad interius desertum. Cumque Antonius diceret : Quis mihi locum avium poterit ostendere, ignarus enim sum locorum? confestim ei qui loquebatur Saracenos indicavit, qui mercandi gratia ad Ægyptum venire consueverant. His appropinquans Antonius, rogavit ut se pariter abducerent in desertum. Nullus obnisus est, sed tanquam a Deo missum comitem suscipientes, amplexi sunt ejus societatem.

Tribus autem diebus et noctibus itinere confecto, invenit montem (61) valde excelsum, ad cujus radices fons aquæ dulcis labebatur, et campus haud magnus totum ambiens montem, qui palmis perpaucis, et his neglectis, consitus erat. Hunc Antonius locum, quasi a Deo sibi offerretur, amplexus est. Is enim erat quem sibi ad fluminis ripam sedenti qui loquebatur ostenderat. Et primo quidem accipiens a comitibus panes, solus remansit in monte, nullo alio cum eodem conversante. Quasi propriam enim domum agnoscens, habebat locum illum. Saraceni quoque videntes ejus fiduciam, optato per eum transitu, panes eidem cum lætitia deferebant; necnon palmarum, licet mediocri, attamen aliquanto solatio refovebatur.

CAP. XXV. — Exinde cum fratres, agnito loco, tanquam ad patrem filii, sollicite alimenta transmitterent, videns Antonius quod ob suum refrigerium multis onerosus labor indiceretur, et parcens etiam in hoc monachis, rogavit unum de advenientibus, ut sarculum sibi, bis acutum cum frumento deferret (62). Quibus allatis circumiens montem, haud grandem culturæ aptum reperit locum, ad quem derivata aqua desuper poterat influere; ibique seminavit; atque exinde annuum sibi panem laborans, gaudebat, quod sine cujusquam molestia ex propriis manibus viveret in deserto. Sed cum rursus etiam illuc quidam venire cœpissent, misertus est lassitudini eorum, et olus in parvo terræ cespite coluit, ut post asperum iter aliquo venientes solatio refoverentur. Hoc fratrum refrigerium et parvulam messem bestiæ, propter aquas illuc convenientes, depastæ 49 sunt: e quibus unam apprehendens dixit omnibus : Cur me læditis, nihil a me læsæ? abite, et in nomine Domini ne huc appropietis ulterius. Quis non credat, post hanc denuntiationem, quasi timentes, nunquam illuc bestias appropinquasse? Sic Antonio impenetrabilia montium et deserti interiora captanti, orationibus etiam dedito, introeuntes fratres magnis vix precibus extorserunt, ut olivas et legumen et oleum, quod post menses aliquot ministrabant, dignaretur accipere, et senili modicum laxaret ætati.

Proh nefas! quantas ibi conversans expertus est luctas. Vere, secundum quod scriptum est, non illi adversus carnem et sanguinem fuisse colluctationem, sed adversus principatus et potestates (*Ephes.* vi); ab his qui ad eum ingrediebantur agnovimus. Illi enim tumultus et voces populi, armorumque sonitus, prorsus plenum montem dæmonum multitudine se vidisse referebant : ipsum etiam quasi contra inimicos palam resistentem et fortiter colluctantem. Qui tamen et advenientes suo refovebat hortatu, et flexis genibus, armis quoque orationum omnem Satanæ prosternebat exercitum. Admiratione plane dignum est, in tam immani solitudine, unum hominem nec dæmonum quotidianas expavisse congressiones, nec tantarum bestiarum, quadrupedum sive reptilium, diversæ cessisse feritati. Juste David cecinit : Qui confidunt in Domino, sicut mons Sion non commovebitur in æternum (*Psal.* cxxiv). Immobilem et tranquillam retinens animi firmitatem, et dæmones fugabat, et feras, sicut scriptum est (*Job.* v), secum pacificabat. Sed et diabolus, ut supra dictus propheta ait (*Psal.* lxiii), observans eum, frendebat dentibus suis; et ille Salvatoris auxilio, ab universis tutus perseverabat insidiis. Quadam ergo nocte cum pervigil Antonius obsecraret Dominum, tantos in monasterium ejus bestiarum greges coacervavit, ut omnes eremi belluas (63) circum se aspiceret. Quæ cum rictu oris morsum corpori minitarentur, intellexit hostis astutias, dixitque : Si a Domino in me vobis est tributa licentia, devorate concessum; si autem dæmonum huc venistis impulsu, quantocius abite, quia Christi famulus sum. Ita factum est, et cum jubentis voce omnis bestiarum multitudo, quasi majestatis verbere cæderetur, aufugit.

Cap. XXVI. — Non multi post hæc fluxerant dies, et alia oritur cum eodem hoste certatio. Operante illo (nam semper, ut venientibus pro his quæ sibi detulerant, aliquod munusculum rependeret, laborabat) traxit quidam sportellæ, quam texebat, tricinam sive funiculum (64). Ad cujus motum exsurgens, vidit bestiam pubetenus humanam faciem præferentem, quæ exinde in asinum finiebatur. Post cujus aspectum, vexillum crucis in fronte sua pingens, hoc tantum ait : Christi servus sum, si ad me missa es, non fugio. Nullum in medio spatium, et statim informe prodigium dicto ocius cum satellitum turba fugit, et in medio cursu ruens exstinctum est. Ista autem explosi mors atque enecati prodigii, dæmonum erat communis interitus; qui omni studio laborantes, Antonium a deserto deducere non valuerunt. Mirandis plus miranda succedunt.

Cap. XXVII. — Non grande post ista tempus excesserat, et tantarum victoriarum homo fratrum precibus vincitur. A monachis enim rogatus, ut eos dignaretur invisere, una cum his profectus est, impositis camelo aqua et panibus, quia nusquam, præter monasterii locum ex quo hauserant, potabilis aqua per arentem viam reperiebatur. Verum in medio itinere bibendi subsidia defecerunt. Ardor nimius, æstus intolerabilis, mortem cuncta minitantur. Circumeunt, et quærunt saltem collectam pluviis lacunam, nihil prorsus remedii, nihil occurrit penitus ad salutem. Camelus quasi periturus et ipse æstuans dimittitur, æstuantis pectus exuritur, et sitis desperatione fervescit. Movit senem fratrum secum commune discrimen, et vehementissime contristatus ingemuit. Dehinc ad solita precum auxilia confugiens, paululum ab eis secessit; ibique, genibus fixis, supplices manus tetendit ad Dominum. Nec mora, et ad primas rogantis lacrymas, in orationis loco fons ebulliens erupit, ibique exstincta sitis, et arentia membra refecta sunt, et plenis utribus inventum potant camelum. Ita enim casu evenerat, ut camelus errans per eremum, dum funiculum trahit, in quodam lapide ejusdem alligatione funiculi teneretur. Tandem confecto itinere ad monachos qui invitaverant pervenit. Tunc vero quasi patri omnes obviam occurrerunt et honorifico salutatu in oscula ejus et amplexus certatim ruunt. Proposito ferventi gaudet Antonius; et lætantibus de adventu suo cunctis, quasi xenia (65) de monte portans, spiritualia impartitur alimenta. Laudat veterum studia, hortator novorum. Sororem quoque jam vetulam virginem videns, et aliarum puellarum magistram, mira exsultatione sustollitur. Exinde, quasi diu abesset ab eremo, rursum festinavit ad montem.

Cap. XXVIII. — Plurimis jam ad illum venientibus, cum etiam vexati a dæmonibus, malo necessitatis coacti, auderent deserta penetrare; quos ille consolans, et monachis in commune præcipiens, aiebat : Credite in Jesum fideliter : 50 mentem a malis cogitationibus, carnem ab immunditiis servate puram, et juxta eloquia divina, ne seducamini in saturitate ventris (*Prov.* xxiv), odite vanam gloriam, orate sæpissime, psallite vespere, et mane, et meridie, et mandata Scripturarum revolvite. Recordamini gestorum, quæ sancti quique fecerunt, ut exempli memoria animam incitet ad virtutem, refrenet a vitiis. Suadebat etiam jugi meditatione retinendum Apostoli sermonem, quo ait : Sol non occidat super iracundiam vestram (*Ephes.* iv). Non tantum autem super iracundiam solem occidere non debere interpretabatur, sed et super omnia delicta hominum, ne peccatorum unquam nostrorum aut in nocte luna, aut in die sol, testes abscederent. Illius quoque admonebat præcepti memores esse, quod dicit de his : Dijudicate vosmetipsos, et probate (*II Cor.* xiii) ; ut rationem diei noctisque facientes, si in se delictum deprehendissent, peccare desisterent ; sin autem nullus error decepisset, perseverantes instarent potius incepto, quam arrogantia tumidi aut alios contemnerent, aut sibi justitiam vendicarent, juxta supradicti Doctoris eloquium dicentis : Nolite judicare ante tempus (*I Cor.* iv) ; magis debere eos Christi, cui soli occulta patent, reservare judicio (*Rom.* ii). Multas esse (ut scriptum est) vias quæ videntur hominibus justæ, sed fines earum ad profundum respicere inferni (*Prov.* xiv *et* xvi) ; sæpe nostra non posse nos intelligere peccata, sæpe falli in ratione gestorum ; aliud esse Dei cuncta cernentis judicium, qui non ex superficie corporum, sed ex mentium judicat arcanis. Æquum autem esse nos nobis compati, et invicem onera nostra portare (*Gal.* vi), ut concesso examine Salvatori, proprias conscientias nosmetipsos judicantes intueremur.

Necnon dicebat magnam esse ad virtutem viam, si singuli vel observarent quod gererent, vel universas mentium cogitationes fratribus referrent. Non enim posse aliquem peccare, cum relaturus esset ad alium quæcunque peccasset, et subire pudorem in publicum turpia proferendi. Denique nullum peccantem coram alio audere peccare ; etiamsi peccet, tamen testem vitare peccati, mentiri magis et negare, et vetus delictum novo inficiandi augere delicto. Igitur quasi sub oculis, aiebat, nostris, et cogitatu confundimur et actu, si omnia referenda faciamus, multo autem magis, si peccata nostra fideliter describentes digeramus in ordinem. Tunc vero annotatio delictorum fratrum videbitur oculis. Si timebimus peccati ceras conscias (66), ipsi nos arguent apices. Et quomodo meretricibus membra miscentes, confunduntur ad præsentiam cæterorum, ita et nos erubescemus ad litteras, si hæc agamus. Hanc virtutis gradiamur viam, et corpora mentibus subjugantes, perniciosas diaboli conteramus insidias. Talibus sermonibus hortamentisque et venientes ad se monachos incitabat ad studium, et patientibus condolebat, pluresque eorum Dominus per Antonium liberavit. Nunquam tamen aut de incolumitate curatorum est inflatus ad gloriam, aut contristatus de obsessis adhuc corporibus murmuravit ; magis autem eodem semper animo et vultu manens, gratias Deo referebat, suadens occupatis ut correptionem qua vexabantur, patienter ferrent. Non enim Antonii aut cujusquam hominum omnino hanc esse medicinam, sed Dei solius, qui et quibus vellet, et quo vellet tempore daret sanitatem. Ita consolatione sua et vexatos æquanimiter ferre tentationem, et jam liberatos, non sibi, sed Deo gratias referre docebat.

CAP. XXIX. — Fronto autem quidam, vir ex Palæstinis, qui infestissimo dæmonio vexabatur (nam et linguam ejus laniabat dentibus, et oculorum nitebatur lumen exstinguere), perrexit ad montem, rogabatque beatum senem ut pro se Dominum rogaret. Oravit Antonius, dixitque ad eum : Vade, et curaberis. Illi incredulo sibi, et violenter ibidem contra præceptum remoranti, eadem geminabat Antonius, dicens : Hic curari non poteris : egredere, et calcata Ægypto, statim te misericordia Christi consequetur. Tandem credidit, et profectus est ; ac visa Ægypto, secundum professionem senis, quam ei Dominus oranti revelaverat, infestatio cessavit inimici.

CAP. XXX. — Virgo vero quædam, quæ de Busiris Tripolitanæ regionis (67) civitate ibidem erat, inauditis ac flebilibus morbis laborabat. Etenim narium purgamenta, oculorum lacrymæ, aurium putridus humor in terram cadens confestim in vermes vertebantur. Augebat calamitatem corpus paralysi dissolutum, oculos quoque perversos contra naturam habens. Hanc parentes ejus deferentes, cum ad Antonium monachos ire didicissent ; credentes in Domino, qui pertinacem sanguinis fluxum in Evangelio tactu fimbriæ stare præceperat (*Matth.* ix) rogaverunt ut miserabilem filiæ comitatum susciperent. Illis renitentibus eam usque ad Antonium perducere, remansere parentes ejus foris cum filia debili apud beatum confessorem et monachum Paphnutium (68), qui effossis pro Christo oculis sub Maximiano persecutore, tali dehonestamento (69) corporis plurimum gloriabatur. Pervenerunt igitur ad Antonium monachi. Cumque de morbo puellæ referre 51 disponerent, relationem eorum senis sermo prævenit ; et omnem debilitatis et itineris usque ad sanctum Paphnutium causam, quasi ipse interfuisset, exposuit. Rogantibus autem eum monachis, ut parentibus cum filia permitteretur ingressus, non concessit, sed ait : Ite, et invenietis puellam, si non est mortua, curatam. Et adjecit : Nullus debet ad meam humilitatem venire, quia largitio curationum non est humanæ miseriæ, sed Jesu Christi misericordiæ, qui ubique in se credentibus præstare consuevit auxilium. Quamobrem et illa, pro qua petitis, suis precibus liberata est ; et cum ad Dominum orarem ego, mihi præscientia sanitatis ejus indulta est. Dixit, et verba ejus puellæ incolumitas secuta est. Nam exeuntes foras ad beatum Paphnutium, et filiam sospitem, et parentes lætos repererunt.

CAP. XXXI. — Non multos autem post ista dies, cum duobus fratribus euntibus ad Antonium aqua in itinere defecisset, et uno siti mortuo, alter jaceret in terra mortem exspectans, Antonius sedens in monte, celeriter ad se duos monachos vocavit, qui forte illi-

dem sunt reperti; et festinato præcepit ut lagenam
aquæ assumentes, invaderent iter quod ducit ad
Ægyptum, dixitque : unus e fratribus huc advenientibus modo migravit ad Dominum ; alter, si non suc-
curreritis addetur ; hoc enim mihi nunc oranti revelatum est. Sic ait; et juxta præceptum ejus monachi
festinantes, exstinctum corpus inveniunt, terraque id
operientes, alterum refocillatum suo junxerunt comi-
tatui. Erat autem spatium itineris unius diei. Fortasse
aliquis quærat : cur non antequam moreretur, Antonius dixerit? Incongruo prorsus Christianis argumento, quia non Antonii, sed Dei judicium fuit, qui
et de recedente, quam voluit, sententiam tulit, et de
sitiente revelare dignatus est. Hoc tantum in Antonio
mirabile est, quod in monte remotissimo sedens,
corde pervigili cuncta procul posita, Domino indicante, cognosceret.

Cap. XXXII. — Alio rursus in tempore cum sederet
in monte, et oculos subito tetendisset in cœlum, vidit
nescio quam animam, lætantibus in ejus occursum
angelis, ad cœlum pergere. Cujus spectaculi novitate
stupefactus, beatum dixit sanctorum chorum, oravitque ut sibi rei præsentis agnitio panderetur. Et statim vox ad eum facta est, inquiens istam esse Ammonis monachi animam (70) qui Nitriæ morabatur.
Erat autem Ammon vir grandævus, qui perseveranter a pueritia usque ad senectutem in sanctitate vixerat (*Ruffin.*, l. II, c. 28 ; *Pallad.*, c. 7, 8). Itinere
quoque dierum tredecim (71), a Nitria, locus in quo
sedebat Antonius, dividebatur. Videntes autem eum
monachi admirantem, qui venerant, deprecati sunt
ut causam hilaritatis ediceret. Quibus ait modo Ammonem quievisse quem propter frequentem ejus ad
Antonium commeatum, et propter celebritatem in-
dultorum ei a Domino signorum optime noverant.

De quibus etiam hoc unum dicendum est : Necesse
ei fuit aliquando flumen nomine Lycum (72) subitis
aquis inundatum transvadare (*Ruffin. et Pallad.*, supra); rogavitque Theodorum, qui cum ipso erat, ut
paululum a suo separaretur aspectu, ne nuditatem
corporis invicem uterque conspicerent. Recessit
Theodorus, nihilominus ille seipsum cum nudare vellet, erubuit. Cogitantem autem eum in alteram ripam
virtus divina transposuit. Rursusque Theodorus, vir
et ipse Deo devotus, transiens ad senem mirari cœpit,
quod tam velociter fluvium transvadasset. Cumque
nihil humoris in pedibus, nulla in vestibus ejus aquæ
signa conspiceret, rogavit eum ut tam incredibilem
translationem quasi filio pater exponeret. Nolente
illo dicere quæ acciderant, amplexus est pedes ejus,
juravitque non se dimissurum, priusquam sibi id
quod celabat referret. Videns ergo senex contentiose
vincere volentem fratrem, exegit vicissim ab eo ut
nulli hoc ante suam mortem indicaret ; atque ita confessus est se subito in alteram ripam fuisse transpo-
situm, neque omnino undis impressisse vestigia ;
Dominici corporis hoc tantummodo privilegium asserens, et eorum quibus ipse, ut apostolo Petro, donaverit ut aquarum levitati humanum corpus insisteret

A (*Matth.* xiv). Hæc autem Theodorus, promisso tempore non dixit, post ejus mortem retulit.

Monachi vero, quibus dixerat Antonius de morte
Ammonis, notaverunt diem : et venientibus de Nitria
fratribus post dies triginta, sciscitantes repererunt
illo die illaque hora dormisse Ammonem, qua animam ejus ferri senex viderat ; utrique igitur puritatem mentis in Antonio mirati sunt, quomodo rei tam
longe gestæ statim ad eum fuisset perlata cognitio.

Cap. XXXIII. — Archelaus quoque comes, cum
eum invenisset in exteriori monte (73), rogavit ut
oraret pro Polycratia (74), quæ in Laodicea erat (75),
admirabili et Christo dedita virgine. Patiebatur enim
pessimos stomachi et lateris dolores, quos jejuniis
nimiis vigiliisque contraxerat, et erat penitus toto debilis corpore. Oravitque Antonius, et diem quo oratio
fuerat facta annotavit Archelaus. Redit Laodiceam,
et invenit virginem incolumem. Percontatus diem
sanitatis, reperit tempus medelæ cum annotatione
congruere **52**. Et omnes admirati sunt, agnoscentes
eo tempore illam a Domino fuisse a doloribus liberatam, quo orans Antonius pro ipsa bonitatem Salvatoris invocaverat.

Cap. XXXIV. — Sæpe etiam ad se venientium
turbarum, ante dies et menses, et causas prædixit et
tempora. Nam quosdam videndi eum tantum desiderium, alios imbecillitas, nonnullos obsessa a dæmonibus corpora pertrahebant : nemo tamen unquam
vexationem aut detrimentum laboriosi itineris conquestus est, regrediebantur omnes spirituali cibo pleni.
At ille præcipiebat, non suæ laudi hanc admirationem ab eis applicari debere ; sed Domini, qui sui
notionem hominibus pro capacitate mortalitatis in-
dulserit.

Cap. XXXV. — Quodam autem tempore, cum
exisset ad exteriora monasteria, et rogatus esset a
fratribus ut in navi quadam cum monachis proficiscentibus oraret, ascendit, et solus ex omnibus odorem sensit teterrimum. Asserebant cuncti, piscium
salsorum et tarichorum (76) in navi positorum hunc
esse putorem. At ille alterius rei fetorem se sentire
affirmavit. Adhuc loquente illo, adolescens quidam
possessus a dæmone, qui procidens juxta carinam se
navis absconderat, repente exclamavit. Quo statim
per Antonium in nomine Domini nostri Jesu Christi
curato, intellexere universi, diaboli illum fuisse putorem.

Cap. XXXVI. — Alius quoque ad eum vir, inter
suos nobilis, dæmoniosus adducitur, tanta oppressus
insania, ut non sciret se esse apud Antonium, necnon
et corporis sui superflua comederet. Quamobrem rogatus senex ab his qui eum adduxerant ut pro illo
Dominum oraret, intantum juvenis miseriæ condoluit,
ut tota nocte pervigilans cum eo, adversus patientis
insaniam laboraret. Sed cum jam lucesceret, et ob-
sessus, impetu in Antonium facto, vehementer eum
impulisset, irasci cœperunt qui eum adduxerant, cur
seni fecisset injuriam. Quibus Antonius ait : Nolite
alienam culpam juveni misero ascribere : furor iste

obsidentis est, non obsessi. Idcirco autem in hanc prornit dolens hostis audaciam, quia Dominus ad aridam regionem ire eum jussit; et expulsi Satanæ judicium iste adversum me impetus fuit. Nulla post verba mora, adolescens recepto sensu, et gratias agens Deo, et locum ubi esset, agnovit, et toto Antonium complexans deosculatus est affectu.

Cap. XXXVII. — Innumera et alia istiusmodi signa sunt, quæ monachorum concordi sæpe relatione cognovimus. Verum non tantum his adhibendus est stupor, quia multo plus quæ sequuntur conditionem nostræ fragilitatis excedunt. Hora circiter nona (77), cum ante cibum orare cœpisset, raptum se sensit in spiritu, et ab angelis in sublime deferri: prohibentibus transitum aeris dæmonibus, cœperunt angeli contradicentes requirere quæ esset causa retinendi, nullis existentibus in Antonio criminibus. Illis vero ab exordio nativitatis replicare peccata nitentibus, calumniosa angeli ora clauserunt, dicentes non debere eos a nativitate ejus delicta narrare, quæ jam Christi essent bonitate sopita; si qua autem scirent ex eo tempore quo factus esset monachus (78), et Deo se consecrasset, licere proferri. Accusabant dæmones multa procaciter mentientes; et cum deessent probamenta fallacibus, liber Antonio consceusus aperitur. Et statim rediens in se, in eo loco in quo stare cœperat, hoc se rursum vidit esse quod fuerat. Tunc vero oblitus escæ, ex illa hora noctem gemitu ac lamentatione transegit, reputans secum humanorum hostium multitudinem, et colluctationem tanti exercitus, et laboriosum per aerem iter ad cœlum, et hoc Apostoli dictum, quo ait: Non est nobis colluctatio adversus carnem et sanguinem, sed adversus principem potestatis hujus aeris (*Ephes.* vi). Qui sciens aereas potestates ob id semper tentare, luctari et contendere, ne nobis liber transitus esset ad cœlum, hortabatur monens: Assumite arma Dei, ut possitis resistere in die mala (*Ibidem*); ut nihil mali habens quod de vobis dicere possit inimicus (*Tit.* ii), confundatur. Nos autem apostolici sermonis recordemur, dicentis: Sive in corpore, sive extra corpus, nescio, Deus scit (*II Cor.* xii). Et Paulus quidem usque ad tertium cœlum raptus est, ibique auditis verbis ineffabilibus, descendit; Antonius autem usque ad aereum sublatus, post colluctationem liber apparuit.

Cap. XXXVIII. — Habebat etiam istiusmodi donum: si cujus rei sedens in monte ignarus fuisset, et ejus secum inquireret notionem, oranti ei a Domino revelabatur; et erat, secundum quod scriptum est, a Deo doctus (*Joan.* vi; *Isa.* liv). Denique cum a fratribus haberetur iste tractatus, et ab eo sedule sciscitarentur quemadmodum se post corporis sarcinam anima gereret, quive ei locus post exitum concederetur; proxima nocte vox desuper nomen ejus inclamitans, ait: Antoni, exsurge, exi et vide. Qui exsurgens, egressus est; sciebat enim quibus respondere deberet. Et elevatis ad cœlum oculis, vidit quemdam longum atque terribilem (79), caput usque ad nubes attollentem; vidit etiam pennatos quosdam (80) se elevare cupientes ad cœlum (*Pallad.*, c. 27; *Pasch.*, c. 19, n. 4), atque illum extensis manibus prohibere transgressum; e quibus alios apprehensos elidebat ad terram 53 alios frustra retinere contendens, dolebat super se ad cœlestia transvolare, et maximum gaudium mixtum mœrore victi victoresque tribuebant. Statimque ad eum vox facta est dicens: Animadverte quod vides. Et tunc cœpit illuminato corde intelligere animarum esse conscensum, et diabolum prohibentem; qui et sibi retineret obnoxios, et in sanctorum, quos decipere non poterat, cruciaretur volatu. His visionum exemplis incitatus, quotidie ad meliora crescebat.

Cap. XXXIX. — Neque vero id, quod sibi revelatum fuerat, causa jactantiæ fratribus indicabat; sed cum orans jugiter Dei laudaret auxilium, interrogantibus compellebatur edicere; nec spirituales filios pura in Christo anima occultare quidquam volebat, præsertim cum hujusmodi signorum relatio et amorem ministraret proposito, et fructum laboris ostenderet. Nunquam ille aut ira subita concitatus patientiam rupit, aut humilitatem erexit in gloriam. Nam omnes clericos usque ad ultimum gradum (81) ante se orare compellens, episcopis quoque atque presbyteris, quasi humilitatis discipulus, ad benedicendum se caput submittebat (82). Diacones vero, qui ad eum utilitatis causa veniebant, cum pro adjutorio eorum ejus præsentibus disputaret, ad orandum Dominum sibi præponebat, non erubescens, et ipse discere. Nam et interrogabat frequenter eos cum quibus erat; et si aliquid ab eis necessarium audierat, se fatebatur adjutum.

Cap. XL. — Habebat autem et in vultu magnam gratiam, et admirabile a Salvatore etiam hoc munus acceperat. Si quis enim ignarus ejus, inter multitudinem monachorum eum videre desiderasset, nullo indicante, cæteris prætermissis, ad Antonium currebat, et animæ puritatem agnoscebat ex vultu, et per speculum corporis gratiam sanctæ mentis intuebatur. Nam semper hilarem faciem gerens, liquido ostendebat se de cœlestibus cogitare, sicut Scriptura ait: Corde lætante vultus floret, et in mœrore constituitur tristatur (*Prov.* xvii). Ita et Jacob agnovit Laban socerum suum insidias sibi machinantem, dicens ad filias ejus: Non est facies patris vestri sicut heri et nudiustertius (*Gen.* xxxi). Sic Samuel agnovit David: Lætificatos enim habebat oculos, et dentes sicut lac candidos (*I Reg.* xvi). Similiter agnoscebatur Antonius, quia semper eamdem faciem inter prospera et adversa retinens, nec secundis extollebatur, nec frangebatur adversis. Erat enim et in vultu amabilis, et in fidei puritate mirabilis.

Cap. XLI. — Nunquam schismaticorum se miscuit communioni, antiquam eorum sciens pravitatem atque transgressionem. Nunquam Manichæis (83) aut aliis hæreticis saltem amicabilia verba largitus est, nisi tantum ea quæ eos possent ab iniquitatis errore revocare, denuntians talium amicitias atque sermones perditionem esse animæ. Sic etiam Arianos detestabatur, ut omnibus diceret nec juxta eos quidem esse accedendum. Nam cum venissent quidam Ariomanitæ (84), reperta eorum post examinationem infidelissima secta, effugavit eos de monte, dicens multo serpentibus deteriores horum esse sermones. Mentientibus autem Arianis (85) aliquando Antonium ita ut se credere, admiratus eorum audaciam, et justi doloris ira commotus, rogatusque ab episcopis atque universis fratribus, Alexandriam descendit (86); ibique Ariomanitas publico sermone condemnavit, ultimam hanc esse hæresim et præcursorem Antichristi affirmans; prædicavitque in populo Filium Dei, non facturam, non ex nullis exstantibus, sed proprium, unius cum Patre substantiæ, ne creatura potius, aut adoptio, aut appellatio videretur, impium esse dicens vel mente concipere: Erat quando non erat, cum Verbum Dei Deus, qui est semper, Patri sit coæternus, quia ex eo natus est Patre, qui semper est. Unde aiebat: Cum Arianis vobis nulla sit conjunctio. Quæ enim societas luci ad tenebras? Vos fideliter credentes, Christiani estis; illi Verbum, id est Filium, qui ex Deo Patre est, creaturam docentes, nullo intervallo a gentibus separantur, qui serviunt creaturæ potius quam Creatori, qui est benedictus in sæcula (*Rom.* I). Ipsa, mihi credite, irascuntur elementa, et omnis contra Arianum furorem, secundum Apostoli dictum, ingemiscit creatura (*Rom.* VIII), quod sibi Dominum suum, per quem omnia, et in quo omnia facta sunt (*Rom.* XI), videat aggregari

Cap. XLII. — Hæc tanti viri prædicatio exprimi non potest quantum ad fidem populos roboraverit. Lætabantur quippe hostilem et Christo mimicam hæresim anathematizari ab Ecclesiæ columna. Nulla tunc ætas, nullus sexus domi remansit. Taceo de Christianis: pagani quoque et ipsi idolorum sacerdotes ad dominicum imperium convolabant, dicentes: Precamur ut videamus hominem Dei, quia hoc apud universos conspicuum erat nomen Antonii. Ambiebant quoque saltem fimbriam vestimenti ejus attingere, multum sibi et tactum prodesse credentes. Quot tunc diabolica obsidione et variis infirmitatibus liberati! quot simulacris erepta sunt spolia! quanti etiam ab errore gentilium retracti, nostro juncti sunt gregi! Tanti certe, ut paucorum dierum spatio ex idolorum superstitione conversio omnem per annum credentium vinceret turbam. Præterea cum irruentem multitudinem comites repellerent, æstimantes tædio illi conventum populi fore, ille tranquillo animo dicebat: Nunquid hic cœtus dæmonum major est turbis? nunquid obsequentium multitudo colluctatorum in monte nostrorum catervis est numerosior?

Cap. XLIII. — Accidit etiam ut cum eum redeuntem circa portum prosequeremur, a tergo quædam mulier clamaret, dicens: Exspecta, homo Dei, filia mea atrocissime vexatur dæmonio; exspecta, obsecro; exspecta ne et ego corruens interseam. Hoc audito, mirabilis senex a nobis admonitus, volens tamen et ipse, paululum substitit. Cumque appropinquante muliere, puella jaceret explosa, oravit tacitus Dominum Jesum, et ad comminationem ejus statim spiritus impurus egressus est. Puella incolumis, populus in laudibus Dei, mater in gaudio fuit. Ipse autem lætabatur, quia ad desideratam solitudinem repedabat. Erat autem valde sapiens, et hoc in se mirabile habebat, quia cum litteras non didicisset, ingeniosissimus et prudentissimus erat.

Cap. XLIV. — Aliquando etenim philosophi duo (87) gentiles venerunt ad eum, putantes Antonium se posse decipere. Erat vero in superiori monte. Quos cum vidisset, paganos intellexit ex vultu; et procedens ad eos, per interpretem (88) ita cœpit loqui: Quare tam longe ad stultum hominem sapientes se vexare voluerunt? Illis dicentibus, non esse illum stultum, sed et nimium sapientem, vigilanter respondit: Si ad stultum venistis, superfluus est labor vester; si autem putatis me sapientem esse, et sapientiam habere, bonum est ut imitemini quod probatis, quia bona convenit imitari. Si ego ad vos venissem, vos imitarer; sed quia vos ad me quasi ad sapientem venistis, estote, sicut ego sum, Christiani. Abscesserunt philosophi, utrumque mirantes, et acumen ingenii, et dæmonum expulsiones.

Cap. XLV. — Alios quoque similiter mundi sapientes (89), qui eum irridere cupiebant, quia litteras ignoraret, tali disputatione colligavit, dicens: Respondete mihi, quid prius, sensus an litteræ? et quid cujus exordium? Sensus ex litteris, an litteræ oriuntur ex sensu? Illis asserentibus quia sensus esset auctor atque inventor litterarum, ait: Igitur si cui sensus incolumis est, hic litteras non requirit. Quis præsentium post hanc colluctationem non exclamaverit, cum obstupuerint et ipsi qui victi sunt, tantam in imperito litterarum sagacitatem animi admirantes? Neque enim, ut in solitudine et montibus versatus, atque omnem ibidem exigens vitam, agrestis et rigidus erat, sed jucundus atque affabilis, sermonem, secundum Apostoli præceptum, divino conditum sale (*Coloss.* IV) proferebat, ita ut invidia careret, et amore omnium potiretur.

Cap. XLVI. — Inter hæc, quasi parum esset bis gentilitatem fuisse separatam, et tertio venerunt viri ad eum omnis secularis prudentiæ nube cæcati, atque universis philosophiæ studiis artium suarum æstimatione doctissimi. Hi cum rationem ab eo exigerent fidei, quam in Christo habemus, et niterentur arguta sophismatum interrogatione de divina cruce eum illudere, in silentium paululum voce compressa, primum eorum miseratus errorem est; deinde per interpretem, qui ejus verba diligentissime in Græcum solebat exprimere sermonem, ita exorsus est, dicens: Quid pulchrius est, quidve honestius, crucem colere, an adulteria, parricidium, vel incestum his assignare quos colitis; cum in altero sit contemptus mortis insigne virtutum, in altero turpis religio obscenitatis magistra? Quid melius est dicere quod Dei Verbum, manens ut erat, ob salutem nostram humanum corpus assumpserit, ut societate mortalitatis nos eveheret ad cœlum, participesque naturæ cœlestis efficeret; an, ut ipsi asseritis, divinæ mentis haustum (90), ad terrena veneranda caput submittere, et pecudum atque serpentum formis cœleste nomen includere? Quo ore Christianorum credulitatem audetis irridere (91), dicentium Christum Filium Dei sine sui detrimento, et cœpisse esse quod non erat, et mansisse quod fuerat; cum ipsi animam de cœlestibus detrahentes, non tantum hominum sed et serpentium et pecudum soleatis sepelire corporibus (92)? Christiana credulitas pro salute mundi Deum suum venisse testatur; vos vero innatam animam prædicantes, ultro citroque transfertis. Christiana fides, quæ omnipotentiam Dei clementiamque veneratur, consequenter incarnationem dicit Deo fuisse possibilem, ita tamen, ut non evacuaverit dignatio dignitatem; vos qui animam ex splendidissimo Dei fonte manentem turpiter decidisse jactatis, qui mutabilem et convertibilem eam post sui diminutionem audetis asserere, jam illam quoque naturam dominam sæculorum per animæ contumelias impia lingua temeratis. Imago enim, quæ secundum vos naturalem similitudinem sui retinet auctoris, cui una est ex quo defluxit eademque substantia, humilitates proprias et injurias consequenter ad suam originem remittit. Igitur animadvertite, contumelias animarum, ad patrem (ut appellatis) 55 earum per vestram blasphemiam redundare.

Crux Christi Domini Dei nostri hic nobis ingeritur. Rogo, quæ hæc est religionis obscenitas? nonne potius est crucem aut alicujus generis mortem, ab iniquis hominibus illatam patienter sustinere, quam Isidis (93) plangere post Osirim (94) vagos incertosque discursus? Pudeat, quæso, vos insidiarum Typhonis (95); pudeat Saturni (96) fugæ et devorationis crudelissimæ liberorum. Erubescite parricidium Jovis (97) et incestum, erubescite raptum ejus et coitum mulierum atque puerorum. Ille, sicut vestri fingunt poetæ, ad explendum immanissimæ libidinis furorem, molles dedit in amore vagitus; ille in Danaes (98) fluxit sinus, ipse amator et pretium; ille modulatus ales Ledæos (99) petivit amplexus; ille in proprium sæviens sexum, regium puerum ministris avibus polluit. Hæc vos creditis, hæc colitis, hæc sunt vestrorum ornamenta templorum. Æquo, deprecor, pro vestra salute, nostra dicta pensate judicio. Cuncta, an nihil credendum in libris Christianis est? Si nihil, nec crucis quoque, cui detrahitis, nomen agnoscitis. Si universa credenda sunt, cur, cum in iisdem libris cruci resurrectio copuletur, passionem divinam stolido laceratis eloquio, et non statim jungitis cæcorum visum, surdorum auditum, claudorum gressum, lepræ emundationem, serviens ambulanti Deo suo mare, dæmonum fugas, resurrectionem mortuorum et defunctorum ab inferis reditus? Hæc omnia Scripturis divinis, quas interpolatis, inserta sunt, et iisdem voluminibus continentur præconia majestatis et mortis dedecora. Quamobrem odio, quo imbuti estis, abjecto, invenietis illico, et Deum verum esse Jesum, et salutis humanæ gratia fragilem assumpsisse naturam.

Cap. XLVII.—Vestram tamen nobis, si non pudet, narrate religionem. Sed quas error infelix poterit referre culturas de tanta rerum fœditate atque vecordia? nisi forte (ut audio) fabulas asseratis deorum vestrorum, et obscenitates, et crudelitates, et vanitates, et mortes, tegentes eas allegoricis velaminibus (100); Liberæ raptum, terram (101); semiclaudum Vulcanum et debilem, ignem (102); Junonem, aerem (103); Apollinem, solem (104); Dianam, lunam (105); Neptunum, maria (106); et libidinum principem Jovem, æetherem (107) interpretantes. Nec post hanc excusationis procacitatem Deum, sed creaturas, contempto Creatore, suscipitis. Quod si pulchritudo vos elementorum ad suam traxit venerationem, modum fas erat custodire; et oportebat mirari tantum, nec colere, ne facturæ veneratio Creatoris esset injuria. Nam secundum istiusmodi, quam vos sequimini, rationem præposteram, et architecti honor migravit ad domum; et medici scientia ad remedia conferetur, omnium quoque artificum merita vel laudes ad opera transferentur. Quid ad hæc dicitis, ut agnoscamus quæ sit crucis ridiculæ vobis ignominiosa confessio?

Cap. XLVIII.—Hac disputatione convertentibus inter se philosophis oculos, simulque mussitantibus, subridens Antonius rursum per interpretem ait: Prædurum (108) namque cuncto videtur operi, quoties justo universæ rei tenore calcato, laboris merita factis magis quam factoribus astruuntur. Elementa quidem, ut memoravi, ex ipso conspectu suam comprobant servitutem. Sed quoniam vos observatione dialectica necessaria, ut putatis, quæque colligitis, hoc quoque artificio etiam nos nostram religionem compellitis affirmare. Respondete mihi: Cognitio Dei quemadmodum manifestius approbatur, per collectionem verborum, an per operationem fidei? Et quid antiquius (109) est, operatio fidei, an disputatio per argumenta procedens? Illis respondentibus firmiorem sermonibus operationem esse, et hanc liquidam de Deo cognitionem, bene eos et ipse dixisse consensit, quia operationem, quæ ex fide descendit, animi generat affectus, dialectica vero disputatione ex artificio componentium sumpsit oppositionis exordium. Cum ergo, ait, operationem fidei animo sitam quis habuerit, superflua erit verborum compositio, per quam conceptam sensu nostro credulitatem tentatis evellere, et tamen sæpe nostras explicare intelligentias non valetis. Ita solidiora sunt mentis opera, quam sophismatum fraudulenta conclusio.

Cap. XLIX.—Nos Christiani mysterium vitæ nostræ non in sapientia mundi habemus repositum, sed in virtute fidei, quæ nobis a Deo tributa per Christum est. Hanc orationis meæ veritatem, rerum, quæ quotidie geruntur, ordo commendat; nobis imperitis et litterarum vestrarum ignaris ad Dei cognitionem ejus solum verba sufficiunt. Ecce nos tot gentilitatis gregibus abstracti, in universum orbem quotidie propagamur; vobis vero post adventum Domini, nodosæ sophismatum defecerunt versutiæ. Ecce nos, simplicem Christi fidem docentes, idololatriam debellavimus, et per prædicationem ignominiosæ crucis aurata templa ceciderunt. Vos, si potestis, ostendite quibus contextione verborum gentilitatem Christo præponere suaseritis. Per omnes jam terras verus Dei Filius Christus est agnitus. Nihil eloquentia sophismatum, nihil disputatio philosophiæ multitudini 56 potest obesse credentium. Crucifixum nominamus, et universi dæmones, quos vos ut deos colitis, rugiunt, atque ex obsessis corporibus ad primum dominicæ crucis signum fugantur. Ubi sunt illa fabulosa oracula? ubi Ægyptiorum incantationes (110)? quo magorum profecere carmina (111)? Certe tunc vastata sunt omnia, cum de sua Cruce mundo Christus intonuit. Nihilominus vos, prætermissis debilitatorum catervis, gloriosam Jesu mortem irridere conamini.

Illud autem quale est, quod numquam infestatione regali concussa gentilitas, imo sæculo chara et hominum præsidiis fulta, jam corruit. Nos famuli Christi quo plus premimur, eo magis assurgimus et floremus. Vestra simulacra ornatis quondam septa parietibus, jam vetustate collapsa sunt. Christi vero doctrina, quæ vobis stultitia videtur et ludus, licet tyrannica persequentium principum tentamenta pertulerit, licet variis sit incursata terroribus, nullo tamen terrarum orbe concluditur, nullo gentium barbararum fine prohibetur. Quando enim divinæ scientiæ tantus splendor illuxit? quando tot simul in se convenere virtutes? Continentia in matrimonio (112), virginitas in Ecclesia. Floret martyrum pro Domino suo gloriosa constantia, quorum omnium crux Christi principium est.

Cum interim vos inter tantos virtutum choros syllogismorum retia tenditis, et veram rerum lucem tenebrosis conamini argumentationibus obvolvere, ecce nos, ut dixit Doctor noster, non in gentili persuasione (I, Cor. II), sed in fide apertissima suademus, quæ verborum affirmationem prævenire consuevit. Adsunt quippe patientes a dæmonibus vexati. Quos cum in medium produxisset, verba repetivit, dicens : Nunc vos collectionibus vestris, et quo vultis malefico carmine deos vestros, quos putatis, expellite; sin autem non potestis, victas submittite manus, et ad Christi trophæa confugite, et statim Crucifixi credulitatem majestatis potentia prosequetur. Dixit, et invocato nomine Jesu, cum vitale signum in sacro numero Trinitatis pressisset in frontibus, una cum expulsis dæmonibus vana præsentium philosophorum confutata sapientia est. Expaverunt enim stupentes hominem, cui post tantum ingenium afflueret signorum divina largitio. At ille universa Christo, qui curat, ascribens, usus est affatu reciproco, et ait: Nolite me putare his sanitatem dedisse, Christus per servos suos facit ista miracula. Credite et vos, et videbitis quia devota Deo fides, non eloquentiæ vanus tumor talia signa mereatur. Confugite ad Crucifixi legem, nosque ejus imitamini famulos; et hoc scientiæ fine contenti, nulla deinceps sæcularis imprudentiæ argumenta quæratis. Hactenus Antonio dicente, miro philosophi stupore perculsi, eum honorifico salutatu ab eo recedentes, multum ejus sibi fatebantur profuisse conspectum.

CAP. L. — Hoc in eo vero mirabile est, ut hominem in extremo mundi limite conditum, et favor principum, et omnis celebraret aula regalis. Nam et Constantinus Augustus (113), et ejus liberi Constans atque Constantius, talia cognoscentes, crebro ad eum, quasi ad patrem, missis litteris, obsecrabant ut reciprocis eos scriptis hilararet. At ille ejusmodi manens, qualis et antequam litteræ ad eum venirent fuerat, nec salutatione principum movebatur, et tanquam non acceptis litteris, convocatis monachis aiebat : Reges sæculi epistolas ad nos miserunt, quæ hic Christianis adhibenda miratio est? Licet enim diversa sit dignitas, attamen eadem nascendi moriendique conditio est. Ista sunt veneratione omni percolenda, illa toto animi affectu retinenda sunt, quod hominibus Deus legem scripserit, quod per Filium suum propriis Ecclesias ditaverit eloquiis. Quæ monachis est ratio cum epistolis regum? cur accipiam litteras, quibus consueta nesciam reddere salutationis obsequia? Igitur rogatus ab universis fratribus ut Christianos reges suis litteris refrigeraret, ne scilicet per silentium ejus exasperarentur, ad susceptas epistolas convenientia rescripsit. Laudavit primum, quod Christum colerent, deinde salutaria persuasit, ne magnam putarent regiam potestatem, ne præsentis carnis imperio tumentes, et se homines esse nescirent, et judicandos a Christo obliviscerentur; ad postremum, clementiæ circa subjectos et justitiæ, curæ quoque inopum admonuit, atque unum sempiternum esse Regem omnium sæculorum Jesum Christum epistolis testatus est. His principes susceptis vehementissime lætabantur. Sancta quoque apud cunctos Antonii flagrabat opinio, ita ut ejus se filios cuperent nominari. Magna etenim cum advenientibus affabilitas omnium in se studium converterat.

CAP. LI. — Postquam ergo gentiles confutati, reges admoniti, fratres ab eo sunt consolatione relevati, ad interiorem montem (114) et ad rigorem solitum regressus est, ibique sæpe cum introeuntibus deambulans ac residens stupebat, sicuti in Daniele scriptum est (Dan. VII); et interjectis horarum spatiis, consequentia respondebat, ut intelligeretur aliqua revelationis vidisse secreta. Nam et in monte positus, ea quæ in Ægypto longe gerebantur, 57 prævidens, episcopo Serapioni (115) ibi constituto narravit.

Lamentabilis sequitur visio (116), et omni lacrymarum fonte plangenda. Cum enim fratribus circa se sedentibus operaretur, intente fixit oculos in cœlum, gemens atque suspirans; et post aliquantum spatium revelationis incœptæ nimio dolore contremuit; et statim fixis genibus ante Dei vultum provolutus oravit, ut clementia sua futurum scelus averteret.

Succedunt orationi lacrymæ, metus ingens invadit praesentes, obsecrant, ut tantæ calamitatis exponeret visionem. Singultus occupant vocem, lingua fletibus præpeditur, et in medio conatu sermo gemitu interrumpitur. Vix tamen cum vociferatione luctuosa ait: Melius erat, o filioli, impendens piaculum cita morte lucrari. Sic incipiens rursum lacrymis vincitur, et inter ægra suspiria tandem pectori commodans vocem : Magnum, inquit, quoddam et universis sæculis inauditum imminet nefas. Magno fides catholica turbine subvertetur, et homines jumentis similes Christi sancta diripient. Vidi enim altare Domini mulorum circumdatum multitudine (117), qui crebris calcium ictibus omnia dissipabant. Hæc est causa gemituum meorum, quos audistis. Et facta est vox Domini dicens : Abominabitur altarium meum. Nec mora, visionem sequitur effectus; nam post annos duos (118) sæva Arianorum irrupit insania. Tunc ecclesiarum fuerunt rapinæ, tunc divinorum temeratio vasorum, tunc pollutis ethnicorum manibus sacra polluta sunt ministeria, tunc paganorum opificum præsidia adversus Christum comparata cum assumptione palmarum (quod idololatriæ apud Alexandriam insigne est), ad ecclesiam pergere compellebantur Christiani, ut Arianorum populi crederentur (119). Proh scelus ! horret animus replicare quæ gesta sunt : virginum matronarumque ereptus pudor: sanguis ovium Christi in Christi templo effusus veneranda respersit altaria ; baptisterium pro voluntate gentilium pollutum est. Nihil defuit visioni veritati, ut monstravit effectus , quod calcitrantium multorum indisciplinatio Arianorum esset impietas.

Sed istam tristitiam consequentis revelationis prosperitate solatus est, et ait : Nolite , filioli , mœrori vos penitus dare; ut enim iratus est Dominus, sic rursum miserebitur, et suum cito Ecclesia recuperabit ornatum ; eosque, qui in persecutionibus fidem Domini servaverint, solito videbitis fulgore relucentes. Revertentur ad foveas suas serpentes, et religio longius propagabitur; tantum videte, ne fidei vestræ sinceritas Ariana labe sordescat. Non apostolorum, sed dæmonum et patris eorum diaboli ista doctrina est ; ob id per insipientiam jumentorum similis pecudum eorum expressus est animus.

CAP. LII. — Hucusque Antonius. Sed nos minime convenit diffidere, tam grande miraculum per hominem potuisse portendi. Salvatoris enim promissio est, ita dicentis : Si habueritis fidem ut granum sinapis, dicetis huic monti, Transfer te, et transferetur, et nihil impossibile erit vobis (*Matth.* XVII). Et iterum: Amen amen dico vobis, omne quod petieritis Patrem in nomine meo, dabit vobis. Petite et accipietis (*Joan.* XVI). Ipse enim suis discipulis et universo credentium gregi nunc subjectionem dæmoniorum, nunc variarum infirmitatum pollicens curationem, aiebat : Gratis accepistis, gratis date (*Matth.* X). Nunquid suæ virtutis imperio curabat Antonius? Nunquid suæ possibilitatis arbitrabatur esse quod fecerat? Orationibus, non præceptis (120) dæmones morbique

cesserunt, et ad Christi Dei nostri nominationem semper universa perfecta sunt. Nemo sapientum sanitatum admirationem ascribat Antonio, sed Domino Jesu, qui solitam erga creaturas suas exhibens benevolentiam, nunc quoque per electum famulum suum indulgenter exercuit. Antonius tantum orabat, et ob vitæ ejus merita cuncta Dominus largiebatur.

CAP. LIII. — Sæpe autem, et contra voluntatem, ad exteriorem montem (121) a fratribus perducebatur. Et cum judices, qui ad interius archisterium (122) propter asperitatem itineris, et ob sequentium multitudinem, et horridam solitudinem ire non poterant, pervenirent, et quærerent ut ejus fruerentur aspectibus, nec impetrare possent, quia molestissime ferebat vexationem discursuum, ipsos catenatos, quos aut noxietas, aut vigor publicus constrinxerat, ad eum destinabant, scientes tales ab Antonio non posse contemni; quorum fletibus superatus pertrahebatur ad exteriorem montem, agnoscens laborem suum utilem miseris fore; suadebatque judicibus, qui eum invitaverant, ut in sententia proferenda, et odio et gratiæ, Dei timorem anteponerent; nec ignorare eos debere quod scriptum est : Quocunque judicio judicaveritis, in eo judicabitur de vobis (*Matth.* VII); attamen inter medios sermones charæ sibi solitudinis recordabatur. Post coactam itaque præsentiam, quam ducis preces, et, quod verius est, miserorum fletus extorserat, post salutaria monita, post reorum commendationem, quorumdam etiam absolutionem, postulanti duci, ut paulo largius eidem suam præsentiam indulgeret, ait non posse se diutius ibidem morari, grato usus exemplo, quod sicuti pisces ab aqua extracti, mox in arenti terra morerentur (*Pelag., l.* II, *n.* 5), ita et monachos cum sæcularibus retardantes, humanis statim resolvi confabulationibus. Ob id ergo, inquit, convenit ut pisces ad mare, ita nos ad montem festinemus, ne tardantibus nobis aliqua propositi succedat oblivio (123). Pro tanta hominis sapientia dux miratus, justam de eo tulit veramque sententiam, dicens : Vere justum esse Dei famulum, nec in rustico homine potuisse tantam aliquando inesse sapientiam, nisi divino amore regeretur.

CAP. LIV. — Præterea cum Balacius (124), qui sub Nestorio præfecto Alexandriæ dux Ægypti fuit, homo Arianæ iniquitatis studiosissimus fautor, ita Christi Ecclesiam persequeretur, ut animo vesano virgines monachosque nudatos verberaret in publico, ad eum Antonius litteras misit, quarum ista sententia est : Video iram Dei venientem super te, desine persequi Christianos, ne te ira occupet, quæ proximum jam tibi minatur interitum. Legit infelix epistolam , et irrisit, atque in eam exspuens, projecit in terram; portitores quoque multis afficiens injuriis, Antonio talia renuntiari præcepit : Quoniam cura tibi tantopere monachorum est, etiam ad te mei vigoris transibit disciplina. Sed confestim minatorem oppressit supplicium, et post quinque dies os effrenatum ultio divina compescuit. Egreditur enim ad primam mansionem Alexandriæ, quæ appellatur Chæreum (125), cum supradicto Ægypti præfecto Nestorio. Vehuntur equis, quos inter omnes Balacius, cujus erant, mansuetissimos nutrierat. Cum ergo pariter solito sibimet equi alluderent, mitior, quo Nestorius vehebatur, morsu repentino Balacium decussit in terram, et sic in eum inhians, femora ejus laceravit atque corrosit, ut statim relatus ad civitatem post tertium diem moreretur; universique agnoscerent minarum ab Antonio prædictarum effectum quantocius consecutum, digno persecutoris fine completo.

CAP. LV. — Cæteros ad se venientes mira cum modestia Antonius admonebat, ut, oblita sæculi dignitate, remotioris vitæ beatitudinem appeterent. Si qui autem majori potestate premebantur, nec poterant obtinere justitiam, ita eos obnixe defendebat, ut ipse pro illis pati videretur injuriam. Multis utilis fuit præclari senis oratio; multi, magnis divitiis et altiori gradu militiæ derelicto, ejus hærere curriculis cupiebant. Et ut infinita brevi sermone comprehendam, bonum Ægypto medicum Christus indulserat. Quis non tristitiam apud Antonium mutavit in gaudium? quis non iram vertit in pacem? quis orbitatis luctum non ad ejus temperavit aspectum? quis non mœrore paupertatis, quo premebatur, abjecto, statim et divitum despexit opulentias, et in sua lætatus est paupertate? quis post lassitudinem monachus non ejus vegetatus est hortamentis? quis adolescens succensus ardoribus, non ex ejus admonitu pudicitiæ amator fuit? quis vexatus a diabolo, sine medela rediit? Quis inimici cogitationibus distractus, non cæca tempestate sopita, sereno regressus est animo? Sciebat enim quo quisque laboraret incommodo, et ex vitæ meritis discretionem spiritum agnoscens, adhibebat morborum, prout erant vulnera, sanitatem. Unde effectum est ut post ejus doctrinam omnes diaboli panderentur insidiæ. Multæ quoque desponsatæ puellæ (126), ad ejus conspectum ab ipso pene thalamo recedentes, in Ecclesiæ matris gremio consederunt. Quid plura? Totius orbis homines ad eum confluebant, et universarum gentium varietas bellicosissimum contra dæmones virum conspicere gestiebant. Nullus se frustra illuc venisse conquestus est, omnibus delectabile atque jucundum laboris commercium fuit. Fatigatio enim itineris emolumentum viatici reportabat, sicut rei probavit effectus. Nam post resolutionem ejus, quasi communi vulnere orbitatis excepto, proprium singuli parentem luxerunt.

CAP. LVI. — Quis autem finis vitæ ejus fuerit, dignum est et me commemorare, et vos cum desiderio audire, quia et hoc in eo imitabile cunctis fuit. Juxta consuetudinem ad visendos fratres qui in exteriori monte erant, venit, ibique a divina providentia de sua morte condiscens, ita exorsus est: Ultimam, filioli, patris audite sententiam, non enim arbitror quod in hoc sæculo iterum vos visuri simus. Cogit conditio naturæ, ut post centenarium numerum, quem annis quinque supergredior (127), jam resolvar. Ita locutus, audientium pectora contristavit: gemitus lacrymæque dicta mœrentia consecutæ sunt. Amplexabantur eum universi, quasi jam de sæculo recessurum. At ille, tanquam aliena deserens, ad propriam patriam profecturus, magna cum lætitia præcipiebat, desidiam instituto non debere subrepere, sed tanquam quotidie morituros, ut ante prædixerat, a sordidis cogitationibus animam custodire, et omnem æmulationem ad sanctos quoque convertere, ad schismaticos vero ne prope quidem accedere. Scitis enim, aiebat, eorum antiquam perversitatem; neque cum Arianis communione jungamini, quia impietas eorum jam omnibus manifesta est. His etiam illud addebat, nullum debere Christianum, cum sæculi viderit potestates pro Arianorum et Meletianorum (128) pugnare nequitia, a Christi territum discedere veritate; mortalium illam esse defensionem, nec diu fallacem permanere posse phantasiam. Quapropter, aiebat, custodienda est pia fides in Christo, et patrum religiosa traditio (129), quam ex Scripturarum lectione et crebro meæ parvitatis didicistis admonitu.

CAP. LXVII. — Finito sermone, fratres eum vehementissime retardabant, glorioso Patris cupientes termino decorari. Sed multas ob causas, quas et silentio demonstrabat, præcipue tamen ob præsumptam Ægypti consuetudinem contradixit. Mos etenim Ægyptiis est, nobilium et præcipue beatorum martyrum corpora linteamine quidem obvolvere (130), et studium funeri solitum non negare; terra vero non abscondere, sed super lectulos domi posita reservare (131). Hunc honorem quiescentibus reddi, inveteratæ consuetudinis vanitas tradidit. De hoc Antonius sæpe et episcopos deprecatus est, ut populos ecclesiastica contestatione corrigerent; et laicos viros ac mulieres rigidius ipse convenit, dicens, nec licitum hoc esse, nec Deo placitum; quippe cum patriarcharum et prophetarum sepulcra, quæ ad nos usque perdurant, hæc facta convincerent. Dominici quoque corporis exemplum oportere intueri jubebat, quod in sepulcro positum, lapide usque ad resurrectionis diem tertium clausum fuerit (Joan. XVI; Matth. XXVII). Atque his modis vitium circa defunctos Ægypti (132), etiamsi sancta essent corpora, coarguebat, dicens: Quid majus aut sanctius corpore potest esse Dominico, quod juxta consuetudinem gentium cæterarum humo conditum esse scimus? Hæc justa persuasio multorum insitum evellit errorem, et repositis in terra cadaveribus, Domino gratias pro bono magisterio retulerunt. Metuens ergo consuetudinem supradictam, ne eodem etiam circa se laberentur errore, celeriter valedicens monachis, qui confluxerant, ad amicum virtutis habitaculum repedavit.

CAP. LVIII. — Post menses autem paucos, cum non mediocre incommodum senilia membra turbasset, vocatis ad se duobus fratribus (133), quos ibidem ante quindecim annos modico intervallo sejunctos instituerat, quique etiam ei jam seni cœperant ministrare, ait: Ego quidem, filioli, secundum eloquia Scripturarum (Josue XXIII; III Reg. II), patrum gradior viam; jam enim Dominus me invitat, jam cupio videre cœlestia. Sed vos, o viscera mea, admoneo, ne tanti temporis laborem repente perdatis. Hodie vos religiosum studium arripuisse arbitremini, et quasi cœptæ voluntatis fortitudo succrescet. Varias dæmonum nostis insidias, vidistis eorum et impetus feroces, et vires effeminatas. Jesum suspirate, et credulitatem nominis ejus vestris figite mentibus, et a certa fide universi dæmones fugabuntur. Mementote etiam admonitionum mearum et incertæ conditionis, vitam quotidie ancipitem retractate, et cœleste vobis præmium sine cunctamine tribuetur. Schismaticorum quoque et hæreticorum venena vitate, meumque circa eos odium sectamini, quia Christi sunt inimici. Scitis ipsi quod nullus mihi nec pacificus quidem sermo cum eis aliquando fuerit, propter pravam eorum voluntatem, et pertinax contra Christum bellum. In hoc autem magis estote solliciti, ut Domini præcepta servetis, ut post mortem vestram sancti quique, quasi amicos et notos, in æterna vos recipiant tabernacula (*Lucæ* xvi). Hæc cogitate, hæc sapite, hæc retexite; et si qua mei vobis cura, si qua patris memoria est, si mihi vicarium repræstatis affectum (134), nullus ad Ægyptum meas perferat reliquias, ne vano corpus honore servetur, ne vituperati, ut nostis, a me ritus etiam circa me serventur obsequia. Hujus enim rei gratia maxime huc sum regressus. Vos igitur humo tegite, vos patris operite corpusculum, et illud quoque senis vestri custodite mandatum, ut nemo præter vestram dilectionem locum tumuli mei noverit. Confido in Domino, quia necessario resurrectionis tempore hoc corpusculum resurget incorruptum. Vestimentorum autem meorum sit ista divisio (135): Melotem et pallium tritum, cui superjaceo, Athanasio episcopo date, quod mihi novum ipse detulerat (136). Serapion episcopus (137) aliam accipiat melotem; vos cilicinum habetote vestimentum, et valete, viscera mea; Antonius enim migrat, et jam non erit in præsenti sæculo vobiscum.

CAP. LIX. — Verba finierat, et osculantibus se discipulis, extendens paululum pedes, mortem lætus aspexit (138); ita ut ex hilaritate vultus ejus, angelorum sanctorum, qui ad perferendam animam ejus descenderant, præsentia nosceretur. Hos intuens, tanquam amicos videret, animam exhalavit, et additus est patribus secundum ordinem Scripturarum. Servaverunt mandata discipuli (139), involutum (ut præceperat) corpus humo operientes; et nemo interim usque ad hanc diem, præter eos, ubi sit conditum, novit. Legatarius autem Antonii benedicti, qui tritum pallium cum melote imperio ejus meruerat accipere, Antonium in Antonii muneribus amplectitur; et tanquam magna hæreditate ditatus, lætanter per **60** vestimentum recordatur imaginem sanctitatis (140).

CAP. LX. — Hic Antonio vitæ terminus fuit, ista principia meritorum: quæ licet parciori, ut prædixi, sermone narraverim, tamen ex his potestis advertere qualiter homo Dei a pueritia ad senectam usque pervenerit; et quod omni semper dubitatione calcata, nec languori, nec longævæ quidquam ætati aliquando concesserit. Magis autem æqualitatem propositi tenens (141), nec vestimentum mutavit, nec pedes lavit, nec escam sectatus est molliorem; oculorum quoque aciem, et numerum dentium, licet paululum ob ætatem viderentur attriti, necnon et pedum incessum, totius etiam corporis firmitatem, ita contra jura naturæ meritorum gratia custodivit, ut lautorum corporum, quæ balneis atque deliciis confoventur, hilarior ejus caro videretur.

CAP. LXI. — Hoc etiam, fratres, quod per omnes provincias amor ejus famaque volitavit, quem nec librorum disseminatorum oratio luculenta (142), nec mundanæ sapientiæ disputatio, nec nobilitas generis, nec opum infinita congestio commendavit, cui omnium ore est ascribendum, nisi Christo, cujus hoc donum est? qui devotos ejus animos erga suam prævidens majestatem, hominem alio pene orbe celatum, et inter tantas positum solitudines, Africæ, Hispaniæ, Galliæ, Italiæ, Illyrico, ipsi etiam, quæ urbium caput est, Romæ (143), ut in exordio promiserat, demonstravit. Creatoris est ista benignitas, qui famulos suos, licet nolentes, nobilitare consuevit, ut virtus possibilis nec extra humanam esse naturam sanctorum doceatur exemplis, et ad beatæ vitæ imitationem, ex fructu laboris optimus quisque impellatur.

CAP. LXII. — Hunc itaque fratribus librum magnopere perlegere curate, ut, agnita fideli vita sublimium Christianorum et monachorum, sciant quod Salvator noster Jesus Christus glorificantes se glorificat, et servientibus sibimet, non tantum regna cœlorum, sed etiam hic in ipsis montium secretis latere cupientibus, famæ tribuit nobilitatem; scilicet, ut et ipsi fruantur laude meritorum, et cæteri eorum provocentur exemplis. Si autem necessarium fuerit, et gentibus legite, ut vel sic agnoscant quia Dominus noster Jesus Christus non solum est Deus, Dei Filius, sed etiam his qui eum sollicite colunt, et in eum fideliter credunt, hanc dedit potestatem, ut dæmones, quos illi deos esse arbitrantur, conculcent atque ejiciant, deceptores scilicet hominum, et totius corruptionis artifices.

EPILOGUS EVAGRII INTERPRETIS.

Itaque prudentes, qui legere voluerint hanc scripturam, obsecramus ut dent veniam, si Græci sermonis vim exprimere non potuimus, transferentes eum in Latinam linguam, licet contra nostrum propositum hæc fecerimus. Sed non quasi invidentes nolebamus facere, sed sufficienter sciens quantam infirmitatem sustinet Græcus sermo translatus in Latinitatem; tamen maluimus Græcum sermonem hoc sustinere, quam fraudem pati eos lucri deifici, qui quomodocunque interpretatum Græcum sermonem legere possint. Deus autem omnipotens, qui tanto viro cooperatus est ad facienda talia, et nobis cooperetur ad imitandum ipsum, vel ex parte, ut in omnibus clarificetur nomen ejus per magistrum, et hortatorem, et redemptorem, et Salvatorem nostrum Jesum Dominum cum Spiritu sancto, cui est claritas et perpetua potestas in sæcula sæculorum.

ROSWEYDI NOTATIO.

61 (1) *Innocentium.*] Editiones hic ascribunt, episcopum, quod deest manuscriptis. Recte. Nec enim Evagrius presbyter Innocentium vocasset *charissimum filium*, uti hic habes, si tunc ille episcopus fuisset.

Sed quis hic Innocentius? Suspicor eum esse cujus meminit divus Hieronymus, epist. 41, ad Ruffinum, quem una cum Evagrio in Syria sibi socium fuisse asserit : « Innocentium enim, partem animæ meæ, repentinus febrium ardor abstraxit. Nunc uno et toto mihi lumine Evagrio nostro fruor, cui ego semper infirmus ad laborem cumulus accessi. » Alius, opinor, est Innocentius apud Hieronymum, epist. 56, ad Apronium, quem presbyterum vocat; uti et epist. 79, ad Alipium et Augustinum. Alius item apud Palladium, cap. 103, montis Oliveti cultor, et ipse presbyter. Hunc autem Innocentium, in cujus gratiam Evagrius presbyter sancti Antonii Vitam et Græco Latine vertit, existimo juniorem fuisse, nec presbyteratu initiatum. Quare eum vocat *charissimum filium*, alio utique titulo usurus Evagrius presbyter, si et ipse Innocentius, ut scribit, presbyter fuisset. Nisi forte ratione ætatis ita vocaverit.

In ejusdem Innocentii gratiam scripsit divus Hieronymus de muliere septies icta historiam, quam habes apud eumdem, epist. 49, ubi eumdem Innocentium vocat *charissimum*. Ne recte igitur in indice Hieronymiano Innocentius hic, cujus Hieronymus meminit, epist. 41 et 49, confunditur cum eo cujus meminit epist. 56.

Porro ex hoc Hieronymi loco discimus quo fere tempore Evagrius Vitam hanc Antonii Latio dederit, videlicet cum Hieronymus in Syriæ eremo versabatur una cum Innocentio, vel paulo ante.

Ad hunc Evagrii prologum respicit divus Hieronymus epist. 101, cap. 2, ad Pammachium, ex eoque, tacito interpretis nomine, quædam citat, ut jam monstravi in prælusiis ad hanc Vitam, ubi actum est de Evagrio hujus Vitæ interprete.

(2) *Ingens lucrum est, quod recordor Antonii.*] Magni semper sancti viri habiti, ita ut etiam eorum recordatio lucro et utilitati deputaretur. In Vita sancti Pachomii, cap. 30, ait Theodorus : « Credo, quia tanti viri recordatus sum, peccata mea remittentur universa. »

(3) *Frequenter enim eum visitavi.*] Baronius, tomo III, anno Christi 338, Silvestri papæ 15, Constantini 25, existimat hoc anno, tertio videlicet episcopatus ipsius, Athanasium Ægypti ecclesias et monasteria visitasse, ut patere ait partim ex Apologia 2 Athanasii, partim ex Vita Pachomii, cap. 27. Qui igitur Pachomium invisit, Magnum quoque Antonium, monachorum omnium fama celeberrimum, utpote antiquiorem, et vitæ præstantia sanctiorem, atque cœnobiorum omnium auctorem et principem, visitasse credendus est. Vide dicenda infra, ad cap. 58, hujus Vitæ.

Admiranda, inquit Baronius supra, plane in his quoque elucet Athanasii in omnibus spectata modestia; quippe qui res gestas Antonii scribens, nunquam de ejusmodi congressu cum eodem vel verbum facit; verum et quæ tum cum ipso, tum cum aliis viris sanctissimis transacta fuerint, haud dubium memoria digna, silentio obvoluta reliquit, ne videretur, dum aliorum præclaras res gestas contexeret, suarum ipsius laudum prædicator existere, malens recte factorum periclitari memoriam quam modestiam.

(4) *Quæ ab eo didici, qui ad præbendam ei aquam,*

non paululum temporis cum eo fecit.] Omnino fecit legendum. Græcus quoque textus consentit : Καὶ ἃ μαθεῖν ἠδυνήθην παρὰ τοῦ ἀκολουθήσαντος αὐτῷ χρόνον οὐκ ὀλίγον, καὶ ἐπιχέαντος ὕδωρ κατὰ χειρὸς αὐτοῦ. Quæ habes hic Latine ab Evagrio expressa. Sed male hactenus in Editis lectum, *feci*. Quod Baronium, tomo III, anno Christi 311, Eusebii papæ 3, Constantini 6, et anno Christi 328, Silvestri papæ 15, Constantini 23, in errorem induxit, ut existimarit Athanasium sancto Antonio inservisse, et eidem aquam ferentem sedulo officio ministrasse.

Imo vero Athanasius a pueritia, degustato grammaticæ studio, Alexandro episcopo Alexandrino cœpit convivere, ut scribit Ruffinus, lib. 1, cap. 14, suæ Historiæ : « Apud quem, inquit, Alexandrum velut Samuel quidam in templo Domini nutritur, et ab eo pergente ad Patres, in senectute bona, ad portandum post se ephod sacerdotale deligitur. » Sozomenus quoque lib. II, cap. 16, ait quod Alexander ὁμοδίαιτον καὶ ὑπογραφέα τὸν Ἀθανάσιον εἶχεν, « Athanasium et convictorem suum et scribam constituit. » Et Theodoretus, lib. I, cap. 26 : Συνῆν δὲ Ἀλεξάνδρῳ τῷ πανευφήμῳ νέος μὲν ὢν τὴν ἡλικίαν. « Qui cum adolescens esset, consuetudine illius excellentis Alexandri assidue usus est. »

Quod autem hic dicitur, *ad præbendam ei aquam*, Græce est : Καὶ ἐπιχέαντος ὕδωρ κατὰ χειρὸς αὐτοῦ. *Et qui lavanti manus aquas affudit.* Simile Elisæi ministerium habetur IV Regum, c. III : Ὃς ἐπέχεεν ὕδωρ ἐπὶ χεῖρας Ἡλίου, *qui fundebat aquas super manus Eliæ.* Solemne id olim. Vide Onomasticon.

(5) *Antonius.*] Martyrologium Romanum, 17 Jan. « In Thebaide sancti Antonii abbatis, qui multorum monachorum Pater vita et miraculis præclarissimus vixit, cujus gesta Athanasius insigni volumine prosecutus est. Ejus autem sacrum corpus sub Justiniano imperatore divina revelatione repertum, atque Alexandriam delatum, in Ecclesia sancti Joannis Baptistæ humatum est.» Dies hic in Menologio Græcorum e bibliotheca card. Sirleti Latine edito desideratur. Sed memoria Antonii titulo Magni occurrit hoc eodem die in Menæis Græcorum. Et monachos olim natalem diem sancti Antonii hoc die celebrare consuevisse, testis est Cyrillus monachus in Actis sancti Euthymii 20 Januarii, quæ ante mille ducentos annos scripta.

Meminere sancti Antonii veteres Græcorum patres et historici, Chrysostomus, homil. 8, in Matthæum, sub finem ; Socrat., lib. IV, cap. 25; Sozomen., lib. I, cap. 13; Theodoret., lib. IV, cap. 27; Niceph., lib. VIII, cap. 40, et alii. Ex Latinis Hieronymus, in catal. Eccles. Script., cap. 88, et alibi; Ruffinus, lib. I, Hist. suæ, cap. 8; Cassiodorus, lib. I Trifari., cap. 11. et lib. VIII, cap. 1; Augustinus, lib. I, de Doctr. Christ., in prologo, et lib. VIII Confession., cap. 6 et 12; aliique. Agit etiam de sancto Antonio Vincentius, in Spec. hist., lib. XIII, cap. 91, 92, 93, et lib. XIV, cap. 14; Antoninus, part. II, titul. 15, cap. 3 per quinque primos §; Petrus, in catalogo sanctorum, lib. II, cap. 92.

(6) *In Ægypto oriundus fuit.*] Locum natalem exprimit Sozomenus, lib. I, cap. 13. Ἐγένετο δὲ οὗτος Αἰγύπτιος, τῷ γένει τῶν εὐπατριδῶν, ἀπὸ Κομά. Κώμη δὲ αὕτη ὁμοῦ Ἡρακλείας τοῖς παρ᾽ Αἰγυπτίοις Ἀρκάσι. « Erat **62** hic quidem ortus ex genere patriciorum, qui Comam (est is quidam pagus prope Heracleam apud Arcades Ægyptiis finitimos) incolebant. » Græcus textus editus habet ἄκρασι, *montibus*, pro Ἀρκάσι, *Arcadibus.* Sed ex versione Christophorsoni, quam

exhibui, apparet eum legisse Ἄρκασι, uti et interpres Nicephori legit, ut mox parebit. Et sane Heraclea seu Herculis magna civitas, ponitur in Heptanomia Ægypti, quæ Heptanomia etiam Arcadia dicta. Quare cum Heracleam hanc Arcadum vocat Sozomenus, distinguit ab aliis Heracleis, quæ plurimæ in variis regionibus, imo et in eadem Ægypto. Heracleopoles Stephano sunt tres in Ægypto. Prima, πόλις Αἰγυπτία, ἐξ ἧς Θεοφάνης ὁ φυσικός, civitas Ægyptia, unde ortus Theophanes Physicus. Secunda, πλησίον Πηλουσίου, vicina Pelusio. Tertia, κατὰ τὸ Κανωβικὸν στόμα, versus Canobicum ostium. Ex his secunda describitur a Josepho, lib. v, cap. 14 Belli Judaici, diciturque Parva Heraclea Ptolomæo, qui Magnam ponit in Nili insula, unde Heracleotes Nomus dictus. Eam existimo primam Stephani. Et apud hanc ortus videtur Antonius.

Scaliger legit Νομοῦ Ἡρακλείου, quasi ex Nomo Heracleote. Sed retinenda communis lectio, cui conformis Nicephorus, lib. vIII, cap. 43. Ὅμορος δ' αὕτη Ἡρακλεία τῶν παρ' Αἰγυπτίοις Ἀρκάδων, qui finitimus est Arcadum, quæ apud Ægyptios est, Heracleæ.

Epiphanius Scholasticus, apud Cassiodorum, Trip. Hist. I, cap. 11 ex Sozomeno vertit hunc locum: « Fuit autem Ægyptius genere, ortus insigni vico, in loco Heracleæ apud Ægyptios constituto; » decurtate et minus distincte. Musculus magis depravate : « Erat Ægyptius, genere nobili, a pago natus Apoconia, quem apud Ægyptios intemperantes Heracleam vocant. » Quem vides ex ἀπὸ κομᾷ fecisse Ἀποκονία, et pro ἄρκασι legisse ἀρκάσιοι.

(7) Non se litteris erudiri.] Infra, capite 43. « Et hoc in se mirabile habebat, quia cum litteras non didicisset, ingeniosissimus et prudentissimus erat. » Sozomenus, libro I, cap. 13 : Γράμματα δὲ οὐδὲ ἠπίστατο, οὐδ' ἐθαύμαζεν, ἀλλὰ νοῦν ἀγαθὸν ὡς πρεσβύτερον τῶν γραμμάτων, καὶ αὐτὸν τούτων εὑρετὴν ἐπῄνει. « Litteras neque novit, neque magni æstimavit, sed bonam mentem, utpote litteris antiquiorem, et earum inventricem, laudavit plurimum. » Vide infra, ad cap. 45. Augustinus, lib. I de Doctr. Christ., in prologo, tradit Antonium fuisse θεοδίδακτον : cui et simile exemplum adjungit. « Nec propterea sibi ab Antonio, sancto et perfecto viro, Ægyptio monacho, insultari debere, qui sine ulla scientia litterarum Scripturas divinas et memoriter audiendo tenuisse, et prudenter cogitando intellexisse prædicatur. Aut ab illo servo barbaro Christiano, de quo a gravissimis fideque dignis viris nuper accepimus, qui litteras quoque ipsas nullo docente homine, in plenam notitiam, orando ut sibi revelarentur, accepit, triduanis precibus impetrans ut etiam Codicem oblatum, stupentibus qui aderant, legendo percurreret. »

(8) Innocenter habitabat domi.] Græce hic est, ὡς ἄπλαστος οἰκεῖν ἐν τῇ οἰκίᾳ αὐτοῦ. Desumptum ex Genesi cap. xxv, vers. 27 : Ἰακὼβ δὲ ἦν ἄνθρωπος ἄπλαστος, οἰκῶν οἰκίαν. Quod vulgatus interpres vertit : Jacob autem vir simplex, habitabat in tabernaculis. Loco ἄπλαστος, Aquilæ est ἁπλοῦς, simplex; Symmacho, ἄμωμος, sine crimine. Evagrius videtur legisse ἀπλάστως, quia vertit, innocenter. De vocabuli hujus ἄπλαστος significatione et versione agit divus Augustinus lib. I Quæst. in Genes., q. 74. « Quod Græce, inquit, dicitur ἄπλαστος, hoc Latini simplicem interpretati sunt. Proprie autem ἄπλαστος non fictus. Unde aliqui Latini Interpretes, sine dolo, interpretati sunt, dicentes : Erat Jacob sine dolo, habitans in domo, ut magna sit quæstio, etc. Paria habet idem Augustinus lib. xvi de Civ. Dei, cap. 57. Surius hic margini annotaverat : Psal. c. Nempe, quia ibi versu 51 habetur : Perambulabam in innocentia cordis mei, in medio domus meæ. Sed respicit Athanasius ad locum Geneseos, ut dixi.

(9) Et accidit ut tunc Evangelium legeretur.] Augustinus, lib. vIII Confess., cap. 12, cum in ancipiti carnis et spiritus conflictu versaretur, hoc Antonii exemplo semetipsum exstimulavit ad fortuitam Co-

dicis lectionem, quæ illi saluti fuit. Babylas mimus audiens in Ecclesia legi versum hunc ex Evangelio, Pœnitentiam agite, appropinquat enim regnum cœlorum (Matth. IV), a luxuriosa vita ad continentem transiit (Pratum spirituale Joannis Moschi, cap. 52). Doctor Moneta, cum in festo sancti Stephani audiret concionantem Fr. Reginaldum in ista verba, Ecce video cœlos apertos (Actor. vII), ordini divi Dominici se addixit (Vitæ Fratrum Prædicatorum parte IV, c. 10). Guerricus cum audiret legi in Ecclesia : Factum est omne tempus, quod vixit Adam, nongenti triginta anni, et mortuus est. Facti sunt dies Enoch nongenti quinque anni, et mortuus est (Gen. v), se quoque moriturum apprehendens, eidem Ordini se consecravit (Ibidem, c. 12). Scholaris quidam, Parisiis, audito responsorio in vigiliis defunctorum : Heu mihi! Domine, quia peccavi nimis in vita mea, quid faciam miser, ubi fugiam, nisi ad te, Deus meus? in eamdem religiosam familiam se recepit (Ibid., cap. 10). Quæ tria Dominicani ordinis exempla habes etiam in Speculo exemplorum, dist. 7, exempl. 47, 48, 49. Sanctus Franciscus cum ex Evangelio hæc verba in templo pronuntiari audisset : Nolite possidere aurum, neque argentum, neque pecuniam in zonis vestris ; non peram in via, neque duas tunicas, neque calceamenta (Matth. x), eam sibi regulam, velut Dei monitu, servandam proposuit. Nicolaus Tolentinas cum forte audisset Augustinianum concionatorem disserentem super illo Joannis dicto : Nolite diligere mundum, neque ea quæ in mundo sunt (I Joan. II), mundi rebus renuntiavit (Vita ejus, cap. 3, 10 Septembris).

(10) Aruræ autem erant ei trecentæ uberes et valde optimæ.] Mirabitur hic quispiam novitatem vocis, quæ hactenus hic nunquam comparuit ; sed uti veram eam scriptionem probavero, mirari desinet. Aruræ est in manuscriptis Aud. et Camb. In textu Græco : Ἄρουραι δὲ ἦσαν τριακόσιαι εὔφοροι καὶ πάνυ καλαί. Vulgo est, Erant autem ei trecentæ palmæ uberes. Quod qui primus substituerit vera lectione repudiata, equidem nescio : certe non oportuit. Prudenter Evagrius, interpres vetus, retinuit hic Græcam vocem aruræ, quia commode verti non poterat. Nec enim ἄρουρα hic campus est, ut Hœschelio novitio interpreti visum, sed certum genus mensuræ intervallorum apud Ægyptios. Horapollo, lib. I, cap. 5 : Ἔτος τὸ ἐνιστάμενον γράφοντες, τέταρτον ἀρούρας γράφουσιν. Ἔστι δὲ μέτρον γῆς ἡ ἄρουρα πηχῶν ἑκατόν. « Instantem annum significantes, quartam aruræ partem pingunt. Est autem ἄρουρα terræ mensura, centum complectens cubitos. » Vide et Eustathium, variis locis ad Homerum. Fusius de hoc in Onomastico.

(11) Memoriam pro libris haberet.] Et natura rerum a Deo conditarum, Antonio instar libri erat. Socrates, lib. Iv, cap. 13, et ex eo **63** Historia Tripart., l. vIII, c. 1. Τῷ δικαίῳ Ἀντωνίῳ προσῆλθέ τις τῶν σοφῶν, καὶ, Πῶς διακαρτερεῖς, εἶπεν, ὦ πάτερ, τῆς ἐκ τῶν βιβλίων παραμυθίας ἐστερημένος; Τὸ ἐμὸν βιβλίον, ἔφη ὁ Ἀντώνιος, ὦ φιλόσοφε, ἡ φύσις τῶν γεγονότων ἐστι, καὶ πάρεστιν, ὅτε βούλομαι, τοὺς λόγους ἀναγινώσκειν τοὺς τοῦ Θεοῦ. « Cuidam ex eorum numero, qui id temporis sapientes sunt habiti, ad Antonium illum justum accedenti, quærentique quo pacto vitam posset sustentare, solatio illo quod ex libris capi solet, orbatus? respondit : Meus liber, o philosophe, est natura rerum a Deo conditarum, quæ quotiescunque animo libitum sit meo, libros ipsius Dei legendos suppeditat. » Optimus sane liber et obvius creatura omnis, ejusque usus sanctis viris semper fuit familiaris. Quippe cœli enarrant gloriam Dei, et opera manuum ejus annuntiat firmamentum (Psal. xvIII).

(12) Quidam ut filium, alii ut fratrem diligebant.] Pro fratrem, Editi quidam habent patrem. Sed Græce est, ἀδελφόν, fratrem : quod magis quadrat in Antonii ætatem, qui mox dicitur νεώτερος, adolescens ; nam pro ratione ætatis ista naturæ vocabula indulgebant.

Sic et apud Spartianum in Didio Juliano : « Ubi vero primum illuxit, Senatum et equestrem ordinem in palatium venientem admisit ; atque unumquemque, ut erat ætas, vel patrem, vel filium, vel parentem affatus blandissime est. » Ubi frustra Heraldus ad Tertull., Apolog. capite 39, pro *patrem*, rescribit *fratrem*. Deceptus, opinor, quod existimarit per *parentem* hic patrem intelligi. Sed *parens* hic est cognatus, ut sæpe apud ævi istius scriptores. Lampridius in Alexandro Severo : « Jam vero ipsi milites juvenem imperatorem amabant ut fratrem, ut filium, ut parentem. » Quod ait *ut parentem*, id est, ut cognatum, non vero ut patrem. Nec enim juvenis imperator a militibus vel ætate paribus vel superioribus haberi poterat ut pater. Recte Nerva *parens* habitus, quia senex. Ausonius :

Proximus exstincto moderatur sceptra tyranno,
Nerva senex, princeps nomine, mente parens.
(Auson., *de Cæsaribus, Tetrast.* 13.)

Vide Onomasticon.

(13) *Ille lubricum adolescentiæ iter.*] Proprium hoc ætatis ejus epitheton. Ambrosius, de obitu Valentiniani : « Tanta enim fuit emendatio vitæ ejus, in illo omnibus lubrico adolescentiæ tempore. » Hieronymus, epist. 3, ad Rusticum : « Perfectæ quidem ætatis gradum scandere, sed lubricum iter esse, per quod ingrederis. » Idem, epist. 43, ad Chromatium : « Scitis ipsi lubricum adolescentiæ iter. »

(14) *Hinc et spiritus fornicationis vocor.*] Sic πνεῦμα πορνείας, *spiritus fornicationis*, Oseæ iv, ut hic sequitur. Palladius, cap. 86 : « Ei (Evagrio) aliquando gravem exhibuit molestiam dæmon fornicationis. » In Vita Hilarionis, capite 16 : « Qui habebat collegam meum, amoris dæmonem. » Venereæ autem cohortis princeps Asmodæus, de quo Tobiæ cap. iii et vi. Serarius noster copiose. Certos dæmones certis vitiis incumbentes, ab iisque nomen sortientes, frequens apud auctores asceticos mentio. Hic post cap. 15 : « Diversa autem eorum et partita nequitia est. » Cassianus, collat. vii, capite 3. : « Quæ vocabula non casu, nec fortuito indita illis debemus accipere. » Porro de varia dæmonum distinctione et differentia, vide Gallicum libellum Joannis Maldonati nostri nomine editum, ubi eos distinguit ex nomine, ex natura, ex locis ubi versantur, ex tempore quo dominantur, ex officiis imperandi et obediendi, et ex vitiis quibus præsident.

(15) *Cum omnes infatigabilem adolescentis mirarentur instantiam.*] Usurpat hic *instantiam*, ut in sacris Litteris usurpatur II Cor. 11 : *Instantia mea quotidiana pro contentione, cura, studioque magno.* Sic ante, in præfatione ad hanc Vitam : « aut superare nitentes virtutis instantia. »

(16) *Et cum in una memoria.*] Græce μνῆμα. Paulo ante vertit *sepulcrum.* Sic martyrum memoria Augustino, lib. xxii de Civ. Dei, cap. 8, de reliquiis sancti Stephani : « Ad ejus memoriam veniebat magnæ multitudinis concursus et accursus, » et passim apud sacros scriptores.

(17) *Pardus discoloriter.*] Ita Mss. Colon. editio, *discolor a tergo.* Alii simpliciter *discolor*, deest hoc de pardo in textu Græco.

(18) *Non oblitus Jesus.*] Thyreus de Apparitionibus impersonalibus Christi, cap. 6, affert exempla aliqua, quando auditus quidem, non autem visus est Christus. Ut hoc Antonii, quando « vox ad eum facta est, dicens: Ego, Antoni, hic eram. » Sic et cap. 51, hic : « Et facta est vox Domini, dicens : Abominabitur altarium meum. » Vide et 12 Augusti, in Vita sanctæ Claræ, cap. 14 et 7 Martii, in Vita sancti Thomæ Aquinatis, auctore Joanne Garzone.

(19) *Ut Thebæis mos est.*] Non dubito hic per panes, qui per annum incorrupti durant, quos Thebæi sibi recondunt, intelligi *paximates*, seu *buccellata.* Suidas : Παξαμᾶς, ὁ δίπυρος ἄρτος, *Paxamas, panis bis coctus.* Vide Onomasticon nostrum.

(20) *Quæ jam mortuum eum se existimaverant repertaros.*] Ita diserte Mss. Sed Coloniensis editio et Surius, *quidam* pro *quæ jam.* Quod credo substitutum, ne videretur in Prisciani regulas peccatum ; quia sequitur, *repertaros.*

(21) *Nec non et patientium infinita se caterva conglomeraret.*] Deest hoc in Græco. Infra, cap. 36, de dæmonioso : « Adversus patientis insaniam laboraret. » Cape *patientes*, vel a morbis, vel a dæmonibus ; nam mox sequitur : « Plurimos ab immundis spiritibus et infirmitatibus variis liberavit. » Ubi Græce : Πολλοὺς γοῦν τῶν παρόντων τὰ σώματα πάσχοντας ἐθεράπευσεν ὁ κύριος δι' αὐτοῦ· καὶ ἄλλους ἀπὸ δαιμόνων ἐκαθάρισε. « Multorum itaque corpora ægrota Dominus per ipsum sanavit ; alios a dæmonibus impuris liberavit. »

(22) *Quasi ex aliquo cœlesti aditu consecratus apparuit.*] Græce, Προῆλθεν ὁ Ἀντώνιος ὥσπερ ἔκ τινος ἀδύτου μεμυσταγωγημένος καὶ θεοφορούμενος. Quare quod Græce ἄδυτον; Latine Evagrio est *cœlestis aditus.*

(23) *Quod nec per quietem intumuerat.*] Coloniensis editio, *inquietem.* In Græco tantum est, μήτε πιανθέν, *neque obesum.* Corpora et quiete, sive dum non exercentur, intumescunt ; et *inquiete*, sive ἀγρυπνία.

(24) *In Arsinoitarum oppido.*] Intelligit de Arsinoe, seu Crocodilorum oppido ad Nilum, in Nomo Arsinoite. Adjungit enim hic de crocodilis. Est et alia Arsinoe in Ægypto. Vide Onomasticon.

(25) *Rivulum fluminis Nili transvadare esset necesse.*] Græce : Χρείας δὲ γενομένης διελθεῖν αὐτὸν τὸν τοῦ Ἀρσενοΐτου διώρυγα. *Necessitate urgente, ut Arsenoiticæ præfecturæ fossam transiret.* Vide Strabonem, lib. xvii.

(26) *Plurima fierent monasteria.*] Baronius, tomo III, anno Christi 328, Silvestri papæ 15, Constantini 23. Cum vero, ait, ex omni hominum genere ad Antonium invisendum confluerent, et ab eodem ad contemptum sæculi, et perfectæ vitæ studium arripiendum sedulo invitati, idem vivendi genus et institutum capesserent, complura condidit monasteria, cœnobiticæque ipse primus vitæ jecit in eremo fundamenta ; adeo ut cœnobitarum monachorum idem institutor sit habitus, vel potius restitutor, si Essenorum, qui in Ægypto sub Marco primo Alexandrinorum episcopo floruerunt, ratio aliqua habenda esse videatur, quos Christianos fuisse, suo loco superius perspicue demonstravimus (*Tomo I, anno Christi* 64).

Porro gravioribus persecutionum procellis obortis, quibus non Christiani tantum simul agentes, et conventus publice celebrantes, sed et latentes in penetralibus aliisque locis quæsiti, abriperentur ad necem, intermitti illud cœlestis vivendi genus oportuit ; quod sanctus Antonius non modo restituit, verum longe lateque in Christianum orbem copiosissimo fetu propagavit.

Erant quidem ante Antonium, qui timore persecutionis, civitatibus derelictis, sive ruri, sive in desertis locis abditi, angelis similem vitam ducebant ; quorum nonnullos ex Eusebio diximus fuisse martyrio coronatos ; reperit et horum aliquos ipsemet Antonius, cum, ut illatam Ecclesiæ persecutionem vitaret (ut dictum est) in desertum locum secessit, et ab uno illorum prima rudimenta monasticæ institutionis accepit ; quæ perfecti delitescens in solitudine ; cum postea, divino afflatus Numine, monachos in unum collegit, et in diversa loca, tanquam in diversis alvearibus apum examina, distribuit, qui sub ejus disciplina a sæculi abdicatione ad monasticam professionem amplexandam fuerant persuasi. De quibus in hac Vita, cap. 21, etc.

Qui igitur Antonium adeuntes eidem se subjecera discipuli, ex iis aliis in eisdem cum illo montibus monasticam exercuere disciplinam ; alii vero eadem ex planta palmites succidentes, et in adversis provinciis complantantes, brevi tempore factum est, nempe hoc ipso sæculo, ut repleverint terrarum orbem tam sancta propagine, nimirum Palæstinam, Syriam, Asiam Minorem, Cappadociam, Pontum, Armeniam, Mesopotamiam, et Boreales regiones, usque ad latrones Bessas et Dacos ; de quibus sanctus Paulinus hæc cecinit in reditu sancti Nicetæ viri sanctissimi, a quo accepit quod scribit :

O vices rerum ! bene versa forma !
Invii montes prius et cruenti ,
Nunc tegunt versos monachi latrones
Pacis alumnos.
Sanguinis quondam, modo terra vitæ est ;
Vertitur cœlo pia vis latronum ,
Et favet Christus supera occupanti
Regna rapinæ.
Mos ubi quondam fuerat ferarum
Nunc ibi ritus viget angelorum,
Et latet justus, quibus ipse latro
Vixit in antris, etc.
(*Paulin.*, *de reditu S. Nicetæ.*)

Sed et de Bessis meminit sanctus Hieronymus, cum scribens ad Heliodorum hæc ait : « Indus, Persa, Gothus, Ægyptius philosophantur ; Bessorum feritas, et pellitorum turba populorum, qui mortuorum quondam in feriis homines immolabant, stridorem suum in dulce crucis fregerunt melos (*Hier.*, *epist.* 3). » Et ad Lætam : « De India, Perside, Æthiopia, monachorum quotidie turmas suscipimus (*Hier.*, *epist.* 7). » Eorum scilicet qui ad loca sancta visenda pietatis ergo venitabant.

(27) *Ad omnem quidem mandatorum disciplinam Scripturas posse sufficere.*] Quomodo Scriptura sufficiens dicatur, agit Bellarminus tom. I Controv. I general., lib. IV, cap. 9, de verbo Dei non scripto, ad secundum argumentum.

(28) *Si autem multum.*] Ita hic Mss. et veteres editiones Coloniensis : *Si autem in potestatibus*. Atque ita vulgatus noster interpres Ps. LXXXIX, ex Græco : Ἐὰν δὲ ἐν δυναστείαις. Hieronymus, epist. 21, ad Paulum Concordiensem etiam citat. *Si autem multum ;* epist. 34, ad Julianum : *Si autem amplius.* Vide eumdem, epist. 139, ad Cyprianum, ubi etiam habet : *Sin autem multum.* Citatque ex LXX. *Si autem in potentatibus;* et ex Symmacho, *Contra opinionem.*

(29) *Ut in libro Ecclesiastis scriptum est.*] Coloniensis editio hic in textu addit : *Quia nescit homo quid si post eum in labore suo.* Quod deest manuscriptis et veteribus editionibus. Certum est respici ad sensum Ecclesiastis II, ut in textu notatum est.

(30) *Cur ergo non facimus de necessitate virtutem.*] Proverbialis ut apparet locutio, quam etiam Teutonismus frequentat. Utitur beatus Hieronymus epist. 10 ad Furiam : « Arripe, quæso, occasionem ; et fac de necessitate virtutem. » Et apolog. 3 adversus Ruffinum : « Quin potius habeo gratiam, quod facis de necessitate virtutem. »

(31) *Lubricæ carnis incentiva.*] Frequens hoc *incentivi* vocabulum de carnis vitio. Hieronymus epist. 4, ad Rusticum monachum : « Et adolescentiæ, immo pubertatis incentiva calcantem. » Idem, in Isaiæ cap. LVIII. « Corporis me superavit ardor, adolescentiæ incentiva vicerunt. » Cassianus, collat. II, c. 13 : « carnalibus incentivis inquietati. » Sed idem nomen et aliis vitiis tribuitur. Vide Onomasticon.

(32) *Et ruentem animam quasi ex aliqua rupe sustentat.*] Græce est ἀνιστῶσιν, erigit : quod Evagrius interpres adagiavit, uti videtur, formula usitatiore : *Quasi ex aliqua rupe sustentat.* Sic Ammianus, l. XXII, ait quod Eusebium alte spirantem, et summo apud imperatorem loco, « Adrastia reluctante, præcipitem tanquam a rupe quadam egit excelsa. »

(33) *Quod ex nostro pendet arbitrio.*] Editiones : *Quod ex nostro, Dei gratia præcedente, pendet arbitrio.* Quæ verba media quamvis absint a textu Latino ms. et Græco impresso, tamen hic ex vera theologia intelligenda.

(34) *Hujus operis homini inserta natura est.*] Quo-

modo virtutis semina homini insita sint , explicant scholastici. Vide Onomasticon.

(35) *Græci studia transmarina sectentur.*] Facit ad hunc locum, quod habet Persius satyra 6 :

. . . . *Et Bestius urget*
Doctores Graios. Ita fit, postquam sapere urbi
Cum pipere et palmis venit nostrum hoc maris expers.

(36) *Nobis vero nulla proficiscendi.*] Ex hoc loco Flaccus Illyricus, catalogo testium veritatis, verius veritatis et falsitatis, lib. IV ; et ex eo moderni hæretici improbant peregrinationes. Sed prave Antonii sensum detorquent. Negat Antonius peregrinationes ad Terram sanctam vel alio, simpliciter ad salutem esse necessarias. Quis Catholicorum non una cum Antonio hoc negat ? Scimus omnibus in terris regnum esse cœlorum, Deum ubique præsentem. Sed cur Dei peculiaria munera certo loco præstita non amplectamur ? quæ cur illo loco potius quam alio præstet, quis ab eo rationem exquirat ? Præclare Augustinus, epist. 137. « Ubique quidem Deus est, et nullo continetur vel includitur loco, qui condidit omnia, et cum a veris adoratoribus in spiritu et veritate oportet adorari, ut in occulto exaudias, in occulto etiam justificet et coronet. Verumtamen ad ista quæ hominibus visibiliter nota sunt, quis potest ejus consilium perscrutari, cur in 65 aliis locis hæc miracula fiant, in aliis non fiant ?

Sermo quoque Antonio ad monachos est, quibus non ita peregrinationes competunt, quantumvis sanctæ et laudabiles.

(37) *Nihil Deum fecisse quod malum est.*] Bene subjungit dæmones non natura, sed suo vitio malos esse. Vetus apud philosophos veteres quæstio de origine mali. Perplexus in ea re Arnobius, lib. II contra Gentes. Breviter Tertullianus explicat adversus Marcionem, lib. II, cap. 14 : « Nos autem adhibita distinctione utriusque formæ, separatis malis delicti et malis supplicii, malis culpæ et malis pœnæ, suum cuique parti definimus auctorem ; malorum quidem peccati et culpæ, diabolum ; malorum vero supplicii et pœnæ, Deum creatorem ; ut illa pars malitiæ deputetur, ista justitiæ, mala condentis judicia adversus mala delicti. » Vide et Cassianum, collat. VIII, cap. 6, quod nihil a Deo malum creatum sit.

Mali vero originem a creatura esse eleganti similitudine explicatur in Vita sancti Auxentii : « Quomodo lux solis est communiter proposita omnibus quibus adest vis videndi ; potest autem, si velit quispiam, claudens oculum separari a dono lucis ; non quod sol in illo effecerit tenebras, sed quod radii splendorem aversatus, tenebras sua sponte attraxerit ; et quomodo si quis domum sibi construens, nullum luci aditum præbeat intrinsecus, obscuram domum efficit ; ita nos quoque in natura habentes bonum et honestum, nostro arbitratu innovamus quæ sunt præter naturam, nostra sponte malorum experientiam, in boni et honesti aversione, electione nostra et instituto fabricantes. Malum enim extra propositum, propria substantia consideratum, nullum est in rerum natura. Quidquid enim a Deo creatum est, bonum est ; et omnia quæ fecit Deus, sunt valde bona (*Gen.* I).

(38) *Diversa autem eorum et partita nequitia est.*] Cassianus, collat. VII, cap. 17 : « Hoc nosse debemus, non omnes dæmones universas hominibus inrere passiones, sed unicuique vitio certos spiritus incubare, et alios quidem immunditiis ac libidinum sordibus inquinari, » etc. Et eadem col at., c. 20 : « Illud etiam nequaquam ignorare debemus, non esse omnes ejusdem ferocitatis et desiderii, sed ne unius q idem fortitudinis atque nequitiæ. » De quo idem fusius eadem collat., c. 32, ubi dicit ; « Tot esse in immundis spiritibus, quot in hominibus studia, non dubie comprobatur. » Vide Augustinum, libro X, cap. 11, de Civ. Dei, de variis dæmonum affectibus, ex Porphyrio et Jamblico. Palladius, cap. 19 et 20, in Macario Ægyptio : « Est enim ordo quoque dæ-

monum, qui dicitur igneus. Sunt enim dæmonum quoque, sicut hominum differentiæ, non mutata essentia, verum mente diversa. » Vide dicta ad cap. 4, num. 14.

(39) *Ad primum quodque crucis signum evanescunt.*] Nota, hæretice, signi crucis efficaciam, cujus exempla manifesta in hac Antonii Vita habes etiam cap. 18, et cap. 26, et capite 49. Plura de his in operosis Gretzeri nostri de Cruce libris. Vel ex hoc loco Flacci Illyrici redarguitur mendacium, qui in catalogo testium veritatis, libro II, non veritus est scribere : « Multa de Antonii luctis cum Satana lego; sed nusquam de aqua benedicta, cruce, cera, et herbis sacra is. » Nempe tam oculeus fuit Illyricus, ut cum variis capitibus Antonius crucis efficaciam deprædicarit, ejusque vexillum extulerit, ne unum quidem perspexerit.

(40) *Hamo crucis ut draco, aduncatus a Domino est.*] Alludit ad Jobi cap. XL, v. 20 : *An extrahere poteris Leviathan hamo?* ubi in Græco : "Ἄξεις δὲ δράκοντα ἐν ἀγκίστρῳ; *Duces autem draconem in hamo?* Gregorius Nyssenus, orat. 1, de resurrectione Domini, per hamum *divinitatem* Christi qua diabolus captus est, intelligit : « Dum inhians, inquit, ad carnis escam aspirat, divinitatis hamo transfixus est, atque ita draco per hamum ductus est, ut ait Job, qui per se, quod futurum erat, prænuntians : Hamo, inquit, draconem duces. » Nec aliter Magnus Gregorius : « Leviathan iste hamo captus est, quia in Redemptore nostro dum per satellites suos escam corporis momordit, divinitatis illum aculeus perforavit. Quasi hamus quippe fauces glutientis tenuit, dum in illo et esca carnis patuit, quam devorator appeteret; et divinitas passionis tempore latuit, quæ necaret. » Qui deinde hujus hami lineam per antiquorum propaginem tortam docet. Vide eumdem de hamo ad versum Jobi præcedentem. Sanctus Antonius hamo *crucem* comparat; Olympiodorus, in Catena Græcorum *clavos* ei aptat : « Is enim, ait, carne sua quasi quadam esca objecta, clavis suis, quasi hamis, piscem captavit. »

(41) *Nunc miserabilis ut passer ad ludum irretitus a Christo est.*] Ex eodem Jobi capite desumptum : *Nunquid illudes ci quasi avi, aut ligabis eum ancillis tuis?* Hoc queruntur dæmones in Vita sancti Pachomii, cap. 49 : « Ex quo mirabilis incarnatio Christi facta est in terris, nos sine viribus prorsus existere cœpimus; ita ut ab his qui credunt in nomine ejus, illudamur ut passeres. » Apud Clementem, libro VIII Constit. Apostol., capite 7, in obsecratione pro energumenis, respiciendo ad vim exorcismorum : Ὁ τὴν ἀνθρωποκτόνον ὄφιν δεσμώτην παραδοὺς ἡμῖν, ὡς στρουθίον παιδίοις. « Qui dedisti nobis, homicidam serpentem vinculis constrictum, sicut passerem pueris. » Quam exorcismi vim contra diabolos, deos gentilium, egregie urget Tertullianus, Apolog., cap. 23 : « Subjecta est Christianis divinitas vestra. » Et Cyprianus, contra Demetrianum, cap. 6 : « Videbis nos rogari ab eis quos tu rogas. » Augustinus, in psalmum CIII, v. 27, de diabolo virtute Christi enervato hunc versiculum accipit : « Draco hic quem finxisti ad illudendum ei. Jam tu illude draconi; ad hoc enim hic factus est draco. » De qua illusione consule Magistr. II sent., dist. 3, § *Ideoque.* Idem Augustinus, serm. 197, de Tempore, qui est 2 Dominicæ primæ post festum sanctissimæ Trinitatis, alia similitudine canis alligati diaboli impotentiam explicat : « Alligatus est tanquam canis innexus catenis, et neminem potest mordere, nisi eum qui se illi mortifera securitate conjunxerit. Jam videte, fratres, quam stultus est homo ille quem canis in catena positus mordet. Tu te illi per voluntates et cupiditates sæculi noli conjungere, et ille ad te non præsumit accedere. Latrare potest, sollicitare potest, mordere omnino non potest nisi volentem. »

(42) *Adveniente Domino destructus est inimicus.*] Mox : « quia infirmatus es a Domino. » Infra, in Vita sancti Pachomii, cap. 49 : « Ex quo mirabilis incarnatio Christi facta est in terris, nos sine viribus prorsus existere cœpimus. » Cassianus, collat. VII, cap. 23 : « Virtute crucis etiam deserta penetrante, et ubique ejus gratia coruscante, retusa est nequitia dæmonum. » Vide dicta ad numerum præcedentem.

(43) *Quia clauso ostio interiore.*] In ea opinione fuit aliquando Alexander ab Alexandro, ut ipse refert, Genial. dier. l. v, c. 2, nullum videlicet a lemuribus periculum esse ostiis obseratis. Sed quam eum sua fefellerit opinio, narrat ipse eodem loco. Videsis Thyræum nostrum, de Locis infestis, parte III, cap. 60.

(44) *Dum theatrali mutatione formarum.*] Obvia similitudine diversas dæmonum species et apparitiones illustrat. Notus theatri scenæque mos, cum quis diversam formam induit personamque sustinet.

(45) *Magna adversus dæmonem arma sunt vita sincera et intemerata in Deum fides.*] Delrio noster, tom. III Disquis. Magic., libro VI, cap. 2, sect. 3, q. 3, agens de remediis supernaturalibus divinis seu ecclesiasticis contra maleficia, duo hæc remedia ponit.

Primum, inquit, remedium in hoc genere vera et viva fides, hoc est, charitate Dei et proximi vallata. Hoc scutum nobis præfert et præbet divus Paulus ad Ephesios scribens (*Ephes.* VI); hanc loricam ut Thessalonicenses induant, urget (1 *Thess.* v); hanc suis discipulis commendat magnus ille Antonius. Sic Cypriano mago dæmon respondit, « se Christi fide munitis nocere non posse (*Nazianz., orat. in Cypr.*). » Sic apud Cassianum duo philosophi, cum dæmonum præstigiis Antonium perturbare non possent, comprobarunt « magnam professionis Christianorum inesse virtutem (*Cassian., collat.* VIII, *cap.* 18). » Sic apud Cornelium Kempensem, libro III de origine et situ Frisiæ, cap. 51 : « Albarum nympharum præstigiæ post agnitum sincerum Dei Evangelium evanuerunt » in Frisia per chartam sancti Odulphi de Trinitate scriptam, et per parœcias nissam et lectam.

Secundum est vita sincera. De mandatorum Dei observantia et vitæ innocentia, quam sit efficax remedium, docere possunt divus Cyprianus ad Fortunatum, de exhortatione martyrii; Lactantius, lib. II, capite 16; et Ambrosius Ansbertus, libro v, in Apocalyp. cap. XI.

(46) *Ita et de Nili inundatione solemni.*] Infra, cap. 20 : « Quoties augmenta Nili fluminis futura dixerunt! » De prædictione dæmonum vide Onomasticon.

(47) *Indicto sibi silentio.*] Luce Evangelii coruscante, idolorum defecere oracula. Prudentius, Apoth. v. 503 :

Ex quo mortalem præstrinxit Spiritus alvum,
Spiritus ille Dei, Deus; et se corpore Matris
Induit, atque hominem de virginitate creavit,
Delphica oamnalis tacuerunt sortibus antra.

Vide Eusebium de Præparat. Evangel., lib. v, c. 8, qui Plutarchi librum citat de oraculorum Defectu. Vide et Suidam, in Augusto; Niceph., lib. I, cap. 17; Cedrenum, in Compend. hist. Quo illud Job cap. XL, v. 20, facere volunt interpretes : *An extrahere poteris Leviathan hamo, et fune ligabis linguam ejus?*

(48) *Integritate qua nata est.*] Ita Ms. et Græcus textus. Editi, *renata.*

(49) *Bonorum spirituum malorumque discretio.*] Delrio noster, tomo II Disquis. Magic., lib. IV, cap. 1, q. 3, sect. 6, de indiciis petitis a revelationum circumstantiis, ex hac Antonii doctrina, docet advertendum an quæ initio mentem lætitia demulserat, ea sit postea in horrorem et mœrorem versa. Item num qui cœpit a principio, sensim horror amotus non fuerit, sed constans permanserit. Duæ enim sunt hæ revelationum falsarum notæ. Sin autem initio quidem homo perturbetur, et horroris aliquid persentiscat, sed postmodum hac molestia et anxietate animi detersa, dulcedine quadam interna perfundatur, signum esse divinæ consolationis. Cujus rei naturalis causa esse videtur antipathia quæ est homini cum

dæmone homicida, et sympathia quæ homini cum angelis intercedit.

Cæterum documentum illud Antonii est accipiendum de vera interna dulcedine, quæ famem ac desiderium virtutum affert et adauget, præcipue charitatis et humilitatis. Quam limitationem merito beata Catharina Senensis adjecit : quod confirmat attestatio beatæ Angelæ Fulginatis, sibi ex visione in animo mansisse vehementius desiderium cruciatus omnes et injurias pro Deo sustinendi.

(50) *Maledicta reciperent.*] Verborum contumeliis et conviciis incessere dæmones, sanctis viris olim usitatum. Sulpicius, epist. ad Bassulam, de sancto Martino : « Quid hic, inquit, astas, cruenta bestia? nihil in me, funeste, reperies. » Etiam in exorcismorum formulis convicia adhibita. Prudentius, Apotheosi, versu 474 ·

Intonat antistes Domini : Fuge, callide serpens,
Exue te membris, et spiras solve latentes;
Mancipium Christi, fur corruptissime, vexas.

Vide Flagellum dæmonum, exorcismo 4, ubi larga conviciorum seges. Etiam ethnici diris imprecationibus dæmones excipiebant, et ita se pellere posse credebant. Ita Apollonius Tyaneus, apud Philostratum, libro II, cap. 2, Caucasi juga transiens, diabolicum phasma conviciis pepulit. De quo vide Thyræum nostrum, de Locis infestis, parte III, cap. 56.

(51) *Commoverunt aliquando monasterium meum.*] Crebra hujus diabolicæ machinationis in Actis sanctorum memoria. Gregorius Nyssenus, in Vita Gregorii Thaumaturgi, de conclavi terræmotu concusso. Vita S. P. N. Ignatii, libro 1, cap. 2, Ribadineira auctore. De toto genere infestationis dæmonum vide Thyræum nostrum, de Locis infestis.

(52) *Sputaculum.*] Plerique Editi, *spectaculum*, male. In Græco est : Ἐγὼ δὲ τότε μᾶλλον ἐνεφύσησα κατ' αὐτοῦ : *cui ego tum magis insufflavi*. Ubi quidam Græci Codices habent, ἐνεφώνησα, *inclamavi*. Noster interpres videtur legisse ἐνέπτυσα, *insputavi*. Dæmones et *insufflari*, et *exsufflari*, et *insputari* soliti. Vide Onomasticon.

(53) *Monasteria tanquam tabernacula plena divinis choris psallentium.*] Ante, cap. 50 : « Solitudines quoque monachorum stipantur choris. » Quam illustrata e·set Ægypti eremus sanctorum monachorum classibus, sanctus Joannes Chrysostomus narrat homil. 8, in Matth. cap. LI: Καὶ νῦν ἐλθὼν εἰς τὴν ἔρημον τοῦ Αἰγύπτου, παρ' δεῖσον παντὸς βελτίω τὴν ἔρημον ταύτην ὄψει γεγενημένην, καὶ χοροὺς Ἀγγέλων μυρίους ἐν ἀνθρωπίνῳ σχήματι. « Si quis nunc ad Ægypti veniat solitudines, paradiso quovis omnem illam videbit eremum digniorem, et innumerabiles angelorum cœtus in corporibus fulgere mortalibus. » Qui ibidem prosequitur et feminas hoc philosophiæ genere excelluisse. Epiphanius quoque, lib. III, hær. 80, contra Massalianos Martyrianos : Καθὼς καὶ ἐν ἑκάστῳ μοναστηρίῳ, ἔν τε τῇ τῶν Αἰγυπτίων χώρᾳ, καὶ ἐν πάσαις χώραις οὕτω κάμνουσιν εἰς δικαιοσύνην· ὡς ἡ μέλιττα χεῖραι μὲν ἔχουσα τὸν κηρὸν τῆς ἐργασίας, τὴν δὲ ψεκάδα τοῦ μέλιτος ἐν τῷ στόματι, μετὰ τῆς ἰδίας ὑμνηγόρου φωνῆς τὸν τῶν πάντων Δεσπότην κατὰ τὴν αἴσθησιν ὑμνοῦσα. « Quemadmodum etiam in singulis monasteriis, tum in Ægyptiorum regione, tum in aliis omnibus sic laborant ad justitiam, velut apis, in manibus quidem habens ceram opificii, in ore vero guttas mellis, cum propria hymnifera voce universorum Dominum, juxta proprium sensum laudat.

67 (54) *Cum persecutio impiissima Maximiani.*] Baronius, tomo III, anno Christi 310, Eusebii papæ 2, Constantini imperatoris 5, ait multos Ægyptios Martyres passos hac persecutione; annum tamen certum quo quisque passus sit, incertum haberi. Inter quas et Potamenia virgo, de qua Palladius, in Lausiac. Hist., cap. 4, narrante Isidoro, qui ab Antonio, rei forsitan inspectore, cum Alexandriæ versaretur, accepit.

(55) *Lavit ependyten suum.*] Addunt editiones, id est, *scapulare*, quod manuscriptus deest. Proba tamen est interpretatio. Vide Onomasticon.

(56) *Candente præcinctus veste.*] Baronius, tomo II, ad annum Christi 256, Lucii papæ 1, Galli et Volusiani imperatorum 3, agens de nigra et alba veste, priorem quidem vult fuisse reliquorum Christianorum, posteriorem vero Ægyptiorum. Nam, inquit, Clemens Alexandrinus, Christianus pædagogus, qui Ægypti optimis moribus imbuere curavit Ecclesiam, magnopere suadet (*Clemens, Alexand. Pædag.* l II), ut fideles candidis vestimentis utantur. Cujus quidem institutione Christianos in Ægypto candidis usos esse vestibus existimamus. Hinc illud accidit, cum sanctus Antonius, martyrii subeundi immenso ardens desiderio, ut cognosceretur esse Christianus, alba induit indumenta. Hactenus Baronius. Quanquam verius fortasse dixeris Antonium alba induisse vestimenta, non ut cognosceretur esse Christianus, qui vel monachi habitu talis cognitus erat; sed ut ad judicem Ægyptis albis indutis mistus securius procederet ; quod monachis, qui pulla veste dignoscebantur, civitate esset interdictum, ut hoc ipso capite habes. Illud certum, pullam vestem monachorum fuisse. Apud Metaphrastem, 5 Novembris in Vita Galactionis et Episteme, c. 2, de Honofrio monacho : « Albi veste tegens monasticam, erat animo vere monachus. » Et cap. 9 : « Quorum unus chorus habebat viros visu honestos, et veste nigra indutos. « Qui esse dicuntur *qui se a mundo separant*, id est, monachi. Synesius, epist. 146, ad Joannem monachicum institutum arripientem : Καὶ φαιὸν τειβώνιον ἀμπέχεσθαί σέ φησιν. « Et pullam te lacernam induere narrat. » Athanasius, lib. de Virgin., sive Ascetica. ὁ ἐπενδύτης σου μέλας. « Niger tibi ependytes. » Clemens Alexandrinus, Pædagogi libro II, cap. 10, et libro III, cap. 11, Christianos ad albam vestem, relictis diversioribus, hortatur.

(57) *Episcopo Petro jam ob martyrii gloriam coronato.*] Petri Alexandrini episcopi et Martyris anniversaria memoria in Ecclesia Latina celebratur 26 Novem., in Græca 24 ejusdem. De corona, id est, martyrio, vide Onomasticon.

(58) *Acrioribus se jejuniis vigiliisque conficiens.*] Ad verbum periodum hanc ex hac Vita Antonii Athanasio auctore citat beatus Ephræm, serm. Ascetico in illud : *Attende tibi ipsi*, cap. 10. Ubi quod in Græco Athanasii est, et hic Latino textui deest, ὁ καὶ ἕως τελευτῆς τετάρηκε, *Idque ad mortem usque servavit*, gestamen videlicet vestis ciliciæ et pelliceæ, etiam Ephræm expressit, ut patet ex Latina Gerardi Vossii interpretis versione.

(59) *Martinianus militum præpositus.*] Sic apud Ammianum, lib. XXVI. « Petronius ex præposito Martensium militum. »

(60) *Ad pastoralia.*] Græce βουκόλια. Hœschelius vertit, *armenta boum*, non recte. Nam Bucola, vel Bucolia locus certus in Ægypto, vel apud Alexandriam juxta mare sub rupibus, ut in Vita sancti Marci post Abdiam, anonymo auctore; vel alibi in Thebaide superiore, ut ex hac Vita videtur colligi. Vide Onomasticon.

(61) *Invenit montem.*] Secundus hic mons, ad quem secessit Antonius : cujus descriptio amplior exstat capite 26 Vitæ Hilarionis.

(62) *Ut sarculum sibi, bis acutum cum frumento deferret.*] Ita distinguendus hic locus, ut impressi. Coloniensis editio et Surius : *ut sarculum sibi bis acutum cum frumento deferret*. Ms. : *Sarculum sibi cum bis acuto ferramento deferret*. Græce δίκελλαν καὶ πέλεκυν καὶ σίτον ὀλίγον, *ligonem, bipennem, et modicum frumenti*. Quare proba lectio cum distinctione, quam expressi. Non dubium est, *bis acutum* hic absolute positum pro bipenni. Nec enim aliud est *bis acutum* seu bipennis, quam anceps securis, seu ferramentum aliquod rusticanum utrinque incidens. In Vita Frontonii infra, cap. 1 : « Deferentesque ad ero-

mum secum parva olerum semina, et bisaculos, parvosque sarculos.) Vide Onomasticon.

(63) *Belluas.* Græce, ύαίνας, *hyænas.*] Vide Onomasticon.

(64) *Tricinam sive funiculum.*] Græce σειράν τοῦ ἔργου, *funiculum operis.* Si quid de *tricina* invenero, dicam in Onomastico. An *trichina* τριχίνη, quasi epilis textus funiculus? Editi exhibent *tritiam*, vel *triciam*, forte a tricis dicta *tricina.*

(65) *Quasi xenia.*] Græce, Καὶ αὐτὸς δὲ ὥσπερ ἐφόδια φέρων ἀπὸ τοῦ ὄρους ἐξένιζεν αὐτοὺς τοῖς λόγοις. *Ipse quasi viatica de monte ferens, ipsos spiritalibus muneratur sermonibus.* Quidam Mss. lib. habent *exenia*, ut et veteres editiones. Vide Onomasticon. Sic Ambrosio initio exhortationis ad Virgines, *apophoreta sanciitatis.*

(66) *Si timebimus peccati ceras conscias.*] Ita recte Mss. Coloniensis editio cum antiquioribus exhibet, *maculas conscientiæ*, etc. Eamdem Antonii monitionem habet Sozomenus, lib. i, c. 13.

(67) *Busiris Tripolitanæ regionis.*] Ægypti civitas est in Busiritico Nomo regionis Tripolitanæ. Quod postremum recte distinctionis causa additum; quia et alia civitas Busiris in Ægypto, extra regionem Tripolitanam, quam volunt eamdem esse cum Thebis seu Diospoli magna, in Thebarum seu Diospolite Nomo.

(68) *Paphnutium.*] Hujus memoria celebris in Martyrologio Romano, 4 Septemb., de quo Ruffinus lib. i suæ Historiæ, cap. 4 et 17; Socrates, lib. i, capite 8; Theodoretus, libro i, cap. 7; Sozomenus, libro i, cap. 22; Nicephorus, libro viii, cap. 14 et 19, ubi *superiorem Thebarum* episcopum vocat. Idem de eo, cap. 49, eodem libro. Ejusdem quoque honorifica mentio in Ac is Metrophanis et Alexandri apud Photium, in Bibliotheca, cod. 256. De aliis variis Paphnutiis, vide hic notation. ad Ruffin., libro ii, cap. 13.

Quæ sequuntur : « Qui effossis pro Christo oculis sub Maximiano persecutore, tali dehonestamento corporis plurimum gloriabatur », desunt in Græco exemplari. Inseruit ea interpres Evagrius, ut clarius ab ali.s aliquot Paphnutiis distingueretur.

(69) *Dehonestamento.*] Rarius verbum, sæculo tamen eo et veteri quoque usitatum. Sic hic, c. 37, *probamentum.* Vide Onomasticon. Vera ea martyrum gloria, vulneribus decorari, quæ sæculo dehonestamenta sunt. Illustre exemplum apud Nazianzenum, Invectiva 2 in Julianum.

(70) *Ammonis monachi animam.*] Etiam meminit Sozomenus, lib. i, cap. 14; Socrates, lib. iv, **68** cap. 18. Manuscripti fere semper *Amon*, non declinando. Sic et Græce Ἀμοῦν.

(71) *Itinere quoque dierum tredecim.*] Credo locum Antonii, qua a Nitria xiii dierum itinere distat, intelligi de monte secundo, in quo postremum habitavit. De quo supra cap. 24.

(72) *Flumen nomine Lycum.*] Palladius, capite 8, ait Lycum fluvium esse fossam magni Nili.

(73) *In exteriori monte.*] Infra, cap. 56 : « Qui in exteriori monte erant. » Opponit exterioribus montem interiori et superiori. C. 51 : « Ad interiorem montem regressus est. » Cap. 44 : « Erat in superiori monte. »

(74) *Polycratia.*] Coloniensis editio et Surius addunt, *Publii filia.* Quod unde hauserint, nescio. Deest Mss. et Græco textui.

(75) *Quæ in Laodicea erat.*] Cum multæ sint Laodiceæ, existimo hanc Cœlesyriæ esse, quæ Ægypto, in qua Antonius versabatur, vicinior.

(76) *Tarichorum.*] Ita Mss. et Græcus textus. Non recte Coloniensis editio *caricarum.* Veteres editiones cum Surio *caricarum.* Nota veterum *tarichopolia.* Vide Onomasticon.

(77) *Hora circiter nona.*] Hora nona jejunium resiguari solitum nimis nunc notum. Si quis plura desiderat, consulat Onomasticon.

(78) *Quo factus esset monachus.*] Ex hoc loco Bellarminus, tomo IV, in Judicio de libro Concordiæ Lutheranorum, mendacio 22, colligit aliquam inter baptismum et monachorum religionem esse similitudinem ; quod sicut in baptismo remittitur omnis pœna peccatis debita, ita quoque in susceptione vitæ monasticæ fieri credibile est. Quod sane et sanctorum Patrum testimoniis, et sanctorum virorum exemplis, et scholasticorum doctrina egregie firmatur.

Et quidem ad Patrum auctoritatem quod attinet, Hieronymus, epist. 25, ita Paulam de obitu Blesillæ filiæ solatur : Revera, inquit, si sæculare desiderium, et (quod Deus a suis avertat) delicias hujus vitæ cogitantem mors immatura rapuisset, plangenda erat; nunc vero cum propitio Christo, ante quatuor fere menses, secundo quodammodo se propositi baptismo laverit, et ita deinceps vixerit, ut calcato mundo semper monasterium cogitaverit, non vereris ne tibi Salvator dicat : « Irasceris, Paula, quia filia tua facta est filia mea? » Eamdem vim habet etiam illa ejusdem Hieronymi cohortatio ad Demetriadem, epist. 8 : « Nunc, inquit, quia sæculum reliquisti, et secundo post baptismum gradu inisti pactum cum adversario tuo, dicens ei : Renuntio tibi, diabole, et sæculo tuo, et pompæ tuæ, et operibus tuis, serva fœdus quod pepigisti. » Sanctus Bernardus, lib. de Præcepto et Dispensatione, non procul a fine, non solum id docet, sed duplicem etiam a quibusdam de hoc ipso rogatus causam affert : « Audire, inquit, et hoc vultis a me, unde præter cætera pœnitentiæ instituta, monasterialis disciplina meruerit hanc prærogativam, ut secundum baptisma nuncupetur. 1º Arbitror ob perfectam mundi renuntiationem, ac singularem excellentiam vitæ spiritualis, qua præeminens universis humanæ vitæ generibus hujusmodi conversatio, professores et amatores suos angelis similes, dissimiles hominibus facit ; imo divinam in homine reformat imaginem , configurans nos Christo, instar baptismi ; et quasi denique secundo baptizamur, dum per id quod mortificamus membra nostra, quæ sunt super terram, rursum Christum induimus, complantati denuo similitudini mortis ejus. 2º Sed et quo modo in baptismo eruimur de potestate tenebrarum, et in regnum transferimur charitatis æternæ; ita et in sancti hujus secunda quadam regeneratione propositi, de tenebris æque non unius originalis, sed multorum actualium delictorum, in lumen virtutum evadimus, redaptantes nobis illud Apostoli : *Nox præcessit, dies autem appropinquavit* (Rom. xiii). »

Atque hæc ex sanctis Patribus nunc sufficiant. Non desunt quoque sanctorum visiones. Infra, apud Joannem Subdiaconum, libello i, de Contempl., n. 9 : « Fuit quidam magnus inter prævidentes. Hic affirmabat dicens : Quia virtutem, quam vidi stare super baptisma, vidi etiam super vestimentum monachi, quando accipit habitum spiritualem. » Leontius, Neapoleos insulæ Cypri episcopus, in Vita Simeonis Sali, apud Metaphrastem, 1 Julii narrat quomodo Simeon et Joannes sancto habitu velut regenerandi erant; et quantam ipsi primis septem diebus in sic regenerato gloriam viderint. Sanctus Anselmus, lib. de Similitud., cap. 191, narrat de Osberno monacho, quomodo eum in extremis angelus contra d abolum peccata ante ingressum religionis commissa objicientem defenderit, quod ea *fuerant professione monastica abolita.* Vide et Annales Francisc., de Christophoro religioso et angeli responso.

Inter scholasticos consulendus divus Thomas 2-2, q. 189, artic. 3, ad 3, et in iv Sent., distinct. 4, q. 3, art. 3, quæstiuncula 3, ad. 3, ubi quod ex Vitis Patrum utrobique exemplum non assignato loco citat, est illud ipsum quod jam ex Joanne Subdiacono produxi, quod etiam producit Thomas Waldensis tomo III de Sacrament., tit. 9, capite 80, quem vide egregie de hac re disserentem. Vide et Antoninum, Summæ parte iii, tit. 16. capite 3, § 3; et Paludanum, in iv, dist. 38,

q. 3; Silvest. verb. *Religio.*, dub. 23; et Platum nostrum, lib. 1 de Bono status relig., c. 13.

Quid nunc habent hæretici, quod tantorum Patrum auctoritati, quod testatissimis historiis, quod scholasticorum receptissimæ doctrinæ opponant?

Quod autem Philippus Melanchthon in lib. Concordiæ Lutheranorum affirmat, docere Catholicos monasticam vitam esse meliorem baptismo, mendacium et quidem spissum est, ut ex jam dictis patet.

(79) *Vidit quemdam longum atque terribilem.*] Visionis hujus meminit Palladius, Hist. Lausiac. cap. 27, narrante Cronio. Non valde absimilis visio in Vita Macarii Romani, c. 9 : « Apparuit nobis homo longa statura, quasi centum cubitorum. »

(80) *Vidit etiam pennatos quosdam.*] Idem apud Palladium, loco jam citato. In Vita Macarii Romani, cap. 11 : « In ramis autem ipsis volatilia multa, similia avibus cœli. » Quod vero attinet ad animas evolare et evadere in cœlum cupientes, et a Stygiis portentis impeditas, non una similis apud auctores exstat visio. Eamdem historiam Athanasii nomine ex hac Vita citatam habes syntagmate de statu dormientium, quod nuper post Viridarium suum sanctorum vulgavit Raderus noster, ex Codice ms. Boico et Augustano, qui Georgium Hamartolum, seu Georgium Logothetam præferebat; ut hujus etiam testimonio Vita hæc Antonii Athanasio asseratur. In eodem syntagmate narrat Joannes Homologetes, epist. ad Joannem cubicularium : « Infelicem animam e corpore jam expulsam quisque in aere ad se trahere raptareque conatur. » Vide in eodem syntagmate Cyrillum Magnum et Martyrium Antiochenum.

69 (81) *Usque ad ultimum gradum.*] Vel hinc perspicias veterum graduum in ordine clericorum usum qui *gradus* dicti, quod gradatim ad summum fieret ascensus. Syricius I papa, epist. ad Himerium Tarraconensem episc., cap. 9 et 10, et Gratianus, dist. 77, cap. *Quicumque*, allegat : « Postque ad diaconii gradum, si se ipse primitus continentia præeunte dignum probarit, accedat. Concilium Bracarense I, cap. 58 : *Laicus per gradus eruditus ad Sacerdotium veniat.* Dionysius I papa, epist. 1 ad Urbanum præfect. « Ad hoc divinæ dispensationis provisio gradus et diversos constituit ordines esse distinctos, etc. Et passim apud auctores sacros.

(82) *Ad benedicendum se caput submittebat.*] Ea fuit veterum pietas, ut magni sacerdotum benedictionem facerent, et eam submisso capite exciperent. Vide Onomasticon.

(83) *Manichæis.*] Augustinus, libro de Hæresibus ad Quodvultdeum, hær. 46 : « In Græcia discipuli ejus (Manetis) vitantes nomen insaniæ, quasi doctiores, et eo ipso mendaciores, geminata *n* littera, Mannichæum, quasi manna fundentem appellaverunt. » Idem, lib. xix, cap. 22, contra Faustum Manichæum, in pronuntiatione variatum docet : « Neque enim addidistis in parte priore nominis unam litteram, ut agnosceretur manna; sed addidistis in posteriore duas syllabas, non appellantes Mannichæum, sed Manichæum, » id est, ut idem ibidem vertit, *insanifusorem.*

(84) *Ariomanitæ.*] Ita Mss. Latini et Græcus textus impressus. Coloniensis et Surius, *Arrionitæ*, vel *Arrionianitæ*, non recte.

(85) *Mentientibus autem Arianis.*] Baronius, tomo III, anno Christi 343, Julii papæ 7, Constantii et Constantis 6 : Tanti, inquit, facere solebant papæ illustrium monachorum de fide catholica testimonium, ut Ariani hoc sentientes, mentiri non sint veriti, magnum Antonium eadem de fide secum una sentire, adeo ut eam ob causam ipsi opus fuerit rejecta intima eremi solitudine, Alexandriam usque descendere, et de catholica fide, quam coleret, publice, ne populus laberetur, specimen edere, quam signis quoque sequentibus confirmavit. Quando autem hæc contigerint, minime liquet. Hieronymus quoque de eadem sancti Antonii profectione Alexandriana ad confutandos Arianos ad Castrutium scribit (*Hieron.*, epist. xxxiii).

A Vocatum quoque esse ab eodem sancto Athanasio aliquando Alexandriam abbatem Pœmenem, spectatæ sanctitatis virum, habetur in Vitis Patrum (*Vit. Patr.*, parte 11). Hactenus Baronius.

Quod ex Hieronymo hic citat Baronius, habetur hic libro 11 Ruffini, n. 218. Quod vero de Pœmene ait, vel eum fefellit memoria, vel Pœmenem eumdem putavit cum Pammone. De Pammone hoc habes hic apud Ruffinum, lib. 11, n. 164; quem eumdem esse cum Pambone, non cum Pœmene, colliges ex Pelagii libello 111, n. 14, et libello xv1, n. 2, ubi eadem apophthegmata narrantur nomine Pambonis, quæ Ruffinus habet nomine Pammonis. Alius ab his Piammon seu Pvaminon, de quo hic apud Ruffinum, lib. 1, cap. 31, qui Palladio, cap. 72, est Ammonas.

(86) *Alexandriam descendit.*] Cum plurimæ sint Alexandriæ, agitur hic de Ægyptia, quæ et *Magna Alexandria* ad distinctionem aliarum dicta.

(87) *Aliquando etenim philosophi duo.*] Baronius, tomo III, anno Christi 323. Silvestri papæ 15, Constantini imp. 23. Non Christum, inquit, colentes tantum, sed et gentiles, et qui inter eos præ cæteris in Christianam religionem oblitrare consueverant philosophi, Antonium invisere, et cum eo sermones conferre cupierunt. Etenim moleste ferebant illitteratum hominem tam eximio ferri præconio, quasi summum philosophiæ verticem attigisset. Quod si victorias ex hostibus armatis, crucis virtute partas, audire pergratum est, quanto jucundius accipi debet, absque armis hostes Christi insuperabiles, potentia crucis penitus demonstrare superatos? Vide Cassianum, collat. viii, cap. 18.

(88) *Per interpretem.*] Ordinarius Antonii interpres videtur fuisse Isaac, de quo divus Hieronymus in Vita sancti Hilarionis, cap. 25 : « Repertis ibi duobus fratribus Isaac et Pelusiano, quorum Isaac interpres Antonii fuerat. » Quandoque, ut res ferebat, alii ejus fuere interpretes, ut Cronius apud Palladium, cap. 26, de Actis cum sancto Elogio.

(89) *Alios quoque similiter mundi sapientes.*] Quomodo Antonius litteras ignorarit, vide supra, ad c. 1, n. 7. Hujus historiolæ apponam Græca verba, ut cum scholio ad Synesium conferri possit. Ita apparebit Synesium memoria lapsum, et Ammonii Ægyptio tribuisse, quod Ægyptio Antonio tribuendum erat; nisi Ἀμοῦν pro Ἀντώνιος ex compendio litterarum apud eum irrepserit. Ita igitur Græca hic : Ἄλλων δὲ πάλιν τοιούτων ἀπαντησάντων πρὸς αὐτὸν ἐν τῷ ὄρει τῷ ἔξω, καὶ νομιζόντων χλευάζειν, ὅτι μὴ μεμάθηκε γράμματα, λέγει πρὸς αὐτούς ὁ Ἀντώνιος· Ὑμεῖς δὲ τί λέγετε; τί πρῶτόν ἐστι; νοῦς ἢ γράμματα; καὶ τί τινος αἴτιον; ὁ νοῦς τῶν γραμμάτων, ἢ τὰ γράμματα τοῦ νοῦ; Τῶν δὲ εἰπόντων, πρῶτον εἶναι τὸν νοῦν, καὶ τῶν γραμμάτων εὑρετήν, ἔφη ὁ Ἀντώνιος· Ὧ τοίνυν ὁ νοῦς ὑγιαίνει, οὐκ ἀναγκαία τὰ γράμματα. Quæ ita vertit Evagrius : « Alios quoque similiter mundi sapientes, qui eum irridere cupiebant, quia litteras ignoraret, tali disputatione colligavit, dicens : Respondete mihi, quid prius; sensus, an litteræ? et quid cujusque exordium? sensusne ex litteris, an litteræ oriuntur ex sensu? Illis asserentibus quod sensus esset auctor atque inventor litterarum, ait : Igitur cui sensus incolumis est, hic litteras non requirit. » Synesius vero in Dione, seu de ipsius vitæ instituto, agens de ingenita quorumdam animis vi, ut sine subsidio litterarum et scientiarum quæque tractare possint, ait : Ὁποῖος Ἀμοῦς ὁ Αἰγύπτιος οὐκ ἔφριξεν, ἀλλ' ἔκρινε χρείαν γραμμάτων τοσούτον αὐτῷ τοῦ νοῦ περιῶν. « Qualis Amus Ægyptius, litterarum usum non reperiit, sed judicavit. Tanta in eo erat mentis vis. » Ita vertit Petavius noster, quanquam illud, οὐκ ἐξεῦρεν, clarius, et magis ad sensum hic vertas, *non acquisivit.* Sic εὑρίσκω usurpatur Demostheni orat. contra Timocr., ut ibi exponit Ulpianus. Sic Donatus apud Terentium, Eunucho act. 2, scen. 1, *invenire* explicat *acquirere.*

Scholion in manuscripti Medicæi Codicis margine obscura hæc Synesii ita illustrat : Ἐρομένου τινὸς αὐτὴν εἰ ἀναγκαῖα τὰ γράμματα, ἔφη, Εἰ ὁ νοῦς ἔρρωται, A τίς χρεία γραμμάτων; Τὸ δὲ, οὐκ ἐξεῦρεν ἀλλ᾽ ἔκρινε χρείαν γραμμάτων, ἀντὶ τοῦ, οὐκ ἐχρήσατο αὐτὸς γράμμασιν, ἀλλ᾽ ἀπεφήνατο τούτους δεῖσθαι γραμμάτων. οἵτινες οὐ μέγεθος ἐντύχησαν νοῦ, ἵνα τὴν τοῦ νοῦ ἔνδειαν ἐντεῦθεν ἐπανορθῶνται. Cum quidam eum interrogaret si litteræ necessariæ essent? inquit : Si mens sana est, quis litterarum usus? hoc vero, quod hic dicitur, litterarum usum non acquisivit, sed judicavit, ideo dicitur, quod ipse non usus sit litteris, sed manifestaverit eos litteris indigere, quibus parum mentis obtigit, ut inde mentis defectum supplere et corrigere possint.

(90) *Divinæ mentis haustum.*] Mox ait : *animam ex splendidissimo Dei fonte manantem.* Baronius, **70** tomo III, anno Christi 328, Silvestri papæ 15, Constantini imp. 14, ait : « Erant hi, ut apparet, Platonici philosophi, qui aiebant animam esse divinæ mentis manationem atque substantiam. » Vide Conimbricenses nostros, ad Aristotelis libros de Anima.

(91) *Quo ore Christianorum credulitatem audetis irridere.*] Baronius, ibid. : « Argute quidem retorquet illorum de Verbi incarnatione derisionem; nam cum unum tantum Christiani credant Dei incarnationem, et eamdem absque Verbi aliqua mutatione vel injuria; illi vero, quot homines quotque bestiæ unquam fuerint, tot Dei factas esse fateri cogebantur incarnationes ; cum dicerent animas divinam esse substantiam, easdemque turpes fieri et ignominiosas atque peccatis obnoxias. »

(92) *Pecudum soleatis sepelire corporibus.*] Ridet Pythagoræam metempsychosim, de qua vide Conimbricenses, ad libros Aristotelis de Anima.

(93) *Isidis.*] Isis notissima Ægyptiorum dea. Nolo hic notissimas veterum fabulas veterum auctoritatibus firmare. Recentiorum omnium unus exsequentissime de iis agit Lilius Gregorius Giraldus in deorum gentilium Historia, quem de Iside videsis, syntagmate 12.

(94) *Osirim.*] Osiris Ægypt iis fuit Dionysius seu C Bacchus, frater et maritus Isidis. Vide Giraldum, syntagmate 8.

(95) *Typhonis.*] Fuit Typhon Osiridis frater, qui Osiridem discerpsit. Giraldus, ibid.

(96) *Saturni.*] Notissimus hic pseudotheus, de quo Giraldus syntagm. 4.

(97) *Jovis.*] De Jovis parricidio et incesto passim poetæ. Giraldus, syntagm. 2.

(98) *In Danaes.*] Arnobius, lib v et vii.

(99) *Ledæos.*] Giraldus, syntagmate 5, ubi de Castoribus seu Dioscuris agit Leda genitis.

(100) *Tegentes eas allegoricis velaminibus.*] Baronius, tom. III, anno Christi 328, Silvestri papæ 15, Constantini imp. 13, ait : « Et illa confutavit Antonius, quæ philosophi dicere potuissent de allegoriis, quibus iidem contegere solerent pudenda deorum, et cuncta referre ad cœlestia corpora, et naturæ diversos motus: ostendens magna affici ignominia Creatorem, si debitum sibi honorem et gloriam, non ipsi, sed impendant homines creaturis. » Hactenus Baronius. Porro de allegoricis deorum velaminibus agit Arnobius, lib. III et v; Clemens, Recognit. lib. x, cap. 8; Julius Firmicus, de Errore prof. relig.; Fulgentius, Mythologiis ; Augustinus, de Civ. Dei, lib. IV et VII; et ex recentioribus copiose Natalis Comes, lib. Mythologiarum.

(101) *Liberæ raptum terram.*] Græce : Τὴν ἁρπαγὴν κόρης εἰς τὴν γῆν, ut recte Anglicanus Codex Augustanum supplet. Varie Latinæ editiones. Quædam, *Librum raptum terram Proserpinæ.* Coloniensis, *Liberum raptum terram Proserpinæ.* Sed intelligitur hic de Proserpinæ raptu, quæ et Libera dicta. Unde Proserpinæ interpretamentum in textum irrepsit. Vide Ciceronem, vi Verrina. Julius Firmicus, de Error. prof. relig., *Proserpinam vero liberam dicentes.* Vide Augustinum, lib. IV de Civ. Dei, cap. 10, et lib. VII, cap. 24; et Giraldum, syntagm. 6 et 8.

(102) *Vulcanum et debilem ignem.*] Veteres editiones : *Vulcanum et cibilem ignem,* manifesto errore. Græce : Καὶ Ἡφαίστου χωλότητα εἰς τὸ πῦρ ἀλληγορεῖτε. *Et Vulcani claudicationem allegorice ignem explicatis,* cujus claudicationem duplici epitheto exprimit noster : *Semiclaudum Vulcanum et debilem ignem.* Minutius Felix Octavio : *Vulcanus claudus deus et debilis.* Vide Augustinum, lib. VII de Civ. Dei, cap. 16.

(103) *Junonem aerem.*] Cicero, lib. II de Nat. deorum; Augustinus, lib. IV de Civ. Dei, cap. 10, et lib. VII, cap. 16.

(104) *Apollinem solem.*] Augustinus, lib. VII de Civ. Dei, cap. 16.

(105) *Dianam lunam.*] Augustinus, lib. VII de Civ. Dei, cap. 16.

(106) *Neptunum maria.*] Augustinus, lib. IV de Civ. Dei, cap. 10, et lib. VII, cap. 16.

(107) *Jovem ætherem.*] Cicero, lib. II de Nat. deorum ; Augustinus, lib. IV de Civ. Dei, cap. 10, et lib. B VII, cap. 16.

(108) *Prædurum*, etc.] Tota hæc sententia deest Græco, usque ad *Elementa.*

(109) *Quid antiquius.*] Baronius, tomo III, anno Christi 328, Silvestri papæ 15, Constantini imp. 13. « Ab opere, inquit, et experimento ipso, veræ fidei atque religionis probationem adducit, consentientibus illis (philosophis) ipsa facta esse verbis potentiora. »

(110) *Ubi Ægyptiorum incantationes.*] Exod. VII, v. 2 : *Fecerunt etiam ipsi per incantationes Ægyptiacas.* Vers. 22 : *Feceruntque similiter malefici Ægyptiorum incantationibus suis.*

(111) *Quo magorum profecere carmina.*] Ovidio, Fastorum libro II, *Magicum carmen.* Juvenali, satyra VI, v. 608. *Magici cantus.* Columellæ libro x, *Cantus magici.* Prudentio, περὶ στεφάνων, hymno v, v. 23, *Magicum cantamen.*

(112) *Continentia in matrimonio.*] Hujus rei exempla aliquot exstant in his libris de Vitis Patrum. Sed et aliæ sanctorum Vitæ alia suggerunt, quorum catalogum aliquem texam in Onomastico.

(113) *Constantinus Augustus.*] Baronius, tomo III, anno Christi 328, Silvestri papæ 15, Constantini imp. 23 : « His, inquit, temporibus Antonii percelebris fama adeo percrebuerat, ut esset ubique terrarum diffusa. Nam cum Alexandria existeret, ut ex Dione diximus (*Tomo I, ad annum Christi 64*), totius orbis emporium, quæ natio potuit ignoscere quæ ibidem fuissent ore omnium pervulgata? Sed et quod Constantinopolim ejusdem fama pervasit, et in ipsa regia Constantini summo honore nomen Antonii haberetur, aliis quoque colendi ubique hominem amplissimus patuit omnibus aditus, ut habes hic in fine Vitæ, cap. 61. Antonii igitur virtutum vehementi fama commotus, atque in omnibus persuasus Constantinus imperator religiosissimus, atque filii ejus Cæsares, ad eum pietatis ergo officii et amoris plenas litteras dedere, ut quem tam longe positum non liceret aspi-D cere, atque præsentem alloqui, internuntio litterarum inviserent, et cum eo pariter loquerentur. »

Baronius quoque, anno Christi 536, Marci papæ 1, Constantini imp. 31, notat ex Sozom. lib. II, c. 29, Antonium persæpe ad Constantinum imp. scripsisse pro causa Athanasii.

(114) *Ad interiorem montem.*] Supra, cap. 47, *In superiori monte.* Interior seu superior mons opponitur exteriori seu inferiori. Vide supra, cap. 33.

(115) *Episcopo Serapioni.*] Thmueos hic fuit antistes, confessione celebris et scriptione. De quo divus Hieronymus, in catal. illustr. Eccl. Script., c. 99 : « Serapion Θμούεως episcopus, qui ob elegantiam ingenii, cognomen Scholastici meruit, charus Antonii monachi, edidit adversus Manichæum egregium librum, et de Psalmorum titulis alium, et ad **71** diversos utiles epistolas, et sub Constantio principe etiam in confessione inclytus fuit. »

(116) *Lamentabilis sequitur visio.*] Baronius, tomo III, anno Christi 339, Julii papæ 3, Constantini, Constantii et Constantis imperatorum 3 : « Ille ipse, inquit, annus est quo sanctus Antonius ille Magnus, monachorum Pater, divino elevatus spiritu, horribilem visionem illam, de immensa Ecclesiæ clade ab Arianis inferenda, prævidit atque prædixit, biennio scilicet antequam fieret.

Meminit quoque hujus magnæ visionis Antonic demonstratæ sanctus Joannes Chrysostomus, cum primum hujuscemodi laudum præcon o virum exornat : Ἐννοείτω τὴν μέχρι νῦν ἐν τοῖς ἀπάντων στόμασιν ὄντα, ὃν μετὰ τοὺς Ἀποστόλους ἡ Αἴγυπτος ἤνεγκε, τὸν μακάριον καὶ μέγαν Ἀντώνιον, καὶ λογιζέσθω ὅτι καὶ οὗτος ἐν ἐκείνῃ τῇ χώρᾳ γέγονεν, ἐν ᾗ καὶ Φαραώ. Ἀλλ᾽ οὐδὲν παρεβλάβη, ἀλλὰ καὶ θείας ὄψεως κατηξιώθη, καὶ τοιοῦτον ἐπεδείξατο βίον, οἷον οἱ τοῦ Χριστοῦ νόμοι ζητοῦσι. Καὶ τοῦτο εἴσεταί τις μετὰ ἀκριβείας ἐντυχὼν τῷ βιβλίῳ τῷ τὴν ἱστορίαν ἔχοντι τοῦ ἐκείνου ζωῆς, ἐν ᾧ καὶ πολλὴν ὄψεται τὴν προφητείαν. Καὶ γὰρ περὶ τῶν τὰ Ἀρείου νοσούντων προανεφώνησέ τε καὶ εἶπε τὴν ἐξ ἐκείνων μέλλουσαν βλάβην γίνεσθαι, τοῦ Θεοῦ δείξαντος αὐτῷ τότε, καὶ περὶ τῶν ὀφθαλμῶν τὰ μέλλοντα ὑπογράψαντος ἅπαντα. « Consideret virum, per cunctorum usque hodie ora volitantem, quem apostolis proximum Ægyptus protulit : beatum dico et magnum illum de quo sæpe audistis, Antonium; et respiciat quod hic quoque illius fuerit regionis indigena, cujus etiam Pharao, sed nihil sit inde vitiatus. Nam et visione Dei dignus est habitus, et talem vitam prorsus ostendit, qualem leges Christi requirunt. Hoc autem facile cognoverit, quisquis eum legerit librum qui vitæ ejus texit historiam, in quo etiam prophetiam lucentem videbit. De his enim, quos Ariana pestis invasit, manifestissime prophetavit; quantaque Ecclesiis labes ab illis immineret, docuit, Deo utique revelante hæc, et cuncta ante oculos ejus figura pingente (*Chrysost., hom. 8, in Marc. c. 11*). »

« Sed rursum (subdit Baronius) quod ad eam visionem magno sancto Antonio demonstratam spectat, illud etiam admonendum, errare eos, qui ipsam illi ostensam putarunt, antequam Arii hæresis exoriretur. Non enim emergentis hæresis, sed futuræ cladis per Arianos infligendæ, ea fuit illi visio præmonstrata. Nam longe post exortam Arii hæresim id fieri contigit, cum jam antea de cavendis atque vitandis Arianis sæpe suos admonuisset, atque ante hæc quæque scripsisset olim ad Constantinum ac filios, et secessisset in montis interiorem solitudinem, quæ quidem omnia longe post ortam hæresim Arianam acciderunt. »

(117) *Altare Domini mulorum circumdatum multitudine.*] Sozomenus, *lib.* VI, *capite* 5 : Λέγεται πρὶν κατῆσαι τῶν ἐκκλησιῶν τοὺς ἀπὸ τοῦ Ἀρείου αἱρέσεως, ἐπὶ τῆς Κωνσταντίου βασιλείας, ὄναρ ἰδεῖν Ἀντώνιον, ἡμιόνους τὸ θυσιαστήριον λακτίζοντας, καὶ τὴν ἱερὰν τράπεζαν ἀνατρέποντας, καὶ αὐτίκα προειπεῖν, ὡς ἐπινόθων καὶ ἐπιμίκτων δογμάτων καταλήψεται τὴν ἐκκλησίαν ταραχή, καὶ ἑτεροδόξως ἐπανάστασις. Ἀλλὰ ταῦτα μὲν ἀψευδῶς τεθεᾶσθαι καὶ εἰρῆσθαι ἀπέδειξε τὰ πρὸ τοῦ, καὶ μετὰ ταῦτα ὡς γεγενημένα. « Traditum est, Antonium, priusquam Ariani essent ecclesiarum potiti gubernaculis, regnante Constantio, secundum quietem mulos astare insultantes calcibus, et sacram mensam everteutes vidisse; illicoque prædixisse tumultum ex adulterinis permixtisque doctrinis ortum, et rebellionem ex illis qui alienam ab Ecclesia catholica opinionem tenerent excitatam, Ecclesiam Dei postea occupaturam. Atque hæc quidem vere ab eo et visa esse et prædicta, res, cum quæ ante hoc tempus, tum quæ post accidebant, manifesto declararunt.

(118) *Nam post duos annos.*] Fuit hic annus Christi 342, Julii papæ 6, Constantii et Constantis impp. 6 (ut hoc anno notat Baronius) quo Gregorius Arianus Alexandrinam cathedram invasit manu militari, ope Philagrii præfecti. Clades autem tunc illatas describit Athanasius in epist. ad Orthodoxos : Ἡ μὲν ἐκκλησία καὶ τὸ ἅγιον βαπτιστήριον πυρπολεῖται. *Ecclesiis et baptisteriis flammæ injectæ.* Pluraque alia addit plane cum his quæ in hac Vita describuntur conformia. Quanquam quod Baronius hic cladem hanc et persecutionem Arianorum ab Antonio prædictam anno Christi 342 assignat, nescio an omnino certum sit. De hoc forte in Onomastico fusius.

(119) *Cum assumptione palmarum (quod idololatriæ apud Alexandriam insigne est) ad Ecclesiam pergere compellebantur Christiani, ut Arianorum populi crederentur.*] Nihil horum in Græco textu comparet; nisi in Græcum textum irrepsisse errorem asseramus, et pro ὅτε καὶ τὰ σκεύη μετὰ βίας ἁρπάσαντας δι᾽ ἐθνικῶν ἐποίουν βαστάζεσθαι, *cum et vasa vi præreptis paganos portare curarunt*, levi mutatione et transpositione legendum existimemus : ὅτε καὶ τὰ σκεύη ἁρπάσαντες, μετὰ βαΐας δι᾽ ἐθνικῶν ἐποίουν βαστάζεσθαι, *cum et vasa abripientes ea cum assumptione palmarum ab ethnicis gestari curarunt*. Forte quispiam malit μ τὰ βίας suo loco relinquere, et post ἁρπάσαντες addere, μετὰ βαΐας; quod ab exscriptore omissum quis suspicari possit, ob affinitatem μετὰ βίας, quod tam propinque præcedit. Potius dicas in Græco membrum hoc de Christianis desiderari.

Quod parenthesi includitur (*quod idololatriæ apud Alexandriam insigne est*) valde verisimile est esse glossema Evagrii interpretis.

Ethnicorum esse thallos, seu palmas manu gestando templum ingredi, patet apud Athanasii epist. ad solitariam vitam agentes : Ἕτερος δὲ μετὰ θάλλων εἰσελθών, καὶ ὡς Ἕλλην κινῶν αὐτὰ τῇ χειρὶ καὶ χλενάζων, εὐθὺς ἐσκοτώθη, καὶ οὐκ ἔβλεπεν. « Alius cum frondibus ingressus, et ut ethnicus eas manu per ludibrium agitans, statim obortis tenebris, oculis caligavit. »

Sed quomodo habiti sunt Ariani, qui palmas portarent, cum id sit signum idololatriæ? Quia videlicet Ariani ethnicorum moribus se accommodabant, ut eos adjutores contra Catholicos haberent. Apud Athanasium, supra : Τότε γὰρ εἴδωλα ἑαυτῶν εὐφήμουν, καὶ ἔλεγον· Ἕλλην γέγονε Κωνστάντιος καὶ οἱ Ἀρειανοὶ τὰ ἡμῶν ἐπέγνωσαν. « Idola igitur sua laudibus ferebant, dicebantque : Constantius ethnicus factus est, et Ariani nostra agnoscunt. » Mox de Arianis cum ethnicis ad immolationem bucculæ propensis : Τοιγάρτοι μὲν οὖν δι᾽ ἀσεβείας οἱ Ἀρειανοί, νομίζοντες εἰς ἡμῶν ὕβριν ταῦτα φάνειν, μετὰ τῶν Ἑλλήνων ἔπραττον. « Hæc irreligiosi Ariani, quia existimabant in nostram ignominiam redundare, una cum ethnicos faciebant. »

(120) *Orationibus non præceptis.*] Recte monet Christum non oratione, sed præcepto seu jussione sanasse; sanctos oratione et precibus. Oravit quidem aliquando Christus, at non sua, sed populi causa, ut præclare docet Basilius Seleuciensis, oratione de suscitatione Lazari, in illud Joannis XI : *Jesus autem elevatis sursum oculis.* Jussione aliquando usi apostoli, ut Petrus, Actorum XI : *Et conversus ad corpus, dixit : Tabitha surge.* Sed preces præcesserant : *Petrus ponens genua oravit.* Vel etiam vocato Jesu nomine **72** miracula patrabant, ut ibidem habuit B silius. Breviter Arnobius, libro I, ait Christum *omnia illa quæ fecit nominis sui possibilitate fecisse.* Quod post dicit : *perfecit vi sua;* alios vero eadem *facere sui nominis cum affectione permisit.*

Quod vero idem Basilius, quod habet in Elisæum et Sunamitidem habet, quod Elisæus τὸν υἱὸν τῆς Συναμίτιδος μὴ διὰ προσευχῆς, ὡς ὁ Πέτρος ἀνέστησε τὴν Δορκάδα, ἀλλὰ τῷ νεκρῷ τοῦ παιδὸς ἑαυτὸν ἐφήπλωσε σώματι : « Sunamitidis filium non ad vitam erexerit oratione, ut Dorcadem Petrus, sed pueri cadaveri seipsum instratum applicaverit; » intellige Elisæum figuram gessisse Christi, qui oratione non indigebat, etsi eam Elisæus adhibuerit, ut patet IV Reg. IV, 33. Vult tamen Basilius, non vi orationis illius puerum exsuscitatum, sed potius accorporatione ipsa, quæ incarnationis Christi figura erat. Vide divum Augustinum, in Psalmum LXX; et Bernardum, sermone 2 in Cantica; quare nil necesse ad ellipsin confugere, et, quasi semiplena esset, locutionem explere, μὴ μόνον διὰ προσευχῆς. Non ignoravit Basilius orationem ab Elisæo adhibitam; sed negat orationis vi puerum vitæ redditum (quo fere modo sancti miracula patrabant), sed potius corporis adæquatione, quod Christus incarnatione humanum genus erat exsuscitaturus.

(121) *Ad exteriorem montem.*] Supra, capite 33, *in exteriore monte*; opponitur *interiori* seu *superiori*. Vide ibi dicta.

(122) *Interius archisterium.*] Intelligitur interior et princeps Antonii locus, in quo ipse versabatur. Nempe ut *exterior* et *interior mons* erat, in quo sedem collocaverat Antonius, uti jam vidimus; ita quoque exterius et interius archisterium habebat. Quid vero *Archisterium* sit, vide Onomasticon.

(123) *Propositi succedat oblivio.*] Græce: μὴ ἐπιλαθώμεθα τῶν ἔνδον, *ne eorum qui sunt intus obliviscamur*. Frequens propositi usurpatio pro animi obfirmatione in recto vitæ instituto et voto. Supra, cap. 28: *Proposito ferventi gaudet Antonius.* Sed infra, cap. 66, *desidiam instituto non debere subrepere.* Acta Clementis papæ martyris, de sancta Theodora: *Deo castitatis propositum profiteri persuasisset.* Hieronymus, epist. 7, ad Lætam: *vincere cupiens et virginis propositum, et matris desiderium.* Ubi propositum plane est votum, ut patet ex punitione.

(124) *Præterea cum Balacius.*] Eamdem historiam de Balacio habes breviter expressam in epistola Athanasii, ad solitariam vitam agentes: Ἀντωνίου δέ ποτε γράψαντος πεποίηκε τὸν δοῦκα Βαλάκιον καταπτύσαι τῆς ἐπιστολῆς, καὶ ταύτην ἀπορρίψαι. Ἀλλ' οὐ παρεῖδεν ἡ θεία δίκη. Μετ' οὐ πολὺ γὰρ τὸν λεγόμενον δοῦκα ἐπικαθήμενον ἵππον, καὶ ἀπερχόμενον εἰς τὴν πρώτην μόνην, ἐπιστρέψεις ὁ ἵππος, καὶ δακὼν εἰς τὸν μηρὸν κατέβαλε, καὶ τρῶν ἡμερῶν ἀπέθανεν. « Antonii aliquando epistolam duci Balacio conspuendam abjiciendamque tradidit (Gregorius Arianus Alexandrinæ Ecclesiæ invasor). Sed hoc divina vindicta inultum non prætermisit. Siquidem non diu postea Balacii femur proficiscentis ad primam mansionem equus, cui insidebat, cervicibus retortis ita momordit, atque e dorso excussum humi afflixit, ut intra triduum proximum periret. » Ubi vides diversitatem aliquam in narratione. Nam in hac epistola dicitur Balacius læsus ab equo, *cui insidebat*; in Vita hac Antonii ab equo, *quo Nestorius vehebatur.* Quod fortassis (inquit Baronius, anno Christi 342) accidit vitio librariorum. Quanquam alii fortasse asserent eam epistolam non esse Athanasii, cum ipse Athanasius in ea passim citetur et interloquatur, quod tamen non obstare, quin Athanasii ea sit epistola, opinatur Baronius.

(125) *Ad primam mansionem Alexandriæ, quæ appellatur Chæreum.*] De Chæreo Gregorius Nazianzenus, orat. 21, in laudem Athanasii: Ποιητοῦ δέ τὸ ἄρα καὶ τὸν Νεῖλον εἰπεῖν, τὸν χρυσορρόαν ὄντως καὶ εὐστάχυν, ἐμπαλιν ἐκ τῆς πόλεως ἐπὶ τὴν Χερσίου ῥέοντα, ἡμερησίαν ὁδὸν, οἶμαι καὶ περαιτέρω. « Nilum etiam poeta quispiam diceret, illum vere aurifluum et spicis uberem, ab urbe ad Chæreum retracto cursu fluentem, diei unius itinere atque amplius. Pro *mansione*, Græce est μονή. Ita et apud Athanasium, epist. ad solitariam vitam agentes; Hœschelius divinabat νομὴν, *præfecturam*, Nil necesse. Vide Onomasticon.

(126) *Multæ quoque desponsatæ puellæ.*] Quod olim Theclæ contigit, dum sanctum Paulum concionantem audiret, ut relicto sponso terreno, cœlesti se sponso dedicaret, idem plurimis virginibus ad Antonii exhortationes evenit. Supra, cap. 49, *Continentia in matrimonio, virginitas in Ecclesia*. Quæ virginitas ita post in Ecclesia floruit, ut una familia Aniciana plures Christo virgines, quam mundo consules dederit. Augustinus, epist. 179, ad Probam et Julianum, de conversione neptis Demetriadis: « Quis verbis explicet, quis digno præconio prosequatur, quam incomparabiliter gloriosas atque fructuosas habeat ex vestro sanguine feminas virgines Christus, quam viros consules mundus? Nam volumina temporum si magnum atque præclarum est nominis dignitate signare, quanto est majus atque præclarius, cordis et corporis integritate transcendere? Magis itaque gaudeat puella nobilis genere, nobilior sanctitate, quod sit per divinum consortium præcipuam in cœlis consecutura sublimitatem, quam si esset per humanum connubium prolem propagatura sublimem. Generosius quippe elegit Aniciana posteritas tam illustrem familiam beare nuptias nesciendo, quam multiplicare pariendo; et in carne jam imitari vitam angelorum, quam ex carne numerum adhuc augere mortalium. Hæc est uberior fecundiorque felicitas, non ventre gravescere, sed mente grandescere; non lactescere pectore, sed corde condescere; non visceribus terram, sed cœlum orationibus parturire. »

(127) *Quem annis quinque supergredior.*] Græce: Εἰμὶ γὰρ ἐγγὺς ἐτῶν πέντε καὶ ἑκατόν: *Annorum fere sum centum ei quinque.* In multos annos olim eremitæ et monachi vitam producebant; ut frustra hæretici contra austeram victus rationem, quasi ita vivacitas imminuatur, deblaterent.

(128) *Meletianorum.*] Dicti Meletiani a Meletio in Ægypto episcopo. Vide Epiphanium, hær. 68; Theodoretum, libro IV Hæret. fab., cap. 10; Historiam Tripartitam, lib. I, cap. 18.

(129) *Custodienda est pia fides in Christo, et Patrum religiosa traditio.*] Baronius, tomo III, anno Christi 358, Liberii papæ 7, Constantii Imperatoris 22: « Moriturus, ait, Antonius nihil antiquius habuit, quam fidem catholicam suis præclare testatam relinquere; de cujus fidei custodia eosdem sæpius ante admonuisset. Hoc enim elogio fidem suis discipulis astantibus, quasi nobile depositum commendavit.

Sed et præter fidem in Christum, religiosam Patrum traditionem custodiendam monet.

73 (130) *Et præcipue beatorum martyrum corpora linteamine quidem obvolvere.*] Prudentius, hymno Cathemer., qui est de defunctis:

Candore nitentia claro
Prætendere lintea mos est.

Et passim in Actis martyrum. Vide Onomasticon.

(131) *Super lectulos domi posita reservare.*] Notus Ægyptiorum gentilium fuit consuetudo, ut exsiccata medicata domi servarent. Cicero, I Tusc. « Condiunt Ægyptii mortuos, et eos domi servant. » Pomponius Mela, lib. I, cap. 9: « Mortuos nec cremare nec fodere fas putant; verum arte medicatos intra penetralia collocant. » Sextus philosophus, libro III Pyrrhon. hypothes., cap. 24: « Ægyptii intestina extrahentes condiunt defunctos, et secum super terram habent. »

Sed et mortuos suos mensis velut convivas adhibebant. Lucianus, de Luctu: Ταριχεύει δὲ ὁ Αἰγύπτιος οὗτος μέν τοι, λέγω δὲ ἰδών, ξηράνας τὸν νεκρὸν, σύνδειπνον καὶ συμπότην ἐποιήσατο. « Muria condit Ægyptius. Atque hic quidem (rem a me visam narro) desiccatum cadaver convivam et compotorem adhibet. » Silius Italicus, libro XIII:

. . . . . Ægyptia tellus
Claudit odorato post funera stantia saxo
Corpora, et a mensis exsanguem haud separat umbram

Ubi forte quis hæreat, quid hic sit *saxum odoratum*; et legat, *odorato succo.* Corippus, libro III de Funere Justiniani imp.:

. . . . . et odoro balsama succo
Tempus in æternum sacrum servantia corpus.

Sed non temere Silii lectionem sollicitem. Capio igitur *odoratum saxum* de unguento ipso cui corpus velut includitur, quodque una cum corpore ipso saxescit et lapidescit, et velut æneum redditur. Quæ Ægyptii *Gubbaras* vocant, ut habet inox citandus sanctus Augustinus, sermone 120 de Diversis, cap. 12. Unde recte Orientio, in Commonitorio, *pulvis solidans*:

Non modo quæ tumulis bene condita saxa reservant, Ant Arabum solidans pulvis odorque tenet.

Ita recte quoque *Arabum* pro *arvum* legit Sirmondus noster, ad Sidonium, lib. ix, epist. 13.

Daniel Heynsius in Crepundiis Silianis pro *odorato saxo* suspicabatur legendum *odorata taxo*, id est reconditorio e taxo fabrefacto, et θηκαίῳ οἰκήματι, ut loquitur Herodotus. Claudius Dausqueus ad Silium existimat *saxum odoratum* dici, vel quia tale, vel quia cadaver odoribus differtum.

Dignum notatu, quod est apud Cassianum collat. xv, cap. 3, ex relatione Nesterotis abbatis, qui, cur Ægyptii cadavera condirent, et in editioribus cellulis conderent, hanc originem et causam refert. « Hunc Ægyptiis morem Nili fluminis invexit eluvies, ut quoniam universa terræ illius latitudo, instar immensi pelagi, non parvo anni tempore solita aquarum eruptione contegitur, ita ut nulla tunc cuiquam viandi copia nisi lemborum transvectione tribuatur, corpora mortuorum pigmentis condita redolentibus, in editioribus cellulis recondantur.

(132) *Vitium circa defunctos Ægypti.* Sanctorum Antonii et Athanasii mentem, quantum ad locum hunc attinet, jam olim explicuit Damascenus, orat. 1, de Imagin. : Ἴσμεν τὸν μακάριον Ἀθανάσιον, ἀπηγορευκότα τὸ ἐν λάρναξι τίθεναι τὰ τῶν ἁγίων λείψανα, μᾶλλον δὲ προστάττοντα ὑπὸ γῆν ταῦτα καλύπτειν, τὸ ἄτοπον ἔθος τῶν Αἰγυπτίων καταργῆσαι βουλόμενον, οἳ τοὺς ἑαυτῶν νεκροὺς, οὐχ᾽ ὑπὸ γῆν ἔκρυπτον, ἀλλ᾽ ἐπὶ κλινῶν καὶ σκιμποδίων ἐτίθουν. « Scimus sanctum Athanasium sanctorum reliquias, non in urnis collocandas, sed humi condendas esse eo consilio censuisse, ut absurdum Ægyptiorum morem abrogaret, qui mortuos suos non sub terra condebant, sed in lectulis et scimpodiis collocabant. » Sic Arsenius, apud Ruffinum, lib. ii, n. 163, alloquens discipulos sub interminatione divini judicii ait : « Si alicui de meo corpusculo aliquid velut reliquias dederitis. » Quod apud Pelagium, libello xv, n. 9, est : « Si permiseritis cuiquam de corpore meo aliquid facere. » Subjungam et recentiorum explicationem.

Baronius, anno Christi 358, Liberii papæ 15, Constantii imperatoris 22 : « Ob quam etiam, inquit, causam Antonius (ne scilicet æqualis sanctis in terris honor sibi impertiretur) antiquum illum in Ægypto morem inolitum, et ad Christianos propagatum, detestatus est; quo charorum corpora nequaquam sepulturæ traderentur, sed pollinctorum arte delibuta, ita arida reddebantur, ut absque corruptione integra servarentur; quæ sic reddita quasi ænea ab Ægyptiis (ut auctor est Augustinus) *gabbaras* dicebantur; id, inquam, adeo displicuit Antonio, ut nec sanctorum cadaveribus id officii exhiberendum esse diceret; cum exemplo corporis Christi, sanctorum quoque corpora essent recondenda sepulcro; quod præstare Ecclesia catholica consuevit, ut beatorum cadavera sepulcris clauderet, sed honorificentissimis tamen, nempe sacris altaribus. » Hactenus Baronius.

David Hœschelius, notis ad hanc Vitam : Mirum (inquit vir magni nominis, et judicio eruditissimus) si Antonius humationem prorsus esse necessariam abscise docuit cum profecto Josephus, Genes. L, se non terra obrui, sed loculo recondi, et ex Ægypto aliquando asportari præceperit. Verius ergo Antonium hoc tantum voluisse, mortuos longe rectius humo committi, quam, quod Ægyptii faciebant, domi conditos asservari; idque patriarcharum et Christi exemplo confirmasse.

In describenda Ægyptiorum conditura multi sunt. Herodotus, lib. ii; et Diodorus, lib. i; ex quibus observes, cadavera olim domi subrecta, in loculo ad parietem statuta, quod Antonii ætate mutavarat. Athanasius quippe diserte scribit lectulo imponi consuevisse. Credo, quo commodius mensæ accumberent. Huc enim ineptiarum Ægyptus descenderat. Lucianus, de Luctu, se bellis hujus generis convivis et compotoribus interfuisse narrat, stantibus an cubantibus, non explicat. Paulo antiquior Silius, libro xiii, stantes habet :

......Ægyptia tellus
Claudit odorato post funus stantia saxo
Corpora.....

Alia addi poterant, sed hæc satis superque evincunt, Antonium tantam stultitiam verius quam superstitionem ferre non debuisse.

Ex sancto Augustino, serm. de Diversis 120, qui est prior tractatus de resurrectione mortuorum, c. 12, nomen, quo cadavera sic curata appellarentur, didicimus : « Ægyptii ergo soli credunt resurrectionem, quia diligenter curant cadavera mortuorum ; morem enim habent siccare corpora, et quasi ænea reddere, *gabbaras* ea vocant. » Quæ mox irridens scribit : « Soli Ægyptii bene credunt resurrectionem mortuorum suorum, aliorum vero Christianorum spes in angusto est, » ostendunt. apud Christianos morem, quantumvis vetitum, etiam post Antonium perseverasse. Hactenus ὁ μεγαλώνυμος, καὶ τὸν νοῦν ὀξυδερκέστατος. Atque hactenus quoque ex ore calamoque magni viri Hœschelius, quem virum magnum Marcum Vel serum II virum PP. Augustanum esse nullus dubito. Adeo vir ille ubique doctrinæ suæ radiis se prodit.

Quare non improbat Antonius reliquiarum observationem et cultum, sed Ægyptiam consuetudinem, de qua jam supra ex Cicerone, Mela, Sexto Empyrico, et aliis auctoribus dictum. Vide Gretzerum nostrum, de Fun. Christ., lib. i, cap. 7, et apolog. 2 contra Lithum Misenum, lib. ii, cap. 2.

(133) *Duobus fratribus.*] Intelligit, opinor, Amatham et Macarium, Antonii discipulos, quorum alter etiam Antonii corpus sepelivit; de quibus actum ad prologum Vitæ sancti Pauli, primi eremitæ. Nisi forte intelligantur Isaac et Pelusianus, de quibus in Vita Hilarionis, cap. 25, quos statim a morte Antonii Hilarion in monte invenit : « Repertis ibi duobus fratribus Isaac et Pelusiano, quorum Isaac interpres Antonii fuerat.

(134) *Repræstatis affectum.*] Editi libri, *rependatis*, quod subditicium est. Proba et vera lectio, *repræstatis*, nec ubique obvium verbum. Habes in Pandectis Florentinis, lib. xix tit. 1, de action., empt. et vend., l. 47, Lucius : *Ita ut si non integras* (materias) *repræstaverit.* Ubi vulgo : *Ita ut si non integras præstiterit.* Item, lib. xxxv, tit. 1, ad SC. Trebell., l. 22, Mulier : *Decrevisse divum Marcum refert fideicommissum eis repræstandum.* Utroque loco Cujacius, lib. iii Observat., cap. 15, corrigebat, *repræsentaverit.* Sed lib. xiii Observ., cap. 35, retractat suam correctionem, et retinet, *repræstat.*

(135) *Vestimentorum autem meorum sit ista divisio.*] Baronius, tomo III, anno Christi 358, Liberii papæ 7, Constantii imp. 22, ait : « Sed et qui fidem catholicam suis tantopere commendavit, ejus defensores gloriosissimos confessores voluit suis exuviis honorare, dum ad testamentum fidei ejusmodi apposuit codicillum. »

(136) *Quod novum ipse detulerat.*]Baronius, anno Christi 328, Silvestri papæ 15, Constantini imp. 33, existimat Athanasium, cum tertius ejus episcopatus annus agebatur, visitasse ecclesias Ægypti, Alexandrinæ subjectas Ecclesiæ. Asserit porro, quod tunc simul Antonium visitavit, ad eumque benedictionis gratia duo pallia attulit, quorum altero, ut auctor est sanctus Hieronymus (*Hieron., in Vita Pauli*), Pauli primi eremitæ corpus, cum ex hac vita migrasset, ejus rogatu, festine allatum involvit; alterum idem Antonius moriens, eidem qui dederat Athanasio ultimo legavit elogio, dicens : « Meloten et pallium tritum, cui superjaceo, Athanasio episcopo date, quod novum ipse detulerat. » Cum vero illud ab eo ad se allatum, non missum, dicat, plane significat Athanasium sanctum Antonium visitasse, nec ipsum modo, sed et monachos ejus discipulos, ecclesias atque monasteria in eremo posita, episcopali munere perlustrasse.

(137) *Serapion episcopus.*] Thmueos videlicet in Ægypto, ut jam dictum ad cap. 51.

(138) *Mortem lætus aspexit.*] Baronius, t. III, anno Christi 358, Liberii papæ 7, Constantii imp. 22. « Hoc eodem, inquit, anno, sanctus ille toto orbe conspicuus, Antonius Magnus, xvi Kal. Febr., ex hac vita in cœlum migravit, cum jam quintum supra centesimum vixisset annum. Hæc quidem cum Athanasius, tum Hieronymus affirmat in Chronico. »

Sed emendato Chronico usum Baronium, dixi in præludiis ad hanc Vitam. Emendatum Chronicon obitum Antonii ponit anno 19 Constantii, cui pro vario cujusque calculo varius Christi annus assignatur. Vide in dictis præludiis.

(139) *Servaverunt mandata discipuli.*] Baronius, supra : « Sepultus est autem, ait, Antonius incognito loco, ea nimirum ex causa, quod id ipsemet præcepisset, ut sanctus Hieronymus testatur in Hilarione (Hieron., in *Vita Hilarion.*, c. 20) ; ne scilicet Pergamius quidam, ipsius studiosissimus, qui in illis locis ditissimus erat, sublato ad villam suam sancti corpore, martyrium fabricaret; non enim tanti se meriti esse rebatur, ut æqualem sanctis in terris honorem sibi impertiri vellet.

Verum quantumlibet id magnis contestationibus discipulos suos admonens fuerit consecutus, ut corpus suum mandaretur occulto loco sepulcro, haud tamen voluit prohibere quin honoris sanctis et Deo dilectis impertiri soliti particeps fieret, ut nempe natalis ejus migrationis dies, ex antiquo Ecclesiæ more, pervigilio et sacris cæteris ritibus coleretur. Nam de sancto Hilarione scribit Hieronymus, quod cognito, licet longe absens, Antonii obitu, illuc magno labore se contulit, ea nimirum ex causa, ut anniversarium illius dormitionis diem, eodem in quo defunctus erat loco, præviis nocturnis vigiliis celebraret : quod pium officium cum cæteri in Ægypto catholici, tum etiam universa Ecclesia catholica præstare hactenus non prætermisit. » Vide ad caput 26 Vitæ sancti Hilarionis.

(140) *Lætanter per vestimentum recordatur imaginem sanctitatis.*] In Vita sancti Pauli primi eremitæ habes quam grata Antonio fuerit palmea Pauli vestis, omni Romanorum palmata potior. Nunc Athanasius Antonii legatarius in exuviis Antonii Antonium amplectitur.

(141) *Æqualitatem propositi tenens.*] Sequentia omnia de integritate corporis sancti Antonii habes ex hoc Athanasii scripto expressa apud beatum Ephræm, supra in elogiis. Ubi Vossius ejus interpres videtur in vitiosum Codicem incidisse, dum vertit : *aut si forte pedes aqua tingeret*, pro, *nec pedes lavit*. Omittitur quoque apud Ephræm de *dentium numero* ad extremum usque servato.

(142) *Quem nec librorum disseminatorum oratio luculenta.*] Petrus Damianus, libro vi, epist. 17, ad Ariprandum monachum : « Antonius non rhetoricatur, sed toto conspicuus orbe, litteris, ut ita dicam, vitalibus legitur. » Quem vide egregie de stulte doctis, et sapienter indoctis pertractantem.

Baronius, tom. III, anno Christi 358, Liberii papæ 7, Constantii imp. 22, ait : « Licet de Antonio sanctus Athanasius tradat, nequaquam eum claruisse scriptorum librorum memoria, multas tamen ex munere constat scripsisse epistolas, patria lingua ; ex quibus septem in Græcum translatas fuisse, auctor est sanctus Hieronymus (*Hieron., de Script. Eccles.*, c. 88). Vide præludia ad hanc Vitam.

(143) *Quæ urbium caput est Romæ.*] Vide aureolos Lipsii libros De magnitudine Romana.

Atque hæc nunc ad Vitam sancti Antonii dicta sufficiant ; cujus mortem etiam elementa ipsa clauso cœlo luxere, teste Hieronymo (*Hier., Vitæ Hilar.* c. 27) : « Porro jam triennium erat, quod clausum cœlum terras illas aretuerat, ut vulgo dicerent Antonii mortem etiam elementa lugere. »

In Coloniensi editione post Vitam Antonii addebatur exemplum de divi Antonii insuperabili castitate, ex Germanico libro excerptum, quod quia in nullo manuscripto libro reperi, et fabulam potius præfert, omittendum duxi.

Quem hic epilogum Evagrii, interpretis nomine habes, suggessit unus e Mss., quanquam vereor ut Evagrii nomen ægre tueri possit ; maxime si cum prologo comparetur.

OCTOBRIS XXI.

VITA SANCTI HILARIONIS,

MONACHI,

AUCTORE DIVO HIERONYMO PRESBYTERO.

[Hujus Vitæ textum legere est Patrol. tom. XXIII, col. 29. Illuc igitur lectorem revocantes, Rosweydi notationes hic tantum recudimus.]

ROSWEYDI NOTATIO.

86 *Hilarionis.*] Martyrologium Romanum, 21 Octobr. « In Cypro natalis sancti Hilarionis abbatis, cujus vitam virtutibus atque miraculis plenam sanctus Hieronymus scripsit. » Menologium Græcorum eodem die : « Commemoratio sancti Patris nostri Hilarionis. » De quo fusius in Menæis eodem die. Ubi Μέγας, *Magnus* nominatur, ad distinctionem puto aliorum. Nam 4 Maii habetur Hilarion Thaumaturgus. 28 Martii Hilarion Junior, abbas monasterii Peleceti. 6 Junii Hilarion Junior, abbas Dalmatarum.

De hoc nostro Hieronymus, epist. 13, ad Paulinum : « Beatus Hilarion, cum Palæstinus esset, et in Palæstina viveret, uno tantum die vidit Jerosolymam, ut nec contemnere loca sancta propter viciniam, nec rursus Dominum loco dividere videretur. » Sozomenus quoque, libro v Histor. Ecclesiast., cap. 14, scribit Alaphionem avum suum ab Hilarione Christi nomine invocato a dæmonio liberatum. Quod utrumque Hieronymus hic in Vita non attingit.

De hoc eodem Hilarione Sozomenus, libro III, cap. 13, et lib. v, cap. 9 ; Nicephorus, libro IX, cap. 15, et libro x, cap. 8, et libro xi, cap. 29. De eodem breviter Petrus Damianus, lib. vi, epist. 17: « Hilarion Platones et Pythagoras projicit, unoque contentus Evangelio, in sepulcrali se cellulæ autro concludit. Sed ecce dæmonibus imperat, quem philosophorum studia non exornant.

Vitam hanc Hilarionis ex Latino textu Hieronymi in Græcam linguam transtulit Sophronius, ut testatur ipse Hieronymus catalogo illustrium Ecclesiæ Scriptorum, cap. 134. Exstat inter Vitas Metaphrastæ nomine editas a Lipomano Hilarionis Vita

Græco per Gentianum Hervetum translata. Sed ea Sophronii non en, non præfert. Accepi eam Græce Parisiis beneficio Sirmondi nostri, ubi nullus vel auctor vel interpres assignatur. Existimo tamen eam esse quam Sophronius ex Hieronymi textu vertit. Eodem enim ordine procedit; et-i in quibusdam subinde variet, et quædam etiam addat.

Nonna *.] Hanc allocutionem seu salutationem ante *Scripturae* præmittunt veteres editiones, et quidam manuscripti. De *Nonna* Vide Onomast.

Asella.] Ad Asellam habet epistolam divus Hieronymus, tomo II, epist. 99 De ejusdem laud bus habes apud eumdem, tomo I, epist. 15, ad Marcellam. Ejusdem quoque idem meminit tom. III, epistola 114, ad Principiam.

Eorum enim qui fecere virtutes, etc.] Mira hic differentia tum Editorum, tum Manuscriptorum. Quidam : « Hujus namque conversatio et absstinentia, ac præclara dona mirabilium, quæ operatus est (ut ait Crispus) tanta ac tal a habentur, quantum ea vel ex parvulis verbis potuere extollere cujuscunque præclara ingenia. » Alii ut expressi. Crispus in Catilinario : « Eorum qui ea fecere virtus tanta habetur, quantum verbis ea potuere extollere præclara ingenia. » Quem etiam æmulatur Flavius Vospiscus in Probo : « Certum est quod Sallustius Crispus, quodque M. Cato et Gellius historicæ sententiæ modo in litteras retulerunt : omnes omnium virtutes tantas esse, quantas videri eas voluerunt eorum ingenia, qui uninscujusque facta descripserint. »

Alexander Magnus.] Expressum ex Flavio Vopisco in Probo : qui superioribus subnectit : « Inde est quod Alexander Magnus Macedo, cum ad Achillis sepulcrum venisset, graviter ingemiscens : Felicem te, inquit, juvenis, qui talem præconem tuarum virtutum reperisti ; Homerum intelligi volens, qui Achillem tantum in virtutum studio finxit, quantum ipse valebat ingenio.

Quem vel arietem vel pardum, etc.] Rosweydus edidit æs loco arietem, sicque hunc locum annotavit.
EDIT. — *Quem vel æs, vel pardum, vel hircum caprarum.*] Ne mirere, lector, de lectionis novitate. Vetus est lectio, quam exhibeo, ex manuscriptis depromta, qui æs, et non arietem, exhibent. Et vero ea lectio et sacris Litteris, et Hieronymianæ menti respondet.

Nam quod habetur Danielis cap. II, v. 32, de statua : *Venter et femora ex ære*. Et v. 3 : *Regnum tertium aliud æreum*; Hieronymus in commentario interpretatur de Alexandro et regno Macedonum.

Quod vero habetur Danielis cap. VII, v. 6, *Et ecce alia (bestia) quasi pardus*, idem Hieronymus de regno Macedonum interpretatur ; de quo, inquit, in statua legi us : *Venter et femora ejus ex ære*. »

Quod autem Daniel habet cap. VIII, v. 5 : *Ecce autem hircus caprarum veniebat ab Occidente*, angelus Gabriel interpretatur, v. 21 : *Hircus caprarum rex Græcorum est.* Et ibidem Hieronymus : « Hircus caprarum Alexander est rex Græcorum. »

Editores, quia sequebatur de pardo et hirco, existimarunt et tertium animal hic jungendum ; quare *æs* in *arietem* verterunt. Sed Daniel et Hieronymus per *arietem* non Alexandrum Magnum, sed Darium regem Persarum et Medorum intelligunt.

Epiphanius.] Hujus epistola de laude Hilarionis hodie, quod sciam, non exstat. De hoc Sozomenus libro VI, cap. 32 : Ἐπιφάνιος δὲ ἀμφὶ Βησανδούκην μὴν κώμην, ὅθεν ἦν, Νόμῳ Ἐλευθεροπόλεως ἐφιλοσόφησε. « Epiphanius autem circiter Besanducem vicum, in Nomo Eleutheropolitano situm, vitam monasticam exercuit. » Eadem apud Nicephorum lib. XI, cap. te 39. De Epiphanio et Hilarione se invisentibus habes apophthegma apud Pelagium, libell. IV, n. 15.

Qui olim detrahentes Paulo meo.] Vide dicta ad Vitam Pauli in Præludiis n. 4.

* Vide Patrol. tom. XXIII, col. 29, not. *b*. EDIT.

Thabatha.] Veteres editiones *Thabacha.* MS. Sancti Floriani *Thauthac.* Sozomeno, lib. III, capite 14 : Θαβαθά, alias Θανατά. Nicephoro, libro IX, cap. 15, *Thabasa.*

Gaza.] Palæstinæ urbs notissima.

Rosa ut dicitur de spinis floruit.] Græce est Ῥόδον ἐξ ἀκανθῶν, τὸ τοῦ λόγου. Proverbialis forma. Ammianus, lib. XVI. de Eutherio eunucho : « Sed inter vepres rosæ nascuntur, et inter feras nonnullæ mitescunt.

Majuma.] Emporium Gazæ hic dicitur Hieronymo, quod Ptolomæo et Sozomeno, libro V, capite III, ἐπίνειον Γαζαίων, Gazæorum navale. in Palæstina, viginti stadiis a Gaza distans.

Et pelliceum habens ependyten.] In Vita Antoni, cap. 23 : « Lavit ependiten suum. » Vide ibi, ad n. 55. Joannes Andreas, epistolarum Hieronymi vetus editor, post *ependyten* in Vita Hilarionis addit, et *eraciestem*; cujus loco apud Adonem, in Martyrologio, 21 Octobris habes, *et tenaltem*. De quibus inquiremus in Onomastico.

Inter mare et paludem vasta solitudine.] Sic et infra, cap. 8 de latronibus *inter mare et paludem* discurrentibus. Plura de eremis et solitudinibus in Onomastico.

Caricas.] Sunt *caricæ* Plinio, libro XIII, cap. 5, ex ficorum genere, quas Syriæ esse peculiares ait. Cassianus, collat. VIII, cap. 1, *caricas* inter eremitarum edulia refert. Supra, in Vita sancti Pauli eremitæ, cap. 5, *quinque caricis per dies sustentatur*.

Fiscellas.] Manuscripti quidam et veteres editiones addunt, *hoc est sportellas.* Sit interpretationis vice. Est enim *fiscella* viminea sporta ad varium usum.

Agitator.] Editi plerique, *gladiator.* Male. Quod irrepsit, quia præcessit de gladiatorum pugna. Cicero, Academica IV : « Ego enim ut agitator callidus, priusquam ad finem veniam, equos sustinebo. »

Carice.] Editi quidam addunt, *id est, herba agresti et spinosa*, quod aut dubie ex marginali interpretamento in textum irrepsit. Est enim junci genus acuti et durissimi, simile sparto.

Impetigine.] *Impetigo* infectio est et asperitas summæ cutis cum non levi prurītu. Quæ Lucillio libro XXX Satyr. *depetigo* dicitur. De remediis contra eam vide Plinium, lib. XX, cap. 19, et lib. XXII, cap. 25, et lib. XXIII, in proœm., et cap. 7.

Eleutheropolitana.] Eleutheropolis, Palæstinæ urbs, inter Jerosolymam et Ascalonem, utrinque fere unius diei itinere dissita.

Aristænete Elpidii, qui postea præfectus prætorio fuit, uxor.] Infra, cap. 25 : « Aristænete illa, cujus supra fecimus mentionem, præfecti uxor. » De Elpidio Ammianus, libro XXI : « Inter tot urgentia Hermogene defuncto, ad præfecturam promovetur Elpidius, ortus in Paphlagonia, aspectu vilis et lingua, sed simplicioris ingenii, incruentus et mitis. »

Hemitritæo.] Coloniensis editio addit (*morbo videlicet imperfectæ febris tertianæ*) quod prioris glossema est. Frequens hoc Græcum vocabulum etiam apud Latinos scriptores. Vide Onomasticon.

Et idolum Marnas corruat.] Hieronymus, epist. 7, ad Latam : « Jam et Ægyptius Serapis Christianus factus est. Marnas Gazæ luget inclusus, et eversionem templi jugiter contremiscit. » Idem, in caput XVII Isaiæ : « Serapium Alexandriæ, et Marnæ templum Gazæ in ecclesias Domini surrexerunt. »

Sancti manus deosculati sunt.] Et manus et pedes sanctorum virorum, martyrum, episcoporum, sacerdotum osculabantur olim Christiani venerationis ergo. Vide Onomasticon.

Rhinocorura.] Hieronymus, de locis Hebraicis : « Rhinocorura civitas Ægypti, cujus meminit Isaias. Sciendum autem quod hoc vocabulum in libris Hebraicis non habetur, sed a LXX Interpretibus propter notitiam loci additum est. Quod in libro Hebraicorum nominum diximus. » Idem, in caput xxvii Isaiæ : « Pro torrente Ægypti, LXX Rhinocoruram transtulerunt, quod est oppidum in Ægypti Palæsti æque confinio, non tam verba Scripturarum quam sensum verborum exprimentes. »

Ailæ.] Vetus editio *Achile.* Hieronymus, de locis l'ebraicis : « Ailat in extremis finibus Palæstinæ juncta Meridianæ solitudini, et mari Rubro: unde ex Ægypto Indiam, et inde ad Ægyptum navigatur. Sedet autem ibi legio Romana cognomento Decima; et olim quidem Ailat a veteribus dicebatur, nunc vero appellatur Aila.

Adversus Gazensem duumvirum.] Erant Duumviri in municipiis instar consulum. Ad hos editio Circensium spectabat, quæ refertur inter personalia munera, libro L. D, tit. 4, de muner. et honor., leg. 1, ubi habes, *equorum Circensium spectacula.* Gaza autem municipium erat, unde Hieronymus Italicum *municipem* vocat.

Conso quasi consiliorum Deo.] Cyprianus, lib. de Idolor. vanitate, cap. 2 : « Consus, quem Deum fraudis, velut consiliorum Deum, coli Romulus voluit, postquam in raptum Sabinarum perfidia provenit. » Idem, libro de Spectaculis, cap. 4 : « Romulus Conso quasi consilii Deo, ob rapiendas Sabinas, Circenses primus consecravit. » Quæ expressa sunt ex Tertulliani libro de Spectaculis, cap. 5. « Quanquam et Consualia Romulo defendunt, quod ea Conso dicaverit, Deo (ut volunt) consilii. » Augustinus, libro IV de Civ. Dei, cap. 11 : « Ipse sit et Deus Consus, præbendo consilia. » Varro, de L. L. libro V : « Consualia dicta a Conso, quod tum feriæ publicæ ei Deo, et in Circo ad aram ejus a sacerdotibus fiant ludi illi quibus virgines Sabinæ raptæ. »

Scyphum fictilem.] Isaacus Casaubonus ad Spartiani Julianum, post dicta quædam de εἰσοπτρομαντικῆς specieius ὑδρομαντείᾳ, κυλικομαντείᾳ, et aliis: Miratus sum, inquit, persæpe antiquissimum monachum Hilarionem, conclamatissimæ virtutis virum, cum in Christi nomine miraculum esset editurus, curiosorum hominum artes hoc genus esse æmulatum. Historiam narrat Hieronymus. Eadem in Græcorum Martyrologiis fuse descripta. Unde hæc pauca hic descripsimus : Ὁ δὲ Ἱλαρίων τοὺς παρόντας δυσωπηθεὶς, ἐδεῖτο γὰρ καὶ αὐτοὶ μὴ περιιδεῖν οὕτως ἔχοντα τὸν Ἰταλικὸν (Christianus hic erat, qui in ludicro Circensi victus a contraria factione, non equorum virtute, sed magicis artibus, opem ab Hilarione flens petierat), πλησθῆναι κελεύει τὸ ποτήριον ὕδατος, ἐν ᾧ πίειν αὐτῷ σύνηθες (ὀστράκου δὲ ἦν), καὶ εἰς χεῖρας τῷ Ἰταλικῷ ἐντεῦθεν. Τοῦτο λαβὼν ἐκεῖνος, ὅπου τοὺς τε ἵππους καὶ τοὺς ἱππόνας, καὶ δὴ καὶ αὐτοὺς μετὰ τῶν ἁρμάτων τοὺς ἡνιόχους ἐνοπτρίζεται καθαρὸς ἐν τῷ ὕδατι δεδεμένοι δὲ πάντες ἦσαν γοητείᾳ τῶν ἐναντίων. Τοῦτο ἰδὼν καὶ Θεῷ χάριν ὁμολογήσας καὶ Ἱλαρίωνι, αὐτίκα μετὰ τοῦ οἴκου ἐπανήκει· λαβὼν δὲ ἐκείνου τοῦ ὕδατος, οὐ ἐν τῷ ποτηρίῳ ἵππους πεπεδημένους εἶδε, διαῤῥαίνει πάντας· εἶτα καὶ τῷ σεβασμίῳ τοῦ σταυροῦ τύπῳ ἀποσφραγίζει καὶ ἀπ' ἐκείνου μεταβαίνει μὲν ἐπὶ τὸν Ἰταλικὸν ἡ νίκη, αἰσχύνη δὲ λαμβάνει τοὺς ἀντιπάλους ἐσχάτη. Quis neget κατοπτρομαντείας his verbis descripti illam speciem quæ cum aqua et cyatho perficiebatur? Hactenus Casaubonus.

Imo vero quis non neget, hic ullam κατοπτρομαντείας esse speciem, cum ea non nisi malo dæmone, maloque carmine et diabolica pactione perficiatur? Sed quem Græce dedit locum Casaubonus, ante Latine ex Herveti versione dabo : « Hilarion reveritus eos qui aderant (nam ipsi quoque rogabant, ne despiceret sic **88** affectum Italicum), jubet aqua impleri poculum, in quo ipse solitus erat bibere (erat autem testaceum) et poni in manus Italici. Id cum ille accepisset, simul et equos et stabulum, quin etiam ipsos quoque aurigas cum curribus in aqua pure aspicit : erant autem omnes ligati præstigiis adversariorum. Hoc cum vidisset, et Deo egisset gratias et Hilarioni, statim quidem domum revertitur; illa autem aqua accepta, quos in poculo vid t equos impeditos, omnes asper it, deinde etiam veneranda signat crucis figura. Et ab illo quidem tempore victoria transit ad Italicum, summo autem dedecore afficiuntur adversarii. » Quis hic dæmon invocatur? quod malum carmen occentatur? quæ diabolicæ fraudes adhibentur, ut Hilarion dici possit curiosorum hominum artes æmulatus ? Fors erit ut malevolus Casaubonus prophetiam per *Urim et Thummim*, quæ ex splendore laṕidum Rationis colligebatur, ex multorum sententia, ad κατοπτρομαντείαν referat.

Quid ? Hilarion maleficio solvat dæmonum maleficia, qui hic apud divum Hieronymum, cap. 4, « contra dæmonum ludibria Christi crucem signavit in fronte? » Sed et ipse Italicus protestatur, apud Hilarionem, non esse Christiani hominis, « uti magicis artibus. » atque ideo ad eum se confugisse; et iis tamen utatur Hilarion? Addo, « quod noluit Sanctus antequam purgaret (a dæmone) virginem vel adolescentem, signa jubere perquiri, ne aut solitis incantationibus recessisse dæmon videretur, aut ipse sermoni ejus accommodasse fidem. » Et hic diabolo diabolum pellat.

Non ita vere Christiani, qui inimica potius scientia quam socia conscientia dæmones pellere, maleficia solvere sueti. Tertullianus, libro de Anima, capite 57 : « Ratio fallaciæ (magicæ) solos non fugit Christianos, qui spiritalia nequitiæ non quidem socia conscientia, sed inimica scientia novimus: nec invitatoria operatione, sed expugnatoria dominatione tractamus multiformem luem mentis humanæ, totius erroris artificem, salutis pariter animæque vastatorem. » Augustinus, lib. x de Civ. Dei, c. 22 : « Vera pietate homines Dei aeream potestatem, inimicam contrariamque pietati, exorcizando ejiciunt, non placando : omnes tentationes adversitatesque ejus vincunt orando non ipsam, sed suum Deum adversus ipsam. » Et cap. 21 ait : » Heroas mar yres non supplicibus donis, sed virtutibus divinis Heram et aereas potestates superasse. »

Sed maluit videlicet hæreticus Hilarionem videre maleficum quam beneficum, apostaticum quam apostolicum, malum ethnicum quam bonum Christianum. Mirum, ni et Christum magum facturus sit, qui sputo curandis oculis usus, quia crebra veteris superstitionis in magicis desputatio.

Fuerit igitur aqua scyphi fictilis ab Hilarione vel cruce signata et benedicta, quo modo benedictum ab eodem panem et oleum non unus in medelam accepit, teste divo Hieronymo ; vel certe ab Hilarionis poculo, quo ipse uti solitus, omnis aquæ vis, qualia exempla non pauca exstant apud Hagiologos.

Joannes Savaro, ad carmen xxiii Sidonii, locum hunc Hieronymi de Hilarione adducens, notat aqua aspersos equos, ut scilicet equi Neptuno sacri aqua Neptuno sacra perfusi, in Circo velocius currerent. Quod nollem viro magno excidisse. Quid enim? Vel aqua hæc magica vi equos incitavit, aut naturali. Non magica, ut clare contra Casaubonum monstravi; non naturali; nec enim irrisiset adversarius, et qui diabolum in Circensi studio consulebat, non opinor idem naturale beneficium repudiasset. Imo quid necesse erat stabulum, rhedam, carcerumque repagula, et aurigas eadem aqua aspergere, quæ nihil ad equorum cursum conferebant? Fuit, fuit divina vis aquæ ab Hilarione ejusque poculo consecratæ, quæ omne maleficium a stabulo, rheda, carceribus, aurigis, equis arcuit. In hunc enim finem subsidium petebat Italicus. Nec communi aquæ ea vis. Vide Onomasticon in *Aqua.*

Portenta quædam verborum, et portentosas figuras sculptas in æris Cyprii lamina.] Aliquando ære, aliquando plumbo, ad verba et figuras insculpendas usi venefici et magi. Tacitus, Annal. II : « Reperiebantur solo ac parietibus erutæ humanorum corporum reliquiæ, carmina, et devotiones, et nomen Germanici plumbeis tabulis insculptum, semiusti cineres, ac tabe obliti, aliaque maleficia. »

Qui licio et lamina strictus teneris.] Ovid., lib. I Amor., eleg. 8 :

Scit bene quid gramen, quid torto concita rhombo
Licia, quid valeat virus amantis equæ.

Simili arte apud Synesium, epist. 121, ad Anastasium hydrocomeam, Ulysses Polyphemo persuadere conatus est se Galateam ei conciliaturum : 'Αλλ' ἐγώ τοι καὶ ἐπῳδὰς οἶδα, καὶ ἐρωτικὰς καταναγκας, αἷς οὐκ εἰκὸς ἀντισχεῖν οὐδὲ πρὸς βραχὺ τὴν Γαλάτειαν. « Etenim ego cantiones quasdam scio, et nexus et anatorias illecebras, quibus vel tantillum Galatea resistere non potest. » Atque has vocat *artes pravas* Ammianus, libro xxviii, quibus usum Marinum causarum defensorem narrat : « Quem ut ausum Hispanillæ cujusdam artibus pravis affectasse conjugium, transeunte judiciorum fide discussa, supplicio lethali damnavit. »

Ut servarem eam.] Vide Serarium nostrum in cap. vi Tobiæ, quæstiuncula 4, ad v. 14, ubi agit de Asmodæo, quomodo in Græco textu dicatur *Saram amasse.*

Qui te mittebat.] Vide De'rium nostrum, tom. II Disquis. Magic., lib. ii, parte i, q. 4, sect. 7, ubi disputat, an malefici possint et soleant alios devovere, et dæmoni quasi mancipare. Vide et Thyræum nostrum, parte i disput. de dæmoniac., capite 16.

Amoris dæmonem.] Certi dæmones certis vitiis dominantur. Infra : « Habebat enim senex hanc gratiam, ut sciret cui dæmoni, vel cui vitio subjaceret. » Vita Antonii, capite 4 : « Hinc et spiritus fornicationis vocor. » Ibidem notata vide.

Noluit autem sanctus, etc.] Hoc loco persuasus Joannes Hes els a Lovanio, prælect. in librum iv Sent., censuit non licere maleficii signum destruere, ut diabolus nocere desinat. Sed receptior est contraria sententia, quam fuse probat Delrio noster, Disquisit. Magic. tomo III, libro vi, capite 2, sect. 1, q. 3, qui ad exemplum illud sancti Hilarionis respondet, dumtaxat probare, quod qui Hilarioni sanctitate et dono miraculorum sunt similes, aut quando aliquod scandalum vel superstitionis augendæ subest periculum, debeant id facere, quod ad majorem Dei gloriam tendit, ut est, dæmonem oratione ejicere; non vero probat quod, eo periculo cessante, aut quando quis non est certus de dono miraculorum (ut hodie certi nulli sunt in his partibus ubi fides propagata), **89** non liceat illi uti remedio, quod ad manum est, et experientia frequenti comprobatum novit. Metuebat autem divus Hilarion, non, ne dæmon hoc pacto solitis incantationibus recederet, sed ne populo videretur iis recessisse; imo neque hoc simpliciter verebatur, sed alternative; vel hoc, vel ne videretur ipse dictis diaboli fidem habuisse, qui negabat aliter se expelli posse, nisi signo prius ablato. Quod falsum erat, ut divus Hilarion ostendit. Et quia sponte ingressus, sponte remanebat, nec eum cogendi vim ullam magica illa signa obtinebant.

Candidatus Constantii imperatoris.] Varia *candidati* significatio; sed hoc, opinor, loco unus e scholariorum numero, qui ob corporis proceritatem ad tutelam principis eligebantur. Vide Onomasticon.

Evectionem.] Significat *evectio* cursus publici exhibitionem. Augustinus epist. 55 : « Zenobius magister memoriæ factus est, et misit nobis evectionem cum annonis » Vide Onomasticon.

Consularem.] Proprie loquitur. Nam Palæstinæ provincia habebat *consularem.* De quo consule Notitiam Orientis.

Decurionibus.] In municipiis et coloniis *decuriones* consilio publico præerant, et suæ curiæ quasi senatores erant, lib. x C, de decurion., l. 32, quibus gravia incumbebant munia. Existimo Constantii candidatum in profectione sua *decurionibus* commendatum,

quia illi mansionibus præerant, l. xii C. Theod., de decur.

Manuque eis benedicens.] Infra, Elusates *Barech,* id est, *Benedic* Hilarioni inclamabant. Non hominibus tantum, sed et rebus inanimis sancti benedicebant. Infra, hic : « In sublimi stans benedixit vineæ. » Et alibi : « Ut benedictum ab eo panem vel oleum acciperent. » Et alio loco : « Benedicto itaque oleo universi agricolæ atque pastores tangentes vulnera, certam salutem resumebant. »

Desertum Cades.] Psalmo xxviii : *Concutiet Dominus desertum Cades.* Vide divum Hieronymum, in cap. xlvii et xlviii Ezech.

Elusam.] Græce, Λοῦσαν. Est Elusa oppidum Idumææ Ptolomæi. Alii ponunt in Palæstina II, alii in Palæstina I. Alia est Elusa Galliæ Narbonensis.

Colunt autem illam ob Luciferum.] Hieronymus, in cap. v Amos : « Luciferum hucusque Saraceni venerantur. »

Quam futuræ Ecclesiæ lineam mitteret.] Mittere lineam adagiali specie dictum. Volunt expressum ex Plauti Mostellaria. Sed ibi longe alia significatione. Ne quid dissimilem, manuscripti et veteres editiones habent *limitem mittere,* quæ fors verior lectio a Finitoribus desumpta. De utraque lectione fusius in Onomastico.

Ut erat coronatus.] Ex veteri sacrificantium ritu, quo sacerdotes erant coronati. Tertulianus, de Corona militis, cap. 10 : « Ipsæ denique fores, ipsæ hostiæ et aræ, ipsi ministri et sacerdotes eorum coronantur. » Plinius, lib. xvi, cap. 4 : « Deorum honori sacrificantes (coronam) sumpsere, victimis simul coronatis. » Et libro xxi, cap. 2 : « Inter sacra tantum et bellicos honores coronis suum nomen vindicantibus. »

Et digereret in schedula.] Siste, lector, et videsis versionem Hervetti ex Græco Metaphrastis vel Sophronii : « Cum vero ad monasterium quoddam primum accessisset, quod dictum est Scindula. « Non erravit Hervetus, sed quod in Græco invenit, expressit : Μονῇ δέ τινι τὰ πρῶτα παραλαβὼν ᾗ τοῦ Σκινδουλᾶ λέλεκτο. Vel hinc colligas Sophronium hæc ex Latino Hieronymi textu Græce interpreta um. *Ex schedula* fecit *Scindulam* monasterium. Similem errorem errat infra. Hoc ipso capite, ubi Hieronymus habet *monachi* nomen *Sabas,* Sophronius vertit τὴν τοῦ Ἰβᾶ μονήν, *monasterium Ibæ.*

Præfecti tunc uxor.] In plerisque Mss. deest *tunc,* quod editi addunt. Tamen vel subintelligendum id esse, videtur colligi ex eo quod sequitur, *sed nihil de præfecti ambitu habens*; quare tunc videtur præfecti uxor fuisse. Quanquam si Ammianum, horum temporum scriptorem, audimus, tunc nondum erat præfectus Elpidius. Potuit ergo Hieronymus eam præfecti uxorem vocare per anticipationem, quia postea præfecti uxor fuit Aristænetæ.

Et justitium.] Coloniensis editio *Sic* cum interpretatione, id est *omnium rerum intermissio, et quasi publicus luctus.* Male lectum *justitium* pro *exitium.* Inde glossema quoque substituti verbi in textum irrepsit.

Fallacem Dominum meum non facio.] Visio hæc explicatur hic, infra, de ethnicis monasterium Hilarionis invadentibus. De Hilarione a Gazensibus quæsito refert etiam Sozomenus libro v, cap. 9. Meminit effrenis audaciæ Gazeorum, tempore Juliani imp., Nazianzenus, invectiva priore in Julianum, quæ est oratio ordine tertia; et Sozomenus, libro v, cap. 8 ; et Theodoretus, lib. iii, cap. 6. Ambrosius, epist. 28 : « Incensæ sunt basilicæ Gazis tempore imperii Juliani. »

Betilium.] Varia hic lectio, qua a scriptis, qua ab editis libris. Lectionem *Betheliam* astruit Sozomenus, lib. v, cap. 14, de parentibus su s loquens, qui πρῶτοι Χριστιανοὶ ἐγένοντο ἐν Βηθελία κώμῃ Γαζαία. « Primi Christiani effecti in Bethelia, pago ditionis Gazensium subjecto. » Idem, libri vi cap. 32, agens de discipulis Hilarionis : Ἐφιλοσόφουν δὲ ἀμφὶ Βεθελίαν κώμην τοῦ Νομοῦ Γάζης.

« Circa Betheleam vicum in Nomo Gazensi vitam traduxere monasticam. » Idem Sozomenus, priori loco ait, quod Syris *Bethelia*, id Græcis Πάνθεον esse.

Dracontium.] Meminit hujus Athanasius apologia de fuga sua, quem ait ab Arianis in exsilium pulsum una cum multis aliis collegis episcopis. Quem Baronius, anno Christi 356, Liberii papæ 5, Constantii imperatoris 20, illum esse putat ejus nominis virum, quem ex monacho diu renuentem, ipse Athanasius adegit tamen ut episcopatus onus susciperet. Fuit Dracontius Ἑρμουπόλεως μικρᾶς, *parvæ Hermopolis* episcopus, ut habet Athanasius in epist. ad Antiochenses.

90 *Babylonem.*] Ægypti hic civitas Babylon, apud Athrebiticum fluvium in Letupolite nomo. Alia in Assyria Babylon.

Philonem.] Et hujus apud Athanasium jam citata Apologia mentio. Baronius ad annum proxime citatum ait, ex Hieronymi testificatione prodi, Hilarionem invisisse Christi confessores (Dracontium et Philonem) anno qui sequitur Antonii obitum, qui contigit post sequentem annum, videlicet anno Christi 358, quo Baronius Antonii obitum ponit. Quare Hilarion putatione Baroniana invisisset hos confessores anno Christi 359.

Sed omnino aliter temporum subducenda est ratio. Nam cum ex præludiis ad Vitam Antonii pateat eum obiisse anno Constantii imp. 19 et ex Vita Hilarionis, cap. 27, constet, non nisi triennio pene elapso Hilarionem ad montem Antonii perrexisse, ut ejus ibi diem natalem celebraret; nam eo capite dicitur quod « triennium erat quo clausum cœlum terras arefecerat, ut vulgo diceretur Antonii mortem etiam elementa lugere. » Atqui immediate Hilarion a monte Antonii redibat. Constat quoque ex Vita Hilarionis, capite 25, quod cum ad montem Antonii pergeret, confessores Philonem et Dracontium inviserit; et dierum ibidem ratio, quos in itinere insumpsit, subducitur. Quare si initio anni 19 Constantii, Christi 355, Liberii papæ 4, obiit Antonius, Hilarion dicendus est confessores illos invisisse anno Constantii 22, Christi 358, sub finem videlicet ejus anni, cum jam 15 Januarii instaret natalis, ad quem celebrandum properabat.

Incertus auctor vitæ Athanasii varios cum Philone et Dracontio in exsilium ejectos, post mortem Constantis imp., cum Georgius pseudoepiscopus secundo Ecclesiam Alexandrinam invaderet, commemorat. Καὶ γὰρ εὐθὺς ἀπὸ τῆς Αἰγύπτου καὶ τῶν Λιβύων, ἐξώρισαν μὲν ἐπισκόπους, Ἀμμώνιον, Μώϊον, Γάϊον, Φίλωνα, Ἑρμῆν, Πλήνιον, Ὑψιστίωνα, Λινάμωνα, Ἀγαθὸν, Ἀγαμφον, Μάρκον, ἕτερον Ἀμμώνιον, καὶ Μάρκον, Δρακόντιον, Ἀδέλφιον, Ἀγαθηνόδωρον, καὶ πρεσβυτέρους Ἱέρακα καὶ Διόσκορον· καὶ οὕτω πικρῶς ἤλασαν, ὥς τινας μὲν αὐτῶν ἐν τοῖς ὁδοῖς, τινὰς δὲ καὶ ἐν αὐτῇ ὑπερορίᾳ ἀποθανεῖν. « Etenim statim ex Ægypto et Libya expulerunt episcopos, Ammonium, Moem, Caium, Philonem, Hermem, Plenium, Psenosirin, Linamonem, Agathonem, Agamphum, Marcum, alterum Ammonium, et Marcum, Dracontium, Adelphium, Agathenodorum, et presbyteros Hieracem et Dioscorum; et tam acerbe eos expulerunt, ut quidam eorum in itinere, quidam vero in ipsa expulsione sint mortui. » Quæ desumpta sunt ex ipsius Athanasii apologia de fuga sua; quæ etiam habes apud Metaphrastem, de Vita Athanasii; et apud Socratem, libro II, cap. 22, etsi nomina quædam apud diversos diversimode legantur. Nam Athanasius habet Μοῦϊον pro Μώϊον, et Πηλάμμωνα pro Δινάμωνα, vel Λιναίωνα, et Ἀγαθὸν, Ἀνάγαμφον pro Ἀγάθωνα, Ἀγαμφον; Ἀθηνόδωρον pro Ἀγαθηνόδωρον.

Loca, in quæ singuli relegati sunt, habes apud Athanasium, in epistola ad solitariam vitam agentes: Ἀμμώνιον εἰς τὴν ἄνω Ὄασιν· Μοῦϊον δὲ καὶ Ψενόσιριν, καὶ Νειλάμμωνα, καὶ Πλήνιν, καὶ Μάρκον, καὶ Ἀθηνόδωρον, εἰς τὴν Ἀμμωνιακὴν, etc. Δρακόντιον μὲν ἐπίσκοπον εἰς τὰ ἔρημα περὶ τὸ Κλύσμα, Φίλωνα δὲ εἰς Βαβυλῶνα, Ἀδέλφιον εἰς Ψίναβλα τῆς Θηβαΐδος, Ἱέρακά τε καὶ Διόσκορον τοὺς πρεσβυτέρους εἰς Σοήνην ἐξώρισαν. « Ammonium in superiorem Oasim; Muim, Psenosirim, Nilammona, Plenem, Marcum, Athenodorum in Ammoniacam; Dracontium episcopum in solitudinem eam, quæ circa Clysma est; Philona vero Babylonem; Adelphium in Psinabla Thebaidis; Hieracem autem et Dioscorum presbyteros in Soinem, exsilio relegarunt.

Aphroditon.] Aphrodites et Aphroditopolis quadruplex in Ægypto urbs in veteri Ægypti tabula apud Ortelium. Una juxta Athribin, in Delta; altera juxta Nilum in Heptanomia; tertia juxta Nilum in Thebaide; quarta apud Latopolim ad Nilum in Thebaide. Quæ hic intelligatur, dicam in Onomastico, ubi de eremo et monasterio Antonii.

Baisane. Hujus memoria nondum mihi alibi occurrit.

Dromadibus camelis.] Vetus editio, *dromedibus camelis.* Vide Onomasticon

Isaac et Pelusiano.] De his nihildum reperi.

Ne Pergamius.] Occultari voluit Antonius corpus suum ex Christiana modestia et submissione, non ex contemptu reliquiarum, ut cavillantur hæretici. Notum quanta religione tunicam sancti Pauli primi eremitæ sibi vindicarit.

Martyrium fabricaretur.] Et sanctis confessoribus et martyribus ædes sacræ et martyria exstructa. Habes hic de confessore. De martyribus, Ammianus, lib. XXII : « Cineres projecit in mare; id metuens, ut clamabat, ne collectis supremis ædes iis exstruerentur ut reliquis, qui deviare a religione compulsi, pertulere cruciabiles pœnas, adusque gloriosam mortem intemerata fide progressi, et nunc martyres appellantur. »

Ad ulteriorem Oasim eremum.] Habes apud Ptolomæum, in Ægypto, *Oasim magnam* et *parvam*. Sed variant hoc Hieronymi loco et manuscripti et editi libri. Ms. Sancti Floriani : *Ad interius monasterium transiturus*. Vetus editio : Ad interius monasterium Oasan transiturus.

Gazenses cum lictoribus præfecti.] Male quidam editi, *profecti.* Intelligit præfectum Palæstinæ, in qua Gaza, et lictores ejus præfecti. Quæ autem hic breviter narrat Hieronymus, paulo expressius habes apud Sophronium interpretem, vel Metaphrastem, qui auctores hujus inquisitionis Arianos et ethnicos facit : Ἐπεὶ δὲ Κωνστάντιος μὲν σὺν τῇ ἀρχῇ κατέστρεψε τοῦ βίον, Ἰουλιανὸς δὲ εἰς τὸν θρόνον τὸν βασιλικὸν εἰσεφθάρη ἀνοσιώτατα, ᾧ δίκη καὶ ἀνοχὴ Θεοῦ καὶ θεσμὰ εὐσεβείας, ἅπερ ἐκείνος κακῶς ἐτυράννησε· τῶν Γαζαίοις ὅσοι Ἀρειανίζοντες ἔτι καὶ τὰ Ἑλληνικὰ τιμῶντες ἐπάρχου κινοῦνται μεγάλῳ θυμῷ καὶ φυσήματι κατὰ τοῦ ὁσίου, καὶ πέμπουσί τινας τῶν ὁμοφρόνων παρὰ τὸ Βρούχιον· ὥστε, κακοῖς αὐτῶν ἐσχάτοις περιβαλεῖν. Οἱ δὲ ἀφικνούμενοι λύκοι ἦσαν, τὸ τοῦ λόγου, μάτην χανών, πάλαι τοῦ ὁσίου τὴν ἐπιβουλὴν προειδότος, καὶ πρὸς τὴν Δύασιν, ὥσπερ ἤδη καὶ ἐγνωρίσαμεν ἀφικομένου. Ἐκεῖνοι δὲ τὴν αἰσχύνην οὐκ ἐνεγκόντες, εἰς μείζονά τε διακαίονται τὴν μανίαν, καὶ ἀναστρέψαντες παροξύνουσι τὸν ἀνοσιώτατον βασιλέα καταστραφῆναι μὲν ἕως αὐτῶν κρηπίδων τὴν ἐκείνου μονήν, καὶ τοὺς μονάζοντας πολλὰ πρότερον τιμωρηθέντας ἀπελαθῆναι, Ἰλαρίωνα δὲ καὶ Ἡσύχιον, ὅπου περ ἂν εὑρεθῶσι, τὰ βαρύτατα κολασθέντας, εἶτα καὶ αὐτῷ παραδοθῆναι θανάτῳ. Ἑλάθησαν δὲ, τὸ τοῦ λόγου, ἀετὸν διώκοντες εἰς νεφέλας, ἢ, τὸ τοῦ θείου Παύλου, ἀέρα δέροντες ἢ τοξεύοντες. « Postquam autem Constantius quidem simul cum imperio vitam finiit, Julianus vero cum summa **91** pernicie invasit sedem imperatoriam, impiissime sunt (o Dei justitia, et patientia, et leges veræ pietatis!) quæ ille tyrannice exercuit. Quicunque ex Gazæis erant Ariani, vel in honore habebant falsarum gentium religionem, magna ira et magno spiritu moventur adversus Sanctum. Et mittunt Bruchium quosdam ex iis qui eadem quæ ipsi sentiebant, ut in extrema eum mala impellerent. Illi autem cum venissent, erant, ut dicitur, lupus hians temere, cum Sanctus jam diu ante eorum præ vidisset insidias, et

7

jam Oasim venisset, ut prius diximus. Cum vero non ferrent dedecus, ad majorem accenduntur insaniam, reversi in eum, incitant impium imperatorem, ut ad fundamenta quidem usque everteretur illius monasterium, et monachi prius multis affecti suppliciis, expellerentur; Hilarion autem et Hesychius, ubicunque essent reperti, gravissime puniti, extremo deinde afficerentur supplicio. Nesciebant vero se, ut dicitur, aquilam persequi in nubibus; aut, ut divinus dicit Paulus (*I Cor.* ix), aerem verberare aut in eum ejaculari. »

Baronius tomo IV, anno Christi 362, Liberii papæ 11, Juliani imp. 2. Quod, ait, tanto studio iidem (Gazenses) ejus necem expetiissent, ea potissimum causa intercessit, nimirum quod idem sanctus Hilarion apud eos agens insignia cum miraculis edidisset, uno ex illis in theatro facto perspicuo, ab omnibus fuerat acclamatum, Marnam Gazensium deum esse superatum a Christo.

Cæterum adeo furens fuit Gazensium in Christianos persecutio, ut non tantum Hilarion cogeretur captare fugam, sed et alii omnes qui degebant in eorumdem Gazensium ditione fuga pariter atque latebris sibi consulere sint coacti. Nam de majoribus suis hæc Sozomenus posteris commendavit : « Hujus fugæ cum alii plures meorum majorum, tum avus meus particeps fuit (*Sozom., lib.* v, *c.* 14), » etc.

Ad Maritiman urbem Libyæ Parætonium.] Ægypti urbs. Florus, libro iv, capite 11, Parætonium et Pelusium duo cornua Ægypti vocat.

Scutarius quidam.] Græce, nomine *Scutarius*. Sed existimo potius *scutarium* hic ab officio dici. Suetonius Augusto, cap. 56 : « Adfuit et clientibus, sicut scutario cuidam, evocato quondam suo. »

Hesychius.] Sozomenus, libro iii, c. 13 Hesycam vocat. Sic et libro vi, cap. 52 : Ἡσυχᾶς ὁ Ἱλαρίωνος ἑταῖρος ἐφιλοσόφησε δέ, οὗ καὶ ὁ διδάσκαλος. « Hesychas eo ipso in loco, in quo magister ejus vitam egit monasticam. » Eadem apud Nicephorum, libro xi, c. 39.

Methonæ.] Methone est Messeniæ urbs maritima in Peloponeso.

Vilia populis scruta vendente.] Ex Horatio expressum, epistolarum libro i, epist. 7 :

Vilia vendentem tunicato scruta popello.

Ad Epidaurum Dalmatiæ oppidum.] Recte *Dalmatiæ* additum, quia et aliæ duæ Epidauri in Peloponeso.

Boas vocant.] Isidorus, libro xii Orig., cap. 4 : « Boas anguis Italiæ immensa mole, persequitur greges armentorum et bubulos, et plurimo lacte irriguis uberibus se innectit, et sugens interimit, atque inde a boum populatione Boas nomen accepit. » Quæ adumbrata sunt partim ex Solino, partim ex Plinio. Solinus, c. 8 : « Calabria Chelydris frequentissima est, et Boam gignit, quem anguem ad immensam molem ferunt convalescere. Captat primo greges bubulos, et si quæ plurimo lacte rigua bos est, ejus se uberibus innectit, suctuque continuo saginata, longo sæculo ita fellebri satietate ultimo evictura, ut obsistere magnitudini ejus nulla vis queat. Postremo depopulatis animantibus, regiones quas obsederit, ad vastitatem cogit. Divo Claudio principe in loco, ubi Vaticanus ager est, in alvo occisæ Boæ spectatus est solidus infans. Solinus Plinium, libro viii, cap. 14, paraphrastice expressit : « Faciunt his fidem in Italia appellatæ Boæ, in tantam amplitudinem exeuntes, ut divo Claudio principe occisæ, in Vaticano solidus in alvo spectatus sit infans. Aluntur primo bubuli lactis succo, unde nomen traxere. » Videndum an insula Boas in Dalmatia dicta sit a bois serpentibus. Certe hic apud Hieronymum serpentem boam Dalmatiæ familiarem habes. De insula Ammianus, libro xxii : « Florentius contrusus est in insulam Dalmatiæ Boas. » Idem libro xxviii « eumque (Hymettium) ad Boas Dalmatiæ locum exterminasset. » Huc quoque missus Jovianus hæreticus l. liii C. Theod., de hæret.

Evocato præcepisset.] Editi legunt : *evocato populo*

præcepisset. Sed *populo* deest manuscriptis Latinis et Græcis. Vult serpentem ipsum evocatum.

Ea tempestate terræmotu totius orbis.] Hieronymus, in Chronico, anno Valentiniani 2 : « Terræmotu per totum orbem facto, mare littus egreditur, et Siciliæ multarumque insularum urbes et innumerabiles populos oppressit. Idem, in Isaiæ cap. xv : « Audivi quemdam Areopolitem, sed et omnis civitas testis est, motu terræ magno in mea infantia, quando totius orbis littus transgressa sunt maria, eadem nocte muros illius corruisse. » Ammianus, libro xxvi : « Hoc novatore (Procopio tyranno) adhuc superstite, cujus actus multiplices docuimus et interitum, diem duodecimum Kalend. Augustas, Cos. Valentiniano primum cum fratre, horrendi tremores per omnem orbis ambitum grassati sunt subito, quales nec fabulæ, nec veridicæ nobis antiquitates exponunt. » Cujus tremoris effectus graphice ibi describit Ammianus.

In sabulo.] Plinius, libro xvii, capite 4 : « Invicem sabulum album in Ticinensi, multisque in locis nigrum, itemque rubrum etiam pingui terræ permistum, infecundum est. » Dicitur etiam *sabulo*. Columella, libro iv, cap. 33 de castanea : « Sabulonem humidum vel refractum tophum non respuit. »

Salonis.] Salo Dalmatarum navale est Straboni. Est et Salone Plinio urbs et flumen Dalmatiæ.

In brevi lembo.] Quis non hæreat, legens apud Metaphrasten ex versione Herveti, *Appellit Berbilimnon emporium Dalmatiæ*. Hæsi, lateor, et vel ob eum locum Parisiis Græcum textum e manuscriptis regiis evocavi, in quibus : Εἰς Βερβύλιμβον ἐμπόριον τῆς Δαλματίας κατάιρει. Qui non evariat a versione Herveti, nisi quod habeat *Berbelimbon* pro *Berbilimno*. Vereor ut frustra quis portum hunc in Dalmatia quærat. Suspicio mihi est, Sophronium, qui hanc Vitam ex latino Hieronymi Græce expressit, ex *brevi lembo* Hieronymi fecisse *Berbelimbon* Βερβύλιμβον. Nec vanam conjecturam puto.

92 *Duobus haud parvis myoparonibus.*] Addit Coloniensis editio : (*myoparon genus navigii est ad cursum et celeritatem paratum*) quod haud dubie insertum glossematis loco. Mira hic lectio, qua in Mss. qua Editis. Quidam Ms. : *myoparonibus desedremonem occurrissent, denuo hinc inde fluctus vehementes, remiges*. Vetus editio : *myoparonibus de se dromone occurrissent, denuo hinc inde fluctus verrente remige*. Fors *dromon* interpretatio est *myoparonis*. Est enim *dromon*, navis ad cursum expedita, quales fere piraticæ. De *myoparone* plura in Onomastico.

Paphum.] Duplex Paphus in Cypro insula, *Palæpaphos*, et *Neapaphos*. Locus autem, in quo apud Paphum commoratus est Hilarion, Sozomeno, libro v, cap 9 dicitur χάρβυρις, *Charbyris*, Tripartitæ libro vi, cap. 12 *Charybdis*, Nicephoro, libro x, cap. 8, *Charybris*.

Hoc Salamina, hoc Curium, hoc Lapetha.] Tres hæ in Cypro urbes. Alia Salamina et insula et urbs prope Peloponnesum. Aliud quoque Curium in Ætolis et Sabinis. Per Paphum autem quod præcessit, et tres has civitates totam Cypri insulam designat. Salamina ad Orientem, Curium ad Meridiem, Lapetha ad Septentrionem, Paphus ad Occidentem.

Quæ vocantur Bucolia.] Veteres editiones *Bocholia*. Alii citant *Bacholia*. Sed Græce hic est Βουκόλια, uti et supra, Vitæ sancti Antonii cap. 24, ubi Evagrius vertit *Pastoralia*. Vide ibi dicta ad n. 60. Plura in Onomastico.

Tunicam sacculam, cucullam, et palliolum.] Hoc Hilarionis legatum, et totus thesaurus. Ipse mox sepeliri vult *in tunica cilicina, cuculla, et sago rustico*. Ne fallare, ut existimes, Hilarioni, quia quædam legat, quædam in sepulturam reservat, duplicia fuisse vestimenta, vel festorum, vel munditiæ causa. Non fuere. Constat supra, nunquam vestem mutasse, nisi cum prior penitus scissa esset. Quare quæ nunc legat, recens ipsi cesserant ex ministri morte, qui ante paucos dies obierat, ut hic habes.

Et toto corpore, quasi adhuc viveret, integro.] De incorruptis sanctorum corporibus copiose in Onomastico,

Ad adjuvandas orationes suas.] Disce, hæretice, sanctorum orationibus fidelium orationes adjuvari. Augustinus, libro xx, cap. 21, contra Faustum Manichæum triplex commodum in martyrum cultu agnoscit : « Populus Christianus memorias martyrum religiosa solemnitate concelebrat, et ad excitandam imitationem, et ut meritis eorum consocietur, atque orationibus adjuvetur. » Chrysostomus, libro de Babyla martyre adversus gentiles, ex sepulcris martyrum non unam quoque utilitatem hauriri docet : Ἡ γὰρ ὄψις τῆς λάρνακος εἰς τὴν ψυχὴν ἐμπίπτουσα, καταπλήττει τε αὐτὴν καὶ διακινήσει, καὶ ὡς αὐτοῦ κειμένου συνευχομένου, καὶ παρεστῶτος καὶ ὁρωμένου, οὕτως αὐτὴν διακεῖσθαι ποιεῖ· εἶτα προθυμίας πολλῆς ὁ τοῦτο παθών, πληρωθείς, ἕτερος ἀφ' ἑτέρου γενόμενος, οὕτως ἐκεῖθεν ἀπέρχεται. « Capsulæ enim aspectus in animam invadens ipsam percellit et exsuscitat, ac perinde efficit, quasi qui illic mortuus jacet preces simul fundat, præsensque adesse cernatur ; deinde fit ut qui se sic affectum sentit, mira alacritate gestiens, aliusque prorsus quodammodo effectus, ita ex eo loco decedat. » Sanctorum igitur frequenta sepulcra, sanctorum venerare reliquias, sanctorum orationes implora.

Baronius, tomo IV Annal., anno Christi 372, Damasi papæ 6, Valentiniani et Valentis impp. 9. « Hoc ipso, inquit, anno Hilarion præstantissimus monachorum, post innumera miracula edita, clarissimus sanctitate ex hac vita migravit anno ætatis suæ (ut testatur sanctus Hieronymus) octogesimo. Ex cujus etiam testificatione colligitur eumdem hoc ipso anno ex hac vita discessisse : siquidem ipsum tempore obitus Antonii Magni, qui contigit anno 21 Constantii imp. (hic est annus Domini 358) egisse annum ætatis 65 tradit : quibus si addas annos XV, ut pervenias ad LXXX, quo obiit, utique deduces annos ætatis ejus usque ad præsentem 372. » Hactenus Baronius. Ex cujus putatione natalis dies Hilarionis statuendus erit anno Christi 292. Huic enim numero si octoginta annos addas, quot eum annis vixisse asserit Hieronymus, efficientur ad mortualem ejus diem anni CCCLXXII. Sed aliter annos Antonii numerandos esse, ad præludia in Antonium monui.

Quod si brevem annorum, Vitæ Hilarionis synopsim desideras, ecclstam ex hac ipsa Vita exceptam.

Anno 16 ætatis inchoante, intrat eremum, manetque ibi ad annum 20 inclusive.

A 21 inchoante ad 26 ætatis annum inclusive, tenuiter victitat, in annis in diem lentis sextario, ni aliis pane arido cum sale.

A 27 inchoante ad 30 ætatis annum inclusive herbis victitat.

A 31 inchoante ad 35 inclusive sex uncias panis hordeacei in diem sumit.

A 36 inchoante ad 63 inclusive victui oleum adjicit.

A 64 inchoante ad 80 inclusive pane abstinuit, sicque complevit vitæ ordinem.

Quibus omnibus subductis justum efficies numerum octogenarium.

Sed et alia annorum ratio ex eadem vita colligi potest.

Anno 16 ætatis inchoante, seu 15 jam expleto intrat eremum.

Post 22 annos solitudinis sterili Eleutheropolitanæ partum impetrat.

63 ætatis anno, de fuga cogitat. Et post II annos e Palæstina discedit.

Post III annos a morte Antonii invisit locum Antonii.

Anno I, manet Oasi.

Fugit in Siciliam, ibi post III annos eum Hesychius invenit.

Manet II annis Paphi in Cypro.

Manet V annis in monte.

Quibus si annum I addas, quem variis profectionibus impendit, conficies annos LXXX, quot eum vixisse testatur Hieronymus.

OCTOBRIS XXI.

VITA SANCTI MALCHI,

CAPTIVI MONACHI,

AUCTORE DIVO HIERONYMO PRESBYTERO.

(Hujus Vitæ textum a Vallarsio et aliis annotatum habes Patrol. tom. XXIII, col. 53. Accipe nunc Rosweydi notationes.)

ROSWEYDI NOTATIO.

96 *Malchi.*] Martyro.ogium Romanum, 21 Octobr. : « Maroniæ in Syria prope Antiochiam sancti Malchi monachi. » De Malcho quodam Menæa 24 Novembris :

Ὁ ἅγιος Μάλχος ἐν εἰρήνῃ τελειοῦται.
Οἱ ψυχοπομποὶ συγκατέπτησαν νόες
Ψυχὴν ἀπάξαι, Μάλχε, τὴν σὴν Κυρίῳ.

« Sanctus Malchus in pace consummat.
Angeli animarum ductores simul e cœlo devolarunt,
Ut animam tuam, Malche, ad Deum deducant

An hic cum hoc nostro idem sit, dubito. Meminit Malchi cujusdam Theodoretus, lib. IV Hist., cap. 26, quem Baronius, annali 370 putat esse eum de quo agit Hieronymus. Non opinor, quia Malchus Theodoreti vixit in monte, qui imminet Antiochiæ ; Malchus Hieronymi in vico Maroniæ triginta millibus ab Antiochia.

Malchum Syris *regem* sonare habes hic. Vide Onomasticon.

Hieronymo.] Vere Hieronymus hujus Vitæ auctor. Ipse in catalogo Illustr. Ecclesiæ Scrip., capite 135, eam inter opera sua recenset. Quare quæ apud Metaphrastem habetur tomo VII, Aloysii Lipomani ex Græco per Gentianum Hervetum translata, existimo ante ex Hieronymi Latino textu in Græcum versam.

Magdeburgenses Centuriatores, centur. 4, c. 10, Erasmum secuti, volunt Hieronymum Vitam Malchi prolixiori narratione conscripsisse, exercendi ingenii magis causa, quam rem, ut esset, simpliciter explitandi proposito. Sed recte eos suismet verbis captat Alanus Copus, dialogo 2, cap. 11 : « Mirantur, inquit, quod tot hominis scelera prius commemoranda, quam damnanda censuerit. » Hieronymus. In qua isti querela se produnt, suamque causam ; et satis se intelligere, serio et non rhetorica exercitatione Hieronymum ista agitasse. Alioqui quorsum illa contra rhetorem in ficto argumento ludentem vociferatio ? » Hactenus Alanus : qui porro quinque scelera, quæ Magdeburgenses Malcho objiciunt, egregie dialogo illo II variis capitibus refutat.

Qui navali prœlio.] Ambrosius, libro I Offic., cap. 10 : « Qui navem in mari regere gubernaculis studet, vel remis ducere, prius in fluvio præludit. » Labitur Erasmus, qui ex hac similitudine existimavit Hieronymum subsignificare, argumentum hoc non esse serium, sed exercitandi styli causa sumptum. Quasi vero repugnet serium quid esse, et idem tamen assumi ad exercitandum stylum. Serio cogitabat Hieronymus de historiæ Ecclesiasticæ compositione; quam ut pro dignitate tractare posset, maluit ante *in parvo*, ut inquit, *opere* exerceri, quam *ad latiorem historiam* perveniret; serio utique utrobique rem acturus.

Ms. Audomarensis, initio hujus capitis, præmittebat hæc verba : *Qui legis, imitare quod legis.*

Persecutionibus creverit.] Hieronymus, epist. 62, ad Theophilum adversus errores Joannis Jerosol. : « Fundendo sanguinem, et patiendo magis quam faciendo contumelias, Christi fundata est Ecclesia; persecutionibus crevit, martyriis coronata est. »

Et postquam ad Christianos principes venerit (Ecclesia) *potentia quidem et divitiis major, sed virtutibus minor facta sit.*] Hæretici moderni avide hæc et similia Hieronymi aliorumque Patrum loca arripiunt.

Primo, ut Ecclesiæ ornatum et vasa sacra pretiosiora improbent. Quos egregie repercutit Bellarminus noster, tomo II, controv. general. IV, libro III, qui est De cultu sanctorum, cap. 6, ubi agit de ornatu templorum. Et tomo III controv. generali III, quæ est de Eucharistia, libro II, de Missa, cap. 14, ubi agit de vasis sacris. Quo etiam facit in tempore dictum apophthegma sancti Bonifacii, de quo habes de consecr. dist. 1, cap. 44 : « Bonifacius martyr et episcopus interrogatus, si liceret in vasculis ligneis Sacramenta conficere, respondit : Quondam sacerdotes aurei ligneis calicibus utebantur; nunc e contrario, lignei sacerdotes aureis utuntur calicibus. » Quod desumptum est ex concilio Triburiensi, cap. 18. Monere videlicet voluit vir sanctus ut aureas simul mentes ad altare sacerdotes afferant. Imitatione quadam expressit hoc apophthegma Trithemius in Chronico suo Hirsaugiensi : « Veteres olim monachi cellas quidem, ecclesias et alias mansiones habebant tenebrosas; sed eorum corda erant lucida valde in amore Dei omnipotentis, et in scientia divinarum Scripturarum. Nostri autem ecclesias, cellas, domosque, et omnes mansiones jam lucidissimas fabricant; sed corda eorum vitiis et desidia plena, tenebrosa sunt : quoniam nec Deum, sicut debuerant, diligunt, nec lectionibus Scripturarum animum intendunt. Ita quoque cum calices essent cuprei, sacerdotes aurei fuerunt. Hodie autem calices sunt aurei, et cuprei sacerdotes. »

Secundo, ut clericorum divitias insectentur et improbent. Qua in re sequuntur veteres hæreticos, ut Arnaldum de Brixia, qui vixit an. Christi 1139, tempore Conradi regis Romanorum, qui dicebat (teste Ottone Frisingensi, libro II, cap. 20, de Gestis Friderici imp.) : « Nec clericos proprietatem, nec episcopos regalia, nec monachos possessiones habentes, aliqua ratione posse salvari. » Sequuntur et Joannem Wiclefum, cujus in concilio Constantiensi, sessione 8, damnati hi sunt articuli XXXII. Ditare clerum est contra regulam Christi. XXXIII. Silvester et Constantinus errarunt Ecclesiam ditando. XXXIX. Imperator et sæculares sunt seducti a diabolo, ut Ecclesiam ditarent bonis temporalibus. » Sed recte Ambrosius, libro VIII in capite XIX Lucæ, non in divitiis crimen, sed in male utentibus ponit : « Discant divites non in facultatibus crimen hærere, sed in iis qui uti nesciant facultatibus. Nam divitiæ ut impedimenta sunt improbis, ita bonis sunt adjumenta virtutis. »

Quod si quis Isaiæ vaticinium, ad Ecclesiam olim sub ethnicis imperatoribus quasi derelictam, post Christianorum imperatorum tempore exaltatam retulerit, non omnino aberrabit : *Pro eo quod fuisti derelicta, et odio habita, et non erat qui per te transiret, ponam te in superbiam sæculorum, gaudium in generationem et generationem, et suges lac gentium, et mamilla regum lactaberis, et scies quia ego Dominus salvans te, et redemptor tuus fortis Jacob* (Isa. LX). Et illud ejusdem : *Et erunt reges nutritii tui, et reginæ nutrices tuæ : vultu in terram demisso adorabunt te, et pulverem pedum tuorum lingent* (Isa. XLIX). Vide epistolam Æneæ Silvii tum cardinalis, postea Pii II pontificis, quæ inscribitur *De moribus Germaniæ*, qua refutat varias Martini Meir, qui archiepiscopo Moguntino cancellarius fuit, calumnias contra curiam Romanam, probatque variis rationibus Romanos præsules *divites et potentes* esse oportere, ac potissimum ad tria divitias requirit : « 1° ad statum honestum et dignitati convenientem tenendum; 2° ad alendos pauperes, et ecclesias manu tenendas; 3° ad coercendos malefactores, qui fidei sinceritati officiunt. »

Maronias.] Ita manuscripti et vetus editio. Vulgo *Maronia*. Ptolemæo nota Syriæ civitas Μαρωνείας. Hic viculus dicitur. Vide Onomasticon.

Ad papæ Evagrii.] Antiochiæ episcopus fuit Evagrius, Hieronymo perfamiliaris, de quo ipse catalogo illust. Ecclesiæ Scriptorum, cap. 125. Vide dicta ad Præludia in Vitam sancti Antonii, n. 4. De papæ nomine in Onomastico.

Ut revera ejusdem loci indigena.] Rosweydus habet: *et, ut rebar*, pro : *ut revera*, lectionemque suam sequentibus annotat. EDIT. — *Et, ut rebar, ejusdem loci indigena.*] Ita Ms. et vetus editio. Coloniensis cum Erasmo, *et revera* αὐτόχθων, quod nescio an Erasmus ex ingenio, an ex Ms. substituerit. H. Gravius dicit etiam in quibusdam libris legi, *Thebastonis indigena.* Quidam Ms. pro *rebar* habet *erat*. Sed vera lectio est quam dedi. Putabat quidem Hieronymus, *Malchum*, qui Maroniæ versabatur, ejusdem fuisse loci indigenam, sed mox a Malcho docetur Nisibenum se esse. Labuntur cum Erasmo Centuriatores Magdeburgenses, cent. 4, cap. 10, qui aiunt Malchum oriundum ex vico Maronia.

Mi nate, Nisibeni agelli colonus.] Ms. sancti Floriani :[*Mi nate, Nisivelli agelli colonus.* Ms. Audomarensis : *Matheni sibeni agello colonus*, quod coaluit ex *mi nate Misibeni.* Erit forte quispiam, qui hinc *Mathe Nisibeni* exsculpat, et locum ita dictum in agro Nisibeno arioletur. Vulgo loco *Nisibeni* habetur *Maroniaci*. Apud Metaphrasten habetur *Sevennia*.

Ad eremum Chalcidos.] Est Chalcis urbs Syriæ, in regione Chalcidica. Apud Ammianum Marcellinum, libro XXIV, habes *Chalcida* Syriacam civitatem. Vide Onomasticon.

Quæ inter Immas et Berœam [1].] Ita legendum ex Manuscriptis. Quidam Manuscripti habebant *Verœam*, solemni quorumdam veterum more, ponentium V loco B. In editionibus veteribus erat, *quæ inter Immas et Beroas.* In Coloniensi editione, *quæ inter Immam et Essam.* Abutar otio, si monstrosas quorumdam manuscriptorum et editorum librorum lectiones repræsentem. Et *Immæ* et *Berœa* in Syria, quæ huic loco quadrant. Vide Onomasticon.

Ut dum adviveret [2] *mater.*] Ita manuscriptus sancti Floriani editi, *Et dum adhuc viveret mater.* Tertullianus, de Corona milit., cap. 7 : « Porro si quæ aliæ idolis faciant, ad dæmones pertinent, quanto magis quod ipsa sibi idola fecerunt, cum adviverent. » Ubi non recte Latinius, *cum adhuc viverent*, reponit.

De Berœa Edessam pergentibus.] Ita recte Mss. Male Coloniensis editio : *De Beria ad Essam pergentibus.* Est Berœa hic Syriæ civitas, in Cyrrhestica regione. Edessa quoque hic Syriæ est civitas.

Vicina publico itineri solitudo, per quam Sarraceni.] Tenditur hæc latissima eremus ab India ad Maurita-

---

[1] Sic legit Rosweydus pro *Beroam*, quæ est lectio Vallarsii. EDIT.

[2] Loco *adhuc viveret*, quod habet Vallarsius. EDIT.

niam usque et Athlanticum Oceanum, ut scribit Hieronymus in caput XXI Isaiæ.

Ismaelitæ irruunt crinitis vittatisque capitibus.] Veteres editiones, *nudatisque capitibus*. Sed bene Ms. cum editione Coloniensi, *vittatis*. Varius gentium habitus. Tertullianus, libro de velandis Virginibus, capite 10 : « Debebunt et ipsi aliqua sibi insignia defendere, aut pennas Garamantum, aut crobylos Barbarorum, aut cicadas Atheniensium, aut cirros Germanorum, aut stigmata Britonum. » Isidorus, libro XIX Orig., 98 cap. 23: « Nonnullæ gentes non solum in vestibus, sed in corpore aliqua sibi propria quasi insignia vindicant, ut videmus cirros Germanorum, granos et cinnabar Gothorum, stigmata Britonum. Circumcidunt quoque Judæi præputia; pertundunt Arabes aures; flavent capitibus intextis Getæ; nitent Albani albentibus crinibus; Mauros habet tetra nox corporum, Gallos candida cutis; sine equis inertes exstant Alani; nec abest genti Pictorum nomen a corpore, quod minutis opifex acus punctis expressos nativi graminis succos includit, ut has ad sui specimen cicatrices ferat pictis artubus maculosa nobilitas.

Pallia et latas calliculas[1] *trahentes.*] Ita Ms. sancti Floriani. Veteres editiones, *calligulas*. Coloniensis editio, *caligas*. Isidorus, libro XIX Orig., c. 34 : « Caliculæ ligæ vel a callo pedum dictæ, vel quia ligantur. Nam socci non ligantur, sed tantum intromittuntur. » Notum, quam frequenter olim *g* et *c* inter se commutarint. Vide Onomast.

Longo postliminio.] Festus : « Postliminium receptum Gallus Ælius, in libro I Significationum quæ ad jus pertinent, ait esse eum qui liber ex qua civitate in aliam abierat, in eamdem civitatem redit eo jure, quod constitutum est de Postliminiis. Item qui servus a nobis in hostium potestatem pervenit, postea ad nos redit in ejus potestatem, cujus antea fuit, jure postliminii. » Proprie hic usurpatur *postliminium* ab Hieronymo. Sæpe alias idem metaphorice usurpat. Vide Onomasticon.

Et pronubante nobis mæstitia.] Vetus editio, *pronubente.*

Corpora defuncta portabant.] Plinius, lib. XI, cap. 30, egregie formicarum sedulitatem describit. Inter cætera : « Sepeliuntur inter se viventium solæ, præter hominem. »

Et jugi susurro.] Alias *susurrio*. Apud Jobum, cap. IV, veteres Patres legunt, et *quasi furtive suscepit auris mea venas susurrii ejus.*

Duos camelos sedentes[2].] Vetus editio : *duos camelis sedentes*. Coloniensis editio, *duos camelis insidentes*. Sed lectio quam dedi est ex Ms. sancti Floriani, et est locutio frequens mediæ ætati. Hieronymus ipse, supra, in Vita sancti Hilarionis, cap. 9, *asinum sedens.* Ita ibi Mss. Ælius Spartianus, in Hadriano : « Sederi equos in civitatibus non sivit. » Sic Marci, cap. XI, de pullo asinæ : *quem nemo adhuc sedit hominum*. Ita citat Ambrosius, lib. IX, in cap. XX Lucæ, initio. Vulgatus nunc, *super quem*, etc. Idem, lib. IX in Lucam initio : *Et ideo pullus sedetur asinæ.*

Pudicitiæ tantum conscientia pro muro septi.] Ad pudicitiæ reverentes sunt bestiæ. Non tantum pudicis sæpe non obsunt, sed et eos tuentur. Illustre exemplum in Vita Chrysanthi et Dariæ 25 Octobris ubi Daria in lupanar detrusa a leone propugnata est. Et Theclæ Martyrum fortissimæ maximeque pudicæ nunc leo, nunc leæna non tantum non obfuit, sed et subsidio fuit. Vide Acta ejus 23 Septembris. Frequens Hieronymo phrasis, *pro muro esse*, proverbii specie. Vide Onomasticon.

Apprehensum mordicus catulum.] Ita vetus editio, et manuscripti. Coloniensis editio, *apprehensos mordicus catulos*. Videri alicui possit non temere numero singulari *catulum* positum. Sunt enim, qui semel tantum a leæna partum edi velint, etiam ratione allata. Plinius, libro VIII, cap. 16 : « Semel autem edi partum, lacerato unguium acie utero in enixu, vulgum credidisse video. » Sed subdit ibidem Plinius diversam aliorum sententiam : « Aristoteles diversa tradit, etc. Is ergo tradit leænam primo fetu parere quinque catulos, ac per annos singulos uno minus, ab uno sterilescere. » Unde si leæna hic *catulum* non *catulos* extulit, fuerit hic ultimus leænæ partus.

Camelos, quos ob nimiam velocitatem dromedarios vocant.] Vopiscus Aureliano : « Victa igitur Zenobia cum fugeret camelis quos dromadas vocitant. »

Et nova sitarcia refocillati[a].] Hæc vera scriptio et lectio. Quidam libri editi addita interpretatione habent : *Et nova sitarcia, id est, annona refocillati*. Occurrit hæc vox in Bibliis, sed varie a variis scripta. I Reg. IX : *Panes defecerunt de sitarciis nostris* , ubi LXX habent ἀγγεῖα, *vasa*. Regia editio, *sistartiis*; Lovaniensis, *cistarciis*; Parisiensis, *sitarchiis*. Sed bene Romana, *sitarciis*, a σῖτος et ἀρκέω *annonam sufficere*. Vox hæc Latine usurpata Apuleio, M.lesia 2; Augustino, tom. IX, in tractatu de Cantico novo; Isidoro, libro XX, capite 9, Orig. *Sitarciæ nautarum sunt, ab eo quod sutæ sunt*, sed verum etymon ex Græco dedimus.

Sabinianum Mesopotamiæ ducem.] Ita Mss. et veteres editiones. Coloniensis, *Sabinum* ; Lugdunensis, *Sabaudianum*. Sed rectum *Sabinianus*. Quem tamen Ammianus, libro XVIII, non Mesopotamiæ ducem, sed Magistrum militiæ in Oriente et Mesopotamia ponit. « Rebus per Mesopotamiam in hunc statum deductis, etc., stetit sententia ut Sabinianus victus quidem senex et bene nummatus, sed imbellis et ignavus, et ab impetranda magisterii dignitate per obscuritatem longe discretus, præficiendus Eois partibus mitteretur. »

Non tamen me ei credens ut sorori.] Hieronymus, epistola 2, ad Nepotianum : « Hospitiolum tuum aut raro aut nunquam mulierum pedes terant. Omnes puellas et virgines Christi aut æqualiter ignora, aut æqualiter dilige, ne sub eodem tecto mansites, nec in præterita castitate confidas. Nec Sampsone fortior, nec Davide sanctior, nec Salomone potes esse sapientior. Memento semper quod paradisi colonum de possessione sua mulier ejecerit. » Apud eumdem, tom. IX, in rugula monacharum quæ inscribitur Eustochio et reliquis virginibus, ficto Hieronymi nomine, cap. 18 : « Nihil periculosius viro quam mulier; nec mulieri quam vir; uterque palea, uterque ignis. » Bernardus, serm. 65 in Cantica : « Cum femina semper esse, et non cognoscere feminam, nonne plus est quam mortuum suscitare? Quod minus est, non potes; et quod majus est, vis credam tibi ? »

---

[1] Vallarsius legit *Caligas*. EDIT
[2] Vallarsius, *duos camelis insidentes*. EDIT

[a] Vide Patrol., tom. XXIII, col. 59, not. *f*. EDIT.

VITA SANCTI ONUPHRII (1),

EREMITÆ.

AUCTORE PAPHNUTIO (2) ABBATE, INTERPRETE ANONYMO

𝔓rologus interpretis anonymi.

99 Beati Onuphrii Vitam inter Græcorum commenta scriptam nuper reperi, ut quondam a venerabili ac prudentissimo viro, scilicet Gregorio (3), ipsius gesta narrante, cognovi. Hanc Paphnutius, vir quoque sanctissimus, Græco sermone retexit ab exordio. Quem ego secutus, e Græco transtuli in Latinum, largiente Domino, ut ejus probabilis vita secundum vires meas manifestata, admirationem legentibus præbeat et imitationem. Non perpendite, quæso, mei sermonis rusticitatem, sed tanti laboris animo revolvite longanimitatem: quam vir Deo plenus patienter sustinuit, dum mundanæ vanitatis gloriam sprevit, et cœleste regnum districte vivendo sibimet hæreditavit.

VITA.

Beatæ memoriæ Paphnutius quædam cogitationum et actuum suorum secreta taliter reseravit, dicens;

CAP. I. — Quodam die, dum ego Paphnutius solus tacitusque sederem, cogitavi in corde meo quod deserta peterem, et universa loca sanctorum monachorum, piæque conversationis habitum lustrarem, ac qualiter Deo ministrarent, considerarem. Unde factum est ut tacitus iter arriperem, et in eremum cursu desiderabili properarem. Panes itaque cum aqua exigua mecum portavi, ne deficerem a labore itineris cœpti. Quarto autem die peracto, alimenta quæ mecum sumpsi defecerunt, meaque membra nullo victu refocillata vires perdiderunt. Moxque divina illustrante gratia, mors imminens ablata est; assumptisque viribus iter arripui, atque dies alios quatuor nihil gustando peregi. His itaque completis, nimium fessus, humo prostratus jacui velut mortuus. Extemplo quoque cœlesti solatus adjutorio, assistere mihi vidi virum, gloria mirabilem, splendore terribilem, pulchritudine laudabilem, magnitudine procerum, aspectu præclarum. Quem ut aspexi, vehementer obstupui; sed tamen ille vultu placido accedens, nunc manus, nunc labia mea tetigit, mihique vires potenter restauravit (*Joannes, libello* III, n. 12). Continuo lætus surrexi, Deoque favente, per solitudinem exinde decem et septem dierum cursum direxi, quousque ad locum quem Dominus mihi famulo suo indigno providebat ostendere, perveni; illic ab itineris labore cessavi.

CAP. II. — Igitur dum fessus requiescerem, et quam ægre (4) profectus essem cogitarem, virum procul aspectu terribilem vidi, in modum bestiæ pilis undique circumseptum; cui tanta scilicet capillorum prolixitas erat, ut corpus illius ipsorum diffusione tegeretur (5). Pro vestimento quoque foliis herbisque utebatur, quibus subteriora renum (6) tantummodo cingebat. Tali viso homine, nimio perterritus sum terrore, anxiatus ultra quam credi potest timore et admiratione, quoniam tam mira forma meis oculis nunquam fuit ostensa in humana specie. Quid facerem ignoravi; sed quantum valui, fugam petii, montemque propinquum concito cursu ascendi; ibique tremefactus corrui, atque me sub frondium densitate a facie illius abscondi, multa dans suspiria. **100** Defeci pene ætate et labore abstinentiæ. Hic vero dum me cernebat in monte jacentem, voce nimia clamavit, et dixit: Vir Dei, descende de monte. Noli timere; ego enim sum homo passibilis, tibi similis. His itaque consolatus verbis, mentem recipi, moxque descendi, et ad virum sanctum perveni, atque pedibus ejus me timidus prostravi. Ille quoque me prohibens ante se jacere, Surge, inquit, surge; tu enim es Dei servus, et vocaris Paphnutius, sanctorum amicus. Statim surrexi; et quamvis fessus, tamen lætus ante eum sedi, jam ferventi desiderio, quis ipse, et qualis ejus esset vita, cupiens dignoscere, dicens: Ecce votum adimplevit, qui me per hanc eremum direxit. En artus mei fatiscentes aliquod sentiunt solatium, sed mens sitibunda non adhuc invenit refrigerium. Idcirco te, senior, corde devoto deprecor, atque per illum, ob cujus amorem hujus solitudinis deserta habitas, te contestor, ut unde sis aut quomodo voceris, seu quando huc adveneris, apertis mihi verbis denunties. Et vir Dei recognoscens quam libenti animo sententiam sui laboris audirem, dixit mihi:

CAP. III. — Quoniam te, frater dilecte, avida mente vitæ meæ longas ærumnas velle scire video, repetere me tibi non dubites has ab exordio. Ego, licet immeritus, vocor Onuphrius. Et ecce non minus sunt quam septuaginta anni (7), quod in hoc deserto laboriose vixi. Cum feris conversatus sum crebrius, pro pane comedi jugiter herbarum fructus, in montibus et in speluncis et in vallibus meum reclinavi miserabile corpus. Tot annis neminem nisi te solum adspexi, alimentum a nullo hominum sumpsi, in monasterio Hermopolim dicto nutritus, in provincia Thebaida (8) nominata, ubi simul pene centum monachi degebant. Porro vita illorum talis exstitit, ut more et actione æquanimiter omnes viverent, et uno corde et uno spiritu, jugo ac disciplinæ sanctæ regulæ colla submitterent, atque fluctus hujus sæculi omnino non formidarent. Quidquid uni placebat, cunctis placebat. Mente sancta, fide pura, charitate perfecta ante Deum incedebant. cui die noctuque omni mansuetudine et patientia ministrare non cessabant. Tanta his erat taciturnitas cum abstinentia, ut nullus auderet nisi cum justa interrogatione, vel recto responso, reddere verbum. Ibi quoque pabulum sanctæ doctrinæ ab adolescentia suscepi; ibi regularis vitæ normam a fratribus didici, a quibus amabiliter diligebar; ab his, qualiter instituta mandatorum Dei servare deberem, diligenter instruebar.

Cap. IV. — Profecto vitam beati Patris nostri Eliæ venerabiles fratres meos audivi frequenter laudare, qui se in eremo in tanta abstinentia et oratione studuit affligere, ut maximam virtutem a Domino meruisset accipere; et igneo curru transvectus, spiritus sancti dona quæ habuerat, discipulo impartiri, ac adhuc longævus senio, mortis pœnam non videre. Insuper ad exemplum, beatum Baptistam Joannem protulerunt, qui in novi Testamenti serie clarissimus effulsit, perque plurima annorum spatia divino mancipatus officio, corpus suum maceravit, donec in Jordanis unda Redemptorem mundi baptizare dignus existeret, atque ipsum Dei Agnum esse digito suo demonstraret.

Cap. V. — Ego vero cum talia eos recitantes audirem, dicebam illis : Quare, seniores mei, vitam et miracula eorum obstupescitis? aut cur illorum facta tam assidue commemoratis? An sunt vobis fortiores, qui desertum habitant, an leviores? At illi respondentes, dixerunt : Fili, fortiores nobis sunt, quia sine adjutorio humano vivunt. Nos itaque alter ab altero conspicimur, pariterque divinum officium a nobis celebratur. Si quando cibum cupimus, paratum reperimus; si quando infirmitas aut aliqua corporis imbecillitas irrepserit, statim cura fratrum cum omni sollicitudine nos adjuvat. In ædificiis lucide constructis habitamus, in quibus et ab æstu solis cooperti sumus, et ab inundatione pluviæ, et a turbine venti ac tempestate manemus defensi. Monachi vero, qui in deserto sunt, nihil consolationis nisi a Deo recipiunt. Si quando angustias aut tribulationes perpessi fuerint, vel cum diabolo antiquo humani generis inimico pugnare cœperint, quis eis astat? a quo adjuvantur? Sed quibus humanum deest solatium, constat eos habere divinum (9). Et si esuriunt, quis eis panem dabit? Si sitiunt, quis eis aquam tribuit, ubi panis et aqua non est? Maximus labor in desertis locis esse non dubitatur, ubi nihil necessarium reperitur. Primum ergo, quando in solitudine definiunt habitare, in Dei timore certant firmiter stare. In fame et siti, in labore et passione corpora sua cruciant; contra diabolicas insidias viriliter dimicant; et ut vincant, contra tela nequissimi ignea gladiis spiritualibus pugnant. Antiquus etenim ille hostis, totius inventor iniquitatis, studet eos subvertere, et in consortium malitiæ suæ implicare, atque de bona voluntate, quam inchoabant, retrahere; et mentes eorum mundanis voluptatibus iterum irretire, ut in opere 101 cœpto fatiscant persistere. Omnipotens ergo Deus, qui non derelinquit sperantes in se, circumdat eos armis suæ potentiæ, ut hos incursio Satanæ non valeat prosternere, quos protegit celsitudo divinæ misericordiæ. Quapropter ad eos angeli Dei jugiter mittuntur, ac per manus illorum quæcunque necessaria crebrius eis administrantur. Aquam de petra hauriunt, quod interpretatur Christus. Scriptum est enim : Sancti qui sperant in Domino, habebunt fortitudinem, assument pennas ut aquilæ; volabunt, et non deficient; current, et gressus eorum non labentur (*Isa.* XL). Et alibi : Qui sitiunt, de superno fonte condiuntur (10), et herbarum folia in ore eorum tanquam favus mellis dulcescunt. Si autem aliquando diabolus adversus eos colluctatur, protinus surgunt : manus suas ad Dominum expandunt, preces ante divinam majestatem fideliter fundunt; mox auxilio cœlesti sublevantur, et dolosa jacula inimici penitus destruuntur. Non intelligis, fili, qualiter in Psalmo legitur : Quoniam non in finem oblivio erit pauperis, patientia pauperum non peribit in æternum (*Psal.* IX)? Et iterum : Exaudivit eos Dominus in die tribulationis, et de omni angustia liberavit eos (*Psal.* CVI). Enimvero unusquisque propriam mercedem accipiet, secundum suum laborem (*I Cor.* III). Beatus est enim vir qui semper est pavidus, et voluntatem Dei in hac præsenti vita et fragili studiosus agit (*Prov.* XXVIII). Certissime scias, o fili, quoniam angeli Dei sanctis ac justis viris quotidie famulantur, atque virtute superna corpora et animæ illorum jugiter illuminantur.

Cap. VI. — Tali denique ratione ego pauper Onuphrius a sanctissimis Patribus in meo monasterio subtiliter instructus, cœpi tacita mente tractare quam gloriosa felicitate perfruuntur in cœlis qui certamina laboriosa propter amorem Domini toleraverunt in terris : cor meum ardebat, mens mea desiderabiliter fervebat mundi gaudia penitus spernere, patriæ cœlesti totis viribus appropinquare, sicut Psalmista edocet, dicens : Mihi autem adhærere Deo bonum est, ponere in Domino Deo spem meam (*Psal.* LXXII).

Cap. VII. — Dumque hæc sollicitus excogitarem, nocte silenti concitus surrexi, parvum panem mecum detuli cum exiguis leguminibus, ut vix usque in quartam diem sufficeret; sicque secundum Dei dispensationem et ejus pietatem profectus sum, ut mihi ostenderet meæ habitationis locum. Egrediente autem me de monasterio in montana, veni in desertum; cogitansque ut manerem ibi, continuo lumen splendidum ante me, quasi obvians mihi, vidi. Quo viso, valde timui. Idcirco quoque putavi me debere ad monasterium regredi, unde exivi. Extemplo autem de radio præclari luminis vir aspectu pulcherrimus accessit ad me, et dixit mihi: Noli pavescere, ego enim sum Dei angelus, tibi ad custodiendum ab ortu tuo (11) providentia divina destinatus, ut jubente Deo tecum manerem, et te in hanc eremum ducerem. Perfectus esto, humilis incede coram Domino, cum gaudio labora, cor tuum in omni custodia conserva, vive sine querela, in bono opere persevera. Ego vero te non derelinquam, donec animam tuam in præsentiam summæ majestatis offeram. Hæc locutus est mihi angelus, iter inceptum mecum comitatus.

Cap. VIII. — Pergebamus ita simul sex milliaria vel septem, et ad quamdam venimus speluncam nimis decoram. Appropiavi, volens sciscitari, si forte quispiam intus maneret. Secundum consuetudinem monachorum clamare cœpi, benedictionem humillime petii (12). Inde virum sanctissimum exire vidi, quem prostratus humo tenus adoravi. Ille vero manus suas mihi porrexit, de terra me elevavit, osculum mihi pacis tribuit (13), atque dixit: Tu es enim frater meus, eremiticæ cooperator vitæ, o fili, ingredere. Deus tibi concedat, ut timor ejus in te permaneat, opus tuum in illius conspectu complaceat. Statim cum eo specum introivi, diesque plures apud illum pausavi, opera ejus cupiens discere, et solitariam habitationem curiosius investigare; ipse quoque ut meum desiderium agnovit, consilium honorabile mihi præbuit; ac qualiter insidias diaboli superare deberem, verbis charitativis gratanter patefecit. Transactis itaque quibusdam diebus, talibus admonuit me verbis, dicens: Fili, surge, mecum perge; interiora deserti debes intrare, et in alia spelunca solus habitare: ibi si viriliter dimicas, omnia dæmoniorum tentamenta superas. Idcirco vero Deus in hoc deserto vult te probare, si mandatis ejus fideliter velis obedire. Fidelia omnia mandata ejus, confirmata in sæculum sæculi, facta in veritate et æquitate (*Psal.* cx). Vir autem sanctus hæc dicens, surrexit, et mecum in interiora deserti iter quatuor dierum perrexit. Quinta vero die devenimus in locum qui (14) Calidiomea dicitur, ibi palmæ propinquæ erant. Tunc vir Dei inquit: Ecce, fili, vide locum quem tibi Dominus præparavit ad manendum. Fuit autem ille mecum spatio triginta dierum, edocens me servare cauta diligentia (15) doctrinam Dei mandatorum. Quibus ita peractis, oratione sua sancta Domino 102 me commendavit; et separatus a me, ad propria remeavit. Per singulos vero annos solitus erat me visitare, ac quali industria et simplicitate deberem vivere, divinis alloquiis non cessabat admonere.

Cap. IX. — Quodam autem tempore, juxta consuetudinem ad me veniens, inter verba salutationis prostratus in terram corruit: Dominoque remittens animam, obdormivit. Quod cum viderem, nimis sum contristatus; et devolutus humi, lacrymis obortis uberrime flevi. Corpus ejus mox accepi, et secus Calidiomeam terræ commendavi

Cap. X. — Dum autem ego Paphnutius a viro sanctissimo Onuphrio, rationis hujus loquelam audirem, inquam ad eum: Pater sancte, laborem esse non modicum jam sentio, quem pro nomine Christi tolerasti in hac eremo. Vir sanctus respondit: Mihi, frater, crede dilectissime: in deserto sustinui, ut sæpius putarem me morte superari. Abspes etiam (16) multoties vitæ, ut vix halitum in corpore sentirem remanere. Per diem æstu et igne solis ardentis urebar, per noctem rore et pruina infectus, fame et siti defectus. O quanta et qualia passus sum! Non sufficit, neque quempiam decet plagas ac labores enarrare, quos homo moriturus pro Dei viventis amore debet tolerare. Reddet Dominus mercedem laborum sanctorum suorum (*Sap.* x). Cujus divitiæ sicut non augentur, ita nequaquam minuentur. Per quem enim famem, sitim, frigus et æstum, atque multigenarum cruciamenta molestiarum sustinui, potens est cum divitiis cœlestibus inter angelorum catervas me consolari: alimenta vero sprevi corporalia, ut dignus acciperem spiritalia. Sanctus enim angelus quotidie panem mihi offerebat, et aquam pro mensura ministrabat, ut corpus meum confortaretur, ne deficeret, et jugiter in laude Dei perseveraret. Arbores palmarum ibidem constitutæ erant, quæ duodecies in anno dactylorum fructus germinabant (17). Quos per singulos dies colligens, pro pane edebam, mixtos herbarum foliis, et erant in ore meo tanquam favus mellis. Nam in Evangelio legitur: Non in solo pane vivit homo, sed in omni verbo quod procedit de ore Dei (*Matth.* iv). Frater Paphnuti, si implere studes voluntatem Dei, omnia tibi necessaria præparantur ab eo. Unde ipsa Veritas admonet, dicens: Ne solliciti sitis animæ vestræ quid manducetis, aut quid bibatis, neque corpori vestro quid induamini, scit enim Pater vester quia his omnibus indigetis. Quærite primum regnum Dei, et justitiam ejus, et hæc omnia adjicientur vobis (*Matth.* vi).

Cap. XI. — Cumque hoc a beato viro Onuphrio intentius auscultarem, mirans in sermonibus et actibus ac laboribus illius, dixi: Pater benigne, die Dominico vel Sabbato communionem percipiebas (18) ab aliquo? At ille respondens, ait: Omni die Dominico vel Sabbato angelum Domini paratum invenio, sacrosanctum corpus et sanguinem Domini nostri Jesu Christi secum deferentem: de cujus manu mihi pretiosissima donantur munera, vitæque meæ salus perpetua. Verum etiam omnes qui vitam spiritalem ducunt in eremo monachi tali participantur gaudio. Hi vero sancti eremitæ, qui hanc solitudinem habitant, si fortasse aliquando videre hominem desiderant, illico in cœlum ab angelo deportantur : visionem illic animæ justorum, fulgentium sicut sol in regno Patris eorum, ibi multitudinem contemplantur angelorum, suasque animas cœtibus mixtas beatorum. Quare omnes qui in agone contendunt, tota mente, toto corde, totis viribus in bono opere fervent, quatenus gloriam cœlestis patriæ cum Christo et cum sanctis mereantur possidere. Ista denique omnia, venerando Onuphrio narrante, cognovi juxta summitatem ipsius monticelli (19), ubi obviavit mihi. Ita videlicet gaudium meum impletum est, ut omnem adversitatem, quam in itinere tuleram, traderem oblivioni.

CAP. XII. — Credo, inquam, Pater, inter felices me deputari, quia videre te et opera tua egregia promerui. Verba tua nimis pulchra, omni dulcedine mellita, ita mei penetrant cordis intima, ut possim dicere cum Psalmista : Quam dulcia faucibus meis eloquia tua, super mel et favum ori meo (*Psal.* CXVIII)! Qui ait : Fili, mecum vade; locum meæ habitationis conspice, parcamus paululum verbis. Continuo surrexit, præivit, secutus sum. Duxit me secum quasi trium milliariorum iter : venimus Calidiomeam in spiritalem locum, arboribus palmarum gratanter ornatum. Ibi preces Domino fudimus; eisque completis in terram sedimus, in divinis altercantes eloquiis. Sole jamjamque in occasum verso, vidi panem positum cum aqua exigua. Vir etenim Dei sentiens me fatigari, dixit mihi : Profecto, fili, cerno te periclitari, nisi cibum capias. Surge ergo et comede. Cui inquam : Vivit Dominus (*III Reg.* XVII), et benedictus Dominus Deus meus, in cujus conspectu erimus; non manduco, neque bibo, donec charitate pura pariter cibum sumimus. Igitur vix eum coegi ut faceret quod volui. Verumtamen ut meum agnovit desiderium, panem fregit, tribuit mihi; manducavimus, et saturati sumus **103** nobisque fragmenta superfuerunt edentibus. Noctem illam insomnem pene duximus, divinisque laudibus immorati sumus.

CAP. XIII. — Mane facto, post horam orationis, videbam vultum ejus pallore ita mutatum, et quid acciderit quæsivi ab eo. Qui ait : Non expavescas, frater Paphnuti, quoniam omnipotens Deus recto itinere in hanc solitudinem direxit te, ut honorifice sepelias me, atque corpus meum commendes terræ. Hac etenim hora anima carnis vinculis absolvitur; atque ad creatorem suum in cœleste regnum deportatur. Frater amantissime, (scio namque desiderium tuum) quando redieris in Ægyptum, memorare mei in præsentia fratrum tuorum, et in conspectu omnium Christum colentium. Hæc est postulatio mea (20), quam impetravi a Domino Deo. Si quis oblationem ob amorem nominis mei ante conspectum Domini nostri Jesu Christi, et ad laudem ejus (21) immolat, ab omni tentatione diaboli, et a vinculo pravitatis humanæ liber existit, atque cum sanctis angelis in regno cœlorum æternæ hæreditatis capax fiet. Si quis vero oblationem non valet offerre, vel præ inopia redimere, is in nomine Domini et ad honorem illius eleemosynam (22) pauperi tribuat, et ego orabo pro eo in conspectu Dei, ut dignus in cœlestibus vita superna perfrui valeat. Si quis neque oblationem, nec eleemosynam potest offerre, pro charitate mea incensum Domino Deo nostro in odorem suavitatis accendat, et ego rogo pro eo, ut gaudium perenne possideat. Cui inquam : Pater mi, ne irascaris si loquar : Si incensum nec quis habet, nec facultatis aliquid, unde Deum placare potest (23), ut tamen tua benedictione non careat, in quacunque tribulatione te invocat? Tunc ille respondit : Si quis pauper in deserto, vel in aliquo alio loco oblationem aut eleemosynam, seu incensum non habeat ad immolandum, surgat, et manus suas ad Dominum extendat, ter Dominicam orationem, id est, Pater noster, pro me cum intenta mente, et in nomine sanctæ Trinitatis psallat. Ego vero pro ipso ad Dominum intercedo, ut vitæ cœlestis mereatur particeps fieri cum omnibus sanctis Dei.

CAP. XIV. — Iterum dixi ad eum : Domine, si dignus essem, aut si donis gratiæ tuæ mihi liceret, post obitum tuum locum istum libentissime obtinerem. At ille ait : Nequaquam tibi, fili, conceditur, nec idcirco misit te Deus in peregrinationem istius solitudinis, ut hic obtineres locum habitationis; sed ut cum justis qui in deserto sunt gratuleris; et intimare ea studeas mundo, quæ cognovisti in eremo. In Ægyptum perge : ibi esto usque ad finem vitæ tuæ; opus bonum perfice, et accipies coronam perpetuæ gloriæ.

CAP. XV. — Hæc cum homo Dei loqueretur, advolutus sum pedibus ejus, dicens : Pater chare, scio enim quia quidquid petieris a Deo, dabit tibi Dominus propter immensum laborem certaminis longissimi, quo corpus tuum afflixisti septuaginta annis pro nomine Domini; præbe ergo mihi munera tuæ sanctæ benedictionis, quatenus tibi in virtute efficiar similis, et tua interventione spiritus meus dirigatur, et in futuro tecum participari merear. Qui mox econtra respondens, protulit ista : Paphnuti, ne contristeris : petitio tua, tribuente Domino, erit stabilis. Sta in fide, viriliter age, oculos cum mente ad Deum erige, in mandatis corroborare, bonum facere impiger contende, et vitam æternam apprehende (*I Cor.* XVI). Protegant te angeli Dei, et conservent te ab omni consilio pravitatis, ut purus ante Deum et immaculatus in die sui examinis inveniaris. Post hæc surrexit, et ad Dominum lacrymans oravit, genua flexit, atque subito dixit : In manus tuas, Deus, commendo spiritum meum. Cumque hæc dixisset, lumen splendidum corpus ejus obumbravit, et in ipsius claritate luminis anima sancta carne soluta est.

CAP. XVI. — Repente vero vocem angelorum multorum audivi, laudantium Deum, et in discessu sanctissimæ animæ sancti Onuphrii, æthera scilicet angelicis canticis resonantia (24), gaudium ineffabile astris intulerunt, per quem coelestes exercitus animam militis inclyti coelis invexerunt. Mox oculi mei fletu profluunt, interiora gemitus producunt, lacrymarum rivi manarunt, planctus mei miseri Paphnutii exuberant: illud flebilis planxi, quia quem vix inveni, diutius habere non potui. Deinde tunicam (25) meam per dimidium scidi, una parte indutus sum, in alteram collocavi corpus beatum, et sepelivi illud in sepulcro quod excisum erat de petra. Tunc videns me solum remanere, iterum coepi lugere. Ita moerens surrexi, specusque illius habitaculum intrare volui.

Denique me astante, ipsa spelunca cecidit cum magna ruina, et palmae radicitus erutae simul procubuerunt. Cognovi itaque ego Paphnutius, quia non esset voluntas Domini, me in loco illo habitare; secessi inde, in Ægyptum redii: ibique Ecclesiae retuli quae vidi et audivi.

Sanctus igitur Onuphrius obiit mense Junio, die undecimo (26), id est, III Idus ejusdem mensis. Ibi beneficia ejus praestantur usque in praesentem diem: ad laudem et gloriam Domini nostri Jesu Christi, cui est honor et potestas in saecula saeculorum. Amen.

ROSWEYDI NOTATIO.

104 (1) *Onuphrii.*] Apud Metaphrastem 11 Junii dicitur *Honophrius*. Martyrologium Romanum, 11 Junii: « In Ægypto sancti Onuphrii anachoretae, qui in vasta eremo sexaginta annos vitam religiose peregit, et magnis virtutibus ac meritis clarus migravit in coelum, cujus insignia gesta Paphnutius abbas conscripsit. » Menologium Graecorum, eodem die: « Sancti Patris nostri Onuphrii Ægyptii, qui cum esset in coenobio in urbe Hermopoli Thebarum, et audiret de Eliae prophetae et Joannis praecursoris vita, egressus ex coenobio habitavit eremum annos sexaginta, hominem omnino non videns. Ubi post admirabilem vitae monasticae conversationem in coelum migravit, quem magnus Paphnutius sepelivit. Cujus dies natalis celebratur 12 Junii, in sanctissimo ejus oratorio, in monasterio sancti Alipii. » Eadem in Menaeis, sed quibusdam additis, quae non exscribo, ne notae excrescant.

Alius est Onuphrius, cujus mentio exstat apud Metaphrastem in Actis SS. Galationis et Epistemis martyrum, 5 Novembris, quae recitat Lipomanus tom. V, et Surius tom. VI. Qui vixit eo tempore quo gentilium in Christianos persecutio saeviebat. Menologium sub Decio eorum martyrium ponit. Vixit autem apud Emesam Phoeniciae, quae ad montem Libanum est. Non fuit i'le segregatus ab hominum consortio, ut noster hic. Ejus precibus Leucippe, ante sterilis, prolem impetravit Galationem.

(2) *Paphnutio.*] Varii fuere Paphnutii, de quibus vide hic ad librum II Ruffini, cap. 13. De Paphnutio confessore dixi ad Vitam sancti Antonii, capite 30, n. 68. Acta haec Paphnutio auctore (quo tamen Paphnutio, nondum mihi constat) habes etiam apud Metaphrastem, sed Timothei anachoretae Vita, et quibusdam aliis intermistis, quae recitat Lipomanus tom. VI, et Surius tom. III, Junii 11, Gentiano Herveto interprete. Sed et aliam interpretationem Actorum Onuphrii, quibus etiam intexta est Timothei anachoretae vita, accepi ex monasterio sancti Jacobi Leodii, sed vulgatam hactenus in Vitis Patrum malui nunc retinere; cujus quidem nullum Ms. Latinum exemplar habui, sed Graecum tamen textum e Boica Bibliotheca accepi.

(3) *Gregorio.*] Quis hic Gregorius sit, nondum mihi lique.

(4) *Ægre.*] Vetus editio, *peregre*. Intelligit per hoc, ut opinor, procul; nisi forte ibi legendum *peraegre*. Sane peraegre se profectum viribus deficientibus, testatur ipse capite praecedente.

(5) *Ut corpus illius ipsorum diffusione tegeretur.*] Hieronymus, prologo in Vitam sancti Pauli primi eremitae: « Subterraneo specu crinitum calcaneo tenus hominem. » In Vita Macarii Romani infra, capite 15: Capilli capitis totum viri corpus operuerunt. »

(6) *Subteriora renum.*] Intelligit pudenda tantum foliis herbisque velata.

(7) *Septuaginta anni.*] Ita vett. editiones cum Coloniensi. Martyrolog. Rom., Menologium Graecum, Menaea et Metaphrastes habent *sexaginta anni*.

(8) *In monasterio Hermopolim dicto nutritus, in provincia Thebaida.*] Graece est: ᾤκουν γὰρ πρῶτν ἐν ἀβαγῇ μοναστηρίῳ Θηβαίων χώρας ἐπιλεγομένου τοῦ ἐρημοπολίτου. « Habitabam prius in abage monasterio, regionis Thebaidis, quae dicitur eremopolites. » Non dubium corruptum esse ἐρημοπολίτου pro Ἑρμοπολίτου. Quomodo et in Menaeis restituendum ἐν Ἑρμου πόλει Θηβῶν, pro ἐρήμου πόλει. Apud Metaphrastem est: « Habitavi autem antea in sancto monasterio, quo nomine appellatur Eriti Hemepolitani Thebanorum regionis, » sine dubio corrupte. Ex Herveti versione *in sancto monasterio*, apparet eum reperisse in Graeco ἐν ἁγίῳ μοναστηρίῳ, quomodo forte ante legendum pro ἐν ἀβαγῇ μοναστηρίῳ.

(9) *Quibus humanum deest solatium, constat eos habere divinum.*] Hoc expertus est sanctus noster Xaverius, qui cum Romae esset, humanum habebat solatium a sociis; at dum inter barbaros et feras solus versatur, ad Deum confugit, qui mirificis eum gaudiis perfudit.

(10) *Qui sitiunt, de superno fonte condiuntur.*] Nondum mihi locus hic in sacris Litteris occurrit. Paulo aliter citat Metaphrastes, et ex Isaia ait desumptum.

(11) *Angelus tibi ad custodiendum ab ortu tuo.*] Angeli custodis meminere varii Patres. Hieronymus, libro III, Comment. in Matth. capite XVIII. « Magna dignitas animarum, ut unaquaeque habeat ab ortu nativitatis in custodiam sui angelum delegatum. » Idem, in c. LXVI Isaiae: « Quod autem unusquisque nostrum habeat angelos, multae Scripturae docent. » quibus illud est: *Nolite contemnere unum de minimis istis, quia angeli eorum vident quotidie faciem Patris, qui est in coelis* (Matth. XVIII). Et puella Rhode Petrum apostolum nuntiante, alii angelum ipsius esse credebant (Act. XII). Sin autem hoc de minimis dicitur, et de uno homine, quanto magis de omnibus sanctis, et praecipue de apostolis, sentiendum est? quorum angeli quotidie vident faciem Patris, juxta illud quod scriptum est: *Circumdat angelus Domini in circuitu timentium eum* (Psal. XXXIII). Et Jacob de se loquitur: *Angelus qui liberavit me* (Gen. XLVIII). Isti sunt, qui ascendunt et descendunt super Filium hominis. » Apud Augustinum, libro Soliloquiorum, cap. 52: « Facis, Domine, Angelos tuos spiritus propter me (Psal. CXXX), quibus mandasti ut custodiant me in omnibus viis meis, ne forte offendam ad lapidem pedem meum (Psal. XC). Hi enim sunt custodes super muros civitatis tuae novae Jerusalem. »

(12) *Benedictionem humillime petii.*] Bene addit, *secundum consuetudinem monachorum*. Nihil frequentius in his Vitis quam ut adventans hospes benedictionem ab hospite excipiente petat.

(13) *Osculum mihi pacis tribuit.*] Solent olim adventantes excipere osculo ii, apud quos divertunt. Vide Onomasticon.

(14) *Calidiomea.*] Non dubito quin interpres in Codicem Graecum depravatum inciderit, et *Calidiomea* ortum ex καλύβη νέα, vel simili. Certe Graece hic est, καλυβῷ μικρῷ. Sic et cap. 9: « Et secus Calidiomeam

terræ commendavi, ubi Græce, καὶ κατεθέμην τὸ λείψανον αὐτοῦ πλησίον τῆς ἐμῆς καλύβης. « Et posui **105** reliquias ejus juxta meam calybem sive tugurium. » Et cap. 12 : « Venimus Calidiomeam, in spiritalem locum, arboribus palmarum gratanter ornatum. » Græce : κατελάβομεν καλύβην σεμνοτάτην ἔχουσαν καὶ φοίνικα πλησίον ἑστῶσαν. « Venimus ad calybem seu tugurium maxime religiosum, quod palmam juxta consistentem habebat. »

(15) *Cauta diligentia.*] Vetus editio : *cautem dignitatem.*

16) *Abspes eram.*] Ita recte manuscripti, et vetus editio ; Coloniensis, *ab spe eram.* Dictum *abspes,* ut *exspes.*

(17) *Quæ duodecies in anno dactylorum fructus germinabant.*] Infra, apud Joannem, libello III, n. 2, nomine anonymi, eadem res paulo clarius proponitur. « Inveni istam palmam afferentem mihi botryones duodecim dactylorum. Per singulos menses affert mihi unum botryonem, qui mihi sufficit triginta diebus, et post hunc maturatur alter. »

(18) *Die Dominico vel Sabbato communionem percipiebas.*] Aliqui libri, *et Sabbato.* Græce est : Πόθεν κοινωνεῖς; Σαββάτῳ ἢ Κυριακῇ; *Quando communicas? Sabbato, an Dominico?*

(19) *Juxta summitatem ipsius monticelli.*] Græce : Ὑπὸ κάτωθεν τοῦ πτερυγίου τοῦ ὄρους. Hoc tantum loco mihi lectus *monticellus* a monte, pro monticulo.

(20) *Hæc est postulatio mea.*] Singulare omnino Onuphrii privilegium et apud Deum gratia. In Florario sanctorum ms. breve hujus privilegii compendium : « Migravit a sæculo anno salutis 370. Hic enim petiit et obtinuit a Domino ut si quis memoriam ejus fecerit seu oblationes, aut pauperes paverit in nomine ejus, aut memoriæ suæ librum scripserit, dimittantur illi universa peccata. Et cum anima exierit de corpore, erit munda a peccatis, quasi modo genitus infans. » Privilegia autem hæc, quia in quibusdam libris verba variant, sane semper intelligenda.

(21) *Et ad laudem ejus.*] Ita est in editione Coloniensi. Veteribus deest.

(22) *Is in nomine Domini et ad honorem illius eleemosynam,* etc.] Ita editio Coloniensis. Vetus : *ille pro amore meo in nomine Domini eleemosynam.*

(23) *Unde Deum placare potest.*] Ita Coloniensis editio. Vetus : *Unde te placare potest.*

(24) *Æthera scilicet angelicis canticis resonantia.*] Refertur quidem *æther* inter anomala masculini generis plurali carentia, hic tamen ejus neutrum plurale habes quod et alibi ex æthere et aere invenies. Vide Onomasticon.

(25) *Tunicam.*] Græce λευϊτονάριον. Haud dubie intelligitur *lebitonarium,* ut apud Metaphrastem est. Quod et alibi hic occurrit. Vide Onomasticon.

(26) *Die undecimo.*] Ita omnes editiones, et Florarium sanctorum ms. Græce tamen est δωδεκάτῃ, *duodecimo.* Atque ita Martyrologium Romanum, Menologium Græcum et Menæa. Apud Metaphrastem est : « Erat autem dies sextus quidem decimus Pauli, nonus autem Junii mensis apud Romanos. » Quod quomodo intelligendum sit, vide in Onomastico in mensium tabula.

Quod Florarium sanctorum ms. annum obitus Onuphrii ponit 370; nescio unde hauserit.

Manuscriptus Leodiensis Sancti Jacobi, ultimo capite, habet de leonibus sepulcrum unguibus suis Onuphrio effodientibus, cujus mentionem feci ad Vitam sancti Pauli primi eremitæ, cap. 13, n. 50. Deest hoc huic Vitæ, et apud Metaphrastem.

IN VITAM SANCTI PACHOMII [a] PRÆLUDIA.

ILLUSTRIUM VIRORUM DE SANCTO PACHOMIO ELOGIA.

Sozomenus, Hist. Eccl., lib III, *cap.* 13.

106 Παχώμιος ἀρχηγὸς ἐγένετο τῶν καλουμένων Ταβεννισιωτῶν. σχῆμα δὲ τούτοις ἦν καὶ πολιτεία ἔν τισι παρηλλαγμένη τῆς ἄλλης μοναχικῆς, πρὸς ἀρετὴν μέντοι ὁρῶσα, καὶ τὴν ψυχὴν προσερεθίζουσα, τῶν ἐπὶ γῆς καταῤῥονεῖν. ἄνω δὲ ὁρᾷν, ἵν᾽ εὐμαρῶς ἐπὶ τὰ οὐράνια χωρῇ, ἡνίκα τοῦ σώματος ἀπαλλαγείη, etc.

« Pachomius præses fuit eorum qui vocantur Tabinisiotæ. Quibus quidem habitus erat et vitæ institutio a reliquorum monachorum disciplina in quibusdam rebus discrepans, in virtutis contemplatione aciem mentis defigens : animum sic tum ad rerum terrenarum despicientiam, tum ad cœlestium indagationem excitans, ut cum e corporis custodia migraret, aditum ad cœlum haberet perfacilem. » etc.

Gennadius, de illustr. Eccles. Script., cap. 7.

Pachomius monachus, vir tam in docendo quam in signa faciendo apostolicæ gratiæ, et fundator Ægypti cœnobiorum, Scripsit

Regulam (b) utrique generi monachorum aptam, quam angelo dictante perceperat. Scripsit et

Ad collegas præpositurae suæ epistolas (c), in quibus alphabetum mysticis tectum sacramentis, velut humanæ consuetudinis excedens intelligentiam, clausit, solis, credo, eorum gratiæ vel meritis manifestatum.

Unam *ad Abbatem Syrum,* Unam *ad abbatem Cornelium.*

Ad omnium monasteriorum præpositos, ut in unum antiquius monasterium, quod lingua Ægyptiaca *Baum* vocatur, congregati, Paschæ diem velut æterna lege celebrent, epistolam unam.

Similiter et ad diem remissionis, quæ mense Augusto agitur, ut in unum Præpositi congregarentur, *epistolam unam.* Et

Ad fratres qui foras monasterium missi fuerant operari, epistolam unam.

Trithemius, libro de Script. Eccles.

107 Bachomius abbas, et monachorum sui temporis institutor permagnificus, fundator multorum cœnobiorum, ac vir sanctissimæ conversationis, multis in vita et post mortem coruscans miraculis, cum esset vir doctus, et in divinis Scripturis eruditus, scripsit ad ædificationem fratrum multas epistolas, de quibus subjectæ referuntur :

Ad Cornelium abbatem, epist. I; *Ad Syrum abbatem,* epist. I; *Ad præpositos cœnobiorum,* epist. I; *Ad fratres operantes,* epist. I; *Regulam quoque monachorum,* lib. I.

Claruit sub Valentiniano et **Theodosio** principibus, anno 390

DE DIONYSIO EXIGUO HUJUS VITÆ INTERPRETE.

Cassiodorus, Instit. divin. cap. 23.

Dionysius monachus, Scytha natione sed moribus omnino Romanus, in utraque lingua valde doctissimus, reddens actionibus suis, quam in libris Domini legerat æquitatem; qui Scripturas divinas tanta curiositate discusserat atque intellexerat, ut undecunque interrogatus fuisset, paratum haberet competens sine aliqua dilatione responsum; qui mecum dialecticam legit, et in exemplo gloriosi magisterii plurimos annos vitam suam, præstante Domino, gloriose transegit. Pudet me de consorte dicere quod in me nequeo reperire.

Fuit enim in illo cum sapientia magna simplicitas, cum doctrina humilitas, cum facundia loquendi parcitas; ut in nullo se vel extremis famulis anteferret, cum dignus esset regum sine dubitatione colloquiis. Interveniat pro nobis, qui nobiscum orare consueverat; ut cujus hic sumus oratione suffulti, ejus possimus nunc meritis adjuvari.

Qui petitus a Stephano episcopo Salonitano, ex Græcis exemplaribus *Canones Ecclesiasticos (d)* moribus suis, ut erat planus atque disertus, magnæ eloquentiæ luce composuit, quos hodie usu celeberrimo Ecclesia Romana complectitur. Hos etiam oportet vos assidue legere, ne videamini tam salutares Ecclesiasticas regulas culpabiliter ignorare.

Alia quoque *multa ex Græco transtulit in Latinum (e)*, quæ utilitati possunt Ecclesiæ convenire. Qui tanta Latinitatis et Græcitatis peritia fungebatur, ut quoscunque libros Græcos in manibus acciperet, Latine sine offensione transcurreret, iterumque Latinos Attico sermone relegeret, ut crederes hoc esse conscriptum, quod os ejus inoffensa velocitate fundebat.

Longum est de illo viro cuncta retexere, qui inter reliquas virtutes hoc habuisse probatur eximium, ut cum se totum Deo tradidisset, non aspernaretur sæcularium conversationibus interesse. Castus nimium, cum alienas quotidie videret uxores; mitis, cum fere gentium vesano turbine pulsaretur. Fundebat lacrymas motus compunctione, cum audiret garrula verba lætitiæ. Jejunabat sine exprobratione prandentium, et ideo conviviis gratanter intererat, ut inter corporales epulas inquisitus, spiritales copias semper exhiberet. Quod si tamen aliquando comederet, parvo quidem cibo, sed tamen escis communibus utebatur. **188** Unde summum genus æstimo patientiæ, inter humanas esse delicias, et abstinentiæ custodire mensuram. Sed, ut bona mentis ejus infucata laude referamus, erat totus Catholicus, totus paternis regulis perseveranter addictus, et quidquid possunt legentes per diversos quærere, in illius scientia cognoscebatur posse fulgere. Cujus nomini aliqua pravi homines calumniose nituntur ingerere, unde sua videantur errata aliquatenus excusare. Sed ille jam sæculi perversitate derelicta, præstante Domino, in Ecclesiæ pace sepultus, inter Dei famulos credendus est habere consortium.

V. Beda, de ratione Temp., cap. 45.

Primi decemnovennalis circuli versu temporum ordo præfigitur, quem Græci calculatores a Diocletiani principis annis observavere; sed Dionysius, venerabilis abbas Romanæ urbis, et utriusque linguæ, Græcæ videlicet et Latinæ, non ignobili præditus scientia, *Paschales scribens circulos*, noluit eis (sicut ipse testatur) memoriam impii persecutoris innectere, sed magis eligit ab incarnatione Domini nostri Jesu Christi tempora prænotare, quatenus exordium spei nostræ notius nobis existeret, et causa reparationis humanæ, id est, passio Redemptoris nostri evidentius eluceret.

Sigebertus, catalogo illustr. Eccles. Script., cap. 27.

Dionysius abbas Romanus, cognomento Exiguus, gemina scientia Græce et Latine clarus, transtulit de Græco in Latinum *Proterii (f) Alexandrini episcopi scripta* ad Leonem papam *de celebrando Pascha* in anno Domini 455. Transtulit etiam de Græco in Latinum *librum Gregorii Nysseni de conditione hominis (g)*, et *Vitam Pachomii abbatis (h)*. Scripsit et ipse, post Cyrillum, *Cyclum quinque cyclorum*, incipiens ab anno nati Jesu Christi 532 qui est ultimus annus magni cycli, qui est annorum DXXXII semel exacti a nativitate Christi, etc.

Trithemius, libro de Script. Eccles.

Dionysius, abbas Romanus, cognomento (ut fertur) Exiguus, vir certe ingenio et scientia magnus atque clarissimus, in Scripturis sanctis eruditus, et in disciplina sæcularium litterarum nobiliter doctus, Græco et Latino eloquio clarus, computista et calculator temporum egregius. Scripsit Latino sermone nonnulla opuscula, de quibus ego tantum reperi subjecta :

Cyclum Paschalem magnum annorum DXXXII, lib. 1;
De ratione festi Paschalis, lib. 1; *Paschatis festi rationem.*

De cæteris (i) nihil repperi. Transtulit autem de Græco in Latinum : *Vitam sancti Pachomii abbatis; librum quoque Gregorii Emisseni, de conditione hominis; et scripta Proterii, Alexandrini episcopi, ad Leonem papam (j). Et quædam alia (k).*

Inchoavit autem Cyclum suum anno Domini 532, qui fuit ultimus annus magni cycli paschalis, qui semel exactus in eumdem semper revertitur.

Claruit ergo sub Justiniano imp. magno, anno Domini 540.

Idem de Viris illust. ord. sancti Benedicti, lib. II, *cap. 4.*

Dionysius, abbas Romanus, cognomento Exigui, vir in divinis Scripturis valde eruditus, et in sæcularibus litteris peritissimus, calculator et geometer insignis, Græco et Latino instructus eloquio : qui doctrinæ suæ magnam apud veteres auctoritatem consecutus, edidit non spernenda opuscula, de quibus pauca ad meam notitiam pervenerunt :

De ratione Paschæ librum. **109** *Cyclum quoque magnum quingentorum triginta duorum annorum. Epistolas etiam nonnullas composuit.*

De Græco in Latinum transtulit : *Scripta Proterii Alexandrini ad Leonem papam de Pascha celebrando;*

Et librum Gregorii Emisseni de hominis conditione; Vitam quoque sancti Pachomii Latinam fecit.

Claruit anno Domini 570.

Baronius, Notat. ad Martyrol. Rom., 14 *Maii.*

Pachomii præclaras res gestas Græce conscriptas Dionysius, abbas Romanus, Exiguus cognomento, Latine convertit ante annos plus mille ac centum.

Exstat ejus præfatio ante Vitam sancti Pachomii : habes eam in prima parte Vitæ sanctorum Patrum, capp. 54. Miramur eam a Lipomano et Surio præter missam; quæ, ut tanti viri ingenii laudatissimi monumentum, prætereunda non fuit; qualis enim quantusve sanctitate et eruditione fuerit, consule Cassiodorum illi æqualem, lib. Instit. ad lect. divin.

ROSWEYDI NOTATIO.

(a) *Pachomii.*] Martyrologium Rom. 14 Maii : « In Ægypto, sancti Pachomii abbatis, qui plurima in ea regione monasteria erexit, et regulam monachorum scripsit, quam angelo dictante didicerat. » Menologium Græcum, 15 Maii : « S. P. N. Pachomii Tabennesiotæ. Fuit Pachomius sanctus ex Thebaide inferioris Ægypti, Constantini Magni temporibus. Habuit autem parentes idolorum cultores : conversus autem ad Christi fidem baptismum suscepit, et monasticam vitam amplexus ad eremum accurrit, ubi perfectam vitam assecutus, virtutibus et miraculis clarus, multos sibi sectatores effecit, ut antequam ex hac vita decederet, monachorum, qui per illum effecti sunt, mille et quadringentorum numerus effectus sit. » Menæa etiam, 15 Maii, accuratiore compendio Vitam ejus comprehendunt. De hoc etiam Beda, Usuardus, Rhabanus, Ado, Notkerus, qui sua ex Gennadio, quæ habes in elogiis, expresserunt.

De hoc eodem Pachomio Palladius c. 58; Sozom, libro III, cap. 13; Niceph., lib. IX, capite 14 ; Vincentius, Spec. histor. lib. XVII, capite 82, et lib. XVIII, cap. 47; Antonin., part. II, tit. 15, cap. 11, § 1; Petrus Equilinus episcopus in Catal. sanctorum, lib. IV, c. 171

Nomen Pachomii, monachorumque ab eo institutorum disciplinam, Athanasius primus in Urbem advexit, ut auctor est sanctus Hieronymus, ep. 16, ad Principiam.

De tempore ejus obitus Sigebertus Miræi, in Chronico, anno 8 Arcadii et Honorii, quem Christi statuit 405, aliis editionibus sequenti anno ponentibus : « Pachomius abbas annum 110 agens, in virtutibus consummatur. »

Alius est Pachomius confessor apud Heraclidem, in Paradiso, cap. 11, qui in Scete vixit; qui Palladio, Lausiacæ Historiæ cap. 29, dicitur Pachon. de quo Pachomio Petrus, supra, libro IV, cap. 172.

Alius quoque Pachomius episcopus et martyr apud Eusebium, libro VIII eccles. Hist., cap. 14, de quo Petrus, supra, lib. XI, c. 32.

(b) *Regulam.*] Regulæ hujus aliquod breviarium habes hic in Vita Pachomii, cap. 22. Integram eam primus, quod sciam, edidit Achilles Statius Lusitanus, Romanis hæredum Antonii Bladii typis, anno Domini 1575; deinde anno 1588. Petrus Ciaccon eam correctiorem typis quoque Romanis dedit, et Cassiano a se recensito adjunxit.

Ipsam Pachomii regulam Ægyptiace scriptam, translatam in Græcum, Latine reddidit sanctus Hieronymus, rogante Silvano monacho, eo tempore quo sancta Paula ex hac luce migravit, Honorio VI et Aristeneto coss., anno Domini, juxta Fastos Onuphrii, 404.

(c) *Epistolas.*] Nulla harum epistolarum, quarum quidem mihi notitia sit, præter præliminares ante alia opuscula, hodierno die exstat.

(d) *Canones ecclesiasticos.*] Prodiere hi olim canones Moguntiæ in-folio, anno 1525; deinde Lutetiæ Parisiorum in-8°, anno 1609, in qua posteriori editione ex bibliotheca Nicolai Fabri habes ipsius Dionysii epistolam ad Stephanum episcopum Salonitanum, qua breviter exprimit, quidquid canonum ipse converterit ac ediderit. « Ac in primis quidem canones **110** Apostolorum e Græco; deinde regulas Nicænæ synodi, et deinceps omnium conciliorum, sive quæ antea, sive quæ postmodum facta sunt, usque ad synodum CL pontificum, qui apud Constantinopolim convenerunt, sub ordine numerorum, id est a primo capitulo usque ad 162, sicut habentur in Græca auctoritate, digessimus. Tum sancti Chalcedonensis concilii decreta subdentes, in his Græcorum canonum finem esse declaramus. Ne quid præterea notitiæ vestræ credamur velle subtrahere, statuta quoque Sardicensis concilii atque Africani, quæ Latine sunt edita, suis a nobis numeris cernuntur esse distincta. »

(e) *Multa ex Græco transtulit in Latinum.*] Quæ illa sint, quia Cassiodorus non exprimit, habes ea hic partim apud Sigebertum, Partim apud Trithemium.

(f) *Proterii.*] Scripta hæc, seu epistolæ ad Leonem papam nunc non exstant. Quot fuerint, et quid continuerint, clarius explicant sequentes auctores. Sigebertus, in Catalogo illustr. Ecclesiæ Scriptorum, cap. 26. « Proterius, Alexandrinus episcopus, scripsit et ipse ad Leonem Papam, dubitantem de celebrando Pascha illius anni ; qui cum esset embolismalis, putabatur ab aliquibus esse communis. » Annus illi erat 455, ut hic habet Sigebertus in Dionysio Exiguo. De eodem Proterio etiam Isidorus, Catalogo illustrium Ecclesiæ Scriptorum, cap. 10 : « Proterius, Alexandrinæ antistes Ecclesiæ, scripsit epistolas ad Leonem Romanæ sedis episcopum, de festivitate Paschali. Hunc autem Leonis Augusti temporibus Dioscori hæretici successores, auctore Timotheo, seditione facta crudelissime peremerunt, ipsumque Timotheum sibi pro Alexandrino episcopo posuerunt. » Trithemius, catalogo illustrium Eccl. Scriptorum : « Proterius episcopus Alexandrinus, vir tam in divinis Scripturis, quam in sæcularibus litteris eruditissimus, theologus et compulista insignis, quem Leonis Augusti temporibus, successores Dioscori hæretici, seditione facta auctore Timotheo crudeliter peremerunt, ipsumque Timotheum in locum ejus pro Alexandrino episcopo idolum erexerunt. Scripsit inter cætera : *Ad sanctum Leonem papam, de celebratione Paschæ*, epist. III; *Ad Hilarium, de eadem re*, epist. I : Quoniam sanctitas vestra orta, epistolas plures ad diversos; et quædam alia.

Claruit sub Leone imp., an. Domini 460.

(g) *Librum Gregorii Nysseni de Conditione hominis.*] Prodiit hic liber Dionysio Exiguo interprete inter Nysseni opera ex Episcopii officina, anno 1562, cui non est præfixa Joannis Cononis epistola, qua se interpretationem eam nonnihil emendasse quibusdam in locis profitetur, idque de fragmento Græco, ut existimavit Lewenclavius. Alteri enim Nysseni libro ibidem ea epistola præfixa est. Deinde idem Lewenclavius typis Joannis Oporini Basileæ, anno 1567, in-8°, hunc eumdem Nysseni librum Græcolatine et sua versione dedit. Non recte apud Trithemium est *Emisseni* pro *Nysseni*.

(h) *Vitam Puchomii abbatis.*] Hæc est illa quæ hactenus inter Vitas Patrum fuit circumlata. Eamdem ex Græco transtulit Gentianus Hervetus, quam habes apud Aloysium Lipomanum, tom. VI de Vitis Sanctorum, et Laurentium Surium, tomo III, quæ hac nostra multo est auctior. De qua vide hic, infra, post numerum 2.

(i) *De cæteris.*] Exstat in Bibliotheca nostra Lovaniensi Dionysii Exigui Ms. epistola ad Eugypium monachum.

Citatur et ejusdem epistola ad Petronium episcopum, apud Petavium, in Epocha annorum.

(*j*) *Leonem papam.*] Ex hoc Trithemii loco Genebrardus, Chronologiæ suæ lib. III, existimavit Dionysium hunc vixisse tempore Leonis I papæ; quod non rite intelligens Trithemium, crederet Dionysium librum suum, quem ex Proterio verterat, Leoni papæ dedicasse. Non hoc vult Trithemius, sed potius Dionysium vertisse Proterii librum, quem ipse Proterius Leoni papæ miserat. Ita enim ille et hic, et clarius in catalogo illust. Eccles. Scriptorum, in Proterio : « Scripsit (Proterius) inter cætera *Ad sanctum Leonem papam, de celebratione Paschæ* epistolas III. »

Gravius labitur Lewenclavius, qui Dionysium Nysseni de opificio hominis interpretem existimavit vixisse annis abhinc cccc.

(*k*) *Et quædam alia.*] Invenio, præter jam citata, Proclum Constantinopolitanum Græcolatinum, Dionysio Exiguo interprete, cum præliminari ejusdem epistola ad Felicianum et Pastorem, quem edidit Joannes Sichardus in Antidoto contra hæreses, in-fol., Basileæ, apud Henricum Petrum, anno 1528, quem post Latine tantum Bibliothecæ Patrum, tomo III, inseruit Margarinus *de la Bigne*.

Habes in eodem Antidoto *duas Cyrilli Alexandrini epistolas ad Successum* episcopum Isauriæ Diocæsariensem *ex Dionysii Exigui interpretatione*, cum ejusdem præfatione ad Joannem et Leontium; quarum epistolarum non meminere auctores hic citati, qui catalogum illustr. Ecclesiæ Script. texuere.

Lovanii, in collegio nostro, est *ejusdem Dionysii versio ms. operis Nysseni de Natura hominis*.

III Atque hactenus tum de Pachomio ipso, tum de Vitæ ejus interprete. Sed quis Vitæ ejus auctor?

Aloysius Lipomanus, tomo VI de Vitis Sanctorum, et Laurentius Surius, tomo III, Vitam Pachomii Metaphrastæ inscribunt autori. Sed longe vetustior hujus Vitæ auctor indagandus est. Siquidem Metaphrastes vixit circa annum 930, Dionysius vero Vitæ hujus interpres circa annum 530.

Auctor Græcus, quiqui est, fuit ipsi Pachomio synchronus. Nam, cap. 10 Vitæ hujus, ait se accepisse quæ scribit ab iis qui Pachomio convixere.

Metaphrastes, etsi ad verbum, ut a primo auctore Vita composita est, eam exprimat, multa tamen capita inserta habet quæ apud Dionysium vetustum interpretem non comparent : qualia sunt apud Metaphrastem capita omnia a 40 usque ad 57 inclusive; item a 73 ad 78 inclusive; rursus caput 85 et 86; postremo 90. Unde videtur Metaphrastes in perfectiora exemplaria incidisse.

MAII XIV

VITA SANCTI PACHOMII

ABBATIS TABENNENSIS,

AUCTORE GRÆCO INCERTO, INTERPRETE DIONYSIO EXIGUO ABBATE ROMANO.

PROLOGUS DIONYSII EXIGUI INTERPRETIS.

Dominæ (1) venerandæ mihi, et in Christo quoque magnificentissimæ Dionysius Exiguus.

Pio venerationis vestræ proposito, qua valui facultate, respondi, sancti Pachomii Vitam, sicut in Græco reperta est, fide translatoris exsolvens : in qua re cum diu me morantem vestra compulisset auctoritas, integrum non erat ut qui reus jam sponsionis exstiteram, promissa differrem, præsertim vobis, quæ votum potius quam vires attendere consuevistis. Plura namque per Christi gratiam legenda simul atque imitanda peragentes, avida voluntate beatorum Patrum cupitis instituta cognoscere, quatenus eorum studiis facta propria componentes, futuris sæculis documentum divini muneris singulare præstetis; fatemini quippe maximam vos operam dare virtutibus, quas diligitis in conversatione sanctorum, quibus etiam illustrium operum qualitate cohæretis; quia virtutem nullus amat, nisi qui sequitur, et similitudo morum magnum profert conjunctionis indicium : sicut e contrario vita dispar grandis est et in ipsa sanguinis affinitate discordia. Sic frequenter inter propinquos prava succedunt odia, sic jurgia nascuntur infensa, sic usque ad sanguinem sævit inexplebilis et cæca malitia, dum bonis invident pravi, liberalibus cupidi, quietissimis turbulenti, studiosis inertes, placidis implacabiles, tranquillis immites, modestis temerarii, sapientibus stulti, simplicibus callidi, mitissimis quoque furiosi. Sed melius horum mores apostolica tuba redarguit; nam cum novissimorum pericula temporum gentium Doctor exprimeret, intulit, dicens : *Erunt enim homines semetipsos amantes, cupidi, elati, superbi, blasphemi, parentibus non obedientes, ingrati, scelesti, sine affectione, sine pace, criminatores, incontinentes, immites, sine benignitate, proditores, protervi, tumidi, voluptatum amatores magis quam Dei* (II Tim. III). Hic beatissimus Paulus quæ superius diffuse protulit, mira brevitate collegit; ostendens eos ideo tales fore, quia voluptatum amatores existerent, et quia vitiosissimis se cupiditatibus subjugarent. Hinc enim mala cuncta proveniunt, dum Deus contemnitur, voluptates vero amantur. Per has diabolus illicit ut decipiat, delectat ut fallat, blanditur ut perimat; et ne futura præsentibus, cœlestia terrenis, æterna brevibus anteponantur, insistit : *Voluptatum*, inquit, *amatores magis quam Dei, habentes speciem quidem pietatis, virtutem autem ejus abnegantes* (Ibid.), hoc est, tantum nomine videntur esse Christiani, non opere, qui etiam velut interiores hostes pejus quam exteriores sæviunt, et in Ecclesia constituti pia Ecclesiæ membra discerpunt. Quos Apostolus nos protinus vitare præcepit, ut ab eorum societate, non tam locorum quam morum dissimilitudine dividamur. Nec videatur cuipiam mirum, quod hujusmodi pestes (2) justis hominibus adversentur, quando pleni dolis, pleni fallaciis sibi quoque non parcant, et secum ipsi plerumque dissentiant. Tales expertus vir beatus atque gloriosus genitor vester (3) Dominus meus, non solum patienter ac fortiter insectationes eorum semper pro justitia pertulit, sed etiam felice fine pro veritate (quæ Christus est) constanter atque sublimiter totius mundi adversa superavit. Cujus perfectam vitæ regulam sanctorum meritis propemodum consonantem nimis exopto perfectorum virorum docta atque facunda oratione perscribi, ut tanta claritudo vestri generis, tantumque decus ex aliqua noscatur parte, et virtus admiranda viri vix antiquis effabilis, quæ favente Christo a vobis hæreditario jure perficitur, lectionis officio posteris intimetur.

Prologus auctoris.

Dominus noster Jesus Christus, sapientiæ fons, et scientiæ verum lumen, verumque Dei patris Verbum, per quod facta sunt omnia, sciens infirmitatem nostram ad peccata pronam atque præcipitem, plura circa nos remedia suæ pietatis ostendit. Abraham namque pater noster, cum divinis jussis obtemperans, filium suum offerret in sacrificio, placuit Deo, et merito fidei mox et hæredem recepit et præmium (*Gen.* XXII). Cui etiam per semetipsum Deus juravit, dicens : Nisi benedicens benedixero te, et multiplicans multiplicabo te sicut stellas cœli in multitudinem, et sicut arenam quæ est ad oram maris innumerabilis. Et iterum : In semine tuo benedicentur omnes gentes terræ (*Ibid.*). De quo semine manifeste nos edocet Apostolus, dicens : Non dicit et seminibus, quasi in multis, sed quasi in uno, et semini tuo, quod est Christus (*Gal.* III). Omnes etiam sancti prophetæ, tantæ salutis arcanum revelante Spiritu sancto, prævidentes, scientesque Deum nullo modo posse mentiri, ad sanandos languores nostros cœlestem medicum nuntiabant esse venturum, atque ut celeri præsentia sua prospiceret humano generi, continua supplicatione poscebant. At misericors Deus, qui pia vota semper antevenit, nec unquam deserit eos qui se toto corde quæsierint, promissiones suas novissimis diebus implevit, mittens Filium suum natum ex muliere, factum sub lege, **113** qui pro similitudine mortalitatis nostræ carne pateretur, eumque qui habebat mortis imperium sua morte destrueret (*Hebr.* II). Denique divinitate sua manens impassibilis, a corruptione atque interitu nos redemit, et a vinculis absolvit insolubilibus inferorum ; perfectaque dispensatione nostræ redemptionis, omnibus gentibus per lavacrum regenerationis peccatorum indulgentiam contulit, cunctosque ad veram fidem per doctrinam apostolicam confluentes, juxta illud quod in Evangelio ait, Euntes docete omnes gentes, baptizantes eos in nomine Patris, et Filii, et Spiritus sancti (*Matth.* XXVIII), gremiis infinitæ pietatis suæ amplexus est.

Igitur cum per universam terram Evangelii præconia coruscarent, et plures in adoptionem filiorum per gratiam Christi concurrerent, inimicus humani generis vehementer exarsit; multoque severiora tentationum prælia, quam prius servis Dei excitaverat, nisus est commovere; suspicatus infelix quod posse nobis iter indulgentiæ cœlestis obstruere. Sed hac ipsa intentione sua deceptus est et elisus. Adjutorio namque divini muneris, a fidelibus et vigilantibus virium ejus proteruntur insidiæ, ut ipsi quidem confusio, famulis autem Christi perennis gloria comparetur. Nam juxta Domini permissionem, cum ad examen patientiæ ac fidei eorum qui spiritualia bella prudenter exercent, pagani imperatores existerent, et ubique contra Christianos persecutionis procella desæviret; multi apud Ægyptum martyres sancti per varia supplicia usque ad mortem in Christi nomine perstiterunt, et simul cum Petro Alexandrinæ civitatis episcopo, perpetuas coronas et immortalia præmia sunt adepti.

Crescebat autem in dies fidelium multitudo, et per omnia loca mirabiliter augebatur; nec non ecclesiæ quam plurimæ et martyrum memoriæ construebantur impensius ; monasteria quoque frequentissima eorum qui continentiæ studentes, renuntiaverunt sæculo, solitudinis ipsius secreta decorabant. Illi namque qui de gentibus in Christo crediderant, considerantes martyrum passiones, eorumque sincerum circa Christum confessionis affectum, cœperunt et ipsi per gratiam Domini sanctorum vitam conversationemque sectari, et hujus institutionis esse, ut etiam his illud aptaretur Apostoli : Circuierunt in melotis, in pellibus caprinis, egentes, angustiati, afflicti, quibus non erat dignus mundus, in solitudinibus errantes et montibus, in speluncis et cavernis terræ (*Hebr.* XI). Quietem denique solitudinis appetentes, gaudia propriæ salutis ac fidei divino munere sunt consecuti, cæterisque mox exempla sublimioris vitæ sacratiorisque præbuerunt. Omnibus enim terrenis exuti negotiis, adhuc morantes in corpore, angelorum æmulati sunt sanctitatem : per quam fastigia scandentes celsa virtutum, ultra admirationem enituere mortalium, ita ut in nullo prorsus antiquissimis Patribus inferiores existerent : æquiparantes etiam illorum merita qui pro nomine Christi Jesu Domini nostri certaverunt usque ad sanguinem, invisibilium hostium molimina destruens, de quibus ait Apostolus : Non est nobis colluctatio adversus carnem et sanguinem, sed adversus principatus et potestates, contra mundi rectores tenebrarum harum, contra spiritalia nequitiæ in cœlestibus (*Ephes.* VI). Quorum multiformes præcaventes incursus, et caput serpentis antiqui fortiter conterentes, sempiternis præmiis sunt potiti, de quibus scriptum est : Quod oculus non vidit, nec auris audivit, nec in cor hominis ascendit quæ præparavit Deus diligentibus se (*Isa.* LXIV; *I Cor.* II).

VITA.

Cap. primum. — Erat per id tempus beati Antonii Vita cunctis ad imitandum præclare proposita, qui magni Eliæ atque Elisæi, necnon et sancti Joannis Baptistæ æmulator existens, secreta interioris eremi studio sectatus est singulari, vitamque cœlestium in terris gessit amore virtutis. Cui sanctus Athanasius, Alexandrinæ civitatis antistes, proprio stylo testimonium præbuit : dignus sane relator conversationis Antonii, qui juxta supplicationem fratrum, vitam ejus pro multorum commoditate perscriberet, et æmulandum eum viris spiritalibus exhiberet. In quo opere sancti quoque Patris Ammon (4) meminit, a quo per Dei gratiam primum jacta sunt fundamenta conversationis eorum fratrum qui nunc in monte Nitriæ commorantur, necnon et Theodorum, sanctum admodum virum, qui cum sene præfato fuerat, idem nobis pontifex indicavit; quem singulari ac perfecto proposito et fide non ficta Deo subditum multiplicia retulit diaboli machinamenta superasse. Igitur ubique divina gratia copiose diffusa, illud quod in Psalmis scriptum canitur, declaravit expletum : Visitasti terram, et inebriasti eam, multiplicasti locupletare eam (*Psal.* LXIV). Nam pro tristitia et gemitu, gaudium provenit et lætitia; et pro sollicitudine atque miseria, felicitas securitasque successit.

Hinc itaque Patres monachorum, viri mirabiles, in universis propemodum regionibus 114 exstiterunt, quorum nomina in libro viventium probantur ascripta. Paucissimi sane tunc adhuc per Ægyptum et Thebaidam monachi esse ferebantur. Post persecutionem namque Diocletiani et Maximiani crudelium principum, multitudo gentium intravit (*Rom.* XI), sicut divinitus præordinatum est, et fecunditas Ecclesiæ fructus amplissimos cœpit exhibere, sanctis episcopis juxta doctrinam tunc apostolicam, iter fidei sincera quoque conversatione monstrantibus.

Cap. II. — Per idem tempus Pachomius quidam, secundum ritum ac traditionem parentum gentilis, apud Thebaidam commanens, divina gratia gubernante, Christianus effectus est. Hic ab adolescentia sua præcipuam frugalitatis dicitur arripuisse virtutem. Idcirco autem pro gloria Christi, qui nos de tenebris vocavit ad lucem, et pro utilitate eorum qui ista lecturi sunt, strictim conversationem ejus quæ fuerit a parvulo, refero, quia a tanta perfectione ejus initia quoque ipsa non discrepant.

Cap. III. — Hic etenim cum adhuc puer esset, cum parentibus suis ad simulacrum quoddam dæmonis super ripam Nili fluminis collocatum, tanquam victimas oblaturus advenit. Cumque sacerdos impurissimus sacra sacrilega solito celebrare voluisset, præsentia Pachomii dæmonis prorsus evanuere præstigia. Tum diu multumque idem sacerdos hæsitans, in modum simulacri, quod colebat, mansit immobilis; vehementer admirans cur solemnia dæmones responsa non redderent : tandemque immundo spiritu revelante, cognovit pueri Pachomii causa insolita provenisse silentia, atque in hæc verba prorupit attonitus : Quid inimicus deorum huc venit? procul hinc eum procul pellite, et quantocius amovete. Quod cum parentes ejus audissent, eumque suo conspexissent separari consortio, mœrore magno repleti sunt : eo præcipue, quod inimicus deorum tali fuisset contestatione declaratus. Ambigebant ergo parentes ejus, quid de eo fieret, quia et antea cum paululum degustasset de vino libationis dæmonum, protinus evomuerat illud. Hæc itaque cum se viderent non posse discernere, quieverunt. Instabant autem ut Ægyptiacis imbueretur litteris, et antiquorum studiis informaretur.

Cap. IV. — Eodem tempore Constantino post persecutionem in imperio perdurante (5), et contra tyrannum Maxentium (6) gerente prælium, præcepta regalia cucurrerunt (7), ut lectissimi quique juvenum ad tirocinii militiam ubique tenerentur (8) : inter quos et Pachomius annos natus viginti detentus est, ut ipse postea retulit. Cumque navi fuisset inter alios ad peregrina transvectus, ad civitatem quamdam (9) vespera urgente delati sunt. Cives ergo loci illius, videntes tirones arctius custodiri (10), et quid illis accidisset edocti, pietate moti sunt, et, juxta mandatum Christi, solatia in maximo mœrore positis, et necessaria corporis attulerunt. Tunc Pachomius animadvertens quod ab eis factum est, et nimis admirans, ab his qui simul aderant inquirit qui sint viri isti, sic erga misericordiam atque humilitatem prompti ac faciles; audivitque Christianos esse, qui circa omnes, et maxime peregrinantes, impenderent prona liberalitatis officia. Sciscitabatur autem quid ipsa sibi vellet appellatio nominis Christiani; dictumque est ei et homines esse pios, et veræ cultores religionis, credentes in nomine Jesu Christi filii Dei unigeniti, cunctisque pro viribus benefacientes, et sperantes a Deo retributionem bonorum operum in futura vita percipere. Hæc audiens Pachomius, corde compunctus est; et illustratus divino lumine, Christianorum miratus est fidem; atque divini timoris igne succensus, paululum præsentium conspectibus sese subtraxit; et ad cœlum manus elevans, ait : Omnipotens Deus, qui fecisti cœlum et terram, si respiciens respexeris ad precem meam, et sancti tui nominis mihi veram contuleris perfectamque regulam, atque ab hac me compede mœroris exemeris, servitio tuo me tradam cunctis diebus vitæ meæ, et spreto sæculo jugiter tibi adhærebo. Quæ cum orasset, ad suos reversus est comites; et die sequenti de civitate illa profecti sunt. Cumque diversa loca navigio circuirent, si quando Pachomium voluptas corporis et mundana titillasset illecebra, nimis aversabatur, sponsionis suæ memor, qua se Domino serviturum esse devoverat. Nam divina gratia suffragante, jam ab annis puerilibus amator exstiterat castitatis.

Cap. V. — Igitur Constantinus imperator pietate ac fide, qua Christo credidit, victoriam de hostibus consecutus, tirones jussit absolvi. Sic Pachomius optata sibi libertate concessa, protinus ad Thebaidis ulteriora regreditur, et ingressus ecclesiam, quæ est in vico, cui cognomen est Chinoboscium (11), fit illico catechumenus, et post paululum gratiam lavacri vitalis adipiscitur. Et ipsa nocte, qua mysteriis sacris imbutus est, vidit in somnis veluti rorem cœlitus allapsum suam replesse dexteram, et in mellis (12) crevisse pinguedinem; audivit quoque vocem dicentem sibi : Considera, Pachomi, quod geritur. Est enim hoc signum gratiæ, quæ tibi a Christo collata est. Hinc itaque divino inflammatus affectu, et ex dilectionis jaculo salubri vulnere sauciatus, totum se disciplinis atque institutionibus divinis subjugavit.

Cap. VI. — Audivit autem quemdam anachoretam, cui nomen erat Palæmon (13), intra eremi secreta Domino servientem; ad quem confestim, cum eo cupiens habitare, perrexit, et pulsans ostium cellulæ ejus, precabatur ingressum. Cui senex aliquantulum patefaciens aditum, dixit : Quid vis? aut quem quæris? Erat enim severo aspectu, propter quod multo tempore solitariam vitam rigidæ conversationis exegerat. Respondens autem Pachomius, ait : Deus me misit ad te, ut monachus fiam. Cui senior : Non potes hic, inquit, monachus fieri; non enim parva res agitur, si veri monachi conversatio casta pensetur; nam plures huc dudum venientes, affecti tædio, perseverantiæ non tenuere virtutem. Et Pachomius : Non sunt, inquit, æquales omnium mores. Idcirco precor ut me digneris excipere, et processu temporis tam voluntatem meam quam possibilitatem plenius approbabis. Et senior ait : Jam tibi præfatus sum quod hic fieri monachus nullo modo possis. Perge magis ad aliud monasterium, et cum tantisper ibidem continentiæ operam dederis tunc ad me regredere, teque sine mora suscipiam. Verumtamen adverte quod dico. Ego hic, fili, satis frugaliter vivo. Nam nimis ardua et durissima conversatione me castigo, nullius rei ciborum utens, nisi tantum panis et salis. Oleo autem et vino in totum prorsus abstineo. Vigilo dimidium noctis, quod spatium vel in oratione solemni, vel in meditatione divinæ lectionis insumo; interdum quoque totam noctem duco pervigilem. Hæc autem audiens Pachomius, expavit, ut solent pueri magistrorum vereri præsentiam; sed gratia Domini roboratus, omnem hunc laborem tolerare proposuit, senique respondit : Credo in Domino Jesu Christo, qui mihi fortitudinem patientiamque præstabit, ut dignus efficiar tuis adjutus precibus, in sancta conversatione per omnia vitæ meæ curricula permanere.

Cap. VII. — Tunc sanctus Palæmon spiritualibus oculis intuens Pachomii fidem, tandem patefecit aditum; eumque suscipiens, habitu monachi consecravit (14). Morabantur ergo simul, abstinentiæ atque precibus operam dantes. Texebant quoque cilicia, et laborabant manibus suis, juxta beatum Apostolum, non tantum pro sua refectione vel requie, sed ut haberent unde tribuerent necessitatem patientibus (*Ephes*. IV). In vigiliis etiam cum nocturnas orationes celebrarent, si quando senior vidisset somno Pachomium premi, educens eum foras, arenam portare præcipiebat de loco ad alterum locum; et tali exercitio mentem ejus gravatam somni pondere sublevabat, instituens ac formans eum, ut sollicitus esset in precibus, dicens ei : Labora, Pachomi, et vigila, ne quando (quod absit) ab hoc nunc incepto proposito te amoveat is qui tentat, et inanis fiat labor noster. Quæ cuncta Pachomius obedienter ac sollicite suscipiens, ac de die in diem sanctæ continentiæ profectibus crescens, venerabilem senem nimis alacrem lætumque reddebat, ita ut Christo semper pro conversatione ejus gratias ageret.

Cap. VIII. — Per idem tempus sacratissimus dies Paschalis advenerat, et ait ad Pachomium senior : Quoniam cunctorum Christianorum universalis est ista festivitas, nobis quoque para quæ usui nostro sunt congrua. Tunc ille promptus ad obtemperandum, id quod sibi præceptum est implevit; præter solitum namque parumper accipiens olei, cum salibus tritis admiscuit. Lapsanas enim, id est, agrestia olera (15), et herbas alias præter oleum consueverant edere. Cum ergo præparasset, ait ad senem : Feci quod tua paternitas imperavit. Cumque post orationes beatus Palæmon accessisset ad mensam, vidissetque olei apparatum cum salibus, fricans manibus frontem, et ubertim fundens lacrymas, ait : Dominus meus crucifixus est, et ego nunc oleum comedam? Cumque rogaret eum Pachomius ut modicum quid ex eo sumeret, nullatenus acquievit. Tunc pro more sale et pane allato ad manducandum pariter consederunt. Quæ senex crucis Christi signo, sicut consueverat, benedicens, cibum uterque sumpserunt, Domino gratias (ut par fuerat) humiliter exhibentes.

Cap. IX. — Una vero dierum, cum vigilantes simul Palæmon et Pachomius accenderent ignem, quidam frater superveniens, apud eos manere voluit. Qui cum susceptus esset, inter verba (ut fieri solet) erupit, et dixit : Si quis fidelis est ex vobis, stet super hos carbones ignis, et orationem Dominicam sensim lenteque pronuntiet. Quem beatus Palæmon intelligens superbiæ tumore deceptum, commonuit dicens : Desine, frater, ab hac insania, nec tale quid ulterius loquaris. Qui correptione senis non solum non profecit in melius, sed plus elatione mentis inflatus, super ignem stare cœpit audacter, nullo sibi penitus imperante; eratque conspicere, quomodo cooperante inimico humani generis, et Domino permittente, nequaquam perustus fuerit ignis attactu. Hoc ipsum vero quod gessit impune, ad augmentum profecit ejus insaniæ, secundum quod scriptum est : Ad pravos pravas vias mittit Dominus

(*Prov.* xxvɪɪɪ; *Eccli.* ɪɪ). Hoc itaque cum fuisset factum, postera die idem frater mature proficiscens, ac velut exprobrans eis, aiebat : Ubi est fides vestra? Post non multum vero temporis cernens diabolus, eum sibi per omnia mancipatum, et facile ad quæ vellet facinora eum posse compellere, transfiguravit se in mulierem pulchram, splendidis vestibus adornatam, et cœpit ostium cellæ ejus vehementer extundere. Qui cum aperuisset, ait ei diabolus in habitum mulieris immutatus : Obsecro te, quia nimis a creditoribus urgeor, et metuo ne me aliqua pericula comprehendant, recipias me in tuam cellulam, quoniam debitum solvere nequeo, quatenus per te salva facta, gratias referam; Deus enim me direxit ad te. Qui a cæcitate mentis penitus obscuratus, nec valens discernere quis esset, qui sibi talia loqueretur, diabolum miser in suum recepit exitium. Tunc hostis nostræ substantiæ, videns eum ad omne scelus esse præcipitem, immisit ei turpem concupiscentiam. Qui mox cessit inimici suggestionibus, et ejus quasi muliebres petivit amplexus. Quem spiritus immundus invadens, elisit atrociter; et revolutus super pavimentum, veluti mortuus diu multumque permansit. Post aliquantos autem dies tandem in se reversus, et dementiæ propriæ sero pœnitens, ad sanctum Palæmonem venit; et cum magno fletu quid sibi accidisset exposuit, vociferans et dicens : Agnosco, Pater, agnosco, quod ego causa perditionis meæ existam. Bene enim me commonere dignatus es, sed ego infelix, qui te audire contempsi. Quapropter obsecro ut me sanctis orationibus tuis adjuvare digneris, ne sub ingenti periculo constitutum discerpat inimicus et perimat. Cumque ista cum lamentis prosequeretur et fletibus, et sanctus Palæmon beatusque Pachomius lacrymas pro eo funderent compatientis affectu, subito correptus ab immundo spiritu, de conspectu eorum prosiliit, et per deserta discurens, agebatur infrenis. Pervenit autem ad civitatem Panos (16) nomine, ac deinceps in fornace balnei per amentiam sese præcipitans, incendio protinus interiit.

Cap. X. — Hæc audiens vidensque Pachomius, magis ac magis incubuit abstinentiæ tenere mensuram; et cum in omnibus, tum maxime in orationibus animum servare pervigilem, juxta illud quod scriptum est: *Omni custodia serva cor tuum* (*Prov.* ɪᴠ). Intantum, ut eum senex miraretur attonitus, quia non solum consuetam abstinentiæ regulam alacer extrinsecus exsequebatur, sed etiam intrinsecus conscientiam suam juxta cœlestium formam studebat exigere purissimam, sicut beatus Apostolus dicit : Gloria nostra hæc est, testimonium conscientiæ nostræ (*II Cor.* ɪ), certus ex hoc magnam sibi in cœlestibus parare mercedem. Nam et cum divinas Scripturas legeret, memoriæque mandaret, non id passim negligenterque faciebat, sed unumquodque præceptum solerter examinans, ac pia mente pertractans, studebat in dies opere perficere, quæ memoria retentabat. Præcipue vero humilitatis ac patientiæ munere, et erga Deum proximumque purissima dilectione præ multis nitebatur excellere. Hæc autem aliaque ejus plurima didicimus a sanctis hominibus Dei, qui simul cum eo multo tempore sunt morati; quibus etiam vitæ spiritualis exempla contulerat, post lectionem divinæ legis ea quæ ad ædificationem animarum pertinent diligenter exponens. Quæ quia multa sunt, et vires nostræ parvitatis excedunt, non omnia præsenti stylo perscripsimus. Non enim sumus idonei, tanti viri merita eloquio pari depromere.

Cap. XI. — Igitur erga locum montis, ubi sancti morabantur, plena spinis eremus adjacebat; ad quam sæpe Pachomius veniens ligna legere, super spinas nudis pedibus incedebat; et cum infigerentur ei plurimæ, lætabatur, patienter ac fortiter ferens, recolens quod Dominus noster in cruce clavis fuerit dignanter affixus. Diligebat autem anachoresim plurimum, frequenter expetens solitudinem. Et illic diu in oratione persistens, Domino supplicabat, ut a tantis se fraudibus clementer eriperet.

Cap. XII. — Quodam vero tempore contigit ut Pachomius procul a cella sua progressus, veniret ad quemdam vicum, cui nomen est Tabennense (17), in quo tunc nullus penitus habitator existebat. Ubi cum pro more diutius in orationibus perduraret, vox ad eum cœlitus delata est, dicens : Mane hic, o Pachomi, et monasterium construe. Venturi sunt namque ad te quamplurimi, tua cupientes institutione proficere; quibus ducatum præstabis, juxta regulam quam monstravero tibi. Et protinus apparuit angelus Domini, deferens ei tabulam, in qua erat omnis forma institutionis ascripta, qua docendi forent, quicunque ad ejus magisterii studia pervenissent. Quam regulam Tabennenses hodieque custodiunt, eodem cibo semper utentes et habitu, ipsam quoque disciplinam sollicita circumspectione servantes. Nam monachi qui ibidem commanent, non solum more, sed et robore corporis et locorum situ præ cæteris longe diversi sunt, et necesse est eos diversam quoque regulam custodire.

Hanc ergo vocem Pachomius mentis sinceritate discernens, quam illi divina gratia et merita vitæ contulerant, agnovit ad se cœlitus delatam, regulasque valde mirabiles approbavit. Tunc reversus ad venerabilem senem Palæmonem, retulit quemadmodum voce sit divina commonitus, obsecrans ut secum pariter veniret ad locum quo possent Domini mandata explere. Qui nolens eum in aliquo contristare, utpote charissimum filium, precibus ejus illico paruit, atque ad præfatam villam cum eo pervenit, modicamque ibi cellulam construentes, lætabantur in Domino, promissionum ejus beneficia præstolantes. Post aliquantum vero temporis ait Palæmon ad Pachomium : Quoniam cerno gratiam a Deo tibi collatam, et deinceps istic permanere disponis, veni, statuamus inter nos pactum, ut non dividamur ab invicem, sed quandiu in hac luce versamur, visitatione nos consolemur assidua. Utrique placuit hæc pactio,

quam omni tempore vitæ suæ tam beatus senex A ptum. Sed beatus Pachomius ad humiliandum corpus proprium induebat se plerumque cilicio.
quam beatus Pachomius sollicitius sunt exsecuti.

CAP. XIII.—Inter hæc venerabilis idem Palæmon dolore splenis, qui ex nimia continentia illi provenerat, toto corpore gravi cœpit ægritudinis incommodo laborare. Nam sumebat escam, potu sæpius abstinens; item solummodo bibebat, nihil cibi percipiens. Rogatus igitur ab aliquibus fratribus, qui ad eum gratia visitationis advenerant, ne penitus corpus debile frangeret, sed ei aliquantulum solatii pateretur impendi, tandem cessit orantibus, ut victu congruo attenuata membra refoveret. Sed non hoc diutius pertulit. Nam graviores solito dolores splenis expertus, relicta ciborum insolentia, ad antiquum victum sine dilatione revertitur, dicens : Si martyres Christi alii per frusta lacerati, alii capite cæsi, nonnulli etiam ignibus sunt cremati, et tamen usque ad finem fortiter pro fide toleraverunt, cur ego patientiæ præmia, parvis cedens doloribus, impatienter abjiciam, et desiderio vitæ præsentis afflictiones momentaneas inaniter expavescam? Denique suadentibus acquievi cibos insolitos sumere, qui mihi dolores auxerunt potius quam ullam requiem præstiterunt. Recurram igitur ad prisca remedia, et continentiæ subsidia non relinquam, in quibus est (ut ego certus sum) omnis post Deum requies et vera lætitia. Non enim propter homines hæc arma suscepi, sed ob amorem Christi his certare diposui. Sic itaque viriliter agens, intra mensem dierum valido languore consumptus est. Ad quem Pachomius veniens, fovebat eum ut patrem, deosculans pedes ejus, atque complectens; et veluti valefaciens, sic eum videbatur affari. Venerabilis autem senex, omni virtutum gratia cumulatus, et plenus dierum, sicut scriptum est, quievit in pace (*Job.* XLII). Tunc sanctus Pachomius corpus ejus sepelivit : cujus anima suscepta choris angelicis, ad cœlos evecta est. Quo peracto, Pachomius ad proprium diversorium revertitur

CAP. XIV.—Et non post multum temporis, germanus ejus, Joannes nomine, cuncta de illo comperiens, venit ad eum. Quem cum vidisset, gavisus est plurimum. Nam ex quo baptizatus in Christum crediderat, et solitariam vitam elegerat, nullum suorum viderat propinquorum. Igitur Joannes, ut vere Pachomii frater, imitator ejus effectus, cum eo permansit, unum habentes idemque propositum, eumdemque circa Deum dilectionis affectum. Et quia in lege Dei diebus meditabantur ac noctibus, nullis terrenorum negotiorum curis eorum animi deprimebantur. Nam etsi quidquam supererat illis ex his, quæ suis manibus operabantur, id continuo distribuebant egentibus, ut juxta præceptum Domini Jesu Christi de crastino minime cogitarent (*Matth.* VI). In tantum vero vestimentorum penuria sese constrinxerant, ut nunquam lebitone alio uterentur, nisi cum indumenti sordes necessitas coegisset eluere. Lebiton (18) autem linea vestis erat, instar colobii, qua monachi utuntur hodieque per Thebaidam et Ægy-

Et per annos quindecim, post illos ingentes sudores atque labores eximios vigiliarum et abstinentiæ, non jacens somnum capiebat noctibus, sed in medio cellulæ suæ residens, adeo ut nec dorsum saltem parieti pro sustentatione reclinaret. Cumque nimis ex hoc affligeretur, ferebat tamen æquanimiter hunc laborem, spe quodammodo prælibans illam requiem, quæ sibi parabatur in cœlis. Plurimorum namque Patrum considerans instituta, dabat semper operam, cum proprio fratre ad majora virtutis augmenta consurgere. Operabantur etiam sedilia, et unusquisque sicut poterat, ita vivebat, cum summa scilicet humilitate et patientia, et fide non ficta.

CAP. XV.—Inter hæc Pachomius iterum divinitus admonetur pro regulis quibus deberent institui qui erant per eum Domino credituri; cœpitque cum germano suo habitaculum in quo manebant capacius reddere, et ædificiis ampliare quamplurimis, eorum (ut diximus) gratia qui sæculo renuntiantes, 118 ad serviendum Christo erant sine dubitatione venturi ; quatenus essent spatia digna membrorum (19), in quibus eorum possit recipi multitudo. Cum ergo sanctus Pachomius in majus, ut dictum est, locorum ambitus extenderet, et monasterii membra dilataret, idem frater ejus solitudinem atque anachoresim cogitans, habitaculi diligebat angustias; et nimium indigne ferens, erat enim natu major, ait beato Pachomio : Desine ab hac intentione tua; quid agis rem superfluam, inaniter temetipsum dilatare contendens? Qui cum hæc audisset, graviter quidem tulit quod insolitam audisset injuriam; verumtamen nihil omnino ei respondit, sed mansuete sustinens, sese continuit. Consequenti vero nocte ad inferiora domus descendens, cujus aliquam partem ipse construxerat, prostravit se in orationem ; cœpitque flere vehementer, ac dicere : Væ mihi, quia prudentia carnis adhuc in me sibi vendicat locum. Adhuc enim secundum carnem ambulo, sicut nuper expertus sum. Tantæ namque conversationis instituta suscipiens, æquum non est ut me modo impatientia præcipitet, modo mœror vexet, modo furor exagitet, quamvis jure ac merito videar irasci. Miserere mei, Domine, ne peream, ne diaboli deceptus fraude succumbam. Si enim me tua gratia deseruerit, et aliquam in me partem suorum actuum repererit inimicus, durissimæ ejus servituti subjiciar, quia scriptum est : A quo quis superatur, huic et servus addicitur (II *Pet.* II). Et iterum scriptum est : Si totam legem quis impleverit, offendat autem in uno, factus est omnium reus (*Jac.* II). Credo, Domine, quod miserationes tuæ multæ sunt; quæ me nullis meritis subnixum adjuvabant, viamque sanctorum tuorum per te illuminatus ingrediar; et in anteriora me semper extendens, obliviscar ea quæ retro sunt (*Philip.* III). Sic enim famulorum tuorum chords, qui tibi a sæculo placuit, tuo protectus auxilio, diaboli vitavit incursus, longe lateque pro multorum salute mirabili decore resplenduit. Ego autem, Domine, quomodo alios docere tentabo, quos per me ad monachorum propositum vocare dignaberis; cum nec passiones carnis, quæ adversus animam militant, ante devicerim, nec legem tuam immaculata mente servaverim? Sed confido, Christe, quod tua mihi virtus in omnibus semper assistat, eaque geram quæ tuis conspectibus placeant. Remitte, clementissime Deus, remitte, precor, omnia peccata mea, et cor meum tua jugiter inspectione purifica. Hæc igitur cum lacrymis Domino confitebantur et fletibus, tota nocte pervigil in oratione consistens; et præ nimietate sudoris atque lacrymarum (nam tempus erat æstatis) ita pavimentum ubi oraverat humectum reddidit, ut fusa illic aqua crederetur. Consueverat autem stans in oratione manus expandere, quas per aliquot horarum spatia minime colligebat; sed extensione diuturna, veluti cruci confixum corpus retinebat immobile, et sic animum suum ad vigilandum in precibus excitabat. Et quamvis esset in omni virtutum genere præpotens, incredibili tamen humilitate et mira mansuetudine cum suo germano cohabitans, eum per omnia sustinebat. Qui non post multum temporis, vitæ præsentis cursum implevit. Cujus funus debito curavit honore Pachomius. Nam totam noctem super ejus cadaver psalmis egit hymnisque pervigilem; et animam quidem ejus Domino commendavit, cui et ipse crediderat, corpus vero sollicite reddidit sepulturæ.

Cap. XVI. — Tunc infatigabilis Pachomius arcta et singulari conversatione semetipsum affligens, studebat integrum se atque immaculatum in omnibus exhibere. Si quando namque eum cogitatio pulsasset illicita, mox eam divino munere repellebat, atque in timore Domini perseverabat affixus, æternarum memor pœnarum, et dolorum sine fine manentium, ignis scilicet illius inexstinguibilis, et vermis nunquam omnino morientis. Cum his itaque Pachomius modis et ab illicitis abstineret, et ad meliora proficeret, dilatandi monasteria curam gerebat immodicam pro susceptione multorum : cui diabolus vehementer cœpit obsistere, stridensque super eum dentibus, veluti singularis ferus (20), tentationes ei varias excitabat, si forsan adversus eum fraudis suæ reperisset ingressum. Sed hic scuto fidei communitus, vigilanter inimici declinabat insidias, sanctas Scripturas memoria retinens atque decantans.

Cap. XVII. — Quadam vero die, cum Pachomius supplicaret Domino, et genua vellet in oratione curvare, ante conspectum ejus dæmonum præstigiis lacus apparuit. Hujuscemodi namque figuras inanes atque superfluas, hostis humani generis semper exhibere festinabat, ut aliqua subreptione vel fraude mens orantis a propria intentione distracta, preces Domino purissimas offerre non posset. Pachomius ergo dæmonum machinas, Christo revelante cognoscens, pariterque despiciens, maxima fidei capiebat augmenta; hos quidem constanter arguens, Deum vero solita gratiarum actione benedicens.

Consueverat quoque sanctus vir procul 119 a monasterio suo causa orationis ad loca remotiora descendere. Qui cum exinde reverteretur, immundi spiritus illudentes, frequenter eum facto velut ordine præcedebant, exhortantes alter alterum, quasi ante judicem directis agminibus, ac dicentes : Date locum homini Dei. Pachomius autem spe Christi Redemptoris armatus, spernebat eorum ridiculosa figmenta, et ac si canum latratus ineptissimos deputabat. Qui magnam viri considerantes instantiam, quod in nullo prorsus tantis luctaminibus frangeretur, irruunt super eum magno cuneo conglobati; et circumdantes ejus habitaculum, visi sunt illud a fundamento convellere, ita ut putaret sanctus locum penitus fuisse collapsum. Qui manens intrepidus, consuetam citharam spiritalis plectri modulatione pulsabat, ingenti voce decantans : Deus noster refugium et virtus, adjutor in tribulationibus, quæ invenerunt nos nimis; propterea non timebimus dum turbabitur terra (*Psal.* XLV). Quo psallente, protinus est facta tranquillitas, et impetus inimicorum velut fumus evanuit; paululum quidem recedentes, ut canes, qui cum fatigati fuerint, ad præsens videntur abscedere, sed impudentiores postea revertuntur; nam cum idem sanctus post orationes ad opus solitum consedisset, instar galli gallinacei nimiæ magnitudinis coram eo visus est inimicus, crebras iterans voces, et clamores inconditos excitans; deinde insiliens in eum, suis velut unguibus fœde laceravit. Qui signo crucis frontem suam muniens, exsufflavit in eum (21), moxque fugatus est. Intelligebat enim cunctas inimici versutias; et timore divino præditus, illusiones ejus pro nihilo computabat. Unde frequenter ab eo lacessitus, in nullo lacessere poterat; sed tanquam turris inexpugnabilis, patientissimus ad omnia certamina perdurabat.

Rursus alio tempore cohortes dæmonum, tali genere phantasmatis sanctum Dei famulum tentare moliuntur. Plures enim convenientes in unum, arboris folium coram eo magnis funibus colligare videbantur, et summo conamine trahere, dextra lævaque ductis ordinibus; ac sese mutuo cohortantes, sic insistere nitebantur, ac si magni lapidis moverent pondus immensum. Hoc autem nequissimi spiritus idcirco faciebant, ut mentem ejus, si possent, in risum forte resolverent, et invenirent unde illi exprobrarent. Quorum Pachomius impudentiam cernens, ingemuit; atque ad Dominum solitis precibus convolavit, statimque virtute Christi totus eorum cuneus est ad nihilum redactus.

Frequenter enim cum resideret ad mensam, Deoque gratias ageret, apparebant illi in habitu pulcherrimarum mulierum, specie differentium, et procaci ac fœda nuditate conspicuæ, eidem astare videbantur, et ex appositis velle contingere. Sed athleta fortissimus, quamvis sentiret ex hoc ipso molestiam, tamen exteriores oculos claudens, et interiores ad Dominum reserans, eorum molimina proterebat. Aderat enim misericors Dominus, qui etiam nunc contritis ac rectis corde cunctis adesse dignatur, et dicit : Nolite timere, ego vobiscum sum omnibus diebus usque ad consummationem sæculi (*Matth.* XXVIII), suumque fidelem famulum servabat in omnibus.

CAP. XVIII. — Alia quoque vice, cum idem sanctus gravibus diaboli molestiis urgeretur, sic ab eo est crudeliter cæsus, ut a vespera usque mane, totum corpus multis esset verberibus exaratum. Et quanquam doloribus cruciaretur immanibus, nulla tamen desperatione penitus frangebatur; sed memor erat Domini, qui servos non deserit in tentatione. Tunc quidam monachus, (22) Apollo nomine, gratia visendi venit ad eum. Cui Pachomius loquens ea quæ pertinent ad salutem, insidias diaboli multiformes esse pronuntians, cœpit etiam illa quæ circa se gerebantur exponere, quantaque sibi per eorum acerbitates illata essent verbera, recensere. Ad quem monachus ait: Viriliter age, et confortetur cor tuum, venerabilis Pater. Sciens enim diabolus quia si te suis cedentem conflictibus vicerit, consequenter etiam nos, qui pro virium possibilitate certaminum tuorum sectatores existimus, quique maxima per te capimus exempla virtutum, perfacile superabit; idcirco te vehementer impugnare non desinit. Sed tu, Domini protectione munitus, impetum ejus fortiter excipe; ne, quod absit, et pro nobis cogaris reddere rationem. Nam si tu, qui nobis gratia divina prælatus es, aliqua desidia cesseris, multis occasionem ruinæ causamque præstabis. Hæc audiens Pachomius, grandes accepit vires adversus dæmonum insidias; et glorificans Deum de fratris præsentia, precabatur eum ne se desereret. Exinde memoratus Apollo sæpe veniebat ad senem. Qui post aliquantum temporis, dum solito Pachomium visitans, paucis cum eo diebus remoratus esset, valida infirmitate correptus, humanis rebus excessit, juxta votum senis dies suos perfecta conversatione consummans. Sepelitur itaque sanctis manibus, psalmis ab eo et hymnis et canticis spiritalibus ex more celebratis.

CAP. XIX. — **120** Tantam vero post hæc fiduciam beatus Pachomius apud Dominum acquisierat, et ita spe divina magnificus habebatur, ut sæpenumero calcaret serpentes et scorpiones, et per omnia maneret illæsus; necnon crocodili, siquando necessitas fluvium transire compelleret, eum cum summa subjectione portabant, exponentes eum ad locum quocunque præcepisset. Super his ergo Deo gratias referens, quod ab universis inimici fraudibus servaretur illæsus, orabat, dicens: Benedictus es, Domine Deus patrum nostrorum, qui non despexisti humilitatem meam, neque sivisti me nimis infirmum decipi vel illudi fraude diaboli; sed misericorditer ignorantiæ meæ discutiens tenebras, docuisti me facere voluntatem tuam. Nam cum pusillus essem et abjectus, ac vitæ meæ penitus nescius, timoris tui sensum mihi largitus es, ut tenebras exteriores et supplicia æterna devitans, te veram lucem gaudiumque perenne cognoscerem.

CAP. XX. — Cum ergo se videret assidua dæmonis impugnatione pulsari, tanquam fortissimus athleta nimis alacer pro vitæ sanctitate certabat, postulans a Domino ut si fieri posset, quod modum humanæ fragilitatis excederet, necessitatem somni superaret (*Ruff.*, l. III, n. 35), quatenus diebus ac noctibus vigilans, adversariorum machinamenta destrueret, sicut scriptum est: Persequar inimicos meos, et comprehendam illos; et non convertar, donec deficiant. Affligam illos, nec poterunt stare; cadent sub pedibus meis, et præcinxisti me virtute ad bellum (*Ps.* XVII). Postquam vero hæc petitio ejus, quantum conditio permisit humana, completa est, invisibilem hostem tanquam videns sustinuit, in eloquiis cœlestibus se perseveranter exercens. Preces autem ejus incessabiles erant, ut Domini voluntas in omnibus impleretur.

CAP. XXI. — Quodam autem tempore, cum Pachomius vigilaret in oratione, apparuit illi angelus Domini, dicens: Voluntas Domini est, o Pachomi, ut ei pura mente deserviens, multitudinem congreges monachorum, et juxta formam quæ tibi ostensa est, cunctos instituas, ac Deo exhibere contendas. Acceperat enim dudum tabulam (23), in qua erant hæc adnotata:

CAP. XXII. — Singulis juxta vires suas edere concedas et bibere, et pro modo vescentium, laborare compellas; et neque comedere modeste, neque jejunare prohibeas. Validioribus quidem, et comedentibus, validiora opera; leviora vero infirmioribus et abstinentibus imponas.

Facies autem diversas cellulas, et ternos per unam cellulam manere constituas. Omnium vero cibus in uno loco paretur atque consumatur.

Induantur autem noctibus lebitones lineos (24), præcincti lumbos, habeantque singuli melotem (25), id est, caprinam pellem confectam albam, sine qua neque comedant, neque dormiant.

Accedentes tamen ad communionem sacramentorum Christi, et cingulos solvant, et melotem deponant, cucullis utentes tantummodo.

Hoc etiam præceptum erat, ut juxta numerum elementorum et Græcarum litterarum, XXIV monachorum turmæ constituerentur, ita ut singulis turmis imponerentur singularum nomina litterarum, id est, ab α, et deinceps usque ad ω, ut cum interrogaret archimandritam de aliquo in multitudine tanta, facili responsione cognosceret. Verbi gratia, cum diceret qualiter esset α, vel ζ, et rursus λ, vel ρ, vel σ (26), proprio quodam signo nominis litteræ, uniuscujusque turmæ mores exprimeret, simplicioribus et innocentioribus ι, nomen imponens, difficilioribus autem et tortuosis, ξ, competenter accommodans; ita ut pro modo conversationis et propositi, singulis turmis litterarum elementa concinerent, solis spiritalibus hæc ipsa quæ significarent scire valentibus.

Sed et hoc in illa tabula ferebatur ascriptum, ut peregrinus alterius monasterii, si veniret habens habitum diversum, nullus cum eo comederet, excepto eo qui iter agens id observare non posset.

Qui vero semel ad hoc intraret monasterium, ut

ibi jugiter permaneret, per tres annos a studiis sacratioribus arceretur, operaretur tantum opera sua simpliciter, et ita post triennium stadium certaminis introiret.

Cum autem comederent, capita sua cucullis operirent,(27), ne frater fratrem videret manducantem; et ut nullus comedens loqueretur, nec præter mensam suos alibi circumferret aspectus.

Necnon ab angelo, qui cum Pachomio loquebatur, hoc quoque constitutum est, ut diurnæ orationes XII (28) fierent, et vespertinæ XII, et nocturnæ XII.

Cumque Pachomius diceret, paucas orationes esse, respondit angelus : Has constitui, quas possent infirmiores absque labore perficere; cæterum qui perfecti sunt, hac lege non indigent. Apud se namque in propriis constituti cellulis, orare non desinunt, qui puritate mentis et divina contemplatione pascuntur.

Cumque hoc dixisset, nuntius cœlestis abscessit; et Pachomius solite Deo gratias 121 referens, de visione certus est redditus, quam trina revelatione cognoverat. Cœpitque suscipere cunctos, qui per pœnitentiam se Dei miserationibus offerebant; quos etiam post longam conversationis experientiam monachorum cœtibus aggregabat, instruens eos mundi illecebras fugere, sanctisque semper institutionibus inhærere, primitus admonens ut generaliter monachus universo mundo renuntiet, deinde, juxta Evangelicum præceptum (*Lucæ* XXIV), parentibus suis, et ad postremum sibimetipsi, ut ita possit tollere crucem suam, et Christi vestigia veneranda sectari.

Tali utique beati senis admonitione formati, fructus pœnitentiæ dignissimos afferebant, maxime considerantes eum jam ætate defessum, infatigabili studio spiritalis vitæ servare propositum. Non solum namque se districtiori regulæ subdiderat, sed et totius monasterii sollicitudinem curamque portabat, ultra vires omnibus servire contendens. Ad horam namque convivii ipse parabat mensam fratribus, et solita exhibebat officia, Nec non in hortulis serebat olera, quæ suis manibus irrigabat. Si quis etiam monasterii pulsasset ostium, vigilanter occurrens, prompte responsa reddebat. Infirmis autem diebus obsequebatur et noctibus; et in his omnibus exemplum se maximum suis discipulis offerebat. Quapropter hi qui nuper ad Domini servitium veniebant, alacriores ad omnia pietatis officia reddebantur : quos tamen beatus senex, quia talium sollicitudinum munus adhuc obviare non poterant, securos esse ab universis distentionibus admonebat, dicens : In quo vocati estis fratres, viriliter in eo persistite, psalmos dicite, libros alios, et præcipue sanctum Evangelium, memoria retinete. Sic enim servientes Domino, et juxta mandata ejus invicem diligentes, vos quidem eritis perfecti; meum vero spiritum per omnia refovebitis, præsertim si cœlestia præcepta fueritis sollicitus exsecuti.

CAP. XXIII. — Erant autem tres hi viri qui primitus ad Pachomium convenerant, quorum ista sunt nomina, Psenthessus, Suris et Obsis. Quibus Dei verbum Pachomius frequenter insinuans, multum eos juverat, et ad æmulationem spiritualis operis incitaverat. Qui etiam contemplantes, vitam senis specimen esse virtutis, nimis admirabantur, dicentes: Errant valde qui putant homines exinde jam a nativitate parentum, quodam privilegio beatos existere, ut arbitrii libertas adimatur, et peccatores per pœnitentiam non possint operam dare virtutibus. Ecce enim manifestissimam in hoc venerabili patre Pachomio Domini conspicimus largitatem, qui cum de parentibus ortus sit gentilibus et profanis, ad tantam beatitudinem divini cultus se extendit, ut omnia Christi mandata perfecerit. Unde certum est, et ex nobis quicunque voluerint, adjuvante Dei gratia, normam sancti viri posse subsequi, sicut et ipse perfectissimorum patrum æmulatus est sanctitatem. Denique, quid est aliud quod in Evangelio scriptum est, dicente Christo : Venite ad me omnes, qui laboratis et onerati estis, et ego reficiam vos (*Matth.* XI); nisi ut iniqua projicientes onera, quæ deprimunt genus humanum, bono incommutabili sine detrectatione jungamur? Et ideo perseveremus usque in finem cum hoc sene, ut conglorificari cum ipso in illa perenni beatitudine mereatur; nam recte nos instruit ad omnia, non solum verbo, sed etiam, quod est efficacius, proprio mirabiliter informat exemplo. Tunc accedentes ad sanctum Pachomium, dicunt ei : Pater venerabilis, cur solus monasterii sollicitudinem sustines? Quibus ille respondit : Nemo jugum subito jumentis imponens, laborare compellit, et tanto premit onere, quo sub fasce deficiant; sed paulatim assuescit ea, levioribus exercens ante ponderibus, usque dum valeant; et opportune possint ad opera graviora consurgere. Eodem modo nos quoque convenit mensuram ipsam, qua nos mensus est Christus, sic agere vobiscum, ut de vestra per omnia gaudeamus firmitate. Clementissimus autem Deus, qui nunquam preces humilitatis meæ despicit, corda vestra in sua disciplina corroboret, ut omne opus bonum perficere cum patientia et longanimitate possitis, sanctorum Patrum vestigia subsequentes, ut sinceram ac Deo placitam conversationem vestram videntes, alii ad Christi servitium veniant, curamque monasterii patris æquo labore sustentent.

CAP. XXIV. — Regulas igitur eis quas acceperat, tradidit, scilicet ut haberent moderatum cibum, vilissimum vestitum, somnum etiam competentem. Unde factum est, ut juxta voluntatem Domini, qui omnes homines convocat ad salutem, cunctaque bonorum incrementa largitur, ad senem plurimi convolarent, volentes pariter commorari : inter quos erat Pecusius, et Cornelius, Paulus quoque, et Pachomius alter, et Joannes, qui omnes immaculatam fidem beati Patris et doctrinam salutiferam libenter amplexi sunt. Statuitque ut hi qui poterant monasterii susciperent curam, et ita in brevi multiplicatus est monachorum numerus. 122 Proinde cum solemnitas ex more deposceret ut mysteriorum cœlestium participes fierent, ex proximis viculis presbyteros convocabant, qui eis festivitatem lætitiæ spiritalis implerent. Non enim patiebatur idem senex, inter eos esse quempiam, qui clericatus officio fungeretur. Dicebat enim, multo melius esse atque commodius monachis, non solum nullius prorsus honoris quærere primatus et gloriæ, verum etiam occasiones hujuscemodi de cœnobiis amputare, quoniam frequenter hinc inter fratres contentiones et æmulationes inutiles nascerentur. Sicut enim scintilla ignis cum in messem ceciderit, non cito restinguitur, et interdum totius anni fructus exurit; ita cogitatio feralis ambitus, si in mentes irrepserit monachorum, ut vel primi cupiant esse, vel clerici, nisi cito suggestionis hujus ardorem de suo corde pepulerint, illico perdent continentiam multis laboribus acquisitam. Oportet ergo cum omni mansuetudine et puritate communicantes Christi ecclesiis clericos venerari, quia hoc expedit monachis, nullas autem religiosas appetere dignitates. Si vero repererimus aliquos ex monachis jam pridem clericos ab episcopis ordinatos, amplectamur eorum ministerium; quia et in veteri Testamento non omne vulgus sacrum præsumebat officium, sed hi tantum qui erant de tribu Levi ad hæc obsequia nascebantur. Si quando autem extraneus frater advenerit, de quo certum est, quod sacerdotii fungatur officio, non exprobremus ei, tamquam qui sacra jura persuaserit, et his se ministeriis insolenter ingesserit. Quomodo namque hoc de eo suspicabimur, quem nos ad celebranda cœlestia sacramenta enixius obsecremus? Imo magis ut patrem, et nobis in hac re obedientem, plus honorare nos convenit, utpote qui sanctorum vestigia sectetur, et illibatum Deo munus offerre non desinat, maxime si conversatio ejus exspectata cunctis est et probata. Si vero, quod absit, in aliquo delicto putatur esse collapsus, de eo nos judicare non possumus. Deus enim judex justus, constituit episcopos super eos judices, qui beatorum apostolorum successores et imitatores existunt, qui possunt spiritali examine discere negotia singulorum, et æquum de eis ferre judicium. Nos autem compatiamur ex imo pectore talibus: quia et misericordes nos Dominus esse commonet (*Matth.* VI), cui supplicare jugiter oportet, ne nos in aliquam tentationem patiatur induci. Hæc a memorato Patre non solum dicebantur viriliter, sed et cum omni sollicitudine servabantur. Si quando denique venisset ad eum clericus, qui sub ejus regula vellet vivere, dignitati ejus honorem reddebat ecclesiæ debitum; ille vero monachorum serviens institutis, tamquam patri se multa humilitate subdebat.

CAP. XXV. — Omnes autem Christi famulos beatus Pachomius adeo diligebat, ut eis semper compateretur paterno affectu. Senibus etiam et ægrotantibus, necnon et parvulis, misericordiæ opera propriis manibus ingerebat, præ cæteris eorum mentes munimine spiritali corroborans. Cumque in fide et in opere multi proficerent, et magnus fratrum numerus augeretur, omnes propemodum satagebant æmulatores esse virtutis. Constituit igitur ex eis præpositos (29), qui sibi ad luerandas animas, quæ ad eum quotidie confluebant, adjutores existerent. Plurimis enim (sicut dictum est) ad eum venientibus, et multipliciter in opere spiritali crescentibus, magna quædam conversationis eorum videbatur esse diversitas. Quibus senex juxta datam sibi divinitus regulam, gratia Christi se per omnia moderante, pro viribus et ingeniis singulorum mensuras et formas operum custodire censebat: aliis quidem, ut labore manuum victum quærerent; aliis, ut fratrum occuparentur obsequiis, nec iisdem cunctis temporibus vescerentur, sed unusquisque pro labore suo vel studio, continentiæ moderamina retineret. Sollicitudinem vero totius dispensationis erga fratres atque peregrinos eisdem commisit, qui se in ordine sequebantur. Universos autem monachos promptos esse ad obedientiam commonebat, ut hoc compendio facile perfectionis apprehenderent celsa fastigia, cordaque sua in timore Christi diligenter excolerent. Sic enim Deo potius quam sibi viverent, dum fructus obedientiæ supplices exhiberent. Hic autem pater venerabilis, quamvis esset spiritalibus actibus occupatus, si quando tamen acciderat ut abesset is cui monasterii curam commiserat, sic adimplebat omnia solus, velut omnium famulus. Et hoc agebat sine aliqua ostentatione vel jactantia, quæ magnas spiritalium virorum solet evacuare virtutes. Nam summa mentis humilitate cunctos ædificabat in Domino, utiliter universa dispensans. Omnia quoque monasteria sollicite circuibat, usque dum rursus ad eosdem filios suos paterno repedaret affectu. Quos inveniens in opere Dei sollicite vigilare, gaudebat, multumque profectuum eorum lætabatur augmentis

CAP. XXVI. — Quodam vero tempore, videns aliquos mediocres homines in vicinis locis, dum pascerent pecora, a communione sacramentorum Christi abstinere, nec divinorum frui lectione voluminum, qui per omne Sabbatum atque Dominicum solemniter ubique recitantur, iniit consilium cum S. Aprione Tentyrorum episcopo (30), ut in vico eorum jam pene deserto construeretur ecclesia, ad quam convenirent, et mysteria divina perciperent. Quod ubi factum est, cum nec dum essent ordinati clerici, qui solemnia plebi peragerent, ipse ad horam conventus ecclesiæ cum monachis occurrebat salutiferas plebi paginas relegens; quia, ut dixi, nondum ibidem lectores fuerant constituti, nec alii clerici, qui ministeria sacra celebrarent. Quamdiu ergo presbyter et reliquus ordo clericorum aberat, Pachomius veniebat, et sic alacriter ac inverecunde lectoris implebat officium, et ita mentis ac corporis oculos habebat intentos, ut videntes eum populi, non hominem, sed Dei angelum crederent. Unde plures institutione ejus ab errore conversi, facti sunt Christiani. Erat enim circa proximi charitatem valde perfectus, et intantum misericors, ut si quando vidisset aliquos diaboli fraude deceptos, eosque non verum Deum colere, sed vanis inservire simulacris, super eorum perditione ingemisceret fortiter, et ubertim lacrymas pro eorum salute funderet.

Cap. XXVII. — Per idem tempus Alexandrinæ ecclesiæ sanctus episcopus Athanasius præerat, vir omni virtute mirabilis. Qui cum solemniter superioris Thebaïdæ circuiret Ecclesias, et salutari doctrina in fide Christi plebem institueret, accidit ut ad loca Tabennensium navigio perveniret. Quod ubi Pachomius agnovit, statim cum universis monachis in ejus properavit occursum; omnesque gaudentes et exsultantes, cum psalmis et hymnis summum Christi suscepere pontificem; et erat ingens multitudo fratrum qui de ejus adventu lætabantur in Domino. Pachomius vero non se ostendebat antistiti memorato, sed ex industria subtrahens se, in monachorum turmis occuluit, ex hac videlicet causa, quod antefatus Tentyrorum episcopus de eo sanctum Athanasium sæpius exorabat, virum dicens esse mirabilem, et vere famulum Dei, quem ad honorem sacerdotii dignissime promoveret. Id ergo sciens Pachomius, non ei se manifeste monstravit, inter monachorum agmina delitescens, usque dum idem præteriret episcopus, quem intantum venerabatur, ut nullum præstantiorem ipsis temporibus hominem diceret. Compererat enim sanctam vitam ejus et persecutiones innumeras, quas ab Arianis pro Christi pertulerat confessione; charitatem quoque, quam erga universos, et maxime monachos, exhibebat, intento mirabatur animo, eumque toto cordis affectu venerabatur. Nec solum hunc diligebat ardentius; sed et omnes rectæ fidei viros summo studio præferebat. Hæreticos autem detestabatur plurimum, et maxime Origenem, velut blasphemum ac perfidum, vehementer horrebat: qui prævius Arii Meletiique declaratus, sub Heracla (32) venerabili Alexandrinæ civitatis episcopo, de ecclesia pulsus est, quique sacræ Scripturæ dogmatibus exosa atque detestanda, quæ nonnullorum corda subverterent, expositionibus suis admiscuit. Et sicuti solent qui venena temperant, amaritudinem melle contegere; sic iste proprii virus erroris, cœlestium verborum dulcedine liniens, exitiosa rudibus dogmata propinavit. Quapropter universos fratres sollicitius admonebat, ut non solum ipsi Origenis commenta (33) non legerent, sed neque legentibus quidem aurem penitus admoverent. Unde fertur aliquando reperisse volumen ejus, et in aquas misisse continuo, testatus his verbis: Nisi scirem nomen Dei in eo esse conscriptum, omnes garrulitates blasphemiarum ejus ignibus concremassem. Adeo rectæ fidei erat amator, æmulatorque veritatis. Sicut autem inimicis Ecclesiæ odio adversabatur hostili, ita Catholicorum probabatur adgaudere profectibus, et ipsum Christum redemptorem omnium, se in sacerdotibus ejus in Ecclesiæ throno testabatur cernere. Si quando vero fratrem detrahentem cuiquam pro quolibet negotio cognovisset, non solum non credebat ei, sed etiam avertens se mox ab eo, veluti a facie serpentis concitus abscedebat, illud Psalmographi frequenter insinuans: Detrahentem proximo suo occulte, hunc persequebar (*Psal.* c). Nullus (aiebat) bonus de ore suo profert quidquam mali, nec sanctis patribus venenato ore prorsus obloquitur. De qua re multis quidem Scripturis Dei monstrabat indignantis offensam, præcipue tamen Mariæ proferebat exemplum, quæ mox ut adversus Moysen querelas obtrectationis effudit, perfusa lepra, divinum judicium vitare non potuit. Hæc docens, utilitatem maximam audientibus conferebat (*Num.* 12)

Cap. XXVIII. — Comperit autem germana soror ejus institutionem senis præclaram atque sublimem (*Ruff. l.* III, *n.* 34); cupiensque videre eum, ad monasterium ejus advenit. Quod ubi agnovit Pachomius, hujuscemodi responsum ei per ostiarium direxit: Ecce, soror, audisti de me quod vivam et incolumis existam; perge igitur in pace, nec contristeris quod te non videam corporalibus oculis. Quod si volueris hanc conversationem sequi, quam teneo, ut possis apud Dominum misericordiam reperire, **124** cogita tecum diligenter et tracta; et si cognovero, hoc sanctum cordi tuo sedisse propositum, præcipiam fratribus meis ut tibi procul ædificent mansionem, in qua cum disciplina verecundiaque persistas. Nec dubito quod alias exemplo tuo Dominus advocabit, quæ tecum maneant, et per te mereantur salutis æternæ invenire subsidium. Nullam namque requiem in hoc corpore mortis habere poterit homo, nisi qui piis operibus Deo placuerit. Hæc audiens soror ejus, flevit amare: et compuncta divinitus, ad exhortationem saluberrimam mox appulit animum seque Christo servire professa est. Hanc ergo mentem germanæ suæ Pachomius agnoscens, Deo gratias egit, qui ei promptam largitus est voluntatem, et protinus religiosioribus imperat fratribus ut ei procul a se monasterium construant. Quod ubi factum est, et illa secundum timorem Dei vitam duceret, convenerunt ad eam aliæ plurimæ, et brevi tempore magnæ multitudinis mater effecta est. Quas instruens et docens, ut cor a cupiditatibus carnalibus abstrahentes, ad cœlestia et mansura semper attollerent, ipsa et vivendo pariter et loquendo salutis eis itinera demonstrabat. Sanctus autem Pachomius cuidam Petro, ætate jam grandævo, et veneranda senectute conspicuo, præcepit ut interdum famulas Dei visitaret, et sancta exhortatione sustolleret. Habebat enim cum mortificatione passionum omnium, etiam sermonem (sicut scriptum est) sale conditum, eratque oculis mentis et corporis valde castissimus, qui sæpenumero virginibus Christi de sanctis Scripturis loquebatur (*Coloss.* IV), et insinuabat ea quæ pertinent ad salutem. Pachomius vero descripsit eis regulas, quibus utentes, jugiter conversationis suæ momenta dirigerent. Exceptis enim melotis, quas feminæ non habent, omnis institutionis earum forma monachis probabatur esse consimilis. Si quis autem de fratribus habebat in monasterio feminarum propinquam aliquam vel sororem, eamque visitare voluisset, mittebatur cum eo unus ex senioribus probatæ vitæ; et primum quidem videbat eam quæ sororibus præerat; et deinde sub ejus præsentia et aliarum quæ erant provectioris ætatis, sororem suam vel proximam frater cum omni pudore et gratia sanctitatis cernebat, nihil ei deferens, nec prorsus ab ea quidquam accipiens. Non enim proprium quid habebant quod sibi mutuo largirentur; eratque satis utrisque, solum visitationis officium, memoriaque futurorum cum spe felicitatis æternæ. Si quando vero vel ad structuram, vel ad aliam rem feminæ monachis indigerent, eligebantur magnæ conversationis viri, qui fratribus ad quæsita præessent officia; et cum timore Domini laborantes, refectionis hora revertebantur ad monasterium, caventes apud eas quidquam cibi potusque percipere.

Una vero regula tam virorum quam feminarum hodieque perdurat, nisi quod feminæ melotis (ut diximus) minime utuntur (*Pallad. c.* 39). Quod si defuncta esset virgo, curantes funus ejus reliquæ, cunctaque quæ ad sepulturam pertinent adimplentes, deferebant usque ad ripam fluminis, quod utraque monasteria dividit, psalmos ex more canentes. Tunc transeuntes monachi cum ramis palmarum et olivarum frondibus, psallentes transvehebant eam, et in sepulcris suis cum hilaritate condebant.

CAP. XXIX. — Hæc talis ac tanta conversatio longe lateque crebrescens, sanctique Pachomii nomen ubique perveniens, universos ad agendas Deo gratias excitabat. Non pauci quoque contemnentes hujus mundi negotia, singularem monachorum conversationem et spiritalia studia diligebant: inter quos et Theodorus (34), adolescens annorum ferme xiv, Christianis ortus parentibus, et secundum sæculum valde claris, hoc modo conversus est. Undecimo die mensis Tibi, id est, octavo Id. Jan. (35) quædam apud Ægyptum celebratur ex more festivitas. Cernens itaque domum suam nimis amplam ac splendidam, ac bonis omnibus abundantem, per Dei gratiam corde compunctus, talia secum cœpit volvere : Quid tibi proderit, infelix Theodore, si totum mundum lucratus fueris (*Matth.* xvi), et temporalibus utens usquequaque deliciis, ab illis æternis bonis et immortalibus excludaris? Nullus enim potest et præsentibus deliciis perfrui, et perennis gloriæ præmia promereri. Super his ergo fortiter ingemiscens, penetralia suæ domus ingressus est ; et procidens in faciem suam, cum lacrymis ait : Omnipotens Deus, qui occultorum es cognitor, tu scis quia nihil horum quæ sunt in hoc sæculo, amori tuo præpono. Propter quod obsecro te misericors, ut in voluntate tua me dirigas, illuminans animam meam miseram, ne in æternæ mortis contenebrata peccatis obdormiat, sed redempta tuo munere, per omnia te collaudet atque glorificet. Hæc eo orante, venit mater illius, et invenit oculos ejus plenos lacrymis, et ait : Quis te contristavit, charissime fili, ut sequestreris a nobis? Nam solliciti ac dolentes ubique te quærebamus, ut nobiscum pariter epulareris. Qui respondit : Perge, quæso, mater, et cibum sume, quia ego nunc manducare non possum. Nec acquievit precibus ejus, ut cum ea comederet. Et cum ad scholam ambularet ut litteras disce-ret, jejunabat usque ad vesperam. Frequenter autem et biduana jejunia transigebat, per duos annos omnibus pretiosis et delicatioribus cibis abstinens, seque ad perfectam continentiam, quantum ætas illa patiebatur extendens. Cœpit itaque secum tractare, quatenus monasterium expeteret, sanctæque se regulæ manciparet. Et deserens omnia quæ habebat, quosdam religiosos viros reperit, optima institutione viventes ; habitavitque cum eis, in Domini timore proficiens.

CAP. XXX. — Quodam vero tempore, contigit ut post orationem vespertinam, cum monachi resedissent, et divina consuete meditarentur eloquia, unus ex eis disputans, audiente quoque Theodoro, tabernaculum veteris Testamenti et sancta sanctorum ad novos referret populos, ad circumcisionem scilicet atque præputium, dicens quod exterius tabernaculum figuram gereret prioris populi Judæorum, interius autem, quod est sancta sanctorum, vocationem præsignaret omnium gentium, quæ et sacratioris aditus meruisset accessum, et majorum mysteriorum particeps exstitisset. Pro hostiis enim animalium, et pro arca in qua erat manna, et virga Aaron quæ fronduerat, et tabulæ testamenti, pro thuribulo quoque et mensa et candelabro ac propitiatorio, Deus Verbo nobis in sua incarnatione clementer apparuit, et illuminavit nos lumine suæ præsentiæ; nostrorumque factus est propitiatio peccatorum, et pro manna corpus proprium largitus est ad edendum. Hæc cum monachis qui præsentes aderant, idem frater religioso dissereret, addidit dicens : Hanc interpretationem a sancto patre nostro Pachomio didici, qui in Tabennensi monasterio monachos primitus congregavit, cum quibus in dies Domino auxiliante, profeci. Et credo, quia tanti viri recordatus sum (36), peccata mea remittentur universa. Audiens ista Theodorus, accensus est animo, et intra semetipsum precatus est, dicens : Domine Deus, si talis est vir justus in terris, dignum me fac, ut eum videam, et sequens vestigia ejus, universa mandata perficiam; salvus quoque factus, bona tua, quæ diligentibus te promisisti, promerear. Hæc dicens cum lacrymis, vincebatur amore divino fortiter sauciatus. Post aliquot autem dies venit ad eos quidam venerabilis vir, Pecusius nomine, longæva senectute decoratus, ut visitaret fratres, simulque qualiter agerent scire desiderans. Quem valde Theodorus precabatur, ut se comitem susciperet, et ad sanctum Pachomium perducere dignaretur. Qui nihil differens, eum secum gratanter assumpsit. Cumque pervenissent ad locum, Theodorus adoravit Dominum, dicens : Benedictus es, Domine, qui sic celeriter orationem peccatoris audisti; et sicut abs te poposceram, desiderium meum complere dignatus es. Accedens ergo ad ostium monasterii, mox ut vidit Pachomium, cœpit flere præ gaudio. Ad quem venerabilis pater ait : Noli, fili mi, plangere, quia et ego homo peccator sum, licet Dei opus aggressus sim : et hæc dicens, introduxit eum in monasterium. Qui cum fratrum multitudinem vidisset, illuminatus mente, circa divinum cultum pio zelo vehementer incaluit, ac processu temporis magna in virtutibus incrementa percepit. Erat enim largitate divini muneris præditus, et in operibus bonis ac verbis multum prudens; et humilitate atque contritione cordis valde mirabilis, in jejuniis sedulus, in vigiliis intentus, in oratione sollicitus, nunquam penitus omittens, quo minus spiritalis gratiæ majora munera sectaretur. Consolabatur autem plurimos mœrore depressos; et eos qui aliquo peccato deviaverant, admonitione humili atque benevola corrigebat.

CAP. XXXI. — Denique tam præclaram ac fulgentem conversationem ejus Pachomius cernens, satis eum dilexit, et in corde suo conseruit. Audiens autem mater ejus quod apud beatum Pachomium moraretur, ad eum protinus advolat, secum deferens episcoporum scripta, quæ præcipiebant ut ei suus filius redderetur. Hanc ergo susceperunt virgines in monasterio, quod a virorum, ut supra dictum est, haud procul aberat; quæ mox mittit epistolas sancto Pachomio, similiter obsecrans, ut filium proprium videre permitteret (*Ruffin.*, l. III, n. 34). Tunc advocans Theodorum Pachomius, ait ad eum : Comperi, fili, quod huc mater tua venerit, et te videre desideret : ecce nobis et episcoporum litteras attulit. Pergens itaque satisfacito matri, maxime propter sanctos pontifices, qui nobis per eam dignati sunt scripta dirigere. Respondit Theodorus : Prius me, venerabilis pater, certum facito, quod post tantam spiritualium rerum cognitionem, si videro eam, non dabo inde rationem Domino in die judicii, et quod præcipis faciam. Hanc enim juxta mandatum Christi cum toto mundo deserui. Et quomodo eam in offensionem fratrum nunc audebo conspicere? Nam si prius, ante manifestationem tantæ gratiæ, filii Levi parentes proprios ignorarunt, ut justificationes legis implerent (*Exodi* XXXII ; *Deut.* XXXIII; *Levit.* XXI), quanto magis ego, qui tanti muneris particeps factus sum, parentes non debeo divinæ præponere charitati, dicente Domino in Evangelio : Qui diligit patrem aut matrem super me, non est me dignus (*Matth.* X)? Dicit ei Pachomius : Si probas id tibi non expedire, fili mi, non te cogo. Hoc autem eorum est, qui perfecte renuntiant huic mundo, et seipsos sibi penitus abnegant. Oportet enim monachos, inutiles et sæculares salutationes et colloquia vana diffugere, et his qui membra Christi sunt pia mente sociari. Si quis autem passione quadam sæculi captus, dicit : Parentes caro mea sunt, eos diligere debeo, audiat beatum Petrum apostolum prædicantem : A quo quis superatur, huic et servus efficitur (*II Pet.* II). Qui ergo vincitur amore carnis, servus sine dubio est carnis. Cumque non acquievisset Theodorus matri se præsentare, decrevit et illa in ipso monasterio cum Christi permanere virginibus, hæc apud se pertractans : Si voluntatis Domini fuerit, inter alios saltem monachos videbo eum : et propter hanc occasionem, meam quoque lucrabor animam, dum in hac sancta conversatione persisto. Constat igitur eos qui rigore pro nomine Christi, non pro vana laude custodiunt, plurimas utilitatis causa virtutes cæteris adhibere, licet videantur ad breve tempus nonnullos offendere.

CAP. XXXII. — Igitur sicut hujus studium ad æmulationem eorum qui meliora cupiunt imitari protulimus, ita negligentias aliquorum justum credimus intimari, ad cautelam eorum qui ista lecturi sunt. Quidam monachi secundum carnem viventes (*Coloss.* III), nec veterem hominem curantes exuere, sanctum Pachomium fortiter affligebant; frequenter itaque salutaribus eos monitis alloquens, nullum penitus profectum eorum sentiebat. Unde tristis et anxius, Domino pro eis supplicabat impensius, dicens : Dominator Domine, tu præcepisti nobis diligere proximos ut nos ipsos (*Levit.* XIX ; *Matth.* XIX). Qua ergo secreta cordis mei agnoscis, obsecro, ne me clamantem ad te pro eorum salute despicias; sed misertus eorum, da illis timorem tuum, ut divinam tuam potentiam cognoscentes, in veritate tibi deserviant, spe promissionum tuarum per omnia roborati; quia nimis affligitur anima mea pro eis, et omnes sensus mei turbantur usquequaque. Hæc dicens, siluit. Post aliquot vero dies videns quod nec per orationem meliores effecti sunt, iterum stans ad orationem, pro eis Domino supplicavit; et quasdam privatas ac proprias regulas eis orandi atque vivendi tradidit, ut saltem quasi servi statuta complentes, paulatim consuescerent ad filiorum munus affectionis industria pervenire. Qui cernentes se post concupiscentias suas ire non posse, præsentiamque sancti Pachomii formidantes, spiritu timoris, non illius casti, decepti sunt; et abierunt retro post Satanam, conversationem ejus admirabilem non ferentes. His itaque recedentibus, grex universus in sui status integritate permansit, magis ac magis ad incrementa virtutum assurgens, sicuti solent in agris optima frumenta lætius efflorescere, cum fuerint ab eis zizania radicitus amputata. Hæc autem retuli, volens ostendere quia sicut nihil obest hominibus sæculo deditis, si se tradiderint monachorum institutis, ita nihil utilitatis affert monachis professio venerabilis, si negligentes existunt; sed nec oratio paterna, nec condescensio eos poterit adjuvare torpentes.

CAP. XXXIII. — Confessor interea Dionysius presbyter et œconomus, id est, dispensator Ecclesiæ Tentyrorum, amicissimus sancti Pachomii, comperit ab aliquibus quod ex aliis monasteriis ad eum venientibus, non concedat cum suis fratribus vesci, sed eos sequestrato loco juxta monasterii fores excipiat. Contristatus itaque plurimum super hac re, venit ad eum; et increpantis potius assumens animum quam monentis, aiebat : Non recte facis, abba, charitatem fratribus deditam non æqualiter omnibus exhibens. Qui correctionem ejus cum multa longanimitate patientiaque suscipiens, ita respondit : Novit Dominus propositum meum, et paterna tua cognoscit affectio, quod nunquam cujuslibet animam cupiam contristari, nec dicam spernere. Quomodo igitur hoc auderem agere, ut meum contra me Dominum provocans irritarem, qui manifeste testatur in Evangelio dicens : Quamdiu fecistis uni ex minimis fratribus meis, mihi fecistis (*Matth.* xxv)? Accipe itaque satisfactionem meam, venerabilis pater, quia non velut vitans atque spernens eos qui huc veniunt, hoc quod asseris facio ; sed quia in coenobio congregationem suscepi, plurimos qui nuper conversi sunt, et diversos eorum mores esse cognosco. Nonnullos autem novi intantum ipsius conversationis ignaros, ut nec monachorum habitum noverint. Inter quos sunt parvuli, tanta simplicitate viventes, ut nec dexteram valeant scire, neque sinistram. Idcirco credidi esse commodius, ut supervenientes fratres seorsum susciperentur, in honore maximo constituti. Hinc ergo non æstimo patribus vel fratribus qui ad nos divertunt, ullam contumeliam fieri, sed magis debitam reverentiam commodari : præsertim cum statutis horis ad reddendum nobiscum Deo vota sua conveniant, et post hoc singuli ad loca destinata concurrant, quieti operam dantes, me secundum Deum sollicitius usibus eorum necessaria providente. Hæc audiens præfatus presbyter, omni eum laude dignissimum comprobavit, certo cognoscens quod secundum Deum cuncta ageret ; multumque relevatus sancti Pachomii satisfactione, lætus remeavit ad propria.

Cap. XXXIV. — Mulier autem quædam in eadem Tentyrorum civitate patiebatur fluxum sanguinis, et hac infirmitate jam prolixo tempore laborabat. Hæc audiens Pachomium Dei esse cultorem, sanctaque conversatione mirabilem, insuper et Dionysium presbyterum amicum ejus esse charissimum, rogat eum ut sui misereatur, et quasi per occasionem necessariam ad se Pachomium convocet. Qui precibus mulieris flexus, hoc agere non moratur. Cum ergo venisset Pachomius ad ecclesiam, et post orationem Dionysium salutasset, juxta eum protinus assedit. Dumque loquerentur ad invicem, mulier fiducia fidei roborata, credensque dicenti Christo : Confide, filia, fides tua salvam te fecit (*Matth.* ix), post tergum ejus latenter accessit, et cucullum, quod operiebat caput ejus, tremens attigit ; statimque sanata est. Et procidens in faciem suam, adoravit Dominum, glorificans ejus clementiam, quod tanta per servos suos beneficia credentibus contulisset. Tunc sanctus vir Dionysius factum sentiens, benedixit mulieri, et protinus ad sua repedavit.

Cap. XXXV. — Aliquando vero necessitas exegit ut sepis munimine monasterium vallaretur, in quo opere laborantibus fratribus, ipse lætus ferebat maximum auxilium.

Post aliquantos autem dies monachus quidam presbyter, multorum fratrum pater existens, qui solitus erat sanctum Pachomium crebro visitare, venit ad eum cum uno fratre, propter contentionem quæ in monasterio orta fuerat, ex hac videlicet causa : is ipse frater, qui cum eo pervenerat, molestus erat ei nimium, clericatus desiderans dignitatem : quem sciens indignum tali munere, diverso modo ne hoc ipsum fieret differebat. Et cum amplius importunitatem ejus ferre non posset, venit ad sanctum Pachomium, cuncta quæ negotii erant eidem pandens, certus quod ipse solus contentiones hujusmodi posset absolvere. Qui cum causam penitus cognovisset, ait presbytero : Nonne ad hoc venisti, ut per me cognosceres Domini voluntatem ? Audi ergo me, et da ei quod postulat, nihil in hac parte desperans. Fortassis enim per hoc officium liberabitur anima ejus de captivitate diaboli. Sæpe namque contingit ut homo malus affectus beneficiis, ad bonos se conferat mores. Desiderium namque meliorum pium novit ingenerare propositum, his duntaxat animabus, quæ non usque adeo negligentiæ torpore prolapsæ sunt, ut possint studere virtutibus. Nos ergo, frater, hoc agere decet, quod Deo placeat. Sic enim dilectio ejus in nobis esse probabitur, si compatiamur alterutrum. Hoc accepto responso, senior fecit quod sibi fuerat imperatum. Sed frater ille voti compos effectus, ad beatum Pachomium reversus est, jam mente sobrius atque compunctus, et cadens in faciem, confitebatur dicens : O homo Dei, multum sublimatus es a Deo, qui discernens ea quæ pertinent ad salutem, malum in bono vicisti. Si ergo non fuisses erga me mitis atque longanimis, sed aliquid id me rigidum protulisses, ab hoc discedens habitu, a Deo prorsus alienus efficerer. Nunc autem benedictus tu Domino, per quem anima mea salva facta est. Tunc allevans eum de terra venerabilis senex, hortabatur sedulo, ut vitam sumeret congruam dignitati, ne quando negligens, perpetua in futuro tormenta sentiret. Et osculatus eum, dimisit in pace, quem etiam usque ad fores monasterii prosecutus est.

Cap. XXXVI. — Adhuc autem sancto Pachomio ibidem stante, ecce vir a longe festinus veniens, ad ejus vestigia provolvitur, obsecrans ut filiam suam a dæmonio vexatam, per Christi gratiam curare dignaretur. Quo relicto præ foribus ingressus, ipse tale ei responsum per ostiarium dirigit : Non est nobis consuetudo cum mulieribus loqui ; sed si quid habes ex vestimentis ejus, mitte nobis, quod in nomine Domini benedicentes, tibi protinus remittam ; et credimus in Christo quod filia tua isto modo ab inimici liberetur incursu. Cumque tunica puellæ sancto fuisset allata, severe nimis intuitus ait : Non est ejus iste vestitus. Affirmante vero patre atque dicente ejus esse, respondit ei : Et ego novi quod ejus sit ; sed virginitatem suam Deo dedicans, non servavit sanctimoniæ puritatem : propter hoc ejus inspiciens tunicam, et intelligens castitatem suam minime custodisse, non ejus esse testatus sum. Spondeat itaque tibi in conspectu Domini deinceps vivere continenter, et propitiabitur ei Christus, sanamque restituet. Pater igitur indignans et mœrens, filiam suam perscrutatus est, et sic esse ut sanctus Pachomius dixerat puellæ confessione cognovit. Quæ cum juramento pollicita fuisset nunquam se talia gerere velle, pro ea vir beatus Domino supplicavit, benedicensque oleum misit.

Quo peruncta, sine mora curata est, et glorificabat Dominum jugiter, quod non solum dæmone, sed etiam detestabili conversatione caruisset, et in reliquum continentiæ se studiis per Christi mancipasset auxilium.

Cap. XXXVII. — Tali igitur opinione de sancto viro ubique currente, alius nihilominus qui filium suum a dæmonio possessum, sine intermissione deflebat, nec eum perducere poterat ad monasterium, genu nixus supplicabat Pachomio, ut pro eo precaretur omnipotentiam Christi. Qui cum orasset, dedit ei benedictum panem, sollicite præcipiens ut ante cibum ex eo paululum semper energumenus sumeret. Cumque esurisset filius ejus, ex ipso pane particulari ei tradidit, sed non permisit immundus spiritus ut exinde omnino gustaret; ex aliis autem panibus qui erant appositi manus suas implevit, cœpitque comedere. Pater ergo benedictum panem per frusta comminuens, in interioribus palmarum, sublatis exinde ossibus, immisit; et has ei tantum modo palmas apposuit, ut nesciens id quod factum est, benedictionem percipere mereretur. Quas adaperiens, ille frusta quæ injecta fuerant projiciebat; et ipsas exsecratus palmas, nihil penitus escæ volebat accipere. Cumque pater eum sine cibo manere diebus plurimis compulisset, fame coactus, ex benedicto pane percepit; ac protinus somno detentus, a maligno spiritu liberatus est. Quem secum pater ad sancti Pachomii vestigia perduxit, laudans et glorificans Deum, qui per servos suos operatur magnalia et gloriosa, quorum non est numerus. Alias quoque sanitates plurimas in virtute sancti Spiritus vir beatissimus faciens, non extollebatur, nec unquam cor ejus elatum est. Habebat autem hanc a Domino gratiam, ut idem semper et æqualis esset in omnibus, animumque in disciplina Domini sollicitum retineret. Et si quando poscens aliquid a Domino, petitionis suæ non consequeretur effectum, non contristabatur omnino, sed patientissime sustinebat, sciens hoc expedire vel sibi vel omnibus, quidquid divina misericordia censuisset; quia frequenter intentione sincera videmur postulare contraria, quæ Domini bonitas, cum non concedit, præstare dignatur; et tunc potius clementer exaudit, cum vota nostræ ignorantiæ nocte velata non perficit.

Cap. XXXVIII. — Quidam denique juvenis, Silvanus nomine, de scena conversus, ad sanctum Pachomium venit, volens in ejus monasterio commorari. Qui cum susceptus esset, infectus perversa consuetudine sæculi, nullis disciplinæ regulis poterat coerceri; salutemque propriam negligens, dies suos vanitatibus pristinis atque ridiculis occupabat : adeo ut nonnullos ex fratribus everteret, et ad studium simile commoveret. Quod plurimi non ferentes, sancto Pachomio suggerunt ut eum de monasterio pelli præciperet. Ad quam rem non eis annuit; sed æquanimiter ferens, admonuit præfatum fratrem ut se corrigeret, et antiquæ conversationi renuntiaret. Pro quo etiam jugiter Domino supplicabat, ut ei compunctionem cordis solita pietatis abundantia largiretur.

Cumque memoratus juvenis in propria persisteret pravitate, et aliis exemplum perditionis ostenderet, ad postremum visum est omnibus ut a sancta congregatione velut indignissimus arceretur. Sed beatus Pachomius hoc idem credidit differendum. Quem etiam mitissima atque sapientissima correptione conveniens, et cœlestibus erudiens institutis, ita divino timore succendit, et sic anima ejus futurorum fide compuncta est, ut se deinceps abstinere non posset a lacrymis. Emendatus itaque per omnia, magnum cæteris documentum conversionis exhibuit. In omni namque loco et in omni operatione flebat jugiter; nec tunc quidem, cum cibum inter fratres caperet, a lamentatione cessabat. Quæ res etiam permovit multos ex monachis, qui et dixerunt : Tandem a planctu te cohibe, nec tanta, quæsumus, afflictione dejicias. Qui respondit : Conor quidem, sicut jubetis, a lacrymis temperare, nec possum. Pectus enim meum veluti quædam flamma comburens, quietum me esse non sinit. Rursum ipsi dixerunt : Apud te in secreto tuo, vel certe in orationibus plangito; cum vero convenimus ad mensam, cibum sumere debes, et a fletibus abstinere. Nam possibile est animam et sine istis exterioribus lacrymis semper in compunctione persistere : quia plures e fratribus videntes te flentem, manducare non possunt. Et cogebant eum fateri, cur ita se suis dilueret fletibus. Tunc ait ad eos : Non vultis ut plangam, cum videam me foveri multis obsequiis sanctorum fratrum : quorum et pulvis pedum mihi venerandus est, nec eis me conferre dignum prorsus existimo. Non ergo plangam, quod homo de scena multis peccatis obnoxius, officia tanta percipiam? Timeo valde ne, sicut Dathan et Abiron, me quoque profanum hiatu suo terra deglutiat (*Num.* xvi). Illi namque impiis ausibus manibusque pollutis sancta sibimet usurpare tentaverunt; ego vero post tantam cognitionem divini muneris, animæ meæ salutem desidiosa conversatione neglexi. Ideo quippe ista recolens, non erubesco flere coram omnibus, quia multa facinora mea esse cognosco, quæ jugibus lacrymarum fontibus debeam expiare. Quod si ipsam miseram animam meam per lamenta diffunderem, nihil facerem magnum, quia nullum pro factis meis in præsenti dignum possum reperire supplicium.

Cumque per dies singulos idem frater ad meliora proficeret, omnesque propemodum in humilitate superaret, ita de eo sanctus Pachomius cœpit coram omnibus dicere : Testor vos, fratres ac filii, coram Deo et sanctis ejus angelis, quia ex quo cœnobium hoc fundatum est, nullum de fratribus qui mecum sunt vel fuerunt, humilitatem meam secutum esse cognosco, nisi unum tantummodo. Quo, fratres, audito, nonnulli putabant hunc unum esse Theodorum, alii Petronium, alii vero Orsesium. Cumque rogaret Theodorus eum, ut quis ille esset depromeret, et sanctus vir indicare differret, rursus eum Theodorus vehementer urgebat. Alii quoque majores ex fratribus plurimum precabantur ut diceret quis esset cui testimonium tale perhiberet. Tunc respondit Pachomius :

Si scirem eum de quo dicturus sum vanæ gloriæ stimulis incitari, nunquam eum ostenderem; sed quia proculdubio credo quod per Christi gratiam quantum laudis ei accesserit, tantum ipse munus humilitatis acquiret, idcirco, ut eum possitis imitari, sine metu palam beatificare non desino. Tu quidem, Theodore, et quicunque tui sunt similes, fortiter in monasterio certantes, diabolum vinxistis ut passerem (57), et sub vestris pedibus allisistis eum, per Dei gratiam conculcantes ut pulverem; sed si (quod absit) neglexeritis in aliquo, consurgens is qui sub vestigiis vestris est, adversus vos gravi furore bacchabitur. Juvenis autem Silvanus, quem dudum propter negligentiam de monasterio pellere volebatis, ita prostravit inimicum, et a suis sensibus effugavit, ut nusquam coram eo compareat, altaque humilitate eum per omnia superavit. Et vos quidem fratres habentes opera justitiæ, in his quæ gessistis, gloriosi confiditis; hic autem quanto fortius pugnat, tanto se deteriorem omnibus judicat, ex tota mente totaque virtute inutilem se reprobumque pronuntians. Ideo denique et lacrymas habet in prompto, quia semetipsum nimis humiliat et inclinat, nec alicujus momenti quod gesserit existimat. Diabolum autem nil ita reddit invalidum, sicut humilitas de corde puro, cui tamen correctionis opera probantur adjuncta. Sic itaque viriliter antefatus juvenis Silvanus per octo annorum curricula Deo militans, cursum vitæ suæ finivit in pace. De cujus exitu testatus est beatus Pachomius, quod multitudo sanctorum angelorum cum magna lætitia sumentes animam ejus, velut electam hostiam Christi conspectibus obtulerunt.

CAP. XXXIV. — Eodem tempore Panos civitatis episcopus, Varus nomine (38), per omnia venerabilis ac Deo deditus, rectæque fidei ferventissimus amator existens, audivit dispositionem conversationis Pachomii. Quem missis epistolis evocavit, plurimis verbis exorans ut etiam circa civitatem ejus monasteria optata construeret. Cumque multis ex causis precibus acquievisset episcopi, dum properat ad eum, justum credidit ut per iter omnia monasteria quæ ab eo curabantur, inviseret. Et cum uni ex ipsis monasteriis propinquasset, cujusdam fratris occurrit exsequiis, qui vitam suam negligenter consumpserat. Fratres autem ipsius monasterii funus prosequebantur honorifice, psalmos solitos concinentes, præsentibus quoque defuncti parentibus ac propinquis. Qui cum vidissent Pachomium, feretrum continuo deposuerunt, ut tam pro mortuo quam pro se Domino supplicaret. Qui mox ut orationem debitam Deo persolvit, conversus ad fratres ait: Desinite psallere. Præcepitque defuncti vestimenta splendida, quibus indutus erat, auferri: quæ coram omnibus fecit exuri, et ita cadaver efferri jussit, ac præter aliquam psalmodiam sepeliri. Igitur fratres cum parentibus ejus et universis qui tunc aderant, novum genus spectaculi contuentes, et obstupefacti nimium, precabantur senem, ut consuetam super eum psalmodiam celebrari permitteret. Quibus cum non acquievisset, cœperunt parentes defuncti, culpantes eum, dicere: Quid est hoc spectaculum novum? Quis mortui non misereatur, licet sit inimicus? Sufficiens per se est ipsa calamitas. Noli, quæsumus, inferre mortuo, quod nec belluæ facerent, nec tuam condecet penitus sanctitatem. Nam et nos hinc notamur maximo opprobrio, aliaque quamplurima suspicionum probra nascuntur. Utinam nunquam ad hunc locum venissemus! utinam nec iste monachus fuisset effectus! non hunc æternum dolorem nobis infligeret. Rogamus ergo ut solitam psalmodiam defuncto restituas. Qui respondens ait: Vere, fratres ac filii, plus vobis præsentis mortui misereor, intantum ut vobis de visibili re ac temporali curantibus, ego de invisibili ejus substantia sollicitudinem geram, et idcirco hæc erga eum fieri decernam. Et vos quidem majores illi dolores per hunc honorem, quem putatis, acquiritis; ego autem quantulamcunque ei requiem vel satisfactionem (39) per hanc injuriam præparo. Propter quod non curo pro hoc exanimi corpusculo, sed pro immortali ejus anima satago, quæ et hanc carnem rursus in resurrectione receptura est incorruptam et integram. Alias autem si hoc quod vultis annuero, veluti placens hominibus judicabor; atque ut ad præsens vobis satisfecisse videar, id dispicio, quod ei prodesse poterit in futuro. Fons enim bonitatis Deus noster existens, occasiones quærit, per quas opulenta super nos data pietatis suæ effundat, remittatque nobis peccata, non solum in hoc sæculo, sed etiam in futuro. Nam cum dicat in Evangelio, qui blasphemaverit in Spiritum sanctum, non remittetur ei, neque in hoc sæculo, neque in futuro, dat indubitanter intelligi quod sunt quædam delicta, quæ possunt et post hanc vitam, si pro eis supplicetur, ignosci (*Matth.* XII). Nos ergo quos dignos judicavit Christi potentia divinæ suæ dispensationis exercere medicinam, si non unicuique congruens adjutorium proferamus, profecto veluti contemptores æstimabimur, et audiemus illud quod scriptum est in prophetia (*Act.* XIII; *Habac.* I): Videte contemptores et admiramini, et disperdimini. Et ideo, quæso, sinite defunctum a propriis malis aliquatenus exui, et quantulamcunque requiem in illo futuro examine promereri. Sepelite ergo eum sine psalmis, ut dixi. Potens est etenim Deus benignus et clemens, multumque misericors, pro supplicatione nostræ parvitatis eum in æternam suam requiem collocare. Hæc cum dixisset, abierunt, et secundum quod venerabilis Pater præceperat, eum in monte, ubi erant parata monumenta, sepelire curaverunt.

CAP. XL. — Moratus est autem sanctus ibidem cum monachis duobus diebus, docebatque in primis singulos timorem Domini, deinde qualiter adversus diabolum dimicare deberent, et insidias ejus per Christi possent declinare gratiam.

Tunc nuntiatur ei quod frater quidam de Chinobosciorum monasterio gravi infirmitate detentus, benedictionem precis ejus ultimam postularet. Hæc audiens domo Dei, confestim secutus est eos qui hæc sibi retulerant. Cumque concitus proficisceretur, et duobus vel tribus millibus abesset a monasterio quod petebat, audivit suavissimam vocem in aere personantem; suspiciensque vidit ipsius fratris animam veloci cursu ab angelis Domini laudantibus ad beatam vitam perennemque sustolli. Comites autem Pachomii cum neque vocem audirent, nec quidquam sentirent penitus, sed tantummodo cernerent eum ad Orientem diu suspicere, dicunt ei: Cur stetisti, Pater? Properemus, ut possimus occurrere. Qui respondit: Frustra jam currimus; hoc enim est quod diu considero, quemadmodum frater ipse ad gaudia perpetua deducatur. Quem cum rogarent ut eis exponeret quomodo vidisset animam, quantum poterant audire, narravit eis ex his quæ ipse conspexerat. Quidam igitur ex his euntes ad memoratum monasterium, et diligenter inquirentes qua hora frater ille dormisset, ea quæ a sancto didicerant viro, vera omnia cognoverunt. Hæc autem retulimus duabus ex causis: primum, volentes ostendere beatum senem nimium fuisse perspicacissimum, gratiamque possedisse propheticam, ac longe posita intellectualibus oculis prævidisse; deinde, ut tales semper imitantes, malorum consortia sollicite vitaremus. Et de his quidem nobis hactenus dicta sufficiant.

Cap. XLI. — Sanctus ergo Pachomius ad antefatum episcopum cum suis monachis veniens, ab eo in summa veneratione susceptus est. Nam festivitatem maximam in ejus celebravit adventu, deditque ei loca ubi sperata monasteria conderet, sicut dudum per scripta rogaverat, quæ etiam venerabilis vir cum alacritate construxit. Et cum maceriæ munimen in circuitu duceret, ne quis facile posset irrumpere, quidam pestilentes homines, quos diaboli cæcavit invidia, nocte venientes, quæ constructa fuerant destruebant. Sed non in longum malignitatis eorum pœna dilata est. Nam cum senex discipulos suos ad tolerantiam commoneret, et illi nequissimi juxta consuetudinem convenissent, ut facinorum suorum cœpta perficerent, ab angelo Domini protinus exusti sunt, et velut cera a facie ignis ad nihilum sunt redacti. Fratres ergo velociter universum consummaverunt ædificium; in quo beatus Pachomius constituit monachos, religiosos viros, quibus Samuelem præposuit, hilarem virum, et dono frugalitatis eximium. Quia vero prædicta monasteria in suburbano fuerant instituta, idem sanctus ibi voluit manere diutius, usque dum hi quos ordinaverat, Christi munere firmarentur.

Cap. XLII. — Interea philosophus quidam civitatis ipsius, audita servorum Dei opinione, venit ad eos, scire volens quid essent, quidve profiterentur; et videns aliquos ex monachis, ait ad eos: Vocate mihi Patrem vestrum, quia de rebus necessariis cum eo disputaturus sum. Cum cognovisset autem sanctus vir quia philosophus esset, misit ad eum Cornelium et Theodorum, præcipiens eis, ut ad ea quæ sciscitaverit prudenti responsione satisfacerent. Egressus igitur ad eum philosophus ait: Multus ad nos sermo delatus est, quod sapientiæ geratis studium, et juxta religionem vestram, quietem diligatis impensius, insuper etiam prudenter his qui proponunt aliquid satisfacere videamini, et ideo de his quæ legistis vos interrogare disposui. Cui Theodorus: Profer, ait, quod vis. Et philosophus: Habes, inquit, tu mecum disceptationem, ut quæ fuerint quæsita dissolvas? Cui Theodorus respondit: Exprime jam quod intendis. Tunc philosophus ait: Quis, non natus, mortuus est? Quis rursum natus, a morte subtractus est? Quis autem, cum sit mortuus, non est fetore corruptus? Et ait Theodorus: Non grandis, inquit, hæc propositio tua, o philosophe; nam facile quod inquiris solvam. Quis non natus, mortuus est, habetur Adam protoplastus. Qui vero natus est, nec tamen mortuus est, existit Enoch, qui Deo placuit, atque translatus est. Qui mortuus est autem, nec fetore ullo corruptus, uxor est Loth, quæ conversa in statuam salis (*Gen.* xix), quæ usque nunc in eo habitu pro incredulorum perdurat exemplo. Et ideo consilium do tibi, o philosophe, ut has ineptas propositiones tuas et inanes deserens quæstiones, ad verum Deum quem colimus, te sine dilatione convertas, remissionemque peccatorum tuorum pro æterna salute percipias. Ad hæc philosophus obstupefactus, nihil inquisivit ulterius; sed discedens, acumen viri, responsionemque tam celerem paratamque miratus est.

Cap. XLIII. — Proinde Pachomius in iisdem monasteriis nuper exstructis, diebus plurimis immoratus est. Exinde profectus est, atque ad aliud monasterium, quod sub ejus erat ditione, pervenit. Quem cum fratres omnes, in occursum ejus properantes, summa veneratione susciperent, infantulus quidam de ipsa congregatione, qui inter alios occurrerat, clamare cœpit ac dicere: Vere, Pater, ex quo hinc ambulasti, nullus nobis olera nec legumen aliquod coxit. Ad quem sanctus grata mente respondit: Non contristeris, fili mi, ego jam coquam. Ingressusque monasterium, post orationem venit ad coquinam; et inveniens fratrem qui coquinæ præerat, psiathos (id est, tegetes) operantem, quas mattas vulgus appellat, ait ad eum: Dic mihi, frater, quantum temporis habes, ex quo non coxisti fratribus olera vel legumina? Qui respondit: Sunt fere duo menses. Et sanctus Pachomius ait: Quare contra præceptum facere voluisti, ut tanta fratrum negligeretur utilitas? Qui sub humili satisfactione respondit: Optaveram quidem, venerabilis Pater, quotidie implere ministerium meum; sed quia quidquid coquebam, non consumebatur a fratribus, quia omnes abstinent (soli quippe pueri aliquid cocturæ percipiunt), ne tanto labore paratæ projicerentur expensæ, propterea pulmentum non coxi. At ne otiosus essem, psiathos (40) elegi cum fratribus texere, sciens unum de his qui mihi deputati sunt ad opus hujusmodi posse sufficere, ut parvas escas, id est, olivas et herbulas ad refectionem fratribus pararet. Hæc audiens Pachomius: Et quot sunt, inquit, psiathi, quos te fecisse dixisti? Qui respondit: Quingenti. Et ille. Defer, inquit, huc omnes, ut videam. Qui cum fuissent allati, protinus eos igne supposito jussit exuri. Tunc ait illis: Sicut vos traditam vobis erga dispensationem fratrum regulam despexistis, sic ego passim labores vestros incendio concremavi, quatenus cognoscatis quam perniciosum sit Patrum instituta convellere, quæ pro animarum salute provisa sunt. An ignoratis quod gloriosum sit semper abstinere præsentibus? Nam si quis ab ea re quæ in ejus est potestate divina consideratione se continet, magnum consequitur a Domino præmium. Ab ea vero re, cujus utendi licentiam non habet, quadam noscitur necessitate cohiberi; et ideo propter abstinentiam coactam atque inutilem frustra videtur exspectare mercedem. Denique cum plures escæ appositæ fuerint, si fratres parcius his utuntur propter Deum, tunc apud Deum sibi maximam spem reponunt. De cibis autem quos non vident, nec eis ad percipiendum facultas ulla tribuitur, quomodo pro parcimonia præmium conceditur? Ideoque propter exiguos sumptus tanta fratrum non debuit intermitti commoditas.

Cap. XLIV. — Hæc cum loqueretur ad eos, et sufficienter eorum delicta corriperet, ostiarius ad eum festinus ingressus est, magnos viros et anachoretas egregios indicans advenisse; qui eum videre desiderarent. Quos illico jussit intrare, debitaque reverentia salutans eos, post orationem per fratrum ducebat cellulas, et omnia eis monasterii loca monstrabat. Qui rogaverunt senem ut cum eo de quibus cuperent rebus secreto loquerentur. Tunc vero duxit eos seorsum, seditque cum eis. Illis autem de rebus abditis atque arcanis altius disputantibus, cœpit sanctus Pachomius odorem sentire teterrimum. Videbat enim eos exculto satis uti sermone, et in Scripturis sanctis paratos existere, nec poterat de intolerantia fetoris aliquid vel cogitare, vel dicere. Ubi ergo de divinis eloquiis diutius disputarent, et hora nona jam refectionis tempus indiceret, surgentes ipsi, mox abire voluerunt. Quos sanctus vir enixius orabat ut cibum pariter sumerent. Qui noluerunt penitus acquiescere, dicentes festinare se ante occasum solis 132 ad propria remeare. Et vale dicentes ei, sine mora profecti sunt. Tunc sanctus Pachomius volens certius causam fetoris agnoscere, in orationem prosternitur, exorans Dominum quatenus sibi quales essent pandere dignaretur. Moxque cognovit quod impietatis eorum dogmata, quibus probabantur imbuti, tantam perniciem de eorum cordibus exhalarent. Nec mora, viros ipsos insequitur, et apprehensis ait: Unum volo vos interrogare sermonem. Qui dixerunt: Interroga. Numquid, ait, Origenis commenta legistis? Qui negantes, dixerunt: Nequaquam. Quibus ait: Ecce contestor vos coram Domino, quod omnis homo qui legit Origenem, et consentit his quæ prave disseruit, in profunda perveniet inferorum, hæreditasque ejus erunt vermes et exteriores tenebræ, quibus iniquorum animæ sine fine punientur. En ego, quod mihi manifestatum est a Domino, vobis sollicite nuntiavi.

Ex hoc innocens ero; vos videritis, si ea quæ sunt recta respueritis. Quod si mihi vultis acquiescere, Deoque placere per omnia, cunctos Origenis libros in flumen mergite, ne ab illis vos ipsi mergamini. Hæc dicens, discessit ab eis. Et rediens ad exercitium solitæ virtutis, reperit fratres in oratione consistere, cum quibus alacriter hymnos cantilenæ spiritalis explicuit.

Cap. XLV. — Monachis igitur ad vescendum convenientibus, venerabilis senex in cellulam, ubi consueverat supplicare Domino, se recepit. Et obserans ostium, orabat intente, memor visionis quam aliquando conspexerat; et obsecrabat Dominum, quatenus ei declararet statum monachorum qui futurus esset, vel quid post ejus obitum in tanta congregatione contingeret; et ab hora nona usque ad illud tempus quo frater qui nocturnis orationibus præerat vocem mitteret, et ad preces solitas excitaret, instantiam suæ supplicationis extendit. Cumque precaretur attentius, subito circa mediam noctem visionem cernit, quæ eum juxta petitionem propriam de statu posterorum suorum plenius edoceret. Nam monasteria sua vehementius dilatando, nonnullosque pie victuros et continenter agnovit, neglecturos etiam plurimos didicit, suamque salutem penitus esse perdituros. Vidit ergo, sicut ipse narravit, multitudinem monachorum in valle quadam profunda satis atque caliginosa consistere, et alios exinde velle conscendere, nec valere, quia occurrebant ex adverso sibi, nec invicem dignoscere poterant, nec de profundo illo et tenebroso loco prorsus emergere; alios autem frustra conatos præ lassitudine ruere, atque ad inferos pervenire; alios, jacentes, miserabili ac lacrymosa voce deflere; nonnullos vero cum maximo labore conscendere, quibus in ascensu ipso lux protinus occurrebat, in qua constituti referebant Deo gratias quod evadere potuissent. Ita Pachomius intellexit quæ novissimis essent eventura temporibus; cæcitatemque mentis eorum qui post futuri sunt, et errorem cordis, bonorumque defectum valde doluit; maxime vero, quod præpositi tunc negligentes ac desides forent, nec in Deo confiderent, sed concordia discordiose uterentur, placentes stultæ multitudini, et ostentantes habitum monachorum, nullaque bona opera præferentes. Semel autem pessimis primatum tenentibus, ipsumque nomen sanctæ conversationis ignorantibus, necesse est æmulationes ac jurgia generari, et quis præsit ac major sit, ambitiosa lite contendere; et reprobari quidem bonos, ac malos eligi; nec probitate morum, sed antiquitate vel ordine unumquemque velle cæteris anteferri. Unde neque aliqua bonis viris loquendi fiducia suberit pro utilitate communi, sed erunt in silentio et quiete, aut certe sub colore honestatis magnis persecutionibus affligentur. Et quid est opus singula recensere, cum omnia pene quæ sunt regulis subnixa divinis, humanis commutabuntur illecebris? Tunc Pachomius exclamavit ad Dominum, cum lacrymis dicens: Omnipotens Deus, si sic erit, ut quid permisisti cœnobia ista constitui? Si enim in tempore novissimo, quicunque fratribus præerunt perversi futuri sunt, quales erunt illi qui sub eorum regimine versabuntur? Cæcus enim si cæco ducatum præbet, uterque in foveam cadit (*Matth.* xv). Heu me! quia frustra et supervacue laboravi. Memento, Domine, studiorum meorum, quæ tuo munere perfecisti; memento famulorum tuorum, qui tibi tota mente deserviunt; memento testamenti tui, quod usque ad consummationem sæculi a tuis promisisti custodiri cultoribus. Tu nosti, Domine, quia ex quo suscepi hunc habitum monachi, nimis humiliatus sum in conspectu tuo, nunquam satiatus sum pane, et aqua, vel qualibet creatura alia quam fecisti.

Hæc eo dicente, vox ad eum facta est, dicens : Ne glorieris, Pachomi, cum sis homo, et indigeas misericordia, quia cuncta quæ condidi, mea miseratione subsistunt. Qui confestim prostratus in terra, misericordiam Domini postulabat, dicens : Omnipotens Deus, veniant mihi miserationes tuæ, et vivam (*Psal.* cxviii); et ne auferas misericordias tuas a me, quia misericordia et veritas tua semper susceperunt me (*Psal.* xxxii). Scio enim ego, Domine, quia nutant et claudicant universa sine protectionis tuæ auxilio. Hæc cum dixisset, astiterunt super eum angeli lucis; et juvenis in medio eorum, ineffabili pulchritudine atque claritate resplendens, qui instar solis ex se fulgoris radios emittebat, habens super caput coronam spineam. Et levantes a terra Pachomium angeli, dicunt ei : Quoniam petisti a Domino misericordiam, ecce venit tibi misericordia tua, Deus gloriæ Jesus Christus Filius Dei Patris unigenitus, qui missus est in hunc mundum, et pro salute generis humani crucifixus est, spineam ferens in capite coronam. Et Pachomius ait : Oro, Domine, nunquid ego te crucifixi? Et Dominus placidior ait ad eum : Non tu quidem crucifixisti me, sed parentes tui. Verumtamen animæquior esto, et confortetur cor tuum, quia posteritas tua manebit in sæculum, nec usque in finem mundi deficiet; ipsique qui post te futuri sunt, de profunda illa caligine liberabuntur, quotquot vixerint abstinenter, et curam salutis propriæ gesserint. Modo namque qui præsentia tua se continent, tuarum sequentes exempla virtutum, maxima gratiæ luce resplendent; post te vero, qui in hujus sæculi caligine fuerint immorati, quia prudenter intelligent quæ petenda sunt, quæve fugienda, et spontanea voluntate nullo humanitus utentes exemplo, de tantis exsilierint tenebris, omnemque justitiam servantes, æternam vitam toto corde dilexerint; amen dico tibi quia cum istis erunt qui nunc tecum in summa continentia et sanctitate præclari sunt, eamdemque salutem ac requiem sortientur. Hæc dicens Dominus, ascendit in cœlum. Sic autem illustratus aer est, ut splendor lucis illius non possit humanis sermonibus explicari.

Cap. XLVI. — Tunc sanctus Pachomius super his quæ sibi ostensa sunt, vehementer admirans, ad nocturnam synaxim cum universa fraternitate convenit. Et officio sancto solemniter adimpleto, cuncti monachi juxta consuetudinem coram sene ad audiendum verbum Dei constiterunt. Qui aperiens os suum, docebat eos, dicens : Filioli mei, quantacunque vobis est virtus atque possibilitas, pro salute vestra certate fortiter, et adversus armatum hostem viriliter dimicate : prius quam veniat tempus, quo nosmetipsos, si tamen inertes fuerimus ac desides, miserabili lamentatione plangamus. Non negligamus dies nostros, quos largitus est nobis Dominus; sed operemur in eis cum omni alacritate virtutem. Dico enim vobis, quoniam si sciretis quanta sanctis in cœlestibus bona parata sunt, et quæ tormenta maneant eos, qui a virtutis itinere deviaverunt, cognitaque veritate, non in ea digne versati sunt, summis utique viribus æterna supplicia vitantes, hæreditatem illam beatam, quæ Dei famulis promissa est, festinaretis adipisci : quam nemo, nisi malus ac perditus, fugit ac negligit; quia quid amittat, penitus nescit; quem jam jamque resipiscere oportet, et terrenis absolvi cupiditatibus, ut mala præterita deflendo jugiter, indulgentiam Domini consequatur, et sic ad meliora conversus, iter suum dirigat, quatenus in exitu vitæ lætus existens, ad cœlestem Regem cum magna laude perveniat; quando terrestre hoc habitaculum deserens anima, ad cognitionem suæ substantiæ properat; quando cœlestibus sociata virtutibus, ad Patrem luminum pervenire festinat Quid extollitur homo per vanam gloriam? Quid erigitur pulvis? Quid superbit terra et cinis (*Eccli.* x)? Plangamus nos ipsos potius dum tempus habemus, ne cum fuerit expleta singulis terminata dilatio, tunc inveniamur tempus pœnitentiæ exposcere, quando jam accipere non meremur. In hac enim vita nobis peccata deflere permissum est; in inferno autem, sicut a sancto David propheta didicimus, quis confitebitur Deo (*Psal.* vi)? Nimis anima illa probatur infelix, et omni lacrymarum fonte plangenda, quæ sæculo renuntians, iterum sæculi actibus implicatur, et inutilibus dudum curis exuta, rursum redit ad duræ servitutis obsequia. Et ideo, charissimi fratres, ab hoc instabili mundo, et post paululum transituro, perpetuam beatamque vitam nobis non patiamur auferri. Vereor autem, et totus penitus intremisco, ne carnis nostræ parentes usi sæculi rebus, et vitæ præsentis occupati negotiis, qui putabant nos deseruisse mundi mala, et ab hinc jam vita frui perpetua, suo nos judicio condemnent, dicentes nobis : Quomodo lassati estis in semitis vestris (*Sap.* v), tantis obsessi miseriis? Ex vestra namque tam magna tristitia, nobis etiam mœror accessit, et pœnis nostris vester ignis adjectus est. Rami quippe nostri facti sunt inutiles, nec fructus quos in flore monstraverunt ediderunt. Sed et illud propheticum ne nobis ingerant, expavesco : Ideo in deprædationem venerunt dilecti, facti sunt abominabiles, et corona capitis eorum sublata est. Civitates ad Austrum sitæ, clausæ sunt, nec est qui aperiat eas (*Jerem.* xiii). Tollatur enim impius, ne videat gloriam Dei (*Isa.* xxvi, *secundum Septuag.*).

Hæc cogitantes, fratres mei, totis certemus viribus, ne ab hoste superemur. Ille semper insistit ut perimat, nos sollicite vigilemus, ne (quod absit) ejus fraude perimamur.

Ante omnia præ oculis habeamus ultimum diem, et momentis singulis æternorum dolorum supplicia formidemus. His enim causis anima se consuevit agnoscere, corpusque proprium jejuniis ac vigiliis deprimens, ipsa in mœrore luctuque continuo perseverat, donec Spiritus sancti calore succensa, supernæ contemplationis mereatur auxilium, et a contagiis exsoluta terrenis, divinis jugiter exsatietur alloquiis. Alias etiam qui semper hæc cogitat, puritatem mentis obtinet, humilitatem cordis acquirit; vanam gloriam respuit; omni sæculari prudentia carere contendit. Philosophetur ergo, charissimi fratres, anima spiritalis quotidie adversus crassam carnis suæ materiam; omnique circumspectione cum ea taliter agat, quatenus ad meliora sibi consentiat. Et cum vespere pervenitur ad stratum, singulis membris corporis sui dicat: Donec simul sumus, obedite mihi suadenti quæ recta sunt, mecumque Domino cum alacritate servite. Manibus quoque suis dicat: Veniet tempus quando jactantia vestra cessabit, quando pugillus administrator iracundiæ non erit, quando palmæ, quæ ad rapinas extensæ sunt, conquiescent. Pedibus dicat: Erit quando ad iniquitatem non valebitis prorsus excurrere, quando pravitatis itinera non poteritis intrare. Cuncta quoque membra sua similiter alloquatur, et dicat eis: Antequam mors nos ab invicem dirimat, et separatio quæ per peccatum primi hominis accidit, impleatur, certemus fortiter, stemus perseveranter, viriliter dimicemus, sine torpore atque pigritia Domino serviamus, usque dum rursus adveniat, et temporales abstergens sudores nostros, ad immortalia nos regna perducat. Fundite lacrymas, oculi, demonstra caro tuam nobilem servitutem, collabora mecum in precibus, quibus Deo confiteor, ne, cum requiescere vis atque dormire, perpetua nobis cruciamenta conquiras. Et ideo vigila semper in operibus tuis, quia si te sobrie gesseris, bonorum tibi retributio copiosa provenet. Quod si neglexeris, tormentorum genera miseranda te succident; et tunc audietur ululatus animæ deflentis ad corpus: Heu me! quia colligata sum tibi, et propter te pœnam perpetuæ condemnationis excipio. Si hæc intra nos assidue retractemus, efficiemur vere templum Domini, et Spiritus sanctus habitabit in nobis, nec ulla nos Satanæ poterit ulterius circumvenire versutia (I Cor. IV). Super decem millia quoque pædagogorum magistrorumque doctrinam, timor Domini per cogitationes hujuscemodi nos erudiet, prudentesque custodiet: et quæcumque forsitan humano sensu non valemus attingere, hæc nobis Spiritus sanctus inspirabit. Nam quid oremus, ut beatus ait Apostolus, sicut oportet, nescimus; sed ipse Spiritus postulat pro nobis gemitibus inenarrabilibus (Rom. VIII). Erant quidem et alia plurima quæ diceremus; sed ne vos multum laborare cogamus, hunc terminum sermonibus nostris imponimus. Deus pacis et gratiæ confirmet vos atque corroboret in timore suo, fratres. Amen. Hæc dicens, sine mora surrexit, et commendans eos Domino, profectus est.

CAP. XLVII. — Cumque pergeret ad monasterium, cui cognomen erat Tabennense, cum Theodoro et Cornelio, cæterisque quam plurimis fratribus, substitit parumper in itinere, velut interrogans aliquem de quodam secreto negotio; et cognovit in spiritu unum de mandatis quæ præfixerat in monasterio, fuisse neglectum. Præceperat enim fratribus qui in pistoria arte laborabant, ut si quando facerent oblationes, nihil loquerentur supervacuum, sed apud semetipsos salutaria meditarentur eloquia. Vocavit ergo Theodorum, qui ipsius monasterii curam gerebat, et dicit ei: Vade secreto, et sollicitius inquire, quid fratres sero, cum oblationes facerent, sunt locuti; et quidquid deprehenderis, ad me referre curabis. Qui pergens, diligenter investigavit omnia, et ea quæ didicit sancto Pachomio nuntiavit. Qui dixit: Num existimant fratres quod traditiones quas eis dedimus servandas humanæ sint, et nesciunt quod pro contemptu etiam minimi mandati magna pericula negligentes maneant? Nonne VII diebus Israel silentium circa Jerichuntinam civitatem concorditer tenuit, deinde tempore constituto totus populus exclamans civitatem protinus cepit; et ita præceptum Dei, quanquam datum per hominem, nulla dissimulatione contempsit? Nunc ergo vel deinceps monachi præcepta nostra custodiant, ut hoc eis peccatum negligentiæ remittatur, siquidem et nos ipsi quæ aliis indicimus omni sollicitudine custodimus.

Tunc ingressus monasterium, post orationem venit ad fratres, qui psiathos operabantur, sedensque cum eis, cœpit et ipse texere. Transiens autem puerulus qui constitutus erat ad obsequium ejus, qui septimanam faciebat (41), intendit texentem beatum Pachomium, et dicit ei: Non bene, Pater, operaris, alio modo abbas Theodorus intexit. Et mox surgens ait ad puerum: Ostende mihi, fili, quomodo texere debeam. Et cum didicisset ab eo, sedit rursus ad opus suum, mente tranquillus, et in hoc facto superbiæ spiritum comprimens. Nam si secundum carnem quantulumcunque saperet, nequaquam pueri monitis acquiesceret; sed potius increpasset eum, quod ultra ætatem suam loqui præsumeret.

CAP. XLVIII. — Alio vero tempore, cum se removisset ab omni conspectu, et in secreto suo moraretur, introivit ad eum diabolus habitu simulato, et ex adverso consistens: Ave, inquit, Pachomi. Ego sum Christus (42), et venio ad te fidelem amicum meum. Tunc ipse, revelante sibi Spiritu sancto, visionem renuens inimici, cogitabat intra se, atque dicebat: Adventus Christi tranquillus est, et visio ejus omni timore libera, et gaudio plena est; protinus enim et humanæ cogitationes abeunt, et desideria æterna succedunt; ego autem nunc turbatus, variis cogitationibus æstuo. Et continuo surgens, et

Christo signo se muniens, extendit manus suas ut ipsum comprehenderet. Et exsufflans in eum dixit : Discede a me, diabole, quia maledictus es tu, et visio tua, et artes insidiarum tuarum, nec habes locum apud famulos Dei; et factus veluti pulvis, cellulam ejus molestissimo fetore complevit, ita ut ipsum corrumperet aerem, voce magna proclamans : Modo te lucratus essem, et sub meam potestatem redegissem, sed præcelsa est virtus Christi : ideo deludor a vobis in omnibus. Verumtamen quantum possum, vos impugnare non desinam; oportet enim me opus meum sine intermissione complere. Pachomius ergo confortatus Spiritu sancto, confitebatur Domino, gratias ei agens de miris erga se beneficiis atque muneribus.

CAP. XLIX — In hoc etiam monasterio quadam nocte cum Theodoro deambulans, subito procul intuitus est grandem phantasiam, multa seductione compositam. Erat enim in habitu mulieris, excedens omnem humanam pulchritudinem, ita ut formæ ejus expositio et visus exponi non posset. Hanc videns etiam Theodorus, turbatus est valde, et vultus ejus immutatus est. Quem venerabilis senex videns nimium formidare : Confide in Domino, ait, o Theodore, nec aliquatenus expavescas. Hæc dicens, stetit in oratione, supplicans Domino, ut stupenda illa phantasia divinæ majestatis præsentia solveretur. Cumque simul orarent, cœpit illa proxima fieri, quam præcedebat plurima dæmonum multitudo. Cum ergo preces suas Pachomius explicasset, illa veniens, ait ad eos : Quid superflue laboratis, dum contra me nihil agere potestis? Ego namque potestatem accepi a Domino tentare quos volo. Et interrogavit eam Pachomius, dicens : Quid vis esse, vel unde venis, aut quem tentare tu quæris? Quæ ait : Ego sum diaboli virtus, et mihi est caterva dæmonum tota subjecta. Ego sum quæ sancta lumina in terram præcipito, et caligine mortiferæ voluptatis involvo. Ego Judam quoque decepi, et ab apostolatus dejeci fastigio. Et te igitur, o Pachomi, expetivi a Domino, et impugnare non cesso; nec possum amplius opprobria dæmonum sustinere, quod universis impugnationibus ac præliis meis superiorem te esse demonstraveris. Nullus enim me, sicut tu, sine viribus reddidit. Nam juvenibus et senibus, necnon et pueris doctrina tua me subdidit; et ut ab eis penitus conculcer, effecit : tantum congregans contra me exercitum monachorum, et muro inexpugnabili Dei timore circumdans ita, ut ministri mei non valeant ex vobis quemquam sua multiplici fraude seducere. Hæc autem nobis omnia contingunt propter Verbum Dei, factum hominem, qui vobis potestatem tribuit nostram proculcare virtutem. Et Pachomius ait : Quid igitur? Me solum, sicut dixisti, tentare venisti, an non alios? Et te, ait, et qui tui sunt similes. Iterum sanctus vir interrogavit eam, dicens : Ergo et Theodorum? Illa respondit : Et Theodorum expetivi, et potestatem accepi tentare vos, sed appropinquare vobis penitus nequeo. Et interrogantibus eam cur non posset id agere, respondit : Si vobiscum pugnavero, non parva vobis utilitatum commoda ministrabo, maxime tibi, o Pachomi, qui ad tantam celsitudinem pervenisti, ut corporeis oculis gloriam Domini dignus sis habitus intueri. Sed numquid in perpetuum cum tuis monachis habitabis, quos nunc et orationibus protegis, et exhortatione corroboras? Erit tempus post obitum tuum, quando inter eos, prout libuerit, debacchabor, et agam de his quæcunque placuerint mihi. Tu namque facis ut nunc a tanta monachorum congregatione conculcer. Et sanctus vir : Nonne scis, inquit, infelix, quod forsitan post nos meliores erunt, qui Christo sincera voluntate servientes, eos qui ad disciplinam Domini confugerint, et doctrinis spiritualibus imbuant, et piis exemplis ædificent. Novi, ait illa, quod contra caput tuum modo mentitus sis. Tunc Pachomius ait : Tu mendacii principatum geris, nam præscire nihil omnino prævales. Hoc enim solius Dei est, et majestatis ejus ac potentiæ proprium, cuncta prænoscere. Quæ respondit : Secundum præscientiam quidem, ut dicis, penitus nihil novi, conjiciendo tamen plurima cognosco. Et sancto Pachomio sciscitante, quomodo conjiciat, ait illa : Ex præcedentibus quæ sunt ventura, considero. Et vir sanctus ait ad eam : Quomodo conjicere possis, exprime. Et illa : Omnis, inquit, rei principium processu temporis ad constitutum tendit augmentum, deinde ad detrimentum divergit. Sic ergo et in hac divina vocatione conjicio, quæ inter initia sua cœlesti roborata præsidio, signis et prodigiis, variisque virtutibus crevit. Cum igitur senescere cœperit, a propriis minuetur incrementis, aut temporis diuturnitate lassescens, aut negligentiæ torpore deficiens, tunc adversus hujuscemodi potero prævalere. Sed et nunc opus meum est, supplantare quos possum, magnosque viros tentare non desino. Cui Pachomius ait : Si, ut dicis, magnos viros tentare non desinis, propriumque opus tuum animarum perditionem esse professa es, utpote quæ cunctos excelsis in malitia dæmones, dic quomodo nunc adversus Dei famulos non potes prævalere? Et illa : Jam tibi, inquit, ante prædixi, ex quo mirabilis incarnatio Christi facta est in terris, nos sine viribus prorsus existere cœpimus; ita ut ab his qui credunt in nomine ejus illudamur ut passeres (43). Verumtamen etsi infirmi sumus redditi, non usque adeo gerimus otia, ut non quos possumus decipere moliamur. Nunquam quippe quiescimus adversari generi vestro, serentes malas cogitationes in animabus eorum qui contra nos decertare contendunt. Et si nobis titillantibus annuere eos ex parte aliquid senserimus, tunc amplius nequissimas cogitationes immittimus, et diversarum voluptatum incendia ministramus; et ita præliantes acerrime, subintramus eos, nostræque plenius potestati subjicimus. Si vero viderimus ea quæ suggeruntur a nobis, eos e contrario non solum non suscipere, verum nec libenter attendere, fideque quæ in Christo est, vigilanter et sobrie se munire, sicut fumus dissipatur in aere, sic ab eorum cordibus pellimur et fugamur. Non omnibus etiam viribus nostris permittimur cum omni homine congredi; quia non omnes possunt nostros impetus sustinere. Nam si concederetur nobis passim contra omnes nostra fortitudine depugnare, multos possemus, qui nunc tuo foventur labore, decipere. Sed quid agimus? quia juvantur precibus tuis, et virtute atque potentia Crucifixi muniuntur. Tunc sanctus Pachomius voce magna cum gemitu dixit ad eam : O indomitabilis nequitia vestra, quæ nunquam adversus genus humanum sævire desistit, donec iterum divina virtus, id est, Dei Filius de cœlis adveniens, ex integro vos consumat et perdat. Hæc dicens, increpavit catervam dæmonum sub nomine Christi. Quæ mox dissipata est, et ad nihilum dissoluta.

Mane autem facto, convocans Pachomius omnes fratres, qui vel sanctitate vitæ, vel antiquitate temporis præcedebant, exposuit eis cuncta quæ viderat atque audierat a malignis spiritibus. Insinuavit etiam per epistolas suas absentibus, muniens eos in disciplina atque timore Domini, et instruens providenter, ut in nullo prorsus phantasiis dæmonum cedant, nec insidiarum multiformium præstigia extimescant. Qui videntes et audientes quæ per divinam gratiam ab eo miracula gerebantur, corroborati atque solidati fide, cum omni alacritate laborem continentiæ sufferebant.

Cap. L. — Interea alicujus fratris, qui patientiæ senis æmulus et imitator erat, cum staret ad orationem, percussit scorpius pedem ; et adeo virus infudit, ut usque ad cor ejus dolor excurreret, et spiritum paulo minus exhalaret. Qui licet sit affectus extremo cruciatu, non tamen se commovit a loco suo, donec finiretur oratio : pro quo statim Pachomius preces Christo fudit, et pristinæ sanitati restituit.

Cap. LI. — Theodoro quoque gravis passio capitis inflicta, dolores acerrimos excitabat. Qui cum rogaret Pachomium, ut eum suis relevaret orationibus, ait ad eum : Putasne, fili, quod alicui contingat dolor, aut passio, aut aliquid hujusmodi sine permissione Dei? Idcirco in dolore sustine, et in humilitate tua patientiam habe ; et quando voluerit Dominus, conferet tibi sospitatem. Quod si te diutius probare dignatur, esto gratus, ut fuit perfectissimus et patientissimus Job, qui multas tribulationum et cruciatuum tentationes excipiens, Dominum benedicebat. Et sicut ille, tu quoque pro doloribus tuis majorem requiem a Christo percipies. Bona quidem est abstinentia, et in oratione perseverantia ; tamen infirmus magis præmium adipiscitur, cum longanimis et patiens invenitur. Et quia nobis de magnanimis viris sermo processit, necessarium reor, unius adhuc viri tolerantiam, quæ cunctam laudem transcendit humanam, proferre in medium pro utilitate multorum.

Cap. LII. — Zachæus quidam monachus, post longa continentiæ tempora, regio morbo correptus, sequestratam a fratribus habuit cellulam, tota vita sua pane tantum et sale contentus. Semper autem psia- thios operabatur ; tantamque contritionem propter Dominum sustinebat, ut sæpenumero funiculos intorquens, compungerentur manus ejus, et sanguinis guttæ effluerent, intantum, ut ex ipso opere magna viri tolerantia monstraretur. In tanta igitur infirmitate corporis constitutus, nunquam fratrum collectam deseruit, sed ad explendas omnes diurnas orationes, sollicite convolavit, adeo ut nunquam dormiret interdiu. Consueverat autem per singulas noctes, priusquam caperet somnum, quædam de Scripturis sanctis meditari ; totaque membra sua Christi signaculo muniens, glorificabat jugiter Dominum, et ita paululum quiescebat. Deinde circa noctis medium surgens, usque ad matutinas orationes alacer permanebat. Hujus aliquando manus quidam frater inspiciens, operis nimietate atque violentia fortiter sauciatas, et respersa sanguine, dicit ei : Quid ita pater durissimo labore te discrucias, maxime tali infirmitate depressus? An forte metuis ne apud Deum contrahas offensam, vel otii crimen incurras, si non sedulo fueris operatus ? Scit Dominus quid pateris, et quia nemo tantis tribulationibus afflictus, ullum valet opus attingere, præcipue tu, qui nulla necessitate constringeris. Nam si peregrinis post Deum sufficientiam pauperibusque largimur, quanto magis tibi tanto Patri cum devotione maxima serviemus ? Ad quem ille respondit : Impossibile est mihi non operari. Et frater ait : Si hoc, inquit, tibi placet, saltem manus tuas oleo perunge, ne tantum sanguinem profluentes in labore deficiant. Qui consilio ejus acquiescens, fecit quod hortatus est eum ; et intantum vulneratæ manus ejus gravatæ sunt, ut nequaquam posset ferre cruciatus. Ad quem visendum beatus Pachomius veniens, causamque cognoscens, ait ei : Putabas, frater, quod te oleum posset juvare ? Quis enim te coegit ita sedulo laborare, ut sub prætextu operis, in hoc visibili oleo magis quam in Deo spem tuam poneres ? Aut nunquid impossibile est Deo sanare te ? Aut ignorat ægritudines singulorum, nostrisque commonitionibus indiget ? vel despicit nos qui est natura misericors ? Sed utilitatem considerans animarum nostrarum, sinit ad momentum nos pati tristitiam, ut tolerantiæ perpetua præmia largiatur. Super ipsum igitur omnem curam nostram sollicitudinemque jactemus ; et quando voluerit, vel quomodo judicaverit, ipse terminum doloribus nostris benignus imponet. Qui respondens, ait : Ignosce mihi, venerabilis pater, et ora pro me Dominum, ut et hoc mihi delictum remittere pro sua pietate dignetur

Asseverabant etiam plurimi de hoc sene, quod per annum integrum se deflevit, post biduanum jejunium parum cibi percipiens. Hunc sanctus Pachomius monachis proponebat, velut exemplum bonorum operum, firmamentumque virtutum. Ad quem etiam eos qui erant in mœrore positi, dirigebat, quia habebat et consolatorium verbum, sicut nullus alius. Qui usque ad finem fortiter decertans in senectute sancta, pro doloribus tantis æterna solatia recepturus, ad cœlestia regna transivit.

Cap. LIII. — Certus itaque Pachomius, quod talentum sibi creditum nunquam prorsus absconderat, sed omnibus prærogans, et hunc et alios quamplures perfectæ conversationis ad Christum ante præmiserat, diem festum læta mente celebrabat super tantis ac talibus fructibus a Domino sibi concessis, de quibus noster hic sermo diu productus est, Deo gratias referens. Post beatissimum vero Paschalis festi diem, multis fratribus ad Dominum præmissis, ad postremum ipse quoque sanctus Pachomius infirmatus est; et ministrabat ei Theodorus, cujus sæpe meminimus. Et quamvis esset toto corpore nimis attenuatus ac debilis, faciem tamen habebat hilarem atque fulgentem, ita ut ex hoc quoque videntibus piæ mentis ac sincerissimæ conscientiæ suæ monstraret indicia. Ante duos ergo dies sanctæ dormitionis suæ, convocans universos fratres, ait ad eos : Ego quidem, charissimi, viam patrum securus ingredior, nam video me a Domino protinus evocari. Vos ergo mementote verborum quæ a me frequenter audistis, et vigilantes in precibus, sobrii estote in operibus vestris. Nulla sit vobis conjunctio cum sectatoribus Meletii, vel Arii, vel Origenis, seu cæteris Christi præceptis adversantibus. Cum illis autem conversamini, qui Dominum metuunt, et possunt prodesse vobis conversatione sancta, et animabus vestris spiritualia præstare solatia. Ego namque jam delibor, et tempus meæ resolutionis instat (*II Tim.* IV). Eligite igitur ex vobis fratrem, me præsente, qui post Deum præsit omnibus, curamque vestrarum gerat animarum. Quantum vero mea discretione perpendo, Petronium ego ad hoc opus idoneum judico, vestrum autem est quod expedit vobis eligere. Receperunt ergo et in hoc obedientissimi filii consilium patris. Erat enim Petronius potens in fide, humilis in conversatione, intellectu prudentissimus, bonis moribus, discretione perfectus. Pro quo precem Domino sanctus Pachomius fudit, quia et ipsum in monasterio, cognomento Chinobosciorum ægrotare compererat. Cui, licet absenti, **138** cunctam fraternitatem commendavit in Domino, mittens ad eum protinus ut veniret. Et signaculo Christi se muniens, atque angelum lucis qui fuerat ad se directus, aspectu intuens hilari, sanctam reddidit animam, quarto decimo die mensis Pachon, secundum Ægyptios, quod est juxta Romanos, ad septimum diem Iduum Maiarum (44).

Cujus venerabile corpusculum discipuli ejus, sicut decebat pro more curantes, totam noctem super illud duxere pervigilem, psalmos hymnosque canentes, sequenti vero die sepelierunt eum in monte, ubi fuerat constitutum. Illi autem qui missi erant ad sanctum Petronium, eum deduxerunt, adhuc infirmitate ipsa laborantem. Qui paucis diebus totam fraternitatem gubernans, et hic in pace defunctus est, relinquens post se virum justum et acceptum Deo, Orsesium nomine (45).

Cap. LIV. — Hæc igitur nos ex multis eorum meritis descripsimus pauca, et ex magnis parva digessimus, non ut illis honor aliquis præstaretur; nec enim fas est eos indigere præconiis, quibus sufficiens est æterna laus et indeficiens gloria, quam coram Christo et sanctis angelis ejus adepti sunt, et plenius cum suis corporibus in resurrectione omnium consequentur. Fulgebunt enim sicut sol in regno Dei (*Matth.* XIII), qui glorificantes se glorificare testatus est (*I Reg.* II) : sed et nos æmulatores eorum pro nostris efficiamur viribus, cum vitas eorum præclarissimas agnoscentes, eas imitari Christo donante contendimus, precibus semper adjuti beatorum patrum, patriarcharum, prophetarum, apostolorum, martyrum, omniumque sanctorum, per quos omnipotens et clemens Deus noster, beata et coæterna et consubstantialis et inseparabilis Trinitas, Pater, et Filius, et Spiritus sanctus, glorificatur jugiter et collaudatur, quia ipsi debetur omnis laus et gloria in sæcula sæculorum. Amen.

ROSWEYDI NOTATIO.

(1) *Dominæ.*] Totus hic prologus interpretis deest editioni Coloniensi. Habetur in Mss. et veteribus editionibus. Sed in editionibus non recte est *Domine*, tanquam si viro alicui primario hæc Vita inscribatur. Imo vero vel ipsa dedicatio et constructio *Dominæ* legendum suadent, ut habent manuscripti sancti Laurentii Leodii et Gemblacensis.

Sed quæ hæc *Domina?* Difficile est divinare. Suspicor tamen Gallam indicari, Symmachi consulis et Patricii filiam, claris ortam natalibus, et religione præstantem, quæ Dionysii hujus Exigui tempore vixit Romæ in monasterio ad sancti Petri ecclesiam. Ducor duobus sequentium numerorum argumentis, quibus Symmachi delatores, et ejusdem gloriosum pro Christo martyrium designantur.

Gallæ hujus celebris memoria in Martyrologio Romano, 5 Octobris : « Romæ sanctæ Gallæ viduæ, filiæ Symmachi consulis, quæ viro suo defuncto, apud ecclesiam beati Petri multis annis, orationi, eleemosynis, jejuniis, aliisque sanctis operibus intenta permansit : cujus felicissimum transitum sanctus Gregorius papa descripsit. » Quanquam de die obitus sanctæ Gallæ disceptat Arnoldus Wion Ligni vitæ parte II, libro III, ad diem 6 Aprilis, quo ejus obitum contigisse ex sancto Gregorio probat. Et 5 Octobris potius diem Translationis vel Commemorationis ejus esse pertendit.

De ea sanctus Gregorius, libro IV Dial., cap. 13 : « Gothorum namque temporibus Galla, hujus urbis nobilissima puella, Symmachi consulis atque Patricii filia, intra adolescentiæ tempora marito tradita, in unius anni spatio ejus est morte viduata, et ad Petri apostoli ecclesiam monasterio se tradidit, » etc. Ex hoc cæteri recentiores sua desumpsere, Petrus in catalogo sanctorum, lib. IX, c. 25; Trithemius, de Viris illust. ord. sancti Benedicti. lib. III, c. 13.

Scripsit quoque Fulgentius egregiam ad Gallam de consolatione super morte mariti, et statu viduarum epistolam, in qua inter cætera : « Disce igitur tu quoque nihil de nobilitate generis assignare. Et licet avo, patre, socero, marito consulibus pridem fueris inter sæculares illustris, nunc in eo te illustrem fieri cognosce, in quo illius virtus humilitatis accrescit. » Ubi etiam se ad Probam sororem ejus (quia videlicet in eodem monasterio uti sorores vivebant) scripturum asserit : « Disposuimus etiam (si Dominus voluerit, et si vixerimus) ad sororem tuam, sanctam Christi virginem Probam, quam Dominus hoc tempore præcipuum in urbe Roma dare dignatus est virginitatis et humilitatis exemplar, de jejunio et oratione aliquid scribere. » Quo tempore etiam Eugypius ad Probam virginem scripsit librum Thesaurorum ex Augustino, ut testatur Cassiodorus Divin. lect., cap. 23.

Alia est, opinor, Galla senior, Q. Aurelii Symmachi senioris cons. ordinarii et præfecti urbis neptis, cujus ipse meminit libro VI, epist. 32, quamque nepoticulam suam vocat.

Alia quoque Galla, Eucherii, post Lugdunensis episcopi, uxor, cujus dum de Eucherio agit, meminit Ado in Martyrologio, 16 Novembr., et Petrus in catalogo sanctorum, lib. x, cap. 67.

Alia est. de cujus sepulcro agit Gregorius Turonensis de Gloria confess., cap. 36, quæ sepulta fuit in ecclesia sancti Venerandi in Arvernia; quam Baronius, in Martyrologio, eamdem cum priore putavit. Sed ea inclusa fuit Lugduni, hæc in Arvernia sepulta.

Alia item Galla vidua cum filia Simpliciola, quam sanctus Augustinus laudat epistola 103, quæ in Africa vixerunt.

(2) *Quod hujusmodi pestes.*] Statim infert : « Tales expertus vir beatus, atque gloriosus genitor vester, Dominus meus. » Intelligit, opinor, **139** delatores Symmachi et Boetii, de quibus ita Procopius, lib. I de Bello Gothico : Σύμμαχος καὶ Βοέτιος ὁ τούτου γαμβρὸς, εὐπατρίδαι μὲν τὸ ἀνέκαθεν ἤστην· πρώτω δὲ βουλῆς τῆς Ῥωμαίων καὶ ὑπάτω ἐγενέσθην· ἄμφω τε φιλοσοφίαν ἀσκήσαντε, καὶ δικαιοσύνης ἐπιμελησαμένω οὐδενὸς ἧσσον· πολλοῖς τε αὐτῶν καὶ ξένων χρήματι τὴν ἀπορίαν ἰασαμένω· καὶ δόξης ἐπὶ μέγα χωρήσαντε, ἄνδρας ἐς φθόνον τοὺς πικροτάτους ἐπηγαγέτην, οἷς δὴ συκοφαντοῦσι Θεοδέριχος ἀναπεισθεὶς ἄτε νεωτέροις πράγμασιν ἐγχειροῦντας τὼ ἄνδρε τούτω ἔκτεινε καὶ τὰ χρήματα εἰς τὸ δημόσιον ἀνάγραπτα ἐποιήσατο. « Symmachus, et hujus gener Boetius, a suis majoribus gentis nobilitatem adepti, inter Romanos et senatorios viros principes erant, et consulatus utrique dignitate perfuncti, philosophiæ super cæteros, et æquitati studuerunt, multisque tam civium quam externorum inopiæ succurrendo saluti fuere. Hi postquam ad ingentem gloriam evasere, deterrimos quosque in sui invidiam concitarunt. Nam his calumniatoribus Theodoricus rex persuasus, Symmachum Boetiumque, perinde ac rebus novis studentes, occidit, eorumque bona omnia publicavit. » Meminit et delatorum suorum Boetius, lib. I Consol. Philos., pros. IV. Symmachi et Boetii jussu Theodorici occisorum mentionem facit Anastasius Bibliothecarius, in Vitis pontificum in Joanne I, et Paulus diaconus, Historiæ miscellæ lib. xv.

(3) *Genitor vester.*] Fuerit hic Q. Aurelius Memmius Symmachus, exconsul ordinarius et patricius, ad quem exstat epistola Ennodii, libro VII, epist. 25, cujus etiam lib. VIII, epist. 28, idem meminit. Theodoricus quoque rex eidem scribit apud Cassiodorum, libro II, epist. 14, et lib. IV, epist. 6 et 51. Ejusdem apud eumdem mentio inter senatores, quibus examen Prætextati et Basilii, qui magiæ arcessebantur, demandatum lib. IV, epist. 22. Meminit et Symmachi Hormisda papa, epist. 37 et 66 quas habes inter decretales pontificum epistolas.

Intelligi autem hic a Dionysio Symmachum, Gallæ genitorem, qui martyrium pro Christo sustinuit, videtur colligi ex verbis sequentibus : « Non solum patienter et fortiter insectationes eorum semper pro justitia pertulit, sed etiam felici fine pro veritate (quæ Christus est) constanter atque subliniter totius mundi adversa superavit. »

(4) *Ammon.*] Habes de eo et Theodoro apud Athanasium in Vita Antonii, cap. 32. In veteribus editionibus deest hic integra linea post *fundamenta*, videlicet, *conversationis eorum fratrum, qui nunc in monte Nitriæ commorantur.*

(5) *Constantine post persecutionem in imperio perdurante.*] Ita Mss. et veteres Editiones. In Coloniensi deest *post persecutionem;* et male ibi *properante pro perdurante.* Intellige de persecutione Diocletiani et Maximiani, quæ duravit decem annis, ut est apud Eusebium libro VIII, capite 37, Hist. Ecclesiast., et in Chronico. Incepit ea persecutio anno 19 Diocletiani, et duravit ad annum 6 Constantini (justus enim ita annorum denarius exsurgit) quo Maxentius occisus, ut habet incorruptum Eusebii Chronicon Amandinum manuscriptum, et Pontaci et Scaligeri editum. Recte igitur *post persecutionem*, scilicet Diocletiani et Maximiani. Nam licet illi secundo persecutionis anno purpuram deposuerint, ut habet Eusebii Chronicon, eorum tamen nomine sæviebat persecutio per sequentes imperatores et cæsares, qui tamen omnes exstincti intra illud decennium. Nam Severus cæsar primo anno Constantini interfectus est, Galerius Maximianus 3 Constantini, Maximinus 4 ejusdem anno moriuntur. Maxentius Constantini anno 6 superatus occubuit. Ipse Herculius Maximianus Constantini anno 2 occisus. Ita annos hos digerit Eusebii ms. Chronicon Amandinum, cui Hieronymus multa, ut fatetur in præfatione, inseruit. Ut mirum non sit si de morte Maximini Chronicon dissentiat ab Eusebii Historia ecclesiastica, qui libro IX, c. 8, Maximini mortem refert post mortem Maxentii. Ὁ δ' ἀνατολῆς οὐ πολὺν ἐπιζήσας ἐκείνου χρόνον. « Orientis (tyrannus Maximinus) non longo tempore post illius (Maxentii) occasum in vita manens. » Et Baronius Maximini mortem affert ad annum Constantini. Quidquid sit, post Maxentii necem cessavit persecutio. Nam etsi Maximinum post Maxentium vixisse ponamus cum Eusebio in Historia sua ecclesiastica, idem tamen eodem loco testatur, quod edictum pro Christianis dederit. Et licet usque ad Constantini annum 10 vixerit Diocletianus, quia tamen imperio privatus vivebat, cessavit, ut dixi, persecutio anno 6 Constantini. Vide Baronium, tomo III, ad annum 7 Constantini.

(6) *Tyrannum Maxentium.*] Nulli hactenus editi libri tyranni nomen expressere. Expressit manuscriptus sancti Laurentii. Etiam *tyranni* nomine absolute posito Prudentius, libro I contra Symmachum, v. 483, intellexit Maxentium :

Mulvius exceptum Tiberina in stagna tyrannum
Præcipitans....

Baronius, anno Christi 316 Silvestri papæ 3 Constantini imp. 11, quia in vulgatis hactenus tyranni nomen defuit, referebat ad Licinium. Sed Maxentium intelligendum, ut manuscriptus jam citatus præfert, probatur, quia hic post dicitur quod Constantinus jussit *tirones absolvi.* Non uno integro igitur anno duraverit bellum quo tirones militaverint, si, dum adhuc tirones existerent, militia soluti sint, cum tirocinio uno tantum anno duret, ut mox dicturus sum. Jam vero bellum contra Maxentium non duravit uno anno; contra Licinium vero annis aliquot.

Pachomium bello Maxentiano non Liciniano militasse, manifeste deducitur ex ipsius Vita Pachomii, et Eusebii ac Sigeberti Chronico. Nam cum cap. 4 Vitæ Pachomii dicatur ipse Pachomius fuisse xx annorum cum in tirocinium ascriptus est, et in Sigeberti Chronico dicatur Pachomius annum agens 410, in virtutibus consummatus, seu obiisse, et anno obitus ejus ibidem annus 405 Christi assignetur; bellum vero Maxentianum in Eusebii Chronico notetur anno Christi 315, juste colliges anno xc inter annum Christi 315 (quo bello Maxentiano Pachomius tiro existens annorum xx militavit) et annum Christi 405 (quo ipse obiit). Jam si addas xx annos, quot natus erat, cum relatus est in numerum tironum, recte statues eum annorum cx obiisse. Et per consequens natalis ejus statui poterit anno Christi 295, qui est 8 annus imperii Diocletiani.

(7) *Præcepta regalia cucurrerunt.*] Baronius, anno Christi 316, Silvestri papæ 3, Constantini imp. 11.

« Hic ille, inquit, plane annus esse videtur, qui, dum ad sequens praelium Licinius ubique delectum haberi juberet, et tirones describi, in Aegypto inter alios magnus ille Pachomius, tunc adhuc ethnicus, militiae ascriptus est. »

Posset ex Baronii mente, qui Pachomium meruisse **140** vult aera sub Licinio, huc referri quod habet Zosimus libro II Historiae suae, ubi agit de bellico Licinii apparatu : Διέπεμπεν ἀγγέλους κατὰ τὰ ἔθνη: « Dimisit ad nationes hinc inde nuntios. »

Sed non recte Baronium colligere, ipse textus evincit, qui clare insinuat Constantini praecepta regalia cucurrisse, eumque jussisse tironum delectum agi. Ita enim habet : « Itaque Constantino post persecutionem in imperio perdurante, et contra tyrannum gerente praelium, praecepta regalia cucurrerunt, ut lectissimi quique juvenum ad tirocinii militiam tenerentur. » Nec enim hic Licinius *tyranni* titulo afficeretur, et ibidem vocarentur ejusdem *regalia praecepta*.

Vix dubito, Baronio occasionem fuisse referendi hunc tironum delectum ad Licinium, quod Licinio Aegyptus parebat, ut insinuat Sozomenus libro I, cap. 11, et Zosimus libro II. Quomodo enim Constantinus delectum jussisset agi in provincia adversarii sui? Recte quidem ita Baronius subduxisset, modo hic ageretur de bello Liciniano contra Constantinum. Sed cum jam probaverimus agi hic de bello contra Maxentium, et verba de tironum delectu modo data a Constantino eum indictum clare significent; etsi Aegyptus Licinio cessisset et pareret, quia tamen bello contra Maxentium Licinius cum Constantino conspirabat, potuit delectus utriusque nomine in Aegypto profuisse indictus.

(8) *Ad tirocinii militiam ubique tenerentur.*] Ita quandoque opus fuit, ut milites et tirones in subitario delectu, ne refugerent, teneri et prehendi debuerint, Livius, libro III : « Quemcunque lictor jussu consulis prehendisset, tribunus mitti jubebat. » Vide Lipsium, de Militia Romana, libro I, dialog. 4.

(9) *Ad civitatem quamdam.*] Metaphrastes habet, *oppidum quoddam Thebarum.*

Baronius, anno Christi 316, Silvestri papae 3, Constantini Imp. 11. « Haud otiosum, inquit, erit locum perscrutari, in quo Christianorum ibi agentium admiratus collatam in gentiles etiam homines charitatem pariter ac pietatem, Christianae religionis concepit affectum, qui velut semen diligenter excultum, in ingentem arborem excrevit.

« Thebarum civitatem unam illam fuisse cum scribat auctor (Metaphrastes) in mentem revoco, eamque civitatem existimo, quae Oxyrynchus dicta, diversis sanctorum virorum ac mulierum, pro status cujusque diversitate, classibus abundabat (*Evagrius, in Vitis SS. Patrum, cap.* 5); quaeque erat sanctissimorum virorum asylum, et collectio civium beatorum; quorum praeclarissimae virtutes, cum in omnibus actionibus elucerent, in suspiciendis tamen hospitibus, solis instar radiorum adeo effulgebant, ut etiam gentiles homines in maximam sui admirationem adducerent, et ad capessendam Christianam fidem eorum animos provocarent. »

Ita quidem Baronius, qui *Thebarum civitatem* idem existimat atque *Thebaidis civitatem*; quod nescio an omnino hic admittendum sit. Quidquid sit, Oxyrynchum non esse eam civitatem ad quam venerit quamque transierit Pachomius, vel inde probari potest :

Primo, quod dicatur *navi, vespera urgente, ad civitatem delatus* : atqui Oxyrynchus procul a mari et a Nilo distat; diciturque Ptolomaeo Oxyrynchitis nomi μέσων μητρόπολις mediterranea metropolis.

Secundo, quod dicatur *ad peregrina transvectus pervenisse ad civitatem Thebarum* : atqui Oxyrynchus in Thebaide est, ex qua provincia Pachomius oriundus, et militiae ascriptus est.

Baronio duae causae fuere, ob quas de Oxyryncho cogitaverit, eamque existimaverit civitatem ad quam Pachomius appulerit.

Primo, quod Metaphrastes dicat fuisse *oppidum quoddam Thebarum.* Sed inde non posse colligi Oxyrynchum, jam dixi.

Secundo, quod Evagrius, imo Ruffinus (*Ruff., hic, lib. II, c. 5, de Vit. PP.*), ut in prolegomenis docui, in Vitis sanctorum Patrum, cap. 5, paria quaedam habeat de Christianorum benignitate et hospitalitate, quae dicit se suo tempore Oxyrynchi expertum cum iis quae olim Pachomius ait se invenisse in Thebarum quadam civitate. Sed non inferiora beneficentiae officia a Christianis etiam aliis locis praesita, et quidem Pachomii aetate, narrat Eusebius libro IX, cap. 7, ut non potior ratio sit de Oxyryncho quam alia aliqua civitate cogitandi.

Quare existimo, cum multae Thebae sint, unam Thebarum civitatem fuisse, ad quam ex Thebaide et Aegypto solvens cum reliquis tironibus, et ad Constantinum properans pervenerit Pachomius, et eam Christianorum expertus fuerit charitatem.

(10) *Videntes tirones arctius custodiri.*] Metaphrastes : « Cum cives vidissent eos in satis tuta esse custodia, » ex veteri Romano ritu, quo tironibus custodes dati. Servius ad lib. VII Aeneid. « Ante urbem pueri Romani anno 17 militabant, quo etiam solo sub custodibus agebant. » Cicero, in Caeliana : « Nobis quidem olim annus erat unus ad cohibendum brachium toga constitutus, ut exercitatione ludoque campestri tunicati uteremur; eademque erat, si statim mereri stipendia coeperamus, castrensis ratio ac militaris. » Plautus, Mostellaria, act. 1, scen. 2 :

Ad legionem cum itant, adminiculum eis danunt
Tum aliquem cognatum suum.
Eatenus abeunt a fabris.
Unum ubi emeritum est stipendium, igitur tum
Specimen cernitur, quo eveniat aedificatio.

(11) *Chinoboscium.*] Non recte in veteri editione *Cynobostium.* Et cap. 53, *Thynobostium.* Hic, infra, cap. 40 : « Frater quidam de Chinobesciorum monasterio. » Et cap. 53 : « Quia et ipsum in monasterio, cognomento Chinobosciorum, aegrotare comperirat. » Χηνοβοσκία *Chenoboscia* urbs est Thebaidos, ita forte dicta, quod ibi *anseres pascerent.* Vide Onomasticon.

(12) *Et in melle.*] Ita in primitiva Ecclesia baptizati mellis et lactis dulcedinem delibabant. Tertullianus, de Corona militis, cap. 3, agens de baptismi caeremoniis, postquam jam de baptismo ipso egit. « Inde suscepti lactis et mellis concordiam praegustamus. » Idem libro I contra Marcionem, cap. 14, agens de deo Marcionis, qui alias creaturam Dei respuens, in suis sacramentis tamen eam non respuebat, ad Ecclesiae ritus aemulabatur : « Sed ille quidem usque nunc nec aquam reprobavit Creatoris, qua suos abluit; nec oleum, quo suos ungit; nec mellis et lactis societatem, qua suos infantat. » Beata Agnes, teste Ambrosio, serm. 90, dicebat : « Lac et mel ex ore ejus suscepi. »

Hieronymus, adversus Luciferianos, c. 4, ex Traditione in Ecclesiis hoc observari docet, simulque mysterium explicat, ut scilicet recens baptizati meminerint se instar infantum esse. « Nam et multa, inquit, alia, quae per traditionem in Ecclesiis observantur, **141** auctoritatem sibi scriptae legis usurpaverunt, velut in lavacro ter caput mergitare, deinde egressos lactis et mellis praegustare concordiam ad infantiae significationem. » Infantium autem propria est innocentia. Unde Clemens Alexandrinus, libro I Paedag., cap. 6, viros innocentes et jus os ab Homero dici γαλακτοφάγους, *lacte vescentes*, advertit.

Originem hujus rei existimo manasse ex illa Exodi III : *Educam de terra illa in terram bonam et spatiosam, in terram quae fluit lacte et melle.* Quod Clemens Alexand., sup., ad catechesin perfectam refert.

Aliam nec valde absimilem consuetudinem notat

Hieronymus fuisse in Occidentis Ecclesiis, ut videlicet recens Christo renati vinum et lac degustarent, quo rationale lac et sapientiam desiderare discerent. Quod originem ex illo Isaiæ xv traxit : *Venite, emite absque argento, et absque ulla commutatione vinum et lac.* In quem locum ita scribit Hieronymus : « Quod vinum miscuit et Sapientia in cratere suo, omnes stultos sæculi, undique sapientiam non habentes provocans ad bibendum. Et non solum vinum emamus, sed et lac : quod significat innocentiam parvulorum. Qui mos ac typus in Occidentis Ecclesiis hodie usque servatur, ut renatis in Christo vinum lacque tribuatur. De quo lacte dicebat et Paulus : *Lac vobis potum dedi, non solidum cibum* (I Cor. iii). Et Petrus : *Quasi modo nati parvuli rationale lac desiderare* (I Pet. ii). Unde et Moyses vinum et lac in Christi intelligens passione, mystico sermone testatur : *Gratiosi oculi ejus a vino, et candidi dentes ejus a lacte* (Gen. xlix).»

Sane cum jam per baptismum renati instar infantum sint. recte supra dixit Tertullianus Ecclesiam lactis et mellis societate suos *infantare.* Et Paulinus, epist. 12, sacro tinctos fonte, *infantes* vocat :

Inde parens sacro ducit de fonte sacerdos
Infantes niveo corpore, corde, habitu.

Unde hodieque in Ecclesia catholica, Dominica in Albis, dum baptizati olim albam vestem deponebant, canitur : *Quasi modo geniti infantes rationabile sine dolo lac concupiscite.*

(13) *Palæmon.*] Hujus memoria exstat in Martyrologio Romano 11 Januarii : « In Thebaide, sancti Palæmonis abbatis, magistri sancti Pachomii.

(14) *Habitu monachi consecravit.*] Adverte, hæretice, quanta fuerit olim sacræ monachorum vestis reverentia, ut es laici religioni consecrarentur. Vide de initiatione et consecratione monachi apud Dionysium Areopagitam Ecclesiast. hierarchiæ c. 6, ubi inter cætera habes *vestis mutationem*, dum quis in monachum consecratur. Tertullianus, libro de velandis Virginibus, cap. 3 : « O sacrilegæ manus, quæ dicatum Deo habitum detrahere potuerunt. » Hieron., epist. 15, ad Marcellam : « Tunicam fusciorem induta se repente Domino consecravit. «

(15) *Lapsanas enim id est agrestia olera.*] Ita Editi omnes et Mss. Solent quandoque auctores etiam in textu verborum difficiliorum explicationem adjungere, quod videtur hic factum. Cassianus, libro iv Instit., cap. 11 : « Illud quoque arduum atque sublime genus continentiæ similiter prætermittens, in qua summæ reputantur deliciæ, si herba sale condita, quam lapsanium vocant, aqua diluta, ad refectionem fratribus apponatur. » Idem, libro eodem, cap. 22 : « Apud quos secta singulis mensibus porrorum folia, lapsania, sal frictum, olivæ, pisciculi minuti saliti, quos illi mænidia vocant, summa voluptas est.» Vide proverbium, *Lapsana vivere*, de tenui et paupere victu. Dioscorides, libro ii, capite 142, λαμψάνην vocat.

(16) *Ad civitatem Panos.*] Panos Ægypti urbs est in Thebaide, quæ Πανόπολις Ptolomæo; quam Chemnim dictam volunt.

(17) *Tabennense.*] Cassianus, libro iv Inst., cap. 1 : « Quædam scilicet de Ægyptiorum, quædam de Tabennensiotarum regulis admiscentes; quorum est in Thebaide cœnobium, quanto numero populosius cunctis, tanto conversationis rigore districtius. Si quidem in eo plusquam quinque millia fratrum sub uno abbate reguntur. »

(18) *Lebitone.*] Quid *lebiton* sit, ipse hic explicat : « Lebiton, inquit, linea vestis erat, instar colobii, qua monachi utuntur hodieque per Thebaidam et Ægyptum. » Hic, infra, cap. 22, in regula Pachomii : « Induantur autem noctibus lebitones lineos. » Hieronymus, præfatione in regulam sancti Pachomii, *lebitouarium* vocat : « Nihil habent in cellulis præter psiathium, et duo lebitonaria (quod Ægyptiis monachis genus vestimenti est sine manicis). » Isidorus, lib. xix Orig., cap. 22 : « Lebitonarium est colobium sine manicis, quali monachi Ægyptii utuntur. » Vide Onomasticon.

De colobio Cassianus, libro i Instit., cap. 5 : « Colobiis quoque lineis induti, quæ vix ad cubitorum ima pertingunt. » Quid autem diversus hic monachorum, qui sub regula Pachomii vivebant, habitus designet, vide apud Sozomenum, lib. iii, c. 14, et infra in Onomastico.

(19) *Quatenus essent spatia digna membrorum.*] Mox : « Et monasterii membra dilataret. » Notum verbum, sed non omnis ejus significatio æque nota. Veteres *membrum* pro parte ædium vel cubiculo usurpabant. Plinius, libro ii, epist. 17 : « Cubiculo adhæret dormitorium membrum, transitu interjacente. » Idem, libro v, epist. 6 : « Multa in hac membra. » Columella, libro i, cap. 6, « membra villæ » in tres partes, « urbanam, rusticam, et fructuariam » dividit. Sidonius, libro ii, epist. 2 ; « Effecit membrum bene frigidum. » Cassiodorus, in Psalmum cxlviii. « Dicimus unum esse palatium, quod multis membris, multis spatiis ambiatur. » Occurrit etiam aliquoties apud jurisconsultos veteres.

(20) *Veluti singularis ferus.*] Habetur psalmo lxxix *singularis ferus*, ubi in Græco est, μονιὸς ἄγριος. Intelligitur de certo aprini generis animante. Vide Onomasticon.

(21) *Exsufflavit in eum.*] Infra, cap. 48 : « Et exsufflans in eum dixit. » Dæmones ab usque primitiva Ecclesia ad hanc ætatem exsufflari soliti. Vide Onomasticon.

(22) *Apollo.*] Varii fuere Apollines, vel Apollones, vel Apollonii monachi. Quis hic fuerit, difficile est distincte dicere.

(23) *Acceperat enim dudum tabulam.*] De regula illa, quam in tabula scriptam ab angelo accepit, habes hic, supra, cap. 12, in textu. De regula eadem vide in præludiis ad hanc Vitam, n. 2. Accepit videlicet Pachomius veluti alter Moyses, in deserto divinas leges, quibus suos ad vitam terris perfectam beatamque ducendam imbueret.

(24) *Lebitones lineos.*] Vide hic, supra, ad caput 14, n. 18.

(25) *Et melotem.*] Et hic rursus explicatio obscurioris vocis in textu apponitur, *id est, caprinam pellem.* Hieronymus præfatione in regulam sancti Pachomii : 142 « Et caprinam pelliculam quam meloten vocant. » Cassianus, libro i Instit., c. 5 : « Ultimus est habitus eorum pellis caprina, quæ melotes vel pera appellatur.

(26) *Et rursus λ vel ρ vel σ.*] Ita constanter ms. Coloniensis editio : *Et rursus : Salutate ρ, vel σ*. Sic in Palladio, cap. 58, *Saluta ρ*. Quidam manuscripti ad longum omnia nomina exprimunt: *Et rursus labda, ro, vel simma.* Ita Ms. Gemblacensis. In Manuscripto, sancti Laurentii est: *Et rursus lauta, ro, vel simma.* Sozomenus, lib. iii Eccles. Hist., c. 13, ait in Tabula Pachomii, quam ab angelo accepit, scriptum fuisse: Πᾶσαν δὲ τὴν συνοικίαν εἰς εἰκοσιτέσσαρα τάγματα διελεῖν, καὶ ἐπονομάσαι ταῦτα τοῖς Ἑλλήνων στοιχείοις, καὶ ὅπως ἔχει βίου καὶ ἤθους ἑκάστῳ τάγματι τὴν προσηγορίαν ἐφαρμόσαι, οἷον ἁπλουστέρους α ἢ ι ἀποκαλοῦντας, σκολίους δὲ ζ ἢ ξ, καὶ ἄλλως ἄλλως, καθὼς ἐκλαμβάνειν εὔσταχὴν ἔστι πρὸς τὸ σχῆμα τοῦ γράμματος τὴν προαίρεσιν τοῦ τάγματος. « Postremo ut totus conventus in quatuor et viginti classes distribueretur, et singulæ singulis litteris Græcis vocarentur, verbi gratia, ut simpliciores vocarentur α vel ι, ut vafri ζ vel ξ ut alii aliarum litterarum nominibus appellarentur, quemadmodum forma litteræ rationem vitæ classis cujusque apte videretur exprimere. »

(27) *Cum autem comederent, capita sua cucullis operirent.*] Cassianus, libro iv Instit., cap. 17, de Ægyptiis monachis et maxime Tabennensiotis : « Tantaque vescentibus in silentii hujus disciplina servatur, ut cucullis ultra oculorum palpebras demissis, ne scilicet liber aspectus habeat curiosius copiam evagandi, nihil amplius intueantur, quam men-

sam, et appositos in ea vei quos in ea capiunt cibos. »

(28) *Necnon ab angelo, etc., ut diurnae orationes* xii, etc.] Cassianus, libro ii Instit., capite 4, meminit duodenarii psalmorum numeri, tam in vespertinis, quam in nocturnis solemnitatibus custoditi : « Qui, inquit, intemeratus nunc usque perdurat, quia non humana adinventione statutus a senioribus affirmatur, sed coelitus angeli magisterio patribus fuisse delatus. » Vide, infra, Palladium capite 38.

(29) *Praepositos.*] Hieronymus, praefatione in regulam sancti Pachomii : « Qui (Tabennenses monachi) habent per singula monasteria patres et dispensatores, et hebdomadarios, ac ministros, et singularum domorum praepositos. »

(30) *Aprione Tentyrorum episcopo.*] Coloniensis editio pro *Aprione* habet *Pycerio*. Nomen Aprionis occurrit in inscriptionibus antiquis apud Gruterum, pag. 695.

P. LIVIO ARTICULO
APRIO PATER L. B. AB
HEREDIBUS.

Occurrit etiam in iis *Aprius*. Apud Athanasium, Apolog. 2 de fuga sua, pag. 618, est *Saprion* episcopus. Et ibidem, pag. 596, est *Aprianus* inter episcopos, qui subscripsere Sardicensi concilio.

(31) *Per idem tempus.*] Baronius, tomo III, anno Christi 328, Silvestri papae 15, Constantini imp. 23. « Hoc, inquit, anno Athanasius, qui ante superiorem annum creatus episcopus Alexandrinus, mox lacessitus Meletianorum calumniis, convenientibus Eusebianis, anno proximo elapso (ut vidimus) laborantibus iis pro restitutione Arii Alexandriam, in praesenzem usque annum dire exagitatus est; repulsis his, persuasoque Constantino, tandem quievit, nactusque nunc primum hosce tranquillitatis dies Alcyonios diutius exspectatos, ut susceptum episcopale munus, uti par erat, obiret; quod magis sibi necessarium visum est, opus aggreditur, perdifficile quidem, nempe ut universam eamdemque amplissimam Alexandrinae Ecclesiae subjectam perlustrando dioecesim, quod haeresis et schisma, pravique mores in Ecclesia corrupissent, vigilantissimo studio restauraret, restitueretque in eis fidem et pacem exsulem, moresque corruptos Ecclesiastica disciplina correctos. Hujus quidem peregrinationis ex episcopali susceptae munere ipse meminit, etc.

« Cum igitur sanctus Athanasius (*Athanas., apol.* 2) cunctas ex officio visitaret Ecclesias, non in civitatibus tantum, oppidis atque viciis positas, sed et quae in solitudinibus desertisque locis penes sanctos monachos erant, invisit; et visitatione eadem ad monasterium sancti Pachomii pervenit.

Qui igitur anno primo belli Liciniani Pachomius natus erat annos xx, eo anno scilicet qui Domini numeratur (sicut dictum est superius) 316, erat hoc anno aetatis annorum xxxii, habens monasticae institutionis annos xii. Quamobrem quod ipse in Actis illis *senex* sit dictus, veneratione potius quam aetate sic nominatus apparet, ut pote quod Pater multorum monachorum effectus erat, qui et ipsi egregia floruerunt sanctitate. » Hactenus Baronius.

Sed Pachomii anni reformandi sunt ad jam dicta superius, cap. 4, n. 6, ubi probavimus Pachomium bello Maxentiano militasse, quod gestum est anno Christi 312. Unde hoc anno 328 (quo eum existimat Baronius ab Athanasio visitatum) fuerit annorum xxxvi.

(32) *Heracla.*] Fuit hic Alexandrinae civitatis episcopus, de quo Eusebius in Chronico, anno 8 Alexandri imp. : « Alexandrinae Ecclesiae duodecimus episcopus ordinatur Heraclas annis xvi. Ejusdem meminit Eusebius, libro vi, capite 12, 14, 24 et 28 ecclesiast. Histor. Exstat hujus memoria in Martyrologio Romano 14 Julii : « Alexandriae sancti Heraclae antistitis, ob cujus celeberrimam opinionem Africanus historiographus memorat se Alexandriam ad eum visendum properasse. »

(33) *Origenis commenta.*] Infra, cap. 45 : « Quod si mihi vultis acquiescere, Deoque placere per omnia, cunctos Origenis libros in flumen mergite, ne ab illis vos ipsi mergamini. »

Baronius, anno Christi 402, Anastasii papae 5, Arcadii et Honorii impp. 8. De eodem quoque, ait, Origenis περὶ ἀρχῶν, errorum fonte, puto intelligendum, quod reperitur in gestis beati Pachomii, ipsum exsecratum esse monachos legentes libros Origenis. Circumferebantur enim libri illi περὶ ἀρχῶν per Ægypti monasteria, qui auctoritate Didymi eos notationibus illustrantis apud nonnullos magno erant in pretio. Unde et factum est, ut idem Pachomius, ex hac vita migraturus, quasi testamento Origenis errores damnatos reliquerit. Quod posterius in hac Vita habes, capite 53.

(34) *Theodorus.*] De eo Gennadius in catalogo illustrium Ecclesiae Scriptorum, capite 8 : « Theodorus presbyter, successor gratiae et praepositurae supradicti abbatis Pachumii, scripsit ad alia monasteria sanctarum Scripturarum sermone digestas, in quibus tamen frequenter meminit magistri et institutoris sui Pachumii, ac doctrinae ejus ac vitae proponit exempla, quae ille ut doceret angelo administrante didicerat : simul et hortatur permanendum in proposito cordis et studii, et redire in concordiam et unitatem eos qui post abbatis obitum discessione facta, a coetu semetipsos absciderant unitatis : sunt autem hujus exhortationis epistolae tres. »

Theodori hujus memoria agitur in Graeca Ecclesia 15 Maii, ut habet Menologium Graecum : « Eodem die Theodori sanctificati. Hic beatus Theodorus cum Dei legem meditatus esset, castissimo animo totus purus effectus, et vas utile ac sanctificatum ostensum est, supergrediens visibilium rerum sensum, cum sancto Pachomio, et contubernio et moribus conjunctus; et vere dignus qui sanctificatus appellaretur, quippe qui miraculorum operatione dives factus est. Cum igitur tam bene vitam egisset, in summa senectute migravit ad Dominum. » Quae etiam habes, quibusdam additis, in Graecorum Menaeis, ubi 16 Maii dies ejus festus notatur. Ut error in Menologium irrepsisse videatur, ubi dies 16 Maii omittitur; qui signandus erat, et Theodoro adscribendus. Ejusdem mentio est in Menaeis, in Vita sancti Pachomii 15 Maii, ubi dicitur etiam ὁ ἡγιασμένος, sanctificatus.

(35) *Undecimo die mensis Tybi, id est, octavo Id. Januar.*] Ne mirere undecimum diem Tybi mensis Ægyptiorum respondere diei sexto Januarii Romanorum mensis, seu viii Iduum Januariarum. Nam Ægyptii mensem suum Tybi auspicabantur sexto Kalendarum Januariarum, seu 27 Decembris. Jam vero a 27 Decembris ad sextum Januarii habes 11 dies. Vide in Onomastico Mensium tabulam.

(36) *Et credo quia tanti viri recordatus sum.*] Ita Athanasius memoriae sancti Antonii multum tribuit. Supra in praefatione ad ejus Vitam : « Etenim mihi ingens lucrum est atque utilitas hoc ipsum quod recordor Antonii. » Ex sanctorum memoria triplex in se desiderium agnoscit Bernardus, serm. 5 in festo omnium sanctorum : « Plane quod eorum memoriam veneramur, nostra interest, non ipsorum. Vultis scire quantum interest nostra? Ego in me, fateor, ex hac recordatione sentio desiderium vehemens inflammari, et desiderium triplex. » Reliqua apud eum vide.

(37) *Diabolum vinxistis ut passerem.*] Ipse diabolus, infra, cap. 49, suam infirmitatem et captivitatem fatetur : « Ex quo mirabilis incarnatio Christi facta est in terris, nos sine viribus prorsus existere coepimus; ita ut ab his qui creduut in nomine ejus illudamur ut passeres. » Simile habet supra Athanasius, in Vita sancti Antonii cap. 16. Aliam et contrariam de illusione passeris, qua diabolus peccatores prava consuetudine vinctos tenet iisque illudit, historiolam et similitudinem habet Edmerus in Vita sancti Anselmi, libro ii, cujus dies festus occurrit 21 Aprilis : « Alia vice conspexit puerum cum avicula in via ludentem, quae avis pedem filo annexam habens, saepe,

cum laxius ire permittebatur, fuga sibi consulere cupiens, avolare nitebatur. At puer filum manu tenens, retractam usque ad se dejiciebat, et hoc ingens gaudium illi erat. Factum est id frequentius. Quod pater aspiciens, miseræ condoluit avi, ac ut rupto filo libertati redderetur, optavit. Et ecce filum rumpitur, avis avolat, puer plorat, pater exsultat. Et vocatis nobis : Considerastis, inquit, jocum pueri? et confessis considerasse, ait : Simili consideratione jocatur diabolus cum multis hominibus, quos suis laqueis irretitos pro sua voluntate in diversa vitia pertrahit. Sunt enim quidam, ut verbi gratia dicam, aut avaritiæ, aut luxuriæ, et similium flammis succensi, et ex magna consuetudine illis addicti. His contingit aliquando ut sua facta considerent, defleant, seque amodo a talibus cessaturos sibi promittant. En more avis se volare liberos autumant. Sed quia pravo usu irretiti ab hoste tenentur volantes, in eadem vitia dejiciuntur. Fitque hoc sæpius, nec omnimodis liberantur, nisi magno conatu per respectum gratiæ Dei, filum pravæ consuetudinis dirumpatur. » Quod etiam habes apud Anselmum, lib. de Similitudinibus, cap. 189, et Antoninum, tom II Chronic., tit. xvi, cap. 11, § 2, paulo explicatius.

(38) *Panos civitatis episcopus, Varus nomine.*] Apud Metaphrastem est, cap. 62, *Civitatis episcopus nomine Panuarius*, quod haud dubie ex *Panos* et *Varus* depravatum.

(39) *Ego autem quantulamcumque ei requiem vel satisfactionem.*] Apud divum Gregorium, libro iv Dialog., cap. 50, inquirit Petrus an prosit animabus mortuorum, si corpora in ecclesia sint sepulta? Respondet divus Gregorius : « Quos gravia peccata non deprimunt, hoc prodest mortuis, si in ecclesia sepeliantur, quod eorum proximi, quoties ad eadem loca sacra conveniunt, suorum quorum sepulcra conspiciunt, recordantur, et pro eis preces Domino fundunt. Nam quos peccata gravia deprimunt, non ad absolutionem potius quam ad majorem damnationis cumulum, eorum corpora in ecclesiis ponuntur. » Quod posterius membrum tribus sequentibus capitibus per exempla probat. Totum eum locum expressum habes in responsione Nicolai I pontificis ad consulta Bulgarorum, cap. 99.

Quo modo autem obsit malis sacra sepultura, explicat idem Gregorius. cap. 53, dicens : « Ex qua re, Petre, collige, quia his, quos peccata gravia deprimunt, si in sacro loco sepeliri se faciant, restat ut etiam de sua præsumptione judicentur, quatenus eos sacra loca non liberent, sed etiam culpa temeritatis accuset. »

Quo modo etiam divus Thomas, in Supplemento, q. 71, art. 11, ad 5, respondens priori loco Gregorii ait : « quod sepultura in sacro loco, impio defuncto non nocet, nisi quatenus hanc sepulturam sibi indignam propter humanam gloriam procuravit. Quem vide ea quæstione egregie disputantem utrum cultus exsequiarum defunctis prosint.

Atque ad horum sanctorum doctorum mentem, mens quoque Pachomii revocanda est. Huc etiam referri potest, quod habet Joannes, infra, libello I, qui est de Prævidentia, n. 13, ubi Nilopoli dives damnatus honorifice sepelitur, ut qui parum boni vivens in hoc sæculo fecerat, parum quoque boni in hoc sæculo reciperet. Contra vero eremita sanctus a belluis comeditur, quia parum culpæ in hac vita contraxerat, quæ ita expiabatur.

(40) *Psiathos.*] Infra, cap. 47 : « Venit ad fratres, qui psiathios operabantur. » Et cap. 52 : « Semper autem psiathios operabatur. » Sunt autem *psiathi*, *psiathii*, et *psiathia* mattulæ. Ridicule quædam editiones *ciathos* habent. Occurrit sæpe hæc vox in his Patrum Vitis. Vide Onomasticon.

(41) *Qui septimanam faciebat.*] Dicebatur hic *hebdomadarius*, cui minister, uti et hic, adjungebatur. Hieronymus, præfatione in Regulam sancti Pachomii : « Habent per singula monasteria **144** patres, et dispensatores, et hebdomadarios, ac ministros. »

(42) *Ego sum Christus.*] Simili fraude apparuit sancto Martino, ut est apud Severum Sulpicium, de Vita sancti Martini, cap. 25.

(43) *Illudamur ut passeres.*] Vide dicta supra ad Vitam sancti Antonii, cap. 16, n. 41.

(44) *Quarto decimo die mensis Pachon, secundum Ægyptios, qui est juxta Romanos ad septimum diem Iduum Maiarum.*] In veteri editione pro *Pachon* est *Chon*. Sed rectum est *Pachon*, ut habent manuscripti, qui notus est mensis apud Ægyptios. Recte autem dies Ægyptii mensis assignatus respondet diei mensis Romani ibidem positi. Siquidem primus dies Pachon incipit juxta Romanos die 26 mensis Aprilis ; quare dies 14 mensis Pachon respondet septimo Iduum Maiarum, seu Maii 9 ; nam a die 25 Aprilis usque ad 9 Maii sunt dies xiv. Vide in Onomastico tabulam mensium.

(45) *Orsesium nomine.*] De eo Gennadius in catalogo illustrium Ecclesiæ Scriptorum, cap. 9 quem ipse *Oriesiesim* vocat : « Oriesiesis monachus, amborum, id est Pachomii et Theodori collega, vir in sanctis Scripturis ad perfectum instructus, composuit librum divino conditum sale, totiusque monasticæ disciplinæ instrumentis constructum ; et ut simpliciter dicam, in quo totum pene Vetus et Novum Testamentum compendiosis dissertationibus, juxta monachorum duntaxat necessitatem, invenitur expositum, quem tamen vice testamenti prope diem obitus sui fratribus obtulit. » In Regula Pachomii per Achillem Statium edita vocatur *Orsiesius* ; occurrit apud Pelagium, infra, libello xi, n. 37, et libello xv, n. 51, *Orsisius*. Oriesis regulas de institutis monasticis habes tomo V Bibl. Patrum.

MARTII XVI.

VITA SANCTI ABRAHÆ (1),

EREMITÆ,

AUCTORE SANCTO EPHRÆM (2) DIACONO, INTERPRETE ANONYMO (3).

Prologus auctoris.

Fratres mei, cupio vobis enarrare conversationem bonam perfecti atque admirabilis viri Abrahæ, quam sic inchoavit, ut in consummatione ejus gloriam perpetuam mereretur. Sed paveo admirandam et luculentam de eo historiam tenere, cum imaginem virtutum ejus considero. Ecce enim conversatio quidem viri perfecta est optima, ego vero infirmus et rusticus. Equidem imago virtutis ejus admiranda ac splendida, colores autem verborum quibus depingenda est, admodum tristes ac tetri sunt. Attamen licet imperitus, vel ex parte tentabo, quanquam comprehendere, perfecte non valeam, enarrabo tamen, inquantum sufficio de eodem viro disserere; quoniam qui secundus Abraham meruit nuncupari, non facile humano ore potest referri. Exstitit enim nostris temporibus, angelicam vitam in terris agens. Acquisivit autem patientiam, quasi adamas fortissimus, per quam cœlestem gloriam adipisci meruit. Et quia a juventute castitatis pudicitiam conservavit, templum sancti Spiritus factus est, tanquam sanctificatum vas; et ita semetipsum exhibuit Deo, ut eum habitatorem in mentis suæ hospitio haberet.

VITA.

Caput primum. — Hic itaque beatus Abraham habuit parentes valde locupletes, qui eum tenere ac supra modum diligentes, ita ut etiam affectum humanum eorum dilectio transcenderet, desponsaverunt ei puellam adhuc in pueritia constituto (4), exspectantes ac desiderantes in aliqua eum dignitate sæculari proficere. Sed hic longe aliter sentiens, in ipso primo adolescentiæ gradu ecclesiarum conventicula jugiter frequentabat; et quæcunque ibi ex divinis Scripturis recitabantur, aurem libenter accommodans audiebat, et in cordis sui memoriam ita recondebat, ut etiam cum absens esset ea quæ didicerat meditatione intentissima ruminaret. Cumque memorati parentes ejus tempus nuptiarum propinquabile (5) judicarent, compellebant eum matrimonii vinculis obligari. Sed cum hæc ille primo renueret, postmodum molestiam eorum jugem sedulamque non ferens, pudoris verecundia superatus, acquiescere perurgetur. Cum itaque, celebratis nuptiis, sponsa die septimo (6) in thalamo resideret, repente quasi lux quædam in corde ejus divina gratia refulsit, quam veluti ducem quemdam sui voti inveniens, illico exsiluit, et secutus est, et ab urbe egreditur.

Cap. II. — Duobus autem fere millibus procul a domo sua cellulam vacantem reperit: ubi se constituens, et glorificans Deum cum ingenti lætitia permanebat; stuporem vero maximum, tam parentibus suis quam vicinis, de hoc facto incusserat. Qui exeuntes, in diversa dispersi, ubique Dei hominem requirebant. Post dies autem decem et septem in memorata cellula eum orantem reperiunt. Beatus autem vir, cum eo stupore perculsos aspiceret: Quid me, inquit, vos admirantes aspicitis? Glorificate potius misericordissimum Deum, qui me ex cœno iniquitatum mearum eripuit; et orate pro me, ut jugum hoc suavissimum, sub quo me indignum suscipere dignatus est Dominus, usque in finem valeam bajulare, conversationemque meam beneplacitam secundum voluntatem ejus possim in omnibus coaptare. Qui cum omnes eum audientes, respondissent Amen, deprecatus est eos ne ei vellent crebro molestiam obtentu visitationis inferre. Quibus recedentibus, aditum cellulæ suæ obstruxit: et concludens semetipsum intrinsecus, parvissimum fenestræ foramen reliquit, per quod alimenta die consueta reciperet.

Itaque mentem ejus remotam a turbulentia interpellationibus, divina gratia illustrabat; proficiensque quotidie in optima conversatione, primum quasi fundamentum vitæ suæ continentiam possidebat; necnon vigiliis et orationibus, cum fletu et humilitate atque charitate, studebat. Cumque per omnem locum de eo sancta opinio divulgaretur, cuncti audientes, ad videndum eum, et ut ædificarentur ab eo, undique confluebant. Sermo quoque ei sapientiæ ac scientiæ et consolationis a Deo affluenter datus est, qui in mentibus audientium quasi luminare lucidissimum radiabat.

Cap. III. — Contigit autem anno duodecimo renuntiationis ejus, ut parentes ejus ex hac vita recedentes, aurum ei copiosum prædiaque magna relinquerent. Qui rogans amicum quemdam admodum sibi charum, ad distribuenda universa indigentibus ac pupillis officium religiosum illi injungit, ne ipsius orationibus impedimentum hujus rei gratia gigneretur. Et cum hoc fecisset, securus animo et mente quieta permansit. Hoc enim bono viro maximum studium erat, ut cor ejus nullis terrenis negotiis vinciretur; et idcirco super terram nihil aliud possidebat, excepto uno sago, unaque nihilominus tunica cilicina qua utebatur Caucum (7) quoque permodicum, in quo edere seu bibere solitus erat, habebat; necnon et unum psiathium (8), in quo cubitare consueverat. Cum his autem omnibus humilitatem supra modum et charitatem ad omnes æqualiter possidebat; nec proponebat in honore locupletem pauperi, nec principem subjecto, vel nobilem ignobili præferebat; sed omnes similiter diligens, honorabat universos, sine cujusquam acceptione personæ. Nec aliquando quemquam procaciter increpabat, sed erat sermo ejus charitate et suavitate conditus. Quis audiens ejus eloquium, satiari potuit aliquando de his quæ aliquando ex sermonis ejus dulcedine proferebantur? vel quis vultum illius, sanctitatis imaginem præferentem, respiciens, non magis videndi eum sæpius desiderium sumpsit? In omni tempore, abstinentiæ suæ regulam quam semel arripuit, non mutavit (9): quinquaginta annos institutum proprium, omni alacritate complevit, et ob nimium amorem ac desiderium quod habebat in Christo, omne ævum temporis illius quasi dies paucimos reputabat; et totus rigor acerrimæ conversationis ejus apud eum pro nihilo videbatur.

Cap. IV. — Erat autem haud procul ab urbe illa vicus admodum spatiosus ac magnus, in quo universi pariter a minimo usque ad maximum pagani crudelissimi existebant, quos ab idolorum cultu nullus omnino valebat avertere. Nonnulli quidem presbyteri et diaconi, in hoc ipsum illic ordinati et directi ab episcopo, sine ullo salutis eorum fructu recedebant, nequaquam afflictionis ferentes laborem : quia non solum non suaderi et ad consensum animus eorum ferox non poterat flecti, verum etiam persecutiones in eos qui se monebant ac seditiones vehementissimas concitabant. Sed turba nihilominus monachorum semel atque iterum adire nitentes, nihil penitus pro conversione eorum agere potuerunt. Porro una die residens cum clericis suis episcopus, beatissimi hujus viri habuit mentionem, dixitque ad eos : Ego talem virum temporibus meis videre non potui, ita in omni opere bonitatis perfectum, et sic cunctis virtutibus adornatum, in quo elegit Deus habitare, ut habetur nunc sanctissimus Abraham. Respondentes autem clerici verum esse eum Dei famulum monachumque perfectum affirmabant. Et episcopus : Volo, inquit, eum in vico illo gentilium ordinare presbyterum; potest enim eos patientia ac nimia charitate ad Deum convertere. Et consurgens protinus, ad cellulam sancti viri cum suis proficiscitur clericis. Cumque salutasset eum, statimque de gentilibus vici illius insinuat, ut ad eos ob salutem eorum pergeret rogans. Qui cum audisset, tristis vehementer effectus, ait ad episcopum : Quæso, inquit, Pater sanctissime, permitte mihi ut meas iniquitates defleam, neque hujusmodi negotium infirmo et exiguo existenti injungas. Ad quem rursus episcopus dixit : Per Dei gratiam, inquit, potens es; ne velis ergo in hac bona obedientia fieri cunctabundus. Cui vir beatus iterum respondens dixit : Obsecro sanctitatem tuam ut me mala mea plangere permittas. Et ait ad eum episcopus : Ecce totum mundum et quæ in eo sunt reliquisti, et vitam crucifixam amplexatus es; attamen cum hæc universa compleveris, agnosce te obedientiam, quæ cunctis virtutibus eminet, non habere. Hæc ille cum audisset, cœpit flere amare, dicens ad eum : Quid sum ego, canis mortuus (*I Reg.* XXIV)? et quæ est vita mea, quoniam talia de me, o sanctissime Pater, judicasti ? Cui ait episcopus : Ecce hic residens, tuam solummodo salutem acquiris; ibi autem plurimi per te, divina gratia operante, salvandi sunt, quoscumque ad Dominum Deum converteris. Considera itaque unde ampliorem mercedem habeas, utrum si teipsum salvaveris solum, an si plurimos tecum ad salutem adduxeris. Tunc beatus vir Dei flens, ait : Fiat voluntas Domini; verumtamen propter obedientiam, quocumque jusseris, pergam.

Cap. VI. — Educens ergo eum de cellula in civitate illico introduxit; ibique per impositionem manus presbyter ordinatus (10), statim ad vicum paganorum sine mora dirigitur. Quo dum sanctus Abraham pergeret, precabatur Dominum, dicens : Clementissime ac benignissime Deus, respice infirmitatem meam, gratiamque tuam cœlestem ad meum præsidium dirige, ut glorificetur nomen tuum sanctum. Perveniens autem ad vicum, vidensque omnes in insania idolatriæ vehementer esse detentos, ex imo pectore ingemiscens, graviter flevit; et elevans oculos suos ad cœlum, dixit : Tu solus qui sine peccato es, Deus, ne despicias opera manuum tuarum. Festinanterque direxit nuntium in civitatem ad amicum illum charissimum sibi, ut pecuniam ex reliquiis patrimonii sui afferret. Quam cum accepisset, inter paucos dies construxit ecclesiam. Et velut sponsam optimam, multo eam mirificoque decoravit ornatu. Attamen dum ædificaretur, quotidie homo Dei per media simulacra gentilium transiens, nihil penitus loquebatur, nisi in corde suo orabat solummodo, gemitusque cum fletu mittebat ad Dominum. Postquam vero ecclesia est consummata, quasi munus quoddam cum multis lacrymis obtulit Deo; ibi genubus positis, has preces suppliciter in sua oratione profudit : Tu, inquiens, omnipotens Fili Dei vivi, qui totum mundum erroris depressum caligine, ad cognitionem luminis tui per tuam præsentiam deduxisti, hunc quoque populum tuum dispersum congrega in sinum Ecclesiæ tuæ, et illumina oculos mentis eorum, ut respuentes simulacrorum culturam, te solum amatorem hominum ac benignum Deum cognoscant.

Cumque hanc orationem finisset, continuo egressus ab ecclesia, perrexit ad templum gentilium, arasque eorum et simulacra manibus suis evertit atque destruxit. Quod factum cum cerneret turba gentilium, quasi agrestes feræ insiliunt, eumque laceratum multis verberibus fugaverunt. Ipse autem clam nocte in ecclesia residens, plagarum suarum lacerationem non curans, sed tantummodo cum fletibus ac gemitibus, ut salvi fierent, Dominum precabatur. Facto autem mane advenientes pagani, inveniunt hominem Dei orantem; et nimio stupore perculsi, quasi enei (11) quidam effecti sunt. Unde et ad ecclesiam quotidie veniebant, non tamen orationis gratia, sed ut oculis suis ecclesiæ contemplantes ornatum ac pulchritudinem, delectarentur. Cœpit itaque quadam die vir beatus Abraham deprecari eos, ut agnoscerent Deum. Illi vero sæviores effecti, fustibus eum quasi lapidem quemdam atque exanimem ceciderunt; et deinde, pedibus ejus fune ligatis, extra vicum traxerunt, lapidibus obruentes; mortuumque eum arbitrantes, seminecem reliquerunt.

Media autem nocte in semetipsum reversus, cœpit flere vehementissime, ac dicere : Ut quid, Domine, despexisti humilitatem meam, et quare faciem tuam avertis a me? et cur repellis animam meam, et despexisti, Domine, opera manuum tuarum? Et nunc, Domine, respice super servum tuum, et exaudi deprecationem meam, et corrobora me et absolve servos tuos a vinculis diaboli, et præsta eis ut cognoscant te quoniam tu es solus, et præter te non est alius Deus. Deinde consurgens ab oratione, intravit in vicum; ingressusque ecclesiam, Domino psalmos canebat. Rursus autem facto diluculo, venientes viderunt eum. Et stupefacti atque in insaniam versi, nulla habentes viscera misericordiæ, acerrimis illum tormentis crudeliterque conficiunt; et solito funibus alligatum, extra vicum traxerunt.

Cap. VI. — Hæc autem cum per triennium pateretur, quasi verus adamas tolerabiliter perdurabat; nec tot tantisque insectationum tribulationibus cessit; sed cum cæderetur, cum traheretur, cum persecutiones pateretur, cum lapidaretur, cum fame et siti laboraret, in omnibus his quæ ei acciderant, nunquam ad iracundiam provocatus, nunquam ad indignationem commotus est; nunquam pusillanimitate distabuit, nunquam tædio fatigatus est; sed cum aspera omnia pateretur, magis ac magis amor ejus in eos et charitas augebatur. Modo admonebat, modo blandiebatur, modo blandimentis suavissimi eloquii liniebat. Et quidem seniores, veluti patres rogabat; juvenes ut fratres, adolescentes ut filios; cum econtrario ab eis subsannaretur, irrideretur, atque mille opprobria pateretur.

Cap. VII. — Quadam igitur die habitatores vici illius congregati, nimioque stupore mirantes ac perterriti, ad invicem colloquentes: Cernitis, inquiunt, tam magnam patientiam viri, et ineffabilem circa nos charitatem, quomodo in tantis tribulationibus quas ei intulimus nequaquam ex hoc loco discesserit, neque alicui nostrum malum verbum locutus sit, neque aversus est a nobis, sed cum gaudio magno sustinuerit universa. Unde nisi esset (ut asserit) Deus verus quem prædicat, et regnum et paradisus, ultio quoque malorum, non hanc tribulationem pateretur inaniter. Illud etiam considerandum, quoniam deos nostros, cum esset solus, evertit, et in nullo eum lædere valuerunt. Vere servus Dei est homo hic, et cuncta vera sunt quæ de eo fama dispersit. Venite itaque, credamus in Deum quem prædicat. Et hæc inter se colloquentes, pariter omnes in ecclesiam pergunt, clamantes atque dicentes: Gloria Deo cœlesti, qui misit famulum suum, ut nos ab errore salvaret.

Cap. VIII. — Tunc beatus homo Dei hæc videns, lætitia ingenti repletus est, et facies ejus quasi ros matutinus mutata est. Aperiensque os suum, ait ad eos: Patres mei, fratres ac filii, venite, demus gloriam Deo, qui illuminare dignatus est oculos mentis vestræ, ut eum possitis agnoscere; et percipite signaculum vitæ ut purificemini ab immunditia idolorum: et credite ex toto corde et animo, quod unus sit Deus cœli et terræ et omnium quæ in eis sunt, sine initio, inenarrabilis et incomprehensibilis, dator luminis, et amator ac redemptor hominum, terribilis ac suavis; et in Filium ejus unigenitum, qui est sapientia ejus; et in Spiritum sanctum, qui vivificat omnia, ut cœlestes ex terrenis effecti, vitam cœlestem possitis adipisci. Respondentes autem universi, dixerunt: Ita pater noster, ita dux vitæ nostræ, quemadmodum denuntias nobis et doces, ita credimus et faciemus. Et confestim sanctus Abraham assumens sacrum baptisma, baptizavit eos in nomine Patris, et Filii, et Spiritus sancti, a minimo usque ad maximum. Erant autem usque ad mille animas. Deinde per singulos dies divinas Scripturas eis legebat, docebat eos de regno Dei, de paradisi deliciis, de gehennæ supplicio, de justitia, de fide et charitate. Illi vero, sicut bona terra percipit semen bonum, et affert fructum, aliud centesimum, aliud sexagesimum, aliud trigesimum (*Matth.* xiii); ita verba ejus libentissime audientes, atque in timore Domini proficientes, fructus largissimos afferebant. In conspectu autem eorum quasi angelus Dei videbatur, et quasi quædam ædificii ligatura. Sic enim charitas eorum circa ipsum erat per doctrinam sermonis dulcissimi, ut ex hoc Deum credere viderentur.

Cap. IX. — Completo igitur anno, postquam crediderunt, vir beatus Abraham non cessabat diebus singulis verbum eis Domini prædicare. At ubi eorum studium circa Deum fidemque firmissimam vidit, et quod erga eum nimia essent charitate connexi, et honorem sibi maximum exhiberent, verens ne obtentu eorum abstinentiæ suæ regulam destruere cogeretur, et quocunque modo mens ejus terrenis curis astringeretur, consurgens in medio noctis, hanc orationem fudisse fertur ad Dominum: Tu solus sine peccato, Deus, qui, cum sis sanctus, requiescis in sanctis, qui solus amator es hominum ac misericors Dominus, qui mentis oculos hujus multitudinis illuminasti, qui eos ab adversarii vinculis absolvisti, qui implicatos eos ab simulacrorum erroribus convertisti, et tuæ cognitionis ei scientiam tribuisti; quæso, Domine, ut usque in finem regere eos et conservare digneris, et auxilium tuum gregi huic optimo, quem possidere voluisti, perpetuum copiosumque clementer impertias; et quasi muro validissimo eos gratia bonitatis tuæ circumdes, et cor eorum semper illumines, ut ea quæ sunt tibi **148** placita perficientes, æternam vitam percipere mereantur; mihi quoque infirmissimo adminiculo tribuas, neque reputes in peccatum quod ab eis festino discedere. Tu enim nosti, universorum cognitor, quod te solum desidero, et te mihi Dominum esse cognosco. Consummataque oratione discedens, tertio consignavit vicum Christi signaculo; abiitque latenter in alium locum, et quibus potuit latebris occultavit.

Cap. X. — Mane autem solito more ad ecclesiam turbæ conveniunt. Cumque eum minime reperissent, maximo stupore percussi, et quasi errantes oves, diversis locis pastorem proprium perquirebant, nomenque ululantes cum lacrymis inclamant. Cum autem diutissime perquirendo eum invenire non posse.t, nimio mœrore dejecti, confestim, quod eis acciderat, pergentes episcopo nuntiaverunt. Qui cum hoc agnovisset, ipse quoque admodum tristis effectus, statim plurimos ad requirendum Dei hominem destinavit, maxime ob consolationem gregis ejus, eo quod cerneret eos flebiliter contristari. Cumque ab omnibus tanquam lapis pretiosissimus quæreretur, et prorsus inveniri non posset, habito consilio cum clericis suis, episcopus memoratum vicum ingreditur. Cœpitque ad eos consolatorium proferre sermonem, et dolorem maximum, quem de discessu hominis Dei conceperant, blanda prædicatione lenire. Cernens autem in fide Christi eos firmissimos, elegit ex eis viros probabiles, quos presbyteros ac diaconos lectoresque constituit. Audiens vero hoc sanctissimus Abraham, vehementer gavisus est; et glorificans Deum, dixit: Quid retribuam tibi, Domine Deus meus, benignissime Pater, atque amator hominum suavissime, pro omnibus quæ retribuisti mihi? Honorifico et glorifico dispensationem tuam. Tunc continuo ad pristinam cellulam revertitur. Fecit igitur alteram extrinsecus cellulam, et semetipsum magna cum lætitia in interiore conclusit. O miraculum, charissimi, laudibus plenum et gloriæ sempiternæ! In tantis namque afflictionibus, quas in sæpe dicto vico perpessus est, nunquam abstinentiæ suæ regulam fregit, neque in dexteram vel sinistram ab ea divertit. Gloria et magnificentia Deo, qui ei talem tolerantiam tribuit, qua et alios possit convertere, et sui propositi gratiam custodire.

CAP. XI. — *Cernens autem diabolus*, bonorum hominum æmulus, quod tantas in eum tribulationum molestias excitans, non in desidiam Dei hominem trahere, non in aliquo mentem viri Dei valuisset a Domino separare; et, quod majus est, sicut aurum in fornace pressuris fulgentior redderetur atque in majorem patientiam et alacritatem charitatis proficeret; vehementer irritatus et acriter efferatus, adversus eum cum magna phantasia (12) advenit, ut saltem sic ei pavorem incutiens, decipere eum posset ac fallere.

CAP. XII. — Igitur cum staret in medio noctis ac psalleret, repente lux copiosa, veluti solis, in cella ejus refulsit, et vox quasi cujusdam multitudinis audita est, dicens: Beatus es, Abraham, vere beatus es et fidelis, nullusque sicut tu in omni conversatione inventus est, qui omnes voluntates meas explesti. Protinus autem vir sanctus dolum maligni cognoscens, exaltavit vocem suam, ac dixit: Obscuritas tua tecum sit in perditionem, o plene dolo atque fallacia. Ego enim homo peccator sum, habens tamen spei præsidia, per gratiam Dei in nullo tuas insidias pertimescam. Neque enim plurimæ phantasiæ pavorem mihi incutiunt. Nomen siquidem Domini mei et Salvatoris Jesu Christi, quem dilexi et diligo, mihi validissimus murus est, in quo te increpo, immunde canis, ac ter miserande. Et dicente eo hæc, confestim et fumus ab oculis ejus evanuit. Sanctus autem Dei famulus cum multa alacritate tranquilloque animo benedicebat Dominum, quasi qui nullam phantasiam vidisset.

CAP. XIII. — Rursus vero post dies paucos orante eo noctu, tenens securim diabolus, cellulam ejus conabatur evertere. Et cum jam putaretur perforasse eam, voce magna clamavit et dixit: Festinate, amici mei, festinate celeriter, atque introeuntes, vitam ejus violenter eripite. Ait autem contra eum beatus Abraham: Omnes gentes circumdederunt me, et in nomine Domini vindicabor in eis (*Psal.* CXVII). At ille protinus cum hanc vocem audisset, evanuit, cella autem beati viri integra atque illæsa permansit.

CAP. XIV. — Item post paucos dies cum media nocte psalleret, psiathium suum, super quod consistebat, cœpit vehemens flamma comburere. Tunc ille intrepidus ignem conculcans, dicebat: Super aspidem et regulum ambulabo, leonem et draconem conculcabo (*Psal.* XC); et omnem virtutem inimici, in nomine Domini mei Jesu Christi, qui mihi præbet auxilium, superabo. Diffugiens itaque Satanas, voce magna proclamabat: Ego te, inquiens, mala morte devincam, inveniamque artes, quibus te conteram, qui me nunc quasi contemptibilem reputas.

CAP. XV. — Quadam die igitur cibum eo sumente, transfiguratus dæmon in habitu adolescentis, cellulam ejus ingreditur, et appropinquans, 149 caucum ejus nitebatur evertere. Vir autem Dei manu illud retinens, manducabat intrepidus. Tunc exsiliens diabolus, aliam phantasiam repente confingit; et ecce quasi candelabrum statuens ante eum, et lucernam desuper ardentem, ore polluto ac fetido psalmos cantabat voce magna: Beati, inquiens, in via immaculati, qui ambulant in lege Domini (*Psal.* CXVI). Cumque ex eodem psalmo verba plurima cecinisset, nullum ei sermonem sanctus ille respondit, donec cibum solitum percepisset. Postquam vero de mensa surrexit, cum omni constantia ait ad eum: Canis immunde et ter miserande, atque infirmissime et mendacissime, si nosti quod beati sunt, cur eis molestus es? Nam beati sunt revera omnes, qui ex toto corde diligunt Deum. Respondens autem diabolus, ait: Idcirco illis infestus sum, ut superem eos, ut ab omni opere bono præpediti, meis facinoribus socientur. Cui vir beatus ita respondit: Non tibi bene sit maledicte, ut quempiam timentium Deum superare vel impedire prævaleas, nisi forte eos qui tibi similes existentes a Deo propria voluntate discedunt. Illos vincis ac fallis, quoniam Deus non est in eis. Ab his autem qui diligunt Deum, tanquam fumus a vento, exhalescis ac deficis. Una siquidem eorum oratio sic te persequitur ac deturbat, quemadmodum pulvis a vento insectatus dispergitur. Vivit autem Deus meus, qui est benedictus in sæcula, qui est gloriatio mea, quia non te pertimescam, etiam si omni tempore hic constiteris. Sic autem pro nihilo te spernam, veluti si unus catulus contritus ab aliquo contemnatur. Hæc eo dicente, confestim ille (ut solebat) evanuit.

CAP. XVI. — Rursus post dies quinque, cum psalmodiam suam noctis tempore consummasset, aliud phantasiæ argumentum ab inimico confingitur. Ecce enim quasi turba plurima cernitur advenisse; et velut trahentes invicem, cum clamoribus se mutuo cohortantur, ut homo Dei in foveam projiceretur. Quos circumspiciens vir beatus: Circumdederunt me, inquit, sicut apes favum, et exarserunt sicut ignis in spinis, et in nomine Domini vindicabor in eis (*Psal.* cxvii). Tunc Satanas exclamans, ait : Heu! heu me! quid tibi de cætero faciam nescio. Ecce enim me in omnibus victum ac superatum intelligo, et universas vires meas esse despectas, et me undique conculcatum. Verumtamen nec sic quidem a te aliquando discedam, donec superans, humilem te mihique subjectum faciam. Vir autem Dei ait ad eum : Anathema tibi et omni virtuti tuæ, pollutissime dæmon ; gloria autem et honor Domino soli sancto ac sapienti Deo, qui nobis dilectoribus suis te tradidit conculcandum. Et idcirco versutias tuas subsannamus atque contemnimus. Agnosce itaque, infirmissime atque infelicissime dæmon, quia nos neque te, neque tuas pertimescimus phantasias.

Cap. XVII. — Per multum autem tempus diversis argumentis ac machinis contra virum fortissimum dimicans, non quivit cogitationibus ejus solidissimis, saltem pavorem certans incutere. Magis autem præliando, alacritatem in eo et charitatem apud Deum maximam suscitabat. Diligens namque Deum ex toto animo, et conversationem suam secundum voluntatem ejus instituens, affluenter gratiam divinam promeruit : et propterea non valebat diabolus lædere eum. Perseveranter namque pulsaverat, ut ei thesauri divinæ gratiæ panderentur. Cumque patefactus fuisset ingressus, tres sibi inde pretiosissimos lapides sumpsit, fidem, spem et charitatem, quibus in eo perfecte ac firmiter virtutes reliquæ ornabantur. Texens quoque pretiosissimam coronam bonis operibus, Regi regum Domino, a quo munus acceperat, offerebat. Quis enim sic ex toto corde Deum et proximum tanquam seipsum dilexit (*Lucæ* x)? Aut quis ita laborantibus compatiebatur et misericors existebat? Quem aliquando monachum audiens bene conversari, non pro eo deprecatus est Dominum, ut liber ab omnibus diaboli laqueis servaretur, et cursum vitæ suæ inculpabiliter consummaret? Aut quem peccatorum vel impium audiens, pro eo, ut salvaretur, cum lacrymis diebus ac noctibus Dominum non postulabat? Et in omni tempore institutionis suæ non præterivit eum fine lacrymis dies. Labia sua non solvebat facile in risum. Non appropinquavit oleum corpusculo ejus; facies, vel etiam pedes, a die conversionis suæ nunquam diluti sunt. Sic namque se exhibebat, tanquam quotidie moriturum.

Cap. XVIII. — O vere, fratres, gloriosum miraculum, in tanta abstinentia, jugibusque vigiliis, fletibus mixtis, chameuniis (13) quoque et contritione corporis nunquam omnino lassatus est, nunquam infirmatus segnitia obtorpuit, nunquam tædio fatigatus est: sed veluti esuriens quisquam aut sitiens, sic ille aviditate quadam sustinens omnia, nunquam sui propositi potuit mens ejus dulcedine satiari. Erat autem aspectus ejus quasi flos quidam immarcescibilis, atque in facie ejus puritas animi noscebatur. Sed et totum corpusculum ejus, quasi nihil egisset, validum ac robustum apparuit, utpote qui divina gratia in omnibus frueretur, et jucunditate 150 spiritalis lætitiæ potiretur. In hora namque dormitionis suæ ita splendidissimus vultu apparebat, quasi qui nequaquam vitæ suæ tempus in abstinentia peregisset. Sed et aliud in eo per dispensationem miraculum gestum est. In omnibus siquidem quinquaginta annis abstinentiæ suæ, vestem cilicinam, qua indutus fuerat, non mutavit.

Reliqua de Vita Abrahæ et ejus nepte vide infra, inter Vitas feminarum

ROSWEYDI NOTATIO.

(1) *Abrahæ.*] Memoria hujus habetur in ecclesiasticis tabulis. Ita enim Martyrologium Romanum 16 Martii : « In Syria sancti Abrahæ eremitæ, cujus res gestas beatus Ephraim diaconus conscripsit. » Menologium Græcorum 29 Octobris : « Natalis sancti Patris nostri Abrahami. » Fusius eodem die in Menæis, ubi et Maria neptis ejus jungitur.

(2) *Ephraim.*] Auctor hic Actorum sancti Abrahæ, ut Mss. præferunt, et editio Coloniensis ; quæ etiam hoc auctore habes apud Lipomanum, tomo II, qui ea ex Vitis Patrum editionis Coloniensis desumpsit. Nam quæ in aliis editionibus habentur, in fine decurtata sunt. Desunt enim tria ultima capita post Vitam Mariæ neptis Abrahæ, quæ ibidem huic juncta est. Meminit ejusdem idem Ephraim in libello, qui *Testamentum Ephraim* inscribitur.

Metaphrastes quoque ejusdem res gestas fusius enarravit, quas habes apud Lipomanum, tomo VI, et Surium, tomo II.

Meminit de Abraham sancti Ephraim discipulo Sozomenus, libro III, cap. 15, et Nicephorus, lib. IX, capite 16.

(3) *Interprete anonymo.*] Eadem hæc Acta ex nova Gerardi Vossii interpretatione prodiere hic proxime elapsis annis, inter opera beati Ephraim, tomo III.

(4) *Desponsaverunt ei puellam adhuc in pueritia constituto.*] Saltem septennes esse oportebat, ut contraherent sponsalia, ut notat Barnabas Brissonius de ritu nuptiarum. Modestinus jurisconsult., lib. IV Differentiarum, l. *In sponsal.*, d. De ritu nupt. « In sponsalibus contrahendis ætas contrahentium definita non est, ut in matrimoniis. Quapropter a primordio ætatis sponsalia effici possent; si modo id fieri ab utraque persona intelligatur, id est, si non sint minores quam septem annorum. » Quæ verba certam nominatim sponsalibus contrahendis præscriptam ætatem non fuisse significant.

Quanquam quod ad legis Papiæ præmia attinet, ea demum sponsalia probari admittique Augustus constituit, quibus biennio post justæ ac legitimæ nuptiæ accedere possent. Ut proinde minores natu decem annorum virgines frustra sponsæ haberentur. Cujus rei constituendæ causa fuit, quod sponsaliorum obtentu, quæ ad exitum et effectum brevi perduci non poterant, sponsarum immaturam ætatem non poterant, legi fraudem fieri animadvertisset. Dio, libro LIV, in Actis anni 756 : « Ὡς δὲ οὖν βρέφη τινὲς ἐγγυώμενοι τὰς μὲν τιμὰς τῶν γεγαμηκότων ἐκαρποῦντο, τὸ δὲ ἔργον αὐτῶν οὐ παρεῖχοντο, προσέταξε μηδεμίαν ἐγγύην ἰσχύειν μεθ᾽ ἣν οὐδὲ δυοῖν ἐτοῖν διελθόντων γυνήσει τις· τουτέστιν δεκέτη πάντως ἐγγυᾶσθαι, τοῦ (sic) γέ τι ἀπ᾽ αὐτῆς ἀπολαύσοντα· δώδεκα γὰρ ταῖς κόραις εἰς τὴν τοῦ γάμου ὥραν ἔτη πληροῖ, καθάπερ εἶπον, νομίζεται. » Quæ verba ita Brissonius reddidit, quod ea ab interprete Xylandro minus fideliter et plane versa essent : « Quoniam autem quidam infantes puellas desponsantes præmiis quidem conjugum fruebantur, cæterum effectum rei et conjugum opus non præstabant, ea sponsalia vires nullas habere constituit, post quæ duobus transactis annis sponsa duci minime posset; hoc est ut omnino decennis virgo desponderetur, siquidem ex ea commodi quid sponsus capere vellet. Duodecimo namque anno virgo matura viro, et nubilis, ut jam ante dixi, existimatur. » Quæ adducit etiam iisdem pene verbis Zonaras, tom. II Annalium, et mentem Dionis clare proponit. Hoc ipsum strictim tangit Suetonius Augusti cap. 34 : « Cumque etiam immaturitate sponsarum, et matrimoniorum crebra mutatione vim legis eludi sentiret, tempus sponsas habendi coarctavit. » Quo pertinet Caii locus, l. pœn., d. De sponsal., quem ex ejus lib. 1, ad l. Juliam et Papiam Pandectarum concinnatores delibarunt : « Sæpe justæ ac necessariæ causæ non solum annum vel biennium, sed etiam triennium aut quadriennium, et ulterius trahunt sponsalia, veluti valetudo sponsi sponsæve, vel mortes parentum, aut capitalia crimina, aut longiores peregrinationes, quæ ex necessitate fiunt. » Vide etiam Cujacium, libro XVI Observat., cap. 35.

(5) *Propinquabile.*] Alias, *propinqui habitæ*. Tunc delendum, *memorari parentes*.

(6) *Die septimo.*] Ita Ms. Audomarensis, et Metaphrastes. Deest impressis. Exprimitur hic ritus quarumdam gentium septem diebus nuptias celebrantium, Gen. XXIX, 27, de nuptiis Jacob et Liæ : *Imple hebdomadam dierum hujus copulæ*. Judicum XIV, 12 : *Quod si solveritis mihi intra septem dies convivii. Et* vers. 17 : *Septem igitur diebus convivii flebat ante eum*. Tobiæ VIII, 23 : *Adjuravit Raguel Tobiam, ut duas hebdomadas moraretur apud se*. Nempe, ait Serarius noster, epulum nuptiale in decimum quartum diem porrigitur, propter duplicatam scilicet lætitiam ob nuptias et dæmonium illud expulsum. Augustinus, q. 69 in Genesim : « Quod ait, *Consumma septimanam istius*, ad nuptiarum celebrationem pertinet, quæ septem diebus celebrari solent. » Hieronymus, tradit. in Genes. : « Dicitur ei a socero Laban ut septem dies pro nuptiis prioris sororis expleat. » Obtinuit is mos apud Orientales, et apud Judæos etiamnum servatur. Ex hac Vita colligitur etiam viguisse apud Ægyptios.

(7) *Caucum.*] Ita Ms. Audomarensis, uti et hic infra, cap. 15. Editiones, *catinum*. Usurpatur hæc vox tum a Græcis, tum a Latinis. Glossæ Græcolatinæ, καῦκα, *patera*. Suidas : καυκίον παρ' ἡμῖν, κάλιξ δὲ παρὰ σοφοῖς. *Quod vulgo caucum doctioribus dicitur calix.* Marcellus Empiricus, cap. 25 : « Vermis terrenus exfoditur, et in ligneo cauco ponitur, si fieri potest, fisso, et ferro illigato. » Hieronymus, libro II contra Jovinianum, cap. IX : « Quodam vero tempore habens ad potandum caucum ligneum, vidit puerum manu comeæva bibere. » Ita ibi legendum **151** esse, ex Ms. monui, supra, ad Vitam sancti Pauli primi eremitæ, cap. 14, n. 55. Vide Onomasticon.

(8) *Psiathium.*] Frequens hæc dictio apud Asceticos scriptores de lecto et mattula Asceiarum. Hac eadem Vita, cap. 14, pro *psiathio* alia editio habet *mattulam*. Vide dicta ad Vitam Pachomii, cap. 43, n. 40.

(9) *Abstinentiæ suæ regulam*, etc., *non mutant.*] Ephraim sermone ascetico sive de vita monastica : « Sancti probatissimique olim Patres, jactis firmiter unius regulæ fundamentis, canonem, quem semel arripuerant, ad finem usque vitæ retinuerunt. Nam alii quinquaginta annis, alii pluribus, » etc. Idem sermone parænetico de Adventu Domini : « Canonem unum retine, sicut etiam sancti fecerunt Patres, qui ad quinquaginta et ultra annos non mutarunt canonem ac regulam. »

(10) *Per impositionem manus presbyter ordinatus.*] Ita ipsis apostolorum temporibus ordinatio presbyterorum manuum impositione seu χειροθεσίᾳ est facta : (I Timoth. IV, 14 ; v. 22.) Vide Onomasticon

(11) *Enei.*] Ita scribendum et legendum. Hactenus editum *ænei*. Quod etsi intelligi possit, quod instar æris præ stupore dirigerint, non tamen ita scribit auctor. Græce est ἐνεοί. Est autem Græcis ἐνεὸς *perculsus*. Hesychius, ἐνεός, ἐκπλήκτου. Vide Onomast.

(12) *Cum magna phantasia.*] Id est, apparatu. Nicephorus, libro XI, cap. 18, de Valente imperatore : « Cum autem Epiphaniorum festus dies adesset, cum universa, quam secum habebat phantasia, inanique et splendida pompa in Ecclesiam venit. » Græce est, σὺν τῇ περὶ αὐτὸν φαντασίᾳ.

(13) *Chameuniis.*] Ita legendum. Quæ vox etiam in manuscripto sæpe depravata est. Vetus editio habet, *Cammæniis*. Coloniensis, *Caumeniis*. Quod postremum ortum ex transpositione litterarum, quæ in quibusdam vocibus valde solemnis fuit.

JANUARII I.

VITA SANCTI BASILII [1],

CÆSAREÆ CAPPADOCIÆ ARCHIEPISCOPI.

AUCTORE AMPHILOCHIO [2], ICONII EPISCOPI,
INTERPRETE URSO [3] S. R. E. SUBDIACONO.

PRÆFATIO INTERPRETIS.

Beati Basilii, Cæsareæ Cappadociæ præsulis, Vitam me in Latinam vertisse dictionem, secundum postulationem tuam, cognosce. Neque enim inobediens esse tibi debeo, qui omnibus fratribus meis et proximis debitor sum. Sed utinam tam bene quam prompte, tam utiliter, quam feliciter, quod postulasti, fuerim exsecutus ; præsertim cum necessario super hoc fueris exhortatus, et ut tantus vir apud Latinos, quemadmodum apud Græcos, celebris habeatur, jure sategeris. Denique licet ejus quædam salutifera scripta sermo Latinus habeat, vita tamen illius quam sit admirabilis hactenus ignoratur. Et certe satis incongruum est quod docuerit sciri, et quid fuerit operatus nesciri : cum sanctus vir, utpote imitator illius de quo Lucas scribit, quia cœpit Jesus facere et docere (Act. I), non solum verba Dei docebat homines, sed, ut magnus vocaretur in regno cælorum, antea faciebat. Fruere igitur salubrius doctrinis ejus ; et ne forte dicas illum docuisse et non fecisse, jam nunc scies quia fecit quod docuit, et de cætero habebis quod imiteris.

152 Licet ante hoc opus ego non præsumpserim aggredi, putans, ut ipse nosti, ab alio jam translatam, in quo merito ipse me reprehendi. Nunquidnam quia Scripturam sacram quidam interpretati sunt, idcirco posteriores interpretes hanc minus interpretati sunt? Si hoc esset, eamdem sacram Scripturam Latinitas ex ipso Hebraico fonte per beatum Hieronymum Ecclesiæ Romanæ presbyterum (4), et divinæ Bibliothecæ cultorem, hactenus non hausisset.

Verum diligenter inquirens, nihil scriptum de Vita hujus sancti apud Latinos inveni, nisi duo miraculorum ejus (5), id est, de puero Christi negatore liberato, et muliere a peccatis erepta; quæ tamen adeo depravata reperi, ut rursus ea interpretari quam emendare maluissem.

Sane notandum est, quia cum quidam legunt in his Actibus quæ sanctus Amphilochius scripsit, discrepasse autumant ab his quæ sanctus Gregorius Nazianzenus in epitaphio (6) hujus magni viri commemorat, cum alter forte tacuerit quod alter non tacuit, idipsum nobis inter Evangelistas reperientibus. Præsertim cum et idem Amphilochius, qui super tanti viri vita scripserint, hæc expositurus apte designet

Prologus auctoris.

Charissimi, non inconveniens erat, sed justum, devotos filios super obitu patrio contristari, et ei dona lacrymarum offerre, quod hactenus compatienter egimus. At vero postquam luctus turbinem, secundum quod scriptum est, deposuimus, ad gratificam supplicationem omnium Domino Christo Deo nostro rependendam commoti sumus; operæ pretium duxi, tam memorabilem Vitam, quam vera miracula pastoris et magistri nostri Basilii, ne diutino transcursu temporis oblivioni profundæ tradantur, scripturæ fore mandanda.

Tribus enim sacratissimis et egregiis viris, Gregorio videlicet, qui in theologia claruit (7), et Gregorio memorabili Nysseorum (8) civitatis episcopo, sed et beato Ephræm (9), aliis atque aliter sermonibus epitaphicis tantum virum fulgidum exhibentibus, visum est et mihi tanquam abortivo, ut cum Apostolo dicam, cum præ manibus accepissem narrationes quæ ab utrisque admirandis viris editæ sunt, ea quæ his deesse videbantur supplevi, more scilicet devoti filii debitum patri repræsentantis, de sursum quædam, ut æstimari potest, assequentis, et certam scientiam percipientis. Novit enim, novit nubes abscondere solem, et morosus bonarum narrationum transcursu facile introducit oblivionem.

Magnus igitur exstitit pastor noster, et famosus mundo Basilius cœlestium virtutum consermocinator, angelorum ordinum comminister, prædicabilis Ecclesiæ doctor, incorrupta dogmatum orthodoxorum columna ; qui naturam existentium enucleatius explanavit, qui pessimum Trinitatis apostatam Julianum (10) deposuit, qui Valentis os (11) blasphemum obstruxit, qui Arianorum expresse nequissimum errorem devastavit, qui Christianorum liquido stabilivit rectam opinionem. Pastor acceptabilis Ecclesiæ populi, regalis sacerdotii consors, circumamictus veritate Christi, ovium aries, divinæ fidei magister inclytus; qui et vivens et post obitum magnis coruscavit miraculis, qui Deo odibilis Juliani, ut dictum est, extollentis in altum cornu, et loquentis adversus Deum iniquitatem, corruptionem oratione sua paravit. Interea Valens accipiens indigne Imperialem purpuram, et Arianorum nequam sensui patrocinium præstans, venit ad illustrem, quæ apud nos est, Cæsaris urbem. Verum qualiter, vel qua causa, non est præsentis temporis enarratio. Sed ad propositum redeamus ; virtutes illius, quas a vulva usque ad finem habuit, narraturi.

VITA.

Caput primum.—Basilius solus super terram æqualitatem ostendit, vitam videlicet operibus decoratam, et sermonibus divinæ sapientiæ illustratam, omnia Christo dans, animam et corpus, verborum palmas (12), propter quod et gentilem errorem ut araneorum telas dirupit. Hic septem annorum factus, ad litteras traditur a parentibus : vacans autem in mathematicis quinquennio, fructificabat plurimum in philosophica disciplina, naturæ mansuetudine. Rursus relicta patria, Cappadox enim erat genere, pervenit ad matrem sermonum, id est, Athenas (13), et castitate seu multa continentia et temperantia decenter ornatus, adhæret præceptori Græcorum sapientiæ, Eubulo (14) nomine, et ita sese disciplinis tradidit, ut eum tam præceptores quam condiscipuli imitarentur. Erant enim hujus cooperatores, magnus Gregorius Nazianzenus episcopus, qui throni Apostolici gubernacula per duodecim (15) moderatus est annos, Julianus, qui ad breve tempus Christianus fuit, atque Libanius (16). Hic autem præ omnibus admirabilis vir posuit in corde suo non participari pani vel vino, donec ex superna provisione sapientiæ penetraret arcana. Moratus autem in eruditionibus quindecim annos, et omnem gentilem philosophiam transcurrens, in fine astronomiam quoque ac geometriam, et optima quæque legens, cum nullo modo valuisset per ea invenire omnium conditorem, quadam nocte vigilante illo, divinus quidam splendor infit ut transcurreret nostræ religionis scripturam.

Surgens ergo properavit Ægyptum (17), et accedens ad quemdam Archimandritarum, nomine Porphyrium (18), petivit dari sibi sacros libros ad perceptionem divinorum dogmatum. Et hoc percepto mansit illic, dans operam meditationi divinorum eloquiorum, aqua et oleribus educatus. Anno vero integro ibidem moratus, et veritatis rationem fide considerans, perseveravit scrutatus verbum veritatis, et petivit se dimitti Jerosolymam causa orationis (19) iturum, et illic miracula inspecturum, qui exoratus dimisit eum.

Cap. II. — Rediens autem illo, ubi Græcorum institutus est philosophia, cœpit persuadere multis philosophis et multitudini gentilium ostendere Christum, demonstrans illis viam salutis. Requirebat vero et præceptorem suum Eubulum (qui erat dux verbi) in vicissitudinem studiorum, quibus ab ipso fuerat institutus, ad trahendum eum et inclinandum immaculatæ fidei, utpote ipse bene currens ad eam. Omnesque docebat, qui philosophia imbuti erant, illum sequi quasi magistrum. Requirens autem eum in omnibus scholis, invenit in proastio (20) cum philosophis. Nihil erat enim apud eos studii quam dicendi quid ac audiendi novum. Disputante autem illo, reprehendit eum astans Basilius. Et quidam eorum qui cum ipsis erant dixit: Reprehendit te quis, o philosophe? Qui ait: Aut Deus, aut Basilius. Recognoscens ergo eum, et hos qui secum erant dimittens, aderat cum Basilio, et tribus diebus jejuni perseverantes, quæstiones invicem proponebant. Interrogavit itaque Eubulus Basilium: Quæ est definitio philosophiæ, Basili? Qui ait: Prima definitio philosophiæ, meditatio mortis. Ille vero admirans, ait: Quis est mundus? Ait: Qui est super mundum. Et dulces quidem sunt mundi sermones, ipse vero mundus vehementer amarus, si quis hunc vitiose retineat. Et alia est voluptas corporis, et alia incorporalis naturæ. Et pariter hæc cuiquam inesse impossibile constat. Nemo enim potest duobus dominis servire (*Matth.* vi). Verum, quantum virtus suppeditat, frangimus esurientibus panem scientiæ, et eos qui per malitiam quorumdam sine tecto sunt, per virtutem ducimus sub tectum. Si vero eum nudum videmus, amictu circumdamus, et domesticos seminis non despicimus. Cumque dixisset hæc, imaginans ei parabolice Salvatoris nostri misericordiam, quam circa nos per pœnitentiam operatur, tres tabulas (21) sensim proponit in proforibus mentis, unam quidem in superioribus portarum virtutes ferentem, prudentiam videlicet, fortitudinem, temperantiam, et justitiam. In sinistra vero parte seductionem. Porro hinc et inde intemperantiam, profanationem, linguositatem, suasionem, et hujuscemodi examen malorum. Pœnitentiam autem decenter astantem intrepidam, hilarem, lenem, et contrariis quidem adversantem, populo vero bona omnia imprecantem. Præterea juxta hanc, abstinentiam, sagacitatem, clementiam, pudicitiam, pudorem, humanitatem, et multorum bonorum plebem. Sensus vero hujus historiæ videntibus quidem est monitio, audientibus autem zeli potioris occasio. Hæc et ipse ego videns delectatus sum, et in hoc ductus sum, o Eubule. Sunt quippe in nobis non imagines neque ænigmata, sed ipsa liquido veritas ad salutem adducens. Resurgemus enim omnes, hi in vitam æternam, hi in opprobrium et confusionem perpetuam: et astabimus ante tribunal Christi (*II Cor.* v), quemadmodum docent nos magniloqui prophetæ, Isaias, Jeremias, Ezechiel, Daniel, et David rex, et egregius Paulus. Et post hos ipse Dominus pœnitentiæ dator, et hujus recompensator, qui ovem perditam requisivit (*Matth.* xviii), qui recedentem a paternis sinibus cum multis divitiis puerum, et his luxuriose consumptis postea redeuntem, fame tabefactum, germane amplexus est, et adornans fulgida stola et annulo ac vestibus pretiosis, suadet nihil puero peccanti, non sævire, sed veluti fratri veniam dare (*Lucæ* xiv); sic absque invidia Dominus excellens bonitatem æqualem his, qui circa **154** undecimam horam venerunt, mercedem dat (*Matth.* xx). Ipse et nobis pœnitentibus, et resipiscentibus, ex aqua et Spiritu sancto regenerationem donabit, quia nec oculus vidit, nec auris audivit, nec in cor hominis ascendit quæ præparavit Dominus diligentibus se (*I Cor.* ii). Horum ergo sensu intellecto, Eubulus ait: O Basili, cœlestis Trinitatis assertor, per te credo in unum Deum Patrem omnipotentem, et cætera; exspectans resurrectionem mortuorum, et vitam venturi sæculi, amen. Opere autem ostendam tibi fidem quæ in me est: quoniam, omnibus quæ mihi adsunt in manibus tuis datis, residuo vitæ meæ tempore, si placitum in conspectu Dei fuerit, tecum ero, suscepta ex sancta aqua seu Spiritu regeneratione. Ait autem Basilius: Benedictus Dominus Deus noster, ex hoc nunc et usque in sæculum, o Eubule, qui illustravit lumen verum in mente tua, et transtulit a multorum errore deorum in agnitionem misericordiæ suæ. Porro si, ut fassus es, mecum pariter esse vis, ostendam tibi quo saluti nostræ modo provideamus, a vinculis istius sæculi liberandi. Venundemus omnia quæ nobis insunt, et tribuamus egenis, sicque demum ad sanctam civitatem pergamus, inspectores per nos efficiendi patratorum ibidem miraculorum, et acquiramus fiduciam apud Deum. Taliter itaque ambo rebus suis pie distributis, sola ex his indumenta, quæ sancto baptismati præparari solent, ementes, Jerosolymam tendunt, convertentes ad Dominum gentium multitudinem copiosam.

Cap. III. — Pervenientes vero ad Antiochi urbem, diverterunt ad receptaculum quoddam. Filius autem hospitis, nomine Philoxenus, sedebat præ foribus in meditatione multa, discipulus hic Libanii sophistæ, a quo susceperat versus Homericos ad transferendum eos in rhetoricos. Et cum in multa tribulatione consisteret, laborando deficiebat; quem aspiciens Basilius dixit ad eum: Quare ita tristis es, adolescens? Ait: Quæ mihi utilitas erit, si dixero tibi? Perseverante autem Basilio, et ei prodesse pollicente, dixit ei tam sophistam, quam etiam versus, et quia propter hoc laboro. Qui susceptis versibus cœpit dicere horum translationem. At vero adolescens stupefactus pariter et gavisus, in scriptis ex-

---

[a] Hoc caput deest in Vitis Patrum.

poni eam rogavit. Qui scripsit horum solutionem in tribus editionibus : puer autem suscepit eos gaudens, et diluculo pergit ad Libanium, et dat ei versuum enucleationem. Accipiens autem Libanius, et consternatus super translatione, dixit : Per divinam Providentiam nullus præsentium sapientum tale quid potest interpretari. Unde ergo est horum innovator? ait puer : Peregrinus quidam veniens ad hospitium meum, paratissime disseruit mihi horum dissolutionem. Nihil ergo negligens Libanius, cursim ad hospitium venit, et videns Basilium una cum Eubulo, et recognoscens eos, obstupefactus est pro insperato utriusque adventu. Rogavit autem eos divertere in domum suam; et hoc consecutus, rogavit etiam ut suavem seu conditam sumerent escam. Qui pane et aqua, secundum consequentiam quæ ab ipsis tenebatur, mensurate perceptis, gratias egerunt Deo, et omnium datori bonorum. Paratissime itaque Libanius cœpit cum iis quærere, ac protendere verbositates rhetoricas. Illi autem proposuerunt ei de fide sermonem. At vero Libanius sentiens quæ dicebantur : Nondum est, inquit, tempus hujus operationis ; cum autem jusserit superna Providentia, non est qui resistat. Sed quia in maximis mihi profuisti, o Basili, disputare quoque ad novitios meos ne dedigneris. Qui celeriter congregatis juvenibus, docebat eos munditiam animæ et impassibilitatem corporis, gressum mitem, vocem temperatam, sermonem ordinatum, cibum et potum imperturbabilem, coram senioribus silentium, ante sapientiores auditionem, circa prælatos subjectionem; circa æquales seu minores charitatem non fictam; pauca effari, plura vero intelligere; non exasperari sermone; non superabundare loquelis, non esse promptos ad risum, pudore ornari, cum mulieribus impudicis non colloqui, deorsum visum habere, sursum animam; fugere contradictiones, non didascalicam sequi dignitatem, nihil æstimare a quibuscumque collatos honores. Quod si quisquam vestrum aliis etiam prodesse potest, a Deo mercedem exspectet, et æternorum bonorum vicissitudinem a Christo Jesu Domino nostro. His dictis, Basilius ad discipulos Libanii, et miris ab omnibus laudibus cumulatus, una cum Eubulo carpebat iter.

CAP. IV. — Cumque Jerosolymam pervenissent, et omnem locum sacrosanctum fide et amore perlustrassent, et in eis Deum, qui super omnia est, adorassent, manifesti facti sunt episcopo civitatis, nomine Maximino (22). Et huic procidentes, postularunt adipisci divinam regenerationem in Jordane (23) flumine. Quos intuens sanctus hic vir Dei, gratia plenus, adimplevit petitionem ipsorum, et una cum fidelibus viris venit ad Jordanem. Cum autem Basilius accessisset ad ripam, projecit se super flumum, et cum lacrymis et clamore valido peteret signum suæ fidei revelari. Et mox cum tremore consurgens deponit vestimenta sua, et cum eis procul dubio veterem hominem, sic demum descendens in aquam orabat, et accedens sacerdos baptizavit eum. Et ecce fulgur ignis præfulsit eis, et columba (24) ex eo veniens descendit in aquam, et turbata aqua convolavit in cœlum; hi vero qui astabant tremefacti glorificaverunt Deum; baptizatus autem Basilius exivit ab aqua. Admirans autem Maximinus Basilii dilectionem quam in Deum habebat, et oratione fusa super eum induit vestibus resurrectionis Christi. Baptizavit autem et Eubulum, et ungens etiam sancto chrismate (25), tradidit vivificam communionem, et rogavit Basilium Dei sacerdos post orationem sumere cibum, quod et fecit dicens : Domine Jesu Christe Deus noster, ita credo evangelicæ voci tuæ, et spero in benignitate tua, ait, manducans et bibens, vincam resistentem nobis diabolum cooperatione Spiritus sancti tui. Stupefactus autem sacerdos Dei in fide illius, reversus est cum eis in sanctam civitatem. Anniversario vero tempore illic demorantes, communi consilio venerunt Antiochiam, et Basilius a Meletio (26) ejusdem urbis episcopo ad diaconii ordinem promotus, et Proverbiorum (27) sermonem interpretatus, multa est admiratione provectus.

CAP. V. — Post non multo tempore transacto, properavit una cum Eubulo ad Cappadocensium regionem; et cum jam jamque ingressuri essent Cæsariensium civitatem; in visione noctis revelatus est tunc episcopo ipsius urbis; Eusebio (28) nomine, horum adventus, et quod Basilius ejus esset futurus successor. Qui expergefactus vocavit principem ecclesiasticæ administrationis, et quosdam venerabilium clericorum, et misit eos ad orientalem portam urbis, dicens eis, visionem ; cumque irent ad portam, obvii fuerunt eis, cum ingrederentur. Quos videntes et agnoscentes, rogaverunt ut ascenderent ad episcopum. Cumque intrarent, intuitus eos sanctissimus episcopus, et stupefactus in similitudine visionis, Deo gratias egit. Interrogavit autem unde venirent, et quo abirent, et quæ eorum essent vocabula, et discens, dixit diaconibus præbere quæ ad requiem eorum congruerent : qui adducentes eos ad insigne habitaculum (29); omnia obtulerunt ad suavitatem eorum. Eadem autem hora advocans sanctissimus vir lectissimos cleri et civitatis, enarravit eis ea quæ a Deo fuerant sibi revelata. Qui una voce dixerunt : Veraciter et hoc digna est munda vita tua, ut divinitus de cœlo revelaretur is qui post te futurus est pontificalem thronum ornare. Unde nihil hæsitans fac quod tibi videtur. Episcopus autem advocato Basilio una cum Eubulo, cœpit scrutari cum eis sacras Scripturas ; et admirans pelagus sapientiæ quæ inerat illis, et habitis eis idoneis assistoribus, non post multum temporis obiit. Convenientes ergo, episcopi ad synodum (30), cum operatione Spiritus sancti eligunt Basilium ad thronum episcopalem. Qui videlicet consecratus gubernabit Ecclesiam Dei providentia.

CAP. VI. — Post aliquod vero tempus postulavit a Deo quo concederet sibi gratiam sapientiæ et intellectus, ut offerret per propria verba sua incruentum Deo sacrificium, et veniret in præsentiam sancti Spiritus ; et post sex dies, velut in excessu mentis adventu Spiritus sancti factus, septimo die coepit ministrare Deo per singulos dies, et post aliquod tempus fide ac oratione multa, inchoavit propria manu scribere missae mysteria. Et quadam nocte astans ei Dominus in visu cum apostolis propositionem panis faciens in sancto altari, erexit Basilium, dicens ei : Secundum petitionem tuam repleatur os tuum laude, ut per propria verba tua incruentum offeras sacrificium. Qui non ferens oculis visionem, surrexit tremefactus, et accedens ad sanctum altare coepit dicere ac scribere in charta, ita : « Reple os meum laude (31), ut laudem gloriam tuam, Domine Deus, qui creasti nos, et adduxisti ad vitam hanc; » et reliquas sanctae missae orationes. Et post finem orationum exaltavit panem (32), prolixe orans et dicens : Attende, Domine Jesu Christe, Deus noster, de sancto habitaculo tuo, et veni ad sanctificandum nos, qui sursum cum Patre sedes, et hic nobiscum invisibiliter ades, et dignare potenti manu tua tribuere nobis et per nos omni populo sancta sancitis. » Populus respondit : « Unus sanctus, unus Dominus Jesus Christus cum sancto Spiritu in gloria Dei Patris. Amen. » Et dividens panem in tres portiones, unam quidem suscepit cum timore multo, aliam vero servavit ad consepeliendum sibi (33), tertiam autem positam (34) super columbam auream, suspendit super altare. Eubulus autem et cleri princeps simul prae foribus templi stantes, videbant lumen intelligibile in templo, et homines clarissime candidatos, et vocem populi glorificantis Dominum, et Basilium altari astantem; et consternati super visione, ceciderunt in faciem, cum lacrymis glorificantes Dominum. Cum autem exisset Basilius, ceciderunt ad pedes. Qui interrogavit causam adorationis et adventum eorum. Illi vero dixerunt gloriosissimum miraculum quod viderunt in templo. Tunc Basilius extense gratias agens Domino, enarravit gloriosissima. Et advocato aurifice, fecit columbam de auro mundissimo, et in ea posuit portionem, suspendens super sanctam mensam, instar sanctae illius columbae quae apparuit in Jordane Domino baptizato. Hoc autem facto, repromisit sermonem exhortationis se dicere ad populum; et collocata est infinita multitudo in ecclesia, inter quos erat vir magnus, Dei cultor Ephraem (35), de quo postmodum enarrabimus, qualiter ex apparitione divina inspector factus fuerit memorandi Basilii.

CAP. VII. — Itaque cum divinum celebraretur officium, Hebraeus (56) quidam, ut Christianus, se populo miscuit, ordinem officii et donum communionis explorare volens; et videt infantulum membratim incidi in manibus Basilii; et communicantibus omnibus venit et ipse, et data est ei in veritate caro; deinde adest et calici, qui erat sanguine plenus, et ipsius particeps est effectus. Atque ex utroque conservatas reliquias, pergens in domum suam, ostendit uxori suae, ad confirmationem eorum quae dicebantur, enarrans quae propriis viderat oculis. Credens ergo quod revera horrendum sit et gloriosum Christianorum mysterium, in crastinum adit Basilium supplicans ei quo sine dilatione acciperet in Christo signaculum. Qui nihil negligens, solitas grates ei, qui omnes vult salvari, referens, baptizavit eum cum omni domo sua credentem in Dominum.

CAP. VIII. — Helladius (37) autem sanctae recordationis, qui inspector et minister fuit miraculorum quae ab eo patrata sunt, quique post obitum ejusdem apostolicae memoriae Basilii sedem illius suscipere meruit, vir et miraculis clarus; atque omni virtute ornatus, retulit mihi quia cum senator quidam fidelis, nomine Proterius (38), pergeret ad sancta et percolenda loca, et ibidem filiam suam tondere (39), et in unum venerabilium monasteriorum mittere, et sacrificium Deo offerre voluisset, diabolus, qui ab initio homicida est, invidens ejus religioso proposito, commovit unum ex servis ejus, et hunc ad puellae succendit amorem. Hic itaque cum tanto voto esset indignus, et non auderet propositum saltem contingere, alloquitur unum ex detestandis maleficis, repromittens illi ut si forte arte sua posset illam commovere, multam ei auri tribueret quantitatem. At vero veneficus dixit ad eum : O homo, ego ad hoc impos existo; sed si vis, mitto te ad provisorem meum diabolum, et ille faciet voluntatem tuam, si tu duntaxat feceris voluntatem ejus. Qui dixit ad eum : Quaecunque dixerit mihi, faciam. Ait ille : Abrenuntias, inquit, Christo in scriptis? Dicit ei : Etiam. Porro iniquitatis operarius dicit ei : Si ad hoc paratus es, cooperator tibi efficiar. Ille autem ad ipsum : Paratus sum, tantum ut consequar desiderium. Et facta epistola, pessimae operationis minister ad diabolum destinavit eam, habentem dictatum hujusmodi : « Quoniam domino et provisori meo oportet me dare operam, quo a Christianorum religione discedant, et ad tuam societatem accedant; ut compleatur portio tua; misi tibi praesentem, meas deferentem litterulas; cupidine puellae sauciatum. Et obsecro ut hujus voti compos existat, ut et in hoc glorier, et cum affluentiori alacritate colligam amatores tuos. » Et data ei epistola, dixit : Vade tali hora noctis, et sta supra monumentum alicujus pagani, et erige chartam in aera, et astabunt tibi qui te debent ducere ad diabolum. Qui hoc alacriter gesto, emisit miserrimam illam vocem, invocans diaboli adjutorium; et continuo astiterunt ei principes potestatis tenebrarum, spiritus nequitiae (Ephes. vi), et suscepto qui fuerat deceptus, cum gaudio magno duxerunt eum ubi erat diabolus, quem et monstraverunt ei super excelsum solium sedentem, et in gyro ejus nequitiae spiritus circumstantes; et susceptis venefici litteris, dixit ad infelicem illum : Credis in me? Qui dixit : Credo. Dixit ei diabolus : Tergiversatores estis vos Christiani, et quidem quando me opus habetis, venitis ad me; cum autem consecuti fueritis effectum, abnegatis me et acceditis ad Christum vestrum, qui, cum sit bonus atque misericors, suscipit vos. Sed fac mihi in scriptis tam Christi tui et sancti baptismatis voluntariam abrenuntiationem, quam in me per saecula spontaneam repromissionem, et quia mecum eris in die judicii simul perfruiturus aeternis suppliciis, quae mihi sunt praeparata. At ille exposuit propriae manus scriptum, quemadmodum fuerat expetitus. Rursusque ille corruptor animarum draco destinat daemones fornicationi praepositos (40), et exardescere faciunt puellam ad amorem pueri, quae projecit se in pavimentum, et coepit clamare ad patrem: Miserere mei, miserere, quia atrociter torqueor propter talem puerum nostrum. Compatere visceribus tuis, ostende in me unigenitam tuam paternum affectum, et junge me puero, quem elegi. Quod si haec agere nolueris, videbis me amara morte post paululum mortuam, et rationem dabis Deo pro me in die judicii. **157** Pater autem cum lacrymis dicebat: Heu mihi peccatori! quid est quod contigit miserae filiae meae? quis thesaurum meum furatus est? quis filiae meae injuriam intulit? quis dulce oculorum meorum lumen exstinxit? ego te semper supercoelesti sponso consiliatus sum desponsare Christo, et Angelorum contubernio sociam constituere, et in psalmis et hymnis et canticis spiritualibus canere Deo accelerabam, tu autem in lasciviam petulantiae insanisti. Dimitte me, sicut volo, cum Deo contractum facere, ne deducas senectutem meam cum moerore in infernum, neque confusione nobilitatem parentum tuorum operias. Quae in nihilum reputans quae a patre sibi dicebantur, perseverabat clamans: Pater mi, aut fac desiderium meum, aut prius pauxillum mortuam me videbis. Pater itaque ejus in magna dementatione constitutus, tam immensitate moestitiae absorptus, quam amicorum consiliis acquiescens se admonentium ac dicentium expedire potius voluntatem puellae fieri, quam sese manibus interficere, consensit, et praecepit fieri desiderium puellae potius, quam eam exitiabili tradere morti. Et mox protulit puerum qui quaerebatur, simul et propriam genitam, et dans eis omnia bona sua, dixit: Salve nata vere misera; multum lamentaberis repoenitens in novissimis, quando nihil tibi proderit. Porro nefandi matrimonii conjugio facto, et diabolicae operationis completo facinore, et pauco tempore praetereunte, notatus est puer a quibusdam, quod non ingrederetur ecclesiam, neque attrectaret immortalia et vivifica sacramenta, et dicunt miserandae uxori ejus: Noveris quia maritus tuus, quem elegisti, non est Christianus, sed extraneus est a fide, et penitus est alienus. Quae tenebris et dira plaga referta, projecit se in pavimentum, et coepit ungulis semetipsam discerpere, et percutere pectus atque clamare: Nemo umquam qui parentibus inobediens fuit, salvus factus est. Quis annuntiabit patri meo confusionem meam? Heu mihi infelici! in quod perditionis profundum descendi! quare nata sum? vel nata quare non statim indireptibilis [Gr. ἀνάρπαστος, abrepta] facta sum? Hujusmodi ergo eam complorantem seductus vir ejus agnoscens, venit ad eam, asseverans non se ita rei veritatem habere: quae in refrigerium suasoriis ejus verbis deveniens, dixit ad eum: Si vis mihi satisfacere, et infelicem animam meam certificare, cras ego et tu pergemus unanimiter ad ecclesiam, et coram me sume intemerata mysteria, et taliter mihi poteris satisfacere. Tunc coactus dixit ei sententiam capituli. Protinus ergo puella feminea infirmitate deposita, et consilio bono accepto, currit ad pastorem et discipulum Christi Basilium, adversus tantam clamans impietatem: Misericordiam mihi miserae praesta, sancte Dei, miserere mei, discipule Domini, quae contractum cum daemonibus feci. Miserere mei, quae proprio patri facta sum inobediens. Et cognita illi fecit rei gestae negotia. Porro sanctus Dei, convocato puero, sciscitabatur ab eo si haec hujusmodi essent. Qui ad sanctum cum lacrymis ait: Etiam, sancte Dei. Nam etsi ego taceuro, opera mea clamabunt. Et enarravit ei et ipse malignam diaboli operationem, qualiter ab exordio usque ad finem fuerit subsecutus. Tunc dicit ei: Vis converti ad Dominum Deum nostrum? Qui dixit: Etiam volo, sed non possum. Dicit ei: Cur? Respondit: In scriptis abrenuntiavi Christo, et foedus pepigi cum diabolo. Dicit ei sanctus: Non tibi sit curae: benignus est Deus noster, et suscipiet te poenitentiam agentem. Benignus enim est super malitiis nostris. Et projiciens se puella ad pedes ejus, evangelice rogabat eum, dicens: Discipule Christi Dei nostri, si quid potes, adjuva nos. Dicit sanctus ad puerum: Credis posse salvari? At ille dixit: Credo, Domine; adjuva incredulitatem meam (*Marci* ix). Et confestim apprehensa manu ejus, et facto super eum Christi signo simul et oratione, retrusit illum in uno loco, intra quem sacri habebantur amictus (41). Et data ei regula oravit et ipse pro illo per tres dies. Post quos visitavit eum, et dixit: Quomodo te habes, fili? Dicit ei puer: In magna sum, domine, defectione. Sancte Dei, non suffero clamores, pavores, jacula, et lapidationes ipsorum. Tenentes enim propriae manus meae scripturam, objurgantur in me, dicentes: Tu venisti ad nos, non nos ad te. Et dicit ei sanctus: Noli timere, fili mi, tantummodo crede. Et data ei modica esca, et facto super eum Christi denuo signo et oratione, inclusit eum; et post paucos dies visitavit illum, et dixit: Quomodo te habes, fili? Ait: Pater sancte, a longe clamores eorum audio simul et minas; nam non video illos. Et rursus dato ei cibo, et effusa oratione clausit ostium, et discessit. Praeterea quadragesimo die abiit ad eum, et dicit illi: Quomodo te habes, frater? Respondit et dicit ei: Bene, sancte Dei. Vidi enim te hodie in somnis pugnantem pro me, et vincentem diabolum. Mox ergo secundum consuetudinem facta oratione eduxit illum, et duxit illum ad cubiculum suum. **158** Mane autem facto, convocato tam venerabili clero quam monasteriis et omni Christo amabili populo, dixit eis: Filii mei dilecti, universi gratias agamus Domino; ecce enim futurum est ut ovem perditam pastor bonus super humeros suos imponat (*Lucae* xv), et reducat Ecclesiae; et nos oportet pervigilem ducere noctem, et deprecari voluntatem ipsius, ut non vincat corruptor animarum. Quo protinus acto, et promptissime populo congregato, per totam noctem una cum bono pastore deprecati sunt Deum, cum lacrymis pro ipso clamantes, Kyrie eleison. Et diluculo una cum omni multitudine populi assumit sanctus puerum, et tenens dexteram manum ejus, duxit eum in sanctam Dei ecclesiam cum psalmis et hymnis. Et ecce diabolus, qui vitae nostrae semper invidet, si hanc sine tristitia viderit, cum tota perniciosa virtute sua venit, et puero invisibiliter comprehenso, voluit rapere illum de manu sancti; et coepit puer clamans dicere : Sancte Dei, auxiliare mihi, et adeo contra illum impudenti instantia venit, ut ipsum egregium Basilium simul cum illo impelleret et subverteret. Conversus ergo sanctus ad diabolum ait : Impudentissime, et animarum violator, pater tenebrarum et perditionis, non tibi sufficit tua perditio, quam tibimet ipsi et his qui sub te sunt acquisisti, sed adhuc non quiescis, et Dei mei plasma tentando? Diabolus vero dixit ad eum : Praejudicas mihi, Basili, ita ut multi ex nobis audirent voces ejus. At vero sanctus Dei ad illum : Increpat, inquit, tibi Dominus (*Judae epist.*), diabole. At ille : Basili, praejudicium mihi facis. Non ivi ego ad eum, sed ille venit ad me, abrenuntiando Christum, mecumque est sponsione pactuatus, et ecce scriptum habeo et in die judicii coram communi judice deferam illud. Sanctus autem Domini dixit : Benedictus Dominus Deus meus, non deponet populus iste manus ab excelso coeli, nisi reddideris scriptum. Et conversus dixit plebi : Tollite manus vestras in coelum, universi clamantes cum lacrymis, Kyrie eleison. Cumque staret populus hora multa extensas habentes manus in coelum, ecce scriptum pueri in aerem deportatum, et ab omnibus visum venit, et positum est in manus egregii patris nostri pastoris Basilii. Suscepto autem illo, gratias egit Deo, gavisusque vehementer una cum universa plebe, dixit ad puerum : Recognoscis litterulas has, frater? At ille dixit ad eum : Etiam, sancte Dei, propriae manus meae scriptura est. Et dirupta scriptura introduxit eum in ecclesiam, et dignus habitus est sacris interesse missarum officiis, et participatione sacrorum mysteriorum, et muneribus Christi. Et facta susceptione magna recreavit universum populum, et ducto puero et instructo, atque data ei decenti regula, tradidit eum uxori ejus, indesinenter glorificantem et laudantem Deum. Amen.

CAP. IX. — Enarravit autem et hoc praedictus nobilis vir Helladius, quoniam una dierum resplendente, sanctus pater et magnus Basilius profectus est de civitate nostra, nemini dicens quo esset iturus. Et ingressus coram nobis dixit : Filii mei, sequimini me, ut videatis mecum gloriam Dei, et admiremur discipuli magistrum. Mox ergo ut proficisci coepit de civitate nostra communis pater noster, agnovit eum per virtutem Spiritus sancti Anastasius (42) presbyter, et dicit nominatim quidem uxori suae, usu autem sorori (43) : Ego vadam ad culturam agri, domina mi soror, sed surge et orna domum tuam, et circa horam nonam tolle thuribulum et cereos (44), obviam vade sancto Basilio archiepiscopo : venit enim applicare in domo nostra. Illa autem tremefacta super tam gloriosum dictum, fecit ut edocta est; erat autem illa virgo pudice vivens quadraginta transiens anno cum conjuge suo conservans secretum, sterilem se simulans hominibus. Obvians autem nobis cum debita modestia, congruentem salutationem tribuens primum quidem benedicitur a sancto Patre nostro; deinde dicit illi : Quomodo habes, domina Theognia (45)? Illa vero, stupefacta de vocatione nominis, dicit ei : Bene, sancte Dei. Dicit illi sanctus Pater noster : Ubi est dominus Anastasius presbyter, frater tuus? Dicit ei : Maritus meus est, domine, et ivit ad colendam terram. Qui dixit : In domo tua est, et ne fatigeris. Verecunda ergo mulier non solum de verbo hoc, atque vocabulo nominis sui, verum etiam quod dixerat ei deifer Pater noster, quoniam quidem mulier existeret nomine, soror vero usu, et stupefacta, tremoreque concussa, cecidit in terram, clamans et dicens : Sancte Dei, ora pro me peccatrice, quia magna et miranda intueor opera. Et facta super illam benedictione, coram omnibus dixit ei : Extende pannum inter brachia tua. Et cum extendisset, jussit effundi carbones de thuribulo in pannum, superponens incensum; et ante omnes ibat, et venientibus nobis in domum presbyteri, obviavit : et ipse deosculans honorabiles ejus pedes, dedit illi in Domino salutationem, et dicit ei presbyter : Unde mihi hoc ut veniat sanctus Dei ad me? Et dicit ei Pater noster : Bene te inveni, discipule Christi ; eamus et faciamus sanctam Dei missam. Erat enim ipse presbyter Dei jejunans per **159** singulos dies, absque Sabbato et Dominica, non contingens aliquid nisi panem et aquam. Et pergentibus nobis ad ecclesiam, praecepit presbytero, ut missas caneret. Ille autem ait ad eum : Sancte Dei, sicut doces, qui malus est a meliore benedicitur. Dicit ei sanctus pater noster : Cum omnibus studiis tuis habeto obedientiam. Consentiens autem presbyter astitit ad sanctam missam, et tempore exaltationis vivificae corporis Domini nostri Jesu Christi vidit sanctus Dei, et quidam de dignis, sanctum Spiritum descendentem in specie ignis, circumdantem presbyterum, et sanctum altare. Communicantes autem, et gratias agentes Domino, ivimus in domum presbyteri, et sumentes escam, dixit illi sanctus Dei : Refer mihi unde tibi thesaurus iste, et quae est vita tua? Dixit ei presbyter : Ego, sancte Dei, peccator sum, subjacens publicis tributis. Habeo juga boum duo, unum quidem ego duco (46), alterum autem mercenarius meus, et unum quidem est in administratione peregrinorum, unum autem in administratione vectigalium, et est confamula mea haec, ministrans hospitibus et mihi. Dicit illi : Voca illam sororem, juxta quod et est, et dic mihi actus tuos. Dicit ei presbyter : Non possideo bonum super terram, extraneus sum omnium virtutum. Dicit ei communis Pater noster : Surge et eamus simul ; et ducit illum in unam cellulam domus ejus, et dicit ei : Aperi januam. Et dicit ei : Sancte Dei, ne jubeas ingredi, quoniam necessaria est domus (47). Dicit ei sanctus : Et ego ad hoc opus veni. Nolente ergo presbytero aperire clave, sermone aperuit Pater noster egregius, et ingressus invenit illic virum ulcerosum, cui defluxerant plurima corporis sui membra, et nullus eum sciebat illic esse, nisi presbyter et hujus soror. Dicit ei sanctus Pater : Quare voluisti abscondere thesaurum istum? Dicit ei presbyter : Furiosus est, domine, et injuriosus, et timui ne forte caderet in verbo. Dicit ei pater : Bene certasti in illum, sed dimitte me nocte ista ministrare illi, ut et ego per te mercedem consequar. Et dimittentes sanctum cum ulceroso in cellulam, nec vocem habente loquendi præ imbecillitate passionis, claudentes ostium discessimus. Medicus autem vulnerum, faciens super eum orationem, per totam noctem deprecans Deum, omnem languorem et omnem infirmitatem sanans, curavit eum. Dicit ergo nobiscum presbyter : Gloria tibi, Deus, qui facis mirabilia timentibus te, et orationes eorum exaudis. Ecce medicus ægrotum fecit sanum. Et statim clamavit sanctus Dei ut aperiremus januam. Eduxit itaque ulcerosum totum sanum, non habentem cicatricem in corpore suo, loquentem clare, et glorificantem Deum. Hoc autem magno miraculo facto, reversi sumus in civitatem nostram, cum gaudio laudantes et benedicentes Deum, cui est honor et gloria in sæcula sæculorum. Amen.

Cap. X. — Mulier quædam (48) nobilis genere, et divitibus sæcularibus orta, et vanitatibus hujus mundi composita, et in omnibus superexaltata, et vidua effecta, indecenter devoravit pecuniam, luxuriose vivens, stupro semetipsam subjiciens, nulla quæ Deo sunt placita agebat, sed porcorum similitudine in sterquilinio pervoluta. Nutu quidem Dei aliquando in s metipsam reversa, immensurabilium ejus facinorum illuminata mente, taciturno silentio recordabatur multitudinem peccatorum suorum, et dolenter plorabat dicens : Væ mihi peccatrici, quomodo reddam rationem de multitudine peccatorum meorum : spirituale templum corrupi, habitantem in corpore animam coinquinavi. Væ mihi, væ mihi, quid operabar? quid mihi contigit? dicam sicut meretricem illam, aut sicut publicanum illum peccasse? [Alius interp. addit : Sed nemo sicut ego peccavi, maxime post sanctum baptisma. Quomodo ergo certa ero quia pœnitentem me suscipiet Deus?] Hæc omnia intra se considerante, ille qui omnes vult salvos facere, et in censuram veritatis reducere, et neminem vult perire, in ejus memoriam reducere dignatus est, quæ o juventute sua perpetrarat peccata. Et sedens ea quæ ab adolescentia sua usque ad senectutem fecerat delicta, scripsit in charta. Novissime vero scripsit magnum quod fecerat pessimumque peccatum, et plumbo bullavit (49) chartam illam. Prævidens vero tempus aptum, quando sanctus Basilius solitus erat orationis causa ad ecclesiam accedere, præcurrens subito, jactavit chartam illam ante pedes ejus; et prosternens se ante faciem ejus, dicebat : Miserere, miserere mihi peccatrici, sancte Dei, super omnibus peccatis. Stans vero beatissimus ille, sollicite inquirebat ab ea quidnam esset eius mugitus et ululatus. Illa dixit : Ecce, sancte Dei, omnia peccata et delicta mea scripsi in hac charta, et bullavi; tu autem, sancte Dei, bullam istam minime moveas, sed tantummodo de tuis sanctis orationibus omnia hæc dele. Magnus quidem sanctus Basilius elevans chartam illam, et attendens in cœlum dixit : Tibi, Domine, soli sunt opera istius manifesta, tu quidem mundi hujus abstulisti peccata, et de sola ista anima facilius delere potes. Omnia quidem nostrorum facinora dinumerata sunt apud te; tu enim misericordia immensa es, et investigabilis. **160** Et hæc dicens introivit in sanctam ecclesiam, tenens præfatam chartam in manibus; et prosternens se coram altari, et per totam noctem, et in crastinum per tota missarum solemnia deprecans Deum. Et accersita femina illa, porrigit ei chartam, et dixit ad eam : Audisti, mulier, quia nullus potest dimittere peccata nisi solus Deus? Illa dixit : Audivi, Pater, et ideo te promovi, Pater, ad intercedendum apud Deum misericordissimum pro me. Et hæc dicens, solvit chartam, et reperit eam totam deletam. Remanserat enim magnum illud peccatum, quod fecerat, solum scriptum. Videns autem illa hoc peccatum minime deletum, percutiens se in pectore, augustiari cœpit, cecidique ante pedes ejus, cum lacrymis clamans, et dicens : Miserere mihi, serve Dei excelsi, et sicut de omnibus peccatis meis certamen habuisti, et exaudistis es, et pro hoc solo intercedere vales, ut ipsum peccatum deleatur. Sanctus vero Basilius lacrymatus est præ misericordia, et dixit : Surge, mulier, et ego homo sum peccator, necesse habens indulgentiam. Qui delevit, remisit tibi peccata quæ voluit; potens est enim Deus et hoc unum peccatum auferre a te, ille qui abstulit peccata mundi : si amodo observaveris, et in viis Domini ambulaveris, non tantum indulgentiam habebis, sed et gloria digna eris. Vade autem in eremum, et illic invenies sanctum hominem nominatum inter omnes sanctos Patres, nomine Ephræm. Illi porrige hanc chartam, et ipse intercedet, et obtinebit apud Dominum pro te. Tunc mulier commendavit se sancto Dei episcopo, et cucurrit in eremum, et pertransivit longitudinis iter. Pervenit ad magnum et mirabilem cremitam, nomine Ephræm, et pulsans januam clamabat dicens: Miserere mihi, miserere, sancte Dei. Ille vero prævidens in spiritu, pro qua petitione advenerat, dicit ei : Vade, mulier, quoniam ego peccator homo sum, necesse habeo et ego adjutorium. Illa autem jactavit chartam dicens : Sanctus Basilius archiepiscopus misit me ad te, ut deprecaris Deum, ut peccatum quod in hac charta scriptum est, deleatur. Reliqua vero plura peccata sanctus Basilius orans delevit, et tu, sancte Dei, de uno delicto ne pigriteris intercedere ad Deum, quia ad te missa sum. Tunc confessor ille dixit : Non, filia. Nunquid qui de multitudine illorum facinorum potuit obtinere apud Deum, et de hoc uno non potest intercedere et obtinere? Vade etenim, ne tardaveris, ut eum jungere debeas, priusquam anima ejus de corpore proficiscatur. Tunc mulier illa commendavit se sancto confessori Ephræm, reversa est in Cæsaream. Cum autem ingressa esset urbem, obviavit corpus deducentibus sancti Basilii, et videns prostravit se in terram, cœpit clamare adversus sanctum Dei, dicens: Væ mihi peccatrici, væ mihi consumptæ, væ mihi, sancte Dei, pro hoc direxisti me in eremum, ut de me sine fatigatione proficisceres; et ecce sine operibus reversa sum, in vanum devorans tantæ multitudinis pelagi viam iteranti. Videat Dominus Deus, et judicet inter me et te, quoniam potuisti intercedere et obtinere apud Deum, nisi ad alium me dirigeres. Et hæc dicens, jactavit præfatam chartam supra stratum, in quo ducebatur corpus sancti Basilii. Et minutius referebat rei eventus coram omni populo. Unus quidem ex clero volens cognoscere quodnam esset peccatum illud, elevans chartam illam et solvens, reperit eam totam deletam, et mundam, clamans voce magna illi feminæ: O mulier, charta ista scripta non est; quid enim in tali labore et angustia consumeris, nesciens magnalia Dei in te facta, et investigabilem ejus misericordiam. Multitudo quidem populi videntes tale gloriosum miraculum et magnum, glorificabant Deum, qui potestatem talem habet, ut in terris remittat omnium peccata; et daret gratiam servis suis, ut post discessum eorum sanent omnem languorem, et omnem infirmitatem, remittendique omnium delictorum facinora potestatem concessit his qui rectam fidem Domino conservant, certantes in bonis operibus, et glorificantes Deum et Dominum nostrum Jesum Christum.

CAP. XI. — Fratres (50), narrationem volo facere de Basilio, nobili scilicet, et Ephræm Syro. Et quædam quidem ex Patris nostri, quædam autem ex non mentientis ore sancti et mirabilis Ephræm audivi. Est vero ita:

Ephræm nobilis existens in eremo, quædam quidem illustratione sancti Spiritus videns, quædam vero ex desiderio et interrogatione ediscens miranda nobis nostri Patris Basilii, sine intermissione rogabat revelari sibi (51), qualis esset Magnus Basilius. In exstasi ergo factus, vidit columnam ignis, cujus caput pertingebat ad cœlum, et vox desursum dicens: Ephræm, Ephræm, quemadmodum vidisti columnam hanc ignis, talis est et magnus Basilius. Et statim tollens interpretem, eo quod nesciret loqui linguam Græcam, venit in magnam ecclesiam magni nominis Cæsareæ, et pervenit in sanctam festivitatem Theophaniæ, et ingrediens occulte vidit procedentem in ecclesia magnum Basilium, et dixit sequentibus se: Quoniam in vanum laboravimus; puto enim, frater iste, in tali ordine existens, non est juxta quod vidi. Erat enim circumdatus stola candida, et circa eum venerandus clerus candidatus et obsequens ei. Et stans in loco abscondito ecclesiæ aspex't ordinem, dicens in semetipso: Nos qui portavimus pondus diei et æstus, nihil proficimus; et hic in tali obsequio et honore humano, columna ignis exstitit! miror. Hæc eo dicente, mittit sanctus archidiaconum suum, dicens: Vade contra portam occidentalem, et in angulo ecclesiæ invenies abbatem cum alio quodam, habentem cucullam, raribarbium, pusillum, et cætera vultus ejus, et dices ei: Ingredere sacrarium (52), invitat te pater tuus archiepiscopus. Et discens per interpretem dictum, respondit dicens: Errasti, frater, nos hospites sumus. Et pergens archidiaconus renuntiavit hæc magno Basilio sacros libros recitanti. Videt sanctus Ephræm linguam igneam loquentem per os ejus, et dicit diacono: Vade, et dices domino Ephræm, jube intrare in sanctum tribunal (53); vocat te archiepiscopus ut ingrediaris in sanctum tribunal. Stupefactus ergo super his sanctus, glorificans Deum, et faciens metanœam (54), respondens ei dixit: Veraciter magnus Basilius, veraciter columna ignis Basilius, veraciter Spiritus sanctus loquitur per os ejus. Rogavit autem archidiaconum ut renuntiaret ei, quoniam magis post missas (55) in secretario salutabo eum. Ingrediens ergo post absolutionem missæ in secretarium, vocavit sanctum Ephræm, et in Domino osculum (56) tradidit ei. Dicit illi: Bene venisti, quia multiplicasti discipulos Christi in Ecclesia, et dæmones expulisti per Christum, in quo est labor tuus. Pater, venisti videre peccatorem hominem. Det tibi Deus mercedem secundum laborem tuum. Et respondens ei honorabilis Ephræm, et dicens omnia quæ in corde suo versabantur, una cum abbate qui cum illo erat communicavit in sanctas manus ejus, et faciente eo charitatem dixit sanctus Ephræm: Pater honorande, unam peto gratiam abs te, et hanc concede dari mihi. Qui dixit ad eum: Jube, dic quæ videntur tibi, multa enim tibi debeo; et maxime propter laborem tuum, et tui adventus. Dicit ei Ephræm: Scio, Pater sancte, quia quæcunque petis a Deo, concedet tibi; volo ut depreceris Deum, ut loquar Græce (57). Qui dixit ei: Super potentiam meam petiisti; sed quia fideliter petiisti, veni Pater, et erami præceptor, deprecemur Dominum, potens est enim facere voluntatem tuam. Scriptum est enim: Voluntates timentium se faciet, et orationes eorum exaudiet, et salvos faciet eos (*Psal.* XLIV). Et facientibus orationes per plurimas horas, surgens dixit magnus Basilius: Quare, domine Ephræm, non accipis consecrationem presbyterii, quoniam congruit tibi? Dicit ei per interpretem: Quoniam peccator sum. Respondit illi: Utinam peccata tua ego haberem! Et dicit ei: Mittamus genuflexionem, et jacentibus super pavimentum, posuit manum super sanctum Ephræm magnus sacerdos, et dixit orationem diaconii, et dicit illi: Jube, subleva nos. Repleta ergo lingua ejus, dicit sanctus Ephræm Græca lingua, Salva, miserere, suscipe, et conserva nos Deus in tua gratia; et consummatum est quod scriptum est: Tunc saliet sicut cervus claudus, et aperta erit lingua babbatientium (*Isa.* xxxv). Et loquente eo Græce, ipsa hora glorificaverunt Dominum, qui omnia potest, et exaudit orationes timentium se. Et spiritaliter lætantes per tres dies, et consecrans illum interpretem diaconum, et ipsum presbyterum (58), dimisit illos in pace, glorificantes Deum pro omnibus quæ audierunt (*Luc.* 11), secundum quod dictum fuerat ad illos.

ROSWEYDI NOTATIO.

(1) *Basilii.*] Martyrologium Romanum 1 Januarii : « Cæsareæ in Cappadocia depositio sancti Basilii episcopi, cujus celebritas xviii Kalendas Julii, qua die ordinatus fuit episcopus, potissimum recolitur. » De qua ejus ordinatione in episcopum ibidem 14 Junii : « Cæsareæ in Cappadocia ordinatio sancti Basilii episcopi, qui tempore Valentis imperatoris doctrina et sapientia insignis, omnibusque virtutibus ornatus, mirabiliter effulsit, et Ecclesiam adversus Arianos et Macedonianos mira constantia defendit. » Menologium Græcum, 1 Januarii : « Eodem die, commemoratio S. P. N. Basilii. » In Menæis, eodem die, fusius de eo agitur. Cujus etiam memoria cum Gregorio Nazianzeno theologo, et Joanne Chrysostomo ibidem celebratur 30 Januarii, et utroque loco *magni* (μεγάλου) epitheto honestatur. Evagrius, in Gnostico, Basilium vocat *veritatis columnam*. Ita refert Nicephorus, lib. xi, **162** cap. 43. Gregorius Nyssenus, in Encomio Ephræm, ait Basilium esse *os Ecclesiæ, auream doctrinæ lusciniam*. Ipsi Ephræm dicitur in encomio ejus, ἡ βάσις τῶν ἀρετῶν, βίβλος τῶν ἐπαίνων, *gressus virtutum, liber laudum*. Qui et aliis præclaris elogiis eum ibi exornat. Theodoreto, libro iv, cap. 19, Ὁ τῆς οἰκουμένης φωστήρ : *præfulgidum lumen orbis universi*. Varia ejus elogia vide initio Operum ejus. Res ejus præclare gestas laudatissimis suis Annalibus intexuit cardinalis Baronius. Qui ex veteribus Basilii encomium scripserint, declarat hic ipse Amphilochius in Prologo.

(2) *Amphilochio.*] Martyrologium Romanum, 23 Novembris : « Iconii in Lycaonia sancti Amphilochii episcopi, qui sanctorum Basilii et Gregorii Nazianzeni in eremo socius, et in episcopatu collega, post multa certamina pro catholica fide suscepta, sanctitate et doctrina clarus quievit in pace. » Menologium Græcum eodem die : « Natalis S. P. N. Amphilochii, episcopi Iconii, sub Theodosio imp. Magno, vir divinarum litterarum peritia, et sanctitate vitæ, rectæ et catholicæ fidei sinceritate insignis, Basilii Magni amicitia et testimonio commendatus. Hic libros orthodoxam fidem continentes conscripsit, et ad summam senectutem provectus in pace quievit. » Fusius de eodem in Menæis die eodem.

Amphilochium Vitæ hujus auctorem esse, jam olim ante annos dccc existimavit Ursus S. R. E. subdiaconus cardinalis, qui eam tunc Latinitate donavit, de quo plura mox 3, et Sigebertus, catalogo illustrium Ecclesiæ Scriptorum, cap. 7 : « Amphilochius, Iconii episcopus, scripsit vitam Basilii Cæsariensis episcopi. » Eam etiam Sixtus Senensis, lib. iv Bibl. Sanctæ Amphilochio tribuit. Et eo auctore recitat eam Vincentius, in Spec. hist., lib. xiv, capitibus 78, 79, 80; Antonius, part. ii, tit. ix, cap. 4, § 1 et 2 ; Petrus, episcopus Equilinus, in catalogo sanctorum, lib. ii, cap. 28. Ejus exemplar Græcum nomine Amphilochii insignitum accepi Parisiis ex bibliotheca regia.

Baronius tamen in Martyrologio Romano, ad diem 1 Januarii ait : « Exstat Amphilochii nomine scripta Vita Basilii, quæ tamen prudentiorum omnium sententia, alterius cujuspiam potius quam Amphilochii æqualis Basilio esse putatur, cum aliqua illic habeantur, quæ illi minus convenire videntur. » Idem in Annalibus, tomo IV, varios in Vita hac nævos notat, quos singulos hic suis locis indicabo, ut magno hoc censore sincera ab interpolatis discernas.

Jam olim Glycas, cum videret hanc Vitam Amphilochii nomine circumferri, eam Amphilochio abjudicavit, hoc potissimum argumento : « Quanquam, inquit (*Glyc.*, iv *part. Annal.*), perscriptum reperiamus in libro de sancti Basilii miraculis, quæ magnus ille vir Amphilochius litteris commendasse perhibetur, mandato perpetuæ Virginis Deiparæ per sanctum Mercurium, Magni Basilii precibus, desertorem hunc trajectum fuisse : non tamen hæc narratio meretur, ut ei continuo fidem adhibeas. Quam ob rem istud? quoniam in eodem scripto legimus Magnum Basilium Cæsareæ pontificem id temporis fuisse, cum eas regiones imperator improbissimus contra Persas expeditione suscepta peragraret. At vero aliter eximius ille Gregorius cognomento Theologus memoriæ prodidit. Nam si Basilius, hoc ita narrante, in Ponto degebat sub initium imperii Valentis, qui aliquanto post tempore regnavit, cum Cæsareæ pontifex esset Eusebius ; multo minus Juliano imperante Basilius antistitis munere fungebatur. De quo satis evidenter apparet Julianum iter per Cappadociam facientem, neque Basilium istic pontificem reperisse, neque ipsius ecclesiæ minatum esse. Consimili modo nec precatus est hoc nomine Deum Basilius pontifex, nec ad tollendum e medio desertorem Mercurius ille Christi testis fuit ablegatus. Quippe si hoc pacto res gesta fuisset, obscurum non esset in hodiernum usque diem, a quo Julianus telo confixus fuerit. Nam jaculo trajectus constat, auctore facti prorsus incognito. »

Cujus sententiæ etsi Baronius, tomo IV, anno Christi 363, accedat : « At ipse tamen, inquit, Glycas haud in eo nobis probari potest, cum eam ob causam, quod ea commentitia Amphilochii nomine scripta haberentur, derogat penitus fidem historiæ, quæ auctoritate Helladii citati a Damasceno (*Damasc., de Imagin.*, orat. 1), quem ipse non vidit, aliter tamen rem gestam recitantis, egregie testata redditur. »

Quidquid sit de dissensione narrationis ab Helladio et Amphilochio institutæ (si tamen diversorum auctorum ea sit narratio, et non potius Amphilochius Helladium integre expresserit, quem Damascenus compendiose citat), certe in hac Ursi interpretatione ea historia non comparet, ut ejus rationem reddere minime cogamur.

Etsi certior et solidior Vita Basilii ex ipsius et Gregorii Nazianzeni scriptis et aliis synchronis auctoribus colligi possit, quod fere in Annalibus suis præstat Baronius, et jam præ manibus habet doctorum Ecclesiæ, aliorumque aliquot Vitas noster Petrus Halloix ; quia tamen nobis nunc propositum fuit, non quid de quoque sancto undecunque indagari possit, hic exprimere, sed potius Vitas Patrum, quæ toties typis excusæ sunt, et in multorum manibus versantur, atque a doctis viris citantur, recensere, dubia in iis explicare, notare apocrypha; permisi hanc quoque Vitam inter cæteras suum tenere locum, præmittens tamen hanc Baronii monitionem, quam habet tomo IV, anno Christi 378, Damasi papæ 12, Valentis 15, Gratiani 12, Valentiniani imp. 5 :

« Quæ Amphilochii falso nomine fertur Vita Basilii, haud digna satis habetur, quæ eruditorum auribus ingeratur, nisi adeo sint perspicaces, qui in eis quæ sint vera a falsis disquirere ac secernere valeant. Complura enim ibi vera esse, inficias nemo iverit, ut ea præsertim quæ ab ambobus Gregoriis, Nazianzeno atque Nysseno, necnon ex Ephræem esse noscuntur accepta, vel ab Helladio mutuatus est auctor. » Hactenus Baronius.

(3) *Urso.*] Baronius, ad Martyrologium Romanum, 1 Januarii : « Dedit, inquit (Vitam Basilii ab Amphilochio, ut creditur, scriptam) Latinitati Ursus S. R. E. subdiaconus, cujus præfationem, quæ desiderator in cæteris, legimus in veteri manuscripto Codice nostræ bibliothecæ, quam possidemus liberalitate piæ me-

moriæ optimi ac eruditissimi viri Achillis Statii Lusitani.

‹ In isdem præterea quædam miracula ejusdem Basilii, Helladio auctore scripta habentur, in Latinum versa ab Anastasio Bibliothecario, temporibus Nicolai I, Romani pontificis, cujus ibidem habetur præfatio ad prædictum Ursum conscripta. › Hactenus Baronius.

Ex his colligimus Ursi Vitæ hujus interpretis ætatem, cum 163 Anastasius floruerit circa ann. Domini 830.

Cæterum doctus hoc Baronii indicio, exstare Romæ Ursi præfationem in Vitam Basilii, quæ nondum lucem vidisset, Romam scripsi ad R. P. Andream Zazzaram, congregationis Oratorii prælustre decus, qui statim eam ex manuscriptis Codicibus exscribendam curavit, mihique transmisit. Qua accepta, deprehendi stylum aliquanto meliorem esse quam textus Vitæ Basilii in vulgatis hactenus Patrum Vitis exhibeat. Quare et textum Vitæ Basilii eodem interprete indicem evocavi, quem hic repræsento.

Ne fallare tamen, octo tantum priora capita cum præfatione, Ursi nomine insignita, ad me Roma missa sunt. Reliqua tria indidem accepi ex Manuscriptis congregationis Oratorii, sed Ursi nomen non præferebant, ut dubitem an ex ejus officina sint. Sane Ursum etiam illa trastulisse, saltem 10, ipse indicium facit præfatione hac, n. 5. An vero hæc ex ejus translatione sint, affirmare non habeo.

(4) *Hieronymum Ecclesiæ Romanæ presbyterum.*] Vides jam olim, etiam Ursi interpretis hujus ætate, invaluisse opinionem eam de presbyteratu Romano Hieronymi. Quam etiam refert Vita Hieronymi manuscripta, quæ penes me est. Sed ipse Hieronymus contrait, qui Antiochiæ se ordinatum asserit; ita tamen, ut nulli certæ ecclesiæ adstringi cogeretur. Ita enim ipse epist. 61, ad Pammachium adversus errores Joannis Jerosolym., loquens de Paulino Antiocheno episcopo : ‹ Num rogavi te ut ordinaret ? Si sic presbyterium tribuis, ut monachum nobis non auferas, tu videris de judicio tuo. Sin autem sub nomine presbyteri, tollis mihi, propter quod sæculum dereliqui ; ego habeo quod semper habui, nullum dispendium in ordinatione passus es. ›

Quod si quis forte Hieronymum vocari velit Romanum presbyterum, quia Damaso pontifici ab epistolis fuit, non valde abnuero.

(5) *Nisi duo miraculorum ejus.*] Ergo ætate Ursi, nihil Latine ad ejus manus, de Vita et miraculis Basilii auctore Amphilochio pervenerat, præter duo illa miracula quæ hic habes, cap. 8 et 10 ; quæ quia styli ruditate offendebant, paulo ipse cultius ea conatus est exprimere.

(6) *In epitaphio.*] Basilii epitaphium seu oratio funebris a Gregorio Nazianzeno conscripta, habetur tomo I Operum Nazianzeni, oratione 20. Idem quoque epitaphium seu carmen funebre de eodem composuit, quod exstat tomo II Operum Nazianzeni, carmine XIV.

(7) *Gregorio videlicet, qui in theologia claruit.*] Nicephorus, libro XI, cap. 19 : ‹ Gregorius, qui a veteribus Nazianzenus, a nobis autem, quod tali cognomine dignus sit, Theologus est vocatus. ›

(8) *Gregorio memorabili Nysseorum.*] Gregorii Nysseni orationem, qua fratris sui laudes et memorias concelebrat, habes inter ejusdem Opera, Laurentio Sifano interprete. In ea Basilium Moysi, Samueli, Eliæ, Joanni Baptistæ, et Paulo, ob singulares cujusque virtutes et actiones comparat.

(9) *Beato Ephræm.*] Habes Basilii encomium ab Ephræmo scriptum inter Opera Ephræm, tom. III, Latinitati donatum a Gerardo Vossio, cujus encomii meminit ipse Ephræm in oratione in XL Martyres.

(10) *Apostatam Julianum.*] Respicit, opinor, ad historiam de Juliani morte, quæ Basilii precibus impetrata dicitur ab Helladio apud Damascenum, orat. 1, de Imagin. Quæ paulo aliter in vulgato Amphilo-

chio narratur. Sed deest ea in hac Ursi cardinalis versione. De morte Juliani vide accurate inquirentem Baronium, tom. IV, an. Christi 363, Liberii papæ 12, Juliani imp. 2.

(11) *Qui Valentis os.*] Quam constans Basilius contra Valentem perstiterit, describit Gregorius Nazianzenus, oratione funebri in laudem Basilii, Ephræm oratione de ejusdem laudibus; Sozomenus, lib. VI, cap. 15; Socrates, libro IV, cap. 21; Theodoretus, lib. IV, cap. 17; Gildas, Sapiens, orat. in Eccles. Ordin.; Nicephorus, lib. XI, cap. 18. Vide Baronium, tom. IV, ad an. Christi 370.

(12) *Verborum palmas.*] Vulgatæ editiones, *sermonum manus*. Græce est, λόγων, παλάμας, *sermonem, palmas*. Uterque interpres legit λόγων παλάμας. Chrysostomus, homil. 2, de Machab., quæ est ordine 49, tomo I editionis Frontonianæ : 'Ἀλλὰ καθάπερ χερσὶ τῇ παρακλήσει τῶν λόγων : *Sed quasi manibus cohortationis verborum*. Idem, homil. 1, de Machab., quæ est in eadem editione ordine 44 : 'Ενῆκεν ἀντὶ χειρῶν τῇ τῶν λόγων πρὸς αὐτὸν χρησαμένη παρακλήσει καὶ συμβουλῇ: *Pro manibus eum verbis exhortationis usa impulit*.

(13) *Athenas.*] Gregorius Nazianzenus, oratione funebri in Basilium, ex qua Nicephorus, lib. XI, capite 17. Ante tamen Cæsareæ et Constantinopoli operam litteris dederat, ut idem Gregorius testatur.

Ut hic *Athenæ* dicuntur verborum *mater*, sic Gregorius loco proxime citato vocat eas τῶν λόγων ἔδαφος, *litterarum sedem* seu *domicilium*. Libanius, declamat. 29, Τῶν λόγων ἐργαστήριον, *sermonum officinam*.

(14) *Eubulo.*] Sozomenus, lib. VI, cap. 17, alios Basilio et Gregorio Nazianzeno præceptores assignat : Ἄμφω νέοι ὄντες, Ἱμερίῳ καὶ Προαιρεσίῳ τοῖς τότε δοκιμωτάτοις σοφισταῖς ἐν Ἀθήναις ἐφοίτησαν, μετὰ ταῦτα ἐν Ἀντιοχείᾳ Λιβανίῳ τῷ Σύρῳ. ‹ Ambo cum adhuc adolescentes essent, Himerio et Proæresio, sophistis id temporis facile præstantissimis, se in disciplinam Athenis tradebant ; postea autem Antiochiæ Libanio Syro. › Baronius, tomo III, anno Christi 354, levi memoriæ vel calami lapsu, Libanium Athenis cum Himerio docentem ex Sozomeno statuit.

(15) *Qui throni Apostolici gubernacula duodecim.*] Non unius tantum Amphilochii opinio, Gregorium Nazianzenum duodecim annis ecclesiæ Constantinopolitanæ præfuisse. Ita enim et Menæa, 30 Januarii, in memoria sanctorum trium Ecclesiæ Doctorum : Προέστη δὲ καὶ Κωνσταντινουπόλεως ἐκκλησίας χρόνους δώδεκα : ‹ Præfuit ecclesiæ Constantinopolitanæ annos duodecim. › Intelligit annos quibus ibi vixit, et ecclesiam eam contra Arianos propugnavit.

(16) *Libanius.*] Sozomenus, supra, ad n. 14, Libanium Basilii magistrum fuisse asserit.

(17) *Surgens ergo properavit Ægyptum.*] Constat ex Nazianzeni oratione funebri jam ante citata, Basilium peregrinationes aliquas suscepisse. : Ἔπειτα ἐκδημίαι τινές, ἐπειδήγε ἡμᾶς οὐκ εἶχε, τῶν ἀναγκαίων ὑπολαμβάνουσαι καὶ οὐκ ἀπὸ σκοποῦ τῆς προκειμένης φιλοσοφίας. ‹ Ac deinde, quoniam me carebat, necessarias quasdam peregrinationes, minimeque a propositæ sibi philosophiæ scopo alienas inivit. › Nicetas, Gregorii commentator, existimat Basilium profectum Seleuciam ad Theclæ templum, vel orandi causa, vel etiam quietæ ac tranquillæ vitæ studio.

Sed profectionis suæ in Ægyptum ipse Basilius duabus epistolis meminit. Ac in primis epist. 165, 164 ad Eustathium philosophum, nondum bene doctus Basilius pene in fortunæ offensacula referebat, quod longa peregrinatione Eustachium minime reperisset, nec in patria, nec in Syria, nec in Ægypto. Clarius animi sui æstum et peregrinationes ad veritatem inquirendam susceptas exprimit ipse epist. 79, ad Eustathium episcopum Sebastiæ : Ἐγὼ πολὺν χρόνον προσαναλώσας τῇ ματαιότητι, καὶ πᾶσαν σχεδὸν τὴν ἐμαυτοῦ νεότητα ἐναφανίσας τῇ ματαπεινοφία, ἣν εἶχον προσδιατρίβων τῇ ἀναλήψει τῶν μαθημάτων τῆς παρὰ τοῦ Θεοῦ μαρανθείσης σοφίας, ἐπειδὴ πότε ὥσπερ ἐξ ὕπνου βαθέος διαναστάς, ἀπέβλεψα μὲν πρὸς τὸ θαυμαστὸν φῶς τῆς ἀληθείας τοῦ εὐαγγελίου, κατεῖδον δὲ τὸ ἄχρηστον τῆς σοφίας τῶν ἀρχόντων τοῦ αἰῶνος τούτου τῶν καταργουμένων, πολλὰ τὴν ἐλεινήν μου ζωὴν ἀποκλαύσας ηὐχόμην δοθῆναί μοι χειραγωγὸν πρὸς τὴν εἰσαγωγὴν τῶν δογμάτων τῆς εὐσεβείας, καὶ πρό γε πάντων ἐπιμελές μοι ἦν, διόρθωσίν τινα τοῦ ἤθους ποιήσασθαι, πολὺν χρόνον ἐκ τῆς πρὸς τοὺς φαύλους ὁμιλίας διαστραφέντος. Καὶ τοίνυν ἀναγνοὺς τὸ εὐαγγέλιον, καὶ θεασάμενος ἐκεῖ μεγίστην ἀφορμὴν εἰς τελείωσιν τὴν διάπρασιν τῶν ὑπαρχόντων, καὶ τὴν πρὸς τοὺς ἐνδεεῖς τῶν ἀδελφῶν κοινωνίαν, καὶ ὅλως τὸ ἀφροντίστως ἔχειν τοῦ βίου τούτου, καὶ ὑπὸ μηδεμίας συμπαθείας πρὸς τὰ ὧδε τὴν ψυχὴν ἐπιστρέφεσθαι, ηὐχόμην εὑρεῖν τινα τῶν ἀδελφῶν, ταύτην ἑλόμενον τὴν ὁδὸν τοῦ βίου, ὥς τε αὐτῷ συνδιαπεραιωθῆναί τὸν βαθὺν τοῦτον τοῦ βίου κλύδωνα· καὶ δὴ πολλοὺς μὲν εὗρον κατὰ τὴν Ἀλεξάνδρειαν, πολλοὺς δὲ κατὰ τὴν λοιπὴν Αἴγυπτον, καὶ ἐπὶ τῆς Παλαιστίνης ἑτέρους, καὶ τῆς κοίλης Συρίας καὶ Μεσοποταμίας, ὧν ἐθαύμαζον μὲν τὸ περὶ τὴν δίαιταν ἐγκρατές, ἐθαύμαζον δὲ τὸ καρτερικὸν ἐν πόνοις. « Ego sane posteaquam multum temporis vanitati impendissem, et omnem prope juventutem inani studio attrivissem quo tenebar, cum apprehendendis infatuatae a Deo sapientiae disciplinis immorarer, tandem aliquando, ubi velut ex gravi somno expergefactus ad evangelicae veritatis admirabile lumen respexi, agnovique inutilitatem sapientiae principum hujus saeculi, qui abolentur, deplorata plurimum miserabili mea vita, ductorem mihi dari optabam, qui ad pietatis me dogmata introduceret. Et cum primis hoc mihi curae, ut morum correctionem aliquam instituerem, quos per diutinam consuetudinem cum improbis contractam perverteram. Lecto itaque Evangelio, animadversoque illic, quod plurimum occasionis et momenti afferat ad perfectionis studium si quis bona sua vendat, deque illis egenis fratribus communicet, et prorsus nulla teneatur cura istius vitae, nec patiatur mentem suam aliqua rerum praesentium affectione turbari, optabam dari alicujus ex fratribus, cui istud vitae genus arrideret, quo una cum profundum vitae hujus pelagus superare liceret. Inveni sane multos apud Alexandriam, nec paucos apud reliquam Aegyptum, deinde et alios in Palaestina, et Coelesyria, et Mesopotamia, quorum admiratus sum cum in servanda diaeta temperantiam, tum in obeundis laboribus tolerantiam.

(18) *Porphyrium.*] In Menaeis Graecorum invenire est varios sanctos Porphyrios, sed nescio an ullus eorum huic historiae quadret.

(19) *Jerosolymam causa orationis.*] Jam olim peregrinatio haec celebris vel ab ipso Christi in coelum ascensu. Hieron., epist. 17, ad Marcellam : « Longum est nunc ab ascensu Domini usque ad praesentem diem per singulas aetates currere, qui episcoporum, qui martyrum, qui eloquentium in doctrina ecclesiastica virorum venerint Jerosolymam, putantes minus se religionis, minus habere scientiae, nec summam, ut dicitur, manum accepisse virtutum, nisi in illis Christum adorassent locis, de quibus primum Evangelium de patibulo coruscaverat. » Varia exempla Jerosolymam orationis causa tendentium vide apud Gretzerum nostrum, libro I de Peregrinat. cap. 4, et aliquot seqq.

(20) *In proastio.*] Alia versio, *in suburbano.* Saepe aetatis mediae interpretes retinent Graecum vocabulum. Infra, apud Ruffinum, l. III, n. 19. Vide Onomasticon.

(21) *Tres tabulas.*] Alia versio *tres catinos.* Graece est, τρεῖς πίνακας· πίναξ et tabulam, et discum seu catinum Graecis sonat. Sed recte hic noster tabulam vertit. Adumbratum ex tabula Cebetis, ubi tres sunt περίβολοι seu septa, uti hic tres tabulae. Habes ibidem etiam virtutes et vitia, uti hic.

(22) *Maximino.*] Hieronymus, in Chronico, *Maximum* vocat, anno 11 Constantii et Constantis, cui

A Christi annum assignant 349 : « Quadragesimus Maximus post Macarium Jerosolymorum episcopus moritur. » Baron., tomo III, anno Christi 351, Silvestri papae 18, Constantini imp. 26, Maximi subrogationem in sedem Jerosolymitanam ponit. De eo etiam Sozomenus, libro II, cap. 19.

(23) *In Jordane.*] Fuere olim qui ob aquas Jordanis baptismo Christi consecratas, in Jordane quoque baptizari expetierunt. Tali desiderio flagrasse Constantinum Magnum, narrat Eusebius in ejus Vita libro IV, cap. 62.

(24) *Et columba.*] Ita jam ante Spiritus sanctus, dum Christus a Joanne baptizaretur, apparuit. Cujus rei rationem aliquam assignat Nicephorus, l. I, cap. 18 : « Factum id cum propter volucris ipsius puritatem, tum quod ea olim diluvii finem laeto praedixit nuntio. »

Uti hic Basilio, ita non raro aliis sanctis columba in baptismo apparuit. Et vetus olim in quibusdam Ecclesiis mos fuit, columbam super baptisteria appendere, ut habetur in synodo Constantinopolitana sub Menna Constantinopolitano episcopo celebrata, actione 5, quem locum vide hic, infra, citatum, ad n. 54.

(25) *Et ungens etiam sancto chrismate.*] Sacri hujus chrismatis in baptismo et post baptismum usus, etiam nunc ab ipsis Ecclesiae primordiis in ecclesia catholica durat. De quo consule Bellarminum, tom. III, contr. Gen. II, lib. II.

(26) *A Meletio.*] Nicephorus, libro XI, c. 17: « Basilius a Meletio Antiochiae episcopo diaconus creatus, postea patriae suae Caesareae Cappadocum antistes factus, cum cura et fide Ecclesiis praefuit. »

(27) *Proverbiorum.*] Inter opera Basilii exstat in Proverbiorum principium tractatus.

(28) *Eusebio.*] Nicephorus, libro XI, cap. 18: « Eusebio, qui ante Basilium Ecclesiae Caesariensis gubernator fuit, dissidium quoddam cum Basilio etiam cum diacono intercessit. » Ubi narrat postea Basilium Eusebio reconciliatum, et eidem in cathedra episcopali successisse.

(29) *Ad insigne habitaculum.*] Alia editio : *ad insignem zaetam.* Graece est, ἐν ἐπισήμῳ διαίτῃ, quod aliter interpres deflexit in *zaetam*, ut subinde δίαιτα in ζῇ commigrare solet. Vide Onomasticon.

(30) *Synodum.*] Quae haec synodus fuerit, nondum mihi liquet. Forte intelligit tantum synodum congregatione hac episcoporum, qua ad creationem Basilii in episcopum conveniunt.

(31) *Reple os meum laude.*] Haec prima hic ex Liturgia Basilii citata verba, non invenio in ejusdem Liturgia Parisiis Graece edita typis regiis anno 1560.

165 Sed non mirum, tanto temporis spatio aliquid in Liturgiis immutatum esse, aliquid additum, aliquid demptum. Quin et saepe diversa ejusdem Liturgiae Graeca deprehenduntur exemplaria. Sane editio Graeca Morelliana Liturgiae Chrysostomi, valde dissidet a versione Latina Erasmi.

Quae hic sequentia ex Liturgia Graeca Basilii citantur verba, habes in editione Morelliana pene eadem. Verba in Vita hac citata habent ita Graece : Πρόσχες Κύριε Ἰησοῦ Χριστὲ ὁ Θεὸς ἡμῶν ἐξ ἁγίου κατοικητηρίου σου, καὶ ἐλθὲ εἰς τὸ ἁγιάσαι ἡμᾶς ὁ ἄνω τῷ Πατρὶ συγκαθήμενος, καὶ ὧδε ἡμῖν ἀοράτως συνών, καὶ καταξίωσον τῇ κραταιᾷ σου χειρὶ μεταδοῦναι ἡμῖν καὶ δι᾽ ἡμῶν παντὶ τῷ λαῷ, τὰ ἅγια τοῖς ἁγίοις. Ὁ λαός· Εἷς ἅγιος, εἷς κύριος Ἰησοῦς Χριστὸς εἰς δόξαν Θεοῦ Πατρός, ἀμήν. Quae ita Latine reddidit Ursus : *Attende, Domine Jesu Christe Deus noster, de sancto habitaculo tuo, et veni ad sanctificandum nos; qui sursum cum Patre sedes, et hic nobiscum invisibiliter ades; et dignare potenti manu tua tribuere nobis et per nos omni populo sancta sanctis.* POPULUS RESPONDIT: *Unus sanctus, unus Dominus Jesus Christus cum sancto Spiritu in gloria Dei Patris. Amen.* Jam vero Graeca Basilii editionis Morellianae vix dissident a superioribus. Πρόσχες Κύριε Ἰησοῦ Χριστὲ ὁ Θεὸς ἡμῶν ἐξ ἁγίου κατριχητηρίου σου, καί άπό θρόνου δόξης τῆς βασιλείας σου, καί έλθε εἰς τό ἁγιάσαι ἡμᾶς ὁ ἄνω τῷ Πατρὶ συγκαθήμενος, καί ὦδε ἡμῖν ἀοράτως συνών· καί καταξίωσον τῇ κραταιᾷ σου χειρί μεταδοῦναι ἡμῖν τοῦ ἀχράντου σώματος σου καί τοῦ τιμίου αἵματος, καί δι' ἡμῶν παντί τῷ λαῷ.

(32) *Exaltavit panem.*] De elevatione panis seu Eucharistiæ in missa, vide Claudium Sainctesium, de Eucharistia, repetitione IX, quæ est de Adoratione Eucharistiæ, cap. 7.

(33) *Ad consepeliendum sibi.*] Fuit olim quorumdam consuetudo, ut Eucharistiam etiam mortuis ingererent et consepelirent, quam abrogavit concilium Carthaginense III, can. 6 : « Placuit ut corporibus defunctorum Eucharistia non detur; dictum est enim a Domino : *Accipite et edite* (*Matth.* XXVI). Cadavera autem nec accipere possunt, nec edere. Cavendum est etiam ne mortues baptizari posse fratrum infirmitas credat, cum Eucharistiam mortuis non dari animadverterit. » Subscripsit huic concilio sanctus Augustinus; et idem canon repetitur in concilio Hipponensi, can. 5, et in concilio Antissiodorensi, anno 540, can. 12, et in concilio generali VI (quod est Constantinopolitanum III), quod celebratum est in Trullo anno Christi 680, Agathonis papæ anno 3, Constantini Pogonati (cum solus regnavit), anno 15, ubi canon 83 ita habet : Μηδείς τοῖς σώμασι τῶν τελευτώντων τῆς εὐχαριστίας μεταδιδότω· γέγραπται γάρ· Λάβετε, φάγετε· τὰ δὲ τῶν νεκρῶν σώματα οὐδὲ λαβεῖν δύνανται, οὐδὲ φαγεῖν. « Nemo mortuorum corporibus Eucharistiam communicet. Scriptum est enim : *Accipite, et comedite* (*Matth.* XXVI). Mortuorum autem corpora non possunt accipere nec comedere. » Frustra est Petrus Crespetius in Summa catholica, qui existimavit de hac re agere Cyprianum, lib. I, ep. 2, et lib. IV, epist. 6. Nam cum ait Cyprianus : « Non morientibus, sed viventibus communicatio a nobis danda est », agit ibi de lapsis, quibus non tam morientibus vult communionem dandam, quam viventibus, scilicet cum jam resipiscerent et pararent se ad quotidie imminentia martyria.

(34) *Super columbam.*] Columbæ olim et super altaria et super baptister a in memoriam Spiritus sancti appensæ. Hinc clerici Antiocheni epistola ad Joannem Constantinopolitanum episcopum, contra Severum episcopum suum hæreticum : Τὰς γὰρ εἰς τύπον τοῦ ἁγίου Πνεύματος χρυσᾶς τε καὶ ἀργυρᾶς περιστεράς, κρεμαμένας ὑπεράνω τῶν θείων κολυμβηθρῶν, καὶ θυσιαστηρίων, μετὰ τῶν ἄλλων ἐσφετερίσατο, λέγων, οὐ χρῆναι ἐν εἴδει περιστερᾶς ὀνομάζεσθαι τὸ ἅγιον Πνεῦμα. « Columbas aureas et argenteas, in formam Spiritus sancti super divina lavacra et altaria appensas, una cum aliis sibi appropriavit, dicens non oportere in specie columbæ Spiritum sanctum nominare. » Lecta est hæc epistola in synodo Constantinopolitana, act. 5; quæ synodus habita est Constantinopoli post obitum Agapeti, tempore interregni pontificii sub Menna Constantinopolitano episcopo, anno Christi 536. Eadem hæc citantur in synodo generali VII (quæ est II Nicæna), act. 5.

(35) *Ephræm.*] Narratio, quæ bic de sancto Ephræm promittitur habetur infra, cap. 11.

(36) *Hebræus.*] Exemplum hoc, quo Christus forma pueri in Eucharistia monstratur, ex hac Vita citat divus Thomas, opusculo LVIII, cap. 11. Similem habet visionem Paschasius libro de corpore et sanguine Domini, cap. 14, quæ oblata fuit Plego presbytero, cum Christum forma pueri in altari vidit et amplexus est : « Quatenus, inquit Paschasius, et veritas patesceret in ostenso, et sacerdotis desiderium impleretur ex miraculo, nostraque fides firmaretur ex relatu. » Quod exemplum ex Paschasio citat divus Thomas, supra, ubi non recte *Ægidius* legitur loco *Plegus.*

(37) *Helladius.*] Vitam sancti Basilii fuisse scriptam ab Helladio ejus discipulo et successore, testatur Joannes Damascenus, oratione 1 de Imagin., ubi

ex ea sequentem historiolam citat : Ὅτι δὲ οὐ καινόν ἐφεύρημα τὸ τῶν εἰκόνων, ἀλλὰ ἀρχαῖον, καὶ τοῖς ἁγίοις καὶ ἐκκρίτοις πατράσιν ἐγνωσμένον τε καὶ εἰθισμένον, ἄκουε· γέγραπται ἐν τῷ βίῳ Βασιλείου τοῦ μακάρος, τῷ δὲ Ἑλλαδίου τοῦ αὐτοῦ μαθητοῦ καὶ διαδόχου τῆς αὐτοῦ ἱεραρχίας, ὡς παρειστήκει ὁ ὅσιος τῇ τῆς Δεσποίνης εἰκόνι, ἐν ᾗ καὶ ὁ χαρακτὴρ ἐγέγραπτο Μερκουρίου τοῦ ἀοιδίμου μάρτυρος· παρειστήκει δὲ ἐξαιτῶν Ἰουλιανοῦ τοῦ ἀθεωτάτου, καὶ ἀποστάτου τυράννου ἀναίρεσιν· ἐξ ἧς εἰκόνος ἐμηνύθη ταύτην τὴν ἀποκάλυψιν. ὥρα γὰρ πρὸς μὲν βραχὺ ἀφανὴ τὸν μάρτυρα, μετ' οὐ πολὺ δὲ τὸ δόρυ ἡμαγμένον κατέχοντα : Quod autem imaginum institutio non nova, sed prisca sit, et apud sanctos et eximios Patres nota et usitata, disce ex iis quæ in Vita beati Basilii ab Helladio ejus discipulo, in pontificatuque successore conscripta sunt. Pius enim vir, ut ipse narrat, Dominæ nostræ astabat imagini, in qua Mercurii etiam celebris martyris figura descripta erat. Astabat autem supplicans, ut impius Julianus apostata tolleretur. Ex qua quidem imagine didicit quid esset eventurum. Vidit autem Martyrem exiguum ad tempus ab oculis suis evanescentem, non autem multo post hastam cruentam tenentem.

(38) *Proterius.*] Hæc narratio apud solum invenitur Amphilochium.

(39) *Tondere.*] Alia editio, *consecrare*. Græce est, ἀποθρίξαι, *tondere.* Nempe quia per tonsuram Deo consecranda virgo erat, ideo alter interpres vertit, *consecrare.*

(40) *Dæmones fornicationi præpositos.*] Vide dicta supra ad Vitam sancti Hilarionis, cap. 16, num. 35.

(41) *Intra quem sacri habebantur amictus.*] Alia versio : *uno loco interioris sacri peribolis.* Græce est : Ἐν ἑνὶ τόπῳ ἔσω τῶν ἱερῶν περιβόλων. Alter interpretum retinuit Græcum vocabulum, alter rem explicuit.

166. (42) *Anastasius.*] Hæc narratio apud unum est Amphilochium.

(43) *Usu autem sorori.*] Insigne exemplum castitatis conjugalis, quod miraculo probatum, dum ignem sinu illæso gestat Theognia. Uti hic ex thuribulo prunæ in sinum Theogniæ ad castitatis testimonium injecta, ita in Vita Joannis Eleemosynarii, cap. 46, habes simile continentiæ exemplum et miraculum de abbate, qui Porphyriam meretricem convertit.

Quæ ante uxores, post sorores et erant et dicebantur, cum mariti ad sacros ordines transibant. Idacius, in Chronico ms., apud Sirmundum nostrum, de Paulini episcopi Nolani uxore : « Terasia de conjuge facta soror. » Fortunatus, libro I, carm. 15, de Placidia Leontii Burdigalensis episcopi conjuge :

  Quæ tibi nunc conjux, est modo chara soror.

(44) *Tolle thuribulum et cereos.*] Ut in domum cultu olim thus, lucernæ, et faces, eadem in imperatorum venerationem adhibita. Herodianus, in Commodo, de Lucilla sorore ejus, Καὶ τὸ πῦρ προπεμπόμενον αὐτῆς, *et ignis eam præcedebat.* Quem honorem negatum Marciæ Commodi concubinæ idem refert; Pertinacem quoque hoc principatus insigne non permisisse sibi præferri. M. quoque Antoninus libris vitæ suæ, λαμπάδας inter imperii insignia ponit. Persarum regi prælatum ignem docet Xenophon., libro VIII. De Asiaticis quoque insinuat Ammianus, l. XXIII. Vide Lipsium ad lib. I Annalium Taciti.

Sic lampades imperatori Constantinopolitano et imperatrici prælatæ, ut habet Codinus, de Offic. aulæ Palatinæ , et Theodorus Balsamo mox citandus.

Hinc res hæc ad viros primarios abiit, maxime patriarchas et primarios episcopos. Theodorus Balsamo, de Privileg. patriarch., lib. VII Juris Græco-Romani : Ἐπεὶ δέ τινες λέγουσιν ὡς οὐκ ἐφεῖται τῷ Ἀλεξανδρείας ἢ Ἀντιοχείας τυχόν, μετὰ λαμπάδος πατριαρχικῆς τὰς ὁδοιπορείας ποιεῖν εἰς τὴν τῶν πόλεων βασιλευουσῶν εἰς ἑτέρας διοίκησιν, παρὰ τὰς ἀπονεμηθείσας ἀπὸ τῶν κανόνων αὐτοῖς· ἡ γὰρ λαμπὰς τοῦ διδασκαλικοῦ (φασὶν) ἐστιν ἀξιώματος, παρ' ἐνορίαν δὲ διδάσκειν ουκ.εφεῖται ἀρχιερεῖ, κατὰ τὸν κ΄ κανόνα τῆς ἐν τῷ Τρούλλῳ ἁγίας καὶ οἰκουμενικῆς ἕκτης συνόδου. « Quia vero nonnulli dicunt non esse permissum Alexandrino vel Antiocheno, verbi gratia, ut cum lampade vel face patriarchali faciat iter ad urbem imperatoriam, vel aliam diœcesim, exceptis illis provinciis, quæ per canones eis attributæ sunt. Quippe fax, inquiunt, ad officium doctoris spectat. Extra provinciam vero docere, non permissum est pontifici, secundum canonem 20 habitæ in Trullo sanctæ atque universalis sextæ synodi. » Apud quem plura vide de harum lampadum prælatione, et qui ea uti possint. »

(45) *Theognia.*] Alia versio, *Theogenia.* Sed Græce est Θεογνία.

(46) *Ego duco.*] Alia versio, *ego mino.* Græce est : Τὸ μὲν ἐν·ἐγὼ ἐλαύνω.

(47) *Quoniam necessaria est domus.*] Alia versio, *Quia necessaria sunt domus.* Græce est : Ὅτι χρεία ἐστι τοῦ οἴκου.

(48) *Mulier quædam.*] Non absimilis historia occurrit in Vita sancti Joannis Eleemosynarii, infra, cap. 51.

(49) *Bullavit.*] Alia versio, *sigillavit,* Græce est : ἐβούλλωσεν *Bullare,* pro sigillare frequens vox mediæ ætati. In Vita Joannis Eleemosynarii, infra. c. 51. Non potes scribere , et bullare , et afferre mihi ? » Et post : « Dat ei proprium pictacium bullatum. »

(50) *Fratres.*] Hoc caput Amphilochio asserit ms. codex Græcus, quo usus est Gerardus Vossius, et vocat « Comparationem ac similitudinem sanctorum Patrum Basilii et Ephræm Syri. » Præmittit eam Vossius ante opera Ephræm. Quædam hoc capite contenta etiam ipse Ephræm describit in encomio sancti Basilii.

(51) *Rogabat revelari sibi.*] Vide Delrio nostrum, tom. II Disquis. Magic., lib. IV, cap. 1, quæstione 3, sect. 1, ubi agit, *An revelatio a Deo peti possit.*

(52) *Sacrarium.*] Alia versio, *presbyterium.* Græce est, ἱερατεῖον.

(53) *In sanctum tribunal.*] Græce : εἰς τὸ ἅγιον βῆμα. Erat βῆμα certus locus in templis antiquorum juxta altare. Vide Onomasticon.

(54) *Et faciens metanoeam.*] Græce, καὶ ποιήσας μετάνοιαν. Alia versio : *et genuflectens.* Recte expressit phrasim Græcam istius sæculi, quo βαλεῖν μετάνοιαν erat « genuflectere, honoris causa ad alicujus pedes se abjicere, et venerabundo animo prosternere, benedictionem petere. » Occurrit in Vita sancti Chrysostomi, quam citat Joannes Damascenus orat. 3. de Imagin. βαλὼν μετάνοιαν τῷ Ἰωάννῃ. *Joanni venerabundus ad pedes accidens.* Ubi non recte Franciscus Zinus verterat : *Joanni desiderium injiciens.* Vide Jacobum Billium, ad locum citatum Damasceni.

(55) *Post missas.*] Alia versio : *post ministrationem.* Græce μετὰ τὴν λειτουργίαν.

(56) *Osculum.*] Alia versio, *salutationem.* Utrumque verum fuit. Nam osculo se salutabant. Ipse Ephræm in Panegyrico in laudem Basilii in hac ipsa re : « Cumque me apprehendisset, sancto suo osculo consalutavit.

(57) *Græce.*] Baronius, tomo IV, anno Christi 370 Damasi papæ 4, Valentiniani et Valentis impp. 7. « Addunt, inquit, nonnulli tunc temporis sanctum Basilium eam Ephræm fuisse gratiam impertitum, ut Græce dicta intelligeret, atque Græce pariter loqueretur. Sed quoniam nihil de his ipse Ephræm, qui testatur sibi Basilium per interpretem esse locutum, libentius dicere prætermittimus, pauciora potius referre contenti, quæ omni sunt fide munita, atque acceptatione dignissima, quam plura veritate nutantia inculcare. » Hactenus Baronius.

Historia tamen hæc, quæ hic Amphilochii auctoris nomine circumfertur, habetur etiam in Menologio Græco ms. quod est apud cardinalem Cremonensem, inter Vitas a Basilio imp. (quem VIII laudat synodus) cum suis iconibus collectas, ubi ita habes : « Atque ut magis etiam mortalibus prodesse posset (Ephræm) cum Cæsaream venisset, a Basilio Magno creatus presbyter, repente linguam Græcam (cujus erat, ut homo media Syria natus, prorsus rudis et expers) callere cœpit. » Quæ ex manuscripto citata habes apud Gerardum Vosium initio tomi I Operum sancti Ephræm.

(58) *Presbyterum.*] Idem testatur jam proxime citatum Menologium. Sozomenus tamen, libro III, cap. 5, narrat Ephræm in ordine clericali ad diaconatum solum elatum.

Atque hactenus Vita sancti Basilii, uti eam Roma ex congregatione Oratorii accepi, interprete Urso, S. R. E. subdiacono. Quæ plane convenit cum ea quæ hactenus barbaro et rudi stylo, incerto interprete, in Vitis Patrum est divulgata. Nisi quod in ea in fine addatur seu interseratur historia, *de Joseph Hebræo medico, et morte Basilii,* quæ hic deest. In hac contra habes caput 3. *Quomodo Basilius Antiochiam pervenerit, et Libanii discipulos instruxerit,* quod caput deest in Vitis Patrum, ut apparet Vitam hanc olim per varia fragmenta descriptam et translatam.

Integram Vitam Basilii Græce scriptam, et Amphilochii nomine insignitam , accepi Parisiis ex Bibliotheca regia, quam jam olim vertit nescio quis, cujus interpretationem habeo ex codice Marchianensi vetustissimo, quæ stylo convenit cum ea quæ in Vitis Patrum est, rudem plane et impolitam. In Græco tamen exemplari caput unum est, *De miraculo Basilii in Petrum fratrem suum et ejus uxorem,* quod etiam in illa versione deest.

Græca hæc Vita, et Latina vetus innominati interpretis versio, continet hæc præterea capita, quæ et in hac Vita Basilii, interprete Urso, et in illa quæ in Vitis Patrum hactenus fuit, desunt : *De mystica revelatione et morte Apostatæ Juliani.* Item, *De scriptura, quam muliercula fecit.* Ad hæc, *Quomodo Spiritus sancti adventum vidit, et de quodam diacono, et Libanio Sophista.* Præterea , *De quibusdam gentilibus, et interpretatione Hexaemeri.* Deinde, *Quomodo ductus est Antiochiam, et de filio Valentis.* Denique, *De Valente Deo odibili, seu aperitione ecclesiæ in Nicæa.*

Surius offensus impolitia veteris versionis, quam manuscriptam integram habuit, excepto capite jam dicto, *De Petro fratre Basilii,* eam stylo Latiniore reformavit, et tomo suo primo de Vitis sanctorum 1 Januarii inseruit. Sed quia ipsi exemplar Græcum defuit, dum insistit confragosis veteris versionis vestigiis, non potuit non subinde cespitare. Sed alias hac de re accuratius.

FEBRUARII I.

VITA SANCTI EPHRÆM (1) SYRI,

DIACONI EDESSÆ (2),

AUCTORE GRÆCO INCERTO (3), INTERPRETE GERARDO VOSSIO (4).

CAPUT PRIMUM. — Sanctus hic Pater noster Ephræm, ex Oriente oriundus, Syrus genere, piis parentibus natus in Edessa (5). Vixit temporibus Constantini Magni regis, et aliorum qui post ipsum regnarunt. Abstinens a puero ab omni re mala. Cujus parentes eo adhuc puero, per somnium videlicet visionem conspexerunt, quod ex ore ipsius Ephræm vitis adscenderet (6) valde frugifera, quæ excrescebat, et replebat omnem sub cœlo regionem : veniebantque cuncta volatilia cœli, et comedebant de fructu vitis, et præter quæ comedebant, adhuc superabat fructus. Hic ab ætate juvenili eremum incoluit, compunctionis sibi abyssum vindicans, per quam et divinam Spiritus sancti gratiam suscepit.

CAP. II. — De quo, quidam divino afflatus spiritu, per somnium vidit virum terribilem, tenentem chartæ volumen, et interrogabat : Quis, putas, accipere et custodire illud poterit? factaque est vox ad eum : Nullus alius, nisi Ephræm servus meus. Quo quidem astante, et os aperiente, illudque devorante, illico fons sermonum a Deo proficiscentium scaturiit, compunctione et pœnitentia plenus, timorem commemorans judicii, et secundi cum majestate adventus universorum Regis et Domini Jesu Christi, veri Dei nostri, ut reddat unicuique secundum opera sua (*Matth.* XVI; *Rom.* II). Præterea etiam divinorum dogmatum rectitudinem ac veritatem libris mandavit.

CAP. III. — Alius autem quidam sanctorum senum, rursus in visione vidit angelorum agmina (7) ex cœlis divino jussu descendentia, et in manibus caput, id est volumen ex arca conscriptum tenentia. Et dicebant inter se : Cui debet liber iste committi? Et alius quidem hunc, et alii alios nominabant. Alii autem responderunt dicentes : Vere sancti et justi sunt isti : verumtamen nemini hoc volumen credi poterit, nisi Ephræm miti et humili corde. Viditque senex quod sancto Ephræm tradidissent 168 caput. Et surgens mane, audivit ex ore ipsius aptissimos pro aliorum instructione sermones, omnis compunctionis et timoris divini, velut ex fonte aliquo scaturiente, profluentes. Et agnovit senex, a Spiritu sancto illa suggeri, quæ ex illius ore manabant.

CAP. IV. — Captus est autem desiderio sanctus hic Pater noster Ephræm visendæ Edessenorum urbis (8), oravitque Deum dicens : Domine Jesu Christe, dignare me videre civitatem illam, et cum ingrediar, obviam mihi habere merear hominem ejusmodi, qui mecum a Scriptura sermonem exordiatur. Et ingredienti jam ei in locum, et pertranseunti portam civitatis, occurrit mulier (9), quæ in civitate erat meretrix : quam aspiciens servus Dei Ephræm, indoluit, sic secum loquens : Domine Jesu Christe, despexisti preces servi tui Ephræm; quo pacto enim hæc de Scriptura mecum disserat? Substitit autem meretrix, intuens illum. Ad quam sanctus : Dic mihi, puella, quid subsistis!, et ita intentis in me intueris oculis? Cui respondens meretrix, ait ad eum : Intueor te, quia ego mulier ex te viro sumpta sum. Tu autem ne me intuearis, sed terram ex qua tu vir sumptus es. Quæ cum audiret servus Dei Ephræm, suspexit, et glorificavit Deum, qui talem ei sapientiam dederat, ut ejusmodi ab ipsa responsum acciperet. Et cognovit suam a Deo nequaquam fuisse spretam orationem. Veniensque in urbem, diversatus est ibi.

CAP. V. — Casu autem juxta ejus hospitium alia meretrix (10) habitabat : quæ, cum ille per complures dies in urbe commoraretur, dixit ad eum : Benedic, domine abbas. Et fixis oculis fenestram intuens, vidit illam prospicientem, aitque ad eam ; Deus benedicat tibi. Ad quem illa : Quid tuo deest septo atque domicilio? Cui sanctus : Tres lapides et argilla modica, ut fenestra obstruatur, per quam prospicis. Cui ipsa respondit, dicens : Cum primum te alloquor, rejicis me, ego dormire tecum cupio, et tu vel a collocutione me excludis? Respondens autem illi servus Dei Ephræm, ait : Si mecum dormire velis, veni quo dixero tibi, ut ibi simul dormiamus. Ad quem meretrix : Dic mihi, inquit, locum, et veniam. Et sanctus ad illam : Si condormire mihi cupias, non poteris alio in loco, nisi in urbe media. Respondens autem illa, dixit ad illum : Et non erubescimus conspectum hominum? Et respondens magnus Ephræm, dixit ei : Si homines erubescimus, multo magis Deum erubescere simul et timere oportebit, qui novit etiam occulta hominum, quoniam ipse est, qui veniet judicaturus mundum, et redditurus unicuique secundum opera sua (*Rom.* II). Hæc audiens meretrix, compuncta est ex verbis illius; et accedens procidit ante pedes ejus, plorans, dicensque : Serve Dei, deduc me in viam salutis, ut a multis meis malis operibusque improbis liberer. Sanctus autem senex multis eam admonens ex sacra Scriptura, confirmansque illius pœnitentiam, misit ipsam in monasterium, et salvavit ejus animam ex cœno flagitiorum.

CAP. VI. — Et discedens a civitate illa, venit Cæsaream Cappadociæ, ubi ingressus templum, reperit sanctum Basilium archiepiscopum concionantem ad populum, et coepit magna voce beatissimus Ephræm prædicare eum. Dicebant autem quidam de turba: Quis est iste peregrinus, qui sic laudat episcopum; quippe adulatur ipsi potius, ut aliquid ei largiatur. Peracta autem jam concione, ait Basilius: Accersite ad me hominem, qui insistebat laudando me. Et accersito eo, dicit ipsi: Quid ita instanter vociferabaris laudando me, domine Ephræm? Respondens autem sanctus senex, dixit: Ideo perseverabam clamando, et laudando te, quia aspiciebam immaculatam columbam (11) stantem in humero tuo dextero, et in aures tibi suggerentem quæ populo concionabaris. Magnus autem Basilius Spiritu sancto plenus, ipsum agnovit, et dixit ad eum: Tu ne Ephræm es Syrus? Vere, quemadmodum intellexi, sic et in te comperi, quietis amator. Scriptum habetur in propheta David: Ephræm fortitudo capitis mei (*Ps.* LIX, CVII). Nam mansuetudo tua atque clementia, et simplicitas clara est, velut lumen apparens omnibus.

CAP. VII. — Alibi rursus transeunte sancto Ephræm, fraudulenter accessit ad ipsum meretrix (12), quæ assentatorie eum ad turpem pertrahere nitebatur commistionem; sin minus, saltem ut ad indignationem ipsum commoveret, quod nemo unquam illum vidisset iratum. Qui dixit ad illam: Sequere me. Cum autem jam appropinquaret ad locum a magna civitatis turba frequentatum, dixit ad eam: Isto in loco veni, faciamus uti cupis (*Pelag., libello* I, *n.* 21). At illa videns turbam, dicit ad eum: Quomodo poteri-

mus istud hic agere, in tanta hominum præsentia? nonne nos pudet? Et ait ad illam: Si homines erubescis, quanto magis erubescere oportet Deum, abscondita tenebrarum redarguentem (*I Cor.* IV). At illa confusa, re infecta abiit, nihil perficere cum illo valens, et ne ad iram quidem eum concitare.

CAP. VIII. — **169** Atque ista sunt certamina Magni Ephræm. Vir enim erat clemens ac patiens, mansuetus, purus ac simplex, in cognitione divina velut omni fuco carens, secundum quod scriptum est (*Job.* I), demissus atque modestus, humilis et compunctione plenus, supra fidem; ut etiam ipso tacente, vel ex solo aspectu (13) intuentes ipsum docere videretur. Totus precibus ad Deum fundendis intentus erat. Hic igitur sanctus pater noster, post vitam bene beateque peractam, et cum se exemplum divinæ virtutis exhibuisset, plurimosque sanctæ doctrinæ sermones exposuisset, præscius sui obitus, composuit testamentum ad discipulos, et quoscunque monachos, de futuris eos commonefaciens, et sic modicum ægrotans, quievit in Domino, a monachis eremi sepulturæ traditus. Precibus igitur et intercessione sancti Ephræm, dignetur et nos peccatores Christus Deus noster facere imitatores divinæ vitæ ipsius, per quam consequi possimus misericordiam, et remissionem peccatorum nostrorum, in quæ collapsi sumus. Quoniam ipsi Christo et Deo nostro convenit omnis honor et adoratio, cum Patre, et sancto ac vivifico Spiritu, in sæcula sæculorum. Amen.

ROSWEYDI NOTATIO.

(1) *Ephræm.*] Martyrologium Romanum, 1 Februarii: « Sancti Ephræm Edessenæ Ecclesiæ diaconi, qui post multos labores pro fide Christi susceptos, sub Valente imperatore sanctitate et doctrina conspicuus quievit in Domino. » Menologium Græcum, 18 Januarii: « Natalis sancti Patris reverendissimi Ephræm Syri, ex patria Edessa, in cujus laudem exstat sermo sancti Gregorii Nysseni. » Ejusdem eodem die breve in Menæis habes elogium.

(2) *Diaconi Edessæ.*] Ita Hieronymus Catalogo illustrium Ecclesiæ Scriptorum, c. 115: « Ephræm Edessenæ Ecclesiæ diaconus, multa Syro sermone composuit; et ad sanctam venit claritudinem, ut post lectionem Scripturarum publice in quibusdam ecclesiis ejus scripta recitentur. Legi ejus de Spiritu sancto Græcum volumen, quod quidam de Syriaca lingua verterat, et acumen sublimis ingenii etiam in translatione cognovi. Decessit sub Valente Principe. » Palladius quoque, cap. 101 Lausiacæ historiæ *diaconum Ecclesiæ Edessenæ* vocat.

(3) *Græco incerto.*] Inventa est hæc Vita Romæ in vetustissimis Mss. Græcis Vaticanis et aliis anonyma; nisi quod in vetustissimo manuscripto Græco Cod. Bibliothec. Cryptæ fer., sub litt. xx, ejusmodi inscriptio reperitur: Περὶ τοῦ Κυρροῦ Ἐφραίμ. Ἰσ. τοῦ Ἀμφιλοχίου ἐπισκόπου. *De Domino Ephræm, forte, Amphilochii episcopi.*

Habes egregium Ephræm encomium a Gregorio Nysseno Græce conscriptum, Gerardo Vossio interprete, inter Opera Ephræm, et in postrema Nysseni editione: qui testatur, ex variis scriptis Ephræm Vitam ejus se concinnasse, et sedulæ instar apis, ex plurimis floribus favum spiritualem confecisse. Metaphrastes quoque vitam Ephræm conscripsit, quam habet Lipomanus tomo V *de Vitis sanctorum*, et Surius tomo I. De Ephræm quoque Vincentius, in Spec.

historial. lib. XIV, cap. 86; Antoninus, part. II, tit. IX, cap. 4, § 1 et 2. Petrus episcopus Equilinus in Catalogo sanctorum, lib. III, cap. 70, qui sua desumpserunt ex Vita sancti Basilii per Amphilochium, quæ in ejus Vita præcedente habes cap. 11.

(4) *Gerardo Vossio.*] Fuit hic doctor Theologus, præpositus Tungrensis, patria Borchlonius, e comitatu Lossensi, diœcesis Leodiensis. Qui multis annis Romæ vixit, et varia Patrum Opera e Græcia in Latinum deduxit. Quorum, qui volet, catalogum reperiet in fine tomi III Operum S. P. N. Ephræm.

(5) *Natus in Edessa.*] Ita etiam Metaphrastes. Sozomenus, libro III, cap. 15, Nisibi natum ait: « Ὃς ἐκ Νισίβης ὤν, τῶν τῇδε ἐπιχωρίων τὸ γένος εἶχεν: « Qui Nisibi natus, genus ex illius urbis indigenis duxit. »

(6) *Vitis ascenderet.*] Eamdem visionem habes assertore Gregorio Nysseno in encomio sancti Ephræm, et Metaphraste, in ejus Vita, et Menologio Græco manuscripto cardinalis Cremonensis, capite ultimo præcedentis Vitæ citato.

(7) *Angelorum agmina.*] Et hujus visionis assertorem habes Nyssenum jam citatum, et Metaphr.

(8) *Visendæ Edessenorum urbis.*] Non ex novitate quadam, sed desiderio invisendi loca sancta, et hauriendi aliquam utilitatem ex consortio sapientum, et eam quoque aliis impartiendi. Nyssenus supra: « Hisce vero de causis, eo concessit, ut loca ibi sancta inviseret, tum ut sapientem aliquem conveniret virum ac cognitionis ipse fructum vel caperet, vel aliis præberet. » Eo animo Ephræm properasse Edessam, refert etiam Metaphrastes.

(9) *Occurrit mulier.*] Eadem habes apud Gregorium Nyssenum in encomio sancti Ephræm, item apud Metaphrastem.

(11) *Alia meretrix.*] Hanc historiam, opinor, respicit Gregorius Nyssenus in encomio sancti Ephræm,

dum ait : « Ex impudica pudicam, ex lasciva gravem, ex inquinata puram castamque reddidit. » Tota est apud Metaphrastem, ubi quod hic est *tuo septo*, ibi est *tuo cibo*.

(11) *Immaculatam columbam.*] Idem narrat Gregorius Nyssenus in encomio Ephræm, et habes etiam apud Metaphrastem.

Simile habes in Vita sancti Gregorii apud Joannem Diaconum, libro IV, cap. 69, ubi Petrus Diaconus, qui sancti Gregorii familiarissimus fuit, narrat, quod « super caput (Gregorii) ipse Spiritum sanctum in similitudine columbæ tractantis frequentissime perspexisset. » Et sequenti capite subdit Joannes Diaconus : « Hinc est quod consuetudinaliter Spiritus sanctus in specie columbæ super scribentis Gregorii caput depingitur. »

(12) *Meretrix.*] Idem habes infra, libro V De Vitis Patrum; apud Pelagium, libello x, n. 21.

(13) *Vel ex solo aspectu.*] Nyssenus, supra : « Aspectusque ejus angelicus sufficiens erat, qui per se absque ulla oratione intuentes ad commiserationem permoveret. »

JANUARII V.

VITA SANCTI SIMEONIS (1),

STYLITÆ (2),

AUCTORE ANTONIO (3) EJUS DISCIPULO.

CAPUT PRIMUM. **170** Sanctus Simeon ex utero matris suæ electus est a Domino, et meditabatur parere et placere illi : erat autem isti pater Susocion (4) nomine, et nutriebatur a parentibus suis. Qui cum factus fuisset annorum tredecim, pascebat oves patris sui; et videns ecclesiam (5), relictis pecoribus, ingressus est, audivitque Apostolium ibi legi. Interrogansque unum seniorem, ait : Domine, quid est istud quod legitur? senex respondet ei : Pro substantia animæ ut discat homo timere Deum ex toto corde, et ex tota mente sua (*Lucæ* x). Dixit beatus Simeon : Quid est timere Deum? Dixit ei senior : Quare me flagitas, fili? Et ille : Quasi Deum, inquit, interrogo te. Ista enim quæ a te audio, discere volo, quia ignarus sum et stultus. Respondit ei senior : Si quis jejunaverit jugiter; et obsecrationes fecerit per momenta, et humiliaverit seipsum omni homini, et non dilexerit aurum, neque parentes, neque vestimenta, neque possessiones, et honorat patrem et matrem, et sacerdotes Dei prosequitur, hic hæreditabit regnum æternum; et qui econtrario ista non custodit, hic hæreditabit tenebras exteriores, quas paravit Deus diabolo et angelis ejus (*Matth.* xxii, xxv). Ista omnia, fili, in monasterio exaggerantur. Audiens hæc beatus Simeon, cecidit ad pedes ejus, dicens : Tu es pater meus et mater mea, et doctor operum bonorum, et dux ad regna cœlorum. Tu enim acquisisti animam meam, quæ jam mergebatur in perditionem. Dominus reddat tibi vicissitudinem pro anima mea. Ista sunt enim quæ ædificant. Ego autem jam nunc vadam, sicut docuisti, in monasterium, ubi Deus voluerit : et fiat voluntas ejus in me. Dixit illi senior : Fili, priusquam ingrediaris monasterium, audi quæ dico. Tribulationem habiturus es; necesse est enim te servire et vigilare in nuditate, et indesinenter sustinere mala : et iterum confortandus es, vas pretiosum Deo.

CAP. II.—Et statim exiens beatus Simon de ecclesia, ibat in monasterium sancti Timothei (6) magnifici viri (7) ; et procidens ante fores monasterii, jacebat per dies quinque non manducans neque bibens. Et die quinta egrediens abbas Timotheus, interrogavit eum, dicens : unde es, fili? aut quos parentes habes qui sic afflictus es? aut quod est nomen tuum; ne forte aliquid mali gesseris, aut forsitan servus sis, et dominum tuum fugias? Tunc beatus Simeon cum lacrymis dixit : Nequaquam, domine, sed opto ut sim servus Dei, si ipse voluerit, quia volo servare animam meam perditam. Jube ergo me introire in monasterium, et omnibus deservire; noli me foris diutius dimittere. Tunc apprehensa manu ejus, introduxit eum abbas in monasterium, dicens fratribus : Filioli mei, ecce trado vobis istum fratrem, docete eum canones monasterii. Fecit autem in monasterio quasi menses quatuor, serviens omnibus sine querela, in quibus Psalterium ex integro memoriæ commendavit, quotidie percipiens cibum divinum. Cibum vero quem simul cum fratribus accipiebat, tacite pauperibus erogabat; non sollicitus de crastino. Fratres ergo ad vesperam, ille vero septimo die cibum sumebat.

CAP. III.—Una autem dierum ingressus ad puteum aquam haurire, sumpsit funem de situla, unde fratres aquam hauriebant, et involvit eum toti corpori suo nudo a renibus usque ad collum; et ingressus, dicit fratribus : Exivi haurire aquam; et non inveni funem in situla. Et illi dixerunt : Tace, frater, ne forte agnoscat abbas, quousque tempus prætereat. Putrefactum est autem corpus ejus de obligatione et asperitate funis, quia **171** secabat eum usque ad ossa; ingressus est enim in carnem ita, ut vix appareret. Quadam autem die exeuntes aliqui de fratribus, invenerunt eum cibum suum dantem pauperibus; et regressi, dixerunt abbati : unde nobis adduxisti hominem istum? Non possumus abstinere sicut ille; de Dominica enim in Dominicam jejunat, cibos quos accipit pauperibus erogat : sed et fetor gravissimus egreditur de corpore ejus, ita ut nullus juxta eum stare possit ; et cum ambulat, vermes de corpore ejus cadunt, lectusque ejus plenus est vermibus. Tunc exiens abbas invenit sicut illi dixerunt;

cui ait : Fili, quid est quod dicunt fratres de te? Non tibi sufficit jejunare sicut nos? An non audivisti Evangelium, de doctoribus dicens (*Matth.* x), quia non est discipulus super magistrum : erit autem omnis perfectus, si sit sicut doctor ejus? dic mihi, fili, fetor iste unde procedit?, Stans beatus Simeon, nihil respondit. Et iratus abbas, jussit eum spoliari, et invenerunt funem circa corpus ejus, ita ut nihil pareret de eo nisi summitas tantum. Exclamans autem abbas voce magna, dixit : unde nobis advenit iste homo, destruere volens regulam monasterii? Rogo ergo te, discede hinc, et perge quo vis : cum multo tamen dolore et labore tulerunt a corpore ejus funem, de quo erat involutus, una cum carne ejus putrida. Facientes autem illi studium per multos dies, sanaverunt eum.

CAP. IV.—Sanatus autem post hæc, exivit de monasterio, nullo sciente; et ingressus est puteum desertum, ubi non erat aqua, non longe a monasterio, ubi immundi spiritus inhabitabant. Et ipsa nocte revelatum est abbati quod multitudo populorum circumdarent monasterium suum cum fustibus et gladiis, dicentes : Da nobis servum Dei Simeonem, Timothee. Sin autem, incendemus te cum monasterio tuo, quoniam exasperasti hominem justum. Qui evigilans, ait fratribus : Filioli mei, visionem vidi, et multum turbatus sum in ea. Et in alia nocte vidit multitudinem virorum fortium astantium et dicentium ei : Da nobis servum Dei Simeonem; dilectus est enim Deo et angelis; quare illum vexasti? major te est apud Deum; omnes enim angeli contristantur propter illum. Ipsum autem præponere habet Deus in mundo, ita ut per illum multa signa fiant, qualia nemo fecit. Tunc exsurgens abbas, cum magno timore dixit fratribus : Requirite mihi hominem illum, et adducite in hunc locum, ne forte omnes moriamur propter illum. Vere enim sanctus Dei est; mirabilia enim magna vidi et audivi de illo. Tunc omnes monachi exierunt eum quærere, et omnia perlustrantes et non invenientes, renuntiaverunt abbati dicentes : Nullum locum reliquimus, ubi eum non quæsissemus, nisi tantum in deserto puteo. Respondit abbas : Rogo vos, fratres, ite ad perquirendum eum, sed et ego vadam vobiscum. Vere sanctus et servus Dei est. Et sumens secum quinque ex illis, venit ad puteum. Et faciens orationem, descendit cum fratribus in puteum. Vidensque illum beatus Simeon, cœpit rogare, dicens : Rogo vos, servi Dei, dimittite me una hora, ut reddam spiritum meum; adhuc enim modicum, deficiens est. Valde autem fatigatur anima mea, quoniam exasperavi Dominum. Dixitque ad illum abbas : Veni, serve Dei, ut deducamus te in monasterium; cognovi enim de te quia servus Dei es. Illo vero nolente, adducunt eum vi ad monasterium, et omnes prosternunt se ad pedes ejus, flentes et dicentes : Peccavimus in te, famule Dei, indulge nobis. Beatus autem Simeon gemebat, dicens : Quare gravatis infelicem et peccatorem? Vos autem estis servi Dei et Patres. Stetit autem ibi quasi annum unum.

CAP. V. — Post hæc egressus occulte, pergit non longe a monasterio, ibique multo tempore fuit, ædificavitque sibi clausuram ex lapide sicco (8), ibique fuit annos tres, et veniebant ad eum multi ad orationem. Deinde fecit columnellam cubitorum quatuor, stetitque in ea annos quatuor. Crescebat autem de eo fama sancta per orbem terræ, et faciunt ei columnam habentem cubitos duodecim, et stetit in ea annos duodecim. Rursumque fecerunt columnam cubitorum viginti, stetitque in ea annos duodecim. Tunc congregati sunt omnes habitatores loci illius, et ædificaverunt juxta ipsam columnam basilicas duas, et columnam cubitorum triginta, et super ipsam stetit annos quatuor, et cœpit virtutes facere. Multi languidi veniebant ad eum, et dæmonia habentes, et curabat eos : cæci visum recipiebant, debilium manus restituebantur, surdi auditum recipiebant, leprosi mundabantur. Multas hic gentes inclinavit ad fidem Christianam, id est, Sarracenos, Persas, Armacenos (9) et Laotos (10), similiter et Allophylos. Audientesque de eo et de virtutibus ejus, conveniebant et adorabant eum.

CAP. VI.—Tunc invidus diabolus transformavit se in speciem angeli, fulgens in splendore cum equis igneis. Et currus igneus apparuit juxta columnam, ubi stabat beatus Simeon, **172** illuxitque cum fulgore et splendore quasi specie Angeli fulgens. Et dixit diabolus blandis sermonibus : Simeon, audi verba mea, quæ tibi Dominus mandavit. Misit me angelum suum cum curru igneo et equis igneis, ut rapiam te, quomodo rapui Eliam [*IV Reg.* 11). Tempus tuum jam est. Et tu similiter ascende jam mecum in currum, quia Dominus cœli et terræ transmisit hunc. Ascendamus pariter in cœlos, ut videant te angeli et archangeli cum Maria matre Domini, cum apostolis et Martyribus, confessoribus et prophetis, quia gaudent videre te, ut ores Dominum qui te fecit ad imaginem suam. Etiam locutus sum tibi, ne tardes ascendere. Simeon completa oratione, dixit : Domine, vis rapere me peccatorem in cœlum? Et elevans dexterum pedem ut ascenderet in currum, levavit dexteram manum, et fecit signaculum Christi. Cum signum crucis fecisset, continuo diabolus nusquam comparuit, cum argumento suo evanuit sicut pulvis ante faciem venti. Tunc intellexit Simeon artem esse diaboli.

CAP. VII.—Reversus ergo in se, dixit pedi suo : Non reverteris retrorsum hinc, sed stabis hic usque ad obitum meum, donec accersiat Dominus me peccatorem. Interea diabolus in frigore apposuit vulnus super femur ejus, et putrefactum est ita ut multitudo vermium scatescens de eo, descenderet de corpore ejus, decurrebatque de pedibus ejus in columnam, et de columna in terram. Anno autem integro stetit in columna super unum pedem. Quidam autem juvenis astitit ei, Antonius nomine, qui vidit et scripsit hæc. Juxta præceptum illius colligebat vermes, qui cadebant ad terram, porrigebatque illi sursum. At ille ponebat eos sibi in ipso vulnere, ad similitudinem justi Job, dicens : Manducate quod vobis Dominus dedit.

CAP. VIII. — Audiens autem Basilicus rex Saracenorum (11) famam ejus, venit ad eum. Videns autem illum stantem sursum et orantem, subito cecidit vermis de corpore ejus. At ille currens apprehendit eum in fide, et posuit super oculos suos (12). Et videns Simeon, ait : Quare hoc fecisti, vir illustris, et me gravasti; vermis est enim de corpore meo putrido. Et cum haec audisset rex Basilicus, aperiens manum suam, invenit margaritam pretiosissimam. Et dixit ad beatum Simeonem : Non est vermis putridus, sed margarita pretiosissima; cui ille respondit : Homo, secundum fidem tuam data est tibi, et benedicitur in manibus tuis omnibus diebus vitae tuae. Et ita ingressus est homo ille plenus fide.

CAP. IX. — Post multum vero temporis, audiens mater (13) ejus famam de eo, venit videre eum; sed prohibita est videre eum, quia locum illum mulier non ingrediebatur (14). Cum autem audisset beatus Simeon vocem matris suae, dixit ei : Sustine, mater, modicum tempus, et simul nos videbimus, si Deus voluerit. At illa haec audiens, flere coepit, et rogare ut eum videret, et solutis crinibus, increpabat eum, dicens : Fili, quare hoc fecisti? pro utero quo te portavi, satiasti me luctu; pro lactatione qua te lactavi, dedisti mihi lacrymas ; pro osculo quo te osculata sum, dedisti mihi amaras cordis angustias; pro dolore et labore quem passa sum, imposuisti mihi saevissimas plagas. Et tantum locuta est, ut nos omnes faceret flere. Audiens beatus Simeon vocem genitricis suae, posuit faciem suam in manus suas, et ploravit amare, mandavitque illi, dicens : Domina mater, quiesce modicum tempus, et videbimus nos in aeterna requie. At illa coepit dicere : Per Christum qui te plasmavit, si est possibilitas videndi te, in tanto tempore alienum a me, permitte me videre te, aut si non, vel vocem tuam audiam, et statim moriar, quia pater tuus in tristitia propter te mortuus est. Et nunc ne in me ipsa amaritudine perdas, fili. Haec dicens, prae tristitia et planctu in somnum conversa est : habebat autem tres dies et tres noctes, non cessans deprecari eum. Tunc beatus Simeon oravit ad Dominum pro illa, et statim reddidit spiritum. Colligentes vero corpusculum ejus, adduxerunt in conspectu ejus. Et ille flens, ait : Dominus suscipiat te in gaudio, quia tribulata es propter me, et portasti me in utero mensibus novem, atque lactasti simul etiam et nutristi cum labore. Haec eo dicente, matris vultus sudabat, et corpus ejus commotum est, nobis omnibus inspicientibus. Ille autem elevans oculos ad coelum, dixit : Domine Deus virtutum, qui sedes super Cherubim, et scrutaris fundamenta abyssi, qui cognovisti Adam antequam esset, qui promisisti regni coelorum divitias diligentibus te, qui locutus es Moysi in rubo ignis (*Exod.* III), qui benedixisti Abraham patrem nostrum (*Gen.* XXII), qui introducis in paradisum animas justorum, et animas impiorum mergis in perditionem, qui duos leones humiliasti, et fortia Chaldaeorum incendia mitigasti servis tuis (*Dan.* VI), qui Eliam corvis deferentibus escam pavisti (*III Reg.* XVII), suscipe animam ejus in pace, et colloca eam in locum patrum sanctorum, quia tibi est potestas in saecula saeculorum.

CAP. X. — Post hos vero dies rursum fecerunt ei columnam habentem cubitos quadraginta, et **173** stetit super ipsam annos sedecim usque ad obitum suum. In quo tempore draco grandis nimis habitabat juxta eum in partibus Aquilonis, unde nec herba ibidem nascebatur, cui etiam intravit lignum in oculo dextero. Et ecce quadam die veniebat caecus ille draco, et trahens se applicuit ad habitaculum in quo vir Dei morabatur, totus in gyrum se complicans, quasi veniam poscens, humiliatoque capite jacebat. Quem beato Simeone intuente, statim exivit de oculo ejus lignum habens cubitum unum. Videntes autem omnes, glorificaverunt Deum, tamen ab eo fugerunt propter metum. Sed bestia ipsa involvit se, et mansit in uno loco immobilis, quandiu omnis populus pertransiret. Deinde surgens, adoravit ostium monasterii fere per duas horas, et sic reversa est in cubile suum, et neminem laesit.

CAP. XI. — Mulier quaedam sitiens nocte, venit ad hydriam aquam bibere, in qua erat parvulus serpens; et bibens, deglutivit illum, et crevit in utero ejus. Sed multi medici, et incantatores, et magi, adhibentes studium, nihil profecerunt. Post aliquod vero tempus adducitur ad sanctum Simeonem; at ille jussit eam poni in terram, et de aqua monasterii in os ejus mitti. Tunc exclamavit fortiter, et statim exivit de ore ejus serpens, cujus longitudo erat cubitorum trium. Eadem hora crepuit serpens, qui etiam ad multorum testimonium suspensus est ibi septem diebus. Et sana facta est mulier ex illa hora.

CAP. XII. — Virtutes ejus quamvis alicujus facundia enumerare vix valeat, tamen prout sunt vires, omnino silentio eas tegi minime patiar. Factum est autem ut aqua in loco non inveniretur, et totus populus periclitabatur, et omnia animalia prae aquae penuria. Videns vero sanctus Simeon contritionem eorum, stetit ad orationem. Circa decimam autem diei horam subito dirupta est terra, et factum est chaos magnum ab Orientali parte ipsius monasterii; et inventa est quasi spelunca, inaestimabiliter multam habens aquam. Tunc jussit fodi septem cubitis, et ex eo tempore superabundavit aqua in illo loco usque in praesentem diem.

Quo in tempore expetentes quidam de longe orationem ipsius et opera, meridiana hora diverterunt paululum ad umbraculum arboris propter aestum ad repausandum. Cumque sederent, ecce subito praegnans cerva praeteribat secus illos, et dixerunt ad illam : Per orationem sancti Simeonis te conjuramus : modicum sta, ut te comprehendamus. Quae stetit eadem hora. Apprehendentesque eam, occiderunt, et comederunt partem aliquam ex ea. Statimque obmutuerunt, et sic veniebant, sicut et cerva illa. Currentes autem, venerunt ad sanctum Simeonem, portantes corium ejus, et fecerunt ibi duos annos, et vix aliquando sanitatem recipere potuerunt. Iniquum est enim peccatum eorum recitare. Corium autem cervæ suspenderunt ibi ad testimonium multorum.

CAP. XIII. — Sed et pardus immanis erat in locis illis, qui et homines et animalia interficiebat, et in gyro omnia vastabat. Venientes autem homines loci illius ad sanctum Simeonem, nuntiaverunt ei quod tanta ac talia mala pardus operaretur. Tunc sanctus Simeon jussit de terra vel de aqua monasterii aspergi in illa loca. Et factum est. Exquirentes vero postmodum, invenerunt ipsum pardum jacentem mortuum, et omnes glorificaverunt Deum Simeonis.

CAP. XIV. — Quemcunque tamen sanabat, præcipiebat illi, dicens : Vade in domum tuam, et honorifica Deum qui te sanavit, et ne audeas dicere quod te Simeon curaverit, ne tibi subito deterius contingat : et ne præsumas jurare per nomen Domini, quia grave peccatum est : sed in me humili et peccatore jura sive juste sive injuste (15). Quam ob causam omnes Orientales et barbaræ gentes, quæ sunt in illis regionibus, per eum jurant.

CAP. XV. — Latro quidam de Antiochia, qui nominabatur Jonathas (16), multa mala faciens, cum a multis persequeretur, nec posset se jam ab illis abscondere, quasi leo a facie multorum persequentium fugiens, subito ingressus est monasterium ; et amplexus columnam sancti Simeonis, cœpit amarissime flere. At ille dixit ei : Quis es? aut unde venisti homo, aut cur hic introisti? At ille : Ego sum Jonathas latro, qui omnia mala feci, veni hic pœnitere. Ait itaque sanctus Simeon : Talium est regnum cœlorum (*Matth.* xix). Sed ne velis me tentare, ne iterum invenaris in sceleribus ipsis quæ reliquisti. Hæc illo loquente, ecce officiales (17) veniebant ab Antiochia, dicentes : Trade nobis inimicum et maleficum Jonathan, ne subito commoveatur civitas in seditionem. Bestiæ enim paratæ sunt ad devorandum eum. Respondit eis beatus Simeon : Filioli mei, ego non adduxi eum huc : quoniam qui adduxit eum, major nobis est, et istis talibus subvenit, etenim talium est regnum cœlorum. Et si potestis intrare, rapite eum hinc. Ego autem non possum, quia timeo eum qui illum misit ad me. Audientes autem hæc viri illi, regressi sunt cum timore **174** magno, et renuntiaverunt omnia Antiochæ ; sed Jonathas latro per septem dies amplexans et tenens columnam, dicit ad beatum Simeonem : Domine, si jubes, ambulare volo. Respondit illi justus : Iterum in ipsa mala festinas ? Dixit illi Jonathas : Non, domine, sed tempus meum impletum est. Et sic loquens cum eo, reddidit spiritum. Et volentibus eum sepelire juxta monasterium, ecce alii officiales veniebant ab Antiochia propter illum, et cœperunt clamare et dicere : Da nobis inimicum nostrum, omnis enim civitas turbata est propter illum. Respondit ei beatus Simeon : Qui illum adduxit, venit cum multitudine cœlestis militiæ, qui potens est in tartarum mittere civitatem vestram cum habitantibus in ea, qui etiam hunc reconciliavit sibi : et ego timui ne subito occideret me ; ne ergo amplius fatigetis me humilem et pauperem. Et ita cum timore regressi sunt, nuntiantes omnia quæ viderant et audierant

CAP. XVI. — Post paucos vero annos, factum est una die, hoc est, sexta Sabbati, et inclinavit se ad orationem, sustinens tres dies, id est, sexta, Sabbato, et Dominico. Tunc ego pavefactus ascendi ad ipsum, et steti in conspectu ejus, dixique ad eum : Surge, domine, benedic nos, quoniam populus tres dies et tres noctes habet, exspectans benedictionem a te ; et non respondit mihi. Et rursus aio ad eum : Quare me contristas, domine, aut quid offendi? Supplico, mitte mihi manum, aut forsitan jam a nobis migrasti? Et sentiens quod non loquebatur mihi, cogitavi ut nulli dicerem, quia timebam illum tangere. Et stans quasi hora media, inclinavi me, et posui aurem meam ad auscultandum, et non erat flatus, nisi tantum quasi odor multorum aromatum ascendebat de corpore ejus, et sic intellexi quia requievit in Domino. Et hebefactus, planxi amarissime ; et inclinans me, osculatus sum oculos ejus (18), et barbam complexus crinesque capitis ejus. Et increpans dixi : Cui me, domine, derelinquis ? vel ubi requiram tuam angelicam doctrinam? Quale responsum reddam pro te? aut cujus anima respiciat columnam sine te, et non lugeat? Quale responsum reddam infirmis, quando veniunt et requirunt te hic, et non invenient? Quid dicam, aut quid loquar ego humilis? Hodie video te, crastina vero considero ad dexteram sive ad sinistram, et non invenio te. Aut quo amictu operiam columnam tuam ? Heu me, quando veniunt aliqui de longe quærentes te, et non inveniunt ! Et præ multa tristitia obdormivi. Statimque apparuit mihi, dicens : Non derelinquam columnam hanc, nec locum et montem hunc benedictum, in quo illuminatus sum ; sed descendens, satisfac populo, et annuntia de me Antiochiæ secrete, ne tumultus fiat in populo. Ego enim requievi, sicut Dominus voluit ; tu autem ne cesses ministrare in hoc loco, et reddet tibi Dominus mercedem in cœlis. Exsurgens autem a somno, pavefactus dixi : Domine, memento mei in requie sancta tua. Et sublevans vestimenta ejus, procidi ad pedes ejus, et osculatus sum vestigia illius ; et tenens majus ejus, posui super oculos meos, dicens : Benedic, obsecro, mi domine. Et iterum flevi et dixi : Quales reliquias tollam a te in memoriam ? Et hæc dicens, motum est corpus illius. Ego autem timui tangere eum.

CAP. XVII. — Et ut nemo sciret, descendi celeriter, et fidelem fratrem misi Antiochiam ad episcopum (19). Qui statim veniens cum tribus episcopis, et cum illis Ardaborius magister militum (20) cum suis, tendentes cortinas circa columnam ejus, defixerunt vestimenta sua. Erant autem contecta ab auro. Et deponentibus eum juxta altare ante columnam, colligentibusque se, aves volabant super columnam, clamantes et quasi lugentes, ita ut omnes viderent.

Planctus etiam populi et jumentorum resonabat per milliaria septem. Sed et montes, et campi et arbores contristati sunt circa loca illa; ubique enim nebula tenebrosa facta est per circuitum. Ego autem considerabam Angelum (21) venientem ad visitandum eum. Circa horam septimam seniores septem loquebantur cum angelo, vultus cujus erat sicut fulgur, et vestimenta sicut nix. Et vocem ejus in timore et tremore tandiu consideravi, quandiu audire potui: quid tamen fuisset, ignoro.

Cap. XVIII. — Cum autem jaceret sanctus Simeon in feretro, volens papa Antiochiæ de barba illius pro benedictione aliquid contingere, extendit manum, statimque arefacta est: multæque obsecrationes et orationes fiebant ad Deum pro eo, et sic restituta est manus ejus.

Cap. XIX. — Supponentes autem corpus feretro, cum psalmis et hymnis (22) duxerunt Antiochiam. Omnis autem populus, qui erat per circuitum regionis illius, plangebat, quod patrocinium tantarum reliquiarum tolleretur ab eis, et quod episcopus Antiochiæ jurasset, ut nemo tangeret corpus illius.

Cap. XX. — Venientes vero in quintum milliarium ab Antiochia, in vicum qui vocatur Meroe (23), nullus potuit movere eum. Tunc quidam homo, annis quadraginta surdus et mutus, subito cecidit ante feretrum, et cœpit clamare et dicere: Bene venisti, serve Dei, tuus enim adventus me salvabit; et si meruero vivere, ego tibi serviam omnibus diebus vitæ meæ. Et elevans se, apprehendit unum de burdonibus qui portabant feretrum (24), statimque movit se de loco isto. Et ita sanus factus est homo ex illa hora. Peccatum autem hominis illius tale erat: Hic amabat uxorem alienam, et volens eam adulterare, non potuit; et mortua est, et posita in monumento. At ille ivit, et violavit sepulcrum ejus; statimque obmutuit, et surdus factus est, et obligatus est in illo loco annis quadraginta.

Cap. XXI. — Tunc exeuntes omnes de civitate Antiochiæ, suscipiunt super argentum et aurum corpus sancti Simeonis, cum psalmis et hymnis, et cum multis lampadibus (25) portaverunt in ecclesiam majorem, et inde in aliam ecclesiam, quæ vocatur Pœnitentia. Multæ etiam virtutes fiunt ad sepulcrum ejus, magis quam in vita sua; et homo qui sanus factus est, ibi servivit usque in diem mortis suæ. Multi autem obtulerunt thesauros episcopo Antiochiæ pro fide, poscentes reliquias de corpore ejus; sed propter jusjurandum minime præstitit.

Ego humilis et peccator Antonius, inquantum potui, lectionem hanc breviter exposui. Beatus autem qui habet illam scriptam in libro, et legit in ecclesia et in domo Dei; et cum memoriam ejus fecerit, mercedem ab Altissimo recipiet: cui est honor, potestas, et virtus in sæcula sæculorum. Amen.

ROSWEYDI NOTATIO.

(1) *Simeonis Stylitæ.*] Martyrologium Romanum, 5 Januarii: « Antiochiæ sancti Simeonis monachi, qui in columna stans multos annos vixit: unde et Stylitæ nomen accepit. Cujus vita et conversatio exstitit admirabilis. » Menologium Græcorum, 1 Septembr.: Commemoratio sancti Patris nostri Simeonis Stylitæ, qui fuit sub imperatore Leone Magno, et Martyrio Antiochenæ urbis pontifice, a provincia Ciliciæ, ex castello Sesan, qui monasticam vitam ingressus in columnam ascendit, in qua quadraginta septem annos stetit, et multis per eum editis miraculis in pace quievit. » Quæ verbotenus sunt in Menæis, ubi pro Sesan. est Σισᾶν.

Tres fuere Simeones Stylitæ, qui non recte quandoque a viris doctis confunduntur. Trium insimul meminit Triodium pag. 32: Οὐρανὸς τετραφώστηρος ἐφάνη ἐν γῇ, ἡ δὶς δύο αὐτὴ Συμεώνιος ὁμωνυμία, οἱ ἐν τοῖς στύλοις τρεῖς εἰσι, καὶ εἷς ὁ Σάλος. « Cœlum quatuor instructum luminibus in terra apparuit; bis bina ipsa Simeonia cognominatio, quorum in columnis tres sunt, et unus Salus. » Trium quoque Stylitarum meminere Menæa.

Noster hic, de quo agimus, senior est, cujus meminit Theodoretus in *Philotheo*, cap. 26, qui eum Cilicem dicit ex Sesa vico, et pastorem ovium. De eo quoque Evagrius, libro I Histor. Eccles., cap. 13 et 14; Theodorus Lector, lib. I Collect.; Nicephorus, lib. xiv, cap. 51, qui a Theodoreto in *Philotheo* et a Simeone Metaphraste Vitam ejus scriptam refert. Prioris exstat inter opera Theodoreti, non item posterioris, nisi hæc quæ Antonium auctorem habet, etiam titulum Metaphrastæ olim prætulerit. Ejusdem etiam meminit Eulogius archiepiscopus Alexandriæ, oratione 9, apud Photium, Cod 250; Metaphrastes in Vita Theodosii Cœnobiarchæ, 11 Januarii, et in Vita Danielis Stylitæ, 11 Decemb.; Gregorius Turonensis, De gloria Confess., cap. 26; Suidas, in Συμεών; Cedrenus, in Compendio Historiæ, anno 25 Theodosii Junioris; Glycas, IV parte Annal.

Hic *primus* absolute dicitur *Stylites* (licet Suidas eum etiam Θαυμαστὸν *admirabilem* vocet), alii cum additione aliqua.

Ut *secundus*, in Menæis, 24 Maii: Ὁ ἐν θαυμαστῷ ὄρει: *in admirabili monte*. Qui junior fuit sub Justino seniore, ut ibi notatur; qui in Menologio, 24 Maii dicitur *Stylites admirabilis*; in synodo v, quæ est II Nicæna, actione v: Συμεὼν Στυλίτης, ὁ εἰς τὸ θαυμαστὸν ὄρος: *Simeon Stylita, qui in mirabili monte fuit*. Ubi etiam sub Justino juniore dicitur vixisse a Joanne Damasceno, orat. 3, de Imaginibus, Συμεὼν τοῦ Θαυμαστοῦ ὄρους: *Simeon admirandi montis* quod, ut scribit Evagrius, lib. vi Hist. Eccles., cap. 22 (qui eum novit) Ἐν κίονι ἑστὼς ἀνωτάτω τοῦ ὄρους ἀκρωρείας, *Stetit in columna, in summo montis vertice posita*. De quo etiam Nicephorus, lib. xviii, cap. 24.

Tertius in Menæis, 26 Julii, notatione πρεσβυτέρου καὶ ἀρχιμανδρίτου, *presbyteri vel senioris et archimandritæ* afficitur. An hic idem sit cum aliquo duorum præcedentium, vel cum eo de quo Moschus in Prato Spirituali, cap. 57, qui quadraginta milliaribus ab Ægis civitate Ciliciæ vixit, et fulmine ictus interiit, mihi incertum est.

Si diversus, *quartus* Simeon Stylita apud Moschum fuerit, cujus nulla nec in Menæis, nec in Menologio exstat memoria.

Error in primis est in Menologio, 24 Maii, ubi cum agatur de Simeone Stylita juniore, tempore Justini, male assignatur de eo agere Theodoretum, cum ille de seniore agat. Quod forte Baronium quoque in errorem induxit, cum, notat. in Martyrol. Rom., ad diem v Januarii, ait de seniore Stylita agi in Menologio, 24 Maii, et de juniore 1 Septembris. Nam contra affirmari oportuit.

Hujus egregia sanctitas toti orbi innotuit. Imago ejus Romæ in vestibulis officinarum ad tutelam figebatur, ut est apud Theodoretum, supra Genoveva quoque in Galliis divinitus eum velut præsentem novit, ut habent ejus Acta, 3 Januarii. Exstat ad eum

Theodosii junioris epistola in Actis concilii Ephesini, tomo V, cap. 15, edit. Pelt. Scripsit quoque ad eum Leo Magnus imp., teste Evagrio, lib. II Hist., cap. 9.

176 De tempore, quo vixit, ex Theodoreto, inquit Baronius, ejus primordia colligi possunt, dum ait columnam jam incoluisse temporibus Meletii episcopi Antiocheni, qui sub Valente Imp. vixit, desiitque ab humanis eo anno quo celebrata est magna synodus Constantinopolitana, Siagrio et Euchario coss., qui numeratur annus a Christo, juxta veriores chronographos, 381. Supervixit autem Simeon, ut ait Cedrenus, usque ad annum 4 Leonis Magni imp., quod etiam colligitur ex Actis Danielis Stylitæ. Est annus is a Christo 460, qua ratione jam centenario major obdormisse dignoscitur. Apud Nicephorum in margine habetur vixisse Simeonem 103 annos, sed nihil tale in textu.

Evagrius summam Vitæ ejus severe actæ ita colligit lib. ι, cap. 13. Διέτριψε τοίνυν ἐν σαρκὶ τόνδε τὸν βίον διαβλέπων ἔτη ἓξ καὶ πεντήκοντα. Ἐν μὲν τῷ πρώτῳ φροντιστηρίῳ, ἔνθα τὰ θεῖα κατηχήθη, ἔτη ἐννέα· ἐν δὲ αὐτῇ καλουμένῃ Μάνδρᾳ, ἑπτὰ καὶ τεσσαράκοντα· ἔν τινι μὲν στενωπῷ ἔτεσι δέκα τὸν ἀγῶνα διανύσας· ἐν δὲ κίοσι βραχυτέροις ἑπτά· καὶ ἐν τεσσαρακονταπήχει, ἔτη τριάκοντα. « Iste Simeones hoc severum vivendi genus in carne traducens, vitam ad LVI annos propagavit. Nam in monasterio, in quo primum divinæ vivendi præceptiones didicit, annos vixit ιx. In Mandra autem, sic enim vocatur, XLVII, atque horum annorum x in loco admodum angusto confecit; in columnis arctioribus VII; denique in columna quadraginta cubitorum, XXX. » Eadem habet Nicephorus, libro XIV, cap. 51, in quo error in numerum irrepsit. Nam pro *undetriginta* scribendum *triginta*. Quæ putatio si vera est, non potuit pervenisse ad centesimum annum. Alioqui necesse esset asserere eum, cum XLIV erat annorum, primum ingressum esse monasterium. Quod non quadrat cum Vita hic ab Antonio scripta, qui eum statim ab adolescentia ingressum esse monasterium scribit.

Ex quo hæc Vitæ summa colligitur: Cum erat tredecim annorum, pascebat oves. Inde videtur ingressus monasterium, ubi vixit anno I; inde III annis in clausura; post IV annis in columna cubitorum IV; iterum XII annis in columna cubitorum XII ; rursus XX annis in columna cubitorum XX; post IV annos in columna cubitorum XXX; demum XVI annos in columna cubitorum XL. Atque ita exercitationis anni exsurgunt LII, haud multum differentes a numero Evagrii.

Apud Theodoretum habetur, quod II annos mansit in primo monasterio; x annis in monasterio Heliodori; III annos in vico Telanesso; XXVIII annis in columna, in id tempus quo Theodoretus ejus Vitam scripsit. Hic tantum habentur anni XLIII exercitationis, sed eo tempore adhuc vivebat.

Cedrenus, in Compendio historiæ, ait, an. 25 Theodosii Junioris eum columnam ascendisse, et an. 4 Leonis vita functum. Ex quo intervallo juxta computum Annalium Baronii conficiuntur tantum anni XXVIII.

Contra calumniatores Magdeburgenses Stylitam hunc egregie defendit illustrissimus cardinalis Bellarminus, tom. II Controv. general. II, lib. II, De monachis, c. 39; et Alanus Copus, dial. II, c. 18.

(2) *Stylitæ.*] Ducitur a grammaticis et στῦλος et στύλη ab eadem origine ἵστημι, *sto*. Suidas: Στυλίτης, ὁ ἐπὶ κίονος ἱστάμενος, *Stylita qui columnam insistit*. Quis primus apud Romanos super columnam cellulam struxerit, docet nos Asconius in Ciceronis orationem in Q. Cæcilium, quæ Divinatio in Verrem dicitur: « Mænius cum domum suam venderet Catoni et Flacco censoribus ut ibi basilica ædificaretur, exceperat jus sibi unius columnæ, super quam tectum projiceret ex provolantibus tabulis, unde et ipse et posteri ejus spectare munus gladiatorium possent, quod etiam tum in foro dabatur. » Unde ab eodem Mænio dicta sunt *Mæniana*. Festus: « Mæniana ædificia a Mænio sunt appellata; is enim primus ultra columnas extendit tigna, quo ampliarentur superiora. » Glossæ: *Mænianum*, ἐξώστρα *Menianus*, ἐκθέτης.

(3) *Antonio.*] Auctor Vitæ hujus est non incertus, ut putavit Baronius, sed Antonius, qui ipse nomen suum declarat cap. 7. « Quidam autem juvenis astitit ei, Antonius nomine, qui vidit et scripsit hæc. » Et capite ultimo: « Ego humilis et peccator Antonius, inquantum potui, lectionem hanc breviter exposui. » De hoc puto intelligere Evagrium, libro I Hist. Eccl., cap. 13. Τούτου τὰς θεοσημείας γέγραφε μὲν καὶ τις τῶν αὐτόπτων γενομένων, γέγραφε δὲ, καὶ λογίως ἀπέθετο καὶ Θεοδώριτος ὁ τὴν Κυρεστῶν ἐπισκοπήσας : « Hujus res gestas litteris prodidit cum alius quidam, qui eum oculis aspexisset; tum Theodoretus ecclesiæ Cyrenensis episcopus eadem diserte exposuit.

(4) *Erat autem isti pater Susocion.*] Vetus editio: *Erat autem iste filius Susocion*. | A nullo alio scriptore patris hoc nomen exprimitur. Tantum dicitur fuisse ex vico *Sesan* vel *Sisan*, quem vicinum suæ regioni et Cilicum ait Theodoretus. Sisan vicum habet etiam Theodorus Lector, libro primo Collectan.

Ms. Leodiensis sancti Laurentii et in patris nomine variat, et matris quoque nomen exprimit : « Is erat filius cujusdam Isici nomine, mater autem ejus Mathana dicta est. »

(5) *Ecclesiam.*] Theodoretus ait fuisse ecclesiam sanctorum Martyrum.

(6) *In monasterium sancti Timothei.*] In Theodoreto nomen hujus viri non exprimitur. Exprimuntur aliorum virorum monasteria, ut Ammiani et Eusebii; Eusebonæ et Abitonis, item Heliodori. Cui posteriori quædam conveniunt, quæ hic habentur de Timothei monasterio.

(7) *Magnifici viri.*] Magnificus hic est, qui magna signa et miracula facit. Vide Onomasticon.

(8) *Clausuram ex lapide sicco.*] In Menæis, 22 Februarii, in Vita Thalassii et Limnæi est ξηρόλιθος. Quod Longus et Hervetus simpliciter *lapidem* vertunt, in Theodoreti Philotheo, cap. 22, si tamen ξυρόλιθος in ejus textu Græco fuit. Suidas : Ξυρὸς λίθος, ὁ ἄνευ πηλοῦ κτιζόμενος· ἂν γὰρ λίθῳ ξηρῷ διασκευασμένον τὸ φρούριον, ἐκ μεγάλων λίθων συνηρμοσμένον. « Siccum saxum, quod sine luto ædificiis adhibetur. Erat lapide sicco castellum interpolatum, ex magnis saxis coagmentatum. » Apud Theodoretum, in Philotheo, cap. 18, in Eusebio : *Lapidibus ne luto quidem conjunctis*. Contra est in eodem Theodoreto, cap. 29, *luto et lapidibus*, quod in Menæis, πηλῷ καὶ λίθοις.

(9) *Armacenos.*] Armaca Antonino Cappadociæ urbs. Sed magis hic puto intelligi *Armenios*, ut habet Theodoretus.

(10) *Laotos.*] Gentem hanc nullibi invenio. *Auritum populum* vox Græce sonat. An iidem qui *Panotii*? Isidorus, lib. XI Orig., cap. 3: « Panotios apud Scythiam esse ferunt tam diffusa aurium magnitudine, ut omne corpus ex eis contegant. πᾶν **177** enim Græco sermone omne, ὦτα aures dicuntur. » Quas hæc Vita gentes habet, *Sarracenos*, *Persas*, *Armacenos*, *Laotos*, *et Allophylos*, eorum loco apud Theodoretum habes *Ismaelitas*, *Persas*, *Armenios*, *Iberes*, *Homeritas*. Iidem apud Cedrenum exceptis *Homeritis*; nisi quis suspicari velit apud eum ὁσημέρας, quotidianos, ex *Homeritis* depravatum; vel contra apud Theodoretum. Vel potius Cedrenus sua expressit ex posteriore loco Theodoreti, ubi *Homeritas* omittit, licet priore loco eos aliis adjungat.

(11) *Basilicus rex Saracenorum.*] Quærendum in historiis. Habet Theodoretus, quod præfectus quidam unius tribus seu phylarchus Saracenorum Simeonem accesserit; sed sine nomine, et in alia re.

(12) *Et posuit super oculos suos.*] Ritus venerationis hic est, quo rem sibi oculos contra charam indicabant. Sic cap. 17: « Manus ejus posui super oculos meos dicens: Benedic, obsecro, mi, domine. »

(13) *Mater.*] Gregorius Turonensis, de Gloria confessorum, cap. 26: « Legitur in ejus (Simeonis Sty-

htæ) Vitæ libro, Nullam unquam mulierem post conversionem oculis attentis inspexit; postquam vero columnæ editiori se sanctitate fervens invexit, non modo extraneæ mulieri, verumetiam nec propriæ matri se videndum permisit. »

(14) *Quia locum illum mulier non ingrediebatur.*] Idem habet Theodoretus. Item Evagrius, libro I, cap. 14; et Nicephorus, lib. xiv, cap. 51; et Gregorius Turonensis, supra, qui mirum quid de mulieris cujuspiam temeritate refert: « Ferunt, inquit, quamdam mulierem indutam fuisse veste virili, et in basilicam ingredi voluisse columnæ. Tractavit secum misera agere posse per indumentum quod latere posset Altissimum, ignorans illud Apostoli : *Quia Deus non irridetur* (*Gal.* vi), et licet ibi veniens ad templum erexit pedem, ut sanctum ingrederetur limen, tamen protinus retrorsum ruens cecidit, et mortua est; satisque fuit populis ne hæc ultra mulier ulla præsumeret, cum in istam cerneret ultionem pessime irrogatam. »

(15) *In me humili et peccatore jura, sive juste, sive injuste.*] Sane hoc capiendum; nec enim injuste jurandum. Vult tantum pravam jurandi per Deum abrogare temeritatem, suum potius nomen ei exponens. Huc spectat pœna cujusdam apud Theodoretum, qui votum teste Simeone factum violaverat, in cujus ore et pectore caro avis lapiduit.

(16) *Jonathas.*] De hoc non memini legere, fors nec alius quispiam. In Græco est Ἀγόνατος, *sine genibus*, quod illi latroni cognomen fortasse au ex eventu adhæsit. Unde depravate primo scripsere *Gonathas*, inde *Jonathas*.

(17) *Officiales.*] Ita vocabant ministros publicos. Sic *officium* frequenter apud Auctores accipitur.

(18) *Osculatus sum oculos ejus.*] Ritus venerationis, qua præstantissima quæque membra et partes corporis osculo delibabant. Sanctus Hieronymus, in Vita sancti Pauli primi eremitæ, cap. 11 : « Osculatis ejus oculis manibusque. » Sic mox ex humilitate : « et osculatus sum vestigia illius. »

(19) *Ad episcopum.*] Is tunc erat Martyrius, ut constat ex Evagrio et Nicephoro, supra.

(20) *Ardaborius magister militum.*] Apud Evagrium, lib. I, cap. 13 : Ἀρδαβουρίου δὲ αὐτῶν ἐῴων στρατηγοῦντος ταγμάτων: « Ardabutio præterea præfecto præsidiorum in Oriente. » Idem apud Nicephorum, supra.

(21) *Angelum.*] Solemnem pompam exhibitam a cœlitibus ipsa die, qua triumphans cœlum conscendit Simeon, Daniel Stylita longe lateque absens agnovit, ut habetur in Vita ejus per Simeonem Metaphrastem conscripta 11 Decemb. Eadem de Simeonis triumpho visio oblata fuit sancto Auxentio cum esset in Bithynia, ut habent ejus Acta apud Metaphr. 4 Febr.

(22) *Cum psalmis et hymnis.*] Mox, capite 22: « Cum psalmis et hymnis, et cum multis lampadibus portaverunt in ecclesiam majorem. » Sanctus Hieronymus, in Vita sancti Pauli primi eremitæ, c. 15 : « Hymnos quoque et psalmos ex Christiana traditione decantans. » Frequens in primorum Christianorum ritus in his Vitis occurrit.

(23) *Meroe.*] Vicus quinque millibus ab Antiochia, uti hic dicitur, distans. De hac Stephanus : Ἔστι δὲ Μερόη κατὰ ἀνατολὰς τῆς περὶ Δάφνην Ἀντιοχείας· τὸ ἐθνικὸν Μεροαῖος, ἡ Μερούστιος, κατὰ τὸ τῆς ἑορτῆς ὄνομα· καὶ τὸ κτητικὸν, Μερουσιακός : « Locus ad Orientem non longe a Daphne Antiochiæ, cujus gentile, Meroæus vel Merusius, secundum festi nomen ; possessivum, Merusiacus.

(24) *De burdonibus, qui portabant feretrum.*] Etsi burdo ambiguum sit vocabulum, clarum hic intelligi de animali, quia in Græco μοῦλαι. Isidorus, lib. xii Orig., cap. 1 : « Burdo, ex equo et asina. » Glossarium : » Burdo, ἡμίονος ἐξ ἵππου καὶ ὄνου θηλείας. » sic « Mulus ἡμίονος ἐξ ἵππου θηλείας καὶ ὄνου, » quod apud Varronem est II de RR., cap. 8 : « Ex equa et asino fit mulus ; contra ex equo et asina hinnus. » Burdonum mentio fit in l. 49 d. *De legat.*, libro iii.

(25) *Cum multis lampadibus.*] Et lampadibus, et cereis, et facibus, et scolacibus funera religiose olim celebrata. Acta sancti Cypriani : « Cum cereis et scolacibus. » Male hactenus ibi obtinuit, *scholaribus*, ut ex vetustis libris docui in notationibus ad Martyrologium Adonis, 14 Septembris, in martyrio sancti Cypriani.

Omisit Auctor hic, uti et Theodoretus, de obedientia ejus erga monachos Ægypti, de qua ita Suidas : Συμεών, ὁ θαυμαστὸς, περὶ οὗ οἱ ἐν Αἰγύπτῳ μοναχοὶ μαθόντες ὅτι ἐπὶ κίονος ἵσταται, μεμψάμενοι τῷ ξένῳ πρῶτος γὰρ αὐτὸς τοῦτο ἐποίησεν, ἀκοινωνησίαν αὐτῷ ἔπεμψαν, εἶτα ἐγνωκότες τὸν βίον τοῦ ἀνδρὸς καὶ τὸ ἄτρυπον, πάλιν αὐτῷ ἐκοινώνησαν· ὁ δὲ Μαρκιανὸς ὁ βασιλεὺς ἐν σχήματι ἰδιώτου πρὸς αὐτὸν ἀφανῶς παρεγένετο. « Simeon mirabilis ille, de quo cum Ægyptii monachi intellexissent eum in columna stare, insolitam rem aversati, quod primus id attentasset, eum suo cœtu excluserunt. Post autem, cognita viri vita, et animo fastus experte, rursus eum susceperunt. Marcianus vero imperator hominis privati habitu clam eum adiit. » Quæ fusius deducta vide apud Evagrium, lib. I, c. 13; et Niceph., lib., xiv, cap. 51.

JANUARII XXXIII.

VITA SANCTI JOANNIS (1),

ELEEMOSYNARII,

AUCTORE LEONTIO (2) NEAPOLEOS CYPRORUM EPISCOPO,

INTERPRETE ANASTASIO (3) S. R. E. BIBLIOTHECARIO.

PRÆFATIO ANASTASII INTERPRETIS
AD DOMINUM (4) NICOLAUM PAPAM.

178 Cogitante me, ac diu tacite sollicitoque mecum considerante, quid in domo Dei commodius ac dignius operari possem, ne ea videlicet præsumerem quæ mihi ex ministerio credita non sunt, nec rursus illa arriperem quæ ingenioli mei vires excedunt, secundum illud Salomonis : *Mel invenisti, comede quod sufficit tibi,* *ne forte satiatus evomas illud* (*Prov.* xxv). Et alibi : *Altiora te ne quæsieris, et fortiora te ne scrutatus fueris* (*Eccli.* III) ; ecce subito quidam strenui ac studiosi viri me cohortari voluerunt, ut in Latinum sermonem verterem Leontium de Vitæ residuis (5) Joannis Alexandrini antistitis, quem Græci propter multiplicem compassionem, quam erga omnes possidebat, merito et absolute Eleemona, id est, misericordem appellant, quatenus tantus vir non tantum sermone Græco, verum etiam Latino eloquio pollentibus utilitati esset et commodo.

Quapropter quia me dignum ad tantum opus atque idoneum minime perspexi, *levavi oculos meos in montes, unde veniret auxilium mihi* (*Psal.* cxx); sicque solatia patrum et orationes adhibens, tam proficuum virum non passus sum celare Latinis. Sed licet membranas inciderim, scedulas præparaverim, non tamen hunc in Codicem conficere ausus sum, antequam a dominatione vestra, o millies beate, licentiam adipisci promerui. Neque enim fas est ut absque vicario Dei (6), absque clavigero cœli, absque curru et auriga spiritualis Israelis, absque universitatis pontifice, absque unico papa, absque singulari pastore, absque speciali Patre, absque te omnium arbitro aliquid consummetur aut divulgetur. Tu enim tenes claves David (*Lucæ* xi), tu ac cepisti claves scientiæ. In arca quippe pectoris tui tabulæ testamenti et mana cœlestis saporis requiescunt. *Tu enim quod ligas, nemo solvit; quod solvis, nemo ligat; qui aperis, et nemo; claudit claudis, et nemo aperit* (*Matth.* xvi). Vicem namque in terris possides Dei.

179 Cum autem hunc beatum in Latinum verterem eloquium, nec Græcorum idiomata, nec eorum ordinem verborum sequi potui vel debui. Non enim verbum e verbo, sed sensum e sensu excerpsi. Sed nec Latinas regulas usquequaque servare curavi, dum tantum intentio mea illo tenderet, ex quo utilitas nasceretur legentibus. Qua de re, coangelice domne, non personam tantillitatis meæ intuens, non astutiam investigans, non verborum phaleras requirens, sed potius pio cordis oculo profectum legentium prænoscens, ut tantus vir tanquam exemplar et speculum sit omnibus, vestra apostolica auctoritate translationem hanc, si vestro arbitrio placet, firmate; si displicet, emendate; dummodo Latinitas se tanto non doleat esse sale privatam, quo Græcia se gaudet optime conditam.

Suscipe ergo sanctum a peccatore interpretatum; et noli attendere per quem translatus sit, sed quis translatus sit. Neque enim propter fistulam plumbeam (7) aquam limpidissimam despicis, neque propter spinas quæ producunt, rosam quæ producitur spernis. Custos denique et amator tuus, quando voluit, Pharaoni (*Gen.* xli) et Nabuchodonosor (*Dan.* iv) iniquis regibus somnia, quibus futura prænoscerentur, ostendit; et Caipham impium quod expediebat protulit (*Joan.* xi); quinimo et quando voluit, asinæ loqui articulata voce permisit (*Num.* xxii).

Salve, Præsul amate Deo, per sæcula salve,
Totius atque orbis papa beate vale.

Proœmium auctoris.

Intentio quidem una est nostra quoque et eorum qui ante nos fuerunt studiosorum, et sanctorum virorum, super præsenti memorabilis viri Vitæ narratione; id est, ut ex hoc omnibus quidem imitatio pia et utilitas fiat, gloria autem et magnificentia sanctæ et adorandæ Trinitati referatur; et in hoc, sicut et in omnibus, quæ semper in generationem et generationem propria luminaria ostendit, ad illuminandos qui in tenebris et in umbra mortis sedent (*Luc.* i) et peccati. Quoniam vero amici Christi non valde miramur, qui ante generationem nostram fuerunt viri, qui Deo placita conversatione vixerunt; sed de diabolica operatione illos sermones semper dicimus ad alterutrum, quia sub viris qui ante nos fuerunt, non erat ita iniquitas hominum multiplicata sicut modo, ut prædixit divina Scriptura, eo quod abundavit iniquitas, refrigescit charitas multorum (*Matth.* xxiv); ideo non valemus ad eorum consurgere meritum : hujus rei gratia ad præsentem sanctæ hujus Vitæ narrationem ex parte venimus ad ostendendum etiam diebus nostris volentes, et propositum suum cogentes, excellentiores nobis demonstrari, et angustam et arctam viam posse incedere (*Matth.* vii) et obstruere os loquentium iniqua (*Psal.* lxii), et animæ nocuos intellectus.

Jam quidem et alii ante nos optima atque excellentissima de hoc admirabili viro et summo sacerdote Joanne philosophati sunt, potentes existentes in opere et in sermone. Dico enim Joannem et Sophronium (8) Dei cultores, et amatores virtutum, et pietatis propugnatores; attamen quamvis tales essent, de dignitate et merito studii viri istius et ipsi omiserunt, et idipsum perpessi sunt, quod nonnulli studiosi agricolæ, vineam uberem et fructuosam vindemiantes; nam relinquunt utique ex fructu benedictionem, etiam nolentes, retro se sequentibus egenis eligentibus vineam, ex quibus sumus et nos minimi. Nam et omnes sancti isti, quamvis omni fortitudine sua fructiferam hanc olivam, quæ in domo Dei, ut ait Psalmista (*Psal.* li), plantata est, propter multiplices revera olivas, quæ in ea sunt, zelo Dei vindemiare studuerint, attamen latuit eos multus olivæ fructus, Domino dispensante. Nostram ergo vilem et frigidam alacritatem suscipite, ut duo viduæ minuta (*Lucæ* xxi); non enim illis detrahentes, neque qui possimus eorum a Deo donatam sapientiam imitari, justi gesta scripturæ tradere festinavimus; sed primo quidem ut quod intelligimus non justum esse, ea quæ possunt utilitatem audientibus facere, silentio occultare; ne et nos incidamus in judicium servi illius

(*Matth.* xxv), qui talentum in terra **180** abscondit. Secundo autem, ut in hac narratione nostra correctiores et delectabiles historiæ conscribantur, quæ scriptæ non sunt ab optimis viris, in laudibus sanctissimi revera atque beatissimi Joannis. Deinde vero, quia sapientes et potentes in sermone, amatores historiæ erant, sapienter et sublimiter materiam depinxerunt : quod maxime et peramplius erexit nos ad præsentem sollicitudinem, ut eo qui inest nobis, pedestri, deformi, humilique charactere enarraremus, ut posset et idiota et sine litteris de his quæ dicuntur proficere.

VITA.

CAPUT PRIMUM. — Cum pervenissem Alexandriam ego indignus ad amplectandos sanctos et victores martyres Cyrum et Joannem (9), et eorum jucundis epulis et refectione frueremur, convenientibus et colloquentibus ibidem quibusdam viris venerabilibus atque philochristis (10), et disputaremus de Scripturis et de animæ institutione, venit ad nos quidam peregrinus petens eleemosynam. Dicebat enim se nuper de captivitate Persarum ereptum. Accidit igitur ut nullus de considentibus inveniretur habens pretium aut nummum. Unus ergo de considentibus habebat illic astantem mercenarium, callide datorem, accipientem tres tantum nummos per singulos annos, et habentem uxorem et duos filios. Cumque recessisset qui petebat, prosecutus est eum ingeniose, et abstulit a se quam ferebat cruciculam argenteam (11), et dat ei, dicens se non habere aliud aliquid usque ad siliquam unam (12) in vita sua. Ego igitur de hoc quod acciderat, imo quod gestum videram, per gratiam Dei considerans quod fecerat, et compunctus, enarravi statim prope sedenti, Mennæ nomine, viro industrio et timenti Deum, qui et erat ordinans dispensationem sanctissimæ ecclesiæ sub nobili et beatissimo Joanne patriarcha. Qui cum me intuitus esset admirantem et laudantem eum qui eleemosynam fecerat, dixit mihi : Ne mireris, eo quod ex traditione et doctrina hujusmodi actionis operator exstitit. Et dicente me ad eum, Quomodo? propter charitatem prodesto mihi. Ipse respondens ait : Sanctissimo ter beato patriarchæ nostro ministrans permansit Joanni, et tanquam filius proprius patris industriam suscepit, dicente sancto ad eum : Humilis Zacharia, esto misericors ; et verbum habes ex Deo per infelicitatem meam, quia neque in vita mea neque post mortem deerit a te Deus ; quod servat usque hodie. Multas enim benedictiones mittit ei Deus, sed non dimittit quidquam, quod non statim det pauperibus, propemodum constringens et in nihilum redigens domum suam. Multoties autem in exsultatione invenerunt eum quidam, dicentem Deo : Sic sic, aut tu mittendo, aut ego dispergendo ; videbimus vero quis vincat. Liquet enim quoniam tu dives, Domine, et vitæ nostræ ministrator es. Porro est quando juxta eventum non habet ad horam aliquid quod det a se petenti ; et tristatus dicit ad tabernarium aut ad negotiatorem : Da mihi unum tremissem (13), et serviam tibi uno mense vel duobus, ut vis et ubi vis, quoniam esuriunt valde qui in domo mea sunt. Et sumens dat egeno, rogans ut nemini dicat. Cum ergo sensisset me idem Dei cultor Mennas (14), tanquam Evangelium audientem se, dicit mihi cum compunctione : In hoc miraris, Domine? Jam si invenisses sanctum patriarcham, quid? Aio ei : Quid amplius viderem? Tunc dixit mihi : Crede per indulgentiam Dei. Ipse me fecit presbyterum, et vicedominum (15) sanctissimæ ecclesiæ, et vidi in eo opera, universam pene naturam excedentia. Et si dignatus fueris in servilia tua hodie veniendo, sanctificare nos, enarrabo tibi gesta, quæ ipse inspector eorum factus aspexi. Cumque hoc dixisset, tenui manum et erexi eum ; apprehendensque, duxit me in a Deo servatam domum suam. Itaque cum voluisset nobis mensam dignatus apponere, dixi ad eum : Non justum est, o Domine, animæ cibum relinquentes, corpus ante animam reficere, sed magis cibum qui non perit, sumamus, et postmodum corpori necessitatem præstemus. Cum ergo cœpisset vitam sancti sine mendacio recitare, Primum, inquit, et præcipuum bonum ejus fuit, quoniam omnimodis non juravit. Petii igitur chartam et atramentarium, et quæ dicebantur, per ordinem annotabam.

CAP. II. — Promotus ergo, et in throno residens in amica Christi magna civitate Alexandria, decreto divino veraciter, et non ex hominibus, neque per homines, hoc primum forte factum et præmium omnibus demonstravit. Mittens enim mox dispensatores, et eum qui dicebatur super pacem (16), dicit coram omnibus ad eos in honorabili secreto (17) : Non justum est, fratres, nos ante alterius cujusquam curam habere quam Christi. Omni vero multitudine quæ convenerat, audito verbo compuncta ac sustinente, dicit iterum ille beatus : Euntes ergo per totam civitatem, conscribite **181** mihi usque ad unum omnes dominos meos. Illis autem non intelligentibus, qui hi essent, sed rogantibus dicere, et mirantibus quinam patriarchæ domini existerent, respondit rursus angelicum illud os, et ait : Quod vos egenos et mendicos vocatis, illos ego dominos et auxiliatores prædico. Ipsi enim nobis vere et auxiliari, et cœlorum regnum donare poterunt. Et cum hoc multa velocitate vidisset factum Christi imitator, præcepit eis per singulos dies stipendia tribui, et per proprium dispensatorem præbens eis sufficientem necessitatem: plus autem erant quam septem millia quingenti. Tunc quasi pastor verus et non mercenarius, cum sacro suo ovili et cum convenientibus sanctis viris episcopis ad ecclesiam sanctam pergens, consecratus est divino judicio (18).

CAP. III. — Justum vero est et hoc gestorum ejus non postponere bonum. In crastinum enim iterum mittens per totam civitatem eosdem Dei amicos, œconomos et cancellarios (19), et reliquos quibus erat dispositio civitatis credita, non permisit mensuram qualemcunque, vel pondus parvum vel magnum in tota civitate; sed omnia in una Campana statera (20), modio et artabe (21), vendere et emere contestabatur, scribens in subscriptione sua conditionem per omnem regionem, habentem formam hanc : « Joannes humilis et exiguus servus servorum Domini nostri Jesu Christi, omnibus sub paupertate nostra degentibus, quique ab eodem Domino et Deo nostro regimini, hæc : Egregio beato Paulo, per eum qui in eo loquebatur, Christum jubente, et omnibus legem ponente, Obedite præpositis vestris et subjacete eis; ipsi enim pervigilant, quasi rationem pro animabus vestris reddituri (*Hebr.* XIII) : credit tantillitas mea, verbo divino obedientes vos, suscipere petitiones nostras ut ex Deo, et non ex homine; unde hoc sciens, moneo charitatem vestram, ut nequaquam in quopiam vestrum appareat hujuscemodi prævaricatio. Denique, ut ait divina Scriptura, Stateram magnam et parvam odio habet Deus (*Prov.* XI). Si vero quis apparuerit post præsentem subscriptionis nostræ conditionem, istiusmodi crimen incidens, universas facultates suas indigentibus, non volens, sine mercede, apponet. » Ergo, ut dignum memoria, et hoc ipsum publicum præceptum hic ponere festinavimus.

CAP. IV. — Relatum est autem aliquando huic divinitus sapientiam consecuto, quod per xenia ecclesiæ rectores empti personas acciperent circa dispositiones captivorum. Quos nihil negligens, convocavit; et neminem penitus exasperans, superauxit mercedes quæ eis prius dabantur, ponens verbum, quatenus munera a quolibet omnimodis non acciperent : Quoniam, inquit, ignis consumet domos munera accipientium. Ex tunc igitur per gratiam Dei abundaverunt domus eorum, ita ut quidam ex eis additæ sibi mercedis quantitatem dimitterent.

CAP. V. — Discens vero aliquando iterum ille ter dives, quod quidam injuriam paterentur ab adversariis suis, et volentes adire eum, timore cancellariorum et ecclesiæ defensorum (22) atque ei astantium prohiberentur, consideravit tale quid Deo acceptum negotium; et quarta et sexta feria publice ponens sellam et duo scamna, sedebat ante ecclesiam, colloquens quibusdam strenuis viris, aut sancta Evangelia præ manibus tenens, nullum tanti obsequii appropinquare sibi permittens, excepto uno defensore ecclesiæ, licentiam et confidentiam dare festinans se adire volentibus; quibus et confestim quod dignum erat, per ecclesiæ defensores faciebat; et præcipiebat ut nemo eorum gustaret, quoadusque ordinarent capitulum. Et audientibus dicebat : Si nos homines existentes, permissionem semper pro petitionibus nostris habemus ingrediendi domum Dei, et petitiones nostras notas facere ei, videlicet intractabili ac omni creaturæ supereminenti, atque operam damus quo preces nostræ impleantur, nec non et rogamus eum, ne tardet, sed illud Prophetæ dictum protinus exclamamus : Cito anticipet nos misericordia tua, Domine (*Psal.* LXXVIII); quomodo, putas, nos conservorum nostrorum petitiones cum omni festinatione debemus peragere, memores Domini dicentis : In qua mensura mensi fueritis, remetietur vobis (*Matth.* VII). Et Prophetæ iterum perhibentis : Quemadmodum perfecisti, erit tibi ? Una ergo dierum simili modo hic mirabilis procedens, et in solito loco præsidens usque ad horam quintam, et nemine accedente, mœstus et collacrymans recessit; nullo autem audente eum interrogare causam mœroris, sanctus Sophronius ait ad eum secreto (illic enim erat tunc) : Quæ causa est, Dei curator, retinentis animum tuum sanctum tristitiæ ? omnes quippe nos repente conturbavit. Qui dixit ei mansueta voce : Hodie (23) humilis Joannes qualemcunque mercedem a quopiam non habuit, neque Christo pro innumeris peccatis ejus aliquid obtulit, sicut nec aliquando. Cui sanctus Sophronius divinitus inspiratus, respondit (mox enim intellexit causam ob quam idem tristabatur patriarcha) : Hodie quidem gaudere et lætari **182** oportet, beatissime; veraciter enim beatissimus es, ita pacificans a Christo creditum tibi gregem, ut nullam habeat contra proximum suum litem aut dubietatem, sed velut angelos sine litigio et sine judicio homines esse fecisti. Ille autem vere mitis pastor, credens quod dictum erat verum esse, oculos in cœlum extendens, dicebat : Gratias ago tibi, Deus, quia et immeritam pusillanimitatem meam sacerdotio fungi, et me exiguum et peccatorum, sacerdotem tuum vocari, et pascere rationabilem gregem tuum dignatus es. Mox ergo pusillanimitate omni deposita, gaudium in humilitate multum illi adfuit. Hunc vero (ut quidam aiunt) in hoc imitatus est Constantinus, qui post Heraclium imperatorem exstitit, cujus et filius erat.

CAP. VI. — Hujus sancti patriarchæ temporibus ascendentes Persæ (24) captivaverunt et deprædati sunt Syriam. Itaque pene omnes qui effugiebant manus Persarum, ad nomen hujus ter beati, tanquam ad portum sine fluctu accurrebant, ab eo et ipsi suffragio et susceptione perfrui postulantes. Quos beatus iste hospitio recipiebat, et consolabatur non tanquam captivos, sed quasi natura veraciter fratres. Continuo ergo plagatos quidem et infirmos in xenodochiis et nosocomiis fecit recumbere, præcipiens curam eis et medicinam gratis impendi; et tunc recedere, quando unusquisque eorum propria voluntate vellet. Eorum vero, qui cum sani essent et egeni, veniebant ad rogam (25), masculis quidem singulas siliquas dabat; mulieribus autem et puellis, tanquam infirmioribus membris, binas. Venientibus autem quibusdam indutis ornamentis aureis et dextralibus, et quærentibus eleemosynam, referebant de eis patriarchæ hi quibus erat roga credita. Ad quos beatus ille torvo oculo ac severa voce usus, quanquam mitis esset et visus hilaris, dixit : Si quidem humilis Joannis, imo Christi dispensatores vultis esse, divino præcepto sine calliditate obedite, dicenti : Omni petenti te da (*Lucæ* vi). Si autem venientes curiose investigaveritis, Deus curiosorum ministrorum non indiget, neque humilis Joannes. Si enim quæ dantur mea existerent, et mecum nata essent, fortasse bene in meis tenax existerem. Si vero quæ dantur Dei sunt, utique in suis præceptum suum custodiri vult. Si autem ex incredulitate aut modica fide illud timetis, ne forte multitudo eorum quibus dantur, superet introitum pecuniarum, ego vestræ pusillæ fidei communicari non patior. Etenim si beneplacito Dei actum est ut essem ego indignus dispensator ejus munerum, si totus mundus congregaretur Alexandriæ eleemosynæ indigens, immensos thesauros Dei non angustabunt, neque sanctam ecclesiam.

Cap. VII. — Cumque istos dimisisset, universam quæ circumdederat illos defectionem et modicam fidem scindens, loquebatur his qui ei consedebant, et admirabantur de a Deo data ei compassione : Cum essem, inquiens, in Cypro adhuc juvenis quasi annorum quindecim, video una noctium in somnis puellam quamdam, cujus species supra solem splendebat, ornatam supra omnem humanum sensum, quæ venit et stetit ante lectum meum, et pulsavit me in latere. Expergefactus vero, video eam in veritate stantem, et æstimavi eam esse mulierem; figura igitur crucis signatus, dixi ei : Quæ es tu? et quomodo ausa es intrare super me dum dormirem? Habebat et coronam de olivarum ramis super caput suum. Tunc illa hilari vultu et subridendo labiis dicit mihi : Ego sum prima filiarum regis. Cumque hæc audissem, statim adoravi eam. Tunc dicit mihi : Si me possederis amicam, ego te ducam in conspectu imperatoris. Etenim nemo habet potestatem apud eum, sicut ego. Ego quippe feci eum in terris hominem fieri et salvare homines. Et hæc dicens, disparuit. Ego vero in memetipsum reversus, intellexi visionem, et dixi : Credo, Compassio ac Eleemosyna est, et ideo habet in capite ex olivæ foliis coronam. Etenim veraciter compassio et benignitas erga homines Deum carne vestiri fecit. Statim ergo vestivi me, et nullum domus meæ excitans, in ecclesiam abii. Erat enim jam aurora. Et cum irem obviam fratri frigore vexanti (26), expoliavi me indumento caprino, et dedi ei, dixique intra me : Ecce in hoc sciam si utique vera est visio quam vidi, an dæmoniaca. Et veritate testante, nec dum ecclesiam comprehenderam, et subito obvians mihi quidam, albis indutus vestibus, dat mihi ligaturam (27) centum numismatum, dicens : Accipe hæc, frater, et dispensa ut vis. Ego autem præ gaudio statim hæc suscipiens, reversus sum, volens reddere ei ligaturam illam, quasi nihil indigens, et amplius non vidi aliquem. Tunc dixi mihi : Veraciter non erat phantasia. Ex illa ergo hora sæpe dabam aliquid fratribus, et dicebam : Videbo si mittat Deus mihi, ut dixit, centupla. Et cum tentassem Dominum, malefaciens, et satisfactus essem diversis modis per eas res, dixi : Cessa, misera anima, tentando intentabilem. Tot igitur certitudines habente ex Deo humili anima mea, hi increduli fortasse hodie venerunt, et me in diffidentiam secum cadere hortabantur.

Cap. VIII. — Adhuc (28) existente eadem populi multitudine in civitate, quidam peregrinorum videns tantam ejus compassionem, voluit tentare eum; et indutus vestimenta vetera, adiit eum, euntem ad visitandos qui in nosocomio jacebant. Bis enim per hebdomadam vel ter ibat illuc. Et dicit ad eum : Miserere mei, quoniam captivus sum. Dicit datori : Da ei sex numismata. Deinde cum hæc accepisset, vadit et mutat habitum, et obviat ei aliunde, et procidit ei, dicens : Miserere mei, quia coarctor. Dicit denuo patriarcha datori : Da ei sex nummos aureos. Cum ergo isset, dicit ille distributor ad aurem illius patriarchæ : Per orationes tuas, domine, idem ipse accepit secundo. Fecit vero seipsum patriarcha tanquam nesciret. Venit itaque tertio iterum accipere, et tetigit dator patriarcham qui aurum ferebat, significans quod ipse esset. Tunc respondit ei Dei amicus, ille veraciter misericors : Da ei duodecim numismata, ne forte Christus meus sit, et tentet me.

Cap. IX. — Nauclerus quidam peregrinus damna pertulit; et accedens hunc beatum virum, rogabat eum multis lacrymis, ut compateretur ei, sicut et omnibus aliis. Præcepitque eum accipere quinque libras auri. Cumque accepisset has, abiens emit enthecam (29), et misit in navim. Mox accidit ut extra pharum (30) naufragium pertulisset; navim vero non perdidit. Accessit iterum ad eum, de bona ejus voluntate præsumens, et dixit : Miserere mei, ut Deus mundi misertus est. Cui ille patriarcha dixit : Crede, frater, nisi miscuisses pecuniæ ecclesiæ illas pecunias quæ tibi remanserant, nullatenus naufragium pertulisses. De malis enim habuisti eas, et perditæ sunt cum eis et quæ fuerunt ex bonis. Verum præcepit denuo dari ei decem libras auri, denuntians ei ne commisceret eis alias pecunias. Emens præterea enthecam, et navigans uno die, vento valido flante, projectus est in terram; et omnia perdidit, et ipsam navem, et non sunt salvatæ nisi animæ tantum. Voluit ergo præ confusione et angustia idem nauclerus necare seipsum; sed Deus qui semper saluti hominum providet, revelavit hoc beato patriarchæ. Et cum audisset quod acciderat ei, nuntiat ei venire ad se nihil omnino dubitans. Tunc aspersit se pulvere, et tunicam scindens, indecenter accedit ad eum. Cumque vidisset eum in tali habitu ille sanctus, redarguit eum, et dixit : Misereatur tui Dominus benedictus Deus. Credo ei quod ab hodierna die nequaquam naufragium incidas, usquequo moriaris. Hoc vero tibi contingit, eo quod et ipsa navis tua ex injustitia esset possessa. Mox ergo jussit tradi ei unam magnam navim, plenam frumento vigintí millium modiorum, de illis navibus quæ sanctissimæ ecclesiæ subjectæ ministrabant. Quam recipiens, exiit Alexandria; et affirmabat ipse nauclerus, asseverans : Viginti diebus ac noctibus vehementi vento navigavimus, non valentes omnino scire quo issemus, neque per stellas, neque per loca, excepto quod gubernator videbat illum patriarcham secum tenentem temonem, et dicentem sibi : Ne timeas, bene navigas. Igitur post vigesimam diem apparuimus in insulis Britanniæ; et descendentibus nobis in terram, invenimus illic famem magnam. Cum ergo dixissemus primo civitatis, quod frumentum in navi portaremus, dixit : Bene Deus adduxit vos. Quidquid vultis, eligite; aut per singulos modios numisma unum, aut ejusdem ponderis accipite stannum. Elegimus itaque dimidium sic, et dimidium sic. Rem autem vadit dicere sermo, inexpertis munerum Dei incredibilem quidem et sine fide, his vero qui experientiam miraculi ejus habent, credibilem atque acceptam. Navi præterea Alexandriam cum gaudio reversa quievimus in Pentapoli (31); et asportavit nauclerus de illo stanno, ut venumdaret illud. Habebat enim illic antiquum socium in negotiis petentem ex eodem stanno. Dat ei in sacco quasi quinquaginta libras. At ille volens probare speciem si bona esset, solvit illud in igne, et invenit argentum purum. Putavitque se esse tentatum, et retulit ei saccum dicens : Deus indulgeat tibi. Nunquid invenisti me impostorem erga te, quia tentando argentum pro stanno dedisti mihi? Expavescens vero de sermone illo nauclerus, dicit : Crede, ego pro stanno illud habeo. Si vero ille qui fecit de aqua vinum, (*Joan.* II), ipse per orationes patriarchæ fecit et stannum argentum, nihil mirum. Et ut satisfias, veni ad navim, et videbis cætera istius metalli socia, quod accepisti. Ascendentes itaque, invenerunt stannum argentum optimum factum. Et non est peregrinum miraculum, o philochristi. Qui enim quinque panes multiplicavit (*Joan.* VI), et rursus aquam Ægypti transmutavit in sanguinem (*Exodi* VII), et virgam in serpentem transmutavit, et transtulit flammam in rorem (*Dan.* III), facilius et hoc tam gloriosum miraculum operatus est, quatenus et famulum suum **184** ditaret, et nauclero misericordiam suam præstaret.

Cap. X. — Descendente sanctissimo isto viro aliquando in ecclesiam Dominico die, accessit ad eum homo, qui multas possederat facultates : et fures ingressi domum ejus, despoliaverunt eum usque ad stramentum; et cum multa quæstio esset facta, et non invenisset qui hæc perpetraverant, compulsus est multa nimis paupertate, deprecari cum magna reverentia sanctissimum illum patriarcham, dicens ei et calamitatem suam. Misertus ergo illius multum (fuerat enim ex clarissimis et magnis principibus) dicit ad aurem illius cui aurum creditum erat, ut daret ei quindecim libras auri. Cum autem has daturus abiret, apprehendit consilium logothetæ (32) et œconomi; et ex diabolica operatione invidentes, non dederunt ei nisi quinque libras. Cum ergo reverteretur de collecta (33) idem honorabilissimus archiepiscopus, dat ei in scriptis mulier vidua habens unicum filium, notitiam xenii (34) quinque centenariorum auri. Cum autem suscepisset, et honorabile secretum dimisisset, convocavit dispensatores,

et dixit eis : Quot libras dedistis illi qui ad me accessit? Qui dixerunt : Domine, ut jussit sacratissima sanctitas vestra, quindecim libras. Cum autem cognovisset per inhabitantem in se gratiam, illos esse mentitos, adducit eum qui acceperat, et interrogavit eum quid accepisset? Illo vero dicente quinque libras, proferens de honoranda manu sua ille sanctus pittacium (37), quod sibi traditum fuerat, dixit eis : A vobis exquirat Deus et illa alia decem centenaria, quoniam si dedissetis quindecim libras, ut dixit humilitas mea, qui attulit quinque centenaria, quindecim daret. Et ut certos vos faciam, mittens adducam quæ has attulit. Et mittens duos venerabiles viros, ut accersirent reverendam feminam, quæ in baptisterio pittacium ei porrexerat, cui et indicat, dicens : Benedictionem, quam Deus sibi offerendam misit in cor tuum, ferens tecum, veni ad humilitatem meam. Quæ cursim surgens, apprehendit vestigia sancti viri una cum quantitate auri. Cum ergo suscepisset ille patriarcha oblationem, et orasset super eam, et super filium ejus sufficienter, dixit : Obsecro te, nonna (36), hæc tantum voluisti dare Christo, an aliud aliquid? Cum autem sensisset deiferum, illud quod fecerat cognovisse, tremore compressa, dixit : Per sanctas domini mei orationes, et sanctum meum Mennam (37), quindecim centenaria scripseram in pittacio; et ante unam horam cum starem in synaxi, ut darem hoc tibi Domino meo, dissolvens illud, importune legi. Ego enim indigna ancilla tua scripsi hoc propria manu, et inveni decem deleta a seipso. Tunc stupefacta intra memetipsam, dixi : Utique non est voluntas Dei ut dem nisi quinque. Dimittente autem patriarcha reverendam illam feminam, ceciderunt ad pedes ejus dispensatores, qui transgressi sunt voluntatem ejus, petentes indulgentiam, et affirmantes nihil tale se ulterius acturos fore.

Cap. XI. — Intuens Niceta patricius (33) hujus viri virtutibus pleni magnanimitatem, et sine parcitate manum expansam, et tanquam ex fonte jugiter omnibus præstantem, instinctu quorumdam diabolum imitantium, subit ad sanctum, et dicit ei : Regnum arctatur, et pecunia eget. Jam, quia sine parcitate erogantur, quæ deferuntur tibi pecuniæ, da eas imperio, da eas in publicum saccellum. Ille vero de hoc quod dictum fuerat, imperturbatus manens, dicit ad eum : Non justum est ut arbitror, domine patrici, ea quæ super cœlesti Regi oblata sunt, terrestri dare. Si vero et omnino tale aliquid judicasti, crede, humilis Joannes ex eis nummum non dabit tibi; sed ecce sub humili lectulo meo est apotheca Christi, ut volueris fac. Surgens itaque statim patricius, vocat de suis hominibus qui portare deberent, et imponit super eos pecunias totas, non relinquens ex eis nisi unum centenarium. Et cum descenderent qui portabant hujusmodi pecuniam, ascendebant quidam alii portantes pusillas lagunculas, habentes pecunias missas patriarchæ de Africa, superscriptas alias quidem MEL OPTIMUM, alias autem MEL SINE FUMO. Cum ergo descendens patricius legeret superscriptiones lagenarum, insinuat patriarchæ ut sibi mitteret de tali melle, quo ad opus suum uteretur. Noverat enim eum mali esse immemorem. Ascendente igitur qui lagunculas habebat creditas, et responsa reddente, et indicante pecunias esse pro melle in vasis, statim vere mitis pastor misit ei unam lagunculam, superscriptam MEL OPTIMUM, faciens ei et pittacium, continens ita : « Dominus qui dixit : Non te deseram neque derelinquam (*Hebr.* XIII; *Jos.* I), sine mendacio est; et Deus verus; idcirco Deum, qui omnibus escam et vitam præbet, homo corruptibilis constringere non potest. Vale. » Præcepit autem abeuntibus et portantibus lagunculam, ut dicerent ei ut ante se faceret eam aperiri, et dicerent ei quod omnes quas viderat deferri lagunculas pecuniis essent pro melle repletæ. Contigit **185** ergo sedente eo ad mensam, ut nuntiaretur adesse eos qui lagunculas portabant, et pittacium patriarchæ. Ascendentibus itaque eis, cum vidisset unam tantum lagunculam, dixit eis patricius : Dicite ei : Credo, domine, magnam iracundiam adversum me retines, nam unam solam non mitteres mihi. Tradito autem pittacio eodem, et bullam (39) dissolventibus, et evacuantibus coram omnibus pecuniam, agnovit et reliquas lagunculas, quas vidit, similiter plenas esse. Cum ergo legisset quod homo corruptibilis Deum constringere non posset, compunctus de sermone, dixit : Et vivit Dominus, neque Niceta constringet eum, homo etenim et ipse peccator et corruptibilis est. Et relinquens mox prandium, et sumens secum quotquot pecunias ab honorando Patre abstulerat, et lagunculam quæ ab eo transmissa fuerat, et de suo centenaria tria, apprehendit honoranda ejus vestigia, nullo in obsequium proprium sumpto; sed in humilitate multa ascendens, rogabat eum, quasi aliis accusantibus motum, indulgentiam a Deo exposceret, satisfaciens ei quod etsi pœnitentiam ei daret, prompte hanc susciperet et custodiret. Admirans autem archiepiscopus velocem viri conversionem, nihil de commisso conquestus est, sed et magis consolabatur eum verbis consolatoriis. Talis autem amborum confirmata est ex tunc a Deo charitas, ut compater supradicti fieret patricii.

CAP. XII. — Qui Abraham in hoc quod expediebat tentavit, ut ejus fidem soli Deo cognitam universus mundus discens imitaretur (*Gen.* XXII), tentavit et memorabilem istum Joannem. Modus autem illius tentationis forma utilitatis sanctis ejus ecclesiis exstitit. Est autem forma hæc : Inæstimabili multitudine fugientium a Persis, sicut jam dictum (*Supra* c. 6), et adveniente Alexandriam, et sterilitate multa ciborum facta, eo quod non subiret fluvius Nilus secundum consuetudinem, et auro cuncto erogato quod possederat patriarcha, misit, et mutuo accepit a multis philochristis circa decem centenaria. Et his iterum consumptis, et adhuc fame manente, et de cætero mutuum dare ei nullo volente, sed omnibus pertinaciam famis timentibus, et necessitate compresso eorum qui ab eo alebantur, et in multa cura et oratione beato perseverante, sensit quidam civitatis habitator eam quæ circumdederat sanctissimum illum ariditatem et omnimodam egestatem : bigamus existens, desiderat diaconus sanctæ ecclesiæ fieri. Et per necessitatem quæ sanctum undique circumdederat, volebat suadere ei ut eum consecraret; fecitque ei deprecationem, continentem ita (in facie quippe ei non audebat tale aliquid dicere) : « Sanctissimo et ter beato Patri patrum Joanni vicario Christi, deprecatio et postulatio a Cosma (40) indigno servo servorum sanctitatis vestræ. Ediscens, sanctissime domine, quæ obtinet honorandum caput tuum secundum permissionem Dei, imo pro peccatis nostris, escarum penuriam, non justum existimavi servus tuus, in refectione conversari, domino meo in subtilitate (41) manenti. Sunt igitur indigno servo tuo frumenti ducenta millia modiorum, et auri libræ centum octoginta, quas rogo dari Christo per te dominum meum : tantum ego indignus in ministerio vestri diaconatu frui merear, ut per talem cum te domino sancti altaris ministrationem, emundet a peccatorum meorum luxuria. Dicit enim vere Dei prædicator sanctus Apostolus, quoniam ex necessitate et legis translatio fit (*Hebr.* VII). » Hæc suscipiens divinitus sapiens, et virum advocans, ait ad eum : Tu es qui preces nobis per notarium tuum et filium misisti? Quo dicente : Etiam, domine, misit omnes foras beatus et misericordissimus, nolens coram omnibus hunc confundere, et cœpit dicere ad eum : Oblatio quidem tua valde justa et tempori necessaria, sed maculosa est; et nosti quod in Lege ovis sive parva, sive magna, nisi immaculata esset, non in sacrificium offerebatur (*Levit.* XXII); et ideo ad sacrificium Cain non respexit Deus (*Gen.* IV). Quoniam vero dixisti, frater, quod ex necessitate et legis translatio fiat, de lege veteri hoc dicit Apostolus; nam quomodo ait frater Domini Jacobus, quod quicunque observaverit totam legem, offendat autem in uno, factus est omnium reus (*Jac.* II)? De fratribus vero meis egenis et de sancta Ecclesia, Deus qui eos nutrivit ante quam ego et tu nasceremur, ipse et nunc nutriet eos; tantum, si sermones ejus illæsos custodierimus. Ille enim qui tunc quinque panes multiplicavit (*Joan.* VI), potest et decem horrei mei modiis benedicere. Quapropter illud dico ad te, fili, quod in Actibus apostolorum dictum est : Non est tibi portio neque hæreditas in hac parte (*Act.* VIII). Cumque hunc tristem et sine effectu dimississet, nuntiatur ei duas Ecclesiæ magnarum navium ad terram esse submissas, quas miserat in Siciliam propter frumentum. Hoc autem audiens ille beatus, cadens in terram, gratias egit omnipotenti Deo, dicens : Gratias refero tibi, Domine, quoniam non permisisti servo tuo pecuniis vendere gratiam tuam. Vere inquirentes te, Domine, et sanctæ Ecclesiæ tuæ regulas custodientes, **186** non deficient omni bono (*Psal.* XXXIII).

CAP. XIII. — Quibusdam duobus clericis in culpam cadentibus, hoc est, manum in alterutrum injicientibus, hos excommunicavit canonice per aliquot dies. Horum quidem unus libenter suscepit increpationem, et cognovit culpam suam ; alter vero malitiosus existens, gaudens præceptum suscepit. Occasionem enim quærebat miser, ne ingrederetur ecclesiam, sed licentiam haberet perseverandi in nefandis actibus suis. Irascebatur autem contra sanctum patriarcham, et quantum in se erat, minabatur ei nocere. Quidam vero dicebant, et ipsum esse qui prodiderat pecunias Ecclesiæ ad patricium Nicetam (*Sup.*, c. 11), quas et rapuit manu, ut præscriptum est. Nuntiatum est igitur quod ille mali memor malitiam reservaret, et non rectam erga beatum hunc voluntatem haberet. Ille autem vere pastor, memor dicti illius : Quis infirmatur, et ego non infirmor (*II Cor.* xi)? et iterum : Vos qui potentes estis, debetis infirmitates impotentium portare (*Gal.* vi ; *Rom.* xv), voluit hunc accersire, et decenter admonere, et solvere eum ab excommunicatione ; videbat enim lupum conantem rapere ovem. Dispensatione vero Dei actum est ut innotesceret omnibus patriarchæ immemor mali animus. Oblitus est accersire eum, et solvere ab excommunicatione. Cum ergo ad sanctum Dominicum diem pervenisset, et sancto altari astitisset (42), ut incruentum sacrificium offerret, jam diacono generalem orationem pene consummante, sanctum velum exaltaturo (43), in mentem malitiæ immemoris venit ; et statim divini præcepti recordans, asserentis : Si offers munus tuum ad altare, et ibi recordatus fueris, quia frater tuus habet aliquid adversum te, relinque ibi munus tuum (*Matth.* v), etc., intimat diacono facienti orationem, quam diaconus solitus facere erat, ut reinciperet a capite (44) ; et si impleretur, iterum recapitularet, usque dum perveniat ejus sanctificatio. Finxit enim se, tanquam si eum ventris necessitas compulisset. Et veniens in honorabile cimiliarchium (45), misit statim fere viginti hebdomadarios, quærentes jam dictum mali modi clericum (46). Intentio enim pastoris hæc erat, ut educeret de ore leonis ovem. Deus vero, qui voluntatem timentium se facit, fecit præ manibus inveniri mox clericum. Et veniente eo, et veritati testimonium perhibente, prior patriarcha genu flexit, dicens : Indulge mihi, frater. Veritus ergo illius honorabile pontificium, et eorum qui aderant præsentiam, magis vero timens judicium Dei, et horrens ne forte descenderet ignis de cœlo eadem hora et consumeret eum, videntem honorandam illam canitiem humi jacentem, genu flexit et ipse, petens veniam et misericordiam. Et dicente patriarcha : Deus nobis omnibus indulgeat, surrexerunt et ingressi sunt ambo ecclesiam : et tunc cum multo gaudio et lætitia astitit sancto altari, cum munda conscientia valens dicere Deo : Dimitte nobis debita nostra, sicut et nos dimittimus debitoribus nostris (*Matth.* vi). Ita autem sana ex tunc et compuncta mente factus est lector ille, ut presbyterii consecratione potiri mereretur.

Cap. XIV. — Deiferi quidam sanctorum Patrum (47) dixerunt : Angelorum quidem est nullatenus litigare, sed in omnimoda et perpetua pace consistere ; hominum vero est altercari quidem, sed statim reconciliari ; dæmonum autem est litigare, et totum diem transire inreconciliatos. Hoc propterea præfati sumus, amatores Christi, propter præsentem narrationem. Placuit huic aliquando nobili, una cum commemorato Niceta patricio, de quadam publica re altercari. Modus autem litigii erat talis ; necessarium est enim dicere, cum sit animæ utilis : Patricius quidem disponere volebat forum propter lucra publica ; patriarcha autem id non patiebatur, pauperum in hoc procurans salutem. Multum ergo contra se secreto contendentes (48), et inflexibiles manentes, recesserunt ambo ab invicem irati et irreconciliati. Erat autem hora quinta, et quidem patriarchæ erat refragatio et amaritudo pro mandato Dei, patricii autem propter pecuniaria lucra erat. Tamen ait ille justus : neque pro rationabili, neque pro irrationabili occasione debet homo irasci. Adveniente ergo hora undecima, mandat per archipresbyterum una cum clero patriarcha patricio hoc dignum memoria verbum : Domine, sol ad occasum est. Cum autem hoc verbum ille audisset, non tolerans cordis sui ardorem, sed tanquam divino igne inflammatus, sancti sermone compunctus est, infectusque lacrymis statim totus factus est ; et surgens, venit ad beatum hunc. Quem cum vidisset, ait : Bene venisti, fili Ecclesiæ, obediens voci ejus (*Ephes.* iv). Mittentibus igitur ambobus metanœam (49), et amplexantibus alterutrum, sederunt. Et aperiens os suum patriarcha, dixit : Crede mihi, domine, nisi quia vidi te valde tribulatum de hoc, jam non pigritarer ego venire ad claritatem tuam. Etenim Dominus et Deus noster ipse circuibat civitates et castella et domos, visitando homines. Omnibus autem humilitate summi sacerdotis ædificatis, et admiratione plenis, respondit ad eum patricius : Crede, Pater, quia ulterius non capient aures meæ eorum verba, qui litigiosas mihi suggerunt res. Tunc sapiens doctor dixit ei : Crede, fili et frater, si omnibus his voluerimus credere, multorum peccatorum erimus domini, maxime in tempore hoc, quando facti sunt multi hominum invicem odientes. Multoties enim et mihi suadere tentaverunt hi qui suggerebant mihi dispositiones rerum ; et cum facerem sæpe finem, ut seductus fueram, postmodum alii quidam suggerebant mihi, quod fuerim deceptus in capitulo ; cum ergo secundo et tertio hoc fuissem perpessus, dedi terminum mihimetipsi absque utrorumque parte, ne darem definitionem alio in capitulo. Quod si qui suggerebant mihi, mentirentur, ipsi pœnam solverent, quam accusatus ferret, si contra eum calumnia veraciter fuisset injecta. Et ex eadem die improvide suggerere mihi contra aliquem omnino aliquid nullus jam ausum habet, quod deposco et moneo magnum decorem tuum, fili, similiter facere. Sæpe enim et cædes injustas faciunt, qui sublimitatem creditam habent, si fuerint verbis suasoriis commoti, et si sine cruciatu reciderint quæ ad eos veniunt capitula. Et patricius tanquam a Deo jussus, pactus est ejus mandatum se custodire omni tempore illæsum.

CAP. XV. — Iste memorabilis habebat quemdam nepotem, nomine Georgium (50). Una itaque dierum faciens iste cum quodam civitatis tabernariorum rixam, conviciis ab eo severe affectus est : qui amare dolens, non solum quia publice, verum etiam quia a viliori inhonoratus esset, maxime vero, quia erat nepos patriarchæ, subiit ad eum in conclavi, eo in secreto morante, flens vehementer. Cum autem hunc ita æstuantem et lacrymantem vidisset mitissimus patriarcha, interrogat causam detinentis eum anxietatis, scire hanc volens. Cumque ille non posset præ amaritudine, quæ circumdederat eum, exprimere sermonem, hi qui præsto fuerunt quando eum exhonorari a negotiatore contigerat, cœperunt recitare archiepiscopo causam : Et quia non debuerat, inquiunt, ita sanctitas vestra contemni, ut proprios suos ac propinquos a despectis exhonorari pateretur hominibus. Ille autem verus medicus, volens primo veluti emplastro quodam curare nepotis sui furiam, et tamen tanquam ferro incisionem et liberationem passionis, per sapientissimum os suum huic afferre, talibus verbis cœpit exstinguere morbum, et dicere : Et omnino ausus est aliquis os aperire, et contradicere tibi? Crede, fili mi, patri tuo, quoniam faciam in eo hodie rem, ut tota Alexandria miretur. Cumque vidisset eum remedium recepisse, et tristitiam cunctam projecisse, putantem videlicet quod ageret contra eum qui se contumeliis affecerat, et faceret eum flagellari per eum qui super forum erat constitutus, et variis pompis dehonestari, dicit ei, deosculans pectus ipsius : Fili mi, si ex veritate humilitatis meæ nepos existis, præpara teipsum et flagellari, et convicia pati ab omni homine. Vera enim cognatio non ex sanguine et carne, sed ex virtute mentis agnoscitur. Confestim igitur accersivit eum qui super caupones erat constitutus, et præcepit ei ne ab illo caupone acciperet neque consueta sua, neque publica, neque pensionem ergasterii ejus. Et ipse enim sanctissimæ Ecclesiæ erat. Et omnes expavescentes immobilem longanimitatem ejus, intellexerunt esse hoc quod dixit : Quoniam faciam in eum rem, ut miretur tota Alexandria, videlicet quia non solum vicissitudinem non reddidit, verum etiam pro ultione adjutorium impendit.

CAP. XVI. — Nuntiatum est aliquando huic beato, quod quidam clericorum malitiam in corde adversus quemdam reservaret, et irreconciliatus ei permaneret. Ille vero quærebat hujus nomen et gradum nosse. In crastinum ergo die Dominico didicit hunc, Damianum quidem nomine, diaconem vero esse officio. Præcepit itaque archidiacono ut sibi, quando idem Damianus ad ecclesiam veniret, demonstraret. Igitur cum in crastinum statio Dominico die fieret, venit et diaconus ad stationem; et videns archidiaconus, ostendit eum patriarchæ. Ob eam enim tantummodo controversiam astabat tunc pontifex sancto altari; quid vero vellet facere, nulli credidit. Cum ergo venisset diaconus Damianus, ut susciperet ab eo sanctam communionem secundum proprium gradum, tenuit manum illius ille sanctus, et dixit : Vade prius reconciliari fratri tuo ; et tunc veniens, digne suscipe immaculata, immemor malitiæ, Christi mysteria. Reveritus ergo coram tanta multitudine clericorum contradicere illi, maxime in tali loco et in tali horrenda hora, spopondit hoc facere, et tunc de sanctis mysteriis dedit ei. Igitur ex tunc omnes clerici et laici custodiebant se, ne inter se malitiam retinerent, timentes ne et ipsos confunderet, triumpharetque quemadmodum et illum diaconum.

CAP. XVII. — Habebat quidem sanctissimus hic vir scientiam divinarum Scripturarum; non autem in sapientia sermonis, has tanquam ex inani gloria memoriter dicens, sed per eamdem ipsam operum actionem, et mandatorum observationem; et in secreto quotidiani consilii sui nullus sermo otiosus audiebatur, nisi forte ordinatio rei civilis exigeret, sed aut relationes sanctorum Patrum, aut scripturales quæstiones, aut dogmatica problemata, propter multitudinem nec nominandorum hæreticorum qui regionem circumdederant. Si vero alicui aliquis detrahere inciperet, hunc patriarcha per alteram sermocinationem, ut sapiens, ingeniose removebat; et si iterum permaneret, nihil quidem ei dicebat; sed hunc annotans, præcipiebat hebdomadario ne sineret ulterius eum intrare cum his qui nuntiabantur, quatenus per eum cæteros temperaret atque erudiret.

CAP. XVIII. — Definitionem autem et aliam, quam affectavit hic sanctus, non est justum postponere. Audiens quod postquam coronatus est imperator (51), nullus universi senatus et astantium exercituum antiquum memoriale aliquod nuntiet, sed mox hi qui dicuntur monumentorum ædificatores sumant quatuor vel quinque minutias marmorum pusillas de diversis coloribus, et ingrediantur ad eum, et dicant : Domine, quali metallo imperium tuum jubet fieri monumentum tuum; insinuantes videlicet ei quia tanquam homo corruptibilis et transitorius curam habeto tuæ ipsius animæ, et pie regnum dispone; imitabatur et iste beatus veraciter hanc dignam laude traditionem, et præcepit sibi monumentum ædificari, ubi et reliqui prædecessores ejus patriarchæ jacebant; imperfectum vero manere usque ad obitum suum, ut imperfecto existente, per celebrem festivitatem, assistente clero, ingredientes qui dicebantur studiosi (52), dicerent ad eum : Domine, monumentum tuum imperfectum est, præcipe ergo ut consummetur, eo quod nescias qua hora fur veniat (*Matth* XXIV). Hoc autem faciebat ille sanctus ut ita fieret, volens imitationem bonam et post se futuris relinquere patriarchis.

CAP. XIX. — Domino ob multitudinem peccatorum nostrorum permittente, propria templa quæ erant Jerosolymis, a percutiendis a Deo Persis cremari, discens hic sanctissimus patriarcha in multa egestate esse sanctum Modestum patriarcham Jerosolymorum (53), ad horum relevationem et reædificationem mittit ei numismata mille, et mille saccos plenos frumento, et mille legumina, mille libras ferri, mille restes siccatorum piscium, qui menomenæ (54) dicuntur, mille vascula vini, et mille Ægyptios operarios, mittens ei per litteras : « Da mihi veniam, vere Christi operator, nihil dignum templis Christi mittenti. Vellem enim, crede mihi, si esset conveniens, et ipse eo venire, et ipse operari in domo sanctæ Christi resurrectionis. Verumtamen illud rogo honorandum caput tuum, ut nullatenus hoc imputes minimo nomini exiguitatis meæ, sed hoc potius petas a Christo, ut ibi me conscribat ubi veraciter conscriptio beata consistit. »

CAP. XX. — Arripit ille sanctus et hoc, bonum dico, videlicet quod infimo stratu recumberet, et vilibus operimentis in cellula sua uteretur. Quod cum audisset quidam possessorum civitatis, ascendens ad eum, et videns quod opertorio scisso et laneo tegeretur, transmisit ei coopertorium numismatum triginta sex, rogans multum eum ut eo cooperiretur ad memoriam, inquit, mittentis. Ille vero hoc suscipiens, propter multam viri postulationem coopertus est hoc una nocte, per totam pene noctem dicebat ad semetipsum, ut recitabant cubicularii ejus : Quis dicet, quod humilis Joannes (habebat enim semper verbum istud in ore) pallio triginta sex numismatum tegatur, et fratres Christi frigore necentur? Quanti sunt modo qui dentibus strident præ glacie? quanti sunt modo qui psiathum (55) habentes subtus dimidium, et supra dimidium, et non possunt extendere pedes suos, sed dormiunt ut glomus trementes (56)? Quanti in monte dormierunt incœnati, et sine lucerna, habentes duplicem cruciatum tam ex frigore quam ex jejunio? Quanti desiderant saturari de foliis olerum, quæ projiciuntur de coquina mea? Quanti vellent tingere panem suum in zemate (57) quod projiciunt coqui mei? Quanti cupiunt vel odorare vinum, quod funditur in cellario meo? Quanti sunt in civitate ista in hac hora peregrini, non habentes ubi hospitentur, et in foro jacent, fortasse et pluvia madefacti? Quanti, putas, habent totum mensem, vel etiam duos, non gustantes oleum. Quanti sunt qui non habent alterum vestimentum in æstate, et alterum in hieme, et ita miseriis affliguntur? Tu vero exspectans etiam æternam jucunditatem assequi, et vinum bibis, et pisces immanes devoras, et in cubiculis demoraris, mode autem cum omnibus malis et in coopertorio triginta sex numismatum te calefacis? Veraciter ita vivens et in tali laxatione conversans, non exspectabis illic præparatis gaudiis frui, sed audies utique quod et dives ille audivit (*Lucæ* XVI) : Recepisti **189** bona in vita tua, pauperes vero mala; nunc ergo consolantur, tu vero cruciaris. Benedictus Deus, humilis Joannes alia nocte non cooperietur illo. Justum est enim, et bene acceptum Deo, ut tegantur centum potius quadraginta quatuor fratres et domini tui, quam tu infelix. Venundabantur enim quatuor rachanellæ (58) numismate uno. Mox ergo transmisit illud in crastinum, ut venundaretur. Et videns is qui obtulerat, emit illud triginta sex numismatibus, et rursus obtulit patriarchæ. Cum vero in crastinum vidisset illud, emit hoc similiter, et rursus obtulit patriarchæ, deposcens ut tegeretur ab eo. Cum autem tertio hoc fecisset, dicit ei gratulabundus ille sanctus : Videbimus quis deficiet, ego an tu. Erat enim opulentus valde, et suaviter quasi vindemiabat eum ille sanctus, paulatim ab eo multa auferens; et dicebat semper quod posset aliquis intentione dandi pauperibus exspoliare divites, et ipsum etiam hypocatomisum (59) ab eis benevole auferre, et non peccare, et maxime si sunt aliqui immisericordes et avari. Duo enim lucratur talis : unum quidem, quia animas illorum servat; alterum autem, quoniam et ipse ex hoc mercedem non modicam habet. Attulit autem ad credulitatem verbi et testimonium verax, quod circa sanctum Epiphanium et Joannem (60) episcopum Jerosolymorum factum est, quomodo sanctus Epiphanius per artem tulit argentum patriarchæ, videlicet Joannis ejusdem, et dedit egentibus.

CAP. XXI. — Dignum et congruum prædicto capitulo referebat semel coram omnibus iste sanctus, dicens : Habebam, inquit, quemdam ministrum in apotheca mea in Cypro, fidelem valde, et virginem usque ad obitum suum. Hic ergo narrabat mihi quia in Africa existente me facta est res hujusmodi : Permanebam enim, ait, cum quodam teloneario, divite vehementer et immisericordi. Semel ergo pauperibus in hieme sedentibus ad solem, seque calefacientibus, cœperunt singuli domos eleemosynatorum collaudare, et pro eis orare per singulos eorum, similiter et domos eleemosynam non facientium vituperare. Inter quæ venit in medium eorum et nomen senioris mei telonearii, et cœperunt singuli interrogare proximum : Vere tu, frater, accepisti aliquando de domo illa benedictionem? Et omnibus interrogantibus invicem, nullus inventus est accepisse aliquando de domo ejus aliquid. Dicit ergo unus ex eis : Quid dabitis mihi, et ego accipiam hodie ex eo benedictionem? Et facientibus cum eo pactum, venit et stat foris portam domus, exspectans quando ad domum suam reverteretur. Ex dispensatione Dei pervenerunt simul, ipse ingrediens portam, et animal portans siligines a mancipio (61), causa prandii ipsius. Videns igitur egenum, non inveniens lapidem, per furorem arripit siliginem de clitella, et jactavit in faciem ejus. Ille vero suscepit eam, et abiit ut satisfaceret confratribus suis, quod ex eisdem manibus accepisset eam. Itaque post duos dies ægrotavit infirmitate ad mortem idem telonearius, et vidit in somnis seipsum rationem ponentem, et omnes actus suos super stateram appendere : in una quidem acie (62) congregabantur Mauri quidam deformes, altera autem acies aliorum quorumdam erat candidatorum et terribilium specie. Qui nihil invenientes boni, ut et ipsi appenderent econtra adversum mala opera quæ collecta erant a Mauris in acie ipsorum, nimis tribulabantur et tristabantur, et mente consternebantur ad alterutrum, et dicebant : Ergo ne nihil habemus hic? Tunc dicit unus eorum : Vere nihil habemus, nisi unam siliginem, quam dedit ante duos dies Christo, et ipsam non voluntarie. Et mittentibus eis siliginem, æqualitas facta est. Tunc dicunt teloneario hi qui apparuerant ei candidati : Vade, et auge ad siliginem hanc, nam vere Mauri isti te apprehendent. Ejulans ergo, agnovit quæ visa sunt ab eo non esse mendacia, sed veracia. Omnia vero quæ a juventute sua commiserat, et quorum ipse erat oblitus, videbat Æthiopes illos congregare, et deportare ad libram, et dicebat : Vave (63), si una siligo quam jactavi per furorem ita profuit, a quantis malis se liberat qui dat in simplicitate sua bona indigentibus? Et de cætero ita modestus et prudens atque summus eleemosynator factus est, ut etiam corpori proprio non parceret.

Contigit enim aliquando secundum consuetudinem procedere eum diluculo ad teloneum, et obviat ei nauta, qui a naufragio nudus ut natus est evaserat; et cecidit ante eum, rogans ut protectionem apud eum impetraret. Ille ergo putans quod egenus esset, exspoliavit se esophorium (64) suum, quod illius melius erat, et dat ei, rogavitque eum ut hoc ipse vestiretur. Pergens vero ille et erubescens vestiri hoc, dedit illud venditori ut venumdaretur. Et cum recederet telonearius, vidit hoc suspensum, et tristatus est vehementer; et ascendens domum suam, nihil passus est gustare; sed claudens ostium conclavis sui, **190** sedebat plorans et cogitans : Quia non fui dignus, inquit, ut mei memoriam haberet egenus. Cum ergo anxiaretur, obdormivit; et ecce vidit quemdam speciosum tamquam solem, ferentem crucem super caput suum et esophorium, quod dederat nautæ, assistentem sibi et dicentem : Quid ploras, domine Petre? Hoc enim erat ei nomen. Ille vero dixit, ut ad Deum disputans : Quia, Domine, ex quibus largiris nobis, damus alicui, et in turpe lucrum vertunt accipientes. Tunc dicit ei : Cognoscis hoc? Et ostendit ei quia deintus vestitus esset ejus esophorio. Dicit ei : Ecce ego illo vestior, ex quo dedisti mihi hoc; et gratias ago voluntati tuæ bonæ, quoniam frigore affligebar, et tu cooperuisti me. Ad se ergo reversus, admiratus est, et cœpit beatificare egenos et dicere : Vivit Dominus, si inopes Christus meus sunt, non moriar, et fiam tanquam unus ex eis.

Accersito vero notario suo, quem et emerat, dicit ei : Secretum volo credere tibi; et crede, si propalaveris me, barbaris vendam te, aut si non audieris me. Dat vero ei decem libras auri, et dicit ei : Vade, et eme tibi negotium; et sume me, et duc in sanctam civitatem, et vende me cuilibet Christiano, et pretium da pauperibus. Notario autem recusante, dicit ei iterum : Quoniam si me non vendideris, ego vendam te barbaris, ut prædixi tibi. Obedivit ergo ei notarius; et pervenientibus eis ad sancta loca, invenit idem notarius amicum suum charum, fabrum argentarium, qui damna inciderat. Ad locutionem vero venientibus ambobus, dicit ei notarius : Audi me, Zoile, et eme servum unum, quia habeo tam bonum, ut dicat homo quod patricius sit. Et audiens argentarius quod servum haberet, admiratus est, et dicit ei : Crede mihi, quia non possideo unde emere possim. Dicit ei rursum notarius : Accipe mutuum, et eme eum, multum enim est bonus, et benedicet tibi Deus per eum. Acquievit ergo ei, et emit eum sordidis vestibus indutum, numismatibus triginta. Relinquens autem eum notarius, abiit Constantinopolim, satisfaciens quod nulli hoc manifestaret, et quod de pretio nequaquam sibi retinendo aliquid defraudaret, sed hoc totum pauperibus daret. Ergo aliquando idem Petrus coquinam faciebat domino suo, aliquando autem lavabat pannos ejus, nunquam aliquando in quolibet horum assuetus. Afflixit autem seipsum et jejunio multo. Cum vero vidisset se benedici dominus ejus super omnem benedictionem, dicit ei, verecundatus enormem ejus virtutem et humilitatem : Volo, humilis Petre, liberare te, et ut sis de reliquo frater meus. Ille vero noluit. Viderat autem eum frequenter convicia perferre, et percuti a conservis suis. Habebant autem eum tanquam amentem, ita ut et nomen ei imponerent Amentis. Quotiescunque ergo tribulabant, eum conservi sui, et dormiebat in tribulatione, apparebat ei qui in Africa illi apparuerat, vestitus esophorio ejus, tenens et illa triginta numismata in manu, dicens ei : Noli mœstus esse, frater Petre, ego suscepi et pretium tui, sed sustenta usque dum cognoscaris.

Post aliquod vero tempus, venerunt a patria ejus quidam argenti venditores, ut orarent ad loca sancta; et invitavit eos ad prandium dominus domini Petri; et cum ministraret, statim ille cognovit eos. Ipsi autem dum pranderent, cœperunt affigurare eum, et invicem ad aures dicere : Quam similat puer iste domino Petro teloneario. Ille vero occultabat, quantum poterat, vultum suum. Iterum ergo comedentibus eis, cœperunt dicere ad eum qui eos invitaverat : Vere putamus, res tibi magna evenit, domine Zoile; etenim, nisi erramus, publicam personam in ministerio tuo habes. Neque enim sciebant certius, quia erat de coquina et jejunio commutatus vultus ejus. Diu igitur considerantibus eum, dicit unus ex eis : Vere dominus Petrus est, surgam et tenebo eum. Valde enim imperator audiens, tristatur de eo, quia dudum non comparuit. Foris itaque stans audivit hæc; et ponens catinum a se, non est ingressus, sed recto cursu cucurrit ad portam. Erat itaque ei qui eum tunc habebat ostiarius mutus et surdus a nativitate, qui per nutum tamen aperiebat et claudebat. Festinans ergo servus Dei exire, dicit surdo et muto : Tibi dico in nomine Christi. Ille vero audivit statim, et dixit : Etiam, domine. Iterum vero ille ad eum : Aperi. Respondit mutus et surdus secundo : Ego, domine. Statim ergo surrexit, et aperuit ei. Et exeunte eo, subiit ostiarius, et clamavit coram omnibus gaudens et exsultans; quia audivit et locutus est, Domine, Domine. Porro omnibus qui in eadem domo erant perterritis, quoniam audiebant eum loquentem, iterum dicit ille quondam mutus : Ille qui coquinam faciebat, exiit currens, sed videte ne forte fuga lapsus sit, magnus enim servus Dei est. Quando discedebat, dixit mihi : Tibi dico in nomine Domini; et mox vidi de ore ejus exeuntem flammam, et tangentem aures meas; et statim audivi, et locutus sum. Et exsilientes et sequentes eum cuncti, ulterius non viderunt eum. Tunc poenitentiam omnes agebant, qui in domo illa erant, et ipse dominus ejus qui Petrum emerat, quia in tali exhonorantia humiliassent eum, et maxime hi qui vocabant eum Amentem.

Hæ sunt beatissimi a Deo honorati Joannis patriarchæ narrationes. Non solum enim de vita sua contentus erat volentem proficere ædificare, verum etiam de Deo acceptis et veracibus relationibus suis, et dicebat semper hæc audientibus : Si proprio sanguini non pepercerunt quidam hominum, sed hunc dederunt in manus fratrum, imo Christi, quomodo putas nos cum alacritate et humilitate debemus de facultatibus nostris dare Christo et egenis atque pauperibus, ut recompensationem recipiamus a justo et mercedum redditore Deo, in illa timenda et horrenda retributionis die? Qui nunc seminat parce, parce et metet; et qui seminat in benedictionibus, id est, large et magnanimiter, multipliciter et metet (*II Cor.* IX); hoc est, bona illa hæreditabit quæ omnem mentem transcendunt.

CAP. XXII. — Omnibus ergo rectis moribus iste sanctus adornatus, nec hoc carebat; valde enim diligebat eloqui de actibus sanctorum Patrum, et eorum qui eleemosynæ cultores fuerunt. Unde cum una dierum recitaret de vita sancti Serapionis, qui vocabatur Sindonius, et inveniret eum (ut fertur) amictum suum dedisse egeno (*Pallad.*, cap. 83), et iterum paululum processisse illinc, et frigus patienti obviasse, et illi tunicam præbuisse, et quia nudus sedebat, tenens sanctum Evangelium; et interrogatus a quodam : Quis te exspoliavit, abba? demonstrans sanctum Evangelium, ait : Iste; et alio tempore hoc ipsum Evangelium vendidisse, et dedisse eleemosynam, et discipulo suo dicente : Abba, Evangelium ubi est? et illo dicente ad eum : Crede, fili, qui dixit mihi : Vende quæ habes, et da pauperibus (*Matth.* XIII), ipsum vendidi et dedi eis, ut in die judicii habeamus fiduciam abundantiorem apud Deum ; et quia alias iterum vidua mulier petisset ab eodem sancto Serapione eleemosynam, quoniam esuriebant filii ejus, et non habente eo aliquid omnino, tradidit se ei, ut venderet eum ad mimos Græcos, quos et Christianos fecit in paucis diebus.

Hæc legens sanctus de sancto Serapione, stupefactus et miratus sancti industriam, totus lacrymis infectus vocavit omnes dispensatores proprios, legit et eis omnia de sancto Serapione, et dicit ad eos : Vavæ, o philochristi, quid prodest homini colloquenti de actibus sanctorum Patrum? Credite mihi, quia usque hodie putabam quod vel aliquid facerem, datis quas habere possum pecuniis; nesciebam autem quod et seipsos venderent, quadam compassione superati.

CAP. XXIII. — Semper quidem honorabat monachicum schema sanctus hic, et colebat et compatiebatur, ubi maxime aspiciebat monachum corporalibus utilitatibus angustatum. Habebat autem et hoc super multos præcipuum, quia accusationem qualemcumque, sive mendacem, sive veracem, non suscipiebat contra aliquem circumamictum monachico habitu. Semel enim evenit ex immissione quorumdam criminatorum, pertulisse eum aliquid tale : Quodam monacho gyrante in civitate cum puella una juvencula, et petente eleemosynam per dies aliquot, quidam qui hoc viderant, scandalizati, et existimantes quod mulier ejus esset, attulerunt patriarchæ contra eum querelas, dicentes : Propter quid, a Deo honorate, derogat talis angelicæ monachicæ vitæ schemati, puellam quamdam habens mulierem? Mox ergo Dei famulus, putans prohibere contra Deum commissa peccata, tanquam qui ad hoc ab eo esset provectus, præcepit mulierem quidem flagellis cædi, et separari ab eo ; ipsum autem verberari, et in carcere secreto recludi. Dum ergo cum omni celeritate jussio sancti in opus procederet, apparuit ei nocte per visum monachus, ostendens ei dorsum suum putrefactum (non parcentes enim ceciderant eum Ecclesiæ defensores) dicens ei : Ita placet tibi, domine patriarcha ; hac una vice errasti ut homo; crede mihi, quia de proximo est vita et mors. Et hæc dicens, discessit ab eo. Mane autem facto, recordatus est ille beatus visionis nocturnæ, et sedebat super lectum suum mœstus; mittitque statim, et convocat per cancellarium suum monachum de loco in quo erat reclusus, cogitans intra se beatus ille patriarcha si similis esset illi qui nocte sibi apparuerat. Cum ergo venisset cum labore multo (neque enim propter plagas moveri poterat), cumque vultum ejus vidisset patriarcha, remansit sine voce immotus, non valens loqui : sola autem manu sua innuit ut sederet prope se in lectulo suo. In semetipsum vero reversus et signatus, rogavit monachum, præcinctum linteo, ut sine verecundia despoliaret se, quatenus videret dorsum ejus, si ita esset sicut et in somnis viderat. Vix ergo suasus ut id ageret, despoliavit se. Cum vero despoliaretur ut monstraret dorsum suum viro sancto, per admirandum Dei consilium solutus est quo erat indutus amictus, et cecidit in terram, et viderunt eum omnes esse eunuchum. Sed quia recens erat, nulli hoc existebat manifestum. Videntibus ergo eum omnibus et sancto pontifice, et maxime dorsi ejus perniciosa verbera, mittens mox, segregavit illos qui hunc inconsiderate tractaverunt. Venerabilissimo autem monacho complura rationabatur, in ignorantia dicens se in eum peccasse, et in Deum verum. Et in hoc admonebat eum ille sanctus : Non, inquit, o fili, ita sine custodia in civitatibus conversari oportet eos qui sancto angelico vestro indumento circumamicti sunt, maxime et feminam circumducere ad scandalum aliorum videntium. Tunc monachus cum omni humilitate rationem reddebat sancto, dicens : Crede, domine, non mentiar. Gazae eram ante paucos dies; et exeunte me de civitate, ut venirem et salutarem sanctum abbatem Cyrum (65), obviavit mihi haec bene visa puella foris portam, vespere incumbente ; et accurrens ad pedes meos, rogabat ut mecum ambularet. Dicebat enim se Hebraeam esse, et velle fieri Christianam ; et coepit eadem narrare verbis horribilibus, ut non permitterem perire eam. Timens itaque ego judicium Dei, sumpsi eam, aestimans quod non immitteret tentationem Satanas spadonibus. Nesciebam vero quod nemini parcat. Igitur venientibus nobis, sanctissime Pater, et orationem perficientibus, baptizavi eam ad sanctum abbam Cyrum, et gyrabam cum ea in simplici corde, exposcens modicum sumptum, quatenus introducerem eam in monasterium. Cum haec audisset patriarcha, dixit : Papae! quot absconsos servos habet Deus, et nescimus nos humiles? Et enarrabat his qui praesto erant visionem quam viderat nocte de eo. Et protulit patriarcha centum numismata de manu, daturus ei : Dei autem amicus ille vere monachus, non passus aliquid accipere ex eis, dignum memoria verbum ad patriarcham locutus est, dicens : Ego hoc non postulo, domine ; monachus enim si fidem habet, horum non indiget. Si autem horum eget, fidem non habet. Quod maxime amplius satisfecit omnibus qui audierant quod servus Dei iste monachus esset. Genuflexit igitur patriarchae, et exiit in pace. Extunc igitur plus honorabat et hospitio recipiebat monachos, et bonos aestimatos et malos : et aedificabat mox xenodochium seorsum, et appellavit hoc Receptaculum omnium monachorum.

Cap. XXIV. — Mortalitate aliquando civitatem comprehendente, ibat et ipse sanctus, ut videret funerum obsequia. Valde enim dicebat hoc esse proficuum, et sepulcrorum considerationem. Multoties vero assidebat et his qui, morituri, vexationem in exitu animae patiebantur ; et ipse eorum oculos propriis manibus claudebat, memoriam habere ex hoc sempiternam volens, et curam proprii exitus. Praecipiebat autem et collectiones pro defunctis impigre (66) et sine dubio perficere. Etenim dicebat quia ante paucum tempus captivus ductus est ad Persas quidam, et descendens in Persidam, retrusus est in carcerem qui appellabatur Lethe, hoc est, oblivio. Quidam ergo fugientes illinc, venientesque in Cyprum, et interrogati a parentibus illius, si forte vidissent eum, respondentes dixerunt eis, quia nos propriis manibus sepelivimus eum. Non autem erat iste de quo interrogabant eos, sed alius indissimiliter eum similans. Dixerunt vero eis et mensem, et diem obitus ipsius. Illi vero tanquam pro mortuo faciebant ei tres collectas per singulos annos. Post quatuor itaque annos venit in Cyprum, fuga lapsus a Persis. Dixerunt ergo ei sui : Vere, frater, nos audivimus quod mortuus esses, et memoriam tui faciebamus ter in anno. Cum ergo audisset quod in anno ter facerent pro eo memoriam, interrogat eos in quo die, et in quo mense haec celebrarent. Et illis dicentibus, sanctis Theophaniis, et Dominica sancta atque sancta Pentecoste (67), dixit ille : Quia tribus istis temporibus anni veniebat quidam candidatus ut sol, et dissolvebat me a vinculis ferreis et a custodia ; et movebar deambulando tota die, et nemo recognoscebat me, et in crastinum inveniebar vincula ferrea portans. Dicebat igitur sanctus episcopus quia ex hoc discimus habere dormientes quietem, quando pro eis collectas facimus.

Cap. XXV. — Quod in Actibus apostolorum audivimus factum (Act. IV), hoc frequenter et huic compatientissimo accidebat. Videntes enim multi indesinentem ejus et inscrutabilem circa gentes compassionem, movebantur multoties ad vendenda multa de substantiis suis ; et ferentes, praebebant Dei devoto ministro. Unde et quidam veniens una dierum, offerebat ei septem libras auri et dimidiam, satisfaciens sancto, quod non possideret aliud aliquid in auro. Petebat autem ab eo cum multis genuflexionibus ut oraret quatenus Dominus Deus filium ejus salvaret. Habebat enim unum solummodo filium quasi annorum quindecim, ut reduceret navim ejus cum bono ab Africa, illuc enim abierat. Accipiens igitur summus sacerdos quantitatem auri de manu ejus, miratus est eum tam esse magnanimum ad offerendam totam quantitatem auri quam possidebat. Oravit quidem ei (68) et in facie multum, et sic eum dimisit. Tamen propter ejus multam fidem, posuit subtus sanctam mensam ligaturam quantitatis auri patriarcha in oratorio cubiculi sui, et synaxim fecit statim perfectam super eam pro illo qui hanc obtulerat, satis abundeque Deum rogans quatenus et filium ejus salvaret, et navem cum salute reduceret, secundum quod fuerat postulatus ab illo. Necdum ergo triginta transactis diebus, defunctus est filius hominis illius qui obtulerat septem libras et dimidiam patriarchae ; et in tertia die mortis pueri, recepit et navim suam ab Africa, in qua erat et frater germanus, ejusdem viri creditor. Et veniens juxta Pharum, retulit quomodo navis naufragium pertulit, et perdiderit totum quo erat plena, et quod non essent salvatae nisi animae, et una scapha vacua. Cum ergo et hunc casum didicisset evenisse illi dominus navis et pater pueri, secundum verbum Prophetae, paulo minus in inferno habitavit anima ejus (Psal. XCIII) ; nondum enim tribulatione filii sui exstincta, comprehendit eum et navis ; relata sunt itaque omnia quae acciderant ei patriarchae, et pene plus quam is qui haec perpessus fuerat in tristitia morabatur, maxime propter filium ejus unicum. Nesciens ergo quid faceret, rogat misericordissimum Deum, ut consolaretur virum immensa pietate sua. Convocare enim eum, et consolari in facie sanctus erubescebat : verumtamen mandavit ei ut nullatenus desperaret ; neque enim sine justo judicio Deum facere aliquid, sed omnia in hoc quod expedit, quod nos ignoramus. Ergo ut non perdat mercedem, quam fecit in septem et dimidia libra auri, et fidem quam possidebat circa sanctum patriarcham; jam vero ut et nos in tentationibus, quæ nobis eveniunt, quando aliquid boni fecerimus, imperturbati et gratias referentes ad Deum permaneamus; vidit in somnis jam dictus vir philochristus postera nocte quemdam, quasi in habitu sanctissimi patriarchæ, dicentem sibi : Ut quid tribularis, frater, et mœrore dissolveris? Nonne tu me rogasti ut peterem a Deo, ut salvus fieret filius tuus? Ecce salvus factus est. Crede mihi, si viveret, pravus et immundus homo fieret. Et de navi tua, vere, nisi Deus placaretur pro bono quod fecisti parvitati meæ, sententia erat data, quatenus tota, ut jacet, cum animabus in profundum pergeret, et perderes fratrem tuum. Sed surge, et glorifica Deum, qui dedit tibi eum, et salvavit filium tuum mundum de hoc sæculo vano. Evigilans itaque vir, invenit cor suum consolatum, et universam tristitiam ejus ejectam; et indutus vestimenta sua, venit cursim ad honorabilissimum patriarcham, et jactat se ad pedes ejus, gratias agens Deo et ei, et narrans visionem quam viderat. Quam audiens justissimus, dixit : Gloria tibi, benigne et misericors Deus, qui et deprecationem peccatorum exaudis. Iterumque ad hominem dixit : Nequaquam, o fili, gratiam hanc orationi meæ ascribas, sed Deo et fidei tuæ, hæc enim omnia ista impetrare valuit. Erat enim valde humiliter sentiens sanctus, verbis scilicet atque prudentia.

CAP. XXVI. — Pergebat aliquando hic beatus ad visitandos pauperes, in locum qui dicitur Cæsarium; illic enim eis fecerat quasi tholos (69) quosdam prolixos, ligneis tabulis pavimento strato ad requiescendos eos, et simul cum storeis et rachanis (70) per totam hiemem, cum quodam episcoporum eorum qui cum eo erant, amatore pecuniæ, passibili modo presso. Dixitque beatus patriarcha ad eum : Ama ac honora, frater Troile, fratres Christi ; hoc enim ei erat nomen. Nuntiaverunt enim quidam patriarchæ quod triginta libras auri portaret in ipsa hora domesticus ejusdem episcopi Troili, ut emeret speciem argenti anaglyphi, gratia mensæ suæ. Episcopus autem tanquam veritus sermonem patriarchæ, imo ad horam calefactus, singula dari omnibus fratribus præcepit ei qui triginta libras illas portabat. Celeriter ergo hujusmodi auri quantitas erogata est. Recedentibus itaque utrisque, patriarcha scilicet, et qui invitam (ut ita dicam) eleemosynam fecerat, episcopo Troilo in propriis episcopiis velut quædam amens et animæ periculosa in eum cogitatio irruit, propter pecuniarum dationem; horroris et amoris pecuniæ, et crudelitatis et negligentiæ genimen eum sequebatur, febre extra naturam mista, propter quod ægrotus invitus in lectum cecidit. Hebdomadario ergo a sanctissimo patriarcha ad eum veniente, et ad mensam ejusdem patriarchæ eum invitante, recusavit, frigore enim et febre se vexari pro quadam causa dicebat. Igitur cum hoc audisset patriarcha, mox agnovit causam, quia propter exitum viginti librarum, infirmatus est ille invitus eleemosynator. Erat enim (ut prædictum est) valde immisericors, et amator pecuniæ. Non sufferens ergo beatus se quidem super mensam reficere, illum autem super lectum cruciari graviter, pervenit celeriter ad eum **194** ille vere sine superbia, et dixit ad eum hilari vultu : Fac charitatem, fili Troile. Æstimas quod in veritate dixerim tibi fratribus hujuscemodi dare? crede mihi, per jocum dixi tibi dare. Ego enim volui præstare eis singula numismata propter sanctam festivitatem ; sed quia non habebat distributor meus secum sufficientem quantitatem, hujus rei gratia mutuam dedisti eam mihi, et ecce attuli tibi illas triginta libras. Ut vero vidit quantitatem episcopus in honorabili manu sapientis existentis medici et pastoris, febris quidem subito disparebat, frigus etiam recedebat, fortitudo quoque et corporis ejus calor ad eum revertebantur ; ut ex hoc non posset latere hanc esse causam repente comprehendentis eum commutationis. Suscipiens ergo aurum ab honorandis manibus patriarchæ, et nihil omnino contradicens, exspectabat ab eo patriarcha conscriptionem abrenuntiationis mercedis earum quæ datæ sunt triginta auri librarum. Fecit autem hoc cum gaudio Troilus episcopus, scribens propriis manibus ita : Deus, domino meo Joanni beatissimo patriarchæ hujus Alexandrinorum magnæ civitatis, da mercedem triginta librarum quæ data sunt tibi, quoniam ego recepi mea. Hoc scriptum itaque sanctus accipiens, sumpsit secum et eumdem episcopum ad prandium, ut enim jam dictum est, statim sanus factus est. Volens ergo mercedis redditor Deus corripere eum, simul autem et ad miserationem contribulatorum et compassionem erigere, ostendit ei eadem die dormienti post prandium patriarchæ in somnis, qua mercede privatus esset. Vidit enim (ut ait) domum, cujus pulchritudinem atque magnitudinem non potest ars hominum imitari, et januam hujus totam auream, et super januam titulum conscriptum : MANSIO ÆTERNA, ET REQUIES TROILI EPISCOPI. Cum ergo hoc, inquit, legissem, gavisus sum, sciebam enim donandam mihi ab imperatore talis domus epulationem. Nondum autem hujusmodi tituli superscriptionem perlegeram, et ecce quidam regius cubicularius, habens secum et alios obsequii divini ; et cum pervenisset ad talem nitentis domus januam, dixit ad proprios officiales : Deponite mihi titulum. Et cum deposuissent, iterum dixit : Mutate eum, et ponite quem misit orbis terrarum rex. Et attulerunt et affixerunt aliud aspiciente me, superscriptum ita : MANSIO ÆTERNA AC REQUIES JOANNIS ARCHIEPISCOPI ALEXANDRIÆ, EMPTA LIBRIS TRIGINTA. Et cum hoc vidisset, surrexit a somno, et magno summoque pastori quæ visa sunt ei in somnis enarravit. Proficiens ea de causa Troilus episcopus, factus ex tunc eleemosynator magnificus.

CAP. XXVII. — Dominus qui divitias in tempore quodam beato Job abstulit, fecit simile et huic omni bonitate pleno, sancto patriarchæ Joanni. Novibus enim sanctissimæ ecclesiæ comprehendentibus violentam hiemem, in loco qui dicebatur Adria (71), projecerunt omnia sua, quæ naves portabant; erant vero omnes naves simul. Erat autem summa multa valde enthecarum suarum; habebant enim tantum vestimenta et argentum, et alias res altiores, ut computaretur pondus quod ivit in perditionem quantitatis centenariorum triginta quatuor. Plus enim erant quam tredecim naves, capientes per singulas decem millia modiorum. Venientibus vero Alexandriam et pergentibus, statim reliqui creditores et primi nautæ in ecclesiam confugerunt. Sanctus vero hoc audiens, et causam propter quam fugerant, mittit eis verbum manibus suis conscriptum, habens ita : « Dominus dedit, fratres; Dominus, ut voluit, abstulit; sicut Domino placuit, ita factum est : sit nomen Domini benedictum (*Job.* 1). Exite, filii, nihil ex hoc veriti : Dominus enim sollicitus erit de crastino. » Ascendit itaque pene dimidium civitatis in secretum : die autem altero volentes (72) consolari nobilem istum; ipse vero præoccupans, cœpit omnibus dicere : Nequaquam, o filii et fratres, causa navium difficultatis tristemini ; nam humilis Joannes, credite, inventus est culpabilis ; quippe nisi extollentiam haberem, nullo modo hoc ferrem. Sed quia extollebar in his quæ Dei erant, et æstimabam quod magna opera facerem, dans quæ hominum erant, hoc mihi evenit ; volens ergo Deus ut hoc intelligerem, ista permisit. Eleemosyna enim non vigilantem plerumque in extollentiam elevat : invitus vero casus humiliat sustinentem. Ait enim divina Scriptura : Paupertas virum humiliat. Et iterum David hoc sciens, dicebat : Bonum mihi quod tu humiliasti me, ut discam justificationes tuas (*Psal.* cxviii). Dum enim malis factus sum obnoxius, quia dationem per vanam gloriam perdebam, et quoniam per vitium meum perditæ sunt tantæ pecuniæ, habeo nunc judicium animarum quæ in arcto sunt. Verum, dilectissimi, qui tunc tempore justi illius Job fuit Deus, et nunc idem ipse est, qui non propter egestatem meam, sed ob indigentium necessitatem, non derelinquet nos. Ipse enim dixit : Non te deseram, neque derelinquam (*Hebr.* xiii). Et rursus : Quærite primum regnum Dei, et justitiam ejus, et hæc omnia adjicientur vobis (*Matth.* vi). Volentes ergo consolari eum civitatis habitatores, ut dictum est, ipsi magis inventi sunt econtra consolationem ab ejus beatitudine recepisse. Nimis ergo breve tempus præteriit, et in duplum restituit Deus novo nostro Job facultates ; et iterum erat ipse magnanimus circa misericordiam, fortasse autem et religiosior quam antea fuerat.

Cap. XXVIII. — Ad extremam paupertatem pervenienti cuidam de domesticis ministris, propria manu iste sanctus, ut nullus sciret, duas libras auri dedit ; et audiens ab accipiente : Quoniam hæc accipiens, domine, ulterius non habeo vultum intendendi in honorabilem et angelicam faciem tuam, vere dignum laude, ut sapiens, locutus est verbum : Nondum, inquiens, sanguinem meum pro te, frater, effudi, sicut mandavit mihi Dominus meus et omnium Christus Deus (*Joan.* x).

Cap. XXIX. — Districtus quidam ab his qui pensionem exigebant, cum non haberet quod daret (erat enim regio in magna difficultate, eo quod fluvius Nilus secundum consuetudinem non irrigaret aquis terram), ipse abiens deprecatus est ducem quemdam magnatorum, ut mutuas sibi daret quinquaginta libras auri ; et dicebat se dare pignora, si vellet, dupla. Repromisit ergo dux dare ei, ad præsens vero distulit. Exactoribus ergo constringentibus eum, vadit ipse, ut omnis ad portum a quo cuncti recipiuntur, videlicet ad mitissimum et dignum admiratione patriarcham. Et nondum pene propriam necessitatem ei narraverat, dixit sanctus ad eum : Do, fili, si volueris, et quo vestior, vestimentum. Etenim cum admirabilibus suis bonis et hoc possidebat, quod non posset videre aliquem de necessitatibus lacrymantem, et non statim se propriis rigaret lacrymis : unde et mox petitionem volentis ab eo mutuum accipere adimplevit. Et sequenti nocte videt dux quod staret super altare quidam, cui offerebant multi oblationes ; et per unam quam ponebant, accipiebant centum pro ipsa de altari. Erat autem et patriarcha post tergum ejus. Jacebat ergo una oblatio ante eos in uno scamno, et dicit quidam duci : Vade, domine dux, accipe oblationem illam, et offer ad altare, et tolle pro ea centum oblationes. Illo vero pigritante, cucurrit patriarcha, licet post eum staret, et tulit hanc ante eum, et obtulit, et accepit, sicut omnes, centum de altari. Evigilans itaque, non poterat discernere somnium. Misit autem et adduxit eum qui volebat mutuum accipere, ut præstaret ei. Et cum venisset, dicit ei dux : Accipe quod petisti mutuum. Respondens ille, dixit ei : Ante tulit mercedem tuam dominus patriarcha. Etenim te domino differente me, compulsus sum ad illum tanquam ad portum confugere, multa enim erat vis inquietudinis exactorum. Cum ergo audisset hoc, statim recordatus est somnii, et dixit : Vere bene dixisti : Quia ante tulit mercedem tuam. Ante tulit enim, et væ illi qui vult facere bonum, et differt. Et enarravit ei et omnibus somnium quod viderat.

Cap. XXX. — Pergente aliquando sancto ad templum sanctorum victoriosorum martyrum Cyri et Joannis, in gloriosa eorum memoria orationis gratia, exeunte porta civitatis, suscepit eum mulier procidens, et dicens : Vindica me, quoniam injuriam patior a genero meo. Quibusdam ergo de obsequio ejus, qui habebant confidentiam apud eum, dicentibus : Quia cum reversus fueris, causam ejus facies. Respondit sapientissimus : Et quomodo Deus orationem nostram suscipiet, si ego istam postposuero ? Quis mihi spopondit ut vivam ego in crastinum ? et ibo ad Christum, pro ea rationem redditurus ? Et non recessit de loco illo, usque dum quod satis ei erat fieri faceret.

Cap. XXXI. — Ad voluntatem igitur memorabilis hujus, quæ tota in Deo erat, misit ei Deus viros sapientes et semper memorandos, Joannem et Sophronium. Consiliarii enim erant veraciter boni, quibus et tanquam patribus indiscrete obediebat, et gratias agebat, tanquam constantibus maxime et viriliter agentibus militibus pro pietate religionis. Etenim sancti Spiritus virtute freti, et cum Severianitis (73) ac cæteris circa regionem existentibus immundis hæreticis sapientia sua ac disputationibus pugnam habentes et conflictum, multa quidem castella, pluresque ecclesias, similiter et monasteria ab ore talium bestiarum, tanquam boni pastores, evellere studuerunt, propter quod et maxime plurimum honorabat sanctos hos ille vere sanctissimus.

CAP. XXXII. — Si vero alicubi aliquem durum et inhumanum et percussorem circa proprios servos sentiebat ille beatus, hunc primo convocabat, et cum multa lenitate rogabat, dicens : Fili, venit quidem ad aures peccatrices meas quod ex operatione inimici modicum durius circa proprios pueros tuos feraris; sed, rogo, des locum iræ. Non enim ut percutiamus eos, dedit nobis hos Deus, sed ut serviant. Fortasse vero nec propter hoc, sed ut sustententur a nobis, ex quibus Deus præstitit nobis. Quid enim (edic mihi) et dedit homo ; et emit eum qui ad imaginem et similitudinem Dei creatus et honoratus est? Nunquid enim tu, dominus ejus, aliquid plus possides in proprio corpore, manum aut pedem, vel auditum, aut animam? Nunquid non similis est tibi per omnia? Audi lumen gloriosum, Paulum dicentem : Quotquot in Christo baptizati estis, Christum induistis (Gal. III). Non est Judæus neque Græcus, non est servus neque liber, omnes enim vos unum estis in Christo. Si ergo apud Christum æquales sumus, et ad invicem æquales efficiamur. Etenim Christus formam servi assumpsit, docens nos non superbire contra servos nostros. Unus enim est Dominus omnium, in cœlis habitans, et humilia respiciens : non dixit sublimia, sed humilia (Psal. CXII). Quantum enim aurum dedimus, ut honorificatum et emptum nobiscum eum sanguine divino et Dominico, nobis servituti subjiciamus? Propter eum cœlum, propter eum terra, propter eum stellæ, propter eum sol, propter eum mare et quæ in eo sunt. Est autem verum, quia et angeli ei ministrant, propter eum Christus pedes servorum lavit, propter eum crucifixus est, et cætera omnia propter eum passus est. Tu autem eum qui a Deo honoratur inhonoras ; et quasi non sis ejusdem naturæ, non parcens feris? Dic, obsecro, velles, quoties culpam admittis, ut mox redderet tibi Deus? Nequaquam. Dic, quomodo oras quotidie, dicens : Dimitte nobis debita nostra, sicut et nos dimittimus debitoribus nostris (Matth. VI)? His et his similibus verbis de habitante in se thesauro monens hunc absolvit ; et nisi didicisset istum emendatum, præparabat et instruebat servum afflictum, ut fugam arriperet, et venditionem peteret ; et hunc comparans justus, statim liberum statuebat.

CAP. XXXIII. — Audiens aliquando cujusdam eleemosynatoris puerum orphanum derelictum, parentibus suis morientibus, et in multa paupertate con- versari hunc; dicebant enim hi qui in testamento patris ejus inventi sunt testes, quia non dimisit ei, domine, pater ejus moriens usque ad unum numisma ; sed habens decem libras auri, adducit eum ipsa hora quando testamentum scribebat, et dicit ei : Has decem libras habe, fili mi. Quid, vis dimittam tibi istas, an vis Dominam meam Dei genitricem curatorem et provisorem? Puero vero eligente sanctam Dei genitricem, præcepit dare cuncta pauperibus. Et ecce, inquiunt, sanctissime, in multa inopia consistit, nocte ac die domum Dominæ nostræ non deserens. Cum ergo hæc audisset a scientibus sanctus hic, nemini aliquid dicens, adducit quemdam tabellionem ; et narrabat ei rem, dans ei terminum ut nulli crederet quam præcepit ei facere rem, dicens ei : Vade, et in veteribus chartulis scribe testamentum cujusdam nomine Theopenti ; et fac in eadem charta me et patrem pueri consobrinos fratres, et vade, et dic juveni : Scis, frater, quod genus existens patriarchæ, non debueras ita in paupertate versari? et ostende ei chartam, et dic : Quoniam si erubescis, ego ordino causam tuam apud patriarcham, et vide quid tibi dicet. Cum ergo omnia quæ jussa sunt ei a patriarcha tabellio fecisset, venit ad eum dicens : Quia pactus est puer mihi, ut ego loquar causam suam domino, et magnas gratiarum actiones referebat mihi. Dixit itaque sanctus : Vade et dic ei : Quia locutus sum patriarchæ. Et dixi : Quoniam et ego scio quia habuit consobrinus meus filium, sed ex vultu hunc non recognosco. Bene ergo facis, adducens hunc ad me. Adducens ergo eum, porta et chartam tecum. Cum vero pervenissent, tulit eum secreto ille justus, et cœpit deosculari eum, et dicere : Bene venit filius consobrini mei. Ditavit igitur eum, et uxori tradidit in Alexandria, et domum et omnia quibus opus habuit donavit ei, demonstrare festinans quoniam non derelinquet Dominus sperantes in se (Judith. VI).

CAP. XXXIV. — Imprætermisse autem, et hujus mandati curam habuit hic admirabilis, legem ponentis : Volenti mutuare a te ne avertas aliquando (Deut. XV ; Luc. VI), non prohibuit aliquem hujusmodi ab eo suffragium postulantem. Unde hoc sciens quidam malignus et impostor, petiit ab eo ut sibi mutuas daret viginti libras auri. Erat autem de his qui dicuntur Gallodromi (74). Contemnens ergo sanctum quemadmodum et alios multos, dicebat : Quia nihil mihi dedit. Quæsierunt itaque Ecclesiæ pastores et ordinatores ut in carcerem hunc mitterent, et publicarent ejus substantiam. At imitator dicentis, Estote misericordes, sicut et Pater vester misericors est (Lucæ VI), qui solem suum oriri facit super bonos et malos, et pluit super justos et injustos, nequaquam illis consensit, ut eum affligerent. His autem turbantibus contra eum, utpote qui patriarchæ illuserat, et dicentibus ad eumdem sanctum : Non justum est, domine, ut quod pauperes acciperent, hic luxuriosus accipiat, respondit econtra ille ter beatus, dicens : Credite, fratres, quia si extra voluntatem acciperetis aliquid ab eo, duo mandata transgrederemini, et num adimplebitis quando et ad pauperes data **197** fuerit hujuscemodi quantitas. Unum quidem, quia apparebitis impatientes circa damnum, et efficiemini aliis forma mala ; alterum autem, quoniam non obedientes eritis Domino Deo, dicenti : Ab eo qui abstulerit tua ne repetas (*Luc.* vi). Expedit ergo, o filii, ut efficiamur omnibus exemplum patientiæ. Etenim Apostolus dicit : Quare non magis injuriam sustinetis? quare non magis fraudem patimini (1 *Cor.* vi)? Et bonum est quidem veraciter, fratres, omni petenti dare, excelsius autem et honorabilius et non petenti ; ei autem qui aufert vestimentum sine voluntate a nobis dare et tunicam, angelicæ vere naturæ imitatio, imo divinæ est. Ex his enim quæ habemus Dominus præcepit benefacere proximo : Bonum, inquit, facies fratri tuo, juxta quod possidet manus tua, non ex his quæ ex lite et contentione et ab injuriam passo auferuntur.

Cap. XXXV. — Senex quidam magnus, quasi annorum sexaginta, audiens tales res beati, voluit tentare eum, si posset verbis suaderi, et ad scandalum facile inclinari, et ut contigit, si condemnaret aliquem. Et habitans prius in monasterio abbatis Seridonis (75), exiit et venit Alexandriam ; et sumit conversationem hominibus quidem reprehensibilem, sed Deo gratam, qui dat (ut ait David) singulis secundum cor eorum (*Psal.* xix). Ingrediens itaque civitatem, scribit omnes quæ notæ erant meretrices, et cœpit laborare opuscula, et accipere per singulos dies siliquam unam. Cum ergo occumberet sol, manducabat unius ærei lupinos (76), et intrabat ad unam meretricum, et dabat ei æreos nummos, et dicebat: Dona mihi noctem istam, et noli fornicari. Et manebat juxta eam nocte illa, observans eam ne fornicaretur. Stabat ergo a vespere in uno angulo cellulæ ubi dormiebat mulier, psallens et orans pro ea, et mittens genuflexiones usque ad auroram; et exiens, accipiebat verbum ab illa quod nulli diceret actionem ejus. Ita agebat semper, quousque una earum manifestavit vitam ejus, quod non, ut fornicaretur, intraret ad eas, sed ut salvaret. Oravit senex, et cœpit mulier a dæmonio vexari, ut per illam cæteræ timerent, et non manifestarent eum omni tempore vitæ ejus. Dicebant ergo quidam ei quæ a dæmonio vexabatur : Quid est? Reddidit tibi Deus quoniam mentita es. Ut fornicetur enim ingrediturpessimus iste, et non est aliud aliquid. Jam enim et sanctus Vitalius (hoc quippe nomen erat ei) volens hominum gloriam fugere, et animas a tenebris revocare, dicebat audientibus cunctis, cum laboraret in opere, et solveret vesperi : Eamus modo, domina talis exspectat nos. Ubi ergo erat ordo ipsius? Multis ergo criminantibus et illudentibus ei, dicebat : nunquid ego non vestio corpus ut omnes? Aut monachis solis iratus est Deus? Vere et ipsi homines sunt ut omnes. Dicebat itaque ei quidam : Accipe tibi unam mulierem, abba, et muta vestimentum tuum, ut non blasphemetur Deus per te, et habebis judicium quæ scandalizantur animarum. At ille respondebat eis iterum, dicebatque se demonstrans quasi iratum : Vere non obaudiam vobis, ite a me. Modo nihil aliud faciam, ut vos non scandalizemini, nisi accipiam mulierem, quatenus curam habeam domus, et faciam malos dies. Qui vult scandalizari, scandalizetur, et det frontem in parietem. Quid vultis ex me ? Nunquid judices constituti estis super me a Deo? Ite, de vobis curam habetote, vos pro me Deo non reddetis rationem. Unus est judex, et sancta dies judicii, qui singulis reddet secundum opera eorum. Dicebat autem hæc clamans. Quidam ergo ecclesiæ defensorum, hæc multoties audientes ab eo, referebant patriarchæ quod fiebat. Deus vero sciens quod nollet ille sanctus offendere abbatem Vitalium, induravit cor ejus, ne crederet eis. Recordabatur enim ante memorati eunuchi; sed increpavit vehementer eos qui contra Vitalium abbatem accusationem ei afferebant, dicens ad eos : Quiescite accusare monachos. An nescitis quod circa sanctæ memoriæ Constantinum (77) imperatorum actum fuisse, conscriptiones quæ de eo leguntur contineant? Quoniam, ait, quidam non timentes Deum, cum celebraretur secunda Synodus in Nicæa (78), cœperunt contra se dare in scriptis famas turpes beato illi imperatori, quidam clerici quidem existentes, quidam monachi, et ad faciem adducens sanctus Dei Constantinus accusatorem et accusatum, utrumque audivit. Et cum invenisset multas talium criminationum veras esse, afferens ardentem cereum, incendit omnes quæ datæ sunt in scriptis malas opiniones, dicens : Vere si propriis oculis vidissem sacerdotem Dei, vel aliquem eorum qui monachico habitu circumamicti sunt, peccantem, chlamydem meam explicarem, et cooperirem eum, ne ab aliquo videretur. Nam et in servum Dei illum, videlicet eunuchum, ita putastis, et misistis me extra viam, et feci animæ meæ peccatum magnum. Confundens ergo eos multum, absolvit. Servus autem Dei Vitalius a propria operatione non cessabat. Deprecabatur ergo ut quibusdam post mortem ejus **198** in somnis manifestaret Deus, ut non imputaretur in peccatum his qui scandalizabantur in eum, eo quod rem quam agebat dicerent scandalo esse plenam, et non haberet homo peccati judicium ex ea, quidquid locutus fuisset. Multas igitur de talibus mulieribus in compunctionem induxit hæc operatio ejus, et maxime quando videbant eum nocte extendentem manus et orantem pro unaquaque earum : propter quod quædam earum a fornicatione cessabant; quædam vero accipiebant viros, et pudice conversabantur; quædam vero et modis omnibus mundum relinquentes, singularem vitam ducebant. Nullus tamen scivit usque ad ejus dormitionem quod ipsius admonitione et oratione impudicæ mulierculæ a fornicatione cessarent.

Unde quodam die exeunte eo a prima talium mulierum diluculo, obviat ei quidam homo immundus, intrans ad fornicandum cum ea ; et cum vidisset sanctum Vitalium ex ea egredientem, dedit ei alapam in faciem, dicens ad eum ; Usquequo, pessima illusor Christi, non emendas te ab his nequitiis tuis? Qui dixit ad eum : Crede mihi, accipies alapam a me humili, ut tota Alexandria colligatur ad clamores tuos. Nondum brevi tempore transacto, dormivit cum pace in cellula sua sanctus Vitalius, nemine sciente omnino. Habebat enim valde pusillam cellulam, super locum qui dicitur Porta solis (79). Unde et plerumque, cum collecta celebraretur juxta cellulam ejus in ecclesia Metræ (80), convenientes quædam muliercularum harum, ad alterutras dicebant : Eamus, eamus, iterum abbas Vitalius collectam habet. Et venientibus eis, curabat eas. Igitur dormiente eo, ut prædictum est, in propria cellula, et nullo sciente, mox quidam dæmon tanquam Æthiops deformis, astat ei qui dederat alapam abbati Vitalio, et dat ei alapam, dicens : Suscipe alapam quam misit tibi abbas Vitalius. Et cadens, statim cœpit spumare. Congregata est igitur, secundum prophetiam Vitalii, pene tota Alexandria in violentiam quam patiebatur a dæmone ; et maxime quia sonitum datæ ei alapæ audierunt quidam, quasi ad unius jactum sagittæ. Post aliquantas vero horas in mentem rediens is qui patiebatur, scidit vestimenta pectoris sui, et cucurrit ad cellulam, clamans et dicens : Culpam feci tibi, serve Dei Vitali, miserere mei. Cucurrerunt vero cum eo omnes audientes. Cum pervenisset ad cellulam sancti, exiit iterum dæmonium, jactans eum omnibus aspicientibus. Et cum ingrederentur intro hi qui cum eo cucurrerunt, invenerunt sanctum stantem in geniculis suis, et orantem, et animam Domino tradentem, et in pavimento scripturam hujusmodi : *Viri Alexandrini, nolite ante tempus aliquid judicare, quoadusque veniat Dominus* (*I Cor.* IV). Confitebatur vero et homo, qui a dæmonio vexabatur, quod sancto fecerat, et quod dixerat sanctus ei. Recitata sunt ergo beatissimo Joanni patriarchæ omnia quæ circa sanctum Vitalium acta sunt ; et descendens cum clero, venit ad corpus sancti Vitalii ; et cum vidisset superscriptionem, dixit : Vere hanc humilis Joannes per Deum evasit, nam alapam quam accepit qui patitur ego acciperem.

Tunc itaque omnes fornicariæ, et quæ abrenuntiaverunt ex eis, et viros susceperant, cum cereis et lampadibus præibant eum flentes, et dicentes : Perdidimus salutem nostram et doctrinam. Enarrabant enim jam conversationem ejus omnibus, et, Quoniam non propter turpem rem ad nos intrabat ; et quia nunquam aliquando vidimus eum super latus dormientem, aut unam ex nobis tenentem manu sua. Et reprehendentibus eas quibusdam et dicentibus : Quare hæc non omnibus dicebatis, sed scandalizabatur in eo tota civitas? enarrabant jam capitulum, quod circa eam gestum est, quæ a dæmonio vexationem sustinuit, et quia hoc timentes tacebamus. Sepulto ergo eo in multo honore, permansit is qui ab eo correctus et sanus factus est, faciens memoriam ejus. Postmodum autem et renuntiavit sæculo, ingressus monasterium abbatis Seridonis in Gaza, et suscepit cellulam abbatis Vitalii secundum fidem, et in ea permansit usque ad mortem suam. Et sanctissimus patriarcha multas gratias egit Deo, quia non permisit eum peccare in servum suum Vitalium. Multi autem multum ex tunc in Alexandria profuerunt sibi, et hospitio recipiebant monachos : et monebantur ut non condemnaretur aliquis ab eis sicut evenerat. Fecit autem et sanitates post mortem honorabile nomen sancti Vitalii per divinam gratiam : cujus orationibus det nobis Dominus bonam conversationem, et misericordiam in die, quando manifestabit abscondita hominum, et nuda faciet consilia cordium (*I Cor.* IV).

Cap. XXXVI. — Præcipiens aliquando dari cuidam petenti eleemosynam, decem nummos æreos tantum, convicia ab eo patiebatur in facie atrociter ille beatus, quia non dederat ei quotquot voluit. His autem qui de obsequio erant, quærentibus cædere eum qui conviciabatur, increpavit eos vehementer patriarcha, dicens : Sinite eum fratres : habeo ego sexaginta annos, blasphemans per opera mea Christum, et unum convicium non portabo ab isto? Et præcepit datori solvere sacculum, ut sineret pauperem tollere quantum vellet pretium.

Cap. XXXVII. Si vero aliquando audiebat sapientissimus, quoniam eleemosynator est talis, adducebat eum in hilaritate seorsum, et dicebat ei : Quomodo factus es eleemosynator? naturaliter, an teipsum violenter cogens? Unde quidam qui ab eo interrogabantur, verecundati, occultabant quidem, quidam autem dicebant ei. Propter quod unus interrogatus a sancto, respondit ita : Crede mihi, domine, quia nihil do aut facio boni ; verumtamen ipsum quod facio et præbeo, ex quibus Deus et orationes tuæ largiuntur, ita facere assuevi. Eram prius valde immisericors et crudelis, et semel damna pertuli, et in subtilitatem deveni : cœpit cogitatio mea dicere mihi : Vere si esses eleemosynator, non relinqueret te Deus. Statui ergo per singulos dies dare quinque æreos nummos pauperibus ; et cum cœpissem dare, statim Satanas prohibebat me, dicens : Vere quinque nummi isti sufficiunt domui ad olera, aut ad balneum percipiendum ; et statim, tanquam si de faucibus natorum meorum privarem eos, nihil dabam. Cum ergo vidissem quod superarer a vitio, dico puero meo : Per singulos dies furare, me nesciente, quinque nummos, et da eleemosynam. Sum ego enim trapezita, domine. Ille vero benefaciens, cœpit furari denos (81). Erat autem quando et siliquam. Cum ergo vidisset quia benedicebamur, et divitiis abundabamus, cœpit et tremisses furari, et dare. Semel itaque admirans benedictiones Dei, dixi ei : Vere multum profuerunt, fili, quinque nummi illi, volo ergo ut des decem. Tunc dicit mihi et puer subridendo : Vade, ora furtis meis. Nam vere hodie non haberemus quem manducassemus panem. Sed si est fur justus, ego sum. Tunc ergo dixit, quoniam tremissia dabat et siliquas etiam, ex fide illius, assuevi, domine, de animo dare. Ædificatus ergo sanctus valde, dixit ad eum : Crede mihi, multas conversationes Patrum legi, tale aliquid non audivi.

CAP. XXXVIII.—Malitiam reservantem quemdam illustrium, contra alium principem, audiens hic magnus Joannes, monuit eum sæpe, et suasit ad concordiam, et non potuit eum convertere ad pacem. Semel ergo mittit et adducit eum sanctus, quasi pro re publica : et facit missas in oratorio suo, nullum habens nisi ministrum suum (82). Cum ergo sancta benedixisset patriarcha, et orationem Dominicam inchoasset, cœperunt dicere tres tantum illi, Pater noster. Et cum pervenisset ad sermonem, sicut dicitur, Dimitte nobis debita nostra, sicut et nos dimittimus debitoribus nostris, innuit domestico patriarcha, ut taceret. Siluit ergo et patriarcha, et remansit princeps solus, dicens versum : Dimitte nobis, sicut et nos dimittimus. Et statim conversus sanctus, dicit ei mansueta voce : Vide in quali terribili hora quid dicas Deo : Quoniam sicut ego dimitto, ita et tu dimitte mihi. Tanquam ab igne statim cruciatum ferens prædictus princeps, cecidit in faciem ad pedes sancti, dicens : Quæcunque jusseris, domine, faciet servus tuus. Et reconciliatus est inimico suo ex tunc cum omni veritate.

CAP. XXXIX.—Superbum autem si videbat aliquem beatus, hunc quidem non arguebat in facie : quando autem eum in secreto suo sedentem videbat, afferebat de humilitate sermones, ut per tale magisterium sensim percuteret superbum, et modestum faceret, dicens ita : Miror, domini mei, quomodo non recordatur misera anima mea humilitatis quæ demonstravit nobis super terram apparere Filium Dei, sed intumesco et extollor super fratrem meum, si fuero modicum aut pulchrior eo, aut ditior, aut gloriosior, aut principatum officii cujuscunque habuero, non intelligens divinam vocem, quæ dicit : Discite a me quia mitis sum et humilis corde, et invenietis requiem animabus vestris (*Matth.* XI); neque sanctorum voces cogitans, quoniam quidam terram (*Gen.* XVIII), quidam cinerem, quidam vermem et non hominem (*Psal.* XXI), quidam aut impeditioris et tardioris linguæ (*Exod.* IV) se nominabant : et quia Isaias, quando Deum videre meruit, ut capit homo, tunc immunda labia se habere pronuntiavit (*Isa.* VI). Quid enim et sum humilis? Nonne de luto fictus sum, unde sunt et lateres? Nonne omnem quam puto habere gloriam, ut flos fœni marcescit (*Isa.* XL)? His ergo et hujusmodi, et aliis pluribus verbis sapientissimus, quasi de se dicens, eum qui languorem inflationis et superbiæ habebat cauterio comburens, proderat ejus animæ. Intelligebat enim is qui ulcus habebat quod de eo patriarcha hæc intimaret.

CAP. XL. — Et hoc frequenter ille a Deo honoratus, afferebat in medium, ad humilitatis argumentum, dicens : Quod si considerassemus et cogitassemus Dei erga nos misericordiam et bonitatem, nec in cœlos sublevaremus oculos nostros, sed semper in humili habitu ac prudentia degeremus. Ut enim præteream, qualiter non existentes ut essemus produxit nos fictor, et peccato et inobedientia deceptos iterum vivificavit, et **200** proprio sanguine redemit a morte, et omnem terram et ipsum cœlum in obsequium hominum subdidit, sed et nunc qualiter peccantes non dissipat, sed longanimiter magis exspectat immobilis illa natura, et patiens ille oculus, et nobis plerumque blasphemantibus ipse consolatur et blanditur per miserationem suam, desursum pluvias propter vitam nostram tribuens, quantos malos operarios, pergentes ut occidant aut furentur, tegit et non tradit, ne capiantur et puniantur? quantos existentes in navibus in pelago, ut prædentur obviantes sibi naves, et occidant qui in eis sunt, non permittit in profundum demergi, sed imperat mari ne absorbeat eos, exspectans conversionem malitiæ ipsorum? quanti pejerant corpus (83) et sanguinem ejus sacrosanctum, et patitur et longanimiter agit, non reddens eis hic aliquid difficile? quantos in itinere latrocinantes, non tradit in cibum obviantibus sibi bestiis? quantos euntes in concava terrarum, et itinerum seditiones operantes, protegit, ut non consumantur a custodientibus canibus, vel etiam hominibus? Et me interdum aut cum meretrice recumbente, aut cum his qui se inebriant, aut cum turpia loquentibus conversante, aut cætero quolibet sæculi hujus implicato peccato, apis quidem circumfertur, et valles et alveos circuit, quærens colligere fructum, ut dulce faciat mihi guttur, quod fœda et iniqua pronuntiat; uva autem festinat per calorem maturari, ut repleat os et lætificet cor, quod factorem suum prævaricatum est. Flores invicem se præoccupant, ut delectent oculos, qui fornicationibus et alienis mulieribus ad luxuriam innuit. Ficus turbatur (84), quatenus perveniat, ut repleat manum per magnitudinem, et os per dulcedinem, quod tenet et basiat alienam mulierem. Talia ergo, inquit, opera fratres agentes, et tales retributiones recipientes a benigno Deo, qualem debueramus habere prudentiam, considerantes novissimam nostram et horrendam horam? Multum enim de memoria mortis et exitu animæ disputabat semper ille beatus, ita ut frequenter quidam ad eum superbo schemate intrarent et ridenti vultu, et inconsiderato oculo; et exirent humili more, et compuncta facie, et lacrymantibus oculis. Propter quod et dicebat : Quia (ut æstimo ego humilis) sufficit ad salutem assidue et dolenter cogitare, et sollicitudinem habere de morte, quoniam nemo nobis in illa hora compatietur, aut comitabitur ex vita ista, nisi opera bona nostra. Et quomodo angelis venientibus et properantibus turbatur tunc anima, si inventa non fuerit præparata? quomodo rogat ut addatur sibi modicum tempus vitæ, et audiet : Quid enim? Tempus quod vixisti, bene consumpsisti? Et iterum dicebat tanquam de semetipso : Quomodo, humilis Joannes, transire poteris bestias arundineti (*Psal.* LXVII), quando obviabunt tibi exactores? Væ qualis timor et tremor obtinet animam tunc rationem ponentem, tantis exquisitoribus tam amaris et immisericordibus? Etenim sanctus iste in memoria semper retinebat quod sancto Simoni, qui in columnis stetit (85), per revelationem factum est notum : Quia (ut ait) exeunte anima e corpore, obviant ei cum ascenderit a terra in coelum, chori daemonum, singuli in proprio ordine. Obviat ei chorus daemoniorum superbiae, investigat eam, si habeat opera eorum. Obviat chorus spirituum detractionis : aspiciunt si quando oblocuta sit, et poenitentiam non egerit. Obviant iterum superius daemones fornicationis : scrutantur si recognoscant in ea voluptates suas. Et quando a terra usque ad coelum misera anima positura rationem pervenerit, seorsum ab ea sancti angeli stabunt, et non adjuvabunt eam nisi bonitates suae. Haec considerans hic nobilis, perterritus pro tali hora et sollicitus factus est, ferens in memoriam et sancti Hilarionis eloquium (*Vita Hilarionis*, c. 38); quia cum e vita egressurus esset, formidavit et dixit animae suae : Octoginta annos, o humilis anima, habes serviens Christo, et times exire? Exi, quia misericors est. Et dicebat sibi patriarcha : Si is qui octoginta annos servivit Christo, et mortuos suscitavit, et signa fecit, timuit amaram illam horam, quid habes tu, humilis Joannes, dicere aut facere, quando obviaverint in faciem tuam crudeles illi et immisericordes exactores et inquisitores? Ad quantos poteris rationem reddere, ad eos qui exquirunt de mendacio, ad eos qui de detractione, ad eos qui de crudelitate, ad eos qui de avaritia, ad eos qui de memoria mali, ad eos qui de odio, ad eos qui exquirunt de perjurio? Et dementatus dicebat : Deus, tu eos increpa, nam omnis fortitudo hominum eis resistere non valet. Tu, Domine, da nobis ductores sanctos angelos, qui custodiant et gubernent nos; multa enim est contra nos eorum insania, multus tremor, multus timor, multum periculum pelagi aeris hujus. Si enim de civitate in civitatem super terram ambulantes, deprecamur eos qui nobis ductores sunt, ne in praecipitia cadamus, aut in agrestium bestiarum loca, aut in flumina infinita, aut in inaccessibiles et invios montes, aut in latronum manus, aut in eremum incomprehensibilem **201** aut inaquosam, et pereamus. Quot ductoribus fortibus et divinis custodibus opus habemus, pergentes longa via hac et aeterna, videlicet, quae ex corpore est egressio, et ad coelum ascensio? Hae sunt sapientia plenae beati ad se et ad omnes doctrinae; hae sunt ejus quotidianae curae atque meditationes.

CAP. XLI. — Multam autem et de sancta statione curam habebat, et sollicitudinem demonstrabat. Una enim dierum volens multos resecare, ut non egrederentur post solutionem sancti Evangelii de ecclesia, et otiosis sermonibus pro oratione vacarent, quid fecit? Reliquit mox, postquam lectum est sanctum Evangelium, ecclesiam; et ipse exiit, et sedit cum turba. Omnibus vero obstupentibus, dixit ad eos justus : Filioli, ubi oves, illic et pastor. Aut intrate intro, et ingrediemur; aut manete hic, et hic manebo. Ego propter vos descendo in sanctam ecclesiam, nam poteram facere mihimet missas in episcopio. Semel ergo et bis fecit hoc ipsum schema ille beatus. Erudivit et in hoc plebem magnifice, et emendavit; timebant enim, ne iterum idipsum schema faceret eis ille semper memorandus.

CAP. XLII. — Loqui autem in sacrario omnino non permittebat, sed in conspectu omnium foras mittebat eum, dicens : Si quidem ut orares venisti huc, in hoc mentem tuam et os tuum vacare exopta; si vero propter locutionem, scriptum est : Domus Dei domus orationis vocabitur (*Matth.* XXI); noli ergo facere eam speluncam latronum.

CAP. XLIII. — Hoc autem erat admirabilius sanctissimi hujus patriarchae, quoniam nec monachicam vitam ducens, neque in clero moratus in ecclesia, sed et feminae legitime dudum conjunctus (86), ita tenuit vigorem ecclesiae ab ipso initio quo patriarcha consecratus est, et in talem sublimitatem exaltatus est, ut multos eremitarum et in arcta vita degentium superaret.

CAP. XLIV. — Volens autem nec hujus boni esse inexpers, videlicet monachicae vitae connumerationis, studet rem talem : Congregans duos ordines sanctorum monachorum, statuit in eis omnem utilitatem tribui de villis suis in civitate sua : et faciens eis cellulas in duobus oratoriis Dominae nostrae sanctae Dei genitricis, et sancti Joannis, quae ipse a fundamentis aedificaverat, dicens amantissimis Deo monachis ita : Ego post Deum utilitatem corporalem vestram procurabo, vos autem spiritualis habetote meae curam salutis. Vespertina et nocturna vigilia mihi apud Deum imputetur : quidquid vero in cellulis vestris officii feceritis, pro vestris sit animabus. Hoc autem fecit, volens sollicitiores efficere Dei amicos monachos. Unde et permansit Deo talis grata constitutio ordinum; et ad similitudinem monasterii ex his civitas pene vivit, in diversis locis pervigiles hymnodias Deo referens.

CAP. XLV. — Et hoc beatus iste ita omnes docebat, et contestabatur dicens : Nullatenus aliquando haereticorum communionis, imo coinquinationis participemini, etiam si omni vita vestra ex aliqua impulsione vel necessitate communionem catholicae Ecclesiae non invenientes, sine communione permanseritis. Si enim, ait, uxorem corporalem legitime possidentes, in regione aliqua longinqua absque ista tempore multo morantes, relinquere hanc et alii copulari, a Deo et legibus prohibemur, si vero hoc egerimus, punimur; quomodo putas, Deo per rectam fidem et catholicam Ecclesiam conjuncti, ut ait Apostolus : Aptavi vos uni viro virginem castam exhibere Christo (II *Cor.* XI), si orthodoxam et sanctam fidem adulteraveritis per communionem haereticorum, non in futuro saeculo tormenti, quod exspectat haereticos, erimus facti participes? Communio enim, ait, ideo dicitur, eo quod communem faciat, et firmet communicantem quibus communicat. Ne igitur, quaeso, ait, o filii, hujusmodi oratoriis applicetis.

CAP. XLVI. — Cum omnibus bonis suis et hoc

beatus hic possidebat, quod (ut dictum est) non condemnaret proximum, nec condemnantes reciperet. Dicam vero et ejus doctrinam de hoc omnibus proficuam : Juvenis quidam rapiens monacham, fugit Constantinopolim. Hoc dicens justus, tristis factus est usque ad mortem. Tempore vero aliquo transacto, consedente eo una dierum in honorabili cimiliarchio cum quibusdam clericis, et sermonem animæ utilem movente, venit in medium et memoria juvenis qui ancillam Dei rapuerat, et cœperunt qui sancto considebant anathematizare talem juvenem, tanquam qui duas animas perdiderat, suam videlicet et sanctimonialis. Compescuit ergo et resecavit eos beatus, dicens : Ne sic, filii, ne sic ; nam ostendam vobis quia et vos duo peccata facitis : unum, quia transgredimini mandatum dicentis : Nolite judicare, ut non judicemini (*Matth.* vii) ; deinde, quia nescitis certius si usque hodie peccent, et non pœniteant.

Legi enim vitam Patris aliquid tale habentem : quia in civitate quadam duo monachi abierunt in ministerium. Et cum transiret unus per locum, clamabat ei una fornicaria, dicens : Salva me, Pater, ut Christus meretricem. Ille vero hominum confusionem 202 omnino non curans, dixit ei : Sequere me. Et tenens eam per manum ejus, exiit publice de civitate, omnibus aspicientibus. Facta est ergo fama quia abbas accepit mulierem domnam Porphyriam (ita enim vocabatur mulier). Pergentibus ergo eis, ut mitteret eam in monasterium, invenit mulier in una ecclesia puerum in terram projectum, et sustulit eum ut nutriret illum. Itaque post annum quidam venerunt in patriam, ubi erat abbas et Porphyria, quæ fuerat de meretricibus ; et videntes eam habere puerulum, dicunt ei : Veraciter bonum abbati pullum genuisti. Nondum enim sanctum schema acceperat. Euntes ergo Tyrum qui viderant eam (inde enim abbas tulerat illam), diffamaverunt, quia genuit de abbate Porphyria, et nos vidimus puerulum oculis nostris similantem ei. Quando ergo cognovit ex Deo abbas obitum suum ; dicit nonnæ Pelagiæ, sic enim mutavit nomen ejus, quando tradidit ei sanctum schema : Eamus Tyrum, quia habeo illic responsum, et volo ut venias mecum. Illa vero non valens contradicere ei, secuta est eum : et venerunt ambo, habentes et puerulum septem annorum existentem. Cum ergo ægrotasset abbas in infirmitate ad mortem, ascenderunt ad visitationem ejus de civitate usque ad centum animas. Et dicit : Afferte prunas. Itaque cum venisset thuribulum (87) plenum prunis, tulit et evacuavit eas in vestimentum suum, et dixit : Credite, fratres, quia sicut Deus rubum custodivit incombustum ab igne, sicut nec tunicam hanc meam incenderunt prunæ istæ, ita nec ego agnovi peccatum mulieris, ex quo natus sum. Et omnes mirati sunt, quomodo non ardebat vestimentum ab igne ; et glorificaverunt Deum habentem occultos servos. Ex occasione autem nonnæ Pelagiæ quondam meretricis, aliæ fornicariæ secutæ sunt eam, abrenuntiantes mundo, cum ea pergentes in monasterium ejus. Servus enim Dei monachus, qui totonderat eam, postquam satisfecit omnibus, tradidit Deo spiritum in pace. Ideo, inquit, dico vobis, filii, ne præcipites ad condemnanda et judicanda sitis aliena. Multoties enim peccatum fornicationis vidimus, pœnitentiam vero ejus, quam fecit occulte, non aspeximus. Et est quia furtum facientem quemdam vidimus, suspiria vero et lacrymas quas produxit Deo nescimus. Et nos quidem habemus eum qualem vidimus illum, furem, aut fornicatorem, aut perjurum ; apud Deum vero recepta est occulta ejus confessio et pœnitentia, et est ab ipso pretiosus. Omnes igitur admirabantur super doctrina industrii pastoris hujus atque magistri.

CAP. XLVII. — Duobus clericis calceamenta facientibus, et juxta se laborantibus, unus quidem habebat filios multos, et uxorem, et patrem, et matrem : vacabat vero ecclesiæ sine intermissione, et omnes post Deum alebat de arte sua. Alter vero quamvis doctior esset illo, eo quod non permaneret in ecclesia, sed etiam Dominicis diebus laboraret, nec seipsum tantum nutrire valebat. Invidebat ergo iste vicino suo. Et una vice non sufferens invidiam, dicit ei cum ira : Unde tu sic dives factus es ? Ego vero vacans plus arti meæ quam tu, in paupertatem deveni. Dicit vero ei, volens facere eum vacare ecclesiæ : Invenio pretium in terra, et inde paulatim dives factus sum ; sed si vis, semper voco te, et veni mecum ; et quidquid invenerimus, accipies dimidium. Cum ergo acquiesceret ille, et sequeretur eum euntem ad ecclesiam, sine intermissione benedixit ei Deus, et divitem fecit eum. Tunc dixit ei ille bonus consiliarius : Vidisti, frater, unum mendacium propter Deum (88), quantum profuit animæ tuæ et substantiæ tuæ ? Crede, nihil inveniebam aliquando in terra, ut æstimasti gratia pretii ; sed quoniam dixit Dominus : Quærite primum regnum Dei et justitiam ejus, et hæc omnia adjicientur vobis (*Matth.* vi) ; idcirco occasionem feci, tantum ut seducerem te ; et ecce non sine causa laboravi, sed invenisti, et superinvenisti. Hoc igitur discens sanctus patriarcha, fecit illum bonum consiliarium presbyterum, tanquam dignum ; erat enim lector.

CAP. XLVIII. — Et quidem hactenus ante memoratus Dei cultor Mennas, qui fuerat vicedominus sanctissimæ ecclesiæ Alexandrinorum magnæ civitatis, enarravit nobis. Sequentia autem vilitas mea depinxit ; quædam vero a quibusdam, quibus digne credendum est, audivi. Dicentibus ergo nobis in prædictis in quodam capitulo (*Sup.*, *c.* 11), quod multa spirituali dilectione patriarcha et Niceta patricius ad invicem colligati essent, dignum indicium talis exhibitionis præsens existit capitulum.

Quando, permittente Deo (89), pro peccatis nostris, futurum erat ut traderetur Alexandria sine Deo Persis, reminiscens pastor dicentis : Cum persecuti vos fuerint in civitate ista, fugite in aliam (*Matth.* x), fugam arripuit in propriam patriam, videlicet in

Cyprum, in civitatem suam. Unde occasione acceptæ, præfatus Niceta patricius dixit ad sanctum: Obsecro, si inveni gratiam ante te, ne dedigneris fatigari usque ad reginam civitatem, et bene acceptas preces tuas donare piissimis imperatoribus. Ille vero multæ fidei **203** viri consentiens, obediens ad hoc factus est Deo et voluntati ejus, et a se datum honorem quantum erat circa beatum ostendere volente. Fatigata igitur navi multipliciter a vi ventorum, in qua sanctus cum patricio erat, et in profundum mittenda, videt sæpe memoratus patricius, et optimates qui cum eo erant, una nocte, in qua tempestas facta est, patriarcham modo quidem cum pauperibus per navim ubique circumcurrentem, modo autem iterum cum eis manus in cœlum extendentem, et ab alto adjutorium abstrahentem. Cumque in Rhodum (90) pervenissent ascendentes, videt expergefactus a Deo vocatus hic quemdam eunuchum coruscantem forma, et aureum sceptrum in dextra tenentem, assistentem sibi et dicentem: Veni, jube (91), Rex regnantium quærit te. Nihil ergo statim negligens, advocat patricium Nicetam, et dicit ei cum multis lacrymis: Tu quidem, o domine, ad terrenum imperatorem me vocasti; sed præveniens cœlestis, ante vocavit exiguitatem meam. Et retulit ei eunuchi, imo angeli visionem, quæ apparuerat sibi. Gavisus ergo et tristis factus idem gloriosissimus vir, impedire sanctum non potuit. Abunde igitur sanctis ejus repletus orationibus, et imperatoribus has deferens, cum multo honore redire ei in Cyprum jussit.

CAP. XLIX. — Adveniente ergo eo in propriam civitatem, quæ Amathunta (92) vocabatur, testamentum proprium scribere cito ministris suis præcepit. Velociter vero et sine dilatione chartam et calamum præsentantibus, præcepit sacrum illud os scribere sic: « Joannes servus, propter eam quæ supposita est mihi sacerdotii dignitatem, Dei gratia liber. Gratias ago, Deus, tibi, quoniam exaudisti miseriam meam, rogantem bonitatem tuam, ne inveniretur morienti mihi nisi unus tremissis. Inveniente enim me in honorabili episcopio sanctissimæ Ecclesiæ Alexandrinorum magnæ civitatis, quam per indulgentiam Dei suscepi, quando in ea consecratus sum episcopus, circiter octoginta centenaria auri, et quæ intraverunt mihi ab amicis Christi, pene numerum hominis transcendunt; in seipsam mentem colligens, et cognoscens hæc omnia dominatoris omnium esse, festinavi ea quæ Dei erant Deo dare. Unde et quod remansit mihi hoc tremisse, Dei et hoc existens, jubeo dari his qui sunt Dei. » O gloriosa res! o devotionem sancti! Non attendit, sicut debuisset, suis; quod faciunt multi qui in divitiis sunt, qui Dei dona aut ex injustitia collecta, tanquam propria, et tanquam si ea secum ferre possunt, thesaurizant, et non large egenis præbent; sed illa quærebat quæ semper manent, et aliquando non minuuntur. Unde sine mendacio repromissionibus non est fraudatus, quæ asseraverant, **ex persona Dei**, quoniam qui glorificant me,

glorificabo (*I Reg.* II). Vere enim magnifice glorificavit sanctum hunc, qui in suis semper bonis glorificatus est Dominus. Non enim ferens nobilis hic, temporali vita sua conquiescere sancta et digna laude bona, quid egit? Xenodochia, gerontocomia, atque monasteria a fundamentis ædificans, et choros sanctorum monachorum statuens, incessabilem veræ justitiæ memoriam possidet, per ea quæ celebrantur in eis bona opera. Quod enim de his qui mala agunt, et successores propriorum malorum post mortem in vita hac relinquunt, ait Domino plenus Apostolus: Quoniam quorumdam peccata manifesta sunt, præcedentia ad judicium; quosdam autem et subsequuntur. Hoc econtra (93) de hoc beato dicendum est: Quoniam quorumdam justitiæ manifestæ sunt præcedentes in regnum cœlorum (*I Tim.*, V), quosdam autem et subsequuntur, de quibus unus et iste exstitit. Et quoniam non fabula, neque ad gratiam est, quod dictum constat, testimonium nobis perhibeat plane quod mox in pretiosa ejus dormitione gestum est prodigium. Tradente enim eo et commendante propriam animam in manu Domini, ut ait alicubi sacra Littera: Justorum animæ in manu Dei sunt (*Sap.* III), et hanc ei ut sacrificium immolatum offerente, cum recondendum esset honorabile ejus corpus honorifice, et cum congruo sacerdotibus ritu in quodam oratorio sancti miraculorum factoris Tychonis (94), fit quoddam tale signum gloriosum.

CAP. L. — Jacebant in quodam tumulo, ubi et justus hic reponendus erat, duorum quondam episcoporum, qui ante dormierant, sancta veraciter corpora sanctorum: quæ et in natura exanimi interim degentia, tanquam si viva revera essent, æqualem sancto honorem tribuerunt. Cum enim beati corpus inter duos illos componendum esset, honorantes summum pastorem pastores, et multam ejus fiduciam apud Deum reverentes, simul et mirantes, Dei jussione tanquam vivi corpora sua separantes (95), in medio sacrum hunc susceperunt, honorem et ipsi ei præceptione Dei sicut a Deo honorato offerentes, et omnibus statim ostendentes quæ a Deo ei donata est gloriam atque sublimitatem. Quod maximum et gloriosissimum miraculum, non unus, neque decem, neque centum viderunt, sed omnis turba quæ convenit ad pretiosam ejus sepulturam.

CAP. LI. — **204** Aliud autem ejus gloriosius, quod quidem adhuc vivens in carne cœpit miraculum, sed postquam migravit ad Deum, complevit, sermo commemorare tentabit. Mulier quædam de ea quæ sanctum protulit civitate existens, cum audisset eum venisse a Rhodo (96), et angelum ei ibidem apparuisse, et vocationem ei ad communem Dominum ei denuntiasse, peccamen gravissimum in se recognoscens, quod nec auditus hominum posse intrare affirmabat, fidem inambiguam sumens, ad sanctum cursim pervenit; et pedes ejus comprehendens, cum lacrymis multis clamabat, et dicens secreto sancto: Peccatum, o ter beate, habeo misera, quod ad aures hominum venire non potest, et scio quod, si vis, potes id mihi indulgere; dixit enim vobis Dominus : Quoniam quæcunque solveritis super terram, erunt soluta, et in cœlis ; et quæcunque ligaveritis super terram, erunt ligata et in cœlis (*Matth.* xviii); et quorum remiseritis peccata, remittuntur eis ; et quorum retinueritis, retenta sunt (*Joan.* xx). Hæc verba audiens a muliere sanctus, et timens, si petitionem ejus refutaret, noxius ejus tormenti fieret, dum posset liberari a proprio peccato per fidem quam habebat in eum, dicit ad eam humiliter : Si utique credis, o mulier, Deo, quod per infelicitatem meam ignoscatur tibi crimen quod dicis, confitere mihi hoc. Quæ dixit : Non possum, domine, dicere id, neque enim potest auditus hominum portare illud. Dicit ad eam iterum sanctus : Et si erubescis, vade et scribe illud, si nosti litteras, et fer mihi. Illa iterum respondit : Vere, domine, non possum. Exspectans ergo modicum quid tacens, dixit ei : Non potes scribere et bullare, et afferre mihi ? Tunc dixit ei : Possum, domine, hoc facio, rogans honorabilem et coangelicam animam tuam ne solvatur, neque ullo modo inveniatur a quolibet pittacium (97) hoc aliquando. Verbum igitur accipiens a Deo honorabilis quod nullus homo solveret aut legeret ejus pittacium, abiens scripsit propria manu peccatum, et bullans portavit beato. Suscipiens ergo sanctus pittacium, post quinque dies ad Dominum profectus est, nemini aliquid de hujusmodi pittacio aut disponens, aut indicans. Mulier itaque fortuito, imo dispensatione Dei, non existens in civitate die in qua translatus est in pace de sæculo isto ad aliud patriarcha, volente et in hoc demonstrare Deo quantam apud eum, utpote proprius famulus, fiduciam possidebat. Sed post unam diem reconditionis pretiosi ejus lipsani (98) adveniens, cum audisset dormitionem ejus, amens et desipiens propemodum facta est, existimans pittacium quod dederat, in episcopio relictum, omnibus faceret culpam ejus manifestam. Cito ergo resiliens, et priorem fidem suam indubitabilem super animam resumens, arcam a Deo honorati apprehendit; et, sicut viventi ei veraciter, ita turbata perhibebat : Homo Dei, tibi hoc peccatum non potui enarrare, eo quod supra modum existeret grave, et ecce nunc omnibus factum est forsitan manifestum et cognitum ; utinam non tibi rem meam manifestassem. Heu ! heu mihi ! putans confusionis absolutionem invenire, confusio omnibus facta sum; pro medela blasphemiam recepi. Quid mihi ad te opus erat secretum animæ meæ patefacere? Tamen non deficiam neque diffidam, neque removebo a tumulo lacrymas, usque dum satisfactionem de petitione mea accepero. Neque enim mortuus es, sancte Dei, sed vivis. Scriptum est enim quia justi in perpetuum vivent (*Sap.* v). Iterumque eadem verba assumens, dicebat : Nihil, homo Dei, peto a te, nisi ut certum facias cor meum quidnam de dato tibi pittacio factum sit ? Deus ergo qui dixit aliquando ad Chananæam : Fides tua te salvam fecit (*Matth.* xv), ipse et hanc certam fecit. Tribus enim diebus perseverans ad sepulcrum sancti, et cibum aut potum omnino non gustans, tertia nocte, dum rursus cum lacrymis eosdem duros ac fideles sermones beatissimo diceret, ecce egreditur Dei famulus de tumulo suo, oculatim apparens cum duobus episcopis, qui cum eo jacebant, uno hinc, et altero hinc aspitantibus (99), et dicit ad eam : usquequo mulier hos qui hic sunt commoves, et non dimittis eos quiescere ? Infuderunt enim stolas nostras lacrymæ tuæ. Et hæc dicens, dat ei proprium pittacium bullatum, dicens : Suscipe, recognoscis hoc ? solve, aspice. Et in seipsam ex visione veniens, vidit iterum sanctos ingredientes in proprium locum ; et solvens, invenit litteras suas deletas, et subscriptionem sub eis, habentem sic : *Propter Joannem servum meum, deletum est peccatum tuum.* Quis loquetur potentias Domini, o amici et fratres ? Qui ita misericors et amator hominum, faciens voluntatem timentium se, et glorificans glorificantes se, et per miraculorum operationes magnificans eos? Non autem in hoc loco solum, in quo pretiosa dormitio ejus facta est, gratia quam habuit apud Deum, manifestata est, sed ubique longius claruit.

Cap. LII. — Eadem enim die in qua ad Deum ex hac vita beatus iste profectus est, quidam eorum qui angelicam vitam et schema monachicum habent, vir admirabilis et industrius, Sabinus nomine, Alexandriæ habitans, vidit quasi in excessu mentis factus, divinitus honoratum Joannem de proprio episcopio egredientem cum clero omni cerea portantem, et ad imperatorem euntem, tanquam eunucho quodam (ut ipse dicebat Sabinus) cubiculario hunc vocante, postquam januam episcopii exiit, quod significat proprii corporis separationem, et unam puellam ut solem, suscipientem eum, et manu tenentem, et super caput coronam ex oleæ ramis circumamictam. Mox ergo agnovit sanctus Sabinus migrationem patriarchæ ad Dominum ipsa hora fuisse factam. Quapropter adnotantes quidem mensem et diem, erat enim celebris, videlicet sancti martyris Mennæ (100), quibusdam venientibus de Cypro percunctantes quidam qui habitabant Alexandriæ de migratione sancti patriarchæ, agnoverunt veram fuisse visionem, eo quod eadem hora fieret in qua obiit beatus, et maxime de exemplo puellæ quæ manu tenebat eum. Acceperat enim repromissiones ab ea sanctus, sicut in præcedentibus verbis Vitæ diximus (*Sup., c.* 7) : Quia si me possides amicam, ego te ante imperatorem introducam, quod et revera fecit.

Cap. LIII. — Non autem ex hoc tantum omnes satisfactionem acceperunt, quod eleemosyna et misericordia quam habuit circa egentes, eum in cœlorum regnum deduxerunt; sed quia alius eorum qui habitabat civitatem Alexandriam, timens Deum, vidit ipsa nocte in qua et sanctus Sabinus, omnes pauperes et orphanos atque viduas, oleæ ramos bajulantes, et in patriarchæ obsequio euntes, et ad ecclesiam pergentes. Non solum duo, aut decem, aut centum satisfactiones sunt, per quas scimus clare quoniam sanctorum numerum meruit memorabilis hic; sed ecce et aliæ, quas subsequens forma ostendit.

CAP. LIV. — Hymnodia enim anniversaria post multum temporis dormitionis sancti celebrata, in templo superius memorati sancti Tychonis (*Sup.*, *c.* 49), ubi pretiosum lipsanum beatissimi patriarchæ Joannis repositum est : erat autem quæ colebatur sacra vigiliæ hymnodia annuæ recordationis sancti miraculorum factoris Tychonis. Is qui est miraculorum Dominus, volens ostendere omnibus quali honore servum suum sanctum Joannem dignum fecerit, placuit de honorabili ejus lipsano unguenti saniferam suavitatem emanare, qua universi in lætitia freti gloriam retulerunt Patri et Filio et Spiritui sancto ; vero scilicet Deo nostro, qui proprios sanctos gloria glorificat infinita.

CAP. LV. — Et nullus, o amici Christi, tanti miraculi incredulus sit. Etenim usque nunc videtur in amica Christi Cyprorum insula, in diversis sanctis talem Dei gratiam operantem, et tanquam ex fontibus unguentorum suavitatem de pretiosis eorum lipsanis profluentem, ad gloriam ejusdem bonitatis, et ad honorem sanctorum ejus, atque alacritatem et zelum bonum qui post futuri sunt hominum : quatenus secundum imitationem eorum conversantes, eisdem et nos honoribus digni efficiamur a justo mercedum retributore Deo. Efficiamur igitur, dilectissimi, et nos consummatores præscriptarum rectitudinum sanctissimi ,hujus Patris nostri Joannis ; et quasi incolæ existentes et peregrini in vita ista, in æternum thesaurizemus futurum, per largam quæ indigentibus tribuitur donationem (*I Cor.* IX). Etenim, secundum divinitus inspiratum Apostolum, qui seminat in benedictionibus, de benedictionibus et metet (*I Cor.* II); et pro corruptibilibus incorruptibilia, pro temporalibus æterna, quæ oculus non vidit, nec auris audivit, et in cor hominis non ascenderunt quæ præparavit Deus diligentibus se : quæ omnes nos impetremus per gratiam et misericordiam Jesu Christi Domini nostri, cum quo est Patri una cum sancto Spiritu gloria et honor et imperium, nunc et semper in sæcula sæculorum. Amen.

ROSWEYDI NOTATIO.

(1) *Joannes.*] Martyrologium Romanum, 23 Januarii : « Alexandriæ sancti Joannis Eleemosynarii, ejusdem urbis episcopi, misericordia in pauperes celeberrimi. » Menologium Græcum, 12 Novembris : « Commemoratio S. P. N. Joannis archiepiscopi Alexandrini, cognomento Eleemonis. Hic fuit Cyprius genere, Epiphanii illius regionis ducis filius : qui cum omnem diligentiam atque operam ad virtutis studium et Dei gratiam conciliandam contulisset, propter vitæ splendorem, Heraclio imp. petente, factus est archiepiscopus Alexandrinus. Itaque ut lucerna in candelabro posita eluxit, multisque annis in sacerdotio transactis, multa efficiens miracula, abunde pauperibus et egenis vitæ necessaria suppeditans. Unde Eleemonis cognomentum accepit, omnibus, et ipsis etiam infidelibus venerabilis migravit ad Dominum. » Eadem eodem die reperiuntur in Menæis, pauculis additis.

Quod Baronius ad dictum 23 Januarii diem ait, Græcos etiam eodem die de eo agere, licet natalis dies sit 3 Februarii, nescio unde hauserit. Jam vidimus ex Menæis et Menologio, 12 Novembris memoriam ejus apud Græcos celebrari. Et infra in **208** Vita, cap. 52, dicitur Joannes obiisse die sancti Mennæ, Mennam autem Megalomartyrem habes in Menæis et Menologio, 11 Novembris, eodem cum Joanne mense, hic vix differenti.

Addit ibidem Baronius : Puto hanc, inquit, ipsam (23 Jan.) esse diem ordinationis ejus, quam et natalem dici consuevisse et solemniter etiam celebrari, supra diximus, dum egimus de cathedra sancti Petri. In Annalibus tamen, tomo VIII, anno Christi 620, Bonifacii V papæ 5, Heraclii imp. 11, ait diem anniversariam qua obiit, esse 23 Januarii.

(2) *Leontio.*] Sigebertus, catalogo illust. Ecclesiæ Script., cap. 57 : « Leontius Neapolis Cyprorum insulæ episcopus, scripsit Vitam Joannis Alexandrini episcopi, qui ob eximiam in pauperes misericordiam agnominatur Eleemosynarius. » Trithemius, catalogo illust. Ecclesiæ Scriptorum, de eo etiam agit, et nihil præter hanc vitam ex ejus scriptis citat.

Plura Leontii opera enumerat septima generalis synodus, act. IV. Οὗτος ὁ ἀναγνωσθεὶς πατήρ, ἐν μιᾷ τῶν πόλεων Κύπρου ἱεροπρεπῶς διέτρεψε· καὶ πολλὰ ἐγκώμια καὶ πανηγυρικοὺς λόγους αὐτοῦ ἔχομεν· μεθ᾽ ὧν καὶ εἰς τὴν μεταμόρφωσιν τοῦ Σωτῆρος ἡμῶν· συνεγράψατο δὲ καὶ τὸν βίον τοῦ ἁγίου Ἰωάννου ἀρχιεπισκόπου Ἀλεξανδρείας, τοῦ Ἐλεήμονος, ἔτι μὴν καὶ τοῦ ὁσίου Συμεῶν τοῦ Σαλοῦ, καὶ ἕτερά τινα· καὶ ἐν πᾶσι τοῖς λόγοις αὐτοῦ ὀρθόδοξος γνωρίζεται. Ἤκμαζε δὲ κατὰ τοὺς χρόνους Μαυρικίου τοῦ βασιλέως. « Hic qui lectus est Pater, in una urbium Cypri, decore sacratissimo claruit. Et multa præconia, et festivos sermones ejus habemus, cum quibus est etiam sermo ejus in Transfigurationem Salvatoris nostri. Conscripsit autem et Vitam sancti Joannis archiepiscopi Alexandriæ, cognomento Eleemonis, id est, Misericordis; quin et sancti Simeonis Simplicis, et alia quædam. Atque in omnibus sermonibus suis orthodoxus cernitur. Floruit autem temporibus Mauritii imperatoris. « Anastasius Bibliothecarius, in sua versione VII synodi, post Simeonem addit eum scripsisse, « turbationesque propter Christum circa ea tempora in ecclesia factas, » quod hic deest in Græco. Quare vel ipse perfectius Græcum exemplar nactus fuit, vel certe τοῦ Σαλοῦ, quod epitheton est Simeonis, quo simplex et stultus Syris designatur, ipse metaphrastice explicat. Ex Græco τοῦ σάλου. Nam σάλος Græcis *jactatio*, *turbatio*. Quare forte nihil deest textui Græco, sed Anastasius lapsus fuerit ambiguo vocabuli σαλοῦ et σάλου.

Quæ res Baronio, tom. VIII, anno Christi 594, et anno 620 labendi occasionem præbuerit, ut existimarit Leontium hunc historiam sui temporis scripsisse incipientem a Mauritio narrare eas quæ fuerunt in Ecclesia perturbationes. Eadem habet Possevinus noster in Apparatu Sacro. Quare liber ille forte non excidit, nec alicubi delitescit, quia nunquam forte scriptus fuit. Nec recte priore loco apud Baronium, et apud Possevinum dicitur Leontius Constantiæ episcopus, imo Neapolis fuit. Vide Onomasticon in *Neapolis.*

Habes in eadem synodo, actione eadem, citatos aliquot libros Leontii contra Judæos pro Christianorum apologia, ex quibus etiam quædam adducit Joannes Damascenus orat. 1 et 3, de Imagin.

Baronius, notatione ad Martyrologium Romanum 23 Januarii, existimat duplicem Leontii editionem et translationem esse inter se diversam ; in quarum altera aliqua habentur quæ in altera desiderantur. Est quidem duplex editio, et translatio Vitæ Joannis Eleemosynarii, sed diverso auctore : una auctorem habet Leontium, quæ hactenus existit in Vitis Patrum, et habetur tomo II Lipomani. Altera auctorem habet Metaphrastem, quam habes apud Lipomanum, tomo V et Surium, tomo I.

(3) *Anastasio.*]Sigebertus, supra, cap. 104 : « Anastasius, jubente Nicolao papa, transtulit in Latinum Vitam Joannis Eleemosynarii, scriptam Græce a

Leontio episcopo. » Idem de eo habet Trithemius, supra, ubi plura alia ab Anastasio e Græco translata recenset.

(4) *Domnum.*] Ita manuscrip. Gemblacensis et Aquic.; deest hæc inscriptio Editis. *Domnus* olim usurpatum, cum de hominibus agerctur loco *Dominus* quod soli Christo venerationis ergo reservabant.

(5) *Leontium de Vitæ residuis.*] Leontius agit de Vitæ residuis Joannis Eleemosynarii, quæ videlicet a Joanne et Sophronio ejus Vitæ prioribus scriptoribus fuerant prætermissa, ut ipse Leontius asserit sequenti procemio.

(6) *Absque vicario Dei.*] Egregia hic habes pontificis elogia, quod sit « vicarius Dei, claviger cœli, auriga spiritualis Israelis, universitalis pontifex, unicus papa, singularis pastor, specialis Pater, omnium arbiter. »

(7) *Propter fistulam plumbeam.*] Non absimilis apud divum Augustinum, libro IV de Doct. Christ. similitudo : « Bonorum ingeniorum insignis est indoles, in verbis verum amare, non verba. Quid enim prodest clavis aurea, si aperire quod volumus non potest? aut quid obest lignea, si hoc potest? quando nihil quærimus, nisi patere quod clausum est. »

(8) *Joannem et Sophronium.*] Horum de Joanne Eleemosynario scripta nondum mihi videre contigit. Horum et mentio infra, cap. 31.

(9) *Cyrum et Joannem.*] Infra, cap. 30 : « Ad templum sanctorum victoriosorum martyrum Cyri et Joannis. » Martyrologium Romanum, 31 Januarii : « Romæ, via Portuensi sanctorum martyrum Cyri et Joannis, qui post multa tormenta pro confessione Christi capite truncati sunt. »

(10) *Philochristis.*] Editi hactenus *philosophis.* Sic et inf., cap. 12, *et mutuo accepit a multis philochristis.* Cap. 22, *Vavæ, o philochristi.* Et cap. 25 : *Vidit in somnis jam dictus vir philochristus.* Nempe *philochristus* est amator Christi, ut hic explicatur cap. 14 : *Hoc præterea præfati sumus amatores Christi.*

(11) *Cruciculam argenteam.*] Ecce morem Chritianorum e collo gestandi cruciculas. Vide Onomast.

(12) *Usque ad siliquam unam.*] Isidorus, l. XVI Orig., cap. 24 : « Siliqua, vigesima quarta pars solidi est, ab arboris semine vocabulum tenens. »

(13) *Tremissem.*] Editi libri addunt, *id est, tertiam partem solidi aurei.* Quod interpretamenti vice in textum irrepsit. Isidorus, ubi supra : « Tertiam partem (solidi) ideo dixerunt tremissem, eo quod solidum faciat ter missus. » Iuf., cap. 37, *tremissia.*

(14) *Mennas?*] Narravit hic Leontio Acta omnia Joannis Eleemosynarii, quæ habentur a cap. 2 usque ad 48, ut ibi in textu dicitur.

(15) *Vicedominum.*] Id est, œconomum seu dispensatorem ecclesiæ; paulo ante de eodem : *Cui et erat ordinans dispensationem sanctissimæ ecclesiæ.* Vide Onomast.

(16) *Super pacem.*] Intelligit diaconum, qui ante sacrum pronuntiabat, εἰρηνικά, pacifica, quæ erant certæ formulæ, quas habes in Euchologio. Vide Onomastico.

(17) *In honoraoti secreto.*] Metaphrastes τῶν ἀπὸ τοῦ σεκρέτου, qui erant a secreto.

(18) *Consecratus est divino judicio.*] Baronius, tomo VIII, anno Christi 610, Bonifacii IV papæ 4, Heraclii imp. 1, Joannis in patriarcham Alexandrinum consecrationem ponit.

(19) *Cancellarios.*] Infra, cap. 5, *cancellariorum, et ecclesiæ defensorum.* Et cap. 23. *Convocat per cancellarium suum monachum.* Apparet hic officium esse ecclesiasticum. Vide Onomasticon.

(20) *In una Campana statera.*] Editi : *in una campana, id est, justa et æquali statera.* Isidorus, lib. XVI Orig., cap. 24 : « Statera campana a regione Italiæ nomen accepit, ubi primum ejus usus repertus est. Hæc duas lances non habet; sed virga est signata libris et unciis, et vago pondere mensurata. Unicuique autem ponderi certus est modus, nominibus propriis designatis. »

(21) *Modio, et artabe.*] Editi : *modo, et artaba, id est mensura modios tres continente, et tertiam partem modii,* quæ est explicatio *artabæ.* Quam explicationem in margine habebat manuscrip. Aquicinct. Isidorus, lib. XVI Orig., cap. 25 : « Artaba mensura est apud Ægyptios, sextariorum LXXII, composita ex numero, propter LXXII gentes vel linguas quæ orbem impleverunt. »

(22) *Ecclesiæ defensorum.*] Infra, cap. 23, *ceciderant eum ecclesiæ defensores.* Et hoc officium est ecclesiasticum. Vide Onomasticon.

(23) *Hodie.*] Tale olim Titi imperatoris dictum apud Suetonium in Tito, c. 8, quod in Metaphraste est, Τὸ μὴ βασιλεῦσαι σήμερον ἐπεὶ μηδένα εὐεργετήσαμεν.

(24) *Persæ.*] Contigit hæc Persarum incursio et deprædatio in Syriam anno Christi 614, Bonifacii papæ 4, Heraclii imp. 5, ut habet Paulus Diaconus historia Miscella ex Theophane, lib. XVIII : « Anno V imperii Heraclii ceperunt Persæ Jordanem bello, et Palæstinam, et sanctam civitatem, et multos in ea per Judæorum manus interfecerunt, id est (ut quidam aiunt) millia nonaginta]; isti enim ementes Christianos, prout unusquisque habere poterat, occidebant eos ; Zachariam vero Jerosolymitanum præsulem comprehensum et pretiosa et vivifica ligna sanctæ crucis cum multa præda abduxerunt in Persidem. » Hujus calamitatis miseriam deflet Antiochus monachus Palæstinæ variis homiliis. Vide Baronium, dicto anno Christi, et Adonem in Martyrol., 14 Septemb.

(25) *Rogam.*] Ita recte Ms. Aquic. et editiones vett. cum Coloniensi. In Ms. Gemblacensi est, *rogandum,* male. Mox : *quibus erat roga credita.*

(26) *Vexanti.*] Ita manusc. Aquicinct. Editi, *vexato.* Sed solemne hujus ævi scriptoribus ita similia verba usurpare. Ita sæpe in sequentibus libris *tribulantes* pro *tribulati.*

(27) *Ligaturam.*] Græce Metaphrastes : ἀπόδεσμον. Infra, cap. 25. *ligaturam auri.*

(28) *Adhuc.*] Editi, *Adrione.* Quod unde irrepserit, nescio.

(29) *Enthecam.*] Vet. editio et Colonien., *anthecam, id est archam.* Nota jurisconsultis entheca, et posterioris ævi scriptoribus. Cassianus, libro IV Instit., cap. 14 : « Cumque totam enthecam cœnobii suam credat esse substantiam. » Hic, infra, cap. 27 : « Erat autem summa multa enthecarum suarum. »

(30) *Pharum.*] Ita uterque manuscr., et Metaphrastes Græce φάρον. Male in Editis, *forum.* Intelligit locum prope Alexandriam notissimum. Idem habes infra, cap. 25.

(31) *Pentapoli.*] In Metaphraste est *Decapoli.*

(32) *Logothetæ.*] Editi vett., *Logothetæ, id est rationatoris.* Coloniens., *ratiocinatoris.* Manuscrip. Aquicinct. superscribebat, *id est causarum et sermonum positoris.* Erat logothetarum certum inter ecclesiasticos officium, de quo plura in Onomastico.

(33) *Collecta.*] Ms. Aquic. superscribebat : *id est, distributiones ad pauperes.*

(34) *Notitiam Xenii.*] *Notitia,* hic est *pittacium,* ut mox sequitur. Apud Metaphrastem Græce est χάρτιον, *chartam.*

(35) *Pittacium.*] Sæpius hæc vox hic occurrit. Significat parvam schedulam. Vide Onomasticon.

(36) *Obsecro te, nonna.*] Ita recte uterque Manusc. et vet. editio. Non recte in Coloniensi, *nonne.* Hoc loco *nonna* notat dominam. Eadem vox et alibi in his libris occurrit. Infra, cap. 46, *nonna Pelagia.*

(37) *Et sanctum meum Mennam.*] Intelligit, opinor, Mennam œconomum ecclesiæ tempore Joannis nostri, ut habetur supra, cap. 1. Notus alias Mennas sanctus martyr.

(38) *Niceta patricius.*] Videlicet, *filius Gregoræ*

patricii *per Alexandriam et Pentapolim*, ut habet historia Miscella ex Theophane, anno 1 Heraclii, libro xviii, apud Paulum Diaconum.

Quod Nicetas regnum arctari dicit, eo facere existimat Baronius, tomo viii, anno Christi 610, Bonifacii V papae 3, Heraclii imp. 11, quod habet Paulus Diaconus in historia Miscella, libro xviii : « Anno 12 imperii Heraclii, mense Aprili, die 4, indictione 10, imperator Heraclius, celebrata solemnitate Paschali, mox secunda feria vesperi motus est contra Persidem. Sumptis autem mutuo venerabilium domorum pecuniis aporia coarctatus, accepit etiam ecclesiae magnae multa candelas ferentia, simul et alia vasa ministratoria. Quibus conflatis, exarari fecit in his nummos aureos et argenteos plurimos. »

Porro, subdit Baronius, collectio ejusmodi pecuniarum non facta est Constantinopoli tantum, sed et in aliis totius imperii civitatibus, in quibus pretiosum aliquid inventum esset. Legati sunt in Orientalem plagam ab imperatore quaestores viri quidem insignes, Alexandriam autem et in universam Aegyptum missus est Nicetas patricius. Hic igitur cum Alexandrinae ecclesiae pecunias in fiscum inferre conaretur, nactus est adversantem Joannem Alexandrinum episcopum, qui cuncta solebat in pauperes erogare, cum negaret se daturum quod suum non esset, sed pauperum.

Sed pace Baronii dixerim, non quadrant haec cum aetate et historia Joannis. Siquidem Paulus Diaconus eam pecuniae exactionem ponit anno 12 Heraclii, Baronius vero, anno 11 ejusdem imp. At, vel ipso Baronio ibidem teste, Joannes anno 11 Heraclii obiit. Accedit quod tam Leontius quam Metaphrastes in Joannis Vita asserunt, post hanc Joannis et Nicetae de pecunia contentionem, eos amicos inter se vixisse, adeo ut Joannes post factus sit ejus compater, an liberos ejus e sacro fonte suscipiens? Et ipsa Leontii et Metaphrastae narratio satis indicat hanc contentionem non ultimo Joannis anno, sed longe ante contigisse.

(39) *Bullam.*] Manuscr. Aquic. superscribit, *id est sigillum*. Infra, c. 51, *Bullare*; item *pittacium bullatum*. Saepius haec vox in variis auctoribus eo 208 significatu occurrit, uti et in Vita sancti Basilii, supra, cap. 10 : Vide Onomasticon.

(40) *Cosma.*] Jam ante Joannis tempora invaluerat in ecclesia Alexandrina labes Simoniaca, ad quam exstirpandam Gregorius papa, libro xi, epist. 49, indict. 6, Eulogium Alexandrinum episcopum hortatur.

(41) *Subtilitate.*] Editi *subtilitate, id est tenuitate et paupertate*. Inf., cap. 58, rursus eodem significatu occurrit.

(42) *Et sancto altari astitisset.*] Graece apud Metaphrastem : Αὐτὸς δὲ τῷ βήματι παραστάς. Quod Hervetus vertit : *cum ipse autem astaret in tribunali*, imo *altari*; ita enim Graecis in re sacra βῆμα accipitur.

(43) *Sanctum velum exaltaturo.*] Metaphrastes clarius : Κατ' αὐτὴν τὴν ὥραν, ἐν ᾗ τὸ ἱερὸν καταπέτασμα τῶν θείων ἀφαιρεῖται δώρων : « Ea ipsa hora, in qua sacrum velum aufertur a sanctis donis. » Sic in Guilielmo Bibliothecario, de Vitis pontiff., cap. 112, in Stephano VI, *velothera circa altare* habes : « Contulit in eadem basilica apostolorum (Jacobi et Philippi) cortinam lineam, unam, velothera serica tria in circuitu altaris. » Atque ibidem saepius habes vela circa altaria.

(44) *Intimat diacono facienti orationem, quam diaconus solitus facere erat, ut reinciperet a capite.*] Metaphrastes : Δηλοῖ τῷ διακόνῳ τὴν συναπτὴν αἴτησιν ἐπαναλαβεῖν : *Significat diacono ut connexam resumat petitionem*. Anastasius interpres videtur legisse, συνήθην pro συναπτήν. Nisi potius Paraphrastem egerit. Nam συναπτὴ a diacono dici solita oratio, quae et διακονικὴ dicebatur, ipsa forte hic in Graeco fuit. De utraque vide Euchologium.

(45) *Cimiliarchium.*] Occurrit et infra capite 46.

Editi : *cimiliarcium, id est secretarium principale*, et ita in manusc. Aquic. superscriptum erat. Proprie κειμηλιαρχεῖον cimeliarchium est vestiarium seu archivum cimeliorum, ubi ornamenta et donaria ecclesiae reponebantur. Anastasius Bibliothecarius, in Vitis pontificum, cap. 72, in Severino : « Sigillaverunt omne vestiarium ecclesiae, seu cimilia episcopii, quae diversi Christianissimi imperatores seu patricii et consules pro redemptione animarum suarum beato Petro apostolo reliquerant. » *Cimelia* haec, vestiariorum gazae dicuntur Guilielmo Bibliothecario in Vitis pontiff., cap. 112, in Stephano VI : « Quid mirum si vestiariorum gazas ablatas reperit, qui sacraria perquirens, de pluribus donariis et ecclesiarum ornamentis pene nihil invenit. »

(46) *Mali modi clericum.*] Quod explicat manusc. Aquic. superscribendo : *id est, malos mores habentis*. Graece forte fuerit κακότροπον.

(47) *Deiferi quidem SS. PP.*] Cujus haec sententia sit, nondum mihi compertum.

(48) *Multum ergo contra se secreto contendentes.*] Editi : *Coram secretario contendentes*. Ms. Gemblac., *contra se acriter contendentes*. Manuscrip. Aquic., *coram secreto contendentes*.

(49) *Mittentibus igitur ambobus metanoeam.*] Editi addunt : *id est poenitudinem sive recognitionem*. Quid sit βάλλειν μετάνοιαν, jam explicui ad Vitam sancti Basilii, cap. 11, num. 54: Infra, capite 35, *Et mittens genuflexiones*.

(50) *Georgium.*] Ita uterque Manusc.; ita et Metaphrastes. Coloniensis editio, *Gregorium*. Baronius, tomo VIII, anno Christi 620, Bonifacii V papae 3, Heraclii imp. 11, quia apud Nicephorum in Chronico, Joannem Georgium in episcopatu Alexandrino sequitur, existimat nunc illum esse con-obrinum ejusdem Joannis; de quo hic agitur. Rationem conjecturae suae addit; quod antiquitus in more esset positum Ecclesiae Alexandrinae, ut defunctis illis episcopis, qui praestantiores fuissent, et eam illustrassent Ecclesiam, aliquis ex eorum propinquis successor eligeretur, ut vidimus de Cyrillo nepote Theophili in locum ejus subrogato (*Baron.*, c. 4, an. 412). Hactenus Baronius.

Valde ego dubito an ea tunc aetate esse potuerit Georgius Joannis nepos, ut episcopi Alexandrini munere fungi posset, quem hoc capite flentem instar pueri vel adolescentis habemus.

(51) *Postquam coronatus est imperator.*] Quod de more hoc, dum coronatus est imperator, hic dicitur, non memini alibi legere. Consulto hoc imitatus est Joannes Eleemosynarius, et post eum alii aliud non absimile excogitarunt. Illustre exemplum edidit Maximilianus I imperator, cui cum displicuisset palatium, quod apud OEnipontem fabricabatur, a jam se domum, quae magis placitura erat, aedificaturum se esse affirmabat. Eaque die sarcophagum cum omni supellectile libitinaria clam parari jussit, eumque omnibus expeditionibus secum vexit, et usque diligentissime singulis noctibus conservari jussit. Arbitrabantur plerique aulici, thesaurum aliquem illic conservari; alii nonnihil librorum quibus historiae veteres continerentur. Caesar vero subridendo, in rei cujusdam sibi omnium charissimae usum, deferri illum dicebat. Ita refert Reinhardus Lorichius Hadamarius.

Sed olim Philoromus presbyter Galata annos sex in sepulcris mortuorum habitasse dicitur, ut mortis formidinem superaret. Palladius, cap. 115 Heraclides, cap. 52.

(52) *Studiosi.*] Quid hic in Graeco fuerit, divinare non possum. Σπουδαῖοι respondet Latino verbo. Sed qui hi *studiosi*? Metaphrastes habet : *Qui praefecti erant operi*.

(53) *Sanctum Modestum patriarcham Jerosolymorum.*] Ita legendum ex manuscripto Aquicinctino. Vetus et Coloniensis editio, *sanctum et modestum*. Modesti hujus saepius meminit Antiochus monachus

Lauræ Sabæ abbatis, qui hoc tempore vixit, in epistola ad Eustathium præpositum monasterio Datalenæ Aneyræ civitatis Galatiæ, quam habes in ejusdem Antiochi Pandecte. In qua hæc huc facientia : « Modestus sanctitatis eximiæ vir (de quo non semel dictum) non eorum modo providam gerit curam sollicitus, quæ per hanc vastam eremum sparsim disjecta sunt, monasteriorum, sed et moderandæ huic civitati, ac universæ circum finitimæ regioni solerter prospicit, Deo eidem cooperante in omnibus. Hic enim ad vivum nobis exprimit imaginem novi cujuspiam Beseleelis, aut certe Zorobabelis. Gratia etenim plenus Spiritus sancti, templa Salvatoris nostri Jesu Christi, quæ quidem barbarico igne conflagrarunt, in sublime erigit omni prorsus digna veneratione, puta ædes sanctæ Calvariæ, ac sanctæ Resurrectionis, domum insuper dignam omni honore venerandæ Crucis, quæ mater ecclesiarum est, sed et sanctæ Assumptionis ædem a fundamentis exædificavit; adeo ut per hæc læta initia de futuris quoque spes amplissimas concipiamus, **209** idque vel lob eos maxime qui hoc sperantur venturi ab externis regionibus, sancta hæc loca ut adorent, ut omnes in commune glorificemus Deum. »

Patriarcham Jerosolymorum, et alii auctores Modestum ponunt præfuisse Jerosolymorum ecclesiæ. Acta Anastasii Persæ, 22 Januarii : « De eo refert ad Modestum, qui sedi præerat apostolicæ. » Suidas in Heraclio : Εἰς τὰ Ἱεροσόλυμα ἀφίκετο, καὶ Μοδέστῳ ἀρχιερεῖ καὶ τῷ αὐτοῦ κλήρῳ ταῦτα ὑπέδειξεν. « Jerosolyma profectus Modesto pontifici et ejus clero monstravit. » Menæa Græcorum diem illi assignant 16 Novembris, et Ἱεροσολύμων ἀρχιεπίσκοπον, Jerosolymorum archiepiscopum vocant.

Baron., t. VIII, anno Christi 616, Deusdedit papæ 2, Heraclii imp. 7. Quod, ait, Zacharias viveret, non alius admissus est Jerosolymorum episcopus, cum non liceret in eodem loco episcopos duos esse; licet ob episcopalem præfecturam idem, vivente adhuc Zacharia, fuerit nominatus Jerosolymorum præfectus, ut in Actis sancti Anastasii martyris, dum agitur de ejus baptismo post Zachariæ reditum per Modestum Jerosolymis exhibito. Sed revera si non episcopus, loco tamen episcopi, usquedum idem postliminio rediit Zacharias, Modestus illam administravit ecclesiam, cuncta restituens.

Hujus autem cladis Jerosolymitanæ, quo Zacharias pontifex quoque abductus est, meminit Paulus diaconus, l. XVIII Historicorum. « Anno quinto imperii Heraclii ceperunt Persæ Jordanem bello, et Palæstinam et sanctam civitatem, et multos in ea per Judæorum manus interfecerunt, id est, ut quidam aiunt, millia nonaginta. Isti enim ementes Christianos, prout unusquisque habere poterat, occidebant eos. Zachariam vero Jerosolymitanum præsulem comprehensum, et pretiosa et vivifica ligna cum multa præda adduxerunt in Persidem. »

(54) *Mille restes siccatorum piscium, qui menomenæ.*] Ab hoc reste, quo siccati pisces et allia colligantur, existimo hodieque vulgo dici, *een rist* vel *rest buckingh*, *een rist aiupn*.

Menomenas existimo esse, quas Plinius, lib. XXXII, cap. 11, *Mænas* vocat.

(55) *Psiathum.*] Ms. Aquic. superscribit, *id est mattam*. Jam aliquoties de eo dictum. Vide Onomasticon.

(56) *Ut Glomus trementes.*] Ita Editi et Manuscriptus Gemblac.; sed in manuscr. Aquic. est, *ut glomus trenantes*.

(57) *Zemate.*] Ita Ms. Aquic., et superscribit, *id est jactura aquarum ubi carnes coquuntur, vel fermento aut fæce*. Ms. Gemblac. *Zimate*. Editi, *schemate*, male. Vide Onomasticon.

(58) *Rachanellæ.*] Ita uterque Ms., et Aquicinct. superscribit, *id est panniculi*. Editi : *recanellæ*, male. Formantur *rachanellæ* a *rachaniæ*, ut infra vocantur,

cap. 26. Quanquam utrumque puto esse ῥάκη. Vide Onomasticon.

(59) *Exspoliare divites, et ipsum etiam hypocamisium*, etc.] Sane intellige : ipse se explicat, cum dicit *benevole* auferendum. Nec enim furandum ut quis eleemosynas largiatur. Augustin., serm. 35, de verbis Domini : « Hoc (*Facite vobis amicos de mammona iniquitatis* [*Lucæ* xvi]) quidam male intelligendo rapiunt res alienas, et aliquid inde pauperibus largiuntur, et putant se facere quod præceptum est, etc. De justis laboribus facite eleemosynas. Ex eo quod recte habetis, date, etc. Nolite velle eleemosynas facere de fenore et usuris. Fidelibus dico. »

Hypocamisium. Manuscrip. Gemblacens., *ypocamisium*. Ms. Aquicinct., *yppocamisium*, cum superscriptione, *id est vestimentum, quod subtus camisiam est*, quod post in omnes textus editos irrepsit.

(60) *Quod circa sanctum Epiphanium et Joannem.*] De hac historia vide Vitam sancti Epiphanii 10 Jan.

(61) *A mancipio.*] Id est pistrino. Hoc paucis notum. Vide Onomasticon.

(62) *In una quidem acie.*] An intelligit lancem trutinæ? An in Græco erat φάλαγξ, ambiguum vocabulum, quod et trutinam et aciem exercitus significat? Vide Onomasticon.

(63) *Vavæ.*] Editi veteres *ve ve*. Colon. *Papæ!*

(64) *Esophorium.*] Manusc. Aquic. explicat, *id est vestimentum interius, quod interula, vel fibula collo appensa vocatur*. Vide Onomast.

(65) *Et salutarem sanctum abbatem Cyrum.*] Explicatius Metaphrastes : *ad adorandum sanctos Cyrum et Joannem*. Erat horum celebris Alexandriæ memoria, et templum quoque is dicatum. Vide sup. cap. 4, n. 9.

(66) *Impigre.*] Ita recte in manuscriptis. Vetus editio, *impingere*. Coloniensis, *injungere*.

(67) *Sanctis Theophaniis, et Dominica sancta, atque sancta Pentecoste.*] Triplici hoc tempore pro eo qui defunctus putabatur collectæ factæ. Simile exemplum de vinculis captivi solutis, dum sacrum pro eo tanquam defuncto fieret, habet Gregorius hom. 37, in Evang.

(68) *Oravit quidem ei.*] Puto intelligi, *oravit pro eo*. Infra, c. 37, *Vade, ora furtis meis*.

(69) *Tholos.*] De hoc ædificii genere vide Onomast.

(70) *Cum storeis et rachanis.*] Manuscr. Aquicinct. *cum toris et rachanis* : Ms. Gemblacen., *cum storis et rachanis*. Vetus editio, *cum storeis et raconis*. Coloniensis, *cum storeis et racis*. Dicuntur hic *rachanæ*, unde supra, cap. 20, dictæ sunt *rachanellæ*.

(71) *Adria.*] Coloniensis editio, *Adhira*. Sed uterque Ms. ut impressi.

(72) *Volentes.*] Ita uterque Manusc. Editi, *volebant*. Sed mutarunt veriti barbarismum. Sic infra, capite 33, initio, *audiens* pro *audivi*.

(73) *Severianitis.*] Intelligit, opinor, Acephalos hæreticos, qui paulo ante tempora Joannis Eleemosynarii orti circa annum 513 a Severo Antiocheno episcopo, de quo Evagrius, Hist. eccl., lib. III, capite 33 et 34.

(74) *Gallodromi.*] Ms. Aquic. superscribebat : *mangones discurrentes et fraude decipientes*. Ita et textus editionis veteris et Coloniensis. Sic apud Palladium, cap. 15 et 16, est σπανοδρόμοι, quod vertunt mercatorem negotiantem in Hispania.

(75) *Seridonis.*] Infra hoc capite : *Ingressus monasterium abbatis Seridonis in Gaza*. Occurrit sanctus Seridon vel Siridon episcopus in Martyrologio Romano 2 Januarii.

(76) *Unius ærei lupinos.*] Ita supplet manusc. Aquic. quod deest Editis. Ms. Gemblac. habet, *unius nummi ærei pretium*.

(77) *Constantinum.*] Habetur historia apud Sozomenum, lib. I, cap. 16; Theodoretum, libro I, capite 11.

(78) *Secunda synodus in Nicæa.*] Imo prima generalis in Nicæa, nisi forte ante eam aliqua particu-

laris synodus ibi habita sit. Vel intellige secundam synodum in Nicæa respectu synodi apostolorum, quæ omnium prima generalis fuit.

(79) *Porta Solis.*] Locus Alexandriæ, cui proxima est ecclesia sancti Metræ, ut hic sequitur.

(80) *In ecclesia Metræ.*] Editio Coloniensis, *in ecclesia metre.* Vetus, *in ecclesia metre.* Manusc. Aquicinctinus, *in ecclesia metræ.* Manuscrip. **210** Gemblacensis, *in ecclesia meretriculæ.* Metras, seu Metranus martyr Alexandriæ, 31 Januarii. Martyrologium Romanum, 31 Januarii : « Alexandriæ natalis sancti Metrani martyris, qui sub Decio imp. cum ad jussionem paganorum nollet impia verba proferre, illi totum ejus corpus fustibus colliserunt, vultumque et oculos præacutis calamis terebrantes, ipsum extra urbem cum cruciatibus expulerunt, ibique lapidibus oppressum interemerunt.

(81) *Denos.*] Ita uterque Ms. Editi, *denarios.* Jubebat dominus ut quinque nummos furaretur, ille denos furabatur.

(82) *Facit missas in oratorio suo, nullum habens nisi ministrum suum.*] Ecce usum in Ecclesia celebrandi missas privatim.

(83) *Pejerant corpus.*] Ita uterque manuscr. Vetus editio, *petierant corpus.* Coloniensis, *indigne percipiunt corpus.*

(84) *Ficus turbatur.*] Ita vetus et Coloniensis editio, et manusc. Aquicinct. At in manusc. Gemblac. est, *ficus tunditur.*

(85) *Simeoni, qui in columnis stetit.*] Visio hæc deest in Vita Simeonis Stylitæ, sup. Ait autem eum stetisse *in columnis*, quia varias columnas instituit idem Simeon. Vide supra, in Vita ejus, cap. 5.

(86) *Feminæ legitime dudum conjunctus.*] Non ait feminæ conjunctum cum patriarcha esset, sed dudum, et jam olim. Clare Metaphrastes initio Vitæ ejus.

(87) *Thuribulum.*] Simile castitatis exemplum sup., in Vita sancti Basilii, cap. 9.

(88) *Unum mendacium propter Deum.*] Cave intelligas ulla unquam ratione mentiendum. Ipse ex explicat quomodo piam hanc fraudem intellexerit, etsi alter verum in terra pretium inventum existimabat.

(89) *Quando permittente Deo.*] Baron., t. VIII, anno Christi 620, Bonifacii V papæ 5, Heraclii imp. 11. « Porro, inquit, qui exscripsit ex prototypo Metaphrastem paraphrastice aliquid addidisse ad Acta Leontii, non negamus, ut quæ postea addidit haud veritate constantia verbis istis : « Hic revera bonus pastor, divinus inquam patriarcha, credens Principi pastorum Christo, qui jubet : *Si persecuti fuerint vos in una civitate, fugite in aliam (Matth. x)* : cum esset Alexandria tradenda Persarum manibus, divina providentia illinc quidem recedit, migrat autem in suam patriam Cyprum, suum ei corpus largiturus, ut quæ eum aluerat; præsciverat enim jam appropinquare decessum. »

« Hæc, inquam, ab ipso addita, nulla est apud me dubitatio. Etenim Persarum incursionem factam in Ægyptum diu ante contigisse certum est ex iis quæ superius dicta sunt, quo tempore ipse nequaquam suam reliquit ecclesiam, et si latebras, ne captivus duceretur, captasse potuit. Cæterum hujus Alexandria profectionis alia causa longeque diversa fuit. Cum enim virtutem tanti viri Nicetas patricius cognovisset, optavit eum ducere ad imperatorem Constantinopolim, quo ab ipso percepta benedictione, securior ille ad Persicum bellum proficisceretur. Id quod demonstrant ipsius verba Leontii, quæ sequuntur. » Hactenus Baronius.

Optassem equidem, Baronio in memoria hæsisse, quod scripserat in Martyrologio Romano ad diem 23 Januarii, ubi ait duplicem esse editionem et translationem Actorum Joannis; non de periodo illa, quasi a Metaphraste inserta sit, illi in mentem venisset. Nam et Leontius, quem hic edimus, eamdem perio-

dum habet, ut nulla mihi dubitatio sit quin et Metaphrastes eam ex Leontio hauserit.

Etsi vero anno 6 Heraclii (cui Baron. Christi annum 615 assignat) habeat Paulus Diaconus in Historia miscella, l. XVIII, Persas Ægyptum depopulatos, tamen statim ad propria redierunt. Post vero imminebat gravis tempestas, qua non tantum opes, sed et vita Christianorum periclitabatur; de qua idem Paulus : « Anno 11 imperii Heraclii durus Chosroes jugum suum super omnes homines fecit in effusione sanguinis et ratione tributorum. » Atque eam tempestatem fugit Joannes noster, qua occasione arrepta (ut narrat Leontius et Metaphrastes) Niceta patricius eum ad imperatorem deducere voluit, qui se jam ad bellum contra Persas accingebat, ut illi videlicet benedictionem suam impertiret.

(90) *In Rhodum.*] Ita uterque manuscr. Editi, *interdum.* Notissima insula Rhodus.

(91) *Veni jube.*] Ita Manusc. Aquicinct. Gemblacensis, *veni.* Editi, *venire juberis.* Vox hæc *jubeo*, a posterioris ævi Scriptoribus varie usurpata. Aurelius Victor : « Maximianum imperatorem jubet. » Idem : « Cæsarem jubet. » Quod Casaubonus, notis ad Ælium. Verum Spartiani, capit pro *creat.* Sic non jubere dictum notat pro *prohibere*, in Alexandro Severo Spartiani.

(92) *Amathunta.*] Ita formabantur hoc sæculo nomina. *Amathus* Ptolomæo est oppidum Cypri, ut a *Persis Persidos* formabant *Persida* nominandi casu, ita ab *Amathus Amathuntis* formarunt *Amathunta*, etiam nominandi casu.

(93) *Hoc econtra.*] Totum hoc membrum contrarium, et tamen sensui necessarium, deest omnibus editionibus. Supplevi ex utroque Manuscripto.

(94) *Tychonis.*] Manusc. Aquicinct., *Thiconis.* Manuscr. Gemblacen., *Tichonis.* Editi, *Tyronis.* Omnino *Tychonis* legendum, cujus memoria exstat in tabulis ecclesiasticis. Martyrologium Romanum, 16 Junii : « Amathuntæ in Cypro sancti Tychonis episcopi tempore Theodosii junioris. » Menologium Græcum et Menæa, 16 Junii.

(95) *Corpora sua separantes.*] Etiam in primogenia Ecclesia simile quid factum. Tertul. l. de Anima, c. 51 : « Est et alia relatio apud nostros, in cœmeterio corpus corpori juxta collocando, spatium recessu communicasse. Si et apud ethnicos tale quid traditur, utique Deus potestatis suæ signa proponit, suis in solatium, extraneis in testimonium. » Similia exempla in aliis sanctorum vitis legisse videor. Vide Gregor. Turonensem de Gloria confess., c. 32, de duobus amantibus, ubi sepulcra a se invicem exarata se junxere.

(96) *A Rhodo.*] Ita uterque Ms. Editi, *Arbodo*, pessime.

(97) *Pittacium.*] Ita uterque Ms. Editi, *peccatum.* Sed *pittacium* rectum esse, suadent sequentia. Scribitur plerumque *pyctacium* vel *pictacium.* πύκτις est libellus, epistola, tabella. Vide Onomast. Simile exemplum in Vita Basilii, supra, cap. x.

(98) *Lipsani.*] Ita recte uterque Ms. Et Aqnic. superscribebat : *id est, corporis vel reliquiarum.* Vetus editio, *lipsam.* Unde Coloniensis fecit, *ipsa.*

(99) *Uno hinc et altero hinc aspitantibus.*] Ita Manuscriptus Aquicinctinus. Editi : *uno hinc et altero inde ei assistentibus.* Ex lectione Aquicinctini Codicis fors quis divinabit legendum, *astantibus vel aspectantibus.* Repræsentavi veterem lectionem, si forte proba sit, et alibi etiam reperiatur. Invenio in Glossis Isidori : *Aspita, ruina.* Ita et in Glossario Ms. Cameronensi

(100) *Sancti martyris Mennæ.*] Festum ejus occurrit in Menologio et Mæneis 11 Novembris. Et tamen in iisdem Joannis festum ponitur 12 Novembris. An hoc factum ex translatione festi, quod Mennas celeberrimus erat martyr toto Oriente notus? Ut Joanni diem sequentem dederint?

JULII VIII.

VITA SANCTORUM
EPICTETI PRESBYTERI
ET
ASTIONIS MONACHI (1),
AUCTORE INCERTO.

CAPUT PRIMUM. — Temporibus Diocletiani profanissimi imperatoris (2), erat quidam presbyter in partibus Orientis, nomine Epictetus, religiosam vitam agens, et castus in omni sua conversatione existens. Ille namque a parva ætate in servitio Domini enutritus, exercebatur in omnibus justificationibus Jesu Christi (*Psal.* CXVIII). Cum autem ad maturam pervenisset ætatem, ut Samuel quondam ephod sacerdotale promeruit portare (*I Reg.* II), eo quod multa signa ac prodigia per eum divina gratia in omnibus operabatur. Denique cæcorum sæpe oculos orationibus illuminabat, sed et leprosos ad se venientes emundabat, paralyticos sanabat, ac de obsessis corporibus dæmonia effugabat.

CAP. II. — Igitur una e diebus, dum solus sua in cella resideret, ac solitas orationes Christo exhiberet, quædam puella comitis cujusdam filia, omnibus membris præter linguam tota mortua ad eum perducitur. Cumque pro foribus ejus pater filiam posuisset, ingressus ipse ac sanctum, genibus ejus subito advolutus, taliter clamans et dicens : Miserere mei, o homo Dei excelsi, eo quod Deus tuus, totus misericors et miserator a servis suis pronuntiatur. Ne velis me, quæso, projicere a facie tua, cum ille gratanter suscipiat omnes ad se confugientes. Ego enim unicam habeo filiam annos fere XV ætatis agentem, sed hæc per triennium temporis a nimia paralysi dissoluta est. Itaque non dubito quod ille qui XII annorum fluxum sanguinis restrinxit (*Matth.* IX), poterit, si volueris, et filiæ meæ per te integram incolumitatem præstare, eo quod fidei ipsius nos vovimus, et filii sanctæ Ecclesiæ existimus, atque in nomine Patris et Filii et Spiritus sancti sumus baptizati. Hoc audiens sacerdos Domini, jussit puellam intro ad se perduci. Quam cum ante ipsius pedes pater posuisset, taliter pro ea homo Dei preces profudit ad Dominum Deum dicens : Deus æterne, agitator cherubim, qui de cœlo descendisti, ut paradiso exulatum in antiquam reduceres possessionem, qui per humanitatis tuæ dispensationem nostram infirmitatem suscepisti, ut te nos in nostris vasis fictilibus possidere promereamur, quæso, Domine, quæso, dignare respicere in fidem famuli tui ; et sicut filiam archisynagogi de mortis januis revocasti ad vitam (*Marc.* V), ita et nunc hujus uni-

cum pignus per tuam gratiam recuperare in priorem habitum dignare, ut agnoscat hæc generatio incredula et perversa, sanctum et terribile nomen tuum colere, et enarrare mirabilia tua in omni tempore. Et finita oratione, de sanctificato oleo puellæ membra universa perunxit. Quæ hanc sanitatem ac medelam consecuta, una cum parentibus suis Dominum benedicebat. Tunc sanctus Epictetus præcepit patri puellæ dicens : Si cupis, o charissime mi, ut nulla de reliquo infirmitas seu vexatio aliqua in domo tua prævaleat, per singulas septimanas cum omni tua familia dominica sacramenta cum devotione intima et mundo corde percipere festina. Hæc cum dixisset, lætum eum et bono animo cum omnibus ad propria abire imperat.

CAP. III. — Item alio tempore, dæmoniacus quidam ad eum deducitur. Quem cum secum degere Dei homo fecisset, cœpit triduum taliter diabolus ad eum vociferari et dicere : O crux, o tormenta, quæ sine causa patior. Quam bene mihi semper in Phrygiæ partibus erat, quomodo quotidie hominibus meum sacrificium ritumque suadebam ? in quantis itaque honoribus ego miser illic degebam, sed nunc usque non intellexi, eo quod levitate quadam inde recessi et huc perveni. Ego (3) namque sum ille, qui per Montanum plurima verba, et blasphemia plena protuli. Ego per Maximillam diversa perpetravi scelera. Ego totam illam regionem ad meam culturam sordesque detraxi. Ego per Arium Alexandrinam urbem invasi, atque ut Filium Dei vivi creaturam diceret, persuasi. Ego per Manem Manichæorum hæresim institui, atque ut mihi jejunia consecrarent, ostendi. Ego per Donatum totam Africam devastavi. Et ecce, nunc ab uno famulo tuo ut mancipium fugitivum ligatus teneor, o Christe. Hæc et plura horum dæmone vociferante, a beato viro increpatus, tertio die a suo domicilio recessit, purgataque persona Christo Domino gratias referebat.

CAP. IV. — Alio rursus tempore cæca mulier ad eum perducta est, et stans coram ipso, taliter deflebat dicens : Qui sis, agnosco ; sed et quantum apud Deum valeas, credo. Ne ergo velis despicere fletum meum, nec in vanum ducere obsecrationem meam. Totius namque provinciæ hujus medici suam in me prudentiam industriamque exercentes, in nullo prodesse potuerunt; sed et quantum in me suam artem demonstraverunt, in tantum ego misera doloribus dissolvebar. Unde obsecro sanctitatem tuam ut digneris tantummodo dexteram tuam super oculos meos in nomine Christi tui imponere, et credo quod mox meorum luminum visio per te mihi tribuatur. Tunc sanctus Epictetus admirans hujus feminæ fidem, dexteram suam super oculos ejus posuit, glorificans Domini bonitatem, et dicens ad eam : Secundum quod credidisti, o filia, fiat tibi. Adhuc verba in ore Christi sacerdotis volvebantur, et repente patefactis oculis mulier lumen aspexit, clamans et dicens : Gloria tibi, Deus Christianorum, qui non despicis peccatores in errore positos, sed propter magnam misericordiam tuam suscipis et salvas ad te convertentes se. Et cum hæc dixisset, statim cum universa domo sua credidit in Deum Salvatorem. Et quia satis longum est, si velimus universa mirabilia quæ per eum Dominus operatus est studioso lectori exponere, hæc interim pauca de multis in transcursu perstrinxisse sufficiat. Nunc vero ad propositum opus revertamur.

CAP. V. — Una itaque e diebus, dum quidam adolescens nimium decorus vultu, et pulcher aspectu, Astion nomine, visitationis gratia ad eum devenisset atque juxta se eum sedere beatus presbyter rogasset, ponens manum super caput ejus, cœpit eum blandis sermonibus taliter ad fidem Domini cohortari dicens : Quis, inquit, es tu, o dulcissime fili, et unde venis, aut quo vadis? aut cujus filius seu generis sis indica mihi. At ille respondens dixit ad eum : Originem vel genus meum, qualiter beatitudini tuæ exponam, o beatissime pater, ignoro. Hoc ergo quod scio, tantummodo breviter et in transcursu tibi indicabo. Pater meus primarius urbis hujus et nimium ditissimus habetur; mater vero de illustrium genere et Juliani senatoris exstitit filia, qui me quotidie quasi unicum pignus ac pretiosissimam inspiciunt margaritam. Et sanctus ad hæc : Bene dixisti, mi nate, quia velut margaritam inspiciunt; non enim jam habent; sed inspiciunt tantummodo, eo quod benedicta anima tua pretiosior omni margarita omnique metallo habetur Christo, quam sibi ipse Salvator noster jam in suum ministerium et ad serviendum elegit, ut video. Veni ergo, mi nate, et respue ea quæ in mundo hoc habentur, ut cum sanctis omnibus illa in futuro percipias quæ hic non videntur. Ista enim omnia quæ hic intuentur, transitoria sunt et peritura; illa autem quæ Deus sibi servientibus præparavit, manent in æternum, quomodo et ipse manet in æternum. Nam aurum hoc, fili, quod videtur, non est verum, sed quædam vanitas est phantasiæ, per quam in hoc mundo illuduntur animæ justorum. Similiter et argentum quod istis oculis cernitur, falsum possidet nomen, quod ab omnibus fabricatur et limatur, tantummodo ut decipiat rapaces et suadeat insipientes. Veni ergo, et audi me, fili dulcissime, et ego tibi ostendo quale aurum tibi est eligendum, vel quale argentum sit concupiscendum, illud scilicet quod Dominus noster atque Salvator in se credentibus impartitur dicens : Suadeo tibi emere a me aurum ignitum probatum, ut locuples fias et vestimentis albis induaris, ut non appareat confusio nuditatis tuæ (Apoc. III). Aurum ergo hoc ignitum probatum Christus Dominus noster est. Et, fili, qui voluerit eum in sede sui pectoris habere, statim divitias cœlestes promerebitur, et vestimentis albis induetur, id est, fide, spe et charitate, per quas de reliquo non hunc visibilem mundum tantum, sed et diabolum, quem vos ut dominum colitis, cum universis angelis ejus poteris superare. Nam et pater tuus iste qui videtur, fili, non est verus pater, sed omnipotens dicitur Deus Pater tuus, et ideo alius dicitur ille, et alius iste pronuntiatur. Ille **213** namque invisibilis et inenarrabilis existit, hic vero visibilis et corruptibilis est. Ille incomprehensibilis permanet et immortalis, hic corruptibilis et mortalis in omnibus degit. Per illius igitur dispensationem constant universa, per istius vero ordinationem nihil permanet stabilitum. Ille jussit, et factus es; mandavit, et in utero matris formatus es; præcepit, et egressus es; imperavit, et ad hanc juvenilem ætatem perductus es. Et quidem iste visibilis pater honorandus est, fili, non tamen sicut ille; eo quod ille ad imaginem et similitudinem suam nos condidit et creavit, intellectum quoque ac prudentiam donavit, sensum pervigilem, et memoriam bonorum habere concessit, atque super omnia opera sua nos constituit dominatores, ex servis in filios et fratres atque amicos nos sibi per suam gratiam adoptavit; et ideo hunc verum patrem, qui nobis tanta præstitit bona, semper convenit, fili, agnoscere et adorare. Nam et isto visibili patri ad hoc tantum honor est deferendus, quod servi ministerium erga nos sæpe exercuit in parva ætate constitutos, frequenter nos dum pavit, sæpius dum sollicitus fuit ad ea quæ infantiæ nostræ erant necessaria, dum osculata est caro quæ carnis sunt, dum sollicitudinem habuit pro visceribus propriis. Ecce itaque pro talibus causis honor ei deferendus est.

Sed et mater nostra alia habetur, fili. Non hæc visibilis, sed immortalis permanet; et quæ digne Salvatori nostro est desponsata, atque per angelos est adornata, per prophetas exornata, per apostolos glorificata, per martyres et confessores exaltata, atque in Christo, et per Christum in cœlesti thalamo est elevata, quæ et ab hominibus hæc sancta mater Ecclesia pronuntiatur. Cujus vox, ut turturis habetur, ad cujus labia distillant aromata, scilicet apostolorum doctrina. Cujus oculi, duo sunt cœli luminaria! cujus dentes sunt candidi, et quasi lavacro ascendentis. Quem mysticum sensum viginti quatuor libri (4) sacratissima habent in figura. De cujus manibus stillat myrrha, quod est justitia et fides vera. Cujus decem digiti, decalogi virtutem continent et sacramentum. Cujus ubera duo sunt Testamenta, Moysaica scilicet lex, et Evangelii gratia. Cujus pedes similes sunt aurichalco; cujus venter et interiora sacratissimi fontem Baptismi et omnium gentium declarant regenerationem. Veni ergo, dulcissime mi nate, et hujus verissimæ matris tuæ ubera suge; et acquiescens monitionibus, respue quæ in hoc sæculo videntur, ut illis frui merearis, quæ in futura vita suis filiis se Deus repromisit donare. Sed et verum Patrem nostrum audi dicentem: Exi de terra tua, et de cognatione tua, et veni in illam terram, quam demonstravero tibi (*Gen.* xii); in terram scilicet viventium, et regionem sanctorum: in terram fluentem lacte et melle, id est, in doctrina apostolorum et prophetarum. Et cum universa quæ tibi præceperat expleveris, tunc tradet possessiones paradisi, pandet tibi sacramenta cœlestia, donabit regni cœlorum gloriam, demonstrabit apostolorum immensam lætitiam, martyrum choros, angelorum atque archangelorum frequentiam sæpius declarabit. Sed super hæc omnia, ut filium et fratrem te sibi per gratiam adoptabit. Hæc audiens juvenis sapientissimus, procidit ad senis genua, et rogare eum cœpit, ut illi se potius offerret, cui ipse ab ineunte ætate deserviret, qui et tantæ potentiæ et magnitudinis solus haberetur. Et quia propter servos seu ministros, quia ad ejus erant obsequium, ne quispiam eorum hæc patri indicaret, amplius nihil Astion in die illa ad hominem Dei locutus est.

Cap. VI. — Alia vero die surgens primo diluculo, ut apis prudentissima, ad eumdem locum unde hesterna die cœlestes flores fuerat depastus, properavit. Et ingressus in mansionem sacerdotis Domini, taliter eum salutavit, dicens: Ave, o apostole Christi, et novi Testamenti minister. Et sanctus ad hæc: Ave et tu, juvenis, qui martyrii stolam et coronam variis gemmis contextam in capite gestas. Cumque juxta se eum sedere fecisset, taliter ad eum locutus est: Quid est, fili? Semen Dominicum, quod hesterna die in terram cordis tui per divinam gratiam seminavimus, ascendit ad fructum, an adhuc infidelitatis vitio detinetur? Et Astion ait: Ut novit beatitudo tua, o sanctissime pater, unicus mei genitoris, nimiumque charus existo; et satis timeo, si Christianus effectus fuero, ille præ nimia desperatione, aut spiritu violenter careat, aut in profundum maris semetipsum præcipitet; et aut vere, quod absit, propter me amens efficiatur; atque unde mihi salutem spero devenire, illi mortem perpetuam et gehennæ præparem ignes. Ergo si dignaris consilium meum accipere, facito interim quæ dico. Jube me hodie fieri catechumenum, et impone mihi jejunium in quantos volueris dies, et post dies definitos mihi sacramentum baptismatis tribue. Cumque omnia quæ Christianæ pertinent religioni expleveris, tunc precor ut pariter ab hac urbe ambo egrediamur, et in regionem longinquam, **214** ubi nos Spiritus sanctus perduxerit, properemus, ne immaculatam conscientiam meam per suas lacrymas polluat pater. Cumque in prudentissimo juvene, quæ disposuerat ipse, consummata fuissent, post dies paucos, oratione ad Christum præmissa, ambo ab urbe egrediuntur: et descendentes navim, in Scytharum fines ingressi sunt, atque in Almiridensium civitatem (5) devenerunt, ubi nullus erat qui eos vel eorum patriam posset agnoscere.

Cap. VII. — Igitur cum hanc sanctam fugam beatissimi viri perpetrassent, cœperunt parentes sancti Astionis per diversa loca eum requirere, et nomen ejus, huc illucque discurrentes, cum nimio mœrore inclamare. Siquidem pater ejus vociferabatur, dicens: Fili dulcissime, et unicum meum pignus, Astion charissime, quid tibi factum est, vel qualis fera te subito devoravit, ut nec parum aliquid reliquiarum tuarum potuerim reperire? O baculus senectutis meæ, et viscerum meorum lumen, ubi te jam ulterius requiram nescio, et in quam regionem propter te meos mittam famulos ignoro. Tu enim eras urbis hujus pretiosissima margarita, tu inter tuos cives ut columba pulcherrima incedebas; tu ut radius solis inter omnes fulgebas; tu ut splendidissima luna inter populare vulgus coruscabas; tu inter sapientes sapientior existebas. Et quid multa? Per tua melliflua verba universos ad tui amoris desiderium provocabas. Hæc quidem pater. Sed et mater scindens vestimenta sua, ac feriens manibus pectus, tali modo deflebat, dicens: Quis te a me separavit, vel quis seduxit? seu qualis avis demens de gremiis rapuit, o dulcissime fili Astion, ignoro. Sed, ut suspicor, forte ille Christianorum Deus, unum misit de suis, et pervertit cor tuum, et abalienavit te a nobis. Et nunc væ mihi miseræ soli, eo quod infinita tristitia, et intolerabilis dolor me apprehendit, et tantorum annorum labor inanis inventus est. Cecidit corona capitis mei. Aruit siquidem fructus ventris mei, et sedeo ut civitas desolata. Mater fui usque hodie per te, fili mi, ac regina, et nunc te amittens, nec reginæ gloriam, nec matris gaudium habeo. Sed et tu, nate dulcissime, arbor fuisti, et excisa es; margarita, et a Galilæis (6) furatus es; gemma pretiosa, et in obscuro collocatus es; ut lampas, et exstincta es; columna eras, et dejectus es; regalis statua, et eversus es. Et quid multa? Homo fuisti, et in momenti hora, ut suspicor, subito mortuus es. Et nunc propter te, fili mi, amens effecta sum, ut nec vel vitam, vel nomen meum intelligam. Hæc et hujuscemodi verba pater ejus et mater dicentes, nullo modo se poterant a mœrore maximo relevare.

Cap. VIII. — Igitur cum in memorata urbe, sancti Dei homines mansiones sibi aptas invenissent, in ea gratiarum actiones soli Deo exhibebant. Et quia scriptum est: Non potest civitas abscondi super montem posita (*Matth.* v), neque divina gratia latere sub modio, cœpit iterum cœlestis virtus per sanctum Epictetum plura signa et prodigia in regione Scytharum, quam ea quæ in Orientis partibus fecerat operari. Nam una dierum quædam mulier ad eum veniens, obtulit ei filium suum, annorum fere xv, mutum et surdum, et aridum existentem; projiciensque eum ad pedes sancti Epicteti, taliter ad illum loquebatur, dicens: Unde adveneris nescio, vel de qua regione existas ignoro. Hoc autem tantummodo credo, quia si vis, potes languentibus sanitatis medelam præstare, eo quod habitus tuus atque religio Nazareni illius te esse discipulum declaret. Audivimus siquidem quanta signa et prodigia alii de numero tuo in illius sunt nomine operati. Ergo quia unus ex illius discipulis haberis, subveni infirmitatibus nostris. Prædica nobis de mirabilibus illius, expone de natione ipsius, seu divinitatis sacramentum, ut et nos servi ejus per te effici mereamur. Hæc audiens sacerdos Domini, taliter mulieri locutus est, dicens : Si credere vis mulier in eum quem ego prædico Deum, et nullum deinceps infidelitatis vitium in animo tuo resederit, sed credideris ex toto corde tuo quod ipse sit conditer cœli et terræ, maris quoque et fontium aquarum, et omnium quæ in eis sunt, erit quod petisti. Nec enim longe est ab unoquoque nostrum, eo quod in ipso sumus, vivimus, et movemur (*Act.* vii). Hæc dicens, puerum dissolutum jubet elevari ; et sublevatis oculis ad cœlum, taliter pro eo Dominum deprecabatur, dicens : Omnipotens Deus, qui es immensus et invisibilis, inenarrabilis quoque et incomprehensibilis, salus Christianorum, infirmantium medicus, gubernator navigantium, periclitantium portus, lumen cæcorum, pes claudorum, via errantium, respice, quæso, Domine, super hunc famulum tuum, et solve vinculum linguæ illius ad laudem nominis tui. Aperi quoque aures ipsius, ad audiendum tua cœlestia sacramenta. Sana universa membra ejus contrita, tam animam quam etiam corpus, sicut illius paralytici quem post triginta et octo annos tuus venerabilis adventus integra donavit sanitate (*Joan.* v), ut agnoscant nomen tuum qui te non noverunt, 215 et credant quia tu es solus et verus Deus, qui regnas et permanes una cum Patre et Spiritu sancto in sæcula sæculorum. Expleta oratione, exspuit ter in os infantis, atque interrogans eum, dixit : Fili, in quem Deum nos convenit credere, in idola quæ ab hominibus fiunt, aut in Jesum Christum crucifixum, qui te hodie sanare dignatus est ? At ille cum magna voce exclamavit dicens : In Jesum Christum nos convenit credere, o beatissime, qui tanta beneficia semper et usque in præsentem diem in hominibus operatur. Cumque hoc miraculum cerneret Almiridensium multitudo, dedit gloriam Deo, et plusquam mille animæ in illa die crediderunt in Dominum Salvatorem.

Cap. IX. — Non solum igitur sanctus Epictetus, sed et beatissimus Astion plurima miracula in nomine Domini operabatur. Denique collata est eis plurima gratia adversus omnes infirmitates, sed et contra dæmones maxima illis potestas tributa est. Una igitur e diebus, dum ad hauriendum aquam pergeret ad Danubium, occurrit ei homo qui a dæmonio vexabatur. Et appropians juxta illum, et orans pro eo sufficienter, salutare signum in fronte ejus fecit, et per universa membra ejus depinxit. Qui eadem hora egressus est ab eo. Fugiens autem diabolus, dicebat : Fides tua, o Astion, ac puritas mentis, magnum adversus genus nostrum a Salvatore accepit potestatem. Et hæc dicens, nusquam comparuit.

Cap. X. — Item alio tempore vidit hominem qui de nimia altitudine lapsus, semimortuus a parentibus in domum propriam ducebatur. Cumque intueretur illos de repentino facto nimium lamentari, pia miseratione commotus, secessit in quemdam locum occultum ; et stans, taliter Dominum nostrum pro eo precatus est, dicens : Christe Deus, qui per beatum Paulum apostolum, Eutychum de fenestra ruentem a mortis januis revocasti ad vitam (*Act.* xx), et qui Æneæ ab annis lxxx in grabato jacenti, per sanctum Petrum stabilitatem tribuisti membrorum, et claudo ex utero matris existenti integram sanitatem præstitisti (*Act.* iii), et nunc, quæso, Domine, respice super istum hominem, qui per diaboli operationem a tanta cecidit altitudine ; dona ei integram sanitatem, faciatque eum esse de numero gregum tuorum, quia tu es pastor noster, verus Dominus, qui in tuo sancto Evangelio locutus es, dicens (*Joan.* x) : Ego sum pastor bonus, et cognosco meas oves, et cognoscunt me meæ. Sicut novit me Pater, et ego agnosco Patrem, et animam meam pono pro ovibus meis. Oratione finita, accedens juxta hominem, taliter ad cum locutus est, dicens : In nomine Jesu Christi surge et ambula. Et apprehensa ejus manu dextera elevavit eum ; et protinus consolidatæ sunt bases ejus et plantæ, et exsilivit et ambulavit. Et veniens una cum parentibus suis usque ad habitaculum sanctorum, exclamavit magna voce, dicens : Unus Deus Epicteti et Astionis, vere unus Deus Christianorum ; ideoque non recedo hinc, nisi hodie Christianus cum meis parentibus fuero effectus. Tunc sacerdos Domini assumens hominem, cum universis qui aderant, eadem hora catechumenos effecit, et post paucos dies sacramentum eis baptismi tradidit.

Cap. XI. — Alio quoque tempore, dum ad hauriendam aquam ex flumine ipse beatissimus Astion, sine jussione vel commendatione senis perrexisset, turpis quædam cogitatio in via eunte illo, mentem ejus subito invasit. Et cum per triduum hic talis ac tantus vir non potuisset de suo pectore eam extrudere, nimium tristis effectus est, et vultus ejus valde pro hoc permanebat confusus. Quem intuens venerabilis senior, ait ad eum : Quid est hoc, fili, quod sic tristem te intueor, et insolito mœrore aspicio confectum ? Hæc siquidem tristitia, quæ te nunc detinere videtur, non est illa quam sancti solent habere in vultu, vel pœnitentes pro sua communi salute ; sed puto hanc esse illam mortiferam tristitiam, quæ aut apostatam Judam (*Matth.* xxvii), vel Achitophel consiliatorem Absalonis necavit (*III Reg.* xvii). Tunc ille : Ante hoc triduum, quando tua venerabilitas cum hominibus illis de cœlesti mysterio loquebatur, pudore vetante, ego, te nesciente, ad hauriendam aquam ad fluvium perrexi. Eunte me vero in via, turpis quædam et satis sordida cogitatio, et, ut puto, per diabolum in mentem mihi ascendit. Et nunc itaque, ecce jam per triduum, quantum valeo cum lacrymis et oratione Scripturarum laboro ad expellendam eam, et nullo modo valeo superare. Tunc sanctus Epictetus terribilem ei suum vultum ostendens, et indignans quodammodo adversus daemonem, taliter ad eum locutus est, dicens: Et quare absque mea sententia ostium cellulae egressus es, vel sine oratione Christi sacerdotis perrexisti ad fluvium? An ignoras quia commendatio praepositi semper junioribus murus inexpugnabilis, et lorica fidei, ad superandum diabolum existit? Et haec dicens, jubet eum pariter secum in oratione ante Dominum prosternere. Cumque diu multumque Salvatoris 216 misericordiam precati fuissent, et finita oratione ex solo surrexissent, vidit beatus Astion puerum quemdam nigrum cum ignea facula de suo sinu egredientem, ac talia sibi dicentem: Confessio tua, Astion, magnas meas contrivit hodie vires, et una oratio vestra me inermem in omnibus reddidit ac desolatum. Ideoque egressus hinc, intrabo in cor Latroniani ducis (7), et excitabo eum adversum vos celeriter, et per varia suppliciorum genera vos expendet, eo quod ingressi estis, ut quidam latrones sive malefici, in provinciam ipsius, et multos homines a cultura deorum ipsius per veneficia vestra avertentes, Deo vestro sociatis. Et haec dicens daemon, ultra non comparuit.

Cap. XII. — Igitur cum hujuscemodi spiritalibus exercitiis sancti Dei famuli conversarentur, et Salvatori nostro Jesu Christo in psalmis et orationibus unanimiter deservirent; ac multa mirabilia non solum in hominibus, verum etiam et in pecoribus divina gratia per eosdem operaretur, subito advenit Latronianus dux in Almiridensium civitatem. Et cum per triduum opera publica et imperialia ministeria quae ibidem erant pervidisset, quarta die nuntiaverunt ei quidam de officio de beatissimis viris, dicentes ei, et quod malefici sunt et magi, multos per sua veneficia averterent jam a sacrificiis deorum. Haec cum ille audisset, continuo imperat aliquos ex quaestionariis, ut post solis occasum pergerent ad habitaculum sanctorum, et comprehensos eos ferro vinctos perducerent in custodiam carceris. Cum ergo comprehensi beatissimi viri, in vinculatorium (8) ducerentur, psallebant dicentes: Deus noster refugium et virtus, adjutor in tribulationibus quae invenerunt nos nimis (*Psal.* XLV). Et iterum: Dominus virtutum nobiscum, susceptor noster Deus Jacob (*Ibid.*). Rursumque: Multae tribulationes justorum, et non impiorum; sed tamen ex omnibus his liberabit eos Dominus. Custodit Dominus omnia ossa eorum, unum ex his non conteretur (*Psal.* XXXIII). Cumque ingressi fuissent in carcerem, totam noctem more sibi solito in psalmis et orationibus transegerunt. Post expletam autem vigiliarum solemnitatem, hoc modo sanctus Epictetus ad beatum Astionem locutus est, dicens: Si nos, o dulcissime fili, crastino die interrogaverit judex, dicens: Quod genus, vel quae nomina vestra, vel ex qua provincia estis, et unde huc venistis? nos nihil illi penitus respondeamus; neque genus ei, vel nomina nostra indicemus; sed nec patriam, unde sumus oriundi, illi fateamur; nisi hoc tantum dicamus, quia Christiani sumus, et hoc nomen nobis, hoc genus, hoc patria; et nihil aliud sumus, quam veri Dei cultores. Et iterum: Si nobis post hanc confessionem supplicia jusserit adhiberi, nihil aliud in tormentis positi dicamus, nisi: Domine Jesu, tua voluntas semper fiat in nobis.

Cap. XIII. — Igitur alia die, primo diluculo jubet Latronianus dux tribunal praeparari in media civitate, et praeconibus imperat ut cum nimio clamore ad tam nefandum et horridum spectaculum multitudinem populi invitarent. Et facta jam hora diei tertia, quasi furibunda bestia Latronianus procedit. Et populo undique exspectante, sedens pro tribunali jubet adduci sanctos in conspectu suo. Cumque exhibiti coram eo astarent, mox ut vidit eos, a pavore nimio totus obriguit; non enim poterat intendere in sanctos, eo quod instar solis, prae nimia gratia quam gerebant, fulgebant facies eorum. Erat siquidem sanctus Epictetus annorum fere sexaginta, statura procerus, barba prolixa, et splendore caniciei decoratus. Similiter et beatissimus Astion monachus, statura et ipse procerus existebat; sed et nimium pulcher ac delicatus, et quasi triginta quinque annos aetatis agens. Cumque unius horae spatium transisset, interrogavit eos Latronianus dux, dicens: Quae sunt vocabula vestra, quod genus, seu de quali provincia vos estis oriundi, nobis in conspectu hujus multitudinis explanate. Respondentes sancti, dixerunt: Nos Christiani sumus, et de parentibus nati Christianis, atque de Christianorum patria nos sumus oriundi. Latronianus dux dixit: Ego nomina vestra interim volui audire. Nam eo quod de illa maledicta perfidia estis, et ego novi, et universi circumstantes. Ad haec sancti martyres dixerunt: Nos Christiani sumus, et Jesum Christum Dominum nostrum, in cujus potestate cuncta habentur, agnoscimus et adoramus, universa idola tua abominamur, dicente Scriptura: Similes illis fiant qui faciunt ea, sed et omnes qui confidunt in eis (*Psal.* CXIII). Haec audiens dux, nimium iratus est, et imperat ut exspoliatos fortiter verberarent. Cumque a ministris Christi martyres caederentur, oculorum suorum obtutum elevantes ad coelum, taliter dicebant: Domine Jesu, magister noster, tua voluntas fiat in nobis. Sed cum diu multumque caederentur, et nihil ejus immanitas adversus Dei cultores praevaluisset, taliter iratus contra eos Latronianus locutus est, dicens: Ubi est mirabilis ille vester defensor, quem sine cessatione 217 vobis in auxilium invocastis? Veniat itaque nunc, et si potest, de meis vos eripiat manibus. Sancti martyres dixerunt: Christiani sumus, o tyranne, fiat voluntas Dei nostri in nobis. Haec cum audisset Latronianus, jussit eos in eculeum levari, et fortiter ungulis ferreis radi. Cumque raderentur, iterum dicebant: Christiani sumus, o tyranne Latroniane, fiat voluntas Dei nostri in nobis. Tunc deinde jussit tyrannus ut lampades ardentes, cum adhuc in eculeo penderent, ad latera eorum applicarent. Cumque et hoc tormenti genus magnanimiter tolerarent, dicebant: Christiani sumus, o tyranne, fiat voluntas Dei in nobis. Et cum jam hora septima facta fuisset, jussit eos Latronianus de eculeo deponi, et in custodiam carceris perduci.

Cap. XIV. — Unus autem ex quæstionariis, nomine Vigilantius, audiens hunc versiculum sanctos martyres in tormentis positos, frequenter et sæpius iterare, id est, Christiani sumus, o tyranne Latroniane, fiat voluntas Dei nostri in nobis, existimans quod aliquam magnificæ præcantationis in se haberet virtutem, quia dicebant nullo modo posse meditantibus eum dolorem sentire, cœpit hunc ipsum versiculum incessabili meditatione ruminare, infra domum et in plateis, dormiens atque exsurgens, et in omni tempore decantare. Cumque per triduum jugiter non quiesceret decantando, quarta demum die cœpit voce publica proclamare, dicens : Ego Christianus sum, o tyranne Latroniane, fiat voluntas Dei nostri in nobis. Et perveniens ad beatissimos martyres in custodia carceris, signaculum vitæ ab eis promeruit percipere; et cum omni domo sua credens in Deum Salvatorem, beatorum sancta corpora ipse postmodum cum honore maximo sepelivit.

Cap. XV. — Igitur post quintam demum diem, sedens iterum Latronianus dux pro tribunali, jussit sanctum Epictetum presbyterum, et Astionem monachum in conspectu suo perduci. Cumque a ministris dæmonum ducerentur, psallebant, dicentes : In te inimicos nostros ventilabimus, Domine, et in nomine tuo spernemus insurgentes in nobis. Non enim in arcu nostro speramus, et gladius humanus nequaquam salvare nos poterit; sed dextera tua, et brachium tuum, et illuminatio vultus tui, quoniam tu complacuisti in nobis (*Psal.* XLIII). Cumque ante subsellium profanissimi ducis Christi martyres astitissent, ait ad eos Latronianus dux : Acquiescitis mihi, et sacrificatis diis, an adhuc in vestra insania perduratis ? Sanctus Epictetus respondit : Sæpius nos interrogasti, frequenter nobis blanditus es, multotiesque dona plurima et honores nobis maximos promisisti, et tamen penitus nihil aliud a nobis audire potuisti, nisi quia Christiani sumus, et ecce nunc hoc ipsum iterare non quiescimus. Cum autem audisset Latronianus hæc omnia verba, dedit mugitum ut leo; et exclamans voce magna, taliter ad suos milites locutus est, dicens : Velociter, o ministri hujus splendidissimi culminis, sal et acetum huc afferte, et prioribus eorum lacerationibus confricate, simulque piceam et adipem in cacabum æneum mittite, et cum cœperit fortiter ebullire, eos in eumdem mittite. Et sancti hæc audientes dicebant : Christiani sumus, o tyranne, fiat voluntas Dei in nobis. Cumque hoc tormenti genus pro Christi nomine magnanimiter tolerassent, et in nullo penitus læsi fuissent, imperat sævissimus tyrannus ut inde eos ejicerent, et in custodiam carceris denuo perducerent : Ne forte, inquit, et constantia eorum nobis ignominiam et Christianis audaciam generare videatur. Et sic jussit ut per xxx dies nullus ad eos introiret, neque ab aliquo cibus potusque deferretur. Sed athletæ Christi de plenitudine verbi divini, et de illo pane qui de cœlo descendit, quotidie reficiebantur, atque indesinenter psallebant, dicentes : Deus misereatur nostri, et benedicat nobis; illuminet vultum suum super nos, et misereatur nostri; ut cognoscamus in terra viam tuam, in omnibus gentibus salutare tuum.

Cap. XVI. — Igitur cum in urbe Almiridensium sancti martyres hæc tormenta pro Christi nomine tolerarent, quidam peregrinus quodam die videns beatissimum Astionem ante tribunal judicis consistentem, et cognoscens quis cujusque generis haberetur, festinanter navigans in partibus Orientis descendit, et veniens in civitatem unde erat oriundus, nuntiavit patri ejus et matri hæc universa quæ illi acciderant, dicens eum cum sene quodam Christiano, Epicteto nomine, in martyrio consistere. Similiter nomen civitatis in qua essent, diligentissime eos edocuit. At illi hæc audientes, mox ad genua sibi ista referentis advolvuntur; et fortiter eum rogare cœperunt, ut ea quæ vera essent eis diceret. At ille jurejurando vera hæc esse affirmabat. Tunc cœpit dicere pater ejus : Si ego infelix meritus fuero ut videam faciem filii mei, quidquid illud est quod mihi mandaverit et docuerit, hoc sine aliqua mora facturus sum. Similiter vero et mater dicebat : Ego miserabilis et humiliata per omnia, si illum adhuc in hoc corpore merita fuero intueri, **218** et domum universamque meam substantiam derelinquam, et illi soli adhærebo, eo quod super hæc omnia ipse solus mihi charior et dulcior habeatur. Quod et si me imperaverit fieri Christianam, nec hoc recusabo facere, et cum ipso postmodum, si voluerit, parata sum tormenta sustinere, et mortem gratanter accipere. Et hæc dicentes, universam substantiam suam ac divitias sub actoribus et procuratoribus reliquerunt. Et egressi cum tribus pueris de domo sua, navim protinus conscenderunt, et navigare cœperunt, ut in Scytharum terram atque in Almiridensium civitatem devenirent. Cujus provinciæ tunc pontifex et præpositus sanctarum Dei ecclesiarum, beatissimus evangelicus (9) habebatur.

Cap. XVII. — Igitur expleto numero triginta dierum, jussit tyrannus ut sancti martyres coram se exhiberentur. Qui cum hilari animo et vultu splendido coram illo constitissent, sic ad eos Latronianus dux locutus est, dicens : Sæpius vos de nominum vestrorum vocabulo interrogavi, vel genere, seu unde estis oriundi, et nunquam mihi veritatem dixistis. Nunc itaque, cum nec patriam novi, nec genus agnosco, sed nec nomina vestra potui addiscere, hoc cogitavi apud memetipsum, dicens : Eo quod nihil aliud vos esse videmini, nisi corporei dæmones, qui sine nomine vel genere esse noscuntur; et ideo secundum quod digni estis, hoc vos vocabulo nuncupabo. Et adjecit dicere ad eos : Dicite mihi vos, o corporei dæmones, si non sacrificatis immortalibus diis, facio hodie ut capita vestra abscindantur. Christi martyres dixerunt : Nos Christiani sumus, et in nomine Christi dæmones, quos vos ut deos adoratis et colitis, nos de obsessis corporibus effugamus. Utinam in te dæmon pessimus non habitaret. Hoc audiens vesanus ille, et horrendus, nimium efferatus est; et jussit ministris suis ut cum lapidibus ora sanctorum contunderent. Deinde imperavit ut virgas afferrent fraxineas, et sic ex eis tam diu eos verberarent, quandiu spiritum exhalarent. Beatissimi vero athletæ Christi taliter patientes, nihil aliud dicebant, nisi : Domine Deus noster, tua voluntas fiat in nobis. Sed cum diu multumque cæderentur, et semper hilares magnanimesque in confessione Domini perdurarent, videns minister ille diaboli eo quod nullo modo prævaluisset ejus insania contra ipsorum constantiam, jussit ministris scelerum duci eos foris civitatem, et capita eorum gladio amputari. Cumque ducerentur psallebant, dicentes : Laudate nomen Domini, laudate, servi, Dominum (*Psal.* cxxxiv), quia facta est voluntas Dei nostri in nobis per omnia.

Cap. XVIII.—Cum autem pervenissent ad locum ubi feriendi essent, stantes contra partem Orientis, expansis manibus, et sublevatis oculis in cœlum, taliter Dominum oraverunt, dicentes : Benedictus es, Domine Deus patrum nostrorum, et laudabilis, et superexaltatus in sæcula, eo quod non humana, sed tua voluntas per omnia facta est in nobis. Tu es enim qui doces in te credentes, ut faciant voluntatem tuam, et ut annuntient mirabilia tua in omni tempore, eo quod Spiritus tuus sanctus gubernat unumquemque in bono secundum propositum cordis sui, et secundum propriam voluntatem. Tu es enim qui Abraham secundum tuam voluntatem semper gubernasti, Isaac sanctificasti, et cum Jacob colluctatus es, imponens illi nomen novum Israel; qui Joseph a persuasionibus Ægyptiæ et blandimentis castum custodisti, et Susannam similiter a pollutione insidiatorum immaculatam conservasti; qui sanctorum prophetarum tuorum corda purificasti, et beatissimorum apostolorum mentes per donum sancti Spiritus illustrasti, dicens ad eos : Accipite Spiritum sanctum (*Joan.* xx); qui athletas tuos per gratiam tuam coronasti, et pro nomine tuo dimicantibus semper victoriam condonasti; qui nos humillimos et peccatores famulos tuos ad hanc patriam perduxisti, ut annuntiemus in ea, ac prædicemus Evangelii tui doctrinam, his qui in ea habitant; qui noster gubernator ac magister, ac bonus provisor in omnibus exstitisti; qui usque ad hanc horam secundum tuam voluntatem nos semper gubernasti. Quæsumus, Domine, ut digneris nobis sanctos tuos angelos transmittere, qui nos liberent et defendant ab adversariorum potestate, et victores nos ac triumphatores per tuam gratiam usque ad thronum tuæ majestatis perducant. Sed et viros hujus regionis seu civitatis conserva in timore tuo, protege in misericordia tua, custodi in bonitate tua, guberna secundum voluntatem tuam : benedic pusillis eorum cum magnis, atque pro honore quem nobis propter nomen sanctum tuum exhibuerunt, repræsenta eis mercedem in beatitudine sempiterna. Tribue quoque nobis fiduciam, ut quotiescunque divinam tuam majestatem exoraverimus, adimpleas petitiones nostras in bono. Et nunc, quæsumus, Domine, suscipe nos in manibus tuis sempiternis, et introduc nos in Jerusalem cœlestem, quæ est mater omnium sanctorum, cujus ipse es lumen, et sponsus, conditor quoque ac fabricator, ut una cum angelis et archangelis, patribus, patriarchis, prophetis, **219** apostolis, martyribus, confessoribus, jugiter collaudemus et glorificemus Patrem, et Filium, et Spiritum sanctum in sæcula sæculorum.

Cap. XIX. — Et cum respondissent circumstantes, Amen, rogare cœpit carnifices sanctus Epictetus, ut ante se prius beatum percuterent Astionem. Sed cum ille diceret : Quia te primum decet, o beatissime Pater, hanc salutiferam propriamque propitiationem mereri, sanctus Epictetus respondit : Veterana, inquit, calliditas serpentis, satis subtilis et circumventosa est, fili ; et ideo quod nunc jubeo fieri, pro tua salute ac mea requie habetur. Hodie namque decem et septem annos per divinam gratiam munus castum immaculatumque te servavi, et modo vis ut in puncto unius horæ tantorum annorum laborem perdam? Non ita. Quod enim cupio facere, mi fili , per inspirationem Spiritus sancti facio. Sic enim Abraham in holocaustum Isaac filium obtulit ; Jephte filiam Domino in sacrificium exhibuit ; Petrus quoque Stephanum ante se in cœlestibus præmisit. Et quamvis ego non possim esse incredulus de bonitate Dei , eo quod potest te et sine mea præsentia in omnibus conservare, sicut et usque in hodiernam diem custodivit immaculatum ; tamen agnoscere debes, eo quod bonus pastor semper pro ovibus suis animam ponit (*Joan.* x). Ergo quod facio, pro me et te facio, fili. Noli igitur amodo de mea societate dubitare. Credo enim quod jam sanctus Michael cum angelis , et Abel cum prophetis. Petrus quoque cum apostolis, Stephanus cum martyribus, Daniel cum confessoribus, in occursum tibi venerit, fili, qui te nunc in suis gremiis suscipiant, et usque ad thronum Christi Salvatoris nostri cum hymnis et canticis spiritualibus perducant. Hæc et horum ampliora audiens beatissimus Astion, respondit, dicens : Fiat voluntas Dei et tua, o sacerdos Dei, ac venerande pater. Et faciens signaculum crucis in fronte sua, taliter oravit ad Dominum, dicens : Quoniam tu es protector meus, Domine, in manus tuas commendo spiritum meum (*Psal.* xxx). Et hæc dicens, statim a speculatore caput ejus amputatur. Hoc cum factum fuisset, cernens sanctus Epictetus, dedit gloriam Deo. Et projiciens se super corpusculum ejus, rogare cœpit a carnificibus ut quomodo jaceret super cadaver sancti martyris, sic et ipsum percuterent. Quod cum expletum fuisset, intuentes universi qui aderant Christiani pariter ac gentiles, de bono magistro Epicteto, ac de perfecta discipuli obedientia, cum lacrymis Deo gratias retulerunt.

Cap. XX. — Et dum illi darent Deo gloriam et honorem , ecce subito corpora sanctorum martyrum in modum nivis visa sunt candida ; atque præ nimietate splendoris, quasi solis radii esse videbantur. Omnes qui a quacunque infirmitate detenti esse videbantur, statim ut cadavera ipsorum ex fide contingebant, seu cum veneratione deosculabantur, continuo universa anxietas seu dolor ab eis fugabatur. Circa solis vero occasum veniens Vigilantius cum omni domo sua et cum aliis Christianis, occulte tulit corpora sanctorum martyrum : et perfundens ea myrrha et aromatibus pretiosissimis, in loco congruo et aptissimo cum hymnis et psalmis, et cum magna devotione sepelivit. In quo loco multa signa et prodigia ad laudem nominis Christi usque in præsentem diem celebrantur. Latronianus vero superveniente nocte invaditur a pessimo dæmone, et surgens primo diluculo venit in prætorium, atque ibi positus cœpit plurima amentiæ inaniaque verba proferre; deinde arrepto gladio, priores quosque de officio suo insequi et vulnerare; super alios vero ut canis rabidus insilire, atque aliorum indumenta dilanians, huc illucque discurrere. Hoc illi intuentes et videntes, quia amens et insanus exstiterit, despoliantes illum, pugnis ac verberibus mactare fortiter cœperunt, ac deinde ligatis ejus manibus ac pedibus in parvissimo domicilio projecerunt. Qui post biduum suffocatus a dæmone, violenter spiritum exhalavit.

Cap. XXI. — Igitur cum dies tertia passionis sanctorum martyrum illuxisset, et Vigilantius ad sepulcrum eorum orationis gratia devenisset, subito apparuit ei beatus Astion, et dicit ad eum : Genitores mei ad quærendum me de patria nostra hodie huc sunt venturi. Rogo igitur te, frater charissime, festina descendere ad portum, et suscipe eos in domum tuam, atque per omnia consolare eos, eo quod propter me valida sunt tristitia macerati; sed et in postremo de Salvatoris nostri fide atque diversis magnalibus eos monere. Hæc et plura horum audiens Vigilantius, dedit gloriam Deo, et statim cum festinatione ad fluvium descendit. Et ecce, circa horam tertiam cernit naviculam parvam subito applicuisse ad portum. Cumque egressi de navi epibatæ (10) fuissent, cœperunt a circumstantibus ibidem viris sollicite inquirere, si aliquis eorum aliquando audisset ibidem, aut vidisset juvenem, Astion nomen habentem. Cumque multi multa de eo dicerent, Vigilantius supervenit, et dixit : Ego vere vidi et novi eum. Sed interim venite in domum meam, et quiescite 220 pusillum, eo quod valde fatigati estis in navi, et postmodum, si vultis, ego vos ad eum, cum opportunum fuerit, sine aliqua mora perducam. At illi procidentes ad genua ejus cœperunt fortiter plantas ejus constringere, osculantes atque obsecrantes, ut si possibile sibi esset, antequam cibum caperent, perducerent eos ad illum. Et Vigilantius ad hæc : Facite prius in terim quæ rogo, ut et ego vestram petitionem atque voluntatem impleam. Cumque domum ipsius ingressi fuissent, et ad mensam consedissent, cœpit mater sancti Astionis ad Vigilantium taliter dicere : Si mihi locum demonstraveris, o dulcissime frater, ubi nunc meus unicus demoratur Astion, hodie coronam auream capiti tuo imponam. Similiter quoque et pater ejus dicebat : Ego si illum per te, o juvenis, merear hodie videre, indumenta auro texta te adoperiam, atque dimidium bonorum meorum tibi condonabo. Ad hæc Vigilantius respondit : Ille ante triduum hinc egressus, in regionem ambulavit longinquam, atque dimidium substantiæ suæ una cum domo mihi cum quadam chartula commendavit, dicens : Si aliquis venerit, missus a patre meo ad quærendum me, introduc eum in hanc domunculam meam, et dicito ei : Hæc dicit Astion monachus : Sustine me hic quoadusque redeam ad te cum salute. Quod et si volueris hæres meæ substantiæ esse, festina universa illa quæ in hoc libro scripta sunt adimplere, et esto feliciter nihil dubitans. Et mater : Quæ dicitur, inquit, regio illa, quo porrexit dulcissimus meus et unicus Astion ? Vigilantius respondit : Regio robustorum, seu fortium virorum. Et mater : Sunt aliqui homines ibidem commanentes ? Vigilantius respondit : Plures et valde nobiles habentur, quorum possessio paradisus dicitur; quorum tabernacula ex lumine sunt constructa; quorum vita Deus est, et conversatio immortalis existit; quorum vestes sanguine sunt respersæ, et in capite coronæ ex auro purissimo cum gemmis variis fabricatæ habentur. Sed et Rex nimium potentissimus ac metuendus est in eadem regione, cujus nomen Deus deorum et Dominus dominantium appellatur; cujus nuntii angeli dicuntur justitiæ, quorum vestis una est omnibus, et tactus eorum igni assimilatur urenti. Sed et senatus hujus imperatoris valde clarus habetur; et media pars prophetæ nuncupatur, alii vero apostoli pronuntiantur. Sed et civitas istius Regis valde est præclara, nomenque ejus Christicolis pronuntiatur cujus murus ex auro purissimo est constructus, habens portas duodecim et in ipsis singulæ dependent margaritæ, atque singuli ex senatoribus per singulas sedent indesinenter (*Apoc*. xxi). Et prima quidem porta dicitur Petri, secunda Pauli, tertia Andreæ, quarta Joannis, quinta Jacobi, sexta Philippi, septima Bartholomæi, octava Thomæ, nona Matthæi, decima Thadæi, undecima Simonis, duodecima Matthiæ. Sed et templum mirificum est in ea, habens Sancta sanctorum et altare aureum; ante cujus conspectum vir quidam astat mirificus, tenens decem chordarum psalterium, ac jugiter ibidem degentes ad laudem Regis illius cohortatur, dicens : Laudate Dominum de cœlis, laudate eum omnes angeli ejus, laudate eum omnes virtutes ejus (*Psal*. cxlviii). Hujus itaque nomen, David filius Jesse pronuntiatur. Sed et plateæ hujus civitatis ex auro purissimo sunt stratæ, cujus fluvius vitam æternam emanat, cujus pomifera per singulos menses reddunt fructus suos, et folia eorum ad medicamentum procedunt animarum; cujus lumen inenarrabile est, et portæ nunquam claudentur, eo quod nunquam ibi nox erit, nec ullæ tenebræ habentur, sed semper gaudium et perpetua lætitia ibidem jugiter commoratur. Et mulier ad hæc respondit : Et non intellexisti, charissime frater, a quo vocatus illic meus Astion perrexit, ne in aliqua culpa deprehensus sit, vel ne quispiam ex comitibus aut e senatoribus qui illic demorantur eum convocavit, et sibi forsitan præ nimia pulchritudine ejus in filium eum adoptavit? Et Vigilantius : Ab ipso, inquit, principe regionis illius cum multo honore et comitatu ibidem vocatus perrexit. Ego siquidem tunc ministros ipsos videre non potui; attamen sicut ipse mihi referebat, valde pulcherrimo ac splendido vultu habebantur, gerentes aurea arma et hyacinthina indumenta. Et quia in hac nostra regione fideliter ex toto animo quæ sibi ab illo injuncta fuerant adimplevit, hac de causa cum illuc per suos ministros dicebat vocitatum fuisse, ut principatum ei videlicet, super decem civitates, condonaret. Et mater : Putas igitur in tanta gloria nunc ibidem positus habet memoriam nostri? Et Vigilantius : Ille quidem memoriam vestri nimium habet in mente, et valde cupit vos juxta se habere semper, si tamen ea quæ scripta sunt in libro illo quem mihi reliquit adimplere volueritis. Et mater ad hæc : Age, ergo, et depositum nobis celeriter repræsenta. Et hæc dicentes, e mensa pariter consurgunt.

CAP. XXII. — Tunc Vigilantius assumens eos, in cellam sanctorum martyrum introduxit; et ostendens eis dominicam crucem et sacrosanctum **221** Evangelium Christi, ait ad eos : Hæc sunt quæ Astion filius vester mihi dereliquit. Si ergo mysterium hujus divinæ virtutis et ea quæ in hoc codice scripta sunt, feceritis, profecto videbitis eum, et cum ipso in perpetuum eritis in illa regione. Hæc audiens pater ejus, accepit Evangelium Christi præ manibus, et aperiens pervenit ad eum locum ubi Dominus Jesus locutus est ad discipulos suos, dicens : Amen, amen dico vobis, quod vos qui secuti estis me, in regeneratione cum sederit Filius hominis in sede majestatis suæ, sedebitis et vos super sedes duodecim, judicantes duodecim tribus Israel. Et omnis qui reliquerit domum, vel fratres, aut sorores, aut patrem, aut matrem, aut uxorem, aut filios, aut agros, propter nomen meum, centuplum accipiet, et vitam æternam possidebit. Multi autem sunt primi novissimi, et novissimi primi (*Matth.* XIX). Et pater : Quis est, inquit, iste Dominus Jesus, et qui sunt qui secuti sunt eum? sed et qui sunt illi qui jubentur relinquere patrem aut matrem, uxorem et filios, propter nomen ejus, quos dicit perceptures esse in futura beatitudine vitam æternam? Quæsumus te, frater charissime, ut si aliquid in his quæ vera sunt nosti, nobis explanare non pigriteris. Aperiens autem Vigilantius os suum, et incipiens a Scriptura ista, evangelizavit illis Dominum Jesum Christum, qualiter ab origine mundi omnia per ipsum facta sunt, et qualiter hominem ad imaginem et similitudinem suam fecerit, et in paradisum deliciarum posuerit; et quomodo unam costam tulerit de latere ipsius, et finxit eam in mulierem : sed et quomodo propter serpentem Adam de paradiso deliciarum in hanc terram mortalium expulit; et qualiter Eva, quia ipsi serpenti magis obedire voluit quam Domino Deo suo, anxietatibus et doloribus in parturitione est condemnata; sed et qualiter sancti prophetæ ante primum adventum Filii Dei venientes, prædicaverunt eum esse venturum, et non sunt recepti; vel quomodo Dominus Deus noster Jesus Christus, qui est unicus Patris, Verbum ac Sapientia, virtus scilicet ac splendor gloriæ, dignatus sit in novissimis diebus, de Spiritu sancto et Maria semper virgine in mundo nasci; et quomodo illos qui secuti sunt eum, discipulos suos fecit esse, et mittens eos ad prædicandum verbum salutis gentibus, apostolis imposuerit nomen; sed et quod regni sui participes eos effecerit, qui hujus sæculi contempserint vanitatem, et ipsum solum super amorem propinquorum diligerent. Cumque hæc et horum ampliora sapienter eis Vigilantius disseruisset, iterum venerunt in locum illum ubi scriptum est : Et dixit Jesus discipulis suis : Amen amen dico vobis, quia omnis qui me confessus fuerit coram hominibus, confitebor et ego eum coram Patre meo, qui est in cœlis; qui autem negaverit me coram hominibus, denegabo et ego eum coram Patre meo, qui est in cœlis. Nolite igitur arbitrari, quia veni pacem mittere in terram; non veni pacem mittere, sed gladium. Veni enim separare hominem adversus patrem suum, et filiam adversus matrem suam, et nurum adversus socrum suam, et inimici hominis domestici ejus. Qui amat patrem aut matrem plus quam me, non est me dignus. Et qui non accipit crucem suam, et sequitur me, non est me dignus. Et qui invenit animam suam, perdet eam. Et qui perdiderit animam suam propter me et Evangelium meum, inveniet eam (*Matth.* x). Et iterum : Cum autem tradiderint vos apud reges et præsides, nolite cogitare, quomodo aut quid loquamini. Non enim vos estis, qui loquimini, sed Spiritus Patris vestri, qui loquitur in vobis. Tradet autem frater fratrem in mortem, et pater filium; et surgent filii in parentes, et morte eos afficient; et eritis odio omnibus, propter nomen meum. Qui autem perseveraverit usque in finem, hic salvus erit. Rursumque perveniens in ultimam partem sancti Evangelii, cœpit secundum Joannem iterum legere, dicens : Pater, quos dedisti mihi, volo ut ubi ego sum, et illic sint mecum, ut videant claritatem meam, quam dedisti mihi, quia dilexisti me ante constitutionem mundi (*Joan.* XVII). Et denuo : Ut omnes unum sint, sicut tu, Pater, in me, et ego in te, ut et ipsi in nobis unum sint, ut credat mundus quia tu me misisti. Et ego claritatem quam dedisti mihi dedi eis, ut sint unum, sicut et nos unum sumus. Ego in eis, et tu in me, ut sint consummati in unum, et cognoscat mundus, quia tu me misisti, dilexisti eos, sicut et me dilexisti.

CAP. XXIII. — Hæc et ampliora horum dum legisset pater, ad Vigilantium ait : Precor, frater charissime, iterum explana nobis diligentius ea quæ modo legimus, eo quod non penitus in his verbis nihil intelligimus. Vigilantius respondit : Illos quos dicit Dominus Jesus noster : Quia qui me confessi fuerint coram hominibus, confitebor et ego eos coram Patre meo, qui est in cœlis; qui autem denegaverint me coram hominibus, denegabo eos et ego coram Patre meo, qui est in cœlis; nos sumus qui in eum credimus, et in nomine sancto ejus speramus. **222** Si ergo evenerit tempus persecutionis, et dixerint nobis principes hujus sæculi : Abnegate Deum vestrum, et adorate nobiscum idola, quæ sunt magni dii nostri, qui et universa fecerunt; si eis non consenserimus, vel quæ jusserint non fecerimus, sed pro nomine ejus tyrannorum minas tormentaque toleraverimus, continuo et ipse in illa sua felici regione, coram Patre et coram sanctis suis angelis confitebitur nos, id est, amicos, et nimium charos sibi constituet nos. De quorum numero exstitit nunc ille vester unicus et nimium sanctus Astion. Nam ante hos paucissimos dies, dux provinciæ istius Latronianus, dum compelleret eum ut abnegaret Jesum Christum, verum illum quem nos dicimus imperatorem cœlestem, ut consentiret ejus voluntati et dæmonibus famulatum exhiberet, ille nullo modo acquiescens jussibus ejus parere, fortis in fide sua, et nimium magnanimus adversus ea quæ sibi ingerebantur mala, cum alio quodam venerabili sene Christiano, Epicteto nomine, perstitit usque in finem immobilis in sua sancta confessione. Hoc intuens ejus imperator ille cœlestis, et valde admirans de benevolentia et sincera ipsius erga se dilectione, mittens suos ministros, hoc est, salutiferos angelos, cum ingenti eum honore in illam civitatem ubi ipse demoratur assumpsit, ut illi præmia sempiterna, pro eo quod viriliter contra ipsius adversarios decertatus sit condonaret. Et ideo tam Astioni vestro quam ejus similibus, aptantur ea quæ legisti sacramenta : Ut omnes, inquit, unum sint, sicut tu Pater in me, et ego in te; et ipsi in nobis unum sint, ut credat mundus quia tu me misisti; et ego claritatem quam dedisti mihi dedi illis, ut sint unum, sicut et nos unum sumus. Ideo quicunque meruerint esse de numero Astionis vestri, o honorabilis pater, Salvatoris nostri martyres vocitantur.

Cap. XXIV. — Et mater ad hæc : Ne, inquit, mortuus est, et non vis nobis facere manifestum? Vigilantius respondit : Mortui nos sumus, qui in hac mortali carne degimus, et in hoc sæculo vano, absque notitia nostri factoris existere videmur. Nam vera vita ibi est, et verus cibus potusque ibidem habetur, ac dignitas sine fine, his qui meruerunt eam accipere; ibi est ubi semper immortalitas regnat, et perpetua gaudia commorantur. Tunc mater : Volebam, inquit, modo eum videre in illa gloria consistentem. Putasne agnoscere me habeat, eo quod genitrix ejus fuerim aliquando? Aut forte in tanto honore ibidem positus, ut dicis, modo inspicere contemnet, eo quod pulchritudinem mei vultus, ipsum lugendo amisi? Et Vigilantius : Si feceris itaque quæ scripta sunt in hoc libro, quem mihi dereliquit sanctus Epictetus et Astion, et credideris ex toto corde in Jesum Christum regem ipsius, in quem et iste credidit, poteris eum videre. Sin vero nolueris credere, impossibile est ut tu illum videas, vel matrem suam nominet aliquando, eo quod incredula exstitisti in mandatis Patris ipsius. Et mater : Ecce, inquit, pater ipsius iste est. Vigilantius respondit : Verum Pater ejus ille est, qui et Dominus, cum quo nunc demoratur, qui et tanta bona ei in futura beatitudine condonavit. Et iste vero mortalis est, et mortales filios habet; et dum putatur stare, subito cadit; dum dicit se vivere, repente moritur, eo quod nec iste illum Patrem verum agnoscit, quem ille agnovit, de quo scriptum est : Pater noster, qui es in cœlis, sanctificetur nomen tuum.

Cap. XXV. — Igitur cum per unam septimanam inter se disputarent et Christi mirabilia dicerent ad invicem et libenter audirent, Dominica die adveniente, ambo pariter crediderunt in Christum. Quos assumens Vigilantius, perduxit ad quemdam presbyterum sanctum, nomine Bonosum, qui persecutionis atrocitatem devitans, in quodam secreto loco occulte degebat. Qui orans pro eis sufficienter, et catechizans eos eadem hora catechumenos fecit. Igitur cum inde egressi fuissent, cœperunt dicere ad Vigilantium : Ecce adimplevimus ea quæ in libro illo quem nobis dedisti continentur : veni modo, et thesaurum illum ostende nobis, quem Astion noster, ut ipse affirmasti, tibi commendavit. Et Vigilantius : Sequimini me, ego eum vobis sine mora aliqua demonstrabo. Sed interim eum habeo absconditum, et nescio, si modo possum eum inde ejicere. Ergo, si vobis placet, de noctibus eamus ad locum, et usque ad lucem ibidem permaneamus operantes, forsitan poterimus eum invenire, eo quod satis illum in profundo abscondi. Et cum sol declinasset, assumens eos Vigilantius, foras civitatem cum illis egreditur. Et pervenientes ad sepulcrum sanctorum, admonet eos secum totam noctem in orationibus vigilare. Cumque jam aurora ascenderet, et lucere inciperet dies, ecce vident subito circa se lumen refulsisse immensum, ac nimium suavitatis odorem fragrare, sanctosque martyres, qui jam dormierant, in corpore juxta se consistere, ac Dominum secum collaudare. Tunc sanctus Astion irruens in amplexibus matris **223** suæ, cœpit osculari eam, dicens : Bene advenisti ex Orientis partibus, o discipula Christi, et mea mater Marcellina. Similiter et beatissimus Epictetus apprehenso capite viri ejus, exosculabatur eum, dicens : Lætare in Domino, o dulcissime frater Alexander, eo quod dignus habitus es in numero fidelium deputari, et perennem beatitudinem promereri. Sed et ad Vigilantium dixerunt : Gaude et tu in Domino, o dulcissime frater Vigilanti, eo quod dignus effectus es ut impleatur in te, quod scriptum est : Quia qui converti fecerit peccatorem ab errore viæ suæ, salvabit animam ejus a morte, et operit multitudinem peccatorum.

Cap. XXVI. — Tunc sanctus Astion hoc modo cœpit dicere ad matrem : O dulcissima ac benedicta domina mea mater, illa omnia quæ in sacrosancto Evangelio Christi Domini nostri scripta sunt, vera sunt et firma. Festina ergo ea sine mora aliqua adimplere, ut ea quæ illic scripta sunt consequi promerearis. Igitur portionem mihi de tua substantia obtingentem, pro mea requie (11) ac tua salute pauperibus divide ac distribue, ut sic merearis cum justitiæ corona et bonis operibus decorata ad nos pervenire. Et mater: Bene, inquit, haberis a Rege tuo, seu a familiaribus ejus, dulcissime fili? Respondit Astion: In tantum dego bene, ut qualiter tibi exponam nesciam; filium namque suum Dominus ac Deus noster, ex servo per suam gratiam me adoptavit, in civitate sua mansionem mihi tribuit, in palatio suo militare me fecit, inter senatores maximam dignitatem mihi condonavit, paradisi amœnitatem mihi ad delicias tradidit. Sed et ministri ejus tanquam de suis me habere dignati sunt, ac diligunt. Pergo namque cum eis per singulos dies ad visitandum infirmos, ad elevandum elisos, ad illuminandum cæcos, ad salvandum periclitantes in mari, ad expugnandum gentes barbaras præliantes in terra, ad consolandum mœstos, ad defendendum impotentes, atque effugandos dæmones de obsessis corporibus, in nomine Domini nostri Jesu Christi. Sed et quotidie de vobis mihi præcipiunt, dicentes: Admone patrem tuum et matrem, ut ad hæc perveniant loca. Et mater: Agnoscunt itaque nos, fili mi? Respondit sanctus Astion, et dixit: Nimium vos diligunt et agnoscunt, domina mater: tantum si vestra voluntas est agnoscere eos, ut ad illam beatitudinem sine aliqua dubitatione possitis pervenire. Et mater, præ nimio gaudio feriens pectus suum, dicebat: Putas quandoque infelix et misera illuc perveniam? Et beatissimus Astion respondit: Si credideris perfecte in Jesum Christum Dominum ac Deum nostrum, quemadmodum credidit Vigilantius, atque omnia bona tua distribueris indigentibus, sine dubio et vivere et exultare habes mecum in illa, in qua et ego dego, beatitudine sempiterna. Cumque his et hujuscemodi verbis athletæ Christi instructi essent, recesserunt ab eis.

Cap. XXVII. — Igitur cum quadragesima dormitionis eorum dies illuxisset, et Christi pontifex evangelicus in urbem Almiridensium devenisset, assumens eos Vigilantius una cum sancto presbytero Bonoso, ad eum perduxerunt, exponentesque illi per ordinem cuncta quæ acta fuissent, rogabant ut in numero fidelium eos Christo consecraret. At ille nimium gavisus in Domino, assumens eos, et orans pro eis sufficienter, sacramentum baptismi tradidit. Et exultans cum eis per dies octo, in aliam civitatem, quæ in proximo habetur, remeavit. Cumque sacerdos Domini inde remeasset, taliter ad Vigilantium Alexander et Marcellina dicere cœperunt: Multa beneficia tua erga nos habentur, o dilectissime et nimium nobis amabilis frater, eo quod per tuam salutiferam doctrinam jugum diaboli meruimus evadere, et ad Christi Salvatoris nostri notitiam pervenire. Siquidem nimis existis in sapientia gloriosus in sancta ecclesia, præclarus in doctrinæ gratia; perfectam habens dilectionem erga sancti Evangelii religionem, et nimium amorem in peregrinorum susceptione, inenarrabilem benevolentiam circa impotentium defensionem, seu infirmorum visitationem; fervens fidei calore erga idolorum destructionem, vel sanctorum martyrum amorem; ac secundum tui nominis sacramentum, vigilans existis in cunctis bonis operibus propter Dei amorem. Igitur nihil aliud est de te pronuntiandum, nisi eo quod unus ex intimis Dei amicis haberis. Et hæc dicentes, tam eum quam sanctum ac venerabilem presbyterum Bonosum ducentes secum ad propriam civitatem, hilares animo, et perfecti in Domino remearunt; atque universa bona sua egentibus distribuentes, glorificabant Deum Patrem omnipotentem, qui eos de tenebris ad cognitionis suæ lumen perducere dignatus est.

Pertulerunt autem martyrium sancti atque athletæ Christi, Epictetus presbyter et Astion monachus in Almiridensium civitate, octava de mensis Julii, temporibus Diocletiani tyranni, sub duce Latroniano. Secundum nos vero, regnante in cœlis Jesu Christo Salvatore nostro, quem decet gloria et imperium una cum Patre et Spiritu sancto, in sæcula sæculorum. Amen.

ROSWEYDI NOTATIO.

224 (1) *Epicteti presvyteri et Astionis monachi.*] Horum sanctorum nullibi in tabulis Ecclesiasticis mentionem invenio, præterquam in Florario sanctorum manuscripto, ubi ita habetur 8 Julii: « In Oriente sanctorum martyrum Epictici et Astionis pro Christo interfectorum sub Diocletiano imp., quorum miri actus et passiones leguntur. Passi sunt anno salutis 290 : « Idem dies assignatur in Martyrologio Usuardi aucto a Carthusianis Coloniensibus anno 1521. Ex hac autem Vita citat exemplum Speculum exemplorum, distinct. 8, quæ est ex Vitis Sanctorum, exemp. 21, quod hic habetur cap. 11.

Hujus Vitæ nullum exemplar manuscriptum habui, præter unum ex ecclesia Sancti Salvatoris Ultrajecti, a recenti manu. Nullum quoque impressum, præter unum Coloniense in Vitis Patrum. Nam reliquæ editiones hac Vita carent.

(2) *Diocletiani profanissimi imperatoris.*] Editus addebat : *qui regnavit circa annos Domini* 190, quod deest manuscripto, et plane erroneus est numerus.

(3) *Ego.*] Quæ sequuntur usque ad *Ecce* deerant in edito. Quædam ex narratis historiis conveniunt quidem temporibus Diocletiani, et eo superioribus; quædam tamen videntur Diocletiano posteriores. Unde colligeretur assumentum hic aliquod accessisse.

(4) *Viginti quatuor libri.*] Varie olim numerus initus sacrorum librorum ; pro qua varietate locus hic intelligendus est.

(5) *Almiridensium civitatem.*] Scythiæ civitatem esse, Vita hæc indicat. Vide Onomast.

(6) *Galilœis.*] Ita olim vocati Christiani. Lucianus, in Philopatr. Vide Onomasticon.

(7) *Latroniani ducis.*] Scythiæ hoc tempore dux vel præses fuit iste Latronianus. De quo porro inquirendum.

(8) *Vinculatorium.*] Carcerem intelligit. Sic Græci vocant δεσμωτήριον, quod ibi δεσμῶν vinculorum copia.

(9) *Evangelicus.*] Diversissima Scytharum natio. Quidam ante tempora Diocletiani, quidam post conversi. Jam Scythæ aliqui ad Christum conversi erant tempore Tertulliani, ut constat ex libro ejus adversus Judæos, cap. 7 et 8. Imo sanctus Philippus dicitur Scythiæ fidem intulisse, ut habet breviarium Romanum, 1 Maii, ut non mirum sit imperante Diocletiano Evangelicum fuisse Scythiæ episcopum.

(10) *Epibatæ.*] Ita Hirtio dicuntur, qui navalibus operis æs merent. Hic nautæ intelliguntur.

(11) *Pro mea requie.*] Sane hæc intellige, pro majori videlicet gloria accidentali. Nam scitum illud ex Augustini serm. 22 de verbis Apost. « Injuriam facit martyri, qui orat pro martyre. »

OCTOBRIS XXIII.

VITA SANCTI MACARII ROMANI (1),

SERVI DEI,

QUI INVENTUS EST JUXTA PARADISUM,

AUCTORIBUS THEOPHILO, SERGIO, ET HYGINO (2).

CAPUT PRIMUM. — Gloria et magnificentia Deo soli benignissimo, qui per innumerabilia miraculorum exempla nos tepidos et indignos quotidie invitat ad beatæ vitæ cœlestis gaudia. Nos itaque miseri et humiles monachi Theophilus, Sergius et Hyginus, deprecamur vos omnes sanctissimos patres et fratres, ut accommodetis aures his, quæ vobis narraturi sumus de vita et conversatione sanctissimi Macarii Romani, qui apparuit nobis prope paradisum ad viginti milliaria. Et hoc rogamus, ut fidem dictis adhibeatis, qui quidem multo melius nobis fuisse credimus sub silentii portu innoxios remanere, quam falsitatis reos puniri.

CAP. II. — Igitur nos prætitulati fratres, Theophilus, Sergius et Hyginus, propitia Divinate abrenuntiantes sæculo, venimus ad monasterium, quod est in Mesopotamia Syriæ in medio duorum fluminum Tygris et Euphratis, **225** in quo vir clarissimus Asclepion hegumenus (3), multorum exstitit Pater monachorum. Ibi denique conjungentes, a prænominato Patre et omni cœtu fratrum gratanter suscepti, ac jugo regulæ colla submittentes, communi vita conversati sumus.

CAP. III. — * Factum est autem tempore longo post hæc, hora nona quadam die synaxi expleta (4) accedentes ad Euphratis fluminis littus, consedimus ibi, aliquandiu inter nos de sustinentia et conversatione simul et labore servorum Dei disputatum est. Tunc mihi misero Theophilo venit in mentem cogitatio; et respondens, dixi fratribus meis Sergio et Hygino: Velle mihi adest, o fratres dilectissimi, cunctis vitæ meæ diebus ambulare, illoque ire, ubi cœlum terræ se conjungit (5). At illi: Te, inquiunt, frater Theophile, ut fratrem spiritalem semper habuimus, et priorem, et amodo nullatenus a te separabimur; nobis enim verba tua placent: idcirco, ubi corde concepisti, perge; et nos in vita et morte tecum erimus. Itaque surgentes de loco, intravimus monasterium: factaque vespera, omnique diurni officii oratione completa, cæteris quiescentibus clam monasterio egressi sumus. Post hæc vero decem et septem dies ambulantes, conjunximus Jerusalem (6), et sanctam resurrectionem Jesu Christi et crucem adoravimus.

Deinde exeuntes in Bethlehem, vidimus et salutavimus sanctum præsepe, ubi Christus nasci dignatus est, et ubi stella magos adduxit, Christo munera deferentes; et vidimus locum mirabilem ubi angelus cum multitudine exercitus cœlestis, gloriam in altissimis Deo canebat, qui locus ad duo milliaria longe a Bethlehem situs est. In montem quoque Oliveti ascendimus, et in ipso loco sancto adoravimus, ubi Christus pedibus stetit, quando elevatus est, et a nube susceptus ascendit ad cœlos. Exinde Jerusalem reversi adoravimus Deum, et consignantes nos commendantes Christo et sanctis ejus (7), exivimus non habentes jam animum et mentem in hoc sæculo.

CAP. IV. — « Igitur nos Christi comitante gratia, viam continuo aggredientes, ac quinquagesimo die fluminis Tygris alveum pertranseuntes, terram Persarum ingressi sumus, et venimus in campum magnum et planitiosum vocabulo Assia, in quo martyr Christi Mercurius (8) apostatam Julianum peremisse legitur. Deinde civitatem Persidis, nomine Kitissefodo (9), intrantes, in qua tres pueri, Ananias, Azarias, Misael, requiescunt, non longe a Babylone, adoravimus ibi; et in eodem loco manducantes, et Domino laudis hymnum offerentes, mansimus dies aliquot. Inde profecti post menses quatuor, pertransivimus Persidis regionem, et Indiæ terram sumus ingressi. Ingredientes vero domum quamdam, et neminem ibi habitatorem reperientes, duos ibidem fecimus dies. Et ecce tertia post hæc die, apparuerunt advenientes duo armati, vir et femina; nos vero nimio terrore perterriti, surreximus, illisque obviam ire deliberavimus. Ipsi autem nos videntes, simul et exploratores esse credentes, concito gradu per viam qua venerant redierunt; et post aliquantulum congregati, de suis quasi tria millia Æthiopes advenerunt. Qui festinanter domum, in qua eramus orantes, vallo circumdantes, nosque cuncti aspicientes, per quatuor ejusdem domus angulos ignem copiosum applicuerunt, vivos nos cremare nitentes. Quod nos ut aspeximus, timore valido exterriti, Christum omnium Salvatorem invocavimus, et in medium illorum prosilivimus. Tunc ipsi lingua sua multum

* Sequentia desunt in Menæis, et a viris quibusdam doctis censentur apocrypha.

invicem murmurantes, diuque contra nos frendentes, cum neque nos illos, nec ipsi nos ullatenus intelligere possemus, comprehendentes nos, in obscuro clauserunt carcere. Sedentibus ergo nobis in tenebris, non erat qui panem vel aquam tribueret. Nos denique cum lacrymis omnipotentis Dei creatoris omnium misericordiam invocare haud omisimus. Facientibus autem nobis ibi dies aliquot, iterum congregati, cum nos fame et siti exanimes credidissent, circumdederunt carcerem. Sed cum orantes nos aspexissent, aperientes januam eduxerunt nos; et cum multum inter se murmurantes loquerentur, novissime cum lignis agrestibus (10) cædentes nos acriter, de finibus suis ejecerunt, et octoginta dies sine cibo explevimus, sicut testis est nobis Deus.

Cap. V. — « Ejecti itaque a finibus illis, iter fecimus dies multos in Orientem, et devenimus in locum admirabilem, et campum gloriosum, qui arboribus altissimis plenus, et mellifluis fructibus abundabat. Denique nos glorificantes et laudantes Deum, manducavimus dulcifluos fructus, et saturavimus nos valde. Itaque exeuntes inde, terram Chananæorum (11) ingressi sumus, qui ab aliis Cynocephali dicuntur; et videntes illos, in aspectu eorum valde mirati sumus. Ipsi vero cum mulieribus suis et parvulis, subtus in petris habitantes, nos omnino non tetigerunt, Christi nos protegente gratia.

Cap. VI. — « Inde igitur profecti contra Orientem, cum centum et decem dies eos pertranseuntes iter nostrum fecissemus, intravimus terram gentis quæ nominatur Pichiti (12); ipsa vero gens in statura et altitudine sua non **226** plus quam mensuram unius cubiti habebat. Et videntes nos, timore perculsi fugerunt. Nos autem Deum collaudantes, qui de illorum manibus nos liberavit, cursum nostrum quotidie acceleravimus.

Cap. VII. — « Post hæc autem devenimus in montes altissimos terribilesque, ubi sol non intrat, nec arbor nec herba crescunt; ibi ergo serpentes innumerabiles, et dracones et aspides, sed et basiliscos, et viperas, et unicornes, et bubalos vidimus multos; alias quoque bestias mortiferas multos, et venenosa animalia, quorum nomina vel naturam penitus ignoramus. Dextera igitur Dei nos protegente, illæsi pertransivimus illa; sed et sibilos draconum et serpentium per viginti continuos dies in auribus habuimus, et non nisi aures obturantes illos ferre quivimus.

Cap. VIII. — « Interea in locum incidimus terribilem, rupes habentem asperrimas, in altum erectas, et in ima descendentes. Nos ergo septem dies ibi fecimus, ultra progredi non valentes. Septima autem post hæc die apparuit cervus ante nos ambulans rugiendo, quem surgentes secuti sumus. Iter autem facientes, multo majores invenimus ante nos rupes. Nos vero maximo cum labore et angustia exinde evasimus, et venimus in campum planum et magnum,

A in quo elephantorum magna multitudo stabat, et per medium illorum illæsi transivimus. Post hæc itaque minime nobis apparuit via. Tunc nos cum lacrymis clementiam Domini invocantes, et per novem dies sine cibo per devia ambulantes, conjunximus tandem in locum planitie largum, qui fructibus plurimis abundabat. Jam ergo tenebræ densissimæ cuncta illa repleverant loca; nec aliquid lucebat, sed nebulæ obscurissimæ erant. Tunc nos nimium turbati et afflicti, cadentes in terram cum planctu valido orantes clamavimus ad Deum, et in eodem loco dies septem complevimus, non manducantes nec bibentes, nec lumen cœli videntes. Nobis autem valde afflictis, et in oratione persistentibus, post dies septem adfuit columba, quæ nobis appropinquans, ac diu circa nos volitans, et pennulas fortiter percutiens, quasi ad ambulandum nos confortabat. Tunc nos Deo agentes gratias, surreximus, illaque præcedente, per devia iter fecimus; et ecce ante nos maximam invenimus absidam (13), in circuitu scriptam. Videntes vero scripturam illam, gavisi sumus, et collaudavimus Dominum. Hæc autem erat scriptura: *Absidam istam fecit Alexander Philippi Macedo imperator, quando persecutus est Darium regem Persarum. Qui terram hanc ingredi voluerit, ad manum sinistram vadat; ad dexteram enim terra invia, et rupibus et angustiis est plena.*

Cap. IX. — « Nos igitur ad lævam intrantes, ambulavimus dies multos. Et factum est post quadraginta dies, euntibus nobis venit pessimus et intolerabilis fetor, ex quo velut exanimes effecti, et cadentes in terram, oravimus Dominum, ut jam clementer recipi juberet animas nostras. Post modicum vero surgentes a terra, aspeximus lacum magnum, et multitudinem serpentium in eo ignitorum; et ex ipso lacu exierunt voces, et audivimus ululatum et planctum magnum, quasi populi innumerabilis, et de cœlo vox sonuit, dicens: Locus iste judicii et pœnarum est, in quo cruciantur qui Christum negaverunt. Nos autem vocem hanc audientes, et pectora percutientes cum lacrymis et timore nimio ipsum transivimus lacum, et venimus inter montes duos altissimos, et in medio ipsorum apparuit nobis homo longa statura (14), quasi centum cubitorum, et ipse catenis constrictus æreis, toto ligatus erat corpore. Duæ autem catenæ de una corporis parte, in monte uno erant fixæ, et duæ in monte altero, et ignis maximus in circuitu ejus ex omni parte. Vox autem clamoris illius audiebatur, quasi per quadraginta milliaria. Qui ut nos vidit, plorans et ejulans fortissime exclamavit · crudeliter enim ab igne cremabatur.

Cap. X. — « Cumque nos talia cerneremus, valde pertimuimus; et cooperientes facies, a longe ipsos transivimus montes; et ecce in alium continuo devenimus locum, ubi rupes multæ et profunditas magna erat. Ibi etiam quamdam vidimus feminam crinibus solutis stantem, toto corpore a maximo et terribili dracone involutam. Quandocumque ergo ad loquendum os suum aperire voluisset, caput suum draco confestim in os ejus mittens, linguam ipsius mordebat. Capilli autem hujus mulieris ad terram usque descendebant. Cumque in illam mirantes et pavidi aspiceremus, subito de ipsa profunditate vallis miserabiles audivimus voces, dicentes : Miserere nobis, miserere, Christe, Fili Dei altissimi. Nos itaque vehementer exterriti, ponentes genua in terram oravimus, dicentes cum lacrymis : Domine, qui nos creasti, tolle animas nostras, quoniam judicia tua oculi nostri viderunt in terra.

CAP. XI. — « Surgentes autem, ingenti luctu et mœrore simul et timore venimus in locum alium, in quo arbores multas et maximas vidimus, habentes similitudinem ficorum : **227** in ramis autem ipsis volatilia multa, similia avibus cœli (15), voce humana fortiter clamabant, dicentia : Parce nobis, Domine, qui plasmasti nos; parce nobis, misericors, quia peccavimus ante faciem tuam, super omnem terram. Nos autem oravimus, dicentes : Domine misericordissime, ostende nobis ista, quæ vidimus, miracula tua, quoniam ignoramus quid sint. Venit ergo vox dicens : Non est vestrum nosse mysteria quæ vidistis, viam pergite vestram.

CAP. XII. — « Inde igitur cum ingenti pavore egressi, devenimus ad locum honorabiliorem ac speciosissimum, in quo quatuor viri stabant, habentes figuras venerabiles, tanquam mira pulchritudine decoras, ut credi aut fari omnino facile vix possit : isti siquidem coronas aureas, gemmis et lapidibus honorifice compositas, in capitibus habebant, et in manibus palmas aureas gestabant; ignis vero maximus ac terribilis ante illos, et spathas acutissimas ante se tenebant. Nos vero ista cernentes, ac valido perculsi timore, exclamavimus ad illos, dicentes : Domini et servi Dei excelsi, miseremini nostri, ut spathæ et iste ignis nobis non prævaleant nocere. At illi respondentes nobis, dixerunt : Nolite timere, viam quam vobis Deus demonstravit, ite securi : nos enim Dominus in isto posuit loco, ut viam hanc servaremus et custodiremus, usque in diem judicii, quando orbem terræ judicaturus adveniet

CAP. XIII. — « Hæc nos audientes a sanctis viris illis, ac de longe eos salutantes, pertransivimus locum ipsum, et per quadraginta continuos dies ambulavimus, nullum omnino cibum sumentes, aquam tantum bibentes. Ambulantibus ergo nobis, subito voces populi innumerabilis (16) audivimus psallentium, et odor suavissimus, quasi balsami optimi et pretiosissimi, venit nobis, et sicut de mellis favo dulcissimo, os nostrum indulcoravit. De suavissimo igitur odoris nectare, ac cœlestis melodia cantilenæ sopor nos arripuit. Post modicum autem surgentes e somno, vidimus ante nos ecclesiam, mirabili ornatu decoratam, ac pretiosissimam, quæ tota quasi crystallina videbatur, in medio autem ipsius ecclesiæ altare honorificum, et de altari aqua egrediebatur, quæ lactis candidissimi colorem habebat. Nos autem aquam ipsam in veritate lac speravimus. In circuitu vero fontis illius stabant viri sancti et honorabiles,

et cantabant canticum cœleste, id est, voces cherubim. Nos autem hæc intuentes, timuimus valde. Ipsa vero ecclesia a parte Meridiana similitudinem habebat lapidis prasini pretiosi, a parte Australi colorem sanguinis mundissimi prætendebat, a parte autem Occidentali tota erat alba, instar lactis et nivis candidissimæ : stellæ super ipsam ecclesiam plus quam hujus mundi sidera lucebant, sol ibi septempliciter lucebat et calebat, quam in hujus terræ regione; alpes et arbores omnes plus altæ, et folia ac fructus plures et dulciores, quam istius mundi arbores habebant; sed et aves cœli aliter resonabant, quam aves terræ istius : omnis autem terra ipsa duplices habebat colores, id est, una facies alba erat ut nix, et alia rubicundissimis coloribus erat. Nos igitur stupentes, et in eodem loco adorantes, ac ipsos viros salutantes, cum timore egressi, cœptum iter arripere festinavimus.

CAP. XIV. — « Denique post hæc centum impleti sunt dies, ut Dominus testis est nobis, quod nullo refecti sumus cibo, aqua nos frequentius refocillantes : cum ecce subito euntibus nobis, venit populi innumerabilis multitudo virorum ac mulierum obviam, in unum conglobati; non autem inter illos longiorem præterquam unius cubiti staturam vidimus. Igitur visis illis, valde pertimuimus. Tunc miserabilis ego peccator Theophilus dixi fratribus meis Sergio et Hygino : Solventes capillos nostros, veniamus adversus eos; forsitan fugient a nobis, et liberabit nos Dominus de manibus illorum. Quod cum ipsis visum fuisset bonum, solutis fasciolis et capillis nostris, irruimus super eos repente, ipsi autem hoc cernentes, confestim filios suos arripientes, stridentesque dentibus, citius aufugerunt omnes. Nos autem Dominum collaudavimus, qui eripuit nos; et transeuntes flumen, invenimus herbas candidas et albas, sicut lac, dulces velut mel, altas vero usque ad unum cubitum. Manducantes itaque de herbis mellifluis, ac nos saturantes ex eis, gratiarum actiones Creatori omnium obtulimus, qui nos per tanta servavit pericula, ac gratuita nos sua gratia nutriebat. Nos interea iter agentes per devia, subito semitam invenimus speciosam; et cadentes in terram, adoravimus et collaudavimus Dominum misericordem, qui eam nobis demonstravit. »

CAP. XV. — Igitur per dies plurimos ipsam viam sequentes, tandem ad speluncam pervenimus honorabilem. Tunc signaculo sanctæ crucis membris undique munitis, in eamdem ingressi sumus cryptam, sed nullum ibi invenientes habitatorem, diximus inter nos : Munditia hæc non est, nisi de manu hominis. Maneamus ergo hic, usque ad **228** vesperam, et videre habebimus loci hujus habitatorem. His ergo dictis, una hora, utpote lassi, resedimus, et subito odore suavissimo perfusi, obdormivimus. Rursum igitur parvo intervallo excitati a somno, foras speluncam exivimus, et contra Orientem respeximus; et ecce subito figuram hominis a longe properantis vidimus, cujus capilli capitis, instar lactis candidissimi aut nivis, quasi in aera volantes, totum viri corpus operuerunt. Ipse autem mox, ut nos a longe respexit, semetipsum in terram projecit protinus, ac rursum elevans se, ad nos ita clamare cœpit : Si vos ex Deo estis, sanctæ crucis signaculo munite vos, ad me usque properantes ; sin autem ex diabolo, fugite a me Dei servo. Hæc eo dicente, tali voce affati sumus : Benedic nobis, Pater sancte, et noli turbari, quoniam et nos servi sumus Jesu Christi, Domini et Salvatoris nostri. Renuntiavimus siquidem sæculo huic vano, factique sumus monachi. Talia ut audivit, illico ad nos venit; et manus suas ad cœlum elevans, diutius oravit ; et surgens ab oratione, capillos ab ore et facie sua tollens, benedixit nos, ac locutus est nobis. Ipsius vero capilli capitis ac barbæ (17) erant candidi ut lac, faciesque ejus sicut vultus angeli. Erat enim sicut lignum secus aquarum decursus plantatum (*Psal.* 1), et præ senectute nimia, oculi ejus non aperiebantur, eo quod supercilia eos cooperiebant : ungulæ quoque manuum ejus ac pedum longæ nimis, barba vero et capilli, corpus ejus omne circumdederunt : loquela illius exilis, et quasi de profunditate emissa ; cutis faciei ejus quasi pellis testudinis.

Cap. XVI. — Tunc ipse cum lacrymis ad nos exorsus est ita : Fratres mei benedicti, unde estis? vel unde huc advenistis ? dicite nobis qualiter se habeat genus humanum, vel quomodo fides Christianorum, et si Sarraceni vel ethnici hactenus Christi populo persecutionem ingerunt. Nos itaque ab interrogati sumus, ei per ordinem responsum dedimus, simul dicentes angustias et pericula, quæ per omnem passi sumus viam, et quia voluntas ac desiderium esset ire ubi cœlum terræ se jungit, aperuimus. Ipse autem ad hæc respondens, ait : Filioli mei charissimi, audite me. Ab isto loco ultra ad paradisi loca non potest ire homo carne vestitus. Ego enim peccator exiguus, valde in hac etiam voluntate laboravi, cupiens ultra procedere, ut finem terræ ac poli cernere quivissem, sed nocte quadam astitit mihi in visu Domini angelus, dixitque ad me : Ne ultra procedas, neque Dominum tentare præsumas. Cui ego : Quam ob causam, inquam, mi Domine, in antea pergere non licet? At ille : De isto, inquit, loco viginti sunt milliaria usque ad paradisum, ubi Adam et Eva in deliciis erant. Posuit denique Dominus ante eumdem paradisum cherubim cum ignea rhomphea (18) atque volubili, ad custodiendum vitæ lignum (*Gen.* III); et habet a pedibus usque ad umbilicum similitudinem hominis, pectus sicut pectus leonis, manum sicut crystallum, habens gladium ut servet paradisum, ne aliquis illuc proximare valeat. Ego itaque hæc audiens ab angelo, amplius non respondi, nec ultra procedere tentavi. Igitur ego Theophilus, et itineris mei socii ac fratres, ista a sancto audientes, prostrato omni corpore, collaudavimus Dominum, et ipsum servum Christi salutavimus.

Cap. XVII. — Vespere autem facto, dixit nobis : Fratres mei dilectissimi, exite foras cellulam, et exspectate paululum ; habeo enim leones duos, qui per diem foras ambulantes (19), sero ad me revertuntur, ne ipsis subito venientibus, mali aliquid patiamini ab eis. Nobis ergo cum pavore paululum exeuntibus, leones rugiendo extemplo advenerunt, et ipsum sanctum Dei adoraverunt. Ipse vero manus super eos ponens, ac colla demulcens, ait illis : Filioli mei, boni fratres tres de sæculo venerunt ad nos, ne faciatis illis malum. Continuo nos advocans, dixit : Fratres, venite, et jam timere nolite. Nos vero cum pavore nimio intrantes, salutavimus illum, et vespertina synaxi celebrata, resedimus, glandes ac herbarum radices pro cibo sumentes, et aquam bibentes cum silentio. Mane autem facto, locuti sumus viro sancto, dicentes : Pater sancte et domine, obsecramus tuam beatitudinem, ut conversationem tuam nobis enarres, et quomodo huc, aut unde venisti, et quo nomine voceris, edicito nobis.

Cap. XVIII. — At sanctus nobis tale dedit responsum : Ego, inquit, mi amantissimi fratres et filii, Macarius vocor, in regali civitate natus et nutritus, filius viri Romani, qui inclytus fuit, et in imperiali pollebat civitate. Cum autem pueriles excessissem annos, me renuente ac nolente, pater meus desponsavit mihi uxorem, diemque statuit nuptiarum. Interea thalamo adornato, cum jam frequentia populi fuisset invitata, et sponsa sedente, pater meus hilarior effectus, cunctos invitatos hortatur ad voluptatem convivii. Omnibus autem, qui aderant, jocis ac saltationibus intentis, furtim exivi, et domum viduæ cujusdam familiaris intravi, ac septem dies cum illa latitans permansi. Ipsa autem diebus singulis domum patris mei ingressa, audivit quæ de mea inquisitione loquebantur; et veniens, cuncta mihi replicans dixit. Pater autem meus cum me undique requirendo non inveniret, flevit amarissime, sed et mater, ac tota familia. Octava exinde die, id est, nocte Dominica, mulierem illam salutavi, et egressus in publicam viam, inveni virum quemdam canitie venerabilem, quasi ad ambulandum paratum stantem. Quem adorans, dixi : Quo pergere habes, senior sancte? At ille hilari vultu ad me conversus, dixit: Quo tu ire desideras, ego tecum ire dispono, eo quod itinera ipsa mihi oppido sunt cognita. Tunc ego confortatus, cœpi hominem sequi. Per domus vero exinde intrantes vicinas, per viam panem rogavimus accipere, et accepimus. Per plurimos autem dies ambulantes, tandem pervenimus ad locum tormentorum, et intravimus angustias viarum omnium, unde vos venire dixistis. Cum ergo ad triginta milliaria prope locum istum venissemus, quadam die sedentibus nobis, inter ipsa mutua colloquia, repente socius meus disparuit. Tunc ego nimium turbatus, et quo me verterem, ignarus, cadens in terram, plangebam validissime. Et ecce confestim sine mora is qui ante disparuit cum magna claritate apparuit, et ita affatus est me : Noli turbari, dilectissime, ego enim sum angelus Raphael (20), in adjutorium tibi missus, qui te huc perduxi præcepto Altissimi. Deminus autem viam tuam prosperam fecit. Loca siquidem tenebrarum, loca tormentorum, loca pœnarum pertransisti, in lucem venisti, fontem aquæ vivæ et loca justorum vidisti; idcirco noli timere, sed surgens, viam tuam proficiscere. Quo dicto, rursus qui apparuit, disparuit.

CAP. XIX. — Ego vero interea viribus receptis, surgens ambulare cœpi, et a longe onagrum intuitus, clamavi, dixique illi : Ave, per Christum, qui te creavit, ostende mihi viam, per quam ambulem; ipse autem concite occurrens, ingressus est ante me per semitam quamdam parvulam et angustam. Quem ego subsecutus sum, sicque duos complevimus dies, simul ambulantes. Die autem tertia, aspeximus cervum miræ magnitudinis a longe. Quem onager videns et pertimescens, declinavit a me; iterum ego solus relictus, angustiatus sum, viam omnino non habens. Tunc contra cervum clamans, dixi : Quia adjutorium mihi tulisti, per Deum te conjuro, semitam mihi ostende. Ad hanc vocem veluti animal domesticum ad me declinans, angustum ingressus ad callem, post tergum me semper aspiciens. Sic ergo tres insimul ambulavimus dies. Tum ecce quarta die immensum ac terribilem offendimus draconem, mediam distentum per viam. Quem ut cervus vidit, repente fuga elapsus evasit. Ego interim timore valido perculsus, in terram cecidi; deinde confortatus in Domino, surrexi, ac me signo sanctæ crucis muniens, ad draconem dixi : Deum omnipotentem time, et noli mihi nocere. Tunc ipse terribiliter de terra se erigens, humana me afflatus est voce, dicens : Veni, benedicte domine, tu enim es servus Dei altissimi Macarius. Angelus autem sanctus Raphael, figuram et vultum tuum mihi demonstrans, præcepit concite ut tibi occurrerem, atque perducerem in locum a Deo tibi præparatum. Ego itaque quarto hodie die te hic exspectavi, nihil omnino comedens. Hac vero nocte in nube lucidissima te sedentem aspexi, simul et vocem desuper audivi, dicentem mihi : Accelera, ut eripias Macarium servum Dei, qui adest, ut tibi prædixi. Quapropter surgens, sequere me, ne dubites; sed veni, et locum monstrabo tibi, ubi Dominum debeas collaudare. His ergo dictis, quasi vir juvenis apparuit, et mecum ad speluncam hanc usque pervenit. Cumque ingressi fuissemus, repente evanuit.

CAP. XX. — Tunc ego peccator in parte altera prospexi duos leonis catulos jacentes, mater autem illorum juxta illos mortua jacebat. Quam ego foras ejiciens, sepelivi, et Dominum collaudans, glorificavi, qui tanta in me mirabilia fecit, et de tam gravibus angustiis liberavit, ipsos autem leunculos, frondes arborum decerpens ac illis porrigens, ut proprios enutrivi filios; sicque duos annos insimul quiete habitantes complevimus. Cum ecce post hæc laqueus diaboli, cujus nunquam a servis Dei cessat invidia, adfuit. Nam die quadam, hora quasi septima, e spelunca foras egressus, sole fervescente resedi : tunc subito subtile (21) fasciolum et oculis delectabile juxta me in terra positum aspexi. Ego vero in memetipso cogitans dixi : Unde in hac solitudine fasciolum? Æstimans tamen quia in veritate esset fasciolum, oblitusque ego miserrimus me signo crucis munire, quoniam quidem sacrosanctæ crucis signaculum omnem inimici enervat phantasiam, misi manum, et levans fasciolum reportavi in speluncam. Altera nihilominus die egressus, calceos (22) femineos reperi jacentes in terra : sed nec tunc miser ego insidias diaboli advertens, nec crucis vexillo me muniens, calceos levavi, et in speluncam portans, fasciolo junxi. 230 Tertia autem jam die iterum exiens, diabolum in decore vel specie mulieris, vestibus pretiosis indutæ, stantem inveni : ego vero miserabilis nec sic quidem laqueos inimici recordans, nec aliquo modo me signans, sed credens in veritate quia mulier esset, aio ad illam : Unde huc advenisti? aut quis te in hanc adduxit solitudinem? Illa continuo flere amarissime cœpit. Tunc ego misellus, simul cum illa veluti compatiendo valde ploravi. Post hæc respondens dixit : Ego miserrima, o pater sanctissime, filia sum viri Romani; quæ cum me invitam ac nolentem desponsasset juveni cuidam nobilissimo Romano, ac dies nuptiarum venirent, et thalamum ac convivium ordinarent, inter nuptias ipsas sponsus meus disparuit. Cumque turbati omnes, huc illucque eum inquirendo, turbarentur, ego gavisa effecta, clam exii; et nocte eadem iter arripiens, nec itineris ducem aliquo modo habens, per angusta montium ac vallium errando hucusque perveni. Hæc ego cum audissem, et omnia ita esse credidissem, simul et sponsam meam fore sperans, per manus apprehendi illam, et in hanc introduxi speluncam; lacrymæ vero ab ejus oculis nullatenus cessabant. Tunc ego miseriis et lacrymis ejus compatiens, et valde super eam dolens, sedere eam juxta me feci : similiter et glandes illi ad manducandum præbui; non enim insidias diaboli intellexi, neque ullatenus crucis me signo munivi; sed similiter sedentes, diutius colloquia habuimus. Tunc cœpi quasi de labore nimio somno gravari; at illa manibus suis mea omnia membra mulcendo palpavit, et eo amplius somno gravatus sum. Quid morer? miser ego, qui antea nunquam cum femina peccare consensi, in somnis me peccatum perpetrasse cognovi; nam subito expergefactus e somno, quasi cum femina discoopertum me in terra jacentem inveni, ipsa jam vero non apparuit.

CAP. XXI. — Tunc infelix ego insidias diaboli sero advertens, foras speluncam citius exivi, et pectus feriens, ingentes lacrymas fudi. Ipsi interea leones, qui mecum aderant, meum intelligentes delictum, quantocius fugerunt a me. Hæc autem cum cernerem, fugisse scilicet leones, cum luctu nimio ac dolore, cœpi Christi misericordiam devote invocare, quatenus et mihi pœnitentiæ normam ostenderet, ac leones redire juberet. Nec mora, clementissimus Pater, qui me ad pœnitentiam servare voluit, illos confestim fecit redire leones, mecumque ingressi in hanc speluncam, humum pedibus suis ad unius staturam hominis aggerebant; ego autem hæc intelligens, collotenus ipsam intravi fossam, ipsis imperans leonibus ut in eodem me sepelirent loco. Quod cum factum fuisset, annos tres sepultus in eadem fossa peregi. Interea ingenti pluvia descendente, rupta est spelunca desuper caput meum ubi stabam, et lucem vidi, et foras manus emittens, herbas quæ in circuitu super caput erant, decerpsi et comedi. Tribus itaque annis evolutis, adfuerunt leones, et lumen circa me videntes, effodiebant humum in qua me spelierunt, ego quidem toto corpore sanus egressus sum, virtutem pristinam in me sentiens. Tunc glorificans Dominum meum Jesum Christum, exivi de spelunca, ponensque genua mea in terra, quadraginta dies et quadraginta noctes in eodem immobilis permansi loco, collaudans et obsecrans Deum, et gratiarum actiones offerens, qui tanta misericordiarum munera nobis peccatoribus jugiter præstat.

Cap. XXII. — His ergo completis diebus, respexi in speluncam, et ecce quatuor anguli ejusdem speluncæ lumine coelesti resplenduerunt valde; et vidi Salvatorem Christum in schemate viri, quasi auream habentem in manibus virgam, ac dulcisona voce mirabilem cantum personantem; vox autem illius vehemens et fortis, quasi mille hominum audiebatur. Cum vero jam melodiæ coelestis cantici explerentur, repente vox tribus vicibus insonuit, dicens: Amen, et in sempiternum amen. In ipsa igitur hora egressus a spelunca Salvator, scandebat ad æthera, et ecce continuo maxima ignis columna, quasi nubes valida, intravit speluncam, et facta sunt tonitrua, et immensæ coruscationes, et omnia coeli volatilia secundum proprias audivi voces canere, dicentia: Sanctus, sanctus, sanctus, Dominus Deus. Ego itaque dum hæc cernerem, simulque audirem, propter visionis magnitudinem territus valde sum, et in exstasi raptus, cecidi in terram, et octo dies inde permansi, tunc namque intellexi quia Salvator mundi Christus Dominus hanc ingressus speluncam benedixerit, illamque sanctificaverit. Tunc ego introgressus in eam, pro ignorantia propria ac negligentia, coepi satisfacere, collaudans et glorificans Christum Salvatorem ac Redemptorem nostrum, et creatorem omnium, qui tanta me sustinuit patientia, et perduxit ad poenitentiam, et rursus talem mihi demonstravit clementiam. Quando autem hæc acta sunt, septem in hac spelunca, ætatis vero quadraginta annorum habebam.

Ecce nunc vobis, velut filiis charissimis, omnem vitam meam in veritate enarravi. **231** Vos ergo, si pugnas vel insidias maligni hostis sufferre potestis, considerate, et hic nobiscum manete, sin alias, ad monasterium, de quo egressi estis, revertimini, et Dominus sit in itinere vestro.

Cap. XXIII. — Nos autem cum ista a sancto Dei audissemus, cadentes in terram, glorificavimus Dominum, qui facit mirabilia solus, et ad sanctum servumque Christi locuti sumus Macarium, dicentes: Pater beatissime Macari, ora pro nobis ad Dominum, ut ad nostrum remeare possimus monasterium, atque conversationem tuam sanctam per omnes Christi Ecclesias enarrare, credimus enim quia Dominus idcirco nos perduxit ad te. Tunc senior diutius super nos orationem fudit, et fusa oratione, benedixit atque osculatus est nos omnes, et commendavit Christo, ut in pace dirigeret viam nostram, deinde tradidit nos leonibus illis, præcipiens eis ut transducerent nos, quousque loca tenebrarum pertransiremus, ubi pridem septem dies et totidem noctes in tenebris jacuimus. Dimissi ergo a servo Christi sancto Macario, prospere ad absidam Alexandri pervenimus, ubi leones salutantes nos, concito gradu reversi sunt ad servum Dei.

Cap. XXIV. — Igitur favente Christo Deo, sine angustia aliqua nostram ambulavimus viam, et introcuntes terram Persarum, venimus in campum mirabilem, qui dicitur Assia, ubi sanctus Mercurius interfecit apostatam Julianum, et ingressi denuo sumus civitatem Kitissefodo, in qua pueri tres requiescunt, non longe a Babylone. Post hæc Tigrim flumen pertranseuntes, quintodecimo die intravimus Jerusalem, et ad sepulcrum Domini nostri Jesu Christi, per cuncta loca sancta sanctorum orantes, gratiarum actiones Christo Salvatori omnium libavimus qui nos sua gratia incolumes servavit euntes et redeuntes. Inde igitur egressi, veloci cursu ad nostrum pervenimus monasterium; et nostrum hegumenum, et fratres nostros omnes in pace et sospitate reperientes, per ordinem quæ vidimus et audivimus mirabilia, et misericordias Domini, sed et vitam et conversationem beatissimi Macarii illis enarravimus. Quotquot autem hæc audiebant, laudabant et glorificabant, et hymnum dicebant Deo Patri omnipotenti, et Filio ejus unigenito, Domino ac Salvatori nostro, nec non et Spiritui vivificatori et illuminatori animarum nostrarum, qui trinus in personis, unaque Deitate nominatur, vivit et regnat ubique Deus benedictus et laudabilis, nunc et semper, per immortalia sæcula sæculorum, Amen.

ROSWEYDI NOTATIO.

(1) *Macarii Romani.*] Nulla hujus mentio in Martyrologio Romano. Menologium Græcorum, 23 Octobris: « Eodem die commemoratio S. P. N. Macarii Romani. » Menæa fuse eodem die Acta ejus exprimunt, quæ cum his nostris plane conveniunt. In Menæis tamen peregrinatio et itinerum difficultates, quas tres peregrinantes Vitæ hujus auctores subiere, omittuntur. Unicum Vitæ hujus Ms. exemplar habui ex abbatia Einhamensi, charactere plane recenti.

Baronius in Martyrologio Romano, ad diem 11 Januarii, existimat de hoc Macario Romano agere Palladium, dum cap. 123 enumerat eos qui ad Pinianum maritum parvæ Melaniæ, quæ nunc in Sicilia, nunc in Campaniæ agris exercebatur, accesserunt: « Similiter, inquit, etiam quidam nomine Macarius ex vicaria. » Baronius hic intelligit vicariam præfecturam, recte, quod ex ea monasticam vitam amplexus sit.

Non existimo tamen Macarium hunc nostrum Romanum eumdem esse cum Macario Palladii; imo potius Macarium Palladii esse eum cujus meminit Ruffinus in apologia sua. Vide dicenda ad Palladium. Baronius ait Acta hæc, auctore Theophilo, minus probari; quæ autem in Actis offendant non exprimit. Ego ea passus sum in hac editione comparere, quia hactenus in omnibus editionibus prodierunt. Et vero Menæa Græcorum ea quoque suo inserunt officio, et Gratianus xxvii, q. 2, cap. 26, ex eis testimonium citat. Acta igitur hæc cum Menæis comparavi, ut appareat in quibus Græci cum Latinis conveniant. Erunt fortasse qui ea saltem amplectenda censeant, in quibus utrique consentiunt. Vertit ea ex Menæis Raderus noster, et Viridario suo Sanctorum, parte i, inseruit.

Quod si divus Hieronymus in Vita Pauli primi eremitæ ad hanc historiam (in qua, cap. 15, dicitur « quod barba et capilli corpus ejus omne circumdederunt ») respicit, ubi ait in prologo, inquirens de primo eremi cultore : « Nonnulli et hæc et alia, prout voluntas tulit, jactitant, subterraneo specu crinitum calcaneo tenus hominem, et multa, quæ persequi otiosum est, incredibilia fingentes. Quorum quia impudens mendacium fuit, ne refellenda quidem sententia videtur; » si, inquam, Hieronymus ad hanc historiam respicit : omnino vetus est fabula, et ejus judicio explosa.

(2) *Theophilo, Sergio et Hygino.*] Ita auctores hos exprimunt Menæa. Editi Latini pro *Hygino* exhibent *Thimum*, Ms. *Gunnum*.

(3) *Asclepion Hegumenus.*] Menæa : Ἐκ τῆς μονῆς τοῦ ἁγίου Ἀσκληπιοῦ, *ex sancti Asclepii cœnobio.* Theodoretus in Philotheo, cap. 25, meminit Asclepii admirabilis monachi, decem stadiis a Cittica vico, ubi Zebinas sepultus, et Polychronius ejus discipulus videtur vixisse. Sed cum illi ætate Theodoreti **232** vixerint, antiquiorem aliquem Asclepium fuisse existimo, qui huic monasterio in Mesopotamia sito præfuerat, a quo et nomen accepit.

(4) *Hora nona quadam die synaxi expleta.*] De hora nona, qua synaxis solvi solet, et jejunium resignari, vide Onomasticon.

Omnia hæc sequentia capita, quibus lunulas curavi præfigi, quæ stupendas continent peregrinationes, desunt Menæis. Existimo tamen fuisse in exemplari prototypo, ex quo Menæa suam de Macario historiam hauserunt. Sed omissa in Menæis esse, quod Vitam Macarii non spectarent. Certe Menæa horum trium sequentes peregrinationes satis his verbis insinuant : Καὶ τῆς πορείας ἀρξάμενοι ἀλληλάλληλα, ηὕρισκον δεινά, πῆ μὲν ἐξ ἀνθρώπων, πῆ δὲ ἐκ θηρίων θλιβόμενοι κακοχούμενοι (sic), καὶ αὐτοί ἐστιν ὅτε τῆς ἐκ τῶν ἀγρίων βοτάνων τροφῆς στερούμενοι. : « Iter auspicatis alia ex aliis mala experti sunt, modo ab hominibus, modo a feris illata, nonnunquam ab herbarum agrestium pastu retardati. » Quibus apparet Menæa paucis hæc peregrinantium incommoda, quæ aliquot sequentibus capitibus narrantur, exprimere.

(5) *Ubi cœlum terræ jungitur.*] Fuit veterum multorum sententia, planam esse terram, nec antipodes ullos esse; atque ita cœlum alibi *terræ* jungeretur. Quin multi paradisum certa terræ regione statuerunt, sublimiore, ubi cœlum terræ jungitur. Alcimus Avitus, lib. i de Genesi :

Ergo ubi transmissis mundi caput incipit Indis,
Quo perhibent terram confinia jungere cœlo,
Lucus inaccessa cunctis mortalibus arce
Permanet......

(6) *Conjunximus Jerusalem.*] Phrasis istius sæculi. Sic ante, cap. 2, *ibi denique conjungentes.* Sic post : *conjunximus tandem,* id est, *pervenimus.* Quam frequens olim fuerit Jerosolymitana peregrinatio, patet variis horum librorum locis. Vide Onomasticon.

(7) *Consignantes nos, et commendantes Christo, et sanctis ejus.*] Religiosus antiquorum patrum mos ad ingressum itineris signare se signo crucis, et Deo sanctisque iter suum commendare.

(8) *Asia, in quo martyr Christi Mercurius.*] Certum, in Perside Julianum occisum. Vide Baronium, tomo IV, anno Christi 363, Liberii papæ 12, Juliani imp. 2, varie inquirentem de percussore Juliani.

(9) *Kitissefodo,*] Existimo hic intelligi Ctesiphontem Persidis civitatem. Quod autem addit Ananiam, Azariam, et Misaelem hic quiescere, nescio unde hauserit. Martyrologium Romanum, 16 Decembris : « Trium puerorum Ananiæ, Azariæ, et Misaelis, quorum corpora apud Babyloniam sub quodam specu sunt posita. » Certe Ctesiphon non procul a Babylonia, uti etiam hoc loco in Vita Macarii dicitur.

(10) *Lignis agrestibus.*] Intelligit, opinor, rudia et impolita ligna. An Phalanges Plinii, lib. vii, cap. 56, quibus olim prælia committebant Afri?

(11) *Chananæorum.*] Mirum hoc, nec alibi mihi lectum, Chananæos eosdem esse cum Cynocephalis.

(12) *Pichiti.*] Manuscriptus *Pytici.* Unde quis forte formet *Pythecos,* unde *Cercopytheci.* Sed *Pichiti* habent veteres editiones et Manuscr. addit : *et hi alio nomine vocantur Pigmæi.*

(13) *Absidam.*] Manuscriptus addit, *id est arcum.* Olim et *absis,* et *absida* æque erant in usu. Vide Onomasticon.

(14) *Homo longa statura.*] Non novum, pœnarum locis vel a diabolo infestatis monstrosa quædam apparere. In Vita Antonii, cap. 38 : « Vidit quemdam longum atque terribilem caput usque ad nubes attollentem. »

(15) *Volatilia multa similia avibus cœli.*] In Vita sancti Antonii, cap. 38 : « Vidit etiam pennatos quosdam se elevare cupientes ad cœlum. » Quod apud Paschasium, cap. 19 n. 4, « tanquam aves inquietas animas volantes vidit Antonius. »

(16) *Subito voces populi innumerabilis.*] Multorum opinio fuit, animas quasdam versari in campo amœnissimo. Ita Beda, lib. v Hist. Anglic., cap. 13; Dionysius Carthusianus, in dial. de Judicio particulari, art. 51; et Ludovicus Blosius, Monili spirituali, cap. 13. Vide Bellarminum, tom. II, contr. gen. III, quæ de Purgatorio, lib. II, cap. 7; Suarezium, in III part., disp. 46.

(17) *Ipsius vero capilli capitis ac barbæ.*] Ita hæc Macarii delineatio ad verbum est in Menæis Græcis : Ἦσαν δὲ αἱ τρίχες αὐτοῦ λευκαὶ ὡσεὶ χιών· τὸ δὲ σῶμα αὐτοῦ, ὡς δέρμα χελώνης· ἐκ δὲ τοῦ πολλοῦ γήρως, κεχαλασμέναι ἦσαν αἱ ὀφρύες αὐτοῦ ἐπάνω τῶν ὀφθαλμῶν αὐτοῦ, καὶ οἱ ὄνυχες τῶν χειρῶν καὶ τῶν ποδῶν αὐτοῦ πλεῖον εἶχον τῆς σπιθαμῆς· αἱ δὲ τρίχες τοῦ πώγονος αὐτοῦ, μέχρι τῶν ποδῶν αὐτοῦ.

(18) *Cherubim cum ignea rhomphæa.*] Varia de cherubim paradisi custodibus opinio. « Non est credendum, inquit Theodoretus, cherubim dicere virtutes quasdam invisibiles, ut quidam existimant, quoniam invisibilis natura nihil isthic contulisset, cum visio sensibilis esse deberet, qui ipsum Adam exterreret. Non igitur gladius ille flammeus naturaliter igneus erat, sed visu talis ; neque cherubim erant animalia, sed talia videbantur. » Addit porro : « *Et statuit Cherubim,* » Genesis III dictum, « ut indicet potentem quamdam et terribilem visionem, et formam, perinde ac si quædam animalia in ingressu paradisi collocasset, quibus inde arceretur Adam. » In eadem opinione fuit Theodorus Heracleæ episcopus, itemque Procopius Gazæus, Vide Pererium nostrum, ad cap. Genesis III.

(19) *Qui per diem foras ambulantes.*] Contra aliorum morem : « Leo, » ait Hieronymus in cap. II Nahum, « semper noctibus circuit. » Et Psalmo CIII : *In ipsa* (nocte) *pertransibunt omnes bestiæ saltus.*

(20) *Raphael.*] Dux hic fuit Macario, ut olim Tobiæ.

(21) *Fasciolum.*] Menæa, σουδάριον.

(22) *Calceos.*] Manuscript., *caligas.* Nempe caligæ erant olim calceorum loco. Sic Actor. cap. XII, *Calcea te caligas tuas.*

VITA BEATI POSTHUMII (1),
PATRIS QUINQUE MILLIUM MONACHORUM,
INCERTO AUCTORE.

Prologus.

Quoniam desiderio desiderasti semper audire quæ sancta sunt; et nos, ne silentio tempora peragantur, curare debemus : idcirco de operibus Domini tacere non possumus, quæ in servis suis indesinenter ostendit. At primum, de sancto Posthumio Dei servo sciendum, quo ordine eum Dominus ad suam vocare dignatus est gratiam, sicut referentium jactavit oratio, qui conversionis ejus ordinem noverunt. Hæc vestræ dilectioni scriptis intimare curavi, quomodo per rusticos Dominus credentibus in se manifestavit regni sui mysterium.

VITA.

CAPUT PRIMUM. — Erat Posthumius Mempheus genere, gentilis natus, ab infantia innocens, ignarus litterarum, et ab omni peritia alienus Ægyptiorum, ab eorum gentilium delubris semper extraneus. Fuerat restium spatarius (2), nunquam se adolescentium gregibus commiscuit, nec publici usus fabulas aliquando cognovit, pes ejus ad saltandum non est commotus. In vita sua nunquam de ore ejus turpis sermo processit, neque avaritia in cor ejus aliquando ascendit. Ad feminam oculos suos, cum adhuc esset in sæculo, non levavit; mendacium omni virtute vitavit; discordiam vel odium adversus proximum suum, neque contra extraneum, noverat; custodiebat pacem in animo suo per omne tempus.

CAP. II. — Cum ergo hæc ab eo gererentur, et annorum esset triginta septem, placuit Deo eripere eum de corruptione peccatorum, et ad incorruptionem vitæ æternæ evocare. Unde fertur introisse ad eum angelum Domini, quando ipse plectam (3) de spato plectebat. Aitque ad eum angelus : Posthumi. At ille ait : Quid est? Et dixit ad eum angelus Domini : Quid est in manu tua? Ille ait : Funis plectacius. Et dixit ad eum angelus Domini : Deum excelsum, qui habitat in cœlo, nosti? Posthumius dixit : Domine, nescio si est Deus in cœlo; sum enim rusticus, et nulla est mihi sapientia. Arti meæ inservio ab infantia mea, et nihil ab urbanis hominibus audivi quod discerem, sed et publicum semper fugi accessum. Dixit ad eum angelus : Ora Deum, et dabitur tibi sapientia et intellectus. Posthumius dixit : Deum non novi orare, nescio enim quid dicam. Et accepit angelus folium lauri, et scripsit in eo verba orationis, et dedit illud Posthumio, dicens : Manduca illud, et erit amarum in ore tuo sicut fel, ventremque tuum implebit obsecrationis sapientiæ, et dabit tibi formam orationis et sanæ doctrinæ. Et accipiens Posthumius, manducavit : et factum est os ejus amarum. Porro venter ejus dulcedine impletus est, et magnificavit Dominum valde. Vere autem credidimus in eo impletum illud prophetæ Ezechielis (*Ezech.* III), vel Joannis apostoli (*Apoc.* x), qui librum de manibus angelorum accipientes, comederunt et adimpleti sunt sapientia ad prophetandum.

CAP. III. — Item angelus Domini tetigit labia Posthumii. Et depulsa amaritudine, lingua ejus de Deo loquebatur ingentia. Dixitque ad eum angelus : Posthumi, fige genua tua in terra, et faciem tuam ad Orientem, et tunc dabitur tibi a Deo quemadmodum possis orare. Et posuit Posthumius genua sua in terram, faciem quoque etiam ad Orientem, et infusa est ei oratio, et ait : Benedicam te, Domine Deus omnipotens, rex cœlestis, qui ignorantibus te nomen tuum innotescere facis, per Dominum nostrum Jesum Christum Filium tuum, nomen tuum efficiens manifestum, ut populum tibi congregaret ex omnibus gentibus adoptivum. Nam volens mundo succurrere labore laboranti, propter generis humani salutem, unico Filio non pepercisti. Per eum ergo te obsecro, et tuam misericordiam, ut mihi cæco verum lumen in tenebris constituto ostendas. Tu enim, Domine, nosti quia nullum sciebam omnino sermonem, et dignatus es donare quod loquerer ad te, et docuisti me quibus te rogarem. Ex me ipso cognosco, Domine Deus meus, quia vere cæci vident, surdi audiunt, mutorum linguæ solvuntur, claudi ambulant, leprosi mundantur, pauperes evangelizantur, peccatores vocantur (*Matth.* XI). Quis eram ego, quia recordatus es mei? In quo prævalet apud te pusillanimitas mea, quia requisisti me? Quare nunc peto ut a sordibus me abluas peccatorum naturalis miseriæ meæ, quæ me longo tempore pressit; vivebam enim eruditus a parentibus infideliter more gentilium tanquam socius jumentorum. Misisti tu mihi angelum tuum, et percussisti femur meum, aperuistique mihi saxeum pectus. Væ tacenti de te, quia ignis ustione trucidatur in sempiternum. Ecce in brevi cognovi quoniam non est gaudium impiis apud te, nec peccatoribus lætitia post obitum veniet ; nisi ad te convertentur, salvi esse non possunt. Et quoniam non est visum tibi perdere me, Domine redemptor humilitatis meæ, ostende mihi in melius, ut in pleno cognoscam Dominum et Salvatorem Jesum, et quod non est alius absque te, qui es benedictus in sæcula. Hæc oratio sancti Posthumii prima, per quam eum introduxit angelus Domini ad viam fidei requirendam.

CAP. IV. — Erat intentus ex hoc beatus Posthumius, quando ad eum angelus Domini remeare posset : fretus ex hoc sperabat, quod esset eum Dominus semper visitaturus. Cum autem pauci dies transissent, ecce Posthumius juxta consuetudinem suam restim torquebat ex junco. Et ingressus angelus Domini ad eum, ait : Ave, Posthumi. Statimque pavefactus surrexit Posthumius. Et ait illi angelus : Vis ducam te ad virum sacerdotem Dei, qui te baptizet in nomine Patris et Filii et Spiritus sancti? Et respondit Posthumius : Domine mi sancte Dei, hoc est mihi optabile jucundumque valde, ut plene me viam doceas Dei, et quæ sit perfecta salus operum supernorum. Et apprehendit eum angelus Domini a vertice capilli capitis ejus, et duxit eum ad quemdam nomine Priscum (4), sanctum virum et timentem Deum. Aitque illi : Hunc doce quæ sit via Domini, sapientiæ et intellectus, et baptiza eum in nomine Patris et Filii et Spiritus sancti. Porro sacerdos Domini audiens, gratulatus est valde ; sed sacerdos non intellexit angelum Dei esse, qui introduxit eum ad se. Statimque angelus in splendida mutatus effigie refulsit in faciem sacerdotis in albis vestitus, vultuque decoro. Tunc Christi sacerdos timore perterritus cecidit consternatus in terra. Rursumque angelus erexit eum, et ait : Ne timeas ; conservus enim tuus et omnium fratrum tuorum ego sum (*Apoc.* XXII). Oportuit enim tibi manifestare gloriam Dei nostri, ut scias quo modo hunc doceas verbum Domini, erudiens eum secundum salvationem ejus, ut vivat in æternum coram Domino. Hæc dicens, discessit ab eis.

CAP. V. — Priscus autem episcopus accepto secum Posthumio, docuit eum jejunare. Cui manum imponens, catechumenum fecit ; atque ita velociter baptizavit, docens eum symbolum Sacramenti. Qui mox, ut baptizatus est, impletus est Spiritu sancto, et dixit hanc orationem : Gratias tibi ago, Domine Jesu Christe, qui per Spiritum sanctum reconciliare me dignatus es Deo Patri, et redemisti me a morte et a pœna æterna : quam non credentes in te consequuntur, peccatorum suorum ponderibus aggravati. Sunt autem peccata plumbo graviora, quibus ego lætor extractus, et de omnibus iniquitatibus et necessitatibus liberatus, exulto. Vere enim personarum acceptio apud Deum non est (*Act.* x), sed misericordia multiplex. Quomodo igitur indignus ego ad sedes accederem creaturæ tuæ, nisi tu me cœlesti digito tangeres, fœnum male aridum, quod in corporis materia habitare præceperas? velociter mihi voluisti subvenire, inimicum legis tuæ, qui mihi in carne dominabatur, subvertens : a sordibus aquæ, Spiritus sancti regeneratione, mundasti. Loquitur in me anima renovata, quæ longo tempore inter oves perditas jacebat abjecta. Accepto signo lætatus sum quasi nominis magni : census imperatoris (5) militi infixo reparatur in gratiam. Quasi metus accepi vocem. Loqui cupio filiis tuis, et hymnum narrare in confessione, quoniam absolvisti captivum migrantem. Quæsisti stultum per sapientiam, vitam donasti, egentem ditasti, mortuum resuscitasti, longe positum appropinquare tuæ majestati fecisti, alienum a conversatione Israel, socium sanctorum tuorum per Christi gratiam esse voluisti. Ideo confiteor tibi, et psalmum dicam nomini tuo, cum me docueris ordinem ; psallam tibi, et benedicam nomini tuo in æternum, et in sæcula sæculorum.

CAP. VI. — 235 Igitur Posthumius baptismum consecutus, litteras nesciebat ; sed tamen nomen Domini fidei augmento et robore de die in diem crescebat. Accendebatur fraternæ studio charitatis, humilitatis vinculo ad universos colligatus fuerat fratres. Charitatis jugum vehementer amabat : cunctosque fratres, qui aderant, ecclesiæ proximæ loca inhabitantes, sollicite requirebat. Studiose psalmos dicebat ; corpus vero suum jejuniis affligebat, in oratione Dei quotidie pernoctabat. Agrestes edebat herbas, et aquam frigidam bibebat. Cilicio corpus opertum fatigabat, per eremum currens, ut miserum frangeret corpus, asserens esse peccatum, aliquando ab opere si vacasset. Verbositatem sermonis cavebat, divinis libris accommodabat aurem, jurare omnino detestabatur : mundum se in omni oratione sua exhibebat, plangere non desinebat : nam cum frequentia pateretur in corpore dæmonum tentamenta, ad nota orationum præsidia convolabat. Et ne amplius somno indulgere videretur, ut mortalia membra foveret, paululum super saxa requiescebat, ut cum duritia lectuli doloribus ageret corpus, statim ad Dei consurgeret opus. Panem etiam suum ad mensuram accipiebat, et aquam ad mensuram bibebat. Nunquam pleno ventre amensa recessit, nec sitim suam unquam satiavit, dicens, Non esse dignum si carnis voluntas esset impleta. Obedientiam vero et fecit, et docuit, patientia vero superbos et iracundos homines humiliter mitigavit. Sed quando Satanas suggestionibus suis cupiebat propositum ipsius impedire, oculos in cœlum levabat, et statim sanctum adesse sibi sentiebat auxilium. Talis ejus vita usque ad senectam fuit, qualis ab initio fuit, cum hæc gererentur in eo, ut omnino usque ad extremum, suum despiceret corpus.

Et si quando infirmitas febrium aut stomachi dolores gravi tormento eum afficerent, non dedit indulgentiam morbo infirmitatis, nec calidis usus est rebus, nec jejunia minoravit, æstimans quod si corpori calido cibo consuleretur, a Domino redemptio animæ non daretur. Nam si aliquando valetudo gravis debilia genua fatigaret, ita ut ad vigilias Posthumius exsurgere non valeret, orando et psallendo in stratu suo non desinebat. Si lingua præ siti siccaretur, cordis intima rugiebant, ne silentio ejus hostis animæ diabolus lætaretur, aut in opere Dei vir sanctus negligens inveniretur. Sed cum in tam districtiori vita Posthumius permaneret, ad baptizatorem suum perrexit, et ab eo commendatoriam orationem poposcit, et sine aliquo victu eremi petivit arcana; ibique multo tempore demoratus, innumeras dæmonum insidias pertulit. Sed Dominus, qui de mundo venerabilem converterat virum, quotidie cor ejus armabat ad sustinendas versutias dæmonum.

Cap. VII. — Nota igitur facta est sancto Macario, scilicet beati Antonii discipulo, conversatio Posthumii, et celebre ejus factum est nomen, visumque est illi ad hunc abire in eremum. Nam idem Macarius ab illustri viro Antonio monachorum fere quinquaginta millia susceperat gubernanda. Ejusdem igitur Macarii exitus de sæculo appropinquabat, et Dominico gregi, quis post ejus excessum magisterii nomine subrogaretur, inquirebatur. Sanctus itaque Macarius cum ad sanctum venisset Posthumium, excepit eum libenter, præcipue cujus jam ab angelo famam audierat. Non ergo ille ut hospes, sed ejus subtiliter explorare propositum venerat. Porro Macarii aspectibus, Posthumii complacuit conversatio, et eum suadere cœpit, ut sancti Antonii anachoretarum principis non gravaretur visitare reliquias. Sed cum omni virtute reniteretur, et abire penitus noluisset, in somnis Posthumius sine aliquo cunctamine ire jussus, divinæ contradicere non poterat majestati. Itaque cum Macario aggreditur iter, multitudinem congregationis monachorum, quæ a solo gubernabatur Macario, ingressus, de quo sæpe (6) diximus corpus sepelisse magistri, cum spiritus ejus vocatus est ex sæculo.

Qui cum se in extremo vitæ istius temporalis aspiceret, advocato ad se sancto Posthumio, ita exorsus est ei : En frater, tempus resolutionis meæ instat; quapropter audiens bonum testimonium de te, finem senectutis meæ debilitatis supposui gressibus ad pertingendum usque ad te. Nunc igitur bene fecisti venire mecum. Suscipe ergo paterno amore gregem Dei ad regendum. Noli quærere quod tibi utile est, sed quod multis, ut salvi fiant (*I Cor.* x); ne ergo neges suscipiendi honoris gratiam, mercedem a Domino recepturus tempore opportuno.

Tunc sanctus Posthumius pedibus ejus provolutus, ait : Charissime Pater, quomodo mihi tam magnæ multitudinis curam imponis, rustico homini, litteras nescienti? Provide igitur ex eis meritum hominem, qui possit cum sollicitudine tantas animas regere populorum. Tunc Macarius ait Posthumio : Excusationes non audio, neque causas recipio; hi enim omnes sub tua ditione manebunt, nec alius est tantæ abstinentiæ vir, qui possit istius populi gubernare 236 animas, ac sollicite pertractare. Et ut certius dicam, dilectissime frater, te electione sua Dominus designavit ad suscipiendum hunc ministerii locum; nequaquam ergo cœlesti poteris contradicere jussioni.

Nihil ex hoc Posthumius locutus est Macario; sed dum ejus verba secum in animo volveret, Macarius emisit spiritum; statimque populorum ingens turba intente ad funus currunt. Ibi psallentium multitudo, diversis hymnorum vocibus, quasi uno ore laudes Deo canebant, donec corpus ad sepulcrum deduceretur humandum : nemo tamen vehementer dolebat, eo quod sanctus Macarius tam velociter monasterium relinqueret, quoniam Dominus similem ei Posthumium gregi suo magistrum providerat.

Cap. VIII. — Tribus ergo diebus post sancti Macarii decessum orabat Posthumius, ut acciperet de cœlo fontem doctrinæ per Jesum in Spiritu sancto, ut posset tantam populorum militiam docere prudentiam. Tertio igitur die venit ad eum secundum consuetudinem, qui eum converterat angelus, et locutus est ad eum; et constituit eum monasteriorum doctorem et principem, in eum locum a quo Macarius recesserat; deditque ei formam spiritualium præceptorum, et abiit. Porro Posthumius congregatis fratribus cunctis, aperiens os suum, locutus est eis, dicens :

Audite, filioli, verbum quod Dominus locutus est vobis, præclaram præceptorum justitiam et charitatis regulam sensibus nostris volens infundere. Paterna enim voce loquor ad vos in nomine Domini nostri Jesu Christi, et Spiritus Dei nostri. Accepi enim formam de manu angeli, ut dicam universa quæ acciderint sensui meo, ad vestram ædificationem. Intente igitur præbete aures : Deus ipse mandavit quod de ore meo procedit.

Prima est enim mandati confœderatio, in omnibus vos obedire majoribus.

Secunda mandati est subjectio, ut in timore casto serviatis Domino.

Tertia positio est, ut temperanter et pie et juste vivatis in hoc sæculo (*Tit.* II).

Quarta mandati ratio, ut corpora vestra affligatis per omnia, quo possitis acquirere animarum salutem, domando jejuniis, ac mortificando carnem, quia hæc est delectatio bonorum operum.

Quinta constitutio, orationi frequenter instare, sicut et Apostolus indesinenter orare nos jubet (*I. Thess.* v). Orantes quippe semper ac jejunantes, et fidei dona in memoria mentium tenebimus infixa, ut possimus scaturientium dæmonum superare naturam.

Sequitur aliud genus erroris, in quo majus est animæ damnum, superbiæ malum per omnia esse cavendum : hæc angelum in primordio mundi de cœlo dejecit, et novimus superbiam originale esse peccatum. Ad quam excludendam de cogitationibus nostris Deum semper deprecemur, ut donetur nobis forma humilitatis.

Accedit et alia infestatio mortis in corpore, si de sæculari vitiorum causa monachorum sollicitet quemquam.

Funiculum vero charitatis ante omnia inter vos habete, fide continua in spe manentes, quoniam ad regnum Dei festinatis æternitatis. Cura ergo disciplinæ monachorum perfecta est dilectio. Hæc vincula charitatis et pacis exornant sine avaritia. Igitur in dilectione sincera modus sufficiens est praesentibus; et qui invicem diligunt, filii regni vocabuntur. Perfectius invicem diligentes, ipsi sunt qui manducant panem in regno Dei sine macula (*Lucae* xiv). Perfecti ergo eritis, si mundum sacrificium charitas in odorem suavitatis zelo succendet. Gaudebit enim Dominus Jesus in vobis, quia fecistis fideliter quod ipse mandavit. Nam prima legis in monte Sina ordinatio haec ad Moysen data est : Diliges, inquit, Dominum Deum tuum ex toto corde tuo, et ex tota anima tua (*Deut.* vi; *Luc.* x; *Levit.* xix). Secunda : Diliges proximum tuum, sicut teipsum. Vacat enim dilectio Dei, nisi jungatur et proximi. Plenum ergo praeceptum veritatis, ut maneat in sensu individua regula charitatis. Tunc ergo dilectio beata erit in pleno, si colla obedientiae posueritis proposito.

Obedientia quoque in congregatione laudatur. Nihil vobis proderit, filioli, si diligitis invicem, et non vultis invicem obedire. Dilectio sine obedientia faciet criminosum, et conscientia aegrum. Quomodo enim gramen seminales impedit fructus, sic inobediens homo frustra jejunat, et orationis nullum accipit fructum. Igitur qui in uno esse concupiscunt, et vivere mente communi disposuerunt, hi consiliis majoribus serviant. Quidquid ex consiliis processerit Patrum, hoc faciat qui a perfectione adhuc procul est. Quicunque frater oneris quidpiam collo suo portaverit, nec quidem sustinet, de humero suo onus exstare, si abbas praesens fuerit, reperiens aquam scativam sive germinantem (7), praeter abbatis consilium diverterit ad bibendum, aut alterius fratris secum comitantis, etiam junioris, peccatum fecisti, qui praeter benedictionem aquam potasti. Quod si calor solis exarserit, et volueris bibere, et abbas ad te domandum prohibuerit; si vel mente murmuraveris, deliquisti. Deinde si in via calcaveris spinam, non est educenda, donec abbas praeceperit.

Procul ab invicem contextas vites sternite.

Cum ad dormiendum seceditis, interstitium cubitus habeatur unius; ne, dum ad invicem proximant corpora, nutriantur libidinis incentiva.

Porro negotium noctis, propter lucifugas daemones et noctipetas, in spirituali opere peragatur. Experrectis autem nulla de saecularibus causa ingerenda, donec ad galli cantum, fraternarum orationum communis hora succedat. Alterius vocis cantus alterum non excitet ad orandum; sed cum suum pectus tundere coeperit, qui primum experrectus est, provocetur etiam ille qui dormit, exsurgere. Saepe enim Satanas somno animam captam nocturnis involvit tenebris, ut ab orationis patrocinio separata sit, operante diabolo socio tenebrarum. Ideo dico vobis, filioli, vigilate, quia nescitis qua hora fur veniet animarum (*Matth.* xxiv).

Studete igitur complacere Deo, conversationem habentes spiritalem. Divina mandata in dilectione Dei cum sapientia, legis praecepta in tabulis cordium vestrorum sint; nec quidem amplius sapiatis quam simplicitas confirmat Scripturarum Dei. Multi autem de Deo aliter sentientes, exciderunt a dilectione ipsius et proximorum suorum. Qui autem hujusmodi sunt, audiant Baruch prophetam dicentem : Pax justitiae, et honor pietatis (*Baruch* v). Sic enim videns populi sui dilectionem fraternitatis esse incorruptam, inter cunctos facit eos amicitiae Dei fieri socios. Quoniam qui diligunt Deum, secundum boni operis gloriam, invicem in operibus bonis irritam faciunt vitam istius mundi, profanantes quidquid ex diabolo est cogitationum malarum in cordibus Dei servorum; quoniam cupiunt anachoretarum perfrui vita, si corpus abdicant adhuc in terra positi, jam coelestibus delectentur, nihil terrenum prorsus exquirant, ut jam saecularium tenebrarum causas conculcantes ac prosternentes.

Verum quia coelestibus regionibus apti, vos satis placere convenit Creatori, virgines mente et corpore permanentes, fructus fidei et limam sermonis quam maxime conservantes; nefas est enim ut monachum quis reprehendat in modico vel in maximo. Irreprehensibiles enim nos esse oportere, Apostolus docet (*Coloss.* iv), et ut sermo noster in gratia sale semper sit conditus, scilicet condimento quo nos Evangelista condivit, dicens : Vos estis sal terrae (*Matth.* v). Quod peto ut non in vobis evanescat, ne forte, cum evanuerit, extra congregationem multitudinis foras projiciatur, linguis inimicorum quotidie conculcandum.

Hoc autem obsecro, filioli, secundum formam quae mihi data est de manu angeli, fugere linguam detrahentium iniquorum, qui mordaci dente, etiam sine causa, Ecclesiae Christi insultare festinant.

Dissensiones, quas habetis inter vos, projicite ab invicem, scientes Dominum nostrum non esse dissensionis, sed pacis (*I Cor.* xiv). Si qua igitur scandala, inimico suggerente, frater habet adversus fratrem, propter obedientiam, fide exstante, dimittat; quoniam ego non ex me loquor, sed ex Deo, qui in manu nuntii sui docuit me.

Et si obedientiam praelato praebueritis, hospitalitatem peregrinanti, ex praecepto Domini facitis.

Si fieri potest, nullo pacto miles Dei debet irasci, non solum ad socios, verum etiam ad extraneos.

In quocunque negotio, nullus saecularium servum Dei audeat judicare, quia inter se et illum distat. Non patiaris conjugatum judicio tecum contendere; melius est enim monacho fraudem et injurias sustinere, quam ut audiatur vox militis Christi in clamore.

Non decet monachum causa pecuniae esse negotiatorem, sed coelestium bonorum lucra mercantem. Praedicet verbum salutis, animas invitet ad coelum, ad nihilum deducat saeculi desiderium. Cor enim Christianum exsulta, maxime servi Dei, tyrannum fraudatorem animarum divinae virtutis oratione expugnat.

Quod si terrores aliquos intulerint, currat ad auxilium crucis, statim ille recedet : versutia ejus crebris orationibus et jejuniis devincitur. Filioli, quid ad vestram pertinet curam, si adversus vos conveniant dæmonum castra, potestis et vos multis adjuvari agminibus angelorum. Sed cum dæmonum catervæ crescere cœperint, oculos vestros ad cœlum levetis, dicentes : Domine Jesu Christe, adjuva infirmitatem meam. Tunc sermo vobis prophetæ Elisæi conveniat adversus eos qui de Samaria comprehendere eum venerant, qui terrenti se puero suo respondit : Aperi, Domine, oculos servi tui, et videat quod plures sunt nobiscum quam cum illis. Statim ergo ad adjuvandum vos, angelorum Dei legiones advenient, qui fidei vestræ auxilium præbeant.

CAP. IX. — Hæc sunt, filioli, mandata, quæ ut pusillanimitas cordis invenit, vobis de diaboli certaminibus explanavi. Nolo autem ea quæ nobis ipso immittente acciderunt silentio præterire, ut et vos possitis malitiis ejus resistere.

Quadam die in monte sedenti mihi, ingens velut militum turba occurrit. Quos dum oculis cernerem venientes a longe, Satanæ angelos statim esse cognovi. Ego autem deposito omni terrore, genibus provolutus humo, ut secederent orabam, Dominum invocans Redemptorem. Tunc turba quæ venerat, velut stipula, quæ a vento rapitur, nusquam comparuit. Gratias ergo egi Domino per Jesum Christum Dominum nostrum, quod meo certamini finem imposuit cito, et orationem meam illico exaudivit. Multas itaque insidias passus sum, et ex omnibus me eripuit Dominus. Unde et vos, filioli, constantes estote, quia mitis est Dominus ad liberandum nos. Amate ergo Dominum, odite malignum, et Deus misericordiæ erit vobiscum, ut possitis ejus insidias evadere. Amen.

ROSWEYDI NOTATIO.

(1) *Posthumii.*] Aliæ editiones habent *Pasthumii*. De hoc nihil mihi occurrit vel in tabulis ecclesiasticis, vel apud historicos. Multa hic affinia cum Pachomio, ejusque regula. Et cum Pachomius dicatur quibusdam *Pachumius*, vereor ne *Pasthumius* ex *Pachumio* irrepserit.

(2) *Spatarius.*] Ita omnes editiones. Mox, *plectam de spatho plectebat*. Notæ, *spathulæ palmarum*. Levit. XXIII. Et ex palmis fere restes suos et plectas plectebant eremitæ. Alias existimabam legendum *spartarius*, quasi qui e sparto restem plectat, qui Polluci, lib. VII, cap. 33, dicitur σπαρτοπλόκος.

(3) *Plectam.*] Mox, *funis plectacius*, a Græco πλεκτόν id est, plexum seu flexum. Quæ vox non raro in his libris occurrit.

(4) *Priscum.*] Hic dicitur *sacerdos*; sequenti capite, *episcopus*.

(5) *Census imperatoris.*] Videtur hæc periodus melioris styli fragmentum esse. Fors ex eleganti aliquo Patre adumbratum. Alludit ad militiam, cum nomen imperatoris militi inscribatur. Ut hic de ove et milite, sic apud Augustinum, epist. 50 : « Sic error corrigendus est ovis, ut non in ea corrumpatur signaculum Redemptoris. Neque enim si quisquam regio charactere a signato desertore signetur, et accipiat indulgentiam, atque ille redeat ad militiam, ille autem esse in militia in qua nondum erat incipiat, in aliquo eorum character ille rescinditur, an non potius in ambobus agnoscitur, et honore debito, quoniam regius est, approbatur ? »

(6) *De quo sæpe.*] Hinc apparet auctorem hujus Vitæ et alias sanctorum Vitas consarcinasse. De Macario, qui Antonium dicitur sepelisse, vide supra prologum in Vitam sancti Pauli primi eremitæ, n. 6.

(7) *Aquam scativam sive germinantem.*] Ipse explicat quid scativa sit aqua, nempe quæ scaturit et germinat. An ex sua origine? Nisi forte corruptam aquam intelligat, et scatentem vermibus. Vel *stativam* quis legat, ut in Martyrol. Adonis, 30 Julii ex Ms. reposui, quæ fere lutulenta. Sic alius lutulentam aquam bibit in Vita Pauli primi eremitæ, cap. 5.

APRILIS XIV.

VITA SANCTI FRONTONII (1),

ABBATIS

AUCTORE INCERTO.

Prologus.

Quoniam sæpe desiderastis audire quæ sancta sunt, et ego placide disposui operari, jam non in pellibus caprarum, sed auro et argento gemmisque pretiosissimis decrevi construere templum Dei, ut et nos tanquam lapides vivi ædificemur in domum spiritualem, ex operibus meliorum proficientes in Christo Jesu Domino nostro (*I Pet.* II); quid nunc apud Nitriam gestum sit, referam; et non præteribo veritatem ullo modo, quoniam satis ædificat monachos præsens opusculum.

VITA.

CAPUT PRIMUM. — Igitur Frontonius, verus Dei servus, studio Dei timoris de die in diem proficiens, publicam communemque vitam perhorrescens, aviam desiderans solitudinem, convocatis ad se fratribus, dixit (erant enim cum eo viri circiter septuaginta) : En quid nobis et mundo damnabili, cujus operibus renuntiare omni modo condecet, ut coelestem consequamur vitam? Quapropter pergamus ad eremum, nihil nobiscum ferentes, ad acquirendam coelestem gloriam, et superiorem investigemus ex virtutibus disciplinam. His dictis universi consensere; deferentesque ad eremum secum parva olerum semina, et bis acutos, parvosque sarculos (2), unde humum defoderent, profecti sunt, et venerunt ita in eremum : rursusque Frontonius ait : Dominus in Evangelio ait : Nolite cogitare quid manducetis, aut quid bibatis, aut quo operiamini; haec enim omnia gentes mundi quaerunt. Quaerite primum regnum Dei, et justitiam ejus, et haec omnia adjicientur vobis (*Matth.* vi). Teneamus promissum, et inveniemus in nobis opus Domini conservatum. Omnes ergo habitabant in eremo, in opere Domini jugiter laborantes, et in agone spirituali proficientes; adjuvabat enim Dominus servos suos. Ipse vero Frontonius non pro se tantum, sed pro cunctis orabat, sciens scriptum esse: Non quaerens quod mihi utile sit, sed quod multis, ut salvi fiant (*I Cor.* x).

Cap. II. — Cumque in eadem eremo longo tempore morarentur, tentare eos adversarius Christianorum coepit, ut cogitarent in corde suo quod debuissent in saeculo demorari, quia Anachoretarum vita durissima est, et nemo eam potest sufferre. Murmuravere ergo in cordibus suis, dicentes : Quid est, quod voluit Pater noster Frontonius, ut habitemus in eremo? Nunquid illi qui in urbibus et in castellis habitant, Deum videre non possunt; et qui in eremo habitant, soli vident? nonne eos boni actus commendant? quisnam poterit cibo vivere angelorum? Ecce morimur fame; defectus vigiliarum non capit labor, sed acriora nos frangunt jejunia, fiuntque debilia genua, ut unusquisque nostrum non possit stare.

Cap. III. — Audiens Frontonius eorum murmur, antequam ad eum convenirent dicentes aliquid, ipse praeveniens eos ait : Quousque irritatis Deum murmurantes in cordibus vestris, et dicentes: Nunquid qui eremum inhabitant, hi tantum sunt Dei servi? et quis ex cibo poterit vivere angelorum? Conveniamus ad abbatem, et loquamur ad eum, ut habitemus in civitate; quia si qui nos illic viderint, opportune nobis juxta Dei votum dirigunt escas, prout cuique Dominus dederit facere. Illud autem scitote, quia non necabit Dominus fame animam justi. Ecce oculi Domini super timentes eum, ut alat eos fame (*Psal.* xxxii). Et illud non memoramini scriptum, quod ait Apostolus : In fame et siti (*II Cor.* xi)? Sed vobis quoque in eremo nunquam defuerunt radices herbarum, nec mansistis aliquando jejuni. Recordamini autem quia antea locutus sum vobis : Nolite cogitare quid manducetis, aut quid bibatis, aut quo operiamini, haec enim omnia gentes mundi quaerunt (*Matth.* vi). Novit Dominus cibum dare timentibus se. Quaerite primum regnum Dei, et justitiam ejus, et haec omnia adjicientur vobis. Si enim Dominus volatilia pascit, et corvos non deserit, quomodo nos derelinquere poterit, ipsum jugiter in mente habentes, eumque assidue orantes? Certe si fame defecerimus in eremo, nos Dominum accusemus, et improperemus ei, cum ad ipsum venerimus dicentes : Credidimus Evangelio tuo, ubi dixisti quod universos in te credentes coeli pabulo pasces : fecimus cuncta quae praecepisti, speravimus in te, et tu nos despexisti. Sed quia ibi nos probasti, hic magis, ut probes veritatem, redde quod promisisti. Nolite ergo murmurare adversus Deum, ne murmurantes, sicut patres nostri in hoc deserto, a serpentibus pereatis. Quod si expectaveritis Dominum, quando volueril, dabit bona timentibus se. Quo dicto, siluerunt omnes paululum a murmuratione sua : erant tamen in moerore positi.

Cap. IV. — Ego vero proposui universa breviter exsequi, et cuncta sermone rustico comprehendere quae cum suo prosequi titulo fas est; et per hujusmodi libelli sententias ac syllogismos dulci eloquio currere, prout potest unusquisque lector audire. Redeamus ad ordinem coepti opusculi, ut non nostra videamur asserere.

Cap. V. — Pergit itaque angelus, missus a Domino ad quemdam divitem nocte, et dicit illi : Tu epularis in divitiis splendide, et servi mei in eremo indigent pane; surge ergo diluculo, et mitte servis meis escas ex omnibus quae tibi dedi, quia procuratorem te posui gregis mei, qui te coelo lactante jugiter pavi, nec unquam dimisi. Ita ergo placuit mihi ex eleemosyna tua reficere pauperes meos, qui in deserto spiritualiter vivunt, et se mihi suo Domino crediderunt; idcirco facias sermonem, quem modo, missus a Domino, loquor ad te. Quod nisi feceris, dissipasti foedus pacificum Domini Dei tui.

Cap. VI. — At ille tanto terrore conventus, ex illo somno expergiscitur; consurgensque mane, convocatis necessariis amicis. servisque 240 suis fidelibus, locutus est ad eos, dicens : Jacenti mihi nocte in lecto, quidpiam sororis ceperam; et ecce subito nuntius astitit, dicens : En tu epularis in divitiis tuis splendide, servi vero mei in deserto indigent panibus. Surge ergo diluculo, et mitte servis meis escas ex omnibus quae dedi tibi, quia procuratorem te posui gregis mei. Ecce mittere quaero; sed ubi morentur servi Dei, ignoro. Cupio praeceptum implere admonitus : sed quis mihi, ad quem dirigam locum, ostendet? Convenit me angelus, praecepit et Deus. Sed vos, qui seniores estis, ostendite locum. Et nemo valuit illi indicare locum, quia in abdito montis manebant, et nemo ubi morarentur agnoverat.

Cap. VII. — Igitur altera nocte duriori comminatione conventus, plagisque confossus dives ille, corripitur et urgetur, ut servis Dei dirigeret escas. Iterum diluculo consurgens, a prioribus amicis quaerebat consilium, ut sibi dicerent, aut certe ab aliis inquirerent, ubi servi Dei morarentur. Aiebat quoque ista cum maximo fletu, plagas ostendens, quibus de manu angeli fuerat nocte correptus. Sed cum nemo posset locum habitationis servorum Dei ei ostendere, unus qui præ cæteris majoris erat consilii, respondit et ait : Si volueris accipere consilium meum, charissime, forsitan erit hoc tibi salubre. Sunt tibi cameli septuaginta, onera eos ex omnibus bonis, quibus intelligis Dei famulos posse vesci ; et dirige camelos per viam, nemine ducente. Et si ex Deo hoc factum est imperium, animalia tua salva regredientur ad te ; si vero tibi ex diabolo jactura imminet, libenter tolera flagella temporis, quam acriori forte cæde corripiaris. Quod si hoc tibi consilium displicet, quære alium qui poterit dare melius responsum. Hæc dicens, conticuit, sed ipsi diviti et qui cum eo erant hujuscemodi consilium bene placuit. Oneravit ergo sexaginta quinque camelos (3) ex his quæ servi Dei comedere possent ; quinque vero camelorum cibaria facta imposuit, escam cunctorum animalium, in maximo dolore dicens : Si quis invenerit eos, et eorum exposuerit onera, visis cibariis miserebitur eis, et dabit eis manducare. Et cum ingenti fletu uno ordine innectens chordas, direxit eos per viam, commendans Domino, ut si ex Deo esset imperium, remearent celeriter cum salute. Nullus vero ducator (4) cum animalibus abiit.

CAP. VIII. — Et quando egressi sunt januam, dimisit servulus primum camelum, cujus ducalem (5) tenebat, quem cæteri sequebantur, et abierunt per viam juxta præcinctum montis (6), euntes soli. Sed nescio an soli cameli pergere poterant, sed Domini nuntio præeunte, viam directam (ut intellectum est postea) abierunt et quarto die confecto itinere, hora nona agentibus opus Dei fratribus, sicut quidam postea retulit nobis, ecce primus ante fores accubavit camelus : sed campanæ sonitum (7) audire non potuit perstrepens sonus hymnorum. Abbas tamen, quoniam prope ostium erat, ipse prior vidit, et gavisus est valde. Angustus enim erat introitus monasterii, et solus abbas fores suo statu claudebat, cæterisque interpositis fratribus tacuit, nihil respondens donec hymni complerentur. Tunc completo hymnorum ordine advocatis fratribus, pene improperans, ait : Ubi sunt murmurationes vestræ ? Ecce Dominus improperio forti nobis escas ab alto misit, cui voluit viro prudenti imperans adduxit nobis camelos onustos. Venite, deponamus onera, ut possint refici animalia lassa. Tunc omnes mira gratulatione læti, communiter gratiarum actionem Deo reddiderunt, et gaudentes deponebant onera camelorum. Supra quinque vero camelos, reseratis sarcinis, cibaria repererunt. Abluentes igitur animalium pedes, de stratu eorum fecerunt præsepia ; et apposuerunt eis escas, quas ipsi sibi apportaverant, necnon et ipsi etiam discurrebant per omnes montis anfractus, notas inquirere herbas, ut laborantia animalia escis pluribus reficerentur.

CAP. IX. — Mane autem facto, abbas consilium utile eligens, et avaritiam omnino spernens, medietatem sumpsit escarum, aliam vero partem dividens, super camelos omnes, ne alii viderentur portare, et fieret aliis injuria, omnibus medium imposuit onus, velut eulogias (8) revocans Domino rerum, ut avaritiæ legem scinderet, et medietatem oblationis proprio domino camelorum reddidisset. Erant igitur supradicti amici cum domino camelorum, consolantes eum de animalium tantorum periculo, simulque Dominum deprecantes, ne accideret innocenti viro tanta jactura. Octava autem die, cum essent omnes in unum collecti, jejuni ; unus qui leves ac tinnulas aures habebat, per flamina ventorum campanulæ rapiens sonitum, paululum reticuit ; et cum bene tandem sonantem comprehenderet, ait : Puto quod ex altitudine montium campanæ sonantis motus auditur. Tunc omnes egressi senserunt camelorum adventus ; gratulando mirabilis accidit lætitia, fecunda vero de consolatione viri. Nam qui defuncta animalia aut perdita jam lugebat, gaudens de receptis animalibus lætabatur. Venerunt omnes illæsi, non tristes vultu, nec maciem necessitatis habentes. Suscepit ergo camelos suos homo ille, cum magna gratiarum actione ; et visis oneribus, multo amplius recreatus, exsultat. Tunc et illos amicos, et pauperes plures, ad prandium nobile vocat, easdemque eulogias indigentibus distribuit quas acceperat. Sed et amicis qui aderant ex eis largitus est ; et ipse quoque benedictionem sanctæ jucunditatis acipiens, gaudebat in Domino.

CAP. X.—Ex illo igitur anno, usque in mortem Frontonii, sic dives ille notato tempore, quando primum miserat, escas necessarias ipsis dirigebat ; et aliis sic divitibus Dominus imperabat, ut ex omnibus dapibus irrigati, nihil Dei servi cum sancto Frontonio minus haberent. Vigilabant in operibus Dei filii cum Patre, spiritualibusque eos admonens dapibus, implebat quotidie sermone cœlesti ; exsultansque lætabatur in Domino, qui sibi talem dederat intellectum, ut avia solitudinis loca digna quæsisset.

CAP. XI.—Legendum hoc tradite, multorum ad ædificationem monachorum. Ille enim magis erit melior in conspectu Dei, non quicunque legerit, sed qui credendo Dei servis sic fecerit. Mercedem autem a Christo Jesu Domino nostro recipiet, qui eleemosynam pauperum non despexerit, et servos Dei directo corde intuitus fuerit, in gloria Domini nostri Jesu Christi, cui est honor et gloria in sæcula sæculorum. Amen. Hæc sub Antonino (9) imperatore gesta sunt, tertiodecimo anno imperii ejus.

ROSWEYDI NOTATIO

(1) *Frontonii.*] Aliis *Fronto* dicitur. Martyrologium Romanum, 14 Aprilis : « Alexandriæ sancti Frontonis abbatis, cujus vita sanctitate et miraculis claruit. » Eadem apud Usuardum et Adonem. Addit Beda : « Qui septuaginta ferme Pater exstitit monachorum. » Rhabanus et Notkerus fusius aliquanto rem narrant, ex hoc loco, ut apparet, depromptam. Miror unde in Florario Sanctorum manuscripto : « Obiit anno salutis 174. » De hoc Petrus in catalogo sanctorum libro XI, cap. ultimo, num. 120. Cavendus lapsus Petri, lib. IX, cap. 109, et Antonini, in Chron., parte I, tit. VI, cap. 26, § 1, qui confundunt Acta hujus Fron-

tonii cum Actis Frontonis discipuli sancti Petri, episcopi Petragorici. Distinguendi sunt, et unius Vita ab alterius separanda.

Recte advertit Petrus Maturus noster, Antonini commentator, quæ de camelis hic narrantur non convenire Galliæ regionibus, nisi dicatur, inquit, hujus Vitæ auctorem, quicunque ille, camelos pro jumentis sarcinariis quibuscunque usurpasse.

Sed, ut dixi, Frontones hi duo distinguendi, quorum unus in Galliis floruit, alter in Ægypto, ubi camelorum usus. Frontonis Galli memoria celebris exstat 25 Octob. in Martyrologio Romano.

Alius quoque Fronto martyr unus ex XVIII martyribus Cæsaraugustanis, de quo in Martyrologio Romano, 16 Aprilis, et Prudentius, hymn. 4 περὶ στεφάν. Petrus, in catalogo sanctorum, lib. IV, cap. 56.

(2) *Bis acutos, parvosque sarculos.*] *Bisacuta* seu *bisacutus* hic peculiare instrumentum est, ut et in Vita sancti Antonii, cap. 25, n. 62. Glossarium Cambéronense manuscriptum : « Bisacuta, ferramentum quoddam utrinque incidens. » Plane qua forma *bipennis* dicitur, quasi bis pennatum seu acutum.

(3) *Sexaginta quinque camelos.*] Ita manuscr. Audomarensis, et vetus editio. Rhabano et Notkero *quinque* deest. Requiritur hoc ad numerum septuaginta. Nam mox alia quinque sequuntur.

(4) *Ducator.*] Ita usurpabant pro *ductor*. Tertullianus, libro adversus Judæos, cap. 13 : « Cum ducator ejus in ea pati haberet. »

(5) *Ducalem.*] Eadem forma, qua ante *ducator*. Sic *ducatio*, apud Tertullianum, de Corona milit., cap. 11 : « Vel ipse hæc præstruxerim, et cæteras officialium coronarum causas, quibus familiarissima ista ducatio necessitatis. »

(6) *Juxta præcinctum montis.*] Ita Ms. Vetus editio : *juxta præcinctorium montis*. Coloniens., *juxta prædictam viam montis*.

(7) *Campanæ sonitum.*] Hinc apparet jam olim gregibus tintinnabula apposita. Vide Onomast.

(8) *Eulogias.*] Frequens vox hæc Græca apud Latinos scriptores pro *benedictionibus* seu *munere benedictionis*. Vide Onomast.

(9) *Hæc sub Antonino.*] Ita Manuscript. et Coloniensis. Male in veteri editione, *Antonio*.

NOVEMBRIS XXVII.

VITA (1) SANCTORUM BARLAAM (2) EREMITÆ ET JOSAPHAT INDIÆ REGIS,

AUCTORE SANCTO JOANNE DAMASCENO (3),

INTERPRETE JACOBO BILLIO (4) PRUNÆO.

Prologus auctoris.

242 Quicunque spiritu Dei aguntur, hi sunt filii Dei, ut ait Apostolus (*Rom*. VIII). Illud porro Spiritu sancto donari, et filios Dei fieri, expetendorum omnium extremum est (*Nazianz.*, *orat. de Athanas.*); et quo cum ventum fuerit, conquiescit omnis contemplatio, quemadmodum divinis Litteris proditum est. Hanc igitur excellentem, et expetendarum omnium rerum supremam beatitudinem, sancti omnes, qui ab ævo condito exstiterunt, per virtutum cultum ac studium divino beneficio consecuti sunt ; ut qui partim martyrium subierint, atque ad sanguinem usque adversus peccatum in acie steterint, partim religiosæ ac Deo devotæ vitæ certamen exantlarint, actamque viam tenuerint, animique destinatione martyres exstiterint.

Quorum luculentas virtutes ac præclara facinora (hoc est et eorum qui martyrio perfuncti sunt, et eorum qui per religiosam exercitationem angelicum vitæ genus imitando expresserunt) litterarum monumentis commendare, atque ob virtutis exemplum ad posteras ætates transmittere, a divinis apostolis, et beatis patribus Christi Ecclesia accepit, hoc videlicet ad nostri generis salutem velut lata lege promulgantibus. Etenim via ea quæ ad virtutem ducit, aspera est atque ardua et permolesta, iis præsertim qui nondum sese totos ad Deum transtulerunt, verum adhuc vitiorum animique perturbationum tyrannide conflictantur. Quo fit ut multis ad eam illecebris indigeamus, nimirum et consiliis ac cohortationibus, et exemplis eorum qui hanc viam priores inierunt.

Id quod etiam minore cum molestia ad eam attrahit, efficitque ne ob vitæ difficultatem animis frangamur ac desperatione afficiamur. Siquidem ei quoque cui ardua et difficilis via ineunda est, non perinde quispiam monendo ac cohortando, ut eam ingrediatur, persuaserit. At cum multos ostendit qui eam confecerint, ac tandem percommodum diversorium nacti sint, tum vero magis eum adducet, ut eamdem quoque viam capessat.

Huic igitur ipse quoque regulæ insistens, ac præterea impendens ignavo illi servo periculum metuens, qui talentum a Domino acceptum in terram abdidit, quodque ei quæstus faciendi causa datum erat ita occultavit, ut nihil ex eo lucri faceret (*Matth.* xxv), historiam animabus utilem, ad me usque allatam silentio minime præteribo, quam mihi pii quidam viri interioris Æthiopiæ (quos Indos vocant) ex veris commentariis translatam narraverunt. Hæc porro ad hunc modum se habet.

VITA.

Caput primum.—India, quæ ingens ac frequentissima est regio, procul ab Ægypto distat, atque undique ab Ægypti parte mari alluitur. a continente autem ad Persidis fines accedit. Ea porro atra idololatriæ caligine olim obducebatur, atque extrema barbarie scatebat, nefariisque flagitiis addicta erat. Posteaquam autem unigenitus Dei Filius (*Joan.* 1), qui est in sinu Patris, figmentum suum peccati servitute oppressum indigno animo cernens, misericordia erga ipsum commotus, instar nostri excepto peccato apparuit, ac Patris throno relicto, nostræ salutis causa (hoc est ut nos in cœlis habitaremus, atque a veteri lapsu excitaremur, ac peccato liberati priorem adoptionem reciperemus), in Virginis corpore habitavit, atque expletis omnibus carnis propter nos assumptæ muneribus, crucem ac mortem suscipiens, ac terrenis mirandum in modum cum cœlestibus conjunctis, a morte ad vitam rediens, et cum gloria in cœlos ascendens, et in Patris dextra magnifice sedens, Spiritum paraclitum discipulis, a quibus conspectus fuerat, pro eo ac promiserat, in ignearum linguarum forma misit, ipsosque ad omnes gentes legavit, ut eos qui in ignorantiæ tenebris sedebant (*Luc.* 1), illuminarent, atque in Patris et Filii et Spiritus sancti nomine baptizarent, adeo ut deinceps illi, partim Orientales sedes, partim Occidentales regiones, quæ ipsis obtigerant, circumirent, ac Septentrionalia et Meridionalia climata peragrarent, ut imperatum munus exsequerentur, tum sanctissimus quoque Thomas (5), unus ex duodecim Christi apostolis, in Indiam, salutiferæ doctrinæ illic prædicandæ causa missus est. Domino autem cooperante, ac sermonem per sequentia signa confirmante (*Marci* ult.), gentilitiæ superstitionis tenebræ depulsæ sunt, atque illi simulacrorum sacrificiis et cultu liberati, ad rectam fidem se adjunxerunt. Sicque apostolicis manibus velut refecti, Christo per baptismum conciliati sunt; ac tacitis incrementis augescentes in fide, ab omni labe aliena proficiebant, ecclesiasque per totam regionem exstruebant.

Cum autem etiam in Ægypto monasteria exædificari, ac monachorum ingentia agmina cumulari cœpissent, atque eorum virtutis et vitæ rationis, ad angelorum imitationem accedentis, fama orbis terrarum fines pervasisset, atque ad Indos usque pervenisset, ipsos quoque ad ejusdem vitæ studium excitavit, adeo ut complures ipsorum, relictis omnibus rebus, in solitudines concederent, atque in mortali corpore eorum qui corporis expertes sunt vitæ rationem susciperent. Cum igitur res præclaro statu essent, atque aureis pennis (6) ut dici solet, in cœlum plerique convolarent, exsurgit quidam rex in eadem regione, Abenner (7) nomine, vir opibus quidem ac potentia, victoriisque et bellica fortitudine, corporisque proceritate insignis, ac præterea vultus elegantia clarus, atque ob mundanos ocissimeque marcescentes rerum successus insolenter se efferens; cæterum, quantum ad animam attinebat, extrema paupertate laborans, ac multis malis constrictus et enectus, quippe qui gentilium partes teneret, ac superstitioso idolorum errori magnopere addictus esset. Porro cum rex in magnis deliciis ac vitæ oblectamentis et voluptatibus versaretur, nec res ulla esset quæ non ex ipsius voluntate ac cupiditate succederet, unum id demum erat, quod ipsi lætitiam interrumperet, animumque ipsius curis pulsaret, nimirum sterilitatis malum. Nam cum filiis careret, hæc eum cura sollicitum habebat, quonam pacto his vinculis solveretur, ac susceptis liberis patris nomen obtineret, quo videlicet apud plerosque nihil est optatius. Atque hujusmodi rex hic erat, eaque mente ac sententia.

At illustrissima Christianorum natio, et monachorum catervæ, regis cultum ac venerationem pro nihilo ducentes, nec ipsius minas metuentes; per Dei gratiam amplissimos progressus faciebant, ut qui in multitudinem omni sermone majorem excrescerent, ac parvam omnino regis rationem haberent, iis autem rebus quæ ad Dei cultum pertinebant singularem in modum dediti essent. Ac propterea permulti ex iis qui ad monasticum ordinem sese contulerant, omnia quidem ea quæ in vita jucunda sunt peræque contemnebant, soliusque pietatis amore tenebantur, ac mortis pro Christo subeundæ siti, futuræque beatitudinis cupiditate flagrabant. Eoque nomine, non timido ac dubitante animo, verum perquam fidenti ac libero salutiferum Christi nomen prædicabant, Christumque unum in ore habebant, atque fluxam et caducam præsentium rerum naturam, futuræque vitæ firmitatem et immortalitatem omnibus palam apteque demonstrabant, ac velut subsidia quædam, et semina ipsis porrigebant, quorum ope ad Deum sese conferrent, vitamque in Christo absconditam consequerentur (*Coloss.* iii). Ex quo effectum est ut multi, suavissima illa doctrina percepta, ab acerbis erroris tenebris abscederent, atque ad dulcem veritatis lucem sese adjungerent, usque adeo. ut nonnulli etiam illustres viri ac senatores, abjectis hujus vitæ sarcinis, in monachorum album sese ascriberent.

Rex autem ubi hæc intellexit, ingenti iracundia commotus, atque indignatione fervens, statim edicto sanxit ut Christiani omnes pietatem ejurare cogerentur. Ac deinceps nova suppliciorum genera comminiscebatur, atque inusitata mortis genera minabatur; litterasque ad omnes regionis ditioni suae subjectae partes mittebat, quibus et praefectis et ducibus imperabat ut tormentis atque iniquis caedibus in homines pietate praeditos grassarentur. Praesertim autem in praestantissimos quosque monastici ordinis excandescebat, atque implacabile adversum eos bellum excitabat. Ob eamque causam priorum plerique animo vacillabant : alii autem, quia cruciatibus ferendis impares erant, nefario ipsius imperio parebant. At vero monasticae classis duces atque antistites, partim ipsius iniquitatem coarguentes ac refutantes, martyrio vitam finiebant, atque ad sempiternam beatitudinem perveniebant; partim in solitudinibus et montibus sese occultabant, non tormentorum quae ipsis denuntiabantur metu, verum diviniore quodam consilio ac providentia.

CAP. II. — Cum itaque hujusmodi caligo Indorum regionem invasisset, ac pii et sancti viri undique vexarentur, impietatis autem propugnatores opibus ac potentia florerent, atque cruoribus et victimarum nidore ipse quoque aer inficeretur, unus e regiorum satraparum principibus, animi fortitudine, corporisque magnitudine ac pulchritudine, caeterisque aliis rebus, quibus corporis elegantia et animi generositas, tanquam certis quibusdam notis exprimi solent, alios omnes antecellebat. Quamobrem cum impium illud edictum audisset, inani hac atque humi serpente gloria et deliciis valere jussis, ad monachorum coetum sese aggregavit, atque in locis solitariis exsulans, jejuniis et vigiliis, ac diligenti oraculorum divinorum meditatione sensus suos apprime repurgabat, animumque ab omni vitiosa affectione solutum et abductum, ea luce quam tranquillitas a vitiosis affectionibus parit illustrabat. Rex autem, cum eum majorem in modum diligeret, atque in honore ac pretio haberet, ut hoc audivit, de amici jactura dolorem animo cepit, vehementiusque adversus monachos exarsit. Atque cum homines ad eum conquirendum quaquaversum misisset, et, quemadmodum vulgo dicitur, nullum non lapidem movisset (8) quo eum inveniret, aliquando post illi qui ad eum investigandum missi fuerant, ut eum in solitudine commorari senserunt, ita perscrutati sunt, ut tandem eum arriperent, atque ad regis tribunal sisterent. Rex autem, cum eum qui quondam splendidis vestibus utebatur, atque in magnis deliciis vitam exigebat, tam viliter et abjecte amictum, ac religiosae exercitationis asperitate afflictum, vitaeque solitariae signa haud obscure gestantem conspexisset, moerore simul atque iracundia implebatur, atque ex utroque affectu temperato sermone, ita eum allocutus est :

O vecors et demens, quid te adduxit ut honorem cum ignominia, et illustrem gloriam cum turpi ac dedecoris pleno habitu commutares ? Siccine tu, qui regno meo praeeras, atque in copias meas imperium militare obtinebas, teipsum puerorum ludibrium ef-

fecisti, ac non modo meae amicitiae memoriam ex animo procul ejecisti, verum etiam adversus ipsam naturam impetum fecisti, ac ne tuorum quidem filiorum miseratione affectus, tum opes, tum omnem vitae splendorem pro nihilo putasti, tantamque ignominiam tam luculenta gloria potiorem et praestabiliorem habuisti ? Quidnam te ad hoc impulit, cujusnam lucri spes, ut eum qui Jesus nominatur omnibus diis atque hominibus anteponeres, ac duram hanc et superstitiosam vitae rationem suavissimae hujusce vitae oblectamentis anteferres ?

Hac oratione audita, vir ille Dei, lepida simul ac placida, et aequabili voce ad hunc modum respondit : Si sermones mecum conserere in animum inducis, o rex, fac hostes tuos e medio tribunali submoveas, ac tum de his rebus quas intelligere cupis tibi respondebo. Illis autem praesentibus nullus mihi ad te sermo erit. Citra sermonem autem excrucia, obtrunca, fac denique quidquid lubet. Mihi enim mundus crucifixus est, et ego mundo, ut ait meus magister (*Gal.* VI). Cumque rex dixisset : Quinam tandem sunt hi hostes mei, quos me hinc ablegare jubes ? Iracundia, inquit ille, et cupiditas. Nam eae primum quidem ab omnium rerum parente atque architecto ita productae sunt, ut naturae opitularentur, ac nunc etiam eamdem iis operam praebent, qui non ut carni, sed ut spiritui consentaneum est, vivunt. In vobis autem, qui prorsus carnales estis, nec ullam spiritus partem habetis, adversariae exstiterunt, eaque quae inimicis et hostibus conveniunt, exsequuntur. Cupiditas etenim, cum ei a vobis opera datur, voluptatem excitat : cum autem abolebitur, iracundiam. Proinde facessant ipsae hodierno die abs te; praesint autem ad eorum quae a me dicentur auditionem ac judicium, prudentia et justitia. Nam si iracundiam et cupiditatem de medio sustuleris, atque earum loco prudentiam et justitiam induxeris, vere omnia tibi dicam. Atque rex his verbis est usus : En petitioni tuae cessi, atque cupiditatem et iracundiam e concilio ejiciam ; daboque operam ut prudentia et justitia interponantur.

Jam igitur absque ullo metu mihi expone unde tibi hic error obortus sit, ut ea quae in vana spe posita sunt, iis rebus quae manibus tenentur, atque oculis cernuntur, anteponas. Respondens autem eremita dixit :

Si intelligere cupis, o rex, unde hoc primum mihi animo injectum fuerit, ut caducas res contemnerem, ac me totum sempiternarum rerum spei traderem, audi. Olim, cum adhuc juvenili aetate essem, bonum ac salutare verbum audivi, cujus vis majorem in modum me rapuit, ipsiusque memoria, divini cujusdam seminis instar, pectori meo insita ita permansit, ut nunquam a me divelli potuerit; adeo ut et radices egerit, et germen ediderit, ac maturo tempore fructum in me tulerit. Hujus autem verbi haec vis erat : Excordes, inquiebat ille, ac stolidi homines, animo ita comparati sunt, ut ea quae sunt, perinde ac si non sint, aspernentur ; ea autem quae non sunt, perinde ac si sint, amplectantur, ac mordicus retineant. Qui autem eorum quæ sunt dulcedinem minime degustavit, is eorum quæ non sunt naturam perfectam habere non poterit. Hanc porro nisi exploratam habuerit, quonam modo ea contemnet ac pro nihilo putabit? Porro per ea quæ sunt, hæc oratio sempiternas res, atque a jactatione alienas intelligebat : per ea autem quæ non sunt, hanc vitam et delicias, ac mendacem prosperitatem : quibus, o rex, heu! cor tuum male affixum est; egoque item quondam ea complectebar. Verum hujus sermonis vis, animum meum sine ulla intermissione vellicans, mentem, quæ mei principatum tenet, ad id quod melius erat, eligendum excitabat. Cæterum lex peccati, cum mentis meæ lege pugnans, ac velut quibusdam compedibus me vinciens, per affectum erga res præsentes captivum tenebat.

Cum autem Salvatoris nostri benignitati ac bonitati me ex hac acerba captivitate vindicare placuit, atque ipse menti meæ ad superandam peccati legem robur addidit, oculosque meos aperuit, ut mali ac boni delectum haberem ; tum scilicet, tum, inquam, animadverti ac vidi, præsentia omnia vanitatem et afflictionem spiritus esse (*Eccli.* 1), quemadmodum etiam sapientissimus Salomon quodam loco dixit. Tum peccati velamen e corde meo sublatum est, atque obscuritas ea quæ ex corporis crassitie animo meo incumbebat discussa et dissipata, atque cujusnam rei causa procreatus sum agnovi ; mihique faciendum esse ut per mandatorum observationem ad summum illum rerum omnium effectorem ascendam. Quapropter relictis omnibus robus, eum secutus sum. Gratiasque Deo per Jesum Christum Dominum nostrum ago, quod me ex luto et lateritio labore, ac crudeli et pestifero tenebrarum hujus sæculi principe liberarit, viamque mihi compendiariam et proclivem ostenderit, per quam in hoc fictili corpore angelicam vitæ rationem amplexari possim. Cujus adipiscendæ studio, arctam hanc et angustam viam ingrediendam mihi duxi (*Matth.* vii), sic videlicet animo constitutus, ut præsentium rerum vanitatem atque instabilem earum jactationem et conversionem vehementer improbem, neque adduci possim ut credam aliud quidquam præter id quod vere bonum est bonum appellandum esse. A quo tu, o rex, misere te abrupisti ac sejunxisti. Eaque de causa nos etiam a te disjuncti ac distracti sumus, quoniam tu in perspicuum et indubitatum exitium ruis, ac nos in idem periculum præcipites ferri cogis. Nam quandiu in sola mundi militia censebamur, nullam officii partem prætermittebamus. Ac tu quoque optimus testis eris, nos nec negligentiæ, nec socordiæ nomine unquam esse notatos ac reprehensos.

Posteaquam autem id quoque, quod omnium bonorum caput est, hoc est pietatem, nobis extorquere, Deique detrimento (quod detrimentorum omnium extremum ac gravissimum est) nos afficere studuisti, nobisque interim honores ob eam causam in nos collatos atque amplissima beneficia in memoriam revocas, qui fieri potest ut non optimo jure te veri boni inscitia laborare dicam, ut qui omnino hæc inter se componas, pietatem scilicet erga Deum cum humana amicitia et gloria instar aquæ defluente? Quonam item modo in hac re socii tibi futuri sumus, ac non contra tum amicitiam, tum honorem, tum liberorum amorem, et si quid aliud majus esset, aspernabimur, cum te, o rex, in Deum scelerate gerere conspiciamus, qui tibi ipsum esse et spiritum ducere præbuit, qui est Christus Jesus omnium Dominus : qui cum principio careat, ejusdemque cum Patre æternitatis sit, cœlosque ac terram sermone procrearit, hominem tamen suismet manibus effinxit, eumque immortalitate coornavit, regemque omnium rerum quæ in terra sunt constituit, eique quod omnium rerum præstantissimum erat, hoc est paradisum, tanquam regiam quamdam aulam attribuit. At ille invidia deceptus, et in fraudem inductus, et voluptatis illecebris delinitus (*Gen.* iii ; *Sap.* iii), his omnibus misere dejectus est; et qui prius beatus censebatur, miserum spectaculum præbebat, lacrymisque ob acceptam calamitatem dignus erat. Verum enimvero is qui nos effinxerat ac procreaverat, benignis rursum oculis manuum suarum opus conspicatus, nullam divinitatis suæ mutationem suscipiens, nostræ salutis causa, id quod nos sumus citra peccatum, factus est, atque crucem et mortem sponte subiens, hostem eum qui jam inde ab initio generi nostro invidebat prostravit, nosque acerba illa captivitate liberatos in priorem libertatem, pro sua erga nos bonitate, restituit, eoque rursum unde nos inobedientia exturbaverat, ob suam erga nos humanitatem, reduxit, majoreque quam antea honore prosecutus est.

Hunc igitur qui nostra causa tot cruciatus pertulit, tantisque rursum nos beneficiis affecit, hunc, inquam, ipse rejicis, atque ejus crucem dicteriis insectaris, totusque corporis deliciis, ac perniciosis affectibus affixus, ignominiosa ac turpitudinis plena simulacra deos appellas. Nec teipsum duntaxat a cœlestium bonorum conjunctione abstraxisti ; verum etiam omnes, qui tuis imperiis obtemperant, ab ea removes, atque in animæ periculum conjicis. Quocirca velim noscas me minime commissurum ut tibi paream, in eademque tecum erga Deum ingratitudine verser ; atque eum qui præclare de me meritus est, mihique salutem attulit, abjurem, etiamsi feris me lacerandum et absumendum objicias, aut gladio, aut igni me addicas, quæ quidem in tua potestate sita sunt. Neque enim mortem exstimesco, nec præsentia expeto, quippe quæ perquam imbecilla et vana esse compertum habeam. Quid enim in ipsis utilitatis est? quid quod stabile sit ac diuturnum ? Neque id solum, verum etiam, tum quoque cum adsunt, ingens ipsis ærumna conjuncta est, ingens mœror, ingens et perpetua sollicitudo, siquidem eorum voluptati ac perceptioni nihil non mœstitiæ ac doloris adnexum est : ipsorum divitiæ, paupertas sunt ; ipsorum sublimitas, extrema dejectio. Quisnam autem eorum mala enumerando consequi possit? Quæ quidem paucis verbis theologus meus (9) mihi demonstravit, his verbis utens : Totus mundus in maligno positus est (*I Joan.* v et 11). Ac rursum : Nolite diligere mundum, neque ea quæ in mundo sunt. Quoniam omne quod in mundo est, aut est concupiscentia carnis, aut concupiscentia oculorum, aut superbia vitæ. Et mundus transit, et concupiscentia ejus. Qui autem facit voluntatem Dei, manet in æternum. Hanc igitur ego bonam Dei voluntatem quærens, omnia pro derelicto habui, cum iisque me conjunxi qui eadem cupiditate tenentur, atque eumdem Deum expetunt. Inter quos non simultas est, non livor, non mœrores et curæ ; sed omnes idem curriculum obeunt, ut ad sempiternas eas mansiones perveniant, quas luminum Pater iis a quibus amatur præparavit (*Jac.* 1 ; *I Cor.* 11). Hos ego pro parentibus, hos pro fratribus, hos pro amicis et familiaribus habeo. Ab iis autem qui quondam amici mei ac fratres erant elongavi fugiens, et mansi in solitudine (*Psal.* LXII), Deum exspectans, qui salvum me fecit a pusillanimitate spiritus, et tempestate.

Hæc cum ita commode ac jucunde a Dei homine dicta essent, rex iracundia quidem impellebatur, ac sanctum virum acerbis suppliciis excruciare cupiebat ; rursum autem se reprimebat, atque id aggredi cunctabatur, venerandam ipsius dignitatem ac splendorem veritus. Sermonem vero excipiens, his eum verbis est allocutus :

Undique, o miser, exitio tuo studuisti, ut qui ad ipsum, fortuna, ut videtur, te impellente, tum mentem tum linguam acueris, ac proinde obscuram quamdam atque inanem verborum næniam effuderis. Ac nisi sermonis principio me tibi facturum recepissem, ut e medio concilio iracundiam depellerem, nunc carnes tuas in ignem conjecissem. Quoniam autem ipse antevertns, tibique cavens, hujusmodi verbis me obvinxisti, audaciam tuam ob pristinam meam erga te amicitiam fero. Quamobrem exsurge, atque ab oculis meis profuge ; non jam te videbo, sed male mactabo.

Ita egressus Dei homo in solitudinem secessit, mœrore quidem eo nomine affectus, quod martyrium minime obiisset, cæterum nullo non die, quantum ad conscientiam attinet, martyrio fungens, atque adversus principatus et potestates, adversus mundi rectores tenebrarum hujus sæculi, adversus spiritualia nequitiæ, ut ait beatus Paulus, dimicans (*Ephes.* vi). Cum igitur ille abiisset, rex graviore iracundia concitatus, acriorem persecutionem adversus monasticum agmen exercere, majoreque honore **247** simulacrorum cultores ac sacerdotes afficere cœpit.

CAP. III. — Cum autem rex in tam gravi errore atque impostura versaretur, nascitur ei elegantissima forma filius, atque ex ea pulchritudine quæ ipsi affusa erat id quod futurum erat præsignans. Sic enim sermone ferebatur in illa terra puerum pari pulchritudine ac venustate nusquam exstitisse. Rex autem ob pueri nativitatem maximo gaudio perfusus, eum Josaphat nominavit ; atque ad idolorum templa de-

mens se contulit, ut dementioribus sacrificia offerret, laudesque ad edendam grati animi significationem persolveret : ignorans nimirum quisnam bonorum omnium vere auctor esset, ad quem spirituale sacrificium adhiberi deberet. Ille igitur rebus inanimis et surdis filii ortum acceptum ferens, quaqua versum missis nuntiis plebem ad ejus natalitia celebranda cogendam curabat. Ac cernere erat omnes regis metu confluentes, secumque ea quæ ad sacrificium accommodata erant afferentes, pro cujusque scilicet facultatum modulo, atque erga eum benevolentia. Præsertim autem ipse stimulos eis ad munificentiam admovebat, ut qui quamplurimos et maximos boves mactandos offerret. Atque ad hunc modum luculentissimo festo peracto, omnes, tam qui senatorii ordinis erant magistratuque fungebantur, quam militum manum atque etiam plebeios et ignobiles amplissimis donis prosequebatur.

In ipso autem natalitiorum filii solemni die, delecti viri circiter quinquaginta, qui in ea Chaldæorum sapientia, quæ in conspiciendis notandisque sideribus versatur, studium atque operam collocarent, ad regem convenerunt. Quos cum rex propius ad se accedere jussisset, de singulis percunctabatur quidnam puer in lucem editus futurus esset. Illi autem longa consideratione habita, futurum dicebant ut opibus ac potentia floreret, atque omnes qui regnum ante ipsum obtinuissent superaret. Unus vero astrologus, qui socios omnes suos eruditione anteibat, his verbis usus est : Quantum ex siderum cursu addiscere possum, o rex, filii qui nunc ex te ortus est magnitudo atque profectus non in tuo regno erit, sed in altero præstantiore, atque incomparabiliter excellentiore. Atque ipsum Christianorum quoque religionem quam tu insectaris arrepturum existimo, nec eum ab hoc scopo ac spe aberraturum puto. Hæc scilicet dixit astrologus, ut olim Balaam (*Num.* xxiii), non quod astrologia veritate nitatur, sed quod Deus ut omnis impiis excusatio amputaretur, veritatem per ipsos adversarios ostenderet.

Rex autem, ut hæc intellexit, ejusmodi nuntium graviter ac molesto animo excepit, voluptatemque suam mœstitia interrumpi sensit. Nihilominus tamen, in privata quadam civitate, pulcherrimo palatio exstructo, splendidaque domo elaborata, illic filium collocavit, jussitque ut exactis primis ætatis annis, nullis ad eum accessus pateret. Atque pædagogos ipsi et ministros ætate florentes eximiaque forma præditos constituens, hoc ipsis mandavit, ut nihil eorum quæ in hac vita molesta sunt perspectum ipsi facerent, non mortem, non senectutem, non morbum, non paupertatem, non quidquam aliud molestiæ ; quodque ipsi oblectationem interpellare posset ; verum omnia jucunda et cum suavi fructu conjuncta proponerent, ut in his ipsius animus cum voluptate ac deliciis versans, nihil omnino rerum futurarum cogitatione complecti posset, ac ne verbo quidem tenus de Christi religione ipsiusque decretis quidquam audiret. Nam hoc præ omnibus rebus ipsi occultare in animo habebat, astrologi nimirum vaticiniorum veritus. Quod si ministrorum aliquem in morbum incidere contigisset, eum statim illinc ejici jubebat, alterumque nitidum optimeque valentem ipsi substituebat, ut ne quid omnino salebrosi atque acerbi in filii oculos incurreret. Ad hunc modum se rex gerebat, atque hæc cogitabat et agebat. Videns enim non videbat, et audiens non intelligebat.

Cum autem certior factus fuisset monachos nonnullos (quorum ne vestigium quidem ullum reliquum esse putabat) adhuc superesse, iracundia æstuabat, atque acerrimo impetu in eos ferebatur, ac præcones passim tota urbe et regione procursare imperabat, qui edicerent ne monastici ordinis quisquam usquam omnino post triduum inveniretur; quod si inveniretur, flammis addiceretur. Hi enim sunt, inquiebat, quorum auctoritate populus adducitur ut eum qui cruci suffixus est pro Deo colat. Interea autem hujusmodi quiddam accidit, quod majorem ipsi indignationem excitavit, eumque monachis infensiorem reddidit.

CAP. IV. — Inter homines dignitate præditos quidam erat qui primas in aula obtinebat, vir eleganti vita, ac fidei pietate, quique saluti suæ operam summo studio dabat: occulte tamen, ob regis metum. Quamobrem nonnulli, ob eam qua apud regem pollebat auctoritatem ipsi invidentes, eum criminari studebant, ac summopere laborabant. Et quidem cum rex aliquando satellitum manu pro suo more septus, ad venationem profectus fuisset, in venatorum numero probus ille vir erat. Cum autem ipse solus ambularet (divino, ut opinor, consilio ita ferente), hominem inter densas arbores humi prostratum, ac pede a fera quadam graviter contritum, offendit. Qui quidem ipsum prætereuntem intuens, precibus ab eo contendebat ne se præteriret, verum calamitatis suæ miseratione afficeretur, atque in domum suam abducendum curaret. Simul etiam illud adjunxit, suam operam ipsi non prorsus inutilem atque inanem fore. Præclarus autem ille vir ei dixit : Equidem ipse virtutis studio atque amore te assumam, tuique quam maximam potero curam geram. Verum quæ tandem est hæc utilitas quam abs te ad me redituram esse ais? Pauper autem ille et imbecillis : Ego, inquit, sermonibus læsis medeor. Nam si quando in verbis aut colloquiis vulnus aliquod aut afflictio inveniatur, consentaneis medicamentis ea curo, ac ne malum ulterius serpat prohibeo. Pius itaque ille vir, quanquam id quod dixerat nullius momenti duceret, tamen divini mandati causa eum in domum suam deferri, eique quæ per erat curam adhiberi jussit. At invidi illi et livore perciti homines, de quibus ante locuti sumus, improbitatem quam jam pridem parturiebant in lucem proferentes, ipsum apud regem hoc nomine accusant, quod non solum amicitiæ ipsius oblitus, deorum cultum neglexisset, atque ad Christianam religionem animum inflexisset, verum etiam adversus ipsius majestatem gravia moliretur, popularem scilicet turbam pervertens, omniumque benevolentiam sibi concilians. Quod si pro certo scire cupis, inquiunt, nihil nos fingere atque comminisci, privatim ei, tentandi ipsius causa, dic te relicta patria religione ac regni gloria, Christianam fidem amplecti, habitumque monasticum, quem olim tanquam parum honestum persecutus es, induere velle. Nam qui hæc adversus virum illum scelerate confingebant, ipsius animi institutum ad compunctionem propensissimum exploratum habebant; nec dubitabant quin si hæc verba a rege audiret, statim ipsi quod præstantius esset suadens, auctor futurus esset ut iis quæ recte consulta essent, nullam moram afferret, atque hinc vera esse quæ dicebant invenirentur.

Rex autem, qua vir ille erga se benevolentia esset minime ignorans, ea quæ dicebantur probabilitate omni carere ac falsa esse censebat. Neque sibi faciendum esse ducebat, ut ea temere susciperet, verum rem ipsam atque objectum crimen exploraret. Quapropter cum eum remotis arbitris accivisset, tentandi ipsius causa ita eum est allocutus : Nosti, o amice, quoniam modo adversum eos qui monachi dicuntur atque adeo adversus omnes Christianos me gesserim, nunc autem eo nomine pœnitentia ductus, atque præsentium rerum pertæsus, ad spes illas quas eos commemorantes audivi, nempe immortalis cujusdam regni, quod in alia vita futurum est, me conferre cupio (nam præsens regnum morte omnino interrumpitur); istud autem me nullo alioqui modo consequi, ac voti mei compotem esse posse existimo, nisi Christianus fiam, regnique mei gloriæ ac reliquis hujusce vitæ jucunditatibus et voluptatibus dicta extrema salute, illos religiosæ vitæ cultores, et monachos, quos inique et scelerate expuli, quocunque tandem in loco sint, inquirens, ipsis me admisceam. Ad hæc, quid ipse ais? et quid mihi faciendum censes ? dic quæso, per veritatem ipsam te obtestor. Non enim me fugit te supra omnes mortales veri studiosum, atque animi probitate præditum esse. Bonus autem ille vir, ut hæc audivit, abstrusam fraudem nullo modo agnoscens, animi compunctione affectus est, lacrymisque profusus, simplici animo respondit : Rex, æternum vive, bonum et salutare consilium iniisti. Quoniam etiamsi cœlorum regnum ægre inveniri potest, tamen ipsum omnibus viribus quærendum est : Qui enim quærit, inquit ille, ipsum inveniet (*Lucæ* XI). Præsentium autem rerum fructus licet in speciem oblectet ac voluptatem afferat, pulchrum tamen est eum propellere ac propulsare. Etenim noster tum denique est, cum est ; et quos oblectat, multo magis rursum excruciat. Nam et ipsius suavitatis et molestiæ umbra imbecilliores sunt, ac velut navis in mari cursum tenentis, aut avis aerem peragrantis vestigia quam ocissime evanescunt (*Sap.* V). Contra, futurorum spes, quam Christiani prædicant, firma ac tutissima est, tametsi in mundo pressuram habeat. (*Joan.* XVI). Ac jucunditates quidem eæ quibus nunc fruimur breves sunt, illic autem nihil omnino præter supplicium ac nunquam finiendos cruciatus accersunt. Harum enim rerum suavitas fluxa et temporaria est, acerbitas autem sempiterna : Christianorum contra labor quidem temporarius est, voluptas autem et utilitas immortalis. Quamobrem feliciter velim cedat bonum tuum consilium. **249** Pulchrum est enim, ac valde pulchrum, ea quæ interitu obnoxia sunt cum sempiternis commutare.

His verbis auditis, rex vehementer quidem indignatus est; cæterum iracundiam compressit, neque ipsi tum quidquam locutus est. At ille, ut qui prudens ac sagax esset, regem sua verba graviter et moleste accepisse animadvertit, versutoque animo id duntaxat egisse, ut ipsius animum exploraret; domumque reversus, in mœrore atque languore versabatur, addubitans videlicet quonam modo regis animum mitigaret, atque impendens sibi periculum effugeret. Cum autem insomnis noctem totam exigeret, ejus qui pedis infractione laborabat in mentem ipsi venit, eumque ad se accitum ita est allocutus : Memoria teneo, te mihi hoc dixisse, quod noxiis verbis medearis. Ille autem : Est ita, inquit, et si opus est, scientiæ meæ specimen edam. Senator autem sermonem excipiens, ipsi veterem suam erga regem benevolentiam et auctoritatem quam apud eum obtineret exposuit, recentemque item sibi versuto animo adhibitum sermonem, et quemadmodum ipse quidem probe respondisset, ille autem ipsius sermonem molesto animo accipiens, per vultus mutationem, iram in intimo pectore latitantem ostendisset.

Pauper autem ille et infirmus, re cum animo suo considerata, dixit : Noscas oportet, vir illustrissime, regem malam ac sinistram adversum te opinionem concepisse, nempe quod ipsius regnum occupare studeas, atque tentandi tui studio ea dixisse quæ dixit; quamobrem fac exsurgas, ac tonso capite, splendidisque his vestibus abjectis, atque induto cilicio, cum primum luxerit, ad regem adeas. Hoc autem sciscitante quidnam sibi sic habitus velit, responde : De iis rebus de quibus mecum hesterno die collocutus es, o rex, en adsum, paratus te in hac via quam ingredi constituisti sequi : Nam etsi deliciæ ac voluptates jucundæ sunt, absit tamen ut eas post te retineam. At vero virtutis iter, quod ingredi paras, licet arduum et asperum sit, tamen, modo tecum sim, facile et proclive ac jucundum erit. Ut enim me oblectamentorum hujus vitæ socium habuisti, ita etiam molestiarum habiturus es, quo etiam in futurorum bonorum societatem tecum veniam. Præclarus igitur ille vir infirmi hominis verba comprobans, fecit quemadmodum ipse monuerat. Eum itaque rex videns atque audiens, hac quidem de causa delectatus est, ipsius nimirum erga se benevolentiam admirans; atque falsa esse quæ adversus eum ad se delata fuerant intelligens, majore eum honore atque apud se auctoritate ac familiaritate donavit. Cæterum adversus monachos rursum ira exarsit, eorum scilicet hæc præcepta esse dicens, ut homines ab hujusce vitæ voluptatibus abstineant, atque incerta spe, tanquam per somnium, sese illudi sinant.

Cum autem rursus ad venationem egrederetur, duos monachos per desertum iter facientes cernit. Quos statim comprehendi, et ad currum suum adduci jussit. Atque iracundis oculis eos intuens, ignemque, ut dici solet, spirans (10) : An non audiistis, inquit, o impostores et circumscriptores, præcones meos aperte proclamantes ne quis vestri diabolici instituti post triduum in urbe aut ulla regni mei regione inveniretur, aut alioqui prorsus igni cremaretur? Monachi autem : En, inquiunt, pro eo ac jussisti, ex urbibus tuis ac regionibus excedimus. Verum cum longum nobis iter propositum sit, ut ad fratres nostros proficiscamur, ac cibo careamus, hac via incedimus, ut nobis viatica suppetant, nec fame absumamur. Rex autem inquit : Qui mortis minas metuit, huic cibos comparare minime vacat. Monachi autem : Recte dixisti, o rex, inquiunt : qui mortem metuunt, id curant, quonam pacto eam effugiant. Quinam autem hi sunt, nisi qui fluxis rebus intabescunt, easque ad stuporem usque mirantur? Qui quidem cum in altera vita quidquam boni sese consecuturos esse desperent, a præsentibus divelli nequeunt, ob eamque causam mortem timent. At nos, qui jam pridem mundum et ea quæ in mundo sunt odio prosequimur, arctamque et angustam viam Christi causa ingredimur, nec mortis metu, nec præsentium rerum cupiditate afficimur; verum futurarum duntaxat rerum desiderio tenemur. Quoniam igitur mors ea quam nobis infertis ad sempiternam et præstantiorem vitam transitus efficitur, idcirco cupiditati potius nobis est quam terrori.

Hic rex per solertiam, videlicet monachos arripere cupiens, dixit : Quid? An non paulo ante vos secedere dixistis, ut meo imperio pareatis? Quod si mortem minime timetis, quid est quamobrem fugam ineatis? En hæc quoque frustra et inaniter jactantes, mentiti estis. Responderunt monachi : Non idcirco fugimus quod denuntiatam nobis abs te mortem pertimescamus; verum tui miseratione commoti, ne graviorem condemnationem tibi accersamus, secedere in animum induximus. **250** Nam alioqui, quantum ad nos attinet, nullo modo minas tuas expavescimus. Ad hæc rex ira commotus, ipsos exuri jussit. Sicque Dei famuli extremo vitæ die functi, martyrii coronam per ignem adepti sunt. Statimque edictum promulgatum est, ut si quis monachus inveniri posset, sine ulla inquisitione trucidaretur. Atque ita nullus hujusmodi ordinis in illa regione reliquus factus est, nisi qui in montibus, et speluncis, et cavernis terræ sese occultarunt. Verum hæc hactenus.

CAP. V. — At regis filius, de quo initio nobis oratio instituta est, in palatio quod ipsi exstructum fuerat ita manens, ut a nemine adiri posset, juvenilem ætatem tandem attigit (cum interea omnem tam Æthiopum quam Persarum doctrinam percepisset) prudens et cordatus, atque omnibus virtutum dotibus illustris. Quin naturales etiam quæstiones præceptoribus suis proponebat; adeo ut ipsi quoque adolescentis ingenium animique acumen admirarentur, rexque etiam ipse ex vultus ipsius venustate, animique habitu, in stuporem traheretur. Mandabat autem his qui cum eo versabantur ut darent operam ne quid prorsus eorum quæ in hac vita molesta sunt intelligeret, nec omnino quod mors præsentes voluptates exciperet. Cæterum inani spe nitebatur, atque (ut proverbio dicitur) in cœlum sagittas mittere (11) conabatur. Quonam enim modo mors humanæ naturæ incognita esse posset? Itaque ne pueri quidem cognitionem effugit: Nam cum animum summa sagacitate ornatum et instructum haberet, secum ipse considerabat quidnam patrem adduxisset ut ipsi omnium aditum interdiceret, nec quemlibet ad se accedere pateretur. Per se enim intelligebat hoc citra patris imperium non fieri. Cæterum ipse interrogare verebatur, tum quod minime vero consentaneum esse diceret, quin pater ea quæ ipsi conducerent animadverteret; tum quod illud secum reputaret, si id de patris voluntate fieret, quantumlibet ipse percontaretur, se tamen rei veritatem minime intellecturum esse. Quapropter ex aliis, ac non a patre hæc scire constituit. Itaque cum unum e pædagogis reliquis chariorem ac familiariorem haberet, eumque majore adhuc benevolentia sibi devinxisset, atque amplissimis muneribus affecisset, ab eo sciscitabatur quidnam regem impulisset ut eum in hoc septo inclusum teneret. Illud etiam adjungebat : Si mihi aperte hoc exposueris, omnibus te anteponam, perpetuæque amicitiæ fœdus tecum feriam. Pædagogus autem, ut qui etiam ipse prudens et cordatus esset, puerique sagacitatem ac numeris omnibus absolutam prudentiam exploratam haberet, neque sibi ab eo periculum ullum conflatum iri existimaret, omnia ei sigillatim exposuit, nempe et persecutionem adversus Christianos, ac potissimum adversus eos qui se pietati colendæ totos devovissent promulgatam, et quemadmodum ab omnibus finitimis locis expulsi et ejecti fuissent, atque item ea quæ ipso in lucem edito astrologi prædixissent. Ne igitur, inquit, audita eorum doctrina, eam religioni nostræ præferas, idcirco a rege data opera est, ne multi tecum consuetudinem haberent, sed pauci omnino. Ac nobis etiam atque etiam mandavit, ut studeremus ne quid hujusce vitæ molestiarum per nos intelligeres.

Hæc ut adolescens audivit, nullum alterum verbum adjunxit. Cæterum salutaris sermo ipsius pectus tetigit, ac Paracliti gratia spirituales ipsius oculos aperire aggressa est, eum ad verum Deum, tanquam porrecta manu ducens, quemadmodum orationis progressu demonstrabimus. Cum autem rex ipsius pater crebro eum viseret (singularis etenim ipsius erga eum amor erat), quadam die his verbis ad eum filius usus est : O here ac rex, aliquid ex te scire cupio, cujus causa perpetuus mœror, atque omnis intermissionis expers sollicitudo animum meum exest ac conficit. Pater autem ex hoc ipso sermone intimis visceribus discruciatus, ait : Dic mihi, charissime fili, quisnam sit hic mœror qui te obsidet, ac statim eum in gaudium commutare studebo. Tum puer : Expone, inquit, quidnam causæ sit cur hic detinear, atque inter muros et januas abs te concludar, eoque statu sim, ut a nemine adiri ac cerni queam. Quoniam, o fili, inquit rex, nolo quidquam videas quod pectori tuo molestiam afferat, tibique voluptatem interpellat. Siquidem hoc ago ac specto, ut in perpetuis deliciis, atque omni gaudio animique voluptate, omne vitæ tempus traducas. At velim scias, o here, inquit filius ad patrem, me hoc modo non in gaudio atque animi voluptate, sed potius in afflictione atque ingenti angustia vitam agere; adeo ut ipse quoque cibus ac potus fastidio mihi et acerbitati sit; etenim gestit animus ea quæ extra has januas sunt perspicere. Quamobrem si me læte ac jucunde vivere cupis, jube me arbitratu meo foras progredi, atque earum rerum quarum prospectus mihi negatur spectaculo animum oblectare.

Hæc ut rex audivit, mœstitia affectus **251** est, illudque cogitabat fore, ut si illi quod petebat denegaret, majorem ei mœrorem ac sollicitudinem afferret. Quocirca quæ grata ipsi essent facturum dixit. Ac statim eximios equos ac satellitum manum regiæ dignitati congruentem parari jussit, eique toras, quoties vellet, progrediendi potestatem fecit. Iis autem qui cum eo versabantur summopere mandavit ut curarent ne quid injucundi obviam haberet; verum quidquid pulchrum et amœnum ac jucundum esset, ipsi ostenderent; choreasque in viis agitarent, suavissimisque cantionibus operam darent, ac varia spectacula constituerent, ut ipse mentem his rebus occuparet atque oblectaret.

Cum igitur regis filius ad hunc modum foras crebro progrederetur, quadam die ministrorum oblivione factum est ut duos viros perspiceret, quorum alter lepra, alter cæcitate laborabat. Quos conspicatus, atque animi mœstitia affectus, ab iis qui secum erant quinam hi essent, et quodnam grave hoc spectaculum esset, percontatus est; illi autem, cum id quod in ipsius aspectum venerat occultare non possent, has humanas calamitates esse responderunt, quæ ex corrupta materia, et corpore vitiosis humoribus pleno, mortalibus contingere solent. Tum ille: Cunctisne hominibus hæc accidere consueverunt? Non cunctis, inquiunt illi, verum iis duntaxat quorum valetudo propter improbos humores depravata sit. Rursum igitur sciscitari perrexit adolescens : Si non omnes homines in has calamitates incidere consueverunt, sed quidam duntaxat, exploratumne est quinam sint quos malorum acerbitates arrepturæ sint; an contra citra ullam distinctionem atque ex improviso conflantur? Et quis tandem hominum, responderunt illi, futura perspicere ac perfecte intelligere queat? Hoc enim humanæ naturæ captum excedit, ac solis immortalibus diis attributum est. Hic percontandi quidem finem fecit regis filius; verum ex hujusmodi spectaculo dolorem animo cepit, reique novitate ita affectus est, ut oris ipsius forma immutaretur.

Rursum autem foras progrediens, in capularem quemdam senem incidit, rugata facie, fractis ac dissolutis tibiis, curvo corpore, capite prorsus cano, qui praeterea dentibus carebat, atque concisum quiddam et interruptum loquebatur. Stupore itaque correptus, cum hominem eum propius ad se adduci jussisset, eos qui tum aderant interrogabat ecquidnam tam insolens spectaculum esset. Illi autem dixerunt: Hic aetate valde provectus, ac paulatim decedentibus ipsi viribus, membrisque imbecillitatem contrahentibus, ad hanc quam cernis aerumnam pervenit. Et quisnam, inquit ille, ipsius finis est? Nihil aliud, inquiunt illi, quam mors ipsum excipiet. Omnibusne hominibus, inquit ille, hoc propositum est, an quibusdam duntaxat contingit? Responderunt illi: Nisi mors antevertens aliquem hinc abducat, fieri non potest quin temporis progressu status hujusce periculum non faciat. Tum adolescens: Quoto anno hoc cuipiam contingit? atque prorsusne mori necesse est, neque ars ulla est qua mortem effugiamus, atque in hanc calamitatem minime incidamus? Dicunt ei: Octogesimo, aut centesimo anno ad hanc senectutem homines perveniunt, ac deinde moriuntur, nec aliter fieri potest. Debitum enim naturale mors est, hominibus ab initio impositum, neque ulla ratione ipsius adventus vitari potest.

Haec omnia, ut sagax ille ac prudens adolescens audivit atque intellexit, intimo corde ingemiscens, dixit: Acerba haec vita est, atque omni dolore ac moestitia plena, si res ita se habet. Et quonam modo quispiam in incertae mortis exspectatione, cujus adventus non modo vitari non potest, sed etiam, ut dixistis, incertus est, securo animo erit? Abiitque haec secum volvens atque assidue considerans, mortisque memoriam identidem animo repetens, ac deinceps in doloribus animique consternatione vivens, atque in perpetuo moerore degens. Atque apud se dicebat: Ergone mors me aliquando corripiet? Et quisnam erit qui mei post mortem meminerit, cum tempus omnia oblivione contriverit? Num praeterea morte functus in nihilum dissolvar; an contra, altera quaedam vita est, et alter mundus? Haec et his similia perpetuo cogitans, pallore conficiebatur. Praesente tamen patre, si quando ad eum veniret, hilarem ac moerore vacuum animum prae se ferebat, quod scilicet ea quae cogitabat ad ipsius cognitionem venire nollet. Incredibilem autem in modum aliquem nancisci cupiebat, qui ipsius pectori certam fidem faceret, ac bonum sermonem ipsius auribus instillare posset.

Quocirca de paedagogo eo cujus ante mentionem fecimus rursum quaerit num quem norit qui ad eam rem cujus cupiditate flagrabat adjumento ipsi esse, ipsiusque mentem gravibus cogitationibus aestuantem, atque hujusmodi curam abjicere nequeuntem, confirmare possit. Ille 252 autem ea quae prius dicta fuerant, in memoriam rursus ipsi revocans, dicebat: Jam quoque prius tibi exposui quemadmodum pater tuus sapientes illos viros ac pietati colendae devotos, qui de hujusmodi rebus disputant, partim obtruncarit, partim irato atque infenso animo expulerit, nec ullum ejusmodi in tota hac undique regione cognosco. Quo quidem nomine magna ille molestia impletus, gravique animi vulnere affectus, ei similis erat qui ingentem thesaurum amisit, atque in ejus investigatione mentem totam occupatam ac defixam habet. Ac proinde in perpetuo languore et sollicitudine versabatur, omnesque mundi jucunditates et voluptates in ipsius oculis piaculi cujusdam et exsecrationis instar erant. Cum autem hoc animi statu esset, ac magno cum gemitu bonum invenire cuperet, insomnis ille oculus, qui omnia cernit, atque omnes salvos fieri, et ad veritatis agnitionem venire vult (*I Tim.* ii), ipsum aspexit, suamque ipsi consuetam benignitatem ostendens, quodnam iter tenendum esset, hoc modo demonstravit.

CAP. VI. — Erat enim eo tempore monachus quidam divinarum rerum peritus, vitaque ac sermone ornatus, atque in omni monastica vivendi ratione summopere versatus: unde oriundus, aut ex quo genere, dicere nequeo, verum in solitudine quadam Sennaaritidis terrae domicilium habens, ac sacerdotii dignitate praeditus. Huic porro seni Barlaam nomen erat. Hic igitur cum divino quodam admonitu, quonam statu regis filius esset comperisset, e solitudine egressus, ad cultam et habitabilem terram profectus est; mutatoque habitu suo, atque indutis mundanis vestibus, et conscensa navi, ad Indorum regnum se contulit, ac mercatorem se esse fingens, in eam urbem in qua regis filius palatium habebat ingreditur. Permultosque dies illic commoratus, qui rerum ipsius status esset diligenter exquisivit, et quinam essent qui propius ad eum accedere solerent: cum igitur paedagogum eum de quo superius a nobis mentio facta est ipsi omnium familiarissimum esse intellexisset, seorsim eum conveniens, his verbis usus est:

Scias velim, domine mi, me mercatorem esse, atque ex longinqua regione venisse, eximiique pretii lapidem habere, cui nullus unquam similis inventus est, quemque nemini adhuc ostendi. Tibi autem hoc declaro, quod te prudentem ac cordatum virum esse videam, ut me ad regis filium introducas, ipsique eum dono dem. Siquidem bona omnia incomparabiliter antecellit. Nam et iis qui cordis oculis capti sunt, sapientiae lucem affert, et surdis aures aperit, et mutis vocem impertit, et aegrotantes in sanitatem asserit, et stultos sapientia donat, et daemones pellit, ac denique quidquid pulchrum et expetendum est, domino suo uberrime suppeditat. Ait ad eum paedagogus: Te quidem hominem gravis atque constantis animi esse video; caeterum verba tua immodicam quamdam jactantiam prae se ferunt. Quod enim excellentes atque ingentis pretii lapides et uniones viderim, quonam modo enumerando recensere queam? nec tamen unquam aut vidi aut audivi qui eas quas commemorasti vires haberent. Verumtamen eum mihi ostende, ac si talis est qualem ais, sine ulla cunctatione ad regis filium te introducam, qui te maximis honoribus ac beneficiis ornabit. Priusquam autem per ipsum oculorum obtutum, qui falli nequit, dicta tua confirmaris, fieri non potest ut domino meo ac regi de re incerta et incognita hæc tam immodica ac prætumida renuntiem. Dixit autem Barlaam: Recte dixisti, te hujusmodi vires ac facultates nec unquam perspexisse, nec audisse. Etenim oratio ad te mea non de re vulgari, sed ingenti quadam et admiranda est. Quod autem eum cernere quæsivisti, audi quid dicam.

Lapis hic summi pretii, præter eas quas dixi vires et facultates, hanc etiam habet. Eum enim prompte ac facile prospicere non potest, qui sanum ac firmum oculum, corpusque purum atque ab omni spurcitie alienum non habet. Nam si quis, his duabus rebus non recte comparatis, in hunc pretiosum lapidem oculos temere ac petulanter injiciat, ipsa quoque scilicet qua præditus est cernendi vi ac mente insuper mulctabitur. Ego porro, utpote medicinæ minime rudis et ignarus, oculos tuos parum sanos esse conspicio: ac proinde vereor ne hanc quoque quam habes cernendi facultatem amittas. Verum de regis filio audivi, eum tam vitæ castitate præditum esse, tum pulchros ac perspicaces oculos habere. Quocirca thesaurum hunc ipsi ostendere minime dubitabo. Quamobrem ne commiseris ut hoc negligas, ac re tanti momenti dominum tuum prives. Ille autem ad eum dixit: Si hæc ita se habent, ne mihi lapidem ostendas, siquidem plurimis peccatis vita mea inquinata est, ac præterea ne oculos quidem satis sanos habeo. De hac autem re dominum meum regem certiorem facere minime cunctabor. Hoc sermone habito, ad regis filium ingressus, omnia ei sigillatim exposuit. Ille autem ut præceptoris verba audivit, spirituali quadam lætitia et voluptate pectus suum afflari sensit; ac velut numine correptus, hominem celeriter introduci jussit.

Ut igitur ingressus est Barlaam, eique quam conveniebat pacem dedit, sedere jussus est. Cumque præceptor secessisset, Josaphat ad senem dixit: Velim mihi pretiosum illum lapidem ostendas, de quo magna et admiranda abs te commemorari præceptor meus mihi narravit. Barlaam autem suam ad eum disputationem ad hunc modum auspicatus est: Haudquaquam æquum est, o rex, ad illustrem tuam excellentiam quidquam falso et inconsiderate a me dici. Omnia enim quæ de me ad te allata sunt vera atque ab omni dubitatione aliena sunt. Verum nisi prudentiæ tuæ prius periculum fecero, nefas est hoc mysterium tibi declarare. Ait enim Dominus meus: Exiit qui seminat seminare. Et dum seminat, alia quidem ceciderunt secus viam, et volucres cœli comederunt illa. Alia ceciderunt super petrosa, ubi non erat terra multa, et confestim exorta sunt, eo quod non haberent terram multam. Sole vero exorto æstuaverunt, et quia non habebant radicem, aruerunt. Alia autem ceciderunt inter spinas, et surgentes spinæ suffocaverunt ea. Alia postremo ceciderunt in terram bonam, et dederunt fructum centuplum (*Matth.* XIII). Quocirca si in corde tuo frugiferam ac bonam terram invenero, divinum semen in te conjicere, atque ingens mysterium tibi aperire minime dubitabo. Si autem petrosa ea et spinea fuerit, viaque a quolibet calcata, omnino salutare hoc semen haudquaquam serere, ipsumque avibus et feris, ante quas margaritas projicere mihi prorsus interdictum est, in prædam objicere præstiterit. Verum de te meliora ac saluti viciniora confido: nempe quod et lapidem qui pretium omne superat videbis, ac per luminis ipsius splendorem hoc consequeris, ut ipse quoque lumen efficiaris, fructumque centuplum feras. Etenim tua causa longam viam conficere studui, ut quæ nunquam vidisti, tibi ostenderem, atque ea docerem quæ nunquam audisti.

Dixit autem ad eum Josaphat: Equidem ipse, venerande senex, incredibili quodam, atque ejusmodi, quod nullo modo coerceri queat, desiderio teneor, novum quemdam ac bonum sermonem audiendi. Atque ignis in pectore meo incensus est, qui me ad necessarias quasdam quæstiones intelligendas vehementer inflammat. Cæterum adhuc hominem nancisci mihi non licuit, qui de hac re certam mihi fidem facere posset. Quod si sapientem quemdam, et doctrina præditum virum nactus fuero, ac salutarem sermonem audiero, nec avibus, ut opinor, nec feris eum tradam; nec rursum petrosus et spineus, ut tuis verbis utar, ero. Quin potius et candido ac sincero animo eum excipiam, et erudite ac diligenter conservabo. Tu vero si quid ejusmodi nosti, ne quæso id reticeas, verum mihi narres. Quamprimum enim e longinqua regione te venisse audivi, animi voluptate affectus sum, atque in bonam spem veni fore ut opera tua id quod cupiebam consequerer. Eoque nomine statim te ad me introduxi, comiterque tanquam familiarium meorum et æqualium aliquem excepi. Atque utinam spe mea minime fallar! Dixit autem Barlaam: Præclare, atque ut regia magnificentia dignum erat, hoc fecisti, ut non ad externæ vilitatis speciem animum adjiceres, verum abstrusæ spei teipsum traderes.

Erat enim aliquando magnus quidam et illustris rex, cui, cum in aureo curru, satellitum manu regiæ majestati digna cinctus iter faceret, contigit ut duos viros, laceris ac sordidis vestibus, atque ore macie confecto, ac majorem in modum pallido, obvios haberet. Regi porro exploratum erat eos corporis afflictatione ac vitæ Deo consecratæ laboribus carnes suas ita confecisse. Ut igitur eos vidit, e curru statim desiliens, atque humi prostratus, eos adoravit; ac deinde surgens, amicissime complexus est, et salutavit. Proceres autem ipsius ac præfecti hoc moleste tulerunt, eum facinus regia gloria indignum admisisse existimantes. Verum cum coram ipsum reprehendere minime auderent, cum germano ipsius fratre agebant, ut regem admoneret, ne diadematis amplitudinem et sublimitatem ad hunc modum dedecore ac contumelia afficeret. Cum itaque ipse hæc fratri dixisset, atque intempestivam et præposteram ipsius humilitatem accusasset, responsum ipsi rex dedit, quod a fratre minime intellectum est.

Mos enim regi erat ut cum aliquem morte multaret, præconem cum tuba, quæ quidem mortis idcirco dicebatur, ad ipsius fores mitteret, atque ex tubæ illius clangore omnes ei moriendum esse intelligebant. Itaque cum advesperasset, lethalem tubam ad fratris sui fores clangorem edituram rex misit. Ut igitur ille hanc tubam audivit, desperata salute per totam 254 noctem domesticis rebus consuluit. Mane autem atra ac lugubri veste indutus, cum uxore ac liberis ad palatii fores flens ac lamentans profectus est. Cum autem rex ipsum ad se admisisset, atque ita ejulantem vidisset, his verbis usus est : O stulte ac demens, si fratris tui, cum quo idem tibi genus et par honor est, in quem nullius omnino sceleris tibi conscius es, præconem ita extimuisti; quonam modo mihi reprehensionis notam idcirco inussisti, quod Dei mei præcones, qui mortem, ac Domini in quem me multa et gravia scelera perpetrasse scio pertimescendum adventum mihi quavis tuba vocalius altiusque denuntiant, humiliter ac demisse salutarim? En igitur ut tuam dementiam coarguerem, hac ratione usus sum, quemadmodum etiam eos qui tibi ut me reprehenderes, in animum induxerunt, statim stolidos et amentes esse demonstrabo. Atque ita curatum et utiliter instructum fratrem suum, domum remisit.

Jussit autem e ligno quatuor arcas effici : quarum cum duas undique auro contexisset, fetidaque cadaverum ossa in eas injecisset, aureis seris eas obfirmavit; reliquis autem duabus pice ac bitumine oblitis, pretiosisque lapidibus et exquisitis unionibus, omnique unguentaria fragrantia impletis, asperisque funibus constrictis, proceres eos, a quibus ob virorum illorum occursum reprehensus fuerat, ad se accivit, ipsisque quatuor has arcas proposuit, ut quanti hæ, quantique illæ pretii essent æstimarent. Illi autem duas eas quæ inauratæ erant, maximi pretii esse asserebant; neque enim aliter fieri posse inquiebant, quin in ipsis regiæ coronæ et cingula recondita essent. Eas contra quæ pice ac bitumine oblitæ erant, viles omnino ac nullius pretii esse aiebant. Rex autem ipsis dixit : Ne me quidem fugiebat, vos hoc dicturos esse; nam sensibilibus oculis ea quæ in sensum cadunt perspicitis. Atqui non ita faciendum est; verum interioribus oculis sive pretium, sive utilitatem et fœditatem, quæ intus condita sunt, spectare oportet. Ac protinus inauratas arcas aperiri jussit. Quibus patefactis, gravis quidam ac teter odor exhalavit, atque injucundissimum spectaculum oculis objectum est.

Ait itaque rex : Hic eorum typus est qui cum splendidis et illustribus vestibus utantur, atque ob ingentem gloriam et potentiam insolenter se efferant, intus tamen fetidis cadaveribus ac flagitiis pleni sunt. Post autem, cum eas quæ pice ac bitumine oblitæ erant, aperiri jussisset, omnes eos qui aderant, splendore atque odoris suavitate quæ in ipsis recondita erat oblectavit. Dixitque eis : Scitis cuinam rei hæ arcæ similes sint? humilibus nimirum atque abjectis illis viris, vilibusque vestibus indutis, quorum vos externum habitum intuentes, contumeliæ ac probro mihi duxistis, quod ante eos in terram me abjecissem. Ego autem eorum dignitatem, atque animorum pulchritudinem spiritualibus oculis considerans, ex ipsorum contactu gloriam contraxi, eosque quavis corona et quavis regia purpura præstantiores existimavi. Ad hunc igitur modum pudorem ipsis incussit, eosque in his rebus quæ in aspectum cadunt minime oberrare docuit, verum iis animum adjungere quæ intellectu percipiuntur. Itaque ad pii et sapientis regis similitudinem ipse quoque accessisti; ut qui bona spe nixus me susceperis, quæ quidem, ut opinor, minime te fallet. Dixit autem ad eum Josaphat : Hæc omnia pulchre atque concinne dixisti. Verum illud scire aveo, quisnam sit tuus Dominus, quem tu orationis initio de illo seminatore verba fecisse dicebas.

Cap. VII. — Rursus igitur sermonem assumens Barlaam, dixit : Si quisnam Dominus meus sit intelligere cupis, Dominus Jesus Christus est, unigenitus, inquam, ille Dei Filius, ille beatus et solus potens, ille Rex regum et Dominus dominantium, qui solus habet immortalitatem, ac lucem habitat inaccessibilem, qui cum Patre et Spiritu sancto glorificatur (*I Tim.* vi). Neque enim ex eorum numero sum qui multos hos et petulantes deos colunt, atque hæc animæ expertia et surda simulacra venerantur; verum unum Deum agnosco et confiteor, qui in tribus personis, hoc est Patre et Filio et Spiritu sancto, atque una natura et essentia, in una gloria et regno minime diviso glorificatur. Hic igitur in tribus personis unus Deus, principii ac finis expers (*Naz. orat.* 2, *de Pasch.*), sempiternus, increatus, immutabilis, corpore vacans, invisibilis, circumscriptione carens, animi comprehensionem fugiens, solus bonus ac justus est, qui omnia, tam quæ oculis cernuntur quam quæ oculorum obtutum fugiunt, ex nihilo in ortum produxit.

Primum scilicet invisibilium ac cœlestium virtutum innumerabilem quamdam multitudinem a materia et corpore secretam, hoc est administros divinæ majestatis spiritus ; deinde autem mundum hunc in aspectum cadentem, hoc est cœlum, ac terram, et mare; quem etiam latissima luce coornavit, cœlum nempe sole ac luna et sideribus, terram autem omnis generis 255 stirpibus ac variis animantibus, mare denique numerosissimis piscium generibus. Hæc omnia ipse dixit, et facta sunt ; ipse mandavit, et creata sunt (*Psal.* cxlviii). Post autem hominem suismet manibus effingit, sumpto nimirum a terra ad corporis compositionem luto, anima autem rationis et intelligentiæ participe per suam insufflationem ipsi tributa, quæ quidem ad Dei imaginem et similitudinem effecta esse scripta est (*Gen.* i) : ad imaginem videlicet, propter vim intelligendi atque arbitrii libertatem; ad similitudinem autem, propter virtutis ipsius, quoad ejus fieri potest, imitationem. Hunc porro hominem, arbitrii libertate atque immortalitate donatum, eorum quæ in terra sunt regem constituit; atque ex ipso feminam, quæ ipsi auxilio esset, ipsi similem effecit.

Consitoque in Eden ad Orientem paradiso, voluptatis omnis atque oblectamenti pleno, hominem, quem effinxerat, in ipso collocavit; sic quidem, ut divina bonitas omnia ligna quæ illic erant sine ullo impedimento eum percipere juberet; unius autem duntaxat degustatione ipsi interdiceret (quod quidem lignum scientiæ boni et mali appellatum est), his verbis utens : Quacunque die comederitis ex eo, morte moriemini. Enimvero unus ex prædictis angelicis copiis, qui uni agmini præerat, cum naturalis vitii ne minimum quidem vestigium a creatore accepisset, verum boni causa procreatus fuisset, libera mentis inductione a bono in malum deflexit, atque insolentia elatus, adversus Dominum ac Deum rebellare voluit. Ac propterea ex ordine suo ac dignitate expulsus est, atque pro beata illa gloria et angelico nomine, diaboli ac Satanæ nomen consecutus est. Deus enim ipsum, et cœlesti gloria indignum, præcipitem e cœlo exturbavit. Cum eo porro simul avulsa et ejecta est ingens angelorum qui ipsi suberant multitudo : qui quidem mentis inductione mali effecti, ac boni loco principis sui defectionem secuti, dæmonum nomen, ut impostores ac circumscriptores, acceperunt.

Diabolus igitur, abjurato prorsus bono, malaque natura assumpta, invidiam adversus hominem concepit (*Sap.* II), propterea quod seipsum e tanta gloria ejectum, illum autem ad tantum honorem subvectum perspiceret : eumque e beata illa vivendi ratione dejicere moliebatur. Quare serpentem imposturæ suæ officinam nactus, per eum feminam convenit. Cumque eam spe divinitatis adduxisset, ut interdictum lignum degustaret, per eam postea etiam Adamum (nam hoc primo homini nomen fuit) in fraudem impulit. Porro autem, ut primus homo contra divinum imperium interdictam plantam degustavit, a summo parente atque architecto e deliciarum paradiso exterminatur, atque beatæ illius et ab exitio immunis vitæ loco in hanc (heu!) miseram vitam incidit, ac postremo morte multatur. Atque hinc vires nactus diabolus, et victoria elatus, aucto hominum genere, omne improbitatis genus ipsis in animum injecit. Ex quo factum est ut Deus ingentem peccati impetum coercere ac reprimere volens, terræ diluvium induxerit, atque omnem animam viventem exstinxerit (*Gen.* VII). Cum autem unum duntaxat in illa ætate justum virum invenisset, hunc cum uxore ac liberis in arca quadam servatum, solum in terra constituit. Posteaquam autem rursum homines numero augeri cœperunt, Dei oblivione capti sunt, atque ad graviorem impietatem proruperunt, ut qui diversis peccatis in servitutem se addixerint, atque in varia errorum genera distraxerint.

Alii enim casu ac fortuito omnia ferri, providentiæque expertia esse censuerunt; tanquam scilicet nullus Dominus sit qui ea regat ac moderetur. Alii fatum invexerunt, natalitiisque sideribus omnia commiserunt. Alii multos deos malos, ac multis vitiosis affectionibus laborantes coluerunt, quo videlicet suarum affectionum et gravium flagitiorum defensores et patronos eos haberent. Quorum etiam formas pictura exprimentes, surdas statuas ac sensu carentia simulacra in altum erexerunt, eaque in templis inclusa coluerunt et adorarunt, servientes nimirum creaturæ potius quam Creatori. Quidam enim solem et lunam ac sidera, quæ Deus ad lucem terreno huic mundo afferendam posuit, coluerunt : quæ quidem anima et sensu carent', ac Creatoris providentia illuminantur et conservantur, non autem quidquam per se virium habent. Alii autem ignem et aquam ac reliqua terræ elementa, quibus nec anima nec sensus inest. Neque eos qui anima et ratione prædita sunt ejusmodi rebus cultum adhibere puduit. Alii feris, et reptilibus, et pecudibus, et quadrupedibus animantibus venerationem tribuerunt : hinc scilicet sese rationis magis expertes ostendentes quam ea ipsa quæ colebant. Alii turpium quorumdam et abjectorum hominum formas depinxerunt, eosque deos appellarunt, partim masculos, partim feminas : quos etiam ipsimet adulteros, et homicidas, et iracundos, et invidos, et furiosos, et parricidas, et fratricidas, et fures, et raptores, et claudos, et debiles, et veneficos, et insanos esse tradiderunt, atque horum nonnullos mortem obiisse, nonnullos fulmine percussos fuisse, nonnullos hominibus serviisse, atque exsules exstitisse, nonnullos vulnera accepisse, ac lamenta edidisse, atque ob improba et fœda flagitia in animalia sese immutasse. Quo fiebat ut homines ab ipsis diis occasionem sumentes, omni impuritatis genere sese contaminarent. Ac tum horrenda quidem caligo genus nostrum tenebat; neque erat qui intelligeret, nec qui Deum requireret (*Psal.* XIII).

Ea autem ætate Abraham solus inventus est qui animæ sensum firmum ac valentem haberet, atque ex rerum conditarum prospectu conditorem agnosceret. Nam cum cœlum, ac terram, et mare, solem item et lunam ac reliqua considerasset, hujusmodi ornatum concinnitatis plenum admiratus est. Cumque mundum, et ea quæ in ipso sunt, conspexisset, non casu ac fortuito ea exstitisse atque conservari existimavit. Nec rursum terræ elementis, aut inanimis simulacris ornatus hujuscemodi causam ascripsit; sed Deum verum per hæc agnovit, atque universi effectorem et conservatorem esse intellexit. Deus autem ejus probitatem animi atque candorem, rectumque judicium comprobans, seipsum ei patefecit (non quidem ut natura est, neque enim fieri potest ut creata natura Deum cernat, verum per dispensatorias quasdam Dei visiones, quemadmodum ipse novit), plenioremque sui cognitionem in ipsius animo inserens, gloria eum affecit, sibique famulum ascivit. Qui quidem per successionem his qui ab ipso promanárunt transmissa pietate, eos veri Dei cognitione instruxit. Eamque ob causam Dominus semen ipsius in infinitam multitudinem excrescere voluit, populumque sibi peculiarem appellavit (*Gen.* xv; *I Pet.* II); eosque Ægyptiæ gentis, ac tyranni Pharaonis servitute pressos, editis horrendis atque admirandis signis et prodigiis per Moysen et Aaronem, viros sanctos ac prophetiæ dono præditos, eduxit (*Exodi* xv). Quorum etiam opera Ægyptios, pro eo atque ipsorum improbitas merebatur, excruciavit; et Israelitas (sic enim populus ille, qui ab Abrahamo ortum duxit, vocabatur) siccis pedibus per Rubrum mare, scissis videlicet aquis, atque tum a dextra tum a sinistra muri instar effectis, trajecit. Cum autem Pharao et Ægyptii a tergo eos sequerentur, reversæ aquæ eos prorsus deleverunt. Ac postea, cum per maxima miracula divinosque prospectus, quadraginta annorum spatio populum in deserto deduceret, ac cœlesti pane eum aleret, legem (quæ futurorum typus atque adumbratio erat) lapideis tabulis divinitus inscriptam dedit, eamque Moysi in monte tribuit (*Exodi* XXXI). Quæ quidem ab omnibus simulacris et flagitiosis actionibus abducebat, solumque verum Deum venerari docebat. Sic igitur per ingentia miracula ipsos in bonam quamdam terram induxit, quam olim patriarchæ illi Abrahamo se ipsius semini daturum receperat. Ac longum esset commemorare quot quamque magna et admiranda et illustria atque eximia beneficia, quæ numerum omnem excedunt, in eos contulerit. Quibus omnibus id agebatur, ut ab omni nefario cultu et flagitio genus humanum abstraheret, atque in veterem statum revocaret. Nihilo secius tamen adhuc natura nostra erroris libertati serviebat, ac per diaboli tyrannidem mors in homines regnum obtinebat, omnesque divina sententia condemnatos in infernum transmittebat.

Cum igitur in ejusmodi calamitatem ac miseriam venissemus, minime nos despexit is a quo effecti atque in ortum producti fueramus; neque manuum suarum opus funditus perire sivit. Verum benigna Dei ac Patris voluntate unigenitus Filius, et Dei Verbum, qui est in sinu Patris; ille, inquam, ejusdem cum Patre ac Spiritu sancto substantiæ, ille ævo omni antiquior, ille principii expers, qui in principio erat, et apud Deum ac Patrem erat, et Deus erat, ad servos suos indulgenter se demittit; et quidem ita, ut hæc demissio nec verbis declarari, nec mente comprehendi possit. Nam cum Deus perfectus esset, perfectus homo ex Spiritu sancto et sancta Maria virgine Dei genitrice efficitur, non ex viri semine aut voluntate aut concubitu (*Joan.* I), in labis omnis experte Virginis utero conceptus, sed ex Spiritu sancto, quemadmodum ante conceptionem archangelorum unus missus est, qui novam illam et admirandam conceptionem Virgini nuntiaret. Etenim Dei Filius ex Spiritu sancto sine semine conceptus est: compactaque sibi in Virginis utero carne anima anima rationis ac mentis participe, prodiit in una persona, et duabus naturis, perfectus Deus, et homo perfectus; matris virginitatem etiam post partum ab omni labe conservans. Atque iisdem omnino quibus nos, excepto peccato, passionibus obnoxius effectus (*Heb.* IV), infirmitates nostras suscepit, ac morbos nostros portavit (*Isa.* LIII). Quoniam enim per peccatum mors in mundum introierat (*Rom.* v), necesse erat ut qui redemptionis munere perfuncturus erat, ab omni peccato purus esset, peccatique morti minime obnoxius.

Triginta porro annis cum hominibus versatus, in Jordanis undis a Joanne viro sancto, ac prophetarum omnium præstantissimo, baptizatus est. Eoque baptizato vox ejusmodi de cœlo a Deo Patre delata est: Hic est Filius meus dilectus, in quo mihi bene complacui (*Lucæ* III): atque Spiritus sanctus columbæ specie in ipsum descendit. Ac deinceps magna et admiranda signa efficere cœpit, mortuos videlicet ad vitam revocans, cæcis lucem afferens, dæmones in fugam vertens, surdos et claudos curans, leprosos purgans, atque inveteratam naturam nostram undique renovans, operibusque erudiens, ac virtutis viam edocens, atque a corruptione abstrahens, et ad sempiternam vitam iter monstrans. Unde etiam duodecim discipulos elegit (*Matth.* XIX), quos apostolos nominavit, ipsisque negotium dedit ut cœlestem vitæ rationem prædicarent, quam ut in terra ostenderet, ac nos humiles et terrenos per incarnationem suam cœlestes efficeret, venerat.

At vero admirandæ ipsius ac Deitati consentaneæ vitæ atque infinitorum miraculorum invidia et furore commoti Judæorum pontifices ac principes, apud quos scilicet commorabatur, et ad quorum utilitatem admiranda hujusmodi signa et prodigia perpetrarat, beneficiorum omnium immemores, eum morte multarunt, uno nimirum ex ipsius discipulis ad ipsum prodendum arrepto, comprehensumque ipsum gentibus dediderunt, ipsum, inquam, qui omnium vita erat, ac sponte hæc suscipiebat. Hac enim de causa venit, ut nostra causa omnia perpeteretur, quo videlicet nos a vitiosis affectionibus in libertatem vindicaret. Cum autem multa in eum suppliciorum genera exercuissent, eum ad extremum cruce condemnarunt. Atque omnia in carnis, quam ex nobis assumpserat, natura pertulit: divina interim ipsius natura ab omni perpessione libera manente. Nam cum duplici natura præditus esset, hoc est divina, et ea quam a nobis assumpserat, humana quidem natura perpessa est, divinitas autem perpessione immunis et immortalis erat. Cruci igitur in carne affixus est innocens Dominus noster Jesus Christus. Peccatum enim non fecit, nec inventus est dolus in ore ejus (*Isa.* LIII; *Rom.* v); proindeque morti obnoxius non erat. Quandoquidem, ut jam dixi, mors per peccatum in mundum introivit. Verum nostra causa carne mortem oppetiit, ut nos a mortis tyrannide redimeret. Descendit ad inferos, iisque contritis, eas quæ ab orbe condito illic inclusæ tenebantur, animas liberavit. In sepulcro conditus, tertia die resurrexit, cum scilicet mortem superasset, victoriamque nobis adversus eam donasset, atque immortalitatis largitor immortalitatem carni conciliasset, discipulis visus est, ipsisque pacem impertivit (*Joan.* xx; *Act.* 1), ac per eos universo mortalium generi.

Post quadraginta autem dies in cœlos ascendit, atque in Patris dextra sedet, rursumque venturus est jud care vivos et mortuos, ac reddere unicuique juxta opera sua (*Psal.* LXI). Post gloriosam autem suam in cœlos ascensionem, sanctissimum Spiritum ad sanctos suos discipulos in ignis specie misit; cujus instinctu peregrinis linguis loqui cœperunt, quemadmodum ipse dabat eloqui illis. Hinc igitur per ipsius gratiam in omnes gentes dispersi sunt, atque orthodoxam fidem prædicaverunt, baptizantes eos in nomine Patris et Filii et Spiritus sancti, et docentes servare omnia Salvatoris præcepta (*Matth.* xxviii). Ad hunc igitur modum gentes a recta via aberrantes illustrarunt, ac superstitiosum idolorum errorem de medio sustulerunt. Quamvis autem hostis, cladem suam indignissime ferens, nunc quoque bellum adversus pios excitet, stultis videlicet ac stolidis persuadens ut idolorum cultum adhuc retineant, imbecilla tamen ipsius vis effecta est, atque ipsius frameæ per Christi potentiam in finem defecerunt. En tibi Dominum meum ac Deum et salutis auctorem paucis verbis declaravi; plenius autem eum cognosces, si ipsius gratiam in anima tua acceperis, divinoque beneficio tibi contigerit ut ipsius servus fias.

CAP. VIII. — Hæc verba ut regis filius audivit, ipsius animus lumine perstrictus est, ac præ lætitia e solio suo exsurgens, Barlaamque complectens, dixit : Fortasse, nisi me conjectura fallit, vir præstantissime, hic est inæstimabilis ille lapis quem non abs re occultum tenes, nec cuilibet promiscue ostendis, verum iis demum qui sanis ac firmis animi sensibus præditi sunt. Ecce enim ut hæc verba auribus excepi, suavissima lux pectus meum subiit, et grave illud mœroris velamen, quod jampridem animo meo undique incumbebat, statim sublatum est. Si igitur recte conjicio, fac, quæso, sciam. Sin autem aliquid his quæ abs te commemorata sunt præstantius nosti, ne cuncteris id mihi rursus aperire.

Rursum igitur respondit Barlaam : Ita sane, mi domine ac rex, hoc est illud magnum mysterium, quod absconditum **258** est a sæculis et generationibus, in extremis autem temporibus hominum generi patefactum (*Coloss.* 1). Cujus declarationem olim per Spiritus divini gratiam multi prophetæ ac justi viri prædixerunt, multifariam multisque modis edocti (*Hebr.* xi), atque alta voce annuntiantes. Cumque salutem omnino futuram prospicerent, ejusque cernendæ cupiditate tenerentur, non tamen eam perspexerunt ; verum ultima hæc generatio divino beneficio salutis auctorem suscepit. Quamobrem qui crediderit, et baptizatus fuerit, salvus erit (*Marc.* xvi).

Dixit autem Josaphat : Omnia ea quæ abs te dicta sunt sine ulla dubitatione credo, eumque quem annuntias Deum gloria afficio. Hoc unum peto, ut sine ullo errore cuncta mihi declares, quidque mihi faciendum sit exacte doceas. Atque etiam quidnam baptismus sit quem ab iis qui fide præditi sunt accipi ais, deinceps fac intelligam.

Ille autem ad eum respondit : Sanctæ hujus et incontaminatæ Christianorum fidei velut radix ac certum fundamentum divini baptismi gratia est, ut quæ omnia a nativitate contracta peccata expiet, atque ea inquinamenta quæ ex vitio conflata sunt prorsus expurget. Sic enim Salvator mandavit, ut per aquam ac Spiritum regeneremur, atque ad veterem dignitatem redeamus : per orationem videlicet ac salutarem invocationem, ad aquam accedente Spiritu sancto. Baptizamur igitur juxta Salvatoris sermonem in nomine Patris et Filii et Spiritus sancti (*Matth.* xxviii). Atque ita Spiritus gratia in ejus qui baptizatur anima immoratur, eam illustrans, ac divinam reddens, atque imaginem illam ac similitudinem Dei, ad quam condita est, ipsi instaurans. Ac deinceps, veteribus omnibus vitii operibus abjectis, novæ vitæ cum Deo pactum inimus (*Naz.*, *orat. de sanct. Baptism.*), ac puriorem vivendi rationem auspicamur : quo nimirum etiam cohæredes eorum efficiamur qui ad immortalitatem regenerati sunt, ac sempiternam salutem consecuti sunt. Citra baptismum autem fieri non potest ut quisquam bonam spem consequatur, quamlibet etiam pios omnes pietate antecelluerit. Sic enim Deus Verbum, qui, ut generi nostro salutem afferret, humanitatem suscepit, dixit: Amen dico vobis, nisi quis regeneratus fuerit ex aqua et Spiritu sancto, non intrabit in regnum cœlorum (*Joan.* iii). Quamobrem ante omnia te rogo, ut animo fidem accipias, ac statim ardentissimo quodam desiderio ad baptismum accedas, nec ullam omnino moram adhibeas. Periculosa siquidem est dilatio, propterea quod præstitutus morti dies incertus est. Josaphat autem ad ipsum dixit : Et quænam bona ii spes est, cujus fieri posse negasti ut quisquam citra baptismum compos fiat? Quidnam etiam illud est, quod cœlorum regnum appellas? Undenam item Dei humanitate induti verba audivisti? Quinam rursus est incertus morti præstitutus dies, de quo ingens sollicitudo pectus meum subiens, mœroribus ac doloribus carnes meas conficit, atque adeo ipsum ossium robur exest? Denique utrum morientes in nihilum dilabimur, an contra post præsentem peregrinationem alia vita superest : hæc et his consentanea ex te scire avebam.

Barlaam hujusmodi responsum his verbis dedit : Bona ea spes, de qua locutus sum, regni cœlestis est. Ea autem est ejusmodi, ut nulla omnino humana lingua explicari possit. Ait enim Scriptura : Quæ oculus non vidit, et auris non audivit, et in cor hominis non ascenderunt, præparavit Deus diligentibus se (*Isa.* LXIV ; *I Cor.* ii). Cum autem abjecta hac crassa carne, beatitudinem illam divino beneficio consecuti fuerimus, tum ille, cujus beneficio spes

nostra nos minime fefellerit, nos docebit, efficietque (*Lucæ* xxi). Etenim cum Deus hominem ab initio ut bonorum illorum gloriam, omnem mentis captum effinxisset (quemadmodum etiam jam tibi exposui) superantem, lucem illam quæ nulla oratione expri- insufflavit in eum spiraculum vitæ (*Gen.* ii), quæ mi potest, vitam illam quæ morte non interrumpitur, quidem anima rationis atque intelligentiæ particeps ac denique illam cum angelis vitæ consuetudinem appellatur. Quoniam autem morte damnati sumus, cognoscamus. Nam si hoc divinitus consequamur, ut omnibus nobis mori necesse est ; nec fieri potest ut cum Deo, quantum humanæ naturæ fas est, consue- hic calix hominem ullum prætereat. Nihil autem est tudinem habeamus, omnia ea quæ nunc nobis ignota aliud mors quam animi a corpore disjunctio. Ac sunt ab eo sciemus. Hoc enim, Scripturis divinitus quidem illud corpus, quod e terra effictum est, inspiratis edoctus, omnium maxime cœlorum re- posteaquam ab animo sejunctum est, in terram, ex gnum esse duco, nempe ad sanctæ, et quæ vitæ qua sumptum fuerat, revertitur, ac corruptum dis-initium dedit, Trinitatis contemplationem accedere, solvitur (*Gen.* iii ; *Eccli.* iii). Anima autem immor-atque incomparabili ipsius lumine purius illustrari, talis cum sit, eo proficiscitur quo summus ille effec-ac revelata facie (*II Cor.* iii) ipsius gloriam omnem tor imperat, vel, ut rectius loquar, quemadmodum verborum facultatem superantem contueri. Nec vero ipsa sibi, cum adhuc in carne versaretur, hospitium mirandum est, gloriam illam ac lucem et arcana præparavit. Ut enim quisque vitæ munere hic fun-bona nullis verbis declarari posse; neque enim am- ctus fuerit, illic recepturus est.
pla et eximia essent, si nos terreni et mortales, ac
gravem hanc et affectionibus obnoxiam carnem ge- Denique confectis longis temporum curriculis, stantes, ea tum cognitione percipere, tum verbis Deus noster cum metuenda et sermonis facultatem exprimere possemus. Quæ cum explorata tibi sint, superante gloria ad judicium de orbe ferendum ve-ea fide sola citra ullam dubitationem accipe, atque niet. Cujus metu cœlorum virtutes commovebun-ab omni fictione abhorre; illudque stude, ut per tur, atque omnis angelorum exercitus tremore cor-bona opera immortalem illam gloriam arripias. reptus coram ipso astabit (*Luc.* xxi) : tum videlicet, Qua cum tibi potiri contigerit perfectius hæc cum in archangeli voce ac divina tuba mortui ad cognosces. vitam redibunt, ac tremendo ipsius throno sistentur (*I Thess.* iv). Est autem resurrectio, animæ rursus

259 Quod autem ex me quæsivisti, quonam cum corpore conjunctio. Quocirca hoc ipsum corpus, modo nos incarnati Dei verba audierimus, hoc quod interit ac dissolvitur, ita resurget, ut deinceps habeto, nos per sacrosancta Evangelia ea quæ ad interire nequeat (*I Cor.* xv). Nec vero huic rei fidem theandricam, hoc est Dei cum homine conjuncti, ullo modo abrogare in mentem tibi veniat. Neque dispensationem pertinent, didicisse. Nam ita sanctus enim ei qui ipsum primum e terra effinxit, postea-ille liber appellatur, ut qui immortalitatem et sta- quam in terram ex qua sumptum est rediit, juxta tum a corruptione alienum , et sempiternam vitam, Creatoris sententiam rursus ad vitam excitare impos-et peccatorum remissionem, et cœlorum regnum, sibile est. Nam si quod Rex Deus ex nihilo in ortum nobis qui mortales interituique obnoxii ac terreni produxerit, tecum reputes, istud satis magno argu-sumus, fauste annuntiet. Quem quidem scripserunt mento tibi futurum est. Etenim sumpta terra, quæ qui spectatores ac ministri Verbi fuerunt. De quibus prius non erat, hominem procreavit (*Gen.* ii). Quo-superius dixi, quod Salvator noster Christus disci- nam igitur modo e terra homo factus est? Quonam pulos et apostolos elegerit. Qui quidem nobis post modo ipsa ex nihilo producta est? Quonam item gloriosam Dei in cœlos ascensionem, ipsius in terra fundamento nititur ? Quonam denique modo ex ipsa vitæ rationem , et doctrinam ac miracula, quantum infinita tum brutorum, tum seminum, tum stirpium ab hominibus præstari poterat, litterarum monu- genera producta sunt ? Quinetiam in nostro quoque mentis mandarunt. Sic etenim in extrema libri sui ortu velim hoc considerare. An non enim perxiguum parte eximius ille inter divinos evangelistas dixit : semen in terram, hoc est in vulvam ipsum exci-Sunt et alia multa, quæ fecit Jesus, quæ si scriban- pientem emittitur ? Unde igitur hæc tanta animalis tur per singula, nec ipsum arbitror mundum eos qui effectio ?
scribendi sunt capere posse libros (*Joan.* xxi).

In hoc igitur divino Evangelio, tum incarnationis, Quamobrem ei qui omnia ex nihilo produxit, tum declarationis, tum miraculorum, tum præ- atque etiamnum producit, minime impossibile est ceptorum ipsius historia, Dei spiritu exarata conti- corporea ea quæ morte extincta atque corrupta sunt, netur. Ac deinde supplicii illius ab omni labe re- e terra ad vitam revocare, ut unusquisque consen-moti, quod Dominus nostra causa subiit, sanctæque taneam operibus suis mercedem recipiat (*II Cor.* v; triduo post resurrectionis, atque in cœlos ascen- *Psalm.* lxi). Laboris enim est, inquit ille, præsens sionis, ac denique illustris ac metuendi ipsius se- tempus ; futurum autem, mercedis. Alioqui, ubinam cundi adventus mentio habetur. Rursum enim Dei Dei justitia erit, nisi sit resurrectio? Siquidem multi Filius cum gloria, omni sermone præstantiori atque probi viri, cum in hac vita multas calamitates ac ingenti cœlestis militiæ multitudine in terram ven- multa supplicia tulissent, per vim tandem de medio turus est, ut de mortalium genere sententiam fe- sublati sunt. Nonnulli contra impii ac facinorosi ho-rat, atque unicuique pro eo ac gessit, rependat mines, in deliciis ac prosperis rerum successibus præsentem vitam consumpserunt : at Deus, ut qui simul et bonitate et justitia præstet, resurrectionis ac referendarum rationum diem constituit, ut, cum quæque anima corpus suum receperit, improbus quidem et sceleratus, qui hic omnia secunda ac læta habuerit, illic scelerum pœnas luat; probus contra eorum quæ inique gesserit, pœnis in hac vita persolutis, illic bonorum hæreditatem consequatur. Audient enim, inquit Dominus, qui in monumentis **260** sunt, vocem Filii Dei. Et exibunt, qui bona fecerunt in resurrectionem vitæ; qui autem mala egerunt, in resurrectionem judicii (*Joan.* v). Quo scilicet tempore sedes quoque collocabuntur, atque Antiquus dierum (*Dan.* vii), rerumque omnium parens et architectus præsidebit. Ac libri aperiuntur, in quibus omnium nostrum actiones, sermones, cogitationes inscriptæ continentur. Atque igneus fluvius rapido cursu volvetur, cunctaque quæ in abstruso delitescunt, patefient. Non illic patronus, aut verborum lenocinium, aut falsa excusatio, aut opum potentia, aut dignitatum fastus, aut amplissimæ munerum largitiones rectum judicium supprimere poterunt: verum incorruptus ille ac verus judex ad justitiæ laudem omnia perpendet, hoc est, et actionem, et sermonem, et cogitationem. Ac proficiscentur qui virtutibus operam dederunt ad sempiternam vitam, et lucem omnem orationis vim excedentem, ut cum angelis oblectentur, atque arcanis bonis fruantur, sanctæque Trinitati pure astent; qui autem turpibus flagitiis sese devinxerint, atque omnes impii et peccatores ad sempiternum cruciatum, qui quidem gehenna dicitur, et exteriores tenebræ, et insomnis vermis, et stridor dentium, aliaque innumera tormenta.

Quorum omnium nullum æque grave et acerbum est, atque a Deo abalienari, et a dulcissima ipsius facie abjici, gloriaque illa quæ nullis verbis exponi potest orbari, atque inspectante universo orbe traduci, et ignominia quæ nunquam finem habitura sit notari. Posteaquam enim horrenda illa sententia edita fuerit, omnia deinceps immutabilia, et conversionis omnis expertia manebunt: sic videlicet, ut nec vita læta justis finem habitura, nec afflictio et pœna peccatoribus terminum acceptura sit. Neque enim sublimior post eum alter judex est, nec per sequentia opera purgatio, nec præstitutus emendationis terminus, nec alia ulla iis qui in cruciatu versabuntur ars et ratio, quippe cum supplicium una cum ipsis in sempiternum duret

Quæ cum ita sint, quales tandem nos in sanctis conversationibus ac piis actionibus esse oportet, ut digni habeamur venturas minas effugere, atque a dextris Filii Dei stare (*II Pet.* iii)? Nam hæc justorum statio est, quemadmodum contra miserrima ad sinistram pars peccatoribus assignata est. Post autem Dominus justos Patris sui benedictos vocans (*Matth.* xxv), in perpetuum regnum introducet; peccatores autem cum ira et exsecratione a suavi et tranquilla facie sua abjectos (quo nihil gravius et acerbius excogitari potest) ad sempiternam pœnam ablegabit.

CAP. IX.—Josaphat autem his ad eum verbis usus est: Magnas quasdam et admirandas res, magnoque metu ac tremore dignas mihi, o homo, narras, si quidem hæc ita se habent, atque postquam fatis concesserimus, et in cinerem ac pulverem dissoluti fuerimus, resurrectio et regeneratio futura est, rerumque in vita gestarum examen ac merces. Verum quo argumento hæc probas? et quonam ei rei quæ nondum oculis perspecta est auditæ atque intellectæ usque adeo firmam et indubitatam fidem adhibuistis? Nam quæ jam gesta ac re ipsa declarata sunt, etiamsi ipsi minime videritis, at ab iis qui ea viderunt, ac memoriæ prodiderunt, audivistis. Quonam autem modo de rebus futuris tam magna et prætumida prædicantes, certam de iis fidem nacti estis?

Respondit Barlaam: Ex iis quæ jam contigerunt, de futuris etiam certam fidem nactus sum. Nam qui hæc prædicarunt, nec ulla in re a vero aberrarunt, verum per signa et prodigia, variasque virtutes sermonibus suis robur conciliarunt, iidem etiam de futuris nos admonuerunt. Quemadmodum igitur hic nihil præposterum ac fictum docuerunt, verum omnia ea quæ ab ipsis dicta et facta sunt, sole clarius effulserunt, eodem quoque modo illic vere omnia tradiderunt. Quæ quidem etiam ipse Dominus noster ac herus Jesus Christus, tum sermone, tum opere confirmavit. Amen enim, inquit, dico vobis, quia venit hora, quando mortui audient vocem Filii Dei, et qui audierint, vivent (*Joan.* xii). Ac rursum: Venit hora, in qua omnes qui in monumentis sunt audient vocem Filii Dei. Et procedent qui bona fecerunt in resurrectionem vitæ; qui vero mala egerunt, in resurrectionem judicii (*Lucæ* xx). Ac rursum ait: De mortuorum autem resurrectione non legistis quod dictum est vobis a Deo, dicente: Ego sum Deus Abraham, Deus Isaac, et Deus Jacob? Deus porro mortuorum Deus non est, sed viventium. Ut enim colliguntur zizania, et comburuntur, sic erit in consummatione sæculi hujus (*Matth.* xxiv). Mittet Filius Dei angelos suos, et colligent de regno ejus omnia scandala, et eos qui faciunt iniquitatem. Et mittent eos in caminum ignis: illic erit fletus et stridor dentium. Tunc justi fulgebunt sicut sol in regno Patris eorum.

Hæc dicens addidit: Qui habet aures audiendi, audiat (*Luc.* ii). His igitur pluribusque aliis **261** verbis Dominus corporum resurrectionem declaravit. Reipsa autem sermonibus suis fidem astruxit, cum mortuos ad vitam revocavit, ac sub terrestris vitæ suæ catastrophen Lazarum quemdam amicum suum, qui jam quatriduo mortuus erat, ac fœtebat, e monumento vocavit, eumque qui animam efflaverat, vivum exhibuit (*Joan.* xi). Quin ipse quoque Dominus perfectam, nec jam morti subjectam resurrectionem auspicatus est: quippe qui morte in carne degustata, triduo post ad vitam rediit, ac mortuorum primogenitus effectus est (*I Cor.* xvi). Quanquam enim alii quoque a morte ad vitam excitati sunt, morte tamen rursus functi sunt, nec futuræ veræ resurrectionis imaginem exhibere potuerunt. Solus autem ipse resurrectionis illius auctor ac princeps exstitit, ut qui immortali resurrectione ad vitam redierit. Hæc illi etiam qui ab initio spectatores ac ministri verbi fuerunt, prædicarunt. Ait enim beatus Paulus, qui non ab hominibus, sed e cœlo vocatus est (*Gal.* I) : Notum vobis facio, fratres, Evangelium quod annuntiavi vobis. Tradidi enim vobis in primis quod et accepi, quod Christus mortuus est pro peccatis nostris secundum Scripturas, et quod sepultus est, et quod resurrexit, secundum Scripturas (*Rom.* IV). Si autem Christus prædicatur quod resurrexit a mortuis, quomodo dicunt quidam, quod resurrectio mortuorum non est? Nam si mortui non resurgunt, ne Christus quidem resurrexit. Si autem Christus non resurrexit, inanis est fides vestra. Adhuc estis in peccatis vestris. Si in hac tantum vita sperantes sumus in Christo, miserabiliores sumus omnibus hominibus. Nunc autem Christus resurrexit a mortuis, primitiæ dormientium. Quoniam quidem per hominem mors, per hominem autem resurrectio mortuorum. Ut enim in Adam omnes moriuntur, ita in Christo omnes vivificabuntur (*I Cor.* XV). Et paucis interjectis : Oportet enim, inquit, corruptibile hoc induere incorruptionem, et mortale hoc induere immortalitatem. Cum autem mortale hoc induerit immortalitatem, tunc fiet sermo qui scriptus est, Absorpta est mors in victoria. Ubi est mors victoria tua? Ubi est mors stimulus tuus? Destruetur autem prorsus ac delebitur mortis potentia, ut quæ jam vim suam non exerat, verum deinceps hominibus immortalitas atque incorruptibilitas sempiterna concedatur. Erit igitur, erit, inquam, sine ulla dubitatione mortuorum resurrectio, idque certissime credimus. Quinetiam rerum in vita gestarum, examen ac præmia et pœnas fore perspectum habemus, in metuendo videlicet adventus Christi die (*I Pet.* II), in quo cœli igne solventur et elementa ardore contabescent, ut theologi cujusdam verbis utar. Novos autem cœlos, ac novam terram secundum ipsius promissionem exspectamus. Nam quod illic operum præmia et pœnæ sint, nihilque omnino bonorum vel malorum negligatur, verum et actionum, et verborum, et cogitationum merces recondita sit, ex his Christi verbis constat : Quicunque potum dederit uni ex minimis istis calicem aquæ frigidæ, tantum in nomine discipuli, non perdet mercedem suam (*Matth.* X). Ac rursum ex his : Cum venerit Filius hominis in majestate sua, et omnes angeli cum eo, tunc sedebit super sedem majestatis suæ, et congregabuntur ante eum omnes gentes, et separabit eos ab invicem, sicut pastor segregat oves ab hædis. Et statuet oves quidem a dextris suis, hædos autem a sinistris. Tunc dicet Rex his qui a dextris erunt : Venite, benedicti Patris mei, possidete regnum vobis paratum a constitutione mundi. Esurivi enim, et dedistis mihi manducare ; sitivi, et dedistis mihi bibere ; hospes eram, et collegistis me ; nudus, et cooperuistis me ; infirmus, et visitastis me ; in carcere eram, et venistis ad me (*Matth.* XXV). Cur his verbis utitur, nisi quia beneficia, quæ a nobis in egentes conferuntur, sibi asciscit? Et alio loco ait : Omnis quicunque confitebitur me coram hominibus, confitebor et ego eum coram Patre meo, qui est in cœlis (*Lucæ* XII).

En per hæc omnia, ac plura alia, firma et certa esse bonorum operum præmia declaravit. Quemadmodum etiam contra improbarum actionum pœnas illic reconditas esse denuntiavit, per admirandas scilicet et eximias parabolas quas ille sapientiæ fons prorsus sapienter exposuit. Etenim divitem quemdam inducit (*Lucæ* XVI), purpura et bysso indutum, ac quotidie splendide epulantem; tenacem autem atque a misericordia remotum, adeo ut pauperem quemdam, Lazarum nomine, ad fores suas jacentem despiceret, ac ne ipsas quidem mensæ suæ micas ei impertiret. Utroque igitur extremo vitæ die functo, pauper quidem ille atque ulcerosus in Abrahæ sinum delatus est (quo nempe vocabulo proborum virorum sedem declaravit), dives contra acerbissimo flammæ supplicio in inferno addictus est. Ad quem etiam Abraham his verbis utebatur : Recepisti bona in vita tua, et Lazarus similiter mala. Nunc autem ipse consolatur, tu vero cruciaris.

262 Rursum alio loco cœlorum regnum homini regi simile esse ait qui filio suo nuptias fecit (*Matth.* XXII). Per nuptias porro futura lætitia et claritas indicatur. Etenim ad humiles ac terrenis affectibus imbutos homines verba faciens, ab iis rebus quæ ipsis usitatæ ac familiares erant, parabolas ducebat : non quod nuptias et mensas in ævo illo esse ostenderet, sed ad eorum crassitiem sese demittens, his vocabulis utebatur, ut futura ipsis perspicua faceret. Omnes itaque, inquit, rex ille sublimi præconio ad nuptias invitavit, atque ut bonis illis ad satietatem usque fruerentur.

Multi autem eorum qui invitati fuerant, ire neglexerunt : verum se ipsos partim in agris, partim in negotiationibus, partim in uxoribus nuper acceptis occupantes, nuptialis thalami splendore caruerunt. Illis autem sua sponte a suavissima illa lætitia exclusis, alii vocati sunt, atque impletæ sunt epulæ discumbentibus. Ingressus autem rex ut videret discumbentes, vidit illic hominem non vestitum veste nuptiali. Et dixit ei : Amice, quomodo huc intrasti, non habens vestem nuptialem? At ille obmutuit. Tunc dixit rex ministris : Ligatis pedibus ac manibus ejus, tollite eum, et mittite in tenebras exteriores. Illic erit fletus et stridor dentium. Per hos porro qui nuptiis interesse recusarunt, nec ei a quo vocabantur ullo modo morem gesserunt, illi significantur qui ad Christi fidem minime accurrerunt, verum aut in idolorum cultu, aut in aliqua hæresi perstiterunt. Per eum autem qui veste nuptiis consentanea carebat, is demum intelligitur, qui fide quidem præditus fuit, cæterum spiritualem vestem impuris flagitiis conspurcavit, meritoque proinde a nuptialis thalami lætitia submotus est.

Quin aliam quoque hujusmodi parabolam eodem

pertinentem attulit, propositis nimirum decem quibusdam virginibus, quarum quinque prudentes erant, et quinque fatuæ (*Matth.* xxv). Quæ quidem fatuæ, acceptis lampadibus suis, non sumpserunt oleum secum, prudentes autem sumpserunt. Hoc autem loco per oleum probarum actionum possessionem significavit.

Media autem nocte, inquit, clamor factus est : Ecce sponsus venit, exite obviam ei. Porro per mediam noctem diei illius incertitudinem indicavit. Tunc surrexerunt omnes virgines illæ ; et quæ paratæ erant, exierunt obviam sponso, et intraverunt cum eo ad nuptias, et clausa est janua. Quæ autem imparatæ erant (quas etiam idcirco non abs re stultas appellavit), cum lampades suas exstingui perspicerent, ad oleum emendum sese contulerunt. Posteaque, clausis jam foribus, accedentes, clamabant, dicentes : Domine, Domine, aperi nobis. Ipse autem respondens, dixit eis : Amen dico vobis, nescio vos. Ex his omnibus perspicue constat, improbis actionibus, atque adeo sermonibus, ipsisque etiam cogitationibus, quam esse mercedem constitutam.

Dixit enim Salvator : Dico vobis, quod omne verbum otiosum quod locuti fuerint homines, reddent de eo rationem in die judicii (*Matth.* xii). Ac rursus : Vestri vero et capilli capitis omnes numerati sunt (*Matth.* x). Quo scilicet loco per capillos minutissimas etiam considerationes animique cogitationes significavit. Consentanea autem his quoque beatus Paulus tradit : Vivus est, inquit, sermo Dei, et efficax, ac penetrabilior omni gladio ancipiti, et pertingens usque ad divisionem animæ et corporis, spiritus quoque et compagum ac medullarum, et discretor cogitationum et intentionum cordis. Et non est ulla creatura invisibilis in conspectu ejus, omnia autem nuda et aperta sunt in oculis ejus, ad quem nobis est sermo (*Hebr.* iv)

Hæc etiam prophetæ longis ab hinc temporibus, Spiritus sancti gratia illustrati, apertissime nuntiaverunt. Ait enim Isaias : Ego opera illorum novi, et reddam eis. Ecce venio ut congregem omnes gentes et linguas ; et venient, et videbunt gloriam meam ; et erit cœlum novum, et terra nova, quæ ego faciam manere coram me. Et veniet omnis caro, et adorabit me in conspectu meo, dicit Dominus; et exibunt, et videbunt cadavera hominum, qui prævaricati sunt in me. Nam vermis eorum non morietur, et ignis eorum non exstinguetur. Et erunt usque ad satietatem visionis omni carni (*Isa.* lxvi). Ac rursum de die illo ait : Et involvetur cœlum sicut liber, omnes stellæ cadent sicut folium de vinea. Ecce enim dies Domini venit plenus furore et ira, ad ponendam terram in solitudinem, et peccatores ejus conterendos ex ea. Quoniam stellæ cœli et splendor earum non expandent lumen suum. Et obtenebrabitur sol in ortu suo, et luna non splendebit in lumine suo. Et quiescere faciam superbiam infidelium, et arrogantiam fortium humiliabo (*Isa.* xiii). Ac rursus ait : Væ qui trahitis iniquitatem in funiculis vanitatis, et quasi vinculum plaustri, peccatum. Væ qui dicitis malum bonum, ponentes amarum in dulce, et dulce in amarum. Væ qui potentes estis ad bibendum vinum, et viri fortes ad miscendam ebrietatem. Qui justificatis impium pro muneribus, et justitiam justi aufertis ab eo. Qui declinatis judicium pauperum, et diripitis substantiam egenorum, ut sit vobis orphanus in prædam. Et quid facietis in die visitationis? et ad quem confugietis in auxilium? et ubi derelinquetis gloriam vestram, ne in visitationem incidatis? Propter hoc, sicut devorat stipulam lingua ignis, et calor flammæ exurit, sic radix eorum quasi favilla erit, et germen eorum ut pulvis. Abjecerunt enim legem Domini exercituum, et eloquium sancti Israel blasphemaverunt (*Isa.* v).

Eodem accedit, quod ait alius propheta : Juxta est dies Domini magna et velox nimis. Vox diei Domini amara, tribulabitur fortis. Dies iræ dies illa, dies tribulationis et angustiæ, dies calamitatis et miseriæ, dies tenebrarum et caliginis, dies nebulæ et turbinis, dies tubæ et clangoris super civitates munitas, et super angulos excelsos. Et tribulabo malignos, et ambulabunt cæci, quia Domino peccaverunt ; et effundetur sanguis eorum sicut humus, et corpus eorum sicut stercora. Sed et argentum eorum, et aurum eorum non poterit liberare eos in die furoris Domini. In igne zeli ejus devorabitur omnis terra, quia consummationem cum festinatione faciet cunctis habitantibus terram (*Soph.* i). Insuper etiam David rex et propheta ad hunc modum clamat : Deus manifeste veniet, Deus noster, et non silebit. Ignis in conspectu ejus exardescet, et in circuitu ejus tempestas valida. Advocabit cœlum desursum, et terram discernere populum suum (*Psal.* xlix). Ac rursum : Exsurge, Deus, inquit, et judica terram, quoniam cogitatio hominis confitebitur tibi (*Psalm.* lxxvii). Ac rursum : Tu reddes unicuique juxta opera sua. Complura autem etiam alia hujusmodi, tum Psalmista, tum omnes prophetæ divino Spiritu edocti, de futuro judicio ac mercede prædicarunt. Quorum sermones Salvator quoque certissime confirmans, nos mortuorum resurrectionem, rerumque in vita gestarum mercedem, atque immortalem futuri sæculi vitam credere docuit.

Cap. X. — Josaphat autem ingenti ob hæc verba animi compunctione plenus, lacrymis perfundebatur, atque his ad senem verbis usus est : Omnia mihi perspicue declarasti, ac horrendam hanc et admirandam narrationem luculenta oratione complexus es. His itaque nobis propositis, quid tandem faciendum est, ut ea supplicia quæ sceleratis hominibus parata sunt effugiamus, ac justorum gaudium consequamur?

Respondit Barlaam : Litteris sacris proditum est (*Act.* ii), quod cum Petrus, qui apostolorum princeps vocatus est, plebem doctrina instrueret, corde compuncti sunt, quemadmodum scilicet tu quoque hodierno die. Cumque dixissent : Quid faciemus? Petrus ad eos dixit : Pœnitentiam agite, et baptizetur unusquisque vestrum in remissionem peccatorum, et accipietis donum Spiritus sancti. Vobis enim est promissio, et filiis vestris, et omnibus qui longe sunt, quoscunque advocaverit Dominus Deus noster. En igitur ipse misericordiæ suæ divitias in te effudit, teque qui animo ac voluntate procul ab eo dissitus eras, et alienis, non dicam diis, sed pestiferis dæmonibus, et surdis ac sensus expertibus statuis cultum adhibebas, accivit. Quocirca ante omnia ad eum qui te vocavit accede, a quo veram tam eorum quæ oculis cernuntur, quam quæ ab oculorum sensu remota sunt, cognitionem consequeris. Quod si posteaquam vocatus es accedere recusas, aut moras nectis, justo Dei judicio exhæres eris, ac repudiaberis, quia ipse repudiasti. Ad hunc enim modum ipse quoque apostolus Petrus ad quemdam discipulum dixit : * Ego autem credo quod et obedivisti vocationi, et adhuc sincerius obediens, crucem tolles, Deumque ac Dominum te vocantem sequeris, qui te a morte ad vitam, et a tenebris ad lucem invitat. Nam profecto Dei ignoratio, animæ caligo ac mors est; et simulacra colere ad naturæ exitium, amentiam omnem excedit.

Quos quidem homines cuinam rei similes esse dicam? et quanam imagine eorum stoliditatem tibi ob oculos ponam? Sed tamen exemplum quoddam tibi proponam, quod mihi a viro quodam summa sapientia prædito commemoratum est. Aiebat enim, simulacrorum cultores aucupi similes esse, qui cum lusciniam, perexiguam aviculam, cepisset, gladiumque arripuisset ut eam jugularet ac comederet, ea, concessa sibi articulata voce, ad aucupem dixit : Quidnam, o homo, ex mea nece ad te utilitatis rediturum est? neque enim per me ventrem tuum explere poteris. At si me vinculis liberaveris, tria præcepta tibi tradam : quibus si parueris, magnis per omnem vitam commodis afficieris. Ille autem ex ipsius sermone admiratione commotus, sese facturum recepit, ut si novum aliquid ab ea audiret, statim eam libertate donaret, ac missam faceret. Conversa itaque luscinia, homini ait : Nunquam rem quam consequi nequeas aggredere. Nunquam rei præteritæ te pœniteat. Rei incredibili nunquam fidem adhibe. Hæc tria mandata serva, **264** et præclare tecum agetur. Ille autem horum verborum sagacitatem ac prudentiam admiratus, eam vinculis solutam in aerem emisit. Luscinia itaque periculum facere cupiens an ille verborum eorum quæ audierat vim intellexisset, atque aliquam ex ipsis utilitatem percepisset, per aerem volitans, ad eum dixit : Proh! quam nihil est in te consilii, o homo! qualem thesaurum hodie amisisti! Est siquidem in meis visceribus unio, struthionis ovum magnitudine excedens. Quæ ut ille audivit, mœrore conturbatus est, eumque pœnituit quod luscinia ex ipsius manibus effugisset. Atque eam rursum arripere tentans, dixit : Veni, quæso, in ædes meas; atque ubi præclare et humaniter a me accepta fueris, honorifice te dimittam. Luscinia autem ipsi dixit : Nunc plane te stolidum ac vecordem esse scio. Nam posteaquam ea quæ ad te dicta sunt prompto animo excepisti, ac libenter audiisti, nihil ex eis emolumenti consecutus es. Admonui enim te, ne ob rem præteritam pœnitentia ducereris; et ecce mœrore conturbatus es, propterea quod e manibus tuis fuga me subduxerim, pœnitentia videlicet ob rem præteritam affectus. Præcepi tibi ne ea quæ assequi non posses aggredereris, et tamen arripere me conaris, cum iter meum assequi nequeas. Ad hæc id quodque tibi edixi, ne incredibili sermoni fidem arrogares, et tamen in visceribus meis unionem staturæ meæ modum excedentem inesse credidisti; neque tantulum tibi prudentiæ fuit, ut intelligeres me totam ad ovi struthionis magnitudinem minime accedere. Quonam itaque pacto tantum unionem corpusculum istud caperet?

Ad hunc igitur modum illi quoque in summa stultitia versantur, qui in simulacris confidunt. Nam ea manibus suis effecerunt, et opera digitorum suorum adorant, dicentes : Hi opifices nostri sunt. Qui fit igitur ut eos quos effecerunt et condiderunt, opifices suos esse censeant? Quin etiam cum ea magno studio custodiant, ne a furibus subripiantur, tamen salutis suæ custodes nuncupant. Atqui, quæ hæc stultitia est, illud non intelligere fieri non posse, ut qui sibi ipsis opem ferre ac se tueri nequeunt, alios tueri ac servare possint? Ac præterea opes suas effundunt, dum statuas et simulacra dæmonibus excitant, eosque bonorum datores esse nugantur; ab iis ea sibi dari quæ nec ipsi unquam habuerunt, nec unquam habituri sunt. Eoque nomine scriptum est : Similes illis fiant, qui faciunt ea, et omnes qui confidunt in eis (*Psal.* CXIII). Qui quidem aurifice mercede conducto simulacrum manu effecerunt, ac prono corpore ipsum adorarunt. Humeris illud tollunt ac proficiscuntur; si autem ipsum uspiam collocarint, illic manet, nec moveri potest. Et quantumlibet quis ipsi clamaverit, non exaudiet, nec ex calamitatibus eum eripiet. Quamobrem confundantur qui in sculptilibus confidunt : et qui dicunt iis quæ conflata sunt : Vos dii nostri estis. Immolaverunt enim dæmoniis, et non Deo, diis quos ignorabant. Novi recentesque venerunt, quos non coluerunt patres eorum. Generatio enim perversa est, nec jam fides ipsis inest (*Deut.* XXXII).

Ex hac igitur perversa et incredula generatione Dominus te vocat, his verbis utens : Exi de medio eorum, ac separare, et immundum noli tangere, verum a generatione hac perversa te eripe (*Num.* XVI). Surge et ambula, quia non habes hic requiem (*Mich.* II). Etenim multiplex deorum, qui a vobis coluntur, principatus præposterus est, et cum dissidio conjunctus, atque ejusmodi, qui nullo modo consistere queat. Apud nos autem non sunt dii multi, nec Domini multi, verum unus Deus Pater, ex quo omnia, et nos in ipsum; et unus Dominus Jesus Christus, per quem omnia, et nos per ipsum (1 *Cor.* VIII), qui est imago Dei invisibilis, primogenitus omnis creaturæ, et omnium sæculorum, quoniam in ipso creata

* Hæc ex libro quodam apocrypho sumpta videntur.

sunt omnia, tam quæ in cœlis quam quæ in terra, tam visibilia quam invisibilia, sive throni, sive dominationes, sive principatus, sive potestates (*Coloss.* i). Omnia per ipsum facta sunt, et sine ipso factum est nihil quod factum est (*Joan.* i); et unus Spiritus sanctus, in quo omnia, qui Dominus est, et vivificat, qui Deus est, et divinitatem affert, Spiritus bonus, Spiritus rectus, Spiritus paraclitus, Spiritus adoptionis filiorum. Horum unusquisque Deus est, si separatim consideretur : ut Pater, sic Filius; ut Filius, sic Spiritus sanctus. Unus autem Deus in tribus personis, una natura, unum regnum, una potentia, una gloria, una substantia : quæ personarum ratione dividitur, sed Deitatis respectu una est. Unus enim est Pater, cui proprium est genitum non esse. Unus item unigenitus Filius, cui proprium est genitum esse. Unus denique Spiritus sanctus, cui proprium est processisse. Sic enim nos ex lumine, hoc est ex Patre, lumen, id est Filium, in lumine (*Psal.* xxxv), hoc est Spiritu sancto, cernentes, in tribus personis unam divinitatem laude ac gloria afficimus. Atque ipse verus ac solus Deus est, qui in Trinitate agnoscitur; quoniam ex ipso, et per ipsum, et in ipso omnia sunt (*Rom.* xi).

Hujus beneficio et gratia ipse quoque, cum de tuo statu certior factus esset, missus sum, **265** ut ea te docerem quæ didici, atque ab ineunte ætate usque ad hanc canitiem servavi. Quocirca si credideris, et baptizatus fueris, salvus eris; si autem non credideris, condemnaberis (*Marc.* xvi). Nam ea quæ hodierno die cernis, et quibus gloriaris, hoc est, gloria, et deliciæ, et opes, et omnis hujusce vitæ impostura, jam jamque præteribunt, teque invitum etiam ac repugnantem hinc ejicient.

Ac corpus quidem perexiguo sepulcro includetur, solum relictum, atque omni amicorum et cognatorum cœtu destitutum. Facessent autem mundi jucunditates, atque ingens quædam insuavitas ac fetida corruptio præsentis pulchritudinis et fragrantiæ loco tibi undique affundetur. Anima vero tua inferno addicta, in inferiores terræ partes usque ad postremam resurrectionem conjicietur. Quo scilicet tempore anima recepto corpore suo a Domini facie projicietur, ac gehennæ, cujus flamma sempiterna est, mancipabitur. Hæc tibi, atque etiam longe his graviora contingent, si in infidelitate perstiteris.

Si autem ei qui te ad salutem invitat, prompto animo parueris, atque ad eum cupido et læto animo accurrens, ipsius lumine signatus fueris (*Psal.* iv), eumque ita sequaris, ut a tergo minime respectes, atque, omnibus rebus abjectis et contemptis, ipsi soli adhæreas, quantam inde fiduciam ac lætitiam consequeris, audi : Si sederis, securus eris; si dormieris, jucunde conquiesces : nec timebis terrorem supervenientem, nec impiorum dæmonum impetus (*Prov.* iii), verum confidenter ut leo incedes (*Prov.* xxviii), ac cum lætitia et sempiterna exsultatione vives. Etenim super caput tuum exultatio et laus et lætitia te comprehendet. Effugiet dolor, et mœror, et gemitus. Tunc erumpet quasi mane lumen tuum, et sanitas tua citius orietur. Et anteibit faciem tuam justitia tua, et gloria Domini colliget te. Tunc invocabis, et Dominus exaudiet : clamabis, et dicet : Ecce adsum (*Isa.* lviii). Ego enim sum, qui deleo iniquitates tuas, et non memorabor. Tu vero memor esto, et judicemur. Dic tu iniquitates tuas, ut justificeris (*Isa.* xliii). Si fuerint peccata tua ut coccinum, quasi nix dealbabuntur. Et si fuerint rubra quasi vermiculus, velut lana alba erunt. Os enim Domini locutum est (*Isa.* i).

Cap. XI. — Ait ad eum Josaphat : Hæc tua verba præclara et admiranda sunt; eaque credidi, et credo, omnemque idolorum cultum ex animo odi ac detestor. Etenim prius etiam quam ad me accederes, oblique quodammodo ac dubitanter erga ea afficiebatur animus meus. Nunc autem posteaquam eorum vanitatem, hominumque qui ea colunt stultitiam ex te intellexi, perfecto odio ea insector, ac Deo vero me in servitutem addicere gestio, modo me ipse, hominem indignum, ob iniquitates meas minime submoveat, verum pro sua, ut doces, benignitate mihi omnia condonet, meque servum sibi asciscere dignetur. Jam itaque baptisma suscipere paratus sum, atque omnia quæ præscripseris servare. Quidnam autem mihi post baptismum faciendum est? Satisne est ad salutem credere ac baptizari? an etiam alia quædam adjungere necesse est?

Dixit autem ad eum Barlaam : Audi quid tibi post baptismum faciendum sit : nempe ut ab omni peccato, et ab omni vitiosa affectione abstineas, atque orthodoxæ fidei fundamento virtutum studium superstruas. Quoniam fides sine operibus mortua est (*Jac.* i), quemadmodum etiam opera remota fide. Ait enim Apostolus (*Gal.* v) : Spiritu ambulate, et desideria carnis ne perficiatis. Manifesta sunt opera carnis, quæ sunt adulterium, fornicatio, immunditia, luxuria, idolorum servitus, veneficia, inimicitiæ, contentiones, æmulationes, iræ, rixæ, dissensiones, sectæ, invidiæ, homicidia, avaritia, maledictiones, amor voluptatum, ebrietates, comessationes, et his similia, quæ prædico vobis, sicut prædixi, quoniam qui talia agunt regnum Dei non consequentur. Fructus autem Spiritus est, charitas, gaudium, pax, longanimitas, benignitas, bonitas, fides, mansuetudo, continentia, sanctificatio animæ et corporis, cordis afflictatio et contritio, eleemosyna, injuriarum oblivio, humanitas, vigilia, sincera de omnibus præcedentibus peccatis pœnitentia, compunctionis lacrymæ, luctus tum pro suis, tum pro aliorum peccatis, aliæque ejusdem generis : quæ quidem tanquam gradus et scalæ inter se cohærentes, atque aliæ ab aliis suffultæ, animum in cœlum subvehunt. En hæc sunt quæ post baptismum amplecti jubemur, atque ab aliis quæ cum his pugnant abstinere.

Quod si post acceptam veritatis cognitionem priora mortua opera rursum arripiamus, ac canis instar ad nostrum vomitum revertamur (*II Pet.* ii), illud nobis usu veniet, quod a Domino dictum est

(*Lucæ* xi) : Cum enim, inquit, exiverit immundus spiritus ab homine (per baptismi scilicet gratiam) ambulat per loca inaquosa, quærens requiem, et non invenit. Permoleste autem ferens se diutius tecti ac laris expertem esse, **266** ait : Revertar in domum meam unde exivi. Et veniens invenit eam scopis mundatam et ornatam, cæterum inanem ac vacantem, ut quæ gratiæ cultum atque operationem minime susceperit, nec se ipsam virtutum opibus cumularit. Tunc vadit, et assumit secum septem alios spiritus nequiores se, et ingressus habitat illic. Et fiunt novissima hominis illius pejora prioribus. Siquidem baptismus priorum quidem omnium peccatorum syngraphas aqua obruit, ac prorsus delet et oblitterat, atque in posterum firmissimus nobis murus est ac turris, et forte telum ad prælium cum hoste conserendum. Non tamen arbitrii libertatem tollit, neque peccata ea quæ post baptismum contrahuntur remittit, nec secundam in piscinam immersionem continet. Unum enim baptisma confitemur; ac proinde summa diligentia cavere debemus ne in novas sordes incidamus, verum Domini mandata capessamus. Nam cum ipse apostolis dixisset : Ite et docete omnes gentes, baptizantes eos in nomine Patris, et Filii, et Spiritus sancti, non hic constitit, verum adjecit, Docentes eos servare omnia quæcunque præcepi vobis (*Marc.* xvi).

Mandavit porro ut spiritu pauperes simus (*Matth.* v) (tales enim beatos, cœlestique regno dignos esse pronuntiat). Deinde ut in præsenti ævo lugeamus monet, quo videlicet in futuro consolatione afficiamur. Mox ut mites simus, ac justitiæ fame et siti teneamur. Tum ut misericordes et liberales, atque ad commiserationem propensi simus. Cordis item puritate præditi, atque ab omni inquinamento carnis et spiritus abstinentes. Pacifici etiam tum erga alios, tum ipsi cum animis nostris; nimirum id quod deterius est præstantieri subjicientes, atque intestinum ac perpetuum bellum recto judicio comprimentes. Postremo, ut omnem persecutionem et afflictionem et probrum justitiæ causa pro ipsius nomine nobis illatam sustineamus, quo sempiternum gaudium in præclara illa donorum distributione consequamur. Quin etiam cum adhuc in mundo versaretur, ad hunc modum suos hortabatur : Luceat lux vestra coram hominibus, ut videant opera vestra bona, et glorificent Patrem vestrum qui in cœlis est (*Matth.* v).

Etenim Moysis quidem lex antiquitus Israelitis data dicebat : Non occides, Non mœchaberis, Non furtum facies, Non falsum testimonium dices. Christus autem ait : Omnis qui irascitur fratri suo sine causa, reus erit judicio. Qui autem dixerit, Fatue : reus erit gehennæ ignis. Ac rursus : Si offers munus tuum ad altare, et illic recordatus fueris quod frater tuus habet aliquid adversum te, relinque illic munus tuum ante altare, et vade prius reconciliari fratri tuo. Et quicunque viderit mulierem ad concupiscendam eam, jam mœchatus est eam in corde suo (spurcitiem nimirum animæ, ac libidinis assensum, adulterium vocans). Ad hæc, cum lex perjurium prohibeat, Christus jurare omnino vetat, nec quidquam aliud permittit, quam, Est, est; Non, non. Oculum pro oculo, et dentem pro dente, illic; hic autem : Quicunque percusserit te in dexteram maxillam, præbe ei et alteram. Et qui tecum vult judicio contendere, et tunicam tuam tollere, dimitte ei et pallium. Et quicunque te angariaverit mille passus, vade cum illo alia duo. Qui petit a te, da ei. Et volentem a te mutuari ne avertas.

Audistis quia dictum est : Diliges proximum tuum, et odio habebis inimicum tuum. Ego autem dico vobis: Diligite inimicos vestros, benefacite his qui oderunt vos, et orate pro persequentibus et calumniantibus vos, ut sitis filii Patris vestri qui in cœlis est, qui solem suum facit oriri super bonos et malos, et pluit super justos et injustos (*Luc.* vi). Nolite judicare, ut non judicemini. Dimittite, et dimittetur vobis. Nolite thesaurizare vobis thesauros in terra, ubi ærugo et tinea demolitur, et fures effodiunt et furantur. Thesaurizate autem vobis thesauros in cœlo, ubi neque ærugo, neque tinea demolitur, et ubi fures non effodiunt nec furantur. Ubi enim est thesaurus tuus, ibi et cor tuum. Ne solliciti sitis animæ vestræ quid manducetis, neque corpori vestro quid induamini; scit enim Pater vester cœlestis quoniam his omnibus indigetis. Quare qui animam et corpus dedit, prorsus etiam cibum et indumentum dabit; ille, inquam, qui cœli aves nutrit, et agri lilia tanta pulchritudine ornat. Quærite autem primum regnum Dei et justitiam ejus, et hæc omnia adjicientur vobis. Nolite solliciti esse de crastino, nam crastinus dies sibi ipsi sollicitus erit (*Matth.* vi).

Omnia quæcunque vultis ut faciant vobis homines, eadem et vos facite illis (*Luc.* xviii). Intrate per angustam portam, quia lata est porta, et spatiosa via, quæ ducit ad mortem, et multi sunt qui intrant per eam. Quoniam angusta est porta, et stricta via, quæ ducit ad vitam, et pauci sunt qui inveniant eam (*Matth.* vii; *Luc.* xiii). Non omnis qui dicit mihi Domine, Domine, intrabit in regnum cœlorum, sed qui facit voluntatem Patris mei, qui in cœlis est (*Matth.* vii). Qui diligit patrem aut matrem plus quam me, non est me dignus. Et qui diligit filium aut filiam plus quam me, non est me dignus. Et qui non **267** accipit crucem suam, et sequitur me, non est me dignus (*Matt.* x). En hæc omnia, et his similia, Salvator apostolis mandavit, ut fide præditos docerent. Atque hæc omnia nobis observanda sunt, si quidem nobis cordi sit perfectionem adipisci, et justitiæ coronas ab omni corruptione alienas consequi, quas reddet Dominus in die illa justus judex omnibus his qui ipsius adventum dilexerint (*II Tim.* iv).

Dixit autem ad eum Josaphat : Ergo cum tam perfecta doctrina purissimam vitam desideret, dic, quæso, si mihi ab uno vel duobus mandatis aberrare contigerit, an propterea toto scopo aberrabo, spesque mea omnis inanis futura est?

Respondit Barlaam : Non est quod ita existimes;

nam Deus Verbum, qui salutis nostræ causa humanitatem induit, ingentem naturæ nostræ imbecillitatem et ærumnam exploratam habens, ne in hac quidem parte nos incurabili morbo laborare permisit; verum, ut sapientissimus medicus, lubricæ nostræ ac peccandi cupidæ voluntati pœnitentiæ medicamentum admiscuit, eam videlicet ad peccatorum remissionem prædicans. Posteaquam enim veritatis agnitionem suscepimus, ac per aquam et Spiritum sanctificati, atque ab omni peccato et spurcitie sine ullo labore purgati sumus, si nobis in aliqua peccata labi contigerit, non quidem superest jam altera per baptismum regeneratio (*Hebr.* vi), quæ in piscinæ aqua per Spiritum comparatur, ac perfecte nos instaurat (hoc enim beneficium semel duntaxat conceditur), verum per asperam pœnitentiam, et calentes lacrymas, et labores ac sudores, propter viscera misericordiæ Dei nostri, purgationem ac peccatorum remissionem consequimur. Etenim per Domini gratiam lacrymarum fons baptismus appellatur, tametsi alioqui multis peccatis eripuit, quoniam nullum peccatum est quod Dei benignitatem vincat, si quidem prius resipuerimus, ac delictorum maculas lacrymis eluamus, ne alioqui mors antevertens, nos scelerum maculis inquinatos hinc ejiciat. Non enim est in inferno pœnitentia nec confessio (*Psal.* vi). Quandiu autem vitæ usura fruimur, dummodo orthodoxæ fidei fundamentum firmum maneat, etiamsi trabium aliquid aut tecti labefactetur, quod per peccata corruptum est, pœnitentiæ adjumento sarcire ac renovare licet. Neque enim miserationum Dei multitudo numerari potest, nec misericordiæ ipsius magnitudo in mensuram cadit (*Psal.* cxliv). Peccata contra, quæcunque tandem illa fuerint, mensuræ ac numero subjiciuntur. Quo fit ut ea, cum in mensuram ac numerum cadant, immensam Dei misericordiam atque innumerabiles miserationes vincere nequeant

Ac proinde ob peccatorum multitudinem animum despondere minime jubemur, sed Dei bonitatem agnoscere, ac peccata nostra condemnare, quorum remissio propter Christi benignitatem proposita est, qui pro sceleribus nostris sanguinem suum effudit. Porro cum ex multis Scripturæ locis pœnitentiæ vim addiscamus, tum potissimum ex Domini nostri Jesu Christi actionibus ac parabolis. Ex tunc enim, ait, cœpit Jesus docere, et dicere : Pœnitentiam agite, appropinquavit enim regnum cœlorum (*Matth.* iii). Quin etiam in parabola filium quemdam inducit, (*Luc.* xv), qui cum acceptis paternis opibus in longinquam regionem profectus fuisset, easque in omni luxu atque intemperantiæ genere consumpsisset, postea, regione illa fame laborante abiit, et adhæsit uni civium regionis illius. Qui etiam illum in agrum, ut porcos, hoc est asperrimum et exsecrandum peccatum, pasceret, misit. Cum itaque multis calamitatibus affectus fuisset, atque in tantam miseriam venisset, ut ne porcorum quidem siliquis ipsi ventrem suum implere liceret, tandem aliquando hanc usque adeo gravem ignominiam agnoscens, vitamque suam lugens, dicebat : Quanti mercenarii in domo patris mei abundant panibus, ego autem fame pereo. Surgam, et ibo ad patrem meum, et dicam ei : Pater, peccavi in cœlum et coram te, jam non sum dignus vocari filius tuus, fac me sicut unum de mercenariis tuis. Et surgens venit ad patrem suum. Cum autem adhuc longe esset, vidit illum pater suus, et misericordia motus est, ac accurens cecidit super collum ejus, et osculatus est eum, atque in pristini honoris locum restituit, et ob ipsius inventionem lætissimum festum celebravit, occiso vitulo saginato. En hanc parabolam de iis qui a peccatis resiliunt, atque ad pœnitentiam accurrunt, nobis commemoravit. Quinetiam bonum quemdam pastorem rursus inducit (*Luc.* xv), qui cum centum oves haberet, atque unam amisisset, relictis nonaginta novem, ad conquirendam eam quæ aberrabat, profectus est, donec eam invenisset, atque humeris sublatam, cum iis quæ minime aberraverunt conjunxisset. Qui etiam hoc nomine amicos ac vicinos ad convivium ob eam inventam celebrandum invitavit. Ita, inquit Salvator, gaudium erit in cœlo super uno peccatore pœnitentiam agente, quam super nonaginta novem justis, qui non indigent pœnitentia

268 Atque adeo discipulorum princeps Petrus, illa inquam fidei petra, ipso salutiferæ passionis tempore certo quodam consilio aliquantisper a Deo desertus (nempe ut humanæ imbecillitatis vilitatem ac miseriam perspectam haberet), eo peccati prolapsus est, ut Dominum abjuraret (*Luc.* xxii). Post autem confestim, inquit, verborum Domini recordatus, foras exivit, et flevit amare, ac per calentes illas lacrymas acceptum detrimentum sarcivit, victoriamque in alteram partem inflexit. Nam cum rei militaris peritus esset, etiamsi cecidit; non tamen animo fractus est, nec salutis suæ spem abjecit; verum resiliens, acerbissimas ex oppresso pectore lacrymas profudit, ac statim ut eas hostis conspexit, non secus atque vehementissimæ cujusdam flammæ ardore ambustis oculis, pedem retulit, procul fugiens, atque horrendum in modum ejulans. Contra autem ille principem rursum locum tenuit; quemadmodum totius orbis magister institutus fuerat, ita etiam pœnitentiæ exemplar effectus. Post resurrectionem autem, cum Christus tertio ad eum dixisset, Petre, amas me? triplicem abjurationem correxit, respondens scilicet, Etiam, Domine, tu scis quia amo te.

Ex his igitur omnibus, aliisque quamplurimis, atque adeo numerum omnem superantibus exemplis, lacrymarum ac pœnitentiæ vim intelligimus. Tantum opera detur, ut ipsa, quemadmodum rationi consentaneum est, fiat, hoc est ex affectu peccatum exsecrante, ipsumque odio insectante, atque condemnante, ac lacrymas emittente, quemadmodum ait propheta David : Laboravi in gemitu meo, lavabo per singulas noctes lectum meum, lacrymis meis stratum meum rigabo (*Psal.* vi). Ac tum peccatorum purgatio per Christi cruorem in misericordiæ ipsius magnitudine ac miserationum multitudine continget. Ipsius enim hæc verba sunt : Si fuerint peccata vestra sicut coccinum, quasi nix dealbabuntur; si autem ut vermiculus, quasi lana alba erunt.

Operæ pretium est itaque ut posteaquam veritatis cognitionem accepimus, atque regenerationem et filiorum adoptionem consecuti sumus, divinaque mysteria percepimus, omni studio ac diligentia provideamus, ne corruamus. Neque enim cadere athletam decet, quandoquidem multi, cum cecidissent, sese erigere minime potuerunt. Etenim alii, cum januas vitiosis affectionibus aperuissent, atque arctissimo nexu ipsis hæsissent, non jam ad pœnitentiam sese convertere potuerunt. Alii autem morte prius abrepti quam contractas vitiorum sordes per pœnitentiam abstersissent, condemnati sunt. Propterea periculosum est in vitium, quodcunque tandem illud sit, labi. Cæterum, si labi contigerit, statim enitendum est ut resiliamus, rursumque ad præclarum certamen obeundum stemus. Et quoties cadere contigerit, toties etiam statim usque ad extremum vitæ diem curandum est, ut resurgamus, atque in procinctu stemus. Convertimini enim ad me, et ego convertar ad vos, ait Dominus (*Zachar.* i).

CAP. XII. — Ad hæc autem Josaphat dixit : Quanam igitur ratione seipsum quispiam post baptismum ab omni peccati labe purum servabit? Nam etsi peccantibus, ut ipse ais, pœnitentia patet, tamen labore et fatigatione, ac fletu et luctu opus est : quæ quidem ejusmodi mihi esse videntur, ut non ea multi facile consequi possint. Quocirca viam potius nancisci cuperem, qua sincere atque exacte Dei præcepta servarem, nec ab iis deflecterem, nec post priorum peccatorum veniam impetratam, suavissimum illum Dominum ac Deum ad iracundiam provocarem.

Respondit autem Barlaam : Recte hæc dixisti, domine mi ac rex, atque hoc mihi pergratum est ; verum arduum est, ne dicam impossibile, ut quispiam in igne versetur, nec tamen fumo offundatur. Eodem item modo arduum est ac perquam difficile ut qui hujusce vitæ negotiis tanquam vinculis quibusdam astrictus tenetur, ejusque curis ac tumultibus distinetur, atque in opibus ac deliciis vivit, sine ulla inflexione mandatorum Dei viam peragret, purumque seipsum atque incolumem ab iis servet. Ait enim Dominus (*Matth.* vi) : Nemo potest duobus dominis servire. Aut enim unum odio habebit, et alterum diliget ; aut uni adhærebit, et alterum contemnet. Non potestis Deo servire et mammonæ. Quin etiam charus ipsius discipulus Joannes evangelista et Theologus in epistola sua ait : Nolite diligere mundum, neque ea quæ in mundo sunt. Quoniam omne quod est in mundo, aut concupiscentia carnis est, aut concupiscentia oculorum, aut superbia vitæ, quæ non est ex Patre, sed ex mundo est. Et mundus transit et concupiscentia ejus. Qui autem facit voluntatem Dei, manet in æternum (*I Joan.* ii).

Hæc igitur cum divini ac divinitus inspirati patres nostri animadvertissent, atque illud apostoli audissent, quod per multas tribulationes oportet nos intrare in regnum cœlorum (*Act.* xiv), in id omni animi contentione incubuerunt, ut post baptismum, immaculatum ac labis omnis expers incorruptionis indumentum conservarent. Ac proinde quidam eorum alterum etiam baptismum insuper assumpserunt, hoc est, eum qui in **269** sanguinis profusione, ac martyrio situs est. Baptismus enim hic quoque appellatus est, et quidem præstantissimus, ac summa veneratione dignus, neque enim posterioribus peccati sordibus inquinatur. Quem etiam Dominus meus accipiens, baptismum merito nuncupavit. Deinde ipsius imitatores effecti, primum quidem ipsius spectatores, et discipuli, atque apostoli, deinceps autem universus sanctorum martyrum chorus, idolorum cultoribus, regibus ac tyrannis seipsos pro Christi nomine objicientes, omnia suppliciorum genera sustinuerunt, feris videlicet objecti, atque igne cremati, et gladiis obtruncati. Cumque præclaram confessionem edidissent, et cursum consummassent, ac fidem servassent, justitiæ palmam consecuti sunt, angelorum contubernales, et Christi cohæredes effecti. Quorum virtus usque adeo emicuit, ut in omnem terram eorum sonus exierit, et in fines orbis terræ fulgor eorum (*Psal.* xviii), quæ recte cum virtute gesserunt, rutilarit. Horum non verba duntaxat et opera, sed ipse quoque cruor et ossa, omni sanctitate plena sunt. Dæmones namque per vim in fugam vertunt; atque iis qui cum fide accedunt, incurabiles alioqui morbos profligant. Quin vestes quoque ipsæ, et si quid aliud ad pretiosa eorum corpora propius accessit, omnibus venerationi sunt.

De quibus longa oratione mihi opus esset, si præclara eorum facinora sigillatim exponere vellem. Posteaquam autem crudeles illi ac belluini tyranni misere, ut eorum improbitas merebatur, perierunt, persecutioque finem accepit, ac pii imperatores totius orbis imperio potiti sunt, succedentes alii, ac zelum illum divinamque cupiditatem sibi imitandam proponentes, eodemque timore sauciam animam habentes, illud optime secum considerabant atque spectabant, ut ab omni spurcitie puram animam ac corpus Deo exhiberent : sic nimirum se comparantes, ut omnes vitiosarum affectionum actiones amputarent, seipsosque ab omni carnis et spiritus inquinamento repurgarent. Quoniam autem hoc non alia ratione, quam per mandatorum Christi observationem, a se præstari posse intelligebant, mandatorum porro observationem ac virtutum cultum in mediis mundi tumultibus ægre consequi se posse perspiciebant, novum quoddam atque ab aliis diversum vitæ genus sibi ipsis instituerunt, ac juxta divinam vocem, relictis omnibus rebus, hoc est parentibus, liberis, amicis, cognatis, opibus, deliciis, cunctisque mundi commodis contemptis, in solitudines, tanquam exsules quidam, sese contulerunt, egentes, angustiati, afflicti, quibus dignus non erat mundus (*Hebr.* xi) : in solitudinibus errantes, in montibus, et speluncis, et in cavernis terræ, ac seipsos ab omnibus *terrenis* jucunditatibus et voluptatibus procul removentes, atque adeo panis etiam et vestimentorum gravi penuria laborantes.

Quod ut facerent, duplex eos causa impellebat : altera, ut vitiosarum affectionum materias minime cernentes, earum cupiditates radicitus ex animis suis evellerent, earumque memoriam oblitterarent, ac divinarum et cœlestium rerum amorem et desiderium in seipsis insererent ; altera, ut per afflictionem corpus conficerent, animoque ac voluntate martyres effecti, ea gloria, quam ii qui martyrio perfuncti sunt, obtinent, minime carerent ; verum cum ipsi quoque, quantum in se esset, Christi passionem expressissent, ipsius quoque regni participes essent. Ad hunc igitur modum optima consideratione adhibita, monasticam ac solitariam vitam consectati sunt.

Atque alii quidem sub dio durantes, solis æstu, atque asperrimis frigoribus ac pluviis, et ventorum turbinibus afflictabantur. Alii constructis tuguriis, aut in speluncis et antris sese occultantes, vitam agebant. Sicque virtutem colentes, omnem carnalem consolationem et quietem ad extremum usque repudiarunt, crudis oleribus et herbis, aut pomis, aut etiam sicco ac durissimo pane vitam tolerantes ; nec suavium ciborum qualitati duntaxat nuntium remittentes, sed præ exuberanti quadam continentia magnitudinem animi sui ad ipsam quoque quantitatem extendentes. Tantulum enim duntaxat, etiam ex ipsis vilibus maximeque necessariis cibis percipiebant, quantum ad tolerandam famem satis esset. Quidam enim eorum integram hebdomadam per inediam transigentes, Dominico demum die cibum admittebant. Quidam bis tantum hebdomada quaque ipsius meminerant ; alii alternis diebus sub vesperam edebant, sic ut cibum duntaxat degustarent ; precibusque ac vigiliis propemodum cum angelis quoque certantes, atque auri et argenti possessione, emptionibusque et venditionibus prorsus valere jussis, inter homines omnino se esse obliviscebantur.

Invidiæ autem et animi elationi, quæ potissimum bonorum operum comites esse solent, locus inter eos nullus erat. Neque enim is qui in vitæ monasticæ exercitationibus inferiorem locum tenebat, adversus eum cujus illustrior virtus erat, livoris cogitationem in animum admittebat : nec rursus eum qui virtutibus pollebat arrogantia **270** et fastus adversus imbecilliores efferebat, atque in hanc fraudem impellebat ut proximum nihili penderet, aut de religiosa exercitatione gloriaretur, ob eaque quæ cum laude præstitisset, magnifice atque arroganter de se sentiret. Nam qui virtute alterum antecellebat, id totum non suis laboribus, sed Dei virtuti ascribens, humili mente hoc sibi persuadebat, se nihil omnino efficere, verum multo plura sibi præstanda esse, juxta illud quod ait Dominus : Cum feceritis omnia quæ præcepta sunt vobis, dicite : Servi inutiles sumus, quæ debuimus facere fecimus (*Luc.* XVII). Ac quidam etiam hoc sibi persuadebant, se ne ea quidem ullo modo fecisse, quæ ipsis a Deo præcepta essent, verum multo plura esse quæ sibi deessent, quam quæ jam præstitissent. Rursum is qui in religiosa exercitatione, ob corporis fortasse imbecillitatem inferior erat, seipsum nihili pendebat, ac miserum dicebat, animi scilicet ignaviæ, ac non naturæ imbecillitati defectum suum assignans. Ita alii aliis, atque omnes omnibus modestiores se præbebant. Inanis porro gloriæ affectus, aut hominibus placendi studium, quonam tandem pacto in illis inesset, quippe qui hac de causa orbem fuga reliquerant, atque in desertis morabantur, ut virtutes suas non hominibus, sed Deo, a quo virtutum quoque præmia sperabant, demonstrarent. Illud quippe probe norant, religiosa exercitia, quæ inanis gloriæ causa obeuntur, mercede carere, ut quæ non Dei, sed humanæ laudis causa fiant. Ac proinde hujusmodi homines duplici detrimento afficiuntur, dum nimirum corpus conficiunt, nec tamen mercedem ullam ferunt. Qui autem cœlestis gloriæ desiderio flagrant, atque ad eam omni celeritate contendunt, terrenam omnem et humanam aspernantur.

Ex hujusmodi porro hominibus alii sic degunt, ut in secessu ac solitudine pietatis certamen obeant, et ab hominum contubernio per omne vitæ tempus sese removeant, atque ad Deum appropinquent. Alii procul inter se constructis ædiculis, Dominicis diebus ad unam et eamdem ecclesiam pergunt, ac divina mysteria, hoc est incruentum puri corporis ac pretiosi sanguinis Christi sacrificium percipiunt : quæ quidem Dominus piis in peccatorum remissionem, ac tum animi tum corporis illuminationem et sanctificationem donavit. Atque divinorum oraculorum exercitatione, mirabilibusque consiliis et cohortationibus mutuo sese pascentes, et occulta hostium bella patefacientes (ne quis videlicet luctandi adhuc ignarus ab iis superetur), domum rursus singuli redeunt, virtutis mel in pectorum suorum favis studiose recondentes, suavissimumque fructum ac cœlesti mensa dignum excolentes ; alii autem cœnobiacam vitam consectantur.

Qui quidem maximo numero in unum coacti, unius præfecti atque antistitis (qui omnibus virtute præstat) imperio se ipsos subdunt : ac voluntatem suam obedientiæ mucrone prorsus truncantes, seque velut emptitia mancipia ultro reputantes, non jam sibi ipsis vivunt, sed ei cui obi Christi amorem sese submiserunt, vel ut aptius loquar, vivunt jam non sibi ipsis, vivit autem in his Christus (*Gal.* II), quem rebus omnibus abjuratis secuti sunt. Nam in hoc demum secessus a mundo consistit, ut propter earum rerum quæ natura sublimiores sunt cupiditatem voluntarium sui ipsius odium quispiam concipiat, ac naturam abjuret. Hi igitur angelorum instar in vita versantur, psalmos videlicet et hymnos concordibus animis Domino canentes, et confessorum nomen propter obedientiæ certamina obtinentes. In quibus etiam Dominicum illud oraculum expletur : ubicunque fuerint duo vel tres congregati in nomine meo, illic sum in medio illorum (*Matth.* xviii). Quibus verbis non hoc duntaxat numero eos qui in ipsius nomine congregantur circumscripsit, verum per duos aut tres indefinitum numerum significavit. Nam sive pauci sive multi ob sanctum ipsius nomen in unum conveniant, eique ardenti amore cultum adhibeant, illic eum in medio servorum suorum adesse minime dubitamus.

Per hæc exempla, et per hujusmodi coitiones et actiones, terreni cœlitum vitam imitati sunt, ut qui in jejuniis, et precibus ac vigiliis, in calentibus lacrymis et luctu ab omni animi distractione libero in peregrinatione ac mortis memoria, in lenitate animique affectu ab iracundia remoto, in labiorum silentio, in paupertate atque inopia, in castitate ac pudicitia, in humilitate et quiete, ac denique in perfecta erga Deum et proximum charitate præsentis vitæ curriculum confecerint, angelosque moribus expresserint. Ob eamque causam Deus miraculis ac signis variisque virtutibus eos exornavit, effecitque ut admirandæ eorum vitæ rationis sono, ipsi quoque orbis terrarum fines personent. Ac si unius ipsorum, hoc est Antonii, qui etiam monasticæ vitæ auspex ac princeps exstitisse dicitur, vitam tibi sigillatim exponerem, nimirum ex una arbore fructum eorum qui ejusdem generis ac speciei sint, dulcedinem prorsus intelligeres, quodnamque ille exercitationis religiosæ fundamentum jecit, et quodnam fastigium struxit, et quantas a Salvatore gratias consecutus est. Plerique etiam alii post eum eodem certamine perfuncti, ad easdem coronas et eadem præmia pervenerunt.

Beati certe illi ac ter beati, ut qui Dei amore flagrarunt, atque ob ipsius charitatem omnia pro nihilo duxerunt. Siquidem lacrymas profuderunt, diuque ac noctu in luctu versati sunt, ut perpetuam consolationem adipiscerentur; se ipsos ultro depresserunt, ut illic in altum attollerentur; carnes suas fame ac siti et vigiliis confecerunt, ut illic paradisi deliciæ et exsultatio ipsos exciperent. Spiritus sancti tabernaculum per cordis puritatem exstiterunt, quemadmodum scriptum est : Inhabitabo in ipsis et inambulabo (*II Cor.* vi). Seipsos mundo crucifixerunt (*Ephes.* vi), ut ad Christi dexteram starent; lumbos suos in veritate succinxerunt, atque in promptu semper lampades habuerunt, immortalis sponsi adventum exspectantes (*Matth.* xxv). Nam cum mentis oculis præditi essent, horrendum illum diem semper prospiciebant : atque tum futurorum bonorum, tum futuri supplicii contemplationem ita in corpore defixam gerebant, ut ab ipsa nunquam divellerentur. Atque hic laborare studuerunt, ut sempiternæ gloriæ compotes essent. Perturbationum expertes, non secus atque angeli, fuerunt; ac nunc cum illis quorum vitam imitati sunt, choreas agunt. Beati illi ac ter beati, quoniam firmis mentis oculis præsentium rerum vanitatem, atque humanæ prosperitatis incertitudinem et inconstantiam perspexerunt, eaque rejecta, sempiterna bona sibi ipsis condiderunt, ac vitam eam quæ nunquam occidit, nec morte interrumpitur, arripuerunt.

Hos igitur admirandos et sanctos viros nos quoque indigni ac despicabiles imitari studemus; verum eorum vitæ cœlestis fastigium minime assequimur, sed pro infirmitatis nostræ ac miseræ facultatis modulo eorum vitam exprimimus. Atque ipsorum habitum gerimus, etiamsi opera non assequamur. Etenim divinam hanc professionem peccatum propulsare, atque incorruptionis per divinum baptisma nobis concessæ sociam et opitulatricem esse perspectum habemus. Ac beatorum illorum virorum sermonibus adducti, caducas atque interitui obnoxias hujusce vitæ res magnopere condemnamus, in quibus nihil firmum et æquabile, quodque eumdem semper statum retineat, inveniri potest: verum omnia vanitas sunt et afflictio spiritus (*Eccle.* ii); multas temporis puncto mutationes ferens : siquidem in somniis, et umbris, ac ventis aerem perflantibus imbecilliora sunt. Quorum parva et brevis voluptas, imo non voluptas, sed fraus quædam et impostura perversitatis mundi, quem nullo modo diligere, verum potius ex animo odisse atque insectari docemur (*1 Joan.* ii). Ac sane odio ac detestatione dignus est : nam quidquid amicis suis dono dat, idem rursus animo irato eripit, atque omni bono spoliatos, ignominiaque indutos, gravibusque sarcinis onustos ad sempiternam calamitatem transmittit. Et quos in sublime attollit, extremæ humilitati atque afflictioni obnoxios quamprimum reddit, hostiumque suorum ludibrio exponit. Hujusmodi enim sunt ipsius beneficia, hujusmodi ipsius munera. Amicorum enim suorum hostis est, omnibusque qui ipsius voluntatibus obsequuntur, insidias struit : horrendum videlicet in modum eos qui ipsi innituntur, conturbans, et eorum qui fiduciam suam in eo collocant nervos omnes elidens. Cum stultis fœdus sancit, falsasque pollicitationes init, hoc tantum animo, ut eos ad se pertrahat. Illis autem sincero animo sese ad ipsum adjungentibus, improbus ipse ac mendax esse comperitur, nihil eorum quæ pepigerat præstans.

Nam cum jucundis cibis eorum fauces hodie delinivit, cras eosdem hostibus suis devorandos objicit. Hodie regem aliquem creat, et cras eumdem in miseram servitutem addicit; hodie innumeris bonis florentem reddit, cras mendicum et mancipiorum mancipium; hodie insignem coronam ipsius capiti imponit, cras ipsius faciem terræ allidit; hodie ipsius collum splendidis dignitatum honoribus exornat, cras eumdem ferreis catenis vinctum dejicit. Ad breve tempus omnium amorem ac benevolentiam ipsi conciliat; aliquanto post autem eidem omnium odium et exsecrationem conflat. Hodie ipsum voluptate afficit, et cras eumdem luctibus ac lamentis conficit. Quemnam autem etiam ipsis finem imponat, audi. Incolas enim gehennæ eos a quibus adamatus est miserandum in modum efficit. Hæc semper ipsius mens ac sententia est, hoc institutum. Nec eos qui prætierierunt luget, nec eorum qui relicti sunt commiseratione afficitur. Illis enim gravi detrimento mulctatis, retibusque suis inclusis, ad hos rursus artem suam transferre nititur, neminem videlicet, qui periculosos ipsius laqueos effugiat esse cupiens.

Quamobrem eos qui tam pestifero ac **272** crudeli domino serviunt, quique a bono ac benigno per summam dementiam scipsos removentes, rebus præsentibus inhiant et intabescunt, nec futura ullo modo cogitant, verum ad corporeas quidem voluptates sine ulla intermissione sese conferunt, animas autem suas fame confici, et innumeris malis conflictari sinunt, homini a furentis unicornis facie fugienti similes esse censeo, qui cum clamoris ipsius sonum atque horrendos mugitus ferre nequeat, magno impetu, ne ipsi in prædam cedat, aufugit. Dum autem celeriter currit, in ingentem quamdam scrobem ruit, ac ruendo manus extendens, arborem quamdam arripit, eamque arctissime retinet, atque gradu quodam affirmatis pedibus, pacata deinceps omnia, atque ab omni periculo aliena esse arbitratur. Respiciens autem, duos mures cernit, alterum candidum, alterum atrum, arboris illius quam arripuerat radicem perpetuo corrodentes, jamque pene eam amputantes. Atque insuper, conjectis in imam scrobem oculis, horrendum draconem conspicit, aspectu ipso ignem spirantem, ac torvis oculis ipsum intuentem, horrendeque ipsi devorando inhiantem. Ac rursum in gradu illo, cui pedes ipsius innitebantur, oculorum acie defixa, quatuor aspidum capita videt, e pariete, in quo consistebat, prominentia. Sursum autem oculos convertens, nonnihil mellis ex arboris illius ramis stillans perspicit. Quocirca calamitatum earum quibus undique obsidebatur et urgebatur, omissa consideratione, nimirum quonam pacto externe quidem unicornis vehementi furore percitus eum devorare quæreret, ab inferiore autem parte acerbus draco eum deglutire vehementer expeteret, ac rursus arbor ea quam arripuerat jam jamque amputanda esset, pedes denique ipsius lubrico et infido gradui inniterentur; horum inquam tantorum periculorum oblitus, in exigui illius mellis dulcedine percipienda seipsum occupavit.

Hæc eorum qui præsentis vitæ ludibriis intabescunt figura est: cujus quidem explanationem protinus tibi exponam. Unicornis igitur mortis typum gerit, quæ semper mortalium genus persequitur, atque arripere contendit. Scrobs autem mundus est, qui omnis generis malis ac mortiferis laqueis scatet. Arbor ea quam compressis manibus tenemus, et quæ a duobus muribus indesinenter arroditur, cujusque hominis vitæ curriculum est: quod quidem per diei ac noctis horas absumitur et conficitur, ac paulatim ad excisionem accedit. Quatuor autem aspides, humani corporis super quatuor lubrica et instabilia elementa constitutionem designant: qui cum immoderate se habent ac perturbantur, corporis compages dissolvitur. Ad hæc igneus ille ac truculentus draco, horrendum inferni ventrem adumbrat, qui eos suscipere gestit qui præsentes voluptates futuris bonis anteponunt. Mellis vero guttula distillans, mundi jucunditatem et dulcedinem significat, per quam ille amicos suos ludificans, eos saluti suæ prospicere minime sinit.

Cap. XIII. — Hanc parabolam majorem in modum comprobans Josaphat, dixit: Quam verus hic sermo est, ac concinnitatis omnis plenus! Quamobrem ne te, quæso, hujusmodi figuras mihi assidue demonstrare pigeat, quo certo intelligam qualis nostra vita sit, et quas res amicis suis accersat. Dixit autem senex: Similes rursum sunt ii qui voluptatum hujus vitæ amore capti, earumque suavitate deliniti, res fluxas et imbecilles futuris atque a jactatione alienis antiquiores habuerunt, homini, qui tres amicos habuit, ex quibus duos quidem ingenti animi affectu colebat, ac vehementer amabat, adeo ut ad mortem usque pro ipsis dimicare ac pericula quævis adire minime recusaret, tertium autem admodum aspernabatur, ita ut nec honorem unquam, nec quam par erat benevolentiam ipsi præstaret, sed exiguam quamdam duntaxat, eamque fictam ac simulatam amicitiam exhiberet. Venerunt autem quodam die immanes atque horrendi milites, qui eum summa cum festinatione ad regem traherent, ut decem millium talentorum, quæ debebat, rationem redderet. Ille igitur in summam angustiam redactus, aliquem quærebat, qui in metuenda illa rationum apud regem redditione opem ipsi ferret. Currens itaque ad primum, omniumque aliorum charissimum amicum, ad eum ait: Non te fugit, o amice, quemadmodum tua causa vitam meam semper in discrimen adduxerim; nunc autem hodierno die, urgente necessitate, ope tua atque auxilio indigeo. Ecquid ergo te mihi auxilio forte polliceris? et quænam in te, vir charissime, spes mihi constituta est? Respondens autem ille, ait: Amicus tuus non sum, o homo, nec qui sis novi. Sunt enim mihi alii amici, quibuscum hodie oblectari me oportet, quosque in posterum pro amicis habiturus sum. Quare duo tantum cilicia tibi porrigo, ut ea in via qua pergis habeas, quæ etiam ipsa nihil tibi emolumenti allatura sunt; nec est quod a me quidquam **273** exspectes. Hæc ille audiens, ac de auxilio, quod ab eo exspectabat, spem omnem abjiciens, ad secundum amicum se confert, ad eumque ait: Recordare, amice, quantum a me honoris et beneficiorum acceperis. Hodierno autem die in maximam calamitatem et afflictionem prolapsus, opitulatore aliquo opus habeo. Quidnam igitur adjumenti nunc mihi afferre queas, fac sciam. Ille autem ait: Hodie mihi per negotia tecum certamen subire minime licet. Curis enim et sollicitudinibus undique urgeor, atque in afflictione sum. Paulum tamen tecum pergam, quamvis nihil hinc commodi ad te rediturum sit; ac post statim domum reversus, negotiis meis operam dabo.

Inanibus igitur manibus homo inde reversus, atque omni ex parte auxilio destitutus, de vana spe, quam in perfidis et ingratis amicis suis collocarat, et de inutilibus laboribus, quos pro suo erga eos amore susceperat, seipsum deplorabat. Pergit autem etiam ad tertium amicum, quem nec ullo unquam loco habuerat, nec lætitiæ suæ socium asciverat. Atque ad eum pudibundo et in terram dejecto vultu his verbis usus est : Vix mihi ad te loquendi facultatem os concedit. Etenim illud perspectissimum habeo, me nunquam tibi benigne fecisse, nec amico erga te animo fuisse. Cæterum, quoniam gravissima calamitate oppressus in reliquis meis amicis nullam salutis spem inveni, ad te accedo, teque rogo atque obsecro, ut si exiguam aliquam opem mihi afferre queas, ne id, ingratitudinis meæ memor, facere recuses. Ille autem hilari et amœno vultu ait : Sane sincerissimum amicum meum te esse profiteor, atque exiguæ illius tuæ erga me beneficentiæ memor, eam tibi hodierno die cum fenore rependam. Quocirca ne metuas ac pertimescas. Nam ego ante te proficiscar, regemque tuo nomine obsecrabo, ne te hostium manibus dedat. Quare fac bono animo sis, vir amicissime, nec te mœrore excrucies. Tum ille compunctione affectus, et lacrymis perfusus, dicebat : Heu me miserum, quidnam prius deflebo ac lamentabor ? Vanamne meam in immemores et ingratos falsos illos amicos benevolentiam condemnabo ? an potius insanam eam ingratitudinem, qua in hunc verum et sincerum amicum usus sum, insectabor ?

Josaphat autem hunc sermonem non sine admiratione suscipiens, ejus explicationem requirebat. Dixit itaque Barlaam : Primus amicus, opum copia est, et divitiarum amor, ob quem homo in sexcenta pericula incidit, ac multas ærumnas perfert. Cum autem extremus vitæ dies clausus est, ex illis omnibus opibus, præter inutiles quosdam pannos, qui ad funus adhibentur, nihil omnino secum accipit. Secundus autem amicus, uxor ac liberi sunt, cæterique cognati et familiares, quorum affectione ac benevolentia constricti tenemur, ut ab his divelli vix queamus, ac præ eorum amore corpus etiam et animam nostram negligamus. Ex ipsis porro nemo in mortis hora utilitatis aliquid percipit, nisi quod ad sepulcrum usque duntaxat cadaver comitantur, ac protinus domum reversis, suis curis ac negotiis operam dant, memoriam ejus, qui quondam ipsis charus erat, non minus oblivioni, quam corpus sepulcro relinquentes. At vero tertius amicus, qui contemptui ac fastidio erat, cujusque aditum horremus et aversamur, optimorum operum chorus est, hoc est, fides, spes, charitas, misericordia, benignitas, reliquusque virtutum cœtus : qui quidem ante nos, cum e corpore excedimus, proficisci, ac nostra causa Deum precibus inflectere, atque ab hostibus nostris et horrendis exactoribus, qui de referendis rationibus acerbam nobis in aere litem movent, ac crudeliter nos arripere contendunt, liberare potest. Hic nimirum est candidus ille ac probus et gratus amicus, qui quamlibet etiam exiguum bonum nostrum opus memoria tenet, ac cum fenore nobis illud rependit.

Cap. XIV. — Rursum igitur Josaphat dixit : Utinam tibi a Domino Deo tuo omnia fausta et jucunda sint, hominum sapientissime. Siquidem optimis tuis aptisque sermonibus animum meum exhilarasti. Quocirca vanitatis hujus mundi rursum imaginem mihi exprime, et qua ratione hanc vitam in pace ac securitate peragrare queam.

Excipiens igitur sermonem Josaphat, ait : Hujusce quoque quæstionis similitudinem audi. Urbem quamdam magnam exstitisse accepi, in qua cives hoc in more atque instituto positum habebant, ut peregrinum quemdam et ignotum virum, ac legum et consuetudinum civitatis omnino rudem et ignarum acciperent, eumque sibi ipsis regem constituerent, penes quem per unius anni curriculum rerum omnium potestas esset, quique libere et sine ullo impedimento quidquid vellet, faceret. Post autem, dum ille omni prorsus cura vacuus degeret, atque in luxu et deliciis sine ullo metu versaretur, perpetuumque sibi regnum fore existimaret, repente adversus eum insurgentes, regiamque ipsi vestem detrahentes, ac nudum per totam urbem tanquam in triumphum agentes, in magnam quamdam ac longe remotam insulam eum relegabant, in qua nec victu nec indumentis suppetentibus, fame ac nuditate miserrime premebatur, voluptate scilicet atque animi hilaritate, quæ præter spem ipsi concessa fuerat, in mœrorem rursus præter spem omnem et exspectationem commutata.

Contigit ergo ut pro antiquo civium illorum more atque instituto, vir quidam magno ingenii acumine præditus ad regnum asciceretur. Qui statim subita ea felicitate, quæ ipsi obtigerat, haud quaquam præceps abreptus, nec eorum qui ante se regiam dignitatem obtinuerant, misereque ejecti fuerant, incuriam imitatus, animo anxio ac sollicito id agitabat, quonam pacto rebus suis optime consuleret. Dum ergo crebra meditatione hæc secum versaret, per sapientissimum quemdam consiliarium, de civium consuetudine ac perpetui exsilii loco certior factus est, quonam pacto sine ullo errore ipse sibi cavere deberet intellexit. Cum igitur hoc cognovisset, futurumque prope diem ut ad illam insulam ablegaretur, atque adventitium illud et alienum regnum aliis relinqueret, patefactis thesauris suis, quorum tunc promptum ac liberum usum habebat, aurique atque argenti, ac pretiosorum lapidum ingenti mole famulis quibusdam, quos fidissimos habebat, tradita, ad eam insulam ad quam abducendus erat præmisit. Vertente autem anno cives, commota seditione, nudum eum, quemadmodum superiores reges, in exsilium miserunt. Ac cæteri quidem amentes, et brevis temporis reges, gravissima fame laborabant : ille contra qui opes suas præmiserat, in perpetua rerum copia vitam ducens, atque infinita voluptate fruens, perfidorum ac sceleratorum civium metu prorsus abjecto, sapientissimi consilii sui nomine beatum se prædicabat.

Hic porro per civitatem vanum hunc atque impostorem mundum intellige. Per cives autem, principatus et potestates dæmonum, ac mundi rectores tenebrarum hujus sæculi, qui nos per voluptatis mollitiem inescant, atque in animum nobis inducunt ut de rebus caducis et interituris, velut de immortalibus cogitemus, tanquam scilicet earum fructus nobis perpetuus ac sempiternus futurus sit. Cum igitur ad hunc modum decepti atque in fraudem impulsi sumus, nec de certis illis ac sempiternis ullum unquam consilium iniimus, nec nobis in futurum aevum quidquam recondidimus, repentinus nobis mortis interitus ingruit (*Prov.* 1). At tum demum nudos nos, atque omnibus hujus vitae rebus spoliatos improbi illi ac saevi tenebrarum cives accipientes, ut qui tempus illis omne impenderimus, in terram tenebrosam et obscuram abducunt, in terram sempiternae caliginis, ubi lux non est, nec mortalium vitam intueri licet (*Job.* x). Per probum vero consiliarium, qui prudenti ac perquam sapienti illi regi omnia vere aperuit, ac sublata consilia tradidit, me vilem et humilem homunculum intellige, qui huc idcirco venio, ut tibi viam bonam et ab omni errore liberam commonstrem, teque ad sempiterna et nunquam finienda dona traducam, illueque omnia tua recondere suadeam, contraque te ab impostore hoc mundo abducam. Quem quidem ipse quoque aliquando misere amabam, ejusque voluptates et oblectamenta complectebar. Caeterum cum rectis mentis oculis animadvertissem, quemadmodum in his rebus universa mortalium vita conteritur, aliis nimirum accedentibus, aliis decedentibus, nec ullo omnino firma et stabili sede constituto, hoc est, nec divitibus et copiosis in opibus, nec potentibus in potentia, nec sapientibus in sapientia, nec iis quibus prospere res succedunt, in prosperitate, nec luxui deditis in luxu et cupediis, nec iis qui secure sibi vivere videntur, in inani sua et imbecillissima securitate, nec in ulla alia re ex iis quae laudibus efferuntur. Verum haec res torrentium aquarum in profundum mare labentium transitui similis est; eodem enim modo fluxa sunt et fragilia omnia praesentia. Hinc scilicet haec omnia vana esse, neque quidquam utilitatis habere intellexi. Quin potius quemadmodum priora omnia oblivione obruta sunt (sive gloriam dixeris, sive regnum, sive dignitatum splendorem, sive potentiae amplitudinem, sive tyrannorum audaciam, sive quid aliud ejusdem generis) eodem modo praesentia quoque tandem vetustas obscurabit. Quorum in numero cum ipse quoque sim, consuetae immutationi prorsus subjicior. Ut enim iis qui ante me exstiterunt, praesentium rerum voluptatibus perpetuo frui minime concessum est, sic ne mihi quidem concedetur. Animadverti enim, quemadmodum tyrannus hic ac turbulentus mundus homines tractet, eos nimirum huc atque illuc invertens, hos scilicet ex opibus ad egestatem, illos rursus ex gravissima paupertate ad gloriam, hos e vita ducens, illos rursum in eorum loco in vitam inducens: sapientes quosdam ac ingeniosos viros improbans ac rejiciens, eosque qui in honore ac splendore erant, contemptos et despicabiles reddens; alios contra insipientes ac stolidos in gloriae throno collocans, eosque qui abjecti et obscu-

ri erant, ita evehens, ut ipsis ab omnibus honor tribuatur.

Ac cernere est, hominum genus ita comparatum esse, ut ante crudelem ipsius tyrannidem nihil omnino firmum ac stabile habeat. Quemadmodum enim columba aquilam aut accipitrem fugiens, locum subinde commutat, ac nunc quidem in hac arbore, nunc autem in illo frutice, ac deinde in rupium cavernis, ac variis spinis pedem affigens, nec tutum usquam perfugium inveniens, in perpetua jactatione atque aerumna versatur: eodem modo se habent, qui res praesentes ad stuporem usque mirantur, quippe qui inconsiderato quodam impetu misere laborent, nec quidquam omnino firmum aut stabile habeant, nec ad quem finem perventuri sint, intelligant, nec quo tandem vana vita, cui, perquam infeliciter ac misere mala bonis praeferentes, ac probitatis loco vitium consectantes, sese subjecerunt, eos ducat; nec quisnam frigidos multorum ac miserorum laborum suorum fructus excepturus sit, hoc est, propinquusne an alienus, ac persaepe ne amicus quidem aut notus, verum inimicus et hostis.

Haec, inquam, omnia, et quae his consentanea sunt, cum ipse in animae meae foro disceptassem, totius vitae meae, quam in rebus vanis consumpsi, ac terrenis laboribus addictus transegi, odium me cepit. Cumque eorum amorem ex animo excussissem et ejecissem, ea sese oculis meis obtulerunt, quae vere bona sunt, hoc est, Dei metu praeditum esse, atque ipsius voluntati obsequi. Nam hoc bonorum omnium caput esse compertum habui. Hoc enim sapientiae initium esse dicitur, atque adeo perfecta sapientia. Etenim moeroris expers vita est, atque ab omni offensione libera iis qui eam amplectuntur, et qui ei tanquam Domino innituntur, tuta et ab omni periculo immunis. Cum itaque animum meum ad erroris omnis expertem mandatorum Domini viam adjecissem, nihilque in ipsis obliquum et anfractuosum, ac voraginibus et scopulis et sentibus et tribulis plenum esse certo comperissem, verum cam omnino planam et aequabilem esse; eorum quidem qui hanc ingrediuntur per clarissimas contemplationes oculos oblectantem, pedibusque pulchritudinem conciliantem, atque eos ad praeparationem Evangelii pacis calceantem, me ipsum prioris imposturae ac stolidae fraudis nomine miserum existimavi, ac per rectam illam incedere aggressus sum: quam etiam optimo jure rebus omnibus antetuli, atque collapsam et dirutam animae meae domum instaurare coepi.

Cum ergo ad hunc modum rebus meis consulerem, ac mentis lubricum corrigere studerem, sapientis cujusdam magistri vocem audivi, haec mihi inclamantis: Egredimini, inquit, omnes, quos salutis cupiditas tenet, atque a mundi vanitate vos removete, transit enim ipsius figura (*I Cor.* vii). Jam jamque, et ecce non erit. Irretortis oculis excedite; nec tamen inanes et vacui, verum sempiternae vitae viatica ferentes. Etenim longum iter vobis ineundum est, quodque multo hujusce vitae viatico opus habeat; atque ad sempiternum locum, duas regiones, in quibus mansiones multæ sint (*I Cor.* II), habentem, pervenietis. Quarum alteram quidem Deus iis qui ipsius amore flagrant, ejusque mandatis obtemperant, præparavit, omnibus bonis florentem et circumfluentem.

Ad quam qui divino beneficio admittuntur (*Isa.* XXXV), in sempiterna incorruptione degunt, ut qui immortalitate interitus omnis experte fruantur, unde effugit dolor, tristitia et gemitus. Altera autem quæ tenebris et calamitate, ac dolore conferta est, diabolo et angelis ejus parata est. In quam etiam conjicientur, qui per flagitiosas actiones eam sibi conciliaverint, atque ab interitu aliena et sempiterna bona cum præsentibus commutarint, totosque sese ignis æterni pabulum effecerint.

Hac ego voce audita, atque ipsius veritate intellecta, in hoc unum opus incubui, ut ad illud hospitium pervenirent quod omni dolore et mœstitia vacat, tantaque contra securitate ac tantis bonis scatet : quorum cognitio nunc mihi duntaxat ex parte est, ut qui spiritualis ætatis ratione puer sim, ac velut per specula duntaxat et ænigmata res futuræ vitæ perspiciam. Cum autem venerit quod perfectum est, ac facie ad faciem cognoscam, tum demum evacuabitur quod ex parte est (*I Cor.* XIII). Quo circa gratias ago Deo per Jesum Christum Dominum nostrum. Etenim lex spiritus vitæ in Christo Jesu, a peccati et mortis lege me liberavit, oculosque meos aperuit, ut carnis affectum mortem esse, spiritus autem affectum vitam et pacem, liquido cernerem (*Rom.* VIII). Quemadmodum igitur ego præsentium rerum cognita vanitate, perfecto odio eas habui, eodem modo, ut de ipsis existimes, te moneo, atque erga eas, non secus ac alienas, et quam primum diffluxuras afficiaris; atque hinc ereptis omnibus facultatibus, in immortali ævo, ad quod tibi sine ulla mora proficisci necesse est, thesaurum per quem furto compilari nequeat, et **276** opes quæ exhauriri nullo modo possint, tibi recondas (*Luc.* XII ; *Matth.* VI), ut cum eo accesseris, haudquaquam penuria labores, verum opibus circumfluas, quemadmodum tibi aptissimam imaginem superius proposui.

CAP. XV. — Dixit autem Josaphat ad senem : Quanam igitur ratione pecuniarum thesauros illuc præmittere queam, ut eorum, cum hinc abcessero, fructum ab omni furto et interitu alienum nanciscar; quonamque item pacto meum in res præsentes odium demonstrare, resque sempiternas consequi possim, aperte mihi velim explices. Ait igitur Barlaam : Divitiæ ad sempiternam regionem per pauperum manus præmittuntur. Ait enim quidam sapientissimus propheta, Daniel nomine, ad regem Babylonis : Propter hoc, rex, consilium meum tibi placeat, et peccata tua eleemosynis redime, atque injustitias tuas in miserationibus pauperum (*Daniel.* IV). Quin etiam Salvator his verbis utitur : Facite vobis amicos de mammona iniquitatis, ut cum defeceritis, recipiant vobis in æterna tabernacula (*Luc.* XVI). Multaque de eleemosyna et largitione erga pauperes

in Evangelico volumine inculcat (*Matth.* XXV) Ad hunc scilicet modum quam tutissime fortunas tuas omnes per egentium manus illuc præmiseris. Nam quidquid in eo beneficii contuleris, Dominus sibi asciscens, magno cum fœnore tibi rependet. Etenim eos qui ipsius amore præditi sunt, beneficiorum remunerationibus semper superat. Ad hunc, inquam, modum hujus sæculi, cui diu jam non sine ingenti afflictione servisti, surreptis thesauris, ex his præclare viaticum tibi in futurum comparabis, atque alieno eos eripiens, tibi ipsi prius recondes, per fluxa nempe et caduca hæc bona, ea quæ firma et stabilia sunt emens. Deinde autem, Deo tibi opem ferente, hujus mundi incertitudinem et inconstantiam perspicies : omnibusque rebus valere jussis, ad futurum te transferes, atque ea quæ prætereunt ipse præteriens, iisque rebus quæ in spe positæ ac firmæ sunt, te addicens, tenebrasque cum mortis umbra relinquens, odioque tum mundum tum mundi principem insectans, carnemque interitui obnoxiam hostem tibi esse ducens, ad lucem inaccessibilem accurres (*I Tim.* VI), cruceque humeris sublata, Christum irretortis oculis sequeris, ut etiam cum ipso glorificeris, vitæque, non jam caducæ et fallacis hæres efficiaris.

Josaphat itaque ad eum ait : Istud ipsum, nempe omnia pro nihilo putare, atque usque adeo asperum vitæ genus suscipere, quemadmodum superius dixisti, vetusne institutum est, ab apostolorum doctrina manans, an recens mentis vestræ solertia excogitatum ; tanquam scilicet hoc, ut melius ac præstantius, vobis amplexandum duxeritis?

Senex autem ait : Non recens inductam legem tibi affero (absit istud), verum antiquitus nobis traditam. Dixit enim Dominus ad divitem quemdam, qui ex ipso percontabatur quidnam sibi faciendum esset ut vitam æternam consequeretur, jactabatque se cuncta quæ in lege scripta erant servasse. Unum tibi deest, vade, vende omnia quæ habes, et da pauperibus, et habebis thesaurum in cœlo, et veni, ac, sublata cruce, me sequere. At ille, his auditis, mœstitia affectus est. Erat enim admodum dives. Cum igitur Jesus eum mœrore affectum vidisset, dixit : Quam difficile ii qui pecunias habent intrabunt in regnum Dei ; facilius enim est camelum per foramen acus transire, quam divitem intrare in regnum Dei (*Marc.* X ; *Luc.* XVIII). Hoc igitur mandato audito, sancti omnes id studuerunt, ut ab hujusmodi opum difficultate sese abstraherent, ac per largitionem erga pauperes, dispersis omnibus facultatibus, sempiternisque divitiis sibi ipsis reconditis, crucem sustulerunt, Christumque secuti sunt ; sic nimirum ut quidam, velut jam a me dictum est, martyrio perfungerentur, quidam autem religiosæ vitæ exercitatione concertarent, atque, quantum ad veræ hujusce philosophiæ rationem attinet, nihilo illis inferiores essent. Quocirca illud scias velim, Regis nostri ac Dei mandatum hoc esse, per quod homines sempiternorum bonorum participes redduntur.

Cum igitur, inquit Josaphat, tam antiqua et necessaria hujusmodi philosophia sit, quid causæ est quamobrem hodierna die pauci sint qui hanc vitam imitentur?

Respondit senex : Multi quidem eam imitati sunt, et etiamnum imitantur. At multo plures cunctantur, ac moras nectunt. Pauci enim sunt, ut ait Dominus, qui per arctam et angustam viam incedant; qui autem per facilem et latam, quam plurimi (*Matth.* VII; *Luc.* XXIII). Nam qui semel pecuniarum cupiditate, et vitiorum quæ ex voluptatibus oriuntur, amore correpti, vanæque et inani gloriæ addicti sunt, vix ab ipsis divelli possunt, ut qui alieno domino, quique omnia, contra ac Deus, imperat, atque ipsos tanquam catenis quibusdam vinctos tenet, ultra seipsos mancipariut. Animus quippe, cum semel salutis suæ spem abjecerit, habenas suas aversis a ratione cupiditatibus permittens, quaquaversum fertur. Ac proinde Propheta offusam **277** hujusmodi animis amentiam deplorans, caliginisque ipsos urgentis crassitiem lugens, his verbis utebatur : Filii hominum, usquequo gravi corde ? ut quid diligitis vanitatem, et quæritis mendacium ? Quemadmodum etiam quidam sapientum magistrorum nostrorum, vir rerum divinarum peritissimus, eamdem cum Propheta cantilenam canens, ac quædam a seipso adjungens, tanquam ex alta quadam et editissima specula omnibus inclamat : Filii hominum, usquequo gravi corde? ut quid diligitis vanitatem, et quæritis mendacium (*Psal.* XLIV); magnum nimirum aliquid hanc vitam, et delicias, et exiguam gloriolam, et mendacem prosperitatem esse existimantes (*Naz.*, *ora. de suis ser. et ad Julium Exisoten.*)? Quæ quidem non magis eorum sunt qui fruuntur quam qui ea in spe habuerunt; nec rursus horum magis quam eorum qui ne ea quidem unquam exspectarunt, et quæ non secus ac pulvis a turbine ad alios atque alios subinde perflantur, ac vicissim jactantur, aut fumi instar defluunt, ac velut insomnium homines ludificantur, et ut umbra retineri nequeunt, ac denique ita natura comparata sunt, ut nec cum absunt, ea se habituros esse homines desperent, nec cum adsunt, possidentibus certa et stabilia sint.

Cum igitur ad hunc modum Salvator præcipiat, prophetæ et apostoli prædicent, ac sancti omnes viri tum re ipsa, tum sermone ad virtutis viam ab omni errore maxime immunem nos impellant, etiamsi pauci hanc teneant, contra autem multi latam atque in exitium ducentem sibi deligant, non tamen propterea divinæ hujus philosophiæ institutum minoris æstimandum est. Ut enim sol, cum illuminandi causa exoriens radios suos affluenter emittat, omnesque ad excipiendum lumen cohortetur, si quidam clausis oculis splendorem ipsius intueri nolint, non propterea reprehensionem meretur, aut a reliquis negligi debet, nec splendoris ipsius gloria ob illorum stultitiam in contemptu versatur; quin potius illi quidem seipsos lumine orbantes, tanquam cæci, parietes palpant, atque in multas scrobes præcipites ruunt, multisque spinis eorum oculi punguntur; sol contra splendorem suum retinens, eos illustrat qui ipsius lumen detecta facie contuentur : ad eumdem quoque modum Christi lumen omnibus quidem illucet, splendoremque suum nobis affatim impertit; at vero pro sua quisque cupiditate animique alacritate ipsum percipit. Nam nec ille justitiæ sol ullum ex his qui oculorum aciem in ipsum intendere cupiunt beneficio eo privat, nec rursum his vim infert qui suapte sponte tenebras eligunt; verum suæ quisque liberæ voluntati et electioni, quandiu in hac vita est, relinquitur.

Cum autem Josaphat quidnam arbitrii libertas atque electio esset quæreret, respondit senex : Arbitrii libertas est animæ ratione utentis voluntas, sine ullo impedimento ad id quod vult, hoc est sive ad virtutem, sive ad vitium, incitata, atque a summo illo parente et architecto ita effecta. Rursum, Arbitrii libertas est intellectualis animæ pro suo arbitratu agitatio. Electio autem est earum rerum quæ in arbitrio nostro sitæ sunt, cum consilio conjuncta appetitio. Siquidem rem eam quæ inito consilio melior judicata est, eligentes appetimus. Consilium est investigatrix appetitio de rebus gerendis, quarum penes nos potestas est. Deliberat enim quispiam expediatne aliquid agere, necne. Deinde, quod præstantius est, judicat, ac judicium efficitur. Mox autem afficitur, atque id quod ex consilio judicatum est, amat, ac sententia dicitur. Nam si ita judicet ut tamen erga id quod judicatum est, minime afficiatur, hoc est, id minime amet, sententia haudquaquam appellatur. Tum post affectionem fit electio. Nam electio nihil aliud est quam e duabus rebus propositis alteram præ altera amplecti et eligere. Atque illud vel ex ipsa etymologia perspicuum est, electionem esse consilium cum dijudicatione conjunctum. Προαιρετὸν enim est alterum præ altero electum. Nemo porro quidquam adhibito judicio alteri præfert, nisi prius consilium inierit; nec rursum eligit, nisi prius judicarit. Nam quoniam non ea omnia quæ nobis recta et præclara esse videntur in opus perducere studemus, tum denique electio et eligendum efficitur id quod ex consilio propositum est, cum appetitionem comitem asciverit.

Ex quo concluditur, electionem esse appetitionem cum deliberatione conjunctam earum rerum quæ in nostra potestate sitæ sint. Etenim id quod ex consilio præpositum est, eligentes appetimus. Omne quippe consilium actionis causa et propter actionem suscipitur. Ita consilium quidem electionem antecedit, electio autem omnem actionem. Quocirca non modo actiones, sed ea etiam quæ animo agitantur (quæ quidem electiones exhibent), tum coronas, tum pœnas accersunt. Etenim electio in his rebus quæ in arbitrio nostro sitæ sunt versans, tum peccati, tum justi operis origo est. Nam quarum rerum facultates penes nos sunt, harum etiam actiones facultatibus consentaneæ penes nos sunt. Quamobrem cum facultates virtuti consentaneæ in nostra potestate sint, in nostra quoque potestate **278** virtutes sint necesse est. Proprie enim in arbitrio nostro consistunt ea omnia quæ animam attingunt, et de quibus deliberamus.

Ad hunc igitur modum libere consultantibus hominibus, ac libera item voluntate eligentibus, quatenus quispiam eligit, hactenus quoque divinam lucem percipit, atque in philosophiæ studiis progressus facit. Varia enim electionum sunt genera. Et quemadmodum quidam aquarum fontes e terræ visceribus scaturientes, partim e superficie terræ oriuntur, partim aliquanto profundius, partim profundissime; atque harum aquarum aliæ e propinquo emanant gustuque dulces sunt, aliæ ex imo exeunt ac salsæ aut sulphureæ sunt, atque item aliæ uberrime profluunt, aliæ paulatim stillant; eodem modo in electionibus quoque cogita, alias celeres ac perquam fervidas esse, alias segnes et frigidas, ac rursum alias ad virtutem omnino propensas, alias ad vitium omnibus viribus inclinatas. Igitur quales earum affectiones sunt, tales quoque ad agendum impetus consequuntur.

Cap. XVI. — Dixit autem ad senem Josaphat: Suntne etiam alii nonnulli, qui eadem quæ tu prædicent, an vero tu hodierno die solus es qui hæc doces, ac præsentem vitam usque adeo aversandam atque odio insectandam esse mones?

Ille autem ad hunc modum respondit: In hac vestra infelicissima regione neminem novi. Nam patris tui tyrannis innumeris mortis generibus eos mulctavit, deditque operam ne prorsus inter vos divinæ cognitionis prædicatio audiretur. Apud reliquas autem nationes hæc cantantur ac celebrantur, ab aliis quidem rectissima ratione, ab aliis autem perverse, quippe cum animarum nostrarum hostis eos a recta via transversos egerit, atque in alienas opiniones diviserit, eosque loca quædam divinæ Scripturæ aliter quam germanus sensus ferat, interpretari docuerit. Cæterum una est veritas, quæ ab illustribus apostolis et divinis patribus prædicata est, et in catholica, atque ab extremis orbis finibus ad extremos usque fines diffusa Ecclesia sole splendidius lucet. Quam quidem ego ut tibi prædicarem ac traderem, ad te missus sum.

Dixit autem ad eum Josaphat: Nihilne horum pater meus unquam didicit?

Respondit senex: Perspicue quidem, atque ut par erat, nihil didicit. Occlusis enim sensibus, bonum de industria repudiat, atque in malum libera animi inductione propendet.

At vellem, inquit Josaphat, ille quoque hac doctrina imbueretur.

Respondit senex: Hæc apud homines sunt impossibilia; apud Deum autem nihil est quod fieri non possit (*Matth.* xix). Ecquid enim scis futurumne sit ut patri tuo salutem afferas, atque admirando modo patris tui pater tandem vocaris? Narratum enim mihi est regem quemdam exstitisse, qui præclare admodum regiam suam dignitatem administrabat, leniterque ac placide populum qui ipsius ditioni atque imperio suberat tractabat, in hac autem una re labebatur, quod divinæ cognitionis lumine careret, atque idolorum cultu constrictus teneretur. Erat autem ei probus quidam consiliarius, ac tum erga Deum pietate, tum cæteris virtutibus ornatissimus, qui cum regis errore angeretur, eumque permoleste ferret, atque ipsum hoc nomine coarguere in animo haberet, tamen hac de causa sese reprimebat, quod vereretur, ne et sibi et sociis suis perniciem accerseret, eamque utilitatem quæ ex ipso ad alios promanabat amputaret. Occasionem autem nihilominus quærebat, qua commode ipsum ad bonum pertraheret. Dixit igitur nocte quadam ad eum rex: Adesdum, egrediamur, ac civitatem circumeamus, num forte aliquid quod in rem futurum sit perspiciamus. Cum autem illi per urbem obambularent, lucis splendorem per foramen quoddam radiantem cernunt: cui, cum oculos adjecissent, subterraneum quoddam et cavernosum domicilium conspicantur, in quo præsidebat vir quidam extrema inopia laborans, ac vilibus quibusdam et laceris pannis indutus. Astabat autem ipsius uxor, vinum ipsi temperans. Cumque ipse poculum manibus accepisset, illa suave quoddam carmen canens, voluptatem ipsi afferebat, saltans nimirum, ac maritum laudibus deliniens. Rex igitur aliquantisper hæc perspiciens, mirabatur quod cum tanta egestate premerentur, ut nec domus nec vestis ipsis suppeteret, tamen usque adeo lætam et hilarem vitam ducerent. Atque ad primarium suum consiliarium his verbis utitur: O rem miram, o amice! quod scilicet, nec mihi, nec tibi, vita nostra, quamvis alioqui tanta gloria et deliciis et voluptate undique collucens, usque adeo unquam placuerit, ut vilis hæc et ærumnosa vita vecordes istos oblectat et exhilarat, ut quæ, tametsi alioqui aspera et aversanda, facilis ipsis ac blanda videatur. Opportunam autem horam nactus princeps ille consiliarius, inquit: Tu vero, o rex, cujusmodi tandem horum vitam esse existimas? Omnium, inquit ille, quas unquam viderim, insuavissimam et miserrimam, exsecrationeque dignam et aversandam. Tunc ait eum **279** primarius ille consiliarius: Ad eumdem ita modum mihi crede, o rex, ac multo etiam acerbior vita nostra iis esse videtur, qui sempiternam illam gloriam, ac bona illa quæ omnem mentis captum superant, contemplantur atque cognoscunt. Atque auro rutilantes ædes, ac præclara hæc indumenta, cæteræque vitæ deliciæ, iis qui cœlestium tabernaculorum non manu factorum, vestisque divinitus contextæ, ac diadematum corruptionis omnis expertium, quæ rerum omnium architectus ac Dominus diligentibus se præparavit, stercoribus et cœno fetidiores videntur. (*I Cor.* ii). Quemadmodum enim isti judicio nostro ac sententia desipiunt, ita etiam, ac multo magis, nos qui in mundo oberramus, atque in mendaci hac gloria, stultisque deliciis nobis placemus, in eorum oculis qui bonorum illorum dulcedinem degustarunt luctu et lacrymis digni sumus.

His autem verbis perculsus rex, inquit: Quinam igitur illi sunt qui præstantiorem nobis vitam agunt? Omnes, inquit ille, qui sempiterna caducis et fragilibus prætulerunt. Cumque rex rursum quænam sempiterna illa essent quæsivisset; respondit ille: Regnum ab omni successione alienum, ac vita morti minime obnoxia, et opes egestatem non metuentes, lætitia item et oblectatio ab omni mœstitia et dolore sejuncta, paxque perpetua, et ab omni inimicitia et contentione libera. Iis bonis, quibus divinitus frui contigerit, beati illi ac sæpe beati; vitam enim omni labore et mœstitia vacuam in omne ævum ducent, omnibus regni Dei jucunditatibus et oblectamentis sine ullo labore fruentes, ac cum Christo in perpetuum regnantes. Cumque rex dixisset: Quisnam tandem hæc consequi promerebitur? respondit ille: Omnes qui vitam illuc ducentem arripuerint; aditu enim nemo prohibetur, qui modo voluerit. Tum rex: Et quænam, inquit, est via qua illuc itur? Respondit ille præclari animi vir: Cognoscere solum verum Deum, et Jesum Christum unigenitum ipsius filium, et sanctum ac vivificum Spiritum (*Joan.* xvii).

Rex igitur, regia sane prudentia præditus, ad eum inquit: Et quidnam hactenus te prohibuit, quominus mihi hæc exponeres? Neque enim hæc cunctatione ac dilatione mihi digna esse videntur, si quidem vera sunt. Quod si dubia sunt, sedulo et accurate investigandum est, quoadusque ea citra ullam ambiguitatem ac dubitationem inveniamus. Non negligentia et socordia factum est, ait ille, ut tibi hæc exponere cunctarer, cum vera sint atque ab omni dubitatione remota; verum quod excellentem gloriæ tuæ magnitudinem vererer, atque illud metuerem, ne tibi gravis ac molestus essem. Quocirca si mihi famulo tuo hoc imperas, ut te de his rebus in posterum submoneam, imperio tuo obsequar. Sane, inquit rex, non interdiu solum, sed etiam qualibet hora mihi harum rerum memoriam renova. Neque enim negligenter ac perfunctorie, verum summo studio ac fervore his rebus animum intendere oportet. Audivi igitur, ait Barlaam, hunc regem deinceps pie ac religiose vitam instituisse, præsentisque vitæ curriculo placide ac tranquille confecto, sempiternam beatitudinem consecutum esse. Quamobrem si quis etiam patrem tuum de his rebus tempestive admoneat, fortassis intelliget atque exploratum habebit quantis malis implicitus teneatur, atque ab iis sese avertens, quod bonum est, amplectetur (*II Pet.* 1). Nam in præsentia quidem cæcus est, et manu tentans, ut qui vero lumine sese orbarit, atque ad impietatis tenebras transfugerit.

Dixit autem ad eum Josaphat: De patre meo, quod Dominus jusserit, fiat. Nam ipsi, velut etiam abs te dictum est, ea omnia possibilia sunt, quæ apud homines impossibilia esse videntur. Ego vero per eximios ac singulares tuos sermones, vanitatis præsentium rerum pertæsus, ab his quidem omnino animum abducere constitui, ac tecum, quidquid mihi vitæ superest, traducere, ne per fluxa et fragilia sempiternorum bonorum et omni interitu alienorum fructu excidam.

Respondit senex: Si hoc feceris, prudentissimo cuidam juveni, quem copiosis atque illustrissimis parentibus natum esse intellexi, similem te præbebis. Cui cum pater nobilis cujusdam atque in primis copiosi viri filiam insigni pulchritudine præditam despondisset, ac de hujusmodi matrimonio cum filio sermonem conseruisset, quidque in animo haberet exposuisset, hæc ut ille audivit, quasi absonum quiddam ac præposterum, hujusmodi rem excutiens, relicto patre profugit. Cumque iter faceret, apud senem quemdam pauperem, ut a diei æstu sese recrearet, divertit.

Filia porro senis illius quæ unica illi virgo erat, pro foribus sedens, manibus operabatur, ore autem Deum sine ulla intermissione laudabat, ex intimo pectore gratias ipsi agens. Ipsius autem laudem juvenis audiens, ait: Quodnam, o puella, tuum institutum est? Et quam ob causam, cum in tanta vilitate et inopia verseris, tanquam ob ingentia beneficia accepta, horum auctorem laude afficis? Ipsa autem ad eum respondit: An nescis quod quemadmodum exiguum pharmacum e magnis plerumque morbis hominem eripit, eodem modo etiam ob parvas res Deo gratias agere, ingentia bona conciliat? Ego igitur pauperis senis filia, ob exigua hæc gratias ago ac Dominum laudibus afficio, illud nimirum exploratum habens, quod qui hæc dedit, majora quoque dare potest. Atque hæc quidem de rebus externis ac minime nostris, ex quibus nec his qui multa possident fructus ullus, imo etiam sæpe damnum oritur, nec his qui pauciora acceperunt, incommodum ullum ac detrimentum existit, quippe cum utrique eamdem viam obeant, atque ad eumdem finem contendant. At in iis quæ magis necessaria majorisque momenti sunt, multis maximisque, atque adeo innumeris beneficiis a Deo affecta sum; etenim ad Dei imaginem condita, ipsiusque cognitione imbuta, et ratione præter omnia animantia exornata, et ex morte, per viscera misericordiæ Dei nostri ad vitam revocata sum, ac percipiendorum ipsius sacramentorum potestatem accepi. Denique paradisi porta patefacta est, liberum mihi, si quidem voluero, aditum præbens. De tot igitur ac tantis beneficiis, quorum pauperes æque ac divites participes sunt, dignas Deo gratias agere prorsus nequeo. Quod si exiguam hanc quoque laudem ei qui me tot muneribus cumulavit minime obtulero, quam tandem excusationem habitura sum?

Juvenis autem ingentem hanc prudentiam admirans, accito ipsius patre: Da mihi, inquit, filiam tuam (siquidem ipsius prudentiam ac pietatem amore complector). Senex autem ait: Non licet tibi, qui divitibus et copiosis parentibus ortus es, hanc pauperis viri filiam accipere. Rursum autem juvenis ait: Certe hanc accipiam, nisi tu prohibeas. Etenim filia quædam nobilis ac dives mihi desponsa fuerat; verum ea repudiata atque abjecta, in fugam me dedi. Contra filiæ tuæ, ob ipsius erga Deum pietatem ac prudentiam amore correptus, matrimonio cum ea jungi paratus sum. Senex autem ad ipsum ait: Eam tibi dare nequeo, ut in paternam domum abducas, atque a meis ulnis abstrahas, unica enim mihi est. At ego, inquit juvenis, apud vos manebo, vestramque vitæ rationem suscipiam: ac postea, luculenta veste abjecta, senis illius vestes petiit, iisque se induit. Cumque ille ipsum diu multumque tentasset, variisque modis ipsius animum explorasset, ut eum mentis gravitate præditum esse cognovit, nec stulto quodam amore obsessum filiam suam in matrimonium petere, verum pietatis studio pauperem vitam amplexari, eamque gloriæ suæ ac nobilitati anteferre, arrepta ipsius manu in conclave suum eum introduxit, et ingentes opes illic reconditas, atque innumerabilem pecuniarum molem, quantamque juvenis ille nunquam viderat, ipsi commonstravit. Aitque ad eum: Fili, hæc omnia tibi dono do, propterea quod mearum opum hæres esse in animum induxisti. Qua hæreditate percepta, ille omnes terræ divites et claros homines superavit.

CAP. XVII. — Dixit autem Josaphat ad Barlaam: Apte sane hæc etiam narratio rerum mearum statum exprimit, ac proinde de me quoque hæc abs te dicta esse existimo. Verum quodnam tandem est illud experimentum per quod animi mei constantiam exploratam habere cupis?

Respondit senex: Equidem ipse etiam periculum feci, et intellexi quanta in te mentis prudentia atque constantia, quamque rectus et integer tibi animus sit; verum actionis tuæ finis hæc confirmabit. Hujus rei gratia flecto genua mea ad Deum nostrum (*Ephes.* III), qui in Trinitate celebratur, ad eum, inquam, qui omnia, tam quæ aspectu sentiuntur quam quæ oculorum sensum fugiunt procreavit; qui vere ac sempiterne est, nec gloriosi status sui aut principium unquam habuit, aut finem habiturus est: ad illum, inquam, metuendum atque omnium rerum præpotentem, bonumque et ad miserationem propensum, ut cordis tui oculos illuminet, detque tibi spiritum sapientiæ et revelationis ad ipsius agnitionem, ut cognoscas quæ sit spes vocationis tuæ, et quæ divitiæ gloriæ hæreditatis ipsius in sanctis, et quæ supereminens illa magnitudo potentiæ ipsius in nos qui credidimus, ut jam non sis hospes et advena, sed civis sanctorum et domesticus Dei (*Ephes.* I), superædificatus super fundamentum apostolorum et prophetarum, ipso summo angulari lapide Jesu Christo, in quo omnis ædificatio constructa crescit in templum sanctum in Domino (*Ephes.* II).

Josaphat autem ingenti animi compunctione affectus, dixit: Hæc scilicet omnia ipse quoque scire gestiens, abs te peto, ut et divinæ gloriæ divitias, et ipsius potentiæ excellentiam mihi declares.

Dixit autem ad ipsum Barlaam: Deum supplex rogo ut hæc te doceat, atque hujusmodi rerum cognitionem animo tuo inserat. Quandoquidem apud homines ipsius gloria ac potentia nullo modo commemorari potest, quamvis etiam omnes omnium hominum, tam qui nunc sunt quam qui aliquando fuerunt, linguæ in unum coeant. Deum enim, inquit evangelista et theologus (*Joan.* I), nemo vidit unquam. Unigenitus Filius, qui est in sinu Patris, ipse enarravit. Ejus porro qui oculorum obtutum fugit, atque immensus est, gloriam et majestatem, quis tandem eorum qui e terra concreti sunt, comprehensam habere queat, nisi ipse arbitratu suo eam patefecerit, quemadmodum scilicet prophetis suis et apostolis patefecit? Nos autem tum ex eorum prædicatione, tum ex ipsa rerum natura, quantam assequi nobis datur, eam discimus. Ait enim Scriptura: Cœli enarrant gloriam Dei, et opera manuum ejus annuntiat firmamentum (*Psal.* XVIII). Ac rursus: Invisibilia ipsius a creatura mundi, per ea quæ facta sunt, intellecta conspiciuntur, sempiterna quoque ipsius potentia et divinitas (*Rom.* I).

Quemadmodum enim quispiam domum præclare ac summa arte constructam, aut vasculum eleganter concinnatum perspiciens, architectum aut fabrum statim ob animum sibi proponit, sic etiam ego ex nihilo effictus, atque in ortum productus, etiamsi fictorem ac productorem meum cernere nequeam, tamen ex aptissima maximeque admiranda mei structura ad sapientiæ ipsius cognitionem veni, non quatenus est, sed quatenus intelligere queo: nempe quia non casu ac fortuito productus sum, nec a me ipso exstiti, verum ipse arbitratu suo me effinxit: sic nimirum ut me rerum omnium conditarum principem constituerit, quibusdam autem inferiorem fecerit, ac contritum etiam divino suo imperio me ex hac vita educens, ad alteram vitam finis expertem ac sempiternam transferat. Quibus omnibus in rebus providentiæ ipsius viribus obluctari nequeo, nec mihi quidquam, vel quantum ad staturam, vel quantum ad formæ figuram attinet, adjicere aut subtrahere, nec ea quæ in me vetustate confecta sunt, renovare, nec quæ labefactata et corrupta sunt, in integrum restituere Neque enim mortalium ullus unquam fuit, qui horum quidquam efficere posset, non rex, non sapiens, non dives, non potens, non denique alius quispiam humana studia consectans. Nullus enim, inquit ille, regum, aut eorum qui in sublimitate sunt, aliud habuit nativitatis initium. Unus enim est omnium introitus ad vitam, et idem exitus (*Sap.* VII).

Quamobrem ex iis quæ ad me pertinent, ad magnificentiæ summi illius architecti cognitionem, velut porrecta manu ducor. Præterea autem aptissimam rerum omnium conditarum structuram atque conservationem consideravi, nempe quod suapte quidem natura cuncta mutationi atque conversioni subjecta sunt, nimirum ea quæ mente prædita sunt, ratione voluntatis, progressusque in bono aut recessus a bono; ea autem quæ in sensum cadunt, ratione ortus et interitus, accretionisque, et imminutionis, et mutationis ejus quæ in qualitate posita est, ac denique localis motus. Ac per ea tacitis quibusdam vocibus prædicant se a Deo creatore ac mutationis omnis et conversionis experte procreata esse, atque contineri et conservari, semperque gubernari. Quonam enim alioqui modo naturæ inter se pugnantes ad unius mundi ornatum omnibus numeris absolvendum in unum coiisseut, ac dissolutionis expertes permansissent, nisi vis quædam omnipotens hæc et copulasset, et semper a dissolutione aliena conservaret. Quonam enim pacto, nisi voluntas ipsius ita tulisset, aliquid mansisset? aut quonam pacto, ut Scripturæ verbis utar, quod ab eo minime vocatum est, conservari potuisset?

Nam cum navis remoto gubernatore consistere nequeat, verum statim pessum eat; nec ulla, quantumlibet exigua, domus stare possit, nisi sit aliquis qui ipsius curam gerat, quonam tandem pacto mundus, opus usque adeo ingens, atque ita præclarum et admirandum, sine eximia aliqua et ingenti atque admiranda gubernatione sapientissimaque providentia, tam diuturno temporis spatio constitisset? Ecce enim quantum jam temporis fluxit, ex quo cœlum est, nec tamen obscuritatem contraxit, nec terræ vis tandiu parens elanguit, nec fontes, ex quo orti sunt, scaturire desiterunt, nec mare tot fluvios excipiens mensuram suam excessit, nec solis ac lunæ cursus immutationem ullam subierunt, nec diei ac noctis ordines inversi sunt. Ex his nimirum omnibus Dei potentia et magnificentia, quæ omnem orationis facultatem superat, nobis declaratur, prophetarum atque apostolorum testimonio confirmata. Verum ipsius gloriam nemo unquam pro dignitate cogitare aut collaudare poterit. Siquidem divinus Apostolus, ille, inquam, qui Christum in seipso loquentem habebat (*II Cor.* xi), cum ea omnia, tam quæ intellectu percipiuntur, quam quæ sensibus subjecta sunt, cum animo suo considerasset, dixit : Ex parte cognoscimus, et ex parte prophetamus : cum autem venerit quod perfectum est, evacuabitur quod ex parte est (*I Cor.* xiii). Ac propterea ex immensis sapientiæ ipsius opibus admiratione ac stupore perculsus aperte exclamavit : O altitudo divitiarum sapientiæ et scientiæ Dei ! quam incomprehensibilia sunt judicia ejus, et investigabiles viæ ejus (*Rom.* xi)!

282 Quod si ille qui ad tertium usque cœlum pervenerat, atque arcana verba audierat (*II Cor.* xii), hujusmodi voces emisit; ecquis mei similium in tantorum mysteriorum abyssum oculos advertere, atque aliquid pro dignitate, non dicam dicere, sed ne quidem cogitare poterit, nisi ipse sapientiæ subministrator atque insipientium corrector dederit? Etenim in ipsius manu et nos et sermones nostri sunt, et omnis prudentia ac solertiæ scientia. Atque ipsius beneficio veram earum rerum quæ sunt cognitionem habemus, mundique concretionem intelligimus, elementorum vires, temporum initium et medietatem et finem, partium anni vicissitudines, ac tempestatum mutationes : quoniam omnia in modo et mensura constituit. Siquidem multum posse, ipsi semper præsto est; et brachii ipsius robori quis resistet? Etenim tanquam momentum stateræ, sic est ante eum orbis terrarum, et tanquam gutta roris matutini, quæ descendit in terram. Sed miseretur omnium, quia omnia potest, et dissimulat peccata hominum propter pœnitentiam. Neminem enim ex iis qui ad ipsum accurrunt, exsecratur, nec aversatur solus ille bonus, atque animorum amans Dominus (*Sap.* xi). Benedictum sit nomen gloriæ ipsius sanctum, et laudabile, et superexaltatum in sæcula. Amen (*Dan.* iii).

CAP. XVIII. — Dixit autem ad eum Josaphat : Si diuturno tempore tecum reputasses, vir sapientissime, quonam pacto propositarum quæstionum solutionem mihi perspicuam redderes, meo quidem judicio id melius præstare non potuisses, quam ea mihi, quæ nunc exposuisti commemorans : quippe qui omnium quidem rerum effectorem et conservatorem Deum esse docueris, majestatisque ipsius gloriam omnem mentis humanæ captum excedere, clarissimis rationibus demonstraris; neque ulla alia ratione quemquam eam consequi posse, nisi cui ipse arbitratu suo eam patefaciat. Quo quidem nomine eloquentissimam tuam sapientiam majorem in modum admiror.

Sed illud velim mihi dicas, vir beatissime, quanam ipse ætate sis, et quibus in locis commoreris, quosque philosophiæ socios habeas, siquidem anima mea tuæ arctissime hæret, atque per omne vitæ tempus ne latum quidem unguem a te discedere cupio.

Ait autem senex : Annos, ni fallor, quinque et quadraginta natus sum, atque in terræ Sennaar desertis vitam dego. Commilitones porro eos habeo, qui ad superni itineris cursum mecum laborant ac certant.

Quid ais? inquit Josaphat. Mihi enim septuaginta annos excedere videris. Quid igitur est, quamobrem te quadraginta quinque tantum annos habere dicas? neque enim hac in re mihi vera loqui videris.

Dixit autem ad eum Barlaam : Si annos meos ab ipso vitæ ortu nosse quæris, recte sane eos plusquam septuaginta esse conjecisti. At mihi quidem nullo omnino modo inter vitæ annos censentur, qui in hujus mundi vanitate consumpti sunt. Nam cum, peccatis in servitutem addictus, carni viverem, quantum ad interiorem hominem attinet, mortuus eram. Quamobrem mortis annos, vitæ annos nunquam appellarim. Ex quo autem mundus mihi crucifixus est, et ego mundo (*Gal.* vi), atque exuto veteri homine, qui secundum erroris desideria corrumpitur, non jam carni vivo, sed vivit in me Christus; quod autem vivo, in fide vivo Filii Dei, qui dilexit me, et pro me seipsum tradidit (*Ephes.* iv) : hos vitæ annos et salutis dies optimo jure vocaverim. Quos quidem quinque et quadraginta esse asserens, consentanea ratione, ac non absurde, horum numerum tibi dixi. Quin tu quoque ea semper mente ac sententia sis velim, nimirum ut eos qui quantum ad omne probum opus mortui sunt, peccatis autem vivunt, atque eorum qui humi provoluti sunt principi obsequuntur, et in voluptatibus ac pestiferis cupiditatibus vitam absumunt, nullo modo vivere existimes, verum eos exstinctos esse tibi persuadeas, vitæque functioni mortuos. Nam peccatum immortalis animæ mortem esse sapiens quidam non immerito pronuntiavit. Atque etiam iis verbis Apostolus utitur : Cum servi essetis peccati, liberi eratis justitiæ. Quem ergo fructum habuistis in his in quibus nunc erubescitis? Finis enim illorum mors est. Nunc autem liberati a peccato, servi autem facti justitiæ, habetis fructum vestrum in sanctificationem, finem autem vitam æternam. Stipendia enim peccati, mors; gratia autem Dei, vita æterna, in Christo Jesu Domino nostro (*Rom.* vi).

Dixit autem ad eum Josaphat : Quandoquidem vitam quæ in carne ducitur, vitam esse minime censes, par est igitur ut ne mortem quidem hanc quam omnes subeunt mortem esse censeas.

Respondit senex : Sine ulla dubitatione de his quoque ita censeo, quippe qui temporariam hanc mortem minime pertimescam, imo nec omnino mortem eam appellem, si quidem me per divinorum præceptorum viam incedentem arripuerit, quin potius transitum a morte ad præstantiorem et perfectiorem vitam atque in 283 Christo absconditam (*Coloss.* iii). Cujus quidem consequendæ cupiditate flagrantes optimi viri, præsentem hanc vitam permoleste ferebant. Unde etiam ait Apostolus : Scimus enim quoniam si terrestris domus nostra hujus habitationis dissolvitur, ædificationem ex Deo habemus, domum non manufactam, æternam in cœlis. Nam et in hoc ingemiscimus, habitationem nostram, quæ de cœlo est, superindui cupientes, si tamen vestiti et non nudi inveniamur (*II Cor.* v).

Nam et qui sumus in hoc tabernaculo, ingemiscimus gravati, eo quod nolumus exspoliari, sed supervestiri, ut absorbeatur quod mortale est a vita. Ac rursum : Infelix, inquit, ego homo, quis me liberabit de corpore mortis hujus (*Rom.* vii)? Et alio loco : Cupio dissolvi, et esse cum Christo (*Philip.* i). Et propheta David : Quando veniam, et apparebo ante faciem Dei (*Psal.* xli)? Quod autem ego quoque omnium infirmus corpoream mortem nullo modo extimescam, hinc facile tibi intelligere licet, quod patris tui minis contemptis ac pro nihilo habitis, intrepide ad te accesserim, ut salutiferam doctrinam tibi exponerem ; tametsi alioqui compertissimum haberem fore ut si hæc resciscerel, sexcentis me, si fieri posset, mortibus afficeret. Verum ego Dei sermonem omnibus rebus anteponens, ipsoque frui cupiens, nec temporariam hujusmodi rebus mortem perhorresco, nec eam hujusmodi nomine appellandam duco, Domini scilicet mandato obtemperans dicentis : Nolite timere eos qui occidunt corpus, animum autem non possunt occidere ; sed potius timete eum qui potest animam et corpus perdere in gehennam (*Matth.* x).

Hæc, inquit Josaphat, veræ vestræ philosophiæ præclara facinora, terrenorum hominum qui a præsenti hac vita vix avelli possunt, naturam longe multumque superant. Ac vos beati, qui hac strenuissima mente præditi estis. Quinam porro tibi ac sociis tuis in hujusmodi solitudine victus sit, atque item unde, et cujusmodi vobis vestes suppetant, vere mihi expone.

Barlaam autem dixit : Victus quidem nobis ex po- mis, et stirpibus, quas solitudo, cœlesti rore perfusa, et creatoris imperio parens, alit, nobis suppetit. Ob quæ nemo est qui adversum nos pugnam ineat atque contendat, majoremque partem, ut avaritiæ lex præscribit, arripere quærat ; verum uberrime omnibus illaboratus cibus, et extemporalis mensa proponitur. Quod si quando piorum fratrum, qui nobis vicini sunt, aliquis panis benedictionem afferat, hunc tanquam ad eorum qui cum fide obtulerunt, benedictionem a divina providentia missum suscipimus. Vestes autem nobis ex asperis ciliciis et ovium pellibus sunt, vetustæ omnes, atque ex variis pannis consutæ, imbecillam nostram carnem atterentes. Etenim eadem nobis est tum æstatis tum hiemis vestis. Quam etiam ut semel induimus, exuere postea nobis non licet, quousque vetustate confecta prorsus deleatur. Ad hunc enim modum et frigoris et æstus molestiis corpus afflictantes, futuræ immortalitatis vestem nobis comparamus.

Cumque hic Josaphat quæsivisset undenam vestem illam qua indutus erat sibi comparasset, respondit senex : A quodam piorum fratrum eam, cum ad te profecturus essem, utendam accepi ; neque enim par erat ut cum ea quam ferre soleo veste accederem. Quemadmodum enim quispiam charissimum quemdam cognatum in alienam regionem captivum abductum, illinc educere cupiens, abjecta veste sua, atque hostium suscepta persona, ad eorum regionem sese confert, variisque artibus propinquum suum ex acerba tyrannide in libertatem asserit ; eodem modo ego quoque de tuis rebus certior factus, hoc habitu suscepto veni, ut divina prædicatione pectus tuum consererem, atque a truculenti principis mundi servitute te vindicarem. Ac nunc per virtutem divinam, quantum quidem in me fuit, ministerio meo perfunctus sum. Etenim ipsius cognitionem tibi annuntiavi, ac prophetarum et apostolorum prædicationem exposui, vereque ac sine ullo errore præsentium rerum vanitatem demonstravi, quantisque malis hic mundus scateat, eos qui ipsi obtemperant in fraudem inducens, variisque modis irretiens. Deinceps igitur, eo unde huc veni, revertendum est, ac tum alieno habitu deposito, meum induam.

Obsecravit autem senem Josaphat, ut se ipsi cum consueta veste ostenderet. Cum itaque Barlaam vestem eam quam gerebat exuisset, horrendum Josaphat spectaculum sese obtulit. Etenim tota carnis ipsius qualitas [πιότης *fortasse legendum, id est,* pinguedo] absumpta erat, ac pellis ex solis æstu atque ardore circum ossa tensa erat, non secus ac si quis pellem subtilibus calamis tetendisset. Pannoso porro ac perquam aspero cilicio e lumbis usque ad genua cingebatur, idemque pallium humeris gerebat.

Admiratus itaque Josaphat hujusmodi vitæ duritiam et asperitatem, atque ex ingenti ea et singulari tolerantia stupore affectus ingemuit, profusisque lacrymis ad senem ait : Quoniam ea tibi huc veniendi causa fuit, ut me ex acerba diaboli servitute extraheres, beneficio tuo extremam 284 manum impone, atque animam meam de custodia educ (*Psal.* cxli*), ac me itineris tui socium adhibe, ut mundi impostura prorsus liberatus, tum denique salutaris baptismi sigillum accipiam, sociumque me tibi admirandæ hujus philosophiæ atque eximiæ exercitationis præbeam.

Dixit autem ad eum Barlaam : Capreæ hinnulum dives quispiam olim alebat : cum autem ipse crevisset, naturali affectu pertractus solitudines expetebat. Egressus igitur quodam die, caprearum gregem pastui operam dantem invenit, atque ad eas sese adjungens, per agros et campos oberrabat, ac sero quidem domum se referebat ; mane autem famulorum negligentia foras egrediebatur, atque cum silvestribus capris se aggregabat. Porro cum illæ pabulatum longius processissent, ipse quoque eas comitatus est. At vero divitis illius viri famuli, re cognita, conscensis equis eas a tergo insecuti sunt, ac suam quidem capream vivam captam, domumque reductam posthac ita tenuerunt, ut nulli ad eam aditus pateret ; reliquum autem gregem partim trucidarunt, partim male multarunt. Eodem modo ne nobis accidat metuo, si mihi te comitem adjungas. Hoc est, ne et tuo contubernio priver, et ingentes sociis meis calamitates, ac sempiternam patri tuo condemnationem accersam. Vult itaque te Dominus nunc quidem divini baptismi sigillo consignari, atque hic manentem omni pietatis generi studere, præceptisque suis operam dare. Posteaquam autem illius bonorum omnium datoris munere occasio sese obtulerit, tum demum et ad nos venies, et per reliquum omne hujusce vitæ tempus nobiscum deges. Ac Domini benignitate fretus, haudquaquam dubito quin in futura vita ita conjungamur, ut nunquam divelli possimus.

Josaphat autem lacrymis rursum perfusus, ad eum ait : Si Domino ita placet, ipsius voluntas fiat. Quocirca cum divino baptismate me initiaveris, pecuniasque a me et vestes, tam ad tuum quam ad sodalium tuorum victum ac vestitum acceperis, in religiosæ exercitationis locum, divinæ pacis præsidio septus, abscede ; meaque causa sine ulla intermissione Deum roga, ut ne spe mea frustrer, verum primo quoque tempore ad te pervenire, atque in alta quiete utilitatem ex te percipere possim.

Barlaam autem ait : Quin Christi quidem sigillum accipias, nihil est quod prohibeat. Quare teipsum jam adorna, ac Deo juvante Christianæ fidei sacris initiaberis. De iis autem pecuniis, quas te tum mihi, tum sodalibus meis daturum dixisti, qui tandem fieri posset ut tu qui pauper es, divitibus eleemosynam impertias ? Siquidem divitum est de pauperibus bene mereri, non autem contra pauperum de locupletibus et copiosis. Nam sodalium omnium meorum postremus opibus omnino te superat. Verum divinis miserationibus fretus, hoc mihi persuadeo, te propediem locupletissimum fore. Quod cum contigerit, minime ad largiendum promptus ac proclivis eris. Dixit autem ad eum Josaphat : Expone mihi, quæso, quonam pacto sodalium tuorum extremus opibus me antecellat, cum paulo ante tu eos in magna inopia vivere atque extrema paupertate conflictari dixeris. Quidnam item sit, quamobrem nunc me pauperem appelles, cum autem amplissimis opibus præditus fuero, minime liberalem fore dicas, qui nunc ad largiendum promptus ac propensus sum.

Respondit Barlaam : Non eos paupertate conflictari dixi, sed inexhaustis potius opibus florere. Nam opibus opes semper adjungere, nec cupiditatem tanquam freno coercere, verum sine ulla satietate plura appetere, extremæ paupertatis argumentum est. Contra, qui sempiternarum rerum cupiditate præsentia omnia contemnunt, eaque pro stercoribus ducunt, ut Christum solum lucrentur (*Philip.* iii), omnique ciborum et indumentorum excusa atque in Deum projecta cura, majorem ex inopia voluptatem capiunt quam quisquam eorum qui mundi amore flagrant, ex opum et pecuniarum abundantia capiat ; quique amplissimas virtutum divitias sibi aggesserunt, atque immortalium bonorum spe sese alunt, hos ego optimo jure te atque adeo quovis terreno rege locupletiores dixerim. Quod si, Deo tibi favente, tu quoque spirituales hujusmodi divitias arripueris, eas summo studio ac diligentia servabis, ac semper, et quidem merito, augere cupies, nec ullam omnino earum partem effundere sustinebis. Nam in hoc demum veræ divitiæ sitæ sunt. Earum autem opum quæ in sensum cadunt, moles detrimento potius quam commodo amicos suos affecerit. Quare non abs re eas extremam paupertatem appellavi, quas cœlestium bonorum amatores, rebus omnibus remisso nuntio, ita fugiunt, ut quispiam serpentem fugit. Si vero eum hostem, quem mei piæ exercitationis socii et commilitones jam obtruncarunt, ac pedibus proculcarunt, vivum rursus abs te acceptum ad ipsos detulero, bellorumque ac perturbationum causa ipsis fuero, prorsus ipsis exitiosus nuntius ero. Quod quidem absit ut faciam.

285 Idem autem de ndumentis etiam intelligas velim. Nam eos qui vetustatis labem et corruptelam exuerunt, atque inobedientiæ vestem, quantum in ipsis fuit, deposuerunt, Christum autem tanquam vestimentum salutaris, et pallium lætitiæ induerunt ; quonam tandem modo rursus pelliceis tunicis induerem, ipsisque ignominiæ amictum imponerem ? Quin potius, cum sodales meos, ut qui pia et religiosa solitudinis exercitatione contenti sint, eamque pro verissimis deliciis ducant, nullis omnino ejusmodi rebus indigere compertum habeam, pecuniis et vestibus, quas te ipsis daturum dicebas, in pauperes distributis, fac tibi ejusmodi thesaurum in futurum recondas, qui nullo modo surripi possit, Deum scilicet in ipso per illorum preces opitulatorem tibi adjungens. Sic enim hoc consequeris, ut opes ad optima quæque tibi adjumento sint. Ac deinde, cum Spiritus armaturam acceperis, et lumbos in veritate succinxeris, ac justitiæ loricam indueris, et salutis galeam capiti tuo imposueris, et pedes in Evangelii pacis præparatione calcearis, fideique scutum ac

Spiritus gladium, quod est verbum Dei, manibus sumpseris (*Ephes.* VI), atque undique te præstantissimis armis instruxeris ac muniveris, ita demum fidenti animo ad bellum cum impietate committendum egredere, ut ea in fugam versa, atque ipsius duce diabolo in terram alliso, a dextra Domini manu quæ vitæ principium affert, victricem coronam consequaris.

CAP. XIX. — Cum Barlaam hujusmodi doctrinis ac salutiferis sermonibus regis filium imbuisset, atque ad divinum baptismum præparasset, eique, ut consuetudo fert, ad aliquot dies jejunare ac precibus incumbere præcepisset, ad eum crebro ventitare non desinebat, atque omnia orthodoxæ fidei dogmata ipsi tradebat, divinumque Evangelium exponebat, ac præterea apostolicas cohortationes et prophetarum loca ipsa explanabat. Nam cum vir ille divinitus tradita doctrina polleret, omnem tam veteris quam novi Testamenti scripturam memoriter recitabat. Cumque divino Spiritu incitatus ferretur, adolescentem veræ Dei notitiæ luce collustravit. Eo autem die quo baptizandus erat, docendi causa bis ad eum verbis utebatur: En Christi sigillum accipere, atque dominici vultus lumine consignari (*Psal.* IV), Deique filius, ac vivifici Spiritus templum effici properas.

Quocirca in Patrem et Filium et Spiritum sanctum crede, sanctam, inquam, ex qua vita initium duxit, Trinitatem, quæ in tribus personis et una divinitate celebratur, ac, quantum quidem ad personas et personales proprietates attinet, distincta est, quantum autem ad essentiam, conjuncta et copulata: unum Deum ingenitum agnoscens, atque unum Filium unigenitum, Dominum nostrum Jesum Christum, lumen de lumine, Deum verum de Deo vero, genitum ante omnia sæcula. (Etenim ex bono Patre bonus Filius genitus est, et ex unigenito lumine sempiternum lumen effulsit, et ex vera vita vivificus fons prodiit, et ex ipsamet potentia, Filii potentia emicuit, qui est splendor gloriæ [*Hebr.* I], et Verbum vere subsistens, qui in principio erat, et apud Deum erat, et Deus erat [*Joan.* I], principii expers et sempiternus; per quem omnia facta sunt, tam quæ oculis cernuntur quam quæ cerni nequeunt.) Et unum Spiritum sanctum, ex Patre procedentem, agnoscens, Deum perfectum, et vitam afferentem, ac sanctitatem præbentem, eadem voluntate præditum, omnipotentem, eamdem æternitatem habentem, vere subsistentem. Ad hunc igitur modum Patrem et Filium et Spiritum sanctum adora, in tribus personis seu proprietatibus, atque in una divinitate. Communis enim his tribus est divinitas, atque una ipsorum natura est, una substantia, una gloria, unum regnum, una potentia, una auctoritas. Commune autem est Filio et Spiritui sancto, quod ex Patre sunt: at vero Patri proprium est ingenitum esse, Filio genitum esse, Spiritui denique processisse.

Sic igitur hæc crede: at generationis aut processionis modum comprehendere minime studeas (neque enim comprehendi potest), verum integro corde ac sine ulla supervacanea investigatione illud tene, nimirum Patrem et Filium et Spiritum sanctum omnibus modis unum esse, excepta ingeniti proprietate, et generatione, et processione; illudque item, unigenitum Filium ac Dei Verbum, et Deum, salutis nostræ causa Patris decreto, ac Spiritus sancti adjuncta opera, in terram descendisse; sine semine in sanctæ Virginis ac Dei genitricis Mariæ utero per Spiritum sanctum conceptum, ac sine ulla labe genitum, perfectumque hominem effectum; illudque præterea, ipsum perfectum Deum, ac perfectum hominem esse, ex duabus naturis, hoc est divinitate et humanitate, ac in duabus naturis intelligentia et voluntate et operatione et arbitrii libertate præditis, atque omni ratione perfectis, juxta normam ac rationem utrique naturæ, hoc est divinæ et humanæ consentaneam, una autem 286 composita persona. Hæc, inquam, simpliciter atque sine ulla curiosa investigatione accipe: nec illud intelligere stude, quonam pacto Dei Filius seipsum exinaniverit, atque ex virgineis sanguinibus homo sine semine atque corruptione factus fuerit; aut quonam pacto duæ naturæ in unam personam convenerint. Nam hæc quæ divinitus nobis a Scriptura sancta dicta sunt, fide tenere docemur: modum autem nescimus, nec exponere possumus.

Crede Filium Dei, qui per viscera misericordiæ suæ homo factus est, omnes eas humanas affectiones, quæ naturales sunt, nec vitio dantur, suscepisse. Fame enim, quantum ad humanam naturam attinet, ac siti laboravit, et dormivit, et in angore versatus est, et pro nostris iniquitatibus ad mortem ductus, crucique affixus, ac degustata morte sepultura affectus est, divina interim natura ab omni perpessione ac mutatione libera manente. Nullam enim omnino perpessionem ipsius naturæ ab omni perpessione alienæ attribuimus; verum in ea natura quam assumpsit eum passum et sepultum esse agnoscimus, ac divina gloria a morte ad vitam et immortalitatem excitatum esse, atque in cœlos ascendisse, tandemque rursum cum gloria venturum esse, ut de vivis ac mortuis sententiam ferat, atque unicuique pro eo ac meritus est rependat (*Matth.* XVI; *Apoc.* XXII). Resurgent enim mortui, et excitabuntur qui in monumentis sunt. Atque illi quidem qui Christi mandata observaverint, et in recta fide ex hac vita excesserint, sempiternam vitam hæreditario possidebunt; qui autem in peccatis sese corruperint, atque a recta fide deflexerint, ad sempiternum supplicium abituri sunt (*Joan.* V). Crede nec ullam mali essentiam, nec regnum ullum esse; nec principii expers illud esse statue, aut in seipso exstitisse, vel etiam a Deo ortum traxisse (procul a te sit hæc absurditas), verum opus nostrum ac diaboli hoc esse, quod nostra incuria et negligentia obrepit, propterea quod libero arbitrio præditi sumus, ac sponte nostra tam bonum quam malum eligimus. Ad hæc unum baptisma ex aqua et Spiritu sancto in peccatorum remissionem confi-tere.

Atque insuper ab omni labe pura Christi mysteria accipe, certissime credens, Dei nostri corpus et sanguinem esse, quæ hominibus fide præditis, ad peccatorum veniam dono dedit. Christus enim ea nocte qua tradebatur, testamentum novum discipulis suis et apostolis, ac per eos omnibus qui in ipsum credituri erant (*I Cor.* xi), in hæc verba sanxit: Accipite et manducate, hoc est corpus meum quod pro vobis frangitur in remissionem peccatorum. Eodemque modo sumptum calicem ipsis porrexit, dicens: Hic est sanguis meus novi testamenti, qui pro vobis effunditur in remissionem peccatorum. Hoc facite in meam commemorationem. Ipse igitur Dei sermo vivus et efficax (*Hebr.* iv), atque sua virtute nihil non efficiens, per divinum ac sacrosanctum sermonem, ac Spiritus sancti adventum, ex oblationis pane et vino corpus suum ac sanguinem efficit, atque immutat, et iis a quibus cupido animo percipitur sanctitatem et lucem affert.

Venerandam characteris Domini, hoc est, Dei Verbi, humanitate nostra causa induti, effigiem adora, cum fide exosculans, atque ita existimans te ipsum net creatorem in imagine contueri. Siquidem imaginis honor, ut a sancto viro proditum est (*Basil., lib. de Spiritu sancto cap.* 18), ad exemplar refertur. Exemplar porro est id cujus imago effingitur, atque ab eo derivatur. Etenim cum picturam in imagine cernimus, ad veram formam, cujus imago est, mentis oculis transimus, eum qui nostra causa carnem sibi adjunxit pie adorantes; non ipsi quidem picturæ divinitatem attribuentes, verum ut incarnati Dei imaginem, pro nostro erga eum, qui nostra causa etiam usque ad servi formam sese exinanivit, amore ac benevolentia complectentes. Eodemque modo etiam puræ ipsius Matris, atque omnium sanctorum effigies, eadem ratione complectens, atque item vivificæ ac venerandæ crucis typum fide adorans, exosculare, ob Christum videlicet ac Deum et mundi Servatorem, qui salutis nostræ causa carne in ipsa suspensus est, nobisque ad victoriam adversus diabolum obtinendam hoc signum dedit. Cohorrescit enim ille ac tremore afficitur, ipsius vim intueri minime sustinens. In his dogmatibus, atque hujusmodi fide baptizaberis, eam mutationis omnis expertem, atque ab omni hæresi puram usque ad extremum vitæ spiritum retinens: omnem autem doctrinam, atque omnia dogmata, quæ huic a reprehensione alienæ fidei adversantur, exsecrare, atque abalienationem a Deo esse existima. Ait enim Apostolus: Etiamsi Angelus de cœlo evangelizet vobis præterquam quod evangelizavimus vobis, anathema sit (*Gal.* I). Neque enim aliud est Evangelium, aut alia fides, præter eam quæ ab apostolis prædicata, atque a divinis Patribus in variis conciliis confirmata est.

Hæc cum dixisset Barlaam, atque illud fidei symbolum, quod in Nicæno concilio editum est, regis filio exposuisset, in nomine Patris et Filii et Spiritus sancti, eum in piscina quæ in ipsius horto erat baptizavit, ac super eum Spiritus sancti gratia venit. Cumque ad ipsius cubiculum rediisset, atque incruenti sacrificii sacrum peregisset, immaculata Christi mysteria ipsi impertivit. Posteaque ille spiritu exsultabat, Christum Deum laude atque gloria afficiens.

Dixit autem ad eum Barlaam : Benedictus Deus, et Pater Domini nostri Jesu Christi, qui pro ingenti sua misericordia regeneravit in te spem vivam, in hæreditatem incorruptibilem, et incontaminatam, et immarcescibilem, conservatam in cœlis in Christo Jesu Domino nostro per Spiritum sanctum (*I Pet.* I). Hodierno enim die a peccato liberatus, accepto sempiternæ vitæ pignore, Deo mancipatus es; ac relictis tenebris lumen induisti adoptatus in libertatem gloriæ filiorum Dei : Quotquot enim, inquit ille, receperunt eum, dedit eis potestatem filios Dei fieri, his qui credunt in nomine ejus (*Joan.* I). Itaque non jam servus es, sed filius et hæres Dei, per Christum in Spiritu sancto (*Gal.* IV). Quocirca, charissime, id stude ut mundus et immaculatus ipsi inveniaris, supra fidei fundamentum proba opera exstruens. Fides enim sine operibus mortua est, quemadmodum et opera sine fide (*II Petr.* III; *Jac.* II);

Atque, ut jam prius me ad te dicere memini, deposita jam omni malitia, veterisque hominis, qui secundum erroris desideria corrumpitur (*Ephes.* IV), operibus omnibus odio habitis, tanquam modo genitus infans, rationabile et sine dolo virtutum lac sugere concupisce (*I Pet.* II), ut in eo crescas, atque ad mandatorum Dei cognitionem pervenias in virum perfectum, in mensuram ætatis plenitudinis Christi (*Ephes.* IV) ; ut non jam sis parvulus sensibus, vitiosarum affectionum fluctibus ac tempestate jactatus et circumactus, verum malitia quidem parvulus sis, ad bonum autem firmam ac solidam mentem habeas, atque ut dignum est ea vocatione qua vocatus es, in mandatorum Domini observatione verseris, excussa nimirum atque a te remota prioris vitæ vanitate, quemadmodum gentes ambulant in vanitate sensus sui, obscuratum habentes intellectum, alienati a gloria Dei, cupiditatibusque suis et motibus a ratione aversis subjecti. Tu vero quemadmodum ad Deum vivum et verum accessisti, sic etiam ut filius lucis ambula. Fructus enim Spiritus est in omni bonitate, et justitia, et veritate (*Gal.* V). Atque illud operam da, ne novum eum hominem, quo hodie indutus es, priori posthac vetustate labefacies, verum quotidie in justitia et sanctitate et veritate renoveris. Nam hoc nemo non potest, si velit, quemadmodum audisti, quod potestatem dederit filios Dei fieri, his qui credunt in nomine ejus (*Joan.* I). Quapropter non jam hoc dicere possumus, nos virtutes adipisci minime posse. Proclivis enim ac facilis via est; atque etiamsi ob corporis afflictionem arcta quodammodo et angusta dicta est (*Matth.* XI), tamen ob futurorum suorum spem iis recta et clara est, qui non stulte ambulant, verum Dei voluntatem exacte intelligunt, atque ad dimicandum adversus diaboli hostis versutias ipsius armaturam induunt, et in oratione atque obsecratione, cum patientia et spe in hoc ipsum invigilant (*Ephes.* VI).

Ac proinde facito ut quemadmodum a me audisti et eruditus es, firmumque fundamentum jecisti, in ipso abundes, crescens videlicet et proficiens, ac boni militis officio fungens, fidem habens, et bonam conscientiam proborum operum testimonio confirmatam (*I Tim.* VI); justitiam colens, pietatem, fidem, charitatem, patientiam, lenitatem; vitam sempiternam, ad quam vocatus es, apprehendens; omnem autem voluptatum ac vitiosarum affectionum cupiditatem; non modo quantum ad actionem, sed etiam quantum ad cogitationem, procul a te removens, ut animam tuam ab omni spurcitie puram Deo exhibeas. Non enim actiones duntaxat, verum etiam cogitationes nostræ apud Deum in numerato sunt, coronasque aut supplicia nobis conciliant. Siquidem Christum simul cum Patre ac Spiritu sancto in puris cordibus habitare perspectum habemus. Ac rursum illud non ignoramus, quod quemadmodum fumus apes, eodem modo pravæ cogitationes divini Spiritus gratiam a nobis propellunt.

Quamobrem summo studio in hoc enitere, ut omni vitiosa cogitatione ex animo tuo exstincta et deleta, optimas quasque cogitationes in ea inseras, templumque Spiritus sancti teipsum efficias. Siquidem per cogitationes ad actiones ipsas venimus; atque omne opus a cogitatione animique agitatione progrediens, parvum primo initium arripit, ac deinde tacitis incrementis augescens, ingens ad extremum efficitur. Ob eamque causam, nullo modo permitte ut improba consuetudo tibi dominetur; verum donec recens est, parvam radicem e pectore tuo evelle; ne alioqui cum pullularit, ac radices suas alte infixerit, postea non nisi longo tempore, ac magno cum labore exstirpari possit. Ob id enim majora peccata quotidie ad nos aditum habent, atque in animas nostras imperium obtinent, quoniam iis quæ minora esse videntur, hoc est improbis cogitationibus, inhonestis sermonibus, malisque colloquiis consentanea correctio minime adhibetur. Ut enim in corporibus qui parva vulnera negligunt saniem plerumque ac mortem sibi ipsis accersunt, ad eumdem modum etiam in animis hoc usu venit, ut qui minima vitia ac peccata nihili pendunt, graviora sibi invehant. Quatenus autem graviora peccata ipsis oriuntur, contracto tandem habitu anima in contemptum cadit. Impius enim, inquit ille, cum in profundum venerit, contemnit (*Proverb.* VIII). Ac deinceps, ut sus in cœno volutari gaudet (*II Pet.* II), sic etiam anima illa pravæ consuetudini immersa, ne peccatorum quidem fœtorem sentit, verum potius ipsis gaudet et oblectatur, vitiumque instar boni cujuspiam arctissime retinet. Atque ut etiam aliquando, recepta meliori mente, scelerum suorum sensu afficiatur, non tamen sine magno labore ac sudore a prava consuetudine, cui ultro ac sponte se in servitutem addixit, liberatur.

Quocirca omnibus viribus ab omni mala cogitatione atque omni vitiosa consuetudine te remove, ac potius virtutibus assuesce, easque ita cole atque exerce, ut earum habitus tibi comparetur. Nam si paulum laboris in ipsis susceperis, atque earum habitum contraxeris, postea, Deo juvante, citra laborem ullum proficies. Siquidem virtutis habitus animæ insitus, utpote naturalem cum ea cognationem habens, Deique ope adjutus, vix omnino mutationem ullam recipit, atque in primis firmus est, quemadmodum vides fortitudinem et prudentiam, temperantiamque item ac justitiam, vix omnino mutationem ullam admittere, propterea quod animæ habitus et qualitates et operationes sint, eam penitus penetrantes. Nam cum vitii affectiones, quæ nobis non naturales, sed adventitiæ sunt, posteaquam ad habitum pervenerint, vix omnino dimoveri possint, quid afferri potest, quin virtus, quæ et naturaliter nobis a summo illo parente et effectore insita est, ipsiusque ope et adjumento nititur, si nobis nonnihil laborantibus per habitum in anima radices egerit, multo minus immutari queat?

CAP. XX. — Unde etiam mihi quidam ipsius cultorem hujusmodi narravit: Cum, inquit, firmissimum divinæ contemplationis habitum mihi comparassem, ipsiusque meditatione anima mea tincta esset, hujus rei periculum aliquando facere cupiens, mentem meam ita continui, ut eam pro suo more meditationi sese adjungere minime sinerem. Quod quidem id eam perægre ac permoleste ferre intellexi, atque ad eam effrenata quadam cupiditate properare, nec ad contrariam ullam cogitationem ullo modo inflecti posse. At cum habenas ipsi nonnihil permisissem, statim ad studium suum et operam celerrimo cursu ferebatur; exstabatque id quod ait Propheta: Quemadmodum desiderat cervus ad fontes aquarum, ita desiderat anima mea ad te, Deus. Sitivit anima mea ad Deum fontem vivum (*Psal.* XLI). Ex his igitur omnibus demonstratum est in nobis hoc situm esse, ut virtutem adipiscamur; idque nostri arbitrii ac potestatis esse, eamne amplecti, an contra peccatum ipsi anteferre velimus. Et quidem ii qui vitio in servitutem se addixerunt, ægre ab eo abstrahi possunt, quemadmodum a me superius dictum est.

Tu vero, qui per viscera misericordiæ Dei nostri eo liberatus es, ac per Spiritus divini gratiam Christum induisti, fac te totum ad Dominum transferas, nec vitiosis affectionibus januam ullo modo aperias, verum animam tuam suavi virtutum odore ac splendore coornatam, sanctæ Trinitatis templum reddas, atque in ipsius contemplatione omnes mentis tuæ facultates occupes. Nam cum is qui cum terreno rege degit atque colloquitur beatus ab omnibus prædicetur non est dubium quin is cui divino beneficio contigit ut mente cum Deo colloquatur, consuetudinemque cum eo habeat, omni beatitudine cumuletur. Quæ cum ita sint, eum semper ob oculos tibi propone, atque cum ipso colloquere. Quanam autem ratione cum Deo colloqueris? Nimirum per orationem et obsecrationem ad Deum appropinquans. Nam qui ardenti tissimo desiderio ac purgato pectore orat, atque ab omnibus rebus ex materia concretis et terrenis abducta mente, tanquam coram Deo astat, ac cum metu et tremore preces ad eum adhibet, hic nimirum cum eo consuetudinem habet, facieque ad faciem cum eo colloquitur.

Siquidem bonus noster Deus ac Dominus ubique adest, eos qui sincero ac puro animo ipsum precantur exaudiens, quemadmodum ait Propheta : Oculi Domini super justos, et aures ejus in preces eorum (*Psal.* xxxiii). Quo fit ut Patres hominis cum Deo conjunctionem orationem esse definiant, eamque angelorum opus ac futuræ lætitiæ præludium appellent. Siquidem in hoc potius quam in ullis aliis rebus situm esse cœlorum regnum censent, ut quis ad sanctam Trinitatem appropinquet, eamque contempletur. Quam quidem ad rem cum precandi assiduitas mentem velut manu ducat, non abs re beatitudinis illius præludium ac velut effigies quædam appellata est. **289** Verum non omnis oratio ejusmodi est ; sed ea demum hoc nomine nuncupanda est, quæ Deum, qui orationis materiam suppeditat, magistrum habet, quæque supra terrena omnia assurgit, atque cum Domino Christo sine ulla intermedia re versatur.

Hanc velim tibi acquiras, atque in ea provehi contendas. Etenim ipsa hanc vim habet, ut te a terra in cœlos subvehere possit. Cæterum non temere, ac sine ulla præparatione in ipsa progressus facies ; verum ita demum, si animam tuam ab omnibus vitiosis affectionibus prius repurgaris, eamque ab omni improba cogitatione detersam, puri cujusdam ac recens abstersi speculi instar effeceris, et ab omni injuriarum recordatione atque ira (quæ majori quam reliqua omnia impedimento est quo minus preces nostræ ad Deum sublimes ferantur) teipsum procul removeris, cunctisque qui te læserint, offensionem ex animo remiseris, atque per eleemosynas et pauperum miserationes, orationi velut pennas quasdam additas, eam Deo cum calentibus lacrymis obtuleris. Ad hunc quippe modum orans, iisdem verbis uti poteris, quibus beatus ille David, qui rex erat, ac sexcentis curis distrahebatur, nihiloque secius tamen animam suam a vitiosis affectionibus perpurgaverat, ad Deum utebatur, dicens : Iniquitatem odio habui, et abominatus sum, legem autem tuam dilexi. Septies in die laudem dixi tibi, super judicia justitiæ tuæ. Custodivit anima mea testimonia tua, et dilexit ea vehementer. Appropinquet deprecatio mea in conspectu tuo, Domine ; juxta eloquium tuum da mihi intellectum (*Psal.* cxviii).

Sic videlicet clamante te, Deus exaudiet, et adhuc loquente te dicet : Ecce adsum (*Isa.* lxxxv). Quocirca, si hujusmodi orationis adeptus fueris, beatus eris. Neque enim fieri potest, quin is qui cum hujusmodi animi alacritate Deum orat atque obsecrat, quotidie novos in virtute progressus faciat, atque omnes hostis laqueos superet. Nam qui mentem suam, ut cujusdam viri sancti verbis utar, excalefecit, animamque suam erexit, atque in cœlum se transtulit, sicque Dominum suum invocat, sceleraque sua in memoriam revocat, ac de eorum remissione cum Deo colloquitur, calentissimisque lacrymis eum obsecrat, ut pro sua benignitate propitium ac facilem se ipsi præbeat, ex hujusmodi sermonum et cogitationum usu et consuetudine hoc consequitur, ut omnem hujusce vitæ curam deponat, atque humanis affectionibus superior existat, dignusque habeatur qui Dei congerro appelletur. Quo quid beatius aut sublimius contingere possit ? Utinam itaque Dei beneficio beatitudinis hujusce compos fias !

Ecce enim mandatorum Domini viam tibi demonstravi, nec quidquam subtraxi, quominus omne Dei consilium tibi annuntiarem. Ac jam quidem ego ministerium meum absolvi (*Act.* xx). Superest, ut succinctis lumbis mentis tuæ, instar sancti illius qui te vocavit, ipse quoque in omni vitæ tuæ ratione sanctum te præbeas. Sancti enim estote, quoniam ego sanctus sum, dicit Dominus (*Levit.* xix). Atque etiam apostolorum princeps ad hunc modum loquitur : Si Patrem invocatis eum qui sine personarum acceptione secundum cujusque opus judicat, in timore incolatus vestri tempore conversamini, scientes quoniam non corruptibilibus auro et argento liberati estis de vana vestra conversatione paternarum traditionum, sed pretioso sanguine quasi agni incontaminati et immaculati Jesu Christi (*I Pet.* 1).

Hæc igitur omnia in mente condita sine ulla intermissione recordare, Dei metum et horrendum ipsius tribunal, et splendorem eum quem justi in futuro ævo accepturi sunt, ac contra peccatorum in teterrimis tenebris mœrorem ; præsentium item rerum imbecillitatem et vanitatem, ac futurorum æternitatem semper ob oculos habens : illudque præterea, quod omnis caro feni instar est, et omnis gloria ejus tanquam flos feni. Exsiccatum est fenum, et flos ejus decidit. Verbum autem Domini manet in æternum (*Isa.* xl). Hæc semper meditare (*I Tim.* iv) ; et pax Dei tecum sit (*Philip.* iv), quæ te illuminet, et sapientia instruat, et ad salutis viam ducat, improbamque voluntatem procul a tua mente depellat, atque animam tuam crucis signo imprimat, ne ullum perversi spiritus scandalum ad te propius accedat, verum divino beneficio in omni virtutum perfectione futurum illud ac finis et successionis expers regnum adipiscaris, ac beatæ et vitæ initium afferentis Trinitatis, quæ in Patre et Filio et Spiritu sancto glorificatur, lumine collustreris.

CAP. XXI. — Cum hujusmodi doctrinis, ad mores informandos accommodatis, præstantissimus senex regis filium instruxisset, ad suum hospitium se contulit. At adolescentis ministri et præceptores frequentem ipsius in palatium ingressum perspicientes, admiratione afficiebantur. Unus autem ex iis qui priorem inter eos locum obtinebat et quem rex velut fidelissimum ac sui studiosissimum filii sui palatio præfecerat, Zardan nomine, regis filium his verbis allocutus est : Non te fugit, here, quanto patris tui metu afficiar, quaque erga eum fide sim, eoque etiam nomine me tanquam fidissimum famulum tibi administrum esse jussit. **290** Nunc autem exterum hunc virum crebro tecum colloqui videns, illud vereor ne Christianæ religionis, quam pater tuus ingenti odio insectatur, cultor sit; sicque ego capitali sententiæ obnoxius reperiar. Proinde vel de eo patrem certiorem fac, vel posthac cum eo colloqui desine; vel certe, ne in reprehensionem incurram, a facie tua me ablega, atque alium qui mihi subrogetur a patre tuo postula.

Regis autem filius ad eum dixit: Hoc primum, o Zardan, faciamus. Velo quodam obductus sta, ipsiusque ad me sermones audi, atque ita quidnam tibi faciendum sit exponam.

Cum igitur Barlaam ad ipsum accessurus esset, Zardane intra velum introducto, ad senem ait: Divinam tuam doctrinam mihi summatim repete, quo firmius pectori meo inseratur. Excepto igitur sermone, Barlaam longam de Deo atque erga eum pietate orationem habuit, quodque eum solum ex toto corde, et ex tota anima, et ex tota mente amare, ipsiusque mandata cum timore ac desiderio observare oporteret (*Matth.* xxii); quodque ipse esset qui omnia, tam quæ in cernendi sensum cadunt quam quæ ab oculorum sensu remota sunt, condidisset. Ac deinde primi hominis effictionem, mandatumque ipsi datum, latamque in eum, ob violatum edictum a creatore sententiam commemoravit. Deinceps bona ea recensuit, quibus nos, rejecto ipsius mandato, nosmet exclusimus. Mox carum molestiarum mentionem fecit, quæ postquam ab illis bonis excidimus, misere nos invaserunt. Tum autem ea quæ ad benignitatem et amorem erga hominum genus pertinebant subjunxit, nempe quonam modo summus ille opifex salutis nostræ curam gerens, magistros ac prophetas Unigeniti incarnationem prædicantes miserit. Deinde etiam ipsius descensum, incarnationem, beneficia, miracula, tolerataque pro nobis ingratitudinis vitio laborantibus supplicia, crucem, lanceam, voluntariam mortem, ac denique nostram in integrum restitutionem et revocationem, atque ad primum bonum reditum; ac postea cœlorum regnum, quod homines eo dignos manet, recondita improbis cruciatum ignem nunquam exstinguendum, perpetuas tenebras, immortalem vermem, cæterasque omnes pœnas, quas ii qui peccati servitute se constrinxerunt, sibi ipsis aggesserunt. Hæc cum oratione prosecutus esset, ac sub finem in doctrinam ad mores accommodatam delapsus fuisset, multaque de vitæ puritate verba fecisset, præsentiumque rerum vanitatem damnasset, eorumque qui his totos se addicunt miseriam coarguisset, orationem tandem precatione conclusit, a Deo nimirum ipsi firmam et constantem orthodoxæ fidei confessionem, vitamque ab omni reprehensionis nota immunem, ac purissimam muneris sui administrationem optans. Ac postea precationi fine imposito, ad hospitium suum rursus se recepit.

Regis autem filius, accito Zardane, quid animi haberet periclitans, dixit: Audiisti quæ mihi tabula iste dixerit, me videlicet inani suo verborum lenocinio in fraudem inducere studens, ac jucunda hac oblectatione et amœnitate privare, atque ad peregrini Dei cultum traducere? Zardan autem, Quidnam, inquit, tibi visum est, o rex, famulum tuum tentare? Perspectum enim habeo viri sermones pectus tuum altissime penetrasse. Nam nisi ita esset, non tam lubenter ac perpetuo cum eo sermones misceres. Et quidem nos istiusmodi prædicationem haudquaquam ignoramus. Verum ex quo tempore pater tuus atrocissimam adversus Christianos persecutionem excitavit, illi hinc expulsi sunt, atque ipsorum prædicatio conticuit. Quod si tibi dogma hoc arridet, ipsiusque duritiem et laborem subire potes, faustum sane ac felix sit id quod animo tuo insedit. Ego autem quid tandem faciam, qui hujusmodi duritiem ne adversis quidem oculis intueri possum, ac regis metu animum doloribus atque acerbitatibus distractum habeo? Quanam apud eum excusatione utar, qui ipsius imperia neglexi, atque huic viro ad te aditum permisi?

Dixit autem ad eum regis filius: Equidem nihil aliud quod ingenti tuæ erga me benevolentiæ satis præmii afferret agnoscens, hoc unum beneficio tuo majus reperi, nimirum ut tibi bonum illud, quod naturam superat, perspicuum reddere studerem, hoc est, ut quem ad finem procreatus sis intelligeres, ac creatorem agnosceres, relictisque tenebris, ad lucem accurreres. Atque in hac spe eram, fore ut simul atque de ea aliquid audiisses, ardentissima quadam cupiditate illam sequereris. Verum spe mea, ut video, falsus sum, ut qui ad ea quæ dicta sunt tepide affectum te conspiciam. Regi autem ac patri meo si hæc indicaveris, nihil aliud hinc consequeris, quam ut ipsius animum curis ac mœroribus conficias. Verum si candido ac sincero in eum animo es, cave ne ipse antequam commoda occasio se obtulerit, quidquam hujusmodi ex te resciscat. Hac oratione ad eum habita, tanquam in aquam seminare (12) videbatur. Neque enim sapientiæ ad stolidum **291** animum aditus unquam patebit.

Postridie autem Barlaam ad eum accedens, de discessu suo sermonem ingerebat. Ille autem ab eo divelli minime sustinens, animo excruciabatur, lacrymisque totus perfundebatur. Senex vero cum longum ad eum sermonem habuisset, eumque ut firmissimus in bono perstaret obtestatus esset, verbisque ad cohortandum accommodatis ipsius pectus confirmasset, precibus ab eo contendebat ut læto atque hilari animo discedendi potestatem sibi faceret. Illud etiam adjungebat, eam brevi inter se conjunctionem mutuam fore, quæ dissidii omnis expers esset. At regis filius, cum nec diutius seni negotium facessere, nec eum expetito itinere prohibere posset, ac præterea metuens ne Zardan ille regem de eo certiorem faceret, ac suppliciis eum afficeret, his ad eum verbis usus est: Quandoquidem ita tibi hoc animo insidet, spiritualis Pater ac præceptorum optime, mihique omnis boni auctor, ut me in mundi vanitate versantem deseras, atque ad spiritualis quietis locum proficiscaris, non ultra te retinere atque impedimento tibi esse audeo. Abi igitur Dei pace septus, ac meæ miseriæ in præclaris tuis ad Dominum precibus memoriam ne intermittas, quo tandem ad te pervenire ac faciem tuam perspicere queam.

Unam autem rem a te postulo, nimirum, ut, quoniam pro tuis religiosæ vitæ sodalibus nihil accipere voluisti, saltem pro te exiguum aliquid pecuniæ in victum ac vestem in indumentum accipias. Ille autem ad eum respondit: Cum pro fratribus meis nihil a te acceperim (neque enim illi aliquid ex hujus mundi rebus, a quibus ultro sese removerunt, accipere opus habent), quonam tandem pacto mihi id acquiram, quod ipsis interdixi? Nam si pecuniarum possessio bona esset, illis certe ante me eas impertiissem. Quoniam autem exitiosam earum possessionem esse scio, nec illos, nec me item hujusmodi laqueis implicato [1].

Cum igitur ne hoc quoque ipsi persuadere potuisset, ad alteram petitionem rursum se convertit, supplexque ab eo petiit ne preces suas omnino negligeret, nec se omni mœstitiæ genere profligaret, verum ut detritum illud et asperum, ac vetustate confectum pallium (tum ad religiosæ magistri sui vitæ reficiendam memoriam, tum ad præsidium adversus omnes Satanæ afflatus) sibi relinqueret, atque ipse pro eo aliud acciperet: quo scilicet, inquit, id quod a me datum fuerit, perspiciens, humilitatis meæ memoriam retineas.

Ait autem senex: Vetus meum ac detritum pallium tibi dono dare, aliudque novum indumentum accipere, mihi non licet, ne exigui mei laboris mercedem hic recepisse divina sententia pronuntiet. Cæterum, ne tuam animi alacritatem retundam, vetusta, nec a meis quidquam diversa, ea indumenta sint, quæ mihi abs te porrigentur. Regis itaque filius, cum asperos quosdam ac vetustos pannos quæsivisset, eosque seni dedisset, ipsius veste invicem accepta, magnam inde lætitiam concepit, quavis purpura ac regio ornamento citra omnem comparationem præstantiorem eam existimans.

Divinissimus autem Barlaam jam jamque discedere cupiens, ea quæ ad discessum pertinebant loquebatur, postremamque hanc ipsi doctrinam adhibuit. Charissime frater, inquit, ac suavissime fili, quem ego per Evangelium genui (*I Cor.* IV), scis cui Regi nomen dedisti, et cum quo pacta inivisti. Quare firma ea serves necesse est, atque omnia militiæ munia, quæ in hujusmodi pactorum charta, præsente ac testante, atque etiam pacta ipsa litteris mandante universo cœlesti exercitu, promisisti, alacri animo exsequaris. Quæ quidem si præstiteris, beatus eris. Quocirca tibi providendum est ne quid præsentium rerum Deo, ipsiusque bonis anteponas. Quid enim rerum præsentium tantum terroris afferre potest, quantum ignis æterni cruciatus, qui ita ardet, ut interim lucis omnis expers sit, nec unquam exurendi finem faciat? Ac rursum, quodnam est hujus mundi

[1] Hoc intellige de divitiis, quibus aliquis abutitur.

bonum, quod tanta animum voluptate perfundat, ut Deus se ipsum iis a quibus diligitur donans: cujus et pulchritudo sermone omni præstantior est, et potentia invicta, et gloria sempiterna, et cujus bona ea quæ ipsius amicos manent, omnia quæ oculis cernuntur incomparabiliter antecellunt: quæ oculus non vidit, nec auris audivit, nec in cor hominis ascenderunt (*I Cor.* II)? Quorum utinam tibi robustissima Dei manu septo ac munito hæredem esse contingat!

Regis autem filius lacrymis perfusus, angebatur, ac summa molestia afficiebatur, ut qui ab amantissimo patre ac præstantissimo magistro relinqui minime sustineret. Et quisnam, inquiebat, o Pater, tuas partes explebit? aut quem tandem hujusmodi pastorem ac ducem consequi potero? et quonam solatio desiderium tui lenibo? Ecce enim me improbum ac rebellem servum ad Deum adduxisti, atque in filii et hæredis classe collocasti, ac me perditum atque omnibus bestiis prædam expositum exquisiisti, et cum iis Dei ovibus quæ minime aberraverant copulasti (*Luc.* XV), atque compendiariam veritatis viam mihi demonstrasti (*Psal.* LXXXV), meque de tenebris et umbra mortis eduxisti (*Lucæ* I), ac pedes meos e lubrica et exitiosa ac perversa et curva via extraxisti. Magna et admiranda mihi a te bona orta sunt, atque ejusmodi, ut singularem eorum magnitudinem nulla oratio consequi possit. Magnorum igitur ipse quoque pro me exiguo homunculo ipsius beneficiorum utinam sis particeps! atque id quod meæ gratiarum actioni deest expleat Dominus, qui solus beneficiorum relatione eos qui ipsius amore præditi sunt superat.

Barlaam autem, ipsius lamentationes amputans, surrexit, atque ad orandum se comparavit, manibusque in cœlum sublatis, hic verbis usus est. Deus et Pater Domini nostri Jesu Christi, qui ea quæ prius tenebris obducta erant, luce perfudisti, atque res omnes conditas, tam quæ aspectu sentiuntur quam quæ ab oculorum sensu remotæ sunt, ex nihilo produxisti, qui figmentum tuum convertisti, nec nos post insipientiam nostram abire permisisti, gratias tibi agimus, ac tuæ potentiæ et sapientiæ, hoc est Domino nostro Jesu Christo, per quem etiam sæcula fecisti (*Heb.* I), nosque prolapsos et jacentes excitasti, et delinquentibus peccata remisisti, errore vagantes reduxisti, captivos redemisti, morte exstinctos per Filii tui ac Domini nostri pretiosum sanguinem ad vitam revocasti.

Te igitur invoco, atque unigenitum Filium tuum, et sanctissimum tuum Spiritum. Respice in oratione præditam hanc ovem, quæ per me indignum hominem ad altare tuum accedit, atque ipsius animam per virtutem ac gratiam tuam sanctifica. Visita vineam hanc (*Psal.* LXXIX), quæ per Spiritum sanctum tuum plantata est, atque hoc ei da, ut justitiæ fructum ferat; corrobora eum, pactum tuum in ipso confirmans; ac per boni tui Spiritus sapientiam eum a diaboli fraude atque impostura eripe. Doce eum facere voluntatem tuam (*Psal.* cxlii), et auxilium tuum ab eo ne auferas (*Psal.* l). Atque et ipsi et mihi servo inutili, bonorum tuorum quæ finem nesciunt, hæreditatem consequi beneficio tuo contingat. Quoniam benedictus es et gloriosus in sæcula. Amen (*Dan.* iii).

Absoluta autem oratione, conversus, ipsum jam cœlestis Patris filium exosculatus est, pacemque ipsi ac sempiternam salutem precatus, ex aula excessit, lætusque abiit, gratias Deo agens, cujus favore iter ipsi ex animi sententia successerat.

Cap. XXII. — Josaphat autem, posteaquam exiit Barlaam, precibus sese dedit, calentissimisque lacrymis profusis ad hunc modum locutus est : Deus in adjutorium meum intende, Domine ad adjuvandum me festina (*Psal.* lxix). Quoniam tibi derelictus est pauper : orphano tu eris adjutor (*Psal.* ix). Respice in me, et miserere mei (*Psal.* lxxxv), qui omnes vis salvos fieri, et ad agnitionem veritatis venire (*II Tim.* i). Serva me, quæso, indignum licet homunculum, atque corrobora, ut in sanctorum mandatorum tuorum via ambulem. Quoniam ego imbecillis ac miser sum, nec iis viribus, ut boni quidquam facere possim. Tu vero salutem mihi afferre potes, qui omnia, tam quæ oculis cernuntur quam quæ cerni nequeunt, contines atque conservas. Ne me post improbas carnis meæ voluntates abire sine; verum doce me facere voluntatem tuam (*Psal.* cxlii), atque in sempiternam ac beatam vitam me conserva. O Pater, et Fili, et divine Spiritus, consubstantialis, ac divisionis expers Divinitas, te invoco, te gloria afficio. Te enim laudat quidquid creatum est, ac te gloria afficiunt intellectuales ac corpore vacantes virtutes in sæcula. Amen.

Deinceps igitur quam diligentissime seipsum conservabat, atque ita comparabat, ut et animæ et corporis puritatem acquireret, atque in continentia, et orationibus, obsecrationibusque, per totum noctis curriculum sese prorogantibus, vitam duceret. Nam cum plerumque diurno tempore, tum ob eorum qui cum ipso versabantur, contubernium, tum etiam interdum ob regis ad eum accessum, aut quod ipse ab eo acciretur, sese interrumpi videret, nox ipsi, quod diei deerat, supplebat, ut qui in precibus et lacrymis ad diluculum usque staret, ac Dei opem imploraret. Unde etiam prophetica illa vox in ipso implebatur : In noctibus extollite manus vestras in sancta, et benedicite Dominum (*Psal.* cxiii).

Zardan autem ille, cum hujusmodi ipsius vitæ rationem intellexisset, summaque inde mœstitia afficeretur, gravibusque animi curis vexaretur, nec quid faceret haberet, ad extremum mœrore oppressus, simulato morbo, in suas ædes concessit. Quod ut rex comperit, alium quemdam ex his, quos fidissimos habebat, misit, qui ipsius loco filio ministraret. Ipse autem valetudinis Zardanis curam gerens, celeberrimum ad eum medicum mittit, eumque ut summam ad ipsius curationem sollicitudinem adhibeat rogat.

Medicus igitur, quoniam eum regi gratum et acceptum esse perspiciebat, sedulo eum invisebat. Cumque ipsius statum accurate considerasset, regi confestim indicavit, **293** se nihil quod morbum ipsi accerseret in eo reperire potuisse; ac proinde ita existimare eum aliquo animi mœrore affectum in morbum incidisse. Rex autem his verbis auditis, hoc arbitratus est eum a filio asperius acceptum fuisse, atque hac de causa concepto mœrore recessisse. Quidnam autem id esset deinceps scire cupiens, Zardani se eum, ut oborti morbi causam intelligeret, crastino die invisurum significavit.

Zardan autem hujus promissi certior factus, statim ut diluxit, indumentis acceptis, ad regem proficiscitur, eumque simul atque ingressus est, humi prostratus adoravit. Rex autem : Quid, inquit, tibi vim attulisti, ut ad me accederes? Nam ipse ad te proficisci, meumque erga te amorem omnibus declarare in animo habebam. Ille autem respondit : Morbus meus, o rex, non ex eorum numero est quibus homines laborare solent, verum ex animi mœstitia et anxietate corde in dolorem prolapso corpus quoque condoluit. Amentiæ porro mihi ducendum esset, si cum ita me haberem, non ut servum decet, ad te accederem ; verum ut regia tua majestas ad me famulum veniens sese fatigaret, exspectarem. Percontante autem rege quidnam eum in hunc mœrorem conjecisset, respondens Zardan : Magnum, inquit, periculum mihi impendet, magnisque suppliciis ac multis mortis generibus dignum me agnosco, quoniam præceptis tuis negligenter obsequendo ingentem tibi jam jamque mœrorem accersivi.

Rursum autem ex eo quærente rege quænam hujusmodi negligentia esset, in quam incidisset, quodque periculum illud in quo versatur : In custodia domini mei filii tui, inquit, negligentem me præbui. Improbus enim quidam ac præstigiator ingressus, de Christianæ religionis doctrina ad eum verba fecit. Posteaque regi, quos ad ipsius filium senex sermones habuisset sigillatim exposuit, quantamque ille ex ipsis voluptatem cepisset, quodque prorsus Christo se ad dixisset. Quin etiam senis nomen ipsi indicavit, Barlaam ipsum nuncupari dicens. Nam etiam antea rex de Barlaam, ac summa religiosæ ipsius vitæ asperitate, multa auditione acceperat. Ut autem hæc ad regis aures pervenerunt, tantus ei mœror obortus est, ut totus concuteretur, iracundia æstuaret, atque hoc nuntio pene exanimaretur. Ac statim Arachen quemdam, qui etiam secundum ab eo dignitatis gradum obtinebat, primusque in omnibus arcanis consciis erat, ac præterea astrologiæ scientiam tenebat, ad se accivit, eique magno cum mœrore atque animi consternatione quod acciderat narravit. Ille autem ipsius perturbatione animique confusione conspecta : Mœsto, inquit, o rex, ac perturbato animo esse desine ; neque enim me ipsum de sententia deducturum diffido, quin potius illud certissimum habeo, brevi fore ut ille impostoris illius doctrinam abjuret, tuæque voluntati morem gerat.

Cum igitur his verbis Araches regem ad animi hilaritatem convertisset, ad hujusmodi negotii considerationem animum adjecit. Ac primum, o rex, inquit, hoc agamus : demus operam ut pestiferum illum Barlaam arripiamus. Quod si consequamur, a scopo, mihi crede, non aberrabimus, nec spe nostra fallemur. Nam ille ipse, aut verbis ad persuadendum accommodatis, aut variis tormentorum instrumentis impulsus, invitus etiam ac repugnans, falsa et erroris plena verba sua esse confitebitur, atque dominum meum filium tuum de sententia dimovebit, adducetque ut patris dogmatibus hæreat; sin autem illum arripere nequeamus, alium ego senem eremitam novi, Nachor nomine, qui Barlaamo ita prorsus similis est, ut vix ab illo internosci possit. Hic porro eamdem nobiscum doctrinam profitetur, eumque in mathematicis magistrum habui. Ad hunc igitur ego noctu me conferam, eique omnia sigillatim exponam, ac deinde rumore hoc sparso, Barlaamum scilicet comprehensum esse, ipsum exhibebimus. Qui etiam ipse Barlaami sibi nomen attribuens, se Christianorum sacra colere simulabit, eaque intueri ac defendere præ se feret. Ac postea, longa disputatione habita, tandem fractus, manus dabit. Quod cum filius tuus perspexerit, hoc est, Barlaamum victum esse, ac doctrinam nostram palmam tulisse, non est dubium quin ad victorum partes sese adjuncturus sit. Quam etiam ad rem istud magni momenti est, quod ille majestatem tuam veretur, tibique obsequi magnopere studet. Adde quod ille etiam qui Barlaami personam geret, resipiscet, seque in errore versatum esse affirmabit.

Hoc sermone rex delectatus est, hominisque consilium optimum esse judicavit, inani videlicet spe nixus. Quocirca cum Barlaamum nuper recessisse comperisset, eum comprehendere festinabat. Itaque militibus ac centurionibus missis, varios itinerum exitus occupavit, ea autem via quam ex omnibus suspectiorem habebat, ipse, conscensis equis, cum omni celeritate persequebatur, atque omni ratione assequi cogitabat. Cæterum, cum sex totos dies inani labore sese fatigasset, ipse quidem in regio quodam palatio, quod ruri situm erat, remanet. Arachen autem cum equitibus haud paucis ad ipsam usque Sennaaritidem solitudinem conquirendi Barlaami causa misit. Qui cum ad eum locum pervenisset, omnium incolarum animos perturbavit; atque cum illi virum eum a se visum esse negassent, in solitudinem, ut pios viros venaretur, sese contulit. Cumque solitudinem illam magna ex parte peragrasset, ac montes cinxisset, vallesque quasdam minime tritas, et accessu difficiles, cum ea hominum manu quam secum habebat, pedibus pervasisset, ad tumulum quemdam profectus, in ejus fastigio eremitarum turmam inambulantem cernit; nullaque interposita mora, eos ad se adduci jubet. Milites itaque celerrimo cursu, atque alii alios antevertere contendentes, tumulum petunt. Eoque cum pervenissent, circumdederunt eos tanquam canes multi (*Psal.* xxi), aut tanquam pestiferæ quædam et immanes belluæ; atque ipsos tum oris specie, tum habitu venerandos, solitariæque exercitationis notas in vultu ferentes, comprehendunt, raptatosque Arachi exhibent, sic animo comparatos, ut nec ullo modo perturbarentur, nec ignavum aliquid ac triste vel præ se ferrent, vel loquerentur. Qui autem ipsos omnes tanquam antistes præibat, ex cilicio contextam peram, quorumdam sanctorum Patrum, qui ex hac vita discesserant, reliquiis confertam gestabat.

Conspectis autem ipsis Araches, ut Barlaamum minime vidit (nam eum norat) mœrore conturbatus est, atque ad eos dixit : Ubinam est impostor ille qui regis filium in errorem induxit? Is autem qui peram gestabat respondit : Non est ille inter nos, absit (siquidem, Christi gratia pulsus, a nobis fugit), verum apud vos domicilium habet. Eum ergo, inquit dux, nosti? Certe, inquit eremita, eum qui impostor dicitur novi, hoc est diabolum, qui in medio vestri habitat, atque a vobis adoratur et colitur. Hic dux : De Barlaam ego quæro, deque eo percontabar ubinam esset. Monachus autem : Cur igitur, inquit, præpostere locutus es de eo qui regis filio imposturam fecit me interrogans? Nam si Barlaamum quærebas, omnino ita loqui oportebat : Ubinam ille est qui regis filium ab errore in viam reduxit, ac saluti donavit? Nam ille frater noster est, ac religiosæ exercitationis socius. Multi autem jam dies sunt cum eum non vidimus. Tum Araches : Domum illius, inquit, mihi demonstra. Respondit monachus : Si ipsi vos videre cordi esset, obviam vobis ipsemet prodiisset, nobis autem ipsius domum indicare minime licet.

Qua de causa indignatione percitus dux, atque irato ac furioso vultu eum intuens, ad eum dixit : Novis et inusitatis vos mortis generibus nunc mactabo, nisi statim Barlaamum mihi exhibueritis. Et quid, inquit monachus, in nobis perspicis, cujus studio et amore ab hac vita ægre divellamur, mortemque a te nobis invehendam pertimescamus? Quin potius gratiam tibi habituri sumus, quod virtutis studio hærentes e vita eduxeris. Neque enim incerta exitus alea parvum nobis metum injicit, quod scilicet, quo statu nos arreptura mors sit, minime compertum habeamus; ne forte aut voluntatis lubricum, aut quidam diaboli impetus instituti nostri constantiam inflectat, aliterque nobis quam ut pactis cum Deo a nobis initis consentaneum est, aut sentire aut facere persuadeat. Quocirca cum ea quæ vobis ipsis pollicebamini consequi jam omnino desperetis, sine ulla cunctatione quod lubet facite. Neque enim pii fratris nostri domicilium, quamvis nobis cognitum, ostendemus, nec alia ulla vobis ignota monasteria prodemus, ut videlicet hac ratione mortem turpiter effugiamus : quin potius præclare mortem oppetemus, ut prius virtutis sudores, si nunc fortitudinis animi cruorem Deo offerentes.

Hanc eorum sermonis libertatem sceleratus ille minime ferens, verum ex hujusmodi animi magnitudine gravissima iracundia commotus, multis æris verberibus ac tormentis affecit. Quæ tamen illi sic pertulerunt, ut eorum animi robur ac fortitudo ipsi quoque tyranno admirationem moveret. Cum autem multis illatis suppliciis eos tamen flectere non potuisset, nec quisquam inter eos inventus esset qui Barlaamum ipsi ostendere sustineret, arreptos eos ad regem duci, atque inter eundum percuti contumeliisque affici jubet, reliquiarum etiam peram interim gestantes.

Cap. XXIII. — Interjectis itaque haud paucis diebus, ad regem ipsos adduxit, deque eorum statu eum certiorem fecit. Ac deinde ipsi acerbissima iracundia inflammato eos sistit. Quibus perspectis, ipse indignatione æstuans, furentis hominis speciem præbebat. Cumque ipsos crudelissime cædi jussisset, posteaquam plagis atrocem in modum concisos vidit, vix tandem ex ingenti furore emergens, carnificibus verberandi finem facere imperavit, atque ad eos ait : Quanam de causa hæc mortuorum ossa **295** gestatis? Si eorum, ad quos pertinent desiderio hæc fertis, hac ipsa hora vos etiam cum illis collocabo, ut, votorum vestrorum compotes effecti, gratiam mihi habeatis. Divinæ autem illius cohortis dux atque antistes regias minas pro nihilo ducens perinde ac si nihil ipsi adversi contigisset, libera voce ac splendido vultu, gratiaque in ipsius anima insidentem significante, ad hunc modum respondit : Hæc pura et sancta ossa idcirco circumferimus, ut admirabilium virorum, quorum ipsa sunt, desiderium utcunque leniamus, eorumque religiosam exercitationem, Deoque charam vitam nobis in memoriam revocemus, atque ad ejusdem vitæ studium nos ipsos excitemus, ac requiem eam et delicias eas in quibus nunc versantur ob oculos nobis proponentes, ipsos quidem beatos prædicamus, nos autem ad sequenda eorum vestigia nos ipsos mutuo acuimus. Quin etiam mortis memoriam, quæ permagnam utilitatem affert, atque ad religiosæ vitæ certamina promptos nos ac velut pennatos reddit, nobis hinc comparamus, ac præterea ex eorum contactu sanctitatem haurimus.

Rursum igitur rex : Si, inquit, mortis recordatio vestra sententia utilitatem parit, quidnam causæ est cur non in corporum potius vestrorum ossibus, quæ vestra sunt, ac propediem interibunt, quam in his alienis atque corruptis hanc memoriam usurpatis?

Respondit monachus : Cum quinque causas attulerim quamobrem reliquias circumferamus, tu ad unam duntaxat respondens, cavillis in nos uteris. Verum expressius, mihi crede, eorum qui jam decesserunt ossa mortis memoriam repræsentant, quam eorum qui hujus vitæ usura fruuntur. Cæterum quoniam tu de his ita statuis, atque ossa ea quæ in carne tua sunt mortem tibi oculis objiciunt, qui fit ut ipse jam jamque venturæ mortis memor, tuis rebus recte non consulas, verum animam tuam omni flagitiorum generi addictam habeas, Dei aut cultores ac pietatis studiosos, qui te nihil læserunt, nihil præsentium rerum tecum commune habent, aut tibi eripere contendunt, immanem et crudelem in modum de medio tollas?

Rex autem ait : Vos ut pestiferos homines ac populi seductores suppliciis afficio, quoniam omnes in fraudem impellitis, atque a vitæ jucunditatibus avocatis, ac pro dulci vita et suavissima cupiditate huc eos adigitis, ut duram et sordidam atque ærumnosam hanc vitæ rationem amplexentur, deorumque honorem Jesu tribuendum esse prædicatis. Quocirca, ne populus, imposturam vestram sequens, desertam terram relinquat, atque a patriis diis deficiens, alienum adoret, suppliciis vos ac morte multare dignum esse judicavi. Monachus autem inquit : Si omnes bonorum hujusce vitæ participes esse cupis, cur non omnibus ex æquo delicias et opes tuas impertis? Verum alii quidem quamplurimi paupertate conflictantur, tu vero ipsorum facultates per vim ereptas tuis adjungis? Ex quo perspicuum est te salutis populi cura minime tangi, verum carnem tuam saginare, materiam videlicet corrosuris vermibus præparantem. Ac propterea omnium Deo abjurato, eos qui non sunt, et qui omne flagitiorum genus invenerunt, deos appellasti, ut dum ad eorum imitationem libidinose ac flagitiose vivis, id assequaris, ut deorum imitator esse prædiceris. Nam quid afferri potest, quin quæ vestri dii fecerunt, eadem quoque homines, qui ipsis animum adjiciunt, faciant? Quapropter in magno profecto errore versaris, o rex. Vereris autem ne quosdam populares tuos adducamus ut nostris decretis assentientes, a tuo imperio desciscant, atque ad ejus qui omnia continet ac tuetur partes se adjungant. Cupis enim multos te avaritiæ tuæ administros habere, ut ipsi quidem ærumnas subeant, tibi autem eorum opera quæstus augeantur : quemadmodum videlicet si quispiam canes aut aves ad prædam cicuratas alens, eos quidem ante prædam demulceat, posteaquam autem aliquid arripuerint, ex ore prædam ipsis extorqueat. Ad eumdem enim modum tu quoque multos habere cupiens, qui tibi partim e terra, partim e mari tributa et vectigalia deferant, ais quidem tibi eorum salutem curæ esse, cæterum sempiternum ipsis, priusquam etiam tibi ipsi exitium accersis, tibique illud satis est, ut opes quovis stercore ac cœno viliores tibi affluant, nec animadvertis te luminis loco tenebras complecti. Verum ex hoc gravi somno, quæso, emerge, clausosque tuos oculos aperi, ac Dei nostri gloriam, omnibus undique illucentem, cerne, tandemque aliquando ad teipsum redi. Intelligite enim, inquit, insipientes in populo, et stulti aliquando sapite (*Psal.* xxxix). Illud scias, alium deum non esse præter Deum nostrum (*Psal.* xvii), nec ullam, nisi in ipso salutem.

Rex autem : Stultis, inquit, his tuis nugis finem impone, ac mihi protinus Barlaamum ostende, aut alioqui ejusmodi pœnarum instrumenta experieris, quorum nunquam abs te periculum factum est. Fortissimus autem ille, ac præstanti animi magnitudine monachus, cœlestisque philosophiæ amator ob regias minas nullo modo de sententia dimovebatur, sed intrepido pectore stans, **296** dicebat : Ea quæ a te jubentur, o rex, facere, minime a nobis indictum est, sed quæ a Domino nostro imperata sunt; qui nos temperantiæ studere, atque omnes voluptates et cupiditates in potestate tenere, fortitudinemque colere, ac laborem omnem et afflictionem justitiæ causa sustinere docet. Quo igitur graviora nobis pietatis causa mala intuleris, eo præclarius de nobis meritus fueris. Quocirca quidquid lubet fac; neque enim committemus ut aliquid quod a recto abhorreat faciamus, ac peccato nos addicamus. Nec enim leve hoc scelus esse putes, si colluctatorem ac commilitonem nostrum tibi in manus tradamus. Verum hoc nomine minime nos irridebis, quamvis etiam sexcentas mortes nobis inferas. Neque enim adeo ignavi sumus, ut tormentorum tuorum metu philosophiam nostram prodamus, atque aliquid divina lege indignum perpetremus. Adversus hæc quæcunque tormentorum instrumenta nosti, ea expedias licet. Nobis quippe vivere Christus est, ac mori præstantissimum lucrum (*Philip.* 1).

Ob hujusmodi verba rex furore inflammatus, theologas eorum linguas amputari jubet, oculosque erui, manusque simul ac pedes truncari. Qua sententia pronuntiata, lictores et satellites circumstantes inhumane ac crudeliter ipsos demutilabant. Ac linguas quidem eorum uncinis ex ore extractas belluina quadam feritate abscindebant, oculos autem ferreis unguibus eruebant, ac denique instrumentis quibusdam eorum manus ac pedes luxantes, amputabant: at beati illi ac venerandi et generosi viri, tanquam ad epulas vocati, strenuo et forti animo ad cruciatus accedebant, mutuis cohortationibus sese acuentes, atque ad mortem pro Christo subeundam forti atque intrepido animo pergentes.

In hujusmodi variis suppliciis sacrosancti monachi (13), numero decem et septem, fortes ac tolerantia præditas animas suas Domino commendarunt. Ex quo perspicue constat animum pietate præditum vitiosis affectionibus imperare, quemadmodum quidam a nostris decretis alienus prodidit (*Josephus*), senis sacerdotis ac septem filiorum certamina commemorans, qui una cum matre pari omnino sententia prædita pro patriæ legis defensione dimicarunt. Quibus tolerantia et animi magnitudine nihilo inferiores hi eximii Patres ac supernæ Jerusalem cives exstiterunt.

CAP. XXIV. — His igitur pia morte perfunctis, rex ad primarium consiliarium suum Arachen dixit : Quoniam prius consilium minime successit, ad posterius animum adjice, ac Nachorem accersendum cura. Araches igitur, intempesta nocte ad ejus speluncam se contulit, siquidem in solitudine habitabat, divinationi operam dans. Cumque ipsi consilium id omne quod cepissent declaravisset, simul atque diluxit, ad regem se recepit. At tum quæsitis rursus equis, ad investigandum Barlaamum sese abire simulavit. Cum autem exiisset, ac loca solitaria perlustraret, virum unum ex voragine quadam egredientem conspicit. Quem cum persequi jussisset, ipsius comites eam celeritatem adhibuerunt ut hominem arriperent eumque ad ipsum adducerent. De quo cum quisnam esset, quamque religionem coleret, et quonam nomine vocaretur, quæsivisset, Christianum ille se esse professus est, Barlaamumque nuncupari (quemadmodum videlicet ab ipsis instructus fuerat) quo nomine gaudio perfusus Araches, ut quidem præ se ferebat, accepto eo, quamprimum ad regem revertitur, eique ipsum exhibet. Atque rex audientibus iis qui astabant : Tunc es ille dæmonis administer Barlaam? Ille autem respondit : Dei administer sum, ac non dæmonum, quamobrem ne me conviciis incessas. Plurimas enim mihi gratias agere debes, quoniam filium tuum errore atque impostura liberatum ad Dei cultum erudivi, atque cum vero Deo in gratiam reductum omni virtutis genere institui. Rursum autem rex irati animi speciem præferens, dixit : Par sane erat ut, tibi sermonis omnis ac defensionis facultate præcisa, sine ulla interrogatione te morte multarem. Verum pro mea humanitate tantisper te fero, quousque ad certum diem de te quæstionem habuero. Ac siquidem mihi obtemperandum duxeris, veniam obtinebis; sin minus, pessimam mortem oppetes. Hæc locutus, Arachi eum tradit, mandatque ut eum quam diligentissime custodiat.

Postridie autem illinc ad palatium suum reversus est. Repente igitur captum esse Barlaamum rumore ferebatur, adeo ut ipse quoque regis filius hac re audita gravissimo animi dolore afficeretur, nec ullo modo lacrymis moderari posset, verum gemitibus ac luctibus Deum obsecraret, ipsumque ut seni opem ferret obtestaretur. Nec vero lugentem eum bonus ille Deus despexit; benignus enim est iis qui ipsius opem in die tribulationis exspectant, atque eos qui ipsius metu præditi sunt agnoscit. Unde etiam juveni per nocturnum visum omnia declarat, roburque ipsi addit, atque ad pietatis certamen eum confirmat. Experrectus itaque cor suum paulo ante mæstitia ac dolore profligatum, lætitia et fiducia suavissimoque lumine **297** perfusum reperit. Rex autem his ita gestis, atque inita hujusmodi cogitatione, gaudebat, præclara consideratione se uti existimans, amplissimamque Arachi gratiam habens. Verum, ut divini Davidis verbis utar, mentita est iniquitas sibi (*Psal.* xxix), atque justitia adversus iniquitatem palmam tulit, prorsus videlicet eam sternens ac dejiciens, peritque memoria ejus cum sonitu (*Psal.* ix) ! quemadmodum sermonis progressu a nobis ostendetur).

Biduo quippe post rex ad filii palatium accessit, euque ipsi obviam prodeunte, pater eum suo more minime osculatus est, verum, indignanti atque irato similis, in regium cubiculum ingressus, mœsto vultu consedit. Ac deinde accito filio, his ad eum verbis utitur : Fili, quænam hæc fama est, quæ ad aures meas permeavit, animumque meum mœrore conficit? neque enim existimo ullum unquam hominem ob filii ortum tanto gaudio perfusum fuisse, quantam ego tua causa voluptatem percepi ; nec rursum ul-

Jam unquam tantum mœroris ex filio contraxisse credo, quantum nunc ex te contraxi. Meam enim canitiem dedecore affecisti, ac lucem oculorum meorum abstulisti, nervorumque meorum robur excidisti. Timor enim, quem tua causa timebam, evenit mihi: et quod verebar, accidit mihi. Factusque sum hostibus meis in ludibrium, et in risum adversariis meis (*Job*. III). Stulta mente ac puerili animo impostorum verbis fidem adhibuisti, atque improborum et malevolorum hominum consilium consilio meo antiquius habens, ac deorum nostrorum cultum relinquens, ad alieni Dei cultum te contulisti. Quidnam tibi, fili, in mentem venit, ut hæc faceres; ac tu, quem in omni securitate alere me sperabam, quemque senectutis meæ baculum ac robur habiturum optimumque regni mei successorem relicturum me existimabam, inimici atque hostilis in me animi argumentum exhibere minime dubitares?

An non consentaneum erat ut mihi potius pareres, meaque secreta sequereris, quam versipellis ac putidi senis nugis stultisque sermonibus cederes, qui tibi hoc in animum immisit, ut pro dulci vita acerbam susciperes, ac pro suavissimis deliciis duram illam et asperam viam, quam Mariæ filius tenere admonet, ingredereris? An non autem etiam summorum deorum iram pertimescis, ne fulmine te feriant, aut tonitruo interimant, propterea quod repudiatis ac pro nihilo habitis iis qui nos tot tantisque beneficiis affecerunt, ac regio diademate ornarunt, gentesque numerosissimas ditioni nostræ atque imperio subjecerunt, ac denique ut precum mearum et orationum opera gignereris, ac dulcissimæ hujus lucis particeps fieres, præter spem effecerunt, ei qui cruci affixus est arctissime te conjunxisti, inanibus videlicet ipsius cultorum promissis deceptus, qui nova quædam sæcula confingunt, mortuorumque corporum resurrectionem nugantur, aliaque sexcenta, ut stolidis hominibus fucum faciant, introducunt?

Verum nunc saltem, charissime fili, si quid mihi patri tuo obtemperandum putas, prolixis his nugis longum valere jussis, benignis diis, quæso, sacrifica, atque eos plurimis victimis et sacrificiis placare studeamus, ut errati veniam ab ipsis impetres, siquidem hanc vim illi habent, ut et beneficiis et suppliciis afficere possint.

Ac nos eorum quæ diximus exemplum tibi sumus, qui ipsorum beneficio ad hoc imperium pervenimus, atque hanc ipsis beneficii vicem rependimus, ut et eorum cultoribus honorem tribuamus, et eos qui adduci nequeunt ut ipsis sacrificent, suppliciis excruciemus. Multas igitur hujusmodi nugas commemorante rege, ac nostra quidem dogmata suggillante et traducente, idolorum autem cultum laudibus et encomiis prosequente, divinissimus juvenis rem eo loco esse videns, ut non jam angulum et latebras, verum candelabrum potius ac speculum desideraret (*Matth.* v), quo omnibus in perspicuo esset, libertate ac fiducia plenus, ad hunc modum locutus est:

Quod a me factum est, o here, haudquadquam inficias iverim. Tenebris enim fuga relictis, ad lucem accurri, ac relicto errore ad veritatem me adjunxi: nuntioque dæmonibus remisso, ad Christi ordines me contuli, qui Dei Patris Filius ac Verbum est, cujusque verbo omnia ex nihilo in ortum producta sunt, quique efficto e terra homine vitalem ipsi spiritum insufflavit, eumque in voluptatis paradiso, ut illic degeret, collocavit. Cumque ipsius mandatum violasset, mortique proinde obnoxium se reddidisset, atque horrendi mundi principis potestati subjecisset, non tamen omnia facere destitit, quo eum ad pristinam dignitatem revocaret. Ac propterea ille rerum omnium conditarum effector, generisque nostri architectus, nostra causa homo effectus est, atque in terram veniens, et e sancta Virgine nascens, cum hominibus consuetudinem habuit (*Baruch*. III). Ac pro nobis ingratis servis Dominus mortem subiit, et quidem mortem crucis (*Philip.* II), ut videlicet peccati tyrannis de medio tolleretur, priorque condemnatio deleretur, ac cœli portæ nobis rursum paterent. Nam illuc naturam nostram evexit, atque in gloriæ throno collocavit, regnumque finis expers, iis qui ipsius amore præditi sunt, donavit, bonaque omni sermone atque auditu præstantiora (*I Cor.* II). Ipse enim est fortis ille, ac solus potens, Rex regum et Dominus dominantium (*Apoc.* XIX), cujus robur invictum est, et potentia ejusmodi quæ omnem ingenii conjecturam excedat; qui solus sanctus est, et in sanctis requiescens; qui cum Patre et Spiritu sancto glorificatur; in quorum nomine baptizatus sum, et quos confiteor, celebro atque adoro, unum Deum in tribus personis, consubstantialem, ac confusionis expertem, increatum, immortalem, sempiternum, infinitum, ab omni circumscriptione remotum, corpore vacantem, a perturbationibus et mutatione atque conversione alienum, omni termino carentem, bonitatis et justitiæ ac sempiternæ lucis fontem, rerum omnium conditarum, tam quæ cerni possunt quam quæ oculorum sensum fugiunt, effectorem, atque omnia continentem et conservantem, omnibus prospicientem, atque in omnia regnum et imperium obtinentem. Neque enim sine ipso res ulla facta est, nec sine ipsius providentia quidquam conflari ac consistere potest. Ipse siquidem est omnium vita, omnium coagmentatio, omnium illuminatio, totus dulcedo, ac totus sine ulla saturitate desiderabilis (*Cant.* v), omniumque rerum expetendarum summus vertex. Quocirca Deum hunc, quia tanta bonitate ac potentia præditus est, relinquere, atque impuros dæmones vitiorumque omnium architectos colere, surdisque ac mutis statuis, quæ nec aliquid sunt nec erunt, cultum ac venerationem tribuere, cujus tandem, o pater, stultitiæ ac dementiæ fuerit? Ecquando enim vox ab ipsis audita est? Ecquando vel exiguum iis, qui preces ad ipsos adhibebant, dederunt? Ecquando ambularunt, aut sensum ullum acceperunt? Nam neque hi qui stabant sessionis unquam meminerunt, nec qui sedebant stantes unquam visi sunt. Horum turpitudinem ac fetorem et stuporem, atque etiam dæmonum in ipsis operantium, ac per ipsos imposturam vobis facientium, infirmitatem atque imbecillitatem, cum a viro sancto intellexissem, eorumque improbitatem rejecissem, ac perfecto odio insectatus fuissem, ad Deum vivum ac verum me adjunxi, ipsique ad extremum usque vitæ spiritum serviam, quo etiam in ipsius manus spiritus meus veniat.

Cum igitur tanta bona, quæque nulla oratione explicari possint, mihi occurrissent, gaudebam quidem ob improborum dæmonum servitute liberatum, atque ab horrenda captivitate revocatum, ac Dominici vultus lumine (*Psal.* IV) collustratum esse: illud autem me angebat, animumque meum distrahebat, quod tu, dominus ac pater meus, hujusmodi beneficiorum minime particeps esses. Verum animi tui in sententia tua pertinaciam metuens, mœrorem meum pectore premebam, quod tibi stomachum movere minime vellem. Deum autem orare atque obsecrare non intermittebam, ut a longinquo exsilio, quod tibi ipsi accersivisti, cum pietatis fugitivus, vitiique omnis et impietatis minister effectus es, te revocaret. Quoniam autem tu ipse, o pater, res meas in apertum protulisti, quæ mea omnino sententia sit, audi: Pacta cum Deo meo inita non frangam; non, inquam, per eum qui me pretioso cruore suo a servitute vindicavit. Quamobrem, cum quid animi habeam tibi exploratum sit, negotium tibi ipsi facessere desine, a præclara confessione me deducere moliens. Nam quemadmodum si cœlum manu arripere, aut totum mare exsiccare in animum induxeris, irritus atque inutilis tibi hic conatus fuerit, eodem modo hoc quoque irritum tibi fore persuade. Ac propterea, aut ipse consilio meo obsequens, ad Christum te adjunge, ut bona ea quæ cogitationem omnem superant percipias, sociique inter nos, ut naturæ, ita etiam fidei simus, aut a tua filietate, mihi crede, abscedam, puraque conscientia Deum meum colam.

Hæc igitur omnia ut rex audivit, impotenti furore confestim percitus, iracunde ad eum loquebatur, dentibusque furentis instar frendens, his verbis usus est: Quisnam alius mihi tantorum malorum auctor est, ut ego ipse, qui te tanto amore complexus sum, eaque tua causa feci, quæ nullus unquam pater fecit? Qua etiam de causa mentis tuæ perversitas ac pervicacia, ex licentia mea collectis viribus, ut in meum caput insanires, fecit. Non abs re igitur in ortu tuo astrologi malum et improbum virum atque arrogantem, et adversus parentes contumacem te fore dixerunt. At si nunc quoque commiseris ut consilium meum frustra cadat, hostilem in te animum geram, atque ita te multabo, ut ne in hostes quidem suos tantæ sævitiæ specimen quisquam exhibeat.

Rursum autem ille: Quidnam est, o rex, cur iracundia inflammeris, eoque nomine discrucieris, quod tanta bona divinitus sim consecutus? Et quis unquam pater filii felicitate dolere atque angi visus est? Aut quonam modo pater ille, ac non potius hostis vocandus sit? Quocirca nec ego posthac te patrem appellabo, verum a te abscedam, non secus atque is qui serpentem fugit: siquidem te saluti meæ invidere, meque in exitium per vim impellere perspectum habuero. Nam si mihi vim afferre, ac tyrannice mecum agere velis, quemadmodum etiam dixisti, nihil aliud, mihi crede, hinc lucri facies, quam ut patris loco, tyrannus et carnifex appelleris. Quandoquidem facilius tibi fuerit aquilæ vestigia consequi, ac per ipsum aerem volare, quam me de mea in Christum fide ac præclaro fœdere cum ipso inito deducere. Verum intellige, o pater, atque, ista oculorum mentis lippitudine et caligine discussa, suspice, ac Dei mei lumen, omnes undique collustrans, intuere, atque ipse tandem aliquando suavissimo illius splendore illuminare. Ut quid enim te ipsum carnis affectionibus ac voluntatibus totum te tradidisti, nec ullo modo ex ipsis emergis? Illud intellige, quod omnis caro fenum est, et omnis gloria ejus tanquam flos feni. Exsiccatum est fenum, et flos ejus decidit; verbum autem Domini mei, quod omnibus annuntiatum est, manet in æternum (*I Pet.* II).

Quid igitur ita perdite atque insane gloriam eam retines et amplecteris, quæ instar recentium florum marcescit atque deletur, et exsecrandas ac fetidas delicias, ventrisque et eorum quæ infra ventrem sunt affectiones, quæ quidem ad aliquod tempus stultorum sensus oblectant, cæterum amarius felle postea digeruntur, tum nimirum cum umbræ istæ, atque inanis hujusce vitæ insomnia præterierint, atque in perpetuo ignis nunquam exstinguendi ac tenebrosi cruciatu eorum amatores, et qui iniquitati operam dant, provolventur, ubi in somnis vermis absque ullo fine ipsos corrodet, ac perpetuus ignis in infinita sæcula eos concremabit? Inter quos, o rem gravem, tu quoque conclusus, ob scelerata consilia tua gravi pœnitentia afficieris, atque hos dies multum requires, meorumque verborum recordaberis. Verum nihil ex ejusmodi pœnitentia utilitatis percipies, siquidem in inferno pœnitentiæ atque confessioni locus non est (*Psalm.* VI)

Nam præsens tempus labori præstitutum est, futurum autem mercedi. Ac profecto etiamsi præsentes voluptates fluxioni et interitui minime subjectæ essent, verum cum dominis suis in æternum durarent, non tamen propterea eas Christi beneficiis ac bonis omni cogitatione præstantioribus anteferre oportebat? Nam quanto sol profunda nocte clarior est atque splendidior, tanto quoque atque etiam multo magis bona ea quæ Dei amore præditis promissa sunt quovis terreno regno illustriora et magnificentiora sunt. Proindeque omnino consentaneum erat ea quæ majora et præstantiora sunt inferioribus ac vilioribus antiquiora habere. Cum autem omnes hujusce vitæ res et corruptioni obnoxiæ sint (*Job.* XIV), et insomnii atque umbræ instar prætereant ac deleantur (*Psal.* CXLIII), adeo ut instabilibus potius auris, et navis per mare currentis vestigiis, quam hominum prosperitati fides habenda sit; quæ tandem simplicitas, vel ut rectius loquar, stultitia et dementia hæc est, ea quæ caduca et imbecilla corruptionique obnoxia sunt, imo nihil prorsus sunt, iis quæ a corruptione aliena ac sempiterna sunt, potiora ducere, ac propter caducarum rerum fructum, bonorum illorum fructu ab omni successione remoto privari ? An non hæc, o pater, intelliges? An non prætereuntia præteribis, atque ad ea quæ fixa et certa sunt, animum adjunges ? An non patriam peregrinationi anteponens, lucem tenebris, spiritum carni, vitam æternam umbræ mortis, ea quæ non dilabuntur fluxis et fragilibus? An non ex atroci hac horrendi mundi principis, hoc est perversi diaboli servitute, fuga te subduces, teque ad bonum et ad misericordiam propensissimum Dominum conferes? An non a multorum commentitiorum deorum cultu teipsum abduces, atque uni vivo ac vero Deo cultum adhibebis ? Nam etsi in Deum peccasti, cum multas in eum blasphemias effudisti, atque ipsius servos gravibus tormentis excruciatos necasti, non tamen dubito quin te ad meliorem mentem redeuntem suscepturus sit, omniaque delicta tua e memoria ejecturus. Non enim mortem peccatoris, sed magis ut convertatur et vivat, ille vult (*Ezech.* XVIII), qui ut nos a recta via aberrantes requireret, ex ea sublimitate quæ nullis verbis exponi potest descendit, crucemque et mortem nostra causa pertulit, ac nos qui sub peccato venditi eramus, pretioso suo sanguine redemit. Ipsi laus et gloria in sæcula sæculorum. Amen (*Rom.* VII).

Rex autem stupore simul atque ira correptus est : illud nempe, ob filii prudentiam, atque ejusmodi sermones, qui nullo pacto refelli possent; hoc autem, quia ipsius deos traducere ac criminari non desinebat, totamque ipsius vitam suggillabat ac proscindebat. Atque hujusmodi quidem sermonis splendorem ob internam tenebrarum crassitiem haudquaquam admisit. Cum autem ob amoris a natura insiti affectum in ipsum animadvertere, aut eum malo aliquo multare non posset, rursumque ipsum de **300** sententia dimovere se posse prorsus desperaret, veritus ne si pluribus eum sermonibus lacesseret, eo libere ac fidenter loquente, deosque suggillante atque cavillis insectante, majore ipse iracundia inflammatus, hostile aliquid in eum designaret, irato animo surgens secessit, his duntaxat verbis utens : Utinam nunquam natus fuisses, nec in lucem prodiisses, si quidem futurum erat ut in deos tam impius et contumeliosus esses, atque a paterna amicitia et admonitione abscederes. Verum adversarii deos quorum invictum robur est, non perpetuo subsannabunt, nec diu gaudebunt, nec eorum præstigiæ vim habituræ sunt. Nam nisi mihi dicto audientem atque erga deos gratum te præbueris, multis prius ac variis tormentis affectum acerbissima morte te de medio tollam, nec tecum ut cum filio, sed ut cum hoste aliquo ac rebelli agam.

Cap. XXV. — His minis cum in eum pater usus esset, atque iratus secessisset, filius in cubiculum ingressus, sublatis ad sui certaminis arbitrum oculis, ex intimo corde exclamavit : Domine Deus meus, dulcis spes, minimeque mendax promissio, ac firmum eorum qui se tibi totos devoverunt perfugium, propitio ac benigno oculo pectoris mei contritionem cerne, nec me derelinquas, nec discedas a me (*Psal.* XXXVII); verum, juxta pollicitationem tuam, ab omni mendacio alienam, mecum, hoc est, cum indigno atque abjecto homunculo sis. Te enim rerum omnium conditarum effectorem et gubernatorem agnosco et confiteor. Quocirca in hac præclara confessione velim me confirmes, ut ad extremum usque spiritum in ea permaneam. Respice in me, et miserere mei (*Psal.* XXIV); mihique asta, illæsum atque incolumem ab omni Satanæ operatione me conservans. Respice, o Rex, siquidem anima mea vehementi tui desiderio flagrat, atque ita incensa est, tanquam in sitis ardore in terra inaquosa, te immortalitatis fontem concupiscens (*Psal.* LXII). Ne tradas bestiis animam confitentem tibi : et animæ pauperis tui ne obliviscaris in finem (*Psal.* LXXIII). Verum mihi beneficio tuo contingat ut per omnem vitæ cursum pro tuo nomine tuaque confessione omnia perpetiar, meque totum tibi immolem. Te enim robur afferente, imbecilles etiam viribus pollent, quoniam tu solus invictus es propugnator, ac Deus misericors, quem quidquid creatum est, benedicit ac celebrat in sæcula sæculorum. Amen.

Hac oratione functus, divinam consolationem in pectus suum illabi sensit; fiduciaque perfusus, totam noctem in precibus traduxit. Rex autem cum de filii statu cum Arache sermones contulisset, ipsique rigidam ipsius libertatem animique in sententia pervicaciam declarasset, hoc consilium capit, ut quam fieri posset amicissime atque obsequiosissime cum eo colloqueretur, blanditiis videlicet perfecturum se sperans ut eum ad se pertraheret. Crastino itaque die ad filium se confert, ac propius sedens, ipsum accersit, atque complectitur et exosculatur, leniterque ac placide irrepens : O charissime et amantissime fili, inquit, patris canitiem honore affice, precibusque meis auditis accede, ac diis sacrificium adhibe. Sic enim et illos benignos et faciles habiturus es, et dierum diuturnitatem, gloriamque omnem, et inoffensum regnum, omnisque generis bona ab ipsis percipies, et mihi patri tuo per omnem vitam charus eris; ac denique hoc assequeris, ut omnes homines te in honore habeant, laudibusque efferant. Siquidem ad laudem adipiscendam magni interest patri obedire, ac præsertim in iis rebus, quæ ad bonum et ad deorum benevolentiam spectant. Quidnam autem, fili, censes, utrum ne me consulto ac de industria a bona via deflexisse, atque contrariam ingredi maluisse, an vero boni ignoratione et imperitia meipsum pestiferis dogmatibus dedidisse? Certe si me sponte ac de industria, contra quam utile sit, mala bonis præferre, mortemque vita potiorem habere existimas, vehementer, o fili, a recto judicio mihi aberrare videris.

An non vides quot ærumnis et afflictionibus me ipsum persæpe tradam, tum in expeditionibus adversus hostes, tum in publicorum negotiorum procuratione meipsum occupans, adeo ut famem etiam ac sitim, cum ita necesse est, perferam, ac pedibus ambulem, humique somnum carpam? Opum autem et pecuniarum tanta in me contemptio ac despicientia est, ut interdum profusa manu palatii mei thesauros exhauriam, quo amplissima diis delubra exstruam, omnique ornatu illustrem, aut pecuniarum aggeres militibus liberalissime distribuam. Cum itaque tantus in me voluptatum contemptus, tanta in periculis tolerantia sit, si Galilæorum religionem, ea quam manibus tenemus præstantiorem esse cognoscerem, an non summo studio id agerem, ut contemptis omnibus rebus, salutem mihi compararem? Sin autem mihi boni ignorationem atque imperitiam vitio vertis, illud tecum reputa, quot noctes insomnis exegerim, quæstione aliqua proposita, et quidem interdum haud admodum necessaria, nullam omnino mihi requiem concedens, priusquam perspicuam et accommodatissimam ipsius solutionem invenissem.

Quocirca eum caducarum harum rerum ne minimam quidem contemnendam ducam, verum omnino conducibiliter atque ad omnium utilitatem eam excutiam et absolvam (sic enim inter omnes constare arbitror, neminem omnium qui sub sole sunt, arcanarum rerum cognitionem accuratius unquam investigasse quam ipse fecerim), quonam pacto res divinas, et ea quæ venerari ac deorum honore afficere oportet, contemnenda duxissem, ac non potius omni studio, omnibus viribus, toto denique animo ac tota mente in eorum investigatione tempus atque operam posuissem, ut quæ vera et maxime consentanea sunt, invenirem? Etenim magno cum labore sic ea quæsivi, ut et multas noctes ac multos dies in his consumpserim, et multos item sapientes et eruditos viros ad consilium adhibuerim, atque etiam cum multis eorum qui Christiani appellantur sermones contulerim. Ac per impigram conquisitionem et ardentem investigationem, via veritatis a me inventa est, sapientum virorum atque tum doctrina, tum ingenio præditorum testimonio confirmata. Quorum hæc sententia est, nullam aliam esse præter eam quam hodierno die tenemus, summos deos colentes, ac dulcem et cum voluptate conjunctam vitam omnibus hominibus ipsorum munere concessam, ac jucunditate animique oblectamento perfusam arctissime complectentes. Quam quidem Galilæorum duces et antistites stulte repulerunt, adeo ut suave hoc lumen, atque omnes voluptates, quas nobis fruendas dii concesserunt, alterius cujusdam incertæ vitæ spe prompto animo abjiciant, nescientes videlicet, nec quid dicant, nec de quibus affirment (*I Tim.* 1).

Tu vero, charissime fili, patri tuo, qui per accuratam ac verissimam investigationem id quod vere bonum est invenit, obtempera. En enim demonstratum est me nec sponte nec per ignorationem a bono aberrasse, verum et illud invenisse et accepisse. Cupio autem te quoque in stulto errore minime versari, verum meis vestigiis hærere; quamobrem fac patrem tuum verearis. An nescis quantum bonum sit patri obtemperare, atque ipsi in omnibus rebus obsequi, quemadmodum contra quam exitiosum et exsecrandum patris animum exacerbare, ipsiusque jussa pro nihilo habere? Omnes enim qui hæc fecerunt, malo mortis genere interierunt. Quo in numero, fili, utinam ne censearis! verum ea quæ parenti grata sunt, faciens, bonorum omnium compos fias, regnique mei hæres sis.

Magnanimus autem, ac vere nobilis adolescens, cum supervacaneam patris orationem ac stultum consilium audisset, atque flexuosi serpentis artes animadvertisset, nempe quod a dextris laqueum pedibus ipsius parasset, id scilicet agens ac moliens, ut divinam ipsius animam inflecteret, atque ipsi ad propositam palmam impedimentum afferret, illud Domini præceptum sibi ante oculos posuit: Non veni mittere pacem, sed gladium. Veni enim separare filium adversus patrem suum, et filiam adversus matrem suam, et quæ deinceps sequuntur (*Matth.* x).

Illudque item: Qui amat patrem aut matrem plus quam me, non est me dignus. Ac rursum illud: Quicunque me negaverit coram hominibus, negabo etiam eum coram Patre meo, qui in cœlis est. Hæc cum secum ipse reputasset, divinoque metu animam constrinxisset, illud Salomonis dictum perquam tempestive usurpavit: Tempus amandi, et tempus odiendi; tempus belli, et tempus pacis (*Eccle.* III). Ac primum quidem mente ad hunc modum precatus est: Miserere mei, Deus, miserere mei, quoniam in te confidit anima mea; et in umbra alarum tuarum sperabo, donec transeat iniquitas. Clamabo ad Deum altissimum, Deum qui bene fecit mihi (*Psal.* LVI); ac reliqua quæ deinceps in psalmo sequuntur.

Post autem ad patrem his verbis usus est: Patrem quidem colere, atque ipsius imperiis parere, ipsique amico et benevolo animo inservire, communis magister noster docet (*Exod.* xx), ut qui naturalem hujusmodi charitatem in animis nostris inseverit. At cum parentum amor atque erga eos benevolentia animæ ipsi periculum creat, eamque a summo illo effectore procul removet, hunc affectum prorsus exscindere jubemur, ac nullo modo iis qui nos a Deo abstrahunt cedere ac manus dare, verum eos odisse et aversari: quamvis etiam is qui exsecranda præcipit pater sit, quamvis mater, quamvis rex, quamvis denique penes eum vitæ nostræ potestas sit. Quæ cum ita sint, paternæ benevolentiæ causa Dei jacturam facere prorsus nequeo; ac proinde tum tibi ipsi, tum mihi negotium facessere desine; verum mihi morem gere, ac vivum et verum Deum ambo colamus. Nam quæ nunc veneraris, simulacra sunt, hominum manibus effecta, spiritus expertia et surda, nihilque omnino aliud quam exitium et sempiternum cruciatum cultoribus suis accersentia

Sin autem id recusas, quidquid lubet, mihi infer, servus enim Christi sum. Ac neque blanditiis neque tormentis ab ejus amore desciscam : quemadmodum etiam pridie tibi dixi, Domini mei nomen interponens, ac sermonem interposito jurejurando confirmans. Quod autem nec te sponte male agere, nec rursum ignoratione a bono aberrare dixisti, verum ingenti ac laboriosa investigatione hoc cognovisse, nempe bonum esse simulacra colere, ac libidinum voluptatibus affixum esse, certe te sponte male agere dicere haud nequeo. Quod autem magna inscitiæ caligine circumfusus sis, ac tanquam in tractabilibus tenebris ambulans, ne minimum quidem luminis splendorem perspicias, ob idque, recta via amissa, in præcipitia et barathra oberres, id vero certissimum ac compertissimum habeo, teque etiam, o pater, id intelligere cupio. Ac propterea tenebras lucis loco tenens; ac mortem vitæ instar complectens, utilia consilia iniisse, fructuosasque cogitationes suscepisse tibi videris. At non ita est, non inquam est ita. Nam nec ea quæ veneraris dii sunt, sed dæmonum statuæ, omnem eorum exsecrandam operationem intus continentes; nec rursum vita ea quam suavem et voluptariam appellas, jucunditatisque omnis et hilaritatis plenam esse censes, ejusmodi naturam habet, sed si veritatis judicio standum est, exsecranda ac modis omnibus aversanda est. Quamvis enim ad aliquod tempus fauces deliniat, post tamen, ut a magistro meo dictum est, felle amarius digeritur, gladioque ancipiti acutior est.

Et quonam tandem pacto ejus mala tibi recensere possem? Dinumerabo ea, et super arenam multiplicabuntur (*Psal.* cxxxviii); diaboli enim hamus est, exsecranda voluptate, tanquam illecebra quadam obductus, per quam eos qui in fraudem inducuntur, ad imum inferni gurgitem trahit. Bona autem a Domino meo promissa, quæ quidem tu incertæ vitæ spem nuncupasti, ab omni mendacio et mutatione aliena sunt, finem nesciunt, corruptioni subjecta non sunt : denique nulla est oratio, quæ illius gloriæ et jucunditatis, illius inenarrabilis gaudii ac perpetuæ lætitiæ magnitudinem exprimere queat. Omnes enim, quemadmodum ipse vides, morimur, nec est homo qui vivat, et mortem visurus non sit (*II Reg.* xiv; *Psal.* lxxxviii); futurum est autem ut rursum ad vitam redeamus, tum nimirum, cum Dominus Jesus Christus Dei Filius in gloria, quæ nullis verbis declarari potest, ac tremenda potentia veniet (*Matth.* xxv), ille, inquam, Rex regum ac Dominus dominantium (*Apoc.* xix), cui omne genu flectetur, cœlestium, terrestrium, et infernorum (*Philip.* ii); quique tantum omnibus pavorem commovebit, ut etiam ipsæ cœlestes virtutes obstupescant (*Luc.* xxi). Astabunt porro ei cum timore millia millium, et decies centena millia angelorum et archangelorum, cunctaque metu ac tremore plena erunt (*Dan.* vii). Unus enim archangelorum buccina clanget; ac statim cœlum

sicut liber involvetur, terra autem effracta omnium hominum, qui unquam a primi hominis Adami ortu usque ad diem illum fuerunt, corpora sursum emittet, ac tum omnes, qui ab orbe condito morte functi sunt, in ictu oculi ad Domini tribunal sistentur, atque unusquisque rerum in vita gestarum rationem reddet (*I Cor.* xv). Tunc justi, qui in Patrem et Filium ac Spiritum sanctum crediderunt, atque in probis actionnibus præsentis vitæ curriculum confecerunt, solis instar fulgebunt (*Matth.* xiii). Quonam autem pacto gloriam eam quæ ipsos exceptura est, tibi commemorabo? Nam etiamsi ipsorum splendorem ac pulchritudinem solis lumini, aut etiam clarissimæ fulgetræ comparem, nihil tamen, quod huic splendori par sit dixero. Oculus enim non vidit, nec auris audivit, nec in cor hominis ascenderunt quæ Deus in cœlorum regno, in incomparabili luce, in arcana et finis experte gloria, iis qui ipsius amore præditi sunt præparavit (*I Cor.* ii). Ac justi quidem ejusmodi bona atque ejusmodi beatitudinem consequentur.

Qui autem verum Deum abjurarunt, ac fictorem et opificem ignorarunt, impurosque dæmones coluerunt, ac surdis simulacris venerationem tribuerunt, voluptatumque hujus vanæ vitæ cupiditate flagrarunt, atque in vitiosarum affectionum cœno porcorum instar sese volutarunt, suasque animas vitii omnis officinam effecerunt, nudi et aperti stabunt, ignominia suffusi, mœsti, ac tum gestu, tum re ipsa miserabiles. Atque omnes ipsorum sermones, et actiones, et cogitationes ante ipsorum ora venient; ac deinde post gravissimam ignominiam atque intolerandum illud probrum, gehennæ igni nunquam exstinguendo, ac lucis omnis experti, exterioribus tenebris, dentium stridori, ac venenato vermi addicentur. Hæc illorum portio erit, hæc hæreditas : in his per sempiterna sæcula versabuntur, scelerum pœnas dantes, propterea quod bonis iis quæ in pollicitatione recondita erant, propter brevem voluptatem repudiatis et abjectis, æternum sibi ipsis supplicium accersiverunt. Pro his igitur, hoc est, ut et gaudium illud omni sermone præstantius consequamur, et arcana illa gloria fruamur, angelosque splendore adæquemus, ac bono et dulcissimo Domino fidenti animo astemus, atque atrocissimas et nunquam finiendas pœnas, et acerbissimam illam infamiam effugiamus, quas non pecunias, quæ non corpora, imo etiam ipsas animas profundere par fuerit? Quis tam ignavi animi est, quis tam excors, quin sexcentas temporarias mortes subire in animum inducat, ut a sempiterna et finis omnis experte morte liberetur, beatamque et ab omni interitu remotam vitam hæreditario possideat, ac sanctæ et vitæ initium afferentis Trinitatis lumine collustretur?

Cap. XXVI. — Hæc verba cum rex audiisset, filiique firmitatem atque constantiam perspexisset, nec blanditiis, nec sermonum lenocinio, nec denique suppliciorum minis cedentis, orationis quidem illius probabilitatem, ac responsa quæ refelli non possent, admirabatur, atque etiam a propria conscientia, quæ ipsum vera et justa dicere demonstrabat, coarguebatur; verum a prava consuetudine atque a vitiosis affectionibus, quarum habitum contraxerat, et quæ eum velut camo et freno coercebat, nec veritatis lumen perspicere sinebat, in diversum trahebatur. Ac propterea nullum non lapidem, ut dici solet, movens, in eo quod prius sibi proposuerat hærebat, consilium nimirum, quod cum Arache ceperat, in opus perducere cupiens. Itaque ad filium ait: Oportebat quidem, fili, te meis imperiis omnibus in rebus simpliciter obsequi. Quoniam autem pro tua duritia atque contumacia mihi ita vehementer restitisti, hoc unum contendens, ut tua sententia majoris apud te, quam omnia alia, ponderis atque auctoritatis esset, age, inani contentione valere jussa, rationibus ad persuadendum aptis agamus. Ac quia Barlaam, a quo tibi fucus factus est, vinctus a me tenetur, amplissimo cœtu habito, atque omnibus tum nostris tum Galilæis in unum coactis præconibusque disertis verbis edicere jussis, ne quisquam Christianorum ullius periculi metu afficiatur, verum omnes omni metu vacui per sodalitia et cognationes in unum coeant, communi consilio rem consideremus. Atque aut vos et vester Barlaam, nobis in sententiam vestram adductis, ea quæ optatis consequimini; aut contra vos in sententiam nostram adducti, jussis meis sponte ac prompto animo parebitis.

Prudens autem revera et cordatus juvenis per visum quod divinitus ipsi contigerat, regis versutia cognita, ait: Domini voluntas fiat, sitque quemadmodum jussisti. Ipse autem bonus Deus ac divinus hoc nobis concedat, ne a recta via aberremus; nam in ipso confidit anima mea, et ipse mei miserebitur. Tunc igitur rex, omnes tam idolorum cultores quam Christianos in unum conveniri jubet, litteris nimirum quaquaversum missis, ac præconibus qui per omnia oppida proclamarent, ne quis Christianorum, tanquam inopinati aliquid perpessurus, in metu versaretur; verum omnes per sodalitia et cognationes in unum coirent, quod veritatis studiosa, ac non coacta et violenta inquisitio una cum eorum duce atque antesignano Barlaamo futura esset. Eodemque modo idolorum etiam cultores ac sacerdotes, Chaldæorumque et Indorum sapientes, qui in universo ipsius imperio erant, quosdamque etiam augures, et præstigiatores, ac vates convocavit, ut adversus Christianos victoriam obtinerent.

Et quidem ingens ad regem exsecrandæ ipsius religionis multitudo confluxit: Christianorum autem unus tantum, Barachias nomine, inventus est, qui Barlaamo (ut quidem existimabatur) suppetias ferret. Nam pii viri partim extremo vitæ die functi fuerant, a furiosis scilicet urbium prætoribus obtruncati; partim impendentium periculorum metu in montibus ac speluncis delitescebant; partim denique regis minas pertimescentes in lucem prodire minime audebant, verum nocturni pietatis cultores erant, in occulto duntaxat Christum colentes, non autem libere ipsius fidem profitentes. Ille autem solus, utpote generoso animo præditus ad propugnandam veritatem acces-

sit. Cum igitur rex in alto atque edito solio consedisset, filium una sedere jussit. At ille pro suo erga patrem honore ac reverentia id facere recusavit, atque in terra non longe ab eo sedit. Astiterunt igitur viri infatuatæ a Deo sapientiæ periti, quorum, ut Apostoli verbis utar, insipiens cor erravit (*I Cor.* 1). Putantes enim se esse sapientes, stulti facti sunt, et mutaverunt gloriam incorruptibilis Dei in similitudinem corruptibilium hominum, et quadrupedum, et serpentium (*Rom.* 1). Hi, ut cum regis filio, atque iis qui ab ipsius partibus stabant, sermonem consererent, in unum convenerunt. Atque in eis illud adagium implebatur: Caprea eum leone pugnam iniit (14). Etenim ipse Altissimum posuerat refugium suum, et in alarum ipsius umbra sperabat (*Psal.* xc).

Illi autem in hujus sæculi principibus qui destruuntur, ac mundi principe tenebrarum, cui se ipsos misere subjecerunt, fiduciam suam collocabant (*Psal.* lvi; *Ephes.* vi).

Producitur itaque Nachor, qui Barlaamum se esse simulabat. Ac rex quidem hoc sibi propositum habebat; verum sapiens Dei providentia cœlitus aliud administrabat. Astantibus enim his omnibus, rex ad oratores suos et philosophos, vel potius plebis seductores et stolido corde præditos, ait: **304** En vobis certamen, et quidem maximum propositum est. Duorum enim alterum vobis continget, nempe ut vel doctrina nostra confirmata, errorisque convicto Barlaamo ipsiusque sociis, maximam gloriam et honorem tum a nobis tum a senatu consequamini, ac victricibus coronis ornemini; vel fracti ac superati, cum omni ignominia gravissimam mortem oppetatis, atque omnes vestræ facultates populo addicantur, quo memoria vestra prorsus a terra deleatur. Nam et corpora vestra bestiis devoranda objiciam, et liberos vestros perpetua servitute multabo.

Hac oratione a rege habita, ipsius filius his verbis usus est: Æquam sententiam hodierno die tulisti, o rex, eamque velim Deus confirmet; atque ego eadem magistro meo dico. Conversusque ad Nachorem, qui Barlaam esse putabatur; ad eum ait: Non te fugit, o Barlaam, in qua gloria quibusque deliciis me inveneris. Tu tamen permultis sermonibus me adduxisti ut a patriis legibus et institutis abscederem, atque ignotum Deum colerem, arcanorum quorumdam videlicet ac sempiternorum bonorum spe mentem meam ad sequenda tua dogmata, et exacerbandum patris mei ac domini animum me pertrahens. Quocirca ita existima, te nunc velut in trutina stare. Nam si ex proposito certamine superior discesseris, eam scilicet quam mihi tradidisti doctrinam veram esse demonstrans, atque eos qui hodierna die nobis adversantur, in errore versari ostendens, tu quidem majorem quam ullus unquam habuerit, gloriam referes, ac veritatis præco vocaberis; atque ego in tua doctrina perstabo, Christumque, quemadmodum prædicasti, ad extremum usque spiritum colam. Sin autem, sive dolo, sive serio ac vere superatus, ignominiam mihi conflaveris, contumeliam meam statim ulciscar. Etenim meismet manibus cor tuum ac linguam evellam, eaque cum reliquo tuo corpore canibus in praedam dabo, ut tuo exemplo omnes regum filiis imposturam minime facere condiscant.

His verbis auditis, Nachor ingentem tristitiam ac moerorem concepit, ut qui seipsum in foveam quam fecerat incidere, ac laqueo quem absconderat implicari, suoque gladio se confodi perspiceret. Cum igitur rem secum reputasset, ad filii regis partes, ut impendens vitae discrimen effugeret, sese potius adjungere, ipsiusque dogmata confirmare statuit, quod videlicet ille optimo jure supplicio eum afficere posset, si quidem ipsius animum offendisset. At id totum divinae providentiae erat, quae religionis nostrae decreta sapienter per adversarios confirmabat. Nam cum idolorum antistites et Nachor sermones conserere inciperent, ut Barlaam ille, cum sub Balaac Israelem quondam exsecrari ac diris devovere constituisset, multis tamen eum ac variis benedictionibus cumulavit (*Num* xxii), ad eumdem etiam modum Nachor insipientibus ac stolidis sapientibus vehementer obluctabatur. Cum enim rex in throno sederet, atque ipsius filius, uti jam a nobis dictum est, ipsi assideret, eique etiam stulti rhetores astarent, qui ut gladium linguas suas ad opprimendam et evertendam veritatem acuerant (*Psal.* lxiii), quique, ut cum Isaia loquar, laborem parturiunt, et iniquitatem pariunt (*Isaiae* lix), plebis etiam ad certaminis spectaculum innumerabilis multitudo confluxisset, ut utra pars victoriam adipisceretur cognosceret, rhetorum unus, qui omnibus doctrina praestabat, ad Nachorem dixit: Tune es ille usque adeo audax, atque in deos nostros contumeliosus Barlaam, qui charissimum regis filium in ejusmodi errorem conjecisti, eumque crucifixum colere docuisti? Respondit Nachor: Sane, ego sum Barlaam, qui deos tuos, quemadmodum dixisti, nihili pendo, quique regis filium non in errorem conjeci, sed errore liberavi, atque ad verum Deum adjunxi. Tum rhetor ille ad hunc modum locutus est: Quoniam magni et eximii viri, a quibus omnis sapientia et scientia inventa est, sublimes deos atque immortales eos nuncupent, omnesque orbis terrae reges et illustres viri ipsos colant ac venerentur, quonam modo ipse linguam adversus eos acuis, atque omnino eo audaciae prorumpis, ut haec proferas? Quonam item argumento probas eos deos non esse, sed eum qui cruci affixus est? Excipiens autem sermonem Nachor, rhetorem quidem illum nullo responso dignatus est; verum cum plebi silentium manu indixisset, atque os suum, tanquam illa asina Balaam, aperuisset, ea quae dicere minime instituerat prolocutus est, aitque ad regem: Ego, rex, Dei providentia in mundum veni; conspectoque coelo, terra, mari, sole, ac luna, reliquisque ejusmodi rebus, earum ornatum admiratus sum. Mundum autem, eaque omnia quae ipsius complexu continentur, necessario moveri conspiciens, eum a quo movetur et conservatur Deum esse intellexi. Etenim quidquid movet eo quod movetur fortius est; et quod continet atque conservat fortius est eo quod continetur et conservatur. Quocirca ipsum Deum esse dico qui omnia procreavit atque conservat, quique principiis expers est, et sempiternus et immortalis, et nulla re indigens, omnibusque perturbationibus ac defectibus sublimior, hoc est ira et oblivione atque ignorantia, reliquisque omnibus rebus generis ejusdem. Per ipsum autem omnia coagmentata et concreta sunt (*Psal.* xv). Nec vero sacrificiis aut libaminibus, aut ulla alia re in aspectum cadente opus habet (*Act.* xvii), verum contra omnes eo opus habent.

CAP. XXVII. — His ita de Deo commemoratis, quemadmodum ipsius beneficio mihi de ipso loqui concessum est, ad humanum genus veniamus, ut quinam ipsorum veritatis, quinam erroris participes sint conspiciamus. Illud enim, o rex, inter nos constat, tria in mundo hominum genera esse, nimirum eos qui apud vos deorum cultores dicuntur, et Judaeos, et Christianos. Ac rursum eorum qui multos deos colunt triplex genus esse, nempe Chaldaeos, Graecos et Aegyptios. Nam hi reliquis nationibus plurium deorum cultus et adorationis duces ac magistri fuerunt. Quocirca quinam ipsorum in veritate, quinam in errore versentur, videamus. Ac Chaldaei quidem Deum ignorantes, post elementa aberraverunt, resque conditas Creatoris loco colere coeperunt: quarum etiam cum formas quasdam effecissent, eas coeli, et terrae, et maris, et solis, ac lunae, reliquorumque elementorum et siderum figuram appellarunt, easque res in templis conclusas adorant, ac deos appellant. Quos etiam diligenter ac studiose servant ne a furibus subripiantur. Nec illud ipsis in mentem venit, quidquid servat eo quod servatur majus esse, et item eum qui aliquid efficit eo quod efficitur praestantiorem esse. Nam si ipsorum dii ea imbecillitate sunt, ut saluti suae consulere nequeant, quonam tandem pacto aliis salutem afferent? Itaque magno errore Chaldaei lapsi sunt, mortuas et utilitatis expertes statuas venerantes. Atque etiam mihi mirari subit, o rex, quonam modo ii qui apud eos philosophorum nomen obtinent, illud haudquaquam animadverterint, elementa quoque interitui obnoxia esse. Quod si elementa interitui omnino obnoxia ac subjecta sunt, qui tandem dii esse queant? Quod si elementa dii non sint, quonam modo statuae, quae eorum nomine construuntur, dii erunt?

Ad ipsa igitur elementa, o rex, accedamus, ut ea deos non esse demonstremus, sed corruptioni ac mutationi subjecta, atque ex nihilo in ortum veri Dei jussu producta esse, qui quidem corruptionis et immutationis expers est, et invisibilis, contraque ipse omnia cernit, et arbitratu suo immutat atque convertit. Quid igitur de elementis dico?

Qui coelum deum esse arbitrantur, errant. Nam ipsum converti, ac necessario moveri, atque ex multis rebus constare videmus; propterea enim κόσμος id est mundus appellatur. Mundus porro artificis cujusdam constructio est. Quod autem constructum est, principium ac finem habet. At coelum una cum sideribus suis necessario movetur; siquidem astra certo ordine ac spatio impulsa, a puncto in punctum, partim occidunt, partim exoriuntur, certisque temporum spatiis iter suum obeunt, ut aestates et hiemes, quemadmodum ipsis a Deo imperatum est, efficiant. Nec leges sibi juxta inevitabilem naturae necessitatem constitutas cum coelesti ornatu infringunt. Ex quo perspicuum est, coelum non deum, sed Dei opus esse.

Qui autem terram deam esse censent, errant. Videmus enim eam ab hominibus injuria affici, et eorum imperio subjectam esse, effodi etiam et contaminari, atque inutilem fieri. Nam si igne torreatur, emoritur, siquidem ex testa nihil oriri potest. Ac praeterea si imbribus nimium perfundatur, tum ipsa, tum ipsius fructus corrumpuntur. Quin ab hominibus reliquisque animantibus proculcatur, interfectorum sanguine inquinatur, effoditur, completur, cadaverum theca efficitur. Quae cum ita sint, fieri non potest ut terra dea sit, sed res a Deo ad hominum usum effecta.

Eodem modo, qui aquam deam esse putant, errant. Nam ea quoque ad hominum usum procreata est, eorumque dominationi subest. Contaminatur etiam et labefactatur, et cum igne coacta est, immutatur: alios atque alios subinde colores sumit, utpote quae et frigore concrescat, et ex cruore spurcitiem contrahat, et ad impurarum omnium rerum ablutionem adhibeatur. Ex quo liquido constat aquam deam esse non posse, sed Dei opus.

Jam vero qui ignem deum esse arbitrantur, ipsi quoque errant. Etenim ignis ad hominum usum creatus est, ipsorumque dominationi subest, et ab ipsis ad omnis generis carnes, partim elixandas, partim assandas, atque etiam ad mortua corpora concremanda, e loco in locum circumfertur; atque insuper multis modis corrumpitur, et ab hominibus exstinguitur; ac proinde ignis deus esse non potest, sed Dei opus.

Ad eumdem etiam modum qui ventorum flatum deum esse existimant, errant. Perspicuum enim est ventum alteri inservire, **306** atque hominum causa ad transvehendas naves ac frumenta comportanda, reliquosque ipsorum usus a Deo conditum esse. Huc accedit, quod pro Dei jussu atque imperio tum augescit tum imminuitur. Quare fieri non potest ut ventus deus sit, verum Dei opus.

Porro qui solem deum esse putant, ipsi quoque errant. Siquidem eum necessario moveri perspicimus, atque a puncto in punctum migrare et commutari, et occidere et exoriri, ut ad hominum utilitatem stirpes et plantas calore afficiat, atque insuper eum divisionem cum reliquis sideribus habere, ac multis partibus coelo minorem esse, luceque interdum defici, nec ullum imperium et principatum obtinere. Ex quo illud planum est fieri non posse ut sol deus sit, sed Dei opus.

Cousimili etiam modo ii qui lunam deam esse opinantur, errant. Nam ipsam necessario moveri et immutari videmus, atque a puncto in punctum migrare, et ad hominum utilitatem nunc exoriri, nunc occidere, ac sole minorem esse; augeri etiam atque imminui, ac deliquia interdum pati. Quare fieri non potest ut luna dea sit, verum Dei opus.

Denique qui hominem deum esse arbitrantur errant. Nam eum necessario moveri, et ali, et invitum etiam senescere videmus, atque interdum delectari, interdum moerore affici, ciboque ac potu et veste indigere. Iracundum etiam atque invidum esse, et libidine incitari, et poenitentia duci, ac multis defectibus laborare. Verum multis etiam modis corrumpitur, nimirum ab elementis, et animantibus, ac postremo a morte ipsi imminente. Ex quo efficitur ut homo deus esse nequeat, sed Dei opus. Quocirca ingenti errore Chaldaei lapsi sunt, dum opinionum suarum commenta sequuntur. Elementa enim, in quae interitus cadit, ac mortuos status venerantur, nec se in deorum numerum ea referre sentiunt.

Ad Graecos jam veniamus, ut si quid forte de Deo recte sentiant videamus. Graeci igitur sapientiae laudem sibi arrogantes, stultiores etiam Chaldaeis se praebuerunt, complures videlicet deos inducentes, partim masculos, partim feminas, vitiosarum omnis generis affectionum, ac scelerum architectos. Etenim ridicula, et stulta, et impia, o rex, Graeci induxerunt, eos qui non sunt juxta perversas suas cupiditates deos appellantes, ut nimirum eos vitii patronos ac defensores habentes, adulteria perpetrent, rapiant, trucident, atque atrocissima quaeque scelera committant. Nam cum ipsorum dii hujusmodi flagitia designarint, quonam pacto ipsi quoque non eadem perpetrabunt? Ex his igitur erroris studiis et institutis, hominibus bella et caedes, atque acerbas captivitates crebro experiri contigit. Quin etiam, si de ipsorum diis sigillatim verba facere velimus, ingentem absurditatem perspecturus es.

Siquidem Saturnum ipsi ante omnes deum inducunt, eique filios suos mactant. Qui quidem ex Rhea multos filios habuit, quos etiam ipse furore percitus devorabat. Aiunt autem Jovem ipsi genitale membrum abscidisse, atque in mare projecisse, ex quo Venerem ortam esse fabulantur. Jupiter autem patrem suum vinculis constrictum, in tartarum praecipitem dedit. Vides errorem ac libidinem, quam adversus deum suum invehunt. Num enim fieri potest ut deus catenis vinciatur, ipsique genitales partes amputentur? O singularem amentiam! Quis mente praeditus haec dixerit?

Secundus Jupiter inducitur, quem in omnes deos suos regnum tenere aiunt, atque in varias animantium figuras immutari, ut mortalibus mulieribus stuprum inferat. Etenim eum in taurum sese immutasse tradunt, ut Europa potiretur; in aurum, ut Danae; in cygnum, ut Leda; in Satyrum, ut Antiopa; in fulmen, ut Semela. Ac postea multos ex iis filios exstitisse, Bacchum scilicet, Zethum, Amphionem, Herculem, Apollinem, Dianam, Perseum, Castorem et Pollucem, Helenam, Minoem, Rhadamantum, Sarpedonem, et novem item filias, quas Musas nuncupant.

Ac demum de Ganymede sermonem inducunt. Hinc itaque, o rex, hominibus contigit, ut ad dei sui imitationem hæc omnia imitarentur, atque adulteri essent, et insano masculorum amore tenerentur, et alia horrenda flagitia perpetrarent. Quonam igitur modo fieri potest ut Deus adulter sit, aut pædico, aut parricida?

Quin Vulcanum etiam quemdam deum esse tradunt, eumque claudum, malleumque ac forcipem tenentem, et ferrariæ arti victus causa operam dantem. Ergo rerum penuria laborabat. Atqui a Deo abhorret, claudum esse, atque hominum ope indigere.

Adhæc Mercurium etiam nobis deum inducunt, qui cupidus sit, et fur, et avarus, et magus, et versipellis, ac sermonum interpres. Quod quidem item in Dei naturam minime cadit.

Æsculapium insuper in deorum numero habent, qui medicus erat, et pharmaca 307 conficiebat, atque emplastra, victus parandi causa (nam in egestate versabatur) componebat, post autem eum propter Tyndarei Lacedæmonii filium a Jove fulmine percussum interiisse narrant. Quod si Æsculapius, cum deus esset, ac fulmine percuteretur, sibi ipsi opitulari nequivit, qui tandem aliis opem ferre poterit?

Mars etiam ab iis deus belli studiosus et iracundus, ac pecudum aliarumque rerum cupidus inducitur. Quem item postea, cum Venerem constupraret, a puero Cupidine ac Vulcano vinculis astrictum fuisse dicunt. Qui igitur deus is esse queat, qui cupiditate flagrat, ac bellis delectatur, adulteriumque perpetrat, ac vinculis constringitur?

Rursum autem Bacchum inter deos numerant, nocturna festa celebrantem, temulentiæ magistrum, aliorumque uxores abstrahentem, furore æstuantem, fugientem, ac postremo a Titanibus obtruncatum. Quod si Bacchus cum interimeretur, sibi ipsi opitulari non potuit, verum et furore præceps agebatur, et ebrietati studebat, et profugiebat, quonam pacto deus esse queat?

Tum autem Herculem inducunt, qui se vino obruat, atque in furorem ruat, suosque filios jugulet, ac deinde flammis absumptus intereat. Qui autem Deus esse is queat, qui se vino obruit, ac liberos suos obtruncat, ignisque ardore conflagrat? Aut quo tandem modo aliis auxilio esse poterit, qui sibi auxilium afferre non potuit?

Præterea Apollinem inducunt, invidia laborantem, atque arcum et pharetram, ac nonnumquam etiam citharam et tibiam tenentem, hominibusque quæstus causa vaticinia edentem. Egebat igitur. Atqui fieri non potest ut Deus egeat et invideat, et citharœdus sit.

Eodem etiam modo Dianam ipsius sororem inducunt, venationi studentem, atque arcum et pharetras habentem, solamque cum canibus vagantem, ut cervum aut aprum intercipiat. Quonam igitur modo dea erit venatrix mulier, et cum canibus oberrans?

Postremo Venerem etiam deam esse adulteram dicunt. Aliquando enim cum Marte concubuit, aliquando cum Anchise, aliquando cum Adonide, cujus etiam mortem deplorat, amasium suum requirens. Quin etiam eam ad inferos descendisse aiunt, ut Adonidem a Proserpina redimeret. Vidistine unquam, o rex, dementiam hac majorem? deam nimirum inducere, quæ adulterii crimine se obstringat, et ploret ac lamentetur.

Adonidem autem etiam deum venatorem inducunt, eumque ab apro percussum violenta morte interiisse aiunt, nec in hujusmodi calamitate opem sibi ipsi afferre potuisse. Quonam itaque pacto hominum curam geret adulter et venator, quique violenta morte interiit?

Hæc omnia ac multa alia ejusmodi adhuc fœdiora et sceleratiora, o rex, de diis suis Græci inducunt, quæ nec dicere, nec memoria ullo modo usurpare fas est. Unde homines a diis suis occasionem arripientes, omne sceleris et libidinis atque impietatis genus perpetrarunt, horrendis flagitiis suis terram et aerem contaminantes.

Ægyptii autem eos stultitia et stoliditate superantes, gravius quam ullæ aliæ nationes aberrarunt. Neque enim Græcorum deos venerari satis habuerunt; verum insuper bruta animantia, tam terrestria quam in aquis degentia, tam stirpes quam plantas in deorum numero habuerunt, atque omni insaniæ ac libidinis genere gravius quam ullæ terræ nationes sese conspurcarunt. Antiquitus enim Isidem colebant, virum simul ac fratrem Osiridem habentem, qui a fratre suo Typhone obtruncatus est. Eaque de causa Isis cum filio suo Oro in Byblum Syriæ fugit, Osiridem quærens, atque acerbe lamentans, quoad tandem Orus crevisset, ac Typhonem de medio sustulisset. Ergo nec Isis fratri suo ac viro suppetias ferre potuit, nec Osiris, cum a Typhone trucidaretur, sibi ipsi auxilio esse potuit, nec denique Typhon fratricida, cum ei ab Oro et Iside exitium afferretur, seipsum a morte vindicare. Et tamen cum hi ob hujusmodi calamitates ad hominum notitiam pervenissent, a stultis Ægyptiis dii habiti sunt.

Quin neque his aut reliquis gentium numinibus contenti, bruta enim animantia invexerunt. Nonnulli etenim ipsorum ovem, alii hircum, alii vitulum et suem, alii corvum et accipitrem, alii vulturem et aquilam, alii crocodilum; quidam felem, et canem; et lupum, et simiam, et draconem, et aspidem; alii cepas, et allia, et spinas, cæterasque res conditas coluerunt. Nec homines miseri nihil omnino virium his omnibus rebus inesse sentiunt. Nam cum deos suos ab aliis hominibus et comedi, et igne cremari, et jugulari atque corrumpi videant, non tamen proinde eos deos non esse intellexerunt.

Quocirca magno errore tum Ægyptii, tum Chaldæi, tum Græci lapsi sunt, deos hujusmodi inducentes, atque ipsorum statuas efficientes, surdaque et sensus expertia simulacra 308 pro diis habentes. Ac demiror quo pacto, cum deos suos ab artificibus secari, et dolari, ac truncari, atque temporis longinquitate inveterascere et immutari, atque igne conflari cernerent, hinc eos minime deos esse non animadverterint. Nam qui in suæ salutis negotio nullam vim habent, quonam tandem modo hominum saluti consulent? At vero poetæ ipsorum, et philosophi tam Chaldæorum quam Ægyptiorum, cum versibus suis ac litterarum monumentis deos suos exornare studuerunt, eorum ignominiam magis detexerunt, nudamque omnium oculis proposuerunt. Nam cum hominis corpus, quamvis alioqui multis partibus constet, nullum tamen membrorum suorum abjicit, verum firmissimam cum ipsis omnibus conjunctionem habens, secum ipsum concordat, qui tandem in Dei natura tanta pugna et discordia futura est? Nam si una deorum natura esset, deus deum insectari, aut obtruncare, aut malo aliquo mulctare minime debebat. Quod si dii a diis vexati, et interempti, et spoliati, ac fulmine percussi sunt, non jam una eorum natura est, sed distinctæ voluntates atque omnes exitiosæ ac pestiferæ.

Ex quo concludendum est neminem eorum deum esse. Perspicuum est igitur, o rex, omnem eorum de deorum natura disputationem erroris plenam esse. Quonam autem pacto ii qui apud Græcos sapientiæ atque doctrinæ fama floruerunt, illud minime intellexerunt, eos qui leges tulerunt suismet legibus judicari? Nam si leges justæ sunt, injusti omnino ipsorum dii sunt, qui contra legum præscripta mutuo sese interfecerint, atque in veneficia, et adulteria, et furta, et præposteras libidines proruerint. Sin autem recte fecerunt, leges certe iniquæ sunt, utpote adversus deos constitutæ. Nunc autem leges præclaræ ac justæ sunt, ut quæ et virtutes laudent, et vitia prohibeant: deorum autem, quos ipsi colunt, iniqua sunt opera: quare iniqui etiam ipsorum dii sunt, omnesque impii ac morte mulctandi, qui ejusmodi deos inducunt. Nam si ea quæ de ipsis litterarum monumentis prodita sunt, ficta et fabulosa sunt, nihil aliud sunt quam meri sermones; si autem naturalia, non jam dii sunt qui hæc fecerunt ac perpessi sunt; quod si allegorico sensu ea dicuntur, fabulæ sunt, ac nihil præterea. Demonstratum est itaque, o rex, hos omnes cultus, qui multis diis tribuuntur, erroris atque exitii opera esse (neque enim deos appellare convenit qui videntur ac non vident; verum eum qui cum ipse cerni nequeat, omnia cernit), Deumque qui omnia condidit, colendum esse.

Veniamus igitur, o rex, etiam ad Judæos, ut quidnam ipsi quoque de Deo sentiant videamus. Nam ipsi ab Abraham, Isaac, et Jacob oriundi, Ægyptum incoluerunt. Illinc autem Deus eos in manu potenti et brachio excelso, per Moysen ipsorum legislatorem eduxit, ac per multa prodigia et signa suam ipsis potentiam declaravit. Verum ipsi quoque perfidos atque ingratos sese præbentes, gentium deos sæpenumero adorarunt, prophetasque ad se missos ac justos viros morte affecerunt. Ac deinde, posteaquam ita Dei voluntas tulit, ut Filius suus in terram veniret, eum contumelia affectum, Pontio Pilato Romanorum duci tradiderunt, crucisque supplicio condemnarunt, nulla videlicet ipsius beneficiorum atque innumerabilium miraculorum, quæ inter ipsos designarat, habita ratione, suoque scelere perierunt. Nam nunc quoque solum quidem omnipotentem Deum colunt, sed non secundum scientiam, siquidem Christum Filium Dei negant (*Rom.* x), gentilibusque similes sunt, etiamsi ad veritatem, a qua procul se removerunt, propius aliquanto accedere videantur. Ac de Judæis hactenus.

At Christiani a Domino nostro Jesu Christo doctrinæ suæ originem ducunt. Hic autem Dei altissimi Filius in Spiritu sancto creditur. Qui quidem humanæ salutis causa de cœlo descendit, atque ex sancta Virgine genitus est, ac sine semine et corruptione carnem suscepit, hominibusque apparuit, ut eos a falso multorum deorum cultu revocaret. Atque admiranda incarnationis suæ dispensatione perfunctus mortem sponte, atque ingenti quodam consilio, per crucem degustavit. Triduo autem post resurrexit, atque in cœlos ascendit. Cujus præsentiæ gloriam ex Scriptura, quæ apud eos Evangelica vocatur, si eam legere in animum induxeris, perspicere licet, o rex. Hic duodecim discipulos habuit, qui post ipsius in cœlum ascensum in orbis terræ provincias exierunt, ipsiusque augustam amplitudinem promulgarunt: quemadmodum etiam unus ex ipsis regiones nostras peragravit, ut veritatis dogmata prædicaret (*Supra*, c. 1); unde etiamnum ii qui prædicationis eorum justitiæ administram operam navant, Christiani appellantur. Atque hi sunt qui veritatem supra omnes terræ nationes invenerunt. Siquidem Deum rerum omnium conditorem atque architectum in Filio unigenito et Spiritu sancto agnoscunt, nec præter eum ullum alium Deum venerantur. Habent autem Domini Jesu Christi 309 mandata cordibus suis insculpta, eaque custodiunt, mortuorum resurrectionem ac futuri sæculi vitam expectantes. Non adulterii, non fornicationis crimine sese devinciunt, non falsum testimonium dicunt, aliena non concupiscunt; patri et matri honorem tribuunt, proximos amant, justum judicium ferunt; quæ sibi ipsis fieri nolunt, aliis non faciunt; eos a quibus læduntur obsecrant, ac sibi eorum amicitiam conciliant. Inimicos beneficiis afficere student, lenes et faciles se præbent, ab omni iniquo concubitu atque ab omni impuritate abstinent, viduam non contemnunt, pupillo mœrorem non inferunt, qui habet non habenti prolixe subministrat. Peregrinum si viderint, tecto admittunt, ejusque non secus ac veri et germani fratris adventu delectantur. Non enim carnis, sed animi ratione fratres se vocant. Vitam suam Christi causa profundere parati sunt: nam ipsius præcepta firme observant, sancte videlicet ac juste, quemadmodum

Dominus Deus ipsis imperavit, viventes: gratias ipsi omni hora in omni cibo et potu, ac reliquis bonis agentes (*Ephes.* v). Vere enim hæc veritatis via est, quæ quidem eos qui eam ingrediuntur, ad sempiternum regnum, quod a Christo in futura vita promissum est, tanquam porrecta manu ducit.

Atque ut intelligas, o rex, me hæc ex cerebro meo minime fingere, si ad Christianorum Scripturas oculos adjeceris, me nihil a veritate alienum loqui reperies. Quare præclare filius tuus intellexit, optimoque jure Deo vivo cultum adhibere didicit, ut in futuro ævo salutem obtineat. Magna etenim atque admiranda sunt quæ a Christianis tum dicuntur tum geruntur. Neque enim hominum, sed Dei verba proloquuntur, reliquæ autem nationes errant; ac sibi ipsis imposturam faciunt, siquidem in tenebris ambulantes, ebriorum instar in seipsos impingunt. Atque hic sit, o rex, meæ ad te orationis finis, quam quidem veritas in mente mea dictavit. Desinant itaque væcordes tui sapientes adversus Dominum nugari. Nam vobis Deum creatorem venerari, atque ipsius verbis ab interitu alienis aurem accommodare expedit, ut condemnationem ac supplicium effugientes, vitam interitus expertem hæreditario possideatis.

CAP. XXVIII. — Hæc posteaquam a Nachore commemorata sunt, rex iracundia æstuabat; rhetores autem ipsius et sacerdotes muti stabant, ut qui nihil contra, præter infirmos quosdam ac nullius momenti sermunculos, afferre possent. At vero regis filius spiritu exsultabat, atque hilari vultu Dominum celebrabat, qui iis quorum fiducia in ipso posita est, in rebus perplexis et impeditis exitum dat, quique etiam per inimicum et hostem veritatem confirmabat, efficiebatque ut et qui erroris antesignanus erat, rectæ doctrinæ patronum se præberet.

Rex porro, quamvis alioqui Nachori vehementer irasceretur, nullo tamen eum malo afficere potuit, propterea quod lege coram omnibus ante promulgata, ei pro Christianis libere verba facere permisisset. Cæterum ipse persæpe sermonibus ipsius obluctans, eum per signa quædam admonebat, ut illam pugnandi acrimoniam remitteret, atque rhetorum disputationi manus daret. At ille vehementius invalescebat, omnes ipsorum propositiones atque argumenta refutans, errorisque, quo tenebantur, fraudem ac fallaciam detegens. Cum autem pene ad vesperam usque disputatio producta fuisset, rex concionem solvi jussit, tanquam scilicet postridie rursum de hac re agitari vellet.

Josaphat autem regem ita est allocutus: Ut primo juste omnia geri jussisti, o rex, ita justitiæ quoque finem impone, duorum alterum faciens, nempe ut vel magistrum meum hac nocte mecum manere permittas, ut de his rebus de quibus crastina die cum iis qui nos bello lacessent verba facienda sunt una dispiciamus, ac tu item tuos assumens, arbitratu tuo cum illis ea quæ in rem futura videbuntur mediteris; aut tuos mihi hac nocte concedens, meum accipe. Quod si utrique apud te sint, meus nimirum in afflictione et metu, tui autem in lætitia et animi remissione, æquum mihi judicium istud esse non videtur, sed principatus licentia, et pactorum violatio. Rex itaque hujus orationis lepore victus, assumptis sapientibus et sacerdotibus suis, Nachorem filio concessit, hac nimirum spe fretus, fore ut ea quæ pollicitus fuerat præstaret.

Regis itaque filius in palatium suum proficiscitur, non secus atque Olympicus quidam victor, superatis adversariis, secum Nachorem habens. Quem cum, remotis arbitris, accivisset, his ad eum verbis usus est: Ne me, qui sis, ignorare existimes. Certissimum enim habeo te divinissimum Barlaamum haud quaquam esse, verum Nachorem astrologum. Ac miror quid vobis in mentem venerit, ut hujusmodi fabulam fingeretis, atque hoc vobis persuaderetis, vos eas clarissima die oculis meis tenebras objecturos esse, ut pro ove lupum acciperem. Verum non abs re proverbio fertur, Cor stulti vana cogitare. Atque hæc quidem cogitatio et consilium vestrum rancidum sane ac prorsus stolidum erat, opus autem quod ipse egisti, omni prudentia et sagacitate plenum est, ac propterea gaude, Nachor, et exsulta.

Multas enim tibi hoc nomine gratias habeo, quod veritatis patrocinium hodierno die suscepisti, nec sceleratis verbis ac versuta simulatione labia tua contaminasti; quin potius ea multis sordibus expurgasti, falsorum nimirum deorum errore confutato, atque Christianorum dogmatum veritate confirmata. Ego vero duplici de causa, ut te mecum adducerem, operam dedi; altera, ne te rex privatim tenens, supplicio afficeret, propterea quod non ea es locutus quæ ipsi grata essent; altera ut hodierno tuo beneficio gratiam tibi rependam. Quonam autem tandem pacto istud? Nimirum te admonens, ut a prava et periculosa hac via, quam ad hunc usque diem tenuisti, declina, ac rectam et salutarem semitam ingrediaris: quam quidem non ignorans, sed sponte malum amplectens, effugisti, in iniquitatis barathra et præcipitia teipsum impellens. Intellige itaque, o Nochor, cum prudens et sagax sis, ac Christum solum, et vitam apud ipsum abstrusam elucrari stude, fluxis his et caducis contemptis ac pro nihilo habitis. Non enim in æternum vives; sed, cum mortalis sis, jam jamque hinc abiturus es, quemadmodum et omnes, qui ante te exstiterunt. Atque, o te miserum! si, ubi justum judicium, ac justa operum merces est, gravem peccati sarcinam tecum ferens abeas, nec eam prius abjeceris, cum abjicere proclive sit.

Nachor itaque ob hujusmodi sermones animo compunctus, his verbis usus est: Recte dixisti, o rex, recte inquam. Nam ipse quoque verum et ab omni mendacio alienum Deum, per quem om ia facta sunt, novi; atque item futurum judicium scio, ex multis videlicet Scripturæ sacræ verbis id edoctus, verum improba consuetudo, atque antiqui supplantatoris versutia cordis mei oculos cæcavit, densasque animo meo tenebras offudit. Nunc autem ad verbum tuum abjecto tenebroso velamine, ad vultus Dominici lucem accurram; fortasse enim mei miserebitur, pœnitentiæque januam mihi improbo ac rebelli servo aperiet. Quanquam mihi fieri non posse videtur ut peccatorum meorum, quæ arena graviora sunt, et eorum quæ tum sciens tum ignorans perpetravi, veniam obtineam.

Hac oratione audita, regis filius statim exsurgit, atque animo incalescit, animumque Nachoris ad desperationem propendentem recuperare atque erigere incipit. Nulla enim, o Nachor, inquit, nulla de hac re dubitatio animum tuum subeat. Scriptum est enim (*Joan.* VIII) posse Deum etiam ex his lapidibus excitare filios Abrahæ. Quod quidem, ut aiebat pater Barlaam, quid aliud est, quam quod homines deploratæ improbitatis atque omni iniquitatis genere contaminati salutem consequi possint, Christique filii effici, qui pro sua summa et incredibili humanitate omnibus sese ad meliorem frugem recipientibus cœlestes portas patefecit? Neque enim cuiquam omnino salutis aditum præclusit, verum eos quos scelerum pœnitet misericordi animo suscipit; ob eamque causam iis qui hora prima, et tertia, et sexta, et nona, et undecima ad vineam accesserunt, æqua merces attribuitur, quemadmodum Evangelicis scriptis proditum est (*Matth.* XX). Ac proinde etiamsi ad hunc usque diem in peccatis consenueris, tamen si ferventi animo accedas, eadem quæ ii qui ab adolescentia certamen subierunt præmia consequeris. Hæc et multa alia cum divinissimus juvenis ad Nachorem in malis inveteratum de pœnitentia locutus fuisset, ipsique veniam spopondisset, Christumque facilem ac propitium ipsi fore promisisset, illudque pro certo affirmasset, eum pro sua bonitate semper peccatoris pœnitentiam suscipere paratum esse, ægram ipsius animam, tanquam medicamentis quibusdam emolliens, ipsum prorsus in sanitatem asseruit.

Statim enim ad eum Nachor dixit: Tu quidem, o anime etiam quam corpore nobilior, qui admirabilibus his mysteriis præclare imbutus es, ad extremum usque in præclara confessione velim maneas, nec eam aut ullum tempus, aut ullus modus e tuo pectore evellat. Ego autem hac ipsa hora proficiscar, ut salutem meam quæram, mihique Deum, quem ad iram provocavi, per pœnitentiam propitium ac facilem reddam. Non enim posthac, nisi tibi aliter videatur, regis faciem conspiciam. Ingenti autem animi lætitia effectus regis filius, atque hunc sermonem libenter excipiens, ipsum complectitur et exosculatur, attentisque ad Deum fusis precibus, eum e palatio emittit.

Egressus autem Nachor, animo compunctus in densissimam solitudinem cervi instar prosiliit, atque in monachi cujusdam, qui sacerdotii dignitate ornatus erat, speluncam se confert in qua ille propter imminentem metum delitescebat. Atque ante ipsum ferventissimo pectore humi sese provolvit, ipsiusque pedes, instar videlicet veteris illius meretricis (*Lucæ* VII), lacrymis perfundit, ac divinum baptismum exposcit. Sacerdos itaque, utpote divina gratia plenus, ingentem animo voluptatem cepit, eumque confestim, ut mos ferebat, per dies haud paucos Christianæ fide rudimentis institutum, divino baptismate perficit in nomine Patris et Filii et Spiritus sancti (*Marc. ult.*). Mansit autem cum illo Nachor, perpetua ob ea peccata quæ perpetrarat pœnitudine ductus, Deumque benedicens, qui neminem perire vult, verum omnium resipiscentiam exspectat, atque eos qui pœnitentiam agunt humane ac benigne excipit (*II Pet.* III; *Ezech.* XVIII).

Rex autem, cum de Nachoris rebus mane certior factus fuisset, ac spe sua excidisset, et præterea sapientes suos ac stolidos oratores nullo negotio superatos fuisse conspexisset, in magna animi anxietate versabatur; eosque, cum graves prius contumelias ac dedecora ipsis intulisset, ac nonnullos etiam bubulis nervis atrocem in modum lacerasset, ipsorumque oculos fuligine illevisset, a se ablegavit. Ipse autem falsorum deorum imbecillitatem damnare incœpit, etiamsi alioqui nondum ad Christi lucem plene ac perfecte oculos conjicere in animum induceret. Etenim densa caliginis nubes ipsi undique affusa cordis ipsius oculos adhuc tenebat. Cæterum non jam sacerdotes suos in honorem habebat, nec festa et libamina simulacris suis peragebat, verum animo in utramque partem vacillabat: hinc nimirum deorum suorum imbecillitatem improbans, illinc autem Evangelicæ vitæ sinceritatem reformidans, pravaque consuetudine ita constrictus, ut ab ea vix avelli posset. Siquidem corporearum voluptatum servituti majorem in modum addictus erat, vitiosisque affectionibus prorsus operam dabat, captivi instar ductus, atque absque vino, ut Isaiæ verbis utar (*Isaiæ* LI), ebrius, et ab improba consuetudine tanquam fræno quodam retractus.

Cum igitur rex cum duplici cogitatione ad hunc modum luctaretur, nobilissimus ipsius filius, ac vere regio animo præditus, in suo palatio quietus degebat, naturæ suæ generositatem, modestiamque et constantiam per opera cunctis declarans. Nam theatra et equorum certamina, et venationum exercitationes, et inania omnia juvenilis ætatis studia, et imposturas quibus stulti animi deliniuntur et inescantur, nihili omnino ducebat; verum ex Christi mandatis omnino pendebat, ac divino amore sauciatus, eum expetebat, qui vere expetendus est, totus suavis ac totus desiderabilis (*Cant.* V), atque ejusmodi, ut sine ulla saturitate expectatur.

In memoriam autem rediens magistri sui Barlaam, atque ipsius vitam sibi ante oculos proponens, ipsius amore animum suum demulceri sentiebat, ac quonam pacto ipsum videret, summo studio curabat; atque ipsius sermones sine ulla intermissione in corde suo circumferens, erat tanquam arbor secus aquarum decursus plantata, perpetuæque irrigata, ac tempestivos domino fructus afferens. Multas enim animas diaboli laqueis eripuit, Christoque servatas obtulit, siquidem multi ad eum sese conferentes, salutaribus sermonibus fruebantur. Ex quibus non pauci, fuga relicto errore ad salutarem doctrinam accurrebant. Alii autem, rebus hujus vitæ longum valere jussis, monasticam palæstram capessebant. Ipse autem orationibus et jejuniis operam dabat, identidemque hanc vocem ad Deum mittebat: O Domine mi, o Domine mi ac Rex, cui ego credidi, ad quem ego profugi, atque errore liberatus sum, dignam famulo tuo Barlaamo mercedem rependet, pro eo quod mihi oberranti te, qui via, vita et veritas es (*Joan.* xiv), demonstravit. Ac mihi hoc concede, ut rursum illum in corpore angelum, quo mundus dignus non est (*Heb.* xi), conspiciam, atque cum eo quod mihi vitæ superest conficiam, ut vitæ ipsius vestigiis insistens, tibi Deo ac Domino placeam.

Cap. XXIX. — Eo autem tempore publicum falsorum deorum festum in urbe illa erat. Regem porro huic festo interesse ac copiosissimis victimis illud exornare oportebat. Verum cum sacerdotes ipsum in deorum cultu segnem ac tepidum esse conspicerent, id verebantur, ne ad templum venire negligeret, sicque ipsi muneribus iis quæ a rege accipere consueverant, cæterisque proventibus orbarentur. Surgentes itaque, ad speluncam quandam in vastissima solitudine sitam proficiscuntur, in qua vir quadam magicis artibus deditus, atque falsi idolorum cultus acerrimus propugnator habitabat, Theudas nomine, quem etiam rex singulari honore complectebatur, charumque magistrum existimabat, ipsius nimirum vaticiniis regnum suum omnium rerum copia florere, atque in dies augeri dicens. Cum igitur sacerdotum cultores ad ipsum venissent, ejus opem atque auxilium implorabant, eique deorum improbationem in quam rex inciderat exponebant, quæque regis filius fecisset, et quemadmodum Nachor ad ipsius voluntatem atque sententiam concionem habuisset. Ac nisi tu ipse venias, inquiebant, nobisque opem offeras, spes omnis exstincta est, omnisque deorum cultus ac veneratio periit. Nam tu unicum nobis calamitatis solatium relictus es, atque in te uno spes omnes nostras positas habemus.

Theudas itaque cum satanico eo exercitu quem secum habebat in expeditionem pergit, atque adversus veritatem arma comparat: accitis nimirum multis pravis spiritibus, quos ad res improbas prompte ac **312** libenter auxiliarem manum afferre norat, et quos ipse semper ministros adhibuerat, his comitatus ad regem accedit.

Ut autem ipsius adventus regi nuntiatus est, atque ipse palmarum virgam manu tenens, ovinaque pelle indutus ingressus est, rex e throno suo exsiliit, ipsique obviam prodiit, eumque osculatus est. Cumque cathedram afferri jussisset, ipsum prope se collocavit. Posteaque Theudas his ad regem verbis utitur: Rex, in æternum vive, maximorum deorum favore ac benevolentia septus. Ad me enim allatum est te ingens certamen adversus Galilæos iniisse, ac luculentissimam palmam retulisse. Eoque nomine huc

* Memoriæ lapsus est.

veni, ut, ad edendam grati animi significationem, festum una celebremus, atque eleganti forma præditos adolescentes ac formosas puellas diis immortalibus immolemus, taurosque centum, ac plurima alia animalia ipsis offeramus, quo eos quoque in posterum invictos adjutores habeamus, qui nobis universum vitæ curriculum planum et æquabile reddant.

Ad hæc rex: Minime vero, inquit, o senex, vicimus, minime, inquam, vicimus; verum nullo potius negotio victi sumus. Nam qui a nobis stabant, repente adversum nos exstiterunt, ac velut furore et insania laborantem atque imbecillam nostram aciem nacti, prorsus eam fregerunt ac prostraverunt. Nunc autem, si qua tibi facultas et vis suppetit, qua tu humi jacenti religioni nostræ opitulari, eamque rursum excitare queas, velim exponas. Theudas autem regi ad hunc modum respondit: Galilæorum contentiones atque inanes sermones, o rex, minime pertimesce. Quæ enim sunt ea quæ ab ipsis afferuntur, quantum quidem ad viros ratione ac prudentia præditos attinet? Meo quidem judicio facilius dejicientur, quam folium a vento excussum. Neque enim vel conspectum meum sustinebunt, tantum abest ut sermones conserant, atque ad mecum disputandum pedem conserant. Cæterum, ut et propositum istud certamen, et quidquid aliud in animo habuerimus, recto cursu feratur, resque nobis ex animi sententia succedant, fac publicum hoc festum exornes, deorumque benevolentiam, tanquam firmissima quædam arma induas, ac tum fausta omnia habiturus es. Hæc cum ille jactasset, qui, ut cum Davide loquar, in malitia potens erat, atque iniquitatem tota die meditabatur (*Psal.* li), turbidamque, ut Isaiæ * verbis utar, subversionem amico suo propinabat (*Habac.* ii), improborum spirituum, quos ipse comites habebat, ope atque adjumento perfecit, ut rex cogitationes eas quæ ipsum salutis submonebant prorsus e memoria ejiceret, eisdemque, quibus solebat studiis sedulo hæreret. Ac proinde cum regiæ litteræ quaquaversum commeassent, quibus omnes ad exsecrandum deorum festum convenire jubebantur, cernere erat ingentem hominum multitudinem confluentem, atque oves et boves, variaque animalia secum adducentem.

Cum igitur omnes coiissent, surgens rex, una cum impostore Theuda ad templum profectus est, ut tauros ac permulta animantia immolarent. Sicque, nefarium et exsecratione dignum festum celebrabant; adeo ut et brutorum animantium mugitibus tota urbs personaret, et victimarum nidore ipse quoque aer inficeretur. His ad hunc modum confectis, cum improbi spiritus de Theudæ victoria majorem in modum gloriarentur, sacerdotesque gratias ipsi habuissent, rex rursum ad palatium se recepit, atque ad Theudam: En quemadmodum jussisti, nihil omnino studii a me prætermissum est, quod quidem ad festi splendorem, et sacrificiorum magnificentiam pertineret. Jam itaque tempus est ut quæ mihi promisisti expleas, filiumque meum, qui a religione nostra descivit, a Christianorum errore vindices, ac cum benignis diis in gratiam reducas. Nam ego cum artem omnem adhibuerim, atque omnem lapidem moverim, nullam tamen morbi medicinam reperi, sed ipsius mentem omnibus rebus superiorem esse perspexi. Nam si blande ac leniter cum eo agere institui, ne sic quidem eum mihi ullo modo animum adjicere comperi. Rursum si severe atque acerbe eum accepi, in pervicaciam potius inde ipsum attolli conspexi. Quamobrem calamitatem eam quæ mihi accidit, sapientiæ tuæ committo. Ac siquidem ea, ope tua et auxilio liberatus, filium meum mecum rursus deos meos colentem, atque voluptuariæ hujus vitæ cupiditatibus ac regni voluptatibus fruentem video, auream tibi statuam erigam, efficiamque ut posthac in sempiternum idem tibi diis honor a cunctis tribuatur.

Theudas igitur attentam aurem diabolo subjiciens, atque ab illo improbum ac pestiferum consilium edoctus, ipsique linguæ atque oris operam navans, ad regem ait : Si filium tuum in potestatem tuam redigere, ipsiusque in pugnando pervicaciam inanem reddere cupis, ars a me excogitata est, cui obluctari nullo modo poterit, verum durus ipsius animus facilius emollietur, quam cera ingenti rogo admota. Rex itaque vanum hominem inani tumore inflatum videns, ad voluptatem statim animique lætitiam sese convertit, sperans videlicet, petulantem illam et audacem linguam animum divinitus edoctum ac philosophiæ plenum superaturam esse. Cumque quænam illa ars esset ex eo sciscitaretur, tum Theudas, tanquam novacula acuta dolum contexit (*Psal.*LXXII), callideque pharmaca comparat. Atque improbam technam, diabolique consilium, quæso, perspice. Omnibus, inquit, o rex, qui filio astant atque inserviunt, ab eo procul disjunctis, pulchra et perquam eleganti forma præditas mulieres, atque ad pelliciendos animos adornatas, cum eo perpetuo versari, ipsique ministrare, vitæque consuetudinem et contubernium cum eo habere jube. Ego autem uno ex iis spiritibus, quos ad res hujusmodi comparavi, ad eum postea submisso, acriorem voluptatis ignem excitabo. Ac simul atque vel cum una sola hujusmodi muliercula rem habuerit, nisi tibi omnia ex animi sententia fluant, erit jam cur me contemnas, atque ut nullius usus hominem, non honoribus, sed maximis suppliciis afficiendum ducas. Nihil enim masculorum animos perinde allicere ac demulcere solet, ut feminarum conspectus. Atque ut sermonibus meis fidem adhibeas, historiam hanc velim audias.

CAP. XXX. — Rex quidam cum mascula prole careret vehementer animo angebatur, eamque calamitatem haud parvam existimabat. Hoc igitur cum statu esset, filium in lucem edidit, eoque nomine summa voluptate perfusus est. Dixerunt autem ad eum eruditi quidam medici, fore ut si puer intra duodecim annos solem aut ignem videret, lumine prorsus orbaretur, id enim ex oculorum ipsius situ designari. Quæ cum pater audisset, cubiculum quoddam obscurum ex rupe quadam condidisse, filiumque illic una cum nutricibus inclusisse fertur, nec ante duodecim annos exactos ullum omnino ipsi lucis splendorem ostendisse. Confecto autem hujusmodi temporis curriculo, filium, qui nihil omnino rerum mundanarum ad hunc usque diem perspexerat, ex hoc cubiculo educit; ac tum ipsi omnia, juxta suum quodque genus exhiberi ac demonstrari jubet, viros nimirum in uno loco, in alio feminas, aliunde aurum, alia ex parte argentum, uniones et lapides exquisiti pretii, vestes luculentas et elegantes, currus insigni pulchritudine simul cum regiis equis aureo freno instructis, cum aulæis purpureis, ac sessoribus armatis, boum item armenta, et pecudum greges ; atque, ut summatim dicam, omnia certo ordine puero demonstrabat. Percontante autem eo quonam singulæ res nomine appellarentur, regis satellites ac stipatores uniuscujusque nomen exponebant. Cum autem mulierum nomen scire cuperet, tum regis armiger lepide ac festive, dæmones eas appellari dixit, a quibus hominum mentes in errorem traherentur. Pueri autem pectus earum amore atque cupiditate vehementius quam ullius alius rei desiderio illectum ac delinitum est. Cum igitur omnibus rebus peragratis ad regem eum adduxissent, ac rex ex ipso quidnam ex omnibus rebus quas vidisset ipsi magis arrideret, quæsivisset : Quid, inquit, aliud quam dæmones illi (qui homines in fraudem inducunt? Neque enim ullius rei ex his omnibus quas hodierno die vidi perinde atque eorum amore animus meus incensus est. Atque hunc pueri sermonem rex ille admiratus est, quamque violenta ac tyrannica res feminarum amor esset, hinc judicavit. Quocirca tu quoque non ulla alia ratione quam ista te filium tuum in potestatem redacturum putes.

Rex hoc consilium excipit, atque confestim ad eum delectæ puellæ præstanti atque egregia forma inducuntur. Quas etiam cum ipse eleganti ornatu illustrasset, atque omnino ad pelliciendum juvenis animum instruxisset, omnes ipsius famulos et ministros e palatio ejicit, easque in eorum locum substituit. Hæ itaque ipsi undique hærebant, eumque complectebantur, atque ad nefarium concubitum exstimulabant, per omnes videlicet gestus ac sermones ipsum ad voluptatem provocantes. Neminem alium habebat quem conspiceret, cum quo colloqueretur, aut cœnaret, ipsæ enim omnia ipsi erant. Atque hæc quidem rex faciebat. Theudas autem rursum ad pestiferam suam speluncam profectus, libros qui res hujusmundi efficere poterant, in manus sumit; evocatumque unum ex improbis spiritibus ad Christi militem bello lacessendum emittit, nesciens scilicet miser ille quantum sui risum excitaturus, quantamque simul cum universa sua diabolica cohorte infamiæ notam subiturus esset. Improbus autem spiritus, aliis insuper nequioribus spiritibus assumptis, ad generosi adolescentis cubiculum se confert, in eumque impetum facit, vehementissimam carnis fornacem succendens. Ac diabolus quidem internas ipsi flammas admovebat, puellæ autem, ut corporis pulchritudine insignes, sic animo deformes improbam materiam externæ suppeditabant.

At vero pura illa anima pestiferi spiritus impetum agnoscens, ac præposterum cogitationum bellum, quod magno ac vehementi **314** adversum se impetu veniebat, conspiciens, perturbabatur, tantoque malo liberari, purumque sese Christo exhibere cupiebat, nec sanctam illam stolam, qua eum baptismi gratia induerat, libidinis cœno contaminare. Confestim itaque amori amorem, hoc est impudico divinum opponit, sibique pulchritudinem illam ac gloriam omni sermone præstantiorem, quam puræ animæ in Christi sponsi nuptiis, ex quibus illi qui nuptialem tunicam conspurcarint ejicientur, vinctisque manibus et pedibus in exteriores tenebras protrudentur, habituræ sunt (*Matth.* xxii), in memoriam revocat. Hæc cum animo suo considerans, et lacrymas profundens, pectus verberabat, improbas illas cogitationes, non secus ac fucos quosdam in fugam vertens. Deinde surgens, ac manus attollens, calentibus lacrymis ac gemitibus Dei opem atque auxilium implorabat, iisque verbis utebatur : Omnipotens Domine, qui solus viribus polles, atque ad misericordiam proclivis es, Domine, inquam, spes desperatorum et eorum qui auxilio carent, mei, quæso, inutilis tui servi nunc recordare, facilique ac propitio oculo me intuere, animamque meam a diabolica framea eripe, ac de manu canis unicam meam, nec me in hostium meorum manus incidere permittas (*Psal.* xxi). Non supergaudeant mihi qui oderunt me inique (*Psal.* xxxiv); nec me in iniquitatibus corrumpi sinas, corpusque meum, quod tibi castum exhibere promisi, probro et contumelia afficere. Te enim concupisco, teque adoro, Patrem, et Filium, et Spiritum sanctum, in sæcula.

Cumque Amen subjunxisset, divinam consolationem cœlitus ipse sibi advenire sensit, atque improbæ cogitationes sese subduxerunt. Ipse autem ad matutinum usque tempus in precibus perstitit ; intellectisque versipellis hostis technis atque artibus, corpus suum tum cibi penuria, tum siti allisque afflictionum generibus premere cœpit, in orationibus erecto corpore pernoctans, sibique ipsi pacta ea quæ cum Deo inierat in memoriam reducens, atque tum eorum qui justitiam coluerint futurum splendorem animo et cogitatione informans, tum denuntiatam improbis gehennam aperte sibi ob oculos proponens. Quod scilicet ea de causa faciebat ne hostis inertem ac solutam ipsius animam nactus, pravas cogitationes ipsi nullo negotio insereret, animique ipsius puritatem turbaret et inficeret. Cum igitur hostis omnino mente concideret, seque strenuum juvenem dejecturum prorsus diffideret, ad aliam callidiorem fraudem sese confert (ut qui semper malus sit, nec unquam aliquid moliri, atque incommodum aliquod et detrimentum afferre intermittat), in id omni studio incumbens, ut quæ sibi a Theuda mandata fuerant exsequatur. Itaque rursus hujusmodi pharmaca comparat.

Ad juvenem enim ex puellis illis una omnium formosissima ingreditur, quæ etiam regis cujusdam filia erat, captivaque a patria sua abducta, regi Abenner, præstantissimi cujusdam muneris instar, oblata fuerat : quam pater, ut eximia pulchritudine præditam, ad labefactandum ac dejiciendum filii animum miscerat. Hanc impostor ille subit, ipsique ejusmodi sermones suggerit qui animi ipsius prudentiam ac sapientiam perspicue declararent, siquidem diabolus omnes ad vitium accommodatas artes facile ac prompte exercet. Posteaque regis filium a dextris adortus, puellæ amorem ipsi inserit, ob ipsius videlicet prudentiam et gravitatem, atque etiam ob eam causam, quod cum ea nobilitate esset, atque e regia stirpe prodiisset, patria tamen simul ac gloria orbata esset. Ad hæc hujusmodi quoque cogitationes ipsi subserit, ut eam ab insano idolorum cultu liberaret, Christianamque efficeret.

Hæc autem omnia versuti draconis technæ erant. Nam cum regis filius animo ita comparatus en constitutus esset, ut nullam obscenam cogitationem aut libidinosum amorem ad puellam vacillantem in seipso perspiceret, verum ipsius duntaxat calamitate animæque exitio se commoveri sentiret, rem hanc diabolicum commentum esse minime animadvertebat. Siquidem revera caligo ille est, ac lucem assimilat. Ut enim regis filius puellam alloqui divinæque cognitionis oracula ipsi exponere cœpit : Agnosce, inquiens, o mulier, Deum in omne ævum viventem, nec te idolorum errore detineri sine, verum Dominum rerum omnium effectorem intellige, ac beatæ eris, immortali sponso adjuncta ; multa, inquam, ejusmodi cum ipse dixisset, statim improbus spiritus mulieri in mentem immittit, ut fraudis laqueos explicaret, ac Deo charam illam animam ad libidinis foveam præcipitem traheret, quemadmodum videlicet olim generis humani auctorem Evæ opera e paradiso ac Deo misere exterminavit, eumque beatæ atque immortalis vitæ loco morti addixit.

Posteaquam igitur puella verba illa omni sapientia referta audivit, pro sua stultitia ea non intellexit, verum hujusmodi responsum edidit, quale ab ea edi consentaneum **315** erat, quæ diaboli lingua atque os erat ; aitque : Si salutis meæ, o domine, cura tangeris, ac me Deo tuo conciliare, abjectæque animæ meæ salutem afferre studes, fac tu quoque uni meæ petitioni annuas, ac statim patriis omnibus diis meis repudiatis, Deo tuo me adjungam, ipsumque ad extremum usque spiritum colam. Ita tu salutis meæ, atque ad Deum conversionis, mercedem referes.

Cum autem ille quænam hæc petitio esset quæsivisset, tum illa et habitu, et aspectu, et sermone, ac denique omni ex parte sese ad alliciendum ipsius animum comparans : Matrimonio, inquit, mecum conjungere, atque ego imperiis tuis lubens obsequar.

At ille : Incassum, inquit, o mulier, duram hujusmodi petitionem mihi proposuisti. Nam quanquam ingenti salutis tuæ cura teneor, teque ex mortis et exitii voragine extrahere cupio, mihi tamen corpus meum per foedum concubitum inquinare nimis grave est, imo prorsus impossibile.

Illa vero planam ipsi viam ad scelus sternens : Ecquid, inquit, hujusmodi sermone uteris, qui omni sapientiæ genere polles ? Ecquid, inquam, hanc rem spurcitiem ac foedum concubitum appellasti ? Neque enim ipsa quoque Christianorum librorum ignara atque expers sum, verum et multos in patria mea libros perlegi, et sæpe cum Christianis sermones contuli. Quid igitur ? Nonne in quodam librorum vestrorum scriptum est : Honorabile connubium et torus immaculatus (*Hebr.* XIII)? Ac rursum : Melius est nubere quam uri (*I Cor.* VII)? Ac rursum : Quod Deus conjunxit, homo non separet (*Matth.* XVI)? Nonne omnes veteres justi, tam patriarchæ quam prophetæ legitimo matrimonio copulatos fuisse Scripturæ vestræ docent? Nonne Petrus ille, quem apostolorum principem fuisse prædicatis, uxorem habuisse scribitur (*Luc.* IV) ? Quid igitur te adduxit, ut rem hujusmodi spurcitiem appellares? Magnopere sane mihi a dogmatum vestrorum veritate aberrare videris.

Cui ille respondit : Ita profecto, mulier, hæc se habent, quemadmodum abs te dictum est. Licet enim quibuslibet matrimonio copulari, exceptis tamen iis qui virginitatem Christo semel promiserint. Ego enim ab eo die quo per divini baptismi lavacrum a juventutis et ignorantiæ meæ peccatis purgatus sum, purum meipsum Christo exhibere pollicitus sum. Quonam igitur modo pacta ea quæ cum Deo sanxi dissolvere atque infringere audebo ?

Rursum autem ad eum mulier his verbis usa est : Sit sane de hac re ut ipse vis. At exiguam alteram, ac nullius momenti cupiditatem meam exple, si quidem animæ meæ salutem afferre tibi cordi est. Hac duntaxat nocte mecum rem habe, atque effice ut et ego tua pulchritudine fruar, ac tu rursum formæ meæ elegantia explearis. Quod si feceris, hoc tibi polliceor, me simul atque dies illuxerit, Christianam religionem susceptúram, atque omnem deorum meorum cultum fuga relicturam esse. Atque ob hujusmodi consilium, non modo veniam, sed etiam beneficia, salutis meæ causa, a Deo tuo consequeris. Gaudium enim, inquit Scriptura tua, est in cœlo super uno peccatore pœnitentiam agente (*Lucæ* XIX). Nam si ob scelerati hominis resipiscentiam lætitia in cœlo excitatur, quod afferri potest quin hujus resipiscentiæ auctori magnum præmium debeatur ?

Ita certe res se habet, nec est quod dubites. Quid ? An non apostoli quoque religionis vestræ duces, complura certo consilio faciebant, divinum præceptum majoris præcepti causa interdum violantes ? An non Paulus Timotheum, præstantioris consilii causa, circumcidisse dicitur (*Act.* XVI); atqui circumcisio apud Christianos in crimine censetur; nec tamen ille hoc facere dubitavit. Atque alia hujusmodi permulta in Scripturis tuis reperies. Quocirca, si serio animæ meæ salutem afferre cupis, exiguam hanc meam cupiditatem exple; et ego, quanquam alioqui perfecto matrimonii nexu tecum copulari cupiens, tamen quoniam id tibi minime gratum est, non jam tibi vim afferam, verum quidquid animo tuo insederit, posthac faciam. Tu igitur ne me quoque prorsus abjicias et exsecreris, verum in hac una re mihi obsequens salutem mihi affer, atque a superstitioso errore me libera, tu autem deinceps per omnem vitæ cursum quæ tibi visa fuerint facias licebit.

His verbis utens (nam et habebat qui ipsi suggereret, cui etiam aures clam admovebat, atque Scripturarum peritus est ille vitii artifex diabolus), his, inquam, verbis utens, eumque demulcens, ac retia et laqueos ipsi tum a dextris, tum a sinistris undique nectens, animi ipsius turrim labefactare, institutique ipsius nervos debilitare, ac voluntatem et sententiam emollire incipiebat. Vitii autem sator, ac proborum virorum hostis, labantem ipsius animum conspiciens, ac summa inde lætitia perfusus, statim pestiferos spiritus qui una cum illo aderant appellat : Cernite, inquiens, quonam pacto puella ista ea perficere contendat quæ a nobis perfici nequiverunt. Agite igitur, acriter nunc in eum impetum 316 faciamus. Neque enim ad explendam ejus a quo missi sumus voluntatem aliud æque opportunum tempus nanciscemur. Hæc cum versipellis ille ad socios dixisset, in Christi militem insiliunt, omnes animi ipsius vires perturbantes, atque acerrimum puellæ amorem ipsius pectori inserentes, vehementissimumque libidinis ignem in ipso inflammantes.

Ille autem cum seipsum vehementer uri, captivumque ad peccatum trahi perspiceret, atque cogitationes suas, puellæ salutem conversionemque ad Deum ipsi proponentes, flagitium tanquam hamum quemdam esca occultare, hostisque instinctu sibi negotium facessere, perinde videlicet ac scelus minime esset, servandæ animæ causa cum muliere semel rem habere, in hujusmodi animi anxietate consiliique penuria alto pectore ingemiscens, seipsum statim ad orationem confert, atque uberes lacrymarum rivos ex oculis profundens, ad eum qui salutem iis qui in ipso confidunt afferre potest clamabat : In te, Domine, speravi, non confundar in æternum (*Psal.* XXX) ; neque irrideant me inimici mei, dextræ tuæ hærentem; verum hac hora pro tua voluntate mihi asta, vias meas dirigens, ut sanctum tuum et gloriosum ac formidandum nomen in me famulo tuo illustretur, quoniam benedictus es in sæcula. Amen (*Psal.* XXIV).

Cum autem per aliquot horas cum lacrymis preces fudisset, genuaque persæpe flexisset, in terram se prostravit, paulumque obdormiscens seipsum a quibusdam horrendis viris arripi videt, regionibusque quibusdam, quas nunquam viderat, peragratis, in amplissimum campum perduci, pulchris floribus atque ingenti suavitate præditum, ubi et plantas omnis generis cernebat, inusitatis quibusdam et admirandis fructibus, tum visu jucundissimis, tum perceptu suavissimis redundantes. Arborum porro folia ex tenuissima quadam aura dulcem sonum edebant, ac dum impellerentur, inexplebilem odoris fragrantiam emittenant. Quin etiam sedes illic sitæ erant, auro atque ingentis pretii lapidibus structæ, luculentum sane splendorem afferentes ; lectique item illustres, miris quibusdam stragulis, atque elegantia omnem orationis facultatem superante coornati. Ad hæc aquæ profluebant perquam limpidæ, oculosque ipsos oblectantes. Tum autem per ingentem atque admirandum hunc campum horrendi illi viri eum in urbem quamdam introduxerunt, inenarrabili splendore rutilantem, ex pellucido quidem auro muros, ex lapidibus autem a nemine unquam visis pinnas ac propugnacula exstructa habentem. Et quis tandem est qui urbis illius pulchritudinem ac splendorem sermone consequi possit? Lux porro superne radiis identidem micans, omnes ipsius vicos implebat, atque alati quidam exercitus lucidi omnes in ea morabantur, ejusmodi cantum edentes, quem nunquam mortalis auris audivit. Vocemque dicentem audiit : Hæc eorum qui justitiam coluerint est requies, hoc eorum qui Domino suæ vitæ rationes probarint oblectamentum. Hunc autem ex illo loco eductum terribiles illi viri retrorsum ducere velle dicebant. At ipse jucunditate illa lætitiaque animi omnino raptus : Ne me, quæso, inquiebat, ne me inquam hac lætitia, quæ nullis verbis exprimi potest, private ; verum hoc mihi concedite, ut in uno amplissimæ hujusce civitatis angulo degam. Illi autem ad hunc modum respondebant : Fieri nunc minime potest ut hic sis : hoc autem multis laboribus ac sudoribus tandem consequeris, si quidem tibi ipsi vim intuleris.

Hoc sermone habito, ac maximo illo campo rursus peragrato, eum in tenebrosa loca, omnisque mœroris plena, atque cum eo splendore, quem prius conspexerat, ac lætitia illa e diametro pugnantia, duxerunt. Etenim obscura prorsus ac tenebrosa caligo erat, atque afflictione ac tumultu totus ille locus redundabat. Illic ignis fornax accendebatur, et carnificum vermium genus serpebat, ultricesque virtutes fornaci imminebant. Ac nonnulli miserum in modum igni conflagrabant, voxque hujusmodi audiebatur : Hic sceleratorum locus est, hic eorum cruciatus qui fœdis flagitiis seipsos contaminarunt. Post autem ab his qui eum illuc introduxerant, ex eo loco eductus est. Statimque ad sese rediens, toto corpore contremiscebat, lacrymæque fluminum instar ex ipsius oculis fluebant ; atque omnis impudicæ illius puellæ, reliquarumque aliarum, pulchritudo quovis cœno et sanie fetidior ipsi visa est ; memoriaque ea quæ viderat recolens, tum bonorum illorum cupiditate tum dolorum illorum metu correptus, in lecto jacebat, sic affectus, ut nulla ipsi exsurgendi potestas esset.

Ut autem de adversa filii valetudine ad regem allatum est, statim ad eum profectus quidnam ipsi accidisset percontabatur. Ille autem quidnam vidisset exponit, atque : Cur pedibus meis laqueum parasti, et incurvasti animam meam (*Psal.* LVI)? Nisi enim Dominus adjuvisset me, paulo minus habitasset in inferno anima mea (*Psal.* XXXIX). Verum quam bonus Israel Deus his qui recto sunt corde, qui etiam eripuit humilitatem meam de **317** medio catulorum leonum, dormivi conturbatus (*Ps.* LXXII). Sed visitavit me Deus salvator meus, mihique quantis ii qui eum ad iracundiam provocant bonis sese privent, quantisque rursum tormentis obnoxios se reddant demonstravit.

At nunc, o pater, quoniam tu aures tuas occlusisti, ne vocem meam bona atque utilia tibi occinentem audires, ne me saltem quo minus rectam viam capessam impedias. Hoc enim cupio, hoc expeto, ut omnibus rebus liberatus, ad ea loca contendam, in quibus Barlaam Christi famulus habitat, ac cum eo quod mihi reliquum est vitæ conficiam. Quod si me per vim retinere in animum induxeris, quam primum me mœrore ac tædio exstinctum videbis. Ita fiet ut nec tu pater jam appelleris, nec me filium habiturus sis.

CAP. XXXI. — Rursum igitur ingens regem mœstitia invasit ; rursum omnem vitæ suæ spem despondere cœpit ; atque acerba secum animo agitans, in palatium suum abiit. At vero improbi illi spiritus, qui adversus divinum juvenem a Theuda missi fuerant, ad eum pudore suffusi redeunt, atque quamvis alioqui mendacio gaudeant, acceptam tamen cladem confitentur. Quippe perspicua cladis signa in scelerato suo vultu gerebant. Ille autem : Usque adeone, inquit, imbecilles ac miseri estis, ut adolescentem unum vincere minime potueritis? Tunc improbi spiritus virtute divina excruciati, veritatem inviti in lucem protulerunt, his verbis utentes : Christi potentiæ ac passionis ipsius signo, quod Crucem appellant, ne tantillum quidem obluctari possumus. Nam cum ea effingitur, statim quotquot aeris principes ac mundi rectores tenebrarum sumus (*Ephes.* VI), quam celerrime fugimus, ac prius etiam quam ea plane ac perfecte expressa sit, propulsamur. Quamobrem nos quidem in hunc juvenem impetu facto, graviter eum perturbavimus ; verum ille cum Christi opem implorasset, ac crucis signo seipsum munivisset, nos irato animo propulit, atque firmissimum sibi præsidium comparavit. Ac proinde nulla interposita mora instrumentum illud arripuimus, cujus opera etiam princeps noster primum hominem aggressus est, eumque potestati suæ subjecit. Et quidem profecto nos quoque vanam adolescentis spem pro nihilo ducebamus ; verum ad auxilium rursus accitus Christus, cœlestis iræ igni nos exustos in fugam vertit. Quare stat sententia non ultra ad eum accedere. Ad hunc scilicet modum improbi spiritus Theudæ ea quæ contigerant perspicue declararunt.

Rex autem omni ex parte animo hærens, consilioque destitutus, Theudam rursus accersit, ad eumque ait : Omnibus iis quæ docuisti, vir sapientissime, perfectis et absolutis, nihil tamen utilitatis consecuti sumus. Nunc igitur, si quod tibi aliud consilium superest, illud experiamur. Fortasse enim aliquam depellendi mali rationem nanciscemur.

Cum autem Theudas, ut cum ipsius filio in colloquium veniret petiisset, mane rex, eo secum assumpto, ad visendum filium proficiscitur. Cumque prope eum consedisset, eum alloqui, ac probris insectari, atque ipsius contumaciam animique rigiditatem accusare cœpit. Illo vero recta dogmata rursum confirmante, Christique amore nihil antiquius habendum esse clamante, Theudas in medium prodiens, his verbis usus est : Quidnam, o Josaphat, quod in immortalibus diis nostris reprehendendum sit invenisti, ut tu ab eorum cultu discederes, ac regis patris tui animum ita offendendo totius populi odium tibi commoveres? An non ab iis vitam accepisti? An non ipsi patri te dono dederunt, auditis videlicet ipsius precibus, eoque sterilitatis vinculis soluto? Cum autem multos inanes sermones, ac multas inutiles quæstiones ille inveteratæ improbitatis homo proponeret, atque de Evangelii prædicatione argumenta necteret, hoc videlicet animo, ut eam suggillaret, atque idolorum cultum confirmaret, ille superni Regis filius, atque illius urbis, quam non homo, sed Deus construxit (*Hebr.* vIII), civis, posteaquam sese pauliper continuisset, tum demum ad Theudam ait :

Audi, o imposturæ vorago, ac palpabilibus tenebris caliginosior, semen Babylonicum, atque Chalanicæ turris exstructorum, quorum causa mundus confusus est, nepos (*Gen.* xI) ; vane, inquam, atque infelix senex, qui gravioribus quam quinque illæ divino igne concrematæ urbes sceleribus te constrinxisti. Ecquid salutis prædicationem, per quam ea quæ tenebris circumfusa erant, lucem acceperunt, per quam errantes viam invenerunt, per quam ii qui perierant, ac misera servitute premebantur, in pristinum statum restituti sunt, cavillis insectari conaris? Cedo utrum tandem ex his duobus præstantius est, nempe omnipotentem Deum cum unigenito Filio et Spiritu sancto colere, Deum, inquam, increatum et immortalem, bonorum omnium fontem, cujus nec imperium ac robur conjectura percipi, nec gloria mente comprehendi potest, cui angelicorum ac cœlestium ordinum millia millium, et decies **318** millia millium astant, cujus gloria cœlum et terra plena sunt, per quem omnia ex nihilo in ortum producta sunt, per quem mundus continetur ac conservatur, ipsiusque providentia gubernatur, colere ac venerari; an vero pestiferos dæmones atque inanima simulacra, quorum laus et gloria adulterium est, ac puerorum constupratio, cæteraque flagitia quæ de diis vestris in superstitionis vestræ voluminibus conscripta sunt?

Non vos pudet, miseri, atque ignis sempiterni cibus, Chaldaicique generis similitudinem gerentes ; non vos, inquam, mortuas statuas humana manu extructas adorare pudet? Cæsum enim lapidem aut lignum ac fabrili arte politum, deum nuncupatis : ac deinde eximium taurum, aut aliud fortasse ex pulcherrimis cujusque generis animantibus assumentes, mortuo numini, qua væcordia estis, immolatis. Atque victima deo tuo præstantior est. Nam illum homo elaboravit, Deus autem animal procreavit. Ac propterea etiam brutum animal te, qui ratione præditus es,

prudentia et sagacitate antecellit. Illud enim eum a quo alitur novit, tu contra ejus, a quo ex nihilo productus es, cujusqne beneficio vivis et conservaris, ignoratione laboras. Ac deum appellas quem paulo ante ferro verberari, atque igne conflari, et malleis tundi videbas, quem argento atque auro cinxisti, atque a terra in altum sustulisti ; posteaque in terram abjectus abjecti lapidis abjectior es adorator, non Deum adorans, sed mortua et animæ expertia manuum tuarum opera. Imo vero, ne mortuum quidem æquum est simulacrum appellare, verum novum quoddam ac tanta amentia dignum nomen excogitare par est. Nam lapideus comminuitur, testaceus confringitur, ligneus corrumpitur, æreus rubigine inficitur, aureus et argenteus igni conflatur.Quin etiam dii tui partim exiguo ac vili, partim summo pretio venduntur. Neque enim ipsis divinitas, sed materia pretium dat. Atqui Deum quisnam emere aut vendere queat? Jam quonam pacto Deus appellatur qui motus expers est? An non illud cernis, nec eum qui stat unquam sedere nec eum qui sedet, unquam stare?

Pudeat te, o vecors : manum ori appone, o stulte, qui res hujusmodi laudas. Etenim a veritate aversus, falsis picturis deciperis atque in fraudem induceris, statuas videlicet effingens, rebusque manu tua effectis Dei nomen attribuens. Resipisce, miser, atque illud intellige, te deo abs te facto antiquiorem esse. Cujus tandem furoris ista sunt? Hoccine tibi persuasisti, te, cum homo sis, Deum efficere posse? Qui tandem istud fieri queat? Quocirca non hominem efficis, verum hominis aut cujuspiam animantis formam, non lingua, non faucibus, non cerebro, non ulla aliqua interna parte præditam ; ac proinde ne hominis quidem aut animantis similitudo est, sed inutilis omnino res ac vanitatis plena. Quid igitur rebus sensus expertibus blandiris? Quid mente carentibus et inutilibus assides? Nisi latomi, aut architecti, aut malleatoris ars adesset, deum non haberes. Nisi custodes præsto essent, deum tuum amisisses. Nam quem sæpe stolidorum hominum copiosissima urbs tanquam deum, ut ab eo custodiatur, obsecrat, cum eo ipso pauci custodes, ne surripiatur, remanent. Ac si quidem ex argento vel auro constet, diligenter custoditur ; si autem ex lapide, aut argilla, aut alia quadam viliori materia, seipsum custodit. Ita de vestra sententia valentior est is qui ex argilla quam qui ex auro conflatus est.

An non igitur optimo jure vos stultos et cæcos ac stolidos homines irridere, vel potius luctu prosequi possumus ? quippe opera vestra furorem potius quam pietatem redolent. Nam qui rei militari studet, statuam ad militaris speciei similitudinem expressam, ac certo loco positam, Martem nuncupat. Qui autem mulierum amore ad insaniam usque flagrat, animæ suæ cupiditatem pictura informans, vitium suum deum efficit, Veneris scilicet nomine eum appellans. Alius rursus temulentiæ suæ causa, efficto simulacro, Bacchum ipsum nominat. Eodemque modo aliorum vitiorum cupidi, eorum simulacra constituerunt, vitiisque suis deorum nomen imponunt. Eaque de causa apud eorum aras libidinosæ saltationes existunt, ac meretricii cantus, furiosique impetus. Quisnam autem exsecrandum eorum flagitium deinceps commemorare queat? Aut quis fœdissimam ipsorum libidinem oratione complectens, os suum conspurcare sustineat? Verum hæc omnibus perspicua sunt, etiam si ipsi taceamus. Ei tui dii sunt, o statuis tuis stupidior Theuda. Hos ut adorem, hos ut venerer admones. Tuæ profecto improbitati ac stultæ sententiæ consentaneum est istud consilium; at similis ipsis te fias, atque omnes qui confidunt in eis (*Ps. cxiii*).

Ego autem Deum meum colam, meque totum ipsi consecrabo; Deo, inquam, creatori, **319** ac rerum omnium gubernatori, per Dominum nostrum Jesum Christum, spem nostram, per quem etiam ad luminum Patrem in Spiritu sancto accessum habuimus, per quem ab acerba servitute in ipsius sanguine liberati sumus (*Ephes.* ii). Nisi enim ipse etiam usque ad servilem formam sese abjecisset (*Philip.* ii), haudquaquam id consecuti essemus, ut in filios adoptaremur. Quippe nostra causa se ipse abjecit, nec Deitatem rapinam arbitratus est, sed quod erat permansit, et quod non erat assumpsit. Consuetudinem cum hominibus habuit (*Baruch.* iii), carne sua in crucem ascendit, triduo in sepulcro conditus est, ad inferos descendit, inde eos quos sub peccato venditos horrendus mundi princeps vinctos tenebat, eduxit. Quidnam igitur hinc detrimenti tulit, quod eo nomine eum cavillis insectari videris? An non perspicis in quot fœda et obscena loca radios suos sol demittat, quotque fetida cadavera conspiciat? An hinc labem aliquam contrahit? An non potius ea quæ sordida ac putida sunt exsiccat atque constringit, quæ caliginosa sunt illuminat, atque interim ipse prorsus incolumis ac labis omnis expers manet? An non item ignis ferrum, quod sua natura nigrum ac frigidum est, assumens, prorsus inflammat atque candefacit, nec interim ferri proprietates ulla ex parte recipit? Non enim eo malleis contuso aliquid perpetitur aut detrimenti quidquam accipit.

Quocirca si hæc quæ creata sunt, eamque naturam habent ut aliquando intereant, ex viliorum ac deteriorum rerum contagione nullo incommodo afficiuntur, qua tandem ratione, o stolide ac saxeo corde prædite, irridere me idcirco audes, quod Filium ac Deum Verbum a paterna gloria nullo modo discessisse, sed cum Deus esset, humanæ salutis causa corpus humanum assumpsisse dicam, ut homines divinæ ac spiritualis naturæ participes efficeret, nostramque substantiam ex subterraneis inferni partibus eductam, cœlesti gloria exornaret, atque item ut tenebrarum hujus sæculi principem, susceptæ carnis tanquam illecebris quibusdam inescatum superaret, genusque nostrum ex ipsius servitute ac tyrannide liberaret? Unde etiam crucis tormentum sine perpessione subiit, duas videlicet suas naturas declarans. Ut enim homo in crucem agitur, ut Deus autem sol tenebras offundit, terram quatit, ac multa

corpora morte functa e sepulcris excitat (*Luc.* xxiii). Rursum, ut homo moritur; ut autem Deus, spoliato inferno, ad vitam redit. Ob idque etiam clamavit Propheta: Infernus in amaritudine fuit, occurrens tibi deorsum. Siquidem in amaritudine sua atque illusus est, cum nudum hominem sese accepisse putans, in Deum incidit, ac repente inanis et captivus exstitit. Resurgit itaque ut Deus; atque in cœlum, unde nullo modo digressus fuerat, ascendit, ac nostram despicabilem atque omnibus inferiorem naturam omnibus superioribus reddidit, immortalique gloria rutilantem in gloriæ throno collocavit. Quidnam igitur hinc Deo Verbo detrimenti conflatum est, quod tu eum maledictis atque contumeliis insequi non erubescis? Utrum, quæso, ex his duobus præstantius est, nempe hæc confiteri, atque hunc bonum hominumque amantem Deum venerari (qui justitiam mandat, continentiam præcipit, puritatem præscribit, ad misericordiam propensum esse docet, fidem præbet pacem prædicat, ipsamet veritas et nominatur et est, ipsamet charitas), hunc inquam venerari; an contra improbos et plurimis flagitiis devinctos, ac tam rebus ipsis quam nominibus fœdos et obscenos deos tuos? Væ vobis, o saxis duriores, et brutis amentiores, atque exitii filii, ac tenebrarum hæredes. Beatus autem ego ac Christiani omnes, qui bonum ac benignum Deum habemus. Nam qui ei cultum adhibent, etiamsi ad breve aliquod tempus in hac vita rebus adversis conflictentur, at immortalem tamen mercedis fructum in sempiternæ ac divinæ beatitudinis regno percipient.

Dixit autem ad eum Theudas: En illud perspicuum est, multos et magnos et sapientes viros atque interpretes, ac tum virtute tum doctrina admirabiles, religionem nostram instituisse, omnesque orbis terræ reges ac principes eam ut præclaram atque omni periculo vacuam excepisse; Galilæorum contra doctrinam rusticos quosdam ac pauperes et abjectos viros, eosque perpaucos, nec plures quam duodecim, prædicasse. Num igitur ignobilium ac rusticorum prædicatio multorum ac magnorum virorum, quique tanta sapientiæ laude floruerant, legibus atque institutis potior habenda est? Quid autem habes unde hos vera dicere, illos mentiri demonstres?

Rursum igitur regis filius respondit: Asinus es, o Theuda, ut dici solet, lyram audiens (15), atque intellectus expers manens; vel, ut rectius loquar, aspis, aures obturans, ne præclare incantantium vocem exaudias (*Psal.* lvii). Recte igitur de te a propheta dictum est: Si mutare queat Æthiops pellem suam, ac **320** pardus varietates suas, tu quoque stultæ et cæcæ, benefacere poteris, cum mala didiceris. Quin te vis veritatis sensu afficit? Nam hoc ipsum quod ais, a multis admirabili sapientia præditis viris nefarios tuos cultus laudari, atque a multis regibus confirmari, contraque Evangelicam prædicationem a paucis, iisque obscuris viris prædicari, id vero tum religionis nostræ vim, tum improborum vestrorum dogmatum imbecillitatem ac perniciem demonstrat : quippe cum doctrina vestra, quamvis eruditos patronos ac firmos adjutores habeat, debilitetur tamen et exstinguatur ; nostra autem religio, licet omni humano subsidio careat, sole tamen clarius luceat, orbemque totum occuparit : nam si ab oratoribus et philosophis edita fuisset, regesque ac principes adjutores habuisset, dicere fortasse, vir improbe, potuisses, humanam potentiam id totum præstitisse.[Nunc vero sanctum Evangelium a vilibus piscatoribus conscriptum, atque ab omnibus tyrannis vexatum, nihilo tamen secius totum orbem obtinere perspiciens (in omnem enim, inquit ille [*Psal.* xviii ; *Rom.* x], terram exivit sonus eorum, et in fines orbis terræ verba eorum), quid jam aliud dicere possis, quam divinam et invictam potentiam esse, salutis humanæ causa cultum suum confirmantem ? Ecquod autem, o vecors, argumentum iis quæ jam allata sunt prestantius quæris, quo tuos mentiri, nostros vera loqui probem ? Nam nisi tua omnia nugæ ac figmenta essent, profecto cum tantis humanis viribus nitantur, minime imminuerentur ac debilitarentur. Vidi enim, inquit ille, impium superexaltum et elevatum sicut cedros Libani : et transivi, et ecce non erat ; quæsivi eum, et non est inventus locus ejus (*Psal.* xxxvi). De vobis qui, insani idolorum cultus propugnatores estis, hæc dixit Propheta : Jam jamque enim, et non invenietur ipsius locus ; sed sicut deficit fumus, deficiet, et quemadmodum deficit cera a facie ignis, sic peribitis (*Psal.* lxvii).

Contra de Evangelica Dei cognitione dixit Dominus : Cœlum et terra transibunt, verba autem mea non transibunt (*Lucæ* xxi). At rursum Propheta his verbis utitur : In principio tu, Domine, terram fundasti, et opera manuum tuarum sunt cœli. Ipsi peribunt, tu autem permanes, et omnes sicut vestimentum veterascent. Et sicut opertorium mutabis eos, et mutabuntur ; tu autem idem ipse es, et anni tui non deficient (*Psal.* ci). Ac divini quidem adventus Christi præcones, et sapientes orbis terrarum piscatores, qui ex erroris ac fraudis voragine omnes extraxerunt (quos quidem tu, qui peccati vere servus es, aspernaris ac nihili pendis), per signa et prodigia solis instar in mundo fulserunt, cæcis lucem donantes, surdis auditum, claudis gressum, mortuis denique vitam impertientes. Nam vel eorum duntaxat umbræ omnes hominum morbos profligabant (*Act.* v). Dæmones quos vos ut deos metuitis, non modo ab humanis corporibus depellebant, sed etiam crucis signo ex ipso terrarum orbe fugabant : cujus ope atque adjumento omnem quidem magiam deleverunt, veneficiaque omnia irrita reddiderunt. Atque illi quidem humana infirmitate per Christi virtutem ad hunc modum sanati, rebusque omnibus conditis renovatis, tanquam veritatis præcones ab omnibus iis qui sapientia præditi sunt laudantur, admirationique habentur. Quid autem habes, quod de sapientibus atque oratoribus tuis, quorum Deus sapientiam stultam fecit, de illis, inquam, diaboli patronis in medium afferas ? Quid memoria dignum mundo reliquerint, expone.

Quid de ipsis quod prædices, habes, nisi dementiam ac turpitudinem, inanemque artem, verborum elegantia fœtidæ suæ religionis cœnum contegentem ?

Quin etiam ex poetis tuis, quicunque ab ingenti furore atque insania vel tantulum emergere potuerunt, id quod verius erat dixerunt, nempe eos qui dii appellantur homines exstitisse, ac propterea quod quidam eorum urbibus ac regionibus imperarunt, quidam autem aliud quiddam nullius pœne momenti, dum viverent, effecerunt, homines errore lapsos, deorum nomine eos appellasse. Principio enim Seruch (16) ille statuas invenisse litterarum monumentis proditus est. Siquidem eos qui antiquitus vel strenui animi, vel amicitiæ, vel cujuspiam alterius virtutis opus memoria dignum edidissent, statuis ornasse dicitur. Posteri autem, majorum mentem ignorantes, nempe quod memoriæ duntaxat causa iis qui laude dignum aliquid effecissent statuas et columnas erexissent, dæmonis vitii auctoris opera paulatim aberrantes, homines iisdem passionibus obnoxios ac corruptioni subjectos, tanquam immortales deos adorarunt, sacrificiaque ipsis ac libamina excogitarunt : dæmonibus videlicet in statuis habitantibus, atque hujusmodi honorem et sacrificia ad sese pertrahentibus. Illi itaque eos qui Deum in notitia habere minime probant (*Rom.* i), duplici de causa ut se deos esse existiment adducunt : altera, ut ipsi hoc nomine celebrentur, gaudent enim ipsi, utpote fastu atque arrogantia pleni, cum ipsis tanquam diis honor tribuitur ; altera, ut eos quos in fraudem induxerint ad præparatum sibi sempiternum ignem trahant. Eoque nomine omni flagitii ac turpitudinis genere ipsos erudierunt, adeo ut eorum fraudi atqui imposturæ semel addicti homines, mentis tenebris circumfusi, atque ad malorum colophonem venientes, sui quisque vitii ac suæ cupiditatis statuam fixerint, deumque nominarint. Qua quidem in re, cum erroris sui nomine exsecrandi sint, tum vero ob earum rerum quas adorant absurditatem majori exsecratione dignos se præbuerunt. Id autem tandiu locum habuit, quoad Dominus per viscera misericordiæ suæ nos qui ipsius fide præditi sumus, ex improbo ac pestifero hujusmodi errore liberavit, veraque Dei cognitione imbuit. Neque enim in alio ullo salus est, nec præpter ipsum solum qui mundum effecit, ac virtutis suæ verbo omnia portat (*Hebr.* i), alius deus aut in cœlo aut in terra est. Verbo enim Domini, inquit ille, cœli firmati sunt, et spiritu oris ejus omnis virtus eorum (*Psal.* xxxii) ; atque omnia per ipsum facta sunt, et sine ipso factum est nihil quod factum est (*Joan.* i).

Theudas autem cum hæc verba audivisset, atque hujusmodi sermonem divinitus infusa sapientia plenum esse cerneret, tanquam tonitrui sono perculsus, silentio tenebatur. Tandem autem aliquando miseriam suam agnoscens (obtenebratos enim cordis ipsius oculos salutaris doctrina tetigerat) ingenti an teactæ vitæ pœnitudine affectus est; atque condemnato idolorum errore, ad pietatis lucem accurrit, ac deinceps a scelerata et exsecranda vitæ ratione usque adeo sese removit, tantumque cum turpibus animi affectionibus magicisque artibus bellum gessit, quantum ante amoris fœdus cum ipsis ferierat. Nam tum in medio concilio stans, præsidente rege, magna voce exclamavit : Vere, o rex, spiritus Dei in filio tuo habitat, vere fracti ac superati sumus, nec defensionem ullam habemus, nec ad ea quæ ab ipso commemorata sunt, vel oculos ipsos obvertere possumus. Magnus igitur revera Christianorum Deus est, magna ipsius fides, magna mysteria.

Conversus itaque ad regis filium, ait : Dic, quæso, o claro ac illustri animo prædite, Deusne me excepturus est, si ab improbis actionibus abscedens, ad cum me convertero? Sane, inquit veritatis præco, sane, inquam, te excipiet, omnesque item qui ad ipsum sese converterint. Nec vero vulgari modo excipiet; verum ut filio e longinqua regione redeunti (*Lucæ* xv), hoc est, a scelerata vitæ ratione ad meliorem frugem sese convertenti, obviam prodibit, eumque amplectetur et exosculabitur; ac peccati fœditate detracta, statim ipsi vestimentum salutaris imponet, charissimaque gloriæ stola eum induens, mysticum supernis virtutibus epulum peraget, ob receptam videlicet ovem perditam festum diem celebrans (*Ibid.*). Ipsemet enim Dominus ingens in cœlo gaudium esse dixit super uno peccatore pœnitentiam agente. Ac rursum : Non veni vocare justos, sed peccatores ad pœnitentiam (*Lucæ* v). Et per prophetam : Vivo ego, dicit Dominus; nolo mortem peccatoris, sed magis ut convertatur a via sua et vivat. Convertimini a via vestra mala; et quare moriemini domus Israel? iniquitas iniqui non nocebit ei in quacunque die conversus fuerit ab iniquitate sua, et fecerit justitiam, et in mandato vitæ ambulaverit, vita vivet, et non morietur. Omnia peccata quæ admisit, non memorabuntur, quia judicium et justitiam fecit, in ipsis vivet (*Ezech.* xxxiii). Ac rursum per alterum prophetam exclamat : Lavamini, mundi estote, auferte malum cogitationum vestrarum ab oculis meis, quiescite agere perverse, discite benefacere. Si fuerint peccata vestra sicut coccinum, tanquam nix dealbabuntur; et si fuerint rubra velut vermiculus, sicut lana alba erunt (*Isaiæ* i). Cum igitur hæ pollicitationes iis qui ad meliorem frugem sese receperint, a Deo propositæ sint; ne cuncteris, o homo, nec moram ullam adhibeas; verum ad Christum benignum Deum nostrum accede, et illuminare, et facies tua non confundetur (*Psal.* xxxii). Nam simul atque in divini baptismatis piscinam immersus fueris, tota veteris hominis spurcities, atque universa scelerum sarcina in aqua sepelietur, atque in nihilum dilabetur; tuque novus illinc ac recens, atque ab omni labe purus conscendes, nullam peccati labem aut rugam tecum ferens. Ac deinceps in te situm erit ut purgationem per viscera misericordiæ Dei nostri hinc contractam tuearis atque conserves.

Theudas igitur his verbis institutus, statim ex aula excedit, atque ad sceleratam speluncam suam profectus, magicos libros suos tanquam sceleris omnis primitias, ac diabolicorum arcanorum thesauros, excussit. Ipse autem ad sacrosancti illius viri, ad quem etiam Nachor perrexerat, antrum sese confert, rerumque suarum omnium statum ipsi exponit, capiti suo terram aspergens, gravesque gemitus edens, ac seipsum lacrymis perfundens, nefariaque sua flagitia seni ordine commemorans. Ille autem, ut qui salutis animæ afferendæ, atque ex versipellis draconis faucibus eripiendæ peritissimus esset, salutaribus verbis eum demulcet, **322** ac velut excantat, veniam spondet, ac propitium et facilem ipsi judicem fore pollicetur. Ac postea cum eum Christianæ fidei rudimentis imbuisset, multorumque dierum jejunium ipsi indixisset, eum divino baptismo lustravit. Ac deinceps per omnem vitæ cursum ille sincero animo de admissis sceleribus pœnitentiam egit, lacrymisque ac gemitibus Deum placare studuit.

CAP. XXXIII. — Quæ cum ad hunc modum evenissent, rex consilii inopia undique destitutus, in gravi plane mœrore versabatur, animoque magnopere jactabatur. Coacto autem rursum senatu, quidnam de filio suo faceret dispiciebat. Cum autem multi multas sententias in medium protulissent, Araches ille, de quo superius mentionem fecimus, qui et ducum omnium clarissimus erat, et principem in senatu locum obtinebat, his ad regem verbis usus est : Quidnam, o rex, filio tuo facere oportuit quod non fecerimus, ut ad sequenda nostra dogmata, deosque nostros colendos eum induceremus? Verum, ut video, impossibilia aggredimur : siquidem a natura ipsi, aut etiam fortasse a fortuna, pervicacia et animi durities insita est. Itaque si ipsum suppliciis ac cruciatibus afficere in animum induxeris, tum ipse naturæ hostem te præbebis, patrisque nomen amittes, tum ipsius jacturam facies, ut qui pro Christo mortem appetere paratus sit. Reliquum est igitur ut hanc rationem ineas, nempe ut regnum cum eo partiaris, eique in ea parte quæ ad eum attinuerit regii muneris administrationem committas. Ac si quidem negotiorum natura, rerumque mundanarum cura eum ad institutum nostrum vitæque genus amplectendum pertraxerint, res nobis ex sententia succedet. Mores etenim in animo vehementer corroborati ægre expungi atque oblitterari possunt, verborumque potius blanditiis quam vi commutantur. Sin autem in Christianorum religione perstiterit, illud ipsum certe, quod filio non sis orbatus, mœrorem tuum aliqua ex parte mitigabit. Hanc orationem cum Araches habuisset, omnes ipsius sententiam comprobarunt, ac proinde rex se ita acturum assensit.

Itaque postridie cum illuxisset, filium accivit, eumque ita est allocutus : Hic mihi, o nate, postremus ad te sermo est, cui nisi quamprimum parueris, atque in hac saltem re pectoris mei dolorem lenieris, non ultra, mihi crede, indulgenter tecum agam. Percontante autem illo quid sibi hoc sermone vellet;

Quoniam, inquit ille, multis susceptis laboribus perfractum et contumacem te ad omnes reperi, ut qui nullis unquam sermonibus meis parendum tibi duxeris, age, diviso imperio meo id faciam, ut tu separatim degas, ac regnum geras. Ita jam tibi, quam cupis, viam ingredi tuto licebit. Divina autem illa anima, quanquam alioqui regem hoc sibi labefactandi sui instituti causa proponere compertum haberet, obtemperandum tamen duxit, hoc scilicet animo, ut ex ipsius manibus elapsus, viam quam expetebat ingrederetur. Sermonem igitur excipiens, ad regem ait: Equidem ipse divinum illum virum qui mihi salutis iter commonstravit quærere gestiebam, rebusque omnibus valere jussis, cum eo quidquid mihi vitæ reliquum est traducere. Verum quoniam per te, o Pater, mihi ea quæ cordi sunt, facere minime licet, hac in re tibi morem gero, siquidem in his rebus in quibus perspicuum exitium atque abalienatio a Deo non proponitur, patri obtemperare pulchrum est.

Rex itaque summa lætitia perfusus, regionem omnem imperio suo ac ditioni subjectam in duas partes dividit, filiumque regem creat, ac diademate exornat, regiaque omni gloria insignitum in eam regni partem quæ ipsi attributa erat cum luculenta satellitum manu emittit; principibus autem ac ducibus, reique militaris præfectis et satrapis, si quorum voluntas ita tulisset, cum filio suo ac rege proficiscendi potestatem facit. Atque ingentem quamdam ac numerosissimam urbem, in qua regiam sedem haberet, assignat, omniaque ea quæ regibus conveniunt ipsi impertit. Tum igitur regiam auctoritatem ac potestatem nactus Josaphat, cum ad eam urbem in qua ea quæ ad regnum gerendum pertinebant parata erant venisset, dominicæ passionis signum, hoc est, venerandam Christi crucem in singulis urbis turribus collocavit. Idolorum autem delubra et aras dejecit, atque a fundamentis ipsis eruit, nullas videlicet impietatis reliquias linquens.

Atque in media urbe ingens ac præclarum templum Christo Domino excitavit, plebique imperavit, ut ad eum locum crebro commeans, Deo per crucis adorationem cultum adhiberet. At tunc ipse ante omnes in medium prodiens, intentissimo animo preces fundebat, omnesque eos qui sub ipsius potestate ac ditione erant monebat, obsecrabat, nihil denique prætermittebat, quo ipsos a superstitioso errore abstraheret, atque ad Christum adjungeret: idolorum cultus fraudem atque imposturam indicabat, Evangelii prædicationem exponebat, Dei verbi 323 plenam indulgentiæ demissionem commemorabat, adventus ipsius miracula prædicabat, crucis supplicium, per quod salutem consecuti sumus, declarabat, resurrectionis vim atque in cœlos ascensionem narrabat, denique tremendum illum diem annuntiabat secundi ipsius horrendi adventus, atque tum recondita piis bona, tum eos cruciatus qui impios ac sceleratos manent. Hæc omnia per quam lenibus ac blandis verbis complectebatur. Neque enim tam potestatis amplitudine ac regia magnificentia quam modestia et lenitate venerationem ac terrorem sibi commovere cupiebat. Quæ etiam res omnes ad eum magis pertrahebat, nimirum quod, ut vita et actionibus admirandus, ita etiam animo facilis ac modestus esset. Ex quo effectum est ut potentia magnum a modestia et mansuetudine subsidium nacta, omnes eo adduceret, ut ipsius verbis parerent.

Siquidem in tam brevi adeo temporis curriculo, plebs omnis ipsi subjecta, tam oppidani quam finitimi, divinis ipsius sermonibus in Christiana religione instituebantur, ac falsum multorum deorum cultum ejurabant, et ab idolorum sacrificiis et exsecrando eorum cultu sese abrumpebant, atque ad fidem erroris expertem sese conferebant, ipsiusque doctrina innovati, ad Christum adjungebantur. Omnes autem sacerdotes et monachi, ac nonnulli episcopi, qui ob patris ipsius metum in montes et speluncas sese abdiderant, e latibulis suis exeuntes, læto animo ad eum proficiscebantur. Ipse vero iis qui Christi causa tantis molestiis et acerbitatibus, totque calamitatibus affecti fuerant, obviam prodiens, eos honorifice excipiebat, atque in palatium suum introducebat, pedes ipsorum lavans, squalidam comam abstergens, atque omni officii genere ipsos complectens. Post autem ecclesiam recens a se constructam dedicandam curat, atque episcopum quemdam, qui fidei Christianæ causa multis ærumnis conflictatus fuerat, suique episcopatus thronum amiserat, antistitem in eo instituit, virum, inquam, sanctum, et ecclesiasticorum canonum peritum, divinoque zelo prorsus flagrantem. Ac tum piscina ex tempore facta, eos qui ad Christum sese converterant, baptizari jubet. Et quidem principes ac magistratus primi baptizati sunt, post autem qui militaris ordinis erant, ac reliquum vulgus. Ac qui baptismum suscipiebant, non modo animarum sanitatem consequebantur, verum etiam quicunque corporis morbis et febribus laborabant, abjecta omni adversa valetudine, tum animo puro, tum integro corpore e piscina revertebantur, percepta videlicet tum animorum tum corporum sanitate.

Ob eamque causam ingens hominum multitudo ad regem Josaphat undecunque confluebat, pietatis doctrina ab eo imbui exposcens, atque omnia idolorum templa evertebantur, omnesque opes ac pecuniæ in fanis reconditæ abstrahebantur, eorumque loco sacrosancta templa Deo exædificabantur, opesque illas ingentisque pretii vestes ac thesauros rex Josaphat ipsis assignabat, vilem scilicet ac supervacaneam illam materiam hac ratione utilem ac fructuosam efficiens. Exsecrandi porro dæmones, qui in fanis illis et altaribus commorabantur, atrocissimum in modum vexabantur, ac fugabantur, coortamque sibi calamitatem audientibus multis clamabant. Atque finitima illa universa regio tenebrosa ipsorum fraude atque impostura liberabatur, ac Christianorum fidei ab omni labe ac reprehensione liberæ luce collustrabatur.

Siquidem ipse quoque rex omnibus virtutis exempater erat, ac permultos ad eamdem voluntatem et sententiam excitabat et inflammabat. Hujusmodi quippe principatus atque imperii natura est; semper enim subditi ad eum qui rerum politur sese componunt, eaque amare ac consectari solent, quibus principem delectari sentiunt. Hinc, Deo adjuvante, pietas ipsis augebatur, novosque in dies progressus faciebat, ac rex in Christi mandatorum observationem totus incumbebat, atque ex ipsius charitate pendebat. Eratque verbi gratiæ dispensator, ac multarum animarum gubernator, ad Dei portum eas appellens. Etenim illud exploratum habebat, omnium regiorum munerum hoc primarium et præstantissimum esse, ut homines ad Dei metum ac justitiæ cultum erudiat : quod etiam ipse faciebat, seipsum videlicet ad imperio tenendas animi perturbationes comparans, subditosque suos admonens, atque optimi nauclerii instar justitiæ clavum sedulo tenens. Nam hæc demum veri regni lex ac norma est, nimirum voluptatibus imperare, iisque dominari, quemadmodum ipse etiam faciebat. Quippe nec de majorum nobilitate, nec de regia gloria, in qua versabatur, ullo modo sese efferens (quandoquidem luteum omnes generis auctorem habemus, ejusdemque argillæ pauperes æque ac divites sumus), verum in humilitatis abyssum mentem suam assidue conjiciens, futuramque beatitudinem animo et cogitatione 324 complectens, inquilinum hic seipsum esse ducebat ; ea autem propria esse statuebat, quibus post hujus vitæ peregrinationem frueretur. Cum autem hæc præclare gessisset, atque omnes quibus præerat, a veteri atque a patribus tradito errore liberatos, ejus qui nos pretioso suo sanguine ex mala servitute redemit servos effecisset, postea id animo agitare cœpit, ut beneficentiæ ac largitionis virtutem excoleret. Nam temperantiam quidem ac justitiam numeris jam omnibus absolverat, ut qui et temperantiæ corona redimitus, et justitiæ purpura convestitus esset. Illud igitur animadvertebat, terrenarum opum inconstantiam profluentium aquarum cursum imitari : quocirca illic eas recondere properabat, ubi neque tinea neque rubigo demolitur, nec fures effodiunt ac furantur; itaque sine ulla parcimonia pecunias omnes in pauperes distribuere cœpit. Illud enim perspectum habebat, ei qui ad ingentem potentiam pervenerit curandum esse ut eum cujus beneficio potentiam consecutus sit pro viribus imitetur; hac porro ratione eum ad Dei imitationem accessurum esse, si nihil misericordia potius atque antiquius ducat. Quamobrem pietatis opes, quæ et hic futuræ voluptatis spe animum oblectant, et illic speratæ beatitudinis fructu animum exhilarant, super aurum et lapidem pretiosum sibi aggerebat. Postea carceres suos perscrutans, tum iis qui ad metalla damnati erant, tum iis qui a creditoribus strangulabantur, ac denique omnibus omnia copiose subministrabat. Orphanorum omnium et viduarum ac pauperum pater erat, indulgens inquam ac benignus pater, atque ita comparatus, ut seipsum beneficio afficere existimaret, cum in eos beneficii aliquid conferret. Nam cum animo liberalissimo ac vere regio præditus esset, egentibus omnibus affatim tribuebat; quod scilicet infinitis partibus majorem mercedem hinc speraret, cum tempus illud advenisset quo merces actionibus rependenda esset.

Cum autem hujusmodi ipsius fama brevi quaquaversum sparsa esset, omnes ad eum tanquam aliquo unguenti odore concitati, quotidie confluebant, ut tum corporum, tum animarum paupertatem excuterent; atque ipse omnibus in ore erat. Neque enim terror ac tyrannica vis populum pertrahebat, verum desiderium ac sincerus erga eum amor, qui quidem divinitus atque ex præstantissima ipsius vitæ ratione in omnium animis insitus erat. Tum igitur, tum, inquam, ii quoque qui sub patris ipsius imperio erant, ad eum potius sese adjungebant, omnique abjecto errore, veritatem prædicabant. Ac domus quidem Josaphat crescebat et invalescebat; domus autem Abenner decrescebat ac debilitabatur, quemadmodum scilicet de Davide ac Saule in Regum libro proditum est (*II. Reg.* II).

CAP. XXIV. — Hæc rex Abenner conspiciens, tandem aliquando recepta mente, falsorum deorum suorum atque inanis imposturæ imbecilitatem condemnavit. Ac rursum coactis senatorii ordinis principibus, quæ ipse in animo haberet, in lucem protulit. Omnibus autem eadem confirmantibus (visitarat enim eos Oriens ex alto (*Lucæ* I), hoc est, Salvator, exaudita videlicet famuli sui Josaphat oratione), rex de his rebus filium certiorem faciendum esse censuit. Itaque postridie epistolam ad eum scribit, hoc exemplo :

« Rex Abenner charissimo suo filio Josaphat salutem.

« Cogitationes multæ, o charissime fili, animum subeuntes, eum gravissime conturbant. Etenim nostra omnia instar fumi deficere atque evanescere, ac contra religionem tuam sole clarius fulgere conspiciens, ea quæ a te mihi dicta sunt vera esse sensi ; quodque densæ scelerum et impietatis tenebræ nos ita obruebant, ut in veritatem oculos conjicere, atque omnium rerum parentem et architectum agnoscere minime possemus, verum lucem usque adeo splendidam abs te nobis demonstratam, occlusis de industria oculis perspicere recusaremus, atque te multis malis afficeremus, et (o me miserum !) haud paucos Christianos crudelem in modum trucidaremus : qui quidem invicta potentia ipsis opem ferente corroborati, ad extremum usque spiritum adversum immanitatem nostram dimicarunt. Nunc vero, detracta ex oculis nostris crassa illa caligine, exiguum quemdam veritatis radium cernimus, priorumque vitiorum pœnitudo animum subit. Verum hunc quoque splendorem alia horrendæ desperationis nubes exoriens opprimere atque exstinguere conatur, mihi videlicet peccatorum meorum multitudinem ob oculos proponens, quodque jam ego Christo odio atque exsecrationi sum, eaque in causa, ut jam ab ipso recipi nequeam, ut qui adversus eum rebellarim, ipsique bellum indixerim. Quid igitur spei, o suavissime fili, ad hæc dicas, fac quamprimum sciam, ac quid mihi patri tuo faciendum sit doce, atque ad ejus, quod in rem meam futurum sit, cognitionem me tanquam porrecta manu fac ducas. Vale. »

Hanc epistolam cum Josaphat accepisset, quæque in ea continebantur legendo **325** peragrasset, voluptate simul et admiratione animus ipsius impletus est. Atque in cubiculum suum confestim ingressus, et ante Dominicam effigiem in faciem abjectus terram lacrymis perfundebat, simul et Domino gratias agens, et ad ipsius laudationem exsultationis labia movens, hisque verbis utens :

Exaltabo te, Deus meus Rex, et benedicam nomini tuo in sæculum, et in sæculum sæculi. Magnus es, Domine, et laudabilis valde, et magnitudinis tuæ non est finis (*Psal.* CXLIV). Et quis loquetur potentias tuas, auditas faciet omnes laudes tuas (*Psal.* CV)? Qui convertisti petram in stagna aquarum, et rupem in fontes aquarum (*Psal.* CXIII). En enim etiam rupes hæc, ac rupe durius patris mei pectus, tua voluntate ceræ instar emollitum est. Potes enim etiam ex lapidibus excitare filios Abrahæ (*Matth.* III). Gratias tibi ago, benigne Domine ac Deus misericordiæ, quoniam in peccatis nostris lenitate usus es, atque etiamnum uteris, et ad hunc usque diem impunitos nos reliquisti (*Basil.*, *lib. Const.* c. 1). Nam nos quidem jam pridem a tua facie abjici merebamur, atque in hac vita publica infamia notari, quemadmodum scelerati illi Pentapolitæ, qui igni ac sulphure conflagrarunt (*Gen.* XIX). At patientia et incomparabilis lenitas tua benigne nobiscum egit. Gratias tibi ago indignus ego ac despicabilis, etiamsi benignitati tuæ laudandæ ac celebrandæ impar sum. Ac te, Domine Jesu Christe, invisibilis Patris Fili ac Verbum, qui omnia verbo produxisti, ac voluntate tua contines et tueris, qui in ligno extensus es, ac fortem vinxisti (*Matth.* XII), iisque qui ab eo vincti tenebantur, sempiternam libertatem attulisti; te inquam per miserationes tuas obtestor, ut nunc quoque invisibilem et omnium rerum effectricem manum tuam extendas, ac servum tuum et patrem meum ex gravi illa diaboli captivitate prorsus liberes, teque sempiterna vita præditum, et verum Deum ac solum immortalem et æternum Regem esse apertissime ipsi ostendas. Contritionem quæso animi mei propitio ac placido oculo aspice, ac pro ea tua pollicitatione, in quam mendacium non cadit, a meis partibus sta, qui te rerum omnium effectorem, conditorem, et gubernatorem confiteor et agnosco. Fluat in me saliens aqua tua (*Joan.* IV), deturque mihi sermo in apertione oris (*Ephes.* VI), ut mens in te angulari lapide recte defixa, ut ego, inutilis servus tuus, patri meo incarnationis tuæ mysterium, uti par est, exponere, atque a vano pestiferorum dæmonum errore per potentiam tuam ipsum abducere, tibique Deo ac Domino, qui non vis mortem peccatorum, sed eorum resipiscentiam ac pœnitentiam exspectas (*Ezech.* XVIII), conciliare queam. Quoniam tu gloriosus es in sæcula sæculorum. Amen.

Cum ad hunc modum orasset, atque hoc sibi persuasisset, se voti sui compotem futurum, Christi misericordia fretus, illinc cum regio satellitio excessit, atque ad patris palatium sese contulit. Ut autem pater de filii adventu certior factus est, statim obviam ei prodit, atque ipsum complectitur et exosculatur, deque ipsius adventu maxima voluptate afficitur, publicumque ac solemne festum celebrat. Quid autem postea? Remotis arbitris, una consident. Et quis tandem eos sermones, quos tum filius ad regem habuit, et quanta cum sapientia disseruit, ulla oratione complecti queat?

Quid enim aliud loquebatur, quam quæ ipsi a divino Spiritu, per quem piscatores universum mundum Christo irretierunt, et litterarum expertes eruditis viris doctrina præstiterunt, instillabantur? Per ejus gratiam ipse quoque eruditus et instructus, ad regem verba faciebat, scientiæ luce eum collustrans. Ac prius quidem, cum ut patrem a superstitioso errore abstraheret, diu multumque laborasset, nihil non dicens aut faciens, quo ipsius animum ad se alliceret, frustra tamen canere ac surdo loqui videbatur. At cum Dominus afflictionem servi sui Josaphat inspexit, atque, exauditis ipsius precibus, clausas patris ipsius januas patefecit (voluntatem enim, inquit ille [*Psal.* CLXIV], timentium se faciet, et deprecationem eorum exaudiet), tum denique rex ea quæ dicebantur facile intelligebat, adeo ut, opportunum tempus nactus filius per Christi gratiam adversus improbos spiritus qui patris animo dominabantur victoriam adipisceretur, ipsumque illorum errore atque impostura omni ex parte liberaret, salutaremque doctrinam perspicue ipsi traderet, ac cœlesti et vivo Deo ipsum conciliaret.

Principio enim altius exorsus, ipsi magnas et admirandas res quas prius nec intellexerat, nec cordis auribus perceperat, annuntiavit. Etenim longam ad eum de Deo orationem habuit, piamque doctrinam ipsi ostendit (nempe, quod non sit alius deus sursum, præter unum Deum, qui in Patre et Filio ac Spiritu sancto agnoscitur), ac multa item theologiæ arcana ipsi aperuit. Posteaque etiam ea quæ ad rerum conditarum tam invisibilium quam visibilium procreationem attinebant exposuit : nimirum quo pacto summus ille parens et **326** opifex rebus omnibus ex nihilo productis, hominem ad imaginem et similitudinem suam effinxerit, ipsumque arbitrii libertate donatum, eorum quæ in paradiso pulchra erant participem fecerit, unius tantum arboris gustu ipsi interdicto, hoc est ligni scientiæ. Quo quidem mandato violato, eum e paradiso exterminavit. Unde et ipse, et uxor, ea quam cum eo habebant conjunctione lapsi, in hos, multos errores inciderunt, peccato videlicet in servitutem addicti, mortique per diaboli tyrannidem obnoxii effecti. Qui quidem hominibus semel in potestatem suam redactis, hoc egit, ut Dei ac Domini oblivione prorsus caperentur, ipsisque persuasit ut per exsecrandam idolorum adorationem sibi cultum adhiberent.

At vero Deus creator noster, miseratione commotus, benigna Patris voluntate ac Spiritus sancti adjuncta opera, ex Virgine sancta nostri instar in lucem edi voluit; cumque cruciatu affectus fuisset is qui a perpessione immunis erat, triduo post a morte ad vitam excitatus, nos a priori multa et condemnatione liberavit, præstantiorique gloria donavit. Siquidem in cœlum ascendens, simul nos eo unde descenderat, evexit. Quem etiam rursus venturum credimus, ut figmentum suum ad vitam revocet, atque unicuique secundum ipsius opera reddat. Postea de illo cœlorum regno, quod eos qui id promerentur manet, verba fecit, atque arcana illa bona, reconditamque item improbis pœnam proposuit, nimirum ignem nunquam exstinguendum, exteriores tenebras, immortalem vermem, cæteraque tormentorum genera, quæ peccati servi sibi ipsis recondiderunt. Hæc omnia quam plurimis sermonibus, ac Spiritus sancti gratiam abunde ipsi inesse testantibus, prosecutus, tum demum impervestigabile divinæ benignitatis pelagus enarravit, quamque ille eorum qui ad eum sese convertunt pœnitentiam libenter exspectet, quodque nullum scelus sit quod ipsius misericordiam superet, si quidem ad meliorem frugem redire in animum inducamus. Quod cum multis exemplis ac Scripturæ testimoniis declarasset, orationi finem imposuit.

Cap. XXXV. — Rex autem divinitus tradita hac sapientia compunctus, ingenti voce ac ferventissimo animo Christum Salvatorem confitetur, atque ab omni superstitioso errore abscedit : vivificæque crucis signum inspectantibus omnibus adorat, et audientibus omnibus Deum verum ac Dominum nostrum Jesum Christum prædicat. Atque commemorata priori sua impietate, et adversus Christianos crudelitate et immanitate condemnata, ingens ad pietatem portio efficitur. Exstabatque id quod a Paulo dictum est : Ubi abundavit iniquitas, illic et superabundavit gratia (*Rom.* v). Cum igitur sapientissimus Josaphat etiam ad rei militaris duces et satrapas, atque ad omnem denique populum de Deo atque erga ipsum pietate multa verba faceret, et quasi ignea lingua præclarum aliquid ac modulatum caneret, superveniens Spiritus sancti gratia omnes ad celebrandam Dei gloriam excitabat; ita ut universa multitudo una voce clamaret : Magnus Christianorum Deus est, nec præter Dominum nostrum Jesum Christum, qui cum Patre et Spiritu sancto glorificatur, alius Deus est.

Divino porro zelo impletus rex Abenner, in aurea illa et argentea idola, quæ in ipsius palatio erant, acri animo impetum facit, eaque omnia dejicit, posteaque in minutas partes redacta pauperibus distribuit : sic nimirum utilia ea reddens, quæ prius utilitate omni ac fructu carebant. Quin etiam ipse cum filio idolorum templa et aras omnes obsidens, a fundamentis ipsa eruit, eorumque loco templa Deo exstruxit. Nec vero in urbe duntaxat, sed etiam in tota regione eamdem operam sedulo navabant. Perversi autem spiritus, qui in aris domicilium habebant, cum ululatu pellebantur, invictamque Dei nostri potentiam tremulo clamore testabantur, omnisque vicina regio, ac multæ item finitimæ gentes ad piam fidem sese conferebant. Tum igitur, cum divinissimus ille episcopus, de quo superius verba fecimus, accessisset, rex Abenner fidei Christianæ elementis imbuitur, ac divino baptismo in nomine Patris et Filii et Spiritus sancti, perficitur. Ac Josaphat rex divina piscina ipsum excipit, res sane omnium maxime nova. Patris enim pater existit, et ei a quo carnali modo progenitus fuerat spiritualem regenerationem conciliat. Etenim cœlestis Patris filius erat, divinæque profecto radicis divinissimus fructus ; radicis, inquam, illius quæ clamat : Ego sum vitis, vos palmites (*Joan.* xv)

Ad hunc modum rex per aquam ac Spiritum regeneratus, ejusmodi voluptate quæ nulla oratione explicari potest afficiebatur; simulque etiam cum ipso universa civitas ac finitima regio divino baptismate donabatur, lucisque filii existebant qui prius in tenebris versabantur. Atque omnis morbus et omnis a dæmonibus invecta calamitas procul ab iis qui fide præditi 327 erant propellebatur, omnesque tum animis tum corporibus integri atque incolumes erant. Multaque item alia miracula fidei confirmandæ causa edebantur, ecclesiæ etiam ædificabantur, et episcopi qui metu delitescebant, in lucem prodibant, suasque ecclesias recipiebant. Ac præterea alii, tum ex sacerdotum tum ex monachorum ordine, ad pascendum Christi gregem instituebantur. Porro rex Abenner ad hunc modum ab improba et flagitiosa vitæ ratione sese removens, ac de perpetratis sceleribus pœnitentiam agens, regium omne imperium filio tradit, ipse autem in solitudine degens, caputque cinere sine ulla intermissione aspergens, et graves gemitus edens, ac sese lacrymis abluens, solus cum eo solo qui ubique præsens est colloquebatur, noxarum suarum veniam ab eo petens. Quin in tantam compunctionis atque humilitatis abyssum sese demisit, ut ipsum quoque Dei nomen labiis usurpare recusaret, ac vix tandem a filio admonitus, illud pronunciare auderet. Tanta autem ac tam præclara in eo vitæ commutatio fuit, ac tanta cum laude virtutis iter tenuit, ut priorum iniquitatum ignorantiam pietatis magnitudine superaret. Cum autem quatuor annos hoc pacto in pœnitentia et lacrymis atque omni virtutis genere transegisset, in lethalem morbum incidit. Cum autem ipsi vitæ finis immineret, in metu animique anxietate versari cœpit, mala ea quæ a se perpetrata fuerant in memoriam revocans. At Josaphat consolatoria oratione coortum ei mœroris onus sublevavit, his verbis utens : Quare tristis es, o pater, et quare teipsum conturbas (*Psal.* xli)? Spera in Deo, et confitere ipsi, qui est spes omnium finium terræ, et in mari longe (*Psal.* lxiv), qui per prophetam clamavit : Lavamini, mundi estote, auferte malum cogitationum vestrarum ab oculis meis discite benefacere. Et si fuerint peccata vestra sicut coccinum, tanquam nix dealbabuntur; et si fuerint rubra sicut vermiculus, tanquam lana alba erunt (*Isaiæ* 1). Quocirca ne timeas, o pater, nec dubio animo sis; neque enim eorum qui ad Deum sese convertunt, peccata, immensam ipsius bonitatem vincunt. Illa enim quocunque tandem numero fuerint, sub mensuram cadunt, hanc autem nec metiri nec numerare quisquam potest. Quocirca fieri non potest, ut quod mensuræ subjicitur, id quod nulla mensura comprehendi potest, superet.

Hujusmodi verbis ad consolandum accommodatis, ipsius animum leniens, ac velut excantans, eum ad bonam spem revocavit. Deinde pater, extensis manibus, gratias ipsi agebat, ac bene precabatur, diemque eum quo ipse in lucem editus esset laudibus efferebat, his verbis utens: Dulcissime fili, fili inquam, qui non tam meus es quam cœlestis Patris, quamnam tibi gratiam referam? quibus te benedictionibus prosequar? quas Deo tua causa gratias agam? Perieram enim, ac tua opera inventus sum; peccato mortuus eram, et revixi (*Lucæ* xv); hostis et perduellis Dei, et in gratiam receptus sum. Quid igitur tibi pro his omnibus rependam (*Psal.* xxx)? Deus est qui satis amplis præmiis te remunerari queat. Hoc sermone habito, cum charissimum filium sæpius exosculatus fuisset, ac deinde preces fudisset, atque, In manus tuas, o benigne Deus, commendo spiritum meum, dixisset, in pœnitentia animam suam Domino reddidit.

Filius autem Josaphat patrem mortuum lacrymis prosecutus, justisque ipsi persolutis, corpus ejus in piorum virorum sepulcris condidit. Nec tamen ipsius corpus regia veste obvolvit, sed pœnitentiæ vestimentis exornavit. Atque ipse in sepulcro stans, ac manus in cœlum tendens, lacrymasque ex oculis fluvii instar profundens, his verbis ad Deum clamavit: Gratias tibi ago, Deus Rex gloriæ, qui solus potens et immortalis es, quoniam orationem meam minime despexisti, nec lacrymas meas pro nihilo duxisti: verum servum tuum ac patrem meum a scelerata vivendi ratione avocatum, ad te omnium Salvatorem pertrahere voluisti, eum videlicet ab idolorum errore abducens, atque ipsi hoc donans, ut te Deum verum ac benignum intelligeret. Ac nunc, o Domine Deus, cujus bonitatis pelagus pervestigari nequit, in loco pascuæ, in loco refectionis, ubi vultus tui lux splendet, eum colloca; nec antiquarum ipsius iniquitatum recordare, sed pro ingenti tua misericordia peccatorum ipsius chirographum dele, ac debitorum ipsius chartas concerpe, sanctosque tuos, quos et igne et gladio de medio sustulit (*Psal.* LXXVIII), cum ipso in gratiam reduc, eisque, ne ipsi infensos et iratos sese præbeant, impera. Omnia quippe tibi omnium Domino possibilia sunt, hoc uno excepto, quod quin te eorum qui sese ad te convertunt misereat, facere non potes. Misericordia enim tua in omnes diffusa est, atque iis a quibus invocaris, salutem affers, Domine Jesu Christe, quoniam decet te gloria in sæcula. Amen.

Hujusmodi preces et orationes Deo offerebat, septem dies a sepulcro omnino non discedens, nec cibi quidquam aut potus admittens, nec rursus somno corpus recreans, **328** verum et lacrymis solum rigans (*Psal.* CXLI), et cum luctibus omnem orationis facultatem superantibus in oratione perstans. Octavo autem denique die in palatium reversus, opes omnes ac pecunias pauperibus distribuit; adeo ut nullus jam qui rerum inopia premeretur, superesset. Paucisque diebus in hujusmodi ministerio exactis, omnes thesauros exhausit: id videlicet agens, ne angustam portam introire paranti pecuniarum moles impedimentum afferret

CAP. XXXVI. — At vero quadragesimo a paterni obitus die memoriam ipsius celebrans, magistratus omnes ac militaris classis et plebeii ordinis haud paucos convocat; atque in regio throno sedens, cunctis audientibus hanc orationem habuit: En, ut ipsi cernitis, Abenner rex ac pater meus, haud secus ac pauperum quivis mortem obiit. Ac nec divitiæ, nec opes, nec regia gloria, nec rursum ego patris amantissimus filius, nec reliquorum ipsius amicorum ac cognatorum quisquam opem ipsi et auxilium afferre, atque ab inevitabili sententia ipsum eximere potuit; verum ad illud tribunal, ut præsentis vitæ rationem reddat, proficiscitur, neminem omnino qui ipsi opituletur secum ducens, iis duntaxat exceptis (quæcunque tandem illa fuerint) quæ ab eo gesta sunt. Hoc autem ipsum quoque omnibus qui mortalem naturam nacti sunt contingere natura comparatum est, neque aliter fieri potest. Nunc igitur audite me, o filii ac fratres, plebs Domini, et sancta hæreditas, quos Christus Deus noster pretioso sanguine suo redemit, atque a veteri errore et adversarii servitute in libertatem vindicavit. Vos meam inter vos vitæ rationem nostis: nempe quod ex quo tempore Christi cognitionem consecutus, divinoque beneficio ipsius servus effectus sum, omnibus aliis rebus contemptis atque odio habitis, ipsius duntaxat cupiditate flagravi, idque unum mihi in votis fuit, ut ex hujus vitæ tempestate, atque inani perturbatione ac tumultu egressus, solus cum ipso solo consuetudinem haberem, atque in summa animi tranquillitate Deo meo ac Domino servirem. Verum me patris mei in diversum nitentis voluntas retinuit, præceptumque illud, quod patribus honorem haberi jubet (*Deut.* v). Unde Dei gratia et adjumento incassum minime laboravi, nec hujusmodi dies frustra consumpsi; verum et illum, et vos omnes, Deo conciliavi, eumque solum Deum verum, ac rerum omnium Dominum cognoscere docui, non quidem ego istud faciens, sed gratia Dei mecum, qui me etiam e superstitioso errore atque idolorum cultu eripuit, ac vos, o plebs mea, gravi et acerba captivitate liberavit. Jam igitur tempus est ut ea quæ Deo pollicitus sum expleam. Tempus, inquam, est ut quo ipse me ducet proficiscar, eaque vota quibus me ipso obstrinxi persolvam. Nunc itaque vobiscum ipsi considerate quem vobis præeesse ac regnum obtinere velitis. Jam enim in Domini voluntate perfecti estis, nec quidquam ex ipsius præceptis vobis occultum est. In his ambulate, nec vel ad dexteram vel ad sinistram declinate. Ac Deus pacis velim sit cum omnibus vobis.

Hæc ut plebs audivit, tumultus statim ac strepitus, ingensque clamor et confusio exorta est, plorantibus omnibus, atque orbitatem suam deplorantibus. Quin etiam præter luctus et ejulatus illud etiam jurejurando affirmabant, sese illum minime dimissuros, sed retenturos, nec secedendi potestatem ullo modo ipsi facturos. Sic clamante populo, atque omnibus magistratibus, excipiens rex populares compescit, silentiumque ipsis imperat, seque illorum contentioni cedere atque obtemperare asserens, eos, quamvis alioqui mœrentes atque ejulatus signa in genis ferentes, domum remittit. Ipse autem unum ex principibus, quem ipse tum pietatis, tum vitæ sanctitatis nomine pluris omnibus faciebat, admirationeque prosequebatur, hoc est Barachiam, cujus etiam superius, cum Nachor Barlaamum se esse simulans cum philosophis disputavit, verba fecimus, quemque solum zelo divino penitus flagrantem ab ipsius partibus stetisse, atque ad disputationem adversus illos ineundam paratum fuisse diximus, hunc, inquam, remotis arbitris, assumptum, blande ac leniter allocutus est, obnixisque precibus, ut regnum acciperet, atque in timore Dei plebem suam regeret obsecrabat quo ipse ad expetitum iter se accingeret.

Ut autem eum renuentem, atque istud omnino repudiantem vidit, hisque verbis utentem: O rex, quam istud tuum judicium iniquum est, quam tuus sermo divino mandato parum consentaneus; nam cum proximum non secus ac teipsum amare docearis, qua tandem ratione sarcinam eam, quam tu abjicere studes, mihi imponere festinas? nam si regio munere fungi bonum est, ipse quod bonum est retine; sin autem offendiculum istud ac scandalum animi est, quid mihi illud objicis, ac me in fraudem inducere cupis? Ut, inquam, eum his verbis utentem et asseverantem vidit, cum eo quidem colloqui destitit: ipse **329** autem intempesta nocte epistolam ingenti sapientia plenam, atque ad omne pietatis genus impellentem, ad populares suos exarat, nempe quam de Deo sententiam tenere, quam ipsi vitam, quas laudes, quas denique gratiarum actiones offerre deberent, præscribens. Ac postea, ne quemquam alium præter Barachiam ad regiam dignitatem admitterent prohibebat. Hac epistola in cubiculo suo relicta, inscientibus omnibus egreditur. Nec tamen efficere potuit ut ipsius discessus ad extremum usque incognitus esset. Nam simul atque illuxit, ea res audita perturbationem ac luctum plebi attulit, omnesque summa celeritate ad eum investigandum perrexerunt, ipsius fugam omni ratione occupare cogitantes. Quo etiam factum est ut studium ipsius frustra minime cesserit. Nam cum itinera omnia occupassent, ac montes omnes obsedissent, inviasque valles peragrassent, in torrente quodam ipsum manus in cœlum tendentem, ac sextæ horæ precationem persolventem invenerunt.

Conspecto autem eo, circumfusi statim, cum lacrymis eum obsecrabant, ac discessum ipsi objectabant. At ille, Quid, inquit, inanem laborem suscipitis? Nec enim est quod vos me regem ultra habituros esse speretis. Nihilo secius tamen eorum ingenti contentioni cedens, ad palatium revertitur, coactusque in unum omnibus, quid in animo haberet declaravit, ac postea interposito etiam jurejurando sermonem confirmavit, nempe se posthac ne unum quidem diem cum ipsis fore: Ego enim, inquit, meo erga vos ministerio perfunctus sum, nec quidquam prætermissi, nec subterfugi, quominus annuntiarem vobis (*Act.* xx), ac docerem testificans omnibus in Dominum nostrum Jesum Christum fidem, ac pœnitentiæ viam ostendens. Ac nunc ego viam hanc ineo, quam jam pridem expetebam, nec ultra faciem meam quisquam vestrum videbit. Quapropter, ut divini Apostoli verbis utar, contestor vos hodierno die, quod mundus ego sum a sanguine omnium vestrum. Non enim subterfugi, quominus annuntiarem vobis consilium Dei.

Hæc illi audientes, ac sententiæ ipsius firmitatem exploratam habentes, nempe quod eum a suscepto consilio revocare minime possent, orbitatem quidem suam deplorabant, nec tamen ullo modo eum de sententia deducebant. Tum autem rex Barachiam illum, de quo supra locuti sumus, manu tenens: Hunc, inquit, o fratres, hunc vobis regem creo. Cumque ille ejusmodi rei vehementer obluctaretur, invitum eum ac repugnantem in regio throno collocat, ipsiusque capiti diadema imponit, atque annulum regium ipsi in manum præbet. Atque ad Orientem stans, pro rege preces fudit, hoc videlicet a Deo postulans, ut Dei fidem constanter teneret, ac Christi mandatorum iter ab omni flexu alienum inveniret. Adhæc pro clero etiam atque universo grege precatus est, opem videlicet et auxilium ac salutem ipsis a Deo petens, atque ut quidquid ipsi postularent ad utilitatem moderaretur.

Hac oratione habita, conversus ad Barachiam, ait: En tibi, frater, hoc præcipiam quod Apostolus testatus est: Attende tibi ipsi, et universo gregi in quo te Spiritus sanctus regem posuit, ut Christi populum, quem proprio sanguine acquisivit, regas (*Act.* xx). Et quemadmodum Deum ante me cognovisti, eumque puro animo et conscientia coluisti, ita nunc quoque majori studio in hoc incumbe, ut ipsi vitæ tuæ rationes probes. Quo enim majus a Deo imperium consecutus es, eo quoque majora ipsi rependas oportet. Ac proinde gratitudinis debitum ei cujus beneficiis auctus es persolve, sancta ipsius præcepta custodiens, atque ab omni via in exitium ducente deflectens. Ut enim in iis qui navigant, cum nauta quispiam peccat, exiguum iis qui simul navigant detrimentum affert; cum autem gubernator, universæ navi exitium accersit, ita etiam in regno usu venit, ut cum quispiam eorum, qui subsunt peccat, non tam alium quam seipsum lædat; sin autem rex ipse peccet, totum regnum labefactat ac detrimento afficit. Quapropter, ut ingentes rationes redditurus, si quid eorum quæ opus sint prætermiseris, magno studio magnaque cura teipsum in bono custodi, voluptatem omnem ad peccatum te pertrahentem odio insectare. Ait enim Apostolus : Pacem sectamini cum omnibus, et sanctificationem, sine qua nemo videbit Deum (*Heb.* xii). Rerum humanarum circulum animadverte, quo pacto videlicet in orbem volvatur, alias atque alias alio atque alio modo eas ferens ac torquens; illudque stude, ut in varia earum mutatione pium animum constanter retineas. Siquidem una cum rebus commutari, dubiæ atque instabilis mentis argumentum est. Tu vero fac in virtute firmus sis, ac prorsus stabilitus. Ob temporariam et caducam gloriam inani tumore minime insolesce ; verum, repurgato animo, naturæ tuæ vilitatem cogita, vitæque hujus brevitatem atque adjunctam carni mortem cogita. Hæc enim si consideres, in superbiam haudquaquam incides, sed Deum verum ac cœlestem Regem metues, sicque præclare ac feliciter tecum agetur. Beati enim, inquit ille, omnes qui timent Dominum, qui ambulant in viis ejus (*Psal.* cxxvii). Ac rursum : Beatus vir qui timet Dominum, in mandatis ejus volet nimis (*Psal.* cxi). Quænam autem præ cæteris præcepta tibi servanda sint, audi : Beati misericordes, quoniam ipsi misericordiam consequentur (*Lucæ* vi). Ac rursum : Estote misericordes, sicut et Pater vester cœlestis misericors est. Hoc enim præceptum ab iis potissimum exposcitur qui in summo imperio constituti sunt.

Ac sane qui magnam potentiam nactus est, cum a quo hujusmodi potentiam accepit pro viribus imitari debet. Hac porro in re Deum maxime imitabitur, si misericordia nihil potius antiquiusque habeat. Huc accedit quod subditos nihil æque ad benevolentiam allicit, ut beneficii gratia egentibus concessa. Nam obsequium illud quod ex metu oritur, adumbrata est adulatio, per fictum honoris vocabulum eos qui animum ipsi adjiciunt, ludificans ac circumscribens. Atque is qui invito animo paret, oblata occasione seditionem excitat; qui autem benevolentiæ vinculis constrictus tenetur, firmam ei qui rerum potitur obedientiam præstat. Quæ cum ita sint, da operam ut egentibus facilis ad te accessus sit, iisque qui inopia conflictantur, aures tuæ pateant, ut tu quoque apertas Dei aures invenias. Nam quales nos ipsos conservis præbuerimus, talem etiam erga nos Dominum nanciscemur, et quemadmodum audierimus, audiemur, et quemadmodum viderimus, a divino et omnium rerum conspectore oculo videbimur. Quamobrem ante misericordiam misericordiam conferamus, ut simile per simile recipiamus.

Quin etiam aliud quoque præceptum cum superiore isto conjunctum, ipsique cognatum audi : Dimittite, et dimittetur vobis. Quod si non remiseritis hominibus delicta ipsorum, nec Pater vester cœlestis peccata vestra vobis remittet. Ob idque ne iis a quibus offensus fueris injuriæ memorem te præbeas; verum cum ipse peccatorum tuorum veniam postules, iis etiam qui in te peccant ignosce. Remissioni enim remissio rependitur; et si cum nostris conservis in gratiam redeamus, Dominus quoque suam in nos iracundiam comprimet. At contra nostra adversus eos qui aliquid in nos admiserunt sævitia hoc efficit, ut peccatis nostris nulla venia tribuatur (*Matth.* xviii). Quemadmodum audis quidnam illi qui decem talentorum millia debebat acciderit, nempe quod ob suam in conservum crudelitatem, tanti debiti exactionem sibi ipsi renovarit. Quare magnopere nobis providendum est, ne hoc quoque nobis usu veniat. Quin potius debitum omne remittamus, atque omnem iram e pectore ejiciamus, ut nobis quoque multa nostra debita remittantur. Præter hæc omnia, ac præ omnibus rebus bonum depositum custodi, hoc est piam fidei doctrinam, in qua institutus et eruditus es (*II Tim.* 1). Illudque cave, ne ullum hæresis zizanium in vobis enascatur : verum purum ac doli expers divinum semen conserva, ut uberem atque amplam segetem Domino exhibeas, cum ad exposcendam rerum ab unoquoque in vita gestarum rationem, consentaneamque actionibus nostris mercedem referendam veniet. Quo quidem tempore justi fulgebunt sicut sol, sceleratos autem caligo ac sempiterna ignominia obruet (*Matth.* xiii). Ac nunc, o fratres, Deo vos commendo, et verbo gratiæ ipsius, qui potens est superædificare, et dare vobis hæreditatem in sanctificatis omnibus (*Act.* xx).

Hæc cum dixisset, positis genibus suis, quemadmodum scriptum est, cum lacrymis rursum oravit, atque conversus Barachiam, quem regem designarat, omnesque eos qui magistratu fungebantur, exosculatus est. Tum vero res lacrymis sane digna contigit. Omnes enim ipsum circumstantes (non secus ac si hoc duntaxat viverent, quod cum eo essent, ac simul atque ab eo disjungerentur, vitam amissuri essent) quid non dicebant quod ad ciendam misericordiam pertineret? aut quid relinquebant quo eorum luctus augeri posset? Ipsum exosculabantur et complectebantur, mentisque impotes præ dolore erant. Væ nobis, clamabant, quam gravi calamitate opprimimur ! Dominum eum appellabant, patrem, salutis auctorem, bene de se meritum. Per te, inquiebant, Dei cognitionem accepimus, errore liberati sumus, ab omnibus malis conquievimus. Quid jam nobis post discessum tuum futurum est? Quænam mala nos arripient? Hæc cum dicerent, pectora feriebant, eamque quæ eos invaserat calamitatem deplorabant. At ille consolatoria oratione ingentem eorum ejulatum comprimens, illud pollicebatur, se (quoniam corpore jam non poterat) spiritu cum illis fore. Hoc sermone habito, spectantibus omnibus e palatio excedit ; ac statim omnes desperato reditu eum sequebantur, atque ex urbe, ut quam jam conspicere minime possent, profugiebant. Posteaquam autem e civitate egressi sunt, vix tandem atque ægre acrius eos ipso admonente, atque etiam asperiorem interdum objurgationem adjungente, ab eo distracti sunt, atque inviti revertebantur, identidem oculos reflectentes, **331** ac pedibus inter ambulandum offendentes. Nonnulli autem ex iis qui ferventiori animo præditi erant, lugentes eminus ipsum sequebantur, quoadusque nox oborta eos inter se disjunxit.

CAP. XXXVII. — Generosus igitur ille vir ex aula egressus est, perinde lætus atque alacris, ut cum quispiam e longinquo ac diuturno exsilio in patriam se refert. Atque externe quidem eas quibus uti solebat, vestes gerebat, interne autem cilicium illud quod Barlaam ipsi dono dederat. Porro nocte illa in pauperis cujusdam viri domunculam se conferens, vestes eas quibus indutus erat abjicit, postremumque illud beneficium egenti tribuit. Cumque ad hunc modum tum illius tum multorum aliorum pauperum precibus Dei opem atque auxilium sibi accivisset, ejusque gratia et præsidio tanquam salutis vestimento ac lætitiæ pallio sese induisset, ad solitariam vitam excessit, non panem, non aquam, non quidquam aliud ex iis quæ ad victum necessaria sunt secum ferens, nullumque aliud indumentum gerens, præter asperum illud cilicium, de quo paulo ante mentionem feci. Etenim singulari quodam desiderio, ac divino immortalis regis Christi amore saucius, toto animo in id quod amabat incumbebat, totus extra se raptus, ac divinitus immutatus, Deique charitate omni ex parte correptus. Fortis enim, inquit ille, sicut mors dilectio (*Cant.* VIII). Tantam videlicet ipse ex divino amore temulentiam contraxerat, tantaque siti æstuabat, instar scilicet illius qui dicebat: Quemadmodum desiderat cervus ad fontes aquarum, ita desiderat anima mea ad te Deus. Sitivit anima mea ad Deum fontem vivum (*Psal.* XLI). Et quemadmodum anima illa, quæ hujusmodi charitate vulnerata erat, in Cantico canticorum ait: Vulnerata charitate ego sum (*Cant.* II). Ac rursum: Ostende mihi faciem tuam, et fac me audire vocem tuam; vox enim tua dulcis, et facies tua decora.

Hujusce omni sermone præstantioris pulchritudinis Christi desiderio, tanquam igne quodam in pectore accepto, apostolorum chorus, ac martyrum agmina, omnia ea quæ oculis cernuntur contempserunt, atque omni huic fluxæ et caducæ vitæ innumera tormentorum et mortis genera prætulerunt, divinæ pulchritudinis amore flagrantes, atque ingentem Dei Verbi erga nos amorem cum animis suis reputantes. Hunc ignem cum præclarus etiam ac corpore quidem nobilis, cæterum longe nobiliore ac magis regio animo præditus vir in seipso accepisset, terrena omnia prorsus aspernatur, omnes corporis voluptates proculcat, opes et gloriam atque humanos honores pro nihilo ducit, diadema et purpuram abjicit, aranearum telis viliora ea existimans, atque ad omnia dura et acerba monasticæ vitæ studia prompto animo sese tradit, illud Psalmistæ clamans: Adhæsit anima mea post te, o Christe, suscipiat me dextera tua (*Psal.* LXII).

Cumque ad hunc modum, oculis a tergo minime contortis, in intimam solitudinem se contulisset, atque caducarum rerum confusionem, tanquam molestissimam quamdam sarcinam et catenam excussisset, spiritu lætabatur, conjectisque in Christum, cujus desiderio ardebat, oculis; ad eum, tanquam ad præsentem atque ipsius vocem audientem clamabat, eumque alloquebatur, his videlicet verbis utens: Ne jam, quæso, o Domine, oculus meus hujusce vitæ bona videat; nec præsens vanitas mentem meam a suscepto itinere abstrahat; verum, Domine mi, oculos meos spiritualibus lacrymis imple, gressusque meos dirige, famulumque tuum Barlaam mihi commonstra. Mihi, inquam, eum per quem mihi salus parta est ostende, ut solitariæ ac monasticæ vitæ sinceritatem per ipsum addiscam, ac non ob hostilis belli imperitiam in fraudem inducar. Da mihi, Domine, viam meam nancisci, per quam te adipiscar, quoniam anima mea tui desiderio saucia est, teque salutis fontem ardenter sitit.

Hæc secum perpetuo volvebat, atque ad Deum loquebatur, per orationem ac sublimissimam contemplationem ipsi sese conjungens. Atque ita contento gressu cœptum iter exsequebatur, ad locum eum in quo Barlaam degebat pervenire contendens. Herbis porro iis quæ in deserto existebant alebatur. Neque enim, ut jam a me commemoratum est, præter corpus ac pannos illos quibus indutus erat, quidquam aliud secum ferebat.

Cæterum cum exiguum ac nullius omnino momenti victum ex herbis sibi pararet, aquæ penuria prorsus laborabat, quod videlicet solitudo illa aquæ expers esset. Cum igitur sole jam sub meridiem vehementer ardente iter faceret, vehementius ob æstum in arida regione siti flagrabat, atque extrema et gravissima ærumna vexabatur. Verum cupiditas naturam vincebat, ac sitis ea divina qua afficiebatur sitis aquæ flammam minuebat.

At vero ille boni inimicus et invidus diabolus, hujusmodi animi institutum atque usque adeo ardentem ipsius erga Deum charitatem indignissimo animo perspiciens, multas ipsi in solitudine tentationes excitabat, regiæ nimirum ipsius gloriæ splendidissimæque **332** satellitum manus, qua ipsius latus cingi solebat, atque amicorum item et æqualium memoriam ipsi refricans; illudque item ipsi ob animum proponens, omnium animas ex ipsius anima pendere, ac reliquas denique alias hujusce vitæ oblectationes ipsi objiciens. Ac deinde virtutis asperitatem, atque ingentes ejus sudores ipsi proponebat, corporis item imbecillitatem et inexpertas atque insuetas ærumnas, et temporis longinquitatem, ac præsentem sitis oppressionem, quodque nulla ex parte consolatio ulla ipsi exspectanda esset, aut tanti laboris tantæque fatigationis finis. Ac denique ingentem in ipsius animo, quemadmodum quodam loco de magno Antonio proditum est, cogitationum pulverem commovebat.

Ut autem ad labefactandum ipsius animi institutum imbecillem hostis ille se vidit (Christum enim ipse sibi ob animum proponens, atque ipsius desiderio inflammatus, speque egregie confirmatus, ac fide subnixus, illius instinctus et consilia pro nihilo ducebat), pudore suffusus est, utpote ad primum, ut dici solet, impetum prostratus. Quapropter alteram viam inire cœpit (multas quippe ipsi vitii semitas habet), ac variis spectris eum evertere atque in metum conjicere nitebatur. Nonnunquam enim ater ipsi, ut est, apparebat; nonnunquam rursus districtum gladium tenens, in eum impetum faciebat, seque eum, nisi quam primum ab instituto resiliret, percussurum minabatur. Quandoque rursus variarum bestiarum formam subibat, adversus ipsum rugiens ac perquam horrendum mugitum et strepitum edens; atque etiam in draconis et aspidis et reguli formam sese subinde immutabat. At præclarus ille ac strenuissimus pugil tranquillo animo consistebat, ut qui Altissimum perfugium suum posuisset (*Psal.* xc). Ac mente excubans, pestiferumque spiritum irridens, dicebat : Non me fugit, o impostor, quinam sis, qui hæc in me excites : nimirum qui jam inde ab initio mortalium generi perniciem moliaris, nec unquam improbitati studere ac nocumentum inferre desinas. Ac sane quam pulchre tibi hic habitus quadrat ! Nam hoc ipso quod bestias et reptilia imitaris, mentis tuæ feritatem et perversitatem, voluntatisque ad noxam ac pestem inferendam promptitudinem demonstras. Quid igitur, o miser, ea aggrederis quæ conficere non potes ? Ex quo enim has artes atque hæc spectra a tua improbitate proficisci comperi, nulla jam hinc sollicitudine afficior. Dominus mihi adjutor : et ego despiciam inimicos meos (*Psal.* cxvii). Et super aspidem et basiliscum, quorum tu similitudinem expressisti, ambulabo, atque Christi potentia corroboratus, leonem et draconem conculcabo (*Psal.* xc). Confundantur et erubescant omnes inimici mei, confundantur et erubescant valde velociter (*Psal.* vi).

Hac oratione utens, crucisque signo, hoc est invictis armis seipsum cingens, omnia diaboli spectra irrita reddidit. Confestim enim bestiæ ac reptilia instar fumi evanuerunt, et sicut fluit cera a facie ignis (*Psal.* lxvii). Ipse autem Christi potentia confirmatus, læto animo proficiscebatur, Deoque gratias agebat. At etiam complures ac variæ bestiæ, variique generis serpentes et dracones, quos solitudo illa nutriebat, ipsi occurrentes. Non jam per inane spectrum, sed revera ab ipso cernebantur. Ex quo efficiebatur ut metus quidem ac laboris via plena esset, ipse autem utrumque animo et cogitatione superaret. Nam et metum charitas, ut Scripturæ verbis utar, foras mittebat (*I Joan.* iv), et laborem cupiditas levabat. Ad hunc itaque modum cum multis et variis calamitatibus et ærumnis per dies haud paucos colluctatus, ad Sennaaritidem illam solitudinem in qua Barlaam habitabat pervenit. Ubi etiam aquam nactus, sitis flammam restinxit.

Cap. XXXVIII. — Josaphat autem biennium integrum in hac vastissima solitudine mansit, huc atque illuc oberrans, nec Barlaamum inveniens, Deo nimirum hic quoque animi ipsius firmitatem ac strenuitatem explorante. Ac sic, sub dio degens, tum æstu conflagrabat, tum frigore obrigebat, præstantissimum illum senem velut quemdam ingentis pretii thesaurum quærere nunquam intermittens. Multas porro pestiferorum spirituum tentationes, ac multa prælia sustinebat, multosque item labores, ob herbarum, quibus de more victitabat, penuriam perferebat; quoniam scilicet has quoque solitudo ea ut quæ siccitate, laboraret, parce admodum produceret. Verum adamantinus atque invictus ipsius spiritus, amore ac desiderio ardens, hujusmodi molestias facilius ferebat quam alii voluptates ferre soleant. Quocirca divina ope minime caruit ; verum secundum dolorum ipsius ac laborum multitudinem (*Psal.* xxxiv) allatæ a Christo, cujus cupiditate flagrabat, consolationes, tam noctu quam diu animum ipsius exhilarabant. Confecto autem biennii curriculo, Josaphat quidem perpetuo circumibat, eum quem expetebat quærens, atque ad Deum lacrymas fluminis instar profundens, meditabatur clamans : Ostende mihi, Domine, mihi, inquam, eum ostende, qui mihi tui nominis cognitionem ac tanta bona conciliavit, nec propter peccatorum meorum multitudinem tanto bono me priva ; verum hoc concede, ut et ipsius conspectu fruar, et idem cum eo religiosæ exercitationis certamen subeam.

Dei autem favore speluncam quamdam invenit ; pervestigata videlicet eorum qui eo se conferebant semita ; atque monachum quemdam solitarium vitæ genus colentem nanciscitur, eumque maximo cum animi fervore complexus et osculatus, ubinam Barlaam habitaret, sciscitabatur, simulque ipsi rerum suarum statum exposuit. Cum igitur ex ipso ubi viri illius quem quærebat domus esset intellexisset, eo quam celerrime, non secus ac peritissimus quispiam venator feram nactus, se contulit, peragratisque alterius cujusdam senis admonitu aliquot passuum millibus, lætus ac spei robore septus incedebat, æque nimirum ac puer, qui patrem quem jampridem non vidit brevi se conspecturum sperat. Nam cum divinus amor animum semel obsederit, multo acrior ac ferventior ac esse solet qui a natura manat.

Astat itaque speluncæ foribus, iisque pulsatis, Benedic, inquiebat, o pater, benedic, inquam. Ut autem Barlaam hac voce audita ex antro egressus est, eum per spiritum agnovit, qui ob admirandam illam mutationem, qua a priore illo vultu ac florente juvenilis ætatis pulchritudine demigrarat, ab extremo aspectu vix agnosci poterat, ut qui tum ex solis æstu atrorem contraxisset, et pilis abundaret, ac genas macie confectas, oculosque alte depressos, et palpebras lacrymarum fluentis undique attritas, atque ingenti famis afflictione perustas haberet. At vero Josaphat spiritualem patrem statim agnovit, utpote iisdem oris lineamentis præditum. Confestim itaque senex versus Ortum stans, Deo precem cum gratiarum actione conjunctam adhibuit. Dictoque Amen, in mutuos amplexus statim ruerunt, diuturnam cupiditatem sine ulla satietate explentes.

Cum autem abunde sese complexi fuissent, atque consultassent, sedentes inter se colloquebantur. Ac sermonem exorsus Barlaam, his verbis usus est: Præclare fecisti, qui huc veneris, dilecte fili, illi, inquam, Dei, ac cœlestis regni hæres per Dominum nostrum Jesum Christum, quem dilexisti, atque caducis et fragilibus bonis non abs re chariorem habuisti, ac, prudentis et sapientis mercatoris instar, omnibus facultatibus venditis, margaritam pretium omne superantem emisti, ac thesaurum qui surripi non possit (*Matth.* xv), in agro mandatorum Domini absconditum nactus, omnia dedisti, nec rei ulli ex iis quæ jam jamque effluxuræ sunt pepercisti, quo agrum illum tibi comparares. Det tibi Dominus pro fluxis et caducis æterna, pro iis quæ interitui obnoxia sunt ea in quæ nec interitus nec vetustas cadit.

Velim autem mihi dicas, charissime, quonam pacto huc accesseris, quique post discessum meum rerum tuarum status fuerit, atque tuusne pater Deum norit, an vere nunc quoque eadem, qua prius, dementia abreptus, a dæmonum fraude atque impostura captivus abducatur. Hæc percontante Barlaamo, Josaphat altius repetito sermone, quænam sibi post ipsius digressum contigissent, quamque prosperum rebus cursum Dominus ad id usque tempus quo rursum inter se convenissent tribuisset, sigillatim exposuit.

Senex itaque hæc audiens, voluptate simul atque admiratione affectus est, calentesque lacrymas mittens, dicebat: Gloria tibi sit, Deus noster, qui tui amore præditis semper præsto es, atque ipsis opitularis. Gloria tibi, Christe, Rex omnium ac Deus optime, quoniam benigna tua voluntas ita tulit, ut semen illud quod in servi tui Josaphat animum jecisti centuplicatum fructum afferret, te videlicet, animarum nostrarum agricola et Domino dignum. Gloria tibi, Paraclete bone ac sanctissime Spiritus, quoniam quam tu sanctis tuis apostolis gratiam tribuisti, hanc etiam huic impertiendam duxisti: atque ingentem hominum multitudinem ipsius opera superstitioso errore liberasti, ac vera Dei cognitione illustrasti.

Ad hunc modum Deo ab utroque gratiæ agebantur; ipsisque ita inter se colloquentibus, ac Dei gratia exsultantibus, adfuit vespera. Proinde ad orationem consurgentes, consuetum precationum pensum persolverunt. Ac postea, cum cibo recreandum corpus esset, Barlaam magnificam mensam apposuit, spiritualibus videlicet epulis confertam, ejus autem consolationis, quæ sensibus percipitur, quam minimum sane participem. Cruda enim duntaxat olera erant, ipsiusmet manibus consita et exculta, palmæque perpaucæ, quæ in ea solitudine inveniebantur, ac denique silvestres herbæ. Cum igitur gratias Deo egissent, appositisque epulis corpus refecissent, atque aquam e propinquo fonte bibissent, ei rursum, qui manum aperit, et implet omne animal benedictione (*Psal.* cxliv), gratias egerunt. Ac **334** deinde consurgentes, posteaquam nocturnas preces absolverunt, spirituale colloquium inierunt, salutares ac cœlesti sapientia plenos sermones per totam noctem contexentes, quoadusque auroræ exortus ad consuetarum rursus orationum memoriam ipsos revocaret.

Mansit autem ad hunc modum diuturno tempore cum Barlaamo Josaphat, admirabilem hanc atque humana conditione præstantiorem vitam colens, ac tanquam patrem et præceptorem cum omni obedientia et humilitate ipsum sequens: sic nimirum, ut ad omne virtutis studium exerceretur, atque quoniam pacto cum spiritualibus et invisibilibus spiritibus luctandum esset, edoceretur. Ex quo illud consecutus est, ut vitiosas omnes affectiones exstingueret, carnisque affectum spiritui, non secus ac servum domino, subjiceret, deliciarum omnium animique remissionum oblivione caperetur, somno tanquam improbo mancipio imperaret. Atque, ut brevi perstringam, tanto studio in solitariæ vitæ certamen incumbebat, ut ipse quoque Barlaam, qui permultum temporis in ea contriverat, miraretur, ipsiusque acrimoniæ concederet. Tantulum enim duri illius atque consolatione carentis cibi admittebat, ut vitam duntaxat toleraret, nec committeret, ut per ultro accersitam mortem præmiis iis sese orbaret, quæ virtutum cultui ac studio tribuuntur. Sic autem naturam nocturnis excubiis subjiciebat, ac si nulla omnino carnis et corporis parte constaret. Oratio porro perpetuum ipsius studium erat: universumque vitæ tempus in spiritualibus ac cœlestibus contemplationibus insumebatur; adeo ut nec horam unam, imo nec ullum omnino temporis punctum, ex quo in ea solitudine habitavit deperderet. Ac sane hoc demum vere monastici ordinis munus est, nunquam a spirituali opere vacuum inveniri. Quod quidem generosus ille et expeditus cœlestis itineris cursor egregie præstitit, atque animi sui ardorem ab initio ad extremum usque perpetuo conservavit, ascensiones in corde semper disponens (*Psal.* lxxxiii), ac de virtute ad sublimiorem virtutem transiliens, desideriumque desiderio, ac studium studio indesinenter adjungens, quoad tandem ad speratam et expetitam beatitudinem pervenit.

Cap. XXIX. — Cum itaque hoc pacto Barlaam et Josaphat una versarentur, ac pulchro inter se certamine contenderent, ab omni cura et hujusce vitæ perturbatione immunes, mentemque ab omni confusione puram ac sejunctam habentes, post multos ab ipsis pietatis causa susceptos labores, quodam die senex accersito spirituali filio, quem per Evangelium genuerat, hujusmodi spiritualem sermonem aggressus est:

Jam pridem, o amice Josaphat, te in hac solitudine habitare oportebat, atque hoc mihi oranti Christus de te pollicitus fuerat fore ut te ante extremum vitæ diem viderem. Vidi itaque quemadmodum cupiebam; vidi, inquam, te a mundo et mundi rebus avulsum, ac Christo minime dubio ac vacillanti animo conjunctum, atque ad perfectam plenitudinis ipsius mensuram progressum. Nunc igitur, quandoquidem mortis meæ tempus instat, atque collactanea et mihi æqualis eā cupiditas, quæ ut cum Christo essem, semper me tenuit, jam expletur, tu quidem corpus meum terra conde, pulverique pulverem redde. Post autem ipse in hoc loco hære, susceptum spiritualis vitæ genus persequens, meæque tenuitatis memoriam retinens. Vereor enim ne tenebrosum dæmonum agmen animo meo propter ignorantiarum mearum multitudinem impedimentum afferat.

Tu vero, fili, ne religiosæ exercitationis laborem metuas, neque ad temporis longitudinem ac dæmonum insidias elanguescas; quin potius ipsorum imbecillitatem, Christi virtute communitus, audax irride; ad laborum autem duritiam, ac temporis diuturnitatem animo ita comparato esto, tanquam quotidie discessum e vita exspectans, atque eumdem diem tibi vitæ monasticæ, tum initium, tum finem esse existimans. Sic semper ea quæ a tergo sunt obliviscens, atque ad ea quæ a fronte sunt teipsum extendens, ad destinatum persequere, ab bravium supernæ vocationis Dei in Christo Jesu (*Philip.* III), quemadmodum sanctus Apostolus his verbis hortatur : Non deficiamus; sed licet is qui foris est homo noster corrumpatur, tamen is qui intus est renovatur de die in diem. Nam quod momentaneum est et leve tribulationis nostræ, supra modum in sublimitate æternum gloriæ pondus operatur in nobis, non contemplantibus nobis quæ videntur, sed quæ non videntur. Quæ enim videntur temporalia sunt, quæ autem non videntur, æterna (*II Cor.* IV).

Hæc cum animo tuo reputans, vir charissime, viriliter age et confortare (*Psal.* XXVI), atque ut egregius miles, id da operam, ut ei qui te militem scripsit placeas (*II Tim.* II); nec quamvis imbecillitatis ac languoris cogitationes improbus ille spiritus tibi immittat, institutique tui nervos frangere ac debilitare studeat, ipsius insidias pertimescas, illud Domini præceptum cogitans, in mundo pressuram habebitis; sed confidite, ego vici mundum (*Joan.* XVI). Quocirca gaude in Domino semper, quoniam ipse te elegit, atque a mundo sejunctum ante faciem suam posuit. Ipse autem, qui te vocatione sua sancta vocavit, prope est semper. Nihil itaque sollicitus sis, sed in omni oratione atque obsecratione cum gratiarum actione petitiones tuæ innotescant apud Deum (*Philip.* IV). Ipse enim dixit : Non te deseram, nec derelinquam. Hæc itaque in vitæ duritia ac religiosæ exercitationis vilitate tecum ipse reputans, in animi voluptate versare, Domini Dei nostri memoriam retinens. Memor enim, inquit, fui Dei, et delectatus sum (*Psal.* LXXVI).

Cum autem rursum adversarius aliud in te belli genus excogitaverit, sublimes nempe atque arrogantes cogitationes proponens, regnique terreni gloriam quam reliquisti, cæteraque quæ in mundo sunt tibi in oculis collocans, salutiferam doctrinam clypei instar obtende, dicentem : Cum feceritis omnia quæ præcepta sunt vobis, dicite : Servi inutiles sumus, quoniam id quod facere debuimus, fecimus (*Lucæ* XVII). Et quidem quis nostrum debitum illud, quo

eam ob causam Domino obstricti sumus, quod cum dives esset, propter nos egenus factus est, ut nos ejus paupertate divites essemus, et qui a perpessione immunis erat, ut vitiosis affectionibus nos liberaret, cruciatus subiit (*II Cor.* VIII), persolvere potest? Quod enim beneficium est servum eadem perpeti quæ Dominus perpessus sit? Atqui nos permultum ab ipsius cruciatibus remoti sumus. Hæc tecum reputa, cogitationes destruens, et omnem altitudinem extollentem se adversus scientiam Dei, et in captivitatem redigens omnem sensum in obedientiam Christi (*II Cor.* X). Et pax Dei, quæ exsuperat omnem sensum, custodiat cor tuum, et cogitationes tuas in Christo Jesu (*Philip.* IV).

Hac oratione a Barlaamo habita, Josaphat infinitam vim lacrymarum profudit, sic nempe, ut tanquam ex uberrimo fonte scaturientes, ipsum prorsus, ac terram in qua sedebat, proluerent. Atque ipse, hujusmodi dissidium deplorans, perquam ardenter ab eo contendebat, ut postremi illius itineris comitem se adhiberet, nec post ipsius discessum in mundo jam remaneret, his verbis utens : Ecquid, o pater, tui duntaxat, ac non proximi rationem habes? Quonam autem modo hac in re perfectæ charitatis officio fungeris (pro eo atque a Christo dictum est, Diliges proximum tuum sicut te ipsum), cum tu quidem ad requiem pergas, me autem in oppressione atque ærumna relinquas, ac priusquam in religiosæ vitæ certaminibus, ut par est, exercitatus sim, variasque hostium insidias compertas habeam, ad singularem pugnam cum ipsis ineundam me objicias? Ex quo quidnam aliud contingere potest, nisi ut veteratoriis ipsorum artibus prosternar, atque ut imperitis ac timidis gladiatoribus usu venire solet, sempiternam animæ mortem oppetam? Ad Dominum, quæso, roga atque obsecra, ut me quoque tui e vita discessus socium asciscas, id ut facias, per eam ipsam spem quam habes fore ut laboris mercedem percipias, te obtestor. Hoc, inquam, a Deo precibus contende, ut ne unicum quidem diem post tuum discessum in hac vita peregriner, atque in densissima hac solitudine oberrem.

Hæc cum Josaphat plorans diceret, senex placide ac leniter ipsum reprimens, Dei judiciis, inquit, quæ mentis humanæ captum excedunt, obluctari minime debemus. Nam ego, cum de hac re multas ad Deum preces fudissem, eumque cui nulla vis afferri potest, velut per vim adigere tentassem, ut ne inter nos disjungeremur, ab ipsius bonitate hoc didici, minime tibi nunc conducibile esse carnis onus abjicere, verum in religiosa exercitatione tandiu permanere, quoad splendidiorem coronam tibi texueris. Nondum enim pro ea quæ tibi parata est mercede satis decertasti; verum paulum adhuc labores oportet, ut lætus in Domini tui gaudium intres. Nam ego quidem jam pene centenarius, annos quinque et septuaginta in hac solitudine confeci. Tibi vero, etiamsi non tanta temporis mora futura est, at certe ad id spatium, ut jubet Dominus, propius accedas necesse est, quo iis nulla ex parte inferior sis, qui diei et aestus pondus pertulerunt (*Matth*. xx). Quapropter, o amice, quæ a Deo decreta sunt, prompto ac lubenti animo accipe. Nam quæ ipse decrevit, quis tandem mortalium dissipare queat? Atque ipsius gratia conservatus, tolerantiam præsta.

Illud etiam cura, ut adversus inimicas cogitationes animo excubes, ac mentis puritatem, non secus ac quemdam ingentis pretii thesaurum, salvum et incolumem serves, ad sublimiorem actionem et contemplationem in dies teipsum provehens, ut illud in te impleatur, quod Dominus amicis suis promisit, his verbis utens : Si quis diligit me, sermonem meum servabit, et Pater meus diliget eum, et ad eum veniemus, et mansionem apud eum faciemus (*Joan.* xiv). Hæc, ac multo his plura sanctissima illa anima, ac theologica lingua digna locutus senex, mœrentem ipsius animum lenivit. Deinde ad quosdam fratres, longo intervallo **336** ab ipso dissitos, eum amandat, ut ea quæ ad sacrosanctum sacrificium conficiendum accommodata erant afferret. Et quidem Josaphat præcinctis vestibus quam celerrime hoc ministerium exsequitur; verebatur enim ne absente Barlaam debitum naturæ munus persolveret, ac Domino spiritum reddens, grave sibi detrimentum inferret, siquidem et verborum et extremarum allocutionum et orationum ipsius expers fuisset.

Cum igitur longinquum illud iter fortissimo animo confecisset, atque ea quæ ad sacrosanctum sacrificium opus erant attulisset, divinissimus Barlaam incruentum sacrificium Deo obtulit; perceptisque Christi ab omni labe puris mysteriis, ac Josaphato item impertitis, spiritu exsultans, sumptoque de more cibo, salutaribus rursum sermonibus ipsius animum alere cœpit, his verbis utens : Non jam, charissime fili, nos in hac vita eadem domus ac mensa conjunget, jam enim ultimum patrum meorum viam ingredior. Quocirca tibi faciendum est ut per mandatorum divinorum observationem, atque in hoc loco ad extremum usque vitæ diem commorationem, tui erga me amoris specimen exhibeas; sic nimirum vitæ tuæ rationes instituens, quemadmodum didicisti, nec unquam abjectæ atque ignavæ animæ meæ memoriam intermittens. Multum itaque vale, atque in Christo delectare, atque exsulta, quoniam terrena et interitui obnoxia cum sempiternis et ab interitu alienis bonis commutasti; ac propinqua est operum tuorum merces, ac jam jamque adest qui mercedem refert. Qui quidem ad inspiciendam eam vineam, quam excoluisti, veniet, tibique pro ea exculta mercedem amplissimam præbebit. Fidelis enim sermo, ut clamat divinus Paulus apostolus (*I Tim*. i), atque omni acceptione dignus : Si commorimur, et convivemus ; si sustinemus, et conregnabimus, in sempiterno illo ac finis experte regno incomparabili luce collustrati, atque vere beatæ ac principis Trinitatis illuminatione donati. Hæc Barlaam ad vesperam usque, ac per totam etiam noctem, Josaphato loquebatur effusissime lacrymanti, atque hujusmodi disjunctionem ægerrimo animo ferenti. Jam autem lucente die manus atque oculos in cœlum sustulit, Deoque gratias reddens, hoc sermone usus est ·

Domine Deus meus, qui ubique præsens es, atque omnia imples, gratias tibi ago, quoniam humilitatem meam respexisti (*Psal*. L), atque hoc mihi concessisti, ut in orthodoxa tua fide, et mandatorum tuorum via, hujusce peregrinationis cursum absolverim. Ac nunc, optime Domine, atque ad misericordiam propensissime, in æterna tabernacula tua me recipe, nec ea memoria retine quæ vel sciens vel insciens in te peccavi. Conserva autem etiam fidelem hunc servum tuum, cui me inutilem famulum tuum præesse voluisti. Ab omni vanitate atque adversarii vexatione ipsum exime; illudque effice, ut nodosissimis iis laqueis quos diabolus ad eorum omnium quibus salus cordi est offensionem expandit sublimior existat. Omnem impostoris potentiam, omnipotens Deus, a servi tui facie dele; atque eas ipsi vires affer, ut pestiferum hostis animarum nostrarum caput proculcet. Spiritus tui sancti gratiam ex alto in eum demitte, atque ad invisibiles conflictus robur ipsi adde, ut victoriæ coronam a te consequatur, ac nomen tuum, o Pater, ac Filii tui, et Spiritus sancti, in ipso celebretur, quoniam te decet laus et gloria in sæcula. Amen.

Hac precatione habita, cum paterno affectu Josaphatum complexus, atque osculo sancto exosculatus fuisset, ac sese crucis signo muniisset, pedesque extulisset, ingenti lætitia perfusus, non secus ac si amici quidam accessissent, ad beatum iter, atque ad recipienda beatæ illius vitæ præmia profectus est, senex plane, ac spiritualium dierum plenus.

CAP. XL. — Josaphat autem summa cum veneratione atque ejulatu patrem complexus, lacrymisque abluto ipsius corpore, atque aspero illo cilicio, quod ab eo in aula acceperat, involuto, consuetos psalmos recitat, per totum diem ac totam noctem simul et canens, et pretiosum beati viri corpus lacrymis rigans. Postridie autem effosso juxta speluncam sepulcro, ac sacro corpore reverenter admodum gestato, spiritualem patrem egregius et charissimus filius inhumavit, ardentiusque animo inflammatus, atque ad orationem seipsum quam maxime contendens, his verbis usus est :

Domine Deus meus, exaudi orationem meam qua clamavi ad te, miserere mei, et exaudi me, quoniam te ex animo quæro : exquisivit te anima mea, ne avertas faciem tuam a me, et ne declines in ira a servo tuo. Adjutor meus esto, ne derelinquas me, neque despicias me, Deus salutaris meus. Quoniam pater meus et mater mea dereliquerunt me, tu autem, Domine, assumpsisti me. Legem pone mihi, Domine, in via tua, et dirige me in semitam rectam propter inimicos meos. Ne tradideris me in animas tribulantium me (*Psal*. xxvi), quoniam in te projectus **337** sum ex utero. De ventre matris meæ Deus meus es : ne discesseris a me (*Psal*. xxi). Quoniam præter te non est mihi adjutor. En in miserationum tuarum abysso spem animæ meæ defixi. Vitam meam gubernа, qui res omnes conditas sapientiæ providentia, omni sermone præstantiori, moderaris. Et notam fac mihi viam, in qua ambulem; atque ut bonus ac benignus Deus, per famuli tui Barlaam preces ac supplicationes me serva, quoniam tu Deus meus es, ac te glorifico Patrem, et Filium, et Spiritum sanctum in sæcula. Amen. Hac oratione perfunctus, juxta sepulcrum flens consedit, ac sedens obdormivit. Atque formidandos illos viros, quos prius conspexerat, ad se venientes, seque ad maximum illum et admirandum campum ducentes, atque in illustrissimam illam ac splendidissimam civitatem introducentes, intueri sibi visus est. Cum autem ipse portam ingrederetur, alii ipsi obviam fuerunt, ingenti lumine perfusi, coronasque ejusmodi pulchritudine collucentes, quæ nulla oratione exprimi possit, et quales nunquam mortales oculi conspexerunt, manibus tenentes. Percontante autem Josaphat cujusnam essent splendidissimæ illæ coronæ quas perspiceret : Tua quidem una est (responderunt illi) tibi ob multas eas animas quibus salutem attulisti confecta, nunc vero ob religiosæ vitæ exercitationem, cui das operam, studiosius et accuratius adornata, si quidem strenuo animo eam ad extremum usque peragraris. Altera autem tua quoque ipsa est; verum patri tuo, qui ab improba vivendi ratione opera tua deflexit, sinceroque animo resipuit, ac sese ad Dominum convertit, eam præbeas oportet; Josaphat autem eam rem moleste ferre videbatur. Et qui fieri potest (inquiebat) ut pater meus unius duntaxat pœnitentiæ gratia, paria mihi, qui tot ac tantos labores exantlavi, beneficia consequatur? Hæc ut dixit, Barlaamum confestim sibi videre visus est, velut probris se insectantem, ac dicentem : Hi sunt o Josaphat, sermones mei, quos quondam ad te habui : nimirum fore ut cum ad ingentes opes pervenisses, non jam liberalis ac profusus esses, ac tu ob id verbum ancipiti animo eras. Nunc autem quonam pacto parem tibi honore patrem esse moleste tulisti, ac non potius hoc nomine lætitiam animo concepisti, quoniam multæ tuæ pro eo fusæ preces exauditæ sunt? Josaphat autem, pro eo ac solebat, ad eum dixit : Ignosce, pater, ignosce. Ubinam autem habites, fac intelligam. Tum Barlaam : In hac pulcherrima atque ingenti civitate domicilium nactus sum, in medio urbis vico, immenso lumine coruscanti. Rursum autem Josaphat sibi cum eo agere videbatur, ut ab eo in ipsius tabernaculum abduceretur, comiterque hospitio exciperetur. Ille autem nondum tempus adesse respondit, ut ad illa tabernacula veniret, quippe qui corporis sarcina adhuc premeretur. Quod si forti animo, inquit, in sancto vitæ genere, velut tibi mandavi, perstiteris, aliquanto post venies, atque eadem tabernacula et eamdem lætitiam ac gloriam consequeris, mecumque in sempiternum eris. Experrectus autem Josaphat, animum illa luce atque omni sermonis facultate sublimiori gloria perfusum adhuc habebat, ac multa cum admiratione ad grati animi significationem Deum laudibus efferebat.

Mansit autem ad extremum usque vere angelicam in terra vitam ducens, ac duriori religiosæ exercitationis genere post senis discessum utens. Nam cum anno ætatis vigesimo quinto regnum terrenum reliquisset, monasticæque vitæ certamen subiisset, quinque et triginta annos in vastissima ea solitudine, perinde ac si nulla carnis parte constaret, humana conditione sublimiorem vitam egit : sic nempe, ut multas quidem hominum animas a pestifero serpente prius abstraxerit, Deoque integras et incolumes servaverit, eaque in re apostolicam gratiam consecutus sit, animique etiam inductione martyr exstiterit, ac Christum in regum ac tyrannorum oculis et aspectu fidenti animo confessus sit, vocalissimumque ipsius majestatis præconem sese præbuerit ; multosque rursum pravos spiritus in solitudine profligarit, omnesque Christi vi ac potentia superarit, cœlestisque beneficii atque gratiæ uberrime particeps factus sit. Unde etiam animi oculum ab omni terrena caligine purum habebat, ac futura tanquam præsentia prospiciebat, Christusque ipsi rerum omnium instar erat, Christum expetebat, Christum non secus ac præsentem cernebat, Christi pulchritudinem nunquam non intuebatur, juxta illud Prophetæ : Providebam Dominum in conspectu meo semper, quoniam a dextris est mihi, ne commovear (*Psal.* xv). Ac rursum : Adhæsit anima mea post te, me suscepit dextera tua (*Psal.* xxvi). Etenim re vera ipsius anima post Christum adhæsit, firmissimo nexu ipsi copulata. Neque enim ab admiranda illa operatione descivit, nec religiosæ suæ exercitationis regulam immutavit. Quin potius ab initio ad finem usque, atque ab ineunte ætate usque ad tam provectam ætatem eamdem animi alacritatem retinuit : **338** imo, ut rectius loquar, ad sublimiorem quotidie virtutem processit, ac puriorem divino beneficio contemplationem consecutus est.

Denique cum ad hunc modum vixisset, et usque adeo dignam vocatione sua operam ei a quo vocatus fuerat reddidisset, mundumque sibi ipsi ac seipsum mundo crucifixisset, ad Deum pacis in pace migrat, atque ad Dominum, cujus perpetua cupiditas eum tenuerat, proficiscitur, vultuique Domini pure ac sine ullius rei interpositu apparet, eaque jam ipsi præparata gloriæ corona exornatur, idque divinitus consequitur, ut Christum cernat, cum Christo sit, Christi pulchritudine perpetuo exsultet, in cujus manus commendata anima, ad vivorum regionem transiit, ubi epulantium sonus, ubi lætantium habitatio est (*Psal.* xli).

Præclarum autem ipsius corporis vir quidam sanctus, qui non longe ab eo habitabat, quique iter ipsi ad Barlaamum prius commonstrarat, divino quodam admonitu, ea ipsa hora, qua morte functus est, adfuit, eo sacrosanctis cantibus ornato, profusisque lacrymis, quæ ipsius erga Josaphat amoris indices essent, aliisque omnibus rebus quæ apud Christianos in more atque Instituto posita sunt confectis atque absolutis, in patris Barlaami monumento eum condidit. Par siquidem erat ut quorum animae in perpetuum simul futurae erant, eorum etiam corpora conjungerentur.

Cujusdam autem formidandi viri, qui id in somnis serio imperabat, monachus ille qui ipsum funere extulerat obtemperans, in Indiae regnum se confert, regemque Barachiam conveniens, de omnibus Josaphati rebus certiorem ipsum facit. Ille autem nulla interposita mora cum ingenti populi multitudine iter init, atque ad speluncam tandem pervenit, ac sepulcrum intuetur, illicque calentissimis lacrymis fusis integumentum tollit, cernitque Barlaamum et Josaphat membra composito habitu sita habentes, corporaque nihil a pristino colore immutata, verum integra et prorsus incolumia, una cum indumentis. Haec igitur sacrosanctarum animarum tabernacula, suavissimum odorem emittentia, nec foedi quidquam exhibentia, praeclaris loculis imposita, rex in patriam suam transfert.

Ut autem ea res ad plebis aures pervenit, innumerabilis multitudo ex omnibus urbibus ac finitimis locis ad beatorum illorum corporum conspectum et adorationem confluxit. Ubi etiam sacrosanctis hymnis eorum causa decantatis, copiosisque lampadibus accensis, apte illic quispiam ac perquam accommodate dixisset, Lumina circa luminis filios et haeredes.

Luculenter autem simul ac magnifice in ea ecclesia quae ab ipsis fundamentis a Josaphat exstructa fuerat, eorum corpora condita sunt. Multa porro miracula, morborumque depulsiones, tum in corporum transvectione, tum in eorum inhumatione, tum etiam posteris temporibus, Dominus per pios famulos suos effecit. Viditque rex ac vulgus omnes virtutes eas quae per ipsos edebantur. Ac plerique e finitimis nationibus infidelitatis ac ignorationis Dei morbo laborantes per ea signa quae in monumento fiebant ad fidem accesserunt. Atque omnes qui ipsius Josaphat vitam ad angelorum imitationem expressam, atque a teneris unguibus ardentem ipsius erga Deum amorem cernentes atque audientes, admiratione corripiebantur, Deum in omnibus celebrantes, qui se amantibus opem et auxilium nunquam ferre desinit, eosque amplissimis beneficiis remuneratur.

Hic praesentis libri finis est, quem pro mea virili conscripsi, quemadmodum a praeclaris viris qui mihi haec haud falso tradiderunt accepi. Utinam autem vos, qui hanc animis utilem historiam legitis atque auditis, ad eorum partem asciscamini, qui Deo vitae suae rationes probaverunt, per orationes et intercessiones beatorum virorum Barlaam et Josaphat, de quibus haec historia contexta est in Christo Jesu Domino nostro, quem decet honor, imperium, majestas et magnificentia, cum Patre et Spiritu sancto, nunc et semper in saecula saeculorum. Amen.

ROSWEYDI NOTATIO.

339 (1) *Vita.*] De historia hac placet illustrissimi cardinalis Bellarmini judicium, qui, libro de Script. Eccles., in Joanne Damasceno, ita disquirit: Dubitatio existit an haec narratio sit vera historia, an potius conficta ad erudiendos nobiles adolescentes, qualis est Vita Cyri apud Xenophontem. Caeterum veram historiam esse constat ex eo quod sanctus Joannes Damascenus in fine historiae invocat sanctos Barlaam et Josaphat, quorum res gestas scripserat, et Ecclesia catholica in Martyrologio descriptos veneratur die 27 Novembris eosdem sanctos Barlaam et Josaphat.

Billius interpres ita ratiocinatur: Quod ad ipsam historiae veritatem attinet, ob quasdam causas, quas nihil hoc loco commemorare attinet, videri fortasse nonnullis potuisset, hoc opus non tam veram historiam esse, quam sub historiae specie tacitam vitae monasticae atque ad Christianam perfectionem exactae collaudationem, nisi auctor sub finem eam se ab hominibus a mendacii crimine alienis accepisse testaretur. Ei ergo, praesertim asseveranti, diffidere, hominis esse mihi videretur plus suis suspicionibus quam Christianae charitati, quae omnia credit, tribuentis.

Ego vix dubito quin totius historiae fundamentum verum sit. Forte disputationes quaedam de quibusdam fidei mysteriis ab auctore vel additae, vel dilatatae. Nam qui potuit Josaphat, recens ad fidem conversus, tot Scripturae locis se communire, qui nunquam ea legerat?

Habes totam hanc Vitam et historiam apud Vincentium, in Spec. histor. lib. xv, per capita LXIV distinctam, qui antiquam versionem paululum contraxit.

Magis contraxit Petrus in catalogo sanctorum lib. x, cap. 114. Habes integram ex antiqua versione in Vitis Patrum ex Coloniensi editione, et apud Lipomanum, tom. V.

(2) *Barlaam, etc.*] Martyrologium Romanum, 27 Novembris: « Apud Indos Persis finitimos, sanctorum Barlaam et Josaphat, quorum actus mirandos sanctus Joannes Damascenus conscripsit. » Florarium sanctorum ms., 29 Septembris: « Josaphat regis et confessoris. » Et 27 Decemb.: « Josaphat regis et eremitae anno salutis 385. » Quam aetatem unde Florarium hauserit, nescio. Menaea quoque solius Josaphat meminere, 26 Augusti: Τοῦ ὁσίου Ἰωάσαφ υἱοῦ Ἀβενὴρ τοῦ βασιλέως.

(3) *Joanne Damasceno.*] Joannem Damascenum Vitae hujus seu historiae auctorem esse, his rationibus tuetur Billius:

Primo, quia Trapezuntius vir natione Graecus, et magni non inter suos tantum, sed etiam inter nostros nominis, non alium quam Damascenum ejus auctorem protulit.

Secundo, ipsa phrasis, reliquis ipsius operibus quam simillima, Damascenum auctorem testatur.

Tertio, ad eam opinionem confirmandam illud mihi magni momenti est, quod ut in libris De orthodoxa Fide, ac reliquis pene omnibus Damascenus multa e Basilio, Gregorio Nazianzeno, aliisque ejusdem notae Patribus, libenter corrogat, atque integros saepe versus, imo etiam totas periodas ab ipsis mutuatur; eodem modo in hac quoque historia, multa ex iisdem auctoribus, suppresso interim nomine, produci animadverti, ac praesertim ex Nazianzeno, ut c. 7, 8, 10, 11, 15, 17, 20, 24, ac plerisque aliis locis.

Quarto, non solum ab illis lubenter mutuo sumit, sed etiam multa quoque offert ex libris De orthodoxa fide ad verbum transcripta, ut ea omnia quae cap. 15 de arbitrii libertate disputat. Quod quidem, ut opinor, non tam aperte faceret, nisi tanquam suo jure iis, ut suis, uteretur.

Quinto, cap. 19, disputatio ea de imaginibus, quae

Damasceni ætate fervebat, in eadem sententia non parum me confirmat.

Ut autem hæc omnia pro Damasceno faciunt, ita hanc historiam Joannis Sinaitæ minime esse, apertissime convincunt.

Primo, nam cum ille Theodosii senioris tempore fuerit, ut patet ex lib. XIII histor. Miscell. Pauli Diaconi, quonam pacto in hac historia quam auctor ex India transvectam testatur, Nazianzenum, cujus scripta vixdum in hominum manibus versabantur, citare potuisset, atque etiam eo antiquiorem episcopum, ac Valentis tempore vita functum Basilium, suppresso licet nomine, cap. 19, ubi de imaginibus tractat, et cap. 34, ubi Josaphat eam ad Deum orationem habet, quam ex Constitutionibus Basilii, capite 1, perspicue hausit?

Secundo, quonam modo Barlaamum de imaginibus ad regis filium disserentem induceret, cum ea quæstio nondum eo tempore excitata fuisset? Hactenus Billius.

Bellarminus, libro de Script. Eccles., in Joanne Damasceno, argumentum objicit et solvit de auctore Damasceno : « Historia, inquit, Barlaam et Josaphat insignis et utilis est. Sed quia Barlaam, dum instruit discipulum suum Josaphat, jubet eum credere in Spiritum sanctum ex Patre et Filio procedentem, dubitatio exorta est an hoc opus esse potuerit Joannis Damasceni, qui, libro I De fide orthodoxa, cap. 11, docet Spiritum sanctum non procedere *ex Filio*, sed, *per Filium*. Sed responderi potest, in historia Barlaam particulam illam, *ex Filio*, videri additam ab aliquo. Nam in nova editione per Billium castigata, non habetur, *ex Filio*. » Hactenus Bellarminus.

Invenitur tamen hæc historia in variis Bibliothecis mss. Græcorum inscripta Joanni Sinaitæ. Ita Bibliotheca Sfortiana, num. 63, ut notat Baronius ad diem 27 Novembris, et ipse Billius eidem inscriptam invenit in codice Græco clarissimi viri Fumæi.

(4) *Jacobo Billio.*] Notus hic vir, variis ex Græca in Latinam linguam interpretationibus, vir vere catholicus, nobilis Gallus, et abbas sancti Michaelis in Eremo, in Britannia minore.

Exstat et alia antiqua versio, quam volunt esse procuratam a Georgio Trapezuntio. Ejus nomine editur in editione Damasceni, anno 1548, Basileæ, ex officina Henrici Petri.

Mihi videtur vetus translatio multo antiquior Trapezuntio. Nam invenitur ea in manuscriptis membranaceis ; et jam ante annos CCC ea translatione usus est Vincentius in Speculo historiali, supra citato. Trapezuntius vero Patrum memoria vixit, nondum ei annis elapsis.

Quisquis vetus interpres sit, de ejus versione id Billius : De Trapezuntii versione nihil aliud dicam, nisi eam mihi quidem antea semper valde rudem et impolitam visam fuisse; post autem (ubi per Joannem a sancto Andrea, virum ut optimum et doctissimum, ita etiam optimorum ac doctissimorum librorum copia instructissimum, exemplaris Græci copia facta est) innumeris etiam locis vitiosam: Quod quidem lubentius certe nimiæ festinationi, quam Græci sermonis ignorationi tribuendum putarem, nisi nimis multa loca essent, in quibus vix festinationis excusationem inscitiæ notam interpres deprecari queat. Quæ res suspicionem mihi nonnullam injiceret Trapezuntium fortasse versionis hujusce parentem non esse, nisi in quibusdam etiam aliis eum Græca persæpe non satis assecutum esse comperissem. Utcunque se res habeat, novam traductionem habes, si nihil aliud, præcedenti profecto, nisi fallor, paulo clariorem ac fideliorem.

(5) *Thomas.*] Thomam Indiæ fidem annuntiasse testatur Dorotheus in Synopsi, qui corpus ejus requiescere scribit in *Calamine civitate Indiæ*.

(6) *Atque aureis pennis.*] Proverbium hoc rarius, nec facile obvium.

(7) *Abenner.*] Mentio hujus in Menæis Græcis, 26 Augusti ratione Josaphat filii, ubi scribitur Ἀβενήρ.

(8) *Nullum non lapidem novisset.*] Proverbium hoc occurrit rursus infra, cap. 26. Habes apud varios auctores. Euripides in Heraclidis dixit Πάντα κινῆσαι πέτρον.

(9) *Theologus meus.*] Ita Joannes evangelista κατ' ἐξοχὴν dicitur. Vide Suidam.

(10) *Inemque, ut dici solet, spirans.*] Et hoc proverbii speciem habet.

(11) *In cœlum sagittas mittere.*] Reperire est apud Suidam et Zenodotum : Εἰς τὸν οὐρανὸν τοξεύεις, in *cœlum jacularis*.

(12) *In aquam seminare.*] Theognis :

Ἴσον καὶ σπείρειν πόντον ἁλὸς πολιῆς.

Par ut qui æquoreis semina mandat aquis.

(13) *Sacrosancti monachi.*] De his, opinor, Martyrologium Romanum, 3 Augusti : « Apud Indos Persis finitimos passio sanctorum monachorum, et aliorum fidelium, quos Abenner rex persequens Ecclesiam Dei, diversis affectos suppliciis cædi jussit. » Nisi in Martyrologio intelligantur ii de quibus supra in hac Vita, cap. 4.

(14) *Caprea cum leone pugnam init.*] Apud Suidam senarius : Μὴ πρὸς λέοντα δορκὰς ἄψωμαι μάχης. *Ne cum leone caprea pugnam sumpsero*.

(15) *Asinus es lyram audiens.*] Notissimum vulgo : Ὄνος λύρας, videlicet ἀκροατής : *Asinus lyræ auscultator*. Vide Parœmiographos.

(16) *Seruch.*] An Sarug intelligit filium Reu, Genesis XI ? Certe Epiphanius in Panarii principio originem idololatriæ deducit a Thare et Seruch. Thare autem Sarug avum habuit in Latino Bibliorum textu. Et qui in Latino textu est *Sarug*, in Græco est Σερούχ, ut nullum dubium sit, quin Damascenus ad locum illum Bibliorum et Epiphanii respiciat.

DECEMBRIS XXV.

VITA SANCTÆ EUGENIÆ (1),

VIRGINIS AC MARTYRIS,

AUCTORE INCERTO (2).

CAPUT PRIMUM. — In septimo consulatu suo Commodus (3) imperator direxit illustrissimum virum Philippum (4) ad Ægyptum, ut præfecturam ageret Alexandriæ, et omnes potestates quæ per totam Ægyptum administrabantur ejus arbitrio deservirent. Hic itaque cum uxore Claudia, cum duobus filiis Avito et Sergio, et cum filia Eugenia, ab urbe Romana ad urbem Alexandriam dum venissent, et Romana gravitate ageret præfecturam, atque omnem provinciam Ægypti Romanis legibus adornaret, cunctis quidem magicam curiositatem sectantibus finem imposuit, Judæos vero nec nuncupationem nominis habere permisit, Christianos autem procul ab Alexandria tantum debere esse constituit. Ipse vero plus licet philosophorum amicus quam fautor idolorum, Romanis tamen superstitionibus, ac si religiosus cultor, instabat, non rationi, sed traditioni concordans.

CAP. II. — Eugeniam igitur filiam suam dum litteris liberalibus perfectissime docuisset, et tam Latino eam quam Græco eloquio instruxisset, etiam philosophiam doceri permisit. Erat enim acris ingenii, et tam memoriæ capax, ut quidquid audiendo semel vel legendo potuisset arripere, perpetuo retineret. Erat autem Eugenia pulchra facie et eleganti corpore, sed pulchrior mente, et formosior castitate. Igitur cum quintodecimo ætatis suæ anno ab Aquilio, Aquilii (5) consulis filio peteretur sponsa, interrogatur a patre utrum petenti juveni illustrissimis orto natalibus consentiret? Illa respondit : Maritus moribus, non natalibus eligendus est ; ipso enim, non parentibus ejus utendum est. Igitur cum aliis atque aliis poscentibus animo castitatis obsisteret, pervenit ad manus ejus beatissimi Pauli apostoli doctrina ; et licet sub paganissimis parentibus ageret, esse tamen cœpit animo Christiana.

CAP. III. — Et quoniam jussi fuerant Christiani ab Alexandria urbe discedere, rogat parentes ut spectandi gratia permitteretur prædia sua in suburbano Alexandriæ posita circuire. Cumque statim ut poposcerat impetrasset, et ab urbe properaret ad villam, audit Christianos psallentes atque dicentes : Omnes dii gentium dæmonia, Deus autem noster cœlos fecit (*Psal.* xcv). Hæc ita audiens suspiravit et flevit, et dicit ad eunuchos pueros nomine Protum et Hyacinthum : Scio vos mecum litteris eruditos et digna simul et indigna hominum legimus gesta, philosophorum quoque syllogismos vano labore constructos studio scrupulosissimo transegimus : Aristotelica argumenta et Platonis ideas, et Epicuri sectas, et Socratis monita et Stoicorum ; et ut breviter cuncta complectar, quidquid cantat poeta, quidquid orator invenit, quidquid philosophus cogitat, una hac sententia excluduntur, qua tripudiantes Christianos audimus psallere : Omnes dii gentium dæmonia, Deus autem noster cœlos fecit. Confessio et pulchritudo in conspectu ejus, sanctitas et magnificentia in majestate ejus. Igitur jubet conferre sermonem : et Apostolus legitur, et Propheta laudatur ; fit concordia fidei, et qua arte ad penetralia sapientiæ divinæ absque sui separatione perveniant, consilio ardenti definitur. Dominam me, inquit, vobis usurpata potestas attribuit, sed sororem sapientia fecit. Simus ergo fratres, sicut divina sapientia ordinavit, non sicut se jactat humana temeritas. Pergamus pariter ad Christianos, et sicut ordinavero, properemus. Helenum audio dici episcopum, cujus est habitatio illa in qua die noctuque audiuntur Deo suo cantare, quos etiam nos, quoties transimus, psallentes audimus.

Sed hic episcopus variis dicitur Ecclesiæ suæ occupationibus detineri. Illis autem qui in divinis laudibus vacant, Theodorum quemdam presbyterum constituit, cujus tanta miracula narrantur, ut etiam cæcos suis orationibus illuminet, et dæmones effuget, et infirmantibus afferat sanitatem : sane ad diversorium hujus congregationis, in quo Deo canitur, nullam patitur venire feminarum. Hoc ergo considerans, tondere me arbitror, ut crastina nocturna profectio ordinata per ipsos nobis transitum præbeat. Vobis itaque duobus juxta basternam (6) ambulantibus, et cæteris præcedentibus ad locum deponar a vobis ; et vacua pertranseunte basterna, nos tres (7) herili habitu simul ad Dei homines properemus. Placuit utrisque consilium ; et sequenti nocte, sicut ordinaverat, adimpletur.

CAP. IV. — Tantam autem credentibus sibi Christus gratiam exhibere dignatus est, ut eadem hora qua ad monasterium pervenerant, sanctus Helenus superveniret episcopus. Et quia mos est apud Ægyptum, quando circumeunt monasteria episcopi, psallentium eos sequatur exercitus ; supervenit idem Helenus Heliopolis episcopus, et cum eo amplius quam decem millia virorum, psallentium ac dicentium : Via justorum recta facta est, et iter sanctorum præparatum. Audiens hæc Eugenia, dixit ad socios : Considerate vim carminum, et videtis ad nos respicere quidquid modulatis vocibus psallunt. Denique cum de Deo vero noster tractatus in dispositione mutui sermonis haberetur, audivimus hoc cantare : Quoniam omnes dii gentium dæmonia, Deus autem noster cœlos fecit. Et ecce nunc arripientibus nobis iter, quo recedere cupimus a culturis idolorum, et ut ad Christianam culturam perveniamus, gratiam promereri, ecce millia hominum nobis occurrunt, una voce clamantium et dicentium : Via justorum recta facta est, et iter sanctorum præparatum. Intelligamus ergo quo pergat hic populus ; et si ad hoc habitaculum vadunt quo nos ire disposuimus, jungamur canentibus turbis, et advenientibus computati, ingrediamur ut socii, quousque notitias colligamus.

CAP. V. — Igitur cum se junxissent psallentibus, inquirunt quis esset senior, qui solus vehiculo aselli uteretur in medio populi sequentis et præcedentis ; audiunt quod hic esset Helenus episcopus, ab infantia Christianus : qui dum infantulus in monasterio cresceret, tantæ sanctitatis virtutibus augebatur, ut si quando missus fuisset ignem (3) e vicino petere, ardentes prunas vestimento deferret illæso. Denique ante, inquit, paucos dies venit quidam magus, qui verborum argumentis populum Dei conabatur evertere, dicens falsum istum esse episcopum, se missum esse a Christo ad docendum. Hic autem erat versutissimus, et de Scripturis divinis populum seducebat. Denique omnis turba Christianorum accessit ad hunc, quem videtis, Patrem nostrum, et dicit ei : Audivimus Zaream, quod ipse sit missus a Christo : constitue diem in quo eum aut recipias tibi socium, aut, si potes, convincas falsa dicentem. Igitur constituitur dies et locus in medio Heliopolis civitate : venit Zareas magus cum artibus suis, 342 venit et Helenus episcopus cum orationibus suis. Cumque populum salutasset, ait : Nunc probabitis spiritus qui sunt a Deo (*I Joan.* IV). Et conversus ad Zaream, cœpit verborum ingens habere luctamen ; sed quia versutus erat nimis, et concludere eum sermonum ratione non potuit, respiciens populum fortiter lædi, quod Zareas superior abscederet in verbis, modicum silentium postulavit, et ait ad populum : Pauli apostoli in hac parte monita omnino tenenda sunt ; dicit enim Timotheo discipulo suo : Noli verbis contendere ; ad nihil enim utile est, nisi ad subversionem audientium (*II Tim.* II). Sed ne hoc testimonium non quasi cauti, sed quasi timidi proferamus, accendatur ignis in media civitate, et ingrediamur pariter flammas : et qui ustus non fuerit, credamus quod hunc miserit Christus. Tunc omnibus sententia placuit. Statim denique ignis copiosus accensus est. Tunc beatus Helenus jubet Zaream introire flammas. Cui Zareas inquit : Ingredere tu primus, qui hoc proposuisti. Consignans se igitur beatissimus pater Helenus, expansis manibus ingentes flammas intrat (9) ; et stans illic dimidia fere hora, neque capillis, neque vestimentis ex aliqua parte violatis, ut Zareas quoque intraret similiter imperabat. Sed Zareas reluctare cœpit et fugere. At ubi invitum illum populus in ignibus tradidit, statim eum circumdans flamma cœpit exurere. Et immittens se sanctus Helenus, licet semiustum, vivum tamen eripuit, quem cum dedecore eliminavit populus de finibus regionis hujus. Hunc, sicut videtis, quotidie quocunque perrexerit, in Dei laudibus populus comitatur.

CAP. VI. — Audiens hæc beata Eugenia, ingemuit, et procidit ad pedes ejus, qui sibi retulerat ista, et ait : Obsecro te ut me illi una cum istis duobus fratribus meis insinues, ex idolis enim converti volumus ad Christum. Et quia simul hoc definivimus, et fratres sumus, etiam hoc ab eodem impetrare volumus, ut nunquam nos patiatur ab invicem separari. Et ille : Nunc, inquit, silete, quousque ingressus monasterium ad quod pergit paululum requiescat, et cum opportunum fuerit, intimabo ei omnia secundum verbum tuum. Interea dum appropinquasset monasterio ad quod pergebat, ecce illi egrediuntur obviam patri, hymnum Deo dicentes : Suscepimus, Deus, misericordiam tuam in medio templi tui (*Psal.* XLVII). Ingredientibus episcopo et populo, etiam ingreditur Eugenia, cum Hiacyntho et Proto comitibus suis, tantum ei nota cum quo sermonem habuerat.

CAP. VII. — Perfectis igitur matutinis laudibus, paululum requievit episcopus, et jussit sibi ad sextam præparari, ut divina mysteria celebraret, ut dum sextam cœpisset, nona ad refectionem jejunantium opportune perveniret. Requiescens autem episcopus, somnium vidit, in quo ad simulacrum feminæ ducebatur, ut illi sacrificaret. Tunc dixi, inquit, in somnio his qui me tenebant : Permittite me ut loquar cum dea vestra. Et cum me permisissent loqui, dixit ei Cognosce te creaturam Dei esse, et descende, et noli te permitti adorari. At illa, his auditis, descendit, et secuta est me, dicens : Non te deseram, quousque me creatori meo restituas et conditori. Igitur cum ista in animo episcopi volverentur, accessit ad eum Eutropius, cum quo locuta fuerat Eugenia, et dixit ei : Tres pueri fratres unanimiter culturam simulacrorum relinquentes, Christo servientium numero in isto monasterio se sociari desiderantes, et hodie vestigia tua prosequentes, huc ingressi sunt : poscentesque me, cum lacrymis postulaverunt, ut mereantur notitiæ tuæ beatissimæ revelari. Tunc beatus Helenus dixit : Gratias tibi, Jesu bone, refero, qui me prævenire fecisti hujus rei notitiam. Tunc convocari ad se præcepit pueros ; et apprehendens manum Eugeniæ, fudit orationem. Quam cum complesset, tulit sequestratim eos, et gravissimo vultu quidnam dicerentur interrogat, vel cujus nationis essent credidit inquirendum. Ad hæc Eugenia respondit, Cives : inquit, Romani sumus : unus ex his duobus fratribus meis Protus dicitur, alius Hyacinthus, ego vero Eugenius nuncupor. Cui beatus Helenus dixit : Recte te Eugenium vocas ; viriliter enim agis, et consortetur cor tuum pro fide Christi. Ergo recte vocaris Eugenius. Nam et hoc scias, quia Spiritu sancto nos et te Eugeniam corpore ante prævidimus, et qualiter huc veneris, et quod isti tui sint, non me passus est præterire. Sed hoc mihi Dominus revelare dignatus est, quod gratissimum ei habitaculum in corpore tuo præparasti, custodiendo virginitatis præmium, et præsentis temporis blandimenta fallacia respuendo. Scito autem te pro castitate multa passuram ; sed non te deseret ille cui te ex integro tradidisti. Ad Protum autem et Hyacinthum conversus, ait : In corpore servitutis positi, ingenuam dignitatem animi tenuistis fortiter et tenetis. Unde vobis, me tacente, Christus Dominus loquitur, dicens : Amen, amen dico vobis, jam non dicam vos servos, sed amicos (*Joan.* XV). Unde et vos beatos annuntio, quia concordastis Spiritui sancto, quia 343 unanimiter consensistis monitis Salvatoris, simul ad gloriam pervenientis illam percepturi. Hæc beatus Helenus, nullo alio teste præter Deum, locutus est in medio, et jussit eam sic in virili habitu permanere ; et non eum deseruerunt, quousque baptismatis sanctificatione instructi, monasterio ad quod festinaverant sociarentur.

CAP. VIII. — Redeamus autem ad illud tempus, quo Protus et Hyacinthus auferentes Eugeniam, abierunt. Basterna igitur, jumentis ambulantibus et pueris qui præibant, vacua pervenit ad matrem. Videntes autem eminus properantes pueros, et basternam venientem, occurrerunt cum gaudio universi ; et invenientes vectorium vacuum, omnes simul mugitum reddiderunt, fit quoque repente totius civitatis strepitus. Quis enim audire poterat præfectum filiam charissimam perdidisse ? Erat itaque planctus inæstimabilis, fletus immensus : lugebant universi confusi : parentes filiam, sororem fratres, servi dominam; et tenebat universos mœror, et infinita animi tribulatio. Fitque per totam provinciam inquisitio, interrogantur aruspices, inquiruntur pithones; sacrificiis quoque et sceleratis superstitionibus dæmonia interrogantur, ut quo venisset Eugenia indicarent. Hoc solum omnes dicebant, quod eam dii de cœlo rapuissent. Credidit factum pater; et fletum ad consolationem revocans, dat festa responsis, et deorum illam numero consecrans, ex auro puro ejus fecit fieri simulacrum : quod ita cœpit excoli, ut non minorem honorem quam diis suis exhiberent. Mater tamen ejus Claudia, et fratres Avitus et Sergius, nulla poterant ratione consolationem accipere, sed erant intolerabiliter lugentes eam.

Cap. IX. — Beata autem Eugenia virili habitu et animo, in prædicto virorum monasterio permanebat; atque ita in divinis eruditionibus profecit, ut intra secundum annum omnes scripturas D. minicas memoria retineret. Tanta in ea erat animi tranquillitas, ut unam illam omnes dicerent ex numero esse angelorum. Quis enim deprehenderet quod esset femina, quam virtus Christi et virginitas immaculata protegebat, ut mirabilis esset et viris? Sermo enim ejus erat humilis in charitate, clarus in mediocritate, vilis carens, et facundiam fugiens, omnes in humilitate superabat. Nullus illa ad orationem inveniebatur anterior, efficiebatur autem omnibus omnia : tristem consolabatur, læto congaudebat, irascentem uno sermone suo mitigabat; superbientem ita suo ædificabat exemplo, ut ovem subito e lupo factam se credere delectaretur. Tantam a Deo et gratiam consecuta, ut quemcumque in dolore positum visitasset, omnis statim dolor recederet, et omnis salubritas adveniret. Comites autem ejus Hyacinthus et Protus comitabantur eam, et erant in omnibus obtemperantes ei.

Cap. X. — Tertio igitur anno conversionis ejus, abbas qui præerat fratribus in monasterio, migravit ad Dominum. Post cujus abscessum omnibus visum est ut sibi beatam Eugeniam eligerent abbatem. Tunc beata Eugenia metuens se feminam contra regulam viris præponi; item timens ne omnes unanimiter deprecantes sperneret, ait ad eos : Obsecro vos ut Evangelium in præsenti adhibeatis. Quod cum fuisset allatum, dixit : Quotcumque Christianis aliquid eligendum est, Christus est ante omnia auscultandus. Videamus ergo in hac electione vestra quid ipse præcipiat, ut et vestris iussis, et ipsius monitis intendamus. Et revolvens Codicem, venit ad locum, et cœpit legere, dicens : Dixit Jesus discipulis suis : Scitis quia principes gentium majores sunt his quibus dominantur, et principatum eorum gerunt (*Matth.* xx). Apud vos autem non est sic; sed si quis in vobis vult primus esse, sit vester ultimus; et si quis inter vos voluerit esse dominus, sit vester servus (*Lucæ* xxiii). Et his dictis, adjecit : Ecce, inquit, et vesiris jussis obtemperans, decrevi primatum suscipere, et Domini jussionibus obedire, ultimum me vestræ charitati constituo. Exhilaratur omnium causa in consensu ejus : ipsa tamen ante omnes opus monasterii quod infima solebat exercere persona suscepit; in omnibus aquam portare, ligna concidere, munditias adhibere. In eo denique loco habitaculum sibi elegit, ubi ostiarius monasterii manebat, ne vel ipso se superiorem ostenderet. Sane refectionem fratrum sollicite curabat, et psallendo Deo ordinem fortiter custodiebat; et tertiæ, sextæ, nonæ, vespertinis vel nocturnis atque matutinis horis tam cautissime insistebat, ut videretur jam perisse Deo, si horarum vel quidpiam spatii absque divinis laudibus aliqua præteriisset. Ita denique in hoc opere esse Deo charior cœpit, ut dæmones ex obsessis corporibus pelleret, et cæcorum oculos aperiret. Sed quia multa singulatim narrare intendo per ordinem, quantum permittit brevitas, accedamus.

Cap. XI. — Matrona quædam Alexandrina, cæteris matronis præstantior, nomine Melanthia, audiens opinionem ejus, venit ad eam, quia quartana gravissime et jam per annum et eo amplius vexabatur. Quam cum beata Eugenia oleo perunxisset, omnem continuo **344** violentiam fellis evomuit. Et sanissima reddita, pedibus ad suum diversorium properavit, quod in vicino monasterii possidebat. Ordinat interea munera, scyphos argenteos tres implet solidis, et hos sanationis suæ gratia mittit ad beatam Eugeniam. Cui gratanter remittens quæ miserat, ait : Abundamus, et superabundamus omnibus bonis. Unde te, parens charissima Melanthia, ut ista egentibus magis ac necessitatem patientibus dividas, hortor et moneo.

Cap. XII. — Audiens Melanthia, constristata est; et veniens, cœpit rogare et ampliora promittere. Fit assidua circa beatam Eugeniam, et in nullo deprehendens quod esset femina, elegantia decipitur juventutis. Videns eam, juvenem per veritatem putabat esse terrenum; se autem non sanctitate ejus, sed aliqua arte existimans fuisse salvatam, in concupiscentia ejus elabitur; et putans amplioris pecuniæ cupidiorem, cœpit infinita offerre, et ampliora promittere. Cumque sæpius eadem precaretur, et grato animo oblata sibi ab Eugenia cerneret reddi, declinat ad majorem interitum, ægritudinem simulans. Quam cum beata Eugenia rogata visitaret, sedent ante lectum suum sanctæ Eugeniæ talia cœpit producere : intolerabilis circa te amor pectus meum exagitat, nec ullum remedium fatigationi meæ reperire potui, nisi ut te omnium rerum mearum dominum instituam. Quid teipsum vanis et inanibus abstinentiis crucias? Ecce possessionum locupletatio infinita, et ecce auri pondus immensum, et argenti ministerium copiosum, et familiæ infinitus est numerus : dignitas generositatis est mihi; hoc anno absque filiis viduata sum, succede pro eis in facultatibus meis, et non solum rerum mearum, sed meus esto jam dominus. Cumque hæc et his similia loqueretur, dixit ad eam Eugenia : Recte nomen tuum nigredinis testatur perfidiam; magnum enim te diabolo habitaculum præparasti : discede a servis Dei, deceptrix et illecebrosa Melanthia; nos enim aliter militamus. Habeant opes tuæ tui similes dominos, nos delectat mendicare cum Christo. Affatim dives est, qui cum Christo pauper est. Fugiant a te imagines concupiscentiæ, non est enim salutis tuæ ista quæ te invasit insania. Draconis habitaculum facta, venenum effundis; sed nos, Christi invocato nomine, venenorum tuorum virus evadimus, et misericordiam Domini invenimus.

CAP. XIII. — Tunc illa deceptionis suæ pudorem non ferens, sperans se detegi, nisi prior ipsa detegeret, reversa Alexandriam, adire præfectum statuit, hoc ordine dicens: Scelestum juvenem, simulantem Christianam religionem incurri; et dum medendi gratia, qua dicitur posse infirmitatibus prodesse, ad me venire permitterem, unam me ex illis existimans de quarum pudore bacchatur, ausus est impudenter alloqui, et verbis procacibus ad crimen hortari; et nisi dedissem vocem in præsenti, et ancillæ meæ fuissem liberata solatio, more barbarico suæ me libidini captivasset. Audiens hæc præfectus, nimio furore inflammatur, et jubet ad loca monasterii destinari, qui eum vinctum ferro cum omnibus commorantibus deponerent. Deponuntur itaque omnes in vinculis; et quia unius carceris eos non ferebat locus, per diversas custodias dividuntur. Post hæc statuitur dies funeris, in quo alii ad bestias, alii vero ad ignes, alii ad diversa supplicia damnarentur. Fit rumor immensus, impudens quoque fama cunctam Ægypti peragrat provinciam. Omnes credunt, omnes condemnant, et omnibus verisimile videtur Melanthiam illustrem feminam mentiri non posse. Quid multa? Venit dies funerum constitutus, et in qua universæ civitates in vicino positæ conveniunt, ut viderent ferarum tradi morsibus corruptores; introducuntur in catenis, et a collaribus ferreis cum beata Eugenia; et nullo agnoscente quod esset femina, clamor populi diversis sententiis ingruebat. Tunc jubetur adduci propinquius, ut non per internuntios eam præfectus audiret, sed ex ore ejus addisceret veritatem. Aptantur equulei et verbera, flammæ, tortores, et cætera quæ solent abscondita cordis exsculpere, præparantur.

CAP. XIV. — Tunc præfectus Philippus dixit: Dic, sceleratissime Christianorum, hoc vobis Christus vester tradidit in mandatis, ut operam corruptionibus detis, et pudorem atque verecundiam matronalem fraudulenta astutia capiatis? Dic nunc, furcifer, quæ te temeritas coegit, ut illustrem feminam Melanthiam appeteres, et ingressus sub specie medici, castitatem generosissimam ad lupanariam ignominiam provocares? Audiens hæc beata Eugenia, capite demisso, ne possit agnosci, taliter dedit præfecto responsum: Dominus meus Jesus Christus, cui ego servio, castitatem docuit, et integritatem corporis custodientibus vitam promittit æternam. Hanc autem Melanthiam falsam testem nunc possumus declarare, sed melius est ut nos patiamur mala quam illa, dum convicta fuerit, aliquid patiatur, ne et fructus patientiæ nostræ depereat; sed tamen, si per victoriam principum testetur vestra sublimitas quod non in eam ipsam retorqueatis sententiam, et hæc fallax testis nihil patiatur mali, nunc probabimus crimen quod nobis objicit, redundare in eam.

At ubi testatus est per principum salutem præfectus, promittens ad omnia quæ postulabat effectum, dixit Eugenia: O Melanthia nigredinis nomen, et tenebrosa Melanthia, applicari fecisti aculeos, suspendi præcipis Christianos. Damna, percute, incende, bene nos accipis; non tamen tales habet famulos Christus, quales tu testaris. Tamen adduci præcipe ancillam, quam testem nostri criminis esse dixisti, ut ex ore ejus possit denudari mendacium. Cumque applicata fuisset in conspectu judicis, cœpit dicere: Istum juvenem impudicissimum, frequenter quidem circa viles personas detectum in adulteriis, ipsa impunitas ad hoc eum perduxit, ut etiam dominæ meæ circa primam horam diei cubiculum impudenter ingressus, primo quidem sermone quasi pro salute ejus veniret indicaret; secundo pro sua concupiscentia; et tertio etiam ad violentiam, si cursim ego ingressa familiam non vocassem, quæ hodie hujus criminis testis est. Tunc præfectus ex familia adesse jubet aliquos, qui ita gestum esse suo testimonio confirmarent. Cumque applicarentur singuli ita esse ut illa dixerat testabantur. Tunc judex vehementer commotus, ait: Quid ad hæc, infauste, dicturus es, quem tot revincunt testes, tantaque indicia manifestant?

CAP. XV. — Ad hæc beata Eugenia ait: Tempus loquendi est, quia tempus tacendi transiit (*Eccli.* III). Optaveram quidem crimen objectum in futuro judicio denudari, et castitatem meam illi soli ostendere, cujus amore servanda est. Tamen ne glorietur in servos Christi fallax audacia, et paucis pandam verbis veritatem, non ad jactantiam humanæ declamationis, sed ad gloriam nominis Christi. Tanta enim est virtus nominis ejus, ut etiam feminæ in timore ejus positæ virilem obtineant dignitatem; et neque ei sexus diversitas fide potest inveniri superior, cum beatus Paulus apostolus, magister omnium Christianorum, dicat quod apud Dominum non sit discretio masculi et feminæ, omnes enim in Christo unum sumus (*Galat.* III). Hujus ergo normam animo ferventi suscepi, et ex confidentia quam in Christo habui, nolui esse femina, sed virginitatem immaculatam tota animi intentione conservans, virum gessi constanter in Christo. Non enim infrunitam honestatis simulationem assumpsi, ut vir feminam simularem; sed femina viriliter agendo, virum gessi, virginitatem quæ in Christo est fortiter amplectendo. Et hæc dicens, scidit a capite tunicam, qua erat induta, et apparuit femina. Et statim ad præfectum ait: Tu mihi quidem secundum carnem pater, Claudia mater est, et fratres hi duo qui tecum sedent, Avitus et Sergius. Ego autem Eugenia filia tua, quæ pro amore Christi mundum omnem cum deliciis suis respui tanquam stercus. Ecce Protus et Hyacinthus eunuchi mei, cum quibus scholam Christi ingressa sum: Christus autem tam idoneus ibi exstitit, ut victricem libidinum omnis pollutionis me faceret per misericordiam suam, cui credo usque in finem me jugiter permansuram.

Cap. XVI. — Agnoscentes itaque pater filiam, et sororem fratres, servi dominam, currunt statim ad eam; et effundentes lacrymas in conspectu populi, amplexibus ejus incumbunt. Nuntiatur factum Claudiæ matri, et statim cursu concito ad spectaculum venit. Deferuntur vestimenta auro texta, et licet invita, induitur, atque in excelso tribunali posita, in sublime attollitur, et ab omni populo clamatur : Unus Christus, unus et verus Deus Christianorum. Sane sacerdotes et episcopi, qui cum multo populo Christiano ante amphitheatrum erant, et dum fuissent interfecti hi qui accusabantur, ab eisdem sepelirentur, ingrediuntur, Deo hymnum dicentes, atque omnes una voce clamantes : Dextera Domini glorificata est in virtute, dextera manus tua, Domine, confregit inimicos. Tollitur ergo in triumpho Eugenia; et ne tanto gaudio populi ejus defuisset probatio castitatis, visus est ignis de cœlo descendens, qui ita circumdedit domum Melanthiæ, ut nec vestigium alicujus rei quæ ad eam pertinebat remanserit. Fit gaudium populi cum timore Dei; ecclesia quæ jam, quasi viduata, octavo anno clausa fuerat, reseratur. Revocatur Christianorum populus, baptizatur præfectus in fascibus constitutus, baptizantur filii ejus, baptizatur mater ejus Claudia. Restituit privilegia Christianis, et mittit relationem ad Severum imperatorem de Christianis, et memorat satis reipublicæ Christianos prodesse, ideo debere eos absque persecutione aliqua in urbibus habitare. Consentit relationibus imperator, et fit tota Alexandrina civitas quasi una ecclesia. Eratque omnibus civitatibus gaudium, et dignitas Christiani nominis florescebat.

Cap. XVII. — Sed quia semper sanctitatem æmulatio sequitur inimici, et contra bonitatem pugnat malitia : consilio diaboli aliqui ex honoratis Alexandriæ, cultores idolorum, accipientes **346** ægre quod Christianis privilegia tribuisset, venientes ad regem, dixerunt statum reipublicæ conturbatum a Philippo, qui cum nono anno in fascibus irreprehensibiliter administraverit, nunc decimo anno (10) perdidit omnia. Denique deorum immortalium deseruit cæremonias, et omnem civitatem ad culturam cujusdam hominis quem Judæi occiderunt convertit. Non est egibus vestris ulla reverentia. Passim quisque ut voluerit templa reverenda ingreditur, non ut colendi benevolentiam prætendat, et non ut deos esse quos colimus credat; sed ut dicat infinitas blasphemias, saxa aut metalla potius quam divini nominis signa. Hæc et similia multa dicta sunt Severo et Antonino Augustis. Qui commoti (11), direxerunt ad eum hujuscemodi decreta : « Divus parens noster, Commodus quondam Augustus, non ut præfectum, sed ut regem (12) te Alexandriæ ordinavit atque constituit, ut dum in vita maneres, successorem nullum susciperes. Unde his beneficiis ejus superaddere cupientes, statuimus ut diis omnipotentibus solitam culturam exhibeas, vel, deposita dignitate, etiam propriis facultatibus cedas. »

Cap. XVIII. — Accepta igitur hac Augusti auctoritate, simulat ægritudinem, quousque universa distraheret, et donaret per omnem provinciam ecclesiis et pauperibus. Ipse autem præfectus in timore Dei et in cultura Christi etiam alios confortabat in Christo. Interea omnis Alexandria conspirat in episcopatum ejus (13), et cœpit eum respublica habere præfectum, quia successor ei nondum venerat, et ecclesia habere episcopum, quia merito fidei sibi eum elegerat sacerdotem. Duravit autem in episcopatu unum annum et menses tres.

Cap. XIX. — Post hæc autem spatia temporum, veniens Perennius præfectus (14), dum Alexandriæ quæreret percutere eum, et non posset, quia omnis civitas in amore ejus durabat, immisit ei qui se fingerent Christianos, et ingredientes, percusserunt eum (15) in oratione Dominica constitutum. Post traduntur percussores præfecto Perennio. Ille autem conscius jussionis suæ et quasi audiendos custodiæ mancipavit, post paucos autem dies principum indulgentia relaxatos dimisit. Beatissimus autem Philippus post percussuram tribus diebus in corpore esse permissus est, non ad aliud, nisi ad corda dubia confirmanda; nam ut migraret ad Dominum, martyrii se noluit corona fraudari, et ipse hanc ut reciperet oravit. Nam qui in corpore positus dæmonia fugabat, et illuminabat oratione cæcos, quanto magis se noluisset palma privari ? Poterat utique quod volebat impetrare sine dubio; et ita recepit ut particeps nominis Philippi, esset particeps et coronæ ; et susciperent martyres collegam, quem merito Ecclesia susceperat sacerdotem. Juxta atria itaque ibi sancta Eugenia filia ejus monasterium Christi virginibus collocaverat, illic suum jussit collocari corpusculum, in quo loco beatissima Claudia xenodochium fabricabat, et constituit prædia quæ susceptionibus peregrinantium deservirent; ipsa autem cum Avito et Sergio filiis, et cum beata Eugenia regressa est Romam.

Cap. XX. — Igitur filios Philippi cum omni gaudio senatus recepit Romanorum, et unum proconsulem Carthaginem, alium vicarium Africæ dirigunt. Ad beatam autem Eugeniam cum multæ matronæ convenirent, et pene omnes virgines, quascunque potuisset, notas aut amicas, faceret etiam Christo credere, et in virginitate dominica permanere ; quædam ex regio genere virgo, Basilla nomine, cupiebat eam attingere. Sed quia causa nominis Christiani ad eam ire non poterat, rogabat per internuntium fidelem, ut eam de religione Christiana instrueret. Tunc beata Eugenia convocat ad se beatissimos comites suos Protum et Hyacinthum, et dicit eis : Accingimini militia ad quam vos convocat Christus ; quo vos Basillæ offeram sub specie muneris, ut vos eam in Christo faciatis ancillam. Fit itaque hujus muneris gratia ; et suscipit Basilla quasi famulos, sed eos quasi apostolos honorabat. Vacabat autem cum eis omni hora; et quasi eunuchos servitio habens, non diebus, non noctibus a colloquiis Dei et orationibus cessabat. Igitur Cornelius cum esset in urbe Roma sacrae legis antistes, pervenit ad eam latenter, et baptizavit eam. Confirmata autem beata Basilla in timore Dei, procurante misericordia Christi, pene omnibus noctibus mutuis se fruebantur aspectibus ipsa et beata Eugenia.

Cap. XXI. — Omnibus itaque viduis Christianis conventus erat ad beatam Claudiam, et omnibus virginibus conventus erat ad beatam Eugeniam. Sanctus autem Cornelius papa urbis Romae, omni vespere Sabbati quae lucescit in Dominico die, dabat eis noctem hymnis pervigilem, et pullorum canoribus noctis quiete agebat ejus sacrosancta mysteria, et ita confirmabat eas sabbato. Eugenia autem et Basilla, ut memoravi, omnibus se pene noctibus fruebantur in Christo, et alterno se eloquio renovabant. O quantas per Eugeniam virgines Salvator invenit! quantas etiam per Basillam Christus sponsas obtinuit! quantae per Claudiam viduitatem prompta voluntate servarunt! quanti juvenes per Protum et Hyacinthum Christo Domino crediderunt!

Cap. XXII. — Valeriano itaque et Gallieno imperantibus, orta seditio de Christianis est, eo quod Cyprianus Carthaginem everteret, et Cornelius Romam. Data est ergo auctoritas ad Paternum proconsulem, ut Cyprianum occideret. Cornelius autem quia a multis Romanis etiam illustribus fovebatur, erat in abditis. Tunc beata Eugenia videns Basillam, ait : Revelatum est mihi a Domino quod pro virginitate passura sis. Et Basilla ad Eugeniam respondit : Et mihi, inquit, dignatus est Dominus demonstrare quod martyrii coronam duplicem capias : unam, quam apud Alexandriam pro justis laboribus acquisisti; et aliam, quam in effusione tui sanguinis consecutura es. Tunc beata Eugenia expandens manus suas, dixit : Domine Jesu, Altissimi Filius, qui ad salutem nostram venisti per virginitatem matris, tu per virginitatis praemium omnes quas mihi credidisti perduc ad regnum gloriae tuae.

Cap. XXIII. — Residentibus autem sanctis virginibus Christi, quae erant cum Eugenia et Basilla, dixit omnibus beata Eugenia : Ecce vindemiae tempus est, in quo succiduntur botri, et pedibus conculcantur, sed post haec regalibus conviviis apponuntur. Absque eorum sanguine nulla potestas imperii, nulla illustris dignitas decoratur : et vos palmites mei, et meorum viscerum botri, estote parati in Domino. Virginitas enim est primae virtutis indicium Deo proximum, similis angelis, parens vitae, amica sanctitatis, via securitatis, domina gaudii, dux virtutis, fomentum et corona fidei, adminiculum et subsidium charitatis. Nihil ita nobis laborandum, nihil ita est enitendum, nisi cum virginitate vivamus, aut quod est gloriosius, pro virginitate etiam moriamur. Quae sunt hujus mundi blandimenta fallacissima, et cum gaudio temporali veniunt, et cum perpetuo dolore discedunt : faciunt momentaneum risum, ut aeternum fletum infligant; tribuunt fugitivos flores, ut marcidiores perseverantes advectent : mentiuntur securitatem transeuntis temporis, ut perpetui saeculi cruciatibus tradant. Ideoque charissimae virgines, quae mecum in agone virginitatis nunc usque accurristis, permanete in amore Domini, quem coepistis. Tempus flendi temporaliter, sine fastidio et horrore sufferte, ut tempora gaudii aeterni cum omni possitis dilectione suscipere. Ego enim commendavi vos Spiritui sancto, et credo quod vos mihi integras omnes illibatasque constituat. Nolite itaque faciem meam ex hoc corporaliter quaerere, sed gesta et actus per spiritum contemplamini. Et his dictis, osculata est universas, et flentes fortissimo animo consolabatur. Dicentibus autem sibi vale invicem Basilla et Eugenia, oratione facta discedunt.

Cap. XXIV. — Ecce eodem die perrexit una ex ancillis ad Pompeium sponsum Basillae, quae et dixit : Quia te dominam nostram Basillam novimus ab imperatore meruisse, sextus et eo amplius est annus quam tu in tenero aetatis anno ut postea acciperes distulisti; sed patruelem ejus Helenum scias esse Christianum, et hanc ita factam Christianam, ut tibi omnino non nubat. Nam et duos eunuchos Protum et Hyacinthum simulavit se illi donum offerre Eugenia, quos illa quasi dominos excolit, et quotidie pedes eorum ac si deorum immortalium osculatur, quia ipsi auctores sunt artis magicae, quam Christiani committunt. His auditis, Pompeius statim cucurrit ad Helenum patruelem ejus, qui et nutritor ejus erat et tutor, et dicit ei : Intra hoc triduum nuptias meas celebrare disposui, pro qua re fac me videre sponsam meam, quam illi domini rerum invictissimi principes fieri conjugem praeceperunt. Ille, his auditis, agnovit proditum negotium, ait ad eum : Quousque anni transirent infantiae ejus, meam circa eam tutelam pro germanitate patris ejus, et pro ipso nutrimento exercui; nunc vero quia coepit sui esse arbitrii, in sua vult esse potestate. Unde si illam videre desideras, ejus erit arbitrii, non mei imperii.

Cap. XXV. — Audiens haec Pompeius, vehementius coepit ardere; et pergens ad Basillae domum, ut nuntiaretur janitoribus imperabat. Cui ista sunt a Basilla mandata : Causam te videndi penitus nullam me habere cognoscas, neque audiendi, neque salutandi. His auditis, turbatus est vehementius; et omni pene senatorum favore usus, prostravit se coram imperatore, dicens : Subvenite Romanis vestris, sacratissimi principes, et deos novos quos Eugenia secum adduxit ab Aegypto veniens, ab hac urbe separate. Diu est enim quod hi qui Christiani dicuntur reipublicae nocent : qui irrident legum nostrarum sacrosancta caeremonia, et omnipotentes deos nostros, ac si vana simulacra, despiciunt. Jura quoque ipsius naturae pervertunt, separant conjugium, gratiam sponsarum sibi associant; et dicunt iniquum esse, si sponsum suum sponsa accipiat. Quid faciemus, piissimi imperatores? Inventi sunt dii qui homines prohibeant, et quibus ista videbunt, si nati non fuerint quibus valeat imperari? Ubi reparatio Romanarum virium? ubi Romani exercitus rediviva certamina? Pro quibus victrices dextræ vestræ hostium cervices inclinabunt, si jam uxores habendæ non erunt, si sponsas amittimus, et tacemus?

Cap. XXVI. — Hæc et his similia dum prosequeretur, et omnis senatus ea flebili querela depromeret, decrevit Gallienus Augustus (16), ut aut sponsum suum Basilla acciperet, aut gladio interiret; Eugeniam vero aut sacrificare diis, aut crudeliter interire; et dedit licentiam ut quicunque Christianum penes se absconderet puniretur. Convenitur Basilla, ut sponsum recipiat. Dicit se illa Regem regum habere sponsum, qui est Christus Filius Dei. Et cum hæc dixisset, gladio transfossa est. Tenti statim Protus et Hyacinthus, trahuntur ad templum; sed orationem illis facientibus, simulacrum Jovis ad quod ducebantur sacrificare, cecidit ad pedes eorum; et ita comminutum est, ut ubi fuerit, non pareret. Non virtuti divinæ, sed magicæ arti hoc imputans, jubet eos decollari Nicetius urbis præfectus.

Cap. XXVII. — Qui etiam accersitam ad se Eugeniam cœpit de magicis artibus ab ea flagitare sermonem. At illa constanter os suum aperiens, dixit: Polliceor tibi quod ars nostra vehementior magis est; nam magister noster habet Patrem sine ulla matre, et matrem absque patre. Denique sic eum genuit Pater, ut omnino feminam nunquam sciret; sic eum genuit mater, ut masculum omnino non nosset: hic ipse habet uxorem virginem, quæ illi quotidie filios creat, etiam innumerabiles ei filios parit, quotidie suam carnem ejus carnibus conjungit. Oscula ejus circa eam sine intermissione sociantur, in amore suo invicem omnino perdurant, et tanta integritate subsistunt, ut omnis virginitas, et omnis charitas, et omnis integritas ex eorum conjugio dirimatur.

Cap. XXVIII. — Audiens hæc Nicetius, obstupuit; et ne ad imperatorem perveniret quod eam libenter audiret, jussit eam ad templum duci Dianæ; et ita speculator imminens, dixit ei: Redime vitam tuam, patrimonium tuum, Eugenia, et sacrifica deæ Dianæ. Tunc beata Eugenia expandens manus suas, cœpit orare ac dicere: Deus, qui cordis mei arcana cognoscis, qui virginitatem meam sinceram in tuo amore servasti, qui me Filio tuo Domino meo Jesu Christo sociare dignatus es, qui Spiritum sanctum tuum in me regnare fecisti, adesto mihi nunc in confessione nominis tui, ut confundantur omnes qui adorant hoc idolum, et qui gloriantur in simulacris suis. Et dum oraret, fit terræmotus in eodem loco; et ita templi ipsius fundamenta mersa sunt cum ipso idolo, ut nihil aliud remanserit, nisi sola ara, quæ fuit ante januam templi, ad quam stabat beata Eugenia. Hæc in insula Lycaonia gesta sunt coram omnibus qui sequebantur agonem Eugeniæ. Fit concursus populi Romani, et varia acclamatio. Alii dicunt innocentem, alii magam. Nuntiantur ista præfecto, præfectus imperatori manifestat. Imperator eam jubet ligari saxo, et præcipitari in Tiberim; sed statim saxum disruptum est. Beata vero Eugenia ita sedens, super fluviali aqua efferebatur, ut omnibus Christianis appareret illum fuisse cum Eugenia in flumine, ne absorberetur qui fuerat cum Petro in mari, ne mergeretur.

Cap. XXIX. — Item inde sublata, in thermarum Severianarum fornacibus mittitur: quæ sic statim exstinctæ sunt, ut thermarum calor refrigesceret, et omnia incendia lignorum ad nihilum devenirent. Sic denique chaos fecerunt, ut ulterius exhiberi non possent. Mittitur post hæc in custodiam tenebrarum, et per decem dies jubetur nullum cibum accipere, et lumen penitus non videre. Ibi autem tantus quotidie abundavit splendor, ut dum egrederetur beata Eugenia, quasi lumen aliquod radiaret. Apparuit autem illi Salvator, ferens in manu panem nivei candoris et immensæ suavitatis et gratiæ, et dixit ei: Eugenia, accipe cibum de manu mea; ego sum Salvator tuus, quem tota mentis animique intentione dilexisti, et diligis. Eodem die te in cœlis recipiam, quo ego descendi ad terram. Et hæc dicens, abscessit. Ipso autem die Natalis Domini missus est gladiator, qui eam in custodia positam percussit; et sublatum est corpus ab affinibus Christianis, et positum est non longe ab urbe via Latina in prædio ejus proprio, ubi multorum sanctorum ipsa sepelierat membra.

Cap. XXX. — Claudia autem mater ejus, cum ad ejus sepulcrum fleret, apparuit ei vigilanti in medio noctis silentio, auro texta cyclade induta, cum multo populo virginum, et dixit ei: Gaude et lætare, quia et me introduxit Christus in exsultationem sanctorum, et patrem meum in patriarcharum numerum. Ecce die Dominico et te suscipiet in gaudium sempiternum. Commenda filiis tuis fratribus meis custodire signaculum crucis, et efficiantur nostri participes. Ecce, loquente ea, facta est claritas, **349** quam oculus ferre non poterat; et angeli transeuntes, hymnum dicebant Deo inenarrabilibus vocibus. Hoc solum intelligebatur, quod nomen Jesu Christi et Spiritus sancti in ipsis laudibus resonabant. Gloria et honor Patri, et Filio, et Spiritui sancto, et nunc, et semper, et in sæcula sæculorum. Amen.

ROSWEYDI NOTATIO.

(1) *Eugeniæ.*] Martyrologium Romanum 25 Decembris: « Romæ in cœmeterio Aproniani sanctæ Eugeniæ virginis, quæ tempore Gallieni imperatoris post plurima virtutum insignia, post sacros virginum choros Christo aggregatos, sub Nicetio urbis præfecto diu agonizans, novissime gladio jugulata est. » Menolog. Græcorum 24 Decemb., Acta ejus compendiose retexens: « Certamen sanctæ Eugeniæ martyris et sociorum. Hæc fuit sub Commodo imperatore filia Tribuni in urbe Roma. Missus autem pater ab imperatore in civitatem Alexandriæ, ut tribunatus magistratum gereret, secum vexit uxorem et filios, quorum una fuit beata Eugenia: quæ cum litteras edisceret, et in multorum librorum lectione versaretur, incidit in epistolas sancti apostoli Pauli, ex quibus Christi fidem didicit. Itaque patrios tumultus

et mundi fallaciam derelinquens, cum duobus eunuchis ad monasterium quod est ante civitatem Alexandriæ se contulit, virili habitu induta. Accepta igitur hospitio ab Heleno episcopo, causam addens quare illuc venisset, divino baptismate cum iis quos secum duxerat dignata est, et in ordinem monachorum aggregata, et post aliquod tempus, monasterii curam sibi credidam suscepit. Ubi propter miracula quæ per illam Deus efficiebat facta est familiaris mulieri cuidam ordinis senatorii, quæ Melanthia vocabatur : accusata postea est ab illa, quasi ad coitum illam provocasset, crimen objiciens, quod illius naturæ repugnabat; existimans enim marem esse propter speciem habitus, ejus pulchritudine vulnerata, cum sæpe periculum faciens ab ea repulsa esset, detulit illam ad Philippum tribunum. Cum vero pater illam accersiri jussisset, veritas detecta est, non solum quod in habitu viri esset mulier, sed etiam quod tribuni esset filia : quare patrem, matrem, et multos ex familia, ad Christianorum fidem attraxit; et pater quidem tribuni dignitate deposita baptizatus est, postea et martyrii perfectionem assecutus, irruentibus in eum in templo idolorum infidelibus, qui et illam gladiis interfecerunt : sancta vero Eugenia Romam adducta est cum matre et fratribus, Proto et Hyacintho eunuchis, qui obtruncati sunt; ipsa vero saxo gravi alligata in Tiberim flumen projecta est, atque illinc servata, gladio consummationem accepit. » Mænæa quoque 24 Decemb., aliquot iambis Vitam ejus perstringunt.

Acta ejus descripta a Metaphraste exstant apud Lipomanum, tomo V, et Surium, tomo VI, interprete Gentiano Herveto. Hæc vero plane cum Actis a Metaphraste allatis consentiunt, eodem ordine digesta; ut vel hæc antiqua translatio sit Metaphraste pressius expressa, vel certe hic translater et Metaphrastes ex eodem fonte hauserint, quod posterius forte verius; cum et nova Metaphrastæ translatio quædam habeat fusius dicta, quædam antiqua hæc translatio, quæ in nova desunt.

Nisi quis malit Metaphrastem Latinum hunc textum in Græcum vertisse, cum eodem procedat ordine, et subinde videatur Latinum textum non bene percepisse. Sane quod hic dicitur c. 1, de septimo consulatu Commodi, ipse de septimo imperii Commodi anno intellexit, plane erroneo, ut mox dicam. Auctores quoque sequentes, qui Metaphraste antiquiores fuere, meminerunt Eugeniæ, quæ verisimile est eos ex hoc Latino fonte deduxisse.

Meminit Eugeniæ, ut celeberrimæ martyris, Alcimus Avitus episcopus Viennensis, in carmine ad Fuscinam sororem de laude castitatis lib. vi, c. 20; Fortunatus, libro viii, carm. 4, de Virginitate; Aldelmus quoque de Laude virginitatis.

(2) *Incerto.*] Ita inscripsi, quia nullius auctoris nomen nec in Manuscripto, nec in Editis inveni. Video tamen a Goldasto, tom. I, part. ii, Rerum Alemannicarum, not. s in Hepidannum de vita S. Wiborradæ, lib. i, cap. 27, Acta Eugeniæ citari interprete Rufino. Quod ex Mss. ipse hausit, facile consentio. Certe stylus non abludit a stylo Rufini.

(3) *In septimo consulatu Commodi.*] Annus is est secundum Baronium, tomo II, Christi 194, qui erat 13 imperii Commodi. Sed idem Baronius, anno Christi 188, imperii Commodi 7, præfecturam Augustalem Ægypti Philippo decretam ponit. Nam licet, inquit, post exactum annum septimum Commodi illa potius dicatur, id accidit quod non simul ac ab imperatore electus esset nomen consequebatur et munus, sed cum Alexandriam ingrederetur, idque lege Augusti factum Ulpianus affirmat (*L. unic.*, *ff. De offic. præf. Aug.*).

Sequitur hic Baronius Acta Eugeniæ per Metaphrastem Græcis tradita, quæ loco septimi consulatus, septimum imperii annum exprimunt.

Sed ea Metaphrastæ Baroniique positio cum Actis ipsis seu Latinis seu Græcis nullo modo convenit. Si-

quidem hic, cap. 17, dicitur a gentilibus Philippus, cum persecutio a Severo excitata est, novem annis Ægypto irreprehensibiliter præfuisse, et decimo perdidisse omnia, quod videlicet tunc Catholicis faveret. Eadem habes apud Metaphrastem. Jam vero plures anni quam decem intercedunt inter septimum annum imperii Commodi (quo volunt Philippo Ægypti præfecturam delatam) et decimum annum imperii Severi (quo volunt eamdem eidem præfecturam abrogatam). Nam cum annus 7 imperii Commodi respondeat apud Baronium anno Christi 188; et decimus annus Severi anno Christi 204, clarum est inter utrumque Christi annum, etiam exclusive sumptum, intercedere annos xv, vel exsurgere annos xvii, si uterque extremus annus connumeretur. Atqui decimo præfecturæ suæ anno dicitur Philippus ab administratione sua submotus.

Quare rectissime Latinus textus præfecturam Ægypti delatam Philippo statuit septimo consulatu Commodi, id est, anno 13 imperii Commodi, cui respondet annus Christi 194; atque ita rectissime quoque decimo anno præfecturæ suæ ea privatus dicitur Philippus, id est anno decimo imperii Severi, Christi 204. Nam ab anno Christi 194 ad annum Christi 204 justos decem annos habes.

350 Atque ex his apparet sinceritas Actorum Latinorum præ Græcis. Quibus optassem magnum Baronium, ut fere alias solet, relictis depravatis Græcis, institisse.

(4) *Philippum.*] Baronius, tomo II, anno Christi 204, Zephyrini papæ 2, Severi imp. 10, ait hallucinatos esse qui putarunt hunc eumdem fuisse cum Philippo imperatore; inter quos Cedrenus est, in Maximino, quos Zonaras jure redarguit in Philippo imp., ut idem Baronius notat ad diem 13 Sept.

(5) *Aquilio Aquilii.*] Vetus editio, *Aquilio Aquilini.* Baronius tomo II, anno Christi 188 legit *Acilio,* qui hoc anno consulatum gessit una cum Commodo : ut dixerimus, inquit, hunc esse aliquem ex suffectis consulibus. Testatur enim Dio, Commodum (quod nunquam ante factum fuerat) in annum unum viginti quinque consules designasse. Sed cum nomen conveniat consulis ordinarii, haud alius consul quærendus suffectus.

Quod Baronius ibidem existimat Eugeniam desponsam Aquilio consuli, existimo eum sumpsisse ex Metaphraste, ubi dicitur *Aquilius Eugeniam despondisse,* sed intelligi, non sibi, sed filio; ut Latinus hic textus habet. Nam parentes filiis sponsas spondebant, despondebant.

(6) *Basternam.*] Paulo post vocat *vectorium.* Ammianus, lib. xiv. « Quo comitatu matronæ complures, opertis capitibus, et basternis, per latera civitatis cuncta discurrunt. » Vide Onomasticon.

(7) *Basierna nos tres.*] Ita recte Ms. Male in editis, *basternos tres.*

( ) *Ignem.*] Similis narratio de Heleno abbate habetur lib. ii de Vitis Patrum, cap. 9, ubi iisdem, ut hic, verbis : « ardentes prunas vestimento ferebat illæso. » Uter ex altero sumpserit, non facile dixero. Potius vel hinc colligas Ruffinum etiam hujus Vitæ auctorem esse, ut lib. ii de Vitis Patrum. Eamdem historiolam de Hellene habet Palladius c. 59.

(9) *Flammas intrat.*] Frequens ea ad ignem provocatio, cum argumenta alia ad fidem probandam et propagandam desunt, in sacris historiis. Exempla varia congessi in dissertatione mea *De fide hæreticis servanda,* cap. 12.

(10) *Nunc decimo anno.*] Baronius, tomo II, anno Christi 204, Zephyrini papæ 2, Severi imperatoris 10. Haud adeo mirum, inquit, videri debet tam diu Philippum in ejus muneris functione perseverasse. Cum enim ea maximi omnium momenti esset Augustalis dicta præfectura (Ægypti) quam veluti Romani imperii obsidem sibi Augustus servaverat, nec quempiam Senatorum ad eam mitti debere sanciverat, sed ex equestri ordine aliquem virum optimum qui nul-

las unquam principatus amore turbas ciere posset, nactus semel quempiam fidelissimum virum, ea præfectura dignum, imperator haud facile dimovebat; quod paci et securitati Romani imperii id expedire potissimum sciret, cum Ægyptii essent omnium studiosissimi novarum rerum, atque levissimi animi ad concitandas turbas et rebellandum. Sed hæc Dio pluribus (*Dio, Hist. Rom. l.* XV).

(11) *Qui commoti.*] Baronius, tomo II, anno Christi 204, Zephyrini papæ 1, Severi imp. 10, persecutionem a Severo excitatam ponit. Movisse quoque, ait, videtur stomachum Severo ad persecutionem fidelium excitandam, quod intelligeret nobilissimam omnium Ægypti præfecturam Augustalem administrantem Philippum jam Christianum redditum esse. Hactenus Baronius. Cum dicatur hoc capite vitæ decimum annum esse, quo Philippus præfecturam suscepit, non quadrat hic computus cum anno septimo Commodi, quo dicitur præfecturam suscepisse.

(12) *Ut regem.*] Baronius, supra, anno Christi 204. Quod autem in ea epistola Severus dicat (apud Metaphrastem ex versione Herveti.).: « Te tanquam regem potius quam præfectum elegit Ægypti præsidem; » illud plane comprobat quod in hæc verba scribit Tacitus : « Ægyptum jam inde a divo Augusto equites Romani obtinent loco regum. Ita visum expedire provinciam aditu difficilem, annona fecundam, superstitione ac lascivia discordem, et nobilem, et insciam legum, ignaram magistratuum domi retinere (*Tacit., lib.* XVII). »

(13) *In episcopatum ejus.*] Baronius, tomo II, anno Christi 204, Zephyrini papæ 2, Severi imp. 10, ait corrigendum in Actis Philippi quod dicitur factum fuisse episcopum Alexandrinum. Nam (inquit Notat. ad diem 13 Septemb.) ejus præfectura sæcularis, et non sacerdotalis fuit. Eusebius etenim cum tam in Chronico quam in historia texit seriem episcoporum Alexandrinorum, Nicephorus episcopus, et Nicephorus Callistus, et alii qui id ipsum præstiterunt, nullus ipsorum inter Alexandrinos episcopos adnumerat Philippum.

(14) *Perennius præfectus.*] Ita Ms. In Editis, *He-* *rennius.* Apud Metaphrastem, *Terentius.* Baronius, anno proxime notato : Quod *Lætum,* inquit , Eusebius nominat (*Euseb., l.* VI*, cap.* 2), idem fortasse *Terentius Lætus* dictus est. *Perennium* habent Menæa, manuscripti, Ado, et Usuardus in Martyrologio. Occurrit etiam his temporibus *Herennius Celsus,* apud Trebellium Pollionem in XXX tyrannis in Æmiliano. Unde videtur colligi posse Herennium tunc Augustalem Ægypti præfectum fuisse.

(15) *Percusserunt eum.*] Baronius, tomo II, anno proxime citato : Quod vero, ait, Eusebius, de martyribus in Ægypto passis agens, nullam de Philippi hujus martyrio mentionem habuerit, inde fortasse accidit; quod enim necis ipsius causa præteriit. Quod enim a sicariis clam occisus esset, nec publica aliqua quæ sciretur Christiani nominis confessio præcessisset, ab eo prætermissus esse videri potest, cum alioqui permulta majoris (quoque momenti ab eo (ut in singulis fere annis videre est) esse silentio prætermissa nullum sit dubium.

Memoria hujus exstat in Martyrologio Romano, 13 Septembris : « Alexandriæ natalis beati Philippi, patris sanctæ Eugeniæ virginis. Hic dignitatem præfecturæ Ægypti deserens, baptismi gratiam assecutus est : quem in oratione constitutum jussit Terentius præfectus ejus successor gladio jugulari. » Vide Menologium Græcorum, supra , in Eugenia, et Menæa, 24 Decembris, post Acta Eugeniæ duos iambos de Philippo habent.

(16) *Decrevit Gallienus Augustus.*] Baronius, tomo II, anno Christi 262, Dionysii papæ 2, Valeriani et Gallieni impp. 8. Quod, ait, spectat ad martyres Romæ passos, quod nonnulli sub Gallieno imperatore martyrium subiisse dicantur, non id accidit, ut, cessante Valeriano, in martyrio fuerint coronati, quando quidem (ut dicemus) Gallienus, capto ab hostibus Valeriano parente, mox persecutionem cessare jussit, datis pro Christianis edictis; sed quod solus Gallienus Romæ imperaret, Valeriano agente cum exercitu in Oriente, idcirco plerique martyres sive Romæ, sive alibi, sub Gallieno passi dicuntur, et inter alios clarissima femina Eugenia virgo.

MARTII XIII.

VITA SANCTÆ EUPHRASIÆ (1),

VIRGINIS,

AUCTORE INCERTO.

351 CAPUT PRIMUM.—In diebus Theodosii, imperatoris piissimi, fuit vir quidam in regia civitate senator, nomine Antigonus, eratque imperatori genere et societate conjunctus, sermone sapiens simul et opere, et bona semper præcipue suadens, et pie Romanis legibus Lyciæ negotia gubernans. Erat autem et compassibilis homo, cunctis necessaria præbens. Diligebatque eum princeps non solum tanquam parentem ac senatorem, sed etiam tanquam Christianum, et pium, et semper consilia utilia proferentem. Erat autem hic locuples vehementer, ita ut civitas regia alium divitiis, sermone et opere similem non haberet. Hic accepit uxorem ex genere proprio, ex eodem imperiali sanguine descendentem, cui nomen Euphraxia, mulier religiosa, et timens Dominum nimis, et ecclesiæ vacans, et offerens Deo preces cum lacrymis. Hæc multos in opere Dei fecit idoneos, multasque oblationes in ecclesiis et sanctuariis (2) offerebat. Vehementer eam diligebat imperator et Augusta, præcipue quod ex eorum genere erat, necnon et moribus composita, et honesta, et valde religiosa. Nata est autem eis filia, et vocaverunt eam nomine matris suæ Euphraxiam.

CAP. II. — Cumque habuissent hanc filiam, una dierum dixit Antigonus Euphraxiæ : Nosti, soror mea Euphraxia, quia nihil est ista vita, nihil divitiæ, nihil vanitas hujus sæculi temporalis. In octoginta namque annis hominis tempus impletur cum ruina; divitiæ autem in cœlo repositæ in infinita sæculorum sæcula timentibus Deum manent; et privamus nos illis divitiis, mundanis cogitationibus obligati ; et in fallacia positi temporalium divitiarum, dies nostros frustra consumimus, nihil animabus nostris utiliter acquirentes. Audiens autem hæc Euphraxia, dixit Antigono viro suo : Et quid jubes, domine mi, ut faciamus? Cui dixit Antigonus : Unam filiam per Deum acquisivimus, quæ sufficit nobis, et nequaquam ultra conveniamus infelicitati ac miseriæ sæculi. Audiens hæc Euphraxia, consurgens extendit manus ad cœlum, et ingemiscens dixit viro suo Antigono : Benedictus Deus, qui dignum te fecit timore suo, et ad cognitionem veritatis adduxit. Vere, domine, sæpius supplicavi Deo, ut cor tuum illuminaret, et mentem tuam pro hac causa faceret elucescere, sed hoc tibi pandere non præsumpsi, quia vero ipse fecisti principium, jube me ut loquar. Cui dixit Antigonus : Dic, soror mea, quod vis. Respondit : Nosti, domine meus, quia ante multas generationes Apostolus testatur, et dixit : Tempus breve est : reliquum est, ut qui habent uxores, tanquam non habentes sint (*I Cor.* vii). Deficit enim hujus sæculi cupiditas. Ad quam enim utilitatem erunt ista pecunia et tanta abundantia possessionum? Nihil eorum est quod nobiscum poterit descendere in infernum. Cum bono ergo consilio tuo festina multa dare pauperibus, ut non illud consilium quod tractasti inveniatur infructuosum. Audiens autem Antigonus, glorificavit Deum.

Cap. III. — Cum igitur adeptus esset optimam conversationem, et multa pauperibus erogasset Antigonus, unum solummodo annum vivens, postquam suæ renuntiavit uxori, vitam suam pie disponens, completo anno defunctus est, et sepultus in pace. Tunc imperator pariter et Augusta fleverunt eum, tanquam ex eorum genere descendentem, virum justum et religiosum. Compatiebantur enim et Euphraxiæ, non solum tanquam propriæ consanguineæ, sed etiam quia erat juvencula. Duobus namque annis et tribus mensibus vixit cum viro suo; nam uno anno ex constituto ab alterutro abstinentes, sicut fratres vixerunt. Igitur sepulto Antigono, ab imperatore et Augusta multum consolabatur Euphraxia. Illa vero sumens propriam suam filiam, dedit eam in manus imperatoris et Augustæ; et prostrata ad pedes eorum, cum clamore et magno gemitu dixit : In manus Dei et vestras hanc orphanam nunc commendo. Memoriam ergo habentes Antigoni, qui fuit vester, suscipite eam atque tuemini, et estote ei in loco patris et matris. Multi autem flumina lacrymarum et voces emiserunt audientium, ità ut etiam principes lugerent.

Cap. IV. — Post paucum vero tempus a luctu aliquanto quiescentem Antigoni, suasit imperator ei ut filiam suam Euphraxiam cuidam senatori ditissimo daret uxorem. Et factum est ut arrhas Euphraxia acciperet. Susceptis arrhis, puellæ ætas exspectabatur. Erat enim nimis infantula, quando suscepit arrhas, quasi annorum quinque. Post aliquantulum vero tempus cogitavit ipse senator, ut uxorem Antigoni sibi crederet copulari; et per uxores aut per mulieres matronas persuasit Augustæ ut sine notitia principis mitteret, et Euphraxiæ conjugii verba nuntiaret. Quæ cum audisset, amare flevit, et dixit mulieribus quæ fuerant destinatæ : Væ vobis in futuro sæculo, quæ mihi talia persuadetis, et ad talia concurritis contra mulierem, quæ secundum Deum vivere festinat. Recedite a me, quoniam extraneam congregationem vestram nunc egistis. Illæ vero deformatæ discedentes, nuntiaverunt Augustæ quæ gesta sunt. Cognoscens autem imperator quod factum fuerat, graviter invectus est in Augustam; et indignatus adversus Augustam, dixit : Vere, Augusta, extraneam rem ab hac conversatione fecisti. Hæc sunt opera Christianæ Augustæ? Sic promisisti Deo pie regnare? sic recordaris Antigoni, qui nobis semper utilis permansit? Alienam rem nostro imperio egisti, quod mulierem in puellari ætate constitutam, quæ pene solummodo uno anno cum viro vixit, et mox ex constituto propter cœleste regnum se ab utrisque separaverunt, tu rursum ad mundum redire compellis? et neque timuisti Deum, hanc iniquitatem volens facere? Quis satisfaciet hominibus, quia non per me factum est hoc? Indecentem et incongruam fecisti rem, quod nec oportuit ut meum audiret imperium, propter sincerissimum meum amicum maxime Antigonum.

Cap. V. — Audiens hæc Augusta, et vultum nimiæ confusionis mutans, sicut lapis fere per duas horas sine voce permansit. Et facta est magna tristitia inter imperatorem et Augustam, propter Euphraxiam Antigoni conjugem. Tunc Euphraxia agnoscens quia magna tristitia propter eam inter imperatorem et Augustam fuisset effecta, vultu omnino demisso, tristis facta est usque ad mortem, et de civitate volebat discedere. Tunc flens acriter, dixit Euphraxiæ filiæ suæ : Filia mea, habemus in Ægypto copiosam magnamque substantiam : veni, eamus illuc, et visitemus patris tui possessiones : et mea omnia tua sunt, filia mea. Tunc ergo cum filia sua Euphraxia de regia civitate discessit, principe nesciente, et venit in Ægyptum; illic quoque morabatur, et sua prædia crebro visitabat. Et profecta est in interiorem Thebaidem cum procuratoribus suis atque ministris, habentibus curam suarum rerum. Quæ etiam illic vacans in sanctuariis, et multas oblationes illic offerens per monasteria virorum ac mulierum, multas pecunias erogabat.

Cap. VI. — Erat autem monasterium mulierum in una civitate, habens architria (3) centum triginta, de quibus magnas et mirabiles virtutes homines prædicabant. In illo namque monasterio nemo gustabat vinum, nulla illarum pomum edere, aut uvas, aut ficus, aut aliquid hujusmodi bonorum, quæ terrena nascuntur ubertate, gustabat. Quædam autem earum abrenuntians sæculo, neque oleum edere volebat, quædam earum a vespera usque ad aliam vesperam jejunium protrahebat; aliæ vero post biduum edebant, aliæ vero post triduum. Nulla earum pedes suos abluebat : aliquantæ vero audientes de balneo lequi, irridentes, confusionem et magnam abominationem se audire judicabant, quæ neque auditum suum hoc audire patiebantur. Unaquæque vero earum stratum in terra habebat, cilicium parvulum unius cubiti latitudinis, et longitudinis trium, et paululum in ipsis requiescebat. Erant autem et vestes earum de cilicio usque deorsum, obstringentes pedum extremitates. Quantumcumque poterat, unaquæque laborabat. Et cum aliquam earum aliquando contigerat infirmari, non ei fomentum aut adjutorium aliquod medicinæ conferebatur; sed si quam contigisset ægrotari, tanquam maximam benedictionem a Deo accipiebat, et tolerabat languorem, donec eam medicina dominica præveniret. Nulla earum janus exibat. Erat autem janitrix, per quam responsa omnia fiebant, matura; multæque sanitates ibi fiebant.

Cap. VII. — Harum quidem Euphraxia diligens consilium sanctarum mulierum, propter mirabilem conversationem earum, sæpius ad 353 ipsum monasterium pergebat, thymiamaque illic offerebat et cereos. Una quidem dierum rogabat abbatissam et priores monasterii, dicens eis: Parvam benedictionem volo absque terrore vestro præbere, redditum auri viginti aut triginta librarum, ut oretis pro ista famula vestra, et pro Antigono patre ejus. Cui abbatissa respondit: Domina mea matrona, ancillæ tuæ non egent redditibus, neque pecuniam concupiscunt. Propterea namque omnia reliquerunt, et cuncta despiciunt in hoc sæculo, ut æternis bonis frui mereantur, et nihil possidere volunt, ne cœlesti regno priventur. Sed ne te contristem, aut sine fructu dimittam, paucum oleum ad candelas et thymiama in oratorium confer, et hoc erit nobis pro mercede justitiæ. Et his oblatis, rogabat Euphraxia abbatissam, ut omnes sorores orarent pro Antigono et filia ejus Euphraxia.

Cap. VIII. — Una vero dierum Euphraxiæ infanti abbatissa dixit, tentando: Domina mea Euphraxia, diligis monasterium nostrum et omnes sorores? Illa respondit: Etiam, domina, diligo vos. Dixit ei abbatissa rursum cum joco: Si nos diligis, esto nobiscum in nostro schemate. Cui infantula dixit: Vere si non contristaretur mater mea, ulterius non egrediar de loco isto. Cui abbatissa dixit: Inter nos et sponsum quem plus amas? Puella dixit: Neque illum novi, neque ille me; vos autem novi, et vos amo. Dicite mihi: Vos autem quem diligitis, me an illum? Illæ vero dixerunt: Nos te diligimus, et Christum nostrum. Puella vero respondit: Ego vero et vos diligo, et Christum vestrum. Sedebat vero Euphraxia mater ejus, et fluminum lacrymarum ejus non erat modus. Libenter enim audiebat verba puellæ abbatissa, quia cum esset ætate infantula, talia loquebatur. Nondum enim septem annos impleverat, dum cum abbatissa loqueretur hujusmodi verba. Tunc ingemiscens mater, et amare deflens, ad filiam suam dixit: Filia mea, veni, pergamus ad domum, quia jam vespera est. Cui puella dixit: Ego hic maneo cum domina abbatissa. Dixit abbatissa puellæ: Vade, domina, in domum tuam, non potes hic manere. Non enim quisquam manere potest hic, nisi se devoverit Christo. Cui puella respondit: Ubi est Christus? Illa gratanter ei dominicam imaginem demonstravit. Pergens autem Euphraxia, osculata est dominicam figuram; et conversa, dixit abbatissæ: Vere et ego me voveo Christo meo, et ulterius cum domina mea matre non vado. Dixit ei abbatissa: Filia, non habes ubi hic maneas, et non potes hic manere. Puella dixit: Ubi vos manetis, et ego maneo. Et cum jam vespera esset, et multum mater ejus coegisset atque abbatissa ut ambularet, nequaquam potuerunt eam tollere de monasterio. Multum ergo crebris diebus mater ejus atque abbatissa ei blandiebantur, et persuadere nequierunt ut de monasterio potuissent eam expellere. Novissime vero dixit abbatissa puellæ: Filia, si vis hic permanere, litteras habes discere et Psalterium, et usque ad vesperam habes jejunium ducere, sicut universæ sorores. Puella dixit ei: Ego et jejunium, et omnia disco, solummodo dimittite me hic esse. Dixit ergo abbatissa matri ejus: Domina mea matrona, dimitte hanc puellam hic; video enim quia gratia Dei illuxit in ea; et justitia patris, et honestas tua, et orationes utrorumque vestrum æternam vitam providere ei noscuntur.

Cap. IX. — Surgens igitur Euphraxia, et assumens filiam suam, ad dominicam eam imaginem adduxit; et extendens manus ad cœlum, cum magno clamore et fletu clamavit, dicens: Domine Jesu Christe, habe curam istius infantulæ, quia te concupivit, et tibi se commendavit. Et conversa, dixit ad filiam suam: Euphraxia, filia mea, Deus qui fundavit immobiles montes, et te quoque in suo timore confirmet. Et cum hæc dixisset, in manibus eam tradidit abbatissæ; et deflens, pectusque suum tundens, ita recessit a monasterio, ut omnis congregatio cum ea ploraret.

Cap. X. — Alia vero die abbatissa sumens Euphraxiam, introduxit eam in secretarium, et facta oratione super eam, induit eam indumento monachali; et extendens manus ad cœlum, pro ea supplicavit, dicens: Rex sæculorum, qui in ea cœpisti opus bonum, tu perfice hoc in pace; da ut ambulet secundum nomen tuum, et fiduciam inveniat in conspectu tuo semper ista infantula. Tunc et Euphraxia mater ejus orans, dixit: Filia mea, amas hoc schemate vestiri? Cui Euphraxia dixit: Utique, mater mea, quia sicut agnovi ab abbatissa, et dominæ sorores dixerunt, hoc schema pro arrhis præbet diligentibus se Dominus Jesus Christus. Cui mater sua dixit: Cui desponsata es, ipse faciat te thalamo suo dignam. Et hoc dicens, et orans pro filia sua, valedixit abbatissæ et sororibus, et osculata est filiam suam. Et egressa, juxta morem circuibat, præbens pauperibus quod indigebant.

Cap. XI. — Ubique autem divulgabatur Euphraxiæ optima conversatio, quantum conferret monasteriis et venerabilibus locis, ita ut imperator 354 audiret, et omnis senatus eam nimis amarent, atque glorificarent Deum. Audiebant enim quod nec piscem gustaret, nec vinum biberet ; sed post tanta dona quæ universis conferebat et gloriam, a vespera usque ad vesperam jejunium faciebat, aliquando sumens legumen, aliquando olera.

Cap. XII. — Post paucos autem dies evocans abbatissa matrem puellæ, dixit ei secrete : Domina, aliquam rem volo tibi dicere, non te conturbet. Cui respondit : Domina mea, quod jubes dic. Dixit abbatissa : Vidi enim in somnis Antigonum virum tuum in magna gloria constitutum, et rogavit Dominum Jesum Christum ut egrediaris de corpore tuo, et de cætero sis cum illo, et fruaris illa gloria, quam Antigonus meruit vir tuus. Audiens autem hæc, reversa est in domum suam matrona, ut religiosa femina ; et non solum non est turbata, sed lætitia magna gavisa est. Orabat enim ut ab humana vita discederet, et de cætero esset cum Christo, et mox vocans filiam suam, dixit ad eam : Filia mea, sicut mihi dictum est a domina mea abbatissa, vocavit me Christus, et appropinquaverunt dies obitus mei. Ecce omnem substantiam meam et patris tui dedi in manus tuas: dispensa eam pie, ut coelestem possis habere hæreditatem. Audiens hæc Euphraxia a matre sua, coepit ingemiscere et flere, dicens : Væ mihi, quia peregrina sum et orphana. Dicit ei mater sua : Filia, habes Christum pro patre et sponso, ideo nec peregrina es nec orphana : habes et dominam abbatissam pro matris officio. Vide, filia, festina quod promisisti adimplere. Deum time, et omnes sorores honora, servies eis cum omni humilitate. Nunquam in corde tuo cogites : de sanguine regio sum ; nec dicas : Debent mihi servire. Pauper esto in terra, ut in coelo diteris. Ecce omnia sub manibus tuis habes. Possessiones et pecunias in monasterium confer, pro patre tuo et pro me, ut inveniamus misericordiam apud Deum, et liberemur ab æterno supplicio. Hæc præcipiens filiæ suæ, tertia die defuncta est, et sepelierunt eam in monasterio in monumento.

Cap. XIII. — Audiens imperator quia mortua fuisset Euphraxia uxor Antigoni, revocans senatorem cui desponsata fuerat filia ejus, indicavit ei, dicens: Quia puella conversa est in monasterio. Ille vero rogavit imperatorem ut per veredarios scriberet puellæ, eique præciperet ut ad civitatem veniret, et nuptias celebraret. Suscipiens autem Euphraxia imperatoris epistolam, manu propria epistolam aliam rescripsit, sic habentem : « Domine imperator, suadesne ancillæ tuæ ut respuam Christum, et homini corruptibili et vermibus consumendo conjungar, qui hodie est, et cras non est ? Absit ab ancilla tua ut hanc iniquitatem faciam. Quapropter, imperator domine, non ulterius vos vir ille fatiget, ego enim Christo consensi, et impossibile est eum me negare ; sed supplico potestati vestræ ut memoriam parentum meorum habeatis. Idcirco tolle omnem substantiam, et dispensa pauperibus simul et orphanis, et da universa ecclesiis. Novi enim quia recordaberis parentum meorum, maxime patris mei. Audivi enim quia in palatio nunquam a te dividebatur. Horum ergo recordationem habens, substantiam hanc bene dispone. Omnes constitutos sub jugo servitutis manumitte, et eis legitima concede. Manda actoribus patris mei ut omne debitum dimittant agricolis, quod a die patris mei usque ad hanc diem reddebant, ut sine sollicitudine mearum terrenarum rerum consistens Christo sine quolibet servire valeam impedimento, cui animam meam commendasse cognoscar. Orate pro ancilla vestra, tu et Augusta, ut mereatur Christo servire, prout dignatur ancillam suam. » Deinde signans epistolam, veredario dedit. Qui revertens, obtulit imperatori relegendam epistolam. Quam solvens et relegens in secreto cum Augusta, multas lacrymas ambo effuderunt, nimis orantes pro Euphraxia. Mane autem facto, convocans imperator omnem senatum et patrem pariter Euphraxiæ sponsi, jussit coram epistolam legere. Illi vero audientes epistolam, omnes sunt lacrymis repleti, et velut ex uno ore dixerunt : Vere, domine imperator, filia est Antigoni et Euphraxiæ genus tuum, et ex sanguine ejus est hæc puella. Vere religiosorum parentum religiosa est filia, sanctæ radicis sanctus est ramus ; et omnes quidem ex quadam concordia glorificaverunt Deum, et pro puella pariter oraverunt, et nequaquam ulterius senator ille visus est importunus.

Cap. XIV. — Imperator ergo cuncta disponens pie, et res puellæ bene distribuens, et ipse defunctus est, et cum suis patribus sepultus est in pace. Euphraxia vero magnificabatur, et secundum Deum conversabatur, abstinens ultra mensuram suam. Erat enim annorum duodecim, et ad certamina se fortiter exercebat. Et primum quidem a vespera usque ad vesperam comedebat, deinde post biduum, postea post triduum. Nulla alia præter illam triclinia mundabat et cubicula sororum sternebat : aquam ad coquinam ipsa portabat. Hæc autem consuetudo erat in monasterio ; si quando contigerat aliquam sororem tentari a diabolo per somnum, mox abbatissæ pandebat. Illa vero cum lacrymis Deum postulabat ut diabolus ab ea recederet, jubebatque ut lapides portaret, et substratum sub sago cinerem super cilicium spargeret, et ita dormiret usque ad decimum diem. Una vero dierum ipsa a diabolo tentata est, et superposuit stratui suo cinerem. Videns autem abbatissa cinerem sub stratu Euphraxiæ, risit et ait ad unam sororem seniorem : Vere hæc puella tentari coepit, et orans abbatissa, dixit : Deus, qui creasti eam secundum tuam voluntatem, tu eam in tuo timore conforta. Et vocans eam abbatissa, dixit ad eam : Quare non indicasti mihi tentationem diabolicam ? Illa vero cadens ad pedes abbatissæ, dixit: Ignosce mihi, domina mea, quia confusa sum indicare tibi hanc causam. Dixit ad eam abbatissa : Filia mea, ecce pugnare coepisti ; viriliter age, ut vincas et coroneris.

Cap. XV. — Post paucos vero dies denuo tentata est, et narravit alicui sorori, nomine Juliæ, quæ multum diligebat Euphraxiam, quæ etiam in certaminibus eam exercebat. Dixitque ei Julia: Domina mea Euphraxia, non abscondas hoc abbatissæ; sed refer hoc, ut oret pro te. Omnes enim tentamur a diabolo; sed speremus in Christi nomine, quia vincimus eum. Ergo soror mea non morieris, sed indica abbatissæ causam, et noli confundi. Audiens autem hæc Euphraxia, gratias egit Juliæ, et dixit ad eam: Adjuvet te Deus, soror, quia ædificasti me, et meam animam confortasti. Vere ingredior, et causam dominæ abbatissæ pronuntio. Dixitque Julia: Etiam sic fac ut oret pro te, et adjiciat tibi abstinentiam. Illa vero ingrediens, indicavit abbatissæ causam. Dixitque ei abbatissa: Non pertimescas, filia, omne bellum diaboli, quo contra nos nititur. Certa igitur fortiter immobili animo, et non prævalebit adversum te. Multum enim ab eo tentanda es: sed certa, ut vincas, ut victorias et triumphum accipias a sponso tuo Christo, et quantum potes adjice abstinentiæ tuæ. Qui enim præcipue decertat, præcipua dona percipiet. Post aliquantulum vero temporis spatium interrogavit eam abbatissa, dicens: Post quot dies comedisti, filia? Puella dixit: Post tres dies, domina mea. Dixit ei abbatissa: Adjice adhuc unum diem. Illa vero jussionem ejus cum lætitia magna suscipiens, discessit.

Cap. XVI. — Cumque facta esset annorum viginti, ætate confortabatur et prævalebat. Erat enim nimis speciosa, tanquam vera matrona, et sanguine regio procreata. Denuo autem tentata, indicavit abbatissæ causam. Dixitque ei abbatissa: Noli timere, filia, Deus tecum est. Erat autem in aula monasterii acervus lapidum. Volens autem abbatissa tentare Euphraxiam, et ad Matris provocare obedientiam, dixit ei: Veni, filia mea, istos lapides transporta hinc, et pone eos juxta clibanum. Euphraxia vero mox accessit lapides transportare: erant autem et grandes lapides inter eos, quos duæ sorores vix poterant agitare. Illa vero super humeros suos arripiebat eos, nullo adjutorio opus habens. Erat autem juvenis et valde fortis, nec dixit abbatissæ: Adjuvet me alia soror. Nec dixit: Grandes sunt lapides, non prævaleo. Nec dixit: Jejuna sum et deficio, et opus hoc grande est; sed cum fiducia jussionem per obedientiam adimplevit.

Cap. XVII. — Alia vero die dixit abbatissa ad eam: Non est justum ut lapides isti juxta furnum sint positi, sed reporta eos in locum suum. Illa vero denuo confidenter jussionem abbatissæ suæ complevit. Hoc ergo opus viginti dies jussit eam facere, ut patientiam ejus comprobaret. Omnes itaque sorores videbant quod flebat, et puellæ obedientiam admirabantur. Aliæ quoque sorores deridebant, aliæ acclamabant: Viriliter age, Euphraxia. Triginta vero dies impleti sunt. Denuo divini operis celebratione facta, die quadam pergente Euphraxia ut lapides portaret, dixit ei abbatissa: Dimitte, filia, hoc ministerium, et tolle farinam et consperge, et coque panes in furno, ut invenaris ad vesperum in ministerio sororum. Illa vero cum magna lætitia et gaudio jussa complevit.

Cap. XVIII. — Rursus diabolus inveniens eam vacantem, hujusmodi tentationem ei immisit, quod quasi ille senator cui fuerat desponsata, superveniens cum auxilio multo, abstraheret eam de monasterio, et ea sublata abiret. Quæ cum jaceret in cubili suo, violenter proclamabat. Abbatissa vero et aliæ sorores expergefactæ, audierunt ejus violentiæ vocem. Et excitantes eam, dixerunt: Unde est tibi hæc anxietas, filia? Illa vero repente somnium recitavit. Abbatissa vero excitans sorores, stetit in oratione. Post completum vero ministerium usque ad horam tertiam, tenens Codicem Euphraxia, stabat legens sedentibus, et postea stans ad horam tertiam in ministerio. Post completionem vero tertiæ, mox Euphraxia sororibus necessaria parabat, munditiam 356 in triclinio faciens, et lectos sternens, aquam implens, et ad coquinam portans; ligna frangens, et legumina coquens; farinam confermentans, et coquens panem in clibano. Et dum hæc omnia faceret, nec in nocturna psalmodia deerat, nec in tertia, nec in sexta, nec in nona, nec in vespera. Nam postquam complevit vespertinas orationes, per se ministerium faciebat inferendo. Cum qua etiam et laborabat Julia, satis enim diligebat Euphraxiam.

Cap. XIX. — Denuo siquidem diabolus per somnum vehementer eam tentans, ei certamen immisit maximum. Quæ mox anxietatis suæ certamen abbatissæ confessa est. Pro qua dum oraret abbatissa, dixit ei: Filia mea Euphraxia, tempus certaminis est. Vide ne molliat diabolus mentem tuam, et perdas laborem tuum. Adhuc enim parvo tempore dimicans tecum, dum fuerit superatus a te, rursum effugiet. Dicebatque ei simul Julia: Domina et soror mea, si modo ei non repugnamus et vincimus, in senectute quale bellum cum eo faciemus? Cui respondit Euphraxia: Vivit Dominus, soror Julia, qua si mihi præceperit abbatissa, non gustabo in tota septimana panes, donec eum Domino adjuvante vincam. Cui Julia dixit: Si tu hoc potes implere in terra, beata eris in cœlo. In isto namque monasterio nulla potuit sine cibo totam septimanam permanere, nisi domina nostra abbatissa. Tunc ingressa Euphraxia, nuntiavit tentationem diaboli per somnum abbatissæ, eamque rogavit ut ei præciperet quatenus totam hebdomadam sine cibo persisteret. Cui abbatissa dixit: Fac quidquid tibi videris facile esse, filia mea. Deus qui creavit te confirmet te, et contra diabolum donet tibi victoriam. Cœpit igitur Euphraxia totam septimanam jejunare, et neque psallendi officium dereliquit, nec sororum ministerium, ita ut omnes tolerantiam ipsius mirarentur, et pulchritudinem simul et juventutem ætatis. Dicebant autem quædam de collegio earum: Habemus hodie annum, custodientes Euphraxiam, et sedentem eam non vidimus, neque per diem neque per noctem, nisi solum quando requiescebat in loco suo nocte. Nunquam enim sedit, vel quando etiam panem comedit. Omnes ergo sorores diligebant Euphraxiam, quia se ita humiliter exercebat, et cum studio famulatum sororibus exhibebat, dum præcipue utique de sanguine imperiali descenderet. Pro qua re inter se nimis pro ea orantes, rogabant Dominum ut salvaretur.

Cap. XX. — Fuit autem inter eas quædam, nomine Germana, quam dicebant ex ancilla ortam. Hæc invidiam habens adversus Euphraxiam, insurrexit adversus eam in coquina secrete, et dixit ei: Dic, Euphraxia, ecce tu semel in septimana comedis secundum regulam abbatissæ, et nos hoc non possumus adimplere. Si coactæ fuerimus ab abbatissa, quid faciemus? Cui Euphraxia respondit: Domina mea, domina nostra abbatissa dixit ut unaquæque sicut poterit decertet. Non enim sine necessitate mihi hoc jugum imposuit. Dixit ei Germana: Impostrix et omni calliditate plena, quis nesciat quia sub ingenio hoc agis, ut post pausationem abbatissæ tu ei succedas? Credo in Christo, quia te nunquam dignabitur ad abbatissæ venire locum. Audiens hæc Euphraxia, prostravit se ad pedes ejus, et dixit ad eam: Ignosce mihi, domina mea, et ora pro me. Cognoscens autem abbatissa quod fuerat factum, Germanam coram omnibus vocavit, dixitque ei: Ancilla nequam, et a Deo extranea, quid tibi nocuit Euphraxia, quia festinasti studium ejus obrumpere? Aliena es a sororum concilio, indigna es a ministerio, et collegio sororum extranea. Cui multum supplicabat Euphraxia, quatenus illi veniam largiretur; et non eam flexit, donec implerentur dies triginta. Trigesimo vero die videns Euphraxia quia nil rogando proficeret, assumens secum Juliam et seniores feminas monasterii, deposcebat ut rogarent abbatissam, quatenus ei reconciliaretur. Quo facto, evocavit eam abbatissa coram omnibus, dixitque ei: Nonne dijudicasti in corde tuo ut studium puellæ hujus abscinderes, nec cogitasti quia dum esset matrona, et ex imperiali genere constituta, humiliavit semetipsam, et propter Deum servivit tibi? Omnibus ergo rogantibus pro Germana placata est.

Cap. XXI. — Tunc diabolus contra Euphraxiam certamina non cessavit committere. Nimis enim furebat contra eam, et cito perduci volebat ad finem. Una quidem dierum, cum ad hauriendam aquam descendisset ad puteum, arripiebat eam diabolus cum lagena, et dejecit eam deorsum in puteum, ita ut nausearet Euphraxia, et perveniret caput ejus ad fundum. Elevata vero de aqua, et tenens funem situlæ, ita clamavit de puteo; Christe, adjuva me. Qua voce facta, cognitum est quia Euphraxia corruisset in puteum, et concurrentes sorores cum abbatissa abstraxerunt eam de puteo. Quæ surgens exinde, et semetipsam consignans, subrisit et ait: Vivit Christus meus, quia non me vincis, diabole, neque cedo tibi. Usque nunc quidem unam lagenam portabam cum aqua in coquinam; ab hodie **357** vero duabus lagenis aquam portabo. Et ita fecit.

Cap. XXII. — Videns itaque diabolus quia eam in puteo necare non valuit, rursum alia vice cum descendisset ligna incidere, cumque jam pauca incidisset, astitit diabolus observans eam. Et dum levasset securim ut lignum incideret, colligavit diabolus manus ejus, et usque ad ejus calcaneum traxit, et pervenit usque ad tibiam. Quæ cum vidisset crudelissimum vulnus valde, et sanguinem vehementer effusum, projiciens securim angustiata et in terram prostrata est. Julia vero cucurrit, et clamans, sororibus nuntiavit quia Euphraxia accipiens securim, de securi mortua est. Cumque concursu clamor factus fuisset universarum, circumstabant eam paucæ simul et flebant. Tunc accedens abbatissa, aquam in faciem ejus misit (4); et consignans eam atque complectens, ait ei: Filia mea Euphraxia, cur angustiata es? Recrea te, et loquere sororibus. Illa vero respiciente, abbatissa dixit: Domine Jesu Christe, sana ancillam tuam, quoniam propter te multa patitur. Et cum ligasset pedem ejus de panno cilicino, levavit eam: et dans ei manum, ducebat eam ad monasterium. Illa vero respiciens ligna projecta, dixit sororibus: Vivit Dominus meus, nisi collegero ligna, et septimanam meam complevero (5), non ascendam. Cui Julia dixit: Noli, domina soror, non vales; dimitte, ego colligam ea, tu ascende, requiesce propter dolorem. Illa vero non acquievit, sed complens manus suas lignis, sic ascendit. Cui tamen diabolus non pepercit. Nam cum ascendisset superiores gradus scalæ, calcans summitatem tunicæ suæ, super ipsum lignum ruit quod portabat, et fixum est lignum in aspectu ejus, ita ut sorores crederent quia lignum ejus oculum penetrasset. Tunc exclamans Julia, ait ad eam: Domina mea, tibi dixi quia non potes requiescere, et non me audisti. Cui dixit Euphraxia: Caute subtrahe a me lignum, oculus meus sanus est. Traxit ergo ab ea lignum, et sanguinis facta est effusio vehemens. Abbatissa vero deferens oleum, et facta oratione, supposuit ei manum; rursumque dixit ad eam: Vade ad stratum tuum, requiesce, et ego dominabus sororibus ministerium tuum injungo. Euphraxia vero dixit: Vivit Dominus meus, quia non requiesco, donec officium meum complevero. Multum enim rogabatur a sororibus ut requiesceret propter plagas quas habebat, et passa non est; sed sic ulcerata, ex utraque plaga sanguine procurrente, stabat ministerium faciens sororibus, et neque in opere Dei deerat, nec in alio ministerio.

Cap. XXIII. — Rursus itaque alia vice, cum ascenderet cum Julia in solarium tertium (6), arripiens eam diabolus, præcipitavit eam deorsum. Et cum exclamasset Julia, concurrentes sorores, crediderunt se Euphraxiam mortuam invenire. Quæ surgens, occurrit eis. Quam suscipientes, introduxerunt eam ad abbatissam; interrogavitque eam si in aliquo fuisset læsa. Cui Euphraxia respondit: Vivit Dominus, domina mea, quia nec quomodo cecidi novi, nec quomodo surrexi. Audiens abbatissa quia de tanta altitudine corruens nihil esset læsa, glorificavit Deum, dicens: Vade, filia ad opus tuum, et erit Dominus tecum.

Cap. XXIV. — Rursus ergo inimicus volens eam occidere, sic adoriebatur. Cum Euphraxia ollam ferventem teneret, in quas olus coquebat, ut effunderet coctionem olerum in vasculo, ablatis pedibus a diabolo, retrorsum cadens, ollæ illius coctionem in faciem suam fudit. Et dum omnes sorores in hoc facto expavescerent, exsiliens Euphraxia, subrisit, et ait ad eas : Ut quid turbatæ estis? Abbatissa vero videns quia non fuisset læsa, respexit in ollam, et vidit quia quod remanserat esset fervens. Et conversa dixit Euphraxia : Vere, domina mea, quia velut aqua frigida venit in faciem meam. Admirata est vero abbatissa, et intuens in eam dixit : Filia, Deus te custodiat, et tibi sine intermissione tolerare in suo timore concedat. Et ingressa abbatissa oratorium, convocavit priores seniores (7), dixitque eis : Nostis quia Euphraxia promeruit gratiam Dei? Cognovistis enim quia nec præcipitata contristata est, neque nimietate fervoris exusta est. At illæ dixerunt : Vere ancilla Dei est Euphraxia, et curam ejus habet Dominus ; nam in hujusmodi tentationibus liberata est a Domino.

CAP. XXV. — Omnis itaque civitas atque provincia consuetudinem habebat ut infantes male habentes in illud deducerent monasterium, ad ancillas Dei miracula facientes, et suscipiebat eos abbatissa, et ingrediebantur in oratorium, et supplicabant pro eis Dominum, et mox ab omni languore sanabantur infantes, et recipiebant eos matres propriæ sanos, proficiscentes atque glorificantes Deum. Erat autem quædam in monasterio mulier energumena, ab infantia obligata in monasterio, quatenus salvaretur, quæ habebat spiritum immundum dæmonem, ligatis manibus, et spumam faciens, et dentibus suis stridens, multumque clamans, ita ut omnes audientes eam, timore conciderent. Et cum frequenter abbatissa cum senioribus sororibus pro salute ejus orasset, nihil promeruit : quapropter nec valebant se ad eam jungere, ut ei vel cibum offerrent. Erat autem ligatum quoddam vasculum in fune, et ipso vasculo legumina vel panes mittebant, et appendebatur ipsum vasculum, et sic ei de longe porrigebatur, et ita vescebatur. Frequenter autem abjiciens ipsum vasculum, cum virga jaculabatur in faciem offerentis sibi cibum.

CAP. XXVI. — Una vero dierum factum est ut intraret ostiaria, et diceret abbatissæ : Domina mea, mulier quædam infantulum adduxit, et stans foris ad januam, deflet. Est autem infantulus quasi annorum circiter octo, paralyticus, surdus et mutus. Videns autem abbatissa, spiritu sibi revelante, quia gratiam promeruisset a Domino contra dæmones Euphraxia, dixit ostiariæ : Voca mihi Euphraxiam. Quæ cum venisset ante abbatissam, dixit ei : Vade, suscipe infantem a matre sua, et defer huc. Illa vero egressa, et videns infantulum paralyticum et trementem, miserata est super eum; et ingemiscens dolenter, signavit infantem, et dixit ei : Qui te creavit, ipse te sanet, fili. Et sumens eum, pergebat ad abbatissam. Infans vero dum portaretur ab Euphraxia sanatus est, et clamavit matri suæ. Videns autem Euphraxia quia infantulus cœpisset loqui, perterrita projecit eum in terram. Infantulus autem mox exsurgens, cucurrit ad januam, quærens matrem suam. Currens autem ostiaria, nuntiavit abbatissæ quod factum est. Quæ cum vocasset matrem infantis, dicit ei : Dic mihi, inquit, soror, tentare nos venisti? Respondit autem mater infantis, dicens : Per Dominum nostrum Jesum Christum, domina mea, quia neque ambulavit, neque locutus est hic infans usque in præsentem horam. Sed cum suscepisset eum hæc domina soror, mox locutus est. Illa vero projiciens eum in terram, stetit obstupefacta ; infantulus vero surgens, venit ad me ancillam tuam. Dicit ei abbatissa : Ecce ergo habes eum sanum, tolle eum, et vade in pace. Quæ assumens filium suum, pergebat, glorificans Deum.

CAP. XXVII. — Rursum ergo abbatissa dixit ad seniores sorores : Quid vobis de Euphraxia videtur ? Cui respondentes, dixerunt : Vere ancilla Dei est. Vocavitque eam, et dixit ei : Filia mea Euphraxia, volo ut huic patienti (8), quæ in monasterio est, per manus tuas cibum offeras, si non times eam. Cui Euphraxia respondit : Non timeo, domina mea, quidquid mihi præcipis. Sumens ergo Euphraxia quiddam vasculum, misit in illud legumen et fragmen panis, et obtulit ei. Illa vero repente dentibus stridens, et valde fremens, fecit impetum super eam : et apprehendens illud vasculum, volebat confringere. Euphraxia vero apprehendens manum ejus, dixit : Vivit Dominus Deus, si te posuero in terram, tollo virgam dominæ abbatissæ, et sic te flagellabo, ut nunquam præsumas hoc agere. Videns autem quia prævaluisset patienti, quievit. Postquam autem cessavit, cœpit Euphraxia blandiri, et dicere : Sede, soror, comede et bibe, et noli turbari. Illaque sedit, comedit, et bibit, et requievit. Ab illa hora jam illi cibus cum virga dabatur. Omnes autem sorores videntes quod fecerat Euphraxia, orabant pro ea ad Dominum. Cum vero cœpisset moveri et indignari, dicebant ad eam sorores : Quiesce soror, et noli malignari ; nam si venerit domina Euphraxia, flagellabit te ; et repente quiescebat.

CAP. XXVIII. — Rursum autem Germana invidia mordebatur, et cor ejus urebatur, dicebatque sororibus : Nisi fuisset Euphraxia, non inveniebatur alia quæ cibum ei offerret? tollam cibos, et ego'ministro. Sumens ergo cibos ejus, accessit ad patientem, et dicit ei : Accipe cibos, soror, et comede. Illa vero continuo exsiliens in eam, vestes ejus conscidit; et conterens eam, projecit in terram ; et irruens super illam, cœpit manducare carnes ejus. Clamore autem facto, et nulla præsumente ei appropinquare, currens Julia ad coquinam, dixit Euphraxiæ : Festina, domina, quia Germana a patiente dilacerata est. Currens autem Euphraxia, tenens manus patientis et guttur, eripuit ab ea Germanam cruentatam et dilaceratam. Cui dixit Euphraxia : Bene fecisti, quia sic contrivisti sororem ? Illa vero stabat spumam faciens, et dentibus stridens. Dixit ei Euphraxia : Ab hac hora si maligna fueris erga sorores, non tibi cedo, neque misereor ; sed virgam dominæ meæ abbatissæ tollam, et cum ea te sine misericordia flagellabo. Illa vero sedens, repente cessavit.

Cap. XXIX. — Mane autem facto, completo sacro officio, et egredientibus eis ab oratorio, visitans Euphraxia patientem, invenit eam disruptam vestem suam in terram projecisse, et sedentem super eam, et colligentem stercus, et comedentem. At Euphraxia ut vidit, flevit, et quæ facta fuerant abbatissæ nuntiavit. Convenientes vero sorores, invenerunt eam nudam, et colligentem phlegma, et comedentem. Dixit autem abbatissa ut daretur ei alia tunica, ut vestiretur. Sumens itaque Euphraxia tunicam, et parapsidem cum legumine, et fragmen panis, obtulit ei, et dixit: Accipe, soror, et vesti te, et gusta, quare sic te deturpas? Quæ sumens, comedit et bibit. Et induens eam, ministravit ei. Euphraxia vero a lacrymis non cessavit, usque ad vesperam pro ea gemens. Quo cum pervenisset, mox supplicabat Domino cum lacrymis, ut illa patiens sanaretur. Diluculo vero abbatissa vocans Euphraxiam, dixit ei: Cur me celasti, preces offerens Deo pro hac patiente? Si manifestasses mihi, et ego sine dubio venirem. Cui Euphraxia dixit: Ignosce mihi, domina, vidi eam turpiter positam et infirmam, et dolui super eam. Abbatissa vero dixit: Habeo tibi aliquid confiteri, et vide ne Satanas tentet te, et elatio tibi generetur. Ecce tibi Christus potestatem circa eos dedit, ut ejicias eos. Audiens hæc Euphraxia, misit cinerem super caput suum; et prosternens semetipsam in terram, clamavit dicens: Quæ sum ego infelix et immunda, ut dæmonem tantum expellam, quem orantes per tantum tempus non potuistis expellere? Dicit ei abbatissa: Filia mea, te sustinebat hoc tempus, copiosa est tua merces in cœlo. Ingressa autem Euphraxia monasterium, projecit semetipsam ante altare, supplicans Deo, ut precibus ejus sanaretur, et de excelso daretur auxilium. Et surgens a pavimento orans, rursum ibat ad patientem, jussione abbatissæ, et omnes sorores sequebantur eam, ut mirarentur quæ facienda erant. At quam accedens, ait: Sanet te Dominus meus Jesus Christus, qui te creavit. Et mox signum crucis fecit in fronte ejus. Mox autem clamavit coram omnibus: Oh! quomodo ab ista impostrice et fallace exeo, habitans in ea plurimos annos, et nullus me expellere potuit, et hæc immunda atque luxuriosa conatur persequi me? Cui Euphraxia dixit: Non ego te persequor, sed Christus omnium Deus. Dixit ei dæmon: Non exeo, immunda, non enim accepisti potestatem ejiciendi me. Euphraxia dixit: Ego immunda sum, et omni malignitate plena, ut tu quoque testaris; verumtamen, jubente Domino, egredere ab ea. Nam si sumo baculum abbatissæ, flagellabo te. Cæterum resistente dæmone, et exire nolente, sumens Euphraxia abbatissæ baculum, dixit ei: Exi, aut certe torqueo te. Respondit ei: Quomodo ab ea egredi potero, cum ab ea recedere non possim? Mox igitur Euphraxia cœpit cædere. Et cum tertio percussisset, dixit: Egredere a figmento Dei, spiritus immunde. Increpet te Dominus Jesus Christus. Dæmon dixit: Non possum exire ab ea, quid me persequeris? ubi habeo proficisci? Euphraxia dixit: In tenebras exteriores, in ignem æternum, in infinita tormenta, parata tibi et patri tuo Satanæ, et facientibus voluntatem ejus. Omnes itaque sorores stabant respicientes in eam, et non præsumebant propius appropinquare. Euphraxia vero dure certabat cum dæmone resistente. Et respiciens in cœlum, dixit: Domine Jesu Christe, noli me in hac hora confundi, ut non vincat me hic dæmon immundus. Et continuo dæmon spumans, et stridore facto, clamans voce magna, egressus est a muliere, et ab ea hora sanata est. Cucurrerunt autem sorores, glorificantes in hoc Deum, magnus enim timor obtinuerat omnes. Euphraxia vero tulit mulierem, et abluit eam aqua, et induit eam vestimento, et duxit ad abbatissam: quæ una cum sororibus introduxerunt eam in monasterium, et gloriam dederunt Deo pro facto miraculo.

Cap. XXX. — Ab illa vero hora humiliavit se amplius Euphraxia, et sine somno tota nocte persistebat: omnem vero hebdomadam jejunabat, ut consueverat, sine defectu faciens cunctis sororibus ministerium, et cum omni studio atque lætitia in mansuetudine atque humilitate degebat. Una vero dierum abbatissa vidit visionem, et conturbata est vehementer. Rogare autem cœperunt eam omnes sorores, supplicantes et dicentes: Confitere nobis, domina abbatissa, cur sic ingemiscis, et nostras animas simul affligis. Et dixit: Non me cogatis usque in crastinum. Dixerunt ei seniores sorores: Crede, domina, quod si non annuntiaveris nobis, tribulationem magnam animabus nostris ingeris. Abbatissa dixit: Ego quidem quod futurum est, usque in diem crastinum dicere non volebam; sed quia cogitis me, nunc audite: Euphraxia nos deserit, cras enim hac vita privabitur; nulla vero indicet ei ne contristetur. His itaque dictis, magnus ejulatus per multas horas factus est. Una autem sororum cum cognovisset, currens ad furnum, invenit Euphraxiam panes coquentem, cui Julia aderat secundum consuetudinem. Dixit ergo illa soror quæ venerat: Cognosce, domina Euphraxia, quia intus magnus luctus est apud abbatissam propter te, et apud sorores. Audientes autem hæc Julia et Euphraxia, stupefactæ sunt, et diutius steterunt. Post hæc autem Julia dixit: Putasne auditu audivit abbatissa, quia ex missione illius qui aliquando sponsus fuerat tuus, jussit imperator te adduci ex monasterio, et propterea lamentantur? Cui Euphraxia respondit: Vivit Dominus meus Jesus Christus, quia si omnia fundamenta terræ moveantur, non mihi persuadere prævalebunt, ut Christum Dominum meum derelinquam. Verumtamen domina mea Julia, dum coquuntur panes, vade, vide fletus istos, vide quid contigerit, ne anima mea perturbetur. Illa vero pergens, et stans foris ante januas, audivit somnum abbatissam hoc modo referentem: Vidi, inquit, quasi duos cujusdam schematis viros huc advenientes, qui quærebant Euphraxiam tollere, dixeruntque mihi: Dirige eam, opus habet. Rursum ergo et alii venientes, dixerunt mihi: Assumens tecum Euphraxiam, deduc eam ante Dominum. Quam mox assumens, properavi cum eis. Et cum venissemus ad quamdam portam, cujus gloriam enarrare non valeo, sponte nobis aperta est. Et ingressæ sumus, et vidimus ibi inenarrabile palatium cœleste, in quo et solium nuptiale non manu factum. Ego quidem interius appropinquare non potui. Euphraxiam vero assumentes, obtulerunt Domino: et procidens, osculata est pedes ejus immaculatos. Vidi ibi dena millia angelorum, ac multitudinem sanctorum innumerabilem; et omnes stabant respicientes; et vidi, et ecce mater Domini assumens Euphraxiam, adduxit eam ad thalamum nuptialem, in quo decoris coronam parabat, et audivi vocem ad Euphraxiam dicentem: Ecce merces tua. Nunc itaque perge, post decem dies veniens, fruere his in sæculis infinitis. Et ideo quia hodie nona dies est, ex quo visionem vidi, cras morietur Euphraxia.

CAP. XXXI. Audiens hæc Julia recitantem secrete abbatissam, tundens pectus suum et faciem, amare deflens venit ad clibanum; et cum vidisset eam flentem Euphraxia, dixit ad illam: Conjuro te per Filium Dei, soror Julia, indica mihi quid audisti, et quare plangis. Dixit ei Julia: Plango, domina mea, quia hodie separabimur a te; sicut enim audivi a domina mea abbatissa, cras ex hoc corpore exhalabis. Quod dum Euphraxia audisset, angustiata est, et pusillanimis facta, cecidit. Sedebat autem juxta eam Julia flens. Cui Euphraxia dixit: Soror, da mihi manum tuam, et leva me, et duc me ubi ligna sunt posita, et ibi me pone; et tolle panes de clibano, et porta in monasterium. Fecit Julia hæc, et abbatissæ non indicavit. Cum ergo jaceret Euphraxia in pavimento clamavit: Cur, Domine, abominatus es me peregrinam et orphanam? Cur despexisti me? Ecce tempus quando debebam cum diabolo pugnare, et anima mea a me expetitur. Misericors esto in me ancilla tua, Domine Jesu Christe, dimitte vel unum annum, quatenus defleam peccata mea, quia sine pœnitentia sum, et ab omni pœnitentia nudata. Non est in me opus salutis: nam nemo in inferno confitebitur tibi. Non est pœnitentia in sepulcro, non possum post mortem lacrymis prævalere; non enim qui in inferno sunt laudabunt te, Domine, sed viventes laudabunt nomen sanctum tuum. Dona mihi vel adhuc unum annum, ut pœnitentiam agam, quia desolata sum sicut ficus sine adjutorio. Cum ergo defleret, audiens quædam sororum, indicavit abbatissæ atque sororibus, quia Euphraxia prostrata in repositorio lignorum, ita clamaret. Dixitque Julia: Vere, domina, audivit quia moritur; propterea lamentatur. Dixit ergo abbatissa sororibus: Quis annuntiavit ei, et animam ejus afflixit? Quis indicavit ei, et cor ejus attrivit? Nonne vos rogavi, ne diceretis ei, donec ejus hora veniret? Cur hoc fecistis et afflixistis animam ejus? Ite, et adducite eam mihi. Illæ vero pergentes, dixerunt ei: Veni, domina Euphraxia, vo-cat te abbatissa. Illa vero egressa est, plorans atque conturbata: et ingressa, astitit abbatissæ, deflens atque mœrens, et gemitibus nimis afflicta. Abbatissa vero respiciens eam, dixit: Quid habes, filia, quia sic ingemiscis? Euphraxia dixit: Plango me, domina mea, quia scivisti me morituram, et non indicasti mihi, ut plangerem peccata mea, dum sim ab omnibus peccatis coinquinata. His dictis, se prostravit in pavimentum, et tenuit pedes abbatissæ, per quam omne consilium ejus alacriter est perductum. Clamavitque Euphraxia et dixit: Miserere mei, domina, et deprecare Dominum, ut mihi concedat vel unum annum, quia sine pœnitentia sum, et nescio quæ me tenebræ cooperiant. Dixit ei abbatissa: Vivit Dominus, quia cœlesti senatu dignam te fecit rex tuus Christus. Et cœpit omnibus recitare, quibus bonis habet frui Euphraxia. Et rogabat eam, ut pro ipsa Dominum supplicaret, quatenus ejus particeps esse mereretur. Orabat enim ut cum ea conversaretur in Christo; et ipsis donis quibus ipsa erat fruitura, et ipsa frueretur.

CAP. XXXII. — Euphraxia vero jacens ad pedes abbatissæ, cœpit tenere frigus et rigorem; post paululum vero vehemens eam febris invasit. Abbatissa vero sororibus ait: Sumite eam, et ingrediamur in oratorium, quia jam appropinquat hora ejus. Posuerunt ergo eam in oratorium, et observabant eam usque ad vesperam. Vespere autem facto, cum hora sumendi cibum jam advenisset, præcepit eis abbatissa ut egrederentur, solummodo Juliam secum retinens, ne aliqua hora relinqueret Euphraxiam; et clausis januis, usque mane fuerunt cum ea. Julia vero rogabat Euphraxiam, dicens: Domina mi soror, non obliviscaris mei: memento quod inseparabiliter tibi conjuncta sum semper super terram; supplica Deo pro me, ut me non separet a te. Memento quia ego tibi provisi bona certamina. Deprecare Dominum, ut me absolvat ab hac sarcina carnis, ut merear tecum abire cum fiducia. Mane vero facto, abbatissa videns quia in novissima respiratione esset Euphraxia ut moreretur, mandavit sororibus per Juliam, dicens: Venite, filiæ meæ, valefacite ei, quia jam defecit. Quibus venientibus, valedixerunt ei, flentes, dicentesque: Memento nostri, domina soror Euphraxia, nomen benedictum a Deo, qui te dilexit. Post omnia autem venit illa quæ diu passa a dæmone fuerat, et per eam salva facta est: et lugens sicut et omnes, osculabatur manus ejus, dicens: Istæ manus quantum mihi indignæ et peccatrici ministraverunt! per Deum, et per istas manus dæmonium expulsum es a me. Et cum Euphraxia respondere non posset, dixit ei abbatissa: Filia mea, non misereris vel hujus sororis? Quare non loqueris ei, quæ propter te ita tribulatur? Euphraxia vero respondit ad eam: Quare me luges, domina soror? Dimitte me requiescere, quia deficio; verumtamen tu benedic Deum, et ipse te conservabit. Et dixit: Ora pro me, quia magnum certamen est in anima mea in hac hora. Cum ergo orasset abbatissa, et omnes respondissent Amen, reddidit animam. Erat autem annorum triginta: sepelieruntque eam in tumulo, ubi et genitrix ejus Euphraxia requiescebat; et glorificaverunt Deum, quia promeruissent habere sororem apud Deum.

CAP. XXXIII. — Julia vero magistra ejus, tribus diebus flens, ab ejus tumulo non recessit; hæc enim docuerat eam litteras et psalterium et multum eam diligebat, cum ejus esset discipula, atque ex genere imperatoris. Quarta vero die læta facta Julia, accessit ad abbatissam, et dixit ei: Domina mea, ora pro me, quia vocavit me Christus, intercedente pro me beata Euphraxia. Et hæc dicens, osculata est cunctas sorores. Quinta autem die post obitum Euphraxiæ, defuncta est et magistra ejus Julia, et sepulta est in sepulcro ubi posita erat beata Euphraxia.

CAP. XXXIV. — Post triginta vero dies evocans abbatissa monasterii priores, dixit ad eas: Filiæ meæ, eligite vobis matrem, et constituite in locum meum, quæ vobis præesse possit. Illæ vero responderunt: Domina, pro qua causa hoc dicis denuntia nobis; nunquam enim famulabus tuis hoc dixisti. Dixit eis abbatissa: Vocavit me Dominus. Supplicavit enim pro me domina Euphraxia, et multum laboravit in suis precibus, quatenus ego cœlestem thalamum promererer. Nam et Julia per sanctam Euphraxiam particeps ejus effecta est, et ingressa est in illud palatium non manufactum; et ego festino digna fieri, et cum eis locum habere. Audientes sorores de Euphraxia et Julia, quia in maxima esset gloria, gaudebant, et orabant pariter, ut et ipsæ mererentur ad illum thalamum accedere. Elegerunt ergo unam sororum, nomine Theogeniam, quæ eis præesset. Quam evocans abbatissa ad se, dixit ad eam: Ecce testimonium bonum quod sorores omnes de te dederunt, et posuerunt te ad principatum et præsulatum traditionis divinæ legis et consequentia nostra. Conjuro te per intemeratam Trinitatem et consubstantialem, ne istius mundi quæras divitias aut possessionem, neque occupes sorores ad terrenas sollicitudines: sed magis ut contemnentes temporalia bona, perpetua mereantur accipere. Et rursum sororibus dixit: Quomodo perfecte nostis vitam et conversationem Euphraxiæ, estote imitantes eam, ut participes ejus efficiamini. Et cum dixissent omnes Amen, valedicens eis, intravit oratorium; et claudens januas, præcepit ut usque ad diluculum nulla illarum intraret. Mane autem facto ingressæ, invenerunt eam obdormisse in Domino; et hymnum dicentes Domino, reposuerunt eam in sepulcro ubi beata Euphraxia condita erat. Ab illa autem die nequaquam in illo tumulo alia sepelierunt corpora.

CAP. XXXV. — Multa vero signa et sanitates fiebant in memorato sepulcro, et expulsi dæmones clamabant: Quia post mortem prævalet contra nos Euphraxia, et persequitur nos? Hæc est revera Vita Euphraxiæ matronæ, quæ cœlesti senatui interesse promeruit. Festinemus igitur et nos, tam fratres quam sorores, hujusmodi conversationem habere, et sectari humilitatem, obedientiam, laborem, mansuetudinem, longanimitatem, ut et nos ita angelorum conversationem mereamur, et cum gaudio magno fruamur Salvatore Domino nostro Jesu Christo. Cui est honor et gloria in sæcula sæculorum. Amen.

ROSWEYDI NOTATIO.

362 (1) *Euphrasiæ.*] Martyrologium Romanum, 13 Martii: « In Thebaide depositio sanctæ Euphrasiæ virginis. » Usuardus de eadem hac die. Menologium Græcorum 25 Julii: Eodem die sanctæ Eupraxiæ, filiæ Antigoni cujusdam senatorii ordinis, et Eupraxiæ sub Theodosio imp. cujus erat consanguinea: mortuo autem Antigono, mater Eupraxia Theodosio illam commendavit, qui senatorio cuidam viro despondit. Illa vero discedens cum matre in Thebaidem Ægypti profecta, ad monasterium ingressa in quo erant virgines centum et quatuor, parem angelis vitam ducentes, æmulata earum virtutem, a monasterio ipso discedere passa non est: erat autem tunc virgo-sexdecim annos nata. Mater vero illinc discedens, Orientis monasteria obeundo, possessiones multas et beneficia indigentibus contulit. Post hæc cum in morbum incidisset, reversa est ad mansionem in qua filiam reliquerat; cumque omnes facultates suas filiæ commisisset, requievit in Domino. Eupraxia vero cum bona omnia pauperibus et ecclesiis Dei distribuisset, monasticæ vitæ exercitationem egregie amplexa, tantum in virtute profecit, et necessitates corporis subjugavit, ut per quadraginta quinque dies immobilis steterit, intentis ad cœlum manibus. Itaque propter excellentem virtutem beata Eupraxia miraculorum gratiam accepit, qua multos a variis languoribus liberavit, et ipsa beatum finem assecuta, ad Dominum translata est. »

Euphraxiæ res gestas habent omnes editiones, excepta prima Vitarum Patrum, ex quibus et ms. Codice Surius mutato stylo descripsit tom. II. Ego veterem stylum retinui, ex voto multorum vivorum doctorum. Joannes Damascenus ex ejus Actis, ut legitime scriptis, petit auctoritatem orat. 3 de imaginibus, ubi hæc Græce citat: Λέγει ἡ διάκονος τῷ κορασίῳ, Ὕπαγε κυρία μου εἰς τὸν οἶκόν σου, ὅτι οὐ δύνασαι ὧδε παραμεῖναι· οὐδὲ γάρ δύναταί τις ὧδε παραμεῖναι, ἐὰν μὴ συνταχθῇ τῷ Χριστῷ. Λέγει αὐτῇ τὸ κοράσιον, Ποῦ ἐστιν ὁ Χριστός; Ἡ διάκονος ἐπέδειξεν αὐτῇ τὸν δεσποτικὸν χαρακτῆρα, καὶ στραφεῖσα λέγει τῇ διακόνῳ, Ἀληθῶς κἀγὼ τῷ Χριστῷ συντάσσομαι, καὶ οὐκέτι ἀπέρχομαι μετὰ τῆς κυρίας μου· καὶ πάλιν ἀναστᾶσα ἡ Εὐπραξία, καὶ λαβοῦσα τὴν θυγατέρα ἑαυτῆς, παρέστησεν εἰς τὸν δεσποτικὸν χαρακτῆρα· καὶ ἐκτείνασα τὰς χεῖρας αὐτῆς εἰς τὸν οὐρανὸν ἐβόησε μετὰ κλαυθμοῦ, Κύριε Ἰησοῦ Χριστέ, σοι μελήσει περὶ τοῦ παιδίου, ὅτι σὲ ἐπόθησεν, καὶ σοι παρέθετο ἑαυτήν. « Diaconissa vero ad puellam: Abi, inquit, domum tuam, quia non potes hic permanere; neque enim in hoc cuiquam licet commorari, nisi cum Christo conjungatur. Puella autem: ubi est, inquit, Christus? At illa ostendit ei Domini imaginem. Cui puella conversa: Vere, inquit, ego cum Christo conjungor, neque amplius cum matre mea discedam. Et rursum consurgens Euphraxia, filiamque suam apprehendens, dominicæ imagini ipsam admovit, manibusque sublatis in cœlum magna voce clamavit: Domine Jesu Christe, puella tibi erit curæ, quando te concupivit, seque ipsam dicavit tibi. » Quæ Damascenus compendio excerpsit ex Actis Græcis Eupraxiæ, quæ in hac Vita Latina fusius habes narrata cap. 8 et 9.

Claruit temporibus Theodosii imp., uti patet ex ipsa Vita et Menologio.

Alia ab is est Euphrasia Nicomediensis, quæ mira arte elusit procaciam lascivientis juvenis, de qua Nicephorus lib. VII, cap. 13. Menæa Euphrasiam Nicomediensem martyrem tempore Maximiani imp. habent 19 Januarii.

(2) *Sanctuariis.*] Ita, opinor, vocat σεμνεῖα, monasteria. Sic cap. 5 : « Quæ etiam illic vacans in sanctuariis. »

(3) *Architria.*] An intelligit cellulas? In Vita sancti Antonii cap. 53, habes *archisterium*, de interiore et primaria Antonii cella.

(4) *Aquam in faciem ejus misit.*] Affusa aqua frigida exanimati ad se redibant. Unde proverbium, *Aquam aspergere*, id est, animos addere. Mox in Vita Euphrosynæ, cap. 15 : « Jactavit in faciem ejus aquam. »

(5) *Et septimanam meam complevero.*] Inde occurrunt apud varios scriptores *hebdomadarii* seu *septimanarii*. Vide Onomasticon.

(6) *Solarium tertium.*] Ergo plura erant in una domo solaria, id est tabulata. Alias *solarium*, id est suprema contignatio soli exposita, unum tantum erat.

(7) *Priores seniores.*] Mox, cap. 27 et 30 *seniores sorores*. Sæpe occurrunt *seniores* tam inter viros quam inter mulieres, in his Vitis.

(8) *Patienti.*] Id est, energumenæ. Clarum ex cap. 25.

JANUARII I.

VITA SANCTÆ EUPHROSYNÆ (1),
VIRGINIS.

AUCTORE INCERTO.

Caput Primum. — **363** Fuit vir in Alexandria nomine Paphnutius (2), honorabilis omnibus, et custodiens mandata Dei. Hic accepit conjugem dignam generi sui, et ipsam honestis moribus plenam, sed sterilis non pariebat. Vir autem ejus nimis fluctuans, eo quod non haberet cui omnes facultates dimitteret, ut post obitum suum bene et congrue suam substantiam gubernaret, indigentibus non cessabat ministrare nocte et die, ecclesiisque adhærens, jejuniis et orationibus orans et petens a Deo dari sibi filium. Similiter et uxor ejus doloribus afficiebatur maxime, videns virum suum fluctuantem nimium, multam et ipsa etiam pecuniam erogans pauperibus et in oratoriis, poscens adimplere desiderium suum. Similiter autem et vir ejus circuiens quærebat invenire aliquem hominem dignum Deo, qui posset precibus suis effectum desiderii ejus perficere. Et ita perambulavit in monasterio, in quo ejusdem monasterii patrem magnum dicebant apud Deum. Illicque ingressus, et multam pecuniam offerens, multam etiam fiduciam ab abbate et universis fratribus consecutus est.

Cap. II. — Post multum vero temporis indicavit abbati causam desiderii sui : qui compatiens illi, postulavit a Domino dari illi fructum ventris ; et amborum orationes exaudiens Deus, largitur unicam filiam. Videns autem Paphnutius abbatis conversationem, nunquam a monasterio recedebat. Unde et conjugem suam introduxit, ut benediceretur ab abbate et a fratribus. Tollens autem infantulam a lacte, et facta annorum septem baptizata est, imposueruntque illi nomen Euphrosynam. Gaudebant autem super illam parentes ejus, quia erat accepta Deo, et pulchra facie.

Cap. III. — Facta autem annorum duodecim, mater ejus migravit de hoc sæculo. Remansit autem pater ejus, erudiens eam litteris et lectionibus, cæteraque hujus mundi sapientia. Puella vero tantam excipiens disciplinam, ita ut miraretur pater illius prudentiam. Opinio autem ejus peragravit totam civitatem, et de sapientia ejus et de doctrina, et quia erat pulchra nimis, et composita vultu et animo. Multos autem excitavit ad accipiendum eam filiis suis, et multis decertantibus cum patre ejus, pervenire ad finem non poterant, sed tamen ipse dicebat : Domini voluntas fiat. Unus autem exsuperans omnes in honore et divitiis, accersivit patrem illius, et postulabat ab eo ut daret filiam ejus filio suo in matrimonio, et concessit.

Cap. IV. — Post multum vero temporis accipiens eam Paphnutius, cum esset annorum octodecim, abiit in monasterium cum ea, in quo consueverat, multamque iterum pecuniam largitus est ad necessaria fratrum. Dixitque abbati : Fructum orationum tuarum adduxi tibi, ut ores pro ea ; quia jam ad nuptias eam tradere volo. Jussit autem abbas eam introduci in xenodochia monasterii, locutusque est cum ea, et benedicens exhortatus est eam de castitate, et humilitate, et patientia timoris Domini : faciens ibi tres dies, aurem ponebat quotidie ad psalmos, et videns singulorum conversationem et spirituale propositum, mirabatur eorum vitam, dicens : Beati sunt viri isti, qui et in hoc sæculo similes angelis, et post hæc vitam æternam consequuntur. Et cœpit cor ejus esse sollicitum in zelo timoris Dei.

Cap. V. — Post tres autem dies dixit Paphnutius ad abbatem : Veni, Pater, ut salutet te ancilla tua, et ora pro ea, quia ambulare volumus in civitatem. Cum autem venisset abbas, projecit se puella ad pedes ejus, dicens : Obsecro te, Pater, ora pro me, ut lucretur Deus animam meam. Extendensque manum suam benedixit eam, dicens : Deus, qui cognoscis hominem antequam nascatur, **364** tu hujus ancillæ tuæ curam habere digneris, ut mereatur portionem et consortium habere in regno cœlorum. Et commendantes seni, abierunt in civitatem : pater vero illius si aliquando inveniebat monachum, hunc adducebat ad domum suam, rogans ut oraret pro ea. Una autem die anniversaria, quando ordinatus est abbas monasterii, de quo supra diximus, misit abbas unum e fratribus ad Paphnutium, ut invitaret eum ad solemnitatem abbatis : qui abiens in domum ejus, requisivit eum. Pueri autem dixerunt ei : Processit.

CAP. VI. — Audiens vero Euphrosyna, et advocans illum fratrem, cœpit eum interrogare : Dic mihi pro charitate, domine mi frater, quanti fratres estis in monasterio. At ille dixit : Trecenti quinquaginta duo. Dixit ei puella : Qui voluerit venire illic ad conversionem, suscipit illum abbas vester? Respondit ei : Etiam cum multo gaudio suscipit illum, maxime propter vocem Domini, qui dixit : Qui venit ad me, non ejiciam foras (*Joan.* VI). Dicit ei Euphrosyna : Omnes in ecclesia vestra psallitis, et æqualiter jejunatis? Dicit ei monachus ille : Communiter quidem psallimus, jejunia vero unusquisque quomodo vult, aut quantum valet, ut non sit contumax voluntatis conversatio, sed proprii arbitrii et spontanea voluntate. Omnem ergo perscrutans monachorum conversationem, dixit ad monachum : Volebam abire, et pervenire ad hujusmodi inenarrabilem vitam ; sed timeo inobediens esse patri meo, quia pro vana et caduca hujus sæculi substantia cupit me tradere viro. Dicit ei monachus : Soror, non permittas ut polluat homo corpus tuum, et tradas talem pulchritudinem pati opprobrium, sed desponsa te Christo, qui tibi potest pro ipsis omnibus transeuntibus dare regnum cœlorum, et consortium angelorum. Occulte autem exiens, vade ad monasterium, mutato habitu sæculari indue vestem monachilem, ut possis evadere. Quæ cum hæc audisset, placuit illi, et dixit ad eum : Et quis me habet tondere? Nolebat a laico tonderi, qui non servat fidem. Dicit ei monachus ille : Ecce pater tuus veniet mecum ad monasterium, et faciet ibi tres dies vel quatuor. Tu autem adduc unum de monachis, et quomodo voles, occurret tibi cum magno gaudio.

CAP. VII. — Hæc et his similia isto dicente ad Euphrosynam, venit Paphnutius, et videns monachum, interrogavit eum, dicens : Quid ad nos fastidium sumpsisti, domine? Et dixit ad eum : Anniversaria dies est monasterii, misit me abbas ut venias et accipias benedictionem. Gavisus est autem Paphnutius, ingressusque cum eo in naviculam, abierunt in monasterium. Cum autem esset ibi, mittens Euphrosyna unum famulum fidelissimum, dixit : Vade in monasterium Theodosii, ingressusque ecclesiam, monachum quem ibi inveneris adduc tecum. Misericordia autem Dei ecce quidam monachus veniebat de monasterio, vendens quæ secum habebat. Et videns eum puer, rogavit eum ut veniret ad Euphrosynam. Qui cum venisset, videns eum puella, surgens salutavit eum, dicens : Ora pro me, Pater ; et orans benedixit eam, et sedit. Dixit autem Euphrosyna : Domine mi, ego habeo patrem Christianum et servum Dei, possessorem substantiæ nimis ; habuitque uxorem quæ me genuit, quæ jam transivit de hac vita. Vult autem pater meus pro omnibus rebus suis tradere me sæculo huic iniquo, et ego nolo inquinari in eo, sed timeo inobediens esse patri meo, et quid faciam nescio. Totam enim noctem absque somno transivi, postulans Deum ut ostenderet animæ meæ misericordiam suam ; et mane facto, placuit mihi mittere in ecclesiam, et adducere unum fratrem, ut audirem ab ipso verbum salutis, et quid facere debeam. Postulo autem te, Pater, pro mercede animæ tuæ, scio quia a Deo missus es, doce me quæ Dei sunt. Dicit ei senior : Dominus dicit : Si quis non abrenuntiaverit patrem, et matrem, et fratres, et filios, insuper et propriam animam, non potest meus esse discipulus (*Lucæ* XIV). Ego tibi plus dicere nescio. Tamen si potes ferre tentamenta carnis, relinque omnia, et fuge facultates patris tui, quæ multos inveniunt hæredes. Ecce ptochia (5), hierocomia (4), xenodochia, monasteria, viduæ, pupilli, peregrini, infirmi, captivi, ubi volueris et placuerit patri tuo, relinquet ; tu sola, ne perdas animam tuam. Dicit ei puella : Confido in Deum et orationibus tuis, quia laborare habeo pro anima mea, Deo auxiliante. Dicit ei senex : Talia desideria a firmitate non decidantur ; modo enim est tempus pœnitentiæ. Dicit ei Euphrosyna : Et ideo te fatigavi, ut impleas desiderium meum ; et facta oratione benedicas me, et abscidas comam capitis mei. Et exsurgens senior, facta oratione abscidit comam capitis ejus, induitque eam tunicam schematis (5), et orans pro ea dixit : Deus qui liberavit omnes sanctos suos, ipse custodiat te ab omni malo. Et hæc dicens senex, discessit ab ea, et ambulabat in via sua gaudens.

CAP. VIII. — Euphrosyna vero cogitans in semetipsa dixit : Si ambulavero in monasterio puellarum, pater meus requirens inveniet me, et violenter trahet me inde propter sponsum meum. Proinde pergam ad monasterium virorum, ubi nullus suspiciet me esse. Et hæc dicens projecit vestem muliebrem, induitque se virilem, et sero facto exivit de domo sua, accipiens secum quingentos solidos, et abscondit se in aliquo loco per totam noctem. Mane autem facto, venit pater ejus in civitatem ; volente autem Deo, statim in ecclesia ambulavit. Euphrosyna igitur pervenit ad monasterium illud, ubi et pater ejus erat notissimus, et nuntiavit per ostiarium abbati, dicens : Eunuchus quidam de palatio veniens, ante ostium stat, cupiens loqui tecum. Egresso autem abbate, projecit se Euphrosyna in terra, et facta oratione sederunt. Dicit ei senex : Quid est quod huc venisti, fili ? Dicit ei Euphrosyna : Ego quidem de palatio sui eunuchus, et desiderium habui semper conversationem monachorum, et civitas nostra nunc valde habet hoc studium conversationis. Notum autem factum est mihi de bona vestra conversatione, et cupio habitare vobiscum. Habeo enim et possessiones multas, et si dominus dederit requiem, adduco eas huc. Dicit ei senex : Bene venisti, fili : ecce monasterium ; si placet, habita nobiscum. Et dicit ei senex ille : Quod est nomen tuum? Dicit ei : Smaragdus. Dicit ei abbas : Juvenis es, non potes solus sedere, opus est tibi habere magistrum, ut discas regulam et conversationem monachorum. Qui dixit abbati : Sicut jubes, domine mi, sic facio. Et protulit quingentos solidos in manu abbatis, dicens : Accipe interim istos, et si videro quia possim sufferre hic, venient et illa reliqua. Vocavit abbas unum fratrem, nomine Agapitum, virum sanctum, et impassibilem, tradidit in manus ejus Smaragdum, dicens : Amodo hic erit filius tuus et discipulus; talem eum consigna, ut exsuperet magistrum. Et flexis genibus, facta oratione, consignavit eum. Et respondentibus omnibus Amen, suscepit eum Agapitus in cellam suam. Et quia habebat vultum decorum Smaragdus, dum veniebat in ecclesiam ad deprecandum Deum, multos diabolus incitabat adversus decorem vultus illius per malas cogitationes, ita ut omnes molesti essent abbati, qui talem pulchritudinem introduxisset in monasterium. Abbas autem hæc audiens, vocavit Smaragdum, et dixit ei : Pulchra est facies, fili, infirmis fratribus; volo autem ut sedeas solus in cella tua, et ibi psallas, et ibi manduces, non tamen egressurum te inde alicubi. Et præcepit Agapito ut præpararet cellam solitariam, et in ea degeret Smaragdus. Fecit autem Agapitus omnia quæ sibi a Patre monasterii fuerant imperata, et introduxit Smaragdum in cellam solitariam, et erat ibi orationibus vacans, jejuniisque et vigiliis nocte ac die operam dabat, serviens Domino in simplicitate cordis, ita ut miraretur prædictus frater, qui eum susceperat, et omnibus fratribus retulit ejus constantiam, et omnes collaudabant Deum, qui in infirmitate talia operatur.

Cap. IX. — Paphnutius autem pater illius, cum reversus esset domi, festinus ingressus est cubiculum, in quo filia ejus manere solita erat, et non inventa, tristis mœrensque effectus cœpit perquirere anxius servos et ancillas quid de Euphrosyna actum esset. Pueris autem dicentibus : Quia nocte vidimus eam, mane autem non comparuit. Et putavimus quod pater illius infantuli qui eam desponsaverat, venerit et tulerit eam. Et misit servos suos ad domum illius, et non invenerunt eam. Audiens sponsus illius et pater ejus, contristati sunt valde, et venientes ad Paphnutium, invenerunt eum vehementer afflictum, jacentem in terra, et dixerunt ei : Forsitan aliquis seduxit eam, et fugit cum illa. Statimque servi illius cum equis per totam Alexandriam missi sunt. Erant autem ibi et naves, intrantesque in eas requirebant per vim. Et scrutantes monasteria puellarum, eremos, et speluncas, per domos amicorum et vicinorum; et non reperta, tanquam mortuam lugebant eam, socer nurum, sponsus sponsam flebat; pater filiam lugens, dicebat : Heu! heu! filia dulcissima! heu me! oculorum meorum consolatio mea! Quis meam invasit facultatem? quis meam possessionem sparsit? quis vineam meam siccavit? quis meam lucernam exstinxit? quis spem meam fraudavit? quis pulchritudinem filiæ meæ violavit? quis putas lupus agnam meam dissipavit? qualis locus talem vultum tetigit? qualis pelagus captivam ducit illam imperialem faciem? Illa generositatis constitutio, illa malorum consolatrix, illa laborantium requies, gementium portus erat. Terra, terra, nec celes sanguinem meum, donec videam quid Euphrosynæ filiæ meæ contigerit. Hæc et his similia Paphnutio prosequente, elevaverunt omnes qui aderant voces, et flebant, ita ut omnis civitas lamentaretur eam.

Cap. X. — Non sufferens autem Paphnutius, nec inveniens consolationem, perrexit ad memoratum senem, de quo supra diximus, ac procidens ad pedes ejus, dixit : Peto ne cesses orare, ut inveniatur labor orationum tuarum; nescio enim quid acciderit filiæ meæ. Audiens autem venerabilis senex, contristatus est valde, et jussit ad se omnes fratres venire, et dixit eis : Ostendite charitatem, fratres; postulemus a Domino ut dignetur nobis ostendere quid factum sit de filia amici nostri Paphnutii. Et jejunantes omnes, et orantes, et tota hebdomada nihil eis revelatum est de Euphrosyna, sicut solebat, quando aliunde rogabant Deum. Oratio enim Euphrosynæ erat ad Deum die noctuque, ne manifestam eam faceret in vita sua Deus. Cum autem nec seni neque alicui fratri revelatum esset, cœpit consolari eum abbas : Noli deficere, fili, a disciplina Domini, quia quem diligit Dominus corripit (*Prov.* III). Et hoc scias, quia sine voluntate Dei unus passer non cadet in terra (*Lucæ* XII), quanto magis filia tua? Absque nutu illius nihil provenit. Scio enim quia bonam partem sibi elegit, propterea de ea nihil nobis revelatum est. Scio enim, quod absit, si in malis operibus incidisset, nunquam Deus despexerat tantum laborem fratrum. Habeo fiduciam in Domino, quia in hac vita ostendat eam tibi Deus. Audiens hæc Paphnutius, recepit consolationem, gratias agens Deo, et orans quotidie, bonis operibus et eleemosynis intentus erat.

Cap. XI. — Post aliquantos vero dies visitabat monasterium, commendans se in orationibus fratrum. Una autem die veniens ad abbatem, projecit se ad pedes ejus, dicens : Ora pro me, Pater, quia non possum sufferre dolorem de filia mea, sed magis ac magis de die in diem renovatur et crescit vulnus meum, et tribulatur anima mea. Videns autem eum senex nimis afflictum, dicit ei : Vis colloquium habere cum uno fratre spirituali, qui venit de palatio Theodosii? ignorans quod ipsa esset filia ejus. Dixit ei Paphnutius : Volo. Et vocavit abbas Agapitum, dixitque ei : Tolle Paphnutium et introduc eum in cellam Smaragdi. Et introduxit eum in cellam Smaragdi, nihil ei antea innotescens. Cum autem vidisset subito patrem suum, cognoscens eum, tota lacrymis repleta est. Paphnutius autem sperabat esse compunctionem; non enim cognovit eam, quia species vultus emarcuit præ nimia abstinentia, vigiliis et lacrymis. De cuculla autem operuit faciem suam, ne aliquo modo agnosceret eam. Facta autem oratione sederunt. Cœpit autem ei loqui de futuri regni beatitudine et gloria sempiterna, quomodo per humilitatem et castitatem, atque sanctam conversationem, per eleemosynam et charitatem, ad eam quis possit pertingere. Et de contemptu sæculi, nec diligendos esse filios plus quam Deum, qui omnium exstitit factor. Apostolicam quoque scripturam interpretans, quomodo tribulatio patientiam operatur, patientia probationem (*Rom.* v). Videns vero patrem suum in gravi mœrore, compatiebatur illi.

Cap. XII. — Sed timens ne agnosceretur, et impedimentum ei faceret, volens autem eum consolari, dixit ei : Crede mihi quod non despiciet te Deus. Et si in perditione anima esset filiæ tuæ, manifestaret eam tibi Deus, ut nec illa a diabolo retenta inferret tibi et sibi luctum perpetuum. Sed credo in Deum, quia bonum consilium elegit sibi, sicut jam dixi, secundum vocem Evangelii, qua dicitur : Qui diligit patrem aut matrem super me, non est me dignus (*Matth.* x); et, Si quis non abrenuntiaverit omnibus quæ possidet, non potest meus esse discipulus (*Lucæ* xiv). Potens est autem Deus, et in hoc sæculo manifestare eam tibi. Sine jam, sine; quid temetipsum interficis contristando ? Sed age gratias, Deo nihil desperans. Nam Agapitus magister meus, multoties nimis tristis dicebat mihi : Quia venit quidam nomine Paphnutius operibus bonis intentus, qui filiam suam tanquam mortuam luget, nesciens quid ei acciderit, et nimia lamentatione affligitur : maxime quia unica erat illi, et cum lacrymis projecit se ad pedes abbatis, ut per ejus orationes et omnium fratrum Deus patefaceret. Ita et tu roga Deum propter eam, et ego, quamvis indignus et malorum meorum conscius, sæpius deprecatus Dominum, ut dignetur dare tibi sufferentiam et longanimitatem, et quod expedit adimpleat tam de te quam de filia tua. Propter hoc et frequenter te videre volui, et colloqui tecum, ut aliquam consolationem per me humilem forsitan invenires. Ut autem non agnosceretur per multa colloquia, dixit ad Paphnutium : Vale, domine mi. Et dum recedere vellet Paphnutius, anima illius compatiebatur illi, facies ejus pallebat, et replebatur lacrymis. Præ nimio autem jejunio et diuturna inedia sanguinem vomebat. Multum igitur confortatus Paphnutius in admonitione ejus, discessit ab ea. Et veniens ad abbatem, dixit : Ædificata est anima mea de illo fratre, et ita sum lætus effectus in gratia Dei ex consolatione ejus, tanquam invenissem filiam meam. Commendans se in orationibus abbatis et omnium fratrum, reversus est in domum suam, magnificans Deum.

Cap. XIII. — Complens autem Smaragdus in cella solitaria triginta et octo annos, incidit in infirmitate, qua et mortuus est. Quadam **367** vero die secundum consuetudinem venit Paphnutius invisere monasterium, et post orationem et salutationem fratrum dixit seni : Si jubes, Pater, mitte me Smaragdum videre, quia valde desiderat eum anima mea. Vocatoque Agapito præcepit ei ducere Paphnutium ad visitandum Smaragdum. Introiens Paphnutius in cellam ubi æger jacebat, cœpit eum osculari lacrymans, et dicens : Heu me ! ubi sunt promissiones tuæ, ubi verba dulcia, quod mihi futuram videndam oculis meis promittebas filiam meam ? Ecce non solum illam non videbo, sed tu, in quo consolationem modicam habebam, derelinques nos. Heu me ! quis jam consolabitur senectutem meam ? Ad quem ibo, quis mei adjutor erit ? Duplex malum quod lugeo : triginta et octo anni sunt quod perdidi filiam meam, nihil mihi de ea revelatum est, quod die nocteque orabam, nec similem illius inveni, detinet me incomparabilis dolor. Quid sperem amodo ? ubi consolationem inveniam ? jam descendam lugens in infernum. Videns autem eum Smaragdus vehementer plorantem, et nullam consolationem accipientem, ait ad eum : Quid turbaris et temetipsum interficis ? Nunquid invalida est manus Domini, aut quidquam est Deo difficile ? Jam pone finem tristitiæ. Recordare quomodo patriarchæ Jacob manifestaverit Deus Joseph, quem quasi mortuum lugebat (*Gen.* xlvi). Sed obsecro te ut per tres dies me non deseras neque derelinquas. Hæsitans autem Paphnutius intra semetipsum per triduum, dicens : Forsitan ei Deus revelaverit de me. Tertio autem die dixit ad Smaragdum : Exspectavi sicut rogasti, domine mi frater, et non discessi alicubi per tres continuos dies.

Cap. XIV. — Cognoscens autem Smaragdus, qui et Euphrosyna, quia instabat dies dormitionis ejus, vocavit Paphnutium, et dixit ad eum : Quia omnipotens Deus bene disposuit meam miseriam, et adimplevit desiderium meum, quod ad finem usque viriliter certando perduxi, non mea virtute, sed ejus adjutorio, qui me custodivit ab insidiis inimici : peracto cursu superest mihi corona justitiæ. Nolo autem te jam esse sollicitum pro filia tua Euphrosyna, ego enim sum illa misera, et tu es pater meus. Ecce jam vidisti, et satisfactum est tibi, sed nemo hoc sciat, et non permittas ab alio corpus meum nudari et lavari, sed a temetipso hoc facias. Et quia promisi abbati habere multas possessiones, et si potuissem sustinere et perdurare in loco isto, adducerem eas hic, imple ergo quod promisi, quia venerabilis est locus iste, et ora pro me. Hæc dicens tradidit spiritum Kalendis Januarii.

Cap. XV. — Dum audisset talia verba Paphnutius, et vidisset quia obdormivit, commota sunt viscera ejus, ceciditque in terram, et factus est velut mortuus. Accurrens autem Agapitus, videns quoque quia defunctus esset Smaragdus, et Paphnutium jacentem in terra semivivum, jactavit in faciem ejus aquam (6), et elevavit eum dicens : Quid habes, domine mi Paphnuti ? Ait autem Paphnutius : Dimitte me ut hic moriar, vidi enim mirabilia hodie. Surgens autem irruit in faciem ejus, multitudinem lacrymarum infundens, clamabat dicens : Heu me ! filia mea dulcissima, quare ante non manifestasti mihi ut ego quoque tecum morerer spontanea voluntate ? Væ mihi ! quomodo latuisti ? quomodo pertransisti insidias adversariorum, et nequitias spirituales tenebrarum vitæ hujus, et introisti in vitam æternam ?

Cap. XVI. — Hæc Agapitus audiens, et cognoscens tam mirabilem causam, stupefactus est, et currens nuntiavit omnia abbati. Veniens autem abbas cecidit super eam, et ejulans dicebat: Euphrosyna sponsa Christi, et filia sanctorum, ne obliviscaris conservorum tuorum et hujus monasterii, sed ora pro nobis ad Dominum Jesum Christum, ut faciat nos viriliter certando pervenire ad portum salutis, et portionem habere secum et cum sanctis suis. Et jussit ut congregarentur omnes fratres, ut cum honore debito sanctum corpus illius sepulturae traderetur. Dum autem congregati adessent, et vidissent tam stupendum miraculum glorificabant Deum, qui etiam in femineo sexu fragili tanta miracula operatur. Quidam autem frater unum habens oculum, osculatus est vultum ejus cum lacrymis, statimque ut eam tetigit, oculus ei restitutus est. Et videntes omnes fratres qui aderant hoc quod factum est, benedixerunt Deum, gratias agentes ei cujus sunt omnia quae bona sunt. Multumque confortati et aedificati, sepelierunt eam in monumento patrum. Pater vero ejus omnia quae habuit, in ecclesia et xenodochio et monasterio offerens, conversus est in eodem monasterio, et plurimam partem substantiae suae ibidem offerens in eadem cella ibidem demoratus est, in eodem psiathio (7) dormiens in quo Euphrosyna.

Vixit autem Paphnutius in sancto proposito annos decem, et emigravit ad Dominum: juxta filiam suam sepelierunt eum glorificans Deum abbas cum omni congregatione. Dies autem migrationis eorum ad Dominum celebratur in eodem monasterio usque in praesentem diem, glorificantes Deum Patrem, et Filium, et Spiritum sanctum, cui est honor et gloria in saecula saeculorum. Amen.

ROSWEYDI NOTATIO.

(1) *Euphrosynae.*] Martyrologium Romanum, 1 Januarii: « Alexandriae depositio sanctae Euphrosynae virginis, quae in monasterio virtute abstinentiae et miraculis claruit. » Menologium Graecorum, 25 Septembris: « Natalis sanctae matris nostrae Euphrosynae, beati Paphnutii Ægyptii filiae. » Menaea, 25 Septembris versibus iambis Vitam breviter exprimunt. Galesinius, notat. ad Martyrol., ait hanc etiam ab aliis dictam *Euphrasiam*, ejusque mentionem esse apud Damascenum in extremo tertio libro de Imaginibus. Recte quidem *Euphrasiae* seu *Euphraxiae* apud Damascenum mentio, sed non *Euphrosynae*, quae ab illa diversa est. Dies autem natalis *Euphrasiae* occurrit 13 Martii. Vide hic paulo ante in *Euphrasia*.
Euphrosynae Vitam habes per Metaphrastem apud Lipomanum, tomo VI, et Surium, tom. I. Hanc quam damus hactenus inter Vitas Patrum fuit circumlata. Comparavimus eam cum veteribus editionibus et Ms.

(2) *Paphnutius.*] Menologium Graecorum, 25 Septemb. « Eodem die commemoratio beati Paphnutii, patris Euphrosynae. » In Menaeis eodem die de eodem.

(3) *Ptochia.*] Mira hic variorum librorum lectio. Pleraeque editiones habent *tapetia*, ineptissime. In manuscripto Audomarensi erat *topchia*. Indubie p transponendum legendumque *ptochia*, πτωχεία, id est *pauperum domus*. Solent subinde Latini auctores Graecis vocabulis uti, cum Latina versio commoda non occurrit.

(4) *Hierocomia.*] Ita Ms. Bertinianus. Prima editio, *ierocomia*, quod ortum ex scriptione *ierocomia*. Intelligo *hierocomia*, ubi curantur, qui *sacro morbo*, ἱερῷ νόσῳ, laborant.

(5) *Tunicam schematis.*] Σχῆμα Graecis monachi habitus. Vide Onomasticon.

(6) *Jactavit in faciem ejus aquam.*] Ita olim examinatis frigida affundi solita. Supra, Vita Euphrasiae, cap. 22 « aquam in faciem ejus misit. »

(7) *In eodem psiathio.*] Ms. Bertinianus: *in eadem phisiata*. Edit, *in eodem stratu*. Recta lectio *psiathium*, id est *mattula*, ut jam saepe dictum. Vide Onomasticon.

OCTOBRIS XXIX.

VITA
SANCTÆ MARIÆ MERETRICIS (1),
NEPTIS ABRAHÆ EREMITÆ.

AUCTORE SANCTO EPHRÆM ARCHIDIACONO,
INTERPRETE ANONYMO.

Haec est pars Vitae sancti Abrahae, quae habetur supra, col. 281.

Caput primum. — Volo autem, dilectissimi, unanimitati vestrae etiam aliud admirandum negotium, quod in senectute sua vir beatus gessit, enarrare. Est enim sapientibus ac spiritalibus viris plenum aedificationis, nec non humilitatis atque compunctionis exemplum. Res vero gesta hujuscemodi est:

Cap. II. — Habuit vir beatus Abraham carnis propinquitate germanum: quo defuncto, unica filia ejus annorum septem relinquitur. Quam cum parentibus orbatam noti amicique patris ejus vidissent, patruo ejus sine mora producunt. Cumque eam senior cerneret, in cella sua exteriori jubat includi. Erat autem in medio utriusque cellulae fenestra permodica, per quam docebat eam psalterium aliasque scripturas, et cum eo in laudibus Domini vigilabat, et psalmos nihilominus concinebat, atque in omni abstinentia aemulari suum patruum nitebatur. Alacriter quoque in arrepto instituto proficiens, universas virtutes animi festinabat implere. Vir namque sanctissimus incessanter pro ea cum lacrymis Dominum deprecabatur, ne mens ejus cura terrenorum actuum implicaretur, eo quod ejus pater moriens infinitas pecunias ei reliquisset : quas mortuo germano, et filia ejus ad se confugiente, confestim famulus Christi distribui jussit egenis atque orphanis. Hæc quoque patruum suum precabatur quotidie, ut pro se Dominum oraret, quatenus a cogitationibus pessimis et diversorum laqueorum diaboli eriperetur insidiis. Constanter igitur instituti sui regulam obtinebat. Exsultabat autem patruus ejus, quod sic eam promptam sine ulla hæsitatione in cunctis virtutibus cerneret promoveri, in lacrymis scilicet, in humilitate, in modestia, in quiete; et quod his sublimius est, erga Deum eximia charitate. Viginti siquidem annis cum eo in abstinentia degens, velut agna pudicissima atque incontaminata columba convixit. Quo tempore annorum expleto, sæviebat adversus eam diabolus, et insidias solitas prætendebat, quomodo eam posset suis cassibus irretire, ut saltem sic mœstitiam sollicitudinemque beato viro posset incutere, et quantulumcumque mentem ipsius a Domino separare.

CAP. III. — Erat autem quidam professione tantummodo monachus, qui sub obtentu ædificationis ad eum sæpius pergere solebat. Sed et illam beatam per fenestram nihilominus contemplando, luxuriæ stimulis agitatus, cum ea colloqui cupiebat, amor namque libidinis cor ejus quasi ignis succenderat. Insidiabatur ei quoque multo temporis spatio, ita ut unius anni circulus volveretur, donec cogitationem ejus verborum suorum mollitie enervaret. Denique aperiens cellæ suæ fenestram, egreditur ad eum, qui eam protinus scelere iniquitatis atque libidinis contaminavit ac polluit. Postquam vero tanti peccati facinus perpetravit, expavit cor ejus; conscindensque cilicium quo erat induta, faciem suam manibus verberabat, cupiens nimio mœrore se morti tradere. Atque anxietatis oppressa pondere, dum deliberationis portum non cerneret, diversis cogitationum æstibus fluctuabat; plangebatque se non esse quod fuerat, et cum ejulatu sæpius proferens : Ego, inquit, jam me ex hoc mortuam sentio : perdidi dies meos et laborem abstinentiæ meæ, orationum lacrymæ, vigiliarumque opera ad nihilum sunt deducta; Deum meum exacerbavi, et meipsam interemi. Heu me miseram ! omni lacrymarum fonte plangendam ! Sanctum patruum meum amarissimo mœrore depressi, opprobrium animæ meæ operuit me, illusio diaboli facta sum. Quid mihi infelici jam ultra vivere? Heu me ! quid egi? Heu me ! quid factum est mihi? Heu me ! quid mali perpessa sum? Heu me ! unde et qualiter corrui? Quomodo obscurata est mens mea? Non intelexi quomodo lapsa sum, non cognovi quomodo contaminata sum, nescio quomodo cor meum nubes tenebrosa contexit, quomodo potui ignorare quid gererem? Ubi abscondar? vel quo pergam, aut in quam foveam memetipsam præcipitem? Ubi est magisterium sanctissimi patrui mei? Ubi monita collegæ ejus Ephræm? qui me docebant in mea virginitate perdurare, exhortantes ut impollutam animam immortali sponso servarem. Sponsus etenim tuus, dicebant, sanctus et zelans est. Heu me ! quid agam? Non audeo jam cœlum aspicere, cum apud Deum et homines me mortuam esse cognoscam. Jam enim ad fenestram illam propinquare non audeo. Quomodo ego peccatrix et plena immunditiæ sordibus rursum cum sancto patruo meo loqui tentabo? Quod et si ausa fuero, nonne ignis ex fenestra exsiliet, qui me confestim exuret? Melius est ergo mihi abire in aliam patriam, ubi nullus est qui me possit agnoscere, eo quod semel jam mortua sim, nec ultra mihi spes salutis relicta sit. Consurgens autem, protinus perrexit in aliam civitatem, atque in stabulo (2) se quodam, mutato pristino habitu, collocavit.

CAP. IV. — Verum cum hæc ruina præfatæ feminæ contigisset, hujusmodi visio beato viro ostenditur per soporem. Vidit namque draconem terribilem atque immanem, aspectuque ipso fœtidissimum, et in fortitudine sibilantem, quasi exeuntem de quodam loco, et usque ad cellulam suam venientem, et reperisse ibi columbam, atque glutisse eam, et rursus in suam foveam remeasse. Expergefactus autem, contristatusque vehementer, flevit amare; existimans Satanæ persecutionem adversus Dei Ecclesiam concitari, et plerosque a fide veritatis averti, vel ne schisma aliquod in sancta Ecclesia gigneretur. Provolutus itaque genibus, precatus est Dominum, dicens : Tu qui es præscius universorum Deus, amator hominum, tu nosti quid sibi velit hæc visio. Rursum post duos dies, vidit eumdem draconem simili modo ad cellam suam venisse, et posuisse caput sub pedibus ejus, fuisseque diruptum; columbam vero 370 illam quam devoraverat, vivam in ventre ejus repertam; et extendisse manum suam, vivamque eam recepisse. Expergefactus autem, vocabat beatam illam semel atque iterum, putans eam in cellula esse, et dicebat : Cur te piguit, filia Maria, sic etenim fuit vocitata, jam duobus diebus os tuum in Dei laudibus aperire? Sed cum responsum ei nullum daretur, et quod eam per biduum psallentem solito more non audiret, animadvertit visionem suam ad illam certissime pertinere. Tunc ingemuit ac flevit amare; et profundens lacrymas, ait : Heu me ! quia agnam meam lupus crudelissimus rapuit, et filia mea captiva effecta est. Exaltans quoque vocem suam, cum lacrymis dixit : Salvator mundi Christe, converte ad me agnam meam Mariam, atque in ovile vitæ eam restitue, ut non senectus mea cum mœrore de hoc mundo recedat. Ne despicias deprecationem meam, Domine, sed mitte velocius gratiam tuam, ut ejicias eam de ore draconis incolumem. Itaque duo dies qui ei per visionem revelati sunt, duorum annorum curriculo finiuntur, quibus lubricam vitam neptis ejus, quasi in ventre atrocissimi draconis exegit; sed sanctus homo per omne tempus die noctuque nunquam pro ea Dominum deprecando animum relaxavit.

CAP. V. — Post duos vero annos, cum ubi esset et quemadmodum se gereret comperisset, rogabat quemdam sibi notissimum ut usque ad eam pergeret, et cuncta cognosceret diligenter. Pergens itaque ille quem miserat, et omnia sub veritate, et quia ipsam quoque vidisset, renuntians, rogatus a sancto viro, habitum ei detulit militarem, et equum ad sedendum. Ostio itaque patefacto egreditur, statimque habitu militari induitur, camelauchium (3) quoque longum capiti suo, ut facies ejus velaretur, imposuit; sed et solidum denariorum unum secum portans, ascendensque equum, concitus properabat. Tanquam quispiam patriam cujuslibet vel civitatem cupiens explorare, habitum incolarum loci illius, ne facile agnoscatur, assumit: sic beatus iste Abraham inimici habitu, ut eum in fugam verteret, utebatur. Venite igitur, admiramini dilectissimi fratres, hunc secundum Abraham. Primus quidem Abraham egressus ad prælium regum, percutiensque eos, Loth nepotem suum reduxit: hic vero secundus Abraham contra diabolum profectus est ad bellum, ut eo devicto, neptem suam cum majori triumpho revocaret.

Itaque cum pervenisset ad locum, divertit in stabulum; ac sollicitis oculis huc atque illuc circumspiciens, ut eam videret, perquirebat. Deinde cum multa hora præterisset, et videndi eam minime tribueretur occasio, subridens, ait ad stabularium: Audivi, inquit, o amice, quod habes puellam optimam; quam si juberes, libentissime perviderem. Qui cum ætatis ejus intueretur canitiem, et senectutem annorum numerositate jam fessam, quod ob luxuriam eam videre cuperet non sperans, sic responsum dedit: Est, inquit, ut tibi compertum est, etiam supra modum speciosa. Erat siquidem Maria hæc pene supra quam natura exegit, formæ pulchritudine decora. Cumque senior nomen ejus requireret, Mariam vocari ille respondit. Tunc hilari vultu: Quæso, inquit, ut mihi præsentiam ejus exhibeas, ut possim cum ea hodie epulari, multum namque ex auditu comperi ipsam laudari puellam. Quæ cum vocata adesset, atque in habitu meretricum sanctus eam patruus ejus vidisset, pene totum corpus ejus præ dolore solutum est, amaritudinemque animi læto vultu celavit; et lacrymas erumpentes virili sexu retinuit, ne forte si eum femina cognovisset, fugæ præsidium flagitaret.

CAP. VII. — Residentibus itaque eis atque bibentibus, cœpit cum ea vir mirabilis ludere. Quæ consurgens, complexa cervicem ejus, osculis demulcebat. Cumque oscularetur eum, odorata ejus corpusculum suavissimo odore abstinentiæ fragrare, recordata est dierum quibus cum summa abstinentia vixerat; et quasi quodam telo percussa in animo vehementer ingemuit, lacrymasque profudit; et tanquam vim cordis non sufferens, in hæc verba prorupit: Væ, væ mihi miseræ soli! Tunc stabularius stupefactus, ait: Quid est, domina Maria, quod subito in tam gravissima suspiria prorupisti? Hodie duobus annis hic permanes, et nunquam ex te gemitus vel tristior sermo auditus est: nunc vero quid tibi contigerit, nescio. Quæ respondit ad eum: Beata essem, si ante triennium fuissem defuncta. Ad hoc beatus senior, ne agnosceretur, veluti cum quadam serenitate ait ad eam: Modo cum lætitiæ nos intersumus, tu peccata tua commemorare venisti? O admiranda clementiæ tuæ dispensatio, Deus altissime! Putasne puella non dixit in corde suo, Quomodo aspectus viri hujus, patrui mei aspectum similat? Sed solus tu amator hominum, Deus, a quo est omnis bona sapientia, ita dispensasti, ne eum posset agnoscere, et fortasse confusione turbata effugeret. Hoc autem non ob aliud est credendum, nisi quia lacrymæ famuli tui, patrui ejus, hujuscemodi apud **371** te obtinuere locum, ut ex impossibilibus possibilia facere dignareris. Proferens itaque sanctus vir solidum quem attulerat, stabulario dedit, dixitque ei: Fac nobis, quæso, amice, optimam cœnam, ut cum puella epulari possim; longi namque itineris intervallo, amore ejus adveni. O vera sapientia secundum Deum! o vere intellectus spiritalis! o vere prædicanda salutis discretio! quinquaginta annis abstinentiæ suæ nequaquam panem gustaverat; nunc carnes sine hæsitatione, ut salvaret animam perditam, manducavit. Sanctorum angelorum chorus, super hac discretione beati hujus ovans, vehementer stupuit, quæ alacriter sine ulla dubitatione manducavit ac bibit, ut animam in limo defixam abstraheret. O sapientia sapientium, et intellectus intelligentium! O discretio discernentium! Venite, admiramini super hac imperitia, venite, expavescite super hac differentia, quomodo perfectus hic et sapiens ac discretor et prudens, idiota et indiscretor effectus est, ut ex ore leonis animam absorptam erueret, et ex vinculis et carcere tenebroso animam abstrusam ac vinctam absolveret.

CAP. VIII. — Igitur postquam epulati sunt, provocabat eum puella ad cubandum, ut in cubiculum introirent. At ille: Eamus, inquit. Cumque introisset, cernit lectum in sublime stratum, in quo statim resedit alacriter. Quomodo te appellem, vel quomodo te nominem, perfectissime athleta Christi, vehementer ignoro. Continentem te asseram, an incontinentem? sapientem, an insipientem? discretorem, an indiscretorem? Quinquaginta annos conversationis tuæ, super psiathium (4) cubitaveras; et quomodo nunc super hujuscemodi lectum constanter ascendis? Sed hæc universa fecisti ad laudem et gloriam Christi, et mansionum iter longissimum arripiendo, et carnes comedendo, et vinum bibendo, et in stabulum divertendo, ut salvares animam perditam. Nos autem si saltem verbum utilitatis loqui cum proximo volumus, cuncta importune discernimus.

CAP. IX. — Sedente eo itaque super lectum, ait ad eum puella: Veni, domine, ut calceamenta de pedibus tuis auferam. At ille ait ad eam: Obsera, inquit, ostium diligenter, et abstrahes ea. Volebat vero puella primo discalceare eum; sed cum ille non pateretur, obseratis ostiis venit ad eum. Cui senior: Domina, inquit, Maria appropinqua mihi. Cumque appropinquasset, tenuit firmiter manum ejus, quasi qui putaretur osculari eam. Auferens quoque camelaunchium a capite suo, et erumpens vocem in fletum, ait ad eam: Filia mea Maria, non me agnoscis? viscera mea, nonne ego sum qui te nutrivi? quid tibi factum est, o filia mea? quis te interfecit? ubi est ille habitus angelicus quem habebas, filia mea? ubi est continentia? ubi fletus? ubi vigiliæ? ubi chameuniæ (5)? A celsitudine cœli in hanc foveam quomodo devoluta es, filia mea? cur, quando peccasti, non mihi indicasti? non mihi illico retulisti? et ego certe pro te pœnitentiam agerem cum dilectissimo meo Ephræm. Quare sic fecisti? aut quare me ita deseruisti, et in hanc me mœstitiam intolerabilem deduxisti? Quis autem sine peccato est, nisi solus Deus? Cumque hæc aliaque multa dixisset, tanquam lapis immobilis in manibus ejus remansit, timore pariter et confusione suppleta. Rursus autem beatissimus vir cum lacrymis adjecit, dicens: Non loqueris mihi, o filia mea Maria? Non loqueris mihi, pars viscerum meorum? nonne propter te, filia mea, huc adveni? Super me sit hoc peccatum, o filia mea; ego in die judicii pro te reddam rationem Domino, ego pro peccato hoc satisfaciam Deo. Usque ad medium itaque noctis hujuscemodi verbis consolabatur eam, et cum lacrymis uberrimis admonebat. Cumque parumper fiduciam percepisset, taliter flens ad eum locuta est: Non valeo te, inquiens, propter confusionem vultus mei attendere. Et quomodo possum orationem Deo fundere, quando sic immunditia cœni hujus polluta sum? Et sanctus vir ad eam: Super me, inquit, sit iniquitas tua, o filia mea; ex manibus meis peccatum hoc Deus requirat: solummodo audi me, et veni, eamus in locum nostrum. Ecce enim et charissimus Ephræm pro te nimium dolet, tuique causa sedule Dominum deprecatur. Noli diffidere, filia, de clementia Domini; licet tua sint peccata velut montes, sed illius misericordia omnem supereminet creaturam. Sicut legimus, accessit mulier immunda ad mundum, et non eum inquinavit, sed ab eo potius ipsa mundata est: lacrymis pedes Domini lavit, capillisque suis extersit (*Lucæ* VII). Si potest scintilla pelagus inflammare, possunt et peccata tua ejus munditiam inquinare: non est novum cadere in luctamine; sed malum est jacere dejectum. Revoca unde extuleras pedem fortiter: te cadente risit inimicus, sed fortiorem te sentiat resurgentem. Miserere, quæso, senectutis meæ; doleas pro canitiei meæ labore, obsecro, et exsurgens, veni ad cellulam mecum. Noli timere; lubricum enim est genus mortalium: sed sicut citius cadit, sic iterum velocius per Dei adjutorium surgit, qui peccantes non vult mori, sed sanari et vivere (*Ezech*. XVIII). Illa vero **372** ait ad eum: Si scis quia pœnitentiam agere possum, et satisfactionem meam suscipiat Deus, ecce ut jubes, veniam: præcede, et ego sequar sanctitatem tuam, et exosculor vestigia tua, quia sic super me doluisti, ut ex voragine immunditiæ hujus educeres me. Et ponens caput suum ad pedes ejus, tota nocte flebat, dicens: Quid tibi, Domine, Deus meus pro omnibus his retribuam?

Cap. X. — Diluculo autem facto, ait ad eam beatus Abraham: Surge, filia, et eamus hinc ad cellulam nostram. Quæ respondens, dixit ad eum: Habeo hic modicum auri, et aliquid vestimentorum, quid de his jubes fieri? Respondens autem beatus Abraham, dixit: Relinque hic omnia hæc, quæ ex parte maligni quæsita sunt. Et surgentes exierunt. Statimque imponens eam super equum, trahebat præcedens, quemadmodum pastor cum invenit ovem perditam, cum gaudio super humeros suos tollit (*Luc*. XIII); ita beatus Abraham gaudens in corde suo iter cum nepte faciebat. Cumque venisset ad proprium locum, illam quidem ubi ipse fuerat, interiori cellula reclusit, ipse vero in cella exteriori permansit. Hæc itaque induta cilicio, in humilitate animi et cordis atque oculorum fletibus perdurabat, vigiliis quoque atque arctissimis abstinentiæ laboribus semetipsam conficiens, et cum modestia et quiete ad Dominum indesinenter proclamans, facinus proprium spe firmissima veniæ plangebat, tam sapienter jugiter obsecrationibus vacans, ut nullus, quamvis sine visceribus, non compungeretur, cum voces fletus ejus audiret. Quis enim sic immisericors est inventus, qui lamentantem eam agnoscens, ipse quoque non fleret? Aut quis de ejus vera cordis compunctione non egit gratias Deo nostro? Pœnitentia siquidem ejus, si nostris supplicationibus comparetur, omnem mensuram doloris excedit. Sic enim impensius Dominum precabatur ut sibi ignosceretur quod gesserat, ut etiam signum, si suscepta fuisset ejus pœnitentia, divinitus postularet. Clementissimus itaque Deus, qui neminem vult perire, sed omnes ad pœnitentiam reverti (*I Tim*. II), ita condignam satisfactionem ejus recepit, ut orationibus ejus post triennii plenitudinem sanitas plurimis redderetur. Impensius namque ad eam turba populi confluebat, quæ pro illorum salute Dominum efficaciter precabatur.

Cap. XI. — Beatus autem Abraham alios decem annos in hac vita perdurans, et cernens optimam pœnitentiam ejus, glorificansque Deum, septuagesimo vitæ suæ anno quievit in pace. Quinquaginta siquidem annos magna cum devotione atque humilitate cordis et charitate non ficta, institutum suum implevit.

Cap. XII. — Personam hominis nunquam accepit, sicut apud plurimos fieri consuevit, ut unum quidem amore præferant, alium vero despiciant, neque regulam abstinentiæ suæ mutavit, non pigritia obtorpuit, non segniter egit, sed ita semper exstitit quasi quotidie moriturus. Hic fuit modus beatissimi Abraham, et hæc conversatio et certamina tolerantiæ ejus. Ita enim in certaminis acie contra adversarium stetit, ut nequaquam se post tergum converteret; sed neque in tribulationibus quas in vico perpessus est, neque in præno cum phantasiis dæmonum dimicans, relaxavit animum suum, vel in aliquo trepidavit. Maximum autem atque admirabile certamen hoc fuit, quod erga beatissimam Mariam gessit, quomodo per sapientiam spiritualem, prudentiam, inquam, et imperitiam, per indifferentiam et incontinentiam de voragine iniquitatis eam abstraxit. O miraculum! In ipsum cubile draconis ingressus est, ibique eum pedibus conculcavit, et ex medio dentium ejus escam eripuit. Hi agones et sudores beati viri exstiterunt.

CAP. XIII. — Et hoc quidem ita conscribimus ad consolationem et devotionem omnium qui volunt pie et alacriter vitam suam instituere: et ad laudem et gloriam Dei, cujus gratia affluenter nobis cuncta quæ opportuna sunt conceduntur; in alio vero volumine reliquas ejus virtutes descripsimus. Hora autem illa quando quievit migraturus ad Dominum, pene universa civitas congregata est. Et unusquisque eorum cum omni devotione castissimo ejus corpori appropinquans, benedictionem sibi ex vestimentis ejus diripuit. Et si in quocunque langnore id quod direptum est contigit, sine aliqua mora sanitas subsecuta est.

CAP. XIV. — Vixit etiam Maria alios quinque annos, sicque supra modum vitam suam instituens, et diebus ac noctibus in lamentatione magna lacrymisque perseverans, Dominum precabatur, ut plerique prætereuntes locum illum per noctem, et audientes vocem fletumm ejus, nihilominus verterentur in planctum, et fletum suum ejus fletu copularent. Hora autem dormitionis ejus, qua ex hac vita assumpta est, omnes qui viderunt eam, propter splendorem vultus ejus, gloriam Domino retulerunt.

CAP. XV. — Heu mihi (6), dilectissimi, quoniam hi quidem dormierunt, et ad Dominum cum omni fiducia perrexerunt; quorum mens in nullo prorsus mundanis negotiis colligata est, sed in sola Domini charitate. Ego **373** vero impromptus atque imparatus mea voluntate permansi, et ecce comprehendit me hiems, et infinita tempestas nudum me atque spoliatum absque perfectione bonorum operum inveniet.

CAP. XVI. — Admiror in memetipso, charissimi, quomodo quotidie delinquo, et quotidie pœnitentiam ago; per horas ædifico, et per horas constructa subverto. Ad vesperam dico : Sequenti die pœniteo; mane autem facto, elatus diem prætereo. Rursus ad vesperam dico : Noctu vigilabo, et cum lacrymis obsecrabo Dominum, ut peccatis meis propitius sit; cum autem nox advenerit, somno potius occupor. Ecce qui mecum acceperunt pecuniam die ac nocte negotiari contendunt, ut et laudem præconii consequantur, et decem civitatibus præsint; ego ob pigritiam meam occultavi eam in terra, et Dominus meus propinquavit venire; et ecce contremiscit cor meum, et defleo dies negligentiæ meæ, non habens qualem excusationem obtendam.

CAP. XVII. — Miserere mei, qui solus sine peccato es Deus, et salvum me fac, qui solus benignus es et clemens; quia præter te benedictum Patrem, et unigenitum Filium tuum qui incarnatus est propter nos, et Spiritum sanctum qui vivificat omnia, alium nescio, neque in alium credo. Et nunc memento mei, amator hominum, et deduc me de carcere iniquitatum mearum, quia utrumque tuum est, Domine, et quando voluisti me in hunc mundum intrare, et quando ex eo migrare præceperis. Memorare mei indefensi, et salva me peccatorem; et gratia tua, quæ mihi in hoc sæculo opitulatio, refugium, et gloriatio facta est, ipsa me sub alas in illa die horrenda atque terribili protegat. Tu enim agnoscis, qui es scrutator cordis et renum, quod multas pravitates et scandalorum tramites, impudentium vanitatem et hæreticorum defensionem contempsi. Et hoc non ex me, sed ex gratia tua, per quam illuminata est mens mea. Unde obsecro, sancte Domine, salva me in regno tuo, et dignare me benedicere cum omnibus qui placuerunt ante te, quoniam decet te gloria, adoratio et magnificentia, Patrem et Filium et Spiritum sanctum. Amen.

ROSWEYDI NOTATIO.

(1) *Mariæ meretricis.*] Festum hujus in nullis tabulis ecclesiasticis invenio certo die a-signatum, nisi quod in Menæis 29 Octobris Maria Abrahæ jungitur. Et simul hactenus Vita Abrahæ et Mariæ neptis ejus impressa fuit, auctore Ephræm. Distinxi, ut viros ascetas a feminis asceteriis separatos haberes.

(2) *Stabulo.*] Id est diversorio vel meritorio. Unde infra, cap. 6, *stabularius*.

(3) *Camelauchium.*] Ita legendum. Editi, *calamanchum, id est pileum*. Occurrit et infra, capite 9, ubi Coloniensis editio, *calamanen* habet. Vide Onomasticon.

(4) *Super psiathium*]. Vetus editio, *super humi spatium*. Sed jam ante sæpius in aliis Vitis *psiathium* occurrit, ut de lectionis veritate nullum sit dubium.

(5) *Chameuniæ.*] Vetus editio, *continentiæ*. Coloniensis, *caumeniæ*. Vera lectio, quam dedi. Sunt χαμευνίαι, *humicubationes*. Supra, Vita Abrahæ, cap. 18, *chameuniis quoque et contritione corporis nunquam omnino lassatus est*. Vide Onomasticon.

(6) *Heu mihi.*] Tria sequentia capita desunt tam apud Ephræm, tom. III, in Vita Abrahæ, nec se ea in Græcis exemplaribus reperisse testatur Ephræmi interpres Vossius, quam apud Metaphrastem, tomo VI Lipomani, et tomo II Surii. Deerant etiam in Manuscriptis nostris. Sed quia Coloniensis editio hæc habet, etiam expressi. Vossius existimat clausulas has, ex aliis Ephræmi locis, quibus similia quædam habet, concinnatas esse.

VITA SANCTÆ THAISIS [1],

MERETRICIS,

AUCTORE INCERTO.

Caput primum. — Fuit quædam meretrix, Thaisis nomine, tantæ pulchritudinis, ut multi propter eam vendentes substantiam suam ad ultimam pervenirent paupertatem; sed et lites inter se conserentibus amatoribus suis, frequenter sanguine juvenum puellæ limen replebatur. Quæ cum abbas Paphnutius audisset, sumpto habitu sæculari et uno solido, profectus est ad eam in quadam Ægypti civitate; deditque ei solidum pro mercede peccati. At illa accepto pretio, ait : Ingrediamur domum. Tunc ille ingressus, ut lectum pretiosis vestibus stratum conscenderet, invitabat eam, et dixit : Si est interius cubiculum, in ipso eamus, illa dixit : Est quidem, sed si homines vereris, nec in isto exteriori cubiculo ullus ingreditur; si vero Deum, nullus est locus qui divinitatis ejus oculis abscondatur. Quod cum audisset senex, dicit ei : Et scis esse Deum? Cui illa respondit : Et Deum scio et regnum futuri sæculi, necnon et tormenta futura peccatorum. Dicit ei : Si ergo hæc nosti, cur tantas animas perdidisti, ut non solum pro tuis, sed et pro illorum criminibus reddita ratione damneris? Quod cum Thaisis audisset, provoluta ad pedes Paphnutii monachi cum lacrymis exorabat, dicens : Pœnitentiam injunge, Pater; confido enim remissionem te orante sortiri; horarum tantum trium inducias peto, et post hoc quocunque jusseris, veniam; et quodcunque præceperis, faciam. Cumque locum illi abbas Paphnutius constituisset, quo venire deberet, illa discedens, collectis omnibus quæcunque ex peccato susceperat, prolatisque in media civitate populo spectante igni supposuit, clamans : Venite omnes qui peccastis mecum, et videte, quomodo ea quæ mihi contulistis exuram. Erat autem pretium librarum quadraginta.

Cap. II. — Quæ cum omnia consumpsisset, in locum quem abbas constituit ei, perrexit : quam ille, reperto virginali monasterio, in cellula parva ducens, ostium cellulæ plumbo signavit parvamque reliquit fenestellam, per quam ei victus modicus inferretur, jussitque ei omnibus diebus parum panis et paululum aquæ a sororibus monasterii ministrari. Cum autem discederet ostio plumbato, ait ad illum Thaisis : Quo jubes, pater, ut aquam meam effundam? At ille respondit : In cella, ut digna es. Cumque iterum quemadmodum Deum oraret requireret, dicit ei : Non es digna nominare Deum, nec in labiis tuis nomen divinitatis ejus adducere, sed nec ad cœlum manus expandere, quoniam labia tua iniquitate sunt plena, et manus tuæ sordibus inquinatæ; sed tantummodo sedens contra Orientem respice, hunc sermonem solum frequenter iterans : Qui plasmasti me, miserere mei [2].

Cap. III. — Cum ergo tribus annis ita fuisset inclusa, condoluit abbas Paphnutius, et mox profectus est ad abbatem Antonium, ut ab eo requireret si peccata ejus remisisset ei Dominus, an non. Cum ergo pervenisset, et tantam illi causam subtiliter narrasset, convocatis discipulis suis abbas Antonius præcepit ut illa nocte omnes vigilarent, et in oratione singillatim persisterent, quatenus alicui ex eis declararet Deus causam pro qua abbas Paphnutius venerat. Itaque cum singuli secessissent, et incessanter orarent, abbas Paulus, major discipulus sancti Antonii, vidit subito in cœlo lectum pretiosis vestibus adornatum, quem tres virgines, clara facie fulgentes custodiebant. Cum ergo ipse Paulus diceret : Non est largitio hæc alterius nisi Patris mei Antonii; vox ad eum facta est : Non est Patris tui Antonii, sed Thaisis meretricis est. Quod cum manifeste abbas Paulus retulisset, cognita Dei voluntate abbas Paphnutius discessit, et reversus ad monasterium in quo fuerat inclusa, ostium quod obstruxerat dissipavit; illa vero, ut adhuc ita permaneret inclusa, postulabat; cum vero aperuisset ostium, dixit ei : Egredere, quoniam remisit tibi Deus peccata tua. Illa respondit : Testor Deum, quia ex quo hic ingressa sum, omnia peccata mea velut sarcinam statui ante oculos meos, et non discesserunt peccata mea ab oculis meis, sed flebam semper illa conspiciens. Cui abbas Paphnutius ait : Non propter pœnitentiam tuam remisit tibi Deus, sed quia horum cogitationem semper habuisti in animo. Et cum eam inde eduxisset, quindecim tantum diebus Thaisis vixit, et sic pausavit in pace.

ROSWEYDI NOTATIO.

(1) *Thaisis.*] Hujus commemoratio est in Menologio Græcorum 8 Octobris : « Natalis sanctæ Thaisiæ, quæ fuerat meretrix. Hæc ab adolescentia fuit a propria matre depravata; itaque officinam diaboli se constituit. Sed a viro sancto Paphnutio capta est. Conversa igitur, et pœnitentia scelerum compuncta, et omnia sua quadringentarum pretio æstimata pauperibus distribuit, et seipsam in cella quadam inclusit, ubi, lacrymis et gemitibus ex profundo cordis emissis, clamabat : Qui plasmasti me, miserere mei. In hac exercitatione annos tres transegit : unde egressa jussu abbatis, post quindecim dies excessit. » Quæ ad verbum desumpta sunt ex Menæis, in quibus tamen Paphnutio patria assignatur, quæ

hic deest. Dicitur enim ibi Σιδώνιος, *Sidonius*, Florarium Sanctorum ms., 28 Augusti : «Thaisis peccatricis conversio. Et 8 Octobris : Sanctæ Thaisis peccatricis depositio per sanctum Paphnutium conversa a studio meretricio. Quam ille reperto virginum monasterio, in cellulam parvam recludens, ostium plumbo sigillavit, et parvam ei fenestram dimisit, per quam ei cibus modicus deferretur. Post trium vero annorum pœnitentiam abbas Paphnutius rediens, post revelationem sibi a Deo de illa factam, ostium quod plumbo signaverat, dissipavit, dixitque ei : Egredere, quia dimisit tibi Deus peccata tua.

At illa, Testor, inquit, Deum, quia ex quo huc ingressa sum, ex omnibus meis peccatis quasi sarcinam feci mihi, et ante oculos meos statui. Et sicut non recessit anhelitus de naribus meis, ita nec quidem uno momento usque ad hanc horam peccata mea recesserunt a me. Claruit anno salutis 344. »

Vita hæc in quibusdam Manuscriptis separatim ponitur, in aliis interseritur aliis libris, ut libro II, cap. 16, ratione Paphnutii qui eam convertit. Dedi separatim, ut femina feminis jungeretur.

(2) *Qui me plasmasti, miserere mei.*] Eamdem Thaisiæ orationem habes in Menæis et Menologio.

OCTOBRIS VIII.

VITA SANCTÆ PELAGIÆ (1),

MERETRICIS

AUCTORE JACOBO DIACONO (2), INTERPRETE EUSTOCHIO (3).

PROLOGUS INTERPRETIS.

Verba sacerdotis tanti, et celata Latinis,
Eustochius Christi transtuli subsidio.

Sed vos, lectores, mecum pensate laborem,
Et memores nostri fundite verba Deo.

Præfatio auctoris.

376 Magnas semper Domino nostro gratias referre debemus, qui non vult perire peccatores in mortem, sed omnes per pœnitentiam converti cupit ad vitam (*I Tim.* II). Audite ergo miraculum quod gestum est in diebus nostris. Visum est mihi peccatori Jacobo scribere vobis fratribus sanctis, ut audiendo vel legendo sciatis, et animabus vestris maximum consolationis auxilium acquiratis. Misericors enim Deus, qui nullum hominem vult perire, statuit in hoc sæculo ut per satisfactionem delicta donentur, quia in futuro justum judicium erit, in quo recipiet unusquisque secundum opera sua. Nunc ergo silentium mihi præbete, et intuemini mecum omni diligentia cordis, quia relatio nostra compunctione satis uberrima plena est.

VITA.

CAPUT PRIMUM. — Sacratissimus episcopus Antiochiæ civitatis convocavit ad se omnes prope se existentes episcopos, pro certa quadam causa : unde convenerunt episcopi numero octo, inter quos fuit et sanctissimus Dei vir Nonnus (4), episcopus meus, vir mirificus et efficacissimus monachus, de monasterio quod dicitur Tabenensiotarum. Propter incomparabilem enim ejus vitam et decoratissimam conversationem raptus est de monasterio, et episcopus ordinatus. Congregatos ergo in prædicta civitate, jussit nos episcopus ipsius civitatis manere in basilica beatissimi martyris Juliani (5). Ingressique successimus, ubi et cæteri qui convenerant episcopi ante januam ipsius basilicæ resederunt.

CAP. II. — Quibus sedentibus, aliqui episcopi dominum meum Nonnum rogabant ut aliquid ab ipso docerentur; statimque ex ore suo sanctus episcopus cœpit loqui ad ædificationem et ad salutem omnium qui audiebant. Cunctis vero nobis admirantibus sanctam doctrinam ejus, ecce subito transiit per nos prima mimarum Antiochiæ; ipsaque est prima choreutriarum pantomimarum (6), sedens super asellum; et processit cum summa phantasia, adornata ita, ut nihil videretur super ea nisi aurum et margaritæ et lapides pretiosi; nuditas vero pedum ejus ex auro et margaritis erat cooperta : cum qua maxima erat pompa puerorum et puellarum in vestibus pretiosis amicta, et torques aurea super collum ejus. Quidam præcedebant, alii vero sequebantur eam : pulchritudinis autem decoris ejus non erat satietas omnibus sæcularibus hominibus. Quæ tamen transiens per nos, totum implevit aerem ex odore musci (7), vel cæterorum suavissimorum odoramentorum fragrantia. Quam ut viderunt episcopi ita **377** nudo capite et omni membrorum compage sic inverecunde transire cum tantis obsequiis ut nec velamen super caput positum, nec super scapulas, tacentes ingemuerunt, et quasi a peccato gravissimo averterunt facies suas.

CAP. III. — Beatissimus autem Nonnus intentissime eam et diu respiciebat, ita ut posteaquam transisset, intueretur et respiceret eam. Et postea avertit faciem suam, dicens ad circumsedentes episcopos : Vos non delectati estis tanta pulchritudine ejus? Illis vero nihil respondentibus, posuit faciem super genua sua, et manuale sanctum quod tenebat sanctis manibus suis, et sic omnem sinum suum replevit lacrymis, et suspirans graviter, dixit iterum ad episcopos : Non delectati estis tanta pulchritudine ejus? Illis vero nihil respondentibus : Vere, ait, ego valde delectatus sum, et placuit mihi pulchritudo ejus, quoniam istam habet Deus praeponere et statuere in conspectu tremendae et admirabilis sedis suae, judicaturus tam nos quam episcopatum nostrum. Et iterum dixit ad episcopos : Quid putatis, dilectissimi, quantas horas fecit in cubiculo suo haec mulier, lavans et componens se, cum omni sollicitudine animi et intentione ad spectaculum ornans se, ut corporali pulchritudini et ornatui nihil deesset, quatenus omnibus placeret, ne turpis videretur esse suis amatoribus, qui hodie sunt, et crastino non sunt? Ergo et nos habentes patrem in coelis omnipotentem, sponsam immortalem, donantem bene custodientibus promissiones, quae habent divitias coelestes et aeterna praemia, quae aestimari non possunt, quae oculus non vidit, nec auris audivit, nec in cor hominis ascenderunt, quae praeparavit Deus diligentibus se. Quid enim plura loquor? habentes repromissionem, faciem illam magnam et splendidam, et inaestimabilem sponsi vultum videre, cui Cherubim respicere non audent, non ornamus neque detergimus sordes de miseris animabus nostris, sed dimittimus eas negligenter jacere.

CAP. IV. — His omnibus dictis, apprehendit me peccatorem diaconum, pervenimusque in hospitium, ubi nobis fuerat cellula data. Et ingressus cubiculum suum, jactavit se in pavimentum, et faciem suam ad terram; percutiensque pectus suum, lacrymabatur, dicens : Domine Jesu Christe, ignosce mihi peccatori et indigno, quia unius diei ornatus meretricis supervenit ornatum animae meae. Quali vultu respiciam ad te? aut quibus sermonibus justificer in conspectu tuo? Non enim occultabo cor meum ante te, quoniam prospicis secreta mea. Et vae mihi peccatori et indigno, quoniam ante altare tuum assisto, et non offero pulchram animam qualem expetis a me. Illa enim promisit placere hominibus, et fecit; et ego promisi tibi placere, et mentitus sum propter pigritiam meam. Nudus sum tam in coelo quam in terra, non adimplens praecepta mandatorum tuorum. Ergo non est mihi spes ex operibus bonis, sed spes mea in misericordia tua, qua confido salvari. Haec vero illo dicente, et horum causa plurimum ululante, eodem die vehementer festa celebravimus.

CAP. V. — Superveniente autem die, quae est Dominica, postquam complevimus nocturnas orationes, dicit ad me sanctus Nonnus episcopus : Tibi dico, frater diacone, vidi somnium et fortiter conturbor, eo quod non possum discernere illud. Qui mox dicit ad me vidisse se in somnis, quomodo ad cornu altaris staret nigra columba, multis sordibus involuta, quae circumvolabat me, et fetorem ac squalorem sordium ejus ferre non valebam. Illa vero circumstetit me, donec dimissa est oratio catechumenorum (8). Postquam vero proclamavit diaconus catechumenis : Procedite, statim nusquam comparuit. Et post missam fidelem et completionem oblationis, cum dimissa esset ecclesia, egrediente me limitem domus Dei, venit denuo ipsa columba multis sordibus involuta, et iterum circumvolabat me. Ego vero extendens manum, apprehendi eam, et jactavi in concham, quae erat in atrio sanctae ecclesiae; et dimisit in aqua omnes sordes suas quibus obvoluta erat, et ascendit de aqua candida sicut nix : quae et volans, in excelsum ferebatur, vel omnino ab oculis meis sublata est. Cum ergo narrasset somnium sanctus Dei Nonnus episcopus, apprehendit me : et pervenimus ad majorem ecclesiam cum caeteris episcopis, et salutavimus episcopum civitatis.

CAP. VI. — Et ingrediens, omnem populum ecclesiae hortatus est, qui ingressi sederunt super thronos suos; et post omnem canonicam celebrationem vel lectionem sancti Evangelii, idem episcopus civitatis porrigens sanctum Evangelium beatissimo Nonno, hortabatur eum ut verba faceret ad populum. Qui aperiens os suum loquebatur sapientiam Dei, quae habitabat in eo, quoniam nihil compositionis, aut philosophiae, aut indiscretum alloquebatur, nihil in se habens humanae naturae superfluum : sed repletus Spiritu sancto, arguebat et commonebat plebem, sincerissime loquens de futuro judicio, et perpetuis bonis quae reposita sunt. Cuncta ergo plebs compuncta est ex **378** verbis, quibus locutus est per eum Spiritus sanctus, ita ut pavimentum sanctae Ecclesiae inundaret populi lacrymis.

CAP. VII. — Gubernatione vero misericordiae divinae contigit, ut conveniret ad eamdem ecclesiam et meretrix haec, de qua factus est nobis sermo ; et quod mirum est, catechumena, cui nunquam accessit sollicitudo peccatorum, nec aliquando ad Dei convenisset ecclesiam, subito compuncta est timore Domini, cum argueret sanctus Nonnus populum, ita ut desperaret de se, ipsa mulier plangens flumina lacrymarum fundebat, nec ullo modo a fletu continere se poterat. Et statim praecepit duobus pueris suis, dicens : Sustinete in hoc loco; et dum egressus fuerit sanctus Nonnus episcopus, sequamini eum, et inquirite ubi maneat, et venite et renuntiate mihi. Pueri vero fecerunt sicut praecepit eis domina sua ; et sequentes nos, venerunt in basilicam beatissimi martyris Juliani, ubi nobis hospitium seu cellula erat. Et regressi, venerunt, dominae suae dicentes : Quoniam in basilica beatissimi martyris Juliani manet. Quo illa audito, statim transmisit diptychum tabularum (9) per eosdem pueros, ita continentem : « Sancto discipulo Christi, peccatrix et discipula diaboli. Audivi de Deo tuo, quod cœlos inclinavit, et descendit super terram, non propter justos, sed ut peccatores salvaret (*Matth.* IX); intantum humiliatus, ut publicanis appropinquaverit, et in quem cherubim respicere non audent, cum peccatoribus conversatus sit. Et tu, domine meus, qui multam sanctitatem habes, etsi carnalibus oculis ipsum Dominum Jesum Christum, qui se illi mulieri meretrici Samaritanæ manifestavit ad puteum (*Joan.* IV), non aspexisti, tamen verus cultor illius es, sicut a Christianis audivi referentibus. Si vero illius Christi verus es discipulus, non me respuas, per te desiderantem videre Salvatorem, ut per te merear videre vultum sanctum suum. » Tunc rescripsit ei sanctus Nonnus episcopus : « Quæcunque es, manifesta es Deo, et tu, et tractatus tuus, et voluntas tua. Attamen dico tibi, ne velis tentare humilitatem meam, ego enim sum homo peccator servus Dei. Si pro certo habes desiderium divinitatis, virtutem adipiscendi et fidem, et me vis videre, sunt mecum episcopi alii; veni, et ante eos me videbis, nam sola me videre non poteris. » Cum hæc relegisset meretrix, gaudio repleta, cursu venit ad basilicam beati martyris Juliani, et nuntiavit nobis de præsentia sua. Quo audito sanctus Nonnus episcopus, vocavit ad se omnes qui illic aderant episcopos, et jussit eam venire ad se. Quæ accedens ubi congregati erant episcopi, jactavit se in pavimentum, et apprehendit pedes beati Nonni episcopi, dicens : Rogo te, domine meus, imitare magistrum tuum Dominum Jesum Christum, et effunde super me tuam bonitatem, et fac me Christianam. Ego enim sum, domine meus, pelagus peccatorum et abyssus iniquitatis. Peto me baptizari.

Cap. VIII. — Cum vix eam persuasisset sanctus Nonnus episcopus surgere a pedibus suis, cum surrexisset, dicit ad eam : Canones (10) sacerdotales continent non baptizari meretricem, nisi fidejussores præstiterit, ut non se iterum in ipsis malis revolvat. Quæ audiens talem episcopi sententiam, jactavit se iterum in pavimentum, et apprehendit pedes sancti Nonni, et ipsos lacrymis suis lavit, et capillis suis extergebat, dicens : Rationem reddas Deo pro anima mea, et tibi ascribam iniquitates factorum meorum, si distuleris me iniquam et turpissimam baptizare. Non invenies portionem apud Deum cum sanctis, nisi me nunc feceris alienam malorum operum meorum. Neges Deum, et idola adores, nisi me hodie in sponsam Christi renasci feceris, et obtuleris Deo. Tunc omnes episcopi et clerici qui convenerunt, videntes talem peccatricem pro Deitatis desiderio talia loquentem, admirantes dicebant nunquam se talem vidisse fidem et desiderium salutis, sicut hujus meretricis. Et statim transmiserunt me peccatorem diaconum ad episcopum civitatis, ut hæc omnia ei insinuarem, et unam de diaconissis (11) juberet ejus beatitudo transmittere mecum. Qui audiens, lætatus est gaudio magno, dicens : Bene, pater honorabilis,

A te exspectabant opera ista, scio quod os meum eris. Et statim transmisit mecum dominam Romanam primam diaconissarum. Quæ veniens, invenit eam adhuc ad pedes sancti Nonni episcopi, cui vix persuasit surgere a pedibus suis, dicens : Surge, filia, ut exorcizeris. Dixitque ei : Confitere omnia peccata tua. Quæ respondit : Si perscrutata fuero scientiam cordis mei, non invenio in me aliqua opera bonorum actuum. Peccata enim mea scio, quod arena maris graviora sint; aqua enim perparva est præ mole peccatorum meorum. Confido vero de Deo tuo, quod dimittat pondus iniquitatum mearum, et respiciat super me. Tunc dixit ad eam sanctus Nonnus episcopus : Dic quod sit nomen tuum? Quæ respondit : Naturali nomine Pelagia vocata sum a parentibus meis; cives vero Antiochiæ Margaritam me vocant, propter pondus ornamentorum quibus me adornaverunt peccata **379** mea. Ego enim eram ornamentum et comptum ergasterium diaboli. Iterum dicit ad eam sanctus Nonnus episcopus : Naturali nomine Pelagia vocaris? Quæ respondit : Ita domine. Quo audito, sanctus Nonnus episcopus exorcizavit eam, et baptizavit; et imposuit ei signum Domini, tradiditque illi corpus Christi. Fuitque illi mater spiritalis sancta domina Romana, prima diaconissarum : quæ accipiens eam, ascendit in catechumenum (12), eo quod et nos ibi maneremus. Tunc dicit ad me sanctus Nonnus episcopus : Tibi dico, frater diacone, lætemur hodie cum angelis Dei, et oleum extra consuetudinem sumamus in cibo, et vinum cum lætitia spiritali accipiamus, propter salutem hujus puellæ.

Cap. IX. — Sumentibus vero nobis cibum, audiuntur voces subito, velut hominis qui violentiam patitur : diabolus enim clamavit, dicens : Væ, væ! quid patior a decrepito sene isto? Non tibi sufficiunt triginta millia Sarracenorum, quos mihi abripuisti et baptizasti, et obtulisti Deo tuo? Non tibi sufficiebat Heliopolis, quoniam cum et ipsa mea esset, et omnes qui in ea habitabant, me adorarent, tu mihi abripuisti et obtulisti Deo tuo? Sed et nunc maximam spem meam abstulisti a me, jam nunc non fero machinationes tuas. O jam quid patior a damnabili isto! Maledicta dies illa, in qua natus es tu : flumina lacrymarum infirmo hospitio inundant, jam spes mea abstracta est. Ista omnia clamabat diabolus, et lamentabatur ante januas, et audiebatur ipse ab omnibus hominibus. Et iterum repetens, ad neophytam puellam dixit : Hæc mihi facis, domina mea Pelagia, et tu meum Judam imitaris? Ille enim gloria et honore coronatus, et apostolus constitutus, tradidit Dominum suum, ita et tu mihi fecisti. Tunc dicit ad eam sanctus Nonnus episcopus : Signa te cruce Christi, et abrenuntia ei. Quæ signavit se in nomine Christi, et insufflavit in dæmonem, et statim nusquam comparuit.

Cap. X. — Post biduum ergo, dormiente ea cum sancta Romana commatre sua in cubiculo suo, apparuit diabolus nocte, et suscitavit ancillam Dei Pelagiam, et dicebat : Rogo te, domina mea Margarita, nunquid non ex auro et argento ditata es? nunquid non ex auro et gemmis pretiosis adornavi te? Rogo te, quid te contristavi? Responde mihi, ut satisfaciam tibi, tantum ne me facias opprobrium Christianorum. Tunc ancilla Dei Pelagia signavit se, et exsufflavit in dæmonem, dicens : Deus meus, qui eripuit me de medio dentium tuorum, et induxit in cœlestem thalamum suum, ipse tibi resistet pro me. Et statim nusquam comparuit diabolus.

CAP. XI.—Tertia vero die, posteaquam baptizata est sancta Pelagia, rogavit puerum suum, qui præerat rebus ejus omnibus, et dicit ad eum : Vade in vestiarium meum, et scribe omnia quæ sunt tam in auro quam in argento, vel in ornamentis aut vestibus pretiosis, et affer mihi. Puer fecit sicut præcepit ei domina sua, et omnem substantiam suam detulit. Quæ statim vocavit sanctum Nonnum episcopum per sanctam Romanam commatrem suam, et omnem substantiam suam posuit in manibus ejus, dicens : Hæ sunt, domine, divitiæ quibus ditavit me Satanas : has trado in arbitrio sanctitatis tuæ, et quod nosti expedire, facias ex eis, mihi enim optandæ sunt divitiæ Domini mei Jesu Christi. Qui statim vocavit custodem ecclesiæ seniorem; et ipsa præsente, omnem substantiam ejus in manibus illius tradidit, dicens : Adjuro te per inseparabilem Trinitatem, ne quid hinc in episcopium aut in ecclesiam ingrediatur, sed magis viduis et orphanis et pauperibus erogetur, ut quod male attractum est, bene distribuatur, et divitiæ peccatricis fiant thesauri justitiæ. Si vero spreto sacramento, sive per te, sive per quemlibet alium subtraxeris de his quidquam, anathema ingrediatur domum ejus, et cum illis habeat partem qui dixerunt : Crucifigatur, crucifigatur. Illa vero convocavit omnes pueros et puellas suas, et liberavit omnes : donavitque tortos (13) aureos eis de manu sua, dicens : Festinate, et liberate vos de hoc sæculo nequam, pleno peccatis, ut sicut fuimus in hoc sæculo simul, ita simul permaneamus sine dolore in vita illa quæ est beatissima.

CAP. XII.—Octava vero die, quando habebat depositionem albarum facere, surgens nocte, nobis ignorantibus, deposuit vestem baptismatis sui, et induit se tunicam tricinam (14), et birratu (15) sancti Nonni episcopi, et ex illa die nusquam comparuit in civitate Antiochia. Quam sancta Romana flebat amarissime, et sanctus Nonnus consolabatur eam, dicens : Noli flere, filia, sed lætare gaudio magno, quoniam Pelagia optimam portionem elegit, sicut Maria, quam Dominus præfert Marthæ in Evangelio. Illa autem abiit Jerosolymam, et construxit sibi cellulam in monte Oliveti, ubi Dominus oravit.

CAP. XIII.—Post aliquantum vero temporis convocavit episcopus civitatis omnes episcopos, ut unusquisque reverteretur ad propria. Post triennium aut quadriennium temporis, desideravi ego Jacobus diaconus proficisci Jerosolymam, ut ibi adorarem resurrectionem Domini nostri Jesu Christi, et petii episcopum meum, ut me permitteret ire. Dum me permisisset ire, dicit ad me : Tibi dico, frater diacone, dum perveneris Jerosolymam, require ibi quemdam fratrem Pelagium, monachum et eunuchum, qui multos annos habitabat in solitudine clausus, quasi eum visitaturus; vere enim poteris ab eo juvari. Hæc autem omnia dicebat mihi de ancilla Dei Pelagia non manifeste.

CAP. XIV.—Perveni ergo Jerosolymam, et adoravi sanctam resurrectionem Domini nostri Jesu Christi : et alia die requisivi servum Dei. Et accessi, et inveni eum in monte Oliveti, ubi Dominus oravit, in modica cellula undique circumclusa, et parvam fenestellam habuerat in pariete. Et percussi ostium fenestellulæ, et statim aperuit mihi, et cognovit me : ego vero non cognovi eam. Quomodo enim poteram cognoscere illam, quam antea videram inæstimabili pulchritudine, jam facie marcidam factam præ nimia abstinentia? Oculi vero ejus sicut fossæ videbantur. Quæ dicit ad me : Unde venis, frater? Ego respondi et dixi : Missus sum ad te, jubente Nonno episcopo. Quæ ait ad me : Oret pro me, quoniam vere sanctus Dei est. Et statim clausit ostiolum fenestellæ, et cœpit psallere horam tertiam. Ego vero oravi juxta parietem cellulæ ejus, et recessi, multum juvatus de angelica visione ejus. Reversus vero Jerosolymam, cœpi per monasteria ambulando visitare fratres.

CAP. XV.—Magna vero ferebatur fama per monasteria de domino Pelagio : propterea deliberavi etiam iterato ad eum redire, et salutaribus doctrinis ejus refici. Cumque ad cellulam suam pervenissem, et pulsare, imo nominatim eum interpellare præsumerem, nihil respondit. Exspectavi secunda die et tertia perseverans, et proprio nomine Pelagium interpellans, neminem audivi. Quare intra me dixi : Aut nemo est hic, aut recessit qui hic erat monachus. Nutu vero Dei monitus, iterum dixi : Considerem ne forte mortuus sit; et aperui ostiolum fenestellulæ, et prospexi, et vidi eum mortuum, et clausi ostiolum; et de luto replens diligenter, cursu veni Jerosolymam, et nuntiavi commanentibus, quod sanctus Pelagius monachus mirabilia faciens requievisset. Tunc sancti patres venerunt cum diversis monasteriis monachorum, et sic solutum est ostiolum cellulæ; et delatum est foras sanctum corpusculum ejus, quod auro et lapidibus pretiosis condigne posuerunt. Et dum sancti patres ungerent corpus myrrha, tunc cognoverunt quod fuisset mulier : qui volentes miraculum abscondere, sed populum ipsum latere non poterat, exclamaverunt voce magna, dicentes : Gloria tibi, Domine Jesu Christe, qui multas divitias absconsas habes super terram, non solum viriles, sed etiam muliebres. Divulgatum est autem omni populo, et venerunt omnia monasteria virginum, tam de Jericho, quam ex Jordane, ubi Dominus baptizatus est, cum cereis, lampadibus et hymnis ; et sic depositæ sunt sanctæ reliquiæ ejus, portatæ a sanctis patribus.

Hæc vita meretricis, hæc conversatio desperatæ :

cum qua et Dominus nos faciat invenire misericordiam suam in die judicii; quoniam ipsi est honor et gloria, potestas et imperium in sæcula sæculorum. Amen.

ROSWEYDI NOTATIO.

(1) *Pelagiæ.*] Martyrolog. Romanum, 8 Octobr. « Jerosolymis sanctæ Pelagiæ cognomento Pœnitentis. »

(2) *Jacobo Diacono.*] Ita auctor seipsum vocat hic in præfatione.

(3) *Eustochio.*] Ita interpres suum nomen exprimit in prologo, qui deest edit. Colon., sed habetur in Ms. sancti Audomari, et vett. edit.

(4) *Nonnus.*] De hoc Martyrologium Rom. 2 Decembris : « Edessæ sancti Nonni episcopi, cujus precibus Pelagia pœnitens ad Christum conversa est. »

(5) *Juliani.*] Varii occurrunt Juliani in Martyrologio. Existimo hic intelligi unum ex iis qui passi sunt in Syria, in qua Antiochia.

(6) *Prima choreutriarum pantomimarum.*] Ita emendavi ex conjectura. Loco *choreutriarum*, vetus *thorentriarum*; Coloniensis *thorentiarum*. Ms. sancti Audomari : *Prima chaos in theatrum pantomimi.* Erunt forte qui loco *thorentiarum* divinent legendum *theatricarum.* Noti χορευταὶ Platoni et Aristoteli, qui et cantabant et saltitabant. Talis hæc Pelagia pantomima choreutria.

(7) *Musci.*] Infra, in Vita sanctæ Marcellæ, c. 3, *fragrare musco mure.* Vide Onomasticon.

(8) *Dimissa est oratio catechumenorum.*] Mox sequitur, *missa fidelis* seu *fidelium.* Ita olim officium divinum erat distinctum, ut pars vocaretur *missa catechumenorum*, pars *missa fidelium.*

(9) *Diptychum tabularum.*] Erant Diptycha bifores tabellæ ad varium usum. Vide Onomast.

(10) *Canones.*] Vetitum olim canonibus, ne quis ad baptismum admitteretur sine patrino seu fidejussore, quod multo accuratius observatum in meretricibus et histrionibus, quorum conversio magis erat dubia.

(11) *Diaconissis.*] Diaconissæ antiquitus baptizandas mulieres velabant.

(12) *Catechumenum.*] Intelligit locum catechumenorum in ecclesia, qui distinctus erat a loco fidelium.

(13) *Tortos.*] Ita vetus editio. Colon., *torques.*

(14) *Tricinam.*] Addunt Editi, *id est, cilicinam.*

(15) *Birram.*] Birra nunc vestem pretiosam nunc vilem significat. Vide Onomasticon.

APRILIS II.

VITA
SANCTÆ MARIÆ (1) ÆGYPTIACÆ,
MERETRICIS
AUCTORE SOPHRONIO (2) JEROSOLYMITANO EPISCOPO,
INTERPRETE PAULO (3) DIACONO SANCTÆ NEAPOLEOS ECCLESIÆ.

PRÆFATIO INTERPRETIS.

Domino gloriosissimo ac præstantissimo regi Carolo.

381 Sciens gloriosissimam majestatem vestram tam divinis eloquiis, quam sanctorum præcedentium exemplis valde delectari, cum jamdudum libellum conversionis Mariæ Ægyptiacæ, cum tomulo de cujusdam vicedomini (4) pœnitentia, domino meo obtulerim, quia ille ipse casu quodam deperiit, nunc interim jussui vestro in eodem restaurando devotus obedivi. Obsequii quoque et devotionis meæ fuit ut non simplicem tantum memoratæ rei textum exhiberem, sed et alia quæsitu digna superadjicerem, de venerandis scilicet constitutis (5) et gestis præsulum Romanæ Ecclesiæ : quorum sanctionibus quam reverenter Ecclesia utatur, majestas vestra optime novit. Hoc autem brevitatis compendium servus vester ideo sumpsit, ut serenitas vestra, quam Reipublicæ fascibus valde oneratam attendo, cui sparsim diversa non vacat percurrere scriptorum volumina, quasdam consuetudines ecclesiasticas in brevi, quasi in quodam Enchiridio inclusas, tenere possit, et quia secundum regalem industriam studium domini mei in hoc fervere didici, ut facta dictave vestra juxta auctoritatem irrefragabilem dirigere, et quid erga cultum divinum tenendum, quidve rejiciendum sit, sollicite disquirere et perscrutari, elucubrationis sit assiduæ, qualiter ejus divinitatis ope muniti, prosperis successibus ad omnia currere mereamini.

𝕻rologus auctoris.

382 Secretum regis celare, bonum est; opera autem Dei revelare et confiteri, honorificum est (*Tob.* xii). Ita enim legitur, angelum dixisse Tobiæ post oculorum amissionem, gloriosamque illuminationem, et post illa transacta pericula, e quibus liberatus, consecutus est Dei pietatem. Etenim regis secretum manifestare, nocivum et valde periculosum est; et Dei gloriosa silere opera, magnum est animæ detrimentum. Propter quod ego divina tegere silentio dubitans, et pigri servi metuens condemnationis imminens judicium, qui a domino talentum accipiens, fodiens in terram abscondit, et datum ad operationem celavit extra negotiationem (*Matth.* xxv), sacram ad me prolatam narrationem nequaquam silebo. Sed nullus mihi sit incredulus scribenti de eis quæ audivi, nec quisquam me mentiri æstimet, de rei magnitudine dubitans. Mihi enim absit sacris mentiri rebus, et adulterari verbum, ubi Deus memoratur. Ejus autem, qui minima intelligit, et indignius de Dei magnitudine, qui carnem assumpsit, et incredulus est ista dicenti, non mihi pertinebit periculum. Si qui autem illi sunt qui hujus scripturæ legerint textum, gloriosamque rei admirationem sane credere renuerint, et illis Dominus misereatur, faciatque capaces sancti verbi, ne rei existant Dei miraculorum, quæ plura in suis fieri prædestinavit electis : quoniam et ipsi humanæ naturæ infirma considerantes, impossibilia decernunt ea quæ de hominibus sanctis gloriosa dicuntur. Assumam de cætero narrationem, ipsam rem referens, quæ in hac nostra generatione facta dignoscitur, quam sacer vir, divina et agere et docere educatus, narravit. Sed ut supra dictum est, nullus hæc ad incredulitatem trahat, considerans impossibile fieri in hac nostra generatione tam grande miraculum, quia gratia Dei per omnes generationes in sanctas pertransiens animas, amicos Dei facit et prophetas, quemadmodum Salomon secundum Deum edocuit (*Sap.* vii). Tempus namque est sacræ prodere narrationis initium, magnum virileque certamen venerabilis Mariæ Ægyptiacæ, videlicet qualiter expleverit tempora vitæ suæ.

VITA.

CAPUT PRIMUM. — In monasterio Palæstinorum fuit vir vitæ moribus et verbo ornatus, qui ab ipsis cunabulis, monachicis est actibus diligenter instructus, et conversationibus veraciter educatus, nomine Zosimas (6). Et nullus nos æstimet dicere Zosimam illum in prædicationis erroneæ dogmatibus accusatum sectæ alterius; alius enim hic, et alius ille, et multa inter utrosque distantia, licet unum uterque sortiti sint vocabuli nomen. Hic itaque Zosimas ab initio in uno Palæstinorum conversatus est monasterio, et omnem pertransiens monachicam disciplinam, in abstinentiæ opere omnium factus est probatissimus. Omne enim præceptum sibi traditum canonis ab his qui ab infantia educati sunt, luctam perfectæ disciplinæ monachicæ irreprehensibiliter conservabat. Multa etiam et ipse sibi adjiciens superaddidit, cupiens carnem spiritui subjugare. Nec enim in aliquo offendisse comprobatur. Ita enim fuit in cunctis perfectus monachicis actibus, ut multoties multi monachi de prædicti loci monasteriis et de longinquis partibus ad eum confluentes, ejus exemplis atque doctrinis se constringerent, et ad illius imitationem abstinentiæ se multo magis subjugarent.

CAP. II. — Hæc itaque omnia in se habens, a meditatione sacri eloquii nunquam discessit, sed in stratu suo quiescens, sive surgens, aut operam tenens manibus, vel cibum, si conveniebat ut sumeret, bonum, quo ille uti consueverat, spiritualiter utebatur, unum opus habebat intactitum et nunquam deficiens, psallere frequenter et meditationem facere sacri eloquii. Multoties enim asserunt quia et divinæ illustrationis dignus effectus, a Deo sibi visiones ostensæ sunt, et mirum non est nec incredibile. Si enim, ut ait Dominus, beati mundo corde, quoniam ipsi Deum videbunt (*Matth.* v); quanto magis qui suam purificaverint carnem, sobrii semper, animorumque pervigiles, oculos divinæ prospiciunt illustrationis, visionis indicium hinc præparatæ futuræ bonitatis accipientes? Dicebat autem ipse Zosimas, ab ipsis, ut ita dicam, maternis ulnis in hoc se esse monasterio traditum, et usque ad quinquagesimum tertium annum in eo cursum monachicum peregisse. Post hæc autem pulsatus est a quibusdam cogitationibus, quasi jam in omnibus esset perfectus, alterius non indigens in ullo doctrina. Hæc autem, ut dicebat, in se cogitabat : Nunquid est in terris monachus, qui novum aliquid possit tradere mihi, juvare me valens in aliquo quod ignorem, aut quod ego in monachico non expleverim opere? Nunquid invenitur eorum qui solitudinem duxerunt vir qui prior me in actibus sit? Hæc et his **383** similia eo cogitante, astitit quidam et dixit ei : O Zosima, bene quidem, et sicut possibile fuit homini, decretasti, bene cursum monachicum consummasti. Tamen nullus est in hominibus qui se perfectum esse demonstret. Major enim lucta præsens quam illa quæ præteriit, licet tu nescias. Ut autem cognoscas quantæ sint et aliæ viæ salutis, egredere de terra et de cognatione tua, et de domo patris tui, ut Abraham ille patriarcharum eximius (*Gen.* xii), et veni ad monasterium quod juxta Jordanem adjacet flumen

CAP. III. — Mox igitur secutus dicentem, egressus de monasterio, in quo ab infantia conversatus est, et perveniens ad Jordanem, fluvium omnium sanctiorem, dirigitur ab eo qui vocavit eum in monasterium in quod illum Deus venire præcepit. Pulsans igitur monasterii januam, loquitur prius monacho qui januam observabat, et ille nuntiavit eum abbati. Qui suscipiens eum, habituque et specie religiosum conspiciens, postquam flexit genu, ut mos est monachis, accepta oratione, hoc eum interrogavit : Unde, frater, advenisti? et quam ob rem apud humiles te conjunxisti monachos? Zosimas autem respondit : Unde quidem veni, non puto necessarium dicere; ædificationis autem gratia, Pater, adveni. Audivi de vobis magnalia et laude digna, et posse Deo animam sociare. Dixit autem ei abbas : Deus, frater, qui solus sanat animæ infirmitatem, ipse te et nos doceat divina mandata, et dirigat omnes ad ea facienda quæ opportuna sunt. Homo enim hominem ædificare non valet, nisi unusquisque attendat semetipsum frequenter, et sobrio intellectu quod expedibile est operetur, Deum habens cooperatorem. Tamen quoniam, ut dixisti, charitas Christi te videre nos humiles monachos perduxit, mane nobiscum, si ob hoc venisti, ut omnes nos nutriet pastor bonus sancti Spiritus sui gratia, qui animam suam dedit liberationem pro nobis, et proprias oves vocat ex nomine (*Matth.* xx; *Joan.* x). Hæc dicente abbate, flectens iterum Zosimas genua, accepta oratione, respondit Amen, et mansit in eodem monasterio.

CAP. IV. — Vidit autem ibi seniores actibus et visione splendentes, spiritu ferventes, et Domino servientes. Psallentia (7) ibi erat, incessabiles totius noctis habens stabilitates, et in manibus semper operatio, et in ore psalmi divini absque diminutione. Sermo ibi otiosus non proficiebat; cogitatio auri argentique, aut rei alicujus apud illos non erat; expensa anni totius, aut mensura, vel temporalis vitæ meditationes, doloribus congruæ, nec nomen apud illos cognoscebatur; sed unum erat primum solummodo, quod festinabatur ab omnibus; ut unusquisque mortuus esset corpore, sicut semel sæculo, et eis quæ in sæculo sunt mortificatus, et jam non vivens. Cibum autem habebant indeficientem, divinitatis eloquia; nutriebant vero corpus pane et aqua, ut multo magis apud divinam clementiam apparerent efficaces.

CAP. V. — Hæc Zosimas, ut dicebat, perspiciens, ædificabatur valde, prætendens se ad perfectionem, et crescere faciens proprium cursum, cooperatores inveniens, optime divinum innovantes paradisum. Transactis autem aliquot diebus, appropinquavit tempus, quando sacra jejunia Christianis traditum est celebrare, et purificare seipsos ob divinæ passionis diem resurrectionisque salutationem. Regia (8) autem monasterii nunquam aperiebatur, sed semper erat clausa, et absque ulla perturbatione monachi cursum suum explebant; nec enim erat licitum aperire aliquando, nisi fortassis monachus propter aliquod opus necessarium adveniebat. Solitarius enim erat locus ille, et plurimis vicinorum non solum inusitatus, sed et incognitus. Canon autem talis a priscis servabatur temporibus: propter quod, ut considero, Deus Zosimam perduxit in idem monasterium.

CAP. VI. — Dehinc ergo referam qualiter ipsius monasterii servabatur traditio. Dominica quam primam jejuniorum hebdomadam nominari mos est, agebantur divina sacramenta consuete, et unusquisque particeps efficiebatur vivifici ac intemerati corporis et sanguinis Domini nostri Jesu Christi. Et solito modicum cibum sumentes, congregabantur omnes in oratorium, et curvatis genibus, factaque suppliciter oratione, salutabant se invicem monachi, et unusquisque genuflexo publice amplectebatur abbatem, postulantes orationem, ut haberent ad inchoatum certamen eum cooperatorem et comitatorem. His ita se habentibus, fores monasterii patefiebant, et psallentes consona voce: Dominus illuminatio mea et salus mea, quem timebo? Dominus defensor vitæ meæ, a quo trepidabo? etc. (*Psal.* xxvi), exibant, unum multoties aut duos monasterii custodes relinquentes, non ut custodirent ea quæ intus erant reposita (non enim erant apud illos aliqua furibus congrua), sed ne oratorium absque divinis relinquerent solemniis. Unusquisque autem se annonabat (9), prout poterat aut volebat. Nam unus portabat corpori ad mensuram sufficiens (10), alius caryocas, alius palmarum fructus dactylos, alius vero legumina aquis infusa, alius nihil præter corpus proprium et vestimentum quo utebatur. Nutriebantur autem, quando necessitas exigebat naturæ, herbis quæ nascebantur per solitudinem. Canon autem erat unusquisque sibi ipsi et lex absque prævaricatione, ut non cognosceret aliquis consocium, qualiter abstinebat, aut quomodo agebat. Jordanem enim mox transmeantes, longe ab invicem se sequestrabant, et nullus se jungebat ad socium, civitatem æstimantes solitudinem. Sed et si unus ex ipsis a longe venientem ad se aliquem videbat, mox declinabat de itinere, et ad aliam partem pergebat. Vivebat autem sibi et Deo, psallens frequenter et constituto gustans tempore cibum. Ita omnia jejunia celebrantes, revertebantur ad monasterium ante vivificum diem resurrectionis Domini et Salvatoris nostri Jesu Christi, quam festam Dominicam cum ramis palmarum celebrare sancta accepit Ecclesia. Revertebantur autem, unusquisque habens proprii laboris testem propriam conscientiam, cognoscentem qualiter operatus est, et qualia laborum semina seminavit. Et nullus ullo modo interrogabat alium, quomodo aut qualiter laboris certamina consummasset.

CAP. VII. — Hic est itaque hujus monasterii canon, et ita perfecte et optime custodiebatur. Unusquisque enim, ut dictum est, per solitudinem Deo jungebatur, et in semetipso decertabat, ne hominibus placeret, sed soli Deo. Illa enim quæ propter homines fiunt, et quæ ut hominibus placeant aguntur, non solum non proderunt facientibus, sed et per multa damna efficiuntur agentibus obnoxia. Tunc itaque Zosimas consueta monasterii lege transmeavit Jordanem, modicum quid pro corporis necessitate deportans congrua, et vestem qua utebatur; et canonem quidem celebrabat, solitudinem pertransiens, et tempore escæ necessitatem faciebat naturæ. Sedebat autem nocte in terra, modicum quiescens, et somnum ad modicum gustans, quocunque eum vespertinum reperiebat tempus. Diluculo autem properare incipiebat, semper incessabile idem habens propositum, in desiderium habens, ut dicebat, introire in solitudinem, sperans invenire aliquem patrem in ea habitantem, qui eum posset aliquid ædificare, sicut desiderabat, et sine cessatione iter agebat, ac si apud aliquem manifestum festinans. Viginti autem dierum exigens iter, cum sextæ horæ tempus advenisset, stetit modicum ab itinere: et conversus ad Orientem, agebat solitam orationem. Consueverat enim constituto diei tempore figere itineris cursum, et stans psallere, et genuflexo orare. Dum autem psalleret, et in cœlum inspiceret intentis obtutibus, vidit a parte dextra, ubi orabat, umbram quasi humani corporis apparentem; et primo quidem conturbatus est, ac contremuit, phantasiam alicujus spiritus existimans se vidisse, signo autem crucis se muniens, et a se timorem projiciens (jam enim et orationis ejus finis instabat), convertens oculos, vidit aliquem in veritate properantem ad partem Occidentis. Mulier autem erat, quod videbatur, corpore nigerrimo, præ solis ardore denigrata, et capillos capitis habens ut lana albos, modicos et ipsos, non amplius quam usque ad cervicem descendentes.

CAP. VIII. — Hoc itaque Zosimas videns, et desideratæ dulcedinis gavisus effectus, cœpit festinanter currere in eam partem, ubi et aliud quod apparuit festinabat. Gaudebat enim gaudio magno. Non enim viderat in spatio dierum illorum speciem hominis, aut animalium, vel volucrum, bestiarumque formam. Desiderabat enim cognoscere quæ vel qualis bestia esset quæ videbatur, sperans quoniam majorum alicujus efficeretur profectus. Illa autem ut vidit econtra Zosimam venientem, cœpit fugiens currere apud inferiorem solitudinem. Zosimas autem ætatis senectam obliviscens, et laborem non reputans itineris, tetendit rapidissimo cursu, desiderans conspicere fugientem. Hic enim persequebatur; illa autem progrediebatur. Erat autem cursus Zosimæ velocior, et paulo efficiebatur propinquior. Ubi autem appropiavit, ut jam etiam posset vox audiri, cœpit, has voces emittens, clamare Zosimas cum lacrymis : Cur me fugis decrepitum ac peccatorem, serve Dei? Vere sustine me per Deum, quicunque es, pro cujus nomine hanc inhabitas solitudinem. Sustine me infirmum et indignum. Sustine me pro spe, quam habes pro tanti laboris remuneratione. Sta, et tribue orationem et benedictionem seni per Deum, qui neminem aliquando projecit. Hæc cum lacrymis Zosima postulante, venerunt currentes in quemdam locum, in quo quasi aridus torrens designabatur, in quo fuisse torrentem consideravit; sed locus ille talem convenit, ut haberet similitudinem, quomodo in terra illa apparebat. Ut venerunt itaque in prædictum locum, illud quod fugiebat descendit, et iterum ascendit in partem aliam. Zosimas autem clamans et nusquam progredi valens, stetit in aliam partem torrentis, qui speciem videbatur habere torrentis, et addidit lacrymas lacrymis, et suspiria suspiriis ampliavit, ut multo magis ex propinquo stridore luctus audiret.

CAP. XI — Tunc illud corpus quod fugiebat, vocem talem emisit : Abba Zosima, ignosce mihi propter Deum, quoniam manifestare me tibi conversa non possum. Mulier enim sum, et omni corporeo tegmine nuda, ut ipse vides, et corporis turpitudinem habens intectam. Sed si vis peccatrici mulieri orationem vere tribuere, projice mihi indumentum quo circumdatus es, ut possim muliebrem infirmitatem operire ad te convertens, et tuas accipiam orationes. Tunc tremor nimiusque metus et mentis excessus accepit Zosimam. Strenuus enim erat vir ille valde, et divinitatis dono prudentissimus, et cognovit quia ex nomine non vocasset eum quem nunquam viderat, de quo nec unquam audierat, nisi manifestissime providentiæ gratia fuisset illustrata. Fecit autem cum festinatione quod jussum est, et exuens se pallio quo erat indutus, terga versus projecit ei. Illa accipiens, in quantum potuit tegens partem corporis, quam oportet plus tegi cæteris, præcinxit se, et conversa ad Zosimam, ait ei : Quid tibi visum est, abba, peccatricem videre mulierem? Quid quæris a me videre aut discere, qua tantum non pigritasti tolerare laborem? Ille autem in terra prostratus, poscebat benedictionem secundum morem accipere. Prostravit autem se et ipsa, et utrique jacebant in terra, unus ex alio benedictionem poscens.

CAP. X. — Post multarum autem horarum spatia dixit mulier ad Zosimam : Abba Zosima, tibi competit benedicere et orare; tu enim presbyterii honore fultus es, et plurimis jam annis sancto assistis altari, et donis divinitatis Christi secreta rimaris. Hæc verba Zosimam in magnum timorem et certamen magis inducebant, et tremens senex sudoris guttis infundebatur. Dicit autem ei defessus viribus et quasi halitu jam conclusus : Manifesta jam quidem es ex ipsa visione, o spiritualis mater, quoniam tu ad Dominum profecta es, et fortiori parte mortua es. Manifesta autem plus omnium tributa est tibi gratia, ut me vocares ex nomine, quem nunquam vidisti. Sed quia gratia non ex dignitate cognoscitur, sed ex animarum actibus significari consueta est, benedic propter Deum, et orationem tribue indulgentiæ tuæ perfectionis. Stabilitati autem senis sancti compassa, dixit : Benedictus Dominus, qui salutem procurat animarum; et Zosima respondente Amen, surrexerunt utrique de terra. Et ait mulier seni : Homo, quam ob rem ad me peccatricem venisti? Tamen quoniam quidem te gratia Spiritus sancti direxit, ut aliquod ministerium exhibeas meæ exiguitatis corpori congruum, dic mihi, quomodo hodie Christianissima regitur tribus, quomodo imperatores, quomodo sanctæ Ecclesiæ pascitur grex? Zosimas autem respondit hoc verbum : Mater, tuis orationibus sanctis pacem stabilem Deus largitus est; sed suscipe indigni monachi consolationem, et per Dominum ora pro omni mundo, et pro me peccatore, ut non hujus cursus et itineris labor sine fructu mihi efficiatur tantæ solitudinis via. Et illa respondit ad eum : Te quidem oportet, abba Zosima, sacerdotii, ut dixi, habentem honorem, pro omnibus et pro me orare, in hoc enim et vocatus es; sed quia obedientiæ præceptum habemus, quod mihi a te jussum est, bona faciam voluntate. Et hæc dicens, ad Orientem conversa, et elevatis in excelsum oculis, manibusque extensis, cœpit orare motu tantum labiorum in silentio, voxque penitus non audiebatur ut posset intelligi. Unde et Zosimas nulla potuit verba ex ipsa oratione agnoscere. Stabat autem, ut dicebat tremens, terram conspiciens, et nihil ullo modo loquens. Jurabat autem, Deum testem verbi proponens, quoniam ut vidit eam perseverantem in orationis constantia, paululum elevatis ab aspectu terræ oculis, vidit eam elevatam quasi cubitum unum a terra, et in aere pendentem orare. Hoc autem ut vidit, nimio pavore correptus, prostravit se in terram, sudore suffusus, et nimium perterritus, nihil dicere præsumebat, in seipso autem dicebat : Domine, miserere mei.

CAP. XI. — In terra autem prostratus jacens, scandalizabatur in mente, putans ne spiritus esset qui se fingeret orare. Conversa autem mulier, erexit monachum dicens : Quid te, abba, cogitationes tuæ perturbant scandalizari in me, quia spiritus sum, et fictam orationem facio? Satisfactus esto, homo, peccatricem me esse mulierculam, tamen sacro sum circumdata baptismate ; et non sum spiritus, sed favilla et cinis et totum caro, et nihil spiritualis phantasiæ aliquando vel ad mentem reducens. Hæc dicens, signo crucis signat frontem suam, oculosque et labia ; simulque et pectori vexillum crucis infigens, ita dixit : Deus, abba Zozima, de adversario et immissionibus ejus liberet nos, quoniam multa super nos est invidia ejus. Hæc audiens senex, prosternit se, et apprehendit pedes ejus, dicens cum lacrymis : Obsecro te per Dominum Jesum Christum, verum Dominum nostrum, qui de virgine nasci dignatus est, pro quo hanc induta es nuditatem, pro quo has carnes expendisti, ut nihil abscondas a servo tuo, quæ es, et unde, et quando, vel ob quam causam solitudinem hanc inhabitasti, sed et omnia, quæ circa te sunt, edicito mihi, ut Dei magnalia facias manifesta. Sapientia enim abscondita et thesaurus occultus quæ utilitas in utrisque? sicut scriptum est (*Eccli.* xx)? Dic mihi omnia propter Deum ; nec enim pro gloriatione aut ostentatione aliquid dicis, sed ut mihi satisfacias peccatori et indigno. Credo enim Deo, cui vivis, cum quo et conversaris, quoniam ob hujuscemodi rem directus sum in hanc solitudinem, ut ea quæ circa te sunt Deus faciat manifesta. Non enim nostræ virtutis est judiciis resistere Dei. Nisi fuisset acceptabile Christo Domino manifestare te et qualiter decertasti, nec teipsam permiserat videri ab aliquo, nec me confortaret tantam properare viam, nusquam valentem progredi, aut potentem de cella mea procedere.

CAP. XII. — Hæc eo dicente, sed et alia plura, elevans eum mulier, dixit : Vere erubesco, ignosce, abba meus, dicere tibi turpitudinem meorum actuum ; tamen quia vidisti nudum corpus meum, denudabo tibi et opera meorum actuum, ut cognoscas quam turpis luxuriæ et opprobio confusionis repleta est anima mea. Non enim, ut tu ipse considerasti, propter aliquam gloriam, quæ circa me sunt, volo narrare. Quid enim potero gloriari, quæ diabolo vas fui electionis effecta? Scio autem quia si cœpero narrare ea quæ sunt de me, fugies a me, quasi quis fugiat a facie serpentis, auribus non valens audire, ob inexpedibilia quæ sum operata. Dicam autem, nihil negans, sed verius referam, supplicans te prius ut non desicias orare pro me, ut misericordiam merear et inveniam in die judicii. Et senex suffusus lacrymis, flebat. Tunc cœpit mulier narrare ea quæ de se erant, ita dicens :

CAP. XIII. — Ego, Pater, patriam quidem Ægyptum habui : parentibus autem meis viventibus, duodecimum agens ætatis annum, affectum illorum spernens, Alexandriam veni, et quomodo quidem virginitatem meam in primis violaverim, et qualiter indesinenter et insatiabiliter vitio libidinis subjugata jacuerim, erubesco considerare. Hoc enim non breve est dicere : illud autem citius dicam, ut possis cognoscere insatiabilem vitii mei ardorem, quem habui in amorem stupri. Decem et septem et eo amplius annos transegi publice in incendio jacens luxuriæ. Non propter alicujus donum virginitatem meam perdidi ; neque enim ab aliquibus dare volentibus aliquid accipiebam ; hoc enim libidinis furore succensa considerabam, ut amplius ad me facerem currere, gratis implens stupri mei et sceleris desiderium. Neque vero consideres quia pro divitiis nihil accipiebam ; mendicans enim vivebam, aut multoties stuppam filando. Desiderium enim, ut dixi, habebam insatiabile, ita ut indesinenter me in sterquilinio luxuriæ volutarem. Et hoc mihi erat placabile, et hoc vitam existimabam, si indesinenter naturæ injuriam peregissem. Hoc modo me vitam ducente, vidi in quodam æstus tempore multitudinem Libyorum et Ægyptiorum quasi ad mare concurrentem. Reperi itaque aliquem, et interrogavi : Ubi festinant viri isti, qui currunt? Dixit autem mihi : In Jerosolymam omnes ascendunt ob sanctæ crucis exaltationem, quæ post aliquot dies solito celebratur. Dixi autem ei et ego : Putas suscipient me, si voluero ire cum ipsis? Et ille dixit : Si habes naulum, nullus te prohibebit. Dixi ei : Vere, frater, naulum vel sumptum non habeo. Vadam autem et ascendam in unam navim, quam conduxerunt. Et licet renuant, memetipsam tradam ; corpus enim meum in potestate habentes, pro naulo accipient. Propterea autem cum eis volui ambulare (abba meus, ignosce) ut multos haberem cooperatores in meæ libidinis passione.

CAP. XIV. — Dixi tibi, mi domine senex, ignosce mihi, ne compellas me meam dicere confusionem. Contremisco enim, novit Dominus, maculant enim et ipsum aerem isti sermones mei. Zosimas autem terram lacrymis infundens, respondit ad eam : Dic propter Deum, o mater mea, dic, et ne prætermittas sequentia tam salutiferæ narrationis. Illa autem adjungens priori narrationi, addidit hæc : Ille autem adolescens audiens sermonum meorum obscuritatem (11), ridens discessit. Ego autem fusum, quem manu tenebam, projiciens (hunc enim post tempus conveniebat me tenere), cucurri ad mare, ubi illos perspexi currentes, et vidi juvenes aliquot in littore stantes, numero quasi decem, satis corpore vultuque acerrimos, et ad id quod mihi erat placabile, optimos. Erant autem et alii, qui jam naves ascenderant. Impudenter autem, ut mihi consuetudo erat, in medio eorum me irruenter dedi, dicens : Accipite et me vobiscum quo pergitis, non enim ero vobis implacabilis. Sed et alios sordidiores proferens sermones, omnes ad ridendum commovi. Illi autem inerubescentem motum meum videntes, accipientes 387 me, in naviculam portaverunt. Exinde autem navigationem coepimus. Quae autem post haec acta sunt, quomodo tibi enarrare potero, o homo Dei? Quae lingua dicere potest, vel auris valet audire ea quae in navicula vel itinere facta sunt? quomodo ad peccandum et volens miseros ego compellebam nolentes. Non est narrabilis, sed inenarrabilis nequissima species, cujus tunc sum infelicibus magistra sceleribus effecta. Ergo nunc satisfactus esto, quia stupesco, quomodo meas mare illud sustinuit iniquitatum luxurias, quomodo terra non aperuit os suum, et in infernum viventem me demersit, quae tantas in laqueum mortis induxi animas. Sed, ut arbitror, meam Deus, qui neminem vult perire, sed omnes fieri salvos (*I Tim.* II), requirebat poenitentiam. Non enim vult mortem peccatoris, sed longanimiter exspectat, sustinens conversionem (*Ezech.* XVIII). Sic itaque cum magna festinatione ascendimus Jerosolymam; et quantos quidem dies ante festivitatem in civitate commorata sum, similibus nequissimis vacavi operibus, magisque pejoribus. Non enim sufficiens fui juvenibus mecum in mari luxuriantibus et in itinere, sed et alios multos peregrinos et cives in mei scelere actus congregans, coinquinavi seducens.

Cap. XV. — Quando autem venit sanctae exaltationis festivitas pretiosae crucis, ego quidem, sicut et prius, praeibam, juvenum illaqueans et capiens animas. Vidi autem primo diluculo omnes ad ecclesiam unanimiter concurrentes. Abii et ego; currens cum currentibus, et veni cum illis in atrium templi; et cum venisset hora exaltationis divinae crucis, impingebam et impingebar, repellebarque quodammodo, festinans ingredi cum populo, coarctor usque ad januam templi cum his qui ingrediebantur, cum magna laboris tribulatione appropinquans et ego infelix : quando autem ingredi volebam, illi quidem omnes sine impedimento ingrediebantur, me autem divina aliqua virtus prohibebat, non indulgens introitum. Mox igitur repulsa, ejiciebar foras; et ejecta, inveniebar sola in atrio stans. Considerans autem per muliebrem infirmitatem hoc mihi accidere, iterum aliis me immiscendo, vim mihi quodammodo faciebam introeundi, sed enim laborabam in vacuum.

Cap. XVI. — Ut enim limina vestigio contingebam, omnes interius recipiebantur, nullum habentes impedimentum, me autem solam non recipiebat; sed quasi militaris multitudo esset taxata ut mihi ingredienti aditum clauderet, ita me repentina aliqua prohibebat virtus, et iterum inveniebar in atrio. Hoc iter et quater passa et facere conans, nihilque proficiens, desperans de caetero, et amplius nusquam progredi valens (factum quippe fuerat corpus meum a vi comprimentium valde confractum), recedens discessi, et steti in quodam angulo atrii templi; et vix aliquando, ob quam causam prohibebar videre vivificum lignum in cogitationem reduxi. Tetigit enim mentem et cordis mei oculos intellectus salutis, recogitans quia squalida actuum meorum scelera mihi introeundi aditum obserabant. Coepi itaque flens nimium conturbari et pectus tundere, atque suspiria de profundo cordis proferens, et gemens ejulansque prospexi in loco in quo stabam, sursum imaginem sanctae Dei genitricis stantem, et aio, ad eam intendens et indeclinanter attendens : Domina virgo, quae Deum genuisti secundum carnem, scio quia nec condecens nec opportunum sit me sic horridam adorare imaginem tuam vel contemplari oculis tantis sordibus pollutis, quae esse virgo dignosceris et casta, quae corpus et animam habes immaculatam : justum est me luxuriosam a tua purissima castitatis munditia abominari et projici. Tamen quoniam, ut audivi, ob hoc effectus est Deus homo, quem ipsa digna genuisti, ut peccatores vocaret ad poenitentiam, adjuva me solitariam et nullum habentem adjutorium, percipe confessionem meam, et mihi licentiam tribue ecclesiae patefactum aditum, et non efficiar aliena a visione pretiosissimi ligni, in quo affixus Deus homo, quem concipiens ipsa virgo peperisti, et proprium sanguinem dedit pro mea liberatione. Jube, o Domina, et mihi indignae ob divinae crucis salutationem januam patefieri, et te ex te genito Christo dignissimam do fidejussorem, quia nunquam ultra meam carnem coinquinabo per horrida immistionum ludibria; sed mox ut filii tui, Virgo sancta, videro lignum, saeculo et actibus ejus, et omnibus quae in eo sunt renuntio, et continuo egredior ubicunque ipsa ut fidejussor me duxeris.

Cap. XVII. — Haec dicens, et quasi aliquam satisfactionem recipiens, fidei succensa calore, et de pietatis visceribus Dei genitricis praesumens, movi me de eodem loco, in quo stans feci orationem; et veniens, iterum ingredientibus me miscui, et ultra non erat qui me repelleret, neque qui me prohiberet appropinquare januis, quibus in templum introibant. Accepit ergo me tremor validus 388 et extasis, et tota ex omnibus tremebunda turbabar. Itaque conjungens me ad januam, cujus mihi aditus primo claudebatur (quasi omnis virtus quae prius ingredi me prohibebat, post autem viam ingrediendi pararet), ita absque impedimento labore introivi, et sic intra sancta sanctorum reperta sum, et pretiosi ac vivifici crucis ligni adorare mysterium digna habita sum : et tunc vidi Dei sacramenta, et qualiter est paratus suscipere poenitentes. Tunc projiciens me coram in terram, et sanctum illud exosculans pavimentum, exibam. Currens autem ad illam quae me fidedixit, veni restans. Conjunxi igitur me in illum locum ubi fidedictionis conscriptum erat chirographum, et genu curvans coram vultu sanctae Virginis

Dei genitricis, his imprecata sum verbis : Tu quidem semper, o benignissima Domina, tuam ostendisti pietatis misericordiam : tu non indignam supplicationem projecisti; vidi gloriam quam peccatores merito non videmus, gloriam omnipotentis Dei qui per te suscipit peccatorum pœnitentiam. Quid amplius peccatrix et misera valeo recordari aut enarrare? Tempus est jam implere quæ fidedixi, fide dilectionis tuæ placita. Nunc ubi tibi complacet, dirige me. Esto mihi salutis ducatrix, et veritatis magistra, præcedens me in viam quæ ducit ad pœnitentiam. Et hæc dicens, audivi vocem alicujus a longe clamantis : Jordanem si transieris, bonam invenies requiem. Ego autem hanc vocem audiens, et pro me factam credens, lacrymans exclamavi, et ad Dei genitricis imaginem prospiciens vociferavi : Domina, Domina, Regina totius orbis, per quam humano generi salus advenit, noli me derelinquere. Et hæc dicens, de atrio templi sum egressa, et festinanter ambulabam. Exeunte autem me, vidit me quis, et dedit mihi tres nummos, dicens : Accipe hæc, nonna (12) : ego autem accipiens, tres ex eis panes comparavi, et hos accepi benedictioni mei itineris congruos. Interrogavi eum qui panes vendebat : Unde et qualis via esse noscitur, homo, quæ ducit ad Jordanem? Et cognoscens portam civitatis quæ in illa latera pergit, currens iter agebam plorans.

CAP. XVIII. — Interrogationi autem interrogationem annectens, reliquum diei consumpsi iter properans : erat autem hora diei tertia, quando pretiosam et sanctam crucem videre merui. Et sole jam ad occasum declinante, ecclesiam beati Joannis Baptistæ positam juxta Jordanem conspexi, et in eodem templo ingressa adorans continuo in Jordanem descendi, et ex illa sancta aqua manus et faciem lavi. Communicavi autem vivifica et intemerata Christi Domini sacramenta, in eadem sancta præcursoris et Baptistæ Joannis basilica, et tunc unius panis medietatem comedi, et ex aqua Jordanis bibi, in terra nocte quiescens. Lucescente in crastino in partem aliam transivi, et iterum petii ductricem meam ut me dirigeret ubi ei placitum esset. Deveni autem in hanc solitudinem, et ex tunc usque hodie elongavi fugiens, exspectans Deum meum, qui salvos facit pusillos et magnos, qui convertuntur ad eum (*Psal.* LIV). Zosimas dixit ad eam : Quot anni sunt, o domina, ex quo hanc inhabitas solitudinem? Respondit mulier : Quadraginta septem anni sunt, ut considero, ex quo de sancta civitate egressa sum. Dixit autem Zosimas : Et quid invenire ad esum potuisti, o mi, aut invenis, Domina. Respondit mulier : Duos semis quidem panes Jordanem transmeavi deportans; et qui post modicum arefacti quasi lapides obduruerunt, et modicum quid usque ad aliquos annos comedens transegi. Dixit autem Zosimas : Et sic absque dolore transisti tanti temporis longitudinem? nihil repentinæ immutationis et conturbationis sensisti calorem? Illa dixit : Rem nunc me interrogas, quam dicens valde contremisco, si ad commemorationem venero tantorum quæ sustinui periculorum, et cogitationum quæ inique perturbaverunt me : timeo enim ne ab eisdem aliquam patiar tribulationem. Dixit Zosimas : Nihil relinquas, o domina, quæ non indices. Semel enim in hoc te manifestam cognovimus ordine, omnia te indiminute oportet nos edocere.

CAP. XIX. — Illa autem dixit ei : Crede, abba, decem et septem annis feris immansuetis et irrationalibus eluctans desideriis, dum cibum initiabam, desiderio mihi erant carnes; concupiebam pisces quos Ægyptus habebat; desiderabam etiam vinum delectabile mihi; multum enim delectabar in vino, et superabundantius usque ad ebrietatem bibebam, et nunc mihi erat valde in desiderio, eo quod multum uterer, dum essem in sæculo. Hic autem aquam omnino non habens, vehementissime urebar, et sustinebam necessitatis periculum. Fiebat mihi et de luxuriosis canticis nimium desiderium, perturbans et reducens ad memoriam dæmoniorum cantica decantare, quæ in sæculo dediceram. Mox autem lacrymans, et pectus meum percutiens, meipsam ad memoriam reducebam de convenienti fidedictionis quam feceram, egrediens contra hanc solitudinem. Veniebam autem per **389** cognitionem ante imaginem sanctæ Dei genitricis, quæ me et in fide sua suscepit, et ante illam plorabam, ut effugaret a me cogitationes quæ miserrimam meam animam affligebant. Quando autem superflue dolenterque lacrymabar, et viriliter pectus meum tundebam, tunc videbam lumen undique circumfulgens me, et serenitas mihi quædam stabilis mox fiebat. Cogitationes autem quæ ad fornicationem iterum compellebant me, quomodo tibi enarrare possum? Abba, ignosce. Ignis intus infelix corpus meum nimis succendebat, et totam me per omnia exurebat, et ad desiderium commistionis pertrahebat. Dum ergo mihi talis ascenderet cogitatio, prosternebam meipsam in terram, et lacrymis terram infundens, ipsam mihi veraciter astare sperans, quæ me fidedixerat, minanti me compellatione exagerare furentem, quasi prævaricanti, et pœnas prævaricationis mihi imminentes ira mucronis contra me agentem. Non enim ante surgebam de terra, nisi prius illa dulcissima lux illuminaret me solito, et cogitationes me perturbantes effugaret. Semper itaque cordis mei oculos ad illam fidejussorem meam sine cessatione erigebam, deprecans eam auxiliari mihi in hac solitudine et pœnitentia. Habui ergo adjutricem et coadjutricem ipsam, quæ genuit castitatis auctorem, et sic decem et septem annorum curriculis cum multis, ut dixi, usque hodie periculis eluctata sum. A tunc ergo adjutorium meum Dei genitrix astitit mihi, per omnia in omnibus me dirigens. Dixit autem Zosimas : Non habuisti cibum aut vestimentum? Et illa dixit : Panes quidem illos, sicut jam dixi, decem et septem expendens annis, deinde nutriebar herbis quæ inveniebantur per solitudinem. Indumentum autem quod habui, transmeato Jordane nimia vetustate scissum et consumptum est. Multam ergo glaciali frigore et æstus ardore necessitatem sustinui, concremata æstus incendio, et nimio rigoris tempore gelu rigescens et tremens, multoties in terram cadens absque spiritu jacebam immobilis, multis et diversis necessitatibus et tentationibus immensis eluctans, per omnia usque in hanc diem virtus Dei multis modis miseram animam meam et corpus meum custodivit. Recordans enim de qualibus malis liberavit me Dominus, esca nutrior inconsummabili, et satietatis possideo epulas spem salutis meæ. Nutrior autem et cooperior tegmine verbi Dei, qui continet omnia (*Deut.* VIII). Non enim in solo pane vivit homo (*Matth.* III), et non habentes operimentum petræ circumdati sunt tegmine hi qui se peccati exspoliaverunt tunica (*Job* XXIV, *juxta* LXX).

CAP. XX. — Audiens autem Zosimas quoniam Scripturarum testimonia proferebat ex libris Moysi videlicet et beati Job sive Psalmorum, dixit ad eam: Psalmos, o mater, didicisti, vel alios libros sacræ Scripturæ legisti? Illa autem hoc audiens, subridens dixit ad eum : Crede mihi, non vidi hominem ex quo Jordanem transivi, nisi te hodie : sed neque feram aut aliud animal qualecunque, ex quo in hanc deveni solitudinem. Litteras autem nunquam alicubi didici, sed neque psallentem aut legentem aliquem auscultavi. Sermo autem Dei vivus et efficax intellectum intrinsecus docet humanum. (*Heb.* IV). Huc usque finis eorum quæ mea sunt. Nunc autem obsecrans quæso te per incarnationem Verbi Dei ut ores pro me luxuriosa. Et cum hæc dixisset, cucurrit senex et genu flexo se in terram prosternere, vociferans et dicens : Benedictus Dominus Deus qui facit mirabilia magna solus, gloriosa et vehementer stupenda quibus non est numerus (*Job* IX). Benedictus es, Domine Deus, qui ostendisti mihi quanta largiris timentibus te. Vere enim non derelinquis quærentes te, Domine (*Psal.* IX). Illa autem apprehendens senem, non permisit in terram perfecte prosterni, sed dixit ei : Hæc quæ audisti, homo, obtestor te per Dominum Salvatorem nostrum Jesum Christum, nemini dixeris, quoadusque Deus de vinculo carnis absolvat me. His omnibus acceptis in pace, et iterum hoc eodem tempore adveniente anno apparebo tibi, et videbis me, Dei nos gubernante gratia. Fac autem propter Dominum, quod nunc tibi injungo, ut sacris jejuniis recurrentibus anni venturi non transeas Jordanem, ut consuetudinem habetis in monasterio. Stupebat autem Zosimas, audiens quoniam et canonem monasterii inscia quasi quæ nosset dicebat; nihilque aliud clamabat nisi gloriam Dei, qui majora quam petitur diligentibus se largitur. Illa autem dixit : Sustine ut dixi, abba, in monasterio; neque etsi exire volueris quoquam, valebis. Vespere autem sacratissimo Dominicæ cœnæ, divini corporis et vivifici sanguinis portionem in vase sacro dignoque tanti mysterii affer, et sustine me in parte Jordanis quæ conjungitur sæculo, et veniens vivifica accipiam dona. Ex quo enim in ecclesia beatissimi Præcursoris, priusquam transirem Jordanem, communicavi, deinceps usque nunc nunquam communicavi, nunquam usque nunc sanctificationis hujus usa sum portione; et ideo, deprecor, meam ne spernas petitionem, sed per omnia ipsa vivifica atque divina mysteria affer in ea hora, qua Dominus discipulos divinæ cœnæ participes fecit. Joanni autem abbati monasterii, in quo habitas, edicito : Attende tibi ipsi et gregi tuo; aliqua enim fiunt ibi emendatione indigentia. Sed nolo te hæc nunc ei dicere, sed quando tibi præceperit Deus. Hæc dicens, orationem a sene postulando, in interiorem solitudinem velocius festinavit.

CAP. XXI. — Zosimas autem prosternens se, osculabatur terræ locum, in quo ejus vestigia steterant, dans gloriam Deo : immensasque gratias agens, reversus est, laudans et benedicens Dominum Deum nostrum Jesum Christum. Iterum autem remeans ejusdem solitudinis iter, quo venerat, conjunxit in monasterio eo tempore, quo consueverant ii qui in eodem morabantur. Et totum quidem annum illum tacuit, minime audens quidpiam dicere ex his quæ viderat; in seipso autem deprecabatur Deum, ut iterum ei ostenderet desiderabilem vultum. Suspirabat autem, annui cursus considerans tarditatem. Quando autem advenit sacra jejuniorum initiata prima Dominica, mox post solitam orationem alii quidem psallentes exierunt : ipse autem modica febris infirmitate detentus, mansit intus in monasterio. Recordatus est autem Zosimas sibi prædictum sanctæ illius, quia neque volens exire valebis. Aliquantis autem elapsis diebus, ab infirmitate sublevatus, in monasterio conversabatur. Quando reversi sunt monachi sacratæ cœnæ vespere, fecit quod ei jussum est : et mittens in modico calice intemerati corporis portionem et pretiosi sanguinis Domini nostri Jesu Christi, posuit in canistro carycas paucas et palmarum fructus, id est dactylos, et parum lenticulæ infusæ in aquis ; et venit tarde, et ad ripam Jordanis sedebat, adventum sanctæ præstolans. Beatissima autem illa tardante muliere, Zosimas non dormitavit, sed sollicite attendebat solitudinem, sustinens quod videre desiderabat. Dicebat autem in semetipso : Nunquid veniens, dum me non invenit, reversa est? Hæc dicens, flebat; et elevans in cœlum oculos, suppliciter Deum deprecabatur, dicens : Non me alienes, Domine, iterum videre, quam me videre tribuisti. Non vadam vacuus, peccata mea portans in increpatione.

CAP. XXII. — Hæc orans cum lacrymis, alia in eum cogitatio incidit. Quid itaque si venerit, faciet? quomodo transiet Jordanem, quia navicula non est? qualiter ad me indignum perveniet? Heu me infelicem! heu quis me tam justæ speciei alienavit? Hæc sene cogitante, ecce sancta illa advenit, et in parte alia fluminis stetit, unde venerat. Zosimas autem videns eam, surrexit gaudens, et exsultans nimis glorificabat Deum. Lucta autem certaminis in ejus fluctuabat cogitationis intentione, quia non potest Jordanis transire fluenta. Et respiciens senex, vidit eam vexillo crucis aquas Jordanis signantem. Totius enim tunc noctis tenebras splendor illuminabat lunæ, quia tempus recursus illius erat. Statim autem ut signum crucis impressit, ascendit super aquas; et ambulans super liquidum æquoris fluctum, veniebat quasi per solidum iter. Zosimas autem stupens, et genua flectere nitens, clamans desuper aquas prohibuit, dicens : Quid facis, abba, quia et sacerdos Dei es, et divina portas mysteria? Qui statim obedivit dicenti. Illa autem descendens de aquis, dixit seni : Benedic, Pater, benedic. Ille autem cum magna festinatione respondit (stupor enim nimius invaserat eum in tam glorioso miraculo), et dixit : Vere non mentitur Deus, qui pollicitus est sibi similes esse eos qui semetipsos purificant. Gloria tibi, Christe Deus noster, qui ostendisti mihi per ancillam tuam hanc, quantum mea consideratione inferior sum mensura veræ perfectionis. Hæc eo dicente, postulavit mulier ut sanctum diceret Symbolum, et sic Dominicam inchoaret orationem. Et expleto Pater noster, sancta, sicut mos est, pacis osculum obtulit seniori; et sic vivifica mysteriorum suscipiens dona, in cœlum extensis manibus ingemiscens cum lacrymis, ita clamabat : Nunc dimittis, Domine, ancillam tuam secundum verbum tuum in pace; quia viderunt oculi mei salutare tuum (*Luc*. II). Et seni dixit : Ignosce, abba, et aliud meæ petitionis imple mandatum. Vade nunc ad monasterium, Dei pace gubernatus; recursu autem anni advenientis iterum veni in illo torrente, in quo tecum sum prius locuta. Per omnia non omittas, sed propter Deum veni : et videbis me iterum, qualiter Deus voluerit. Ille autem respondit ad eam : Utinam esset possibile nunc tua sequi vestigia, et tui pretiosissimi vultus visione frui! Oro, mater, ut unam senis petitiunculam facias, et modicum cibi ex eo quod huc attuli, digneris accipere. Et hæc dicens, ostendit ei quod secum detulerat canistrum. Illa autem extremis digitis lenticulam contigit, et tria tollens grana proprio intulit ori, sufficere dicens gratiam Spiritus, ut custodiret animæ substantiam immaculatam. Tunc dicit seni : Ora pro me propter Deum, et meæ memor esto semper infelicitatis. Ille pedes ejus sanctos contingens, **391** cum lacrymis deprecabatur, ut oraret pro Ecclesia, et pro imperio, et pro se, et sic dimisit eam abire flens et ejulans. Non enim audebat eam multum detinere, quæ nec, si vellet, poterat detineri.

Cap. XXIII. — Illa autem crucis iterum impressione Jordanem signans, ascendit ambulans super liquidum elementum, et transivit sicut ante veniens fecerat. Senex autem reversus est gaudio et tremore repletus. Et semetipsum reprehendebat, pœnitens, quia nomen sanctæ ut cognosceret, non inquisivit; sperabat tamen advenienti hoc consequi anno.

Cap. XXIV. — Transacto autem eodem anni cursu, venit iterum in vastam deserti solitudinem, expletis omnibus secundum consuetudinem, festinabat ad gloriosam illam visionem intuendam. Perambulans autem solitudinem, et non inveniens aliqua cupiti loci indicantia signa, dextra lævaque aspiciens, intuitum oculorum deducens, et lustrans ubique sicut citissimus venator, sicubi suavissimam comprehenderet feram. Ut autem nihil ullo modo vidit quoquam moventem, cœpit seipsum lugens infundere lacrymis. Tunc elevans oculos, orabat dicens : Obsecro mihi ostende, Domine, in corpore angelum, cui totus comparari indignus est mundus.

Cap. XXV. — Hæc orando, pervenit ad locum, qui in similitudine fuerat designatus torrentis, et in extrema ejus parte superiore vidit splendentem solem; et aspiciens, vidit sanctæ mortuum jacens corpus, et manus, ut oportet, sic compositas, et ad Orientem jacens corpus aspiciens. Currens autem, lacrymis lavit beatissimæ pedes, non enim aliud corporis membrum audebat contingere. Lacrymans autem aliquandiu, et psalmos dicens tempori et rei congruentes, fecit sepulturæ orationem, et dicebat sibi ipsi : Forsitan non complacet sanctæ hæc fieri. Hæc eo cogitante, designata scriptura erat in terra, ubi hoc legebatur : « Sepeli, abba Zosima, miseræ Mariæ corpusculum. Redde terræ (13), quod suum est, et pulveri adjice pulverem. Ora tantum pro me propter Dominum transeunte mense Parmothi (14) secundum Ægyptios; qui est secundum Romanos Aprilis die nona, id est, v Idus Aprilis salutiferæ passionis, post divinæ et sacræ cœnæ communionem. »

Cap. XXVI. — Has senex cum legisset litteras, cogitabat quidem prius quisnam esset qui scripsit : illa enim, ut dixerat, litteras ignorabat. In hoc tamen valde exsultans gaudebat, quia ejus sanctum didicit nomen. Cogitavit vero quia mox ut divina in Jordane mysteria participavit, in eadem hora in locum illum venit, ubi mox de hoc mundo transivit, et idem iter, quod Zosimas per dies viginti ambulans vix consummavit laborans, unius horæ cursu Maria consumpsit, et statim migravit ad Dominum. Glorificans autem Zozimas Dominum, et lacrymis corpus ejus infundens : Tempus est, inquit, miser Zosima, quod tuum est, perfice. Sed quid faciam infelix, quia unde fodere valeam, non habeo? Deest sarculum, non est rastrum, nihilque ex omnibus habeo præ manibus. Hæc illo in corde suo dicente, vidit parvum lignum et modicum jacere : quod assumens, cœpit fodere. Valde autem durior erat terra, et multum fortissima, et nequaquam valebat fodere, quia et jejunio confectus, et longi itineris fatigatione nimis erat defectus. Laborabat enim, et suspiriis nimiis urgebatur, et sudoribus madefactus, ingemuit graviter ex ipso cordis sui profundo. Et respiciens, vidit ingentis formæ leonem juxta corpus sanctæ stantem, et ejus plantas lambentem. Videns autem, contremuit præ pavore grandissimæ feræ illius, præcipue quia audierat sanctam feminam illam dicentem quia nunquam aliquam feram viderat. Signo autem se crucis confirmavit undique credens quia illæsum custodire valet eum virtus jacentis. Leo autem cœpit innuere seni, blandis eum nutibus salutans. Zozimas autem dixit leoni : Quoniam a Deo missus venisti, maxime ferarum, ut hujus Dei famulæ corpus terræ commendetur, exple opus officii, ut possit sepeliri ejus corpusculum. Ego enim senectute confectus non valeo fodere, sed nec congruum quid habeo ad hoc opus exercendum; et iterum tanti itineris longitudine properare non valeo ut afferam. Tu divino jussu hoc opus cum ungulis facito, ut commendemus terræ hoc sanctum corpusculum.

CAP. XXVII. — Continuo autem, juxta senis sermonem, leo cum brachiis fecit ipse foveam, quanta ad sepeliendum sanctæ corpusculum sufficere posset. Senex vero lacrymis pedes sanctæ abluens, et multipliciter effusa prece exorans pro omnibus eam tunc et amplius pro se exorare, operuit terra corpusculum nudum, astante leone, sicut eam prius repererat, et nihil aliud habens, nisi illud scissum vestimentum, quod ei jam ante projecerat Zosimas, ex quo Maria quædam sui corporis texit membra. Deinde recedunt pariter; et leo quidem in interiora solitudinis quasi ovis mansueta abscessit; Zosimas autem reversus est, benedicens et laudans Deum, et hymnum laudis decantans Christo Domino nostro. Veniens autem in cœnobio, omnia eis ab initio retulit, et nihil abscondit ex omnibus quæ vidit et audivit, ut omnes audientes magnalia Dei, nimio stupore admirarentur, et cum timore et amore magna fide celebrarent beatissimæ sanctæ transitus diem. Joannes autem abbas invenit quosdam indigentes emendari, juxta sanctæ illius sermonem, et hos, miserante Domino Deo, convertit. Zosimas autem in eodem degens monasterio, implevit annos centum, et tunc migravit ad Dominum in pace, gratia Domini nostri Jesu Christi, cui cum Patre gloria et honor et imperium una cum sancto vivificatore et adorando Spiritu, nunc et semper et in sæcula sæculorum. Amen.

ROSWEYDI NOTATIO.

(1) *Mariæ.*] Martyrologium Romanum, 2 Aprilis : « In Palæstina depositio sanctæ Mariæ Ægyptiacæ, quæ Peccatrix appellatur. » Menologium Græcorum 1 Aprilis : « Sanctæ matris nostræ Mariæ Ægyptiacæ, quæ cum decem et septem annos lascivam et turpem vitam duxisset, conversa in meliorem statum, talis evasit, ut miraculis etiam multis virtutem suam comprobaverit; siquidem quadraginta septem annis ita vixit, ut neminem nisi ipsum Deum spectatorem habuerit. »

Claruit Maria Ægyptiaca temporibus Justini senioris imperatoris, circa annum Domini 520. Vixit iisdem fere temporibus alia item ex meretrice pœnitens Maria dicta, Tarsensis patria, quæ in monasterio apud Ægas posito exercuit vitam monasticam. De qua menito habetur in Prato spirituali, cap. 21.

(2) *Sophronio.*] Sophronium hujus Vitæ auctorem esse testatur Nicephorus, libro vii, cap. 5. Citatur eadem Sophronio auctore in Nicæna synodo ii, act. 4, et a sancto Joanne Damasceno in oratione 3 de Imaginibus. Meminit ejusdem Triodium, ubi agit in quinta feria quintæ hebdomadis quadragesimalis de Andrea Cretensi archiepiscopo, auctore magni canonis : « Ἐποίησε δὲ τοῦτον, ὅτε καὶ ὁ πατριάρχης Ἱεροσολύμων ὁ μέγας Σωφρόνιος τὸν τῆς Αἰγυπτίας Μαρίης βίον συνεγράψατο· κατανύξιν γὰρ καὶ οὗτος ὁ βίος προβέβληται ἄπειρον, καὶ πολλὴν τοῖς ἐπταικόσι καὶ ἁμαρτάνουσι παραμυθίαν δίδωσιν, εἰ μόνον τῶν φαύλων ἀποστῆναι βούλοιντο· « Fecit autem hunc canonem eo tempore, quo magnus Sophronius patriarcha Jerosolymitanus Vitam Mariæ Ægyptiacæ litteris mandavit. Quæ et ipsa compunctionis plenissima est, lapsisque et peccatoribus multum consolationis offert, si modo a pravis operibus desistere velint. »

Hujus Sophronii anniversaria memoria agitur a Latinis 11 Martii. Martyrologium Romanum : « Jerosolymis sancti Sophronii episcopi. » Menologium Græcum eadem die : « Sancti patris nostri Sophronii patriarchæ Jerosolymitani, ex civitate Damasco, multiplici eruditione, divinarum litterarum sententia et pietate insignis. » De cujus episcopatus initio vide Baronium anno 635; deque ejusdem obitu anno 636. De Sophronio quoque ait Histor. Miscell., lib. xviii, an. 20 Heraclii imp., et lib. xix, anno 26 ejusdem. Cedrenus, anno 20 ejusdem imp.; et Zonaras, in iii parte Annal. in Heraclio.

(3) *Paulo.*] Sigebertus, catalogo illustr. Ecclesiæ Scriptorum, cap. 69 : « Paulus diaconus Neapolitanæ ecclesiæ transtulit de Græco in Latinum Vitam sanctæ Mariæ Ægyptiacæ. »

Eadem carmine expressit Hildebertus episcopus Cenomanensis, ut refert Henricus a Gandavo, catalogo illustr. Scriptorum, cap. 8 : « Hildebertus ex Cenomanensi episcopo archiepiscopus Turonensis, qui claruit tam prosa quam metro, scripsit eleganti metro Vitam Mariæ Ægyptiacæ, » cujus exemplar ms. penes me est.

(4) *Vicedomini.*] Intelligit Theophilum, cujus festum occurrit die 4 Februarii. Cujus historiam habes apud Surium, tomo I, sed alio interprete. Vide Onomasticon.

(5) *Constitutis.*] Quæ hæc constituta sint, mihi non liquet.

(6) *Zozimas.*] Aliis *Sosimus.* Martyrologium Rom., 4 Apr. « In Palæstina sancti Zosimi anachoretæ, qui funus sanctæ Mariæ Ægyptiacæ curavit.

(7) *Psallentia.*] Ita nunc loquebantur. Sæpe occurrit *psallentium* apud Gregorium Turonensem. Vide Onomasticon.

(8) *Regia.*] Ita Ms. Aliæ editiones : *janua.* Intelligit primam monasterii januam, quæ *Regia* dicebatur. Vide Onomasticon.

(9) *Annonabat.*] Ita Ms. Surius : « annonam ferebat. » Alia versio : « vitæ necessaria ferebat. »

(10) *Corpori ad mensuram sufficiens.*] Surius : « Aquam corpori ad mensuram sufficiens. » Alia versio : « Parvum panem ad fragilitatem corporis sustentandam. » Ut suspicer in textu nostro omissum *paximatium*, quod alia versio interpretatur *parvum panem.*

(11) *Obscuritatem.*] Ita tres Mss. Surius et aliæ editiones, *scurrilitatem.* Sed Paulus obscuritatem seu *obscurritatem* a scurra formaverit.

(12) *Nonna.*] Ita Mss. Vetus editio, *numos.* Surius, *mater.* Vide Onomasticon.

(13) *Redde terræ.*] Similis sententia in Vita sancti Pauli primi eremitæ.

(14) *Parmothi.*] Ita Ms. In Surio est *Parmathi,* et in margine *Parmenuthi.* Vetus editio : *Parmenothi.* Pharmuthi est octavus mensis Ægyptiorum. Vide in Onomastico tabulam mensium.

VITA SANCTÆ MARINÆ (1)
VIRGINIS,
AUCTORE INCERTO.

Caput primum. — Erat quidam sæcularis habens unicam filiam parvulam. Ipse converti cupiens, commendavit eam cuidam parenti suo, et abiit ad monasterium, quod longe erat de civitate milliaria triginta duo. Et ingressus perficiebat omne opus quod erat monasterii, ita ut abbas ejus amplius eum quam cæteros qui in monasterio erant diligeret, eo quod fidelis esset et obediens. Contigit autem, post aliquod tempus, ut recordaretur charitatis filiæ suæ, et cœpit contristari atque affligi intra se. Et cum per multos dies hoc faceret, vidit eum abbas ejus tribulantem, et dixit ei : Quid habes, frater, quod sic tristis ambulas? dic mihi, et Deus qui consolatur omnes, dabit tibi auxilium. Tunc ille procidens cum lacrymis ad pedes ejus, dixit : Habeo unum filium in civitate quem reliqui parvulum, et recordatus, affligor propter eum. Et noluit indicare ei quod puella esset. Abbas vero ejus ignorans quod esset, et nolens eum amittere, quia necessarius erat monasterio, dicit ei : Si diligis eum, vade, et adduc eum huc, et sit tecum. Et abiens adduxit eam, dicebaturque Marina. Et mutavit ei nomen, et vocavit eam Marinum. Et dedit eam ad discendas litteras intra monasterium, et erat cum ea : nullusque agnovit de fratribus quod puella esset, sed vocabant eam omnes Marinum. Et dum esset annorum quatuordecim, cœpit eam docere pater suus viam Domini, et dicebat ei : Vide, filia, ut nullus cognoscat mysterium tuum usque in finem tuum, et sollicita sis ab insidiis diaboli, ne seducaris ab eo, et istud sanctum monasterium videatur per nos solvi, ut in conspectu Christi cum sanctis angelis ejus coronam, et non cum impiis æternam damnationem accipiamus. Et alia multa docebat eam per singulos dies de regno Dei.

Cap. II. — Dum autem facta esset annorum decem et septem, defunctus est pater ejus. Remansit vero hæc sola in cella patris sui, et ipsa observavit se in omnibus doctrinis patris sui, et erat obediens omnibus in monasterio, ita ut ab abbate suo et ab omnibus diligeretur. Habebat autem monasterium par boum et carrum, quia vicinum habebat mare, ubi erat emporium ad millia tria ; et ibant monachi, et afferebant quæ necessaria erant monasterio. Una vero die dicit abbas ejus : Frater Marine, quare et tu non vadis cum fratribus et adjuvas eos? Quæ respondit : Jussisti, Pater? Erat autem in ipso emporio pandochium (2). Cœpit ergo frater Marinus frequenter pergere cum carro, et si faciebat tarde ad revertendum, manebat in ipso pandochio cum cæteris monachis.

Cap. III. — Contigit autem per insidias inimici, ut pandox ille haberet filiam virginem. Ad quam ingressus miles aliquis, concubuit cum ea, et concepit puella de illo milite. Et dum cognitum fuisset a parentibus ejus, cœperunt affligere puellam, dicentes : Dic nobis de quo concepisti? Respondit eis : De illo monacho, qui dicitur frater Marinus, qui hic frequenter cum carro mansit, ipse me oppressit, et concepi. Statim autem perrexerunt parentes ejus ad monasterium, et dicunt abbati : Ecce, domine abba, quid fecit monachus tuus Marinus? quomodo decepit filiam nostram? Dicit eis abbas : Sinite, videamus si manifesta sunt quæ dicitis. Et veniente eo dicit ei abbas ejus : Frater Marine, tu hoc scelus operatus es in filia eorum? Stans diutius cogitavit, intra se ingemiscens dixit : Peccavi, Pater, pœnitentiam ago huic peccato; ora pro me. Ad iracundiam autem commotus abbas, jussit eum contundi et affligi. Et ait : In veritate dico, quia tu qui hoc malum operatus es, non manebis in hoc monasterio. Et jactavit eam foras. Ipsa vero nunquam ulli confessa est mysterium suum, sed abiens jactavit se ante fores monasterii, et jacebat super terram in pœnitentia, affligens se tanquam ipsa peccasset, et ab ingredientibus fratribus postulabat ut vel una buccella panis ei daretur. Hoc faciens per tres annos, non recessit de monasterio. Pandochis vero filia peperit filium masculum, et ablactavit, et adduxit eum mater puellæ secum, et jactavit eum ibi ante monasterium, et dicit ei : Ecce, frater Marine, quomodo nosti nutrica filium tuum. Et reliquit eum ibi, et abiit. Sancta virgo suscipiens, tanquam proprium filium, de ipsa buccella panis, quam accipiebat ab introeuntibus in monasterium, nutricabat filium alienum. Factum est hoc per alios duos annos.

Cap. IV. — Postmodum autem videntes fratres, misericordia compuncti, ingressi ad abbatem rogare cœperunt ut eum reciperet in monasterium, dicentes : Abba, indulge et suscipe fratrem Marinum. Ecce quinque anni sunt, quod in pœnitentia ante januam monasterii jacet, et non recessit unquam hinc. Suscipe eum in pœnitentiam, sicut Dominus noster Jesus Christus præcepit. Vix autem coegerunt eum, et jussit eum ingredi, et vocavit eum ad se, et ait : Pater tuus fuit vir sanctus, quod tu nosti, et parvulum introduxit te in hoc sanctum monasterium,

VITA SANCTÆ MARINÆ VIRGINIS. NOTATIO.

et non est operatus quidquam mali, quod tu cogitasti, et fecisti : nec aliquis in hoc sancto monasterio. Nunc autem ingressus es cum filio tuo, quem de adulterio habes, unde oportet te pœnitere. Grave enim peccatum fecisti. Et hoc tibi jubeo, ut omnes munditias monasterii tu solus quotidie facias, et aquam ad necessaria purganda portes, et calcearium (3) omnibus per singulos dies tu perficias, omnibusque servias, in hoc enim habebis meam gratiam. Sancta vero libenti animo suscipiens, omne opus quod ei jussum perficiebat.

Cap. V. — Contigit autem eam intra paucos dies dormire in Domino. Euntes vero fratres, nuntiaverunt abbati dicentes : Frater Marinus defunctus est. Dicit eis abbas : Videte, fratres, quale peccatum fuit, ut nec meruerit pœnitentiam. Sed tamen ite, lavate eum, et sepelite longe a monasterio. Et euntes, dum lavant eum, cognoverunt eum quia femina esset. Et cœperunt omnes emittere voces, et tundentes se, clamabant : Quia talis conversatio et patientia sancta inventa est in ea, cujus mysterium nullus agnovit, et sic ab eis afflicta fuisset. Et venientes cum lacrymis, dicunt abbati : Abba, veni et vide fratrem Marinum. Dicit eis : Quid est hoc? Fratres dicunt iterum : Veni et vide mirabilia Dei, et vide quid de te agas. Ille territus perrexit, et venit ad corpus. Et levans pallium, unde coopertum erat, vidit quia mulier esset; et mox cecidit, et caput suum percutiebat in terram, et vociferabatur dicens : Conjuro te per Jesum Christum Dominum, ne me condemnes ante conspectum Dei eo quod afflixerim te, quia ignorans feci. Tu, domina, non dixisti mysterium tuum, et ego non cognovi in veritate sanctam conversationem tuam. Et jussit sanctum corpus ejus intra monasterium in oratorio reponi.

Cap. VI. — Eadem vero die puella illa arrepta a dæmonio venit ad monasterium, et confitebatur crimen quod admiserat, et de quo concepisset. Et in septima die repausationis ejus in Domino, ibi intra oratorium liberata est a dæmonio. Audientes autem qui erant in ipso emporio, et vicina monasteria, mirabilia quæ facta fuerant, accipientes cruces et cereos, cum hymnis et canticis et psalmis, benedicentes Deum, venerunt in eodem monasterio, et oratorium ingressi ubi corpus ejus requiescebat, bene. dixerunt Deum. Ubi usque modo Christus orationibus sanctæ virginis multa facit mirabilia, ad laudem nominis sui. Qui cum Patre et Spiritu sancto vivit et regnat Deus, per omnia sæcula sæculorum. Amen.

ROSWEYDI NOTATIO.

(1) *Marinæ.*] Tres *Marinas* in tabulis Ecclesiasticis invenio, *Alexandrinam, Antiochenam, Hispanam,* sed valde inter se confusas, ut difficile statuere sit an duæ tantum, an tres fuerint. Videamus de singulis, et eas inter se comparemus, collatis auctoribus.

Marinæ nostræ, quæ Alexandrina est, memoria certo die consecrata invenitur in Menæis 12 Februarii, ubi *Maria* primo, deinde mutato habitu *Marinus* dicitur. Nulla ejus in Menologio mentio, sed alterius Marinæ virg. et mart., 17 Julii, quæ Latinis *Margareta* dicitur.

Apud Latinos vereor ut certi quid statui possit. Nam valde variant tam vetusta quam recentiora Martyrologia quoad diem, quoad locum, quoad martyrii lauream, ut hæc nostra Marina, quæ virgo tantum fuit, videatur cum alia aliqua, quæ et virgo et martyr fuit, ex nominis affinitate confusa.

Cujus varietatis et confusionis occasionem inde ortam existimo, quod sancta Margareta virg. et mart. Antiochena a Græcis Marina dicta sit. Inde Beda, Rabanus, et Notkerus, qui Marinam martyrem habent 18 Junii, apud Antiochiam sub Olybrio præfecto, eamdem eodem loco, Margaretæ nomine habent 13 Julii. Et quidem Rabanus et Notkerus ibi eumdem quoque præfectum Olybrium exprimunt, Romanum autem Martyrologium Margaretam habet 20 Julii.

Usuardus vero ex prima recensione Molani habet 18 Junii : « Alexandriæ passio sanctæ Marinæ virg., » quod in Usuardo ex secunda Molani recensione omittitur ; nec ulla fit in ea editione mentio Marinæ, quæ Alexandriæ sit passa.

Sed Molanus tam in prima quam secunda Usuardi recensione, 20 Julii, non in textu Usuardi, sed in additionibus, Margaretæ diem festum ponit, de qua in annotatione ex secunda recensione dicit Usuardum nomine Marinæ habere 18 Junii, quod intellige de Usuardo ex prima ejus recensione; nam in secunda, ut dixi, omittitur.

Qui porro in annotationibus secundæ recensionis ad 20 Julii addit, fortassis incuria scriptoris 18 Junii vitiose irrepsisse *Alexandriæ.* Nam Beda, inquit, eo die secundum historiam habet, *in Antiochia.* Unde apparet Molanum utrobique Marinam et Margaretam pro eadem accepisse.

Qui rursus in additionibus ad Usuardum tam primæ quam secundæ suæ recensionis, 13 Julii, ait Margaretam eo die apud multos coli. Et eo die manuscriptus meus Usuardus diserte Margaretam habet, atque ita cum Beda, Rabano, Notkero de Margaretæ die consentit.

Nondum igitur Marinæ nostræ festum diem, excussis quatuor vetustis Martyrologii scriptoribus, certum apud Latinos habemus; imo ne quidem ejus memoriam.

Habetur quidem in Adone vulgato, 18 Junii : « In Alexandria sanctæ Marinæ, virginis et mart., et Balbinæ. » Sed præfixa hic est stellula a Mosandro, Adonis editore, quod id in aliis tribus Manuscriptis, quibus ipse usus est, non esset, præterquam in uno a Benedictino quodam aucto. Et certe in meis duobus vetustissimis Manuscriptis nulla hic Marinæ nostræ apud Adonem mentio; quare nec quod martyr dicatur, Adoni est imputandum, ut hic putavit Baronius. Imo vero quia martyr dicitur, capiendum erit de Marina seu Margareta, ut Molanus ad Usuardum cepit : et pro in *Alexandria*, ponendum erit in *Antiochia*, loco cujus non rite apud Galesinium est, *in Achaia.*

Ita in Manuscripto Adone nulla Marinæ, nulla quoque Margaretæ memoria. Nam quod in editione Mosandri Margarita habetur 13 Julii, ibi quoque stellula præfixa est, quod id aliis Mss. deesset.

Quis igitur dies Marinæ nostræ apud Latinos assignabitur ? Habetur quidem in Martyrologio Romano Baronii 18 Junii : « Alexandriæ passio sanctæ Marinæ virginis, » quam Baronius ibi putat Marinam nostram esse. Sed quomodo illi *passio* convenit ? cur non potius de Marina seu Margareta virgine et martyre accipiatur, uti præeunt Beda, Rabanus, Notkerus?

Nisi velimus tres hos Martyrologos Marinam seu Margaretam virg. et mart., cum Marina nostra tantum virg. confudisse, quandoquidem iidem rursus de Margareta agent 13 Julii.

Atque ita 18 Junii in Martyrologio Romano legendum erit, *Alexandriæ sanctæ Marinæ virg.*, omissa *passionis* voce, uti jam olim Bellinus in Martyrologio Rom. expressit. Ita quoque habet Usuardus meus manuscriptus. Nisi quis *passionem* et quod *martyr* dicitur interpretari malit, quod multa a fratribus suis religiosis passa sit, uti 9 Jan. Basilissa dicitur *martyr*, quia multa passa fuit, etsi non affecta martyrio. Certe Florarium manuscriptum sanctorum, 18 Junii nostram Marinam etiam cum *passionis* voce agnoscit. Ait enim : « Alexandriæ passio sanctæ Marinæ virginis, cujus gesta habentur circa finem quinti libri de Vitis sanctorum Patrum. » Intelligit editionem primam Vitarum sanctorum Patrum ; nam ibi in fine quinti libri habetur.

De Marinæ nostræ virginis translatione Venetias Martyrolog. Rom., 17 Julii : « Venetiis translatio sanctæ Marinæ virg.; » quod a Baronio additum existimo Martyrologio Romano, ex Petri Aquilini catalogo Sanctorum, l. VI, cap. 108, nam in Martyrologio Romano Bellini non habetur.

Aliam Marinam virg. et mart. exhibet Martyrolog. Romanum Baronii 18 Julii : « Gallæciæ in Hispania sanctæ Marinæ virg. et mart. ; quod in nullo antiquo Martyrologio reperio, nec quidem Romano Bellini, ut a Baronio ex Hispanicis scriptoribus insertum existimem Martyrologio Romano. Unde fortassis non frustra dubitant quidam, num hæc Hispanica Marina eadem sit cum alterutra Marinarum jam assignatarum, id est vel Alexandrina vel Antiochena. Refert enim Villegas in Flore sanctorum Hispaniæ, parte I, 18 Julii, quosdam esse qui hanc censeant eamdem esse cum Marina virgine, quæ hic in Patrum Vitis occurrit. Sed cum ea virgo tantum fuerit, non etiam martyr qualis Hispana Marina existimatur, minus videtur eorum sententia probabilis.

Alios esse refert, qui hanc eamdem faciant cum Marina seu Margareta virgine et martyre quæ passa est Antiochiæ. Et quidem Molanus in annotationibus ad Usuardum, 20 Julii ex secunda recensione asserit Hispanos in lectionibus 18 Junii (*puto* Julii) habere, Marinam fuisse ex Antiochia Gallæciæ, et cum nulla Antiochia sit in Gallæcia, non videtur improbabile Margaretam ab Hispanis coli, sed Marinæ nomine. Favet huic sententiæ, quod in eumdem pene diem utriusque festum incurrat. Nam Marina seu Margareta Antiochena in Menologio ponitur 17 Julii, in Martyrologio Romano 20 Julii ; Hispana autem in Martyrologio Romano 18 Julii ; in Thesauro concional. 19 Julii.

Villegas tamen supra, et Thesaurus concionatorum Thomæ de Trugillo, tomo III, 19 Julii quædam Marinæ Hispanæ propria assignant, ut clibanum, in quem conjecta dicitur, et fontem in quo quædam ejus interventu miracula feruntur perpetrata, quæ eruditi viri qui vicini sunt viderint quo referri debeant.

(2) *Pandochium.*] Ita Manuscripti. Coloniensis editio, *pandocium. id est taberna.* Vetus, *homo manens nomine pandox.* Rectum est *pandochium*, πανδοχεῖον, *taberna.* Sic *pandox*, tabernarius.

(3) *Calcearium.*] Ita Coloniensis editio. Vetus, *calcurium.* Intelligit, opinor, ministerium aliorum calceos purgandi. In Ms. est *caldarium* vel *caliclarium.* An igitur intelligitur ministerium caldam præparandi? vel fratrum caliculos eluendi?

VITA BEATÆ FABIOLÆ,

AUCTORE DIVO HIERONYMO PRESBYTERO.

(*Hujus epistolæ textum legere est Patrol. tom. XXII, col.* 690.)

ROSWEYDI NOTATIO.

400 *Fabiolæ.*] Dies obitus ejus ignoratur, nec ejus in tabulis ecclesiasticis exstat memoria.

Apud nos.] Cato, oratione de Dote, apud Gellium, lib. x, cap. 23 : « In adulterio uxorem tuam si deprehendisses, sine judicio impune necares : illa te, si adulterares, digito non auderet contingere, neque jus est. » Vi·e Cod. lib. IX, ad l. Juliam, de adulterio et stupro. Alia lex apud Christianos.

Laterani.] Erat hic Plautius Lateranus, de quo Tacitus lib. xv, et Arrianus, lib. II, cap. 1. Ædium Laterani meminit Juvenalis sat. 10, et Julius Capitolinus in M. Antonio Philosopho : « Educatus est in eo loco in quo natus est, et in domo avi sui Veri juxta ædes Laterani. » Idem in Vero imper. meminit Sextilii Laterani consulis.

Staret in ordine pœnitentium.] Baronius, tom. IV, anno Christi 390, Siricii papæ 4, Valentiniani 15, Theodosii 12, impp. post narratam Theodosii imp. pœnitentiam subdit : Quam vigeret hoc tempore in Ecclesia severitas publicæ pœnitentiæ, a quo non liberaret excusaretve nobilitas, dignitas, neque sexus, plane declaratur alio exemplo clarissimæ feminæ Romanæ, Fabiolæ nomine, quæ adhuc supererat Fabiorum antiquæ familiæ nobile germen. Hanc contigit ob secundas nuptias post divortium factum cum priori viro illicite contractas, hisce ferme diebus, publicam Romæ agere pœnitentiam.

Clinicum.] Infra, in Vita Paulæ, num. 5 : « Quis clinicorum non ejus facultatibus sustentatus est ? » *Clinicus est,* κλίνη, *lectus,* detinet, nec inde se præ ægritudine movere potest. Vide Onomasticon.

Peragrabat ergo insulas, et totum Etruscum mare.] Baronius, tomo V, anno Christi 390, Anastasii papæ 1, Arcadii et Honorii impp. 4. Ex quibus, inquit, plane intelligis quam brevi tempore ex Ægypti vinea plantatæ in Romano solo propagines extenderint usque ad mare, et intra mare in insulis palmites suos. Propagatos autem ad posteros etiam, qui erant in Tyrrhenis maris oris et insulis, monachos; et ipsam Gorgoniam insulam, ubi unum tantum fuisse Rutilius tradit (*Rutil., lib.* I *Itiner.*), pluribus esse monachorum germinibus auctam, ex litteris sancti Gregorii papæ (*Greg., lib.* I, *epist.* 48) possumus perspicue intelligere, dum de Palmariæ et aliarum insularum monachis meminit, necnon de pluribus monasteriis in insula Gorgonia congregatis, et postea ad meliorem formam per ipsum Gregorium restitutis.

Erupisse Hunnorum examina.] Hieronymus in Chronico, anno 18 Valentis : « Gens Hunnorum Gothos vastat : qui a Romanis sine armorum depositione suscepti, per avaritiam Maximi ducis, fame ad rebellandum coacti sunt. » Vide Orosium, lib. VII, cap. 33.

Baronius, tomo V, anno Christo 395, Siricii papæ 11, Arcadii et Honorii impp. 1. Hoc anno Fabiola, inquit, clarissima femina, quæ concesserat Jerosolymam, ut ibi reliquum vitæ ageret, horum grassatione perterrita, una cum aliis navim conscendere, et in

Italiam remeare compulsa est. Vide ibi plura de Hunnorum eruptione et grassatione.

Aberat tunc Romanus exercitus, et bellis civilibus in Italia tenebatur.] Baronius, loco proxime citato : Quem enim secum Theodosius in Occidentem adversus Eugenium tyrannum Orientis exercitum duxerat, Stilico Theodosii defuncti voluntatem Italia detinebat. De Romano illo exercitu et bello contra Eugenium, vide eumdem Baronium, tomo IV. anno Christi 394 et seq.

Herodotus.] Lib. I, et initio IV, qui eos Scythas vocat, et XXVIII annis Asiam tenuisse narrat.

Ob nimiam auri cupiditatem.] Baronius, tomo V, ante citato: Cupidissimum sane omnium mortalium hoc genus hominum esse, Ammianus, cum eorumdem mores pluribus scribit, affirmat (*Ammian., lib.* XXXI).

Erat in illo tempore quaedam apud nos dissensio.] Baronius, tomo V, anno Christi 395, Siricii papae 11, Arcadii et Honorii impp. 1. Quaenam, inquit, essent dissensiones illae, quibus in Palaestina inter se invicem fideles altercabantur studio indefesso, superius dicta sunt tomo (*Baron., tomo* IV, *anno Christi* 392, 393, 394), fuisse nimirum Origenistarum improbitate conflatas, quibus Joannes episcopus Jerosolymorum, Evagrius Ponticus, Palladius Galata, Isidorus Alexandrinus, et Ruffinus Aquileiensis in primis studebant.

Dormivit illa.] Baronius, tomo V, anno Christi 400, Anastasii papae 3, Arcadii et Honorii impp. 6, obitum Fabiolae ponit, atque ita colligit : Hoc anno, inquit, defunctae sanctae Fabiolae spectatae egregiaeque sanctitudinis, et generis claritudine celebris viduae sanctus Hieronymus rogatus ab Oceano epitaphium scripsit; cujus exordio cum ita diversa tempora numeret, quo potissimum anno id acciderit circumscribit, dum ait : « Plures anni sunt quod **401** super dormitione Blesillae Paulam venerabilem feminam recenti adhuc vulnere consolatus sum; quartae aestatis circulus volvitur, ex quo ad Heliodorum episcopum , Nepotiani scribens epitaphium, quidquid habere potui virium in illo tunc dolore consumpsi; et ante ferme biennium Pammachio meo pro subita peregrinatione Paulinae brevem epistolam dedi, erubescens ad dissertissimum virum plura loqui, » etc. Paulo vero post : « In praesentiarum tradis mihi Fabiolam , landem Christianorum, miraculum gentilium, luctum pauperum, solatium monachorum, » etc. (*Hieron., epist.* 50). Cum igitur ipse sanctus Hieronymus quatuor annos numeret ab obitu Nepotiani, duos vero a dormitione Paulinae, praesentem annum Fabiolae funeri ipsum ascribere, ex iis quae superius dicta sunt satis manifestum apparet, ut de his nec levis quidem dubitandi relinqui possit occasio.

Nisi quod cum reperias in litteris sancti Hieronymi post decem annos, nempe post urbis excidium, scriptis ad Marcellinum et Anapsychiam, de Fabiola tanquam vivente mentionem haberi (ad quam idem sanctus Hieronymus duos in Ezechielem libros a se conscriptos misisse testatur (*Hieron., epist.* 8 ; *praefat. in lib.* I *in Ezech.*), quos non nisi post excidium urbis ipsum elucubrasse liquet), affirmare necesse est, aliam illam ab hac fuisse Fabiolam, minoremque dicendam; nec quidem mirum, cum et duas Paulas, totidemque Melanias, seniores ac juniores, eodem tempore liceat numerare.

Furius.] Vide Livium, lib. V, cap. 49; Florum, libro I, cap. 13.

Papirius.] Livius, lib. X, cap. 39 ; Florus, lib. I, cap. 16.

Scipio.] Florus, libro II, cap. 18 ; Orosius, lib. VI, cap. 5.

Pompeius.] Florus, lib. III, cap. 5 ; Appianus, in Mithridatico ; et Plutarchus, in Vita Syllae.

JANUARII XXVI.

VITA SANCTÆ PAULÆ

ROMANÆ VIDUÆ

AUCTORE DIVO HIERONYMO PRESBYTERO.

(*Hujus epistolae textum videsis Patrol. tom. XXII, col.* 878.)

ROSWEYDI NOTATIO.

Paulae.] Martyrologium Romanum 26 Januarii : « Apud Bethlehem Judae dormitio sanctae Paulae viduae, matris Eustochii virginis Christi. Quae cum esset e nobilissimo senatorum genere, renuntians saeculo, et facultates suas pauperibus distribuens, ad praesepe Domini se recepit : ubi multis virtutibus praedita, et longo coronata martyrio, ad coelestia regna transivit: cujus vitam virtutibus admirandam sanctus Hieronymus scripsit. » Nata est Paula Romae patre Rogato, matre Blesilla, ut hic habes c. 2, cujus natalem anno 11 Constantii, Christi 351, ponunt.

Alia est Paula junior, hujus neptis ex Toxotio filio et Laeta genita, uti hic habes, cap. 23.

Fugiendo gloriam.] Sallustius in Catilinario : « Itaque quo minus gloriam petebat, eo magis illam assequebatur. » Nazarius in Panegyrico Constantini : Nusquam gradum extulisti, quin ubique te gloria quasi umbra comitata sit.

Blesillam.] Baron., tomo IV, anno Christi 382, Damasi papae 16, Gratiani 16, Valentiniani 7, Theodosii 4, impp. Quod, ait, pertinet ad Blesillam, tantae haec virtutis fuit, ut viginti annorum vidua a viro relicta, quocum mensibus tantum septem vixerat, magis, inquit Hieronymus (*Hieron., epist.* 25), ipsam deploraverit amissam virginitatem, quam mariti obitu doluerit.

At quonam modo ad mundi contemptum hanc idem sanctus Hieronymus instituerit, ipse ad Eustochium sororem scribens docet his verbis : « Memini me ante hoc ferme quinquennium, cum adhuc Romae essem, et Ecclesiasten sanctae Blesillae legerem, ut eam ad contemptum mundi hujus provocarem, et omne quod in mundo cerneret, putaret esse pro nihilo, rogatum ab ea, ut in morem commentarioli obscura quaeque dissererem, ut absque me posset intelligere quae legebat. Itaque quoniam in procinctu nostri operis subita morte subtracta est, etc. (*Idem, epist.* 116.)

Porro quantae hujus adolescentulae viduae virtutes exstiterint, idem sanctus Hieronymus in consolatione de obitu ejus ad Paulam matrem conscripta pluribus docet (*Idem, epist.* 25).

Fuisse autem excultam Graecis ac Latinis litteris, idem affirmat, cum ait : « Si Graece loquentem audisses, Latine eam nescire putares. Si in Romanum sonum lingua se verterat, nihil omnino peregrini sermo redolebat. » Sed et de eadem subdit : « In paucis non dicam mensibus, sed diebus ita Hebreæ linguæ vicerat difficultates, ut in discendis canendisque Psalmis cum matre contenderet.

Inter quatuor Paulæ filias, nempe Paulinam, Eustochium, Blesillam, atque Ruffinam, primam omnium Blesillam contigit ex hac vita migrasse, ut idem sanctus Hieronymus ad Pammachium scribens affirmat (*Idem, epist.* 26). De cujus ad Christum conversione exstat ejusdem ad sanctam Marcellam epistola, ubi agit de ægrotatione Blesillæ (*Idem, epist.* 23). Hactenus Baronius.

De ejus obitu idem Hieronymus, epist. 10, ad Furiam : « Blesillamque prætereo, quæ maritum suum, tuum secuta germanum, in brevi vitæ spatio tempora virtutum multa complevit. »

Paulinam.] Baronius, ibid. De Paulina ejusdem sanctæ Paulæ filia, sorore Blesillæ, exstat in ejus dormitione sancti Hieronymi epistola ad Pammachium consobrinum sanctæ Marcellæ, ut diem sanctus Hieronymus tradit (*Idem, epist.* 36, 25, 50), qui fuit ejus Romæ condiscipulus.

Eustochium.] Baronius, ibid. : De Eustochio minores sunt omnes laudes sancto proposito quod suscepit, et vitæ instituto quod arripuit, quas majoribus in dies virtutum incrementis auxit, ac tandem feliciter consummavit. De qua ad Pammachium hæc Hieronymus : « Quid Eustochio fortius, quæ nobilitatis portas et arrogantiam generis consularis virginali proposito fregerit, et in urbe prima primum genus subjugaverit pudicitiæ (*Idem, epist.* 26)? » Hanc altiorem gradum cæteris conscendentem idem sanctus Hieronymus scripto ad ipsam de Custodia virginitatis libello adjuvit (*Idem, epist.* 22). Quidnam autem terribile acciderit Prætextatæ amitæ, virgineum a suscepto proposito abripere conanti, narrat sanctus Hieronymus epistola ad Lætam hæc probe scientem (*Idem, epist.* 7), quæ Paulam filiam natam ex promissione martyris virginem permansuram Deo dicaverat adhuc tenellam.

Ruffinam.] Baronius ibid. : Quarto loco nata Ruffina, nupta est viro clarissimo Aletio; quæ immaturo funere, inquit Hieronymus (*Idem, epist.* 27), pium matris animum consternavit. Hujus præclaras virtutes sanctus Paulinus Nolanus episcopus scripsit in consolatione obitus ejus ad Aletium virum ipsius (*Paulin., epist.* 31). Porro hæc minor natu, nondum nupserat, quando ab urbe recessit Paula mater Jerosolymam profectura; sed jam nubilis facta, ut testatur sanctus Hieronymus (*Hieron., epist.* 27), femina matris educatione sanctæ æque viro sancto conjuncta; de qua idem Paulinus : « Est enim conjux fidei, soror virginitatis, filia perfectionis; cui Paula mater, soror Eustochium, tu maritus (*Paulin., epist.* 31). »

Toxotium.] Baronius ibid. : Toxotius duxit uxorem Lætam, Albini filiam, ethnici hominis, et gentilitiæ superstitionis pontificis, ex quibus genita est Paula junior. Mirandum plane accidit, ut pia conversatione Toxotii atque Lætæ, Albinus pontifex, Christianæ religionis hostis implacabilis, admirante præ miraculo urbe, jam evaserit Christianus, ut idem sanctus Hieronymus narrat his verbis, scribens ad ejus filiam Lætam de Paulæ filia : « Quis, inquit, hoc crederet, ut Albini pontificis neptis de promissione martyris nasceretur? ut præsente et gaudente avo, parvula adhuc lingua balbutiens, Christi Alleluia resonaret? Ut virginem Christi in suo gremio nutriret senex? Et bene feliciterque exspectavimus. Sancta et fidelis domus virum sanctificat infidelem. Jam candidatus est fidei, quem filiorum et nepotum credens turba circumdat. Ego puto etiam ipsum Jovem, si habuisset talem cognationem, potuisse in Christum credere (*Hieron., epist.* 7). » Hæc ipse. Grande sane miraculum, potuisse senem renasci denuo, atque idolorum pontificem in extrema fidelium classe proliteri, et incipere discere religionis elementa, qui apud suos sacrorum agebat antistitem, et decrepitum senem a nepte infantula balbutiente depromptum reddere Alleluia, quam ipsam mater Læta sanctissima femina cupida despondere virginem Christo, ab eodem sancto Hieronymo petiit et accepit de institutione ejusdem filiæ epistolam parœneticam; qua ipsa quantum profecerit, illud modo satis sit indicasse, eamdem ætate auctam ad aviam Paulam Jerosolymam navigasse, ibique cum sancto Eustochio in sancta Deo dicata virginitate consenuisse (*Idem, epist.* 7).

Clinicorum.] Male in quibusdam codicibus, *clericorum*. Supra, in Vita Fabiolæ, num. 6 : « Quem nudum et clinicum non Fabiolæ vestimenta texere? » Vide Onomasticon.

Cumque Orientis, etc.] Baronius, tomo IV, anno Christi 382, Damasi papæ 16, Gratiani 16, Valentiniani 7, Theodosii 4, imperatorum, 416 Orientis et Occidentis episcopos ad Romanum concilium convenisse asserit.

Exacta hieme.] Baronius ibid. : Non tantum episcoporum adventus Romam ad concilium significatur, sed tempus quo Romæ manserunt, pariter innotescit, nempe commoratos esse Romæ usque ad sequentis anni veris tempus.

Descendit ad portum.] Baronius, tomo IV, anno Christi 385, Siricii papæ 1, Valentiniani 10, Theodosii 7, impp., hoc anno Paulæ profectionem, qua Jerosolymam petiit, ponit. Ut autem, inquit, hæc certo cognoscas quod ad tempus pertinet, illud in primis accipe. Cum idem sanctus Hieronymus affirmet defunctam esse Paulam coss. Honorio vi, et Aristæneto; rursumque dicat eamdem Jerosolymis commoratam esse annos viginti, utique affirmare necesse est hoc anno eam Jerosolymam profectam esse, etc.

Quod autem ad Paulæ ex urbe profectionem spectat, dignum plane Christiana spectaculum Roma tunc vidit, feminam consularem, patriæ parentumque splendorem, divitias, charaque pignora amplius non reversuram relinquere, atque una cum filia Christo dicata ad Christi cunabula per tot maris spatia et vitæ discrimina navigare, etc.

Ad insulam Pontiam.] De insulis Pontiis Plinius, l. II, cap. 6; Mela, l. II, c. 7; Suetonius, in Caligula, cap. 15.

Flaviæ Domitillæ.] Eusebius, in Chronico, anno Domitiani 16 : « Scribit Brutius, plurimos Christianorum sub Domitiano subiisse martyrium. Inter quos et Flaviam Domitillam, Flavii Clementis consulis ex sorore neptem, in insulam Pontiam relegatam, quando se Christianam esse testata est. » Idem de ea *Histor. Eccl.* l. III, cap. 19. Vide de ea Martyrol. Rom. et Annales Baronii.

Segor vitulam conternantem.] Hoc loco conternantem intelligit τριετη, *trium annorum*. Vide divum Hieronymum in locis Hebraicis, in Zoara et Baba. Vide etiam Onomasticon.

Errore Dosithei.] Ex primis hæreticis fuit Dositheus, a quo hæresis Dositheorum. Vide Hieronymum, contra Luciferianos.

Namque cernebat.] Baronius, tomo IV, anno Christi 385, Siricii papæ 1, Valentiniani 10, Theodosii 7, impp. His similia narrat sanctus Hilarius, libro de Synodis, necnon sanctus Paulinus, in Natali 7 sancti Felicis; atque Severus, Dial. l. III, qui de feminis arreptitiis illud addunt, quod licet pedibus suspensæ essent, deorsum capite, nihilominus vestes inhærerent divino miraculo pedibus, quo femineo esset pudori consultum. De his fortasse Hieronymus, apolog. adversus Ruffin. « Vidi multa miracula, et quæ prius ad me fama pertulerat, oculorum judicio comprobavi. »

Campos Taphneos.] Ita Surius et Reatinus. Vetus editio : *Thaneos* sine *campis*, jungendo cum *terram Gessen*.

Episcopo Isidoro confessore.] Hujus memoria occurrit in Romano Martyrol. 2 Januarii : « Nitriæ in Ægypto beati Isidori, episcopi et confessoris. » Non recte hic Reatinus intelligit Isidorum Pelusiotam.

Arsatas.] Vetus editio et Reatinus, *Arsenios.* Existimo intelligi *Arsacium*, de quo Palladius Lausiac. Hist. cap. 7, ubi Serapionem ei jungit, uti hic Hieronymus. Nisi intelligatur *Arsisius*, de quo etiam Palladius c. 7 et 117; Sozomenus, l. III, c. 13, et lib. VI, c. 30, ubi etiam Serapionis junctim meminere. H. Gravius divinabat *Arsenitas.* An intelligit *Arseniotas*? Sed illa gens est integra a loco sic dicta. Non dubito quin particulare alicujus hic nomen Hieronymus posuerit, quod adjuncta suadent.

Quidam veterator callidus.] Baronius, tomo IV, anno Christi 388. Siricii papæ 4, Valentiniani 13, Theodosii 10, impp. Sed et Palladius ei (Evagrio) inhærens, ejusdem quoque morbi (Origenistarum) contagione contabuit; de quo Hieronymus adversus Pelagianos agens hæc habet : « Palladius servulis nequitiæ eamdem hæresim instaurare conatus est, et novam translationis Hebraicæ mihi calumniam struere; num et illius ingenio nobilitatique invidimus? Nunc quoque mysterium iniquitatis operatur, » etc. (*Hieron., proœm. advers. Pelag.*) Ob quam etiam causam sanctus Epiphanius eumdem in Palæstina ista docentem deplorans, ait : « Palladium vero Galatam, qui quondam nobis charus fuit, et nunc misericordia Dei indiget, cave, quia Origenis hæresim prædicat et docet, ne forte aliquos de populo tibi credito ad perversitatem sui inducat erroris (*Apud. Hieron., epist.* 60). » Hæc ipse scribens ad Joannem Jerosolymitanum episcopum, cum idem Palladius jam deseruisset eremum Nitriæ, et morbi causa, ut ipse testatur (*Pallad., in Lausiac., cap.* 22), abiisset in Palæstinam; ubi aliquamdiu moratus, hæreses inducebat origenis : quem cavendum Epiphanius Joannem ejus loci episcopum quam primum admonuit. Cum vero Origenistarum nullum alium nominet, nisi Palladium, certe etsi alii essent eadem labe conspersi, tamen non alium quam ipsum id muneris subiisse, ut Origenis deliramenta doceret, satis apparet. Quamobrem Origenistam illum, quem sanctam Paulam tentasse Hieronymus scribit, neminem certe præter Palladium tunc in Palæstina morantem fuisse conspicio.

Globos mihi Stoicorum.] Censebant Stoici, bonorum animas post hanc vitam in cœlestibus globis habitare. Vide Lipsium, Physiol. lib. III, dissert. 14.

Græco sermone respondit.] Gravius Græce hic notat : Οὐδὲν ἐμοὶ γέγονε χεῖρον. Apud Plutarchum, de Consolatione ad Apollonium, Diogenes moribundus a medico excitatus, rogatusque, μή τι περὶ αὐτὸν εἴη χαλεπόν; Οὐδέν, ἔφη, « an gravius aliquid ipsi accidisset ; respondit : Nihil esse mali. »

Jurulentias carnium.] Editi omnes, *virulentias.* Vide Reatinum, qui hoc conatur interpretari. Sed *jurulentia* sæpe Hieronymo usurpata. Sic lib. I in Jovinianum : « jurulentias carnis ingestas. » Et in cap. XL Ezech. « holocaustorum cineres, et carnium jurulentias. » Item in cap. IV Zachariæ : « Et pro jurulentia carnium varios cœperunt flores gestare virtutum. » Celsus, lib. II, cap. 27 : « Caro omnis jurulenta. » Ut omnino vix dubitandum sit, quin *virulentia* ex affinitate *jurulentiæ* sit nata.

Dormivit.] Baronius, tomo V, anno Christi 404, dormitionem Paulæ ponit; colligens id, uti ait, *ex ratione temporis.* Quod ita cape. Hieron. scribit Paulam obiisse « Honorio Augusto sexies et Aristæneti coss., VII Kal. Febr., tertia Sabbati. » Ex hoc notato characterismo diei hebdomadæ, recte colligit Baronius consulatum Honorii VI et Aristæneti incidere in annum Christi 404, cum non inciderit « in tertiam Sabbati dies septima Kal. Februariarum (id est, 26 Jan.) anno 405, vel 403, vel alio quopiam anno his proximo, sed tantum 404; unde constat apud Eusebium Scaligeri consulatum istum Honorii et Aristæneti male conferri in annum Christi 405, et apud Eusebium Pontaci pejus in annum 407. Recte quoque Dionys. Petavius noster, in splendido opere de Doctrina temporum, cum anno 404 copulavit hunc consulatum, posita littera dominicali G ante bissextum. Quod etiam Setho Calvisio in mentem venerat.

JANUARII XXXI.

VITA SANCTÆ MARCELLÆ,

VIDUÆ

AUCTORE DIVO HIERONYMO PRESBYTERO.

(*Hujus vitæ textum videsis Patrol. tom. XXII, col.* 1087.)

ROSWEYDI NOTATIO.

421 *Marcellæ.*] Martyrologium Romanum, 31 Januarii : « Romæ sanctæ Marcellæ viduæ, cujus præclaras laudes beatus Hieronymus scripsit. » Celebris ejus memoria in variis divi Hieronymi scriptis.

Septimo mense.] Hieronymus, epist. 10, ad Furiam, hinc etiam comparationem (uti et hoc ipso capite mox) inter Marcellam et Annam evangelicam instituit : « Sufficit tibi sancta Marcella, quæ respondens generi suo, aliquid nobis de Evangelio retulit (*Lucæ* II). Anna septem annis a virginitate vixerat cum marito; ista septem mensibus. Illa Christi exspectabat adventum; ista tenet quem illa susceperat. Illa vagientem canebat; ista prædicat triumphantem. Illa loquebatur de eo omnibus qui exspectabant redemptionem Israel; hæc cum redemptis gentibus clamitat : *Frater non redimit, redimet homo* (*Psal.* XLVIII). Et de alio psalmo : *Homo natus est in ea, et ipse fundavit eam Altissimus* (*Psal.* LXXXVI). »

Cumque eam Cerealis.] Baronius, tomo IV, anno Christi 368, Damasi papæ 9, Valentiniani et Valentis impp. 12. Sexto (ait) die post parentis (Valentiniani senioris) obitum opera Cerealis avunculi, Valentinianus (Junior) tum quadrimus, Justinæ filius, Augustus solemni more nuncupatus est (*Socrat., lib.* IV. *c.* 26).

Quod autem ad Cerealem avunculum spectat, penes quem tanta inesse videbatur creandi novi imperatoris auctoritas, non alius hic putandus est ab illo qui sub Constantio præfecturam urbanam gessit, et sub eodem postea consulatum; alius enim ab isto nullus reperitur clarus memoria hoc tempore Cerealis. Hunc igitur ipsum esse jure dixerimus, quem nuptias quæsisse sanctæ Marcellæ, sanctus Hieronymus meminit (*Hieron. epist.* 16. *Est hæc Vita*).

Cujus clarum inter consules nomen est.] Baronius ibid. : Quod autem consulatum hunc gessisse dicat, contigit ille anno Domini 358, una cum Daciano collega. Cujus et ejusmodi reperitur inscriptio in basi statuæ ipsi dicatæ (*Romæ, in ædibus Cevolis, via Julia*) :

NERATIVS CEREALIS V. C.
CONS. ORD. THERMARVM
RESTITVTOR CENSVIT.

Exstat et alia in via lata ejusdem sententiæ inscriptio de restitutione thermarum facta per Cerealem consulem; atque alia rursum, qua de ejusdem præfectura urbana mentio habetur, superius, tomo III, secunda editione, suo loco restituta, quæ errore posita erat tempore Constantini (*Baron., anno* 353).

Porro ex amplissimo Cerealis nomine et auctoritate metire sanctæ Marcellæ, clarissimæ feminæ, excellentem inter omnes Romanas mulieres amplitudinem, quæ eo majoribus crevit accessionibus, quo propter Christum ab ipsa magis despecta est, ut vere non in urbe tantum, sed toto Romano orbe effulserit egregium Christianæ pietatis exemplum.

Fragrare musco mure.] Vita Pelagiæ supra, capite 2 : « Totum implevit aerem ex odore musci. »

Papæque Athanasio.] Baronius, tom. III anno Christi 340, Julii papæ 4, Constantini, Constantii, Constantis, impp., 4. Quam, inquit, proficuus fuerit Athanasii Romam accessus, vel ex eo potest intelligi, quod in urbem invexerit ipse primus Ægyptiorum monachorum institutionem, Vitamque admirandam Antonii Magni, licet adhuc viventis, a se conscriptam detulerit; quod vitæ genus ad omnes evangelicæ perfectionis numeros attemperatum, etiam nobilissimæ Romanæ feminæ consectari cœperunt. Hactenus Baronius.

Non dubium quin Marcella de Vita Antonii multa ex Athanasii aliorumque sacerdotum Alexandrinorum relatione didicerit; nondum tamen tunc Athanasius Vitam sancti Antonii conscripserat. Vide dicta supra ad Vitam sancti Antonii in Præludiis, n. 3.

Quasi ad tutissimum religionis portum Romam confugerant.] Ita semper olim factum, ut Romam tanquam ad aliarum ecclesiarum metropolim in fidei rebus concursum sit. Vide Athanasii epistolas ad Julium et Marcum pontifices, et passim Baronius in Annalibus.

Turritæ.] Id Magdalenæ significat cognomen. Nam מגדל *Magdal*, sive מגדל *Migdal*, ab Hebræis *Turris* dicitur : unde *Magdalenæ*, id est, *Turritæ* nomen derivatur, quod indicat sanctus Hieronymus epistola 140, ad Principiam, in explanatione psalmi XLIV : « Magdalene, inquit, vere πυργίτης, vere turris candoris et Libani, quæ prospicit faciem Damasci, sanguinem videlicet Salvatoris, ad sacci pœnitentiam provocantem. »

Denique cum et me Romam.] Baronius, tomo IV, anno Christi 382, Damasi papæ 16, Gratiani 16, Valentiniani 7, Theodosii 4, impp. Hoc anno Romæ concilium celebratum est ex episcopis diversarum provinciarum, nempe Orientis, aliarumque catholici orbis regionum, etc. Indicat his sane verbis Hieronymus se vocatum a Damaso.

De toto hoc Hieronymi itinere, et Romam appulsu, vide dicta supra ex Baronio in præludiis ad librum I, ubi de Hieronymi variis peregrinationibus actum.

Convenit.] Quam Marcella discendi cupidissima fuerit, testatur idem Hieronymus, præfat. in epist. Pauli ad Galatas : « Scio equidem ardorem ejus, scio fidem (quam flammam semper habeat in pectore) superare sexum, oblivisci hominis, et divinorum voluminum tympano concrepante, rubrum hujus sæculi pelagus transfretare. Certe cum Romæ essem, nunquam tam festina me vidit, ut non de Scripturis aliquid interrogaret; neque vero more Pythagorico, quidquid responderam, rectum putabat; nec sine ratione præjudicata apud eam valebat auctoritas, sed examinabat omnia, et sagaci mente universa pensabat, ut me sentirem non tam discipulam habere quam judicem. » Quæ facili vel memoriæ lapsu vel calami exerratione Baronius, loco mox citando, existimavit de Albina Marcellæ matre ab Hieronymo dicta. Sed clarum de Marcella ibi eum agere, cum Albina jam esset mortua, ut ibidem habetur.

Baronius, tomo IV, anno Christi 382, Damasi papæ 16, Gratiani 16, Valentiniani 7, Theodosii 4, impp. Sancta Marcella, ait, non semper cum quid addiscere vellet, eum (Hieronymum) præsens adibat, sed per epistolam id etiam facere consuevit, ut idem sanctus Hieronymus tradit (*Hieron. epist.* 147). Docuit eam inter alia plurima decem voces, quibus apud Hebræos Dei nomen appellatur (*Epist.* 136). Explicavit eidem dictiones Hebraicas, Alleluia, Maranatha, necnon Diapsalma (*Epist.* 137) Græcam vocem (*Epist.* 138) ; ac tractatum de Blasphemia **422** in Spiritum sanctum (*Epist.* 147). Disseruit et de aliis variis quæstionibus (*Epist.* 148).

Navem plenam blasphemiarum.] Intelligit Ruffini Romam appulsum. Hieronymus, Apolog. lib. II :
« O triremem locupletissimam, quæ Orientalibus et Ægyptiis mercibus Romanæ urbis ditare venerat paupertatem :

. . . . Tu maximus ille es,
Unus qui nobis scribendo restitui rem.

Ergo nisi de Oriente venisses, eruditissimus vir hæreret ad huc inter Mathematicos. » Insinuat, opinor, Macarium Romanum, quem Gennadius catalogo illustrium Ecclesiæ Scriptorum, cap. 28 ait librum composuisse contra Mathematicos, quique Ruffino perfamiliaris fuit. Et paulo post : « Te multo tempore Pharus docuit, quod Roma nescivit, instruxit Ægyptus quod Italia hucusque non habuit. » Vide hic, infra, in præludiis ad librum II, Ruffini peregrinationem.

Fictus ariolus stultorum verberet nates.] Ita legendum, non *nares*, ut habet Erasmus et Reatinus, et reliquæ editiones. Ipse Hieronymus, lib. II in Jovinianum : « In circulis platearum quotidie fictus ariolus nates verberat. » De verbere natium habes apud Lucianum in Vita Peregrini. Vide Onomasticon.

Tunc discipulus ὅλειος, et vere nominis sui, etc.] Baronius, tomo V, anno Christi 597 Siricii papæ 13, Arcadii et Honorii impp. 3. Quænam, ait, hæc sancti Hieronymi veluti ænigmatibus obumbrata locutio? Quid per *discipulum* ὅλειος, *et vere nominis sui, si in talem magistratum non impegisset?* Alludit plane auctor ad scriptionem illam Ruffini ad Macarium scriptam de adulteratione librorum Origenis, Romæ editam, ad sternendam viam ejusdem Origenis erroribus, ad quem etiam præfationem περὶ ἀρχῶν inscripsit; qui cum Macarius diceretur, vere (inquit Hieronymus) ὅλειος iste dicendus, hoc est beatus, nempe Macarius ex nomine, nisi in talem incidisset doctorem. At quisnam iste Macarius fuerit, consule a nobis notata ad Romanum Martyrologium (*Die* II *Jan.*), ut ab aliis ejusdem nominis sanctis viris ipsum scias discriminare. Hactenus Baronius.

Sed non recte Baronius Macarium hunc Ruffini distinxit a Palladii Macario, et confudit cum Macario Romano, de quo supra, lib. I. Vide ibid. cta, n. 1.

Tunc sancta Marcella.] Baronius, ibid. : Immensum tunc quidem periculo Romana fluctuavit Ecclesia, cum hæresum ille thesaurus (libri Origenis περὶ ἀρχῶν) manibus clericorum circumferretur, ab imprudentibusque laudaretur, exscriberetur, vipereoque fetu multiplicaretur ubique; adeo ut, nisi Christi promissionibus firmissimo fundamento super firmam petram Ecclesia Romana in Petro consolidata fuisset, ejus casus jure timeri potuisset, ipsaque tunc naufragium expavisset navicula Petri, nisi Christus navigaret in ea (*Lucæ* XI). Plane accidit ut sicut cum Christus Pharisæorum exagitaretur opprobriis, extollens vocem quædam mulier magnificare eum intrepide cœpit; ita Romanæ feminæ confessione fides catholica ab Origenistarum blasphemiis vindicaretur illæsa : dum confundens sapientiam sapientium, silentibus iis quorum muneris erat exsurgere, et stare pro muro domus Israel, excitavit Dominus spiritum feminæ. Etenim exsurgens tunc mulier, nova Debora, phalanges evertit Chananæorum.

Ac simplicitati illuderet episcopi.] Baronius, ibid. : Suggillat sanctus Hieronymus Siricii Papæ simplicitatem, non dolum. Dum enim non adduci posset, ut crederet, in Christianis adeo fama conspicuis hæresis occultari venenum, ex probitate animi sui nesciens (ut ait) mala existimare de aliis haud confestim spiritualis gladio potestatis (ut par erat) deforme monstrum exstinxit, neque citissime damnavit igni versionem illam veneno refertam περὶ ἀρχῶν Origenis. Licet et aliqua saltem ex parte excusationem illam prætexere jure potuisset, quod exemplo evangelici patrisfamilias usque ad messem siverit zizania crescere, ne cum eis evelleret triticum; exspectans nimirum, ut qui vere essent hæretici, perspicue matura segete, certioribus signis fierent manifesti. Etenim cum ejusmodi hominum genere negotium erat, qui venerant in vestimentis ovium, cum intrinsecus essent lupi rapaces, affectataque sanctitate, nec ea quidem vulgari, sed quæ esset toto orbe spectata, aspidum ova foverent.

Ceterum quod haud velociter Siricius periclitanti occasione Origenis errorum occurrit Ecclesiæ, quam citius, nempe anni sequentis exordio, ex hac vita sublatus est, erectusque super cathedram Petri acerrimus oppugnator Origenistarum hæreticorum, Anastasius papa. Sæpe quidem ante pavendis est demonstratum exemplis, ut pontifices illi, qui causam fidei paulo segnius tractaverunt, ac remissius curaverunt, a Christo primario omnium pastore fuerint quam celeriter ex hac vita subducti, adeo ut manifeste fuerit declaratum, summo jugique studio, specialique diligentia semper invigilasse super Romanam Ecclesiam divinam providentiam, ne qua vel levi saltem suspicione hæreticæ contagionis aspergeretur.

Cernentes hæretici.] Baronius, supra : Ex paucis his possumus intelligere, Marcellam valide egisse atque restituisse certamen; *insuper et hostes in fugam convertisse.* Etenim ipsi ab ea palam detecti, negaverunt Periarchon hæresum promptuarium sua ipsorum opera in Latinum esse conversum, et inficiati sunt pariter se ea cum Origene sentire; atque præseferentes catholicam disciplinam, ut catholicæ Ecclesiæ communicantes, quæsierunt a Romano pontifice litteras communicatorias, quo earum testificatione se probarent ubique esse catholicos, ac ita his muniti litteris, ab urbe probati catholici discessisse viderentur.

Impetrant ecclesiasticas epistolas.] Baronius, ibid. : Quod ad Ruffinum spectat, etsi profecturus Aquileiam, solum patrium petierit, et acceperit ab ipso Siricio Romano pontifice communicatorias litteras, Catholicis tantum (ut sæpius diximus) impertiri solitas, minime cessit culpæ Siricio. Nam cum ipsa hæretica interpretatio Periarchon Origenis, nomine careret auctoris, nec a quo præfatio illa esset scripta liqueret, nihil est, quod Ruffinum nondum detectum, imo catholicum se clamantem, et ab omni hæresi se alienum extrinsecus profitentem, a catholica communione extorrem facere deberet. Nec Romanæ sedis moris est non convictum quempiam condemnare.

Cæterum ostentare solitum fuisse Ruffinum acceptam Siricii epistolam, quo se catholicum esse omnibus demonstraret, testatur sanctus Hieronymus in apologia adversus eum conscripta, cum ait : « Siricii jam in Domino dormientis profers epistolam, et viventis Anastasii dicta contemnis ? » Hæc ipse. Re enim postea ab Anastasio bene comperta, accepit quam meruit Ruffinus ipse sententiam.

Succedit in pontificatum ejus vir insignis Anastasius.] Baronius, in anno Christi 398, Anastasii papæ 1, Arcadii et **423** Honorii impp. 4. Invenit hic, ait, apostolicam sedem, ipsam Petri naviculam, cujus sumpsit regendum clavum, turbinibus agitatam hæreticorum, cum (ut dictum est pluribus anno supe-

riori) Ruffinus cum Melania inferens se in urbem, in eam invexit hæreses Origenis, edito a se Latine reddito ejusdem auctoris Periarchon, novo equo Trojano, hostibus intus referto, sed religione velato, hæresumque dicendo theca, ex qua expositæ sunt in Romana Ecclesia dolosæ merces : quarum mercatores etiam eo dementiæ prolapsi sunt, ut in Apostolicum usque thronum eas inferre tentaverint, una reclamante Marcella, extollenteque vocem cum muliere evangelica (*Lucæ* xi).

Tali quidem statu fluctuantem Romanam Ecclesiam Anastasium reperisse, sanctus Hieronymus, in epistola ad Principiam (quæ est hæc ipsa Marcellæ Vita) indicati (*Hiron., epist.* 16). Hujus autem (Anastasii) quæ partes fuerint, idem sanctus Hieronymus ad Demetriadem ita scribit (*Idem epist.* 8): « Dum esset parvula, et sanctæ ac beatæ memoriæ Anastasius episcopus Romanam regeret Ecclesiam, de Orientis partibus hæreticorum sæva tempestas, simplicitatem fidei, quæ Apostoli voce laudata est (*Rom.* xii), polluere et labefactare conata est. Sed vir ditissimæ paupertatis, et apostolicæ sollicitudinis, statim noxium percutit caput, et sibilantia hydræ ora compescuit. »

Damnationis hæreticorum hæc fuit principium.] Subdit Baronius: Quid autem actum sit cum Anastasius papa sedere cœpit, rem brevi summa ita ad Principiam scribens sanctus Hieronymus amplexus est, cum ostendit sanctam Marcellam in causa fuisse, ut Origenis hæresis Romæ damnaretur.

Ut absentes damnari.] Baronius, tomo V, anno Christi 397, Siricii papæ 13, Arcadii et Honorii, impp. 3, ait: Adult (Hieronymus) eo a sancta Marcella provectum esse negotium, quod cum intellexissent hæretici, seseque jam manifeste Romæ detectos esse, vocati licet ab Anastasio successore Siricii, convenire penitus recusassent, absentes damnari meruerint; ut plane cunctis perspicue appareurit non dormire, neque dormitare, qui custodit Israel, licet interdum illi dormirent quibus vigilandi munus incumbit.

Hujus tam gloriosæ victoriæ origo Marcella est.] Baronius, ibid. : Quam egregie divini judicii pondere certamen fuit æqua lance pensatum, dum per feminam dissipari delegit, quod duce femina per suos diabolus fuerat machinatus! Melania (quod et superius est demonstratum) vexillum impietatis, pietatis tamen charactere notatum, erexit, prægrandi dispendio catholicæ veritatis. Nam sub eo etiam paulo post Pelagius hæresiarcha ordines duxit. Hinc illa justa querela sancti Hieronymi, dum totius hujus militiæ recenset antesignanos: « Quid, inquit, volunt miseræ mulierculæ, oneratæ peccatis, quæ circumferuntur omni vento doctrinæ, semper discentes et nunquam ad scientiam pervenientes (II *Tim.* iii) ; et cæteri mulierularum socii prurientes auribus, ignorantes quid audiant, quid loquantur (*Hieron., epist. ad Ctesiph., adv. Pelag.*), » etc. Subdit enim pereruditè catalogum præcipuarum hæresum, quæ prævia semper aliqua cum hæresiarcha muliere, infeliciter prodierunt. Sed feminam feminæ, et Melaniæ Christus Marcellam opposuit, quæ et victricia erexit de damnata impietate trophæa.

Obsideri Romam.] De tempore hoc urbi funestissimo, vide Baronium, tomo V, anno Christi 410, Innocentii papæ 9, Honorii 16, Theodosii 3, impp., cum ab Alarico Gothorum rege urbs capta.

Marcellæ quoque domum.] Erat hæc in Aventino. Hieronymus, epist. 154 : « Quod si exemplaria libuerit mutuari, vel a sancta Marcella, quæ manet in Aventino, vel a Lot temporis nostri, Domnione viro sanctissimo accipere poteris. »

Cumque et illam et te ad beati apostoli Pauli basilicam.] Baronius, tomo et anno proxime citato : Qui ergo inventa vasa sacra barbari, ut illæsa servarent, attulerunt ea in basilicam sancti Petri; iidem Gothi inventas sanctissimas feminas atque cognitas, viva pretiosiora Christi vasa, ad apostoli Pauli basilicam via Ostiensi positam perduxerunt, quo (ut eventus docuit) custodirentur intactæ.

Post aliquos dies.] Baronius, ibid.: Cæterum paucos post dies eamdem sanctam Marcellam ex hac vita migrasse, idem sanctus Hieronymus docet. Qui hoc tempore cum elucubraret commentarios super Ezechielem, uno eodemque nuntio obsidionem urbis, eamdemque captam audivit, simulque sanctæ Marcellæ atque chari Pammachii ad Deum transitum; nam ibi ista ipse præfatur: (*Hieron., præfat. in* lib. 1 *comment. in Ezech.*) Transire, inquit, cupiebam (post interpretationem scilicet elaboratam in Isaiam) et extremam (ut dicitur) manum operi imponere prophetali. Et ecce subito mors mihi Pammachii atque Marcellæ, Romanæ urbis obsidio, multorumque fratrum et sororum dormitio nuntiata est. Atque ita consternatus obstupui, ut nihil aliud diebus ac noctibus, nisi de salute omnium cogitarem, meque in captivitate sanctorum putarem esse captivum; nec possem prius ora reserare, nisi aliquid certius discerem, dum inter spem et desperationem sollicitus pendeo, aliorumque A malis me crucio. Postquam vero clarissimum terrarum omnium lumen exstinctum est, Imo Romani imperii truncatum caput, et (ut verius dicam) in una urbe totus orbis interiit, *obmutui, et humiliatus sum, et silui de bonis* (Psal. xxxviii), etc. Hæc Hieronymus: quibus significat, paulo post expugnatam urbem, sanctam Marcellam diem clausisse extremum, cujus memoriam reddunt ecclesiasticæ tabulæ anniversaria die, sed non qua ipsa obiit, verum qua decentiori sepultura donata, translata est, pr die Kal. Februarii, cum Pammachi, qui eodem tempore obiit, dies natalis agatur tertio Kalend. Septemb. Qui igitur sanguine conjuncti erant, et vitæ sanctæ instituto collegæ (ambo enim monasticam excoluerant disciplinam) iidem obierunt hoc eodem anno.

De his post tot tantaque superius dicta, illud satis ad utriusque laudem, quod sanctus Hieronymus in præfatione ad eosdem in Danielem: « Obsecro (inquit) vos, Pammachi φιλομαθέστατε, et Marcella, unicum Romanæ sanctitatis exemplar, junctos fide et sanguine, ut conatus meos vestris orationibus adjuvetis. »

DE VITIS PATRUM
LIBER SECUNDUS,
SIVE
HISTORIA MONACHORUM
AUCTORE RUFFINO AQUILEIENSI PRESBYTERO.

PRÆLUDIA IN LIBRUM SECUNDUM.

Lectori.

424 Quia hic duo sequuntur libri, Ruffino vel auctore vel interprete (de qua re disseruimus Prolegomeno 4, § 10) placuit hic, quod et primo libro in Hieronymo præstitimus, ex magni historici Annalibus Ruffini peregrinationem seligere, eamque verbis Baronianis repræstare [*F.* repræsentare]. Sicubi quid obscurum, vel si qua in re non omnino inter nos convenit, Notatio et lucem obscuritati, et diversæ opinationis rationem dabit.

Quia vero Baronius existimavit Ruffinum Melaniæ hæsisse lateri, ejusque peregrinationis fuisse comitem, utriusque peregrinationes velut rotam rotæ intexuit, nec eas nunc mihi disparare placuit, sed ut Baronio visum, connexas exhibeo; etsi nulla Melaniæ hoc libro fiat mentio, sed de ea octavo demum libro in Palladii historia Lausiaca disertim agatur.

Toto quidem hoc libro Ruffinus (si tamen auctor ejus et non potius interpres est) suam per Ægyptum peregrinationem describit: **425** quam Baronius ex hoc libro non attingit; quia existimavit, libri hujus auctorem fuisse Evagrium, de quo aliter sentiendum docuimus, prolegom. 4, § 5. Si tamen Ruffinus libri hujus auctor, peregrinationem ejus per Ægyptum toto hoc libro leges; si interpres, Ruffini variam peregrinationem ex variis collectam, his præludiis habes expositam.

RUFFINI ET MELANIÆ (*a*) PEREGRINATIO.

Profectio Ægyptiaca.

Hoc anno Christi 372, Damasi papæ 5, Valentis imp. 9 quo, ut dicemus, defuncto Magno Athanasio, dira persecutio exagitavit ecclesiam Alexandrinam, totamque Ægyptum, ipsum Hieronymum ex Syriæ solitudine ad Ruffinum Ægyptum petentem, et monachos illic confessores invisentem, scripsisse, litteræ (*b*) tunc ab eo datæ significant, etc

Instituisse vero ejusmodi peregrinationem Ruffinum una cum Melania Romana clarissima femina Jerosolymam, sed in Ægyptum primo ad invisendos illic agentes sanctos monachos navigasse, idem sanctus Hieronymus (*c*) ad Florentium, necnon ad Ruffinum (*d*) scribens, duabus epistolis declaravit (*Hieron., episp.* 5, 41), quas ex Syriæ solitudine dedit. Accedunt his alii testes; confirmat enim hoc ipsum de peregrinatione Ruffini cum Melania sanctus Paulinus (*e*) in epistola ad Severum (*Paulin., epist.* 9), necnon Palladius (*f*) de eadem Melania agens.

Quonam vero potissimum tempore ejusmodi Ruffini cum Melania peregrinatio acciderit, diversæ ea de re reperiuntur sententiæ; nam Palladius ipso exordio Valentis imperii (*g*) id factum esse, affirmare videtur (*Palladius in Lausiac., cap.* 33); sed apud sancti Hieronymi Chronicon anno decimo ejusdem imperatoris hæc leguntur : « Melania nobilissima mulierum Romanarum, et Marcellini quondam consulis filia (*h*), unico prætore tunc urbano (*i*) filio derelicto, Jerosolymam navigavit, ubi tanto virtutum præcipueque humilitatis fuit miraculo, ut Theclæ nomen acceperit. » Hæc ibi : quæ intelligenda putamus, non cum primum Roma profecta est, sed cum ex Ægypto Jerosolymam pervenit. Nam quod spectat ad profectionem in Ægyptum, cum ipsius Ruffini, necnon Palladii (*j*) assertione constet Melaniam ac ejus comites, vivente adhuc Athanasio, fuisse Alexandriæ, quem liquet hoc ipso anno ex hac vita migrasse, utique ante decimum Valentis annum eam cum suis in Ægyptum profectam esse, affirmare necesse est. Quod enim contigerit, ipso vivente adhuc sancto Athanasio, Melaniam Alexandriam pervenisse, Palladius ex eo perspicue demonstrare videtur, cum ait Melaniam ab ipso Athanasio donatam esse ovina pelle, quam dono acceperat a Macario abbate, oblata ipsi munere a leone pro gratiarum actione de catulis cæcis ab ipso luci redditis; cujus rei adeo admirandæ Ruffinus historiam narrat, qui et ait se præsentem fuisse cum persecutio est illata monachis post Athanasii obitum ab Arianis : « Ea enim, inquit, quæ præsens vidi, loquor, et eorum gesta refero, quorum in passionibus socius esse promerui (*Ruffin., l.* II, *cap.* 4). » Hæc ipse. De eadem Melaniæ peregrinatione dum Palladius agit (*Pallad., in Lausiac., cap.* 2, Lipom., t. III), ait eam duce Isidoro eremum Ægypti lustrasse, et inter alios magni nominis monachos **426** invisisse Pambonem, eidemque pro monachorum usu donasse trecentas libras argenti.

Cum autem (quod diximus) tunc contigerit Hieronymum eam epistolam scribere ad Ruffinum, cum ille inviseret monachos persecutione vexatos (quod hoc ipso anno factum est post obitum Athanasii, de quo paulo post dicturi sumus) affirmandum videtur hoc eodem quoque anno a sancto Hieronymo ad Ruffinum eas litteras datas esse, ubi inter alia : « Audio te, inquit, Ægypti secreta penetrare, monachorum invisere choros, et cœlestem in terris circumire familiam (*Hier., epistola* 41). » Et inferius : « Rursum suspensam voto nutante mentem, quidam Alexandrinus monachus (*k*), qui ad Ægyptios confessores, et voluntate jam martyres, pio plebis jamdudum fuerat transmissus obsequio, manifestus ad credulitatem nuntii auctor impulerat. » Et paulo post : « Ruffinum Nitriæ esse, et ad beatum perrexisse Macarium, crebra commeantium multitudo referebat. » Hæc ipse.

Quibus omnibus redditur manifestum Melaniam cum Ruffino hoc anno, superstite adhuc Athanasio, Alexandriam pervenisse, et sanctum Hieronymum (ut dictum est) post Athanasii obitum, excitata hoc anno ab Arianis persecutione in ecclesiam Alexandrinam et incolas eremi, illam ad Ruffinum epistolam conscripsisse ex Syriæ eremo, ubi agebat subægrotans, etc.

Quam autem diximus Melaniam cum Ruffino atque sociis ante obitum Athanasii certum esse Alexandriam ex urbe venisse, quonam potissimum tempore id accidisse putandum? Si Palladio assenserimus affirmanti id factum circa exordia Valentis imperii, ipsum Ruffinum adjungere possemus astipulatorem, ubi ait annis sex (*l*) se Alexandriæ commoratum esse, et postea iterum ad aliquot dierum spatium illuc reversum commorari contigisse (*Ruffin., in Hieron. invect.* 2). Sed hoc rursum dissuadet ut credamus, quod ex nuper citata Hieronymi epistola ad Ruffinum inauditus antea et inopinatus adventus ejus in Ægyptum et quam recentissimus fuisse videtur, ut superius dictum est, etc.

Baronius, post multa, anno eodem. — Quod autem ad Ægypti monachos spectat dirissime a Lucio exagitatos; Ruffinus, qui cum Melania in Ægypto agebat, hæc de illis scriptorum monumentis posteris legenda tradidit : (*Ruffin., l.* II, *c.* 3,|4) « Inde post fugas civium et exsilia, post cædes et tormenta flammasque quibus innumeros confecerat, ad monasteria (*m*) furoris sui arma convertit, vastat eremum, et bella quiescentibus indicit. Tria millia simul, aut eo amplius viros per totam eremum secreta et solitaria habitatione dispersos oppugnare pariter aggreditur : mittit armatam equitum et peditum manum: tribunos, præpositos, et bellorum duces, tanquam adversus barbaros pugnaturus, eligit. Qui cum venissent, novam belli speciem vident, hostes suos gladio objectare cervices, et nihil aliud dicere, nisi : Amice, ad quid venisti? Per id tempus patres monachorum (*n*), vitæ et antiquitatis merito, Macarius, Isidorus, aliusque Macarius, atque Heraclides et Pambus Antonii discipuli per Ægyptum, et maxime in Nitriæ deserti partibus habebantur viri, qui consortium vitæ et actuum non cum cæteris mortalibus, sed cum supernis angelis habere credebantur. Quæ præsens vidi, loquor ; et eorum gesta refero, quorum in passionibus socius esse promerui. » Et in epistola ad Anastasium Romanum pontificem hæc item se passum esse gloriatur, cum ait : « Quamvis igitur fides nostra persecutionis hæreticorum tempore, cum in sancta Alexandrina Ecclesia degeremus, in carceribus et in exsiliis, quæ pro fide inferebantur, probata sit, tamen et nunc si quis est qui vel tentare fidem nostram cupiat, sciat, etc.

At hæc de se summa jactantia ab ipso Ruffino esse commenta, exclamat sanctus Hieronymus, cum his recitatis ipsius verbis, sic subdit : Miror quod non adjecerit, *Vinctus Jesu Christi*; et : *Liberatus sum de ore leonis*; et : *Alexandriæ ad bestias pugnavi*; et : *Cursum consummavi, fidem servavi; superest mihi corona justitiæ*. Quæ **427** malum, exsilia, quos iste carceres nominat? Pudet me apertissimi mendacii, quasi carceres et exsilia absque judicum sententiis irrogentur. Volo tamen ipsos scire carceres, et quarum provinciarum se dicat exsilia sustinuisse. Et utique habet copiam de multis carceribus et infinitis exsiliis unum aliquod nominandi. Prodat nobis confessionis suæ Acta, quæ hucusque nescivimus, ut inter alios Alexandriæ martyres hujus quoque gesta recitemus, et contra latratores suos possit dicere : De cætero nemo mihi molestus sit, ego enim stigmata Domini nostri Jesu Christi in corpore meo porto (*Gal.* VI). Hæc Hieronymus (*Apolog.*, *lib.* II).

Certe quidem Melania clarissima femina, consulis Marcellini neptis (*o*), antiqua nobilitate et filii præfecturæ urbanæ (*p*), magistratu toto Romano orbi notissima, apud quam primum locum Ruffinus obtinebat, omnium præfectorum, quocunque pergeret, frequentabatur obsequiis; tantumque abfuit ut vel ipsi vel alicui ex ejus familia irrogata exsilia fuerint, quod Ruffinus jactat, ut etiam qui persecutionem fidei causa paterentur, ad ipsam tamquam ad asylum confugerent, ab eademque pariter in tuto collocarentur, atque etiam alerentur, ut quæ de ea proxime dicturi sumus, cum ipsa processit ad judicem, fidem certam faciunt. At cur Ruffinus, sicut aliorum, non etiam suam recensuit confessionem exemplo Pauli apostoli? quod præsertim sciret rem tantam haud ab adversariis facile ratam fore habendam absque aliqua certiori probationis fide, cum alioqui aliorum confessiones adeo exacte (*q*) describat?

Si qua tamen tunc Alexandriæ contigit Ruffini confessio, ea tantum fuisse existimatur (*r*), cum provocata Melania ad judicium, quod faveret Orthodoxis, ipse putetur eam comitatus esse; sed dimissa illa quantocius, utique et qui cum ea erant, rediere domum. Sed de his satis.

Baronius, paulo post anno eodem. — Sed quod silentio Ruffinus præteriit, dignum memoria tunc officium exhibitum a Melania nobilissima Romana femina, his ex Paulino jungamus; scribens enim ad Severum, inter alia digna præconia Christianæ feminæ consularis hæc habet :

« Tempore illo Valentis, quando Ecclesiam Dei vivi furor Arianorum, rege ipso impietatis satellite, persequebatur, hæc erat princeps et particeps cunctis pro fide instantibus; hæc fugatos recipiebat, aut apprehensos comitabatur. Sed cum eos recepisset in latebram, qui propter insignem fidem et majori hæreticorum odio infestabantur, et occultantium tangebantur invidia, gravi tunc seditione diabolicis facibus inflammata, quasi contra legem publicam contumax, protrahi ac pati jussa est quæ illos manebant, nisi prodere maluisset. Processit impavide, cupida passionis, et injuria publicationis exsultans, quamvis non exspectasset trahi, tracturos antevolans ad judicem; qui confusus veneratione præsentis, non exsecutus est infidelitatis iram, dum fidei miratur audaciam.

« Eadem tempestate per triduum quinque millia monachorum latentium panibus suis pavit (*Matth.* XIV; *Marc.* VI; *Lucæ* IX) : ut per ejus manum iterum Dominus Jesus pristinum numerum in deserto pasceret, tanto quidem nunc impensiori clementia, quanto minori licentia fovebantur occulti, quam illi quondam, qui ad Dominum voluntarie in libertate et pace convenerant. Sed hæc nec timida deprehendi, interdictum secura præbebat officium, nec volens gloria operationis agnosci, tamen operis magnitudine prodebatur, totidem apud homines testimoniis gloriosa, quot pastis, Deo conscio (*Paulin.*, *epist.* 10). » Hæc Paulinus, mirifica prædicatione tam egregia facta celebrans, quæ sane gesta esse in Ægypto (*s*), non autem in Palæstina, illud persuadet, quod nullibi tam ingens numerus monachorum simul collectorum nisi in Ægypto fuerit reperiri. Mansisse quidem ipsam Melaniam in Ægypto mensibus octo (*t*), Palladius docet (*Palladius*, *in Lausiac.*, *cap.* 33). Porro ab his diversa esse noscuntur quæ de ejusdem Melaniæ officiis, quibus prosecuta est in Palæstina relegatos confessores, idem Palladius tradit, quæ paulo post narraturi **428** sumus. Ut autem tam ingenti opere, in occultandis atque pascendis monachis quinque millibus in deserto, veluti contumeliis provocatus præfectus, libens ejus responsionibus cesserit, summa feminæ claritudo, quæ apud hostes quoque reverentiam sibi conciliabat, in causa fuit. Erat quidem Melaniæ nomen (ut dictum est) non Romæ tantum, sed ubique locorum Romani imperii cognitum, atque in honore habitum, tum nobilitate generis, tum egregiæ pietatis præstantia; de qua hæc idem qui supra Paulinus : « Mulier celsiore gradu ad humilitatis cultum ob amorem Christi dejecta sublimiter, ut viros desides in infirmo sexu fortis argueret, arrogantes in sexu utroque personas, pauperata dives, et nobilis humiliata confunderet. Igitur Marcellino consule avo (*u*), de ambitu generis et opum luxu in teneris adhuc annis nuptias passa, et brevi mater, sed infelicitate mortalium non longum potita est, ne diu terrena diligeret. Nam præter alias orbitates, quas irrito in fœtibus abortivis labore, adhuc marito participe deflevit, ita crevit ærumnis, ut duos filios et maritum intra anni tempus amitteret, unico tantum sibi parvulo ad memoriam potius, quam ad compensationem affectuum derelicto (*Paulin.*, *epist.* 10) : » Hæc et alia de ipsa Paulinus, etc.

Porro Melaniæ filio hoc tempore præturam urbanam fungenti (*v*) junctam fuisse constat in matrimonium Albinam, Melania vero junior ejus neptis Piniano in matrimonium tradita fuit (*Pallad.*, *cap.* 33); sed de his inferius.

Laudat sanctus Hieronymus feminæ summam constantiam (*x*), quod simul siccis oculis sepelisset virum suum ac duos filios (*Hieron.*, *epist.* 25); uno vero superstite derelicto, peregrinata fuerit in Ægyptum primo, inde Jerosolymam ; ibique ad quinque lustra esse commoratam, Paulinus tradit (*Paulin.*, *ad Sever.*, *epistola* 10) ; amplius vero annos duos, nempe viginti septem (*y*), Palladius affirmat (*Palladius, in Lausiac., cap.* 33).

Porro Melaniæ in Ægypto commoratio magnum plane cum ipsi tum Ruffino attulit detrimentum : siquidem cum Didymo Alexandrino magni nominis viro, et ob eximiam conjunctam cum oculorum cæcitate peritiam plane cunctis admirabili, intimam consuetudinem habentes, propinante illo ipsis sitientibus, quem mirifice prædicabat, Origenem suum, hauserunt isti una cum dulci potu venenum, etc. Qui sic eorum animis Periarchon Origenis infudit, ut eo tanquam magno thesauro ditati, cuperent totum catholicum orbem locupletari ; sed plane aspidis ova foverunt ; quibus ruptis, prodiere serpentes, quorum lethali veneno quam plurimi misere periere. At de his inferius suis locis pluribus agendum erit : hæc modo satis in his quæ spectant ad Melaniæ et Ruffini consuetudinem cum Didymo in Ægypto hoc tempore, quo illuc sunt peregrinati.

Profectio in Palæstinam.

Anno Christi 372. — Melania hoc eodem anno, quo ex Petri Alexandrini litteris vidimus Ægypti episcopos et monachos relegatos esse Diocæsaream oppidum in Palæstina situm, illis ministratura, magno fidei ardore succensa, Jerosolymam profecta est. Quid vero ipsa ibi egerit, Palladius docet his verbis (*Pallad.*, *Lausiac.*, *cap.* 33) : « Post hæc autem, cum Alexandriæ præfectus Augustalis Isidorum, Pithymum [Euthymium] (*z*), Adelphium, Paphnutium, Pambonem, inter quos etiam senem Ammonium unam habentem auriculam, et duodecim episcopos, presbyterosque, et alios quosdam usque ad centum duodecim numero circa Palestinæ Diocæsaream damnasset exsilio : istos hæc beatissima omnes secuta est, et propriis facultatibus eis ministerium suum præbuit. Cumque ab illis qui in memoratorum custodia erant prohiberetur hæc facere (sicut mihi et ipsi sæpe referebant, nam et ego sanctum Pithymum et Isidorum et Paphnutium vidi), benedicta tunc illa, sumpta veste servili circa vespertinas horas, omnia eis vitæ necessaria afferebat.

429 « Quo cognito, Palæstinæ provinciæ consularis, credens quod sinus suos posset fumo quodam atque terrore ex pecunia ejus implere, jussit eam (ignota enim ipsi erat) corripi et in carcerem trudi. Ex quo loco tunc ei per internuntios quosdam sancta illa mandavit : Ego, inquit, illius filia, et illius conjux fui, ancilla vero nunc Christi sum ; ne ergo me ob vilitatem præsentis habitus contemnendam putaveris, quia facile extollere, si velim, me possum ; nec terrere igitur me in aliquo vales, neque quidquam mihi de meis rebus auferre. Atque ideo ne fortassis ignorans periculum aliquod aut crimen incurras, idcirco ista tibi mandavi ; quasi quæ diceret : Interdum enim necesse est adversus imprudentes hæc agi, et veluti accipitre vel cane contra eos arrogantia uti, quæ congruo tempore superbos comprehensura imitatur. Talibus ergo verbis mox ipse territus judex, excusavit eidem factum suum ; et ita eam, ut meruerat, honoravit ; et jussit, ut ad illos viros, quoties vellet, accederet. » Hactenus de illius ministerio exhibito confessoribus.

Profectio Jerosolymitana et ibidem commoratio.

Anno Christi 372. — De commoratione ejus Jerosolymis sic mox subdit : « Hæc autem, revocatis ab exsilio memoratis viris, monasterium apud Jerosolymam sibi fecit, in quo viginti et septem annorum tempus implevit, quinquaginta secum sorores virgines habens. Erat etiam cum ea Ruffinus quidam nomine, Italus, civis ex Aquileiensi oppido, vir nobilium et in proposito singulari satis fortium morum, qui ad presbyteratum postea meruit pervenire ; quo nullus mansuetior, fortior, et placidior, tanquam omnia sciens, in sexu virili potuit inveniri. » Hæc quidem de Ruffino Palladius, de Origenis sectatore Origenista, Hieronymo eam ob causam perinfensus : ut non mireris, si qui Ruffinum immensis laudibus ornat, Hieronymum eodem in commentario contumeliis laceret. Sed de Palladio suo loco plura inferius, qui de instituto Melaniæ atque Ruffini toto illo temporis spatio, quo vixerunt Jerosolymis, ista subdit :

« Isti igitur in viginti et septem annis omnes apud Jerosolymam sanctos, atque peregrinos episcopos et monachos, virginesque (hoc enim voverant Deo) suscipere propriis sumptibus ac fovere consueverunt, omnesque ad se venientes meliores tantarum ac talium rerum contemplatione fecerunt. Illos enim quadringentos numero monachos, qui propter Paulinum (Antiochenum episcopum scilicet) se ab Ecclesia separabant, sanctæ rursus Ecclesiæ reddiderunt. Omnes etiam præter hos perversæ sectæ homines et contra Spiritum sanctum sacrilego ore certantes, ad Ecclesiam nostram, vera suadendo, ac jugiter cunctos docendo, revocaverunt, honorantes quidem ac sæpe pascentes ejusdem loci clericos : et hæc pariter facientes, vitam suam pio studio finierunt, nulli quidem ex se vel levem dantes scandali suspicionem, totum vero orbem terrarum spirituali ædificatione plenissimum relinquentes. » Hactenus Palladius.

Baron., *ad annum Christi* 385. — Cæterum ratione Melaniæ, quam Paula Jerosolymam secuta est, calumniam passus est Hieronymus, quam inter ea quæ in ipsum post Damasi obitum a calumniantibus fuere objecta, ac stimulante odio atque invidia perpetrata, idem ipse ea epistola, quam, navim in portu Romano conscensurus, conscripsit ad Asellam, exactim recenset; ubi inter alia (*Hieron.*, *epist.* 99): « Nihil mihi aliud objicitur, nisi sexus meus; et hoc nunquam objicitur, nisi cum Jerosolymam Paula et Melania proficiscuntur. » Et post: « Nullæ aliæ Romanæ urbi fabulam præbuerunt, nisi Paula et Melania: quæ, contemptis facultatibus, pignoribusque desertis, crucem Domini, quasi quoddam pietatis levavere vexillum. Si balneas peterent, unguenta eligerent, divitias et viduitatem haberent materiem luxuriæ et libertatis; dominæ vocarentur et sanctæ: **430** nunc in sacco et cinere formosæ volunt videri, et in gehennam ignis cum jejuniis et pædore descendere, videlicet non licet eis applaudente populo, perire cum turbis. » Quod ad Melaniam spectat, cum eam viduam nominet, haud dubium ipsum intelligere de Melania seniori; junioris enim vivebat adhuc vir Pinianus. Nec sic quidem ejus hic meminit, quasi tunc Romæ esset, quam jam plures ante annos vidimus in Ægyptum primo, inde vero Jerosolymam esse profectam, ibique in præsenti vitam agere: sed idcirco ejus meminit sanctus Hieronymus, quod tum ejus migrationis Jerosolymam occasione, tum Paulæ idem iter capessentis, quo et tenebat ipse Hieronymus, detractores eam calumniandi ansam arripuissent. At subdit:

« Si gentiles hanc vitam carperent, si Judæi haberent solatium non placendi eis quibus displicet Christus. Nunc vero, proh nefas! homines Christiani, prætermissa domorum suarum cura, et proprii oculi trabe neglecta, in alieno oculo festucam quærunt (*Lucæ* vi): lacerant sanctum propositum, et remedium pœnæ suæ arbitrantur, si nemo sit sanctus, si omnibus detrahatur, si turba sit pereuntium, si multitudo peccantium. Tibi placet lavare quotidie, alius has munditias sordes putat; tu attagenem ructas, et de comeso acipensere gloriaris, ego faba ventrem impleo; te delectant cachinnantium greges, me Paula Melaniaque plangentes; tu aliena desideras, illæ contemnunt sua; te delibuta melle vina delectant, illæ potant aquam frigidam suaviorem; tu te perdere existimas, quidquid in præsenti non habueris, comederis, devoraveris, illæ futura desiderant, et credunt vera esse quæ scripta sunt. Esto inepte et inaniter, quibus resurrectio corporum persuasit, quid ad te? nobis e contrario tua vita displicet. Bono tuo crassus sis, me macies delectat et pallor. Tu tales miseros arbitraris, nos te miserabiliorem putamus. Par pari refertur, et invicem nobis videmur insanire.

« Hæc, mi domina Asella, cum jam navim conscenderem, raptim flens dolensque conscripsi; et gratias ago Deo meo, quod dignus sim cum mundus oderit. Ora autem ut de Babylone Jerosolymam regrediar; ne mihi dominetur Nabuchodonosor, sed Jesus filius Josedech (*Aggæi* II); veniat Esdras, qui interpretatur Adjutor, et reducat me in patriam meam. Stultus ego, qui volebam cantare canticum Domini in terra aliena; et deserto monte Sina, Ægypti auxilium flagitabam (*Jerem.* XLII); non recordabar Evangelii, quia qui de Jerusalem egreditur, statim incidit in latrones, spoliatur, vulneratur, occiditur (*Luc.* x). Sed licet sacerdos dispiciat atque levites, Samaritanus ille misericors est; cui cum diceretur, *Samaritanus es, et dæmonium habes* (*Joan.* VIII); dæmonium renuens, Samaritem se non negavit, quia quem nos custodem, Hebræi Samaritem vocant. Maleficum quidam me garriunt, titulum fidei servus agnosco. Magum vocant et Judæi Dominum meum (*Marc.* III). Seductor et Apostolus dictus est. Tentatio me non apprehendat nisi humana (*I Cor.* x). Quotam partem angustiarum perpessus sum, qui cruci milito? Infamiam falsi criminis imputarunt; sed scio per bonam et malam famam (*II Cor.* VI) perveniri ad regna cœlorum. Saluta Paulam et Eustochium, velit nolit mundus, in Christo meas. Saluta matrem Albinam sororemque Marcellam, Marcellinam quoque et sanctam Felicitatem; et dic eis: Ante tribunal Christi simul stabimus: ibi apparebit qua mente quis vixerit. Memento mei, exemplum pudicitiæ et virginitatis insigne, fluctusque maris tuis precibus mitiga. » Hactenus Hieronymus ad Asellam.

Quod vero vides nullam ab eo salutationem impertiri Melaniæ, satis indicatur quod dictum est, ipsum intelligere ea epistola de Melania seniore jam diu ante Jerosolymam profecta, ibique commorante.

Ruffini et Melaniæ miserabilis lapsus.

Baronn., ad annum Christi 395. — Porro quomodo postea præcipui Hieronymi adversarii et Origenistarum patroni fuerint ipse Ruffinus atque Melania, habet ipse epistola ad Pammachium **431** de optimo genere interpretandi, ubi pseudomonachi fraudes detegit: « Hæc non est illius culpa, cujus sub persona alius agit tragœdiam, sed Ruffini et Melaniæ magistrorum ejus, qui illum magna mercede nihil scire docuerunt (*Hieron.*, *epist.* CI). » Proh dolor! tanto totius catholicæ Ecclesiæ scandalo, ita mutatus est in inimicum Hieronymo amicus charissimus ille Ruffinus, cui quam arctis amicitiæ vinculis et insolubilibus necessitudinis nexibus ipse Hieronymus astrictus esset, vel uno saltem illo declarat elogio, cum eumdem una cum Melania visitantem Ægypti monasteria e solitudine Syriæ litteris invisens, atque salutans, inter alia plurima amoris signa sic ait: « Credas mihi, frater, non sic tempestate jactatus portum nauta prospectat; non sic sitientia imbres arva desiderant; non sic curvo assidens littori anxia filium mater exspectat, postquam me a tuo latere subitus turbo convulsit, postquam glutino charitatis hærentem impia distraxit avulsio (*Hier.*, *epistola* XLI). » etc. Quanta enim animi sollicitudine salvum sibi cuperet quod haberet, neve propter absentiam aliquod vel leve saltem pateretur dispendium amicitiæ, pertimesceret; ad finem illud, quod memoria tenacius retineret, apposuit: « Obsecro te, ne amicum qui diu quæritur, vix invenitur, difficile servatur, pariter cum oculis mens amittat. Fulgeat, cui libet, aurum, et pompaticis ferculis corusca ex sarcinis metalla radient; charitas non potest comparari, dilectio pretium non habet; amicitia quæ desinere potest, vera nunquam fuit. » En quibus ipse circumdat vallis amicum, ne eos, volens licet, transilire absque ignominiæ nota valeret. Sed secutus alienos Ruffinus infelix, terga vertit amico, mœrensque tranfuga in castris hostium, inde in amicum ac fratrem furens, prodit dux impiorum armatus, nulla prorsus alia causa compulsus, quam ut adversantes catholicæ veritati Origenis errores salvos servet atque propugnet : ipsum quidem haud segniter, vel loco novissimo, sed inter primos militasse, Epiphanius dicta epistola ad Joannem indicare videtur, dum inter tot defensores Origenis ipsum tantum nominat, ac bene precatur his verbis : « Te autem, frater, liberet Deus, et sanctum populum Christi qui tibi creditus est, et omnes fratres qui tecum sunt, et maxime Ruffinum presbyterum, ab hæresi Origenis, et ab aliis hæresibus et perditione earum (*Hieron., epist.* LX), » Hæc Epiphanius.

Sed majori me dolore sauciat, angore cruciat, atque mœrore consternit Melaniæ acerbissimus casus. Hæccine vidua illa clarissima, ornamentum Romanarum feminarum, decus summum Christianorum, vivumque exemplar Christianæ philosophiæ, quæ insigne illud Romæ specimen edidit, cum eodem tempore maritum ac duos charissimos liberos siccis penitus oculis sepelivit? cujus incredibilem sanctitatem admiratus prædicans quondam ipse Hieronymus, aliisque imitandam proponens, illa tantæ fiduciæ effatus est verba : « Sancta Melania nostri temporis inter Christianos vera nobilitas, cum qua tibi Dominus (Paulam alloquitur) mihique concedat in die sua habere partem, calente adhuc mariti corpusculo, et necdum humato, duos simul perdidit filios (*Hieron. epist.* XXV), » etc. Sed plane quod subditur in femina gloriosius, cum de victa victrice omnium urbe triumphans, superatoque insito a natura unicæ prolis amore, Roma spreta, unico ibi relicto filio, exsul mundi, cœli civis, victrix etiam ventorum et fluctuum, ingruente jam hieme (ut ait) Jerosolymam navigavit.

Quam ob causam jure meritoque idem sanctus Hieronymus tantarum rerum admiratione stupens, eam dignam existimavit ut Theclæ nomine nuncuparet (*Hieron., in Chronic.*); nobiliorem titulum non inveniens quo Melaniam decoraret, quam nomen sanctissimæ virginis, primogenitæ Pauli, et primæ martyris inter feminas, utpote quæ Romæ prima omnium clarissimarum mulierum Romanarum, spernendæ pro Christo urbis, contemnendi divitias, deserendi filios, petendique Jerosolymam exemplum dedit, cæterisque ad ipsum præstandum, forte 432 aggressa facinus, viam aperuit, cum ipsa prima reliquas Romanas nobiles feminas antegressa, relicta Ægypto, transmissoque mari, in littore Palæstino, terra promissionis, possessione sanctorum, felicior quam Maria in terra deserta, tympanum pulsans pœnitentiæ, præcinuerit Domino canticum novum, quam aliæ illustres Romanæ feminæ, veræ redditæ Israelitæ, virgines atque viduæ secutæ, choros ducentes, easdem cum ea concinuere Christo vincenti laudes. Sed probata ad aquas contradictionis (o fallaciam Incredibilem hostis humani generis!) decepta, superata defecit; tantaque onusta adeo pretiosis mercibus navis (ita namque navi institoris comparatur divino eloquio mulier fortis) in ipso tranquillitatis portu (quis credat?) est passa naufragium, cum incauta in syrtes Origenis impegit; Origenisque sic consparsa fuligine, conversa est ex Noemi in Mara, et ex Thecla rediit in Melaniam; a fuscedine ductum nomen infaustum. Ista patitur humana conditio; ut nihil quilibet, dum vivit, vendicet sibi tutum.

Reditus Romam.

Anno Christi 397. — Qui sequitur Christi annus 397 consulatu Cæsarii et Attici, Fastis ascribitur, quo hæreses Origenis sub pietatis involucro per Ruffinum presbyterum Aquileiensem e Palæstina cum Melania Romam redeuntem inferuntur in urbem; propinatæque aureo calice Babylonis, antequam inebriarentur illis fideles, detectæ atque explosæ fuerunt. Hæc autem quo modo se habuerint, dicendum per singula; sed ante omnia, quæ sunt temporis elucidanda.

Ruffinum quidem individuum Melaniæ comitem cum ea in Ægyptum profectum (*aa*) et in Palæstinam, ibique apud eam, usque dum illic mansit, Jerosolymis vitam transegisse, quæ dicta sunt superius ex Hieronymo satis significant; at ea demum remeante Romam, ejusdem assectatum esse vestigia, Palladii atque Paulini (*bb*) testificatione exploratum habetur; ait enim Palladius : « Erat etiam cum ea Ruffinus quidam nomine, civis Italus ex Aquileiensi oppido, vir nobilium et in proposito singulari satis fortium morum; qui et ad presbyteratum postea meruit pervenire; quo nullus mansuetior, fortior, et placidior tanquam omnia sciens, in sexu virili potuit inveniri. Isti igitur in viginti et septem annis, omnes apud Jerosolymam sanctos atque peregrinos episcopos, monachos, virginesque (hoc enim voverant Deo) suscepere suis propriis sumptibus (*Pallad., in Lausiac., c. 33, apud Lipom., tom. III*), » etc. Agitque paulo post de eorumdem reditu Romam, de quo et nos itidem. Hæc Palladius de Ruffino, eidem in Origenis erroribus concors, ut superius pluribus demonstratum est. Sed et Paulinus comitem Melaniæ Ruffinum appellat (*Paulin., ad Sever., epistola* 9), quem et haud hactenus satis sibi compertum laudat. Sanctus Hieronymus etiam post hæc ad eumdem Ruffinum Romæ agentem litteras dedit (*Hieron., epist.* 66), ut plane nullum sit dubium (*cc*) contigisse adventum Ruffini Romam quando illuc etiam ipsa Melania remeavit. Sed quoto potissimum anno Domini Melaniam in urbem redire contigit, id quidem est accuratius exquirendum.

Jam suo loco satis liquido superius demonstratum est, ipsam una cum Ruffino in Ægyptum primo, indeque Jerosolymam migrasse anno Domini trecentesimo septuagesimo secundo, impp. Valentiniani atque

Valentis nono. Sed quot annos in hac peregrinatione et commoratione insumpserint, diversæ sententiæ sunt ejusdem Palladii atque Paulini, siquidem ille (ut nuper vidimus) viginti septem numerat annos, Paulinus vero viginti quinque. Sed hujus exploratior atque solidior fides est; nam accepit hæc ipse ab eadem Melania, quam redeuntem Romam (ut proxime dicturi sumus) Nolam divertentem excepit **433** hospitem. Verum ex eo quoque certior Paulini testificatio redditur, et Palladii assertio de annis viginti septem exploditur : quod cum constet, hos adhuc in vita agente Siricio papa repetiisse Romam, si dixerimus ad numerum annorum a Palladio præscriptum ipsorum esse prorogatum adventum, utique affirmandum esset non sub Siricio, sed sub ejus successore Anastasio eorumdem reditum contigisse. Ex Paulini ergo sententia, qui numerat Melaniæ ab urbis absentia quinque lustra, dicendum est eamdem hoc ipso anno Romam quasi postliminio rediisse.

Recessisse autem Ruffinum e Palæstina eum pace sancti Hieronymi, utriusque testificatione asseritur; recitat enim ipse sanctus Hieronymus ejusdem Ruffini verba in posteriori apologia, quæ sunt hujusmodi : « Vos nobis pacem proficiscentibus dedistis. » Respondit ipse: « Pacem dedimus, non hæresim suscepimus : junximus dextras, abeuntes prosecuti sumus, ut vos essetis catholici, » etc. Melaniæ autem ad urbem reditus Palladius ejusmodi foris prætensam affert causam : « Post multum vero temporis (inquit) cum audisset, cuidam nupsisse neptem suam Melaniam (juniorem dictam) viro, renuntiare autem post nuptias sæculo huic velle cognovisset, metuens ne qui malæ vitæ homines ac malæ sectæ perversæque doctrinæ eidem jungerentur, ob hoc ipsum cum jam admodum senex, hoc est, sexaginta esset annorum, de Cæsariensium civitate ad urbem Romam intra dierum viginti spatium navigavit (*Pallad., ubi supra c.* 55). » Hæc Palladius de asserta et vulgata forinsecus reditus causa. Cæterum ejusdem cum Ruffino in Origenis erroribus (ut pluribus dictum est superius) conniventiam causam exstitisse eisdem ad urbem veniendi, oratio præmissa declarat. Erat his quidem in optatis ut quibus faverant et quas foverant toto illo tempore, Origenis sententiæ (quarum complures essent defensores in Ægypto consistentes monachi, et inter eos celebriores Evagrius et Isidorus, atque inter episcopos nobilis sedis Joannes Jerosolymorum antistes), eædem Romanæ sedis episcopi, ut sic ab universa reciperentur Ecclesia, probarentur assensu. Sed quanta id sit elaboratum industria, et quibus velamentis una cum his palliata decore hæresis se in urbem intulerit, videamus.

Atque primum, quæ sanctus Paulinus de Melaniæ reditu, qui eam suscepit Nolæ, describat in epistola ad Severum, hic reddamus : « Addidit (inquit) Dominus hanc gratiam de muneribus et litteris tuis, ut ad eos potissimum dies nobis frater Victor occurreret, quibus sanctam ipsam (Melaniam scilicet) ex Jerusalem post quinque lustra remeantem excepimus. At quam tandem feminam ? (si feminam dici licet tam viriliter Christianam). Quid hoc loco faciam ? Vetat fastidii intolerabilis metus voluminibus adhuc addere ; sed personæ dignitas, imo Dei gratia, postulare videtur ut commemorationem tantæ animæ prægressus non raptim omittam, sed paulisper ad eam tibi narrandam (*Paulin., ad Severum epist.* 40), etc. » Prosequitur nobile genus ejus referre, utpote quæ habuerat Marcellinum consulem ordinarium avum, qui una cum Probino consulatum gesserat anno Domini trecentesimo quadragesimo primo, et ejus in vita Christiana sectanda ardens studium, et alia plura de ipsa, quæ nos suo loco superius ordine temporis collocavimus ; ac demum de ejusdem, cum rediit, appulsu Neapolim, ista subdit : « Neapolim urbem brevi spatio a Nolana, qua degimus, civitate distinctam advecta est. Ubi filiorum nepotumque occursu excepta, mox Nolam ad humilitatis nostræ hospitium festinavit, quo nobis advenit ambitioso ditissimorum pignorum vallata comitatu.

« Vidimus gloriam Domini in illo matris et filiorum itinere quidem uno, sed longe dispari cultu, macro illam et viliore asellis burrico sedentem, tota hujus sæculi pompa, qua honorati et opulenti poterant, circumflui senatores prosequebantur, carrucis nutantibus, phaleratis equis, auratis pilentis, et carpentis pluribus, gemente Appia atque fulgente; sed splendoribus vanitatis prælucebat Christianæ humilitatis gratia. Admirabantur **434** divites pauperem, profani sanctam, et illos nostra pauperies ridebat. Vidimus dignam Deo hujusmodi confusionem, purpuream, sericam, auratamque supellectilem pannis veteribus et nigris servientem. Beneximus Dominum, qui humiles et excelsos facit sapientes, esurientes implet bonis, et divites dimittit inanes (*Lucæ* 1). In istis tamen divitibus eadem die de maternis bonis pauperem spiritum stupebamus, qui magis sancta matris inopia, quam sua visibili abundantia gloriabantur. Id ipsum autem gloria Domini videbatur operari, quod egenulæ nostræ divitias in ejus filiis intuebamur ; ut jam hinc fructum fidei suæ caperet, cum victoriam suam de hujus sæculi vanitate ipsa despectaret, cominus videns omnia quæ propter Christum reliquerat et contemnere perseveraverat. Illi sericati et pro suo quisque sexu toga aut stola soliti splendere filii, crassam illam veluti spartei staminis tunicam et vile palliolum gaudebant manu tangere, et vestimenta sua velleribus, auro, et arte pretiosa pedibus ejus substernere, pannisque contegere gestiebant ; expiari se a divitiarum suarum contagio judicantes, si quam de vilissimo ejus habitu aut vestigio sordem colligere mererentur.

« Tugurium vero nostrum, quod a terra suspensum cœnaculo uno, porticu cellulis hospitalibus interposita, longius tenditur, quasi dilatatum gratia Domini, non solum sanctis qui illam plurimi comitabantur, sed etiam divitum illorum catervis non incapaces angustias præbuit ; in quo personis puerorum ac virginum choris vicina Dominædii nostri Felieis culmina resultabant; neque e diverso habitationis ejusdem, dissoni licet præposito, hospites obstrepebant, sed et in illis religiosa modestia imitabatur nostræ silentium disciplinæ; ut si dissimularent concinere vigilantibus pigro ventre sopiti, tamen non auderent piis vocibus dissonare, fideli timore compositi, quo placitis psallentium vocibus, compresso sæcularium turbarum tumultu, etiam taciti concinebant. Verum ut ad perfectam Domini columbam recurram, scito nunc istam tantam in sexu infirmitatis virtutem Dei, cui refectio in jejunio, requies in oratione, panis in verbo, habitus in panno, lectus in sagulo et centone durus in terra fit mollis in littera, qua rigidi cubilis injuriam mitigat lectionis voluptas; et sanctæ animæ in Domino vigilare, requiescere est.

« Hanc ergo filia Sion hactenus habuit et desiderat, nunc filia Babylonis habet et admiratur; quia jam et ipsa urbs in pluribus filia Sion est quam filia Babylonis; et ideo miratur in humilitatis obscuro et veritatis luce viventem, et fidei incitanda divitibus, angustiarum solatia pauperibus ministrantem, quanquam illa quietis et latebræ suæ apud Jerusalem in Romanis modo turbis æstuans clamat: *Heu me! quia incolatus meus prolongatus est* (*Psal.* CXIX); ideone dilata sum, ut nunc habitarem cum habitantibus Cedar? Hoc enim nomine apud Hebræos (ut comperi) significatur obscuritas. Quare ita illi gratulandum de memoratis virtutibus puto, ut de præsenti sede timeatur, ut tam insignis anima plus Romæ conferat quam de Roma trahat, et sic sedeat super flumina Babylonis, ut recordetur Sion (*Psal.* CXXXVI), et organo corporis sui suspenso ab inimicæ omnibus Babylonis insidiis et illecebris, in sui propositi tenore, velut in salicibus genuino semper humore viventibus, constituta virere non desinat, et permanente fidei constantia, virtutisque gratia, folium ejus non defluat, ut sicut vita ejus in itinere aspectatur, ita et laus in exitu canatur. » Hucusque Paulinus de adventu Melaniæ Romam: quam quidem urbem cum sic nominet filiam Babylonis, ut tamen in pluribus dicat eam præseferre filiam Sion, facile puto intelligis, ea nominis unius urbis varietate discriminatos esse gentiles a Christianis; nimirum ut ea ex parte Roma Babylon dicatur, ubi adhuc in ea gentilitia vigeret impietas; Sion autem in pluribus, utpote quæ Christianis abundaret, in quibus cultus religionis veræ micaret; ut plane ex tanti viri sententia valeas intelligere quo sensu a Joanne in Apocalypsi Roma sit Babylon nominata*. At de his satis tomo primo Annalium actum est.

Sed ad Melaniam redeamus: quam cum sic a Paulino laudatam vides, ne mireris: his quidem ipsa atque majoribus digna præconiis videbatur nescientibus **435** quæ paucis arbitris in Palæstina non tam ab ipsa quam per ipsam a suis consociis de inducendis in Ecclesiam erroribus Origenis, refragante sancto Hieronymo, ac penitus obnitente sancto Epiphanio, gesta essent. Quomodonam, quæso, Paulinus sciret quæ nec qui Jerosolymis essent nosse potuerint? ut superius est demonstratum in controversia illa habita inter sanctum Epiphanium et Joannem Jerosolymitanum episcopum, Origenistarum patronum, negantem tamen se Origenis errores defendere, quæ litteris sancti Hieronymi uni innotuere Pammachio. Vides igitur Paulinum horum omnium penitus ignarum adeo mirifice Melaniam jure laudasse; sed et ejus in via comitem immensis præconiis, aliis ad eumdem Severum datis litteris, celebrasse Ruffinum, in quorum celebrationem omnium conversa fuisse studia Christianorum, quis poterit dubitare (*Paulin., epist.* 9)? En vides, quibus qualibusve anteambulonibus inferatur in urbem hæresis Origenis, ut plane pro miraculo dicendum fuerit, si, audito sonitu tubæ, fistulæ, et citharæ, sambucæ, et psalterii, symphoniæ, et omnis generis musicorum, non adoraverint omnes statuam auream (*Dan.* III); si, inquam, quos sanctissimorum virorum etiam audirent encomiis pene divinis efferri, æque plausibus non exceperint, et obviis quoque manibus, quod ab illis sanctitatis titulo foris inscriptum offerretur, omnes non acceptarint, etc.

Accepit tunc idem Paulinus a Melania perbreve segmentum ligni sanctissimæ crucis, missum sibi a Joanne Jerosolymorum episcopo. Testatur id quidem ipse Paulinus, cum ex eo quid modicum sumptum, nomine Therasiæ suæ, mittit ad socrum ipsius Severi Bassulam, dum hæc ait: « Partem particulæ de ligno divinæ crucis, quod nobis donum benedicti Melania ab Jerusalem munere sancti inde episcopi Joannis attulit, hoc specialiter sorori nostræ venerabili Bassulæ misit conserva communis. Sed quod alteri vestrum datur, utriusque vestrum est, quia in utroque vestrum una ratio manet, et sexum evacuat fides, qua in virum perfectum ambo concurritis. Accipite ergo ab unanimis fratribus, in omni bono vestrum sibi consortium cupientibus. Accipite magnum in modico munus; et in segmento pene atomo hastulæ brevis, sumite monimentum præsentis et pignus æternæ salutis. Non angustetur fides vestra carnalibus oculis parva cernentibus; sed intenta acie totam in hoc minimo vim crucis videat. Dum videre vos cogitatis lignum illud, quo salus nostra, quo Dominus majestatis affixus, tremente mundo, pependerit; exsultetis cum tremore: recordemur et petras fissas ad hujus affectum crucis, et saltem saxorum æmulatione præcordia nostra findamus timore divino (*Paulin., ad Sever., epistola* 11), » etc.

Quod rursum ad idem lignum sanctissimæ crucis a Melania Paulino datum spectat, ingens plane ex ipso contigit edi miraculum, cum incendio flagrante feno referta casa, in Paulini ipsius hospitium conversa flamma cuncta impetu violento depascente, oblato ab ipso globis igneis eodem ligno crucis, incendium protinus resilierit, atque penitus exstinctum fuerit. Quod ipsum perpetua memoria consecrandum mira-

* Vide hoc explicatum in notis Rosweydi ad epist. 10 Paulini, et Anticapelli ejus, c. 5.

ejusque, ipse Paulinus versibus cecinit (*Paulin.*, in *natali* 10 *S. Felicis*).

Donatus est præterea idem Paulinus ab eadem Melania tunica, innocuorum agnorum contexta vellere : quam idem ipse, cum accepisset a Severo, pallium ex pilis camelorum hirsutum eidem dono misit; de qua post alia sic ad ipsum scripsit : « Nos, inquit (*Paulin.*, *ad Sever.*, *epistola* 10), neque verbis, neque rebus digna pensantes, unica tamen facultate nobis charitatis, qua vobis sola pares sumus, misimus tunicam, quam ab usu meo, ut de stercoris vilitate collectum pannum dignare suscipere. Nam vel hoc innocentiæ tuæ congruit, quod de tenero agnorum vellere contexta blanditur attactibus. Addo autem adhuc pretio ejus et gratiæ, quod quo dignior probetur usu tuo, de sanctæ et illustris in sanctis Dei feminæ Melaniæ benedictione mihi pignus est. Unde te dignior visa est, cujus fides illi magis quam noster sanguis propinquat. » Hæc Paulinus, quibus quidem postremis verbis se Melaniæ sanguine fuisse conjunctum significat.

Contigerat autem haud pridem ante adventum Melaniæ Nolam mitti ab eodem Severo ad ipsum Paulinum libellum scriptum de rebus gestis sancti Martini, quem Melaniæ illum avide cupienti se legisse testatur, necnon ostendisse sancto Nicetæ Dacorum episcopo, qui hoc eodem tempore pietatis ergo in Italiam peregrinatus fuit; ait enim ea epistola ad Severum reddita : « Martinum enim nostrum illi (nempe Melaniæ) studiosissimæ tallum historiarum ipse recitavi; quo genere te et venerabili episcopo atque doctissimo Nicetæ, qui ex Dacia Romanis merito admirandus advenerat, et plurimis Deo sanctis, in veritate non magis tui prædicator, quam mei jactans, revelavi (*Paulin.*, *epistola* 10), » etc.

Hoc ipso quidem anno contigisse magni illius Nicetæ adventum, ex numero natalium sancti Felicis a Paulino editorum rectam exploratamque possumus deducere rationem. Nam cum ipse, scribens ad Severum (*Paulin.*, *epist.* 9), testetur quolibet anno se statuisse conscribere versibus ejusdem Felicis natalitium, plane ex numero eorumdem annos quoque licebit suo ordine adnumerare. Sed cum in nono a Paulino edito Natalitio mentio habeatur de posteriori ejusdem Nicetæ adventu Nolam, eumque contigisse dicat anno quarto a priori ipsius adventu, affirmare opus est ipsum ejus priorem adventum tempore quo natalitium quintum elaboravit accidisse. De ejus enim posteriori adventu, quo meminit de priori, isti sunt versus (*Paulin.*, in *natali* 9) :

Venisti tandem quarto mihi redditus anno;
Sed grates Christo, quia te vel sero revexit.

Cum igitur hac ratione priorem ejus adventum contigisse oportuerit tempore quinti editi natalitii in quem Domini annum illud potissimum inciderit, hoc exquirendum est. Numeranda quidem esse natalitia illa Paulini ab ultimo anno, quo adhuc detentus in Hispania Romam parabat adventum, ex ipso satis intelligi potest. Fuit ille annus Domini (ut vidimus)

trecentesimus nonagesimus tertius. Sequenti autem, cum jam ad natalem diem sancti Felicis Nolam se contulisset, secundum ordine edidit natalitium. Cum vero (ut ejus testificatione liquet) jam annum apud eumdem sanctum Felicem egisset in ipso agro Nolano, quando et legationem ab episcopis Africanis suscepit, qui fuit annus Domini trecentesimus nonagesimus quintus, tertium ab eo scriptum est natalitium ; sequenti vero anno, nempe superiori, quartum. Unde hoc ipso anno Domini trecentesimo nonagesimo septimo, ipsum quintum elucubratum fuisse natalitium necessario dicendum est : quo tempore et Nicetæ adventum contigisse, æque opus est affirmare, cum a quinto natalitio usque ad nonum numerus ille perficiatur annorum quatuor, quo Nicetas reditum in Italiam prorogavit, etc.

Jam vero, ubi satis apud Paulinum Nolæ consedimus, Melaniam cum Ruffino redeuntem in urbem prosequamur. Qui enim diu ab urbe absentes Jerosolymis tanquam in spiritali quadam academia, ut veram excolerent sapientiam, quinque (ut vidimus) lustris consederant, cum primum Romam venerunt, omnium plane oculos præ admiratione in se converterunt. Læti jam illi videre præsentes, quæ de iisdem absentibus summo sæpe præconio fama detulerat; sed non videre tantum, verum et audire solliciti; sicque ab ore ipsorum tanquam a cœlesti quodam illato Romam oraculo pependerunt. Cum ipsi, quam ex Origenis libris didicerant, Stoica indolentia perfectissimæ et ad omnes numeros absolutæ vitæ Christianæ specimen edentes, maxima apud Christianos omnes qui Romæ erant, perpaucis eruditis exceptis, quos antea sanctus Hieronymus litteris monuisset, existimatione fuerunt. Cum sic igitur animos civium erga se suosque esse propensiores et optime affectos Ruffinus intellexisset, e vestigio impietate referta allata secum ex Ægypto primum, inde Jerosolymis, scrinia reserat, indeque depromit pestiferas merces, sed ita fallaciis obvolutas et auro cælatas, ut bene prudentes et sapientes quoque eædem decipere potuissent.

De appulsu autem horum in Romanum portum agens sanctus Hieronymus, hæc per antiphrasim (*Hieron.*, *Apol. lib.* 11): « O triremem locupletissimam, quæ Orientalibus et Ægyptiis mercibus Romanæ urbis ditare venerat paupertatem.

. . . . Tu maximus ille es
Unus qui nobis scribendo restituis rem.

Ergo nisi de Oriente venisses, eruditissimus vir hæreret adhuc inter mathematicos. » Et paulo post: Te multo tempore Pharus docuit quod Roma nescivit, instruxit Ægyptus quod Italia hucusque non habuit, » etc.

Melania recedit ab urbe in Siciliam et revertitur Jerosolymam.

Anno Christi 408. — Hoc item anno (Christi 408, Innocentii Papæ 7, Honorii 14, Theodosii 1, impp.) qui urbis obsidionem præcessit, Melania Romana vidua, de qua sæpe superius mentio facta est, antiqui vaticinii ante annos quadringentos (ut ait Palladius) editi memor, distractis prædiis, una cum Melania nepte, Pinianoque ejusdem Melaniæ viro, et Albina nuru, evasura cum illis imminentem urbis cladem, Roma recedens, Jerosolymam se iterum contulit, ubi post dies quadraginta ex hac vita migravit. Hæc ex Palladio (*Pallad.*, *in Lausiac.*, *cap.* 33) qui et tradit ejusmodi prophetico oraculo ab ea Romæ evulgato, atque sæpius inculcato, complures Romanorum civium Christianorum ad rerum temporalium contemptum inductos esse, consultius existimantes amore Christi, spe supernæ retributionis, prodigere in pauperes suas divitias, quam eas ad barbarorum prædam relinquere : quo nomine, cum rei eventus verum probasset oraculum, immensas Deo gratias egere. Major quoque vis inerat ad hæc suadenda Melaniæ orationi, quod dictitaret (ut existimabat) una cum urbe orbem pariter ruiturum.

Quod autem idem Palladius ait, una cum Melania recessisse Roma Melaniam juniorem ipsius neptem, et virum ejus Pinianum, necnon nurum Melaniæ Albinam, cognationem Melaniæ sic accipias. Filius ejus unicus illi relictus duxit uxorem Albinam, ex qua Palladius ait genitam esse Melaniam juniorem, senioris Melaniæ neptem, quæ in matrimonium collocata est Piniano, cujus socrus Albina fuit (*Palladius, in Lausiac.*, *cap.* 33); quod vero ei inhæreret loco matris, sanctus Augustinus ad ipsam scribens, Pinianum ejus filium nominat, et frequenter his uti nominibus consuevit (*Aug.*, *epistola* 227). Hic rursum attende, diversam prorsus hanc Albinam nurum Melaniæ ab illa fuisse Albina matre sanctæ Marcellæ, de qua sæpe sanctus Hieronymus ; quam ante plures annos ex hac vita migrasse, ejusdem sancti Hieronymi testificatione didicimus. Quæ autem acciderint, cum hi, quos hoc anno ab urbe diximus recessisse, in Africam trajecerunt, sequenti anno pro ratione temporis dicturi sumus. Sed hic Palladium corrigere, dum ait Melaniæ filium valde juvenem comitatum esse proficiscentem Melaniam in Siciliam usque ; nam quomodo valde juvenis, cum constet ante annos circiter quadraginta Melaniam seniorem viduam esse relictam ? vel quomodo in Siciliam usque eam tantum comitatus, qui cum illis navigavit in Africam, ubi et defunctus est? Id constat ex litteris Augustini atque Paulini, de quibus anno sequenti dicturi sumus ; ex quibus longe verior de rebus gestis Melaniæ ac Piniani et sociorum historia accipitur, quam ex Palladio, qui nullam penitus de Africa habuit mentionem, quo hos omnes anno sequenti esse profectos liquet, atque ibi diutius commoratos.

438 Hoc ipso anno (Christi 409, Innocentii papæ 8, Honorii 15, Theodosii 2, impp.) Pinianus vir clarissimus una cum Melania seniore, et Melania juniore conjuge, atque socru Albina junioris matre Melaniæ, cum anno superiori distractis bonis quæ Romæ et in Italia habebat, adnavigasset Carthaginem, ibi ex congestis pecuniis locupletans ejus Ecclesiæ pauperes, inde ad sanctum Alipium Tagastam profectus est (*Hieron.*, *in Isa. lib.* x, *præf.*; *Palladius, in Lausiac.*, *cap.* 9). Ad quos omnes sanctus Augustinus, cum primum eorum adventum audisset, litteras dedit, quibus se excusat, quod propter ingruentem duram hiemem, et statum Hipponensis ecclesiæ titubantem, ad eos invisendos minime accurrere valuisset. Exstat ipsa epistola, cujus est titulus ad Albinum, Pinianum, et Melaniam (*Aug.*, *epistola* 227); sed pro Albino, Albinam, restituendum puto ; quod ejus nominis femina ejusdem Piniani socrus una cum ipsis profecta est in Africam, ut tum ex Palladio, tum ex ejusdem Augustini testificatione satis apparet, etc.

Accidit autem, dum iidem in Africa morarentur, filium senioris Melaniæ vita fungi : quod unicum amissum pignus ita mater modeste flevit, ut magno exemplo fuerit Christianæ constantiæ. De qua summa cum laude rei spectator sanctus Augustinus ad Paulinum Nolanum episcopum scripsit. Non exstat quidem epistola ipsa ; sed ex redditis ad eum ejusdem Paulini litteris, hæc omnia, ab aliis silentio obruta, perspicua satis fiunt. Ait enim Paulinus : « Quia docuisti me in spiritu veritatis salvare [servare] moderandi in occiduis mortalibus animi temperamentum ; quo et illam beatam matrem et aviam Melaniam flevisse carnalem obitum unici filii, taciturno quidem luctu, non tamen sicco a maternis lacrymis dolore vidisti (*Apud. Aug.*, *epist.* 249). » Appellat Melaniam matrem et aviam, matrem quidem respectu defuncti filii, aviam respectu Melaniæ neptis ; sed pergit Paulinus : « Cujus quidem modestas et graves lacrymas sicut propior et æqualior animæ ejus spiritus altius intellexisti, et perfectæ in Christo feminæ, salva virilis animæ fortitudine, cor maternum de cordis tui similitudine melius ex æquo statu contemplatus es, ut eam primum pro naturali affectione permotam, deinde causa potiore compunctam flevisse perspiceres, non tam illud humanum, quod unicum filium conditione mortali defunctum in præsenti sæculo amisisset, quam quod propemodum in sæculari vanitate præventum, quia necdum illum deseruerat senatoriæ dignitatis ambitio, non juxta sanctam votorum suorum avaritiam cogitaret assumptum, ut de conversionis gloria transisset ad gloriam resurrectionis, communem cum matre requiem coronamque capturus, si in hujus sæculi vita matris exemplo saccum togæ, et monasterium senatui prætulisset. Verumtamen idem vir (ut et antea retuli) ex voto sanctitatis tuæ his operibus locupletatus abscessit, ut maternæ humilitatis nobilitatem si veste non gesserit, tamen mente prætulerit.

« Ita enim, secundum verbum Domini, mitis moribus fuit et humilis corde, ut non immerito credatur introisse in requiem Domini, quoniam sunt reliquiæ homini pacifico, et mansueti possidebunt terram (*Matth.* xi), placentes Deo in regione vivorum. Nam certe et illud Apostoli non solum tacito mentis affectu, sed et conspicuis religiosis implevit officiis ; et cum esset altorum hujus sæculi in ordine et honore collega, non tamen ut gloriosus terræ alta saperet; sed et Christi perfectus imitator, humilibus consentiret, et tota etiam die misereri et commodare persisteret (*Rom.* xii). Unde et semen ejus potens in terra factum est (*Psal.* xxxvi) inter eos qui terræ fortes nimium elevati sunt (*Psal.* xlvi); ut etiam de beatissima familiæ ac domus ejus visitatione sanctum hominis meritum reveletur. *Generatio* (inquit) *rectorum benedicetur* (*Psal.* cxi); gloria non caduca, et divitiæ non labentes in domo ejus; domus quæ ædificatur in cœlis non labore manuum, sed operum sanctitate. Sed cesso plura de memoria tam dilecti mihi quam devoti Christo hominis enarrare, cum et præstitis litteris non pauca super eo narrasse me repetam, et nihil possim de beata hujus filii matre et sanctorum patre radice ramorum Melanio melius aut sanctius prædicare, quam sanctitas tua in eam profari **439** et disputare dignata est; ut quia ego peccator immunda labia habens, nihil dignum loqui potueram, ut longinquus a meritis fidei ejus, animæque virtutibus, tu ille vir Christi doctor in Ecclesia veritatis, procurante in melius Dei gratia, parareris dignior tam virilis in Christo animæ prædicator, qui et mentem ejus divina virtute firmatam (ut dixi) spiritu propiore conspiceres, et mixtam cum virtute pietatem eloquio digniore laudares. » Hactenus Paulinus de Melania orbata filio.

Quod vero ad senioris Melaniæ filios reliquos spectat, jam diximus duos ex eis uno ferme tempore cum patre esse sepultos, unicum autem masculum tantum ei relictum fuisse, quem Jerosolymam petitura Romæ reliquisse, sanctus Hieronymus auctor est (*Hier., epistola* 25), huncque ipsum esse quem in Africa vita functum diximus. Cæterum et filias illi fuisse superstites cum Jerosolymis Romam rediit, sanctus Paulinus testatur dum de iisdem magna pompa matri occurrentibus sermonem habet (*Paulin. ad Sever., epistola* 10). Porro Melaniæ huic filio, de quo agimus, uxorem fuisse Albinam nomine, Palladius tradit (*Pallad., in Lausiac.*), quod et nos superius diximus. Sed in eo omnino Palladium jure correximus ex Paulino et Augustino, dum ait filium hunc senioris Melaniæ valde juvenem secutum matrem fuisse in Siciliam usque, cum regressa illa est Jerosolymam; nam ex his quæ dicta sunt satis liquet ipsum matrem secutum in Africam, ibique diem clausisse extremum. Sed et illud (quod majoris momenti est) cujus causa hæc notissima ex Paulino de obitu filii Melaniæ recensuisse voluimus; quod cum ipsa hoc tempore sancti Augustini atque Paulini præconio extollatur, argumento esse ipsam maculas illas quæ ei ex patrocinio Origenis errorum inhæserant penitus diluisse, postquam jam illos Romæ ab Anastasio papa et Italiæ episcoporum concilio damnari comperiit. Cæterum cum (ut dictum est) ipsa Melania senior quam citius orbata filio navigaverit Jerosolymam, qui remanserunt, Pinianus et socii, esse morati in Africa, in Actis Melaniæ junioris traduntur. Inde vero eosdem profectos esse Alexandriam; ac postea Jerosolymam concessisse, liquet. Melania autem senior (inquit Palladius) cum Jerosolymam pervenisset, intra quadraginta dies ex hac vita migravit, et (ut par est credere) jam ante reconciliata sancto Hieronymo, qui ibi et peregrinationis ejus sociis et consanguineis familiarissime usus esse videtur, et ex ejus ad Augustinum epistola intelligi potest (*Hieron., epist.* 79).

ROSWEYDI NOTATIO.

Memineris, lector, Baronium, cum hic passim Palladii Lausiacam citat, usum esse editione Aloysii Lipomani, quæ exstat tomo ejus III de Vitis Sanctorum, Venetiis anno 1554, in-4° impresso. Qui textus perparum dissidet ab Heraclidis Paradiso, impresso in-folio Parisiis anno 1504. Utroque multo integrior est editio Palladii per Gentianum Hervetum Parisiis anno 1555, in-4°, accurata. Vide Prolegomenum generale 14, ante primum librum.

(*a*) *Ruffini et Melaniæ*.] Baronius passim Ruffini et Melaniæ peregrinationem eamdem facit. Quod equidem nescio an omnino probari possit. Cum enim triplex eorum conjuncta statuatur peregrinatio, primo Roma in Ægyptum, inde ex Ægypto Jerosolymam, tertio Jerosolyma Romam, quam postea sequitur solius Melaniæ regressus Jerosolymam, certe prima peregrinatio conjuncta, ut eam Baronius statuit, stare non potest. Nam cum ipse anno Christi 372, Damasi papæ 6, Valentis imp. 9, ex Palladio colligat, Melaniam non nisi 3 mensibus in Ægypto versatam, velitque inde cum Ruffino Jerosolymam commigrasse; Ruffinus autem, invectiva 2 (ut hic, littera *l*, exhibemus) se **440** scribat sex annis Alexandriæ versatum; sequitur Ruffinum vel ante in Ægyptum venisse, si post Melaniæ octimestrem Ægypti lustrationem cum eadem Jerosolymam concessit; vel certe annis aliquot, videlicet quinque cum quatuor mensibus Melaniam ad Jerosolymitanam peregrinationem secutum.

Nunc vero certo constat ex Hieronymo, quod Ruffinus et Melania simul ex Ægypto Jerosolymam commigrarunt. Quare si Melania octo tantum mensibus ex Baronii sententia in Ægypto hæsit, Ruffinus vero sex annis Alexandriæ versatus est, sequitur eos non simul peregrinationem Ægyptiacam instituisse. Quod si Baronius octo tantum mensibus Ruffinum quoque in Ægypto versatum credidit, sine teste id credidit, ut infra fusius in hisce notationibus, littera *l*, declarabitur.

Quod si plures annos Melaniam statuas in Ægypto versatam (quod an statuendum sit, videbitur littera *t*, tunc forte existimari possit Ruffinum et Melaniam simul Roma in Ægyptum solvisse. Quod tamen quam solide existimari possit nondum video.

Nec tertia Ruffini et Melaniæ juncta peregrinatio, qua simul dicuntur Jerosolyma Romam profecti, omnino certa, ut post videbimus, litt. *bb*.

Quare de sola secunda junctim instituta peregrinatione, qua ex Ægypto Jerosolymam ad stativa eremitica contenderunt, certum divi Hieronymi epist. 5 ad Florentium habemus testimonium.

(*b*) *Litteræ*.] Hieron., epist. 41 ad Ruffinum : « Audio te Ægypti secreta penetrare, monachorum invisere choros, et cœlestem in terris circumire familiam. Prima inopinati gaudii ab Heliodoro fratre mihi est nuntiata felicitas. Non credebam certum, quod certum esse cupiebam, præsertim cum et ille ab alio se audisse diceret, et rei novitas fidem sermonis auferret. Rursum suspensam voto nutantem mentem Alexandrinus monachus, qui ad Ægyptios confessores, et voluntate jam martyres, pio plebis jamdudum fuerat transmissus obsequio, manifestus ad credulitatem nuntii auctor impulerat. Fateor et in hoc meam labasse sententiam; nam cum et patriam tuam ignoraret et nomen, in eo tamen plus videbatur afferre, quod eadem asserebat, quæ jam alius indicaverat. Tandem plenum veritatis pondus erupit. Ruffinum enim Nitriæ esse, et ad beatum perrexisse Macarium, crebra commeantium multitudo referebat. Hic vero tota credulitatis frena laxavi. » Quod autem hic habet Hieronymus de Nitria et Macario a Ruffino visitatis, testatur ipse tum invectiva 2, tum lib. II Histor Eccl., cap. 3 et 4

(c) *Hieronymus.*] Epist. 5 ad Florentium Jerosolymis agentem : « Et quia frater Ruffinus, qui cum sancta Melania ab Ægypto Jerosolymam venisse narratur, individua mihi germanitatis charitate connexus est, quæso ut epistolam meam huic epistolæ tuæ copulatam ei reddere non graveris. »

(d) *Ruffinus.*] Jam ante, litt. *b*, locum hunc Hieronymi habes.

(e) *Paulinus.*] Epist. 9, ad Severum : « Adnotationem direxi ad Ruffinum presbyterum sanctæ Melaniæ spiritali via comitem. »

(f) *Palladius.*] Ipse, Histor. Lausiacæ cap. 33, ex editione Lipomani, qua Baronius usus est.

(g) *Exordio Valentis imperii.*] Ita de tempore hoc Palladius Lipomani; quem citat Baronius, seu Heraclides : « Quæ (Melania) vigesimo ac secundo ætatis suæ anno ad viduitatem redacta, Divinitatis amore, æterno sponso meruit copulari, usque in finem vitæ suæ diligens eum. Quæ nulli secreta animi sui prodens (prohibebatur enim inter principia Valentis imperii), procuratore ante filio suo constituto, ea quæ habere in mobilibus videbatur, cum certis pueris ac puellis in navim misit. » Palladius Hervetii tempus ita exprimit : « Prohibebatur enim iis temporibus, Valente tenente imperium, » nullam temporis determinationem indicans. Græce est : Ἐκωλύετο γὰρ ἐν τοῖς καιροῖς Οὐάλεντος, ἀρχὴν ἔχοντος τῆς βασιλείας. Quod duplici modo verti potest : vel, « Prohibebatur enim Valentis temporibus initium tenentis imperii; » vel, « principatum tenentis imperii. » Quare cum Græcus textus ambiguus sit, ac diversus interpres diversimode eum ceperit, difficile est ex eo statuere de tempore profectionis Melaniæ, qua Roma Jerosolymam solvit.

Si initio Valentis imperii, quarto videlicet Valentis anno, vel proximo aliquo eam profectionem Melaniæ statuas, juxta eum tota Melaniæ ætas, id est nativitas, annus viduitatis, et profectionis digerendæ erunt. Si vero decimo Valentis anno ea profectio collocetur, aliter omnia digerenda.

(h) *Filia.*] Alii *neptem* vocant. Vide post ad numerum 21.

(i) *Prætore tunc urbano.*] Hæc quomodo legenda et intelligenda sint, vide ad litt. *u*.

(j) *Ruffini, necnon Palladii.*] In Ruffino, lib. II, cap. 4, Hist. Eccl. (qui hic locus mox in textu citatur) nulla Athanasii et Melaniæ mentio; ut inde colligi non possit Melaniam vivo Athanasio Alexandriam pervenisse. In Palladio 441 quoque (quia locum non assignabat Baronius) diu hanc historiam quæsivi, nec aliam in vulgato editionis Hervetianæ codice reperi, quam Melaniam accepisse pellem illam ab ipso Macario, nulla Athanasii facta mentione. Palladius quidem editionis Lipomanicæ cap. 6 (quem habes apud eum tom. III de Vitis Sanctorum, quoque usum video Baronium) narrat Melaniam ab Athanasio pellem ovinam accepisse, quam ille non a Macario, sed a Marco acceperat; non tamen dicit quod eam acceperit in hac peregrinatione. Quanquam si revera ab ipso Athanasio accepit pellem illam, vix potuit aliter fieri quin hac peregrinatione acceperit. Nam etsi Athanasius aliquando Romæ fuerit, tunc Melania vel non nata, vel plane puella fuerat. Nam ultimus Athanasii Roma discessus contigit anno Christi 349, Julii papæ 13, Constantii imp. 13; Melania vero vel nata

circa annum Christi 347, si initio Valentis imperii, quarto videlicet anno ejus Jerosolymitana profectio statuatur; vel etiam posterius, si decimo Valentis anno eam ponas.

Diversam hanc Palladianæ editionis narrationem de pelle ovina, quam una dicit datam Melaniæ a Macario, altera ab Athanasio, visum indicare; ne si quis forte Hieronymi Chronicon tueri velit, quod decimo anno Valentis ponit Melaniæ profectionem in Ægyptum, quo jam Athanasium obiisse ponit Baronius, turbetur ea Palladii editione, quæ narrat Melaniam pellem eam accepisse ab ipso Athanasio.

(k) *Quidam Alexandrinus monachus.*] An Piammon, vel aliquis ex ejus sociis? Equidem Piammon apud Cassianum, collat. VIII, cap. VII, ubi de sanctis monachis tum sub Lucio in Pontum et in Armeniam relegatis, interloquens ait : « Temporibus siquidem Lucii, qui Arianæ perfidiæ episcopus fuit sub Valentis imperio, dum diaconiam nostris fratribus deferremus, his videlicet qui de Ægypto et Thebaide fuerant ob catholicæ fidei perseverantiam metallis Ponti atque Armeniæ relegati, licet cœnobiorum disciplinam in quibusdam civitatibus rarissimam viderimus, anachoretarum tamen apud illos ne ipsum quidem nomen auditum fuisse comperimus. » Certe de iisdem confessoribus Hieronymus intelligendus. Nam ut iis qui in Ponto et Armenia versabantur deferretur diaconia, necesse fuit transire Syriam et eremum Chalcidis, in qua Hieronymus versabatur.

(l) *Annis sex.*] Ruffinus, invectiva secunda, suam Alexandriæ et in Ægypto commorationem ita describit : « Cæterum iste (Hieronymus) qui in tota vita sua non totos triginta dies Alexandriæ, ubi erat Didymus, commoratus est, per totos pene libellos suos longe lateque se jactat Didymi Videntis esse discipulum, et καθηγητήν, id est, præceptorem in Scripturis sanctis habuisse Didymum. Et omnis ista jactantia uno mense quæsita est. Ego qui sex annis Dei causa commoratus sum, et iterum post intervallum aliquot aliis diebus, ubi Didymus, de quo tu solo te jactas, et ubi alii nihilominus illo non inferiores, quos tu ne facie tenus quidem nosti, Serapion et Menites, viri natura et moribus et eruditione germani, ubi Paulus senex Petri martyris discipulus, et ut ad eremi magistros veniam, quibus et attentius et frequentius vacabamus, ubi Macarius Antonii discipulus, et alter Macarius, et Isidorus, et Pambus omnes amici Dei * qui nos hæc docebant, quæ ipsi a Dei discebant, quantam ego, si hoc ita deceret aut expediret, de his omnibus habere jactantiæ materiam possem. Sed erubesco hic etiam retexens, dum volo tibi ostendere non ut tu dicis nostro ingenio magistros, sed, quod plus doleo, magistris defuisse magis ingenium nostrum. » Cur hæc Ruffino de se asserenti non credamus? Accedit vel ipsius Hieronymi antagonistæ testimonium, qui, apol. lib. II, in Ruffinum ita habet : « Te multo tempore Pharus docuit quod Roma nescivit, instruxit Ægyptus quod Italia hucusque non habuit. » Quibus verbis insinuat Hieronymus Ruffinum et Alexandriæ (quam per Pharum designat) et apud Ægypti monachos operam dedisse studiis. Et cum dicit *multo tempore* apud Pharum fuisse, indicat sex illos annos quibus se Alexandriæ fuisse scribit Ruffinus.

Nec huic rei refragatur epistola Hieronymi 46. Nam etsi concedamus, ex Palladii sententia Melaniam in Ægyptum profectam circa exordia Valentis imperii (id est, anno tertio vel quarto imperii, cum persecutionem suam instituere cœpit, quod Palladius insinuare videtur supra, litt. *g*), nihil exinde sequitur contra epistolam illam divi Hieronymi. Nec enim constat quod Ruffinus simul cum Melania in Ægyptum sit profectus. Et demus id constare, nihil tamen incommodi inde orietur, cum potuerit annis aliquot in Ægypto esse Ruffinus, antequam ad Hieronymum certa fama perveniret, quod ipse Hierony-

---

* De his et aliis Ruffin., lib. II, c. 4 et 8 Hist.

mus eadem epistola, eum diversis id nuntiis diverso tempore ait se accepisse, satis insinuat.

(*m*) *Ad monasteria.*] Huc forte referendum, quod Hieronymus habet in Chronico anno 12 Valentis : « Multi monachorum Nitriæ per tribunos et milites cæsi. » Ibid. : « Valens lege data ut monachi militarent, **442** nolentes fustibus jussit interfici. »

(*n*) *Patres monachorum.*] Ita vocabantur vitæ et antiquitatis merito commendabiles. Longiorem horum catalogum habet Ruffinus, lib. II Hist. Eccl., cap. 8, quos dicit a se visos. « Florebat Ægyptus ea tempestate non solum eruditis in Christiana philosophia viris, verum etiam his qui per vastam eremum commanentes, signa et prodigia apostolica, simplicitate vitæ, et cordis sinceritate faciebant. Ex quibus interim, quos ipsi vidimus, et quorum benedici manibus meruimus hi sunt : Macarius de superiori eremo, aliusque Macarius de inferiori, Isidorus in Scitis, Pambus in cellulis, Moyses et Benjamin in Nitria, Sybrion [*Al.*, Scyrion] et Elias et Paulus in Apeliote, alius Paulus in Focis, Pœmen et Joseph in Pispiri, qui appellabatur mons Amonii. Sed et alios quamplures hujusmodi viros in Ægypti partibus habitare, fideli comperimus auditu. Ut vere complereter Apostoli dictum, quia *ubi abundavit peccatum, superabundavit et gratia* (*Rom.* v). Etiam invectiva 2 meminit Macariorum, Isidiori, et Pambi ; quibus in eremo magistris dicit se attentius et frequentius vacasse. Ibidem dicit se Alexandriæ operam dedisse Didimo, Serapioni, Meniiæ, et Paulo, Petri martyris discipulo. Meminit et Didymi magistri sui libro xi Hist., cap. 7 : « Nec enim qui vivæ vocis ejus (Didymi) ex parte aliqua fuimus auditores ; et ea quæ a nonnullis, dicente eo, descripta legimus, longe majorem gratiam et divinum nescio quid ac supra humanam vocem sonans, in illis magis sermonibus, qui ab ore ipsius proferebantur, agnovimus. » Subdit postea Ruffinus, unde colligimus eum etiam in Mesopotamiam peregrinatum : « Habuit autem per idem tempus etiam Mesopotamia viros nobiles, eisdem studiis pollentes : quorum aliquantos ipsi per nos apud Edessam et in Carrarum partibus vidimus, plures autem auditione didicimus.

(*o*) *Consulis Marcellini neptis.*] Vide infra ad litt. *u*.

(*p*) *Filii præfecturæ urbanæ.*] Vide infra ad litt. *v*.

(*q*) *Adeo exacte.*] Imo vero non valde exacte describit Ruffinus Arianorum persecutionem, jussu Valentis in Orthodoxos institutam, ut patet ex Socrate, lib. IV, cap. 16, 17, 19 ; Sozomeno, lib. VI, cap. 19, 20 ; Theodoreto, lib. IV, cap. 18, 19, 20 ; Gregorio Nazianzeno, oratione in laudem Athanasii, qui multo plura enormiter ab Arianis acta enumerant. Quin ipse Ruffinus nec constantiæ quidem et munificentiæ meminit, quam Melania (cujus tamen lateri sæpe inhærebat) in Ægypto et Palæstina monachis exhibuit, quam referunt Paulinus, epist. 40, et Palladius cap. 125. Petrus quoque Alexandrinus episcopus, epistola sua apud Theodoretum lib. IV, cap. 20, narrat horrenda Arianorum facinora in Catholicos ; inter alia, « Presbyteros et diaconos xix ad incolendam Heliopolim urbem Phœniciæ transportatos, inde ad metalla in Pheno et Proconneso, inter quos monachi xxIII, etc., undecim Ægypti episcopi missi Diocæsaream, etc., clericos Antiochenos Neocæsaream urbem Ponti relegant. » Epiphan., hær. 68, præter alia tradit, « nonnullos damnatos ad bestias. » Cassian., collat. VIII, cap. 7, meminit quorumdam « ad metalla Ponti et Armeniæ relegatorum. »

(*r*) *Ea tantum fuisse existimatur.*] Si ubique Melaniæ fuit in peregrinatione socius, ut a plerisque creditur, omnino vel etiam majore (quod facilius in viros quam feminas, maxime illustres, sævitur) persecutionis procella jactatum fuisse existimari potest. Quanquam cum ipse asserat lib. II, cap. 4, se in passionibus socium fuisse patribus, cur decredamus ? certe Socrates, lib. IV, cap. 19, Ruffino ea de re narranti non discredit.

(*s*) *Gesta esse in Ægypto.*] Assentior Baronio hæc gesta esse in Ægypto, non ob eam tamen rationem, quasi in tota Palæstina non fuerit tantus monachorum numerus, qui ad millia quinque excresceret, sed quod verisimile sit hæc gesta esse in Nitria, Ægypti loco, quam constat lustratam esse a Melania, teste Palladio Lipomani cap. 33, Herveti 117, et in qua, Hieronymo teste, epist. 22 ad Eustochium de custodia virginitatis, constat « eodem in loco circiter quinque millia divisis cellulis habitasse. » Quod etiam hic habes apud Ruffinum, lib. III, n. 219, ex eodem Hieronymo depromptum.

(*t*) *Mensibus octo.*] Nihil tale apud Palladium. Tantum ait sex mensibus in monte Nitriæ hæsisse. Omnino, si recte colligo, pluribus mensibus Melaria in Ægypto degit ; imo vero annis aliquot ibi degisse, ita licet celligere :

1° Quia Ruffinus dicitur Baronio ejus fuisse comes ; at ille sex annis se vel in sola Alexandria ait mansisse. 2° Hieron., epist. 44 ad Ruffinum ait se tribus diversis nuntiis accepisse eum in Ægypto versari : ab Heliodoro ; a monacho Alexandrino, qui ad Ægypti confessores, et voluntate jam martyres pio plebis *jamdudum* fuerat transmissus obsequio ; ex relatione *crebræ commeantium multitudinis.* Atqui inter Alexandriam, unde monachus ille veniebat, et per Syriam et eremum Chalcidis **443** properabat in Armeniam et Pontum, ubi confessores erant, et inter eremum Chalcidis ubi Hieronymus versabatur, maxima distantia est, ut menses insumendi sint, antequam Alexandria perveniatur Chalcidem. Quod si *jamdudum* monachus ille transmissus fuerat, nec tamen tunc certior erat Hieronymus de Ruffini in Ægypto incolatu, nisi accederet *crebra commeantium multitudo,* quæ id confirmabat, certum est multo plus temporis hæsisse Ruffinum et Melaniam in Ægypto.

(*u*) *Marcellino consule avo.*] Baronius, anno Christi 372, Damasi papæ 6, Valentiniani et Valentis 9. Quod eam dicat habuisse Marcellinum avum consulem, Hieronymus *filiam* ejus appellat (*Hier.*, *in Chron.*) ; at Ruffinus Paulino consentit, qui etiam eam *neptem* Marcellini consulis nominat (*Ruffin.*, *invect.* 1 *in Hieron.*). Palladius vero res ab ea gestas describens, cum Hieronymo Marcellini *filiam* vocat (*Pallad.*, *in Lausiac.*, cap. 33). Gessisse reperitur consulatum ordinarium Marcellinus cum collega Probino anno Domini 341, ut legitimi Fasti consulares indicant.

Arnoldus Pontacus, notis suis in Hieronymi Chronicon, ait Fastos consulares utrumque ferre posse, ut Melania et Marcellini quondam consulis filia fuerit et neptis. Duo enim, ait, hujus nominis reperiuntur consules ordinarii, quorum unus fuit ante centum annos (ita transponenda verba in Pontaco) collega Aureliani, circa annum 278 Christi, alter Probini circa annum 343 (*Baron.*, 341).

Addit idem Pontacus : Forsan vocabulum *filiæ* sumitur pro *nepte* ; eadem ratione qua Galli vocant nepotes *petits-fils,* et neptes *petites-filles.*

(*v*) *Præturam urbanam fungenti.*] Vult illustrissimus cardinalis Baronius Melaniam vel Roma in Ægyptum solvisse, vel potius, ut ipse Hieronymum interpretatur, ex Ægypto Jerosolymam profectam, cum filius ejus prætura urbana fungeretur. Et sane Hieronymus in Chronico id videtur asserere, Valentis imp. anno 10. « Melania nobilissima mulierum Romanarum, et Marcellini quondam consulis filia, unico prætore tunc urbano filio derelicto, Jerosolymam navigavit ; ubi tanto virtutum, præcipueque humilitatis fuit miraculo, ut Theclæ nomen acceperit. »

Dubium videri possit quomodo Melaniæ filius præfectura tunc urbana fungeretur, cum puer imo pene infans esset ?

Certum enim est, cum Melania discessit Roma Jerosolymam, filium ejus paucorum annorum fuisse, puerum potius quam virum. Ruffinus Invectivarum lib. ii. « Etiam nec illud ejus admirabile factum silendum est, ne pudorem incutiamus audientibus, quod Marcellini consulis neptem, quam Romanæ nobilitatis primam, parvulo filio Romæ derelicto, Jerosolymam petiisse, et ibi ob insigne meritum virtutis Theclam nominatam, in ipsis Chronicis suis scripserat, post id de exemplaribus suis erasit, cum actus suos vidisset districtioris disciplinæ feminæ displicere. » Paulinus, epist. 10 ad Severum : « Ita crevit ærumnis, ut duos filios et maritum intra anni tempus amitteret, unico tantum sibi parvulo ad memoriam sibi potius quam ad compensationem affectuum derelicto. » Et infra : « Itaque luctuosa ambitu trium funerum comes, vidua pariter et orbata, Romam venit, cum unico suo, incentore potius quam solatore lacrymarum; sive infans ante sui sensum mala sentiens, jam saperet alienam lugere mortem, qui adhuc vitam suam nosse nesciret; sive ignara male securus infantia, miserabili ludo inter matris lamenta rideret. » His edocta documentis non finxi sæculo fragili, et spem tantum in Deo ponere, quem solum amittere inviti non possumus, salutarem sibi filioque scientiam induit, ut parvulum suum negligendo diligeret, et dimittendo retineret, firmius habitura absentem, quem Domino commendasset, quam complexura præsentem, si sibi credidisset. »

Quia ergo adhuc parvulus erat, etiam necesse fuit ei procuratorem et tutorem constitui. Heraclides seu Palladius Lipomani et Baronii, cap. 33, agens de profectione ejus cum Roma solvit : « Procuratore ante filio suo constituto. » Et cap. 42, cum jam Jerosolymis versaretur, et largas eleemosynas distribueret : « Cui parentes quoque ejus, ac filii procuratores ipsius, ex facultatibus propriis multa præbebant. » Palladius, Herveti cap. 117 : « Cum curasset ut filii sui nominaretur tutor. » Græce : Ποιήσασα ἐπίτροπον τῶν υἱοῦ αὐτῆς ὀνομαζθῆναι. Item cap. 118 : « Suppeditantibus ei consanguineis, et ipso filio, ex curatoribus quotannis pecuniis. » Græce : Χορηγούντων αὐτῇ καὶ τῶν πρὸς γένος, καὶ αὐτοῦ τοῦ υἱοῦ, καὶ τῶν ἰδίων ἐπιτρόπων τὰ χρήματα.

Quare in prima editione mea harum Vitarum, existimavi errorem irrepsisse in Hieronymi Chronicon, et etiam contra omnium Mss. fidem (quorum tamen summa apud me solet esse auctoritas) unica litterula mutata apud Hieronymum legebam, prætori et non prætore; ut Melania Roma profecta sit filio unico Romæ derelicto prætori urbano, videlicet tanquam tutori, non vero ipso prætore urbano tunc existente. »

Nunc vero re penitius perspecta, stet sua veteribus libris fides, retineamusque prætore, et Melaniæ filio etsi puero præturam delatam dicamus. Plane primæ dignitates (etsi rarius) quandoque posterioribus temporibus fuere pueris delatæ in gratiam familiæ vel parentum bene de republica meritorum. Sic Honorius Theodosii **444** imp. filius infans consul creatus. Claudianus, panegyrico de quarto Honorii consulatu :

.... Inter cunabula consul
Proveheris, signans posito modo nomine fastos,
Donaturque tibi, qui te produxerat annus.

Unde in edicto Theodosii (*L. 1 de his qui relig. contend., Cod. Theod.*), quo hæreticos coercuit scribens ad Eusignium præfectum prætorio : « Honorio nob. puero et Evodio coss., » quibus assignant annum Christi 386. Ita Theodosius junior Arcadii filius nondum triennis consul fuit cum Rumorido, quibus consignant annum Christi 303. De Olybrio puero consule Hieronymus epistola ad Demetriadem : « Pius filius, vir amabilis, clemens dominus, civis affabilis, consul quidem in pueritia, sed morum bonitate senator illustrior (*Hieron., epist. 8*). » Boetius duos liberos etiam pueros coss. vidit. Philosophia eum solans, copulatum hunc consulatum ei ingerit : « Cum duos pariter coss. liberos tuos domo provehi sub frequentia Patrum, sub plebis alacritate vidisti (*Boet., de Consol. lib. ii, Pros. 3*). » Pueros tunc fuisse, liquet ex sequentibus : « Quid dicam liberos consulares, quorum jam ut in id ætatis pueris, vel paterni vel aviti specimen elucet ingenii (*Idem, pros. 4*). » Fugerat Baronium pueros quandoque consules fuisse (*Baron., t. VIII, an. Christi 526*); unde *consulares* hic interpretabatur consulis filios. Sed revera duos hos coss. Symmachum et Boetium Boetii senioris filios rectissime Fastis restituit Sirmondus noster (*Sirmondus, ad epist. 1 lib. viii Ennodii*), qui horum avus paterque hactenus crediti sunt. Incidit horum consulatus in annum Christi 522.

Ergo ut consules illis temporibus pueros, atque adeo in infantes, creatos fuisse constat, ita prætores eadem ætate renuntiatos aliquando fuisse mirum non est. Neque enim jurisdictionis, aut magnæ cujuspiam administrationis causa hi legebantur, sed spectaculorum, hoc est impensarum, quas vel ipsi, vel eorum nomine patres senatores sustinebant. Creabantur enim prætores ex ordine senatorio, ut lex 1 Cod. Theod., de Prætor. et Quæstor. declarat. Boetius, lib. iii Consol., prosa 4 : « Atqui prætura, inquit, olim magna potestas, nunc inane nomen, et senatorii census gravis sarcina. » Ubi non rite Bernartius *præfectura* legit. Symmachus in adornanda filii prætura, ludorumque apparatu, totum se impendens, multis epistolis testatur, ut lib. iv, epist. 59, ad Eufrasium : « E re nata opportunum videtur diligentiam tuam precibus ambire, ut in prætoriam filii mei functionem, visu et cursu nobiles equi præparentur. » Idem eidem commendat duabus sequentibus litteris. Meminit idem prætoriæ dignitatis filii, lib. viii, epist. 21, 70, 71. Quautum Symmachus impenderit in ludos prætorios filii, exprimit Olympiodorus Thebæus Historiarum ejus sæculi scriptor, apud Photium, cod. 80, ubi agit de opibus et censu civium Romanorum, et de impensis ludorum prætoriorum. Ait igitur Symmachum in præturam filii centenarios auri vicenos impendisse, id est aureorum millia circiter ducenta ; Maximum in filii item prætura quadragenos auri centenarios, hoc est, aureorum millia quadraginta.

His perpensis mirum nunc videri non debet, si nobilissimus ditissimusque Melaniæ Romanæ filius, in prætorem etiamnum puer electus fuerit.

Lapsus est ex eodem Hieronymi loco in Chronico Gregorius Turonensis, lib. i Hist. Franc., c. 40, qui existimavit Melaniæ filio nomen fuisse *Urbanum*, cum Hieronymus de *prætore urbano* intelligendus sit. Locum Hieronymi ex Chronico ita ille expressit et circumscripsit : « Melania vero matrona nobilis et incola urbis Romanæ, Jerosolyma ob devotionem abiit, Urbano filio Romæ relicto. Quem ita se in cuncta bonitate ac sanctitate omnibus præbuit, ut Thecla vocaretur ab incolis. » Omisit ut vides, *prætore*.

(*x*) *Summam Constantiam.*] Hieron., epist. 25 : « Sancta Melania nostri temporis inter Christianos vera nobilitas, cum qua tibi Dominus mihique concedat in die sua habere partem, calente adhuc marii corpusculo, et necdum humato, duos simul perdidit filios, etc.

(*y*) *Viginti septem.*] Ita quidem Palladius. Sed Paulinus, epist. 9, ad Severum, dicit per quinque lustra hæsisse Jerosolymis, id est annis xxv.

(*z*) *Pithymum.*] Baronius, posuit *Euthymium*. Sed rectum *Pithymus*, seu *Pissinius*, ut patet ex texta Græco Palladii.

(*aa*) *Cum ea in Ægyptum profectum.*] Incertum hoc, an Ruffinus Roma in Ægyptum profectus sit una cum Melania. Nec Hieronymus hoc insinuat. Vide dicta litt. a.

(*bb*) *Palladii atque Paulini.*] Neuter habet, quod Ruffinus una cum Melania Jerosolymis Romam sit profectus. Solius meminere Melaniæ in hac profectione. Narrat quidem Palladius cum Melania fuisse Ruffinum, sed tunc erant Jerosolymis. Nec aliter capiendus Paulinus, cum ait « Ruffinum Melaniæ spiritali via comitem (*Paulin.*, *epist.* 9). » Qui sane non tacuisset Ruffini adventum, epist. 10, qua Melaniæ adventum Neapolim prosequitur, si una cum Melania advenisset. Nisi quis dicat Melaniam cum Ruffino primo Romam appulisse; inde Melaniam concessisse Neapolim; Ruffinum Romæ mansisse, vel Aquileiam profectum. Sed Paulinus, qui Melaniam excepit, ait eam Neapolim appulisse; etsi Palladius et Heraclides simpliciter dicant Cæsarea, Romam appulisse. Sed interpretandi sunt per Neapolim, ex Paulino qui præsens fuit.

(*cc*) *Ut plane nullum sit dubium.*] Imo vero maximum dubium hæret. Nec enim negamus Ruffinum tunc Romæ fuisse, cum ad eum scripsit Hieronymus eam epistolam, sed quod non simul cum Melania Romam iverit. Ruffinum enim jam antea videtur Romam evocasse domestica necessitas, cum Aquileiam ipsi proficiscendum fuit. Melania Romam profecta occasione neptis suæ, ut patet supra ex Palladio.

DE RUFFINO PRESBYTERO EJUSQUE LIBRO ILLUSTRIUM VIRORUM ELOGIA ET TESTIMONIA.

DE RUFFINO ELOGIA.

Hieronymus, epist. 5, *ad Florentium.*

445 Et quia frater Ruffinus (*a*), qui cum sancta Melania ab Ægypto Jerosolymam venisse narratur, individua mihi germanitatis charitate connexus est, quæso ut epistolam meam huic epistolæ tuæ copulatam ei reddere ne graveris. Noli nos ejus æstimare virtutibus. In illo conspicies expressa sanctitatis vestigia, et ego cinis et vilissima pars luti, et jam favilla, dum vertor, satis habeo si splendorem morum illius imbecillitas oculorum meorum ferre sustineat. Ille modo se lavit, et mundus est, et tanquam nix dealbatus. Ego cunctis peccatorum sordibus inquinatus, diebus ac noctibus opperior cum tremore reddere novissimum quadrantem.

Idem, appendice ad Chronicon Eusebii, anno 14 *Valentiniani.*

Florentinus Bonosus et Ruffinus insignes monachi habentur. E quibus Florentinus tam misericors in egentes fuit, ut vulgo pater pauperum nominatus sit.

Paulinus, epist. 9, *ad Severum.*

Ipsam annotationem, quam commonitorii vice miseras, litteris meis inditam direxi ad Ruffinum presbyterium, sanctæ Melaniæ spiritali via comitem, vere sanctum, et pie doctum, et ob hoc intima mihi affectione conjunctum. Si ille has quæ merito te permovent de annorum sive regnorum non congruente calculo, hiantis historiæ causas non ediderit, qui et scholasticis et sæcularibus litteris Græce juxta ac Latine dives est, vereor ne apud alium in his regionibus frustra requiramus.

Cassianus, lib. VII *de Incarnat., cap.* 27.

Ruffinus quoque Christianæ philosophiæ vir, haud contemnenda Ecclesiasticorum doctorum portio.

Gelasius pont., in concilio Romano LXX *epp.*

Item Ruffinus vir religiosus plurimos ecclesiastici operis edidit libros, nonnullas etiam scripturas interpretatus est. Sed quoniam beatus Hieronymus in aliquibus eum de arbitrii libertate notavit, illa sentimus quæ beatum Hieronymum sentire cognoscimus.

Sidonius, lib. II, *epist.* 9, *ad Donidium.*

Quos inter Adamantius Origenes, Turriano Ruffino interpretatus, sedulo fidei nostræ lectoribus inspiciebatur. Pariter et prout singulis cordi diversa censentes sermocinabantur, cur a quibusdam protomystarum, tanquam scævus cavendusque tractator improbaretur; quanquam sic esset ad verbum sententiam translatus, ut nec Apuleius Phædonem sic Platonis, neque Tullius Ctesiphontem sic Demosthenis in usum regulamque Romani sermonis exscripserint.

Gennadius, de illustribus Ecclesiæ Scriptoribus, cap. 17.

Ruffinus Aquileiensis Ecclesiæ presbyter, non minima pars fuit doctorum Ecclesiæ, et in transferendo de Græco in Latinum elegans ingenium habuit. Denique maxima parte Græcorum bibliothecam Latinis exhibuit: Basilii scilicet Cæsariensis Cappadociæ episcopi; Gregorii Nazianzeni eloquentissimi hominis; Clementis Romani Recognitionum libros; **446** Eusebii Cæsariensis Palæstinæ Ecclesiasticam Historiam; Xysti sententias; Evagrii sententias Interpretatus est etiam Sententias Pamphili martyris adversus Mathematicos.

Horum omnium quæcunque præmissis prologis a Latinis leguntur, a Ruffino interpretata sunt; quæ sunt sine prologo, ab alio translata sunt, qui prologum facere noluit.

Origenis autem non omnia, quia et Hieronymus aliquanta transtulit, quæ suo prologo discernuntur.

Proprio autem labore, imo gratia Dei et dono exposuit idem Ruffinus Symbolum, ut in ejus comparatione alii nec exposuisse credantur.

Disseruit et Benedictionem Jacob super Patriarchas triplici, id est, historico, morali et mystico sensu.

Scripsit et epistolas ad timorem Dei hortatorias multas, inter quas præeminent illæ quas ad Probam dedit.

Historiæ etiam Ecclesiasticæ, quam ab Eusebio scriptam et ab ipso interpretatam diximus, addidit decimum et undecimum librum.

Sed et obtrectatori opusculorum suorum respondit duobus voluminibus, arguens et convincens, se Dei intuitu et Ecclesiæ utilitate auxiliante Domino ingenium agitasse, illum vero æmulationis stimulo incitatum ad obloquium stylum vertisse.

Honorius, de illustribus Ecclesiæ Scriptoribus, cap. 17.

Ruffinus Aquileiensis Ecclesiæ presbyter, non minima pars doctorum Ecclesiæ, in transferendo de Græco in Latinum elegans habens ingenium, maximam partem Græcorum bibliothecæ Latinis exhibuit : Basilii videlicet Cæsariensis episcopi ; Gregorii Nazianzeni eloquentissimi hominis ; Clementis Romani Recognitionum libros ; Eusebii Cæsariensis Palæstinæ historiæ novem libros, quibus duos addidit; Sixti Philosophi (b) sententias adversus Mathematicos.

Origenis autem non omnia, quia et Hieronymus aliquanta transtulit.

Symbolum sic exposuit, ut in ejus expositione alii nec exposuisse credantur.

Disseruit et Benedictionem Jacob super patriarchas triplici modo, id est historico, morali et mystico sensu.

Scripsit et epistolas ad timorem Dei hortatorias multas.

Suo obtrectatori duobus voluminibus respondit.

DE HOC IPSO LIBRO TESTIMONIA.

Ruffinus, lib. II Hist. Eccl. cap. 4.

Postquam mentionem fecit duorum Macariorum, Heraclidis et Pambo, et quædam Macarii miracula narravit, subdit : « Verum si singulorum mirabilium gesta prosequi velimus, excludemur a proposita brevitate, maxime cum hæc narrationem proprii operis (c) mereantur.»

Hieronymus, epist. ad Ctesiphontem adversus Pelagianos, cap. 2.

Qui (Ruffinus) librum quoque scripsit quasi de monachis, multosque in eo enumerat qui nunquam fuerunt (d) ; et quos fuisse scribit, Origenistas (e) ab episcopis damnatos esse non dubium est ; Ammonium videlicet, et Eusebium, et Euthymium (f), et ipsum Evagrium (g), Or (h) quoque et Isidorum (i), et multos alios quos enumerare tædium est. Et juxta illud Lucretii :

Ac veluti pueris absinthia terra medentes
Cum dare conantur, prius oras pocula circum
Contingunt dulci mellis flavoque liquore.

Ita ille unum Joannem (j) in ipsius libri posuit principio, quem et catholicum et sanctum fuisse non dubium est, ut per illius occasionem, cæteros, quos posuerat, hæreticos Ecclesiæ introduceret.

Decreti III parte, cap. 3, de Consecr., cap. 16 (k), ex dictis sancti Apollonii.

Jejunia sane legitima, id est, quarta et sexta feria non sunt solvenda, nisi grandis aliqua necessitas fuerit, quia quarta feria Judas de traditione Domini cogitavit; et sexta crucifixus est Salvator. Videbitur ergo qui in his diebus sine aliqua necessitate solverit statuta jejunia, vel cum tradente tradere Salvatorem, vel cum crucifigentibus crucifigere.

ROSWEYDI NOTATIO

(a) *Ruffinus.*] Vides, lector, quæ de Ruffino scribat Hieronymus, antequam arctissima illa dulcissimaque necessitudo versa fuit in odiosam calumniam. Quis non cum Augustino exclamet? « O misera et miseranda conditio! o infida in voluntatibus amicorum scientia præsentium, ubi nulla est præscientia futurorum ! etc. Quis denique amicus non formidetur, quasi futurus inimicus, si potuit inter Ruffinum et Hieronymum hoc, quod plangimus, exoriri? etc. Quando non, cui non, ubi non homini formidanda pernicies, cum eo tempore, quo abjectis jam sarcinis sæcularibus, jam expediti Dominum sequebamini, et in ea terra vivebatis simul in qua Dominus humanis pedibus ambulans, *Pacem meam,* inquit, *do vobis, pacem relinquo vobis* (Joan. XIV), viris ætate maturis et in eloquio Domini abundantibus, vobis accidere potuerit? Vere *tentatio est vita hominis super terram* (Job. VII). Heu mihi ! qui vos simul alicubi invenire non possum ; forte, ut movoor, ut doleo, ut timeo, prociderem ad pedes vestros, flerem quantum valerem, rogarem quantum amarem ; nunc unumquemque vestrum pro seipso, nunc utrumque pro alterutro, et pro aliis, ac maxime infirmis pro quibus Christus mortuus est ; qui vos tanquam in theatro vitæ hujus cum magno sui periculo spectant, ne de vobis ea conscribende spargatis quæ quandoque concordes delere non poteritis (Aug., epist. 15 *ad Hieron.,* et apud *Hieron.* epist. 93.) »

(b) *Sixti philosophi.*] Clare apparet, qui Honorius Gennadium solitus sit sublegere. Sed quod supra, prolegomeno 4, § 5, monui, vel Honorium corruptum esse, vel Gennadium ab eo perfunctorie lectum, idem hic usu venit. Nam Sixti et Pamphili martyris sententias in unum conflat. Nec enim Sixtus adversus Mathematicos scripsit, sed Pamphilus martyr, ut distincte habet Gennadius.

(c) *Proprii operis.*] Videtur hic insinuare Ruffinus, se, cum historiam Ecclesiasticam scriberet (in qua obiter sanctorum Patrum, qui in eremo floruerunt, facit mentionem) in animo habuisse proprio opere fusius eorum gesta pertractare : quod cum præstitisse discimus sequenti divi Hieronymi testificatione, quanquam librum hunc non tam a Ruffino compositum quam ex Græco Palladii, vel Heraclidis, vel anonymi textu ab eodem expressum, mihi fit verisimile. Vide dicta prolegomeno 4.

(d) *Qui nunquam fuerunt.*] Tales hoc libro, qui nunquam fuerint, deprehendere non possum, cum vix ullus occurrat cui non et alii auctores testimonium dicant. Unam Oxyrynchum excipio civitatem, cujus nomen et episcopatus etsi apud historicos et Patres inveniatur, nihil tamen de historia, quæ hic narratur, memini legere. Neminem tamen scio de ea unquam dubitasse. Quin et Baronius eam Annalibus suis intexuit, tomo III anno Christi 316, Silvestri papæ 3, Constantini imp. 11.

(e) *Origenistas.*] Consule quæ diximus prolegomeno generali 15.

(f) *Ammonium videlicet, et Euseoium, et Euthymium.*] De his habes hic cap. 23.

(g) *Evagrium.*] De hoc cap. 27.

(h) *Or.*] De hoc cap. 2.

(i) *Isidorum.*] De hoc ejusque monasterio agitur cap. 17.

(j) *Joannem.*] Hic c. 1 occurrit, et divus Hieronymus hunc in libri principio positum asserit.

(k) *Ex dictis.*] Notatum in Decreto ad hoc caput : « Caput hoc habetur apud Palladium in vita Apollo abbatis. » Ita notatum tempore Gregorii XIII, postquam Palladius ex versione Herveti prodiit, apud quem, cap. 52, eadem res habetur, etsi aliis verbis. Apud Palladium ex veteri versione nulla hujus rei mentio. Sed narratio hæc, tum re, tum verbis, iisdem desumpta est ex hoc libro, cap. 7, quem Ruffinus ex libro Græco, ut existimo, anonymo vertit. Nam quod nunc Palladio auctore, cap. 52, habetur ex versione Herveti, etiam habes Heraclide auctore, incerto interprete, cap. 2. Vide prolegomena de Ruffino, Palladio et Heraclide.

HISTORIA MONACHORUM

(*Exstat cum notis Rosweydi Patrol. tom. XXI, a col. 387 ad col. 402.*)

DE VITIS PATRUM
LIBER TERTIUS,
SIVE
VERBA SENIORUM,
AUCTORE PROBABILI
RUFFINO (1) AQUILEIENSI PRESBYTERO.

Prologus.

492 Vere mundum quis dubitet meritis stare sanctorum (2), horum, scilicet, quorum in hoc volumine vita praefulget, qui omnem luxuriae notam tota mente fugerunt, mundoque relicto, eremi vasta secreta rimantur, ibique per terribiles rupes, formidolosis antris excubantes, non esuriunt neque sitiunt, quia dextera Dei sustentat et pascit eos. Horum meritis subleveris; horum supplicationibus peccatorum veniam merearis, mi domine Fidose (3). Non ergo spernas simplicitatem et impolitos sermones; nec enim mei operis est divinae doctrinae scripturaeque sophistice et eloquenter signare sermones, sed suadere mentes hominum, in fide et operibus veritatis. Patrum denique, sanctorum patriarcharum, et prophetarum, id est Abraham, Isaac, et Jacob, Moysi, et Aeliae, et Joannis ideo descripta est fides et conversatio, non tantum ut illos glorificaremus quos certe Deus glorificaverat, et in regno suo gloriosos habebat; sed ut legentibus posteris conferrent veritatis doctrinam et exempla salutis.

VERBA SENIORUM.

1. Quidam sanctorum seniorum Patrum, interrogantibus se monachis de causa abstinentiae, dixit: Oportet, filioli, ut odio habeamus omnem requiem praesentis vitae; sive delectationes corporeas ac ventris suavitatem, et honorem ab hominibus non requiramus, et dabit nobis Dominus Jesus coelestes honores, et requiem in vita aeterna, gloriosamque laetitiam cum angelis suis.

2. Idem autem senior dixit: Quia naturaliter inest homini esurire, oportet autem sumere cibum ad necessitates corporis sustentandas, non tamen in passione, seu saturitate ventris. Nam et somnus naturaliter inest homini, sed non in satietate sive resolutione corporis, quo possimus humiliare passiones ac vitia carnis. Satietas enim somni mentem sensumque hominis stupidum pigrumque reddit; vigiliae autem tam sensum quam etiam mentem subtiliorem ac puriorem efficiunt. Ita enim et sancti Patres dixerunt, quia vigiliae sanctae purificant et illuminant mentem. Sed etiam irasci naturaliter inest homini, non in commotione passionis, sed ut irascatur contra semetipsum ac vitia sua, ut facile emendare et a se abscindere possit. Nec non etiamsi quid pravum et contra praecepta Dei videamus agere alios, oportet nos contra vitia eorum vehementer quidem irasci, ipsos **493** vero diligenter corripere, et increpare, ac monere, ut emendati salventur, et ad vitam aeternam perveniant.

3. Erat quidam senior in eremo interiori, per multos annos in abstinentia et in omni studio spirituali nimis laborans (*Pelag., libel. VII, n. 25*). Advenientesque ad eum quidam fratres, admirati sunt ejus perseverantiam, dicentes: Quomodo toleras istum tam aridum et squalidum locum, Pater? Quibus ille respondens, ait: Omnis labor totius temporis quo hic dego nondum unius horae tormentorum aeternorum gehennae spatium habet. Oportet, inquit, nos in parvo tempore vitae illius sustinere laborem, et macerare passiones corporis nostri, ut inveniamus in illo futuro ac aeterno saeculo, quod nunquam deficit, perpetuam repausationem.

4. Referebant nobis sancti seniores de quodam fratre, dicentes, quomodo quodam tempore ita impugnabatur a daemonibus, ut statim hora diei prima tantam .amem et defectionem corpori ejus tacerent, ut penitus sustinere non posset (*Pelag.*, *libel.* 1, *n.* 58). Verumtamen ille dicebat in corde suo : Quia qualitercumque esurio, oportet me vel usque ad horam tertiam exspectare, et tunc cibum sumere. Cumque facta fuisset hora tertia, iterum dicebat cogitationibus suis : Etiam et nunc violenter oportet me sustinere usque ad horam sextam. Cumque advenisset hora sexta, infundebat panem in aquam, dicens : Dum hic panis infunditur, oportet me etiam horam nonam exspectare. Cumque hora nona advenisset, secundum consuetudinem complebat omnes orationes suas et psalmodiam secundum regulam, et ponebat panem ad comederet. Hoc ergo per plurimos dies sustinuit. Quadam ergo die similiter ab hora prima usque ad nonam fecit; cumque hora nona sedisset ut cibum caperet, vidit de sportella (ubi panis, id est, paximatia [4] reposita erant) surrexisse fumum magnum, et egressum esse per fenestram cellulæ ejus. Itaque ex illo die, nec esuries nec defectio corpori facta est, sed magis ita corroboratum est in fide et abstinentia cor ejus, ut etiam nec post biduum delectaret eum cibum accipere. Ita gratia Dei auxiliante certamini ejus, per patientiam suam frater exstinxit gastrimargiæ, id est gulæ et concupiscentiæ passionem.

5. Egressi sunt aliquando de monasterio fratres, ad visitandum eos qui in eremo commorabantur Patres (*Pelag.*, *libello* x, *num.* 92). Cum autem venissent ad quemdam eremitam seniorem, suscepit eos cum grandi gaudio, et sicut consuetudo est, apposuit eis mensulam. Videns enim eos fatigatos de itinere, ideo ante horam nonam fecit eos reficere, et quidquid habebat in cella sua, apposuit ut ederent, et repausavit eos. Facto autem vespere, orationes et psalmos secundum consuetudinem compleverunt, similiter etiam et nocte fecerunt. Supradictus autem senior separate in alio loco quiescebat sibi, et audiebat loquentes inter se, et dicentes : Quoniam isti eremitæ magis et melius ad refectionem cibantur quam qui in monasteriis conversantur. Hæc autem senior audiens tacuit. Et cum illuxisset dies, arripuerunt iter ut ad alium eremitam pergerent, qui in vicino ejusdem senis habitabat. Cum autem egrederentur, dixit eis senior : Salutate eum ex me, et dicite ei : Observa, et noli irrigare olera. Cum autem pervenissent ad illum seniorem alium, dixerunt ei mandatum. Ipse vero intellexit causam, et tenuit eosdem fratres, deditque eis ut operarentur texentes sportas, sedensque cum eis ipse, non cessavit de opere manuum. Vespere autem ad luminaria addidit super consuetudinem alios psalmos, et post completas orationes dixit eis : Nos quidem consuetudinem non habemus cibari quotidie, sed propter vestrum adventum oportet nos hodie cœnare ; et apposuit eis panes siccos, et sal, dicens : Quia propter vos debemus amplius aliquid cœnare ; misit autem modicum acetum, et sal, et modicum olei ; et cum surrexissent de mensula, cœpit iterum psallere usque ad prope lucem ; et dixit eis : Non possumus propter vos omnem canonem psallere, ideoque repausate modicum, quia de itinere fatigati estis. Cum autem factum fuisset mane hora prima, voluerunt recedere ab eo, sed non permisit eos senior, dicens. Magis jubete facere nobiscum aliquantos dies ; non enim dimitto vos hodie, sed propter charitatem teneo vos vel alios tres dies. Illi autem hæc audientes, surrexerunt nocte, et antequam illucesceret, latenter fugerunt ex eodem loco.

6. Quidam de sanctis senioribus salutandi causa profectus est ad alium seniorem eremitam, qui cum omni gaudio suscepit eum, pro cujus adventu paravit ad refectionem lenticulæ cibum coctum, dixeruntque inter se ut prius ex more complerent orationes et psalmodiam, et postea cibum caperent. Cum autem ingressi fuissent, psallebant, totumque psalterium compleverunt. Nam et de Scripturis sanctis, tanquam legentes, duos prophetas absentes habentes, recitaverunt. Jamque dies abierat, nox similiter recedebat. Dum ergo orarent et intente psallerent, illuxit alia dies, et tunc intellexerunt quod jam nox transisset. Iterum **494** autem inter se de verbo Dei loquentes, et spiritales sibi sensus exponentes, factum est ut circa horam nonam salutantes se invicem, ita reversus est qui venerat senex ad cellulam suam. Nam refectionem cibi qui paratus fuerat, obliti sunt accipere, dum cibum spiritualem perceperunt ; vespere autem facto, invenit senior ollam plenam sicut parata fuerat ; et contristatus, dixit : Heu ! quomodo obliti sumus pulmentum istud.

7. Referebat nobis abbas Zenon, quia aliquando dum proficisceretur ad Palæstinam, fatigatus de labore itineris, resedit sub arbore (*Pelag.*, *libel.* iv, *n.* 17). Erat autem in proximo ager plenus cucumeribus. Cogitavit autem in corde suo, ut surgeret, et tolleret sibi ad refectionem de ipsis cucumeribus : Nihil enim, inquit, grande est quod habeo tollere. Respondensque ipse sibi in cogitationibus suis, ait : Quia fures præcipientibus judicibus in tormenta mittuntur, oportet et ego meipsum probare, si possim sustinere tormenta, quæ latrones patiuntur. Surgens autem eadem hora, stetit in æstu quinque dies, frixitque corpus suum, et dixit cogitationibus suis : Quia non possum sustinere tormenta, ideo oportet me furtum non facere, sed magis exercere secundum consuetudinem opera manuum, et de laboribus meis reficere, sicut sancta Scriptura dicit in psalmis : Labores manuum tuarum quia manducabis, beatus es et bene tibi erit (*Psal.* cxxvii), quod certe quotidie in conspectu Domini psallimus.

8. Discipulus cujusdam sancti senioris impugnabatur a spiritu fornicationis, sed, auxiliante gratia Domini, resistebat viriliter pessimis et immundis cogitationibus cordis sui, jejuniis et orationibus, et in opere manuum valde affligebat se vehementer. Beatus autem senior videns eum ita laborantem, dixit ei : Si vis, o fili, deprecor Dominum, ut auferat a te istam impugnationem. Ille vero respondens, dixit :

Video, Pater, quia etsi laborem sustineo, sentio tamen fructum in me perficere bonum, quia per occasionem impugnationis hujus, et amplius jejuno, et amplius in vigiliis et orationibus tolero. Verumtamen deprecor te, ut exores pro me misericordiam Domini, ut det mihi virtutem, quatenus possim sustinere et certare legitime. Tunc senior sanctus dixit ei : Ecce nunc cognovi, fili, quia fideliter intelligis quod hoc spiritale certamen per patientiam ad salutem æternam animæ tuæ proficiat. Ita enim sanctus Apostolus dixit : Bonum certamen certavi, cursum consummavi, fidem servavi ; de cætero, reposita est mihi corona justitiæ; non solum autem mihi, sed et omnibus qui diligunt adventum ejus (*II Tim.* IV).

9. Et alius etiam frater vehementer impugnabatur ab immundo spiritu fornicationis. Exsurgens autem noctu abiit ad quemdam sanctum et probatum in virtutibus seniorem, et confessus est ei quia patiebatur impugnationem a spiritu fornicationis. Hæc cum audisset senior, consolabatur eum, docens spiritualibus verbis de virtute patientiæ, dicens, sicut scriptum est, Viriliter agite, et confortetur cor vestrum, omnes qui speratis in Domino (*Psal.* XXVI). Reversus est frater ad cellulam suam, et ecce iterum impugnatio insistebat ei. Ipse autem festinavit denuo pergere ad supradictum seniorem. Videns autem eum senior, iterum docebat eum ut patienter et indefesse sustineret, dicebatque ei : Crede, fili, quoniam mittet tibi Dominus Jesus Christus auxilium de cœlo sancto suo, ut possis superare passionem hanc. Confortatus autem frater, monente sancto seniore, remeavit ad cellulam suam, et iterum impugnatio valde conturbabat cor ejus. Et statim eadem hora noctis reversus est ad seniorem, et deprecabatur eum ut intentius pro eo Dominum exoraret. Dixit ei senior : Ne pertimescas, fili, neque resolvaris, neque abscondas cogitationes tuas ; ita enim confusus spiritus immundus discedit a te. Nihil enim ita allidit virtutem dæmonum, quomodo si quis secreta immundarum cogitationum revelaverit sanctis ac beatissimis patribus. Viriliter age, fili, et confortetur cor tuum, et sustine Dominum (*Psal.* XXVI). Ubi enim durior est pugna, ibi gloriosior erit et corona. Denique sanctus propheta Isaias dicit : Nunquid invalida est manus Domini ad salvandum, aut aggravata est auris ejus, ut non exaudiat (*Isaiæ* LIX)? Considera ergo, filiole, quia certamen tuum exspectat Dominus, tibique contra diabolum dimicanti parat æternitatis coronam. Ideo monet nos sancta Scriptura, dicens : Quia per multas tribulationes oportet nos introire in regnum cœlorum (*Act.* XIV). Hæc autem audiens frater, confirmatum est cor ejus in Domino, et permansit apud seniorem, noluitque ultra reverti ad cellulam suam.

10. Beato abbati Moysi, qui habitabat in loco qui appellabatur Petra, quodam tempore intantum imposuit durissimam impugnationem dæmon fornicationis, ut non prævaleret sedere in cellula sua, sed abiit ad sanctum abbatem Isidorum, et retulit ei violentiam impugnationis suæ (*Pelag., libello* XVIII, *num.* 12). Cumque de Scripturis sanctis abbas Isidorus proferens testimonia, consolaretur eum, et ut ad cellulam suam reverteretur rogaret eum, noluit abbas Moyses pergere ad cellulam suam. Tunc abbas Isidorus pariter cum abbate Moyse ascenderunt in superiora cellulæ suæ. Et dixit ei Isidorus : Respice ad Occidentem, et vide. Cumque respiceret, vidit multitudinem dæmonum vehementer cum furore perturbari, et quasi ad prælium præparatos, festinantesque pugnare. Dixit autem ei abbas Isidorus : Respice iterum ad Orientem, et vide. Cumque respiceret, vidit innumerabilem multitudinem sanctorum angelorum, gloriosum et splendentem super lumen solis cœlestium virtutum exercitum. Ait autem ei abbas Isidorus : Ecce quos in Occidente vidisti, ipsi sunt qui etiam impugnant sanctos Dei. Nam quos ad Orientem conspexisti, ipsi sunt quos ad adjutorium sanctis suis mittit Deus. Cognosce ergo quia plures sunt nobiscum, sicut dicit Elisæus propheta (*IV Reg.,* VI). Verum etiam sanctus Joannes dicit : Quia major est qui in nobis est, quam qui in hoc mundo (*I Joan.* II). Et his auditis confortatus in Domino sanctus abbas Moyses, reversus est in cellulam suam, gratias agens, et glorificans Domini nostri Jesu Christi bonitatis patientiam.

11. Erat quidam frater in eremo Scythiæ promptus et alacer in opus Dei, et spiritali conversatione (*Pelag., libell.* V, *n.* 22). Huic autem inimicus generis humani diabolus immisit cogitationes, ut recordaretur cujusdam notæ sibi mulieris pulchritudinem, et conturbaretur in cogitationibus suis vehementer. Contigit autem, ex dispensatione Domini Jesu, ut alius quidam frater de Ægypto veniret ad visitandum eum in charitate Christi. Et dum inter se loquebantur, evenit sermo ut diceret ille frater de Ægypto : Quia mortua est illa mulier. Ipsa autem erat, in cujus amore impugnabatur supradictus frater. Hæc cum audisset ille, post paucos dies abiit ad locum illum ubi positum erat corpus illius defunctæ mulieris, et aperuit noctu sepulcrum ejus, et cum pallio suo tersit saniem putredinis ejus, et reversus est ad cellulam suam, ponebatque fetorem in conspectu suo, et dicebat cogitationibus suis : Ecce habetis desiderium quod quærebatis, satiate vos ex eo, et ita in illo fetore cruciabat semetipsum, usquequo cessaret ab eo sordidissima impugnatio.

12. Duo fratres monachi abierunt in proximam civitatem, ut distraherent quæ manibus suis per totum annum operati essent (*Pelag., libell.* V, *n.* 27). Unus autem ex eis egressus est ut quædam sibi necessaria emeret, alius autem solus in hospitio remansit, et instigante diabolo cecidit in fornicationem. Cum autem reversus venisset frater, dixit ei : Ecce distraximus quæ necessaria erant, revertamur nunc ad cellulam nostram. Respondens autem frater dixit ei : Non possum reverti. Cumque deprecaretur eum

frater suus dicens : Quapropter non reverteris ad cellulam? Hic confessus est ei, dicens : Quia ego cum discessisti a me, cecidi in fornicationem, ideo nolo reverti. Volens autem lucrari et salvare animam ejus frater suus, cum sacramento dixit ei : Quia et ego cum separatus fuissem a te, lapsus sum similiter in fornicationem ; verumtamen revertamur ad cellulam, et ponamus nos in pœnitentiam [1]. Omnia enim possibilia sunt Deo (*Lucæ* I) ; ut pœnitentibus nobis indulgentiam donare dignetur, ut in æterno igne tormentis et pœnis inferni in tartaro non cruciemur : ubi pœnitentia non est, sed ignis semper sine cessatione, et dira tormenta. Ita ergo reversi sunt ad cellulam suam. Abierunt autem ad sanctos Patres, et prostraverunt se ad vestigia eorum, cum multo ululatu et lacrymis gementes, et confessi sunt illis quæ evenisset eis ruinæ tentatio. Quidquid autem præceperunt sancti seniores, et docuerunt eos in causa pœnitentiæ, ita omnia fecerunt. Ille ergo alius frater, qui non peccaverat, pro fratre qui peccaverat pœnitentiam agebat, quasi et ipse peccasset, eo quod multam charitatem circa eum haberet. Videns autem Dominus laborem charitatis ejus, infra pauca tempora revelavit sanctis Patribus qualis esset causa, et quia propter charitatem illius qui non peccaverat, et se afflixerat pro salute fratris, idcirco indulgentiam donavit ei Dominus qui peccasset. Ecce hoc ita sicut scriptum est : Quia posuit animam suam pro salute fratris sui (*I Joan.* III).

13. Alius etiam frater molestiam sustinebat a spiritu fornicationis. Abiit autem ad quemdam probatissimum seniorem, et precabatur eum dicens : Pone tibi sollicitudinem, beatissime Pater, et ora pro me, quia graviter me impugnat passio fornicationis (*Pelag.*, *libell.* v, *n.* 19). Hæc cum audisset senior, orabat intente, diebus ac noctibus pro eo deprecans Domini misericordiam. Iterum autem veniebat idem frater, et rogabat seniorem, ut magis intentius pro eo oraret. Similiter autem cum omni sollicitudine beatus senior orabat intentius pro eo : frequenter autem venientem ad se monachum videns senior et deprecantem se ut oraret, valde contristatus mirabatur quia non exaudiret Dominus orationem ejus. Eadem autem nocte revelavit ei Dominus quæ circa illum monachum erat negligentiæ et ignaviæ resolutio, et delectationes corporeæ cordis ejus. Ita autem ostensum est sancto seniori : Vidit sedentem illum monachum, et spiritum fornicationis in diversis mulierum formis ante illum ludentem, et ipsum cum eis delectari. Videbat autem et angelum Domini astantem et indignantem graviter contra eumdem fratrem, quia non surgebat neque prosternebat se in orationibus ad Deum ; sed magis delectabatur in cogitationibus suis. Hæc autem ostensa sunt per revelationem sancto seniori. Cognovit autem quia culpa et negligentia illius monachi erat, ut non exaudirentur orationes ejus ; et tunc dixit ei senior : Quia tua culpa est, frater, qui condelectaris cogitationibus malis, impossibile est enim discedere a te spiritum fornicationis immundum, aliis orantibus et Deum pro te deprecantibus, nisi et tu ipse laborem assumas, in jejuniis, et orationibus, et vigiliis multis, cum gemitu deprecans ut misericordiam suam, et adjutorium suæ gratiæ præbeat tibi Dominus Jesus Christus, ut possis resistere cogitationibus malis. Nam et medici, qui corporibus hominum medicamenta conficiunt et adhibent, quamvis omnia cum summa diligentia faciant, verumtamen si ille qui infirmatur, a noxiis cibis, vel de aliis quæ solent lædere infirmitates, abstinere noluerit, nihil ei proficit cura, et diligentia, et sollicitudo medicorum. Similiter etiam et in animæ languoribus eveniet. Licet enim omni intentione, et ex toto corde sancti Patres, qui sunt medici spirituales, exorent misericordiam Domini Salvatoris nostri pro eis qui orationibus eorum se postulant adjuvari, nisi et ipsi cum omni intentione mentis, tam in orationibus quam in omni opere spirituali quæ Deo placita sunt fecerint, non eis proficient negligentibus et resolutis, et de salute animæ minime cogitantibus, orationes sanctorum. Et hæc audiens frater, compunctus est corde, et cum omni sollicitudine, secundum doctrinam senioris, tam in jejuniis quam in orationibus et vigiliis semetipsum afflixit, et meruit misericordiam Domini. Et recessit ab eo spiritus immundæ passionis.

14. Erat quidam monachus, et habitabat in eremo. Quædam autem puella ex genere et cognatione ejus, post plurimos annos comperit in quo loco supradictus monachus habitaret, et instigante diabolo abiit in desertum requirens eum (*Pelag.*, *libell.* v, *n.* 24). Quo invento, ingressa est cellulam ejus, asserens ei quia ex genere et parentela ejus fuisset, mansitque ibi apud eum, et cecidit in ruinam peccati cum ea. Erat autem alius monachus, et ipse in eremo degens, qui cum ad refectionis horam venisset, gello (5) cum aqua, quem ad potum sibi præparaverat, vertebat se, et tota illa aqua fundebatur in terram. Hoc autem per aliquot dies, cum ad refectionem venisset, ita fiebat, et effundebatur aqua in terram, ut non posset bibere. Cogitavit autem apud semetipsum, ut abiret ad illum alium monachum, et diceret ei de gellone qui vertebat se, et tota aqua effundebatur. Igitur cum in itinere, vespere facto, in quodam antiquo et diruto templo idolorum dormiret, audivit dæmones inter se loquentes : Quia in ista nocte præcipitavimus illum monachum in fornicationem ; et hæc audiens, admirabatur. Cum autem illuxisset dies, pervenit ad monachum, et invenit eum gravissima tristitia oppressum, et dixit ei : Quid faciam, frater, quia qua hora reficere voluero, statim gello, quem ad usum aquæ habeo, vertit se, et effunditur aqua, et non habeo quid bibere ? Tunc respondit ei supradictus monachus, dicens : Tu quidem venisti ad me interrogare, quia gellunculus vertit se, et effunditur aqua ? Ego autem quid habeo facere, quia hac nocte cecidi in fornicationem ? Respon-

---

[1] Nota, non licitum esse mendacium officiosum ; fors spiritaliter se fornicatum intelligit.

densque frater, dicit ei : Ego et hoc jam cognovi. Dixit autem ei ille : Et unde hoc potuisti cognoscere? Et ille ait : Dum in itinere noctu quiescerem, audivi dæmones inter se loquentes et gloriantes de lapsu tuo, et nimis contristatus sum. Tunc respondit ei ille monachus, dicens : Ecce ego egredior, et vado in sæculum. Hæc ille audiens, deprecabatur eum, dicens : Noli hoc agere, frater, sed magis patienter sustinens permane in hoc loco. Nam mulierem expellamus, et revertatur ad locum suum. Manifeste enim ista exquisitio ars maligni diaboli est. Magis autem oportet ut maneas in hoc loco in afflictione cordis et corporis, et cum intimi cordis gemitu ac lacrymis usque ad exitum vitæ deprecare Domini ac Salvatoris nostri pietatem, ut possis invenire misericordiam in die illo terribili magni judicii Dei.

15. Erat quidam frater in eremo, habitabat autem in loco qui dicebatur Cellia, et impugnabant eum dæmones in passione fornicationis. Cogitavit autem apud semetipsum, dicens : Quia forsitan oportet me magis in opere manuum laborare, ut exstinguatur carnalis sensus meus. Erat autem idem frater arte figulus. Exsurgens autem fecit in luto, et plasmavit quasi figuram mulieris, et dixit cogitationibus suis : Ecce uxor tua, necessarium est ergo ut super consuetudinem addas in opere manuum tuarum ; et post aliquantos dies iterum similiter fecit ex luto, et plasmavit quasi filiam sibi, et dixit cogitationibus suis : Ecce generavit uxor tua filiam, necessarium est ergo ut magis magisque amplius exerceas opera manuum, ut possis pascere et vestire, et te, et uxorem, et filiam tuam ; et ita præ nimio labore maceravit corpus suum, ut non prævaleret jam supportare tantum laborem. Tunc dixit cogitationibus suis : Quia si non prævales nimium istum sustinere laborem, neque mulierem requiras. Videns autem Deus fervens propositum mentis ejus pro certamine castitatis, abstulit ab eo molestiam impugnationis dæmonum. Et glorificavit Deum super magnitudine gratiæ ejus.

16. Quidam frater interrogabat beatum abbatem Pœmenem, dicens : Quid faciam, Pater, quia impugnat me passio fornicationis, et rapior in passionem furoris? Et respondens dixit ei sanctus senior : Ideo utique David propheta dicebat : Quia leonem quidem percutiebam, nam et ursum frequens suffocabam (I Reg. xvii). Hoc autem ita intelligitur, quia furorem ab animo meo abscindebam, fornicationem autem in laboribus affligebam.

17. Dicebant sancti seniores Patres de quodam monacho jam seniore in Scythi eremo commanente, quomodo servus quorumdam erat, et per singulos annos descendebat de eremo in Alexandriam, ubi commanebant domini ejus, deferens eis pensionem, sicut solent servi dare dominis suis (Pelag., libell. 15, num. 51, nomine Olympii). Sed domini ejus magis reverentiam pro timore Dei habentes circa eum, honorabant occurrentes et salutantes eum, petentesque ut pro eis Dominum exoraret. Ille autem mittebat aquam in pelvim, et festinabat lavare pedes dominorum suorum, cum omni humilitate obsequium eis exhibere cupiens. Ipsi vero nolebant acquiescere ut pedes eorum ablueret, sed dicebant : Noli, beatissime Pater, gravare animas nostras. At ille respondens dicebat ei : Ego servus vester sum, nam vos esse dominos meos omnipotens Deus constituit ; et gratias ago dominio vestro, quia dignati estis me permittere ut serviam Deo vivo et vero, creatori ac dominatori cœli et terræ, et imo detuli vobis pensionem servitutis meæ. Domini autem ejus contendebant, nolentes accipere quam detulerat pensionem. Respondens autem monachus dixit eis : Si noluerits accipere pensionem meam, ita decrevi ut non revertar in eremum, sed hic in præsenti permaneo, et servio vobis. Hæc autem audientes domini ejus, acquieverunt suscipere pensionem, ne contristaretur, sed magis ut reverteretur ad loca eremi ad cellulam suam. Illud autem quod in pensionem suam etiam nolentibus dabat dominis suis, statim ut accipiebant, pauperibus erogabant. Interrogantes autem eumdem seniorem fratres, dixerunt ei : Obsecramus te, Pater, ut dicas nobis cur cum tanta intentione pro servitio tuo pensionem etiam nolentibus et nimis resistentibus tibi dominis ingessisti? Ad hæc respondens senior dixit : Ego, fratres, ideo festino pro servitio, quod tanquam dominis meis debeo pensionem per singulos annos adimplere eis, ut quidquid jam cum adjutorio Domini in jejuniis et orationibus, seu in sanctis vigiliis, vel in omni opere spirituali, Christo Domino adjuvante, laboravero, hoc mihi in æterna vita, et ad salutem animæ meæ proficiat, ne forte si pensionem pro servitio meo minime intulero, jam totus spiritalis labor meus ad illorum mercedem proficiat, qui me permiserunt Christo Domino deservire, et spiritaliter conversari.

18. Erant duo fratres, secundum carnem quidem germani, verumtamen uterque in spiritali proposito monachi existentes, insidiabaturque eis malignus diabolus, ut quomodocunque eos separaret ab invicem (Pelag., libell. xv, num. 89). Quadam igitur die ad vesperam, secundum consuetudinem ille junior frater accendens lucernam posuit super candelabrum. Faciente autem malitia dæmonum, ruit candelabrum, et exstincta est lucerna. Per hanc occasionem insidiabatur eis malignus diabolus, ut in litem eos incenderet ; surgensque senior, cœpit percutere cum furore fratrem suum. Ille vero prostratus in terram, deprecabatur germanum suum, dicens : Magnanimus esto, domine, et ego rursus accendo lucernam. Ergo quia non respondit ei turbulentum sermonem, statim malignus spiritus confusus recessit ab eis. Et pergens eadem nocte nuntiavit principi dæmonum, dicens : Quoniam propter humilitatem illius monachi, qui prostratus in terra veniam postulabat a fratre suo, non prævalui in eis. Vidensque Deus humilitatem ejus, effudit super eum gratiam suam ; et ego sentio me valde torqueri atque cruciari, quoniam non prævalui eos separare ab invicem. Hæc autem omnis

verba audiens sacerdos idolorum qui ibi commanebat, compunctus est in timore Domini et amore Jesu Christi; considerans enim quoniam magis seductio et perditio animarum est cultus idolorum, relinquens omnia, festinanter perrexit ad sanctos Patres ad monasterium, et retulit eis omnia quæ per malitiam dæmones inter se loquebantur. Cumque monitis salutaribus instruxissent eum sancti Patres de doctrina Domini Salvatoris, baptizatus est, et sancti propositi monachorum vitam arripuit, et adjuvante et cooperante gratia Dei, factus est probatissimus monachus, tantumque veneratus est et tenuit virtutem humilitatis, ut omnes nimiam humilitatem ejus admirarentur. Dicebat enim, quoniam omnem virtutem adversariorum nostrorum dæmonum solvit humilitatis intentio. Denique et Dominus noster Jesus Christus per humilitatem triumphavit diabolum, et omnem ejus virtutem contrivit. Addebat etiam dicens, quoniam frequenter audisset dæmones inter se loquentes, quia quando ad iracundiam succendimus corda hominum, si quis sustinuerit patienter convicia injuriarum, et conversus magis rogaverit ea quæ ad pacem sunt, dicens : Quia ego peccavi, statim sentimus omnem nostram virtutem marcere, quia approximat eis gratia divinæ potentiæ.

19. Referebat autem beatus senior Pœmen fratribus, dicens : Quoniam fuit quidam nuper monachus in Constantinopoli temporibus Theodosii imperatoris (*Pelag.*, *libell.* xv, num. 66). Habitabat autem parva cella foris civitatem prope proastium (6), qui vocatur in Septimo (7), ubi solent imperatores egressi de civitate libenter degere. Audiens autem imperator quod ibi esset quidam monachus solitarius, qui nunquam egrediebatur de cella, cœpit deambulando pergere ad eum locum ubi erat supradictus monachus, præcepitque sequentibus se eunuchis ut nullus approximaret ad cellulam monachi illius. Ipse autem solus perrexit, pulsavitque ostium. Surrexit autem monachus, et aperuit ei, et non cognovit eum quod esset imperator. Tulerat enim sibi coronam de capite suo, ut non cognosceretur. Post orationem autem sederunt pariter, et interrogavit eum imperator dicens : Quomodo sancti Patres degunt in Ægypto ? Respondensque monachus, ait : Omnes exorant Deum pro salute vestra. Aspiciebat autem imperator intente cellulam ipsam, et nihil in ea vidit, nisi paucos panes siccos in sporta pendentes, et dixit ei : Da mihi benedictionem, abba, ut reficiamus. Statimque festinavit monachus, et misit aquam et sal, et misit buccellas, et comederunt pariter, porrexitque ei calicem aquæ, et bibit. Tunc Theodosius imperator dixit : Scis quis ego sum? Respondens monachus dixit : Nescio quis sis, domine. Dixit ei : Ego sum Theodosius imperator, et ob devotionem veni huc. Hoc cum audisset monachus, prostravit se ante illum. At ille dixit ei : Beati estis vos, monachi, qui, securi ac liberi de negotiis sæculi, tranquilla et quieta perfruimini vita, et solummodo de salute animarum vestrarum habetis sollicitudinem, quomodo ad vitam æternam et ad cœlestia præmia pervenire possitis. In veritate enim dico tibi quia certe in regno natus sum, et nunc in regno dego, et nunquam sine sollicitudine cibum capio. Post hæc autem valde honorifice salutavit eum imperator, et ita egressus est ab eo. Eadem autem nocte cœpit intra se cogitare famulus Dei, dicens : Quoniam non oportet jam me in hoc loco esse; multi enim non solum de populo, sed etiam de palatio et de senatoribus quamplurimi exempli imperatoris secuti, ad videndum me venturi sunt, et honorem mihi tanquam servo Dei deferendo non cessabunt. Et illi quidem hæc propter nomen Domini facturi sunt, ego autem timeo ne forte diabolus malignus mihi subripiat (8), et libenter incipiam eos suscipere, et condelectetur cor meum laude et honore eorum, et per hæc jam incipiam virtutem humilitatis perdere, et laudibus atque honoribus hominum delectari. Hæc igitur omnia homo Dei secum cogitans, eadem nocte fugit inde, et perrexit in Ægyptum ad sanctos Patres in eremo. Itaque consideremus, dilectissimi fratres, quanta sollicitudine virtutem humilitatis custodire famulus Dei studuit, ut in cœlesti regno æternam gloriam pro labore sanctæ vitæ suæ, quem propter nomen Domini exercuerat, percipere a Christo Domino mereretur.

20. De hoc autem ipso sancto Pœmene referebant alii sancti seniores dicentes : Quia quodam tempore, cum advenisset judex provinciæ, audissetque sanctam opinionem beati Pœmenis, desiderabat videre eum, misitque nuntium ad deprecandum ut susciperet eum (*Pelag.*, *libell.* viii, num. 13). Beatus autem Pœmen contristatus est valde, cogitans apud semetipsum : Quia si cœperint personæ nobiles venire ad salutandum et honorandum me, manifestum est quia et alii multi etiam populares homines frequentabunt me; et necesse est ut per hoc perturbetur secreta vitæ meæ conversatio, et humilitatis gratiam, quam cum labore tanto, auxiliante Domino, a juventute mea studui custodire, forsitan surripiente maligno diabolo perdam, et vanæ gloriæ incurram laqueos. Hæc ergo apud semetipsum pertractans, definivit quatenus excusaret magis, et non susciperet judicem. Contristatus autem judex, quia non eum suscepisset, ait ad officium suum : Quoniam non merui videre hominem Dei, peccatis meis imputo. Verumtamen nimis desideravit per quamcunque occasionem videre sanctum virum. Excogitavit ergo hujuscemodi causam, quæ occasionem ei præberet videndi eum. Comprehendens enim filium sororis beati Pœmenis, misit in carcerem, ut per istam occasionem aut susciperet judicem, aut certe ipse veniret ad rogandum judicem. Dixitque ad officium suum : ut non contristetur sanctus senior, mandate ei si voluerit venire ad me, necesse est ut statim educamus eum de carcere. Talis enim est causa ejus, quæ non possit impune transire. Audiens autem hæc mater juvenis, id est, soror sancti Pœmenis, abiit in eremum ubi erat frater suus, stabatque ad ostium cellulæ ejus cum multo fletu et ululatu, rogans eum ut descenderet ad judicem, et

rogaret pro filio suo. Beatus autem Pœmen non solum ad eam nihil dixit, sed nec ostium ei aperuit ut egrederetur ad eam. Tunc cœpit illa maledicere ei, ac dicere: Durissime et impiissime, et ferrea viscera gerens, quomodo te tantus dolor fletus mei non flectit ad misericordiam, quoniam unicum ipsum filium habeo, quem in periculo mortis video constitutum? Tunc senior mandavit ei per fratrem qui ei ministrabat, dicens: Vade, dic ei: Pœmen filios non genuit, et ideo non dolet. Hæc audiens judex, dixit amicis suis: Scribite ad eum, ut vel epistolam precatoriam faciat ad me, quatenus possim eum dimittere. Tunc jam quamplurimis suadentibus, sanctus senior scripsit ad judicem, dicens: Jubeat nobilitas tua diligenter requirere causam illius, et si quid dignum morte admisit, moriatur, quatenus in hoc præsenti sæculo exsolvat crimen peccati sui, ut evadat æternas ac perpetuæ gehennæ pœnas; sin autem nihil dignum morte commisit, quod justum videtur legibus, ita de eo jube discernere.

21. Fuit etiam de magnis patribus quidam senior, nomine Agathon, nominatissimus in virtute humilitatis et patientiæ (*Pelag., libell.* x, *num.* 10). Quodam autem tempore perrexerunt ad visitandum eum fratres. Audientes enim de eo quod magnam humilitatem habuerit, volentesque probare, si vere humilitatis patientiam possideret, dixerunt ei: Multi scandalizantur in te, Pater, quia nimis vitio superbiæ tenearis, et ideo alios despicias, et pro nibilo eos habeas, sed et detractiones adversus fratres non cesses loqui: affirmant etiam quamplurimi quod hæc ideo agas, quia fornicationis vitio tenearis, et ne solus videaris errare, idcirco aliis non cesses detrahere. Ad hæc respondens senior, ait: Hæc omnia quæ dixistis vitia in me esse cognosco, nec possum negare tantas iniquitates meas; procidensque pronus in terram, adorabat eosdem fratres, dicens: Deprecor vos, fratres, ut intentius pro me misero et multis peccatis obnoxio Christum Dominum exorare non cessetis, ut indulgentiam tribuat iniquitatibus meis multis ac malis. Ad hæc supradicti fratres addentes, dixerunt ei: Non te lateat etiam hoc, quia hæreticum te esse quamplurimi affirmare volunt. Hoc autem cum audisset senior, dixit eis: Licet in aliis multis peccatis obnoxius sim, tamen hæreticus penitus non sum: absit hoc ab anima mea. Tunc omnes fratres qui ad eum venerant, prostraverunt se in terram ad pedes ejus, obsecrantes eum, ac dicentes: Precamur te, abba, ut dicas nobis cur tanta vitia et peccata dicentibus nobis de te, in nullo commotus es; de verbo autem hæretici valde te commovisti, et abominatus es, nec sufferre potuisti auditum? Dixit eis senior: Illas priores culpas et peccata propter humilitatem sustinui, ut peccatorem me esse crederetis. Novimus enim quod si custodiatur humilitatis virtus, magna salus est animæ. Nam Dominus et Salvator noster Jesus Christus, cum ei Judæi multas contumelias et convicia irrogassent, patienter cuncta toleravit, ut nobis humilitatis præberet exempla. Immissi enim falsi testes, multa adversus eum falsa dixerunt, et usque ad mortem crucis patienter cuncta sustinuit. Ita enim et apostolus Petrus prædicabat, dicens: Christus passus est pro nobis, vobis relinquens exemplum, ut sequamini vestigia ejus (*I Pet.* II). Oportet igitur ut patienter cum humilitate cuncta adversa sustineamus. Sermonem autem, quem objecistis de hæresi, non potui sustinere, et valde abominatus sum, quia hæresis separatio est a Deo. Hæreticus enim separatur a Deo vivo et vero, et conjungitur diabolo et angelis ejus. Alienatus enim a Christo, jam non habet Deum quem exoret pro peccatis suis, quia ex omni parte periit. Si autem conversus fuerit ad veram et catholicam sanctæ Ecclesiæ fidem, suscipitur a bono et pio Salvatore nostro Christo, et reconjungitur Deo vero creatori et Salvatori nostro Christo, qui est in Patre Filius semper cum sancto Spiritu. Ipsi gloria in sæcula sæculorum. Amen.

22. Consilium inter se habuerunt seniores Patres, et omnes monachi habitantes in eremo Scythi, et consenserunt ut Pater Isaac **500** presbyter eis ordinaretur in ecclesia quæ in ipsa eremo sita est, ubi convenit die et hora statuta multitudo monachorum, qui in illa eremo conversantur (*Pasch., c.* 33, *n.* 2). Audiens autem supradictus abbas Isaac hujuscemodi consilium, fugit in Ægyptum, et abscondit se in quodam agro inter fruteta, arbitrans indignum se esse honore presbyterii: quamplurimi autem fratres monachi sequebantur, ut comprehenderent eum. Cum autem applicuissent ad vesperam in eodem agro prolongius, ut reficerentur fatigati de itinere (erat enim nox), dimiserunt asellum qui eis sumptus portabat in itinere ut pasceret. Cum autem pasceretur asellus, pervenit in locum ubi supradictus abbas Isaac latitabat. Cumque illuxisset dies, requirentes monachi asellum, pervenerunt ad eumdem locum ubi se senior occultaverat, et admirantes valde dispensationem divinam, comprehendentes ligare et constringere eum voluerunt, et ita perducere. Venerabilis autem senior non permisit, dicens: Jam non possum contradicere vobis, quia forsitan voluntas Dei est ut licet indignus suscipiam ordinem presbyterii.

23. Erant autem duo fratres monachi pariter in cella commorantes, quorum humilitatem et patientiam multi etiam de sanctis Patribus collaudabant. Audiens vero quidam sanctus vir, voluit probare si veram perfectamque humilitatem haberent; venit ergo ad visitandum eos. Cumque cum gaudio suscepissent eum, et ex more complessent orationes et psalmodiam, egressus foris cellulam vidit parvum hortum ubi sibi olera faciebant. Apprehensoque baculo, cum toto impetu cœpit omnia olera cædendo confringere, ita ut nihil omnino remaneret. Videntes autem supradicti fratres, nihil penitus dixerunt, sed nec vultum tristem aut turbatum habentes. Et rursus ingressi cellulam, vespertinas orationes complentes, adorantes eum dixerunt: Si præcipis, domine, ibimus, et qui remansit caulem coquentes gustemus, quia jam hora est ut cibum sumamus. Tunc senior adoravit

eos, dicens: Gratias ago Deo meo, quia video Spiritum sanctum requiescere in vobis; et ideo hortor vos ac moneo, fratres charissimi, ut usque in finem custodiatis sanctæ humilitatis et patientiæ virtutem, ut ipsa in regno cœlesti vos magnos et sublimes in conspectu Domini faciat apparere.

24. Erat quidam in cœnobio jam senex et probatissimus monachus, et incurrit gravissimam ægritudinem; confectusque nimia et intolerabili infirmitate, per longum tempus laborabat in doloribus multis, nec invenire poterant fratres, qualiter succurrerent ægritudini ejus, quoniam ea quæ necessitas infirmitatis ejus expetebat, non habebant in monasterio. Audiens autem quædam famula Dei de afflictione infirmitatis ejus, deprecabatur Patrem monasterii, ut eum ad cellulam suam tolleret, ut ministraret ei, maxime autem quia facilius invenire posset in civitate quæ necessaria ægritudini ejus videbantur. Præcepit ergo Pater monasterii ut portarent eum fratres ad cellulam famulæ Dei. Ipsa vero cum omni veneratione suscipiens senem, propter nomen Domini ministrabat ei pro retributione mercedis æternæ, quam credebat a Christo Salvatore nostro recipere. Cumque per tres et amplius annos sedule obsequeretur famulo Dei, cœperunt homines mente corrupti secundum scabiem mentis suæ suspicari quod non sinceram haberet senior conscientiam de virgine, quæ ministrabat ei. Audiens autem hæc senior, exorabat divinitatem Christi, dicens: Tu, Domine Deus noster, qui solus nosti omnia, et vides quia multi sunt dolores ægritudinis et miseriæ meæ, et afflictionem consideras tantæ infirmitatis, quæ me ita per tantum consumpsit tempus, ut necessarium habeam obsequium hujus famulæ tuæ, quæ mihi propter nomen tuum ministrat; tribue ei, Domine Deus meus, condignam mercedem in vita æterna, sicut dignatus es promittere propter bonitatem tuam his qui propter nomen tuum exhibent egenis et infirmis suum ministerium. Cum autem approximasset dies transitus ejus, convenerunt ad eum quamplurimi sancti seniores fratres de monasterio, et dixit eis senior: Obsecro vos, domini, et patres, et fratres, ut cum defunctus fuero, tollatis baculum meum, et plantetis eum super sepulcrum meum, et si radices fecerit, miseritque fructum, tunc scietis quia munda est conscientia mea a famula Dei, quæ mihi ministrabat. Si autem non fronduerit, scitote quia non sum mundus ab ea. Cum ergo vir Dei exiisset de corpore, secundum præceptum ejus sancti Patres plantaverunt baculum ejus super sepulcrum ipsius, et fronduit, accedenteque tempore protulit fructum; et admirati sunt omnes, glorificantes Deum. Ad tale enim miraculum, etiam de vicinis regionibus, multi convenientes magnificabant gratiam Salvatoris, nam et nos ipsam arbusculam vidimus; et benediximus Dominum, qui protegit in omnibus in sinceritate et veritate sibi servientes.

501 25. Quodam tempore ad beatum abbatem Apollonium duxerunt quemdam vexatum, qui fortiter a dæmonio torquebatur (*Pelag.*, *libell.* xv, n. 65).

Cumque per triduum observarent, qui cum eo venerant, obsecrantes senem ut eum in nomine Christi fusis ad Deum precibus curaret; respondens senior, dixit eis non esse se hujus meriti, ut dæmonibus imperaret. Cum autem persisterent qui venerant, rogantes eum, et flentes nimis deprecantes, tandem acquievit. Cum autem in nomine Domini Salvatoris nostri imperaret dæmoni, dicens: Exi, immunde spiritus, de plasmate Dei. Tunc respondens dæmon dixit ei: Ego quidem imperante virtute Christi egredior, tamen interrogabo te sermonem ut dicas mihi: Quid est quod scriptum est in Evangelio (*Matth.* xxv): Qui sunt hædi, et quæ sunt oves? Respondens autem senior dixit ei: Hædi quidem injusti sunt, inter quos et ego sum peccator, qui multis peccatis obnoxius sum; oves autem Deus novit quæ sunt. Tunc exclamavit dæmon voce magna, dicens: Propter humilitatem tuam stare omnino non possum, et statim egressus est de homine quem obsederat. Videntes autem omnes qui astabant, dederunt gloriam Deo.

26. Referebant sancti seniores nobis dicentes: Quia fuit quidam monachus in eremo Scythi; venit autem ad visitandos sanctos Patres in loco qui dicitur Cellia, ubi multitudo monachorum divisis habitabat cellulis. Cumque non inveniret ad præsens cellulam ubi posset manere, quidam de senioribus habens aliam vacantem cellulam, dedit ei, dicens: Interim repausa in hac cellula, donec invenias ubi possis manere. Cumque ad visitandum eum convenirent quamplurimi fratres, desiderantes ab eo audire verbum salutis æternæ; habebat enim spiritualem gratiam docendi verbum Dei; videns ille senior, qui ei ad habitandum præstiterat cellam, invidiæ livore cor ejus vulneratum est, et indignari cœpit ac dicere: Quoniam ego tantis temporibus in hoc loco habito, et ad me non veniunt fratres nisi rarissime, et hoc in diebus festis, et ecce ad istum impostorem pene quotidie fratres quamplurimi vadunt; dixitque discipulo suo: Vade, et dic ei ut egrediatur de cellula illa, quoniam necessaria mihi est. Cum autem perrexisset discipulus ejus ad illum fratrem, dixit ei: Mandavit abbas meus sanctitati tuæ, jube ei per me mandare qualiter habeas, audivit enim te infirmari. Ipse vero remandavit ei dicens: Ora pro me, domine Pater, quia valde stomachum doleo. Reversus autem discipulus dixit abbati suo: Nimis rogat sanctitatem tuam, ut vel duos dies jubeas ei inducias dare, ut possit sibi aliam cellam providere. Transactis autem tribus diebus, iterum misit discipulum suum, dicens: Vade, dic ei ut egrediatur de cellula mea; nam si rursus distulerit, dices ad eum, quia continuo venio, et cum baculo cædendo expello eum de cella mea. Pergens autem discipulus ad supradictum fratrem dixit ei: Quoniam valde sollicitus est abbas meus de infirmitate tua, ideo misit me requirens si melius habeas. At ille respondens dixit: Gratias ago, domine sancte, charitati tuæ, quia sollicitus es de me, verumtamen precibus tuis melius habeo. Reversus autem discipulus, dixit abbati suo: Etiam et nunc

deprecatur sanctitatem tuam dicens, ut usque ad diem Dominicam exspectes, et statim egredietur. Cum autem advenisset Dominicus dies, et non egrederetur, accipiens vectem senior, inflammatus invidiæ et iracundiæ spiritu, pergebat ut cædendo expelleret eum de cella sua. Accedens autem discipulus ejus dixit ei : Si jubes, Pater, præcedo te, et video, ne forsitan aliqui fratres ad salutandum eum venerint, et si viderint te, scandalizentur. Præcessit ergo discipulus, et ingressus ad eum dixit : Ecce abbas meus venit ad salutandum te, egredere ergo celerius, et cum gratiarum actione occurre ei, quia pro nimia charitate et dilectione venit ad te. Qui statim surgens cum nimia alacritate occurrit ei. Cumque vidisset eum antequam approximaret ad eum, prostravit se pronus in terram, adorabatque senem cum gratiarum actione, dicens : Retribuat tibi Dominus, charissime Pater, bona æterna pro cellula tua, quam mihi propter nomen ejus præstitisti, et in cœlesti Jerusalem inter sanctos suos Christus Dominus tibi gloriosam et splendidam præparet mansionem. Hæc autem audiens senior, compunctus est corde, et projiciens baculum recurrit in amplexus ejus, et osculatus est eum, et invitavit illum ad cellulam suam, ut pariter cum gratiarum actione sumerent cibum. Vocavit autem senior supramemoratum discipulum suum, et interrogavit eum, dicens : Dic mihi, fili, si dixisti verba isti fratri, quæ propter cellulam mandavi ut diceres ei. Tunc discipulus ejus confessus est ei, dicens : Vere, domine, dico quia propter humilitatem quam tibi exhibere debeo tanquam Patri et domino, ideo non audebam respondere tibi aliquid quando me mittebas ad eum; verumtamen nihil eorum dixi ei quæ mandabas ad eum. Hæc audiens senior, statim prostravit se ad pedes ejus dicens : Ex hodierna die tu meus pater esto, et ego discipulus tuus; quoniam te festinante et moderante, ac cum timore et charitate Dei agente, et meam et illius fratris animam de peccati laqueo Christus Dominus liberavit. Pro fide enim et sancta sollicitudine et intentione discipuli, qui perfecte in charitate Christi diligebat abbatem suum, et anxie timebat, ne per invidiæ et iracundiæ vitium, aliquid tale ageret pater suus spiritualis, ut perderet omnes labores sanctos, quos ab ineunte ætate in Christi servitio, pro vitæ æternæ præmiis laboraverat. Ideoque Dominus donavit gratiam suam, ut in pace Christi pariter lætarentur.

27. Dicebant sancti seniores de discipulo abbatis Pauli, nomine Joannes, quoniam magnum haberet humilitatem, et virtutem obedientiæ, ut etiam difficiles causas imperante ei abbate, in nullo penitus contradiceret (*Pelag., libell.* 14, *n.* 4), sed nec leviter in aliquo murmuraret. Cum autem necessarius esset in monasterii utensilibus fimus boum, misit eum abbas in proximum vicum, ut requireret ibi fimum boum, et cum celeritate afferret ad monasterium. Erat autem in loco illo mala bestia leæna. Statim ergo egressus discipulus ejus Joannes, ibat secundum præceptum abbatis; cumque pergeret, dixit abbati suo : Domine pater, audivi quamplurimos dicentes quia in illo loco mala bestia leæna sit. Tunc senior, quasi joculariter dicit ei : Si venerit super te, tene, et alliga eam, et adduces eam tecum. Cum autem venisset ad locum jam vespere, statim egressa leæna irruit super eum, et ille comprehendens tenere eam voluit, illa vero excutiens se, de manibus ejus aufugit. Sequebatur autem ille dicens : Quia abbas meus præcepit ut alligatam te perducam ad eum. Continuo autem stetit bestia, et tenens eam, revertebatur ad monasterium. Dum autem retardaret in itinere, abbas nimis sollicitus pro eo, tristabatur graviter; et ecce subito supervenit discipulus ejus tenens ligatam leænam. Quod cum vidisset senior, admiratus valde, gratias agebat Salvatori nostro Domino. Dicit autem discipulus ejus : Ecce, domine, sicut præcepisti, adduxi leænam ligatam. Volens autem humiliare sensum ejus senior, ne extolleret se in cogitationibus suis discipulus suus, ait ei : Sicut tu insensibilis es, ita etiam et istam insensibilem bestiam adduxisti; solve ergo, et dimitte eam, ut pergat ad locum suum.

28. Quidam de sanctis senioribus misit discipulum suum ad hauriendam aquam (*Joannes, libell.* II, *n.* 17). Prolongius autem erat puteus a cella senioris. Oblitus est autem secum tollere funem discipulus ejus, de quo hauriret aquam. Cumque pervenisset ad puteum, contristatus est valde, quia longe erat cellula eorum; quid ageret, quo se verteret, nesciebat, dubitabat enim ad cellulam sine aqua reverti. Tunc anxius nimis, prostravit se in orationem cum lacrymis, dicens : Domine, miserere mei secundum magnam misericordiam tuam (*Psal.* L); qui fecisti cœlum et terram, mare, et omnia quæ in eis sunt, qui fecisti mirabilia magna solus, miserere mei propter servum tuum qui misit me, et cum exsurrexisset ab oratione, exclamavit dicens : O putee, putee, servus Christi abbas meus misit me, ut hauriam aquam. Statim autem ascendit aqua sursum usque ad os putei, et cum implesset lagenam suam frater, abscessit glorificans potentiam Domini Salvatoris; aqua autem putei reversa est in locum suum.

29. Fuit quidam frater in monasterio, nomine Eulalius, nimis gratia humilitatis ornatus (*Pelag., libell.* XV, *n.* 86). Si quid igitur, ut solet, culpabile admisissent fratres negligentiores, excusantes culpas suas, supradictum fratrem asserebant esse culpabilem. Cumque argueretur a senioribus fratribus, non negabat, sed prosternebat se in terram, et adorans eos, se dicebat peccasse, et negligenter fecisse. Cum autem iterum ac frequenter accusarent eum, et secundum regulam monasticam biduana ac triduana jejunia ei indicerentur, ille omnia patienter tolerabat. Ignorantes autem fratres quia hæc omnia pro humilitatis virtute patienter sustineret, convenientes pariter, et maxime seniores fratres ad Patrem monasterii, dixerunt : Considera, Pater, quid faciendum sit, quandiu enim possumus sustinere negligentias et damna quæ

frater ille. Eulalius facit in monasterio? Jam pene omnia vasa et utensilia monasterii confracta sunt, et exterminata per negligentiam ejus. Quomodo ergo iste talis tolerandus est? Respondens Pater monasterii ait: Interim paucos dies sustineamus fratrem, et postea ordinabimus de eo quod competit fieri. Hæc dicens dimisit fratres. Ingressus vero cellulam prostravit se in orationibus, obsecrans misericordiam Domini, ut ei manifestare dignaretur quid ordinare aut definire posset de sæpe dicto fratre: tunc revelatum est ei quid ageret. Convocavit ergo omnes fratres abbas, dixitque eis: Credite mihi, fratres, quia magis opto mattulam fratris Eulalii cum humilitate et patientia ejus, quam omnia opera eorum duntaxat qui, murmurantes in cordibus suis, operantur in monasterio. Ut autem ostendat vobis Dominus quale meritum habet ipse idem frater apud Deum, præcipio vobis ut deferantur mihi mattulæ omnium fratrum: quas cum detulissent, jussit ut accenderent ignem, et misit in eum omnium fratrum mattulas, quæ statim combustæ sunt, præter mattulam fratris Eulalii, quæ integra reperta est, et non est combusta. Cumque hoc vidissent fratres omnes, timuerunt valde, et prostraverunt se in terram, veniam et indulgentiam a Christo Domino postulantes, et collaudantes admirabantur nimis patientiam et humilitatem fratris Eulalii. Denique ex eo honorabant et magnificabant eum, tanquam unum de magnis Patribus; istos autem honores et laudes non poterat sustinere frater Eulalius, dicens: Væ mihi infelici, quia perdidi humilitatem meam, quam tantis temporibus acquirere, auxiliante et adjuvante me Christo Domino, festinavi. Consurgens itaque nocte, egressus de monasterio fugit in eremum, ubi nullus eum agnosceret, et ibi in spelunca habitavit. Noluit enim temporales hominum laudes, sed cœlestem æternamque gloriam a Salvatore nostro Christo in futuro sæculo percipere.

30. Beati abbatis Anastasii laudabilem humilitatem et patientiæ virtutem oportet ut cognoscamus, quatenus admirabilem magnanimitatem et tranquillitatem animæ ejus considerantes, imitemur exemplum (*Pelag. libell.* xvi, n. 1, *nomine Gelasii*). Hic itaque Anastasius habebat Codicem in pergamenis valde optimis scriptum, qui decem et octo valebat solidis, totum enim vetus et novum Testamentum scriptum habebat. Cum autem quidam frater venisset ad eum visitandi gratia, vidit in cellula ejus Codicem ipsum, et concupivit, furatusque est eum, et abiit. Supramemoratus autem abbas Anastasius, cum requisisset eadem die ad legendum Codicem suum, et non invenisset, intellexit quia frater ille furatus esset eum, et noluit mittere post ipsum, nec requirere eum, ne post furtum etiam et perjuria adderentur. Descendens autem frater ille in eam quæ in proximo erat civitatem, voluit distrahere Codicem illum, petebat autem in pretio ejus solidos sedecim. Dicit ei ille qui eum emere volebat: Da mihi Codicem, ut possim probare si tanti pretii valet; dedit ergo ei Codicem ut probaret eum. Statim autem frater ille cum ipso Codice perrexit ad sanctum Anastasium, et rogabat eum dicens: Jube considerare, Pater, Codicem istum, et æstimare eum si valeat solidos sedecim, quoniam tantum pretii petit qui distrahit illum. Dixit autem abbas Anastasius: Quia bonus est Codex, et valet tanti. Reversus autem qui eum emere volebat, dixit distrahenti: Ecce accipe pretium, quia ostendi Codicem abbati Anastasio, et dixit mihi: Quia bonus est Codex, et valet tanti. Interrogavit autem frater ille si nihil beatus Anastasius dixit aliud. Cui respondens ille ait: Crede mihi quia nihil penitus mihi aliud dixit. Hæc cum audisset frater ille, dixit ei: Quia jam recogitavi, frater, et nolo distrahere Codicem meum; compunctus enim corde, festinanter perrexit ad abbatem Anastasium, et prostravit se in terram ad pedes ejus, et precabatur cum fletu et lacrymis pœnitendo, ut resusciperet Codicem suum, sed non acquiescebat ei abbas, dicens: Vade cum pace, frater: ecce jam cum voluntate mea habeto ipsum Codicem. Ille autem persistebat cum lacrymis petendo eum dicens: Quia si non susceperis Codicem, domine Pater, nullo modo requiescet anima mea. Post hoc ille recepit Codicem suum; nam frater ille permansit apud beatum Anastasium in cellula ejus, usque in exitum vitæ suæ.

31. Fuit quidam eremita, Pior nomine, de antiquis Patribus, quem beatus Antonius adolescentem in sancto proposito monachorum instruxit: demoratus est autem apud beatum Antonium annos paucos. Cumque viginti et quinque esset annorum, abiit ad alium secretum eremi locum, ut solitarius habitaret, hoc etiam volente et consentiente beato Antonio. Dixitque ei sanctus Antonius: Vade, Pior, et habita ubi volueris; et cum tibi per aliquam rationabilem occasionem revelaverit Dominus, venies ad me. Cum autem pervenisset hic ipse Pior ad locum qui situs est inter Nitriam et eremum Scythi, effodit puteum, cogitans apud semetipsum: Quoniam qualemcunque aquam invenero, oportet me ipsa contentum esse; quod et factum est, ad augmentum meritorum ejus talis occasio; tantum enim salsa et amara inventa est aqua, ut si quis ad eum visitandi gratia veniret, in proprio vasculo sibi aquam deportaret. Remoratus est in eodem loco annis triginta. Dicebant ergo ei fratres ut recederet de loco ipso propter amaritudinem aquæ; ipse autem dixit eis: Si amaritudinem et laborem fugimus abstinentiæ, et volumus in hoc mundo requiem habere, post exitum vitæ hujus non percipiemus illa æterna et vere dulcia bona, nec fruemur illis perpetuis beati paradisi deliciis.

Dicebant ergo fratres quia tantum unum paximatium et quinque olivas in cibo accipiebat, et hoc deambulando foris.

Etiam et hoc affirmabant de eo multi sanctorum Patrum, quia triginta et amplius annis, ex quo egressus est de domo parentum suorum, nunquam ei suasum fuisse, etiam cum defunctos audisset parentes suos, ut pergeret ad requirendum seu visitandum propinquos (*Pelag.*, *libell.* IV *n.* 34). Verumtamen soror ejus cum esset vidua, habens duos filios jam adolescentulos, misit eos in eremum ad requirendum fratrem suum Pior. Qui cum diversa monasteria circuissent, requirentes eum, vix tandem invenientes illum dixerunt ei : Nos filii sororis tuæ sumus, quæ nimio desiderio optat te videre ante exitum suum. Ipse vero non acquievit petitioni eorum. Perrexerunt autem adolescentes ad hominem Dei beatum Antonium, indicantes ei pro qua causa venerant. Misit autem beatus Antonius, et vocavit eum ad se, dixitque ei : Quare, frater, tanto tempore non venisti ad me? Qui respondens, dixit ei : Præcepisti mihi, beatissime Pater, ut cum per aliquam occasionem revelasset mihi Dominus, venirem ad te, et ecce usque hactenus non mihi revelatum est. Dixit ei beatus Antonius : Vade ut videat te soror tua. Tunc assumpsit secum alium monachum, et perrexit ad locum et domum sororis suæ ; et stans foris prope januam atrii, clausis oculis, ut non videret sororem suam stetit. Illa autem veniens projecit se ad pedes ejus, de nimio enim gaudio angustiata est. Dicit ei Pior : Ecce ego sum Pior frater tuus, vide ergo me quantum volueris, et post hoc statim reversus est ad eremum in cellulam suam. Hoc autem fecit ad erudiendum monachos ut non daretur eis licentia, cum libitum eis fuerit, visitare parentes vel propinquos suos.

23. Etiam abbas Joannes, qui commanebat in monte qui vocatur Calamus, habebat sororem, quæ ex infantia in sancto proposito conversabatur, ipsa enim erudivit et docuit fratrem suum eumdem abbatem Joannem ut relinqueret vanitates sæculi hujus, et ingrederetur monasterium. Cum autem ingressus fuisset monasterium, per viginti et quatuor annos non est egressus de monasterio, nec visitavit sororem suam : illa vero nimis desiderabat videre eum ; nam frequenter scribebat et mittebat ad eum epistolas, petebatque ut ante exitum ejus de hoc corpore veniret ad eam, ut in charitate Christi de præsentia sua lætaretur. Ille autem excusabat, nolebatque de monasterio egredi. Venerabilis autem famula Dei et soror ejus iterum scripsit ad eum dicens : Quia si nolueris venire ad me, necesse habeo ut ego veniam ad te, ut post tantum temporis adorare merear sanctam charitatem tuam. Hæc cum audisset supra dictus Joannes, contristatus est nimis, et cogitabat apud semetipsum, dicens : Quoniam si permisero ut ad me veniat soror mea, de cætero licentia datur ut et alii parentes et propinqui nostri veniant ad visitandum me ; ideoque tractavit apud se ut magis ipse pergeret et visitaret sororem suam ; accepit etiam alios duos secum fratres de monasterio. Et cum venisset ad januam monasterii sororis suæ clamavit, dicens : Benedicite, et audite peregrinos. Egressa est autem soror ejus cum alia famula Dei, et aperuit januam, et penitus non cognovit fratrem suum ; ipse autem cognovit sororem suam, sed non est locutus verbum, ne forte cognosceret in voce eum. Monachi vero qui cum ipso erant, dixerunt ad eam : Rogamus te, domina mater, ut jubeas nobis aquam dare ad bibendum, quia de itinere fatigati sumus. Cum autem accepissent, et bibissent, facientes orationem, et gratias agentes Deo, discesserunt et reversi sunt ad monasterium suum. Post aliquantos autem dies iterum scripsit ad eum soror sua ut veniret et videret eum ante exitum suum, et orationem faceret in monasterio ejus. Tunc ille rescripsit ad eam, et direxit epistolam per monachum de monasterio suo, dicens : Quia præstante gratia Christi ego veni ad te, et nullus me cognovit ; ipsa vero egressa es ad nos, et dedisti nobis aquam, et accepi de manibus tuis, et bibi, et gratias agens Domino reversus sum in monasterium ; sufficiat ergo tibi quia vidisti me, et non sis ulterius mihi molesta, sed ora pro me incessanter ad Dominum nostrum Jesum Christum.

33. Sed et alius quidam monachus abiit ad sororem suam, ut visitaret eam, audierat enim eam ægrotantem in monasterio (*Pelag.*, *libel.* IV, *n.* 61). Erat autem ipsa famula Dei nominata in sancta conversatione ; itaque non acquievit illa suscipere et videre fratrem suum, ut non per occasionem ejus ingrederetur monasterium feminarum, sed mandavit ei, dicens : Vade, domine frater, et ora pro me ; præstante enim gratia Dei et Salvatoris nostri, videbo te in futuro sæculo in regno Domini nostri Jesu Christi.

34. Etiam de abbate Theodoro oportet nos exempla virtutum proferre. Hic itaque beatus Theodorus discipulus fuit sancti Pachomii viri de sanctis Patribus, qui fuit Pater infinitæ multitudinis monachorum, multorumque monasteriorum pater in partibus Thebaidæ [1]. Cum enim in omnibus sanctitatis fulgeret virtutibus, etiam prophetiæ gratiam a Domino promeruit, multa enim futura revelabat ei Dominus. Quodam autem tempore supradicti Theodori soror germana venit ad monasterium, in quo idem beatus Theodorus conversabatur, ut post multa tempora videret germanum suum. Cumque nuntiassent ei de adventu sororis ejus, misit continuo duos monachos, qui observabant ad januam monasterii, mandavitque per eos sorori suæ, dicens : Ecce, soror, audisti et cognovisti quia vivo, ne contristeris, quia minime me vidisti, sed magis considera vanitatem et instabilitatem præsentis mundi, et converte cor tuum, et apprehende sanctæ vitæ conversationem, ut possis pervenire ad æternam vitam, et ad cœlestia bona, quæ præparavit diligentibus se Dominus, et facientibus mandata ejus. Tracta ergo apud te, quia hæc est sola vera et firma spes, ut faciat homo præcepta Dei, ut mereatur homo pervenire ad gloriosa et æterna promissa Domini Salvatoris nostri Christi. Hæc autem cum audisset illa, statim compuncta est corde, lacrymasque fundebat in conspectu Domini, et post paululum ingressa est in monasterium virginum famularum Dei, quod in

---

[1] Supra, l. I, in Vita sancti Pachomii, c. 28, dicitur de sorore Pachomii.

eodem vico constructum erat, et procedenti tempore multiplicabatur in sancto proposito famula Christi.

Hæc itaque gesta cum audisset mater eorum, deprecata est episcopos, et dederunt ei epistolas ad supradictum sanctum Pachomium Patrem monasteriorum pro filio ejus (*Supra, l. 1, in Vita sancti Pachomii, cap.* 31). Cumque venisset, applicuit in monasterio famularum Dei, et direxit epistolam ad Patrem monasterii, obsecrans ut videret filium suum. Beatus autem Pachomius vocavit ejus filium Theodorum, et dixit ei: Audivi, fili, quia mater tua advenit propter te. Itaque propter epistolas episcoporum qui scripserunt ad me, vade, et videat te mater tua. Dixit ei Theodorus: Præcepisti mihi, domine, ut videam matrem meam; si ergo abiero videre eam post tantam scientiam spiritualem, vereor ne culpabilis inveniar apud Deum; etenim oportebat me fortitudinem animi mei ad exemplum aliorum fratrum demonstrare. Audiens autem mater quia non acquievit videre eam, nimio affectu fervens in filium, noluit remeare ad domum suam, sed permansit in monasterio virginum, dicens: Quoniam si permansero hic, sæpe etiam videbo filium meum, cum inter alios fratres egredietur ad necessarias monasterii causas, et monitis et exhortatione ejus proficere possum in sancta conversatione, doctrinaque ejus spiritualis confirmabit cor meum, ut merear pervenire ad æternam requiem quam promisit Dominus noster Jesus Christus diligentibus se.

Multa autem et magnifica per sanctum Pachomium fecit Dominus mirabilia. Nam et a dæmonibus obsessos frequenter invocato Christi Domini nomine curavit. Multis etiam diversas ægritudines sustinentibus, et paralyticis, orationibus ejus misertus est Dominus.

35. Multo tempore beatus abbas Pachomius contra immundissimas dæmonum impugnationes certamen bonum certavit, sicut athleta veritatis, tanquam et beatus Antonius (*Supra, l. iv, in Vita sancti Pachomii, cap.* 20). Denique intentissimis precibus exoravit Dominum ut somnum non caperet per aliquod tempus, quatenus diebus ac noctibus pervigil permaneret contra adversarios dæmones dimicando, donec prosterneret et superaret eos, sicut dicitur in psalmo: Et non convertar, donec deficiant (*Psal.* xvii). Præstitit ergo, et concessit ei Dominus petitionem ejus. Impossibiles enim et imbecilles sunt dæmones, cum quis nostrum ex tota fide et ex tota intentione cordis fervente sancto desiderio, et adjuvante nos virtute Salvatoris nostri Jesu Christi, contendimus contra eos.

Referebant autem nobis fratres de eodem beatissimo Patre Pachomio, qui fuit, ut diximus (*In Vita Pachomii per Metaphr., c.* 55, *apud Surium, tom.* iii, *Maii* 14), monasteriorum multorum in regione Tabennensiotarum præpositus. Referebant ergo de eo quoniam frequenter dicebat fratribus: Quia (sicut mihi testis est Dominus Deus) sæpe audivi immundos spiritus dæmonum loquentes inter se diversas ac varias artes suas, quas contra servientes Deo, maximeque contra monachos habent. Quidam enim dicebant: Quia ego certamen contra durissimum hominem habeo, et quoties ei immitto perversas cogitationes, ille statim surgit, et prosternit se in oratione, cum gemitu orans adesse sibi divinum auxilium. Ego autem minime illo exurgente cum grandi confusione egredior. Item alius dæmon dicebat: Ego ad illum quem observo, cum ei cogitationes immisero in corde, consentit, et suscipit, et facit eas. Sæpe enim exardescere eum in iracundia facio, et in contentiones rixæ, et pigritiam orationis, et dormitionem in psalmodia, et non contradicit mihi. Ideoque, fratres mei dilectissimi, semper oportet ut custodiatis sensum et animum vestrum, invocantes nomen Domini nostri Jesu Christi, et secundum præcepta Dei conversamini tam in orationibus quam psalmodia, sicut dicit Apostolus: Instantes orationi, et vigilantes in ea. Ideoque cum compunctione et timore cordis vigilantibus **506** non prævalebunt nocere nobis adversarii et immundissimi dæmones. Ipse autem beatus Pater Pachomius docebat fratres, ut semper memores essent verbi Dei, in salutem animarum suarum. Postmodum vero discedebat unusquisque fratrum in cellulas suas, operantes manibus suis, et meditantes quæ de sacris Scripturis didicerant. Impossibile est enim aliquem apud eos verbum otiosum loqui, sed ea tantum quæ de sanctis Scripturis didicerant erant inter se conferentes, et exponentes de capitulis Scripturarum, quæ ad timorem Domini confirmarent et illuminarent animas eorum.

36. Fuit quidam vir magnus de sanctis senioribus, cui talem gratiam donaverat Christus, revelante ei Spiritu sancto, ut videret quod alii non videbant (*Joan., libell.* 1, *n.* 3). Referebant ergo sancti seniores quia aliquando quamplurimi sedebant fratres, et simul loquebantur inter se, et conferebant de sanctis Scripturis quæ ad salutem pertinent animarum. Stabant autem circa eos sancti angeli lætantes in hilari vultu, considerantes, delectabantur enim de eloquiis Domini. Cum autem aliud quodcunque inter se loquerentur, statim sancti angeli recedebant longius, indignantes contra eos; veniebant autem porci sordidissimi et morbo pleni, et volutabant se inter eos; dæmones enim in specie porcorum delectabantur per superflua et vaniloquia eorum. Beatus autem senior hæc videns, abiit in cellulam suam, et per totam noctem cum grandi fletu et ululatu gemendo deflebat miserias nostras. Exhortabatur ergo sanctos Patres per monasteria, et commonebat fratres, dicens: Cavete, fratres, a multiloquio, et ab otiosis sermonibus linguam prohibete, per quam malus interitus animæ generatur, et non intelligimus quoniam per hæc et Deo et sanctis angelis odibiles sumus. Dicit enim Scriptura: Per multiloquium non effugies peccatum (*Prov.* x). Hæc enim infirmam et vacuam efficiunt mentem atque animam nostram.

37. Fuit quidam vir in palatio sublimis, sub Theo-

dosio Imperatore, nomine Arsenius, cujus filios, id est Arcadium et Honorium Augustus de baptismo suscepit (*Pelag.*, *libell.* xv, *n.* 6). Hic itaque Arsenius desiderio divini amoris accensus, relinquens omnem sæculi gloriam temporalem, perrexit ad eremum Scythi, ut inter sanctos Patres secretam et quietam ab omni strepitu hujus mundi ageret vitam, ut separatus ab illecebris et delectationibus corporalibus, cum tota mentis intentione adhæreret Domino Salvatori, sicut scriptum est: Adhæsit anima mea post te, me suscepit dextera tua (*Psal.* LXII). Dicebant ergo de eo sancti seniores quia sicut cum in sæculi conversatione esset, nimis pretiosis vestimentis præ omnibus utebatur, ita postmodum, in eremo Scythiæ degens, studebat ut ab omnibus monachis viliora et despectiora vestimenta haberet.

38. Dicebat etiam abbas Daniel quoniam sanctus Arsenius referebat fratribus dicens, quasi de alio audisset, sed quantum datur intelligi, ipse talem vidit visionem (*Pelag.*, *libell.* XVIII, *n.* 2): Sedebat, inquit, quidam de senioribus monachis in cellula sua, et subito venit ad eum vox dicens: Egredere foras, et ostendam tibi opera hominum. Et surrexit, inquit, et egressus est foras. Duxit autem eum, et ostendit ei Æthiopem nigrum cum securi cædentem ligna, et facientem grandem sarcinam, et tentabat sublevare sarcinam illam, et præ magnitudine non poterat portare eam; sed redibat, et cædebat iterum alia ligna, et addebat super sarcinam illam. Iterum autem ostendit ei alium hominem stantem super lacum, et haurientem aquam de lacu, et mittentem eam in collectaculum, et de alia parte per foramina defluebat aqua desubter in eodem loco. Iterum dixit ei: Veni, sequere me, et ostendam tibi aliud. Et vidit quasi quoddam ædificium templi, et duos sedentes in equis, portantes super scapulas suas uterque lignum unum, id est, perticam longam, volentes pariter ingredi portam templi illius, et non permittebat eos lignum quod ex adverso portabant, ingredi per portam illam; non enim humiliabat se alter alteri, sed contendebant utrique, pariter ingredi volentes; et non prævalebant, nec enim humiliabat se unus eorum, ut alteri locum daret. Exponit ergo ei has visiones, dicens: Hi qui lignum portant hi sunt qui habent jugum sanctum monachorum; sed justificantes seipsos in cordibus suis cum exaltatione superbiæ, non humiliantur invicem, noluerunt enim ambulare in humilitate viam Salvatoris Domini nostri Jesu Christi, qui dixit: Discite a me quia mitis sum et humilis corde, et invenietis requiem animabus vestris (*Matth.* XI). Ideoque propter superbiam cordis sui remanserunt foris, de regno Regis cœlorum Christi exclusi. Qui autem cædebat ligna, et super sarcinam adhuc addebat, homo est qui oneratus est multis peccatis, et super sarcinam peccatorum suorum addit semper alia peccata: quem oportebat magis ut pœnitentiam ageret de prioribus peccatis; sed negligens vitia emendare peccatorum priorum, magis et alia addit supra priora peccata. Ille autem qui aquam de lacu hauriebat, **507** homo est qui aliqua bona operatur, sed quia mala etiam amplius per peccata operatur, et ideo pereunt et delentur etiam bona opera quæ facit. Oportet ergo hominem, sicut ait Apostolus, cum timore et tremore salutem suam operari (*Philipp.* II).

39. Dicebat autem abbas Daniel de abbate Arsenio (*Pelag.* *libell.* IV, *n.* 5), quia cum operaretur sportas ex palmarum foliis, mittebat aquam in pelvim, ut infunderentur palmæ; et cum feteret brumosa (9) aqua odore, non permittebat ut aliam aquam mutarent, sed super illam fetidam, aliam addebat aquam, ut semper feteret. Interrogabant autem fratres eum, dicentes: Cur non permittis, Pater, ut aqua mutetur, sed pessimo fetore tota cellula tua repletur? Respondens autem beatus senior ait: Quoniam propter thymiamata, et muscata (10), et alia diversa quibus in sæculari conversatione sine intermissione fruebar, oportet nunc me, dum in hoc corpore sum, sustinere istiusmodi fetorem, pro suavissimo illo odore, ut in die judicii de illo gehennæ inenarrabili fetore liberet me Dominus, et non cum illo divite, qui epulabatur in isto mundo deliciose et splendide, condemnetur anima mea (*Lucæ* XVI).

40. Quidam de fratribus dixit beato Arsenio (*Pelag.*, *libell.* V, *n.* 32): Ecce, beatissime Pater, meditari festino de Scripturis sanctis, quæ didici, et non sentio compunctionem in corde meo, quoniam non intelligo virtutem divinæ Scripturæ, unde et valde contristatur anima mea. Respondens autem beatus Arsenius ait: Oportet te, fili, incessanter meditari eloquia Domini; audivi enim quia dixit beatus abbas Pœmen et alii multi sanctorum Patrum, quoniam incantatores illi qui serpentes solent incantare, non intelligunt ipsi verba illa quæ loquuntur, sed serpentes audientes intelligunt virtutem verborum illorum, et conquiescunt, et subduntur eis. Sic etiam et nos faciamus: quamvis enim non valeamus intelligere divinarum Scripturarum virtutem, tamen dæmones audientes, divini verbi virtute terrentur, et effugati discedunt a nobis non sustinentes eloquia Spiritus sancti, quæ per servos suos prophetas et apostolos locutus est.

41. Quodam tempore cum in vicinio beati Macarii homicidium fuisset perpetratum, et cuidam innocenti homini impingeretur crimen admissum (*Ruffin.*, *l.* II, *cap.* 28, *in Macario Ægyptio*, *pene ad verbum*), surgens ille qui calumniam patiebatur, fugit ad cellulam beati Macarii: adfuerunt etiam et illi qui eum perurgebant, et alligabant eum, dicentes, periclitari seipsos, nisi comprehenderent et legibus traderent homicidam; ille vero cui crimen impingebatur, cum sacramentis affirmabat conscium se non esse sanguinis illius. Et cum diu ab utraque parte certamen haberetur, interrogavit sanctus Macarius ubi sepultus esset, qui dicebatur occisus; cumque designassent ei locum, cum ipsis pergit ad sepulcrum, atque ibi fixis genibus invocato Christi nomine, ait ad eos qui assistebant: Nunc Dominus ostendet si vere

reus est hic qui a vobis perurgetur; et elevata voce ex nomine clamabat defunctum. Cumque ei de sepulcro vocatus respondisset, ait ad eum sanctus Macarius : Per fidem Christi te obtestor ut dicas nunc si ab isto homine qui in te insimulatur occisus es. Tunc ille clara voce de sepulcro respondit, dicens, non se esse ab eo interfectum. Et cum obstupefacti omnes decidissent ad terram, ac pedibus ejus volverentur, rogare eum cœperunt, ut interrogaret illum a quo esset occisus; tunc sanctus vir ait : Hoc ego non interrogabo; sufficit enim mihi ut liberetur innocens, non est autem meum ut reus prodatur, forsitan enim compungetur adhuc pro scelere quod commisit, et aget pœnitentiam, ut salvetur anima ejus.

42. Alio itidem tempore, cum sancto Macario quidam frater uvam detulisset, ipse qui secundum charitatem non quæ sua sunt, sed quæ alterius cogitaret (*Philip.* II), ad alium fratrem eam detulit, qui infirmior præ ægritudine videbatur (*Ruffin., l. II, cap. 29, in Macario Alexandrino, pene verbo tenus*). Tunc infirmus gratias egit Deo pro fratris officio, et suscepit eam, et ipse nihilominus plus de proximo quam de semetipso cogitans, ad alium detulit eam infirmum fratrem; et iterum ille ad alium, et sic cum per omnes cellulas, quæ longe a semetipsis erant per eremum dispersæ, uva illa circumlata esset, ignorantibus eis, qui eam primus misisset, ad ultimum defertur ipsi qui eam miserat. Gratulatus autem sanctus Macarius, quod tantam videret in fratribus abstinentiam, tantamque charitatem, ad acriora semetipsum spiritualis vitæ exercitia extendit.

43. Illud etiam ad fidem confirmatum nobis de eo est ab his qui ex ore ejus audierunt, quoniam quodam tempore nocte in specie monachi dæmon ad ostium cellulæ ejus pulsaverit, dicens : Surge, abba Macari, et eamus ad collectam, ubi fratres ad vigilias congregantur (*Ruffin., l. II, cap. 29, ad verbum*). Sed ille gratia Dei repletus falli non potuit; intellexit enim diaboli esse fallaciam, et ait : O mendax, et veritatis inimice; quid enim tibi consortii, quid societatis est cum collecta et congregatione sanctorum ? At ille ait : Latet ergo te, o Macari, quod sine nobis nulla collecta agitur, nullave congregatio monachorum? veni denique, et videbis ibi operam nostram. Dixit autem sanctus Macarius: Imperet tibi Dominus, dæmon immunde (*Judæ epist.*). Et conversus ad orationem, petiit a Domino ut sibi ostenderet si hoc verum esset, quod gloriatus est dæmon. Abiit ergo ad collectam, ubi jam vigiliæ a fratribus celebrabantur, et iterum in oratione Dominum deprecabatur, ut ei veritatem verbi hujus ostenderet; et ecce videt quasi parvulos quosdam pueros Æthiopes nigros per totam ecclesiam discurrere huc atque illuc, et velut volitando deferri. Discurrentes autem illi Æthiopes pueri, singulis quibusque fratribus in oratione positis atque psallentibus alludebant, et si cui de eis oculos duobus digitulis compressissent, statim dormiebat; si cui vero in os immersissent digitum,

oscitare eum faciebant. Item post psalmum, cum ad orandum se projecissent fratres, percurrebant iterum singulos, et ante alium quidem jacentem in oratione, quasi in mulieris speciem vertebantur, ante alium quasi ædificantes, et portantes aliquid, aut diversa quæque agentes apparebant; et quæcunque dæmones quasi ludentes formassent, hæc orantes illi in cordis sui cogitatione versabant. Ab aliquantis tamen fratribus, ubi aliquid horum agere cœpissent, quasi violenter repulsi, præcipitati dejiciebantur, ita ut nec ante eos stare aut transire auderent, aliis vero etiam supra cervices et dorsa ludebant. Hæc cum vidisset sanctus Macarius, ingemuit graviter, et lacrymas profundens ad Deum, dixit : Respice, Domine, et ne sileas, neque mitigeris Deus; sed exsurge, et dispergantur inimici tui, et fugiant a facie tua, quoniam anima nostra repleta est illusionibus (*Psal.* LXXXII, LXXXVII). Post orationem autem examinandæ veritatis gratia, seorsum vocatis singulis quibusque fratribus, ante quorum faciem viderat dæmones diverso habitu et variis imaginibus ludentes, requirit ab eis si in oratione vel ædificandi cogitationes habuerint, vel iter agendi, vel alia diversa, quæ unicuique per dæmones imaginata viderat : et singuli eorum ita confitebantur in corde suo fuisse cogitationes, sicut ille arguebat. Et tunc vere intellectum est, quod omnes malæ et superfluæ, et vanæ cogitationes, quæ vel psallentes, vel somniorum aut orationum tempore unusquisque in corde suo conceperit, illusione et instinctu dæmonum fiant. Nam ab his qui omni custodia servant in timore et amore Domini cor suum, illi tenebrosi Æthiopes, et hæ quas emittunt cogitationes repelluntur; Christo enim mens conjuncta, et præcipue in tempore orationis intenta, nihil malum, nihilque superfluum recipit.

44. Quidam frater requisivit abbatem Sisoium, quemadmodum in cella propria degere deberet (*Pasch., cap. I, num. 1*). Cui ille respondens dixit : Comede panem tuum cum sale et aqua, et non erit tibi necessitas aliquid coquendi, aut longius evagandi.

45. Requisitus abbas Pœmen quemadmodum oporteat jejunare (*Pelag., libell. x, num. 44*), respondit : Ego volo monachum ita esse quotidie parum comedentem, ut non satietur, nam biduana et triduana jejunia vanæ gloriæ vacant. Hæc enim omnia examinaverunt sancti Patres, et invenerunt quia bonum est quotidie jejunare et parum comedere, ut possit et quotidie esurire. Hanc enim viam regiam levem nobis esse demonstraverunt.

46. Abbas Silvanus dum cum discipulo suo Zacharia ad quoddam monasterium pervenisset, antequam egrederentur, fecerunt eos monachi parum comedere (*Pelag., libell. IV, num. 40*). Postquam ergo egressi sunt, invenit discipulus ejus aquam, et volebat bibere. Cui abbas Silvanus : Zacharia, hodie jejunium est. At ille dixit : Nunquid hodie non comedimus, Pater ? Et dixit ei senex : Illa esca charitatis erat, fili, nos autem nostrum jejunium teneamus.

47. Quidam de fratribus in Panepho ad abbatem Joseph perrexerunt, ut eum requirerent de susceptione fratrum, si liceret cum his illo tempore vel fiduciam habere, vel lætitiam (*Pelag., libell.* XIII, *num.* 1). At ille antequam requirerent eum, dicit discipulo suo : Quod facturus sum hodie, fili, ne mireris; et posuit duo sedilia illis qui venerant, et dicit eis : Sedete. Et posuit unum a dextris suis, et alterum a sinistris ; et ingressus cellulam suam misit sibi vestimenta corrupta, et egressus transiit in medio eorum; et iterum ingressus misit alia meliora, quibus solebat die festo uti, et egressus est postea ad eos ; iterum autem ingressus quotidiano vestimento suo vestitus, venit et sedit inter eos. Illi autem mirati sunt et obstupuerunt propter hoc factum. Dicit eis senex : Vidistis quid feci ? Cum autem illi annuissent, dicit eis : Et quid feci ? Et dicunt ei : Primum vestimento corrupto usus es, et postea alio meliori. Et dicit eis : Nunquid mutatus sum ex illo inhonesto, aut ex illo meliore ? Dicunt ei : Non. Quibus senex ait : Si ergo idem ego sum in utrisque, et non sum mutatus, et sicut illud primum non me nocuit, ita nec secundum mutavit : sic ergo debemus facere in occursione fratrum, ut quando eorum præsentia est, cum fiducia et lætitia suscipiamus eos, quando auter soli sumus, opus est ut luctus et abstinentia permaneat in nobis. Illi vero audientes quæ in cordibus suis habebant, antequam requirerent eum, glorificaverunt Deum, et læti discesserunt.

48. Dicebat unus ex Patribus : Quia invenitur homo multum comedens, et adhuc esuriens se continet ne satietur ; alterum auter parum comedit, et satiatur (*Pelag., libell.* X, *n.* 99). Qui ergo multum comedit, et adhuc esuriens se continet, majorem mercedem habet, quam ille qui parum comedit et satiatur (*Pasch., c.* 1, *n.* 3).

49. Dixit quidam senex : Ne quod desideraveris aliquando manduces. Comedens autem quod tibi a Domino transmissum fuerit, gratias age sine intermissione (*Pasch., c.* 1, *n.* 4).

50. De quodam sene referebant fratres, quia desiderasset cucumerem : quem cum attulisset, suspendit ante oculos suos ; et ne vinceretur a cupiditate, non tetigit eum, sed magis agebat pœnitentiam, puniens semetipsum ob hoc, quia ipsum desiderasset (*Pelag., libell.* IV, *num.* 60).

51. Quidam ex senioribus factus est infirmus, et per multos dies non poterat escam ullam percipere. Compulit autem eum discipulus suus, dicens : Si jubes, Pater, facio tibi parum placentæ ; et ut annuit ei, fecit (*Pelag., libell.* IV, *n.* 59). Erat autem ei vasculum parvum habens mel, et aliud vas simile habens oleum de lini semine expressum, et erat fetidum, et in re nulla alia proficiebat, nisi forte in lucerna : et deceptus frater misit in escam senis de illo, sperans quia mel misisset; cum autem gustasset senex, nihil locutus est, sed tacens comedit : tertia vero vice cum ei daret, dixit ei : Non possum comedere, fili. Ille vero tanquam volens adhortari eum,

dixit : Ecce, abba, bona sunt, et ego comedo ex ipsis ; et postquam gustavit, et sensit rem quam fecerat, cecidit in faciem, dicens : Væ mihi, abbas, quoniam occidi te ! istud peccatum posuisti super me, quia locutus non es. Dicit ei senex : Non contristeris, fili, propter hoc; si enim voluisset Deus ut bonum comederem, tu mel misisses, et non hoc quod misisti.

52. Dixit abbas Pœmen : Nisi Nabuzardan princeps cocorum venisset in Jerusalem, templum Domini non arsisset igne (*IV Reg.* XXV). Hoc autem est, quia nisi desiderium gastrimargiæ in animam veniret, sensus hominis non succenderetur impugnatione diaboli (*Pelag., libel.* IV, *n.* 29).

53. Abbas Macarius quotiescunque cum fratribus facta charitate reficiebat, hoc in proprio corde statuerat, ut quantos vini calices oblatos hausisset, tantis diebus nec et ipsam aquam gustaret omnino (*Pelag., libell.* IV, *n.* 26). Cum ergo ei fratres vinum porrigerent, cum gaudio sumebat, ut postea se siti maceraret. Quod cum discipulus ejus didicisset, patefacto senis consilio, ne ei vinum porrigerent, conjurabat, tormenta illi potius esse quam pocula manifestans.

54. Facta congregatione in ecclesia cum esset festivitas, et cæteri monachi comederent, unus ministrantibus dicit : Quia nihil coctum comedo, sal mihi deferri præcipito (*Pelag., libel.* VIII, *n.* 21). Quo verbo minister audito, cum clamore audientibus cæteris alii imperavit, dicens : Quoniam coctum ille frater non comedit, parum illi salis afferto. Tunc beatus Theodorus dixit : Oportuit te magis, frater, carnes in cella tua comedere, quam hunc præsentibus fratribus audire sermonem.

55. Quidam peregrinus frater venit ad abbatem Silvanum in monte Sina (*Pelag., libell.* X, *n.* 69), et vidit quod fratres operarentur, et dicit eis : Quare operamini escam quæ perit? Maria enim bonam partem elegit (*Lucæ* X). Tunc senex dicit discipulo suo Zachariæ : Da illi Codicem ut legat, et mitte illum in cellulam, quæ nihil habet. Hora autem nona circumspiciebat frater ille viam, si forte vocaret eum senex ad comedendum. Postquam vero transiit hora nona, venit ad senem, dicens ei : Nunquid hodie non comederunt fratres, abba? Cumque senex fateretur, ait ille : Quare me non vocasti? Tunc dixit ei abbas Silvanus : Tu homo spiritualis es, et non habes necesse hanc escam : nos autem tanquam carnales opus habemus comedere; ideo operamur, tu autem bonam partem elegisti. Legis enim omni die, et non vis carnalem escam accipere. Quod cum audisset, cœpit pœnitere ac dicere : Indulge mihi, abba. Tunc respondit illi Silvanus : Ergo necessaria est Martha Mariæ, propter Martham enim et Maria laudatur.

56. Abbas Joannes (11) dicebat fratri suo majori : Vellem enim securus esse, sicut et angeli securi sunt, nihil operantes, Sed Deum semper tantummodo col-

laudantes[1]. Et projecto pallio suo, egressus est in eremum; factaque illic septimana, regressus est ad fratrem suum. Cum autem pulsaret ostium, et non illi aperiret frater, dicens : Tu quis es? At ille dixit : Ego sum Joannes. Illo autem non aperiente, rogabat, dicens : Ego sum. Et noluit illi ostium aperire, usquequo illucesceret. Mane autem facto dixit ad eum : Homo es, et necesse habes operari, ut pascaris. Tunc ille projecit se ad pedes ejus, et dixit : Indulge mihi, abba.

57. Quidam frater impugnabatur a spiritu blasphemiæ, et erubescebat dicere, et quoscunque audisset magnos senes, pergebat **510** ad eos ut illos declararet, sed mox cum pervenisset, iterum verecundabatur illis dicere. Cum ergo frequenter ad abbatem Pœmenem veniret, vidit eum senex habentem cogitationes, et dicit ei : Ecce, frequenter venis ad me habens cogitationes, et sic iterum remeas tristis tecum illas reportans; dic ergo mihi, fili, quid habes. At ille dixit (*Pasch*., c. 1, n. 5) : In blasphemia impugnat me diabolus, et erubescebam dicere; et mox ut aperuit causam, levior impugnatio ejus apparuit. Et dicit ei senex : Non contristeris, fili. Quando hæc cogitatio ad te venit, dic : Ego causam non habeo, blasphemia tua super te sit, Satanas, hanc enim causam anima mea non vult. Quamcunque autem causam anima non voluerit, non diu permanebit, et ita sanus factus frater ille discessit.

58. Dixit abbas Moyses : Per has quatuor res passio gignitur : per abundantiam escæ et potus, et per satietatem somni, et per otium et jocum, et ornatis vestibus incedendo (*Pasch*., c. 1, n. 6).

59. Dixit abbas Pœmen : Quemadmodum imperatoris spatharius semper illi assistit armatus, ita et animam adversus dæmonem hujusmodi oportet esse semper paratam (*Pelag*., *libell*. v, n. 8).

60. Dixit quidam senex : Sicut venenata animalia fortiores herbæ vel pigmenta expellunt, ita cogitationes sordidas oratio cum jejunio repellit.

61. Abbas Macarius, dum in illa solitudine (in qua solus erat) maneret (*Pelag*., *libell*. xviii, n. 9, *Pasch*., c. 1, *num*. 8), inferior autem plena esset multis fratribus, sero per viam circumspiciebat, et vidit dæmonem venientem in figura hominis, vestitum tunica linea perforata, et per singula foramina, vascula parva dependebant, et dixit illi senex : Quo vadis, maligne? Et respondit ei : Vado commovere fratres hos qui sunt inferius. Cui senex dixit : Et propter quid tot vascula fers tecum ? At ille dixit : Gustum fero fratribus, et ideo tanta fero, ut si unum displicuerit, ostendam aliud, et si illud non placet, porrigam aliud ; et fieri non potest, nisi unum ex ipsis aliquod placeat eis. Et hæc dicens discessit. Permansit autem senex iterum viam circumspiciens, usquequo rediret, et cum rediret, dicit ei : Salveris. Dicit et ille : Quomodo istud mihi verbum dicis, quia omnes mihi contrarii facti sunt, et nullus meis consiliis acquiescit ? Et dicit ei senex : Ergo nullum habes amicum ? At ille respondit : Unum habeo amicum, vel ipse consentit mihi, et quoties me viderit, huc atque illuc cito convertitur. Cumque nomen ejus ab eo requisisset, ait : Quia Theopemptus (12) dicitur. Discedente illo mox surrexit abbas Macarius, et descendit ad inferiorem eremum. Quod cum audissent fratres, egressi sunt illi obviam, et unusquisque sperans quod apud se maneret, præparavit se. At ille requirens cellam Theopempti, ad eum profectus est. Cumque cum gaudio illum suscepisset, et essent utrique simul soli, dixit ei senex : Quemadmodum est tecum, fili ? At ille respondit : Orationibus tuis bene sum. Et ait senex : Non te impugnant cogitationes ? At ille respondit : Interea bene sum. Erubescebat enim dicere; et dixit ei senex : Ecce quot annos sum in solitudine, et ab omnibus honoror, et in hac ætate cum sim senex, molestant me cogitationes meæ. Respondit Theopemptus : Credo mihi, abba, quia similiter et mihi faciunt. Tunc senex singulas cogitationes quasi se impugnantes fingebat, usquequo totum illi Theopemptus confiteretur. Post hæc dixit ei : Quemadmodum jejunas? At ille dicit ei : Usque ad nonam. Cui senex ait : Usque ad vesperam jejuna, et de Evangelio vel de aliis Scripturis sine cessatione semper aliquid meditare; et quoties tibi aliqua immunda cogitatio supervenerit, nunquam deorsum aspicias, sed sursum, et mox Dominus tibi adjutor est. Et mox ita discessit abbas Macarius in propriam solitudinem. Iterumque viam circumspiciens, vidit dæmonem redeuntem, et requirit eum : Quo vadis ? At ille respondit : Simili modo commovere fratres. Cum autem reverteretur, requisivit eum, quemadmodum agerent fratres. At ille dixit : Male, quoniam omnes agrestes effecti sunt, et quod de omnibus pejus est, eum quem habui amicum et obedientem mihi, ipse nescio quomodo conversus est, et omnibus amplius asperior mihi visus est. Et juravit non ibi accedere, nisi post multum tempus; et hæc dicens, discessit.

62. Quidam frater requisivit quemdam senem, dicens : Quid faciam, Pater, quia non possum sufferre cogitationes ? Cui senex dixit : Ego in hac causa nunquam impugnatus sum (*Pelag*., *libel*. v, n. 31). Scandalizatus autem frater, ipse venit ad alterum senem, et dixit ei : Ecce quid dixit mihi senex ille ? Scandalizatus sum in ipso, quoniam super naturam humanam locutus est. Dixit ei ille senex secundus : Non simpliciter tibi dixit ille homo Dei hunc sermonem. Vade ergo, et age pœnitentiam apud ipsum, ut dicat tibi virtutem verbi illius. Reversus ergo frater, venit ad senem, et cœpit ei dicere : Indulge mihi, abba, quoniam insipienter egi, ut tibi vale non dicerem, et sic egrederer. Sed rogo te, explana mihi quomodo non es impugnatus ? Dixit ei senex : Ex quo factus sum monachus, non sum satiatus neque pane, neque aqua, neque somno, et horum omnium cogitatio non me permisit **511** habere pugnam, quam tu dixisti. Et egressus est ab eo frater ille juvatus ab eo,

---

[1] *Pelag*., *libel*. x, n. 27. In Editis est hic textus Pelagii. Posui ut in Mss.

63. Interroganti iterum cuidam super cogitationes, dixit abbas Poemen : Monachus si ventrem suum et linguam tenuerit, et vagationem non fuerit sectatus, confidat quia non morietur, sed vivet in perpetuum (*Pasch.*, c. 1, n. 9).

64. Duo fratres ad abbatem Eliam venerunt impugnati a cogitationibus suis (*Pasch.*, c. 1, num. 10); et videns eos senex quod essent corpulenti, tanquam ad discipulum suum subridens, ait : Vere, frater, ego erubesco pro te, quia sic enutristi corpus tuum, cum certe profitearis te monachum, pallor enim et macies cum humilitate decus est monachi.

Item dixit : Quia monachus edens multum, et operans multum, non confidat; qui autem parum edit, etiam si parum operetur, confidat, et viriliter agat.

65. Abbas Arsenius dum sederet in campo (*Pall.*, canopo), quædam mulier virgo, dives, timensque Deum, ac propterea abbatis Arsenii fama comperta, de Romana civitate, ut eum videre mereretur, advenit in Alexandriam (*Pelag.*, libell. II, n. 7). Quæ cum honorifice a Theophilo fuisset suscepta, ipsius civitatis archiepiscopo, rogavit eum, quatenus persuaderet beatum Arsenium ut eam suscipere dignaretur. Ipse igitur ad eum profectus est, dicens : Quædam mulier Romana, et dignitate, et opibus, et opinione cæteras antecellens, videre te ac benedici desiderans, de tam longinqua regione pervenit, cui occurras exposco. Sed cum non acquievisset occurrere ei Arsenius, illa cognoscens hoc, animalia sua sterneri præcepit, dicens : Confido in Deo meo, quia videbo illum, nec ab hac intentione fraudabor. Non enim homines veni conspicere, quia et in nostra supersunt civitate, sed prophetam videre desideravi. Cum ergo venisset ad cellam beati Arsenii, contigit ut foris illum deambulantem conspiceret. Ac mox ante pedes ejus in faciem prona prosternitur. Quam ille cum festinatione suscitans, ita compellebat, dicens : Si faciem meam tantum videre desideras, ecce, intuere. Illa vero præ verecundia oculos non audebat attollere. Dicit ei senex : Si quid de meis actibus comperisti, hoc debueras intueri. Quomodo ergo et tantum pelagus navigare præsumpsisti? An ignoras te mulierem esse, quibus quocunque non licet exire? An ideo huc venisti, ut Romam rediens, aliis te feminis glorieris vidisse Arsenium, ut fiat pervium mare ad me venientium feminarum? At illa respondens, ait : Si vult Deus, nullam huc venire permittat. Sed ut pro me ores, et in memoria me habere digneris, exoro. Cui Arsenius dixit : Oro Deum meum, ut deleat tuam ex corde meo memoriam. Quo illa verbo percepto, in civitatem regrediens, ægritudine præ tribulatione correpta est. Ad quam cum visitationis causa venisset episcopus, et quid rei esset inquireret, illa sermonem senis, quem ultimum de memoria sui dixerat, enarravit, ac propterea se velle mori præ tristitia confitetur; sed episcopus tali eam consolatur alloquio : Nunquid nescis te esse mulierem? Et quia per feminam solet inimicus hominem impugnare, ideo vultum tuum de corde suo delere dixit. Nam pro anima tua Dominum deprecatur. Quibus verbis mulier recreata est.

66. Dicebat abbas Moyses : Si voluerit imperator inimicorum civitatem aliquam expugnare, prius escam eorum et aquam interdicit, et ita inimici ejus fame ac penuria compulsi subjiciunt se regno ejus (*Pelag.*, libell. IV, n. 19). Et ita passiones carnales, si in jejunio et fame velis vivere, deterescunt, et non sunt fortes adversus animam. Quis enim tam fortis ut leo? Et tamen propter ventrem suum intrat in caveam, et omnis virtus ejus humiliatur.

67. Quidam juvenis volebat renuntiare mundo, et frequenter egressum revocabant eum cogitationes, involventes eum variis negotiis, erat enim dives (*Pelag.*, libell. XIV, n. 4; *Pasch.*, c. 2, num. 1). Una ergo die egressum eum dæmones circumdederunt, et multum pulverem ante eum excitaverunt. Ille vero confestim exspolians se, et jactans vestimenta sua currebat nudus ad monasterium. Declaravit autem Deus uni seni, dicens : Surge et accipe athletam meum. Exsurgens ergo senex, obviavit illi nudo, et cognoscens causam admiratus est, et dedit illi habitum monachilem. Quando autem veniebant aliqui fratres ad ipsum senem, perquirere eum de conditionibus variis, respondebat eis; de renuntiatione autem sciscitantibus dicebat : Hunc requirite fratrem, quia ego ad renuntiationem ipsius nondum perveni.

68. Quidam frater renuntiavit sæculo : et cum dispersisset res suas pauperibus, quædam sibi retinuit in propria ratione, et venit ad abbatem Antonium (*Pelag.*, libell. VI, n. 1). Quod cum senex comperisset, dixit ei : Si vis, vade in vico, et eme tibi carnes, et impone tibi corpori tuo nudo, et veni ad me. Cum ergo hoc fecisset frater, tam canes quam aves omne corpus suum propter carnem rapiendam, tam dentibus quam unguibus diruperunt. Cum ergo venisset ad Antonium, requisitus est si fecisset quod ei præceperat. Illo autem demonstrante corpus suum laceratum, dicit ei sanctus Antonius : Quicunque renuntiant sæculo, et volunt adhuc habere pecunias, sic a dæmonibus lacerantur.

69. Quidam frater requisivit senem, dicens : Vis ut retineam mihi duos solidos propter infirmitatem corporis (*Pelag.*, libell. VI, num. 22)? Et videns senex cogitationes ejus, quod vellet retinere eos, dixit : Retine. Reversus ergo in cellam frater, cœpit cum cogitationibus propriis colluctari, dicens : Putas benedixit mihi senex an non? Exsurgens ergo iterum venit ad senem, rogans et dicens : Propter Deum dic mihi veritatem, quia conturbor a cogitationibus meis, propter illos duos solidos. Dicit illi senex : Quia vidi cogitationem tuam volentem retinere eos, dixi tibi ut retineres, nam non est bonum tenere plus quam necesse est corpori. Duo ergo solidi sunt spes tua; et si contigerit ut pereant, nunquid Deus non cogitat de nobis? Jacta ergo cogitationem tuam super Deum, quoniam ipsi cura est de nobis.

70. Quidam monachorum Serapion tantum Evangelium possidens, vendidit illud, et esurientibus de-

dit, dignum memoriæ sermonem imitans: Ipsum, inquit, verbum venundavi, quod mihi semper dicebat: Vende quæ possides, et da pauperibus (*Pelag.*, *libell.* vi, num. 5).

71. Cum quidam vir rogaret abbatem Agathonem, ut pecuniam illius susciperet in propria ratione, nolebat ille, dicens: Non est necesse mihi, quia opera manuum mearum me pascunt (*Pelag.*, *libell.* vi, n. 17). Cum autem ille persistens diceret: Vel propter indigentes dignare suscipere, respondit: Duplex verecundia est, quia non indigens suscipio, et aliena præstans, vanæ gloriæ subjacebo.

72. Dicebat abbas Paulus: Si aliquas res voluerit monachus in cella sua habere, præter eas sine quibus non potest vivere, frequenter cogitur de cella sua egredi, et ita a dæmone decipitur (*Pasch.*, c. 2, n. 2). Hæc autem ipse Paulus observans in una quadragesima, cum sextario lenticulæ et parvo aquæ vasculo perduravit, et unam mattam faciens, eamdem texebat et retexebat, ne tantummodo foris exiret.

73. Abbas Macarius cum esset in Ægypto, et egressus fuisset de cella sua, reversus invenit quemdam furantem id quod in cella sua habebat (*Pelag.*, *libell.* xvi, num. 6; *Pach.*, c. 3, n. 1). Stetit ergo et ipse tanquam peregrinus, et carricavit (13) animal cum illo cum multa requie et perduxit eum, dicens: Nihil in hunc mundum intulimus. Dominus dedit, Dominus abstulit, sicut et ipse voluit, ita factum est (*Job* 1). Benedictus Dominus in omnibus (*I Tim.* vi).

74. Quidam frater veniens ad cellam cujusdam magni senis, ingrediebatur, et furabatur ei victum (*Pelag.*, *libell.* xvi, n. 19; *Pasch.*, c. 3, n. 2). Cum autem videret senex, non arguebat illum, sed amplius operabatur, dicens: Puto, frater ille necessarius est. Habebat autem grandem tribulationem senex ex penuria panis. Cum autem idem senior moreretur, et circumdassent eum fratres, ille videns eum fratrem qui solebat furari ei panem suum, dicit ei: Accede huc ad me, frater; et apprehendit manum ejus, et osculatus est, dicens: Gratias ago manibus istis, fratres, quia per eas arbitror me intrare in regnum cœlorum. Ille autem compunctus de hoc verbo, et agens pœnitentiam, factus est ipse strenuus monachus ex actibus senis quos vidit.

75. Abbas Agathon dispensabat semetipsum, et in omnibus cum discretione pollebat, tam in opere manuum suarum quam in vestimento. Talibus enim vestibus utebatur, ut nec satis bonæ, nec satis malæ cuiquam apparerent.

76. Dixit quidam senex: Ira per has quatuor res exsurgit: per cupiditatem avaritiæ, dando et accipiendo; et si quis propriam sententiam amans, ut nec satis bona nec satis mala cuiquam appareat, defendat; et si quis vult se honoribus sublimari; et si quis se doctorem esse velit, et plus omnibus sapientem sperat (*Pasch.*, c. 6, n. 1). Ira etiam per hæc quatuor humanos sensus obscurat: Si odio habuerit homo proximum suum, aut si illi inviderit, aut si pro nihilo duxerit, aut si detraxerit ei. Ideo autem passionis hujus retributio quatuor modos habet: Primum ex corde, secundum ex facie, tertium ex lingua, quartum ex facto. Si ergo potuerit quis ita portare malum, ut ne ingrediatur in cor, non perveniet usque ad faciem; si autem venerit in faciem, custodiat linguam ne loquatur illud. Quod si locutus fuerit, vel hoc custodiat ne reddat in facto, sed mox dimittat. Tres enim gradus hominum sunt in passione iræ. Nam cui voluntarie nocetur et injuriatur, et parcit proximo suo, hic secundum naturam Christi est. Qui autem non lædit, nec lædi vult, hic secundum naturam Adam est. Qui vero nocet aut injuriatur, aut calumniam ingerit, aut usuras exigit, hic secundum diabolum est.

77. Quidam ex fratribus passus ab alio injuriam, venit ad abbatem Sisoium (*Pelag.*, *libell.* xvi, n. 10; *Pasch.*, c. 7, n. 1), et contumeliæ genus exponens, addebat: Cupio me vindicare, Pater. Senex autem rogare eum cœpit, ut relinqueret Deo vindictam. At ille inquit: Non desistam, nisi fortiter vindicavero. Cui senex ait: Quatenus semel hoc in animo statuisti, vel nunc oremus. Exsurgens autem senex, his verbis cœpit orare: Deus, jam non es nobis necessarius, ut pro nobis sis sollicitus, quia nos ipsi, sicut frater iste dicit, et volumus et possumus nos vindicare. Quod cum ille frater audisset, ante pedes senis effusus veniam postulabat, promittens se cum illo cui irascebatur nunquam certaturum.

78. Quidam frater, dum ab altero injuriaretur, venit et nuntiavit seni (*Pasch.*, c. 7, num. 2). Cui ille respondit: Satisfac cogitationi tuæ, quoniam non vult te frater injuriari, sed peccata tua. Nam in omni tentatione quæ tibi contingit per hominem, non arguas eum, sed tantummodo dic: Quia propter peccata mea contingunt mihi hæc.

79. Dicebat frequenter abbas Pœmen: Malitia nunquam te exsuperet. Si quis tibi malum fecerit, tu illi bonum redde, ut per bonum vincas malum (*Pelag.*, *libell.* x, n. 53; *Pasch.*, c. 7, num. 3).

80. Quidam frater, quanto plus eum aliquis injuriabatur aut deridebat (*Pelag.*, *libell.* xvi, n. 12; *Pasch.*, c. 7, n. 4), tanto plus ille gaudebat, dicens: Isti sunt qui nobis occasionem præbent ad profectum nostrum; qui autem beatificant nos, conturbant animas nostras. Scriptum est enim: Quoniam hi qui beatificant vos, decipiunt vos (*Isaiæ* III).

81. Alter senex, si quis detraxisset ei, ille festinabat (si vicinus ei erat) per seipsum bene illum remunerari; quod si longius manebat, transmittebat ei munera (*Pasch.*, c. 7, n. 5).

82. Quidam frater rogabat abbatem Sisoium, dicens: Si latrones aut barbari super me irruerint, occidere me volentes, et ego si prævalere potuero, jubes occidam eos? Cui ille respondit: Ne facias omnino; sed totum Deo te committe. Quidquid enim tibi adversi contigerit, profitere hoc tibi propter peccata tua venire, divinæ enim dispensationi debes totum ascribere.

83. Erat quidam eremita magnus, in monte qui dicitur Athlibeus, et venerunt super eum latrones

(*Pasch.*, c. 8, n. 2). Cum autem ille vocem fecisset, de vicinis locis fratres alii confluentes comprehenderunt eos. Quos transmissos in civitatem judex misit in carcerem. Fratres ergo illi moesti facti sunt, quia propter ipsos latrones traditi essent judici; et venientes ad abbatem Poemenem, renuntiaverunt ei factum. Qui scripsit ad eremitam, dicens: Reminiscere, prima proditio unde facta est? et tunc videbis secundam. Nisi enim proditus fuisses ab interioribus tuis, secundam proditionem nunquam perpetrasses. Quo ille sermone cum compunctus esset, in omni illa regione nominatus, et per multum tempus non exiens, surrexit statim et venit in civitatem, et excutiens latrones publice de carcere, liberavit eos a tormentis.

84. Cujusdam philosophi discipulus peccavit (*Joannes, libell.* 4, n. 12); et cum sibi indulgeri vellet, dicit ei philosophus: Non tibi indulgeo, nisi in his tribus annis portaveris onera aliorum. Cui reverso post tres annos, cum jam peccato satisfecisset, dicit ei philosophus: Nec nunc tibi adhuc indulgeo, nisi aliis tribus annis dederis his mercedem qui te injuriis et conviciis affligunt. Quod etiam cum ille complesset, remisso peccato ejus, dicit ei magister suus: Veni modo et ingredere Atheniensium civitatem, ut illic sapientiam possis discere. Erat autem ibi quidam senex sapientia studiosus, et sedebat ad portam, omnesque ingredientes experiendi causa conviciis affligebat (14); qui cum idem juveni illic ingredienti faceret, ille exorto cachinno risit. Cui senex ait: Quid est hoc quod agis? ego te injurior, et tu rides? Cui juvenis ait: Et non vis ut rideam, cum tribus annis mercedem dederim ut hoc paterer quod hodie a te gratis patior? Tunc senex dixit ei: Ingredere ergo civitatem, quia dignus es. Hoc autem solebat abbas Joannes referre, et his ipse addebat, dicens: Haec est porta Dei, per quam patres nostri per multas tribulationes et injurias gaudentes ingressi sunt civitatem Dei.

85. Quidam frater requisivit senem, dicens: Da mihi, pater, unam rem quam custodiam, et salver per eam. Respondit ei senex: Si potueris injuriari et affici conviciis, et portare ac tacere, magna est haec res, et super alia mandata (*Pelag., libell.* xv, n. 83).

86. Interrogantibus quibusdam fratribus abbatem Moysen sermonem, ille hortatus est discipulum suum Zachariam ut eis aliquid diceret: Tunc ille pallium suum deposuit subtus pedes suos, et conculcavit illud, et dixit: Nisi quis sic fuerit conculcatus, monachus esse non potest (*Pelag., libell.* xv, n. 17).

87. Dicebat abbas Macarius: Ille vere est monachus, qui se in omnibus vincit. Nam si quis alium arguens ad iracundiam movetur, propriam passionem implet. Nec enim ut alterum salvet seipsum debet perdere.

88. Quemdam fratrem sub praesentia abbatis Antonii alii fratres collaudabant; sed cum tentasset eum senex, reperit quod non sufferret injuriam. Et dicit ei senex: Tu quidem frater similis es aedificio quod A quamvis habeat ingressum ornatum, per posticia tamen a latronibus expugnatur (*Pelag., libell.* viii, n. 2).

89. Quidam frater requisivit abbatem Isaac, dicens: Abba, quare te ita daemones timent (*Pelag., libell., num.* 22, *nomine Isidori*)? Respondit senex: Ex quo factus sum monachus, statui apud me ut iracundia mea foris guttur meum non procederet; **514**; et ideo timent me daemones.

90. Cum venisset quidam de patribus ad abbatem Achillam (*Pelag., libell.* iv, n. 9), vidit eum sanguinem exspuentem, et requisivit quid hoc esset. At ille respondit: Sermo erat fratris qui me contristaverat, et repugnavi ut non illum dicerem, sed petivi Dominum, ut tolleret a me, et factus est ille sermo sanguis in ore meo, et postquam exspui, requievi; sed et ipsam tristitiam et sermonem istum oblitus sum.

91. Quidam fratres venerunt ad quemdam sanctum senem, sedentem in solitudine (*Pelag., libel.* xv, n. 14); et invenerunt infantes pecora pascentes, et aliquoties inter se loquentes verba turpia. Postquam autem de singulis cogitationibus requirentes, a sene acceperunt responsum, dicunt ei: Quemadmodum potes sustinere, abba, voces infantium istorum, et nec praecipis eis ut non ita vociferentur? Et dicit eis senex: In veritate, fratres, plurimos dies habuit cogitatio mea volens illis aliquid dicere, sed redargui memetipsum, reputans mihi: Si parum hoc non porto, quomodo, si major mihi tentatio advenerit, portabo? Et ideo illis nihil dico, ut fiat mihi consuetudo portandi.

Item dixit: Si quis linguam suam non tenuerit in tempore irae, nec passionem carnis suae aliquando poterit continere.

92. Abbas Joannes dum sederet inter fratres (*Pelag., libell.* xvi, n. 3), et singuli eum de propriis cogitationibus inquirerent, atque ille responsum omnibus daret, quidam senex ex invidia dicit ei: Sic est hic Joannes quomodo mulier meretrix ornans semetipsam, ut congreget sibi amatores. Cui abbas Joannes ait: Verum dicis, abba, et non est aliter; nam et hoc ipsum Deus tibi revelavit. Respondit illi iterum ille senex, dicens: Nam et vas tuum, Joannes, veneno plenum est. At Joannes ait illi: Sic est, abba, ut dixisti, et hoc dicis, quia illa tantummodo quae deforis sunt vides; nam si ea quae intrinsecus sunt videres, quanto plus haberes quod diceres? Et post hoc quidam ex discipulis ejus dixit ei: Non es conturbatus interius, abba, in verbis senis hujus? Cui ille respondit; Non; sed sicut sum deforis, ita sum deintus.

93. Erat quidam senex in Aegypto, et antequam veniret illuc abbas Poemen, grandi veneratione habebatur ab omnibus (*Pelag., libell.* xvii, n. 8). Cum autem abbas Poemen de Scythi illuc subiisset, multi, relicto illo sene, veniebant ad hunc, et propterea coepit illi invidere et detrahere. Quod audiens abbas Poemen, contristatus est et dixit fratribus suis: Quid facimus? quia in tribulationem miserunt nos ho-

mines, ut illum senem tam sanctum relinquerent, et nos qui nihil sumus respicerent? Quomodo sanabimus hunc virum magnum? Venite ergo, faciamus parvas escas, et portantes pergamus ad eum, et parum vini, ac pariter cum eo gustemus, forsitan in hoc possumus animum ejus placare. Profecti ergo pulsaverunt ostium ejus. Audiens vero discipulus illius senis dixit: Qui estis? At illi dixerunt: Dic abbati tuo quoniam Poemen venit, ut benedicatur ab eo. Quod cum ille per discipulum suum audisset, respondit ad eum: Vade, dic eis: Ite hinc, non enim mihi vacat. Illi tamen restiterunt moesti [*Al.* in aestu], dicentes: Quia non hinc discedimus, nisi digni fuerimus adorare eum. Quorum cum ille humilitatem et patientiam pervidisset, compunctus aperuit ostium, et osculantes se invicem, gustaverunt pariter. Dixit ergo eis ipse senex: In veritate non sunt ea sola quae audivi de vobis, sed et centuplum opera vidi in vobis. Et ab illo die amicus charissimus factus est ei.

94. Abbas Muthues aliquando aedificavit sibi cellulam in loco qui dicitur Heracleona (*Pasch.*, c. 10, n. 1). Et dum ibi a multis molestaretur, alterum locum introgressus est, et similiter etiam ibi construxit habitaculum. Sed per insidias diaboli quidam frater inventus est ibi, qui per invidiam semper iram cum eo habuit: propter quod surrexit inde, et ad proprium reversus est vicum, et fecit sibi illic quoque cellulam, et reclusit se in eam. Post tempus autem aliquantulum congregati sunt senes de illo loco unde egressus est, deducentes secum etiam illum fratrem cum quo habuit litem, quatenus rogarent eum ut rediret ad cellulam suam. Postquam autem in vicinum locum venerunt, tam melotes suas quam illum fratrem ibidem dereliquerunt; ipsi vero profecti sunt ad senem, et pulsantibus illis, aperta fenestra respexit eos, et cognovit, et dixit eis: Ubi sunt melotes vestrae? At illi responderunt: Ecce hic in vicino sunt una cum fratre illo, qui tecum iram habebat. Hoc postquam senex audivit, et illos cognovit, prae gaudio ostium, per quod ingressus fuerat, cum securi confregit, et egressus cucurrit usque ad locum ubi erat ille frater, et coepit ipse prior poenitentiam apud eum agere, et amplexatus est eum, et introduxit illos in cellam suam, et per tres dies convivatus est cum eis, qui nunquam habebat consuetudinem ut jejunium solveret. Et postea surrexit, et profectus est cum illis.

95. Abbas Agathon solebat dicere: Nunquam litem habens cum aliquo dormivi; sed nec permisi alicui mecum litem habentem dormire, quantum ad virtutem meam pertinuit, nisi prius cum illo in pace reverterer (*Pelag.*, libell. xvii, n. 6).

96. Erant duo senes in una cella pariter sedentes, et nunquam inter se vel qualemcumque parvam contentionem habuerant (*Pelag.*, libell. xvii, n. 22). Dixit ergo unus ad alterum: Faciamus et nos vel unam litem, sicut et alii homines. At ille alter dixit ei: Nescio quemadmodum fit lis. Dixit ei ille: Ecce ego pono laterem in medio, et dico: Quia meus est, et tu dic: Quia non est tuus, sed meus. Et ex hoc fit contentio et rixa. Et cum posuissent laterem in medio, dicente uno: Quia meus est; ille alter primo respondebat: Ego meum esse spero. Cum ille alter iterum diceret: Non est tuus, sed meus, tunc ille respondit: Et si tuus est, tolle illum. Quo dicto, non invenerunt quemadmodum litigarent.

97. Quodam tempore orante beato Macario abbate (*Joanne, libell.* iii, n. 17), vox ad eum personuit, dicens: Macari, necdum ad mensuram duarum mulierum pervenisti, quae in proxima pariter habitant civitate. Quo audito, senex exsurgens, arrepto baculo, in designatam pervenit civitatem. Cumque ostium quaesitae domus atque inventae pulsaret, egressa una ex illis, cum magna exsultatione eum suscepit. Quas utrasque senex convocatas ita est allocutus: Propter vos tantum laborem veniens ex solitudine longinqua sustineo, ut opera vestra cognoscerem; quae mihi vos condicite ac narrate. Cui illae sic dixerunt: Crede nobis, sanctissime Pater, quia nec praesenti nocte a maritorum lectulis fuimus separatae. Qualia ergo opera a nobis exquiris? Sed senex in precibus persistebat ut ei vitae suae ordinem declararent. Cui tunc illae compulsae dixerunt: Nos nulla inter nos sumus parentelitatis affinitate conjunctae: contigit autem ut duobus fratribus jungeremur, et cum his quindecim annis in domo una pariter permanentes, neque turpe verbum altera dixit ad alteram, neque litem aliquando commisimus, sed in pace hactenus viximus, et pari consensu tractavimus, quatenus, pariter relictis maritis, in congregatione religiosarum virginum proficisceremur, et multis precibus hoc a conjugibus non valuimus obtinere. Quo non adepto, inter nos et Deum posuimus testamentum, ut usque ad mortem nostram saeculare verbum non loqueremur omnino. Quae cum audisset beatus Macarius, dixit: In veritate non est virgo, neque maritata, neque monachus, neque saecularis; sed Deus tantum propositum quaerit, et spiritum vitae omnibus ministrat.

98. Quidam frater, dum esset in coenobio, et frequenter ad iram moveretur (*Pelag.*, libell. vii, n. 33), dixit ad semetipsum: Vadam in solitudinem; et cum non habeam cum quo litigem, forsitan requiescet a me haec passio [1]. Cum autem egressus esset, et mansisset solus in spelaeo, quadam die cum vas aqua replesset, et posuisset in terram, subito versatum est. Cumque tertia vice replesset, ac similiter contigisset, arrepto ipso vase, fregit illud iratus. Cum autem ad se reversus fuisset, cogitabat quia a spiritu iracundiae esset deceptus, et dixit: Ecce et solus sum, et tamen ab iracundia victus sum. Revertar in coenobium, quia ubique pugna opus est et patientia, et maxime Dei auxilium. Et ita exsurgens, reversus est ad locum suum.

99. Beatus Macarius de semetipso referebat, di-

---

[1] In Editis est hic textus Pelagii, posui ut in Ms.

cens : Dum essem juvenis, et tamen in cella resideram, invitum me tenentes clericum ordinaverunt in vico (*Pelag.*, *libell.* xv, n. 23). Cum autem nolens illic esse, in vicum alterum effugissem, et quidam mihi sæcularis religiosus opere meo vendito ministraret, contigit quamdam virginem per stuprum ventris onus accipere. Quæ dum a parentibus a quo fuisset compressa requiritur, dixit illa : Anachoreta ille vester hoc in me facinus perpetravit. Egressi vero parentes puellæ, comprehendentes me suspenderunt meo collo vasa fictilia, et per singulas semitas circumducebant me cæde mactantes, atque insuper his vocibus insultantes : Hic monachus filiæ nostræ vim intulit. Cumque me usque ad necem fustibus pene multassent, quidam ex senioribus dixit ad eos : Usquequo hunc peregrinum monachum cæde mactatis? Sed et ministrante mihi sequente et rubore perfuso, injurias irrogabant, dicentes : Ecce quid fecit hic pro quo tu testimonium perhibebas? parentes autem puellæ dixerunt : Nulla hunc ratione dimittimus, nisi pro alimentis puellæ præstandis aliquis pro ipso satisdator accesserit. Quod dum ministranti mihi ut faceret innuissem, interposita me sua fide suscepit. Itaque regressus ad cellulam, quantascunque inveni sportellas ei contribuebam, quibus venditis, victum mihi conjugique meæ ministraret. Dicebam autem : Ecce, Macari, invenisti tibi uxorem, necesse est ergo amplius operari, ut eam valeas enutrire. Et tam diebus quam noctibus operabar, ut ei quotidie victum ministrarem. Sed quando miseræ tempus pariendi advenit, diebus plurimis parere cruciata non potuit. Quæ, quid fecisset requisita, respondit : Quia anachoretæ illi causam non habenti crimen imposui. Nam me juvenis vicinus noster ille compressit. Quod cum ille qui mihi ministrabat, audisset, gaudio repletus advenit, infelicem illam puellam, priusquam fateretur, quod tibi calumniam frustra **516** contexuit, parere nullatenus potuisse vociferans, sed et omnes vicinos venire, et te commissi veniam postulare. Quæ ego cognoscens, ne me et ipsi homines molestarent, festinus abscedens in hunc locum perveni; et hæc est causa mei in istis locis adventus.

100. Quidam frater requisivit abbatem Pœmenem, dicens : Quid faciam, Pater, quoniam conturbor a tristitia? Dixit ei senex : Neminem pro nihilo aspicias, nullum condemnes, nulli detrahas, et dabit tibi Dominus requiem (*Pasch.*, c. 39, n. 2; *Pelag.*, *libell.* ix, n. 8; *Append. Mart.*, n. 39).

101. Dicebat abbas Pœmen de abbate Isidoro, quia solus ipse se cognovisset (*Pasch.*, c. 11, n. 3). Nam quoties illi cogitatio sua dicebat : Quia magnus es ; tunc et ipse respondebat ad se : Nunquid talis sum qualis Antonius, aut certe abbas Pambo, vel reliqui patres, qui Deo placuerunt? Quoties ergo hæc cogitabat, requiescebat. Quando vero dæmon conturbans eum suggerebat ei desperationem et pœnas, dicens : Quoniam post hæc omnia iturus es in tormenta, dicebat iterum ipse : Quia quamvis ego in tormenta mittar, tamen vos subtus me invenio.

102. Abbati quoque Moysi frequenter apparuerunt dæmones maledicentes ei, ac dicentes : Prævaluisti nobis, Moyses, et nihil tibi possumus facere, quoniam quoties te in desperationem humiliare volumus, exaltaris; quoties autem exaltaris, ita te humilias, ut nullus de nobis accedat ad te (*Pasch.*, c. 11, n. 4).

103. Cum quidam frater abbatem Sisoium frequenter talem sermonem requireret, dicens : Quid faciam, Pater, quoniam cecidi? respondit, Surge (*Pasch.*, c. 11, n. 5). At ille respondit, Exsurrexi; et iterum se cecidisse confessus est. Ait senex : Et iterum surge. Cum autem frater frequenter se surrexisse et frequenter se cecidisse narraret, eodem sermone senex utebatur exclamans : Non cesses exsurgere, fili. Cui frater ait : Usquequo possum surgere, Pater, explana. Tunc senex ait : Quousque aut in bono opere, aut in malo deprehensus occumbas. In quo enim opere homo deprehensus fuerit, in eo judicabitur.

104. Quidam senex tentabatur a cogitationibus graviter per annos decem, ita ut jam desperaret, dicens : Perdidi jam animam meam; sed quia semel perii, revertar ad sæculum (*Pelag.*, *libell.* vii, n. 42). Cum autem proficisceretur, venit ad eum vox, dicens : Decem anni in quibus certatus es (15), coronæ tuæ erunt. Revertere ergo in locum tuum, et ab omni mala cogitatione libero te. Et statim regressus, permansit in incœpto opere. Non est ergo bonum desperare se quemquam propter cogitationes. Illæ enim magis nobis coronas provident, si utiliter eas pertractantes transierimus.

105. Quodam tempore abbas Antonius, dum resideret in eremo, spiritu tentatus acediæ, cogitationibusque diversis implicatus, dicebat ad Deum : Domine, salvari desidero, sed cogitationes variæ non me permittunt (*Pelag.*, *libell.* vii, n. 1). Quid faciam in tribulatione mea, vel quomodo salvari valeam, dignanter ostende. Et post paululum surgens, quemdam sibi similem conspicatur sedentem, torquentem funiculum, et surgentem ex opere, et orantem. Erat autem angelus ad emendationem Antonii destinatus, a quo etiam hunc sermonem audivit : Et tu ita faciens, Antoni, salvaberis. At ille summo gaudio cumulatus, accepta confidentia salvatus est.

106. Quidam frater requisivit senem, dicens : Quid faciam, Pater, quoniam nulla opera facio monachi, sed in negligentia constitutus comedo, et bibo, et dormio, et de hora in horam transgredior de cogitatione in cogitationem, et propterea contristor et deficio. Cui senex ait : Tu sede in cella tua, et fac quod potes sine perturbatione animi, et confide in Deum, quia qui sedet in cella sua propter Deum, invenietur in loco illo ubi est abbas Antonius (*Pelag.*, *libell.* vii, n. 34).

107. Alter frater requisivit abbatem Achillam, dicens : Cur sedens in cella mea patior acediam? Cui senex ait : Quia necdum vidisti requiem, fili, quam speramus, neque tormenta quæ timemus. Si enim

ea diligenter inspiceres, etiam si vermibus plena esset cella tua usque ad collum, tu tamen in ipsis jaceres permanens sine acedia (*Pelag.*, *libell.* VII, *n.* 28).

108. Quidam frater abbatem Antonium requisivit, dicens : Quid observando, Deo placebo? Respondit senex : Quod dico tibi, custodi. Quocunque vadis, Deum semper habeto præ oculis tuis. Et quodcunque opus exerces, sume ex divinis Scripturis exempla; et in quocunque loco resederis, ne inde citius movearis, sed patienter in eodem loco consiste. Hæc enim tria custodiens, salvus efficieris (*Pelag.*, *libell.* I, *n.* 1).

109. Quidam frater, cum expetisset sermonem ab abbate Moyse, dicit ei senex : Vade, et sede in cella tua. Cella autem tua omnia te potest instruere, si ibi permanseris. Sicut enim piscis ex aqua eductus statim moritur; ita et monachus perit, si foris cellam suam voluerit tardare (*Pelag.*, *libell.* II, *n.* 1, *nomine Antonii*; *Vita Antonii c.* 52).

110. Quidam frater requisivit abbatem Pœmenem : Si melius est remotius an cum aliis manere (*Pasch.*, *c.* 12, *n.* 2)? Respondit senex : Homo si seipsum reprehendit, ubique potest persistere; si autem se magnificat, nunquam stat. Quidquid enim boni fecerit homo, ne exsultet in eo, quia mox perdet illud.

111. Aliquando venit ad abbatem Zenonem in Syriam aliquis frater Ægyptius (*Pasc.*, *c.* 12, *num.* 4), et cœpit cogitationes proprias accusare præsente sene. Ille autem admirans dixit : Ægyptii virtutes quas habent celant, et vitia quæ non habent, manifestant. Syri autem et Græci virtutes quas non habent prædicant, et vitia quæ habent abscondunt.

112. Quidam senex dixit : Qui ab hominibus amplius honoratur aut laudatur, non parvum animæ damnum patitur; qui autem penitus ab hominibus non honoratur, desuper gloriam a Deo accipiet (*Pelag.*, *libell.* XV, *num.* 56; *Pasch.*, *c.* 13, *num.* 1)

113. Idem dixit : Fieri non potest ut simul et herba nascatur et semen; ita impossibile est ut laudem et gloriam sæcularium habentes, simul etiam et fructum faciamus cœlestem (*Pelag.*, *libell.* VIII, *n.* 20, *nomine Syncleticæ*; *Pasch.*, *c.* 12, *n.* 2).

114. Idem dixit : Sicut thesaurus manifestus minuitur, ita et virtus deperit publicata. Nam sicut cera a facie ignis solvitur, ita et anima per laudem resoluta, perit ab intentione sua (*Pelag.*, *libell.* VIII, *n.* 19, *nomine Syncleticæ*).

115. Idem dixit : Quando cogitatio vanæ gloriæ vel superbiæ te impugnat (*Pelag.*, *libell.* XV, *num.* 54; *Pasch.*, *c.* 13, *num.* 5), perscrutare teipsum, si omnia Dei mandata servasti, si inimicos tuos diligis, si gaudes in gloria inimici tui, et contristaris in dejectione ejus; si apud te habes : Quoniam servus inutilis sum, et plus omnibus hominibus peccans; et neque tunc tamen aliquid grande sapias, tanquam aliquid boni feceris, sciens quod elata cogitatio omnia illa bona dissolvit.

116. Quidam senex, cum venisset ad alium senem, dicit ei : Ego jam mortuus sum sæculo huic (*Pelag.*, *libell.* XI, *n.* 58; *Pasc.*, *c.* 12, *num.* 3). At ille alter respondit : Ne confidas in teipsum, donec egrediaris de corpore hoc. Nam etsi tu dicas : Quoniam mortuus sum; diabolus tamen necdum est mortuus, cujus innumerabilia sunt artis mala.

117. Quidam senex cum quinquaginta annis esset in deserto, neque panem gustans, neque aquam ad satietatem accipiens, dicebat ipse : Quia occidi vanam gloriam et avaritiam [1]. Quod cum audisset abbas Abraham, venit ad eum, et requisivit illum sermonem si ipse dixisset. At illo confitente, dixit ei Abraham : Ecce dum per viam ambulas, vides lapides et fragmenta laterculorum, et inter hæc massam auri, nec potest cogitatio tua illud simile illis aliis judicare? Dixit ei senex : Non, sed iterum pugno cum cogitationibus meis. Ecce enim vivit avaritia, sed ligata est.

Item dixit abbas Abraham : Hic diligit te et laudat, alter vero te horret et detrahit; si utrique veniunt ad te, non utrosque æqualiter aspicis? Dixit ei senex : Non, sed iterum pugno cum cogitatione mea, ut et illum diligam quem horreo. Cui abbas Abraham ait : Ecce ergo vivunt in te passiones adhuc, sed ligatæ sunt a sanctis, quæ tibi forte propter vitam tuam permanent.

118. Quidam senex habitabat in inferioribus partibus eremi, et sedebat quiescens in spelunca, unus autem sæcularis religiosus ministrabat ei (*Joan.*, *libell.* IV, *n.* 35; *Pasch.*, *c.* 12, *num.* 7). Contigit autem ut filius sæcularis istius infirmaretur. Multis ergo precibus postulabat senem, ut veniret in domum suam, et faceret orationem pro infante. Exsurgens autem senex, ambulabat cum eo. Ille autem præcessit, et ingressus in domum suam dixit : Venite in occursum anachoretæ. Quos cum vidisset de longe egressos cum lampadibus (16), sensit quod ad se venirent. Despolians itaque se vestimenta sua, misit in flumen, et cœpit ea lavare, stans nudus. Ille autem qui ministrabat ei, videns hæc erubuit, et rogavit homines, dicens : Revertimini, senex enim noster sensum perdidit. Et veniens ad eum, ait illi : Abba, ad quid hoc fecisti? Omnes enim qui te viderunt, dixerunt : Quia dæmonium habet senex. Cui ille : Et ego hæc volebam audire.

119. Cum quidam judex provinciæ abbatem Moysen vellet adorare, audiens ille fugiebat de loco suo (*Pelag.*, *libell.* VIII, *n.* 13). Et cum obviam forte illi fuisset, requisivit judex ab eo, dicens : Dic nobis ubi est cella abbatis Moysis? At ille respondit : Quid illum vultis videre hominem stultum et hæreticum? Quod cum audisset judex, veniens ad ecclesiam, retulit clericis, dicens : Ego quidem diversa audiens de abbate Moyse, volui ab eo benedici; sed quidam veniens mihi obviam monachus, retulit de eo quod esset

---

[1] *Pelag.*, *libell.* X, *n.* 15. In Editis est hic stylus Pelagii. Posui ut in Mss.

hæreticus. Quod cum audissent clerici, contristati sunt; et cœperunt interrogare eum qualis esset monachus ille qui hoc dixisset. Ille autem respondit: Senex erat, et veterrimis indutus vestimentis, longus et niger. Et tunc cognoscens ex relatione eorum, quia ipse erat Moyses, satis miratus discessit.

120. Abbas Sisoius cum habitaret in monte in quo erat beatus Antonius reclusus (*Joan., libell.* II, *n.* 13), quidam sæcularis ad eum cum parvo filio percipiendæ benedictionis gratia properabat. Contigit autem ut infans moreretur in via. Quem pater sine ulla perturbatione mentis sublatum, cum fide portavit ad senem; ingressusque cellulam, tam 518 se quam infantem projecit in terram, ut est moris postulantium benedictionem. Oratione autem expleta, exsurgens pater egressus est foras, filii corpusculo derelicto ante pedes abbatis; quem cum adhuc senex orandi causa jacere speraret, Surge, inquit, fili, et egredere; defunctum enim esse nesciebat. Confestimque puer exsurgens, egressus est. Cumque vidisset pater ejus, obstupuit, regressusque in cellulam, adorato sene, tam causam filii quam luctum cum fide narravit. Sed senex valde mœstus effectus est, non enim a se quidquam tale volebat audiri factum. Sed per discipulum suum homini illi ne cuiquam usque ad transitum suum hæc diceret, imperavit.

121. Cum quidam sæcularis in ecclesiam veniens, ab immundo spiritu teneretur (*Joannes, libell.* II, n. 4; *Pasch., c.* 14, *n.* 2), et omnes orationem fecissent, et nullatenus spiritus immundus ab eo egrederetur, dicunt ergo inter se fratres: Quid possumus huic spiritui facere? nemo potest illum excutere, nisi abbas Besarion. Sed si dixerimus hoc illi, nec ad ecclesiam acquiescet venire, sed faciamus taliter, quoniam ante omnes solet ad ecclesiam venire, hunc qui patitur faciamus sedere, et postea dicamus abbati: Abba, suscita hunc dormientem. Fecerunt ita. Et veniente abbate Besarione, steterunt omnes in oratione, et dicunt ei: Abba, suscita etiam istum dormientem. Ille autem excitavit eum, dicens: Surge, et egredere foras, et mox ab eo egressus est spiritus immundus, et sanus effectus est ex illa hora.

122. Erat quidam habens filium paralyticum in Ægypto, et attulit eum in cellam beati Besarionis abbatis, et reliquit eum super ostium plorantem, et discessit longe (*Joan., libell.* II, *n.* 7, *nomine Macarii*). Cœpit ergo infans flere. Cum autem senex per fenestram vidisset eum, dixit: Quis te huc detulit, fili? Cui infans respondit: Pater meus detulit me, et ipse discessit. Cui senex dixit: Surge, et adjungere illi, et mox sanus effectus surrexit, et pervenit ad patrem suum.

123. Dixit abbas Muthues: Quantum homo Deo appropinquaverit, tantum se peccatorem videbit (*Pelag., libell.* XV, *num.* 28). Isaias enim propheta videns Dominum, miserum se et immundum vocavit. Nos ergo non simus hic sine sollicitudine. Dicit enim Scriptura: Qui stat, videat ne cadat (*I Cor.* x). Incerti ergo navigamus in hoc mundo. Sed nos quidem quasi in tranquillo mari navigare videmur, sæculares vero quasi in periculosis locis (*Pelag., libell.* XI, *n.* 34, *nomine Syncleticæ*). Nos quasi in die, sole justitiæ illustrati; illi vero in ignorantia, quasi per noctem. Sed frequenter contingit ut sæcularis in tenebrosa nocte navigans, vigilans autem et clamans, propriam navim salvet; nos autem dum in tranquillo navigamus, sæpius ex ipsa securitate negligimus, et perimus, humilitatis gubernaculum relinquentes; sicut enim impossibile est navim firmam fieri sine clavis, ita impossibile est hominem sine humilitate salvari.

124. Abbas Macarius, dum diluculo palmarum folia portans, ad cellam suam reverteretur, occurrit ei diabolus cum falce præacuta, volensque eum percutere, non valebat (*Pelag., libell.* XV, *num.* 26; *Pasch., c.* 13, *num.* 6). Qui exclamans dixit: Magnam a te vim patior, o Macari, qui cum te cupio nocere, non valeo; dum quæcunque tu facis, ego magis ex opere facio. Tu ergo jejunas interdum, ego nullo unquam cibo reficior. Tu sæpe vigilas, me vero sopor nunquam oppressit. Sed in una re me vincis, ipse profiteor. Cum ab eo rem ipsam beatus Macarius requisisset: Humilitas tua, dixit, sola me vincit. Hæc dicente inimico, et extendente beato Macario manus suas ad orationem, spiritus immundus inter auras evanuit.

125. Quidam ex senibus monachorum eremita fuit, quem quidam a spiritu malo correptus, et spumans, fortiter eum in maxillam percussit; senex autem præbuit illi alteram maxillam ut feriret; diabolus autem non sufferens incendium humilitatis ejus, statim discessit (*Pelag., libell.* XV, *num.* 25).

126. Quidam ex Patribus dicebat: Omnis labor monachi sine humilitate vanus est. Humilitas enim præcursor est charitatis, sicut Joannes erat præcursor Jesu, omnes trahens ad eum; ita et humilitas attrahit ad charitatem, id est, ad ipsum Deum, quia Deus charitas est (*Pasch., c.* 13, *num.* 7).

127. Quodam tempore abbas Macarius dum ad montem Nitriæ ascenderet, discipulo suo ut parum præcederet imperavit. Qui cum ante illum pergeret, obvium habuit quemdam sacerdotem idolorum, cursu concito venientem, et lignum grande portantem. Cui exclamans ait: Quo curris, dæmon? At ille iratus, tantis eum plagis affecit, ut exanimem pene relinqueret; et relicto eo sacerdos iterum currebat; progressusque parum, obviavit beato Macario, qui ait ad eum: Salveris, laborator, salveris. At ille admiratus, respondit: Quid in me boni conspexisti, ut me salutares? Cui senex ait: Quia vidi te laborantem, et curris ignoranter. Cui sacerdos dixit: Et ego salutatione tua compunctus magnum servum Dei te cognovi; nam alter nescio quis miserabilis monachus occurrens mihi injurias fecit, sed et ego plagas illi pro verbis imposui. 519 Tunc apprehendens pedes beati Macarii clamabat, dicens: Nisi me monachum feceris, non desistam. Pergentesque pariter venerunt

ad locum, ubi cæsus frater jacebat : quem utrique tollentes, quoniam gradi non poterat, manibus in ecclesiam pertulerunt. Cum autem fratres vidissent sacerdotem illum beatum Macarium comitantem, stupefacti, cum admiratione monachum illum perficiunt, et multi propter illum ex paganis facti sunt Christiani. Dicebat ergo abbas Macarius : Quia sermo superbus et malus etiam bonos viros convertit ad malum, sermo vero humilis et bonus etiam malos mutat in melius.

128. Sæpe dicebat beatus Antonius : Nisi pistor molæ oculos operiret (17), mercedem suam recipiens ipse consumeret (*Pelag.*, *libell.* xv, n. 86; *Pasch.*, c. 15, num. 1). Ita et nos per Dei dispensationem tegumen accipimus, ut ea quæ operamur bona non valeamus attendere, ne nos ipsos beatificantes possimus extolli, et mercedem propriam amittamus. Nam et ob hoc quando relinquimur in sordidis cogitationibus, necesse est ut hoc tantummodo provideamus, ut nos ipsos et nostram sententiam condemnemus, ne ea, quæ sunt in nobis sordida, illud parvum bonum opus nostrum in nobis obscurent. Nunquam enim homo bonus est, etiamsi bonus esse desideret, nisi Deus habitaverit in ipso, quia nemo bonus nisi solus Deus. Oportet ergo ut nos ipsos veraciter semper incusemus. Quando enim se quisque reprehendit, mercedem propriam non amittit.

129. Item beatus Antonius retulit vidisse omnes laqueos inimici super universam terram extentos. Et cum suspirans dixisset : Quis hos poterit transire ? vocem ad se dicentem audivit : Humilitas sola pertransit, Antoni, quam nullo modo valent superbi contingere.

130. Item beatus Antonius, dum in cella propria oraret, venit ad eum vox dicens : Antoni, nondum pervenisti ad mensuram coriarii, qui est in Alexandria (*Pasch.*, c. 15, num. 2). Quo audito senex surgens mane, arrepto baculo, in civitatem Alexandriam festinus venit. Cumque ad designatum hominem fuisset ingressus, ille viso tanto viro obstupuit. Cui senex dixit : Refer mihi opera tua, quia propter te relicto deserto huc veni. Qui respondens ait : Nescio me aliquando aliquid boni perpetrasse : unde et ex cubili proprio mane consurgens, antequam in opere meo resideam, dico quod omnis hæc civitas a minore usque ad majorem ingrediuntur regnum Dei propter justitias suas, ego autem solus propter peccata mea pœnam ingrediar sempiternam. Quod verbum antequam quiescam sero, ex cordis mei recenseo veritate. Quod audiens beatus Antonius, respondit : In veritate, fili, sicut bonus aurifex sedens in domo tua cum requie regnum Dei adeptus es; ego autem veluti sine discretione eunte tempus meum in solitudine conversatus, necdum verbi tui assumpsi mensuram.

131. Quidam frater requisivit abbatem Pœmenem (*Pasch.*, c. 15, num. 5) dicens : Quid est, Pater, quod ait Apostolus : Omnia munda mundis (*Tit.* III)? At ille dixit ei : Si quis ad hunc sermonem poterit pervenire ut eum intelligat, videbit se minorem esse totius creaturæ. Cui frater : Et quomodo possum me minorem videre ab eo qui homicida est ? Respondit senex : Si potuerit homo ad hunc sermonem Apostoli pervenire, et viderit hominem qui forte occidit alium, dicit in semetipso : Iste quidem hoc solum peccatum fecit, ego autem omni hora homicidium committo, meipsum peccando interficiens. Et cum frater requireret quomodo hoc possit fieri, respondit : Hæc sola justitia est hominis ut semetipsum reprehendat. Tunc enim justus est, eum sua peccata condemnat.

132. Cum sederent quidam fratres prope abbatem Pœmenem, unus alium quemdam fratrem laudavit, dicens : Bonus est ille frater, quoniam mala horret. Cui senex ait : Et quid est mala horrere ? At ille nesciens quid ei responderet, petebat dicens : Dic mihi, abba, quid est malum horrere? Cui senex ait : Ille horret mala, qui sua peccata propria horret, et omnem fratrem suum beatificat et diligit.

133. Quidam frater requisivit abbatem Pœmenem, dicens : Quomodo potest homo vitare ne loquatur malum de proximo suo (*Pasch.*, c. 16, num. 1) ? Respondit senex : Ego et proximus meus duæ imagines sumus; cum ergo meam prospexero, et reprehendero me, invenitur imago fratris mei apud me venerabilis. Quando autem meam laudavero, tunc fratris mei imaginem pravam respicio. Tunc ergo de alio non detraho, si semper meipsum reprehendo.

134. Dixit abbas Hyperichius (18) : Melius est comedere carnes et vinum bibere, quam comedere in vituperatione carnes fratrum. Sicut enim susurrans serpens Evam de paradiso excussit, ita qui de fratre suo detrahit, non suam solum, sed et audientis animam perdit (*Pelag.*, *libell.* IV, n. 51, 52).

135. Solebat dicere abbas Joannes : Parvam sarcinam dimisimus, id est nos ipsos reprehendere; et gravem portare elegimus, id est ut nos justificemus, et alios condemnemus.

136. Peracta congregatione semel in Scythi, dum Patres de multorum vita et de rebus plurimis loquerentur, abbas Pior tacebat [1]. Postea vero egressus tollens saccum implevit eum arena, et portabat in dorso suo, et iterum in alio parvo panno misit alteram arenam, et portabat ante se. Videntes autem cæteri fratres, requisierunt ab eo quod esset hoc exemplum ; et respondit, dicens : Iste saccus, qui habet multam arenam, mea peccata sunt, quoniam plurimæ sunt iniquitates meæ, et ecce dimisi ea post dorsum meum, nolens illa videre, ut pro illis doleam vel plangam. Et ecce pauca hæc delicta fratris mei ante oculos meos posui, et crucior in ipsis condemnans fratrem. Sed non oportet sic judicare, sed magis ante me adducere, et de ipsis cogitare, et rogare Deum, ut indulgeat mihi. Quod audientes Patres, dixerunt : In veritate hæc est via salutis.

137. Venit aliquando abbas Isaac in cœnobium [2],

---

[1] *Pelag.*, *libell.* IX, n. 9. In Editis erat hic stylus Pelagii. Posui ut in Mss.

[2] *Pelag.*, *libell.* IX, n. 3. In Editis est hic stylus Pelagii. Posui ut in Ms.

et vidit illic fratrem negligentem, et iratus jussit eum expelli de cœnobio. Cum ergo egrederetur ad habitaculum suum, venit angelus Domini, et stetit ante ostium cellulæ ejus, dicens : Non te permittam ingredi. At ille rogabat ut ejus culpa manifestaretur. Et respondit angelus, et dixit : Deus transmisit me, dicens : Vade, et dic Isaac : Ubi jubes ut mittamus illum fratrem qui peccavit ? At ille mox egit pœnitentiam, dicens : Peccavi, Domine, indulge mihi. Et dixit illi angelus : Exsurge, indulget tibi Deus. Sed ne iterum hoc facias, ut quemcunque condemnes, antequam Deus illum judicet. Tulerunt homines judicium, et non mihi illud permittunt, dicit Dominus : hoc autem dictum est, quia si contigerit de illis perfectis aliquem vel in parvo peccare, mox prodatur.

138. Contigit fratri cuidam culpa in cœnobio : et dum a cæteris increparetur, ad abbatem profectus est Antonium. Et assecuti sunt eum fratres volentes eum reducere, cœperuntque ei culpas exprobrare. Ille vero fecisse culpam denegabat. Inventus est ibi abbas Paphnutius, cui cognomen erat Cephalas, qui talem retulit in congregatione fratrum inauditam parabolam : Vidi, inquit, in ripa fluminis hominem usque ad genua in limo demersum : venientes autem quidam ut eum porrecta manu extraherent, usque ad collum demerserunt. Tunc beatus Antonius de beato Paphnutio ait : Ecce homo qui ex veritate potest animas salvare. Quo fratres illius sermone compuncti agentes pœnitentiam, eum qui discesserat ad cœnobium revocaverunt.

139. Dixit quidam de senioribus : Si videris aliquem peccantem, ne mittas culpam in eum, sed in eum qui impugnat eum, dicens : Væ mihi, quia iste nolens victus est, sicut et ego ; et plange, et inquire Dei solatium, quia omnes decipimur.

140. Quidam Timotheus anachoreta, negligentem fratrem aliquem audiens, interrogante ipsius abbate quid illi fratri faceret, dedit consilium ut eum expelleret de cœnobio. Cum ergo ille fuisset expulsus, tentatio venit ad Timotheum ; et cum ploraret in conspectu Dei, et diceret : Miserere mei, venit ad eum vox dicens : Timothee, ideo tibi hæc causa venit, quia fratrem tuum in tempore tentationis suæ despexisti.

141. Quidam ex Patribus in exstasi positus, vidit quatuor ordines ante Deum [1]. Et primus quidem erat hominum infirmantium et gratias agentium Deo ; secundus vero erat eorum qui hospitalitatem sectantur, et in hoc stant et ministrant ; tertius vero illorum qui solitudinem sectantur, et non vident homines ; quartus vero illorum qui propter Deum et obedientiam solliciti, et subjecti sunt patribus. Erat ergo illis tribus ordinibus hic ordo superior, qui obedientiam exhibebat, et utebatur torque aurea, et majorem gloriam præ cæteris possidebat. Dixit autem senex ei qui sibi hoc in exstasi demonstrabat : Quare hic ordo quartus majorem cæteris gloriam habet? Ille autem respondit ei, dicens : Quia isti alii omnes habent aliquam requiem adimplendo, quamvis in bonis operibus, voluntates suas ; obediens autem, propriam voluntatem relinquens, pendet in patris voluntate jubentis, et ideo majorem præ cæteris gloriam est sortitus.

142. Quidam senex dixit : Quia si quis fratri suo injunxerit causam cum timore Dei, et cum humilitate, sermo ille, qui propter Deum egreditur, compellit fratrem obedire, et facere quod injunctum est ei (Pelag., libell. xv, n. 73). Si autem jubere quis cupiens, non secundum timorem Dei, sed ex auctoritate et propria voluntate fratri voluerit imperare, qui videt abscondita cordis, non illum permittit ut audiat, ne faciat quod illi præceptum est, quia manifestum est opus Dei, quod fit propter Deum, et manifesta est hominis auctoritas quæ per jactantiam ordinatur. Quæcunque enim ex Deo sunt, a principio humilitatem habent ; quæ autem ex auctoritate et iracundia, vel conturbatione, ex inimico sunt.

143. Abbas Silvanus habebat discipulum, nomine Marcum, cujus obedientia erat magna, et propterea senior diligebat eum (Pelag., libell. xiv, n. 5). Habebat autem et alios undecim discipulos, qui contristabantur eo quod illum plus diligeret. Quod postquam alii senes audierunt, mœsti venerunt ad eum, ut ei renuntiarent quia fratres illi qui eum eo erant contristabantur. Sed antequam illi aliquid faterentur, ipse cum illis ad singulorum cellas profectus est, et unumquemque nomine proprio vocavit, dicens : Egredere foras, frater, quia opus te habeo ; et nullus ex illis voluit egredi. Venerunt autem post omnes ad cellam Marci, et cum pulsassent ostium, vocavit abbas Silvanus nomen ejus ; ille autem mox ut audivit vocem senis, foras egressus est. Et ingressus abbas in cellam Marci, quoniam scriptor erat, reperit quaternionem quem scribebat, et invenit quod in qua hora vocatus est, litteram quam faciebat, mediam dereliquit, tantummodo ut obedientiam adimpleret. Noluit autem post auditam vocem senis litteram [2] quam cœperat percomplere. Unde illi alii senes dixerunt ei : In veritate, quem tu diligis et nos jam diligimus, quia et Deus eum propter suam obedientiam diligit.

144. Quidam senex solitarius habebat quemdam ministrantem sibi, manentem in vico (Pelag., libell. xiv, num. 16). Cum autem ille tardasset per dies aliquot, et seni necessaria defecissent, et neque quod operaretur haberet, et quo reficeretur, et propter hoc tristaretur, dixit discipulo suo [3] : Vade in vicum. At ille respondit : Quod vis, Pater, faciam. Timebat autem frater accedere ad vicum propter scandalum, et tamen ut obediret Patri, promisit se iturum. Dixit ei senex : Quia confido in Deo patrum nostrorum quod protegat te ab omni tentatione. Et facta oratione transmisit eum. Cum autem venisset frater in vicum, et requisisset quo maneret ille qui seni ministrabat, inventa domo, cum pulsasset

---

[1] Pelag., libell. xiv, num. 49. In Editis est hic stylo Pelagii. Posui ut in Mss.

[2] O interponunt Editi, et ita in Pelag.

[3] In Editis ad verbum ex Pelagio ; posui ut in Mss.

ostium, contigit ut nemo ex illis inveniretur in domo, præter unam filiam illius ministrantis. Quæ cum aperuisset ostium, et frater eamdem pro patre ejus requireret, cur tot diebus tardasset, illa hortabatur eum ingredi domum simul, et trahebat eum. Cum autem ille non acquiesceret, illa invaluit, et traxit eum ad se. Cum autem vidisset ille quia ad peccatum trahebatur, et urgebant eum cogitationes, ingemuit, et clamavit, dicens ad Deum : Domine, propter orationem ejus qui me misit, salva me in hac hora. Et cum hoc dixisset, subito inventus est ad flumen juxta monasterium suum, et reversus est ad Patrem suum sine macula.

145. Duo fratres carnales venerunt in quoddam monasterium habitare, et unus ex ipsis erat religiosus valde, alter habens obedientiam grandem (*Pelag.*, *bell.* xiv, *num.* 17). Cum ergo abbas præciperet illi : Fac hoc, et faceret. Et iterum : Fac illud, et faceret. Et in hoc glorificabatur in monasterio, quod talem obedientiam haberet. Invidens vero frater ejus ille religiosus [abstinens *apud Pelag.*] dixit intra semetipsum [1] : Tentabo nunc fratrem meum si habet certam obedientiam; et veniens ad abbatem dixit ei : Transmitte fratrem meum mecum, quoniam necessarius sum in quodam loco. Et dimisit eum abbas. Cum autem pariter proficiscerentur, volens tentare eum, cum pervenissent ad flumen in quo erat multitudo crocodilorum, dixit ei : Descende in fluvium, et transi ; et descendit ille, et venerunt crocodili, et cœperunt lingere corpus ejus, et non ei nocuerunt. Quod cum vidisset ille, dixit ei : Ascende de fluvio, et eamus ; et dum irent, invenerunt corpus mortuum jacens in via. Et dixit ille religiosus : Si haberemus aliquid ex veteramentis, mitteremus super illud. Cui frater dixit : Oremus, si forte suscitet eum Deus. Et stantibus illis in oratione, suscitatus est mortuus, et laudavit se ille religiosus, dicens : Propter religionem meam surrexit hic mortuus. Manifestavit autem Deus Patri in monasterio eorum omnia, et quemadmodum tentavit fratrem de crocodilis, et quomodo mortuus surrexisset. Et postquam venerunt in monasterium, dixit abbas ad istum religiosum : Quare hæc fecisti fratri tuo? Cognosce quia propter obedientiam ejus surrexit mortuus ille.

146. Quidam ex senibus de Scythi discipulum suum transmisit in Ægyptum, ut ei camelum deduceret, qui sportellas quas fecerat, portaret in Ægyptum. Cum autem deduceret camelum, alter senex obvians eum dicit ei : Si scissem, frater, quando ibas in Ægyptum, dixissem tibi ut et mihi alterum camelum adduceres. Quod cum ille frater proprio abbati divisset, præ multa charitate dicit ei : Vade, fili, et duc camelum ad illum, dicens ei : Quia necdum parati sumus, comple necessitatem tuam, et vade tu cum ipso camelo usque in Ægyptum, et iterum reduc nobis camelum, ut et nostra vasa portemus. Cum ergo fecisset frater sic, et ivisset ad illum senem, dicens : Abbas Pambos dicit : Quia nos necdum parati sumus, tolle et comple necessitatem tuam. Carricavit autem senex camelum, et ivit in Ægyptum. Cum autem discarricasset iterum ille frater reducebat camelum, et dixit : Ora pro me, Pater. Cumque senex requisisset quo pergeret, respondit : In Scythim vado, ut etiam nostras sportellas huc afferam. Quod cum audisset senex, compunctus cœpit pœnitere, dicens lacrymando : **522** Indulgete mihi, dulcissimi, quia charitas vestra fructum meum abstulit.

147. Alter senex cum perfecisset sportellas suas (*Pelag.*, *libell.* xvii, *num.* 16), et jam retinacula misisset earum, audivit vicinum suum dicentem : Quid faciam, quoniam nundinæ prope sunt, et non habeo unde mittam retinacula in sportellas meas. Et mox ingressus dissipavit propria retinacula, et attulit ad fratrem, dicens : Ecce ista superflua habeo, tolle et mitte in sportellas tuas, et ita præ nimia charitate fecit ut fratris opera complerentur, sua autem imperfecta reliquit.

148. Abbas Joannes gratia charitatis omnem malitiam est oblitus. Hic cum a fratre quodam mutuasset solidum unum, et comparasset linum unde operaretur, venit unus frater petens eum parum lini, ut faceret sibi saccum ; at ille dedit ei cum gaudio. Item alter venit petens eum linum, et dedit ei. Necnon et aliis plurimis venientibus et petentibus, dedit omnibus cum gaudio. Post hoc ille qui mutuaverat solidum, venit repetens eum. At ille dixit : Ego vado, et afferam tibi. Et non habens unde redderet, surrexit, et profectus est ad abbatem Jacobum, ut peteret eum quatenus redderet illi a quo mutuaverat. Et dum iret per viam invenit solidum jacentem, et non eum tetigit ; sed facta oratione reversus est in cellulam. Et cum iterum frater ille repeteret rationem suam, dicit ei : Undecunque modo defero illum. Et iterum profectus invenit solidum, ubi antea positus erat ; et facta oratione, reversus est, et ecce iterum venit frater ille molestans eum pro solido. Tunc senex dixit modis omnibus : Modo vado, et affero illum : et dum proficisceretur invenit eodem loco solidum jacentem ; et facta oratione tulit eum, et venit ad abbatem Jacobum, et dicit ei : Abba, veniens ad te, inveni hunc solidum in via. Fac ergo charitatem, et prædica hic in civitate, ne forte aliquis perdiderit illum, et si inventus fuerit dominus ejus, redde illum. Profectus est ergo senex, et per tres dies prædicavit, et nemo inventus est qui perdidisset solidum illum. Tunc ipse Joannes dicit ad abbatem Jacobum : Si nemo illum perdidit, reddo illum fratri illi, quoniam debeo illi ; et veniens ad te mutuare, aut certe tollere in charitate, et reddere illi debitum meum, inveni illum. Et miratus est senex quemadmodum et debens et inveniens, non statim tulit eum, et reddiderit, nisi bis reversus esset, et tertio prædicasset. Hoc autem erat ejus mirabile, quia si quis volebat ab illo aliquid mutuari, non dabat per manus suas, sed dicebat fratri : Vade,

---

[1] In Editis ad verbum ex Pelag. ; dedi ex Mss.

et tolle tibi quod opus habes. Et cum reportaret iterum, dicebat: Vade et reporta in loco unde tuleras, Si autem nihil detulisset, nihil ille penitus dicebat.

149. Abbas Pœmen dicebat: Voluntatem tuam nunquam adimpleas, sed magis humilia teipsum, ut facias voluntatem proximi tui [1].

Item abbas Pœmen quando vocabatur ut extra voluntatem suam comederet, ibat plorans, ne inobediens fratri suo contristaret eum.

Idem mactans propriam voluntatem humiliatus, voluntatem sequebatur alterius.

150. Quidam anachoreta sedebat in spelæo juxta cœnobium multas virtutes faciens (*Pelag., libell.* XIII, *n.* 8; *Pasch., c.* 18, *num.* 1); et cum aliqui monachi venissent de cœnobio, compulerunt eum hora non consueta comedere. Et post hoc dicunt ei fratres: Contristatus es aliquid, abba, quia hodie extra consuetudinem fecisti? Quibus ille respondit: Tunc mihi est tribulatio, quando propriam fecero voluntatem.

151. Abbas Paphnutius non gustabat vinum aliquando (*Pelag., libell.* XVII, *n.* 12). Semel autem ambulans devenit super latrones; et cum in via eos invenisset bibentes, cognitus est a principe latronum, qui sciebat eum quod vinum non biberet: sed videns quia ex labore itineris fatigatus esset, implevit calicem grandem vino, et gladium tenens in manu sua, dixit seni: Nisi biberis hunc calicem, occidam te. Cognoscens senex quia ex mandato Dei vult facere, volens eum lucrari, tulit, et bibit. Princeps autem latronum cœpit ei dicere: Indulge mihi, abba, quoniam tribulavi te. Cui senex ait: Confido in Deum meum, quia propter unum calicem vini faciat tecum misericordiam, et in præsenti sæculo et in futuro. Dicit ei princeps latronum: Et ego confido in Deo quia ab hodie nemini malefacio. Et sic lucratus est senex omne collegium latronum.

152. Erant duo fratres: unus ex ipsis senex erat, qui rogabat juniorem, dicens: Rogo ut pariter habitemus, frater (*Pelag., libell.* XVII, *num* 14). Ille autem respondit: Ego peccator sum, et non potes mecum habitare. Ille vero rogabat eum, dicens: Possumus. Erat autem ille senior mundus, et nolebat audire quia monachus habebat aliquando cogitationem pravam. Et dicit ei ille junior: Permitte quiescere hac una septimana, et iterum loquemur. Cum ergo post septimanam senex venisset ad eum, ille volens experiri eum, dixit ei: In grandem tentationem incidi in septimana hac, abba. Profectus enim in vicum propter **523** necessitatem, peccavi. Et dixit ei senex: Et vis pœnitere? Cum autem ille promisisset, ait senex: Ego tecum porto medium peccati illius. Tunc ille frater dixit: Modo possumus ambo pariter manere. Et manserunt pariter usque ad tempus transitionis suæ.

153. Quidam senum dicebat: Quidquid horret homo, alii omnino ne faciat (*Pelag., libell.* I, *n.* 21; *Pasch. c.* 16, *num.* 2). Horres enim, si quis detrahit tibi? tu ne detrahas alteri. Horres, si quis tibi calumniam fecerit, vel si quis tibi aliquid abstulerit? et tu sive hoc, sive alia his similia ne facias alicui. Qui enim hoc verbum servaverit, potest illi sufficere ad salutem.

154. Abbas Pœmen et abbas Nuph, postquam in desertum venerunt, desiderabat mater eorum videre eos, et sæpe veniebat ad eorum cellam, nec tamen potuit illic contemplari eos (*Pelag., libell.* IV, *n.* 33). Captato itaque tempore, occurrit eis cum ad ecclesiam festinarent; qua visa, reversi velociter ostium cellæ clauserunt, illa autem stans foris cum lacrymis quærebat eos. Tunc abbas Nuph egressus ad beatum Pœmenem, ait: Quid faciemus de hac matre nostra, quæ plangit ad ostium? Tunc exsurgens abbas Pœmen vadit ad ostium; quo non aperto, audiens eam jugiter lamentari, dixit ei: Cur tantos clamores, cum jam ætate defessa sis, et planctus effundis? Illa autem voce filii cognita, amplius exclamavit, dicens: Quoniam vos videre desidero, filii. Quid est enim si vos videro? nonne sum vestra genitrix? nonne vos his meis lactavi uberibus? Jam omni morarum contractione repleta sum, et audita voce tua omnia viscera mea præ desiderio conturbata sunt. Cui Pœmen ait: Hic nos magis, an in futuro sæculo videre desideras? At illa dixit: Quid ergo si vos hic non videro, quasi illic pro certo visura sim? Sene autem respondente: Quod si te hic cohibere potueris, ne nos videas, illic nos procul dubio semper videbis. Tunc illa discessit cum gaudio, dicens: Si pro certo illic vos visura sum, hic vos videre jam nolo.

155. Joannes minor Thebæus, discipulus abbatis Ammonis, per duodecim annos cuidam seni infirmanti fecit obsequium (*Pelag., libell.* XVI, *n.* 4; *Pasch., c.* 19, *num.* 2). Senex tamen cum vidisset eum laborantem, nunquam illi sermonem blandum aut placidum locutus est. Cum autem transiret de corpore, sedentibus aliis senibus, tenuit manum ejus, et dixit ei tertio: Salveris, Salveris, Salveris. Et tradidit illum senibus, dicens: Iste non homo, sed angelus est, qui tot annis mihi infirmanti, nec tamen bonum sermonem a me audiens fecit obsequium.

156. Abbas Agathon veniens in civitatem, ut opera sua venderet, invenit quemdam peregrinum jacentem in angiportu infirmum, nullum habentem qui ei curam adhiberet; et permansit ibi senex, et conduxit sibi cellam, et ex opere manuum suarum præstabat infirmo illi obsequium. Permansit autem ibi mensibus quatuor, donec sanaret infirmum: et sic ad cellam suam regressus est.

157. Quidam magnus senex infirmanti discipulo suo dixit: Non contristeris, fili, ex infirmitate vel plaga corporis tui, summa enim religio est ut in infirmitate quis agat Deo gratias (*Pelag., libell.* VII, *n.* 16, *nomine Synclericæ*; *Pasch., c.* 20, *n.* 1). Si ferrum es, per ignem æruginem amittis; si vero aurum es, per ignem probatus a magnis ad majora procedis. Ne anxieris ergo, frater; si enim Deus te vult

---

Pelag., libell. IV, *n.* 30. In Editis hic stylo Pelag. Dedi ex Mss.

in corpore torqueri, tu qui sis, qui moleste feras? Sustine ergo, et roga Deum ut quæ ipse vult illa concedat.

158. Senex quidam cum frequenter infirmaretur corpore et langueret, contigit ut uno anno nulla eum valetudo contingeret. Et propterea flebat, et graviter ferebat, dicens: Reliquisti me, Domine, et noluisti me præsenti hoc anno visitare (*Pelag., libell.* VII, *n.* 41; *Pasch., c.* 20, *num.* 2).

159. Quidam senex cum moreretur in Scythi, et circumdassent lectulum ejus fratres, et composuissent eum atque plangerent, aperuit ille oculos suos et risit; et iterum aperuit et risit; et tertio similiter fecit (*Pelag., libell.* XI, *n.* 52). Cum autem rogarent eum fratres, dicentes: Dic nobis, abba, cur nobis flentibus ipse rides? Respondit et dicit eis: Primo risi, quia omnes timetis mortem; et secundo risi, quia non estis parati; tertio vero risi, quia de labore vado ad requiem.

160. Abbas Pammon in ipsa hora quando transibat jam de corpore, dixit aliis viris sanctis astantibus sibi: Ex quo veni, fratres, in hunc locum eremi, et ædificavi mihi hanc cellulam, extra opera manuum mearum nescio me panem gustasse, nec pœnituit super sermonem quem locutus sum, usque in hanc horam; et tamen sic vado ad Deum, tanquam si nec inciperem colere eum (*Pelag., libell.* I, *n.* 16).

161. Abbas Agathon dum moreretur, per tres dies oculos apertos tenuit non eos movens (*Pelag., libell.* XI, *n.* 2). Fratres autem tangentes eum dixerunt: Ubi nunc es, abba? At ille dixit: In conspectu judicii Dei sto. Et dicunt ei fratres: Nunquid et tu times? Quibus ille respondit: Interea quantum fuit ad virtutem meam, semper consideravi ut mandata Dei mei facerem: sed homo sum, et unde scio, si opera mea placent Deo? Cui fratres dixerunt: Non confidis quod opera tua secundum Deum sunt? At ille respondit: Non confido in conspectu Dei, quia aliud est judicium Dei, et aliud hominum.

162. Abbati Sisoio cum tempus dormitionis ejus advenisset, et multi illic alii senes convenissent, viderunt faciem ejus fulgore quodam radiantem; et dicit eis ipse: Ecce abbas Antonius venit ad nos (*Joann., libell.* III, *n.* 6). Et post parum ait: Ecce et chorus prophetarum. Et iterum facies ejus clariore luce aspersa est, et dicit eis: Beati quoque apostoli adsunt, visusque est cum quibusdam loqui. Cum ergo postularent ab eo Patres ut cum quibus loqueretur ediceret, ait ille: Angeli, inquit, venerunt auferre animam meam; et supplico illis ut paululum me pro pœnitentia agenda sustineant. Dicunt autem ei Patres: Tu jam non indiges pœnitentiam agere, abba. At ille respondit: In veritate dico vobis quia nec initium pœnitentiæ me reminiscor arripuisse. Ex quo dicto senserunt quod in timore Domini esset perfectus. Tunc in splendore solis ejus effigie relucente, dicit ad eos ipse: Videte, videte quia Domi-

[1] *Pelag., libell.* III, *n.* 14. Simile in Vita Pelagiæ, cap. 5.

nus venit. In hoc sermone reddito spiritu, omnis locus ille grato odore repletus est.

163. Beatus Arsenius, dum tempus ejus ut migraret de hoc sæculo approximaret, dicebat ad discipulos suos: Nemo super me faciat charitatem, nisi in sola oblatione; ego si feci charitatem, invenio illam (*Pelag., libell.* X, *n.* 9).

Turbatis autem discipulis ejus, quasi jam tempore propinquante dicit eis: Necdum hora mea venit; cum autem venerit, non tacebo (*Pelag., libell.* XV, *n.* 9). Sed tamen stabitis mecum in divino judicio ante tribunal Christi, si alicui de meo corpusculo aliquid velut reliquias dederitis. Illis autem respondentibus: Et quid faciemus, Pater, quia nescimus hominem sepelire? Respondit ille: Nunquid nescitis funem in pedibus meis mittere, et ita me ad montem trahere?

Pili autem oculorum ejus ex jugi fletu ceciderunt. Nam per omne tempus vitæ suæ sedens et operans, pannum in sinu suo habebat propter lacrymas defluentes ex oculis ejus (*Pelag., libell.* III, *n.* 1).

Dum ergo moreretur (*Pelag., libell.* XV, *n.* 9), cœpit flere, et cum fratres illius requirerent dicentes: Quid fles, Pater? nunquid et tu times? Ille respondit: In veritate timeo; et iste timor qui nunc mecum est, semper in me fuit ex quo factus sum monachus. Cum autem vidisset abbas Pœmen quia transiit, dixit: Beatus es, abba Arseni, quia te tantum in hoc sæculo planxisti. Qui enim hic se non planxerit, illic in perpetuum lugebit. Aut ergo hic ex voluntate, aut illic pro tormentis impossibile est hominem non plangere.

164. Beatus Athanasius episcopus rogavit aliquando abbatem Pammon ut iret in Alexandriam (*Pelag., libell.* XVII, *n.* 11). Qui descendens cum fratribus, cum vidisset quosdam sæculares, dicit eis: Surgite, et salutate monachos, ut benedicamini ab eis[1]. Frequenter enim isti loquuntur cum Deo, et os eorum sanctum est. Et cum vidisset ibi mulierem theatricam, lacrymatus est. Et requisitus astantes cur plangeret. At senex respondens, dixit: Duæ me res ad has lacrymas compulerunt: una quidem, perditio illius mulieris; secunda vero, quia ego tantam curam non habeo placendi Deo, quantam habet hæc mulier ut hominibus turpibus placeat.

165. De quodam sene dicebatur, quia quoties illi sua cogitatio dicebat: Dimitte hodie, et cras pœnitebis, ipse iterum respondebat: Non ita; sed hodie debemus pœnitere, et cras voluntas Dei fiat in nobis (*Pelag., libell.* XI, *n.* 44).

166. Quidam ex Patribus de aliquo referebat episcopo, eo quod audisset duos de plebe sua viros nimiæ impuritatis adulteros (*Joan., libell.* I, *n.* 16; *Pasch., c.* 23, *n.* 1). Rogavit ergo Deum, ut si ita esset agnosceret. Cum ergo post oblationem consecratam unusquisque ad communionem accederet, per singulorum facies intelligebat et animas. Peccatorum enim facies nigras inspiciebat ut carbonem, et ocu-

los eorum sanguine repletos; alios vero vidit clara facie, et vestibus albis indutos. Cum autem corpus Domini suscepissent, in quorumdam vultibus lumen, in quorumdam flamma videbatur. Ut autem agnosceret de illis quorum crimina audierat, communionem illis porrexit; et vidit unum ex eis clara facie et honorabili, albisque vestibus circumdatum; alterum vero nigrum, et horribili vultu. Et postquam divini gratiam mysterii perceperunt, illum vis quædam luminis illustrabat, istum vero alium quasi flamma succendebat. Oravit autem episcopus de singulis quæ ei ostensa fuerant se doceri. Astitit autem angelus Domini, dicens ei : Omnia quæ de ipsis audisti vera sunt; sed ille unus in suis sordibus permanet, et in voluntate peccandi, ideo illum nigra facie et flamma succendi vidisti. Ille vero alter similis ei quidem erat, sicut audieras; sed ideo illum clara facie illustrari vidisti, quia recordatus de his quæ primum fecit, abrenuntians illis malis operibus, cum lacrymis et gemitibus Dei misericordiam postulabat, promittens ut si præterita ei fuissent remissa peccata, ulterius ad eadem non rediret. Et ideo prioribus deletis criminibus, ad hanc gratiam quam vidisti, pervenit. Cum autem episcopus de gratia Dei miraretur, eo quod non solum de tormentis tam turpis vitæ hominem eruerit, sed etiam tanto honore decoraverit. Respondens angelus, dixit : Bene miraris; homo enim es, nam Dominus noster ac vester naturaliter bonus et humanus est, cessantibus a peccatis; petentibus enim se per confessionem non solum peccata dimittit, sed etiam honore efficit dignos. Sic enim dilexit Deus hominem, ut unigenitum suum Filium pro peccatoribus destinaret, et pro ipsis daret ad mortem (*Joan*. III). Qui ergo dum inimici ejus essent, mori pro ipsis elegit (*Rom*. V), quanto magis quando illi proprii fiant. Hoc ergo scias quia nullum peccatum humanum bonitatem Dei vincit, si tantummodo per pœnitentiam unusquisque ea quæ prius fecerat, aboleverit mala; misericors enim Deus, et infirmitatem humani generis scit, et passionum fortitudinem, et diaboli virtutem vel malitiam. Et cadentibus quidem hominibus in peccatum, tanquam filiis indulgens sustinet emendationem; pœnitentibus vero tanquam languidis compatitur, et mox solvens peccata eorum, justorum etiam illis præmia tribuit. Audiens vero hæc episcopus, miratus est nimis, et glorificabat Deum.

167. Abbas Paulus Simplex habebat hanc gratiam, ut ingredientes in ecclesiam aspiceret, et ex ipsa facie eorum uniuscujusque cogitationes, seu malæ essent seu bonæ, sentiret (*Pelag*., *libell*. XVIII, *num*. 20; *Pasch*., *c*. 23, *num*. 2). Cum ergo venissent ad ecclesiam, et ingrederentur, senex vidit eos clara facie et læto animo ingredi, et angelos eorum pariter cum gaudio cum ipsis. Unum autem nigrum vidit, et nebulosum habentem corpus, et dæmones hinc atque inde trahentes eum ad se misso freno in naribus, et angelum sanctum ejus a longe sequentem tristem. Beatus ergo Paulus cœpit flere amarissime, et pectus suum tundere, sedens ante ecclesiam, propter eum quem talem viderat. Omnes autem alii senes videntes eum sic flentem cœperunt rogare ut si quid in ipsis vidisset manifestaret, aut cum eis ingrederetur in congregationem; ille autem nolebat ingredi, sed semper flebat propter eum quem sic viderat. Post paululum autem cum absoluta congregatione discederent, iterum omnium vultus circumspiciebat, si tales egrederentur, quales ingressi sunt, et vidit illum quem ante viderat nigrum et nebulosum, egressum de ecclesia clara facie, et candido corpore, et dæmones a longe sequentes eum, sanctum autem angelum ejus prope eum, hilarem et gaudentem super eum nimis. Tunc Paulus exsurgens cum gaudio vociferabatur, benedicens Deum, ac dicens : Quanta misericordia et benignitas Dei est : quanta miseratio ejus est. Et ascendens in altiorem locum, magna voce dicebat : Venite, et videte opera Dei (*Psal*. XLV); venite et videte quemadmodum vult omnes homines salvos fieri, et ad agnitionem veritatis venire (*I Tim*. II). Venite adoremus eum, dicentes : Quia tu solus potes peccata tollere. Cum autem omnes convenissent, exposuit eis Paulus quem vidisset antequam ingrederentur in ecclesiam, et quem postea; et petebat illum fratrem quem sic viderat, ut ei manifestaret cogitationes suas et actus, vel quemadmodum tantam commutationem illi Deus donasset. Ille autem ante omnes cœpit referre, dicens : Ego sum homo peccator, et in multis temporibus istis semper fornicationem gessi. Ingressus autem nunc in ecclesiam Dei, audivi verba Isaiæ prophetæ, magis autem Dei per ipsum loquentis : Lavamini, mundi estote, et tollite malitias de animabus vestris ante conspectum oculorum meorum. Discite benefacere; quærite judicium. Et si fuerint peccata vestra tanquam coccinum, velut nix dealbabuntur; et si volueritis et audieritis me, bona terræ comedetis (*Isaiæ* I). Ego autem miser et fornicator, compunctus in hoc sermone prophetæ, et ingressus intra pectus meum, dixi ad Deum : Domine, tu es qui venisti salvare peccatores. Hæc ergo quæ nunc per prophetam promisisti, opere comple in me indigno peccatore. Ecce enim amodo profiteor tibi, et ex toto corde confiteor, quia hoc ulterius non faciam malum, sed renuntio omni injustitiæ, et amodo servio tibi in conscientia munda. Ab hodie ergo, Domine, et ab hac hora suscipe me pœnitentem, et adorantem te, et renuntiantem omnibus peccatis. Juravi et statui apud me servare omnes tuas justificationes (*Psal*. CXVIII). Sub hac ergo sponsione egressus sum de ecclesia, statuens apud me, nihil de prioribus peccatis ulterius facere. Tunc omnes senes exclamaverunt dicentes ad Dominum voce magna : Quam magnificata sunt opera tua, Domine! omnia in sapientia fecisti (*Psal*. CIII).

168. Abbas Joseph (19) dum cum aliis senibus ad abbatem Pœmenem venisset (*Joan*., *libell*. II, *n*. 10), quidam ex parentibus prædicti senis attulit infantem, cujus facies per corruptionem fuerat depravata, et

sedens pater ejus cum eo foris ad monasterium, plorabat. Cum autem unus senex ad vocem flentis egressus esset, et interrogaret eum cur ploraret; ille respondit: Parens sum istius abbatis Pœmenis, et ob hoc veni ut hunc infantem, quem tentatio conterit, vidisset, et timuimus illum usque nunc huc afferre, quia non vult videre nos; et nunc si cognoverit quia hic sum, **526** adhuc expellet me hinc. Ego autem videns vos, Patres, qui modo ad eum venistis, præsumpsi venire huc. Quomodo vis ergo, abba, miserere mei, et tolle infantem hunc, et defer intus tecum, ut oret pro eo. Quem cum senex attulisset in cellam, sapienti usus est consilio: non illum primo obtulit abbati Pœmeni, sed a minoribus fratribus incipiens, dicebat: Signate hunc infantem, fratres, facientes orationem, similiter rogans per singulos senes. Post omnes detulit illum ad abbatem Pœmenem; at ille nolebat eum contingere. Cum autem rogaret eum, ut sicut omnes, ita et ille oraret. Exsurgens senex ingemuit, et oravit, dicens: Deus, sana facturam tuam, ne dominetur illi inimicus. Et signavit infantem, moxque patri sanus est redditus.

169. Requisitus quidam ex patribus, si perfectum bonum esset egestas, respondit: Magna res est penuria; nam qui eam voluntarie sustinet, tribulationem quidem carnis habet, animæ vero suæ invenit requiem.

170. Quidam frater requisivit senem, dicens: Si paucos nummos mihi debet frater, jubes ut repetam eos? Cui senex ait: Semel tantummodo dic illi cum humilitate (*Pasch.*, c. 5, num. 2). At ille dixit: Quod si semel dixero, et nihil mihi dederit, quid faciam? Tunc senex ait: Ulterius nihil ei dicas. At ille dixit: Et quid faciam, quia non possum vincere cogitationem meam, nisi fuero illi importunus. Dixit ei senex: Dimitte cogitationem tuam crepare; tantummodo ne contristes fratrem tuum, quia monachus es.

171. Quidam frater requisivit senem, dicens: Quomodo potest anima humilitatem adipisci? Ille respondit: Si sua tantummodo, et non alterius mala consideret (*Pasch.*, c. 13, n. 10).

Dicebat autem: Quia perfectio hominis humilitas est. Quantumcunque enim deposuerit se homo in humilitatem, tantum provehitur in honorem. Sicut enim superbia si ascenderit in cœlum, usque ad inferos deducitur; ita humilitas, si descenderit usque ad infernum, tunc exaltatur usque ad cœlos (*Pelag.*, libell. xv, n. 77; *Pasch.*, c. 13, num. 5).

172. Abbas Macarius (20) dum ambularet in deserto, caput cujusdam hominis aridum invenit in terra [1]. Quod postquam baculo suo convertit, vocem visum est emittere. Quod senex quisnam esset interrogat; at ille respondit: Ego quidem princeps eram sacerdotum idolorum, qui in hoc loco habitabant. Tu autem es abbas Macarius spiritu divino repletus. Quacunque enim hora misertus eorum fueris qui in pœna sunt, et pro eis oraveris, consolationem aliquam sentiunt [2]. Cui senex: Et quæ est consolatio

vestra, vel pœna? responde. At ille altius ingemiscens: Quantum, inquit, cœlum distat a terra, tantum ignis est altus, in quo medio sumus a pedibus usque ad caput undique perfusi, nec cuiquam licet faciem alterius intueri, sed facies nostro dorso conjunctæ sunt. Cum ergo oras pro nobis, ex parte videmus alterutrum, et hoc nobis pro consolatione constat. His auditis, lacrymas fudit; dicens: Væ diei illi in quo homo mandata Dei transgressus est! Et iterum ab eo, si esset altera pœna major, inquirit. Cui ille respondit: Sunt nobis alii multo inferius. Cumque qui essent illi interrogaret, dixit: Nos quidem, qui Deum non cognovimus, misericordiam quantulamcunque patimur; illi vero qui cognitum negaverunt, gravioribus et ineffabilibus pœnis subtus nos cruciantur. Quibus auditis, beatus Macarius capite altius terræ defosso discessit.

173. Quidam frater requisivit a sene, dicens: Abba, cur a dæmonibus tam graviter impugnamur? Respondens senex, dixit: Quia arma nostra projicimus a nobis, id est, patientiam, humilitatem, mansuetudinem, atque obedientiam (*Pelag.*, libell. xv, num. 58; *Pasch.*, c. 25, num. 1).

174. Quidam frater requisivit abbatem Sisoium, dicens: Putas, abba, sic modo persequitur nos diabolus, sicut antiquos Patres? Respondit: Magis nunc persequitur nos, quia appropinquante pœnarum tempore magis angustiatur, nec tamen infirmos quosque dignatur appetere, quos ubi voluerit cito subvertit, sed fortes viros ac magnos aggreditur (*Pelag.*, libell. xv, n. 45; *Pasch.*, c. 25, num. 2).

175. Quidam fratres requisierunt abbatem Silvanum, per quam viam adeptus esset tantam prudentiam. Respondit eis ille, dicens: Nunquam dimisi morari cogitationes malas in corde meo, quæ Deum provocarent ad iram (*Pelag.*, libell. xi, n. 29).

176. Beatus Antonius dicebat: Si potest fieri, quantos passus ambulet monachus, vel quot calices aquæ bibit in cella sua, debet senioribus declarare, ut non deviet in ipsis.

177. Abbas Pœmen dixit: In nullo sic gaudet inimicus, quomodo in illo qui non vult cogitationes suas manifestare.

178. Quidam frater dixit ad senem: Ecce, abba, frequenter interrogo seniores Patres ut dicant mihi commonitionem pro salute animæ meæ, et quidquid dixerunt mihi, nihil retineo (*Pelag.*, libell. x, n. 92). Erant autem seni duo vasa vacua, et dixit ei senex: Vade, et affer unum ex illis vasis, et mitte aquam, et lava illud, et effunde, et pone nitidum in locum suum. Fecit ergo ita frater semel et bis, et dixit ei senex: utraque vasa simul affer. Et cum attulisset, dicit ei: Quale est ex utrisque mundius? Respondit frater: Ubi aquam misi, et lavi. Tunc senex dixit ei: Sic est et anima, fili, quæ frequenter audit verba Dei, quamvis **527** nihil retineat ex his quæ interrogat, tamen plus mundatur quam illa quæ non requirit.

[1] Joan., libell. iii, n. 16, paulo aliter narrat.

[2] Sane hæc intelligenda. Vide notat.

179. Quidam senex dixit: Quando opera bona exercet monachus, veniens diabolus locum non invenit in eo, et statim discedit; si autem malum opus exercet, veniens frequenter Spiritus Dei, et videns malum opus, non ad eum accedit, sed recedit. Si autem ex toto corde iterum requisitus fuerit, cito revertetur (*Pasch., c. 26, num. 3*).

180. Quidam senex dixit: usque tunc debet laborare monachus, usquequo possideat Christum (*Pasch., c. 28, n. 3*). Qui autem semel illum adeptus fuerit, jam non laborat. Permittit tamen Dominus laborare electos suos, ut rememorentur tribulationum labores, unde semetipsos custodiant, timentes ne tantos labores amittant. Nam et filios Israel ideo Deus per desertum quadraginta annos circumduxit, ut rememoratis tribulationibus, non redirent retrorsum.

181. Quidam frater interrogavit senem, dicens: Dic mihi, Pater, quare nunc laborantes in conversationibus monachi non accipiunt gratiam, sicut antiqui Patres? Cui senex dixit: Tunc tanta charitas erat, ut unusquisque proximum suum sursum traheret; nunc vero postquam charitas refrixit, et totus mundus in maligno positus est, singuli proximos suos ad inferiora deducunt, et ideo sic gratiam non sortimur (*Pelag., libell.* XVII. *num.* 19; *Pasch, c.* 28, *num.* 4).

182. Quidam frater requisivit senem, dicens: Putas, abba, cognoscunt sancti viri quando venit in eos gratia? Respondit senex, dicens: Non semper cognoscunt. Nam cujusdam magni senis discipulus cum peccasset in aliqua re, iratus senex dixit ei cum clamore: Vade, et morere. Et statim ille cecidit et defunctus est. Cumque senex vidisset eum mortuum, timor ingens irruit super eum, et cum magna humilitate oravit rogans Deum, et dicens: Domine Jesu Christe, resuscita illum, et jam ulterius sine consideratione talem non loquar sermonem; et cum haec dixisset, statim surrexit discipulus ejus.

183. Abbas Poemen dixit: Homo qui alios docet, et non facit ea quae docet, similis est fonti alto, qui omnium res lavat, et omnes satiat potu, seipsum autem lavare non potest, sed habet et immunditias et sordes limorum (*Pelag., libell.* x. *num.* 50).

Idem dixit: Doce animam tuam servare quae lingua tua alios docet.

184. Quidam anachoreta cum venisset ad abbatem Poemenem, suscepit eum senex cum laetitia (*Pelag., libell.* x, *num.* 39). Et cum se alterutrum amplexi fuissent, coepit anachoreta de Scripturis sanctis, et de rebus coelestibus conferre. Tunc senex vertit faciem suam ad alium fratrem, et nullum dedit anachoretae responsum. Ille vero videns quod non loqueretur cum eo, egressus est tristis, et dicit discipulo illius: Sine causa tantum itineris et laboris assumpsi, ut venirem ad eum qui mihi loqui dedignatur. Ingressus autem discipulus ad abbatem Poemenem dixit: Propter te huc venit abbas iste, homo tam magnus, tantam gloriam in locis suis habens, et tu non vis loqui cum ipso? Respondens senex dixit: Iste homo de superioribus est, et coelestia loquitur; ego autem de inferioribus sum, et terrena vix loqui possum: si mihi locutus fuisset aliquid de passionibus monachi, forsitan et ego respondissem illi; si autem de coelestibus loquitur, ego me nescire confiteor. Egressus ergo discipulus, dicit ad anachoretam: Senex iste noster non vult de altioribus quaestionibus loqui; sed si quis ei de passionibus locutus fuerit, respondet illi. At ille compunctus in hoc sermone, ingressus ad senem dixit: Quid faciam, abba, quia dominantur mihi passiones cordis mei? Tunc senex respexit eum gaudens, et dixit ei: Modo bene, Pater, venisti. Aperio ergo os meum, et imple illud bonis tuis. Et hoc sermone adjutus est anachoreta, et dixit: In veritate, bona est haec via quam tenes, et vera, et agens seni gratias, reversus est in propriam regionem.

185. Quidam senex dixit: Si quis aut de Scripturis aut de quacumque causa locutus fuerit, ne contendas cum eo; sed si quidem bene dicit, consenti ei; si vero male, dic ei: Tu scias quomodo loquaris (*Pasch., c.* 31, *n.* 1). Hoc observans, et humilitatem possidebis, et odium evitabis; nam si persistas contendens, et vis defendere sermonem tuum, nascetur scandalum. De quacumque ergo causa si non observaveris contentiones, nullo modo requiem possidebis.

186. Quidam frater interrogavit senem, dicens: Usquequo est observandum silentium, Pater? Respondit senex: Usquequo interrogeris. In omni enim loco si taciturnus fueris, requiem possidebis (*Pasch., c.* 32, *num.* 3).

187. Quidam senex dicebat: Sicut apis quocunque vadit, mel operatur; ita et monachus quocunque pergit, si propter opus Dei perrexit, dulcedinem bonorum actuum semper potest perficere (*Pasch., c.* 32, *n.* 7, *nomine Amponis*).

188. Abbas Muthues venit aliquando de loco qui vocatur Ragitham, in partibus Gebalonis: erat autem cum eo etiam discipulus ejus (*Pelag., libell.* xv, *num.* 17; *Pasch., c.* 33, *num.* 5). Videns autem eum episcopus loci illius, tenens eum, invitum presbyterum fecit. Et dum pariter commorarentur, dicit ei episcopus: Indulge mihi, abba; scio enim quia hanc causam nolebas, sed ego a te benedici desiderans hoc praesumpsi. Cui senex pro humilitate ait: Et mea cogitatio parum volebat; sed in hoc laboro, quia dividi habeo a fratre qui mecum est, et solus non sufficio orationes meas implere. Dicit ei episcopus: Si scis eum esse dignum, ordino ego et illum. Respondit abbas Muthues: Si quidem dignus sit, nescio: unum autem scio, quia melior me est. Ordinavit autem et illum: utrique tamen ipsi ita permanserunt usque ad finem suum, ut ad altare, quantum ad oblationem sacrandam, nunquam accederent. Unde dicebat senex: Confido in Deum meum, quia non habeo grande judicium propter hanc ordinationem, quia oblationem non mihi praesumpsi offerre. Nam ordinatio haec illorum est qui sine culpa sunt justi et immaculati, ego autem bene me cognosco.

189. Quidam frater beatum Macarium postulabat, ut ei sermonem diceret, per quem posset salvari. Cui senex ait: Oportet fugere homines, et sedere in cella, et pro peccatis jugiter lamentari; et quod super omnes virtutes est, tam linguam coercere quam ventrem.

190. Abbas Arsenius, dum adhuc sæcularis in palatio moraretur, oravit Dominum, dicens: Domine, ostende mihi viam per quam possim salvari (*Pelag.*, *libell.* II, n. 3). Et audivit vocem, dicentem sibi: Arseni, fuge homines, et salvaberis. Cum ergo recessisset in solitudinem, et eumdem sermonem oraret; rursus audivit sibi vocem dicentem: Arseni, fuge, tace, et quiesce. Hæc sunt principia salutis.

191. Cum ad eumdem Arsenium Theophilus archiepiscopus venisset aliquem ab eo audire sermonem ædificationis (*Pelag.*, *libell.* II, n. 4), tunc sanctus Arsenius ait cunctis qui aderant: Si dixero vobis aliquid, custodietis? Quod cum illi gratanter promisissent, addidit ille: Quocunque loco audieritis Arsenium, illuc ulterius ne accedatis.

Item cum eum vellet archiepiscopus videre, misit primo videre si aperiret ei. At ille remandavit ei, dicens: Si solus veneris, aperio tibi; si autem cum pluribus, ultra hic non sedebit Arsenius. Quod cum audisset archiepiscopus, cœptum distulit iter, ne propter se loco illo eremita discederet.

[1] 192. Quidam fratres dum ex Thebaida linum pergerent comparare, dixerunt ad invicem: Per hanc occasionem beatum videbimus Arsenium. Cumque ad speluncam ejus pervenissent, nuntiavit ei discipulus suus Daniel. Cui ille ait: Vade, fili, et susceptis eis obsequium præbe; me autem permitte cœlum aspicere, et dimitte eos redire; nam faciem meam non videbunt.

193. Cum quidam ad eumdem beatum Arsenium ex fratribus advenisset volens videre eum, pulsavit ostium [2]. Abbas autem Arsenius sperans suum esse discipulum, aperuit ei. Sed postquam alterum esse conspexerat, mox se in terram projecit in faciem. Illo autem ut surgeret postulante, respondit Arsenius, dicens: Non hinc exsurgam, nisi discesseris. Per multas autem horas rogatus a fratre, non acquievit surgere, quousque discederet ille.

Quotiescunque autem idem beatus Arsenius in ecclesiam cum aliis Patribus convenisset, post columnam sedebat, ne aut ipse alterius, aut alter illius faciem inspicere posset (*Pelag.*, *libell.* xv, n. 10).

[3] 194. Abbas Besarion dum ambularet cum discipulo suo per eremum (*Joan.*, *libell.* III, n. 1; *Pasch.*, c. 34 n. 5), venerunt ad quamdam speluncam; et ingressi, ibi invenerunt fratrem sedentem et funiculum operantem, qui neque respexit ad eos, neque salutavit, neque aliquid locutus est eis. Dixit ergo abbas Besarion ad discipulum suum: Eamus hinc, quia hic senex non vult loqui nobiscum. Et profecti sunt ad abbatem Joannem. Cum autem reverterentur, venerunt ad eamdem speluncam, et ait Besarion ad discipulum suum: Ingrediamur iterum ad hunc fratrem, si forte vel modo persuadeat illi Deus ut loquatur nobiscum. Et cum ingressi fuissent, invenerunt corpus tantummodo mortuum, et ingemiscens dixit discipulo suo: Veni, frater, componamus illud, quia propter eum huc nos Dominus transmisit. Cum autem sepelirent, invenerunt quod mulier esset, et admirati sunt, et dixerunt: Quemadmodum et mulieres colluctantur, et vincunt dæmonia. Et collaudantes atque glorificantes Deum qui est omnium protector, recesserunt de loco illo.

195. Venerunt aliquando duo quidam juvenes ad beatum Macarium (*Joan.*, *libell.* III, n. 2), unus quidem ad plenum doctus, alter vero adhuc insipiens [4]. Et provoluti pedibus ejus, postulabant ut secum eos habitare permitteret. Quos cum vidisset quasi corpore deliciosos, existimavit eos eremum ferre non posse. Dixitque ad eos: Hic, fratres mei, non potestis manere. Et illi dixerunt: Si tecum non possumus habitare, Pater, quid ergo faciemus? Quo ille audito, cœpit intra se ita reputare: Si illos hinc ejecero, scandalum patientur; nunc dicam illis: Venite, construite vobis cellulam, si potestis. Cumque illi locum sibi tantummodo demonstrari rogarent, duxit eos et ostendit eis petram, qua inclusa sibi habitaculum præpararent, et lignis allatis de palude contegerent. Arbitrabatur autem Macarius, confestim illos pro injuncto labore discedere. Illi vero interrogaverunt eum, dicentes: Quid operis exercere jubes nos, Pater? Tunc ille sublatis foliis, funiculum illis intexere ostendit, quem pro victu eos distrahere commonuit, et ita ab eis discessit. At illi cum summa patientia, quæcunque eis fuerant imperata, perfecerunt. Videns ergo eos senex in operibus bonis quotidie succrescere, et frequenter in ecclesiam cum silentio in orationibus persistere, desiderabat scire vera opera eorum. Septimana ergo integra jejunavit, et rogavit Dominum, ut sibi opera eorum dignaretur ostendere. Et post hæc profectus est ad eos, pulsavitque ostium speluncæ eorum. Quo aperto, et viso homine Dei, adoraverunt utrique in terra. Et postquam facta ex more oratione consederunt, ille major innuit minori, et egressus est foras. Ipse autem sedebat torquens funiculum, nihil loquens omnino. Hora vero nona pulsavit ostium frater junior, et ingressus est cum cibo, quo reficerentur. Eodem nutu jussus, mensulam parvulam cum tribus paximatiis apposuit, tacensque stetit. Cumque comedissent, dixerunt ad beatum Macarium: Discedis, Pater, an non? Et ille illic se quiescere velle respondit. Tunc illi mattulam in uno angulo ad opus ipsius collocarunt, ipsi vero in altero angulo quieverunt, quasi ad dormiendum se projecissent. Iterum ergo Macarius rogavit Dominum, ut ei opera ipsorum declararet. Et ecce velut dissipato

---

[1] Hic in editis intercedit alius de Arsenio numerus, videlicet de arundineto. — Diversus stylus in Editis. Posui ex Mss. Pasch., c. 54, num. 2.

[2] Diversus stylus in editis. Posui ex Mss.

[3] Hic in Editis additur numerus alius de Arsenio.

[4] Diversus hic in Editis stylus.

tecto, lux clara cellulam illam quasi media dies implevit, quam tamen illi non senserunt; sed postquam arbitrati sunt senem dormire, surgentes in orationem sese dederunt, extendentes manus ad coelum, quos quidem ille quid facerent intuebatur, illi autem illum videre non poterant. Intentius autem senex respiciens, vidit tanquam muscas dæmones venientes in illius minoris ore atque oculis residere volentes, sed angelus Domini rhomphæa ignea armatus, tam illos circumdabat et defendebat, quam dæmones repellebat et ejiciebat; ad majorem vero accedere nullo modo prævalebant. Prope vero jam luce, projecerunt se in eodem stratu suo. Tunc Macarius velut evigilans surrexit, similiter surrexerunt et ipsi, quasi de longo somno excitati. Et accedens senior frater ad senem dixit : Vis, pater, vel duodecim psalmos canamus. Cumque psallerent, de ore junioris fratris per singulos versus fax ignis egressa ascendebat ad coelum. Item et major cum decantaret, quoties ad psallendum labia deducebat, velut funiculus ignis de ore ejus similiter tendebatur ad coelum. Postquam vero expleverunt matutinos, egressus Macarius obsecrabat eos, ut pro se orare dignarentur; illi vero tacentes, ad ejus pedes sunt provoluti, seipsos orationibus illius commendantes. Et cognovit senex, quoniam major quidem esset in timore Dei perfectus, minorem vero adhuc dæmones impugnarent. Post paucos vero dies major frater receptus est in pace, tertio die etiam minor est eum assecutus.

196. Abbas Moyses (*Pasch.*, *c.* 35, *n.* 1) commonebat fratres, dicens : Quatuor sunt monacho principalia observanda; id est, tacendi, servandi mandata Dei, humiliandi semetipsum, et angustia paupertatis. Oportet ergo monachum ut semper lugeat, semper suorum sit memor peccatorum, et omni hora ponat sibi mortem ante oculos suos.

197. Sancti Patres congregati prophetaverunt de ultima generatione, ex quibus unus præcipuus, nomine Squirion [*Vulgati*, Isquirio], dixit : Nos quidem adhuc mandata Dei implemus (*Joan.*, *libell.* 1, *n.* 11). Interrogaverunt eum alii Patres, dicentes : Quid hi, qui post nos futuri sunt? At ille respondens dixit : Media forte complebunt mandata Dei, et æternum requirent Deum. Dixeruntque sancti Patres : Post hos autem qui veniunt, quid facturi sunt? Respondens dixit : Homines generationis illius mandatorum Dei opera non habebunt, et præcepta Dei obliviscentur. Superabundabit autem tunc iniquitas, et refrigescet charitas multorum (*Matth.* xxiv). Veniet vero super eos tentatio, et qui inventi fuerint in illa tentatione probati, et nobis et Patribus nostris meliores existent, et feliciores, et probabiliores.

198. Quidam frater abbatem requisivit Agathonem (*Pelag.* *libell.* x, *n.* 1; *Pasch.* *c.* 42, *n.* 1), dicens : Volo, Pater, manere in congregatione cum fratribus: dic mihi quomodo habitem cum eis? Respondit ei senex : Observa hoc præ omnibus, ut qualis primo die ingredieris apud ipsos, talis etiam reliquos peragas dies cum humilitate.

199. Quodam tempore Mazices (21) cum supervenissent in Scythi, et multos ex Patribus interfecissent (*Pelag.*, *libell.* xv, *n.* 11 ; *Pasch.*, *c.* 42, *n.* 4), abbas Poemen cum alio abbate seniore se, nomine Nub, et cum aliis quinque Patribus fugiens inde, venit in locum Therenuthi (22); et invenerunt ibi templum quoddam desertum, manserunt in eo septem diebus pariter, donec cognoscerent ubi mansurus esset unusquisque in Ægypto. Dicit ergo eis abbas Nub : Septimana hac unusquisque requiescat apud se, et cum altero non loquatur. Cum autem sic facerent, erat in templo illo statua cujusdam idoli. Abbas ergo Nub exsurgens mane lapidabat eam, et vespere veniens dicebat ad eam : Peccavi, indulge mihi. Et per totam septimanam similiter fecit. Die autem Sabbati cum pariter convenissent, dicit ei abbas Poemen : Quid voluisti hac tota facere septimana, ut homo fidelis idolo diceres: Indulge mihi. Dicit ei senex : Hæc ego propter vos feci : dicite mihi, nunquid hoc idolum quando lapidabam, locutum est, aut iratum? Et iterum quando indulgentiam petebam, nunquid exaltavit se, aut gloriatum est? Cui abbas Poemen respondit : Non utique. Tunc senex dixit : Fratres, ecce, sumus septem; si vultis ergo ut pariter maneamus, sit idolum istud nobis exemplum, nequando injuriatus aliquis irascatur; nec quando ab eo venia petitur, glorietur vel extollatur. Sin autem ita non vultis, unusquisque ubi vult pergat. At illi projicientes se in terram, responderunt se ita facturos, et sic permanserunt per multos annos cum multa humilitate et patientia. Quatuor horis dormiebant in nocte, et quatuor psallebant, et quatuor operabantur; in die vero usque ad horam sextam operabantur, deinde usque ad nonam legebant; et post hoc victum sibi præparabant, colligentes quasdam herbas terræ.

200. Fuerunt et alii septem similiter probatissimi viri, qui in ea eremo, quæ Sarracenis contigua est, habitabant; cellulis quidem haud longe a se divisis, sed ipsi vinculo charitatis connexi : quorum unus vocabatur Petrus, alius Stephanus, tertius Joannes, quartus Georgius, quintus Theodorus, sextus Felix, septimus Laurus. Hic ergo in sterili ac vastissima solitudine, et pene hominibus inhabitabili commorantes, semel sibi in septimana videndos se præbebant. Sabbatorum namque die, hora diei nona conveniebant singuli de locis suis ad locum sibi condictum, deferentes unusquisque, si quid invenire poterat. Et unus quidem deferebat nuces, alius lactorones (23), alius dactylos, alius ficus, alius herbas visibiles, id est, lapsanum, pastinacas, caricas et petroselinum. Iste quippe erat præcipuus eorum victus : panem namque et oleum vel potum extra usum habebant. Tantummodo enim supradictis herbis et pomis sustentabantur. Vestimentum eis palma solummodo præbebat, aqua in illis locis minime inveniebatur. Neque enim aliter potabantur quam exeuntes mane, ac discurrentes per diversas herbas colligentes rorem, qui affluentissime ibi cadit, et inde tantummodo bibebant. Cumque (ut diximus) in unum conveniunt locum, agentes Deo gratias sumebant cibum. Post refectionem vero usque ad vesperam sedentes meditabantur de Scripturis sanctis. Non enim discurrebat inter eos sæcularis fabula, non cura sæculi, non actio terrenarum rerum, sed solummodo collatio spiritalis, regni cœlestis desiderabilis commemoratio, futura beatitudo, gloria justorum, pœna peccatorum, sanctorumque quies. Hæc commemorantes suspirabant ex imo pectore, et flebant uberrime. Cumque per totam noctem pervigiles manerent celebrantes Domino laudes : die Dominico, hora nona, loquendi secum et videndi se terminum capiebant. Redibat enim unusquisque ad cellam suam, in qua solus soli Dei diebus ac noctibus vacabat. In his igitur studiis eos positos Sarraceni late per eremum discurrentes repererunt, et irruentes supra eos de eremo ejecerunt, atque ligantes eos pedibus suspenderunt, multisque injuriis afflictos ad extremum focum subtus eos de herbis amarissimis congesserunt, ubi incredibiliter cruciati, lumen oculorum ex amaritudine fumi amiserunt. Et postquam multis tormentis eos afflixerunt, semivivos eos dimiserunt; ex quibus unum novimus in quodam loco plurimo postea supervixisse tempore, cæteri vero ubinam fuerint devoluti penitus ignoramus.

201. Interrogavit quidam frater abbatem Pœmenem [1], dicens : Quid est quod Dominus in Evangelio dicit : Majorem hac charitatem nemo habet, quam ut quis animam suam pro amico suo ponat (*Joan.* xv); quomodo hoc fiet? Respondit senex : Si quis audit verbum malum a proximo suo, et cum possit ipse similia illi respondere, tolerat tamen in corde suo, et vim laboremque sibi facit, ne forte respondeat illi malum et contristet illum, iste animam suam ponit pro amico suo.

202. Dixit quidam senex : Si non recordatur homo suos actus in oratione, in vanum laborat cum orat [2]. Quando enim voluntatem peccandi quis dimiserit, et ambulat permanens in timore Dei, istum mox cum gaudio suscipit Deus.

203. Sanctum senem requisivit frater (*Append. Mart.* n. 36), dicens : Quid faciet homo in omni tentatione veniente super se, et in omni cogitatione immissa ab inimico? Respondit : Plangere debet in conspectu bonitatis Dei, ut succurrens auxilietur ei. Scriptum est **531** enim : Dominus mihi adjutor est, et ego despiciam inimicos meos (*Psal.* cxvii).

204. Quidam senex dixit : Sicut ad succensam ollam muscæ non appropinquant; si vero tepida fuerit, insident in ea, et faciunt vermes; ita et monachum succensum igne divini amoris fugiunt dæmones, tepidum vero illudunt et insequuntur (*Pasch.*, c. 39, n. 5, nomine *Pimenii*).

205. Abbas Silvanus dum sederet in spelæo, factus in exstasi pendebat in faciem suam [3]. Et post aliquot horas surgens plangebat vehementer. Astans autem discipulus ejus, dixit ei : Quid habes, Pater? At ille tacens plangebat. Cum autem compelleret eum discipulus, ut diceret ei quid plangeret, dixit ei : Ego ad judicium raptus fui, fili, et vidi multos de habitu nostro monachili euntes ad supplicium, et multos laicorum euntes in regnum Dei. Et hæc dicens senex, lugebat graviter.

206. Quidam senex dixit fratri : Omni die vicinam tibi mortem esse cogita ; quasi jam clausus sis in monumento, nihil de hoc sæculo cures [4]. Timor Dei jugiter permaneat in te, in omni hora. Crede te hominibus omnibus inferiorem esse. Non detrahas alicui, quia Deus cognoscit omnia; sed esto pacificus cum omnibus, et dabit tibi Dominus requiem semper.

207. Cum quidam fratres quemadmodum orarent beatum Macarium requisissent (*Pelag.*, libell. xii, n. 10), respondit illis, dicens : Non sunt necessaria nobis superflua verba, sed extendere tantum manus ac dicere debemus : Deus, quomodo vis, et sicut tibi placet, ita fiat. Si autem tentatio irruerit, aut impugnatio, dicendum est : Deus, auxiliare nobis · ipse enim scit quæ nobis expediant.

208. Abbas Joannes dicebat : Similis debet esse monachus homini sedenti sub arbore, qui respiciens feras diversas et serpentes venientes ad se, cum non potuerit eis resistere, ascendit in arborem ut evadat. Ita et monachus sedeat in cella sua, et respiciens pravas cogitationes venientes super se, et cum non potuerit eis resistere, confugiat per orationem ad Dominum, et salvabitur.

209. Idem dixit : Similis debet esse monachus homini habenti a sinistra ignem, et a dextra aquam; quoties enim succensus fuerit ignis, tollit de aqua et exstinguit illum. Sic oportet et monachum facere omni hora, ut quandocumque cogitatio turpis succensa fuerit ab inimico, tunc aquam orationis effundat, et exstinguat illam.

210. Abbas Zenon dum esset in Scythi (*Pelag.*, libell. xviii, num. 7), egressus est nocte de cella sua ambulare per eremum ; et factum est, dum longius processisset, erravit tres dies et noctes ambulans, et cecidit fatigatus usque ad mortem. Et ecce stetit ante eum infans, habens in manu sua panem, et dixit ei : Exsurge, et comede. At ille exsurgens oravit ; sperabat enim phantasiam esse. Cui infans dixit : Bene fecisti quod orasti; modo ergo surge et comede. Cui abbas Zenon non acquievit, nisi secundo ac tertio orasset. Et cum ille laudaret quia orabat, jam tunc surrexit et comedit. Post hæc dixit ei infans : Quantum plus ambulasti, tantum longius es a cella tua ; sed surge, sequere me, et mox inventus est ante cellam suam. Dixit ergo ei senex : Ingredere in cellam

---

[1] Pelag., libell. xvii, n. 10; Pasch., c. 37, n. 3; Append. Mart., n. 14.
[2] Joannes, libell. iv, n. 4, nomine *Moysis*; Append. Mart., n. 35. In Editis alio stylo.
[3] Pelag., libell. iii, num. 15; atque ejus stylo hic in Editis. Posui ex Mss. Append. Mart., n. 48.
[4] Pasch., c. 43, n. 2, nomine *Silvani*. Append. Mart., n. 108.

meam, et fac orationem. Et ingresso sene in cellam suam, ille non apparuit.

211. Abbas Daniel referebat de beato Arsenio, eo quod Sabbatorum die vespere solem relucentem post dorsum suum dimittebat in oratione persistens, extendensque ad cœlum manus non desistebat orare, nisi iterum sequenti die sol surgens oculos ejus implesset (*Pelag., libell.* xii, *n.* 1).

Cæteras autem noctes pervigiles ducebat, et prope diluculo, cum vellet parum pro naturæ fragilitate quiescere, dicebat somno: Veni, male serve; et mox claudens oculos, quiescens subripiebat parum somni sedendo, et statim exsurgebat (*Pelag., libell.* iv, *num.* 2).

Hic ipse Arsenius totum tempus vitæ suæ sedens ad opus manuum, pannum habebat in sinu propter lacrymas, quæ ob desiderium æternæ vitæ crebro currebant ex oculis ejus (*Pelag., libell.* iii, *n.* 1; *Ruffin., sup., n.* 163).

212. Quidam fratres, cum ad abbatem Lucium advenissent [1], requisivit eos senex, dicens: Quid soletis manibus vestris operari? At illi dixerunt: Nos nihil manibus nostris operamur, sed secundum quod dicit Apostolus, sine cessatione oramus (*I Thess.* v). Quibus senex dixit: Non manducatis? At illi professi sunt: Etiam. Dixitque eis: Quando ergo comeditis, quis pro vobis orat? At illi conticuerunt. Et iterum requisivit eos, dicens: Nunquid dormitis? Cumque illi se dormire dixissent, dixit eis: Quando ergo dormitis, quis orat pro vobis? Et non invenerunt quid responderent ei. Tunc dixit eis: Indulgete ergo mihi, quoniam non facitis sicut dicitis. Ego autem dicam vobis quemadmodum manibus meis operans sine cessatione oro. Sedeo enim de mane usque ad horam constitutam, et pauca palmarum folia infundo, et facio exinde funiculos, et interim oro, dicens: Miserere mei, Deus, secundum magnam misericordiam tuam, et secundum multitudinem miserationum tuarum, dele iniquitatem meam (*Psal.* l). Cumque percomplevero opera manuum mearum, et fecero aliqua vasa aut paucos funiculos, et emero ex eis nummos decem, ex ipsis nummis duos do pauperibus, et reliquos comedo. Quando ergo comedo aut dormio, tunc illi pro peccatis meis sine cessatione implent orationem meam.

213. Abbas Macarius, dum semel de Scythi portaret sportellas quas texerat, grandem habens viæ laborem, resedit, et dixit: Deus, tu scis, quia amplius non valeo ambulare. Et mox inventus est ad fluvium, unde adhuc multis aberat intervallis (*Joan., libell.* ii, *n.* 6).

214. Abbas Ammon veniens in deserto ad quemdam locum haurire aquam, vidit basiliscum; et jactans se in faciem suam, dixit: Domine, aut ego moriturus sum, aut ista bestia. Mox basiliscus per virtutem Dei dissipatus est.

215. Abbatis Besarionis discipulus, nomine Dulas,

[1] *Pelag., libell.* xii, *n.* 9. Atque ejus stylo hic in Editis.

cum quadam die cum ipso pariter juxta littus maris ambularet, contigit eum multum sitire, et dixit seni: Sitis me macerat, Pater (*Joan., libell.* ii, *n.* 1). At beatus Besarion, facta oratione, jussit eum aquam de mari tollere et bibere. Quod cum fecisset, et dulcissimam aquam reperisset, vasculum quod secum portavit implevit. Quod cum vidisset abbas Besarion, dixit ad eum: Quare implesti vas aqua, fili? At ille dixit: Indulge mihi, Pater, timui enim ne forte in antea sitiam. Cui senex dixit: Indulgeat tibi Dominus, fili; quia et ubique Deus est, et potest tibi dulcem aquam præstare.

216. Quidam frater volens discedere in solitudinem [2], a matre propria prohibebatur. Ille vero dicebat matri suæ: Permitte me, mater; salvare enim volo animam meam. Cum autem non posset retinere eum mater, dimisit eum. Ille vero veniens in solitudinem, per negligentiam omnem vitam suam consumebat. Contigit autem ut moreretur mater ejus. Et post tempus aliquod factus est et ipse ægrotus, et raptus in extasi ad judicium, invenit matrem cum his qui judicabantur. Illa autem cum vidisset eum, obstupuit, dicens: Quid est hoc, fili? et tu in hoc loco deductus es condemnandus? Et ubi sunt illa verba quæ solebas dicere: Quoniam salvare volo animam meam? Erubescens ergo ille in verbis quæ audiebat, stabat nihil habens quod responderet. Et ecce voce facta ut hic revocaretur, tanquam altero jusso ex cœnobio fratrum transire, reversus ad se, omnia quæ cognoverat, quæque audierat astantibus referebat. Ad confirmationem sane verborum suorum rogavit ut aliquis ex astantibus iret ad monasterium, ut videret si transisset frater ejusdem nominis, de quo audierat; qui profectus, invenit ita. Ipse vero postquam sanus effectus est, reclusit se, et sedit cogitans de salute sua, pœnitens et lacrymans super his quæ fecerat prius in negligentia. Tanta autem erat ei compunctio, ut cum multi eum rogarent paululum requiescere, ne forsitan noxium aliquid pateretur per incessantem fletum, ille nollet, dicens: Si matris meæ improperium non portavi, quemadmodum præsente Christo et angelis ejus in die judicii aut improperia aut tormenta portabo?

217. Quidam frater sedebat in Ægypto in magna humilitate præcipuus (*Pasch., c.* 24, *n.* 2), et habebat sororem in civitate meretricem, quæ multis animabus perditio fuerat. Frequenter ergo monebant senes fratrem illum, et vix potuerunt ei persuadere ut veniret ad eam, quatenus per admonitionem ejus posset peccatum quod per eam fiebat evincere. Cum autem veniret ad locum, quidam ex notis eum videns, præcessit, et nuntiavit illi, dicens: Ecce frater tuus venit ad te de eremo. Illa autem hæc audiens, præ gaudio relictis amatoribus suis quibus ministrabat, capite discooperto ad occurendum fratri egressa est. Et dum vidisset eum, tentaretque eum complecti, dixit ei ille: Soror mea charissima, parce

[2] *Pelag., libell.* iii, *n.* 20. Atque ejus stylo hic in Editis. Posui ex Ms.

animæ tuæ, quoniam multi propter te pereunt. Considera quanta habeas tormenta præparata, nisi cito pœnitere festinaveris. Illa autem contremiscens dixit ad eum: Et scis, frater, quia est mihi salus vel modo? Cui ille dixit : Si volueris , est tibi adhuc salus. Illa autem jactans se ad pedes fratris sui, petebat ut eam secum duceret in desertum. Cui frater dixit : Vade, cooperi caput tuum, et sequere me. Cui illa, Eamus, ait, velociter ; oportet enim me deformare , et inter homines nudo capite ambulare, quam in officinam peccati mei iterum ingredi. Dum autem pariter ambularent, monebat eam frater ad pœnitentiam. Videns autem ille quia quidam frater obviaret sibi , dixit ad eam : Quoniam necdum omnes sciunt quod soror mea es, secede parum de via, donec transeant. Quod cum fecisset, postquam transierunt illi, vocavit eam frater suus, dicens : Veni, soror, eamus viam nostram. Illa autem non respondit ei. Perquirens ergo ille diligenter sororem suam, invenit eam mortuam, et vestigia pedum ejus plena sanguine ; erat enim discalceata. Tunc ille flens et ejulans nuntiavit senioribus omnia quæ facta fuerant : at illi contendebant inter se de salvatione ejus. Manifestavit autem Deus uni seni de ipsa, quia quod nulla illi cura fuit de rebus corporalibus , sed ut vulnus proprium sanaret, neglexit omnia sua, et suspiravit **533** graviter, et flevit propter peccata sua, propterea suscepisset Deus pœnitentiam ejus.

218. Quodam tempore (24) cum beatus Antonius a sancto Athanasio Alexandriæ episcopo propter confutationem hæreticorum in urbem esset adductus (*Ex Hieron, epist.* 33, *ad Castrutium*), perrexit ad eum Didymus vir eruditissimus , captus oculis. Cumque multa de Scripturis sanctis loquerentur, inter cæteras sermocinationes quas de sanctis Voluminibus habebant, cum Antonius miraretur ingenium ejus, et acumen animi collaudaret, sciscitans, ait ad eum : Non tristis es quod oculis carneis careas? Et cum ille præ pudore reticeret, secundo tertioque eum interrogans Antonius, tandem elicuit ut mœrorem animi simpliciter fateretur. Cui Antonius ait : Miror prudentem virum ejus rei dolere damnum, quam formicæ, et muscæ, et culices habent (25) ; et non po-

tius lætari illius possessione, quam sancti et apostoli meruerunt. Melius enim multo est spiritu videre quam carne ; et illos oculos possidere, in quos peccati festuca non possit incidere, quam illos qui solo visu per concupiscentiam possunt hominem in interitum gehennæ mittere.

219. Quidam frater (26) ex Nitria parcior magis quam avarior, et nesciens triginta argenteis Dominum Jesum venditum, centum solidos, quos lina texendo collegerat, moriens dereliquit (*Ex Hieron. epist.* 22, *ad Eustoch., de custod. virgin.*). Initum est autem consilium inter monachos (nam eodem in loco circiter quinque millia divisis cellulis habitabant [27]) quid facto opus esset. Alii pauperibus distribuendos esse censebant, alii dandos ecclesiæ, nonnulli parentibus ejus remittendos. Macarius vero, et Pambo, et Isidorus, et cæteri seniores Patres, sancto in eis loquente Spiritu, decreverunt infodiendos esse cum domino suo, dicentes : Pecunia tua tecum sit in perditionem (*Act.* VIII). Sed ne hoc crudeliter quisquam putet factum , tantus terror et pavor per totam Ægyptum cunctos monachos invasit, ut unum solidum dimisisse, grandis apud eos sit criminis.

220. Erat quidam adolescens Græcus in Ægypto constitutus in cœnobio[1], qui nulla continentia, nulla operis magnitudine flammas poterat carnis exstinguere. Cumque ad Patrem monasterii hæc ejus tentatio fuisset perlata, hac ille eum arte salvavit. Imperavit cuidam viro gravi et aspero, ut jurgiis atque conviciis insectaretur adolescentem , et post irrogatam injuriam primus veniret ad querimoniam. Cumque imperata sibi perficeret, insuper vocati testes pro eo loquebantur, qui contumeliam adolescenti fecerat. At ille cœpit flere contra mendacium : quotidie gemitus, quotidie lacrymæ fluebant ; sedebat solus, quia amaritudine repletus erat, omnique auxilio destitutus ad Jesu pedes jacebat. Quid multa? ita totus annus deductus est : quo expleto, interrogatus adolescens super cogitationibus pristinis, an si adhuc molestiæ aliquid sustineret, respondens dixit : Pater, vivere mihi non licet, quemadmodum fornicari libet? Ita ergo spirituali Patre procurante adolescens superata libidine salvatus est.

[1] Ad verbum pene ex D. Hieron., epist. 4. ad Rusticum.

ROSWEYDI NOTATIO.

(1) *Ruffino.*] Vide prolegomenon 5 generale, initio horum librorum.

(2) *Vere mundum quis dubitet meritis stare Sanctorum.*] Vel hinc aliquo modo colligi potest, libri hujus auctorem esse Ruffinum, ut prolegomeno 5 tetigi. Repetit enim hic Ruffinus quæ dixerat prologo libri prioris : vel potius ejusdem libri prologo epiphonematice respondet. Cum enim illic dixisset : « ut dubitari non debeat eorum meritis adhuc stare mundum, » nunc infert epiphonematice, ad prius dicta alludens : « Vere mundum quis dubitet meritis stare sanctorum ? »

Ut porro prioris libri prologus in quibusdam ad Palladii prœmium in Lausiacam Historiam alludit, ita hic aperitius communia quædam habet cum epistola Palladii ad Lausum, quæ post prœmium ibidem ponitur, quæ singulatim jam subjungo.

« Non ergo spernas simplicitatem et impolitos sermones. » Palladius initio Lausiacæ Hist., epistola ad Lausum : « neque respuas rudem et inornatam dictionem. »

534 Nec enim mei operis est divinæ doctrinæ scripturæque sophistice et eloquenter signare sermones. » Palladius ibidem : « Non est enim divinæ doctrinæ, ornata et ad ostendendam sapientiam composita uti oratione. »

« Sed suadere mentes hominum in fide et operibus veritatis. » Palladius ibidem : « Sed verbis persuadere veritatis. »

« Patrum denique sanctorum patriarcharum et prophetarum Abraham, Isaac, et Jacob, Moysis, et Eliæ, et Joannis ideo descripta est fides, » etc. Palladius, ibidem : « Nam ii quoque, qui Patrum Vitas conscripserunt, Abrahæ, et Isaac et Jacob, et Moysis, et Eliæ, et Joannis, et eorum qui deinceps consequuntur, non narrarunt ut eorum illustretur gloria, sed ut prodessent iis qui eas legerent. »

(3) *Mi domine Fidose.*] Putabam primo, *Phidose* legendum Græco vocabulo, quod scirem simile nomen alibi esse, ut Phidus episcopus Joppæ in concilio Ephesino, et Phidus diaconus in Vita sancti Euthymii 20 Januarii. Et Athanasius, epistola de Synod. Arim. et Seleuc., habet quemdam Φιδάλιον, *Phidelium* episcopum pro quo apud Socratem, libro II, cap. 32, est Φιλάδιος, *Philedius.* Sed variis excussis, nihil inveni quod huc faceret. Tandem cum attente Palladium legerem (ex quo videbam prologum hunc adumbratum), et in eo tam in Prœmio quam epistola ad Lausum aliquoties occurreret *fidelissimus*; in prœmio, *Fidelissimique et religiosi imperii splendor Lause*; in epistola, *Hæc ergo cum scias, fidelissime Lause*; et cap. 19, 20, et 54, *hominum fidelissime Lause*, ubi in Græco est πιστότατε, videbatur mihi Ruffinus *fidosum* posuisse pro *fidelissimo*, et ita Lausum occulte insinuare. Nec en m opus Ruffinum nomen suum libro huic præfixisse, cum ex alio vel verterit, vel alterius librum cum præfatione ediderit.

Atque ut prologum hunc in manuscriptis et editionibus omnibus, excepta prima juveni, ita eum hic dedi. Prima tamen editio sequentia post *Fidose* ita concipit, et auctiora exhibet; quæ hic subjungo, ne quid desiderares omissum.

« Beatifico siquidem et admiror laudabile propositum tuum, ut dignum est; quoniam cum plurimi religiosam vitam professi circa vana et inania præsentis sæculi studium suum impendant, et juxta prophetæ oraculum, lapides sanctuarii dispersi sunt in capite omnium platearum, ex hoc valde gaudeo, quod tu verbo ædificationis, et sanctæ Scripturæ doctrina informari desideras, sanctorumque Patrum considerationes et instituta perquiris.

« Igitur vigesimum in episcopatu agens annum, desideranti tibi spiritualium virorum, quos in Dei rebus spectatos vidi et audivi, vitam moralemque doctrinam præsentis libelli compendio declarare tentabo, quatenus in proposito pietatis dux tibimetipsi bonorum operum, et eorum qui tecum sunt, et qui post te erunt, doctor efficiaris imperitorum.

« Sed oro te, ne spernas simplicitatem eloquii, nec politi a me exigas styli venustatem. Nec enim operis est divinæ Scripturæ, sophistice et eloquenter signare sermones, sed suadere mentes hominum in fide et operibus veritatis, secundum quod scriptum est: *Aperi os tuum verbo Dei (Prov. xxxi)*; et iterum: *Non aspernas verba seniorum, et ipsi enim didicerunt a patribus suis (Eccle.* VIII).

« Denique sanctorum patriarcharum et prophetarum, Abraham scilicet, Isaac, Jacob, Moysi, Eliæ, et Joannis ideo a præcedentibus descripta est fides et conversatio, non tantum ut illos glorificarent, quos certe Dominus glorificaverat, et in regno suo gloriosos habebat; sed ut legentibus posteris conferrent veritatis doctrinam, et exempla salutis.

« Accipiens ergo a nobis non diserta, sed fortia; vera, non fucata; sanctos imitare quos legis, prædica quos diligis. Ex hoc enim auditores tui, facti amatores Christi, proficient ad æternam salutem. »

Atque ex his manifestius quoque evadit, quomodo Ruffinus prologum hunc ex Palladii Prœmialibus expresserit. Conferantur inter se, et non vanam conjecturam meam esse tute deprehendes.

(4) *Paxma ia*] P nes sunt Ægyptiis monachis in usu. Vide Onomasticon.

(5) *Gello.*] Post *gellunculus.* In Pelagio, libello V, num. 24. est *suriscula.* Intelligitur vas aquarium. Vide Onomasticon.

(6) *Proastium.*] Mira hic mss. librorum lectio. Audomaren., *prastro, qui vocatur insentimo.* Aquic. *proastion, qui vocatur setimo.* Editi, *prope prascinum* vel *prastium.* Cedrenus, anno 20 imperii Theodosii junioris, eamdem historiolam narrat, ubi Græce est προά-

στειον. Et infra, apud Pelagium, libello XV, n. 66, in hac eadem re, *suburbanum*. Supra in Vita sancti Basilii c. 2, etiam habes *proastium.* Vide Onomasticon.

(7) *Septimo.*] Intelligitur septimum clima seu regio Constantinopoleos, quod in proastio seu suburbio erat. Aliquando Græcum vocabulum Latini servant, et vocant *hebdomon.* Vide Onomasticon.

(8) *Subripiat.*] Id est, *subrepat.* Editi addunt, *meritum*. Sic supra, apud Ruffinum, lib. II, cap. 15, Huic quodam die Satanas subripere volens. »

(9) *Brumosa.*] Ita Ms. Editi fere, *bromosa et bromosa*. Intelligitur autem aqua crassa et fetida. Glossæ Isidori: Bromosa, *immunda.* Brumosus, *annosus, resinosus.* Brumalia, *resinosa pluvia.* Vide Onomasticon.

(10) *Muscata.*] Varia hic lectio in Mss. *musica* in Aquicinct. *Musaco* in Audomaren. Supra, in Vita Pelagiæ, cap. 2: « Quæ tamen transiens per nos, totum implevit aerem ex odore musci. » In Vita Marcellæ, cap. 3, *fragrare musco muro* [In edit Vallars., num. 3, *fragrare mure*]. Vide Onomasticon.

(11) *Abbas Joannes.*] Fulbertus, Carnotensis episcopus, in fine epistolarum suarum, post hymnum de Nativitate Christi et Epiphania, ex hoc loco, vel ex Pelagio, infra, libell. X, num. 27, hanc de Joanne Parvo narrationem ita versibus et rhythmis sæculi sui reddidit:

In Vitis patrum veterum quidam legi jucundum,
Exemplo tamen habile, quod vobis dico rhytmice.
Joannes abba parvulus statura, non virtutibus,
Ut majori socio, quicum erat in eremo,
Volo, dicebat, vivere secure, sicut Angelus,
Nec veste nec cibo frui, qui laboretur manibus.
Respondit frater: Moneo, ne sis incœpti properus,
Quod tibi postmodum sit non cœpisse satius.
At ille Qui non dimicat, non cadit neque superat.
Et nudus eremum interiorem penetrat,
Septem dies gramineo vix illi durat pabulo:
Octava fames imperat, ut ad sodalem redeat:
Qui sero clausa janua, totus sedet in cellula,
Cum minor voce debili appellat: Frater, aperi;
Joannes opis indigus notis assistit foribus:
Ne spernat tua pietas, quem redigit necessitas,
Respondit ille deintus: Joannes factus est angelus,
Miratur cœli cardines, ultra non curat homines.
Foris Joannes excubat, malamque noctem tolerat
Et præter voluntariam hanc agit pœnitentiam.
Facto mane recipitur, satisque verbis uritur,
Sic intentus ad cœustula, fert patienter omnia.
Refocillatus Domino grates agit ac socio,
Dehinc rastellum brachiis tentat movere languidis.
Castigatus angustia de levitate nimia,
Cum angelus non potuit, vir bonus esse didicit.

(12) *Theopemptus.*] Ita Θεόπεμπτος vocatur in Menæis Græcis 19 Januarii in Vita Macarii Ægyptii. In Mss. et Editis varie hoc nomen depravatur, *Theopentus, Theopentius.*

(13) *Carricavit.*] Gloss. vett., *Carrico, onero.*

(14) *Conviciis affligebat.*] De hoc Atheniensium more habes apud Gregorium Nazianz. oratione in laudem divi Basilii. Vide in Onomastico *Depositio.*

(15) *Certatus es.*] Alias, *certasti.* Sed sæpius hæc forma loquendi eo sæculo usitata in his libris occurrit.

(16) *Cum lampadibus.*] Viris in dignitate constitutis, vel sanctitate eminentibus occurrebant cum igne, cereis, lampadibus, thymiamate. V de dicta ad Vitam sancti Basilii cap. 9, n. 44. Consule et Onomasticon.

(17) *Pistor molæ oculos operiret.*] Deest prior pars hujus numeri in manuscriptis usque ad *Nunquam.* Editi eam habent, quare reliqui. Sed qui *oculi molæ*? Legendum existimo, *pistor molæ, oculos animali operiret.* Ita Pelagius libello XV, numero 80.

(18) *Hyperichius.*] Hoc numero in Editis varia comprehendebantur apophthegmata brevia, quæ iisdem verbis habentur in Pelagio libello LV, num. 45 usque ad num. 54 inclusive, nomine Hyperichii, exceptis duobus ultimis, qui sub *Incerti* titulo habentur. Substitui hic quod erat in Mss.

(19) *Joseph.*] Ms. Aquic., *Jusefel.* Ms. Audomar., *Tusefel.* Alii, *Josephel.*

(20) *Macarius.*] Numerus hic et historiola Macarii hoc modo in Ms. Aquicinct. erat concepta : « Abbas Macarius dum ambularet per desertum, hominem quemdam mortuum pronum in terra invenit jacentem, et posito baculo suo super eum, ait : In nomine Jesu Christi surge. Et statim qui jacebat mortuus, surrexit, et jactavit se ad pedes sancti Macarii. Et cœpit proclamare quemadmodum ducebatur ab angelis Satanæ ad locum tormentorum, et propter petitionem ejus fuisset ab Æthiopis dimissus. Cui, cum interrogaret Macarius in quo loco fuisset destinatus, ille alte ingemiscens, ait : Quantum cœlum distat a terra, tantum ignis est altus, in quo medio eram missus. His autem auditis senex lacrymas effudit, dicens : Væ homini illi, qui mandata Dei transgressus fuerit. » Quæ in textu edito sunt de refrigerio damnatorum, non valde quadrant cum placitis theologorum scholasticorum. Eadem historiola, paulo aliter narrata, habetur etiam infra, apud Joannem, libello III, n. 16, ubi notationem vide.

(21) *Mazices.*] Impressi. *Mazines.* Ms. Aquic., *Amazones.* Sed legendum *Mazices.* Apud Pelagium est, *gens Mazicarum.* Vide Onomasticon.

(22) *Therenuthi.*] Ita legendum, ex Pelagio, libell. xv, n. 2, constat. Ms. et Impressi, vel *teneritudinis*, vel *terenitudinis*, vel simile quid depravatum. Vide Onomasticon.

(23) *Lactorones.*] Ita Impressi. Ms. Aquicin., *lactopones*, qui totum locum ita legit : « Alius lactopones, alius dactylos, alius ficus, alius herbas usibiles, id est lapsanium, pastenacas, scarvitas, et petroselinum. » MS. Audomar priora deerant, reliqua ita legit : « lapsanium, pastanacas, carricas ex petris. » Colon. edi o : « lapsanium et pastenatas, cucurbitas et petroselinum. » Aliquæ editiones *caricas* omittunt. Omnino difficile hic divinare. An *lacterones* sunt lactucæ, a *lacte*? an decurtatum ex Græco γαλακτέρονες quod tamen non memini legisse. Forte etiam *scarvitæ* proba vox, unde Gallis *chervis*, inter herbas usibiles. Vide Onomasticon.

(24) *Quodam tempore.*] Desumptum hoc ex divo Hieronymo, epist. 53, ad Castrutium; quæ hic tamen in fine, desunt Hieronymo. « Quam illos qui solo visu per concupiscentiam possunt hominem in interitum gehennæ mittere. » Ruffin., lib. II Eccl. Hist., cap. 7; Socrat., lib. IV, cap. 20; Hieron., in præfat. Didymi de Spiritu sancto : « Didymus vero meus oculum habens sponsæ in Cantico canticorum, et illa lumina quæ in candentes segetes sublimari Jesus præcepit, procul altius intuetur. » Et epist. 52, ad Abigaum : « Sed illum te oculum habere lætare, de quo in Cantico dicitur canticorum : *Vulnerasti me, soror mea sponsa, uno de oculis tuis* (*Cant.* IV). »

(25) *Quam formicæ et muscæ et culices habent.*] Hieron., epist. 32, ad Abigaum, quæ est consolatoria super cæcitate : « Nec doleas si hoc non habeas quod formiculæ, et muscæ et serpentes habent. » Ubi etiam refert, quosdam mundi philosophos, « ut totam cogitationem ad mentis cogerent puritatem, sibi oculos eruisse. » Et lib. II in Jovinianum : « quosdam legimus sibi effodisse oculos. » Cicero, lib. v de Fin. : « Democritus, qui vere sai ove dicitur oculis se privavisse. » De eo idem, v Tuscul., Gellius, lib. x, c. 7; Tertullianus, Apolog. cap. 46.

(26) *Quidam frater.*] Huc fortasse facit quod habet divus Hieronymus, epist. 4, ad Rusticum : « Vidimus nuper et plinximus Crœsi opes unius morte deprehensas, urbisque stipes quasi in usus pauperum congregatas stirpi et posteris derelictas. Tunc ferrum quod latebat in profundo, supernatavit aquæ (*IV Reg.* VI), et inter palmarum arbores myrrhæ amaritudo monstrata est (*Exod.* XV). Nec mirum; talem et socium et magistrum habuit, qui egentium fames suas fecit esse divitias, et miseris derelicta in suam reservavit miseriam. Quorum clamor tandem pervenit ad cœlum, et patientissimas Dei vicit aures, ut missus angelus pessimus Nabal Carmelo (*I Reg.* XXV) diceret : *Stulte, hac nocte auferent animam tuam a te, quæ autem præparasti cujus erunt* (*Lucæ* XII)? ubi tralatitie ferrum pro latenti gravique monachi iniquitate accipe; et amaritudinem aquæ a Moyse prope septuaginta palmis inveniam pro crimine, quod palmis velut sanctitatis umbra obtegitur.

Nescio an per socium et magistrum suggillet Ruffinum, quem Grunnii nomine designat, de quo in eadem epistola : « Hic bene nummatus plus jacebat in prandiis. Nec mirum, si qui multos inescare solitus erat, facto cuneo circumstrepentium garrulorum procedebat in publicum, intus Nero, foris Cato. »

(27) *Nam eodem loco circiter quinque millia divisis cellulis habitabant.*] Supra, lib. II, qui primus Ruffini est, in prologo : « Commanent autem per eremum dispersi et separati in cellulis. » Non frustra dixit, *divisis cellulis*, ut Cellia seu Lauram insinuaret.

DE VITIS PATRUM

LIBER QUARTUS,

AUCTORIBUS (1) SEVERO SULPICIO (2) ET JOANNE CASSIANO (3).

Excerpta hæc sunt ex Severi Sulpicii dialogo 1, et Joannis Cassiani Institutis et Collationibus.

Prologus.

536 Frequenter ac sæpius a me, fratres, flagitatis ut vobis gratia ædificationis, regressus de partibus transmarinis, edisseram meæ peregrinationis historiam, vel qualiter in Oriente fides Christi floreat, quæ sit principum pax, quæ sanctorum quies, quæ instituta monachorum, quæ eremitarum vita vel conversatio. Si vel in eremo vivere Christianis licet, quantisque signis ac virtutibus in servis suis Christus operetur, quemadmodum etiam mihi prospera navigatio fuerit, qui vel quo me iter terrenum perduxerit. Vestris ergo adjutus orationibus faciam ut desiderare vos video, et quæso ut libentissime ad ea quæ narro aurem accommodetis [1].

[1] Sever. Sulpic., dialogo 1, cap. 1, quædam hujus Prologi verba habet. Intelligenda omnia nomine Posthumiani, qui interloquitur.

CAPUT PRIMUM
De monacho solitario, qui in finibus Cyrenorum in parvo tugurio commanebat.

Ante hoc triennium, quo tempore hinc abii (*Sever. Sulpic., dialogo* 1, *c.* 2), ubi a Narbona navim solvimus, quinto die portum Africæ intravimus, adeo prospera Dei nutu navigatio fuit. Libuit animo adire Carthaginem, loca visitare sanctorum, et præcipue ad sepulcrum Cypriani martyris adorare. Quinto decimo igitur die ad portum regressi, profectique in altum Alexandriam petentes, reluctante Austro, pene in Syrtim illati sumus : quod providi nautæ caventes, jactis anchoris navim sistunt. Sub oculis autem terra continens erat, in quam scaphis egressi, cum vacua omnia ab humano cultu cerneremus, ego studiosius explorandorum locorum gratia, longius processi. Tribus fere a littore millibus parvum tugurium inter arenas conspicio, cujus tectum, quasi carina navis, erat contiguum terræ, satis firmis tabulis constructum. Non quod ibi imbrium ulla vis timeatur; fuisse autem illic pluviam nec aliquando quidem auditum est; sed quod ventorum tanta vis est, ut si quando vel clementiore cœlo aliquantum spirare flatus cœperit, majus in illis terris, quam in ullo mari naufragium sit. Nulla ibi germina, sata nulla proveniunt : quippe in instabili loco arentibus arenis, ad omnem motum ventorum cedentibus. Verum ubi adversa quædam a mari promontoria ventis resistunt, terra aliquantulum solidior herbam raram atque hispidam gignit, ea ovibus est pabulum satis utile. Incolæ loci illius lacte vivunt. Qui solertiores sunt, vel (ut ita dixerim) ditiores, hordeaceo pane utuntur. Et ibi sola messis est, quæ celeritate proventus, per naturam solis sive aeris, ventorum casus evadere solet. Quippe fertur a die jacti seminis, trigesimo die maturescere. Consistere autem ibi homines non alia ratio facit, quam quod omnes tributo liberi sunt. Extrema siquidem Cyrenorum ora est deserto illi contigua, quod inter Ægyptum et Africam interjacet ; per quod olim Cato Cæsarem fugiens duxit exercitum.

Ergo ut ad tugurium illud, quod eminus conspexeram, pertendi, invenio ibi senem in veste pellicea, molam manu vertentem. Consalutatus, accepit nos benignissime. Ejectos nos in illud littus exponimus; et ne statim repetere cursum possemus, maris mollitie detineri. Egressos in terram, ut est mos humani ingenii, naturam locorum, cultumque habitantium voluisse cognoscere; Christianos nos esse, id præcipue quærere, an essent aliqui inter illas solitudines Christiani. Tunc vero ille flens præ gaudio, ad genua nostra provolvitur, iterumque ac sæpius nos deosculans, invitat ad orationem. Deinde expositis in terram ferinis pellibus, facit nos discumbere; apponit prandium sane locupletissimum, dimidium panem hordeaceum. Eramus autem nos quatuor, ipse erat quintus. Fasciculum herbæ etiam intulit, cujus nomen mihi excidit, quæ menthæ similis est, exuberansque foliis saporem mellis præstabat. Hujus prædulci admodum suavitate et delectati sumus, et satiati. Septem enim diebus apud illum fuimus. Postera igitur die, cum aliqui ex incolis ad nos confluere cœpissent, cognoscimus illum hospitem nostrum esse presbyterum, quod summa nos dissimulatione ille celaverat. Deinde cum ipso ad ecclesiam processimus, quæ fere duobus millibus a conspectu nostro, interjectu montis, exclusa aberat. Erat autem vilibus texta virgultis, non multo ambitiosior, quam nostri hospitis tabernaculum : in quo vix quis, nisi curvus, poterat consistere. Cum hominum mores quæreremus, illud præclarum animadvertimus, nihil eos neque vendere, neque emere. Quid sit fraus atque furtum nesciunt : aurum atque argentum neque habent, neque habere cupiunt. Nam cum ego presbytero illi decem aureos obtulissem, refutavit. Et cum nollet eos accipere, aliquantulum vestimentorum ei indulsimus. Quod cum ille benigne accepisset, revocantibus nos ad mare nautis, discessimus ab eo.

CAPUT II.
De dictis Origenis, quod hæretica sint.

Prospero igitur cursu (*Severus Sulp., dialogo.* 1, *c.* 3), septimo die Alexandriam pervenimus, ubi fœda inter episcopos atque monachos certamina gerebantur, ex ea occasione vel causa, quod congregati in unum sæpius sacerdotes, frequentibus decrevisse synodis videbantur, ne quis Origenis (4) libros legeret aut haberet, qui tractator sanctarum Scripturarum peritissimus habebatur, sed episcopi quædam in libris illius insanius scripta memorabant. Quæ assertores Origenis non ausi defendere, ab hæreticis potius fraudulenter inserta dicebant; et ideo non propter illa quæ in reprehensionem merito vocarentur etiam reliqua esse damnanda, cum legentium fides facile posset habere discrimen, ne falsa sequeretur, et tamen catholice disputata retineret. Non esse autem mirum, si in libris neotericis et recenter scriptis fraus hæretica fuisset operata, quæ in quibusdam locis non timuisset impetere Evangelicam veritatem. Adversum hoc episcopi obstinatius renitentes, pro potestate cogebant recta etiam universa cum pravis, et cum ipso auctore damnare, quia satis super his sufficerent libri, quos ad se jam recepisset Ecclesia; respuendamque esse penitus lectionem quæ plus esset nocitura insipientibus quam profutura sapientibus. Mihi autem ex illis libris quædam curiosius indaganti, admodum multa placuerunt : sed aliqua reprehendi, in quibus illum prava sensisse non dubium est, quæ defensores ejus falsata contendunt. Ego miror unum eumdemque hominem tam diversum a se esse potuisse ut in ea parte qua probatur neminem post apostolos habeat æqualem; in ea vero qua jure reprehenditur, nemo deformius doceatur errasse. Nam cum ab episcopis excerpta ex libris illius multa legerentur, quæ contra catholicam fidem scripta constarent, locus ille vel maximam parabat invidiam, in quo editum legebatur : Quia Dominus noster Jesus Christus sicut pro redemptione hominis in carnem venisset, crucem pro hominis salute perpessus, mortem pro hominis æternitate gustasset; ita esset eodem ordine passionis etiam diabolum redempturus, quia hoc bonitati illius pietatique congrueret 538, ut qui perditum hominem reformasset, prolapsum quoque angelum liberaret. Cum hæc atque alia hujusmodi ab episcopis proderentur, ex studiis partium orta est magna seditio. Quæ cum reprimi sacerdotum auctoritate non posset, sævo exemplo ad regendam Ecclesiæ disciplinam præfectus assumitur : cujus terrore dispersi fratres, ac per diversas oras monachi sunt fugati, ita ut, propositis edictis, in nulla constare sede sinerentur. Illud autem me admodum permovebat, quod Hieronymus vir maxime catholicus, et sacræ legis peritissimus, Origenem secutus primo tempore putabatur : quem nunc idem ipse Hieronymus præcipue et omnia illius scripta damnaret. Nec vero ausus sum de quoquam temere judicare : præstantissimi tamen viri doctissimique ferebantur in hoc certamine dissidere. Sed tamen sive illud error est, ut ego sentio; sive hæresis, ut putatur, non solum reprimi non potuit multis animadversionibus sacerdotum, sed nequaquam tam late se potuisset effundere, nisi contentione crevisset. Istiusmodi ergo turbatione cum veni, Alexandria fluctuabat. Me quidem episcopus illius civitatis benigne admodum, et melius quam opinabar excepit, secumque tenere tentabat. Sed non fuit animus ibi consistere, ubi recens fraternæ cladis fervebat invidia.

CAPUT III.
De conversatione Hieronymi Jerosolymitani.

Igitur inde egressus (Sever. Sulp., Dialogo 1, c. 4), Bethleem oppidum petii, quod ab Jerosolymis sex millibus separabatur : ab Alexandria autem sedecim mansionibus abest ecclesia loci illius, quam Hieronymus presbyter regebat. Nam parochia est episcopi, qui Jerosolymam tenet. Mihi jampridem Hieronymus, superiore illa mea peregrinatione compertus, facile obtinuerat ut nullum præter illum mihi expetendum rectius arbitrarer. Vir enim præter fidei meritum, dotemque virtutum, non solum Latinis atque Græcis, sed et Hebraicis etiam litteris eruditus est, ut se illi in omni scientia nemo audeat comparare. Nam sex menses apud ipsum fui conversatus. Cui jugis adversum malos pugna, perpetuumque certamen concivit odia perditorum. Vere fateor, pinxisse mihi videtur in aliquibus opusculis vitia multorum (*Hier.*, *epist.* 22 *ad Eustochium, de custod. Virgin.*); imo quod nihil penitus omisit, quod non carperet, laceraret, exponeret; præcipue avaritiam, nec minus vanitatem insectatus est. Multa de superbia, non pauca de superstitione disseruit. Cæterum de familiaritatibus virginum et monachorum, atque etiam clericorum, quam vera, quam fortia disputavit? unde a quibusdam dicitur non amari. Oderunt eum hæretici, quia eos impugnare non desinit. Oderunt eum clerici, quia vitia eorum insectatur et crimina. Sed plane eum boni homines admirantur et diligunt. Nam qui eum hæreticum esse arbitrantur, insaniunt. Vere dixerim, catholica hominis scientia, sana doctrina est : totus semper in lectione, totus in libris est. Non die, non nocte quiescit; aut legit aliquid semper, aut scribit. Quod nisi mihi fuisset fixum animo, et promissum, Deo teste, ante propositum, eremum adire, vel exiguum temporis punctum a tanto viro discedere noluissem. Huic ergo traditis atque commissis omnibus meis, omnique familia, quem me contra voluntatem animi mei secuta tenebat implicitum, exoneratus quodammodo gravi fasce penitus ac liber, egressus sum ad Alexandriam. Visitatis ibi fratribus, ad superiorem inde Thebaidam, id est ad Ægypti extrema contendi. Ibi enim vastæ patentis eremi solitudinis plurimum ferebantur habere monachorum. Longum est, si omnia cupiam referre quæ vidi : pauca namque perstringam.

CAPUT IV.
Quod abbates fratribus suis eorum licentia in eremo constitutis victum administrant.

Haud longe ab eremo contigua Nilo (*Sever., Sulp., dialog* 1, *c.* 5), multa sunt monasteria : habitant in uno loco plerumque centeni, quibus summum jus est sub abbatis imperio vivere, nihil arbitrio suo agere, per omnia ad nutum illius potestatemque pendere. Ex his ergo si qui majorem virtutem mente conceperint, ut acturi solitariam vitam se ad eremum conferant, non nisi permittente abbate discedunt. Hæc illorum prima virtus est, parere alieno imperio. Transgressis ergo ad eremum abbatis illius ordinatione, panis et quilibet alius cibus ministratur.

CAPUT V.
Quod frater in eremo pascitur pane cœlico.

Casu per illos dies quibus illuc adveneram (*Severus Sulp., dialog.* 1, *c.* 5), cuidam solitario qui nuper ad eremum secesserat, neque amplius ab hoc monasterio quam sex millibus tabernaculum sibi constituerat, panem abbas per duos pueros miserat. Quorum major habebat ætatis annos quindecim, minor duodecennis erat. His ergo inde redeuntibus, aspis miræ magnitudinis venit obviam : cujus occursu nihil perterritis, ubi ante pedes 539 eorum venit, quasi incantata carminibus, cærulea colla deposuit; minor ex pueris manu eam apprehensam ac pallio involutam, ferre cœpit; deinde monasterium quasi victor ingressus, in occursum fratrum captivam bestiam, resoluto pallio, non sine jactantiae tumore deposuit. Sed cum infantium fidem atque virtutem caeteri praedicarent, abbas ille altiori consilio, ne infirmior aetas insolesceret, utrumque virgis compescuit, multum objurgatos cur ipsi quod per eos operatus fuerat Dominus prodidissent; opus illud non suae fidei, sed divinae fuisse virtutis; discerent potius Deo in humilitate servire, non in signis et virtutibus gloriari, quia melior esset infirmitatis conscientia virtutum vanitate. Hoc ubi ille frater audivit solitarius, et periclitatos infantulos serpentis occursu, et ipsos insuper multa verbera victo serpente meruisse, abbatem obsecrat, ne sibi post haec ullus panis aut cibus aliquis mitteretur. Jamque octavus dies fuerat emensus quo se homo Christi infra periculum famis ipse concluserat. Arebant membra jejunio, sed deficere mens coelo intenta non poterat. Corpus inedia fatiscebat, fides firma durabat : cum interim admonitus abbas ille per Spiritum ut discipulum visitaret, pia sollicitudine cognoscere cupiens qua vitae substantia vir fidelis aleretur, qui ministrari sibi panem ab homine noluisset, ad requirendum eum ipse abbas proficiscitur. At ille, ubi eminus senem venire conspexit, occurrit ei obviam, agit gratias, ducit ad cellulam. Cum ingressi pariter ambo, conspiciunt palmiciam sportam, calido pane congestam, foribus affixam de poste pendere; ac primum panis calidus sentitur odore, tactu vero ac si ante paululum foco esset ereptus, ostenditur, Aegyptii tamen panis forma non cernitur. Obstupefacti ambo, munus coeleste cognoscunt, cum ille hoc abbatis adventu praestitum fateretur, abbas vero illius fidei ac virtuti ascriberet; ita ambo coelestem panem cum magna exsultatione fregerunt. Quod cum abbas ad monasterium post regressus fratribus retulisset, tantus omnes incenderat ardor animarum, ut certatim ad eremum et sacras solitudines ire properarent.

In hoc monasterio duos ego jam senes (5) vidi (*Ibid., c. 6*), qui per quadraginta annos ibi degere, ita ut nunquam inde discesserint, ferebantur. Siquidem id de eorum virtutibus, et abbatis ipsius testimonio, et omnium fratrum audierim sermone consono celebrari, quod unum eorum sol nunquam vidisset epulantem, alterum nunquam vidisset iratum. Sed quia unius eremitae cognovistis virtutem, referam vobis adhuc pauca de pluribus.

CAPUT VI.

Quod leaena tanquam animal mansuetum a sene escam cepit.

Ego ubi primam partem eremi ingressus sum (*Sever. Sulp., dial. 1, cap. 7*), duodecim fere a Nilo millibus (habebam autem unum ex fratribus ducem locorum peritum) pervenimus ad quemdam senem monachum, sub radice montis habitantem : ibi, quod in illis locis rarissimum est, puteus erat. Bovem unum habebat, cujus hic erat totus labor, impulsa rotali machina aquam producere, nam mille aut amplius pedum profundum putei ferebatur. Hortus et illic erat multis oleribus copiosus. Id quidem contra naturam eremi, ubi omnia arentia, exusta solis ardoribus, nullius unquam seminis vel exiguam radicem ferunt. Verum hoc sancto illi labor cum pecude communis, et propria praestabat industria; frequens enim irrigatio aquae tantam pinguedinem arenis dabat, ut mirum in modum virere atque fructificare hortuli illius olera videremus. Ex his ergo una cum domino suo bos ille vivebat; nobis quoque ex ea copia coenam sanctus ille dedit. Post coenam autem, jam inclinante vespera, invitat nos ad arborem palmae, cujus interdum pomis uti solebat, quae fere duobus millibus aberat. Nam hae tantum in eremo arbores, licet rarae, habentur tamen : quod utrum solers antiquitas procuraverit, an solis natura gignat, ignoro; nisi Deus praescius futurorum habitandam quandoque sanctis eremum, haec servis suis praeparaverit. Ex majore enim parte, quae inter illa consistunt secreta, cum alia germina nulla succedant, istarum arborum pomis ibi aluntur. Ergo ubi ad illam, ad quam nos hospes noster ducebat, arborem, pervenimus, leonem ibi offendimus. Quo viso, ego et ille dux meus intremuimus; sanctus ille incunctanter accessit; nos licet trepidi, secuti sumus. Fera, ab eo imperata, modesta discessit et constitit, dum ille attigua ramis humilioribus poma decerperet. Cumque palmis plenam manum obtulisset, occurrit bestia, accepitque tam libere quam nullum animal domesticum. Et cum comedisset, abscessit; nos haec intuentes, et adhuc trementes, facile potuimus agnoscere quanta in illo virtus fidei, et quanta in nobis esset infirmitas.

CAPUT VII.

Quod lupa a sene pascitur, furti rea veniam precatur.

540 Alium atque singularem virum vidimus, in parvo tugurio, in quo non nisi unus recipi posset, habitantem (*Severus Sulp., dialogo 1, c. 8*). Huic lupa solita erat astare coenanti, nec facile unquam bestia fallebatur, quin illi ad legitimam horam refectionis occurreret; et tam diu pro foribus exspectaret, donec ille panem, qui in coena supererat offerret, illa manum ejus lambere solita, atque ita quasi impleto officio et praestita consolatione discedebat. Sed forte accidit ut sanctus ille, dum fratrem qui ad eum venerat deducit abeuntem, diutius abesset, et non nisi sub nocte remearet, interim bestia ad consuetum illud tempus coenae occurreret; vacuam cellam, cum familiarem patronum abesse sentiret, ingressa est, curiosius explorans ubinam esset habitator. Casu contigua cum panibus quinque palmicia tiscella pendebat; ex his unum sumit, et devorat, deinde perpetrato scelere discessit. Regressus eremita, vidit sportulam dissolutam, non constante panum numero. Damnum rei familiaris intelligit, ac prope limen panis assumpti fragmenta cognoscit. Sed non erat incerta suspicio, quae furtum persona fecisset. Ergo cum sequentibus diebus secundum consuetudinem bestia non veniret, nimirum audacis facti conscia ad eum venire dissimulans, cui fecisset injuriam, aegre patiebatur eremita se alumnae solatio destitutum : postremo illius oratione revocata, septimum post diem affuit, ut solebat, ante fores cœnanti. Sed ut facile cerneres verecundiam pœnitentis, non ausa propius accedere, dejectis profundo pudore in terram luminibus, quod palam licebat intelligi, quamdam veniam precabatur. Quam illius confusionem miseratus eremita, jubet eam propius accedere, ac manu blanda caput triste permulcet; deinde pane duplicato ream suam refecit: ita indulgentiam consecuta, officii consuetudinem deposito mœrore reparavit. Intuemini, quæso, Christi etiam in hac parte virtutem, cui sapit omne quod brutum est, cui mite est omne quod sævit: lupa officium præstat, bestia furti crimen agnoscit; lupa conscio pudore confunditur: vocata adest; caput præbet; et habet sensum indultæ sibi veniæ, sicut pudorem gessit errati. Tua hæc virtus, Christe; tua hæc sunt, Christe, miracula. Etenim quæ in tuo nomine operantur servi tui, tua sunt mirabilia; et in hoc ingemiscimus, quod majestatem tuam feræ sentiunt, homines non verentur. Ne cui autem hoc incredibile videatur, majora adhuc memorabo. Fides Christi adest me nihil fingere, sed quæ mihi bene comperta sunt explicabo.

CAPUT VIII.
Quod quinque catuli leonum cœci per anachoretam illuminati sunt.

Habitabant plerique in eremo sine ullis tabernaculis, quos anachoretas vocant (*Severus Sulp., dialogo* 1, *cap.* 9). Vivunt herbarum radicibus, nullo unquam certo loco consistunt, ne ab hominibus visitentur. Ad quemdam igitur hoc ritu atque hac lege viventem, duo ex Nitria monachi, licet longe diversa regione, tamen quia olim ipsis in monasterii conversatione charus et familiaris fuisset, auditis ejus virtutibus tetenderunt. Quem diu multumque quæsitum, tandem mense septimo repererunt in extremo illo deserto quod est Memphis contiguum demorantem, quas ille solitudines jam per annos duodecim dicebatur habitare. Qui licet omnium hominum vitaret occursum, tamen agnitis fratribus non refugit, seque charissimis per triduum non negavit. Quarto die aliquantulum progressus, cum prosequeretur abeuntes, leænam miræ magnitudinis ad se venire conspiciunt. Bestia, licet tribus repertis, non incerta quem peteret, anachoretæ pedibus advolvitur, ac deinde præcedentem sequuntur. Nam illa præiens et subinde restans, in eos intendebat, ut facile posset intelligi id eam velle, ut quo illa ducebat, anachoreta sequeretur. Quid multis? ad speluncam bestiæ pervenitur, ubi illa adultos jam quinque catulos malefeta nutriebat. Qui ut clausis luminibus ex alvo matris exierant, cæcitate perpetua tenebantur. Quos singulos de rupe prolatos, ante anachoretæ pedes mater exposuit. Tunc demum sanctus advertit quid bestia postularet; invocatoque Christi nomine, contrectavit manu clausa lumina catulorum; ac statim excitate depulsa, apertis oculis bestiarum diu negata lux patuit. Ita fratres illo anachoreta, quem desideraverant, visitato, fructuosa laboris sui mercede ad monasterium redierunt, et fidem sancti gloriamque Christi quam ipsi viderant enarraverunt.

CAPUT IX.
Frater quidam ibicis exemplo didicit quid de herbis edere, quidve respuere deberet.

Fuit et alius in illis regionibus anachoreta, qui in ea parte, quæ est Syenes, habitabat (*Severus Sulp., dialogo* 1, *c.* 10). Hic cum primum se ad eremum contulisset, herbis herbarumque radicibus, quas prædulcis interdum et saporis eximii fert arena, victurus, ignarus germinis eligendi, nociva plerumque carpebat; nec erat facile vim radicum sapore discernere, quia omnia æque dulcia, sed pleraque occultiore natura virus lethale cohibebant. Cum ergo edentem vis interna torqueret, et immensis doloribus vitalia universa quaterentur, ac frequens vomitus cruciatibus non ferendis ipsam animæ sedem, stomacho jam fatiscente, dissolveret, eremita omnia penitus quæ essent edenda formidans, nihil jam attrectare aut gustare audebat. Septimum quoque jejunus diem, spiritu jam deficiente, ducebat, cum ad eum fera, cui ibicis est nomen, accessit: huic propius astanti, fasciculum herbarum, quem collectum pridie attingere eremita non audebat, objecit. Sed fera quæ virulenta erant ore discutiens, quæ innoxia noverat eligebat. Ita vir sanctus ejus exemplo quid edere, quid respuere deberet edoctus, et periculum famis evasit, et herbarum venena vitavit.

CAPUT X.
Frater quidam quinquaginta annis in monte Sina constitutus, non patitur aliorum fratrum accessus.

Sed longum est de omnibus qui eremum incolunt comperta nobis memorare (*Sever. Sulp., dialogo* 1, *c.* 11). Annum integrum et septem fere menses intra solitudinem constitutus exegi, sæpius tamen cum illo sene qui puteum et bovem habuit habitavi. Duo beati Antonii monasteria adii, quæ hodieque ab ejus discipulis incoluntur. Ad eum etiam locum in quo beatissimus Paulus primus eremita est diversatus, accessi: jugum Sina montis vidi, cujus cacumen, cælo pene contiguum, nequaquam adiri potest. Inter hujus montis secessus anachoreta esse aliquis ferebatur, quem diu multumque quæsitum videre non potui. Qui fere jam ante quinquaginta annos a conversatione humana remotus, nullum vestis usum habebat, sed setis corporis sui tectus erat. Hic itaque quoties eum religiosi viri adire voluerunt, cursu rapido avia petens, occursum fugiebat humanum. Uni tantummodo feribtur se ante quinquennium præbuisse videndum, qui, credo, potenti fide id obtinere promeruit. Cui inter multa colloquia percontanti cur homines tantopere fugeret, respondisse ille perhibetur: Qui ab hominibus frequentatur, non potest ab angelis visitari. Unde non immerito recepta opinione multorum, fama vulgaverat, sanctum illum ab angelis visitari.

Ego autem a Sina monte digressus (*Ibid.*), ad Nilum flumen regressus sum, cujus ripas frequentibus monasteriis consertas, utraque ex parte lustravi.

plerumque vidi, ut dudum dixeram, uno in loco habitare centenos, sed et bina et terna millia in iisdem viculis agere constabat. Nec sane ibi minorem putetis diversantium in multitudine monachorum esse virtutem, quam eorum esse cognovistis, qui se ab humanis coetibus removerunt. Praecipua, ut jam dixi, et prima ibi virtus, obedientia. Neque enim ibi aliter quis adveniens, a monasterii abbate suscipitur, quam qui tentatus fuerit et probatus, nullum unquam recusaturus, licet arduum et difficile, indignumque abbatis imperium.

CAPUT XI.

Obedientiae incredibilis magna miracula.

Referam vobis duo incredibilis obedientiae magna miracula (*Sever. Sulp., dialogo* 1, *c.* 12). Igitur cum quidam frater saeculi actibus abdicatis, monasterium magnae dispositionis ingressus, suscipi se rogaret in congregationem, abbas coepit ei multa proponere: graves esse illius disciplinae labores, sua vero dura imperia, quae nullius facile posset implere patientia; aliud potius monasterium, ubi facilioribus legibus viveretur, expeteret, et non tentaret aggredi quod non posset adimplere. Ille vero his terroribus nihil permoveri, sed magis omnem obedientiam ita polliceri coepit, ut si eum abbas in ignem ire praeciperet, non recusaret intrare. Quam illius professionem ubi abbas accepit, non cunctatus probare, jubet eum in clibanum, qui coquendis panibus parabatur, intrare. At ille non distulit parere praecepto, sed statim medias flammas nihil cunctatus ingressus est. Quae mox tam audaci fide victae, velut illis quondam Hebraeis pueris, cesserunt, et confestim fugit incendium. Et ipse qui ingressus est, et putabatur arsurus, velut frigido rore perfusum se esse miratus est. Sed quid mirum, si tuum, Christe, tironem ignis ille non tetigit, ut nec abbatem pigeret dura mandasse, nec discipulum poeniteret obedientiam explesse. Hinc ergo intelligendum est quantum obedientia obtinere apud Deum mereamur, dum ille qui eo quo advenerat die tentatur infirmus, per agilitatem obedientiae perfectus inventus est. Merito felix, merito gloriosus probatus obedientia, glorificatus est passione.

CAPUT XII.

Aliud miraculum obedientiae.

Quidam itidem frater in eodem monasterio ad eumdem abbatem recipiendus **542** advenerat (*Sever. Sulp., dialog.* 1, *c.* 13). Cum prima ei lex obedientiae proponeretur, ac perpetem polliceretur ad omnia vel extrema patientiam, casu abbas storacinam virgam aridam manu gerebat: hanc fixit in terram, atque illi advenae id operis injunxit, ut tam diu virgulae aquam irriguam ministraret, donec (quod contra naturam erat) virga arida in solo arente viresceret [1]. Subjectus ille frater durae legis imperio, aquam propriis humeris quotidie convehebat, quae a Nilo flumine per duo fere millia petebatur. Jamque emenso anni spatio, labor non cessabat operantis, de fructu

[1] Simile apud Pelag., libell. iv, num. 3.

operis spes esse non poterat, tamen obedientiae virtus in labore durabat. Sequens quoque annus, vano labore tantum effectum fratris eludit. Tertio demum anno, succedentium temporum labente curriculo, cum neque nocte neque die aquarius ille cessaret, virga floruit. Ego ipse ex illa virgula arbusculam vidi, quae hodieque intra atrium monasterii ramis virentibus quasi in testimonium manens, quantum obedientia meruit, et quantum fides posset, ostendit.

CAPUT XIII.

Daemonia ejiciens etiam a daemone possidetur, fine tamen salubri restituitur.

Quidam ex sanctis Patribus fugandorum de corporibus obsessis daemonum incredibili praeditus potestate, multa signa faciebat (*Sev. Sulp., dialog.* 1, *cap.* 14). Non solum enim praesens, neque verbo tantum, sed et absens quoque, interdum, cilicii sui fimbriis aut epistolis missis obsessa corpora curabat. Hic ergo mirum in modum frequentabatur a populis, ex multis locis ad eum venientibus: taceo de minoribus; praefecti, comites, atque diversarum judices potestatum, prae foribus illius saepe jacuerunt. Hic enim omni potu in perpetuum penitus abstinuit, ac pro cibo septem tantum caricis sustentabatur. Interea sancto viro, ut ex virtute honor, ita ex honore vanitas coepit subrepere. Quod malum ubi ille primum potuit in se sentire grassari, diu multumque discutere conatus est, sed repellere penitus non potuit. Ubique nomen ejus daemones fatebantur. Excludere a se confluentem populum non valebat: virus interim latens serpebat in pectore, et cujus nutu ex aliorum corporibus daemones fugabantur, seipsum occultis cogitationibus vanitatis purgare non poterat. Totis igitur precibus conversus ad Dominum, oravit, ut, permissa in se diaboli potestate, similis illis fieret quos ipse curaverat. Quid multis? ille praepotens, ille signis atque virtutibus toto Oriente vulgatus, ille ad cujus limina populi ante confluxerant, correptus a daemone est; ac retentus in vinculis, omnia illa quae energumeno solent fieri perpessus, quinto demum mense purgatus est non tantum daemone, sed quod illi erat utilius atque optatius, etiam vanitate.

CAPUT XIV.

Eremita ad saeculum rediens quomodo punitus est.

Adolescens quidam praedives opibus (*Sev. Sulp., dialog.* 1, *cap.* 15), genere clarus, habens uxorem et filium parvulum, cum in Aegypto tribunus esset et frequentibus adversum Blembos [*Forte*, Blemyes] expeditionibus quaedam eremi contigisset, sanctorum etiam tabernacula complura vidisset, a beato Joanne eremita verbum salutis accepit. Nec moratus inutilem militiam cum vano honore illo contemnere, eremum constanter ingressus, brevi tempore in omni genere virtutum perfectus emicuit [1]. Potens jejuniis, humilitate conspicuus, fide firmus, facile se antiquis monachis studio virtutis aequaverat. Cum interim subiit eum cogitatio injecta per diabolum, quod rectius

[1] De eo Ruffinus, lib. ii, c. 1.

esset ut rediret ad patriam, filiumque unicum ac domum totam cum uxore salvaret: quod utique et acceptius Deo foret, quam si solum se sæculo eriperet, et salutem suorum negligeret. Istiusmodi ergo falsæ justitiæ colore superatus, post quadriennium cellam suam atque propositum eremita deseruit. Sed ubi ad proximum monasterium, quod a multis fratribus habitabatur accessit, causam discessionis atque consilium quærentibus confitetur. Renitentibus cunctis, et præcipue loci illius abbate, male animo fixa sententia non potuit evelli. Igitur infelici se obstinatione proripiens, cum dolore omnium digressus est a fratribus. Et vix a conspectu eorum abscesserat, mox impletur dæmone, cruentasque spumas ore provolvens, suis dentibus seipsum lacerabat. Deinde ad idem monasterium fratrum humeris reportatus, cum coerceri in eo immundus spiritus non valeret, necessitate cogente ferreis nexibus alligatus, pedes cum manibus vinciuntur. Non immerita poena fugitivo. Post biennium vero oratione sanctorum ab immundo spiritu liberatus, ad eremum, unde discesserat, mox regressus, et ipse correctus est, et aliis futurus pro exemplo, ne quem aut falsæ justitiæ umbra, aut incerta mobilitas inutili levitate compellat semel coepta deserere.

CAPUT XV.
De habitu vel vestimento Ægyptiorum monachorum.

543 Sunt præterea quædam in ipso Ægyptiorum habitu non tantum ad curam corporis quantum ad morum formulam congruentia (*Cassian., l.* I *Instit.,* c. 4). Cucullis namque perparvis indesinenter utuntur diebus ac noctibus, scilicet ut innocentiam et simplicitatem parvulorum jugiter custodire etiam imitatione ipsius velaminis commoneantur.

Colobiis quoque lineis induuntur (*Ibid., c.* 5), quæ vix ad cubitos usque pertingunt, nudas de reliquo circumferunt manus, ut amputatos eos habere actus et opera mundi hujus suggerat abscissio manicarum.

Post hæc angusto palliolo tam amictus humilitate quam vilitate pretii, colla pariter atque humeros tegunt, quod mafortes tam nostro quam ipsorum nuncupatur eloquio (*Ibid., c.* 7).

Ultimum est habitus eorum pellis caprina, quæ melotes appellatur (*Ibid., c.* 8). Qui tamen habitus pellis caprinæ significat mortificata membra omni petulantia carnalium passionum, debere eos in summa virtutum gravitate consistere.

Calceamenta quoque (*Ibid., c.* 10), velut interdicta Evangelico præcepto recusantes (*Matth. et Luc.,* x), cum infirmitas corporis vel matutinus rigor hiemis sævit, seu meridiani æstus fervor exegerit, tantummodo muniunt pedes. Quibus tamen caligis quanquam licito utantur, utpote Domini mandato concessis (*Act.* xii; *Marc.* vi), nequaquam tamen pedibus eas inhærere permittunt, cum accedunt ad celebranda seu ad percipienda sacrosancta mysteria, illud etiam existimantes secundum litteram custodiri debere, quod dicitur ad Moysen et ad Jesum filium Nave: Solve corrigiam calceamenti tui, locus enim in quo stas terra sancta est (*Exod.* iii; *Josue* v).

CAPUT XVI.
De canonico orationum modo, et perfecta abrenuntiatione sæculi.

Itaque per universam Ægyptum et Thebaidam, ubicumque habentur monasteria, legitimum orationum modum in vespertinis conventibus seu nocturnis vigiliis tenent (*Cass. l.* ii *Instit., c.* 3). Non enim illic quisquam congregationi fratrum interesse permittitur, nisi prius universis facultatibus suis reddatur extraneus. Et qui ingressus in congregationem fuerit, sic obedire cogitur cunctis, ut redeundum sibi secundum sententiam Domini ad infantiam pristinam noverit, nihil sibi consideratione ætatis vel annorum numerositate præsumens, quam in sæculo inaniter consumptam se reputat perdidisse; sed pro rudimentorum merito et tirocinii novitate, quam se gerere in Christi militia recognoscit, subdere se etiam junioribus compellitur.

Igitur per universam (ut diximus) Ægyptum duodenarius psalmorum numerus (*Ibid., c.* 4), tam in vespertinis quam in nocturnis solemnitatibus custoditur, ita duntaxat, ut post ipsos psalmos duæ lectiones, una veteris, alia novi Testamenti, subsequantur. Qui modus antiquitus constitutus, idcirco per tot sæcula intemeratus perdurat, quia non humana adinventione statutus a senioribus affirmatur, sed coelitus angelico ministerio Patribus antiquis fuisse delatus.

CAPUT XVII.
Ubi angelus in congregatione seniorum duodecim psalmos visus fuit cantasse.

Nam cum, in primordiis fidei (*Cass., l.* ii *Instit., c.* 5), pauci quidem, sed probatissimi viri, monachorum nomine censerentur, quique jam normam vivendi a successoribus apostolorum susceperant, secedentes in secretiora suburbiorum loca, agebant vitam tanto abstinentiæ rigore districtam, ut omnibus stupori esset tam ardua conversationis eorum professio. Hi ergo venerabiles Patres, pervigili cura posteris consulentes, qui modus quotidiano cultui per universum fraternitatis corpus decerni deberet, tractaturi omnes in unum locum conveniunt, ut hæreditatem pietatis ac pacis successoribus suis absolutam ab omni dispensationis lite transmitterent, verentes ne qua in quotidianis solemnitatibus inter viros ejusdem culturæ dissonantia vel varietas exorta, quandoque in posterum erroris noxii germen emitteret. Cumque pro suo unusquisque fervore, diverso modo psalmorum numeros institueret, et alii quinquagenos, alii sexagenos psalmos; nonnulli vero nec hoc quidem contenti numero transcendi eum debere censerent, essetque inter eos pro religionis gloria pia contentio, ita ut tempus vespertinæ solemnitatis sacratissimæ quæstioni succederet; repente unus in medio eorum psalmos Domino cantaturus exsurgit. Cumque, admirantibus cunctis, undecim psalmos, orationum interjectione distinctos, contiguis versibus parili pronuntiatione cantasset, duodecimum sub Alleluia responsione consummans, ab universorum oculis repente subtractus, quæstioni pariter et cærimoniis finem imposuit.

Exhinc sancti qui aderant seniores, intelligentes angelico magisterio congregationibus fratrum generalem canonem non sine dispensatione Domini constitutum, decreverunt hunc numerum tam in vespertinis quam in nocturnis vigiliis custodire (*Ibid.*, c. 6).

544. Has igitur prædictas orationes hoc modo incipiunt atque con-ummant (*Cass., lib.* II *Instit., c.* 7), ut finito psalmo, quem Gloria subsequitur, non statim ad incurvationem genuum corruant, sed antequam genua flectant, paulisper orant; et stantes in supplicatione, majorem partem horarum expendunt. Itaque post hæc puncto brevissimo præcedentes ad terram, velut orantes tantum divinam clementiam, cum summa rursus velocitate consurgunt; ac iterum expansis manibus, eodem modo quo prius stantes oraverunt, suis precibus intentius immorantes. Dicunt enim ipsi, in terra diutius procumbentem monachum, quasi in oratione enixius laborantem, non solum diversis cogitationibus, sed etiam somno gravius impugnari. Experimento didicimus quod plerique non tam orationis gratia quam refectionis obtentu in terram prostrati, diutius videntur orationem protrahere.

CAPUT XVIII.
Quanta discretio et observantia in oratione tenenda sit.

Cum igitur prædictas solemnitates, quas illi synaxeos vocant, celebraturi conveniunt (*Cass., lib.* II *Instit., c.* 10), tantum præbetur a cunctis silentium, ut cum in unum tam numerosa fratrum multitudo conveniat, nullius vox, excepto canentis, personet. In qua oratione non sputum emittitur, non excreatio obstrepit, non oscitatio somnolenta trahitur; nullaque vox absque sacerdotis precem concludentis auditur. Cum autem ille qui orationem collecturus est e terra surrexerit, ita ut nullus nec antequam inclinetur ille, genu flectere, nec cum ex terra surrexit, morari præsumat. Ideo enim orationes illi celeri fine concludunt, ne forte immorantibus eis diutius, redundantia quædam sputi seu phlegmatis interrumpat orationis excessum; et idcirco dum adhuc fervet, velut de faucibus inimici velociter rapienda est. Qui cum sit nobis semper infestus, tunc maxime assistit infestior, cum contra se offerre nos Domino preces videt.

Quamobrem utilius censent, breves quidem orationes, sed creberrimas fieri (*Ibid., c.* 11). Meliusque esse dicunt, decem psalmi versus cum contritione cordis et cum rationabili assignatione cantare, quam totidem psalmos cum confusione mentis effundere.

CAPUT XIX.
Quod in responsione Alleluia non dicatur psalmus, nisi qui hoc titulo prænotatur.

Illud quoque apud eos omni observantia custoditur (*Cass., lib.* II *Instit., c.* 11), ut in responsione Alleluia nullus dicatur psalmus, nisi is qui in titulo suo Alleluia inscriptione prænotatur.

Nullum etiam tempus ab operis exercitatione vacuum transire concedunt (*Ibid., c.* 12,) quia non solum ea quæ diei splendor emittit omni instantia manibus exercere contendunt; sed etiam illa operationum genera sollicita mente perquirunt, quæ ne ipsius quidem noctis densissimæ tenebræ valeant impedire, credentes se tanto sublimiorem spiritalium contemplationum puritatem mentis intuitu quæsituros, quanto diutius fuerint erga operis studium ac laboris intenti.

Hoc quoque nosse debemus (*Ibid., c.* 18), à vespera Sabbati, quæ lucescit in diem Dominicum, ad vesperam sequentem, apud eos genua non curvari, sed nec totis quidem quinquagesimæ diebus.

CAPUT XX.
De opere manuum, et cur tertia, sexta, et nona psallatur.

Ita namque ab eis incessanter operatio manuum privatim per cellulas exercetur (*Cass., lib.* III *Instit., c.* 2), ut psalmorum quoque vel cæterarum Scripturarum studium per totum diei spatium jugiter meditantes, in his officiis quæ nos statuto tempore celebramus, totum diei tempus absumant.

Tertiam vero horam, et sextam, atque nonam, trinis psalmis quotidie finiunt (*Ibid., c.* 3). His enim tribus temporibus etiam Danielem prophetam quotidie fenestris apertis in cœnaculo preces Domino fudisse cognoscimus (*Daniel.* VI). Nec immerito hæc specialius tempora religiosis sunt officiis deputata, in his siquidem promissionum perfectio, et summa nostræ salutis est adimpleta. Hora namque tertia, repromissus olim per prophetas Spiritus sanctus, super apostolos descendit, linguarumque omnium eis scientiam dedit (*Act.* II). Hora autem sexta, immaculata hostia Dominus noster Jesus Christus oblatus est Patri, crucemque pro totius mundi salute conscendens, humani generis delevit peccata (*Coloss.* II). Eadem quoque hora Petro in excessu mentis vocatio gentium, per summissionem vasis evangelici cœlitus delati, et purificatio omnium generum animantium in eodem vase consistentium, delata ad eum voce divinitus revelatur, dicente ei: Surge, Petre, occide et manduca (*Act.* X) Quod vas quatuor initiis de cœlo summissum, non aliud quam Evangelium designare manifeste cognoscitur. Hora vero nona Christus inferna penetrans, inextricabiles tartari tenebras coruscatione sui splendoris exstinxit (*Matth.* XXVII); portasque æreas ejus effringens, et seras ferreas conterens, captivitatem **545** sanctorum quæ clausa tenebatur, secum transvexit ad cœlos, igneaque rhomphæa submota, antiquum incolam paradiso restituit. Eadem quoque hora Cornelius centurio in precibus persistens (*Act.* X), commemorationem orationum et eleemosynarum suarum ante Deum factam ab angelo sibi loquente cognoscit. Quibus testimoniis liquido comprobatur non immerito sanctis et apostolicis viris has horas religiosis obsequiis consecratas a nobis quoque observari similiter oportere : qui nisi velut lege quadam solvere hæc pietatis officia saltem statutis temporibus adigamur, totum diei spatium oblivione aut desidia vel vanis occupationibus involuti, absque orationis interpellatione consumamus.

CAPUT XXI.
Cum quanta discretione et cautela suscipiantur in monasterio abrenuntiantes sæculo.

Cum igitur quis renuntiaturus sæculi negotiis, in monasterium se suscipi rogaverit (*Cass.*, *l.* IV *Instit.*, c. 3), non ante admittitur quam diebus decem vel eo amplius pro foribus monasterii excubans, indicium perseverantiæ suæ, pariter humilitatis ac patientiæ demonstraverit. Cumque omnium fratrum prætereuntium genibus provolutus, et ab universis refutatus atque despectus sit, quasi qui non causa religionis, sed necessitatis obtentu monasterium optet intrare, injuriis quoque multis affectus, experimentum dederit constantiæ suæ; et qualis futurus sit in tentationibus, opprobrii tolerantia declaraverit; atque ita postmodum susceptus, diligentia summa perquiritur ne de facultatibus suis inhæserit ei vel unius nummi contagio. Scient enim eum sub monasterii disciplina diuturnum esse non posse, sed nec humilitatem aut obedientiam obtinere, si in conspectu ejus quantulumcunque pecuniæ latitaverit.

Quamobrem ita nudatur unusquisque, cum receptus fuerit, omni pristina facultate, ut ne ipsum quidem vestimentum quo indutus est habere permittatur ulterius (*Ibid.*, *c.* v); sed in conventu fratrum productus in medium, exuitur propriis indumentis, ac per manus abbatis induitur monasterii vestimentis, ut per hoc non solum se universis rebus suis antiquis noverit spoliatum, sed etiam omni mundiali fastu deposito, ad Christi paupertatem et inopiam se descendisse cognoscat.

Illa vero quæ posuit vestimenta (*Ibid.*, *c.* 6), tamdiu reservantur in monasterio, donec profectus et conversationis ejus ac tolerantiæ virtutem evidenter agnoscant. Et si posse eum ibi perdurare perspexerint, tunc indigentibus eadem vestimenta largiuntur; sin vero in quadam illum murmuratione vel qualibet inobedientia deprehenderint, exuentes eum monasterii, quibus indutus erat, vestimentis, et revestitum antiquis, quæ servata fuerant, depellunt de congregatione.

Cum igitur quis susceptus, et hac perseverantia (qua diximus) fuerit comprobatus, ac depositis propriis indumentis, habitu monasteriali fuerit accinctus (*Ibid.*, *c.* 7), non statim congregationi fratrum commisceri permittitur; sed deputatur alicui seniori, qui seorsum non longe a vestibulo monasterii commanens, habet curam peregrinorum atque advenientium deputatam, eisque omnem diligentiam susceptionis et humanitatis impendit. Cumque ibidem cum ipso integro anno deserviens, absque ulla querela suum circa peregrinos exhibuerit famulatum, doctus per hæc prima institutione humilitatis, admiscetur posthæc congregationi fratrum.

Ac demum docetur primitus suas vincere voluntates, et ea illi sæpius imperare student, quæ senserint animo ejus esse contraria (*Ibid.*, *c.* 8). Pronuntiant enim nullatenus posse monachum prævalere vel iræ, vel tristitiæ, vel spiritui fornicationis, nisi prius didicerit mortificare per obedientiam suas voluntates; sed nec humilitatem quidem cordis veram, nec cum fratribus concordiam firmam posse retinere, nec in monasterio diutius permanere eum qui voluntates suas non didicerit superare.

CAPUT XXII.
Quod nullus in monasterio sine jussione seniorum agere aliquid præsumat.

Post hæc tanta observantia apud eos obedientiæ regula custoditur (*Cass.*, *l.* IV *Instit.*, *c.* 10), ut juniores absque præpositi sui scientia vel permissu nec ad ipsas quidem naturales necessitates progredi præsumant; et sic universa præcepta, quæ eis ab abbate fuerint imperata, complere festinant, tanquam si ex Deo sint cœlitus edita, ut aliquando etiam impossibilia sibimet imperata, ea fide ac devotione suscipiant, ut tota virtute perficere ea et consummare nitantur.

Itaque considentes intra cubilia sua, et operi ac meditationi studium pariter impendentes (*Ibid.*, *c.* 12), cum signum aliquod audierint ad orationem eos seu ad opus aliquod invitans, certatim de cubilibus suis unusquisque prorumpit, ita ut ille qui scripturas exercet, cum repertus fuerit inchoasse litteram, finire non audeat; sed in eodem puncto quo ad aures ejus sonitus pulsantis signi advenerit, summa velocitate prosiliens, ne tantum quidem moræ ei interponat, quantum cœpti apicis consummet effigiem.

Illam sane virtutem inter cæteras institutiones eorum magnam esse cognovimus (*Cass.*, lib. IV, *c.* 13), quod nulli fiscellam, nulli peculiarem sportam, nec aliquid aliud quasi proprium possidere liceat, sed nec verbo quidem audeat quis dicere aliquid esse suum.

CAPUT XXIII.
De tribus granis lenticulæ negligenter dimissis.

Igitur in septimana cujusdam fratris, qui officio coquinæ deserviebat (*Cass.*, lib. IV *Instit.*, *c.* 20), cum præteriens præpositus monasterii, tria grana lenticulæ jacere vidisset in terra, quæ fratri festinanti ad coctionem præparandam, inter manus, quando aqua lavabantur, elapsa fuerant, confestim super hoc abbatem consuluit. Tunc frater ille, velut interversor et neglector sacri peculii judicatus, ab oratione suspensus est : cujus negligentiæ reatus non aliter ei remissus est, nisi cum publica pœnitentia diluisset.

CAPUT XXXIV.
De duobus monachis, in quorum septimana lignum defecit.

Novi alios fratres (*Cass.*, lib. IV *Instit.*, *c.* 21), in quorum septimana cum accidisset tanta lignorum penuria, ut non esset penitus unde soliti cibi fratribus pararentur, et donec possent e templo deferri, ut xerophagia contenti essent abbatis fuisset auctoritate præceptum; essetque hoc universis placitum, nec quisquam posset ullum coctionis sperare pulmentum; illos, velut qui fructu ac mercede sui laboris et obsequii fraudarentur, si in ordine vicis suæ cibos fratribus non secundum consuetudinem paravissent. tantum sibi spontanei laboris ac sollicitudinis indixisse, ut in illis aridis ac sterilibus locis, in quibus ligna nisi de fructiferis arboribus excidantur, omnimodis nequeunt inveniri, neque enim in illis locis ulla reperiuntur fruteta silvestria. Igitur per extensa avia discurrentes fratres illi, et in eremum, quæ versus mare Mortuum tenditur, abeuntes, festucas tenues ac spinulas, quas ventus huc illucque disperserat, colligentes, cunctam solemnitatem ciborum spontaneis obsequiis præparaverunt. Tanta namque fide hæc sua munera fratribus exhibuerunt, ut etiam cum illos honeste posset vel lignorum excusare penuria, vel abbatis imperium, pro suo fructu atque mercede noluerint abuti licentia.

CAPUT XXV.
De beato Joanne, qui habitabat juxta Lyco oppidum.

Necessarium reor huic operi commemorationem facere beati Joannis (*Cass., lib. IV Instit., c. 23; Ruff., lib. II, cap. 1*), qui commoratus est juxta Lyco, quod est oppidum Thebaidæ, quique propter obedientiæ virtutem usque ad prophetiæ gratiam sublimatur. Sic enim per totum claruit mundum, ut et regibus mundi hujus merito suo redderetur illustris. Nam cum in extremis, ut dixi, Thebaidæ partibus commaneret, non ante præsumebat Theodosius imperator ad præpotentium tyrannorum bella procedere, quam illius animaretur oraculis atque responsis. Quibus confidens, velut cœlitus sibi delatis, trophæa de desperatis bellis atque hostibus semper reportavit.

CAPUT XXVI.
De obedientia ejusdem Joannis.

Hic itaque beatus Joannes ab adolescentia sua usque ad perfectam ac virilem ætatem cuidam seniori deserviens (*Cass., lib. IV Instit., c. 24*), donec ille in hujus vitæ conversatione duravit, tanta ei humilitate inhæsit, ut ipsi quoque seni stuporem summum obedientia illius incuteret. Cujus hanc virtutem, utrum de vera fide ac profunda cordis simplicitate descenderet, volens senex manifestius explorare, ei plura, etiam superflua et impossibilia, frequentius injungebat, ex quibus pauca narrabo. Sumpsit namque de lignario suo virgultum senex, quod olim excisum usibus foci fuerat præparatum, cum hoc coram ipso infixisset in terram, præcepit ei ut, advecta aqua, quotidie illud bis irrigaret. Quod præceptum veneratione solita sine ulla impossibilitatis consideratione adolescens suscipiens, ita quotidianis diebus explevit, ut aquam per duo milliaria indesinenter apportans, nullatenus lignum cessaret rigare; atque per totum anni spatium, non infirmitas corporis, non occupatio necessitatis ullius intersedens, ab observantia præcepti hujus potuit eum impedire. Cumque hanc sedulitatem tacitus senex latenter diebus singulis explorasset, et videret eum simplici cordis affectu mandatum suum, velut divinitus imperatum, servare, miserans tandem tam longi laboris ejus perseverantiam, accedens ad aridum virgultum, dixit: O fili Joannes, misitne radices hæc arbor, an non? Cumque ille nescire se dixisset, senex, velut tentans si jam suis radicibus teneretur, evulsit coram ipso virgultum; et projiciens longius illud, præcepit discipulo ut deinceps rigare cessaret.

CAPUT XXVII.
De immani saxo, quod idem Joannes per obedientiam advexit.

547 Itaque cum jam fama obedientiæ ejus per monasteria universa fragraret (*Cass., lib. IV Instit., c. 25*), quidam fratres probationis, imo ædificationis ejus causa venerunt ad senem. Tunc senex vocans discipulum suum, ait ad eum: Curre, Joannes, et saxum illud huc advolve quantocius. Qui confestim saxum immane, applicita nunc cervice, nunc toto pectore, tanto nisu atque conatu provolvere contendebat, ut sudore membrorum suorum, non solum totum infunderet vestimentum, sed etiam saxum ipsum suis cervicibus humectaret. In hoc quoque parum metiens impossibilitatem præcepti vel facti, pro reverentia senis et obsequii simplicitate sincera, qua credebat tota fide, senem nihil posse incassum ac sine ratione præcipere. Hucusque abbatis Joannis pauca de multis dixisse sufficiat; nunc abbatis Mutii factum dignum memoria comprehendam.

CAPUT XXVIII.
De mirabili patientia abbatis Mutii.

Hic namque abbas Mutius, abrenuntiare desiderans huic mundo, monasterium petiit (*Cass., lib. 4 Instit., c. 27*). Qui tam diu pro foribus monasterii cum parvulo filio octo circiter annorum excubavit, donec suscipi mereretur. Cumque tandem recepti fuissent, confestim ab invicem separati sunt, ne scilicet jugi visione parvuli, reminisceretur pater quam abjecerat facultatem; et quemadmodum divitem se jam non esse sciebat, ita et patrem se esse nesciret. Quod ut plenius probaretur, utrum ipse plus faceret affectione sanguinis an obedientiæ, negligebatur parvulus, pannis potius quam vestimentis indutus. Sed et colaphis atque alapis expositus diversorum, quos plerumque sub oculis suis pater innocenti parvulo etiam gratis cernebat inferri, ita ut nunquam genas ejus nisi lacrymarum sordentibus vestigiis videret infectas. Cumque taliter infans sub oculis ejus per singulos dies ageretur ille pro amore Christi et obedientiæ virtute, rigido semper et immobili viscere perduravit. Non enim reputavit jam suum filium, quem secum pariter obtulerat Christo, nec curabat de præsentibus ejus injuriis. Sed magis exultabat quod ille nequaquam districtionem mentis illius atque immobilem rigorem emolliret. Quod videns Pater monasterii, ad comprobandam magis ejus constantiam, cum vidisset quadam die infantem plorare, simulans se iratum, præcepit patri ejus ut tollens eum, jactaret in aquam. Tunc ille velut a Domino hoc sibi esset præceptum, confestim celeri cursu rapiens filium, ad ripam fluminis jactaturus advexit. Quod profecto furore fidei et obedientiæ ejus fuisset opere consummatum, nisi procurati fuissent ab abbate fratres qui sollicite ripam fluminis possiderent ad parvulum eruendum, projectumque jam quodammodo de fluminis alveo parvulum confestim rapuerunt et cum summa devotione præcepto patris completo, ab effectu operis revocaverunt.

Cujus fides atque obedientia et devotio in tantum fuit Deo accepta (*Ibid.*, c. 28), ut statim divino testimonio comprobata sit. Revelatum namque est continuo seniori hac eum obedientia Abrahæ patriarchæ opus implesse. Cumque, brevi tempore exacto, idem abbas migraret de sæculo, hunc patrem Mutium pro obedientia cunctis fratribus proponens, successorem sui atque abbatem monasterio reliquit.

CAPUT XXIX.
De manacho cujusdem comitis filio, qui sportas per plateas jussus fuerat portare.

Novimus quemdam fratrem, secundum sæculi hujus ordinem, summæ familiæ, nam patre comite et ditissimo oriundus fuit (*Cass.*, *lib* IV *Instit.*, c. 29). Qui relictis parentibus cum ad monasterium pervolasset, ad comprobandam ejus humilitatem, statim ei a seniore præceptum est ut decem sportas grandes, quas necesse non erat tunc vendere, cervicibus suis impositas, distrahendas per plateas circumferret; adjecta conditione, quo diutius in hoc officio ipse detineretur, ut si forte unus eas emere pariter voluisset, non cederet, sed sigillatim eas quærentibus venderet. Quod ille tota devotione complevit; et omni verecundia pro Christi desiderio calcata, sportas humeris suis imponens, et per plateas portans, statuto pretio distraxit, et pecuniam ad monasterium reportavit.

CAPUT XXX.
De abbate Pinuphio, qui pro humilitate fugiens, de monasterio longius secessit.

Vidimus et abbatem Pinuphium (*Cass.*, *lib.* IV *Instit.*, c. 30), qui cum esset immanis monasterii presbyter, quod est in Ægypto, non longe a Panephysi civitate, et pro ipsa reverentia vel vitæ suæ vel ætatis vel sacerdotii, cunctis honorabilis existeret; videns se, pro hoc ipso humilitatem tenere non posse, occulte fugiens de cœnobio, secessit solus in Thebaidis ultimas partes; ibique deposito indumento 548 monachorum, assumpta sæculari veste, monasterium Tabennensiotarum expetivit, quod sciebat cunctis monasteriis esse districtius, et in quo se pro longitudine regionis credidit ignorandum. Ubi dum diutissime pro foribus perseverans, cunctorum f atrum genubus provolutus, ut susciperetur summis precibus ambivit. Cumque multo despectu probatus, et tandem fuisset admissus, continuo ut seni, nullique operi penitus apto, horti cura diligentiaque mandatur. Quam ille operam sub alio fratre juniore, qui eum sibi creditum retinebat, exercens, sic eidem subdebatur, ut non solum ea quæ ad horti diligentiam pertinebant, sed etiam universa officia, quæ erant cunctis fratribus aspera vel indigna, tota quotidie sedulitate compleret: complura vero etiam nocte consurgens, ita furtim nullo teste operabatur, ut penitus auctorem operis nemo deprehenderet. Cumque ibidem triennio delitescens, per universam Ægyptum dispersis ubique fratribus quæreretur, a quodam tandem visus fratre, qui de Ægypti partibus advenerat, vix potuit pro humilitate habitus sui ac vilitate officii, quod gerebat, agnosci; nam sarculo deorsum incurvus, præparabat oleribus terram; deinde stercus humeris suis apportans, eorum radicibus ingerebat. Cumque hæc intuens frater, super agnitione ejus diutissima hæsitatione fuisset detentus, propius tandem accedens, non solum vultum, sed etiam sonum vocis ejus diligenter explorans, ad pedes ejus cominus se projecit. Tunc fratres stupere cœperunt, et inquirere cur hoc fecisset ei qui, apud ipsos velut nuper de sæculo egressus, habebatur extremus. Cumque eis frater ille rei ordinem et nomen ipsius abbatis indicasset, majori miraculo sunt perculsi, quoniam et apud ipsos magna opinione fuerat compertus. Tunc ignorantiæ suæ veniam ab eo postulabant, quod eum tanto tempore inter juniores ac parvulos deputassent. At ille flebat multum et lugebat, quod scilicet invidia diaboli fuisset proditus, nec licuisset ei diutius in tali humilitate atque abjectione perdurare. Tunc eum fratres invitum ac flentem ad proprium monasterium reduxerunt, custodientes cum summa diligentia, ne similiter quoque delapsus aufugeret.

Ubi cum fuisset modico tempore demoratus (*Cassian.*, *t.* IV *Instit.*, c. 31), eodem rursus humilitatis desiderio accensus, captans nocturna silentia, ita defugit, ut jam non vicinam provinciam, sed incognitas regiones expeteret. Nam conscendens navim, in Palæstinæ partes commeare curavit, credens se tutius latiturum, si ad illa semetipsum asportasset loca, in quibus nec nomen quidem suum fuisset auditum. Quo cum advenisset, nostrum monasterium protinus expetivit, quod non longe erat a spelæo in quo Dominus noster ex Virgine nasci dignatus est. In quo monasterio modico tempore supradictus abbas Pinuphius delitescens, secundum sententiam Domini, tanquam civitas supra montem posita, diutius abscondi non potuit (*Matth.* V). Nam continuo quidam fratrum, qui ad loca sancta de Ægypti partibus orationis causa venerant, agnitum eum cum multa prece et maxime invitum, ad suum iterum cœnobium revocaverunt.

CAPUT XXXI.
Exhortatio optima ad novitium monachum.

Hunc igitur senem, pro illa quæ nobis fuerat apud ipsum in nostro monasterio familiaris amicitia, cum post hæc in Ægyptum requisissemus, contigit ut nobis illic commorantibus, fratrem quemdam in monasterio suo reciperet (*Cass.*, *lib.* IV *Instit.*, c. 32). Cui miram exhortationem sub nostra præsentia indidit, quam mihi animus fuit huic opusculo intexere. Ait ergo ad eum: Nosti, fili, quot diebus pro foribus excubans, hodie sis receptus. Cujus difficultatis causam primitus debes agnoscere. Poterit enim tibi in hac vita quam ingredi concupiscis, multum conferre, si, ratione ejus agnita, ad servitium Christi sicut oportet accesseris.

Sicut namque immensa gloria fideliter servientibus Deo ac secundum institutiones hujus regulae ei cohaerentibus repromittitur in futurum (*Ibid.*, c. 33), ita poenae gravissimae praeparantur his qui tepide eam negligenterque fuerint executi; et secundum hoc quod professi sunt, vel quod ab hominibus esse creduntur, fructus etiam congruos sanctitatis eidem exhibere neglexerint. Melius est enim non vovere, quam vovere et non reddere (*Eccles.* v); et maledictus qui facit opus Domini negligenter (*Jerem.* XLVIII). Igitur ob id a nobis diutissime refutatus es, non quia tuam vel omnium salutem non toto desiderio cupiamus amplecti, sed ne temere receptus, et nos apud Deum levitatis, et te reum gravioris supplicii fecerimus, si ad praesens facile susceptus, nec pondus professionis hujus intelligens, vel destitutor posthaec, vel tepidus exstiterit.

Noveris ergo hodierna die te huic mundo et actibus ejus esse defunctum (*Cass.*, lib. IV *Instit.*, c. 34); teque secundum Apostolum, mundo huic esse crucifixum, tibique hunc mundum (*Gal.* VI). Sed forte dicis: Quomodo quis vivens potest esse crucifixus? Audi breviter rationem.

Crux nostra timor Domini est (*Cass.*, lib. IV *Instit.*, c. 35). Sicut **549** enim quis crucifixus jam non pro animi sui motu membra sua quoquam movendi vel convertendi habet potestatem, ita et nos voluntates nostras ac desideria, non secundum id quod nos delectat ad praesens, sed secundum praeceptum Domini, quo nos constrinxit, applicare debemus. Et sicut ille qui patibulo crucis affigitur non jam praesentia contemplatur, nec de suis affectionibus cogitat, nulla jam possidendi concupiscentia permovetur, seque cum adhuc spirat in corpore, cunctis elementis credit esse defunctum; ita nos quoque timore Domini oportet esse crucifixos omnibus carnalibus vitiis, et illuc semper habere oculos mentis nostrae defixos, quo nos sperare debemus momentis singulis esse migraturos.

Cavendum est ergo ne quid aliquando eorum praesumamus quae renuntiantes abjecimus (*Cass.*, lib. IV *Instit.*, c. 36). Non enim qui coeperit haec, sed qui perseveraverit in his usque in finem, hic salvus erit (*Matth.* x, XXIV).

Ve sutus enim serpens calcanea nostra semper observat (*Cass.*, lib. IV *Instit.*, c. 37), id est, insidiatur exitui nostro, et usque ad finem vitae nos semper supplantare conatur; et idcirco bene coepisse nihil proderit, si bene consummatum non fuerit (*Gen.* 3).

Quapropter, secundum Scripturae sententiam, ingressus ad serviendum Domino (*Cass.*, lib. IV *Instit.*, c. 38), sta in timore Domini, et praepara animam tuam non ad requiem, non ad delicias, sed ad tentationes et angustias (*Eccli.* II); per multas enim tribulationes oportet nos introire in regnum Dei (*Act.* XIV). Angusta namque est porta, et arcta via quae ducit ad vitam, et pauci sunt qui inveniunt eam (*Matth.* VII).

Principium ergo nostrae salutis timor Domini est (*Cass.*, lib. IV *Instit.*, c. 39). Per hunc enim et initium conversionis, et virtutum custodia acquiritur. Qui cum penetraverit hominis mentem, contemptum omnium rerum parit, et mundi gignit horrorem. Contemptu autem ac privatione omnium facultatum, humilitas vera acquiritur. Humilitas autem his indiciis comprobatur: primo, si mortificatas in se monachus omnes habeat voluntates; secundo, si actus et cogitationes non celaverit seniorem; tertio, si nihil suae discretioni, sed judicio ejus universa committat; quarto, si in omnibus praeceptis servet obedientiae mansuetudinem, et patientiae constantiam; quinto, ut nulli inferat injuriam, sed et illatas sibi patienter toleret; sexto, si nihil agat praeter regulae exempla; septimo, si, ad omnia quae sibi imperantur, velut operarium malum se judicaverit et indignum; octavo, si semetipsum cunctis inferiorem pronuntiet; nono, si linguam suam cohibeat, non sit clamosus in voce; decimo, si non sit facilis ac promptus in risu. Talibus namque indiciis humilitas vera dignoscitur.

Sed et haec quoque tibi in congregatione necessario custodienda sunt (*Cass.*, lib. IV *Instit.*, c. 41), ut scilicet secundum Psalmistae sententiam, sis tanquam surdus non audiens, et sicut mutus non aperiens os suum (*Psal.* XXXVII), nihil discernens, nihil dijudicans ex his quae tibi fuerint imperata.

Ergo patientiam tuam non debes sperare de aliorum virtute (*Ibid.*, c. 42), id est, ut tunc eam tantummodo possideas, cum a nemine fueris irritatus.

Principium nostrae salutis (sicut jam dictum est) timor Domini est (*Ibid.*, c. 43). De timore Domini nascitur compunctio salutaris; de compunctione cordis procedit contemptus omnium facultatum ac nuditas; de nuditate humilitas procedit; de humilitate generatur mortificatio voluntatum; de mortificatione voluntatum exstirpantur universa vitia; expulsione vitiorum virtutes fructificant atque succrescunt; pullulatione virtutum puritas cordis acquiritur; puritate cordis apostolicae charitatis perfectio possidetur.

CAPUT XXXII.

De monacho qui ante constitutam horam peregrinos reficere coegit.

Cum de Syriae partibus Aegypti provinciam petissemus (*Cass.*, lib. V *Instit.*, c. 24), quidam monachus senex probatissimus gratifice nos suscipiens, refectionem nobis ante constitutam horam jejunii praeparavit. Percontantibus ergo nobis cur ante canonicam refectionis horam nos prandere cogeret, respondit et ait: Jejunium, fratres, semper est mecum; vos autem continuo dimissurus, mecum jugiter tenere non potero. Itaque Christum in vobis suscipiens, reficere eum debeo; et cum vos deduxero, districtionem jejunii in memetipso potero compensare. Non enim possunt filii sponsi jejunare, donec cum illis est sponsus; cum autem discesserit, tunc licito jejunabunt (*Luc.* v; *Matth.* ix).

CAPUT XXXIII.

De monacho qui nunquam solus escam sumere solitus erat.

Vidimus et alium in solitudine commorantem (*Cass.*, *lib.* v *Instit.*, *c.* 26), qui nunquam solus cibum sumere consueverat; sed etiam si per totos quinque dies ad ejus cellulam nullus ex fratribus advenisset, refectionem jugiter differebat, jejunus permanens, donec Sabbatorum vel Dominico die congregationis obtentu 550 procedens ad ecclesiam, peregrinum quempiam reperisset; quem exinde reducens ad cellulam suam, cum ipso pariter sumebat cibum.

CAPUT XXXIV.

De Machete sene monacho.

Vidimus et alium senem (*Cass.*, *l.* v *Instit.*, *c.* 29), Machetem nomine, solitarium, cui hanc gratiam donaverat Dominus, ut si quando in conventu fratrum per totam noctem et diem agitaretur collatio spiritalis, nunquam ille somno opprimeretur; si quis vero detractionis verbum seu otiosum tentasset inferre, statim ille in somnum concidebat.

Huic etiam seni (*Ibid.*, *c.* 32), cum aliquando epistolae patris ejus ac matris amicorumque multorum de provincia Ponti transmissae fuissent, accipiens grandem fasciculum litterarum, diuque apud semetipsum volvens, dixit: Quantarum cogitationum causa erit mihi istarum lectio, quae me vel ad inane gaudium, vel ad tristitias infructuosas impellent? Quantis diebus horum recordatione qui scripserunt, intentionem pectoris mei a proposita contemplatione revocabunt? Et haec volvens in suo pectore, non solum nullam resolvere epistolam definivit, sed ne ipsum quidem fasciculum resignare; ne scilicet eorum qui scripserunt, vel nomina recensendo, vel vultus recordando, a spiritus sui intentione cessaret. Itaque ut eum constrictum acceperat, igni tradidit cremandum: Ite, inquiens, cogitationes patriae, pariter concremamini, nec me ulterius ad ea quae fugi revocare tentetis.

CAPUT XXXV.

De Theodoro abbate.

Vidimus et alium abbatem Theodorum (*Cass.*, *lib.* v *Instit.*, *c.* 33), summa sanctitate ac scientia praeditum non solum in actuali vita, sed etiam notitia Scripturarum, quam ei non tam studium lectionis contulerat, quam sola puritas cordis. Hic cum explanationem cujusdam obscurissimae quaestionis inquireret, septem diebus ac noctibus in oratione infatigabilis perstitit, donec solutionem propositae quaestionis Domino revelante cognosceret. Hic idem beatus Theodorus, cum inopinatus ad meam cellulam intempesta nocte venisset, quidnam novus adhuc eremita solus

agerem, paterna curiositate latenter explorans, cumque ego, jam finita vespertina solemnitate, lassum corpus coepissem reficere, et me incubantem psiathio reperisset; protrahens ex intimo corde, suspiria, meoque me vocitans nomine, dixit: Quanti, inquit, o Joannes[1], de Deo loquuntur, eumque in semetipsis amplectuntur, et tu frauderis isto lumine, inerti sopore solutus? Itaque excitato me, salubriter deinceps vigilare compulit.

CAPUT XXXVI.

De anachoretis in vastissima eremo habitantibus.

Itaque, cum de Palestinae monasteriis ad oppidum Ægypti, quod Diolcos appellatur, venissemus, ibique plurimam turbam coenobii disciplina constrictam vidissemus (*Cass.*, *lib.* v *Instit.*, *c.* 35), alium quoque ordinem, qui excelsior habetur, id est, anachoretarum, cunctorum praeconiis instigati, sagacissimo corde videre properavimus. Illi namque in monasteriis primum sub districtione regulae diligenter edocti, durissimis daemonum praeliis congressuri, penetrant eremi profunda secreta. Hujus ergo propositi viros comperimus citra [*Al.*, circa] Nili fluminis alveum commorari, in loco qui uno latere Nilo flumine, alio maris vastitate circumdatus, insulam reddit, nullis aliis hominibus quam monachis secretum expetentibus optabilem. Nec enim cuiquam culturae aptam esse terram illam salsitas soli ac sterilitas patitur arenarum. Ad istos ergo summo desiderio festinantes, supra modum summos eorum labores, quos in solitudine tolerant, admirati sumus. Nam ipsius aquae tanta penuria constringuntur, ut tali diligentia dispensent, quali nemo facit pretiosissimum vinum. Tribus namque millibus et eo amplius, eam de Nilo flumine necessariis usibus apportant; quod tamen intervallum, arenosis divisum montibus, laboris difficultate gravissima duplicatur.

CAPUT XXXVII.

De Archebio monacho.

His igitur visis, cum nos imitationis eorum ardor accenderet (*Cass.*, *lib.* v *Instit.*, *c.* 37), unus eorum probatissimus eremita, Archebius nomine, humanitatis gratia perduxit nos ad suam cellulam. Qui cum comperisset nos ibidem vel commorari, finxit se eumdem locum velle derelinquere, ac nobis cellulam suam, velut exinde migraturus, coepit offerre. Dicebat autem hoc se facturum, etiam si nos non advenissemus. Tunc susceptam cellulam ipsius cum omnibus utensilibus possedimus. Erat itaque illic paucis diebus, quibus construendae cellae pararet impendia, de illo loco discedens. Reversus post haec, aliam sibi summo labore construxit, quam rursum non longe post supervenientibus fratribus similiter 551 charitatis causa cum universo tradidit instrumento. Ipse vero erga opus charitatis infatigabilis perseverans, tertiam sibi cellam, ubi commaneret, instruxit.

---

[1] Auctor se Joannem vocat. Est Joannes Cassianus.

CAPUT XXXVIII.

De duobus adolescentibus qui ficus ad ægrotum ferentes in itinere defuncti sunt.

Quidam autem frater (*Cass., lib.* v *Instit.*, *c.* 40), cum ficus de Mareote, abbati Joanni in eremum Scythim detulisset, ille statim eas ad senem quemdam, qui in interiore deserto mala valetudine laborabat, per duos adolescentulos misit, siquidem decem et octo millibus longe ab ecclesia commanebat hic solitarius. Qui adolescentes, acceptis pomis, cum ad prædicti senis tenderent cellulam, infusa repente densissima nube, tramitem recti itineris perdiderunt. Cumque tota die ac nocte discurrentes per aviam eremi vastitatem, nequaquam potuissent eremitæ ægrotantis cellulam invenire, tam itineris lassitudine quam inedia sitique confecti, fixis in terram genubus, dum orarent, spiritum Domino reddiderunt. Qui post hæc vestigiorum indiciis diutissime perquisiti, quæ in locis illis arenosis tanquam nivibus impressa designantur, donec ea levi flatu ventorum tenuis arena discurrens cooperiret, inventi sunt tandem sicut oraverant jacentes, et ficus intactas, ut acceperant, reservantes. Elegerunt enim animam magis quam fidem depositi perdere, ne scilicet absque jussu abbatis quidquam victus præsumerent; vitamque potius voluerunt amittere temporalem, quam senioris violare mandatum.

CAPUT XXXIX.

Quanta sit fugitas operum apud Ægypti monachos.

Per totam itaque Ægyptum monachi nullo modo patiuntur esse otiosi (*Cass., lib.* x, *Instit.* c. 22), sed victum suum labore manuum consequuntur; et non solum de laboribus suis peregrinos et advenientes fratres secum reficiunt, sed etiam per loca Libyæ, quæ fame laborant, necnon etiam per civitates his qui in carceribus et diversis vinculis tenentur, immanem conferunt alimoniæ substantiam, de fructu manuum suarum rationabile sacrificium Domino tali oblatione se offerre credentes.

Dicunt enim operantem monachum dæmone uno pulsari semper, otiosum vero innumerabilibus spiritibus devastari (*Ibid., c.* 23).

CAPUT XL.

De abbate Paulo.

Denique abbas Paulus probatissimus Patrum (*Ibid., c.* 24), cum in eremo vastissima consisteret, quæ Porphyrio nuncupatur, tantum palmarum fructibus et horto modico sustentabatur; nec poterat aliud unde sustentaretur operis exercere, eo quod ab hominibus vel habitabili terra amplius quam septem mansionibus aberat in deserto. Hic ergo ne momentum temporis penitus otiosus staret, colligebat palmarum folia; et quotidianum pensum, velut exinde sustentandus, ipse a semetipso exigebat jugiter. Cumque opere totius anni spelunca ejus fuisset impleta, et non haberet qui hoc distraheret, neque ipse otiosus posset manere, totum quod sollicita cura laboraverat, annis singulis igne supposito concremabat. Intantum probans, sine opere manuum nec in loco A posse monachum perdurare, nec ad perfectionis culmen aliquando conscendere.

CAPUT XLI.

De fratre blasphemo, qui intolerabili æstu libidinis urebatur.

Novi alium fratrem qui probatissimo cuidam seni, vitio carnis semetipsum gravissime confessus est impugnari; intolerabili namque æstu libidinis urebatur (*Cass., lib.* xii, *Instit., c.* 20). Tunc senex velut spiritalis medicus, interiorem causam et originem morbi hujus protinus pervidens, graviterque suspirans, ait: Nequaquam, fili, tam nequam spiritui te Dominus permisisset, nisi aliquid blasphemasses in eo. Quod frater audiens, statim procidit ad pedes ejus in terram, summoque admiratione perculsus, confessus est in Filium Dei cogitatione impia blasphemasse. Unde perspicuum est enim qui in Deum blasphemus existit, tanquam qui irroget illi injuriam, perfectionis integritate privari, et sanctificationem castimoniæ non mereri.

CAPUT XLII.

Ubi plurimi convenerunt seniores ad sanctum Antonium gratia consolationis.

Quodam autem tempore convenerunt plurimi seniorum ad beatum Antonium, commorantem in Thebaidæ partibus, perfectionis inquisitione et collationis gratia (*Cassian. Collat.* ii, *cap.* 2). Cumque a vespertinis horis usque ad lucem fuisset protracta collatio, quæstio discretionis maximum noctis spatium consumpsit. Nam diutissime inter eos quærebatur quænam virtus vel observatio monachum a diaboli laqueis custodire posset illæsum, vel certe ad Deum recto tramite firmoque gressu perduceret. Cumque pro captu mentis suæ unusquisque sententiam proferret in medium; et alii quidem hoc in jejuniorum vigiliarumque studio collocarent, alii in nuditate et contemptu rerum, alii remotiorem vitam et eremi secreta censerent; et nonnulli in primis sectanda charitatis, id est, humanitatis officia definirent; quia ipsa pie erga fratres et peregrinos studio susceptionis impenduntur. Cumque in hunc modum pia contentione decertarent, essetque jam noctis maximum tempus consumptum, respondens demum beatus Antonius universis, dixit: Omnia quidem hæc quæ dixistis, necessaria sunt et utilia sitientibus Deum: sed his principalem tribuere gratiam, nequaquam nos innumerabilibus multorum fratrum casus et experimenta permittunt. Nam sæpe vidimus fratres has observationes tenentes, repentino casu deceptos, eo quod in bono quod cœperant, discretionem minime tenuerunt. Nec etiam alia causa lapsus eorum deprehenditur, nisi quod minus a senioribus instituti, nequaquam potuerunt rationem discretionis hujus adipisci, quæ viam regiam docet monachum semper incedere, et nec excessu continentiæ modum transire permittit, nec deflectere ad vitia concedit. In omnibus ergo quæ agimus, discretio anteponenda est. Manifestissime enim declaratur nullam sine discretionis gratia perfecte posse vel perfici vel stare virtutem. Et hæc dicente Antonio, universorum sententia definitum est, discretionem esse quæ fixo gradu intrepidum monachum perducat ad Deum, et prædictas virtutes jugiter conservet illæsas. Omnium namque virtutum genitrix et custos atque moderatrix discretio est.

CAPUT XLIII.
De Herone sene.

Et ut hæc exemplis certioribus approbemus (*Cassian., Collat.* II, *cap.* 5), referam vobis de quodam sene, Herone nomine, qui discretionem minime retinens, omnes pristinos labores perdidit, et insuper miserabiliter vitam finivit. Ante paucos etenim dies illusione diaboli a summis ad ima dejectus est. Hic itaque quinquaginta annis in eremo commoratus, singularem vitæ districtionem tenuit, et solitudinis secreta miro fervore ultra omnes sectatus est. Hic igitur post tantos labores ab insidiatore delusus, gravissimo lapsu corruens, cunctos in eremo constitutos luctuoso dolore percussit. Qui minime cecidisset, si bonum discretionis tenere voluisset. Tanto siquidem rigore animi sui immutabilem jejunii continentiam semper exercuit, et solitudinis ac cellulæ secreta jugiter sectatus est, ut nec die sancti Paschæ rigorem abstinentiæ solveret. Cumque omnes eremitæ pro tanta solemnitate ad ecclesiam pariter convenissent, solus ille non adfuit, ne quantulacumque perceptione leguminis parvi, a suo proposito videretur relaxasse: qua præsumptione deceptus, angelum Satanæ velut angelum lucis suscipiens cum summa veneratione, ejusque præceptis obediens, semetipsum in puteum profundissimum præcipitem jactavit, magnum scilicet virtutis suæ meritum probaturus, cum inde exisset illæsus: de quo puteo cum grandi fratrum labore semivivus extractus, vitam tertia die finivit; et quod his deterius est, ita in deceptionis suæ obstinatione permansit, ut ei nullatenus potuisset persuaderi, quod dæmonum calliditate fuisset delusus.

CAPUT XLIV.
De duobus monachis, qui euntes per desertum, decreverunt non sumere cibum, nisi Deus illis transmitteret.

Quid dicam de illis duobus fratribus qui habitantes ultra illam eremum (*Cassian., Collat.* II, *cap.* 6), ubi quondam fuerat beatus Antonius commoratus, minus cauta discretione permoti, euntes per extentam solitudinis vastitatem, nullam escam penitus sumere decreverunt, nisi quam per semetipsum illis Dominus præstitisset? Cumque errantes eos per deserta, et deficientes jam fame, conspexissent a longe Mazices, quæ gens cunctis nationibus immanior atque crudelior est: non eos ad effusionem sanguinis desiderium prædæ, sed sola ferocitas mentis instigat. Visis ergo eis, contra naturam ferocitatis suæ cum panibus illis occurrerunt: tunc unus ex illis fratribus subveniente discretione, velut a Deo porrectos sibi panes cum gratiarum actione suscepit, reputans escam sibi divinitus ministrari, nec sine Dei jussu factum esse dicens, ut illi qui semper hominum sanguine gauderent, nunc deficientibus eis vitæ substantiam largirentur. Alius vero recusans cibum, velut ab homine sibi oblatum, inediæ labore consumptus, mortuus est: quorum scilicet quamvis initia ex reprehensibili persuasione descenderint, unus tamen subveniente discretione, id quod incaute conceperat, emendasse cognoscitur: alius autem stulta præsumptione perdurans, mortem quam Dominus ab eo avertere voluit, ipse sibi conscivit.

CAPUT XLV.
De monacho qui, deceptus a diabolo, voluit filium suum immolare.

Quid etiam de illo monacho commemorem, cujus nomen, quia adhuc superest, sileo (*Cassian., collat.* II, *cap.* 7). Qui dum longo tempore 553 dæmonem in angeli suscepit claritate, revelationibus ejus sæpe deceptus, credidit eum internuntium esse justitiæ. Nam per omnes noctes in cellula ejus lumen absque ullius lucernæ officio præbebat diabolus: ad extremum vero jussit eum ut filium suum, qui cum eo pariter in eodem monasterio commanebat, devotus Deo offerret victimam, ut scilicet hoc sacrificio Abrahæ patriarchæ meritis coæquaretur. Cujus verbis ille intantum est seductus, ut hoc confestim opere perfecisset, nisi puer de cella manibus ejus elapsus, concitus aufugisset.

CAPUT XLVI.
De monacho cui ostendebat diabolus exercitum Christianorum et Judæorum.

Fuit et alius monachus (*Cassian., collat.* II, *cap.* 8), qui nimiam semper tenuit abstinentiam, quique per annos multos singulariter in cella reclusus, perpaucis imitabilem exhibuit abstinentiam. Hic ad extremum ita est diabolicis revelationibus delusus, ut post annuos labores atque virtutes, quibus alios monachos excesserat, ad Judaismum et circumcisionem carnis miserabiliter sit lapsus. Post multa namque tempora diabolus, velut nuntius veritatis, ostendebat illi per vana somnia et per quasdam inanes revelationes, Christianorum atque monachorum exercitum tenebrosum ac tetrum, omnique macie tabidum atque deformem; et econtra ostendebat illi Judæorum plebem summa lætitia tripudiantem, ingentique lumine coruscantem. Ac proinde commonebat eum, ut si mallet beatitudinis illorum particeps effici, circumcisionem quoque suscipere festinaret. Ex quibus profecto constat quod ex memoratis viris tam lugubriter nemo fuisset illusus, si rationem discretionis assequi laborassent. Quamobrem in quantis perniciosum sit discretionis gratiam non habere, multorum casus experimentis declarat.

CAPUT XLVII.
De abbate Serapione.

Abbas Serapion solebat frequenter junioribus fratribus, instructionis gratia, de seipso narrare (*Cassian., collat.* II, *cap.* 11), dicens: Cum adhuc essem puerulus, et cum abbate Theone commanerem, hæc mihi consuetudo erat inimico imminente, ut postquam refecissem cum sene hora nona, unum paximatium quotidie in sinu meo latenter absconderem: quem sero, ignorante sene, occulte comedebam. Quod furtum licet quotidie perficerem, expleta tamen concupiscentia fraudulenta, ad meipsum revertens, super admisso furto acrius cruciabar, quam super esum illius fueram jucundatus. Cumque istud molestissimum opus singulis diebus explere non sine cordis mei dolore compellerer, et clandestinum furtum patefacere seni confunderer, contigit per Dei providentiam, quosdam fratres aedificationis obtentu cellulam senis avidissimos expetisse. Cumque refectione transacta, confabulatio spiritalis interesse coepisset, respondensque senex propositis interrogationibus eorum, de gastrimargiae vitio et occultarum cogitationum exponeret, ad ultimum intulit, dicens: Nihil sic noxium est monachis, et laetificat daemones, quam si celent cogitationes suas spiritales Patres. Tunc ego compunctus corde, existimavi seni secreta pectoris mei patefacta, et in occultos primum gemitus excitatus, deinde cordis mei compunctione crescente, in apertos singultus lacrymasque prorumpens, coepi amarissime flere; et continuo ejeci de sinu meo paximatium quod vitiosa consuetudine clanculo paraveram comedendum. Cumque in medium proferens, quomodo quotidie involvens eum occulte ederem, prostratus in pavimento, cum veniae postulatione confessus sum; et ubertim profusis lacrymis, orationibus eorum veniam apud Deum postulabam. Tunc senex dixit: Confide, fili, quia liberavit te a captivitate ista confessio tua; victorem namque adversarium tuum hodie triumphasti, validius eum tua confessione elidens, quam ipse fueras ab eo tua taciturnitate dejectus. Et idcirco post hanc publicationem tuam iste malignus spiritus non dominabitur tibi, nec in te latibulum sibi teterrimus serpens hactenus usurpabit, quia de tenebris cordis tui per hanc confessionem projectus est. Necdum senex haec verba compleverat; et ecce statim velut lampas magis accensa, de meo sinu procedens, tanto fetore cellam replevit, ut vix in ea residere possemus. Resumensque senex, dixit: Ecce probavit tibi Dominus veritatem sermonum meorum, ut passionis illius incentorem de corde tuo confessione salubri fugatum oculorum fide perciperes, patefactumque hostem nequaquam locum in te ulterius habiturum, aperta ejus expulsione cognosceres. Itaque secundum sententiam senis, ita est in me virtute confessionis dominatio diabolica exstincta, ut nunquam mihi ulterius nec memoriam concupiscentiae hujus tentaverit inimicus ingerere.

CAPUT XLVIII.
De monachis a Saracenis interfectis.

In Palaestinae partibus (*Cassian., collat.* VI, *cap.* 1) juxta vicum Thecue (6), qui Amos prophetam meruit procreare, **554** solitudo vastissima est, usque Arabiam ac mare Mortuum (quo ingressa deficiunt fluenta Jordanis, et cinis Sodomorum) amplissima extensione porrecta pertingens. In hac solitudin

summae sanctitatis monachi diutissime commorantes, repente sunt a discurrentibus interempti Sarracenis. Quorum corpora tam a populo regionis illius, quam ab universa Arabum plebe, tanta veneratione sunt percepta, ut innumeri populi concurrentes ex utraque parte gravissimum sibi certamen pro reliquiis eorum indixerint, pie inter se pro sancta rapinae devotione decertantes, quinam justius mereretur eorum sepulturam ac reliquias possidere; illis scilicet de vicina commoratione ipsorum, aliis de originis propinquitate gloriantibus.

CAPUT XLIX.
De abbate Daniele.

Inter caeteros eremitas, abbatem quoque vidimus Danielem, aequalem caeteris in omnibus virtutibus, sed peculiarius gratia humilitatis praeditum (*Cassian. collat.* IV, *cap.* 1). Qui merito puritatis ac mansuetudinis suae, a sancto Paphnutio ejusdem solitudinis presbytero, ad diaconii officium est praeelectus. In tantum enim idem beatus Paphnutius virtutibus ipsius aggaudebat, ut quem vitae meritis et gratia parem sibi noverat, coaequare sibi etiam sacerdotii ordine festinaret. Denique optans sibimet successorem dignissimum providere superstes, presbyterii honore eum provexit. Qui tamen prioris consuetudinem humilitatis non omittens, nihil unquam sibi illo praesente de sublimioris ordinis adjectione donavit; sed semper abbate Paphnutio offerente spiritales hostias, ille velut diaconus in prioris ministerii permansit officio. In quo tamen beatum Paphnutium, cum talis vir esset ac tantus, ut in multis etiam praescientiam gratiae possideret, haec spes de substitutionis electione frustrata est. Nam non longe post, hunc ipsum quem sibi paraverat successorem, ante se ad Deum praemisit.

CAPUT L.
De abbate Sereno.

Summae sanctitatis et continentiae virum, nominisque sui speculum, abbatem vidimus Serenum, quem singulari veneratione prae caeteris admirati sumus (*Cassian., collat.* VII, *cap.* 1). Cui supra omnes virtutes quae non solum in actu ejus vel moribus, sed etiam ipso vultu per Dei gratiam refulgebant, ita est peculiari beneficio donum castitatis infusum, ut nec se ipsis quidem naturalibus incentivis inquietari in sopore sentiret. Ad quam tamen carnis puritatem quomodo pervenerit, quia supra conditionem humanae naturae videtur, necessarium esse reor explicare.

Hic igitur beatus Serenus (*Ibid., cap.* 2), pro interna cordis atque corporis castitate, nocturnis diurnisque precibus, jejuniis quoque ac vigiliis infatigabiliter insistens, cum se vidisset orationum suarum obtinuisse vota, cunctosque aestus in corde suo concupiscentiae exstinctos, velut suavissimo gustu puritatis accensus in majorem suam sitim zelo castitatis exarsit, et intensioribus coepit jejuniis atque obsecrationibus incubare, ut mortificatio passionis hujus, quae interiori homini solo dono Dei fuerat attributa, ad exterioris etiam puritatem eatenus perveniret, ut ne ipse quidem vel ullo simplici ac naturali motu, qui etiam in parvulis atque lactentibus excitatur, ulterius pulsaretur. Cumque petitioni cœptæ supplicatione jugi ac lacrymis indefessus insisteret, adveniens ad eum angelus in visione nocturna, eique velut aperiens uterum, quamdam ignitam carnis strumam de ejus visceribus evulsit atque projecit, suisque locis, ut fuerant, omnia intestina restituens, dixit ad eum: Ecce, inquit, incentiva carnis tuæ abscisa sunt, et obtinuisse te noveris hodierno die perpetuam corporis puritatem, quam fideliter postulasti. Hæc de gratia Dei, quæ memorato viro peculiariter attributa est, breviter dixisse sufficiat.

Cæterum cum ad eum die quadragesima venissemus (*Ibid. c.* 2), ac de diversis quæstionibus eum flagitaremus, ad extremum de impugnatione dæmonum eum requirebamus. Tunc ille, ut semper erat, placidissimo vultu respondens (*Ibid., c.* 22), dixit: Non enim dæmones habere potestatem quemquam hominum lædendi, exemplum beati Job manifesta ratione demonstrat (*Job* II), ubi non amplius eum tentare audet inimicus, quam divina ei dispensatione conceditur.

CAPUT LI.
De eo quod non eamdem vim habeant nunc dæmones contra monachos, quomodo anteriori tempore.

Satis tamen nobis experientia nostra et seniorum nostrorum relatione compertum est non eamdem vim dæmones nunc habere contra monachos, quam anteriori tempore inter anachoretarum principia, in quibus adhuc raritas monachorum in eremo commanebat (*Cassian., coll.* VII, *cap.* 23). Tanta namque tunc erat dæmonum feritas, ut vix paucissimi tolerare habitationem solitudinis possent. Siquidem in ipsis cœnobiis, in quibus commorabantur decem vel duodecim, ita eorum atrocitas grassabatur, et frequenter visibiles sentiebantur aggressus, ut non auderent omnes pariter noctibus obdormire; sed vicissim aliis degustantibus somnum, alii vigilias celebrantes, psalmis et orationibus seu lectionibus inhærebant. Cumque illos ad soporem naturæ necessitas invitasset, expergefactis aliis ad eorum qui dormituri erant custodiam, similiter vigiliæ tradebantur. Unde dubitari non potest unum e duobus nunc esse; aut enim virtute crucis etiam deserta penetrante, et ejus gratia ubique coruscante, retusa est nequitia dæmonum; aut negligentia nostra illos ab impugnatione pristina reddidit lentiores, dum dedignantur adversum nos illa intentione confligere, qua tunc contra illos probatissimos Christi milites sæviebant.

Cæterum corporaliter traditos Satanæ vel infirmitatibus magnis etiam viros sanctos novimus (*Cassian., coll.* VII, *cap.* 25), pro levissimis quibusque delictis, cum in illis nec tenuissimum quidem peccatum aut maculam in illo judicii die patitur invenire divina clementia, ut eos tanquam aurum probatum, ad illam perpetuitatem gloriosam, nulla indigentes pœnali purgatione, transmittat, juxta illud: Vir justus probatur in fornace humiliationis (*Eccl.* XXVII). Et illud: Quem enim diligit Dominus, corripit; flagellat autem omnem filium quem recipit (*Heb.* XII; *Prov.* III).

Quod nostris quoque temporibus satis evidens ostendit et aperta probatio in abbate Paulo vel Moyse, qui habitaverunt locum hujus solitudinis qui Calamus nuncupatur (*Cassian., coll.* VII, *cap.* 26). Nam Paulus commoratus est in eremo quæ adjacet Panephysi civitati, quam solitudinem jam olim factam aquæ salsissimæ inundatione cognovimus: quæ quoties flaverit spiritus Aquilonis, de stagnis impulsæ ac superfusæ adjacentibus terris, ita omnem illius superficiem contegit regionis, ut antiquos ibidem vicos, qui olim hac ipsa de causa omni sunt habitatore deserti, faciat velut insulas apparere.

CAPUT LII.
De abbate Paulo.

Hic igitur abbas Paulus in tantam cordis puritatem quiete solitudinis silentioque profecerat, ut non dicam vultum femineum, sed ne vestimenta quidem sexus illius conspectui suo pateretur offerri (*Cassian., collat.* VII, *cap.* 26). Nam cum quadam die pergeret ad cujusdam senioris cellam, casu mulier ei obviavit: quam cum vidisset, tanta fuga ad suum rursum monasterium, prætermisso quod arripuerat itinere, cucurrit, quanta nullus a facie leonis vel immanissimi draconis aufugeret. Quod licet zelo castitatis et puritatis ardore sit factum, tamen quia non secundum scientiam præsumptum est, sed observantia disciplinæ excessus est moderatus, ne elatio eum invaderet, talique confestim correptione percussus est, ut totum corpus ejus paralyseos valetudine solveretur, nullumque in eo membrum penitus suum officium prævaleret explere. Siquidem non solum pedes ac manus, sed etiam linguæ motum, ipsæque aures ita auditus proprii amiserunt sensum, ut in eo nihil amplius ex homine quam immobilis statuæ figura remaneret. Et ad hoc redactus est, ut infirmitati ejus nullo modo virorum diligentia deservire sufficeret, nisi sola ei muliebris sedulitas ministraret. Nam portato eo ad monasterium sacrarum virginum, cibus ac potus femineo ei ingerebatur obsequio; explendisque omnibus naturæ necessitatibus, eadem illi diligentia per annos ferme quatuor, id est, usque ad vitæ suæ terminum serviebat. Qui cum tanta esset membrorum omnium debilitate constrictus, ut nulli in eo artus vivacem motum retentarent, tanta ex eo virtutum gratia procedebat, ut cum de oleo quod corpore suo tetigerat ungerentur infirmi, statim a cunctis valetudinibus curarentur; ita ut super hac ejus valetudine evidenter claresceret, et debilitatem membrorum ejus amore Domini contributam, et sanitatum gratiam pro testimonio et manifestatione meritorum ejus Spiritus sancti virtute paratam.

CAPUT LIII.
De abbate Moyse.

Secundus vero, quem diximus, Moyses in hac

eremo commoratus (*Cassian.*, *collat.* VII, *cap.* 27), cum et ipse singularis et incomparabilis vir esset, ob reprehensionem unius sermonis, quem contra abbatem Macarium durius protulit, tam diro dæmoni est confestim traditus, ut humanas egestiones ori suo ingereret. Quod flagellum purgationis divinam ei intulisse dispensationem, ne vel momentanei peccati macula in eo resideret, velocitate curationis ejus demonstratum est. Nam continuo abbate Macario in orationem prostrato, dictu citius malignus spiritus ab eo fugatus discessit.

Ex quo manifeste perpenditur, non debere eos abominari vel despici quos videmus diversis tentationibus vel malignis spiritibus tradi (*Ibid.*, *c.* 28); quia duo hæc credere immobiliter nos oportet : primo, quod sine Dei permissu nullus omnino tentetur ; secundo, quod omnia quæ a Deo nobis inferuntur, velut a piissimo patre ac clementissimo medico, pro nostris utilitatibus irrogentur.

CAPUT LIV.
De monacho, qui in solitudine noctu vidit multitudinem dæmonum.

556 Quidam autem frater (*Cassian.*, *collat.* VIII, *cap.* 16), cum per solitudinem iter ageret, advesperante die speluncam quamdam reperiens, ibidem substitit. Ubi dum psalmos ex more cantaret, tempus mediæ noctis excessit. Cumque finita vigilia, refecturus lassum corpus, paululum resedisset, repente cœpit innumerabiles catervas dæmonum undique confluentium intueri ; quæ infinita constipatione procedentes, aliæ præibant principem suum, aliæ sequebantur : qui princeps eorum, et magnitudine procerior cunctis, et aspectu terribilior videbatur. Cumque in quodam solio sublimissimo consedisset, uniuscujusque actus diligenti examinatione cœpit discutere ; illosque qui necdum se circumvenire æmulos suos potuisse dicebant, velut inertes, a conspectu suo cum injuria jubebat expelli, spatia tanti temporis et opus inaniter expensum cum fremitu furoris eis exprobrans. Illos vero qui nuntiabant se consignatos sibi homines decepisse, summis laudibus cum exsultatione ac favore cunctorum, ut fortissimos pugnatores, ad exemplum cunctorum, gloriosissimos coram omnibus emittebat. Inter quos cum quidam nequissimus spiritus, utpote magnum triumphum nuntiaturus, lætior advenisset, nomen monachi optime cogniti designavit, asserens se post quinque [*Cassian.*, quindecim] annos, quibus eum jugiter obsideret, vix eadem nocte in ruinam fornicationis mersisse. Super cujus relatione cum im mane cunctorum gaudium fuisset exortum, summis a principe eorum laudibus elevatus, magnisque præconiis coronatus abscessit. Aurora itaque superveniente, cum omnis multitudo dæmonum ab oculis ejus evanuisset, dubitans frater ille de assertione spiritus immundi, memor etiam evangelicæ sententiæ, quod in veritate non stetit, et quia non est veritas in eo ; et cum loquitur mendacium, ex propriis loquitur (*Joan.* VIII) : Pelusium petiit, ubi illum fratrem noverat commorari, quem malignus spiritus asseruit esse deceptum. Erat etiam ibi et alius frater illi notissimus, quem interrogans de eodem fratre, reperit quod eadem nocte, qua teterrimus ille dæmon ruinam ejus suo principi nuntiaret, monasterio pristino derelicto, vicum petiisset, et in fornicationem miserabiliter cecidisset. Hæc autem audiens frater, suspirans et flens, reversus est in locum suum.

CAPUT LV.
De duobus philosophis, qui ad sanctum Antonium perrexerunt.

Quodam autem tempore duo quidam philosophi audientes famam beati Antonii, perrexerunt ad eum (*Cassian.*, *collat.* VIII, *cap.* 18). Qui cum inter se quasdam quæstiones habuissent, despicientes philosophi sanctum Antonium, velut imperitum et sine litteris virum, reversi sunt ab eo. Volentes autem eum, si nihil amplius potuissent lædere, vel de cellula ejus magicis præstigiis et circumventione dæmonum perturbare, immiserunt ei nequissimos dæmones ad impugnationem, hac invidia et livore perculsi, eo quod multi hominum ad illum, velut Dei famulum, quotidie convenirent. Cumque, illo nunc quidem imprimente pectori suo et fronti signaculum crucis, nunc vero orationi suppliciter incubante, nec appropinquare quidem durissimi dæmones eidem auderent, revertebantur ad eos qui illos direxerant, sine effectu. Tunc illi alios rursum, quasi potentiores, miserunt. Cumque et illi fatigati revertissent, iterum alios nihilominus potentiores ac vehementiores adversus militem Christi destinaverunt, qui nihil penitus prævaluerunt, Antonio viriliter reluctante. Ea itaque nihil profecerunt tales tantæque eorum insidiæ, tota magica arte et necromantia quæsitæ, ut per hæc evidentissime comprobarent magnam virtutem inesse professioni Christianorum, quibus illæ tam sævæ umbræ nihil Antonium, non solum lædere, sed nec puncto quidem de habitaculo suo valuerunt perturbare.

Pro hac ergo admiratione stupefacti philosophi (*Ibid.*, *c.* 19), confestim ad sanctum Antonium venerunt, impugnationum suarum magnitudinem et causas atque insidias livoris sui ei patefecerunt, Christianos se fieri protinus poposcerunt. Cumque diem ab illis proditæ impugnationis requireret, indicaverunt ; asseruit autem se beatus Antonius amarissimis cogitationum stimulis tunc fuisse pulsatum.

Eumdem beatum Antonium ita nonnunquam in oratione novimus perstitisse (*Cassian.*, *collat.* IX, *cap.* 31), ut eodem in excessu mentis frequenter orante, cum solis ortus cœpisset infundi, audierimus cum in fervore spiritus sic proclamantem : Quid me impedis, sol, qui ad hoc oriris, ut me ab hujus veri luminis abstrahas claritate.

ROSWEYDI NOTATIO.

557 (1) *Auctoribus.*] Inscripsi libri hujus quarti auctores Severum Sulpicium et Joannem Cassianum, quia ex eorum libris hic liber verbis eorum excerptus est. Quis excerpserit, non plane constat. Vide dicta in prolegomeno generali 6.

(2) *Severo Sulpicio.*] Varia ejus elogia habes initio operum ejus, a variis doctis viris adornatorum. Dabo tantum hic ea quæ Dialogorum, ex quibus hæc excerpta sunt, mentionem faciunt. Gelasius Decreti parte I, dist. 15, cap. 3 : « Opuscula Posthumiani et Galli apocrypha. » Hieronymus, lib. xi, in Ezech. c. xxxvi, post enumeratos erroris Millenariorum sectatores, addit : « Et nuper Severus noster, in dialogo, cui Gallo nomen imposuit. »

Ne mirere Severi Dialogos, in quibus Posthumianus et Gallus interloquuntur, numerari a Gelasio papa inter apocrypha. Continent enim quosdam nævos, quos vide notatos in indice librorum expurgandorum a F. Joanne Maria Brasichellensi, magistro sacri Palatii, et apud Bellarminum in libro de Scriptoribus Ecclesiasticis, et Baronium variis locis in Annalibus, et Possevinum nostrum in Apparatu sacro. Nulli tamen nævi in his excerptis occurrunt.

Porro de anno quo Severus Sulpicius Dialogos suos conscripsit, ita Baronius, tomo v, anno Christi 402, Innocentii papæ I, Arcadii et Honorii impp. 8. Quoto, inquit, Domini anno Severus dialogum illum scripserit, ex his pariter intelligi potest. Nam cum idem dicat sanctus Hieronymus, eos *nuper* a Severo conscriptos, consetque commentarios in Ezechielem, ubi de his agit, anno quo a Gothis capta est urbs, esse conscriptos (ut ex ejus in libris illis affixis præfationibus apparet), nempe post octo ab hoc tempore annos, utique fatendum est longe post obitum sancti Martini eam a Severo scriptionem elucubratam; licet profectio illa Posthumiani in Orientem, a qua sumit dialogorum exordium, contigerit vivente sancto Martino, anno videlicet quo ob Origenistas contigit Alexandrinam ecclesiam turbis exagitari.

Idem Baronius, tomo V, anno Christi 451, Cælestini papæ 8, Theodosii 24, Valentiniani 7, impp., ostendit Severum Sulpicium Dialogorum auctorem diversum esse a Severo Sulpicio episcopo Bituricensi. Qua in re lapsi erant Severi commentatores, Carolus Sigonius, Petrus Galesinius, et Victor Giselinus. Quod etiam notavit Josephus Scaliger, prolegomenis ad libros de Emendatione temporum, et Nicolaus Faber in Opusculis posthumis, schediasmate de Dionysio Areopagita, qui hunc nostrum Severum ait fuisse monachum Primuliacensem.

Posthumiani, qui Severi Dialogis interloquitur, in Ægyptum peregrinatio describitur primo Severi dialogo, cujus excerpta hic legis. Quæ quo anno Christi existimetur contigisse, vide hic notationem ad caput 2, num. 4. Labitur Reatinus Victorius in Vita sancti Hieronymi, qui existimavit Severum in Ægyptum profectum, cum ipse Posthumiani profectionem narret.

(3) *Joanne Cassiano.*] Et hujus elogia varia habes ante ejus Opera ab Henrico Cuyckio et Petro Ciaccono expolita, qui simul monent quid in operibus Cassiani cavendum. Nihil in his excerptis censoria virgula dignum occurrit. Porro de Cassiani in Ægyptum profectione, ita Baronius, anno Christi 404, Innocentii papæ 3, Arcadii et Honorii impp. 10, postquam egit de Cassiano ad Innocentium papam in causa Joannis Chrysostomi legato misso : Cæterum, inquit, post hæc Cassianus profectus in Ægyptum, ibi monasticam vitam excolere cœpit, indeque scribendo Collationes Patrum hausit argumentum. Exstat Isidori Pelusiotæ ad Cassianum epistola (*Isid. Pelus. lib* I, *epist.* 509), cum aggressus esset vitam monasticam profiteri, qua eum in primis sibi coercendam esse linguam admonuit. Hactenus Baronius.

Quæ Baroniana de Cassiani in Ægyptum profectione putatio, non video qui cum Cassiani scriptis cohæreat. Ille enim se a pueritia ait inter eremitas versatum. Ita enim scribit præfatione ad Castorem episcopum, quam libris suis de Institutis Cænobiorum præmisit, cum causas adfert cur minus idoneus nunc sit ad monastica Ægyptiorum monachorum instituta recolenda et recolligenda : « Secundo, quod ea quæ a pueritia nostra inter eosdem constituti, atque ipsorum incitati quotidianis exhortationibus et exemplis, vel agere tentavimus, vel didicimus, vel visu percepimus, minime jam possumus ad integrum retinere, tot annorum curriculis ab eorum consortio et imitatione conversationis abstracti. » Unde quoque colligitur, non esse eamdem cum nostro Cassianum, ad quem scribit Isidorus Pelusiota.

(4) *Origenis.*] Baronius, tomo V, anno Christi 399, Anastasii papæ 2, Arcadii et Honorii impp. 5. Accidit autem, cum librorum Origenis causa tot tantæque turbæ concitatæ essent Alexandriæ, atque in universa Ægypto per Theophilum ejus civitatis antistitem aliosque episcopos adversus monachos scriptorum Origenis fautores, Posthumianum illum, qui apud Severum cum Gallo dialogum **558** agit, Alexandriam appulisse, compluraque eorum quæ in er ambas adversas partes transacta fuerunt, præsentem conspexisse. Solvens enim Narbona in Africam, ad tumulum sancti Cypriani martyris invisendum perrexit : inde vero Cyrenensium legens oras in Ægyptum pervenit, Jerosolymam profecturus visendorum causa locorum sanctorum, etc. Cujus in Ægyptum Jerosolymamque peregrinatio, etsi non hoc anno, haud tamen multo post contigisse potuit.

(5) *Duos ego jam senes.*] Quod hic de duobus senibus narratur sine nomine, hoc de Pæsio et Joanne ita narrat Cassianus, lib. v. Instit. cap. 27. « Ad senem Pæsium in eremo vastissima commorantem cum senex Joannes magno cœnobio ac multitudini fratrum præpositus advenisset, et ab eo velut ab antiquissimo sodale perquireret, quidnam per omnes quadraginta annos, quibus ab eodem separatus in solitudine minime a fratribus interpellatus egisset : Nunquam me, ait, sol reficientem vidit. Et ille : Nec me, inquit iratum. » Idem habetur apud Pelagium, libello IV, num. 24.

(6) *Juxta Thecue vicum.*] Martyrologium Romanum, 28 Maii : « Thecue in Palæstina sanctorum monachorum martyrum, qui tempore Theodosii Junioris a Sarracenis occisi sunt : quorum sacras reliquias accolæ colligentes, summa veneratione illas habuerunt. » Ubi Baronius notat : Hi illi esse videntur de quibus agit Joannes Cassianus, in coll. vi, c.1,2 et seq.

Idem Baron., tomo V, anno Christi 410, Innocentii papæ 9, Honorii 16, Theodosii 3, impp., Cassianus, inquit, integra collatione vi, in eo argumento versatur, ut doceat cur Deus sanctos viros ab impiis necari permittat. Erat plane quæstio ista versata ore omnium his temporibus ob ingruentia ubique mala, et barbaros longe lateque grassantes. De ea enim non Cassianus tantum egit, sed eadem occasione etiam Augustinus, in epistola ad Victorianum (*August.*, *epist.* 122), quod ille inter alia interpellasset : « Quare et servi Dei barbarorum ferro perempti sunt, et ancillæ Dei captivæ ductæ. » Quæ itidem pluribus tractat ad Marcellinum in commentariis de Civitate Dei. Hactenus Baronius.

Existimat ibidem Baronius, eodem tempore cladem Ægypto illatam a barbaris, probatque ex litteris Augustini ad Victorianum : « Totus quippe mundus tantis affligitur cladibus, ut pene pars nulla terrarum sit ubi non talia qualia scripsisti committantur atque plangantur. Nam ante parvum tempus etiam in illis solitudinibus Ægypti, ubi monasteria separata ab omni strepitu quasi secura degebant, a barbaris interfecti sunt fratres (*August., epist.* 122). »

Cassianus tamen, qui hoc tempore in Ægypto vivebat, nullam mentionem facit deprædationum per barbaros monasteriis Ægypti illatarum. Nam postquam narravit de monachis in Palæstinæ partibus occisis, subdit : « Mœsti ad sanctum Theodorum, singularem in conversatione actuali perreximus virum. Hic namque morabatur in Celliis, qui locus intra Nitriam et Scythin situs, et a monasteriis quidem Nitriæ quinque millibus distans, octoginta millium solitudine ab eremo Scythi, in qua commorabamur, interveniente discernitur (*Cassian., coll.* VI, *cap.* 1). » Atqui præcipua Ægypti monasteria erant in Scythi, Nitria et Celliis.

Quare quæ divus Augustinus habet de Ægypti monasteriis devastatis, intellige de iis quæ erant in extremitate et limite Ægypti. Colligo ex divo Hieronymo, epist. 82, ad Marcellinum : « Hoc autem, inquit, anno, cum tres explicassem libros (Ezechielis videlicet) subitus impetus barbarorum, de quibus tuus dicit Virgilius (*Æneid.* IV) :

... Lateque vagantes
Barcæi....

Et sancta Scriptura de Ismael : Contra faciem omnium fratrum suorum habitabit (*Gen.* XVI) : sic Ægypti limitem Palæstinæ, Phœnices, Syriæ percurrit, et instar torrentis cuncta secum trahens, ut vix manus eorum misericordia Christi potuerimus evadere.

DE VITIS PATRUM
LIBER QUINTUS,
SIVE
VERBA SENIORUM,

AUCTORE GRÆCO INCERTO (1),
INTERPRETE PELAGIO S. R. E. DIACONO (b).

PRÆLUDIA AD LIBRUM QUINTUM.

DE LIBRI HUJUS APUD GRÆCOS INSCRIPTIONE, MATERIA, DIVISIONE, UTILITATE.

Photius (c) patriarcha Constantinopolitanus Bibliothecæ suæ cod. 198.

559 Legimus Sanctorum Virorum Librum, qui ipsorum vitas et recte facta narrabat, ad spiritualem profectum atque utilitatem.

Epitoma autem erat, ut apparet, et comprehensio magni, quem vocant, Limonarii, (seu Prati spiritualis) quo et vitæ opera narrantur, tum Magni Antonii et æqualium, tum eorum qui post eos floruerunt. Quemadmodum et qui dictus est Hortulus novus, his recentiorum ad ætatem usque Heraclii, et paulo etiam viciniorum Vitas, religiosasque exercitationes describit.

Verum hic liber in duo et **560** viginti contractus, argumenta eorum cujusque utilitatem et obtinendi rationem, variis narrationibus expositam habet.

I. Igitur horum caput admonitio est ad perfectionis profectum, et a variis quidem illa instituta personis.

II. Tranquillæ vitæ ac solitariæ fructum ostendit.

III. De continentia agit, quam non in victu duntaxat, sed et in reliquis animi motibus similiter exercendam docet.

IV. Ut se munire quisque debeat adversus insurgentes a fornicatione pugnas.

V. De paupertate, utque vitare avaritiam oporteat.

VI. De patientia et fortitudine.

VII. Nihil esse per ostentationem agendum.

Ἀνεγνώσθη ἈΝΔΡΩΝ ἉΓΙΩΝ ΒΙΒΛΟΣ, πολιτείας τε αὐτῶν καὶ κατορθώματα πρὸς ψυχικὴν προκοπὴν καὶ ὠφέλειαν ἀπαγγέλλουσα.

Συγκεφαλαίωσις δ' ἦν, ὡς ἔοικε, καὶ σύνοψις τοῦ ΜΕΓΑΛΟΥ καλουμένου ΛΕΙΜΩΝΑΡΙΟΥ, ὁ ἀπαγγέλλει τοὺς βίους καὶ τὰ ἔργα τῶν περὶ Ἀντώνιον τὸν Μέγαν, καὶ τοὺς ἑξῆς ἀκμάσαντων. Ὥσπερ γὰρ τὸ καλούμενον ΝΕΟΝ ΠΑΡΑΔΕΙΣΙΟΝ [Al., παράδεισιν], τὰς τῶν ἔτι νεωτέρων μέχρις Ἡρακλείου τοῦ βασιλέως, καὶ μικρὸν ἔτι προσωτέρω πολιτείας καὶ τοὺς ἀσκητικοὺς ἀγῶνας ἀναγράφει.

Ἀλλ' οὖν τὸ προχείμενον βιβλίον εἰς δύο καὶ εἴκοσι συγκεφαλαιούμενον ὑποθέσεις, ἑκάστης αὐτῶν καὶ τὸ χρήσιμον καὶ τὴν κτῆσιν διαφόροις διηγήμασιν ἐμφανίζει.

Ὧν τὸ μὲν πρῶτον κεφάλαιον παραίνεσιν εἰς προκοπὴν τελειότητος ἐκ διαφόρων προσώπων περιέχει.

Τὸ δεύτερον δὲ, τὸ ἀπὸ τῆς ἡσυχίας δείκνυσι κέρδος.

Τὸ τρίτον περὶ ἐγκρατείας διαλαμβάνει, καὶ ὡς δεῖ τὴν ἐγκράτειαν μὴ βρώμασι [Al., βρωμάτων] μόνον, ἀλλὰ καὶ τῶν λοιπῶν τῆς ψυχῆς κινημάτων ὁμοίως ποιεῖσθαι.

Τὸ δὲ τέταρτον, πῶς δεῖ ἀσφαλίζεσθαι ἡμᾶς πρὸς τοὺς ἀπὸ τῆς πορνείας ἐπανιστμένους ἡμῖν πολέμους.

Τὸ δὲ πέμπτον, περὶ ἀκτημοσύνης, καὶ ὡς δεῖ καὶ τὴν πλεονεξίαν φυλάττεσθαι.

Περὶ ὑπομονῆς δὲ καὶ ἀνδρείας τὸ ἕκτον.

Καὶ τὸ ἕβδομον, ὅτι δεῖ μηδὲν πρὸς ἐπίδειξιν ποιεῖν.

PRÆLUDIA. NOTATIO.

καὶ τὸ ὄγδοον, ὅτι οὐ δεῖ τινα κρίνειν.
Περὶ διακρίσεως δὲ τὸ θ'.
Τὸ δὲ δέκατον, περὶ τοῦ δεῖν ἀεὶ νήφειν.

Καὶ τὸ ἑνδέκατον, ὅτι δεῖ ἀδιαλείπτως καὶ ἐν νήψει προσεύχεσθαι.
Καὶ τὸ δωδέκατον, ὡς φιλοξενεῖν δεῖ καὶ ἐλεεῖν ἐν ἱλαρότητι.
Περὶ ὑπακοῆς ἐκδιδάσκει [Al., καὶ διδασκαλίας] τὸ τρισκαιδέκατον.
Τὸ δὲ τεσσαρεσκαιδέκατον, περὶ ταπεινοφροσύνης.
Καὶ τὸ πεντεκαιδέκατον, περὶ ἀνεξικακίας.
Περὶ ἀγάπης δὲ τὸ ἑξκαιδέκατον.
Τὸ μέν τοι ἑπτακαιδέκατον, περὶ διορατικῶν.
Καὶ τὸ ὀκτωκαιδέκατον, περὶ σημειοφόρων γερόντων.
Τὸ δὲ ιθ', περὶ πολιτείας θεοφιλοῦς διαφόρων πατέρων.

Καὶ λοιπὸν τὸ εἰκοστόν, ἀποφθέγματα τῶν ἐν ἀσκήσει γηρασάντων.
Εἶτα τὸ πρῶτον καὶ εἰκοστὸν διαλέξεις εἰσάγει γερόντων περὶ λογισμῶν πρὸς ἀλλήλους.
Καὶ τὸ ἐπὶ πᾶσι δεύτερον καὶ εἰκοστὸν, Ἡσυχίου πρεσβυτέρ.υ Ἱεροσολύμων γνώμας περιέχει.
Ἐν οἷς καὶ ὁ συμπᾶς τοῦ βιβλίου ἀπαρτίζεται λόγος.
Χρειωδέστατος καθεστώς, εἴπερ τι ἄλλο, τοῖς ἐπὶ τῷ κλήρῳ τῶν οὐρανῶν τὸν βίον ἀσκουμένοις.

Ἔχει καὶ κατὰ τὴν ἐπαγγελίαν, καὶ τὸ σαφές, καὶ τ' ἄλλα τοιοῦτος, οἷος ἂν γένοιτο ἀνδράσιν ἁρμόζων πρὸς μὲν τὸν κατὰ λόγους ἀγῶνα μηδ' ἐπεστραμμένοις, πάντα δὲ τὸν πόνον καὶ τὴν σπουδὴν εἰς τὴν ἐπὶ τοῖς ἔργοις ἄσκησιν ἀναδεδεγμένοις.

VIII. Non oportere quemquam judicare.
IX. De discretione.
X. Sobrium (sive circumspectum) semper esse oportere.
XI. Assidue esse et cum attentione precandum.
XII. Hospitalitatem esse ac misericordiam cum hilaritate exercendam.
XIII. Obedientiam docet.
XIV. De humilitate.
XV. De malorum tolerantia.
XVI. De dilectione.
XVII. De iis qui visiones viderunt (d).
XVIII. De senibus qui miracula patrarunt.
XIX. De variorum sanctorum Patrum vita Deo grata
XX. Aliquot eorum qui in monastica exercitatione consenuerant, scite dicta.
XVI. Collationes continet senum inter ipsos de suis considerationibus.
XXII. 561 Ad hæc omnia et ultimum caput sententias continet Hesychii presbyteri Jerosolymitani. Quibus et liber hic totus absolvitur.

Utilissimus profecto iis, si quis alius, qui ad cœlestem hæreditatem parandam vitam suam componunt.

Adhibet idem quam promiserat, perspicuitatem quoque; alioqui cætera talis, qualis iis aptus sit viris, qui non de verbis laborent, sed omnem operam atque conatum in operibus exercendis ponant.

ROSWEYDI NOTATIO.

(a) *Græco incerto.*] Græcum aliquem hujus libri auctorem esse satis constat ex Photio, qui Græco exemplari usus, et interprete qui ex Græco vertit; incertum tamen esse, quidquid aliqui divinarint, Photius indicat, qui nullius nomen exprimit. Vide dicta proleg. gener. 7, 8.

(b) *Pelagio.*] Consule quæ de hoc notavi prolegomeno generali 14.

(c) *Photius.*] Certum est, librum, cujus Photius Græce suo tempore exstantis meminit, hunc eumdem esse, quem hic Latine habes, translatum partim a Pelagio. S. R. E. diacono, libro hoc v, partim a Joanne subdiacono S. R. E., libro IV, quem librum, qui apud Græcos et Latinos unicus est, in duos distinximus ob diversos interpretes, ita nobis Sigeberto Gemblacensi præeunte libro De viris illustribus cap. 116, 117.

Citat tamen duo Photius, quæ Latino exemplari videntur deesse. Primo deest hic liber, quem Photius vocat, numero 21 qui *Collationes continet senum inter ipsos, de suis considerationibus.* Non enim ille hoc quidem loco comparere videtur, sed habetur hic in fine libri VII, a Paschasio S. R. E. diacono e Græco translati, hoc titulo : *De meditationibus* XII *anachoretarum,* quod Græce exstat in Augustana Bibliotheca, cod. 78, n. 2, diciturque in Catalogo ejusdem Bibliothecæ : *Narratio de* XII *Patribus, qui convenerunt de suis ipsorum recte factis.* Secundo deest hic liber quem Photius habet numero 22. Non enim hic habes *gnomas seu sententias Hesychii*, sed prodiere eæ tum Græce tum Latine duabus centuriis, ad Theodulum, separatim vulgatæ a Joanne Pico Lutetiæ, anno Christi 1563 typis Frederici et Guilielmi Morellii, post opuscula Marci anachoretæ; si tamen eædem sententiæ illæ sunt, quas Photius citat cum libro Hesychii edito.

(d) *De iis qui visiones viderunt.*] Ita διορατικὸν vertit Schottus noster, et inde librorum editorum corrigendam ἐπιγραφήν existimavit. Videndum num potius ex Editis hæc versio sit interpolanda : *De providentia* (seu *pervidentia*) *et contemplatione.* Nam διοράω est *transpicio,* quo Latino verbo utitur Lucretius et Lactantius, vel *perspicio.* Unde διορατικὸς, *perspicax ad internoscendum*, uti usurpat Chrysostomus, Damascenus, Aphrodisæus. Vide Budæum. Hinc in Athanasio, de Vita sancti Antonii : Ἐγὼ γὰρ πιστεύω, ὅτι καθαρεύουσα ψυχὴ πανταχόθεν, καὶ κατὰ φύσιν ἑστῶσα, δύναται, διορατικὴ γενομένη, πλείονα καὶ μακρότερα βλέπειν τῶν δαιμόνων. Quæ vertit David Hœschelius : « Persuasissimum enim habeo, animum a perturbationum sordibus vacuum, et natura constantem, dono perspicacitatis imbutum, longe plura et remotiora quam dæmones perspicere posse. » Sozomenus, l. 1, c. 13, de sancto Antonio : Εἰ δὲ καὶ τούτου, φησί, μέλει τῷ, καθαρεύεται τὴν ψυχὴν· τουτὶ γὰρ δύνασθαι διορατικὴν αὐτὴν ποιεῖν, καὶ τῶν ἐσομένων ἐπιστήμονα, τοῦ Θεοῦ τὸ μέλλον προκαταφαίνοντος : Quod si hujus rei (dicere solitus est) curæ cuiquam sit, animum omni labe purget; nam illud solum posse eum perspicacem efficere, et rerum futurarum scientem, Deo videlicet quod futurum sit præsignificante. »

VERBA SENIORUM.

LIBELLUS PRIMUS.
De profectu Patrum.

1. Interrogavit quidam abbatem Antonium (*Ruffin.*, *l.* III, *n.* 108), dicens: Quid custodiens placebo Deo? Et respondens senex dixit: Quæ mando tibi, custodi. Quocunque vadis, Deum semper habe præ oculis tuis: et in his quæ agis, adhibe testificationem sanctarum Scripturarum; et in quocunque loco sederis, non cito movearis. Hæc tria custodi, et salvus eris.

2. Interrogavit abbas Pambo abbatem Antonium (*Append. Martini*, *n.* 54), dicens: Quid faciam? Respondit ei senex: Noli esse in tua justitia confidens; neque pœniteeris de re transacta, et continens esto linguæ tuæ et ventris.

3. Dixit sanctus Gregorius: Quia hæc tria exigit Deus ab omni homine qui est baptismum consecutus: id est, fidem rectam ex tota anima et virtute, linguæ continentiam, et castitatem corporis.

4. Dixit abbas Evagrius (1): Quia dicebant quidam Patrum quod siccior et non inæqualis (2) victus charitati conjunctus, citius introducat monachum in portum impassibilitatis (3).

5. Iterum dixit: Nuntiata (4) est cuidam monacho mors patris sui. Ille autem ait ad eum qui nuntiabat sibi: Desine, inquit, blasphemare; meus enim pater immortalis est.

6. Dixit abbas Macarius abbati Zachariæ: Dic mihi, quod est opus monachi? Dixit ei: Me interrogas, Pater? Et dixit ei abbas Macarius: Certus sum de te, fili Zacharia, est enim qui me pulsat ut interrogem te. Dixit ei Zacharias: Quantum ad me, Pater, hoc puto quoniam quicunque semetipsum necessitatibus subjecerit atque coegerit, ipse est monachus.

7. Dicebant de abbate Theodoro, cui est prænomen de Pherme (5), quia hæc tria capitula habuerit supra multos, id est, nihil possidendi, abstinendi, homines fugiendi.

8. Dixit abbas Joannes Nanus: Ego volo hominem ex omnibus virtutibus percipere. Itaque per singulos dies surgens mane, de omni virtute sume principium, et mandatum Dei custodi in magna patientia, cum timore et longanimitate, in charitate Dei, cum proposito animæ et corporis, et humilitate multa: in patientia, in tribulatione cordis et observationis, in oratione multa et supplicationibus, cum gemitibus; in puritate et munditia linguæ, et custodia oculorum, injuriam patiens, et non irascens; pacificus, et non reddens malum pro malo; non attendens ad vitia aliorum, neque teipsum exaltans; sed esto subditus et humilior omni creaturæ, renuntiando omni materiæ corporali, et his quæ secundum carnem sunt, in cruciatu, in certamine, in humilitate spiritus, in bona voluntate et abstinentia spirituali; in jejunio, in patientia, in fletu, in certamine pugnæ, in discretione judicii, in castitate animi, in perceptione boni cum quiete, et a opere manuum tuarum; in nocturnis vigiliis, in fame et siti, in frigore et nuditate, in laboribus, includens te sepulcro tanquam jam mortuus, ut videatur tibi esse proxima mors omni die.

9. Dixit abbas Joseph (6) Thebæus: Quia tres ordines sunt honorabiles in conspectu Domini. Primus est, quando homo infirmatur, et adjiciuntur ei tentationes, et cum gratiarum actione suscipit eas. Secundus autem est, quando aliquis omnia opera sua facit munda coram Deo, nihil habens humanum. Tertius vero, quando aliquis sedet in subjectione et præceptis Patris spiritualis, et omnibus propriis renuntiat voluntatibus.

10. Narravit abbas Cassianus de quodam Joanne abbate, qui erat primus congregationis, quod magnus quidem fuerit in vita sua (*Cassian.*, *lib.* v *Instit.*, *cap.* 28). Hic autem cum moriturus esset et discessurus cum hilaritate et proposito mentis ad Dominum, circumsteterunt eum fratres, rogantes verbum aliquod compendiosum et salutare loco hæreditatis sibi ab eodem relinqui, per quod possent ascendere ad perfectionem, quæ est in Christo. Ille autem ingemiscens, ait: Nunquam feci propriam voluntatem, nec aliquem docui quidquam, quod ego prius ipse non fecerim.

11. Frater interrogavit senem, dicens: Quæ res sic bona est, quam faciam, et vivam in ea? Et dixit senex: Deus solus scit, quod bonum est; sed tamen audivi quia interrogavit unus Patrum abbatem Nisteronem magnum, qui erat amicus abbatis Antonii, et dixit ei: Quod opus est bonum ut faciam? Et ille respondit ei: Non sunt opera omnia æqualia. Scriptura dicit (*Gen.* XVIII): Quia Abraham hospitalis fuit, et Deus erat cum eo. Et Elias diligebat quietem, et Deus erat cum eo. Et David humilis erat, et Deus erat cum ipso. Quod ergo vides secundum Deum velle animam tuam, hoc fac, et custodi cor tuum.

12. Dixit abbas Pastor: Quia custodire, et semetipsum considerare, et discretionem habere, hæc tria operationes sunt animæ.

13. Frater quidam interrogavit eum, dicens: Quomodo debet homo conversari? Respondit ei senex: Vidimus Danielem, quia non est inventa accusatio ejus, nisi de servitio quod exhibebat Deo suo.

14. Dixit iterum: Quia paupertas, tribulatio, et discretio, hæ sunt operationes solitariæ vitæ (*App. Mart.*, *num.* 8, *titulo Moysis*). Scriptum est enim (*Ezech.* XIV): Quia si fuerint hi tres viri, Noe, Job, et Daniel: Noe personam habet nihil possidentium, Job autem personam tribulantium, Daniel vero discernentium. Si ergo sunt hæ tres actiones in homine, Deus habitat in eo.

15. Dixit abbas Pastor: Quia si duas res oderit monachus, potest liber esse ab hoc mundo. Et dixit frater : Quæ sunt istæ? Et dixit senex : Carnalem repausationem et vanam gloriam.

16. Dicebant de abbate Pambo (*Ruffin.*, *l.* III, *n.* 160), quia in ipsa hora qua discedebat ex hac vita, dixit astantibus sibi viris sanctis : Quia ex quo veni in hunc locum solitudinis, et fabricavi mihi cellam, et habitavi, extra laborem manuum mearum non recolo me comedisse panem, neque pœnituisse de sermone, quem locutus sum usque in hanc horam. Et sic vado ad Dominum, quomodo qui nec initium fecerim serviendi Deo.

17. Dixit abbas Sisois : Esto contemptibilis, et voluptates tuas post tergum tuum projice; et esto liber et securus a sæcularibus curis, et habebis requiem.

18. Abbas Chame cum esset moriturus, dixit filiis suis : Nolite habitare cum hæreticis; neque habeatis notitiam judicum; neque sint manus vestræ apertæ ad aliquid congregandum, sed sint magis extensæ ad tribuendum.

19. Frater interrogavit senem : Quomodo venit timor Dei in hominem? Et dixit senex : Si habet homo humilitatem et paupertatem, et non judicet alterum, sic venit in eo timor Domini (*Pasch.*, *c.* 21, *n.* 2).

20. Dixit senex : Timor, et humilitas, et egestas victualium, et planctus maneant in te (*Pasch.*, *c.* 21, *n.* 3).

21. Dicebant ergo quidam senum : Quidquid odio habes, alii ne facias (*Ruffin.*, *l.* III, *n.* 155; *Pasch.*, *c.* 16, *n.* 2). Si odis qui tibi male loquitur, neque tu male loquaris de aliquo; si odio habes qui tibi calumniam facit, neque tu facias alicui calumniam; si odio habes qui te in calumniam ducit, aut injuriis appetit, aut aufert quod tuum est, aut aliquid tale facit, tu nihil horum facias cuiquam. Qui ergo hoc verbum custodire potest, sufficit ei ad salutem.

22. Dixit senex : Vita monachi hæc est, opera, obedientia, meditatio, et ut non judicet, aut non obloquatur, aut non murmuret. Scriptum est enim : Qui diligitis Dominum, odite malum (*Psal.* XCVI). Monachi vita hæc est, non ingredi cum injusto, neque videre oculis suis mala, neque curiose agere, neque scrutari, neque audire aliena; neque manibus rapere, sed magis tribuere; neque superbire corde; neque cogitatione malignari; neque ventrem implere; sed cum discretione omnia agere. Ecce in his est monachus.

23. Dixit senex : Roga Deum, ut det luctum in corde tuo et humilitatem; et respice semper in peccatis tuis, et non judices alios; sed esto subjectus omnibus, et ne habeas amicitias cum muliere, neque cum puero, neque cum hæreticis. Abscinde a te fiduciam, et retine linguam tuam et ventrem, et abstine a vino. Et si quis loquitur tecum de quacunque causa, noli contendere cum eo. Sed si bene dicit, dic : Etiam. Si autem male, dic ei : Tu scis quod loqueris. Et ne contendas cum eo de his quæ locutus est, et tunc erit mens tua pacifica.

LIBELLUS SECUNDUS.
De quiete.

1. Dixit abbas Antonius : Sicut pisces, si tardaverint in sicco, moriuntur; ita et monachi tardantes extra cellam, aut cum viris sæcularibus immorantes, a quietis proposito revolvuntur (*Ruff.*, *l.* III, *n.* 109, nomine Moysis; et in *Vita Antonii*, *cap.* 52). Oportet ergo sicut piscem in mari, ita et nos ad cellam recurrere; ne forte foris tardantes, obliviscamur interioris custodiæ.

2. Dixit iterum : Qui sedet in solitudine, et quiescit, a tribus bellis eripitur; id est, auditus, locutionis, et visus; et contra unum tantummodo habebit pugnam, id est, cordis.

3. Abbas Arsenius (*Ruff.*, *l.* III, *n.* 190), cum adhuc esset in palatio, oravit ad Dominum, dicens : Domine, dirige me ad salutem. Et venit ei vox, dicens : Arseni, fuge homines, et salvaberis. Idem ipse discedens ad monachilem vitam, rursum oravit, eumdem sermonem dicens. Audivitque vocem dicentem sibi : Arseni, fuge, tace, quiesce; hæc enim sunt radices non peccandi.

4. Venit aliquando beatæ memoriæ Theophilus archiepiscopus ad abbatem Arsenium, cum quodam judice (*Ruff.*, *l.* III, *n.* 191). Et interrogavit senem archiepiscopus, volens audire ab eo sermonem. Paulisper autem tacens senex, postea respondit ad eum, dicens : Et si dixero vobis, custodietis? Illi autem promiserunt se custodire. Et dixit eis senex : Ubicunque audieritis Arsenium, nolite approximare. Alia autem vice volens archiepiscopus videre eum, misit primum videre, si aperiret ei. Et mandavit ei, dicens : Si venis, aperio tibi. Sed si tibi aperuero, omnibus aperio, et tunc jam ultra hic non sedebo. Hæc ergo audiens archiepiscopus, dixit : Si eum persecuturus vado, nunquam vadam ad hominem sanctum.

5. Venit aliquando abbas Arsenius in quodam loco, et erat ibi arundinetum, et motum est a vento. Et dixit senex ad fratres : Quis est motus hic? Dicunt ei : Arundines sunt. Dicit eis senex : Vere, quia si quis sedet cum quiete, et audierit vocem avis, non habebit cor ejus eamdem quietem, quanto magis habentes sonum arundinum harum?

6. Dicebant autem de eo quia erat cella ejus longe in millia triginta duo, et non exibat cito, sed alii ei faciebant ministeria. Quando vero in solitudinem redactus est locus qui vocatur Scythi, exivit plorans et dicens : Perdidit mundus Romam, et monachi Scythi.

7. Sedente eodem abbate Arsenio aliquando in Canopo (*Ruff.*, *l.* III, *n.* 65), venit una matrona virgo de Roma, dives valde, et timens Deum, ut videret eum, et suscepit eam Theophilus archiepiscopus. Illa autem rogavit eum ut ageret cum sene, ut videret eum. Qui abiens ad eum rogavit, dicens : Aliqua matrona venit de Roma, et vult videre te. Senex vero non acquievit ut veniret ad eum. Cum ergo hæc renuntiata fuissent supradictæ matronæ, jussit sterni

animalia, dicens : Credo in Deum, quia videbo eum. Sunt enim et in civitate nostra multi homines ; sed ego veni prophetas videre. Et cum pervenisset ad cellam ejusdem senis, juxta Dei ordinationem inventus est opportune foris cellam senex. Et ut vidit eum supradicta matrona, prostravit se ad pedes ejus. Ille autem levavit eam cum indignatione ; et intuens in eam, dixit : Si faciem meam videre vis, ecce vide. Illa autem præ verecundia non consideravit faciem ejus. Et dixit ei senex : Non audisti opera mea? hæc enim videre necesse est. Quomodo autem præsumpsisti tantam navigationem assumere? Nescis quia mulier es, et non debes exire quoquam? An ut vadas Romam, et dicas aliis mulieribus : Quia vidi Arsenium, et facias mare viam mulierum venientium ad me? Illa autem dixit : Si voluerit me Deus reverti Romam, non permitto aliquam venire huc. Sed ora pro me, et memor esto mei semper. Ille autem respondens dixit ei : Ora' Deum ut deleat memoriam tui de corde meo. Quæ audiens hæc, egressa est turbata. Et cum venisset in civitatem, præ tristitia febrire cœpit. Et nuntiatum est archiepiscopo quia infirmaretur ; et venit eam consolari, interrogans quid haberet. Illa autem dixit ei : Utinam non pervenissem huc! dixi enim seni : Memor esto mei. Et dixit mihi : Ora Deum ut deleatur memoria tui de corde meo, et ecce ego ipsa præ tristitia morior. Et dixit ei archiepiscopus : Nescis quia mulier es, et inimicus per mulieres sanctos viros impugnat? Propterea hoc dixit senex, nam pro anima tua semper orat. Et ita curata est mens ejus. Et discessit cum gaudio ad propria.

8. Dixit abbas Evagrius : Abscinde a te affectiones multorum, ne mens tua in perturbatione fiat, et quietis dissipet modum.

9. Frater quidam applicuit in Scythi ad abbatem Moysen, petens ab eo sermonem. Et dixit ei senex : Vade et sede in cellula tua, et cella tua docebit te universa.

10. Dixit abbas Moyses : Homo fugiens hominem similis est uvæ maturæ ; qui autem cum hominibus conversatur, sicut uva acerba est.

11. Dixit abbas Nilus : Imperforabilis manet a sagittis inimici, qui amat quietem : qui autem miscetur multitudini, crebra suscipiet vulnera.

12. Dixit abbas Pastor : Initium malorum est distendere mentem. Dicebat iterum : Quia bonum est fugere corporalia. Quando enim est homo juxta corporale bellum, assimilatur viro stanti supra lacum profundissimum , ut qua hora vult fuerit inimico ejus, facile eum deorsum impingat. Si autem a corporalibus longe fuerit, assimilabitur viro longe posito a puteo , ut vel si trahat eum inimicus projicere deorsum, dum eum violenter trahit, Deus ei auxilium dirigit.

Dicebat aliquando Abraham discipulus abbatis Sisois ad eum : Pater, senuisti, eamus parum juxta mundum. Dicit ei abbas Sisois : Ubi non est mulier, ibi eamus. Dicit ei discipulus ejus : Et ubi est locus non habens mulierem, nisi forte in solitudine? Dicit ei senex : Ergo in solitudinem me tolle.

14. Dixit abbatissa matrona : Multi in monte positi ea quæ popularia sunt agentes, perierunt. Melius est enim ut cum multis sis, et solitariam vitam agas voluntate, quam cum solus sis, esse cum multitudine proposito mentis.

565 15. Dixit senex : Semper debet monachus emere quietem sibi, ut contemnat etiam si corporale contingat evenire dispendium.

16. Narravit quidam : Quia tres studiosi diligentes se, facti sunt monachi. Et unus ex eis elegit litigantes in pace reducere, juxta illud quod scriptum est : Beati pacifici (*Matth.* v). Secundus vero visitare infirmos. Tertius vero abiit quiescere in solitudine. Primus ergo laborans propter lites hominum, non poterat omnes sanare. Et tædio victus, venit ad eum, qui serviebat infirmis, et invenit etiam ipsum animo deficientem, et non prævalentem mandatum perficere. Et concordantes hi duo, abierunt videre illum qui in eremo discesserat, narraveruntque ei tribulationes suas. Et rogaverunt eum, ut dissereret eis quid ipse profecerit. Et reticens paululum, mittit aquam in scyphum, et dicit eis : Attendite in aquam. Et erat turbulenta. Et post modicum rursus dicit : Attendite modo, quomodo limpida facta est aqua. Et cum intenderent in aquam, vident quasi in speculo vultus suos. Et tunc dixit eis : Sic est qui in medio hominum consistit ; a turbulentia enim non videt peccata sua : cum autem quieverit, et maxime in solitudine, tunc delicta sua conspicit.

LIBELLUS TERTIUS.
De Compunctione.

1. Dicebant de abbate Arsenio quia toto tempore vitæ suæ sedens ad opus manuum suarum, pannum habebat in sinu propter lacrymas quæ crebro currebant ex oculis ejus (*Ruff.*, lib. III, num. 163, 211).

2. Frater quidam interrogavit abbatem Ammonem, dicens : Dic mihi aliquod verbum. Dixit ei senex : Vade, et talem fac cogitationem tuam, sicut faciunt iniqui qui sunt in carcere. Illi enim interrogant homines : Ubi est judex, et quando veniet ? et in ipsa exspectatione pœnarum suarum plorant. Ita et monachus debet semper suspectus esse, et animam suam objurgare, dicendo : Væ mihi, quomodo habeo astare ante tribunal Christi ; et quomodo habeo ei actuum meorum reddere rationem? Si igitur semper sic meditatus fueris, poteris salvus esse.

3. Dixit abbas Evagrius : Cum sedes in cella, collige ad te sensum suum, et memor esto diei mortis. Et tunc videbis corporis tui mortificationem. Cogita cladem, suscipe dolorem. Horreat tibi mundi istius vanitas. Esto modestus et sollicitus, ut possis semper in eodem quietis proposito permanere, et non infirmaberis. Memorare etiam eorum qui in inferno sunt. Cogita apud te ipsum quomodo sunt ibi modo animæ, et in quam amaro silentio, aut in quo pessimo gemitu, vel in quali metu atque certamine, aut in quali exspectatione et dolore, et sine mitigatione infinitas

lacrymas habentes animæ. Sed et diei resurrectionis memor esto, et illud divinum, horrendum, atque terribile imaginare judicium. Adduc ad medium repositam peccatoribus confusionem, quam passuri sunt in conspectu Christi et Dei, et coram angelis et archangelis, potestatibus, et universis hominibus; sed et supplicia omnia, ignem æternum, vermem immortalem, tartarorum tenebras, et super hæc omnia dentium stridores, et timores, et tormenta. Adduc etiam et bona quæ sunt justis reposita, fiduciam ante Deum Patrem et Christum ejus Filium, coram angelis et archangelis, et potestatibus, atque omni plebe; regnum cœlorum, et dona ejus, gaudium et requiem. Utrorumque horum commemorationem habe apud te, et super judicia quidem peccatorum ingemisce, plora, vestire luctuum imaginem, metuens ne et tu ipse in his corruas; super bona vero justis reposita, gaude, exsulta, et lætare. Et his quidem frui festina, ab illis vero effici alienus. Vide ne obliviscaris aliquando, sive intra cellam tuam sis, sive foris alicubi; et memoriam horum ne abjiciat mens tua, ut per hæc saltem sordidas et noxias cogitationes effugias.

4. Dixit abbas Elias: Ego tres res timeo (*Append. Mart.*, n. 97, *tit. Senis*). Unam, quando egressura est anima mea de corpore; aliam quando occursurus sum Deo; tertiam, quando adversum me proferenda est sententia.

5. Sanctæ memoriæ Theophilus archiepiscopus cum moriturus esset, dixit: Beatus es, abba Arseni, quia semper hanc horam ob oculos habuisti.

6. Dicebant fratres quia manducantibus aliquando fratribus in charitate, risit unus frater ad mensam. Et videns eum abbas Joannes, flevit, dicens: Quid putas habet frater iste in corde suo, quia risit, cum debuisset magis flere, quia charitatem manducat.

7. Dixit abbas Jacobus: Quia sicut lucerna obscurum cubiculum illuminat, ita timor Dei, si venerit in corde hominis, illuminat eum et docet omnes virtutes et mandata Dei.

8. Interrogaverunt quidam Patrum abbatem Macarium Ægyptium, dicentes: Quomodo corpus tuum, et quando manducas, et quando jejunas, siccum est? Et dixit eis senex: Sicut lignum in manu hominis, cum quo frutices in igne versantur atque reversantur, semper ab igne consumitur; ita si homo mundaverit mentem suam in timore Dei, ipse timor Dei etiam ossa ejus consumit.

9. Miserunt aliquando senes de monte Nitriæ ad abbatem Macarium in Scythi, rogantes ut veniret ad eos; alioquin sciret omnem multitudinem, si ipse ad eos non veniret, ad ipsum esse venturam, quoniam desiderabant videre eum antequam migraret ad Dominum. Qui cum venisset in montem, congregata est omnis multitudo fratrum ad eum. Rogabant autem eum senes ut faceret verbum ad fratres. Ille autem lacrymans ait: Ploremus, fratres, et producant oculi nostri lacrymas, antequam eamus hinc, ubi lacrymæ nostræ corpora comburant. Et fleverunt omnes, et ceciderunt proni in faciem, dicentes: Pater, ora pro nobis.

10. Præteriens aliquando abbas Pastor in Ægypto, vidit mulierem in monumento sedentem et flentem amare, et dixit: Si veniant omnia delectabilia mundi hujus, non transferent animam illius a luctu. Ita et monachus debet semper luctum habere in semetipso.

11. Alia vice transibat cum abbate Anub in partibus Diolci, et venientes circa monumenta, viderunt mulierem nimis cædentem se et flentem amare. Qui stantes intendebant in eam. Paululum autem procedentes, occurrerunt cuidam, et interrogavit eum abbas Pastor, dicens: Quid habet mulier ista, quod sic plorat amare? Dixit ei: Mortuus est maritus ejus, et filius, et frater. Et respondens abbas Pastor, dixit abbati Anub: Dico tibi, quia nisi homo omnes voluntates carnis suæ mortificaverit, et possederit luctum hunc, non potest monachus fieri. Tota enim vita mulieris istius et mens in luctu est.

12. Dixit iterum abbas Pastor: Luctus duplex est qui operatur, et custodit.

13. Frater interrogavit eum (*Append. Mart.*, n. 34), dicens: Quid facio? Dicit ei: Quando venit Abraham in terram repromissionis, monumentum sibi comparavit, et per sepulcrum terram in hæreditatem percepit. Et dixit ei frater: Quid est sepulcrum? Et dixit senex: Locus flendi et lugendi

14. Sanctæ memoriæ Athanasius rogavit abbatem Pambo ut descenderet de eremo ad Alexandriam [1]; qui cum descendisset, vidit ibi mulierem theatricam, et lacrymatus est. Interrogatus autem ab iis qui aderant, quare fuerit lacrymatus, ait: Duæ, inquit, res me moverunt. Una de illius perditione; alia, quia ego non habeo tale studium placendi Deo, quale habet ista ut hominibus turpibus placeat.

15. Abbas Silvanus sedens aliquando cum fratribus, factus est in excessu mentis, et cecidit in faciem suam (*Ruff.*, *lib.* III, *num.* 205; *Append. Mart.*, *num.* 48). Et post multum surgens plorabat. Et rogaverunt eum fratres, dicentes: Quid habes, Pater? Ille autem tacebat et flebat. Compellentibus autem eum, dixit illis: Ego ad judicium raptus sum, et vidi multos de habitu nostro euntes ad tormenta, et multos sæculares euntes ad regnum. Et lugebat senex, et nolebat deinceps exire de cella sua. Sed si exire cogebatur, operiebat capitio faciem suam, dicens: Quid necesse est videre lumen istud temporale, in quo nihil est utile?

16. Dixit sanctæ memoriæ Syncletica: Labor est et magnum certamen impiorum qui convertuntur ad Deum, et postea inenarrabile gaudium. Sicut enim qui ignem accendere volunt, prius fumantur, et ex fumi molestia lacrymantur, sicque obtinent quod volunt. Etenim scriptum est: Quia Deus noster ignis consumens est; ita oportet et nos divinum ignem cum lacrymis atque laboribus in nobis ipsis accendere.

17. Dixit abbas Hyperichius: Nocte et die laborat

---

[1] *Ruff.*, lib. III, n. 164. — Simile in vita Pelagiæ, cap. 3.

monachus vigilans, in orationibus permanens; pungens autem cor suum producit lacrymas, et celerius provocat Dei misericordiam.

18. Applicuerunt fratres ad abbatem Felicem, habentes secum aliquos sæculares, et rogaverunt eum, ut diceret eis sermonem. Senex autem tacebat. Illis autem diutius rogantibus dixit ad eos: Sermonem vultis audire? Qui responderunt: Etiam, Pater. Dixit ergo senex: Modo non est sermo. Quando autem interrogabantur seniores, et faciebant fratres quæ dicebant eis, tribuebat Deus quomodo loquerentur. Nunc autem quoniam interrogant quidam, non autem faciunt quæ audiunt, abstulit Deus gratiam a senibus, ut non inveniant quid loquantur, quoniam qui operetur non est. Quæ cum audissent fratres, ingemuerunt, dicentes: Ora pro nobis, Pater.

19. Narraverunt de abbate Hor (7), et de abbate Theodoro, quia misissent caprinam pellem in cella sua, et dixerunt sibi adinvicem: Si nos visitaverit Deus modo, quid faciemus? Et flentes reliquerunt locum ex lateribus, et sic recesserunt in cellis suis (*Append. Mart., num.* 47).

20. Narravit quidam senex quod aliquis frater cum converti voluisset, et prohiberet mater sua (*Ruff., lib.* III, *n.* 216), ille non quiescebat ab intentione sua, dicens: Salvare volo animam meam. Illa vero multum resistens, cum desiderium ejus impedire non posset, postea permisit. Abiens autem factus monachus sub negligentia vitam suam expendit. Contigit autem, ut mater ipsius moreretur; et post tempus aliquantum etiam ipse infirmatus est infirmitate magna. Et cum factus fuisset in excessu mentis, raptus est ad judicium, et invenit matrem suam cum his qui judicabantur. Illa autem ut vidit eum, obstupuit, et dixit: Quid est hoc, fili? Et tu in locum hunc condemnatus jussus es venire? Ubi sunt sermones tui, quos loquebaris, dicens: Salvare volo animam meam? Confusus autem in his quæ audierat, ipso dolore stupidus factus est, et stabat non habens quid matri suæ respondere posset. Juxta dispensationem autem misericordiæ Dei, posteaquam hæc vidit, contigit ut repararetur, et evaderet ab instanti infirmitate. Et cogitans apud se, divinitus factam esse hujusmodi visionem, includens se de cætero sedebat, et cogitabat de salute sua, pœnitens et plorans de his quæ egerat sub negligentia prius. Tanta autem erat intentio, ut cum multi eum rogarent indulgere sibi paululum, ne forte læsionem aliquam pateretur de fletu, quem supra modum effundebat, consolari noluit, dicens: Si improperium matris meæ sustinere non potui, quomodo Christi et sanctorum angelorum ejus adversum me confusionem potero in die judicii sustinere?

21. Dixit senex: Si possibile esset in adventu Dei post resurrectionem præ timore interire animas hominum, omnis mundus moreretur a terrore atque formidine. Quale est enim videre cœlos scissos, et Deum revelatum cum ira et indignatione, et militias innumerabiles angelorum, et totum simul hominum genus intendere? Propter quod sic debemus vivere, utpote qui de singulis motibus nostris rationem exigendi simus a Deo.

22. Frater interrogavit senem (*Pasch., c.* 21, *num.* 4, *Append. Mart., num.* 22), dicens: Unde est, abba, cor meum durum, et non timeo Dominum? Dicit ei senex: Puto, quia si homo teneat in corde suo increpationem, possideat timorem. Dicit ei frater: Quid est increpatio? Dixit autem senex: Ut in omni re homo increpet animam suam, dicendo ei: Memor esto quia te oportet Deo occurrere. Dic autem et hoc: Quid volo ego cum homine? Existimo autem, quia si quis in his permaneat, venit et timor Dei.

23. Vidit senex quemdam ridentem, et dicit ei: Coram cœli et terræ Domino rationem totius vitæ nostræ reddituri sumus, et tu rides?

24. Dixit senex: Quemadmodum umbram corporum nostrorum ubique nobiscum circumferimus, sic debemus fletum et compunctionem habere nobiscum ubicunque sumus.

25. Frater interrogavit senem, dicens: Abba, dic mihi aliquod verbum. Dicit ei senex: Quando percussit Deus Ægyptum, non erat domus non habens luctum.

26. Frater interrogavit alium senem, dicens: Quid facio? Dicit ei senex: Flere debemus semper.

Contigit enim quemdam senum mori aliquando, et post multam horam iterum in semetipsum reverti. Interrogavimus eum, dicentes: Quid vidisti ibi, abba? Et narravit nobis plorans: Audivi vocem illic lugubrem sine cessatione dicentem: Væ mihi, væ mihi. Sic et nos semper dicere debemus.

27. Interrogavit frater quidam senem, dicens: Quomodo desiderat anima mea lacrymas, sicut audio senes lacrymantes, et non veniunt, et tribulant animam meam? Et dixit senex: Filii Israel post quadraginta annos intraverant in terram repromissionis. Lacrymæ igitur sunt sicut terra repromissionis, ad quas si perveneris, jam non timebis bellum. Ita enim vult Deus affligi animam, ut semper desideret ingredi in terram illam.

LIBELLUS QUARTUS.
De continentia.

1. Fratres aliqui volentes venire ad abbatem Antonium de loco Scythi, ingressi sunt navem, ut irent ad eum; et invenerunt in ipsa navi senem, qui idem ad Antonium ire volebat. Ignorabant autem fratres eum. Et sedentes in navi loquebantur sermonem Patrum, et de Scripturis, et rursus de opere manuum suarum. Ille autem senex per omnia tacebat. Cum autem venissent ad portum, agnoverunt et ipsum senem proficisci ad abbatem Antonium. Cum autem venissent ad eum, dicit eis abbas Antonius: Bonum comitem itineris invenistis senem hunc. Dixit autem et seni: Bonos fratres invenisti tecum, abba. Dixit ei senex: Boni sunt quidem, sed habitatio eorum non habet januam. Quicunque vult, intrat in stabulum, et solvit asinum. Hoc autem dicebat quia quodcunque eis ascendebat in cor, in ore loquebantur.

2. Dicebat abbas Daniel de abbate Arsenio, quia noctem vigilans pertransiret (*Ruff.*, *lib.* III, *n.* 214). Tota enim nocte vigilabat, et quando volebat circa mane propter ipsam naturam dormire, dicebat somno: Veni, serve male, **568** et subripiebat parum somni sedendo; et statim surgebat.

3. Dicebat abbas Arsenius: Sufficit monacho, si dormierit unam horam, si tamen pugnator est.

4. Dicebat de eo abbas Daniel: Quia tantis annis mansit nobiscum, et mensuram parvam victus dabamus ei in anno: et quoties veniebamus, exinde comedebamus et nos.

5. Dixit iterum, quod nisi semel in anno non mutabat aquam palmarum, sed tantum adjiciebat (*Ruff.*, *lib.* III, *num.* 59). Faciebat quoque plectam de ipsis palmis (8), et cusabat (9) usque ad horam sextam. Interrogaverunt ergo eum seniores, cur non mutaret aquam palmarum, quæ fetebat. Et dixit eis: Pro thymiamate et odoribus unguentorum, quibus in sæculo usus sum, opus est uti me nunc fetore isto.

6. Iterum dixit: Quia quando audivit quod maturasset omne genus pomorum, dixit: Afferte mihi. Et gustavit semel tantum parum ex omnibus, gratias agens Deo.

7. Dicebant de abbate Agathone: Quia per triennium lapidem in ore suo mittebat, donec taciturnitatem disceret.

8. Aliquando iter agebat abbas Agathon cum discipulis suis (*Append. mart.*, *n.* 6). Et invenit unus ex eis parvum fasciculum cicerculæ viridis in via, et dixit seni: Pater, si jubes, tollo illud. Intendit vero senex, admirans, et dicit: Tu illud posuisti? Respondit ei ille frater: Non. Et dixit senex: Quomodo vis tollere, quod non posuisti?

9. Venit aliquando quidam senum ad abbatem Achillem (*Ruff.*, *lib.* III, *num.* 90), et vidit eum jactantem sanguinem de ore suo, et interrogavit eum, dicens: Quid est hoc, Pater? Et dixit senex: Sermo est cujusdam fratris, qui me contristavit, et omnino conatus sum conservare illud apud me. Et deprecatus sum Deum ut auferretur a me, et factus est sermo ille sanguis in ore meo. Ecce exspui illum, et requievi, et dolorem illum oblitus sum.

10. Venit aliquando abbas Achilles in cellam abbatis Isaiæ, in loco Scythi, et invenit eum comedentem. Miserat enim in catinulo sal et aquam. Videns autem quia abscondit illud post plectas de palmis, dicit illi: Dic mihi quid manducabas? Ille respondit: Ignosce mihi, abba, quia palmas incidebam, et ascendi in cauma (10): et propterea intinxi modo buccellam in sale, et misi in ore meo; quia exaruerunt fauces meæ; et quia non descendebat buccella, quam in ore meo miseram, propterea compulsus sum superfundere modicum aquæ in sale, ut vel sic possem glutire: sed ignosce mihi. Et dicebat abbas Achilles: Venite et videte Isaiam comedentem juscellum in Scythi. Si jus manducare vis, vade in Ægyptum.

11. Dicebant de abbate Ammoy, quia ægrotaret, et in lecto plurimis annis decumbens, nunquam relaxavit animum suum, ut intenderet in interiora cellæ suæ, et videret quid haberet. Multa enim deferebantur ei velut infirmo; sed introeunte discipulo suo Joanne et exeunte, claudebat oculos suos, ne videret quid faciebat. Sciebat enim quia fidelis monachus esset.

12. Dixit abbas Benjamin, qui erat presbyter in Cellis, quia cum applicuisset in Scythi ad quemdam senem, et voluisset ei dare modicum olei, ille ei dixerit: Ecce ubi jacet illud parvulum vasculum quod attulisti mihi ante tres annos; et quomodo posuisti illud, sic remansit. Audientes autem nos admirati sumus conversationem senis.

13. Narraverunt de abbate Dioscoro de Namisias, quia panis ei hordeaceus erat, et farina lenticulæ, per singulos annos ponebat sibi legem cujuscunque unius observantiæ: id est, aut non occurrere uno anno alicui, aut non loqui, aut non gustare aliquid coctum, aut non comedere aliquid pomorum, aut olera, et in omni opere suo ita faciebat. Et perficiens unumquodque sic aliud assumebat, et hoc per annos singulos faciebat.

14. Dixit abbas Evagrius, quia dixerit senex: Propterea amputo a me delectationes carnales, ut etiam iracundiæ occasiones abscindam. Scio enim eam semper adversum me pugnare pro delectationibus, et conturbare mentem meam, et intellectum meum expellere.

15. Misit aliquando Epiphanius episcopus Cyprius ad abbatem Hilarionem, rogans eum, et dicens: Veni, ut nos videamus, antequam de corpore exeamus. Qui cum venissent adinvicem, manducantibus eis allatum est de avibus quiddam; quod tenens episcopus, dedit abbati Hilarioni. Et dicit illi senex: Ignosce mihi, Pater, quia ex quo accepi habitum istum, non manducavi quidquid occisum. Et dixit ei Epiphanius: Ego autem ex quo accepi habitum istum, non dimisi aliquem dormire qui habebat aliquid adversum me, neque ego dormivi aliquid habens adversum aliquem. Et dicit ei senex: Ignosce mihi, quia tua conversatio major est mea.

16. Dicebant de abbate Elladio (11) quia fecerit viginti annos in cella, et non levaverit oculos suos sursum, ut videret tectum ejus.

569 17. Abbas Zenon ambulans aliquando in Palæstina (*Ruff.*, *lib.* II, *num.* 7), cum laborasset, resedit ut manducaret juxta cucumerarium. Suadebat autem ei animus suus dicendo: Tolle tibi unum cucumerem, et manduca. Quantum autem est? Qui respondens cogitationi suæ dixit: Fures ad tormenta vadunt. Proba ergo teipsum in hoc, si potes ferre tormenta. Qui consurgens stetit in cauma quinque diebus, et defrigens seipsum in sole, dicebat quasi animus ejus ad seipsum: Non possum ferre tormenta. Dixit ergo ad animum suum: Si non potes portare tormenta, ergo non rapias ut manduces.

18. Dixit abbas Theodorus [*Al.*, Theodotus]: Inopia panis tabefacit monachi corpus. Alter autem

quidam senior dicebat : Quia vigiliis plus tabescit corpus.

19. Dixit abbas Joannes brevis staturæ : Quia si voluerit rex aliquis civitatem inimicorum tenere, prius aquam tenet et escas eorum qui sunt in civitate, et fame periclitantes tunc subjiciuntur ei; ita est et passio ventris. Si in jejunio et fame conversetur homo, inimici ejus, qui sollicitant animam ipsius, infirmantur (*Ruff.*, *lib.* III, *n.* 66, *nomine Moysis*).

20. Dixit iterum : Quia ascendens aliquando per viam, quæ ducit ad Scythi, cum plectis de palmis, vidi camelarium loquentem, et commoventem me ad furorem. Et ego dimisi quod portabam, et fugi (*Append. Mart.*, *num.* 12).

21. Dixit abbas Isaac presbyter Cellarum : Scio fratrem metentem in agro, qui voluit manducare spicam tritici. Et dixit domino agri : Vis manduco unam spicam? Ille audiens miratus est, et dixit ei : Tuus est ager, Pater, et me interrogas? In tantum autem scrupulosus erat memoratus frater.

22. Interrogavit quidam fratrum abbatem Isidorum seniorem Scythi (*Ruff.*, *lib.* III, *n.* 89, *nomine Isaac*), dicens : Quare te sic fortiter dæmones timent? Dixit ei senex : Ex quo factus sum monachus, studeo ne permittam iracundiam usque ad fauces meas ascendere.

23. Dixit iterum qui supra quadraginta annos esse ex quo sentiret quidem motum peccati in mente sua, nunquam tamen consentiret neque concupiscentiæ neque iracundiæ.

24. Narravit abbas Cassianus de quodam abbate Joanne quia fuerit apud abbatem Esium (12) in summitate eremi habitantem, per annos quadraginta [1]; et quia habebat circa ipsum multam charitatem, et per hanc charitatis fiduciam interrogavit eum, dicens : Tanto tempore sic remotus, et a nullo hominum molestiam patiens facile, dic mihi, quid profecisti? Et ille dixit : Ex quo cœpi solitarius esse, nunquam me vidit sol manducantem. Dixit autem ei abbas Joannes : Nec me irascentem.

25. Dixit iterum : Quia narravit nobis abbas Moyses, quod ei abbas Serapion dixit : Quia dum essem juvenis, et sederem cum abbate meo Theona et manducaremus, surgens a refectione, secundum opera diaboli rapui unum panem paximatem (13), et manducavi eum occulte, nesciente abbate meo [2]. Cum ergo perseverarem aliquanto tempore hoc faciens, cœpit mihi ipsum vitium dominari, et non prævalebam meipsum retundere; sed solummodo adjudicabar a propria conscientia, et seni dicere confundebar. Contigit autem, secundum dispensationem misericordis Dei, ut quidam venirent ad senem utilitatis animæ suæ causa, et interrogabant eum de propriis cogitationibus. Respondens autem senex, dixit : Quia nihil sic noxium est monachis, et lætificat dæmones, quomodo si celent cogitationes suas spiritualibus Patribus. Locutus est autem eis et de continentia. Et cum hæc dicerentur, cogitans ego quia Deus revelavit seni de me, compunctus cœpi flere, ejeci paximatem de sinu meo, quem male consueram rapere, et prosternens me in pavimento, postulabam de præteritis veniam, et orationem pro cautela futurorum. Tunc dixit senex : O fili, liberavit te de captivitate ista, etiam me tacente, confessio tua, et dæmonem tenebrantem cor tuum per taciturnitatem nunc adversum teipsum confitendo interfecisti, quem hactenus dominari tibi permiseras, neque contradicens, neque aliquo modo increpans eum. Amodo autem nequaquam locum habebit in te, quippe qui ex corde tuo excussus est in aperto. Necdum autem finito sermone senis, ecce opere, quod dixit, apparuit, quia velut lampada ignis egressa est de sinu meo, et implevit totam domum fetido odore, ita ut putarent qui aderant, quia sulphuris plurimum fuisset incensum. Et dixit senex : O fili, ecce verborum meorum et liberationis tuæ per signum quod factum est, præstitit Dominus documentum.

26. Dicebant de abbate Macario, quia si vacavit inter fratres, ponebat sibi terminum, ut quando inveniebatur vinum, et propter fratres bibebat, et pro uno calice vini, die integra aquam non bibebat (*Ruff.*, *lib.* III, *num.* 53). Et fratres quidem volentes eum recreare, dabant ei vinum. Sed et senex cum gaudio sumebat, ut semetipsum postea cruciaret. Discipulus autem ejus sciens causam, dicebat fratribus : Propter Deum rogo, ne detis ei, quia in cella postea se cruciatu domat. Quod cognoscentes fratres, ultra ei vinum non dederunt.

27. Abbas Macarius major in Scythi dicebat fratribus : Post missas ecclesiæ, fugite, fratres. Et dicit ei unus fratrum : Pater, ubi habemus fugere amplius a solitudine ista? Et ponebat digitum suum in ore suo, dicens : Istud est quod fugiendum dico. Et sic intrabat in cellam suam, et claudens ostium sedebat solus.

28. Dixit item abbas Macarius : Si aliquem increpare volens ad iracundiam commoveris, propriam passionem imples; non enim ut alium salves, teipsum perdas.

29. Dixit abbas Pastor : Nisi Nabuzardan archimagirus venisset, non concrematum fuerat templum Domini igne (*IV Reg.* xxv); ita et nisi quies gulæ et ventris venerit in animam, nequaquam mens corruit, pugnans contra inimicum (*Ruff.*, *lib.* III, *num.* 52).

30. Dicebant de abbate Pastore, quia dum vocatus fuisset ad manducandum, contra voluntatem suam ibat lacrymando, ne inobediens esset fratribus suis, et contristaret eos (*Ruff.*, *lib.* III, *n.* 149).

31. Narraverunt quidam abbati Pastori de quodam monacho, qui non bibebat vinum. Et dixit eis : Quia vinum monachorum omnino non est.

32. Dixit iterum abbas Pastor : Quia sicut fumo expelluntur apes ut tollatur dulcedo operis earum,

---

[1] *Apud Cassian.*, *lib.* v *Instit.*, *c.* 27. Simile supra, l. iv, c. 5.

[2] *Cassian.*, *collat.* II, *cap.* 11. Supra, l. iv, cap. 47.

ita et corporalis quies timorem Domini expellit ab anima, et aufert ab ea omne opus bonum.

33. Narravit quidam senum de abbate Pastore et fratribus ejus, qui habitarent in Ægypto (*Ruff.*, lib. III, *num.* 151). Et cum desideraret mater eorum videre eos, et non posset, observavit una die; et euntibus illis ad ecclesiam, obtulit se eis. Illi autem videntes eam, converterunt se ad cellam, et intrantes clauserunt ostium in faciem ejus. Illa autem ad ostium stans, clamabat, plorans cum nimia miseratione. Audiens autem eam abbas Anub, intravit ad abbatem Pastorem, dicens : Quid faciemus vetulæ isti, ita ante ostium flenti? Surgens autem abbas Pastor, venit ad ostium, et intro stans, audivit eam plorantem miserabiliter nimis; et dixit : Quid sic clamas, vetula? Illa autem cum vocem ejus audisset, multo magis clamabat, plorans et dicens : Volo vos videre, filii mei. Quid est enim si videro vos? nunquid non sum mater vestra? aut non ego lactavi vos, et tota sum jam canis plena? Sed et audiens vocem tuam, turbata sum. Dicit ei senex : Hic nos vis videre, an in illo sæculo? Dicit ei : Et si non videro vos hic, videbo vos illic, filii? Dicit ei : Si potes æquanimiter ferre, ut hic nos non videas, videbis nos illic. Et ita discessit mulier, gaudens, et dicens : Si omnino visura vos ero illic, nolo vos videre hic.

34. Dicebant de abbate Pior, quia ambulando comederet (*Ruff.*, lib. III, *num.* 31). Et interrogante eum quodam quare sic manducaret, respondit se non hoc velut opus aliquod agere, sed velut quiddam superfluum uti. Alii autem de hoc interroganti respondit : Ut non vel in comedendo corporalem delectationem habeat anima.

35. Dicebant de abbate Petro, cognomento Pyonio, qui erat in Cellis, quia vinum non bibebat. Quando autem senuit, rogabant eum ut sumeret modicum vini. Qui cum non acquiesceret, tepefaciebant aquam, et ita ei offerebant, et dicebat : Credite mihi, filii, quia velut pro condito illud accipio. Et adjudicavit se tepida aqua esse contentum.

26. Facta est aliquando celebratio missarum in monte abbatis Antonii, et inventum est ibi modicum vini. Et tollens unus de senioribus parvum calicem, portavit ad abbatem Sisoi, et dedit ei; et bibit semel; et secundo accepit, et bibit : attulit etiam ei tertio; sed non accepit, dicens : Quiesce, frater, an nescis quia Satanas est?

37. Frater quidam interrogavit abbatem Sisoi, dicens : Quid facio? quia cum occurro ad ecclesiam, frequenter fratres pro charitate ad cibum retinent me. Dixit ei senex : Onerosa res est. Dicit ergo Abraham discipulus ejus : Si occurritur in Sabbate et Dominica ad ecclesiam, et biberit frater tres calices, ne multum est? Et dixit senex : Si non esset Satanas, non esset multum.

38. Frequenter dicebat abbati Sisoi discipulus : Surge, abba, manducemus. Ille autem dicebat : Quia adhuc non manducavimus, fili? Et ille respondebat : Non, pater. Dicebat autem senex : Si necdum manducavimus, affer, manducemus.

39. Dixit aliquando cum fiducia abbas Sisoi : Crede, quia ecce triginta annos habeo quod non deprecor Deum propter peccatum, sed orans hoc dico : Domine Jesu Christe, protege me a lingua mea. Et usque nunc per singulos dies corruo per ipsam (14) et delinquo.

40. Venerunt aliquando abbas Silvanus et discipulus ejus Zacharias ad quoddam monasterium, et fecerunt eos gustare modicum antequam ambularent (*Ruff.*, lib. III, *num.* 46). Et exeuntibus eis, invenit discipulus ejus aquam in via, et volebat bibere. Dixit abbas Silvanus : Zacharia, jejunium est hodie. Cui ille dixit : Non manducavimus hodie, Pater? Dixit ei senex : Illud manducare, charitas fuit, nos autem teneamus jejunium nostrum, fili.

41. Dixit sancta Syncletica : Quia oportet nos, qui hujusmodi propositum sumpsimus, castitatem, quæ summa est, retinere. Etenim apud sæculares videtur castitas observari : sed adest ei et stultitia, propter quam aliis omnibus sensibus peccant; nam et aspiciunt indecenter, et rident inordinate.

42. Dixit iterum quæ supra : Quia sicut venenosa animalia acriora medicamenta a se expellunt, ita cogitationem sordidam jejunium cum oratione depellit ab anima.

43. Dixit iterum : Non te seducant divitum hujus sæculi deliciæ, tanquam utile aliquid habentes in se. Etenim illi delectationis causa artem diverso modo condiendi cibos honorant; tu autem jejunio et abjectione ciborum abundantiam deliciarum illorum supergredere; sed nec satieris pane, nec desideres vinum.

44. Dixit abbas Sisoi : Quia peregrinatio nostra est, ut teneat homo os suum (*Pasch.*, c. 32, num. 4; Append. Mart., num. 72).

45. Dixit abbas Hyperichius : Quia sicut leo terribilis est onagris, sic monachus probatus cogitationibus concupiscentiæ.

46. Dixit iterum : Jejunium frenum est monacho adversus peccatum. Qui autem abjicit jejunium, velut equus fervens desiderio feminæ rapitur.

47. Dixit iterum : Siccatum jejunio corpus monachi animam de profundo elevat, et siccat fistulas delectationum jejunium monachi.

48. Dixit iterum : Castus monachus in terra honorabitur, et in cœlis corona ab Excelso coronabitur.

49. Idem ipse dixit : Monachus, qui non retinet linguam in tempore furoris (15), neque passionum corporalium retentor erit aliquando.

50. Dixit iterum : Verbum malum non proferat os tuum, quoniam vitis non affert spinas.

51. Dixit iterum : Bonum est manducare carnem et bibere vinum, quam manducare in obtrectatione carnes fratrum (*Ruff.*, lib. III, n. 134).

52. Dixit iterum : Susurrans serpens ad Evam de paradiso ejecit eam. Huic ergo similis est qui proximo

suo obloquitur; quoniam et audientis se animam perdit, et suam non salvat.

53. Facta est aliquando festivitas in Scythi, et dedērunt seni in calice vinum; quod abjiciens, dixit: Tolle a me mortem istam. Quod videntes alii qui cum ipso edebant, nec ipsi biberunt.

54. Alia vice allatum est ibi vasculum vini de primitiis, ut daretur fratribus ad singulos calices. Et introeunte quodam fratre, et vidente quia vinum acciperent, fugit in crypta, quae crypta cecidit. Et cum audissent sonum, currentes invenerunt fratrem semianimem jacentem, et coeperunt eum objurgare, dicentes: Bene tibi contigit, quia vanam gloriam habuisti. Abbas autem refovens eum, dixit: Dimittite filium meum, bonum opus fecit. Et vivit Dominus quia non reaedificabitur crypta haec temporibus meis, ut cognoscat mundus, quia propter calicem vini cecidit crypta in Scythi.

55. Ascendit aliquando presbyter de Scythi ad episcopum Alexandrinum. Et quando reversus est in Scythi, interrogaverunt eum fratres: Quomodo est civitas? Ille autem dixit eis: Credite mihi, fratres, ego ibi faciem hominis nullius vidi, nisi tantum episcopi. Illi autem audientes, mirati sunt et dixerunt: Quid putas facta est omnis illa multitudo? Presbyter vero refovit illos haesitantes, dicens: Extorsi animum meum, ne intuerer faciem hominis. Ex qua relatione profecerunt fratres, et custodierunt se ab extollentia oculorum suorum.

56. Venit aliquando quidam senex ad alium senem. Ille autem dixit discipulo suo: Fac nobis modicum lenticulae. Et fecit. Et infunde nobis panes. Et infudit. Et manserunt sic usque ad aliam diem hora sexta, loquentes de spiritualibus rebus. Iterum dixit senex discipulo suo: Fac nobis modicum lenticulae, fili. Ille respondit: Ab hesterno die feci. Et ita surgentes sumpserunt cibum.

57. Alter quidam senex venit ad quemdam Patrum. Ille autem coxit modicum lenticulae, et dixit: Faciamus opus Dei, et gustemus. Et unus quidem eorum complevit totum psalterium; alter vero ex corde (16) duos prophetas majores lectoris ordine recitavit. Et facto mane discessit senex ille qui venerat, et obliti sunt sumere cibum.

58. Esuriit quidam frater a mane, et pugnavit cum animo suo, ne manducaret, donec fieret hora tertia (*Ruff.*, lib. III, num. 4). Et facta est hora tertia, exegit a se ut fieret sexta. Infudit panem et sedit, ut manducaret. Postea vero surrexit, dicens: Manebo sic usque ad horam nonam. Hora autem nona fecit orationem, et vidit opus diaboli sicut fumum exeuntem a se, et ita cessavit esuries ejus.

59. Infirmatus est quidam senum (*Ruff.*, lib. III, num. 51); et cum non posset sumere cibum multis diebus, rogabatur a discipulo suo ut fieret ei aliquid, et reficeretur. Abiit autem et fecit de farinula lenticulam, et zippulas (17). Erat autem ibi vasculum pendens, in quo erat modicum mellis; et aliud in quo erat raphanelaeum (18), et fetebat, quod tantum ad lucernam proficeret. Erravit autem frater, et pro melle de raphanelaeo misit in pulmentum. Senex vero cum gustasset, nihil locutus est, sed tacitus manducavit. Compellebat autem eum adhuc manducare. Et extorquens sibi manducavit, et dabat ei tertio. Ille autem nolebat manducare, dicens: Vere non possum, fili. Discipulus autem hortabatur eum, et dicebat: Bonum est, abba, ecce ego manduco tecum. Qui cum gustasset, et cognovisset quid fecerat, cecidit pronus in faciem, dicens: Vae mihi, Pater, quia occidi te, et tu peccatum hoc posuisti super me, quia non es locutus. Et dixit ei senex: Non contristeris, fili; si voluisset Deus, ut mel manducarem, mel habuisti mittere in zippulas istas.

60. Narraverunt de sene quodam, quia desideravit aliquando manducare cucumerem (*Ruff.*, lib. III, num. 50). Quem cum accepisset, appendit eum prius ante oculos suos. Et cum non esset victus desiderio, domans seipsum poenitentiam agebat, vel quia omnino desiderasset.

61. Frater aliquando abiit visitare sororem suam in monasterio aegrotantem (*Ruff.*, lib. III, n. 55). Erat autem fidelissima. Et non acquiescens aliquando videre virum, neque occasionem dare fratri suo ut propter illam veniret in medio feminarum, et mandavit fratri suo: Vade, frater, ora pro me, quia cum gratia Christi videbo te in regno coelorum.

62. Monachus occurrit ancillis Dei in itinere quodam. Quibus visis divertit extra viam. Cui dixit abbatissa: Tu si perfectus monachus esses, non respiceres nos sic, ut agnosceres quia feminae eramus.

63. Intraverunt aliquando fratres in Alexandriam, invitati a Theophilo archiepiscopo, ut praesentibus his facta oratione templa destrueret paganorum. Et manducantibus eis cum archiepiscopo, ministratae sunt carnes vitulinae, et manducabant nihil discernentes. Et accipiens archiepiscopus unum copadium (19), dedit juxta se recumbenti seni, dicens: Ecce istud bonum copadium est, manduca, abba. Illi autem respondentes dixerunt: Nos usque modo credebamus, quia olera manducaremus. Nam si carnes sunt, non manducamus. Et ultra nemo ex eis acquievit gustare.

64. Frater quidam attulit panes recentes in cellam, et invitavit ad mensam seniores. Et cum manducassent singulos paximates, pausaverunt. Frater vero sciens laborem abstinentiae eorum, coepit cum humilitate supplicare, dicens: Propter Deum manducate hodie donec satiemini. Et manducaverunt alios denos paximates. Ecce igitur quantum supra quam opus erat, manducaverunt propter Deum veri monachi et simpliciter abstinentes.

65. Aegrotavit quidam senum aliquando in magna infirmitate, ita ut de visceribus multum sanguinis egereret. Et attulit quidam frater nixas siccas (20), et fecit pultes, et misit eas ibi, et obtulit seni, et rogabat eum, dicens: Comede, quia forte expedit tibi. Intuens autem in eum senex diutius, dixit: Vere dico, quia volebam ut me dimitteret Deus in hac in-

firmitate esse alios triginta annos. Et nullo modo acquievit senex in tali ægritudine vel modicum sumere cibum, ita ut tolleret frater quod apportaverat, et rediret ad cellam suam.

66. Alter senex sedebat longe in eremo, et contigit fratrem venire ad eum, et invenire eum infirmantem. Qui lavans ejus faciem, fecit ei refectionem ex his quæ attulerat. Quod cum vidisset senex, dixit : Vere, frater, oblitus fueram, quia haberent homines de cibo solatium. Obtulit etiam ei calicem vini. Quod cum vidisset, ploravit, dicens : Non sperabam me usque ad mortem bibiturum vinum.

67. Statuit quidam senex ut quadraginta diebus non biberet. Et si quando fiebat cauma, lavabat suriscnlam (21), et implebat eam aqua, et appendebat eam ante oculos suos. Qui cum interrogaretur a fratribus quare hoc faceret, respondit, dicens : Ut cum videns quod desiderabam, non gustavero, majorem ardorem sustineam, et propter hoc majorem mercedem a Domino consequi merear.

68. Frater quidam iter agens, habebat secum matrem suam, jam senem. Qui cum venissent ad quemdam fluvium, non poterat vetula illa transire. Et tulit filius ejus pallium suum, et involvit exinde manus suas, ne aliquo modo contingeret corpus matris suæ, et ita portans eam transposuit fluvium. Dixit autem ei mater sua : Ut quid sic operuisti manus tuas, fili ? Ille autem dixit : Quia corpus mulieris ignis est. Et ex eo ipso quo te contingebam, veniebat mihi commemoratio aliarum feminarum in animo.

69. Dicebat quidam Patrum : Quia sciret fratrem in cella jejunantem tota hebdomada Paschæ. Et cum Sabbato sero venisset ad missas, communicans mox fugiebat, ne cogeretur a fratribus in ecclesia manducare. Apud se autem tantum modicas betas elixas cum sale manducabat sine pane.

70. Fratres convocati sunt in Scythi, ut manducarent palmas, et erat aliquis infirmus de nimia abstinentia, qui tussiens exscreabat phlegma, quod nolente eo venit super alium fratrem. Qui cum a cogitatione sua compelleretur dicere ei : Quiesce jam, et non exscrees super me, ut superaret cogitationes suas, tulit quod excreaverat, et mittens in ore suo, statim comedit illud. Et **573** tunc cœpit ad seipsum dicere : Aut non dicas fratri tuo quod eum contristet, aut manduca quod horres.

LIBELLUS QUINTUS.
De fornicatione.

Dixit abbas Antonius : Æstimo quod habeat corpus motum naturalem conspersum in se, qui nolente animo non operatur, sed tantummodo significatur in corpore, quasi impassibilis motus. Est autem et alius motus ex eo, quod nutritur et fovetur corpus cibis et potibus, et ex quibus calor sanguinis excitat corpus ad operandum. Propter quod dicit Apostolus: Nolite inebriari vino, in quo est luxuria (*Ephes.* v). Et rursum Dominus in Evangelio discipulis mandans, dixit : Videte, ne quando graventur corda vestra in crapula et ebrietate (*Lucæ* xxi). Est autem et alius quidam motus certantibus in conversatione ex insidiis et invidia dæmonum veniens. Itaque scire convenit quia tres sunt corporales motus. Unus quidem naturalis ; alius autem ex plenitudine ciborum ; tertius vero ex dæmonibus.

2. Dixit abbas Gerontius Petrensis : Quia multi tentati a corporalibus delectationibus cum non approximarent corporibus, mente fornicati sunt, et corporalem virginitatem servantes, secundum animum fornicantur. Bonum est ergo, dilectissimi, facere quod scriptum est : Omni custodia unumquemque cor suum servare (*Prov.* v).

3. Dixit abbas Cassianus (*Cassian.*, *collat.* II, *cap.* 10), quia dixerit nobis abbas Moyses : Bonum est non abscondere cogitationes, sed senibus spiritualibus et discretionem habentibus manifestare eas, non his qui tantum tempore senes sunt, quoniam multi ad ætatem respicientes, et cogitationes suas dicentes eis qui experimentum non habebant, pro consolatione ad desperationem ultimam pervenerunt.

4. Erat quidam frater omnino in conversatione sollicitus (*Cassian.*, *collat.* II, *cap.* 13). Et cum male a fornicationis dæmone turbaretur, venit ad quemdam senem, et retulit ei cogitationes suas. Ille autem audiens quia expers erat, indignatus est, et miserabilem dicebat esse fratrem illum, et indignum monachi habitu ; quippe qui ejusmodi cogitationes reciperet. Hæc audiens frater, desperans seipsum, reliquit propriam cellam, et ad sæculum redibat. Secundum vero Dei dispensationem occurrit ei abbas Apollo ; et videns eum perturbatum, et nimium tristem, interrogavit eum, dicens : Fili, quæ est causa tantæ tristitiæ tuæ? Ille autem prius ex multa confusione animi sui non respondit ei quidquam ; postea autem cum multum rogaretur a sene, quæ circa se agerentur, confessus est, dicens : Quia cogitationes fornicationum inquietant me ; quod confessus sum illi seni, et, secundum verba ejus, jam non est mihi spes salutis ; desperans ergo meipsum, ad sæculum redeo. Hæc autem Pater Apollo audiens, velut sapiens medicus multum rogabat, et monebat eum, dicens : Noli mirari, fili, neque desperes de teipso. Ego enim in hac ætate atque conversatione valde ab hujusmodi cogitationibus inquietor. Ne ergo deficias in hujusmodi occasione, quæ non tantum humana sollicitudine, quantum Dei miseratione curatur. Tantum hodie dona mihi quod peto, et revertere ad cellam tuam. Fecit autem frater sic. Abbas autem Apollo discedens ab eo perrexit ad cellam illius senis, qui ei desperationem fecerat ; et stans foras deprecatus est Dominum cum lacrymis, dicens : Domine, qui tentationes utiliter infers, convérte bellum quod patitur frater ille in hoc sene, ut per experimentum in senectute sua discat quod tempore longo non didicit, quatenus compatiatur his qui hujusmodi tentationibus perturbantur. Qui cum orationem complesset, vidit Æthiopem stantem juxta cellam, et sagittas mittentem contra illum senem, quibus quasi perforatus, statim tanquam ebrius

vino, huc atque illuc ferebatur. Et cum non posset tolerare, egressus est de cella, et eadem via, qua et ille juvenis ad sæculum redibat. Abbas autem Apollo intelligens quod factum erat, occurrit ei. Et accedens ad eum, dixit : Quo vadis? et quæ est causa turbationis quæ obtinuit te? Ille autem sentiens, quia intellexerit sanctus vir quæ ei evenerant, præ verecundia nihil dicebat. Dixit autem ei abbas Apollo : Revertere in cellam tuam, et de cætero agnosce infirmitatem tuam, et habe apud temetipsum; quia aut ignoratus sis a diabolo usque modo, aut contemptus, propter quod nec meruisti secundum viros virtutum habere contra diabolum luctamenta. Quid autem dico luctamenta? qui nec uno die aggressionem ip ius portare potuisti. Hoc autem tibi contigit, quia juvenem illum a communi adversario impugnatum suscipiens, cum debuisses eum contra diabolicum certamen consolatoriis verbis ungere, etiam in desperationem misisti, non cogitans illud sapientissimum præceptum, quo jubemur eripere eos qui ducuntur ad mortem, et non negligas redimere occidendos (*Prov.* XIV) : sed neque parabolam Salvatoris nostri, dicentis (*Matth.* XII) : Arundinem quassatam non debere confringi, et linum fumigans non exstingui. Nemo enim ferre posset insidias adversarii, neque bullientis naturæ ignem exstinguere vel retinere, nisi gratia Dei conservaret infirmitatem humanam, quem in nobis salutari dispensatione omnibus orationibus Dominum deprecemur, ut et adversum te dimissum flagellum avertat, quoniam ipse et dolere facit, et iterum saluti restituit ; percutit, et manus ipsius sanat ; humiliat et exaltat, mortificat et vivificat, deducit ad inferos et reducit (*I Reg.* II). Hæc dicens, orationem implevit, et statim ab illato sibi bello senex ille liberatus est. Quem commonuit abbas Apollo ut peteret sibi a Deo dari linguam eruditam, ut sciret tempus quo oporteat loqui sermonem.

5. De cogitatione fornicationis interrogatus abbas Syrus [*Al.*, Cyrus] Alexandrinus, ita respondit : Si cogitationes non habes, spem non habes; quoniam si cogitationes non habes, opera habes. Hoc autem est, quia qui cogitatione adversus peccatum non pugnat, neque contradicit, corporaliter peccat. Qui autem corporaliter peccat, cogitationum molestias nullas habet.

6. Interrogavit autem quidam senex fratrem, dicens : Ne consuetudinem habes colloqui mulieri? Et dixit frater : Non. Et ille dixit : Veteres et novi pictores sunt cogitationes meæ, et commemorationes quædam, inquietantes me ex similitudine mulierum. Senex autem dixit ad eum : Mortuos non timeas, sed viventes fuge : hoc est, consensum et opera peccati, et extende magis orationem tuam.

7. Dicebat abbas Mathois quod quidam frater veniens dixerit deteriorem esse qui obloquitur quam qui fornicatur. Et respondit : Durus est hic sermo. Dixit ergo ei frater : Et quomodo vis esse hanc rem? Dixit senex : Oblocutio quidem mala est, celerem tamen invenit curam, et plerumque pœnitentiam agit, qui oblocutus est, dicens : Male locutus sum, et transit. Fornicatio autem naturaliter mors est.

8. Dixit abbas Pastor : Sicut spatharius principis assistit ei semper paratus, ita oportet et animam semper esse paratam adversus dæmonem fornicationis (*Ruff.*, *lib.* III, *num.* 59).

9. Venit aliquando frater ad abbatem Pastorem, et dixit ei : Quid facio, Pater? quia affligor a fornicatione (*Ruff.*, *lib.* III, *num.* 63; *Pasch.*, c. 1, *num.* 9). Et perrexi ad abbatem Hybistionem, et dixit mihi : Non debes eam longo tempore permittere habitare in te. Dixit ei abbas Pastor : Abbatis Hybistionis actus sursum in cœlo sunt cum angelis, et latet eum ; ego autem et tu in fornicatione sumus. Si ergo teneat monachus ventrem et linguam, et maneat in solitudine, confidat quia non moritur.

10. Narraverunt de abbatissa Sara, quia manserit tredecim annis fortiter a fornicationibus dæmonum impugnata. Et nunquam oravit ut recederet ab ea hujusmodi pugna : sed solum hoc dicebat : Domine, da mihi fortitudinem.

11. Dixerunt iterum de ea quia infestior ei fuerat aliquando imminens fortius idem fornicationis dæmon, mittens in cogitationem ejus sæculi vanitates. Illa autem non relaxans animum a timore Dei, et a proposito abstinentiæ suæ, ascendit semel super lectum suum orare, et apparuit ei corporaliter spiritus fornicationis, et dixit ei : Tu me vicisti, Sara. Illa autem respondit : Ego non te vici, sed Dominus meus Christus.

12. Frater quidam stimulabatur a fornicatione, et erat stimulus velut ignis ardens in corde ejus die ac nocte. Frater autem decertabat non condescendens vel consentiens cogitationi suæ. Post multum autem tempus discessit ab eo stimulus, nihil prævalens propter perseverantiam fratris. Et statim lux apparuit in corde ejus.

13. Alius frater stimulatus est a fornicatione. Et surgens nocte perrexit ad senem, et dixit ei cogitationem suam, et consolatus est eum senex. Ex qua consolatione proficiens, reversus est in cellam suam. Et ecce iterum spiritus fornicationis tentavit eum. Ille autem iterum abiit ad senem. Factum est autem hoc frequenter. Senex vero non contristavit eum, sed loquebatur ei quæ ad utilitatem ipsius pertinerent, dicens : Non concedas diabolo, nec relaxes animum tuum ; sed magis, quoties molestus est dæmon, veni ad me, et increpatus abscedet. Nihil enim sic extædiat dæmonem fornicationis, quomodo si revelentur stimulationes ejus. Et nihil eum sic lætificat, quomodo si abscondantur cogitationes. Venit ergo frater ad senem undecies, accusans cogitationes suas. Postea autem dixit frater seni : Ostende charitatem, abba, et dic mihi verbum. Dicit ei senex : Crede, fili, quia si permitteret Deus cogitationes meas, quibus animus stimulatur, in te transferri, non eas portares, sed omnino corrueres deorsum. Hæc au-

tem dicente sene, propter nimiam humilitatem ejus quievit stimulus fornicationis a fratre.

14. Idem alius stimulatus a fornicatione, coepit decertare et extendere abstinentiam suam, per quatuordecim annos cogitationem suam custodiens, ne consentiret concupiscentiae suae. Postea autem veniens ad ecclesiam, manifestavit universae multitudini quod patiebatur. Et datum est mandatum, et omnes afflixerunt se pro eo hebdomada, jugiter orantes Dominum, et quievit stimulus ejus.

15. De cogitatione fornicationis dixit quidam senex : Eremita dormiens, vis salvari? Vade, labora, vade affligere, vade, quaere et invenies ; vigila, pulsa, et aperietur tibi. Sunt enim in saeculo pancratiarii (22), qui cum nimis caesi steterint, et fortes apparuerint, coronas accipiunt. Aliquoties autem et unus a duobus caeditur, et confortatus plagis cadentes se vincit. Vidisti quantam virtutem per carnis exercitium acquisivit? Et tu sta, et confortare ; et Dominus expugnat pro te inimicum.

16. De eadem ipsa cogitatione fornicationis, dixit alter senex : Esto velut qui transit in platea, aut per tabernam, et capit cujuscunque cocturae odorem, aut alicujus assaturae. Et qui vult, ingreditur et manducat; qui autem non vult, odoratus est tantum, atque praeterit. Ita et tu excute a te fetorem, surge et ora, dicens : Domine Fili Dei, adjuva me. Hoc autem fac etiam adversus alias cogitationes. Neque enim eradicatores sumus cogitationum, sed luctatores adversus easdem cogitationes

17. Alter senex dixit : Haec de negligentia patimur. Nam si consideremus quia Deus habitat in nobis, non alienum vas inferemus intra nos. Dominus enim Christus habitans in nobis atque cohabitans nobis, respicit vitam nostram. Unde et nos portantes eum et contemplantes, negligere non debemus, sed sanctificare nosmetipsos, sicut et ille sanctus est. Stemus super petram, et rumpetur malignus. Non formides, et non committet adversum te. Psalle cum virtute, dicens : Qui confidunt in Domino, sicut mons Sion ; non commovebitur in aeternum, qui habitat in Jerusalem (*Psal.* cxxiv).

18. Frater interrogavit senem, dicens : Si incurrerit monachus in peccatum, affligitur velut qui de profectu in deteriorem statum pervenerit, et laborat donec resurgat : qui autem a saeculo venit, velut qui initium fecerit, proficit. Et respondens senex dixit : Monachus in tentationem incurrens, sic est tanquam domus quae cadit. Et si sobrius fuerit in cogitatione sua, reaedificat eam quae corruerat domum ; inveniens materias ad aedificium profuturas, habens posita fundamenta, et lapides, et arenam, et caetera quae sunt aedificio necessaria, atque ita velociter fabrica proficit. Ille autem qui nec effodit, nec fundamentum misit, nec habet aliquid eorum quae sunt necessaria ; sed in spe dimittens, si quomodo aliquando perficiatur. Ita est et monachus, si in tentationem ceciderit, et conversus fuerit ad Dominum, habet plurimum apparatum, meditationem divinae legis, psalmodiam, opus manuum, orationem et caetera, quae sunt fundamenta. Qui autem recens est in conversione, donec ista discit, ille in primum ordinem veniet.

19. Frater quidam, cum in fornicationis spiritu teneretur, perrexit ad quemdam senem magnum, et rogabat eum, dicens : Ostende charitatem et ora pro me, quia a fornicatione sollicitor (*Ruff.*, lib. III, n. 13). Senex autem deprecatus est Dominum. Et iterum secundo veniens ad senem, eumdem sermonem dixit : Similiter et senex non neglexit pro eo rogare Dominum, dicens : Domine, revela mihi unde in hoc fratre operatio est ista diaboli? quoniam deprecatus sum te, et requiem necdum invenit. Et revelavit Dominus quae agebantur circa fratrem illum. Et vidit eum senex sedentem, et spiritum fornicationis juxta illum, et quasi ludentem cum eo, et angelus stabat missus ad adjutorium ejus, et indignabatur adversus fratrem illum, quia non se prosternebat Deo : sed quasi delectabatur cogitationibus suis, totam mentem suam ad hoc inclinans. Et agnovit senex quia causa magis ab eodem fratre esset, et annuntiavit ei, dicens : Tu consentis cogitationi tuae. Et docuit eum quomodo talibus cogitationibus deberet obsistere. Et respirans frater per doctrinam senis illius et orationem, invenit requiem a tentatione sua.

20. Tentatus est aliquando discipulus senis magni a fornicatione. Senex vero cum videret eum laborantem, dixit ei : Vis rogo Dominum, ut sublevet a te molestiam istam? Ille autem dixit : Video, abba, quia si laboro, tamen ex pondere laboris hujus considero fructificare me. Sed hoc roga Deum in orationibus tuis, ut det mihi tolerantiam, per quam sustineam. Dicit ei abbas suus : Nunc agnovi quia in magno profectu es, fili, et supergrederis me.

21. Dicebant de quodam sene, quia descendit in Scythi, et habebat filium adhuc sugentem lac; qui quoniam in monasterio nutritus est, quae essent mulieres nesciebat. Qui cum factus esset vir, ostendebant ei nocte daemones habitus mulierum, et nuntiavit Patri suo, et mirabatur. Aliquando ergo ascendit cum Patre suo in Aegyptum, et videns mulieres, dixit patri suo : Abba, ecce istae sunt quae veniebant ad me nocte in Scythi. Et dixit ei : Isti sunt monachi de saeculo, fili. Alio autem habitu utuntur isti, et eremitae alio. Et miratus est senex quomodo in Scythi ostenderent ei daemones imagines mulierum, et statim reversi sunt in cellam suam.

22. Frater quidam erat probatus tentationibus in Scythi, et immittebat ei adversarius memoriam mulieris cujusdam pulchrae in animo, et affligebat eum valde (*Ruff.*, lib. III, n. 11). Et contigit, secundum Dei dispositionem, ut alter frater descendens de Aegypto, applicaret in Scythi. Et cum loquerentur, nuntiavit ei dicens : Uxor illius mortua est. Erat autem ipsa mulier, de qua inquietabatur ille frater. Quod cum audisset, tulit vestimentum suum nocte, et ascendit ubi eam sepultam audierat.

Et fodit locum, et extersit cruorem putredinis ejus in vestimento suo, et reversus habebat illud in cella sua. Et cum nimis feteret, ponebat illos fetores ante se, et improperans cogitationi suæ, dicebat : Ecce desiderium quod quærebas. Habes illud, satiare ex eo. Et ita ex ejusmodi fetore castigabat semetipsum donec emorerentur concupiscentiæ ejus.

23. Venit quidam in Scythi aliquando, ut fieret monachus. Qui etiam attulit filium suum nuper ablactatum. Qui cum factus esset juvenis, cœperunt impugnare dæmones et sollicitare eum. Et dixit patri suo : Vado ad sæculum, quia non possum carnales concupiscentias sustinere. Pater autem ejus consolabatur eum. Dixit ergo ille juvenis : Jam sustinere non valeo, pater; dimitte me redire ad sæculum. Dixit ei pater suus. Audi me, fili, adhuc semel, et tolle tibi quadraginta panes, et folia palmarum dierum quadraginta, et vade in eremo interiore, et esto ibi quadraginta diebus, et voluntas Dei fiet. Qui obediens patri suo, surrexit et abiit in eremo, et mansit ibi, laborans et faciens plectas de palmis siccis, et panem siccum comedens. Et cum ibi diebus viginti quiesceret, ecce vidit opus quoddam diabolicum venire super se; et stetit coram ipso velut mulier Æthiopissa, fetida et turpis aspectu, ita ut fetorem ejus sufferre non posset, et abjiciebat eam a se. Et illa dicebat ei : Ego sum quæ in cordibus hominum dulcis appareo; sed propter obedientiam tuam, et laborem quem sustines, non me permisit Deus seducere te, sed innotui tibi fetorem meum. Ille autem surrexit, et gratias agens Deo, venit ad patrem suum, et dixit ei : Jam nolo ire ad sæculum, pater. Vidi enim operationem diaboli et fetorem ejus. Cognoverat autem et pater ejus de hoc ipso, et dixit ei : Si mansisses quadraginta dies, et custodisses usque in finem mandatum meum, majora habuisti videre.

24. Senex quidam sedebat in longinqua eremo, qui habebat unam parentem, quæ desiderabat eum videre post multos annos, et quæsivit in quo loco habitaret, et surrexit et venit in viam eremi illius (*Ruff.*, lib. II, n. 14). Et inveniens camelarios, adjunxit se cum illis, et ingressa est in eremo cum eis. Hæc enim trahebatur a diabolo. Quæ cum venisset ad januam senis, cœpit signis indicare seipsam, dicens : Ego illa parens tua, et mansit apud eum. Erat autem alius monachus sedens in inferiori parte, qui implebat sibi surisculam aquæ, hora qua manducare voluisset; et subito versabatur suriscula, et reversabatur aqua; qui inspirante Deo dixit in semetipsum : Ingredior in eremum, et dico hoc quod mihi evenit de aqua senioribus. Et surgens abiit; et cum sero factum esset, dormivit in templo quodam idolorum juxta viam, et audivit nocte dæmones, dicentes : Ista nocte præcipitavimus illum monachum in fornicationem. Quod cum audisset, contristatus est, et perveniens ad senem, invenit eum tristem, et dicit ei : Quid facio, abba? quia impleo mihi vasculum aquæ, et hora manducandi effunditur. Et dicit ei senex : Tu venisti interrogare me, quare suriscula tua ver-

satur; et ego quid facio, quia hac nocte cecidi in fornicationem? Cui respondit : Et ego cognovi, et dicit ei : Tu unde scis? Qui dixit : Dormiebam in templo, et audivi dæmones loquentes de te. Et dixit senex : Ecce ego vado ad sæculum. Ille autem rogabat eum, dicens : Noli, Pater, sed permane in loco tuo; mulierem vero dimitte hinc; hoc enim ex occursu inimici contigit. Quo audito senex sustinuit, extendens et aggravans conversationem suam cum lacrymis, donec rediret in priori ordine suo.

25. Dixit senex : Quia securitas, et taciturnitas, et occulta meditatio pariunt castitatem.

26. Frater quidam interrogavit senem, dicens : Si contingat hominem in tentationem cadere, quid fit propter eos qui scandalizantur in eo? Et narravit senex, dicens : Diaconus quidam erat nominatus in monasterio Ægypti. Dum autem quidam curialis (23) insecutionem judicis pateretur, venit cum omni domo sua ad monasterium. Et operante iniquo incurrit diaconus ille in mulierem ejus, et facta est omnibus fratribus confusio. Ille autem abiit ad quemdam senem, et indicavit ei rem. Senex vero habebat occultam cellam interiorem. Quam cum vidisset diaconus ille, dixit : **577** Sepeli me hic vivum, et non indices cuiquam. Et intravit in obscuritatem cellæ illius, et egit illic pœnitentiam ex veritate. Contigit autem, ut post multum tempus non ascenderet aqua in flumine Nilo. Et cum omnes Litanias facerent, revelatum est cuidam sanctorum quia nisi venerit diaconus, qui absconsus est apud illum talem monachum, non ascendent fluminis aquæ. Quod cum audissent, admirati sunt, et venientes ejecerunt eum de loco in quo erat : et oravit, et ascendit aqua. Et qui aliquando scandalizati in eo fuerant, ædificati sunt postea in pœnitentia ejus, et glorificaverunt Deum.

27. Duo fratres perrexerunt ad civitatem, ut venderent quod fuerant operati; cum a se invicem in civitatem fuissent divisi, incurrit unus in fornicationem (*Ruffin.*, l. III, n. 12). Veniens autem postea frater ejus, dixit ei : Revertamur ad cellam nostram, frater. Ille autem respondit, dicens : Non venio. Et interrogabat eum ille, dicens : Quare, frater? Et ille respondit : Quia cum discessisses a me, incurri in tentationem, et fornicatus sum. Ille autem volens eum lucrari, cœpit dicere, Quia et mihi sic contigit : quando separatus sum a te, incurri et ego in fornicationem. Sed eamus, et simul pœnitentiam agamus cum omni labore, et Deus ignoscet nobis peccatoribus. Qui cum venissent ad cellam, retulerunt senibus quod eis contigerat, et dederunt eis illi mandata, qualiter pœnitentiam agerent. Ille tamen unus non pro se, sed pro illo alio fratre pœnitentiam agebat, tanquam si et ipse peccasset. Videns autem Deus laborem et charitatem ejus, intra paucos dies manifestavit uni de senibus, quod pro multa charitate illius fratris qui non peccaverat indulserat illi qui fornicatus est. Vere hoc est ponere animam suam pro fratre suo.

28. Venit aliquando frater ad quemdam senem,

dicens ei : Frater meus solvit me egrediens huc atque illuc ; et pro hoc ego affligor. Et rogabat eum senex, dicens : Æquanimiter porta, frater ; et Deus videns laborem sustentationis tuæ, revocabit eum ad te. Neque enim possibile est ut cum duritia et austeritate facile ab intentione sua aliquis revocetur, quia nec dæmon expellit dæmonem ; sed magis benignitate revocabis eum ad te. Quoniam et Deus noster consulendo, ad se homines trahit. Et narravit ei, dicens ei : Quia fuerunt in Thebaida duo fratres, et cum unus incurrisset ex his in fornicationem, dicebat ad alium : Revertor ad sæculum. Alter vero plorabat, dicens : Non te dimitto, frater, discedere, et perdere laborem tuum, et virginitatem tuam. Ille vero non acquiescebat, dicens : Non hic sedeo, sed vado. Aut veni mecum, et iterum redeo tecum, aut certe dimitte me, et permaneam in sæculo. Vadens autem frater, nuntiavit hoc cuidam seni magno. Dixit autem ei senex : Vade cum ipso, et Deus illum per laborem tuum non dimittet corruere. Qui consurgens abiit cum eo ad sæculum. Et cum pervenisset ad quemdam vicum, videns Deus laborem illius, qui ex charitate et necessitate fratrem suum sequebatur, abstulit concupiscentiam a fratre ejus. Et dicit fratri suo : Eamus iterum ad eremum, frater. Ecce puto, quia jam peccavi cum muliere ; quid lucratus sum ex hoc ? Et reversi sunt illæsi in cellam suam.

29. Frater tentatus a dæmone profectus est ad quemdam senem, dicens : Quia duo illi fratres simul sunt, et male vivunt. Cognovit autem senex quia a dæmone illuderetur, et mittens vocavit eos ad se. Et cum factum esset vespere, posuit mattam duobus illis fratribus, et cooperuit eos in uno stratu, dicens : Filii Dei magni et sancti sunt. Dixit autem discipulo suo : Hunc fratrem claude in cella seorsum ; ipse enim passionem quam illis objecit in se habet.

30. Frater quidam dixit seni : Quid facio, quia occidit me sordida cogitatio ? Dicit ei senex : Mulier quando vult ablactare filium suum, amarum aliquid superungit uberibus suis ; et cum venerit infans ex consuetudine sugere lac, sentiens amaritudinem, refugit. Mitte ergo et tu in cogitatione tua amaritudinem. Dicit ei frater : Quæ est amaritudo, quam debeam mittere ? Dixit ei senex : Cogitationem mortis et tormentorum, quæ in sæculo futuro peccatoribus præparantur.

31. Frater quidam interrogavit senem de hujusmodi cogitatione (*Ruffin.*, *lib.* III, *n.* 62). Et dicit ei senex : Ego nunquam stimulatus sum de hac re. Et scandalizatus est in eo ille frater, et abiit ad alium senem, dicens : Ecce hoc dixit mihi ille senex, et scandalizatus sum in eo : quia super naturam est quod dixit. Dicit ei senex : Non simpliciter tibi dixit hoc ille homo Dei ; sed surge, vade et pœnitentiam age apud eum, ut aperiat tibi virtutem sermonum suorum. Surrexit ergo ille frater, et venit ad senem, agens in conspectu ejus pœnitentiam. Et dixit : Ignosce mihi, pater, quia stulte feci, non dico tibi vale discedens : sed obsecro te, ut interpreteris mihi quomodo nunquam sollicitatus sis a fornicatione. Dicit ei senex : Quia ex quo factus sum monachus, non sum satiatus pane, neque aqua, neque somno, et appetitu horum 578 quibus pascimur, crucians me, non permittebar sentire fornicationis stimulos. Et exiit frater ille, proficiens ex relatione senis.

32. Frater quidam interrogavit quemdam senem, dicens : Quid facio ? quia cogitatio mea semper in fornicatione est intenta, et non dimittit me quiescere una hora, et affligitur ex hoc anima mea (*Ruffin.*, *l.* III, *n.* 40). Ille autem dixit ei : Quando dæmones cogitationes in corde tuo seminant, et sentis hoc, non colloquaris cum animo tuo, quoniam dæmonum est suggerere. Et licet non negligant hæc immittere, tamen non extorquent dæmones. In te est ergo suscipere, et non suscipere. Respondens autem frater, dixit seni : Et quid faciam, quia fragilis sum, et superat me passio hæc ? Ille autem dixit ei : Intentus esto ad hujusmodi. Scis autem quid fecerint Madianitæ? Ornaverunt filias suas, et statuerunt eas in conspectu Israelitarum ; non tamen extorserunt aliquibus ut miscerentur cum eis, sed qui voluerunt incurrerunt in eis (*Num.* XXV). Alii autem indignantes comminati sunt, et cum interitu eorum qui præsumpserant, ulti sunt fornicationem : ita agendum est et de fornicatione. Et quando initium faciunt loqui in corde tuo, non respondeas eis ; sed surgens, ora et age pœnitentiam, dicens : Fili Dei, miserere mei. Dixit autem ei frater : Ecce meditor, abba, et non est compunctio in corde meo, quia nescio virtutem verbi. Et ille dixit : Et tu tamen meditare. Audivi enim quia dixerit abbas Pastor, sed et alii Patres hoc verbum : Quoniam incantator virtutem verborum quæ dicit nescit ; sed serpens audit, et scit virtutem eorum quæ incantantur, et subjicitur incantanti, et humiliatur. Sic et nos, quamvis ignoremus virtutem eorum quæ loquimur, dæmones tamen audientes terrentur atque discedunt.

33. Dicebat senex : Quia cogitatio fornicationis fragilis est, velut papyrus. Si ergo jactetur in nobis, et non acquiescentes projiciamus illam a nobis, facile rumpitur. Necessarium igitur est ut sit discretio in cogitatione nostra, qua agnoscamus quia his qui consentiunt ei non sit spes salutis ; illis autem qui non consentiunt, reposita sit corona.

34. Duo fratres impugnati a fornicatione, abierunt et acceperunt uxores. Postea autem dixerunt adinvicem : Quid lucrati sumus quia deseruimus angelicum ordinem, et venimus in immunditiam hanc, et post hæc in ignem, et in tormentum venturi sumus ? Redeamus ergo ad eremum, et agamus de his quæ præsumpsimus pœnitentiam. Et venientes ad eremum, rogaverunt patres ut susciperent eos pœnitentes et confitentes ea quæ gesserant. Et clauserunt eos anno integro senes, et ambobus æqualiter ad pensum dabatur panis, et ad mensuram aqua. Erant autem visione consimiles. Et dum completum fuis-

set tempus pœnitentiæ, exierunt. Et viderunt Patres unum pallidum et tristem nimis; alium vero robustum et clarum; et mirati sunt, quoniam cibum et potum æqualiter acceperant. Et interrogaverunt eum qui tristis et afflictus erat, dicentes: Quid exercitabas cum cogitationibus tuis in cella tua? Et ille dixit: Pro malis quæ feci, pœnas in quibus venturus eram in animo revolvebam, et a timore adhæserunt ossa mea carni meæ. Interrogaverunt autem et alium, dicentes: Tu quid cogitabas in cella tua? Et ille dicebat: Deo gratias referebam, quia eruit me de inquinamento mundi hujus, et de futuri sæculi pœnis, et revocavit me ad hanc conversationem angelicam; et reminiscens assidue Dei mei, lætabar. Et dixerunt senes: Æqualis est amborum pœnitentia apud Deum.

35. Senex quidam erat in Scythi: qui cum incurrisset in ægritudine magna, serviebant ei fratres. Et videns senex quia laborarent, dixit: Vado in Ægyptum, et non solvam fratres istos. Et dicit ei abbas Moyses: Non vadas, quoniam in fornicationem incursurus es. Ille autem contristatus dicebat: Mortuum est corpus meum, et tu mihi ista dicis? Surgens ergo abiit in Ægyptum. Quod cum audiissent homines circumquaque habitantes, offerebant ei multa. Venit etiam ad eum quædam virgo fidelis, volens obsequium suum seni infirmanti deferre. Et post aliquantum temporis cum paululum de ægritudine, qua tenebatur, melius habuisset, incurrit in eam, et illa concepit. Interrogata autem a vicinis loci unde conceperit, illa respondit: De sene hoc. Illi autem non credebant ei. Senex vero dicebat: Ego hoc feci, sed custodite mihi infantem quem pererit. Quæ cum genuisset puerum, et ablactatus fuisset, tulit senex infantem in humeris suis, et die qua erat festivitas in Scythi, occurrit ibi, et intravit in ecclesiam coram multitudine fratrum. Illi autem videntes eum, fleverunt: Qui dixit fratribus: Videtis infantem hunc? filius est inobedientiæ meæ. Cavete ergo vos, fratres, quia in senectute hoc feci, et orate pro me. Et pergens ad cellam suam, ad initium primæ conversationis suæ reversus est.

36. Frater quidam tentatus est pessime a dæmonibus. In specie enim pulchrarum **579** mulierum transformati, jugiter quadraginta diebus perseveraverunt pugnantes adversus eum, ut traherent eum ad turpem commissionem. Ille autem viriliter reluctante, et minime superato, Deus aspiciens bonum ejus certamen, donavit ei ut ultra nullum calorem carnalis concupiscentiæ pateretur.

37. Solitarius quidam erat in inferioribus Ægypti, et hic erat nominatissimus, quia solus in ecclesia sedebat in deserto loco. Et ecce, juxta operationem Satanæ mulier quædam inhonesta audiens de eo, dicebat juvenibus: Quid mihi vultis dare, et depono istum solitarium vestrum? Illi autem constituerunt ei certum quid quod darent ei. Quæ egressa vespere, venit velut errans ad cellam ejus; et cum pulsaret ad cellam, egressus est ille; et videns eam turbatus est, dicens: Quomodo huc advenisti? Illa autem velut plerans, dicebat: Errando huc veni. Qui cum miseratione viscerum pulsaretur, introduxit eam in atriolum cellulæ suæ, et ipse intravit interius in cellam suam, et clausit. Et ecce infelix illa clamavit, dicens: Abba, feræ me comedent hic. Ille autem iterum turbatus est, timens etiam judicium Dei, dicebat: Unde mihi venit ira hæc? Et aperiens ostium, introduxit eam intro. Cœpit autem diabolus velut sagittis stimulare cor ejus in eam. Qui cum intellexisset diaboli esse stimulos, dicebat in semetipso: Viæ inimici tenebræ sunt; Filius autem Dei lux est (*Psal.* xxxiv). Surgens ergo accendit lucernam. Et cum inflammaretur desiderio, dicebat: Quoniam qui talia agunt, in tormentis vadunt (*Gal.* v). Proba ergo teipsum ex hoc, si potes sustinere ignem æternum. Et mittebat digitum suum in lucernam. Quem cum incendisset, et arderet, non sentiebat propter nimiam flammam concupiscentiæ carnalis. Et ita usque mane faciens, incendit omnes digitos. Illa autem infelix videns quod faciebat, a timore velut lapis facta est. Et venientes juvenes mane ad monachum illum, dicebant: Venit hic mulier sero? Ille autem dixit: Etiam; ecce ubi dormit. Et intrantes invenerunt eam mortuam. Et dicunt: Abba, mortua est. Tunc ille recutiens palliolum suum, quo utebatur, ostendit eis manus suas, dicens: Ecce quod mihi fecit filia ista diaboli, perdidit omnes digitos meos. Et narrans eis quod factum fuerat, dicebat: Scriptum est, ne reddas malum pro malo (*Prov.* xvii; *Thess.* v; *I Pet.* iii). Et faciens orationem, suscitavit eam. Quæ conversa, caste egit residuum tempus vitæ suæ.

38. Frater quidam impugnabatur a fornicatione. Contigit autem eum venire in vicum quemdam Ægypti, et videns filiam sacerdotis paganorum, adamavit eam, dixitque patri ejus: Da mihi eam uxorem. Ille autem respondens dixit ei: Non possum eam tibi dare, nisi rogavero deum meum. Et abiens ad dæmonem quem colebat, dixit ei: Ecce quidam monachus venit ad me, volens accipere filiam meam; do ei eam? Respondens dæmon, dixit: Si negat Deum suum, et baptismum, et propositum monachi, interroga eum. Et veniens sacerdos dixit ei: Nega Deum tuum, et baptismum, et propositum monachi, et dabo tibi filiam meam. Ille vero consensit. Et statim vidit velut columbam exire de ore suo, et volare in cœlum. Pergens autem sacerdos ad dæmonem, dixit: Ecce promisit se tria illa facturum. Tunc respondens diabolus dixit ei: Non des ei filiam tuam in uxorem, quia Deus ejus non recessit ab eo, sed adhuc adjuvabit eum. Et veniens sacerdos dixit illi fratri: Non tibi possum eam dare, quia Deus tuus adhuc adjuvat te, et non recessit a te. Hæc audiens frater, dixit in semetipsum: Si tantam bonitatem ostendit in me Deus, cum ergo infelix negaverim et ipsum, et baptismum, et propositum monachi, bonus autem Deus etiam sic malum nunc usque adjuvat me, cur ego recedam ab eo? Et in semetipsum reversus, recepit sobrietatem mentis, et venit in eremum ad magnum

quemdam senem, et narravit ei quæ fuerant acta. Et respondens senex, dixit ei : Sede mecum in spelunca, et jejuna tres hebdomadas continuas, et ego deprecabor Deum pro te. Et laboravit senex pro fratre, et deprecatus est Deum, dicens : Obsecro, Domine, dona mihi animam hanc, et suscipe pœnitentiam ejus. Et exaudivit orationem ejus Deus. Et cum completa fuisset prima hebdomada, venit senex ad illum fratrem, et interrogavit illum, dicens : Aliquid vidisti? Et respondens frater, dixit : Etiam ; vidi columbam sursum in altitudine cœli contra caput meum stantem. Et respondens senex, dixit ei : Attende tibimetipsi, et deprecare Deum intente. Secunda vero hebdomada venit senex iterum ad fratrem, et interrogavit eum, dicens : Vidisti aliquid? Et respondit : Vidi columbam venientem juxta caput meum. Et præcepit ei senex, dicens : Sobrius esto mente, et ora. Et completa tertia hebdomada, venit iterum senex, et interrogavit eum, dicens : Ne aliquid plus vidisti? Et ille respondit, dicens : Vidi columbam, quia venit et stetit supra caput meum, et tetendi manum meam tenere eam, illa autem surgens intravit in os meum. Et 580 gratias agens Deo senex, dixit fratri : Ecce suscepit Deus pœnitentiam tuam; de cætero attende temetipsum, et esto sollicitus. Et respondens frater dixit : Ecce amodo tecum ero donec moriar.

39. Dicebat quidam de Thebæis senibus, quod filius esset sacerdotis idolorum; et cum parvulus sederet in templo, vidisset patrem suum frequenter ingredi, et sacrificia offerre idolo; et quia semel post ipsum occulte intraverit, et viderit Satanam sedentem, et omnem militiam ejus astantem ei · et ecce unus de principibus ejus veniens adoravit eum. Cui diabolus dixit : Unde venis tu? Et ille respondit : In illa provincia eram, et suscitavi ille bella et perturbationes plurimas, effusiones sanguinis faciens, et veni nuntiare tibi. Et diabolus interrogavit eum : In quanto tempore hoc fecisti? Et ille respondit: In triginta diebus. Et diabolus jussit eum flagellari, dicendo : Tanto tempore hoc fecisti? Et ecce alius veniens adoravit eum. Et ipsi dixit : Unde venis tu? Et respondit dæmon : In mari eram, et suscitavi commotiones, et demersi naves, et multos homines occidens, veni nuntiare tibi. Et dixit diabolus : Quanto tempore hoc fecisti? Et ille respondit : Sunt dies viginti. Et hunc similiter jussit flagellari, dicens : Quare in tantis diebus hoc solum fecisti? Et tertius veniens adorabat eum. Dixit autem et huic : Et tu unde venis? Et respondit : In illa civitate fui ; et dum ibi fierent nuptiæ, excitavi lites, et multas effusiones sanguinis feci; insuper et ipsum sponsum occidi, et veni nuntiare tibi. Et dixit ei : In quantis diebus hoc fecisti? Et respondit : Decem. Jussit autem, tanquam moras fecerit, et hunc flagellari. Venit autem alius adorare eum, et dixit ei : Unde venis? Et respondit ei : In eremo eram; ecce quadraginta anni sunt, quod impugno monachum quemdam; et vix nocte ista prævalui, ut facerem eum fornicari. Quod diabolus audiens surrexit, et osculatus est eum : et tollens coronam quam ipse habebat, posuit in capite illius, et fecit eum sibi in una sede considere, dicens : Magnam rem fortiter gessisti. Hoc ego cum audissem, et vidissem, dixi intra meipsum : Valde magnus est ordo monachorum.

40. Dicebant de quodam Patre quia sæcularis fuisset, et post conversus est, et de concupiscentia uxoris suæ frequenter stimulabatur, et narrabat hoc Patribus. Qui cum vidissent quia operarius esset, et majora faciebat quam illi dicebant, imponebant ei quædam, ut debilitaretur corpus ejus, ita ut nec surgere posset. Deo autem dispensante, venit quidam pater ut applicaret in Scythi ; et cum venisset ad cellam ejus, vidit eam apertam, et pertransivit ad,urans quomodo nemo egressus esset in occursum ejus. Et reversus pulsabat, dicens : Ne forte frater qui in ea habitat infirmetur. Et cum pulsasset, intravit, et invenit eum nimium infirmum. Et dicit ei : Quid habes, Pater? Et narravit ei, dicens : Ego de sæculari vita sum, et sollicitat me modo inimicus in uxore mea : et narravi Patribus, et imposuerunt mihi conversationis onera diversa. Et cum obedienter implere vellem, ecce defeci, et tamen stimulus crescit. Audiens hæc senex, contristatus est, et dixit ei : Equidem Patres, ut potentes viri bene tibi imposuerunt onera, quibus gravaris ; sed si me parvulum audis, jacta a te hæc, et sume parum cibi in tempore suo, et recolliges vires tuas, fac aliquantum opus Dei, et jacta in Domino cogitatum tuum (*Psal.* LIV), quoniam tuo labore hanc rem non poteris superare. Corpus enim nostrum velut vestimentum est. Si illud diligenter tractaveris, stabit ; si autem neglexeris illud, putrescet. Qui cum audisset eum, fecit ita, et intra paucos dies recessit ab eo stimulus ille.

41. Monachus quidam solitarius antiquus, et conversatione proficiens, sedebat in monte in partibus Antinoo, sicut audivimus a notis monachis, cujus verbis et actu multi proficiebant. Et cum talis esset, excitatus est diabolus ad invidiam contra eum, sicut et contra omnes virtutum viros, et immittit animo ejus cogitationem talem, ut ei qui in tali conversatione esset non deberet serviri ab alio, aut ministerium exhiberi, sed magis ipsum debere aliis ministrare. Quod si aliis non exhiberet ministerium, saltem sibi ipsi serviret, dicens : Vende ergo in civitate sportellas quas facis, et eme tibi quæ opus sunt, et revertere ad locum tuum, et nulli sis onerosus. Hoc autem suggerebat diabolus, invidens quieti ejus et opportunæ vacationi ad Dominum, et utilitati multorum. Undique enim inimicus venari eum et capere festinabat. Ille vero tanquam bonæ cogitationi acquiescens, descendit de monasterio suo. Et quia erat omnibus admirandus, ignotus tamen habere hujusmodi insidias astutiæ, notus autem et famosus omnibus a quibus videbatur existens. Et cum post longum tempus mulierem vidisset, pro incautela sua supplantatus est, et incurrit in eam. Et veniens in desertum locum sequente diabolo vestigia ejus, cecidit juxta flumen. Et cogitans quia gavisus 581 est ini-

micus de ruina ejus, voluit semetipsum desperare, quia Spiritum Dei maxime contristaverit, et sanctos angelos, et venerabiles Patres, quorum multi etiam in civitatibus habitantes superaverunt diabolum. Et cum nulli horum se facere similem posset, contristabatur valde, et non recordabatur quia Deus est qui virtutem tribuit his qui ad eum devotissime convertuntur. Caecatus ergo, et non videns peccati sui curam, voluit se in flumen illud jactare, ut perfectum gaudium faceret inimico. Ex multo itaque animi dolore infirmatus est corpore; et nisi postea misericors Deus auxilium praestitisset ei, ad perfectum gaudium inimici sine poenitentia moraretur. Novissime autem in se reversus, cogitavit majorem laborem in afflictione poenitentiae demonstrare, et supplicare Deo in fletu et luctu, et ita rediit iterum ad monasterium suum. Et damnans ostium cellae suae, sicut solet super mortuum, ita flebat supplicans Deo. Jejunans autem et vigilans cum omni anxietate attenuavit corpus suum; et nec sic satisfactum putabat animo suo, quia congrue poenituisset. Fratribus autem saepe ad eum venientibus suae utilitatis causa, et pulsantibus ostium, ipse dicebat non se posse aperire, dicendo : Sacramento me constrinxi unum annum devote me poenitentiam agere; sed orate pro me. Nec enim inveniebat quomodo eis excusaret, quoniam illi scandalizabantur haec audientes de eo, quia erat apud eos honorabilis et valde magnus monachus. Et fecit totum annum intente jejunans, et devote poenitentiam agens. Die autem Paschae nocte ipsa resurrectionis Dominicae, tollens lucernam novam posuit in cacabo novo. Et cooperiens de cooperculo, a sero surrexit ad orationem, dicens : Misericors et miserator Dominus; qui et barbaros salvare vis, et ad veritatis agnitionem venire, ad te confugi fidelium Salvatorem, miserere mihi qui te plurimum exacerbavi, inimicum gaudere feci, et ecce mortuus sum obediens ei. Tu, Domine, qui et impiis et his qui sunt sine misericordia misereris, sed et proximis misericordiam impendere praecipis, miserere humilitati meae. Apud te enim impossibile nihil est, quoniam secus infernum dissipata est sicut pulvis anima mea. Fac misericordiam, quia benignus es et misericors, figmento tuo, qui et corpora quae non sunt in die resurrectionis resuscitaturus es. Exaudi me, Domine, quia defecit spiritus meus, et infelix anima mea. Tabefactum est etiam corpus meum, quod coinquinavi. Et jam vivere non valeo, pro eo quod non credidi. Ignosce peccatum per poenitentiam, duplex habenti peccatum ex desperatione. Vivifica me contritum, et igne tuo praecipe hanc lucernam accendi. Ut et ego accipiens fiduciam misericordiae et indulgentiae tuae, per residuum tempus vitae meae, quod mihi donaveris, mandata tua custodiam, et a timore tuo non recedam, sed devote serviam tibi amplius quam primo. Et haec in nocte ipsa resurrectionis cum multis lacrymis dicens, surrexit ut videret si accensa esset lucerna. Et detecto cacabo, vidit quia non esset accensa. Et cecidit iterum in faciem suam, rogans Dominum, et dicens : Scio, Domine, quia certamen factum est ut coronarer, non steti in pedibus, eligens magis propter carnis delectationem tormentis impiorum addici. Parce ergo mihi, Domine. Ecce enim iterum confiteor tuae bonitati turpitudinem meam coram angelis tuis, et coram justis omnibus, et nisi quia scandalizari possent, etiam hominibus omnibus confiterer. Deus miserere mei, ut et alios erudiam; Domine, vivifica me. Et ita tribus vicibus orans, exauditus est. Et exsurgens invenit lucernam ardentem clare. Et exsultans spe, confortatus gaudio cordis est, admirans de gratia Dei, qui ita et peccatis ejus indulsit, et satisfecit juxta petitionem ejus et animum ipsius, et dicebat : Gratias ago tibi, Domine, quia etiam vitae saeculi hujus indigno misertus es, magno et novo hoc signo fiduciam tribuens, parcis enim misericors animabus, quas tu creas. Ita autem perseverante eo in confessione illuxit dies. Et laetabatur in Domino, oblitus cibi corporalis. Ignem autem lucernae illius toto tempore vitae suae servavit, oleum subinde superinfundens, et faciens desuper quo minus exstingueretur. Et ita rursus divinus Spiritus habitavit in eo, et factus est apud omnes insignis, humilitatem exhibens in confessione et actione gratiarum Domino cum laetitia. Cui etiam ante aliquot dies mortis suae relatum est de transitu suo.

LIBELLUS SEXTUS.

De eo quod monachus nihil debeat possidere.

1. Frater quidam renuntians saeculo, et dans quae habebat pauperibus, retinens autem pauca in sua ratione, venit ad abbatem Antonium (*Ruff.*, *lib.* III, n. 63). Quod cum agnovisset senex, dixit ei : Si vis monachus fieri, vade in illum vicum, eme carnes, et impone corpori tuo nudo, et sic veni huc. Et cum sic fecisset frater ille, canes et aves corpus ejus lacerabant. Cum pervenisset autem ad senem, interrogavit si fecisset quod ei dixerat. Illo autem ostendente corpus suum laceratum, dixit sanctus Antonius : Qui renuntiant saeculo, et volunt habere pecunias, ecce ita impugnati a daemonibus discerpuntur.

2. Narravit abbas Daniel de abbate Arsenio, quia venit aliquando Magistrianus (24), deferens ei testamentum cujusdam senatoris parentis ejus, qui reliquerat ei haereditatem magnam valde. Et accipiens testamentum, voluit illud scindere : Magistrianus autem cecidit ad pedes ejus, dicens : Deprecor te, ne scindas illud, quia incidetur mihi caput. Et dicit ei abbas Arsenius : Ego prius mortuus sum quam ille. Ipse autem modo mortuus est, quomodo me fecit haeredem? Et remisit testamentum, nihil accipiens.

3. Aegrotavit aliquando memoratus abbas Arsenius in Scythi, et opus habuit in necessitate sua usque ad unam siliquam nummi. Et cum non inveniret, accepit a quodam velut eleemosynam, et dixit : Gratias tibi ago, Domine, quia me dignum fecisti pro nomine tuo ad hoc pervenire, ut egens eleemosynam postularem.

4. Narraverunt de abbate Agathone, quia longo tempore cellam sibi cum suis discipulis fabricaret. Quam cum perfecissent, et coepisset illic habitare,

vidit in ipsa hebdomada quædam non utilia sibi ; et dixit discipulis suis illud quod Dominus apostolis dixerat : Surgite, eamus hinc (*Joan.* xiv). Discipuli autem contristati sunt valde, dicentes : Si omnino voluntatem habebas migrandi hinc, ut quid tantum laborem sustinuimus, ædificantes longo tempore cellam ? Incipient autem homines scandalizari in nobis, et dicere : Ecce iterum migrant, nusquam sedentes. Ille autem cum eos vidisset pusillanimes effectos, dicit eis : Etsi scandalizantur aliqui; sed iterum sunt alii qui ædificentur et dicunt : Beati sunt isti, quia propter Deum migraverunt, et sua omnia contempserunt. Verumtamen dico vobis, qui vult venire, veniat, quia ego interim vado. Illi vero prostraverunt se in terram, rogantes ut concederet secum abire.

5. Dixit abbas Evagrius (25) fuisse quemdam fratrem, qui nihil habuit in substantia sua, nisi tantum Evangelium, et ipsum vendidit in pauperum nutrimento (*Ruffin., l.* iii, *n.* 70, *nomine Serapionis*). Dicens quædam verbo, quod memoriæ dignum est commendari : Ipsum etiam, inquit, verbum vendidi, quod jubet : Vende omnia, et da pauperibus (*Matth.* xix).

6. Abbas Theodorus, cognomento de Pherme, habebat tres Codices bonos. Et cum venisset ad abbatem Macarium, dixit ei : Habeo tres Codices, et proficio ex lectione eorum. Sed et fratres petunt eos ad legendum , et ipsi proficiunt. Dic ergo mihi quid debeo facere? Et respondens senex, dixit : Boni sunt quidem actus, sed melius omnibus est nihil possidere. Quod cum audisset, abiit, et vendidit memoratos Codices, et dedit indigentibus pretium ipsorum.

7. Narravit quidam Patrum de abbate Joanne Persa, quia ex multis virtutibus suis ad profundam simplicitatem atque innocentiam pervenerit (*Ruff., lib.* iii, *n.* 148). Hic autem manebat in Arabia vicina Ægypti. Et mutuavit aliquando a fratre suo solidum unum, et emit linum ut operaretur. Et venit frater rogans eum, et dicens : Dona mihi, abba, aliquantum lini, et faciam mihi vestimentum quo utar. Et dedit ei cum gaudio. Similiter et alius veniens rogavit eum ut daret ei aliquantum lini, ut faceret sibi tegumentum. Et dedit ei. Et multis aliis petentibus dabat simpliciter cum gaudio. Postea venit dominus solidi quem mutuo acceperat, volens recipere quod mutuaverat. Et dixit ei senex : Ego affero tibi eum. Et cum non haberet unde redderet, abiit ad abbatem Jacob dispensatorem, ut rogaret eum, et daret ei solidum. Et cum iret, invenit in terra jacentem solidum, et non tetigit eum, sed fecit orationem, et reversus est in cellam suam. Et venit iterum frater ille, et cœpit ei molestus esse pro solido. Et dicit ei : Ego reddam tibi. Et abiit iterum senex, et invenit solidum in terra ubi erat prius, et rursus facta oratione reversus est. Et ecce iterum cœpit frater ille molestus esse, et dicit senex : Adhuc semel me expecta, et affero tibi solidum tuum. Et surgens venit ad illum locum, et invenit ipsum solidum ibi; et facta oratione tulit eum, et venit ad abbatem Jacobum, et dicit : Abba, cum venirem ad te, inveni hunc solidum in via. Ostende ergo charitatem, et prædica jejunium, ne quis perdiderit eum. Et prædicavit abbas, et nemo est inventus qui perdidisset eum. Tunc vero dicit abbati Jacobo : Si ergo nemo eum perdidit, do eum illi fratri, quia ipsi debeo solidum. Et cum venirem ad te ut tu mihi solidum præstares, et redderem debitum, inveni eum in via. Et miratus est abbas Jacobus, quomodo compulsus pro debito invenisset, et non statim tulisset eum, et reddidit solidum fratri illi. Et hoc erat mirabile de ipso : quia si veniebat quis mutuum aliquid petere ab eo, non per seipsum dabat, sed dicebat fratri mutuum postulanti : Vade, tolle tibi tu ipse quod opus habes. Et quando referebat quod mutuum accepisset, dicebat ei : Repone illud iterum unde tulisti. Si autem nihil referebat ille qui mutuum acceperat, senex nihil dicebat ei.

8. Narraverunt quidam Patrum quia venit aliquando frater aliquis in conventum Cellarum coram abbate Isaac, vestitus modicum cucullum ; et spectabat eum senex, dicens : Hic monachorum est habitatio ; tu sæcularis es, et non poteris hic esse.

9. Dicebat autem fratribus abbas Isaac : Patres nostri et abbas Pambo, vetustis et de multis partibus resarcitis vestibus utebantur, nunc autem pretiosis vestibus utimini. Discedite hinc, desertastis locum hunc. Quando autem perfecturi erant ad messem, dicebat eis : Jam vobis nulla mandata dabo, quia non observatis.

10. Dixit abbas Cassianus (*Cassian., lib.* vii *Instit., c.* 19) quia Syncleticus aliquis nomine renuntiasset sæculo, et facultates suas pauperibus dividens, aliqua sibi retinuisset ad proprium usum, nolens perfecte ex omnibus renuntiantium humilitatem et communis monasteriorum vitæ suscipere regulam. Ad quem sanctæ memoriæ Basilius dixit hoc : Et senator esse desiisti, et monachum non fecisti.

11. Dixit quidam frater abbati Pisteramoni : Quid faciam, quoniam durum est mihi vendere quod manibus meis laboro. Et respondens dixit : Quia abbas Sisois et cæteri vendebant opus manuum suarum ; hoc enim non lædet. Sed quando vendis, semel dic pretium speciei quam distrahis. Et si vis relaxare modicum pretii, in te est, sic enim et quietem invenies. Iterum dixit ei frater : Si habeo quod sufficiat necessitatibus meis aliunde, videtur tibi ut non cogitem de labore manuum? Respondens senex, dixit : Quantumvis habeas , non negligas operari, et quantum potes, fac, tantum non cum turbatione animi.

12. Frater interrogavit abbatem Serapionem, dicens : Dic mihi unum verbum. Dicit senex : Quid tibi habeo dicere, quia tulisti ea quæ erant viduarum et orphanorum, et posuisti in fenestra. Viderat enim eam codicibus plenam.

13. Interrogata est beatæ memoriæ Syncletica : Si perfectum bonum est nihil habere? Et illa dixit : Valde bonum est his qui possunt. Etenim hi qui tolerare possunt, tribulationem quidem carnis ha-

bent, sed animæ requiem possident. Quoniam sicut fortia vestimenta dum calcantur, et pedibus sæpius reversantur, lavantur atque incandidantur, ita fortis anima per voluntariam paupertatem amplius confirmatur.

14. Dixit abbas Hyperichius: Thesaurus monachi est voluntaria paupertas. Thesauriza ergo tibi, frater, in cœlo, quia ibi ad requiescendum sine fine sunt sæcula.

15. Erat quidam sanctorum, Philagrius nomine. Hic habitabat in Jerosolymis, et laborabat operando, ut potuisset sibi ad panem sufficere. Et dum staret in platea, volens vendere quod manibus suis fuerat operatus, contigit ut caderet cuidam saccellus cum solidis mille, et inveniens eum senex, stetit in eodem loco, dicens: Necesse est modo eum qui perdidit huc venire. Et ecce veniebat, qui perdiderat, plorans. Tulit ergo eum seorsum, et reddidit saccellum suum. Quem ille rogabat ut acciperet aliquam partem ex eo, sed senex nullatenus acquievit. Tunc ille cœpit clamare et dicere: Venite, et videte hominem Dei, quid fecit. Senex autem occulte fugiens, exivit de civitate, ne agnosceretur de eo quid fecerat, et honorarent eum.

16. Interrogatus est senex quidam a fratre, quid faceret ut salvus esset. Ille autem exspolians se vestimento suo, et cingens lumbos suos, atque extendens manus, dixit: Sic debet nudus esse monachus ab omni materia sæculari, et crucifigere se adversus tentationem atque certamina mundi.

17. Quidam rogavit senem quemdam, ut acciperet pecunias in suis necessitatibus profuturas. Ille autem nolebat, utpote qui operi manuum suarum esset sibi sufficiens (*Ruff.*, *lib.* III, *n.* 71). Sed dum ille persisteret obsecrando, ut saltem pro indigentium necessitate susciperet, respondit senex, et dixit: Duplex mihi opprobrium esset: quia et cum non indigeam, accipio; et aliena tribuens, vanam gloriam colligo.

18. Venerunt aliquando quidam Græcorum, ut darent eleemosynam in civitate Ostracines (26), et assumpserunt sibi œconomos ecclesiæ, ut ostenderent eis qui necessitatem majorem haberent. Illi autem duxerunt eos ad quemdam leprosum, et dederunt ei. Ille autem nolebat accipere, dicens: Ecce modicas palmas habeo, quas operor, et facio plectas, et ex eis manduco panem. Iterum duxerunt eos ad cellam unius viduæ, quæ erat cum filiabus suis. Et cum pulsarent ostium, cucurrit filia ejus ad ostium nuda. Mater autem ejus abierat ad quoddam opus; erat enim candidatrix, et dabant filiæ ejus vestimentum et nummos. Illa autem nolebat accipere, dicens venisse matrem suam, et dixisse sibi: Confide, quia voluit Deus, et inveni opus quod faciam hodie, unde habeamus victum nostrum. Et cum venisset mater ejus, rogabant eam ut acciperet; et noluit, dicens: Ego habeo curatorem meum Deum, et cum tollere vos vultis a me hodie? Illi autem agnoscentes fidem ejus, glorificaverunt Deum.

19. Venit quidam vir magnus ignotus, portans se-cum aurum in Scythi, et rogabat presbyterum eremi, ut erogaretur ad fratres. Dixit autem ei presbyter: Non opus habent fratres. Cum autem nimis esset vehemens, et non acquiesceret, posuit sportam cum solidis in ingressu ecclesiæ, et dicit presbyter: Qui opus habet, tollat. Et nemo tetigit; quidam autem nec aspexerunt. Et dicit ei senex: Suscepit Deus oblationem tuam; vade, et da illud pauperibus. Et valde ædificatus discessit.

20. Attulit quidam seni pecuniam, dicens: Habe ad expensas tuas, quia senuisti et infirmus es; erat enim leprosus. Hic autem respondens dixit: Tu post sexaginta annos venis auferre nutritorem meum? Ecce tantum temporis habens in infirmitate mea, nihil indigui, Deo tribuente et pascente me. Et non acquievit accipere.

21. Narraverunt senes de quodam hortulano quia laboraret, et omnem laborem suum expenderet in eleemosynam. Et tantum sibi retinebat, quantum ad victum ipsius sufficeret. Postea vero Satanas immisit in corde ejus, dicens: Collige tibi aliquantam pecuniam, ne cum senueris aut ægrotaveris, opus habeas ad expensas. Et collegit et implevit lagenam de nummis. Contigit autem eum infirmari, et putrefieri pedem ejus; et expendit quod collegerat in medicos, et nihil ei prodesse potuit. Postea vero venit quidam de expertis medicis, et dicit ei: Nisi incideris pedem tuum, putrefiet. Et constituerunt diem ut inciderent ejus pedem. Illa autem nocte rediens in semetipsum, et pœnitentiam agens de his quæ gessit, ingemuit et flevit, dicens: Memor esto, Domine, operum meorum priorum quæ faciebam, cum laborarem in horto meo, ex quo pauperibus ministrabam. Et cum hoc dixisset, stetit angelus Domini, et dixit ei: Ubi sunt nummi quos collegisti? et ubi est spes de qua tractasti? Tunc intelligens, dixit: Peccavi, Domine; ignosce mihi, et amodo ulterius hoc non faciam. Tunc angelus tetigit pedem ejus, et sanatus est statim. Et exsurgens mane, abiit in agrum operari. Venit ergo medicus secundum constitutum cum ferramentis, ut secaret pedem ejus; et dicunt ei: Exiit a mane operari in agro. Tunc admiratus medicus perrexit in agrum, ubi operabatur ille. Et videns eum fodientem terram, glorificavit Deum, qui reddiderat ei sanitatem.

22. Frater interrogavit senem quemdam, dicens: Vis teneo mihi duos solidos propter infirmitatem corporis (*Ruff.*, *lib.* III, *n.* 69)? Videns autem senex cogitationem ejus, quia vellet tenere, dixit ei: Etiam. Et vadens frater in cellam suam, conterebatur cogitationibus suis, dicens: Putas verum dixit mihi senex, an non? Et surgens iterum venit ad senem, agens pœnitentiam et rogans, ac dicens: Propter Dominum dic mihi veritatem, quia affligor a cogitationibus meis propter duos solidos. Dicit ei senex: Quia vidi te voluntatem habere retinendi eos, dixi tibi ut retineres, verumtamen non est bonum tenere plus quam opus est corpori. Si ergo duos solidos retinueris, in ipsis invenietur spes tua. Et si contigerit

LIBELLUS SEPTIMUS.
De patientia seu fortitudine.

1. Sanctus Antonius abbas cum sederet aliquando in eremo (*Ruffin.*, l. III, n. 105), animus ejus tædium et confusionem cogitationum incurrit, et dicebat ad Deum : Domine, volo salvus fieri, et non me permittunt cogitationes meæ. Quid faciam in hac tribulatione, quomodo salvus ero? Et modice assurgens, cœpit foras exire. Et vidit quemdam, tanquam seipsum, sedentem atque operantem ; deinde surgentem ab operibus et orantem ; et iterum sedentem, et plectam de palmis facientem, et inde rursus ad orationem surgentem. Erat autem angelus Domini missus ad correptionem et cautelam dandam Antonio. Et audivit vocem angeli, dicentis : Sic fac, et salvus eris. Ille autem, hoc audito, magnum gaudium sumpsit atque fiduciam. Et ita faciens, salutem quam quærebat invenit.

2. Frater quidam interrogavit abbatem Agathonem, dicens : Mandatum mihi venit, et est mihi pugna gravis in loco, quo est ipsum mandatum. Volo ergo propter mandatum pergere illud, et pavesco bellum. Dicit ei senex : Sic erat Agatho; implebat mandatum, et vincebat bellum.

3. Dixit abbas Ammonas, quia quatuordecim annos fecerit in Scythi, deprecans Deum die ac nocte, ut daret ei virtutem superandi iram.

4. Dixit abbas Besarion, quia quadraginta noctes manserit inter spinas stans, et non dormierit.

5. Frater quidam sedens singularis turbabatur, et pergens ad abbatem Theodorum de Pherme, dixit ei, quia conturbaretur. Senex autem dixit ei : Vade, humilia mentem tuam, et subde te, et habita cum aliis. Abiit autem in montem, et mansit cum aliis. Et reversus est postea ad senem, et dixit ei : Nec cum aliis hominibus habitans, quietem invenio. Et dixit ei senex : Si solitarius non quiescis, neque cum aliis, cur voluisti monachum facere? nonne ut sustineas tribulationes? Dic autem mihi quot annos habes in habitu isto ? Et dicit ei : Octo. Et dicit ei senex : Crede mihi, habeo in habitu isto septuaginta annos, et nec una die potui requiem invenire; et tu in octo annis requiem vis habere?

6. Interrogavit eum iterum frater quidam, dicens : Si fiat subito sonus ruinæ alicujus, fit tibi timor, abba? Et dixit ei senex : Si cœlum terræ adhæreat, Theodorus non formidat. Poposcerat enim precibus a Deo ut auferretur ab eo formido, et propterea interrogavit eum frater.

7. Dicebant de abbate Theodoro, et abbate Lucio de Nono Alexandriæ (27), quia fecerint quinquaginta annos, seducentes animos suos, et dicentes : Transacta hieme ista, migrabimus hinc. Et iterum quando flebat æstas, dicebant : Quia transacto æstivo, discedemus hinc. Et sic fecerunt toto tempore conversationis suæ semper reminiscendi Patres.

8. Dixit abbas Pastor de abbate Joanne brevis staturæ quia rogaverit Dominum, et abstulerit ab eo omnes passiones, et effectus est securus, et veniens dixerit cuidam seni : Vide hominem quietum, et nullam habentem pugnam. Et dixit ei senex : Vade, roga Dominum, ut jubeat in te moveri pugnam, quoniam proficit pugnando anima. Et cum redisset in eo pugna, ulterius non oravit, ut auferretur ab eo pugna, sed dicebat : Domine, da mihi tolerantiam sustinendi has pugnas.

9. Venit abbas Macarius major ad abbatem Antonium in montem; et cum pulsasset ostium, exivit ad eum, et dixit ei : Tu quis es? Et ille ait : Ego sum Macarius. Et claudens ostium intravit, et dimisit eum foris. Et cum vidisset postea patientiam ejus, aperuit ei. Et adgaudens ei, dicebat : Multum tempus est ex quo te videre desiderabam, audiens de te. Et exhibens ei hospitalitatem, refecit eum ; erat enim fessus de multo labore. Vespere autem facto infudit sibi abbas Antonius modicas palmas, et dicit ei abbas Macarius : Da mihi, ut ego infundam quod operer. Ille autem dixit : Non habeo plus. Et faciens fasciculum majorem, infudit eum. Et sedentes a sero, et colloquentes de utilitate animarum, faciebant plectam, et ipsa plecta per fenestram descendebat in spelunca. Et egrediens mane sanctus Antonius, vidit collectionem plectarum abbatis Macarii, et admiratus est, et osculatus manus ejus, dicebat : Multa virtus de istis egreditur.

10. Descendit aliquando ipse Macarius de Scythi ad locum qui dicitur Terenuthin, et intravit dormire in monumento, ubi erant antiquitus sepulta corpora paganorum. Et traxit unum corpus sub caput suum tanquam plumatium de scirpo (28). Dæmones autem videntes fiduciam ejus, invisi sunt, et volentes terrere eum, vocabant quasi quamdam mulierem, dicentes : Nonna (29) illa, veni nobiscum ad balneum. Et alter dæmon de sub ipso tanquam ex mortuis illis respondit, dicens : Peregrinum quemdam habeo super me, non possum venire. Senex autem non expavit, sed confidens tundebat corpus illud, dicens : Surge, vade, si potes. Quod cum audissent dæmones, clamaverunt voce magna, dicentes : Vicisti nos. Et fugerunt confusi.

11. Dicebat abbas Mathois : Volo aliquod leve opus et continuum, quam grave quod cito finitur.

12. Narraverunt de abbate Milido (30), quia cum habitaret aliquando cum duobus discipulis in finibus Persarum, exierunt duo filii imperatoris secundum consuetudinem in venationem, et miserunt retia in longum per millia quadraginta, ut quodcunque intra retia inveniretur, occiderent. Inventus est autem senex cum duobus discipulis intra retia. Et cum vidissent eum pilosum et terribilem aspectu, admirati sunt, et dixerunt ei : Homo es, an spiritus aliquis? dic nobis. Et dixit eis : Homo sum peccator, et exivi flere peccata mea; et adoro Filium Dei vivi. Illi autem dixerunt ei : Non est alius Deus, nisi Sol, et Ignis, et Aqua (31); ipsos adora, et sacrifica eis.

Et ille respondit : Ista creaturæ sunt, et erratis. Sed obsecro vos, convertimini, et agnoscite verum Deum, qui et ista creavit, et cætera omnia. Illi autem deridentes, dixerunt : Condemnatum et crucifixum dicis esse verum Deum? Etiam, inquit, ipsum qui crucifixit et occidit mortem, hunc dico esse verum Deum. Illi autem tam ipsi quam fratribus qui cum eo erant inferentes tormenta, cogebant eos sacrificare. Et duos quidem fratres post plurima tormenta decapitaverunt, senem autem diebus multis torquebant. Postea vero statuerunt eum in quodam loco, et sagittabant in ipso quasi ad signum : unus a dorso, et alter a pectore. Dicit eis senex : Quoniam facti estis in consensu in unum, ut effundatis 586 sanguinem innocentem, crastina in momento hac hora, quæ modo est, sine filiis remanebit mater vestra, et privabitur affectu vestro, et propriis sagittis invicem sanguinem vestrum effundetis. Illi autem subsannantes verba ejus, exierunt in crastino, ut venarentur. Et contigit ut evaderet unus cervus de rete eorum, et ascenderunt equos, et currebant ut comprehenderent cervum : qui cum jactassent sagittas post ipsum, invicem sibi in cor dederunt, et mortui sunt juxta verbum quod prædixerat senex.

13. Dixit abbas Pastor : Quia virtus monachi in tentationibus apparet.

14. Dixit iterum qui supra quia Isidorus presbyter de Scythi allocutus sit aliquando plebem fratrum, dicens : Fratres, nunquid non ad laborandum venimus in hoc loco? Et nunc video, quia nullus hic labor est. Ego igitur collecta pelle mea vado ubi est labor, et ibi invenio requiem.

15. Dixit sancta Syncletica : Si in monasterio cum aliis versaris, non mater locum; læderis enim, si facias hoc. Etenim sicut gallina si dereliquerit ova sua fota, sine pullis ea exire facit; ita monachus vel virgo frigescit et mortificatur in fide, de loco ad locum transeundo.

16. Dixit iterum aliud : Diabolus cum per stimulos paupertatis non moverit, divitias adhibet ad seducendum (*Ruffin.*, *l.* III, *n.* 157; *Pasch.*, *c.* 20, *n.* 1). Et dum per contumelias et opprobria non prævalet, laudes et gloriam adhibet. Sin autem satietatem corporis immittit, et cum delectationibus seducere non potest, per molestias, quæ contra votum eveniunt, animam conatur subvertere. Infirmitates autem quasdam graves expetendo adversus eum qui tentandus est adhibet, ut per eas pusillanimes faciens monachos, conturbet charitatem eorum quam habent ad Deum. Sed quamvis concidatur corpus, et febribus validis inflammetur, insuper etiam intolerabili siti affligatur, siquidem peccator es qui hæc sustines, recordare futuri sæculi pœnas, et æternum ignem, et judicialia tormenta; et ita non deficies ad ea quæ in præsenti contingunt; insuper et gaude, quia visitavit te Deus. Et illud famosissimum dictum in lingua habeto, id est, Castigans castigavit me Dominus, et morti non tradidit me (*Psal.* CXVII). Si ferrum es,

¹ Deest hoc in editione Parisiensi.

per adhibitum tibi ignem amittes æruginem. Quod si justus es et hæc pateris, de magno ad majora promoveris. Aurum es, sed per ignem probatior eris. Datus est enim tibi angelus Satanæ, stimulus carnis tuæ (*I Cor.* XII). Exsulta videns, cui similis factus es, Pauli enim simile donum meruisti accipere. Si febribus, si rigore frigoris castigaris, memor esto quid Scriptura dicit : Transivimus per ignem et aquam; residuum est quod sequitur, ut inducamur in refrigerium (*Psal.* LXV). Obtinuisti primum, exspecta secundum, agens quæ virtutum sunt. Clama verba Prophetæ, dicentis : Pauper et inops et dolens ego sum (*Psal.* LXVIII). Perfectus enim eris per hujusmodi tribulationem. Ait enim : In tribulatione dilatasti me (*Psal.* IV). In his ergo maxime exercitiis animas nostras probemus, ante oculos enim habemus adversarium nostrum.

17. Dixit iterum² : Si infirmitas molesta nobis fuerit, non contristemur, tanquam qui pro infirmitate et vulnere corporis non possimus stare ad orandum aut psallendum ad vocem. Hæc autem omnia nobis pro destruendo corporis desiderio necessaria sunt, quoniam jejunia et labores propter turpes delectationes nobis constituta sunt. Si igitur ægritudo ista retundit, superflua de his observandis ratio est. Sicut enim magno et forti medicamine ægritudo, ita ægritudine corporis vitia recidentur. Et hæc est magna virtus, quando in infirmitatibus tolerantia fuerit, et gratiarum actio mittitur ad Deum. Si amittimus oculos, non feramus graviter. Extollentiæ enim instrumentum amisimus, sed interioribus oculis gloriam Domini speculemur. Surdi facti sumus? non contristemur, quia auditum vanum amisimus. Manus vestræ ex aliqua passione debilitatæ sunt? sed interiores paratas habeamus adversus inimici tentationes. Infirmitas totum corpus nostrum tenet? sed nostro interiori homini sanitas crescit.

18. Dixit iterum qu e supra² : Qui in sæculo isto aliqua crimina commiserunt, etiam nolentes mittuntur in carcerem, et nos pro peccato nostro redigamus nosmetipsos in custodiam, ut voluntaria mentis nostræ vindicta futuras a nobis pœnas amoveat. Si jejunas, non tibi invenias occasionem dicendi, quia exacerbatus in ægritudinem incurristi, quoniam et qui non jejunant similes ægritudines incurrunt. Inchoasti aliquid boni? non revoceris per impedimenta inimici, quoniam et ipse inimicus patientia tua destruetur. Etenim qui navigare cœperunt, primo pandentes vela prosperum ventum inveniunt; postea autem contrarius ventus eis occurrit. Sed nautæ non mox propter incursum contrarii venti, aut exonerant aut deserunt navim, sed paululum sustinentes aut pugnantes adversus procellam, iterum rectum cursum inveniunt. Ita ergo et nos in contrarium spiritum incurrentes, crucem pro velo erigamus, 587 et sine periculo sæculi istius navigium explicabimus.

19. Dicebant de abbatissa beatæ memoriæ virgine Sara, quod supra alveum fluminis sexaginta annos

² Deest hoc in edit. Parisiensi.

habitaverit, et nunquam inclinata est, ut flumen ipsum aspiceret.

20. Dixit abbas Hypericius: Hymni spirituales sint in ore tuo, et meditatio assidua sublevet pondus tentationum supervenientium tibi. Hujus enim rei exemplum manifestum est viator sarcina alicujus oneris præfgravatus, flando et respirando, oneris et viæ paulatim laborem imminuit.

21. Dixit iterum qui supra: Oportet nos adversus tentationes armari, quoniam modis omnibus veniunt; sic enim supervenientibus eis probati apparebimus.

22. Dixit quidam senex: Si venerit homini tentatio, undique ei multiplicantur tribulationes, ut pusillanimis fiat et murmuret. Et narravit senex ita: Frater quidam erat in cella, et venit super eum tentatio; et si quis eum videbat, nec salutare eum volebat, neque in cellam recipere; et si opus habebat panem, nemo mutuabat ei; et si de messe veniebat, nemo eum, sicut erat consuetudo, ut reficeret, invitabat. Venit autem semel de messura per cauma, nec panes habuit in cella sua; et in his omnibus gratias agebat Deo. Videns autem Deus patientiam ejus, abstulit bellum tentationis ab eo. Et ecce quidam statim ostium pulsabat, trahens camelum onustum pane ab Ægypto; quod cum vidisset frater ille, cœpit flere, dicens: Domine, non sum dignus vel modice tribulari. Et cum transisset tribulatio ejus, tenebant eum fratres in cellis suis, et in ecclesia, et repausabant eum.

23. Dicebat senex: Propterea non promovemur, quia nescimus mensuras nostras, neque patientiam habemus in opere quod cœpimus, sed sine labore aliquo virtutem volumus possidere.

24. Quidam frater interrogavit senem, dicens: Quid facio, quia cogitatio mea non dimittit me hora una sedere in cella mea? Et dicit ei senex: Fili, revertere, sede in cella tua, et labora manibus tuis, et ora Deum incessanter, et jacta cogitatum tuum in Domino, et ne te quis seducat exire inde. Et dicebat: Quia erat quidam adolescens sæcularis, habens patrem, et desiderabat fieri monachus: et dum multum supplicaret patri suo ut dimitteret eum conversari, non acquiescebat; postmodum autem rogatus a fidelibus amicis vix acquievit. Et egressus frater ille adolescens, introivit in monasterium; et factus monachus cœpit omne opus monasterii perfecte perficere, et jejunare quotidie; cœpit etiam et biduanas abstinere, similiter semel in hebdomada reficere. Videbat autem eum abbas suus, et mirabatur, et benedicebat Deum in abstinentia et labore ipsius. Contigit ergo post aliquod tempus, cœpit frater ille supplicare abbati suo, dicens: Rogo te, abba, ut dimittas me, et vadam in eremo. Dicit ei abbas: Fili, noli hoc cogitare, non potes sufferre talem laborem, et præterea tentationes diaboli et versutias ejus; et cum contigerit tibi tentatio, non invenies ibi qui te consoletur a perturbationibus inimici, quæ tibi illatæ fuerint. Ille autem cœpit amplius rogare eum ut permitteret abire. Videns autem abbas ejus quia tenere eum non poterat, facta oratione, dimisit eum. Postmodum dicit abbati suo: Rogo te, abba, ut concedas qui ostendant mihi iter, quo pergere debeam. Et ordinavit cum eo duos monachos monasterii, et abierunt cum eo. Ambulantibus autem eis per eremum una die et altera, defecerunt præ æstu, et projicientes se in terram jacebant, et soporati modico somno, ecce aquila venit, percutiensque eos de alis suis, præcessit procul, et sedit in terra. Evigilantes viderunt aquilam, et dixerunt ei: Ecce angelus tuus, surge et sequere eam. Et surgens, valedicensque fratribus, sequebatur eam; et venit usque ubi stabat aquila illa: quæ mox surgens, volavit usque ad unum stadium, et iterum sedit; similiter sequebatur eam frater ille: et iterum volavit, et sedit non longe, et factum est hoc per horas tres. Postmodum autem dum sequeretur eam, divertit ipsa aquila in dexteram partem sequentis se, et non comparuit. Frater ergo ille nihilominus sequebatur; et respiciens, vidit tres arbores palmarum, et fontem aquæ, et speluncam modicam, dixitque: Ecce est locus quem mihi præparavit Dominus. Et ingressus cœpit sedere in ea, sumens cibum dactylorum, et de fonte aquam bibens, et fecit ibidem annos sex solitarius, neminem videns. Et ecce una die venit ad eum diabolus in similitudinem cujusdam senioris abbatis, habens vultum terribilem. Videns autem illum frater ille timuit, et procidens in orationem, surrexit. Et dicit ei diabolus: Oremus iterum, frater. Et surgentes, dixit diabolus: Quantum temporis habes hic? Et respondit: Habeo annos sex. Dicit ei dæmon: Ecce te vicinum habui, et non potui cognoscere, nisi ante dies quatuor quia hic habitares. Et ego non longe a te habeo monasterium; et ecce anni sunt undecim, quod de monasterio non exivi hodie, quo cognovi quod hic mihi in vicino habitares. Et cogitavi mecum dicens: Vadam ad hominem Dei istum, et cum eo conferam quod potest esse saluti animæ nostræ? Et hoc dico, frater, quia nihil proficimus sedentes in cellis nostris, quia corpus et sanguinem Christi non percipimus, et timeo ne efficiamur exteri ab eo, si nos ab hoc mysterio elongaverimus; sed dico tibi, frater, ecce hinc ad tria millia est monasterium habens presbyterum; eamus cata Dominicum diem, aut post duas hebdomadas, et accipiamus corpus et sanguinem Christi, et revertamur ad cellas nostras. Placuit autem hæc suasio diabolica fratri illi: Et veniente Dominico die, ecce diabolus venit et dicit ei: Veni, eamus, quia hora est. Et exeuntes perrexerunt ad prædictum monasterium, ubi ille presbyter erat; et ingressi in ecclesiam, miserunt se in orationem. Et exsurgens ab oratione frater ille, respiciens non invenit hunc qui adduxerat eum illuc, et dixit: Ubi putas perrexit? ne ad commune necessarium ambulavit? Et cum diu sustineret, non venit. Postmodum autem exiens foras, requirebat eum. Et cum non reperisset, dixit ad fratres loci illius interrogans eos: Ubi est abbas ille, qui mecum in ec-

clesiam ingressus est? Et dicunt ei : Nos neminem vidimus alium nisi te tantum. Tunc cognovit frater ille quia dæmon fuisset, et dixit : Vide cum qua argutia diabolus me ejecit de cella mea; sed tamen non ad me pertinet, quia ad bonum opus veni; percipio corpus et sanguinem Christi, et sic revertar ad cellam meam. Et post factas missas in ecclesia, volens reverti frater ille ad cellam suam, tenuit eum abbas monasterii ipsius, dicens : Nisi refeceris nobiscum, non dimittemus te reverti. Et cum percepisset cibum, reversus est in cellam suam. Et ecce iterum diabolus venit in similitudinem juvenis cujusdam sæcularis, et cœpit eum respicere a summo capite usque ad pedes, et dicere : Ipse est iste? Non est hic. Et cœpit eum considerare. Et dixit ei frater : Quare me sic respicis? At ille ait : Puto non me cognoscis : tamen post tantum tempus quomodo me habes cognoscere? ego sum vicinus patris tui, filius illius. Quomodo? Non est dictus pater tuus sic, et mater tua tale nomen non habuit, et soror tua sic non est dicta, et tu sic non vocaris? et mancipia illa et illa sic non sunt dicta? Mater vero tua et soror ante tres annos mortuæ sunt; pater vero tuus modo defunctus est, et te fecit hæredem, dicens : Cui habeo dimittere substantiam meam, nisi filio meo viro sancto, qui reliquit sæculum, et abiit post Deum? Ipsi dimitto omnia bona mea. Modo autem qui habet Dominum, et scit ubi est, dicat, ut veniens distrahat omnem substantiam, et eroget eam pauperibus pro anima mea et sua. Et perrexerunt multi requirentes te, et minime invenerunt; ego autem veniens ex occasione pro quodam opere huc, cognovi te : unde non facias moras, sed veni et vende omnia, et fac secundum voluntatem patris tui. Respondens frater ille dixit : Non necesse habeo reverti ad sæculum. Dicit diabolus : Si non veneris, et deperierit substantia illa, in conspectu Dei tu exinde reddes rationem. Quid enim mali dico tibi, ut venias et eroges ea pauperibus et egenis, quomodo bonus dispensator, ut non a meretricibus et male viventibus extricetur, quod pauperibus dimissum est? aut quid onerosum est ut venias et facias eleemosynas secundum voluntatem patris tui pro anima tua, et revertaris in cellam tuam? Quid multa? suadens fratrem deposuit in sæculum; et veniens cum eo usque ad civitatem, reliquit eum. Voluit autem frater ille ingredi in domum patris sui, tanquam jam defuncto eo, ecce ipse pater ejus vivus egrediebatur; et videns eum non cognovit, et ait ad eum : Tu quis es? Ille vero turbatus nihil poterat respondere. Et cœpit eum iterato pater ejus interrogare unde esset. Tunc confusus, dixit ei : Ego sum filius tuus. Et ait ei : Ut quid reversus es? Erubescebat autem ei dicere, quod ventum erat, sed dixit : Charitas tua fecit me reverti, quia desiderabam te. Et remansit ibi. Et post aliquantum tempus incurrit in fornicationem, et multis suppliciis afflictus a patre suo, infelix ipse non egit pœnitentiam, sed remansit in sæculo; ideoque dico, fratres, quia monachus nunquam debet quovis, suasus ab aliquo, egredi cellam suam.

25. Venerunt quidam in eremo ad senem quemdam magnum, et dixerunt ei : Quomodo contentus es hic, abba, et sustines laborem hunc (*Ruff.*, *lib.* III, *n.* 3)? Et dixit eis senex : Totus labor temporis mei, quem hic sustineo, non est idoneus comparari ad unam diem tormentorum quæ peccatoribus in futuro sæculo præparantur.

26. Dicebat senex : Quia antiqui non cito migrabant de loco ad locum, nisi forte pro tribus rebus, id est, si quis erat, qui contristaretur adversus eum, et satisfaciens ei per omnia non potuisset eum placare; aut iterum si contigisset ut a pluribus laudaretur, aut si in tentatione fornicationis incurrisset.

27. Frater quidam dixit abbati Arsenio : Quid facio, abba, quia affligor a cogitatione mea, dicens : Quia non potes jejunare, neque laborare, vel infirmos visitare, quia et hoc merces est. Videns autem senex diabolica semina esse, dixit ei : Vade, manduca, bibe, et dormi, tantummodo de cella non exeas, sciens quia perseverantia cellæ perducit monachum in ordinem suum. Qui cum fecisset tres dies, extædiatus est, et inveniens paucas palmulas, scidit eas; et iterum in crastino cœpit plectam facere ex eis. Qui cum esurisset, dixit intra se : Ecce aliæ paucæ sunt palmæ, explico eas, et manduco. Et cum perexpendisset eas, dixit iterum : Lego parum, et sic manduco. Et cum legisset, dixit : Dicam aliquantos psalmos, et jam securus manduco. Et ita paulatim proficiebat Deo cooperante, donec veniret ad ordinem suum. Et cum accepisset fiduciam adversus cogitationes malas, vincebat eas.

28. Interrogatus est senex, quare sedens frater in cella tædium pateretur. Et dixit ei senex : Quia adhuc non vidisti neque speratam resurrectionem, neque accensa tormenta : nam si hæc vidisses, et ita esset cella tua plena vermibus, ut usque ad collum tuum mergereris in ipsis, sustineres utique, et non extædiareris.

29. Quemdam senem rogabant fratres, ut quiesceret a gravi labore. Ille autem respondit eis : Credite mihi, o filii, quia Abraham pœnitebatur, cum videret magna et præclara dona Dei, cur non amplius fuerit in laboribus decertatus.

30. Frater interrogavit senem, dicens : Cogitationes meæ nutant, et tribulor. Et ille dixit : Tu sede in cella tua, et cogitationes iterum veniunt; sicut enim si asina ligata sit, pullus ejus vagatur et currit huc atque illuc, semper autem ad matrem suam revertitur, ubicunque ierit; ita erunt et cogitationes ejus qui propter Deum tolerabiliter in cella sua sederit; quia etsi ad modicum nutant, sed iterum revertuntur ad eum.

31. Senex quidam sedebat in eremo, qui longe habebat aquam a cella sua, per duodecim millia; ubi dum semel iret haurire aquam, defecit, et dixit : Quid necesse est ut hunc laborem patiar? Venio et abito circa aquam hanc. Et cum hoc dixisset, con-

versus vidit quemdam sequentem se et numerantem vestigia sua : interrogavit autem eum, dicens : Quis es tu? Et ille dixit : Angelus Domini sum, et missus sum numerare vestigia tua, et dare tibi mercedem. Quod cum audisset senex, forti animo factus promptior, et adhuc longius posuit cellam suam ab aqua illa.

52. Dicebant Patres : Si tibi contigerit tentatio in loco quo habitas, non deseras locum in tempore tentationis; quia si deserueris, quocunque perrexeris, ante te invenies quod fugiebas; sed patiens esto donec tentatio transeat, ne discessio tua aliis scandalum faciat, et ne forte aliis qui circa locum ipsum habitant tribulationem ingerat discessio tua.

53. Frater quidam erat in congregatione inquietus, et frequenter movebatur ad iram (*Ruffin.*, *l.* III, *n.* 98). Dicit ergo in semetipso : Vado, et solus alicubi habitabo ; et cum non habeo cum quo dicam, vel audiam, ero quietus, et quiescit a me passio irae. Egrediens ergo manebat in spelunca solus. Una autem die implens sibi surisculam aquae, posuit illam in terra : contigit autem ut subito versaretur : ille vero implevit secundo, et iterum versata est : deinde tertio implens posuit eam, et rursus versata est. Qui commotus furore, tenuit vasculum illud, et fregit; in se autem conversus, cognovit quia ab eodem daemone iracundiae sit illusus, et dixit : Ecce ego et solus sum, et vicit me; revertar ergo in congregationem, quia ubique labor et patientia opus est, et maxime adjutorium Dei. Et surgens reversus est in locum suum.

54. Frater interrogavit senem (*Ruff.*, *l.* III, *n.* 106), dicens : Quid facio, Pater, quia nihil operor monachile, sed in negligentia quadam sum manducans, bibens, et dormiens, et insuper in cogitationibus turpibus et multa perturbatione sum, transiens ab opere ad opus, et a cogitationibus ad cogitationes? Dixit autem ei senex : Tu sede in cella tua, et fac quod potes sine perturbatione; ita est enim parum quod tu modo facis, sicut quando abbas Antonius magna et plurima faciebat in eremo. Credo enim in Deo, quia quicunque sedet in cella propter nomen ejus, et custodit conscientiam suam, inveniatur et ipse in Antonii loco.

55. Interrogatus est senex, quomodo oporteat vigilantem monachum non scandalizari, quando videt aliquos ad saeculum revertentes. Et respondit : Intueri debet monachus canes, qui venantur lepores ; et sicut unus ex eis videns leporem insequitur, caeteri autem tantummodo canem videntes currentem, aliquandiu cum ipso currunt, postea vero lassantes post se revertuntur ; solus autem ille qui vidit leporem sequitur donec comprehendat, nec impeditur ab intentione cursus sui propter illos qui post se revertuntur, sed neque praecipitiis, neque de silvis, neque de vepribus cogitans, sed in spinis aliquoties incurrens raditur et pungitur, et non quiescit donec comprehendat. Ita et monachus, vel qui Dominum Christum quaerit, cruci indesinenter intendit, quae occurrunt scandala omnia praeteriens, donec ad crucifixum perveniat.

590 56. Dixit senex : Sicut arbor fructificare non potest, si saepius transfertur, sic nec monachus frequenter migrans potest fructificare.

57. Frater quidam dum sollicitaretur a cogitationibus propriis, ut exiret a monasterio, indicavit hoc ipsum abbati. Ille autem dixit : Vade, et sede, et da parieti cellae tuae corpus tuum in pignore, et non exeas inde : cogitationem autem tuam dimitte; cogitet quantum vult, tantum ne ejicias de cella tua corpus tuum.

58. Dixit senex : Cella monachi est caminus ille Babylonius, ubi tres pueri Filium Dei invenerunt ; sed et columna nubis est ex qua Deus locutus est Moysi.

59. Frater quidam novem annis mansit impugnatus a cogitationibus suis, ut exiret de congregatione fratrum, et quotidie tollebat pelliculam suam, in qua jacere solitus erat, ut exiret. Et quando fiebat vespere dicebat in seipso : Crastina hinc discedo. Et mane dicebat in cogitatione : Extorqueamus nobis hic stare et hodie propter Dominum. Qui cum implesset novem annos, de die in diem ita faciens, abstulit Dominus ab eo tentationem ejus.

40. Frater quidam incidens in tentationem, tribulando perdidit regulam monachilem ; et cum iterum vellet observantiae regularis sibi principia dare, a tribulatione impediebatur, et dicebat in seipso : Quando habeo me ita invenire, sicut aliquando eram? Et deficiens animo non praevalebat vel inchoare monachi opus. Veniens autem ad quemdam senem, narravit ei quae agebantur circa ipsum : senex autem audiens ea de quibus affligebatur, adhibuit ei tale exemplum, dicens : Homo quidam habuit possessionem, et de negligentia ejus in sentibus redacta est, et repleta est tribulis et spinis. Visum est autem ei postea ut excoleret eam ; et dixit filio suo : Vade, et purga agrum possessionis illius. Et venit filius ejus ut purgaret. Qui cum respexisset, vidit multitudinem tribulorum et spinarum increvisse ei ; et deficiens animo, dixit ad seipsum : Quando ego habeo haec omnia eradicare et purgare? Et projiciens se in terram coepit dormire; hoc autem fecit multis diebus. Posthaec venit pater ejus videre quod fecerat, et invenit eum nihil operatum. Et dixit ei : Quare usque modo nihil fecisti? Et dixit juvenis ille patri suo : Mox ut veniebam operari, pater, cum vidissem multitudinem hanc tribulorum et spinarum, revocabar ab assumptione laboris, et prae tribulatione projiciebam me in terra, et dormiebam. Tunc dixit ei pater suus : Fili, ad mensuram latitudinis, quam jacens in terra occupas, per singulos dies operare, et ita paulatim proficiet opus tuum, et tu pusillanimis non efficieris. Quod cum audisset juvenis, fecit sic ; et in parvo tempore purgata est et exculta possessio. Et tu ita, frater, paulatim operare et non deficies, et Deus per gratiam suam restituet te iterum priori ordini tuo. Hoc audito, frater ille abiit, et cum omni

ni patientia sedens faciebat sicut edoctus fuerat a sene; et sic inveniens requiem, promovebatur per Dominum Christum.

41. Senex quidam erat qui frequenter aegrotabat (*Ruffin.*, *l.* III, *n.* 158; *Pasch.*, *c.* 20, *n.* 2). Contigit autem eum uno anno non aegrotare; qui affligebatur graviter et plorabat, dicens : Dereliquit me Deus, et non visitavit me.

42. Dixit senex quia frater aliquando stimulabatur a cogitationibus suis per annos novem, ita ut metu ipso desperaret de salute sua (*Ruffin.*, *l.* III, *n.* 194); et adjudicavit semetipsum dicens : Perdidi animam meam; et jam quia perii, vadam ad saeculum. Qui cum abiret, venit ei in via vox dicens : Tentationes quas in novem annis sustinuisti, coronae tuae erunt; revertere ergo in locum tuum, et sublevabo te a cogitationibus malis. Unde agnoscitur quia non est bonum desperare de se aliquem pro his quae in cogitationibus veniunt. Illae enim cogitationes magis coronam nobis provident, si bene eas exegerimus.

43. Senex quidam erat in Thebaida sedens in spelunca, et habuit quemdam discipulum probatum : consuetudo autem erat ut senex vespere doceret discipulum, et commoneret eum quae erant animae profutura ; et post admonitionem, faciebat orationem, et dimittebat cum dormire. Contigit autem laicos quosdam religiosos scientes multam abstinentiam senis venire ad eum; et cum consolatus eos fuisset, discesserunt. Post quorum discessum sedit iterum senex vespere post missas secundum consuetudinem, admonens illum fratrem et instituens eum. Et cum loqueretur, gravatus est somno; frater autem sustinebat, donec excitaretur senex, et faceret ei juxta consuetudinem orationem. Cum ergo, non evigilante sene, diu sederet discipulus, compulsus est cogitationum suarum molestia recedere et dormire; qui extorquens sibi, restitit cogitationi, et resedit. Iterum autem compellebatur somno, et non abiit. Similiter factum est usque septies, et restitit animo suo. Posthaec jam media nocte transacta evigilavit senex, et invenit eum assidentem sibi, et dicit : Usque modo non discessisti? Et ille dixit : Non, quia me non dimiseras, **591** Pater. Et senex dixit : Quare me non excitasti? Et ille respondit : Non te praesumpsi pulsare, ne te contribularem. Surgentes autem coeperunt facere matutinos, et post matutinorum finem, dimisit senex discipulum; qui cum sederet solus, factus est in excessu mentis : et ecce quidam ostendebat ei locum gloriosum, et sedem in eo, et super sedem septem coronas. Interrogabat autem illum qui haec ostendebat ei, dicens : Cujus sunt haec? Et ille dixit : Discipuli tui, et locum quidem et sedem pro conversatione sua donavit ei Deus; has vero septem coronas nocte ista promeruit. Haec audiens senex miratus est, et tremefactus vocavit discipulum, et dicit ei : Dic mihi quid feceris nocte hac. Et ille respondebat : Ignosce mihi, Pater, quia nihil feci. Senex autem aestimans quia humiliando se non confiteretur, dixit ei : Crede, non quiesco, nisi dixeris mihi quid fecisti, vel quid cogitasti nocte hac. Frater autem nihil sibi conscius quid egisset, non inveniebat quid diceret ; dicebat autem seni : Ignosce mihi, Pater, nihil feci, nisi tantum hoc quod compulsus sum motu cogitationum mearum, ut discederem et dormirem septies, sed quia a te dimissus secundum consuetudinem non fueram, non recessi. Audiens autem hoc senex, statim intellexit quia quoties restitit cogitationi suae, toties coronabatur a Deo. Et fratri quidem nihil horum dixit, causa utilitatis ejus, sed aliis narravit haec spiritualibus Patribus, ut discamus quia et pro parvis cogitationibus Deus nobis coronam tribuit. Bonum ergo est, ut extorqueat sibi ipse homo in omni re propter Deum ; etenim, sicut scriptum est, Regnum coelorum vim patitur, et violenti diripiunt illud (*Matth.* XI).

44. Aegrotavit aliquando senex quidam qui solitarius habitabat; et quia non habebat qui ei serviret, surgebat, et quodcunque invenisset in cella sua, manducabat; et cum aliquot diebus ita fieret, nemo veniebat ad visitationem ejus. Transactis autem triginta diebus, et nullo veniente ad eum, misit Dominus angelum suum, qui ministraret ei ; et cum sic fieret per septem dies, recordati sunt patres et dixerunt ad invicem : Eamus et videamus ne forte infirmetur ille senex. Cum ergo venissent, et pulsassent, discessit angelus ab eo. Senex autem de intro clamavit : Discedite hinc, fratres. Illi autem levantes a cardine ostium intraverunt, et interrogaverunt eum, quare clamaverit. Et ille dixit : Quia triginta dies habui laborans infirmitate, et nemo me visitavit; et ecce jam dies septem sunt, ex quo Dominus angelum misit ut ministraret mihi, qui cum venissetis, recessit a me. Et haec dicens dormivit in pace. Fratres autem mirati sunt, et glorificaverunt Deum, dicentes : Quia non derelinquit Dominus sperantes in se.

45. Dixit quidam senex : Si te occupaverit infirmitas corporis , noli pusillanimis fieri ; quia si te Dominus Deus vult corpore debilem fieri, quis es qui moleste suspicias? Nonne ipse pro te cogitat de omnibus? nunquid sine ipso vivis? Patienter ergo fer, et roga eum ut donet tibi quae expediunt, hoc est, ut quod voluntas ipsius est facias , et sede cum patientia manducans quod habes in charitate.

46. Narravit quidam Patrum, dicens : Quia cum essem in Oxyrincho, venerunt ibi pauperes in vespere Sabbati ut acciperent agapem ; et dormientibus eis, erat ibi quidam habens tantummodo mattam, cujus medietatem sibi subtermittebat, et medietate cooperiebatur, erat enim ibi validum frigus. Et cum exisset ad urinam , audivi eum murmurantem et gementem de frigore, et consolabatur semetipsum, dicens : Gratias ago tibi, Domine; quanti sunt modo divites in custodia, qui etiam in ferro sedent, aut pedes habent in ligno constrictos, qui neque urinam suam libere faciant; ego autem velut imperator sum, extendens pedes meos, et ubi volo ambulo. Haec illo dicente, ego stabam audiens verba ejus ; ingrediens

autem, narravi ea fratribus, et audientes ea multum ædificati sunt.

47. Frater interrogavit senem quemdam dicens : Si fuero in aliquo loco, et nata fuerit mihi tribulatio, et non habuero cui me committam, et indicem passionem animi mei; quid facio? Dixit ei senex : Crede in Deo, quia ipse mittet angelum et gratiam suam, et ipse tibi est consolatio, si in charitate rogaveris eum. Et addidit dicens : Audivi enim quia in Scythi aliquid tale factum est. Erat enim ibi quidam qui sustinebat tentationes, et non habens fiduciam in aliquo cui confiteretur, parabat a sero melotem suam ut discederet; et ecce nocte apparuit ei gratia Dei in specie virginis, et rogabat eum, dicens : Nusquam vadas, sed sede hic mecum, nihil enim male fiet ex his quæ audisti. Qui credens verbis ejus sedit, et statim sanatum est cor ejus.

LIBELLUS OCTAVUS.

De eo quod nihil per ostensionem fieri debeat.

1. Audivit aliquando abbas Antonius de quodam juvene monacho quia signum quoddam hujusmodi fecerit 592 in via, id est, cum vidisset quosdam senes iter agentes et laborantes in ambulando, onagris jussit ut venirent et portarent eos, donec pervenirent ad se; illi autem senes indicantes hoc abbati Antonio, dixit abbas Antonius : Videtur mihi monachus iste similis esse navi oneratæ omnibus bonis, de qua incertum est utrum pervenire possit in portum. Et post aliquantum temporis, subito cœpit abbas Antonius flere, et trahere sibi capillos, et lugere. Quod cum vidissent discipuli ejus, dicunt ei : Quid ploras, abba? Et respondit senex : Magna columna ecclesiæ cecidit modo. Dicebat autem hoc de monacho illo juvene, et adjecit : Ambulate ad eum, et videte quod factum est. Perrexerunt igitur discipuli ejus, et invenerunt monachum illum super mattam sedentem, et flentem peccatum quod fecerat. Videns autem discipulos senis, ait eis : Dicite seni ut obsecret Deum decem tantum dierum dari mihi inducias, et spero me satisfacturum ei. Qui intra quinque dies mortuus est.

2. Laudatus est quidam frater a monachis apud abbatem Antonium : ille autem cum venisset ad eum, tentavit si portaret injuriam; et cum cognovisset quia non posset ferre, dixit ei : Similis es domui quæ a facie quidem ornata est, de retro vero a latronibus despoliata.

3. Dicebant de abbate Arsenio et abbate Theodoro de Pherme, quia super omnia humanam gloriam odio haberent : abbas enim Arsenius non cito occurrebat alicui : abbas vero Theodorus occurrebat quidem, sed ut gladius erat ei.

4. Eulogius quidam nomine, discipulus fuit Joannis archiepiscopi : qui Eulogius presbyter erat, et abstinens atque jejunans biduanas levando (32), aliquando etiam et usque hebdomadam trahebat jejunium, panem tantum et salem comedens; et per hoc laudabatur ab hominibus. Qui venit ad abbatem Joseph in loco qui dicitur Panepho, credens se aliquam duriorem continentiam invenire apud eum. Et suscipiens eum senex cum gaudio, quod habebat fecit ei pro charitate parari. Dixerunt autem discipuli Eulogii : Non comedit presbyter nisi panem et salem, abbas autem Joseph tacitus manducabat. Qui cum fecissent tres dies, non audierunt eos aut psallentes aut orantes, occultum enim erat opus illorum, et exierunt nihil ædificati. Deo autem dispensante facta est caligo, et errantes de via reversi sunt ad senem : et priusquam pulsarent ostium, audierunt psallentes; et cum exspectassent diu ut audirent, postea pulsaverunt, et suscepit eos iterum senex gaudens. Hi autem qui cum Eulogio erant, propter cauma tulerunt suriscolam, et dederunt ei ut biberet : erat autem aqua permista de mari et flumine, et non potuit bibere. Qui cum hæc in animo suo cogitaret, cœpit rogare senem, ut disceret ejus institutum, dicens : Quid est hoc, abba, quia primo non psallebatis, sed nunc cœpisti posteaquam nos sumus egressi, et quia cum aquam bibere volui, inveni eam salsam? Dicit ei senex : Frater aliquis motus est, et per errorem miscuit aquam marinam. Eulogius vero rogabat senem, volens agnoscere veritatem. Et dixit ei senex : Parvus ille calix ad vinum est quod charitas providet, hic autem ad aquam quam assidue fratres bibunt. Et his verbis docuit eum habere discretionem cogitationum, et abscidit ab eo omnia humanitus moventia mentem ejus; et factus est communis, manducans de cætero omnia quæ apposita sunt ei. Didicit etiam ipse in secreto operari, et dixit seni : Pro certo in charitate est opus vestrum.

5. Dixit abbas Zenon discipulus abbatis Silvani : Nunquam maneas in loco nominato, neque sedeas cum homine habente magnum nomen, neque mittas fundamentum, ut ædifices tibi cellam aliquando.

6. Venit aliquando frater quidam ad abbatem Theodorum de Pherme, et fecit tres dies rogans eum ut audiret ab eo sermonem. Ille autem non respondit ei, et egressus est tristis. Dicit ergo ei discipulus suus : Abba, quare ei non es locutus, et ecce egressus est tristis? Et dixit senex : Crede mihi, quia non dicebam ei sermonem, quoniam negotiator est, alienis verbis vult gloriari.

7. Alter frater interrogavit ipsum abbatem Theodorum, dicens : Vis aliquantis diebus non manduco panem? Et dixit senex : Bene facis, nam et ego feci sic. Et dixit ei frater : Volo portare modicum cicer ad pistrinum, et facere inde farinam? Et dixit ei abbas Theodorus : Jam si ad pistrinum vadis, fac tibi panem; et quid opus est ista adjectio?

8. Alius frater interrogavit eumdem senem abbatem Theodorum, et cœpit loqui et exquirere de rebus quas necdum fuerat operatus. Et dixit ei senex : Adhuc nec tibi navem invenisti, nec vasa tua in eam posuisti, nec navigare cœpisti, et jam in illa civitate, ubi disponebas pervenisti? Cum ergo prius operatus fueris rem de qua loqueris, tunc ex ipsa re loquere.

9. Tunc dixit abbas Cassianus quia venit frater quidam ad abbatem Serapionem, et hortabatur eum senex, ut secundum morem faceret orationem; ille autem dicens se esse peccatorem, et ipsius monachi habitu indignum, non acquiescebat. Voluit etiam ejus pedes lavare, et eisdem iterum verbis usus, nullatenus acquievit. Fecit autem illum gustare, et coepit senex in charitate monere eum, dicens : Fili, si vis proficere, permane in cella tua, et attende tibi ipsi et operibus manuum tuarum; non enim tibi tantum procedere expedit, quantum sedere. Ille autem haec audiens, ita exacerbatus est, et vultum mutavit, ut nec latere posset senem. Dixit ergo ei abbas Serapion : Usque modo dicebas, Peccator sum, et accusabas teipsum tanquam indignum jam vivere; et quia te cum charitate monui, ita exacerbari debuisti? Si enim re vera humilis vis esse, quae tibi ab alio imponuntur, disce portare viriliter, et non odiosa verba effundere tibi ipsi. Hoc autem audiens frater, poenitentiam gessit coram sene, et multum proficiens discessit.

10. Audivit aliquando judex provinciae de abbate Moyse (*Ruff.*, *l.* III, *n.* 119), et perrexit in Scythi ut videret eum; et nuntiaverunt quidam seni de adventu ejus, et surrexit ut fugeret in paludem; et occurrit ei ille judex cum suis, et interrogavit eum, dicens : Dic nobis, senex, ubi est cella abbatis Moysi ? Et dicit eis : Quid vultis eum inquirere? homo fatuus est et haereticus. Et veniens judex ad ecclesiam, dixit clericis : Ego audiens de abbate Moyse, veni ut viderem eum; et ecce occurrit nobis senex pergens in Aegyptum, et interrogavimus eum ubi esset cella abbatis Moysi, et dixit nobis : Quid eum quaeritis? fatuus est, et haereticus. Audientes autem clerici, contristati sunt, dicentes : Qualis est senex ille, qui haec de sancto homine locutus est ad vos? Et illi dixerunt : Senex vetustissimo vestimento utens, longus et niger. Et illi dixerunt : Ipse est abbas Moyses; et quia noluit videri a vobis, ideo haec vobis ipse de se dixit. Et multum aedificatus judex discessit.

11. Frater interrogavit abbatem Mathoen dicens : Si abiero manere in loco aliquo, quomodo vis ut agam ibi? Dicit ei senex : Si habitaveris in loco, ne velis tibi illic nomen facere de aliqua re, dicendo, Aut non venio in conventu fratrum, aut non manduco hoc vel illud; haec enim vanum nomen tibi faciunt, sed postea importunitatem patieris; quoniam homines ubi hoc audierint, ibi current.

12. Abbas Nisteron major ambulabat in eremo cum aliquo fratre, et videntes draconem, fugerunt. Dicit ei frater : Et tu times, Pater ? Respondit senex : Non timeo, fili; sed expedit quia draconem videns fugi, quoniam non habui effugere spiritum vanae gloriae.

13. Voluit aliquando judex provinciae videre abbatem Pastorem, et non acquiescebat senex (*Ruff.*, *l.* III, *n.* 20). Judex autem tenuit filium sororis ejus velut malefactorem, et redegit eum in carcerem, dicens : Si venerit senex et rogaverit pro eo, dimittam eum. Et venit mater pueri ad fratrem suum abbatem Pastorem, et coepit flere ad ostium ejus; ille autem omnino non dedit ei responsum; illa vero compulsa dolore, increpabat eum, dicens : Et si viscera ferrea habes, et nulla te compassio movet, flectat te saltem miseratio sanguinis tui. Ille autem mandavit ei : Pastor filios non generavit. Et ita discessit. Audiens autem judex misit, dicens : Vel verbo jubeat, et ego eum dimittam. Senex autem remandavit ei, dicens : Examina causam secundum legem; et si dignus est morte, moriatur; si autem non est, fac quomodo vis.

14. Dixit iterum abbas Pastor : Doce cor tuum servare quae docet alios lingua tua. Dixit iterum: Quia homines ad loquendum perfecti videri volunt, et in operando id quod loquuntur minores sunt.

15. Venit aliquando abbas Adelphius, qui fuit episcopus Nilopoleos, ad abbatem Sisoi in montem; et quia discessurus erat, fecit eos gustare a mane, erat vero jejunium; et cum ponerent mensam, ecce fratres pulsaverunt. Dixit autem senex discipulo suo : Da eis modicas zippulas, quia de labore sunt. Et dicit ei abbas Adelphius : Dimitte interim, ne dicant : Quia abbas Sisois a mane comedit. Et intendit eum senex, et dixit fratri : Vade tu, da eis. Cum ergo vidissent pultes, dixerunt : Ne peregrinos aliquos habetis ? Putas et senex vobiscum comedit ? Et frater: Etiam. Coeperunt ergo contristari et dicere : Ignoscat vobis Deus, quia senem permisistis ista hora manducare; an nescitis quia plurimos dies laboraturus est ? Audiens haec episcopus, coepit coram sene poenitentiam agere, dicens : Ignosce mihi, abba, quia ego quidem humanum aliquid cogitavi, tu autem quod Dei est fecisti. Et dicit ei abbas Sisois : Nisi Deus glorificaverit hominem, gloria hominum nunquam stat.

16. Interrogavit abbas Ammonas de loco qui dicitur Raythum, abbatem Sisoi dicens : Quando lego Scripturas, vult cogitatio mea ornare sermonem, ut paratus sim ad interrogata respondere. Et dixit ei senex : Non est opus, sed magis de puritate mentis provide tibi securitatem edicendi sermonem.

17. Venit aliquando judex provinciae videre abbatem Simonem, et ille tulit lorum quo cingebatur, et ascendit in arborem palmae, ut purgaret eam. Illi autem venientes dixerunt ei : Ubi est senex, qui hac in solitudine habitat? Et ille respondit : Non est hic solitarius aliquis. Et cum hoc dixisset, discessit judex.

18. Alia iterum vice alter judex venit videre eum, et praecedentes clerici dixerunt ei : Abba, paratus esto, quia judex audiens de te venit, ut benedicatur a te. Et ille dixit : Etiam ego praeparabo me. Et cooperiens se sacco suo, et tollens in manu sua panem et caseum, sedit in ingressu cellulae suae, et coepit manducare. Venit ergo judex cum officio suo, et videntes eum spreverunt, dicentes : Hic est monachus solitarius de quo talia audiebamus? Et statim discesserunt et reversi sunt ad se

19. Dixit sancta Syncletica : Sicut thesaurus manifestus cito expenditur, ita et virtus quælibet, cum innotuerit vel publicata fuerit, exterminabitur (*Ruff.*, *l.* III, *n.* 114). Sicut enim cera solvitur a facie ignis, ita et anima laudibus inanitur, et amittit virtutum rigorem.

20. Dixit iterum : Sicut impossibile est, uno eodemque tempore et herbam esse et semen, ita impossibile est ut sæcularem gloriam habentes, cœlestem faciant fructum (*Ruff.*, *l.* III, *num.* 113; *Pasch.*, *c.* 13, *n.* 2).

21. Aliquando in Cellis festivitate celebrata, edebant fratres in ecclesia (*Ruff.*, *l.* III, *n.* 54, *nomine Theodori*). Erat autem ibi frater quidam, qui dixit ministranti : Ego non manduco coctum aliquid, sed sal. Et vocavit minister alium fratrem coram multitudine, dicens : Ille frater non comedit coctum, affer ei sal. Surrexit autem quidam senum, et dixit ei : Expedierat tibi hodie in cella tua comedere carnes, quam audiri hanc vocem coram tantis fratribus.

22. Erat quidam abstinens a cibis, et non manducans panem; venit ad quemdam senem. Opportune autem illic etiam alii supervenerant peregrini, et fecit senex modicum pulmentum propter eos. Et cum sedissent manducare, frater ille abstinens posuit sibi soli cicer infusum, et manducabat. Et cum surrexissent a mensa, tulit eum senex secreto, et dixit ei : Frater, si venis ad aliquem, non ostendas illi conversationem tuam ; si autem conversationem tuam tenere vis, sede in cella tua, et nusquam exeas. Ille autem acquiescens verbis senis, factus est communis vitæ in id quod cum fratribus in venisset.

23. Dixit senex : Humana providentia omnem pinguedinem hominis amputat, et relinquit eum siccum.

24. Dixit senex : Aut fugiens fuge homines, aut irridens mundum et homines qui in mundo sunt, stultum temetipsum in pluribus facito.

LIBELLUS NONUS.

De eo quod non oporteat judicare quemquam.

1. Contigit aliquando fratri in congregatione abbatis Eliæ tentatio, et expulsus inde, abiit in montem ad abbatem Antonium. Et cum mansisset aliquanto tempore apud eum, remisit eum ad congregationem unde exierat. Illi autem videntes eum, iterum expulerunt; qui similiter perrexit ad abbatem Antonium, dicens : Noluerunt me suscipere, Pater. Misit ergo senex ad eos, dicens : Navis naufragium tulit in pelago, et perdidit onus quod portabat, et cum labore vacua navis perducta est ad terram. Vos ergo liberatam navim in terram vultis submergere ? Illi autem cognoscentes, quia eum abbas Antonius remisisset, statim susceperunt eum.

2. Quidam frater peccaverat, et jussit eum presbyter exire de ecclesia. Surrexit autem Besarion, et exivit cum eo, dicens : Et ego peccator sum.

3. Venit abbas Isaac de Thebaida in congregationem fratrum, et vidit quemdam de fratribus culpabilem, et adjudicavit eum (*Ruff.*, *l.* III, *n.* 137). Cum autem exisset ad eremum, venit angelus Domini, et stetit ante ostium cellæ ejus, dicens : Non te dimitto intrare. Ille autem rogabat, dicens : Quæ est causa ? Et respondens angelus Domini, ei dixit : Deus me misit ut dicerem tibi : Ubi jubes ut mittam illum fratrem culpabilem, quem addixisti? Et statim abbas Isaac pœnitentiam egit, dicens : Peccavi, ignosce mihi. Et dixit angelus : Surge, ignoscit tibi Deus; sed custodi de cætero ne adjudices quemquam, priusquam Deus adjudicet eum.

4. Frater aliquando in Scythi inventus est culpabilis, et fecerunt seniores conventum, et miserunt ad abbatem Moysem, dicentes ut veniret; ille autem venire noluit. Misit autem ad eum presbyter, dicens : Veni, quia plebs fratrum te exspectat. Et ille surgens venit. Tollens autem secum sportam vetustissimam, implevit eam arena, et post se portavit. Illi vero exierunt ei obviam, dicentes : Quid hoc est, Pater ? Dixit autem eis senex : Peccata mea sunt post me currentia, et non video ea, et veni ego hodie judicare aliena peccata ? Illi autem audientes, nihil locuti sunt fratri, sed ignoverunt ei.

595 5. Interrogavit abbas Joseph abbatem Pastorem, dicens : Dic quomodo monachus fiam. Et dixit ei senex : Si vis requiem invenire et in hoc et in futuro sæculo, in omni causa dic : Quis sum ego? et ne judices quemquam.

6. Frater quidam interrogavit eum iterum, dicens : Si videro culpam fratris mei, bonum est celare eam ? Dixit ei senex : Quacunque hora tegimus peccatum fratris nostri, teget etiam Deus nostrum ; et quacunque hora prodiderimus culpas fratrum, et Deus nostras similiter prodet.

7. Offendit aliquando frater in congregatione. Erat autem in ipsius locis quidam solitarius, qui jam longo tempore foris non exibat. Veniens autem abbas de congregatione illa ad eum, indicavit de fratre illo qui offenderat. Et ille dixit : Expellite eum. Expulsus autem frater de congregatione, misit se in fossatum (33), et flebat ibi : contigit autem ut alii fratres euntes ad abbatem Pastorem audirent eum in fossato plorantem : qui descendentes ad eum invenerunt eum in magno dolore constitutum, et rogaverunt eum ut iret ad senem illum solitarium; et non acquievit, dicens : In hoc loco moriar ego. Venientes autem fratres ad abbatem Pastorem, narraverunt ei de eo. Et rogavit eos ut irent ad eum, dicentes : Abbas Pastor vocat te ad se. Quod cum ei dixissent, perrexit ad eum. Et videns eum senex afflictum, surrexit et osculatus est eum, et adgaudens ei rogabat ut sumeret cibum. Misit autem abbas Pastor unum de fratribus suis ad illum solitarium, dicens : Audiens de te, multi anni sunt quod te videre volui, et pro pigritia nostra amborum non potuimus nos invicem videre : modo autem, Deo volente et occasione facta, fatiga te usque huc, ut nos videre possimus ; erat enim non egrediens de cella sua. Quod cum au-

disset, dicebat : Nisi Deus inspirasset seni illi de me, non misisset ad me. Et surgens venit ad eum. Et salutantes se invicem cum gaudio sederunt. Dixit autem ei abbas Pastor : Duo homines erant in loco uno, et ambo habebant mortuos suos. Reliquit autem unus mortuum suum, et abiit plorare illius alterius. Audiens autem hæc senex, compunctus est in sermone ejus, et recordatus est quod fecerat, et dixit : Pastor sursum in cœlo, ego autem deorsum in terra.

8. Frater quidam interrogavit abbatem Pastorem, dicens : Quid facio, quia pusillanimis fio dum sedeo? Dixit ei senex : Nullum spernas neque condemnes, et nulli obloquaris, et Deus præstabit tibi requiem, et erit sessio tua sine perturbatione (*Ruff.*, *l.* III, *n.* 100; *Pasch.*, *c.* 39, *n.* 2; *Append. Mart.*, *n.* 39).

9. Factum est aliquando conventus in Scythi, et loquebantur Patres de quodam fratre culpabili (*Ruff.*, *l.* III, *n.* 136). Abbas autem Pior tacebat : postea autem surgens egressus est, et tollens saccum, implevit eum arena, et portabat eum in humeris suis; et mittens in sportella modica de eadem arena, portabat etiam ipsam in ante. Interrogatus autem a Patribus quid hoc esset? Ille respondit : Saccus iste qui multam habet arenæ, mea peccata sunt; et quoniam multa sunt, posui ea supra dorsum, ne doleam pro ipsis, et plorem; ista autem arena modica peccata sunt istius fratris, et sunt ante faciem meam, et in ipsis exerceor judicans fratrem; quod non oportet ita fieri, sed mea magis peccata ante me esse, et de ipsis cogitare, et rogare Deum ut ignoscat mihi. Audientes autem Patres, dixerunt : Vere hæc est via salutis.

10. Dixit senex : Non judices fornicatorem, si castus es; quoniam similiter legem prævaricaris. Etenim qui dixit : Non fornicaris, dixit : Ne judices.

11. Ad quemdam solitarium venit presbyter cujusdam basilicæ, ut consecraret ei oblationem ad communicandum. Veniens autem quidam ad illum solitarium, accusavit apud ipsum eumdem presbyterum. Qui cum ex consuetudine iterum venisset ad eum, ut consecraret oblationem, scandalizatus ille solitarius non aperuit ei. Presbyter autem hoc viso discessit. Et ecce vox facta est ad solitarium, dicens : Tulerunt sibi homines judicium meum. Et factus est velut in excessu mentis, et videbat quasi puteum aureum, et situlam auream, et funem aureum, et aquam bonam valde. Videbat autem et quemdam leprosum haurientem et refundentem in vase, et cupiebat bibere, et non poterat propter quod leprosus esset ille qui hauriebat. Et ecce iterum vox ad eum, dicens : Cur non bibis ex aqua hac? quam causam habet qui implet? implet enim solummodo et effundit in vase. In se autem reversus solitarius, et considerans virtutem visionis, vocavit presbyterum, et fecit eum sicut et prius sanctificare sibi oblationem.

12. Fuerunt duo fratres magnæ vitæ in congregatione, et meruerunt videre singuli gratiam Dei in alterutrum. Factum est autem aliquando ut unus ex eis egrederetur in sexta feria extra congregationem, et videret quemdam mane comedentem. Dixit autem ei: Hac hora manducas in sexta feria? Die autem sequenti facta est celebratio missarum secundum consuetudinem. Intuens vero frater ejus, vidit gratiam quæ 596 ei data fuerat discessisse ab eo, et contristatus est. Qui cum venisset in cellam, dicit ei: Quid fecisti, frater, quia non vidi, sicut pridem, gratiam Dei in te? Ille autem respondens dixit : Ego neque in actu, neque in cogitationibus conscius mihi sum alicujus mali. Dicit ei frater ejus : Nec sermonem odiosum aliquem locutus es? Et recordatus dixit : Etiam. Hesterna die vidi quemdam comedentem mane, et dixi ei : Hac hora manducas in sexta feria? Hoc est peccatum meum; sed labora mecum duas hebdomadas, et rogemus Deum ut mihi indulgeat. Fecerunt ita; et post duas hebdomadas vidit frater gratiam Dei iterum venientem super fratrem suum, et consolati sunt, Deo, qui solus bonus est, gratias referentes.

LIBELLUS DECIMUS.
De discretione.

1. Dixit abbas Antonius : Quia sunt quidam conterentes corpora sua in abstinentia; sed quia non habuerunt discretionem, longe facti sunt a Deo.

2. Fratres quidam venerunt ad abbatem Antonium, ut nuntiarent ei phantasias quas videbant, et cognoscerent ab eo utrum veræ essent, an a dæmonibus illuderentur. Habebant autem asinum secum, et mortuus est eis in via. Cum ergo venissent ad senem, prævenit eos, dicens : Quomodo mortuus est ille asinus in via? Dicunt ei : Unde scis, Pater? Et ille dixit : Dæmones mihi ostenderunt. Dicunt ei : Et nos propterea venimus interrogare te, quia vidimus phantasias, et plerumque fiunt in veritate, ne forte erremus. Et satisfecit eis senex, sumpto exemplo de asino, ostendens quia a dæmonibus fiunt ista. Supervenit autem quidam venationem faciens in silvam agrestium animalium, et viderat abbatem Antonium gaudentem cum fratribus, et displicuerat ei. Volens autem senex ei ostendere quia oportet aliquando condescendere fratribus, dicit ei : Pone sagittam in arcu tuo, et trahe; et fecit sic. Et dixit ei : Iterum trahe; et traxit. Et rursus dixit ei : Trahe adhuc; et traxit. Dixit ei venator : Si supra mensuram traxero, frangetur arcus. Dicit ei abbas Antonius : Ita est et in opere Dei : si plus a mensura tendimus, fratres cito deficiunt; expedit ergo una et una relaxare rigorem eorum. Hæc audiens venator compunctus est, et multum proficiens in sermone senis, discessit; et fratres confirmati, reversi sunt in locum suum.

3. Frater dixit abbati Antonio : Ora pro me. Et respondit ei senex : Nec ego tui misereor, nec Deus, nisi pro teipso sollicitus fueris et poposceris a Deo.

4. Dixit iterum abbas Antonius : Quia non permittit Deus bella excitari in generatione hac, quoniam scit quia infirmi sunt et portare non possunt.

5. Dixit aliquando abbas Evagrius abbati Arsenio:

Quomodo nos excitati eruditione et scientia nullas virtutes habemus, hi autem rustici in Ægypto habitantes tantas virtutes possident? Respondit abbas Arsenius : Nos quia mundanæ eruditionis disciplinis intenti sumus, nihil habemus; hi autem rustici Ægyptii ex propriis laboribus acquisierunt virtutes.

6. Dicebat beatæ memoriæ abbas Arsenius : Peregrinus monachus in alia provincia habitans, nullis rebus se medium faciat, et quietus erit.

7. Interrogavit abbas Marcus abbatem Arsenium, dicens : Bonum est non habere aliquam in cella consolationem. Vidi enim quemdam fratrem habentem parvum olus in cella, et eradicabat ea. Et dixit abbas Arsenius : Bonum quidem est, sed secundum exercitationem hominis uniuscujusque agendum est : etiam si non habuerit virtutem hujusmodi tolerare, iterum plantaturus est ea.

8. Narravit abbas Petrus (*Ruff.*, *l.* III, *n.* 128; *Pasch.*, *c.* 42, *n.* 1), qui fuit discipulus abbatis Lot, dicens : Eram aliquando in cella abbatis Agathonis, et venit frater quidam ad eum, dicens : Volo habitare cum fratribus, sed dic mihi quomodo habitem cum eis. Dicit ei senex : Sicut in prima die quando ingrederis ad eos, ita custodi peregrinationem tuam omnibus diebus vitæ tuæ, nec assumas fiduciam. Dicit ei abbas Macarius : Quid enim facit fiducia? Dicit ei senex : Sic est sicut æstus grandis, qui quando exarserit, omnes fugiunt a facie ejus, quia æstus etiam arborum fructus corrumpit. Dixit abbas Macarius : Sic mala fiducia est? Respondit abbas Agathon: Non est pejor altera passio quam fiducia; genitrix est enim omnium passionum. Convenit ergo operatio monacho, non sumere fiduciam, vel si solus sit in cella.

9. Dicebat abbas Daniel : Quia cum moriturus esset abbas Arsenius, delegavit nobis, dicens : Videte ne velitis pro me agapem facere; quoniam si feci ego pro meipso, id invenio (*Ruff.*, *l.* III, *n.* 163).

10. Dicebant de abbate Agathone (*Ruff.*, *l.* III, *n.* 21) quia abierunt quidam ad eum, audientes quia magnæ discretionis vir esset; et volentes eum probare si irasceretur, dicunt ei : Tu es Agatho? Audivimus de te, quia fornicator es, et superbus. Et ille respondit : Etiam sic **597** est. Et dixerunt ei : Tu es Agatho verbosus et detractor? Et respondit : Ego sum. Dicunt ei iterum : Tu es Agatho hæreticus? Et respondit : Non sum hæreticus. Et rogaverunt eum, dicentes : Dic nobis cur tanta dicentibus nobis in injuria tua patienter tuleris; hunc autem sermonem, quia diximus, Hæreticus es, non sustinuisti? Et ille respondit, et dixit ei : Illa prima mihi ascribo, utilitas enim animæ meæ est : quod autem dixistis hæreticum me esse, ideo non acquievi, quia separatio est a Deo, et non opto separari a Deo. Illi audientes admirati sunt discretionem ejus, et ædificati discesserunt.

11. Interrogatus est idem abbas Agatho : Quid est majus, labor corporis, aut custodia interioris hominis? Dicit abbas : Homo similis est arbori; corporalis igitur labor velut folia arboris, custodia autem interioris hominis fructus est. Quoniam ergo, secundum quod scriptum est, Omnis arbor non faciens fructum bonum excidetur, et in ignem mittetur (*Matth.* III), oportet propter fructum nostrum omnem in nobis sollicitudinem esse, hoc est mentis custodiam. Opus tamen habemus etiam tegumento et ornatu foliorum, quæ sunt labor corporis. Erat autem abbas Agatho sapiens ad intelligendum, et impiger ad laborandum, et sufficiens in omnibus, intentus etiam assidue ad laborem manuum, parcus in cibo atque vestimento.

12. Idem abbas Agatho cum fuisset conventus pro quadam causa in Scythi, et fuisset causa ipsa ordinata, postea venit, et dicit eis : Non bene ordinastis causam. Illi autem dixerunt ei : Tu quis es, qui vel loquaris? Et ille respondit : Filius hominis; scriptum est enim : Si vere utique justitiam loquimini, justa judicate, filii hominum (*Psal.* LVII).

13. Dixit abbas Agatho : Iracundus si mortuos suscitet, non placet Deo propter iracundiam suam.

14. Venerunt aliquando tres senes ad abbatem Achillem, et unus ex eis habebat opinionem malam. Dicit autem ei unus de senibus : Abba, fac mihi unam sagenam ad piscandum. Et ille dixit : Non facio. Et alius dixit ei : Fac nobis, ut habeamus memoriam tui in monasterio nostro. Et ille respondit : Non mihi vacat. Dixit ei tertius ille, qui habebat malam opinionem : Mihi fac sagenam, ut habeam de manibus tuis benedictionem, abba. Et ille statim respondit ei : Ego tibi faciam. Dixerunt autem ei secreto duo priores, quibus non acquieverat : Quomodo sic, quia nobis rogantibus noluisti facere, et huic dixisti : Ego tibi faciam? Respondit eis senex : Vobis ideo dixi, Non facio, quia non mihi vacat, et non contristabimini ; huic autem si non fecero, dicturus est, quia de opinione mea, quæ mala est, audivit senex, et ideo noluit facere sagenam; et statim incidebamus funem ad sedandum animum ejus, ne tristitia absorberetur hujusmodi.

15. Dicebant de quodam sene, quia fecerit quinquaginta annos neque panem comedens, neque facile aquam bibens (*Ruff. l.* III, *n.* 117) ; et dicebat : Quia exstinxi fornicationem, et avaritiam, et vanam gloriam. Et quia abbas Abraham audierat quod hæc dixisset, venit ad eum, et dixit ei : Tu dixisti hunc sermonem? Et ille respondit : Etiam. Et dixit ei abbas Abraham : Ecce intras in cellam tuam, et invenis supra mattam tuam mulierem, potes non cogitare quia mulier est? Et dixit : Non ; sed impugno cogitationem meam, ut non tangam mulierem illam. Dixit abbas Abraham : Ecce igitur non fornicationem interfecisti, quia vivit passio ipsa, sed alligata est. Iterum si ambulas in via, et vides lapides et testas vasorum, et in ipsis jacens aurum, quod videris, potes velut lapides reputare? Et respondit : Non ; sed resisto cogitationi meæ ne colligam illa. Et dicit ei abbas Abraham : Ecce ergo vivit passio ; sed alligata est. Et dixit iterum abbas

Abraham : Si audieris de duobus fratribus, quia unus diligit te et bona de te loquitur, alius autem odit et detrahit tibi, et venerint ad te, utrosque æqualiter suscipis ? Et dixit : Non; sed extorqueo animo (*sic*), ut similiter bene faciam ei qui me odit, sicut illi qui diligit me. Et dixit ei abbas Abraham : Vivunt ergo passiones, sed tantum a sanctis viris quodammodo religantur.

16. Narravit quidam Patrum quia senex aliquis erat in cella studiose laborans, et vestiebatur matta : qui cum perrexisset ad abbatem Ammonam, vidit eum abbas Ammonas utentem matta, et dixit ei : Hoc tibi nihil prodest. Et dixit ei ille senex : Tres cogitationes mihi molestæ sunt : una, quæ me compellit ut alicubi in eremo recedam ; alia, ut peregrina petam, ubi me nemo cognoscat ; tertia, ut includam me in cella, ut nullum videam, et post biduum comedam. Dicit ei abbas Ammonas : Nihil tibi ex his tribus expedit facere, sed magis sede in cella tua, et comede parum quotidie, habens semper in corde tuo publicani illius qui in Evangelio legitur sermonem (*Lucæ* xviii), et ita poteris salvus esse.

17. Dicebat abbas Daniel : Quia quantum corpus viruerit, tantum anima exsiccatur ; et quantum siccatum fuerit corpus, anima tantum virescit. Dixit iterum abbas Daniel : Quia quantum corpus fovetur, tantum anima subtiliatur, et quantum fuerit corpus subtiliatum, tantum anima fovetur.

18. Narravit iterum abbas Daniel, quia quando erat in Scythi abbas Arsenius, erat ibi monachus quidam rapiens ea quæ habebant senes : abbas autem Arsenius volens eum lucrari, et senibus quietem præstare, tulit eum in cellam suam, et dicit ei : Quidquid vis ego tibi dabo, tantum non rapias ; et dedit ei aurum, et nummos, et rescellas (34), et omne quod in responso (35) suo habebat, dedit ei. Ille autem iterum rapiebat. Senes vero videntes quia non quievit, expulerunt eum, dicentes : Quia si invenitur frater habens de infirmitate corporis aliquid, oportet sustinere eum ; si autem furatus et admonitus non quiescit, expellite eum : quoniam animæ suæ detrimentum facit, et omnes in eo loco habitantes conturbat.

19. Venit in initio conversationis suæ abbas Evagrius ad quemdam senem, et dixit ei : Dic mihi, abba, sermonem quo salvus fiam. Ille autem dixit ei : Si vis salvari, quando ad aliquem vadis, non prius loquaris antequam te ille inquirat. Evagrius autem compunctus in hoc sermone, pœnitentiam egit in conspectu senis, et satisfecit ei, dicens : Crede mihi, multos Codices legi, et talem eruditionem nunquam inveni. Et multum proficiens exiit.

20. Dixit abbas Evagrius : Mentem nutantem vel errantem solidat lectio, et vigiliæ, et oratio : concupiscentiam vero ferventem madefacit esuries et labor et sollicitudo : iracundiam autem perturbatam reprimit psalmodia, et longanimitas, et misericordia, sed hæc opportunis temporibus, et mensura adhibita ; si autem inopportune vel sine mensura fiunt, ad parvum tempus proficiunt ; quæ autem parvi temporis sunt, noxia magis quam utilia erunt.

21. Transeunte aliquando abbate Ephræm, una prostituta ex immissione cujusdam cœpit ei blandiri (*Idem*., *l*. 1, *in Vita Ephræm*, *cap*. 7), cupiens eum, si possset, ad turpem commistionem illicere ; vel si hoc non posset, saltem ad iracundiam provocaret, quoniam nunquam eum vidit quisquam irascentem vel litigantem. Ipse autem dixit ad eam : Sequere me. Cum venissent autem in loco populoso, dicit ei : Veni huc, et sicut voluisti, commisceor tecum. Illa autem videns multitudinem, dicit ei : Quomodo possumus hic hoc facere, tanta multitudine hic astante ? confundemur enim. Ipse autem ait : Si homines erubescis, quanto magis erubescere debemus Deum, qui revelat occulta tenebrarum (*I Cor*. iv) ? Illa autem confusa et confutata recessit absque opere voluptatis suæ.

22. Venerunt aliquando ad abbatem Zenonem quidam fratres, et interrogaverunt eum, dicentes : Quid est quod scriptum est in libro Job : Nec cœlum mundum esse in conspectu Dei (*Job*. xv)? Respondit autem senex dicens : Reliquerunt homines peccata sua, et cœlestia scrutantur. Hæc autem est interpretatio sermonis, quem requisistis, ut quoniam Deus solus est mundus, dictum sit nec cœlum mundum esse in conspectu ejus.

23. Dixit abbas Theodorus de Pherme : Si habes amicitias cum aliquo, et contigerit eum in tentationem fornicationis incurrere ; si potes, da ei manum, et retrahe illum sursum : si autem in errore aliquo fidei incurrerit, nec tibi acquiescit, revertere cito, incide amicitias ejus abs te, ne forte remorans traharis cum eo in profundum.

24. Venit aliquando memoratus abbas Theodorus ad abbatem Joannem, qui erat eunuchus ex nativitate. Et cum loquerentur, dixit abbas Theodorus: Quando eram in Scythi, opus animæ erat opus nostrum, opus autem manuum tanquam in transitu habebamus ; nunc autem factum est opus animæ, velut cum in transitu factum est opus.

25. Venit aliquando quidam Patrum ad eumdem abbatem Theodorum, et dixit ei : Ecce quidam frater reversus est ad sæculum. Et dixit ei abbas Theodorus : In hoc non admireris ; si quando audieris quia prævaluit quis effugere de ore inimici, hoc admirare.

26. Dixit memoratus abbas Theodorus : Multi eligunt in hoc sæculo temporalem quietem, antequam præstet eis Dominus requiem.

27. Dicebant de abbate Joanne statura brevi, quia dixerit aliquando fratri suo majori : Volebam esse securus sicut angeli sunt securi, nihil operantes, sed sine intermissione servientes Deo ; et spolians se quo vestitus erat, abiit in eremo (*Ruff*. *l*. iii, *n*. 56). Et facta ibi hebdomada una, reversus est ad fratrem suum ; et dum pulsaret ostium, respondit ei antequam aperiret, dicens : Quis es tu ? Et ille dixit :

Ego sum Joannes. Et respondit frater ejus, et dixit ei : Joannes angelus factus est, et ultra inter homines non est. Ille autem pulsabat dicens : Ego sum. Et non aperuit ei, sed dimisit eum affligi. Postea vero aperiens dixit ei : Si homo es, opus habes iterum operari, ut vivas ; si autem angelus es, quid quæris intrare in cellam. Et ille pœnitentiam agens, dixit : Ignosce mihi, frater, quia peccavi.

599 28. Venerunt aliquando senes in Scythi, et erat cum eis abbas Joannes Nanus ; et dum comederent, surrexit quidam presbyter vir magnus, ut daret per singulos vasculum aquæ parvum ad bibendum ; et nemo acquievit accipere ab eo, nisi solus Joannes Brevis. Admirati sunt autem cæteri, et dixerunt ei : Quomodo tu cum sis omnium minor, præsumpsisti ministerio uti viri senis et magni ? Et dicit eis : Ego quando surgo dare aquam, gaudeo si omnes biberint, ut mercedem acquiram ; nunc igitur propterea ego suscepi, ut faciam ei qui surrexit invenire mercedem, ne forte etiam contristetur nullo sumente ab eo. Hæc cum dixisset, admirati sunt omnes de discretione ejus.

29. Interrogavit aliquando abbas Pastor abbatem Joseph, dicens : Quid faciam, quando approximant mihi aliquæ tentationes ; resisto illis, an permitto intrare ? Dicit ei senex : Dimitte intrare, et pugna cum eis. Revertens ergo in Scythi sedebat ; et contigit ut veniens quidam a Thebaida in Scythi narraret fratribus, se interrogasse abbatem Joseph : Quando approximat mihi tentatio, resisto ei, an dimitto intrare ? et dixerit ei : Omnino non dimittas tentationem in te, sed cito abscinde eam. Audiens autem abbas Pastor, quia sic dixerit huic, qui venerat a Thebaida, abbas Joseph surgens iterum abiit in Panepho ad abbatem Joseph, et dicit ei : Abba, ego tibi commisi cogitationes meas, et tu aliter dixisti mihi, aliter autem fratri de Thebaida. Et dicit ei senex : Scis quia diligo te ? Et respondit : Etiam. Nonne tu mihi dixisti, ut sicut mihi ipsi, ita tibi dicerem quod sentirem ? Etenim si intraverint tentationes, et dederis atque acceperis cum eis, probatiorem te faciunt ; ego autem velut mihi ipsi sic tibi locutus sum : sunt autem aliqui quibus nec approximare expedit passiones, sed statim debent abscindere eas.

30. Item dixit abbas Pastor : Veni aliquando in Heracleo inferiore ad abbatem Joseph, et habebat in monasterio suo arborem sycomorum pulchram nimis ; et dicebat mihi a mane : Vade, et collige tibi, et manduca. Erat autem sexta feria. Ego autem non comedi propter jejunium ; et rogavi eum dicens : Dic mihi propter Dominum rationem hujus rei, quia dicebas mihi : Vade, manduca. Ego quidem propter jejunium non abii, sed erubescebam, quia mandatum tuum non feceram, cogitans quia sine ratione mihi hæc non præceperas. Ille autem respondit : Patres seniores non loquuntur ab initio fratribus recta, sed magis distorta ; et si viderint quia ea quæ torta sunt faciunt, jam eis non loquuntur nisi quæ expediunt, agnoscentes quoniam in omnibus obedientes sunt.

31. Frater interrogavit abbatem Joseph, dicens : Quid faciam, quia nec molestiam ferre possum, nec laborare, et dare eleemosynam ? Et dicit ei senex : Si non potes horum nihil facere, vel serva conscientiam tuam ab omni malo proximi tui, et ita salvus eris ; Deus autem animam sine peccato quærit.

32. Dixit abbas Isaac Thebæus fratribus suis : Pueros hic non adducatis, quia propter pueros in Scythi quatuor ecclesiæ eremus factæ sunt.

33. Interrogavit abbas Longinus abbatem Lucium, dicens : Habeo tres cogitationes : unam ut ad peregrinationem vadam. Et respondit ei senex : Si non tenueris linguam tuam ubicunque perrexeris, non eris peregrinus. Sed refrena hic linguam tuam, et eris etiam hic peregrinus. Et dixit ei abbas Longinus : Alia cogitatio mea est, ut jejunem biduanas levando. Et respondit ei abbas Lucius : Isaias propheta dixit : Si curvaveris velut circulum cervicem tuam, nec sic erit acceptum jejunium tuum (*Isaiæ* LVIII) ; sed magis contine mentem tuam a cogitationibus malis. Et dixit ei abbas Longinus : Tertium est dispositum meum, ut declinem hominum aspectus. Et respondit ei abbas Lucius : Nisi prius correxeris vitam tuam inter alios conversando, neque solus habitans corrigere te prævalebis.

34. Dixit abbas Macarius : Si recordamur mala quæ inferuntur nobis ab hominibus, amputamus menti nostræ virtutem recordandi Deum ; si autem recordamur malorum quæ dæmones excitant, erimus imperforabiles (*Pasch.*, c. 37, n. 4 ; *Append. Mart.*, n. 15).

35. Dixit abbas Mathois : Nescit Satanas qua passione seducatur anima, et ideo seminat quidem in ea ziziniam suam, sed metere nescit : spargit aliquando semina fornicationum, aliquando detractionum, et cæterarum similiter passionum ; et in qua passione viderit animam declinantem, hanc ei ministrat ; nam si sciret ad quid proclivis est anima, non ei diversa vel varia seminaret.

36. Narraverunt de abbate Nathyra, qui fuit discipulus abbatis Silvani, quia cum sederet in cella sua in monte Sina, mediocriter gubernavit vitam suam de his quæ erant necessaria corpori (*Append. Pallad.*, c. 20, n. 18). Quando autem factus est episcopus in Pharan, multum coartabat animam suam in duritia continentiæ. Et dicit ei discipulus suus : Abba, quando eramus in eremo non te ita **600** cruciabas. Et dicit ei senex : Fili, illic solitudo erat, et quies, et paupertas, propterea volebam gubernare corpus meum, ne infirmarer, et quærerem quod non habebam : nunc autem hic sæculum est, et occasiones sunt excedendi plurimæ ; et si in infirmitatem incurrero, sunt hic qui succurrant, ne propositum monachi perdam.

37. Frater interrogavit abbatem Pastorem, dicens : Perturbatio mihi fit, et volo derelinquere locum istum. Et dicit ei senex : Pro qua causa ? Et ille dixit : Quia audio verba de quodam fratre, quæ me

non ædificant. Et dicit ei senex: Non sunt vera quæ audisti? Et dixit ei: Etiam, Pater, vera sunt: nam frater qui dixit mihi, fidelis est. Et respondens dixit: Non est fidelis qui tibi dixit; nam si esset fidelis, nequaquam diceret tibi talia: Deus autem audiens vocem Sodomorum, non credidit, nisi descenderet et videret oculis suis (*Gen.* xviii). Et ille dixit: Et ego vidi oculis meis. Hæc audiens senex, respexit in terram, et tenuit parvam festucam, et dicit ei: Quid est hoc? Et ille respondit: Festuca est. Iterum intendit senex ad tectum cellæ, et dicit ei: Quid est hoc? Et ille respondit: Trabes est, quæ portat tectum. Et dixit ei senex: Pone in corde tuo quia peccata tua sic sunt sicut trabes hæc; illius autem fratris de quo loqueris, velut hæc parva festuca. Audiens autem abbas Sisois hunc sermonem, admiratus est, et dixit: In quo te beatum faciam, abbas Pastor? Verumtamen velut pretiosus lapis, ita verba tua gratia et gloria plena sunt.

38. Venerunt aliquando presbyteri regionis illius ad monasteria vicina, in quibus etiam erat et abbas Pastor; et intravit abbas Anub, et dixit ei: Rogemus presbyteros istos hodie accipere hic in charitate dona Dei. Ille autem stans diu non dedit ei responsum; abbas vero Anub contristatus exiit. Dixerunt autem abbati Pastori, qui juxta eum sedebant: Quare non dedisti ei responsum? Et dicit eis abbas Pastor: Ego causam non habeo; jam enim mortuus sum. Mortuus enim non loquitur; non igitur reputetis me, quia hic vobiscum sum.

39. Abiit quidam frater aliquando de monasterio abbatis Pastoris in peregre (*Ruff.*, *lib.* iii, *n.* 114), et applicuit ad quemdam solitarium; erat enim ille habens cum omnibus charitatem, et multi veniebant ad eum. Nuntiavit autem ei frater ille quædam de abbate Pastore: qui audiens virtutem animi ejus, desideravit eum videre. Cum reversus autem fuisset frater ille in Ægypto, post aliquantum tempus surgens supradictus solitarius, venit ut peregrinus in Ægyptum ad eumdem fratrem, qui prius applicuerat apud ipsum, dixerat enim ei ubi maneret. Videns autem ille, miratus est et valde gavisus. Dixit autem ei ille solitarius: Ostende charitatem quam habes in me, et duc me ad abbatem Pastorem. Et tollens eum, duxit ad senem, et nuntiavit ei de eo, dicens: Quidam magnus homo, et multam charitatem habens, et honorem plurimum in provincia sua, venit desiderans videre te. Suscepit ergo eum cum gratulatione senex, et salutantes se invicem resederunt. Cœpit autem loqui peregrinus ille frater de Scripturis sanctis, et de rebus spiritualibus atque cœlestibus; abbas autem Pastor avertit faciem suam, et non dedit ei responsum. Videns autem ille quia non loqueretur ei, contristatus exiit, et dicit fratri illi qui eum adduxerat: In vanum iter istud assumpsi; veni ad senem, et ecce ne loqui mecum dignatur. Intravit autem frater ad abbatem Pastorem, et dicit ei: Abba, propter te venit magnus hic vir, habens tantam gloriam in loco suo, quare non locutus es cum eo?

Respondit ei senex: Iste de sursum est, et de cœlestibus loquitur; ergo autem de deorsum sum, et de terrenis loquor; si ergo mihi locutus fuisset de passionibus animæ, ego utique responderem ei; si autem de spiritualibus, ego hæc ignoro. Exiens ergo frater dixit illi: Quia senex non cito de Scripturis loquitur, sed si quis ei loquitur de passionibus animæ, respondet ei. Ille autem compunctus intravit ad senem, et dixit ei: Quid faciam, abba, quia passiones animæ dominantur mei? Et intuens eum senex gaudens, dixit ei: Modo bene venisti; nunc aperiam os meum de his, et implebo illud bonis. Ille autem valde ædificatus dicebat: Vere hæc est via charitatis. Et gratias agens Deo, quia tam sanctum virum videre meruit, reversus est in regionem suam.

40. Frater interrogavit abbatem Pastorem, dicens: Feci peccatum grande, et volo triennio pœnitere. Dixit autem ei abbas Pastor: Multum est. Et dixit ei frater: Jubes annum unum? Et dixit iterum senex: Multum est. Qui autem præsentes erant dicebant: Usque ad quadraginta dies? Senex iterum dixit: Multum est. Et adjecit dicens: Ego puto, quia si ex toto corde homo pœnituerit, et non apposuerit facere iterum unde pœnitentiam agat, etiam triduanam pœnitentiam suscipiat Deus.

41. Interrogavit eum abbas Ammon de immundis cogitationibus, quas cor hominis generat; et de vanis desideriis. Et dixit ei abbas Pastor: Nunquid gloriabitur **601** securis sine eo qui incidit cum ipsa (*Isai.* x)? Et tu ergo non eis porrigas manus, et otiosæ erunt.

42. Interrogavit eumdem sermonem abbas Isaias. Dicit abbas Pastor: Sicut capsa plena vestibus, si dimissa fuerit tempore longo, putrefiunt vestes in ea, ita sunt et cogitationes in corde nostro; si non fecerimus ea corporaliter, tempore longo exterminabuntur et putrefient.

43. Interrogavit abbas Joseph de eadem re; et dixit abbas Pastor: Sicut quis claudens serpentem vel scorpionem in vase, et obturat eum, procedente tempore omnino moritur; ita malignæ cogitationes, quæ studio dæmonum pullulant, patientia ejus cui immittuntur paulatim deficiunt.

44. Interrogavit abbas Joseph abbatem Pastorem, dicens: Quomodo opus est jejunare (*Ruff.*, *lib.* iii, *n.* 45)? Et dixit abbas Pastor: Ego volo ut quotidie manducans subinde paululum subtrahat sibi, ne satietur. Dicit ei abbas Joseph: Ergo quando eras juvenis, non jejunabas biduanas levando? Et dixit ei senex: Crede mihi, quia et triduanas, et hebdomadam; sed et hæc omnia probaverunt senes magni; et invenerunt quia bonum est quotidie manducare, per singulos dies parum minus; et ostenderunt nobis viam hanc regalem, quia levior est et facilis.

45. Dixit abbas Pastor: Non habites in loco ubi vides aliquos habentes adversum te zelum, quia ibi non proficies.

46. Frater venit ad abbatem Pastorem, et dicit ei: Semino agrum meum, et facio ex ipso agapem. Di-

cit ei senex: Bonum opus facis. Et discessit cum proposito animi, et adjiciebat ad agapem quam faciebat. Hoc autem audiens abbas Anub, dixit abbati Pastori : Non times Deum, quia sic locutus es fratri illi? Et tacuit senex. Post duos autem dies misit abbas Pastor ad fratrem illum, et vocavit eum ad se, et dixit ei, audiente abbate Anub : Quid me interrogasti illa die? quia mens mea alibi erat. Et dixit ei frater : Hoc dixi, quia semino agrum meum, et de hoc quod colligo, ex ipso facio agapem. Et dixit ei abbas Pastor : Putavi quia de fratre tuo illo, qui laicus est, diceres; si autem tu facis hæc, non est opus monachi. Ille autem contristatus est audiens, et dixit : Aliud opus non facio nec scio, nisi hoc; et non possum seminare agrum meum? Cum autem discessisset, cœpit abbas Anub pœnitentiam agere apud abbatem Pastorem, dicens : Ignosce mihi. Dixit ei abbas Pastor : Ecce ab initio sciebam, quia non est opus monachi, sed secundum animum ejus locutus sum ei, et excitavi animum ejus ad profectum charitatis; nunc autem abiit tristis, et tamen istud opus facit.

47. Frater quidam interrogavit abbatem Pastorem, dicens : Quid est illud quod scriptum est : Qui irascitur fratri suo sine causa (*Matth.* v *in Græco*)? Et ille respondit : Ex omni re qua te gravare voluerit frater tuus, si irasceris adversus eum, donec oculum tuum dexterum ejicias, et a te projicias, sine causa irasceris ei; si autem aliquis voluerit te separare a Deo, pro hoc irascere.

48. Dixit abbas Pastor : Si peccaverit homo et non negaverit, dicens, Peccavi; non increpes eum, quia frangis propositum animi ejus. Si autem dixeris : Non contristeris, frater, sed observa de cætero, excitas animum ejus ad pœnitentiam.

49. Dixit iterum qui supra : Bonum est experimentum. Experimento enim homines probatiores sunt.

50. Item dixit qui supra : Si quis docet aliquid et non facit quod docet, similis est puteo qui omnes ad se venientes satiat et delet sordes, seipsum autem purgare non potest; sed omnis spurcitia et immunditia in eo est (*Ruff.*, *l.* III, *n.* 183).

51. Dixit iterum ipse : Est homo qui seipsum agnoscit. Dixit iterum : Quia est homo qui videtur ore tacere, cor autem ejus condemnat alios; hic ergo sine cessatione loquitur. Est et alius a mane usque ad vesperam loquens, et taciturnitatem tenet; hoc autem ideo dixit, quia nunquam sine audientium utilitate locutus est.

52. Iterum dixit : Quia si sunt tres in unum, ex quibus unus bene quiescat, alius infirmetur et gratias agat, tertius vero ministret eis ex sincera voluntate, hi tres similes sunt, velut etiam si unius sint operis.

53. Iterum dixit : Malitia nequaquam expellit malitiam; sed si quis tibi male facit, tu bene fac ei, ut per bonum opus tuum destruas malitiam ipsius (*Ruff.*, *l.* III, *n.* 79· *Pasch.*, *c.* 7, *n.* 3).

54. Dixit iterum : Qui querulosus est, monachus non est; qui malum pro malo reddit, monachus non est; qui iracundus est, monachus non est.

55. Frater venit ad abbatem Pastorem, et dicit ei : Multæ cogitationes veniunt in anima mea, et periclitor in eis. Et ejecit eum senex sub aere nudo, et dicit ei : Expande sinum tuum et apprehende ventum. Et ille respondit : Non possum hoc facere. Et dicit ei senex : Si hoc non potes facere, nec cogitationes prohibere potes ne introeant, sed tuum est eis resistere.

56. Frater quidam interrogavit eum dicens : Dimissa est mihi omnis hæreditas, quid **602** facio ex ea? Et dicit ei abbas Pastor : Vade, et post tres dies veni, et dico tibi. Venit autem sicut præfinivit, et dicit ei senex : Quid tibi habeo dicere, frater? Si dixero, Da eam in ecclesiam, clerici sibi facient convivia ex ea; si autem dixero, Da eam parentibus tuis, non est tibi merces; si vero dicam, Da pauperibus, securus eris. Quidquid ergo vis, vade, fac, ego causas non habeo (*Pasch.*, *c.* 36, *n.* 4, *nomine Sisois*; *Append. Mart.*, *n.* 7).

57. Dixit iterum abbas Pastor : Si venerit tibi cogitatio de rebus corpori necessariis, et delegaveris semel; et iterum venerit, et delegaveris, quid fiat? Jam tertio si venerit, non intendas ei, otiosa est enim.

58. Frater quidam dixit abbati Pastori : Si video rem aliquam, vis ut dicam illam? Dicit ei senex : Scriptum est : Qui responderit verbum antequam audiat, stultitia ei et opprobrium est (*Eccli.* XI). Si ergo interrogatus fueris, dic; sin alias, tace.

59. Dixit iterum abbas Pastor, quia dixerat abbas Ammon : Est homo qui portat toto tempore vitæ suæ securim, et non potest dejicere arborem; est autem alter habens usum incidendi, et in paucis plagis dejicit arborem. Dicebat autem securim discretionem esse.

60. Iterum dixit : Voluntas hominis murus est æreus, et lapis percutiens inter ipsum et Deum. Si ergo reliquerit hæc, dic ei et ipse, quod in psalmo scriptum est : In Deo meo transgrediar murum; et : Deus meus, impolluta via ejus (*Psal.* XVII). Si enim justitia subvenerit voluntati, laborat homo.

61. Frater interrogavit abbatem Pastorem, dicens : Damnum animæ meæ patior, quod sum cum abbate meo. Quid ergo jubes? Maneo adhuc apud ipsum? Et sciebat abbas Pastor, quia læderetur anima ejus per abbatem suum, et admirabatur quare vel interrogabat eum, si manere deberet cum illo. Et dixit ei : Si vis, esto. Et discedens, mansit apud eum. Venit autem iterum dicens abbati Pastori : Gravo animam meam. Et non dixit ei abbas Pastor : Discede ab eo. Venit tertio, et dixit : Crede mihi, jam non ero cum eo. Et dicit ei senex : Ecce modo salvatus es, vade, et non sis ultra cum eo. Dixit enim abbas Pastor eidem : Homo qui vidit damnum pati animam suam, non opus habet interrogare. Etenim de occultis cogitationibus interrogat quis, ut seniores

probare possint; de manifestis autem peccatis non est opus interrogare, sed statim abscindere.

62. Interrogavit abbas Abraham, qui erat abbatis Agathonis discipulus, abbatem Pastorem, dicens: Quare me sic daemones impugnant? Et dicit ei abbas Pastor: Te impugnant daemones? Non pugnant nobiscum daemones, quando voluntates nostras facimus; quia voluntates nostrae daemones factae sunt, et hae sunt quae tribulant nos ut faciamus eas. Si autem vis scire quales sunt cum quibus daemones pugnant; cum Moyse et similibus ejus.

63. Dixit abbas Pastor, quia frater quidam interrogaverit abbatem Moysem, dicens: Qualis homo mortificat se? homo a proximo suo? Et respondit ei: Nisi posuerit homo in corde suo quia triennium habet in sepultura, non attingit ad hoc verbum (*Ruff., l. III, n. 102; Pasch., c. 43, n. 2, nomine Silvani; Append. Mart., n. 108*).

64. Frater interrogavit abbatem Pastorem, dicens: Quomodo oportet monachum sedere in cella? Et dixit ei senex: Sedere in cella, quantum ad id quod in manifesto est, hoc est, ut faciat opus manuum, et semel comedat, et taceat, et meditetur; occulte enim proficere in cella, hoc est, ut portet unusquisque opprobrium suum in omni loco quocunque perrexerit, et ut ministerii horas custodiat, et de occultis non negligat. Si autem contigerit tempus ut vacet ab opere manuum, intret ad ministerium operis Dei, et id sine aliqua perturbatione consummet. Finis autem horum est ut comitatum simul conversantium bonorum teneas, et revoceris a malorum comitatu.

65. Venerunt aliquando duo fratres ad abbatem Pampo, et interrogavit unus ex eis, dicens: Abba, ego biduo jejuno, et duos paximates manduco; putas salvo animam meam, an seducor? Et alter dixit: Ego colligo de opere manuum mearum duas siliquas diurnas, et parum ex eis retineo ad victum, aliud autem expendo in eleemosynam; putas salvus ero, an seducor? Et cum plurimum rogarent eum, ille non respondebat eis. Post quatuor autem dies cum discessuri essent, rogabant eos clerici, dicentes: Nolite tristari, fratres, Deus vobis praestabit mercedem; sic est enim consuetudo hujus senis, non cito loquitur, nisi Deus ei dederit quod dicat. Intraverunt ergo ad senem, et dixerunt ei: Abba, ora pro nobis. Et ille dixit eis: Ambulare vultis? Et dixerunt: Etiam. Et intuens eos, in semetipso accipiens opera eorum, scribebat in terram, et dicebat: Pambo biduo jejunat, et duos paximates manducat; putas in hoc est monachus? Non. Iterum dicebat: Et Pambo laborat in die duas siliquas, et dat eas in eleemosynam; putas in hoc est monachus? Necdum. Et paululum reticens, dixit ad eos: Bonum quidem operaris, sed si custodias conscientiam tuam cum proximo tuo, ita salvaberis. In his ergo sic aedificati fratres, cum gaudio discesserunt.

66. Frater quidam interrogavit abbatem Pambo, dicens: Quare me prohibent spiritus quidam facere bona proximis? Dixit ei senex: Non sic loquaris, alioquin Deum mendacem facies; sed dic magis: Omnino misericordiam facere nolo. Praeveniens enim Deus dixit: Dedi vobis potestatem calcandi super scorpiones et serpentes, et super omnem virtutem inimici (*Lucae x*), cur ergo tu immundos spiritus non conculcas?

67. Dixit abbas Palladius: Oportet animam secundum Christi voluntatem conversantem, aut discere fideliter quae nescit, aut docere manifeste quae novit; si autem utrumque, cum possit, non vult, insaniae morbo laborat. Initium enim recedendi a Deo, fastidium doctrinae est, et cum non appetit illud quod semper anima esurit quae diligit Deum (*Pallad., epist. ad Lausum, titulo Heraclidis, in edit. Hervetii*).

68. Frater dixit abbati Sisoi: Quare non recedunt a me passiones? Et dicit ei senex: Quia vasa earumdem passionum intra te sunt; sed da eis pignus suum, et discedent.

69. Venit quidam frater ad abbatem Silvanum in monte Sina, et vidit fratres laborantes, et dixit seni: Nolite operari cibum qui perit (*Joan. VI*); Maria autem optimam partem elegit (*Lucae x*). Et dicit senex discipulo suo: Voca Zachariam, et mitte fratrem istum in cellam, ubi nihil est (*Ruff., l. III, n. 55*). Et cum facta fuisset hora nona, intendebat ad ostium, si mitterent et vocarent eum ad manducandum; et cum nemo loqueretur ei, surgens venit ad senem, et dicit ei: Abba, hodie fratres non comederunt? Et dixit ei senex: Etiam jam comederunt. Et dicit ei frater: Et quare me non vocasti? Et respondit senex: Tu homo spiritalis es, et non indiges hoc cibo; nos autem carnales sumus et volentes manducare, propterea operamur manibus nostris; tu vero bonam partem elegisti, legens tota die, et nolens sumere cibum carnolem. Qui cum haec audisset, prostravit se ad poenitentiam, dicens: Ignosce, mi abba. Et dixit senex: Puto opus habet omnino Maria Martham, per Martham enim Maria laudatur.

70. Dixit sancta Syncletica: Qui sensibiles divitias de labore et periculis maris colligunt, quando multa lucrantur, tunc plura desiderant, et quae habent, velut nihilum reputant; ad ea vero quae necdum habent omnem intentionem animi tendunt. Nos autem et eorum quae quaerenda sunt, nihil habemus, et nolumus possidere quae necessaria sunt propter timorem Dei.

71. Dixit iterum: Est tristitia utilis, et est tristitia quae corrumpit. Tristitia ergo utilis est, ut pro peccatis ingemiscamus, et pro ignorantia proximorum, et ut non cadamus a proposito, ut perfectionem bonitatis attingamus: hae sunt species verae tristitiae. Est enim et adversarii nostri ad haec quaedam conjunctio. Immittit enim tristitiam sine aliqua ratione, quam taedium appellaverunt. Oportet ergo talem spiritum saepius orando et psallendo magis depellere.

72. Dixit iterum: Est enim ex immissione diaboli

extensa dura abstinentia, nam et sequaces ejus faciunt hoc; quando ergo discernimus divinam et regalem abstinentiam a tyrannica atque diabolica? Manifestum est quia mediocri tempore conversationis tuæ una regula jejunii sit tibi. Non subito quatuor aut quinque dies continuos jejunas, et iterum multitudine ciborum solvis virtutem? hoc enim lætificat diabolum. Semper enim quod sine mensura est, corruptibile est. Noli ergo subito arma tua expendere, ne nudus inventus in bello facile capiaris; arma vero nostra corpus nostrum est, anima vero nostra miles est. Utrisque ergo diligentiam præsta, ut paratus sis ad id quod necesse est.

73. Venerunt aliquando duo senes de partibus Pelusii ad abbatissam Saram. Et cum ambularent, dicebant ad invicem : Humiliemus vetulam istam. Et dicunt ei : Vide ne extollatur animus tuus, et dicas : Quia ecce solitarii viri veniunt ad me, quæ mulier sum. Et dixit eis abbatissa Sara : Sexu quidem mulier sum, sed non animo.

74. Iterum dixit abbatissa Sara : Si poposcero a Deo ut omnes homines ædificentur in me, invenior ante januas singulorum pœnitentiam agens; sed magis oro ut cor meum cum omnibus purum sit.

75. Dixit abbas Hyperichius : Ille est vere sapiens, qui facto suo docet alios, non qui verbis.

76. Venit aliquando monachus quidam ab urbe Roma, qui in palatio magnum locum habuit, et habitabat in Scythi in vicinitate ecclesiæ; habebat autem secum unum servum qui ministrabat ei. Videns autem presbyter ecclesiæ infirmitatem ejus, et cognoscens quia de deliciis esset vir ille, id quod ei Dominus donabat, vel quod in ecclesiam intrabat, transmittebat ei. Qui cum fecisset (sic) viginti quinque annis in Scythi, factus est vir contemplator, prævidens et nominatus. Audiens autem quidam de magnis monachis Ægyptiis opinionem ejus, venit videre eum, sperans corporalem conversationem plus apud eum arduam invenire. Qui cum intrasset, salutavit eum; et **604** facientes orationem sederunt. Videns autem Ægyptius vestitum mollibus rebus, et budam de papyro, et pellem stratam sub ipso, et modicum capitale de cartica (36) sub caput ejus, sed et pedes mundos habentem cum caligulis, scandalizatus est intra se de eo, quia in loco illo non erat consuetudo taliter conversandi, sed magis duram abstinentiam habere consueverant. Senex autem ille Romanus habens contemplationem sive prævidentiæ gratiam, intellexit quia scandalizatus est intra se de eo Ægyptius monachus; et dicit ministro suo : Fac nobis hodie propter abbatem qui venit, bonam diem. Et coxit parva olera quæ habebat, et surgentes hora competenti comederunt : habuit etiam et modicum vini propter infirmitatem suam, et illud biberunt. Et cum factum esset vespere, dixerunt duodecim psalmos, et dormierunt; similiter autem et nocte. Surgens autem mane Ægyptius dixit ei : Ora pro me. Et egressus est, non ædificatus in eo. Et cum paululum discessisset, volens eum ille senex Romanus sanare, misit post ipsum et revocavit eum. Qui cum venisset, cum gaudio iterum suscepit eum, et interrogavit eum, dicens : Ex qua provincia es? Et ille dixit : Ægyptius sum. Et dixit ei : Cujus civitatis? Et respondit : Ego omnino non fui de civitate, nec habitavi aliquando in civitate. Et dixit ei : Antequam monachus esses, quid operabaris in possessione qua manebas? Et ille respondit : Custos eram agrorum. Et dicit ei : Ubi dormiebas? Respondit : In agro. Et dixit : Habebas aliquid stratus? Et respondit : Ego in agro habui habere stramenta in quibus dormirem? Et dixit : Et quomodo dormiebas? Respondit : In terra nuda. Et dixit : Quid manducabas in agro, aut quale vinum bibebas? Iterum respondit : Quæ sunt escæ aut qualis potus in agro? Et dixit : Quomodo ergo vivebas? Respondit : Manducabam panem siccum, et si inveniebam quodcunque de salsamentis, et bibebam aquam. Et dixit senex : Grandis labor. Et dixit : Erat ibi vel balneum in possessione, ubi lavareris? Et ille dixit : Non, sed in flumine lavabar, quando volebam. Cum ergo hæc omnia ab eo senex responsione ejus exegisset, et cognovisset modum prioris vitæ ejus atque laboris, volens eum proficere, narravit ei suam vitam præteritam, quam habebat cum esset sæcularis, dicens : Me miserum quem vides, de magna illa civitate Roma sum, habens in palatio maximum locum apud imperatorem. Et cum audisset Ægyptius initia verborum ejus, compunctus est, et sollicite quæ dicebantur audiebat. Et ille adjecit : Reliqui ergo Romam et veni in solitudinem istam. Et iterum dixit : Me quem vides, habui domos magnas et pecunias multas, et contemnens eas, veni in istam parvam cellam. Iterum dixit : Me quem vides, lectos vestitos ex auro habui, habentes pretiosissima stramenta; et pro his dedit mihi Deus stramentum hoc de papyro et hanc pellem. Sed et vestes meæ inæstimabili pretio dignæ erant, et pro his utor has viles rescellas. Iterum dixit : In prandio meo multum auri expendebatur; et pro illo mihi dedit modica olera hæc et parvulum calicem vini. Erant autem et qui serviebant mihi plurimi servi, et ecce pro illis uni isti Dominus compunxit, ut serviret mihi. Pro balneo autem perfundo modico aquæ pedes meos, et caligulis utor propter infirmitatem meam. Et rursus pro calamis et cithara vel alio musico opere, quo delectabar in conviviis meis, dico mihi duodecim psalmos in die, et duodecim in nocte. Sed et pro peccatis meis, quæ ante faciebam, modo cum requie exhibeo parvum et inutile ministerium Deo. Vide ergo te, abba, ut non scandalizeris propter infirmitatem meam. Et hæc audiens Ægyptius atque in semetipsum reversus, dixit, Væ mihi, quia ego de multa tribulatione et plurimo labore sæculi magis ad repausandum in conversationem monachi veni, et quod non habebam tunc, modo habeo; tu autem multa ex delectatione sæculi voluntate propria in tribulationem venisti, et ex multa gloria atque divitiis venisti in humilitatem et paupertatem. Ex quo multum proficiens discessit, et factus est ei

amicus, et sæpe veniebat ad eum suæ utilitatis causa; erat enim vir discernens, et repletus bono odore Spiritus sancti.

77. Dicebat senex: Non necesse est verborum tantum; sunt enim plurima verba in hominibus tempore hoc, sed opera necessaria sunt; hoc enim Deus quærit, non verba, quæ non habent fructum

78. Frater aliquis interrogavit quosdam Patrum: Si polluitur aliquis quando res sordidas cogitat. Et cum de hoc inquisitio fieret apud eos, alii dicebant: Etiam polluitur; alii dicebant: Non; quia si polluitur, non possumus salvari nos, qui idiotæ sumus; sed hoc pertinet ad salutem, si ea quæ cogitamus, corporaliter non fecerimus. Ille autem frater qui interrogaverat, non sibi sufficere judicans variam responsionem Patrum, abiit ad senem probatiorem, et interrogavit eum de hoc. Et respondit ei senex: Secundum mensuram uniuscujusque requiritur ab eo. Rogavit ergo frater ille senem, dicens: Peto propter Dominum, absolve mihi hoc verbum. Et dicit ei senex: Ecce forte jacet hic vas aliquod desiderabile. Et dicit senex: Intraverunt duo fratres, ex quibus unus habebat mensuras magnas exercitatæ vitæ, alter vero parvas. Si ergo cogitatio illius perfecti mota fuerit ad aspectum vasis illius, et dixerit intra se: Volebam habere vas istud, et non permanserit in hoc, sed cito absciderit hujusmodi appetitum, non est pollutus; si vero qui necdum ad majores mensuras attigit, concupierit vas illud, et exercitatus fuerit cum cogitatione sua desiderio compellente, et tamen non tulerit illud, non est inquinatus.

79. Dixit senex: Si quis manserit in aliquo loco, et non fecerit fructum loci illius, locus ipse expellit eum, utpote quia non fecit fructum loci illius.

80. Dixit senex: Si quis fecerit rem aliquam sequens voluntatem suam, quærens quod non est secundum Deum, si id tamen per ignorantiam fecerit, postea oportet eum reverti ad viam Domini. Qui autem tenet voluntatem suam, non secundum Deum, et neque ab aliis vult audire, sed velut scitum se putat; qui hujusmodi est, vix perveniet ad viam Domini.

81. Interrogatus est senex: Quid est, quod legitur, Via angusta et arcta (*Matth.* vii)? Et respondit senex, dicens ei: Angusta et arcta via hæc est, ut cogitationibus suis homo violentiam faciat, et abscidat propter Deum voluntates suas. Hoc est etiam quod scriptum est de apostolis: Ecce nos reliquimus omnia, et secuti sumus te (*Matth.* xix).

82. Dixit senex: Sicut ordo monachorum honoratior est sæcularibus, ita peregrinus monachus speculum debet esse localibus monachis per omnem modum.

83. Dixit quidam Patrum: Si manserit operarius in loco ubi non sunt operarii, non potest proficere; hæc est enim virtus operarii, certare ut ab opere non minuatur. Nam et piger si manserit cum operario, proficit; et si non proficit, non tamen descendit inferius.

84. Dixit quidam senex: Quia homo si verbum quidem habeat, opera autem non habeat, assimilatur arbori habenti folia, fructum autem non. Sicut enim arbor fructibus plena etiam foliis viret, ita et sermo consequitur hominem qui habet opera bona.

85. Dixit senex, quia aliquando quidam lapsus in gravi peccato, et compunctus ad pœnitentiam, abiit indicare hæc seni cuidam, et non dixit ei quod fecerat, sed quasi interrogavit, dicens: Si alicui ascendat cogitatio talis, habet salutem? Ille vero, quia nesciebat discretionem, respondit ei: Perdidisti animam tuam. Hoc audiens frater, dixit: Ergo si perii, vado ad sæculum. Pergens autem ille, deliberavit ire et indicare cogitationes suas abbati Silvano, erat enim hic Silvanus magnus discretor. Veniens ergo ad eum frater, non dixit ei quod fecerat, sed iterum eo modo quo et prius seni illi dixerat; hoc est, Si ascenderint alicui tales cogitationes, habet salutem? Aperiens autem abbas Silvanus os suum, cœpit de Scripturis dicere ei: Non omnino judicium tantum est de cogitationibus quam de peccato. Audiens autem frater, et suscipiens virtutem dictorum in animo, sumpta spe, indicavit etiam ei actum suum. Audiens autem abbas Silvanus quod egerat, tanquam bonus medicus posuit cataplasma animæ ejus de divinis Scripturis assumptum, dicendo esse pœnitentiam his qui pro charitate revera convertuntur ad Deum. Post aliquot autem annos contigit abbatem memoratum ad illum senem applicari, qui ei desperationem fecerat, et narravit ei ista, et dixit: Ecce frater ille, qui de responso tuo desperaverat, et ad sæculum redierat, velut stella splendida est in medio fratrum. Hæc autem ideo retuli, ut sciamus quale periculum est quando aliquis sive cogitationis, sive actuum aliquid peccati indicat his qui discretionem nesciunt.

86. Dixit quidam senex: Non quia intrant cogitationes malæ in nobis, condemnamur ex eo, sed si male utimur cogitationibus. Fit enim ut per cogitationes naufragium patiamur, et iterum de cogitationibus coronemur.

87. Dixit aliquis senex: Non des et accipias cum sæcularibus hominibus, et non habeas notitiam cum muliere, nec habeas fiduciam diu cum puero.

88. Frater quidam interrogavit senem, dicens: Quid faciam, quia multæ cogitationes sollicitant me, et nescio quomodo repugnem eis? Dixit senex: Non repugnes contra omnes, sed contra unam. Omnes enim cogitationes monachorum unum habent caput; necessarium ergo est considerare quæ et qualis sit et adversus illam reniti; ita enim et residuæ cogitationes humiliantur.

89. Adversus cogitationes malas dixit quidam senex: Obsecro, fratres, sicut compressimus actus malos, comprimamus etiam cogitationes.

90. Dixit quidam senex: Qui vult habitare eremum, debet esse doctor, non qui doceri egeat, ne detrimentum sustineat.

91. Interrogatus est senex a quodam fratre dicente: Quomodo invenio Deum? utrum in jejuniis,

an in laboribus, vel in vigiliis, aut in misericordia. Et respondit : In his quæ numerasti, et in discretione. Dico enim tibi quia multi afflixerunt carnem suam, et, quia sine discretione hoc faciebant, abierunt vacui nihil habentes. Os nostrum de jejunio fetet, scripturas omnes didicimus : ex corde David consummavimus, et quod Deus requirit non habemus, scilicet humilitatem.

92. Frater interrogavit senem, dicens : Abba, ecce ego rogo seniores et dicunt mihi de salute animæ meæ, et nihil retineo de verbis eorum; quid autem vel rogo eos nihil proficiens ? Totus enim sum in immunditia (*Ruff.*, *l.* III, *n.* 178). Erant autem duo vasa vacua. Et dixit ei senex : Vade, et aufer unum ex vasis istis, et mitte in eo oleum, et accende intus stupam, et refunde oleum, et pone vas in locum suum. Et fecit sic. Et dixit ei : Fac iterum sic. Et cum fecisset hoc sæpius, dixit ei senex : Affer modo utraque vasa, et vide quod eorum mundius sit. Et respondit : Illud ubi oleum misi. Cui senex dixit : Sic est et anima de his quæ interrogat. Quamvis enim nihil retineat eorum quæ audit, tamen plus ipsa mundabitur quam illa quæ omnino nec interrogat quidquam.

93. Frater sedebat in cella sua quiescens, et volebant dæmones seducere eum sub specie angelorum, et excitabant eum ut iret ad collectam, et lumen ostendebant ei : ille autem venit ad quemdam senem, et dixit ei, Abba, veniunt angeli cum lumine, et excitant me ad collectam. Et dicit ei senex : Non audias eos, fili, quoniam dæmones sunt ; et quando veniunt excitare te, dic : Ego quando volo surgo, vos autem non audio. Accipiens autem præceptum senis, reversus est ad cellam suam. Et sequenti nocte iterum dæmones secundum consuetudinem venientes excitabant eum. Ille vero, sicut præceptum sibi fuerat, respondebat eis, dicens : Ego quando volo surgo, vos autem non audio. Et illi dicunt ei : Malus senex ille falsator seduxit te, ad quem venit frater volens mutuare pecuniam ; et cum haberet, mentitus est ei, dicens se non habere, et non dedit ei ; ex hoc ergo cognosce quia falsator est. Surgens ergo frater diluculo venit ad senem, et nuntiavit ei hæc ita. Senex vero dixit ei : Verum est quia habebam, et quia venit frater volens mutuare, et non dedi ei, sed sciebam quia si darem ei, damnum animæ ipsius faciebam. Cogitavi ergo unum mandatum præterire, quam prævaricari decem, ex quibus ad tribulationem potuissemus venire pro illo, si a me pecuniam accepisset. Tu autem dæmones, qui te seducere volunt, ne audias. Et multum confortatus de verbis senis, abiit ad cellam suam.

94. Venerunt aliquando tres fratres ad quemdam senem in Scythi, et unus ex his interrogavit eum, dicens : Abba, commendavi Vetus et Novum Testamentum memoriæ. Et respondit senex, et dixit : Replesti verbis aerem. Et secundus interrogavit eum, dicens : Vetus et Novum Testamentum ego scripsi per me ipsum. Dixit autem et huic : Et tu replesti fenestras de chartis. Et tertius dixit : Mihi in focularem herbæ ascenderunt. Et respondit senex, et dixit : Et tu expulisti a te hospitalitatem.

95. Narraverunt quidam Patrum de quodam sene magno, quia si veniebat aliquis interrogare eum sermonem, ille cum magna fiducia dicebat : Ecce ego suscipio personam Dei, et sedeo in sede judicii, quid ergo vis ut faciam tibi ? Si ergo dixeris mihi, miserere mei ; dicit tibi Deus : Si vis ut miserear tui, miserere et tu fratribus tuis, et ego misereor tui. Si autem vis ut ignoscam tibi, ignosce et tu proximo tuo. Nunquid a Deo est causa ? Absit ; sed in nobis est, si volumus salvari.

96. Dicebant de quodam sene in Cellis quia erat magnus laborator. Cum faceret opus suum, contigit alium quemquam sanctum virum venire ad cellam ejus, et audivit eum de foris litigantem cum cogitationibus, et dicentem : usquequo propter unum verbum omnia illa amitto ? Ille autem foris stans, putabat quia cum aliquo alio litigaret, et pulsavit ut intraret et pacificaret eos ; et ingrediens et videns quia nemo alius erat intro, habens etiam fiduciam apud senem, dixit ei : Cum quo litigabas, abba ? Ille respondit : Cum cogitationibus meis, quia quatuordecim libros memoriæ commendavi, et unum verbum modicum audivi foris, et cum venissem facere opus Dei, omnia illa perdidi, et hoc solum quod foris audieram venit in memoria mea in hora ministerii mei, et propterea litigabam cum cogitatione mea.

97. Fratres de congregatione venerunt in eremo, et applicuerunt ad quemdam eremitam, et suscepit eos cum gaudio. Et sicut est consuetudo eremitis, videns eos de labore fatigatos, posuit mensam extra horam ; et quod habuit in cella apposuit eis, et repausavit eos. Et quando factum est sero, dixerunt duodecim psalmos, similiter et nocte ; cum autem senex vigilaret, audivit eos inter se **607** dicentes : Quia solitarii viri plus repausant in eremo quam nos in congregatione. Mane autem cum ambulaturi essent ad alium vicinum ejus, dixit eis : Salutate eum pro me, et dicite ei : Non adaques olera. Ille autem cum hoc audisset, intellexit verbum, et tenuit eos usque sero laborantes jejunos. Cum autem sero factum esset, fecit prolixum opus Dei, et posuit ea quæ habebat, et dixit : Cessemus modice propter vos, quia de labore estis fatigati. Et dixit iterum : Quotidie manducare non solemus, sed propter vos gustemus modicum. Et apposuit eis panem siccum et sal, et dixit : Ecce propter vos festivitatem habemus hodie ; et misit parum aceti in salibus illis. Et surgentes cœperunt psallere usque mane. Et dixit : Propter vos non possumus adimplere regulam nostram, ut modice pausetis, quia peregrini estis. Mane autem facto, volebant fugere : ille autem rogabat eos, dicens : Manete aliquantum temporis nobiscum ; sin alias, vel propter mandatum, dies tres secundum consuetudinem eremi facite nobiscum. Illi autem videntes quia non relaxaret eos, fugerunt occulte.

98. Frater interrogavit quemdam Patrem, dicens : Si contigerit gravari me somno, et transierit hora ministerii mei; anima mea præ verecundia non vult implere opus suum. Et dixit senex : Si te contigerit usque mane dormire, quando evigilas, surge, claude ostium et fenestras tuas, et fac opus tuum; scriptum est enim : Tuus est dies, et tua est nox (*Psal.* LXXIII); in omni enim tempore glorificatur Deus.

99. Dicebat aliquis senex : Quia est homo comedens multa et adhuc esuriens; est etiam alter homo qui pauca comedit, et satiatur. Majorem autem habet mercedem ille qui plus comedit, et esuriens manet, ab illo qui parum comedit, et satiatur (*Ruff.*, *l.* III, n. 48, *Pasch.*, c. 1, n. 3).

100. Dixit quidam senex : Si contigerit inter te et alium sermo aliquis tristis, et negaverit ille, dicens : Non dixi sermonem hunc, ne certes cum eo, et dicas : Dixisti, quia exacerbatur, et dicet tibi : Etiam dixi.

101. Frater aliquis interrogavit senem, dicens : Soror mea pauper est, si do ei eleemosynam, non est sicut unus de pauperibus? Et dixit senex : Non. Dixit autem frater : Quare, abba? Et respondit senex : Quia sanguis ipse trahit te modicum.

102. Dixit senex : Quia oportet monachum neque auditorem esse obtrectantium, neque obtrectari, neque scandalizari.

103. Dixit quidam senex : Non omnia quæ dicuntur placeant tibi, neque omni sermoni consentias. Tardius crede, et quod verum est, citius dic.

104. Dixit quidam senex : Si ascenderit in corde fratris sedentis in cella verbum, et revolvens frater verbum in animo, non potuerit ad mensuram verbi pertingere, neque tractus fuerit a Deo, assistunt ei dæmones, et ostendunt ei de verbo illo quod ipsi volunt.

105. Dicebant quidam senum : Quando congregabamur initio ad invicem, et loquebamur aliquid quod utile esset animabus nostris, efficiebamus seorsum et seorsum, et ascendebamus in coelum; nunc autem congregamur, et in obtrectationibus occupamur, et unus alterum trahimus in profundum.

106. Dixit alter quidam Patrum : Si quidem interior homo noster sobrie agit, potest etiam exteriorem custodire; si vero non est ita, qua possumus virtute custodiamus linguam.

107. Item qui supra dixit : Opus spirituale necessarium est, quia in hoc venimus. Magnus enim labor est ore dicere quod non fit opere corporali.

108. Alter quidam Patrum dixit : Quia omnino oportet hominem habere intra cellam opus, quod laboret; si autem in opere Dei occupatur, venit ad eum diabolus die inter diem, sed non invenit locum in quo maneat. Si autem rursus dominando ei inimicus in captivitatem redegerit eum, venit iterum spiritus Dei frequenter; sed si nos ei non facimus locum propter malitiam nostram, discedit.

109. Descenderunt aliquando monachi de Ægypto in Scythi, ut viderent seniores loci illius. Et cum vidissent eos extenuatos fame, de nimia abstinentia impatienter comedere, scandalizati sunt in eis. Hoc autem presbyter agnoscens, voluit sanare eos, et ita dimittere, et prædicavit in ecclesia plebi, dicens : Jejunate et extendite abstinentiam vestram, fratres. Volebant autem Ægyptii, qui illic venerant, discedere, et retinuit eos. Cum autem jejunassent primo aporiati sunt, fecerat enim eos biduo jejunare continuo. In Scythi autem habitantes jejunaverunt hebdomadam; et facto Sabbato, sederunt manducare Ægyptii cum senibus. Turbantibus autem se ad manducandum Ægyptiis, unus de senibus tenuit manus eorum, dicens : Cum disciplina manducate, quomodo monachi. Unus autem ex Ægyptiis repulit manus ejus, dicens : Dimitte me quia morior, tota hebdomada nihil coctum comedi. Et dixit ei senex : Si vos biduo intervallo manducantes ita defecistis, quare in fratribus scandalizati estis, qui semper hebdomadas eo ordine levando abstinentiam servant. Illi autem poenitentiam coram eis egerunt, et ædificati in abstinentia eorum abierunt cum gaudio.

110. Frater quidam renuntians sæculo, et accipiens habitum monachi, statim reclusit se, dicens : Solitarius volo esse. Audientes autem vicini seniores, venerunt et ejecerunt eum, et fecerunt circuire cellas fratrum, et poenitentiam coram singulis agere, et dicere : Ignoscite mihi, quia non sum solitarius sed adhuc initium monachi nuper assumpsi.

111. Dixerunt quidam senes : Si videris juvenem voluntate sua ascendentem in coelum, tene pedem ejus, et projice eum in terram, quia non ita expedit ei.

112. Frater dixit cuidam seni magno : Abba, volebam invenire senem aliquem juxta voluntatem meam, et morari cum ipso. Et dixit ei senex : Bene quæris, domine meus. Ille autem affirmabat hujusmodi esse desiderium suum, non intelligens quod locutus est senex ille. Sed cum videret eum senex æstimantem quod bene sentiret, dixit ei : Ergo si invenis senem secundum voluntatem tuam, vis manere cum eo? Et ille dixit : Etiam omnino hoc volo, si invenero secundum voluntatem tuam. Dixit ergo ei senex : Non ut tu sequaris voluntatem senis illius sed ut ille tuam voluntatem sequatur, et ita in eo repauses. Sensit autem frater ille quod dicebat, et surgens prostravit se ad poenitentiam, dicens : Ignosce mihi, quia valde gloriabar, æstimans me bene dicere, cum nihil tenerem boni.

113. Duo fratres carnales renuntiaverunt sæculo, quorum unus, qui ætate minor erat, primus coeperat conversari; et cum venisset apud eos quidam Patrum, et applicuisset apud eos, posuerunt pelvim. Et venit qui minor erat ætate ut lavaret pedes seni, senex autem tenens manum ejus removit eum, et eum qui major ætate fuerat, fecit implere opus, quod primi in monasterio facere consueverant. Dixerunt autem ei astantes fratres : Abba, ille minor in conversatione primus est. Respondit eis senex : Et tollo primatum minoris, et trado ei qui ætate præcedit.

114. Dixit quidam senex : Prophetæ conscripserunt libros; patres autem nostri venerunt post eos, et operati sunt in eis plurima, et iterum successores illorum commendaverunt eos memoriæ. Venit autem generatio hæc quæ nunc est, et scripsit ea in chartis atque membranis, et reposuit in fenestris otiosa.

115. Dicebat senex : Quia cucullum, quo utimur signum est innocentiæ; superhumerale quo humeros et cervicem alligamus, signum est crucis; zona vero qua cingimur, signum est fortitudinis. Conversemur ergo juxta id quod habitus noster significat, quia omnia cum desiderio facientes, nunquam deficiemus.

LIBELLUS UNDECIMUS.

De eo quod oporteat sobrie vivere.

1. Frater interrogavit abbatem Arsenium, ut audiret ab eo sermonem. Dixit autem ei senex : Quantacunque tibi virtus est, conare ut interius opus tuum secundum Deum sit, et vincat exterioris hominis passiones. Dixit iterum : Si quærimus Deum, apparebit nobis; et si tenemus eum, manebit apud nos.

2. Dixit abbas Agathon : Non debet monachus permittere conscientiæ suæ ut accuset eum in quacunque re (*Ruff.*, *l.* III, *num.* 161). Quando autem moriturus erat memoratus abbas Agatho, tres dies mansit immobilis, apertos oculos tenens. Pulsaverunt autem eum fratres, dicentes : Abba, ubi es? Et ille respondit : In conspectu divini judicii assisto. Dicunt ei : Et tu times? Et ille dixit : Interim laboravi virtute qua potui, in custodiendis mandatis Dei; sed homo sum, et nescio utrum placuerint opera mea coram Deo. Dicunt ei fratres : Et non confidis de operibus tuis, quia secundum Deum sint? Et dixit senex : Non præsumo, nisi venero ante Deum; aliter enim sunt judicia Dei, aliter hominum. Cum autem vellent eum adhuc interrogare alium sermonem, dicit eis : Ostendite charitatem, et nolite mecum loqui, quia occupatus sum. Quo dicto, statim emisit spiritum cum gaudio. Videbant enim eum colligentem spiritum, quemadmodum si quis salutat amicos suos dilectos. Habuit autem custodiam magnam in omnibus, et dicebat : Quia sine custodia ad nullam virtutem ascendit homo.

3. Dicebant de abbate Ammoys, quia quando ibat ad ecclesiam, non permittebat discipulum suum juxta se ambulare, sed de longe sequi; sed et si approximasset se ad eum, ut interrogaret eum de quacunque re, mox dicebat ei, et statim repellebat eum retro, dicens : Ne forte cum loquimur aliquid de utilitate animæ, incurrat etiam sermo qui non pertinet ad rem, propterea non te permitto morari juxta me.

4. Dicebat abbas Ammoys abbati Arsenio in initio : Quomodo me vides modo? Et ille dixit : Sicut angelum, Pater. Et iterum dixit ei postea : Nunc quomodo me vides? Et ille dixit : Quomodo Satanam, etenim vel si bonum sermonem loquaris, velut gladius mihi est.

5. Dixit abbas Allois : Nisi dixerit homo in corde suo, Ego solus et Deus sumus in hoc mundo, requiem non habebit (*Append. Matt.*, *n.* 71).

6. Dixit iterum : Quia si vult homo, in una die usque ad vesperam pervenit ad mensuram divinitatis.

7. Abbas Besarion moriens dicebat : Debet monachus totus oculus esse, sicut Cherubim et Seraphim.

8. Iter agebant aliquando simul abbas Daniel et abbas Ammoys; dixit autem abbas Ammoys : Putas aliquando et nos sedebimus in cella, Pater? Dixit ei abbas Daniel : Quis enim aufert a nobis Deum? nam et foris Deus est modo, et iterum in cella Deus est.

9. Dixit abbas Evagrius : Magnum est quidem, sine impedimento orare; majus est, psallere sine impedimento.

10. Idem dixit : Memor esto semper exitus tui, et non obliviscaris æterni judicii, et non erit delictum in anima tua.

11. Dixit abbas Theodorus de Ennato (37) : Quia si nobis imputat Deus negligentias temporis quo oramus, et captivitates quas patimur dum psallimus, non possumus salvi fieri.

12. Dixit abbas Theonas : Quia impeditur mens nostra et revocatur a contemplatione Dei, propterea captivi ducimur in carnalibus passionibus.

13. Venerunt aliquando quidam fratrum tentare Joannem Brevem, quia non dimittebat mentem suam diffundi in cogitationibus sæculi, neque loquebatur causam hujus mundi, et dicunt ei : Gratias agimus Deo, quia multum pluit isto anno, et rigatæ competenter arbores palmarum bene incipiunt producere ramos, et invenient unde laborent fratres, qui solent in manuum suarum operibus occupari. Dicit ergo eis abbas Joannes : Sic est quando Spiritus sanctus descendit in corda sanctorum : virescunt quodammodo et innovantur, et proferunt folia in timore Dei.

14. Dicebant iterum de abbate Joanne, quia fecerit aliquando plectas ad duas sportas, et expenderit eas in una sporta, et non intellexit donec jungeret parieti. Erat enim mens ejus occupata in contemplatione Dei.

15. Senex quidam erat in Scythi, habens quidem tolerantiam corporalem, sed non valde scrupulosus erat in retinendis quæ audierat. Abiit ergo iste ad abbatem Joannem Brevem, ut interrogaret eum de oblivione; et audiens ab eo sermonem, rediit in cellam suam, et oblitus est quod dixit abbas Joannes. Iterum abiit et interrogavit eum; audiens autem ab eo, similiter reversus est : mox autem ut pervenit ad cellam suam, oblitus est quod audivit, atque ita multoties vadens atque revertens, dominabatur ei oblivio. Post hæc vero rursus occurrens seni, dixit : Nosti, abba, quia oblitus sum rursus quod dixisti mihi? sed ne tibi molestus essem, ideo non veni. Dixit ei abbas Joannes : Vade, incende lucernam. Et incendit. Et dixit ei : Affer alias lucernas,

et incende ex ea. Et fecit sic. Et dixit abbas Joannes seni : Ne aliquid læsa est lucerna, quia ex ea alias incendisti? Et dixit : Non. Ita nec Joannes læditur, si tota Scythia veniat ad me, nec impedit me a charitate Dei; quando igitur vis, veni nihil hæsitans. Et ita per patientiam utrorumque, abstulit Deus oblivionem a sene; hoc enim erat opus habitantium in Scythi, ut animarent eos qui impugnabantur a quacunque passione, et extorquebant sibi laborem, unde invicem lucrarentur bono.

16. Interrogavit frater abbatem Joannem, dicens : Quid facio, quia frequenter venit quidam frater, ut tollat me secum ad opus quod laborat, et ego miser sum infirmus, et deficio in tali re; quid ergo de mandato Dei faciam? Respondens senex dixit ei : Caleph filius Jephone dixit Jesu filio Nave : (*Josue* iv) : Quadraginta annorum eram quando misit me Moyses servus Domini tecum ad terram istam ; et nunc octoginta annorum sum ; et quemadmodum tunc eram fortis, ita et nunc valeo intrare et exire ad bellum. Itaque et tu, si potes, ut sicut ingrederis, ita egrediaris, vade; si autem non potes id facere, sede in cella tua plorans peccata tua. Et si invenerint te lugentem, non te compellent exire.

17. Dixit abbas Isidorus, qui erat presbyter in Scythi : Ego quando eram juvenis et sedebam in cella mea, non habebam numerum psalmorum quos dicebam in ministerio Dei : nox enim mihi et dies in hoc expendebatur.

18. Narravit abbas Cassianus de quodam sene in eremo sedente quia rogaverit Deum ut donaret ei ne dormitaret aliquando, cum spirituales res faceret ; si autem detractionis aut odii verba essent, statim in somno corrueret, ut non hujusmodi venenum aures ejus exciperent. Hic dicebat diabolum studiosum esse ut moveret homines in verba otiosa, impugnatorem etiam totius doctrinæ spiritualis. Ad quam rem hoc utebatur exemplo : Loquente me aliquando de utilitate animarum ad quosdam fratres, in tantum somno profundo occupati sunt, ut nec palpebras oculorum movere possent : ego autem volens ostendere opus dæmoniacum esse, otiosarum rerum verba introduxi; ad quod illi gaudentes, statim somno reluctati sunt. Ego autem ingemiscens dixi : Usque nunc **610** de cœlestibus rebus loquebamur, et omnium vestrum oculi somno gravissimo tenebantur; quando autem sermo otiosus inventus est, omnes prompti audire cœpistis. Propter quod rogo, charissimi fratres, cognoscentes maligni dæmonis opus esse, attendite vobismetipsis, custodientes vos a somno quando aliquid spirituale vel facitis vel auditis.

19. Abiit aliquando abbas Pastor cum esset juvenis ad quemdam senem, ut interrogaret eum tres sermones : Cum autem pervenisset ad senem, oblitus est unum ex tribus sermonibus, et reversus est ad cellam suam. Et cum tetendisset manum, ut teneret clavem, recordatus est sermonis illius quem ante fuerat oblitus ; et sustulit manum a clavi, et reversus est ad senem ; senex autem dixit ei : Accelerasti venire, frater. Et ille narravit ei quia cum tetendissem manum tenere clavem, recordatus sum sermonis quem quærebam, et non aperui cellam, sed mox ad te sum reversus. Erat autem longitudo viæ multa nimis. Dicebat autem ei senex : Vere gregum Pastor; nominabitur enim nomen tuum in tota terra Ægypti.

20. Venit abbas Ammon ad abbatem Pastorem, et dicit ei : Si vado ad cellam vicini, aut si ille ad me venerit pro aliqua re, veremur invicem, ne incurrat aliqua incompetens fabula, et aliena a proposito monachi. Et dixit ei senex : Bene facis ; necessariam enim habet juventus custodiam. Dicit ei abbas Ammon : Senes ergo quid faciebant? Et dixit ei : Jam senes proficientes, atque firmati, non habebant in se aliud quid aut peregrinum in ore suo, ut id loquerentur. Et ille dixit : Si ergo fit necessitas cum vicino loquendi, videtur tibi ut de Scripturis cum eo loquar, aut de verbis et sententiis seniorum? Et dicit ei senex : Si non potes tacere, bonum est magis ut de verbis seniorum loquaris, quam de Scripturis. Periculum est enim non parvum.

21. Interrogatus est abbas Pastor de inquinamentis, et respondit : Quia si stabilimus activam vitam nostram timore Dei et sobrietate, non invenimus in nobis inquinamenta.

22. Dicebant de abbate Pastore, quia cum exiturus erat ad opus Dei faciendum, sedebat primus eorum discernens cogitationes suas jugiter una hora, et sic egrediebatur.

23. Dixit abbas Pastor, quia interrogavit quidam abbatem Paysionem, dicens : Quid facio animæ meæ, quia insensibilis facta est, et non timet Deum? Et dixit ei : Vade, et jungere homini timenti Deum; et cum illi inhæseris, doceberis et tu timere Deum.

24. Dixit iterum : Quia principium et finis timor Domini ; sic enim scriptum est : Initium sapientiæ timor Domini (*Psal.* cx). Et iterum, quando Abraham perfecit altare dixit ei Dominus : Nunc scio quoniam timeas Deum (*Gen.* 11).

25. Dixit iterum : Discede ab omni homine qui in collocutione incessanter contentiosus est.

26. Dixit iterum (*Append. Mart.*, n. 25) : interrogavi aliquando abbatem Petrum, discipulum abbatis Lot, dicens : Quando sum in cella, in pace est anima mea ; cum autem venerit frater aliquis ad me, et retulerit mihi verba eorum quæ foris sunt, turbatur anima mea. Et dixit mihi abbas Petrus, quia dicebat abbas Lot : Clavis tua aperuit ostium meum. Et ego dixi ei : Quod est verbum hoc? Et dixit : Si quis venit ad te, et interrogas eum. Quomodo habes, unde venis, qualiter agitur circa illos vel illos fratres, susceperunt te an non ? tunc aperis januam oris fratri tuo, et audis quæ non vis. Et ego dixi ei : Ita est. Sed quid faciat homo, cum venerit frater ad eum ? Et dixit ei senex : In luctu omnino doctrina est : ubi autem luctus non est, impossibile est custodire mentem. Et dixit ei : Quando in cella sum,

mecum est luctus : cum autem aliquis ad me venerit, aut cum egredior de cella, non invenio luctum. Et dixit ei senex : Necdum tibi subjectus est, sed velut ad usum pro tempore adhibetur. Et dixit ei : Quis est hic sermo? Et dixit mihi : Si laborat homo pro re aliqua secundum virtutem, quacunque hora quæsierit eam ad utilitatem suam, invenit eam.

27. Frater interrogavit abbatem Sisoi, dicens : Desidero custodire cor meum. Dicit ei senex : Et quomodo possumus custodire cor nostrum, si lingua nostra januam apertam habuerit?

28. Sedente aliquando abbate Silvano in monte Sina, discipulus ejus volens abire ad quoddam ministerium suum, dixit seni : Dimitte aquam, et riga hortum. Ille autem exiens ad dimittendam aquam tegebat faciem suam de cucullo suo, tantum ad pedes suos intendens. Contigit autem ut ipsa hora quidam superveniret ad eum, et videns eum a longe, consideravit quid fecisset. Et cum pervenisset ad eum, dixit ei : Dic mihi, abba, ut quid tegebas de cucullo faciem tuam, et sic adaquabas hortum? Et dixit ei senex : Ne viderent oculi mei arbores, et occuparetur mens mea ab opere suo in consideratione earum.

29. Interrogavit abbas Moyses abbatem Silvanum, dicens : Potest homo per omnem diem initium facere conversationis ? Respondit ei abbas Silvanus : Si est homo operarius, potest per idem et per horam inchoare initium conversationis suæ (*Ruff.*, *l.* III, *n.* 175).

30. Interrogaverunt quidam aliquando abbatem Silvanum, dicentes : In quali conversatione operatus es, ut acciperes prudentiam istam? Et ille respondens, dixit : Nunquam permisi in corde meo cogitationem morari, quæ exacerbabat.

31. Dixit abbas Serapion : Quia sicut milites imperatoris cum ante ipsum stant, non debent dextera aut sinistra respicere; ita et monachus cum stat in conspectu Dei, et intentus est omni hora in timore ejus, nihil est quod eum de adversarii malis terrere possit.

32. Dixit sancta Syncletica : Sobrie vivamus, quia per sensus corporis nostri, vel si non velimus, fures ingrediuntur; quomodo enim potest non fuscari domus, si fumus exterius ascendens fenestras apertas invenerit?

33. Dixit iterum quæ supra : Oportet nos adversum dæmones undique armatos existere, quoniam et exterius ingrediuntur, et de intro moventur, siquidem et anima nostra id patitur. Sicut enim navis, quæ aliquando exterius fluctuum mole opprimitur, aliquando vero interius crescente sentina demergitur; sic et nos aliquando operum exterius commissorum iniquitate damnamur, aliquando vero interius nequitia cogitationum addicimur; et ideo oportet non solum exterius spirituum immundorum impetus observare, verum etiam interiorum cogitationum immunditiam exhaurire.

34. dixit iterum : Non habemus in hoc sæculo securitatem; etenim Apostolo dicente, Qui stat, videat ne cadat (*I Cor.* x); in incerto siquidem navigamus; quia sicut Psalmista dicit : Velut mare est vita nostra (*Psal.* CIII). Sed tamen sunt loca in mari, quædam vero periculis plena, quædam autem et tranquilla; nos enim in tranquilla parte maris navigare videmur, sæculares vero homines in locis periculosis (*Ruff.*, *l.* III, *n.* 123). Et iterum nos in die navigamus, sole justitiæ nobis præbente ducatum, illi autem in nocte ignorantiæ deportantur. Sed tamen plerumque contingit ut sæculares illi in tempestate et in obscuro navigantes, pro metu periculi ad Deum clamando et vigilando salvent navim suam, nos autem in tranquillitate neglectu ipso demergimur, dum gubernacula justitiæ derelinquimus.

35. Dixit abbas Hyperichius : Cogitatio tua semper sit in regno cœlorum, et cito in hæreditatem accipies illud.

36. Dixit iterum : Vita monachi juxta imitationem angelorum fiat, comburens atque consumens peccata.

37. Dixit abbas Orsisius : Puto, quia nisi homo custodierit cor suum, omnia quæ audit et videt obliviscetur et negliget. Denique sic inimicus inveniens in eo locum, supplantat eum; sicut enim lucerna oleo et lychino (38) præparata lucet, si autem per negligentiam non acceperit oleum, paulatim exstinguitur, atque ita invalescunt tenebræ adversus eam; sed et mus veniens ad eam, volensque myxum (39) ejus comedere priusquam perfecte exstinguatur, non potest propter calorem ignis; si autem viderit quod nec lumen habet, nec calorem jam retinet ignis, tunc volens trahere myxum ejus, dejicit etiam ipsam lucernam in terram : quæ si testea fuerit, minutatur; si ærea, a domino suo reparatur. Ita etiam si neglexerit anima, paulatim recedit ab ea Spiritus sanctus, donec perfecte exstinguatur calor ejus; atque ita inimicus consumit et devorat propositum animæ illius, sed et corpus nequitiæ exterminat. Si autem quis per affectum quem habet in Deo, bonus fuerit, simpliciter autem ad negligentiam raptus fuerit, Deus, qui misericors est, excitat in eo mentem suam, et memoriam pœnarum, quæ in futuro sæculo peccatoribus præparantur, et curat ut sobrius sit, et custodiat se de cætero cum magna cautela, usque ad tempus visitationis suæ.

38. Venit quidam senex ad alium senem; et cum loquerentur, unus ex eis dicit : Ego mortuus sum huic sæculo (*Ruff.*, *l.* II, *n.* 116; *Pasch.*, *c.* 12, *n.* 5). Alter vero dixit ei : Ne confidas in temetipso, donec exeas de corpore isto; nam si dicis de te quia mortuus es, Satanas autem mortuus non est.

39. Dixit quidam senex : Debet monachus quotidie mane, et sero cogitare in semetipso, quid fecit eorum quæ vult Deus, et quæ non fecit. Et ita tractantem omnem vitam suam pœnitentiam agendo monachum esse oportet; sic enim abbas Arsenius vixit.

40. Dixit senex : Quia si quis aurum vel argentum perdidit, potest reinvenire pro eo quod perdidit.

41. Dixit senex : Sicut miles et venator proficiscentes ad propositum sibi laborem, non cogitant utrum vulneretur aliquis, an illæsus maneat alter; sed unusquisque pro se solo certat : ita oportet et monachum esse.

42. Dixit senex : Sicut nemo potest lædere eum qui ad latus imperatoris est, ita neque Satanas potest aliquid nos nocere, si anima nostra inhæserit Deo : scriptum est enim : Appropinquate mihi et appropinquabo vobis (*Zach.*, 1); sed quia frequenter extollimur, facile rapit inimicus miseram animam nostram in ignominia passionis.

43. Frater dixit cuidam seni : Nihil pugnæ video in corde meo. Et dixit ei senex : Tu sic es velut quadrigemina porta, ut quicunque voluerit intret unde voluerit in te, et unde voluerit exeat, et tu non intelligis quæ aguntur. Nam si haberes januam et clauderes eam, nec permitteres intrare per eam cogitationes malas, tunc videres stantes foris, et pugnantes adversum te.

44. Dicebant de quodam sene quia quando ei cogitationes suæ dicebant : Dimitte hodie, jam crastino pœnitebis; contradicebat eis ille dicens : Non, sed hodie pœnitentiam ago; crastino autem fiat voluntas Domini (*Ruff.*, l. III, n. 165).

45. Dixit senex : Nisi exterior noster homo se sobrie gesserit, impossibile est custodire interiorem.

46. Dicebat senex : Quia tres virtutes Satanæ, quæ præcedunt universa peccata : prima oblivionis, secunda negligentiæ, tertia concupiscentiæ. Etenim si oblivio venerit, generat negligentiam; de negligentia vero concupiscentia nascitur; de concupiscentia vero corruit homo. Si enim ita est sobria mens, ut oblivionem respuat, ad negligentiam non venit; et si non neglexerit concupiscentiam non recipit; si vero concupiscentiam non recipit, nunquam cadet opitulante Christi gratia.

47. Dixit quidam senex : Taciturnitati operam da, et nihil vanum cogites, et intende meditationi tuæ sive quiescens vel surgens cum timore Dei. Et hæc faciens, malignorum impetus non timebis.

48. Dixit senex cuidam fratri : Diabolus est inimicus, et tu domus. Inimicus ergo non cessat jactare super te quidquid sordidum invenerit, effundens in te universas immunditias. Tuum est autem, non negligere ut projicias foris quæ ille jactaverit : nam si neglexeris, replebitur tibi domus sordibus, et nequaquam valebis intrare in eam, sed ab initio, quæ ille jactaverit, tu ejice paulatim, et manebit domus tua munda per gratiam Christi.

49. Dixit quidam senum : Quando cooperiuntur oculi animalis, tunc circuit ad molendinum : sin autem discoopertos habuerit oculos, non ambulat in circuitu molæ; sic enim et diabolus, si occurrerit cooperire oculos hominis, in omne peccatum humiliat eum; quod si non fuerint clausi oculi ejus, facilius potest effugere ab eo.

50. Dicebant senes : Quia in monte abbatis Antonii sedebant septem monachi tempore dactylorum, et unus ex eis abigebat ab eis volucres : erat autem ibi senex, qui in die qua eum dactylos custodire contingebat, clamabat, dicens : Discedite ab intro, malæ cogitationes, et de foris aves.

51. Frater quidam in cellis infundebat palmulas suas; et cum sedisset facere plectas, dicit ei cogitatio sua, ut iret ad quemdam senem visitare eum. Et iterum cogitans in semetipso, dicebat : Post paucos dies vadam. Et rursum dicebat ei cogitatus suus : Si inter hæc moriatur, quid facies ? Sed vadam modo ut loquar ei, propter æstivum tempus. Et iterum dixit intra se : Sed non est modo tempus. Iterum autem cogitavit, dicens : Sed cum incideris scirpum ad mattas fit tempus. Et rursum dixit : Extendo palmulas istas et tunc vado. Rursus dixit in semetipso : Sed hodie bonum aerem facit. Et surgens reliquit palmas infusas, et tollens melotem suam, ibat. Erat autem senex quidam vicinus ei, vir prævidens; qui cum vidisset eum impetu ambulantem clamavit, dicens : Captive, captive, ubi curris ? veni huc ad me. Qui cum venisset, dixit ei senex : Revertere in cellam tuam. Ille autem frater narravit ei fluctus quos pertulerat in cogitationibus suis, et ita reversus est ad cellam suam. Et cum ingressus fuisset in eam, prostravit se, et pœnitentiam egit. Hoc autem facto, voce magna subito dæmones clamaverunt, dicentes : Vicisti nos, monache, vicisti nos. Et facta est matta ejus supra quam jacebat, velut ab igne ustulata; dæmones autem velut fumus exterminati sunt, sicque frater ille didicit versutias eorum.

52. Dicebant de quodam sene quia moriebatur in Scythi, et circumdederunt fratres lectum ejus, et vestierunt eum, et cœperunt flere; ille autem aperuit oculos suos et risit, et adjecit iterum ridere (*Ruff.*, l. III, n. 159). Hoc autem factum est tertio. Quod cum viderent fratres, rogaverunt eum, dicentes : Dic nobis, abba, quare nobis flentibus tu rides ? Et dixit eis : Primo risi, quia vos timetis mortem; secundo risi, quia non estis parati; tertio autem risi, quia ex labore ad requiem venitis, et vos ploratis. Hoc cum dixisset, statim utpote moriens clausit oculos.

53. Venit aliquando frater manens in cella ad unum de Patribus, et dixit ei, quia a cogitatione sua affligeretur. Et dixit ei senex : Tu projecisti in terra ferramentum magnum, quod est timor Dei, et accepisti in manu tenere arundineam virgam, hoc est cogitationes malas. Accipe ergo magis tibi ignem, qui est timor Dei. Et quando approximabit tibi cogitatio mala, velut calamus igne timoris Dei comburetur; neque enim prævalet malitia adversus eos qui habent timorem Dei.

54. Dixit quidam Patrum : Nisi prius odio habueris, non potes diligere. Nisi ergo oderis peccatum, non facies justitiam, sicut scriptum est : Declina a malo, et fac bonum (*Psal.* xxxvi). Verumtamen in omnibus his propositum animi ubique requiritur. Adam enim in paradiso consistens, prævaricatus est mandatum Dei : Job autem in stercore sedens, custodivit. Unde constat quia propositum bonum quærit Deus ab homine, ut semper teneat eum.

LIBELLUS DUODECIMUS.

De eo quoa sine intermissione et sobrie debet orari.

1. Dicebant de abbate Arsenio, quia vespere Sabbati lucescente Dominica, relinquebat post se solem, et extendebat manus suas ad cœlum orans, donec mane die Dominico illustraret ascendens sol faciem ejus, et sic residebat (*Ruff.*, *l.* III, *num.* 21).

2. Interrogaverunt fratres abbatem Agathonem, dicentes : Pater, quæ virtus in conversatione plus habet laboris? Et dixit eis : Ignoscite mihi, quia puto non esse alium laborem talem, qualem orare Deum; dum enim voluerit homo orare Deum suum, semper inimici dæmones festinant interrumpere orationem ejus, scientes quia ex nulla re impediuntur, nisi per orationem fusam ad Deum. Siquidem omnem alium laborem, quem homo in religiosa conversatione positus assumpserit, quamvis instanter et toleranter agat, habet tamen et possidet aliquam requiem : oratio autem usque ad ultimam exhalationem opus est, ut habeat laborem magni certaminis.

3. Narravit abbas Dulas, qui fuit discipulus abbatis Besarionis, dicens : Veni aliquando in cellam abbatis mei, et inveni eum stantem ad orationem : et manus ejus erant extensæ in cœlum. Permansit autem hoc faciens jugiter per quatuordecim dies. Et post hæc vocavit me, et dixit : Sequere me. Et exeuntes perreximus in eremo; cum sitirem dixi ei : Abba, sitio. Ille autem melotem tollens discessit a me, quantum jactus est lapidis, et facta oratione attulit eam plenam aqua. Et abivimus in civitatem Lyco, et venimus ad abbatem Joannem; et salutantes eum, fecimus orationem. Deinde sedentes cœperunt loqui de visione quam viderant. Dixit abbas Besarion : Quia exivit præceptum a Domino ut destruantur templa. Et factum est sic; et destructa sunt.

4. Dixit abbas Evagrius : Si deficis animo, ora. Ora autem cum timore, et tremore, et labore, sobrie et vigilanter. Ita oportet orare, maxime propter malignos et ad nequitias vacantes invisibiles inimicos nostros, qui nos in hoc præcipue impedire nituntur.

5. Dixit iterum : Quando cogitatio contraria in corde venerit, noli alia pro aliis per orationem quærere, sed adversus eum qui te impugnat, gladium lacrymarum exacue.

6. Mandatum est sanctæ memoriæ Epiphanio episcopo Cyprio, ab abbate monasterii sui, quod habuit in Palæstina : Quia orationibus tuis non negleximus regulam, sed cum sollicitudine tertiam, sextam, nonam atque vesperam celebramus. Ille autem reprehendens eum, mandavit ei : Constat vos vacare ab oratione cæteris horis; eum autem qui verus est monachus, oportet sine intermissione orare, aut certe psallere in corde suo.

7. Dixit abbas Isaias : Quia presbyter Pelusii cum faceret agapem, et fratres in ecclesia comederent et loquerentur sibi ad invicem, increpans eos dixit : Tacete, fratres ; ego enim scio unum fratrem manducantem vobiscum, et oratio ejus ascendit in conspectu Dei velut ignis.

8. Venit abbas Lot ad abbatem Joseph, et dixit ei : Abba, secundum virtutem meam facio modicam regulam, et parvum jejunium, et orationem, et meditationem, et quietem, et secundum virtutem meam studeo purgare cogitationes meas ; quid ergo debeo de cætero facere? Surgens ergo senex, expandit manus suas in cœlum, et facti sunt digiti ejus velut decem lampades ignis, et dixit ei : Si vis, efficiere totus sicut ignis.

9. Venerunt aliquando ad abbatem Lucium in Ennato monachi quidam, qui dicebantur Euchitæ (40), hoc est orantes ; et interrogavit eos senex, dicens : Quod est opus manuum vestrarum (*Ruff.*, *l.* II, *n.* 212)? Et illi dixerunt : Nos non contingimus aliquod opus manuum, sed sicut dicit Apostolus (*I Thess.* v), sine intermissione oramus. Dicit eis senex : Et non manducatis ? Illi autem dixerunt : Etiam manducamus. Et dicit eis senex : Quando ergo comeditis, quis pro vobis orat? Et iterum interrogavit eos, dicens : Non dormitis ? Et illi dixerunt : Dormimus. Et dixit senex : Et cum dormitis, quis pro vobis orat ? Et non invenerunt quid ad hæc responderent ei. Et dixit eis : Ignoscite mihi, fratres, quia ecce non facitis sicut dixistis : ego autem ostendam vobis, quia operans manibus meis, sine intermissione oro. Sedeo enim juvante Deo, infundens mihi paucas palmulas, et facio ex eis plectam, et dico : Miserere mei, Deus, secundum magnam misericordiam tuam, et secundum multitudinem miserationum tuarum dele iniquitatem meam (*Psal.* L). Et dixit eis : Oratio est, an non? Et dixerunt ei : Etiam. Et ille dixit : Quando permansero tota die laborans et orans corde vel ore, facio plus minus sedecim nummos, et pono ex eis ad ostium duos, et residuos manduco. Qui acceperit illos duos denarios, orat pro me tempore quo ego manduco vel dormio ; atque ita per gratiam Dei impletur a me quod scriptum est : Sine intermissione orate (*I Thess.* v).

10. Interrogaverunt quidam abbatem Macarium, dicentes : Quomodo debemus orare (*Ruff.*, *l.* III, *n.* 207) ? Et dixit ei senex : Non opus est multum loqui in oratione, sed extendere manus frequenter, et dicere : Domine, sicut vis et scis, miserere mei. Si autem instat bellum in animo, dicere : Adjuva me. Et quia ipse scit quæ expediant, facit misericordiam nobiscum.

11. Dicebant de abbate Sisoi, quia nisi cito deponeret manus suas quando stabat ad orationem, rapiebatur mens ejus in superioribus. Si ergo contingebat cum eo aliquem fratrem orare, festinabat cito deponere, ne raperetur mens ejus et moraretur.

12. Dicebat aliquis senex : Quia assidua oratio cito corrigit mentem.

13. Dicebat quidam Patrum : Quia sicut impossibile est ut videat quis in aqua turbida faciem suam,

sic et anima, nisi purgata fuerit a cogitationibus alienis, contemplative non potest orare Deum.

14. Venit quidam senex aliquando in monte Sina; et cum exiret inde, occurrit ei frater in via, et ingemiscens dicebat seni illi: Affligimur, abba, propter siccitatem, quia nobis non pluit. Et dixit ei senex: Quare non oratis et rogatis Deum? Et ille dixit: Et orationem facimus, et deprecamur assidue Deum, et non pluit. Et dixit senex: Credo quia non oratis attentius. Vis autem scire quia ita est? Veni, stemus pariter ad orationem: et extendens in coelum manus oravit, et statim pluvia descendit. Quod cum vidisset frater ille timuit, et procidens adoravit eum: senex autem statim fugit illinc

15. Narraverunt fratres, dicentes: Quia venimus aliquando ad quosdam senes, et cum ex more facta fuisset oratio, salutantes invicem sedimus. Et postquam locuti sumus, cum discederemus, poposcimus ut fieret rursus oratio. Dixit autem unus illorum seniorum ad nos; quid enim, non orastis? Et nos diximus: Etiam. Sed quando intravimus, Pater, tunc est facta oratio, et ex illa hora usque modo locuti sumus. Et ille dixit: Ignoscite mihi, fratres, quia vobiscum sedens quidam frater, et loquens, centum et tres orationes fecit. Hoc cum dixisset, facta oratione dimiserunt nos.

LIBELLUS DECIMUS TERTIUS.
De eo quod oportet hospitalem esse et misericordem in hilaritate.

1. Perrexerunt aliquando quidam Patrum ad abbatem Joseph in Panepho, ut interrogarent eum de susceptione fratrum, qui superveniunt ad eos, si deberent sibi relaxare abstinentiam suam cum ipsis, et congaudere eis (*Ruff.*, *l.* III, *n.* 47). Et priusquam interrogarent eum, dixit senex discipulo suo: Considera quod facio hodie, et exspecta; et posuit duo sedilia de scirpo in fasciculis ligata, unum a dextra et unum a sinistra; et dixit: Sedete. Et intravit in cellam suam, et vestivit se res vetustas. Et exiens transivit in medio eorum; et iterum intravit et vestivit se rescellas suas, quas prius habuerat. Et egressus iterum sedit in medio eorum. Illi autem stupentes in id quod fecerat senex, interrogaverunt eum quid hoc esset. Et dixit eis: Vidistis quid feci? Dixerunt: Etiam. Et ille dixit: Ne mutatus sum ego pro contumeliosa veste? Et dixerunt: Non. Et ipse dixit iterum: Ne laesus sum de meliori veste? Et dixerunt: Non. Et ille dixit: Sic ego ipse sum in utrisque; et sicut priori veste mutatus non sum, nec sequenti laesus sum; ita debemus in susceptione fratrum facere, sicut in sancto Evangelio legitur: Date quae sunt Caesaris, Caesari; et quae sunt Dei, Deo (*Matth.* XXII; *Marc.* XII; *Lucae* XX). Quando ergo est praesentia fratrum, cum gaudio debemus suscipere eos; quando vero soli sumus, opus habemus lugere. Illi autem audientes, admirati sunt: quia quae in corde eorum erant ut interrogarent eum, prius agnovit, et glorificaverunt Deum.

2. Dixit abbas Cassianus: Quia venimus a Palaestina in Ægypto ad quemdam Patrum (*Cassian.*, *l.* V *Instit.*, *c.* 24). Et cum hospitalitatem nobis impendisset, interrogavimus eum: Quare tempore susceptionis fratrum regulam jejunii non custoditis, sicut et in Palaestina fit? Et respondens dixit: Jejunium semper mecum est, vos hic semper tenere non possum; et jejunium quidem quamvis utilis et necessaria res sit, in nostra voluntate est; charitatis autem plenitudinem lex Dei exigit a nobis. Unde suscipiens in vobis Christum, debeo exhibere quae charitatis sunt cum omni sollicitudine: cum autem dimisero vos, regulam jejunii possum recuperare, quoniam non possunt filii sponsi jejunare quandiu cum illis est sponsus, cum autem ablatus fuerit ab eis, tunc ex sua potestate jejunant (*Matth.* IX).

3. Dixit iterum qui supra: Quia venimus ad alium senem, et fecit nos gustare; et hortabatur nos satiatos adhuc sumere cibum; et cum dixissem quia jam non possum, ille respondit: Ego jam supervenientibus diversis fratribus sexies mensam posui; et dum singulos hortor, etiam ego ipse manducavi, et adhuc esurio; tu vero hic semel manducans ita satiatus es, ut jam manducare non possis?

4. Factum est aliquando in Scythi mandatum ut jejunarent illa hebdomada, et facerent Pascha; contigit autem ut in ipsa hebdomada venirent ad abbatem Moysem fratres quidam ab Ægypto; et fecit eis modicum pulmentum; et cum vidissent vicini fumum, dixerunt clericis ecclesiae quae illic est: Ecce Moyses solvit mandatum, et coxit apud se pulmentum. Illi autem dixerunt: Quando venerit, loquemur ei nos. Facto autem Sabbato, videntes clerici magnam conversationem abbatis Moysis, dicunt ei coram omni plebe: O abbas Moyses, mandatum quidem hominum solvisti, sed Dei mandata fortiter alligasti

5. Frater quidam venit ad abbatem Pastorem in secunda hebdomada Quadragesimae, et dicens ei cogitationes suas, atque responsione ejus inveniens requiem, dicit ei frater ille: In modico impediri habui, ne venirem ad te hodie (*Append. Mart. n.* 43). Et dixit ei senex: Quare? Et ille dixit: Metuebam ne propter Quadragesimam mihi non aperiretur. Et respondit ei abbas Pastor: Nos non didicimus januam ligneam claudere, sed magis linguae januam cupimus clausam habere.

6. Frater quidam dixit abbati Pastori: Si dedero fratri meo modicum panis aut aliquid aliud, daemones polluunt illud, ut videatur ad placendum hominibus fieri. Et dixit ei senex: Et si ad placendum fiat tale opus, nos tamen fratribus debemus praebere quae egent. Dixit autem ei parabolam talem. Duo homines erant agricolae, habitantes in una civitate; et unus ex eis seminans, collegit pauca et sordida; alius autem negligens seminare, nihil omnino collegit. Si ergo fiat fames, quis duorum potest evadere? Et respondit frater ille: Qui fecit, quamvis parum atque immundum. Et dixit ei senex: Ita et nos semine-

unus pauca, etsi immunda, ne famis tempore moriamur.

7. Frater quidam venit ad quemdam solitarium; et cum egrederetur ab eo, dixit: Ignosce mihi, abba, quia impedivi regulam tuam. Ille respondit, et dixit ei: Mea regula est ut recipiam te in hospitalitate, et cum pace dimittam.

8. Solitarius quidam habitabat non longe a congregatione fratrum, operationes faciens plurimas: contigit autem quosdam venire in monasterio illo ubi congregatio erat, et divertentes ad solitarium illum, fecerunt eum extra horam manducare. Postea vero dixerunt ei fratres illi: Non contristaris, abba? Et ille respondit eis: Mea tristitia est, si propriam fecero voluntatem (*Ruff.*, *l.* III, num. 150; *Pasch.*, *c.* 18, n. 1).

9. Dicebant de quodam sene in Syria qui juxta viam eremi habitabat, et hoc erat opus ejus, ut quacunque hora veniret monachus de eremo, cum fiducia faciebat eum reficere. Venit ergo aliquando unus solitarius, et ille petebat ab eo ut gustaret. Qui cum nollet gustare, dicens: Ego jejuno. Contristatus senex, dixit ei: Ne praetermittas puerum tuum, obsecro te, ne despicias me, sed veni oremus; ecce enim arbor hic est, cum quo curvante genu et orante inclinata fuerit, ipsum sequamur. Curvavit ergo ille solitarius genu in oratione, et nihil factum est. Flexit etiam senex ille, qui eum susceperat, genu, et statim curvata est etiam arbor illa cum ipso: quod cum vidissent, gavisi sunt, et gratias egerunt Deo semper mirabilia facienti.

10. Venerunt aliquando duo fratres ad quemdam senem: consuetudo autem erat seni, non manducare quotidie. Qui cum vidisset fratres, gaudens suscepit eos, et dixit: Jejunium suam mercedem habet. Et iterum: Qui manducat propter charitatem, duo mandata implet; quoniam voluntatem propriam dereliquit, et mandatum implevit reficiens fratres.

11. Erat quidam senum in Ægypto, habitans in deserto loco; erat etiam alter longe ab eo Manichæus, et hic erat presbyter ex his quos ipsi vocabant presbyteros. Qui cum vellet pergere ad quemdam ejusdem erroris hominem, comprehendit eum nox in illo loco, quo erat vir ille sanctus et orthodoxus, et anxiabatur volens pulsare, ut maneret apud eum; sciebat enim quia cognosceret quod esset Manichæus, et revocabatur a cogitatione sua, ne forte non acquiesceret suscipere eum, compulsus autem necessitate pulsavit. Et aperiens senex, et cognoscens eum, suscepit cum hilaritate, et coegit eum orare, et reficiens eum collocavit ubi dormiret: Manichæus autem cogitans in se nocte, mirabatur, dicens: Quomodo nullam suspicionem habuit in me? vere iste servus Dei est. Et surgens mane cecidit ad pedes ejus, dicens: Ab hodie orthodoxus sum, et non recedam a te. Et deinceps permansit cum eo.

12. Monachus quidam Thebæus accepit gratiam ministerii a Deo, ut singulis indigentibus ministraret quod necessarium esset. Contigit autem aliquando in quodam vico, ut faceret agapem; et ecce mulier quædam venit ad eum, ut acciperet, et hæc erat vestita vetustissimas res : quam cum vidisset ita vetustis rebus indutam, implevit manum ut daret ei multum, clausa est manus ejus, et levavit parum. Alia vero venit ad eum, vestita bene; et videns ejus vestes, misit manum ut daret ei parum; et aperta est manus ejus, et levavit multum. Et requisivit de utrisque mulieribus illis, et cognovit quia illa quæ bonis vestibus utebatur de honestis mulieribus ad paupertatem pervenerit, et quia pro opinione natalium suorum bonis fuerit rebus induta; illa vero alia accipiendi causa vestierit se res vetustas.

13. Monachus quidam erat habens fratrem sæcularem pauperculum, et quidquid laborabat præbebat ei; sed quantum ille præbebat, tantum ille pauperior fiebat. Pergens autem monachus ille indicavit hæc seni cuidam. Senex autem dixit ei : Si me vis audire, ultra nihil præbeas ei, sed dic ei : Frater, quando habui præbui tibi: tu ergo modo labora, et ex eo quod laboraveris, præbe mihi, et quidquid tibi attulerit, accipe ab eo, et ubi scis peregrinum aut senem pauperem, da illud, et roga eos ut orent pro eo. Ille autem frater hæc audiens, fecit ita; et veniente ad se illo sæculari fratre, locutus est ei quemadmodum dixerat senex, et discessit tristis. Et ecce quadam die tollens de horto minuta olera, attulit ei; accipiens autem frater ille, dedit senibus, et rogavit eos ut orarent pro eo. Qui cum accepissent benedictionem, reversus est in domum suam. Postea vero iterum attulit olera et tres panes; et accipiens frater ejus, fecit sicut prius. Et consecuta benedictione iterum discessit. Tertio veniens attulit multas expensas, et vinum, et pisces. Quod cum vidisset frater ejus, miratus est, et vocavit pauperes, et refecit eos. Dixit autem illi sæculari fratri suo : Ne opus habes aliquantos panes? Et ille dixit : Non, domine : quoniam quando aliquid accipiebam a te, velut ignis intrabat in domum meam, et consumebat illud; nunc autem quando a te nihil accipio, superabundo, et Deus benedicit mihi. Pergens autem frater, indicavit omnia quæ facta fuerant seni. Et dicit ei senex : Nescis quia opus monachorum ignis est, et ubicumque ingreditur, consumit? Hoc autem utile est fratri tuo, ut de labore suo misereatur, est orationem a sanctis viris accipiat; et ita benedictionem consequens, multiplicabitur labor ejus.

14. Dicebat quidam senum : Quia est quidam faciens multa bona frequenter, et diabolus mittit et scrupulositatem in animo pro parvis rebus, ut aliorum omnium, quæ facit, mercedem amittat. Sedente enim me aliquando in Oxyrincho cum quodam presbytero qui faciebat multas eleemosynas, venit quædam mulier vidua postulans ab eo modicum tritici. Et dixit ei : Vade, affer modium, et mensuro tibi. Et attulit ei. Ille autem mensurans modium ad manum, dixit ei : Major est; et fecit verecundiam viduæ illi. Cum vero discessisset vidua illa, dixi ego : Abba, mutuasti viduæ isti triticum, aut quid? Et ille dixit :

Non, sed donavi illi. Ego autem dixi: Ergo si totum gratis dedisti, quomodo in modico sic scrupulosus esse voluisti, et fecisti verecundiam mulieri?

15. Senex quidam cum alio uno fratre habebat communem vitam, erat enim senex ille misericors. Contigit autem ut fieret fames, et cœperunt quidam venire ad hospitium ejus, ut acciperent agapem; senex vero omnibus venientibus ministrabat panem. Videns autem frater quod fiebat, dicit seni: Da mihi partem meam de panibus, et quod vis fac de parte tua. Senex vero divisit panes, et faciebat more solito eleemosynam de parte sua. Multi autem concurrebant ad senem, audientes quia omnibus daret. Videns autem Deus propositum voluntatis ejus, benedixit panes. Frater autem ille, qui acceperat partem suam, et nulli dabat, consumpsit panes suos, et dixit seni: Quoniam modicum est, quod adhuc habeo de panibus meis, abba, suscipe me ad communem vitam. Et dixit ei senex: Quomodo vis, facio. Et cœperunt iterum simul esse et communiter vivere. Facta autem iterum egestate victualium, veniebant iterum indigentes, ut acciperent agapem. Contigit autem una die ut intraret frater ille, et videret quia defecerant panes. Venit autem et pauper postulans agapem. Senex ergo dixit fratri illi: Da ei panem. Et dixit: Jam non habeo, Pater. Et dixit senex: Intra, et quære. Ingressus autem frater, attendit et vidit repositionem, in qua panes haberi solebant, repletam panibus. Quod cum vidisset, timuit; et tollens dedit pauperi; atque ita cognoscens fidem et virtutem senis, glorificavit Deum.

LIBELLUS DECIMUS QUARTUS.
De obedientia.

1. Beatæ memoriæ abbas Arsenius dixit aliquando abbati Alexandro: Quando perexpenderis palmulas tuas, tunc veni et gustemus; si autem aliqui peregrini supervenerint, comede cum eis. Abbas autem Alexander lenius et modeste operabatur. Et cum facta fuisset hora manducandi, supererat adhuc de palmulis suis: volens autem custodire mandatum senis, sustinuit donec explicaret palmas; abbas autem Arsenius cum videret quia tardaret, gustavit, existimans quia forte ei peregrini supervenerint, et cum ipsis gustaverit. Abbas autem Alexander posteaquam explicavit vespere, perrexit ad abbatem Arsenium. Et dixit ei abbas Arsenius: Peregrinos aliquos habuisti? Et dixit: Non. Et ille dixit: Quare ergo non venisti? Et respondit: Quia dixisti mihi, Quando defecerint palmæ tunc veni. Ego autem habens sermonem tuum in animo, non veni, quia modo complevi opus. Et admiratus est senex scrupulositatem obedientiæ ejus, et dixit ei: Citius disjungere ab opere tuo, ut et ministerium psallendi facias, et aquam tibi implere occurras; alioquin citius debilitabitur corpus tuum.

2. Venit abbas Abraham ad abbatem Arem; et cum sederent simul, supervenit quidam frater, et dixit abbati Arem: Dic mihi, quid faciam ut salvari possim. Et dixit ei senex: Vade, toto anno isto vespere manduca panem et sal; et veni iterum, et loquor tibi. Qui pergens fecit ita. Completo autem anno, venit iterum frater ad abbatem Arem. Contigit autem ut rursus inveniretur apud eum abbas Abraham. Et iterum senex fratri illi: Vade, jejuna anno isto, et post biduum manduca. Qui cum discessisset, dixit abbas Abraham abbati Arem: Quare omnibus fratribus leve jugum imponis, istum vero fratrem gravi sarcina onerasti? Et dixit ei senex: Alii fratres quomodo veniunt quærere ita et discedunt; hic vero quia propter Deum venit audire verbum, operarius autem est magnus, et quidquid ei dixero, cum omni sollicitudine facit, propterea et ego loquor ei verbum Dei.

3. Narraverunt de abbate Joanne brevis staturæ quia perrexit ad quemdam senem Thebæum genere, commorantem in Scythi, qui sedebat in eremo (*Simile hic lib.* IV, *c.* 12, *ex Sulpicio*). Tollens autem aliquando abbas ejus lignum siccum, plantavit, et dixit ei: Per dies singulos mitte ei ad pedem ejus lagenam aquæ, donec fructum faciat. Erat vero longe ab eis aqua, ut a sero pergeret, et mane rediret; post tres autem annos viruit lignum illud, et fructum fecit. Sumens autem ex fructu ejus senex, attulit ad ecclesiam, et dixit fratribus: Accipite et manducate fructum obedientiæ.

4. Dicebant de Joanne, qui fuit discipulus abbatis Pauli, quia magnæ obedientiæ fuerit (*Ruff. l.* III, *num.* 67; *Pasch., c.* 2, *n.* 1). Erat autem in quodam loco memoria, et habitabat in ea leæna pessima. Videns autem senex circa ipsum locum stercora leænæ ipsius, dixit Joanni: Vade, et affer stercora illa. Et ille dixit ei: Et quid facio, abba, propter leænam illam? Senex autem subridens dixit ei: Si venerit contra te, liga illam, et affer huc. Perrexit ergo frater illic vespere, et ecce venit leæna super ipsum; ille autem secundum verbum senis impetum fecit super eam, ut teneret illam. Fugit autem leæna, et sequebatur eam ille, dicens: Exspecta, quia abbas meus dixit, ut ligem te; et tenens eam alligavit. Senex autem exspectando eum diutius sedebat, et tribulatione affligebatur; et ecce tarde venit, et habebat leænam illam ligatam. Quod cum vidisset senex, admiratus est: volens autem humiliare illum, cecidit eum, et dixit: Bavose (41), canem fatuum adduxisti mihi? Solvit autem eam statim senex, et dimisit redire ad locum suum.

5. Dicebant de abbate Silvano, quod habuerit in Scythi discipulum, nomine Marcum, et hic fuerit magnæ obedientiæ, quique etiam scriptor antiquarius erat: diligebat autem eum senex propter obedientiam suam (*Ruff., l.* III, *n.* 143). Habebat etiam alios undecim discipulos, qui contristabantur quod diligebat eum plus eis. Quod cum audissent vicini senes quia senex plus eum cæteris diligebat, moleste tulerunt. Una autem die venerunt ad eum: quos assumens secum abbas Silvanus, egressus est de cella sua, et cœpit singulorum discipulorum suorum cellas pulsare, dicens: Frater ille, veni, quia opus te habeo.

Et unus ex his non est mox secutus eum. Venit autem ad cellam Marci, et pulsavit, dicens : Marce. Ille autem cum audisset vocem senis statim exivit foris, et misit eum ad quoddam ministerium. Abbas ergo Silvanus dixit senibus : Ubi sunt cæteri fratres? Et ingressus est in cellam Marci, et invenit quaternionem, quem eadem hora inchoaverat, in quo litteram O faciebat. Et audita voce senis, non fixit, nec gyravit calamum ultra, ut impleret et clauderet litteram quam in manus habebat. Et dixerunt senes : Vere, abba, quem tu diligis, et nos diligimus quoniam et Deus diligit eum.

6. Venit aliquando mater supradicti Marci, ut videret eum, et habebat secum plurimum obsequium; ad quam cum exisset senex, dicit ei illa : Abba, dic filio meo ut exeat ad me, ut videam eum. Ingrediens autem senex, dixit ei : Egredere, ut videat te mater tua. Ille autem vestitus erat saccum scissum et recusutum pannis, et caput æque facies ejus tincta fumo et fuligine coquinæ : qui propter obedientiam abbatis egressus est quidem, sed clausit oculos suos, et ita salutavit matrem suam vel eos qui venerant cum ipsa, dicens : Sani estote. Et nemo ex eis, nec mater sua cognovit quia ipse esset; quæ iterum misit ad senem, dicens : Abba, mitte filium meum, ut videam eum. Et dixit Marco : Non dixi tibi, Egredere, ut videat te mater tua? Et dixit ei Marcus : Egressus sum juxta verbum tuum, Pater; verumtamen rogo te, ne mihi illud dicas, ut exeam, ne inobediens tibi videar esse. Egressus senex, dixit matri ejus : Ipse est qui exivit ad vos, et salutavit vos, dicens : Salvi estote. Et consolatus est eam, et ita discedere fecit.

7. Venerunt aliquando quatuor fratres de Scythi ad abbatem Pambo vestiti pelliceas tunicas, et indicavit unusquisque virtutem alterius, non præsente eo de quo loquebatur. Unus namque ex eis jejunabat multum, alter vero nihil possidebat, tertius autem habebat charitatem plurimam; de quarto vero dixerunt quia viginti duos annos haberet in obedientia permanens seniorum. Respondit autem et abbas Pambo : Dico vobis quia istius virtus major est quam cæterorum : quoniam unusquisque vestrum virtutem quam possidet, voluntate propria eam retinuit; hic autem suam voluntatem abscindens, alienæ voluntatis se servum fecit. Tales enim viri confessores sunt, si usque ad finem ita permanserint.

8. Venit quidam ad abbatem Sisoi Thebæum, volens fieri monachus. Et interrogavit eum senex, si quid haberet in sæculo. Et ille dixit : Habeo unum filium. Et dicit ei senex : Vade, jacta eum in flumine, et tunc fies monachus. Qui cum abiisset projicere eum, misit senex unum de fratribus, qui prohiberet eum. Qui cum tenuisset jactare puerum, dicit ei frater : Quiesce, quid facis? Et ille respondit : Abbas mihi dixit ut projiciam eum. Et dixit ei frater : Sed iterum abbas dicit : Ne projicias eum. Ille autem relinquens filium suum venit ad senem, et factus est probatissimus monachus per obedientiam.

9. Dixit sancta Syncletica : Quia in congregatione manentes cuilibet continentiæ obedientiam magis præponimus; quoniam continentia arrogantiam habet, obedientia autem humilitatem congruam pollicetur.

10. Dixit iterum quæ supra : Oportet nos cum discretione animam gubernare, et in congregatione manentes, non quæ nostra sunt quærere, neque servire propriæ voluntati; quoniam velut exsilio relegantes nos tradidimus uni secundum fidem Patri a rebus sæcularibus alienati. Unde ergo egressi sumus, nihil ulterius requiramus; illic enim gloriam habuimus, illic abundantiam ciborum, hic autem etiam panis ipsius inopiam.

11. Dixit abbas Hyperichius : Quia ministerium monachi est obedientia, quam qui possidet, quod poscit exaudietur, et cum fiducia Crucifixo astabit; etenim Dominus sic venit ad crucem, factus scilicet obediens usque ad mortem.

12. Dicebant senes : Quia si habet quis in aliquo fidem, et tradit se ei ad subjectionem, non debet attendere in mandatis Dei, sed Patri suo spirituali omnem voluntatem suam committere; quia illi per omnia obediens, non incurret peccatum apud Deum.

13. Dicebat senex : Quia ista quærit Deus a Christianis, ut obediat quis Scripturis divinis, quoniam inde accipiet loquendorum et agendorum formam, et ut consentiat præpositis et Patribus orthodoxis.

14. Frater quidam de Scythi vadens ad messem, applicuit ad quemdam senem magnum, et dicit ei : Dic mihi, abba, quid faciam pergens ad metendum? Dicit ei senex : Et si tibi dixero, acquiesces mihi? Respondit ei frater : Etiam, obedio tibi. Dixit ei senex : Si mihi acquiescis, surgens vade, et renuntia messioni huic; et veni, et dico tibi quid facias. Illa autem frater renuntiavit messuræ, et venit ad senem. Dixit autem ei senex : Intra in cellam tuam, et fac quinquaginta dies continuos; semel comedens in die panem cum sale, et iterum indicabo tibi aliam rem. Et fecit sic, et iterum venit ad senem. Senex autem sciens quia vir operarius esset, dixit ei quomodo oporteret esse in cella sua. Et descendens frater in cella sua, prostravit se pronus in terram tres dies et tres noctes, plorans in conspectu Dei. Post hæc vero cum dicerent ei cogitationes suæ : Exaltatus es, magnus factus es, ipse temperans vitia cogitationum suarum, humiliter revocabat culpas suas in conspectu suo, dicens : Et ubi sunt omnia illa peccata mea quæ feci? Si autem in cogitatione ejus ascendebat, quia multum neglexerit de mandato Dei, dicebat et ipse intra se : Sed exhibebo parvum servitium Deo meo, et credo quia faciet mecum misericordiam. Hoc igitur modo evincens spiritus malarum cogitationum, post ea apparuerunt ei visibiliter, dicentes : Turbati sumus a te. Et dicit eis : Quare? Et dixerunt : Quia si te exaltamus, recurris ad humilitatem; si vero nos te humiliamus, tu te erigis in altum.

15. Dicebant senes : Quia nihil sic quærit Deus ab

his qui primitias habent conversationis, quomodo obedientiæ laborem.

16. Senex quidam solitarius habuit quemdam ministrum manentem in possessione. Contigit autem semel ut, tardante ministro, deficerent necessaria seni (*Ruff.*, *l.* III, *n.* 144). Et cum tempus intercessisset, et non veniret minister ille, defecerunt quæ necessaria habebat senex ad victum, et quod operaretur manibus suis. Qui cum affligeretur non habendo quod laboraret, neque unde viveret, dixit discipulo suo : Vis ut vadas ad possessionem illam, et voces nobis ministrum, qui solet afferre quæ opus sunt nobis? Et ille respondit : Quomodo jubes facio. Differebat adhuc senex; non præsumens mittere fratrem. Et cum diu sustinerent et tribularentur non veniente ministro, dixit iterum senex ad discipulum suum : Vis ire usque ad possessionem, et adducere eum? Et ille respondit : Quid vis facio. Timebat etiam et discipulus ille descendere ad possessionem, ne scandalizaretur aliunde; sed ne inobediens esset Patri suo, acquievit abire. Dixit ei senex : Vade et crede in Deum patrum tuorum, quia proteget te ab omni tentatione; et facta oratione direxit eum. Veniens autem frater in possessionem, requisivit ubi maneret minister ille; et invenit hospitium ejus. Contigerat autem eum cum suis omnibus extra possessionem inveniri, excepta una filia ejus. Quæ pulsantem fratrem ut audivit, venit ad ostium et aperuit ei. Et cum interrogaret eam de patre suo, illa hortata est eum ut intraret hospitium, simul etiam et trahebat eum. Ille vero non acquiescebat intrare. Sed cum diu eum cogeret, prævaluit introducere eum ad se. Et complexa eum cœpit eum illicere ad commistionem corporis sui; ille autem videns trahi se ad luxuriam, et cogitationibus confundi, ingemiscens clamabat ad Deum, dicens : Domine, propter orationes Patris mei libera me in hora ista. Et cum hoc dixisset, subito inventus est ad flumen pergens ad monasterium, et restitutus illæsus ad abbatem suum.

17. Duo fratres carnales venerunt habitare in monasterio quodam : ex quibus unus erat præclaræ continentiæ, alter obedientiæ magnæ (*Ruff.*, *l.* III, *n.* 145). Cui dicebat Pater : Fac hoc, et faciebat ; et : Fac illud, et faciebat ; Manduca mane, et manducabat. De qua re magnam opinionem in monasterio habebat, quia ita obediens existebat. Punctus autem invidiæ mucrone frater ejus ille continens adversus eum, dixit in semetipso : Ego probo istum si habet obedientiam. Et accedens ad Patrem monasterii, dixit ei : Mitte mecum fratrem meum, ut eamus alicubi. Et dimisit eos abbas abire. Et assumens eum ille frater abstinens, voluit eum tentare. Et cum venissent ad flumen, ubi erat multitudo crocodilorum, dicit ei : Descende in flumen et transi. Et ille mox descendit : venerunt autem crocodili, et lingebant corpus ejus, in nullo lædentes eum. Quod cum vidisset frater ejus, dixit ei : Ascende de flumine. Et cum iter agerent, invenerunt corpus humanum jacens in via. Et dixit abstinens ille ad fratrem suum : Si habuissemus aliquid vetustum, jactaremus super corpus illud. Et respondens ille obediens frater, dixit : Magis oremus, et forsitan resurget. Et stantes ad orationem, atque orantes intente, surrexit mortuus ille. Quo facto gloriabatur ille abstinens frater, et dixit : Pro continentia mea suscitatus est mortuus hic. Omnia autem hæc revelavit Deus abbati monasterii eorum, et qualiter tentaverit fratrem suum, de crocodilis, et quomodo suscitatus est mortuus. Et cum venissent in monasterium, dixit abbas abstinenti illi : Quare ita fecisti fratri tuo? Et ecce tamen pro obedientia ejus mortuus ille surrexit.

18. Alter quidam sæcularis vitæ, habens tres filios, renuntiavit sæculo, et venit ad monasterium, relinquens filios suos in civitate. Et cum fecisset tres annos in monasterio, cœperunt ei cogitationes suæ filios ad memoriam frequenter adducere, et contristabatur pro eis valde, neque enim dixerat abbati filios se habere. Videns autem eum abbas tristem, dicit ei : Quid habes quod tristis es? Et narravit ei quia tres filios haberet in civitate, et quia vellet eos ad monasterium ejus adducere : præcepit autem abbas ut adduceret eos. Qui cum perrexisset ad civitatem, invenit duos ex eis jam esse defunctos, unum vero solummodo remansisse. Quem assumens venit ad monasterium ; et requirens abbatem, non eum invenit illic. Interrogavit autem fratres ubi esset abbas. Et illi dixerunt : Usque ad pistrinum perrexit. Ille vero tollens filium suum quem adduxerat, abiit in pistrinum. Et videns eum abbas venientem, salutavit. Et tenens infantem quem adduxerat, amplexatus est eum. Et dicit patri ejus : Amas eum? Et ille dixit : Etiam. Rursum dixit ei : Omnino diligis eum? Et respondit : Etiam. Hæc audiens abbas, postea dixit ei : Tolle ergo, si amas eum, et mitte in furnum, sic modo cum ardet furnus. Et tenens pater filium suum, jactavit eum in furnum ardentem. Statim autem factus est furnus velut ros ; ex qua re acquisivit gloriam in tempore illo, quemadmodum Abraham patriarcha.

19. Dixit quidam senex : Quia frater qui ad obedientiam Patris spiritalis animum dederit, majorem mercedem habet quam ille qui solus in eremo recesserit (*Ruff.*, *l.* III, *n.* 141). Dicebat autem : Quia narravit aliquis Patrum vidisse se quatuor ordines in cœlo : quorum primus ordo erat hominum infirmorum et gratias agentium Deo ; secundus ordo hospitalitatem sectantium et instanter ministrantium eis ; tertius ordo in solitudine conversantium et non videntium homines ; quartus ordo eorum qui ad obediendum spiritualibus Patribus se subjiciunt propter Deum. Utebatur autem ordo obedientium torque aurea et corona, et majorem quam alii gloriam habebat. Et ego dixi ei qui mihi ostendebat omnia hæc : Quomodo iste ordo, qui parvus est, majorem quam alii gloriam habet? Et ille respondens dixit mihi : Quia qui hospitalitatem sectantur, secundum propriam voluntatem idipsum faciunt. Similiter et qui

In eremo se relegant, arbitrio suo de sæculo recesserunt. Hic autem ordo, qui se ad obediendum dedit, omnes voluntates suas abjiciens, pendet ad Deum et ad jussionem Patris spiritualis, propterea et majorem gloriam aliis habet. Quapropter, o fili, bona est obedientia, quæ propter Deum fit. Intendite ergo, filii, virtutis hujus aliquod ex parte vestigium. Obedientia salus est omnium fidelium. Obedientia genitrix est omnium virtutum. Obedientia regni cœlorum inventrix est. Obedientia cœlos aperiens, et homines de terra elevans est. Obedientia cohabitatrix angelorum est. Obedientia sanctorum omnium cibus est. Ex hac enim ablactati sunt, et per hanc ad perfectionem venerunt.

LIBELLUS DECIMUS QUINTUS.
De humilitate.

1. Abbas Antonius, deficiens in consideratione profunditatis judiciorum Dei, postulavit, dicens : Domine, quomodo aliqui in parvo tempore vitæ suæ moriuntur, et aliqui ultra decrepitam veniunt senectutem; et quare quidam egestuosi sunt, alii autem facultatibus ditantur; et quomodo injusti opulenti sunt, justi vero paupertate premuntur? Et venit ei vox, dicens : Antoni, ad teipsum intende; hæc enim judicia Dei sunt, et te scire ea non convenit.

2. Dixit abbas Antonius abbati Pastori : Hoc est magnum opus hominis, ut culpam suam super seipsum unusquisque ponat coram Domino, et exspectet tentationem usque ad ultimum vitæ suæ tempus.

3. Dixit iterum abbas Antonius : Vidi omnes laqueos (42) inimici tensos in terra, et ingemiscens dixi : Quis putas transiet istos? Et audivi vocem dicentem : Humilitas.

4. Venerunt aliquando senes ad abbatem Antonium, et erat cum eis etiam abbas Joseph. Volens autem abbas Antonius probare eos, movit sermonem de Scripturis sanctis. Et cœpit interrogare a junioribus, quid esset hoc vel illud verbum. Et singuli dicebant prout poterant. Ille autem dicebat eis : Necdum invenistis. Post eos vero dixit abbati Joseph : Tu quomodo dicis esse verbum hoc? Ille respondit : Nescio. Et dixit abbas Antonius : Vere abbas Joseph solus invenit viam, qui se nescire respondit.

5. Astiterunt aliquando abbati Arsenio dæmones in cella sedenti, et tribulabant eum : supervenerunt autem fratres, qui ministrare solebant ei; et stantes extra cellam audiebant eum clamantem ad Dominum, et dicentem : Domine, non me derelinquas, quia nihil boni feci coram te. Sed præsta mihi, Domine, secundum benignitatem tuam, saltem modo habere bene vivendi principia.

6. Dicebant autem de eo qui supra, quia sicut dum in palatio esset, nemo melioribus vestibus eo utebatur; ita et dum in conversatione moraretur, nemo eo vilius tegebatur (*Ruff.*, *l.* III, *n.* 37).

7. Cum interrogaret aliquando abbas Arsenius quemdam senem Ægyptium de **621** cogitationibus suis, alius videns eum dixit : Abba Arseni, quomodo tu, qui tantæ eruditionis in Latina et Græca lingua edoctus es, rusticum istum de cogitationibus tuis interrogas? Et ille respondit : Latinam quidem et Græcam eruditionem, quantum ad sæculum, apprehendi; sed alphabetum rustici istius necdum discere potui.

8. Dicebant senes quia dederint quidam aliquando in Scythi fratribus paucas caricas, et pro hoc quod paucæ erant, non transmiserunt ex eis abbati Arsenio, ne velut injuriam pateretur. Ille autem cum hoc audisset, non est egressus juxta morem ad opus Dei cum fratribus celebrandum, dicens : Excommunicastis me, ut non mihi daretis eulogiam, quam transmisit Dominus fratribus, ex qua ego non fui dignus accipere. Quod cum audissent omnes, ædificati sunt in humilitate senis ; et vadens presbyter portavit ei de caricis illis, et adduxit eum in congregatione gaudentem.

9. Dicebant autem de eo quia nemo potuerit comprehendere modum conversationis ejus. Sedente eodem abbate Arsenio aliquando in inferioribus partibus Ægypti, cum illic importunitates pateretur, visum est ei derelinquere cellam suam; et nihil ex ea tollens secum, dixit discipulis suis Alexandro et Zoilo : Tu, Alexander, ascende navim, et tu, Zoile, veni mecum usque ad flumen, et quære mihi naviculam in Alexandriam navigantem, et ita navigabis etiam tu ad fratrem tuum. Turbatus autem Zoilus in verbo isto, tacuit, atque ita divisi sunt ab invicem. Descendit autem senex circa partes Alexandriæ, et ægrotavit ægritudine magna. Discipuli autem ejus dicebant ad invicem : Putasne aliquis nostrum contristavit eum, et propterea divisus est a nobis? Et non inveniebant in se ingratitudinis causam, neque quia inobedientes ei aliquando fuissent. Cum vero sanus factus fuisset senex, dixit ad seipsum : Vadam ad Patres meos. Et ita venit in locum qui dicitur Petra, ubi erant supradicti ministri ejus. Cum vero juxta flumen esset puella quædam Æthiopissa, veniens tetigit melotem ejus : senex autem increpavit eam. Illa vero dixit : Si monachus es, vade in montem. Compunctus autem in hoc verbo senex, dicebat ad seipsum : Arseni, si monachus es, vade in montem. Et inter hæc occurrerunt ei Alexander et Zoilus discipuli sui. Et cum cecidissent ad pedes ejus, projecit se senex in terra, et flebant simul. Dixit autem senex : Non audistis quia ægrotavi? Et dixerunt ei : Etiam, audivimus. Et ille dixit : Quare non venistis videre me? Et dixit Alexander : Quia divisio tua a nobis non fuit nobis tolerabilis, quoniam et multi ex ea contristati sunt, dicentes : Nisi inobedientes fuissent seni, nunquam se separasset ab eis. Et dixit eis senex : Et ego cognovi quia hoc diceretur; sed tamen iterum dicturi sunt homines : Quia non invenies columba requiem pedibus suis, reversa est ad Noe in arcam (*Gen.* VIII). In hoc igitur verbo curati sunt animi discipulorum suorum, et permanserunt cum eo usque ad ultimum vitæ ipsius tempus.

Qui cum moreretur, turbati sunt valde (*Ruff.*, *l.* III, *n.* 163). Et dixit eis : Nondum venit hora ; cum autem venerit, dicam vobis. Judicari autem habeo vobiscum ante tribunal Christi, si permiseritis cuiquam de corpore meo aliquid facere. Et illi dixerunt : Quid ergo faciemus, quia nescimus mortuum vestire vel sepelire? Et dixit senex : Nescitis mittere funem in pede meo, et trahere me in montem? Cum autem traditurus esset spiritum, viderunt eum flentem, et dicunt ei : In veritate et tu times mortem, Pater? Et dixit eis : In veritate. Timor enim qui in hac hora est mihi semper fuit in me, ex quo factus sum monachus, et timeo valde ; atque ita in pace dormivit. Ille autem sermo semper erat in ore Arsenii, Propter quid existi? loqui me semper pœnituit, tacere nunquam. Audiens autem abbas Pastor, quia ex hac vita discesserit Arsenius, lacrymatus est, et dixit : Beatus es, abba Arseni, quia flevisti temetipsum in sæculo isto ; qui enim se in hoc sæculo non fleverit, sempiterne plorabit illic ; sive igitur hic voluntarie, sive illic tormentis cogentibus, impossibile est non flere.

10. Narravit abbas Daniel de abbate Arsenio, quia nunquam voluerit loqui de quæstione aliqua Scripturarum, cum posset magnifice si vellet, sed neque epistolam cito scripsit ad aliquem (*Ruff.*, *l.* III, *n.* 198). Quando autem ad conventum post aliquantum temporis veniebat, post columnam sedebat, ne quis videret faciem ejus, et ne ipse attenderet alium. Erat enim visio ejus angelica, sicut Jacob, canis ornatus, elegans corpore, siccus tamen. Habebat autem barbam prolixam, omnino attingentem usque ad ventrem ejus : pili autem oculorum ejus nimio fletu ceciderant ; longus autem erat, sed senio longævo curvatus, moritur autem annorum nonaginta quinque. Hic fecit in palatio divæ memoriæ Theodosii imperatoris majoris, qui fuit pater Arcadii et Honorii, annos quadraginta, et in Scythi fecit annos quadraginta, et **622** decem annos in loco qui dicitur Trohen, supra Babyloniam, contra civitatem Memphis, et tres annos in Canopo Alexandriæ ; alios duos annos revertens iterum in Trohen fecit, consummans in pace et timore Dei cursum suum, quia erat vir bonus et plenus Spiritu sancto et fide (*Act.* XI).

11. Narravit abbas Joannes : Quia abbas Anub et abbas Pastor et residui fratres eorum ex uno utero nati, monachi fuerunt in Scythi (*Ruff.*, *l.* III, *n.* 199 ; *Pasch.*, *c.* 42, *n.* 4) ; et quando illic venit gens Mazicarum, et desolaverunt locum ipsum, primo discesserunt illinc, et venerunt in locum qui vocatur Therenuthi, donec deliberarent ubi habitare deberent ; et manserunt illic in templo quodam antiquo paucis diebus. Dixit autem abbas Anub abbati Pastori : Ostende charitatem et tu et fratres tui, et singuli seorsim habitemus, et non veniamus ad nos invicem hebdomada hac. Et respondit abbas Pastor : Faciamus qualiter vis ; et fecerunt sic. Erat autem ibi in templo statua lapidea. Et surgebat quotidie mane abbas Anub, et faciem statuæ illius lapidabat ; vespere autem dicebat : Ignosce mihi. Et tota hebdomada ita fecit ; die autem Sabbati occurrerunt sibi invicem. Et dixit abbas Pastor abbati Anub : Vidi te, abba, hebdomada ista lapidantem faciem statuæ hujus, et iterum pœnitentiam agentem apud eam ; fidelis autem homo hæc non facit. Et respondit senex : Hanc rem ego propter vos feci. Quando me vidisti lapidantem faciem statuæ ipsius, num locuta est, num furuit? Et dixit abbas Pastor : Non. Iterum quando apud eam pœnitentiam egi, num turbata est? num dixit : Non ignosco? Et respondit abbas Pastor : Non. Et ille dixit : Ergo et nos qui sumus septem fratres, si vultis ut maneamus simul, efficiamur sicut statua hæc, quæ contumeliis affecta non turbatur ; si autem non vultis ista fieri, ecce quatuor ingressus sunt ad aditum templi hujus, unusquisque quo vult exeat, et quo vult vadat. Illi autem hæc audientes, prostraverunt se in terram abbati Anub, et dixerunt ei : Quomodo jubes, Pater, ita fiat ; faciemus quod dixeris nobis. Postea autem retulit abbas Pastor, dicens : Quia mansimus simul per omne tempus vitæ nostræ operantes et facientes omnia secundum verbum senis quod dixit nobis. Constituit autem unum ex nobis dispensatorem, qui quodcunque nobis apposuisset, comedebamus, et impossibile erat ut diceret aliquis ex nobis : Affer aliud aliquid ; aut diceret : Nolo istud manducare. Et sic transivimus omne tempus vitæ nostræ cum quiete et pace.

12. Dicebant de abbate Ammone quia venerunt ad eum quidam petentes ut judicaret inter eos ; senex autem dissimulabat. Et ecce quædam mulier ad aliam mulierem juxta se stantem dicebat : Senex iste fatuus est. Audivit autem eam senex ; et vocans illam ad se dixit ei : Quantos labores putas sustinui in solitudinibus diversis, ut acquirerem fatuitatem istam, et propter te hodie eam perditurus sum?

13. Narraverunt de episcopo civitatis, quæ vocatur Oxyrinchus, nomine Affy, quia cum esset monachus, nimis dure tractaverit vitam suam ; et cum factus fuisset episcopus, voluit ipsa duritia uti in civitate quam in eremo habuerat, et non prævaluit. Idcirco prostravit se in conspectu Domini, dicens : Putasne, Domine, propter episcopatum discessit a me gratia tua? Et revelatum est ei : Quia non ; sed quia tunc solitudo erat, et cum non esset homo, Deus tuus susceptor erat tuus : nunc autem hic in sæculo es, ubi homines auxiliantur tibi.

14. Dixit abbas Daniel, quia erat in Babylonia filia cujusdam primarii, dæmonium habens ; pater autem ejus diligebat monachum quemdam. Dixit autem monachus ipse ei : Nemo potest curare filiam tuam, nisi quos scio solitarios , et si perrexeris ad eos, non acquiescent hoc facere propter humilitatem. Sed hoc faciamus, et quando venient afferentes venalia quæ operantur, dicite vos emere velle quod vendunt. Et dum venerint in domo pretium accepturi, dicemus eis ut faciant orationem, et credo quia salvabitur filia tua. Exeuntes ergo in platea, invenerunt unum discipulum senum sedentem ut venderet sportellas suas ; et tulerunt eum secum in domo ut quasi pretium sportarum acciperet. Et cum intrasset monachus ille in domo, venit puella illa quæ a dæmonio vexabatur,

et dedit alapam monacho illi. Ille autem convertit ei et aliam maxillam, secundum divinum præceptum. Dæmon autem coactus clamare cœpit : O violenta ! mandata Jesu Christi expellunt me hinc ; et statim mundata est puella illa. Cum autem venissent ad senes, indicaverunt eis quod fuerat factum, et glorificaverunt Deum, et dixerunt : Consuetudo est superbiæ diabolicæ, humilitate mandatorum Christi Jesu corruere.

15. Dixit abbas Evagrius : Principium salutis est, si teipsum redarguas.

16. Dixit abbas Serapion : Quia multos labores corporales plus quam filius meus Zacharias feci, et non perveni ad mensuram humilitatis et taciturnitatis ejus.

17. Abbas Moyses dixit fratri Zachariæ: Dic mihi quid faciam? Ille autem hæc audiens, jactavit se pronus in terram ad pedes ejus, dicens : Tu me interrogas, Pater (*Ruff.*, *l.* III, *num.* 86; *Append. Mart.*, *n.* 49)? Dixit autem ei senex : Crede mihi, fili Zacharia, quia vidi Spiritum sanctum descendentem in te, et propterea compellor interrogare te. Tunc tollens Zacharias cucullum suum de capite suo, misit illud sub pedibus suis, et conculcans eum, dixit : Nisi ita conculcatus fuerit homo, non potest monachus esse.

18. Dixit abbas Pastor : Quia interrogavit abbas Moyses fratrem Zachariam, tempore quo moriebatur, dicens : Quid vides? Et ille dixit ei : Nihil melius quam tacere, Pater. Et dixit ei : Verum est, fili, tace. Hora autem mortis ejus sedens abbas Isidorus, respexit in cœlum, et dixit : Lætare, fili mi Zacharia, quoniam apertæ sunt tibi januæ regni cœlorum.

19. Sanctæ memoriæ Theophilus episcopus Alexandrinus venit aliquando ad montem Nitriæ, venit ad eum abbas montis illius, et dixit ad cum episcopus : Quid amplius invenisti in via ista, Pater? Et respondit ei senex : Culpare et reprehendere meipsum sine cessatione. Et dixit ei episcopus : Non est alia via sequenda nisi hæc.

20. Quando abbas Theodorus cum fratribus manducabat, accipiebant calices cum reverentia et taciturnitate, nec dicebant, sicut mos est, Ignosce.

21. Dicebant de eo ipso abbate Theodoro, quia cum factus esset diaconus in Scythi, non acquiescebat ministrare, et huc atque illuc fugiebat. Et iterum senes adducebant eum, dicentes : Non derelinquas ministerium tuum. Dixit autem eis abbas Theodorus : Dimittite me, et deprecor Deum. Et si ostenderit mihi, quia debeo stare in locum ministerii hujus, facio. Et cum deprecaretur Deum, dicebat : Si voluntas tua est, Domine, ut stem in hoc ministerio, demonstra mihi. Et ostensa est columna ignis de terra usque ad cœlum, et vox sonuit, dicens : Si potes fieri sicut columna hæc, vade, ministra. Ille autem hæc audiens, statuit apud se nullatenus ministrare. Qui cum venisset ad ecclesiam, pœnitentiam egerunt apud eum, dicentes : Si nos vis ministrare, vel calicem tene. Et non acquievit, dicens : Si me non dimittitis, discedo de loco isto. Et ita discesserunt ab eo.

22. Dixit abbas Joannes Brevis : Quia janua Dei est humilitas; et patres nostri per multas contumelias acti, gaudentes intraverunt in civitatem Dei. Dixit iterum ipse idem : Quia humilitas et timor Dei superant universas virtutes.

23. Dixit abbas Joannes Thebæus : Quia debet monachus ante omnia humilitatem habere : hoc enim est primum Salvatoris mandatum, dicentis : Beati pauperes spiritu, quoniam ipsorum est regnum cœlorum (*Matth.* v).

24. Collecti sunt aliquando fratres qui habitabant in Scythi, et cœperunt intra se quærere de Melchisedech sacerdote : obliti sunt autem vocare abbatem Coprem. Postea autem vocantes eum, interrogabant eum de eadem quæstione. Ille autem tundens tertio os suum, dixit : Væ tibi, Copres, quia quæ mandavit tibi Deus ut faceres, dereliquisti; et quæ a te non requirit, illa scrutari præsumis. Hæc autem audientes fratres, fugerunt singuli in cellis suis.

25. Narravit aliquando de seipso abbas Macarius, dicens : Quando eram juvenis, et sedebam in cella mea in Ægypto, tenuerunt et fecerunt me clericum in vico (*Ruff.*, *l.* III, *n.* 99). Et cum nollem acquiescere ad ministrandum, fugi ad alium locum. Et venit ad me quidam sæcularis homo, sed vita religiosus, et tollebat a me opus quod faciebam manibus meis, et ministrabat mihi quæ necessaria erant. Contigit autem, tentante diabolo, ut quædam virgo in vico illo vitiata lapsum faceret. Et cum in utero habere cœpisset, interrogatur quis esset de quo in utero haberet; illa autem dixit : Quia hic solitarius est, qui mecum dormivit. Exeuntes autem de vico illo, comprehenderunt me, et adduxerunt ad vicum, et appenderunt in collum meum cacabatas ollas et ansas vasorum, et miserunt me circituram in vico illo, per viam cædentes atque dicentes : Hic monachus corrupit filiam nostram : tollite, tollite eum. Et ceciderunt me pene usque ad mortem. Superveniens autem quidam senum dixit : Quandiu cæditis monachum istum peregrinum? Ille autem, qui mihi solebat ministrare necessaria, sequebatur retro cum verecundia; etenim etiam ipsum contumeliis multis affecerant, dicentes : Ecce solitarius monachus, cui tu testificabaris quid fecit? Et dixerunt parentes puellæ illius : Quia non dimittimus eum, donec fidejussorem præbeat, quia pascet eam. Et dixi illi qui mihi solebat ministrare, ut fidejussor mihi fieret, et fidedixit mihi. Et reversus sum ad cellam meam, et dedi ei quantas habui sportellas, dicens : Vende eas, et da illi meæ mulieri manducare. Dicebam autem in animo meo : Macari, ecce invenisti tibi mulierem, opus habes modo amplius laborare, ut pascas eam. Et operabar non solum in die, sed etiam in nocte, et transmittebam ei. Cum autem venisset tempus infelici illi, ut pareret, traxit plurimis diebus in dolore, et non pariebat. Dicunt ergo ei : Quid est hoc? Et illa dixit : Ego scio, quare torqueor diu. Et interrogata a parentibus suis,

Quare? respondit : Quia illi monacho crimen imposui, et fallens implicavi eum, cum iste non habeat causam; sed juvenis ille talis hoc fecit. Audiens autem verba hæc ille minister meus, gaudens venit ad me, et dixit : Quia non potuit parere illa puella, donec confiteretur quia tu nullam causam in conspectu ejus habuisses, sed quia mentita sit adversum te. Et ecce omnes habitatores vici illius volunt venire hic ad cellam tuam glorificaturi Deum, et pœnitentiam apud te acturi. Ego autem audiens ista a ministro meo, ne affligerent me homines, surrexi, et fugi hic in Scythi; et hoc principium causæ propter quam hic habitare cœpi.

26. Præteriens aliquando abbas Macarius, a palude ad cellam suam revertens, portabat palmulas; et ecce occurrit ei diabolus in via cum falce messoria (*Ruff.*, *l.* III, *n.* 124; *Pasch.*, *c.* 13, *n.* 6). Voluit autem eum percutere de falce illa, et non potuit, et dixit ei : Multam violentiam patior a te, o Macari, quia non prævalere adversus te possum. Ecce enim quidquid tu facis, et ego facio; jejunas tu, et ego penitus non comedo, vigilas tu, et ego omnino non dormio. Unum est autem solum in quo me superas. Et dicit ei abbas Macarius : Quod est illud? Respondit diabolus : Humilitas tua, per quam non prævaleo adversum te.

27. Perrexit aliquando abbas Mathois de Raythu in partibus Gebalon : erat autem cum eo frater ejus (*Ruff.*, *l.* III, *n.* 188; *Pasch.*, *c.* 33, *n.* 3). Et venit episcopus loci illius ad memoratum senem, et fecit eum presbyterum. Et dum gustarent simul, dixit episcopus : Ignosce mihi, abba, quia scio quod nolueris rem hanc; sed ut benedictionem tuam acciperem, præsumpsi hoc facere. Dixit autem ei senex cum humilitate : Et animus meus modicum volebat hoc, verumtamen in hoc graviter fero, quia compellor separari a fratre meo, qui mecum est; neque enim sufficio omnes orationes quas simul faciebamus, implere. Et dixit episcopus : Si scis quia dignus est, ego et ipsum ordino. Et dixit ei abbas Mathois : Equidem si dignus est nescio, unum autem scio, quia melior me est. Ordinavit autem et ipsum episcopus; et ita uterque recesserunt de hac vita, ut nunquam se ad sacrificandam oblationem altari approximarent. Dicebat autem senex : Credo in Deum, quia forsitan non sustineam grave 'udicium propter ordinationem, quam suscepi, dum oblationem non audeo consecrare; hoc enim officium illorum est, qui sine querela vivunt.

28. Dixit autem abbas Mathois : Quantum se approximat homo Deo, tantum se peccatorem videt (*Ruff.*, *l.* III, *n.* 123); Isaias enim propheta videns Dominum, miserum se et immundum dicebat (*Isaiæ* VI).

29. Dicebant de abbate Moyse quia factus esset clericus, et posuerunt ei superhumerale. Et dixit ei archiepiscopus : Ecce factus es candidatus, abba Moyses. Et ille respondit : Putas a foris, domne papa, aut deintus? Volens autem episcopus probare eum, dixit clericis : Quando intrat abbas Moyses ad altare, expellite eum, et sequimini, ut audiatis quid dicat. Dum autem cœpissent eum mittere foras, dicebant ei : Exi foras, Æthiops. Ille vero egrediens, dicebat : Bene tibi fecerunt cinerente et caccabate (43). Qui cum homo non sis, quare te in medio hominum dare præsumpsisti ?

30. Dum abbas Pastor in congregatione esset, audiens de abbate Nesterone, desideravit eum videre, et mandavit abbati ejus ut mitteret eum ad ipsum. Qui cum nollet eum solum dimittere, non direxit eum. Post paucos autem dies dispensator monasterii rogavit abbatem ut permitteret eum ire ad abbatem Pastorem, ut diceret ei cogitationes suas. Abbas autem ejus, cum eum dimitteret, dixit ei : Tolle tecum et fratrem istum, quia mandavit mihi de ipso senex; et non præsumens cum solum dimittere, distuli usque modo. Cum ergo venisset dispensator ad senem, locutus est ei de cogitationibus suis, et ille sanavit eum responsione sua. Post hæc autem interrogabat senex fratrem illum, dicens : Abba Nestero, quomodo acquisisti virtutem hanc, ut quando emerser!t tribulatio aliqua in monasterio, non loquaris, neque tædium facias? Et cum multum cogeretur frater a sene, dicit ei : Ignosce mihi, abba, quando intravi in initio in congregatione, dixi animo meo : Tu et asinus unum estote. Sicut enim asinus vapulat et non loquitur, injuriam patitur et non respondet, sic et tu; quemadmodum et in Psalmo legitur : Ut jumentum factus sum apud te, et ego semper tecum (*Psal.* LXXII).

31. Dicebant de abbate Olympio in Scythi (*Ruff.*, *l.* III, *n.* 17) quia servus esset, et descendebat per singulos annos in Alexandriam portans mercedes suas dominis suis. Et occurrebant ei, et salutabant eum : senes autem mittebat aquam in pelvim, et afferebat, ut lavaret pedes dominis suis. Illi autem ad eum dicebant : Noli, Pater, non graves nos. Ille vero respondebat eis : Ego confiteor, quia servus sum vester; et gratias ago, quia dimisistis me liberum servire Deo. Sed tamen lavo vobis pedes, ecce et suscipite mercedes meas. Illi vero contemnebant. Et non acquiescentibus dicebat : Credite mihi, quia si non vultis suscipere mercedes meas, remaneo hic et servio vobis. Illi autem reverentiam ei habentes, dabant in potestate ejus, ut faceret quod vellet. Et reventem deducebant eum cum honore, præbentes ei quæ necessaria erant, ut faceret pro eis agapem, et ex hoc factus est nominatus in Scythi.

32. Dixit abbas Pastor : Quia semper homo humilitatem et timorem Dei ita incessabiliter respirare debet, sicut flatum quem naribus attrahit vel emittit (*Append. Mart. n.* 101).

33. Interrogatus est abbas Pastor a quodam fratre : Quomodo debeo esse in loco, in quo habito ? Et respondit ei senex : Habeto prudentiam velut advena; et ubicunque fueris, ne quæras verbum tuum coram te habere potentiam, et requiesces.

34. Dixit iterum : Quia projicere se in conspectu

Dei, et non seipsum extollere, et mittere post tergum suum propriam voluntatem, ferramenta sunt quibus anima operatur.

35. Item dixit : Non metiaris temetipsum, sed adhære ei qui bene conversatur.

36. Dixit iterum : Quia interrogavit frater abbatem Alonium, Quid est contemptus ? Et dixit senex : Ut sis infra animalia irrationabilia, et scies quia illa non condemnantur.

37. Dixit iterum qui supra : Quia humilitas terra est, in qua Dominus sacrificium fieri demandavit

38. Rursus dixit : Quia si homo ordinem suum custodiat, non turbabitur.

39. Iterum dixit : Quia sedentibus aliquando senibus ad manducandum, stabat Alonius abbas et ministrabat eis ; et videntes laudaverunt. Ille autem nihil omnino respondit. Dixit ergo quidam secreto : Quare non respondisti senibus laudantibus te? Et dixit abbas Alonius : Quia si responderem eis, inveniebar delectatus laudibus meis.

40. Narravit abbas Joseph : Quia sedentibus nobis aliquando, cum abbate Pastore, nominaverit abbatem Agathonem, et diximus ei : Juvenis est, quare eum appellas abbatem ? Et dixit abbas Pastor : Quia os suum fecit eum appellari abbatem.

41. Dicebant de abbate Pastore, quia nunquam voluisset sermonem dimittere supra alterius senis verbum, sed magis laudaverit semper quæ ille dixisset.

42. Venit aliquando sanctæ memoriæ Theophilus episcopus Alexandrinus in Scythi : congregati autem fratres dixerunt ad abbatem Pambo : Dic unum sermonem papæ, ut ædificetur animus ejus in hoc loco. Et respondit senex : Si in taciturnitate mea non ædificatur, neque in sermone meo ædificabitur

43. Narravit frater Pystus, dicens : Quia ibamus septem fratres solitarii ad abbatem Sisoi habitantem in insula Clysmatus : et cum rogaremus eum ut diceret nobis aliquid, ille respondit : Ignoscite mihi, quia idiota sum homo ; sed veni aliquando ad abbatem Hor et abbatem Athre ; et erat in infirmitate abbas Hor decem et octo annis, et cœpi supplicare eis, ut dicerent mihi aliquod verbum ; et dixit abbas Hor : Quid tibi habeo dicere ? Quidquid vides, fac ; Deus enim illius est, qui sibi ultra quam potest extorquet, et violentiam facit ad omnia : hi autem ambo non erant de una provincia, hoc est abbas Hor et abbas Athre. Fuit autem inter eos magna gratia, donec exirent ambo de corpore. Abbas autem Athre summæ obedientiæ erat, abbas vero Hor multæ humilitatis. Feci ergo paucos dies apud eos, investigans virtutes eorum, et vidi mirabile quid quod fecit abbas Athre. Attulerat enim eis quidam unum piscem modicum, et voluit illum facere abbas Athre seniori abbati Hor ; posuerat ergo abbas Athre cultellum, et incidebat piscem illum, et vocavit eum abbas Hor, dicens : Athre, Athre. Ille vero statim dimisit cultellum in medio pisce inciso, et non perincidit eum, et cucurrit ad eum ; et miratus sum tantam obedientiam ejus, quia non dixit : Exspecta donec incidam piscem.

Dixi ergo abbati Athre : Ubi invenisti obedientiam hanc? Et ille mihi respondit : Non est mea, sed istius senis est. Et tulit me, dicens : Veni, vide obedientiam ejus. Coxit ergo modicum piscem male, ita ut perderet eum voluntarie, et apposuit seni ; et ille manducavit, nihil loquens. Et dixit ei : Bonum est, senex? Et ille respondit : Bonum valde. Posthæc attulit ei illud modicum, nimis bene coctum, et dixit : Ecce istud perdidi, senex, male illud coxi. Et ille respondit : Etiam modice tibi male exivit. Et conversus ad me abbas Athre dixit : Vides quia hæc obedientia istius **626** senis est? Et exii ab eis ; et quidquid vidi, hoc feci secundum virtutem meam. Hæc dixit fratribus abbas Sisoi ; unus autem ex nobis rogavit eum dicens : Ostende nobis charitatem, et dic nobis tu unum sermonem. Et dixit : Qui habet quod innumerabile est in scientia, perficit omnem Scripturam. Iterum alter ex nobis dixit ei : Quid est peregrinatio, Pater? Et ille respondit : Tace, et in omni loco quocunque veneris, dic : Non habeo causam, et hæc est peregrinatio.

44. Venit quidam frater ad abbatem Sisoi in montem abbatis Antonii ; et loquentibus eis, dicebat abbati Sisoi : Modo adhuc non pervenisti ad mensuras abbatis Antonii, Pater? Et respondit ei senex : Ego si haberem unam cogitationem abbatis Antonii, efficerer totus velut ignis : verumtamen scio hominem qui cum labore potest ferre cogitationes suas.

45. Iterum autem interrogavit eum frater ille, dicens : Putas sic persequebatur Satanas antiquos? Et dicit ei abbas Sisoi : Modo plus, quia tempus ejus appropinquavit, et turbatur (*Ruff.*, *l.* III, *num.* 174; *Pasch.*, *c.* 25, *n.* 2).

46. Venerunt alii quidam ad eum, ut audirent ab eo sermonem ; et nihil eis loquebatur, sed semper dicebat : Ignoscite mihi. Videntes autem sportellas ejus, dixerint discipulo ejus Abraham : Quid facitis de sportellis istis? Et respondit eis : Huc et illuc expendimus eas. Hoc autem audiens senex, dixit : Et Sisois hinc et inde manducat. Illi vero audientes ædificati sunt valde in humilitate ejus, atque cum gaudio recesserunt.

47. Frater interrogavit abbatem Sisoi, dicens : Video meipsum, quia memoria mea ad Deum intenta sit. Et dicit ei senex : Non est magnum hoc, ut mens tua cum Deo sit ; magnum est autem, si teipsum infra omnem videas creaturam ; hoc autem et labor corporalis corrigit, et ducit ad humilitatis viam.

48. Dixit beatæ memoriæ Syncletica : Sicut impossibile est navim fabricari sine acutis, ita impossibile est hominem sine humilitate salvari.

49. Dixit abbas Hyperichius : Arbor vitæ est in excelsum, et ascendit ad eam humilitas monachi.

50. Dixit iterum qui supra : Imitare Publicanum illum, ne cum Pharisæo damneris ; et sequere mansuetudinem Moysis, ut summitates cordis tui resecans, convertas in fontes aquarum.

5i. Dixit abbas Orsisius : Si fragmen crudæ tegulæ in fundamento mittatur, ubi juxta sit fluvius, non sustinet unum diem; coctæ autem, permanet velut lapis. Ita est homo qui carnalem sapientiam habet, et non est tentationum igne decoctus, sicut et Joseph; hujusmodi enim verbo Dei resolvitur: qui cum initium fecerit, multis tentationibus in medio hominum agitatur. Bonum est enim ut quis noverit mensuras suas, et declinet in initio pondus; fortes autem in fide immobiles sunt; nam de ipso sancto Joseph si velit aliquis loqui, dicet quia nec terrenus erat; quantum tentatus est, et in quali provincia, ubi nec vestigium erat divini cultus? Sed Deus patrum ejus erat cum eo, qui erupuit eum ex omni tribulatione, et nunc est cum patribus suis in regno cœlorum. Et nos ergo agnoscentes mensuras nostras certemus; vix enim nos possumus effugere judicium Dei.

52. Senex quidem erat solitarius vacans in eremo, et dicebat in semetipso quia perfectus esset in virtutibus. Hic oravit Deum, dicens: Ostende mihi quid est perfectio animæ, et facio. Volens autem Deus humiliare cogitationes ejus, dixit ei: Vade ad illum archimandritam, et quidquid tibi dixerit, facito. Revelavit autem Deus archimandritæ illi, antequam ille ad ipsum veniret, dicens: Ecce ille solitarius venit ad te; dic ergo ei ut tollat flagellum, et vadat et pascat porcos tibi. Veniens ergo senex pulsavit ostium, et ingressus est ad archimandritam illum; et cum se salutassent, sederunt. Et dixit ei solitarius ille qui venerat: Dic mihi quid faciam, ut sim salvus. Et ille dixit: Facies quodcunque dixero tibi? Et respondit ei: Etiam. Et dixit ei: Ecce tolle flagellum, et vade, pasce porcos. Illi autem, qui eum noverant et audierant de eo, cum vidissent quia porcos pasceret, dicebant: Vidistis illum solitarium magnum, de quo audiebamus? ecce stupuit cor ejus, et dæmonio vexatur, et pascit porcos. Videns autem Deus humilitatem ejus, quia ita patienter sustinebat opprobria hominum, præcepit eum iterum redire ad locum suum.

53. Quemdam senem monachum solitarium homo, qui a dæmonio vexabatur et fortiter spumabat, percussit in maxillam; senex vero convertit ei aliam maxillam statim. Dæmon autem, non ferens incendium humilitatis ejus, mox exivit ab eo (*Ruff.*, *l.* III, num. 125).

54. Dixit senex cuidam (*Ruff.*, *l.* III, num. 115; *Pasch.*, c. 15, n. 5): Quando cogitatio superbiæ aut elationis intraverit in te, scrutare conscientiam tuam, si divina mandata omnia custodis, si inimicos tuos diligis, si gaudes in adversarii tui glorificatione, et si contristaris in minoratione ejus, **627** et si agnoscis teipsum esse inutilem servum, et si omnium peccatorum esse deteriorem: sed nunc si ita de te sentias, quasi omnia correxeris, sciens quia hujusmodi cogitatio tua universa resolvet.

55. Dixit senex cuidam: Non apponas cor tuum adversus fratrem, dicens, quia tu magis illo sobrius et continentior, et intelligentior sis; sed subditus esto gratiæ Dei in spiritu paupertatis, et per charitatem non fictam; ne spiritu exaltationis elatus, perdas laborem tuum; sed esto spirituali sale conditus in Christo.

56. Dixit senex: Quia qui plusquam dignus est honoratur aut laudatur, amplius patitur detrimentum; qui autem non fuerit omnino ab hominibus honoratus, hic desuper glorificabitur (*Ruff.* l. III, n. 112; *Pasch.*, c. 15, n. 1).

57. Frater aliquis interrogavit senem, dicens: Bonum est assidue pœnitere? Et respondit ei senex: Vidimus Jesum filium Navæ, quia cum pronus jaceret in facie, apparuit illi Deus.

58. Interrogatus senex, quare ita inquietaremur a dæmonibus, respondit: Quia arma nostra abjicimus, quod est contumeliam, et humilitatem, et paupertatem, et patientiam (*Ruff.*, l. III, n. 173; *Pasch.*, c. 25, n. 11).

59. Frater quidam interrogavit senem dicens: Si quis fratrum attulerit ad me deforis cogitationes; vis, abba, dicam ei ut non eas afferat ad me? Et respondit ei senex: Noli. Et dixit frater: Quare? Respondit ei senex: Quia nec nos hoc possumus custodire; et ne forte cum dicimus proximo, Ne facias illud, inveniamus nos postea idipsum facientes. Et dixit frater: Quid ergo debet fieri? Et respondit ei senex: Si voluerimus taciturnitatem servare, sufficit proximo modus ipse.

60. Interrogatus est senex, quid esset humilitas? Et ille respondit: Si peccanti fratri in te ignoveris, antequam apud te pœnitentiam agat.

61. Dixit senex: In omni tentatione non culpes hominem, sed teipsum tantum, dicens: Quia pro peccatis meis hæc mihi evenerunt.

62. Dixit senex: Nunquam præterivi ordinem meum, ut altius ambularem: neque turbatus sum aliquando in humilitate positus; omnis enim cogitatio mea in hoc erat, ut deprecarer Dominum, quo spoliaret me veterem hominem.

63. Frater quidam interrogavit senem: Quid est humilitas? Et respondit ei senex: Ut benefacias his qui tibi malefaciunt. Et dixit frater: Si non perveniat homo in eadem mensura, quid faciet? Respondit senex: Fugiat, eligens taciturnitatem.

64. Frater aliquis interrogavit senem, dicens: Quod est opus peregrinationis? Et ille dixit ei: Scio fratrem peregrinantem, qui cum tentus esset in ecclesia, et contigisset ibi fieri agapem, sedit ad mensam ut manducaret cum fratribus. Dixerunt autem quidam: Istum hic quis tenuit. Et dixerunt ei: Surge et vade hinc foras: qui surrexit et abiit. Alii vero contristati de expulsione ejus, egressi sunt, et revocaverunt eum. Post hæc interrogavit eum quidam, dicens: Quid, putas, est in corde tuo, quia expulsus es, et iterum revocatus? Et ille dixit ei: Quoniam posui in corde meo, quia æqualis essem cani, qui quando insectatur, foras egreditur; quando vero vocatur, ingreditur.

65. Venerunt quidam aliquando in Thebaidam ad quemdam senem, habentes secum unum qui a dæmonio vexabatur, ut curaretur ab illo sene (*Ruff.*,

l. III, *n.* 25). **Senex** ergo cum diu rogaretur, dixit daemoni : Exi de factura Dei. Et respondit daemon : Exeo, sed interrogo te unum verbum, ut dicas mihi, qui sunt haedi, et qui sunt agni. Et dixit senex : Haedi quidem tales, qualis ego ; agni vero qui sint, Deus scit. Et audiens daemon, clamavit voce magna, dicens : Ecce propter istam humilitatem tuam exeo. Et exiit eadem hora.

66. Manebat quidam monachus Aegyptus in suburbano Constantinopolitanae civitatis (*Ruff.*, *l.* III, *n.* 19, *narrante Pœmene*); et dum transiret Theodosius Junior imperator per viam illam, reliquit omnes qui in obsequio ejus erant, et venit solus ad cellam ejus. Et pulsans ad ostium monachi, aperuit ei monachus. Videns autem eum, agnovit quidem quia imperator esset ; sic tamen suscepit eum, tanquam unum ex officio militantium. Cum ergo introisset, fecerunt orationem, et sederunt. Cœpit autem interrogare imperator, dicens : Quomodo sunt patres in Aegypto? Et ille respondit : Orant omnes pro salute vestra. Imperator autem circumspiciebat in cella ejus, si quid haberet, et nihil illic vidit nisi parvam sportellam, habentem modicum panis, et lagenam aquae. Et dixit ei monachus : Gusta modice. Et infudit ei panes, et misit ei oleum et sal, et manducavit, et dedit ei aquam ut biberet. Dixit autem ei imperator : Scis quis sum ego? Et ille dixit : Deus te scit quis sis. Tunc dixit ei : Ego sum Theodosius imperator. Ille autem statim adoravit salutans eum humiliter. Et dicit imperator : Beati estis vos, quia securam vitam habetis, et non cogitatis de hoc saeculo. Veritatem autem dicam, quia in imperio natus sum, et nunquam ita delectatus sum pane et aqua sicut hodie ; satis enim libenter comedi. Et cœpit ex tunc honorare eum imperator ; senex vero egrediens fugit, et iterum venit in Aegyptum.

67. Dicebant senes : Quoniam quando tentamur, tunc magis humiliamur ; quoniam Deus sciens infirmitatem nostram, protegit nos : si autem gloriamur, aufert a nobis protectionem suam, et perimus.

68. Cuidam fratri apparuit diabolus transformatus in angelum lucis, et dixit ad eum : Ego sum Gabriel angelus, et missus sum ad te. Ille vero dixit ei : Vide ne ad alium missus sis ; ego autem non sum dignus ut angelus mittatur ad me. Diabolus autem statim non comparuit.

69. Dicebant senes : Quia vel si pro veritate angelus tibi appareat, non suscipias facile, sed humilia temetipsum, dicens : Non sum dignus angelum videre vivens in peccatis.

70. Narraverunt de alio sene, quia sedens in cella sua, et sustinens tentationes, videbat daemones manifeste, et contemnebat eos. Cum autem diabolus videret se vinci a sene, venit et ostendit se ei, dicens : Ego sum Christus. Videns autem eum senex, clausit oculos suos. Et dixit ei diabolus : Ego sum Christus, et quare clausisti oculos tuos? Et respondit senex : Ego hic Christum nolo videre, sed in illa vita. Audiens autem diabolus haec, non comparuit.

71. Alterum senem volentes seducere daemones, dicebant ei : Vis videre Christum? Et ille dixit : Anathema vobis et de quo dicitis. Ego autem meo Christo credo dicenti : Si quis vobis dixerit, Ecce hic Christus, aut ecce illic, nolite credere. Quo dicto statim non comparuerunt (*Matth.* XXIV).

72. Narraverunt de alio sene, quia perseveravit jejunans septuaginta hebdomadas, semel in hebdomada reficiens. Hic postulavit a Deo de quodam sermone Scripturarum sanctarum, et non revelabat ei Deus. Dixit ergo in semetipso : Ecce tantum laborem sumpsi, et nihil profeci : vadam ergo ad fratrem meum, et requiro ab eo. Qui cum egressus clausisset ostium suum ut abiret, missus est ad eum angelus Domini, dicens : Septuaginta hebdomadae quas jejunasti, non te fecerunt proximum Deo : nunc vero quando humiliatus es, ut ad fratrem tuum pergeres, missus sum indicare tibi sermonem ; aperiensque ei de re quam quaerebat, discessit ab eo.

73. Dicebat quidam senex (*Ruffin.*, *l.* III, *n.* 73) : Quia si quis cum humilitate et timore Dei injungat fratri aliquid facere, sermo ipse qui propter Deum egreditur, facit fratrem illum suum subjectum existere et implere quod fuerit imperatum ; si autem quis volens jubere fratri, et non hoc secundum timorem Dei fecerit, sed quasi per auctoritatem, volens sibi in eo potestatem defendere, Deus qui videt occulta cordis, non permittit eum audire vel facere quod jubetur. Manifestum enim est opus quod secundum Deum fit ; et iterum manifestum est quod pro voluntate aut in potestate injungitur : quoniam quod a Deo est, cum humilitate et obsecratione imperatur ; quod autem ex potestate, cum furore et perturbatione, utpote quod a maligno est.

74. Dixit senex : Volo magis vinci cum humilitate, quam vincere cum superbia.

75. Dixit senex : Non condemnes astantem tibi, quoniam nescis utrum in te sit Spiritus Dei, an in illo. Astantem autem tibi dico eum, qui minister est tuus.

76. Frater aliquis interrogavit senem, dicens : Si habito cum aliis fratribus, et video aliquam rem inconvenientem, vis ut loquar? Et dixit ei senex : Si sunt aliqui majores tibi aut coaetanei, tacens magis requiem habebis ; in hoc enim, quo te minorem facies, etiam securum te reddes. Dicit ei frater : Quid ergo facio, Pater? perturbat enim me spiritus. Dicit ei senex : Si laboras, commonefacito semel humiliter ; si autem non obediunt tibi, relinque laborem tuum in conspectu Dei, et ipse te consolabitur : hoc enim est ut projiciat se Dei cultor coram Deo, et relinquat ipse voluntates suas. Attende autem tibi ut secundum Deum sit sollicitudo tua ; et tamen quomodo video, bonum est tacere, humilitas enim tibi est taciturnitas.

77. Frater quidam interrogavit senem, dicens : Quid est profectus hominis? Et respondit ei senex : Profectus hominis est humilitas. Quantum enim quis ad humilitatem inclinatus fuerit, tantum elevabitur

ad profectum (*Ruff.*, *lib.* III, *n.* 171; *Pasch.*, *c.* 15, *n.* 5).

78. Dixit quidam senex : Quia si quis dixerit, Ignosce mihi, humilians se, comburit dæmones tentatores.

79. Dixit senex : Si acquisieris taciturnitatem, non habeas apud temetipsum quasi aliquam virtutem, etiamsi obtinueris, sed dic : Quia indignus sum loqui.

80. Dicebat quidam senex : Nisi velaret pistor oculos animalis ad molam circumeuntis, converteret se animal et comederet labores suos (*Ruff.*, *l.* III, *n.* 128; *Pasch.*, *c.* 15, *n.* 1); ita et nos velamen accipimus secundum dispensationem Dei, ne videamus quæ operamur bona, et beatificantes forsitan nosmetipsos, perdamus mercedem nostram. Propterea ergo relinquimur per intervalla temporum semel sic sordidas cogitationes assumere, ut cum easdem cogitationes aspicimus, nosmetipsos judicio proprio condemnemus. Eæ enim cogitationes ipsæ, velamen sunt ipsius modici boni operis. Quando autem homo seipsum accusat, non perdit mercedem suam.

81. Dixit quidam senex : Quia volo magis doceri quam docere. Item dixit : Non doceas ante tempus, alioquin omni tempore vitæ tuæ minoraberis intellectu.

82. Interrogatus est quidam senex : Quid est humilitas ? Et respondens dixit : Humilitas magnum opus est et divinum : via autem humilitatis hæc est, ut labores corporales assumi debeant, et ascribat seipsum homo peccatorum, et ponat se subjectum omnibus. Et dixit frater : Quid est esse subjectum omnibus ? Respondit senex : Hoc est esse subjectum omnibus, ut non attendat quis aliena peccata, sed sua semper aspiciat, et deprecetur sine intermissione Deum.

83. Interrogavit quidam frater senem, dicens : Dic mihi unam rem, quam custodiam, et vivam per eam. Et dixit ei senex : Si potueris contumeliam pati et sustinere, magnum est hoc, et super omnes virtutes (*Ruff.*, *l.* III, *n.* 85).

84. Dixit senex : Qui contemptum et injuriam et damnum patienter fert, potest salvus esse.

85. Dixit senex cuidam : Non habeas notitiam cum abbate, neque frequenter adjungas te ei; quoniam ex hoc fiduciam sumes, et desiderare incipies ut teneas etiam ipse primatum.

86. Frater quidam erat in congregatione, et omne pondus quod fratribus imminebat, ipse suscipiebat, ita ut se etiam in fornicatione accusaret (*Ruff.*, *l.* III, *n.* 29, *nomine Eulalii*). Quidam autem fratrum ignorantes actus ejus, cœperunt murmurare adversus eum, dicentes : Quanta mala facit hic et nec operatur? Abbas sciens quæ agebat, dicebat fratribus : Volo unam mattulam istius cum humilitate, quam omnes vestras cum superbia. Et ut demonstraret ex Dei judicio qualis esset frater ille, attulit omnia quæ operati fuerant illi fratres, et mattam ejus de quo querebantur, et accendit ignem, et jactavit in medio. Consumpta sunt ergo omnia illorum opera, matta autem fratris illius illæsa permansit. Hoc autem videntes illi fratres timuerunt, et pœnitentiam coram illo egerunt, habentes eum deinceps velut patrem.

87. Interrogatus est senex, quomodo quidam dicerent videre se aspectum angelorum; et respondit dicens : Beatus est qui peccatum suum semper videt.

88. Frater aliquis contristabatur adversus alium fratrem; quod audiens ille venit satisfacere ei. Ille autem non aperuit ei ostium cellæ suæ. Perrexit ergo ille ad quemdam senem, et dixit ei causam : Vide ne quasi justam habeas causam apud temetipsum in corde tuo, tanquam culpaturus fratrem tuum, ut quasi illum reprehendas, et teipsum justifices, et propterea non tetigerit Deus cor ejus, ut aperiret tibi. Verumtamen hoc est quod dico tibi, ut vel si ille peccavit in te, pone in corde tuo, quia tu in illo peccaveris, et fratrem tuum justifica, et tunc Deus dat in corde illius concordare tecum; et narravit illi exemplum tale, dicens : Duo quidam erant sæculares religiosi, et colloquentes secum egressi sunt, et facti sunt monachi : æmulationem autem habentes vocis evangelicæ, sed non secundum scientiam, castraverunt se quasi propter regna cœlorum. Audiens autem archiepiscopus, excommunicavit eos; illi autem putantes quia bene fecissent, indignati sunt contra eum, dicentes : Nos propter regna cœlorum castravimus nos, et hic excommunicavit nos? Eamus et interpellemus adversus eum Jerosolymitanorum archiepiscopum. Abeuntes ergo indicaverunt ei omnia. Et dixit eis archiepiscopus Jerosolymitanus : Et ego vos excommunico. Ex quo iterum contristati abierunt in Antiochiam ad archiepiscopum, et dixerunt ei omnia quæ facta fuerant circa se. Et ille similiter excommunicavit eos. Et dixerunt ad seipsos : Eamus Romam ad patriarcham, et ipse nos vindicabit de omnibus istis. Abierunt ergo ad summum archiepiscopum Romanæ civitatis, et suggesserunt ei quæ fecerant eis memorati archiepiscopi, dicentes : Venimus ad te, quia tu es caput omnium. Dicit autem eis et ipse : Ego vos excommunico, et segregati estis. Tunc defecerunt excommunicati totius rationis, et dixerunt ad semetipsos : Isti episcopi sibi invicem deferunt et consentiunt, propter quod in Synodis congregantur : sed eamus ad illum virum Dei sanctum Epiphanium episcopum de Cypro, quia propheta est, et personam hominis non accipit. Cum autem appropinquarent civitati ejus, revelatum est ei de ipsis; et mittens in occursum eorum dixit : Ne intretis civitatem istam. Tunc illi in se reversi, dixerunt : Pro veritate nos culpabiles sumus; ut quid ergo nos ipsos justificamus? Fac etiam quia illi injuste nos excommunicaverunt, nunquid et iste propheta? ecce enim Deus revelavit ei de nobis. Et reprehenderunt semetipsos valde de culpa quam fecerant. Tunc videns qui corda novit quia pro veritate se culpabiles fecerant, revelavit episcopo

Epiphanio. Et ultro misit et adduxit eos, et consolatus eos, suscepit in communionem. Scripsit itaque de his archiepiscopo Alexandriæ, dicens : Suscipe filios tuos, quoniam in veritate pœnitentiam egerunt. Et addidit senex qui hoc exemplum narraverat, dicens : Hæc est sanitas hominis, et hoc est quod vult Deus, ut homo culpam suam projiciat ante Deum. Hæc cum audisset frater, fecit secundum verbum senis, et pergens pulsavit ostium fratris; ille autem mox ut sensit eum, prius apud illum deintus pœnitentiam gessit, aperuitque statim ostium, et osculati sunt se invicem ex animo, et facta est inter utrosque pax maxima.

89. Duo monachi, qui erant etiam carnales fratres, habitabant simul, et volebat diabolus separare eos ab invicem (*Ruff.*, *l.* III, *n.* 18). Semel ergo unus, qui erat minor ætate, incendit lucernam, et posuit eam super candelabrum. Fecit autem opera sua dæmon, et evertit candelabrum : quapropter cecidit eum major frater cum ira. Ille vero pœnitentiam egit, dicens ei : Habe patientiam in me, frater, et iterum accendo eam. Et ecce virtus Domini venit, et torquebat illum dæmonem usque mane. Dæmon autem nuntiavit suo principi quod factum fuerat. Et audivit sacerdos paganorum id quod retulerat dæmon, et egressus factus est monachus, et ab initio conversionis suæ tenuit humilitatem, dicens : Humilitas solvit omnem virtutem inimici, sicut ego audivi eos loquentes, dicendo : Quia quando perturbamus monachos, convertitur unus ex eis, et agit pœnitentiam, et destruit omnem virtutem nostram.

LIBELLUS DECIMUS SEXTUS.
De patientia.

1. Dicebant fratres de abbate Gelasio, quia habuerit Codicem in membranis valentem solidos decem et octo (*Ruff.*, *l.* III, *n.* 30, *nomine Anastasii*). Continebat vetus et novum Testamentum totum; et positus erat Codex ipse in ecclesia, ut qui vellet de fratribus legeret. Superveniens autem quidam frater peregrinus applicuit ad senem, et videns Codicem illum concupivit eum, et furatus eum exivit atque discessit. Senex vero non est secutus post eum ut comprehenderet eum, utpote qui intellexerat quod fecerat. Ille autem pergens in civitatem, quærebat cui venderet eum. Et cum invenisset qui volebat emere, cœpit solidos sedecim pretium ejus postulare. Ille vero volens comparare eum, dixit : Da mihi primum ut ostendam eum, et sic tibi pretium dabo. Dedit ergo ille Codicem ad ostendendum. Quem accipiens ille qui emere cupiebat, attulit eum ad abbatem Gelasium, ut probaret si bonus Codex esset, aut si tantum valeret. Dixerat enim ei et quantitatem, quam venditor postulabat. Et dixit senex : Eme illum, quia bonus Codex est, et valet pretium quod dixit tibi. Ille autem veniens dixit venditori aliter, et non sicut audierat a sene, dicens : Ecce ostendi illum abbati Gelasio, et dixit mihi quia charus est, et non valet quantum dixisti. Ille hoc audiens dixit ei : Nihil aliud tibi dixit senex? Et respondit : Nihil. Tunc dicit ei : Jam nolo vendere Codicem istum. Compunctus autem venit ad senem pœnitentiam agens, et rogans eum ut reciperet Codicem, senex autem nolebat accipere eum. Tunc dixit ei frater : Quia si non recipis eum, non possum securus esse. Et dixit ei senex : Si non potes esse securus nisi recipiam, ecce recipio eum. Et remansit frater ille apud eum usque ad exitum suum, proficiens de patientia senis.

2. Factus est aliquando conventus in Cellis pro causa quadam, et locutus est quidam abbas Evagrius, et dixit ei presbyter monasteriorum : Scimus, abba Evagri, quia si esses in patria tua, forte aut episcopus fueras, aut multorum caput; nunc autem hic velut peregrinus es. Ille vero compunctus, non quidem turbulenter aliquid respondit, sed movens caput, respiciensque in terram, digito scribebat, et dixit eis : Revera ita est, Patres : verumtamen semel locutus sum, in Scripturis vero secundo nihil adjiciam.

3. Sedente aliquando abbate Joanne Brevi ante ecclesiam, circumdederunt eum fratres, exquirentes ab eo singuli de cogitationibus suis (*Ruff.*, *l.* III, *n.* 92). Quidam autem senex hoc videns, accensus invidia dixit ei : Suriscula tua, abba Joannes, veneno est plena. Et respondit ei abbas Joannes : Ita est, abba. Hoc autem dixisti, quia ea quæ sunt foris tantummodo vides; si autem videres quæ intro sunt, quid esses dicturus?

4. Dicebant de Joanne Minore de Thebaida, qui fuit discipulus abbatis Ammonii, quia duodecim annos fecerit in ministerio, serviens seni in infirmitate ejus, et posthæc sedebat super mattam; senex vero contristabatur pro eo (*Ruff.*, *l.* III, *n.* 155; *Pasc.*, *c.* 19, *n.* 2). Et dum multum laborasset cum eo, nunquam dixit ei : Sanus esto. Quando autem jam moriturus erat, residentibus senibus loci, tenuit manum ejus, et dixit : Sanus sis, sanus sis, sanus sis. Et tradidit eum senibus, dicens : Hic angelus est, non homo.

5. Dicebant de abbate Isidoro, qui erat presbyter in Scythi, quia si quis habuisset fratrem infirmum, aut pusillanimem, aut injuriosum, et volebat eum expellere foris, ille dicebat : Adducite eum ad me. Et apprehendens eum, patientia sua curabat animum fratris illius.

6. Abbas Macarius, in Ægypto positus (*Ruff.*, *lib.* III, *n.* 73, *Pasch. c.* 3, *n.* 1), invenit hominem qui adduxerat animal, et rapiebat quæ habebat; ipse vero ut peregrinus astitit furi, et adjuvabat eum ad animal carricandum, et cum omni quiete deduxit eum, dicens in semetipso : Nihil intulimus in hunc mundum, sed Dominus dedit; sicut voluit ipse, ita factum est : benedictus in omnibus Dominus (*I Tim.* VI).

7. Facta aliquando congregatione fratrum in Scythi, cum voluissent senes probare abbatem Moysen, contempserunt eum, dicentes : Ut quid iste Æthiops venit in medio nostrum? Ille autem audiens, tacuit. Cum vero dimissus fuisset conventus, dixerunt ei hi

qui eum injuriose tractaverant : Nec modo non es taverp, quomodo majorem tentationem, si permiserit mihi Deus inferri, portare possum? Et propterea nihil eis dico, ut fiat consuetudo portandi quæ superveniunt.

8. Paysius frater abbatis Pastoris habuit affectum cum quodam monacho ex cella sua; abbas autem Pastor nolebat hoc ; qui consurgens fugit ad abbatem Ammonam, et dicit ei : Frater meus Paysius habet cum quibusdam affectum, quod ego non libenter fero. Dixit autem ei abbas Ammonas : Abba Pastor, adhuc vivis ? Vade in cellam tuam, et pone in corde tuo, quia annum jam habes in sepulcro.

9. Dixit abbas Pastor : Omnis labor quicunque evenerit tibi, ex taciturnitate superabitur.

10. Quidam frater læsus ab alio fratre, venit ad abbatem Sisoi Thebæum, et dicit ei : Læsus sum a quodam fratre, et volo me vindicare (*Ruff.*, *l.* III, *n.* 77; *Pasch.*, *c.* 7, *n.* 1). Senex autem rogabat eum, dicens : Noli, fili; sed dimitte magis Deo vindictam. Ille autem dicebat : Non quiesco donec meipsum vindicavero. Dixit autem senex : Oremus, frater. Et surgens dixit senex : Deus, jam te opus non habemus cogitare de nobis, quoniam nosipsi vindictam nostram facimus. Hoc autem audiens frater, cecidit ad pedes illius senis, dicens : Jam non contendo cum fratre illo, sed, rogo, ignosce mihi.

11. Quidam videns quemdam religiosum portantem mortuum in lecto, dicit ei : Mortuos portas ? Vade, viventes porta.

12. Dicebant de quodam monacho, quia quantum eum injuriis quis appetisset aut exacerbasset (*Ruff.*, *l.* III, *n.* 80; *Pasch.*, *c.* 7, *n.* 4), tanto magis ille ad eum concurrebat, dicens : Quia hujusmodi homines causa corrigendi fiunt his qui in conversatione studiosi sunt. Nam qui eos beatificant, magis confundunt animas eorum. Scriptum est enim : Quia qui beatificant vos, seducunt vos (*Isaiæ* III).

13. Venerunt aliquando latrones in monasterium senis (*Prat. spirit. c.* 212), et dixerunt ad eum : Omnia quæ in cella tua sunt tollere venimus. Et ille dixit : Quantum vobis videtur, filii, tollite. Tulerunt ergo quodcunque invenerunt in cella, et abierunt. Obliti sunt autem ibi saccellum, quod erat absconditum in cella. Senex vero tollens eum, secutus est post eos, clamans et dicens : Filii, tollite quod obliti estis in cella. Illi vero admirantes patientiam senis, retulerunt omnia in cella ejus, et pœnitentiam egerunt omnes, ad invicem dicentes : Hic vere homo Dei est.

14. Fratres quidam venerunt ad senem quemdam sanctum in deserto loco sedentem, et invenerunt foris extra monasterium puerum pascentem pecora, et loquentem verba quæ non decebat (*Ruff.*, *l.* III, *n.* 81). Postquam autem viderunt senem, et indicaverunt ei cogitationes suas, et de responsione ejus se profecisse senserunt, dicunt ei : Abba, quomodo acquiescis habere tecum pueros istos, et non præcipis eis ne strinientur (44) ? Et dixit senex : Credite mihi, fratres, dies habeo, ex quo volo eis præcipere, et redarguo meipsum, dicens : Si hoc parum non por-

15. Narraverunt de sene quodam, quia habuerit puerulum cohabitantem secum ; et videns eum, quia fecerit opus quod non expediebat ei, dixit ei semel : Non facias hanc rem. Et ille non obedivit ei. Hoc autem senex videns, abjecit de cogitatione sua curam illius, jactans proprium judicium super ipsum ; puer vero clausit ostium cellæ, in qua erant panes, per tres dies, et dimisit senem jejunum, et non dixit ei senex : Ubi es, aut quid facis foris? Habebat autem vicinum senex : qui cum agnovisset, quia tardare puerulum ille, fecit modicum pulmentum, et dabat ei per parietem, et rogabat ut gustaret, et dicebat seni : Quid tardat frater ille foris? Senex vero dicebat : Quando ei vacaverit, revertetur.

16. Narraverunt aliqui quia philosophi quidam aliquando voluerunt probare 632 monachos, et venit unus transiens stola indutus et bene vestitus (*Ruff.*, *l.* II, *n.* 74; *Pasch.*, *c.* 3, *n.* 2). Et dixerunt ei philosophi : Tu veni huc. Ille vero indignatus, injuriis aggressus est eos. Transiit et alter unus monachus magnus, rusticus genere ; et ipsi dixerunt ei : Tu, monache male senex, veni huc. Ille vero cursim venit. Et cœperunt ei alapas dare; ille autem convertit eis aliam maxillam. Statim vero illi surrexerunt philosophi, et adoraverunt eum, dicentes : Vere ecce monachus. Et fecerunt eum sedere in medio sui, et interrogaverunt eum, dicentes : Quid est quod plus facitis de nobis in solitudine ista ? Jejunatis, et nos jejunamus; et castigatis corpora vestra, et nos castigamus ; sed et quidquid facitis, etiam et nos facimus. Quid ergo plus facitis a nobis sedentes in eremo ? Respondit eis senex : In gratia Dei speramus nos, et mentem nostram custodimus. Et illi dixerunt ei : Nos hoc custodire non possumus. Et ædificati dimiserunt eum.

17. Senex quidam erat habens probatum discipulum, quem aliquando contristatus expulit foras. Ille vero discipulus exspectabat sedens foris ; et aperiens senex invenit eum, et pœnitentiam egit apud eum senex, dicens : Tu Pater meus es, quia humilitas et patientia tua vicit pusillanimitatem animi mei. Veni intus, amodo enim tu senex et Pater, ego autem juvenis et discipulus, quoniam opere tuo superasti meam senectutem.

18. Dicebat quidam senum quod audierit aliquos viros sanctorum dicere esse juvenes qui ducatum præbeant senibus in vita hac, et narraverunt, dicentes : Quia erat quidam ebriosus senex, et operabatur unam mattam in die, et vendebat eam in vicino vico, et bibebat quod accipiebat de pretio ejus. Postea vero venit ad eum quidam frater, et manebat cum ipso, qui similiter operabatur et ipse mattam unam ; tollebat autem eam senex et vendebat, et ambarum mattarum pretium expendebat in vino, illi autem fratri efferebat tantummodo medicum panem ad seram

Et cum hoc triennio jugiter faceret, nihil locutus est fratef ille. Posthæc vero dixit frater ille in semetipso: Ecce nudus sum, et panem cum egestate comedo, surgam ergo et discedam hinc. Iterum autem cogitavit in semetipso, dicens : ubi habeo ire? Sedeo hic ; ego enim propter Deum sedeo in hac vita communi. Et statim apparuit ei angelus Domini, dicens : Nusquam discedas, veniemus enim cras ad te. Et rogavit frater ille senem illum ipsa die, dicens : Non discedas hinc alicubi, quia venient hodie mei tollere me. Cum ergo facta fuisset hora qua solebat senex descendere ad vicum, dixit fratri : Non venient hodie, fili; jam enim tarde est. Et ille dixit ei modis omnibus, quia venient : et dum cum eo loqueretur, dormivit in pace; senex autem flebat, dicens: Heu me, fili, quia multis annis sub negligentia vivo, tu autem in parvo tempore salvasti animam tuam per patientiam. Et ex illo die factus est senex sobrius et probatus.

19. Dicebant de quodam fratre, qui seni cuidam magno vicinus erat, quia ingrederetur, et raperet quidquid haberet senex in cella sua (*Ruff.*, *l.* III, *n.* 74 ; *Pasch.*, *c.* 3, *n* 2). Videbat autem eum senex, et non objurgabat eum, sed extorquebat sibi plus solito manibus operari, dicens : Credo, opus habet frater iste. Et exigebat a se majorem solito laborem; et astringebat ventrem suum, ut cum indigentia comederet panem. Cum autem mori cœpisset senex ille, circumsteterunt eum fratres. Et respiciens in eum qui furabatur, dixit ei : Junge te huc ad me. Et tenuit et osculatus est manus ejus, dicens : Gratias ago istis manibus, frater, quia propter istas vado in regno cœlorum. Ille autem compunctus et pœnitentiam agens, factus est etiam ipse probatus monachus, exemplum sumens de actibus magni illius senis [1].

LIBELLUS DECIMUS SEPTIMUS.
De charitate.

1. Dixit abbas Antonius : Ego jam non timeo Deum, sed amo, quia amor foras misit timorem (*I Joan.* IV).

2. Dixit iterum : Quia de proximo est vita et mors; si enim lucremur fratrem, lucrabimur Deum ; si autem scandalizamus fratrem, in Christo peccamus.

3. Abbas Ammon de loco Nitrionis, venit ad abbatem Antonium, et dixit ei : Video quia majorem laborem quam tu sustineo, et quomodo nomen tuum magnificum est in hominibus super me? Et dixit ei abbas Antonius : Quoniam et ego diligo Deum plus quam tu.

4. Venit aliquando abbas Hilarion de Palæstina ad abbatem Antonium in montem, et dicit ei abbas Antonius : Bene venisti, Lucifer, qui mane oriris. Et dixit abbas Hilarion : Pax tibi, columna lucis, quæ sustines orbem terrarum.

5. Dixit abbas Marcus abbati Arsenio : Quare nos fugis? Et dicit ei senex : Scit Deus, quia diligo vos ; sed non possum esse cum Deo et cum hominibus ; superiorum 633 enim virtutum millia et millium millia unam voluntatem habent, homines autem multas voluntates. Non possum ergo dimittere Deum, et venire, et esse cum hominibus.

6. Dixit abbas Agathon : Quia secundum voluntatem meam nunquam dormivi, retinens in corde adversus quemquam dolorem, neque dimisi dormire alium habentem adversum me aliquid (*Ruff.*, *l.* III, *n.* 95).

7. Ascendente aliquando de Scythi abbate Joanne cum aliis fratribus, erravit, qui eis ducatum præbebat, in via ; erat enim nox. Et dixerunt fratres abbati Joanni : Quid facimus, abba, quia erravit frater iste de via, ne forte moriamur errantes? Et dixit eis senex : Si dixerimus ei aliquid, contristabitur. Sed ecce facio meipsum quasi defectum, et dico me non posse ambulare, sed jaceo hic usque mane. Et fecerunt sic. Sed et residui dixerunt : Nec nos ibimus, sed sedebimus tecum ; et sederunt usque mane, ne objurgarent fratrem illum.

8. Senex quidam erat in Ægypto, antequam veniret illic abbas Pastor : ille autem senex habebat notitiam hominum et multum honorem (*Ruff.*, *lib.* III, *n.* 95). Cum ergo ascendisset abbas Pastor de Scythi cum suis, dimiserunt illum senem, et venerunt ad abbatem Pastorem : invidiatus autem senex male loquebatur de eis. Hoc audiens Pastor, contristabatur, et dicit fratribus suis : Quid faciemus de sene isto magno, quia nos in tribulatione miserunt homines derelinquentes senem, et ad nos qui nihil sumus, attendentes? Quomodo ergo possumus sanare eum ? Et dixit eis : Facite aliquid ad gustandum, et tollite vasculum vini, et eamus ad eum, et gustemus simul, forsitan per hæc possumus sanare animum ejus. Tulerunt ergo quos paraverant cibos, et perrexerunt ad eum ; et dum pulsarent ostium, respondit discipulus ejus, dicens : Qui estis? Et illi dixerunt : Dic abbati, quia Pastor est, et desiderat benedici per vos. Hoc autem nuntiat ei discipulus ejus. Ille mandavit, dicens : Vade, quia non mihi vacat. Illi autem perseverantes in caumate dixerunt : Non discedimus, nisi meruerimus benedictionem senis. Senex autem videns perseverantiam et humilitatem eorum, compunctus aperuit eis, et intrantes gustaverunt cum eo ; cum ergo manducarent, dixit senex : In veritate dico, minus quam quod est audivi de vobis; centuplum enim est quod video in opere vestro. Factus est ergo amicus eis ex illo die.

9. Dixit abbas Pastor : Conare secundum virtutem tuam nulli omnino facere malum, et castum serva cor tuum omni homini.

10. Iterum dixit : Non est aliquid majus dilectione, etiam ut animam suam ponat quis pro proximo suo. Etenim si quis audiens sermonem tristem, cum possit ipse id facere, certet atque sustineat, et non recontristet ; vel etiam si læsus in re aliqua patienter tulerit, non retribuens contristanti atque lædenti se ; eo modo hujusmodi homo animam suam ponit pro

---

[1] Hic in editis sequebatur n. 20, de Thaisi meretrice; sed eam habes lib. 1 inter Vitas.

proximo suo *(Ruff., l. II, n. 201; Pasch., c. 37, n. 3, Append. Mart., n. 14).*

11. Contigit aliquando abbatem Pambo iter cum fratribus in partibus Ægypti facere; et videns quosdam sæculares sedentes dixit eis : Surgite, et salutate, et osculamini monachos ut benedicamini, frequenter enim cum Deo loquuntur, et sancta sunt ora eorum *(Ruff., l. III, n. 164).*

12. Dicebant de abbate Paphnutio, quia non cito bibebat vinum *(Ruff. l. III, n. 151).* Ambulans autem aliquando iter, supervenit in conventu latronum, et invenit eos bibentes : cognovit autem eum qui primus erat latronum, et sciebat quia non biberet vinum. Videns ergo eum de multo labore fatigatum, implevit calicem vini, et in alia manu tenuit gladium evaginatum, et dicit seni : Si non bibis, occidam te. Sciens autem senex quia mandatum Dei vult facere, et volens eum lucrari, accepit et bibit. Ille vero princeps latronum pœnitentiam apud eum egit, dicens : Ignosce mihi, abba, quia contristavi te. Et dicit ei senex : Credo in Deo meo, quia per hunc calicem faciet misericordiam tecum et in hoc sæculo, et in futuro. Et respondit primus latronum : Et ego credo in Deo, quia amodo non faciam alicui quidquam mali. Et lucratus est senex omne collegium illorum latronum, per id quod se propter Deum dimisit voluntati eorum.

13. Dixit abbas Hyperichius : Eripe proximum a peccatis, quanta tibi est virtus, sine improperio, quoniam Deus convertentes non repellit a se. Verbum autem malitiæ et nequitiæ non habitet in corde tuo adversus fratrem tuum, ut possis dicere : Dimitte nobis debita nostra, sicut et nos dimittimus debitoribus nostris *(Matth. VI).*

14. Duo fratres erant in Cellis : unus autem ex eis senex erat, et rogabat illum qui erat juvenis, dicens : Maneamus simul, frater. Et ille dixit ei : Peccator sum, et non possum manere tecum, abba *(Ruff., l. III, n. 152).* Ille autem rogabat eum, dicens : Etiam possumus. Erat autem senex ille mundus, et nolebat audire, quia monachus haberet in cogitatu fornicationem. Et dicit ei frater : Dimitte mihi unam hebdomadam, et iterum loquemur. Venit ergo senex, et volens eum juvenis ille probare, dicebat : In magna tentatione incurri hebdomada ista, abba; pergens enim pro ministerio quodam in vicum, incidi in mulierem. Et dixit ei senex : Estne pœnitentia? Et dixit frater : Etiam. Senex autem dixit : Ego tecum porto medietatem peccati hujus. Tunc dixit frater ille : Modo scio quia possumus simul manere. Et manserunt simul usque ad exitum suum.

15. Dixit quidam Patrum : Si quis te petierit rem aliquam, et violenter præstiteris ei, sit voluntas animi in id quod datur, sicut scriptum est : Quia si quis te angariaverit milliario, vade cum ipso duo *(Matth. V)* : hoc autem est, ut si quis te petierit rem aliquam, des ei ex animo et spiritu.

16. Dicebant de quodam fratre quia cum fecisset sportas et posuisset eis ansas *(Ruff., lib. III, n. 147),* audivit etiam vicinum suum alium monachum dicentem : Quid faeio, quia proximus est mercatum, et non habeo ansas quas imponam sportellis meis? Ille vero resolvit ansas quas imposuerat sportellis, et fratri illi vicino attulit, dicens : Ecce istas superfluas habeo, tolle, impone in sportas tuas. Et fecit opus fratris sui perficere ad quod opus erat, proprium autem opus reliquit imperfectum.

17. Dicebant de quodam sene in Scythi, quia ægrotavit, et voluit manducare modicum panem recentem : hoc autem audiens quidam exercitatorum fratrum, tulit melotem suam, et misit in eam panem siccum, et vadens in Ægyptum, mutavit illum ad panem recentem, et attulit seni. Et cum vidissent fratres panes illos recentes, mirati sunt; senex autem noluit gustare, dicens : Quia sanguis fratris est. Et rogaverunt senes, dicentes : Propter Deum comede, ne vacuum sit sacrificium fratris istius. Atque ita rogatus comedit.

18. Frater interrogavit quemdam senem, dicens : Duo sunt fratres, ex quibus unus quiescit in cella sua, protrahens jejunium sex dierum, et multum sibi laborem imponens; alter vero ægrotantibus deseruit. Cujus opus magis acceptum est Deo? Respondit ei senex : Si frater ille, qui sex diebus jejunia levat, appendat se per nares, non potest esse æqualis illi qui infirmantibus deseruit.

19. Interrogavit quidam senem quemdam, dicens : Quomodo sunt modo quidam laborantes in conversatione, et non accipiunt gratiam sicut antiqui *(Ruff., lib. III, n. 181; Pasch., cap. 28, n. 4)?* Dicit ei senex : Quia tunc charitas erat, et unusquisque proximum suum trahebat sursum; nunc autem refrigescente charitate, unusquisque proximum suum deorsum trahit, et propterea gratiam non meremur accipere.

20. Perrexerunt aliquando tres fratres ad messem, et susceperunt certum spatium sexaginta modiorum quod meterent *(Append. Mart., n. 9).* Unus autem ex eis ipsa prima die infirmari cœpit, et reversus est ad cellam suam. Duo autem qui remanserant, unus alteri dixit : Ecce frater vides, quia incurrit in ægritudinem frater noster; extorque ergo tu animo tuo, et ego similiter meo paululum, et credamus in Deo, quia per orationem ejus implebimus nos duo opera, et metemus partem ipsius. Cum ergo explicassent messem totius loci illius quem susceperant, venerunt accipere mercedes suas : et vocaverunt fratrem illum, dicentes : Veni, frater, accipe laborem tuum. Et ille dixit eis : Qualem laborem accipiam, qui non messui? Et illi dixerunt ei : Orationibus consummata est messis; veni ergo, accipe mercedes tuas. Facta ergo plurima contentione inter eos de hac re; illo scilicet dicente : Non accipiam, qui non laboravi; illis vero non acquiescentibus, nisi et ipse perciperet partem suam, abierunt ad judicium cujusdam magni senis. Et dixit ei ille frater : Perreximus tres, ut meteremus in agro cujusdam ad mercedes. Cum autem venissemus ad locum quem messuri eramus, ipsa prima die in ægritudine cecidi, et reversus sum in cellam meam, nec una die metere prævalens cum eis. Et nunc cogunt me isti, dicentes : Frater, veni, accipe mercedes ubi non laborasti. Dixerunt autem et illi fratres : Revera perreximus metere, et suscepimus spatium sexaginta modiorum quod meteremus ; et si fuissemus toti tres, cum grandi labore vix potuissemus explicare illud ; orationibus autem fratris hujus nos duo velocius quam tres potuimus et demessuimus agrum, et dicimus ei : Veni, accipe mercedes tuas, et non vult. Hoc autem audiens senex, miratus est, et dixit uni de monachis suis : Percute signum (45) in cella fratrum, ut congregent se hic omnes. Qui cum venissent, dixit eis : Venite, fratres, et audite hodie justum judicium. Et indicavit eis omnia senex, et adjudicavit fratrem illum, ut acciperet mercedes suas, et faceret ex his mercedibus quod ipse vellet. Et discessit frater ille contristatus et plorans, quasi præjudicium passus.

21. Dicebat quidam senex : Quia Patres nostri consuetudinem habuerunt venire ad cellas novorum fratrum, qui solitarii conversari volebant, et visitabant eos, ne quis eorum tentatus a dæmonibus læderetur a cogitatione sua. Et si quando aliquis eorum inveniebatur læsus, adducebant eum ad ecclesiam, et ponebatur pelvis cum aqua, et fiebat pro eo oratio qui tentationibus laborabat, et lavabant omnes fratres manus suas in pelvi, et perfundebatur aqua illa fratri qui tentabatur, atque ita statim purgabatur frater ille.

22. Duo senes multis annis simul conversati sunt, et nunquam inter se litem habuerunt (*Ruff. l.* III, *n.* 96). Dixit autem unus alteri : Faciamus et nos unam litem, sicut homines faciunt. Et ille respondit fratri, dicens : Nescio qualiter fiat lis. Et ille dixit : Ecce pono in medio laterculum, et ego dico : Meum est hoc. Tu autem dic : Non, sed meum est ; inde sit litis initium. Posuerunt ergo testam in medio sui, et dicit unus eorum : Meum est hoc. Et alter dixit : Non, sed meum est. Et ille respondit ei : Etiam tuum est ; tolle ergo et vade. Et discesserunt, nec contendere inter se potuerunt.

23. Frater aliquis interrogavit senem quemdam, dicens : Si videro fratrem, de quo audivi aliquam culpam, non possum suadere animo meo ut introducam eum in cellam meam ; si autem videro bonum fratrem, ipsum libenter suscipio. Et dixit ei senex : Si facis bonum fratri bono, illi parum ; alteri duplum impende, ipse est enim qui infirmatur.

24. Dixit quidam senex : Nunquam desideravi opus quod mihi utile esset, et fratri meo dispendium faceret, hujusmodi habens spem, quia lucrum fratris mei, opus fructificationis est mihi.

25. Quidam frater erat minister cujusdam Patris. Contigit autem ut vulnus fieret in corpore senis, et sanies multa ex eo cum fetore proflueret. Dicebat autem cogitatio sua fratri illi qui ei deserviebat : Discede hinc, quia non potes sustinere fetorem putredinis istius. Ille vero frater, ut reprimeret hujusmodi cogitationem, tulit vas et lavit vulnus senis illius, et recolligit ipsam aquam in vase ; et quoties sitiebat, ex ea bibebat. Cœpit autem iterum cogitatio sua sollicitare eum, dicens : Si non vis fugere, vel non bibas fetorem hunc. Frater autem ille laborabat, et toleranter ferebat, bibens lavaturam vulneris illius. Et cum ita ministraret seni, vidit Deus charitatem laboris ejus, et illam lavaturam vulneris in aquam mundissimam vertit, et senem invisibili medicamento sanavit.

LIBELLUS DECIMUS OCTAVUS.
De providentia sive contemplatione.

1. Frater abiit ad cellam abbatis Arsenii in Scythi, et attendit per fenestram, et vidit senem totum quasi igneum : erat autem frater ille dignus qui talia intueretur. Et cum pulsasset, egressus est senex, et vidit fratrem illum stupentem, et dicit ei : Diu est quod hic pulsas? ne aliquid vidisti? Et ille respondit ei : Non. Et colloquens cum eo, dimisit eum.

2. Dixit abbas Daniel (*Ruff.*, *lib.* III, *n.* 38), qui erat discipulus abbatis Arsenii, quia narravit ei abbas Arsenius, tanquam de alio aliquo dicens (puto tamen quod de eo dicebatur), quia cum sederet in cella sua quidam senum, venit vox dicens ei : Veni, ostendam tibi opera hominum. Et surgens exiit, et duxit eum in quemdam locum, et ostendit ei Æthiopem incidentem ligna, et facientem sarcinam grandem, et tentabat portare eam, et non poterat, et pro eo ut auferret ex sarcina illa, ibat item, et incidebat ligna, et addebat ad sarcinam : hoc autem faciebat diutius. Et procedens paululum, ostendit ei hominem rursus stantem super lacum, et implevit vas aqua, et ex eo infundentem in cisternam pertusam, quæ cisterna iterum aquam ipsam refundebat in lacum. Et dicit ei iterum : Veni, ostendam tibi aliud ; et ecce vidi templum, et duos viros sedentes in equis, et portantes lignum transversum unum contra unum : volebant autem per januam intrare in templum, et non poterant propter lignum illud, quod in transverso portabant, et non inclinantes se unus post alium, ut fieret lignum illud directum, remanserunt foris extra januam templi. Et cum interrogasset quid hoc esset, ille respondit ei : Hi sunt qui portant velut justitiæ cum superbia jugum, et humiliati non sunt ut corrigant se et ambulent humiliter in via Christi, propter quod et remanent foris a regno Dei. Ille autem qui ligna incidit, homo est in peccatis multis, et pro illis non agit pœnitentiam, nec subtrahit de peccatis suis, sed et iniquitates adhibet supra iniquitates suas. Qui autem aqua implet cisternam, homo est qui opera quidem facit bona, sed quia habet etiam in eis permixta et mala, pro hoc perdit etiam et bona opera sua. Quapropter convenit omnem hominem sobrium esse in considerandis operibus suis, ne in vanum videatur sustinere labores.

3. Narravit iterum abbas Daniel, dicens : Dixit Pater noster abbas Arsenius de quodam sene, qui erat magnus in hac vita, simplex autem in fide,

et errabat pro eo quod erat idiota, et dicebat, non esse naturaliter corpus Christi panem quem sumimus, sed figuram ejus esse. Hoc autem audientes duo senes quod diceret hunc sermonem, et scientes quia magna esset vita et conversatio ejus, cogitaverunt quia innocenter et simpliciter diceret hoc, et venerunt ad eum, et dicunt ei : Abba, audivimus sermonem cujusdam infidelis, qui dicit quia panis quem sumimus, non habet corpus Christi, sed figura est ejus. Senex autem ait eis : Ego sum qui hoc dixi. Illi autem rogabant eum, dicentes : Non sic teneas, abba, sed sicut Ecclesia catholica tradidit : nos autem credimus quia panis ipse corpus Christi est, et calix ipse est sanguis Christi secundum veritatem, et non secundum figuram : sed sicut in principio pulverem de terra accipiens plasmavit hominem ad imaginem suam ; et nemo potest dicere quia non erat imago Dei, quamvis incomprehensibilis ; ita et panis, quem dixit : Qdia corpus meum est, credimus quia secundum veritatem corpus Christi est. Senex autem ait eis : Nisi reipsa cognovero, non mihi satisfacit responsio vestra. Illi autem dixerunt ad eum : Deprecemur Deum hebdomada hac de mysterio hoc, et credimus quia Deus revelabit nobis. Senex vero cum gaudio suscepit sermonem istum, et deprecabatur Deum, dicens : Domine, si tu cognoscis quoniam non per malitiam incredulus sum rei hujus, sed per ignorantiam erravi, revela ergo mihi, Domine Jesu Christe, quod verum est. Sed et illi senes abeuntes in cella sua, rogabant et ipsi, dicentes : Domine Jesu Christe, revela seni mysterium hoc ; ut credat et non perdat laborem suum. Exaudivit autem Deus utrosque : et hebdomada completa venerunt Dominica die in ecclesia, et sederunt ipsi tres soli super sedile de scirpo, quod in modum fascis erat ligatum, medius autem sedebat senex ille. Aperti sunt autem oculi eorum intellectuales ; et quando positi sunt panes in altari, videbatur illis tantummodo tribus tanquam puerulus jacens super altare. Et cum extendisset presbyter manus, ut frangeret panem, descendit angelus Domini de cœlo habens cultrum in manu, et secavit puerulum illum ; sanguinem vero excipiebat in calice. Cum autem presbyter frangeret in partibus parvis panem, etiam et angelus incidebat pueri membra in modicis partibus. Cum autem accessisset senex, ut acciperet sanctam communionem, data est ipsi soli caro sanguine cruentata. Quod cum vidisset, pertimuit, et clamavit, dicens : Credo, Domine, quia panis qui in altari ponitur, corpus tuum est, et calix tuus est sanguis. Et statim facta est pars illa in manu ejus panis, secundum mysterium, et sumpsit illud in ore, gratias agens Deo. Dixerunt autem ei senes : Deus scit humanam naturam ; quia non potest vesci carnibus crudis, et propterea transformat corpus suum in panem, et sanguinem suum in vinum, his qui illud cum fide suscipiunt. Et egerunt gratias Deo de sene illo ; quia non permisit Deus perire labores ejus, et reversi sunt cum gaudio ad cellas suas.

4. Iterum ipse abbas Daniel narravit de alio sene magno, qui habitabat in inferiores partes Ægypti, quia diceret per simplicitatem quod Melchisedech ipse est filius Dei. Hoc autem indicatum est sanctæ memoriæ Cyrillo archiepiscopo Alexandrino, et misit ad eum. Sciens autem quia signifer esset ille senex, et quidquid peteret a Deo revelabatur ei, et quia simpliciter diceret hoc verbum, usus est hujusmodi ratione, dicens : Abba, rogo te quia in cogitatione mea est, quod Melchisedech ipse sit filius Dei ; et rursus alia cogitatio mea dicit quia non sit, sed homo sit, et sacerdos summus fuerit Dei. Quoniam ergo hæsito de hoc, idcirco misi ad te ut depreceris Deum, quatenus revelare tibi dignetur de hoc quid veritas habeat. Senex autem de conversatione sua præsumens, cum fiducia dixit : Da mihi per tres dies inducias, et ego deprecor Deum de hac re, et renuntio tibi quod mihi fuerit revelatum de hoc. Intrans ergo in cellam suam, deprecabatur Deum de verbo hoc ; et veniens post tres dies dixit sanctæ memoriæ Cyrillo : Homo est Melchisedech. Archiepiscopus autem respondit ei : Quomodo constat apud te, abba ? Et ille dixit ei : Deus ostendit mihi omnes patriarchas, ita ut singuli eorum coram me transirent ab Adam usque ad Melchisedech, et angelus assistens mihi dixit : Ecce iste est Melchisedech ; et ideo, archiepiscope, certus esto quia sic est. Abiens autem senex, per semetipsum prædicabat quia homo esset Melchisedech. Et gavisus est magnifice sanctæ memoriæ Cyrillus.

5. Puer erat adhuc sanctæ memoriæ Ephræm, et vidit somnium sive revelationem, quia nata sit vitis in lingua ejus, et creverit, et impleverit totam terram fructifera nimis ; et quia venirent omnia volatilia cœli, et comedebant de fructu vitis illius ; quantum autem traducebant, eo amplius implebatur fructu (*Supra, in Vita Ephræm, cap. 1*).

6. Iterum vidit quidam sanctorum in **637** somniis ordinem angelicum descendentem de cœlo (*Supra in Vita Ephræm, c. 3*), secundum præceptum Dei, habentem in manu librum, hoc est tomum scriptum intus et foris : dicebant autem ad invicem : Cui debet committi hoc ? Quidam autem dicebant de illo, alii de alio : responderunt autem et dixerunt : Vere quidem utrique sancti sunt et justi, quos dicitis ; verumtamen hoc eis committi non potest. Multa etiam alia nomina sanctorum dicentes, postea dixerunt : Quia nemini potest alteri hoc committi nisi Ephræm : et vidit senex ille, cui hoc in somnis apparuit, quia Ephræm dederunt tomum illum. Mane autem surgens audivit Ephræm docentem et velut fontem ebullientem de ore ipsius : et cognovit senex, qui somnium viderat, quia Spiritus sancti operatio est, quod egrediebatur de labiis Ephræm.

7. Dicebant de abbate Zenone, quia cum moraretur in Scythi, exiit nocte de cella sua velut ad palu-

dem (*Ruff.*, lib. III, n. 210); et cum errasset, fecit tres dies et tres noctes ambulans et laborans; et cum defecisset, cecidit semianimis: et ecce puerulus stetit ante eum habens panem et suriscolam aquæ, et dicebat ei : Surge, manduca. Ille autem surgens oravit, e æstimans quia phantasma esset; puer autem respondens, dixit ei : Bene fecisti. Et iterum oravit secundo, et tertio. Et dixit ei : Bene fecisti. Surgens ergo accepit et manducavit. Et posthæc dixit ei : Quantum ambulasti, tantum longe es a cella tua; sed surgens sequere me. Et statim inventus est in cella sua. Dixit ergo ei senex : Veni intra, et da nobis orationem. Et cum intrasset senex, ille subito non comparuit.

8. Dixit abbas Joannes : Quia vidit quidam senum in excessu mentis, tres monachos stantes trans mare; et facta est vox ad eos ex alia parte littoris, dicens : Accipite alas igneas et venite ad me. Et duo quidem ex eis acceperunt alas, et volaverunt ad aliud littus, unde facta est vox. Tertius vero remansit et flebat et clamabat fortiter. Postea vero datæ sunt sibi alæ, sed non igneæ, sed infirmæ et debiles, ita ut cum omni labore mergendo et resurgendo nimis afflictus veniret illuc. Sic est et generatio hæc, quæ si accipit pennas, non tamen igneas, sed vix infirmas et debiles potest accipere.

9. Abbas Macarius habitabat in loco nimis deserto: erat autem solus in eo solitarius (*Ruff.*, l. III, n. 61; *Patch.*, c. 1, n. 8). In inferiore vero parte erat alia solitudo, in qua habitabant plurimi fratres. Observabat autem senex ad iter, et vidit Satanam venientem in habitu hominis, ut transiret per cellam ejus. Videbatur autem tunica uti linea omnino vetusta et tota cribrata, et per omnia foramina ejus pendebant ampullæ. Et dixit ei senex : Ohe, major : ubi vadis? Et ille respondit : Vado commemorare fratres. Senex autem dixit illi : Ut quid tibi ampullæ istæ? Et dixit illi : Gustum fratribus porto. Et dixit ei senex : Et totas cum gustu portas? Et respondit : Etiam ; si unum alicui non placet, offeram aliud ; si autem nec illud, dabo tertium, et ita per ordinem, ut modis omnibus vel unum ex eis placeat ei. Et cum hoc dixisset, transiit; et observabat senex custodiens vias, donec ille iterum remearet : et cum vidisset eum senex, dicit ei : Sanus sis. Et respondit ei : Ubi est mihi salus? Et dicit ei senex : Quare? Et respondit : Quia modo omnes sanctificati sunt, et nemo mihi acquiescit. Et dixit ei senex : Neminem ergo amicum habes illic? Et respondit : Unum tantummodo habeo fratrem illic, vel ipse solus mihi acquiescit; et quando videt me, convertitur velut ventus. Senex vero dixit ei : Et quid vocatur frater ille? Respondit : Theoctistus [*Ruffinus* Theopemptus]. Et cum hoc dixisset, transiit. Surgens autem abbas Macarius, perrexit ad inferiorem eremum : quod cum vidissent fratres, acceperunt ramos palmarum, et occurrerunt obviam ei, et singuli eorum parabant cellas suas, incerti apud quem declinaret. Senex autem requirebat quis inter eos Theoctistus vocaretur in loco illo : et inve-

A niens eum, intravit in cellam ejus. Theoctistus autem suscepit eum gaudens. Cum ergo cœpissent loqui secrete, dicit ei senex : Quomodo circa te est frater? Et ille dixit : Orationibus tuis bene. Et dixit senex : Ne impugnant te cogitationes ? Et ille dixit : Interim bene sum. Erubescebat enim dicere ei. Et dixit ei senex : Ecce quot annos habeo in conversationes loci istius, et omnes honorant me, et tamen in hac senectute mea infestus mihi est spiritus fornicationis. Et respondit Theoctistus, dicens : Crede, abba, quia et mihi. Senex autem simulabat alias cogitationes sibi esse molestas, donec faceret eum confiteri. Deinde dicit ei : Quo modo jejunas? Et ille dixit : Ad nonam. Dicit ei senex : Jejuna usque ad seram, et abstine te, et commenda Evangelia, ut memoriter
B retineas, sed et alias residuas ex animo meditare Scripturas; et si tibi ascenderit cogitatio mala, nunquam deorsum aspicias, sed semper de sursum ; et statim te Dominus adjuvabit. Et corrigens senex fratrem illum, reversus est in solitudinem suam. Et cum observaret, vidit iterum dæmonem illum, et dicit ei : Ubi vadis iterum? Et ille respondit : Commemorare fratres. Et abiit. Cum autem reverteretur, **638** dicit ei senex : Quomodo sunt ibi fratres? Et ille respondit : Male. Senex autem dixit : Quare? Et ille respondit : Quia toti sancti sunt; et majus malum, quia et unus, quem habui amicum et obedientem mihi, etiam ipse nescio unde subversus est, et nec ipse mihi acquiescit, sed omnibus sanctior est factus. Et propterea juravi jam non calcari ad illum nisi post
C longum tempus. Hæc dicens transivit relinquens senem; senex vero sanctus intravit in cellam suam, adorans et gratias agens Deo Salvatori.

10. Abbas Macarius volens consolari fratres, dicebat : Venit huc aliquando cum matre sua puer, qui a dæmonio vexabatur, et dicebat matri suæ : Surge, eamus hinc. Illa autem dicebat : Non possum pedibus ambulare. Et dicebat ei filius suus : Ego te porto. Et admiratus sum astutiam dæmonum, quomodo eos exinde fugare volebat.

11. Dicebat iterum de desolatione Scythi ad fratres : Quando videritis cellam ædificatam juxta paludem, scitote quia prope est desolatio Scythi; quando autem arbores videritis, jam ante januam est; quando autem videritis pueros, tollite melotes vestras, et
D discedite.

12. Abbas Moyses, qui habitabat in Petra, impugnatus est aliquando nimis a fornicatione; et cum non prævaleret se tenere in cella, perrexit et indicavit hoc abbati Isidoro; et rogavit eum senex ut reverteretur in cellam suam (*Ruff.*, lib. III, n. 10). Ille autem non acquievit, dicens : Non possum, abba. Et assumpsit eum, et levavit secum in domo. Et dicit ei : Attende ad Occasum. Et attendens vidit multitudinem dæmonum; et hi erant confusi, et turbantes se ad oppugnandum. Dicit ei iterum abbas Isidorus : Respice ad Orientem. Et attendit, et vidit innumerabilem multitudinem angelorum in gloria. Dixit ergo abbas Isidorus : Ecce isti sunt qui missi sunt ad

auxiliandum; qui vero ad Occasum ascendunt, hi sunt qui impugnant nos; plures ergo qui nobiscum sunt, quam qui adversum nos sunt (*IV Reg.* vi). Et ita agens gratias Deo abbas Moyses sumpsit fiduciam, et reversus est in cellam suam.

13. Dicebat abbas Moyses in Scythi : Si custodimus mandata patrum nostrorum, ego præsumens de Deo spondeo vobis quia huc barbari non venient; si autem non custodierimus, desolandus est locus iste.

14. Sedentibus aliquando fratribus apud eumdem abbatem Moysen, dicit eis : Ecce barbari hodie in Scythi venient, sed surgite et fugite. Dicunt ei illi : Et tu non fugies, abba? Ille autem dicit eis : Ego per tot annos exspecto diem istum, ut impleatur sermo Domini mei Jesu Christi dicentis : Omnes qui accipiunt gladium, gladio peribunt (*Matth.* xxvi). At illi dixerunt ei : Neque nos fugiemus, sed tecum moriemur. Et ille dixit eis : Ego causam non habeo : unusquisque vestrum videat quomodo sedeat. Erant autem septem fratres cum eo, et dicunt ei : Ecce barbari appropinquarunt januæ, et statim intrantes barbari occiderunt eos. Unus autem ex eis timore carnali perterritus fugit, et abscondit se post plectas de palmis; et vidit septem coronas descendentes et coronantes abbatem Moysem et sex fratres qui cum eo fuerant interfecti.

15. Dicebant de abbate Silvano, quia voluit aliquando pergere in Syriam; et dicit ei discipulus suus Marcus : Pater, nolo exire hinc, sed neque te dimitto abire, abba. Exspecta ergo hic alios tres dies. Et cum exspectaret abbas, tertia die dormivit in pace Marcus discipulus ejus.

16. Dicebat abbas Joannes, qui exsiliatus est a Marciano : Quia venimus aliquando de Syria ad abbatem Pastorem, et volebamus interrogare eum de duritia cordis. Senex autem Græce nesciebat, neque interpres inveniebatur. Videns ergo nos senex tribulantes, cœpit Græca lingua loqui, dicens : Natura aquæ mollis est, lapidis autem dura est; et si vas aquæ plenum pendeat supra lapidem, ex quo assidue stillans gutta cadat in lapidem, perforat eum; ita et sermo divinus lenis est, cor autem nostrum durum; audiens ergo homo frequenter divinum sermonem, aperitur cor ejus ad timendum Deum.

17. Dixit abbas Pastor : Scriptum est : Quemadmodum desiderat cervus ad fontes aquarum, ita desiderat anima mea ad te, Deus (*Psal.* xl). Quoniam igitur cervi in solitudine serpentes plurimos glutiunt, et cum accensi eorum veneno fuerint, ad aquas pervenire desiderant, bibentes autem tentantur a fervore serpentini virus; ita et monachi in solitudinibus habitantes, accenduntur dæmonum malignorum veneno, et propterea desiderant Sabbato Dominico venire ad fontes aquarum, hoc est ad corpus et sanguinem Domini nostri Jesu Christi, ut purgentur ab omni amaritudine dæmonum malignorum.

18. Interrogavit aliquis abbatem Pastorem, dicens : Quid est quod scriptum est, Non reddas malum pro malo (*I Thess.* v; *I Pet.* iii)? Dicit ei abbas Pastor : Hæc passio quatuor modos habet : primum de corde, secundum de aspectu, tertium de lingua, quartus est facere malum pro malo. Si enim potueris purgare cor, non venit ad aspectum; custodi etiam ne loquaris; si autem locutus fueris, cito te corripe, ne facias malum pro malo.

19. Narravit sanctus Basilius episcopus, dicens : Fuit in quodam monasterio feminarum virgo quædam, quæ stultam esse ac dæmonem se habere simulabat (*Pallad.*, *c*. 41, 42) : Quæ usque adeo ab omnibus aliis pro errore habebatur, ita ut nec cibum quidem cum ea caperent. Talem siquidem elegerat vitam, ut a coquina nunquam recedens, totius illic ministerii impleret officium : et erat secundum vulgare proverbium, universæ domus spongia, impletum a se rebus probans, quod sanctis libris scriptum legimus : Si quis, inquit, ex vobis putat se esse sapientem in hoc mundo, sit stultus, ut sapiens fiat (*I Cor.* iii). Hæc igitur involutum pannis habens caput, ita quoque in omnibus serviebat; cæteræ autem virgines tonsæ cucullis cooperiuntur. Nulla aliquando potuit hanc de quadringentis virginibus videre manducantem, nunquam per omne ævum suum sedit ad mensam. A nulla vel modicam partem panis accepit, sed micas tantum detergens ipsarum mensarum, et abluens ollas, his solis alimoniis contenta vivebat. Nulli unquam fecit injuriam, nulla ipsius murmur audivit, nulli aut parum aut satis locuta est unquam. Et certe cum ab omnibus cæderetur, cum omnium odio viveret, maledicta omnium sustineret, sancto Pyoterio, cui hoc vocabulum erat, probatissimo viro, semperque in diserto viventi astitit angelus Domini quadam die sedenti in loco Porphyrite, affatusque est his verbis : Cur, inquit, grande aliquid esse te credis, ut sanctus, et in hujusmodi degens loco? Vis videre mulierem te sanctiorem? Vade ad Tabennesiotarum monasterium feminarum, et unam ex ipsis illic invenies habentem in capite coronam, ipsamque cognosce te esse meliorem. Quæ dum contra tantum populum sola diebus ac noctibus pugnat, cor ipsius a Deo nunquam recessit, tu autem uno in loco residens, neque quoquam aliquando progrediens, per omnes urbes animo et cogitatione vagaris. Statimque ad supradictum monasterium venit, et magistros fratrum rogavit, ut introducerent eum ad habitaculum feminarum. Quem mox illi, ut virum non solum vita gloriosum, verum etiam et provectioris ætatis, cum fiducia grandi introduci fecerunt. Ingressus autem, omnes sorores desideravit inspicere : inter quas solam illam, propter quam venerat, non videbat. Ait autem ad postremum : Omnes, inquit, mihi adducite, deesse mihi videtur aliqua. Dicunt ei : Unam, inquiunt, stultam (*Pallad.*, salem) habemus intrinsecus in coquina. Sic enim eas quæ a dæmone vexantur appellant. At ille : Exhibete, inquit, ad me ipsam quoque, ut eam videam. Quo audito, supra memoratam vocare cœperunt. Quæ cum nollet audire, sentiens, ut credo, aliquid, aut fortassis hoc ipsum divina

revelatione cognoscens, dicunt ei : Sanctus Pyoterius te videre desiderat. Erat enim vir famæ ac nominis grandis. Cumque ad eum fuisset exhibita, vidissetque panno frontem ipsius involutam, projecit se ad pedes ipsius, dicens : Benedic me, inquit. Quod rursus ad illius pedes tunc et ipsa fecit, ac dixit : Tu me benedic, domine. Omnes sorores obstupuerunt simul, dicentes : Noli, abba, talem injuriam sustinere ; fatua est enim ista quam cernis. Et sanctus Pyoterius hoc ipsis omnibus ait : Vos, inquit, estis fatuæ ; nam hæc et vestra et mea est Amma (46). Hoc enim in ea vocant illi feminas spirituales. Et deprecor Deum, ait, ut dignum ipsa in die judicii merear inveniri. Quo audito, omnes simul ad pedes ipsius prociderunt, singulæ varia peccata ei propria confitentes. Alia enim abluens sordes catini supra eam se fudisse dicebat ; alia vero colaphis eam a se verberatam sæpe memorabat ; alia nares ipsius sinapi impletas a se esse deflebat ; cæteræ quoque diversas referebant se ei injurias irrogasse. Pro quibus omnibus sanctus ille fusis Deo precibus egressus est. Post paucos autem dies non ferens illa tantam sui gloriam, tantoque se nolens sororum honore cumulari, gravariaque se credens excusationibus singularum, egressa est de monasterio illo occulte, et quo ierit, in quem se miserit locum, vel quo fine defecerit, ad nullius potuit notitiam pervenire.

20. Beatæ memoriæ Paulus Simplex, discipulus abbatis Antonii, narravit patribus talem rem : Quia aliquando veniens in monasterio visitandi gratia, et pro fratrum instructione, post consuetam ad invicem consolationem, intraverunt in ecclesiam Dei, missas more solito celebrare¹. Beatus ergo Paulus intuens ad unumquemque introeuntium in ecclesiam, intendebat quali animo intus intraret ; habebat enim hanc gratiam sibi datam a Deo, ut sic videret unumquemque cujus animi esset, sicut nos facies nostras videmus ad invicem ; sed et cujusque angelum gaudentem in eis. Ingredientibus ergo omnibus clara facie et splendido vultu, unum vidit nigrum et obscurum corpore toto, et dæmones ex utraque parte ejus tenentes et trahentes eum ad semetipsos, et capistrum in naribus ejus mittentes : sanctum vero angelum ejus de longe lugubrem tristemque sequentem. Paulus 640 vero lacrymans et manu frequenter pectus tundens sedebat ante ecclesiam, plorans valde eum qui ei talis apparuerat. Qui autem videbant quod faciebat, et tam celerem ejus mutationem, et lacrymas et luctum, interrogabant rogantes eum ut diceret quid esset quod videret, timentes ne quid in reprehensione omnium vidisset, pro quo hæc faceret. Postulabant etiam ut ad missas intraret cum eis. Paulus autem eos repellens, et negans se ingressurum, sedebat foras jacens et plorans nimis illum qui ei taliter apparuerat. Post paululum autem dimisso ecclesiæ conventu, iterum Paulus attendebat singulos exeuntes, ut quorum introitum agnoverat, sciret quales exirent, et vidit illum virum nigrum et obscurum toto corpore prius, exeuntem ab ecclesia claro quidem vultu candidoque corpore, dæmones autem qui ante tenebant eum, postea de longe sequentes ; sanctum vero angelum juxta ipsum ambulantem lætum et promptum et gaudentem supra eum valde. Paulus vero exsiliens cum gaudio clamabat, benedicens Deum et dicens : O ineffabilis misericordia Dei et bonitas ! o divinæ miserationes ejus et innumerabilis bonitas ! Currens autem et ascendens super altum gradum magna voce dicebat : Venite, videte opera Domini quam terribilia sunt, et omni stupore digna. Venite, videte eum qui vult omnes homines salvare, et ad agnitionem veritatis venire (*I Tim.* II). Venite, adoremus et procidamus ante eum, et dicamus : Quia tu solus potens es peccata dimittere. Ad hanc vocem ejus omnes cucurrerunt, cupientes audire quæ dicebat. Et convenientibus omnibus referebat Paulus quæ vidisset antequam in ecclesiam intrarent, quæ postea iterum. Et interrogavit illum virum, ut diceret ei causam, pro qua ei subito tantam mutationem Deus donaverit. Homo ergo ille convictus a Paulo, coram omnibus qui circa ipsum erant aperte narravit, dicens : Ego peccator homo sum, et multo tempore in fornicatione vixi usque nunc : ingrediens autem modo in sanctam ecclesiam Dei, audivi vocem Isaiæ prophetæ cum legeretur, magis autem Dei vocem loquentis in eo, ubi dicit : Lavamini, mundi estote, auferte malum cogitationum vestrarum ab oculis meis, discite benefacere, et si fuerint peccata vestra tanquam phœnicium, velut nix dealbabuntur. Et si volueritis et audieritis me, bona terræ comedetis (*Isaiæ* I). Ego, inquit, fornicator in hoc sermone compunctus sum nimis, et ingemiscens intra conscientiam meam, dixi ad Deum : Tu Deus, qui venisti in mundum peccatores salvos facere, et qui hæc quæ modo lecta sunt promisisti per prophetam, comple effectu et opere etiam in me indigno et peccatore. Ecce enim amodo promitto tibi et spondeo sermone, et corde confiteor, quia jam non agam ultra illud malum, sed abrenuntio omni iniquitati, et servio tibi amodo in conscientia munda Hodie ergo, Domine, et in hac hora suscipe me pœnitentem et interpellantem te, et renuntiantem omne peccatum. In his igitur promissionibus, ait, egressus sum de ecclesia, statuens in anima mea, nihil ultra agere mali coram oculis Domini. Quod cum audissent, omnes clamaverunt ad Dominum voce magna, dicentes : Quam magnificata sunt opera tua, Domine ! omnia in sapientia fecisti (*Psal.* CIII). Quapropter agnoscentes hoc Christiani de sanctis Scripturis ac divinis revelationibus, quantam Deus habeat bonitatem circa eos qui ad eum devote confugiunt, et per pœnitentiam emundant priora delicta, non solum non coguntur pœnas solvere pro peccatis ante commissis, verum etiam consequuntur promissa bona. Non ergo desperemus de nostra salute : quia sicut per Isaiam prophetam promisit eos qui in peccatis sunt involuti denuo lavare, et sicut lanam et nivem dealbare, et bonorum cœlestium, quæ in cœlestis Jerusalem civitate sunt,

Ruff. l. III, n. 167 ; Pasch ; c. 23, n. 2 Simile in Ruff., lib. II, cap. 14, de Eulogio.

replere; ità et iterum nunc per Ezechielem prophetam cum jurejurando promisit: Vivo, inquit, ergo, A dicit Dominus, quia nolo mortem peccatoris, sed ut magis convertatur et vivat (*Ezech.* xviii).

ROSWEYDI NOTATIO.

641 (1) *Evagrius.*] Fuit hic Evagrius Ponticus, Origenista, de quo vide dicta ad lib. II Ruffini, cap. 27. Notat hic Fr. Joannes Maria Brasichellensis, magister sacri palatii, in indice librorum expurgandorum : Hic Evagrius Ponticus Origenista Stoicam suam impassibilitatem, toties tanquam manifestum errorem a sancto Hieronymo explosam, inculcat.

(2) *Non inæqualis.*] Ita legendum; Editi omittunt, *non*. Apophthegma hoc Græce ex Evagrii Pratico seu Monacho ita concipitur apud Socratem, lib. iv, cap. 23 in Græco textu, 18 in Latino. Ὅτι τὴν ξηροτέραν, καὶ μὴ ἀνώμαλον δίαιταν, ἀγάπῃ συζευχθεῖσαν θάττον διάγειν τὸν μοναχὸν εἰς τὸν τῆς ἀπαθείας λιμένα. Ita etiam legit Nicephorus, lib. xi, cap. 45. In Suida, ubi de Macariis agit, et Evagrii quædam opuscula recenset, perperam legitur ἀνώμαλον, pro μὴ ἀνώμαλον, quæ negatio omissa interpretibus crucem fixit. Hieronymus Wlosius, loco ἀνώμαλον, divinabat ἀδιάρκτως, quasi fuerunt a diæta intelligatur, si piscibus et carnibus abstineatur, more Pythagorico. Zacharias Palthenius, qui sancti Macarii homilias e Græco vertit, et Suidæ verba præfixit, ἀνώμαλον δίαιταν, asperam vivendi rationem extulit. Ego vero per *non inæqualem victum*, intelligo æquabilem vivendi rationem, ne quis nunc præparce, alias prælaute; nunc his, alias illis cibis utatur.

(3) *In portum impassibilitatis.*] Insinuat hic Evagrius Stoicam suam impassibilitatem, contra quam agit divus Hieronymus, epist. ad Ctesiphontem contra errores Pelagianorum. Græce apud Evagrium est, εἰς τὸν τῆς ἀπαθείας λιμένα : apud Suidam tantum, εἰς ἀπάθειαν.

(4) *Nuntiata.*] Hoc dictum apud Socratem, lib. iv, cap. 25 Græce, 18 Latine, ex Evagrii Practico seu Monacho ita exprimitur: Ἐμηνύθη τινὶ τῶν μοναχῶν ὁ θάνατος τοῦ πατρός· Ὁ δὲ, πρὸς τὸν ἀπαγγείλαντα, Παῦσαι, φησί, βλασφημῶν· ὁ γὰρ ἐμὸς πατὴρ ἀθάνατός ἐστιν. Idem dictum ex eodem Evagrio citat Nicephorus, libro xi, cap. 43.

(5) *De Pherme.*] Et Editi et Mss. hic variant, aliis *Ferine*, aliis *Firme* legentibus. Non dubito quin recta lectio sit, *de Pherme*, qui Palladio, agenti de Paulo abbate, cap. 23, mons est in Ægypto, abducens in vastam Scetes solitudinem, ubi quingenti monachi exercebantur. De eo et Sozomenus libro vi cap. 29, et Nicephorus, lib. xi, cap. 36. Abrahamus Ortelius, in Thesauro Geographico, existimat hunc tractum describi a Philone, libro de Vita contemplativa, etsi non nominet. Theodorus igitur hic dictus est *de Pherme*, ad distinctionem alterius Theodori, qui dicitur *de Nono Alexandriæ*, libello vii Pelagii, n. 7; sive *de Ennato*, libello xi, num. 10. Alibi aliquoties absolute ponitur Theodorus. Quod de utro intelligendum sit, an de tertio aliquo, quis dicet?

(6) *Joseph.*] Ad hoc dictum notat idem Fr. Joannes Maria, magister sacri palatii. Caute lege; nam Evagrii impassibilitatem innuere videtur. Et cujus hominis opera in hac vita tam munda exstitere, ut nihil humani admistum habuerint, nisi Christi, et ejus Genitricis?

(7) *Hor.*] Notat hic Fr. Joannes Maria, magister sacri palatii, qui supra : Hic est ille Hor hæreticus Origenista, cujus sanctus Hieronymus meminit ad Ctesiphontem, quem pro sancto obtrudere conatus est miserabilis Evagrius (imo Ruffinus, ut docui prolegomeno generali 4). Quocirca umbra virtutum ejus in ventum abierunt.

(8) *Plectam de palmis.*] Crebro occurrit plecta in his libris, quæ nunc plecta a Græco πλεκτὸν, ut videtur, nunc flecta dicitur. Habenæ sunt e palma, junco, sparto, aut simili re contextæ, ex quibus sportæ, canistra, aliaque ejusmodi conficiuntur. Has Ægyptii σείρας vocant. Vide Cassianum, collat. xviii, capite 15.

(9) *Et cusabat.*] Ms. quidam, *cusibat*. Deest hoc editioni Parisiensi. Postquam plectam e palmis torsissent et confecissent, ex plectis illis sportas texebant et consuebant. Hoc interpreti huic *cusare* seu *cusire*, Gallis *coudre*. Et alibi in his libris vox hæc occurret.

(10) *Ascendi in cauma.*] Id est , *incalui*. Usurpat Latine Græcum καῦμα, quod et alibi hic reperies. Sic mox, num. 17, « Stetit in cauma, et defrigens seipsum in sole. »

(11) *Elladio.*] Veteres editiones, *Palladio*.

(12) *Esii.*] Apud Cassianum, lib. v Instit., capite 27, est *Pæsius* vel *Phesius*.

(13) *Panem paximatem.*] Alias , *paxamatem*. Panis B erat certo pondere in refectionem monachorum in Ægypto. Vide Onomasticon.

(14) *Corrus per ipsam.*] Parisiensis editio : *curo overa ipsa*. Non recte.

(15) *Linguam tempore furoris.*] Parisiensis editio: *intemperiem voris*, nullo sensu.

(16) *Ex corde.*] Gallismus, *par cœur*, id est memoriter. Sic libello x, num. 91, apud eumdem Pelagium, « ex corde David consummavimus. » Hildegardis **642** in explicatione regulæ sancti Benedicti : « Prædictas lectiones ex corde et memoriter, id est, sine libro, quoniam breves sunt, recitabunt. » Sic Græcis ἀπὸ στήθους λέγειν, et ἀποστηθίζειν.

(17) *Zippulas.*] Ita plerique Manuscripti et Editi. In Vedastino Ms. est *pulmentum*. Supra, apud Ruffinum, lib. iii, n. 54, in hac eadem re , *placentas*. An *zippulæ* , vel *sippulæ*, vel *sipulæ* a veteri verbo *sipando*? Vide Onomasticon.

(18) *Raphanetsum.*] Parisiensis editio : *oleum de semine lini expressum*. Vetus editio : *rafenealion*, id est lini oleum. Quidni e raphano cum Plinio, lib. xix, cap. 5. Vide Onomasticon.

(19) *Copadium.*] Parisiensis editio, *compadium*. Veteres editiones Germanicæ in proximo sequenti verbo : *capadium*, id est *stucklein*. Rem exprimit Germanica interpretatio. Scribendum tamen existimo *copadium*, κοπάδιον, ἀκόπτω, unde Gallis *couper*. Jam olim tamen videtur etiam *compadium* lectum. Glossarium Camberonense Ms., *Compadium pulmentum dictum quasi companium, eo quod cum pane edatur*, N conversa in D. Ita quisque sibi etyma fingebat.

(20) *Nixas siccas.*] Glossarium Camberonense : *Nixa, est genus arboris, a similitudine enixi dicta fructus*. Adumbratum hoc ex Isidori Originibus, lib. xvii, cap. 7. Vide Onomasticon.

(21) *Suriscula.*] Ita constanter omnes libri. Glossarium Camberonense Ms., *Suriscula, vas aquarium*. Non recte in Glossis Isidori, apud Bon. Vulcanium, *Sirascula, vas aquarium*. Lege, *suriscula*.

(22) *Pancratium.*] Ita dicti a *pancratio*, certaminis D gymnici specie, quod ἀπὸ τῶν πάντων κρατεῖν, quod omnibus viribus certarent, volunt dictum. Gellius, lib. III, cap. 15, *pancratiastem* vocat : « Diagoras filios tres habuit, unum pugilem, alterum pancratiastem, tertium luctatorem. » Glossæ Benedicti : *Pancratiarii, παγκρατιάριοι*.

(23) *Curialis.*] Erant curiales qui curiis ascripti erant. Cassiodorus, lib. vi Var., epist. 3 : « Curiales etiam verberat, qui appellati sunt legibus, minor senatus. » Sed et aliter hæc vox usurpata.

(24) *Magistrianus.*] Ado Viennensis, in Martyrologio, 2 Julii, in libello De festivitatibus apostolorum : « Natalis sanctorum Processi et Martiniani, qui cum essent magistriani melloprincipes. » Ita locum eum legendum docui ibi in notationibus , et quid officii gesserint in militia palatina ibidem expressi.

(25) *Evagrius.*] Habes hoc Græce apud Socratem, lib. IV, cap. 18, ex Evagrii Practico : Ἐκέκτητό τις τῶν ἀδελφῶν Εὐαγγέλιον μόνον, καὶ τοῦτο πωλήσας, ἔδωκεν εἰς τροφὴν τοῖς πεινῶσιν, ἄξιον μνήμης ἐπιφθεγξάμενος ῥῆμα, Αὐτὸν γάρ, φησι, τὸν λόγον πεπώληκα τὸν λέγοντα. Πώλησόν σου τὰ ὑπάρχοντα, καὶ δὸς πτωχοῖς : « Frater quidam librum Evangelii, quem solum habebat, vendidit, pecuniamque ad pauperes sustentandos contulit, dictum memoria dignissimum simul elocutus : Eum ipsum librum vendidi, qui dicit : *Vende quæ habes, et da pauperibus (Matth.* XIX). »

(26) *Ostracines.*] Parisiensis editio, *ostiatim.* Aliæ editiones, *ostracen.* Nota *Ostracine* civitas in Ægypto.

(27) *De nono Alexandriæ.*] Parisiensis editio, *de Novo.* Aliæ, *de Nonno*; aliæ, *de loco.* Sic infra, libello XI, num. 2, *Theodorus de Ennato*, quod Latine est, *de Nono.* Intelligitur nonum clima seu regio Alexandriæ. Sic alibi *in Septimo* seu *Hebdomo.*

(28) *Plumatium de scirpo.*] Ita recte manuscripti et veteres editiones. Male in editione Parisiensi, *plumarum de stirpe.* Vide Onomasticon.

(29) *Nonna.*] Ita Manuscripti et veteres Editi. Non recte Parisienses, *Nonne.* Fingunt dæmones se alloqui quamdam mulierem, quam *nonnam* seu *dominam* vocant. Quasi Gallice dicant : *Cette dame-là, venez ici.* Vide Onomasticon.

(30) *Milido.*] Dicitur hic *Milus* in Menologio, 10 Novembris : « Commemoratio sancti martyris Mili episcopi, et duorum discipulorum, qui ex Persarum regione ad Christi fidem conversi ac baptizatus, divinas litteras edoctus, una cum duobus discipulis pro mortali ac terrena vita immortalem ac cœlestem assecutus est. »

(31) *Nisi sol, et ignis, et aqua.*] Hæc tria pro diis culta a Persis, ut notum ex Persarum historiis.

(32) *Biduanas levando.*] Sic ante, libello VII, num. 24, *biduanas abstinere.* Infra, libello X, n. 44, *biduanas levando.* Nempe abstinebant aliquando biduo, aliquando triduo, aliquando diutius, et cum jejunium solverent, dicebantur *levare biduanas* vel *triduanas*, videlicet abstinentias.

(33) *Fossatum.*] Fossatum vel fossatus hic videtur capi pro fossa, forte pro palude, ex qua materiam pro cellis suis et sportis conficiendis deferebant. Aliud est fossatum in re castrensi.

(34) *Rescellas.*] Etiam hoc eodem libello, n. 76, occurrunt *rescellæ.* Diminutivum est a *res.* Inde formabant, *reculas, rescellas.*

(35) *Responso.*] Ita manuscriptus Au.omaren. et editio Parisiensis. Alii editores reposuere, *expensu*, quod ab iis factum puto, ut quam minimum a vestigiis Ms. in quo *responsum* invenerunt recederent. Divinabam primo, *in reposito* quod infra, libello XIII, num. 15, usurpetur *repositio* in simili re : « et vidit repositionem, in qua panes haberi solebant. » Sed vix dubito Interpretem invenisse in Græco προσφωνάριον, quod *responsum* quidem significat ea notione qua vulgo capitur, pro *responsione.* Sed hic videtur capi pro fiscella seu sporta. Sane ita Græcum hoc vocabulum usurpat Edessenus monachus in Elencho Agareni : Καὶ μετὰ μικροῦ ἀπέστειλεν αὐτὴν βόσκειν τοὺς καμήλους κατὰ τὴν τῶν Ἀρράβων συνήθειαν ἐπιφερομένην τὸ ὀψώνιον αὐτοῖς ἐν προσφωναρίῳ ἐπὶ τοῦ ὤμου αὐτῆς : « Et paulo post inisit ipsam pascere camelos juxta consuetudinem Arabum asserentem ipsis obsonium in prosphonario in humero suo. » Iterum postea : Καὶ λαβοῦσα ἐν τῷ προσφωναρίῳ κατὰ τὸ σύνηθες ἐσπέρας τὴν τῶν καμήλων κόπρον, καὶ ἄνωθεν τοῦ μουχαμέτ, ἦλθεν ἐν τῇ οἰκίᾳ τοῦ κυρίου αὐτῆς : « Et accipiens in prosphonario juxta morem consuetum vesperi camelorum fimum, et desuper muchamet, venit in domum heri sui. »

(36) *Budam de papyro, etc., capitæ ac cartica.*] Ita constanter Manuscripti. Quædam editiones loco *budam* habent *mattam*, et omittunt *de cartica.* Difficile de utroque dicere, cum vix alibi reperiant. Certum est, per budam intelligi stratum seu stramentum, ut hoc ipso numero mox vocatur. Glossarium Cambronense Ms. : *Buda, stramentum lecti de biblo, id est, papyro.* Glossæ Isidori : *Buda, historia.* Lego, *storea.* Nam *historia* pro *storea* ad eum modum dictum, quo *Hispania* pro *Spania*:

Quid proprie cartica sit, non habeo dicere. Joannes Meursius in Glossario Græcobarbaro in καρτζὰ citat *Cartica* ex Glossarum Arabicolatinarum excerptis **643** sine interpretatione. Et in Excerptis ex veteri Lexico Græcolatino, *Carticula*, θεῖπνον; quæ significatio huc non facit. Apud Cassianum, collatione I, cap. 23, habes *embrimium* seu *embrymium*, pro cervicali monachorum in Ægypto, atque ita describit : « Psiathiis admonens incubare, embrimiis pariter capiti nostro cervicalium vice suppositis, quæ crassioribus papyris in longos graciliesque fasciculos coaptatis, sesquipedali intervallo molliter nexa, nunc quidem humillimum sedile ad scabelli vicem fratribus in synaxi considentibus præstant, nunc vero subjecta cervicibus dormientium præbent capiti non nimie durum, sed tractabile aptumque fulmentum. Ad quos monachorum usus hæc idcirco vel maxime opportuna habentur et congrua, quod non solum sint aliquatenus mollia, parvoque et opere præparentur et pretio, utpote passim papyro per ripas Nili fluminis emergente, quam cuique volenti in usum assumere, nemo prohibeat desecare; sed et quod ad removendum, seu cum necesse fuerit, admovendum, habilis materiæ, levisque naturæ sint. »

(37) *Theodorus de Ennato.*] Sic supra, libello VII, num. 7, *de Nono Alexandriæ.* Per Ennatum seu Nonum Alexandriæ intelligitur nonum clima seu regio Alexandriæ.

(38) *Lychino.*] Ita Manuscripti, Editi, *lychno.* Puto intelligi *ellychnium.* Nisi quis legat *licinio.* Nam Isidoro *licinium* quasi *lucinium*, quod idem est cum ellychnio.

(39) *Myxum.*] Ita reposui. In manuscriptis tamen et editis omnibus *nixum.* Existimo intelligi ellychnium, quod Græcis etiam μύξα dicitur.

(40) *Euchitæ.*] Quædam editiones *euschiti*; quædam, supra, apud Ruffinum, lib. III, num. 212, *Cochiti.* Noti Euchitæ hæretici εὔχομαι, oro.

(41) *Bavose.*] Ita Manuscripti et Parisiensis editio. Aliæ editiones, *stulte.* Ruffinus, lib. III, numero 27, in hac eadem narratione habet *insensibilis.*

(42) *Laqueos.*] Sic Ecclesiastici IX, versu 20, monerur : Ἐπίγνωθι ὅτι ἐν μέσῳ παγίδων διαβαίνεις : *Scito quod in medio laqueorum pertransis.* Divus Augustinus, in psalmum CXLI : « Quid est, *In medio laqueorum?* In via Christi, et illic, laquei, et hinc laquei. Laquei a dextris, laquei a sinistris. Laquei a dextris, prosperitas sæculi; laquei a sinistris, adversitas sæculi. Laquei a dextris, promissiones; laquei a sinistris, terrores. Tu in medio laqueorum ingredere, a via noli discedere; nec promissio te capiat, nec terror elidat. »

(43) *Cinerente et caccabate.*] Ita Manuscripti Vedastinus et Audomarensis. Variant Editi : quidam, *cinerose et caccabate*; quidam *cinerate et caccabate.* Existimo *cinerentum* dictum ea forma, qua *pulverulentus* et similia. Vide Onomasticon.

(44) *Ne strinientur.*] Ita Ms. Audomarensis. Prima editio, *ne hystrientur.* Coloniensis, *ne histrientur.* Parisiensis, *ne struentur.* Quædam editiones, *ut constringantur.* Apud Ruffinum, libro III, num. 91, ubi idem refertur, est *vociferentur.* Flandris *strijen* est contendere, ut Gallis *estriver* litigare. Nescio an allusione ad hoc Latinum verbum. Vide Onomasticon.

(45) *Percute signum.*] Sic apud Joannem, infra, libello III, num. 2, *percutiens.* Pulsabant olim ligna ad sonitum edendum, et excitationem fratrum. Vide Onomasticon.

(46) *Amma.*] Mira hic varietas qua ab Editis libris, qua a Mss. Parisiensis editio, et Palladius, cap. 42, *anima.* Aliæ, *nonna*, aliæ *domna.* Ms. Audomarensis *Amma.* Atque hæc verissima lectio est. Firman

Græca Palladii. Αὕτη γὰρ καὶ ὑμῶν, καὶ ἐμοῦ ἀμείνων οὖσα Ἀμμᾶς ἐστίν (οὕτως γὰρ καλοῦσι τὰς πνευματικὰς μητέρας). « Hæc enim et me et vobis melior, existens est Amma (sic enim vocant matres spirituales). Sic apud eumdem Palladium, cap. 37, *Amma Piamun*, cap. 137, Amma Taor; cap. 138, *Amma Talida.* Vide Onomasticon.

Adverte, lector, in editione prima et tertia hujus libri, num. 13, interseri sequentem historiam.

« Quidam presbyter fuit religiosus valde, Plegus [*Al.*, Plecgils] nomine, frequenter Missarum solemnia celebrans ad corpus sancti Nyni [*Al.*, Niniani] episcopi et confessoris. Qui cum digno moderamine sanctam Christo propitio duceret vitam, cœpit omnipotentem Deum pulsare precibus, ut sibi monstraret naturam corporis Christi et sanguinis. Itaque non ex infidelitate, ut assolet, sed ex pietate mentis ista petivit. Fuerat enim a pueritia divinis legibus imbutus, et propter amorem superni Regis olim patriæ fines et dulcia liquerat arva, ut Christi mysteria exsul sedule disceret. Idcirco ejus amore magis succensus, quotidie pretiosa munera offerebat poscebatque sibi præmonstrari quæ foret species latitans sub forma panis et vini: non quia de Christi corpore dubius esset, sed quia sic Christum cernere vellet, quem nemo mortalium jam super astra levatum, in terris passim conspicere potest. Venerat ergo dies, et idem celebrans pie missarum solemnia more solito, procubuit genibus: Te deprecor, inquit, omnipotens, pande mihi exiguo in hoc ministerio naturam corporis Christi, ut mihi liceat eum conspicere præsentem corporeo visu, et formam pueri quem olim sinus matris tulit vagientem, nunc manibus contrectare. Quem dum talia precaretur, angelus de cœlo veniens sic affatur: Surge, inquit, propere si Christum videre placet. Adest præsens corporeo vestitu amictu quem sacra puerpera gessit. Tunc venerabilis presbyter pavidus, ab humo vultum erigens, vidit super aram Patris Filium puerum, quem Simeon infantem portare suis ulnis meruit. Cui angelus inquit: Quia Christum videre placuit, quem prius sub specie panis verbis sacrare solebas mysticis, nunc oculis inspice, attecta manibus. Tunc sacerdos cœlesti munere fretus, quod mirum dictu est, ulnis trementibus puerum accepit, et pectus proprium Christi pectori junxit. Deinde profusus in amplexum dat oscula Deo, et suis labiis pressit pia labia Christi. Quibus itaque exactis, præclara Dei Filii membra restituit in verlice altaris, et replevit cœlesti pabulo Christi mensam. Tunc rursus homo prostratus, deprecatus est Deum ut dignaretur ipse iterum verti in pristinam formam. Qua expleta oratione, surgens a corpore Christi in formam remeasse priorem, ut deprecatus fuerat. » Sed deest hæc historia reliquis editionibus et Mss. Certum est insertam esse ex historiis Anglicanis. Certe in Anglia vixit sanctus Ninianus. Habetur in Paschasio, de corpore et sanguine Domini, cap. 14, et citat divus Thomas, Opusculo 58, cap. 11; et Guilielmus Malmesburiensis. lib. III de Gestis Anglorum. Similis visio in Vita sancti Basilii, supra, cap. 7. Vide ibi dicta ad num, 36.

DE VITIS PATRUM
LIBER SEXTUS,
SIVE
VERBA SENIORUM,

AUCTORE GRÆCO INCERTO (*a*).

INTERPRETE JOANNE (*b*) S. R. E. SUBDIACONO.

PRÆLUDIUM.

644 Nihil magnopere huic libro præmittendum, cum pars sit libri prioris, quem Sigebertus, cap. 117 de illustribus Ecclesiæ Scriptoribus a priore distinctum citat ob diversum interpretem. Quo nomine et nos distinctum edidimus, ut facilior et distinctior ejus (cum sæpe alibi citandus sit) allegatio esset.

ROSWEYDI NOTATIO.

(*a*) *Græco incerto.*] Vide dica prolegomeno generali 7 et 8, ubi nec Evagrium, nec Palladium libri hujus et præcedentis (qui conjungi solent, et pro uno haberi) auctores esse probavimus. Quare *Græco incerto auctori* libri inscripsi, cum etiam Photii tempore sine nomine auctoris in manibus sit versatus, et Græce inscriptus ΑΝΔΡΩΝ ΑΓΙΩΝ ΒΙΒΛΟΣ, *Sanctorum virorum liber.* Vide eum in Bibliotheca, cod. 198.

(*b*) *Joanne.*] Vide Prolegom. generale 14, ubi ex Sigeberto de illustribus Ecclesiæ Scriptoribus, c. 117 et Mss. hujus libri interpretem esse Joannem S. R. E. subdiaconum ostendimus

VERBA SENIORUM.

LIBELLUS PRIMUS.
De prævidentia seu contemplatione.

Abiit aliquando Zacharias ad abbatem suum Silvanum, et invenit eum in excessu mentis, et erant manus ejus extensæ in cœlum. Et cum vidisset ita, clausit ostium, et exiit; et intrans circa horam sextam atque nonam, invenit eum eodem modo; circa decimam vero horam pulsavit, et ingressus, invenit eum quiescentem, et dicit ei: Quid habuisti hodie, Pater? Qui dixit ei: Infirmatus sum hodie, fili. Ille vero tenens pedes ejus, dicebat: Non te dimittam, nisi mihi indicaveris quid vidisti. Respondit ei senex: Ego in cœlum raptus sum, et vidi gloriam Dei, et illic steti usque modo, et nunc dimissus sum.

2. Dixit sancta Syncletica: Efficiamur prudentes sicut serpentes, et simplices sicut columbæ, ut astute intelligamus laqueos diaboli; nam prudentes fieri sicut serpentes dictum est, ut non ignoremus impetus diaboli et artes ejus. Etenim simile aliquid ex alio simili superatur, nam et simplicitas columbæ demonstratur.

3. Dicebat quidam Patrum: Quia dum sederent aliquando seniores et loquerentur de ædificationibus, erat inter eos unus prævidens; et vidit angelos manus agitantes et lavantes eos (*Ruff.*, *l.* III, *n.* 36). Ut autem venisset locutio sæcularis, discedebant angeli, et volutabantur porci in medio pleni fetoribus, et polluebant eos; cum autem rursus loquerentur de ædificatione, veniebant iterum et lavabant eos angeli.

4. Dixit quidam senex: Hoc est quod scriptum est: Super duobus et tribus peccatis Tyri avertam me, super quatuor autem non avertam (*Amos* 1); cogitare malum, et consentire cogitatui, et loqui; quartum vero est perficere opus. In hoc ergo non avertitur ira Domini.

5. Dicebant de quodam sene magno in Scythi: Quotiescunque fratres ædificabant cellulam, egrediebatur cum gaudio, et ponens fundamentum non discedebat donec commoraretur; aliquando autem exiens ad fabricandam cellam contristabatur valde. Et dicunt fratres: Quare tristis ac mœstus es, abba? Qui dixit eis: Desolandus est locus iste, filii. Ego enim vidi quoniam accensus est ignis in Scythi, et accipientes fratres palmas cædentes extinxerunt eum; et iterum accensus est; et accipientes fratres rursus palmas cædentes extinxerunt eum; tertio accensus est et implevit totam Scythim, et jam non potuit exstingui. Ideo ego contristor ac mœstus sum.

6. Dixit quidam senex: Scriptum est; Justus ut palma florebit. Significat autem hic sermo bonorum actuum fructum altum et rectum ac dulcem: est vero in palma unum incarduum (1), et ipsum candidum omnem habens operationem in se; simile autem et super justo reperitur; unum enim ei et simplex est cor, ad Deum tantum respiciens. Est autem et album, habens illuminationem fidei, et omnis operatio justi in corde ipsius est; nam et acumen stimulorum ejus, adversus diabolum est propugnaculum.

7. Dixit aliquando alter senex: Sunamitis Elisæum suscepit, eo quod non haberet affectum cum aliquo homine (*Pasch.*, *c.* 37, *n.* 4, *nomine Macarii*; *Append. Mart.*, *n.* 16). Dicitur Sunamites personam habere animæ, Elisæus vero personam Spiritus sancti. Quacunque ergo hora recedit anima a sæculari confusione et perturbatione, adveniet ei Spiritus Dei, et tunc poterit parere quod sit sterilis.

8. Alius quidam Patrum dixit: Quia oculi porci naturale habent figmentum, ita ut necessitate semper intendant in terra, nec aliquando possint respicere ad cœlum. Sic ergo et anima ejus qui in dulcedine delectatur voluptatum, semel delapsa in luxuriæ cœnum, difficile potest respicere ad Deum, aut sapere aliquid dignum Deo.

9. Fuit quidam magnus inter prævidentes; hic affirmabat dicens: Quia virtutem (2), quam vidi stare super baptisma, vidi etiam super vestimentum monachi, quando accipit habitum spiritualem.

10. Cuidam seni data est gratia videndi quæ fiebant, et dicebat: Quia vidi in cœnobio aliquando meditantem in cella fratrem, et ecce dæmon veniens stabat foris cellam. Et dum frater ille meditaretur, non prævalebat ingredi; cum autem cessasset meditando, tunc ingrediebatur ille dæmon.

11. Dicebant de quodam sene, quia deprecatus est Deum, ut videret dæmones. Et revelatum est ei: Non opus habes videre eos. Senex autem rogabat dicens: Quia, Domine, potes me protegere gratia tua. At vero Deus revelavit oculos ejus, et vidit eos, quia tanquam apes sic circumdant hominem, stridentes dentibus suis super eum; Angeli vero Dei increpabant eos.

12. Dixit quidam senex: Quia duo fratres erant ei vicini, unus peregrinus, et unus inchoris (3): erat autem peregrinus ille modicum negligentior; ille vero inchoris studiosus valde. Contigit autem ut dormiret ille peregrinus in pace. At ille senex vicinus eorum cum esset prævidens, vidit multitudinem angelorum deducentem animam ejus; et cum perveniret ad cœlum ut intraret, facta est quæstio de illo. Et venit vox de super dicens: Manifestum est quia modicum negligentior fuit, sed propter peregrinationem ejus aperite ei. Et post hæc dormivit et ille inchoris, et venit omnis cognatio ejus ad eum. Cernens vero ille senex non venire angelos ad deducendam animam ejus, miratus est; et cadens in faciem suam in conspectu Dei, dixit: Quomodo peregrinus ille cum negligentior fuerit talem gloriam habuit, et hic cum

studiosus esset nihil hujusmodi meruit? Et venit ei vox dicens : Hic studiosus cum venit ut dormiret, aperuit oculos suos, et vidit parentes suos flentes, et consolata est anima ejus. Peregrinus vero 646 ille, licet negligentior fuerit, nullum suorum vidit; et flevit, et Deus consolatus est eum.

13. Narravit alter quidam Patrum, quia erat aliquis solitarius in eremo Nilopoleos, et ministrabat ei quidam saecularis, sed fidelis. Erat autem et in eadem civitate homo, qui erat dives, et impius. Contigit autem ut moreretur ille dives, et ducebat eum tota civitas simul et episcopus cum lampadibus. Egressus est autem et ille qui ministrabat illi solitario, secundum consuetudinem portans illi panes; et invenit, quia comederat eum bellua, et cecidit in faciem suam in conspectu Domini, dicens : Non surgam hinc, do nec demonstretur mihi a Deo quae sunt haec; quia ille quidem impius talem apparatum habuit in deducendo; hic vero, qui servivit tibi die noctuque, ista pertulit. Et ecce angelus Domini veniens dixit ei : Ille impius (4) habuit parvum opus bonum in hoc saeculo, et recepit illud hic, ut illic nullam requiem inveniat : iste autem solitarius, quia homo erat ornatus ad omnem virtutem, habebat vero et ipse, ut homo, modicum aliquid culpae, et recepit illud hic, ut ibi inveniatur purus coram Deo. Et ita consolatus in his verbis, abiit glorificans Deum super judicia ejus, quia vera sunt.

14. Sancti Patres de Scythi prophetaverunt de ultima generatione, dicentes : Quid operati sumus nos (Ruff., l. III, n. 197)? Et respondens unus ex illis vir magnae vitae, nomine (5) Cyrion [Al., Squirion, vel Isquirion, vel Histirion] dixit : Non mandata Dei custodimus. At illi respondentes dixerunt : Hi vero qui fuerint post nos, quid erunt facturi? Qui dixit eis : Dimidium operis nostri operaturi sunt. Et dixerunt ei : Hi autem, qui post ipsos fuerint, quid facient? Qui respondit : Omnino non habebit operationem generatio illa ventura. Esse autem illis video tentationes, et qui reperti fuerint probati in tempore illo, meliores super nos et Patres nostros erunt.

15. Narravit quidam senex, dicens : Quia erat quaedam virgo provecta aetate valde, quae profecerat in timore Dei. Et interrogata a me, quae res eam ad hanc adduxerit conversationem; illa ingemiscens coepit dicere : Mihi quidem, o mirabilis vir, cum adhuc essem parvula, erat pater modestus ac mansuetus moribus, debilis vero et infirmus corpore : qui ita vixit curam sui agens, ut vix aliquando videretur ab his qui in eodem habitabant vico : terram autem suam assidue operabatur, et ibidem semper occupabat vitam suam. Si quando fortasse sanus fuisset, fructus culturae suae domi portabat; plurimum autem temporis in lecto et languoribus detinebatur, tantaque ei erat taciturnitas, ut ignorantibus eum sine voce crederetur esse. Mater vero mihi erat e contrario curiosa absque modo, et quae ultra omnes quae erant in regione hac turpior esset; sermones vero ejus ita ad universos movebantur, ut putaretur omne corpus ipsius lingua esse : lites frequentius commovebantur ad omnes ab ipsa; in ebrietate autem vini, eum viris luxuriosis demorabatur. Dispensabat autem et ea quae intus domi erant tanquam meretrix pessima, ut etiam substantia multa valde non potuerit nobis sufficere; nam huic a Patre meo delegata erat dispensatio domus : corpore autem suo ita in turpitudine abutebatur, ut pauci de vico ipso potuerint effugere libidinem ejus. Nunquam corpori ejus morbus occurrit, nec dolorem aliquem sensit vel aliquantulum, sed a nativitate sua usque ad ultimum diem integrum sanumque corpus suum possedit. Inter haec contigit ut pater meus longa aegritudine fatigatus moreretur, et continuo aer commotus est, et pluvia et coruscationes atque tonitrua aerem conturbabant, et neque nocte neque die imber cessando triduo super lectum sine sepultura fecit eum manere, ita ut homines vici illius moventes capita admirarentur quod tam malum universos lateret, dicentes : Sic enim Dei erat inimicus, ut nec terra eum recipiat ad sepulturam. Sed tamen ne intra domum dissoluta membra ejus ingressum prohiberent habitantibus, imminente adhuc aere turbido et pluvia descendente, vix aliquo modo eum sepulturae tradidimus. At vero mater mea post haec licentia plurima accepta, eum improbitate maxima corporis sui libidine abutebatur, et prostibulum deinceps faciens domum nostram in multa luxuria vixit atque deliciis. Et dum adhuc parvula essem, et deficeret nobis substantia nostra, vix aliquando eum timore, sicut mihi videtur, morte illius adveniente tantam meruit funeris prosperitatem, ut etiam putaretur aer simul in exsequiis deducere funus ejus. Ego vero post obitum ejus puellarem egressa aetatem, et desideria titillationesque jam corporis eum me permoverent, in quadam die ad vesperam, ut fieri solet, cogitare coepi atque considerare cujus vitam eligerem imitandam; utrum patris, qui modeste, et mansuete, et sobrie vixit; sed rursum recogitabam illud, quia nihil in vita sua consecutus est boni, sed per omne tempus in infirmitate et tribulatione consumptus esset, ita finem vitae accipiens, ut nec sepulturam ejus terra reciperet. Si igitur bona esset hujusmodi conversatio apud Deum, quare 647 ergo tantum malorum consecutus est pater meus, qui sic vivere elegit? Sed sicut mater, inquit cogitatus meus, bonum est vivere, tradere voluptati, luxuriae ac libidini corpus; etenim illa nullum opus turpe praetermisit; in ebrietate autem omne tempus incolumis atque prospere degens, ita vitam suam explevit. Quid ergo? Sic oportet me vivere, sicut mater vixit; melius est enim propriis oculis credere his quae manifeste cognita sunt, et nihil praetermittere. Et cum placuisset mihi miserae eidem me constituere vitae, supervenit nox, et sopor continuo mihi accessit. Post hos sermones astitit mihi quidam grandi quidem corpore, aspectu autem horribilis; deinde intuendo me perterrens, iracunda visione et aspera voce interrogabant me : Dic mihi, inquit ille, quae sunt cogitationes cordis tui? Ego autem ab aspectu ejus et habitu tremefacta, neque aspicare in eum

audebam. Majore vero voce usus, iterum jussit ut ea quæ mihi placuerant pronuntiarem. Ego autem præ timore dissoluta, et omnes oblita cogitatus, nihil esse dicebam. Ille vero negante me revocabat universa ad memoriam, quæ in corde meo meditata eram. Ego autem convicta et ad precem conversa, supplicabam veniam consequi, et causam ei narrabam hujusmodi cogitatus. Qui ait mihi : Veni et vide utrosque, patrem et matrem, et quam volueris vitam deinde elige tibi; et apprehendens mihi manum, trahebat. Ducens autem me in quemdam campum magnum, habentem paradisos multos et diversos fructus, et varias arbores, et pulchritudinem inenarrabilem, introduxit me intus illic. Occurrens autem mihi pater meus, amplexatus est me, et osculabatur, filiam me vocans. Ego vero circumplexa eum, rogabam ut maneret cum ipso. At ille, Nunc, inquit, non potes hic esse ; si vero mea sequi vestigia volueris, venies huc non post multum tempus. Cum autem adhuc ego deprecarer manere cum ipso, trahens me rursum manu, qui me ibi duxerat : Veni, ait, ostendam tibi et matrem tuam, quæ igne exuritur, ut scias ad quem horum debeas declinare vitam tuam. Statuens autem me in domo tenebrosa atque obscura, omni stridore perturbationeque repleta, ostendit mihi fornacem ignis ardentem et picem ferventem, et quosdam illic terribiles aspectu stantes super fornacem. Ego autem inspiciens deorsum video matrem meam in fornace usque ad collum demersam, stridentem dentibus et igne ardentem, et vermium multum fetorem fieri. Videns autem me illa, cum ululatu clamabat, filiam me vocans : Heu me, filia, de propriis operibus hæc patior; quia quasi deliramenta mihi videbantur universa quæ de sobrietate erant ; opera autem fornicationis et adulterii non mihi credebam esse tormenta ; ebrietatem vero et luxuriam non arbitrabar esse pœnas ; et ecce propter parvam libidinem, quantam recipio gehennam et sustineo pœnas; ecce propter exiguas delicias quanta exsolvo tormenta ; ecce pro contemptu Dei, quales recipio mercedes ; apprehenderunt enim me universa immobilia mala. Nunc est tempus auxilii, o filia ; nunc recordare nutrimentorum quæ a me consecuta es; nunc retribue beneficium si quid boni aliquando accepisti. Miserere, inquit, mei quæ ardeo igni et ab ipso consumor ; miserere mei quæ in hujusmodi cruciatibus exanimor ; miserere mei, filia, et porrigens manum tuam educ me de hoc loco. Me autem recusante hoc facere propter eos qui ibi astabant, rursus cum lacrymis clamabat : Filia mea, adjuva me, et noli despicere fletum propriæ matris tuæ : memento doloris mei in die parturientis te, et ne me despicias quæ gehennæ igne deperam. Ego autem a voce ejus lacrymis commota, humanum aliquid patiebar, et cœpi cum clamore condolens ei ingemiscere. Exsurgentes vero hi qui erant in domo mea, et accendentes ignem, causam mugitus mei interrogabant me; ego autem narravi eis quæ videram. Et sic etiam unum hoc deliberavi, ut patris mei sequerer vitam, certa facta per ineffabilem misericordiam Dei, quæ pœnæ repositæ sunt his qui maligne vivere volunt. Siquidem illa beata virgo ex ipsa visione cognoscens, multam esse et bonorum retributionem operum, et malorum actuum turpis vitæ maximas esse pœnas renuntiabat; ideoque efficiamur melioris consilii nobismetipsis, ut possimus beati fieri.

16. Narravit iterum senex et de quodam episcopo, ut maxime ex eo fiduciam accipientes diligentiam nostram in Deo habeamus ad salutem (*Ruff.*, *l.* III, *n.* 166 ; *Pasch.*, *c.* 23, *n.* 4). Nuntiabatur a quibusdam episcopo, qui apud nos consistebat, sicut hæc ipse episcopus referebat, quasdam sæcularium matronarum duas esse mulieres fideles, quæ quasi impudice viverent. Episcopus autem ex his qui ei hæc nuntiaverant commotus est, et suspicatus ne forte et aliæ hujusmodi essent, ad deprecandum Deum se convertit, inde certus effici rogans, quod et meruit. Post divinam enim illam atque terribilem consecrationem, dum accederent singuli ad participanda sancta mysteria, per vultus eorum cernebat animas, quibus unaquæque subjaceret peccatis. Et peccatorum **648** quidem hominum videbat facies nigras, quosdam vero ipsorum tanquam ab æstu exustas facies habentes, oculos autem rubeos ac sanguineos; alios autem eorum claros quidem facie, candidos vero amictu. Et alii quidem, dum acciperent corpus Domini, exurebat eos et incendebat; aliis autem sicut lumen efficiebatur in se, et per os ingressum, omne corpus eorum illuminabat. Erant autem inter ipsos etiam qui solitariam vitam elegerant, et hi qui in conjugiis erant, qui et ipsi ita esse videbantur. Deinde convertit se, et cœpit etiam ipse mulieribus distribuere, ut cognosceret quales et ipsarum essent animæ ; et vidit simili modo fieri nigras atque rubeas facies earum, sanguineas quoque et albas. Inter ipsas autem advenerunt et illæ duæ mulieres, quæ accusatæ erant illi episcopo, propter quas maxime ad hanc precem et prævidentiam venerat : cernit etiam ipsas, dum accedunt ad sanctum mysterium, claram habentes vultum et honorificum, candida vero stola circumamictas. Deinde cum et ipsæ participatæ fuissent mysterio Christi, factæ sunt sicut a lumine illustratæ. Rursum episcopus ad solitam precem convertebatur, supplicans Deo, et discere cupiens modum revelationum, quæ ei demonstratæ fuerant. Astitit autem angelus Domini, et de singulis interrogare præcipiebat. Sanctus vero episcopus continuo de illis duabus sciscitabatur mulieribus, si vera esset illa prima accusatio, an falsa ; at vero angelus affirmabat vera esse omnia quæ dicta de eis fuerant. Episcopus quoque ait ad angelum : Et quomodo in perceptione corporis Christi splendidæ erant facies earum, albam autem stolam habebant, lumine quoque fulgebant non parvo? Ait autem angelus : Eo quod resipuerunt de actibus suis, et discedentes ab his lacrymis et gemitibus atque eleemosynis pauperum, per confessionem divinum meruerunt numerum : de cætero in his malis nunquam ambulare pro-

mittentes se, si quidem de prioribus delictis veniam mereantur. Propter hoc ergo meruerunt divinam immutationem, et a criminibus absolutæ sunt, et vivent deinceps sobrie ac pie, et juste. Episcopus autem mirari se dicebat, non tantum de immutatione illarum mulierum (hoc enim contigit multis fieri), sed Dei donum, qui non solum eas tormentis minime subjecit, sed etiam tantam eis dignatus est donare gratiam. Ait autem angelus ad eum : Admiraris hoc juste, quasi homo; Dominus autem ac Deus noster et vester cum naturaliter sit bonus ac misericors his qui discedunt a propriis delictis, et per confessionem accedunt ad eum non tantum in tormenta eos ire non sinit, sed etiam furorem suum mitigat ab eis, et honore dignos facit; etenim sic dilexit Deus mundum, ut Filium suum unigenitum daret pro eo (*Joan.* III). Qui igitur cum inimici essent homines, mori pro ipsis elegit (*Rom.* V); non multo magis domesticos effectos eos, et pœnitentiam super his quæ gesserant agentes, absolvit a pœnis? His vero, quæ ab ipso præparata sunt, bona præstabit fruenda; hoc ergo scito, quia nulla delicta hominum vincunt clementiam Dei : tantum per pœnitentiam ea quæ pridem quis mala gesserat abluat actibus bonis. Cum enim sit misericors Deus, scit infirmitatem generis vestri, et passionum fortitudinem, et diaboli potentiam atque astutiam, et incidentibus quidem hominibus in peccatis, quasi filiis ignoscit, et exspectat correctionem eorum, patientiam habens in eis. Convertentibus vero atque ejus exorantibus bonitatem, tanquam infirmis compatitur, et absolvit confestim tormenta eorum, et donat eis bona quæ præparata sunt justis. Ait autem episcopus ad angelum : Obsecro te, dic mihi etiam vultuum differentias, in quibus peccatis unusquisque eorum subjaceat; ut etiam et de his agnoscens, ab omni liberer ignorantia. Angelus autem dixit ad eum : Hi quidem, qui splendido atque hilari vultu sunt, in sobrietate, et castitate, et justitia vivunt, modesti quoque et condolentes ac misericordes sunt. Hi vero qui nigras habent facies, fornicationis et libidinis operarii sunt, cæterisque sceleribus et delictis dediti. Hi vero qui apparuerunt sanguinei ac rubei, in malignitate et injustitia viventes sunt, amantes detractiones, blasphemi, dolosi, et homicidæ sunt. Rursum dicit ei angelus : Adjuva eos, si quidem salutem ipsorum desideras; propterea etiam meruisti orationum tuarum effectum, ut videndo discas discipulorum tuorum peccata, et per admonitiones atque obsecrationes, meliores per pœnitentiam eos facias ei qui pro ipsis mortuus est, et resurrexit a mortuis, Jesu Christo Domino nostro. Quantacunque igitur tibi virtus est et studium ac dilectio circa Dominum tuum Christum, omnem eorum gere providentiam, ut convertantur a propriis peccatis ad Deum, suadens eis manifeste quibus peccatis subjaceant, ne propriam desperent salutem ex hoc. Pœnitentibus quidem illis et convertentibus ad Deum animabus eorum salus erit et epulatio futurorum bonorum; tibi vero erit plurima merces, imitando Dominum tuum, qui cœlos quidem reliquit, in terris autem demoratus propter salutem hominum est.

17. Referebat quidam Patrum : Quia tres res sunt honorabiles apud monachos, quibus oportet nos cum timore, et tremore, et gaudio spirituali accedere : communicatio sanctorum sacramentorum, et mensa fratrum, et pelvis in qua fratrum pedes lavantur. Proferebatque exemplum tale, dicens : Erat quidam magnus senex prævidens, et contigit ei ut gustaret cum pluribus fratribus. Et comedentibus illis videbat in spiritu idem senex sedens ad mensam quosdam edentes mel, alios autem panem, alios vero stercus. Et admirabatur intra semetipsum, et deprecabatur Deum, dicens : Domine, revela mihi mysterium hoc, quia idem cibus omnibus appositus est super mensam; in manducando autem ita immutatus videtur; et quidam edunt mel, quidam vero panem, alii autem stercus. Et venit ei vox desuper, dicens : Quia illi qui manducant mel, hi sunt qui cum timore, et tremore, et gratiarum actione edunt ad mensam, et incessanter orant; et oratio eorum sicut incensum ascendit ante Deum, ideoque et mel comedunt. Qui autem panem manducant, hi sunt qui gratias agentes percipiunt ea quæ a Deo donata sunt. Illi vero qui stercus manducant, hi sunt qui murmurant et dicunt : Hoc bonum est, illud malum est (*I Cor.* X). Hæc autem talia non oportet cogitare, sed magis glorificare Deum, atque laudes ei offerre, ut et in nobis impleatur illud quod dictum est : Sive manducatis, sive bibitis, sive quid aliud facitis, omnia in gloria Dei facite (*I Cor.* 10).

LIBELLUS SECUNDUS.
De sanctis senioribus qui signa faciebant.

Dixit abbas Dulas discipulus abbatis Besarionis : Quia ambulantibus nobis secus littus maris, sitivi; et dixi abbati Besarioni : Abba, sitio valde (*Ruff. lib.* III. *n.* 215). Et cum fecisset senex orationem, dixit mihi : Bibe de mari. Et dulcis facta est aqua, et bibi; ego autem hausi modicam in vase, ne forte iterum sitirem. Quod cum vidisset senex, dixit mihi : ut quid vas implesti aqua? Dixi ei : Ignosce mihi, ne forte iterum sitiam. Et ait senex : Deus qui hic est, et ubique est.

2. Alio quoque tempore, cum necessarium ei esset, fecit orationem, et transivit Chrysoroan fluvium pedibus; ego autem admiratus satisfeci ei, dicens : Quomodo sentiebas pedes tuos, dum ambulares in aqua? Et ait senex : usque ad talum sentiebam aquam, reliqua autem erat solida sub pedibus meis.

3. Rursus euntibus nobis ad alium senem, venit sol ad occasum. Et oravit senex, dicens : Obsecro, Domine, stet sol, donec perveniam ad servum tuum. Et factum est sic.

4. Venit aliquando quidam dæmonium habens in Scythi, et facta est pro eo oratio in ecclesia, et non egrediebatur dæmon ab eo, quia durus erat (*Ruff. lib.* III, *n.* 121 / *Pasch.*, *c.* 14, *num.* 2). Dicunt autem ad invicem clerici loci illius : Quid faciemus huic dæmoni? Nemo potest eum ejicere, nisi abbas Besa-

rion; et si rogaverimus eum pro ipso, neque in ecclesiam veniet. Hoc ergo faciamus : ecce venturus est mane ante omnes in ecclesiam, faciamus eum qui vexatur sedere in loco ipsius, et cum ingredietur, stemus ad orationem, et dicamus ei : Excita fratrem istum, abba. Fecerunt autem sic. Veniente autem mane sene illo, steterunt ad orationem, et dicunt ei: Excita fratrem istum, abba. Et dixit senex illi patienti : Surge, egredere foras. Et confestim exivit ab eo dæmon, et sanus factus est ex illa hora.

5. Dicebant seniores aliquando abbati Eliæ in Ægypto de abbate Agathone : Quia bonus frater est. Et dicit eis senex : Secundum generationem suam bonus est. Qui dixerunt ei : Secundum autem antiquos quid ? At ille respondens ait : Jam dixi vobis, quia bonus est secundum generationem suam ; secundum antiquos vero, vidi hominem in Scythi, qui poterat facere ut sol staret in cœlo, sicut fecit Jesus filius Nave. Et hæc audientes obstupuerunt, et glorificaverunt Deum.

6. Dicebant de abbate Macario illo majore, quia ascendens de Scythi, portabat sportas, et fatigatus resedit et oravit, dicens : Deus, tu scis, quia jam non prævaleo. Et mox elevatus, inventus est super flumen (*Ruff.*, *lib.* III, *n.* 213).

7. Habebat quidam filium paralyticum in Ægypto, et adduxit eum ad cellam beati Macarii, et relicto eo ad ostium flente, recessit longe (*Ruff.*, *lib.* III, *n.* 122). Respiciens ergo senex, vidit puerum plorantem, et dixit ei : Quis te adduxit huc ? Qui dixit : Pater meus projecit me hic, et abiit. Et dicit ei senex : Surge, et apprehende eum. Qui statim sanus factus est, et surgens apprehendit patrem suum, et sic abierunt in domum suam.

8. Dicebat abbas Sisois : Quando eram in Scythi cum abbate Macario, ascendimus metere cum eo septem nomina (6). Et ecce una vidua colligebat spicas de post nos, et non cessabat plorans. Vocavit ergo senex dominum agri illius, et dixit ei : Quid est aniculæ huic, quod semper plorat ? Qui dixit ei : Quia vir ejus habuit depositum cujusdam, et mortuus est non loquens, et non dixit ubi posuit illud, et vult dominus depositi accipere eam et filios ejus in servitutem. Et ait senex : Dic illi ut veniat ad nos ubi requiescimus in caumate. Et cum venisset, dicit ei senex : Ut quid semper ploras? Quæ ait : Vir meus defunctus est, accipiens commendatum alicujus, et non dixit moriens ubi posuit illud. Et dixit ei senex : Veni, et ostende nobis sepulcrum viri tui. Et assumptis secum fratribus abiit cum ea. Et cum venissent ad locum ubi positus erat, dixit ad illam senex : Recede hinc in domum tuam. Et orantibus illis vocavit senex illum qui mortuus fuerat, dicens illi : Ubi posuisti alienum depositum? Qui respondens dixit ei : In domo mea absconditum est sub pede lectuli. Et ait illi senex : Dormi iterum usque in diem resurrectionis. Videntes autem fratres ceciderunt ad pedes ejus ; quibus dixit senex : Non propter me factum est hoc, nihil enim sum ; sed propter illam viduam et orphanos ipsius fecit Deus hanc rem : hoc enim est magnum, quia sine peccato vult Deus esse animam, et si quid petierit, accipit. Veniens autem nuntiavit viduæ illi ubi erat illud commendatum. At illa sumens illud, reddidit domino suo, et liberavit filios suos. Et qui audierunt hoc, glorificaverunt Deum.

9. Transiens aliquando abbas Emilis per quemdam locum, vidit quemdam monachum detentum a quibusdam tanquam homicidam. Accedens autem senex, atque interrogans fratrem illum, et comperto quia calumniabantur ei, dixit ad eos qui eum tenebant : Ubi est ille qui occisus est? et ostenderunt ei. Tunc approximans ipsi defuncto, dicit omnibus : Orate. Ipso vero expandente manus ad Deum, surrexit is qui defunctus erat. Et dixit ei coram omnibus : Dic nobis, quis est qui te interfecit ? At ille dixit : Ingressus in ecclesiam commendavi pecunias presbytero, ipse surgens interfecit me, et portans projecit me in monasterium abbatis hujus; sed rogo vos ut tollantur ipsæ pecuniæ ab eo, et dentur filiis meis. Tunc ait ad eum senex : Vade, dormi, donec veniat Dominus et resuscitet te. Et confestim obdormivit.

10. Venerunt aliquando plures fratres ad abbatem Pastorem (*Ruff.*, *l.* III, *n.* 168); et ecce quidam de cognatis ipsius habebat filium, et erat facies ejus per operationem diaboli conversa retrorsum. Videns autem pater ejus multitudinem Patrum, accipiens puerum sedebat foris plorans. Contigit autem ut unus seniorum egrederetur foras. Quem cum vidisset, ait : Quid ploras, homo? Qui dixit ei : Cognatus sum abbatis Pastoris, et ecce contigit puero huic tentatio ista; et volens eum huic seni offerre, ut eum curaret, timui ; non enim vult nos videre : et nunc si cognoverit quia hic sum, mittit persequens, et minat me hinc (7). Ego vero videns præsentiam vestram præsumpsi venire hic. Ergo quomodo vis, abba, miserere mei, et introduc intus puerum hunc, et ora pro ipso. Et accipiens eum senex, intravit, et usus est prudenter, et non eum statim obtulit abbati Pastori, sed incipiens a minoribus fratribus dicebat : Consignate puerum istum. Cum autem fecisset omnes per ordinem consignare eum, ad ultimum obtulit eum abbati Pastori, qui nolebat tangere eum. At illi rogabant eum, dicentes: Ut omnes, ita et tu, Pater, fac. Et ingemiscens surrexit et oravit, dicens : Deus, salva plasma tuum , ut non dominetur illi inimicus. Et consignans, curavit eum, et reddidit patri sanum.

11. Narravit quidam Patrum de aliquo abbate Paulo, qui erat in inferiores partes Ægypti, habitans juxta Thebaidam. Hic ergo Paulus tenebat manibus eos, qui dicuntur cornutæ, aspides et serpentes atque scorpiones, et scindebat eos per medium. Videntes autem hæc fratres, satisfacientes ei, interrogabant eum, dicentes : Dic nobis quid operatus es, ut acciperes gratiam istam? Qui ait eis : Ignoscite mihi, fratres, si quis possederit puritatem, omnia subjiciuntur ei, sicut Adæ quando erat in paradiso ante prævaricationem divini mandati.

12. Temporibus Juliani (8) apostatæ, cum descenderet in Perside, missus est dæmon ab eodem Juliano, ut velocius vadens in Occidentem, afferret ei responsum aliquod inde. Cum autem pervenisset ille dæmon in quemdam locum, ubi quidam monachus habitabat, stetit ibidem per dies decem immobilis, eo quod non poterat ultra progredi, quia monachus ille non cessabat orando, neque nocte neque die. Et regressus est sine effectu ad eum qui miserat illum. Dixit autem ei Julianus : Quare tardasti? Respondit ei dæmon et dixit : Et moram feci, et sine actione reversus sum ; sustinui enim decem dies Publium monachum, si forte cessasset ab oratione ut transirem, et non cessavit, et prohibitus sum transire, et redii nihil agens. Tunc impiissimus Julianus indignatus dixit : Cum regressus fuero, faciam in eum vindictam. Et intra paucos dies interemptus est a providentia Dei. Et continuo unus ex præfectis qui cum eo erant, vadens vendidit omnia quæ habebat, et dedit pauperibus, et veniens ad senem illum, factus est monachus magnus, et sic quievit in Domino.

13. Venit aliquando quidam sæcularis ad abbatem Sosoi in montem abbatis Antonii, habens filium suum secum (*Ruff.*, *lib.* III. *n.* 120); et in itinere mortuus est filius ejus, et non est conturbatus, sed cum fide tulit eum ad illum senem, et procidit cum filio suo tanquam pœnitentiam faciens, ut benediceretur ab eodem sene. Et surgens pater pueri reliquit filium suum ante pedes ipsius senis, et egressus est foras cellam. Porro senex putans, quia pœnitentiam ageret ante pedes ipsius puer ille, dixit ei : Surge, vade foras. Non enim sciebat quia mortuus erat. Et statim surgens egressus est. Et videns eum pater ejus, expavit, et intrans, adoravit senem, et dixit ei causam. Audiens autem hoc senex, contristatus est, non enim volebat hoc fieri. Præcipit itaque ei discipulus senis ut nemini nuntiaret hæc usque ad obitum ipsius senis.

14. Tentatus est aliquando Abraham discipulus ejusdem abbatis Sisoi a dæmonio; et videns eum idem senex, quia cecidit, surrexit et expandit manus suas ad Deum, dicens : Deus, vis non vis, non dimitto nisi curaveris eum. Et curatus est frater ille.

15. Senex quidam erat solitarius juxta Jordanem fluvium, et ingressus propter cauma in speluncam, invenit ibi leonem, et cœpit leo fremere dentibus suis ac rugire. Dixit autem ei senex : Quid angustiaris? est locus qui capiat et me et te. Si vero non vis, surgens egredere hinc. Leo autem non ferens, egressus est inde foras.

16. Ascendit quidam senex aliquando in Terenuthim de Scythi, et ibi divertit, videntes laborem abstinentiæ ejus, obtulerunt ei modicum vini. Alii autem audientes de ipso adduxerunt ad eum hominem quemdam, dæmonium habentem. Cœpit autem dæmon ille maledicere senem illum, dicens : Ad istum potatorem vini me adduxistis? Et senex quidem propter humilitatem nolebat eum ejicere; propter vero improperium ejus dixit : Credo in Christo, quia prius quam finem faciam, bibens calicem istum, egredieris ab eo. Et cum cœpisset senex bibere, clamavit dæmon, dicens : Incendis me. Et antequam consummaret bibens, exivit ab eo dæmon per gratiam Christi.

17. Misit quidam Patrum discipulum suum haurire aquam : erat autem puteus procul valde a cella ipsorum, et oblitus est portare funem secum (*Ruff.*, *lib.* III, *n.* 28). Dum vero venisset frater ille ad puteum, et cognovisset quia non portaverat funem, fecit orationem et clamans, dixit : O putee, putee, abbas meus dixit ut implerem lagenam istam aqua. Et continuo ascendit aqua usque ad summum putei, et implevit frater ille lagenam suam, et restituta est iterum in locum suum.

LIBELLUS TERTIUS.
De conversatione optima diversorum sanctorum.

1. Retulit abbas Dulas, dicens : Ambulantes aliquando in eremo ego et abbas meus Besarion (*Ruff.*, *lib.* III, *n.* 194; *Pasch.*, *c.* 34, *num.* 3), venimus secus quamdam speluncam : in quam ingressi, invenimus ibi quemdam fratrem sedentem et operantem plectam de palmis; qui noluit respicere ad nos, neque salutare, nec omnino loqui voluit nobiscum. Dixit autem mihi senex : Eamus hinc, forsitan non est animus fratris istius loqui nobiscum. Egressi quoque inde, illico ambulavimus videre abbatem Joannem. Redeuntes vero venimus iterum per speluncam illam, ubi fratrem illum videramus. Et dixit mihi senex : Ingrediamur ad fratrem istum, si forte revelaverit ei Deus loqui nobiscum. Intrantes autem invenimus eum, quia dormierat in pace. At vero senex ait mihi : Veni, frater, colligamus corpus ejus; in hoc ipsum enim misit nos Deus ad recondendum eum. Cum autem colligeremus eum, invenimus quia natura mulier erat. Et admiratus est senex, dicens : Ecce quomodo et mulieres colluctantur adversus diabolum in eremo, et nos in civitatibus dehonestamur. Glorificantes ergo Deum qui protegit diligentes se, recessimus inde.

2. Dicebat Abbas Vindemius, quia narravit abbas Macarius, dicens : Sedente me aliquando in Scythi, descenderunt duo adolescentes peregrini (*Ruff.*, *lib.* III, *n.* 195). Unus quidem ipsorum incipiebat mittere barbam, alius vero non adhuc. Venerunt autem ad me, dicentes : Ubi est cella abbatis Macarii? Ego autem dixi eis : Quid eum vultis? Responderunt : Audientes de eo, in Scythi venimus videre eum. Dico eis : Ego sum. Qui pœnitentiam agentes, dixerunt : Hic volumus manere. Ego autem cum vidissem eos delicatos, et quasi a divitiis, dixi eis : Non potestis hic sedere. Dixit ille major : Et si non possumus hic sedere, pergemus alibi. Dixi ergo apud animum meum : Ut quid eos persequor, et scandalizantur? Labor ipse faciet eos ut a semet fugiant. Tunc dixi eis : Venite, facite vobis cellulam, si potestis. Dicunt et illi : Ostende nobis tantummodo, et faciemus. Dedi autem eis securim et sportam

plenam panibus, et salem; ostendi etiam illis duram petram, dicens: Excidite hic, et adducite **652** vobis ligna de palude; et cum imposueritis tectum, sedete in eodem loco. Ego autem putabam quod fugerent propter laborem. At illi interrogaverunt me: Quid operabimur hic? Dico eis: Plectam de palmis; et sumens folia palmarum de palude, ostendi eis initium plectæ, et quomodo consuere deberent. Quibus etiam dixi: Facite sportas, et date custodibus ecclesiæ, et ipsi afferent vobis panes. Post hæc ergo recessi ab eis: ipsi autem patienter omnia quæcunque dixi eis fecerunt, et non venerunt ad me per tres annos. Sustinui autem et ego luctando cum animo meo, dicens: Putas, quæ est horum operatio, quia non venerunt interrogare me de cogitationibus suis? Qui enim de longinquo sunt, veniunt ad me; isti autem de proximo mihi non venerunt ad me: nam nec ad alium abierunt, nisi solum ad ecclesiam cum silentio accipere oblationem. Igitur oravi ego Deum jejunans una septimana, ut demonstraret mihi operationem istorum. Surgens autem post illam septimanam abii ad eos videre quomodo sederent. Et cum pulsassem, aperuerunt mihi, et salutaverunt me tacentes; faciensque orationem, sedi. Innuens autem ille major minori, ut egrederetur, ipse sedit facere plectam, nihil loquens. Et circa horam nonam significavit percutiens, et venit ille minor, et fecit modicam cocturam pulmenti. Apposuit vero et mensam, innuente ei illo majore, et posuit super eam tres paximates, et stetit tacens. Ego autem dixi: Surgite, manducemus. Et exsurgentes manducavimus; attulit vero lagunculam, et bibimus. Cum autem factum esset vespere, dicunt mihi: Vadis hinc? Respondi ego: Non, sed hic dormiam. Posuerunt autem mihi mattam in parte, et sibi in alium angulum a parte: tulerunt etiam cingulos suos, et semicinctia sua, et posuerunt se dormire simul super mattam ante me. Cumque se reclinassent, oravi ad Deum ut mihi revelaret operationem ipsorum. Et apertum est tectum cellæ, et facta est lux magna sicut per diem, ipsi vero non conspiciebant lumen illud. Cum vero putarent quia ego dormirem, tetigit ille major minorem in latus. Et surrexerunt atque cinxerunt se, expandentes quoque manus in cœlum steterunt cum silentio. Et ego quidem videbam eos, ipsi vero me non videbant. Videbam ergo dæmones sicut muscas venientes super illum minorem fratrem, et alii quidem veniebant ut sederent super os ejus, alii vero super oculos. Et vidi angelum Dei habentem gladium ignis circumvallantem eum, atque insectantem ab eo dæmones. Illi autem majori non poterant appropinquare. Circa mane vero reclinaverunt se. Et ego feci meipsum quasi evigilantem, et ipsi fecerunt similiter. Dixit autem ille major hunc sermonem tantum: Vis dicimus duodecim psalmos? Dixi: Etiam. Et psallebat ille minor quinque psalmos, senos versus et unum alleluia; et per unumquodque verbum exibat lampas ignis de ore ipsius, et ascendebat in cœlum.

Similiter autem et ille major cum aperiebat os suum psallens, tanquam fumus ignis egrediebatur de ore ejus, et pertingebat in cœlum. Et ego dixi modicum ex animo, sicut et illi, opus Dei. Exiens autem dixi: Orate pro me. Ipsi autem satisfecerunt mihi tacentes. Et cognovi quia ille major perfectus est, illum autem minorem impugnabat adhuc inimicus. Post paucos autem dies dormivit ille major frater, et tertio die ille minor. Et cum aliqui Patrum advenirent abbati Macario, ducebat eos in cellam ipsorum, dicens: Venite videre martyrium horum minorum peregrinorum.

2. Duo quidam Patrum rogabant Deum ut ostenderet eis in quam pervenerint mensuram. Et venit eis vox, dicens: Quia in villa illa quæ est in Ægypto est sæcularis quidam, Eucharistius nomine, et uxor ejus vocatur Maria; nondum adhuc pervenistis ad mensuram ipsorum. Exsurgentes autem illi duo senes, venerunt in vicum illum. Qui percontantes invenerunt cellulam ipsius, et uxorem ejus. Et dicunt ad illam: Ubi est vir tuus? At illa dicit eis: Pastor est ovium, et illas pascit. Et introduxit eos in domum suam. Cum autem sero factum esset, venit ipse Eucharistius cum ovibus; et videns illos senes, paravit illis mensam, misitque aquam in pelvim, ut lavaret pedes eorum. Qui dixerunt ei: Non gustabimus quidquam, nisi indicaveris nobis operationem tuam. Tunc ille Eucharistius cum humilitate dixit eis: Ego pastor sum ovium, et hæc uxor mea est. Cum vero perseverassent illi duo senes, rogantes eum ut omnia denuntiaret eis, ipse nolebat dicere. Tunc dixerunt ei: Dominus nos misit ad te. Audiens autem hoc verbum, timuit, dixitque eis: Ecce istas oves habemus a parentibus nostris, et quidquid ex eis donaverit mihi Deus, facimus illud tres partes: partem unam pauperibus, et unam partem in susceptione peregrinorum, et tertiam partem ad usum nostrum. Ex quo autem accepi uxorem, neque ego pollutus sum, neque illa, sed virgo est, singuli autem remoti a nobis dormimus; et noctu quidem induimus saccos, in die vero vestimenta nostra. Et usque nunc nemo hominum hæc cognovit. Cumque hæc audissent illi **653** patres admirati sunt, et recesserunt glorificantes Deum.

4. Venit aliquando abbas Macarius ille Ægyptius de Scythi in montem Nitriæ in die oblationis, ad monasterium abbatis Pambo, et dixerunt ei seniores loci illius: Dic fratribus verbum ædificationis, Pater. Qui dixit eis: Ego nondum factus sum monachus, sed vidi monachos. Et dixit: Sedente enim me aliquando in cella in Scythi, perurgebant me cogitationes meæ, dicentes: Surgens, vade usque in desertum, et considera quod illic vides. Et permansit reluctando hujusmodi animus meus per quinque annos, dicens: Ne forte a dæmonibus sit hæc suggestio. Cum ergo perseverasset cogitatio ista in me, abii in eremo, et reperi ibidem stagnum aquarum, et insulam in medio ejus. Veniebant quoque diversa animalia eremi, et bibebant ex eo: inter quæ vidi

duos homines nudos, et contremuit corpus meum; putabam enim quia spiritus sunt. Cumque vidissent illi me trepidantem, locuti sunt ad me, dicentes: Noli timere, et nos enim homines sumus. Dixi itaque illis: Unde estis, et quomodo in hanc eremum venistis? Qui dixerunt: De coenobio fuimus, et factus est nobis consensus, et egressi sumus huc; ecce quadraginta anni sunt. Erat autem unus ex ipsis Ægyptius, alius vero Libycus. Interrogaverunt autem me et ipsi dicentes: Quomodo est mundus, et si ascendit aqua secundum tempus suum, si etiam habet mundus abundantiam suam? Respondi eis: Etiam. Quos et ego interrogavi: Quomodo possum fieri monachus? Dicunt mihi: Nisi quis renuntiaverit omnibus quæ in mundo sunt, non potest fieri monachus. Quibus dixi: Ego infirmus sum, et non possum sicut vos. Responderunt mihi: Si non potes sicut nos, sede in cella tua, et plange peccata tua. Interrogavi ergo eos, dicens: In hieme non sentitis frigus, aut in æstate non incenditur corpus vestrum in caumate? At illi dixerunt: Deus fecit nobis hanc dispensationem, ut neque in hieme frigus, neque æstate ardorem sentiamus. Ideoque dixi vobis quia ego nondum factus sum monachus, ignoscite mihi, fratres.

5. Sedebat aliquando abbas Sisois solus in monte abbatis Antonii: moram autem faciente ministro ejus venire ad eum, per menses decem non vidit hominem. Ambulans autem per montem, invenit quemdam Pharanitem capientem animalia agrestia. Cui senex dixit: Unde venis, aut quantum tempus habes hic? At ille dixit: Vere, abba, habeo undecim menses in monte isto, et non vidi hominem nisi te. Audiens autem hæc senex, intravit in cellam suam, et percutiebat seipsum, dicens: Ecce, Sisoi, existimabas te aliquid fecisse, et neque, ut sæcularis hic, ita fecisti.

5. Item ipse abbas Sisois sedens in cella, semper claudebat ostium suum (*Ruff.*, lib. III, n. 162). Dicebatur autem de ipso quoniam in die dormitionis suæ, cum sederent circa eum Patres, resplenduit tanquam sol facies ejus, et dixit ad eos: Ecce abbas Antonius venit. Et post pusillum rursum dicit eis: Ecce chorus prophetarum venit. Et iterum amplius facies ejus resplenduit, et dixit: Ecce chorus apostolorum venit. Et dupliciter refulsit adhuc facies ejus; et ecce ipse quasi cum aliquibus loquebatur. Deprecati sunt autem senes illum, dicentes: Cum quo loqueris, Pater? Qui dixit eis: Ecce angeli venerunt accipere me, et rogo ut dimittar poenitere modicum. Dicunt ei seniores: Non indiges poenitentia, Pater. Dixit autem illis: Vere nescio meipsum vel initium poenitentiæ arripuisse. Et cognoverunt omnes quia perfectus esset. Et rursum subito facta est facies ejus sicut sol, et timuerunt omnes. Dixit autem eis: Videte, ecce Dominus venit, dicens: Afferte mihi vas electionis eremi. Et continuo reddidit spiritum. Et factus est sicut fulgur, et repletus est totus locus ille odore suavitatis.

7. Dicebant de abbate Hor (9): Quia neque mentitus est unquam, neque juravit, neque maledixit hominem, neque si necesse non fuit, locutus est alicui.

8. Idem abbas Hor dicebat discipulo suo: Vide ne aliquando alienum verbum adducas in cellam istam.

9. Duo quidam magni senes ambulabant in eremo quæ est juxta Scythim: et audientes murmur cujusdam vocis de terra, quæsierunt intro tum speluncæ, in quam ingressi repererunt ibidem quamdam aniculam, virginem sanctam, jacentem infirmam, et dicunt ei: Quando huc advenisti, anus; aut quis est qui tibi ministrat? Nihil enim invenerunt in ipsa spelunca, nisi solam ipsam jacentem infirmam. At illa dixit: Trigesimum octavum annum habeo in spelunca hac eremi cum tanta sufficientia serviens Christo, et non vidi hominem nisi hodie; misit enim vos Deus, ut sepeliatis corpus meum. Cumque hoc dixisset, quievit in pace. Patres vero illi glorificaverunt Deum, et recondito corpusculo ejus, recesserunt in locum suum.

10. Narraverunt de quodam solitario quia exiit in eremum vestitus lineo sacco tantum. Cumque perambulasset tres dies, ascendit supra petram, et vidit sub ipsa viridem herbam, et hominem pascentem tanquam bestiam. Descendens autem occulte, tenuit eum; senex vero ille cum esset nudus, nec ferre posset odorem hominum, angustiatus vix potuit evadere de manibus ejus, et fugiebat. Ille quoque frater exiit, post ipsum currens et clamans: Exspecta me, quia propter Deum te sequor. At ille conversus, dixit ei: Et ego propter Deum fugio abs te. Frater autem ille post hæc projecit levitionem (10), qua erat indutus, et sequebatur eum. Quem cum vidisset senex, quia jactaverat indumentum suum, sustinuit eum. Et cum appropinquasset ei, dixit ad illum senex: Quando projecisti materiam mundi abs te, et ego te exspectavi. Rogabat autem frater ille, dicens: Pater, dic mihi verbum quo salvus efficiar. Qui dixit ei: Fuge homines, et tace, et salvus eris.

11. Narrabat quidam solitarius fratribus, qui erant in Raythum ubi sunt septuaginta arbores palmarum (11), in locum, ubi applicuit Moyses cum populo, quando egressus est de terra Ægypti (*Exod.* xv), sic dicens: Cogitavi aliquando debere me ingredi in interiorem eremum, si forte invenirem aliquem interius me habitantem in eremo, et servientem Domino nostro Jesu Christo. Ambulans autem quatuor dies ac noctes inveni speluncam; et cum appropinquassem, respexi intus, et vidi sedentem hominem, et pulsavi secundum consuetudinem monachorum, ut egredientem salutarem eum. At ille non movebatur; requieverat enim in pace. Ego autem nihil dubitans introivi: et cum tenuissem scapulam ipsius, confestim dissolutus est, et factus est pulvis. Deinde aspiciens, vidi colobium pendens; cum vero et hoc

tenuissem, dissolutum est, et in nihilum redactum est [1].

Cum autem de hoc hæsitarem, egressus sum inde, et perambulabam in desertum, in quo rursus aliam reperi speluncam, et vestigia hominis ibidem [2]. Factus sum autem alacrior. Appropinquans autem ad ipsam speluncam, ut iterum pulsavi, et nemo mihi obaudivit, ingressus nullum inveni : stans autem foras speluncam, dicebam intra meipsum : Quia hic oportet venire hunc servum Dei, ubicunque fuerit. Cum vero jam præterisset dies, vidi bubalos venientes, et illum servum Dei venientem cum eis nudum, de capillis cooperientem quæ inhonesta erant corporis sui. Qui appropinquans mihi, existimabat me spiritum esse, et stetit ad orationem. Nam multum tentatus fuerat a spiritibus, sicut ipse postea dicebat. Ego autem hæc intelligens, dicebam ei : Serve Dei, et ego homo sum ; vide vestigia mea et contrecta me, quia caro et sanguis sum. Cum vero post orationem dicto Amen, respexisset me et consolatus fuisset, introduxit me in speluncam, et interrogabat me, dicens : Quomodo huc advenisti ? Cui ego dixi : Requirendi gratia servos Dei veni in hanc solitudinem, et non me fraudavit Deus a desiderio meo.

Ego autem interrogavi eum rursus, dicens : Quomodo et tu huc venisti, et quantum tempus habes, aut quod est alimentum tuum, vel quomodo cum sis nudus, non indiges vestimento ? Qui dixit mihi [3] : Ego in cœnobio eram Thebeæ [Al., Thebaidæ], et opus meum erat lini textura : subintravit autem in animum meum cogitatus, ut inde exiens singulariter sederem : et poteris, inquit, quietus esse, et suscipere peregrinos, et pluriorem mercedem habere ex eo, quod acquisieris de opere tuo. Ut autem consensi cogitationi huic, et opere perfeci eam, exiens ædificavi mihi monasterium, ibique veniebant qui mihi injungebant opus. Cumque jam multum esset quod congregaveram, festinabam pauperibus ac peregrinis illud distribuere. Sed adversarius noster diabolus invidens mihi, sicut et semper et tunc, futuram, in me fieri retributionem machinabatur auferre, eo quod festinabam labores meos Deo offerre. Videns enim unam virginem sacram injungentem mihi species, et eas me perficientem atque reddentem, immisit ei ut rursus mihi alias demandaret species. At vero ubi jam consuetudo facta est ac fiducia major, postremo etiam tactus manuum et risus, ac simul convescere, ad ultimum concepimus dolorem, et peperimus iniquitatem. Cum autem mansissem in eadem ruina sex mensibus, postea cogitavi, dicens : Quia aut hodie, aut crastino, aut post multos annos morti addictus, æternum habebo supplicium. Si enim quis uxorem hominis violaverit, pœnis æternis legitime subjacebit; quantis tormentis dignus est, qui Christi stupraverit sponsam ? Et sic occulte in hanc eremum cucurri,

omnia relinquens illi mulieri, veniensque huc inveni hanc speluncam, atque fontem hunc, et istam palmam afferentem mihi botryones duodecim dactylorum : per singulos menses affert mihi unum botryonem, qui mihi sufficit triginta diebus, et post hunc maturatur alter. Post tempus autem multum creverunt capilli mei, et cum jam disrumperentur vestimenta mea, de ipsis, quam decet, partem operui corporis mei.

Dum autem rursum eum interrogarem, si in primordiis difficultatem habuisset ibidem, ait mihi : In initiis afflictus sum valde dolore jecoris, ita ut humi jacens non possem stans psalmum dicere, sed prostratus in terra, clamabam ad Altissimum. Cum autem in spelunca essem in dolore valido atque defectione, ut etiam nec egredi jam possem, vidi virum intrantem et juxta stantem ac dicentem mihi : Quid pateris ? Ego autem confortatus ab eo modicum, dixi ei : Hepar doleo. Qui dixit mihi : Ubi doles ? Cum vero ostendissem ei, digitos manus suæ in directum conjungens, divisit locum illum tanquam per gladium, et avellens jecur, ostendit mihi vulnera, et raso jecore manu sua in pannum ipsas scabies misit, atque rursum ipsum jecur imponens manibus suis, locum ipsum reclusit. Et ait mihi : Ecce sanus factus es, servi Domino nostro Jesu Christo sicut oportet. Et ex tunc factus sum sanus, et sine labore jam sum hic. Ego autem multum illum rogavi ut manerem in interiorem eremum. Et ait mihi : Non potes sufferre dæmonum impetus. Et ego hoc ipsum considerans, rogabam ut orans pro me dimitteret me. Qui cum orasset, dimisit me. Hæc vobis narravi ædificationis gratia.

12. Dicebat rursus alius senex [4] : Qui etiam dignus effectus est episcopus civitatis Oxyrynchi, tanquam ab alio hæc audisset, sed ipse erat qui hoc fecerat. Visum est, inquit, mihi aliquando intrare in interiorem eremum, quæ est circa Oasa, ubi genus est Mazicorum, ut viderem, si forte invenirem aliquem Christo servientem. Sumens itaque paucos paximates, et quasi dierum quatuor aquam in vase, iter meum faciebam. Transactis vero quatuor diebus, consumptisque cibis, exspectabam quid agerem. Et confidens dedi meipsum ad pergendum. Ambulavi quoque alios quatuor dies sine cibo perdurans. Cumque jejunium et laborem itineris ferre non posset corpus meum, in pusillanimitatem veni, ac sic jacebam in terra. Veniens autem quidam, digito suo tetigit labia mea, tanquam si medicus de sputo oculum percurrat; statim vero confortatus sum, ita ut putarem me neque ambulasse, neque famem pertulisse. Cum ergo vidissem venientem in me virtutem hanc, surgens perambulabam desertum. Præteritis itaque aliis quatuor diebus, rursum fatigatus defeci. Cumque extendissem manus meas in cœlum, ecce

---

[1] Simile quid vel idem in Vita sancti Onuphrii, cap. 2, per Metaphrastem, apud Surium, tom. III, de se narrat Paphnutius.

[2] In Vita sancti Onuphrii jam citata, c. 3.

[3] In Vita Onuphrii jam citata, c. 5, vocatur hic eremita Timotheus.

[4] Vide et supra, l. I, in Vita sancti Onuphrii, cap. 1 et 2.

vir ille, qui pridem me confortaverat, iterum digito suo quasi liniens labia mea, confortavit me. Peracti sunt autem dies decem et septem, et post hæc invenio tugurium, et arborem palmæ, et virum stantem, cujus capilli capitis erant pro indumento ipsius; qui capilli canitie ejus erant candidi per totum. Erat autem et terribilis aspectu. Cumque vidisset me, stetit ad orationem. Et expleto Amen, cognovit me esse hominem, tenensque mihi manum interrogabat me, dicens: Quomodo huc advenisti, et si adhuc constant omnia quæ sunt in mundo, si adhuc etiam sunt persecutiones? Ego autem dixi ei: Vestri gratia, qui in veritate Domino Jesu Christo servitis, hanc perambulo eremum; persecutio vero cessavit per potentiam Christi. Edissere mihi nunc, obsecro te, et tu quomodo huc advenisti? At ille cum lamentatione plorans, cœpit dicere mihi: Ego episcopus eram, et persecutione facta, multis mihi illatis suppliciis, cum jam ferre non possem tormenta, postea sacrificavi. In me ipsum autem deinde reversus, agnovi iniquitatem meam, et dedi meipsum ad moriendum in hanc eremum; et sum degens hic annis quadraginta novem in confessione et obsecratione ad Deum, si forte dimittatur mihi peccatum meum. Et victum quidem præstitit mihi Dominus ex hac palma, consolationis vero indulgentiam non accepi, usque ad quadraginta octo annos: in hoc autem anno consolatus sum. Hoc autem dicens, repente surrexit; et currens exiit foras, et stetit in oratione diu. Cum autem complesset orans, venit ad me. Intuens autem ego faciem ejus, exterritus trepidavi, factus enim erat ipse tanquam ignis. Dixit ergo mihi: Noli timere. Deus enim te misit, ut funeri tradas corpus meum, atque sepulturæ. Dum autem consummasset hæc dicens, statim extendens manus pedesque, finem vitæ fecit. Dissuta ergo tunica mea, ego dimidiam mihi tenui, et dimidia involutum sanctum corpusculum abscondi in terra. Recondito ergo illo, continuo palma illa aruit, et tugurium illud cecidit. Ego autem multum flevi, obsecrans Deum, si quomodo mihi præstaret palmam illam, ut perseverarem in loco illo residuum tempus meum. Ut autem non est hoc factum, dixi apud me: Non est voluntas Dei. Orans ergo tendebam iterum ad sæculum, et ecce homo qui linivit labia mea veniens apparuit mihi, atque confortavit me, et ita convalui pervenire ad fratres, et narravi eis hæc, rogans eos ne desperarent semetipsos, sed per pœnitentiam invenirent Deum.

13. Frater quidam interrogavit senem, dicens: Nomen est quod salvat, aut opus? Respondit ei senex: Opus. Et ait senex: Scio enim fratrem orantem aliquando, et statim audiebatur oratio ejus. Subintravit autem in animo ejus cogitatus, velle videre animam peccatoris et justi, quomodo abstrahitur a corpore. Et nolens Deus contristare eum in desideriis ejus, dum sederet in cella sua, ingressus est lupus ad eum, et tenens ore suo vestimenta ipsius fratris, trahebat eum foras. Surgens autem frater sequebatur eum: lupus autem duxit eum usque ad aliquam civitatem, et dimittens fratrem illum, recessit. Cum vero sederet foras civitatem in monasterio, in quo erat quidam habitans, qui habebat nomen quasi magni solitarii, ipse vero solitarius infirmus erat, exspectans horam mortis suæ. Frater ille qui ibidem venerat, videbat multam præparationem fieri cereorum et lampadarum propter solitarium illum, tanquam per ipsum Deus panem et aquam inhabitantibus civitatem illam præstaret atque salvaret eos, et dicebant: Si hic finierit, simul omnes moriemur. Facta autem exitus ejus hora, vidit frater ille tartaricum inferni descendentem super solitarium illum, habentem tridentem igneum, et audivit vocem dicentem: Sicut anima ista non me fecit quiescere, neque una hora in se, sic neque tu miserearis ejus evellens eam. Deponens igitur tartaricus ille quem tenebat tridentem igneum in cor solitarii illius, per multas horas torquens eum, abstraxit animam ejus. Posthæc autem ingressus frater ille in civitatem, invenit hominem peregrinum jacentem in platea ægrotum, non habentem qui ei curam adhiberet; et mansit cum eo die una. Et cum venisset hora dormitionis ejus, conspicit frater ille Michaelem et Gabrielem descendentes propter animam ejus. Et sedens unus a dextris et alius a sinistris ejus, rogabant animam ejus, ut egrederetur foras; et non exibat, quasi nolens relinquere corpus suum. Dixit autem Gabriel ad Michaelem: Assume jam animam istam ut eamus. Cui Michael respondit: Jussi sumus a Domino, ut sine dolore ejiciatur, ideoque non possumus cum vi evellere eam. Exclamavit ergo Michael voce magna dicens: Domine, quid vis de anima hac, quia non acquiescet nobis, ut egrediatur? Venit autem ei vox: Ecce mitto David cum cithara, et omnes Deo psallentes in Jerusalem, ut audiens psalmum ad vocem ipsorum egrediatur. Cumque descendissent omnes in circuitu animæ illius cantantes hymnos, sic exiens anima illa sedit in manibus Michael, et assumpta est cum gaudio.

14. Dixit iterum qui supra, de quodam sene, quia venit aliquando in civitatem, ut venundaret vasa quæ operatus fuerat. Et cum explicuisset ea, contigit eum sedere ante januam cujusdam divitis, qui jam moriebatur. Sedens ergo senex ille, vidit equos nigros, et ascensores eorum nigros et terribiles, habentes singulos baculum igneum in manu sua. Cum ergo jam pervenissent ad januam illam, statuerunt equos suos foras, et intravit unusquisque cum festinatione. Infirmus autem ille videns eos, clamavit voce magna, dicens: Domine, adjuva me. At illi dixerunt ei: Nunc memor factus es Dei, quando tibi sol obscuratus est? quare usque in hodiernum diem non exquisisti eum, dum adhuc tibi splendor erat diei? Nunc autem in hac hora non est tibi portio spei neque consolationis.

15. Dixerunt Patres, fuisse quemdam Macarium, qui Scythi primus monasterium fecit (*Ruff. lib.* 1, *cap.* 29). Est enim locus ipse eremi longe a Nitria, habens intervallum itineris die noctuque. Est autem

et grande periculum euntibus ibidem; si enim modicum quis erraverit, vagatur periclitans per eremum. Sunt autem illic omnes perfecti viri, nec aliquis imperfectus potest in eodem loco tam feroci perdurare, quia omnino aridus est, absque ulla consolatione eorum quæ necessaria sunt. Hic igitur prædictus vir Macarius, cum esset homo de civitate, conjunctus est aliquando illi Macario majori. Et cum venissent ad transfretandum Nilum fluvium, contigit eos ingredi in navi majore, in qua tribuni duo quidam cum multa intraverant extollentia, habentes intus rhedam totam æream, et equos quibus freni aurei erant, et obsecundantes quosdam milites, et pueros torques utentes, atque aliquos aureos habentes cingulos. Videntes ergo tribuni illi bos duos monachos veteres pannos indutos, et in angulo sedentes, beatificabant exiguitatem ipsorum. Unus vero ex tribunis illis ait ad eos : Beati estis vos, qui mundo huic illusistis. Respondens autem ille urbanus Macarius, dixit ad eos : Nos quidem mundo isti illusimus, vobis autem mundus hic illusit. Scito tamen quia non volens hoc dixisti; utrique enim beati dicimur, id est Macarii. At ille tribunus compunctus in verbo ejus, regressus domum, exspoliavit se vestimenta sua, et cœpit esse monachus, faciens eleemosynas multas.

16. Dicebant de eodem abbate Macario (12) majore, quia dum ambularet aliquando in eremum, invenit caput hominis mortui in terra jacens (*Ruff. l.* III, *num. 172, paulo aliter narrat*); quod cum moveret de virga palmæ, quam in manu habebat, locutum est caput illud ad eum. Cui dixit senex : Quis es tu? Respondit caput illud ad senem : Ego eram sacerdos gentilium qui commanebant in loco hoc, tu vero es abbas Macarius, qui habes Spiritum sanctum Dei. Quacunque ergo hora misertus fueris eorum qui sunt in tormentis, et oraveris pro eis, tunc consolantur pusillum. Dicit ei senex : Et quæ est ipsa consolatio? Respondit illud caput : Quantum distat cœlum a terra, tantum est ignis sub pedibus nostris, et super caput nostrum. Stantibus ergo nobis in medio ignis, non est ut quis facie ad faciem videat proximum suum. Ait ergo senex cum fletu : Væ illi diei, in qua natus est homo, si hæc est consolatio supplicii. Rursum dixit senex : Est pejus tormentum ab his? Respondit caput illud : Major pœna subtus nos est. Dixit ei senex : Et qui sunt in ipsa? Dicit ei caput illud : Nos qui ignoravimus Deum, vel ad modicum habemus aliquid misericordiæ; hi vero qui cognoverunt Deum, et negaverunt eum, nec fecerunt voluntatem ejus, hi sunt subtus nos. Et post hæc sumens senex caput illud sepelivit.

17. Orante aliquando eodem abbate Macario in cella sua (*Ruff., lib.* III, *n.* 97), venit ei vox, dicens : Macari, nondum pervenisti ad mensuram illarum duarum mulierum illius civitatis. Surgens ergo mane senex, accepit virgam suam palmeam, et cœpit pergere in civitatem. Cum ergo pervenisset, reperto loco pulsavit ad januam. Egressa autem una, suscepit eum in domum suam. Et cum sedisset, vocavit eas : quæ cum venissent, sederunt cum eo. Ait autem ad eas senex : Propter vos laborem tantum pertuli; dicite mihi nunc operationem vestram, quæ vel quomodo est. At illæ dixerunt : Crede nobis, quia hac nocte non fuimus sine viris nostris. Quam ergo operationem possumus habere? At vero senex cum satisfactione rogabat eas, ut manifestarent ei actum suum. Tunc dixerunt ei : Nos quidem secundum sæculum extraneæ nobis sumus; placuit autem nobis nubere duobus fratribus secundum carnem. Quindecim annis nos hodie duæ habitamus in una domo, et nescimus si aliquando litigavimus ad invicem, aut vel sermonem turpem dixit una ex nobis ad alteram, sed in pace et concordia peregimus totum tempus hoc. Subintravit autem nobis in animum ingredi in monasterium virginum, et rogati viri nostri, non nobis consenserunt in hoc. Cum vero minime valuissemus obtinere hujusmodi consilium, disposuimus testamentum inter nos et Deum, ut usque ad mortem per os nostrum non egrediatur sermo sæcularis. Audiens autem hoc abbas Macarius, dixit : In veritate dico, quia neque virgo, neque sub marito agens, neque monachus, neque sæcularis, sed secundum uniuscujusque propositum, Deus omnibus præstat Spiritum sanctum.

18. Dicebant Patres de aliquo sene magno, quia cum ambularet in eremo, vidit duos angelos comitantes secum, unum a dextris, et alium a sinistris suis. Dum vero ambularent, invenerunt cadaver in via jacens. Et cooperuit ille senex nares suas propter fetorem : fecerunt autem et angeli similiter. Et profecti pusillum, dixit senex : Et vos hoc odorastis? Qui dixerunt ei : Nequaquam, sed propter te cooperuimus et nos; nam immunditiam mundi hujus non odoramus nos, neque appropiat nobis; sed animas, quæ fetorem peccatorum habent, ipsarum odorem nos odoramus.

LIBELLUS QUARTUS.

Septem capitula verborum quæ misit abbas Moyses abbati Pœmenio. Et qui custodierit ea, liberabitur a pœna.

1. Dixit senex Moyses : Quia debet homo quasi mortuus esse socio suo, hoc est mori amico suo, ut non dijudicet eum in aliqua causa (*Append. Mart., n.* 109).

2. Dixit iterum : Quia debet homo mortificare seipsum ab omni re mala, priusquam egrediatur de corpore, ut non lædat ullum hominem.

3. Dixit iterum : Nisi habuerit homo in corde suo quia peccator est, Deus non exaudit eum. Dixit ei frater : Quid est in corde habere quia peccator est? Et dixit senex : Si quis portat peccata sua, non videt peccata proximi sui.

4. Dixit iterum senex : Nisi convenerit actus orationi, in vanum laborat homo (*Ruff., lib.* III, *n.* 202; *Append. Mart., n.* 35, *nomine Moysis*). Et dixit frater : Quid est consensus actus cum oratione? Re-

spondit senex : Ut pro quibus oramus, jam non illa faciamus. Quando enim homo dimiserit voluntatem suam, tunc ei reconciliatur Deus, et suscipit orationes ejus. Interrogavit frater : In omni labore hominis quid est quod eum juvat? Dicit ei senex : Deus est qui adjuvat. Scriptum est enim : Deus noster refugium et virtus, adjutor in tribulationibus quæ invenerunt nos nimis (*Psal.* XLV).

5. Dixit frater : Jejunia et vigiliæ, quas facit homo, quid efficiunt? Dixit ei senex : Quoniam ipsa sunt quæ faciunt humiliari animam. Scriptum est enim : Vide humilitatem meam, et laborem meum, et dimitte omnia peccata mea (*Psal.* XXIV). Si ergo fecerit anima labores istos, miserebitur super eam Deus propter eos.

6. Interrogavit frater senem, dicens : Quid faciet homo in omni tentatione veniente super se, aut in omni cogitatione inimici? Ait illi senex : Flere debet in conspectu bonitatis Dei, ut adjuvet eum ; et requiescet velociter, si rogat in scientia. Scriptum est enim : Dominus mihi adjutor, et non timebo quid faciat mihi homo (*Psal.* CXVII).

7. Interrogavit eum iterum frater, dicens : Ecce homo cædit servum suum propter peccatum quod egit, quid dicet servus ille (*Append. Mart.*, n. 37)? Dicit ei senex : Si bonus servus est, dicet : Peccavi, miserere mei. Dicit ei frater : Nihil aliud? Dicit ei senex : Non. Ex quo enim culpam super se posuerit, et dixerit : Peccavi, statim miseretur ei dominus suus; finis autem horum est non judicare proximum suum. Quando enim manus Domini occidit primogenita in terra Ægypti, non erat domus, in qua non esset mortuus (*Exod.* XII). Dicit ei frater : Quid est hoc verbum? Respondit ei senex : Quia si conspexerimus peccata nostra, non videbimus peccata proximi. Stultitia est enim homini habenti mortuum suum, relicto eo ire et flere mortuum proximi sui. Mori autem proximo tuo, hoc est portare peccata tua, et sine cogitatu esse ab omni homine, quia iste bonus est, et ille malus est, et ne facias malum ulli homini, neque cogites malum in aliquem, neque spreveris aliquem facientem malum, neque acquiescas facienti malum proximo tuo, et noli gaudere cum eo qui facit malum proximo suo ; et hoc est mori proximo tuo. Et noli obloqui de aliquo, sed dicito : Quia Deus cognoscit unumquemque. Noli ergo obedire detrahenti, neque congaudeas ei in detractione ipsius. Noli obedire obloquenti proximum suum, et hoc est : Nolite judicare, et non judicabimini (*Matth.* VII). Non habeas inimicitias cum quocunque homine, neque retineas inimicitias in corde tuo, neque odio habeas eum qui inimicatur proximo suo, et non consentias inimicitiis ipsius. Noli despicere eum qui inimicitias habet cum proximo suo, et hæc est pax. In his temetipsum consolare : modicum tempus est labor, et sempiterna requies, gratia Dei Verbi. Amen.

8. Dixit alius senex : Propter te homo Salvator est natus ; propter hoc venit Filius Dei, ut tu salvareris. Factus est homo, manens Deus; factus est puer ; factus est lector, accipiens librum legit in synagoga, dicens : Spiritus Domini super me, propter quod unxit me ; evangelizare pauperibus mi it me (*Lucæ* IV). Factus est subdiaconus ; faciens namque de fune flagellum omnes ejecit de templo oves et boves, et cætera (*Joan.* II). Factus est diaconus ; præcingens namque se linteo, lavit pedes discipulorum suorum, præcipiens eis fratrum pedes lavare (*Joan.* XIII). Factus est presbyter, et resedit in medio magistrorum docens (*Lucæ* XIII). Factus est episcopus, et accipiens panem benedixit ac fregit, et dedit discipulis suis (*Matth.* XXVI), et cætera. Flagellatus est propter te, crucifixus et mortuus est ; et tertia die resurrexit, et assumptus est. Omnia propter te suscepit in se, omnia juxta dispensationem, omnia ordine, omnia consequenter est operatus, ut nos salvaret ; et tu propter eum non toleras? Simus sobrii, vigilemus, vacemus orationibus, ut quæ placita sunt ei facientes, salvari possimus. Joseph nonne in Ægypto venditus, in terra aliena? Tres pueri in Babylone captivi, nunquid cujusquam habuerunt notitiam? Tamen Deus patrocinatus est eis, suscepit et glorificavit eos, quia timebant eum. Qui dat animam suam Deo, non habet propriam voluntatem, sed exspectans Dei arbitrium non laborat. Nam si tuam vis facere voluntatem, non cooperante Deo, nimium fatigaris.

9. Interrogavit frater abbatem Pastorem : Quid est quod scriptum est : Nolite cogitare de crastino (*Matth.* VI)? Dicit ei senex : Ad hominem respicit hoc, qui in tentatione est constitutus, et deficit, ut non cogitet quantum temporis in ea facturus sit, sed potius quod hodiernum est et quotidianum, futurum libenter suscipiat.

10. Interrogavit frater abbatem Joannem, dicens : Quomodo anima habens propria vulnera, non erubescit detrahere proximo suo? Cui respondit senex per parabolam : Erat quidam homo pauper habens uxorem : qui cum vidisset aliam mulierem pulchriorem, et ipsam quoque sortitus est in conjugium. Erant autem utræque nudæ. Sed cum essent in quodam loco nundinæ, rogaverunt eum ambæ, dicentes : Tecum venire desideramus. Quas mittens nudas in dolium, cum navicula transfretavit, venitque ad locum. Facta autem meridie, cum una earum populo recedente vidisset silentium, exilivit in quemdam locum dolio vicinum velociter, et veteres atque consciscos pannos reperiens se præcinxit, et dehinc fiducialiter visa est ambulare. Altera vero nuda sedens intrinsecus, dicebat marito : Ecce meretrix ista nuda est, nec confunditur. Cui maritus cum dolore ait : O miraculum ; hæc utcunque confusionem suam cooperuit, tu vero undique nuda non erubescis culpare vel ex parte vestitam? Ita est omnis detractor, qui propria mala non videns, aliena semper accusat.

11. Dixerunt quidam fratres abbati Antonio : Volumus a te audire verbum, quo salvari possimus. Tunc senex ait : Ecce Scripturas audistis, sufficiat vobis. Qui dixerunt : Et a te volumus audire, Pater.

Respondit eis senex : Audistis Dominum dicentem : Si quis te percusserit in maxilla sinistra, præbe ei et alteram (*Matth*. v). Dicunt ei : Hoc implere non possumus. Dicit eis : Si ergo præbere ei et alteram non potestis, saltem de una ferte patienter. Responderunt ei : Nec hoc possumus. Dicit eis : Si neque hoc potestis, ne velitis percutere magis quam percuti. Dicunt ei : Nec hoc possumus. Tunc senior ait discipulo suo : Succos præpara fratribus istis, quia nimis infirmati sunt. Deinde dixit eis : Si nec hoc nec illud potestis, quid faciam vobis? ergo sola oratio necessaria est pro vobis.

12. Dicebat abbas Joannes quibusdam fratribus : Quia fuerunt tres philosophi amici, quorum unus moriens alteri reliquit filium suum commendatum (*Ruff.*, lib. III, n. 84); qui in ætate juvenili provectus, nutritoris sui adulteravit uxorem. Quo scelere cognito missus est foras. Deinde cum plurimum pœniteret, non ei concessit regressum, sed ait illi : Vade, et esto tribus annis inter damnatos qui metalla in flumine deponunt, et sic indulgeo tibi culpam tuam. Quo post triennium redeunte, rursus ait : Vade alios tres annos, da mercedes ut injurias patiaris. Ille vero fecit sic alios tres annos. Qui dixit ei : Veni ergo nunc ad civitatem Atheniensium (15), ut philosophiam discas. Erat autem ad portam civitatis quidam senex philosophus sedens, atque intrantes contumeliis afficiebat ; injuriavit ergo et juvenem illum. At ille injuriatus risit. Cui senior ait : Quid est hoc, quod tibi ego injurias facio, et tu rides? Dicit ei juvenis : Non vis ut rideam, qui tribus annis, ut injurias paterer, dedi mercedes, et hodie gratis eas patior? Prorsus ob hoc ego risi. Dixitque ei senex : Ascende et ingredere civitatem. Cumque hoc retulisset abbas Joannes, dixit : Hæc porta Domini, et Patres nostri per multas injurias in ea gratulantes ingressi sunt.

13. Dicebat abbas Joannes de anima, quæ desiderat pœnitere : Quædam pulcherrima meretrix fuit in quadam civitate, quæ habuit plurimos amatores. Quidam autem vir de ducibus veniens ad eam dixit : Promitte mihi castitatem tuam, et ego te accipiam in uxorem. Illa igitur promittente, accipiens eam introduxit in domum suam. Cumque a suis amatoribus quæreretur, agnito quod ille tam magnus vir sortitus eam fuisset uxorem, dixerunt : Si accesserimus ad januam hominis tam potentis, cognoveritque desideria requirentium, procul dubio puniemur; sed venite post dorsum domus, utamur solito sibilo; cumque illa sibilantium sonum audierit, descendet ad nos, et inveniemur innoxii. Quæ cum audisset, signavit aures suas, et exsiliens in interiora domus ingressa est, atque clausit. Hæc ita locutus senior, dicebat meretricem esse animam, amatores ei esse vitia, ducem vero vel principem dicebat esse Christum, domumque ejus cœlorum perpetuam mansionem, sibilatores autem dæmones sunt maligni. Hæc ergo si casta fuerit et fidelis, semper currit ad Deum.

14. Dixit abbas Pastor : Scriptum est in Evangelio : Qui habet tunicam, vendat eam, et emat sibi gladium (*Lucæ* XXII). Hoc intelligitur : Qui habet requiem, dimittat eam, et teneat pugnam ; pugnam vero dicebat adversus diabolum.

15. Dicebat qui supra : Quia senior quidam in partes Ægypti sedebat in cella, cui frater aliquis et virgo quædam ministrabant. Accidit autem una die, ut uterque sibi ad senem venientes occurrerent. Cum ergo facto jam sero ad sua remeare non possent, posuit mattam senior inter utrosque ut dormirent. Frater vero ille carnis suæ pugnam non sufferens, miserandam virginem stupravit et perdidit, consummatoque peccato mane discessit. Senex autem cum cognovisset, futura prospiciens, tacuit in præsenti. Redeuntes itaque prosequente eos sene, neque aliquam tribulationem demonstrante, ubi recessit ab eis, ita ad invicem loquebantur : Putasne intellexit hic senex facinus nostrum, an non? Reversique ad eum pœnitentia ducti dixerunt : Sancte Pater, intellexisti quemadmodum nos seduxit inimicus atque prostravit, an non? Qui respondit : Intellexi, fili. Dicunt ei : Et ubi fuit in illa hora mortis nostræ cogitatio tua? Dixitque eis : Mea cogitatio illic erat illa hora, ubi crucifixus est Christus; stabam et flebam tam pro me, quam pro vobis. Sed quia pœnitentiam vestram Dominus repromisit, admoneo ut, curando vulneri quod per superbiam pertulistis, diligentius insistatis. Accepta igitur regula pœnitentiæ ab eo, recesserunt jam fortiter unusquisque certantes, donec vasa electa fieri potuissent.

16. Philosophus quidam interrogavit sanctum Antonium : Quomodo, inquit, contentus es, Pater, qui Codicum consolatione fraudaris? Ille respondit : Meus Codex (14), philosophe, natura rerum est creatarum, quæ mihi, quoties verba Dei legere cupio, adesse consuevit.

17. Cum quidam venisset ad abbatem Macarium, meridiano æstu nimia siti accensus, et aquam quæreret ad bibendum, Sufficit, inquit, tibi hæc umbra, qua multi viatores aut navigantes nunc indigent, nec fruuntur.

18. Apud eumdem senem cum verba de continentiæ exercitio haberem, Age, inquit, fiducialiter, o fili; nam et ego per viginti annos continuos non pane, non aqua, non somno satiatus sum. Panem quidem pensatum accipiens, aquam vero ad mensuram, somnum autem parietibus me duntaxat inclinans subripere paululum festinabam.

19. Quidam frater interrogavit senem, utrum cum fratribus ad eos proficiscens manducare deberet. Cui senex respondit : Cum muliere, inquit, non manducabis.

20. Interrogavit quidam frater abbatem Isidorum Scythinsem de cogitatu fornicationis. Respondit ei senex : Quod quidem veniat cogitatio fornicationis, animum conturbans et occupans, sed actum implere non prævalens, neque proficiens, sed tantum impedit ad virtutem ; sobrius autem vir a se eam discutiens, ad orationem statim convertitur.

21. Idem de eodem cogitatu respondit senex : Si

cogitationes non habemus, feris similes sumus. Sed sicut inimicus, quod suum est, exigit; nos quoque, quod nostrum est, implere debemus. Insistamus orationi, et inimicus fugatur. Vaca meditationi Dei, et vinces. Perseverantia boni victoria est. Certa, et coronaberis.

22. Dixit senex : Homo habens mortem prae oculis, omni hora vincit pusillanimitatem.

23. Dixit abbatissa Syncletica : Adversarius noster facilius a nihil possidentibus superatur. Non enim habet quo laedat eos, quia plerique memores angustiae atque tentationum a Deo separantium, in ablatis pecuniis caeterisque facultatibus feriri consueverunt.

24. Rursus quae supra : Qui visibiles, inquit, divitias ex multis laboribus atque marinis periculis colligunt, dum plura lucrantur, plurima concupiscunt, et praesentia quidem tanquam nihil existimant. Nos vero necessaria pro timore Dei renuimus possidere.

25. Dixit senex : Qui in anima sua memoriam malitiae ligat, similis est ignem inter paleas occultanti.

26. Dixit quidam senex : Si de vita aeterna sermonem cuiquam facis, dic verbum audienti cum compunctione et lacrymis; alioquin non dicas, ne invenaris inutilis, alienis verbis alios salvare festinans. Peccatori namque dixit Deus : Quare tu enarras justitias meas, et assumis testamentum meum per os tuum (*Psal*. XLIX)? Dic ergo : Canis sum, imo canis melior est me, propter quod et amat dominum suum, et ad judicium non est venturus.

27. Interrogavit quidam frater seniorem, dicens : Quomodo anima diligit immunditiam? Dicit ei senior : Anima quidem corporales plerumque desiderat passiones, sed spiritus Dei est, qui eam retinet. Flere ergo debemus, et immunditias nostras attendere diligenter. Vidisti Mariam, quemadmodum, cum se ad sepulcrum Domini inclinasset, et fleret, vocavit eam Dominus; sic erit et animae.

28. Interrogavit frater seniorem : Quid sunt peccata? Dicit ei senex : Peccata sunt cum homo sua delicta velut nihil despiciens, alios docere conatur. Propterea dicit Dominus : Hypocrita, ejice primum trabem de oculo tuo, et tunc videbis ejicere festucam de oculo fratris tui (*Matth*. VII).

29. Interrogavit frater seniorem : Quid agam, quod animus meus in parvo labore me vulnerat? Dicit ei senex : Non miramur Joseph, cum esset puer in Aegypto, in terra colentium idola : quemadmodum tentationes viriliter pertulit, et Deus glorificavit eum usque in finem. Videamus et Job quod se usque in finem non relaxaverit timens Deum, unde eum nullus a spe Dei movere praevaluit.

30. Interrogatus est senior a quodam militante : Si Deus recipit poenitentem. Qui cum eum pluribus aedificasset sermonibus, postremo ait ad eum : Dic mihi, dilectissime, si chlamys tua conscissa sit, projicies eam? Qui respondens ait : Non, sed resarciens utor ea. Dicit ad eum senior : Si ergo tu parcis proprio vestimento, Deus sui imagini non indulget?

ᵃ Mirandum Macarii judicium, non imitandum.

31. Erat quidam frater in cella, qui post expletas sacras missas, cum presbyter dimitteret ecclesiam, exspectabat donec omnes egrederentur, ut aliquis eum teneret ad manducandum. Una ergo dierum expleto conventu, ante omnes egressus est, et currebat ad cellam suam : quem intuens presbyter currentem miratus est. Cumque transacta septimana venisset frater ille in collectam ecclesiae, dicit ei presbyter : Dic mihi, frater, quod verum est, quae causa fuit circa te, qui per omnes quidem conventus ecclesiae remanebas ultimus omnium, in collectione autem praeterita ante omnes egressus es? Cui frater ille respondit : Quia abstinebam ne mihi coquerem, et ideo exspectabam ut aliquis me teneret ad manducandum. Illa vero collecta, priusquam venirem in ecclesiam, coxi mihi pusillum lenticulae, ideoque consummato sacro mysterio ante omnes exivi. Audiens autem haec presbyter, dedit mandatum in ecclesia, dicens : Fratres, antequam veniatis ad ecclesiae collectam, coquite vobis pusillum cocturae, ut propter illud cum alacritate festinetis recurrere in cellis vestris.

32. Venit aliquando judex regionis alicujus in provincia abbatis Pastoris. Venientes autem habitatores loci illius rogaverunt abbatem, ut veniens rogaret eum. Qui dixit eis : Sinite me tres dies, et tunc venio. Oravit ergo senex ad Dominum, dicens : Domine, noli mihi dare hanc gratiam; alioquin non me permittent homines sedere in loco isto. Veniens ergo senex rogabat judicem. At ille dixit : Pro latrone rogas, abba? Gavisus est autem senex, quia non obtinuit apud judicem gratiam, quam postulavit, et sic rediit in cellam suam.

33. Dicebant seniores : Quia quando intrabat Moyses in nube, cum Deo loquebatur; quando autem exibat de nube, cum populo : sic et monachus, quando in cella sua est, cum Deo loquitur; egrediens autem de cella, cum daemonibus est.

34. Venit quidam adolescens ad abbatem Macarium, ut sanaretur a daemonio. Et dum esset foris stans, ecce advenit quidam frater de alio monasterio, et concubuit in peccatum cum adolescente illo. Egressus autem senex cernit fratrem illum peccantem cum parvulo illo, et non eum increpavit, dicens : Si Deus, qui plasmavit eos, videns, patientiam in illis habuit, qui si vellet, incenderet eos, ego quis sum, qui arguam eos ᵃ ?

35. Dicebant de aliquo sene, quia in inferiores partes Aegypti sedebat quietus, et unus saecularis fidelis ministrabat ei. Contigit autem ut filius illius saecularis infirmaretur : qui multum rogabat senem, ut veniens oraret pro puero. Surgens quoque senex abiit cum ipso. Praecurrens autem ille, securus introivit in domum suam, dicens : Venite in obviam solitario illi. Videns autem eos senex a longe exeuntes cum lampadibus, cognovit quia sibi venirent in occursum; et exuens vestimenta sua, misit illa in flumine, et coepit lavare ea, stans nudus. Minister

autem ejus ille laicus erubuit, videns eum nudum; et rogavit homines illos, dicens: Revertimini, quia senex iste mente excessit; veniensque ad senem, dixit ei: Quid hoc fecisti? Omnes enim dicebant: Quia dæmonium habet senex iste. Qui dixit: Et ego volebam hoc audire.

36. Interrogaverunt quidam seniores abbatem Pastorem, dicentes: Si viderimus aliquem fratrem peccantem, arguemus eum? Respondit eis abbas Pastor: Ego interim si necesse est transire per inde, et videro eum peccantem, prætereo, et non arguo eum: sed quia scriptum est: Quæ viderunt oculi tui, his testimonium perhibe (*Prov.* xxv); ideo ego dico vobis, quia si non palpaveritis manibus vestris, nolite testificari. Aliquando enim quidam frater seductus est in hujuscemodi re, et apparuit ei quasi quod frater quidam cum muliere peccaret. Qui cum multum impugnaretur a cogitationibus, existimans simul eos coire, abiit et pulsavit eos pede suo, dicens: Cessate jam. Et ecce erant manipuli messis tritici. Ideoque dixi vobis, nisi et manibus vestris palpaveritis, nolite testificari.

37. Dicebant de quodam fratre, quia sedebat in eremo, et seducebatur a dæmonibus per annos plurimos, ipse vero existimabat, quia angeli essent. Egrediebatur autem pater ejus secundum carnem per tempus, et visitabat eum. Una autem dierum tulit bipennem secum, dicens: Quia revertens afferam mihi pauca ligna. Et præveniens unus dæmonum, dixit ad filium ejus: Ecce diabolus venit ad te in similitudinem patris tui, habens bipennem in sporta sua, ut impugnet te: tu ergo præveniens, tolle bipennem ab eo, et repugna illum. Igitur pater ejus venit secundum consuetudinem, et accipiens filius ipsius bipennem ab ipso, percussit eum, et occidit. Et continuo adhæsit ei spiritus malignus, et offocavit eum.

ROSWEYDI NOTATIO.

662 (1) *Incarduum.*] Ita Parisiensis editio et Ms. Aquicinctin.; sed Germ. editio, *incardium.* Lugdunen., *incordium.* An non idem quod Græcis ἐγκάρδιον? quod medium cujusque rei, seu interna pars et medulla cujusque ligni, quod alio nomine dicitur ἐντεριώνη. Sit hic ἐγκάρδιον in palma. Vide Onomasticon.

(2) *Quia virtutem.*] Vide dicta supra, libro I ad Vitam sancti Antonii, cap. 37, num. 78, quomodo quædam inter baptismum et ingressum religionis sit similitudo.

(3) *Unus peregrinus, et unus inchoris.*] Ita Mss. et veteres editiones. Pro *inchoris,* Parisiensis editio, *incola.* Bona quidem est ea interpretatio, sed auctor usus est voce Græcanica, ἐγχωρής. Sic in sacris Litteris, Ecclesiastici xx, *Homo acharis, quasi fabula vana.* Male in edit. Coloniensi et Speculo Exemplorum postremo recognito, *in choris.* Vide Onomasticon.

(4) *Ille impius.*] Vide dicta ad Vitam sancti Pachomii cap. 39, num. 39, quomodo sepultura ad præmium vel pœnam conferat.

(5) *Cyrion.* Varia hic lectio erat, ut difficile sit verum nomen eruere. Parisiensis *Histirion.* Ms. Audomar, *Cyrion,* quam retinui. Id nomen militis occurrit in Martyrologio Rom. Bedæ, Usuardi, Adonis, 9 Martii, qui Sebastæ Licinio imp. affectus est martyrio. Item alius 14 Febr. officio presbyter, laurea martyr. idque Alexandriæ. Forte hic ipse noster, qui in Scythi apud Alexandriam vixit. Ruffin., libro II Hist., cap. 8, Seyrionem monachum habet in Apeliote suo tempore monachum.

Ad hanc senum prædictionem respicit, ut opinor, Theodorus Alexandrinus abbas apud Sophronium in Prato Spirit., cap. 54: « Venimus, inquit Sophronius, postea Theremithem ad abbatem Theodorum Alexandrinum. Aitque nobis senex: Filioli, multam revera perdiderunt Scythiotæ monachi juxta senum prædictionem. Credite enim mihi, filii, quia magna erat charitas apud Scythiotas magna abstinentia, magna discretio.

(6) *Metere cum eo sep'em nomina.*] Quæ hæc nomina, non satis capio. Si Græcus adesset textus, forte lucem aliquam afferret. Apud Pelagium libello xvii, num. 20: « Susceperunt certum spatium sexaginta modiorum, quod meterent. » Apud Ruffinum, supra lib. II, cap. 18, in Serapione: « Atque ex ea mercede octogenos unusquisque modios frumenti plus minus conquireret. Nondum tamen ex his liquet, quid sint *nomina.* Suggerebat Petrus Larisse-lius noster, *nomia,* a νέμω; unde νομοι et νομαι Ægyptiorum, ut intelligatur certa terræ portio.

(7) *Et minat me hinc.*] Verbum *minare* usurpatum non ecclesiasticis tantum scriptoribus, sed etiam profanis. Vide Onomast.

(8) *Temporibus Juliani.*] De auctore necis Juliani varia auctorum relatio. Vide Baronium tomo IV Annal. copiose hac de re agentem.

(9) *Hor.*] Frater Joannes Maria, magister sacri Palatii, in indice librorum expurgandorum hic notat: Hic est ille Or hæreticus Origenista, cujus Hieronymus meminit ad Ctesiphontem, quem pro sancto obtrudere conatus est miserabilis Evagrius; quocirca umbræ virtutum ejus in ventum abierunt. Hactenus ille. At non Evagrium, sed Ruffinum auctorem esse libri II de Vitis Patrum, in cujus capite 2 mentio fit Hor vel Or, docui fuse prolegomeno generali 4.

(10) *Levitonem.*] Ita Mss. et Parisiensis editio. Editi quidam *lebetonem,* alii *lebitonem.* Vario modo nomen hoc Græcis scriptum et elatum, unde et in Latino diversitas. Vide Onomasticon.

(11) *In Raythum, ubi sunt* LXX *arbores palmarum.*] Menologium 14 januarii, de Martyribus 43 in Raitho: « Ubi sunt xii fontes et LXX arbores palmarum, » quæ in Menæis ita Græce habentur. In sacris Litteris palmarum harum mentio est Exodi xv, quo alludit divus Hieronymus, epist. 4, ad Rusticum: « Et inter palmarum arbores myrrhæ amaritudo monstrata est. »

(12) *Macario.*] Frater Joannes Maria Brasichellensis, qui supra, hic notat: Circumspecte lege hanc de cranio a Macario reperto narrationem; nam quod cum placitis theologiæ haud recte cohæreat, ut apocrypha a multis rejicitur. Vide Bellarminum, libro II de Purgatorio, cap. 18. Sed eamdem explicat sanctus Thomas in iv Sent., Dist. 45, q. 2, art. 2, ad IV. Consule Sixtum Senens., annot. 45, lib. v Bibl. Hactenus ille.

Historiam hanc de cranio citat ex l. IV Vitarum Patrum Dionysius Carthusianus, libello de quatuor novissimis, art. 52. Breviate tamen, omittens ea quæ hic dicuntur de relaxatione pœnarum damnatorum, credo, quod rem eam inter scholasticos videret maxime controversam, dum quisque rem hanc interpretari conatur.

Bellarminus, tomo II, controv. 3, l. II, de Purgatorio, cap. 18, existimavit eam rem reperiri apud solum Damascenum, oratione de Defunctis; et quia ille ex Palladii historia Lausiaca citat, in qua nunc non exstat, existimavit rem falsam et apocrypham.

Sed mentio ejus rei in Menæis Græcorum, 19 Januarii, **663** et hoc loco apud Pelagium, et supra apud Ruffinum, libro III, num. 172, et apud Joannem Damascenum, libro de iis qui in fide dormierunt, ubi ita hanc Macarii historiam Græce narrat: Πρὸς τὸ ξηρὸν γὰρ κρανίον πυθόμενος περὶ τῶν κεκοιμημένων, μεμάθηκεν ἅπαντα. Εἶτα πρὸς τούτῳ, οὐδέποτε τοίνυν τινὰ παραμυθίαν εὐρίσκεται· ἣν γὰρ ὁ ἅγιος συνήθως ποιῶν ὑπὲρ τῶν κεκοιμημένων εὐχὰς, καὶ γνῶναι ἐφίετο εἰ ἄρα πρὸς ὄνησιν γίνονται· τοῦτο δὴ βουληθεὶς ὁ φιλόψυχος ἐπιδείξασθαι Κύριος, καὶ τὸν ἑαυτοῦ πληροφορεῖσθαι θεράποντα, τῷ ξυρανθέντι κρανίῳ λόγον ἀληθείας ἐνέπνευσεν. Ὅτε, φησίν, ὑπὲρ τῶν νεκρῶν τὰς δεήσεις προσφέρεις, τότε παραμυθίας μικρᾶς αἰσθανόμεθα: Macarius ex cranio arido sciscitando de defunctis pleraque edidicit. Et quia faciebat pro consuetudine sua pro defunctis preces, scireque desiderabat, nunquid illis prodessent, et an consolatio eis inde proveniret; Deus animarum amator, volens hoc servo suo pluribus et certis argumentis patefacere, cranio, quod exaruerat, verbum veritatis inspiravit. Prorupit enim cranium in hæc verba: Quando pro mortuis offers preces, consolatiunculam sentimus. »

Quare interpretatio aliqua quærenda. Quam vide apud divum Thomam in IV, d. 45, art. 2, q. 2, qui ait, damnatos recipere non veram aliquam pœnarum mitigationem, sed solum inane et fallax aliquod gaudium; quod nimirum videant se habere socios in pœnis, quale est gaudium dœmonum, cum aliquem decipiunt. Ibidem divus Thomas refutat variorum scholasticorum interpretationes hujusce loci. Certe cum veteres scholastici in rei bujus explicatione laboraverint, non habuere eam pro apocrypha.

(13) *Ad civitatem Atheniens um.*] Idem occurrit supra, ad librum CXI, n. 84. Gregorius Nazianzenus, oratione in laudem Basilii ritum describit quo tirones accedentes Athenas excipiebantur: Ἐπεὶ δ' ἂν οὖν τις ἐπιστῇ τῶν νέων, καὶ ἐν χερσὶ γένηται τῶν ἐχόντων, γίνεται δὲ ἡ βιασθεὶς ἢ ἑκών, νόμος οὗτός ἐστιν αὐτοῖς Ἀττικός, καὶ παιδιᾷ σπουδὴ σύμμικτος. Πρῶτον μὲν ξεναγεῖται παρά τινι τῶν προεληφότων, ἢ φίλων, ἢ συγγενῶν, ἢ τῶν ἐκ τῆς αὐτῆς πατρίδος, ἢ τῶν ὅσοι περιττοὶ τὰ σοφιστικὰ καὶ προσαγωγοὶ τῶν λημμάτων, κἀντεῦθεν μάλιστα διὰ τιμῆς ἐκείνοις· ἐπεὶ καὶ τοῦτο μισθός ἐστιν αὐτοῖς τῶν σπουδαστῶν τυγχάνειν. Ἔπειτα ἐρεσχελεῖται παρὰ τοῦ βουλομένου παντός· βούλεται δὲ αὐτοῖς οἶμαι τοῦτο, τῶν νεηλύδων συστέλλειν τὸ φρόνημα καὶ ὑπὸ χεῖρα σφῶν ἀπ' ἀρχῆς ἄγειν. Ἐρεσχελεῖται δὲ παρὰ μὲν τῶν θρασυτέρων, παρὰ δὲ τῶν λογικωτέρων, ὅπως ἂν ἀγροικίας ἢ ἀστειότητος ἔχῃ. Καὶ τὸ πρᾶγμα τοῖς μὲν ἀγνοοῦσι, λίαν φοβερὸν καὶ ἀνήμερον, τοῖς δὲ προειδόσι, καὶ μάλα ἡδὺ καὶ φιλάνθρωπον· πλείων γάρ ἐστιν ἡ ἔνδειξις, ἢ τὸ ἔργον τῶν ἀπειλουμένων. Ἔπειτα πομπεύει διὰ τῆς ἀγορᾶς ἐπὶ τὸ λουτρὸν προαγόμενος· ἡ πομπὴ δέ· διατάξαντες ἑαυτοὺς στοιχηδὸν κατὰ συζυγίαν ἐκ διαστήματος, οἱ τελοῦντες τῷ νέῳ τὴν πρόοδον, ἐπὶ τὸ λουτρὸν προπέμπουσιν· ἐπειδ' ἂν δὲ πλησιάζωσι, βοῇ τε πολλῇ καὶ ἐξάλμασι χρώμενοι, καθάπερ ἐνθουσιῶντες (κελεύει δὲ ἡ βοή, μὴ προβαίνειν, ἀλλ' ἴστασθαι, ὡς τοῦ λουτροῦ σφᾶς οὐ παραδεχομένου) καὶ ἅμα τῶν θυρῶν ἀρασσομένων, πατάγῳ τὸν νέον φοβήσαντες, εἶτα τὴν εἴσοδον ξυγχωρήσαντες, οὕτως ἤδη τὴν ἐλευθερίαν διδόασιν, ὁμότιμον ἐκ τοῦ λουτροῦ καὶ ὡς αὐτῶν ἕνα δεχόμενοι. Καὶ τοῦτό ἐστιν αὐτοῖς τῆς τελευτῆς τὸ τερπνότατον, ἡ ταχίστη τῶν λυπούντων ἀπαλλαγὴ καὶ κατάλυσις: « Cum autem juvenis quispiam accesserit, atque in eorum a quibus captus est manus et potestatem venerit (venit autem vel sponte, vel coactus), tum vero Attica hæc illis consuetudo est. Ludusque rei seriæ admistus. Primum apud eorum aliquem, qui priores ipsum arripuerint, hospitio accipitur, vel amicorum, vel propinquorum, vel qui ejusdem sunt patriæ, vel qui sophistices artem apprime callent, ac lucra magistris conciliant, eoque nomine apud eos in summo honore ac pretio sunt, quandoquidem illis mercedis loco est habere qui ipsorum commodis studeant. Deinde a quolibet cavillis lacessitur: quod quidem, ni fallor, eo faciunt, ut novitiorum animos contrahant, atque a principio ipsos in potestatem redigant. Lacessitur autem ab aliis audacius, ab aliis eruditius, prout ille vel rusticis et ineptis est moribus, vel urbanitate præditus. Atque id ignaris quidem horrendum valde et inhumanum videtur, iis autem perquam jucundum et suave, qui hoc prius norunt. Amplior enim est hæc minarum ostentatio, quam res ipsa. Tum per forum ad balneum cum pompa deducitur. Pompa autem hoc modo se habet. Qui deducendi juvenis munere funguntur, ordine collocati, atque æquis spatiis distincti, bini cum ad balneum antecedunt. Cum autem propius accesserint, quasi fanatico furore correpti, clamorem ingentem cum saltitatione tollentes (hic autem clamor, ne ulterius progrediantur, vetat, sed ut insistant, tanquam eos balneum minime admittat) simulque pulsatis januis, cum per strepitum juveni metum incusserint, postea concesso ingressu, ita demum eum in libertatem asserunt, atque a balneo redeuntem deinceps ut æqualem ac sodalem accipiunt. Atque hoc ipsis est totius hujusce cæremoniæ jucundissimum, nimirum ab his qui molestiam exhibent quamprimum liberari. » Atque hinc fluxisse videtur mos quarumdam Academiarum, quo tirones e trivialibus scholis ad publica Academiarum gymnasia accedentes probantur, exercentur, et dedolantur, uti fit Coloniæ, Basileæ, et in aliis aliquot Germaniæ Academiis; quam *Beanorum depositionem* vocant. Alibi dicuntur *pupillatu exui*. Vide Antonium Possevinum nostrum, libro I Bibliothecæ selectæ, cap. 19; Jacobum Pontanum nostrum, volumine I Dialogorum Latinitatis, progymnasm. 84; Jacobum Middendorpium, libro I de Academiis, cap. 16.

(14) *Meus codex.*] Socrates, libro IV, c. 18, juxta Latinum textum hoc Antonii apophthegma ita ex Evagrii Practico seu Monacho citat: Ἀντωνίῳ προσῆλθέ τις τῶν τότε σοφῶν, καὶ Πῶς διακαρτερεῖς, εἶπεν, ὦ πάτερ, τῆς ἐκ τῶν βιβλίων παραμυθίας ἐστερημένος; Τὸ ἐμὸν βιβλίον, ἔφη ὁ Ἀντώνιος, ὦ φιλόσοφε, ἡ φύσις τῶν γεγονότων ἐστί, καὶ πάρεστιν ὅτε βούλομαι τοὺς λόγους ἀναγινώσκειν τοὺς τοῦ Θεοῦ: « Quidam ex eorum numero qui id temporis sapientes sunt habiti, ad Antonium illum justum accedenti, quærentique quo pacto vitam posset sustentare, solatio illo quod ex libris capi solet orbatus, respondit: Meus liber, o philosophe, est natura rerum a Deo conditarum, quæ, quotiescumque animo lubitum sit meo, libros ipsius Dei ad legendum suppeditat. » Ita solemne sanctis viris in creaturis Deum legere.

DE VITIS PATRUM
LIBER SEPTIMUS,
SIVE
VERBA SENIORUM
AUCTORE GRÆCO INCERTO,
INTERPRETE PASCHASIO S. R. E. DIACONO.

PRÆLUDIUM.

664 Nihil habeo quod huic libro præmittam, præter jam dicta in prolegomeno generali 9, ubi diximus auctorem esse græcum incertum, quem nondum vidi a quoquam proditum; et Prolegomeno 14, ubi de Paschasio interprete inquisivimus.

Prologus.

Domino venerabili patri Martino presbytero et abbati Paschasius.

Vitas Patrum Græcorum (ut cætera) facundia studiose conscriptas, jussus a te, sanctissime pater, in Latinum transferre sermonem, in insolito, si licuisset, opere renuissem. Neque enim unquam quid scribi, ve legi, vel excudi potest, ingenio aut conscientia cordis prohibente. Scire enim me quod nihil sciam, non audeo dicere, ne verbum hoc sapientissimo Socrati surripiam. Sed quia tua pariter necesse est jussione utar, non gloriabor ingenio; sed fidem quam tibi debeo etiam in opere injuncto præstabo. Verum quia eloquentium virorum libri sunt plurimi sermone Latino conscripti, quorum lectionis expertum esse te etiam astruente testificor, si quid de illis aut hic insertum forte repereris, **665** ut minus eleganter expressum, ne meæ culpæ deputetur, exoro; quia sicut in dato mihi Codice reperi ea scripta, sic transtuli, licet nec ea studiose posse me proferre profiteor. Unde restat ut quod te jubente cœpi, te orante perficiam: quæ tamen si scribenda decreveris, ut tuo polire sermone digneris, exposco. Neque enim mihi liquebit quædam placuisse tibi, si non et aliqua displicuisse cognoverim.

VERBA SENIORUM.

CAPUT PRIMUM.
Contra gastrimargiam devincendam et desideria gulæ.

1. Quidam frater, quemadmodum in cella propria degere deberet, abbatem Sisoium requisivit (*Ruff., l.* III, *n.* 44). Cui respondit abbas Sisoi: Comede, inquit, panem tuum, et salem, et non sit tibi necessitas aliquid excoquendi, aut longius evagandi.

Alteri quoque idem requirenti, respondit Daniel propheta, cum dixit: Panem desideriorum non comedi (*Dan.* x).

2. Dixit unus senex ad alterum senem habentem charitatem, et suscipientem tam monachos multos quam sæculares: Lucerna quidem multis lucet, rostrum tamen proprium incendit (*Append. Pallad., c.* 20, *n.* 9).

3. Dixit unus ex Patribus: Quia invenitur homo multum comedens, et adhuc esuriens, continens se; alter autem comedit parum, et satiatur (*Ruff., l.* III, *n.* 48; *Pelag., libell.* x, *n.* 99). Qui autem multum comedit, et adhuc esuriens continet se, majorem mercedem habet, quam ille qui parum comedit, et satiatur.

4. Dixit quidam senex: Ne quod desideraveris, aliquando manduces: comede autem quod transmissum tibi fuerit a Domino, et gratias age (*Ruff.*, *l.* III, *n.* 49).

5. Quidam frater impugnabatur a spiritu blasphemiæ, et erubescebat dicere; et quoscunque audisset magnos senes, pergebat ad eos ut illis declararet; et mox ut perveniret, erubescebat dicere (*Ruff.*, *l.* III, *n.* 57). Cum tamen frequenter ad abbatem Pimenium veniret, vidit eum senex habentem cogitationes, et dixit ei: Ecce frequenter venis ad me habens cogitationes, et sic iterum remeas tristis, tecum illas portans: dic ergo, fili mi, quid est quod habes? At ille dixit: In blasphemia impugnat me diabolus, et erubesco dicere. Et mox ut aperuit causam, levior ejus impugnatio apparuit. Et dixit ei senex: Ne contristeris, fili; quando enim hæc cogitatio advenit, dic: Ego hac causa opus non habeo: blasphemia tua super te sit, Satanas. Hanc enim causam anima non vult: quamcunque causam anima noluerit, non diu permanebit. Et ita frater ille discessit.

6. Dixit abbas Moyses: Per has quatuor res pollutionis passio gignitur: per abundantiam escæ et potus, et satietatem somni, per otium et jocum, et ornatis vestibus incedendo (*Ruff.*, *l.* III, *n.* 58).

7. Idem dixit: Corporeæ multæ sunt passiones. Et dicit ei frater: Et quæ sunt, abba? At ille respondit: Quia Paulus apostolus dicit: Fornicatio et immunditia, vel omnis cupiditas nec nominetur in vobis, sicut decet sanctos (*Ephes.* v); visus quoque et fiducia frequenter ad prælium veniunt.

8. Abbas Macarius referebat quod cum maneret in illa solitudine ubi solus residebat (*Ruff.*, lib. III, *n.* 61; *Pelag.*, libell. XVIII, num. 9), inferius autem fuit altera solitudo, quæ plena erat multis fratribus, sero per viam circumspiciens, vidit dæmonem venientem in figura hominis vestitum linea tunica perforata; et per singula foramina vasa parva pendebant, et dixit ei senex: Quo vadis, maligne? Et respondit ei: Vado commonere fratres qui sunt inferius. Ait senex: Et propter quid tot vascula tecum fers? At ille dixit: Gustum fero fratribus; et ideo tanta fero, ut si unum non placuerit, porrigam aliud; quod si et illud displicuerit, ostendam aliud; et sic fieri non potest, nisi unum aliquid ex illis placeat eis. Et hæc dicens, discessit. Permansit autem senex in eodem loco, iterum per viam circumspiciens, usquequo dæmon rediret et cognosceret quæ indicaret. Et cum rediret, dixit ei: Salvus sis. At ille respondit: Quid mihi istud verbum, quia omnes mihi contrarii facti sunt, et nullus consilis meis acquiescit? Dixit ei senex: Ergo neminem ibi habes amicum? At ille respondit: unum habeo amicum, ipse mihi consentit. Et quoties viderit me huc atque illuc, cito convertitur me velut ventus. Cumque nomen ejus ab eo requisivit, dixit: Quia Theopistus [*Ruffin.*, Theopemptus; *Pelag.*, Theoctistus] dicitur. Et mox evanuit. Exsurgens itaque confestim abbas Macarius, descendit ad inferiorem eremum.

Quem cum vidissent fratres a longe, egressi sunt obviam ei; et unusquisque sperans quod apud se maneret, præparabat se. At ille requirens cellam Theopisti, ad eum profectus est. Cumque cum gaudio illum suscepisset, et essent uterque soli, dicit ei abbas Macarius: Quemadmodum tecum est, frater? At ille respondit: Interim orationibus tuis bene est. Et senex ait: Non te impugnant cogitationes? At ille ait: Interea bene sum. Erubescebat enim dicere. Et dicit ei senex: Ecce quot annis sum in solitudine, et ab omnibus honoror; et in hac ætate, cum sim senex, molestæ sunt mihi cogitationes. Respondit Theopistus, et ait: Crede, abba, quoniam et mihi. Tunc senex singulas cogitationes quasi se impugnantes fingebat, usquequo confiteretur illi totum Theopistus. Post hæc dixit senex: Quemadmodum jejunas? At ille dixit: usque ad nonam. Dicit ei senex: Jejuna usque ad vesperam, et de Evangelio vel de aliis Scripturis, sine cessatione semper aliquid meditare: et quoties tibi aliqua cogitatio supervenerit, nunquam deorsum aspicias, sed sursum oculos cordis intende, et mox Dominus adjutor tibi erit. Et ita discessit ad propriam solitudinem. Et dum insisteret orationi, circumspiciens viam, iterum vidit dæmonem eumdem, et requirit eum: Quo vadis? At illi simili modo, fratres commonere, respondit. Cum autem reverteretur, interrogavit eum senex: Quemadmodum nunc se habent fratres? At ille dixit: Male, quoniam omnes agrestes effecti sunt, et quod de omnibus pejus est, unum quem habui amicum obedientem mihi, et ipse nescio unde conversus, omnibus asperior est; et juravi me non calcaturum illum locum, nisi post multum tempus. Et hæc dicens, discessit.

9. Interrogavit quidam frater super cogitationes suas abbatem Pimenium. Et respondit senex: Monachus si ventrem, et luxuriam, et linguam renuerit, et vagationem non fuerit sectatus, confido quia non morietur, sed vivet in perpetuum (*Ruff.*, *l.* III, *n.* 63, *Pelag.*, libell. v, *n.* 9).

10. Duo fratres ad abbatem Eliam venerunt, impugnati a cogitationibus (*Ruff.* *l.* III, *n.* 64). Et videns eos senex, quod corpulenti essent, tanquam ad discipulum suum subridens, dixit: Vere, frater, ego erubesco pro te, quia sic in sagina nutristi corpus tuum: quia esca vermium sumus, cum profitearis te esse monachum; pallor enim cum humilitate, et macies, decus est monachi. Item dixit: Quia monachus edens multum, et operans multum, non confidat; qui autem parum edit, etiam si parum operetur, confidat et agat viriliter.

CAPUT II.
Contra philargyriam, et de perfecta abrenuntiatione.

1. Quidam juvenis volebat abrenuntiare mundo (*Ruff.* *l.* III, *n.* 67; *Pelag.*, libell. XIV, *n.* 4), et frequenter eum egressum de domo sua revocabant cogitationes involventes plurimis negotiis; erat enim dives valde. Uno die egresso eo, hostes immundi circumdederunt eum, et multum pulverem excita-

verunt ante illum. Ille vero confestim exspolians se, et jactans vestimenta sua, currebat nudus ad monasterium. Declaravit autem Deus uni seni, dicens : Surge, et suscipe athletam meum. Surgens ergo senex, obviavit illi nudo ; et cognoscens causam, admiratus est, et dedit illi habitum monachalem. Quando autem aliqui veniebant ad senem requirere de cogitationibus variis, instruebat eos de abrenuntiatione mundana, et dicebat. Illum fratrem requirite, qui nec indumenta sui corporis servavit, quia ego ad mensuram renuntiationis istius necdum perveni.

2. Dicebat autem Paulus abbas Galata : Si aliquas res voluerit monachus in cella sua habere præter eas sine quibus non potest vivere, frequenter cogitur e cella egredi, et ita a dæmonibus prævaricatur ac decipitur (*Ruff.*, *l.* III, *n.* 72). Hic autem ipse Paulus in una quadragesima cum sextario lentis et parvo vasculo aquæ perduravit, et unam mattulam faciens, eamdem texebat et retexebat, ne tantummodo foras exiret.

3. Quidam frater requisivit senem, dicens : Fac, abba, charitatem, et dic mihi sermonem, quid debeam in juventute congregare, ut habeam illud in senectute. Respondit senex : Aut Christum adipiscere, et cogita de te ; aut certe pecuniam, ne mendices ; ergo tuum est eligere aut Dominum Deum, aut mammonam.

4. Frequenter abbas Agathon suum discipulum commonebat, dicens : Ne aliquando tale aliquid tibi acquiras, quod fratri te petenti dare pigeat, et per hoc inveniaris mandata Dei transgrediens. Qui petit, da ei ; et volenti a te mutuari, ne avertaris (*Lucæ* VI).

CAPUT III.
Nihil dolendum monacho, si quid perdiderit aut amiserit.

1. Abbas Macarius dum esset in Ægypto, et egressus fuisset de cella sua, regressus invenit quemdam latronem furantem id quod in cella sua haberet (*Ruff.*, *l.* III, *num.* 73; *Pelag.*, *libell.* XVI, *n.* 6). Stetit ergo et ipse tanquam peregrinus, et carricavit animal cum illo ; et cum magna patientia deduxit eum, dicens : Nil intulimus in hunc mundum (*I Tim.* VI) : Dominus dedit, Dominus abstulit, sicut illi placuit, ita factum est, benedictus Dominus in omnibus.

2. Quidam frater vicinus cujusdam magni senis, occulte ingrediebatur cellam ejus ; et quidquid habebat senex, furabatur (*Ruff.*, *l.* III, *n.* 74; *Pelag.*, *libell.* XVI, *n.* 19). Cum autem videret senex, non illum arguebat, sed amplius operabatur, dicens : Puto, 667 frater ille necessarius est. Habebat ergo senex grandem tribulationem ex penuria panis. Cum autem moriturus esset, et circumdedissent eum alii fratres, ille cum vidisset illum fratrem qui solebat illi furari, dicit ei : Accede huc ad me, frater. Et apprehendens manus ejus, osculatus est eas, dicens : Gratias ago manibus istius fratris, quia propter eum arbitror me iturum in regnum cælorum. Ille autem compunctus, et agens pœnitentiam, factus est et ipse strenuus monachus, ex actibus suis quos vidit.

CAPUT IV.
Quod tolerantia paupertatis in requiem ducit.

1. Dicebat unus ex senibus : Nihil invenimus scriptum de Lazaro illo paupere quod aliquam virtutem fecisset ; nisi hoc tantum, quia nunquam adversus divitem murmuravit, quamvis illi nullam misericordiam faceret ; sed cum gratiarum actione portavit laborem paupertatis suæ, ideoque in sinum Abrahæ susceptus est.

2. Item dixit : Quia non oportet quemquam cogitare, nisi de timore Dei. Nam etsi coactus fuerit de corporali necessitate esse sollicitus, nunquam cogitet de ea ante tempus.

CAPUT V.
De reprimenda avaritia.

1. Abbas Silvanus dum modicum discessit a cella, discipulus suus Zacharias cum aliis fratribus sepem horti amovit, et fecit hortum majorem. Quod postquam regressus senex agnovit, tulit meloten suam ut discederet. At illi projicientes se ad pedes ejus, propter quid hoc faceret, ut indicaret, postulabant. Tunc senex ait : Non ingredior, inquit, in cellam hanc, nisi sepes fuerit in locum suum revocata. Quo mox facto, ita regressus est.

2. Quidam frater requisivit senem, dicens : Si mihi debet paucos nummos frater, jubes ut repetam eos (*Ruff.*, *l.* III, *n.* 170) ? Cui senex : Semel tantummodo illi dic cum humilitate. At ille dixit : Quod si semel dixero, et nihil mihi dederit, quid faciam? Tunc senex ait : Ulterius ei nihil dicas. At ille iterum ait : Et quid faciam, quia non possum vincere cogitationem meam, nisi fuero illi importunus ? Dicit ei senex : Dimitte cogitationes tuas, tantummodo fratrem tuum ne contristeris, quia monachus es.

3. Abbas Agathon volentibus emere opera manuum suarum, cum requie vendebat : pretium autem erat, cribri quidem nummi centum ; sportellæ vero, ducenti quinquaginta ; et volentibus comparare dicebat pretium, et quidquid illi dedissent, suscipiebat tacens, nec aliquando dinumerans. Dicebat enim : Quid mihi prodest concertare cum illis, ut illi peccent forsitan jurantes, et quando superfuerint nummi, erogem illos fratribus ? Sed quia Deus non vult hujuscemodi eleemosynam a me, neque illi placet ut aliquem permittam in sacrificando peccare. Et dum illi frater diceret : Et panis in cellam unde venturus est? dixit ei : Quid enim panis hominum in cella?

CAPUT VI.
Contra iram, et de origine iræ.

1. Dixit quidam ex sanctis Patribus (*Ruff.*, *l.* III, *n.* 76) : Ira per hos quatuor actus exsurgit, propter cupiditatem avaritiæ dandi et accipiendi, [r]esque alienas rapiendi, et si quis propriam sententiam amans defendit ; et si quis se vult honoribus esse dignum ; et si quis doctorem se esse vult, plus omnibus sapientem se esse sperans. Ira etiam per hæc quatuor

humanos sensus obscurat, si odio habuerit homo proximum suum, aut si pro nihilo habuerit, aut si inviderit illi, aut si detractaverit de eo. Ad hoc sanctum Joannem evangelistam ostendam auctorem : Qui odit, inquit, fratrem suum, in tenebris est, et nescit quo eat, et manet in morte (*I Joan.* II). Passionis autem hujus retributio quatuor modos habet : primum ex corde, secundum ex facie, tertium ex lingua, quartum ex facto. Si quis ergo potuerit ita portare malum, ut non ingrediatur in corde, non pervenit usque ad faciem. Si autem venerit in faciem, custodiat linguam suam, ne loquatur illud. Quod si locutus fuerit, vel hoc custodiat, ne reddat in facto, sed mox abscidat a corde. Tres enim gradus sunt hominum in passione iræ. Nam qui nulli voluntarie nocet, et resistentibus non injuriatur, et parcit proximo suo, hic secundum Christi naturam est. Qui autem nec alium lædit, neque se lædi vult, hic secundum Adam est. Qui vero aliis nocet, aut injuriatur, aut calumnias ingerit, aut usuras exigit, hic secundum diabolum est.

2. Quidam fratres venientes ad abbatem Antonium, postulabant ab eo audire sermonem per quem salvarentur (*Joan.*, *libel.* IV, n. 11). Quibus ille ait : Scripturas audivistis, et scitis quæ vobis a Christo sufficiant. At illi, ut ipse quoque aliquid eis dicere dignaretur, instabant. Tunc dicit eis : Evangelium dicit : Si quis te percusserit in maxillam dexteram, præbe illi et alteram (*Matth.* V). At illi se facere hoc non posse dixerunt. Respondit senex : Præbere alteram non potestis? vel in illam iterum, si volueris, ferire sustinete. Sed cum neque hoc se posse facere testarentur, dicit eis senex : Ergo si hoc non potestis, ne reddatis malum pro eo quod accepistis. Et cum idem verbum, quod superius dixerant, repeterent, dixit abbas Antonius discipulo suo : Vade, fac illis escas, ut comedant, vides enim quod valde infirmi sunt. Et ait ad illos : Si enim hoc non potestis, et alterum non vultis, quid a me requiritis? ut video, necessaria est vobis oratio, per quam infirmitas vestra sanetur.

CAPUT VII.
De retribuendo bonum pro malo.

1. Quidam ex fratribus ab alio passus injuriam, venit ad abbatem Sisoim ; et contumeliæ genus exponens, addebat : Cupio me vindicare (*Ruff.*, *l.* III, n. 77; *Pelag.*, *libell.* XVI, n. 10). Senex autem rogabat eum, ut relinqueret Deo vindictam. At ille iterum, Non desistam, inquit, nisi fortiter me vindicavero. Cui abbas Sisois ait : Quia semel hoc in animo posuisti, saltem oremus. Et exsurgens senex his verbis cœpit orare : Deus, jam non es nobis necessarius, ut pro nobis sollicitus sis, quia nos ipsi, sicut iste frater dicit, et volumus et possumus vindicare. Quod cum ille frater audisset, ante pedes senis prostratus, veniam precabatur, promittens se cum illo cui irascebatur nunquam deinceps esse certaturum.

2. Quidam frater cum ab altero injuriaretur, venit et annuntiavit seni (*Ruff.*, *lib.* III, n. 78). Cui senex respondit : Satisfac cogitationi tuæ, quoniam frater non vult te injuriari, sed peccata tua submittunt illum. Nam in omni tentatione quæ tibi contigerit, per omnia ne arguas eum ; nisi tantummodo dic : Quia propter peccata mea contingunt mihi hæc.

3. Dicebat frequenter abbas Pimenius : Malitia nunquam exsuperat malitiam : sed si quis malefecerit tibi, tu illi bonum redde, ut per bonitatem vincas malitiam (*Ruff.*, *lib.* III, n. 79 ; *Pelag.*, *libell.* X, n. 53).

4. Quidam frater erat (*Ruff.*, *lib.* III, n. 80 ; *Pelag.*, *libell.* XVI, num. 12), qui quanto plus eum aliquis injuriabatur aut incitabat, tanto magis ad eum recurrebat, dicens : Isti sunt qui nobis occasionem præbent ad perfectionem nostram; qui autem beatificant nos, decipiunt nos, et semitam pedum nostrorum subvertunt (*Isa.*, III).

5. Alius erat senex, si quis detraxisset ei, ille festinabat, si vicinus ei erat, per seipsum bene remunerare illum ; quod si longius manebat, transmittebat ei munera (*Ruff.*, *l.* III, n. 11)..

CAPUT VIII.
De non retribuendo inimicis

1. Quidam frater interrogavit abbatem Sisoi (*Ruff.*, *l.* XI, n. 82), dicens : Si latrones aut barbari super me irruerint, occidere me volentes, et ego si prævaluero, jubes ut occidam? Cui ille respondit : Ne facias istud, ne nomineris homicida, sed totum Deo contrade ; et quidquid tibi contigerit adversi, profitere hoc tibi propter peccata tua venire ; si quid vero boni fueris consecutus, divinæ dispensationi totum debes ascribere.

2. Erat eremita quidam magnus in monte qui dicitur Athabeos [*Ruffin.* Athlibeus], et venerunt super eum latrones (*Ruff.*, *l.* III, n. 83). Cum autem ille vocem dedisset, de vicinis locis fratres alii confluentes comprehenderunt eos. Quos transmissos in civitatem judex misit in carcerem. Fratres vero illi contristati sunt nimis, quia propter eos latrones traditi essent ad pœnam ; et venientes ad abbatem Pimenionem, narraverunt ei factum. Qui scripsit ad eremitam, dicens : Reminiscere primam proditionem, unde facta est, et tunc videbis secundam proditionem. Nisi enim proditus fuisses ab interioribus tuis, secundam publicationem nunquam perpetrasses. Cumque ille talem audisset sermonem, compunctus est ; et cum esset in illa regione nominatus, et per multum tempus de cella sua non exiens, exsurgens tamen in civitatem, et expellens latrones de carcere, liberavit eos publice

CAPUT IX.
De perfecta patientia.

1. Quidam videns laboriose portantem in lecto mortuum (*Pelag.*, *libell.* XVI, n. 11), dicit ei : Mortuos portas? si vis melius facere, vivos porta, quia pacifici filii Dei vocabuntur (*Matth.* V).

2. Interrogantibus quibusdam fratribus abbatem Moysen sermonem, ille hortatus est discipulum suum Zachariam, ut eis aliquid diceret. Tunc ille pallium suum deposuit sub pedibus, et conculcavit illud, et

dixit : Nisi quis sic fuerit concuicatus, monachus esse non potest (*Ruff.*, *l.* II, *n.* 86; *Pelag.*, *libel.* xv, *n.* 17).

3. Abbati Ammoni prophetavit beatus Antonius, dicens : Multum habes in timore Dei proficere. Et educens eum de cella, ostendit ei lapidem, et dicit ei : Vade et injuriare lapidem hunc, et indesinenter cæde illum. Quod cum fecisset, interrogavit eum sanctus Antonius, si ei aliquid lapis respondisset. At ille dixit : Non. Cui abbas Antonius ait : Ita et tu ad hanc mensuram perventurus es, ut nullam tibi fieri arbitreris injuriam.

CAPUT X.
Quod oportet pro pace, quamvis bona sint opera, dimittere.

1. Abbas Motois ædificavit sibi monasterium in loco qui dicitur Heracleona (*Ruff.*, *l.* III, *n.* 94). Et dum ibi a multis molestaretur, in alterum locum transgressus est, et similiter ibi construxit monasterium. Sed per invidiam diaboli quidam frater ibi inventus est, qui semper iram cum eo habebat : propter hæc surrexit inde, et ad proprium reversus est vicum ; et fecit illic monasterium, et reclusit semetipsum. Post tempus autem aliquantum congregati sunt senes de illo loco unde regressus est, deducentes secum illum fratrem, cum quo habuerat litem, quatenus rogarent eum, ut reducerent in monasterium suum. Postquam autem in vicina loca venerunt, tam melotes suas quam illum fratrem ibidem dereliquerunt, ipsique profecti sunt ad senem. Et pulsantibus illis, aperta fenestra respexit, et cognovit eos. Post orationem factam dicit eis abbas : Motois, ubi sunt melotes vestræ ? At illi responderunt : Ecce in vicino sunt una cum fratre, qui tecum iram habebat. Postquam hoc senex audivit, et nomen illius et adventum cognovit, præ gaudio ostium per quod ingressus fuerat, cum securi confregit ; et egressus, cucurrit ad locum ubi erat ille frater, et prior ipse cœpit agere pœnitentiam apud eum : et amplectens eum, introduxit in cellam suam, et per tres dies convivatus est cum eis, qui nunquam habebat consuetudinem ut jejunium solveret ; et surrexit, profectusque est cum illis.

2. Quidam frater requisivit abbatem Eliam, dicens : Si contristavero aliquem, quemadmodum rogem ? Respondit senex : Ex profundo cordis tui, cum dolore age pœnitentiam apud eum ; et videns Deus propositum tuum, satisfaciet ei.

CAPUT XI.
Contra spiritum tristitiæ, qui desperationem facit.

1. Abbas Arsenius dixit : Non coctus laterculus, si missus in fundamentum fuerit prope fluvium, neque uno die sufferre poterit ; si autem bene fuerit coctus, permanet tanquam lapis (*Pelag.*, *libell.* xv, *n.* 54, *nomine Orsisii*). Sic et homo non coctus neque inflammatus, secundum quod de Joseph dictum est, Eloquium Domini inflammavit eum (*Psal.* CIV), mox in principio carnalis cogitationis dissolvitur.

2. Idem requisitus ab altero fratre dicente : Si peccavero, etiam in quocunque minuto peccato, et consumit me cogitatio mea, et arguit me, dicens : Quare peccasti ? quid faciam ? Respondit senex : Quacunque hora ceciderit homo in culpam, et dixerit ex corde : Domine Deus, peccavi, indulge mihi ; mox cessabit cogitationis vel tristitiæ illa consumptio.

3. Dicebat autem abbas Pimenius de abbate Isidoro, quia solus ille se cognovisset (*Ruff.*, *lib.* III, *n.* 101). Nam quoties illi dicebat cogitatio sua : Quia magnus es, tunc et ipse respondebat sibi : Nunquid talis qualis Antonius, aut certe abbas Piamon, vel reliqui Patres qui Deo placuerunt ? Quoties ergo hæc cogitabat, requiescebat. Quando vero inimicus, conturbans eum, suggerebat ei desperationem et pœnam, dicens : Quoniam post hæc omnia iturus es ad tormenta, dixit ipse : Quia quamvis ego in tormenta mittar, tamen vos subtus me invenio.

4. Abbati Moysi frequenter apparuerunt spiritus maligni (*Ruff.*, *l.* III, *n.* 102), dicentes : Vicisti nos, et nihil tibi possumus facere ; quoniam quoties per desperationem humiliare te volumus, exaltaris ; quoties te exaltare, ita te humilias, ut nullus de nobis accedat a te.

5. Cum quidam ad abbatem Sisoium frequenter talem sermonem requireret (*Ruff.*, *l.* III, *n.* 103), Quid faciam, Pater, quoniam cecidi ? Ille respondit : Surge. Et surrexit. Et iterum se cecidisse professus est. Ait senex : Et iterum surge. Cum autem frater frequenter se cecidisse narraret, eodem senex utebatur sermone, exclamans : Non cesses surgendo, fili. Cui frater : Usquequo possum surgere, Pater, explana. Ait senex : Quousque aut in bono opere, aut in malo deprehensus, occumbas. In quo enim opere deprehensus fuerit homo, judicabitur.

6. Item dixit : Qui laborat, et arbitratus se fuerit aliquid facere, recipit hic mercedem suam.

CAPUT XII.
Contra spiritum vanæ gloriæ.

1. Quidam frater requisivit abbatem Pimenium : Si melius esset, remotius, an cum aliis manere (*Ruff.*, *l.* III, *n.* 110) ? Respondit senex : Homo si semetipsum reprehenderit, ubique potest persistere ; si autem se magnificat, nusquam stat, sicut scriptum est : Qui se existimat aliquid esse, cum nihil sit, ipse se seducit (*Galat.* VI). Quidquid enim homini fecerit homo, ne exsultet in eo quia mox perdet illud.

2. Abbatem Macarium si quis cum timore velut sanctum virum voluisset audire, suspectus nullum penitus a sene excipiebat responsum. Si quis vero, velut contemnens eum, talibus verbis compellaret : Abba Macari, quando eras camelarius et nitrum furabaris, nunquid non vapulabas a magistris, deprehensus in furto ? libenter ei, quidquid requisisset, cum gaudio respondebat.

3. Abbas Nesteron, dum cum aliis ambularet fratribus in deserto, viderunt draconem, et fugerunt (*Pelag.*, *libell.* VIII, *n.* 12). Dicit ei unus ex eis : Et tu times, abba ? Cui senex : Non timeo, fili, sed oportuit me fugere : quia nisi fugissem, cogitationem vanæ gloriæ non vitassem.

4. Venit aliquando ad abbatem Zenonem in Syria aliquis frater Ægyptius, et cœpit cogitationes proprias accusare, præsente sene (*Ruff.*, *l.* III, *n.* 111). Ille autem audiens hoc, admiratus dixit : Ægyptii quas habent virtutes celant, et vitia quæ non habent manifestant ; Syri autem et Græci virtutes quas non habent prædicant, et vitia quæ habent abscondunt.

5. Quidam senex, cum venisset ad alium senem, dixit : Ego mortuus sum huic sæculo (*Ruff.*, *l.* II, *n.* 116; *Pelag.*, *libell.* XI, *n.* 38). Cui ille alter : Ne confidas in te, donec egrediaris de corpore hoc. Nam etsi dicis tu, Quia mortuus sum; diabolus tamen necdum mortuus est, cujus innumerabiles sunt malæ artes.

6. Abbas Sisois, cum sedens, præsente fratre altero, factus esset in exstasi, et altero audiente nesciens suspirasset, cœpit pœnitere, ac dicere : Indulge mihi, frater, exposco; necdum enim me cognosco esse monachum, quia audiente altero suspiravi. Quoties autem in oratione senex idem stans manus suas erexit ad cœlum, cito deponebat manus, propterea, si alter præsens esset, ne hoc ipsum illi pro laude constaret.

7. Quidam senex habitabat in inferioribus partibus Ægypti, et sedebat quiescens (*Ruff.*, *lib.* III, *n.* 118; *Joannes, libell.* IV, *n.* 55). Unus autem sæcularis religiosus ministrabat ei. Contigit autem ut filius sæcularis infirmaretur. Multis ergo precibus postulabat senem, ut veniret ad domum suam, et faceret orationem pro infante. Exsurgens vero senex, ambulabat cum eo. Ille autem præcessit, et ingressus in domum suam, dixit : Venite in occursum anachoretæ. Quos cum senex vidisset a longe egressos cum lampadibus, sensit quod ad se venirent ; et statim despolians se vestimenta sua misit in fluvium, et cœpit lavare stans nudus. Ille autem qui ministrabat ei, videns hæc erubuit. Et rogabat homines, dicens : Revertimini, senex enim noster sensum perdidit. Et veniens ad eum, ait illi : Abba, quid est hoc quod fecisti? Omnes enim qui te viderunt dixerunt : Quia dæmonium habet senex. Cui ille : Ego vero volebam hoc audire.

8. Item alia vice volebat eum aliquis videre ex judicibus, et præcesserunt clerici, dicentes ei : Abba, præpara te, quoniam judex audiens opera tua veniet ad te, benedici cupiens a te (*Pelag.*, *libell.* VIII, *n.* 18, *nomine Simonis*). Ille autem dixit : Ita faciam, ego præparabo me. Vestitus ergo lebetone (1) suo, et tollens panem et caseum in manibus, adscendit in portam, et divaricatis pedibus sedens, cœpit manducare. Veniens autem cum officio suo judex, et videns eum, dixit : Iste est anachoreta de quo talia audiebamus? Et contemnens eum, ita discessit.

CAPUT XIII.
Contra spiritum superbiæ.

1. Quidam senex dixit : Qui ab hominibus amplius honoratur aut laudatur, non parvum damnum patitur ; qui autem ab hominibus non honoratur, desuper gloriam accipit (*Ruff.*, *l.* XIII, *n.* 112; *Pelag.*, *libell.* XV *num.* 56).

2. Item dixit : Fieri non potest ut simul herba nascatur et semen ; ita impossibile est ut laudem et gloriam habentes sæcularium, simul et fructum faciamus cœlestem (*Ruff.*, *l.* III, *n.* 113 ; *Pelag.*, *libell.* VIII, *n.* 20, *nomine Syncleticæ*).

3. Item dixit (*Ruff.*, *l.* III, *n.* 115; *Pelag.*, *libell.* XV, *n.* 54) : Quando cogitatio superbiæ, vel certe vanæ gloriæ te impugnat, perscrutare teipsum, si omnia mandata Dei servasti, si inimicos diligis, si gaudes de gloria inimici tui, et contristaris in dejectione ejus ; si apud te habes, quoniam servus inutilis es, et quod plus omnibus hominibus sis peccator; et neque tunc tam grande aliquid sapias, tanquam aliquid boni feceris, sciens quod elata cogitatio illa omnia bona dissolvit.

4. Dixit senex cuidam (*Pelag.*, *libell.* XV, *num.* 55) : Non apponas cor tuum adversus fratrem tuum, dicens : Quomodo tu amplius sobrius es quam ille, et continentior ? sed subditus esto gratiæ Dei in spiritu paupertatis, et per charitatem non fictam, ne spiritu exaltationis perdas laborem tuum.

5. Item dixit senex : Quantumcunque enim se deposuerit homo in humilitate, tantum quoque proficit in altum (*Ruff.*, *lib.* III, *n.* 171; *Pelag.*, *libell.* XV, *n.* 77). Sicut enim superbia, si ascenderit in cœlum, usque ad infernum deducitur; ita et humilitas, si descenderit ad infernum, tunc exaltabitur usque ad cœlum.

6. Abbas Macarius, dum diluculo palmarum folia portans ad cellam suam reverteretur, occurrit ei diabolus cum falce præacuta, volens eum percutere, et non valebat (*Ruff.*, *l.* II, *n.* 124; *Pelag.*, *libell.* XV, *n.* 26). Qui exclamans, ait : Magnam vim a te patior, Macari, qui cum te cupio nocere, non valeo ; dum quæcunque tu facis, ego magis exsuperem. Tu ergo interdum jejunas, ego nunquam ullo cibo reficior. Tu sæpe vigilas, me vero nunquam sopor oppressit, sed una re me vincis ipse, fateor. Cumque ab eo rem ipsam Macarius requisisset, ait : Humilitas tua sola me vincit. Hæc dicente inimico, et extendente beato Macario manus suas ad orationem, spiritus immundus inter auras evanuit.

7. Quidam ex Patribus dicebat : Omnis labor sine humilitate vanus est (*Ruff.*, *l.* III, *n.* 126). Humilitas enim præcursor est charitatis. Sicut Joannes præcursor erat Jesu, omnes trahens **671** ad eum : ita et humilitas attrahit ad charitatem, id est, ad ipsum Deum, quia Deus charitas est.

8. Quidam frater requisivit a sene : Quid est humilitas? Cui senex : Arbor est vitæ, in altum excrescens (*Pelag.*, *libell.* XV, *nomine Hyperichii*).

9. Item dixit : Terra, in qua Deus dixit sibi sacrificium offerre, humilitas est (*Pelag.*, *libell.* XV, *n.* 57 *nomine Pastoris*).

10. Iterum requisitus senex quidam : Quomodo potest anima humilitatem adipisci? Respondit : Si tantummodo mala homo consideret. Dicebat autem,

Quia perfectio hominis est humilitas (*Ruff.*, *l.* III, *A* n. 171; *Append. Mart.*, n. 58).

11. Dixit abbas Motois: Humilitas nec ipsa irascitur, nec alios irasci permittit.

12. Item dixit: Humilitas est, si quando peccaverit in te frater tuus, antequam poeniteat, indulseris ei (*Pelag., libell.* XV, *n.* 60)

CAPUT XIV.
Quod perfecti viri, quamvis possint, nolunt miracula facere, ne extollantur.

1. Abbas Joseph, dum cum aliis fratribus ad abbatem Pimenium veniret (*Ruff., l.* III, *n.* 168; *Joan., libell.* II, *n.* 10), quidam ex parentibus prædicti senis Pimenii attulit infantem, cujus facies per arreptionem diaboli fuerat depravata; et sedens pater ejus cum eo foris monasterium, plorabat. Cum autem unus senex ad vocem flentis egressus esset, et interrogaret eum cur ploraret, ille respondit: Parens sum istius Pimenii, et ob hoc veni, ut videret infantem hunc. Vides, domine, quæ huic infanti per Satanam contigerit tentatio. Timuimus enim usque nunc illum huc offerre, quia non vult nos videre. Et nunc si cognoverit quod hic ego sum, cum confusione ejiciet me. Ego autem vos videns, Patres, qui modo ad eum venistis, præsumpsi venire huc. Quomodo ergo vis, vade et miserere mei, abba; et tolle infantem istum, et defer intus tecum, ut oret pro me. Quem cum senex tulisset, et ingressus fuisset in cellam, sapienti consilio usus, non illum obtulit primo abbati Pimenio, sed minoribus Patribus, et dicebat: Signate infantem, fratres, facientes orationem, rogans per singulos senes. Et post omnes detulit illum Pimenio, At ille nolebat eum nec aspicere. Cum autem rogarent eum ut sicut omnes, sic et ipse oraret, ingemuit, et surgens oravit, dicens: Deus, sana facturam tuam, ne dominetur ei inimicus. Et signavit infantem, et mox sanus est patri redditus.

2. Cum quidam sæcularis in ecclesiam veniens ab immundo spiritu teneretur, et omnes orationem fecissent, nullatenus spiritus immundus egrediebatur ab eo (*Ruff., l.* II, *n.* 121; *Joan., libell.* II, *n.* 4). Dicunt ergo inter se fratres: Quid possumus huic spiritui facere? nemo illum potest excutere, nisi abbas Besarion; sed si hoc dixerimus, ille nec ad ecclesiam acquiescit venire. Sed faciamus taliter: quando ad ecclesiam ante omnes solet venire, hunc qui patitur faciamus sedere, et postea dicamus: Abba, abba, suscita hunc dormientem. Fecerunt ergo ita. Et veniente abbate Besarione, steterunt omnes in oratione, et dicunt ei: Abba, suscita istum qui dormit. Ille autem dixit: Surge, et egredere foras. Et mox egressus est ab eo spiritus immundus, et sanus factus est ex illa hora.

CAPUT XV.
Quod utiliter aliquoties in sordidis cogitationibus relinquimur, ne extollamur.

1. Sæpe dicebat beatus Antonius: Nisi pistor velaret oculos animalis, mercedem suam recipiens, ipse consumeret (*Ruffin., l.* III, *n.* 128; *Pelag., libell.* XV, n. 80). Ita et nos per Dei dispensationem tegimen accipimus, ut ea quæ operamur bona, non valeamus intendere, ne nos ipsi beatificantes, possimus extollere, et mercedem propriam amittamus. Nam et ob hoc quando relinquimur in sordidis cogitationibus, necesse est ut hoc tantummodo prævideamus, ut nos ipsos et nostram sententiam condemnemus; et ea quæ sunt in nobis sordida, illud parvum bonum opus nostrum in nobis obscurent. Nunquam enim homo bonus est, etiam si bonus esse desideret, nisi Deus habitaverit in ipso, quia nemo bonus nisi solus Deus (*Luc.* XVIII). Oportet autem ut nos ipsos semper veraciter incusemus. Quando enim se quisque non reprehendit, mercedem propriam amittit.

2. Idem beatus Antonius, dum in cella propria oraret, venit ad eum vox, dicens: Antoni, necdum pervenisti ad mensuram coriarii, qui est in Alexandria (*Ruff., l.* III, *n.* 130). Quo audito, senex consurgens mane, arrepto baculo in civitatem festinus pervenit. Cumque ad designatum hominem pervenisset, et ingressus fuisset, ille viso tanto viro obstupuit. Cui dixit senex: Refer mihi opera tua, quia propter te, relicto deserto, huc veni. Qui respondens, ait: Nescio me aliquando aliquid boni perpetrasse, unde ex cubili proprio mane consurgens, antequam in opere meo resideam, dico quod omnis hæc civitas a minore usque ad majorem, ingreditur in regnum Dei propter justitias suas, ego autem solus propter peccata mea poenam sempiternam ingrediar. Quod verbum mane, et antequam quiescam sero, ex cordis mei sentio veritate. Quod audiens beatus Antonius, respondit: In veritate, fili, sicut bonus artifex sedens in domo tua, **672** cum requie regnum Dei adeptus es: ego autem velut sine discretione omne tempus meum in solitudine conversatus, necdum verbi tui assumpsi mensuram.

3. Quidam frater requisivit abbatem Pimenium, dicens (*Ruff., lib.* III, *n.* 131): Quid est, Pater, quod Apostolus dicit: Omnia munda mundis? At ille dixit: Si quis ad hunc sermonem pervenire potuerit, ut eum intelligat, videbit se minorem esse totius creaturæ. Cui frater: Et quomodo me possum videre minorem ab eo qui homicida est? Respondit senex: Si potuerit homo ad sermonem hunc Apostoli pervenire, et viderit hominem qui forte alium occiderit, dicit in semetipso: Ille quidem hoc solum peccatum fecit, ego autem omni hora homicidium committo, meipsum interficiens. Et cum frater requireret quomodo hoc posset fieri, respondit senex: Hæc sola hominis justitia est, ut semper semetipsum reprehendat; et tunc justificabitur, cum sua peccata condemnat.

4. Quidam frater dixit ad senem: Cogitatio mea dicit mihi, Bonus sum. Respondit ei senex: Qui non videt peccata sua, semper ille in bonis esse se credit; qui autem videt illa, cogitationes illi suadere non possunt quod in bonis sit; scit enim quod videt. Opus ergo est laborare multum, ut se quisque consideret; nam negligentia, ignaviaque, et relaxatio excæcant oculos cordis nostri.

5. Quidam frater dixit abbati Pimenio: Cogitationes meæ non permittunt me peccata mea respicere, sed Patres mei cogunt me cogitare peccata. Respondit abbas Pimenion, de abbate Isidoro referens, et dicens: Dum plangeret abbas Isidorus in cella sua, et discipulus ejus in alia cella sederet, contigit ut illa hora idem discipulus ad illum veniret, qua ille plangebat, et requisivit eum, dicens: Quid plangis, Pater? At ille respondit: Peccata mea plango, fili. Iterum dicit ei: Non habes peccata, abba. Dicit ei senex: O fili, si peccata mea Deus manifestaret hominibus nec tres, nec quatuor sufficerent, sed nec plures.

CAPUT XVI.
Quomodo vitetur detractio.

1. Quidam frater requisivit abbatem Pimenium, dicens: Quomodo potest homo vitare, ne loquatur male proximo suo (*Ruff.*, *l.* III, *n.* 133)? Respondit senex: Ego et proximus meus duæ imagines sumus. Cum ergo meam imaginem reprehendero, invenitur imago fratris mei apud me venerabilis; quando autem meam laudavero, tunc fratris mei imaginem pravam respicio. Tunc ergo alii non detraho, si semper meipsum reprehendo; quia magnum virum despicit, qui seipsum non considerat.

2. Dicebat quidam Patrum: Quidquid habes odio, alii ne facias (*Ruff.*, *l.* III, *n.* 153; *Pelag.*, *libell.* I, *num.* 21). Si odis qui tibi male loquitur, neque tu male loquaris de alio. Si odio habes qui tibi facit calumniam, neque calumniam tu alicui facias. Si odio habes qui te in contemptu ducit, aut injuriis appetit, aut aufert quod tuum est, aut aliquid tale facit, nihil horum facias alicui. Qui autem hoc verbum custodire potest, sufficit ei ad salutem.

3. Unus ex sanctis Patribus videns alium negligentem, flevit amare, dicens: Væ mihi, quia quomodo hodie iste peccat, sic et ego crastino. Et monebat discipulum suum, dicens: Quamvis aliquis graviter præsente te peccaverit, ne condemnes eum; sed sic apud te sit, tanquam tu plus eo pecces, quamvis ille sæcularis sit, nisi forte Deum blasphemaverit, quod est hæreticorum.

4. Quidam nomine Timotheus anachoreta, negligentem quemdam fratrem audiens, interroganti abbati quid illi fratri faceret, dedit consilium ut eum expelleret (*Ruff.*, *l.* II, *n.* 140). Cum ergo ille expulsus esset, tentatio venit super Timotheum. Et cum imploraret in conspectu Dei, et diceret: Peccavi, miserere mei; venit ad eum vox, dicens: Timothee, ideo tibi hoc evenit, quia fratrem tuum in tempore tentationis suæ despexisti.

CAPUT XVII.
De voluntate proximi facienda.

1. Frater quidam requisivit abbatem Pimenion, dicens: Quid est fides? Cui senex: In charitate et humilitate semper vivere et facere bonum proximo suo.

2. Abbas Theodorus cum de opere manuum animæque loqueretur, dicit ad eum frater: Explana nobis opus animæ, abba, et opera manuum. Cui senex: Omnia quæcunque pro mandato Dei facimus, in operibus animæ reputanda sunt; quæ vero pro nostra agimus utilitate vel commodo, hæc omnia opera manuum esse noscuntur.

3. Abbas Apollo, si quis de fratribus eum in suo requisisset opere et labore, mox pergebat cum omni lætitia, dicens: Ego cum rege meo Christo vado hodie operari pro anima mea. Hæc est enim merces, quæ animæ reputatur.

CAPUT XVIII.
De refutatione propriæ voluntatis.

1. Quidam anachoreta sedebat juxta cœnobium, multas virtutes faciens (*Ruff.*, *l.* III, *n.* 138; *Pelag.*, *libell.* XIII, *n.* 8). Et cum venissent ad illum aliqui monachi de cœnobio, compulerunt eum non consueta hora manducare. Et post hoc dixerunt ei fratres: Contristatus es, abba, aliquid, quia hodie contra consuetudinem fecisti? Quibus ille respondit: Tunc est mihi tribulatio, quando propriam fecero voluntatem.

2. Quidam frater veniens in Scythi, ut videret abbatem Arsenium postulabat. Cumque alii fratres ei, ut paululum requiesceret, suaderent, respondit: Non manduco panem, nisi illum videre meruero. Tunc unus ex fratribus ipsum duxit ad abbatem Arsenium, pulsatoque ostio cellulæ, introduxit eum. Deinde suscepti, et oratione facta, consederunt. Cum autem beatus taceret Arsenius, ille, qui fratrem adduxerat, ait: Ego discedo. Sed et is qui ex magno desiderio venerat, videns quia nihil ei locutus fuisset abbas Arsenius, præ verecundia tacitus sedens, dixit: Et ego quoque tecum, frater, abscedo. Ac sic uterque discesserunt. Postulabat autem ut etiam ad abbatem Moysen, qui ex latronibus conversus fuerat, deduceretur. A quo susceptus, facta charitate dimissus est. Frater autem qui ad utrosque ipsum duxerat, dixit illi: Ecce utrosque quos postulabas vidisti; quis tibi plus ex ambobus placet? At ille ait: Mihi interea hic melior videtur, qui nos utrosque et bene suscepit, et bene pavit. Quo sermone comperto, unus ex Patribus ad Dominum oravit, dicens: Domine, hanc mihi rem precor ostende, quia unus propter nomen tuum omnes homines videre aut appellare refugit, alter vero omnibus propter nomen tuum communis est. Et ecce, in exstasi duæ illi naves per fluvium ostensæ sunt: et in una quidem vidit Spiritum sanctum cum silentio et requie, una cum abbate Arsenio navigantem; in altera vero navi vidit abbatem Moysen et angelos Dei, mel et favum in os et in dentes ejus inserentes.

CAPUT XIX.
De obsequiis infirmantium, vel infirmitate ipsa.

1. Quidam frater requisivit senes, dicens (*Pelag.*, *libell.* XVII, *num.* 18): Si duo fratres in una sunt cella, et ille quidem unus sex diebus integris jejunat, ille autem alter infirmitati facit obsequium; cujus ergo opus majus est apud Deum? Respondit senex:

Si ille qui jejunat sex dies, per nares se suspenderit, non erit similis illi alteri in conspectu Dei.

2. Joannes minor Thebæus, discipulus abbatis Ammonis, duodecim annis ipsi seni infirmanti fecit obsequium; senex tamen cum vidisset eum laborantem, nunquam illi sermonem blandum aut placitum locutus est (*Ruff.*, lib. III, n. 155; *Pelag.*, libell. XVI, n. 4). Cum autem de hoc mundo transiret, sedentibus aliis senibus, tenuit manus ejus, et dixit ei tertio: Salveris, salveris, salveris. Et tradidit illum senibus, dicens: Ille non homo, sed angelus est, qui tot annis mihi infirmanti serviens, nec bonum sermonem audiens, fecit tamen obsequium cum magna patientia.

3. Plures igitur diversis laborantes necessitatibus convenerunt fratres ad sanctum Antonium (*Pallad.*, c. 26), inter quos et Eulogius (2) quidam monachus Alexandrinus, cum alioqui elephantiaco morbo cruciabatur, quos illuc propter hujuscemodi causam venisse memorabant. Hic Eulogius scholasticus (3) erat, sæcularibus litteris eruditus. Qui immortalitatis desiderio captus, huic mundo renuntiaverat: divisisque rebus suis omnibus atque dispersis, parum aliquid pecuniarum reliquerat sibi; quibus quia per se operari non poterat, uteretur. Cum igitur eum quædam animi defectio fatigaret, et neque cum multis in monasterio degere, neque solitariam vitam posset ferre patienter, reperit quemdam publice in platea jacentem, ita invaliditudine illa, quam superius dixi, impletum, ut sine pedibus et manibus videretur: cui lingua tantummodo immunis a tantis cruciatibus erat, qua magis posset ab intuentibus malorum suorum remedium promereri. Cumque eum assistens vidisset Eulogius, oratione facta ad Deum, et facta quadam cum Domino pactione, his allocutus est verbis: Domine, inquit, Deus, in tuo nomine suscipio istum tam immani valetudine præpeditum, ut propter istum possim et ipse salvari. Adsis ergo mihi, Jesu Christe, atque patientiam in tali ministerio largiaris. Moxque ad jacentem illum ait: Vis frater, suscipio te in domo mea, et quacunque potero ratione, sustento? Cumque hæc ille libenter amplecti, si dignaretur, se diceret: Vadam ergo, inquit, et asinum quo veharis adducam. Cui vehementer exsultans consensit ægrotus. Idque mox fecit Eulogius, et memoratum ad hospitium suum sine dilatione transvexit. Per quindecim igitur annos jugi curatione et perpetua ei sollicitudine serviebat: per quem omne tempus et ille, cui tantum deferebatur obsequium, cum gratiarum actione cuncta tolerabat, et Eulogii manibus et medicamentis, cibisque et balneis, prout competebat valetudini, curabatur. Post quindecim vero annos instinctu dæmonis, supradictus ægrotus immemor tot laborum Eulogii, tantorumque meritorum cœpit ab eo velle discedere, multisque injuriis atque opprobriis increpare eum, dicens: Fugitive (4), qui propriam domum devorasti, furatusque es alienam substantiam, in me occasionem salutis tuæ reperisse te credis? Eulogius autem rogabat eum, et satisfaciens animo ejus, dicebat: Noli, mi domine, talia loqui, sed dic potius quid te contristaverim, et emendo. Elephantiosus autem cum furore dicebat: Vade, nolo istas adulationes tuas; projice me in publicum, refrigeratione tua non egeo. Eulogius autem, Obsecro te, inquit, placare: aut quid te, inquit, contristaverim, venerande senex, edicito. Elephantiosus autem asperior in furore, dicebat ad eum: Jam fraudulentas irrisiones tuas non fero, adulationes et subsannationes tuas non tolero. Nec mihi hæc arida parcaque vita jucunda est, volo carnibus saturari. Cumque ei exhibitæ a viro patientissimo Eulogio carnes fuissent, cœpit iterum proclamare: Non potes, inquit, meæ satisfacere voluntati, neque tecum solitarius habitare prævaleo: populum videre, ad publicum ire desidero. Dicit ei Eulogius: Ego adduco tibi multitudinem fratrum. Rursus ferocior ac pene blasphemus ægrotus: Nec, inquit, faciem tuam videre volo, et adducis mihi similes tuos, solius panis devoratores; concutiensque semetipsum, inquieta voce clamat, dicens: Hic esse nolo, ad publicum ire desidero. O violentia! In eum locum me projice unde me sustulisti. Tanta ergo erat ejus insania, adeoque sensus ejus infirmi, quodammodo et mores [*forte*, humores] perverterat dæmon, ut et laqueo se forte suspendisset, si manus, per quas hoc facere posset habuisset. Ad monachos itaque vicinos pergit Eulogius, ita dicens eis: Quid faciam, quia elephantiosus iste penitus desperare me fecit? Dicunt ei: Quam ob causam? Respondit eis: Quia dura sunt quæ mihi conatur imponere, et quid agam ignoro: projiciamne eum? Sed aliter Deo dexteras dedi, de hoc satis vereor. Non projiciam eum; sed tot ac tanta iterum dierum ac noctium mala ferre non possum; quid de ipso igitur a me fiat, ignoro. Ad quem illi his verbis loquuntur: Dum adhuc vivit et superest Magnus ille, sic enim vocabatur, Antonius, ascende ad eum, ægrumque navi impositum, in monasterium ejus defer, exspectans ibi donec speluncam suam egressus adveniat. Quem cum videris, referes ista quæ pateris, atque ab eo consilium postulabis; quidquid tibi super hoc dixerit, facies, et ejus monitionibus acquiesces, sciens a Deo juberi tibi quod ille præceperit. Mox igitur sermonibus fratrum libenter instructus, supradictum ægrum blandis precibus superans, littorali naviculæ imposuit; sustulitque de civitate per noctem, et ad discipulorum sancti Antonii habitaculum duxit. Evenit autem ut alio die vespertinis horis superveniret illuc beatus Antonius, referente mihi Cronio quod chlamyde ex pellibus facta indutus advenerit. Solebat autem veniens ad monasterium fratrum vocare ex ipsis Macarium, eumque his verbis interrogare: Venerunt adhuc aliqui fratres? Et illo venisse dicebat. De Ægypto, inquit, sunt, an de Jerosolyma? Hoc autem signum ab his jusserat dari, ut quoties aliqui non satis digni colloquio ipsius venirent, advenisse Ægyptii dicerentur; quoties autem sancti quidam et spirituales viderentur viri, venisse de Jerosolyma nuntiarentur. Tunc ergo veniens juxta

consuetudinem suam, cum interrogaret utrum Jerosolymitæ illic fratres essent, an Ægyptii, respondit Macarius, dicens: Ex utroque illic quosdam genere vidisse se. Cum autem dixisset illi sanctus Antonius: Fac illis lætitiam, et sumant cibum, et una cum eis, oratione completa, jubebantur discedere: ac vero cum Jerosolymitas venisse didicisset, per totam noctem cum eis sedens, ea illis quæ saluti eorum proficerent loquebatur. Memorata igitur nocte eum consedisse referebant, et unumquemque ad se de his qui convenerant, evocasse. Cumque a nullo quis illic Eulogius vocaretur, audisset, ipse in tenebris propria voce sua illum ter nomine vocavit. Cui cum supradictus scholasticus non responderet, putans quod alter aliquis Eulogius vocaretur, dicit ei rursus: Te voco, Eulogi, qui ab Alexandria civitate venisti. Dicit ei Eulogius: Quid, quæso, jubes? Et Antonius, Quid, inquit, huc venisti? Respondit Eulogius, dicens: Qui tibi nomen meum revelare dignatus est, ipse etiam et adventus mei causam procul dubio revelavit. Tunc ille: Quare, inquit, veneris scio, sed ante omnes hos fratres, ut omnes audiant, refer. Jussus igitur a magno Antonio servus Christi Eulogius, retulit ante omnes: Istum elephantiosum in platea publica reperi projectum, cujus curam nullus hominum gerebat; et promisi Deo ut deservirem ægritudini ejus quomodo possem, et ego per illum, et ille per me salvaretur. Ex quo autem pariter sumus, quintus decimus annus est, sicut et vestræ sanctitati credo omnia revelata. Quia igitur post plurimos annos cum a me nihil mali pertulerit, variis me procellis ac tempestatibus vexat, ob quod et ego ipsum a me projicere cogitavi, propterea ad sanctitatem tuam veni, ut quid ex hoc faciam digneris me tuis edocere consiliis, et orationibus adjuvare. Pessimis enim motibus totus fatigor et crucior. **675** Cui hæc tunc Antonius severa atque iracunda voce respondit: Tu illum a te projicis, Eulogi? sed ille eum non projicit, qui eum a se factum esse cognoscit. Projicis eum? meliorem te inveniet, et eliget Deus qui colligat destitutum. Cumque perterritus ad hæc Eulogius verba tacuisset, relicto rursus sanctus Antonius Eulogio, cœpit ægrotum propriis sermonibus verberare, et hæc ad eum cum clamore maximo loqui: Elephantiose, cœno et luto horride, nec terra digne nec cœlo, non desinis injuriam Dei vociferari? Nescis quod qui ministrat tibi Christus est? Quemadmodum ausus es contra Christum talia loqui? Nam propter Christum se iste servitio tali et obsequiis subjugavit, quem et ipsum mordaci sermone laceratum reliquit. Conversisque verbis ad alios fratres, ad unumquemque ita, ut ratio singulorum exigebat, locutus, rursus ad Eulogium et ad ægrotum redit, dicitque eis: Ne quis vestrum, o filii, quoquam se vertat, neuter ab altero separetur, sed ad cellam vestram, in qua per tantum tempus vixistis, redite in pace, omnem tristitiam deponentes. Jam nunc enim ad vos Dominus Deus mittet; nam tenta-

¹ Idem in Vita Antonii, c. 38.

tio ista idcirco accidit vobis, quia ad finem vitæ ambo venistis, etiam uterque vestrum merebitur coronari. Nihil ergo aliter feceritis, ne si forte angelus veniens, vos in eo quem dixi loco invenire non possit, utrique coronis fraudemini. Qui cum ad cellam suam velociter redeundo redintegrata pace venissent, intra quadraginta dies Eulogius prior obiit, et post aliquot dies supradictus defecit ægrotus, animo vehementer incolumis. Cronius autem cum plurimum temporis in Thebaidis fuisset locis, ad monasteria Alexandrina descendit; evenitque ut ad illum occurreret diem, qui unius quidem quadragesimus, alterius autem tertius celebratus tunc a fratribus dicebatur. Cum igitur Cronius hoc audisset, obstupuit; sumptoque Evangelio sancto, atque in medio fratrum posito, cum sacramento ipsis per ordinem cuncta exposuit, dicens: Horum omnium quæ commemoravi, interpres ipse fui sermonum, eo quod Græce loqui sanctus Antonius nesciebat. Ego autem utramque linguam noveram, atque inter ipsos loquebar, illis quidem Græco, isti autem Ægyptio ore respondens.

4. Hoc quoque Cronius ipse nobis referebat ¹, quod ei sanctus Antonius, in illa ipsa nocte qua beatum Eulogium dimisit, dixisset quia per totum annum deprecatus fuisset, ut ostenderentur ei per revelationem loca peccatorum atque justorum. Et se vidisse dicebat procerum quemdam usque ad nubes gigantem, tetri coloris, extensas habentem ad cœlum manus, atque infra pedes ipsius lacum ad speciem maris fusum, ubi tanquam aves inquietas animas volantes vidit Antonius: et illæ quidem quæcunque supra ipsius manus caputque volabant conservabantur; quæcunque autem sub manibus ipsius repertæ fuissent, mergebantur in lacum. Vocem autem tunc talem sibi venisse referebat: Has omnes animas, quas volantes vides, scias animas esse justorum, quæ in paradisi habitatione requiescunt; illæ autem animæ aliæ ad inferna mittuntur, quod patiuntur quicunque carnali obedierint voluntati, et quicunque iracundiam retinentes, reddere malis paria tentaverint.

5. Referebant autem nobis tam Cronius quam sanctus Hierax, atque alii plures vicini fratrum, ista quæ dicam. Quidam senex dixit: Quia si scit monachus esse aliquem, apud quem proficere posset, sed necessaria corporis cum labore habet, et propterea non vadit ad eum, hujusmodi monachus non credit esse Deum.

6. Dixit quidam senex: Qui vult eremum habitare, debet esse doctor, non qui doctrina egeat, ne detrimentum sustinere videatur (*Pelag., libell.* x, *num.* 90).

CAPUT XX.

Quod infirmitas corporis prosit animæ.

1. Magnus quidam senex infirmanti discipulo suo dixit: Ne contristeris, fili, ex infirmitate vel plaga corporis tui (*Ruff., lib.* III, *n.* 157; *Pelag., libell.* VII, *n.* 16, *nomine Syncleticæ*). Summa enim religio est

ut in infirmitate quis gratias agat Deo. Si ferrum es, per ignem amittis æruginem; si vero aurum es, per ignem probatus, a magnis ad majora procedis. Ne anxieris ergo, frater; si enim te Deus vult in corpore torqueri, tu quis es qui ejus voluntati resistas aut moleste feras? Sustine ergo, et roga Deum, ut quæ ipse vult, illa concedat.

2. Quidam senex cum frequenter infirmaretur corpore et langueret, contigit ut uno anno nulla eum ægritudo contingeret; et propterea flebat et graviter ferebat, dicens: Reliquisti me, Domine, et noluisti me præsenti hoc anno visitare (*Ruff.*, *lib.* III, *num.* 158; *Pelag.*, *libell.* VII, *num.* 41).

CAPUT XXI.
De timore Dei.

1. Abbas Piemon requisitus a fratre quemadmodum anima resisteret, et timere Deum non vult. Et respondit senex: Anima quidem vult timere Deum, sed needum tempus est. Timor enim Domini, magna perfectio est.

2. Quidam frater a sene requisivit, dicens: Quomodo timor Dei venit in animam? Et ait senex: Si quis prius humilitatem possederit, ut neminem judicet vel condemnet, vel largitor sit eleemosynarum, et ut nihil habeat, tunc venit timor Dei in animam (*Pelag.*, *libell.* I, *num.* 19).

3. Dixit senex: Timor, et humilitas, et egestas victualium maneant in te (*Pelag.*, *libell.* I, *num.* 20).

4. Frater quidam interrogavit senem, dicens: Unde est, abba, cor meum durum, et non timet Deum (*Pelag.*, *libell.* III, *n.* 22; *Append. Mart.*, *n.* 22)? Dixit ei senex: Puto quod si homo teneat increpationem in corde suo, possideat timorem Domini. Dixit ei frater: Quid est increpatio? Ait senex: ut in omni re increpet homo animam suam, dicendo ei: Memor esto, quoniam oportet te Deo occurrere. Dicit autem et hic: Quid ego volui cum homine? Existimo autem quia si quis in his permanet, veniet ei timor Dei.

CAPUT XXII.
De Pœnitentia.

1. Requisivit quidam frater abbatem Pimenium, dicens: Quid est pœnitentia? Cui senex respondit: Pœnitentia peccatorum est, ulterius non peccare. Hæc enim vox ad hominem semper clamat usque ad ultimam respirationem: Hodie convertimini, ne vobis repentina mors tanquam fur superveniat.

2. Abbas Pimenius dixit cum gemitu: Omnes virtutes ingressæ sunt in cellam meam, præter unam virtutem, et ex ejus labore stat homo (*Append.*, *Mart.*, *n.* 59). Interrogaverunt eum fratres: Quæ est ista virtus, abba? Respondit senex: ut semper seipsum reprehendat homo.

CAPUT XXIII.
Quod per pœnitentiam uno die potest homo reconciliari Deo.

1. Quidam ex Patribus de aliquo referebat episcopo, eo quod audisset duos ex plebe sua viros esse nimiæ impuritatis, et adulteros (*Ruff.*, *lib.* III, *n.* 166;

Joan., *libell.* I, *n.* 16). Rogavit ergo Deum, ut si ita esset, agnosceret. Cum ergo post oblationem consecratam unusquisque ad communionem accederet, per singulorum facies intelligebat et animos. Peccatorum enim facies nigras inspiciebat ut carbones, et oculos sanguine repletos; alios vero vidit clara facie, et vestibus albis indutos. Cum autem corpus Domini suscepissent, in quorumdam vultibus lumen, in quorumdam vero flamma videbatur. Ut autem agnosceret de illis, quorum crimen audierat, communionem illis porrexit: et vidit unum ex illis clara facie et honorabili, albisque vestibus circumdatum; alterum vero nigrum, et horribili vultu. Et postquam divini mysterii gratiam susceperunt, unum lux quædam illuminavit, alterum autem quasi flamma succendit. Oravit ergo episcopus Deum de singulis quæ ostensa fuerant se edoceri. Astans autem angelus Domini, dixit ad eum: Omnia quæ de istis audisti, vera sunt. Sed ille unus in sordibus suis adhuc permanet, et in voluntate peccandi, ideo illum nigra facie et flamma succendi vidisti. Ille autem alter similis illi quidem erat, sicut audieras; sed ideo illum clara facie illustrari vidisti, quia recordatus eorum quæ prius fecerat, et abrenuntians illis malis operibus, cum lacrymis et gemitibus Dei misericordiam postulabat, promittens ut si præterita illi fuissent dimissa peccata, ulterius ad eadem non rediret; et ideo prioribus criminibus deletis, ad hanc gratiam, quam vidisti, pervenit. Cum autem episcopus de gratia Dei miraretur, eo quod non solum de tormentis tam turpis vitæ hominem liberum statuerit, sed et tanto honore decoraverit, respondit angelus: Bene miraris, homo enim es. Nam Dominus noster ac vester, naturaliter bonus et humanus est cessantibus a peccatis, et pœnitentibus in confessione: quia non solum tormenta dimittit, sed et honore efficit dignos. Sic enim Deus dilexit homines, ut Unigenitum suum daret pro peccatoribus, et pro ipsis ad mortem destinaret (*Joan.* III). Qui ergo, cum inimici ejus essent, mori pro ipsis elegit, quanto magis miseretur eorum cum illius proprii sint? Hoc ergo scias, quod nulla peccata hominum Dei bonitatem vincunt, si tantummodo per pœnitentiam unusquisque quæ prius fecerat aboleverit mala. Misericors enim est Deus, et infirmitatem generis humani scit, et passionum fortitudinem, et diaboli virtutem vel malitiam, et cadentibus quidem hominibus in peccatum, tanquam filiis indulgens, exspectat emendationem; pœnitentibus vero tanquam languidis compatitur et miseretur: et mox solvens peccata eorum, justorum illis etiam præmia tribuit. Audiens autem episcopus, miratus est nimis, et glorificavit Deum, manifestans omnibus quæ facta sunt.

2. Abbas Paulus Simplex habebat hanc gratiam, ut ingredientes in ecclesiam sedens aspiciens, ex ipsa facie eorum uniuscujusque cogitationes, sive malæ, sive bonæ essent, sentiret (*Ruff.*, *lib.* III, *n.* 167; *Pelag.*, *libell.* XVIII, *num.* 20). Cum ergo aliquando venissent ad ecclesiam, vidit eos clara facie et

677 læto animo ingredi, et angelos eorum cum gaudio pariter cum ipsis. Unum autem vidit nigrum et nebulosum habentem corpus, et dæmones hinc atque inde trahentes eum ad se, misso freno in naribus ejus, et angelum sanctum ejus de longe sequentem, tristem. Beatus ergo Paulus cœpit flere amarissime et pectus suum tundere, sedens ante ecclesiam, propter eum quem talem aspexerat. Omnes autem alii senes videntes eum sic flentem, cœperunt rogare ut si quid in illis vidisset, manifestaret, aut cum illis ingrederetur in congregationem. Ille autem noluit ingredi, sed semper flebat propter eum quem sic viderat. Post paululum autem, cum absoluta congregatione discederent, iterum omnium vultum circumspiciebat, si tales egrederentur quales ingressi sunt. Et vidit illum quem ante viderat nigrum et nebulosum, egressum clara facie et candido corpore, dæmones de longe sequentes eum; sanctum autem angelum ejus prope eum, hilarem et gaudentem super eum nimis. Tunc sanctus Paulus exsurgens, cum gaudio vociferabatur, benedicens Dominum, ac dicens : O quanta misericordia et benignitas Dei est, quanta ejus miseratio est! Et ascendens in altiorem locum, voce magna dicebat : Venite, et videte opera Dei : venite, et videte quemadmodum omnes homines salvos vult fieri, et ad agnitionem veritatis venire (*I Tim.* II). Venite, adoremus eum, dicentes : Quia tu solus potes peccata dimittere. Cum autem omnes convenissent, exposuit eis Paulus quæ vidisset antequam ingrederetur in ecclesiam, et quæ postea ; et petebat illum fratrem quem sic viderat, ut ei manifestaret cogitationes et actus suos, vel quemadmodum tantam commutationem illi Deus donasset. Ille vero ante omnes cœpit referre, dicens : Ego homo sum peccator, et multis temporibus semper fornicationi fui deditus : ingressus autem nunc in ecclesiam Dei, audivi verba quæ locutus est Dominus per prophetam Isaiam, dicens (*Isai.* I) : Mundi estote, et tollite malitias de animabus vestris ante conspectum oculorum meorum. Discite benefacere, quærite judicium. Et si fuerint peccata vestra ut coccinum, ut nix dealbabuntur. Si volueritis et audieritis me, bona terræ comedetis. Ego vero fornicator compunctus in hoc sermone prophetæ, et ingemiscens intra pectus meum, dixi ad Dominum : Domine, tu es qui venisti salvare peccatores ; hæc ergo quæ nunc per prophetam promisisti opere comple in me indigno et peccatore. Ecce enim amodo profiteor tibi, et promitto ex toto corde, quia ulterius hoc malum non faciam, sed renuntio omni injustitiæ, et amodo tibi servio in conscientia munda. Ab hodie ergo, Domine, et ab hac hora suscipe me pœnitentem, et adorantem te, et abrenuntiantem omnibus peccatis. Juravi et statui apud me, servare omnes justificationes tuas (*Psal.* CXVIII). Sub hac sponsione egressus sum de ecclesia, statuens apud me nihil de prioribus peccatis ulterius facere. Quod cum audissent omnes, clamaverunt una voce ad Dominum, dicentes : Quam magnifica sunt opera tua, Domine! omnia in sapientia fecisti (*Psal.* CIII)

CAPUT XXIV.

Quod et in proposito pœnitentiæ si transeat homo, tamen suscipiatur.

1. Venit quidam frater ad abbatem Pimenium, dicens, quod grandem tribulationem passus esset. Dicit ei senex : Fuge de loco illo, quantum tribus diebus et tribus noctibus ambulare potes ; et fac annum integrum, jejunans usque ad noctem. Cui ille : Si mortuus fuero antequam unus annus transeat, quid de me fiet? Dixit abbas Pimenius : Confido in Deum quia si tu cum tali proposito a me fueris egressus, ut hoc facias, etiam si mox mortuus fueris, cum desiderio bono suscipietur pœnitentia tua apud Deum.

2. Quidam frater sedebat in cella sua in Ægypto, in magna humilitate præcipuus, et habebat sororem in civitate meretricem, quæ multis animabus perditio fuerat (*Ruff.*, *l.* III, *n.* 217). Frequenter autem insultabant senes fratri illi, et vix potuerunt persuadere illi, ut veniret ad illam, quatenus per admonitionem ejus posset peccatum quod per eam fiebat evincere. Cum ergo venisset ad locum, quidam ex notis ejus videns eum, præcessit et nuntiavit illi, dicens : Ecce frater tuus venit ad te. Illa autem præ gaudio relictis amatoribus suis, quibus ministrabat, capite discooperto ad occurrendum fratri egressa est. Dum ergo tentaret eum amplecti, dixit ei : Soror mea charissima, parce animæ tuæ, quoniam propter te multi pereunt, et quemadmodum poteris sufferre amara illa et æterna tormenta? Illa autem contremiscens, dixit ad eum : Scis, frater, quia est mihi salus vel amodo? Cui ille : Si volueris, est salus. Illa autem jactans se ad pedes fratris, petebat ut eam secum duceret in desertum. Cui frater : Vade, cooperi caput tuum, et sequere me. Cui illa : Eamus. Oportet me enim deformari inter homines nudo capite deambulantem, quam in officinam peccati mei iterum ingredi. Dum vero pariter ambularent, monebat eam ad pœnitentiam. Videns autem quia quidam **678** obviarent sibi, dixit ei : Quoniam non omnes sciunt quod soror mea es, parum de via secede, donec transeant. Et post, transgressis illis, vocavit eam, et dixit : Eamus, soror, viam nostram. Illa autem non respondente, perquirens invenit eam mortuam, et vestigia pedum ejus sanguine plena, erat enim discalceata. Cum autem senibus renuntiasset factum, contendebant inter se de salute ejus. Manifestavit autem Deus uni seni de ipsa, eo quod nulla cura fuit illi in itinere de corporali usu, sed vulnus proprium neglexit, et suspiravit in tam grandi perditione, ideo pro devotione cordis ejus suscepit Deus pœnitentiam ejus.

CAPUT XXV.

De impugnatione dæmonum.

1. Quidam frater requisivit a sene, dicens : Cur, abba, a dæmonibus impugnamur? Respondit senex : Quoniam arma nostra abjecimus, id est, pœniten-

tiam, humilitatem, obedientiam, et penuriam (*Ruff.*, *lib.* III, *n.* 173; *Pelag.*, *lib.* xv, *num.* 58).

2. Frater quidam abbatem Sisoium requisivit, dicens : Putas, abba, sic modo persequitur nos diabolus, sicut antiquos (*Ruff.*, *lib.* III, *n.* 174; *Pelag.*, *libell.* xv, *num.* 45)? Respondit : Magis modo homines nostræ ætatis persequitur, quia appropinquant genera pœnarum, ubi ille cum legionibus suis angustatur, dum scit stagnum, ubi in igne et sulphure arsurus erit : ideo hominibus infestatur. Nec tamen infirmos quosque dignatur appetere, quos, ubi voluerit, cito subvertit ; sed fortes magis ac magnos supplantare per diversa præcipitia aggreditur.

3. Abbas Pimenius requisivit abbatem Abraham : Quemadmodum nos dæmones impugnant (*Pelag.*, *libell.* x, *num.* 62)? Ait senex : Dæmones nobiscum non pugnant, quia voluntates eorum facimus ; sed nostræ nobis voluntates dæmones facti sunt, et tribulant nos. Unde Apostolus : Caro concupiscit adversus spiritum, spiritus autem adversus carnem, ut non quæcunque vultis, illa faciatis (*Galat.* v). Nam vis scire cum quibus dæmones pugnaverunt? cum abbate Moyse, et similibus ejus ; nos autem voluntates cordis nostri impugnant

4. Quidam frater requisivit abbatem Achillem [*Al.* Achilleum] : Quemadmodum adversum nos possunt dæmones? Respondit senex : Per voluntates nostras. Et adjecit, dicens : Ligna Libani· dixerunt : Quam grandia sumus et alta, et parvissimo ferramento incidimur. Nihil ergo ei demus ex nobis, et nos non poterit incidere. Venerunt ergo homines, et fecerunt in securi manubrium ex ipsis lignis, et ita inciderunt. Ligna ergo sunt animæ ; securis, diabolus ; manubrium, voluntas nostra est. Per malas ergo voluntates nostras incidimur.

CAPUT XXVI.
Qualiter homo in se mortificare vitia potest.

1. Quidam frater requisivit abbatem Moysen, dicens : Quomodo potest se homo mortificare? Dixit ei senex : Nisi quis arbitratus fuerit se habere jam triennium in sepulcro, ad hunc sermonem pervenire non potest (*Pelag.*, *libell.* x, *n.* 63).

2. Abbas Pimenius dixit : Ille monachus potest tanquam mortuus huic sæculo esse, qui duas res horruerit, id est, carnis suæ requiem et vanam gloriam.

3. Senex quidam dixit : Tunc erit monachus liber ab omnibus, cum in opere tantum intentus est bono (*Ruff.*, *lib.* III, *n.* 179). Quando enim bona opera exercet, veniens diabolus locum non invenit, et discedit : si autem malum opus exercet, veniens frequenter, et impugnat eum, et in deteriora subvertit.

4. Beatus Antonius monebat discipulum suum, dicens : Horre ventrem tuum, et necessitates hujus sæculi, et concupiscentiam malam, et honorem tanquam absens de hoc sæculo ; et requiem possidebis.

CAPUT XXVII.
De perseverantia.

1. Abbas Antonius dixit : Monachus si paucis diebus laborat, et iterum relaxatur ; et rursus laborat, et inde negligit ; hic nihil agit, nec patientiæ perseverantiam possidebit.

2. Dixit senex : Quid est opus incipere artificium, si non discat perficere illud? Nihil est ergo quod incipitur, et non perficitur (*Append. Mart.*, *n.* 102).

CAPUT XXVIII.
De labore sanctorum.

1. Quidam senex dixit : Usque tunc laboret homo, usquequo possideat Christum (*Ruff.*, *lib.* III, *n.* 180). Qui autem semel illum adeptus fuerit, jam non periclitatur. Permittitur tamen laborare, ut rememorans tribulationem laboris, undique semetipsum custodiat, timens ne tantos labores amittat. Nam et filios Israel ideo Deus per desertum quadraginta annis circumduxit, ut rememorantes viæ tribulationem, nollent redire retrorsum.

2. Quidam frater requisivit senem : Quemadmodum laborant postulantes de remissione peccatorum? Respondit senex : Antequam perveniat in eos gratia quæ **679** operetur pro labore ipsorum, ipsi pallidi et in labore sunt ; super quos vero ex priori patientia jam gratia Christi pervenit, isti florent, et exsultant animæ eorum, et facies eorum clara est sicut sol, cum nubes non habet, et lucet ; quando vero sol nube cooperitur, pallescit ; sic et anima, quando passiones eam et tentationes obscurant. Quæ autem per gratiam Dei mundata est, ita fulget sicut scriptum est : Magna est gloria ejus in salutari tuo (*Psal.* xx).

3. Item dixit : Quamvis laborent hic sancti viri, tamen et aliquam requiem possident, quoniam liberi sunt a cogitationibus hujus mundi.

4. Quidam frater requisivit a sene, dicens : Quemadmodum nunc laborantes in conversationibus viri, non accipiunt gratiam sicut antiqui (*Ruff.*, *lib.* III, *n.* 181 ; *Pelag.*, *libell.* xvII, *num.* 19)? Ait enim senex : Tunc erat charitas, et unusquisque proximum suum sursum trahebat ; nunc vero postquam charitas refriguit, singuli proximos suos ad inferiora deducunt ; et ideo gratiam Dei non merentur.

CAPUT XXIX.
De exhortatione doctrinæ.

1. Interroganti cuidam abbatem Pimenionem de duritia cordis, respondit senex, dicens : Natura aquæ mollis est, et lapidis dura ; si autem frequenter aqua stillat super lapidem, stillando perforat illum. Sic et verbum Dei dulce et molle est, nostrum autem cor durum. Homo ergo audiens frequenter aut meditans verbum Dei, dat locum timori Dei ingredi in eum.

CAPUT XXX.
De curiositate vitanda.

1. Senex quidam dixit : Non oportet monachum requirere qualiter sit ille, aut quemadmodum ille : quia per interrogationem hujusmodi abstrahitur ab oratione, et defluit in detractiones et verbositates. Unde nihil est melius quam tacere.

2. Frater quidam requisivit a sene, dicens : Si venerit frater aliquis, sermones mihi deforis inferens

alienos, jubes ut 'dicam illi quatenus mihi illos non afferat? Ait senex : Nihil dicas, quia nec nos potuimus observare. Cavendum est ergo, ne forte dicentes proximo, Hoc ne facias, nos idem vel pejora postea faciamus. Cui frater : Quid ergo oportet facere? Et senex : Si voluerimus, inquit, tacere, exemplum solum sufficit proximo.

CAPUT XXXI.
De contentione vitanda.

1. Quidam senex dixit : (*Ruff., lib.* III, *n.* 185) : Si quis tecum aut de Scripturis, aut de quacunque causa locutus fuerit, ne contendas cum eo; sed si quidem bene dicit, consenti ei; si vero male, dic illi : Tu scis quomodo loquaris. Ait Apostolus : Noli contendere verbis (*II Tim.* II). Hæc observans, et humilitatem possidebis, et odium vitabis. Nam si persistas contendens, et vis defendere sermonem tuum, nascitur inde scandalum. Frequenter ergo dum laudas alterum, fit etiam ex justificatione contentio. De quacunque autem re, si graviter contenderis, non parvam noxietatem senties, et nullo modo requiem possidebis. Magis stude custodire silentium, et de nullo esse sollicitus. Attende meditationi tuæ, cum timore Dei exsurgens tam mane quam vespere, et impetum inimicorum non timebis.

CAPUT XXXII.
De silentio.

1. Beatus Antonius discipulo suo solebat dicere : Si affectaveris silentium, ne arbitreris te exercere virtutem, sed indignum te proloqui confitere.

2. Cum quidam frater abbati Sisoi dixisset : Volo animam meam salvare, respondit : Qua ratione possumus animam nostram salvare, cum lingua nostra aperto ostio sæpe prosiliat (*Pelag., libell.* XI, *n.* 27).

3. Quidam frater interrogavit senem, dicens : Usquequo servandum est silentium, Pater? Respondit senex : Usquequo interrogeris. In omni enim loco si taciturnus fueris, requiem possidebis (*Ruff., lib.* III, *n.* 186).

4. Dixit senex : Peregrinatio est tacere (*Pelag., libell.* IV, *num.* 44, *nomine Sisois*)

5. Dixit quidam senex : Peregrinatio quæ propter Deum fit, bona est, si habuerit et silentium : nam fiducia non est peregrinatio (*Append. Mart., n.* 72).

6. Abbas Arsenius solebat dicere : Peregrinus monachus in aliena terra nullius causæ mediator accedat, et quietem poterit adipisci.

7. Abbas Ampo dicebat : Sicut apis quocunque vadit, mel operatur; ita et monachus quocunque pergit, si propter opus Dei perrexerit, dulcedinem bonorum actuum potest afferre (*Ruff., lib.* III, *n.* 189).

CAPUT XXXIII.
De fugiendo clericatus honorem.

1. Abbas Theodorus, cum esset in Scythi diaconus ordinatus, nullatenus permanere acquiescebat, sed multis locis fugiebat. Et iterum senes reducebant eum, dicentes : Ne derelinquas locum tuum. Quibus ille ait : Permittite me deprecari Deum, si me jubet ministrare loco meo. Et oravit sic : Domine, si voluntas tua est, ut in ordinatione mea persistam, ostende mihi. Et **680** ostensa est illi columna ignea, a terra usque ad cœlum pertingens, et vox ad eum : Theodore, si potes fieri sicut columna ista, vade et ministra. Sufficit quod levitis et sacerdotibus per Moysen dictum est, ut mundo corde et corpore, innoxiis manibus et vestimento mundissimo, pro filiis Israel offerrent sacrificia. Quod ille audiens, ultra nullatenus acquievit. Sed cum venisset in ecclesiam, deprecabantur eum, ut si non ministraret, vel calicem teneret. Qui non acquievit, dicens : Si mihi de hac re amplius verbum feceritis, discedo hinc; et sic eum dimiserunt.

2. Abbas Isaac audiens, quia presbyterum eum Patres volebant facere in Scythi, fugit in Ægyptum; et ingressus in agrum, latuit inter herbas (*Ruff., lib.* III, *num.* 22). Contigit autem ut Patres, qui sequebantur eum, in eodem agro requiescerent, quia jam nox erat, et dimiserunt asinum, ut pasceretur. Ille autem pervenit pascendo ad locum ubi latebat abbas Isaac. Et mane facto, quærentes asinum, invenerunt et senem; et mirati sunt. Cum autem vellent eum ligare, dicit eis : Jam non fugio, quia scio ex jussione Dei esse; et quocunque fugero, ad hoc perventurus sum.

3. Abbas Motois venit aliquando de loco qui vocatur Ragita, in partibus Gebilonis (*Ruff., lib.* III, *n.* 188; *Pelag., libell.* XV, *num.* 27). Erat autem cum eo etiam discipulus ejus. Videns autem illum episcopus loci illius, tenens eum, invitum presbyterum fecit. Et dum pariter comederent, dicit ei episcopus : Indulge mihi, abba; scio enim quia hunc honorem nolebas, sed ego a te benedici desiderans, hoc facere præsumpsi. Cui senex pro humilitate ait : Et mea cogitatio parum volebat, sed in hoc laboro, quia dividi habeo a fratre qui mecum est, et solus non sufficio orationes meas implere. Dixitque ei episcopus : Si scis eum dignum, ordinabo et ego illum. Respondit abbas Motois : Si quidem dignus sit, nescio; unum tamen scio, quia melior est me. Ordinavit autem et illum. Uterque tamen ita permanserunt usque ad finem suum, ut ad altare, quantum ad oblationem sacrandam, nunquam accederent. Unde dicebat senex : Confido in Deum meum quia non habeo grande judicium propter ordinationem hanc, quia oblationem offerre non præsumpsi; nam ordinatio illorum est qui sine culpa sunt, justi et immaculati; ego autem me bene cognosco.

CAPUT XXXIV.
De eremo; et quare fugerunt in solitudinem.

1. Abbas Arsenius ab abbate Marco requisitus est aliquando cur fugeret homines (*Pelag., l.* XVII, *n.* 5). At ille respondit : Scit Deus quia diligo homines, sed cum Deo pariter et hominibus esse non possum. Supernæ enim multitudines ac virtutes unius sunt voluntatis; homines vero et multas habent voluntates, et varias; et ob hoc Deum relinquere, et cum hominibus esse non possum.

2. Quidam fratres dum linum ex Thebaida pergerent comparare, dixerunt: Per occasionem beatum Arsenium videamus (*Ruff.*, *lib.* III, *num.* 192). Quod cum Daniel discipulus ejus ei nuntiasset, præcepit ut pro qua causa illic advenissent de Alexandria ab eis inquireret. Cum ergo nuntiasset quod propter linum pergerent comparandum, respondit Arsenius: Ergo faciem meam non videbunt, quia non propter me, sed propter suum opus advenerunt. Vade itaque, et susceptis eis fac obsequium, ac dimitte eos, dicens: Quia senex non potest vobis occurrere

3. Abbas Besarion dum deambularet cum discipulo suo per eremum, venerunt ad quamdam speluncam (*Ruff.*, *lib.* III, *n.* 194; *Joann.*, *lib.* III, *num.* 1). Et ingressi ibi, invenerunt fratrem sedentem, et funiculum operantem, qui neque respexit in eos, neque salutavit eos, neque aliud locutus est eis. Dixit ergo abbas Besarion ad discipulum suum: Eamus hinc, quia non vult hic senex loqui nobiscum. Et profecti sunt ad Joannem abbatem. Cum autem reverterentur, venerunt ad eamdem speluncam, et dixit abbas Besarion: Ingrediamur iterum ad hunc fratrem, si forte vel modo persuadeat illi Deus, ut loquatur nobiscum. Et cum ingressi fuissent, invenerunt eum mortuum. Et dixit discipulo suo: Veni, frater, componamus illum, quia propter eum Deus huc transmisit nos. Cum autem sepelirent eum, invenerunt quia mulier esset: et admirati sunt, et dixerunt: Quia magna misericordia Domini est, quia et mulieres colluctantur, et vincunt dæmonia. Et glorificantes Deum qui est protector omnium, ad propria redierunt, narrantes quæ viderant.

CAPUT XXXV.
Quæ sit observantia eremitæ.

1. Abbas Moyses ad solitarios solebat proferre sermonem, dicens: Quatuor sunt principalia observantiæ regularis, id est, tacendi, servandi mandata Dei, humiliandi semetipsum, et angustia paupertatis (*Ruff.*, *lib.* III, *n.* 196). Tres autem has virtutes homo difficile possidet, ut semper lugeat, et semper suorum memor sit peccatorum, et omni hora ponat sibi præ oculis mortem.

2. Beatus Antonius solebat dicere: Patres antiqui egressi sunt in desertum, et ipsi sani effecti, facti sunt medici: et reversi, alios sanaverunt; ex nobis autem si quem egredi contigerit in desertum, antequam ipsi sanemur, curam aliis adhibemus; et revertitur ad nos infirmitas nostra, et fiunt ultima nostra pejora prioribus, propter quod dicitur nobis: O medice, prius tibi curam impende (*Lucæ* IV).

CAPUT XXXVI.
Qui sint similes unius meriti fratres.

1. Quidam frater interrogavit Pimenionem abbatem dicens: Qui sunt unius meriti fratres (*Pelag.*, *libell.* x, *num.* 52)? Respondit senex: Si fuerint tres simul, unus quidem in omni verbo vel opere quiescens, alter autem infirmans et gratias agens, tertius vero cum munda conscientia illis obsequium faciens: hi tres unius meriti sunt.

2. Dixit senex: Injuriari, aut mentiri, aut perjurare, alienum a Christo est. Per has quatuor res anima maculatur, id est, si amicitiam quis cum potentibus habuerit, concupiscentiis carnalibus studens; vel si de proximo suo detractaverit; aut si per civitatem ambulans, oculos suos non custodierit; et si quamcunque notitiam cum muliere habuerit.

3. Beatus Arsenius referebat quod cum in propria cella resideret, vocem sibi audiret dicentem ut egrederetur foras propter opera manuum contemplanda (*Ruff.*, *lib.* II, *num* 38; *Pelag.*, *libell.* XVIII, *num.* 2). Et egressus, vidit hominem quemdam aquam de puteo haurientem, atque in vas perforatum mittentem, et aqua egrediens, refundebatur in puteum. Et iterum parum progressus, vidit Æthiopem ex lignis a se concisis sarcinam facientem. Quam cum tentasset, et importabilem sensisset, alia iterum ligna super ea congessit. Similiterque tentans, cum nec movere potuisset, tamen alia addere ligna non destitit. Et iterum progressus Arsenius, vidit ante portam civitatis duos juvenes sedentes in equis: qui lignum transversum portantes, ingredi non poterant civitatem. Lignum enim, quod ab eis portabatur, non eos permittebat intrare, et sequi vel humiliare alteri alter non volebat, et ita foris civitatem uterque remanserunt. Ille vero, qui hoc sancto Arsenio in spiritu ostendebat, dixit ei: Hic, quem prius vidisti aquam de puteo haurire, et de vase perforato rursum in puteum fundere, similitudo est hominis facientis eleemosynam, qui bonum opus imitatur efficere: sed quia in aliis operibus sæpe committit iniquitatem, propter hæc mala illud parum boni se coinquinans, perdit. Ille autem, quem vidisti ligna concidere, et gravem sarcinam addidisse, facereque graviorem, homo est in peccatis plurimis constitutus, qui post pœnitentiam aliud super peccatis suis onus augmentat. Hi vero quos, transverso ligno renitente, civitatem non posse ingredi conspexisti, sunt qui jugum miserabile videntur ferre superbiam, et alteri se humiliare noluerunt, ut per hoc emendati, viam Christi humilem sequerentur; atque ideo extra regnum Dei tam hi quam illi remanserunt.

4. Interrogavit frater abbatem Sisoium, dicens: Dimissa est mihi hæreditas a parentibus meis; quid faciam de illa? Respondit senex: Si dixero, Da illam in ecclesiam clericis, illi epulantur ex ipsa. Si dixero, Da illam consanguineis tuis, nullam habebis mercedem. Si ergo vis implere mandatum divinum, da hanc pauperibus et egenis, et perfectus eris (*Pelag.*, *libell.* x, *n.* 56, *nomine Pastoris*; *Append Mart.*, *n.* 7).

CAPUT XXXVII.
Temporalis profectus derelinquendus est propter amorem charitatis.

1. Abbas Sisoius dixit: Cum fuissem aliquando in mercato, et sportellas meas fratri venderem, videns quia iracundia approximabat mihi, dimisi vascula mea fugiens (*Append. Mart.*, *n.* 11)

2. Dixit abbas Joannes: Ascenderam aliquando per viam eremi in Scythi, texens plectam; et audivi ca

melarium loquentem sermones vanos, et ne forte irascerer, dimisi plectam meam, et fugi (*Append. Mart.*, n. 12).

3. Interrogavit frater abbatem Pimenium, dicens: Quid est quod Dominus dixit: Majorem charitatem nemo habet, quam ut animam suam ponat quis pro amicis suis (*Joan.*, xv)? quomodo hoc facit? Respondit senex: Si quis audit verbum malum a proximo suo, et dum possit similia respondere, pugnat tamen in corde suo portare laborem, et vim sibi facit, ne respondeat malum, ut contristet illum; iste talis animam suam ponit pro amico suo (*Ruff.*, lib. III, n. 201. *Pelag.*, libell. xvii, num. 10; *Append. Mart.*, n. 14).

4. Abbas Macarius dixit: Si reminiscimur malorum quæ ab hominibus patimur, perdimus memoriæ virtutem. Item dixit: Si autem recolimus malorum quæ nobis a dæmonibus mittuntur, sine perturbatione erimus, scientes quod ab initio bona Deus creavit, diabolus vero mala superseminavit. En sunt perditiones innumeræ (*Pelag.*, libell. x, num. 34; *Append. Mart.*, n. 15). Et addidit, dicens: Culpa est monachi, si læsus a fratribus, primus in charitate purgato corde non occurrit (*Joan.*, libell. I, n. 7; *Append. Mart.*, n. 16). Nam Sunamitis non meruisset recipere Elisæum prophetam in domum suam, nisi quia cum nullo alio habuit causam. Sunamitis enim in persona est animæ, Elisæus vero in persona Spiritus sancti **682** figuratus; quia nisi pura sit anima, non meretur suscipere Spiritum Dei. Ita ira inveterata excæcat oculos cordis, et animam excludit ab oratione.

CAPUT XXXVIII.
Quid lamentatio vel paupertas, quæ fit propter Deum, operetur.

1. Sanctum Antonium requisivit frater, dicens: Quid faciam pro peccatis meis? Respondit: Qui vult liberari a peccatis, fletu et planctu liberabitur ab eis; et qui vult ædificari in virtutibus, per fletum lacrymarum ædificatur. Ipsa laudatio psalmorum planctus est. Memento exemplum Ezechiæ regis Judæ, sicut scriptum est per Isaiam prophetam (*Isai.* xxxviii), qui flendo non solum sanitatem recepit, sed etiam per quindecim annos augmentum vitæ promeruit, et supervenientem hostis exercitum, videlicet centum et octoginta quinque millium, per lacrymarum ejus rigationem, virtus Domini in mortem prostravit. Sanctus Petrus apostolus flendo recepit quod in Christum negando commiserat. Maria, quia cum lacrymis rigavit pedes Domini, meruit audire se optimam partem elegisse. Ipse timor Domini sanctus permanens in sæculum sæculi.

2. Beatus Macarius dixit: In veritate, si facta est monacho despectio quasi laus, paupertas sicut divitiæ, inopia sicut epulæ, nunquam moritur (*Append. Mart.*, n. 25). Impossibile est bene credentem, et pie colentem Deum, cadere in passionem immundam et in errorem dæmonum

CAPUT XXXIX.
In hac vita homo requiem invenire non potest.

1. Abbatem Sisoium requisivit frater: Post quantum tempus debet homo a se abscindere passiones (*Append. Mart.*, n. 26)? Respondit: Scriptum est in Evangelio: Quia peccatores Deus non audit; sed qui cultor Dei est, et voluntatem ejus facit (*Joan.* ix). Ideo cum venerit impugnatio, abscide illam, quia fragilis est anima; ante armetur quam a peccatis inquinetur.

2. Abbatem Pimenium interrogavit frater: Quid faciam, quia conturbant me cogitationes sedentem in cella? Respondit: Neminem despicias, nullum dijudices, de nullo male loquaris; et Deus dabit tibi requiem, et statuet sessionem tuam sine conturbatione (*Ruff.*, lib. III n. 100; *Pelag.*, libell. ix, n. 8; *Append. Mart.*, n. 39). Custodiam enim seniorum, et quietem ipsorum considera. Meditare in divinis officiis, et scias horas canonicas die ac nocte. Timor Domini non discedat a corde tuo: et non glorieris, neque te æstimes cum justis; et ex omni virtute tua custodi, ut non facias propriam voluntatem.

3. Idem dixit: Sicut ad succensam ollam muscæ non appropinquant; si vero tepida fuerit, insiliunt in eam, et faciunt vermes; ita et monachum succensum igne divini Spiritus, dæmones fugiunt; tepidum vero illudunt et insequuntur (*Ruff.*, lib. III, n. 204; *Append. Mart.*, n. 42).

CAPUT XL.
Unde vitia oriuntur.

1. Sanctum Antonium requisivit frater: Quomodo Deus repromittit bona animæ per assiduitatem Scripturarum, et non vult anima in bonis permanere, sed declinat ad transitoria, caduca, et immunda? Respondit: Ad hoc jungitur quod Psalmista ait: Iniquitatem si conspexi in corde meo, non exaudiet Deus (*Psal.* lxv). Ignoras quod cum venter plenus fuerit esca, statim ebulliunt magna vitia, quæ Salvator noster per Evangelium prædixit: Non coinquinat, quod in os intrat, animam hominis; sed de corde exeunt, quæ in interitum demergunt hominem (*Matth.* xv). Vide quid dixerit primum: Cogitationes malæ, homicidia, adulteria, fornicationes, furta, falsa testimonia, et blasphemiæ. Quia qui necdum gustavit dulcedinem cœlestium, ut ex toto corde exquirat Deum, ideo ad immunda revertitur. Quis poterit recte dicere? Ut jumentum factus sum apud te, et ego semper tecum (*Psal.* lxxii).

CAPUT XLI.
Qualiter virtutes obtinere oportet.

1. Quemdam senem requisivit frater, dicens: Doce me, Pater (*Append. Mart.*, n. 46). Et dixit ei: Vade, ama tibi ipse vim facere. Evagina gladium tuum, et exi in bellum. Dixit ei frater: Non me permittunt cogitationes. Respondit senex: Scriptum est: Invoca me in die tribulationis tuæ: eripiam te, et glorificabis me. Invoca ergo Deum, et eripiet te (*Psal.* lxxx).

2. Perrexerunt duo fratres ad unum senem sanctum in Scythi sedentem singularem; dixitque unus ex illis: Abba, omne Vetus et Novum Testamentum memoriter didici (*Pelag.*, libell. x, n. 94). Dicit ei senex: Implesti aerem verbis. Et alter dixit: Ego et

Vetus et Novum Testamentum totum scripsi, et penes me habeo. Et huic respondit : Et tu implesti fenestras tuas chartis. An ignoras qui dixit : Regnum Dei non est in sermone, sed in virtute (*I Cor.* iv)? Et iterum : Non auditores legis justi sunt apud Deum, sed factores legis justificabuntur (*Rom.* ii). Inquirebant ergo ab eo viam salutis. Ille autem dixit eis : Initium sapientiæ timor Domini (*Psal.* cx), et humilitas cum patientia. Omnibus his insertis utentibus, pauca sufficiunt.

CAPUT XLII.
Quomodo in cœnobiis vivendum sit.

683 1. Cum quidam adolescens frater abbatem Agathonem requireret, dicens : Volo permanere cum fratribus; dic mihi quomodo habitem cum ipsis? Respondit ei senex : Observa præ omnibus hoc, ut qualis primo die ingrederis apud ipsos, talis reliquum peragas tempus, et cum quiete adimplebis peregrinationem tuam (*Ruff.*, lib. iii, n. 198; *Pelag.*, libell. x, num. 8). Custodi enim, ne quando fiduciam loquendi assumas, dicente Apostolo : Nemo militans Christo, implicat se negotiis sæcularibus (*II Tim.* ii).

2. Item dixit Agathon : Si habitas cum proximo, esto sicut columna lapidea, quæ si injuriatur, non irascitur; si glorificatur, non extollitur (*Append. Mart.*, num. 10).

2. Abbas Pimenius abbatem Nesteronem sedentem in cœnobio requisivit, dicens : Unde adeptus es hanc virtutem, frater, ut quotiescunque tribulatio contigit in cœnobio, neque loquaris, neque mediator accedas (*Pelag.*, libell. xv, num. 30)? Et cum nollet dicere, postea compulsus a sene, dixit : Indulge mihi, abba, quia in principio quando ingressus sum, dixi cogitationi meæ : Ecce tu et hic asinus estis pares. Sicut enim hic asinus vapulat, et non loquitur ; injuriatur, et nihil respondet ; ita ergo esto et tu, nam sic dicit et psalmus : Ut jumentum factus sum apud te, et ego semper tecum (*Psal.* LXXII).

4. Cum aliquando gens Mazicorum in Scythi superveniens[1], multos ex Patribus occidisset, abbas Pimenius una cum alio Patre seniore, nomine Anub, et cum aliis quinque Patribus fugiens inde, venit ad locum qui dicitur Terenuthi ; et invenerunt ibi templum antiquum desertum, et manserunt in eo hi septem pariter, donec cognoscerent ubi unusquisque in Ægypto mansurus esset. Decreverunt autem inter se, dicentes : Septimana hac unusquisque requiescat apud se, et alter ad alterum non loquatur. Cum autem id facerent, erat in templo illo statuæ cujusdam idoli. Abbas ergo Anub exsurgens, mane lapidabat eam in facie; et vespere veniens, dicebat ad eam : Peccavi, indulge mihi. Et sic fecit per totam hebdomadam. Die autem Sabbati, cum venissent pariter, dixit ei abbas Pimenius : Quid voluisti hac tota hebdomada facere, ut homo fidelis diceres idolo, Indulge mihi. Dixit ei senex Anub : Hoc ego propter vos feci ; dicite mihi, nunquid quando hoc idolum lapidabam, loculum est aut iratum? aut quando indulgentiam petebam, nunquid exaltavit se aut gloriatum est? Cui abbas Pimenius respondit : Non utique. Tunc dixit senex : Fratres ecce septem sumus, si vultis ergo pariter manere, ut lucrum animæ faciamus, sit idolum nobis istud in exemplum, ne quando injuriatur aliquis, irascatur ; ne quando ab eo venia petitur, glorietur, aut extollatur si autem ita non vultis, unusquisque vadat quo vult. At illi projicientes se in terram, spoponderunt se ita facturos : et sic permanserunt per multos annos, cum magna humilitate et abstinentia, unum ex ipsis facientes dispensatorem. Et erat eis perfectio, et unum desiderium; et quidquid positum esset in mensa, reficiebantur, nullo dicente : Affer nobis illud : aut, Istud nolo comedere. Quatuor siquidem horas dormiebant in nocte, et quatuor psallebant, et quatuor operabantur. In die vero per intervalla horarum officiis divinis insistebant, operantes et legentes, et fundentes folia palmarum, usque ad horam nonam. Post hoc vero victum sibi præparabant, colligentes quasdam herbas terræ.

CAPUT XLIII.
Quæ sit observantia spiritualis disciplinæ.

1. Quidam frater (*Append. Mart.*, n. 106) requisivit sanctum Serapionem abbatem, habentem sub regimine suo decem millia monachorum, dicens : Alii fratres de cœnobio elegerunt me, ut ego illis præcipiam ; ostende mihi quomodo jubes? Respondit Serapion : Durum est meum fortasse imperium. Nam Dominus noster Jesus Christus per Evangelium suum instruit, dicens : Si diligitis me, mandata mea servate (*Joan.* xiv). Et cum discipuli de primatu inter se disceptarent, quis eorum esset senior, ait ad eos : Si quis voluerit inter vos major fieri, erit vester minister, et quicunque voluerit in vobis prior esse, erit omnium servus (*Marc.* x). Petrus apostolus, in epistola sua, monet pastores : Pascite qui in vobis est gregem Dei, providentes, non coacte, sed voluntarie secundum Deum; nec turpis lucri gratia, sed forma estote gregis ; et cum apparuerit princeps pastorum, percipietis immarcescibilem gloriæ coronam (*I Pet.* v). Ita facito prius quod præcipis, ut non tantum illis præcepta, sed formulam præbeas, ut tua imitentur exempla. Ne sis mercenarius, sed pastor ovium, quia Salvator noster beatum dixit, quem constituit super familiam suam, ut det illis cibum in tempore (*Matth.* xxiv).

2. Interrogavit abbas Moyses abbatem Silvanum, dicens : Potest homo per singulos dies apprehendere conversationis initium? Respondit : Oportet enim apprehendere unumquemque aliquid ex omnibus (*Append. Mart.*, n. 108). Surgens mane, sumat initium sapientiæ : in omni virtute, et in omni mandato Dei, in **684** magna patientia, et longanimitate, et charitate Dei, cum humilitate animæ et corporis, in multa sustentatione et commoratione cellæ, in ora-

---
[1] *Ruff.*, lib. iii, n. 199, pene ad verbum ; *Pelag.*, libell. xv, num. 11.

tione et deprecatione, cum gemitu, cum puritate cordis et oculorum, et custodia linguæ ac sermonum, in abrenuntiatione rerum materialium, desideriorum carnis, cruciationem habentes in certamine, in continentia spirituali et agone pugnæ, in pœnitentia et luctu, in simplicitate animæ et taciturnitate, in jejuniis et vigiliis nocturnis, in operatione manuum, secundum quod dicit apostolus Paulus, operantes manibus vestris, in fame et siti, in frigore et nuditate, in laboribus et angustiis et persecutionibus, in foveis et speluncis et cavernis (*II Cor.* xi). Esto factor verbi, et non auditor tantum (*Jac.* i), operans talentum in duplum, habens vestem nuptialem, firmatus supra firmam petram.

Eleemosyna et fides non te derelinquant[1]. Cogitans esto, omni die mortem vicinam esse : et quasi jam clausus in monumento, nihil de hoc sæculo cures, quia sollicitudo sæculi et cupiditas divitiarum, hæc sunt spinæ, quas Dominus cavere dixit in Evangelio, quæ bonum semen suffocant (*Luc.* viii). Inedia escarum, humilitas et luctus non recedant a te, quia Dominus dissipat ossa hominum sibi placentium. Timor omni hora permaneat in te, sicut scriptum est : Propter timorem tuum, Domine, in utero concepimus, et doluimus, et peperimus spiritum salutis (*Isaiæ* xxvi). Hæc ergo, et si qua alia virtus est, in his prospice; et ne te mensures cum magnis, aut justum te æstimes; sed te crede inferiorem esse totius creaturæ, id est, viliorem quovis homine peccatore. Qui se existimat aliquid esse, cum nihil sit, ipse se seducit (*Galat.* vi). Non dijudices proximum, neque despicias aliena delinquentium, sed tua plange peccata, et de nullius hominis actu sollicitus sis. Esto mansuetus spiritu, et non iracundus. Nihil in corde tuo, neque odium, neque contra inimicum aliquid sine causa habeas ; neque despicias eum in tribulatione ejus, neque reddas malum pro malo, sed esto pacificus cum omnibus : hoc est vinculum perfectionis. Non te credas malum facienti, neque congaudeas ei qui fecit proximo suo malum. Non detrahas aliis quia Deus judex et testis est in omnibus. Ne oderis aliquem propter peccatum ejus, quia scriptum est : Nolite judicare, ut non judicemini (*Matth.* vii). Dum alium arguis, vide ne pejora committas. Non despicias peccantem, sed ora pro illo, ut Deus illi det conversionem ad pœnitentiam ; et si audieris de aliquo quod agat, iniqua, responde dicens : Nunquid ego horum sum judex? homo sum peccator, mortuus sub peccatis meis. Mortuus enim causam non habet curare pro aliquo. Qui hæc omnia procurat et cogitat, operarius est omnis justitiæ, dum de Christo redemptore nostro propheta denuntiet, dicens : Ego autem sum vermis, et non homo (*Psal.* xxi). Et alius propheta Habacuc dicit : Lapis de pariete clamavit, et scarabeus de ligno loquitur (*Habac.* ii) ; nos vero dum in multis extollimur, in multis supplantamur. Qui vero hæc custodit, vivit sub gratia et virtute Domini nostri Jesu Christi.

CAPUT XLIV.

De meditationibus (5) duodecim anachoretarum.

Anachoretæ aliquando sapientes, sancti et spirituales, duodecim numero, congregati in idipsum, expetierunt a semetipsis, dicere unumquemque quæ emendaverit in cella sua, et quam meditationem meditatus sit spiritualiter.

1. Et dixit primus, qui et senior eorum : Ego, fratres, ex quo cœpi quiescere, totum crucifixi meipsum his quæ extrinsecus sunt actionibus, reminiscens quod scriptum est : Dirumpamus vincula eorum, et projiciamus a nobis jugum ipsorum (*Psal.* ii). Et velut murum faciens inter animum et corporales actus, dixi in mente mea : Quemadmodum is qui intra murum est, stantem foris non videt ; sic nec tu velis exteriores actus aspicere, sed teipsum intuere, sustinens quotidie spem Dei. Sic autem habeto malignas cogitationes aut malas concupiscentias, sicut serpentis et scorpionum prolem. Si quando autem eas in corde meo nasci sensero, attendens illas cum comminatione et ira arefacio eas ; nec unquam cesso, irascens corpori et menti meæ, ne quid pravum faciat

2. Secundus ait : Ego dixi, ex quo renuntiavi terræ : Hodie renatus es, hodie cœpisti servire Deo, hodie hic inhabitare cœpisti : sic esto quotidie peregrinus, et crastino liberandus. Hoc mihi quotidie consulebam.

3. Tertius dixit : Ego diluculo ascendo ad Deum meum ; et adorans illum, jacto me in faciem meam, confitendo culpas meas ; et sic descendens, adoro angelos Dei, rogans illos supplicare Deo pro me, et omnem creaturam. Et cum ista adimplevero, vado ad abyssum ; et quid Judæi faciunt, Jerosolymis euntes, concidentes se, et lacrymantes ac lugentes casum patrum suorum, hoc ego circuiens et exspectans, propria membra tormentis subdo, et cum plorantibus ploro.

4. Quartus ait : Ego sic sum, ac si in monte Olivarum sedens cum Domino et discipulis ejus. Et dixi mihi : Nullum agnoscas secundum carnem, sed cum his esto semper cœlestis conversationis imitator, sicut bona Maria Magdalena ad pedes Jesu sedens, et verba ejus audiens. Efficiamini sancti et perfecti sicut et Pater vester qui in cœlis est (*Matth.* v). Et, Discite a me, quia mitis sum et humilis corde (*Matth.* xi).

5. Quintus ait : Ego angelos aspicio, ascendentes et descendentes ad vocationem animarum, et semper finem meum opperior, dicens : Paratum cor meum Deus, paratum cor meum (*Psal.* cvii).

6. Dixit sextus : Ego per dies singulos statui verba mea audiri a Domino, putans mihi dici : Laborate propter me, et ego quiescere faciam vos. Adhuc modicum decertate, et videbitis salutare meum et gloriam meam. Si diligitis me , si filii mei estis, ad Patrem rogantes revertimini. Si fratres mei estis, erubescite pro me, quemadmodum propter vos multa

[1] Ruff., lib. iii, n. 206 ; Pelag., libell. x, n. 63, nomine Moysis; Append. Mart., num. 108.

perpessus sum. Si oves meæ estis, Dominicam passionem sequimini.

7. Septimus ait : Ego ista assidue meditor, et sine intermissione colloquor mihi, fidem, spem et charitatem; ut spe quidem gaudeam, dilectione vero neminem aliquando contristem, et fide corroborem.

8. Octavus ait : Ego volentem diabolum exspecto, quærentem quem devoret. Et ubicunque ierit, exspecto illum interioribus oculis meis, et Dominum Deum adversus illum interpello, ut sine effectu maneat, et in nullo prævaleat, maxime in timentibus Deum.

9. Nonus ait : Ego quotidie ecclesiam intellectualium virtutum exspecto, Dominum gloriæ in medio earum video super omnes splendentem. Quando autem abscedam ab eo, ascendo in cœlum, exspectans admirandas pulchritudines angelorum, et quos emittunt hymnos incessabiliter Deo, et dulces eorum cantilenas; differorque sonis ac vocibus et suavitate, ut libeat reminisci quod scriptum est : Cœli enarrant gloriam Dei, et opera manuum ejus annuntiant firmamentum (*Psal.* XVIII). Et omnia quæ super terram sunt, sicut cinerem et stercora opinor.

10. Decimus ait : Ego angelum meum assistentem mihi juxta me exspecto; et custodio memetipsum, quod scriptum est reminiscens : Providebam Dominum in conspectu meo semper, quoniam a dextris est mihi, ne commovear (*Psal.* XV). Timeo igitur eum, ut custodientem vias meas, et quotidie ascendentem ad Deum, et insinuantem actus meos et verba.

11. Undecimus ait : Ego personam imponens virtutibus, veluti si abstinentiæ, castitati, benignitati, dilectioni, in meipsum steti : et circumdans mihi illas, et ubicunque iero, dico mihi ipsi : ubi sunt sequaces tuæ? Ne pusillanimis sis, ne deficias, habens juxta te ea semper. Quæcunque libent, loquere de virtute, ut post mortem testificentur de te coram Deo, quia invenerunt requiem in te.

12. Duodecimus ait : Vos quidem, Patres, cœlestem habentes conversationem, cœlestem et sapientiam possidetis. Nihil mirum. Elevatos vos operibus video, et superiora sectantes. Quid dicam? Virtute enim etiam transpositi estis terram, vosmetipsos ex toto alienantes ab ea. Quid dicam? Vos terrenos angelos et cœlestes homines dicens, non peccaverim. Ego vero me his indignum judicans, video quod peccata mea, ubicunque iero, præcedunt me semper ad dexteram et ad sinistram : in infernum vero adjudicavi meipsum, dicens : Esto cum his quibus dignus es, istis post modicum annumeraberis. Video igitur ibi pares gemitus et incessabiles lacrymas, quæ a nullo referri queunt. Aspicio quosdam stridentes dentibus, et salientes toto corpore, et trementes a capite usque ad pedes. Et jactans me super terram, et amplectens cinerem, deprecor Deum, nunquam casuum me illorum experimenta accipere. Video et mare ignis bullientis immensibile, et circumflentes et mugientes, ut putent aliqui usque ad cœlos attingere fluctus ignis, et in tremendo illo mari innumerabiles homines dejectos ab agrestibus : et una voce omnes illos clamantes et ululantes simul, quales nemo super terram ululatus et voces unquam audierat, et sicut arentia omnis virgulti cremare, misericordia autem Dei avertente se ab illis propter injustitias eorum. Et tunc lamento genus hominum, quod audeat loqui vel cuilibet attendere, tantis mundo repositis malis. Et in his teneo mentem meam, luctum meditans, quod ait Dominus, indignum me cœlo et terra judicans, reputansque quod scriptum est : Factæ sunt mihi lacrymæ meæ panes die ac nocte (*Psal.* XLI).

Hæc sapientium et spiritualium responsa Patrum. Et veniat et in nos digna memoria, ut narrationem conversationis opere ostendere possimus, ut facti invituperabiles, et perfecti, et irreprehensibiles, placeamus Salvatori nostro. Cui est honor et gloria in sæcula sæculorum. Amen.

ROSWEYDI NOTATIO.

686 Pauca hoc libro notanda sunt cum ex antedictis lux affulgeat.

(1) *Lebetone.*] Pelagius, libello VIII, num. 18, habet *sacco.* Vide Onomasticon.

(2) *Eulogius.*] Eadem historia sensu eodem apud Pallad., cap. 26, quem Hervetus Latinam reddidit. Dissentit ab eo Paschasius in quorumdam vocabulorum translatione, uti et vetus Palladii interpres. Ecce locum unum, sed insignem, num. 4.

(3) *Scholasticus.*] Varia hujus vocis significatio. Fere pro advocato vel declamatore accipitur. Vide Onomasticon.

(4) *Fugitive, qui propriam domum devorasti, furatusque es alienam substantiam.*] Vetus Palladii interpres : « Multa mala commisisti, fugitive forsitan domini tui, alienas pecunias furatus es. » Hervetus, recentior Palladii interpres : « Abi hinc, scelerate fugitive, suffuratus es alienas pecunias, et dominum spoliasti.» Quæ Meursius in Glossario suo ex Græco ms. sic repræsentat : Σχάτα, γλούττον, φαγοχύρι, ἀλλότρια χρήματα ἔχλεψας. Qui tamen unica dictione et per χ legit σκατογλούττων : vultque Palladio σκατογλούττων idem esse quod σκατοφάγος Aristophani, id est, *stercorimanducus.* Eidem Meursio φαγοχύρις est *dominus helluo.* Non potius, *domini helluo,* si is sensus placet ; quod Herveto *dominum spoliasti ?* Paschasius etiam videtur legisse φαγοχύρις, sed alio sensu ; nam vertit, *propriam domum devorasti.* Quare illi φαγοχύρις est, quasi κυρίου φάγος *propriarum rerum devorator.* Et facilis a suarum rerum dilapidatione ad furtum gradus est, quare et rite hæc conjunguntur, *sua devorasse,* et *aliena furatum esse.* Vetus Palladii interpres legisse videtur φυγοχύρι : vertit enim, *fugitive domini tui.* Quod idem Meursius ex σχάτα, γλούττον, facit σκαταγλούττων, nondum probare possum potius dixerim esse ea duo verba probrosa, etsi nunc non ita cognita.

(5) *De meditationibus.*] Quia in tempore ex Augustana Bibliotheca, promptissime submittente Davide Hoeschelio, hoc ipsum ca; ut Græce expressum accepi, juvat hic subnectere :

Διήγησις ιβ΄ πατέρων, ἐπὶ τὸ αὐτὸ συνελθόντων περὶ τῶν οἰκείων κατορθωμάτων.

Ἀναχωρηταί ποτε σοφοί καὶ πνευματικοί, δώδεκα τὸν ἀριθμόν, συναχθέντες ἐπὶ τὸ αὐτὸ, ἀπῄτησαν ἑαυτοὺς, εἰπεῖν ἕκαστον ὃ κατώρθωσεν ἐν τῷ κελλίῳ αὐτοῦ, καὶ ποίαν ἄσκησιν ἤσκησε καὶ πνευματικὴν ἀρετήν.

DE VITIS PATRUM LIBER VII.

Καὶ εἶπεν ὁ πρῶτος, ὁ καὶ πρεσβύτερος ἐξ αὐτῶν· « Ἐγώ, ἀδελφοί, ἀφ' οὗ ἠρξάμην ἡσυχάζειν, ὅλον ἐσταύρωσα ἐμαυτὸν τοῖς πράγμασιν, ἐννοῶν τὸ γεγραμμένον (Psal. II, 3), Διαῤῥήξωμεν τοὺς δεσμοὺς αὐτῶν, καὶ ἀποῤῥίψωμεν ἀφ' ἡμῶν τὸν ζυγὸν αὐτῶν. Καὶ τεῖχος ὥσπερ ποιήσας ἀνὰ μέσον τῆς ψυχῆς μου καὶ τῶν σωματικῶν πραγμάτων, εἶπον ἐν τῇ διανοίᾳ μου, Ὅτι ὥσπερ ὁ ἔσω τοῦ τείχους οὐχ ὁρᾷ τὸν ἔξω ἑστῶτα, οὕτω μηδὲ σὺ θελήσῃς ὁρᾷν τὰ τῶν ἐκτὸς πραγμάτων, ἀλλὰ [a] σαυτῷ πρόσεχε, ἐκδεχόμενος τὴν ἐλπίδα τοῦ Θεοῦ σου. Οὕτω δὲ ἔχων τὰς πονηρὰς ἐπιθυμίας, ὡς ὄφεις καὶ γεννήματα ἐχιδνῶν, ὅταν αἴσθωμαι ἐν τῇ καρδίᾳ μου φυομένας ταύτας, προσέχων αὐταῖς μετὰ ἀπειλῆς καὶ ὀργῆς, καὶ ξηραίνω αὐτάς, καὶ οὐκ ἐπαυσάμην ποτὲ ὀργιζόμενος τῷ σώματί μου καὶ τῇ ψυχῇ μου, ἵνα μηδὲν φαῦλον ποιήσωσιν. »

βʹ. Ὁ δεύτερος λέγει· « Ἐγὼ εἶπον ἐμαυτῷ, ἀφ' οὗ ἀπεταξάμην τῇ γῇ, Ὅτι σήμερον ἀνεγεννήθης, σήμερον ἐνταῦθα παροικεῖν ἦρξω. Οὕτως ἔσο καθ' ἑκάστην, ὡς ξένος, καὶ αὔριον ἀπαλλαττόμενος. Καὶ τοῦτο ἐμαυτῷ καθ' ἑκάστην συμβουλεύω. »

γʹ. Ὁ τρίτος· « Ἐγὼ ἀπὸ πρωίας ἀνέρχομαι πρὸς τὸν Κύριόν μου, καὶ προσκυνήσας αὐτῷ, ῥίπτω ἐμαυτὸν ἐπὶ πρόσωπόν μου, ἐξομολογούμενος τὰ παραπτώματά μου. Καὶ οὕτω καταβαίνω προσκυνῶν τοὺς Ἀγγέλους τοῦ Θεοῦ εὔχεσθαι ὑπὲρ ἐμοῦ καὶ πάσης τῆς κτίσεως. Καὶ ὅτ' ἂν τοῦτο ἐπιτελέσω, κατέρχομαι ἐν τῇ ἀβύσσῳ. Καὶ ὥσπερ οἱ Ἰουδαῖοί ποτε, ἐπὶ Σοδόμοις καὶ Γομόρροις ἀπιόντες, καὶ περισχιζόμενοι, καὶ δακρύοντες ἐπὶ τῇ συμφορᾷ τῶν πατέρων αὐτῶν, οὕτω κἀγὼ περιέρχομαι τὰς κολάσεις, καὶ θεωρῶ τὰ ἴδια μέλη βασανιζόμενα, καὶ κλαίω μετὰ κλαιόντων. »

δʹ. Ὁ δὲ τέταρτος ἔφη· « Ἐγὼ οὕτως εἰμί, ὡς ἐν τῷ ὄρει τῶν ἐλαιῶν καθήμενος, μετὰ τοῦ Κυρίου καὶ τῶν Ἀποστόλων αὐτοῦ, καὶ εἶπον ἐμαυτῷ· Ἀπὸ τοῦ νῦν μηδένα γίνωσκε κατὰ σάρκα· ἀλλὰ μετ' αὐτῶν ἴσο διὰ παντὸς τὸν ζῆλον αὐτῶν καὶ τὴν πολιτείαν μιμούμενος, ὡς ἡ καλὴ Μαρία παρὰ τοὺς πόδας τοῦ Κυρίου καθημένη, καὶ τῶν λόγων αὐτοῦ ἀκούουσα· Γίνεσθε ἅγιοι, ὅτι ἐγὼ ἅγιός εἰμι (I Pet. I, 16)· γίνεσθε οἰκτίρμονες, ὡς ὁ Πατὴρ ἡμῶν ὁ ἐν τοῖς οὐρανοῖς (Lucae VI, 36)· γίνεσθε τέλειοι, ὡς ὁ Πατὴρ ἡμῶν ὁ ἐν τοῖς οὐρανοῖς (Matth. V, 48)· καὶ, Μάθετε ἀπ' ἐμοῦ, ὅτι πρᾶός εἰμι καὶ ταπεινὸς τῇ καρδίᾳ (Matth. XI, 29). »

στʹ. Ὁ δὲ πέμπτος εἶπεν· « Ἐγὼ τοὺς Ἀγγέλους θεωρῶ πάσαις ὥραις ἀνερχομένους καὶ κατερχομένους εἰς τὴν κλῆσιν τῶν ψυχῶν· καὶ διὰ παντὸς τὸ τέλος προσδοκῶν, λέγω· Ἑτοίμη ἡ καρδία μου, ὁ Θεός. »

στʹ. Ὁ ἕκτος λέγει· « Ἐγὼ καθ' ἡμέραν νομίζω τούτους τοὺς λόγους ἀκούειν παρὰ τοῦ Κυρίου· Κάμετε δι' ἐμέ, κἀγὼ ἀναπαύσω ὑμᾶς. Ἔτι μικρὸν ἐγκαρτερήσατε, καὶ ὄψεσθε τὸ σωτήριόν μου καὶ τὴν δόξαν μου. Εἰ ἀγαπᾶτέ με, τὰς ἐντολάς μου τηρήσατε (Joan. XVI, 15). Εἰ τέκνα μου ἐστέ, ὡς πατέρα καλοῦντάς με αἰσχύνθητέ με, ὡς πολλὰ ὑπομείναντα δι' ὑμᾶς. Εἰ πρόβατά μου ἐστέ, τῆς φωνῆς τοῦ ποιμένος ἀκούσατε (Joan. X, 27). Εἰ δοῦλοί μου ἐστέ, τοῖς δεσπότικοῖς ἀκολουθήσατε παθήμασιν. »

ζʹ. Ὁ ἕβδομος εἶπεν· « Ἐγὼ τὰ τρία ταῦτα συνεχῶς μελετῶ, καὶ ἀδιαλείπτως ἐπιλέγω ἐμαυτῷ, ἐλπίς, πίστις, ἀγάπη, ἵνα τῇ μὲν ἐλπίδι χαίρω, τῇ δὲ πίστει στηρίζομαι, τῇ δὲ ἀγάπῃ μηδένα λυπήσω ποτέ. »

ηʹ. Ὁ ὄγδοος ἔφη· « Ἐγὼ πέ... [Ἰσ., πέφοιτα] μὲν τὸν διάβολον θεωρῶ, καὶ ὅτου δ' ἂν ἀπέλθω, θεωρῶ αὐτὸν τοῖς ἔσωθεν ὀφθαλμοῖς, καὶ τῷ δεσπότῃ Θεῷ ἐντυγχάνω κατ' αὐτοῦ, ἵνα ἄπρακτος μείνῃ, καὶ ἐν μηδενὶ ἰσχύσῃ, καὶ μάλιστα κατὰ τῶν φοβουμένων τὸν Κύριον. »

θʹ. Ὁ ἔνατος ἔφη. « Ἐγὼ καθ' ἡμέραν τὴν ἐκκλησίαν τῶν ὁσίων θεωρῶ, καὶ τὸν Κύριον τῆς δόξης, ἐν μέσῳ αὐτῶν ὑπὲρ πάντας λάμποντα· ὅταν δὲ ἐπιβλέψω, ἀνέρχομαι εἰς τοὺς οὐρανούς, καὶ θεωρῶ τὰ κάλλιστα τάγματα τῶν Ἀγγέλων, καὶ τοὺς ὕμνους, οὓς ἀναπέμπουσιν ἀπαύστως τῷ Θεῷ, καὶ τὰς μελῳδίας· καὶ μετεωρίζομαι ἀπὸ τῶν φθόγγων καὶ τῶν φωνῶν, ὡς ἐννοῆσαι τὸ γεγραμμένον· Οἱ οὐρανοὶ διηγοῦνται δόξαν Θεοῦ (Psal. XVIII, 2), καί, Πάντα τὰ ἐπὶ τῆς γῆς σποδὸν καὶ σκύβαλα ἡγοῦμαι. »

ιʹ. Ὁ δέκατος εἶπε· « Διόλου ἐγὼ τὸν Ἄγγελον τὸν παραμένοντά μοι θεωρῶ πλήσιον, καὶ τηρῶ ἐμαυτὸν ἐννοῶν τὸ γεγραμμένον· Προωρώμην τὸν Κύριον ἐνώπιόν μου διὰ παντός· ὅτι ἐκ δεξιῶν μου ἐστίν, ἵνα μὴ σαλευθῶ (Psal. XV, 8). Φοβοῦμαι οὖν αὐτόν, ὡς τηροῦντά μου τὰς ὁδούς, καὶ καθ' ἑκάστην ἀνερχόμενον πρὸς τὸν Θεόν, καὶ ἐμφανίζοντά μου τὰ ἔργα καὶ τοὺς λόγους. »

ιαʹ. Ὁ ἑνδέκατος ἔφη· « Ἐγὼ πρόσωπον ἐπιθεὶς ταῖς ἀρεταῖς, οἷον τὴν ἐγκράτειαν, τὴν σωφροσύνην, τὴν μακροθυμίαν, τὴν ἀγάπην, εἰς ἐμαυτὸν ἐστησα. Κυκλώσας μου αὐτάς. Ὅπου δ' ἂν ἀπέλθω, λέγω· Ποῦ εἰσιν οἱ παιδαγωγοί σου; μὴ ὀλιγωρήσῃς, μὴ ἀκηδιάσῃς. ἔχων αὐτὰς ἐγγύς σου διὰ παντός· οἷα θέλεις ὁμίλει περὶ ἀρετῆς, ἵνα μετὰ θάνατόν σου μαρτυρήσωσιν ὑπὲρ σοῦ τῷ Θεῷ, ὡς εὑρῆσαι ἀνάπαυσιν ἐν σοί. »

ιβʹ. Ὁ δωδέκατος ἔφη· « Ὑμεῖς μέν, πάτερες, οὐράνιον ἔχοντες πολιτείαν, οὐράνια καὶ τὰ φρονήματα κέκτησθε· καὶ οὐδὲ θαυμαστόν· ἀπηρτισμένους γὰρ ὑμᾶς ὁρῶ τοῖς ἔργοις, καὶ τὰ ἄνω διώκοντας. Καί, τί εἴπω; καὶ ταῖς διανοίαις ἐπαίρεσθε· τῇ γὰρ ὑμῶν δυνάμει μετατίθεσθε ἀπὸ τῆς γῆς, οἱ ἑαυτοὺς παντελῶς ἀπαλλοτριώσαντες ἐξ αὐτῆς. Τί εἴπω ὑμᾶς; ἐπιγείους ἀγγέλους, καὶ οὐρανίους ἀνθρώπους, καὶ οὐκ ἂν ἁμάρτοιμι· ἐγὼ δὲ ἔτι ἐμαυτὸν τοῦ τοιούτου κρίνω ἀνάξιον· ὅπου δ' ἂν ἀπέλθω ἢ περιστραφῶ, ἔμπροσθέν μου καθορῶ προλαμβανούσας τὰς ἁμαρτίας μου, καὶ [*] ὁρῶ ἀεὶ δεξιὰ καὶ ἀριστερά· ἐν τοῖς καταχθονίοις ἑαυτὸν κατεδίκασα λέγω· Ἔσο μετὰ τούτων, ἂν εἰ ἄξιος, ἐν τούτοις γὰρ μικρὸν ὕστερον καταλογισθήσῃ. Θεωρῶ οὖν ἐκεῖ, πάτερες, οἰμωγὰς καὶ δάκρυα ἄπαντα, ἃ οὐδεὶς δύναται διηγήσασθαι. Θεωρῶ τινας βρύχοντας τοὺς ὀδόντας, καὶ παλλομένους ὅλῳ τῷ σώματι, καὶ τρέμοντας ἀπὸ κεφαλῆς ἕως ποδῶν. καὶ ῥίψας ἐμαυτὸν ἐπὶ τῆς γῆς, καὶ σποδὸν καταπασάμενος, ἐκετεύω τὸν Θεόν, τῶν συμφορῶν ἐκείνων πεῖραν μὴ λαβεῖν. Βλέπω δὲ καὶ θάλασσαν πυρός, καχλάζουσαν ἀμετρήτως, καὶ διαφυσῶσαν, καὶ μυκωμένην ὡς νομίζει τινὰς ἕως τοῦ οὐρανοῦ φθάνειν τὰ μυκήματα τοῦ πυρός· καὶ ἐν τῇ φοβερᾷ ἐκείνῃ βαλκάσῃ ἀναριθμήτους ἀνθρώπους βεβλημένους ὑπὸ φοβερῶν καὶ ἀγρίων ἀγγέλων, καὶ μιᾷ φωνῇ πάντας βοῶντας, καὶ ὀλολύζοντας ὁμοῦ, οἵας οὐδεὶς ἤκουσεν ἐπὶ γῆς ὀλολυγὰς καὶ φωνάς· καὶ ὥσπερ φρύγανον πάντας καιομένους· καὶ τοὺς οἰκτιρμοὺς τοῦ Θεοῦ ἀποστρεφομένους ἀπ' αὐτῶν, διὰ τὰς ἀνομίας αὐτῶν. Καὶ τότε θρηνῶ τὸ γένος τῶν ἀνθρώπων, πῶς τολμᾷ καὶ λαλῆσαι λόγον, ἢ προσεχεῖν τινι· τοσούτων κακῶν ἐπικειμένων τῷ κόσμῳ· καὶ ἐν τούτοις μου κρατῶν τὴν διάνοιαν, τὸ πένθος ἔχω, ὃ εἶπεν ὁ Κύριος, ἀνάξιον καὶ τοῦ οὐρανοῦ καὶ τῆς γῆς ἐμαυτὸν κρίνας, λογιζόμενος τὸ γεγραμμένον, Ἐγενήθη μοι τὰ δάκρυά μου ἄρτος ἡμέρας καὶ νυκτός (Psal. XLI, 4). »

Ταῦτα τῶν σοφῶν καὶ πνευματικῶν πατέρων, καὶ τῶν ὄντως ζητούντων τὸν Κύριον, τὰ ἀποφθέγματα· γένοιτο δὲ καὶ ἡμᾶς ἀξίους μνήμης καὶ διηγήσεως πολιτείας δέξασθαι· ἵνα γενόμενοι ἄμεμπτοι, καὶ τέλειοι, καὶ ἀνεπίληπτοι, εὐαρεστήσωμεν τῷ Θεῷ, ᾧ ἡ δόξα εἰς τοὺς αἰῶνας, ἀμήν.

Quæ Latine non exhibeo, quia a Paschasio hic Latine expressa habes, et promptum cuique ea cum Latino conferre textu. Utinam plures viri docti, si quæ ad Vitas Patrum eremitarum facientia Græce habeant, vel publico donent, vel suppeditent, ut interpretum fides appareat, et sua historiæ constet auctoritas.

Adverte me hujus libri non nisi duo Mss. nactum exemplaria, quæ tamen non omnino conveniebant in capitibus et numeris, nec inter se, nec cum Editis. In altero eorum vetustissimo, hoc præterea caput ante caput 5 interserebatur:

De vilitate vestium.

« Abbas Agatho dispensabat semetipsum, et in omnibus cum discretione pollebat, tam in opere manuum suarum quam vestimento. Talibus enim vestibus utebatur, ut nec satis bonæ, nec satis malæ cuiquam apparerent. Dicebat autem discipulis suis:

---

[a] Deut. xv, 9, in quam Moysis præceptionem exstat homilia Basil. Magni.

Vestis quoque sit monachi quæ nuditatem et frigorem repellat, non inditi coloris, qua in jactantia elationis, aut in vanitate anima fluctuetur.»

Correxerat hic sciolus quidam *indici* pro *inditi*.

Sed rectum, *inditi*, id est ascititii.

Adverte etiam, pleraque quæ cum Ruffino Paschasius habet communia, iisdem fere verbis apud Ruffinum et Paschasium haberi.

DE VITIS PATRUM
LIBER OCTAVUS,
SIVE
HISTORIA LAUSIACA,
AUCTORE PALLADIO, HELENOPOLEOS EPISCOPO,
INTERPRETE GENTIANO HERVETO.

IN PALLADII LIBRUM PRÆLUDIA,
ET DE EODEM LIBRO ELOGIA.

Lectori.

688 Quod libro primo et secundo præstitimus, ut auctorum, quorum potiores in iis libris partes erant, peregrinationes sub unum aspectum ex Annalibus illustrissimi cardinalis Baronii exhiberemus, idem hic præstare conabimur. Accipe igitur Palladii peregrinationem, per annos et loca aliquo modo generatim digestam. Nam reliqua minuta et particulares conventus in ipsius textu leges. Subjunxi et Melaniæ junioris varias profectiones, ad lucem Palladii, qui obiter tantum quædam de ejus itinere insinuat. De Melania seniore, cujus etiam Palladius meminit, habes fuse supra in præludiis ad librum secundum, cum de Ruffini, qui ejus libri vel auctor, vel interpres est, peregrinatione egimus, quem Melaniæ lateri comitem hæsisse, et peregrinationis ejus fuisse socium, statuit Baronius.

PEREGRINATIO
PALLADII, HELENOPOLEOS EPISCOPI.

Profectio Ægyptiaca.

Anno Christi 388, Baron., t. IV, ad eum an. — **689** Hoc eodem anno [Christi 388, Siricii papæ 4, Valentiniani 13, Theodosii 10 impp.], sub consulatu videlicet Theodosii secundo, Palladius Galata, ut ipse testatur (*Pallad.*, in *Lausiac.*, cap. 1), Alexandriam petiit : qui tum ex iis quæ ibi eremum Ægypti peragratus vidit, tum ab aliis audivit, scripsit postea commentarium ad Lausum præfectum; quam ob causam eumdem librum interdum Lausiaca (*a*) appellarunt, cui et titulus ille præfixus alicubi reperitur, ut Paradisus Heraclidis (*b*) nominetur. Mansit hic in eremo cum Evagrio Pontico aliquot annis (de triennio ibi confecto ipse meminit (*Pallad.*, cap. 12). Porro Evagrii Pontici consuetudine, Origenis erroribus imbutus est.

Mirati sumus (*c*) aliquem dubitare num hic Palladius idem sit cum illo quem fuisse natione Galatam et professione Origenistam sanctus Hieronymus tradit; cum idem ipse Palladius eo commentario id profiteatur his verbis (*Pallad.*, cap. 22) : « Respondi me esse peregrinum, et de Galatiæ partibus venire, et unum ex Evagrii fratribus esse confessus sum. » Hæc ipse. Porro ambos, Palladium scilicet et Evagrium, Origenis erroribus fuisse corruptos, non obscure tum Hieronymus tum etiam Epiphanius affirmarunt.

Palladius igitur Evagrio inhærens, ejusdem quoque morbi contagione contabuit; de quo Hieronymus adversus Pelagianos agens, hæc habet : « Palladius, servilis nequitiæ, eamdem hæresim instaurare conatus est, et novam translationis Hebraicæ mihi calumniam struere : num et illius ingenio nobilitatique invidimus? nunc quoque mysterium iniquitatis operatur (*Hieron.*, prooem. adverse. Pelag.), » etc. Ob quam etiam causam sanctus Epiphanius eumdem in Palestina ista docentem deplorans, ait : « Palladium vero Galatam, qui quondam nobis charus fuit, et nunc misericordia Dei indiget, cave; quia Origenis hæresim prædicat et docet, ne forte aliquos de populo tibi credito ad perversitatem sui inducat erroris (*Apud Hieron.*, *epist.* 60). » Hæc ipse scribens ad Joannem Jerosolymitanum episcopum, cum idem Palladius jam deseruisset eremum Nitriæ, et morbi causa, ut ipse testatur (*Pallad.*, *in Lausiac.*, *cap.* 22), abiisset in Palæstinam; ubi aliquandiu moratus hæreses docebat Origenis, quem cavendum Epiphanius Joannem ejus loci episcopum quam primum admonuit. Cum vero Origenistarum nullum alium nominet, nisi Palladium, certe, et si alii essent eadem labe conspersi, tamen non alium quam ipsum id muneris subiisse, ut Origenis deliramenta doceret, satis apparet. Quamobrem Origenistam illum, quem sanctam Paulam tentasse Hieronymus scribit, neminem certe præter Palladium tunc in Palæstina morantem fuisse conspicio, de quo ista in ejusdem Paulo epitaphio habet (*Hier.*, *epistola* 27) : « Tangam ergo breviter, quo modo hæreticorum cœnosos devitaverit lacus, et eos instar habuerit ethnicorum. Quidam veterator callidus, atque, ut sibi videbatur, doctus et sciolus, me nesciente cœpit ei proponere quæstiones, et dicere : Quid peccavit infans, ut a dæmone corripiatur ? In qua ætate resurrecturi sumus? si in ipsa qua morimur, ergo nutricibus post resurrectionem opus erit ; si in altera, nequaquam erit resurrectio mortuorum, sed transformatio in alios. Diversitas quoque sexus maris et feminæ erit, aut non erit? Si erit, sequentur **690** et nuptiæ, et concubitus, sed et generatio; si non erit, sublata diversitate sexus, eadem corpora non resurgent; *aggravat enim terrena inhabitatio sensum multa cogitantem* (*Sup.* IX) ; sed tenuia erunt, et spiritualia, dicente Apostolo : *Seminatur corpus animale, surget corpus spirituale* (*I Cor.* XV). Ex quibus omnibus probare cupiebat rationales creaturas ob quædam vitia et antiqua peccata in corpora esse delapsas, et pro diversitate et meritis peccatorum, tali vel tali conditione generari, ut vel corporum sanitate gauderent, et parentum divitiis ac nobilitate, vel in morbidas carnes et domos inopum venientes, pœnas pristinorum luerent delictorum, et præsenti sæculo atque corporibus quasi carcere clauderentur.

« Quod cum audisset, et ad me retulisset, indicans hominem; mihique incubuisset necessitas nequissimæ viperæ ac mortiferæ bestiæ resistendi, de quibus Psalmista commemorat, dicens : *Ne tradas bestiis animas confitentium tibi* (*Psal.* LXXV) ; et, *Increpa, Domine, bestias calami, quæ scribentes iniquitatem, loquuntur contra Dominum mendacium, et elevant in excelsum os suum* (*Psal.* LXVII) ; conveni hominem, et orationibus ejus, quam decipere nitebatur, brevi interrogatione conclusi, dicens, » etc. Refert disputationem tunc cum eo habitam, atque ad postremum addit : « Ex quo die ita cœpit Paula hominem detestari, et omnes qui ejusdem dogmatis erant, ut eos voce publica hostes Domini proclamaret. » Hæc Hieronymus. Sic igitur a sancto Hieronymo confutatus Palladius, in ipsum stylum convertit, atque primum hæc de Paula adversus eumdem sanctum Hieronymum in suo commentario ad Lausum effutiit :
« Multas feminas vidi, plurimasque tam viduas quam virgines novi, inter quas Paulam Romanam, matrem Toxotii, feminam ad genus vitæ, quod est secundum spiritum, dexterrimo ingenio : cui quidem, quo minus el se daret, impedimento fuit Hieronymus quidam genere Dalmata, qui mulierem optima indole ad genus vitæ perfectum, cum in eo multos, ne dicam omnes, longissimo post se intervallo videretur posse relinquere, ipse invidia motus ad suum peculiare vivendi institutum pertraxit. Ejus filia nomine Eustochium in Bethlehem vitam adhuc monachalem exercet : quam quidem ego nunquam allocutus sum; cæterum fertur insigni esse pudicitia, et regere societatem virginum quinquaginta (*Pallad.*, *in Lausiac.*, *cap.*29). » Hæc Palladius; mansisse autem ipsum in Palæstina saltem usque ad annum trecentesimum nonagesimum secundum, inferius dicemus ex epistola Epiphanii ad Joannem.

Profectio in Bithyniam.

Anno Christi 592. *Baron.*, *t. IV*, *ad an. Christi* 388.
— At quid postea de Palladio? Accidit quidem ut recedens e Palæstina in Bithyniam, catholici hominis personam induerit, et inter Catholicos consuescens, postea in Joannis Chrysostomi episcopi Constantinopolitani se amicitiam insinuarit. Et unde hoc, inquies, de consuetudine cum Joanne accepisti ? Ex eo potissimum, quod favit eidem Joanni Chrysostomo; cui quidem non communione catholica tantummodo conjunctus, sed et eidem fuit tolerantia malorum propinquus ; nam quæ ob ejusdem Joannis defensionem passus est, his verbis ipse declarat : « De Palæstina autem ad provinciam Bithyniam veni, in qua nescio quo modo, utrum studio hominum, an voluntate divina (hoc Deus novit) episcopus ultra meritum meum factus sum. In qua tempestatis illius, quæ sub sancto Joanne commota est, interfui malis, et per decem menses in obscurissima cellula occultatus, cœpi illius sancti dicta reminisci (*Pallad.*, *in Lausiac.*, *c.* 22), » etc.

Profectio in Asiam.

Anno Christi 400 *Baron.*, *t. V*, *ad eum annum.* — Anno Christi 400, Anastasii papæ 5, Arcadii et Honorii impp. 6, synodus est habita Constantinopoli XXII episcoporum in causa Asianorum episcoporum, cum Antonini episcopi Ephesini causa examinata est, et **691** Palladius cum duobus aliis in Asiam destinatus (*Pallad. in Dial.*). De qua re ita Palladius, vel quisquis auctor, in dialogo de rebus Joannis Chrysostomi : « Consilioque synodi præsentis habito, quosdam ex præsentibus episcopis in Asiam mittit ad testes interrogandos. Tres enim ex omnibus electi sunt, Syncletius Metropolitanus, Hesychius Oparicnsis, et Palladius Helenopolitanus. His dederat synudus in mandatis ut qui intra duos menses non occurrisset Hypæpis Asiæ civitatis ad sua tuenda jura, quod vicini essent et qui arguebantur, et episcopi reliqui a Syncletio sociisque judicandi, excommunicatus esset. Descenderunt igitur Smyrnam prænominati episcopi Syncletius et Palladius : Hesychius enim, quod faveret Antonino, finxit se valetudinarium. Significaruntque continuo per litteras utrisque partibus adventum suum, ut concurrentes in memoratam civitatem, implerent quæ polliciti fuerant.

« Illi ante judicum adventum amicitias inierant, partim persuasi auro, partim jurejurando constricti. Congregati igitur in ipsa civitate, judices ludere se posse putabant dilatione testium, quasi peregre profecti essent ob varias causas. Ad hæc judices accusatorem rogant, intra quos dies adducturus esset testes, se exspectaturos pollicentes. Ratus ille eos aeris inclementiam ferre graviter, ac per id velle discedere (erat enim fervor æstivi solis) intra quadraginta dies producturum promittit testes ; alias pœnæ canonum sua se sponte subjicit. Exspectavere judices quadraginta dies : cum ille ad inquirendum dimissus testes, omisit hoc interim, et Constantinopolim venit, illicque delituit. Ubi vero nusquam comparuit, scripsere judices omnibus Asiæ episcopis, denuntiantes excommunicatum, sive ut desertorem, sive ut detractorem. Post hæc alios quadraginta dies persistentes, cum ille minime appareret, Constantinopolim rediere. Illic invento Eusebio, ei quæ gesserat exprobrant. Rursus ille infirmitatem corporis allegans, pollicetur testes exhibiturum. »

Profectio Romana.

Anno Christi 404. Baron. *t. IV, ad annum* 508, et *t. V, ad an.* 404. — Quo etiam tempore, cum vigeret vehementior in eumdem Chrysostomum persecutio, ex Oriente recedens, Romam se contulit ad Innocentium, a quo una cum aliis exceptus est. Et unde hæc? dices. Testatur id ipse, cum de Piniano atque ejus conjuge Melania juniore, a quibus exceptus in urbe fuit, sermonem habens, hæc ait : « Ne nobis quidem certe, cum plurimi simul essemus, qui Romam propter beatum episcopum Joannem perrexeramus, exigua præstiterunt; sed dum in illis partibus degeremus, officiosissimo nos susceperunt hospitio, largissimisque sumptibus, cum inde proficisceremur, honoraverunt (*Pallad.*, in *Lausiac.*, cap. 49). » Hæc ipse.

Quando autem id acciderit (*d*), expressum habes in dialogo de rebus ejusdem sancti Joannis [a] his verbis : « Vix mensis effluxerat, cum Palladius quoque episcopus Helenopoleos (est enim Helenopolis civitas in Bithynia, de qua superius) absque litteris venit, qui et ipse fugisse dicebat vesaniam principum; expressius autem atque signantius enarravit omnia, ipsumque exemplar edicti protulit, » etc. Licet hunc, de quo agimus, Palladium diversum ab illo esse oporteat qui in eo dialogo interloquitur; etenim tunc primum Romam se venisse dicit, cum sub Zosimo papa

[a] Exstat tom. I Joan. Chrys., edit. Paris., col. 10.

pro pace Ecclesiarum ea functus est legatione. Sed quid tandem? ipsum foris pro tempore mutasse personam potius, quam animum impietate refertum, non leve argumentum est, quod eo libro, quem post eas turbas conscriptum ab eo constat (nam in eo meminit de Melaniæ obitu, qui contigit post urbis Romæ excidium) Origenistas complures laudavit, ipsumque Evagrium Origenis erroribus infamatum ad cœlum evexit.

Palladii secundus Romam cum Cœlestio in causa Pelagii hæresiarchæ adventus.

Anno Christi 417. *Baron., tom. V, ad eum annum.*

—**692** Quadringentesimus decimus septimus Christi annus [Innocentii papæ 16, Honorii 23, Theodosii 10, impp.] Honorio Augusto undecimum et Constantio secundum consulibus aperitur : quo Pelagius hæresiarcha, cum accepisset non esse receptam ab Innocentio Romano pontifice purgationem suam habitam in concilio Palæstino, sed priori apud eum astrictum teneri damnatione, ut eum falleret, omnem adhibuit fallendi artem ; etenim ipse ad Innocentium papam litteras dedit, quibus profiteretur se vere esse catholicum. Dedit et alias de hoc ipso Praylius Jerosolymitanus, quibus legitime factam Pelagii purgationem significaret. Adjectum ut una cum his mitteretur Romam, qui æque esset hæresis infamatus Cœlestius ejus discipulus suam causam acturus suosque accusatores ad sedis apostolicæ judicium, quasi calumniis exagitatus, provocaturus ; quo declararet se non aliter credere quam quod catholica teneret Ecclesia.

Quantum autem (*e*) opinari licet, cum his omnibus et ad hæc omnia videtur etiam legatus fuisse Palladius Galata episcopus Helenopolitanus, quem Pelagio favisse, testificatione sancti Hieronymi superius dictum est. Ipse enim Palladius in dialogo quem scripsit de rebus sancti Joannis Chrysostomi, ipso ejus exordio de se testatur venisse Romam sub Zosimo papa.

Palladius Galata ab Hieronymo impudicitiæ notatus.

Baron., t. V, ad annum Christi 413. — Porro quod in eam dementiam superbus iste (Pelagius) elatus fuerit, ut assereret esse hominis, vi liberi arbitrii non tantum non peccare, sed etiam non tentari, hinc ipse Hieronymus ex persona Pelagii, ejusque verbis hæc ait : « Alii clausi cellulis, et feminas non videntes, quia mixti sunt, et verba mea non audiunt, torquentur desideriis; ego etiam, si mulierum vallor agminibus, nullam habeo concupiscentiam ; de me enim dictum est : *Lapides sancti volvuntur super terram* (*Zachar.* IX); et ideo non sentio, quia liberi arbitrii potestate Christi trophæum circumfero (*Hieron., contra Pelag. l.* II). » Hujusmodi plane hæreticos visus est idem sanctus Hieronymus alibi suggillasse, dum ait : « Si nota fecissent verba mea populo meo, non blandientes eis, et adulatione perdentes, ut dicerent : Non habetis peccata, perfectam justitiam possidetis, sanctitas et pudicitia atque justitia in vobis tantummodo reperiuntur ; et ego non tradidissem eos in immunditiam et ignominiam, ut facerent quæ non conveniunt, et sequerentur cogitationes suas pessimas. Contemplemur hæreticos, quomodo semel desperantes salutem, gulæ se tradant et deliciis; vescantur carnibus, frequentes adeant balneas, musco fragrent, unguentis variis delibuti, quærant corporis pulchritudinem (*Hieron.*, *in Jeremiam*, *lib.* iv, *c.* 23), etc. » Perstringens in hunc modum sanctus Hieronymus Pelagium atque Pelagianos, et haud dubium inter alios suggillat Palladium Galatam episcopum Helenopolis in Bithynia, de quo sæpe superius, cujus disertis verbis meminit in præfatione in eosdem libros adversus Pelagium scriptos, quod cum versari soleret assidue cum feminis religiosis, magna tamen jactantia gloriaretur, quod omnis esset penitus concupiscentiæ expers. Ita quidem ipse, cum præsertim in Ægypto, visitans monachos, junctus feminis peregrinaretur. Quo nomine redargutus est etiam per epistolam **693** ab Isidoro Pelusiota, dignam illam quidem quæ hic recitetur, utpote tanti viri profuturum omnibus monumentum. Sic enim se habet (*Isidor.*, *epist.* 284, *lib.* ii):

« Palladio episcopo.

« Mulierum congressus, vir optime, quantum fieri potest, fuge. Nam eos qui sacerdotii munere funguntur, sanctiores ac puriores illis esse oportet qui ad montes se contulerunt. Siquidem illi et sui, et plebis; hi autem sui duntaxat curam gerunt. Atque illi in hujusmodi dignitatis fastigio collocati sunt, omnesque vitam eorum perscrutantur et explorant; hi autem in spelunca sedent, aut sua vulnera curantes, aut vitia obtegentes, aut etiam coronas sibi ipsis texentes. Quod si etiam, ut cum illis congrediaris, necessitas aliqua te obstringat, oculos humi dejectos habe, atque ipsas quoque, quonam pacto spectandum sit, doce; non enim duntaxat docendum est quonam modo cernere oporteat, sed etiam, ut oportet, cernere. Cumque pauca quæ ipsarum animo astringere atque illustrare queant, locutus fueris, statim evola, ne forte diuturna consuetudo vires tuas emolliat et infringat, atque velut horrendum quemdam et elatum leonem nacta, comam quidem quæ leonem vere leonem efficit, regiamque dignitatem ipsi conservat, amputet; dentes autem eripiat, atque ungues (quorum adminiculo robustissimas etiam feras vincit) evellat, ac deinde deformatum ac ridiculum reddituum, animal inquam illud horrendum ac intolerandum ac vel solo rugitu montem percellens, pueris etiam se illudendum præbeat.

« Quod si a mulieribus honore affici cupis (maxime quidem hoc spiritualem virum haudquaquam decet), ut ut autem res se habeat, nihil tibi cum feminis commercii sit, ac tum ab illis honorem consequeris. Tum enim hoc præsertim nobis aderit, cum a nobis minime quæretur. Solet enim quivis eos quidem a quibus colitur ac delinitur aspernari; eos autem a quibus assentatione minime demulcetur, admiratione prosequi. Ac muliebris natura huic potissimum affectui obnoxia est. Intolerandam enim se præbet, cum quis ipsi blanditur; ac contra eos omnium maxime suspicit et admiratur, qui majore libertate præditi sunt, amplioreque auctoritate apud eas utuntur.

« Quod si te frequenter cum ipsis versari, nec ullo inde detrimento affici dixeris, id quidem fortasse mihi persuaderi sinam. At illud item velim omnibus fidem adhiberi, aquis lapides extenuari, ac rupem aquæ guttis continenter cadentibus excavari dicunt. Quorum verborum hujusmodi sensus est: Quid rupe durius fingi queat? Quid item aqua mollius, et quidem aquæ guttula? Et tamen assiduitas naturam vincit. Quod si natura, quæ ægre dimoveri potest, dimovetur, idque quod minime habebat perpetitur, qua tandem ratione voluntas, quæ facile movetur, a consuetudine non vincatur et evertatur?»

Hucusque Isidorus optima ratione et exemplo destruens quod assererent illi, voluntatem nostram sui natura posse, si velit, evitare peccatum absque gratiæ adminiculo, imo nec etiam posse tentari si nolit, quandoquidem docuit Isidorus vinci assiduitate naturam.

PEREGRINATIO
MELANIÆ JUNIORIS ET PINIANI MARITI CUM ALBINA MATRE.

Profectio in Siciliam.

Anno Christi 408. *Baron. t.* V, *ad eum annum.* — **694** Hoc item anno [Christi 408, Innocentii papæ 7, Honorii 14, Theodosii 1, impp.] qui urbis obsidionem præcessit, Melania Romana vidua, de qua sæpe superius mentio facta est, antiqui vaticinii ante annos quadringentos (ut ait Palladius) editi memor, distractis prædiis, una cum Melania nepte, Piniano que ejusdem Melaniæ viro, et Albina nuru, evasura cum illis imminentem urbis cladem, Roma recedens, [per Siciliam] Jerosolymam se iterum contulit, ubi post dies quadraginta ex hac vita migravit. Hæc ex Palladio (*Pallad.*, *in Lausiac.* cap. 55).

Profectio in Africam ac primo Carthaginem et Tagastam.

Anno Christi 409. *Baron. t.* V, *ad eum annum.* — Hoc ipso anno [Christi 409, Innocentii papæ 8, honorii 15, Theodosii 2, imp.] Pinianus v. c., una cum Melania seniore, et Melania juniore conjuge, atque socru Albina junioris matre Melaniæ, cum, anno superiori, distractis bonis quæ Romæ et in Italia habebat, adnavigasset Carthaginem, ibi ex congestis pecuniis locupletans ejus Ecclesiæ pauperes, inde ad sanctum Alypium Tagastam profectus est (*Palladius*, *in Lausiac.*, *c.* 9). Ad quos omnes sanctus Augustinus, cum primum eorum adventum audisset, litteras dedit, quibus se excusat quod propter ingruentem duram hiemem, et statum Hipponensis Ecclesiæ titubantem, ad eos invisendos minime accurrere valuisset. Exstat ipsa epistola, cujus est titulus ad Albinum, Pinianum, et Melaniam (*August.*, *epist.* 227): sed pro Albino, Albinam (*f*), restituendum puto, quod ejus nominis femina ejusdem Piniani socrus una cum ipsis profecta est in Africam, ut tum ex Palladio, tum ex ejusdem Augustini testificatione satis apparet.

Tagastæ autem cum esset Pinianus, effusa munificentia adeo ecclesiam illam locupletavit, ut nonnullorum in ejus episcopum Alypium invidiam moverit, prout sanctus Augustinus in epistola ad eum scripta testatur, et ipsa Acta sanctæ Melaniæ his verbis fidem faciunt : « Civitas autem in qua versabantur appellabatur Tagasta ; in qua erat sacrum templum et sacerdos dicendi peritus, et qui oratione multos poterat inducere ad salutem, nomine Alypius ; cum quo versantes, sacra meditabantur eloquia. Templum vero in quo agebat Alypius admodum munifice et aureis ornamentis et lucidis gemmis et plurimis ditarunt agrorum proventibus. Ab eis quoque sunt ædificata duo monasteria, quibus satis dedit opum atque proventuum ; quorum alterum quidem habebat chorum virorum numero octoginta, alterum autem habebat virgines quæ erant numero centum et triginta (*Epist*. 224; *Metaph*., *die* 31 *Januarii*).» Hæc de collatis ecclesiæ Tagastensi a Piniano muneribus.

Profectio Hipponensis.

Baronius, tom. V, ad an. Christi 499. — Placuit autem Piniano una cum Melania Hipponem proficisci ad invisendum sanctum Augustinum ibi agentem episcopum. Comitatus est eos **695** Alypius ; qui et timentem Pinianum, ne cogeretur ab Augustino presbyter ordinari, nunquam id eventurum fore, securum reddidit ; nam de ea re fidem Augustini id promittentis acceperat. Accidere namque consuevit (quod et superius, de Paulino cum egimus, dixisse meminimus) ut cum aliquis religione insignis cæteris emineret Christianis, is licet conjugatus esset, soleret interdum in ecclesia a fidelibus rapi, et tradi episcopo ordinandus, conjuge quoque pari cum viro voto continentiam profitente, ut inter alia, quod de Paulino atque Tharasia præcessit, enarratum exemplum ostendit. Pinianus itaque id fortasse subodoratus, retardabat accessum ; sed Alypii promissione securus, Hipponem ad eumdem sanctum Augustinum se contulit. Ubi cum esset, atque id minus exspectaretur, factum est ut dum synaxis in ecclesia haberetur, antequam catechumeni ex more dimitterentur, fidelis populus, facto impetu, Pinianum ne effugeret obsiderent, postulantes eum ordinari debere presbyterum. Quæ res Alypio fidejussori admodum displicuit ; ipseque Pinianus et Albina socrus id perindigno tulerunt animo, id totum ex sententia Augustini factum existimantes : quamobrem nonnihil in eum iidem commoti sunt, atque in primis Alypius. Quomodo autem res se habuerit, sanctus Augustinus datis ad eos litteris, cum statim recessissent Hippone, Tagastamque reversi essent, significavit, cum se excusavit, atque nihil se conscio factum pluribus declaravit.

Scribens enim ad Albinam Piniani socrum, quam tamen appellare consuevit ejus matrem, ad sui defensionem, prolixam satis dedit epistolam, ejus querelis et suspicionibus male conceptis in omnibus satisfaciens, cum in hæc verba exorditur (*August*., *epist*. 225) :

« Dolorem animi tui, quem te scribis explicare non posse, consolari æquum est, non augere; ut si fieri potest, sanemus suspiciones tuas, non ut eis pro nostra causa succensendo venerandum cor tuum et Deo dicatum amplius perturbemus. Sancto fratri nostro, filio tuo Piniano nullus ab Hipponensibus mortis metus ingestus est, etiam si forte ipse tale aliquid timuit. Nam et nos metuebamus, ne ab aliquibus perditis, qui sæpe multitudini occulta conspiratione miscentur, in violentam prorumperetur audaciam, occasione seditionis inventa, quam velut justa indignatione concitaret. Sed sicut postea audire potuimus, nihil tale a quoquam dictum est vel molitum ; sed vere in fratrem meum Alypium multa contumeliosa et indigna clamabant : a quo tam ingenti reatu utinam per illius orationes mereamur absolvi. Ego autem post primos eorum clamores, cum eis dixissem de illo invito non ordinando, qua jam promissione detinerer ; atque adjecissem quod si mea fide violata illum haberent presbyterum, me episcopum non haberent, ad nostra subsellia, relicta turba, redieram. Tum illi aliquantulum inopinata mea responsione cunctati atque turbati, velut flamma vento paululum pressa, deinde cœperunt multo ardentius excitari, existimantes fieri posse ut vel mihi extorqueretur illud non servare promissum, vel me tenente promissi fidem, ab alio episcopo ordinaretur. Dicebam ego quibus poteram, qui ad nos in apsidem honoratiores et graviores ascenderant, nec a promissi fide me posse dimoveri, nec ab alio episcopo in ecclesia mihi tradita, nisi me interrogato ac permittente, posse ordinari. Quod si permitterem a fide nihilominus deviarem. Addebam etiam nihil eos velle, si ordinaretur invitus, nisi ut ordinatus abscederet. Illi hoc posse fieri non credebant.

« Multitudo vero pro gradibus constituta, horrendo et perseverantissimo clamorum fremitu in eadem voluntate persistens, incertos animi consiliique faciebat. Tunc illa in fratrem meum (Alypium scilicet) indigna clamabantur ; tunc a nobis graviora timebantur. Sed quamvis tanto motu populi et tanta perturbatione Ecclesiæ permoverer, nec aliud constipationi illi dixissem, nisi eum me invitum ordinare non posse ; nec sic tamen adductus sum qui et hoc promiseram non me fuisse facturum, ut aliquid ei de suscipiendo **696** presbyterio suaderem. Quod si persuadere potuissem, non jam ordinaretur invitus. Servavi utriusque promissionis fidem, non solum illius quam jam populo patefeceram, verum etiam illius in qua uno teste, quantum ad homines attinet, detinebar. Servavi, inquam, fidem promissionis, non jurationis in tanto periculo ; quod licet falso, sicut postea comperimus, metuebatur ; omnibus tamen, si quid esset, communiter impendebat, et erat metus ipse communis, ac per ecclesiam in qua eramus maxime metuens abscedere cogitabam. Sed metuendum fuit ne magis, me absente, tale aliquid facerent et reverentia minor et dolor ardentior. Deinde si cum fratre Alypio discederem per populum constipatum, cavendum fuit ne quisquam in eum manum mittere auderet. Si autem sine illo, quæ frons esset existimationis, si quid ei fortassis accideret, et viderer eum propterea deseruisse, ut furenti populo traderetur?

« Inter hos æstus meos, gravemque mœrorem et nullius consilii respirationem, ecce repente atque inopinate sanctus filius noster Pinianus mittit ad me servum Dei, qui mihi diceret cum se velle populo jurare, quod si esset ordinatus invitus, ex Africa discederet : omnino credo existimans eos, quandoquidem pejerare non posset, non jam ulterius infructuosa perseverantia clamaturos, ad expellendum hinc hominem, quem saltem habere deberemus vicinum. Mihi autem, quia videbatur vehementiorem eorum dolorem post hanc jurationem fuisse metuendum, apud me tacitus habui; et quia simul petierat ut ad eum venirem, non distuli. Cum mihi dixisset hoc ipsum, continuo et illud adjunxit eidem jurationi, quod mihi, dum ad eum pergo, per alium Dei servum mandaverat, de præsentia scilicet sua, si ei clericatus sarcinam nolenti nullus imponeret, » nimirum non discessurum Hippone, si sic liber absque nexu clericatus esse sineretur.

« Hic ego in tantis angustiis, quasi aura respirante, recreatus, nihil ei respondi; sed ad fratrem Alypium gradu concitatiore perrexi; eique quid dixerit, dixi. At ille (ut existimo) devitans ne quid se auctore fieret, unde vos putabat offendi : Hinc me (inquit) nemo consulat. Quo audito, ad populum tumultuantem perrexi; factoque silentio, quid promissum esset, cum promissione etiam jurationis aperui. Illi vero, qui solum ejus presbyterium cogitabant atque cupiebant, non ita ut putabam quod oblatum fuerat acceperunt; sed inter se aliquantulum mussitantes, petiverunt ut adderetur eidem promissioni atque jurationi, ut si quando illi ad suscipiendum clericatum consentire placuisset, nonnisi ipsa Hipponensi ecclesia consentiret. Retuli ad eum, sine dubitatione annuit. Renuntiavi illis, lætati sunt, et mox jurationem pollicitam poposcerunt. Reverti ad filium nostrum Pinianum, eumque inveni fluctuantem quibusnam verbis comprehendi posset illa cum juratione promissio, propter necessitates irruentes, quæ possent eum ut abscederet cogere. Simul etiam quid timeret ostendit, ne quis irruisset hostilis incursus, qui esset discessione vitandus. Volebat addi sancta Melania et acris morbidi causationem, sed illius responsione reprehensa est. Ego autem dixi gravem ab illa et non contemnendam causam necessitatis ingestam, quæ cives etiam emigrare compelleret; sed si hæc populo dicerentur, timendum esse ne male nos ominari videremur; si autem sub necessitatis nomine fieret excusatio, nonnisi fraudulentam necessitatem putari.

« Placuit tamen ut de hac re populi animum experiremur, et nihil aliud quam quod putaveramus invenimus. Nam cum ejus verba a diacono dicta recitarentur, et omnia placuissent, ubi nomen interpositæ necessitatis insonuit, continuo reclamatum est, promissioque displicuit, tumultu recrudescente, et nihil aliud quam fraude secum agi, populo existimante. Quod cum sanctus filius noster Pinianus vidisset, jussit inde auferri nomen necessitatis; rursumque ad lætitiam populus remeavit. Et cum lassitudinem excusarem, sine me ad plebem accedere noluit, simul accessimus. Dixit ei quæ a diacono audita erant se mandasse, se jurasse, eaque se esse facturum, continuoque omnia eo tenore quo dictaverat prosecutus est. Responsum est Deo gratias, et petitum ut totum scriptum subscriberetur. Dimisimus catechumenos, continuoque scriptum subscripsit. Deinde peti cœpimus nos **697** episcopi, non vocibus populi, sed tamen a populo per honestos fideles, ut nos quoque subscriberemus. At ubi cœpi subscribere, sancta Melania contradixit. Miratus sum quare tam sero, quasi promissionem illam et jurationem nos, subscribendo, facere possemus infectam. Sed tamen obtemperavi; ac sic remansit mea non plena subscriptio, nec ultra nobis quisquam ut subscriberemus putavit instandum. » Hæc sanctus Augustinus.

Reditus Tagastam.

Baron. t. V, ad annum Christi 409.—Pinianus autem, quod quæ per vim et metum pollicitus esset, se obligatum minime teneri probe sciret, sequenti die clam una cum suis Tagastam reversus est. Quid autem tum populus Hipponensis cum rescisset, Augustinus refert in eadem epistola ad Albinam alio scripto se significasse; nam ait : « Qui autem alio die, postquam ipsum discessisse didicerunt, fuerint motus, vel linguæ hominum, quantum satis arbitratus sum, sanctitati vestræ per commonitorium intimare curavi. Quisquis itaque vobis contraria his quæ narravi forte narravit, aut mentitur, aut fallitur (*Aug., epistola* 215). » Hæc ipse.

Quod autem Albina litteris conquesta esset primum adversus Augustinum, quod ad jurandum Pinianum induxisset; quodque etiam illa suggillaret populum Hipponensem amore illectum pecuniæ virum prædivitem sibi vendicare sategisse : cum ex iis ex obliquo Augustini fama impeteretur, idem Augustinus cum attexuit. Et inter alia illud inculcat, se olim civem Tagastensem eamdem vim ab Hipponensi populo passum esse, non alia quidem ex causa illis ad id agendum impulss, quam pietatis, ut quem virum frugi putarent, eumdem presbyterum sibi præficerent.

Sed jam ipsum audiamus : « Quomodo ergo (inquit) dicis hoc eos fecisse turpissimo appetitu pecuniæ? Primo quia ad plebem, quæ clamabat, omnino non pertinet. Sicut enim plebs Tagastensis, de his quæ consuluistis Ecclesiæ Tagastensi, non habet nisi gaudium boni operis vestri; sic et Hipponensis, et cujuslibet alterius loci, ubi de mammona iniquitatis Domini præcepta fecistis, vel estis ubicunque facturi. Non ergo populus, ut de tanto viro Ecclesiæ consuleret suæ, ardentissime flagitans, suum pecuniarium quæsivit commodum a vobis, sed vestrum pecuniæ contemptus dilexit in vobis. Nam si in me dilexerunt quod audierant, paucis agellulis paternis contemptis, ad Dei liberam servitutem me fuisse conversum; neque in hoc inviderunt Ecclesiæ Tagastensi, quæ carnalis patria mea est; sed cum illa clericatum mihi non imposuisset, quando potuerunt, habendum invaserunt : quanto flagrantius in nostro Piniano amare potuerunt tantam mundi hujus cupiditatem, tantas opes, tantam spem, tanta conversione superatam atque calcatam?

Ego quippe secundum multorum sensum comparantium semetipsos sibimetipsis, non divitias dimisisse, sed ad divitias videor venisse. Vix enim vigesima particula res mea paterna existimari potest in comparatione prædiorum Ecclesiæ, quæ nunc ut dominus existimor possidere. » Cum e contra qui in Ecclesia Africana ad presbyteratum asciti essent, fuerint prædivites; unde subdit : « In qualibet autem maxime Africanarum Ecclesiarum hic noster, non dico presbyter, sed episcopus sit, comparatus pristinis opibus suis, etiam si animo dominantis egerit, pauperrimus erit. Multo ergo liquidius et securius in hoc amatur Christiana paupertas, in quo nulla rerum ampliorum potest putari cupiditas. Hoc accendit animos populi, hoc in illam violentiam perseverantissimi clamoris erexit. Non eos turpis cupiditatis insuper accusemus; sed magis bonum, quod ipsi non habent, saltem in aliis diligere sine crimine permittamus. » Hæc et alia plura ad excusationem ingerit Augustinus.

Sed et quod Alypius, sicut Albina, idem sentiret de Hipponensibus, eosdem nimirum amore pecuniæ vim inferre conatos esse Piniano; quodque ambo ejusdem sententiæ essent, nullius esse vigoris præstitum juramentum vi atque metu **698** extortum, idem sanctus Augustinus, sicut ad ipsam, ita etiam ad Alypium adversus hæc ipsa litteras dedit (*Aug.*, *epistola* 124), quibus sane apparet hæc inter eos non sine mutua offensione fuisse transacta, sed cito charitas omnem abstersit obductam ex ejusmodi altercatione rubiginem.

Profectio Jerosolymitana.

Baron., t. V. ad annum Christi 419. — Sed et illud ex eadem sancti Hieronymi epistola velim observes, ipsum non Paulæ neptis tantum nomine eisdem Augustino atque Alypio episcopis salutem impertire, sed nomine etiam Albinæ, Piniani, atque Melaniæ, quos ante septem annos diximus versatos in Africa, et postea una simul venisse Jerosolymam. Ait enim (*Hieron.*, *epistola* 78) : « Sancti filii communes Albinus [Albina], Apinianus [Pinianus], et Melania plurimum vos salutant. » Hæc ibi. Verum pro Albinus, Albina, et pro Apinianus, Pinianus restituendi sunt; nisi præter Albinam matrem fuerit illic Albinus filius. Sed quando, inquies, hi Jerosolymam pervenerunt? ante triennium. Et ne putes nos agere conjectura, vel di-

---

ᵃ Exstant apud Metaphrast. die 31 Jan., et Sur. t. I.

vinare; habes id ipsum expresse demonstratum in rebus gestis ᵃ ejusdem Melaniæ junioris, ubi cum dicatur eadem annis septem in Africa commorata, si repetas tempus ejus Roma illuc profectionis, quam accidisse diximus anno qui præcessit urbis cladem, nempe quadringentesimo nono; et ab eo tempore numeres septem illos annos, invenies utique ante triennium (ut dictum est) ipsam ac ejus socios Jerosolymam pervenisse, et una cum ea Albinam matrem Melaniæ junioris, ut ejus Acta testantur; fuisse namque hanc Albinam nomine conjugem filii Melaniæ senioris, Palladius docet (*Pallad.*, *in Lausiac.*, *cap.* 35).

Ab ipso autem Jerosolymam adventu post dies quadraginta defunctam esse Melaniam seniorem, Palladius tradit (*Idem*, *c.* 47), licet de aliis nullam habeat mentionem; quos dum ait inferius (*Idem*, *c.* 49) vitam duxisse in Campania et Sicilia, plane ignorasse visus est ex Augustino certum reddi eosdem in Africa degisse; nescisse pariter ex sancto Hieronymo palam fieri eosdem Jerosolymam profectos esse : quæ omnia pluribus testantur Acta sanctæ Melaniæ junioris. Quin etiam ex eodem sancto Augustino constat hos cum Jerosolymam pervenissent, et Pelagium ibi agentem invenissent, ipsum admonuisse ut ea omnino damnaret quæ ab Orthodoxis adversus eum objicerentur; ipsum autem, velut eis obtemperantem, scripsisse anathematismum adversus illos errores qui ab Occidentalibus in eum objecti essent; sed quam dolose quamque veteratorie sanctus Augustinus aperuit. Sed accipe modo quid ipse de his cum Pelagio agentibus scriptis tradat : « Scripsistis mihi cum Pelagio vos egisse, ut quæcunque adversus eum dicerentur, scripto damnaret; eumque dixisse, audientibus vobis : Anathemo (*August.*, *de Christi gratia*, *l.* 1, *cap.* 1), etc. Miserunt autem dicta a Pelagio idem Albinus [Albina], Pinianus, atque Melania ad ipsum Augustinum, qui postea sub Zozimo papa contrariis scriptis ostendit impii hæresiarchæ fallacias. Sed de his alias.

De rebus autem gestis Melaniæ junioris, ac Piniani viri ejus, ac sociorum, ejusdem Melaniæ vitæ Acta declarant : nimirum peregrinatos esse in Ægyptum ad visendos sanctos monachos eremi accolas, relicta Albina matre ob ingravescentem senectutem Jerosolymis; inde vero redeuntes Jerosolymam, seorsum a conjuge Pinianum vitam excoluisse monasticam, Melaniam vero ad annos quatuordecim apud montem Oliveti clausam in cella perseverasse, duxisseque ibi in angusto loco vitam angelis similem. Mira quidem hæc videbuntur; sed si quis legat quæ de ejusdem Melaniæ vitæ instituto, antequam Jerosolymam proficisceretur, cum adhuc in Italia ac Romæ potissimum versaretur, idem qui supra Palladius scripsit (*Pallad.*, *in Lausiac.*, *cap.* 49), atque ea quæ de ejusdem vivendi ratione cum esset in **699** Africa, eadem acta habent; summum hujuscemodi monasticæ vitæ genus tum ipsam, tum virum ejus attigisse, haud valde mirabitur, cum se ab initio penitissime Deo ambo addixissent.

Profectio Constantinopolitana.

Anno Christi 454. — Hoc eodem anno [Christi 454, Sixti papæ 3, Theodosii 27, Valentiniani 10, impp.] quo Proclus sedis Constantinopolitanæ regimen suscepit, sancta Melania junior, quæ (ut diximus) Jerosolymis monasticam vitam agebat, litteris a suo patruo Volusiano Constantinopolim accersitur : quo cum venisset, ipsum Volusianum reluctantem hactenus ad Christi fidem convertit, et ut Christianus moreretur, vitamque consequeretur æternam, tum precibus ad Deum, tum verbis apud ipsum infatigabili studio egit. Sed præclara memoria dignam historiam recolamus, quam quidem Photius in sua Bibliotheca cognovit esse germanam, dum agit de legatione Volusiani, de Melania ejus nepte, et Proclo episcopo, qui Volusianum Constantinopoli baptizavit, quorum meminimus superius, dum egimus de ejusdem Volusiani edicto adversus Cœlestium Pelagianum. Verum de eo illud breviter repetendum, hunc ipsum esse Volusianum, cujus conversionis causa a matre Christiana per Marcellinum tribunum interpellatum diximus sanctum Augustinum, ut ad Christi fidem eum converteret; sed datis ea de re ultro citroque litteris, ut id faceret, ab ipso sancto Augustino persuaderi tunc minime valuit. At præstitit tandem Deus ut id vel sero tandem perficeret : qua autem occasione, ipsa sanctæ Melaniæ Acta [a] simplici pedestrique stylo quidem scripta, sed vera, his verbis reserant :

« Redduntur Melaniæ litteræ ab ejus patruo Volusiano, qui illo quidem tempore creatus erat præfectus Romanæ civitatis, missus vero erat legatus Byzantium ad Eudociam imperatricem. Hoc autem significabat epistola, quod jam diu illam videre desideraret. Illa vero cupiebat et ipsa quoque videre patruum, et ei persuadere ut a gentilium desisteret opinione. Dubia autem animi, ne quid imprudens faceret, præter id quod Deo videbatur, cum aliquibus aliis monachis rem communicasset, permitterent autem illi, ut posset proficisci : egreditur Jerosolymis ipsa beata Melania, Constantinopolim versus arripiens iter. Per quamcunque autem transibat civitatem et regionem, eam quo par erat omnes prosequebantur honore et officiis. Civitatum enim sacerdotes et pontifices eam non parvo honore afficiebant; et venerandæ virgines, et quotquot erant egregii monachi, eam adorabant et salutabant, et tanquam e cœlo venientem aspiciebant.

« Cum autem venisset Chalcedonem et ad ipsum sinum maris, verebatur ingredi, et videbatur perturbata. Ventura enim in maximam civitatem mulier quæ vixerat in exercitatione, quietisque et silentii maximam curam gesserat, et non gustaverat tumultus qui sunt in civitate, merito extimescebat et refugiebat. Atque divertit quidem ubi erat templum omni ex parte benedictæ martyris Euphemiæ. Circa mediam autem noctem martyr non parum ex se effudit suavissimi odoris, et voluptate replet ineffabili. Quocirca bona accepta fiducia, diluculo fretum audacter trajecit, et ingressa est Byzantium. Hospitio vero excipitur a quodam viro illustri et alioqui bono, nomine Lauso (g), qui ad præpositura honorem ascenderat.

« Invenit autem suum quoque patruum Volusianum gravi morbo oppressum; qui ejus habitum admiratus, formæque et vestitus incredibili et inopinata stupefactus mutatione (extenuatus enim admodum erat vultus ejus exercitatione), magna voce exclamavit : O qualem ex quali te video, Melania charissima ! Illa vero ex ejus sermone sumpta occasione : A me quoque (inquit) disce, o beate patrue, et accipe judicium futurorum bonorum. Nam nec ego tantam despicatui gloriam habuissem, nec pecuniam, nec abjecissem curam ipsius corporis, nisi persuasum haberem me his propediem longe majora **700** acceptaram. Non autem per se solam, sed per multos quoque alios in ejus mentem sensim irrepebat beata Melania, et ejus falsam religionem studebat labefactare, sicut etiam per sapientissimum Proculum, cujus fidei tunc erat creditus sacer clavus ecclesiæ Constantinopolitanæ. Qui cum ad eum venisset, et suasu beatæ Melaniæ eum ad pietatem dirigeret, is dicitur illum adeo esse admiratus, ut etiam dixerit post agnitam veritatem, quod si Roma tres haberet tales, nec illic quidem nomen unquam audiretur gentilium. Sed hæc quidem postea.

« Postquam autem Volusianus sensit Melaniam velle imperatorem quoque ad id incitare, veritus protinus ne violentum et non voluntarium reputaretur esse baptismum, et quam ex eo esset consecuturus, ipse mercede privaretur, eam a cœpto prohibuit. Et is quidem (ut dicemus paulo post) rem a se adimplevit, et abjurata gentilium opinione, traductus est ad Christum. Illa autem nec aliorum curam abjecit; sed cum tunc esset exorta Nestorii blasphemia, et malignus multos in errorem adduceret etiam ex iis qui erant in verbo veritatis, ipsa erat quæ magnum adversus eum inibat certamen, et vanum et inane reddebat ejus sophisma, a mane usque ad vesperam iis respondens qui eam interrogabant, multisque ex iis qui decepti fuerant persuadens et eos reducens. Quamobrem malignus se ab ea vinci non ferens, in virum ejus conversus (nempe Pinianum) et ei apparens miserabilis, cum lugubri et nigra veste accedit ad eam, terrens et gravia minitans; et primum quidem se ipsius imperatoris et ejus famulorum cor mutaturum et in contrarium traducturum, deinde etiam ut miserabili exitu finiret vitam, procuraturum, gravissimis confecta doloribus. Illa autem hanc esse artem maligni intelligens, Christi nomen, quod gravissimam illi plagam affert, invocans, effecit ut is statim evanesceret. Deinde cum accersisset eum qui cum ipsa erat sacerdotem, et incepisset narrare ea quæ viderat et audierat ; sensit repente dolorem

---

[a] Exstant apud Metaphrast. die ultima Januar., et Sur., tom. I, eadem die.

in coxendice, eumque adeo acrem, ut vocem amiserit, et nemo dubitaverit id esse manifestum inimici insultum. Cum sic ei productus esset dolor ad sex usque dies, et illa hora maxime malum intenderetur, qua nigrum aspexerat, et minas audierat (aderat enim dies septimus), accedit aliquis renuntians patruum Volusianum venisse in periculum ne repentina morte vitam mox finiret.

« Hoc postquam illa audivit, etsi propter dolorem coxendicis vix se posset movere, manibus et lectica protinus ad eum vecta proficiscitur. Valde enim angebatur animo, non quod ille moreretur, sed quod mortem subiret animæ, ut qui baptismi incorruptionem nondum esset assecutus. Deinde venit quidam alius, ei significans Volusianum esse baptizatum et cum eam sæpe quæsitam non invenisset, sed eam morbo detineri didicisset, alium ducem rursus nactus, per illum fit filius lucis, et baptismum consequitur. Cum hæc ei dicta essent, cum dolore animæ prorsus cessavit etiam morbus corporis, et lumbus quidem carebat etiam dolore, et pes movebatur, et communis inimicus afficiebatur dedecore; adeo ut viæ reliquum per se ipsa conficeret; et qui portabant, pro eo quod prius portabant, ad Deum laudandum statim manus extendebant. Deinde cum venisset ad patruum, et verbis eum confirmasset, et de ea quæ illic est vita disseruisset, lætum et bona spe præditum transmisit ad viam quæ ducit ad Deum, cum pulcherrimo viatico, nempe pretioso Christi corpore et sanguine eum instruxisset, et sic ut tuto recederet perfecisset. Et hæc quidem hoc modo gesta sunt. »

Reditus Jerosolymam.

« Illa autem cum multos quidem dies hic transegisset, in paucis vero multis plurimum profuisset, et ante alios imperatrici et ipsi imperatori (is autem erat Theodosius), nam ii majori opus habent curatione, ut quorum animi majori mundi gloria essent tumidi; cum hæc et alia plura fecisset, egreditur de civitate. » etc

Pervenisse autem ipsam ad diem Paschatis Jerosolymam, auctor subdit, ut **701** plane appareat, sequenti ab ejus adventu anno Domini eam Jerosolymam rediisse : cujus monitu Eudociam nonnihil profecisse, ex eo potest intelligi, quod et ad peregrinationem Jerosolymam postea suscipiendam etiam inflammasset; quando autem id contigerit, suo loco dicemus. Porro non Eudociam Augustam tantum, sed et Theodosium congressu Melaniæ esse redditum meliorem, ex rebus postea consecutis possumus opinari. Quod enim Melania catholicæ fidei zelo æstuaret, par est credere eum adversus Nestorianos concitasse, permovisseque ut Nestorii libri imperatorio vetarentur edicto : quod sequenti anno, quo ipsa recessit Constantinopoli (ut dicemus), est promulgatum. Celeberrimi quidem nominis fuisse Melaniam tum antiqua parentum nobilitate, tum etiam admirabili sanctitate, totoque factam orbi Christiano notissimam, quæ dicta sunt tum de ipsa, tum de ejus avia Melania seniore, demonstrant *Melania Eudoxiæ Jerosolymam proficiscenti occurrit.*

Hoc insuper ipso anno, qui sequens est ab Eudoxiæ nuptiis, Eudocia mater peregrinata est Jerosolymam voti solvendi causa, ut Socrates tradit his verbis : « Theodosius imperator deinceps (post translationem Joannis Chrysostomi corporis scilicet) preces Christo offerre, quibus gratias pro acceptis beneficiis agat, Christique nomen hoc munere obeundo eximiis honoribus decorare cœpit. Quin etiam Eudociam conjugem Jerosolymam misit. Quippe pollicitus erat illam hoc votum persoluturam, si filiam in matrimonium collocatam cerneret. Quin illa ipsa et ecclesias Jerosolymorum, et omnes alias in urbibus versus Orientem sitas, tum eo proficiscendo, tum domum redeundo, variis ornamentis honorifice illustravi (*Socrat., l.* VII, *cap.* 46). » Hæc Socrates. Porro persuasione quoque sanctæ Melaniæ junioris, cum illa (ut vidimus) esset Constantinopoli, hujusmodi peregrinationem Jerosolymam Eudociam suscepisse, ejus Acta testantur, in quibus hæc de Eudocia : « Interim autem dum hæc fierent, imperatrix Eudocia [Eudoxia] iverat Antiochiam. Paruerat enim Melaniæ monitis, cum ea venisset Byzantium, suadentis ut hanc susciperet peregrinationem, et veniret Jerosolymam, ut videret loca sancta, et quæ ex eis percipitur fieret particeps sanctificationis. Cum Melania itaque ei processisset obviam, magno honore fuit affecta ab imperatrice, ut quæ eam matris loco haberet, et duabus de causis providentiæ divinæ ageret gratias, nempe quod usque adeo celebratam Jerusalem et sancta loca quæ videret digna sit habita, et quod in ea talis matris facta sit filia secundum spiritum. Signum est autem magni amoris imperatricis in Melaniam, quod non dubitaverit tantum iter aggredi, et eo accedere, et quæ illic erant virgines tanquam sorores salutare et amplexari.

« Porro autem cum celebraretur novi templi dedicatio, illa quoque aderat, et festum celebrabat. Hanc autem rem bonam consecutum est quiddam dignum maligni improbitate, et boni Dei virtute. Pedem imperatricis, qui injuria dæmonis e compage erat luxatus, illa absque dolore apte et recte in suum locum restituit. Cum hæc et non pauca alia a magna Melania percepisset commoda, et se simul etiam exsatiasset spectaculis, decrevit reverti Constantinopolim; et ei quidem Melania cum tanquam bonas comites dedisset preces, ipsam dimisit (*Apud Metaphrast., die* 31 *Decemb.; Sur., die* 31 *Jan.*). » Hæc ibi, sed de Eudociæ reditu Constantinopolim agemus anno sequenti, quo contigit.

Quod vero ad Melaniam spectat, quantum supervixerit, non constat; sed illud certum est, ipsam monastica vita magna observatione perfunctam, et miraculis pluribus illustratam, die, quam prænovit, Decembris ultima ad Deum migrasse, et inter sanctas relatam anniversaria memoria in Ecclesia celebratam.

DE PALLADII (h) LIBRO ELOGIA.

702 Vide dicta supra in prolegom. generali 10,

DE VITIS PATRUM LIBER VIII.

ubi ex Socrate illustre de Palladii libro elogium attulimus. Cui accedunt sequentia.

Cassiodorus, lib. VIII *Hist. Trip., cap.* 23, *ex Socrate* :

Si quis autem velit scire ea quæ ipsi egerint et fecerint, et quæ ad eorum qui audierunt locuti sunt utilitatem, et quemadmodum eis obedirent bestiæ; a Palladio monacho scriptus est liber unus, qui Evagrii quidem erat discipulus, de iis autem omnia accurate pertractavit. In quo etiam meminit mulierum quæ par vitæ institutum cum viris prius dictis susceperunt.

Joannes Damascenus, de iis qui in fide dormierunt :

Λέγω δὴ τὴν Παλλαδίου πρὸς Λαῦσον ἱστορικὴν βίβλον, ἐν ᾗ τὰ κατὰ τὸν μέγαν καὶ θαυματουργὸν Μακάριον, πανάληθῶς ἀναγέγραπται θαύματα : « Adde et historicum librum Palladii ad Lausum, in quo verissime conscripta sunt miracula, quæ magnis signisque clarus Macarius operatus est. »

Nicephorus, lib. XI, *cap.* 44.

Palladius Evagrii discipulus Vitas Sanctorum optime disposuit.

ROSWEYDI NOTATIO

(a) *Lausiaca.*] Ita hæc historia vocatur in Triodio, εἶτα ἀνάγνωσις εἰς τὸ Λαυσαϊκόν : *Inde legitur in Lausiaca*, quod et post ibidem occurrit. Ita autem dicta est a Lauso præposito imperii, de quo vide ad num. 7.

(b) *Paradisus Heraclidis.*] Habes hic Paradisum hunc, ut olim prodiit post omnes libros de Vitis Patrum, in appendice. Vide dicta prolegomeno generali 14.

(c) *Mirati sumus.*] Existimo hic intelligi Aloysium Lipomanum, qui tomo III de Vitis Sanctorum Palladium, qui titulo Heraclidis olim Parisiis anno 1504 prodierat, secundo impressit, Venetiis, anno 1554, præmissa præfatione in libri commendationem. Sed si recte mens Lipomani percipiatur, non tam ille dubitat, an Palladius Galatæ hujus libri auctor sit, quam ait Hieronymum epistola ad Ctesiphontem non agere de hoc libro Palladii, sed de Evagrii (vel potius Ruffini), quod verum est. Quanquam iidem sex monachi, qui in libro Ruffini habentur, et originem fuisse taxantur a sancto Hieronymo, etiam in hoc libro reperiantur. At (ait Lipomanus) his sex dimissis alios legere ne graveris. Vide prolegomenon generale ubi egimus de auctoritate horum librorum.

(d) *Quando autem id acciderit.*] Non existimo eum locum ex Palladii dialogo de rebus sancti Chrysostomi desumptum, clare facere ad Palladium nostrum Galatam. Nam etsi ille Palladius dicatur ibi, pag. 5, *episcopus Helenopoleos*, quomodo tamen post in eodem dialogo *episcopus Blemmyorum sive Æthiopum* dicitur ? Nam, pag. 30 editionis Chrysostomi, quam citat Baronius, ita interrogat Theodorus : « Quid, quæso, de episcopis illis actum est, qui cum nostris missi sunt, Eulysio scilicet, Palladio, Cyriaco, atque Democrito [Lege, Demetrio]? » Respondet Palladius, « Cyriacum Emissenum octoginta millibus passuum Palmyram Persarum oppidum adductum esse ; Eulysium vero Bostræ Arabum in castellum quod Nusphas appellatur, Sarracenis adjacens, relegatum ; Palladium Blemmyorum sive Æthiopum episcopum servari prope locum qui Syene vocatur; Demetrium intus in Oasim Mazicis proximam ; sunt enim et aliæ Oases. »

Atqui bi quatuor pag. 5 ibidem memorantur Romam venisse, ubi Eulysius Apamea Bithyniæ dicitur episcopus, et Demetrius Pisinuntis, diciturque tunc secundo Romam venisse. Et pag. 6 habes Cyriacum cum Demetrio, Eulysio et Palladio, et Romanis aliquot sociis missum in Orientem a Romana Ecclesia, et ibidem habes de Romanis, qui post quatuor menses redierant : « Neque nobis edicere ultra potuerunt de beato Joanne aliquid certius, neque ubi modo sint Demetrius, Cyriacus, Eulysius, et Palladius. » Quare alteruter locus corruptus est. Si recte priori loco 703 pag. 5, Palladius ille dicitur episcopus Helenopoleos, videndum num posteriore loco, pag. 30, verba transposita sint, legendumque : « Palladium episcopum servari prope locum Blemmyorum sive Æthiopum, qui Syene vocatur. » Certe Svene circa Blemmyos et Æthiopas. Hæc conjectura mea ita demum locum habeat, si Græco aliquo Codice firmetur.

(e) *Quantum autem.*] Opinatio hæc non video quam solido fundamento nitatur, cum Palladius ille auctor dialogi de rebus sancti Chrysostomi omnino distinctus videatur a Palladio Galata. Quod et ipse Baronius paulo ante, anno Christi 404, ubi de Romana profectione Palladii Galatæ agit, agnoscit. Quare legatio hæc Palladii ad Zosimum papam intelligenda de Palladio auctore dialogi, non de Galata Lausiacæ scriptore.

(f) *Sed pro Albino Albinam*]. Proba Baronii divinatio, intelligi hic Albinam, sed non necesse Albinam pro Albino restituere. Constat enim illo sæculo feminarum nomina etiam masculinis terminationibus quandoque elata. Sic de femina, nunc Melania, nunc Melanius, nunc Melanium apud auctores veteres occurrit. Sic apud Hieron., epist. 79, (quæ hic in Melaniæ profectione Jerosolymitana citatur), « Albinus, Pinjanus et Melania plurimum vos salutant. » Nec opus corrigere vel divinare de Albino filio. Sic in Palladio, cap. 117, ubi Latine est, de sancta Melania, Græce est, Περὶ τῆς μακαρίας Μελανίου. Ita quoque capiendus sanctus Paulinus, epistola 249 ad Augustinum, quæ habetur inter Augustini epistolas : « Et nihil possum de beata hujus filii matre, et sanctorum patre radice ramorum Melania melius aut sanctius prædicare, quam sanctitas tua in eam profari et disputare dignata est. » Nam per Melanium intelligit ipsam Melaniam, ut constat vel ex eo quod sequitur, *in eam*. Si enim ibi ageretur de ipsa Melania et ipsius patre Melanio, ut existimavit marginalium et indicis concinnator apud Baronium, tom. v, anno Christi 409, non *in eam, sed in eos* dixisset Paulinus. Et unde, quæso, constat, Melaniæ patrem dictum fuisse Melanium? Constat Marcellum vel Marcellinum dictum. Intelligit igitur per Melanium, ut dixi, ipsam Melaniam, quam matrem filii vocat, et patrem radicem sanctorum ramorum, quod plures ex ea prodierint sanctitate illustres, ut Melania neptis, et aliæ personæ.

An feminæ hæ Melania, Albina, dictæ Melanius et Albinus a virili fortitudine qua affectus omnes mundumque superarunt ? qua forma Phryges ob effeminationem Phrygiæ dictæ.

(g) *Lausi.*] Vita Melaniæ junioris per Metaphrastem, 31 Januarii, de ejus Byzantii hospite : « Hospitio vero excipitur a quodam viro illustri, et alioqui bono, nomine quidem Lauso, qui ad præposituræ honorem ascenderat. » Baronius, tomo V, anno Christi 434, Sixti papæ 3, Theodosii 27, Valentiniani 10, impp. Hic ille quidem videtur esse Lausus ad quem Palladius Galata sua scripsit Lausiaca. Eodem enim quoque nomine Palladius eum præpositum vocat, quem et custodem imperii nominat : quænam præpositura hæc esset, idem in fine operis declarat, ubi ait, eum sacro præfectum fuisse cubiculo.

(h) *Palladio.*] Frater Joannes Maria Brasichellensis, sacri Palatii apostolici magister, in indice librorum expurgandorum hæc de Palladio notat : ut probe noscas, lector, quisnam Palladius fuerit, accipe judicia Patrum de ipso. Sanctus Hieronymus, cujus in hac re judicium probat sanctus Gelasius I, præfatione in libro adversus Pelagianos, ait : « Palladius servilis nequitiæ hæresim Pelagianam instaurare conatus est. » Sanctus Epiphanius, epist. ad Joannem Jerosolymitanum sic inquit : Palladium vero Galatam, qui quondam nobis charus fuit, et nunc misericordia Dei indiget, cave, quia Origenis hæresim prædicat et docet, ne forte aliquos de populo tibi credito ad perversitatem sui inducat erroris. » Hæc sanctus Epiphanius. At res Palladii gestas, vafriciem et odium in sanctum Hieronymum pluribus exponunt Annales Ecclesiastici, tomo V. Ex quibus omnibus disces quæ fides adhibenda sit hæretico homini Origenistæ et Pelagiano, in his præsertim quæ de quibusdam sui similibus monachis eadem fuligine tinctis in hoc opere prodit; ac maxime verendum ne aliquos pro sanctis venditet, qui fuerunt Origenistæ, vel Pelagiani.

Sagaci conjectura suis locis in opere quosdam istius furfuris indicabimus. Ut magis autem faciem et intima Palladii introspicias, scito ipsum fuisse discipulum Evagrii Pontici Origenistæ hæretici toties ab Ecclesia damnati, d quo plura annotavimus tomo V, (Bibliothecæ Patrum) initio libri Evagrii. Hoc de se testatur Palladius in hac Lausiaca, cum ait : « Respondi me esse peregrinum, et de Galatiæ partibus venire, et unum ex Evagrii fratribus esse confessus sum. » Idem affirmarunt Socrates, lib. IV, cap. 18, et Nicephorus, lib. XI, cap. 44, ut nihil mirum sit si eodem luto errorum quo Magister tinctus Palladius fuerit. Quocirca cum hoc opus laudant Socrates et Nicephorus, ut non imus inficias multa illi inesse utilia et recta, ita certum est illos qualis Palladius fuerit non penitus perspectum habuisse. Hactenus ille.

Proœmium auctoris.

704 In hoc libro scripta est, qua in virtute utebantur, exercitatio et admirabilis vitæ agendæ ratio beatorum et sanctorum Patrum qui degebant in solitudine; ut eos æmulentur ac imitentur qui cœlestem volunt vitam agere, et quæ ad regnum cœlorum deducit, viam ingredi; annuumque mulierum memoria, et inclytarum matrum a Deo inspiratarum, quæ magno et forti animo virtutis exercitationis peregere certamina, ut exemplar proponatur, et amor excitetur iis quæ continentiæ ac castitatis volunt corona redimiri, ex sententia et voluntate viri, qui est varia ac multiplici doctrina præditus, moribus pacificus, et corde pius, menteque religiosus, et in iis quæ sunt opus egentibus communicandis liberalis, et propter morum bonitatem multis viris eximiis est in summis honoribus præpositus, et omnino custoditur virtute divini Spiritus. Qui quidem nobis jussit, vel, si verum potius dicere oporteat, ad eorum quæ sunt meliora contemplationem hebes nostrum et obtusum excitavit ingenium, ut ad proponendam ad imitandum virtutum exercitationis decertationem sanctorum et immortalium et spiritalium patrum nostrorum, qui, ut Deo placerent, in dura et aspera tractatione corporis vitam egerunt, præclarorum athletarum vitam a nobis descriptam ad eum mitteremus, uniuscujusque ex magnis strenuos prædicando virtutes. Divini autem hujus et spiritalis desiderii amator est Lausus, cui post divinum auxilium mandata est custodia divinitus afflati et religiosi imperii

Ego igitur qui et lingua sum ineruditus, et spiritalem cognitionem summis quodammodo labris attigi, et indignus sum qui recenseam catalogum spiritalem vitam agentium sanctorum Patrum, et si reformidem præcepti magnitudinem quod meas vires superat, et jussum ægre feram, quod et magnam externam sapientiam, et spiritalem requirit intelligentiam; reveritus tamen primum et ejus qui ad hoc exsequendum nos excitavit virtutem, et reputans eorum qui hæc legent utilitatem, et extimescens periculum quod essem aditurus, etsi jure parere recusarem, cum egregium primum jussum divinæ ascripsissem Providentiæ, magnaque usus essem diligentia, sanctorum Patrum intercessione erectus, ad ea sum aggressus, veluti quodam compendio præclarorum athletarum et magnorum virorum summa solum certamina et signa describens.

705 Nec solummodo clarorum virorum, qui optimam ac præstantissimam ex virtute vitam egere, sed etiam beatarum mulierum quæ in excellentissimæ vitæ genere se honeste exercuere. Et aliquorum quidem ex iis sacros vultus ut ipse coram viderem sum dignatus, qui jam ante sunt consummati in certamine pietatis; aliquorum autem cœlestem vitæ institutionem didici a divinis athletis. Multas autem urbes, et multos vicos, et speluncas, et omnia tabernacula deserti monachorum pedestri itinere obiens, diligentissime consideravi eorum pietatem ac religionem. Atque cum quæ partim quidem ipse vidi scripsissem, partim autem quæ a sanctis Patribus audivi, magnorum virorum certamina, et mulierum, quæ propter spem in Christum erant fortiores quam earum ferebat natura, hujus libri scriptis mandassem, misi ad tuas aures amicas divinorum eloquiorum, optimorum virorum et religiosorum decus, fidelissimique et religiosi imperii splendor, germane et Christi amice serve Dei Lause, pro ea quæ mihi inest exiguitate, uniuscujusque ex Christi athletis tam masculis quam feminis insigne nomen, exprimens, et ex multis et magnis uniuscujusque certaminibus pauca breviter exponens. Plurimorum quoque genus etiam adjiciens, et urbem, et locum mansionis.

Meminimus autem virorum et mulierum, qui ex virtute quidem vitam perfecte instituerunt, propter arrogantiæ autem matrem inanem quæ vocatur gloriam, in infimum inferorum barathrum, et fundum præcipitati fuerant, et quæ longo tempore et plurimo labore sibi pepererant, amplectenda, et acerrimo studio comparanda exercitationis benefacta, uno temporis momento arrogantia et vana de se persuasione amiserant. Gratia autem nostri Servatoris, et sanctorum Patrum providentia, et viscerum miseratione, erepti sunt a spiritalibus diaboli laqueis, et sanctorum precibus recuperaverunt priorem vitam quam agebant ex virtute.

EXEMPLAR EPISTOLÆ SCRIPTÆ AD LAUSUM PRÆPOSITUM,
AB HERACLIDE EPISCOPO [a] CAPPADOCIÆ.

Laudo magnopere tuum institutum. Par est enim ut incipiat epistola a laudatione : quod cum omnes vanis rebus intient, et lapides ædificent, ex quibus nullam capient utilitatem, libros ædifices, et velis doceri. Solus enim est universorum Deus qui nequit doceri, quandoquidem et ipse per se est, et ante se non habet alium. Alia autem omnia doceri possunt, quoniam sunt et facta et creata. Atque primi quidem ordines magistram habent summam Trinitatem, secundi autem discunt a primis, tertii autem a secundis; et sic deinceps, et per ordinem, usque ad extremos. Qui enim sunt præstantiores honore et virtute, docent eos qui sunt inferiores cognitione. Qui ergo existimant se non egere magistris, aut non parent iis qui docent in charitate, laborant morbo ignorationis, quæ est mater arrogantiæ. Inter quos primas partes tenent ad interitum, qui eodem vitio exciderunt a cœlesti habitatione in aere volantes dæmones, ut qui aufugerint ab iis qui erant in cœlo magistris. Non enim dictiones aut syllabæ sunt doctrinæ, quas nonnunquam habent etiam qui sunt pessimi; sed mores recte compositi, et molestiæ et terroris, metus et iræ vacuitas, et in rebus omnibus fiducia ac dicendi libertas, et quæ sermones non secus gignit quam ignis flammam, mansuetudo. Nam si ita non esset, non diceret magnus magister suis discipulis : Discite a me, quoniam mitis sum et humilis corde (*Matth*. xi) Non verborum ornatu instituens et dirigens apostolos, sed morum bonitate neminem molestia afficiens, præter eos qui verbum habent odio, et oderunt magistros. Oportet enim animam, quæ Christo convenienter exercetur, vel fideliter discere ea quæ non novit, vel aperte docere ea quæ scit. Si enim alterutrum horum nolit, laborat insania. Defectionis enim principium est doctrinæ satietas, et verbi fastidium, quod semper esurit anima ejus qui Deum diligit. Vale ergo, et sis sanus et fortis, et (quod magnum est) tibi Deus concedat cognitionem Christi.

EXEMPLAR EPISTOLÆ SCRIPTÆ AD LAUSUM PRÆPOSITUM,
A PALLADIO EPISCOPO CAPPADOCIÆ.

Cum multi multa et varia diversis temporibus scripta huic sæculo reliquerint, quorum alia quidem, ex Dei supernæ gratiæ inspiratione, sunt ad ædificationem et securitatem eorum qui fideli proposito sequuntur dogmata Servatoris; alia autem, ex corrupto et quod hominibus placere cupit proposito, luxuriant ad eorum consolationem qui inanis gloriæ morbo laborant; alia autem, ex importuna quadam insania, et dæmonis, qui quæ sunt honesta habet odio, impulsione, ad levium hominum perniciem, et intemeratæ catholicæ Ecclesiæ labem, ira et arrogantia irruperunt in mentes stultorum, ut vitam honestam et puram obscurarent; visum et mihi quoque humili propter spem in Christum, et magnificentiæ tuæ jussum reverenti, vir studiosissime, primum omnium narrare ea omnia quæ ad me pertinent, et ætatem et mentis meæ ad virtutem in Deum profectum, incipiendo a juvenili ætate.

Cum trigesimum quidem et tertium annum agerem in conversatione cum fratribus et vita solitaria, vigesimum autem episcopatus, totius autem vitæ meæ quinquagesimum tertium, necessarium existimavi, spiritalis utilitatis gratia, tibi cupienti in scriptis narrare quæ a sanctis Patribus recte et ex virtute gesta sunt, tam masculis quam feminis, quos et ipse vidi, et de quibus audivi ab animis fidelissimis, cum quibus versatus sum in Ægypti solitudine, et in Libya, et Thebaide, et Syene, sub qua sunt etiam qui dicuntur Tabennesiotæ; deinde in Mesopotamia, Palæstina, et Syria, et in partibus Occidentis, et Romæ, et in Campania, et in iis quæ sunt circa eas partibus; ut tibi ab initio accurratissime in hoc libro exponam instar narrationis; ut cum habeas honestum et animæ utile monumentum, perpetuum et non intermittendum pietatis et religionis medicamentum, omnem quidem oblivionis dormitationem, quæ ex cupiditate rationis experte in anima ingeneratur, omnem autem in fide dubitationem, omnesque in rerum usu sordes et parcitatem, omnemque dubitationem pusillique et abjecti animi vitium, et nimiam ad iram propensionem, perturbationemque, et ægritudinem rationis expertem, et intempestivum timorem per id expellas; et ne a corrupti mundi vana spe pendeas, effugias; perpetuo autem desiderio in spe ad Deum proficias, et in proposito pietatis; sis et in via dux tuus, et eorum qui tecum sunt, et eorum qui tibi subjiciuntur, et maxime piorum imperatorum. Per quæ quidem bene facta omnes qui Christum diligunt, Deo uniri properant, exspectantes scilicet quotidie resolutionem animæ a corpore, prout scriptum est : Coarctor, cupiens dissolvi et esse cum Christo ; est enim multo melius (*Philip*. i). Et illud : Para in exitum opera tua, et præpara te in agrum (*Prov*. xxiv). Qui enim semper mortis meminit, quæ necessario omnino veniet, et non tardabit, in magnis non offendet, sicut scriptum est : In omnibus operibus tuis memento novissimi, et in æternum non peccabis (*Eccles*. vii). Neque vero præter alia omnia hæc te fallat brevis admonitio narrationum; neque respuas rudem et inornatam dictionem. Non est enim divinæ doctrinæ, ornata et ad ostendendam sapientiam composita uti oratione, sed menti persuadere per intelligentiam veritatis, ut scriptum est : Aperi os tuum verbo Dei, et judica omnia sane (*Prov*. xxxi). Et rursus : Ne declines a narratione senum ; ipsi enim didicerunt a patribus eorum (*Eccles*. viii).

[a] Græce est, παρὰ Παλλαδίου ἐπισκόπου, a Palladio episcopo.

PALLADII PROOEMIUM.

Ego itaque, vir cognitionis Dei studiosissime, aliqua ex parte sequens hoc dictum, multos conveni sanctos. Neque vero ea cogitatio mihi aliud agenti in mentem venit, sed cum triginta atque adeo bis totidem dierum viam confecissem, et Dei gratia pedestri itinere, omnem Romanorum regionem pervasissem, viæ molestiam nihili feci si convenire possem virum pium ac Dei amicum, ut lucrifacerem quod non habebam. Si enim qui me est longe præstantior, atque adeo forte etiam universo mundo, multosque superavit et vitæ agendæ ratione, et cognitione, et spirituali intelligentia, et fide in Christum, beatus apostolus Paulus, Tarso in Judæam profectus est, ut conveniret Petrum et Joannem et Jacobum; et ideo veluti glorians id narrat, referens suos labores, ad eos incitandos qui in socordia et otio vitam transigunt, dicendo : Ascendi Jerusalem ut viderem Cepham, non contentus sola fama illius virtutis, sed desiderans ejus quoque intueri faciem (*Gal.* II); quanto magis ego qui sum innumerabilium talentorum debitor, debui hoc facere, non illos sanctos beneficio afficiens, sed mihi peccatori utilitatem afferens. Nam ii quoque qui Patrum Vitas conscripserunt, Abrahæ, et Isaac, et Jacob, et Moysis, et Eliæ, et Joannis, et eorum qui deinceps consequuntur, non narrarunt ut eorum illustraretur gloria, sed ut prodessent iis qui eas legerent.

Hæc ergo cum scias, fidelissime et inprimis venerande Christi serve Lause, teipsum sæpe admonens, feras patienter nostras ineptias, ut piam tuam mentem custodias, cui natura est insitum ut diversis vitiis, quæ sub aspectum cadunt et quæ non cadunt, tanquam undis agitetur, potest autem sedari sola perpetua oratione et propria tui ipsius cura. Multi enim etiam ex fratribus paulo religiosioribus, qui et de exercitationis et eleemosynæ laboribus sibi placebant, et de cœlibatu perfectaque et absoluta virginitate se jactabant, et in divinorum eloquiorum meditatione animum vehementer intendebant, et rerum bonarum disciplina freti erant, aberrarunt ab impatibilitate (*Caute lege*), temerariæ suæ sententiæ servientes; ut qui alicujus scilicet pietatis prætextu negotii gerendi cupiditate laborarent, ex qua oriuntur et gerendi negotii nimiæ sollicitudines, et ad mala negotia animi applicationes, quas consequuntur curæ alienorum negotiorum quæ honestorum negotiorum curam evellunt radicitus, quæ est mater propriæ sui ipsius curæ.

Esto ergo, rogo te, fortis in omni intelligentia, non pingues et nitidas efficiens divitias, quod quidem certe fecisti, eas satis minuens, impertiendo iis qui indigent : eæque ad exercendam virtutem tibi fuere ministerio, cum nec impetu aliquo, nec ulla quæ ratione careret anticipatione, neque ullo prætextu quo placeres hominibus, jurejurando obligasses tuam liberam eligendi voluntatem, sicut multis evenit hominibus, qui cum non comedendi vel bibendi contentiosæ vanæ gloriæ servire fecissent liberum arbitrium, necessitate jurisjurandi, ei rursus miserabiliter succubuerunt, vel vitæ amore et ignavia, vel imbecillitate corporis, vel cupiditate alicujus voluptatis perjurium patientes. Si ergo et ratione participes, et ratione abstineas, nunquam peccabis. Divina est enim in nobis ratio, quæ ab iis quæ sunt in nobis monitionibus exterminat quidem ea quæ sunt noxia, assumit autem ea quæ sunt utilia. Justo enim, inquit, lex non est posita (*I Tim.* 1). Melius est ergo vinum bibere cum ratione, quam aquam cum fastu et superbia. Atque mihi quidem aspice, eos qui cum ratione pietatis ac religionis vinum bibunt esse viros sanctos; eos autem **708** qui inconsiderate et citra rationem cum arrogantia aquam biberunt, esse homines profanos et corruptos. Et nec amplius vituperes aut laudes materiam cibi aut potus, sed beatam vel miseram judices mentem eorum qui recte vel male utuntur materia. Bibit aliquando Joseph vinum apud Ægyptios, sed non fuit mente læsus; erat enim animo munitus. Aquam autem biberunt Pythagoras et Diogenes et Plato, inter quos etiam Manichæi et reliquus cœtus theologorum philosophorum, et eo vanæ eos perduxit opinionis intemperantia, ut ipsum Deum universorum effectorem ignorarent, et inanima simulacra adorarent. Usum vini tetigerunt ii quoque, qui cum beato Petro apostolo erant discipuli, adeo ut ipsi Domino et eorum magistro, omnium autem Servatori id probro daretur (*Matth.* XI), ob participationem increpantibus Judæis, et dicentibus : Quare discipuli tui non jejunant, sicut Joannis discipuli (*Marc.* II)? Et rursus insultabant discipulis, et exprobrantes dicebant increduli : Magister vester cum publicanis et peccatoribus comedit et bibit (*Lucæ* v). De pane autem et aqua non reprehendissent, nisi de obsonio et vino scilicet, ii qui vini quidem potionem vituperant, aquæ vero laudant et admirantur. Respondet autem Servator pulchre, dicens : Venit Joannes in via justitiæ, neque comedens, nec bibens, carnem scilicet et vinum, nam absque aliis non potuisset vivere, et dicunt : Dæmonium habet. Venit Filius hominis comedens et bibens, et dicunt : Ecce homo vorax et vini potor, amicus publicanorum et peccatorum (*Matth.* XI), propterea quod comedat et bibat. Quid nos ergo faciemus? Nec eos qui vituperant sequamur, nec eos qui laudant. Sed vel cum Joanne ratione jejunemus, etiamsi nobis dicant Judæi : Dæmonium habetis; vel cum Jesu sapienter vinum bibamus, si corpus indigeat, etiam si nobis dixerint : Ecce homines voraces et vini potores. Neque enim revera esca est aliquid, nec potus, sed fides quæ per charitatem extenditur operibus. Cum enim omnem actionem fides fuerit consecuta, condemnari non potest qui comedit et bibit, propter fidem. Quidquid enim non est ex fide, peccatum est (*Rom.* XVI). Sed quando aliquis ex voluptuariis, vel ex iis qui quodlibet aliud peccant, dicit : Fide participo, vel aliquid aliud ago, a ratione aliena cupiditate, vel corrupta conscientia innitens fidei, labitur. Servator enim distinxit, dicens : A fructibus ipsorum cognoscetis eos (*Matth.* VII). Quod autem fructus eorum qui divina ratione vitam instituunt et spirituali intelligentia, sit, ex divini Apostoli sententia, charitas, et gaudium, et pax, et longanimitas, benignitas, bonitas, fides, mansuetudo, continentia, castitas (*Gal.* v), est extra controversiam. Ipse enim dixit beatus Paulus : Fructus autem Spiritus est hoc et hoc. Quod autem qui studet tales habere fructus, citra rationem aut inconsiderate, aut intempestive non comedet carnes, nec bibet vinum, neque cum ulla mala cohabitabit conscientia. Rursus dixit idem beatus Paulus : Omnis qui certat ab omnibus abstinet (*I Cor.* ix). Cum sana quidem est caro, abstinens ab iis quæ pinguefaciunt; quod si sit ægra vel mœrore confecta, vel aliquo casu afflicta, tunc utetur quidem vel cibo vel potione tanquam medicamento, ad ea curanda quæ molestiam afferunt. Abstinebit autem ab iis quæ sunt animæ noxia, ira et invidia, vana gloria, tristitia et detractione, superbia et elatione, Deo agens gratias.

Cum de his itaque satis disseruerim, tuæ rursus docilitati aliam affero adhortationem. Fuge pro viribus eorum virorum congressiones qui nullam habent utilitatem, et pellem exornant aliter quam conveniat etiamsi sint orthodoxi, non solum hæretici, et lædunt hypocrisi, etiamsi cano capite et corrugata fronte præ se ferant longitudinem temporis. Nam ut propter mores generosos ab eis nihil lædaris, id certe quod videtur esse minimum te sauciabit. Insolens enim redditus, animo effereris, eos irridens. Quod quidem tibi detrimentum afferet, ut qui in superbiam incideris. Super lucidam autem **799** fenestram persequere et virorum et mulierum sanctas congressiones, ut per eorum veluti subtiliter scriptum librum possis tuum cor aperte videre, et per collationem probare socordiam tuam vel diligentiam. Multa enim sunt quæ probitati ferunt testimonium : color vultus qui in ea vita quæ degitur efflorescit, et vestium ornatus, et mores compositi, et modestia orationis, et verba non exquisita et affectata, elegans sententia, cogitata sensaque sapientia. Dominus autem vires dabit tuæ mansuetudini, et omnibus qui sequuntur scopum pietatis, etiamsi vel desidia vel casu aliquid acciderit. Amictus enim, et gressus pedis, et risus dentium annuntiabit de ipso, ut ait Proverbium (*Eccles.* x).

Incipiens itaque tibi narrare vitam sanctorum Patrum, neque eos qui sunt in urbibus, vel vicis, vel speluncis, vel solitudinibus tibi ignoti, prætermittam oratione; adjiciens eos etiam qui sunt in cœnobiis. Neque enim locus quæritur in quo se recte et ex virtute gesserunt, sed modus rectæ eorum institutionis, per quam Christi auxilio vitam egerunt angelicam.

HISTORIA LAUSIACA.

CAPUT PRIMUM.

Vita Isidori (1) *presbyteri et xenodochi.*

Cum ergo primum venissem in Alexandrinam civitatem, secundo consulatu Theodosii magni imperatoris, qui propter suam rectam in Christum fidem nunc est cum angelis, in ipsa civitate incidi in quemdam virum admirandum, et omni ex parte ornatum, sermone, moribus, et scientia, nempe Isidorum, qui erat et presbyter et xenodochus Alexandrinæ ecclesiæ. Is dicebatur prima quidem juventute versans in solitudine, peregisse certamina exercitationis. Cujus etiam cellam vidi ego in monte Nitriæ : offendi autem eum senem septuaginta annos natum ; qui cum vixisset alios quindecim annos, in pace obiit. Hic sanctus usque ad horam obitus nihil lineum gestavit extra vittam (2), non balneo est usus, non tetigit carnes, nunquam a mensa recessit repletus ad satietatem. Erat autem corpore a Dei gratia tam bene contemperato, ut omnes qui ignorabant ejus victus rationem, persuasum haberent eum laute vivere et opipare. Hujus virtutes animæ si velim sigillatim narrare, narrantem me tempus deficiet. Qui erat adeo mitis, benignus, et pacificus, ut etiam infideles ejus inimici, propter rectam in Christum fidem, vel ejus umbram reverentur, ob insignem viri bonitatem. Tantam autem habuit spiritalem gratiam et cognitionem sanctarum scripturarum, et comprehensionem divinorum dog-

matum, ut etiam in ipso convivio hora solita refectionis fratrum sancti hujus fieret mentis excessus, mutusque evaderet ipse et obstupesceret; et cum rogaretur ut quæ in excessu evenerant narraret, diceret : Mente sum peregrinatus ab aliqua raptus contemplatione. Scio ego eum sæpe in mensa fuisse lacrymarum; et cum rogaretur causam cur esset lacrymatus, audivi eum dicentem : Pudet me vesci cibo a ratione alieno, cum sim ratione præditus ; et versari deberem in paradiso deliciarum, replendus ambrosiæ nutrimento, propter eam quæ nobis a Domino data est potestatem. Is erat Romæ notus cuncto senatui et procerum uxoribus, quo tempore cum beato Athanasio episcopo prius recesserat, deinde cum sancto Demetrio episcopo. Is cum abundaret opibus, et iis quæ sunt ad usum necessaria, non scripsit testamentum decedens, non pecuniam reliquit, non rem ullam suis sororibus quæ erant virgines, sed eas Christo commendavit, dicens : Deus qui vos creavit, vobis quoque victum providebit sicut et mihi. Erat autem conventus virginum quæ erant cum sororibus ejus, septuaginta. Is, cum ad eum venissem adolescens, et rogarem ut ad vitam cooptarer monasticam, mea adhuc ætate lasciviente, et non opus habente sermonibus, sed laboribus qui carnem subigerent, duraque et aspera vivendi ratione quæ corpus compesceret; is, inquam, tanquam bonus domitor pullorum, duxit me extra civitatem ad eas quæ dicuntur

Cellæ eremiticæ, circiter quinto ab urbe lapide.

CAPUT II.
Dorotheus (3) Thebanus.

Et me tradit cuidam Dorotheo exercitatori Thebano sexagesimum annum agenti in spelunca, et jubet me implere apud ipsum tres annos ad domandas animi perturbationes (sciebat enim senem agere vitam admodum duram et asperam), et postquam annorum numerum implessem, rursus ad eum reverterer, mandavit ob reliquam doctrinam spiritalem. Cum autem non potuissem apud eum implere numerum trium annorum, eo quod in morbum incidissem vehementem, ab eo recessi ante tempus præstitutum. Erat enim ejus vitæ ratio longe asperrima, squalida et plane arida. Toto enim die, atque adeo in ipso æstu meridiei, in solitudine quæ est propter mare, colligebat lapides, et ex eis semper ædificans, et cellas faciens, eas cedebat iis qui non poterant ædificare, singulis annis cellam faciens. Cum autem ego aliquando huic sancto dixissem : Quid agis, Pater, in tanta senectute corpusculum tuum occidens caloribus intolerabilibus? Respondit mihi, dicens : Illud me occidit, ego quoque ipsum occidam. Comedebat autem singulis diebus sex uncias panis, et minutorum olerum fasciculum (4); aquæ autem bibebat modicum quid. Deum autem testor me nunquam eum cognovisse pedes extendisse, non dedita opera dormiisse in toro, aut super lectum; sed per totam noctem sedens contexebat funem ex ramis (5) palmarum, ut ex eo sibi victum pararet. Cum autem suspicarer eum, cum adessem solummodo, tam extrema usum esse exercitatione, sciscitatus sum ut scirem a compluribus ejus discipulis, an perpetuo uteretur tam accurata exactaque exercitatione : qui quidem manebant ipsi quoque deinceps seorsum, se recte et ex virtute gerentes. Hi mihi dixerunt quod a juventute vitam suam ita instituit, nunquam dedita opera dormiens nisi quod inter operandum vel comedendum aliquando convivebat oculis dejectis; adeo ut sæpe panis quoque (6) ex ejus ore excideret esus tempore propter nimiam dormitationem. Cum autem ego aliquando cogerem hunc sanctum paululum jacere super stoream, ægre ferens mihi dixit : Si quando persuaseris angelis ut dormiant tum virtutis studioso quoque persuaseris.

Quodam autem die ad puteum suum me misit circa horam nonam, ut implerem cadum, quo eo in refectione uteretur cum instaret hora cibi capiendi. Accidit autem ut cum accessissem, infra in puteo viderem aspidem, et præ metu aquam minime haurirem, sed currendo reversus ei nuntiarem, dicens : Perimus, abba, vidi enim aspidem inferius in puteo. Ille autem honeste subridens, quoniam mei magnam habebat rationem, et caput quatiens, dixit : Si visum fuerit diabolo in omnem puteum injicere serpentes, et aspides, vel testudines, aut alia venenata animalia, in omnes fontes aquarum, tu manebis nunquam bibens? Ipse autem e cella egressus, cum per se hausisset, bibit jejunus, cum prius signaculo crucis muniisset, et dixisset : Ubi crux adest (7), illic viribus caret diaboli improbitas.

CAPUT III.
Acta et temperantia Potamiœnæ (8)

Beatus ergo Isidorus xenodochus, qui beatum Antonium convenerat, narravit mihi, se ab eo audivisse rem dignam quæ mandetur litteris.

Potamiœna quædam puella formosissima, tempore Maximini persecutoris fuit ancilla cujusdam intemperantis et libidinosi. Quam cum multum rogasset, et ei varia promisisset ejus dominus, eam non potuit decipere. Quo factum est ut is tandem furore percitus, eam traderet præfecto Alexandrino (9), qui erat eo tempore, tanquam Christianam, et quæ tempora et imperatores insectaretur maledictis propter persecutiones; pollicitus se ei magnam pecuniæ vim daturum ob ejus calamitatem, dicens : Si ei persuaseris ut meo desiderio assentiatur, eam custodi nullo affectam supplicio. Quod si mansisset in ea quam ab initio ostenderat austeritate, rogavit ut ea supplicio affecta moreretur, ne, dicens, viva meam irrideat intemperantiam. Producta autem ante tribunal virgo fortis, diversis ad pœnas sumendas comparatis instrumentis, corpore fuit excruciata, et adversus multas ac varias rationes mente tanquam turris firma ac stabilis resistebat. Inter instrumenta autem suppliciorum, crudelius quoddam cæteris tormentum ab eo qui tunc erat judex inventum est. Jubet enim magnum lebetem pice repletum vehementissimo igne accendi. Cum bulliret ergo pix et valde arderet, conversus ad illam beatam sævus præses, dixit : Abi, pare voluntati domini tui; alioqui, ut intelligas, jubeo te devolvi in lebetem. Illa vero respondit, dicens : Absit ut sit judex adeo iniquus qui me jubeat parere libidini et intemperantiæ. Ille itaque furore percitus, jubet eam exui, et in lebetem injici. Illa vero vocem emittit, dicens : Per caput imperatoris (10) quem tu times, si statuisti sic me supplicio afficere, ne jusseris me exui; sed jube me paulatim in picem ferventem demitti, ut videas quantam mihi largitus est patientiam Christus quem tu ignoras. Quæ sic paulatim demissa spatio trium horarum, emisit spiritum cum pix pervenisset ad ejus collum.

CAPUT IV.
Vita [a] Didymi (11) orbi

Plurimus ergo cœtus sanctorum virorum et mulierum tunc fuit consummatus in ecclesia Alexandrina, qui sunt inventi digni terra mitium. Inter quos consummatur etiam beatus scriptor Didymus qui fuit orbus (12). Cum quo fuit mihi quater congressio, cum decem annorum interjecto intervallo ad eum proficiscerer. Is autem consummatur natus annos octoginta quinque. Fuit autem is orbus, ut qui cum esset quatuor annos natus, oculos amiserit, ut ipse mihi narravit; et neque litteras didicit, neque ventitavit ad præceptores. Habebat enim secundum naturam

---

[a] Hic Didymus initio sanctitate et doctrina clarus, ad extremum, Origenista.

magistram firmam ac validam, propriam conscientiam. Tanta autem spiritalis cognitionis fuit exornatus gratia, ut revera impleretur in eo quod scriptum est: Dominus illuminat (13) cæcos (*Psal.* CXLV). Vetus enim et novum Testamentum interpretabatur ad verbum: dogmata autem subtiliter et tam strenue exponebat, ut omnes veteres scientia superarit.

Is cum aliquando me cogeret in cella facere orationem, ego autem nollem, mihi dixit narrans: Ter in hanc cellam ingressus est beatus Antonius, ut me viseret; qui a me rogatus ut faceret orationem, statim genu flexit in hac cella, neque commisit ut quod dixeram iterum repeterem, re ipsa quidem docens in obedientia. Quare si tu quoque ejus vitæ vestigia sequeris, ut qui sis monachus et hospes ob virtutem, omnem depone contentionem.

Ilic ipse hoc quoque mihi narravit: Cum quodam die, aiebat, de vita miseri Juliani imperatoris, utpote persecutoris, essem sollicitus, et animo angerer, accidit ut propter hanc sollicitudinem ad vesperam usque seram nihil comederem; et cum in sedili sederem, me somnus opprimeret, et viderem in extasi equos albos cum insessoribus percurrentes, et annuntiantes: Dicite Didymo, hodie hora septima mortuus est Julianus; surge ergo et comede: et quod tu scis, domum mitte ad episcopum Athanasium, ut ille quoque hoc sciat. Notavi autem, inquit, et horam, et diem, et hebdomadem, et mensem, et sic inveni.

CAPUT V.
Alexandræ Vita.

Narravit autem mihi quoque hic beatus de quadam ancilla, nomine Alexandra, quæ relicta civitate in monimento se inclusit, per foramen accipiens quæ erant necessaria, neque in virorum neque in mulierum conspectum veniens spatio decem annorum. Decimo autem anno aiunt beatam, cum dormisset, seipsam composuisse, adeo ut quæ solita erat ad eam venire, cum illi non respondisset, nobis renuntiaverit. Cum nos ergo accessissemus, et monimenti ostium amovissemus, ingressi sumus et invenimus eam obdormisse.

De ea autem dicebat etiam beatissima Melania Romana, cujus vitam narrabo tempore et loco convenienti (*Infra, hic, cap.* 117). Hujus, inquit, beatæ faciem non potui intueri: stans autem ego circa foramen, eam rogavi ut mihi diceret causam propter quam secessit quidem a civitate, seipsam autem inclusit monimento. Illa autem, inquit, per foramen me est allocuta, dicens: Quidam, inquit, insano mei amore tenebatur, et ne eum viderem molestia afficere, vel in invidiam vocare, malui me vivam in hoc monimentum inferre, quam offendere animam quæ facta est ad Dei imaginem. Cum autem ego ei dixissem: Quomodo ferre potes, serva Christi Dei, cum nullo omnino colloqui, sed sola pugnare cum desidia et cogitationibus? mihi respondit, dicens: A mane usque ad horam nonam oro, per horam nens linum; reliquis autem horis mente revolvo vitam sanctorum Patrum, et patriarcharum, et certamina beatorum apostolorum, et prophetarum, et martyrum. Postquam autem adventarit vespera, cum Dominum meum glorificavero, cibum panis capio, plurimas horas noctis perseverans in oratione, et finem exspectans, quando hinc dissolvar cum spe bona, et apparebo ante faciem Christi Dei.

Non prætermittam autem in narratione eos quoque qui ita vixerunt, ut speciem quidem præ se ferrent pietatis ac religionis; sed eam contemnerent, ad laudem quidem eorum qui recte et ex virtute se gerunt, et ut cauti sint et attenti qui legunt.

CAPUT VI.
De quadam Virgine quæ laborabat amore divitiarum.

Erat quædam Alexandriæ virgo solum nomine, habitu quidem humilis, animi autem instituto parca, superba et insolens, et laborans avaritia, auri potius quam Christi amans: ex rebus suis nulli unquam exhibens, non hospiti, non pauperi aut afflicto, non monacho, non virgini, non ecclesiæ vel obolum unum. Ea multis sanctorum Patrum admonitionibus incitata, non repellebat grave pondus divitiarum. Erat autem ei quoque genus, ex quo sororis suæ filiam in filiam adoptaverat. Cui noctu et diu sua pollicebatur, cum ipsa excidisset ab opibus cœlestibus. Nam hæc quoque est una species fraudis diaboli, qui prætextu amoris in cognatos, efficit ut nascatur avaritia. Nam quod ei nulla sit cura generis, hinc patet. Ipse enim docuit et fratrem, et matrem, et patrem occidere. Idque 712 est ex Scripturis extra controversiam. Sed etsi videatur nonnullis curam cognatorum inserere (*Deut.* XII), non hoc facit quod illis bene velit, sed ut eorum qui ei parent animam aperte exerceat ad injustitiam, cum ipse sciat latam sententiam, quæ dicit: Injusti regnum Dei non possidebunt (*I Cor.* VI). Potest autem aliquis, et spiritali motus intelligentia, et divino desiderio, neque suam negligere animam, et cognatis opem ferre, si quid eis defuerit. Quando autem quis ita totam suam instituit animam, ut ea despicitur et obruatur præ cura cognatorum (14), is incidit in legem, qui suam pro vano æstimet animam. Canit autem David quoque sacer psalmographus de iis qui animæ curam gerunt, in timore Dei dicens: Quis ascendet in montem Domini? pro eo quod est, rarus. Aut quis stabit in loco sancto ejus? Innocens manibus, et mundo corde, qui non accepit in vano animam suam (*Psal.* XXIII). Illi enim animam suam in vano accipiunt, qui existimant eam dissolvi una cum hac caruncula, qui virtutes spiritales negligunt.

Huic virgini, quæ solo nomine sibi paraverat appellationem, moribus autem erat aliena ab exercitatione, cum venam, ut dicitur, vellet incidere ad levandam avaritiam, sanctissimus Macarius (15) presbyter et præfectus ptochotrophii eorum qui sunt corpore mutilati, talem actum excogitat. Erat enim is a juventute lapidarius (16). Ad eam autem accedens, dicit: In me inciderunt pulchræ gemmæ, smaragdi et hyacinthi; nec scio an sint furtivi, an alicujus mercatoris. Non constituitur enim eis pretium, cum æstimationem superent; qui habet autem, vendit eas quingentis solidis. Si ergo tibi visum fuerit eas accipere, da quingentos solidos, potes ex una gemma accipere quingentos, reliquis autem uti ad variandum mundum filiæ tuæ sororis. Cum autem quæ dicebatur virgo tota penderet a puella, inescatur ejus ornandæ cupiditate; et procidit ad ejus pedes, et dixit : Rogo te ne quis alius eas accipiat. Eam ergo adhortatur sanctus, dicens : Veni usque ad domum meam, et eas aspice. Illa autem noluit; sed ei præbet quingentos solidos, dicens : Rogo te, ipse eas ut vis cape; nolo enim videre hominem qui eas vendit. Cum autem quingentos solidos ab ea accepisset sanctus Macarius, dat eos ad usum ptochotrophii. Cum autem multum tempus præteriisset, quoniam magna erat existimatione apud Alexandrinos vir ille, utpote summe plus ac misericors (vixit autem ad centum usque annos, cujus tempore nos quoque fuimus), verebatur eum admonere. Tandem cum eum invenisset in ecclesia, dicit ei : Rogo te, quid jubes de lapidibus, pro quibus dedimus solidos quingentos? Ille ei respondit, dicens : A quo die mihi dedisti aurum, eos impendi in pretium gemmarum, et si velis eas videre, veni in hospitium meum. Illic enim sitæ sunt gemmæ, et vide; quod si tibi non placeant, tolle aurum tuum. Venit autem illa lubentissime. Habebat autem ptochotrophium in superiori quidem parte mulieres, in inferiori autem viros Cum ea autem accessisset, introducit eam in vestibulum, et dicit ei sanctus Macarius : Quid vis primum videre, hyacinthos, an smaragdos? Ea vero illi dicit : Quod tibi videtur. Ille vero eam ducit in partem superiorem, et ostendit ei conscissis feminas membris, et vultibus totis varia morbositate laceratis, et dicit ei : Ecce hyacinthi. Deinde deducit eam in partem inferiorem, et ostendit ei viros, dicens : Ecce smaragdi; et existimo non inveniri his pretiosiores; quod si tibi non placeant, accipe aurum tuum. His ergo sic gestis, pudore affecta virgo exiit, et domum reversa magnum accepit dolorem, quod hanc rem ex Deo non fecisset, sed adducta necessitate. Postea autem gratias egit presbytero, cum puella cujus curam gerebat, post nuptias mortua esset sine liberis, ipsaque deinceps facultates suas in rectos usus expendit.

CAPUT VII.

Vita abbatis Arsisii (17) *et eorum qui cum eo erant in monte Nitriæ.*

Cum ego cum multis sanctis essem congressus, et versatus tres annos in monasteriis quæ sunt circa Alexandriam, et mansissem cum magnis studiosissimisque et optimis viris circiter bis mille, omni virtute ornatis, illinc recedens veni in montem Nitriæ. Inter hunc montem autem et Alexandriam positus est lacus, qui dicitur Maria : is autem continet ad millia septuaginta. Quem cum transmisissem, per diem unum et dimidium veni in montem ad partem meridionalem. In quo monte sita est ingens solitudo, quæ pertinet usque ad Æthiopiam, et Mazicos, et Mauritaniam. In eo autem habitant ad quinque millia virorum (18), qui utuntur vario vitæ genere, unusquisque ut potest et vult, adeo ut liceat et solum manere, et cum duobus, et tribus, et cum quo velit numero. In hoc monte sunt septem pistrinæ, quæ et illis serviunt, et anachoretis qui sunt in vasta solitudine, viris perfectis, numero sexcentis. Cum ergo toto anno in monte habitassem apud beatos et sanctos Patres, magnum Arsisium 713 et Putuphastum, et Hagionem (19), et Cronium, et Serapionem, et multis antiquiorum Patrum spiritalibus narrationibus, ab ipsis essem stimulatus, veni in intimam solitudinem. In hoc monte Nitriæ una est maxima ecclesia, et in ipsa ecclesia sunt tres palmæ, ex quibus unaquæque habet flagellum (20) suspensum. Et est unum quidem ad castigandos monachos qui delinquunt; alterum vero ad puniendos latrones, si quando inciderint; tertium vero ad corrigendos eos qui forte veniunt, et in aliqua delicta incidunt; adeo ut quicunque delinquunt, et convincuntur meruisse ut dent pœnas, palmam amplectantur, et tergo plagas præfinitas accipiant, et sic dimittantur. Prope ecclesiam autem positum est xenodochium, in quo venientem hospitem toto tempore accipiunt, etiam si biennium aut triennium voluerit manere, donec velit sua sponte recedere, permittentes ei una hebdomada manere in otio. Aliis autem diebus deinceps occupant eum in operibus, aut in horto, aut in pistrino, aut in coquina. Quod si fuerit quispiam cujus sit habenda ratio, dant ei librum legendum, non permittentes ei ut cum ullo colloquatur usque ad horam sextam. In hoc monte degunt etiam medici et placentarii. Utuntur etiam vino, et vinum illic venditur. Hi autem omnes suis manibus faciunt vestem lineam, adeo ut sint omnes minime egentes. Circa horam autem nonam licet stare, et audire in unoquoque monasterio hymnos et psalmos Christo canentes, et preces ad hymnos emittentes, adeo ut existimet quispiam se sublime elatum transmigrasse in paradisum deliciarum; veniunt autem ad ecclesiam Sabbato solum et Dominico. Sunt autem octo presbyteri qui præsunt huic ecclesiæ, in qua quandiu vivit primus presbyter hujus ecclesiæ, nullus alius offert, nec judicat, nec habet sermonem, sed tacite solum cum eo sedent.

Hic magnus Arsisius, et alii multi cum eo senes, quos nos vidimus, fuerunt æquales tempore magno Antonio. Atque mihi quidem narravit hic magnus Arsisius se Amon quoque vidisse Nitriotem, cujus animam vidit assumi Antonius ab angelis, et in cœlum deduci (*Vita Antonii, c.* 32; *Ruff., l.* II, *c.* 30). Is dicebat se etiam Pachomium vidisse Tabennesiotem, virum prophetica gratia clarum, ter mille virorum archimandritam; cujus narrabo postea virtutes (Infra, *c.* 58).

CAPUT VIII.

De sancto Amon (21) et ejus conjuge.

Dicebat autem Amon hoc modo vixisse. Cum esset, inquit, parentibus orbatus adolescens circiter viginti duos annos natus, vi a suo patruo mulieri junctus est matrimonio; et cum non posset resistere necessitati quam ei afferebat patruus, visum est ei, et corona redimiri (22), et sedere in thalamo, et omnia sustinere quæ fiunt in matrimonio. Postquam autem omnes essent egressi, qui in thalamo et lecto dormituros collocaverant, surgit beatus Amon, et claudit fores; et sedens vocat beatam et germanam suam conjugem, et ei dicit: Adesdum, domina et soror (23), deinde rem tibi narrabo. Hoc quo conjuncti sumus matrimonium, nihil habet eximium. Recte ergo faciemus, si abhinc unusquisque nostrum seorsum dormierit, ut Christo placeamus, intactam nostram reddentes virginitatem. Et cum e sinu suo parvum libellum protulisset, tanquam ex persona Apostoli et Servatoris, legebat puellæ, quæ erat ignara litterarum, plurimam lectionis partem, adjiciens ex sua divinitus inspirata doctrina, et in vita, in virginitate et castitate degenda eam instituens. Quo factum est ut illa Christi gratia repleta, diceret: Ego quoque, domine mi, persuasum habeo fore ut castam vitam libenter agam; et si quid jubes, hoc deinceps faciam. Ille vero, Ego, inquit, jubeo et rogo ut unusquisque nostrum seorsum maneat. Ea vero hoc non tulit, dicens: Maneamus in eadem domo, sed in diversis lectis. Vivens ergo cum ea decem et octo annos in iisdem ædibus, toto die vacabat horto et balsameto, Operabatur enim balsamum; quæ balsamus instar vitis plantatur, ut in qua colenda et putanda multum laboris ponatur. Vespere ergo domum ingrediens, et faciens orationes, cum ea comedebat. Et rursus nocturnas preces fundens, et synaxim peragens, summo mane ibat in hortum. Cum hæc sic fierent, et pervenisset uterque ad impatibilitatem (*Caute lege*), vim et efficaciam habuere preces Amonis. Postremo autem ei dicit illa beata: Est aliquid quod tibi dicam, domine mi, ut si me audieris, mihi plane constabit quod vere ex Deo me diligas. Is vero ei dicit: Dic quod velis. Ea vero dicit illi: Æquum est ut tu qui es vir pius et religiosus, et exerces justitiam, et similiter ego qui eamdem viam instituti sum secuta, seorsum maneamus, et multi ex eo capiant utilitatem. Non par est enim ut propter me tanta et talis occultetur tua virtus philosophiæ, qui mecum propter Christum cohabitas in castitate. Is vero cum ei gratias egisset, et gloriam Deo dedisset, ei dicit: Recte tibi visum est, domina et soror; et si hoc tibi placet, tu habeto hanc domum; ego vero abibo, et aliam mihi domum faciam. Qui cum ab ea esset egressus, ingressus est in interiora montis Nitriæ; nondum enim tunc illic erant frequentia monasteria, et sibi fecit duos cellarum tholos. Et cum vixisset alios viginti duos annos, et recte summam exercita-

tionis virtutem exercuisset, in vita obiit monastica, vel potius translatus est sanctus Amon, natus sexaginta duos annos, bis in anno videns beatam vitæ suæ consortem.

Cum is ergo solus esset in Nitriis, ferunt ad eum puerum rabie exagitatum, vinctum catenis. Canis enim rabiosus mordendo illi rabiem dederat. Seipsum ergo totum laniabat, ut qui intolerabilem morbum ferre non posset. Postquam ergo vidit ejus parentes, ad supplicandum procedentes: Quid mihi, inquit, labores exhibetis, o homines, ea petentes quæ mea merita superant, cum in vestris manibus præsto sit auxilium? Reddite enim viduæ bovem quem clanculum occidistis, et sanus reddetur vobis puer. Illi vero cum convicti essent, læti fecerunt quæ jussa fuerant, et eo orante puer sanus evasit.

Accesserunt autem alii ejus visendi gratia. Ad quos dixit vir sanctus, tentandi eorum animi gratia: Afferte ad me dolium unum, ut habeam satis aquæ ad eos qui veniunt excipiendos. Ii autem promiserunt seipsos allaturos. Cum autem alterum pœnituisset, ubi in vicum venisset, dicit alteri: Nolo occidere camelum, neque ei dolium imponere, ne moriatur. His auditis, alius suis junctis asinis magno labore dolium sursum portavit. Præveniens autem Amon ei dixit Quid? quod socii tui camelus est mortuus interim dum huc venisti? Is autem reversus invenit eum a lupis devoratum. Multa quoque alia hic vir fecit.

Hoc autem miraculum narravit beatus Athanasius Alexandriæ episcopus, scribens in Vita Antonii, quod cum aliquando monachi ad ipsum missi essent ab Antonio (erat enim in interiore solitudine Antonius), cum ad ipsum venissent, surrexit senex, et ambulabat cum eis. Et cum esset transiturus Lycum fluvium cum ejus discipulo Theodoro, verebatur exui, ne seipsum videret aliquando nudum: et interea dum de ea re dissereret, inventus est trans fluvium, ut qui absque cymba in extasi trajecisset, translatus ab angelo: fratres autem natatu transmiserunt. Postquam autem accessit ad Antonium, primus ei dixit Antonius: Cum Deus mihi multa de te revelasset, et tuam translationem mihi significasset, te ad me accersivi necessario, ut cum nobis invicem frui licuisset, pro nobis invicem intercederemus. Cum autem eum collocasset in quodam loco longe separato, hortatus est ne recederet ante translationem. Cum autem ipse seorsum fuisset consummatus, vidit Antonius ejus animam in cœlum assumptam ab angelis. Hic est ergo Amon, qui sic vixit; et sic obiit. Hunc Lycum fluvium ego cum metu pontone aliquando transmisi; est enim fossa et derivatio magni Nili.

CAPUT IX.

Vita abbatis [1] Or (24).

In hoc monte Nitriæ fuit vir admirabilis abbas, Or nomine, habens monasteria mille fratrum, habitu angelico præditus (*Ruff.*, *l.* II, *c.* 2); ut qui cum esset nonaginta annos natus, nihil amisisset de corpore,

---
[1] Hic Or fuit Origenista.

erat enim vultu nitido et alacri, adeo ut cum vel solum videretur, vir esset reverendus. Is cum longe ante se in ulteriore exercuisset solitudine, postea in propiori solitudine congregavit monasteria, palude propriis plantata manibus, cum ligna non essent in eo loco, adeo ut esset densa silva in solitudine. Dixerunt enim nobis qui cum eo erant Patres, quod ne germen quidem illic erat, quando vir ille venit ex solitudine. Ipsam autem plantavit, ne propter res necessarias, qui ad ipsum conveniebant fratres, cogerentur circuire; sed eorum omnem gerebat curam, Deum orans, et pro eorum salute decertans, ut nihil eis deesset necessarium, nec esset eis ullus socordiæ prætextus. Is primum quidem degens in solitudine, vescebatur herbis et dulcibus radicibus: aquam quoque bibebat quando inveniebat, in precibus et hymnis toto tempore perseverans. Postquam autem pervenit ad perfectam ætatem senectutis, angelus ei apparuit in somnis, dicens in solitudine: Eris in gentem magnam, et magnus tuæ fidei credetur populus. Qui per te autem salvi fient, erunt decies mille: quos si hic lucrifeceris, totidem tibi parebunt in futuro sæculo. Neque quidquam dubitaveris, ait ei Angelus: nihil enim tibi deficiet eorum quæ sunt ad usum necessaria, usque ad mortem tuam, quoties Deum invocaveris. Hæc cum audisset, venit ad propinquam solitudinem, seorsum primum degens, sibi quodam parvo constructo tuguriolo, solum compositis contentus oleribus; sæpe etiam semel solum vescens in hebdomada. Atque erat quidem primum illiteratus; postquam autem venit ex solitudine in terram habitatam, ei gratia fuit data divinitus, et Scripturas expromebat memoriter. Ei enim libro dato a fratribus, ita deinceps legebat tanquam peritus litterarum. Aliam quoque 715 acc perat gratiam, nempe dæmonum expellendorum, adeo ut multi ex iis qui laborabant, etiam eo nolente, clamantes ejus vitam ostenderent. Alias quoque curationes non cessabat peragere. Quo factum est ut ad eum convenirent tria millia monachorum. Cum eos autem vir ille vidisset, lætitia affectus eos salutavit, et complexus est. Cum pedes eorum propriis lavasset manibus, conversus est ad doctrinam; erat enim valde peritus litterarum, ut qui hanc gratiam accepisset divinitus. Cum autem Scripturarum multa solvisset capita, et fidem tradidisset orthodoxam, adhortatus est ad preces. Viris enim magnis mos est, nihil carnis admittere, priusquam spiritale alimentum animæ tradiderint; hæc autem est Christi communio. Cum ejus ergo fuissent participes, et egissent gratias, hortatus est ad mensam, ipse semper inter sedendum eos admonens eorum quæ sunt bona et honesta, et dicens eis ea quæ pertinent ad salutem. Fuit ergo hic vir clarus inter multos Patres, adeo ut cum multi ad eum venirent monachi, omnes præsentes fratres convocans, in uno die eis cellas faceret: uno quidem subministrante lutum, altero vero laterem, alio autem hauriente aquam. Perfectis autem cellis, ipse præbebat venientibus quæ erant necessaria. Is falsum fratrem, qui ad eum aliquando venerat, et vestes suas occultaverat, cum coram omnibus arguisset, in medium produxit. Quo factum est ut nemo auderet deinceps apud eum mentiri, cum tantam haberet gratiam, quam per honestam suam vitam sibi collegerat. Licebat autem videre multitudinem eorum qui cum ipso erant monachorum in ecclesia, tanquam angelorum choros Deum laudantium.

Magnam huic sancto, suo testimonio tribuit virtutem universa fraternitas: præcipue autem ancilla Dei Melania, quæ hunc montem ante me est ingressa. Ego enim eum non offendi vivum. Hæc autem præclara de hoc viro narrabat, quod nec unquam sit mentitus, neque juraverit, neque ulli male sit precatus, neque locutus sit nisi opus esset.

CAPUT X.
Vita abbatis Pambo (25).

Hujus montis accola fuit etiam abbas Pambo, qui fuit magister Dioscuri episcopi Ammonii et Eusebii et Euthymii fratrum, et Origenis filii (26) fratris Dracontii viri illustris et admirabilis. Hic Pambo multa quidem habebat et varia privilegia: inter cætera autem quæ recte et ex virtute ab eo gerebantur, hoc habebat quo erat reliquis superior, quod scilicet aurum et argentum despiciebat, quantum postulat ratio dominica. Unde mihi narravit beata Melania quod cum ab initio Roma venisset Alexandriam, et de ejus virtute audisset a beato Isidoro presbytero et xenodocho, qui de eo mihi narravit, et ad ipsum deluxit in solitudinem. Ad eum, aiebat, attuli vasa argentea trecentarum librarum argenti, rogans eum ut rerum mearum esset particeps. Ille autem, inquit, operans, et ramos texens mihi bene dixit, voce magna dicens: Deus tibi det mercedem. Et dixit suo œconomo Origeni [*Al.*, Theodoro]: Accipe, et ea dispensa universæ fraternitati quæ est in Libya et in insulis. Hæc enim monasteria magis indigent: ei præcipiens ut ex eo nihil daret iis qui erant in Ægypto, propterea quod sit regio ditior et abundantior. Ego autem, inquit, stans exspectabam ut vel benedictionibus ab eo honorarer, vel verbo saltem laudarer ob tantum donum. Cum vero nihil omnino ab eo audiissem, ei dixi: Domine, ut scias quantum sit, sunt trecentæ libræ argenti. Is autem rursus cum ad hoc ne omnino quidem annuisset, et nec ad vasis quidem thecam attendisset, respondit: Is cui hæc attulisti, o filia, non opus habet a te discat quantitatem ponderis. Qui enim montes appendit et saltus statera (*Isa.* XL, 12), multo magis scit quantitatem tui argenti. Si enim hæc mihi dares, recte mihi pondus dixisses; sed si Deo ea obtulisti, qui ne duos quidem obolos (27) despexit, sed eos plus quam omnia æstimavit (*Marci* XII, 42), tace. Sic ergo, inquit, dispensavit gratia Domini, dum ingressa sum in hunc montem. Brevi autem post tempore dormiit homo Dei, nec ægrotans, nec in ulla parte corporis dolorem sentiens, sed sportam contexens me accersiit, et cum adesset jam extremus stimulus, dicit mihi : Cape hanc sportam a meis manibus, ut mei memineris. Nihil enim habeo aliud quod tibi relinquam. Et cum hoc dixisset, excedit sine febre, cum esset annorum septuaginta, Domino commendans spiritum. Quem cum ego curassem (28), et linteis sancti corpus involvissem et deposuissem, recessi a solitudine, usque ad diem mortis mecum habens illam sportam. Hic Pambo cum esset moriturus, in ipsa hora excessus, eum circumstantibus Origeni presbytero ac œconomo (29), et Ammonio viris inclytis, et reliquis fratribus, dicitur hoc dixisse : Ex quo veni in hunc locum solitudinis, et meam ædificavi cellam, et hic habitavi, nullus fuit dies quo non aliquid operis fecerim meis manibus : nec memini me ab aliquo panem gratis datum comedisse; nec me in hanc horam pœnitet alicujus sermonis, quem dixerim; et sic ad Deum recedo, ut qui nec pius quidem ac religiosus esse cœperim. Hoc quoque de eo ferebant testimonium Christi servi Origenes et Ammonius, quod nunquam de re aliqua interrogatus, quæ vel ad Scripturam, vel ad actionem negotiumve aliquod pertineret, statim responderit, sed dixerit : Nondum inveni quod respondeam; sæpe autem præterierant tres menses, et non dabat responsum, dicens : Nondum comprehendi. Tam considerate quidem ex Deo dabat responsa, ut a Deo cum omni metu omnes acciperent. Dicebatur enim hanc virtutem etiam supra magnum Antonium, et super omnes sanctos exercuisse, nempe ut esset in loquendo accuratus et perfectus.

CAPUT XI.
Vita abbatis Pior (30).

Fertur autem præter alia hæc quoque actio sancti Pambon, quod Pior, qui se in vita exercebat monastica, ad ejus cellam aliquando accedens, proprium panem detulit. Cum eum autem Pambon reprehendisset, dicens : Cur hoc fecisti? respondit Pior : Ne te gravarem. Itaque tacitus eum dimisit. Post aliquantum autem temporis accedens magnus Pambon ad cellam Pior, panem suum secum madefactum attulit. Ab eo autem rogatus, quanam de causa panem attulisset madefactum, respondit Pambon : Ideo madefeci, ne ego quoque te gravarem.

CAPUT XII.
Vita abbatis [1] *Ammonii* (31) *et fratrum simul cum sororibus.*

Ammonius, qui fuit magni Pambo discipulus, simul cum tribus fratribus et duabus sororibus, cum pervenissent ad summum pietatis ac religionis, venerunt in solitudinem, et seorsum fecerunt utrumque monasterium, virorum scilicet et mulierum, ita ut satis magnum intercederet spatium. Quoniam autem insigniter doctus erat virorum optimus Ammonius, quædam civitas desideravit eum habere episcopum. Qui cum accessissent ad beatum Timotheum

[1] Hic Ammonius fuit Origenista.

episcopum, rogarunt eum ut eis episcopum ordinaret Ammonium. Ille autem dicit : Adducite eum ad me, et ego eum vobis ordinabo. Cum ergo cum magno auxilio ivissent ad eum comprehendendum, is conversus est in fugam. Cum vidisset autem se jam esse comprehensum, stans eos rogabat. Cum ii autem non parerent, juravit senex se rem non suscipere, neque posse egredi e solitudine. Ubi autem non cedebant, ipsis videntibus, arrepto forfice sinistram aurem sibi abscidit ad imum usque, eis dicens : Nunc intelligite fieri non posse ut ego tian quod me cogitis, cum lex prohibeat ne ad sacerdotium provehatur is cui sunt aures amputatæ. Cum sic ergo eum dimisissent, recesserunt, et ad episcopum venientes hæc ei renuntiarunt. Is autem eis dicit : Hæc lex in usu sit apud Judæos. Mihi autem si vel truncatum naribus adduxeritis qui sit bonis moribus, ego eum ordinabo. Euntes ergo eum rursus rogabant. Cum ipse autem non pareret, aggressi sunt eum vel vi adducere. Is autem eis juravit, dicens : Si me coegeritis, etiam linguam meam exscindam. Eo itaque post hæc dimisso, recesserunt. Hujus Ammonii fertur hoc miraculum. Nunquam, inquiunt, si quando turpis voluptatis carunculæ insurrectio ejus corpus invasit corpori suo pepercit; sed ferrum candens suis membris admovebat, adeo ut esset totus ulceratus. Ejus autem mensa talis fuit a juventute usque ad mortem, quod crudis scilicet vesceretur; nihil enim unquam comedebat quod igni fuisset admotum, præter panem. Vetus autem e Novum Testamentum dicebat memoriter (32); et in doctorum virorum Origenis et Didymi, et Pierii et Stephani scriptis ita erat versatus, ut sexagies centena millia versuum percurrerit, ut de eo ferunt testimonium magni quoque Patres in solitudine. Hujus autem feruntur etiam prophetiæ. Tantum autem valebat in consolandis fratribus qui erant in solitudine, quantum ullus alius.

Hoc ei suo suffragio tribuebat Evagrius, qui erat vir discernendi vi præditus, se nullum hominem vidisse qui esset magis impatibilis (33), et alienus ab omnibus animi perturbationibus (*Caute lege*)

Hic in Græco textu quædam sequuntur, quæ versa habes avud Heraclidem, cap. 2.

CAPUT XIII.
Vita abbatis Benjamin (34).

In hoc monte Nitriæ fuit vir admirabilis, qui vocabatur Benjamin, qui recte et ex virtute vitam egit annis octoginta. Qui cum summe virtutem exercuisset, dignatus fuit gratia curationum, adeo ut cuicunque manus imposuisset, aut quod benedixerat oleum dedisset, qui laborabat liberaretur ab omni ægritudine. Hic qui tanta gratia dignus fuerat habitus, octo mensibus ante obitum fuit hydropicus, et ejus corpus usque adeo intumuit, ut propter dolores inveniretur alius Job nostri temporis. Cum nos autem assumpsisset Dioscorus episcopus, qui tunc erat presbyter montis Nitriæ, me inquam et beatum Evagrium **717** dicit nobis : Adeste, videte novum Job qui in tanto corporis morbo et tanto tumore immensam habet patientiam cum gratiarum actione. Accedentes ergo vidimus tantam molem ejus corporis, ut parvum ejus digitum non possemus complecti digitis duarum manuum. Cum autem morbi gravitatem non possemus fixis oculis intueri, nostros oculos avertebamus. Tunc dicit nobis beatus ille Benjamin : Orate, filii, ne meus internus homo sit hydropicus. Hoc enim corpus neque cum bene se haberet, mihi quidquam profuit, neque cum male, me læsit. Illis ergo octo mensibus facta est illi sella latissima (35), in qua sedebat assidue, ut qui non posset in lecto accumbere, propter ea quæ sunt corpori necessaria. Cum autem laboraret hoc morbo immedicabili, medebatur aliis qui tenebantur quibusvis ægritudinibus: Necessarium itaque duxi, morbum hujus sancti exponere, ne nobis alienum videatur, si viris justis aliquis casus accidat. Egregio ergo illo viro mortuo, sublatum est limen ostii et postes, ut posset corpus efferri ex cella. Tanta erat moles corporis beati et inclyti patris Benjamin.

CAPUT XIV.

Vita Apollonii (36) *qui cognominabatur* ἀπὸ πραγματευτῶν, *id est a negotiatoribus.*

Quidam Apollonius nomine ἀπὸ πραγματευτῶν, id est, a negotiatoribus, cum mundo renuntiasset, et montem Nitriæ habitasset, et nec artem discere posset, nec litteras, quod ætate esset provectus, viginti annis quibus vixit in monte, hanc habuit exercitationem. Suis pecuniis et suis laboribus emens Alexandriæ vasa medica omne genus (37), universæ fraternitati ea suppeditabat ad morbos : et licebat eum videre a prima luce usque ad horam nonam discurrentem obeundo monasteria, et ostium ingredientem, et visentem num quis decumberet. Portabat autem uvam passam, mala punica, ova, panem siligineum, et ea quibus opus habent ægroti. Hanc sibi conferentem invenit vitæ rationem usque ad senium Christi servus. Qui cum esset moriturus, alteri sibi simili sua reliquit frivola, rogans eum ut idem obiret ministerium. Nam cum quinque millia monachorum illum montem habitent, tali quoque opus est curatione, quod sit locus desertus.

CAPITA XV ET XVI.

Vita Pæesii et Isaiæ (38).

Alii Pæesius et Isaias nomine fuerunt fratres, patre mercatore Hispanico (39), qui quidem cum pater eorum esset mortuus, diviserunt facultates quas habebant in mobilibus : in nummis quidem quinque millia, in vestibus autem et servis quæ inventa fuerant. Ii inter se deliberarunt, et sibi consulentes, dicebant : Quodnam vitæ iter ingrediemur, o frater ? Si exerceamus mercaturam quam pater noster exercuit, nos relinquemus aliis nostros labores, et forte incidemus in pericula vel latronum vel maris. Age ergo, frater, vitam aggrediamur monasticam, ut et patris nostri lucremur facultates, et nostras animas non perdamus. Placuit ergo utrisque scopus vitæ solitariæ, sed inventi sunt alius in alio discrepantes. Cum itaque pecunias divisissent, et reliqua omnia, hunc quidem sibi scopum proposuerunt, ut Deo placerent, sed diverso vitæ instituto. Unus enim omnia dispergens, dedit monasteriis, et ecclesiis, et custodiis, et cum artem didicisset, ex qua sibi panem pararet, exercitationi operam dabat et orationi. Alter autem ejus nihil dispersit, sed facto sibi monasterio, et paucis assumptis fratribus, quemlibet excipiebat hospitem, quemlibet curabat ægrotum, quemvis senem retinebat, cuivis pauperi dabat ; Sabbato et Dominica, tres aut quatuor mensas statuens, eos qui erant egeni excipiebat. Hoc modo vitam suam consumpsit. Ambobus autem mortuis, diversæ beatitudines utrisque dabantur a fratribus, utpote quod essent inventi ambo virtute perfecti : et aliis quidem placebat vita ejus, qui renuntiaverat ; aliis vero ea quæ communicabat omnibus egentibus. Cum ergo inter fratres incidisset contentio, propter horum beatorum diversum vitæ institutum, et maxime propter laudes diversas, vadunt ad beatum Pambo, et ad eum referunt, ut de hac re respondeat, volentes scire utranam sit melior vitæ ratio. Is autem eis dicit : Utrique sunt perfecti apud Deum. Alter quidem functus est munere Abrahæ, qui omnes excipiebat ; alter vero suscepit firmissimum et constantissimum zelum Eliæ prophetæ, ut Deo placeret. Et cum alii quidem ei dicerent : Quomodo fieri potest, dic, quæsumus, nobis pedes tuos attingentibus (40), ut hi sint æquales. Cumque alii exercitatorem præferrent et dicerent : Præceptum implevit evangelicum, ut qui omnia vendiderit et dederit pauperibus, noctu et diu perseverans in orationibus, crucem ferens, et sequens Servatorem ; contra autem alii de altero contenderent, dicentes : Illic, obsecramus te, tot et talia viscera ostendit in omnes egentes, ut exiret et sederet in viis regiis, et qui erant afflicti colligeret, et opem ferret ; **718** neque solum suam recreavit animam, sed etiam aliorum, ægrotos curans, et eis dans auxilium. Et dicit beatus Pambo : Rursus vobis dicam : ambo sunt pares apud Dominum, unicuique autem vestrum de iis satisfaciam. Illic si non usque adeo se exercuisset, non fuisset dignus ut illum bonitati illius comparerem. Ille rursus qui recreabat ac reficiebat hospites, et egenis ministrabat, ostensus est Domino pro viribus æqualis. Ipse enim dixit : Ego non veni ministrari, sed ministrare (*Matth.* xx). Hic ergo minister etsi videbatur habere onus ex labore, attamen ex ipso quoque habuit recreationem. Exspectate autem paululum, ut a Deo quoque de his habeam revelationem, et postea scietis cum veneritis. Intermissis ergo aliquot diebus redierunt, de his Magnum illum rogantes. Senex autem respondit illis, dicens : Ante Deum (41) vobis loquor ; vidi utrosque simul stantes in paradiso.

CAPUT XVII.
Vita Macarii junioris (42).

Quidam ætate junior, nomine Macarius, decem et octo annos natus, cum luderet cum suis æqualibus ad lacum qui dicitur Maria, pascens pecora cædem fecit involuntariam. Is cum nemini hoc dixisset, venit in solitudinem, et eo processit metu et Dei et hominum, ut non senserit se tribus annis mansisse sine tecto in solitudine. Est autem illa terra arida, idque sciunt omnes, tam qui auditione acceperunt, quam qui ex ipsa norunt experientia. Hic ipse Macarius sibi postea ædificavit cellulam; et cum in ea vixisset alios viginti et quinque annos, tanta gratia dignus est habitus, ut solitudine (43) delectatus despiceret dæmones. Ego cum eo versatus longo tempore, ab eo didici quomodo affecta esset ejus ratio ob peccatum cædis. Dicebat autem, tantum abesse ut doleret, ut etiam gratias ageret de crimine cædis. Fuit enim cædes involuntaria mihi causa salutis. Dicebat autem, ex Scripturis afferens testimonium cædis, quæ a magno Dei servo Moyse facta fuit in Ægypto, quod nisi propter cædem, et metum Pharaonis, non dignus habitus fuisset Moyses visione Domini, et tanto dono, et conscriptione sanctorum eloquiorum Spiritus. Nam cum effugisset ex Ægypto, pervenit in montem Sina. Hæc autem dico non muniens viam ad cædem aliquam; sed potius ostendens esse etiam virtutes quæ oriuntur ex casu, quando non vult quis sua sponte ad bonum accedere. Ex virtutibus enim aliæ quidem sunt quæ ex voluntate et ex nostro animi instituto proficiscuntur; aliæ vero quæ ex casu nascuntur.

CAPUT XVIII.
Vita abbatis Nathanael.

Ex veteribus sanctis fuit quidam alius, optimus Christi athleta, nomine Nathanael. Eum ego non offendi in carne; dormierat enim quindecim annis ante meum adventum in montem. Cum autem in eos incidissem qui cum hoc sancto se exercuerant, et fuerant ei tempore æquales, de viri virtute lubenter sum eos sciscitatus. Mihi autem ejus quoque cellam ostenderunt, in qua nullus adhuc habitat, quod sit terræ habitatæ propinquior. Ille enim beatus tunc eam condidit, quando rari fuerant anachoretæ. Narravit autem mihi egregiam ejus exercitationem; nempe quod tantam habuerit in cella tolerantiam, ut nunquam dimotus sit a proposito. Cum ab initio fuisset illusus a dæmone, qui omnes illudit, qui eum labi fecerat in socordiam et animi mœrorem, et eum e cella exegerat (visus est enim esse tristis et animo angi in prima cella), illinc itaque recedens, ædificavit aliam propinquiorem pago. Postquam ergo perfecit cellam, et in ea habitavit tres vel quatuor menses, accedit noctu dæmon tauream tenens sicut lictores, præ se ferens speciem militis pannis induti, et taurea (44) edens strepitus. Cui succensus, dixit beatus Nathanael: Quis tu es qui hæc facis in meo hospitio? Dæmon autem respondit: Ego sum qui te ex tua prima cella exegi, et nunc veni ut te ex hac quoque fugem. Cum ergo cognovisset beatus Nathanael se fuisse illusum, reversus est ad primam cellam; et spatio triginta septem annorum non est egressus extra fores, contendens cum dæmone, qui tot et tanta ei fecerat ut eum cogeret ex cella egredi, ut ne ea narrare quidem liceat. Atque inter cætera quidem hoc machinatus est bonorum inimicus, nempe ut eum probro ac dedecore afficeret, ad ejus abrumpendum institutum.

Cum septem sancti episcopi sanctum invisissent, aut ex Dei providentia, aut ex suggestione illius tentationis, eum propemodum deturbavit a proposito. Cum enim episcopi postquam eum invisissent, orassent, et post orationem exirent, ne gressum quidem unum pedis eos comitatus est vir egregius, ne daret locum inimico bonorum. Ei ergo dicunt diaconi episcoporum: Superbe te geris, o abbas, qui non deducis episcopos. Is vero dicit eis: Ego et dominos meos episcopos colo, et omnem clerum honoro; sumque ego peccator omnium hominum peripsema: his autem omnibus et toti vitæ, quod in me est, proposito sum **719** mortuus. Ego enim habeo scopum occultum, quem scit Dominus qui novit occulta mei cordis, cur eos non sum comitatus.

Cum ergo hic quoque actus non successisset dæmoni, rursus talem suscipit figuram. Novem mensibus ante dormitionem athletæ transformatus est in puerum duodecim annos natum, tanquam agentem asinum panem in sporta ferentem. Qui puer cum sero vespere esset prope cellam, simulabat cecidisse asinum, et se clamare: Abba Nathanael, miserere mei, et porrige mihi manum. Ille autem audivit utique vocem pueri; et aperto ostio cellæ, stans intus ei dicebat: Quis es, et quid vis tibi faciam? Respondet dæmon: Ego sum hujus monachi minister, et fero panes, quoniam est agape tui noti fratris; et cras illucescente Sabbato opus est oblationibus. Rogo ergo te ne me despicias, ne devorer ab hyænis. Sunt enim hyænæ in his locis. Stans ergo mutus beatus Nathanael, præ ingenti ejus misericordia caligabat conturbatus visceribus, et reputabat apud se quid faceret, dicens: Aut futurum est ut transgrediar mandatum, aut a proposito excidam. Postea pia apud se reputans cognitione, dixit: Melius est ne labefactem tot annorum propositum ad ignominia afficiendum et vincendum diabolum. Cum itaque Dominum rogasset, dicit puero qui cum eo loquebatur: Audi, puer, aut quicunque sis. Credo in Deum quem colo, qui dominatur cuivis spiritui, quod si auxilio revera egeas, Deus tibi mittet auxilium; et neque hyænæ, neque aliquid aliud tibi male faciet; sin autem es tentatio, hoc quoque Deus mihi exhinc jam revelabit, et clauso cellæ ostio est ingressus. Pudore autem affectus dæmon quod sic quoque esset victus, resolutus est in turbinem, onagrisque exsultantibus ac fugientibus et strepitum edentibus assimilatus, sic evanuit.

Hoc fuit certamen beati Nathanael, et hæ sunt virtutes ejus exercitationis, et pugna invicta adversus adversarium; et hic ejus celebris vitæ finis.

CAPITA XIX ET XX.

Vita abbatis Macarii Ægyptii, et Macarii Alexandrini (45).

Sanctorum et immortalium Patrum, Macarii Ægyptii et Macarii Alexandrini (*Ruff.*, *l.* II, *c.* 28, 29) egregiorum et invictorum athletarum, honestæ vitæ certamina, quæ sunt multa et magna, et incredulis prope incredibilia, et narrare vereor et scriptis mandare, ne forte mei tanquam mendacis fiat mentio. Quod autem Deus perdat omnes qui loquuntur mendacium (*Psal.* v), licet aperte videre sancto Spiritu pronuntiante.

Cum ego ergo per Dei gratiam non mentiar, hominum fidelissime Lause, ne sis quoque ipse incredulus de Patrum certaminibus; sed gloriare potius in æmulatione exercitationis eorum qui vere sunt Macarii, hoc est beati.

Atque primus quidem Christi athleta, nomine Macarius, erat genere Ægyptius; secundus autem ætate, sed in iis quæ sunt monachorum præcipua, primas partes obtinens, qui ipse quoque vocabatur Macarius, erat Alexandrinus, qui vendebat bellaria.

Et primum quidem narrabo virtutes Macarii Ægyptii, qui vixit nonaginta annos integros. Ex his in solitudine annos sexaginta. Cum triginta annos natus ascendisset, essetque ætate junior, tam toleranter tulit labores exercitationis totum decennium, ut magna quadam et insigni dignus haberetur discretione, adeo ut vocaretur παιδαριογέρων, id est, in puerili ætate senex, quoniam citius quam pro ætate profecerat virtutibus. Cum enim esset quadraginta annos natus, et potestatem accepit contra spiritus, et gratiam curationum, et spiritum futurorum prædictionis: dignus quoque est habitus honorando sacerdotio. Cum eo habitarunt duo discipuli in intima solitudine, quæ vocatur Scete: ex quibus unus quidem erat ei minister, qui semper prope ipsum inveniebatur, propter eos qui veniebant ut curarentur; alter autem seorsum sedebat in cella.

Procedente autem tempore, cum sanctus perspicaci oculo prævidisset, dicit suo ministro, Joanni nomine, qui postea factus est presbyter in loco sancti Macarii (presbyteratu enim dignus fuerat habitus magnus Macarius): Audi me, frater Joannes, et fer æquo animo meam admonitionem, eaque tibi proderit. Tentaris enim, inquit, et te tentat spiritus avaritiæ. Sic enim vidi: et scio quod si meam æquo animo tuleris adhortationem, in Dei timore consummaberis et in ejus opere, et in isto loco, et laudaberis; et ad tuum tabernaculum non appropinquabit flagellum. Quod si non audieris, in te veniet finis Giezi (*IV Reg.* v), cujus vitio laboras. Contigit autem ut sancto quidem non obedierit post ejus mortem, sed obedierit ei qui Judæ alligavit laqueum propter avaritiam. Et post alios quindecim aut viginti annos, cum bona pauperum sibi usurpasset, ita laboravit elephantia, ut non inveniretur integer locus in ejus corpore, in quo quis posset figere digitum. Hæc est prophetia sancti Macarii.

Ac de cibo quidem et potione supervacaneum est dicere, cum nec apud eos socordiores monachos qui sunt extra inveniri **720** possit ingluvies, aut ulla citra delectum et discrimen vivendi ratio alia ab iis qui sunt in illis locis, cum propter inopiam rerum necessariarum, tum etiam propter zelum qui est in Deum, unoquoque contendente vincere proximum diversis vitæ institutis.

De alia autem exercitatione coelestis hujus viri, Macarii inquam, dicebatur hic sanctus esse assidue in exstasi, et majori tempore cum Deo versari quam hujus mundi rebus occupari (46); cujus etiam feruntur diversa miracula.

Ægyptius quidam libidinosus (*Ruff. l.* II, *c.* 28), captus amore cujusdam mulieris ingenuæ, quæ viro nupserat, cum non posset eam inescare propter pudicitiam et castitatem erga conjugem virginitatis (47), convenit improbus præstigiatorem, dicens: Aut eam incita ut me amet, aut arte tua effice ut ejus maritus eam dimittat. Cum ergo præstigiator satis ab eo accepisset, usus est suis præstigiis et incantationibus; et cum non posset ejus animum movere ut ei assentiretur, efficit ut videretur equa iis qui eam intuebantur. Cum ergo foris venisset ejus maritus, aspexit uxorem suam in forma equæ; cumque in suo lecto cubuisset, alienum ei videbatur quod in suo cubili equa jaceret. Flet ergo ejus maritus, et lamentatur quod rem non inveniat; et quod existimans se alloqui bestiam, responsum non assequatur, præterquam quod solummodo eam videbat irasci. Unde magis angebatur animo, cum intelligeret eam esse suam uxorem, curiosis autem hominum artibus esse mutatam in equam. His de causis accersit vici presbyteros, et domum adducit, et eis eam ostendit; sed nec ii cognoverunt calamitatem quæ ei acciderat. Tribus ergo diebus neque fenum comedit ut equa, neque panem ut homo, utroque alimento privata. Tandem ut Deus glorificaretur, et videretur virtus sancti Macarii, ascendit in cor mariti ejus ducere eam in solitudinem ad sanctum virum; et cum eam capistro ligasset ut equam, duxit in solitudinem. Dum autem appropinquassent, steterunt fratres prope cellam sancti Macarii cum ejus marito contendentes, et dicentes: Cur huc adduxisti hanc equam? Is autem dicit: Ut misericordiam consequatur sanctæ orationæ. Illi vero dicunt ad eum: Quid mali habet? Ille eis dicit: Quam videtis equam, ea misera erat uxor mea; neque scio quemadmodum mutata sit in equam, et jam sunt tres dies ex quo nihil comedit. Il autem cum hæc audiissent, referunt ad servum Dei Macarium eo jam intus pro illa orante; ei enim Deus revelaverat, ipsis ad eum venientibus; et ideo orabat ut sibi declararetur causa propter quam hoc evenerat. Respondit autem sanctus Macarius fratribus qui ei renuntiaverunt quemdam illuc equum adduxisse, dicens: Equi vos estis, qui habetis equorum oculos; illa enim est femina ita ut est creata, non transformata, sed sic aplum apparens oculis eorum qui sunt decepti. Quae cum esset adducta, aquamque benedixisset, et in ejus nudae caput infudisset, super ejus caput est precatus; statimque effecit ut omnibus videntibus videretur femina. Cum autem jussisset ei cibum afferri, fecit ut comederet, et eam sic curatam dimisit cum suo marito, Deo agentes gratias. Eam autem admonuit vir Dei, sic dicens : Nunquam ecclesiam deseras, nunquam abstineas a communione Christi sacramentorum. Haec enim tibi acciderunt, quod jam quinque hebdomadis non accessisti ad intemerata nostri Servatoris sacramenta.

Alia est actio magnae ejus exercitationis. Magno vitae suae tempore a cella sua in dimidium usque stadium fodiens cuniculum, summam effecit speluncam ; et si quando complures ei essent molesti, occulte e sua cella egrediens, ibat in speluncam, neque quisquam eum inveniebat. Narravit autem nobis quidam ex studiosis ejus discipulis, quod recedens usque ad speluncam per cuniculum, dicebat viginti quatuor orationes ; et rediens, totidem.

De eo exiit fama, quod mortuum suscitavit (*Ruff.*, *l.* II, *c.* 28); ut persuaderet haeretico qui non confitebatur esse resurrectionem corporum. Et fuit constans haec fama in solitudine.

Ad hunc sanctum adductus est aliquando a matre propria lamentante adolescens qui vexabatur a daemone, a duobus adolescentibus ex utraque parte constrictus. Hunc autem ita vexabat daemon. Trium modiorum panes postquam comedisset, et amphorae unius Cilicensis (48) aquam bibisset, utraque eructans, cibos resolvebat in vaporem. Ab eo enim, non secus ac igne consumebantur quae comederat et biberat. Est enim ordo quoque daemonum qui dicitur igneus. Sunt enim daemonum quoque sicut hominum differentiae, non mutata essentia, verum voluntate distincta. Hic ergo adolescens cum ei mater non suppeditaret, saepe sua comedebat excrementa, et lotium bibebat. Flente ergo ejus matre, et alienam sui filii moerente calamitatem, et sanctum valde obtestante et rogante, illum accipiens invictus Christi athleta Macarius, supplex pro eo Deum oravit. Post unum autem aut alterum diem, remisit daemon vexationem. Tunc ergo dicit matri adolescentis sanctus Macarius : Quantum vis ut filius tuus comedat? Illa autem respondit, dicens : Rogo te, jube eum solum comedere decem libras panis. Eam autem increpans, ut quae nimium dixerat, dixit : O mulier, cur hoc dixisti? Cumque septem dies orasset cum jejunio, expulso ab eo pernicioso daemone ingluviei, constituit ei vescendi rationem ad tres usque libras panis, quas deberet ipse comedere si operaretur. Cum hoc modo Dei gratia puerum emundasset, eum matri reddidit.

Has res admirabiles et praeter opinionem fecit Deus per sanctum Macarium, cujus immortalis anima nunc est cum angelis. Eum ego non conveni, obierat enim anno antequam ego ingrederer in solitudinem. Conveni autem eum qui erat ejus socius in fidei operibus, et idem venerabile nomen quod ipse habebat.

Dico autem sanctum Macarium Alexandrinum, qui erat presbyter earum quae dicuntur Cellarum. In quibus Cellis ego novem annos habitans, ex quibus tres annos mecum vixit ille Macarius, in quiete sedens, ejus quidem optimae vivendi rationis alia quidem vidi opera et signa, alia vero didici ab iis qui cum eo vixerunt.

Is cum apud magnum virum et Patrem Antonium electos palmae ramos vidisset, quos ipse laboraverat, petiit ab eo unum manipulum ramorum palmae. Dixit autem ei Antonius : Scriptum est : Non concupisces res proximi tui (*Deut.* VII). Et cum id solum dixisset, rami omnes statim tanquam ab igne torrefacti sunt. Quod quidem cum vidisset Antonius, dixit Macario : Ecce Spiritus sanctus requievit super te, erisque mihi deinceps haeres mearum virtutum.

Hinc rursus eum invenit diabolus in solitudine, corpore valde defatigato, et dicit ad eum : Ecce accepisti gratiam Antonii; cur non uteris auctoritate, et a Deo petis cibum et vires ad iter ingrediendum ? Is autem dicit ad eum : Virtus mea et laus mea Dominus, tu autem ne tentaveris servum Dei. Facit ergo diabolus ut ei phantasma appareat, camelus onera bajulans et errans per solitudinem, habens omnia ad usum necessaria. Qui cum vidisset Macarium, prope eum assedit. Is autem suspicatus esse phantasma, sicut erat, constitit ad orandum ; is vero protinus a terra fuit absorptus.

Aliquando rursus venit hic Macarius Alexandrinus ad magnum Macarium qui erat in Scete. Et cum ambo essent Nilum transmissuri, accidit ut ipsi maximum pontonem ingrederentur; in quem ingressi sunt duo tribuni cum magno fastu et apparatu, ut qui intus haberent rhedam totam aeneam, et equos frenis aureis, et quosdam eos stipantes milites, satellites, et pueros torquibus et aureis zonis ornatos. Postquam ergo tribuni viderunt ipsos veteribus pannis indutos, et sedentes in angulo, humilem illam et tenuem vivendi rationem beatam judicabant; unus autem ex ipsis tribunis dixit ad ipsos : Beati estis vos qui mundum illuditis. Respondens autem Macarius, qui erat urbanus, dixit eis : Nos quidem mundum illusimus, vos autem illusit mundus. Scias autem te non tua sponte hoc dixisse, sed prophetice : ambo enim vocamur Macarii, hoc est, beati. Is autem ejus sermone compunctus, cum domum venisset, vestes exuens, delegit vitam agere solitariam, multas faciens eleemosynas.

Rursus cum aliquando cupiisset vesci uvis recentibus perbellisque ad se missis, ostendens continentiam, eas misit ad alium fratrem laborantem, qui ipse quoque uvas desiderabat. Qui cum eas accepisset, et magna affectus esset laetitia, suam celare volens continentiam, eas misit ad alium fratrem laborantem, qui ipse quoque cum cibum appeteret. Cum ille quoque accepisset, rursus hoc ipsum fecit, etsi ipse valde vesci cuperet. Postquam autem ad multos fratres deinde venerunt uvae, cum nullus eis vesci voluisset, postremus qui eas acceperat, eas rursus misit ad Macarium, tanquam magnum ei donum largiens. Qui cum rem curiose inquisiisset, admiratus, et Deo actis gratiis ob tantam eorum continentiam, ne ipse quidem ex iis tandem comedit.

Atque hæc quidem est magni Macarii exercitatio, quam ego et multi accurate apud ipsum didicimus. Si quod opus exercitationis aliquem unquam fecisse audiit, omnino id ardenter effecit.

Cum ab aliquibus audiisset, Tabennesiotas per totam quadragesimam nulla re vesci quæ igni esset admota, statuit hic sanctus septem annis nihil comedere quod per ignem transisset, et toto illo septennio nihil gustavit præter cruda olera vel si quæ forte invenisset legumina humectata. Cum hoc ergo recte vixisset, aspernatus est hanc vivendi rationem. Audiit autem ab aliquo alio hic monachorum optimus, quod quidam monachus comedebat libram panis. Quem æmulatus, fregit quod habebat buccellatum, et immisit in lagenam, statuens solummodo tantum comedere, quantum manus ejus sursum ferret. Magna est autem hæc in tractando corpore asperitas. Festive enim nobis narrabat : Plura quidem frusta apprehendebam 722; sed non sinebat efferre ob angustiam foraminis. Publicanus enim meus mihi non permittebat omnino vesci. Totos ergo tres annos hanc exercuit continentiam, quatuor vel quinque uncias comedens, et aquam quæ eis responderet ; olei autem sextarium toto anno consumebat in alimentum.

Alia athletæ exercitatio. Statuit indomitus hic vir somnum superare. Etenim utilitatis gratia hoc ipse narravit : Totis viginti diebus et noctibus non sum tectum ingressus, ut somnum vincerem, cum interdiu quidem æstu arderem, noctu vero algore rigerem. Quod nisi, inquiebat, tectum essem ingressus, et somno usus essem, ita mihi erat arefactum cerebrum, ut deinceps ageret in exstasim ; et quod ad me quidem attinet, vici somnum ; quod autem ad naturam opus habentem, ei cessi [1].

Ei aliquando molestiam exhibuit spiritus fornicationis (49); et tunc condemnavit seipsum sedere nudum sex menses in palude Scetes, quæ est in vasta solitudine, in qua possunt culices vel sauciare pelles aprorum, ut qui sint æque magni ut vespæ, adeo ut in toto ejus corpore infixerint aculeos; ut nonnulli existimaverint eum esse leprosum. Reversus ergo in suam cellulam post sex menses, ex voce cognitum est eum esse dominum Macarium.

Is cupiit aliquando, ut ipse nobis narravit, quod in hortis erat, ingredi monimentum, quod dicitur νηκοτάφιον Janne et Mambre, magorum qui erant tempore Pharaonis, ut id videret, vel etiam ut conveniret eos qui illic sunt dæmones. Dicebatur enim plurimos, eosque ferocissimos, in eo loco ab illis collocatos esse dæmones per infamis artis eorum excellentiam. Hoc autem monimentum factum est a Janne et Mambre fratribus, qui propter magicæ artis excellentiam primas partes habebant illo tempore apud Pharaonem. Ut qui ergo illo vitæ suæ tempore maximam in Ægypto haberent potestatem, construxerunt illud opus ex lapidibus quadratis (50), et suum illic fecerunt monimentum; et cum multis illic auri deposuissent, et omne genus arbores plantassent, maximum quoque puteum aquæ foderunt; est enim locus humidus (51). Hæc autem omnia fecerunt, sperantes post suum hinc discessum frui deliciis in illo paradiso. Tandem ergo quoniam nesciebat viam quæ ad eum ducit hortum, Dei servus Macarius, conjectura quadam sequebatur astra, et sicut nautæ qui transmittunt maria, totam pervasit sanctus solitudinem ; et cum aliquot etiam accepisset arundines, unam statuit in unoquoque milliari, ut per ea signa remaneret. Cum ergo intra novem dies totam illam pervasisset solitudinem, et esset prope illum hortum, succedente nocte parum dormiit. Immanis vero dæmon qui semper adversatur Christi athletis, cum collegisset omnes illas arundines, dormiente Macario, et circiter ad unum lapidem a monimento ad ejus caput posuisset, recessit ; postquam ergo surrexit, invenit colligatas arundines quas ipse fixerat signi causa. Fortasse autem hoc quoque fuit Dei permissio ad majorem ejus exercitationem, ut non speraret in arundinibus, sed in Dei gratia, quæ per columnam nubis deduxit Israel quadraginta annis in terribili illa solitudine. Dicebat autem Macarius : Cum propius accessi ad illud monimentum, ex eo egressi mihi occurrerunt ad septuaginta dæmones variis formis præditi, alii quidem clamantes, alii vero exsilientes, alii vero cum magno fremitu in me stridentes dentibus, alii vero tanquam corvi volantes, audebant meo vultui insultare, dicentes : Quid vis, Macari, tentatio monachorum ? quid ad nos accessisti ? an non nos quoque aliquem ex monachis vexavimus ? Quæ nostra sunt, tu cum tuis similibus illic habes, nempe solitudinem, et illinc nostros cognatos fugavistis. Nihil est nobis tecum commune. Quid loca nostra invadis ? Tanquam anachoreta, contentus esto solitudine. Qui hunc locum ædificarunt, eum nobis assignarunt; non potes hic manere. Quid quæris ingredi in hanc possessionem, in quam nullus ex vivis hominibus est ingressus, ex quo fratribus qui hoc condiderunt sunt a nobis hic factæ exsequiæ. Et cum multa adhuc turbarent et insultarent dæmones, dixit eis sanctus Macarius : Ingrediar tantum, et videbo, et hinc recedam. Dixerunt autem dæmones: Hoc nobis promitte in tua conscientia. Dicit autem Christi servus, Hoc faciam. Dæmones autem evanuerunt. Ingrediente autem eo in paradisum, ei occurrit diabolus cum stricta rhomphæa, ei minitans. Ad quem hanc vocem respondit sanctus Macarius : Tu venis ad me in stricta rhomphæa ; et ego contra te ingrediar in nomine Domini sabaoth, in acie Dei Israel. Ingressus autem, contemplatus sum omnia, in quibus inveni etiam cadum æneum catena ferrea pendentem ex puteo, jam tempore consumptum, et fructum malorum punicorum quæ nihil intus habe-

---

[1] Hic paragraphus variat in Græco. Est ut in Heraclide, cap. 6.

bant, nerant enim arefacta a sole, et plurima aurea donaria. Cum sanctus ergo **723** illinc recessisset absque tumultu et citra ullam perturbationem, reversus est per viginti dies in suam cellam.

Cum autem defecissent panes et aqua quam portabat, in magna erat afflictione. Viginti enim diebus ingrediens per solitudinem, ut existimo, nihil omnino gustavit, ut etiam res ostendit. Fortasse autem tentabatur quoque intolerantia. Et cum jam parum abesset quin collaberetur, visa est ei quædam puellæ speciem præ se ferens, ut ipse narrabat, munda linea veste induta et tenens urnam aqua stillantem: quam dicebat Macarius abfuisse ab eo circiter unum stadium. Qui tres dies ingressus est eam videns cum urna tanquam stantem, et eum provocantem, non valentem eam assequi: spe autem bibendi, trium dierum laborem fortiter sustinuit. Postquam apparuit multitudo bubalarum, ex quibus una stetit ex adverso ejus habens vitulum; sunt enim multæ in illis locis. Et ut dicebat nobis Macarius, uber ejus lacte fluebat, et desuper sonuit vox ei dicens: Macari, accede ad bubalam, et lactare. Cum ergo, inquit, ad eam accessissem et lactatus essem, mihi suffecit. Ut autem majorem gratiam ostenderet Dominus, docens meam parvitatem, jubet bubalam me sequi usque ad cellam. Illa vero parens jussui secuta est, me quidem lactans, suum autem non admittens vitulum.

Aliquando rursus cum puteum foderet hic vir virtute præditus, ad recreandos monachos (is autem erat prope folia et sarmenta illic posita) morsus est ab aspide (est autem venenatum et exitiosum animal), ambas fauces aspidis apprehendens sanctus ambabus manibus, eam discerpsit, dicens: Cum te non misisset Dominus meus, quomodo ad me ausus es accedere?

Cum ipse rursus magnus audisset Macarius quod haberent præclarum vitæ institutum Tabennesiotæ, veste mutata, et assumpto mundano habitu operarii, spatio quindecim dierum pervenit Thebaidem, ingressus per solitudinem. Et cum venisset in monasterium Tabennesiotarum, quæsiit eorum archimandritam, nomine Pachomium, virum probatissimum, qui et gratiam habebat propheticam (*De eo infra, cap. 38*), cui quidem sancto tunc revelatus non fuerat magnus Macarius. Cum ergo eum convenisset, dicit ei Macarius: Oro te, suscipe me, quæso, in tuum monasterium, ut fiam monachus. Dicit ei magnus Pachomius: Non potes deinceps fieri monachus qui sis tam provectus ætate, non potes te exercere: sunt fratres qui se exercent a juventute, et laborem tolerant. Tu autem in hac ætate non potes ferre tentationes exercitationis. Offenderis, et exibis, et nobis maledices. Neque eum accepit nec primo die, nec secunde usque ad septem dies. Ille vero fuit constans, manens jejunus. Postea autem dicit ei senex Macarius: Suscipe me, abba, et nisi jejunavero et fecero ea quæ ipsi opera, jube me ejici ex monasterio. Persuadet fratribus magnus Pachomius ut eum admittant. Est autem unius monasterii conventus, mille quadringenti viri usque in hodiernum diem. Ingressus est ergo. Cum autem præteriisset aliquantum temporis, advenit quadragesima; et vidit senex Macarius unumquemque suscepisse diversas vivendi rationes: alium quidem comedere vespere, alium vero post duos dies, alium post quinque; alium stare per totam noctem, interdiu vero sedere ad opus. Ipse autem cum aliquot palmæ ramos sibi madefecisset, stetit in uno angulo, et donec quadraginta dies impleti essent, et advenisset Pascha, non sumpsit panem, non aquam, non genu flexit, non sedit, non accubuit, nihil aliud gustavit præter pauca cruda crambes folia, quæ sumebat die Dominico, ut videretur comedere, et non incideret in arrogantem de se persuasionem; et si quando egrediebatur ad aliquid necessarium, cito rursus ingrediens, stabat ad opus, os non aperiens, sed stans silentio, nihil aliud faciens præterquam silentium in corde exercens, et faciens orationem, et ramos palmæ operans quos habebat in manibus. Cum autem hæc vidissent omnes exercitatores illius monasterii, seditionem excitarunt adversus suum præfectum: Undenam nobis adduxisti hunc hominem sine carne ad nostri condemnationem? Aut eum hinc ejice, aut, ut scias, nos omnes hinc recedimus. Cum hæc autem a fratribus audiisset magnus Pachomius, de eo est sciscitatus. Et cum didicisset ejus vitæ agendæ rationem, Deum rogavit ut ei revelaretur quisnam sit. Revelatum est autem ei eum esse Macarium monachum. Tunc ejus manum prehendit magnus Pachomius, et eum foras educit; et cum deduxisset in domum oratorii ubi est ara, et esset amplexus, ei dicit: Adesdum, venerande senex. Tu es Macarius, et me id celasti. Multis abhinc annis cupii te videre cum de te audirem. Ago tibi gratias, quod filios meos subegeris, ne se jactent et magnifice circumspiciant propter suam exercitationem. Rogo ergo te, recede in locum tuum, nos enim satis ædificasti, et ora pro nobis. Tunc ab ipso rogatus, et cum omnibus fratribus orantibus, sic recessit.

724 Aliquando rursus narravit nobis hic vir impatibilis: Quando recte gessissem omnem vitæ monasticæ agendæ rationem, tunc veni ad aliud spirituale desiderium. Statui enim quinque dies solum mentem meam ita componere, ut a Deo avelli non posset, et nihil aliud omnino cogitaret. Et cum id apud me statuissem, clausi meam cellam et aulam extrinsecus, ut nulli darem responsum. Et steti incipiens a secunda, et menti meæ præcipiens, et ei dicens: Vide ne descendas de cœlis. Habes angelos, archangelos, omnes supernas potestates, cherubim et seraphim, Deum horum omnium effectorem. Illic versare, ne sub cœlos descenderis, ne incideris in mundanas cogitationes. Cum duos autem, inquit, dies et duas noctes perseverassem, ita irritavi dæmonem, ut ipse fieret flamma ignis, et combureret omnia quæ habebam in cella, adeo ut etiam storea, supra quam stabam, igne arderet, et sic me quoque existimarem totum conflagrare. Tandem timore affectus tertio die destiti ab hoc proposito, cum non possem amplius mentem meam tenere indivulsam, sed descendi ad hujus mundi contemplationem ; Deo fortasse permittente, ne hoc mihi reputaretur in superbiam.

Ego ad eum accessi aliquando, et inveni extra ejus cellam jacentem quemdam cujusdam vici presbyterum, cujus caput ita erat exesum a morbo qui dicitur cancer, ut etiam ipsum os totum appareret in vertice. Is accessit ad ipsum ut curaretur, nec eum admittebat ad colloquium. Rogavi autem eum, dicens : Miserere hujus miseri, et saltem da ei responsum. Is vero mihi respondit, dicens : Est indignus qui curetur, missa est enim ad eum hæc a Domino disciplina. Quod si velis eum curari, persuade ei ut deinceps abstineat a ministerio sanctorum sacramentorum. Ego autem ei dico : Quamobrem, quæso ? Is vero dicit : Fornicans sacrum peregit ministerium, et ideo castigatur. Nunc ergo si metu desistat ab eo quod ausus est facere per contemptum , Deus ipsum curabit. Postquam ergo dixi ei qui affligebatur, jurejurando est pollicitus se non amplius sacerdotis partes obiturum. Tunc eum accepit, et dixit ei : Credisne esse Deum quem nihil latet? Respondet ille : Maxime , rogo te. Deinde ei dicit Macarius : Non potuisti Deo illudere? Dicit ille : Non potui, domine mi. Dicit ei Macarius : Si agnoscis tuum peccatum, et Dei disciplinam propter quam hæc subiisti, corrigitor in posterum. Qui confessus est peccatum, et spopondit se non amplius peccaturum, neque altari ministraturum, sed sortem laicam amplexurum. Deinde sic sanctus ei manus imposuit, et paucis diebus fuit curatus, capillique ei creverunt et sanus domum rediit Deum glorificans ; egit autem magno quoque Macario gratias.

Hic sanctus habebat diversas cellas ; unam quidem in Scete, quæ est interior in solitudine, et unam in Libya, et unam in Cellis, et unam in monte Nitriæ. Et aliæ quidem carebant ostio, in quibus dicebatur sedere in quadragesima in tenebris, alia autem erat angustior, in qua non poterat pedem extendere ; alia autem latior, in qua conveniebat eos qui ad ipsum ventitabant.

Hic curavit tantam multitudinem eorum qui vexabantur a dæmonibus , ut ea non cadat in numerum. Cum nos autem illic essemus, virgo nobilis et dives deducta est ad eum e Thessalonica in finibus Achaiæ, quæ multis annis laboraret paralysi. Hanc ante cellam suam projectam, misericordia commotus, viginti diebus ungens oleo sancto suis manibus, et orans, sanam remisit in suam civitatem. Quæ cum pedibus suis recessisset, ad sanctos copiosam misit oblationem.

Me autem præsente adductus est ad eum puer qui vexabatur a spiritu. Ei autem manum imponens in capite, et sinistram supra cor, tandiu oravit donec fecisset ipsum pendere in aere. Tanquam uter ergo puer inflatus, adeo intumuit, ut esset maximi ponderis. Et cum repente exclamasset, per omnes sensus aquam emisit ; et cum rursus desiisset, rediit ad eam in qua prius erat mensuram. Et tradidit eum patri,

[1] Heraclides hæc de Marco.

cum unxisset oleo sancto ; et cum aquam infudisset præcepit ne quadraginta diebus carnes gustaret , nec vinum ; et sic eum curavit.

Eum aliquando subierunt cogitationes vanæ gloriæ, quæ eum e cella ejiciebant, et suggerebant ut honesto consilio et justa de causa Romam pergeret, pro beneficio eorum qui ægrotabant ; valde enim in eum operabatur gratia adversus spiritus. Postquam autem longo tempore non obediit, valde agitabatur. Cadens vero in limine cellæ, foras pedes emisit, et dicit : Trahite et vellite, o dæmones, si potestis. Ego enim non abeo meis pedibus, jurans fore ut jaceat usque ad vesperam, et nisi eum excutiant, non esse auditurum. Cum autem diu procubuisset, surrexit ; cum nox autem advenisset, ei rursus exhibuere negotium. Et cum duorum modiorum sportam implesset arena, et imposuisset humeris, pervadebat totam solitudinem. Huic occurrit Theosebius C..ctor, genere Antiochenus, et ei dicit : Quid portas, abba? Cede mihi onus, et ne vexeris. Ille autem dixit : Vexo eum qui me vexat ; nam cum sim remissus et ignavus, suggerit mihi peregrinationes. Cum autem diu promovisset, ingressus est cellam contrito corpore.

[1] Narravit autem nobis (52) Dei quoque servus Paphnutius, præclari hujus sancti discipulus, quod cum quodam die sederet in aula sancti Macarius, et Deum alloqueretur, hyæna acceptum suum catulum, qui erat cæcus, attulit ad sanctum Macarium ; et cum capite pulsasset ostium aulæ, ingressa est, eo adhuc sedente, et projecit catulum ad ejus pedes. Cum autem accepisset catulum sanctus Macarius, et spuisset in ejus oculos, oravit, et statim vidit. Et cum mater eum lactasset et accepisset, ita exiit. Die autem sequenti pellem magnæ ovis attulit ad sanctum Macarium ; et cum sanctus vidisset pellem, hæc dixit hyænæ : Undenam hanc habuisses, nisi ovem alicujus devorasses? Quod ergo proficiscitur ab injuria, ego a te non accipio. Hyæna autem humi inclinato capite, genu flectebat ad pedes sancti, et ponebat pellem. Ipse autem ei dicebat : Dixi me non accepturum, nisi juraveris te non amplius offensuram pauperes, comedendo eorum oves. Illa vero ad hoc quoque capite suo annuit, ut quæ sancto assentiretur Macario. Tunc accepit pellem ab hyæna. Beata autem Christi ancilla Melania dixit mihi, se illam pellem accepisse a Macario illo, quod appellabatur munus hyænæ. Quid vero mirum est apud viros mundo crucifixos, si hyæna beneficio affecta, ad Dei gloriam, et honorem servorum ejus, id sentiens ad eum munera attulerit ? nam qui in Daniele propheta mansuefecit leones, huic quoque hyænæ largitus est Intelligentiam.

De eo autem dictum est quod ex quo fuit baptizatus, humi non spuerit, cum essent sexaginta anni ex quo fuerat baptizatus. Annos enim natus quadraginta baptismum susceperat.

Forma autem ejus erat hujusmodi : oportet enim me quoque tibi hoc significare, Christi serve, ut qui hoc sciam optime, cum mea parvitas ei fuerit tempore aequalis. Erat autem ejus forma satis minuta ac mutila et rara, pilos solum habens in labro. Quinetiam in suprema parte habebat paucos. Nam propter ingentes labores exercitationis, ne pili quidem menti barbae ei enati sunt.

Ad hunc sanctum Macarium cum quodam die venissem, et essem animo valde anxius, dico illi: Abba Macari, quid faciam, quoniam me affligunt cogitationes, mihi dicentes: Nihil facis, recede hinc. Respondet mihi dicens sanctus Pater Macarius: Dic tu tuis cogitationibus: Propter Christum custodio parietes.

Haec, o studiose et amantissime Christi serve, ex multis et magnis signis et certaminibus inclyti et virtute praediti Macarii significavi.

Hic Macarius nobis narravit (erat enim presbyter) se observasse tempore communionis Christi sacramentorum, se Marco exercitatori nunquam dedisse oblationem, sed ei angelum dedisse ex ara; solum autem se vidisse digitum manus ejus qui dabat.

CAPUT XXI.
Vita abbatis Marci (53).

Cum esset autem hic Marcus junior, dicebat memoriter Vetus et Novum Testamentum, eratque insigniter mitis, et summe temperans. Quodam ergo die cum satis otii haberem in cella mea, in extrema jam ejus senectute ad eum venio, et ostio ejus cellae assideo. Quem ego, utpote qui essem adhuc rudis, existimabam esse supra hominem, sicut erat; et auscultabam quidnam diceret vel faceret. Is autem intus solus, cum jam centum annos transegisset, et dentes amisisset, secum pugnabat et cum diabolo, et dicebat: Quid vis deinceps, κακόγηρε, id est, male senex? Ecce jam et vinum bibisti, et oleum tetigisti. Quid vis deinceps πολιόφαγε, id est, vorax in canitie, et κοιλιόδουλε, id est, ventri serviens, probro et contumelia te ipsum afficiens? Et diabolo dicens: Recede a me, diabole, consenuisti mecum in dissensionibus, injecisti mihi imbecillitatem corporis, fecisti me bibere vinum, et sumere oleum, me reddens voluptarium. Adhuc ne tibi aliquid debeo? Apud me nihil invenis quod velis diripere. Recede a me deinceps, inimice hominum. Ac veluti se provocans et irritans, secum loquebatur, dicendo: Abesdum, o nugator, in canitie vorator, et helluo in senectute. Quandiu ero tecum?

CAPUT XXII.
Vita abbatis Moysis (54), *qui fuit ex latronibus*.

Fuit quidam Moyses nomine, Aethiops genere, niger, servus cujusdam qui gerebat rempublicam; quem propter morum improbitatem et latrocinii crimen projecit ejus dominus. Dicebatur enim etiam usque ad caedes progredi; cogor enim dicere facta ejus improbitatis, ut postea ostendam virtutem ejus poenitentiae. Narrarunt ergo aliqui eum fuisse praefectum magnae catervae latronum. Cujus inter caetera latrocinandi opera hoc quoque fertur, quod infesto et vindictae cupido animo erat in pastorem, qui ad rem aliquam patrandam eunti sibi fuerat cum canibus suis impedimento. Quem cum vellet occidere, obibat locum in quo ejus oves habebant stationem, ei autem significatum est ipsum esse trans Nilum. Et cum fluvius illo tempore inundaret, et ad mille passus pateret latitudine, ensem tenens mordicus, et tunicam qua erat indutus imponens suo capiti, natando sic transmisit fluvium. Dum autem transnataret, potuit pastor se abscondere alicubi infodiens. Cum ergo Moysi coeptum non successisset, occisis quatuor egregiis arietibus, et fune colligatis, Nilum rursus tranavit; et cum in parvam quamdam villam venisset, excoriavit arietes; et cum quae erant cornis optima comedisset, et pelles pro vino vendidisset, cum saltem Italicorum circiter octodecim (55) ebibisset, illinc ad quinquaginta milliaria est profectus, ubi habebat collegium.

Hic princeps latronum sero tandem casu aliquo qui ei acciderat compunctus, tradidit seipsum monasterio; et ad tantam processit poenitentiam, quantam res ipsae indicarunt. Inter caetera autem dicitur, quod cum quatuor latrones in eum in cella sedentem irruissent, ignorantes eum esse Moysem, beatus Moyses eos tanquam saccum paleae ligatos, et humeris imposuit, et ad fratrum portavit ecclesiam, dicens: Quoniam non licet mihi alicui facere injuriam, inveni autem eos me aggressos, quid de iis jubetis fieri? Hoc modo autem comprehensi a sancto Moyse, Deo confessi sunt. Et cum cognovissent eum esse Moysem qui fuit aliquando insignis princeps latronum, Christum eo nomine glorificantes, illi quoque mundo renuntiarunt propter ejus poenitentiam, et evaserunt monachi probatissimi, sic cogitantes: Si hic qui tantum valebat viribus latrocinia parvi faciens, sic Deum timet; quid nos adhuc nostram salutem differimus?

Beatum autem Moysem (sic enim oportet eum vocare) deinceps adorti sunt daemones, ad fornicatoriae intemperantiae impellentes eum consuetudinem; qui usque adeo ab ipsis fuit tentatus, sicut ipse narravit, ut parum abfuerit quin eum ab instituto dimoverent. Cum autem accessisset ad magnum Isidorum, qui sedebat in Scete, tertio ad eum retulit de bello fornicationis. Cui respondit sanctus: Ne conturberis, o frater; sunt principia, et ideo te vehementius invaserunt, priorem requirentes consuetudinem. Sicut enim canis cum assueverit in macello pernas rodere, non recedit a consuetudine; sed si fuerit clausum macellum, et nemo ei dederit, fame enectus non amplius accedit; sic tu quoque, si permanseris in tuae continentiae exercitatione, mortificans membra tua quae sunt supra terram (*Coloss.* III), et excludens ab ingressu ingluviem quae parit intemperantiam, aegre ferens daemon, ut qui cibos non habeat qui accendant, a te recedet. Cum ergo secessisset Christi servus Moyses, et ab illa hora seipsum inclusisset in cella, maxima in omnibus exercebatur tolerantia, maxime autem in abstinentia a cibis;

ut qui nihil aliud sumeret præter panis sicci uncias duodecim, plurimum operans, et quinquaginta orationes quotidie peragens.

Porro autem quamvis suum macerasset corpusculum, permansit tamen inflammatus, et præcipue in somnis. Cum autem surrexisset, convenit quemdam alium monachum sanctum probatissimum, et ei dicit: Quid faciam, abba? Rationi meæ tenebras offundunt somnia animi, ut qui eis ex veteri consuetudine delecter. Dicit ei ille sanctus: Non cohibuisti mentem tuam a visis quæ in eis versantur, ea de causa hæc sustines. Fac ergo quod dico. Dede te paulatim vigiliæ, et ora sobrius; et ab his cito liberaberis. Cum hoc autem monitum audiisset vir præclarus, tanquam ab eo qui erat artifex experientia, in cellam reversus, dixit ei, quod quidem sua sciat conscientia, tota nocte non dormiisse; non orationis prætextu genuflexisse, ut somni fugeret tyrannidem.

Cum annis ergo sex mansisset in cella, totas noctes stans in medio cellæ, et Deum orans assidue, et non claudens oculos, non potuit intemperantem vincere cupiditatem. Revera enim non potest vere castigari cupiditas. Cum enim seipsum tabefecisset laboribus, turpem illam affectionem non potuit subigere.

Post hæc aliam sibi suggessit rationem asperæ vitæ agendæ. Egrediens hic pugil Satanæ (varie enim cum eo decertavit) noctibus abibat ad cellas monachorum, qui se exercendo consenuerant in laboribus, et per se aquam non poterant amplius importare: et accipiens hydrias eis nescientibus, illas aqua implebat. Habent enim in illis locis aquam certa distantem longinquitate, alii quidem ad duos lapides, alii vero ad quinque, alii vero ad dimidium. Una ergo nocte qua hoc faciebat, dæmon qui eum observaverat, non amplius ferens athletæ fortitudinem, cum ipse se inclinasset in puteum, ut unius monachi impleret hydriam, clavam quamdam ei impegit in lumbos, et eum in eo loco reliquit jacentem mortuum, nihil omnino sentientem, neque quid, neque a quo id passus sit. Cum ergo alio die venisset quidam monachus ad aquam hauriendam, eum illic invenit jacentem linqui animo. Is autem id renuntiavit magno Isidoro presbytero Scetis. Qui abiens cum aliquot aliis, eum accepit, et tulit in ecclesiam. Ille vero anno toto ægrotavit, ut vix corpus ejus et anima convaluerit. Tunc dicit illi magnus Christi sacerdos Isidorus: Cessa deinceps, frater Moyses, contendere cum dæmonibus, et ne sic eis insultaveris, est enim modus quoque fortitudinis in exercitatione. Is autem illi dicit: Non cessabo cum eis pugnare, donec mihi cessaverit phantasia somniorum. Tunc ei dicit Christi servus Isidorus presbyter: In nomine Domini nostri Jesu Christi ab hoc temporis articulo cessabunt turpia tua somnia: bono deinceps et fidenti animo communica sacramentis (56). Ne enim gloriareris, ut qui tua exercitatione vicisses affectionem, ideo vehementer in te suam exercuit potestatem, ad tuam utilitatem, ne incideres in animi elationem. His auditis reversus est in cellam, quiete deinceps attendens moderato instituto exercitationis. Post duos autem vel tres menses rogatus a beato Isidoro presbytero exercitator Moyses nunquid amplius ei molestiam exhibuisset spiritus, respondit: Ab illa hora qua mihi precatus est Christi servus, nihil mihi accidit ejusmodi. Dignatus est autem hic sanctus gratia adversus dæmones, adeo ut sicut nos muscas hieme contemnimus; ita, atque adeo amplius, hic magnus Moyses contemneret dæmones. Hæc est religiosa et sancta vita quam egit invictus athleta Moyses Æthiops, qui ipse quoque numerabatur inter magnos. Obiit ante [F. leg. autem] septuaginta quinque annos natus in Scete, cum factus esset presbyter, relictis septuagintaquinque discipulis.

CAPUT XXIII.
Vita abbatis Pauli (57).

Mons est in Ægypto, abducens in vastam Scetes solitudinem, qui appellatur Pherme. In hoc monte sedent circiter quingenti homines qui exercentur. Inter quos fuit etiam quidam, nomine Paulus, monachus optimus, qui toto suo tempore hanc egit vitam. Nunquam opus attigit, nec ullum suscepit negotium, nil unquam accepit ab aliquo, præterquam quod posset in ipso die comedere. Fuit autem ejus opus et exercitatio, orare perpetuo. Hic habebat trecentas preces expressas et præstitutas, totidem habens in sinu calculos, et in unaquaque oratione jaciens unum calculum (58). Is cum accessisset ad sanctum Macarium qui dicitur Politicus, ejus conveniendi gratia, et propter spiritalem utilitatem, ei dicit: Abba Macari, valde affligor. Coegit eum Christi servus dicere causam propter quam molestia afficiebatur. Is vero ei dicit:

CAPUT XXIV.
De Virgine quæ faciebat septingentas orationes.

In quodam vico habitat quædam virgo, quæ trigesimum annum jam exercetur. De qua multi mihi narrarunt, quod præter Sabbatum et Dominicam nullo alio die vescitur; sed toto tempore trahens hebdomadas, et post quinque dies comedens, facit septingentas orationes. Hoc cum didicissem, meipsum reprobavi, quod vir creatus his viribus corporis, non potuerim facere plus quam trecentas orationes. Ei respondet sanctus Macarius, dicens: Sexagesimus annus agitur, ex quo centum constitutas facio orationes, et laborans manibus ea quæ sunt ad alimentum necessaria, et fratribus debitum reddens congressionis, nec mea me judicat ratio quod fuerim negligens. Si tu autem cum trecentas facias orationes, judicaris a conscientia, aperte ostendis te non pure orare, vel posse plures orationes facere quam facias.

CAPUT XXV.
De Cronio (59) *presbytero.*

Cronius quidam mihi narravit presbyter Nitriæ (*Ruffin.*, l. II, cap. 25, *de Cronio Antonii discipulo*): Cum essem, inquit, junior ab initio, et propter animi angorem et tristitiam fugerem ex monasterio mei archimandritæ, errans perveni ad montem sancti Antonii. Sedebat autem beatus Antonius inter Babylonem (60) et Heracleam in vasta solitudine, quæ fert ad mare Rubrum, circiter triginta milliaribus a fluvio. Cum ergo venissem ad ejus monasterium quod est prope fluvium, in quo sedebant ejus discipuli Macarius et Amatas in eo qui Pisper appellatur loco, qui eum etiam cum dormiisset sepelierunt, exspectavi quinque dies, ut convenirem sanctum Antonium. Dicebatur autem accedere ad hoc monasterium, aliquando quidem post decem dies, aliquando vero post viginti, aliquando vero post quinque, prout expediebat pro beneficio eorum qui veniebant ad monasterium. Conveneramus ergo diversi fratres diversis de causis: inter quos fuit etiam Eulogius Alexandrinus monachus, et cum eo alius membris mancus, qui quidem propter talem causam accesserunt.

CAPUT XXVI.
De Eulogio (61) *Alexandrino et eo qui erat membris mancus.*

728 Hic Eulogius fuit disciplinarum liberalium scholasticus (*Pasch. c.* 19, n. 3), qui divino amore sauciatus, propter desiderium immortalitatis renuntiavit tumultibus; et cum omnes suas dispersisset facultates, sibi reliquit paucos nummos, cum non posset operari. Cum ergo per se angeretur animo et esset tristis, et neque vellet cum aliis congredi, neque ut soles esset satis sibi persuaderet, invenit quemdam mancum ac mutilatum in foro projectum, qui nec manus habebat nec pedes: ei solum lingua remanserat integra ad alloquendum eos qui incidebant. Eulogius autem stans, eum fixis intuetur oculis, et Deum rogat, et cum Deo hoc modo paciscitur, dicens: Domine, propter nomen tuum accipio hunc mutilatum, et eum me recreaturum ac refecturum spondeo usque ad horam mortis ejus, ut ego quoque per eum salvus fiam. Largire ergo mihi, Christe, patientiam, ut ei inserviam. Et ad eum accedens, dicit ei: Vis ego te domo accipiam, et te recreem ac reficiam? Ille ei dicit: Utinam dignareris, sed ego sum indignus. Vado ergo, inquit, et adducam asinum, et te hinc auferam. Cum magno autem gaudio est assensus is qui erat mutilatus. Eum ergo sustulit et portavit in suum hospitiolum, ejusque curam gessit in omnibus quibus opus habuit. Perpetuis ergo quindecim annis, is qui erat mutilatus benevole ab eo curabatur tanquam pater, ut qui lavaretur, ungeretur, foveretur, et portaretur manibus Eulogii, et supra suam dignitatem quidem custodiretur, morbo autem convenienter reficeretur. Post quindecim autem annos invasit dæmon eum qui erat mutilatus, volens privare Eulogium mandato et proposito, et mutilatum a refectione, et Dei gratiarum actione, seditionemque excitat in Eulogium; multisque eum probris cœpit insequi, adeo ut eum etiam appeteret maledictis, dicens deinceps: Abi hinc, scelerate fugitive (62). Suffuratus es alienas pecunias, et dominum spoliasti; et meo prætextu vis latere, ut qui præ textu bene faciendi me acceperis in tuum hospitiolum, et propter me vis esse salvus. Eulogius autem cor ejus leniebat, dicens: Ne, domine, ne hæc dixeris; sed dicas quanam in re tibi fuerim molestus, et eam corrigam. Mancus autem dicebat arroganter: Non fero has assentationes; aufer me hinc, et projice in foro, recuso tuam curationem. Dicebat autem Eulogius: Rogo te, patere tui curam geri, et dic si quid sit tibi grave, domine mi. Mutilatus autem magis incensus, ei dicebat: Non possum amplius ferre tuam subdolam et ironicam adulationem. Non placet mihi hæc vita parca et sordida, ego volo vesci carnibus. Patiens autem Eulogius carnes ad eum attulit. Cum eas autem vidisset impatiens: Non satis est mihi, inquit, tecum esse solum, turbas volo cernere. Ei autem dicit Eulogius: Ego ad te jam adducam monachorum multitudinem. Ille autem rursus ægre ferens, dicit: Væ mihi misero: tuum aspectum ferre non possum; et tu ad me adducis tui similes, qui cum sint otiosi, comedunt. Et insolenti voce seipsum lanians, vociferabatur, dicens: Nolo, nolo; in forum deduci volo. O violentia! abjice me ubi invenisti. Dico quod si habuisset manus, in animum induxisset vel se suffocare, vel sibi ense manus inferre. Cum dæmon sic eum efferasset, postea se confert Eulogius ad propinquos monachos, et dicit eis: Quid faciam? ad desperationem me deduxit mutilatus. Dicunt ei: Quanobrem? Ille autem: Me, inquit, graviter afficit; nec scio quid faciam. Abjiciam ipsum? sed Deo dedi dexteram, et timeo. Non abjiciam? sed me dies noctesque male habet. Nescio quid faciam. Ei dicunt illi absolute: Adhuc vivit magnus ille (sic enim vocabant sanctum Antonium), ascende ad ipsum, mutilatum imponens in navigium; et defer eum in monasterium, et exspecta donec magnus venerit e spelunca, et ad eum refer judicium, et quod tibi dixerit, sta illius sententiæ. Deus enim tibi dicet per ipsum. Verbis eorum morem gessit Eulogius, et mutilato blandiens, cum eum immisisset in cymbam pastoralem, noctu egressus est ex urbe, et tulit eum in monasterium discipulorum magni Antonii. Accidit autem ut alio die veniret magnus sero vespere, ut narravit Cronius, amictus chlamyde pellicea. Ingressus est ergo in suum monasterium, erat autem hæc ejus consuetudo, ut alloqueretur Macarium, et eum interrogaret: Frater Macari, veneruntne huc aliqui? Respondebat Macarius: Venerunt. Dicebat autem magnus: Suntne Ægyptii, an Jerosolymitani? Dederat autem magnus ei signum, dicens: Cum videris venisse aliquos quibus est minus negotii, dic: Adsunt Ægyptii. Quando autem videris venisse aliquos religiosiores et paulo consideratiores, dic: Sunt Jerosolymitani. Rogabat ergo magnus pro more, dicens fratri Macario: Sunt Ægyptii fratres, an Jerosolymitani? Respondet Macarius, dicens: Est mixtura. Quando ergo dicebat Macarius: Sunt Ægyptii, dicebat ei magnus: Para eis lentem, et da eis quod comedant. Et faciebat eis unam orationem, **729** et dimittebat eos. Quando autem dicebat: Sunt Jerosolymitani, sedebat per totam noctem, et eis dicebat ea quæ pertinent ad salutem. Sedens ergo illo vespere omnes accersit magnus. Cumque nullus ei dixisset quod nomen haberet scholasticus, cum serus esset vesper, vocat eum dicens : Eulogi, Eulogi, Eulogi; et cum ter proclamasset, et scholasticus Eulogius non respondisset, putans aliquem alium vocari hoc nomine, dicit ei magnus : Tibi dico, Eulogi, qui venisti ab Alexandria. Tunc ei dicit Eulogius : Quid jubes, quæso ? Dicit ei magnus : Quid huc venisti? Respondit ei Eulogius, dicens : Qui tibi revelavit nomen meum, rem quoque propter quam veni revelavit. Dicit ei sanctus Antonius : Didici quare venisti ; sed dic coram fratribus, ut ipsi quoque audiant. Jussus autem a magno Eulogius, dixit coram omnibus.

Hunc mutilatum inveni ego in foro projectum et neglectui habitum. Ejus autem misertus, Deum sum precatus ut daret mihi gratiam in ipsum tolerantiæ, et illum assumpsi. Dexteram quoque dedi Deo, quod in morbo ejus curam geram, ut et ego per ipsum salvus fiam, et ipse a me recreetur. Sunt autem quindecim anni ex quo simul versamur, sicut etiam tuæ sanctitati revelata sunt omnia. Sed nescio quidnam mali a me passus, post tot annos me summe vexat, et in animo habui ipsum ejicere, ipso me ad hoc cogente. Ea de causa veni ad tuam sanctitatem, ut mihi consulas quidnam debeam facere, et ores pro me ; me enim vexat graviter.

Dicit ei magnus Antonius gravi et austera voce : Abjicias tu eum, Eulogi? at qui eum creavit non abjicit. Si tu eum abjicis, Deus ei excitabit te meliorem qui eum colligat. Conticuit Eulogius, et extimuit cum hæc audiisset. Relicto autem Eulogio, magnus Antonius incipit lingua flagellare mutilatum, et ad eum exclamare : Mutilate, maculate (63), terra et cœlo indigne, non cessas cum Deo pugnare, et tuum fratrem irritare? Nescis esse Christum qui tibi ministrat ? Quomodo audes hæc loqui adversus Christum? Non propter Christum se tuo mancipavit servitio? Cum ergo eum quoque verbis coercuisset increpantibus, eos dimittit ; et cum disseruisset cum fratribus de iis quæ erant unicuique necessaria, rursus accedit ad Eulogium et mutilatum, et dicit eis : Ne usquam immoremini, o fratres, sed abite in pace, et ne invicem separemini, deposita omni molestia quam vobis injecit dæmon ; et cum bona dilectione revertimini in cellam in qua longo tempore versati estis ; jam enim Deus mittet ad vos. Hæc enim tentatio in vos excitata est a Satana, quoniam scit vos jam ad finem pervenisse, et futurum esse ut coronas a Christo accipiatis, ipsum per te, et te per eum. Nihil ergo aliud cogitaveritis. Quod si veniens angelus non invenerit vos in eadem loco, futurum est ut coronis priveamini. Cito ergo festinantes ingressi sunt, et venerunt in suam cellam charitate (64) perfecta. Et intra quadraginta dies, obit beatus Eulogius migrans ad Dominum, et intra tres alios obit is qui erat corpore mutilatus, sed anima firmus ac robustus, qui ipse quoque in manus Dei suum commendavit spiritum.

Cum ergo aliquanto tempore versatus esset Cronius circa loca Thebaidis, descendit in monasterium Alexandriæ, et accidit ut beati quidem Eulogii obitus a fraternitate celebraretur quadragesimus dies, manci autem tertius. Cum hoc ergo didicisset Cronius, obstupuit ; et acceptum Evangelium, ut fidem haberent audientes, posuit in medio fratrum ; et eis juravit, narrans magni Antonii de his præscientiam, et de omnibus quæ acciderunt, et dicens : Horum ergo verborum fui interpres, cum beatus Antonius Græce nesciret ; ego vero sciebam utramque linguam, et eis sum interpretatus, beatis quidem deinceps per Christi gratiam : Eulogio et corpore mutilato Græce, quæ a magno dicta sunt ; ipsi autem sancto et beato magnoque Antonio Ægyptiace, quæ dicta sunt ab utroque.

CAPUT XXVII.
De contemplatione quam vidit abbas Antonius.

Hoc quoque narravit Cronius illa nocte magnum eis narrasse Antonium : Ego, aiebat, anno integro oraveram ut revelaretur mihi locus justorum et peccatorum (*Supra l.* 1, *in Vita S. Antonii, c.* 38 ; *Pasch.*, *c.* 19, *n.* 4). Vidi autem gigantem nigrum altissimum, qui ad nubes usque pertingebat, habebat autem manus ad cœlum usque extensas ; infra autem erat lacus qui mare æquabat magnitudine. Vidi quoque animas tanquam aves sursum volantes ; et quæcunque quidem ejus manus et caput supervolabant, servabantur ab angelis ; quæ autem a manibus ejus verberabantur, incidebant in lacum. Ad me itaque vox pervenit, quæ dicebat : Quas vides animas supervolasse caput gigantis et ejus manus, eæ sunt animæ justorum, quæ quidem ab angelis servantur in paradiso : quæ autem a manibus nigri percutiuntur, eæ in inferno demerguntur. Quæ quidem attractæ fuerunt a voluntate carnis, et odium secutæ sunt, et referendæ injuriæ cupiditatem.

CAPUT XXVIII.
Vita abbatis Pauli Simplicis (65).

Narravit autem sanctus Christi servus Hierax, et Cronius, et plures alii ex fratribus ea quæ sum dicturus (*Ruff.*, *l.* II, *c.* 31), quod quidam **730** Paulus agrestis agricola, insigniter innocens et moribus simplex, uxorem duxerat mulierem formosissimam, sed moribus improbam, quæ longissimo tempore peccans eum latuit. Aliquando autem de improviso regressus ex agro, et ingressus domum suam, invenit eos turpia perpetrantes, deducente Paulum providentia ad id quod erat sibi conducibile. Eamque cum vidisset, cum eo cum quo habebat stupri consuetudinem, honeste ac decore risit, et eis exclamavit, dicens : Bene est, bene est, revera non est mihi curæ. Per Jesum, ego eam non accipiam amplius, abi, eam tibi habe cum filios ; ego enim recedo, et efficior monachus. Cum nulli autem dixisset aliquid, pertransit octo mansiones (66), et abit ad sanctum Antonium, et pulsat ostium. Egressus autem sanctus Antonius, eum interrogat : Quid vis? Et dicit

Paulus: Volo fieri monachus. Respondet ei Antonius: Senex sexagenarius non potest hic fieri monachus ; sed potius abi in vicum, et operare, et vitam dege operariam, Deo agens gratias. Non potes enim sustinere afflictiones solitudinis. Respondet senex, et dicit : Si quid me docueris, illud faciam. Dicit ei Antonius : Dixi tibi te esse senem, et non posse esse monachum; abi. Si enim vis esse monachus, ingredere coenobium ubi sunt complures fratres qui possunt tuam ferre imbecillitatem. Ego enim solus hic sedeo, quinque dierum spatio interjecto comedens, idque esuriens. His ergo verbis Paulum abigebat. Postquam autem eum non admisit, clauso ostio Antonius tribus diebus foras non est egressus, propter ipsum, ne quidem ad necessitates suas. Senex autem permansit non recedens. Quarto vero die cum eum premeret necessitas, aperto ostio egressus est. Et cum rursus vidisset Paulum, ei dicit : Abi hinc, senex. Quid mihi es molestus? non potes hic manere. Dicit ei Paulus : Fieri non potest ut ego alibi quam hic moriar. Cum aspexisset autem Antonius, et vidisset eum non ferre ea quæ sunt ad victum necessaria, non panem, non aquam, non aliquid aliud, et jam quartum diem perseverasse jejunum, cogitavit apud se : Ne forte moriatur, ut qui non sit assuetus jejunare, et meam maculet animam. Eum ergo admittit. Tunc ei dicit Antonius : Potes esse salvus si habeas obedientiam, et quod a me audieris hoc feceris. Paulus autem respondens, dixit : Faciam quæcunque jusseris. Talemque vitæ asperæ agendæ rationem et illis diebus suscepit Antonius, qualem quando erat in principio juventutis. Ejus ergo mentem probans Antonius, ei dixit : Sta, et ora in hoc loco, donec ingrediar, et afferam tibi quod opereris. Ingressus autem speluncam, per fenestram animadvertit eum in eo loco totam hebdomadam manere immobilem, cum ab æstu torreretur. Egressus autem post hebdomadam, cum ex palmis ramos madefecisset, ei dicit : Accipe, et contexe funem ut me vides. Texit senex ad horam usque nonam quindecim ulnas magno labore. Cum autem vidisset Antonius id quod contexuerat, id minime ei placuit, et ipsi dicit : Male contexuisti, retexe, et denuo contexe; cum jam septimo die jejunus ageret, idque cum esset grandis ætate. Tantum autem eum hac de causa afflixit, ut ægre ferens senex fugeret Antonium, et vitam monachorum. Is autem eosdem ramos et retexuit, et iterum contexuit cum magno labore, quod ex contextura prima fuissent corrugati. Cum ergo vidisset magnus Antonius eum nec murmurasse, neque animum abjecisse, neque vultum suum omnino avertisse, et neque vel tantillum succensuisse, propter eum est compunctus. Et sole occidente ei dicit : Patercule, vis comedamus fragmentum panis? Dicit ei Paulus : Ut tibi videtur, abba. Hoc quoque rursus inflexit Antonium, quod non ad cibi nuntium protinus accurrerit, sed ei potestatem permiserit. Para ergo, inquit, mensam; et obediit. Fert panes Antonius, et imponit mensæ quatuor paxamates, sex unciarum; et sibi quidem unum madefecit, erant enim sicci ; illi autem tres. Psalmum psallit Antonius quem noverat; et cum eum duodecies cecinisset, duodecies oravit ut in hoc quoque Paulum probaret. Senex autem simul precatus est ipso magno Antonio promptius et alacrius. Malebat enim, ut arbitror, pascere scorpios, quam una vivere cum adultera. Post duodecim autem orationes, Paulo dicit magnus Antonius : Sede, inquit, et ne comedas usque ad vesperam ; sed solum attende esculentis. Cum autem fuisset vespera, et Paulus non comedisset, dixit ei Antonius : Surge, ora, et dormi. Ille autem mensa relicta sic fecit. Media autem nocte excitavit eum ad orationem, et usque ad horam nonam produxit orationes. Mensa autem rursus apposita cum ei rursus cecinisset et orasset, sero vespere sederunt ad comedendum. Cum ergo comedisset magnus Antonius unum paxamatem, aliud non tetigit. Senex autem comedens tardius, adhuc tenebat paxamidium quod ceperat. Exspectabat ergo Antonius donec perfecisset, et dicit ei : Comede, patercule, etiam unum aliud paxamidium. Dicit ei Paulus : Si tu comedas, ego quoque comedam ; te autem non comedente, nec ego comedam. Dicit ei Antonius : **731** Mihi sufficit, sum enim monachus. Et ille : Et mihi sufficit ; nam ego quoque volo fieri monachus. Surgit rursus, et facit duodecim orationes, et psallit duodecim psalmos. Et post orationes primi somni parum dormiunt; et rursus expergiscuntur ad psallendum a media nocte ad diem usque.

Deinde misit eum ad obeundam solitudinem, dicens ei : Veni huc post tres dies. Cum hoc autem factum esset, et quidam fratres ad eum venissent, observabat Paulus Antonium quidnam vellet eum facere. Is autem dixit ei : Tacens ministra fratribus; neque aliquid gustaveris donec fratres fuerint iter ingressi. Postquam autem tertia jam impleta esset hebdomada ex quo non comederat Paulus, fratres eum rogabant : Qua de causa taces? Cumque ille non responderet, dicit ei Antonius : Quid taces? colloquere cum fratribus. Ille vero est collocutus. Cum aliquando ei fuisset allata urna mellis, dixit ei Antonius : Frange vas, et mel effundatur. Sic autem fecit. Et ei rursus dicit : Collige rursus mel concha, ne sordes aliquas inferas. Et rursus jussit eum aquam haurire toto die. Et rursus cum vestem ejus dissolvisset, jussit consuere. Tantam denique hic vir possedit obedientiam, ut ei etiam data sit gratia divinitus, nempe ut ejiceret dæmones. Postquam ergo vidit senem magnus Antonius, prompte eum esse ad omnia secutum in vitæ exercendæ ratione, ei dicit : Vide, frater, si sic in dies potes, mane mecum. Dicit ei Paulus : An quid mihi possis amplius ostendere, nescio. Nam ea quæ vidi a te fieri, ego quoque facio facile et citra laborem, Deo mihi opem ferente. Tunc ei dicit Antonius alio die : In nomine Jesu, ecce factus es monachus. Cum autem satis superque compertum haberet in omnibus magnus et beatus Antonius, esse admodum perfectam animam Christi servum, qui esset admodum simplex ; post certos menses,

Dei gratia opem ferente beato Antonio, facit ei deinceps cellam ad tres vel quatuor lapides a sua cella. Et dicit ei : Ecce Christi virtute opem ferente tu factus es monachus, mane deinceps seorsum, ut etiam facias periculum daemonum. Cum ergo anno uno apud se habitasset Paulus Simplicissimus, et gratia dignatus est adversus daemones et adversus omne genus morbos, se perfecte gerens in virtute exercitationis.

Quodam ergo die adolescentulus qui supra modum graviter vexabatur a daemone, allatus est ad beatum Antonium, habens principalem saevissimum daemonem (67), qui etiam ipsum coelum maledictis et probris insequebatur. Cum igitur adolescentem observasset magnus Antonius, dicit iis qui eum ducebant : Non est hoc meum opus ; nam contra hunc ordinem daemonum, nempe principalem, nondum sum donatus gratia, sed haec est Pauli gratia Simplicis. Abiens ergo magnus Antonius ad probatissimum Paulum, ipsos quoque deduxit, et dicit ei : Abba Paule, ejice hunc daemonem ab hoc homine, ut sanus ad sua redeat, et Dominum glorificet. Dicit ei Paulus : Tu vero quid ? Dicit ei Antonius : Non est mihi otium, est aliud quod agam. Et relicto illic puero, reversus est magnus Antonius in suam cellam. Cum ergo surrexisset innocens senex, et efficacem fudisset orationem, dicit provocans daemoniacum : Dixit abbas Antonius, Egredere ab homine. Daemon autem cum probris ac maledictis exclamabat, dicens : Non egrediar, helluo, senex (68) nugator. Accepta itaque pelle sua ovilla, verberabat eum in tergo, dicens : Egredere, dixit abbas Antonius. Daemon autem maledictis insequebatur Paulum et Antonium. Helluones isti in senectute (69), veternosi, insatiabiles, qui propriis nunquam sunt contenti, quid est vobis commune nobiscum ? quid in nos exercetis tyrannidem ? Tandem dicit ei Paulus : Aut exibis, aut abeo ut id dicam Christo, isque faciet ut sit tibi vae. At Jesum quoque probris et maledictis insectabatur immitis ille daemon, clamans : Non exibo. Ea de causa indignatus Paulus adversus daemonem, egressus est e suo hospitio in ipso puncto meridiei ; aestui autem Aegyptiorum intercedit cognatio cum fornace Babylonia. Stans ergo sanctus senex tanquam columna super petram, sic orat Christum, dicens : Tu vides, Jesu Christe, qui fuisti crucifixus sub Pontio Pilato, me non descensurum ex hac petra, neque esurum nec bibiturum donec moriar, nisi me nunc audieris, et hunc daemonem ab homine ejeceris, et a spiritu immundo ipsum liberaveris. Adhuc cum Jesu loquente simplici et humili Paulo, priusquam ipse preces perfecisset, exclamavit daemon, dicens : Recedo, recedo, vi egredior, et per tyrannidem expellor ; discedo ab homine, non amplius ad eum accedo. Pauli simplicitas et humilitas me expellit, neque scio quo abeam. Protinusque exiit daemon, et mutatus est in maximum draconem circiter septuaginta cubitorum, recedit que reptans in mare Rubrum ut impleretur quod dictum est per sanctum Spiritum : Fidem quae demonstratur a justus annuntiabit (*Prov.* xii). Et rursus alibi : Super quem respiciam, inquit Dominus, nisi super mansuetum et humilem et trementem verba mea (*Isa.* LXVI)? Solent enim humiliores daemones ejici ab hominibus fide **732** principalibus, principales rursus daemones fugari ab humilibus. Haec sunt miracula sancti Pauli Simplicis et humilis, aliaque plura et his majora. Hic vocatus est Simplex a tota fraternitate.

CAPUT XXIX.

Vita abbatis Pachon (70).

Quidam Pachon nomine, cum pervenisset ad annum septuagesimum, sedebat in Scete. Accidit autem ut ego vexatus ab affectione femineae cupiditatis, cogitationibusque et visis nocturnis, ferrem difficiliter. Cumque parum abesset quin propter hanc tentationem exirem e solitudine, quod me haec animi perturbatio ageret vehementissime, vicinis quidem meis rem non exposui ; sed neque meo magistro Evagrio [*Al.*, Eulogio] : sed latenter veniens in solitudinem quindecim diebus versatus sum cum patribus senescentibus in solitudine, qui erant in Scete. Inter quos incidi etiam in sanctum virum Pachonem. Cum ergo invenissem eum sinceriorem et magis versatum in exercitatione, ausus sum ei meum animum aperire. Dixit autem mihi ille sanctus : Ne tibi videatur res mira et aliena ; hoc enim non tibi accidit ob delicias, otiumque et negligentiam. Nam et mores tibi ferunt testimonium, et penuria eorum quae sunt necessaria, et quod nulla sit hic tibi consuetudo cum feminis ; sed potius hoc tibi accidit ab adversario ob studium virtutis. Est enim triplex hostis qui impellit ad fornicationem. Aliquando enim nos caro invadit luxurians, et quae nimis laute et delicate est curata ; aliquando autem in nos insurgunt motus animi propter cogitationes ; aliquando autem ipse quoque daemon in nos exercet tyrannidem propter invidiam ; nam ego quoque multa observans, hoc inveni. Ecce me, ut vides, hominem senem ; cum jam quadragesimum annum degam in hac cella, curam gerens meae salutis, et ad hanc aetatem pervenerim, tentor usque in hodiernum diem. Et juravit dicens : Jam duodecim annis postquam transegi annum quinquagesimum, nullam diem nec noctem intermisit qua me non invaserit. Cum itaque suspicatus essem Deum a me recessisse, quandoquidem tanta in me daemon uteretur potestate, potius delegi mori absque ratione, quam vitio affectioneque corporis, me turpiter gerere. Egressusque a cella mea, et obiens solitudinem, inveni speluncam hyaenae. In quam speluncam me nudum immisi toto die, ut ferae egressae me devorarent. Postquam autem fuit vespera, prout scriptum est, Sol cognovit occasum. Posuisti tenebras, et facta est nox. In ipsa transibunt omnes bestiae silvae. Catuli leonum rugientes ut rapiant et quaerant a Deo escam sibi (*Psal.* CIII). Egressae ergo ferae in illa hora, et masculus et femina, me a pedibus ad caput usque odorati sunt, circumlingentes. Cumque exspectarem fore ut devorarer, a me recesserunt. Cum ergo illic tota nocte jacuissem, non fui devoratus. Existimans ergo Deum omnino mihi pepercisse, surrexi. Rursus vero in cellam redii. Cum autem se paucis diebus continuisset dæmon, me est adortus vehementius quam antea, ut parum abfuerit quin blasphemarem. Transformatus enim cum esset in puellam Æthiopissam, quam in mea juventute videram æstate spicas legentem, ea mihi visa est meis insidere genibus; meque usque adeo commovit ut putarem me cum ea coivisse. Furore ergo percitus impegi ei colaphum; eaque sic evanuit. Hoc autem mihi crede dicenti: biennio non poteram ferre manus meæ fetorem. Cum ergo hac de causa pusilli et abjecti animi evasissem, et de me omnem spem abjecissem, egressus sum pererrans vastam solitudinem, et inveni parvam aspidem. Quam cum accepissem, eam admoveo meis genitalibus, ut vel sic morsus morerer; et cum eis caput virilibus applicassem, ut quæ mihi fuissent causa tentationis, ne sic quidem morsus sum gratiæ providentia. Post hæc autem audivi vocem dicentem mihi in mea cogitatione: Abi, Pachon, decerta; ideo enim permisi in te tantam exerceri potestatem, ne tibi esset elatior et arrogantior spiritus, perinde ac ipse posses hanc superare affectionem: sed tuam agnosceres imbecillitatem, et in tuæ vitæ instituto nunquam haberes fiduciam, sed recurreres ad Dei auxilium. Sic autem admonitus et confirmatus, ad cellam sum reversus, et deinceps sedens cum fiducia, et nullam belli curam gerens, reliquos dies egi in pace. Dæmon autem cum cognovisset meam ejus despicientiam, pudore deinceps affectus, ad me non accessit amplius. His verbis cum ad luctam adversus Satanam me confirmasset, et ad bellum instruxisset, et adversum dæmonem fornicationis me parasset ac docuisset, dimisit, jubens ut forti animo me gererem in omnibus.

CAPUT XXX.
Vita Abbatis Stephani (71).

Stephanus quidam Libs genere, sedit sexaginta annos ex latere (72) Marmaricæ et Mareotæ. Is cum fuisset summe versatus in exercitatione, et esset discernendi potestate præditus, hanc gratiam est consecutus, ut quicunque eum conveniret, a quacunque cruciaretur molestia, is molestia vacuus ab eo recederet. Fuit autem is quoque notus beato Antonio. Pervenit autem etiam ad nostra usque tempora; atque ego quidem cum eo non sum versatus propter viæ longitudinem: sanctus autem Ammonius et Evagrius, qui eum convenerunt, narraverunt se eum invenisse in talem prolapsum ægritudinem in ipsis locis testiculorum, et penis summum ulcerasse cancrum, qui φαγέδαινα dicitur. Eum, aiebant, invenimus dum a quodam medico curaretur. Et manibus quidem operabatur; et palmæ ramos contexebat, et nobiscum etiam loquebatur: reliquo autem corpori manum adhibebat chirurgus. Erat autem Dei gratia, ea præditus patientia, ut perinde affectus videretur, ac si corpus alterius secaretur; et cum ejus membra rescinderentur, non secus ac si essent pili insensiles, ita mansit immutabilis, tam insigniter et admirabiliter erat a Deo instructus. Cum nos autem, inquit, partim angeremur, partim vero terreremur, quod tanti viri talis vita in tantum morbum incidisset, et tales medicorum exsectiones, nostras autem cogitationes sensisset beatus Stephanus dicebat nobis: Ne ex hac re offendamini, o filii; nihil enim quod Deus facit, ad malum unquam facit, sed ad bonum finem. Fortasse enim membra merebantur supplicium, et melius est ea hic dare pœnas, quam post excessum ex hoc stadio. Cum nos ergo sic est hortatus, et verbis confirmavit ad tolerantiam, ædificavit ad fortiter ferendas afflictiones. Hæc autem narravi, ne videatur nobis alienum, quando viderimus aliquos sanctos incidisse in tales calamitates.

CAPUT XXXI.
De Valente (73) qui excidit.

Fuit quidam Valens, genere quidem Palæstinus, mente autem Corinthius; Corinthiis enim vitium inflationis tribuit sanctus Paulus, dicens: Et vos inflati estis (I Cor. v). Qui cum venisset in solitudinem, ipse quoque plures annos habitavit nobiscum. Eo autem processit superbiæ, ut deceptus sit a dæmonibus. Ex eo enim quod ipse paulatim deciperetur, fecit ut ipse de se magnifice ac præclare sentiret, tanquam cum eo versarentur angeli, eique in singulis ministeriis inservirent. Quodam certe die, ut narrabant, cum operaretur in tenebris, acum dimisit qua consuebat sportam. Quam cum ipse non invenisset, dæmon ei fecit lampadem, et invenit acum. Hoc nomine rursus inflatus, magnificam de se induit opinionem, et usque adeo elatus est, ut etiam contemneret ipsam Sacramentorum communionem. Cum autem Christus Dominus ejus esset misertus, sic providit ut ejus detrimentum cito fieret manifestum universæ fraternitati. Accidit ut quidam venientes hospites afferrent ad fraternitatem bellaria in ecclesiam. Porro autem cum eas accepisset sanctus Macarius presbyter noster, misit ad unumquemque in cellam circiter pugillum, inter quos etiam ad Valentem. Cum autem accepisset Valens, eum qui attulerat contumelia affecit, et verberavit, et ei dicit: Abi, et dic Macario: Non sum te deterior, ut tu ad me mittas benedictiones. Cum cognovisset ergo sanctus Macarius eum esse seductum, accessit uno die postea ad eum exhortandum. Et ei dicit: Valens, illusus es, desine, Deumque deprecare. Postquam autem non audivit ejus admonitiones, recessit admodum afflictus et mœrens ob Valentis ruinam. Cum ergo certo sibi persuasisset dæmon, eum ejus deceptioni maxime fidem habuisse, abiit, et figuram Servatoris induit, et noctu accedit in phantasmate, mille angelis lampadas tenentibus, et rotam igneam, in qua visus est figuram exprimere Servatoris. Unusque eum præcedit et dicit: Christus dilexit tuum institutum, tuamque vivendi libertatem et confidentiam, et venit ut te videat; egredere ergo e cella, et nihil aliud feceris, nisi cum procul eum videris, procumbens eum adora, et ingredere in tuam cellam. Egressus ergo cum vidisset apparatum lampadum, circiter a stadio procul Antichristum adoravit. Alio itaque die adeo fuit emotæ mentis, ut ingrederetur ecclesiam, et fraternitate congregata diceret : Ego non habeo opus communione; Christum enim vidi hodie. Tunc Patres eum anno uno vinxerunt, et in ferreos compedes conjecerunt, et curarunt ; precibus, ejusque contemptione, vitaque austeriore detrahentes ejus persuasionem; nam, ut dicitur, contraria contrariis medicamentis curantur.

Necesse est autem eorum quoque qui sunt tales vitam in hoc libro inserere, ad securitatem eorum qui legunt : sicut etiam sanctis plantis accessit lignum paradisi, nempe cognitio boni et mali (*Gen.* II); ut si quando contigerit eos in aliqua re se recte gerere, non se efferant et se jactent de virtute. Nam sæpe quoque virtus efficitur occasio prolapsionis, quando non recto scopo facta fuerit. Scriptum est enim : Vidi justum pereuntem in sua justitia (*Eccle.* VII). Id quoque est vanitas.

CAPUT XXXII.
De Erone (74).

Fuit quidam, Ero nomine, mihi vicinus, Alexandrinus genere, urbanus adolescens, bono ingenio, vita mundus. **734** Qui ipse quoque post magnos labores et præclaros sudores, ab arrogantia arreptus et elatione, præceps ruit, et adversus patres superbus evasit et insolens, et cum illis beatum etiam Evagrium [*Al.* Macarium quoque presbyterum] affecit contumelia, dicens : Qui tuæ doctrinæ parent, decipiuntur; non oportet enim alios magistros attendere præter Christum. Abusus est autem testimonio quoque ad perversum scopum suæ stultitiæ, dicens : Ne vocaveritis magistrum super terram (*Matth.* xxv). Qui ipse quoque mentem adeo habuit obtenebratam vana persuasione suæ opinionis, ut fuerit etiam ferro vinctus cum nollet convenire ad sacramenta. Amica autem veritas. Fuit is vitæ instituto admodum subtili et accurato, adeo ut multi dicant, quibus cum eo intercessit consuetudo, quod sæpe non nisi post tres menses comedebat, contentus communione sacramentorum, et sicubi ei apparuisset olus agreste. Accepi autem ego quoque ejus experientiam cum beato Albino, cum irem in Scetem : aberat autem Scete a nobis quadraginta milliaribus. In his quadraginta milliaribus nos bis comedimus, et ter aquam bibimus; ille vero cum nihil gustasset pedes ingrediens, pronuntiavit memoriter quindecim psalmos, deinde magnum psalmum, deinde epistolam ad Hebræos, deinde Isaiam, et partem propheticorum Jeremiæ, deinde Lucam Evangelistam, deinde Proverbia. Eum autem ambulantem non poteramus consequi. Is postremo arreptus a mali dæmonis operatione, ut qui ageretur ab igne vehementissimo, in sua quidem cella sedere non poterat : profectus autem Alexandriam, divino quodam consilio clavum clavo extrusit. Sua sponte enim incidit in promiscuum et indifferentem rerum usum, inventa postea salute involuntaria.

Accessit enim ad theatra et equestria certamina, et versabatur in cauponis; is autem cum gulæ esset deditus et ebrietati, incidit in cœnum femineæ cupiditatis; et cum peccare constituisset, cum quadam mima assidue collocutus, ulcus suum aperuit. Cum hæc sic fierent, divino quodam consilio enatus est ei anthrax in glande; et tempore semestri usque adeo ægrotavit, ut ejus virilia membra computruerint, et sua sponte ceciderint. Cum postea autem convaluisset, reversus est ad hoc ut ea sentiret quæ Dei sunt, et venit in solitudinem, hæc omnia confitens patribus; et cum non pervenisset ad operationem, paucis post diebus obdormiit.

CAPUT XXXIII.
De Ptolemæo qui excidit.

Alius quidam rursus, nomine Ptolemæus, cum narratu difficilem, vel potius quæ narrari non potest vitam transegisset, habitavit initio ultra Scetem in ea quæ dicitur κλῖμαξ, id est scala. Est autem locus qui sic dicitur in quo nemo potest habitare, propterea quod puteus aquarum distet decem et octo milliaribus. Cum is ergo multa vasa fictilia portasset, et Decembri et Januario mense rorem collegisset (est enim permultum roris in illis partibus) et spongia ex lapidibus expressisset, perstitit illic habitans annos quindecim. Qui abalienatus a doctrina et congressione virorum sanctorum et utilitate et continua sacramentorum communione, a recta via usque adeo recessit, ut quod nonnulli dicunt impii, casu omnia fieri, is quoque infelix id fateretur, dæmone erroris deinceps in eum obtinente imperium. Hic enim inimicus vano huic homini suggessit, ut diceret res nullam habere essentiam ; sed omnino esse omnia ex eo quod mundus ferretur sua sponte. In hujus ergo animam hæc immisit omnium vitæ hostis, dicendo : Cum res ita se habeant, quid frustra teipsum foris domas? Quidnam te juvabit, Ptolemæe, si non sit remuneratio? Quænam autem tibi sufficeret merces tot et tantorum laborum, etiamsi esset qui redderet? Quodnam autem est judicium quod minantur Scripturæ, si nulla sit providentia? His satanicis circumseptus cogitationibus miserrimus Ptolemæus, dicitur esse emotæ mentis, et hucusque errare in Ægypto, et seipsum dedidisse gulæ et ebrietati, cum nemine conversans, sed mutus forum obiens, miserabile et lacrymabile spectaculum Christianorum oculis, ludibrium autem iis qui vitam nostram nesciunt. Hæc autem calamitas immedicabilis miserum invasit Ptolemæum, ex rationis experte quadam arrogantia, quod a seductore dæmone illusus, existimaret se scientia pollere super omnes sanctos Patres ; per quam inflatus, sui ipsius hostis, præceps datus est in profundum interitus, cum nullum unquam convenisset ex sanctis Patribus qui sapienter gubernaverant, nec eorum fuerit fundatus spiritali doctrina; sed inventus absque gubernatore, in extremum mortis profundum cecidit, et sicut arbor viridibus foliis comata, et fructibus ornata, quæ uno temporis momento omnibus simul est nudata, reddita est arida. Nam ut scriptum est: Quibus non est gubernatio, ii cadunt ut folia (*Prov.* xi).

CAPUT XXXV.
De virgine lapsa.

Novi rursus quamdam virginem Jerosolymis, quae saccum gestavit sexennio, **735** et fuit inclusa; nec aliquid accepit ex iis quae tendunt ad voluptatem, sed summam continentiam exercuit inter feminas. Postea autem a divino deserta auxilio propter summam superbiam quae malorum omnium est nutrix, lapsa est, et aperta fenestra admisit eum qui ei inserviebat, et cum eo fuit commixta; eo quod non divino proposito et ex charitate se exercuerat, sed ut humanae scenae serviret, quod quidem est vanae gloriae et pravi instituti. Nam cum ejus piae cogitationes occupatae essent in damnandis aliis, incitaretur autem furore a daemone superbiae, eoque valde delectaretur, ab ea recessit sanctus angelus custos temperantiae.

Ideo autem scripsimus, o virorum fidelissime, et vitam eorum qui se recte et ex virtute gesserunt, et eorum qui post multos labores per otium et socordiam a summo et perfectissimo vitae instituto exciderunt, capti a diabolo omne genus laqueis, ut unusquisque ex suae vitae instituto intelligens occulta retia hostis bonorum, fugiat ejus laqueos. Cum sint ergo multi, iique magni viri et mulieres, qui ab initio se recte gesserunt in honesto instituto exercitationis, tandem autem fuerunt eversi radicitus ab omnium hominum adversario; ex multis facta mentione paucorum, plurimos praeteribo silentio, ut qui neque ipsos erigam, neque mihi prosim, dum in iis multum immorer, et eximios Christi athletas negligo, non narrans virtutes divinas eorum exercitationis.

CAPUT XXXV.
Vita abbatis Eliae.

Elias quidam optimus exercitator, fuit virginum amantissimus, curam gerens partis imbecillioris. Sunt enim tales animae, quibus fert finis testimonium, quod id faciant ex virtute. Is cum misertus esset ordinis feminarum quae se exercent, haberet autem facultates in Athribe [*Al.*, Athlebe] civitate, aedificavit magnum monasterium, et illic congregavit omnes quae errabant virgines, consequenter earum in omnibus curam gerens, suppeditans eis omnia quae ad usum pertinent necessarium: hortos, ad eorum culturam instrumenta (75), atque ut semel dicam, omnia quae postulat vita exercitationis. Eae autem ex diversis vitae institutis et privata deductae consuetudine, inter se depugnabant assidue. Cum ergo oporteret hunc sanctum et eas audire, et efficere ut pacem inter se servarent, collegerat enim ad trecentas, et necesse ei fuerat esse earum intercessor biennio, licet aetate juveni; erat enim circiter triginta aut quadraginta annos natus, is tentatus fuit a voluptate. A monasterio autem recedens jejunus, errabat per solitudinem duos dies, hoc rogans, et dicens: Aut occide me, ne ipsas videam afflictus; aut meam auferes affectionem, ut earum curam geram ut postulat ratio. Cum fuisset ergo vespera, eum somnus oppressit in solitudine. Venientes autem ad eum tres angeli, ut ipse mihi narravit, eum retinentes, ei dicunt: Cur exiisti ex monasterio feminarum? Rem itaque eis narravit, dicens: Timui ne et illas laederem et meipsum. Dicunt ei angeli: Si te ergo liberaverimus ab hac affectione, redibis, et earum curam geres? His assensus est. Ab eo autem jusjurandum exigunt: narrabat autem jusjurandum. Jura nobis tale jusjurandum: Per eum qui mei curam gerit, earum curam geram. Hoc eis juravit. Tunc angeli eum tenuerunt: unus manus, et alter pedes, tertius autem accepta novacula excidit ejus testiculos tanquam in exstasi, non vere, sed quadam visione. Visus est ergo in illa exstasi veluti excisus fuisse et curatus. Post hoc interrogant ipsum angeli, dicentes: Sensisti utilitatem aliquam? Eis dicit ille: Valde magnam accepi utilitatem; valde enim levatus sum, et persuasum habeo me esse liberatum a labore et affectione. Tunc angeli ei dicunt: Abi ergo ad tuum monasterium. Reversus est autem post quinque dies, eum lugente toto monasterio, et intus ingressus est; atque ex eo tempore mansit in cella ad latus (sic) monasterii, quandoquidem cum esset prope, eas corrigebat assidue, quantum in illo erat. Cum autem postea vixisset alios quadraginta annos, affirmabat Patribus, quod ab eo tempore non ascenderat in cor ejus affectio cupiditatis feminiae. Haec est gratia sancti viri Eliae, et haec exercitatio, et quemadmodum curam gessit monasterii virginum.

CAPUT XXXVI.
Vita abbatis Dorothei.

Cui successit Dorotheus vir probatissimus, qui in bona vita, et quae in agendo versatur, consenuit. Qui cum non posset quidem sic curam gerere monasterii ut hic beatus, neque mansisset in illa cella, in ipso monasterio in superiori coenaculo seipsum inclusit, et fecit fenestram quae spectabat ad monasterium feminarum, quam claudebat et aperiebat. Perpetuo ergo assidebat fenestrae, procurans ut inter eas pugnae cessarent. Sicque in superiori coenaculo consenuit, cum nec ullus seorsum ascendere, neque ille posset descendere, non enim stabant scalae. Haec est beati Dorothei religiosa et virtutibus ornata vita. Hic ejusdem vitae finis.

CAPUT XXXVII.
De Amma Piamun.

736 Fuit quaedam virgo Piamun, quae annos vitae suae vixit cum matre propria, sola cum sola vespere comedens, et linum nens. Haec dignata est gratia praedictionis futurorum inter homines. Accidit aliquando in Aegypto, cum Nilus ascenderet, ut vicus vicum invaderet; pugnant enim pro aquarum divisione, adeo ut sequantur caedes et sauciationes. Potentior ergo vicus ejus vicum invasit, et venit virorum multitudo cum lanceis et clavis, ut ejus vicum exscinderet. Astitit autem huic beatae angelus revelans eorum invasionem; et accersitis vici presbyteris, eis dicit:

Exite, et ex hoc vico occurrite eis qui veniunt contra vos, ne vos quoque una cum vico pereatis, et rogate eos ut desistant ab insidiis adversus vos paratis. Territi autem presbyteri ei ad pedes procumbunt, eam rogantes et dicentes : Nos non audemus eis ire obviam; scimus enim eorum temulentiam et petulantiam; sed si facis misericordiam in nos et in totum vicum, et in domum tuam, ipsa eis egredere obviam, illosque pacatos averte. Illa autem, cum non assensa esset, veniens in suam domunculam, stetit tota nocte orans et genu minime flectens, sed rogans, dicendo : Domine qui judicas terram, cui nihil placet quod est injustum, cum hæc ad te venerit oratio, virtus tua eos sistat immobiles tanquam columnam, ubicunque eos deprehenderit. Cum hæc sancta virgo sic orasset, tale quid accidit. Hostes circa horam primam, a tribus milliaribus, in loco fixi tanquam columna, labefactari non poterant. Illis quoque revelatum est quod servæ Christi Piamun intercessionibus factum est eis impedimentum; iique ad vicum mittentes pacem petierunt, dicentes : Agite Deo gratias et precibus Piamun quæ nos impedierunt, ne magnum vobis malum inferremus.

CAPUT XXXVIII.
Vita abbatis Pachomii (76), et eorum qui cum ipso erant.

Tabennesis (77) est locus sic appellatus in Thebaide, in quo fuit Pachomius monachus, vir ex iis qui vixerunt in summo et perfecto vitæ instituto (*Vita ejus supra, l.* i), adeo ut is fuerit dignatus et futurorum prædictionibus et angelicis visionibus. Is fuit valde amans pauperum, et magna charitate in homines. Eo ergo sedente in hac spelunca, visus est ei angelus Domini, qui ei dicit : Pachomi, ea quidem quæ ad te pertinent, recte et ex virtute gessisti; supervacanee ergo sedes in hoc loco; age ergo, egredere, et congrega omnes juniores monachos, et habita cum eis, et sequens formam quam dabo tibi, eis leges constitue. Eique dedit tabulam æneam, in qua hæc scripta fuerant : Concede unicuique ut comedat et bibat pro viribus comedentium ; eis quoque manda opera quæ proportione conveniant ac respondeant, et neque jejunare prohibe nec comedere. Sic quidem fortibus fortia manda opera, imbecilla autem et levia lis qui se magis exercent, et sunt imbecilliores. Fac autem diversas cellas in eadem aula, et tres in cella maneant. Omnibus autem cibus in una domo paretur. Dormiant autem non recumbentes, sed exstructis sibi sedibus paulo supinioribus, et illic suis impositis stragulis dormiant sedentes. Noctu autem gestent lebitones lineos, succincti. Habeat unusquisque ex his pellem ovillam albam laboratam, absque ea neque comedant, neque dormiant. Ingredientes autem ad Christi communionem Sabbato et Dominica, zonas solvant, et pellem ovillam deponant, et cum sola cuculla ingrediantur. Fecit autem eis cucullas sine villis (78) tanquam pueris, in quibus etiam jussit imponi figuram crucis purpureæ. Jussit autem esse viginti quatuor ordines fratrum, ex numero viginti quatuor litterarum ; præcepitque unicuique ordini imponere nomen elementum Græcum, ab α, β, et quæ deinceps sequuntur, usque ad ω, ut dum interrogat archimandrita de aliquo in tanta multitudine, sciscitetur eum qui est ab eo secundus, quomodo se habet ordo α, aut quomodo se habet ordo β. Rursus saluta ρ, sequendo quoddam proprium nomen litterarum : et simplicioribus quidem et sincerioribus impones nomen ι; difficilioribus autem ξ : et sic convenienter institutis eorum et vitæ et moribus, unicuique ordini elementum litteræ accommodabis; solis spiritalibus intelligentibus ea quæ significantur. Scriptum autem erat in tabula : Si venerit hospes alterius monasterii, quod habet aliam formam, cum eis nec comedat nec bibat, et nec ingrediatur in monasterium, nisi fuerit inventus in via. Porro eum qui semel ingreditur, nec potest cum eis ad triennium sustinere certamen, non admittes; sed cum opera fecerit difficiliora, sic prodeat in stadium post triennium. Comedentes autem velent capita cucullis, ne frater fratrem videat mandentem. Comedenti non licet loqui, nec extra quadram et mensam usquam alio oculos convertere. Constituit autem ut per totum diem facerent duodecim orationes, et cum ad vespertinum lumen (79) venirent, et in nocturnis vigiliis duodecim, et hora nona tres. 737 Quando autem videretur comedendum esse multitudini, constituit ut unusquisque ordo in unaquaque oratione psalmum prius caneret. Cum autem magnus Pachomius contra angelum diceret esse paucas orationes, ei dicit angelus : Has constitui, ut parvi quoque possint procedere ad perficiendam regulam, nec eis sit molestum ; qui autem sunt perfecti, non opus habent ut leges eis ferantur ; nam cum per se sunt in cellis, totam suam vitam attribuunt contemplationi. His autem legem tuli, qui mentem minime habent intelligentem, ut sicut servi contumaces, metu domini totum vitæ institutum implentes, secure et libere degant. Cum hæc ordinasset angelus, et implesset ministerium, recessit a magno Pachomio. Sunt autem hæc monasteria quæ formam hanc obtinuerunt, habentia virorum circiter septem millia. Est autem primum et magnum monasterium, in quo ipse habitat beatus Pachomius, quod alia peperit monasteria, continens numerum circiter mille quadringentorum virorum.

CAPUT XXXIX.
Vita abbatis Aphthonii (80).

Inter quos est etiam servus Dei qui vocatur Aphthonius, qui est mihi germanus ac sincerus amicus, qui nunc obtinet secundum locum in illo monasterio. Quem ut qui sit potens in Christo, firmusque ac stabilis, nec facile offendi possit, mittunt ad suos usus Alexandriam, ut vendat quidem eorum opera, emat autem quæ sunt eis necessaria. Sunt autem alia quoque monasteria quæ constant ex ducentis et trecentis animabus [1]. Atque in Panis quidem ingressus sum civitatem (81), in qua monasterium constat ex viris

---
[1] Hic quædam in Græco, quæ habet Heraclides cap. 19.

trecentis. Exercent autem omnem artem, et ex iis quæ supersunt, ædificant (82) etiam mulierum monasteria, et custodias. Mane ergo surgentes ii quibus sua vice hoc munus obtingit, alii quidem sunt occupati in culina, alii vero versantur in mensis parandis, mensæ imponentes panes et olera agrestia, olivas, caseos, et extremas carnium partes, et comminuta olera. Atque ingrediuntur quidem, qui minus sunt robusti, hora septima, et comedunt, ut qui sint imbecilliores; alii nona, alii decima, alii sero vespere, alii post biduum, alii post triduum, alii post quatriduum, alii post quinque dies, adeo ut unumquodque elementum horam propriam significet. Sic autem erant eorum quoque opera : alius quidem laborat in agro colendo, alius in horto, alius in pistrino, alius in æris officina, alius in fabricando, alius in arte fullonia, alius in parandis coriis (83), alius in consuendis calceis, alius in pulchre scribendo, alius contexebat magnas sportas, alius canistros et sportulas. Memoriter autem omnes expromunt Scripturas.

Horum est mulierum quoque monasterium circiter quadringentarum, quod habet eamdem vivendi formam et idem institutum, præter pellem ovillam. Et sunt quidem mulieres trans fluvium Nilum; viri autem ex adverso earum. Si virgo autem obierit, reliquæ virgines cum eam ad sepulturam concinnaverint, efferunt, et eam ponunt ad ripam fluvii. Trajicientes autem fratres cum palmis et ramis olivæ et psalmodia, eam transmittunt, et in suis monimentis sepeliunt. Præter presbyterum autem et diaconum nullus transit ad monasterium feminarum, idque die Dominico.

CAPUT XL.
De Virgine (84), *de qua fuerat dictum falsum testimonium.*

In hoc monasterio feminarum hæc res accidit. Sutor sæcularis cum trajecisset per ignorantiam, quærebat opus : egressa autem una junior quam ejus postularet ratio (est enim locus desertus) invita eum convenit, deditque ei responsum : Nos habemus nostros sutores. Alia autem quæ ejus viderat colloquium, cum processu temporis inter eas exorta esset contentio, ex diaboli suggestione, præ summa malitia et animi excandescentia eam calumniata est apud fraternitatem propter id colloquium. Cum qua concurrerunt paucæ, quæ non adeo magna ferebantur malitia. Illa autem dolore confecta, ut quæ talem subiisset calumniam, quæ ne in ejus quidem mentem venerat, nec rem potuisset tolerare, se clam jecit in fluvium, et sic obiit. Cum autem id sensisset ea quæ ipsam fuerat calumniata, et vidisset se malitiose eam fuisse calumniatam, et hoc scelus (85) a se commissum, et ipsa quoque se clam suffocavit, cum factum ægre ferret. Cum autem venisset presbyter, reliquæ virgines ei rem renuntiaverunt : jussit itaque pro nulla harum fieri oblationem. Reliquas autem tanquam conscias, et quæ calumniantem non compescuerant, et quæ dicta sunt crediderant, septennium segregavit, eas excommunicans.

CAPUT XLI.
De Virgine (86) *quæ simulabat stultitiam.*

In hoc monasterio fuit alia virgo quæ propter Christum simulabat stultitiam (*Pelag.*, *libell.* xviii, *n.* 19), et se a dæmone occupari, persuadens sibi per hæc virtutem optime exercere, se in ea præclare gerens, seque reddens abjectam et humilem. Hanc usque adeo reliquæ sunt aspernatæ, ut nec cum ea quidem vescerentur, id illa excipiente cum lætitia. Discurrens itaque illa in culinam, exhibebat aliis omne genus ministerium, adeo ut nec horam quidem unam intermitteret, sed tanquam ancilla serviret : eratque hæc beata, ut dicitur, spongia monasterii, revera implens id quod scriptum est in Evangelio : Qui vult inter vos esse magnus, sit omnium servus, et omnium minister (*Matth.* xx ; *Marc.* x). Et rursus alibi : Si quis videtur esse inter vos sapiens in hoc sæculo, sit stultus ut fiat sapiens (*I Cor.* iii). Atque aliarum quidem virginum erat ejusmodi habitus, ut essent tonsæ, et haberent cucullos in capite; ipsa vero panno caput obvoluta obibat earum omnium ministerium. Eam nulla ex quadringentis vidit mandentem omnibus annis vitæ suæ. In mensa nunquam sedit, neque unquam fragmentum panis comedit, sed micas mensarum spongia colligens, et ollas lavans, his erat contenta. Neque vero ea unquam induit calceos, neque aliquem affecit contumelia, non murmuravit, non parvum vel magnum quid est locuta, etsi contumelia afficeretur, et pugnis tunderetur, et maledictis appeteretur, et plurimi eam abominarentur.

CAPUT XLII.
De sancto Pitirum.

De hac sancta, sancto Pitirum anachoretæ, qui sedebat in Porphyrite, viro probatissimo in virtute exercitationis, astitit revelans angelus (*Pelag.*, *libell.* xviii, *num.* 19, *ubi dicitur Pyoterius*), qui ei dixit : Cur tibi places, et te magnifice circumspicis ob ea quæ a te recte et ex virtute geruntur, ut qui sis pius et religiosus, et sedeas in hoc loco? Vis videre mulierem te magis piam ac religiosam? Abi in monasterium feminarum Tabennesiotarum, et invenies illic unam quæ habet redimiculum (87) in capite ; ea est te melior : quæ cum tanta turba decertans, et omnibus indiscriminatim serviens, cor nunquam abduxit a Deo, etsi ab omnibus superbe contemnatur. Tu autem etiamsi hic sedeas, per urbes tamen vagaris cogitatione, qui orbem terrarum nunquam calcasti pedibus. Surgens autem magnus Pitirum, venit usque ad monasterium Tabennesiotarum, et rogat magistros ut liceat ei transire usque ad monasterium feminarum ; ut qui esset ergo inter Patres magnæ existimationis, et consenuisset in exercitatione, bono ac fidenti animo transmisso fluvio eum introduxerunt. Cum autem orassent, petiit magnus Pitirum ut virgines omnes coram ex facie videret. Cum omnes ergo in medium accessissent, illa non apparuit. Tandem dicit eis sanctus Pitirum : Cunctas ad me adducite. Cum autem dicerent : Adsumus omnes, dicit eis : Deest una quam ostendit mihi angelus. Eæ vero dicunt : Unam habemus Salem (88), quæ est in culina. Sic enim vocant illic eas quæ non sunt sanæ mentis. Dicit eis magnus : Illam quoque adducite, sinite ut eam videam. Iverunt itaque ad eam vocandam. Illa vero nequaquam obediit, ut quæ rem sentiret, nam forte ipsi quoque fuerat revelatum. Eam ergo vi trahunt, ipsi dicentes : Sanctus Pitirum vult te videre, erat enim is magni nominis. Ea ergo adducta, vidit magnus ejus faciem, et pannum in capite et fronte ejus, et cadens ad pedes ejus, dicit ei : Benedic Amma. Cadens autem ad pedes ejus ipsa quoque dicebat : Tu mihi benedic, domine mi. Cum hoc autem cunctæ vidissent, obstupuerunt, et ei dixerunt : Ne tibi fiat probrum ac vituperium, est enim Sale. Eis dicit sanctus Pitirum : Vos estis Sale, hæc enim et me et vobis est melior; est Amma (sic enim vocant Matres spiritales), et quæso ut ea digna inveniar in hora judicii. Eæ autem cum audiissent, ceciderunt ad pedes ejus flentes, et confitentes omnes quod beatam diversis modis afficerent contumelia. Alia quidem dicens : Ego hanc semper subsannabam ; alia, Ego ejus humilem habitum irridebam; et alia, Ego eam tacentem afficiebam contumelia ; et rursus alia, Ego quadræ eluviem sæpe in eam effudi ; alia, Ego ei plagas inflixi; alia rursus, Ego ea sum quæ ei pugnos incussi; alia rursus, Ego sinapio ejus nares aspersi. Et ut semel dicam, significabant omnes se eam variis affecisse contumeliis. Cum harum ergo confessionem accepisset sanctus Pitirum, et pro eis simul cum ipsa orasset, et diu esset consolatus venerandam Christi servam, sic exiit. Paucis autem post diebus cum ab omnibus valde honoraretur, et ab omnibus observaretur, non ferens beata gloriam et honorem quo afficiebatur ab omni fraternitate, et excusationes onus esse arbitrans, clam exiit ex monasterio; et quonam iverit, aut quem locum subierit, aut ubi obierit, nemo cognovit in hodiernum diem. Hæc sunt generosæ et humilis virginis hujus ac beatæ recte facta et opera.

CAPUT XLIII.
De abbate Joanne (80) *urbis Lyco.*

Fuit quidam Joannes in urbe Lyco, qui a puero quidem didicit artem fabrilem, cui fuit frater tinctor (*Ruff., lib.* II, *cap.* 1). Postea autem cum esset circiter viginti quinque annos natus, sæculo **739** renuntiavit ; et cum quinque annos versatus esset in monasterio, secessit solus in montem Lyco, et in cacumine montis factis sibi tribus tholis, ingressus, seipsum inædificavit. Atque erat quidem unus tholus ad corporis necessitates, unus autem ubi operabatur, alius vero ubi orabat. Is cum complesset triginta annos, inclusus, et ab eo qui ei ministrabat per fenestram accipiens quæ erant ad usum necessaria, dignus est habitus gratia futurorum prædictionis, quem donum habere prophetiæ planum factum est ex operibus. Etenim cuncta quæ a Deo in mundum veniebant, in primis pio imperatori Theodosio prius significavit, et quæ rursus eventura erant, prius annuntiavit; nempe et tyrannorum (90) in eum insurrectionem,

et rursus velocem eorum interitum, et quæ in eum irruebant gentium deletionem : adeo ut eum quidam dux exercitus ad eum venisset sciscitatum an Æthiopes qui sunt in Syene esset superaturus, quæ quidem est principium Thebaidis; ii autem tunc irruperant, et eorum finitimam regionem vastaverant; et autem dixit Joannes : Si ascenderis, eos comprehendes, vincies, et subjunges, et clarus eris apud imperatores. Id etiam factum est, et quæ acciderunt confirmarunt ejus prædictionem. Dicebat autem Christianissimum imperatorem Theodosium esse morte sua moriturum. Habuit autem hic vir admirabilem quoque, et quæ modum superabat, prophetiam, ut audivimus ex Patribus qui cum eo versabantur, quorum vita fuit probata apud omnes qui illic erant. Quod autem de eo nihil narrarint ad gratiam, sed minus quam mereretur, hinc facile sciri potest. Nam cum ad eum venisset quidam tribunus, et supplex peteret ut permitteret uxorem suam ad eum venire, quæ multa passa fuerat, et volebat eum videre, ventura Syenem ut pro ipsa prius oraret, et eam data benedictione dimitteret; is autem qui jam quadraginta annis non viderat mulierem in spelunca, cum esset nonagenarius, et nec ipse unquam esset egressus, nec sibi permitteret videre mulierem, recusabat videre ejus uxorem. Sed nec vir ullus ad eum unquam est ingressus. Solum enim benedicebat per fenestram, et salutabat eos qui accedebant, cum unoquoque disserens de eo quod volebat [1]. Cum ergo instaret tribunus, rogans an juberet suam venire conjugem (degebat enim in solitudine quinto ab urbe lapide) is autem non annuisset, dicens id non posse fieri, tristem dimisit hominem. Uxor autem non cessabat die et nocte marito exhibere molestiam, et jurejurando affirmare se nusquam abituram nisi videret prophetam. Postquam autem beato Joanni a marito renuntiatum est jusjurandum uxoris, ejus fide intellecta, dicit ad ipsum : Hac nocte ab ea videbor in somnis ; nec amplius pergat in carne videre meam faciem. Uxori autem renuntiavit maritus ea quæ Pater dixerat. Videbat autem mulier in somnis prophetam ad ipsam venientem. Cui dicit : Quid tibi mecum rei est mulier ? quid meum cupiisti videre faciem ? nunquid enim propheta ego sum, aut justi locum obtineo ? homo sum peccator, et similiter atque vos patibilis : oravi tamen pro te et domo mariti tui, ut fiat vobis secundum fidem vestram. Ite ergo in pace. Et cum hæc dixisset, recessit. Cum autem excitata fuisset mulier, renuntiavit marito verba prophetæ, et narravit figuram et habitum, et per maritum ei misit agendas gratias. Cum eum autem vidisset beatus Joannes, occupans ei dixit : Ecce implevi quod postulaveras ; eam enim videns, monui ne me videret amplius, sed, Ite in pace.

Alterius autem præpositi uxor, absente marito, ferebat uterum. Cum autem peperisset, eo ipso die quo ejus maritus convenit Patrem Joannem, animi deliquio venit in periculum. Ei autem sanctus annuntiavit, dicens : Si scires donum Dei (*Joann.* IV), et

[1] Hic quædam Græcus textus interserit, quæ habes apud Heraclidem, cap. 22.

quod tibi natus sit hodie filius, Deum glorificares; sed mater ejus propemodum venit in periculum. Cum veneris igitur, invenies infantem septem dies natum : ei impone nomen Joannes. Cumque eum recte educaveris, et ad annum septimum venerit, mitte eum ad monachos qui sunt in solitudine. Et hæc quidem ostendebat miracula iis qui veniebant ab exteris; suis autem civibus propter suum usum assidue ad ipsum venientibus et præsciebat et prædicebat futura; et quæ ab unoquoque occulte facta fuerant, et de Nilo, et de futura anni fertilitate eis significabat. Similiter autem Dei quoque minas ad eos venientes prius annuntiabat, et ejus auctores arguebat. Atque ipse quidem beatus Joannes non peragebat aperte curationes; dans autem oleum, curavit multos ex iis qui laborabant.

Senatorii enim cujusdam viri uxor, quæ oculos amiserat, et habebat pupillas obductas albugine, rogavit maritum suum ut ad ipsum deduceretur. Cum is autem diceret, eum nunquam convenisse mulierem, ea autem rogaret ut ipsi solum significaretur, et pro ipsa id efficeret, ille sic fecit, et misit oleum. Cum tres autem dies solum inunxisset oculos, respexit, et Deo aperte egit gratias.

Et quid opus est dicere de aliis ejus operibus **740** quæ ipsis oculis accepimus? Eramus enim septem fratres peregrini omnes in solitudine Nitriæ, ego et beatus Evagrius, et Albinus, et Ammonius. Quærebamus autem scire accurate quænam esset hujus viri virtus. Dixit autem magnus Evagrius : Lubenter scirem ab aliquo qui norit examinare et mentem et orationem, cujusnam modi sit vir; si enim ego eum non potuero videre, ejus autem vitæ institutum accurate audire potuero alio narrante, discam ut eum conveniam; quod si non didicero, non ibo usque ad montem. Cum hoc autem audiissem, et nemini quidquam dixissem, quievi unum diem, alio autem occlusi cellam; et cum me et ipsam Deo commendassem, profectus sum usque ad Thebaidem. Cum eo autem decem et octo dierum spatio pervenissem, partim quidem pedibus, partim vero navigando in flumine : erat autem tempus ascensus (91), in quo multi ægrotant, quod mihi quoque accidit. Cum venissem autem, inveni clausum ejus vestibulum; fratres enim posterius ædificarunt maximum vestibulum, quod capiebat viros circiter centum : quod clave claudentes, aperiebant tantum Sabbato et Dominica. Cum ergo didicissem causam propter quam erat clausum, silentium egi usque ad Sabbatum. Et cum venissem hora secunda, in congressione eum inveni assidentem in fenestra, per quam videbatur consolari eos qui accedebant. Cum me autem salutasset, dixit per interpretem : Cujasnam es regionis, et cur venisti? conjicio enim te esse ex conventu Evagrii. Dixi autem me esse hospitem ex Galatia, et confessus sum me esse ex sodalitate Evagrii. Interim autem dum loqueremur, ingressus est præses regionis, Alypius nomine; quo accurrente, desiit mecum colloqui. Cum ergo parum secessissem, dedi eis locum

eminus. Cum essent autem collocuti diutius, tristitia sum affectus, et murmuravi adversus venerabilem senem (92), quod me quidem contempsisset, illum autem honorasset; et ob id animo conturbatus, in animo habebam eo contempto recedere. Vocato autem interprete, Theodoro nomine, dicit ei : Vade, dic illi fratri ut ne ægre ferat; jam dimitto præsidem, et eum alloquar. Visum est ergo mihi toleranter ferre, ut qui animadvertissem, eum esse spiritalem. Cum exiisset autem præses, me accersito, dicit mihi : Cur contra me fuisti indignatus? Quid invenisti quod te jure offenderet, quod illa animo reputasti quæ neque mihi adsunt, neque te decent? An nescis scriptum esse : Non opus habent sani medico, sed male habentes (*Matth.* ix; *Marc.* x; *Lucæ* v). Te, quando volo, invenio, et tu me; et si te non fuero consolatus, alii te consolantur fratres, et alii Patres. Hic autem qui per mundana negotia erat deditus diabolo, et cum brevi temporis spatio respirasset ut servus qui aufugit ab austero domino, accessit ut aliquam caperet utilitatem. Absurdum ergo fuisset ut eo relicto tecum versarer, cum tu assidue vaces saluti. Cum eum ergo rogassem ut pro me oraret, exploratum habui eum esse virum spiritalem. Tunc urbane mecum jocans, cum sinistram maxillam mihi sensim pulsasset, dicit : Multæ te manent afflictiones, et gravia bella passus es ut exires e solitudine, timoreque affectus es, et distulisti : pios autem prætextus et rationi consentaneos afferens dæmon, te exagitat. Tibi enim suggessit et patris tui desiderium, et fratris tui et sororis tuæ in vita monastica institutionem. Ecce ergo bonum tibi affero nuntium : ambo salvi sunt, mundo enim renuntiarunt, et pater tuus est adhuc victurus septem annos. Esto ergo forti et constanti animo in solitudine, nec eorum causa velis abire in patriam. Scriptum est enim : Nemo qui manum admovit aratro, et est conversus, est aptus regno Dei (*Lucæ* ix). Ex his ergo verbis adjutus et satis roboratus, Deo egi gratias, cum intellexi, eos qui me urgebant prætextus esse peractos. Deinde rursus mihi dicit, urbane mecum jocans : Vis fieri episcopus? Dixi autem : Nequaquam; sum enim. Is autem mihi dicit: Ubi? Dixi ego : In coquinis, in penu, in mensis, in doliis : ea diligenter inspicio, et si vinum acuerit, id segrego; bonum autem bibo; similiter ollam quoque diligenter inspicio, et si sal defuerit vel condimenti aliquid, eam condio, et sic eam comedo. Hic est meus episcopatus, mea inquam inspectio, me enim ad eum delegit gula. Is vero dixit subridens : Mitte ridicula; futurum est ut eligaris episcopus, et multum labores, et affligaris; si ergo fugis afflictiones, ne exeas e solitudine, in solitudine enim nemo te potest ordinare episcopum. Ego autem ejus verborum sum oblitus, tribus enim post annis et splene et stomacho laboravi. Illinc autem a fratribus missus sum Alexandriam, morbus enim (93) ad hydropisin vergebat, ab Alexandria autem consuluerunt medici ut aeris gratia irem in Palæstinam; habet enim quod ad meam attinet temperaturam, subtiliorem aerem. A Palæstina autem veni in Bithyniam, et in ea nescio quomodo, an humano studio, an divina voluntate (94), Deus scit, dignus habitus sum ordinatione quæ meas vires superat, in eum casum incidens quem Joannes prædixerat. **741** Et undecim mensibus latens in cella tenebrosa, recordatus sum illius beati qui mihi prædixit ea quæ passus sum.

Porro autem hoc quoque mihi narrabat, tanquam profuturus ad hoc, ut per narrationem me deduceret ad patienter ferendam solitudinem : Quadraginta annos versor in hac cella; non vidi faciem feminæ, non ullum nummum, non vidi aliquem mandentem, non comedentem nec bibentem me vidit aliquis.

Cum ergo ab eo recessissem, veni in solitudinem in loco consueto, hæc omnia narrans beatis Patribus qui post duos menses venerunt et sunt cum eo collocuti, iique hæc nobis narrarunt. Cum ad eum venissemus, læto vultu nos excepit et salutavit, se hilarem unicuique ostendens. Rogabamus autem eum ut statim pro nobis perageret orationem, est enim hic mos Patribus qui sunt in Ægypto. Is autem nos interrogavit num inter nos esset clericus aliquis. Postquam autem omnes non esse diximus, nos omnes circumspiciens, agnovit eum qui erat occultus : erat autem unus ex nobis qui dignus fuerat habitus diaconatu, cum esset unus frater ejus rei conscius, cui etiam præcepit ut nemini diceret. Qui causa humilitatis, et in talium Patrum comparatione, vix se dignum censebat Christiani appellatione, tantum abest ut alicujus dignitatis. Manu ergo eum ostendens, dicebat omnibus : Hic est diaconus. Cum is autem assidue negaret, et latere conaretur, e fenestra ejus manum apprehensam osculatus est, et admonens eum hortatus est, dicens : Ne irritam facias gratiam Dei, fili, ne mentiaris donum Dei inficians. Mendacium enim alienum est a Christianis, et sive sit in re magna, sive in parva, non est tamen laudabile, cum dicat Servator : Mendacium est a malo (*Joann.* VIII). Is vero convictus tacuit, accipiens paternam ejus reprehensionem. Cum preces autem complevissemus, unus frater ex nobis, quem jam tertiana febris vehemens tenebat, rogabat ut curaretur. Cum autem dixisset frater ei conferre afflictionem propter exiguam quæ ei inest fidem, tradens tamen oleum jussit eum inungi. Cum is autem se unxisset, quidquid intus habebat per os emisit, et a febre omnino liberatus, propriis pedibus recessit ad hospitium. Licebat autem videre hominem nonagenarium toto corpore ita afflictum, ut præ exercitatione ne barba quidem nata esset in facie. Nihil enim aliud comedebat quam arborum fructus, idque post solis occasum in summa senectute, cum se prius multum exercuisset, et neque panem sumpsisset, neque aliquid ex iis quæ igni admota veniunt in usum. Cum ipse autem nos jussisset sedere, Deo egimus gratias quod ejus frueremur congressione. Is autem cum tanquam dilectos suos filios longo tempore accepisset, ridenti vultu hæc nobis est locutus : Undenam, o filii, et ex quanam regione ad hominem abjectum et humilem accessistis? Postquam autem diximus patriam, et adjecimus : Pro utilitate animarum nostrarum ad te venimus ab Jerusalem, ut quod auditione acceperamus, id cerneremus oculis; sunt enim aures minus fideles oculis : et auditionem quidem sæpe consequitur oblivio, rei autem visæ non deletur memoria, sed menti quodammodo imprimitur historia. Ad nos ergo dixit beatus Joannes : Et quid mirandum visuri, o filii charissimi, tantum itineris et laboris tolerantes huc venistis, homines abjectos et humiles videre cupientes, qui nihil habent spectatu dignum nec admiratu? Ubique autem sunt admirandi et laude digni Dei prophetæ et apostoli, qui leguntur in ecclesiis, quos oportet imitari. Valde autem miror, inquit, vestrum studium, quemadmodum tot contemptis periculis, ad nos venistis propter utilitatem, cum nos præ socordia ne ex ipsa quidem spelunca velimus progredi. Sed age nunc, inquit, etiamsi res vestra sit laude digna, ne tanquam re aliqua præclare gesta, vobis sufficere putetis, sed imitemini virtutes quas patres vestri persequuntur. Quod si etiam omnes possederitis, quod quidem est rarum, ne sic quidem vobis ipsis credideritis. Quidam enim qui sic confiderunt, et ad ipsum virtutum fastigium pervenerunt, tandem ex alto ceciderunt. Sed videte num preces vestræ se recte habeant; num conturbata sit cordis vestri puritas; num mens vestra inter orandum sit occupata aliis negotiis; num aliqua alia mentem subiens cogitatio avertat ad aliquid aliud; num aliqua cogitatorum memoria animo exhibeat molestiam. Videte num mundo vere renuntiastis; num ingressi estis tanquam nostram speculantes libertatem; num ad vanam gloriam vestras virtutes venamini, ut ad ostentationem videamini hominibus nostra opera imitantes. Videte ne vobis facessat negotium animi perturbatio, ne honor et gloria et laus humana, ne rerum sacrarum curæ simulatio, aut amor proprius; ne putetis vos esse justos; neque de justitia gloriemini, ne propter virtutes efferamini; ne orantibus cognationis memoria animo insideat; ne memoria commiserationis aut alicujus alterius rei, neque ipsius universi **742** mundi vobis succurrat. Sin minus; res efficitur vanitas, quando quis Dominum alloquens, deorsum impellitur ab iis quæ ex adverso trahunt cogitationibus. Hæc autem mentis prolapsio unicuique accidit qui hunc mundum non omnino abnegavit, sed veneratur ut ei placeat. Ob multa enim quæ aggreditur, ejus mentem dividunt curæ corporeæ et terrestres; et dum deinceps disputat cum animi perturbationibus, non potest Deum videre. Sed neque ipsam cognitionem debet accurate et exacte contemplari, ne si forte fuerit indignus tali possessione, et ejus aliquam partem fuerit consecutus, existimet se totum comprehendisse, et omnino labatur in interitum. Sed oportet semper moderate et pie ad Deum accedere, quantum potest unusquisque mente progredi, et quantum possunt homines consequi. Oportet ergo mentem eorum qui Deum quærunt, otium agere ab aliis omnibus. Vacate enim et cognoscite, inquit, quod ego sum Deus (*Psal.* XLV). Qui ergo Dei cognitionem ex parte est consecutus, universam enim nemo potest accipere, consequitur quoque aliorum omnium cognitionem, et videt mysteria Dei illa ei ostendentis, et praevidet futura, et contemplatur revelationes quales sancti, et efficit virtutes, et obtinet a Deo omnem petitionem.

Alia quoque multa dixit de exercitatione; et quod oportet exspectare mortem tanquam vitam bonae translationis, et non imbecillitatem intueri corpoream; et nec vel quibuslibet obviis implere ventrem: Nam qui, inquit, fuerit satiatus, eadem caput consilia quae ii qui vivunt in deliciis; sed tentare oportet per exercitationem etiam appetitionum parare impatibilitatem. Nec quaerat aliquis ea quae sunt parata, et animi relaxationem; sed nunc sit imbecillus afflictusque et oppressus, ut regni Dei latitudinis possideat haereditatem. Oportet enim nos per multas afflictiones intrare in regnum Dei (*Act.* XIV). Est enim, inquit, angusta porta, et arcta via quae ducit ad vitam, et pauci sunt qui eam inveniant. Et: Lata est via quae ducit ad perditionem, et multi sunt qui ingrediuntur per eam (*Matth.* VII). Et oportet, inquit, nos hic contemnere, cum paulo post eamus ad vitam aeternam. Nec oportet aliquem efferri ob ea quae recte à se gesta sunt, sed semper esse humilem, et longiores persequi solitudines, quando senserit se efferri. Habitatio enim propinqua vicis, eos etiam qui erant perfecti saepe offendit. Quod etiam psallit David cui tale quid acciderat: Ecce elongavi fugiens, et habitavi in solitudine. Exspectabam eum qui salvum me facit à pusillanimitate et tempestate (*Psal.* LIV). Hoc autem accidit multis quoque ex nostris fratribus, et propter arrogantiam exciderunt à scopo.

CAPUT XLIV.

Narratio abbatis Joannis de eo qui lapsus est.

Erat enim, inquit, quidam monachus qui in propinqua solitudine degebat in spelunca, et omnem ostenderat exercitationem, et propriis manibus panem sibi quaerebat (*Ruff., lib.* II, *cap.* 1). Postquam autem permansit in orationibus, et profecit virtutibus, in seipso deinceps habuit fiduciam, fretus pulchro suae vitae instituto. Qui autem tentat, eum quoque, sicut Job, expetiit ad tentandum, et ei vespere praebet phantasiam formosae mulieris errantis per solitudinem. Quae cum ostium invenisset apertum, ingressa est speluncam; et procumbens ad viri genua, petiit ut sibi illic liceret quiescere, utpote quod nox eam apprehendisset. Ille autem cum ejus esset misertus, quod quidem non debuit, eam admisit in speluncam, et de errore illam est percontatus. Illa vero et narravit, et blanda ac fallacia verba inspersit, et sermonem diu cum eo protraxit. Eum autem sensim nescio quomodo pelliciebat ad amorem; pluraque deinceps verba inter se conserunt, ridentque ac subrident, ejusque ipsa multo sermone seduxit, et deinde contrectatione manus et barbae et cervicis;

et tandem exercitatorem redegit in servitutem. Cum autem ille internis versaretur cogitationibus, deinde ut qui jam rem haberet in manibus, reputans opportunitatem et voluptatis explendae securitatem, cogitationi assentitur, et tentat cum ea habere consuetudinem, ut qui jam evasisset insipiens et equus in feminas insaniens. Illa vero cum repente magna voce exclamasset, evasit evanescens ex ejus manibus non secus ac umbra aliqua. Risus autem in aere auditur multorum daemonum qui ipsum increpabant, et in fraudem induxerant, et magna voce ad ipsum clamabant: Qui se exaltat, humiliabitur (*Lucae* XLI). Tu autem usque ad coelos quidem es exaltatus, humiliatus vero es usque ad abyssos. Exinde surgit mane nocturnum lectum attrahens; et cum totum diem transegisset in lamentatione, sua desperata salute, quod non debuit, in mundum reversus est. Hoc est enim maligni studium, ut quando quempiam irriserit, eum redigat ad insipientiam, ut non possit deinceps surgere. Unde, o filii, non est nobis conducibilis propinqua vicis habitatio, neque mulierum collocutio, ut ex quibus oriatur memoria, quae non potest deleri, quam ex visu attrahimus et collocutione. Sed neque debemus animum despondere, et nos ipsos detrudere ad desperationem. Jam enim ii quoque qui non spem abjecerunt, non fuerunt privati Dei misericordis clementia.

CAPUT XLV.

De fratre qui ductus fuit poenitentia, ejusdem abbatis Joannis narratio.

Erat enim, inquit, alius adolescens in civitate, qui multa mala fecerat, et graviter peccaverat (*Ruff., lib.* II, *cap.* 1). Qui Dei nutu, propter multa peccata compunctus, veniens ad sepulcra, priorem suam vitam deflevit; pronus cadens in faciem, et non audens vocem emittere, nec Deum nominare, neque supplicare, ipsa quoque vita seipsum indignum existimans. Et cum ante mortem se inclusisset in sepulcris mortuorum, et suam vitam diceret, gemebat ex profundo cordis. Cum jam autem ab eo tempore praeterisset hebdomada, noctu ei assistunt daemones, qui ejus vitae prius damnum attulerant, clamantes et dicentes: Ubi est ille scelestus et profanus, qui libidinibus et lasciviis exsatiatus, nunc nobis intempestivus, temperans et honestus repente apparuit; et quando non potest amplius, tunc vult esse Christianus, et probis compositisque moribus? Ecquidnam tibi boni amplius futurum exspectas, cum sis nostris malis impletus? Non hinc cito exsurges? Non venies ad ea quae sunt nobiscum consueta? te manent scorta et caupones. Non venies, et frueris cupidinibus, cum sit cuncta alia tibi spes exstincta? Velox ad te omnino veniet judicium, qui sic teipsum perimis. Et cur miser festinas ad supplicium? cur autem contendis tibi poenas citius infligere? Multaque alia dicentes: Noster es, in nostrum ordinem es relatus, exercuisti omnem iniquitatem. Tu es nobis omnibus obnoxius, et audes fugere? non assentieris? non respondebis? non simul egredieris? Postquam autem ille constans in fletibus, ne aures quidem eis præbebat, et nec verbum respondebat eum diu urgentibus dæmonibus; postquam, inquam, nihil effecerunt, eadem sæpe illi dicentes, acceperunt eum mali et turpes dæmones, et totum ejus corpus male multarunt, eum graviter flagris cædentes; et cum eum graviter torsissent, abierunt eo relicto semimortuo. Ille autem nihilo secius immobilis jacebat ubi eum reliquerunt, rursus gemens postquam animum collegerat. Cum autem ejus necessarii eum investigassent et invenissent, et causam ejus quod ipsius corpori acciderat didicissent, rogabant eum ut domum rediret: is autem cum vim ei sæpe attulissent, restitit. Rursus autem sequenti nocte eum iisdem de causis pejus quam prius affecerunt dæmones; et ne sic quidem ejus consanguinei ei persuadent ut emigret, dicens satius esse mori quam vivere in talibus vitæ maculis. Tertia nox propemodum fecit ut excederet ab hominibus, cum crudelibus tormentis in eum invasissent dæmones, et eum vexassent usque ad extremum spiritum. Postquam autem viderunt eum non concessisse, recesserunt, homine relicto exanimi. Recedentes itaque exclamarunt, dicentes: Vicisti, vicisti, vicisti. Neque ei amplius aliquid mali occurrit; sed in purissimo sepulcro pure habitavit dum vixit, puram exercens virtutem. Is Deo quoque fuit pretiosus, et virtutibus, miraculorum effectionibus; adeo ut et multos in admirationem induxerit, et ad zelum adduxerit et æmulationem honestorum institutorum. Hinc factum ut multi quoque ex iis qui de se valde desperaverant, bonas actiones aggressi sint, et se recte gesserint, eisque factum est id quod dicit Scriptura: Omnis qui seipsum humiliat exaltabitur (*Lucæ* XIV). Præcipue ergo, o filii, exerceamus humilitatem, quæ est fundamentum primum omnium virtutum. Nobis autem multum quoque confert solitudo longior et remotior.

CAPUT XLVI.

Alia narratio abbatis Joannis, de eo qui lapsus, ductus est pœnitentia.

Fuit enim alius quoque monachus qui ulteriorem occuparat solitudinem, et multis annis se recte et ex virtute gesserat (*Ruff.*, lib. II, cap. 1). Qui cum esset deinceps senio confectus, tentabatur a dæmonum insidiis. Silentium enim valde amplectebatur exercitator, et in orationibus et hymnis et multis contemplationibus diem transigebat, et visiones quasdam divinas clare videbat, partim quidem vigilans, partim vero etiam in somnis; et somni propemodum expers tenebatur a vita incorporea, non terram plantans, neque victus ullam curam gerens, neque in plantis quærens quod egenti præberet corpori. Sed neque avium aucupium, neque ullum animal persequebatur; sed fiducia plenus, ex quo ex regione habitabili illuc migrarat, nullam habebat rationem ut ei permaneret corpus nutritum, sed omnium oblitus, se perfecto sustinebat in Deum desiderio, exspectans vocationem, et ex hoc mundo migrationem; et ut plurimum quidem alebatur **744** delectatione eorum quæ non cernuntur et sperantur, et neque diuturnitate ei corpus macerabatur, neque mœrebat tristisque erat anima, sed in quodam honesto ac venerando statu bonum habebat habitum. Verum enimvero Deus eum honorans, post præfinitum temporis intervallum, dabat ei super mensam panem duorum vel trium dierum, ut et videretur, et esset, et eo uteretur. Et ingrediens in speluncam, quando semiebat corpus indigere, inveniebat nutrimentum. Et cum adorasset et cibum sumpsisset, hymnis rursus fruebatur, perseverans in precibus et contemplatione, in dies germinans, et se tradens præsenti virtuti et futuræ spei, semper magis magisque progrediens; et fere jam de meliori sua sorte confidebat, tanquam jam eam haberet in manibus: quod etiam fuit ei causa lapsus, cum propemodum excideret per eam quæ ipsum postea invasit tentationem. Quid enim non dicimus ejus eum qui prope fuit casum? Postquam enim ad hanc processit cogitationem, paulatim imprudens eo devenit, ut existimaret se esse pluris quam alios, et jam majus quid possidere quam alii homines; et cum talis esset, jam deinceps in seipso habuit fiduciam. Ei ergo gignitur haud ita diu post primum parva quædam animi remissio, ut ne videretur quidem esse remissio. Deinde oritur major negligentia, quæ deinde eousque progressa est ut sentiretur; nam et ex somno tardius surgebat ad hymnos, et erant preces paulo otiosiores, nec hymnus adeo prolixus, et dicit ei anima se velle requiescere, et mens ei annuit; et fluctuabant et vagabantur ei cogitationes, et jam occulte aliquid absurdi meditabatur. Sed prior assuefactio adhuc exercitatorem quodammodo abducebat, veluti quidam motus ex priori illa incitatione, et eum interim conservabat. Et aliquando post solitas preces ingressus vespere, invenit panem super mensam, qui ei suppeditabatur divinitus, et se refecit. Quo tempore nec illas exsecrabiles abjecit cogitationes, neque reputavit animam lædi a contemptione, neque conversus est ad quærendam mali curationem; sed parum duxit parum abesse quominus excideret ab iis quæ decet facere. Amor itaque cupiditatis eum raptum cogitatione in regionem abduxit habitabilem. Cum se tamen interim cohibuisset in diem sequentem, ad consuetam conversus exercitationem, cum orasset et hymnos dixisset, ingressus speluncam, invenit quidem panem sibi appositum, sed non tam diligenter confectum, nec tam purum, sed sordidum et inquinatum. Qui etsi esset id admiratus, et tristitia affectus, sumpsit tamen, et se refecit. Successit tertia nox, et triplex malum addidit. Etenim mens ejus cito irrupit in cogitationes. Ita autem erat ei affecta memoria, ut videretur una cum eo adesse femina et simul accumbere, et eam rem habebat in oculis, et eam veluti facere perseverabat. Egressus tamen est tertio quoque die ad opus, et preces, et hymnos, sed non habens amplius mundas cogitationes, sed frequenter conversus, in altum tollebat oculos, eos huc et illuc torquens; ejus enim pulchrum opus interrumpebant memoriæ cogitationum. Vespere ergo reversus pane indigens, illum quidem invenit in mensa, veluti corrosum a muribus aut canibus, et foris siccas quasdam reliquias. Tunc ingemiscit quidem et lacrymatur, sed non quantum satis esset ad coercendam nequitiam. Nutritusque non quantum volebat, se parabat ad quietem. Eum autem acervatim invaserunt cogitationes, eum undique circumdantes; et ejus mentem oppugnant, et captivum statim in mundum abducunt. Surgens autem ivit versus regionem quæ habitatur, ingrediens noctu per solitudinem. Cum autem dies eum apprehendisset, et quæ habitatur regio adhuc procul abesset, et eum æstus affligeret, defatigatus est. Undequaque autem in orbem considerans circumspicit, an alicubi appareret monasterium, in quod ingressus requiesceret. Quod etiam accidit, eum excipientibus quibusdam piis et fidelibus fratribus, qui cum eum tanquam patrem germanum aspexissent, vultum ejus et pedes laverunt; et cum orassent, mensam apposuerunt, et rogarunt ut quæ erant apposita sumeret cum charitate. Postquam autem se refecit, postularunt fratres ut verbum salutis ab eo acciperent, et quanam ratione possent servari a laqueis diaboli, et quemadmodum superarent turpes cogitationes. Is autem ipsos tanquam pater filios admonens, hortabatur ut essent fortes et constantes in laboribus, ut qui essent paulo post in summa quiete collocandi. Multa quoque alia cum eis disserens de exercitatione, eos valde juvit. Cum autem cessasset ab admonitione, et se parum recollegisset, considerabat quemadmodum alios admonens, se non monebat nec corrigebat; et se esse victum intelligens, cursu rursus rediit in solitudinem, seipsum deflens, et dicens: Nisi quia Dominus mihi opem tulisset, propemodum in inferno habitasset anima mea (*Psal.* xcix). Propemodum in omne malum sum redactus, propemodum me in terra confecerunt. Et in eo factum est quod dictum **745** est: Frater qui a fratre adjuvatur, est tanquam urbs munita et excelsa, et tanquam murus qui non potest corruere (*Prov.* xviii). Quanquam abhinc toto vitæ tempore luxit perpetuo, privatus mensa quæ ei dabatur divinitus, et panem suum quærens cum labore. Nam cum se in spelunca inclusisset, et sibi saccum et cinerem substravisset, non prius a terra surrexit, nec cessavit flere, quam vocem angeli audiisset ei dicentem in somnis: Accepit Dominus tuam pœnitentiam, et tui est misertus; deinceps autem vide ne decipiaris. Ad te enim venient fratres quos admonuisti, et afferent ad te eulogias, quas cum acceperis, vesceris cum ipsis, et perpetuo Deo ages gratias.

Hæc ergo vobis narravi, o filii, ut humilitatem exerceatis, seu in parvis, seu in magnis esse videamini. Hoc est enim primum præceptum Servatoris, qui dicit: Beati pauperes spiritu, quoniam ipsorum est regnum cœlorum (*Matth.* vi). Et ne decipiamini a dæmonibus, qui vobis visa et phantasias excitant; sed si quis ad vos venerit, aut frater, aut amicus, aut mulier, aut pater, aut magister, aut mater, aut soror, primum extendite manus ad orationem; et si sit phantasma, fugiet a vobis. Et si vos decipiant dæmones aut homines, vobis assentantes et laudantes, ne eis pareatis, nec mente efferamini: nam me quoque sæpe noctu sic deceperunt dæmones; et neque me sinebant orare, nec quiescere, quasdam mihi phantasias præbentes tota nocte, et mane illudentes humi procumbebant, dicentes: Condona nobis, abba, quod tibi labores præbuimus tota nocte. Ego autem dicebam illis: Discedite a me omnes qui operamini iniquitatem (*Psal.* vi); ne tentetis servum Domini.

Quare vos quoque, o filii, quietem persequamini, vos semper exercentes ad contemplationem, ut puram possideatis mentem, Deum rogantes. Nam ille quoque est bonus exercitator, qui assidue in mundo exercetur, et in honestis occupatur actionibus: qui humanitatem ostendit et clementiam, hospitalitatemque et charitatem, et fecit eleemosynas, et bene facit advenientibus, et opem fert laborantibus, et permanet citra ullam offensionem. Est quidem hic quoque valde bonus; versatur enim in actione et præcepta exsequitur; sed in rebus terrenis occupatur. His quidem certe præstantior est et major qui versatur in contemplatione, qui a rebus agendis se transfert ad intelligentiam, eas res aliis relinquens providendas, ipse autem et seipso abnegato, et sui oblitus, scrutatur cœlestia, Deo omnium solutus et expeditus assistens, a nulla autem alia cura retro avulsus. Qui est enim hujusmodi, una cum Deo degit, una cum Deo versatur, assiduis hymnis Deum semper celebrans.

Novi enim ego hominem in solitudine, qui decem annos cibi terreni nihil gustavit, sed ei angelus tertio quoque die cœlestem cibum ad eum afferebat. et ei in os injiciebat, isque erat ei instar cibi et potus. Scio quoque ad hunc hominem in phantasia venisse dæmones, ostendentes angelicos exercitus, et currus ignis, et multos satellites, tanquam alicujus regis venientis, et ei dicentes: In omnibus te recte et ex virtute gessisti, o homo; de cætero me adora, et tanquam Eliam te assumam. Dicebat autem apud se monachus: Adoro quotidie Regem meum et Servatorem; et si hic esset ille, non hoc a me peteret. Postquam autem ei dixit quod habebat in animo; Dominum meum et Regem habeo Deum, quem semper adoro, tu autem non es rex meus, ille protinus evanuit. Hæc autem tanquam de alio disserens, instituta vitæ suæ, et res gestas volebat celare. Qui autem una cum eo erant patres, eum dicebant hæc vidisse.

Hæc et alia multa nobis narrans beatus Joannes, et tres dies ad nonam usque disserens, nostras curavit animas. Cum autem dedisset nobis benedictiones, jussit ire in pace, nobis quoque dicta quadam prophetia: Hodie, aiebat, nuntiata est (95) Alexandriæ victoria maxime pii Theodosii, propter de medio sublatum tyrannum Eugenium, et oportet imperatorem mori morte propria, quod quidem revera ita fieri contigit. Licebat autem cernere multitudinem eorum qui cum ipso erant monachorum in ecclesia, veluti quosdam justorum choros, lucidis vestibus indutos, et hymnis assiduis Deum glorificantes.

Postquam autem multos quoque alios Patres vidimus, venerunt fratres nobis annuntiantes consummatum esse beatum Joannem modo quodam admirabili : nam cum jussisset ut tres dies neminem sinerent ad se venire, genibus flexis ad orationem, consummatus est, ad Deum veniens, cui gloria in sæcula.

CAPUT XLVII.
De Pœmenia.

Is quoque cum Christi ancilla Pœmenia, quæ ad eum videndum accesserat, non est quidem collocutus, significavit autem ei quoque quædam arcana. Ei autem præcepit, dicens : Descendens a Thebaide, ne deflectas Alexandriam, quandoquidem futurum est ut cadas in tentationes. Ea autem magni Joannis prædictionem vel nihili ducens, vel **746** ejus oblita, deflexit Alexandriam, ut videret civitatem. In itinere autem prope urbem Niciæ, ad eam accesserunt naves ejus quiescendi gratia. Egressi autem famuli ex quadam insolentia cum illius loci habitatoribus, amentibus et profligatis hominibus, manus conseruerunt : qui quidem unius quidem eunuchi digitum secuerunt, alium autem occiderunt, Dionysium autem sanctissimum episcopum in fluvium ignorantes projecerunt, et illam ipsam conviciis et maledictis impetierunt, et reliquos omnes servos sauciarunt.

CAPUT XLVIII.
Vita abbatis Ammonæ (96), et eorum qui cum ipso erant.

Vidimus autem alium quoque virum Thebaide, nomine Ammonam (*Ruff.*, *l.* II, *cap.* 3), Patrem ter mille monachorum : quos etiam nominabat Tabennesiotas, qui habebant magnum vitæ agendæ institutum, ut qui et ovillas pelles ferrent, et vultu tecto comederent, et se deorsum inclinantes, ne quis proximum comedentem aspiceret; et tantum exercerent silentium, ut viderentur esse in solitudine, unoquoque occulte peragente suum vitæ institutum ; solum autem specie quadam in mensa sederent, conantes se invicem latere. Aliqui enim ex his semel vel bis manum ori admovebat, tangentes panem vel oleum, vel aliquid ex iis quæ erant apposita, et cum de unoquoque obsonio semel gustassent, contenti erant hoc alimento ; alii autem panem sensim mandentes, alia autem accipientes citra simulationem, sic perseverabant; alii autem jusculum ter tantum degustabant, a reliquis autem abstinebant. Quæ cum, ut erat consentaneum, essem admiratus, non prætermisi eam quæ ex eis capitur utilitatem.

CAPUT XLIX.
De abbate Be (97).

Vidimus autem alium quoque senem, qui lenitate superabat omnes homines, nomine abbatem Be (*Ruffin.*, *l.* II, *cap.* 4) : de quo affirmabant fratres qui apud ipsum versabantur, eum nunquam jurasse, nunquam de aliquo mentitum esse, neque aliquo verbo increpasse, neque iratum fuisse; erat enim ejus vita valde quieta, et mores mansueti, ut qui statum haberet angelicum ; erat autem valde quoque humilis,

et seipsum vilipendens. Cum nos autem multum rogaremus, ut adhortatorium nobis sermonem diceret, vix in animum induxit ut nobis pauca dissereret de mansuetudine. Is, cum hippopotamus aliquando vastaret vicinam regionem, stans prope fluvium, rogatus ab agricolis, visa bellua ingentis magnitudinis, ei præcepit, dicens : Denuntio tibi in nomine Jesu Christi, ne amplius vastes hanc regionem. Illa autem tanquam ab angelo loco pulsa, omnino evanuit. Sic etiam aliquando abegit crocodilum.

CAPUT L.
De abbate Theona (98).

Vidimus etiam alium non procul a civitate, in solitudine, nomine Theona, virum sanctum, in domuncula seorsum inclusum, qui tempore triginta annorum silentium exercuerat (*Ruff.*, *lib.* II, *cap.* 6). Is cum plurimas virtutes peragere, habebatur ab eis pro propheta. Exibat enim ad ipsum per dies singulos multitudo ægrotantium, quibus manus imponens per fenestram, dimittebat eos abire salvos. Licebat enim videre ipsum habentem vultum angeli, lætis oculis, et totum plenum maxima gratia. Is, cum non multo ante tempore latrones eum noctu invasissent, existimantes se multum auri apud eum inventuros, et vellent eum occidere, precatus est, et manserunt immobiles ad portas ejus usque ad matutinum. Cum turbæ autem mane ad eum accessissent, et eos igni mandare in animo haberent, unum tantum verbum ad eos est locutus : Sinite eos abire sanos ; sin minus, a me fugiet gratia curationum. Ii vero ipsum audierunt; non audebant enim contra eum dicere, et protinus abiere latrones ad ea quæ erant circumcirca monasteria, mutati moribus, et de iis quæ fecerant ducti pœnitentia. Erat autem vir eruditus in triplici gratia sermonum, in scriptis Romanis, Græcis, et Ægyptiacis, sicut a multis et ab illo ipso audimus. Cum enim nos agnovisset esse hospites, scribens in tabella, Deo propter nos egit gratias. Comedebat autem semina non cocta. Noctu autem, ut aiunt, egrediebatur e cella, et congregabatur cum feris, et eas potabat ex ea quam habebat aqua. Erat enim videre vestigia bubalorum, et onagrorum, et quarumdam caprearum, circa ejus monasterium, quibus semper delectabatur.

CAPUT LI.
De abbate Elia (99).

Vidimus autem alium quoque senem in solitudine Antinoi, quæ est metropolis Thebaidis, Eliam nomine, qui natus erat centum et decem annos (*Ruff.*, *lib.* II, *cap.* 12). Super eum dicebant spiritum Eliæ prophetæ requievisse; erat enim valde celebratus, ut qui in terribili illa solitudine egisset septuaginta annos. Non potest autem oratio pro dignitate narrare asperam illam **747** solitudinem, quæ in monte in quo ille sedebat, nunquam descendens in eam quæ habitatur regionem. Est enim quædam semita eorum qui ad ipsum accedunt ejusmodi, ut vix possint insistere vestigiis ii qui accedunt, hinc et inde lapidibus asperis obvallata. Erat autem sedens sub quadam petra in spelunca, adeo ut ipsum quoque videre esset formidabile. Tremebat autem jam totus, ut quem senectus opprimeret. Multa autem signa quotidie peragebat, nec cessabat mederi ægrotantibus. Dicebant autem qui apud ipsum erant Patres, neminem meminisse ejus ascensus in montem. Comedebat autem in senectute tres uncias panis, et tres oleas vespere. In juventute autem semper semel comedebat in hebdomada.

CAPUT LII.
Vita abbatis Apollo (100).

Vidimus autem alium quoque virum sanctum in Thebaide, in finibus Hermopolis (*Ruff.*, l. II, *cap.* 7) : in quam Servator venit cum sancta Maria et Joseph, implens prophetiam Isaiæ, quæ dicit : Ecce Dominus sedet super nubem levem, et veniet in Ægyptum ; et quatientur manufacta Ægypti a facie ejus, et cadent in terram (*Isaiæ* xix). Vidimus enim illic quoque templum, in quo, ingresso urbem Servatore, ceciderunt omnia simulacra in faciem super terram. Vidimus autem illic in solitudine virum , Apollo nomine, qui monasteria habebat super montem. Erat enim pater monachorum circiter quingentorum , qui erat valde clarus et celebratus in Thebaide ; erantque ejus magna opera, et magnas virtutes per eum faciebat Dominus, et plurima signa et admirabilia per eum efficiebantur. Hic enim cum a pueritia multam ostendisset exercitationem, in perfecta ætate talem est consecutus gratiam. Cum enim esset octogenarius, sibi magnum congregavit monasterium virorum perfectorum, qui poterant omnes fere signa efficere. Is cum quindecim annos natus a mundo secessisset, et quadraginta annos in solitudine transegisset, et in ea omnem virtutem exercuisset : visus est postea audire Dei vocem, dicentis ei : Apollo, Apollo, per te sapientium in Ægypto, et prudentiam gentium prudentium abolebo. Perdes autem mihi cum eis etiam sapientes Babylonis, et de medio tolles omnem cultum dæmoniacum ; et nunc vade in eam quæ habitatur regionem; generabis enim mihi populum peculiarem, æmulatorem bonorum operum. Is autem respondens, dixit : Aufer a me, Domine, arrogantiam, ne forte elatus supra fraternitatem, priver omni bono opere (*Tit.* II). Ei autem rursus dixit vox divina : Mitte manum tuam super collum tuum, et deinde comprehendes, et infodies arena. Is autem cum statim manum misisset super collum, apprehendit parvum Æthiopem, et eum infodit in arena clamantem et dicentem : Ego sum dæmon superbiæ. Et rursus facta est vox ad eum, dicens : Vade, quoniam quod a Deo petieris, accipies. Is autem cum primum hoc audisset, profectus est in eam quæ habitatur regionem, tempore Juliani tyranni, et tunc venit in propinquam solitudinem.

Cum quamdam autem parvam occupasset speluncam, manebat subter montem. Ejus autem opus erat, toto diurno spatio preces edere; noctu quidem centies, interdiu autem toties, flexis genibus. Ejus autem alimentum tunc quoque sicut prius, admirabili et præter opinionem ratione a Deo suppeditatur. Ei enim in solitudine per angelum afferebatur nutrimentum. Ejus autem indumentum erat lebiton, quod nonnulli colobium appellant, et parvum linteum in ejus capite. Hæc enim ei manebant in solitudine, nec veterascebant. Erat autem in solitudine propinqua terræ quæ habitatur, faciens signa et virtutes admirabiles in virtute Spiritus : quas propter miraculi insignem magnitudinem nemo potest omnes dicere, sicut audivimus a senibus qui cum eo versabantur, qui ipsi quoque erant viri perfecti, et præerant multis fratribus. Fuit itaque protinus clarus ac celebratus, tanquam novus aliquis propheta vel apostolus, qui venisset nostro sæculo ; et cum magna fama de eo sparsa esset, omnes qui circumcirca dispersi habitabant monachi, semper ad eum veniebant, et tanquam patri germano, dona sua offerebant animas. Is autem alios quidem hortabatur ad contemplationem; alios vero instituebat, ut perseverarent virtutem, quæ versatur in actione, primum ostendens opere ea quæ ipsos facere admonebat sermone. Sæpe enim eis ostendens exercitationem, Dominica solum cum eis versabatur : ipse quidem non amplius sumens, quam olera quæ sua sponte nascuntur in terra; non panem interim vel legumen, non ex fructibus arborum aliquid comedens, nec quæcunque igni adurota veniunt in usus hominum.

Cum autem tempore Juliani aliquando audisset fratrem in exercitu captum vinctum teneri in custodia, accessit ad eum cum fraternitate, rogans eum et admonens, ut esset fortis et constans in laboribus, et despiceret pericula sibi imminentia. Dicit enim esse sibi tempus certaminum, ut tunc quoque 748 mens ejus probetur insultu tentationum. Postquam autem his verbis ejus animum confirmavit, adveniens tribunus, qui quodam sceleris ferebatur impetu, cum quidam ei de ipsis significasset, clausis portis custodiæ, et ipsum et omnes qui cum eo erant monachos inclusit, tanquam futuros aptos ad militiam; et cum eis quot satis essent custodes constituisset, domum rediit, nec auditione quidem ab eis rogari sustinens. Media autem nocte, lampadem ferens angelus apparet custodibus, lumine illustrans omnes qui erant in carcere, adeo ut præ stupore hiantes starent custodes. Qui cum surrexissent, eos rogarunt ut omnes abirent, eis apertis januis; fatebantur enim esse satius pro iis mori, quam quæ ad eos divinitus venisset libertatem qui citra rationem detinebantur despicere. Tribunus itaque cum magistratibus mane veniens in custodiam, contendebat ut viri egrederentur e civitate ; dicebat enim domum suam cecidisse terræ motu, et e suis servis optimos oppressos fuisse. Ii autem hæc audientes, Deo gratias agentes, abierunt in solitudinem, erantque omnes simul , ut dicit Apostolus, habentes cor unum et unam animam (*Act.* IV).

Docebat autem quotidie ornari virtutibus, et machinas diaboli in cogitationibus in principio protinus propulsare. Contrito enim capite serpentis, totum corpus est mortuum. Jubet enim Dominus ut observemus caput serpentis : id autem est, ne in principio admittamus malas et turpes cogitationes, non solum ut obscœnas animi nostri phantasias deleamus : conari autem nos invicem superare virtutibus, et ne quis in his laudibus altero videatur inferior. Hoc autem, inquit, sit vobis argumentum profectus virtutum, quando fueritis vacui affectionibus et appetitionibus, hæc enim sunt Christi donorum principium. Quando autem a Deo habuerit aliquis ostensionem miraculorum, ne nimium intumescat, quasi sufficienter profecerit nec efferatur cogitatione, tanquam si jam magis honoratus quam alii, neque ut ostentans quod talem gratiam acceperit; sin minus, seipsum decipit mente captus, et gratia mutabitur. Habuit ergo hanc magnam doctrinam in sermonibus, quam nos quoque sæpe postea ab ipso audivimus: in operibus autem efficiebat majora, omnis enim petitio ei statim dabatur a Deo.

Quin etiam videbat quasdam revelationes : vidit enim suum fratrem natu maximum, qui ipse quoque fuerat consummatus in solitudine, et ipso pulchro vitæ instituto eum superaverat, cum quo ipse quoque longo tempore vixit in solitudine. Videbatur ergo eum videre sedentem in eodem throno cum apostolis, cum ei reliquisset suarum virtutum hæreditatem; et sic pro se ipso intercedebat, Deum rogans, ut esset velox ejus translatio, et cum ipso sibi requiem præstaret in cœlis. Visus est autem ei dixisse Servator, oportere eum adhuc parvo tempore esse in terra ad multorum perfectionem, donec multi fiant ejus virtutis æmulatores. Magnus enim monachorum populus credetur ejus fidei, et pius exercitus, ut gloriam dignam laboribus consequatur apud Deum. Hæc vidit, quæ etiam evenerunt. Nam cum multi undique ex auditione ad eum convenissent monachi, et per ejus doctrinam et conversationem plurimi omnino mundo renuntiassent, facta est fratrum cohabitatio, cum ad quingentos fratres simul apud ipsum communem vitam haberent, et unam mensam, tota veste candidati; et in eis impleta est Scriptura, quæ dicit : Lætare desertum sitiens, erumpe et clama quæ non parturis ; quoniam multi sunt filii desertæ, magis quam virum habentis (*Isaiæ* LIV). Nam impletum quidem est hoc eloquium propheticum ex Ecclesia quæ congregata est ex gentibus : perfectum est autem in hac etiam Ægyptiaca solitudine, quæ plures filios Deo exhibet, quam terra quæ est habitata. Ubi enim sunt in urbibus tot greges eorum qui salvi fiunt, quot Deo exhibent quæ sunt in Ægypto solitudines? Quot sunt enim hic populi, tot sunt illic in desertis monachi. Ac mihi videtur dictum Apostoli, etiam in ipsis esse impletum : Ubi enim abundavit peccatum, superabundavit et gratia (*Rom.* v). Abundavit enim quondam in Ægypto multus et impius idolorum cultus, adeo ut in nulla gente magis; canes enim et simias quidam colebant; alii allia et cæpe; et ex vilibus oleribus multa deos existimabant, ut ipsum sanctum Patrem hæc narrantem audivimus, et reddentem causam prioris ignorationis. Nam bovem quidem, aiebat, in deos referebant gentiles qui prius apud nos habitabant, quoniam per ipsum exercentes agriculturam, victum sibi parabant; aquam autem Nili, quoniam irrigat omnes agros; terram quoque colebant, ut quæ esset aliis omnibus regionibus fertilior. Reliquas autem abominationes, canes et simias, et reliquam omnem animantium et olerum colebant turpitudinem, quatenus eorum usus fuit eis occasio salutis, qui tempore Pharaonis homines occupatos tenuit, quando ille Israelem persequens, submersus est. Unusquisque enim id in quo fuit occupatus, cum Pharaonem non esset secutus, hoc 749 in deos retulit, dicens : Hoc fuit mihi deus hodie per quod effectum est ut non perirem una cum Pharaone. Hæc quidem in sermonibus habuit sanctus Apollo.

Ante sermones autem scribendum est quæ possedit in operibus. Fuerunt enim aliquando gentiles prope accolentes in locis omnibus, et decem pagi qui erant ei propinquiores magis colebant dæmones. Erat autem templum maximum in uno vico, et simulacrum maxime insigne, lignea autem erat hæc statua. Pompam autem ducebant, eam per vicos circumferentes nefarii sacerdotes, qui bacchabantur cum multitudine, veluti pro aqua fluviatili celebrantes mysteria. Accidit autem ut illo tempore illic adesset Apollo cum paucis quibusdam fratribus: postquam autem vidit multitudinem repente dæmoniace furentem per regionem, flexis Servatori genibus, fecit omnes gentiles repente immobiles. Cum autem non possent ex illo loco progredi, alius alium trudentes, et æstu toto die torrerentur, ignorantes unde hoc eis evenisset, sacerdotes eorum dixerunt esse quemdam Christianum habitantem in eorum finibus sub solitudine, qui hæc faceret, dicentes de Apollo; et oportere ei supplicare, sin minus fore ut veniant in periculum. Postquam autem qui procul habitabant, auditis clamoribus et lamentationibus, accesserunt, et eos rogarunt : Quidnam est, dicentes, quod vobis repente accidit ? quo pacto hoc factum est ? Illi autem dixerunt se nescire, nisi quod virum habebant suspectum, dicentes oportere illum placare. Alii vero testabantur se eum vidisse prætereuntem; et sic rogarunt eos ut cito daretur auxilium : adductis bobus conati sunt movere simulacrum ; id autem manebat tanquam immobile cum ipsis sacerdotibus. Cum nullam ergo evadendi rationem invenissent, miserunt per accolas legationem ad Apollo, ut illinc liberati ab errore recederent. His autem Apollo significatis, celerrime descendit homo Dei ; et cum orasset, omnes solvit a vinculo. Hi autem omnes uno animo ad ipsum processerunt, universorum Servatori credentes, et Deo qui facit admirabilia, idolo protinus igni mandato. Quos omnes catechesi institutos adjecit ecclesiis. Multi autem ex his in hodiernum usque diem degunt in monasteriis. Hujus autem rei fama pervasit in omnes partes, et multi crediderunt in Dominum; adeo ut nullus amplius gentilis nominetur in ejus finibus.

Non multo post autem tempore, duo pagi inter se bellum incipiunt committere, pro agris decertantes. Postquam autem est Apollo renuntiatum, statim ad eos descendit, inter eos pacem conciliaturus. Qui erant autem ex parte adversa non parebant, sed contradicebant, freti uno latronum principe, ut viro ad bellum præstantissimo. Cum eum ergo Apollo vidisset contradicentem, dixit ei : Si parueris, o amice, rogabo Dominum meum, ut tua peccata remittantur. Is autem ubi hoc audivit, non cunctatus, abjectis armis, ejus genibus advolutus supplicavit; et pace facta ejus intercessione, suos remisit ad propria. Cum ii autem pacem egissent, et abiissent, insignis eorum propugnator, Apollo de cætero sequebatur, promissum aperte exigens. Quem cum assumpsisset beatus Apollo in propinqua solitudine, admonuit et hortatus est ut patienti et constanti esset animo, posse enim Deum ei condonare. Ubi autem nox advenit, ambo viderunt in somnis se astare ante tribunal Christi : utrique autem contemplabantur angelos Deum una cum justis adorantes. Cumque ipsi una cum eis procubuissent, Patrem adoraverunt; et vox ad eos facta est Dei dicentis : Quæ est societas luci cum tenebris ? aut quæ pars est fidelis cum infideli (II Cor. II) ? Quid vero stat cum justo homicida, cum sit indignus tali contemplatione ? Tu autem abi, o homo, tibi enim est concessus hic tarde natus perfuga. Qui cum alia multa vidissent et audiissent admirabilia, quæ neque audet oratio dicere, neque auris audire, excitati annuntiarunt iis qui cum eis conversabantur. Omnes autem maxima invasit admiratio, utrisque unam narrantibus visionem. Permansit autem cum exercitatoribus, is qui non erat amplius homicida, usque ad mortem vitam suam corrigens, ex lupo in simplicem et innocentem agnum mutatus. In eo quoque impleta est Isaiæ prophetia, dicentis : Lupi et agni simul pascentur, et leo et bos simul comedent paleas (Isaiæ LXV). Licebat enim illic quoque videre Æthiopes cum monachis se exercentes, et multos virtutibus superantes, et Scripturam in eis impletam, quæ dicit : Æthiopia præveniet manum ejus Deo (Psal. LXVII).

Aliquando autem decertabant gentiles adversus Christianos rusticos pro suis finibus : erat autem multitudo utrorumque armatorum, quibus astitit Apollo pacem inter eos concilians. Ei autem restitit gentilium in pugna antesignanus, qui erat vir gravis et sævus; affirmabat autem et dicebat se non esse daturum pacem usque ad mortem. Is autem ei dicit : Atque adeo tibi fiat quod elegisti, nullus enim præter te occidetur. Tibi autem mortuo non erit terra sepulcrum, **750** sed ventres ferarum et vulturum te implebuntur. Atque adeo oratio effectum protinus est sortita, cum ex utraque parte nullus sit interfectus præter antesignanum. Quem etiam cum in arena tumulassent, mane invenerunt membra laniata ab hyænis et vulturibus. Illi autem cum vidissent miraculum, et eventum ejus quod dixerat, omnes Servatori credentes eum prædicabant prophetam.

Erat autem adhuc antea in montis spelunca sanctus Apollo, cum quinque aliis fratribus, qui primi fuerunt ejus discipuli, cum recenter venisset e solitudine. Cum autem adventasset dies festus Paschæ, et Dei cultum implessent, erant esuri ea quæ inveniebantur : erant autem aliquot sicci panes, et quædam olera reposita. Eis autem dixit Apollo : Si sumus fideles, o filii, et germani Christi filii, petat unusquisque vestrum a Deo id quod ejus animo gratum est ad vescendum. Illi vero ei universum permiserunt, existimantes se esse indignos tali gratia. Cum læto autem vultu orasset, et omnes dixissent Amen, protinus noctu venerunt in speluncam quidam viri penitus incogniti, qui dicebant se venire a longinqua regione; et omnia ferebant, ea etiam de quibus ne auditione quidem acceperant, et quæ non nascuntur in Ægypto, horti fructus omnis generis, uvas et mala punica, et ficus et nuces, omnia intempestive : quin etiam quosdam inventos mellis favos, et urnam recentis lactis, et nicoluos maximos, et panes mundos et calidos (101) e regione externa. Ii autem qui ea attulerant, cum solummodo tradidissent, tanquam nussi a viro magno et divite, protinus propere recesserunt. Cum autem quæ erant esculenta percepissent, ea illis suffecerunt usque ad Pentecosten; adeo ut ipsi quoque mirarentur, et dicerent fuisse ea vere a Deo missa.

Quidam autem ex monachis rogabat Patrem ut statim Deum pro ipso oraret, ut gratiam aliquam consequeretur. Cum ipse autem orasset, ei dabatur gratia humilitatis et mansuetudinis, adeo ut mirarentur omnes eum esse tam mansuetum. Has autem ejus virtutes narrarunt nobis qui cum ipso erant fratres, hæc multis quoque attestantibus fratribus.

Etenim cum non multo ante tempore fuisset aliquando fames in Thebaide, qui autem ea loca accolebant populi audissent quod qui erant apud eum monachi præter spem omnem et opinionem quotidie alerentur, uno animo apud ipsum accesserant cum uxoribus et liberis, simul benedictionem petentes et alimentum. Is autem nihil veritus, ne cibus ei aliquando deesset, dabat omnibus venientibus, unicuique quod in diem sufficeret. Relictis autem tribus solis magnis sportis cum panibus, et fame invalescente, jubet sportas afferri in medium, quas ipso die erant esuri monachi; et audientibus omnibus fratribus et populi multitudine, dixit magna voce : Non potens est manus Domini hæc implere ? Hæc autem dicit Spiritus sanctus : Non deficiet panis ex his sportis, donec novo frumento fuerimus satiati. Et affirmarunt omnes qui tunc aderant eis panes suffecisse quatuor menses. Similiter autem et in oleo et frumento; adeo ut veniret satanas, et ei diceret : Num tu es Elias, aut alius ex prophetis et apostolis, quod hæc facias ? Is autem dixit ipsi : Quid enim ? non homines sancti fuerunt apostoli et prophetæ, qui hæc nobis tradiderunt ? An tunc quidem aderat Deus, nunc autem peregre est profectus? Potest autem Deus hæc semper facere, et nihil erit quod ipse non possit. Si ergo Deus est bonus, cur tu malus? Quid vero non oportet nos quoque dicere ea quæ vidimus, nempe quod fratres ingrediebantur cum sportis, ad mensas panes afferentes, et cum comederent quingenti fratres ad satietatem, eas rursus plenas accipiebant?

Aliud quoque miraculum, quod videntes obstupuimus, par est dicere. Cum enim ad eos venissemus spatio trium dierum, cogniti sumus, procul visi a fratribus, qui ex eo audierant de nostro ad eum adventu : qui quidem propere accurrentes nobis venerunt obviam psallentes, est enim hic mos apud omnes monachos. Et cum proni in terram adorassent, nos deosculati sunt, nos sibi invicem ostendentes, et dicentes : Ecce venerunt fratres, de quibus pater noster dixit tribus ante diebus, dicendo : Post tres dies venient ad nos tres fratres, venientes Jerosolymis. Et alii quidem nos deducebant, alii vero nos retro sequebantur, psallentes, donec prope ipsum venimus. Cum autem audiisset pater Apollo vocem psallentium, venit nobis obviam, ut mos ei erat erga omnes fratres ; et cum nos vidisset, adoravit primus se in terra extendens ; et cum surrexisset, est osculatus ; et postquam introduxisset, oravit, et pedes nostros manibus lavit propriis, et hortatus est ad refectionem. Hoc autem faciebat omnibus fratribus qui ad ipsum veniebant. Qui enim cum ipso erant fratres, alimentum non prius accipiebant, quam Eucharistiæ Christi communicassent : hoc autem faciebant hora nona diei. Deinde cum sic comedissent, sedebant audientes eum docentem omnia præcepta, usque ad primum somnum. Illinc alii quidem ex ipsis secedebant in solitudinem, Scripturas tota nocte memoriter expromentes ; alii vero illic perseverabant, assiduis hymnis Deum laudantes, ad diem usque : quos ego vidi his oculis, cum vespere hymnos cœpissent, usque ad matutinum non cessasse a cantu. Multi certe ex iis hora nona solum descendebant de monte, et Eucharistiam sumentes, rursus ascendebant, contenti spirituali nutrimento usque ad aliam nonam. Hoc autem multi ex iis faciebant multos dies. Licebat autem eos videre exsultantes in solitudine, adeo ut nullam ejusmodi aliam exultationem in terra videre liceat, nec lætitiam corporalem. Neque enim erat inter eos aliquis mœstus aut tristis ; sed si quis videbatur præ se ferre tristitiam, statim pater Apollo ex eo rogabat causam, et quæ erant in occulto uniuscujusque cordis, renuntiabat. Dicebat autem : Non oportet esse tristes propter salutem, cum futuri simus hæredes regni cœlorum. Tristes autem, inquit, erunt gentiles, flebunt Judæi, lugebunt peccatores ; justi autem lætabuntur : et qui terrena quidem animo agitant, lætantur in rebus terrenis ; nos autem qui tanta spe digni sumus habiti, quomodo non lætamur perpetuo? cum nobis Apostolus suadeat, ut semper lætemur, et in omnibus gratias agamus (*I Thess.* v). Quis autem dixerit ejus in sermone gratiam, et reliquas ejus virtutes, quas propter summum miraculum siluimus, auditas utique ex ipso et ex aliis?

Cum autem de exercitatione et vitæ instituto nobiscum sæpe seorsum disseruisset, sæpe etiam dixit de suscipiendis monachis, quod oportet adorare fratres advenientes : Non enim ipsos, aiebat, sed Deum adorasti. Vidisti enim, inquit, fratrem tuum? vidisti Dominum Deum tuum ; et hoc, inquit, ab Abraham accepimus (*Gen.* xviii) ; et quod oporteat, inquit, nonnunquam cogere fratres ad refectionem, a Lot accepimus, qui coegit angelos (*Gen.* xix) ; et quod oportet, si fieri potest, monachos quotidie communicare sacramentis. Qui enim se ab eis procul amovet, Deus quoque procul ab eo recedit. Qui autem hoc facit assidue, assidue suscipit Servatorem. Est enim, inquit, vox salutaris : Qui comedit carnem meam, et bibit meum sanguinem, manet in me, et ego in eo (*Joan.* vi). Hoc confert monachis salutaris passionis commemorationem continenter facientibus, quotidie etiam se præparare, ut omni tempore digni sint qui suscipiant cœlestia sacramenta, quandoquidem sic quoque consequitur remissionem peccatorum. Catholica autem et generalia jejunia non licet solvere sine ingenti necessitate ; in quarta enim feria traditur Servator, et in parasceve crucifigitur ; qui ea ergo solvit, Servatorem una tradit, et una crucifigit. Sed si ad vos veniat frater qui opus habet ut reficiatur cum sit jejunium, ipsi soli mensam apponite ; sin autem nolit, ne cogatis, habemus enim communem traditionem. Multum autem reprehendebat eos qui ferrum gestabant, et comam nutriebant. Hi enim, inquit, se ostentant et quærunt placere hominibus, cum oporteat ipsos potius corpus solvere jejuniis, et quod bonum est facere in occulto ; ii vero non sic, sed se propalant omnibus. Et quid opus pluribus? Omnis enim ejus doctrina est ejus vitæ instituto similis, quam nec quis scribere potuerit nec dicere. Plurima ergo nobiscum seorsum, tota sæpe hebdomada disserendo, tandem dimittens dixit : Habete pacem inter vos, neque separemini in via.

Cum autem dixisset iis qui cum ipso erant fratribus, quisnam ex ipsis vellet nos deducere ad visitandos alios Patres, sanctus Apollo, tribus viris delectis qui valerent et sermone et vitæ instituto, erantque periti linguæ Græcæ et Romanæ et Ægyptiacæ, cum eis nos dimittens, jussit eis ne nos prius relinquerent quam satisfactum esset nostro videndorum Patrum desiderio : quos si quis vellet omnes videre, ad eos aspiciendos tota vita non sufficeret. Cum nobis ergo benedixisset, amandavit, dicens : Benedicat vos Dominus ex Sion, et videatis bona Jerusalem omnibus diebus vitæ vestræ (*Psal.* cxxvii).

Nobis autem ambulantibus meridie per solitudinem, videmus tractum magni draconis, qui tanquam trabes erat protractus per arenam : quem cum vidissemus, nos magnus timor invasit. Qui autem nos ducebant fratres, hortati sunt ne timeremus, sed essemus bono animo, et sequeremur draconis vestigium : Videbitis enim fidem nostram, cum ipsi simus eum manu nostra superaturi. Multos enim, inquiunt, et dracones et cerastas manu interfecimus, sicut scriptum est. In eis enim implebatur illud : Dedi vobis potestatem ambulandi super serpentes et scorpiones, et super omnem potestatem inimici (*Lucæ* x). Nos autem qui ferebamur incredulitate, et qui majori eramus affecti formidine, rogabamus eos ne iremus per vestigia draconis, sed recta via. Unus autem frater ex ipsis, magna animi alacritate, cum nos eo in loco dimisisset, profectus est in solitudinem quærens belluam. Quam cum invenisset, non procul ab antro, magna voce exclamabat draconem esse in spelunca ; et vocabat ipsos, ut ad se venirent visuri quid esset eventurum ; et hortantibus nos aliis fratribus ne timeremus, cum magno metu abiimus visuri belluam. Nobis autem repente occurrens frater 752 unus, manu nos traxit in suum monasterium, dicens nos non posse ferre impetum belluæ, et maxime quod nondum vidissemus talem, se vero sæpe vidisse ipsam belluam tam vasta magnitudine, ut quæ sit plus quam quindecim cubitorum. Cum nos ergo jussisset manere in loco, abiit ad fratrem, dicens ei ut recederet a caverna ; conabatur enim ille a loco non recedere, priusquam interfecisset draconem. Cui cum persuasisset, eum ducit ad nos increpantem modicam nostram fidem. Quiescentes autem apud illum fratrem, qui circiter unum milliare remotum habebat monasterium, satis refecti sumus.

CAPUT LIII.
Vita abbatis Amun.

Ille autem nobis narrabat, in illo loco in quo ipse sedebat, fuisse virum sanctum, cujus ipse fuit discipulus, nomine Amun (*Ruff.*, *l.* II, *cap.* 8, *vocat Ammonem*), qui in illo loco plurimas fecit virtutes ; ad quem sæpe latrones venientes, accipiebant ejus panem et alimenta. Hæc ergo ægre ferens, cum uno die egressus esset in solitudinem, adduxit secum duos magnos dracones, et jussit eis ut in eo loco manerent, et portam custodirent. Homicidæ autem cum pro more venissent, et vidissent miraculum, præ stupore hiantes ceciderunt in faciem. Egressus autem invenit eos mutos, et fere semimortuos ; et cum eos excitasset, probris eos affecit, dicens : Videte quantum estis bestiis agrestiores ; nam istæ quidem propter Deum nostræ parent voluntati, vos autem neque Deum timuistis, neque Christianorum estis reveriti religionem. Introductis autem eis in cellam, mensam apposuit, et monuit ut mores mutarent. Illi autem surgentes, protinus multis visi sunt meliores ; non multo post autem ipsi quoque visi sunt eadem signa facere.

Aliquando autem, inquit, cum unus magnus draco propinquam vastaret regionem, et multa occideret animalia, quicunque habitabant juxta solitudinem, omnes simul venerunt ad Patrem, rogantes ut deleretur bellua ex eorum regione. Is autem eos ita dimisit, ut qui eis tristitia affectis nihil prodesse posset. Mane autem surgens, venit in eum locum quo transitura erat bellua : postquam autem ter flexit genua ad orationem, in ipsum veniebat bellua, magno cum stridore gravem emittens anhelitum, et intumescens ac sibilans, tetrumque edens spiritum. Is autem nihil territus, ad draconem conversus, dixit : Vincet te Jesus Christus, Filius Dei vivi, qui est magnum cetum victurus. Idque cum dixisset, protinus disruptus est draco, per os omne virus evomens cum sanguine. Cum autem venissent rustici postridie, et illud magnum vidissent miraculum, et non ferrent spiritum, in animal multam arenam congesserunt, Patre illic eis astante, ad draconem enim licet mortuum non audebant accedere.

Puer autem, inquit, pascens cum repente vidisset adhuc vivum draconem, statim emota mente fuit exanimatus ; jacuit itaque puer nihil spirans in loco tota die in solitudine. Cum eum autem sui vespere invenissent parum spirantem, totum inflatum ex ecstasi, deducunt ad patrem, ignorantes causam ejus quod acciderat. Cum is autem orasset, et eum unxisset oleo, surrexit puer narrans id quod fuerat deprehensum. Qua re vir maxime motus, ad interimendum draconem est conversus.

CAPUT LIV.
Vita abbatis Copre (102) *presbyteri.*

Erat autem illic quidam presbyter, qui monasterium prope habebat in solitudine, Copres nomine (*Ruff.*, *lib.* II, *cap.* 9) : vir sanctus, prope nonagenarius, præpositus fratrum quinquaginta, qui ipse quoque plures faciebat virtutes, morbis medens, et multas faciens curationes, et dæmones expellens, et res multas efficiens, atque adeo quasdam in nostris oculis. Is ergo postquam nos vidit salutavit, et pro nobis oravit, et postquam pedes nostros lavisset, sciscitatus est a nobis, quænam in mundo fierent ; nos autem rogavimus, ut ipse nobis potius exponeret sui vitæ instituti virtutes, et quo modo esset Deus ei dona largitus, et quanam ratione fuisset particeps ejus gratiæ. Is autem nulla eo nomine elatus superbia, nobis suam vitam narravit, et majorum suorum qui ipsum superarunt, quorum ipse vitæ institutum est imitatus : Non est, inquit, o filii, quod a me fit admirabile, si conferatur cum iis quæ in vita gesta sunt a Patribus nostris. Et cum narraret nobis Copres presbyter quæ recte et ex virtute gesta fuerant a Patribus, unus ex fratribus nostris dormitans, ut qui iis quæ dicebantur fidem nequaquam haberet, videt in ejus manibus librum admirabilem, scriptum litteris aureis, et canum virum astantem, et minaciter ei dicentem : Non audis attente lecturam, sed dormitas ? Is autem conturbatus, nobis eum audientibus, statim quod audierat et viderat Romane exposuit. Eo autem hæc nobis adhuc dicente, venit quidam rusticus habens calathum arenæ, qui exspectabat donec implesset narrationem : rogavimus autem nos presbyterum : Quid sibi vult rusticus cum arena ? nobis respondit Pater, dicens :

Filloli mei, non oportebat me gloriari apud vos, neque ea enuntiare quæ gesta sunt a Patribus ; ne mente elati amittamus **753** mercedem : propter studium autem vestrum et utilitatem, quod tam procul ad nos venistis, non fraudabo vos utilitate ; sed quæ per nos Servator gessit, narrabo præsentibus fratribus.

Sterilis erat ager qui est prope nos, et rustici qui ipsum possidebant, seminantes, vix semen duplicatum metebant; vermis enim nascens in spica, totam messem corrumpebat. Agricolæ autem catechismo a nobis instituti, et effecti Christiani, rogarunt nos ut oraremus pro messe. Dixi autem eis : Si habetis fidem in Deum, vel arena deserti fructum vobis afferet. Ii autem nihil cunctati, cum hac arena, quæ a nobis calcatur, sinus implessent, attulerunt, rogantes ut benediceremus. Postquam autem sum precatus ut illis fieret secundum ipsorum fidem, ipsi eam cum frumento seminarunt in arvis suis; et repente eorum ager ita multiplicavit fructum, ut omnem superaret Ægyptum. Hoc ergo facere soliti, nobis quotannis exhibent molestiam. Unum autem, inquit, magnum miraculum præbuit mihi Deus multis præsentibus. Cum enim in civitatem aliquando descendissem, inveni quemdam virum Manichæum qui populos seduxerat; cum autem non possem ei publice persuadere, dixi conversus ad multitudinem : Magnum rogum in platea accendite, et ingrediamur in flammam ; et qui ex nobis illæsus a flamma manserit, is habet bonam fidem. Postquam autem hoc factum est, et turbæ rogum cito accenderunt, ipsum mecum trahebant in ignem. Is autem dicit : Unusquisque seorsum ingrediatur, debeoque primus ingredi qui jussisti. Cum autem in nomine Christi signatus essem ingressus, flamma in hanc et illam partem divisa, me nulla affecit molestia, cum semihoram in ea essem moratus. Turbæ autem viso miraculo exclamarunt, et cogebant illum pyram pervadere, is autem nolebat, timore affectus. Cum eum autem accepissent populi, in medium protruserunt; et totus flammа ambustus, ejectus est e civitate, clamantibus populis : Planum viventem exurite. Me autem turbæ accipientes, et laudibus prosequentes, deduxerunt in ecclesiam.

Cum autem ego aliquando per quoddam templum transirem, quidam ex gentibus suis idolis sacrificabant. Dixi autem eis : Cur cum sitis participes rationis, sacrificatis iis quæ carent ratione : vosque estis de cætero iis magis expertes rationis? Illi autem, ut qui recte dixissem, me statim sunt secuti, credentes Servatori.

Cum autem esset mihi aliquando hortus in agro propinquo, propter eam quæ ad nos veniebat fraternitatem, et quidam pauper eum operaretur, ingressus est quidam gentilis, ut furaretur olera : ubi vero ea suffuratus recessisset, eaque tribus horis non potuisset coquere, sed mansissent in lebete qualia acceperat, utpote quod aqua minime calefieret, vir se colligens, accepta olera ad nos detulit, rogans ut sibi condonaretur erratum, et ut fieret Christianus; quod etiam factum est. Erant autem hac ipsa hora hospites fratres qui ad nos venerant : propter quos tempestive admodum ad nos allata sunt olera. Quæ cum comedissemus, egimus Domino gratias, duplici accepta lætitia, et ex salute hominis, et ex refectione fratrum

CAPUT LV.
Vita abbatis Suri.

Abbas autem Surus, inquit, et Isaias (*Ruff.*, *l.* II, *cap.* 10), et Paulus sibi invicem repente occurrerunt ad fluvium, viri pii et egregii exercitatores, invisuri magnum abbatem Anuph. Distabat autem eorum intervallum tribus mansionibus; et dicunt ad se invicem : Ostendat unusquisque nostrum suum vitæ institutum, et quemadmodum fuit in hac vita a Deo honoratus. Abbas autem Surus dixit eis : Peto a Deo donum, ut nos virtute spiritus indefessi ad locum perveniamus; et cum ipse solum orasset, inventum est protinus paratum navigium, et ventus secundus, et momento temporis inventi sunt in loco, cum adverso flumine navigassent.

CAPUT LVI.
Vita abbatis Isaiæ.

Isaias autem dicit eis : Et quid mirum, o amici, si vir nobis occurrerit, qui vitam narret uniuscujusque (*Ruff.*, *lib.* II, *cap.* 10)?

CAPUT LVII.
Vita abbatis Pauli.

Paulus autem dicit eis : Si Deus nobis revelaverit quod post tres dies assumit hominem? Cum autem paulo ulterius processissent, vir eis obviam factus eos salutat ; Paulus autem ei dicit : Dic nobis quæ recte gessisti ; nam post crastinum diem abibis ad Deum (*Ruffin.*, *l.* II, *cap.* 10).

CAPUT LVIII.
Vita abbatis Anuph (103).

Dixit autem eis Anuph : Benedictus Deus, qui mihi hæc quoque signavit, et vestrum vitæ institutum et adventum (*Ruffin.*, *l.* II, *cap.* 10). Cum autem dixisset quæ unusquisque eorum recte gesserat, exposuit deinceps, quæ ipse fecerat, dicens : Ex quo Servatoris nomen professus sum in terra, ex ore meo non est egressum mendacium : humani cibi nihil sumpsi, me cœlesti alimento **754** alente quotidie angelo : nullius alterius rei cupiditas in cor meum ascendit, præterquam Dei; nihil ex rebus terrenis occultavit mihi Deus, quod non significaverit et ostenderit mihi. Non interdiu somnum cepi, non noctu requievi, Deum quærens : Una mihi semper adfuit angelus, mundi ostendens potestates ; lumen cogitationis meæ nunquam fuit exstinctum ; omnem petitionem accepi a Deo protinus. Vidi sæpenumero Deo assistentes myriades angelorum, vidi choros justorum, vidi martyrum congeriem, vidi monachorum vitæ institutionem; vidi opus autem omnium Deum laudantium. Vidi Satanam igni traditum, vidi angelos ejus punitos, vidi justos lætantes in æternum. Hæc et multa alia narrans, tertio die tradit animam; eamque sta-

CAPUT LIX.
Vita abbatis Hellenis (104).

Quidam autem alius pater, qui vocabatur abbas Hellen (*Ruffin.*, *lib.* II, *cap.* 11), cum ab ineunte aetate se fortiter exercuisset, saepenumero ignem gestabat in sinu, incitans eos qui prope erant fratres ad ostendenda signa, dicens eis : Si vos vere exercetis, virtutis signa de caetero ostendite. Aliquando autem cum per se esset in solitudine, incessit eum mellis desiderium; cum vero illico favos invenisset sub petra, dixit : Recede a me intemperans cupiditas; scriptum est enim : Spiritu ambulate, et desiderium carnis non perficietis (*Gal.* v), eisque relictis abiit. Cum autem jam tres hebdomadas jejunasset in solitudine, inventis qui disjecti erant fructibus, dixit : Non comedam, neque attingam aliquid ex iis, ne fratrem meum scandalizem, nempe meam animam ; scriptum est enim : Non in alimento solum vivit homo (*Matth.* IV; *Lucae* IV). Cum autem adhuc aliam jejunasset hebdomadam, postea dormitavit; et veniens angelus in somnis, ei dixit : Surge et tolle ea quae inveniuntur, et comede. Is autem surrexit, et circumquaque aspiciens, videt fontem in orbem herbas delicatas germinasse. Cum autem et potum sumpsisset, et comedisset olera, affirmabat nihil unquam sibi fuisse jucundius. Cum parvam autem speluncam in loco invenisset, mansit illic paucos dies jejunus. Ubi autem egebat alimento, orabat flexis genibus : ei autem protinus apponebantur esculenta omnia, et panis calidus, et olivae, et varii fructus.

Aliquando autem invisit fratres suos; et cum eos multum monuisset, contendebat in desertum, afferens quaedam ad usum necessaria. Cum autem vidisset quosdam onagros pascentes, ait ipsis : In nomine Jesu Christi, veniat unus ex vobis, et suscipiat onus meum. Is autem statim ad ipsum accessit. Cum autem supellectilem ei imposuisset, et ei insedisset, uno die pervenit ad speluncam. In sole vero ab eo positis panibus et fructibus, cum ad ea venissent ferae, ut solent ad fontem, et panes solum tetigissent, mortuae sunt.

Accessit autem aliquando ad quosdam monachos, cum esset dies Dominicus, et dixit eis : Cur hodie non egistis synaxim? Cum ii autem aperte dicerent : Eo quod non venerit presbyter, dixit eis : Ego ibo et eum vocabo. Ii autem dixerunt, non posse aliquem transmittere alveum propter altitudinem. Quinetiam dicebant eo in loco esse belluam maximam, nempe crocodilum, qui multos homines consumpserat. Is autem non cunctatus, statim surgens profectus est ad vadum : quem cum bellua statim tergo excepisset, ad partem ripae ulterioris transvexit. Cum autem in agro invenisset presbyterum, rogavit ne despiceret fraternitatem. Ille autem eum videns multis consutis pannis obsitum, rogavit undenam pannum habuisset, dicens : Habes vestem animae pulcherrimam, o frater; ejusque humilitatem et fru-

galitatem admiratus, eum secutus est abeuntem ad fluvium. Cum autem qua transveherentur cymbam non invenissent, vocem emisit abbas Hellen, advocans crocodilum. Is autem ei statim obediens aderat, tergum substernens : rogavit autem presbyterum ut cum eo ascenderet; is vero timore affectus, cum vidisset belluam, retrocessit. Cum autem eum teneret admiratio, et eos qui trans fluvium habitabant fratres, videntes eum cum bellua transmittentem alveum, ille ascendens in terram, una secum attraxit belluam, dicens, melius esse ei ut moreretur, quam interemptarum animarum acquireret supplicium. Ea autem cadens, protinus est mortua.

Tres autem dies permanens apud fratres, sedebat, docens eos praecepta, et quae erant occulta uniuscujusque consilia aperte enuntians : hunc quidem dicens vexari a fornicatione, illum vero a vana gloria, alium a deliciis, alium ab ira, et alium quidem pronuntiabat esse mitem, alium vero pacificum : illorum quidem vitia, horum vero virtutes arguens. Haec autem audientes, mirabantur dicendo revera ita esse. Eis autem dixit : Parate nobis olera, hodie enim ad nos venient plures fratres. Cum illi autem adhuc pararent, supervenientes fratres se invicem salutarunt.

Rogavit autem eum quidam ex fratribus, volens una cum eo degere in deserto. Eo autem dicente non posse illum sustinere tentationes daemonum, is contentiosius se omnia toleraturum asseveravit. Cum eum autem excepisset, jussit habitare in alia spelunca. Ad eum autem noctu adventantes daemones, eum suffocare aggrediebantur, cum eum primum turpibus perturbassent cogitationibus. Ille autem excurrens renuntiavit abbati Helleni quae evenerant. Ipse autem cum loco figuram impressisset, jussit eum deinde manere secure. Cum autem aliquando panes ei defecissent in spelunca, adventans angelus in figura fratris ei attulit nutrimentum.

Rursus autem ipsum aliquando quaerentes fratres decem numero, errabant per solitudinem, septimo jam die jejuni permanentes; cum vero eos invenisset, jussit in spelunca quiescere, illi vero eum victus admonuerunt. Ille qui nihil habebat quod eis apponeret, dixit eis : Potens est Deus mensam parare in deserto. Statim autem quidam adolescens de pontone ipsis orantibus pulsavit fores. Cum autem aperuisset, viderunt adolescentem habentem magnam sportam panis et olivarum. Iis autem susceptis, comederunt, Deo agentes gratias, cum adolescens statim evanuisset. Haec et alia multa miracula cum nobis narrasset Pater Copres, nosque benigne et humaniter tractasset, induxit in suum hortum, ostendens nobis palmas, et alias arbores frugiferas quas ipse plantavit in solitudine, admonitus a fide rusticorum, quibus dixit : Potest desertum fructus producere iis qui fidem habent in Deum. Postquam enim vidi, aiebat eos qui arenam seminaverant, et eorum agrum fructum tulisse, ipse quoque idem aggressus, idem sum consecutus.

CAPUT LX.
Vita abbatis Appelle (105).

Vidimus autem alium quoque presbyterum in partibus superioris regionis, Appellem nomine (*Ruff.*, *l.* II, *cap.* 15), virum justum, qui fabricae aerariae artem primum tractavit, et exinde conversus est ad exercitationem. Is cum ad eum venisset diabolus in figura muliebri, quo tempore ad usum monachorum quamdam tractabat fabrilia; ferrea lamina ex igne rapta, idque manu propter festinationem, totum ejus vultum et corpus combussit, eamque audierunt fratres ululantem in cella. Ab eo tempore vir ille semper manu tenebat ferrum ignitum, nec laedebatur. Is cum nos benigne et humaniter accepisset, narravit nobis de viris praeclaris et Deo dignis qui cum eo fuerant, et erant adhuc superstites.

CAPUT LXI.
Vita alterius Joannis (106).

Est, inquit, in hac solitudine frater noster, nomine Joannes (*Ruff.*, *l.* II, *c.* 15), alterius quidem jam aetatis, omnes autem monachos superans virtutibus : quem nemo potest cito invenire, quod semper in solitudinibus locum loco commutet. Is primum stans tres annos sub quadam rupe, orans perpetuo, non sedens omnino, non dormiens, nisi quantum somni stans suffurabatur, et Dominica solum sumens Eucharistiam, afferente ei presbytero, nihil aliud comedebat. Atque adeo cum quodam die se Satanas transfigurasset in presbyterum, ad eum abibat celerius, prae se ferens se ei velle dare Eucharistiam. Cum eum autem agnovisset beatus Joannes, dixit ei : O omnis fraudis et malitiae pater, inimice omnis justitiae, non cessabis decipere animas Christianorum, sed audes sanctis insultare Sacramentis? Is autem ipsi respondit : Parum abfuit quin te dejectum lucrificerim; nam sic quoque seduxi quemdam ex tuis fratribus, et mente motum deduxi ad insaniam. Pro quo cum multi justi multum rogassent, vix potuerunt efficere ut esset sanae mentis. Haecque cum dixisset daemon, ab eo recessit.

Cum autem essent disrupti ejus pedes ex eo quod tanto tempore stetisset immobilis, et exiret sanies, adveniens angelus, tetigit ejus corpus, dicens : Christus erit tibi verus cibus, et sanctus Spiritus verus potus, interim autem tibi sufficit spiritale nutrimentum, ne repletus evomas. Et cum cum curasset, dimovit a loco. Deinceps autem vitam egit in solitudine, circumiens, et herbis vescens : Dominica autem inveniebatur in eodem loco sumens Communionem. Cum paucos autem palmae ramos petisset a presbytero, efficiebat cingula animalibus. Cum vero vellet quidam claudus ad eum venire ut curaretur, et asinum solummodo inscendisset, ubi primum ejus pedes tetigere cingulum quod fuerat a sancto viro factum, fuit illico curatus. Alias autem aegrotis mittebat eulogias (107), et a morbis liberabantur protinus. Porro autem revelabatur de ejus monasteriis, quod quidam ex iis qui sunt in ipsis, vitam non recte instituunt, et per presbyterum ad cunctos scribit epistolas, quod illi quidem sunt otio dediti, hi vero contendunt ad virtutem, et inventa est sic se habere veritas. Scribit autem ad eorum quoque Patres, quod quidam ex his sunt de fratrum salute minus solliciti, alii vero eos quantum satis est hortantur, annuntiavitque utrorumque honores et supplicia. Et rursus alios quoque provocans ad statum perfectiorem, admonebat ut a sensibilibus se 756 transferrent ad ea quae percipiuntur intelligentia. Tempus est enim, inquit, deinceps tale vitae ostendere institutum. Non debemus enim, inquit, omni tempore permanere pueri et infantes, sed jam nos perfectioribus applicare cogitationibus, et magni et excelsi animi virtutem attingere, et caeteras maximas virtutes aggredi. Haec et complura alia nobis Pater de Patre narrabat, quae quidem, propterea quod excedant miraculi modum, omnia non scripsimus; non quod non sint vera, sed propter incredulitatem aliquorum. Nos autem satis de his certiores facti sumus, cum multi et magni viri ea nobis narraverint, qui suis viderunt oculis.

CAPUT LXII.
De abbate Paphnutio (108).

Vidimus autem locum quoque Paphnutii anachoretae, viri magni et virtute praediti, qui haud ita multo abhinc tempore consummatus est in regione quae est circa Heracleotas Thebaidis; de quo multi multa narrarunt (*Ruff.*, *lib.* II, *cap.* 16).

CAPUT LXIII.
De Tibicine.

Is enim post multam exercitationem Deum rogavit ut ei significaretur cuinam ex iis sanctis qui se recte gesserunt esset similis (*Ruff.*, *l.* II, *cap.* 16). Angelus autem apparens ei dixit : Es similis tibicini qui degit in hac civitate. Is autem studiose ad eum profectus, ejus vitae institutum ab eo est sciscitatus, et omnia ejus vitae facta est perscrutatus. Is autem ei dixit id quod etiam erat verum, se esse peccatorem, et ebriosum, et scortatorem; haud ita longo autem abhinc tempore, se ex arte latrocinandi eo contulisse. Cum autem accurate examinaretur quidnam unquam recte ab eo gestum esset, dixit se nullius rei honestae sibi esse conscium, nisi quod cum aliquando latronis vitam ageret, Christi virginem, cui erat a latronibus vitium afferendum, liberaverit, et noctu ad vicum usque reduxerit. Rursus autem, inquit, inveni aliquando formosam mulierem errantem in solitudine, fugatam ab apparitoribus et curialibus praesidis et senatorum, propter publicum mariti debitum, et errorem suum deflentem. Sciscitatus sum autem ex ea causam fletus. Illa autem dixit : Ne me roges, domine, nec miseram examines; sed tanquam ancillam tuam abducas quo velis. Nam cum maritus tempore biennii ob debitum publicum trecentorum aureorum saepe fuerit flagellatus, et in carcere inclusus, et tres mihi charissimi filii venditi fuerint, ego recedo fugitiva, locum loco commutans : nunc autem etiam errans per solitudinem, saepe inventa, et assidue flagellata, jam tres dies permansi jejuna in solitudine. Ego autem ejus sum misertus, inquit latro; et cum eam deduxissem in speluncam, dedi ei trecentos aureos, et deduxi eam usque ad civitatem, et ejus maritum liberavi cum liberis, citra ullum probrum et contumeliam. Cui respondit Paphnutius: Ego quidem nullius rei talis mihi sum conscius, in exercitatione autem omnino audiisti me esse celebrem; non enim vitam traduxi in otio. Mihi ergo Deus de te revelavit, te rebus gestis nihilo me esse inferiorem; si ergo, o frater, non parva a Deitate tui habetur ratio, ne tuam animam temere neglexeris. Is autem statim projectis quos habuit in manibus tibiis, et lyræ musicæ harmonia in spiritalem traducta melodiam, virum secutus est in desertum. Cum autem tribus annis se pro viribus exercuisset, et in hymnis et orationibus vitæ suæ tempus peregisset, in cœlum iter direxit, et cum choris angelorum et justorum ordinibus connumeratus, requievit.

CAPUT LXIV.
De Protocomite.

Ubi ergo illum qui se exercuerat virtutibus, prius ad Deum misit, majori et accuratiori vitæ instituto, quam prius esset, sibi imposito, rogavit Deum ut sibi significaretur cuinam ex sanctis esset similis; et rursus vox divina ad eum facta est, dicens: Es similis vicini pagi protocomiti (*Ruff.*, *l.* II, *cap.* 16). Is autem ad eum abiit celerrime; et cum ipse pulsasset ostium, processit ille, ut ei mos erat, ad accipiendum hospitem. Et cum pedes ejus lavisset, et mensam apposuisset, hortatus est ut vesceretur. Cum autem facta ejus sciscitaretur, et ei diceret: Narra mihi, o homo, institutum vitæ tuæ; multis enim monachis, ut mihi Deus ostendit, evasisti superior, ille dixit se esse peccatorem et indignum nomine monachorum. Cum autem instaret percontari, homo respondit, dicens: Non habeo quidem necesse narrare ea quæ a me facta sunt; sed quoniam dicis te a Deo venisse, quæ mihi adsunt referam. Jam agitur trigesimus annus, ex quo me a mea uxore separavi, cum tribus annis solum cum ea habuissem consuetudinem, et tres ex ea filios suscepissem, qui etiam mihi ad meos usus inserviunt; hospitalitatem autem nunquam intermisi usque in hodiernum diem: non gloriatur aliquis ex comitibus se hospitem ante me excepisse. Non egressus est pauper nec hospes ex mea aula vacuis manibus, qui non prius rationi conveniente esset viatico sustentatus. Non adspexi præteriens pauperem infortunio affectum, cui non suppeditarim quod satis fuit solatii. Non accepi personam filii mei in judicio, non ingressi sunt in domum meam fructus alieni, non fuit lis aliqua quam non composuerim et pacificaverim, non increpavit aliquis meos filios quod se inhoneste gererent, non tetigerunt fructus alienos mei greges, non seminavi primus agros meos, sed cum eos omnibus proposuissem communes, colligebam ea quæ erant reliqua. Non concessi ut pauper opprimeretur a potentia divitis, non affeci aliquem molestia in vita mea, nunquam malum judicium protuli in aliquem. Hæc a me esse facta Deo volente mihi sum conscius. Cum autem

viri virtutes audiisset Paphnutius, ejus caput osculatus est, dicens: benedicat te Dominus ex Sion; et videas bona Jerusalem omnibus diebus vitæ tuæ (*Psal.* CXXVII). In iis enim te recte gessisti: unum autem tibi restat quod est caput virtutum, nempe Dei omni ex parte sapiens cognitio, quam non poteris sine labore consequi, nisi cum teipsum a mundo abnegaris, crucem accipias, et sequaris Servatorem. Is autem ubi hæc audiit, statim nec suis quidem valere jussis, virum secutus est in montem. Et cum venissent ad fluvium, scapha non inventa jussit Paphnutius eum flumen trajicere pedibus, quod propter altitudinem nemo illo tempore pedibus trajecerat. Cum autem transiissent, et eis pervenisset aqua usque ad cingulum, constituit eum in quodam loco. Cum se autem separasset, Deum rogavit ut ejusmodi hominibus videretur præstantior. Non multo autem interjecto tempore, vidit viri animam assumi ab angelis Deum laudantibus et dicentibus: Beatus quem elegisti et assumpsisti: habitabit in atriis tuis (*Psal.* LXIV). Et rursus justis respondentibus et dicentibus: Pax multa diligentibus legem tuam, et non est eis scandalum (*Psal.* CXVIII). Et tunc cognovit virum esse mortuum.

CAPUT LXV.
De Mercatore (109).

Cum autem perseveraret abbas Paphnutius Deum venerari precibus, et multiplicare jejunia, rursus oravit ut sibi ostenderetur cuinam esset similis (*Ruff.*, *l.* II, *cap.* 6). Dicit ei rursus vox divina: Similis es mercatori quærenti bonas margaritas; sed surge deinceps, et ne cunctare; tibi enim occurret vir cui es assimilatus. Cum ille autem descendisset, vidit virum quemdam mercatorem Alexandrinum, pium et Christi amantem, vicies mille aureis negotiantem, cum centum navibus descendentem ex superiore Thebaide, qui omnes suas facultates et merces distribuerat pauperibus. Is cum suis filiis decem saccos leguminum ad eum afferebat. Et quid hæc, o amice? ei dixit Paphnutius. Is autem dixit ipsi: Sunt fructus meæ mercaturæ, qui Deo offeruntur ad justam refectionem. Quid autem hæc, inquit ipsi Paphnutius, et tu nostro nomine non frueris? Is autem confessus est se ad id studiose contendere. Ei respondit Paphnutius: Quousque ergo tu terrenam exerces negotiationem, nec cœlestia attingis mercimonia? Sed hæc quidem es aliis dimissurus; tu vero iis te adjunges quæ sunt maxime opportuna, sequere Servatorem, ad eum venturus paulo post. Is vero nihil differens, jussit filios suos reliqua dividere pauperibus; ipse autem cum in montem ascendisset, et seipsum in eo loco inclusisset, ubi duo priores consummati fuerant, perseverabat in orationibus. Parvo autem elapso tempore, relicto corpore, factus est civis cœlestis. Postquam autem eum quoque præmisit in cœlos, ipse etiam despondit animum, ut qui se non posset amplius exercere. Assistens autem angelus ei dixit: Huc deinceps accede, veni tu quoque, o beate, in æterna Dei tabernacula, venerunt enim prophetæ te in suos choros accepturi. Hoc autem non tibi prius declaravi, ne si fuisses elatus, de tuis detraheretur meritis. Cum ergo uno solo die supervixisset, et per revelationem ad eum venissent quidam presbyteri, omnibus illis narratis, tradidit animam. Aperte autem videntes presbyteri eum assumi in choris justorum et angelorum, Deum laudabant.

CAPUT LXVI.
Vita abbatis Apollonii (110).

Fuit in Thebaide quidam monachus, nomine Apollonius (*Ruff.*, *l.* II, *cap.* 19). Is plurimas ostendit virtutes et facta egregia, dignus quoque fuit habitus dono doctrinæ supra multos qui tunc fuere insignes virtutibus. Is in tempore persecutionis addens animum Christi confessoribus, multos effecit martyres. Porro autem ipse quoque comprehensus custodiebatur in carcere; ad quem veniebant qui ex gentibus erant nequiores, et cum eo disputabant, incessebantque maledictis, et irridebant.

CAPUT LXVI.
De Philemone (111) *martyre et iis qui cum ipso fuere martyribus.*

Erat autem quidam ex ipsis choraules, vir nequitiis famosus, qui accedens eum appetebat contumeliis, dicens eum impium et impostorem, et planum, et qui ab omnibus habebatur odio, et qui debebat mori citius (*Ruff.*, *l.* II, *cap.* 19). Cui dicit Apollonius : Miserebitur tui Dominus, o homo, et eorum quæ dicta sunt nihil tibi reputetur ad peccatum. Hæc autem cum audiisset ille choraules, Philemon nomine, mordebatur animo, a verbis ejus compunctus. Statim autem ad tribunal profectus, coram judice se sistit, et ei dicit, populo præsente : Injuste facis, o judex, qui **758** viros pios et nulli culpæ affines punis ; nihil enim mali faciunt nec dicunt Christiani. Ille autem cum ipse hæc diceret, in principio quidem existimabat eum loqui ironice et ludificari; postquam autem eum vidit persistere : Insanis, inquit, o homo, et mens tibi repente est emota. Ille autem : Non insanio, inquit, o judex injustissime, sum enim Christianus. Is autem multis blanditiis una cum turba et conabatur persuadere: postquam autem vidit immobilem, ei omne genus tormenta adhibuit. Cum autem rapuisset Apollonium, et multis eum affecisset contumeliis, ipsum torquebat tanquam planum. Apollonius autem ei dixit : Optarem, o judex, ut tu et omnes præsentes hunc meum errorem sequeremini. Is autem eo hæc dicente, jussit ambos igni tradi, toto inspiciente populo. Cum autem in flamma essent præsente judice, vocem ad Deum emittit beatus Apollonius, toto populo audiente et judice : Ne tradas, Domine, bestiis animam confitentem tibi, sed teipsum nobis aperte ostende (*Psal.* LXXIII). Nubes autem roscida et lucida adveniens, viros texit, igne exstincto. Admiratæ autem turbæ et ipse judex, clamabant : Unus est Deus Christianorum; maleficus vero quispiam hæc renuntiat præfecto Alexandriæ. Qui cum crudeles quosdam et immanes elegisset protectores et apparitores, eos misit ut vinctos adducerent judicem et Philemonem. Ducebatur ergo una cum eis Apollonius, et quidam alii confessores. Cum omnes autem iter ingrederentur, eum invasit gratia, et cœpit docere milites. Ubi autem ipsi quoque compuncti crediderunt Servatori, erant omnes uno animo vincti. Quos omnes cum vidisset præfectus a fide non posse dimoveri, jussit projici in profundum maris : hoc autem fuit eis signum baptismatis. Cum eos autem sui invenissent disjectos in littore, fecerunt omnibus ædem unam, ubi nunc multæ virtutes peraguntur. Tanta autem fuit viri gratia, ut de iis quæ esset precatus, statim exaudiretur, eum sic honorante Servatore. Quem etiam nos in martyrio (112) precati, vidimus cum iis qui cum ipso fuerunt martyrio affecti, et Deum adorantes, eorum tabernacula (113) salutavimus in Thebaide.

CAPUT LXVIII.
Vita abbatis Dioscuri (114) *presbyteri.*

Vidimus autem alium quoque presbyterum in Thebaide, nomine Dioscurum, Patrem centum monachorum (*Ruff.*, *l.* II, *cap.* 20). Qui cum ad Dei gratiam essent accessuri, dicebat eis : Videte ne qui noctu phantasiam habuit mulieris, audeat accedere ad sancta Sacramenta. Ne quis ex vobis visis et phantasiis pulsus somniaverit. Nam qui absque phantasiis fiunt fluxus seminis, casu fiunt; nec ex uniuscujusque libero animi arbitrio insunt, sed absque voluntate ; procedunt enim ex natura, et ex redundanti materia excernuntur, quocirca nec sunt peccato obnoxii : visa autem ac phantasiæ procedunt ex libera eligendi voluntate, et sunt argumentum mali animi. Oportet autem, inquit, monachum transilire etiam legem naturæ; corpus autem liquare, nec inveniri in ullo inquinamento carnis, sed carnem macerare, et non concedere ut in ipsa redundet materia. Conamini ergo illam exhaurire frequentibus et prolixis jejuniis ; sin minus autem, nos ad appetitiones et desideria incitant. Non oportet autem monachum attingere appetitiones animi. In quo enim differet a mundanis, quos sæpe videmus abstinere a voluptatibus propter sanitatem corporis, aut propter aliquas alias causas a ratione minime alienas? quanto autem magis, inquit, monacho curanda est animæ sanitas et spiritus!

CAPUT LXIX.
Nitrienses (115) *Anachoretæ.*

Devenimus quoque ad Nitrienses, ubi multos et magnos vidimus anachoretas; partim quidem indigenas, partim vero etiam hospites, qui se invicem superabant virtutibus, et magno studio se exercebant, et in vita se invicem contendebant superare (*Ruff.*, *l.* II, *cap.* 21). Et alii quidem ex ipsis versabantur in contemplatione, alii vero in actione. Cum vidissent autem aliqui ex ipsis nos procul venientes, aliqui quidem nobis cum aqua occurrerunt ; et alii quidem pedes nostros lavabant, alii vero vestes mundabant, alii vero ad cibum invitabant, alii autem ad contemplationem et Dei cognitionem, et quod unusquisque ex iis poterat, in eo studebat nos juvare. Et quid dixerit quispiam omnes eorum virtutes, cum nihil possit dicere pro dignitate? Habitant itaque locum desertum, et habent cellas magno inter se intervallo disjunctas, ut nullus possit procul agnosci ab altero, neque cito videri, nec vox audiri; sed degunt in multa quiete, unusquisque per se inclusus. Solum autem Sabbato et Dominico congregantur in ecclesiis, et se invicem excipiunt. Multi autem ex iis sæpe etiam quatuor dies inveniuntur in cellis, eo quod se invicem non videant, præterquam in collecta. Et alii quidem ex his veniebant ad collectam a tertio et quarto lapide, tam longe sunt remoti a se invicem. Tantam autem habent inter se charitatem, etiam supra reliquam fraternitatem, ut **759** multis qui cum ipsis salvi esse voluerint, unusquisque studeat suam cellam eis dare ad se reficiendum.

CAPUT LXX.
De Abbate Ammonio (116) et iis qui erant cum ipso.

Vidimus autem Patrem quoque eorum qui illic erant, nomine Ammonium, habentem eximias cellas, et atrium, et puteum, et reliqua necessaria. Cum autem ad eum venisset quidam frater qui volebat salvus fieri, et ei diceret ut ipsi inveniret cellam ad habitandum, illico egressus, præcepit ei ne egrederetur e cellis, donec ipsi invenisset aptum habitaculum; et cum ipsi reliquisset omnia quæ habebat, cum ipsis cellis, seipsum inclusit in parvam cellam. Quod si plures erant qui conveniebant volentes salvi fieri, congregabat universam fraternitatem, et illo quidem tradente lateres, hoc vero aquam, perficiebantur cellæ in uno die. Eos autem qui erant habitaturi in cellis, in ecclesiam vocabant ad convivia; dumqueilli se recreant et exhilarant, unusquisque cum e sua cella ovillam suam pellem aut sportam pane vel cæteris implesset necessariis, deferebant ad novas cellas, ut nulli nota esset uniuscujusque oblatio. Noctu autem venientes habitaturi suas cellas, repente inveniebant omnia necessaria. Multi autem ex ipsis neque panem comedebant nec fructus, sed solum intyba agrestia. Quidam autem ex ipsis tota nocte non dormiebant; sed sedentes vel stantes usque ad mane, perseverabant in oratione.

CAPUT LXXI.
Vita abbatis Isidori (117) et eorum qui erant cum ipso.

Vidimus autem in Thebaide monasterium cujusdam magni Isidori, quod intus habebat mille monachos (*Ruff., l.* II, *cap.* 17). Habebat autem intus puteos et hortos, et quæcunque sunt ad usum necessaria, nemine egrediente extra monasterium : sed erat presbyter janitor, qui nullum permittebat egredi, neque alium ingredi, præterquam si quis vellet usque ad mortem illic permanere nusquam progrediens. Porro autem eos qui portam ingrediebantur in parvo habitaculo excipiebat hospitio; et cum mane dedisset eulogias, in pace deducebat. Duo autem ex ipsis presbyteri solum exibant, opera fratrum administrantes, et referebant ea quæ erant ipsis ad usum necessaria. Dixit autem mihi is qui portam custodiebat presbyter, eos qui intus sunt sanctos esse tales, ut possint omnes signa efficere; et neminem ante decessum in morbum incidere; sed quando uniuscujusque venisset translatio, id omnibus prius significantem et se reclinantem, dormire.

CAPUT LXXII.
Vita abbatis Ammona (118) presbyteri.

Est autem alia quoque solitudo in Ægypto, maritima quidem, sed difficillima, in qua multi et magni habitant anachoretæ, quæ est prope urbem Diolcon (*Ruff., l.* II, *cap.* 32, *cui dicitur Piammon*). Vidimus autem illic presbyterum virum sanctum et valde humilem, et assidue videntem visiones, nomine Ammonam. Is aliquando offerens Deo sacrificium (119), videt angelum stantem a dextris altaris, et notantem fratres accedentes ad gratiam, et scribentem in libro eorum nomina. Cum autem non adfuissent aliqui in synaxi, vidit deleri eorum nomina, qui post tres dies sunt mortui. Eum sæpe torquentes dæmones in tantam adduxerunt imbecillitatem, ut non posset ipse stare ad aram, nec offerre : angelus autem veniens, ejus manu apprehensa, protinus eum confirmavit, et sanum ad aram statuit. Cujus tormenta cum vidissent fratres, obstupuerunt.

CAPUT LXXIII.
De abbate Joanne (120).

Vidimus autem alium quoque in Diolco, Joannem nomine (*Ruff., l.* II, *cap.* 33), patrem monasteriorum, qui ipse quoque multam habebat gratiam, et Abrahæ habitum, et barbam Aaron. Efficiebat autem virtutes atque curationes, ut qui multos curavit paralyticos et podagra laborantes.

CAPUT LXXIV.
Vita abbatis Pityrionis et (121) eorum qui cum ipso erant.

Vidimus autem in Thebaide altum montem fluvio imminentem, valde terribilem et præcipitem, et monachos illic viventes in speluncis (*Ruff., l.* II, *cap.* 31). Eorum autem pater erat nomine Pityrion, qui fuit unus ex discipulis Antonii, et tertius qui illum locum excepit; qui quidem multas virtutes efficiebat, et efficaciter spiritus expellebat. Cum enim successisset Antonio et ejus discipulo Ammonæ, merito etiam successit hæreditati donorum : qui multos quidem alios quoque apud nos habuit sermones, quin etiam de discretione spirituum accurate disseruit, dicens esse aliquos dæmones qui sequuntur animi motus, et nostras affectiones ad malum sæpe convertunt. Quisquis ergo, o filii, dicebat is nobis, vult exigere dæmones, prius in servitutem redigat affectiones animi; qualem enim quis superarit affectionem, ejus quoque expellit dæmonem. Oportet autem vos paulatim vincere affectiones, ut earum expellatis dæmones. Sequitur gulam dæmon. Si quis ergo gulam superaverit, expellit **760** ejus dæmonem. Is autem comedebat bis in hebdomada, Dominica et quinta feria, parvam pultem ex farina (122); nec poterat aliquid aliud sumere, propterea quod suum habitum ita formasset.

CAPUT LXXV.
Vita Eulogii (123) presbyteri.

Vidimus autem alium quoque presbyterum, nomine Eulogium, qui in offerendis Deo donis tantam accepit gratiam cognitionis, ut unusquisque ex iis qui accedebant monachis mentem cognosceret (*Ruff.*, *l.* II, *cap.* 14). Is cum sæpe vidisset aliquos monachos ad aram accessuros, eos retinuit, dicens : Quomodo audetis ad sancta accedere sacramenta, cum habeatis malas cogitationes? Et tu quidem hac nocte animo versasti turpem fornicationis cogitationem; alius autem in animo suo reputavit, dicens nihil referre an peccator an justus accedat ad Dei gratiam; alius autem de dono dubitavit, dicens : Nunquid me accedentem sanctificabit? Parum ergo secedite a sanctis sacramentis, et ex animo agite pœnitentiam, ut sit vobis remissio peccatorum, et sitis digni Christi communione. Nisi enim primum mundaveritis cogitationes, non poteritis ad Christi gratiam accedere.

CAPUT LXXVI.
Vita Serapionis (124) *presbyteri.*

Vidimus vero etiam in partibus Arsenoitæ presbyterum quemdam, nomine Serapionem (*Ruff.*, *l.* II, *cap.* 18), Patrem multorum monasteriorum, et qui præest multæ fraternitati, ut qui sint decies mille numero, magnamque per fratres exsequitur dispensationem, cum omnes simul, tempore messis, omnes suos fructus ad ipsum afferant, quos pro messis mercede acceperunt, unusquisque frumenti annuas duodecim artabas (125), qui sunt veluti quadraginta qui apud nos dicuntur modii; et ea ad ministerium pauperum per se dispensat, adeo ut deinceps in ea quæ est circumcirca regione nullus sit pauper, sed etiam mittat ad eos qui sunt Alexandriæ pauperes. Sed neque prædicti Patres per totam Ægyptum unquam neglexerunt hanc administrationem; sed ex laboribus fraternitatis, navigia plena frumento et vestimentis pauperibus miserunt Alexandriam, propterea quod rari essent apud ipsos qui egerent.

CAPUT LXXVII.
Vita abbatis Posidonii.

Posidonii Thebani multa quidem sunt, eaque narratu difficilia, quemadmodum erat mitis, et in se exercendo acerrimus, et quanta fuerit in eo innocentia. Nescio an ullum talem convenerim. Vixi enim cum eo anno uno in Bethleem, quando sedit ultra Pœmenium (126), et multas vidi ejus virtutes; atque inter cætera ipse mihi quodam die narravit : Cum habitarem, inquit, in loco Porphyrite anno uno, toto anno nullum hominem conveni, non audivi sermocinationem, non panem gustavi, nisi si quando paucis uterer dactylis, et sicubi herbas invenirem agrestes. Quo quidem tempore cum mei panes aliquando defecissent, egressus sum e spelunca, ut venirem in orbem terræ habitabilem, et cum toto die ambulassem, vix aberam a spelunca duo milliaria. Cum ergo circumspexissem, video equitem militis habitum præ se ferentem, habentem in capite galeam tiariferam; et cum conjectassem eum esse militem, profectus sum usque ad speluncam, et inveni canistrum uvarum et ficuum nuper decerptarum : quem cum accepissem, lætus veni ad speluncam, habens duobus mensibus cibos illos ad meam refectionem.

Hoc autem miraculum fecit beatus Posidonius in Bethleem. Quædam mulier gravida habebat spiritum immundum, et in ipso tempore quo erat paritura, laborabat in partu, ipsam conterente spiritu. Cum ergo a dæmone vexaretur mulier, advenit ejus maritus, et rogavit sanctum illum ut adesset : et nobis ingressis ad orandum, cum stetisset et precatus esset, post secundam genuflexionem, ejecit spiritum. Surgens autem dixit nobis : Orate, modo enim expellitur immundus spiritus. Oportet autem esse aliquod signum ut de eo fiamus certiores. Egrediens autem dæmon, diruit a fundamento totum aulæ parietem. Mulier autem sexennio non fuerat locuta; postquam autem egressus est dæmon, et peperit, et locuta est.

CAPUT LXXVIII.
De Hieronymo (127).

Hujus sancti novi hanc quoque prophetiam; Hieronymus enim quidam presbyter habitabat in illis locis, qui in sermone Romano magna erat virtute ornatus, et præclaro ingenio; sed tanta fuit ejus invidia, ut ab ea obrueretur virtus doctrinæ. Cum ergo multis diebus cum eo versatus esset sanctus Posidonius, dicit mihi in aurem :

CAPUT LXXIX.
De Paula (128).

Ingenua quidem Paula, quæ ejus curam gerit, præmorietur liberata ab ejus invidia. Ut autem arbitror, propter hunc virum non habitabit vir sanctus in his locis, sed ejus pervadet invidia vel usque ad proprium fratrem. Resque ita accidit.

CAPUT LXXX.
De Oxyperentio.

Etenim beatum Oxyperentium Italum is hinc expulit.

CAPUT LXXXI.
De Petro.

Et Petrum alium quemdam Ægyptium.

CAPUT LXXXII.
De Simeone.

Et Simeonem, viros admirabiles, quos ego adnotavi. Narravit mihi hic Posidonius continentissimus et virtutis observantissimus, quod quadraginta abhinc annis panem non gustasset, neque acceptæ injuriæ sit recordatus usque ad diei dimidium.

Hæc sunt certamina et signa præclari Christi athletæ Posidonii, quæ fecit providentia ejus quæ est omnium virtutum maxima; et in his est insignis finis vitæ hujus beati.

CAPUT LXXXIII.
Vita Serapionis (129) *Sindonitæ.*

Fuit alius quidam Serapion Sindonites (nam præter sindonem nihil unquam induebat), qui exercuit magnam possessionum et facultatum vacuitatem : quam ob causam et impassibilis vocabatur. Cum esset autem imperitus litterarum, memoriter dicebat omnes Scripturas. Et neque ob possessionum egestatem et Scripturarum meditationem potuit in cella quiescere, non quod traheretur a terrena materia, sed quod apostolicam vitam sectabatur, orbem terræ obiens exactissimam paupertatis virtutem præseferebat, sic ut perfectam impassibilitatem hic sit assecutus. Natus enim erat hac natura; sunt enim naturarum, non substantiarum differentiæ (*Caute lege*). Narrabant itaque Patres, quod cum quemdam accepisset exercitatorem qui cum eo luderet, se in quadam urbe gentilibus vendidit histrionibus viginti solidis (130), et cum recondidisset solidos sub sigillo, eos apud se servabat. Tandiu autem permansit et serviit mimis qui eum emerant, donec eos fecit Christianos, et eos avulsit a theatro : præter panem et aquam nihil sumens, neque præ meditatione Scripturarum ore silens : longo autem tempore primus compunctus est mimus, deinde mima, deinde universa eorum familia. Dictum est autem quod quo tempore eum ignorabant, lavabat pedes amborum. Ambo ergo baptizati, a theatro recesserunt; et cum ad vitam honestam et piam processissent, virum valde reverebantur. Ei itaque dicunt : Adesdum, frater, nos te liberabimus, quando quidem ipse nos liberasti a turpi servitute. Dicit ergo eis : Quandoquidem Deus meus est operatus, et vos cooperati estis, et salva facta est vestra anima, vobis dicam mysterium actus.

Ego vestræ animæ misertus quæ in multo errore versabatur, cum essem liber exercitator, genere Ægyptius, ea de causa meipsum vendidi, ut vos servarem. Quoniam autem hoc fecit Deus, et per meam humilitatem salva evasit anima vestra, accipite aurum vestrum, ut etiam aliis opem feram. Illi autem cum multum rogassent et affirmassent, dicendo : Te tanquam patrem et dominum habebimus, solum mane nobiscum; non potuerunt ei persuadere. Tunc dicunt ei : Da tu aurum pauperibus, nam id nobis fuit causa salutis. Ait illis : Date vos illud, quia vestrum est; ego enim alienas pecunias non do pauperibus. Tum illi cohortantur eum, dicentes : Sed saltem post annum nos invisas. Et sic ab iis abiit.

Is frequentibus peregrinationibus pervenit in Græciam; et cum tribus diebus moratus esset Athenis, non fuit qui ei panem præberet; nam neque æs ferebat, neque peram, non pellem ovillam, non virgam, nihil horum, sed sola sindone amictus erat. Cum autem venisset quartus dies, valde esuriit; nihil enim illo tempore gustaverat. Res est enim gravis fames involuntaria, quæ adjutricem habet incredulitatem. Et stans super tumulum civitatis, in quo congregabantur qui erant in dignitate (131) constituti in civitate, cœpit vehementer et cum planctu lamentari, et clamare : Viri Athenienses, ferte opem. Ad quem accurrentes omnes qui pallium gestabant et byrrum (132), dicunt ei : Quid habes, undenam es, et quid pateris? Is vero dicit ipsis : Genere quidem sum Ægyptius, monachus professione; ex quo autem absum a vera mea patria, incidi in tres feneratores : et duo quidem a me recesserunt exsoluto eis debito, cum non haberent de quo me accerserent; unus autem a me non discedit. Illi ergo studiose quærentes de feneratoribus ut eis satisfacerent, ipsum rogabant : Ubi sunt? quis est qui tibi exhibet molestiam? ostende nobis eum, ut tibi feramus auxilium. Tunc eis dicit : Molestiam mihi exhibuit avaritia, et gula, et fornicatio; et a duobus quidem sum liberatus, avaritia scilicet et fornicatione; neque enim aurum habeo, neque aliquid aliud possideo; non fruor deliciis quæ sunt nutrices hujus morbi : quocirca nihil mihi exhibent amplius molestiæ. A gula autem non possum recedere; jam enim quatuor diebus nihil comedi, et mihi pergit venter molestiam exhibere, quærens consuetum debitum, sine quo non possum vivere. Tunc quidam philosophi suspicati eum composita quædam et ficta narrare, dant ei solidum : quem acceptum posuit in officina panaria, et accepto pane recessit; statim profectus a civitate, et in eam non reversus amplius. Tunc cognoverunt philosophi eum vere fuisse virtute præditum; et cum pistori dedissent pretium panis, acceperunt solidum.

Cum autem venisset in loca Lacedæmonis proxima, audivit quemdam ex primis civitatis **762** esse Manichæum simul cum tota domo, alioqui virum bonum. Hic optimus monachus huic rursus seipsum vendidit sicut in primo actu. Et cum intra duos annos ipsum abduxisset ab hæresi et ejus uxorem cum tota familia, adduxit in Ecclesiam. Tunc eum amantes, non amplius habebant tanquam servum, sed plusquam germanum fratrem et patrem et magno honore afficiebant, et cum eo Deum laudabant.

Paulo post ubi eos pluribus cohortatus esset, illis relictis spiritualis hic adamas Serapion, cum heris istis pretium suum persolvisset, seipsum conjecit in navem tanquam Romam navigaturum. Nautæ autem conjicientes eum vel intulisse sumptus, vel in auro habere quod expenderet, nihil aliud percontati eum exceperunt, alius alium exi-timans accepisse ejus utensilia. Cum autem ipsi enavigassent, et abessent quingentis stadiis ab Alexandria, cœperunt vectores vesci circa occasum solis, cum nautæ prius comedissent. Viderunt autem eum primo die non comedere; et putaverunt causam esse navigationem, similiter et secundo, et tertio, et quarto die; quinto autem die vident ipsum sedentem quietum, dum omnes comederent, et dicunt ei : Homo, cur non comedis? Is vero dicit eis : Quoniam non habeo quod edam. Cum ergo inter se quæsivissent quis ejus accepisset utensilia vel impensas, vidissent autem neminem accepisse (neque enim habebat aliquid) cœperunt cum eo contendere : Quomodo sic ingressus es absque impensis? quomodo dabis nobis naulum? quonam autem aleris? Is vero eis dicit : Ego nihil habeo; auferte me, et abjicite ubi invenistis. Illi vero : Cur irasceris? ne si centum quidem aureos nobis dares, lubenter hoc faceremus, cum sit nobis ventus adeo secundus : scopum ergo urgeamus, peragentes quæ sunt nobis proposita. Sic fuit in navi, et eum aluerunt Romam usque. Cum autem Romam venisset, curiose indagavit quis esset in civitate magnus exercitator aut exercitatrix.

CAPUT LXXXIV.
Vita abbatis Domnionis.

Inter quos incidit in quemdam Domnionem fortissimum atque abstinentissimum, Origenis discipulum, quem rumor erat multa miracula edidisse, et cujus lectus curavit ægrotos post mortem.

CAPUT LXXXV.
De Virgine silente.

Cum ergo in eum incidisset, et ex eo utilitatem accepisset (erat enim vir et moribus ornatus, et eruditione et sermone et vita), et ab eo didicisset quisnam esset illic alius exercitator aut exercitatrix, cognovit esse quamdam virginem silentium agentem et quiescentem, quæ jam viginti quinque annis in cella erat inclusa, et cum nemine unquam colloquebatur. Cum autem ejus domum didicisset, venit, et dicit vetulæ quæ ei inserviebat : Dic virgini me necesse habere eam convenire. Anus vero responsum reddidit illam ex multis annis neminem convenisse. Tum ait illi : Dic ei ut conveniam illam, Deus enim me misit. At illa ne sic quidem acquievit. Cum autem duos vel tres dies intermisisset, eam convenit postea. Et ei dixit : quid sedes? Ea vero dicit ipsi : Non sedeo, sed ambulo. Is vero dicit : Quo ambulas? Illa vera dicit : Ad Deum. Is autem dicit : Vivisne, an es mortua? Illa vero ei dicit : Credo in Deum me esse mortuam mundo : Qui enim carne vivit, non potest ad Deum ambulare. Is autem dicit ei : Ut me ergo certiorem reddas te esse mortuam mundo, fac quod facio. Ea illi dicit : Impera mihi quæ possunt fieri, et faciam. Is autem dicit ei : Nihil est quod non possit mortuus, absque eo quod non potest esse impius. Tunc dicit ei : Descende, et progredere. Ea vero respondit : Jam agitur vigesimus quintus annus ex quo non sum progressa, et cur progrediar? Ei autem dicit : Vah! nonne tu dixisti, mortua sum huic mundo? unde et manifestum est et mundum tibi mortuum esse. Si hoc quidem verum est, et mortuus nihil sentit, idem est tibi progredi et non progredi; ergo progredere. Illa vero progressa est. Et postquam progressa fuit usque ad quamdam ecclesiam, ei dicit in ecclesia : Si vis ergo me certiorem reddere quod vere sis mortua, et non amplius vivis placens hominibus, fac quod facio, et sciam te esse mortuam. Ei itaque dicit : Exuens sicut ego omnia vestimenta, ea impone humeris, et transi mediam civitatem, me in hoc habitu præeunte [1]. Illa vero ei dicit : Hac re minime honesta multos offendam, et poterunt dicere me esse emotæ mentis et dæmoniacam. Is autem dicit ei : Et quid tibi est curæ, si dixerint te esse emotæ mentis et dæmoniacam? tu enim es eis mortua; mortuo vero non est curæ, si quis ei vel detraxerit vel eum irriserit; nihil enim potest sentire. Tunc illa ei dicit : Dic si quid aliud velis, neque enim ad hunc usque modum me venisse glorior. Tunc ei dicit Serapion impassibilis : Ecce ergo, ne amplius te jactes et tibi placeas, tanquam omnibus magis pia et mundo mortua. Ego enim sum te magis mortuus : et re

ipsa ostendo me esse mortuum mundo, nam citra ullam animi perturbationem et pudorem hoc facio. Tunc cum eam ad humilitatem instituisset, et ejus fregisset arrogantiam, recessit.

Sunt autem multa quoque alia magna et illustria facta istius Christi doctoris, virtute **763** præditi, quæ pertinent ad impatibilitatem, quæ ex multis pauca selecta perscripsimus, ut ex iis puritas ejus vitæ patefieret. Is decessit agens annum ætatis sexagesimum, in locis desertis sepultus est.

CAPUT LXXXVI.
De [2] Evagrio (133) celebri diacono.

De Evagrio claro Christi diacono, qui vixit instar apostolorum, non est æquum tacere; sed ea litteris mandare ad ædificationem eorum qui sunt lecturi, et ad bonitatis Servatoris nostri gloriam æquum arbitratus, ab alto expono, et quemadmodum venerit ad institutum monasticum, et quomodo cum se digne exercuisset, moritur quinquaginta quatuor annos natus, in solitudine : qui, ut scriptum est, In brevi consummatus, implevit longa tempora (*Sap.* IV). Fuit enim revera ejus anima grata Domino. Is genere quidem fuit Ponticus civitatis Iberorum (134), filius presbyteri, lector promotus a sancto Basilio episcopo ecclesiæ Cæsareæ ad Argeum (135). Post decessum autem sancti Basilii episcopi, attendens ejus aptitudinem, sapientissimus, et a perturbationibus animi alienus, et omni doctrina clarus Gregorius episcopus Nyssenus (136), frater episcopi cui datur honor inter apostolos, eum ordinat diaconum. Illinc cum venisset sanctus Gregorius episcopus in magnam synodum Constantinopolitanam, relinquit eum beato Nectario episcopo, cum esset omnium disserendi artis peritissimus. Floruit ergo in magna civitate, in disputationibus juveniliter exsultans adversus omnem hæresim. Accidit autem ut is qui propter morum insignem bonitatem honorabatur a tota civitate, configeretur a simulacro muliebris concupiscentiæ, ut ipse nobis narravit postea, cum esset mens ejus libera. Eum autem vicissim amavit muliercula. Erat autem ea una ex primis. Evagrius autem et Deum timens, et suam veritus conscientiam, et habens ante oculos dedecus turpitudinis, et quam hæreses de alienis malis concipiunt lætitiam, Deum supplex rogavit ut ab ipso impediretur scopus quem sibi proposuerat mulier, quæ eum urgebat cupiditate, et ejus insano tenebatur desiderio. Cumque vellet ab ea recedere, non poterat, ut qui ejus obsequii blandis detineretur vinculis. Haud multo post autem eam quæ præcessit orationem, antequam rem esset expertus, astitit ei visio angelica, præ se ferens speciem militum præfecti, quæ eum rapit, et ducit tanquam in judicium, et conjicit eum in eam quæ dicitur custodiam, collari ferreo ejus collo injecto, et catena ferrea alligatis manibus, iis videlicet qui ad ipsum venerant, ei causam minime dicentibus. Ipse autem qui pungebatur conscientia, existimabat se ea subire ejus gratia, arbitrans maritum mulieris de hac re judicem conve-

---
[1] Mirandum hoc, non imitandum.

[2] Origenista hic fuit.

nisse. Animi itaque admodum anxius constitit Evagrius, dum de alia causa ageretur, et de aliis propter tale crimen haberetur quæstio. Post magnum ergo illum metum et summum animi angorem, angelus qui ab initio præbuerat visionem, ita transformatur, ut videretur adesse germanus et sincerus amicus Evagrii, valde obstupefactus, et tristitia affectus ob tantam vinculorum infamiam, et dicens ei vincto inter catenas quadraginta reorum : Cur cum tanta ignominia detineris cum reis, domine diacone? Ille ei dicit : Revera quidem nescio; suspicor autem N., qui est ex præfectis, me detulisse, motum zelotypia citra ullam rationem ; et vereor ne magistratus fuerit ab eo corruptus pecunia, et me maximo afficiat supplicio. Dicit ei is qui amici figuram susceperat : Si audias amicum, tibi consulo ; non tibi expedit degere in hac civitate. Dicit ei Evagrius : Si Deus me liberaverit ab hac calamitate, et me videris Constantinopoli, scias me jure subire hoc supplicium, et esse dignum alio majore. Dicit ei amicus : Si ita habet, fero ad te sanctum evangelium ; jura mihi in eo quod recedes ab hac civitate, et tuæ animæ curam geres; et te liberabo ab hac necessitate. Evagrius autem : Rogo te, inquit, jurabo ut volueris ; me solummodo libera ab hac nube tenebrosa. Interim autem ei affert sanctum evangelium, et exigit jusjurandum. Evagrius autem ei jurat per evangelium verbis sic conceptis ; Non manebo hic præter unum diem, idque ut meas vestes in navem immittam. Cum autem processisset jusjurandum, ad se rediit ab ecstasi quæ ei noctu evenerat. Cumque surrexisset, cogitavit : Etsi mihi fuit datum jusjurandum in ecstasi, juravi tamen. Omnibus ergo quæ habebat in nave conjectis, venit Jerosolyma, et illic excipitur a beata Melania Romana. Rursus cum diabolus ejus cor tanquam Pharaonis indurasset, utpote adolescentis et ætate luxuriantis, eum rursus incessit dubitatio, et animi fuit ancipitis, cum tamen nemini quidquam dixisset. Quo factum est ut et vestes rursus mutaret, et in differendo ei veternum afferret vana gloria : sed Deus qui impedit omnium nostrum interitum, ei rursus attulit calamitatem, rursus in febrem conjiciens, et deinde in longum morbum , tempore semestri ejus carnem macerans, quæ ei afferebat impedimentum ad virtutem, medicis dubitantibus, et non invenientibus modum curationis. Dicit ergo ei beata Melanium : Non placet mihi, fili, morbus tuus diuturnus ; dic ergo mihi quæ habes in animo, non est enim verus hic tuus morbus. Confessus est ergo ei rem quæ sibi evenerat Constantinopoli. **764** Dicit ei beata : Promitte mihi teste Domino, te vitæ monasticæ scopum esse secuturum, et ego licet peccatrix, orabo Deum, ut detur tibi tempus commeatus, et vitæ terminus. Is autem est assensus. Cum ea autem orasset, intra paucos dies convaluit ; cumque is surrexisset, ab illa ipsa est amictu monastico indutus, et peregre proficiscitur in montem Nitriæ, qui est in Ægypto : in quo cum habitasset biennio, tertio ingreditur solitudinem.

Cum itaque vixisset quatuordecim annis in iis quæ dicuntur Celliis, comedebat quidem panis libram in die; trimestri autem tempore olei sextarium, vir qui in molli delicata et lauta vita fuerat educatus. Faciebat autem centum orationes, scribens annuatim pretium solum eorum quæ comedebat ; eleganter enim scribebat celerem characterem. Cum ergo intra quindecim annorum spatium mentem expiasset, dignus est habitus dono cognitionis et sapientiæ, et discretionis spirituum. Is composuit tres sacros libros monachorum, qui dicitur Ἀντιρρητικά, hoc est Contradictoria, suppeditans artes quibus sit utendum adversus dæmones. Ei aliquando gravem exhibuit molestiam dæmon fornicationis, ut ipse nobis narravit; et tota nocte stetit in puteo cum esset hiems, adeo ut ejus carnes gelu constringerentur. Aliquando autem rursus ei molestiam exhibuit spiritus blasphemiæ ; et quadraginta diebus non est tectum ingressus, ut ipse nobis narravit, adeo ut corpus ejus, non secus ac corpus ferarum animantium, ricinis scateret (137). Ei tres apparuerunt dæmones in habitu clericorum, de fide cum eo inquirentes ; et unus quidem dicebat eum esse Arianum, alter vero Eunomianum, tertius autem Apollinaristam, et eos paucis superavit spiritu sapientiæ. Rursus cum quodam die periisset clavis ecclesiæ, sera cruce signata, manu trudens eam aperuit, Christo invocato. Is a dæmonibus adeo fuit flagellatus, et variorum dæmonum tantam fecit experientiam, ut ii non possint facile enumerari. Uni ex discipulis suis, quæ post decem et octo annos erant eventura ei, dixit, omnia ei prædicens in specie. Dicebat autem hic beatus : Ex quo veni in solitudinem, non tetigi lactucam, non minutum olus, non aliquid viride, non fructum, non uvam, non lavacrum, non carnem, non panem, non vinum, neque omnino aliquid ex iis quæ per ignem transeunt, præter quædam olera cruda, et modicum aquæ. Postea autem sexto decimo anno instituti vitæ suæ actæ absque decoctione ignis, cum caro, propter imbecillitatem corporis et stomachi, opus haberet ut aliquid sumeret quod per ignem transiisset, panem quidem tetigit, nequaquam autem sumpsit cocta olera ; sed vel ptisanam, vel legumina duos annos. In his corpus consumebat hic beatus, vivificans animam sancto Spiritu, in Epiphaniis in ecclesia communicans. Nobis autem narrabat hic generosus Christi athleta circa tempus mortis : Jam sunt tres anni ex quo non sum amplius vexatus a cupiditate carnis. Si autem post vitam ita ex virtute actam, et immensum laborem exercitationis, eumque vel maxime inflexibilem, et sobriam perpetuo orationem, hunc immortalem adeo invasit bonis infestus et exitiosus dæmon ; quid ab exsecrabili dæmone pati putamus eos qui sunt socordiores, propter suam negligentiam? Huic sancto significata est aliquando mors patris sui , et dicit ei qui renuntiavit : Desine blasphemare, meus enim Pater est immortalis [1]. Deum autem dicebat. Hucusque est exac-

---
[1] Simile supra, in Pelag., libell. I, num. 5.

tissimum et perfectissimum vitæ institutum insignis Evagrii.

CAPUT LXXXVII.
Vita abbatis Pior (138).

Quidam Pior nomine (*Ruff., l.* III, *n.* 51; *Pelag., libell.* IV, *n.* 34), Ægyptius genere, ætate juvenis, cum mundo renuntiasset, exiit e domo paterna; et propter insignem amorem spiritalem, Deo est professus se nullum ex suis visurum amplius. Quinquaginta ergo post annis, soror ejus quæ consenuerat, et ab aliquo resciverat fratrem suum vivere, veniebat in mentis emotæ periculum, nisi ipsum videret. Cum autem non posset venire in vastum desertum, rogavit illius loci episcopum ut scriberet ad sanctos Patres qui erant in solitudine, ut ipsum mitterent, et eum videret. Cum ergo ei vis magna afferretur, Patribus obediens, statuit uno alio assumpto, abire; et significavit domui sororis fratrem suum Pior advenire, et foris stare. Cum autem sensisset strepitum ostii, et quod ejus soror ei veniret obviam, Pior, clausis oculis, clamavit ad ipsam: O soror N., ego sum Pior frater tuus, ego sum: ecce, vide, aspice quantum velis. Illa ergo facta certior Deum glorificavit, et cum multa fecisset, non potuit ei persuadere ut domum ingrederetur: sed oratione facta in limine, reversus est in solitudinem, propriam patriam illic sibi virtute comparans. Hoc ejus fertur miraculum, quod cum fodisset in loco quem ædificavit, invenit aquam amarissimam, et donec decessit, illic permansit, contentus inventis amaritudinibus aquæ (139), ut generosi hujus tolerantia innotesceret. Multi autem monachi post ejus mortem cum in cella manere contendissent, non potuerunt unum annum id efficere. Est enim locus terribilis, et alienus ab omni consolatione.

CAPUT LXXXVIII.
Vita abbatis Moysis (140) Libyci.

765 Moyses Libycus fuit vir mitissimus, et maxima charitate præditus: is dignus est habitus dono curationum. Is hoc narravit: In monasterio, inquit, eram valde juvenis, et fodiebam maximum puteum, latum viginti pedes: in eo cum tres dies fodissemus viri octoginta, et venam consuetam, et quæ aspiciebatur transiissemus circa cubitum, aquam non invenimus. Magna ergo affecti molestia, deliberabamus de desistendo ab opere; dumque de eo deliberaremus, ad nos adveniens Pior ex vasta solitudine, in ipsa sexta hora æstus, cum esset senex indutus sua pelle ovilla, et cum nos salutasset, dicit nobis post salutationem: Quid animum abjecistis, homines modicæ fidei? vidi enim vos jam ab hesterno die abjecisse animum. Quod cum dixisset, in putei fossam statim demisit scalas, et cum eis facit orationem; et accepto ligone, et tertio ictu incusso, dixit: Deus sanctorum patriarcharum, ne irritum et inutilem feceris laborem servorum tuorum, sed mitte ad eos usum aquæ. Et statim aqua exiit, ut nos omnes ea aspergeremur. Et cum rursus orasset, abiit, dicens: Hac de causa missus sum. Et aperta est. Cum autem illi vim facerent ut illic comederet, non potuit in animum inducere, dicens: Propter quod missus sum (141) hoc factum est. Hæ sunt res admirabiles Pior præclaræ columnæ tolerantiæ; et hic est finis illius virtutis, qui pro amaro fonte fruitur perpetuo dulcedinis fluento cum magno spiritali gaudio.

CAPUT LXXXIX.
Vita abbatis Chronii (142).

Quidam qui dicebatur Chronius, ex vico qui dicitur Phœnix, cum a suo vico qui est prope solitudinem, mensus esset quindecim millia passuum dextero pede numeratorum, illic precatus fodit puteum; et cum aquam invenisset optimam, quæ in profundo aberat septem ulnis, illic quoque sibi ædificavit parvum hospitiolum. Et ex quo die seipsum collocavit in monasterio, Deum rogavit ne reverteretur in locum qui habitatur. Cum pauci autem anni præteriissent, dignus fuit habitus presbyteratu, circiter ducentorum virorum circa ipsum congregata fraternitate. Hæc ergo fertur ejus virtus exercitationis, quod cum sexaginta annis aræ assedisset fungens sacerdotio, non egressus est e deserto, non extra laborem manuum comedit panem.

CAPUT XC.
Vita abbatis Jacobi.

Cum eo habitavit quidam Jacob e vicinis, qui cognominatus est Claudus, vir summa cognitione præditus. Erant autem ambo noti beato Antonio.

CAPUT XCI.
Vita abbatis Paphnutii Cephala (143).

Cum ergo quodam die convenisset etiam Paphnutius vir mirabilis qui dicebatur Cephala, qui quidem habuit donum cognitionis divinarum Scripturarum Veteris et Novi Testamenti, omnes eas interpretans, cum non legisset Scripturas: erat autem adeo modestus, ut celaret virtutem propheticam. De quo dicitur, quod octoginta annis non habuit simul duas tunicas. Cum una hos convenissemus, ego et beati diaconi Evagrius et Albinus, quærebamus scire causas fratrum qui decidebant vel labebantur inhonesta vita.

CAPUT XCII.
De Cheremone

Accidit enim illis diebus ut Cheremon exercitator sedens decederet, et inveniretur mortuus sedens in cathedra, et tenens opus in manibus.

CAPUT XCIII.
De alio.

Accidit etiam ut alius frater fodiens puteum, obrueretur a puteo.

CAPUT XCIV.
De alio.

Accidit etiam ut alius veniens a Scete, siti aquæ moreretur.

CAPUT XCV.
De Stephano lapso (144).

Inter quos commemoravimus etiam Stephanum, qui in turpem lapsus est intemperantiam, et Eucarpium, et Heronem Alexandrinum et Valentem Palæstinum, et Ptolomæum Ægyptium qui erat in Scete[1]. Simul ergo rogavimus quænam esset causa, quod qui sic vivunt in solitudine, ex iis alii quidem mente decipiuntur, alii vero erumpunt in intemperantiam. Hoc ergo responsum nobis dederunt et cum illis sanctus Paphnutius, vir maxima cognitione præditus : Quæcunque fiunt, in duo dividuntur, in Dei placitum, et Dei permissionem. Atque quæcunque quidem fiunt ex virtute ad Dei gloriam, ea fiunt Dei placito : quæ vero damnosa, periculosa, et quæ infortunia et casus important, ea fiunt Dei permissione. Permissio autem ex egestate rationis, vel infidelitate eorum qui deseruntur. Fieri enim non potest ut qui pie vivit et recte cogitat, incidat in ignominiæ lapsus vel imposturæ dæmonum. Quicunque ergo pravo scopo ac instituto, nempe ut hominibus placeant, et arroganti cogitatione, virtutem videantur aggredi, ii in casus incidunt, Deo eos deserente ad eorum utilitatem; ut cum per derelictionem mutationem senserint, aut propositum, aut actionem corrigant. Nam aliquando quidem peccat propositum, quando fit malo scopo; ut sæpe accidit intemperantem pravo scopo facere eleemosynam in adolescentulas propter turpem finem : et actionem esse rationi consentaneam, ut orphanæ, et quæ exercetur monachæ, dare auxilium. Accidit autem recto quoque scopo facere eleemosynam, in ægrotos vel eos qui eversi sunt bonis, vel eos qui consenuerunt : sed parce et cum murmuratione; et esse scopum quidem rectum, actionem autem scopo indignam. Oportet enim misericordem misereri in hilaritate et largitate. Hoc quoque dicebat : In multis animis sunt dotes quædam præcipuæ, in aliis quidem bonitas ingenii ; in aliis vero aptitudo ad exercitationem; sed quando non fit propter ipsum bonum et ex divino scopo, neque actio, neque ingenii bonitas, neque ii qui dotes habent præcipuas, non bonorum datori Deo ascribentes, sed suo libero arbitrio, ingenio, et sufficientiæ; qui tales sunt, relicti a providentia, incidunt in facta turpia, turpes perpessiones, probraque et dedecora. Derelicti ergo, per advenientem humilitatem et pudorem, sensim nescio quomodo expellunt arrogantiam, quam susceperant ex ea quæ virtus reputabatur ; non in seipsis confisi amplius, sed Deo, qui cuncta largitur, beneficium sua confessione tribuunt. Qui enim est inflatus, qui de bonitate inquam ingenii effertur, et Deo non ascribit bonitatem ingenii, neque eam quæ sibi suppeditatur cognitionem, sed vel suæ exercitationi vel naturæ, abducit ab eo Deus angelum providentiæ, huic gratiæ præfectum. Quo averso, superatus a viribus adversarii is qui effertur ob bonitatem ingenii, incidit in intemperantiam propter insolentiam, ut ablata teste temperantia, non videantur credibilia quæ dicuntur ab ipsis, fugientibus piis doctrinam quæ ex tali ore procedit, tanquam fontem qui scatet hirudinibus, ut impleatur quod scriptum est : Peccatori autem dixit Deus : Cur tu enarras justificationes meas, et assumis testamentum meum per os tuum (*Psal.* 49)? Eorum enim animæ qui vitiis laborant, sunt revera diversis fontibus assimiles. Nam qui sunt gulæ et vino dediti, lutulentis fontibus ; qui vero tenentur avaritia et plura habendi cupiditate, fontibus ranas habentibus; invidi autem, qui habent aptitudinem cognitionis, fontibus serpentes alentibus, in quibus semper fluctuat ratio ; propterea quod nemo haurit ex ipsis, propter morum acerbitatem, vel propter injustarum actionum odorem. Quoc rca tria rogat David a Deo doceri, bonitatem, et disciplinam, et cognitionem (*Psal.* cxviii). Nam absque bonitate cognitio est inutilis; et si correctus quidem fuerit is qui est hujusmodi, deposita causa derelictionis, nempe arrogantia, et assumpserit humilitatem, et sui modum cognoverit, neque adversus aliquem se efferens, et Deo agens gratias, ad eum rursus revertitur, quæ testimonio fulcitur cognitio. Orationes enim spirituales, quæ non habent vitam honestam et temperantem simul equitantem, sunt spicæ quæ a vento intereunt, quæ habent quidem spicarum figuram, sed ab eis ereptum est alimentum. Omnis ergo lapsus, sive fiat per linguam, sive per sensum, sive per actiones, sive per totum corpus, convenienter proportioni arrogantiæ, fit per Dei derelictionem parcentis iis qui derelinquuntur. Si enim cum intemperantia, eorum quoque bonitati ingenii Dominus tulerit testimonium, suppeditando eloquentiam, dæmones ipsos facit superbia, se extollentes cum immunditia.

Hæc quoque dicebant nobis hi sancti viri, et optimi Patres : cum videritis aliquem vita quidem perversum, oratione autem aptum ad persuadendum, recordemini dæmonis qui in sacra Scriptura cum Christo loquitur, et testimonii quod dicit : Serpens autem erat prudentissimus omnium bestiarum quæ erant super terram (*Gen.* ii). Cui prudentia potius detrimentum attulit, cum alia virtus non concurreret. Oportet enim eum qui est fidelis et bonus ea quidem animo sentire quæ dat Deus, loqui autem quæ sentit, facere autem quæ loquitur. Si enim cum veritate verborum non concurrat vitæ cognatio, panis est sine sale, ut dicit Job (*Job.* vi); qui est autem talis, minime comedetur : quod si etiam comedatur, conjicit eum qui comedit in malam habitudinem. Si comedetur enim, inquit, panis sine sale, et si est gustus in verbis inanibus, hoc es non ad utilitatem, impletis bonorum operum testimonio. Derelictionum ergo plures sunt causæ : una quidem est ut virtus occultata manifestetur, ut virtus Job, Deo respondente et dicente (*Job* xl) : Ne rejicias judicium meum, neque putes me tibi aliter respondisse, sed ut justus appareas ; es enim mihi notus qui novi occulta, et profunda cogitationum intueor humanarum. Sed quoniam ignoraris ab hominibus, suspicantur enim nonnunquam me a te coli propter divitias, ideo feci ut in hujusmodi casum incideres. Demessui divitias, ut ostendam eis tuam gratiarum actionem et philosophiam. Alia autem propter avertendam superbiam, ut in Paulo. Relictus est enim Paulus casibus, et colaphorum in-

---

[1] De Herone, supra, cap. 32. De Valente, supra, cap. 31. De Ptolomæo, supra, cap. 33.

cussionibus, et diversis **767** jactatus afflictionibus, et dixit : Datus est mihi stimulus carnis, ut me colaphizet, ne forte extollar (*II Cor.* xi) ; ne forte cum miraculis quies et rerum successus et honor ei accedens, eum in arrogantiam injiceret diabolicam superbia elatum. Relictus quoque est paralyticus propter peccatum. Cui dixit Dominus : Ecce sanus factus es, noli amplius peccare (*Joan.* v). Derelictus quoque est Judas, qui pluris fecerat pecuniam quam verbum vitæ ; quocirca fuit etiam suffocatus (*Act.* i). Derelictus quoque est Esau, et incidit in intemperantiam, ut qui stercus intestinorum præposuerit benedictioni paternæ (*Gen.* xxvii) ; adeo ut cum hæc omnia sensisset beatus apostolus Paulus, dixerit de aliquibus : Quoniam enim non probaverunt Deum habere in cognitione, tradidit eos in reprobum sensum, ut faciant quæ non conveniunt (*Rom.* i). De aliis autem qui videbantur habere Dei cognitionem cum mente corrupta et inani tumore, dicit : Quoniam enim cum Deum cognovissent, non ut Deum glorificaverunt, aut gratias egerunt, tradidit eos Deus in passiones ignominiæ ; adeo ut nos ex eo cognoscamus fieri non posse ut cadat aliquis in intemperantiam, qui non fuerit derelictus a Dei providentia, propter negligentiam et socordiam eorum qui derelinquuntur et deseruntur ad hoc ut hæc eis eveniant.

CAPUT XCVI.
Vita abbatis Solomonis

In Antinoi civitate regionis Thebaidis quadraginta annos versatus, eo tempore accepi etiam cognitionem omnium quæ sunt illic monasteriorum. Nam circa civitatem sedent viri circiter bis mille, manibus viventes, et se summe exercentes. In his sunt etiam anachoretæ qui seipsos incluserunt in speluncis rupium : inter quos est Solomon vir mansuetissimus et temperantissimus, et qui donum habet tolerantiæ. Is quinquaginta annos degit in spelunca, sibi victum suppeditans opere manuum, et didicit totam sacram Scripturam.

CAPUT XCVII.
Vita abbatis Dorothei.

Fuit etiam quidam Dorotheus presbyter in alia spelunca habitans, qui in summa bonitate ipse quoque vitam vixit inculpatam, dignusque est habitus presbyteratu, et ministrat fratribus qui sunt in speluncis. Huic aliquando Melanium junior, magnæ Melaniæ neptis, de qua dicam postea, misit quingentos solidos, rogans eum ut ministraret fratribus. Is autem cum tres solos accepisset, misit reliquos ad Dioclem anachoretam, virum summa cognitione præditum, dicens : Est me sapientior frater Diocles, et potest eos integre et innocenter dispensare, ut qui me melius sciat eos quibus sit merito ferendum auxilium nam hi mihi sufficiunt.

CAPUT XCVIII.
Vita abbatis Dioclis.

Hic Diocles in grammatica quidem primum edoctus,

Vita ejus exstat supra lib. i.

cum se postea dedisset philosophiæ, tandem trahente eum gratia ad cœlestem philosophiam, ætatis annum agens vigesimum octavum, renuntiavit quidem disciplinis liberalibus, se Christo vero conjunxit ; et jam trigesimum quintum annum agit in spelunca. Is dicebat nobis quod mens quæ cogitatione recessit a Dei contemplatione, fit vel dæmon, vel bestia. Nobis autem rogantibus : Quonam modo ? sic dixit : Mens quæ recessit a Dei contemplatione, necessario (146) incidit vel in dæmonem cupiditatis, qui in lasciviam impellit, vel in spiritum iræ malignum, unde irrationales appetitus gignuntur. Et lascivam quidem cupiditatem esse dicebat belluinam, iram vero dæmoniacam commotionem. Cum ego autem contradicerem : Quomodo fieri potest ut mens humana sit cum Deo sine intermissione ? ipse dicebat : Quod in quacunque cogitatione vel re pia et divina fuerit anima, ea est cum Deo.

CAPUT XCIX.
Vita abbatis Capitonis.

Prope eum manebat quidam Capito qui fuerat latro, qui cum quinquaginta annos implesset in speluncis, quatuor millibus longe ab urbe Antinoi, non abiit a spelunca usque ad fluvium Nilum, dicens se non posse turbas convenire, eo quod communis adversarius ei adhuc resisteret.

CAPUT C.
Vita anachoretæ qui illudebatur

Cum his vidimus etiam alterum anachoretam, qui ipse quoque erat similiter in spelunca. Is in somnis illusus œstro vanæ gloriæ, vicissim illudebat eos qui decipiebantur, ventos pascens (147), et umbras persequens (*Eccli.* xxxiv). Et habebat quidem in corpore temperantiam, et propter senectutem, et propter tempus, et forte etiam propter vanam gloriam : vanæ autem gloriæ intemperantia corruptus erat ejus animus, et a religiosa conversatione fuerat alienatus.

CAPUT CI.
Vita sancti Ephræm (148) diaconi.

Audisti omnino de Ephræm diacono ecclesiæ Edessenorum [1]. Fuit enim unus ex iis qui digni sunt de quibus fiat mentio a sanctis Christi servis. Is cum spiritus viam digne peregisset, et a recta non declinasset, dignus est habitus gratia naturalis cognitionis, quam consequitur theologia, et postremo **768** beatitudo. Cum ergo vitam exercuisset quietam, et multis jam annis ædificaret eos qui ventitabant, postea e cella progressus est hac de causa. Cum magna fames invasisset civitatem Edessenorum, misertus omnium qui peribant agrestium, processit ad eos qui erant divites in civitate, et dicit eis : Cur non miseremini humanæ naturæ quæ interit, sed opes vestras sinitis putrescere ad condemnationem animarum vestrarum ? Se autem honeste excusantes, dicunt : Non habemus cui credamus ad hoc ut panem subministret esurientibus : omnes enim res cauponantur (149). Is vero dicit eis : Quid ego vobis videor ? erat autem apud omnes in magna existimatione, non falso, sed revera. Ei itaque dicunt : Novimus te hominem Dei. Si eam de me opinionem conceperitis, ait Christi servus, mihi de cætero credite. Ecce, me propter vos eligo hospitum exceptorem. Cumque pecuniam accepisset, et infixis vallis septum construxisset, et lectos ad trecentos statuisset, curabat eos qui infirmiores erant, suppeditabat iis qui fame conficiebantur: eos quidem qui deficiebant sepeliens; eorum vero qui spem vitæ habebant curam gerens; et ut semel dicam, hospitium et ministerium propter famem quotidie exhibens ex iis quæ suppeditabantur. Impleto ergo anno, cum successisset fertilitas, et omnia recte succederent, cum nihil haberet amplius quod ageret, ingressus est in suam cellam; et post mensem est mortuus, cum Deus ei hanc occasionem præbuisset adipiscendæ coronæ in extremis diebus. Reliquit autem scripta quoque studio digna quæ magnam viri virtutem testantur.

CAPUT CII.
Vita abbatis Juliani.

Audivi a quodam in illis partibus fuisse Julianum virum maximæ exercitationis, qui cum carnem suam supra modum afflixisset, ossa solum et pellem circumferebat. Is in extremis finis sui diebus dignus est habitus pratia curationum.

CAPUT CIII.
Vita beati Innocentii.

De beato Innocentio presbytero Oliveti, a multis quidem et magnis audiisti: nihilo secius autem a nobis quoque audies, qui tres annos cum eo viximus. Nam quæ sæpe illos latuerunt, nobis innotuerunt; neque vero unus vel alter, sed neque decem potuerunt hujus viri narrare virtutes. Is fuit longe simplicissimus. Cum autem is fuisset illustris in palatio sub imperatore Constantio (150) in principiis ejus imperii, mundo renuntiavit, profectus a matrimonio: in quo etiam habuit filium, Paulum nomine, qui inter domesticos militabat (151). Is cum peccasset in filiam presbyteri, imprecatus est proprio filio Innocentius, Deum rogans, et dicens: Domine, da ei spiritum, ne amplius inveniat ejus caro tempus peccandi, melius arbitratus eum pugnare cum dæmone quam cum intemperantia. Quod etiam factum est: nam nunc quoque adhuc est in monte Olivarum, ferrum gestans, et castigatus a spiritu; et quod mirabile est, hujus pater qui alios sanat, hujus misertus non est, qui tanto tempore a dæmone torquetur. Hic Innocentius adeo fuit misericors (fortasse autem videbor etiam nugari dum vera narro), ut sæpe suffuraretur a fratribus, et daret egentibus. Fuit autem summe simplex et innocens. Is dignus est habitus dono adversus dæmones: et ad eum aliquando adductus est nobis videntibus adolescens quem invaserat spiritus et paralysis, ut ego cum vidissem, voluerim aperte matrem expellere cum iis a quibus fuerat adductus, desperans eum posse curari. Accidit autem ut interim veniens senex hanc videret astantem, deflentemque, et ejulantem propter inenarrabilem calamitatem filii. Lacrymatus ergo præclarus senex et commotus visceribus, accepto adolescente ingressus est in suum martyrium, quod ipse ædificarat, in quo sitæ sunt reliquiæ Joannis Baptistæ; et cum pro eo orasset usque ad horam nonam ab hora tertia, sanum reddidit adolescentem matri, et eodem die et paralysim expulit et dæmonem. Erat autem talis ejus paralysis, ut spuens puer tergum suum conspueret; ita erat inversus. Aliud rursum fuit ejus signum. Quædam anus quæ oves pascebat in locis Lazario vicinis, et ovem amiserat, accessit ad eum flens; quam secutus dicit ei: Ostende mihi locum ubi amiseris. Ea vero ducit eum ad loca quæ sunt circa Lazarium. Stans ergo oravit. Qui suffurati autem erant adolescentes, ipsam prius occiderant. Dum ergo ipse oraret, nemine confitente, carne occultata in vinea, alicunde veniens corvus stetit supra furtum, et frustum ex illo rapuit, ac rursus evolavit. Cum beatus autem animadvertisset, vidit mactatam victimam. Et sic juvenes ad pedes ejus accidentes confessi sunt se occidisse, et justum pretium fuit ab eis exactum; atque ita castigati sunt, ut ne quid tale amplius auderent.

CAPUT CIV.
Vita abbatis Adolii.

Rursus novi Jerosolymis quemdam, nomine Adolium, genere Tarsensem: qui cum venisset Jerosolyma, ingressus est viam minime tritam (152), non quam multi ingressi sunt, sed selecto sibi quodam novo vitæ instituto. Se enim super hominem exercuit; **769** ut etiam ipsi pravi dæmones horrentes ejus austeritatem, ne ad eum quidem auderent accedere. Propter summam autem exercitationem et vigiliam, existimatus est esse spectrum. In quadragesima enim comedebat post quinque dies, toto autem alio tempore, uno die interjecto. Hoc autem fuit ejus virtutis magnum facinus. A vespera usque ad illud tempus quo congregabatur fraternitas in oratoriis, in Oliveto, in colle Assumptionis unde ascendit Jesus, perpetuo stabat psallens, et orans, et jejunabat; et sive pluebat, sive grandinabat, manebat immobilis. Impleto autem tempore consueto, excitatorio malleo pulsabat cellas omnium, eos congregans ad oratoria, et in unoquoque oratorio una cum eis psallens unam aut duas antiphonas, et una cum eis orans; et sic die appropinquante ibat in cellulam, et revera fratribus eum exuentibus, et vestes exprimentibus perinde quasi lotæ fuissent ita distillantes, eum aliis induebant. Et cum quievisset usque ad horam tertiam, psalmodia excitatus, erat ei intentus usque ad vesperam. Hæc est ergo virtus Adolii Tarsensis, qui consummatus Jerosolymis, et ibi æternum somnum dormiit, et sepultus est.

CAPUT CV.
De Abramio (153).

Fuit quidam Abramius, genere Ægyptius, qui vitam asperrimam et maxime agrestem egit in solitudine. Is animo sauciatus ab intempestiva persuasione, veniens in ecclesiam, contendit cum presbyteris, dicens: Noctu a Christo ordinatus sum presbyter, suscipite me ut sacerdotem. Patres cum abduxissent eum a solitudine, et ad vitam deduxissent crassiorem et magis indifferentem, curarunt eum a superbia, deducentes eum ad cognitionem suæ imbecillitatis, illusum a dæmone superbiæ, et sanctis precibus suis in pristinam vitæ sanctitatem restituerunt.

CAPUT CVI.
Vita abbatis Elpidii.

In Amorrhæorum speluncis quæ sunt in Jericho, quas olim construxerant fugientes Jesum Nave, qui tunc populabatur alienigenas, in monte Luca fuit quidam Elpidius, Cappadox genere, postea autem dignatus presbyteratu monasterii quod illic est, factus a Timotheo chorepiscopo Cappadociæ, viro sufficientissimo. Is habitavit in quadam spelunca, et tantam in exercitatione ostendit continentiam, ut omnes obscuraret. Vixit enim viginti quinque annos, vescens solum Sabbatis et Dominicis; stans autem totas noctes cantabat. Quem sicut apes regem suum, ita innumera multitudo fratrum secuta, illum montem ædificavit: licebatque illic videre apud unumquemque diversos modos vitæ exercitationis. Hunc aliquando Elpidium, et vere Elpidium, qui revera spe gaudebat, et propter Christum sustinebat afflictionem, noctu psallentem nobis una cum eo psallentibus, pupugit scorpius: quem cum calcasset stans, non mutavit habitum corporis; tanta tolerantia nullam duxit rationem doloris quem inussit scorpius. Porro autem cum quodam die quidam frater teneret frustum sarmenti (154), id accepit sanctus dum sederet in margine montis, et infodit tanquam plantans, etsi non esset tempus; usque adeo autem crevit, et tam ampla vitis evasit, ut tegeret totam ecclesiam.

CAPUT CVII.
Vita abbatis Ænesii.

Cum hoc sancto Dei athleta una etiam fuit consummatus inclytus Dei servus Ænesius, vir magnæ existimationis, et qui fuit insignis in exercitatione.

CAPUT CVIII.
Vita abbatis Eustathii (155).

Et ejus frater Eustathius ei honore æqualis, promptoque et alacri animo exercens vitæ certamina.

Eo autem processit beatus Elpidius impatibilitate corpus macerans, ut tota ejus (156) ossium structura perspicue pateret. Fertur autem hoc quoque in ejus virtutis narrationibus a studiosis ejus discipulis, quod totis viginti quinque annis non fuit conversus ad Occidentem; etsi speluncæ ostium esset positum in montis cacumine. Neque post horam sextam solem qui imminebat capiti, vidit unquam inclinantem ad Occidentem; neque stellas quæ in occasu oriuntur vidit viginti annis. Hic magnus athleta patientiæ, ex quo ingressus est speluncam, non descendit de monte donec fuit sepultus. Hæc sunt cœlestia facinora coronati et invicti athletæ Elpidii, qui nunc cum sui similibus degit in paradiso.

CAPUT CIX.
Vita abbatis Sisinnii.

Hujus discipulus Sisinnius nomine, qui prodiit quidem ex servili fortuna; fide autem liber, genere Cappadox. Oportet enim genera quoque significare ad gloriam Christi qui nos reddit claros genere, nosque deducit ad beatam et veram nobilitatem, nempe regnum cœlorum. Hic cum fuisset longo tempore apud beatum Elpidium acris athleta virtutum exercitationis, ut jam sex vel septem annis didicisset viri virtutes, et fortitudinem laborum in exercitatione, is postea seipsum inclusit monimento. In eo autem constitutus tres annos, perseveravit 770 in orationibus, non noctu, non interdiu sedens, non accumbens, non foras egrediens. Is assecutus est gratiam adversus dæmones. Nunc autem reversus in patriam, dignus est habitus presbyteratu; ab eo collecta fraternitate virorum et mulierum, dato testimonio impatibilitatis per honestam vitæ institutionem, et mascula expulsa sua cupiditate, et feminarum mollitie constricta continentia, adeo ut impleatur quod scriptum est: In Christo Jesu non est masculus et femina; non est servus, nec liber (Galat. III). Est autem etiam insigniter hospitalis, etsi careat possessionibus, in vituperium divitum qui minime impertiuntur.

CAPUT CX.
Vita abbatis Gaddana (157).

Novi ego senem quemdam Palæstinum genere, Gaddanam nomine, qui toto vitæ suæ tempore vixit absque tecto, vixit autem circa Jordanem. Hunc beatum eremitam, cum Judæi moti æmulatione, in locis quæ sunt circa mare Mortuum adorti, stricto gladio invasissent, accidit ut tale fieret miraculum. Dum ensem extolleret, et vellet Gaddanæ afferre interitum, exsiccata est manus ejus qui ensem tenebat, isque illi ita cecidit ut non sentiret. Hoc auxilium a Deo latum est beato Gaddana, et hæc victus beati viri usque ad finem vitæ.

CAPUT CXI.
Vita abbatis Eliæ.

Rursus quidam Elias monachus probatissimus, in iisdem locis habitabat in spelunca; et cum esset vitæ honestissimæ et in primis religiosæ, vacabat continentiæ et orationi, omnes advenientes benigne excipiens. Quodam ergo die cum complures fratres ad eum accessissent, erat enim illac eis transeundum, ei panes defecerunt; juransque nobis affirmabat dicens: Propemodum sum exanimatus ob cibi penuriam. Ingressus ergo cellam mœrore animi confectus, quod nescirem quemadmodum in eos qui adventarant, implerem pro viribus mensuram charitatis, inveni tres recentes panes illic positos, quos lætus accepi et app sui. Cum autem viginti viri comedissent ad satietatem, superfuit unus panis. Eum autem cum sustulissem, usus sum eo viginti quinque diebus. Hæc domini gratia facta est cum hospitali Elia, cujus laborum remunerationes paratæ sunt apud benignum Dominum.

CAPUT CXII.
De Sabbatio.

Quidam sæcularis Sabbatius nomine, Jerichuntinus genere, cum haberet uxorem, propter Dei timorem adeo amavit monachos, ut ipse obiret cellas et omnem solitudinem noctibus, et in unoquoque monasterio foris poneret unum modium dactylorum, et olerum quod satis esset, propterea quod pane non vescantur qui in Jordane sunt exercitatores. Huic Monachorum exceptori (158), et commodæ mensæ pro continentibus structori, cum is quodam die tulisset sanctis quæ exercitationi erant necessaria, maligni æmulatione leo occurrit, inimico monachorum excitante immanem feram adversus ministrum monachorum, studente et illos privare refectione, et hunc suo proposito. Et cum fera eum comprehendisset a lapide unius ex monachis, suis unguibus eum protrusit et evertit. Sed qui docuit in Daniele leones jejunare, prohibuit ne eum qui servabat præcepta devoraret leo, etsi valde esuriret. Quo factum est ut accepto senis asino recederet; qui enim huic vitam donaverat, feræ quoque famem sedavit.

CAPUT CXIII.
De Philoromo (159) presbytero.

Religiosissimum presbyterum Deique amantissimum Philoromum in Galatia convenimus, et cum eo longo tempore versati sumus, qui fuit vir exercitatissimus. Is ortus quidem est ex matre serva, patre vero libero. Tantam autem virtutum nobilitatem ostendit in vitæ Christianæ institutione, ut etiam ipsi qui sunt in genere insuperabiles, ejus vitam angelis æqualem revererentur, et efficacem virtutem exercitationis. Is mundo renuntiavit in diebus Juliani exsecrandi imperatoris, et libere cum hoc impio est locutus generosus Christi athleta Philoromus, quem jussit radi, et a pueris validissime verberari (160). Is vero rem fortiter et toleranter tulit, et ei egit gratias, ut ipse nobis narravit. Hunc præclarum virum in principio adortum est bellum fornicationis et gulæ, ut dicebat, quem morbum tyrannidem (161) exercentem ita superavit, ac si immensum incendium multa aqua exstingueret : summa cura continentiæ ferrum gestando, et se concludendo, et abstinendo a cibis et pane triticeo, et ut semel dicam, ab omnibus coctis, et in his se fortiter gerendo ac tolerando annis octodecim. Qui cum id vicerit, potuit hymnum victoriæ canere, sic dicens : Exaltabo te, Domine, quoniam suscepisti me, et non lætificasti inimicos meos supra me (*Psal.* xxix). Hic a spiritu fornicationis varie oppugnatus, perseveravit quadraginta annos in monasterio. Is autem narrabat, dicens : Triginta et duos annos nullum fructum tetigi. Cum autem, inquit, timiditas me summe oppugnasset, adeo ut vel interdiu pertimescerem, me inclusi sex annos in monimento ; et ea ratione evasi superior, ex impatibilitate bellum gerens cum spiritu, qui mihi hanc imponebat servitutem. Hujus viri insignis magnam curam gerebat beatus Basilius episcopus, qui delectabatur ejus austeritate, constantia, et in opere diligentia,

A qui adhuc in hodiernum diem a calamo et charta non recessit, cum sit natus annum octogesimum. Dixit hic beatus : Ex quo sum initiatus et regeneratus ex Spiritu et aqua, usque in hodiernum diem, alienum panem gratis non comedi, sed eum qui ex propriis laboribus paratur : et coram Deo loquens (162) nobis persuadebat se ducentos quinquaginta solidos ex opere manuum suarum dedisse iis qui erant inanci ac inutili, neque ulli unquam fecisse injuriam. Is pedestri itinere venit Romam usque ad orandum in martyrio sanctorum Petri et Pauli : pervenit autem etiam usque ad Alexandriam, cum vovisset, in martyrium venerandi athletæ Marci. Dignus autem, inquit, sum habitus, qui voti gratia bis propriis pedibus venirem Jerosolyma ad honoranda loca sancta, et ipse mihi suppeditavi impensas. Dicebat autem nobis, ut utilitatem ex eo caperemus : Non memini me unquam animo a Deo meo recessisse. Hujus beati Philoromi talia sunt certamina, et in his est invicta victoria, et beatorum laborum ei redditur finis, corona gloriæ immarcescibilis.

CAPUT CXIV.
Vita beati Severiani (163) et ejus uxoris.

In Ancyra Galatiæ, in ipso loco contigit mihi alloqui quemdam Severianum ex comitibus una cum ejus conjuge Bosphoria, nec eorum magnam habui experientiam. Ii quidem multa spe bona repleti sunt, et suos frustrantur filios, revera in futura intuentes. Suorum enim prædiorum reditus consumunt in egenos, habentes quatuor filios, et duas filias, quibus nullam possessionem (164) dederunt, præterquam iis quæ nupserant. Dicebant autem reliquis suis filiis : Post nostrum decessum omnia sunt vestra ; quandiu autem sumus superstites, nos possessionum nostrarum fructus colligemus, eas distribuentes ecclesiis, et monasteriis, et xenodochiis, et omnibus egentibus, quorum preces et vobis et nobis et filiis pro hac temporaria et laboriosa vitam æternam comparabunt (*Eccli.* xxi, 6). In quibus hoc quoque est eorum virtutis egregiæ. Cum esset magna fames, et quæ omnium hominum pervadebat viscera, illi tunc eas quæ tunc erant hæreses traduxerunt ad rectam opinionem. Nam cum in multis prædiis horrea sua aperuissent, ea præbebant in alimentum pauperum ; adeo ut ex hac inexplicabili eorum benignitate in unam rectæ fidei consonantiam convenerint qui erant hæreticæ opinionis, Deo gratias agentes ob simplicem eorum fidem, et immensam beneficentiam. Alia autem exercitatio eorum erat admirabilis vestis eorum habitus erat maxime venerandus et parcus ; eratque in eis magna et quæ dici nequit victus tenuitas ; erant valde modici sumptus, alimentorum frugalitate contenti quantum vita requirebat ; pietatem in Deum mirandum in modum exercentes ; in agris degentes plurimo tempore, semper fugientes civitates, et vitia quæ ex eis oriuntur, ne ex jucunda cum turba conversatione tumultus civiles attraherent, et exciderent a Dei proposito. Propter hæc omnia horum beatorum rectæ vitæ facinora, hinc jam

CAPUT CXV.
Vita Eleemonis monachi.

Vidimus in hac civitate monachum, qui ordinem presbyteratus suscipere recusavit. Venerat autem ad tale propositum post militiam exigui temporis. Is vigesimum annum agens in exercitatione, hoc habuit vitæ institutum ut permaneret apud civitatis episcopum virum sanctissimum. Est autem adeo benignus et misericors, ut etiam urbes circumeat, et misereatur eorum qui indigent. Is non negligit custodiam, non nosocomium, non ptochium, non divitem, non pauperem; sed fert opem omnibus: apud divites quidem, ut immites et immisericordes, verba faciens de misericordia, unicuique autem ex indigentibus providens quæ sunt necessaria, eos qui pugnant pacificans, nudis suppeditans indumenta, ægrotis medicamenta afferens ad curationem. Quod autem solet fieri in omnibus magnis civitatibus, in ea quoque fiunt; in porticu enim ecclesiæ jacet multitudo mancorum ac mutilorum, quotidianum victum emendicantium; qui partim quidem uxores non duxerunt, partim vero etiam duxerunt. Quodam ergo die accidit ut unius horum uxor pareret in porticu, et in ipsa hieme; ea ergo clamante cum ab illo intolerabili dolore pungeretur, audivit hic beatus ululatum, orans in ecclesia; et relictis sibi consuetis precibus, egressus respexit; et cum neminem invenisset qui illi adesset in hac necessitate, ipse functus est vice obstetricis, non abhorrens fastidium quod consequitur mulieres parientes, mulierum insensibilitatem ei largiente hac profundissima eleemosyna. Atque **772** vestium quidem quibus est indutus pretium non est unius oboli; cibus autem contendit cum vestibus: libello autem non sustinet incumbere, a lectionibus eum abducente clementia. Si quis ex fratribus ei librum donaverit, eum statim vendit, et distribuit pauperibus. Iis autem qui sciscitabantur: Cur hæc vendis? dicebat: Qui possum meo persuadere magistro me ejus artem accurate didicisse, nisi illo ipso usus fuero ad artem recte exercendam[1]? Hic immortalis cum in hac actione hucusque permansisset, perpetuo germinans memoriæ nomen reliquit illi quæ est circumcirca regioni. Ipse fruens æterno gaudio in regno cœlorum, recipiens digna præmia beatis laboribus: et qui esurientes hic nutriit, et nudis dedit vestimenta, nunc apud bonorum operum remuneratorem fruitur omne genus deliciis.

CAPUT CXVI.
Vita abbatis Bisarionis (165).

Fuit quidam senex, possessionibus carens, et misericors, nomine Bisarion. Is cum venisset in quemdam vicum, vidit mendicum nudum in foro mortuum, unam quidem ferens tunicam convenientem evangelicæ traditioni, et parvum superhumerale; nihil enim possidebat præter hoc necessarium tegumentum. Habebat autem semper quoque parvum Evangelium sub axilla, aut ad sui faciendum periculum, num perpetuo voci Domini obediret, aut potius gestans sermonem quem erat opere executus. Tam admirabili enim vita usus est hic vir, et citra ullum dedecus, ut perinde ac terrestris angelus cœleste iter legitime peregerit. Hic ergo cum vidisset reliquias, se protinus exuens superhumerali, eo induit mortuum. Et rursus cum parum processisset, nudo egenti occurrit, et stetit apud se disceptans, et sic ratiocinans: Quomodo ego quidem, qui mundo renuntiavi, veste induor, frater autem meus algore concrescit? si ergo ego eum sivero exanimari, ero omnino causa mortis proximo. Quid ergo, exuensne scindam, et partem distribuam, an totum dabo ei qui est factus ad Dei imaginem? Sed quid mihi et illi erit utilis pars quæ scinditur? Et cum apud se disceptasset, dixit: Damnine aliquid patiemur, si plus quam sit præceptum faciamus? Generosus itaque hic athleta prompto et alacri animo vocat pauperem in vestibulum; et cum eum dimisisset indutum, stetit nudus, se operiens manibus, genua flectens et subsidens; solum habens sub axilla verbum quod facit divites. Ejus autem consilio et providentia transiens quidam irenarcha (166), agnovit senem; et dixit proximo suo socio: Respice illuc; non est hic senex abbas Bisarion? Cum is autem dixisset: Maxime; de equo descendens rogavit sanctum, dicens: Quis te exuit? Ille vero dextera protendens Evangelium, Hoc, inquit, me exuit. Statim autem se sua veste exuens irenarcha, perfectum militem induit, et protinus gestans veluti quamdam parvam vestem monachorum, a mundo latens recessit; declinans laudem ejus qui suum vidisset vitæ institutum, eum qui est ab occulto honorem celando exspectans. Hic ipse postquam omne præceptum evangelicum recte esset exsecutus, cum nihil hujus mundi amplius haberet in animo, ad divinorum dictorum perfectiorem exsecutionem, cum in transitu vidisset pauperem, cursu in forum contendit: ubi cum paulisper constitisset, vendidit Evangelium. Paucis igitur post diebus, qui cum eo erat abbatis discipulus, Dulas nomine, rogavit senem, dicens: Quid parvo libello factum est, o abba? Cui senex placide verbum pulchrum admodum et valde scitum est locutus, sic dicens: Ne tristitia afficiaris, o frater; nam ut illic habeamus fiduciam, propter obedientiam vendidi ipsum sermonem, qui mihi semper dicebat: Vende quæ habes, et da pauperibus (*Marc.* x; *Lucæ* xviii). Sunt autem aliæ quoque res plurimæ ex virtute gestæ hujus magni Patris, cum quo nos quoque digni habeamur habere partem gratia Christi. Amen.

CAPUT CXVII.
Vita beatæ Melaniæ (167).

Necessarium autem existimavi, virilium quoque et honestarum mulierum meminisse in hoc libro, quibus Deus æqualia donavit præmia viris qui ex vir-

---

[1] Simile dictum cap. seq.; et sup., apud Pelag., libel. vi, num. 5; Ruff., l. iii, num. 70, nomine *Serapionis*.

tuto vitam egere, et ipsis reddidit coronam eorum qui ipsi placuerunt, ne molles teneræque reddantur quæ sunt socordiores, et prætextum quærant et excusationem, tanquam quæ sint imbecilliores ad certamina virtutis, et ad honestam vitam agendam. Atque multas quidem vidi pias ac religiosas, et plurimas virtutis ergo conveni et virgines et viduas; inter quas erat etiam beatissima Melania Romana (168), quæ fuit quidem filia Marcelli consularis (169), uxor cujusdam viri qui erat in magna auctoritate, cujus nominis non recte memini. Hæc cum esset vidua, agens annum vigesimum secundum (170), divino amore digna fuit habita; et nemini quidquam dicens (prohibebatur enim iis temporibus, Valente tenente imperium) cum curasset ut filii sui nominaretur tutor, ipsa acceptis suis mobilibus, et in navem 773 injectis cum aliquot famulis et ancillis, cursu navigavit Alexandriam; et cum illic res suas vendidisset, et in aurum minutum convertisset, ingressa est in montem Nitriæ, sanctos Patres conveniens, Pambo, et Arsisium (171), et Serapionem magnum, et Paphnutium Scetiotem, et Isidorum confessorem episcopum Hermipolis, et Dioscurum; et versata est apud eos circiter annum dimidium, obiens solitudinem, et videns omnes sanctos. Post hæc autem cum Augustalis Alexandriæ relegasset Isidorum, et Pissimium, et Adelphium (172), et Paphnutium, et Pambo, et inter eos etiam Ammonium Parotium seu unam habentem auriculam, et duodecim episcopos, et presbyteros et clericos, et anachoretas, ut essent omnes numero centum viginti sex, in Palæstinam circa Diocæsaream, ipsa eos est secuta, eis ex suis propriis pecuniis subministrans, in necessitatibus sumptuum atque omnibus suppeditans. Cum autem prohiberentur ministri, ut narrabant (conveneram enim sanctum Pissimium, Isidorum, et Paphnutium, et Ammonium), hæc fortis mulier induta servili caracalla (173), vespere eis ferebat quæ erant ad usum necessaria. Cum autem id cognovisset consularis Palæstinæ, et vellet sinum suum implere, speravit fore ut eam terreret (174); eamque retentam conjecit in carcerem, ignorans ejus libertatem. Hæc autem significat ei, dicens: Ego illius quidem fui filia, hujus vero uxor qui in terra fuit genere clarus, nunc autem sum Christi ancilla. Neque meum vilem habitum despexeris, possum enim me, si velim, extollere; nec potes me terrere, neque ex rebus meis aliquid accipere; ne ergo forte ignorans in aliquod crimen incidas, quænam sim tibi declaravi. Oportet enim adversus stolidos, tanquam cane et accipitre uti animi elatione, et in tempore eorum superbiæ in ipsos immittere. Tunc certe judex cum hæc accepisset, se excusavit, et eam adoravit, et jussit eam absque ullo impedimento cum sanctis viris versari.

CAPUT CXVIII.

Vita Ruffini (175) *presbyteri.*

Hæc, postquam hi fuerunt revocati, monasterio ædificato Jerosolymis, viginti septem annos versata est in Jerusalem, habens conventum virginum quinquaginta.

Cum qua vixit etiam nobilissimus et moribus simillimus et fortissimus Ruffinus ex Aquileia civitate Italiæ, qui postea dignus est habitus presbyteratu, quo non est inventus inter homines nec doctior nec mitior. Viginti autem et septem annis excipiebant eos qui veniebant Jerosolyma voti causa, et episcopos, et monachos, et virgines et matrimonio junctos, et illustres et privatæ conditionis, et omnes qui adventabant, suis fovebant expensis. Juverunt quoque schisma (176) quod Paulinum sectabatur, circiter quadringentorum virorum vitam monasticam agentium; et omnem hæreticum ex Pneumatomachis, hoc est ex iis qui bellum gerunt adversus sanctum Spiritum, persuasum introduxerunt in Ecclesiam; et clerum qui erat in eo loco, et donis et alimentis honorantes, sic vitam transegerunt, neminem offendentes, sed omnem propemodum orbem terræ juvantes.

Atque de admirabili quidem et sancta muliere Melania superius quidem narravi attingendo leviter; nihilo secius autem reliqua, vel potius ea quæ teneo memoria de ejus virtutibus, adtexam orationi, nempe inenarrabilem religiosissimæ mulieris beneficentiam, per quam cum beatum incorruptionis indumentum suis texuisset laboribus, et quæ non potest marcescere gloriæ coronam, suis pecuniis, proprio suo capiti fabricata esset et induisset, cum multa fiducia hinc excessit ad Dominum. Me ergo incipientem narrare præclara hujus beatæ facinora, si volo dicere quæ scio, tempus deficient. Quantam quidem opum materiam ea consumpsit in egentes, cœlesti correpta desiderio, non arbitror flammam ignis, si in copiosam inciderit materiam, tantam posse exurere. Hoc autem non est meum solum narrare, sed etiam eorum qui Persidem et Britanniam, et omnes habitant insulas. Beneficiorum enim et largitionum hujus immortalis feminæ non Occidens, non Oriens, non Septentrio fuit expers, nec Meridies. Triginta enim et septem annos hospites excipiens, illis ea quæ erant usui suis præbuit sumptibus, ecclesiisque et monasteriis et hospitiis et carceribus; et ut semel dicam, nullus ex iis qui eam convenit non est aliquam partem ejus opum consecutus, suppeditantibus ei consanguineis, et ipso filio, et procuratoribus quotannis pecunias et tanquam luculentæ lucernæ oleum ministrantibus, ut fulgido lumine flammam accendens eleemosynæ largitione cunctos illuminaret. Ea autem cum in hospitalitate adeo perseveraverit, ne palmum quidem terræ possedit, non abstracta est a cupiditate filii ab amore solitudinis, non eam divisit a charitate in Christum unigeniti (177) filii desiderium. Sed ejus precibus adolescens et ad summam pervenit doctrinam, moribusque fuit ornatissimus, claroque et illustri fuit matrimonio conjunctus, et mundanos est honores consecutus; qui duos quoque habuit filios (178), qui testarentur justum matrimonium.

Multis itaque post annis cum de neptis **774** statu audisset, eam et nupsisse, et velle sæculo renuntiare; verita ne forte in aliquam malam abriperentur doctrinam, vel hæresim, vel malam vitam, anus sexaginta annos nata navem ascendit, et Cæsarea navigans viginti dierum spatio Romam venit. Atque illic quidem cum esset, beatissimum virum maximæ existimationis clarissimum Apronianum (179), qui erat gentilis, catechesi instituit, et Christianum fecit, persuasitque ut contineret etiam cum sua uxore, ejus autem sororis filia, Avita nomine. Cum autem suam quoque neptem confirmasset Melanium una cum ejus marito Piniano (180), et catechesi instituisset Albinam nurum suam, uxorem autem sui filii (181), et persuasisset his omnibus vendere quæ habebant, Roma eos eduxit, et ad honestum ac tranquillum vitæ portum deduxit. Et sic depugnavit adversus bestias, nempe eos qui erant ordinis senatorii, et eorum uxores; prohibentes eam renuntiare reliquis suis ædibus. Christi autem ancilla eis dicebat : Filii, plusquam quadringentis abhinc annis scriptum est : Ultima hora est (*I Joan.* II). Quid ergo lubentes ac volentes immoramini in vanitate vitæ? ne forte veniant dies Antichristi, et non possitis frui vestris opibus, et rebus majorum vestrorum ? Cumque omnes his verbis liberasset (182), ad monasticam vitam traduxit, et filium juniorem Publicolam cum instruxisset, duxit in Siciliam; cumque reliqua omnia sua vendidisset, et pretium accepisset, duxit Jerosolyma; et cum facultates divisisset, intra quadraginta dies dormiit in bona senectute et summa mansuetudine, et veneranda memoria eleemosynis redundans, relicto etiam monasterio Jerosolymis et sumptibus monasterii.

Postquam autem hi omnes Roma abscessissent qui catechesi instituti fuerant a beata Melania, barbarica quædam procella, quæ etiam in prophetis jam olim posita fuerat, in Romam irruit, et nec æneas quidem statuas reliquit in foro, sed omnia barbarica diripiens insolentia, corrupit; adeo ut Roma quæ mille et ducentis annis pulcherrima fuerat et frequentissima, dirueretur, fieretque deserta, et ut ait Sibylla, ῥύμη, hoc est vicus, non Roma. Tunc qui catechesi fuerant instituti, et ei minime adversati, Deum laudaverunt qui rerum mutatione persuasisset incredulis, quod aliis omnibus redactis in servitutem, eæ solæ salvæ fuerint familiæ, quæ Domino fuerunt holocausta, studio beatæ Melaniæ; cum cæteri qui eorum saluti adversabantur, eorum inutili pœnitentia detinerentur.

CAPUT CXIX.
Vita parvæ Melaniæ (183).

Quoniam autem relaturum me de filia Melaniæ spopondi, necessarium est ut nunc debitum reddam. Non enim justum ut junioris quoque in carne Melaniæ vitam despiciamus, et neptis magnæ Melaniæ tantam virtutem tacitam prætereamus, quæ longe forte præstat prudentibus et studiosis vetulis. Hanc ergo ætate juvenem, pietatis autem sententia vetulam, parentes invitam nuptum dedere, eam jungentes matrimonio viro urbis Romæ primario. Hæc semper stimulata aviæ suæ narrationibus, tantum fuit sauciata, ut matrimonio non posset inservire. Cum autem ei nati essent duo filii masculi, iique decessissent, tantum eam cœpit odium matrimonii, ut dixerit marito suo Piniano (184) filio Severi (185), qui erat ex præfectis : Si volueris quidem mecum cohabitare ut ratio dictat temperantiæ, et te dominum agnosco, et profiteor meam vitam esse in tua potestate; sin autem hoc tibi grave videtur utpote juveni, res omnes meas tibi habe, et solum sine me corpore esse liberam, ut satisfaciam meo quod est ex Deo desiderio, facta hæres ejus quæ est ex Deo virtutis meæ aviæ, cujus etiam nomen gero. Si enim vellet nos Deus degere in hoc mundo, et frui rebus mundanis, non filios mihi natos accepisset immaturos. Cum autem longo tempore inter se contenderent, Deus postea misertus adolescentis, ei quoque zelum immisit religionis, ut ipse quoque mundi universæ renuntiaret terrenæ materiæ, adeo ut impletum fuerit quod scriptum est ab Apostolo : Quid enim scis, mulier, an virum servabis (*I Cor.* VII)? Cum ergo nupsisset viro tredecim annos nata, septem vero cum eo vixisset, vigesimo suæ ætatis anno mundo renuntiat; et primum quidem omnia sua serica superhumeralia (186) tegumenta dedit altaribus (quod et veneranda fecit Olympias), reliqua autem serica indumenta cum conscidisset, diversam supellectilem fecit ecclesiasticam. Argentum autem et aurum cum credidisset cuidam Paulo presbytero (187) monacho Dalmatæ, id per mare misit ad Orientem ; atque Ægypto quidem et Thebaidi decies mille solidos, Antiochiæ autem et ejus quæ circa ipsam sunt regionibus solidos decies mille ; Palæstinæ solidos quindecies mille distribuit. Ecclesiis autem quæ sunt in Occidente, et monasteriis, et xenodochiis, et omnibus egentibus per seipsam suppeditavit, et suppeditat his quadruplo plura, ut Deus novit ex ore leonis (188) Alarici eripiens fide sua (*II Timoth.* IV, 17). Liberavit autem servorum qui voluerunt octo millia ; reliqui enim noluerunt, sed maluerunt manere cum fratre (189) ejus. Omnes autem possessiones quas habuit in Hispaniis, in Aquitania, in Tarraconensi et Galliis, et in aliis civitatibus, cum vendidisset, eas ad tres usque solidos **775** distribuit; quæ autem habebat in Sicilia, Campania, et Africa, sibi reliquit, ut suppeditare posset monasteriis et egenis. Hæc est sapientia in primis religiosæ, et quæ mentem senilem susceperat de pecuniæ materia, Melaniæ junioris.

Hæc autem erat ejus exercitatio : Post diem unum comedebat ; in principio autem post quinque, varia ancillis suis serviens ; quas etiam secum una reddidit exercitatrices. Jam vero ipsa quoque multos ex suis cognatis ducens ad zelum divinum, fecit ut similiter atque ipsa religiose Deum colerent. Hæc est vita juvenis Melaniæ per Dominum nostrum Jesum Christum.

CAPUT CXX.
De Albina (190).

Habebat autem secum quoque matrem Albinam, quae similiter exercetur, et similiter rursus seorsim dispergit suas pecunias. Habitant itaque in agris, aliquando quidem Siciliae, aliquando vero Campaniae cum eunuchis quindecim, et virginibus et ancillis.

CAPUT CXXI.
De Piniano (191).

Similiter autem Pinianus quoque ejus quondam maritus, nunc autem in opere virtutis adjutor unanimis, qui exercetur cum triginta monachis, et legit divinas Scripturas, hortoque colendo est intentus et congressionibus. Non parvo autem nos honore affecerunt cum Romam venissemus propter beatum Joannem episcopum nos reficientes, et abundantissimis viaticis excipientes, accersentes aeternam vitam Domini nostri Jesu Christi, et optimae vitae institutionis.

CAPUT CXXII.
De Pammachio (192).

Horum cognatus fuit vir ex proconsulibus, nomine Pammachius; qui cum mundo renuntiasset, vitam egit optimam; et suas opes partim vivus dispersit, partim autem moriens reliquit pauperibus.

CAPUT CXXIII.
De Macario (193).

Similiter etiam quidam nomine Macarius ex vicaria (194).

CAPUT CXXIV.
De Constantio (195).

Constantius quoque assessor praefectorum Italiae, insignes viri et eruditissimi, qui pervenerunt ad summum pietatis et religionis; quos existimo adhuc nunc quoque esse in carne, optimam instituendae vitae rationem exercentes, beatamque vitam et nulli exitio obnoxiam exspectantes.

CAPUT CXXV.
De Paula (196) Romana.

Inter quos fuit etiam Paula Romana mater Toxotii, uxor N., ad spiritalem vitae institutionem accommodatissima. Cui impedimento fuit Hieronymus quidam Dalmata [1]; nam cum posset superare multas, ne dicam cunctas, ut quae ad vitam ex virtute gerendam esset optimo ingenio praedita, eam sua invidia impedit, ipsam trahens ad scopum proprium.

CAPUT CXXVI.
De Eustochio.

Cujus filia nunc quoque exercetur in Bethleem, nomine Eustochium, quam ego non conveni. Dicitur autem esse castissima, habens conventum quinquaginta virginum.

CAPUT CXXVII.
De Venerea.

Inveni autem Veneream Ballomeci comitis filiam, quae opus cameli recte dispersit, et liberata est a vulneribus quae oriuntur ex materia.

[1] Palladius calumniatur sanctissimum Hieronymum.

CAPUT CXXVIII.
De Theodora (197).

Et beatam Theodoram tribuni filiam, quae ad tantam processit egestatem possessionum, ut ipsa eleemosynam accipiens sit mortua.

CAPUT CXXIX.
De Usia (198).

In monasterio Hesycha propter mare, novi mulierem nomine Usiam, longe in omnibus honestissimam.

CAPUT CXXX.
De Adolia.

Et ejus sororem Adoliam, quae ipsa quoque vixit in virtute, et non pro ejus quidem dignitate, sed pro suarum virium facultate vixit in zelo Dei.

CAPUT XXXI.
De Basianilla.

Novi autem etiam Basianillam Candiani magistri militum filiam, quae ipsa pio et alacri animo virtutem exercuit, et in hodiernum usque diem certamina acriter exsequitur.

CAPUT CXXXII.
De Photina.

Et Photinam virginem summe honestam, filiam Theoctisti presbyteri in Laodicea.

CAPUT CXXXIII.
De Asella.

Vidi autem Romae quoque Asellam honestam Dei virginem, quae honeste consenuit in monasterio, mulier longe mitissima, et quae retinebat conventus, in quibus vidi et viros et mulieres catechesi recenter institutos.

CAPUT CXXXIV.
De Avita (199).

Vidi etiam beatam Avitam Deo dignam cum ejus marito Aproniano, et **776** eorum filia Eunomia, in omnibus Deo bene placentes, ut aperte facile traducti fuerint a dissoluta et voluptaria vita ad honestam et continentem vitae institutionem, in his quoque digni habiti ut in Christo dormirent, ab omni quidem peccato liberi, perfecte in honesto certamine decertantes, in bona memoria vitam suam relinquentes.

CAPUT CXXXV.
De Magna (200).

In civitate Ancyra sunt multae quidem aliae virgines, nempe ad decem millia, duo autem vel plura, quae exercentur, et in omni virtutis institutione militant; omnesque temperantiae legibus clarae et insignes feminae, et divinum certamen studio exsequentes. Inter quas principatum obtinet in pietate Magna honestissima femina et probissima; quam nescio quid sim nominaturus, virginemne an viduam. A matre enim vi viro conjuncta, eum tamen variis inescans dilationibus, et corporis morbos praetexens, a corruptionis vitio integra et intacta permansit, ut dicunt ejus necessarii. Cumque paulo post decessisset ejus maritus, omnium simul facta est haeres unica; et temporalibus deinceps commutans aeterna, totam seipsam Deo obtulit, summe curam gerens vitae quae semper manet, suis famulis honeste imperans, agens vitam laboriosissimam et plenam temperantia : in congressu tam severa, ut ipsum ejus aspectum revererentur etiam excellentissimi episcopi propter insignem pietatem et religionem. Atque ipsa quidem supervacaneam et nimiam opum materiam paupertatis igne consumpsit : quæ autem supererant, ea constituit ad subministrationem monasteriis, ptochotrophiis, xenodochiis, ecclesiis, pauperibus, transeuntibus, episcopis, orphanis, viduis, et omnibus egentibus suppeditans auxilium, non cessabat hilariter operari pietatem latenter, et per se, et per servos fidelissimos, ab ecclesia non recedens noctu maxime : in omnibus in virtute se exercens propter spem ejus quæ vere est vita.

CAPUT CXXXVI.

De Virgine (201) quæ excepit Athanasium episcopum.

Novi ego Alexandriæ virginem, quam offendi natam circiter septuaginta annos. Ei clerus universus dabat testimonium, quod cum esset juvenis, nata annos circiter viginti, et longe formosissima, fugiebatur ab iis qui erant studiosi virtutis propter pulchritudinem, ne inureret eis aliquam labem ex suspicione. Quando ergo accidit ut Ariani struerent insidias beato Athanasio Alexandrino episcopo per Eusebium, qui erat eo tempore præpositus sub Constantio imperatore, nefariorum criminum eum accusantes et calumniantes, vitans judicari a corrupto judicio, apud neminem ausus est delitescere, non apud cognatum, non amicum, non clericum, non apud aliquem alium familiarem ; sed repente episcopatum ingressis præfecti ministris, et eum quærentibus, accepto suo sticharioseu tunica, et birro (202), media nocte confugit ad hanc virginem. Illa autem fuit rei novitate obstupefacta et timore correpta. Dicit ergo ei episcopus : Quandoquidem quæror ab Arianis, nefariorum criminum ab eis accusatus, ne ergo et ego veniam in malam existimationem, et in peccatum conjiciam eos qui me volunt afficere supplicio, ea de causa fugere constitui ; mihi ergo Deus revelavit hac nocte me apud nullum alium posse esse salvum nisi apud te. Illa ergo præ magno gaudio omni ejecta dubitatione, cum tota esset Domini, prompto et alacri animo occultavit sanctissimum episcopum sex annos, quandiu vixit imperator Constantius : ipsa et ejus pedes lavans, et excrementa expurgans, et in aliis quæ erant ei usui inserviens, librosque ei commodans et præbens. Neque ullus sex annis novit Alexandriæ ubinam ageret beatus Athanasius episcopus. Postquam ergo fuit annuntiata mors imperatoris Constantii, et pervenit ad ejus aures, honesto et venerabili habitu indutus, rursus noctu fuit inventus in ecclesia. Quem videntes omnes magna sunt affecti admiratione, ut qui ipsum vivum accepissent ex mortuis, simul etiam postulantes ejus amici de latebris quæ ab eorum ignoratione inveniri non potuerant. Respondit itaque beatus Athanasius germanis suis amicis : Ea de causa ad vos non confugi, ut vere jurare possetis ; et alioqui etiam propter investigationem, ad illam confugi de qua nemo suspicari poterat, utpote formosam et juniorem : duo bona procurans, et illius salutem ; illi enim profui, et meæ existimationi et securitati.

CAPUT CXXXVII.

Vita Ammæ Talida.

In civitate Antinoi sunt feminarum monasteria duodecim ; in quibus conveni etiam Ammam Talida, quæ octoginta annos fuerat in exercitatione, ut narrabat ipsa et ejus vicinæ. Una cum ea habitabant sexaginta adolescentulæ. Eam autem adeo diligebant, ut ne esset quidem clavis aulæ monasterii, ut in aliis, sed ipsæ ab ejus amore omnes detinerentur. Eo autem impatibilitatis processit anus, ut cum ego essem ingressus et consedissem, ipsa quoque ingressa sit, et una mecum sederit, et magna libertate ac fiducia in Christo meis humeris manum imposuerit.

CAPUT CXXXVIII.

Vita Ammæ Taor.

In hoc monasterio erat virgo hujus discipula, nomine Taor, quæ triginta annos versata erat in monasterio, ut narrabant qui noverant. Ea vestem novam aut mavortem aut calceum noluit accipere, dicens : Non est mihi opus, ne etiam cogar progredi. Aliæ enim omnes die Dominico progrediuntur in ecclesiam gratia communionis ; illa autem in monasterio manebat pannis obsita, operi assidue assidens. Ea autem fuit tam eleganti aspectu, ut parum abesset quin etiam valde constantes deciperentur ejus pulchritudine, nisi insigne præsidium habuisset temperantiam, quæ ad metum et verecundiam deducebat honestate impudicos oculos.

CAPUT CXXXIX.

De virgine quæ renuntiaverat.

Erat quædam alia virgo religiosæ vitæ operibus viriliter insistens, mihi vicina, cujus vultum quidem non vidi : nunquam enim, ut aiunt, est progressa ex quo renuntiavit. Cum autem implesset sexaginta annos in exercitatione cum matre sua propria, erat postea vita excessura. Ei autem in visione adstitit Colluthus (203) vocabulo martyr, qui in illis colebatur locis, hoc ei dicens : Hodie es itura ad Dominum, et visura sanctos omnes ; veni ergo et prande nobiscum in martyrio. Cum ergo mane surrexisset et se induisset, et in sporta panem accepisset et olivas, et minuta olera, post tot annos est egressa ; et cum venisset in martyrium, oravit ; et cum toto die observasset tempus in quo nullus erat intus, et nona jam advenerat hora, et sedisset, rogavit martyrem, dicens : Benedic cibos meos, Colluthe sancte, et me in via comitare tuis precibus. Cum ergo comedisset et rursus orasset, domum venit circa occasum solis. Et cum dedisset matri suæ opus Clementis Stromatei in prophetam Amos, dixit ei : Da id episcopo relegato. Et dixit ei : Ora pro me ; vado enim ad Dominum meum. Decessit ipsa nocte. Cumque nec febri laborasset, nec ei caput doluisset, sed seipsam ad sepulturam composuisset, in manus Dei spiritum suum commendavit.

CAPUT CXL.

De virgine quæ lapsa est, et egit pœnitentiam.

Quædam virgo exercitatrix manens cum duabus aliis virginibus, se exercuit novem vel decem annis. A quodam autem cantore inescata cum eo habuit stupri consuetudinem; et cum utero concepisset, peperit. Cum autem in summum odium prorupit ejus qui ipsam deceperat, in profundo compuncta est animo, et ad eam pervenit mensuram pœnitentiæ, ut in ea perseverans se fame vellet occidere, hoc cum lacrymis orans, Deumque rogans, et dicens: Deus magne, qui omnium nostrum peccata portas, et immensum totius mundi vitium; qui non vis mortem peccatorum, et eorum qui labuntur interitum, sed misereris universæ creaturæ; est enim voluntas tua ut omnes serventur (*Ezech.* xxxiii). Si ergo me quoque, quæ pereo, vis esse salvam, in hoc mihi tuam ostende bonitatem, et nunc tua ad me perveniant mirabilia; et jube hinc abduci et colligi (204) fructum meæ iniquitatis, qui conceptus est in lascivia, et genitus in peccato; nam nisi hoc fiat, ego hac de causa vel me laqueo suffocabo, vel meipsam in præceps dejiciam. Cum sic oraret, fuit exaudita; nam qui natus fuerat infans, non multo post decessit. Ab illo ergo die non amplius convenit eum qui ipsam redegerat in servitutem; sed se totam insigniter dedens continentiæ, ægrotis mancisque ac mutilatis serviens triginta annis, ita Deum placavit, propitiumque reddidit, ut cuidam sancto presbytero revelaretur, illam Deo magis placuisse in pœnitentia quam in virginitate. Hæc autem scribo, ne eos qui multa peccant, et ex animo ac sincere agunt pœnitentiam, contemnamus: sicut hæc beata, quæ cor suum contrivit, et in humilitate vitam suam liquefecit, non despecta fuit a Domino eorum qui ducuntur pœnitentia.

CAPUT CXLI.

De filia presbyteri quæ lectorem calumniata erat, et Eustathio lectore.

Cujusdam presbyteri filia virgo in Cæsarea Palæstinæ lapsa, ab eo qui ei vitium attulerat docta fuerat, ut quemdam civitatis lectorem calumniaretur, et quod corrupta esset, in eum culpam conferret. Cumque ferret ventrem, a patre suo examinata, nominavit lectorem. Hoc cum audiisset presbyter conturbatus retulit ad episcopum. Hoc cum audiisset episcopus, convocavit concilium sacerdotum, fecitque vocari lectorem, deque eo habuit quæstionem, rem examinans. Rogatus autem ab episcopo, rem non fatebatur lector; nam quod factum ab ipso non fuerat, quomodo dici poterat? Ægre ergo ferens episcopus, gravissima voce ei dicebat: Non fateberis lapsum tuum, et ages pœnitentiam, o infelix et plene immunditia? Respondit lector: Rogo te; dixi id quod res est, hanc rem ad me nihil pertinere. Plane enim culpa careo, ut qui de ea ne cogitaverim quidem; sin autem vultis audire id quod non est, dicam: Feci. Hoc cum ipse dixisset, deposuit eum episcopus ab officio lectoris. Post hoc accidens ad pedes episcopi, rogavit dicens: Si hoc tibi visum est, domine episcope, ut quoniam dixi, Næ, lapsus sum, sim de gradu ecclesiastico dejectus, et non sim dignus esse clericus tuæ sanctitatis, jube ut mihi ab hoc tempore ea detur in uxorem; neque enim ego sum deinceps clericus, neque illa virgo. Cum hæc audiisset episcopus et presbyter, eam tradidit pater ejus lectori, sperans fore ut juvenis bene esset in eam affectus, et alioqui credens non posse eum abstrahi a consuetudine. Cum eam autem adolescens accepisset in manus ab episcopo, et ejus patre, eamque esset consolatus, abduxit et deposuit in monasterio mulierum, rogans eam quæ illic erat prima ministra fraternitatis ut eam illic tolerarent usque ad partum ejus. Illa vero relicta in monasterio, lector abiens seipsum inclusit in cella sordida, vitæ summam suscipiens asperitatem, ad Christum accedens in corde contrito cum multis lacrymis et gemitibus, dicens: Tu, Domine, meas actiones nosti, qui scis omnia, quem nihil latet, neque est ullus locus occultus in quo quis se abscondat a tua quæ omnia aspicit potestate, qui vides omnia priusquam fiant. Tu solus vides profunda cogitationum, et omnis mentis conceptio a te cernitur, perinde ac si aspicitur oculis. Tu cum cogitatorum sis acer examinator, perfecte judicas. Tu qui eis qui afficiuntur injuria fers auxilium, qui falli non potes, dum eos vindicas, qui appetuntur calumniis; cui nihil placet injustum, omne autem momentum stateræ justitiæ est a te semper; astat enim tibi perpetuo lux ad quam non patet aditus, et omne opus hominis est coram te. Est ergo tui justi et immutabilis judicii, jus quoque meum pronuntiare. Efficaciter autem orante adolescente, et in jejunio diligenter perseverante, intra breve tempus adfuerunt dolores ejus partus. Cumque advenisset hora, adfuit etiam justum Dei judicium, afferens vehementem et intolerabilem dolorem ei quæ fuerat calumniata: gemituum immensa multitudo, labores partus inenarrabiles, inferni suppliciorum visiones terribiles, hanc miseram fortiter obsidentes, et infans propter magnitudinem non prodibat ex utero. Præteriit dies primus et secundus, et dolores erant intolerabiliores; adventavit tertius et quartus, et secutus est dolor multis partubus gravior; quintus et sextus et septimus tenebrosus, et infelix mulier ex multo dolore versabatur in inferis. In omnibus his diebus mansit neque omnino cibum sumens, nec tantillum somnum videns; sed luctibus et gravissimis dolorum tormentis succedentibus, post hæc omnia, vitiatæ et falsæ accusatricis cor inflexibile, victa a Dei potestate, quæ non cadit sub aspectum, intolerabilibus doloribus addidit etiam confessionem, lugubri voce exclamans: Hei mihi misera! venio in periculum ne peream, ut quæ in duo mala inciderim, nempe in calumniam et fornicationem, et amissa virginitate sum tradita detractioni; et cum mihi sit ab alio allatum vitium, accusavi lectorem. Cum hæc autem audissent virgines monasterii, Patri ejus omnia renuntiarunt. Pater autem veritus ne condemnaretur ut calumniator, cum non adhiberet fidem dictis, silet duos dies. Rursus autem misera, se invicem excipientibus acerbis afflictabatur doloribus, cum non posset deinceps vel vivere vel mori. Cumque id effugit, oritur dies octavus, et rursus nonus, gravissimis perpetuarum vertiginum tenebris eam offuscantes. Cum ergo ejus magnos ejulatus non ferret conventus, hæc cursim festinantes renuntiant episcopo, jam esse nonum diem ex quo illa confitetur se accusasse lectorem, nec posse parere, quod ipsum sit calumniata. Episcopus autem cum hæc audiisset a virginibus, ad lectorem mittit duos diaconos, ei omnia significans, et ut pro ipsa oraret, ut misera mulier liberaretur ab iis necessitatibus. Egregius autem adolescens neque eis dedit responsum, nec aperuit ostium; sed a quo die ingressus est in cellam, non exiit, implens consuetam regulam jejunii, et Deo preces fundens. Flexus autem pater, et filiæ suæ misertus, veniens ad episcopum, eum valde rogavit ut pro ea orationes fierent in ecclesia. Et cum pro ea preces fusæ essent ab omnibus ad Dominum, ne sic quidem misera liberata est a necessitate. Ejus enim qui per calumniam fuerat accusatus, orationes Dominum monentes, arcebant, ne eorum preces admitterentur. His sic gestis, surgens episcopus ivit ad cellam in qua erat lector: et cum pulsasset ostium, nolebat is aperire. Cum diu autem foris fuisset episcopus, ille autem intus, jubet episcopus tolli ostium. Et ingressi invenerunt adolescentem in oratione perseverantem, et humi procumbentem. Quem multum rogans episcopus, ei dicit: Frater Eustathi lector, in apertum prolata calumnia Dei providentia, et exauditis tuis orationibus, miserere ejus quæ in te peccavit, quæ tormentorum flagellis fuit excruciata. Miserere deinceps miseræ, et surgens solve quod ligasti, precibus enim tuis hæc patitur, et dic Domino ut eam liberet a partu ventris. Cum autem inclytus lector intense oraret simul cum episcopo, statim misera liberata est a necessitate, enixa infantem; rogans omnes ut ei remitteretur iniquitas ipsius justi intercessione: et illum egregium virum habuerunt omnes deinceps loco martyris. Nam cum se deinceps liberasset ab omni sollicitudine, pervenit ad summum vitæ quæ ex virtute agitur, adeo ut is sit dignus habitus spirituali gratia. Hæc autem scripsimus, ne quis calumniatus illaqueetur his inimici retibus, et incidat in dolores carnis intolerabiles, sicut hæc prius scripta est falsa accusatrix; postquam autem a corpore fuerit liberatus, tradatur æternis intolerabilibus tormentis, et quæ nunquam desinent. Deum enim ad iram provocat is qui calumniatur: qui autem per calumniam accusatur, idque fert pio et æquo animo, et ejus in apertum probationem permittit precibus, exspectans justum Dei judicium, sicut hic a Christo coronatus; is et, quod ejus sileri potest, laudatur, et in honore habetur, et æternam coronam consequitur. Discamus ergo diligenter quam sint insuperabiles vires oratio-

nis, quæ et fideles confirmat, et peccatorum miseretur, et flectit ac movet omnium creatorem, et eos coronat qui se ex virtute recte gerunt, et eis qui in ea perseverant, largitur regnum cœlorum.

CAPUT CXLII.
Vita sanctæ Silvaniæ (205).

Illo tempore contigit ut nos simul navigaremus ab Ælia in Ægyptum, deducentes beatam Silvaniam virginem, sororem autem Ruffini, qui fuit ex præfectis.

CAPUT CXLIII.
De Jubino (206).

Inter quos erat etiam nobiscum Jubinus, tunc quidem diaconus, nunc autem episcopus ecclesiæ Ascalonis, vir pius et eruditus. Cum autem vehementissimus nos æstus invasisset, et pervenissemus Pelusium, accidit ut Jubinus, accepta pelvi, pedes et manus palmis lavaret aqua frigidissima, et postquam lavisset, super pelliculam humi stratam requiesceret. Cum autem illa id advertisset, ut mater sapiens germani filii, ejus increpavit mollitiem, dicens: Qui in animum inducis, illam agens ætatem, vivente adhuc tuo sanguine, usque adeo tuam fovere carunculam, non sentiens damna quæ ex eo oriuntur? Confide, confide: ecce ago annum ætatis sexagesimum, præter extrema manuum (207) mearum (et hoc propter communionem) non pes meus aquam tetigit, non vultus, neque ullum ex membris meis, etiamsi me variæ invaserint ægritudines; et cum a medicis cogerer uti balneo, non induxi in animum carni reddere debitum, non in lecto quiescens, non lectica usquam gestata ingrediens.

Hæc cum esset doctissima, doctrinam amore complexa, noctes uberi oleo a se illuminatas mutabat in dies, omnia antiquorum qui commentarios ediderunt scripta percurrens, Origenis tricies centena millia versuum, Gregorii et Stephani, et Pierii (208), et Basilii, et quorumdam aliorum præstantis virtutis virorum millia ducenta et quinquaginta non leviter, nec temere hæc percurrens, sed elaborate septies vel octies unumquemque librum perlegens, ut horum verborum gratia in altum erigeretur, spe bona seipsam avem efficiens spiritalem, et ad Christum evolans, immortales ab ipso acceptura remunerationes.

CAPUT CXLIV.
De Olympiade (209).

Ejus vestigia est secuta, et omnem virtutem divinæ vitæ spiritalis, in primis veneranda et honesta Olympias, et quæ viæ quæ fert in cœlum summo zelo tenebatur, divinarum Scripturarum sententiam secuta in omnibus. Fuit autem secundum carnem filia Seleuci (210) ex comitibus, vera autem Dei filia secundum spiritum; neptis autem Ablavii qui erat ex præfectis, aliquot autem dies sponsa (211) Nebridii, qui fuit ex præfectis urbis Constantinopolis; ipsa autem revera fuit uxor nullius. Dicitur autem dormisse virgo incorrupta, effecta divini verbi convictrix, conjux autem totius veræ humilitatis, communicans et ministrans omnibus egentibus. Ipsa cum omnes illas infinitas et immensas dispersisset divitias, absolute et indiscriminatim opem ferebat omnibus. Non enim urbs, non rus, non solitudo, mansit expers largitionum hujus inclytae virginis: sed et ecclesiis suppeditavit ad donaria deputata sacrificio, et monasteriis, et coenobiis, et xenotrophiis, et custodiis, et relegatis; et ut semel dicam, in omnem orbem terrae dispersit eleemosynas. Haec beata processit usque ad extremum terminum humilitatis, ultra quem nihil possit inveniri amplius. Vita sine ulla inani gloria, species nequaquam ficta, sinceri mores, facies non fucata, corpus florens, mens non gloriosa, animus ab arrogantia alienus, cor minime turbulentum, somni expers vigilia, spiritus non curiosus, charitas immensa, quae comprehendi non potest communicatio, vilis et contempta vestis, infinita continentia, recta cogitatio, in Deum spes aeterna, cum eleemosyna quae non potest narrari, ornamentum omnium humilium, cui multae sunt accensae tentationes ex operatione ejus qui est sua sponte malus et omnis boni expers, nempe daemonis: quae pro veritate non parva adiit certamina, quae et diu affatim vixit in immensis lacrymis, omni 780 humanae naturae subjecta propter Dominum; cum omni pietate sanctis subdita episcopis, venerans presbyteratum, honorans clerum, reverens exercitationem, suscipiens virginitatem, opem ferens viduitati, curam gerens orbitatis, protegens senectutem, aegrotos invisens, peccatorum miserens, errantes in viam deducens, in omnes utens misericordia, profusa autem in pauperes, multisque infidelium in catechesi institutis uxoribus, etiam ad victum eis ferens auxilium, semper memorabile nomen benignitatis reliquit per totam vitam. A servitute in libertatem innumerabilium servorum restituens examina, reddidit eos honore aequales suae nobilitati, vel potius (si vera dicere oporteat) facti sunt hujus sanctae habitu nobiliores. Neque enim ejus indumentis inveniri potuit quidquam vilius; nam iis etiam qui sunt pannis valde obsiti indigna erant hujus sanctae tegumenta. Tanta autem erat ejus mansuetudo, ut etiam longe superaret simplicitatem ipsorum puerorum. Nulla vituperatione a vicino quidem unquam inventa est apud hanc quae Christum gestabat; sed omnis ejus vita non vitalis, erat in compunctione et frequenti profluvio lacrymarum; et potius videre licebat fonti aetate sua deficere fluenta, quam hujus non sublimibus et Christum semper videntibus oculis lacrymas deficere. Et quid in his immoror? Quo enim magis meus versabitur animus in durae instar saxi animae narrandis certaminibus et virtutibus, eo magis invenientur verba a factis remotiora. Nec me existimet aliquis haec splendide et magnifice colligere de hac vel maxime impatibili, et perquirere reliquias castissimae Olympiadis, quae tota fuit pretiosum vas sancti Spiritus; sed qui his oculis viderim hujus beatae vitam et angelicam institutionem, ut qui fuerim spiritalis hujus germanus amicus, et ejus cognatis familiarissimus, adeo ut multae ejus pecuniae sint a me ex ejus sententia distributae. Haec ergo non amplius de caetero quae sunt carnis sapiens, subjecta principatibus, obediens potestatibus, venerans presbyteratum, honorans universum clerum, confessione quoque digna est habita pro veritate, importunarum recusationum multis acceptis procellis. Cujus vitam inter confessores referunt, quicunque pii habitant Constantinopolim, ut quae proxime matrem periclitata sit in iis quae sunt ex Deo certaminibus; et in his mortua beatam accepit gloriam, et in infinito saeculo coronata pompam agit, nulli interitui obnoxia cum sanctis et sibi similibus in sempiternum mansiones habitans, et bonorum operum a Christo Domino cum fiducia accipiens remunerationes.

CAPUT CXLV.
De Candida.

Post hanc aequali quoque modo in Domino vivens, beata Candida, Trajani uxor magistri militum, cum et ad summam pervenisset honestatem, et rationi convenienter ornasset ecclesias, et venerata esset episcopos pro dignitate Christi sacramentorum, et omnem Christi clerum aperte honorasset, et suam filiam instituisset in sorte virginitatis, eam praemisit ad Christum, donum suorum viscerum: postea autem ipsa quoque, temperantia et castitate et pecuniae dispersionibus filiam suam est consecuta. Hanc ego vidi egregiam mulierem tota nocte laborantem et molentem, et propriis manibus facientem panem oblationis, ad vires corporis deprimendas, et dicentem: Cum non sufficiat jejunium, hanc ei do sociam laboriosam vigiliam, ut Esau dissolvam enervemque lasciviam. Ea ab iis quae sunt sanguine praedita et animata omnino abstinuit; nisi quod sumebat pisces et oleum et olera, idque solum in die festo: omni autem alio tempore contenta erat oxycrato (212) et pane arido. In hac vitae asperitate, cum beata requie obdormiisset haec mulier inclyta, nunc fruitur bonis aeternis, quae sunt parata iis qui dilexerunt vitam quae ex virtute agitur.

CAPUT CXLVI.
De Gelasia (213).

Consequenter zelo hujus bonae feminae, veritatis viam ingressa est, pie trahens jugum virginitatis, in primis veneranda Gelasia, cujusdam tribuni filia. Hujus optimae haec fertur virtus, quod sol nunquam occidit super ejus dolorem, non adversus servum, non adversus ancillam, non adversus aliquem alium. Haec beata cum effugisset viam eorum qui sunt acceptae injuriae memores, quae fert ad mortem aeternam, evasit hunc malum diaboli stimulum, nempe odii et malevolentiae; et cum desideraret aeternam peccatorum remissionem, remisit parva delicta, ut ipsa quoque inveniret majorum remissionem.

CAPUT CXLVII.
De Juliana (214).

Quaedam nomine Juliana, virgo in Caesarea Cappadociae, dicta est esse et doctissima et fidelissima, quae Origenem scriptorem fugientem gentilium insurrectionem excepit, eum duos annos occultans, suis sumptuous et suo ministerio virum alens. Inveni autem hæc in antiquissimo libro scripto versibus, qui quidem scriptus erat manu Origenis. Hunc librum **781** inveni ego apud Julianam virginem in Cæsarea, qui et ipse (215) apud eam occultatus eram. Dicebat autem se accepisse a Symmacho interprete Judæorum.

Non fuit autem alienum ab instituto opere, posuisse virtutes harum feminarum; sed ut sciamus, quod ex diversis occasionibus licet lucrari, si velimus.

CAPUT CXLVIII.
De femina (216) nobilissima quæ fuit semper virgo.

In alio libro antiquissimo, scripto ab Hippolyto, qui fuit familiaris apostolorum, inveni talem narrationem :

Fuit quædam nobilissima virgo et formosissima, quæ in vita ex virtute agenda exercebatur Corinthi. Hanc illo tempore detulerunt ad judicem, qui erat gentilis in tempore persecutorum, ut quæ maledictis incesseret et tempora, et imperatores, et simulacra. Proponebant autem ejus pulchritudinem harum rerum cauponatores impio judici, feminas insano amore depereunti; is vero, equinis auribus et feminas insane amantibus cogitationibus, accepit calumniam : ea autem producta ad hominem sceleratum, multo magis insana captus est intemperantia. Postquam autem omnibus adversus eam adhibitis machinis, huic Dei homini (sic) persuadere non potuit, variis tormentis subjecit fortem feminam. Postquam autem ne his quidem id quod volebat est assecutus, ut qui non posset eam abducere a Christi confessione, in eam insaniens crudelis, non tradit eam tormentorum cruciatibus, sed castam et temperantem feminam ponens in prostibulo, jussit ei qui eas possidebat, dicens : Hanc mihi cape et tres solidos ex ea ad me defer quotidie. Is autem aurum exigens ex turpi actione, eam tradidit volentibus in officina abominandi flagitii. Cum hæc ergo novissent qui tenebantur insano amore mulierum, assidebant sceleratæ exitii officinæ, mercedem dantes inhonestæ operationis. Illa autem virgo honestissima et in primis veneranda, et verba ad deceptionem deflectens, suppliciter eis dicebat, rogans : Habeo ulcus in loco occulto, quod mirandum in modum male olet, et timeo ne vos mei odium capiat propter ulcus aversandum; concedite ergo mihi paucos dies, et tunc licebit vobis vel me habere gratis. His verbis persuasos intemperantes amandabat beata : assiduis autem precibus Deum placans, et compunctis supplicationibus eum inflexit ad misericordiam. Attendens ergo Deus qui novit cogitationes, quomodo casta pudicitiæ curam gerebat ex animo, in illis diebus pro salute omnium tale quid struxit.

CAPUT CXLIX.
De Magistriano (217).

Quidam adolescens Magistrianus, specie formosus, mente pius, cui Deus zelum immisit spiritalem adeo ardentem, ut etiam mortem contemneret : is cum prætextu intemperantiæ eo accessisset, profundo vespere ingreditur ad eum qui illas alebat, et dat ei quinque solidos; et dicit ei : Concede mihi manere hac nocte cum hac puella. In locum ergo occultum cum ea ingressus, dicit ei : Surge, serva te ipsam. Et cum eam suis vestibus induisset, tunica, camisia (218), et chlamyde, et omnibus virilibus, dicit ei : Egredere, te summa chlamydis parte contegens. Quæ cum sic fecisset, et se totam signo crucis muniisset, egressa ex illo loco omnino incorrupta et impolluta, servata est Christi gratia, et causa adolescentis qui eam suo sanguine liberavit a turpi vitio. Sequenti autem die res fuit cognita, et productus est Magistrianus ad sævissimum judicem. Cum autem strenuum Christi athletam examinasset impius, et omnia didicisset, jussit eum objici bestiis, ut etiam malis infestus dæmon in eo afficeretur ignominia. Nam cum existimasset virum fortem in nefarium injicere supplicium, eum effecit duplici [F. dupliciter] Christi martyrem, ut qui et pro sua anima præclare decertaverit, et pro illa beata in laboribus strenue perseveraverit. Quocirca duplici honore et duabus insignibus coronis dignus est habitus a Christi benignitate.

CAPUT CL.
De uxore (219) viri senatorii.

Memini autem alterius quoque historiæ, et bonum est eam non præterire. Dicitur de Magnentino insurrectore, quod habuerat stupri consuetudinem cum multis gentilibus, et animum adjecerat ut rem etiam haberet cum Christianis; eæ autem malebant mori quam prodere pudicitiam. Cum ergo venisset in unam urbem, amavit quamdam uxorem viri senatorii ex præfectis. Timore autem affectus ejus maritus, dixit ei : Mitte, tolle eam. Cum autem venissent ad eam milites, dixit eis mulier : Exspectate parumper donec mundum meum componam, cui sum assueta. Ingressa autem suum cubile, accepto ense, eum suis infixit visceribus. Audiant virgines et erubescant, quæ profitentur se Christum habere sponsum, et prava eum produnt libidine. Nobis autem det unicuique Deus servare virginitatem, et exsultantibus clamare cum psalmographo : Confige in timore tuo carnes meas : a judiciis enim tuis timui (*Psal.* CXVIII). Et : Vivo **782** autem jam non ego, vivit vero in me Christus (*Galat.* II). Concedatur autem ut vos quoque dicatis sobriæ : Ego patrueli meo, et patruelis meus est mihi, aliquando quidem sponsus, aliquando vero frater, ut nihil cogitetur carnale (*Cant.* VI). Si enim audieris sponsum et sponsam, significat spiritalem unionem cum patre.

Vidimus autem alios quoque Patres et monachos per totam Ægyptum, multas virtutes et signa facientes, quorum non meminimus propter multitudinem, sed pauca pro multis narravimus (*Ruff.*, l. II, *in epilogo*). Quid enim dixerit aliquis de superiori Thebaide quæ est per Syenem, in qua sunt viri valde admirabiles, et multitudo monachorum infinita, quorum non crediderit aliquis vitæ instituta, ut quæ vitam humanam superant : qui etiam mortuos in hodiernam usque diem suscitant, et super aquas ambulant, sicut Petrus; et quidquid Servator per sanctos effecit apostolos, ea nunc quoque efficit. Sed quia magnum imminebat periculum, si ultra Lyco transiremus, propter latronum irruptionem, non ausi sumus videre illos sanctos. Neque enim praedictos Patres vidimus sine periculo, neque sine labore aspeximus sacras has feminas: sed multa prius passi, et propemodum periclitati, vix assecuti sumus ut ea videremus. Septies enim in mortem incidimus; in octavo autem malum nos non attigit, cum Deus nos omnino servasset. Semel enim quinque dies et noctes ambulantes per solitudinem, fame et siti prope fuimus exanimati. Aliquando autem in acutas et asperas paludes incidentes, et pedes nostros perforantes, ut dolores essent intolerabiles, propemodum frigore enecti sumus. Tertio autem coeno ad lumbum usque inhaesimus, et non erat qui eriperet; et has beati David voces exclamavimus: Salvum me fac, Domine Deus, quoniam ingressae sunt aquae usque ad animam meam. Infixus sum in lutum profundi, et non est substantia (*Psal.* LXVIII); et, Serva me a luto, ut ne infigar. Quartum autem fuit aquae multitudo quae affluxit ex Nili incremento, cum quatuor dies per aquas ambularemus: et in ostiis propemodum obrutis. Tunc clamavimus, dicentes: Ne nos demergat tempestas aquae, nec me devoret profundum (*Psal.* LXVIII). Quinto autem incidimus in latrones in littore maris, venientes in Diolcon: qui nos etiam eousque sunt persecuti, volentes comprehendere, donec nobis parvus relinqueretur spiritus, ut qui nos decies mille passus essent persecuti. Sexto autem, Nilum navigantes, propemodum eversi ac submersi sumus. Septimum fuit, quando in palude Mareotide, ubi charta nascitur, abjecti sumus in quamdam parvam insulam desertam; et tres noctes et dies sub dio mansimus, magno frigore et imbribus nobis imminentibus, erat enim tempus Epiphaniorum. Octavum autem supervacaneum quidem est narrare, sed tamen est utile; nam cum nos per quemdam locum venissemus Nitreas, erat in ea regione quoddam magnum concavum, in quo multi remanserant crocodili, cum aqua recessisset ex agris. Tribus ergo crocodilis in margine fossae extensis, accessimus visuri belluas, putantes eas esse mortuas, illae autem statim in nos irruerunt. Nobis autem magna voce Dominum nominantibus, Christe, adjuva nos, statim belluae tanquam ab angelo aversae, seipsas in aquam sunt jaculatae. Nos autem Nitreas magno cursu contendimus, illam vocem Job meditantes, ubi dicit: Septies ex necessitatibus liberabit te; in octavo autem te non attinget malum (*Job* v). Deo ergo agimus gratias qui nos ex tot liberavit periculis et nobis magna ostendit spectacula.

CAPUT CLI.
Vita fratris (220) *qui cum eo versabatur.*

Cum ergo pauca dixero de fratre, qui mecum versatur a juventute usque in hodiernum diem, hic deinceps finem imponam orationi. Eum ego cognovi longo tempore, cum comederet, omni gulae affectione caruisse, et itidem cum jejunaret, affectum non fuisse, ut qui, ut arbitror, vicisset affectionem, longe remotum ab avaritia, contentum semper praesentibus, non se ornantem vestibus, contemptum gratias agentem, pro germanis amicis pericula adeuntem, daemones expertum plus quam millies, adeo ut quodam die cum eo daemon pactus sit, et dixerit: Paciscere mecum te vel semel peccaturum, et quam mihi in hac vita dixeris, vel nobilem, vel divitem eam ad te adducam. Et rursus cum aliquando quatuordecim noctes cum eo depugnasset, ut mihi narravit, et noctu pede traxisset, ipsum est allocutus, dicens: Noli adorare Christum, et ad te non accedam. Is respondens, dixit: Propterea eum adoro, et innumerabilibus amplius partibus glorificabo, et saepius orabo, quoniam ejus cultus te male habet. In centum et sex venit civitates, et in plurimis est etiam aliquo tempore versatus. Mulieris nullam habuit experientiam, ne in somnis quidem, nisi si se somniaret a daemone fornicationis oppugnari. Ter eum novi cibis indigentem esculenta accepisse ab angelo. Quodam die cum in extrema solitudine ne micam quidem haberet, invenit in pelle ovina tres panes calidos paxamidios; aliquando rursus vinum et panem; aliquando rursus venit ad eum vox, dicens: Novi tibi deesse cibos; vade et accipe ad N. illo homine frumentum et oleum. Cum ergo venisset ad illum ad quem missus fuerat, is ipsi dixit: Tu es ille monachus? Tum ille: Ita, sum is quem dicis. Subjecit alter: Paterfamilias jussit quidem te accipere triginta modios frumenti, et duodecim sextarios olei. De eo potero gloriari ac praedicare qualis esset; quem novi saepe esse lacrymatum propter eos qui ex necessitate laborabant inopia; praebebat ergo si quid habebat, suo corpore excepto. Novi etiam eum esse lacrymatum propter eum qui ceciderat in peccata, et eum qui ceciderat adduxisse lacrymis ad poenitentiam. Is mihi aliquando hoc narravit: Deum rogavi, ut neminem compungeret, maxime ex divitibus et improbis, ut mihi aliquid darent quod esset ad usum necessarium.

Mihi autem hoc sufficit, quod dignus sim habitus, qui horum omnium meminissem quae scriptis mandavi. Non enim sine Dei numine hoc factum est, ut mens tua moveretur ut juberes me hunc librum scribere, scriptis, inquam, tradere vitam horum sanctorum et beatorum Patrum.

Tu autem, fidelissime Christi serve ac venerande Lause, et caput mihi amicissimum et maxime germanum, hunc librum libenter legens, magnam tuae immortali animae praebebis utilitatem, in justorum resurrectione, inclytorum rectae vitae athletarum instituta, labores, et tantam tolerantiam, vitaeque duriter actae patientiam mente complectens. Quamobrem ea prompto et alacri animo sequere, bona et incorrupta spe nutritus, semper retro videns dies qui ante sunt breviores; et ora pro me, teipsum conservans alienum a reprehensione et custodiens integrum: qualem te novi et habui, a consulatu Tatiani usque in hodiernum diem, et qualem te novi rursus meliorem moribus, et electum præpositum maxime pii cubiculi. Nam cum sis in tanta dignitate, in tot et tantis pecuniis, et tanta potestate, non fecisti pejus quam Dei postularet metus. Is est Christo dedicatus, qui audiit a diabolo : Hæc omnia tibi dabo, si cadens adoraveris me (*Matth.* iv). Sed eum Dominus pudore affecit, dicens : Vade post me.

Quem quidem tu quoque imitans, uentibus expulsis divitiis, et umbratili gloria vitæ præsentis, cœlestem desiderasti et immortalem vitam, regnumque æternum, et manentem gloriam, et bona arcana, quæ neque oculus vidit, nec auris audivit, nec in cor hominis ascenderunt (*Isa.* LXIV; *I Cor.* II) : quorum Dominus efficiat hæredes cum sanctis ejus patriarchis et prophetis, et apostolis et martyribus, et iis quorum mentionem fecimus in hoc libro, gratia ipsius Servatoris nostri Jesu Christi, cum quo Patri gloria cum sancto Spiritu, in sæcula sæculorum. Amen.

ROSWEYDI NOTATIO.

Ad hunc librum recensendum, cum in prima editione pauca Palladii Excerpta, partim ex Augustana Bibliotheca prompte submittente Davide Hœschelio, partim Venetiis a Gabriele archiepiscopo Philadelphensi Græce impetrassem, aliquam subinde in tenebris lucem ex iis tunc hausimus. Nunc postquam Græcolatina Palladii editio Parisiis ex Ms. Regio (quem etiam cum Palatino a Meursio Lugduni edito contulit), curante Frontone nostro Ducæo, prodiit, majore luce illustrati sumus. Juverit quoque in dubiis recurrere ad veterem Palladii interpretationem, et Heraclidis Paradisum, quæ Palladianæ historiæ magna est pars. Utrumque in appendice habes.

(1) *Isidor.*] De hoc Socrates, l. IV, c. 18; Sozomenus, lib. VI, cap. XXIX; Nicephorus, lib. XI, capite 34.

Baronius, tomo III, anno Christi 340. Quod autem, ait, pertinet ad Athanasii Romam adventum, reperimus duxisse secum inter alios Isidorum illum, de quo plura Palladius, qui eum mirifice commendat (*Pallad., in Lusiac., cap.* 1).

(2) *Extra vittam.*] Ita legendum liquet ex Heraclide, qui de capitis tegumento hic habet. Græce est in Ms. Veneto, ἐκτὸς φακιολίου, in Ms. Regio et Palatino, φακιαλίου. Vide Onomasticon.

(3) *Dorotheus.*] De hoc Sozomenus, lib. VI, cap. 29, et ex eo Cassiodorus, hist. Trip., lib. VIII, cap. 1, et Nicephorus, lib. XI, cap. 35.

784 (4) *Et minutorum olerum fasciculum.*] Τὸ λεπτολαχάνων δέμα. Hervetus legisse videtur λεπτολαχάνων δέκα; verlit enim, *et minutorum olerum decem,* at Heraclidis interpres lectionem receptam tuetur; *unumque fasciculum oleris vilissimi,* et alius vetus interpres in appendice Vitarum Patrum, *et de minutis olerum condimentis fasciculum.* Sic apud Pollucem legimus φρυγάνων δεσμὸς et δέσμη. Nicephorus de hoc ipso Dorotheo, lib. XI, c. 35 : Ἐξ δ' οὐγκίαι ἄρτου ἦν αὐτῷ τροφή, καὶ ἀπόδεσμος λαχάνων λεπτῶν. « Cibus ei erat panis sex unciæ, et tenuium olerum fasciculus. » FRONTO.

(5) *Funem ex ramis.*] Hoc maluimus, quam quod interpres, *catenam ex ramis.* σειρά enim non catenam solum, sed et funem sonat. Eustathio, πλέγματά τινα ἀπὸ σχοινίων, ἢ σπάρτων, ἢ κανναβέως, Heraclidæ, *funem quemdam ex arbore dactylorum.* Synesius in Dione, de Vita Monachorum, pag. 46 : Ἡ τί αὐτοῖς οἱ κάλαθοι βούλονται, καὶ τὰ πλεγμάτια ἅπτα μεταχειριζόνται; « Quid sibi calathi volunt, textaque quæ tractare solent? » FRONTO.

(6) *Panis quoque.*] Ψωμὸς hic *panem,* non *frustum* significat, ut verterat Hervetus. Vide Onomast.

(7) *Ubi crux adest.*] Quasi legisset σωτήρ, non σταυρός, vertit Hervetus, *Quo venit Servator;* at felicius Heraclides : *Ubi crux adest, ibi nihil Satanæ malignitas.* Et alter vetus interpres : *Ubi crux Christi superducitur, non prævalebit malitia diaboli.* Hieronymus, in Vita Hilarionis : *Christi crucem signavit in fronte.* Prudentius in Hymno ante somnum :

Crux pellit omne crimen,
Fugiunt crucem tenebræ,
Tali dicata signo
Mens fluctuare nescit,

Ita Fronto.

(8) *Potamiœna.*] Baronius, tomo III, anno Christi 310, Eusebii papæ 2, Constantini Imp. 5. Hæc, si nomen, sique ultimi supplicii genus spectes, una eademque videri posset cum ea quæ ponitur ab Eusebio lib. VI, cap. 4. Porro diversam hanc esse ab illa, differentiæ plures constituunt, nimirum diversus personarum status (nam illa ingenua, hæc serva), diversumque supplicii tempus plane declarat. Passa hæc sub Maximiano, sed sub Severo illa. Quæ non Potamenia, sed Potamiœna dicta haberetur; verum non in lebetem immissa, sed tantum pice perfusa. Cæterum et ejusdem quoque nominis fuisse diversis temporibus plures virgines, iisdemque pœnis affectas, in amplissima civitate quis neget facile potuisse contingere? Hactenus Baronius.

Quod autem ait Baronius hanc Palladio dictam *Potameniam,* alteram illam Eusebio dictam *Potamiœnam,* potius tribuendum corrupto textui Palladii, quo Baronius usus est. Nam ita habet Paradisus Heraclidis, quem Palladii nomine edidit Lipomanus, sed prima Herveti editio *Potamianam.* In Græco textu est Ποταμιαίνα. In Palladii vetere interprete nomen hoc deest. *Potamiœna* facile in *Potomeniam* transire potuit.

Potamiœnæ sub Severo martyrio affectæ celebris memoria agitur in Martyrologio Rom., 28 Junii, de qua Eusebius lib. VI, cap. 4, quam Laurentius *de la Barre* in sua Palladii editione eamdem cum hac nostra existimavit.

Palladii editio omnis ex interpretatione Herveti loco *Maximiani* habet *Maximini;* ita quoque Græca Parisiensis editio. Vereor ut erronee. Nam in aliis Græcis est Μαξιμιανοῦ. Et ita quoque legit vetus Heraclidis et Palladii interpres.

(9) *Præfecto Alexandrino.*] Græce est, ἐπάρχῳ Ἀλεξανδρείας. Non recte Hervetus verterat, *præsidi.* Bene vetus Palladii et Heraclidis interpres, *præfecto.* Vide Onomasticon.

(10) *Per caput imperatoris.*] Solemne fuit olim jurare per caput imperatoris. Vide Onomasticon.

(11) *Didymi.*] De hoc Hieronymus in catalogo illustr. Ecclesiæ Scriptorum, cap. 109; Sozomenus libro VI, cap. 2 et ex eo Cassiodorus, Tripart. hist. lib. VIII, cap. 8; Nicephorus, lib. IX, cap. 17, et lib. X, cap. 35.

Frater Joannes Maria Brasichellensis, magister sacri Palatii, in indice librorum expurgandorum, ita loco hoc ascribit : Hic Didymus tametsi et sanctitate et doctrina vir magnus ab initio fuerit, ut plura de eo Patrum elogia testantur : et tandem in Origenis errorem præcipitatus, et præcipuus Origenista habitus, tanquam hæreticus condemnatus est, una cum Origene et Evagrio Pontico, in synodo V generali, ut auctores sunt sanctus Tharasius episcopus Constantinopolitanus in confessione fidei quæ habetur in synodo VII, actione 3. Nicephorus, lib. XVII histor., capite 27; Cedrenus in Annalibus. Eumdem cum iisdem damnavit quoque sanctus Martinus papa et martyr, in concilio Lateranensi, secretario V, can. 18.

(12) *Orbus.*] Carens oculis. Græce est, ὁ ἀπὸ ὀμμάτων γενόμενος. Phrasis ea Græcis usitata. Vide Onomasticon.

(13) *Dominus illuminat cæcos.*] Editio Lugdunensis mendose σοφοτίζει. Communis editio Psalmorum, psal. cxlv, 8, σοφοῖ τύφλους. Augustinus et vetus Psalterium, *sapientificant*; et Heraclidis interpres hoc loco, *Dominus sapientes facit cæcos.* At Chrysostomus admonet alium Græcum interpretem edidisse, κύριος φωτίζει: unde Romanum Psalterium, et vulgata Latina : *Dominus illuminat.* Fronto.

(14) *Ut obruatur præ cura cognatorum.*] Vide egregiam Collationem super hac re sancti Antonii apud Cassianum, collat. xxiv, cap. 11.

(15) *Macarius.*] Heraclides hæc tribuit Isidoro. Et ne error sit in ambiguo vocabulo Μακάριος, quod nunc appellative *beatus*, nunc proprie *Macarius* vertitur, exprimit nomen Isidori.

(16) *Lapidarius.*] Meursius in Lexico Græco barbaro notat hic in Græco esse καβιδάριος. Certe Hervetus recens Palladii, et vetus Heraclidis interpres, uterque vertit *lapidarius*. In Græco textu, qui nunc prodit est :Λιθουργός, ἐν λέγουσι καβιδάριος.

(17) *Arsisii.*] Ita caput hoc inscripsi, quia hic post in textu vocatur *Arsisius.* In editionibus Palladii per Hervetum caput hoc hactenus inscriptum fuit, *Arsacii.* Fuit quidem *Arsacius* aliquis genere Persa, ex milite, et regiorum leonum custode, confessor tempore Licinii, post monachus in arce Nicomediæ, ubi et obiit. De quo Sozomenus, lib. iv, cap. xv; Nicephorus, lib. ix, cap. 38.

Sed alius hic videtur *Arsisius*, apud quem Palladius habitasse se dicit. De quo Sozomenus, libro vi, cap. 30, et Nicephorus, lib. xi, cap. 37.

Meursius hic, in præfatione regulæ Pachomii, *Arsesii* pro *Orsiesii* substituit, minus recte. Orsiesius vixit cum Pachomio, et ei post Petronium successit, ut habetur in ejus Vita, cap. 53. Arsisius obiter dicit se eum vidisse.

(18) *Quinque millia virorum.*] Sic hodie in Atho monte xxii insignia sunt monasteria Græcorum monachorum ordinis sancti Basilii, quæ **785** tributi nomine Turcarum tyranno quotannis ex vinetis et olivetis suis pendunt 6000 obolorum Turcicorum. Mons is a Christianis ἄγιον ὄρος, hoc est, *sanctus mons* dicitur, a Ruthenis *Suvata hora*. Ita notavit Joan. Langus ad lib. xi; Niceph., c. 38.

(19) *Hagionem.*] Apud Sozomenum, libro vi, cap. 30, et Nicephorum, lib. xi, cap. 37, Arsisio seu Arsesio jungitur *Arsion*. Heraclides hic *Agionem* habet. Fors *Arsion* ex *Agione* depravatum, vel contra.

(20) *Flagellum.*] Ecce vetustam disciplinarum, ut vocant, memoriam, de quibus vide Gretzerum nostrum accurate disserentem, peculiari ea de re libro.

(21) *Amon.*] De hoc Socrates, lib. iv, cap. 18; Sozomenus, lib. i, cap. 14 ; et ex eo Cassiodorus, histor. Tripar. lib. i, cap. 11 ; Nicephorus, libro viii, cap. 41. Vide dicta supra, ad librum ii Ruffini, capite 30.

(22) *Et corona redimiri.*] Et sponsus et sponsa olim corona redimiri soliti. Vide Onomasticon.

(23) *Domina et soror.*] Qui continenter in matrimonio vivebant, uxores suas vocabant sorores. Vide Onomasticon.

(24) *Or.*] De eo Nicephorus, lib. xi, cap. 34. Vide dicta supra ad Ruffini lib. ii, cap. 2.

Hic est ille Or hæreticus Origenista, quem Evagrius Ponticus (imo Ruffinus, ut prolego eno 4 docui) inter sanctos alios, suo de Vitis Patrum libro (supra hic, lib. ii, cap. 2) immerito inseruit, ut auctor est sanctus Hieronymus, epist. ad Ctesiphontem. En quales sanctos nobis obtrudit Pallad.us. Vide Scholium nostrum, tom. V (Bibliothecæ Patrum) ad initium Operis Evagrii, ubi quoque observavimus, ex decreto sancti Gelasii I, idem esse judicium Romanæ Ecclesiæ de ejusmodi hominibus, et sancti Hieronymi. Ita magister sacri palatii supra citatus.

(25) *Pambo.*] De hoc Socrates, lib. iv, cap. 18 ; Nicephorus, lib. ix, cap. 14.

(26) *Ammonii et Eusebii, et Euthymii fratrum, et

Origenis filii.] Ita suppletum ex Græco Codice Parisiensis editionis, cum ante esset, *Ammonii et Joannis filii.* Bene Heraclides, ad quem vide.

(27) *Qui ne duos quidem obolos.*] Qui hic oboli, Marci xii, 42, dicuntur λεπτά. Vide Onomasticon.

(28) *Curassem.*] Latinis *curare*, quod Græcis ἐντραφιάζειν. Hervetus hic *sevelire* verterat, non recte. Vide Onomasticon.

(29) *Origene presbytero ac œconomo.*] Ita est in Græco Parisiensi. In aliis : Μακαρίῳ τῷ πρεσβυτέρῳ, quod hic proprium videtur esse nomen, non appellativum, ut cepit Hervetus, qui vertit, *beato presbytero.* Apud Heraclidem, c. 2, est, *Paulo presbytero.* Nisi forte per *beatum presbyterum* intelligatur Isidorus.

(30) *Pior.*] De hoc infra hic, cap. 87.

(31) *Ammonii.*] De hoc Sozomenus, libro vi, cap. 30 ; et ex eo Cassiodor., lib. x hist. Trip., capite 7 ; Nicephorus, lib. xi, cap. 32. Vide dicta supra, ad Ruffini librum ii. cap. 23.

Baronius, tomo III, anno Christi 340, Julii papæ 4, Constantini, Constantii, et Constantis imperatorum 4. Quod pertinet, ait, ad Athanasii Romam adventum, reperimus duxisse secum inter alios Ammonium admirandæ sanctitatis virum (alius hic ab illo, quem tempore Constantini in Domino quievisse diximus ; nam hic longe post Antonii obitum defunctus est), comitem habuit. De quo sic Socrates, lib. iv, cap. 18: « Alius quidam monachus erat vir plane admirabilis, qui Ammonius vocabatur. Iste ideo parum curiosus fuit, ut cum Romæ una cum Athanasio forte versaretur, nihil ex magnificis urbis operibus, præter templum Petro et Paulo dicatum videre omnino desideraret. » Pervenit iste usque ad Theophili Alexandrini episcopi tempora, a quo creandus episcopus cum Evagrio, auriculam sibi præcidit, ne (quod sibi videbatur) eligeretur indignus.

Magister sacri Palatii, supra citatus, hic notat : Hic Ammonius fratresque ejus fuere palam hæretici Origenistæ, qui ex Ægypto Constantinopolim fugientes, magnarum turbarum in ecclesia causa fuere. Quos nimium exsecrati sunt Hieronymus epistola ad Ctesiphontem, et Theophilus Alexandrinus epistola ad sanctum Epiphanium, quæ 67 apud sanctum Hieronymum. Horum res nefarie gestas et turbines ab ipsis excitatos, ex certissimis auctoribus et monumentis exactissime exponit tom. V Annalium Ecclesiast. Ita ille.

(32) *Memoriter.*] Græce, ἀποστηθίζειν. Eo fere verbo in hac re utuntur Græci, quod et infra, capite 21, in Marco, et cap. 39, in Aphthonio occurrit.

(33) *Impatibilis.*] Miser Palladius præceptoris sui Evagrii dogma de impassibilitate Stoica hic obtrudere conatur. Vide Divum Hieronymum ep.st. ad Ctesiphontem. Ita magister sacri palatii hic annotat.

Heraclides hic immediate ante Benjamin quædam interserit de Evagrio et Ammonio, et ecclesia Ruffiniana. Videtur Evagrio tribuere quod Ruffinum e fonte susceperit, et sic citat et intelligit Baronius tomo IV, anno Christi 394.

(54) *Benjamin.*] De hoc Sozomenus, lib. vi, capite 29 ; et ex eo Cassiodorus, hist. Trip. lib. viii, capite 10 ; Nicephorus, lib. xi, cap. 35.

(35) *Sella latissima.*] Δίφρος πλατύτατος. Herveto fuit *currus latissimus.* Nos *sellam* maluimus vertere cum Heraclide ; cui suffragatur et Nicephori Callisti interpres lib. xi, cap. 35 : δίφρῳ πλατυτέρῳ ἐκάθητο, *latiore sella consedit.* Fronto.

(36) *Apollonii.*] Hujus etiam meminit Sozomenus, lib. vi, cap. 29 ; et ex eo Cassiodorus, lib. viii, cap. 1 ; Nicephorus, lib. ix, cap. 14, et lib. xi, c. 35.

(37) *Vasa medica omne genus.*] Παντοῖα ἰατρικά, καὶ κελλαρικά. Heraclides : *omnem remediorum speciem atque cellaria comparans.* Meursius in Glossario τὰ κελλαρικά exponit res quæ in cellario et penuario recondi solent, et citat Harmenopulum, l. ii, tit. 10.

Quæ in fine dicuntur *frivola*, Græce est γρυτάρια. Vide Onomasticon.

(38) *Pœesii et Isaiæ*.] De his Nicephorus, l. ιx, c. 14

(39) *Mercatore Hispanico*.] Græce, ἐμπόρου Σπανοδρόμου. Heraclidis vetus interpres vertit : *usque ad Hispaniam semper negotiando pergebat*. Vidi Excerpta, in quibus erat Πανοδρόμου. An a civitate *Panos* in Ægypto? Hic, infra, cap. 39 : Εἰς Πανὸς τὴν πόλιν. *In panos civitatem*. Supra, in Vita sancti Joannis Eleemosynarii, c. 36, occurrit *Gallodromus*.

(40) *Nobis pedes tuos attingentibus*.] Ita restitutum ex Græco, cum ante nullo sensu esset in Herveto, *ex tuis pedibus*. Obsecrationis species est, *pedes attingere, pedibus advolvi*. Vide Onomasticon.

(41) *Deum*.] Græca sonant, ut vertit Heraclides, *Ante Deum vobis loquor, utrosque in paradiso simul stare comperi*. Ita Paulus, ιι Corinth. xιι, 19 : Κατενώπιον τοῦ Θεοῦ ἐν Χριστῷ λαλοῦμεν. *Coram Deo in Christo loquimur*, et ad Gal. ι, 20 : Ἰδοὺ ἐνώπιον τοῦ Θεοῦ, οὐ ψεύδομαι. *Ecce coram Deo, quia non mentior*; ut intelligatur esse quædam species jurisjurandi III Tim. ιι, 14 : Διαμαρτυρόμενος ἐνώπιον τοῦ κυρίου. *Testificans coram Domino*. Simile illud infra, cap. 113 : Ὡς ἐπὶ Θεοῦ ἡμᾶς ἔπεισεν, *Ut coram Deo loquens nobis persuadebat*. Fronto.

(42) *Macarii junioris*.] Sozomenus, libro vi, cap. 29 ; et ex eo Cassiodorus, hist. Trip. lib. vιιι, cap. 1; Nicephorus, lib. xι, cap. 35.

(43) *Solitudine*.] Interpres ediderat, *ut despueret dæmones solitudini insultantes*, quasi esset ἐντρυφώντας. At Heraclides tuetur receptam lectionem capite 4 : *Ut exsultans solitaria vita illuderet dæmones atque despiceret*. Fronto.

(44) *Et taurea*.] Non, *taurina pelle indutus*, ut Hervetus scripserat. Vide Onomasticon.

(45) *Macarii Ægyptii et Alexandrini*.] De his Sozomenus, libro vι, cap. 29 ; Socrates, lib. ιv, cap. 18 ; et ex eo Cassiodorus, hist. Tripart. lib. vιιι, cap. 7 ; Nicephorus, lib. ιx, cap. 14 ; et lib. xι, cap. 42, 43.

De mortuo a Macario excitato Cassianus, collatione xv, cap. 3.

De pœna culicum a se exacta Petrus Damianus, lib. v, epist. 8 : « Nunquid et beatus ille Macarius digne ridebitur, qui dum se inimicum quid admisisse pœnituit, acutissimis culicum rostris, quæ videlicet apros transfigerent, per sex menses membra sua nudus exposuit ? »

(46) *Cum Deo versari quam hujus mundi rebus occupari*.] Interpres Hervetus aliter : *et majori tempore vel cum Deo, vel in rebus versari cœlestibus*. Ἡ ὑπ᾽ οὐρανὸν, *orbis terrarum*. Vide Onomast.

(47) *Erga conjugem suum virginitatis*.] Edidimus, cum antea legeretur *erga suum maritum Parthenicum*, quasi nimirum Parthenicus proprium esset mariti nomen ; imo παρθενικὸς ἀνὴρ in Scriptura dicitur, qui apud Plutarchum in Pompeio dicitur παρθένιος ἀνήρ. Πόπλι᾽α (sic) τὸν παρθένιον ἄνδρα κείμενον. *Publium qui me virginem adhuc duxit*. Joel. ι, 8 : Θρήνησον ὑπὲρ νύμφην περιεζωσμένην σάκκον ἐπὶ τὸν ἄνδρα τὸν παρθενίον. *Plange magis quam virgo cilicio præcincta propter virum suum virgineum*. Vulgata lat., *Super virum pubertatis suæ*. Poetis est κουρίδιος πόσις, ὁ ἐκ παρθενίας γεγαμικὼς γυναῖκα. Sic Ἰλιάδ. ε. Κουρίδιον ποθέουσα πόσιν τὸν ἄριστον Ἀχαιῶν. Fronto.

(48) *Amphoræ unius Cilicensis*.] Græce Ἀμφορία Κιλικίστον ὕδατος. Vide Onomasticon.

(49) *Spiritus fornicationis*.] Videtur Hervetus alio Græco textu usus, ut et vetus Palladii interpres. Plenius et alio sensu in Græco. Vide ad Heraclidem cap. iv.

(50) *Ex lapidibus quadratis*.] Ἐκ τετροπέδων λίθων. Hervetus verterat, *quatuor pedum magnitudine*. Vide Onomasticon.

(51) *Locus humidus*.] Græce ὕπικμος, ex Ms., non ut est in excuso Lugdunensi ὕπιγμος, *locus humidus*. Hervetus, *locus qui cedit facile*, quasi esset εἰκτικὸς

vel ἐπιεικτικὸς, vel εὔεικτος, παρὰ τὸ εἴκειν. Heraclides suffragatur nostræ correctioni : « Puteum quoque fecerunt, eo quod sine aliquo videretur humore idem locus esse. » Alter vetus interp., *Humectus est enim locus*. Ratio enim redditur, cur maximum puteum effoderint. Fronto.

(52) *Narravit autem nobis*.] Hoc loco Heraclides interserit narrationem Macarii de Marco, quæ habetur et sequitur hic, cap. 21. Inde sequitur hic narratio Paphnutii etiam de Marco. Et dicitur Marcus dedisse Athanasio pellem, et Athanasius Melaniæ. Forte *Marcus* positus pro *Macarius*, ex compendio litterarum. Tamen quod de ætate narratur, sexaginta videlicet annorum fuisse post baptismum, et quadraginta ante baptismum, ut habet Heraclides, convenit Marco, quem dicit centum annos vixisse. Rufinus vero, libro ιι Histor., c. 4, Macario tribuit historiam de leæna, uti et Græcus textus hic.

Similem historiam habes supra, lib. ιv, cap. 8, ex Severi Sulpicii dialogo 1, cap. 9, de anachoreta anonymo circa Memphim, et quinque cæcis leænæ catulis ab eo illuminatis.

(53) *Marci*.] Sozomenus, lib. vι, cap. 29 ; et ex eo Cassiodorus, lib. vιιι, cap. 1 ; et Nicephorus, lib. xι, cap. 35.

(54) *Moysis*.] Sozomenus, lib. vι, cap. 29 ; et ex eo Cassiodorus, Histor. Tripart. lib. vιιι, capite 1 ; Nicephorus, lib. xι, cap. 36 et 46. De eo etiam Theodoretus, lib. ιv Hist. cap. 21.

(55) *Cum salitem Italicorum circiter octodecim*.] Græce, σαλίτην ὡς Ἰταλικῶν δεκαοκτώ. Vide Onomasticon.

(56) *Communica sacramentis*.] Magna olim sacræ communionis reverentia fuit, ut quicunque somniis voluptuosis fuissent inquietati, ii communione eo die abstinerent. Vide in Onomastico *Pollutio nocturna*.

(57) *Pauli*.] De hoc Sozomenus, lib. vι, cap. 29 ; et ex eo Cassiodorus, lib. vιιι, cap. 1 ; Nicephorus, lib. xι, cap. 36 ; Cassianus, collat. vιι, cap. 26 de Paulo apud Panephysin.

(58) *Calculum*.] Vel hinc probatur vetus usus calculorum rosarii ; ut frustranei sint hæretici, qui vel recentem inventionem vel superstitiosam calumniantur. Vide in Onomastico *Rosarium*.

(59) *Cronio*.] Nicephorus, lib. xι, cap. 37.

(60) *Inter Babylonem*.] Hervetus, *inter Babylonem et Herculeas*. Heraclides, *inter loca quæ Babylonis et Herculis habent nomen*. Alius vetus interp., *Inter medium Babylonis et Heracliæ*. Capite 72 fit mentio Ἡρακλέως Θηβαΐδος ; apud Rufinum, *in regionibus Heracleos*.

(61) *Eulogio*.] Nicephorus, lib. xι, cap. 23, de alio Eulogio agit.

(62) *Abi hinc, scelerate fugitive*.] Græce, σκάτα, γλουττῶν, φυγοκύρι. Meursius in Glossario pro σκάτα, γλούττων, legendum hic censet σκατογλούττως : quod idem est quod apud Aristophanem in Pluto σκατοφάγος, id est, *stercorivorus*. Idem pro φυγοκύρι scriptum reperit φαγοκύρι, quod exponit *dom.nus kellioa*, quasi φάγων κυρίως, quasi dictum fuisse vult in convicio. Apud Vitas Patrum, lib. vιι, interprete Paschasio, legimus, « Fugitive, qui propriam domum devorasti » ; et apud veterem interpretem Palladii : Multa mala commisisti, fugitive, forsitan domini tui alienas pecunias furatus es. » Itaque Paschasius, cum vertit, *qui propriam domum devorasti*, legisse videtur φαγοκύρι, quasi κυρίων φάγος : sed idem tamen habet vocem *fugitive*, quemadmodum et Hervetus, et interpres vetus Palladii ; proinde verior lectio φυγοκύρι, quasi φυγὰς κυρίου, *qui dominum fugis*, ut φυγοδίμνιος, φυγοπόλεμος, et φυγαργὸς. Sic Plautus in Pseudolo :

Fur, fugitive, fraus populi, fraudulente. Fronto.

(63) *Mutilate, maculate*.] Græce est, ἐκλωβημένε, πεπηλωμένε. Apud Paschasium, sup., lib. vιι, cap. 19, n. 3 : *Elephantiose, cœno et luto horride*. Vetus Palla-

dii interpres: *Leprose, inveterate dierum malorum.* Quia Paschasius vertit: *cœno et luto horride,* videtur legisse πεπηλωμένε, a πηλὸς *lutum,* **787** vel simile quid. Certe πηλούμενος est *lutosus, lutum contrahens.* Ms. Venetus λελωβημένον καὶ πεπηρωμένον, *mutilatum et truncatum;* quem initio hujus capitis vocat λελωβημένον, ὃς οὔτε χεῖρας εἶχεν, οὔτε πόδας, *mutilatum, qui nec manus habebat, nec pedes.* Talis apud Suidam κυλλὸς dicitur. Suidas: κυλλός, ὁ πεπηρωμένος, οὐ μόνον πόδα, ἀλλὰ καὶ χεῖρα. *Cyllus, mutilatus non solum pede, sed etiam manu.* Πεπηρωμένε, ait Fronto, ut in Epigrammate, ὁ μὲν γυίοις πηρός, *captus et truncatus membris* dicitur, apud Herodotum dicitur quis ἑαυτὸν λωβᾶσθαι λώβην ἀνάκεστον, *qui mutilat sibi faciem ut eam deformet;* ut necesse non sit hic elephantiasin suspicari, tametsi Heraclides, c. 32, Λελωβημένοις vertat, *elephantioso laborantibus morbo.*

(64) *Charitate.*] Agapas Latini Patres convivia quædam Christianorum appellant, quibus pauperes excipiebant, ut annotarat hic interpres Hervetus, ideoque hic interpretatus erat, *et venerunt in cellum suam in fine agapes.* Sed charitatem hic potius indicari vidit Heraclides, cum vertit, cap. IX, *redintegrata pace;* nec aliter Paschasius, cap. 19. Ita dixit paulo ante Antonius: καὶ μετὰ καθαρᾶς ἀγάπης ὑποστρέψατε, *et cum bona dilectione revertimini;* ut I Joan. IV, 18: Ἡ τελεία ἀγάπη ἔξω βάλλει τὸν φόβον. *Perfecta charitas foras mittit timorem.* Fronto.

(65) *Pauli Simplicis.*] De hoc Sozomenus, libro I, cap. 13; et ex eo Cassiodorus, lib. I Trip. Hist., c. 14; Nicephorus, lib. VIII, cap. 40.

(66) *Pertransit octo mansiones.*] Ὀκτὼ μονάς. Ita hoc loco vertendum erat, non ut Hervetus, *octo monasteria.* Vide Onomasticon.

(67) *Habens principalem sævissimum dæmonem.*] Vide Serrarium nostrum in Tobiæ capite III, part. 1, q. 5, quomodo aliqui dicantur principales dæmones.

(68) *Helluo senex.*] In Græco Parisiensi est φαγόγηρς, *helluo senex.* At in meis Græcis κακόγηρς, improbe *senex.* Sic et supra, cap. 21. Vide Onomasticon.

(69) *Helluones isti in senectute.*] Græce: πολιοφάγοι αὐτοί. Vide Onomasticon.

(70) *Pachon.*] De hoc Sozomenus, lib. VI, cap. 29; et ex eo Cassiodorus, lib. VIII Trip. Hist., c. 1 Nicephorus, lib. XI, cap. 36. Vincent. Spec. hist., lib. XVII, capite 79; Antonius, parte II, tit. 15, cap. 11. Dicitur hic Cassiodoro, Heraclidi, Vincentio, Antonino *Puchomius,* sed legendum *Pachonius,* a *Pachon,* quod imposuit P. Maturio nostro ad Antoninum, ubi Cassiodori locum citat pro Pachomio Tabennensi, de quo hic, infra, cap. 38 agit Palladius.

(71) *Stephani.*] De eo Sozomenus lib. VI, c. 29; et ex eo Cassiodorus, lib. VIII Trip., cap. 1; Nicephorus, lib. XI, cap. 36

(72) *Ex latere.*] Hervetus: *ex transverso.* Scribendum potius, *a latere Marmarico,* vel, *non longe a Marmarica* Sozomenus, lib. VI, cap. 22, περὶ τὸν Μαριώτην οὐκ ἄποθεν τῆς Μαρμαρικῆς, *circiter Mareoten, non longe a Marmarica.* Nicephorus, lib. XI, c. 36, περὶ τὸν Μαρεώτην οὐ πολλῷ τῆς Μαρμαρικῆς ἄποθεν, *circa Mareoten non longe a Marmarica.* Sic Deut. XXXI, 26: θήσετε αὐτὸ ἐκ πλαγίων τῆς κιβωτοῦ. Vulgata: *Ponite eum in latere arcæ Domini.* Et I Reg. XX, 24: Ἐκάθισεν Ἀβεννὴρ ἐκ πλαγίων Σαούλ. *Sedit Abenner a latere Saul.* Ita postea, cap. 35, Ἐκ πλαγίων τοῦ μοναστηρίου, *ad latus monasterii.* Fronto.

(73) *Valente.*] De hoc nihil nunc occurrit.

(74) *Erone.*] Cassianus, collat. v, cap. 2, meminit Heronis senis, qui se in puteum præcipitavit, diversus videtur ab hoc Erone.

(75) *Ad eorum culturam instrumenta.*] Κήπους, καὶ τὰ τούτων χρηστήρια. Hervetus verterat, *hortos et eorum oracula;* at qui non solum oracula μαντεῖα dicuntur τὰ χρηστήρια vel loca in quibus ea redduntur, sed et τὰ χρηστήρια σκεύη sunt *utensilia,* apud Pollucem τὰ ἔπιπλα; itaque Heraclides hic edidit, *hortulos*

dii quoque et instrumenta diversæ supellectilis necessaria. Fronto.

(76) *Pachomii.*] Vide de hoc Auctores citatos l. I, ad ejus Vitam.

(77) *Tabennesis.*] Græce Ταβεννήσιος, a Tabenna. Vide Onomasticon.

(78) *Sine villis.*] Græce, in Parisiensi editione, ἄμαλλα, et sic etiam legit Heraclidis interpres, qui vertit, *sine villo.* Hervetus verterat *molles,* quasi legisset ἀμαλά, quod est in Excerptis Græcis Codicis Augustani; et Hesychius ἀμαλόν exponit ἁπαλόν, *molle.* In Veneto erat, ἀμαλλαιῶς; sed lege, ἄμαλλα ὡς.

(79) *Et cum ad vespertinum lumen.*] Græce est, ἐν τῷ λυχνικῷ, id est, *vespertino lumine,* ut habet Heraclidis interpres. Vide Onomasticon.

(80) *Aphthonii.*] Sic et Græce Ἀφθόνιος. In Heraclide *Antonius* ante erat in prima editione. Nunc ex variis Mss. *Aphthonius* restitui.

(81) *Panis civitatem.*] Græce, εἰς Πάνος τὴν πόλιν. Atque ita interpres Heraclidis, cap. 19, legit. In Herveto erat, *in Spaniam quidem.* Vide supra, cap. 16.

(82) *Ædificant.*] Videtur Hervetus legisse οἰκοδομοῦντες. Sed Mss. August. Ven. et Paris. habent, οἰκονομοῦντες, *distribuentes,* recte. Nempe per monasteria et carceres distribuunt ea quæ manibus lucrati sunt. Heraclides, cap. 19: « Et ex his quæ quotidiano victui superesse poterant, etiam monasteriis seminarum, carceribusque vicinis necessaria quæque præbentes. »

(83) *In arte fullonia, alius in parandis coriis.*] Græce, ἄλλος γναφεῖον, ἄλλος βυρσεῖον. Hæc non exhibebat textus Latinus Herveti, tantum habebat, *in consuendis calceis.* Forte id in suo Græco textu habuit, vel ita βυρσεῖον extulit. Heraclides, capite 19, postquam de fullone egit, addit: « Alter pellium, alter coriorum confectione sudabat. » Quare ejus interpres auctus Græcum exemplar habuit. Excerpta Augustana post βυρσεῖον habent συντομεῖον. Lege σκυτοτομεῖον, et hoc forte Hervetus vertit, *in consuendis calceis.*

(84) *Virgine.*] Quod hic habes *oblationem pro desperata non oblatam,* vide simile exemplum apud Cassianum, collat. II, cap. 5.

(85) *Et hoc scelus.*] Hervetus scripserat, *et fraternitati tantum attulissei dolorem;* videtur legisse ἄλγος, non ἄγος, ut habet excusus: et Heraclides vertit, *non ferens tanti sceleris atrocitatem.* Sed quod addit Palladius ἀδελφότητος, suadet ut ἄλγος potius amplectamur; nisi malis casum mutare, ut sit εἰργάσατο τὸ ἄλγος τῇ ἀδελφότητι. Fronto.

(86) *Virgine.*] Non fuit hæc dicta *Amma* proprio nomine, ut quidem putarunt, sed appellativo, ex virtute, quod ita matres spirituales vocarentur, ut hic sequitur. Vide Onomasticon.

(87) *Redimiculum.*] Τὸ διάδημα. Hervetus Latine extulerat, *diadema in capite;* at Heraclides . « Hæc igitur involutum pannis habebat caput. » Pelagius, l. VI, libello XVIII, *coronam* vertit; sed postea: « cum vidisset frontem ipsius panno involutam; » quod hic Græce est, καὶ τὸ ῥάκος ἐπὶ τῆς κεφαλῆς αὐτῆς καὶ τοῦ μετώπου. Cæteræ nimirum religiosæ virgines cucullis coopertum habebant **788** caput, hæc redimiculo vel tænia simplici, vel panno. Fronto.

(88) *Salem.*] Quid Sale sit, sequitur: « Sic enim vocant illic eas, quæ non sunt sanæ mentis. » Vide Onomasticon.

(89) *Joanne.*] Vide de eo citatos auctores supra, ad lib. II, cap. 1.

(90) *Tyrannorum.*] Græcus Codex exprimit nomina, Μάξιμον καὶ Εὐγένιον: *Maximi et Eugenii.* Ita et Heraclides.

(91) *Tempus ascensus.*] Græce, καιρὸς ἀναβάσεως. Puto intelligi ascensum Nili. Sic supra, cap. 57, *cum Nilus ascenderet.* Vide Onomasticon.

(92) *Venerabilem senem.*] Græce, καλόγηρον.

(93) *Morbus enim.*] Hervetus, *timens ne fierem hydropicus.* Heraclides, *atque illic hydropem meditans.* Μελετᾶν hic idem valet, quod *studere, cogitare, vergere,*

ut qui meditatur defectionem, ad eam tendit. Sic Jonas 1, 4 : *Et navis putavit conteri*, ut ex Hebræo Vatablus; vulgata, *periclitabatur conteri*. FRONTO.

94) *An divina voluntate.*] Interpres ediderat *an potentiori voluntate*. Rectius Heraclides, *utrum studio hominum, an voluntate divina*, ἐξ εὐδοκίας τοῦ Κρείττονος, quæ vox Numen divinum etiam apud profanos significat. Plutarchus, in Pyrrho : Ὅς τινα τῶν κρειττόνων θαυμάσαντες, *tanquam aliquem ex diis admirantes*. Socrates, lib. 1, cap. 4, Histor. Ὁμολογῆσαι χάριν τῷ κρείττονι, τοῦ κρείττονος ἐπινεύοντος. *Deo opitulante*, Nicephorus, lib. XVI, cap. 29. Ita hujus Lausiacæ historiæ cap. 52, Τὴν εὐδοκίμησιν οὕτω σχολῇ παρὰ τῷ κρείττονι, quod perperam interpres, *digna laboribus consequatur a potentiori*. FRONTO.

(95) *Nuntiata est.*] Retinuerat vocem Græcam interpres : « Hodie, aiebat, venerunt A'exandriam epinicia maxime pii Theodosii. » Prosper in Chronico, ad annum Christi 495, meminit hujus Prophetiæ Joannis : « Joannes anachoreta, clarus habetur; qui ornatus prophetiæ gratia Theodosium consulentem, de eventu belli, quod adversus Eugenium movebat, victorem futurum prædixit. » FRONTO.

(96) *Ammonæ.*] De hoc vide dicta ad Ruffinum lib. II, cap. 5.

(97) *Be.*] *Benus* hic dicitur Ruffino libro II, capite 4. Ibi vide.

(98) *Theona.*] *Theon* hic dicitur Ruffino l. II, cap. 6, ubi consule.

(99) *Elia.*] Vide citatos de hoc auctores, supra, ad librum II Ruffini, cap. 12.

(100) *Apollo.*] De eo citatos auctores vide ad dictum librum Ruffini, cap. 7.

(101) *Et nicolaos maximos, et panes mundos et caliaos.*] Græcus Ms. Venetus : Καὶ νικολάους παμμεγέθεις, ἄρτους δὲ καθαροὺς καὶ θερμούς. Parisiensis editio Græca loco δὲ habet δίκα, *decem*. Deceptus Hervetus, qui verterat : *Et nicolaos panes maximos, et puros lupinos*. Nempe θερμούς legit, id est, *lupinos* pro θερμούς, *calidos*. Vide dicta ad l. II Ruff., 7, n. 21.

(102) *Copre.*] Sozomenus, lib. VI, cap. 28; Cassiodorus, lib. VIII, cap. 50; Nicephorus, l. II, c. 34.

(103) *Anuph.*] Nicephorus, lib. XI, cap. 14.

(104) *Hellenis.*] Sozomenus, lib. VI, cap. 28; Cassiodorus, lib. VIII, cap. 50; Nicephorus, lib. XI, c. 34.

(105) *Apelle.*] Sozomenus, Cassiodorus, Nicephorus, ibidem.

(106) *Joannis.*] Nicephorus lib. XI, cap. 30.

(107) *Mittebat eulogias.*] Hervetus interpres verterat, *mandabat benedictiones*. Vide Onomast.

(108) *Paphnutio.*] De variis Paphnutiis vide dicta ad lib. II Ruffini, supra, cap. 16.

(109) *Mercatore.*] Sozomenus, lib. VI, c. 31. Nicephorus lib. XI, cap. 38.

(110) *Apollonii.*] Dubito an de hoc Sozomenus lib. VI, cap. 29; et ex eo Cassiodorus, lib. VIII Tripart., cap. 3; Nicephorus, lib. IX, cap. 14. Vide notata ad Ruffinum, supra, lib. II, cap. 19.

(111) *Philemone.*] Vide dicta ad Ruffinum eodem libro et capite.

(112) *Martyrio.*] Id est, templo martyrum. Vide Onomasticon.

(113) *Tabernacula.*] Græce σκηνώματα. P. Fronto noster hic substituit *corpora*. Pro utroque σκήνωμα capitur, uti et *tabernaculum*.

(114) *Dioscuri.*] Dicitur hic presbyter. Quare distinctus videtur a Dioscoro episcopo, cujus mentio supra, cap. 10. Nisi idem ante presbyter, post episcopus factus sit. Vide dicta supra, ad Ruffini lib. II, cap. 20, ubi alios auctores de hoc Dioscoro nostro citavimus.

(115) *Nitrienses.*] Vide notata supra, ad Ruffinum, lib. II, cap. 21.

(116) *Ammonio.*] De hoc non memini legere præter ea quæ habes supra, apud Ruffinum, lib. II, cap. 23.

(117) *Isidori.*] Vide Notationem ad librum II Ruffini cap. 17.

(118) *Ammona.*] Dicitur hic supra Ruffino, lib. II, cap. 32, *Piammon*, ubi vide notationem.

(119) *Sacrificium.*] Προσφέρων λατρείας. Quæ vox licet proprie cultum vel obsequium sonet, tamen et pro sacrificio usurpatur; et suffragatur nobis Ruffinus, quem comperimus, cap. 32, scripsisse, Pammonem hæc vidisse, cum Domino sacrificium offerret (sic enim appellat quem hic Palladius Ammonam) et σημειούμενον Hervetus *signantem*, clarius *notantem*, in charta scilicet scribentem eorum nomina, ut exponit idem Ruffinus, accedentium ad altare scribentem nomina; et Sozomenus uberius cap. 29 lib. VI Histor. Τὸν Πιάμμονα ἱερωμένον θεάσασθαι περὶ τὴν ἱερὰν τράπεζαν θεῖον ἄγγελον ἑστῶτα, καὶ τῶν μοναχῶν τοὺς παρόντας ἐγγράφειν βίβλῳ, τοὺς δὲ ἀπόντας ἀπαλείφειν. « Piammonem cum sacrum faciebat, vidisse circa sacram mensam stantem angelum Dei, et monachos præsentes in libro quodam scripsisse, absentes vero delevisse. » Nicephorus, lib. XI, cap. 35. FRONTO.

(120) *Joanne.*] Consule notata supra, ad lib. II Ruffini, cap. 33.

(121) *Pityrionis.*] Meminit Nicephorus, l. II, cap. 14, Pithyrionis, qui apud Athenas asceterium habuit.

(122) *Parvam pultem ex farina.*] Græce ζωμὸν ἀλεύρου. Hervetus verterat, *parvum farinæ jusculum*. Credo intelligi, quæ hic alibi dicuntur *sippulæ*. Vide Onomasticon.

(123) *Eulogii.*] De hoc vide citatos auctores ad lib. II Ruffini, cap. 4.

(124) *Serapionis.*] Vide de duobus Serapionibus notata ad Ruffinum, lib. II, cap. 18.

(125) *Artabas.*] Ægyptiaca hæc mensura, faciens modios *tres cum triente*. Vide Onomasticon.

(126) *Pœmenium*] Locus in Palæstina, a pastoribus ita dictus Ποιμένων. Vide Onomasticon.

(127) *Hieronymi.*] Notat hic magister sacri Palatii libro supra citato, ad verba Posidonii de Hieronymo; vel Posidonius iste vaticinans adversus sanctum Hieronymum fuit impostor, vel Palladius odio in sanctum Hieronymum (quod est propensius) aperte mentitur, et rabie in eumdem furit. Sed haud crede, lector, impudenti Origenistæ et Pelagiano Palladio, dum maledicentiæ frena effundit in sanctissimum virum angelis venerandum.

789 (128) *Paula.*] Notissima nobilissimaque femina, cujus Vitam habes apud sanctum Hieronymum.

(129) *Serapionis Sindonitæ.*] In Menæis, 21 Maii, vocatur ὁ ἀπὸ Σειδόνος. Si idem cum nostro, legendum ὁ ἀπὸ Σινδόνος. Nam Palladius clare Sindonitam ait dictum, quod sola sindone uteretur.

(130) *Viginti solidis.*] Interpres, *viginti nummis*. Vide Onomasticon.

(131) *Qui erant in dignitate.*] Hervetus legisse videtur οἱ εὐτελεῖς, non οἱ ἐν τέλει, vertit enim, *qui erant viles et abjecti*. Heraclidis autem interpres lectioni Regii Codicis et Excusi astipulatur : « stetit supra quemdam colliculum civitatis, ubi primates ejusdem oppidi concilium habere consueverant. » FRONTO.

(132) *Pallium gestabant et byrrum.*] Græce, τριβωνοφόροι τε καὶ βυρροφόροι. Vide Onomasticon.

(133) *Evagrio.*] Dignum patella operculum. Palladius Origenista celebrat suum præceptorem Evagrium hæreticum pariter Origenistam, ab Ecclesia sæpius condemnatum. Sed qualis fuerit Evagrius, vide supra (lib. II, not. 45, ad cap. 27), ut hinc cernas hæretico de hæretico et ejusdem hæresis mysta prodenti quænam sit deferenda fides. Ita magister sacri palatii sæpe jam citatus.

(134) *Civitatis Iberorum.*] Heraclides : *Hiberorum*. Græc. Venet. Ἰβόρων. Paris. Ἰβύρων. Hervetus impresserat *Liberorum*. Est quidem alibi *Liberorum*, Ἐλευθερίων civitas; sed quia Ponticus dicitur Evagrius, investiganda civitas *Hiberorum* in Ponto. Divus Hieronymus, epistola ad Ctesiphontem contra

Pelagium, vocat *Hyperboritam*, ubi Gravius restituit *Iberitam*. In concilio Constantinopolitano primo, quod fuit secundum generale, in subscriptionibus episcoporum, habes duplicem Pontum, videlicet Amasiæ, ubi ponitur Pantophilus Iberorum episcopus; et Polemoniaci, ubi ponitur Atarbius episcopum. Quare *Ponticum* et *Iberitam* Evagrium capio ex Ponto Amasiæ, qui fuit dictus *Helenopontum*, ut alter *Polemoniactis*. Est autem Ibora, Ibora civitas Helenoponti in Authenticis, collat. IV, tit. 7, novell. 28, apud Porphyrogennetam Cappadociae. Unde apud Hieronymum lego *Iberitam*. Sozomenus, Socrates, Nicephorus, locis mox citandis, Evagrium *ex Iberibus faciunt*, qui Pontum Euxinum accolunt.

(135) *Episcopo ecclesiæ Cæsareæ ad Argeum.*] Hoc cum sequenti, *Post decessum autem sancti Basilii episcopi*, deest in Græco Veneto. Est in Paris.

(136) *Nyssenus.*] Ita Græcus Paris. Heraclides, et Græcus textus Venetus, *Nazianzenus*, et iis deest *frater episcopi*, cui datur honos inter apostolos. Jure dubites, an *Nyssenus*, an vero *Nazianzenus* hic intelligendus sit. Pro *Nysseno* facit, quod hic dicitur Gregorius veniens ad concilium reliquisse Evagrium Nectario. Nam constat Nyssenum ad concilium Constantinopolitanum venisse, Nazianzendum vero jam tum Constantinopoli aliquot annis habitasse. Si fidus Nicephori catalogus, duodecim annis dicitur habitasse Constantinopoli. Et ipse Nazianzenus oratione valedictoria, quam ipse Συντακτήριον λόγον inscribit, nomine et. episcoporum sic dicit: Τοσούτος χρόνος, φασιν, ἐξ οὗ τὴν ἐκκλησίαν ἄγεις μετὰ τῆς τοῦ καιροῦ ῥοπῆς. « Tanto jam tempore, inquiunt, ecclesiæ præes, temporis ope et auxilio fretus. »

Pro *Nazianzeno* adduci posset quod in testamento ejus fiat mentio Evagrii diaconi, cui quædam legat. Quo loco hunc nostrum Evagrium intelligit Baronius, tomo IV, anno Christi 389, qui etiam anno Christi 379 et 381, Evagrium hunc nostrum a Nazianzeno diaconum ordinatum asserit. Certe et Socrates, lib. IV, cap. 23, Græce edit., seu cap. 18 Latinæ, Evagrium a Nazianzeno diaconum ordinatum scribit, quem exscribit Suidas in Μακάριος. Ita igitur de Evagrio Socrates : Τούτων Εὐάγριος γενόμενος μαθητὴς, τὴν δι' ἔργων φιλοσοφίαν ἐκτήσατο, πρότερον λόγῳ μόνῳ φιλόσοφος ὢν, ὃς ἐν τῇ Κωνσταντίνου πόλει ὑπὸ Γρηγορίου τοῦ Ναζιανζηνοῦ, εἰς τὴν τοῦ διακόνου προχειρισθεὶς τάξιν, εἶτα ἅμα αὐτῷ εἰς τὴν Αἴγυπτον κατελθὼν, καὶ τοῖς πολιχθεῖσιν ἐντυχὼν ἀνδράσι τὸν ἐκεῖνων βίον ἐζήλωσε. Καὶ τοσαῦτα τεράστια ἐν ταῖς χερσὶν αὐτοῦ γέγονεν ὅσα καὶ ἐν τ. ῖς τῶν αὐτοῦ καθηγητῶν. « Istorum (duorum Macariorum) discipulus fuit Evagrius ; qui studium sapientiæ in initio quidem verbis duntaxat, postea autem factis diligentissime excoluit. Hic primum Constantinopoli a Gregorio Nazianzeno est ordinem diaconi consecutus ; deinde una cum illo in Ægyptum profectus, ibique cum illis piis viris, quos supra dixi, collocutus, illorum vivendi genus ardenti studio imitari coepit, totque miracula ab eo edita quot a Macariis præceptoribus suis. » Similia habet Sozomenus, lib. VI, cap. 30; Nicephorus, lib. XI, cap. 42. Suggessi aliquas utrinque rationes dubitandi. Certius decidi poterit si plures manuscripti Græci in alterutrum conspirent.

(137) *Ricinis scateret.*] Græce est: Ὡς καὶ τὸ σῶμα κρότωνας ἐκβράσαι, quod Heraclides vertit, *ut per corpus ipsius totum quædam populæ exirent*. Vide ad veterem Palladii Lausiacam, et Onomasticon.

(138) *Pior.*] Mentio ejus supra, cap. 11. De hoc quoque Sozomenus, lib. VI, cap. 29. Cassiodorus lib. VIII, cap. 1, Nicephorus lib. XI, cap. 37.

(139) *Contentus fluventis amaritudinibus aquæ.*] Ita verterat Heraclides. Hervetus : *de aquæ concludens amaritudine*; quasi nimirum legisset, πτίξας, ἐλίξαν, pro σπογξάσας. Ruffinus, lib. III, cap. 31, hunc ipsum Piorem apud semetipsum ait cogitasse : « Quoniam qualemcumque aquam invenero, oportet me ipsa contentum esse. » Fronto.

(140) *Moysis.*] Nicephorus, lib. XI, cap. 37.

(141) *Propter quod missus sum δι' ὃ ἀπεστάλην.*] Hæc contraxerat interpres Hervetus hoc modo, dicens: *Non ideo missus sum*. Sed ampliorem sententiam in Græcis tuetur Heraclides, cap. 27: « Propter quod sum, inquit, missus, hoc factum est, nam ut cibum caperem, nemo me misit. » Sozomenus, lib. VI, cap. 29 : Οὐκ ἠσχετο, φησιν, μηδ' ἐπὶ τούτῳ ἀπεστάλθαι, ἡνύσθαι δὲ ἐφ' ᾧ ἤλθεν: « Noluit, dicens, se non ea de causa ad eos missum, atque rem, ob quam ipse venerat, jam esse confectam. » Nicephorus, lib. XI, cap. 32 : Οὐκ ἠσχετο, νεκρῶν, μὴ ἐπὶ τούτῳ ἥκειν, ἡνύσθαι δὲ αὐτῷ, δι' ὃ παραγίνουν. « Morem illis non gessit, non ea de causa se venisse dicens, effectum autem esse id, cujus causa venerat. » Fronto.

(142) *Chronii.*] De alio Cronio supra, cap. 25.

(143) *Paphnutii Cephala.*] De variis Paphnutiis vide dicta ad librum II, cap. 46, num. 32.

(144) *Stephano.*] Alius hic ab eo, de quo supra, cap. 30.

(145) *Hoc est non ad utilitatem.*] Restitutus est hic locus, quem mutilum sic exhibuerat interpres : « In verbis inanibus, non implebis verborum testimonio. Ex derelictionibus ergo una quidem est. » Locus autem Jobi est prior c. VI, 6, posterior autem c. XL, 3, nonnihil diversus. Ἡ ἀποποιὴ μου τὸ κρίμα; οἴει δὲ με ἄλλως σοι κεχρηματικέναι ἢ ἵνα ἀναφανῇς δίκαιος ; nunquid 790 *repelles judicium meum?* Putas *autem me aliter respondisse tibi, quam ut appareas justus?* In quibusdam tamen libris editis legitur, ut h c a Palladio citatur, μὴ ἀπο-οιοῦ. *Ne repellas*. Fronto.

(146) *Necessario.*] Hic mutilata interpretatio Herveti ex auctoris et veteris interpretis verbis restituta est. Sic apud Platonem ψυχῆς κίνησιν Cicero interpretatur *animi commotionem*, qui et Tusculana 4 irani definit : Πάθος ἐστὶν ἄλογος καὶ παρὰ φύσιν ψυχῆς κίνησις, *Perturbatio aversa a recta ratione contra naturam animi commotio*. Ὀργὴ ἐπιθυμία τιμωρίας τοῦ δοκοῦντος ἠδικηκέναι οὐ προσηκόντως. *Ira est libido puniendi ejus qui videatur læsisse injuria*. Aristoteles, in Rhetoric., cap. 2 : Ὀργὴ, ὄρεξις μετὰ λύπης τιμωρίας φαινομένης διὰ φαινομένην ὀλιγωρίαν μὴ προσηκόντως. *Appetitio cum dolore conjuncta ejus quæ apparet ultionis propter eam quæ apparet despicientiam, non convenienter*. Fronto.

(147) *Ventos poscens.*] Omiserat interpres, *et umbras persequens*, non Heraclides : « et pastor quodammodo insipiens videbatur esse ventorum, atque persecutor umbrarum, » cap. 47. Locus est Eccles. XXXIV, 2 : Ὡς δρασσόμενος σκιᾶς, καὶ διώκων ἄνεμον, οὕτως ὁ ἐπέχων ἐν ὕπνοις. *Quasi qui apprehendit umbras, et persequitur ventum, sic qui attendit somniis*. Legimus quidem in Vulgata Latina, Oseæ XII, 1 : *Ephraim pascit ventum*, sed Græce est, ὁ δὲ Ἐφραίμ πονηρὸν πνεῦμα. *Ephraim autem pessimus spiritus*. Est et Proverb. X. 4 in Latina Vulgata, cui Græca minime respondent, *Qui nititur mendaciis, hic pascit ventos, idem autem ipse sequitur aves volantes*. Fronto.

(148) *Ephræm.*] Vide supra dicta, lib. I, ad Vitam ejus.

(149) *Omnes enim res cauponantur.*] καπηλεύουσι τὰ πράγματα, ut dixit Poeta vetus apud Ciceronem de Offic. : « Non cauponantes bellum, sed belligerantes. » Ignatius, epist. ad Trallianos. Περιφέροντες τὸ ὄνομα Χριστοῦ, καὶ καπηλεύοντες τὸν λόγον τοῦ Εὐαγγελίου. « Circumferentes nomen Christi, et Evangelii sermonem nundinantes. » Basilius Seleuciensis, orat. 8 : Οἱ μὲν οὖν τὴν ψυχῆν καπηλεύοντες νενοθευμένον δουλεία τὸν παῖδα καταδικάζουσι. « Illi naturam cauponati abjectum pro notho puerum damnant servitute. » Apostolus ipse, II Cor. II, 17 : καπηλεύοντες τὸν λόγον τοῦ Θεοῦ. *Adulterantes verbum Dei*. Apud Herodotum, καπηλεύειν πάντα τὰ πράγματα, est, *res omnes quæstui habere*, ut apud Philostratum, τῷ σοφίαν καπηλεύειν, est Budæo, *philosophicum lucro post-*

habere. Sozomenus de hoc ipso Ephraim, lib. III, cap. 15: Σχεδὸν πάντων πρὸς κέρδος κεχηνότων, καὶ καπηλίαν τὸ πρᾶγμα ποιουμένων. « Cum omnes fere lucri cupiditate ardeant, et hanc rem velut mercaturam ad quæstum faciant. » Nicephorus, lib. IX, cap. 16: Πάντες γὰρ πρὸς κέρδος κεχηνότες εἰσὶ τὰ τοιαῦτα αἰσχρῶς καπηλεύοντες. « Omnes enim lucro inhiare, et talia fœde in suum quæstum vertere. » FRONTO.

(150) *Sub imperatore Constantio.*] Heraclides interpres : « Sub imperatore Constantio in principiis ejus imperii in magnorum virorum ordine militasset. » Alter vetus interpres Palladii : « In initio imperii Constantini abrenuntiavit sæculo. » Hervetus verterat, *inter magistratus.* Τὰς ἀρχὰς igitur hic non magistratus intelligas, sed initia imperii, in Prato spirituali, cap. 112 : Ἐν ταῖς ἀρχαῖς Τιβερίου τοῦ βασιλέως. *Initio imperii Tiberii imperatoris;* et cap. 153 : Εἰς τὰς ἀρχὰς τοῦ πιστοτάτου ἡμῶν βασιλέως Μαυρικίου : *Initio imperii fidelissimi imperatoris Mauritii.* I Esdræ, IV, 6 : Ἐν ἀρχῇ βασιλείας αὐτοῦ. *In principio regni ejus.* FRONTO.

(151) *Qui inter domesticos militabat.*] Δομεστικῶν στρατευόμενον. Hervetus verterat, *domesticum qui militabat.* Dicebantur *domestici* peculiari appellatione, qui in aula imperatoris militabant tam equites quam pedites (quos alii etiam οἰκείους vocant) destinati custodiæ Imperatoris : de quibus pluribus agit Meursius in Glossario. FRONTO.

(152) *Viam minime tritam.*] Interpres, *valde immutabilem,* quasi legisset ἄτρεπτον, non, ἄτριπτον, quod Heraclides vertit, *a nullo pene detritam ingressus est viam.* Ita Lucretius, lib. IV :

Avia Pieridii peragro loca, nullius ante
Trita solo.

Ambros. sermone 74, de Natali martyris : « Via vitæ ubi Dominus resurrexit nota facta, solo attrita est plurimorum. » FRONTO.

(153) *Abramio.*] Cassianus, collat. xv, cap. 4 et 5, de alio Abraham abbate.

(154) *Frustum sarmenti.*] κόμμα κλήματος. Hervetus *frustum scalarum* scripsit, quasi legisset, κλίμακος. Heraclides, *cum exiguam partem sarmenti ex arida vite teneret.*

(155) *Eustathii.*] Sozomenus, lib. III, cap. 13, de alio Eustathio Sebastiæ episcopo.

(156) *Ut tota ejus.*] Vitiosa lectio peperit ineptam interpretationem, *ut sol ejus ossium fabricæ perspicue ostenderet.* Ita nimirum Lugdunobatava, p. 431: Ὡς ἡλίου διαφαίνειν αὐτοῦ τῶν ὀστέων τὸ πῆγμα. Neque emendatiorem Codicem nactus est Heraclides, apud quem lego, cap. 37 : *Ut solis instar ossium ejus junctura luceret :* at regius Ms. ὡς ὅλον διαφαίνεσθαι αὐτοῦ. FRONTO.

(157) *Gaddanæ.*] Sozomenus, lib. VI, cap. 34.

(158) *Huic monachorum exceptori.*] Τούτῳ δὲ τῷ δεξιωτῇ τῶν μοναχῶν. Nempe Sabbatius duplex officium monachis præstitit ; et eos transeuntes hospitio excepit, et iisdem necessaria ad cellas tulit. Hervetus verterat *dextero mensæ structori,* cui rei sufficit una vox εὐτράπεζος, quæ sequitur.

(159) *Philoromo.*] Alius Philoromus martyr cum Phileæ tempore Diocletiani, de quo Eusebius libro VIII, cap. 10, et Nicephorus, lib. VII, cap. 9. Hic noster sub Juliano passus est. Non recte Meursius hunc cum altero confundit.

(160) *Validissime verberari.*] Secuti sumus interpretem Heraclidis, cap. 32 Paradisi : « Calvitie ei prius facta jussit a pueris verberari, qui supplicium plagarum patientissime ferens. » Ferri tamen potest Hervetii interpretatio, *et a pueris ei stanti alapas impingi,* quod Græce est κοσσισθῆναι. Suidas : Κόσσος, τὸ ῥάπισμα, *alapa seu plaga.* Ita supra, cap. 29 : Ἀπομανεὶς οὖν ἐγὼ ἔδωκα κόσσον. *Furore ergo percitus impegi ei colaphum.* Heraclides, cap. 40, *percussi cum dextera mea.* Tertull., de Spectaculis, cap. 30,

Colaphis diverberatur. Et solebant aliquando martyres ita colaphis et alapis cædi. FRONTO.

(161) *Quem morbum tyrannidem.*] Τυραννήσαν τὸ πάθος, ex ms. scripsimus ; interpres πλῆθος legisse videtur, non πάθος, nam vertit : *quod tyrannidem exercens exagitat multitudinem.* Heraclides dixit : « quos ille animi et corporis morbos ita superavit, veluti si quis immensum incendium validissimis aquis exstinguat. » FRONTO.

(162) *Coram Deo loquens.*] Ὡς ἐπὶ Θεοῦ ἡμᾶς ἔπεισεν. Quæ Heraclidis interpres obscure vertit : *sicut persuadere ante Deum nobis solebat.* Obscurius Hervetus, *sed eum qui ex propriis ad nos venit divinitus.* Idem valet ὡς ἐπὶ Θεοῦ, quod, *coram Deo loquor,* ut supra, cap. 16, ὡς ἐπὶ Θεοῦ ἀμφοτέρους εἰδών, quod Heraclides, *ante Deum vobis loquor.* Et cap. 30, de Adolio : *vere enim sub Deo loquor.* Et cap. 2 hujus Lausiacæ : ἐπὶ Θεοῦ μάρτυρος οὐκ ἔγνων τοῦτον. *Deum testor me nunquam cum cognovisse.* » FRONTO.

(163) *Severani.*] Quod hic est, in *Ancyra Galatiæ,* in Græc. Venet. est, τῇ Καισαρείᾳ τῆς Καππαδοκίας : *In Cæsarea Cappadociæ.*

(164) *Nullam possessionem.*] Οὐδὲν κτῆμα dixit, non οὐδὲ κλῆμα, ut excusum fuit in editione Lugdunensi. Et interpres extudit minus aptam versionem ex manuscripto libro nihilo castigatiore, *quibus ne vitis quidem sarmentum dederunt,* at Regius, κτῆμα, *possessionem ;* quemadmodum et paulo post ait Palladius, τοὺς καρποὺς κτημάτων ἡμεῖς κομιούμεθα, *fructus possessionum nostrarum colligemus.* Heraclides vero, c. 54 Paradisi : *quibus ne unam quidem unciam tradiderunt.* FRONTO.

(165) *Bisarionis.*] Varia Bisarionis apophthegmata passim in Vitis Patrum occurrunt. Quod hic de vendito libro sequitur, refert Nicephorus lib. XI, c. 43, ex Evagrio, suppresso nomine.

(166) *Irenarcha.*] Id est, tranquillitatis publicæ et securitatis studiosus latrunculator. Vide Onomasticon.

(167) *Melaniæ.*] Vide præludia ad lib. II, ubi de ejus Vita et peregrinatione ratione Ruffini comitis, ut Baronius existimat.

(168) *Romana.*] Græce est, Σπανία ἦν τὸ γένος ἤγουν Ῥωμαία. Quod videtur Heraclidis interpres vertere voluisse, *beata Melania de Hispano vel urbico genere descendens.* Nam et apud Paulum legimus, Rom. xv, 24 : ἐὰν πορεύωμαι εἰς τὴν Σπανίαν ; *cum in Hispaniam proficisci cœpero ;* et apud Gellium, I. IX. c. 13, pro *Hispanico gladio,* reponunt, *spanico gladio ;* et apud Hieronymum, in LXIV Isaiæ, *Spaniarum et Lusitaniæ.* Sic et antea, c. 16, Σπανόδρομος, Heraclidi *mercator Hispanicus.* FRONTO.

(169) *Marcelli consularis.*] Μαρκελλίνου τοῦ ἀπὸ ὑπάτων. Heraclidis interpres vertit : *filia Marcellini cujusdam exconsulis,* aptius quam Hervetus, *Marcelli consularis.* Vide Onomasticon.

(170) *Vigesimum secundum.*] Ita et Heraclides, et textus Græcus. Hervetus, *vigesimum* tantum habebat.

(171) *Arsisium.*] Græce, Ἀσίσιον. Hervetus habebat *Orsisium.*

(172) *Pissimium et Adelphium.*] Græce Πισσίμιον et Ἀδέλφιον. Hervetus habebat, *Pitimium et Adelum.*

(173) *Servili caracalla.*] Græc. Aug. et Parisiensis, παιδαρίου καρακαλλίου. Græc. Venet. καρακάλλιον δούλου. Heraclides, *tunica puerili.* Vide Onomasticon.

(174) *Ut eam terreret.*] Προσεδόκησε ταύτην καπνίσαι. Hoc Ms. ita exhibuit, ταύτην καταπονῆσαι, *labores conficere, fatigare.* Sed in altero loco idem Codex habuit καπνίσαι, nec aliter legisse videtur interpres Heraclidis : *Credens quod sinus suos possit fumo quodam atque terrore ex pecunia ejus implere.* Ac deinde in altero loco : *Nec terrere igitur me in aliquo vales.* Hervetus, *sperabit hoc, ut si fumo oculos perstringeret ; sed metaphorice καπνίζειν hic idem valet quod fatigare, vel perterrefacere. Similem habes conatum

alterius praesidiis provinciae, Act. xxiv, 27, *et sperans quod pecunia ei daretur a Paulo*. FRONTO.

(175) *Ruffini*.] Palladius Origenista, et Gennadius et Cassianus Pelagianis faventes, multis laudibus Ruffinum extulerunt. At sanctus Hieronymus Ruffinum tanquam hæreticum perpetuo insectatus est, cujus judicium cum ipsa Romana Ecclesia nos etiam probare par est. Sic enim inquit sanctus Gelasius I, in Romano concilio LXX episcoporum : « Sed quoniam beatus Hieronymus in aliquibus Ruffinum de arbitrii libertate notavit, illa sentimus, quæ beatum Hieronymum sentire cognoscimus. Et non solum de Ruffino, sed etiam de universis, quos vir sæpius memoratus zelo Dei et fidei religione reprehendit. » Hæc sanctus Gelasius. Ruffini res sincerissime ex probatis auctoribus excerptas exhibent tibi tomus IV et V Annalium Ecclesiasticorum. Hactenus magister sacri palatii sæpe jam citatus.

(176) *Schisma*.] Ita restituendus hic locus mire deformatus, quod legisse videretur interpres σχῆμα, non σχίσμα. Vertit enim : *Juverunt quoque habitum, qui est secundum Paulinum*. Vide et Sozomenum, lib. IV, cap. 26.

(177) *Unigeniti*.] Græce μονογενοῦς. Sed tamen dicendum et vertendum *unici*. Ita recte apud veterem Heraclidis interpretem, nam et duos alios habuit liberos.

(178) *Qui duos quoque habuit filios*.] Editio Meursii ἔσχε δὲ τέκνων δύο δικαίωμα. Unde in notis annotatur scribendum, τέκνων τριῶν δικαίωμα. Notum enim esse in re Romana jus trium liberorum, et ortum esse mendum e confusione β καὶ γ. At Regius Codex veram lectionem exhibuit τέκνων δυάδα, cui astipulatur Heraclides, *matrimonium ex quo et filios suscepit duos*; accedit et liber, quo usus interpres Hervetus. FRONTO.

(179) *Apronianum*.] Græc. Aug. Venet. et Paris., Ἀπρονιανόν. Hervetus ediderat *Aprianum*.

(180) *Piniano*.] Πινιανῷ. Male in Herveto erat *Apriano*.

(181) *Filii*.] Græcus Venet. ἀδελφοῦ.

(182) *Liberasset*.] Supplevi hic quædam ex Græco. In Veneto Codice erat : « Ἤγαγεν ἐπὶ τὸν μονήρη βίον καὶ τὸν Πουπλίκου δὲ υἱὸν τὸν νεώτερον κατήχησε· » Duxit ad vitam solitariam, et Publicii juniorem filium catechesi instituit. » Atque ita etiam Heraclides, ubi tamen deest nomen Publicii. Gr. Codex Augustanus habet Ποπλικόλα. Parisiensis, Ποπλίκολα, loco Πουπλίκου.

(183) *Parvæ Melaniæ*.] Hujus peregrinationem vide in præludiis ad librum VIII.

(184) *Piniano*.] Græc. Aug., Πινιανῷ. Græc. Paris., Πινιανῷ. Græc. Venetus, Ἀπρινιανῳ, vel Ἀσπρινιάνῳ. Hervetus habebat *Pipiano*.

(185) *Filio Severi*.] In Vita sanctæ Melaniæ apud Metaphrastem, 31 Decemb., *fratri Severi*.

(186) *Superhumeralia*.] Græc., ἡμιφόρια. Vide Onomasticon.

(187) *Presbytero*.] Græc. Venet. addit : καὶ μοναχῷ Δερματηνσίῳ. Paris., Δαλματησίῳ. Heraclidis interpres, *monacho Dalmata*. Et sic in textu addidi.

(188) *Ex ore leonis*.] Alludit (ait Fronto), de Alarico loquens, ad illud Apostoli, II Tim. IV, 17 : Ἐῤῥύσθην ἐκ στόματος λέοντος. *Et liberatus sum de ore leonis*. Eusebius, in Chronicis, anno Abrahami 2427, circa an. Christi 413 : « Roma orbis quondam victrix a Gothis Alarico duce capta. »

(189) *Fratre*.] Id est, Piniano marito. Alibi, *nunc usu fratre*, nisi et verum fratrem habuerit, de quo hoc intelligi possit.

(190) *Albina*.] De ea divus Hieronymus in variis epistolis.

(191) *Piniano*.] Græcus Ms. Venetus, Ἀπρινιανός, *Aprinianus*. Aug., Πιννιακός, *Pinnianus*. Paris., Πιτιανός.

(192) *Pammachio*.] Græc. Ms. Venet., Μάλχιος vel Μαλάχιος, *Malchius* vel *Malchius*.

(193) *Macario*.] Græc. Ms. Ven., Ἀγάθων, *Agathon*.

(194) *Ex Vicaria*.] Græc. Ms. Venet. ἀπὸ βρικίων. Paris., ἀπὸ βικαρίας. Heraclides, *ex vicariis*. Vide Onomast.

(195) *Constantio*.] Quod hic *assessor* dicitur Constantius, Græce est συγκάθεδρος. Heraclidis interpres habet, *consiliarius*. Vide Jacobum Sirmondum nostrum, ad Sidonium, lib. I, epist. 3.

(196) *Paula*.] Quid furens odio Origenista Palladius **792** in sanctum Hieronymum et sanctam Paulam ineptissime garrit? quorum sanctitas tanto clarior, quanto Palladii nequitia detestabilior. Ita Joannes Maria magister sacri palatii hic ascribendum monet.

(197) *Theodora*.] Nicephorus, I. XVII, c. 5, de alia Theodora sub virili habitu monasticen professa.

(198) *Usia*.] Vide hic Heraclidem, qui aliter vertit.

(199) *Avita*.] Quod hic est, *maritum ejus dictum Apronianum*, ita restitutum ex Græco textu. Hervetus impresserat, *Primiano*.

(200) *Magna*.] Quod hic hæc dicitur vixisse *in civitate Ancyra*, in Græc Ms. Venet. est τῇ Καισαρείᾳ τῆς Καππαδοκίας, *in Cæsarea Cappadociæ*.

(201) *Virgine*.] Totam hanc narrationem de virgine Athanasium sex annos occultante, fide nutare, magnis ostenditur argumentis tomo III Annal. Ecclesiasticorum, anno Christi 356. Ita Joan. Maria magister sacri palatii hic annotat.

(202) *Stichario et birro*.] Heraclides, *tunica et byrrho*. Metaphrastes, in Vita sancti Athanasii, Τὸ στιχάριον καὶ τὸ βίῤῥιν. Legerit Hervetus κηρόν, pro βίῤῥον, vel βίῤῥιν, qui hic *cereum* posuerat. Vide Onomast.

(203) *Colluthus*.] Sic olim sanctus Basilius martyr sancto Joanni Chrysostomo apparuit, et obitum prædixit.

(204) *Abduci et colligi*.] Græce hic συνάγεσθαι. Sic Num. XXXI, *colligeris ad populum tuum*.

(205) *Silvaniæ*.] De ea Georgius Alexandrinus in Vita sancti Chrysostomi. In Græco Σάλβια dicitur.

(206) *Jubino*.] Heraclides, *Jovinus*.

(207) *Præter extrema manuum*.] Additur causa ob quam manuum extrema lavaret, quod nimirum sanctissimum Christi corpus illis daretur manibus excipiendum. Vide Onomasticon.

(208) *Pierii*.] Græc. Ms. Venet., Πέτρου, *Petri*.

(209) *Olympiade*.] De ea Sozomenus, lib. VIII, cap. 24; Nicephorus, lib. XIII, cap. 24; Georgius Alexandrinus, in Vita sancti Chrysostomi.

Olympiadis celebris memoria in Menol. Græcorum, 28 Julii : « Sanctæ Olympiadis, quæ fuit sub imperatore Theodosio, Arcadio, et Honorio filiis, Anysii Secundi comitis filia, neptis Ablavii præfecti, sponsa paulisper Nebridii, qui fuit ex numero præfectorum. Cum autem adhuc esset virgo, ejus viro ante copulam sublato, et virgo simul et vidua remansit, omne tempus transigens in jejuniis et orationibus, et pauperum beneficentia. Itaque omnes opes suas in curam Christi sacerdotum exhausit, præsertim in sanctum Joannem Chrysostomum, quem præcipue honorabat. » Martyrol. Romanum, 17 Decembris : « Constantinopoli sanctæ Olympiadis viduæ. »

Quod item in Menologio dicitur mansisse virgo, idem testatur Nicephorus, l. XIII, c. 24 : « Et collocata quidem illa viro in matrimonio, non tamen prorsus virginitatis cælibatu orbata. Viginti namque mensibus in conjugio cum illo exactis, postquam illum ei mors ademit, quanquam ea esset ætate, ut secundas non dehonestaret nuptias, pudicitiam tamen complecti atque in ea per vitam omnem acquiescere maluit. » Virginem quoque mansisse testatur hic Palladius, hoc cap. 144, et Heraclides, c. 43. Georgius Vitæ Chrysostomi c. 50 : Αὕτη ὀρφανὴ οὖσα ἀνδρὶ συνήφθη μέν, οὐ διεφθάρη δὲ τῷ παρθενικῷ, ὡς φημι περὶ αὐτῆς ἐδίδαξε· βιώσατα δὲ μετὰ τοῦ αὐτῆς ἀνδρὸς περὶ που εἴκοσι μῆνας, συντόμως τὸ τῆς φύσεως χρέως ἀπαιτηθεὶς τέλει τοῦ βίου ἐχρήσατο: « Parentibus orbata hæc viro quidem copulata est, neque pudorem alioqui virginalis sanctimoniæ eam corrupisse celebris fama edocuit. Hæc cum convixisset viro mensibus circiter viginti, ille repetitus ut naturæ debitum, hoc temporis compendio finem accepit vitæ. » Quæ desumpta sunt ex Palladii dialogo de rebus Chrysostomi. Quare συνουσία ἀνδρὸς, in epistola 2 Chrysostomi ad Olympiadem, intelligendum de *familiari cum viro conversatione*, non de *virili concubitu*.

(210) *Filia Seleuci.*] Menologium jam citatum, *Anisii Secundi*.

(211) *Sponsa.*] Heraclidis interpres, *nurus*. In Græco est νύμφη, quod utrumque significat. Baronius, t. IV, anno Christi 388. Quod vero Græci habeant in Menologio hanc Nebridio nuptui traditam, Palladius vero (imo Heraclides, quem Palladii nomine semper citat Baronius, ut dixi, prolegomeno generali 4, § 5 ; nam hic Palladius *sponsam* vocat) dicat *nurum* fuisse Nebridii, conciliari eo modo inter se possunt auctores ut filio illius Nebridii clarissimi viri sub Constantio imp. præfectura prætorii insigniti, cujus meminit Ammianus l. xxvii ; Nebridio item dicto conjuncta fuerit matrimonio Olympias, de qua agimus. Hactenus Baronius. Ego existimo varietatem inter auctores natam ob diversam interpretationem, dum νύμφην unus *nurum*, alter *sponsam* vertit. Supra, c. 118, Albina dicitur *nurus* Melaniæ senioris, ubi Græce νύμφη.

(212) *Oxycrato.*] Græce, ὀξυκράματι. Heraclides, c. 44, *posca*, uti ibi restitui. Vide Onomasticon.

(213) *Gelasia.*] Ad hanc exstat divi Hieronymi epistola, notat marginator Parisiensis Palladii. Sed vereor ne labatur, et memoriæ ejus observata fuerit *Algasia*, ad quam Hieronymi epistola 151 habetur.

(214) *Juliana.*] Baronius, tomo I, an. Christi 205, postquam ex Eusebii lib. vi, c. 3, recitavit quomodo Origenes Alexandriæ exagitatus, coactus fuerit subinde mutare domicilium, quarum latebrarum hic ipse Origenes apud Palladium meminit, subdit : Quæ certe non ad alia tempora, quam ad Severi persecutionis sunt referenda ; nam longe ante Maximini vel Decii persecutionem libri illi Symmachi reperti erant. Sed de acceptis a Juliana Symmachi interpretatione ejusdem Origenis quoque testificatione idem tradit Eusebius, lib. vi, cap. 12. Hactenus Baronius.

(215) *Qui et ipse.*] Nunc sensus clarus est ex Græco Codice, quod Origenes occultus fuerit, non liber, uti verterat Hervetus. Bene Heraclides : *cum apud ipsam laterem*.

(216) *Femina.*] Nicephorus, l. vii, c. 12 et 13 de Virginibus mira arte pudicitiam tuentibus.

(217) *Magistriano.*] De hoc nomine dixi quædam supra, ad l. v Pelagii, libello vi, n. 2. Vide Onomasticon.

(218) *Camisia.*] Græce est : Τοῖς τε καμισίοις, καὶ τῇ χλαμύδι. Hervetus, *tunica, camisia, et chlamyde*. Videtur auctius exemplar habuisse ; nisi quia in Græco est καμισίοις plurali numero, id per *tunicam* et *camisiam* expresserit. Vide Onomasticon.

(219) *Uxore.*] Quod hic *accepto ense* dicitur se occidisse, de ea re vide Augustinum, lib. i de Civit. Dei, a cap. 17 ad 28, et aliorum Patrum sententias apud Leonardum Lessium nostrum, lib. ii de Justitia et Jure, cap. 9, dubit. 6.

(220) *Fratris.*] Quis hic fuerit, nullibi exprimit. An fuit Heraclides, qui eadem Paradisi nomine edidit ?

ORDO RERUM

QUÆ IN HOC TOMO CONTINENTUR.

Roswendi procemium.	9
Nova allocutio.	11
PROLEGOMENA XXVI in *Vitas Patrum*.	13
PROLEGOMENON PRIMUM.—Quæ horum librorum inscriptio.	*Ibid.*
PROLEGOM. II.—Qui horum librorum auctores.	20
PROLEGOM. III.—Quis primi libri auctor?	21
PROLEGOM. IV.—Quis secundi libri auctor?	22
PROLEGOM. V.—Quis tertii libri auctor?	38
PROLEGOM. VI.—Quis quarti libri auctor?	39
PROLEGOM. VII.—Quis quinti libri auctor?	40
PROLEGOM. VIII.—Quis sexti libri auctor?	42
PROLEGOM. IX.—Quis septimi libri auctor?	43
PROLEGOM. X.—Quis octavi libri auctor?	*Ibid.*
PROLEGOM. XI.—Quis noni libri auctor?	44
PROLEGOM. XII.—Quis decimi libri auctor?	*Ibid.*
PROLEGOM. XIII.—Qua lingua libri hi scripti?	47
PROLEGOM. XIV.—Qui horum librorum interpretes?	48
PROLEGOM. XV.—Quæ horum librorum auctoritas?	53
PROLEGOM. XVI.—Quæ horum librorum utilitas?	61
PROLEGOM. XVII.—De variis horum librorum editionibus Latinis.	63
PROLEGOM. XVIII.—De prima omnium, quod sciam, editione Latina.	64
PROLEGOM. XIX.—De secunda editione Latina quæ a prima variat.	66
PROLEGOM. XX.—De tertia editione Latina, quæ ab utraque priore variat.	69
PROLEGOM. XXI.—De quarta hac editione Latina, quæ cum tribus præcedentibus editionibus partim consentit, partim dissentit.	71
PROLEGOM. XXII.—Quid quæque editio peculiare et diversum ab aliis habeat?	73
PROLEGOM. XXIII.—De variis editionibus vulgata variaque lingua.	77
PROLEGOM. XXIV.—De manuscriptis libris, quibus ad quartam hanc editionem adornandam sum usus.	79
PROLEGOM. XXV.—De appendice ad Vitas Patrum.	85
PROLEGOM. XXVI.—Varia monita ad lectorem hujus editionis.	86
VITARUM PATRUM LIBER PRIMUS.	89
Divi Hieronymi peregrinatio.	*Ibid.*
De S. Paulo eremita ejusque Vitæ testimonia.	101
Vita S. Pauli eremitæ (hic tantum memorata, edita Patrol. tom. XXIII, col. 17).	105
In hanc V tam Rosweydi notatio.	115
De beato Antono elogia.	*Ibid.*
De S. Athanasio Vitæ B. Antonii scriptore.	*Ibid.*
De Evagrio presbytero ejusdem Vitæ interprete.	118
Vita B. Antonii.	125
Vita S. Hilarionis (hic tantum memorata, edita Patrol. tom. XXIII, col. 29).	193
In hanc Vitam Rosweydi notatio.	*Ibid.*
Vita S. Malchi (hic tantum memorata, edita tomo citato, col. 53).	203
In hanc Vitam Rosweydi notatio.	*Ibid.*
Vita S. Onuphrii.	211
Illustrium virorum de S. Pachonio elogia.	221
Vita S. Pachomii.	227
Vita S. Abrahæ.	281
Vita S. Basilii Cæsareæ Cappadociæ episcopi.	293
Vita S. Ephræm Syri, diaconi Edesse.	321
Vita S. Simeonis Stylitæ.	325
Vita S. Joannis Eleemosynarii.	337

Vita SS. Epicteti et Astionis 593
Vita S. Macarii. 413
Vita S. Posthumii. 427
Vita S. Frontonii. 437
Vita SS. Barlaam eremitæ et Josaphat Indiæ regis. 483
Vita S. Eugeniæ, virginis et martyris. 605
Vita S. Euphrasiæ virginis. 623
Vita S. Euphrosynæ virginis. 643
Vita S. Mariæ meretricis. 651
Vita S. Thaisis meretricis. 661
Vita S. Pelagiæ meretricis. 663
Vita S. Mariæ Ægyptiacæ, meretricis. 671
Vita S. Marinæ virginis. 672
Vita S. Fabiolæ (hic tantum memorata, edita Patrol. tom. XXII, col. 690). 695
In hanc Vitam Rosweydi notatio. *Ibid.*
Vita S. Paulæ, viduæ Romanæ (edita tom. cit., col. 878). 697
In hanc Vitam Rosweydi notatio. *Ibid.*
Vita S. Marcellæ (edita tom. cit., col. 1037). 701
In hanc Vitam Rosweydi notatio. *Ibid.*
VITARUM PATRUM LIBER II, sive, HISTORIA MONACHORUM. 707
Lectori monitum. *Ibid.*
Rufini et Melaniæ peregrinatio. *Ibid.*
De Rufino ejusque libro elogia et testimonia. 735
INCIPIT VITARUM PATRUM LIBER SECUNDUS (hic tantum memoratus, editus autem ex Rosweydo in Patrol. tom. XXI, col. 387). 739
VITARUM PATRUM LIBER III, seu, VERBA SENIORUM. *Ibid.*
VITARUM PATRUM LIBER IV. 813
Prologus. *ibid.*
CAPUT PRIMUM.—De monacho solitario, qui in finibus Cyrenorum commanebat. 815
CAP. II.—De dictis Origenis, quod hæretica sint. 816
CAP. III.—De conversatione Hieronymi Jerosolymitani. 817
CAP. IV.—Quod abbates fratribus suis eorum licentia in eremo constitutis victum administrant. 819
CAP. V.—Quod frater in eremo pascitur pane cœlico. *Ibid.*
CAP. VI.—Quod leæna tanquam animal mansuetum a sene es am cepit. 819
CAP. VII.—Quod lupa a sene pascitur, furti rea veniam precatur. 820
CAP. VIII.—Quod quinque catuli leonum cæci per anachoretam illuminati sunt. 821
CAP. IX.—Frater quidam ibicis exemplo didicit quid de herbis edere, quidve respuere deberet. 822
CAP. X.—Frater quidam quinquaginta annis in monte Sina constitutus, non patitur aliorum fratrum accessus. *Ib.*
CAP. XI.—Obedientiæ incredibilis magna miracula. 823
CAP. XII.—Aliud miraculum obedientiæ. *Ibid.*
CAP. XIII.—Dæmonia ejiciens etiam a dæmone possidetur, fine tamen salubri restituitur. 824
CAP. XIV.—Eremita ad sæculum rediens quomodo punitus est. *Ibid.*
CAP. XV.—De habitu vel vestimento Ægyptiorum monachorum. 825
CAP. XVI.—De canonico orationum modo, et perfecta abrenuntiatione sæculi. 826
CAP. XVII.—Ubi angelus in congregatione seniorum duodecim psalmos visus fuit cantasse. *Ibid.*
CAP. XVIII.—Quanta discretio et observantia in oratione tenenda sit. 827
CAP. XIX.—Quod in responsione Alleluia non dicatur psalmus, nisi qui hoc titulo prænotatur. *Ibid.*
CAP. XX.—De opere manuum, et cur tertia, sexta, et nona psallatur. 828
CAP. XXI.—Cum quanta discretione et cautela suscipiantur in monasterio abrenuntiantes sæculo. 829
CAP. XXII.—Quod nullus in monasterio sine jussione seniorum agere aliquid præsumat. 830
CAP. XXIII.—De tribus granis lenticulæ neg'igenter dimissis. *Ibid.*
CAP. XXIV.—De duobus monachis, in quorum septimana lignum defecit. *Ibid.*
CAP. XXV.—De beato Joanne, qui habitabat juxta Lyco oppidum. 831
CAP. XXVI.—De obedientia ejusdem Joannis. *Ibid.*
CAP. XXVII.—De immani saxo, quod idem Joannes per obedientiam advexit. 832
CAP. XXVIII.—De mirabili patientia abbatis Mutii. *Ibid.*
CAP. XXIX.—De monacho cujusdam comitis filio, qui sportas per plateas jussus fuerat portare. 833
CAP. XXX.—De abbate Pinuphio, qui pro humilitate fugiens, de monasterio longius secessit. 835

CAP. XXXI.—Exhortatio optima ad novitium monachum. 834
CAP. XXXII.—De monacho qui ante constitutam horam peregrinus reficere coegit. 836
CAP. XXXIII.—De monacho qui nunquam solus escam sumere solitus erat. 837
CAP. XXXIV.—De Machete sene monacho. *Ibid.*
CAP. XXXV.—De Theodoro abbate. *Ibid.*
CAP. XXXVI.—De anachoretis in vastissima eremo habitantibus. 858
CAP. XXXVII.—De Archebio monacho. *Ibid.*
CAP. XXXVIII.—De duobus adolescentibus qui ficus ad ægrotum ferentes in itinere defuncti sunt. 839
CAP. XXXIX.—Quanta sit jugitas operum apud Ægypti monachos. *Ibid.*
CAP. XL.—De abbate Paulo. *Ibid.*
CAP. XLI.—De fratre blasphemo, qui intolerabili æstu libidinis urebatur. 840
CAP. XLII.—Ubi plurimi convenerunt seniores ad sanctum Antonium gratia consolationis. *Ibid.*
CAP. XLIII.—De Herone sene. 841
CAP. XLIV.—De duobus monachis, qui euntes per desertum, decreverunt non sumere cibum, nisi Deus illis transmitteret. *Ibid.*
CAP. XLV.—De monacho qui, deceptus a diabolo, voluit filium suum immolare. *Ibid.*
CAP. XLVI.—De monacho cui ostendebat diabolus exercitum Christianorum et Judæorum. *Ibid.*
CAP. XLVII.—De abbate Serapione. *Ibid.*
CAP. XLVIII.—De monachis a Saracenis interfectis. 843
CAP. XLIX.—De abbate Daniele. 844
CAP. L.—De abbate Sereno. *Ibid.*
CAP. LI.—De eo quod non eamdem vim habeant nunc dæmones contra monachos, quomodo anteriori tempore. 845
CAP. LII.—De abbate Paulo. *Ibid.*
CAP. LIII.—De abbate Moyse. *Ibid.*
CAP. LIV.—De monacho, qui in solitudine noctu vidit multitudinem dæmonum. 847
CAP. LV.—De duobus philosophis, qui ad sanctum Antonium perrexerunt. 848
VITARUM PATRUM LIBER V. 851
De libri hujus apud Græcos inscriptione, materia, divisione, utilitate. *Ibid.*
LIBELLUS PRIMUS.—De profectu Patrum. 855
LIBELLUS II.—De quiete. 858
LIBELLUS III.—De compunctione. 860
LIBELLUS IV.—De continentia. 864
LIBELLUS V.—De fornicatione. 873
LIBELLUS VI.—De eo quod monachus nihil debeat possidere. 888
LIBELLUS VII.—De patientia seu fortitudine. 893
LIBELLUS VIII.—De eo quod nihil per ostensionem fieri debeat. 905
LIBELLUS IX.—De eo quod non oporteat judicare quemquam. 909
LIBELLUS X.—De discretione. 912
LIBELLUS XI.—De eo quod oporteat sobrie vivere. 933
LIBELLUS XII.—De eo quod oporteat sine intermissione et sobrie orare. 941
LIBELLUS XIII.—De eo quod oporteat hospitalem esse et misericordem in hilaritate. 945
LIBELLUS XIV.—De obedientia. 947
LIBELLUS XV.—De humilitate. 955
LIBELLUS XVI.—De patientia. 961
LIBELLUS XVII.—De charitate. 975
LIBELLUS XVIII.—De prævidentia sive contemplatione. 978

VITARUM PATRUM LIBER VI, sive, VERBA SENIORUM. 991
LIBELLUS PRIMUS.—De prævidentia seu contemplatione. 995
LIBELL. II.—De sanctis senioribus qui signa faciebant. 1000
LIBELL. III.—De conversatione optima diversorum sanctorum. 1004
LIBELL. IV.—Septem capitula verborum quæ misit abbas Moyses abbati Pœmenio. Et qui custodierit ea, liberabitur a pœna. 1011

VITARUM PATRUM LIBER VII, sive, VERBA SENIORUM. 1025
CAPUT PRIMUM.—Contra gastrimargiam devincendam et desideria gulæ. *Ibid.*
CAP. II.—Contra philargyriam et de perfecta abrenuntiatione. 1028
CAP. III.—Nihil dolendum monacho, si quid perdiderit aut amiserit. 1029

Cap. IV. — Quod tolerantia paupertatis in requiem ducit. 1050
Cap. V. — De reprimenda avaritia. *Ibid.*
Cap. VI. — Contra iram, et de origine iræ. *Ibid.*
Cap. VII. — De retribuendo malum pro malo. 1051
Cap. VIII. — De non retribuendo inimicis. 1052
Cap. IX. — De perfecta patientia. *Ibid.*
Cap. X. — Quod oportet pro pace, quamvis bona sint opera, dimittere. 1033
Cap. XI. — Contra spiritum tristitiæ, qui desperationem facit. *Ibid.*
Cap. XII. — Contra spiritum vanæ gloriæ. 1034
Cap. XIII. — Contra spiritum superbiæ. 1035
Cap. XIV. — Quod perfecti viri, quamvis possint, nolunt miracula facere, ne extollantur. 1037
Cap. XV. — Quod utiliter aliquoties in sordidis cogitationibus relinquimur, ne extollamur. *Ibid.*
Cap. XVI. — Quomodo vitetur detractio. 1039
Cap. XVII. — De voluntate proximi facienda. *Ibid.*
Cap. XVIII. — De refutatione propriæ voluntatis. 1040
Cap. XIX. — De obsequiis infirmantium, vel infirmitate ipsa. *Ibid.*
Cap. XX. — Quod infirmitas corporis prosit animæ. 1044
Cap. XXI. — De timore Dei. 1045
Cap. XXII. — De pœnitentia. *Ibid.*
Cap. XXIII. — Quod per pœnitentiam uno die potest homo reconciliari Deo. *Ibid.*
Cap. XXIV. — Quod et in proposito pœnitentiæ si transeat homo, tamen suscipiatur. 1048
Cap. XXV. — De impugnatione dæmonum. *Ibid.*
Cap. XXVI. — Qualiter homo in se mortificare vitia potest. 1049
Cap. XXVII. — De perseverantia. *Ibid.*
Cap. XXVIII. — De labore sanctorum. 1050
Cap. XXIX. — De exhortatione doctrinæ. *Ibid.*
Cap. XXX. — De curiositate vitanda. *Ibid.*
Cap. XXXI. — De contentione vitanda. 1051
Cap. XXXII. — De silentio. *Ibid.*
Cap. XXXIII. — De fugiendo clericatus honorem. *Ibid.*
Cap. XXXIV. — De eremo, et quare fugerunt in solitudinem. 1052
Cap. XXXV. — Quæ sit observantia eremitæ. 1053
Cap. XXXVI. — Qui sint similes unius meriti fratres. *Ibid.*
Cap. XXXVII. — Temporalis profectus derelinquendus est propter amorem charitatis. 1054
Cap. XXXVIII. — Quid Jam otatio vel paupertas quæ fit propter Deum, operatur. 1055
Cap. XXXIX. — In hac vita homo requiem invenire non potest. *Ibid.*
Cap. XL. — Unde vitia oriuntur. 1056
Cap. XLI. — Qualiter virtutes obtinere oportet. *Ibid.*
Cap. XLII — Quomodo in cœnobiis vivendum sit. 1057
Cap. XLIII. — Quæ sit observantia spiritualis disciplinæ. 1058
Cap. XLIV. — De meditationibus duodecim anachoretarum. 1060

VITARUM PATRUM LIBER VIII, sive, HISTORIA LAUSIACA. 1065
Peregrinatio Palladii Helenopoleos episcopi. *Ibid.*
Peregrinatio Melaniæ junioris et Piniani mariti cum Albina matre. 1072
De Palladii libro elogia. 1082
Procemium auctoris. 1085
INCIPIT HISTORIA LAUSIACA. 1091
Caput primum. — Vita Isidori presbyteri et xenodochi. *Ibid.*
Cap. II. — Dorotheus Thebanus. 1093
Cap. III. — Acta et temperantia Potamiænæ. 1094
Cap. IV. — Vita Didymi orbi. *Ibid.*
Cap. V. — Alexandræ vita. 1095
Cap. VI. — De quadam virgine quæ laborabat amore divitiarum. 1096
Cap. VII. — Vita abbatis Arsisii et eorum qui cum eo erant in monte Nitriæ. 1097
Cap. VIII. — De sancto Amon et ejus conjuge. 1099
Cap. IX. — Vita abbatis Or. 1100
Cap. X. — Vita abbatis Pambo. 1102
Cap. XI. — Vita abbatis Pior. 1103
Cap. XII. — Vita abbatis Ammonii et fratrum simul cum sororibus. *Ibid.*
Cap. XIII. — Vita abbatis Benjamin. 1104
Cap. XIV. — Vita Apollonii qui cognominabatur ἀπὸ πραγματευτῶν, id est, a negotiatoribus. 1105
Capp. XV et XVI. — Vita Pæesii et Isaiæ. *Ibid.*
Cap. XVII. — Vita Macarii junioris. 1106
Cap. XVIII. — Vita abbatis Nathanael. 1107
Capp. XIX et XX. — Vita Macarii Ægypti et Macarii Alexandrini. 1108
Cap. XXI. — Vita abbatis Marci. 1119
Cap. XXII. — Vita abbatis Moysis, qui fuit ex latrounibus. *Ibid.*
Cap. XXIII. — Vita abbatis Pauli. 1122
Cap. XXIV. — De virgine quæ faciebat septingentas orationes. *Ibid.*
Cap. XXV. — De Cronio presbytero. *Ibid.*
Cap. XXVI. — De Eulogio Alexandrino et eo qui erat membris mancus. 1125
Cap. XXVII. — De contemplatione quam vidit abbas Antonius. 1126
Cap. XXVIII. — Vita abbatis Pauli Simplicis. *Ibid.*
Cap. XXIX. — Vita abbatis Pachon. 1130
Cap. XXX. — Vita abbatis Stephani. 1131
Cap. XXXI. — De Valente qui excidit. 1132
Cap. XXXII. — De Erone. 1133
Cap. XXXIII. — De Ptolemæo qui excidit. 1134
Cap. XXXIV. — De virgine lapsa. 1135
Cap. XXXV. — Vita abbatis Eliæ. *Ibid.*
Cap. XXXVI. — Vita abbatis Dorothei. 1136
Cap. XXXVII. — De Amma Piamun. *Ibid.*
Cap. XXXVIII. — Vita abbatis Pachomii et eorum qui cum ipso erant. 1137
Cap. XXXIX. — Vita abbatis Aphtonii. 1138
Cap. XL. — De virgine de qua fuerat dictum falsum testimonium. 1139
Cap. XLI. — De virgine quæ simulabat stultitiam. 1140
Cap. XLII. — De sancto Pitirum. *Ibid.*
Cap. XLIII. — De abbate Joanne urbis Lyco. 1141
Cap. XLIV. — Narratio abbatis Joannis de eo qui lapsus est. 1147
Cap. XLV. — De fratre qui ductus fuit pœnitentia, ejusdem abbatis Joannis narratio. 1148
Cap. XLVI. — Alia narratio abbatis Joannis, de eo qui, lapsus, ductus est pœnitentia. 1149
Cap. XLVII. — De Pæmenia. 1153
Cap. XLVIII. — Vita abbatis Ammonæ, et eorum qui cum ipso erant. *Ibid.*
Cap. XLIX. — De abbate Be. *Ibid.*
Cap. L. — De abbate Theona. 1154
Cap. LI. — De abbate Elia. *Ibid.*
Cap. LII. — Vita abbatis Apollo. 1155
Cap. LIII. — Vita abbatis Amun. 1163
Cap. LIV. — Vita abbatis Copre presbyteri. 1164
Cap. LV. — Vita abbatis Suri. 1166
Cap. LVI. — Vita abbatis Isaiæ. *Ibid.*
Cap. LVII. — Vita abbatis Pauli. *Ibid.*
Cap. LVIII. — Vita abbatis Anuph. 1167
Cap. LIX. — Vita abbatis Hellenis. *Ibid.*
Cap. LX. — Vita abbatis Appelle. 1169
Cap. LXI. — Vita abbatis Joannis. 1170
Cap. LXII. - - De abbate Paphnutio. *Ibid.*
Cap. LXIII. — De Tibicine. *Ibid.*
Cap. LXIV. — De protocomite. 1171
Cap. LXV. — De mercatore. 1172
Cap. LXVI. — Vita abbatis Apollonii. 1173
Cap. LXVII. — De Philemone martyre et iis qui cum ipso fuere martyribus. *Ibid.*
Cap. LXVIII. — Vita abbatis Dioscuri presbyteri. 1174
Cap. LXIX. — Nitrienses anachoretæ. *Ibid.*
Cap. LXX. — De abbate Ammonio et iis qui erant cum ipso. 1175
Cap. LXXI. — Vita abbatis Isidori et eorum qui erant cum ipso. *Ibid.*
Cap. LXXII. — Vita abbatis Ammona presbyteri. 1176
Cap. LXXIII. — De abbate Joanne. *Ibid.*
Cap. LXXIV. — Vita abbatis Pityrionis et eorum qui cum ipso erant. *Ibid.*
Cap. LXXV. — Vita Eulogii presbyteri. *Ibid.*
Cap. LXXVI. — Vita Serapionis presbyteri. 1177
Cap. LXXVII. — Vita abbatis Posidonii. *Ibid.*
Cap. LXXVIII. — De Hieronymo. 1178
Cap. LXXIX. — De Paula. *Ibid.*
Cap. LXXX. — De Oxyperentio. *Ibid.*
Cap. LXXXI. — De Petro. *Ibid.*
Cap. LXXXII. — De Simeone. 1178
Cap. LXXXIII. — Vita Serapionis Sindonitæ. *Ibid.*
Cap. LXXXIV. — Vita abbatis Domnionis. 1181
Cap. LXXXV. — De virgine silente. *Ibid.*
Cap. LXXXVI. — De Evagrio celebri diacono. 1182
Cap. LXXXVII. — Vita abbatis Pior. 1185
Cap. LXXXVIII. — Vita abbatis Moysis Libyci. *Ibid.*
Cap. LXXXIX. — Vita abbatis Chronii. 1186
Cap. XC. — Vita abbatis Jacobi. *Ibid.*
Cap. XCI. — Vita abbatis Paphnutii Cephala. *Ibid.*
Cap. XCII — De Cheremone. *Ibid.*
Cap. XCIII. — De aliis. *Ibid.*

Cap. XCIV. — De allo. 1186
Cap. XCV. — De Stephano lapso. Ibid.
Cap. XCVI. — Vita abbatis Solomonis. 1189
Cap. XCVII. — Vita abbatis Dorothei. Ibid.
Cap. XCVIII. — Vita abbatis Dioclis. Ibid.
Cap. XCIX. — Vita abbatis Capitonis. 1190
Cap. C. — Vita anachoretæ qui illudebatur. Ibid.
Cap. CI. — Vita sancti Ephræm diaconi. Ibid.
Cap. CII. — Vita abbatis Juliani. 1191
Cap. CIII. — Vita beati Innocentii. Ibid.
Cap. CIV. — Vita abbatis Adolii. 1192
Cap. CV. — De Abramio. Ibid.
Cap. CVI. — Vita abbatis Elpidii. 1193
Cap. CVII. — Vita abbatis Ænesii. Ibid.
Cap. CVIII. — Vita abbatis Eustathii. Ibid.
Cap. CIX. — Vita abbatis Sisinnii. 1194
Cap. CX. — Vita abbatis Gaddana. Ibid.
Cap. CXI. — Vita abbatis Eliæ. Ibid.
Cap. CXII. — De Sabbatio. 1196
Cap. CXIII. — De Philoromo presbytero. Ibid.
Cap. CXIV. — Vita beati Severiani et ejus uxoris. Ibid.
Cap. CXV. — Vita Eleemonis monachi. 1197
Cap. CXVI. — Vita abbatis Bisarionis Ibid.
Cap. CXVII. — Vita beatæ Melaniæ. 1198
Cap. CXVIII. — Vita Rufini presbyteri. 1199
Cap. CXIX. — Vita parvæ Melaniæ. 1201
Cap. CXX. — De Albina. 1203
Cap. CXXI. — De Piniano. Ibid.
Cap. CXXII. — De Pammachio. Ibid.
Cap. CXXIII. — De Macario. Ibid.
Cap. CXXIV. — De Constantio Ibid.

Cap. CXXV. — De Paula Romana. 1203
Cap. CXXVI. — De Eustochio. Ibid.
Cap. CXXVII. — De Venerea. Ibid.
Cap. CXXVIII. — De Theodora. 1204
Cap. CXXIX. — De Usia. Ibid.
Cap. CXXX. — De Adolia. Ibid.
Cap. CXXXI. — De Basianilla. Ibid.
Cap. CXXXII. — De Photina. Ibid.
Cap. CXXXIII. — De Asella. Ibid.
Cap. CXXXIV. — De Avita. Ibid.
Cap. CXXXV. — De Magna. Ibid.
Cap. CXXXVI. — De virgine quæ excepit Athanasium episcopum. 1205
Cap. CXXXVII. — Vita Ammiæ Talidæ. 1206
Cap. CXXXVIII. — Vita Ammæ Taor. Ibid.
Cap. CXXXIX. — De virgine quæ renuntiaverat. Ibid.
Cap. CXL. — De virgine quæ lapsa est, et egit pœnitentiam. 1207
Cap. CXLI. — De filia presbyteri quæ lectorem calumniata erat, et Eustathio lectore. Ibid.
Cap. CXLII. — Vita sanctæ Silvaniæ. 1210
Cap. CXLIII. — De Jubino. Ibid.
Cap. CXLIV. — De Olympiade. Ibid.
Cap. CXLV. — De Candida. 1212
Cap. CXLVI. — De Gelasia. Ibid.
Cap. CXLVII. — De Juliana. Ibid.
Cap. CXLVIII. — De femina nobilissima quæ fuit semper virgo. 1213
Cap. CXLIX. — De Magistriano. Ibid.
Cap. CL. — De uxore viri senatorii. 1214
Cap. CLI. — Vita fratris qui cum eo versabatur. 1215

FINIS TOMI SEPTUAGESIMI TERTII.

www.ingramcontent.com/pod-product-compliance
Lightning Source LLC
Chambersburg PA
CBHW060401230426
43663CB00008B/1344